Horst Dietz

# Wohngebäudeversicherung
Kommentar

Horst Dietz

# Wohngebäudeversicherung

Kommentar

2. Auflage

VVW
KARLSRUHE

Die Deutsche Bibliothek – CIP-Einheitsaufnahme

**Dietz, Horst:**

Wohngebäudeversicherung : Kommentar /
Horst Dietz. – 2. Aufl.. – Karlsruhe : VVW, 1999

ISBN 3-88487-797-6


Satz Satz-Schmiede Bachmann Bietigheim
Druck Konkordia Druck GmbH Bühl

ISBN 3-88487-797-6

# Vorwort

Seit dem Erscheinen der 1. Auflage sind rund 8 Jahre vergangen. In dieser Zeit hat sich das wirtschaftliche und rechtliche Umfeld für die deutsche Versicherungswirtschaft und damit auch für die Wohngebäudeversicherung grundlegend gewandelt. Ausschlaggebend dafür war vor allem die Verwirklichung des Europäischen Binnenmarktes durch die Dritte Richtlinie Schadenversicherung des Rates der Europäischen Gemeinschaften vom 18. 6. 1992. Mit der Umsetzung dieser Richtlinie durch die Mitgliedstaaten der Europäischen Gemeinschaft wurde der Europäische Binnenmarkt für Versicherungen vollendet. Die unmittelbare Folge war die sog. Deregulierung der nationalen Versicherungsmärkte durch die Aufhebung der Genehmigungspflicht für Tarife und Allgemeine Versicherungsbedingungen auch im Massengeschäft. Flankiert wurde diese Liberalisierung durch die Neunte Gruppenfreistellungsverordnung der Kommission der Europäischen Gemeinschaften für den Bereich der Versicherungswirtschaft vom 21. 12. 1992. Damit wurden die kartellrechtlichen Grundlagen für die Zusammenarbeit der Versicherer auf den Gebieten Tarifierung und Statistik, Erstellung von Mustern für Allgemeine Versicherungsbedingungen, Mitversicherung und Sicherheitsvorkehrungen geschaffen.

Die deutschen Versicherer begannen schon sehr bald die neuen Freiheiten zu nutzen. Der Begriff Produktgestaltung wurde zum Modewort. Der Wettbewerb über Bedingungen und Tarife verschärfte sich spürbar. In der Wohngebäudeversicherung entstanden in der Folge zahlreiche unternehmensspezifische Modelle, die aber fast ausnahmslos eine Gemeinsamkeit haben: Im Kern lehnen sie sich weitgehend an die in den Verbänden gemeinsam erarbeiteten Bedingungs- und Tarifierungsgrundlagen an. Auf der Leistungsseite bestehen die Differenzierungen überwiegend darin, daß die VGB 88 mit Klauseln in unterschiedlicher Weise zu Paketdeckungen zusammengeschnürt werden. Daneben ist die Veränderung von Entschädigungsgrenzen ebenso ein beliebtes Gestaltungsmittel wie die Einführung von Selbstbehalten unterschiedlicher Ausprägung. Innovationen haben Seltenheitswert. Überlagert werden diese Variationen der Leistungsseite von Tarifdifferenzierungen, deren kalkulatorische Berechtigung verschiedentlich in Zweifel zu ziehen ist. Häufig entsteht der Eindruck, daß die Produkte nach reinen Marketing- und Wettbewerbsgesichtspunkten gestaltet sind und versicherungstechnische Anforderungen dabei ignoriert werden. Es ist davon auszugehen, daß diese sog. Produktvielfalt in den nächsten Jahren insbesondere durch die Einführung von Euro-Produkten noch zunehmen wird. Die zuvor vorhandene Markttransparenz wird für alle Marktteilnehmer nachhaltig gestört. Gerade unter diesen Bedingungen macht jedoch die Darstellung und Kommentierung der Wohngebäudeversicherung auf den vom GDV unverbindlich empfohlenen Grundlagen weiterhin Sinn. Vielleicht kann damit auch ein Beitrag zur Erhaltung der versicherungstechnischen und rechtlichen Rahmenbedingungen für die Wohngebäudeversicherung geleistet werden.

Die Kommentierung erstreckt sich auf die VGB 62 und die VGB 88. Die vom GDV im März 1999 unverbindlich empfohlenen überarbeiteten VGB 88 n. F. werden ebenso berücksichtigt wie die im November 1998 unverbindlich empfohlenen Text-Bausteine für die Vereinheitlichung des Allgemeinen Teils der AVB in der Schaden- und Unfallversicherung. Es war unter diesen Umständen nicht möglich, die strenge Ausrichtung des Kommentars an der Reihenfolge der Bestimmungen der VGB beizubehalten. Insbesondere die mit der Empfehlung der VGB 88 n. F. verbundene Aufteilung in einen Allgemeinen Teil und einen Besonderen Teil der VGB 88 n. F. führte zu einer grundlegend veränderten Gliederung des Bedingungswerks. Es war infolgedessen notwendig, den Kommentar nach Sachgebieten zu gliedern, um eine zusammenfassende und übersichtliche Darstellung aller VGB zu ermöglichen. Es wurde wiederum Wert darauf gelegt, neben den Rechtsgrundlagen auch versicherungstechnische und wirtschaftliche Fragestellungen zu behandeln. Die neuere Rechtsprechung wurde eingearbeitet (Redaktionsschluß: 31. 3. 1999).

München, im August 1999

# Inhaltsübersicht

## Anhang (Texte)

# Inhaltsverzeichnis

# Abkürzungs- und Literaturverzeichnis

| | |
|---|---|
| a. A. | anderer Ansicht |
| a. a. O. | am angegebenen Ort |
| ABlEG | Amtsblatt der Europäischen Gemeinschaften |
| ABM 89 | Allgemeine Bedingungen für die Mietverlustversicherung |
| Abs. | Absatz |
| AERB 87 | Allgemeine Bedingungen für die Einbruchdiebstahl- und Raubversicherung |
| a. F. | alte(r) Fassung |
| AFB 87 | Allgemeine Bedingungen für die Feuerversicherung |
| AG | Amtsgericht |
| AGBG | Gesetz zur Regelung des Rechts der Allgemeinen Geschäftsbedingungen |
| Anm. | Anmerkung |
| Art. | Artikel |
| AStB 87 | Allgemeine Bedingungen für die Sturmversicherung |
| AVB | Allgemeine Versicherungsbedingungen |
| AVB Sach | Sammelbezeichnung für die Allgemeinen Versicherungsbedingungen in den klassischen Sachversicherungssparten |
| AVB Sach 87 | Sammelbezeichnung für die AERB 87, AFB 87, AStB 87 und AWB 87 |
| AWB 87 | Allgemeine Bedingungen für die Leitungswasserversicherung |
| BAK | Bauartklasse |
| BAV | Bundesaufsichtsamt für das Versicherungswesen |
| Bechert | Grundlagen der Leitungswasserversicherung, 5. Auflage 1977 |
| Berndt/Luttmer | Der Ersatzwert in der Feuerversicherung, 2. Auflage 1971 |
| BEW | Besondere Bedingungen für die Versicherung weiterer Elementarschäden in der Wohngebäudeversicherung |
| BGB | Bürgerliches Gesetzbuch |

| | |
|---|---|
| BGBl. | Bundesgesetzblatt |
| BGH | Bundesgerichtshof |
| Blanck | Entschädigungsberechnung in der Sachversicherung, 4. Auflage 1977 |
| Bruck/Möller | Kommentar zum Versicherungsvertragsgesetz, 8. Auflage verschiedener Jahre |
| BSZ | Branchenschlüsselzahl |
| BVerwG | Bundesverwaltungsgericht |
| CEA | Comité Européen des Assurances (Europäischer Versichererverband) |
| DDR | Deutsche Demokratische Republik |
| dgl. | dergleichen |
| Dietz | Hausratversicherung 84, 2. Auflage 1988 |
| EG | Europäische Gemeinschaften |
| EU | Europäische Union |
| EWGV | Vertrag zur Gründung der Europäischen Wirtschaftsgemeinschaft |
| f./ff. | folgende |
| FHG | Fertighausgruppe |
| GB BAV | Geschäftsbericht des Bundesaufsichtsamtes für das Versicherungswesen |
| GDV | Gesamtverband der Deutschen Versicherungswirtschaft |
| gem. | gemäß |
| GVO | Gruppenfreistellungsverordnung |
| GWB | Gesetz gegen Wettbewerbsbeschränkungen |
| HGB | Handelsgesetzbuch |
| h. M. | herrschende Meinung |
| Hosse/Poppelbaum | Systemvergleich der privaten und der öffentlichen Gebäudefeuerversicherung, 1988 |
| i. S. d. | im Sinne des |
| i. S. v. | im Sinne von |
| i. V. m. | in Verbindung mit |

| | |
|---|---|
| KG | Kammergericht |
| LG | Landgericht |
| Martin | Sachversicherungsrecht, 3. Auflage 1992 |
| Mohr/Engel | Grundlagen der Sturmversicherung, 6. Auflage 1987 |
| m. w. N. | mit weiteren Nachweisen |
| n. F. | neue(r) Fassung |
| NJW | Neue Juristische Wochenschrift |
| NJW-RR | NJW Rechtsprechungs-Report Zivilrecht |
| Nr. | Nummer |
| OLG | Oberlandesgericht |
| Palandt | Bürgerliches Gesetzbuch, 57. Auflage 1998 |
| Prölss/Martin | Versicherungsvertragsgesetz, 26. Auflage 1998 |
| Raiser | Kommentar der Allgemeinen Feuerversicherungsbedingungen, 2. Auflage 1937 |
| RN | Randnummer |
| Römer/Langheid | Versicherungsvertragsgesetz, 1997 |
| r+s | recht und schaden, monatliche Informationsschrift für Schadenversicherung und Schadenersatz |
| SGlN 79 a | Sonderbedingungen für die Gleitende Neuwertversicherung von Wohn-, Geschäfts- und landwirtschaftlichen Gebäuden |
| SGlN 93 | Sonderbedingungen für die Gleitende Neuwertversicherung |
| sog. | sogenannte |
| StPO | Strafprozeßordnung |
| UStG | Umsatzsteuergesetz |
| VdS | Verband der Sachversicherer/Verband der Schadenversicherer |
| VerBAV | Veröffentlichungen des Bundesaufsichtsamtes für das Versicherungswesen |
| VersR | Versicherungsrecht, Juristische Rundschau für die Individualversicherung |

| | |
|---|---|
| VGB | Sammelbegriff für die Allgemeinen Wohngebäudeversicherungsbedingungen |
| VGB 62 | Allgemeine Bedingungen für die Neuwertversicherung von Wohngebäuden gegen Feuer-, Leitungswasser- und Sturmschäden |
| VGB 88 | Sammelbegriff für die VGB 88 a. F. und die VGB 88 n. F. |
| VGB 88 a. F. | Allgemeine Wohngebäude-Versicherungsbedingungen – Fassung Januar 1995 |
| VGB 88 n. F. | Allgemeine Wohngebäude-Versicherungsbedingungen – Fassung März 1999 |
| VGH | Verwaltungsgerichtshof |
| vgl. | vergleiche |
| VHB 74 | Allgemeine Bedingungen für die Neuwertversicherung des Hausrats gegen Feuer-, Einbruchdiebstahl-, Beraubungs-, Leitungswasser-, Sturm- und Glasbruchschäden |
| VHB 84 | Allgemeine Hausratversicherungsbedingungen von 1984 |
| VHB 92 | Allgemeine Hausratversicherungsbedingungen von 1992 |
| VN | Versicherungsnehmer |
| VP | Die Versicherungspraxis |
| VW | Versicherungswirtschaft, Halbmonatsschrift der deutschen Individualversicherung |
| WEG | Gesetz über das Wohnungseigentum und das Dauerwohnrecht |
| WM | Wohnungswirtschaft und Mietrecht, Monatszeitschrift zum Mietrecht |
| z. B. | zum Beispiel |
| ZfS | Zeitschrift für Schadensrecht |
| ZfV | Zeitschrift für Versicherungswesen |
| Ziff. | Ziffer |
| ZPO | Zivilprozeßordnung |

# I. Europäischer Binnenmarkt

Wie im Vorwort bereits ausgeführt wurde, hat die Schaffung des Europäischen Binnenmarktes für Versicherungen maßgeblichen Einfluß auf die Entwicklung der deutschen Versicherungswirtschaft und der Wohngebäudeversicherung. Im Grundsatz werden dadurch in allen nationalen Märkten der EU-Mitgliedstaaten die Voraussetzungen für einen ungehinderten, weitgehend liberalisierten Wettbewerb zwischen allen Versicherern mit einem Sitz in der EU geschaffen. Dazu war es notwendig, die rechtlichen Rahmenbedingungen für das Versicherungsgeschäft grundlegend zu verändern und europaweit zu harmonisieren. Im wesentlichen handelte es sich um die Realisierung der nachfolgenden drei Grundbedingungen:

Niederlassungsfreiheit, d. h. jeder Versicherer mit einem Sitz in der EU ist berechtigt, in anderen EU-Staaten Niederlassungen zu errichten und von dort das Versicherungsgeschäft zu betreiben.

Dienstleistungsfreiheit, d. h. jeder Versicherer mit einem Sitz in der EU ist berechtigt, grenzüberschreitend in allen EU-Staaten das Versicherungsgeschäft zu betreiben. Es genügt ein Sitz in einem Mitgliedstaat der EU, um Versicherungsgeschäfte grenzüberschreitend in allen EU-Staaten abschließen zu können.

Bedingungs- und Tariffreiheit, d. h. Aufhebung bzw. Wegfall der behördlichen Bedingungs- und Tarifgenehmigungspflicht.

## Richtlinien zur Koordinierung der Schadenversicherung 1

Die Schaffung des Binnenmarktes durch die Verwirklichung der „neuen Freiheiten" vollzog sich in drei Schritten in den Jahren 1973 bis 1994. Grundlage waren drei Richtlinien des Rates der Europäischen Gemeinschaften zur Koordinierung der Rechts- und Verwaltungsvorschriften betreffend die Aufnahme und Ausübung der Tätigkeit der Direktversicherung (mit Ausnahme der Lebensversicherung). Diese Richtlinien waren anschließend von den EU-Mitgliedstaaten in nationales Recht umzusetzen, um auf den nationalen Versicherungsmärkten die Voraussetzungen für einen weitgehend liberalisierten Wettbewerb zwischen den in den EU-Staaten niedergelassenen Schadenversicherern zu schaffen. Nachfolgend werden die drei Richtlinien zur Koordinierung der Schadenversicherung in ihren Grundzügen dargestellt. Dabei werden vorrangig diejenigen Sachverhalte behandelt, die für die Wohngebäudeversicherung relevant sind.

### Erste Koordinierungsrichtlinie Schadenversicherung 1.1

Den ersten Schritt zur Schaffung des Europäischen Binnenmarktes für Versicherungen markiert die Erste Richtlinie des Rates der Europäischen Gemeinschaften zur Koordinierung der Rechts- und Verwaltungsvorschriften betreffend die Aufnahme und Ausübung der Tätigkeit der Direktversicherung (mit Ausnahme der Lebensversicherung) (73/239/EWG) vom 24. 7. 1973 (ABlEG Nr. L 228 S. 3 vom 16. 8. 1973). Sie regelt im wesentlichen die Niederlassungsfreiheit und wurde zum 1. 2. 1976 mit dem Ersten Durchführungsgesetz/EWG zum VAG vom 18. 12. 1975 (BGBl. I S. 3139) in deutsches Recht umgesetzt. Es kann hier darauf verzichtet werden, die Richtlinie in ihren Einzelheiten darzustellen. Hervorzuheben ist jedoch, daß die deutschen öffentlich-rechtlichen Pflicht- und Monopolanstalten nach Art. 4 der Richtlinie von der Richtlinie nicht betroffen sind, sofern „ihre durch Gesetz oder Satzung festgelegte Zuständigkeit nicht geändert wird" (vgl. 1. Auflage S. 3).

## 1.2 Zweite Koordinierungsrichtlinie Schadenversicherung

Die Zweite Richtlinie des Rates zur Koordinierung der Rechts- und Verwaltungsvorschriften für die Direktversicherung (mit Ausnahme der Lebensversicherung) und zur Erleichterung der tatsächlichen Ausübung des freien Dienstleistungsverkehrs sowie zur Änderung der Richtlinie 73/239/EWG (88/357/EWG) wurde am 22. 6. 1988 erlassen (ABlEG Nr. L 172 S. 1 vom 4. 7. 1988). Sie wurde durch das Zweite Durchführungsgesetz/EWG zum VAG vom 28. 6. 1990 in deutsches Recht umgesetzt (BGBl. I S. 1249). Dieses Gesetz trat am 1. 7. 1990 in Kraft. Die Eckpunkte der Richtlinie werden nachfolgend behandelt.

### 1.2.1 Dienstleistungsfreiheit

Die Zweite Koordinierungsrichtlinie Schadenversicherung stellt in erster Linie die Dienstleistungsfreiheit im europäischen Binnenmarkt her. Die in den Mitgliedstaaten der EU niedergelassenen Versicherer sind danach berechtigt, grenzüberschreitend in allen EU-Staaten Versicherungsverträge abzuschließen. Lediglich im Massengeschäft steht es dem sog. Tätigkeitsland noch frei, die Tätigkeit dienstleistender ausländischer Versicherer von der Zulassung im Tätigkeitsland abhängig zu machen. Die Bundesrepublik Deutschland übte diese Option aus. Ansonsten genügt die Anzeige der Risiken, die der Dienstleister im Tätigkeitsland zeichnen möchte, sowie der Nachweis über die erforderliche Mindestkapitalausstattung und die Zulassung zum Auslandsgeschäft durch eine Bescheinigung der Aufsichtsbehörde des Landes, in dem der dienstleistende Versicherer seinen Sitz hat.

### 1.2.2 Deregulierung des Großrisikengeschäfts

Flankierend zur Dienstleistungsfreiheit beseitigt die Zweite Koordinierungsrichtlinie Schadenversicherung die Genehmigungspflicht für Bedingungen und Tarife im sog. Großrisikengeschäft. Als Großrisiken werden grundsätzlich alle Transport- sowie gewerbliche Kredit- und Kautionsrisiken eingestuft. In der übrigen Schadenversicherung sind Großrisiken diejenigen Risiken, die zwei der nachfolgenden Obergrenzen übersteigen. Dabei wurden zwei Stufen gebildet.

1. Stufe bis zum 31. 12. 1992:

   - Bilanzsumme: 12,4 Millionen ECU
   - Nettoumsatz: 24 Millionen ECU
   - Durchschnittliche Beschäftigtenzahl im Verlauf des Wirtschaftsjahres: 500.

2. Stufe ab 1.1.1993:

   - Bilanzsumme: 6,2 Millionen ECU
   - Nettoumsatz: 12,8 Millionen ECU
   - Durchschnittliche Beschäftigtenzahl im Verlauf des Wirtschaftsjahres: 250.

Dabei werden die Werte für Unternehmen, die einer Unternehmensgruppe oder einem Konzern angehören, addiert.

## Freiheit der Rechtswahl im grenzüberschreitenden Geschäft 1.2.3

Weiterhin regelt die Richtlinie die Frage, welches Recht bei grenzüberschreitenden Versicherungsverträgen anzuwenden ist. Im Bereich der Transportversicherung gilt danach in der Regel uneingeschränkte Freiheit der Rechtswahl. In der übrigen Schadenversicherung gelten differenzierte Regelungen. Liegt das versicherte Risiko in dem Staat, in dem sich der VN gewöhnlich aufhält, ist das Recht dieses Staates anzuwenden. Jedoch kann von den Mitgliedstaaten etwas anderes zugelassen werden. Zwingend gilt eine größere Freiheit in der Rechtswahl, wenn durch den Vertrag Risiken in verschiedenen Staaten versichert werden oder wenn der Ort des Risikos und der gewöhnliche Aufenthaltsort des VN nicht in demselben Staat liegen.

## Dritte Koordinierungsrichtlinie Schadenversicherung 1.3

Höhepunkt und vorläufiger Abschluß der Verwirklichung des Europäischen Binnenmarktes für Versicherungen ist die Dritte Richtlinie des Rates zur Koordinierung der Rechts- und Verwaltungsvorschriften für die Direktversicherung (mit Ausnahme der Lebensversicherung) sowie zur Änderung der Richtlinien 73/239/EWG und 88/357/EWG (92/49/EWG) vom 18. 6. 1992 (ABlEG Nr. L 228 S. 1 vom 11. 8. 1992). Diese Richtlinie beinhaltet eine Reihe grundlegender Änderungen, die die Wettbewerbsbedingungen auch in der Wohngebäudeversicherung gravierend beeinflussen. Dazu zählen insbesondere

- Wegfall der Bedingungs- und Tarifgenehmigungspflicht für das Breiten- bzw. Privatgeschäft
- Beseitigung der Gebäudeversicherungsmonopole
- Einheitliche Zulassung für den EU-weiten Geschäftsbetrieb
- Ausdehnung der Freiheit der Rechtswahl sowie
- Maßnahmen des Verbraucherschutzes.

### 1.3.1 Wegfall der Bedingungsgenehmigungspflicht

Die Richtlinie beseitigt die sog. präventive Bedingungskontrolle, d. h. auch im Breitengeschäft entfällt die behördliche Genehmigungspflicht für Versicherungsbedingungen und Klauseln. Nach Art. 29 und Art. 39 (2) der Richtlinie verpflichten sich die Mitgliedstaaten, keine Vorschriften zu erlassen, „in denen eine vorherige Genehmigung oder systematische Übermittlung der allgemeinen und besonderen Versicherungsbedingungen, der Tarife sowie der Formblätter und sonstigen Druckstücke, die das Unternehmen im Verkehr mit den Versicherungsnehmern zu verwenden beabsichtigt, verlangt wird". Um die Einhaltung der nationalen Rechtsvorschriften zu überwachen, sind die Aufsichtsbehörden jedoch berechtigt, „die nicht systematische Übermittlung dieser Bedingungen und sonstigen Dokumente zu verlangen". Dies darf für das Unternehmen jedoch nicht eine Voraussetzung für die Ausübung seiner Tätigkeit sein. Lediglich in der Pflichtversicherung können die Mitgliedstaaten nach Art. 30 (2) der Richtlinie verlangen, daß den zuständigen Aufsichtsbehörden „die allgemeinen und besonderen Versicherungsbedingungen der Pflichtversicherungen vor ihrer Verwendung mitgeteilt werden". Eine Pflicht zur Vorabgenehmigung ist jedoch auch hier nicht gegeben. Diese Sonderregelung ist insbesondere für die Haftpflicht-Pflichtversicherungen von Bedeutung, in der Wohngebäudeversicherung ist sie unbeachtlich.

Ansonsten haben die dargestellten Veränderungen jedoch gravierende Auswirkungen auf die Marktbedingungen und das Wettbewerbsverhalten in der Wohngebäudeversicherung. Dies wird bei einer vergleichenden Betrachtung der Entwicklung und Einführung neuer Versicherungsbedingungen deutlich. Sie lief vor der Deregulierung in mehreren Phasen ab. Am Anfang stand die gemeinsame Entwicklung der Versicherungsbedingungen in den Verbänden der Versicherer. Nachdem dort Einigkeit erzielt worden war, wurden die Bedingungsentwürfe mit dem BAV beraten und abgestimmt. Nach Abschluß dieser Phase mußte der Verband dem Bundeskartellamt nach § 102 GWB die Absicht anmelden, seinen Mitgliedsunternehmen die neuen Versicherungsbedingungen zu empfehlen. Das Bundeskartellamt veröffentlichte diese Anmeldung. Sofern dagegen keine Einwendungen erhoben wurden, konnte die Empfehlung nach Ablauf der dreimonatigen Wartefrist gem. § 102 GWB in Kraft treten. Das BAV erteilte dann auf Antrag des einzelnen Versicherers die sog. Einzelgenehmigung zur geschäftsplanmäßigen Verwendung. Dieses Verfahren ist obsolet. Jeder Versicherer kann künftig eigene Bedingungen entwickeln und ohne weiteres verwenden. Das BAV kann lediglich die nicht systematische Übermittlung der Bedingungen verlangen.

### 1.3.2 Wegfall der Tarifgenehmigungspflicht

Die dargestellten Bestimmungen der Dritten Koordinierungsrichtlinie Schadenversicherung beseitigen in gleicher Weise die sog. Tarifgenehmigungspflicht. Diese Änderung hat insbesondere gravierende Auswirkungen auf das Tarifgeschehen in der Kraftfahrzeug-Haftpflichtversicherung. In der Wohngebäudeversicherung spielt dies praktisch keine Rolle. Behördlich genehmigte Tarife gab es hier nicht. Von den Versichererverbänden wurden lediglich Unverbindliche Netto-Prämienrichtlinien für die Verbundene Wohngebäudeversicherung erarbeitet (vgl. 1. Auflage Anhang A 3). Sie wurden den Mitgliedsunternehmen unverbindlich zur Anwendung empfohlen. Jedes Mitgliedsunternehmen konnte frei entscheiden, ob und in welcher Weise es diese unverbindlichen Empfehlungen in Unternehmenstarife für die Verbundene Wohngebäudeversicherung umsetzte.

## Beseitigung der Gebäudeversicherungsmonopole 1.3.3

Nach Art. 3 der Richtlinie hatten die Mitgliedstaaten alle Vorkehrungen zu treffen, „damit die für den Zugang zur Tätigkeit in bestimmten Versicherungszweigen bestehenden Monopole, die den in ihrem Staatsgebiet errichteten Anstalten gewährt wurden und in Artikel 4 der Richtlinie 73/239/EWG aufgeführt sind, spätestens zum 1. Juli 1994 abgeschafft werden". Von dieser Regelung waren die folgenden öffentlich-rechtlichen Gebäudemonopolversicherer betroffen:

1. Badische Gebäudeversicherungsanstalt, Karlsruhe
2. Bayerische Landesbrandversicherungsanstalt, München
3. Braunschweigische Landesbrandversicherungsanstalt, Braunschweig
4. Feuersozietät Berlin, Berlin
5. Hamburger Feuerkasse, Hamburg
6. Hessische Brandversicherungsanstalt (Hessische Brandversicherungskammer), Darmstadt
7. Hessische Brandversicherungsanstalt, Kassel
8. Hohenzollernsche Feuerversicherungsanstalt, Sigmaringen
9. Lippische Landesbrandversicherungsanstalt, Detmold
10. Nassauische Brandversicherungsanstalt, Wiesbaden
11. Oldenburgische Landesbrandkasse, Oldenburg
12. Ostfriesische Landschaftliche Brandkasse, Aurich
13. Württembergische Gebäudebrandversicherungsanstalt, Stuttgart.

Die Umsetzung dieser Bestimmungen erforderte eine Reihe von gesetzlichen Maßnahmen, die nachfolgend unter I. 1.4.3 im einzelnen dargestellt sind.

## Einheitliche Zulassung 1.3.4

Die durch die Erste und die Zweite Koordinierungsrichtlinie Schadenversicherung geregelte Niederlassungs- und Dienstleistungsfreiheit wird entscheidend erweitert. Die Zulassung zum Versicherungsbetrieb durch die Behörde des Staates, in dem das Unternehmen seinen Sitz hat, gilt nach Art. 5 der Dritten Koordinierungsrichtlinie Schaden ohne weiteres für die gesamte Tätigkeit des Versicherers in allen EU-Mitgliedstaaten. Für die Errichtung einer Niederlassung in einem anderen Mitgliedstaat genügt im Prinzip eine Mitteilung an die Aufsichtsbehörde des Sitzlandes. Darin ist anzugeben, in welchem Land die Niederlassung errichtet werden soll. Weiterhin ist ein Tätigkeitsplan beizufügen sowie Name und Anschrift des Hauptbevollmächtigten zu nennen. Für die Aufnahme der Dienstleistung reicht es aus, die Aufsichtsbehörde des Sitzlandes darüber zu informieren, in welchem EU-Mitgliedstaat welche Risiken gezeichnet werden sollen. In beiden Fällen informiert die Aufsichtsbehörde des Sitzlandes die zuständige Behörde des Zielstaates entsprechend und bestätigt dabei, daß das Unternehmen über eine ausreichende finanzielle Solvabilität verfügt.

### 1.3.5 Ausdehnung der Freiheit der Rechtswahl

Flankierend zur Erweiterung der Niederlassungs- und Dienstleistungsfreiheit wird durch die Richtlinie auch die Freiheit bei der Wahl des anwendbaren Vertragsrechts ausgedehnt. Die uneingeschränkte Freiheit der Rechtswahl gilt nunmehr für das gesamte Großrisikengeschäft (zum Begriff vgl. I. 1.2.2). Dagegen verbleibt es im sonstigen Geschäft, insbesondere im Privatkundengeschäft, bei den eingeschränkten Regelungen gem. Art. 7 der Zweiten Koordinierungsrichtlinie Schadenversicherung (vgl. I. 1.2.3). Hauptgrund dafür waren Überlegungen zum Schutz der Verbraucher. Das Versicherungsvertragsrecht in den EU-Mitgliedstaaten unterscheidet sich in vielerlei Hinsicht. Versuche, die nationalen Vertragsrechte zu harmonisieren bzw. anzugleichen, sind schon frühzeitig gescheitert. Deshalb bestünde die Gefahr, daß die Verbraucher bei freier Rechtswahl im Privatkundengeschäft übervorteilt würden.

### 1.3.6 Maßnahmen des Verbraucherschutzes

Es liegt dennoch auf der Hand, daß vor allem die Realisierung der Bedingungs- und Tariffreiheit sowie die weitgehende Liberalisierung des Dienstleistungsgeschäfts neben Chancen auch nicht zu übersehende Risiken insbesondere für die privaten Verbraucher mit sich bringt. Daher beinhaltet die Richtlinie weitere Regelungen, die einen angemessenen Verbraucherschutz sicherstellen sollen. Zu nennen ist in erster Linie die Verpflichtung der Versicherer nach Art. 31 und 43, dem VN bereits vor Abschluß des Vertrages bzw. vor Eingehen irgendeiner Verpflichtung eine Verbraucherinformation auszuhändigen (Einzelheiten s. I. 1.4.1). Zu diesen Regelungen zählt auch das in Art. 28 verankerte Recht des Mitgliedstaates, in dem das versicherte Risiko belegen ist, den Absatz ausländischer Versicherungsprodukte zu verbieten, die im Widerspruch zu geltenden Rechtsvorschriften des allgemeinen Interesses stehen. Weiterhin dienen auch die zahlreichen Solvabilitätsregelungen sowie die Vorschriften über die versicherungstechnischen Rückstellungen und deren Bedeckung mittelbar dem Schutz der Verbraucher, weil sie Insolvenzen von Versicherern verhindern.

## 1.4 Umsetzung der Dritten Koordinierungsrichtlinie Schadenversicherung in deutsches Recht

Die Umsetzung der Dritten Koordinierungsrichtlinie Schadenversicherung in deutsches Recht erforderte verschiedene gesetzgeberische Maßnahmen. Sie werden nachfolgend dargestellt.

### 1.4.1 Änderung des VAG

Die Umsetzung der Richtlinie in das VAG erfolgte durch das Dritte Durchführungsgesetz/EWG zum VAG vom 21. 7. 1994 (BGBl. I S. 1630). Hier ist zunächst die Neufassung von § 10 VAG von Interesse. Dort sind diejenigen Informationen aufgeführt, die in den AVB zwingend gegeben werden müssen. Neugefaßt wurde § 10 I Nr. 4 VAG. Danach müssen die AVB über die vertraglichen Gestaltungsrechte des VN und des Versicherers sowie über die Obliegenheiten und Anzeigepflichten vor und nach Eintritt des Versicherungsfalls informieren. Nach § 10 I Nr. 6 VAG müssen die AVB jetzt auch vollständige Angaben über die inländischen Gerichtsstände enthalten.

Neu eingefügt wurde § 10 a VAG. Nach § 10 a I VAG haben die Versicherer zu gewährleisten, „daß der Versicherungsnehmer, wenn er eine natürliche Person ist, in einer **Verbraucherinformation** über die für das Versicherungsverhältnis maßgeblichen Tatsachen und Rechte vor Abschluß und während der Laufzeit des Vertrages nach Maßgabe der Anlage Teil D unterrichtet wird" (vgl. dazu Text Anhang D). Zu beachten ist weiterhin § 10 a III VAG. Danach dürfen die Antragsvordrucke „nur so viele Anträge auf Abschluß rechtlich selbständiger Versicherungsverträge enthalten, daß die Übersichtlichkeit, Lesbarkeit und Verständlichkeit nicht beeinträchtigt werden". Die Versicherer werden dies bei der Gestaltung von Sammelversicherungsanträgen und der Bündelung von Versicherungsverträgen zu beachten haben.

Zu erwähnen ist daneben § 81 VAG, der u. a. die sog. **Mißstandsaufsicht** regelt. Nach § 81 II VAG ist das BAV weiterhin berechtigt, gegenüber den Versicherern alle Anordnungen zu treffen, „die geeignet und erforderlich sind, um Mißstände zu vermeiden oder zu beseitigen". Über die Weiterführung der Mißstandsaufsicht wurde im Vorfeld der Neufassung des VAG kontrovers diskutiert. Das BVerwG hat in seinem Urteil vom 25. 6. 1998 jedoch klargestellt, daß das BAV auch nach dem Wegfall der präventiven Kontrolle von Versicherungsbedingungen befugt ist, im Wege anlaßbezogener nachträglicher Mißstandsaufsicht eine Klausel zu untersagen, deren Verwendung die Versicherten unangemessen benachteiligt. Weiterhin führt das BVerwG aus, daß die Rechtmässigkeit einer die Verwendung einer Klausel untersagenden Aufsichtsmaßnahme nicht davon abhängt, daß die Klausel bereits aufgrund einer zivilgerichtlichen Inhaltskontrolle für unwirksam erklärt wurde (BVerwG zu § 81 II Satz 1 VAG VerBAV 98 S. 280 und NJW 98 S. 3216). Damit steht fest, daß das BAV auf der Grundlage des § 81 II VAG auch Mißstände beseitigen kann, die nicht auf Verstößen gegen Rechtsvorschriften beruhen.

## Änderung des VVG 1.4.2

Das Dritte Durchführungsgesetz/EWG zum VAG vom 21. 7. 1994 führte auch zu einer Reihe von bedeutenden VVG-Änderungen.

Zunächst wurde § 5 a VVG eingefügt. Danach können die Versicherer wählen, ob sie die Verbraucherinformation nach § 10 a VAG dem VN bei Antragstellung aushändigen (Antragsverfahren) oder erst mit dem Versicherungsschein zusenden (Policenverfahren; vgl. M 2.4). Aus praktischen Gründen haben sich nahezu alle Versicherer dazu entschlossen, die zweite Variante zu wählen, d. h. sie senden dem VN die Verbraucherinformation in der Regel mit dem Versicherungsschein zu. In diesen Fällen gilt nach § 5 a I VVG der Vertrag erst dann als abgeschlossen, wenn der Versicherungsnehmer nicht innerhalb von 14 Tagen nach Überlassung der Unterlagen schriftlich widerspricht. Ausgenommen davon sind Fälle nach § 5 a III VVG, in denen der Versicherer auf besonderen Antrag des VN sofortigen Versicherungsschutz gewährt. Dann kann der Verzicht auf die Überlassung der Versicherungsbedingungen und der Verbraucherinformation bei Vertragsabschluß vereinbart werden. Jedoch sind die Unterlagen dem VN auf Anforderung, spätestens aber mit dem Versicherungsschein zu überlassen (vgl. M 4.9). Zu den Rechtsfolgen der dargestellten Regelungen gibt es inzwischen zahlreiche Veröffentlichungen

(z. B. VerBAV 1995 S. 312; Präve, ZfV 1994 S. 374; Schirmer, VersR 1996 S. 1045; Lorenz, VersR 1997 S. 773). Hier muß darauf verzichtet werden, diese Rechtsfragen im einzelnen zu behandeln (vgl. jedoch M 2.4 und 3.3).

Weiterhin wurde § 8 VVG in verschiedener Hinsicht geändert. Eine wichtige Änderung betrifft das ordentliche Kündigungsrecht. Nach § 8 III VVG kann ein Versicherungsverhältnis, das für eine Dauer von mehr als fünf Jahren eingegangen worden ist, zum Ende des fünften oder jedes darauf folgenden Jahres unter Einhaltung einer Frist von drei Monaten gekündigt werden. Damit hat die lang anhaltende Diskussion über die Zulässigkeit von mehrjährigen Versicherungsverträgen zunächst einmal einen Abschluß gefunden. Zwar können die Versicherer weiterhin Zehnjahresverträge abschließen, jedoch steht dem VN auch in diesen Fällen das ordentliche Kündigungsrecht nach § 8 III VVG zu. Daneben regelt § 8 IV VVG, daß dem VN bei mehrjährigen Vertragsabschlüssen ein Widerrufsrecht zusteht (vgl. VerBAV 95 S. 312). Er ist berechtigt, innerhalb einer Frist von 14 Tagen ab Unterzeichnung des Versicherungsantrags seine auf den Vertragsabschluß gerichtete Willenserklärung schriftlich zu widerrufen. Jedoch beginnt die Frist erst zu laufen, wenn der Versicherer den VN über das Widerspruchsrecht belehrt und der VN dies durch Unterschrift bestätigt hat. Unterbleibt diese Belehrung, so erlischt das Widerrufsrecht erst einen Monat nach Zahlung der ersten Prämie. Dies gilt nicht, wenn der Versicherer auf Wunsch des VN sofortigen Versicherungsschutz gewährt hat oder wenn die Versicherung nach dem Inhalt des Antrags für die bereits ausgeübte gewerbliche oder selbständige berufliche Tätigkeit des VN bestimmt ist (Einzelheiten s. M 3.4).

Daneben ist noch darauf hinzuweisen, daß § 31 VVG dem VN ein uneingeschränktes Kündigungsrecht bei Prämienerhöhungen aufgrund einer Anpassungsklausel einräumt. Diese Regelung ist jedoch für die Wohngebäudeversicherung unbeachtlich, weil die Gleitende Neuwertversicherung Prämienanpassungsklauseln nicht gleichgestellt werden kann, da sie die entscheidenden Charakteristika einer Summenanpassungsklausel aufweist (vgl. P 4.1.3).

Zusammenfassend ist festzustellen, daß die dargestellten Änderungen des VVG ebenso wie die Anpassungen des VAG im wesentlichen den Verbraucherschutz privater Versicherungsnehmer verbessern sollen. Damit versucht der Gesetzgeber die Risiken aus der Liberalisierung des europäischen Binnenmarktes für private Versicherungsnehmer einzugrenzen.

Aufgrund der dargestellten Änderungen des VVG mußten die AVB für die Sachversicherung überarbeitet werden. Diese Überarbeitung der AVB Sach wurde genutzt, um eine Reihe weiterer Bestimmungen der AVB an die Entwicklung von Recht und Rechtsprechung anzupassen. Für diejenigen Verträge, die ab dem 1. 7. 1994 abgeschlossen wurden, gelten auch die Geschäftsplanmäßigen Erklärungen der Versicherer nicht mehr. Für alle vor diesem Zeitpunkt abgeschlossenen Verträge sind sie jedoch weiterhin wirksam und müssen nach wie vor beachtet werden. Daneben hat das BAV die Erwartung geäußert, daß die Geschäftsplanmäßigen Erklärungen Nr. 2 – 4 zu den SGIN 79 a von den Wohngebäudeversicherern weiterhin beachtet werden (Einzelheiten vgl. VerBAV 94 S. 287 und S. 356).

## 1.4.3 Überleitung der Gebäudeversicherungsmonopole

Die Überleitung der Gebäudeversicherungsmonopole vollzog sich in zwei Schritten. Den ersten Schritt markiert das Gesetz zur Überleitung landesrechtlicher Gebäudeversicherungsverhältnisse vom 22. 7. 1993 (BGBl. I S. 1282, 1286). Es ermächtigt die Bundesländer, die bisher bei den nach Landesrecht bestehenden Gebäudemonopolversicherern bestehenden Versicherungsverhältnisse in unbefristete vertragliche Versicherungsverhältnisse nach dem VVG überzuleiten. Dabei waren die AVB und die Tarife entsprechend den bisher geltenden Bedingungen festzulegen. Davon haben in den Jahren 1993 und 1994 alle Bundesländer Gebrauch gemacht. Sie erließen Landesgesetze. Die bestehenden Gebäudeversicherungsmonopole wurden dadurch aufgehoben. Die Gebäudeversicherungsverhältnisse wurden in unbefristete vertragliche Versicherungsverhältnisse nach dem VVG übergeleitet. Die nachfolgenden Angriffe privater Versicherer auf die Versicherungsbestände der ehemaligen Pflicht- und Monopolanstalten waren nicht sehr erfolgreich. Zwar konnten die übergeleiteten Versicherungsverhältnisse mit einer Frist von drei Monaten in der Regel zum 31. 12. 1994 gekündigt werden, jedoch enthielten die Überleitungsgesetze daneben besondere Bestimmungen zum Schutz der Realrechtsgläubiger. Eine Kündigung des Versicherungsvertrages durch den VN war danach nur wirksam, wenn er bis zu dem Zeitpunkt, zu dem die Kündigung wirksam werden sollte, entweder durch einen Grundbuchauszug nachgewiesen hatte, daß in dem Zeitpunkt, zu dem die Kündigung spätestens zulässig war, das Grundstück nicht mit Hypotheken, Grund- oder Rentenschulden oder Reallasten belastet war, oder aber die Zustimmungserklärungen der Gläubiger vorgelegt hatte. Praktisch bedeutete dies, daß bei jeder Kündigung ein Grundbuchauszug beigebracht werden mußte. War das Grundstück belastet, mußte daneben die Zustimmungserklärung der Gläubiger zur Kündigung eingeholt werden. Viele VN scheuten den damit verbundenen Zeit- und Kostenaufwand. Die Versuche der privaten Wettbewerbsversicherer, diese Regelungen wegen eines Verstosses gegen §§ 1, 3 UWG als unwirksam einzustufen, waren nicht erfolgreich (s. OLG Frankfurt VersR 94 S. 1184). Daran liegt es u. a., daß die Versicherungsbestände von den ehemaligen Pflicht- und Monopolanstalten bisher weitgehend gehalten werden konnten.

## Europäisches Wettbewerbs- und Kartellrecht 2

Die Darstellung des Europäischen Binnenmarktes für Versicherungen wäre unvollständig ohne einen kurzen Abriß des europäischen Wettbewerbs- und Kartellrechts. Dabei beschränkt sich die nachfolgende Betrachtung auf die Untersuchung der Frage, welche Möglichkeiten der Zusammenarbeit die Versicherer im Europäischen Binnenmarkt insbesondere bei der gemeinsamen Entwicklung von AVB und Tarifierungsgrundlagen haben. Grundlage für die Beantwortung dieser Frage sind die rechtlichen Rahmenbedingungen im Europäischen Binnenmarkt.

### Wettbewerbsregeln des Vertrages zur Gründung der Europäischen Wirtschaftsgemeinschaft (EWGV) 2.1

Maßgebend dafür sind die Wettbewerbsregeln, die im Vertrag zur Gründung der Europäischen Wirtschaftsgemeinschaft (EWGV) verankert sind. Besondere Bedeutung hat in diesem Zusammenhang Art. 85 EWGV. Dort ist in Abs. 1 allgemein das Verbot wettbewerbsbehindernder Vereinbarungen niedergelegt. Verboten sind danach alle Vereinbarungen zwischen Unternehmen, Beschlüsse von Unternehmensvereinigungen und aufeinander abgestimmte Verhaltensweisen, welche geeignet sind, den Handel zwischen den Mitgliedstaaten der EU und den Wettbewerb innerhalb des Gemeinsamen Marktes zu beeinträchtigen. Es gibt jedoch Ausnahmen von diesem grundsätzlichen Verbot wettbewerbsbehindernder Vereinbarungen oder Beschlüsse. Nach Art. 85 Abs. 3 EWGV kann die EU-Kommission vom Rat der EU ermächtigt werden, eine sog. Gruppenfreistellungsverordnung zu erlassen, die den Versicherungsunternehmen u. a. die Zusammenarbeit auf den Gebieten Schaden- und Risikostatistik, Festsetzung und unverbindliche Empfehlung von Netto-Prämienrichtlinien, Erstellung von Muster- AVB, gemeinsame Deckung bestimmter Arten von Risiken und Sicherheitstechnik in einem festzulegenden Umfang gestattet. Der Rat der EU hat dafür eine entsprechende Ermächtigungsverordnung erlassen (vgl. VerBAV 91 S. 385). In der Begründung dazu wird ausdrücklich betont, daß für „ein ordnungsgemäßes Funktionieren der Versicherungswirtschaft ....... bis zu einem gewißen Grad die Zusammenarbeit zwischen Unternehmen dieses Wirtschaftszweiges wünschenswert“ ist. Daneben wird herausgestellt, daß diese Zusammenarbeit gleichzeitig auch zur Wahrung der Interessen der Verbraucher beitragen kann (vgl. a. a. O.).

## 2.2 Gruppenfreistellungsverordnung für den Bereich der Versicherungswirtschaft (GVO)

Aufgrund dieser Ermächtigung hat die EU-Kommission die Verordnung (EWG) Nr. 3932/92 über die Anwendung von Art. 85 Abs. 3 EWG-Vertrag auf bestimmte Gruppen von Vereinbarungen, Beschlüssen und aufeinander abgestimmten Verhaltensweisen im Bereich der Versicherungswirtschaft vom 21. 12. 1992 erlassen (ABlEG Nr. L 398 S. 7 vom 31. 12. 1992).

Nach Art. 1 GVO wird Art. 85 Abs. 1 EWGV auf Vereinbarungen, Beschlüsse von Unternehmensvereinigungen und aufeinander abgestimmte Verhaltensweisen im Bereich der Versicherungswirtschaft für nicht anwendbar erklärt, die eine Zusammenarbeit zum Gegenstand haben bei:

a) der gemeinsamen Festsetzung von Risikoprämientarifen, die auf gegenseitig abgestimmten Statistiken oder der Anzahl der Schadensfälle beruhen;

b) der Erstellung von Mustern für Allgemeine Versicherungsbedingungen;

c) der gemeinsamen Deckung bestimmter Arten von Risiken;

d) der gemeinsamen Aufstellung von Regeln für die Prüfung und Anerkennung von Sicherheitsvorkehrungen.

Für die Wohngebäudeversicherung sind insbesondere die unter a) und b) genannten Sachverhalte von Bedeutung. Sie werden nachfolgend untersucht.

### 2.2.1 Berechnung der Prämie

Nach Art. 2 GVO gilt die Freistellung im Sinne von Art. 1 a GVO für Vereinbarungen, Beschlüsse und aufeinander abgestimmte Verhaltensweisen, die sich erstrecken auf:

a) die Berechnung und Bekanntgabe der Durchschnittskosten für die Deckung der Risiken (Nettoprämien).
Dies hat durch die Zusammenstellung von Daten zu erfolgen, die sich auf die als Beobachtungszeitraum gewählte Anzahl von Risiko-Jahren beziehen und die identische

oder vergleichbare Risiken in ausreichender Zahl betreffen, damit eine statistisch auswirkbare Größe entsteht und insbesondere folgendes beziffert werden kann:

- die Anzahl der Schadensfälle in dem genannten Zeitraum;
- die Anzahl der in dem Beobachtungszeitraum in jedem Risiko-Jahr versicherten einzelnen Risiken;
- die Gesamtheit der innerhalb dieses Zeitraums aufgrund der aufgetretenen Schadensfälle geleisteten oder geschuldeten Zahlungen;
- der Gesamtbetrag der Versicherungssummen pro Risiko-Jahr während des gewählten Beobachtungszeitraums;

b) die Durchführung und Bekanntgabe der Ergebnisse von Studien über die wahrscheinlichen Auswirkungen allgemeiner, außerhalb des Einflußbereichs der beteiligten Unternehmen liegender Umstände auf die Häufigkeit oder den Umfang von Schadensfällen.

Art. 3 GVO bestimmt, daß die Freistellung unter der Voraussetzung gilt, daß

a) die in Art. 2 GVO genannten Berechnungen, Tafeln und Studien mit dem ausdrücklichen Hinweis auf ihre Unverbindlichkeit aufgestellt und bekanntgegeben werden;

b) die in Art. 2 a GVO genannten Berechnungen und Tabellen unter keinen Umständen die Sicherheitszuschläge, den Ertrag der Rückstellungen, die Verwaltungs- und Vertriebskosten einschließlich der Vermittlerprovisionen, die Steuern oder sonstigen Abgaben oder den erwarteten Gewinn der teilnehmenden Unternehmen einschließen;

c) die in Art. 2 GVO genannten Berechnungen, Tafeln und Studien eine Identifizierung der beteiligten Unternehmen nicht ermöglichen.

Die dargestellten Regelungen schaffen die rechtliche Grundlage dafür, daß die deutschen Wohngebäudeversicherer auch im Europäischen Binnenmarkt weiterhin gemeinsam Nettoprämienrichtlinien für die Verbundene Wohngebäudeversicherung erstellen und unverbindlich empfehlen können. Die Grenzen zwischen den in Art. 2 a und Art. 2 b GVO geregelten Sachverhalte sind fließend. Daher werden die unverbindlichen Netto-Prämienempfehlungen jetzt in die Form unverbindlicher Studien gekleidet. Eine derartige unverbindliche Empfehlung hat der GDV für die Wohngebäudeversicherung zuletzt im Jahr 1997 gegeben.

Im Verhältnis zur bisherigen Vorgehensweise liegt darin keine grundlegende materielle Änderung. Ein wichtiger formaler Unterschied besteht jedoch darin, daß in den Studien die aufbereiteten Ergebnisse der Risikostatistik lediglich dargestellt und begründet werden. Es liegt dann am einzelnen Versicherer, wie er auf der Grundlage dieses Zahlenmaterials seinen individuellen Tarif für die Wohngebäudeversicherung gestaltet. Im Gegensatz zur bisherigen Handhabung erstellt der GDV jedoch keine umfassende durchstrukturierte Nettotarifempfehlung (vgl. 1. Auflage Anhang A 3). Diese formale Änderung führt dazu, daß die Unternehmenstarife nicht nur hinsichtlich der Beitragssätze, sondern auch hinsichtlich ihrer sonstigen Inhalte und ihres Aufbaus voneinander abweichen. Im Zusammenwirken mit der um sich greifenden Differenzierung des Versicherungsumfangs (vgl. I. 3.2) verstärkt sich dadurch die Gefahr, daß die gemeinsame statistische Grundlage für die Tarifkalkulation zerstört wird.

### 2.2.2 Muster Allgemeiner Versicherungsbedingungen

Grundvoraussetzung für die gemeinsame Erarbeitung unverbindlicher Nettoprämien sind identische oder vergleichbare Risiken in den Vertragsbeständen der beteiligten Versicherer. Dies wiederum setzt voraus, daß die Struktur der Deckungskonzepte und damit auch die AVB bei den einzelnen Versicherern in ihren Grundzügen übereinstimmen. Ansonsten sind die Schaden- und Risikostatistiken der Versicherer nicht vergleichbar und können nicht Grundlage der gemeinsamen Berechnung von Nettotarifen sein.

Folgerichtung bestimmt Art. 5 Nr. 1 GVO, daß die Freistellung im Sinne von Art. 1 b GVO auch gilt für Vereinbarungen, Beschlüsse und aufeinander abgestimmte Verhaltensweisen, welche die Aufstellung und Bekanntgabe von Mustern allgemeiner Versicherungsbedingungen für die Direktversicherung zum Gegenstand haben. Art. 6 GVO knüpft diese Freistellung aber an bestimmte Voraussetzungen. Sie gilt unter der Voraussetzung, daß die AVB

a) mit dem ausdrücklichen Hinweis auf ihre Unverbindlichkeit aufgestellt und bekanntgegeben werden;

b) ausdrücklich auf die Möglichkeit der Vereinbarung abweichender Klauseln hinweisen;

c) für jede interessierte Person zugänglich sind und auf einfache Anfrage hin übermittelt werden.

In Art. 7 GVO sind weitere Anforderungen an den Inhalt der Muster-AVB verankert. Sie betreffen u. a. die Gestaltung von Bestimmungen über Haftungsausschlüsse, über Prämien- und Haftungsanpassungen sowie über die Laufzeit und Vertragsverlängerungen. Im einzelnen kann hier darauf nicht eingegangen werden. Ausschlaggebend ist, daß die deutschen Wohngebäudeversicherer unter den dargestellten Bedingungen auch im Europäischen Binnenmarkt weiterhin die Möglichkeit haben, gemeinsam Muster-AVB zu erstellen, zu verbreiten und zu empfehlen. Unabdingbar ist dabei jedoch der unverbindliche Charakter derartiger Empfehlungen. Die dargestellte Freistellung erstreckt sich nach Art. 7 Nr. 2 GVO nicht auf Unternehmen oder Unternehmensvereinigungen, die sich abstimmen, verpflichten oder es anderen Unternehmen auferlegen, von der Verwendung anderer Versicherungsbedingungen als den in Art. 5 Abs. 1 GVO genannten Musterbedingungen abzusehen.

## 3 Auswirkungen des Europäischen Binnenmarktes auf die Wohngebäudeversicherung

Seit der Vollendung des Europäischen Binnenmarktes sind mehr als vier Jahre vergangen. Deshalb lassen sich eine Reihe von Feststellungen zu den bisherigen Auswirkungen des Binnenmarktes auf die Wohngebäudeversicherung treffen.

### 3.1 Niederlassungs- und Dienstleistungsfreiheit

Zunächst wird die Frage untersucht, ob die Niederlassungs- und Dienstleistungsfreiheit im Europäischen Binnenmarkt dem Marktgeschehen auf dem deutschen Wohngebäudeversicherungsmarkt nennenswerte Impulse gegeben hat. Diese Frage ist mit einem klaren Nein zu beantworten. Weder haben sich ausländische Wohngebäudeversicherer in nennenswertem Umfang in Deutschland niedergelassen, noch werden grenzüberschreitend Wohngebäudeversicherungen von im Ausland niedergelassenen Versicherern auf dem deutschen Markt abgesetzt. Die Ursachen dafür liegen sowohl bei den Verbrauchern als auch bei den Versicherern. Zunächst ist festzustellen, daß private Verbraucher generell den Versicherungsangeboten ausländischer Versicherer zurückhaltend begegnen. Das mag insbesondere an der verbreiteten Verunsicherung der Verbraucher durch die inzwischen weit fortgeschrittene Intransparenz des Marktes infolge der Vielfalt der angebotenen Versicherungsprodukte liegen. Private Verbraucher sind mit der Bewertung von Versicherungsprodukten in der Regel überfordert. Sie handeln nach dem Motto „Keine Experimente". Daher halten sie sich an das Bekannte und Bewährte, in der Hoffnung, dabei nicht übervorteilt zu werden.

Dabei spielt es auch eine Rolle, daß die Wohngebäudeversicherung ein vergleichsweise anspruchsvolles und beratungsintensives Produkt ist. Die Unsicherheit der Verbraucher wird dadurch noch gesteigert. Zugleich wird aber auch der Marktzutritt für ausländische Versicherer erschwert. Das Versicherungsgeschäft in den beratungsintensiven Sparten des Breitengeschäfts ist ein lokales Geschäft. Erfolgreich sind diejenigen Versicherer, die an den lokalen Märkten insbesondere im Vertrieb über eine schlagkräftige Infrastruktur verfügen. Da die Absatzwege Maklervertrieb und Direktvertrieb in den genannten Sparten wenig erfolgversprechend sind, setzt das Eindringen in neue Märkte eine kompetente und schlagkräftige Verkaufsorganisation voraus. Der Aufbau einer solchen Organisation kostet Zeit und Geld. Den Versicherern fehlt aber meist entweder die Geduld oder die Finanzkraft, häufig aber auch beides. Finanzkräftige Unternehmen, die in neue Märkte eindringen wollen, gründen dort in den seltensten Fällen Niederlassungen, sondern versuchen am lokalen Markt etablierte Versicherer zu übernehmen. Es mag sein, daß die Vollendung des Europäischen Binnenmarktes den ohnehin vorhandenen Trend zu Unternehmensübernahmen, zu Unternehmenszusammenschlüssen und damit auch zu großen internationalen Konzernen verstärkt hat. Sicher ist aber, daß die Konzentrationsbestrebungen in der Versicherungswirtschaft die europäischen Versicherungsmärkte in den zurückliegenden Jahren sehr viel stärker verändert haben als die Niederlassungs- und Dienstleistungsfreiheit.

## Wegfall der Bedingungsgenehmigungspflicht 3.2

Großen Einfluß auf die Entwicklung der Wohngebäudeversicherung hat die Aufhebung der Bedingungsgenehmigungspflicht durch die Dritte Koordinierungsrichtlinie Schadenversicherung (vgl. I. 1.3.1). Dadurch wurde der Grundsatz der Einheitlichkeit der AVB in der Wohngebäudeversicherung aufgehoben. Die unmittelbare Folge davon ist der zunehmende Verlust an Markttransparenz, da nun jeder Wohngebäudeversicherer ohne weiteres unternehmenseigene AVB entwickeln und verwenden kann, sofern er dabei das geltende Recht respektiert. Das Recht der Verbände, im Rahmen der GVO Muster-AVB unverbindlich zu empfehlen (vgl. I. 2.2.2), schafft lediglich einen bescheidenen Ausgleich. Fraglich ist, ob dadurch dauerhaft eine Teilmarkttransparenz erhalten werden kann.

Scheinbar ist in der Wohngebäudeversicherung auf der Bedingungsseite die Markttransparenz auch nach der Deregulierung auf den ersten Blick derzeit noch erhalten. Die allermeisten Versicherer verwenden für den Abschluß von Wohngebäudeversicherungsverträgen weiterhin die vom Verband entwickelten und vom BAV in der Phase der Regulierung genehmigten VGB 88 in weitgehend unveränderter Fassung. Verschiedene

Wohngebäudeversicherer haben vereinzelte Haftungserweiterungen wie z. B. die Mitversicherung von sog. Grafitti-Schäden, den Einschluß von Rückstauschäden oder die Erhöhung von Entschädigungsgrenzen eingeführt (vgl. I. 3.5). Die Grundzüge der VGB 88 wurden aber auch in diesen Fällen nicht verändert. Die im März 1999 vom GDV nach Maßgabe der GVO unverbindlich empfohlenen VGB 88 n. F. sollen dazu beitragen, diesen Zustand zu erhalten.

Dennoch ist die Markttransparenz auch in der Wohngebäudeversicherung tatsächlich bereits stark gestört. Dies liegt in erster Linie daran, daß sich die Versicherer nach und nach von der Grundstruktur „Grunddeckung nach VGB plus einzelvertragliche Haftungserweiterungen gegen Beitragszuschlag" abwenden. An die Stelle dieses sog. Baukastenprinzips treten geschlossene Paketdeckungen. Dabei haben sich in der Zwischenzeit sog. dreistufige Produktlinien durchgesetzt, die in der Regel nach demselben Prinzip konzipiert wurden. Mittelpunkt dieser Produktlinien ist zumeist ein Standardprodukt nach Maßgabe der VGB 88. Dieses Standardprodukt wird auf der einen Seite ergänzt durch eine Billigvariante, die häufig mit Hilfe der Vereinbarung von Selbstbehalten preislich attraktiv gestaltet wird. Auf der anderen Seite steht ein teures Komfortprodukt, das zumeist dadurch entsteht, daß alle oder verschiedene Haftungserweiterungen (Bausteine) zu den VGB 88 mit der Grunddeckung nach den VGB 88 zu einem Paket zusammengeschnürt werden. Dabei hat jede Produktlinie ihre eigenen AVB. Der Vorteil derartiger Produkte für den Versicherer liegt darin, daß er auch bei den Haftungserweiterungen eine relativ hohe Marktdurchdringung erreicht, da die Haftungserweiterungen obligatorisch im Produkt verschnürt sind. Sie können infolgedessen zumeist vom VN nicht entsprechend seiner individuellen Risikolage selektiv abgewählt bzw. bedarfsgerecht gestaltet werden (vgl. I. 3.5).

Eine umfassende systematische Übersicht über die am Markt angebotenen Produkte haben weder die Versicherer noch das BAV. Die vom BAV favorisierte Idee einer sog. AVB-Datenbank wurde nicht umgesetzt. Zwar gibt es beim GDV spartenbezogene Sammlungen von AVB und Antragsformularen. Sie können jedoch keinesfalls einen Anspruch auf Vollständigkeit erheben und werden vermutlich auch nicht systematisch ausgewertet. Unter diesen Umständen kann auch nicht davon ausgegangen werden, daß Verbraucher oder Verbraucherverbände einen Überblick über die am Markt angebotenen Produkte haben. Zwar werden vor allem in Verbraucherzeitschriften immer wieder Produktvergleiche angestellt. Sie weisen indessen erheblich Lücken und Mängel auf. Zumeist beschränken sie sich auf den Vergleich häufig angebotener Standardprodukte. Abweichungen zwischen den Produkten werden in der Regel nicht bewertet und schon gar nicht quantifiziert, sondern in Fußnoten erwähnt.

Als Zwischenbilanz bleibt die Feststellung, daß sich die Produktpalette in der Wohngebäudeversicherung nach der Deregulierung signifikant verbreitert hat. Zweifelhaft ist indessen, ob sich die Erwartung des Rates der EG erfüllt hat, daß der Verbraucher mit der Realisierung des Europäischen Binnenmarktes für Versicherungen „Zugang zu einer möglichst weiten Palette von in der Gemeinschaft angebotenen Versicherungsprodukten hat, um aus ihnen das seinen Bedürfnissen am besten entsprechende Angebot auswählen zu können" (Erwägungsgrund 19 zur Dritten Koordinierungsrichtlinie Schadenversicherung a. a. O.). Unzweifelhaft ist dagegen, daß die Markttransparenz stark eingetrübt ist.

## Wegfall der Tarifgenehmigungspflicht 3.3

Durch den Wegfall der Tarifgenehmigungspflicht wurde der „Status quo" in der Wohngebäudeversicherung unmittelbar nicht materiell verändert. Auch im regulierten deutschen Versicherungsmarkt existierten keine behördlich genehmigten Tarife für die Wohngebäudeversicherung. Grundlage der Unternehmenstarife waren die Unverbindlichen Netto-Prämienrichtlinien des Verbandes für die Verbundene Wohngebäudeversicherung (vgl. 1. Auflage Anhang A 3). Der Verband kann derartige Nettotarife nach Maßgabe der GVO auch im deregulierten Markt weiterhin entwickeln und seinen Mitgliedsunternehmen unverbindlich empfehlen (vgl. I. 2.2.1). Es könnte der Eindruck entstehen, daß infolgedessen durch die Umsetzung der Dritten Koordinierungsrichtlinie Schadenversicherung tarifseitig keine grundlegenden Veränderungen eingetreten seien. Die Wirklichkeit sieht anders aus. Tatsächlich hat sich der Preiswettbewerb seit der Vollendung des Binnenmarktes dramatisch verschärft. Das hat die nachfolgenden Ursachen:

- Der in I. 3.2 dargestellte Produktwettbewerb heizt den Preiswettbewerb an. Das Motto heißt: Attraktive Produkte zu günstigen Preisen. Die Paketlösungen führen zu Verwerfungen in den Tarifstrukturen, verbunden mit versicherungstechnisch unsauberer Tarifgestaltung nach Marketingaspekten.
- Der Kampf um die Bestände der ehemaligen Monopolversicherer wurde zumeist über den Preis geführt (vgl. I. 3.4).
- Marktsättigung und rückläufige Bautätigkeit nach dem Auslaufen des sog. Wiedervereinigungsbooms führten zu einer Marktverengung und infolgedessen zur Verschärfung des Preiswettbewerbs.
- Der außerordentlich günstige Schadenverlauf insbesondere in der Sturmversicherung in den Jahren 1991 bis 1997 bescherte den Wohngebäudeversicherern gute Ergebnisse. Verbreitet verstärkte sich die Überzeugung, in den vom GDV empfohlenen Nettotarifen „sei Luft".

Der Preiswettbewerb führte dazu, daß die Wohngebäudeversicherung preisgünstiger wurde. Die vorangegangene Betrachtung belegt indessen, daß es unzutreffend wäre, dies allein oder überwiegend auf die Wirkung des Europäischen Binnenmarktes zurückzuführen.

## Beseitigung der Gebäudeversicherungsmonopole 3.4

Die Abschaffung der Gebäudeversicherungsmonopole führte zu einer Belebung des Wettbewerbs in der Wohngebäudeversicherung. Dies lag zunächst daran, daß die übrigen Versicherer die Bestände der ehemaligen Pflicht- und Monopolanstalten nach dem Fall der Monopolrechte angriffen. Es liegt auf der Hand, daß der Preis dabei eine wichtige Rolle spielte. Der angreifende Versicherer konnte in der Regel keinen höheren Preis als der besitzende Versicherer vereinbaren, ohne aber dessen Kostenvorteile zu haben. Dies führte dazu, daß Prämiensätze vereinbart wurden, die verbreitet unter den Tarifprämiensätzen lagen. Dennoch konnten die ehemaligen Pflicht- und Monopolversicherer vor allem aufgrund der Kündigungshürden zu Gunsten der Realrechtsgläubiger (vgl. I. 1.4.3) ihre Bestände zumindest im Breitengeschäft weitgehend halten. Dabei spielte es auch eine Rolle, daß sie in ihren regionalen Geschäftsgebieten nicht zuletzt aufgrund ihrer langen Tradition häufig Imagevorteile haben. Nach dem Fall der Monopole gingen diese Versicherer mehr und mehr dazu über, ihre Geschäftstätigkeit über die Feuerversicherung hinaus auf andere Versicherungszweige rund um das Gebäude wie die Leitungswasser- und Sturmversicherung auszudehnen. Dies führte zu einer weiteren Intensivierung des Wettbewerbs im Bestands-, vor allem aber im Neugeschäft.

## 3.5 Produktvielfalt und Verbraucherschutz

Der Europäische Binnenmarkt hat zu einer spürbaren Belebung des Wettbewerbs auf den Versicherungsmärkten geführt. Der Preiswettbewerb hat sich verschärft. Davon profitieren die Verbraucher. Der Leistungswettbewerb hat eine Vielzahl von neuen, aber nicht neuartigen Produkten in der Wohngebäudeversicherung hervorgebracht. Dadurch ist die davor vorhandene Markttransparenz verloren gegangen. Obwohl die befürchteten Mogelpackungen bisher ausgeblieben sind, hat der Verlust der Markttransparenz Nachteile für die Verbraucher. Wohngebäudeversicherung ist nicht mehr gleich Wohngebäudeversicherung. Ein reiner Preisvergleich ist keine zuverlässige rationale Basis für eine Kaufentscheidung. Er muß verknüpft werden mit einem Leistungsvergleich der verschiedenen Produkte.

In der nachfolgenden Übersicht sind die wesentlichen Haftungs- und Leistungsmerkmale zusammengestellt, die bei der sog. Produktgestaltung eingesetzt werden. Zumeist handelt es sich darum, daß die aufgeführten Tatbestände in Paketdeckungen integriert werden, ohne daß dafür Beitragszuschläge offen ausgewiesen werden.

### Variable Haftungs- und Leistungsmerkmale

Versicherte Sachen

- Sonstige Grundstücksbestandteile (Einfriedigungen, Außenbeleuchtung u. ä.)
- Bepflanzung des Grundstücks

Versicherte Kosten

- Aufräumungskosten für durch Sturm umgestürzte Bäume
- Dekontaminationskosten
- Mehrkosten infolge behördlicher Auflagen
- Rückreisekosten aus dem Urlaub anläßlich eines Versicherungsfalls
- Kosten für die Beseitigung von Gebäudebeschädigungen durch Einbruchdiebstahl bei Mehrfamilienhäusern (Klausel 7361)

Feuerversicherung

- Implosionsschäden
- Nutzwärmeschäden (Betriebs- oder Bearbeitungsschäden; Klausel 7161)
- Sengschäden
- Überspannungsschäden durch Blitz (Klausel 7160)

Leitungswasserversicherung

- Rückstauschäden
- Wasserverlust
- Schäden durch Wasser aus Aquarien (Klausel 7163) und Wasserbetten

Rohrbruchversicherung

- Wasserzuleitungs- und Heizungsrohre auf dem Versicherungsgrundstück, die nicht der Versorgung der versicherten Gebäude dienen (Klausel 7260)
- Wasserzuleitungs- und Heizungsrohre zwischen Grundstücksgrenze und Abzweig der Hauptwasserleitung (Klausel 7261)
- Ableitungsrohre außerhalb versicherter Gebäude auf dem Versicherungsgrundstück, die der Versorgung versicherter Gebäude dienen (Klausel 7262)
- Ableitungsrohre außerhalb des Versicherungsgrundstücks, die der Versorgung versicherter Gebäude dienen, soweit der VN dafür die Gefahr trägt
- Armaturen (Wasserhähne, Geruchsverschlüsse, Kompensatoren, Wassermesser u. ä.)

Weitere Elementarschäden

Grafitti-Schäden

Variable Selbstbehalte

Variable Entschädigungsgrenzen

Insbesondere die Vereinbarung variabler Entschädigungsgrenzen und variabler Selbstbehalte hat sich mittlerweile zu einem beliebten Gestaltungselement entwickelt. Dabei werden auch für die in der vorstehenden Übersicht aufgeführten Erweiterungen der Grunddeckung (Einschlüsse) häufig unterschiedliche Entschädigungsgrenzen vereinbart. Weiterhin ist zu berücksichtigen, daß die aufgeführten Leistungsmerkmale nicht nur zwischen den Angeboten verschiedener Versicherer variieren. Sie sind zumeist auch wichtige Gestaltungselemente mehrstufiger Produktlinien desselben Versicherers (vgl. I. 3.2 sowie die Antragsformulare Anhang A 8).

Private Verbraucher sind regelmäßig überfordert, wenn sie das Preis-/Leistungsverhältnis der verschiedenen Produkte vergleichen möchten. Einerseits sind sie zumeist nicht in der Lage, die Leistungsunterschiede zwischen verschiedenen Produkten klar und vollständig zu erkennen. Aber selbst dann, wenn dies gelingt, besteht eine weitere nahezu unlösbare Schwierigkeit. Sie liegt darin, daß bei einem Preis-/Leistungsvergleich als Grundlage für eine Kaufentscheidung die Leistungsunterschiede der Angebote nicht nur erkannt, sondern auch bewertet, d. h. preislich quantifiziert werden müssen. Damit sind private Verbraucher überfordert. Das nachfolgende keineswegs theoretische Beispiel belegt diese Feststellung. Es ist stark vereinfacht. Lediglich das Leistungsmerkmal „Selbstbehalt" wurde variiert.

Annahmen: Verbundene Wohngebäudeversicherung gegen Feuer-, Leitungswasser- und Sturmschäden; Versicherungssumme 1914: 20.000 M; für LW- und St-Schäden gelten die aufgeführten Selbstbehalte.

| Produkt | Selbstbehalt | Preis DM | Preis Index |
|---|---|---|---|
| A | kein SB | 500,– | 100 |
| B | 500,– DM | 420,– | 84 |
| C | 1 ‰ der Vers.-Summe*<br>max. 3.000,– DM | 400,– | 80 |
| D | 2 ‰ der Vers.-Summe*<br>max. 3.000,– DM | 350,– | 70 |

* multipliziert mit dem im Zeitpunkt des Versicherungsfalles für den Vertrag geltenden gleitenden Neuwertfaktor.

Sind alle Leistungsmerkmale der angebotenen Produkte mit Ausnahme der Selbstbehaltsregelung gleich, so genügt es, für den Leistungsvergleich die Selbstbehaltsregelungen vergleichbar darzustellen. Dazu muß der Verbraucher, der die Grundrechenarten beherrscht, einige Hürden nehmen. Er muß wissen, wie hoch der Versicherungswert 1914 des zu versichernden Gebäudes ist. Daneben muß er in Erfahrung bringen, wie hoch der Gleitende Neuwertfaktor ist, um den absoluten Betrag des Selbstbehalts für die Produkte C und D zu ermitteln. Für das Jahr 1999 ergibt sich das nachfolgende Bild:

Produkt C 1 ‰ von 20.000,– = 20 x 25,4 = 508 DM

Produkt D 2 ‰ von 20.000,– = 40 x 25,4 = 1016 DM

Jetzt erkennt der Verbraucher, daß der absolute Betrag der Selbstbehalte der Produkte B und C in seinem Fall etwa gleich hoch ist. Der Selbstbehalt des Produktes D ist doppelt so hoch. Zum Vergleich der Selbstbehaltsregelungen muß er aber daneben erkennen, daß der Selbstbehaltsbetrag beim Produkt B für die Dauer des Vertrages fest ist, während er bei den Produkten C und D über den gleitenden Neuwertfaktor dynamisiert wird. Bei steigenden Baupreisen verschiebt sich das Leistungsverhältnis zu Gunsten des Produktes B. Ähnlich verhält es sich, wenn die Versicherungssumme erhöht wird. Bei sinkenden Baupreisen und niedrigeren Versicherungssummen ist es umgekehrt.

Nach diesen gedanklichen Vorarbeiten muß der Verbraucher nun die Entscheidung treffen, welches der vier angebotenen Produkte er denn nun kaufen will. Sofern er Selbstbehalte grundsätzlich ablehnt, ist die Entscheidung einfach, er kauft Produkt A. Trifft er seine Kaufentscheidungen allein nach dem Preis, entscheidet er sich für das billigste Produkt D. Beide Entscheidungen sind indessen nicht rational. Es besteht die Gefahr, daß der Verbraucher eine falsche Entscheidung trifft bzw. übervorteilt wird. Eine rationale Entscheidung setzt einen Preis-/Leistungsvergleich voraus. Konkret müßte der Verbraucher dazu beispielsweise die Frage beantworten, ob das Produkt A ohne Selbstbehalt zum Preis von 500,– DM ein besseres Preis-/Leistungsverhältnis aufweist als das Produkt B mit einem Selbstbehalt von 500,– DM und einem um 16 % niedrigeren Preis, oder ob nicht doch das Produkt D mit einem Selbstbehalt von derzeit rund 1.000,– DM und einem um 30 % niedrigeren Preis ein günstigeres Preis-/Leistungsverhältnis hat. Diese Frage kann der Verbraucher nicht beantworten. Er kennt weder die Häufigkeit und die durchschnittliche Höhe noch die Verteilung der zu erwartenden Schäden. Deswegen kann er nicht die Frage beantworten, ob die Beitragsunterschiede bei der Vereinbarung der verschiedenen Selbstbehalte kalkulatorisch berechtigt und infolgedessen leistungsgerecht sind.

Es wird deutlich, daß Produktvielfalt und die damit verbundene Marktintransparenz den durchschnittlichen Verbraucher bei seinen Kaufentscheidungen vor schwierige Probleme stellt. Dabei wurde in dem dargestellten Beispiel lediglich ein Leistungsmerkmal variabel gestaltet. Die konkret angebotenen Produktlinien für die Wohngebäudeversicherung variieren dagegen bei bis zu zwanzig Leistungsmerkmalen. Dabei sind die zahlreichen Abweichungen durch unterschiedliche Entschädigungsgrenzen und Selbstbehalte noch nicht einmal berücksichtigt. Ein Preis-/Leistungsvergleich ist dann praktisch unmöglich. Es bestätigt sich, daß der Wettbewerb auf den deregulierten Versicherungsmärkten einerseits und die Markttransparenz andererseits in einem Spannungsverhältnis stehen. Der Interessenkonflikt zwischen freiem Wettbewerb und Verbraucherschutz ist evident. Er kann nicht völlig beseitigt werden. Allenfalls kann versucht werden, die nachteiligen Folgen des freien Wettbewerbs im Europäischen Binnenmarkt für Versicherungen für die Verbraucher abzumildern. Zu diesem Zweck haben der EU-Rat und der deutsche Gesetzgeber im Zuge der Realisierung des Europäischen Binnenmarktes für Versicherungen eine Reihe von gesetzgeberischen Maßnahmen ergriffen (vgl. I. 1.3.6, 1.4.1 und 1.4.2). Sie reichen jedoch nach allgemeiner Auffassung nicht aus, um einen angemessenen Verbraucherschutz im deregulierten Versicherungsmarkt sicherzustellen.

Verbraucherschutz ist aber nicht nur eine Angelegenheit des Gesetzgebers, der Verbraucherschutzverbände und der Aufsichtsbehörden. Die Versicherer sind gut beraten, wenn auch sie sich des Verbraucherschutzes annehmen. Ein ganz wesentlicher Beitrag dazu sind bedarfsgerechte verständliche Produkte, transparente AVB sowie eine faire Preisgestaltung.

Allerdings ist derzeit bereits festzustellen, daß insbesondere unternehmenseigene AVB diesen Anforderungen verschiedentlich nicht genügen. Das wird dazu führen, daß die richterliche **Kontrolle von AVB nach Maßgabe des AGBG** noch weiter an Bedeutung gewinnen wird. Seit der Deregulierung der Europäischen Versicherungsmärkte und dem Wegfall der präventiven AVB-Kontrolle duch das BAV hat die Inhaltskontrolle von AVB durch die Rechtsprechung bereits sehr stark zugenommen. Neben der Überprüfung der AVB nach §§ 3 „Überraschende Klauseln“ und 5 „Unklarheitenregel“ AGBG spielt vor allem die Überprüfung der AVB nach § 9 AGBG „Generalklausel“ eine Rolle. Dabei handelt es sich vor allem darum, daß die AVB daraufhin überprüft werden, ob sie mit §§ 3, 5 und 9 AGBG vereinbar sind. Nach § 3 AGBG „Überraschende Klauseln“ werden solche Bestimmungen in Allgemeinen Geschäftsbedingungen nicht Vertragsbestandteil, die nach den Umständen, insbesondere nach dem äußeren Erscheinungsbild des Vertrags, so ungewöhnlich sind, daß der Vertragspartner des Verwenders mit ihnen nicht zu rechnen braucht. Nach der in § 5 AGBG verankerten Unklarheitenregelung gehen Zweifel bei der Auslegung Allgemeiner Geschäftsbedingungen zu Lasten des Verwenders. Die Anwendung beider Bestimmungen durch die Rechtsprechung hat verschiedentlich dazu geführt, daß einzelne Regelungen in AVB durch die Rechtsprechung entweder für unwirksam erklärt oder zum Nachteil des Versicherers ausgelegt wurden. Die größte praktische Bedeutung bei der Überprüfung von AVB durch die Rechtsprechung hat jedoch § 9 AGBG. Nach dieser Generalklausel sind Bestimmungen in Allgemeinen Geschäftsbedingungen unwirksam, wenn sie den Vertragspartner des Verwenders entgegen den Geboten von Treu und Glauben unangemessen benachteiligen. Nach § 9 Abs. 2 AGBG ist eine unangemessene Benachteiligung im Zweifel anzunehmen, wenn eine Bestimmung

1. mit wesentlichen Grundgedanken der gesetzlichen Regelung, von der abgewichen wird, nicht zu vereinbaren ist oder

2. wesentliche Rechte oder Pflichten, die sich aus der Natur des Vertrages ergeben, so einschränkt, daß die Erreichung des Vertragszwecks gefährdet ist.

Aus diesen Regelungen hat die Rechtsprechung das sog. **Transparenzgebot** abgeleitet. Danach muß die Rechtsposition des VN in den AVB klar und durchschaubar formuliert sein, so daß ein durchschnittlicher VN bei verständiger Würdigung Gewißheit über seine vertraglichen Rechte und Pflichten hat. Fehlt es an dieser Transparenz, so liegt nach der Rechtsprechung bereits darin eine unangemessene Benachteiligung des VN, so daß intransparente Bestimmungen von AVB bereits insoweit nach § 9 AGBG unwirksam sind. Nach übereinstimmender Auffassung ist die Leistungsbeschreibung der AVB wegen § 8 AGBG „Schranken der Inhaltskontrolle" der Überprüfung durch die Rechtsprechung entzogen. Dennoch ist das AGBG eine scharfe Waffe, da auch Auslegung und Anwendungsbereich dieser Beschränkung richterlicher Kompetenzen letztlich durch die Gerichte selbst über die Rechtsprechung festgelegt werden. Infolgedessen ist davon auszugehen, daß die Gerichte künftig auch nach und nach dazu übergehen werden, neben den sog. sekundären Leistungsbeschreibungen (in erster Linie Ausschlüsse) auch die sog. primären Risikobeschreibungen (versicherte Sachen, versicherte Gefahren und Schäden) einer Inhaltskontrolle anhand der Regelungen des AGBG unterziehen. Es liegt auf der Hand, daß diese Entwicklung beschleunigt wird, wenn die Versicherer AVB verwenden, die unklar sind oder den VN unangemessen benachteiligen. Insbesondere die sog. Angemessenheitskontrolle von Ausschlußbestimmungen nach § 9 Abs. 2 AGBG wird weiter an Bedeutung gewinnen. Dies kann für die Wohngebäudeversicherer durchaus unangenehme Folgen haben. Gerichte neigen dazu, bei der Anwendung und Auslegung des AGBG Verbraucheraspekte vorrangig in Betracht zu ziehen. Das liegt daran, daß die Gerichte offensichtlich prinzipiell davon ausgehen, daß Verbraucher im Verhältnis zum Versicherer in einer schwächeren Position sind.

Daneben ist nicht zu übersehen, daß das aus dem Jahr 1908 stammende **VVG überaltert** ist und mit den veränderten wirtschaftlichen und rechtlichen Rahmenbedingungen auf den Versicherungsmärkten nicht mehr in Einklang steht. Auch die dadurch auftretenden Defizite versucht die Rechtsprechung auszugleichen. Auch dabei werden die Interessen der Verbraucher nachhaltiger in Betracht gezogen als die Interessen der Versicherer. Seit Jahren wird über eine grundlegende Reform des VVG diskutiert. Sie wurde bisher nicht auf den Weg gebracht, obwohl sie überfällig ist.

Weiterhin gehen die Gerichte nach und nach dazu über, den Versicherern und ihren Vermittlern **gesteigerte Aufklärungs- und Beratungspflichten** beim Abschluß des Versicherungsvertrages und während der Vertragslaufzeit aufzuerlegen. Auch diese Tendenz wird damit begründet, daß nach der Deregulierung die Belange der Versicherten durch die Rechtsprechung stärker geschützt werden müssen (Einzelheiten vgl. Römer, VersR 98 S. 1313). In der Praxis treffen diese Aufklärungs- und Beratungspflichten in erster Linie die Vermittler der Versicherer. Die Anforderungen an ihre Qualifikation und Beratungskompetenz sind aufgrund der Tarif- und Produktvielfalt enorm gestiegen. In vielen Fällen sind sie diesen Anforderungen nicht gewachsen. Das liegt u. a. daran, daß es immer noch keine rechtlichen Regelungen für die Vermittlertätigkeit gibt, in denen insbesondere der Kompetenznachweis und die Haftung für falsche oder mangelhafte Beratung geregelt sind. Auch die Bemühungen der EU-Kommission, auf europäischer Ebene eine Versicherungsvermittlerrichtlinie auf den Weg zu bringen, haben bisher zu keinen greifbaren Ergebnissen geführt.

## Einführung des Euro 4

Die Rechtsgrundlage für die Schaffung der Europäischen Währungsunion ist der Vertrag über die Europäische Union vom 7. 2. 1992 (Maastrichter Vertrag). Die Rechtsgrundlage für die Einführung des Euro bilden zwei Verordnungen. Die Verordnung (EG) Nr. 1103/97 des Rates vom 17. 6. 1997 über bestimmte Vorschriften im Zusammenhang mit der Einführung des Euro (Vorbereitungsverordnung – Vorbereitungs-VO; ABlEG Nr. L 162 vom 19. 6. 1997) und die Verordnung (EG) Nr. 974/98 des Rates vom 3. 5. 1998 über die Einführung des Euro (Einführungsverordnung – Einführungs-VO; ABlEG Nr. L 139 vom 11. 5. 1998). Das deutsche Recht wurde durch das Gesetz zur Einführung des Euro vom 9. 6. 1998 angepaßt (Euro-Einführungsgesetz; BGBl. I 1998 S. 1242).

Der Euro wurde zum 1. 1. 1999 als gemeinschaftliche Währung der an der Europäischen Währungsunion teilnehmenden Staaten eingeführt. Er tritt an die Stelle der nationalen Währungen. An die Stelle von Mark und Pfennig treten in der Bundesrepublik Deutschland Euro und Cent. Die Umstellung erfolgt in zwei Stufen.

**Übergangsstufe:** 1. 1. 1999 bis 31. 12. 2001

In der Übergangszeit steht der Euro zunächst nur als Buchgeld zur Verfügung. Bis 31. 12. 2001 können Euro und nationale Währungen nebeneinander gebraucht werden. Die nationalen Banknoten und Münzen sind weiterhin gesetzliches Zahlungsmittel.

**Endstufe:** Ab 1. 1. 2002

Euro-Banknoten und Euro-Münzen werden ab 1. 1. 2002 ausgegeben. Spätestens 6 Monate später verlieren die nationalen Banknoten und Münzen ihre Gültigkeit. Der Euro ist dann alleiniges gesetzliches Zahlungsmittel. Die Übergangsfrist kann jedoch durch nationale Regelungen abgekürzt werden.

Die Verwirklichung der Europäischen Währungsunion und die Einführung des Euro haben vielfältige Auswirkungen auf die Versicherungswirtschaft. Sie können hier nicht umfassend dargestellt werden. Nachfolgend werden diejenigen Probleme untersucht, die bei der Umstellung des Bestandes an Versicherungsverträgen, der AVB und der Tarife in der Wohngebäudeversicherung auftreten können.

## Umstellung des Bestandes an Versicherungsverträgen 4.1

Durch die Umstellung der Vertragsbestände müssen die Versicherer sicherstellen, daß ab 1. 1. 2002 alle Versicherungsverträge von den Vertragsparteien in Euro erfüllt werden können. Die Voraussetzungen dafür müssen bei den auf DM laufenden Versicherungsverträgen rechtzeitig vor dem 1. 1. 2002 durch Umrechnung von DM auf Euro geschaffen werden. Dafür gelten die folgenden **Grundsätze:**

1. Für einen Euro wird ein Kurs festgesetzt, der angibt, wievielen nationalen Währungseinheiten er entspricht. Die Umrechnung hat mit sechs signifikanten Stellen zu erfolgen. Die Umrechnung von DM auf Euro erfolgt zum Kurs von 1 Euro = 1,95583 DM.
2. Die mit Hilfe dieses Umrechnungsfaktors von DM auf Euro umgestellten Beträge werden kaufmännisch auf zwei Stellen hinter dem Komma centgenau gerundet.
3. Es gilt Vertragskontinuität, jedoch darf durch die Umstellung von DM auf Euro u. a. das Preis-/Leistungsverhältnis nicht verändert werden.

4. Ab 1. 1. 2002 ist eine Altbezeichnung in DM als Bezugnahme auf den Euro zum Umrechnungskurs zu lesen. Die Versicherer sind infolgedessen nicht gezwungen, zu diesem Zeitpunkt die Vertragsunterlagen anzupassen und die Verbindlichkeiten in Euro auszudrücken. Vielmehr müssen die Verträge in Euro erfüllt, d. h. vor allem auch die Geldleistungen in Euro erbracht werden.

Daraus folgt, daß die Versicherer bei der Bestandsumstellung in erster Linie die Voraussetzungen dafür schaffen müssen, daß ab 1.1.2002 fällige Beiträge in Euro ausgedrückt werden, ohne daß durch die Umstellung das Preis-/Leistungsverhältnis verändert wird. Nachfolgend werden anhand von **Berechnungsbeispielen** die bei der Bestandsumstellung in der Gleitenden Neuwertversicherung auftretenden besonderen Probleme dargestellt.

Den Berechnungsbeispielen liegen die folgenden Annahmen zugrunde: Es besteht ein Wohngebäudeversicherungsvertrag mit einer Versicherungssumme von 30.000 M und einem Beitragssatz von 0,72 ‰. Der gleitende Neuwertfaktor beträgt 25,4. Der Umrechnungskurs ist 1 Euro = 1,95583 DM. Zur besseren Verständlichkeit wird auf die Rundung der Beiträge auf eine Dezimalstelle hinter dem Komma verzichtet. Es ist ohnehin davon auszugehen, daß diese Rundungsmöglichkeit nach § 5 Abs. 4 Versicherungssteuergesetz zum 1. 1. 2002 aufgehoben wird. Bei allen Berechnungen wird kaufmännisch auf zwei Stellen hinter dem Komma gerundet.

4.1.1 Der Beitrag in DM beläuft sich auf:

30.000 x 0,72 ‰ = 21,60 DM x 25,4 = 548,64 DM.

Die **geforderte centgenaue Umrechnung des Beitrags von DM auf Euro** führt zu folgendem Ergebnis:

548,64 DM : 1,95583 = 280,52 EUR

Auf diese Weise lassen sich die mit der Währungsumstellung verbundenen Umstellungsprobleme auf den ersten Blick ohne weiteres lösen, indem aus den Vertragsbeständen die fälligen Beiträge in DM erzeugt und anschließend mit Hilfe des Umrechnungskurses auf Euro umgerechnet werden. Diese Lösung kann jedoch allenfalls ein Notbehelf sein, da sie aus der Sicht des Versicherers und des VN unbefriedigend ist. Niemand würde verstehen, daß Jahre oder gar Jahrzehnte nach Einführung der neuen Währung die Beiträge in Euro, die Versicherungssummen aber weiterhin in Mark ausgedrückt werden. Eine derartige Lösung würde beim Versicherer daneben eine ganze Reihe von technischen Problemen schaffen.

4.1.2 Infolgedessen bietet es sich an, anstelle der wiederkehrenden Umrechnung der Beiträge bei Fälligkeit einmal **die Versicherungssumme 1914 von Mark auf Euro umzurechnen**, so daß bei jeder Fälligkeit der Beitrag nach der Formel

Versicherungssumme 1914 in Euro x Beitragssatz ‰ x Gleitender Neuwertfaktor
= Beitrag in Euro

ohne weiteres zu berechnen ist. Es könnte angezweifelt werden, daß die Umrechnung der Versicherungssumme 1914 mit Hilfe der für DM-Beträge geltenden Euro-Parität zulässig ist, weil die Versicherungssumme 1914 nicht in DM, sondern in Mark (M) ausgedrückt wird. Diese Zweifel sind jedoch unberechtigt. Bei genauerer Betrachtung stellt sich heraus, daß es sich auch bei der Versicherungssumme 1914 um einen DM-Betrag handelt (vgl. dazu P 1.2). Er wird lediglich zur besseren Unterscheidung mit der Bezeichnung Mark oder M versehen. Auch das BAV hält die Umrechnung der Versicherungssumme 1914 auf Euro für zulässig (VerBAV 98 S. 111).

Die Umrechnung der Versicherungssumme 1914 führt zu folgendem Ergebnis:

30.000 : 1,95583 = 15.338,76 EUR.

Wird die Versicherungssumme 1914 auf 15.339 EUR aufgerundet, so ergibt sich folgende Beitragsberechnung:

15.339 EUR x 0,72 ‰ x 25,4 = 280,52 EUR.

Die kaufmännische Auf- oder Abrundung der Versicherungssumme auf volle Euro führt zu einer maximalen Beitragsabweichung von 0,5 Euro Versicherungssumme x 0,72 ‰ x 25,4 = 0,01 EUR. Eine derartig geringfügige Abweichung kann hingenommen werden. Das gilt jedoch nicht, wenn die Versicherungssumme 1914 auf volle Zehner, volle Hunderter oder gar volle Tausender auf- oder abgerundet wird, weil die Bestandsführung des Versicherers keine andere Möglichkeit bietet. Es ergeben sich im angenommenen Beispiel folgende maximale Abweichungen:

Zehner: 5 Euro Versicherungssumme x 0,72 ‰ x 25,4 = 0,09 EUR

Hunderter: 50 Euro Versicherungssumme x 0,72 ‰ x 25,4 = 0,91 EUR

Tausender: 500 Euro Versicherungsusmme x 0,72 ‰ x 25,4 = 9,14 EUR.

Es fragt sich, ob in diesen Fällen ein Ausweg darin bestehen könnte, den **Jahresgrundbeitrag 1914 von DM auf Euro umzurechnen**. Dabei ist allerdings vorauszusetzen, daß dieser Beitrag pfenniggenau in der Bestandsführung des Versicherers vorgehalten wird. Unter den getroffenen Annahmen führt die Umstellung des Jahresgrundbeitrags 1914 zu folgenden Ergebnissen: 4.1.3

Jahresgrundbeitrag 1914 in Euro: 21,60 : 1,95583 = 11,04 EUR

Jahresbeitrag Euro: 11,04 EUR x 25,4 = 280,42 EUR

Die Abweichung beträgt im angenommenen Beispiel 0,10 EUR. Die maximale Abweichung beläuft sich auf 0,005 EUR x 25,4 = 0,13 EUR. Nach Auffassung des BAV wäre eine solche Heraufsetzung der Prämie ohne Zustimmung des VN nicht zulässig. Das BAV vertritt die Meinung, daß eine Heraufsetzung des Beitrags auch dann die Zustimmung des VN erfordert, wenn sie nur wenige Cent beträgt (VerBAV a. a. O.).

Unter diesen Umständen stellt sich die Frage, ob es möglich ist, die Umstellung der Verträge in der Weise vorzunehmen, daß die Versicherungssumme 1914 unverändert bleibt, **der Baupreisindex für Wohngebäude und der Tariflohnindex für das Baugewerbe bzw. der gleitende Neuwertfaktor** aber so **umgerechnet** werden, „daß sich jeweils der Euro-Wert ergibt, der dem jetzigen Gebäudewert und der jetzigen Prämie entspricht" (VerBAV 98 S. 115). Das setzt voraus, daß das Statistische Bundesamt bereit ist, eine derartige Umrechnung der Indices vorzunehmen und zu veröffentlichen. Das ist zu bezweifeln. Preisindices messen die Veränderung von Preisen bzw. die Veränderung des Geldwerts. Würde das Statistische Bundesamt die genannten Indices „auf Euro umrechnen", so würden sich diese Maßzahlen nahezu halbieren. Rechnerisch hätte sich der Geldwert von einem auf den anderen Tag nahezu verdoppelt. Das mag bei einer Währungsreform vorkommen. Die Einführung des Euro ist indessen keine Währungsreform, sondern eine Währungsumstellung, die den Geldwert nicht berührt. 4.1.4

Unter diesen Umständen ist eine Umrechnung der Indices bzw. des gleitenden Neuwertfaktors durch die Versicherer ohne Bedingungsänderung nicht möglich, weil sich die Berechnung des gleitenden Neuwertfaktors und seiner Veränderungen nach dem Bedingungswortlaut nach den vom Statistischen Bundesamt veröffentlichten Indices richtet. Eine bestandswirksame Bedingungsänderung erfordert jedoch die Zustimmung des VN in jedem Einzelfall. Das gilt auch dann, wenn dem Vertrag die vom BAV seinerzeit genehmigte Bedingungsanpassungsklausel (VerBAV 94 S. 58) zugrunde liegt. Diese Klausel ist vom OLG Düsseldorf als nach § 9 Abs. 1 AGBG unwirksam eingestuft worden, weil sie gegen das Transparentgebot verstößt und den VN entgegen den Geboten von Treu und Glauben unangemessen benachteiligt (VersR 97 S. 1272). Der BGH hat diese Auffassung mit Urteil vom 17.3.1999 (Az IV ZR 218/97) bestätigt.

Die Umstellung der Indices bzw. des gleitenden Neuwertfaktors auf einen Euro-Wert führte daneben zu Beitragsänderungen, die wegen der Dynamisierung durch den gleitenden Neuwertfaktor erheblich sein können. Die nachfolgenden Berechnungsbeispiele belegen dies. Es gelten dieselben Annahmen wie bei den voraufgegangenen Berechnungen. Aus Gründen einer übersichtlichen Darstellung wurde der gleitende Neuwertfaktor mit Hilfe der Euro-/DM-Parität umgerechnet. Aus Rechtsgründen ist dies tatsächlich nicht zulässig.

| Jahr | Gleitender Neuwertfaktor | | Beitrag EUR | | Abweichung B zu A |
|---|---|---|---|---|---|
| | Alt | Neu* | A | B | EUR |
| 1997 | 25,4 | 12,9 | 280,52 | 278,64 | ./. 1,88 |
| 1998 | 25,3 | 12,9 | 279,42 | 278,64 | ./. 0,78 |
| 1999 | 25,4 | 12,9 | 280,52 | 278,64 | ./. [illegible],88 |
| 2000[1)] | 25,5 | 12,9 | 281,62 | 278,64 | ./. 2,98 |
| 2001[2)] | 25,6 | 12,9 | 282,73 | 278,64 | ./. 4,09 |
| 2002[3)] | 25,7 | 12,9 | 283,83 | 278,64 | ./. 5,19 |

* Basis 1996: $\frac{25,3}{1,95583} = 12,9357 = 12,9$

1) Indexveränderung + 0,3 % 2) Indexveränderung + 0,3 % 3) Indexveränderung + 0,2 %

Der Beitragsberechnung A liegt die auf Euro umgerechnete Versicherungssumme 1914 und der unveränderte gleitende Neuwertfaktor zugrunde. Bei der Beitragsberechnung B wurde die Versicherungssumme 1914 nicht umgestellt, während der gleitende Neuwertfaktor mit der Euro-/DM-Parität umgerechnet wurde. Für die Jahre 1997 bis 1999 wurden die tatsächlichen gewichteten Indexveränderungen (vgl. P 4) zugrunde gelegt. Sie betragen für das Jahr 1997 0,27 %, für das Jahr 1998 0,29 % und für das Jahr 1999 0,20 %. Für die Jahre 2000 bis 2002 wurden die in den Fußnoten 1) bis 3) genannten Veränderungsraten unterstellt.

Bei den getroffenen Annahmen führt die Umrechnung des gleitenden Neuwertfaktors „auf einen Euro-Wert" dazu, daß sich im Vergleich zu einer Berechnung auf der Grundlage der umgerechneten Versicherungssummen und der unveränderten gleitenden Neuwertfaktoren beachtliche Beitragsvorteile für den VN ergeben. Dabei ist zu berücksichtigen, daß diese Beitragsverluste für den Versicherer bei mehrjährigen Verträgen nicht einmalig, sondern Jahr für Jahr eintreten. Eine geringfügige Veränderung der Annahmen für die Baupreisentwicklung führt zu völlig anderen Ergebnissen. Sie sind nachfolgend dargestellt. Im Vergleich zur vorhergehenden Berechnung wurde das Basisjahr verändert. Für die Jahre 1998 und 1999 wurden wiederum die tatsächlichen gewichteten Indexveränderungen zugrunde gelegt. Die neuen Annahmen zu den Veränderungsraten der Jahre 2000 bis 2003 sind den Fußnoten zu entnehmen.

| Jahr | Gleitender Neuwertfaktor Alt | Neu* | Beitrag EUR A | B | Abweichung B zu A EUR |
|---|---|---|---|---|---|
| 1997 | 25,4 | 13,0 | 280,52 | 280,80 | + 0,28 |
| 1998 | 25,3 | 13,0 | 279,42 | 280,80 | + 1,38 |
| 1999 | 25,4 | 13,0 | 280,52 | 280,80 | + 0,28 |
| 2000[1] | 25,3 | 13,0 | 279,42 | 280,80 | + 1,38 |
| 2001[2] | 25,2 | 13,0 | 278,31 | 280,80 | + 2,49 |
| 2002[3] | 25,1 | 13,0 | 277,21 | 280,80 | + 3,59 |
| 2003[4] | 25,2 | 13,1 | 278,31 | 282,96 | + 4,65 |

* Basis 1997: $\frac{25{,}4}{1{,}95583} = 12{,}9868 = 13{,}0$

[1] Indexveränderung ./. 0,3 % [2] Indexveränderung ./. 0,3 % [3] Indexveränderung ./. 0,2 %
[4] Indexveränderung + 0,4 %

Nunmehr verändern sich die Ergebnisse zum Nachteil des VN. Der Beitrag B liegt mit zunehmender Tendenz über dem rechnerisch exakten Beitrag A. Es wird deutlich, daß die Umstellung der Indices und des gleitenden Neuwertfaktors zu aleatorischen Beitragsabweichungen führt. Dies ist darauf zurückzuführen, daß ein Faktor von 12,9 oder 13,0 auf Indexveränderungen sehr viel träger reagiert als ein Faktor von 25,3 bis 25,5. So werden in dem dargestellten Beispiel gewichtete Indexveränderungen von 0,3 % durch den Faktor Neu unterdrückt, während andererseits Indexveränderungen von 0,2 % bereits eine Änderung des Faktors Alt bewirken.

Zusammenfassend bleibt festzustellen, daß die Umrechnung der Versicherungssumme 1914 auf Euro die empfehlenswerte Alternative für die Umstellung des Bestandes an Wohngebäudeversicherungsverträgen ist. Die Aufrundung der umgerechneten Versicherungssumme auf einen vollen Euro ist zulässig. Sie führt bei durchschnittlichen Wohngebäudeversicherungsverträgen zu Beitragsabweichungen in der Größenordnung von einem Cent. Das ist deutlich weniger als 0,1 Promille des Jahresbeitrags. Im Vergleich dazu sind die beiden anderen Alternativen nicht zu empfehlen. Die Umrechnung des Grundbeitrags 1914 führt zu geringfügigen Beitragsabweichungen, die gegebenenfalls noch akzeptiert werden können. Jedoch löst sie die angesprochenen betriebstechnischen Probleme der Versicherer nur teilweise, die Verständnisprobleme des VN bei einem Nebeneinander von Versicherungssumme in Mark und Beitrag in Euro überhaupt nicht. Von der Umstellung der Indices und der gleitenden Neuwertfaktoren ist abzuraten. Diese Lösung ist mit rechtlichen Risiken belastet und führt daneben zu Beitragsabweichungen, deren Höhe und Richtung sehr stark von den nicht vorhersehbaren künftigen Indexveränderungen abhängt. Es ist nicht zu erkennen, wie auf diese Weise sichergestellt werden kann, „daß sich jeweils der Euro-Wert ergibt, der dem jetzigen Gebäudewert und der jetzigen Prämie entspricht" (vgl. VerBAV 98 S. 115).

Die vorstehenden Überlegungen verdeutlichen, daß es im Zuge der Umstellung der Versicherungsverträge auf den Euro notwendig sein wird, dem VN Ergebnisse, Auswirkungen und insbesondere die Modalitäten der Vertragsumstellung zu erläutern. Der private Verbraucher wird die Vertragsumstellung in der Regel ohne weitere Informationen durch seinen Versicherer nicht verstehen und nicht nachvollziehen können. Dabei kann hier 4.1.5

dahingestellt bleiben, ob die Auffassung des BAV zutreffend ist, wonach sich als Nebenpflicht aus dem Versicherungsverhältnis in diesem Zusammenhang eine Informationspflicht des Versicherers ableiten läßt (VerBAV 98 S. 111). Derjenige Versicherer, der Kundenorientierung und Kundenpflege ernst nimmt, wird seine Kunden auch ohne vertragliche Verpflichtung umfassend informieren. Derjenige Versicherer, der es mit der Information seiner Kunden nicht so genau nimmt, muß sich gegebenenfalls die Frage gefallen lassen, ob er es bei der Umstellung der Verträge ebenfalls nicht so genau genommen hat. Allgemein werden sich die Versicherer darauf einzurichten haben, daß die Modalitäten der Vertragsumstellung von aufgeklärten VN, von Verbraucherverbänden, vom BAV und von den Gerichten aufmerksam beobachtet und ggf. überprüft werden. Unter diesen Umständen ist davon auszugehen, daß der GDV den Versicherern Hilfestellung leistet, um nach Möglichkeit eine einheitliche Vorgehensweise bei der Umstellung der Verträge und der Information der VN zu gewährleisten. Die bisherigen Hinweise zu diesen Fragen reichen dafür nicht aus. Gerade in der Gleitenden Neuwertversicherung wirft die Umstellung der Verträge auf den Euro für die Verbraucher eine Reihe von Fragen auf, die die Versicherer zu beantworten haben.

## 4.2 Anpassung der Tarife und der AVB

Die Umstellung auf den Euro hat an sich keine unmittelbaren Auswirkungen auf die Tarife, sofern sie nach Maßgabe der vom Verband unverbindlich empfohlenen Tarifstruktur aufgebaut sind. Dort werden an keiner Stelle DM-Beträge genannt. Das gilt analog auch für die vom Verband unverbindlich empfohlenen VGB 88 mit Klauseln. So betrachtet sind die VGB 88 ohne weiteres Euro-tauglich. Lediglich in einigen Druckstücken sowie in zahlreichen von den Versicherern verwendeten Antragsformularen und auch in den Versicherungsscheinen wird die Versicherungssumme 1914 mit dem Zusatz M oder Mark versehen. Dies muß geändert werden. Dabei ist es materiell bedeutungslos, ob künftig der Zusatz Euro angebracht wird oder aber auf eine Zusatzbezeichnung verzichtet wird. Umgestellt werden muß das Formular „Ermittlung der Versicherungssumme 1914 für Wohngebäude" (Anhang A 6). Es muß durchgehend der Begriff Mark bzw. M beseitigt werden. Weiterhin sind die genannten Werte 1914 pro qm Wohnfläche auf Euro umzurechnen. Dabei wird es verschiedentlich zu krummen Beträgen kommen, die zu glätten sind.

## 4.3 Euro-Produkte

Es fragt sich, ob die Währungsumstellung darüber hinaus nicht Initialzündung für die Entwicklung neuartiger oder modifizierter sog. Euro-Produkte sein wird. Der Begriff Euro-Produkte wird mehrdeutig verwendet. Zum einen bezeichnet er Produkte, die aus der Überarbeitung und Anpassung der in den nationalen Märkten vorhandenen Tarife und AVB in Ausrichtung auf den Euro entstehen. Hieran wird in verschiedenen Verbandsgremien bereits gearbeitet, damit rechtzeitig vor dem 1. 1. 2002 entsprechende unverbindliche Empfehlungen an die Mitgliedsunternehmen gegeben werden können. Zum zweiten steht der Begriff Euro-Produkt aber auch für Produkte, die möglicherweise nach der Vollendung der Währungsunion grenzüberschreitend in den Ländern der EG identisch angeboten und abgesetzt werden. Dies ist eine Vision. Sicher wird es dazu irgendwann einmal kommen. Voraussetzung dafür ist aber u. a., daß die rechtlichen Rahmenbedingungen vor allem im Steuerrecht, im Versicherungsvertragsrecht und im Aufsichtsrecht in den EG-Mitgliedstaaten einheitlich sind. Bis dahin wird aber voraussichtlich noch eine Reihe von Jahren vergehen. Dagegen kann mit Sicherheit davon ausgegangen werden, daß die Überarbeitung der AVB und der Tarifgrundlagen in den Verbänden und den Unternehmen zu einem weiteren Innovationsschub führen wird. Es werden zahlreiche neue Produkte eingeführt werden. Dies wird mit großer Wahrscheinlichkeit zu einer weiteren Verschärfung des Wettbewerbs und zu einer weiteren Eintrübung der Markttransparenz führen.

# II. Marktentwicklung und Geschäftsverlauf

## Wiedervereinigung Deutschlands 1

Mit dem Beitritt der Deutschen Demokratischen Republik (DDR) zur Bundesrepublik Deutschland mit Wirkung vom 3. 10. 1990 wurde die Trennung der beiden Teile Deutschlands nach dem Zweiten Weltkrieg beseitigt. Davor war bereits der Staatsvertrag über die Schaffung einer Währungs-, Wirtschafts- und Sozialunion zwischen der Bundesrepublik Deutschland und der Deutschen Demokratischen Republik vom 18. 5. 1990 geschlossen worden. Damit wurden u. a. die rechtlichen Voraussetzungen für die Tätigkeit im Gebiet der ehemaligen DDR für diejenigen Versicherer geschaffen, die ihren Sitz außerhalb dieses Gebietes hatten. Zur Aufnahme der Geschäftstätigkeit war in dieser Zeit eine Genehmigung des BAV erforderlich, da es sich um eine Änderung des Geschäftsplans handelte, die genehmigungspflichtig war. Bis Anfang Oktober 1990 erteilte das BAV damals weit über 300 Genehmigungen. Der überwiegende Teil davon an Versicherer, die bereits eine Genehmigung zum Geschäftsbetrieb in der Bundesrepublik Deutschland besaßen. Bis Ende Juni 1991 erteilte das BAV an derartige Versicherer rund 370 Genehmigungen, davon rund 100 an Lebensversicherer (GB BAV 90, S. 10). Dabei wurde den Unternehmen gestattet, den Verträgen mit VN im Gebiet der ehemaligen DDR die vom BAV genehmigten „Bundesdeutschen Bedingungen" zugrunde zu legen (vgl. GB BAV a. a. O.). Zum Schutz von privaten VN, die damals keinerlei Erfahrungen im Umgang mit marktwirtschaftlichen Gepflogenheiten hatten, wurden Sonderbedingungen eingeführt (vgl. VerBAV 90, S. 275), die Ende 1992 ausgelaufen sind.

Auf dieser Grundlage begannen Mitte 1990 die allermeisten deutschen Wohngebäudeversicherer damit, Wohngebäudeversicherungen auf der Grundlage der VGB 88 in den neuen ostdeutschen Bundesländern abzusetzen. Dabei traten sie in den Wettbewerb mit der Deutsche Versicherung-AG, die als Nachfolgerin der staatlichen Monopolversicherungsanstalt der DDR das Kompositgeschäft betrieb. Der Bestand an Gebäudeversicherungsverträgen lag infolgedessen Mitte 1990 zu 100 % bei diesem Versicherer. Vertragsgrundlage waren Bedingungen mit einem sehr weiten Deckungsumfang, u. a. mit dem obligatorischen Einschluß von Elementarschäden. Obwohl die VGB 88 im Vergleich dazu eine eingeschränkte Haftung aufweisen, waren die westdeutschen Wohngebäudeversicherer mit dem Verkauf dieses Produkts auch in Ostdeutschland erfolgreich. Die Einführung bzw. der Verkauf des DDR-Produkts durch die westdeutschen Versicherer wurde nie ernsthaft in Betracht gezogen, da es unter marktwirtschaftlichen Bedingungen zu einem wettbewerbsfähigen Preis nicht zu vermarkten war. Auch die Deutsche Versicherung-AG ging dazu über, Wohngebäudeversicherungen auf der Grundlage der VGB 88 abzuschließen.

Das Mengenwachstum in der Wohngebäudeversicherung in den Jahren 1990 bis 1993 (vgl. Tab. 1; II. 3.1) wurde in erster Linie durch das Geschäft in den neuen Bundesländern erzeugt. Nach 1993 flaute es ab. Genaue Erkenntnisse darüber liegen jedoch nicht vor, da die Bestandsveränderungen in den Jahren 1994 und 1995 sehr stark durch den Wegfall der Gebäudeversicherungsmonopole bestimmt wurden (vgl. II. 2).Mit dem Ende des Baubooms in Ostdeutschland ist die Phase des Mengenwachstums in der Wohngebäudeversicherung zunächst einmal beendet.

## 2 Europäischer Binnenmarkt

Die Auswirkungen der Vollendung des Europäischen Binnenmarktes auf die Wohngebäudeversicherung sind bereits eingehend dargestellt worden (vgl. I. 3). Während die Dienstleistungs- und Niederlassungsfreiheit dem deutschen Wohngebäudeversicherungsmarkt bisher keine starken Impulse vermittelt hat, führte die Aufhebung der Bedingungsgenehmigungspflicht zu einer spürbaren Verschärfung des Wettbewerbs. Ein weiterer wichtiger Schritt war die Abschaffung der Gebäudeversicherungsmonopole, die einen lebhaften Wettbewerb in den bis dahin durch die Monopolrechte weitgehend abgeschotteten Regionen auslöste. Zugleich änderte sich das Meldeverhalten der ehemaligen Pflicht- und Monopolanstalten zur Verbandsstatistik. In der Vergangenheit hatten sie lediglich zusammengefaßte Angaben zur BSZ 609 „Feuer-Sonstiges" an den Verband gemeldet. Mit dem Wegfall der Gebäudeversicherungsmonopole gingen diese Versicherer nach und nach dazu über, ihr Geschäft entsprechend der Statistikanleitung des GDV auf die BSZ 601 „Feuer-Industrie", die BSZ 603 „Feuer-Landwirtschaft" und die BSZ 660 „VGV Gesamt" bzw. die BSZ 661 „VGV-Feuer" aufzuteilen und die Statistik des Verbandes entsprechend zu bedienen. Zur BSZ 609 „Feuer-Sonstiges" wurde lediglich das Geschäft gemeldet, das nicht einer der zuvor genannten BSZ zuzuordnen war, also vor allem die gewerbliche Gebäudeversicherung und die Versicherung von Gebäuden öffentlich-rechtlicher Körperschaften. Durch diese statistischen Veränderungen ist die Vergleichbarkeit der Ergebnisse vor allem für die Jahre 1994 und 1995 nachhaltig gestört, zumal es dabei zunächst zu Mißverständnissen und infolgedessen zur falschen Zuordnung einzelner Statistikmeldungen kam. Daneben wurde die Statistikanleitung des Verbandes verschiedentlich geändert. Dies ist bei der Interpretation der nachfolgend dargestellten Geschäftsergebnisse zu beachten.

## 3 Geschäftsverlauf 1979 bis 1997

Nachfolgend werden die Geschäftsergebnisse in der deutschen Wohngebäudeversicherung in den Jahren 1979 bis 1997 dargestellt. Im Vergleich zur ersten Auflage wurde der Beobachtungszeitraum verlängert. Dadurch wird vor allem wegen der Volatilität der Ergebnisse in der Sturm-, aber auch in der Leitungswasserversicherung die Aussagekraft verbessert.

Die Wohngebäudeversicherung ist mit klarem Abstand die größte Einzelsparte der deutschen Sachversicherung. Ende 1997 bestanden 17,3 Mio. Wohngebäudeversicherungsverträge. Im Jahr 1997 betrieben 152 Mitgliedsunternehmen des GDV die Wohngebäudeversicherung. Sie erzielten gebuchte Bruttobeitragseinnahmen von insgesamt knapp 6,7 Mrd. DM. Größter Einzelversicherer war die Gebäudeversicherung Baden-Württemberg mit einem Marktanteil von 6,6 %, gefolgt von der Provinzial Feuer Rheinland mit einem Marktanteil von ebenfalls 6,6 % und der Allianz Versicherung AG mit einem Marktanteil von 6,1 %. Die zur Allianz-Gruppe gehörenden Gesellschaften hatten zusammen einen Marktanteil von 11,4 %. Die zehn größten Wohngebäudeversicherer vereinigten einen Marktanteil von 46,8 %. Davon sind sieben öffentlich-rechtliche Versicherer mit einem Marktanteil von zusammen 34,7 %. Auf die ersten zwanzig Wohngebäudeversicherer entfallen 65,4 % der Beitragseinnahmen. Davon sind neun öffentlich-rechtliche Versicherer mit einem Marktanteil von 38,1 %.

## Beitragsentwicklung 3.1

In der nachstehenden Tabelle 1 ist die Entwicklung der Beitragseinnahmen, des gleitenden Neuwertfaktors bzw. des Prämienfaktors (vgl. P 4) und der Vertragsstückzahlen in den Jahren 1979 bis 1997 dargestellt.

Tabelle 1: Gebuchte Bruttobeiträge – Neuwertfaktor – Anzahl der Verträge

| Jahr | Gebuchte Beiträge Mio. DM | Veränderung % | Neuwert faktor | Veränderung % | Verträge 1000 | Veränderung % |
|---|---|---|---|---|---|---|
| 1979 | 1.124 | + 10,7 | 12,4 | – | 5.608 | + 2,0 |
| 1980 | 1.321 | + 17,5 | 13,5 | + 8,9 | 5.856 | + 4,4 |
| 1981 | 1.566 | + 18,5 | 15,0 | + 11,1 | 6.048 | + 3,3 |
| 1982 | 1.774 | + 13,3 | 16,0 | + 6,7 | 6.223 | + 2,9 |
| 1983 | 1.880 | + 6,0 | 16,5 | + 3,1 | 6.433 | + 3,4 |
| 1984 | 2.101 | + 11,8 | 16,8 | + 1,8 | 6.599 | + 2,6 |
| 1985 | 2.277 | + 8,4 | 17,3 | + 3,0 | 6.791 | + 2,9 |
| 1986 | 2.386 | + 4,8 | 17,3 | +/- 0 | 7.006 | + 3,2 |
| 1987 | 2.477 | + 4,0 | 17,3 | +/- 0 | 7.163 | + 2,3 |
| 1988 | 2.667 | + 7,7 | 18,1 | + 4,6 | 7.305 | + 2,0 |
| 1989 | 2.732 | + 2,5 | 18,5 | + 2,2 | 7.440 | + 1,8 |
| 1990 | 3.015 | + 10,3 | 19,1 | + 3,2 | 7.771 | + 4,5 |
| 1991 | 3.508 | + 16,4 | 20,4 | + 6,8 | 8.162 | + 5.0 |
| 1992 | 3.899 | + 11,2 | 21,8 | + 6,9 | 8.655 | + 6,0 |
| 1993 | 4.295 | + 10,2 | 23,0 | + 5,5 | 9.148 | + 5,7 |
| 1994 | 5,236 | + 20,4 | 24,1 | + 4,8 | 12.296 | + 34,4 |
| 1995 | 6.029 | + 15,1 | 24,6 | + 2,1 | 17.125 | + 39,3 |
| 1996 | 6.452 | + 7,0 | 25,3 | + 2,8 | 17.061 | ./. 0,4 |
| 1997 | 6.651 | + 3,1 | 25,4 | + 0,4 | 17.300 | + 1,4 |

Quelle: Branchenstatistik GDV

Die Bruttobeitragseinnahmen sind von 1979 auf 1997 um über 490 % gestiegen. Dieses Wachstum liegt deutlich über dem der gesamten Sachversicherung, die im gleichen Zeitraum eine Beitragssteigerung um rund 196 % aufweist. In keiner anderen Sachsparte ist ein auch nur annähernd gleich starkes Wachstum wie in der Wohngebäudeversicherung zu verzeichnen. Es gibt zwei ausgeprägte Wachstumsphasen. Starkes Wachstum ist in den Jahren 1979 bis 1982 festzustellen. Die zweite, besonders stark ausgeprägte Wachstumsphase war in den Jahren 1990 bis 1995 zu verzeichnen. Das starke Wachstum der Jahre 1990 bis 1993 war im wesentlichen das Ergebnis der Erweiterung des Geschäftsgebietes auf die neuen Bundesländer. Im Gegensatz dazu ist das Wachstum der Jahre 1994 und 1995 zum größten Teil ein statistisches Wachstum". Es wird getragen durch die „Umbuchung" eines großen Teils des Geschäfts der ehemaligen Pflicht- und Monopolanstalten aus der sonstigen Feuerversicherung in die Wohngebäudeversicherung. Ab 1996 geht das Wachstum im Vergleich zu den Vorjahren spürbar zurück, weil die Bautätigkeit insbesondere in den neuen Bundesländern rückläufig war. Diese Entwicklung wird sich in 1998 fortsetzen. Nach den Ergebnissen der Monatsstatistik des GDV ist mit einer Beitragssteigerung von knapp 1 % zu rechnen.

## 3.2 Gleitender Neuwertfaktor

Die dargestellte Entwicklung schlägt sich auch in der Baupreisentwicklung nieder, die ihrerseits die Entwicklung des gleitenden Neuwertfaktors bzw. des Prämienfaktors bestimmt (Einzelheiten dazu vgl. P 4). Die in Tabelle 1 dargestellten Veränderungen des gleitenden Neuwertfaktors lassen erkennen, daß das Prämienwachstum der Wohngebäudeversicherung im Untersuchungszeitraum sehr stark von der Baupreisentwicklung getragen wird. Insbesondere in den Jahren 1980 bis 1982 ist das Wachstum inflationär aufgebläht. Mit der 1983 einsetzenden Beruhigung der Baupreise geht ein Rückgang des Prämienwachstums einher, der in den Folgejahren durch eine sehr moderate Zunahme der Vertragsstückzahlen noch verstärkt wird.

Ab dem Jahr 1989 steigen die Baupreise wieder stärker an. Infolgedessen erhöht sich in den Jahren 1991 bis 1994 der gleitende Neuwertfaktor spürbar. Ab 1994 setzt wiederum eine Phase der Beruhigung der Baupreise ein. Das führt dazu, daß der gleitende Neuwertfaktor ab 1995 nur noch sehr geringe Steigerungsraten aufweist. Für das Jahr 1998 ist zum ersten Mal ein Rückgang des gleitenden Neuwertfaktors von 25,4 im Jahr 1997 auf 25,3 zu verzeichnen. Diese Entwicklung signalisiert Baupreisstabilität. Sie wird sich wahrscheinlich in den Folgejahren fortsetzen. Der für das Jahr 1999 berechnete gleitende Neuwertfaktor lautet 25,4. Die weitere Baupreisentwicklung läßt sich schwer vorhersagen. Sie wird u. a. davon bestimmt werden, wie sich die Einführung des Euro auf das Preisgefüge und die Preisentwicklung in den Mitgliedstaaten der Europäischen Währungsunion auswirkt.

## 3.3 Anzahl der Verträge; Vertragsformen

Der Beobachtungszeitraum läßt sich in vier Phasen einteilen. Die erste Phase ist gekennzeichnet durch ein gleichmäßiges moderates Wachstum der Vertragsstückzahlen in den Jahren 1979 bis 1989. Die jährlichen Wachstumsraten bewegen sich zwischen rund 4 % und rund 2 %. In der Phase zwei von 1990 bis 1993 verstärkt sich das Wachstum durch das ostdeutsche Geschäft. Die Phase drei ist in den Jahren 1994 und 1995 geprägt durch das zuvor beschriebene „statistische Wachstum". Die nachfolgende Phase vier ist gekennzeichnet durch ein sehr geringes Wachstum der Vertragsstückzahlen. Diese Phase wird sich in den Jahren 1998 und 1999 voraussichtlich fortsetzen.

Diese Zahlen geben jedoch das tatsächliche Mengenwachstum nicht zutreffend wieder. Das liegt daran, daß jeder Wohngebäudevesicherungsvertrag statistisch nur einmal gezählt wird, und zwar ohne Rücksicht darauf, ob der Vertrag eines oder mehrere Risiken einschließt. Anders ausgedrückt wird ein Vertrag, der lediglich das Feuer-, das Leitungswasser- oder das Sturmrisiko beinhaltet, statistisch ebenso behandelt wie ein Vertrag, der zwei oder alle drei Gefahrengruppen umfaßt. Wird beispielsweise in einen bestehenden Feuervertrag das Leitungswasser- und/oder das Sturmrisiko eingeschlossen, so wird die Vertragsstückzahl davon nicht berührt. Andererseits wird der Abschluß eines Vertrages, der ausschließlich das Leitungswasser- und/oder das Sturmrisiko abdeckt, als Neuvertrag stückzahlmäßig erfaßt. Es wird deutlich, daß infolge dieser Zählweise die reale Entwicklung der Wohngebäudeversicherung mit Hilfe der Vertragsstückzahlen nur sehr eingeschränkt beurteilt werden kann. Aussagekräftiger sind Angaben über die Zahl der versicherten Risiken (s. II. 3.4).

Angaben über die Verteilung der Bestände an Wohngebäudeversicherungsverträgen auf die verschiedenen Bedingungswerke liefert die Risikostatistik des GDV. Dort wird u. a. die Vertragsform, d. h. das den Verträgen zugrundeliegende Bedingungswerk erfragt. An dieser Abfrage haben sich insgesamt 53 Wohngebäudeversicherer mit einem Marktanteil von knapp 63 % beteiligt. Ende 1996 wurden dadurch insgesamt rund 14,2 Mio. Verträge erfaßt, die sich wie folgt verteilen:

| Vertragsform | Anzahl Verträge Tsd. | Anteil % |
|---|---|---|
| Nicht geschlüsselt | 6.300 | 44,4 |
| VGB 62 | 2.670 | 18,8 |
| VGB 88 | 5.141 | 36,2 |
| Eigenes Bedingungswerk | 85 | 0,6 |
| Insgesamt | 14.196 | 100,0 |

In der Zeile „Nicht geschlüsselt“ sind diejenigen Meldungen zusammengefaßt, in denen die Vertragsform nicht angegeben wurde. Werden sie eliminiert, so ergibt sich das nachfolgende Bild:

| Vertragsform | Anzahl Verträge Tsd. | Anteil % |
|---|---|---|
| VGB 62 | 2.670 | 33,8 |
| VGB 88 | 5.141 | 65,1 |
| Eigenes Bedingungswerk | 85 | 1,1 |
| Insgesamt | 7.896 | 100,0 |

Die dargestellten Verhältnisse lassen sich nicht ohne weiteres auf den Gesamtbestand an Wohngebäudeversicherungsverträgen übertragen. Dennoch wird deutlich, daß die VGB 88 mittlerweile Vertragsgrundlage der meisten Wohngebäudeversicherungsverträge sind. Die Bedeutung der VGB 62 nimmt ab. Unternehmenseigene AVB für die Wohngebäudeversicherung spielten 1996 noch eine untergeordnete Rolle. Die Entwicklungslinien für die Veränderung der Bestandszusammensetzung lassen sich prognostizieren. Der Bestand an Verträgen auf der Grundlage der VGB 62 wird weiter abnehmen. Dagegen wird die Anzahl der Verträge nach Maßgabe der VGB 88 weiter steigen. Das gilt auch für Wohngebäudeversicherungsverträge, denen unternehmenseigene Bedingungswerke in Anlehnung an die VGB 88 zugrunde liegen.

## 3.4 Anzahl der Risiken

Die Angaben zur Anzahl der Verträge sind zu ergänzen um die Zahlen zur Entwicklung der Anzahl der versicherten Risiken. Die nachfolgende Tabelle 2 gibt einen Überblick über die Anzahl der versicherten Risiken in den Jahren 1979 bis 1997.

Tabelle 2: Versicherte Risiken

| Jahr | Feuer Tsd. | Veränderung % | Leitungswasser Tsd. | Veränderung % | Sturm Tsd. | Veränderung % | NA Tsd. | Veränderung % | Insgesamt Tsd. | Veränderung % |
|---|---|---|---|---|---|---|---|---|---|---|
| 1979 | 4.000 | + 3,0 | 4.481 | + 6,0 | 4.410 | + 5,0 | 605 | + 12,4 | 13.496 | + 5,0 |
| 1980 | 4.108 | + 2,7 | 4.708 | + 5,0 | 4.549 | + 3,2 | 658 | + 8,7 | 14.023 | + 3,9 |
| 1981 | 4.403 | + 7,2 | 5.092 | + 8,2 | 4.907 | + 7,9 | 492 | ./. 25,2 | 14.894 | + 6,2 |
| 1982 | 4.502 | + 2,2 | 5.342 | + 4,9 | 5.138 | + 4,7 | 402 | ./. 18,3 | 15.384 | + 3,3 |
| 1983 | 4.604 | + 2,3 | 5.532 | + 3,6 | 5.279 | + 2,7 | 428 | + 6,5 | 15.842 | + 3,3 |
| 1984 | 4.708 | + 2,6 | 5.728 | + 3,5 | 5.446 | + 3,2 | 431 | + 0,7 | 16.312 | + 3,0 |
| 1985 | 4.770 | + 1,3 | 5.943 | + 3,8 | 5.610 | + 3,0 | 435 | + 0,9 | 16.758 | + 2,7 |
| 1986 | 4.793 | + 0,5 | 6.075 | + 2,2 | 5.714 | + 1,9 | 572 | + 31,5 | 17.154 | + 2,4 |
| 1987 | 4.857 | + 1,3 | 6.243 | + 2,8 | 5.869 | + 2,7 | 552 | ./. 3,5 | 17.521 | + 2,1 |
| 1988 | 4.869 | + 0,2 | 6.345 | + 1,6 | 5.953 | + 1,4 | 616 | + 11,6 | 17.783 | + 1,5 |
| 1989 | 5.017 | + 3,0 | 6.595 | + 0,8 | 6.178 | + 3,3 | 493 | ./. 20,0 | 18.283 | + 2,8 |
| 1990 | 5.082 | + 1,3 | 6.839 | + 3,7 | 6.444 | + 4,3 | 583 | + 18,3 | 18.9[illegible]8 | + 3,6 |
| 1991 | 5.342 | + 5,1 | 7.190 | + 5,1 | 6.801 | + 5,5 | 585 | + 0,3 | 19.9[illegible]8 | + 5,1 |
| 1992 | 5.663 | + 6,0 | 7.502 | + 4,3 | 7.170 | + 5,4 | 711 | + 21,5 | 21.046 | + 5,7 |
| 1993 | 5.999 | + 5,9 | 7.878 | + 5,0 | 7.546 | + 5,2 | 754 | + 6,0 | 22.177 | + 5,4 |
| 1994 | 6.496 | + 8,2 | 8.177 | + 3,3 | 7.901 | + 4,7 | 3.438 | + 354,6 | 26.012 | + 17,3 |
| 1995 | 10.488 | + 61,5 | 8.147 | + 0,4 | 8.147 | + 3,1 | 4.728 | + 37,5 | 31.510 | + 21,1 |
| 1996 | 8.465 | ./. 19,3 | 8.607 | + 5,6 | 8.683 | + 6,6 | 8.556 | + 81,0 | 34.311 | + 9,6 |
| 1997 | 8.085 | ./. 4,5 | 8.809 | + 2,3 | 8.955 | + 3,1 | 9.114 | + 6,5 | 34.963 | + 1,9 |

Quelle: Branchenstatistik GDV

Bei der Interpretation der vorstehenden Zahlen ist zu berücksichtigen, daß die Zeitreihe von 1979 bis 1993 homogen ist. Die Zahlen sind weitgehend vergleichbar. Es werden durchgehend die Bestände der Wettbewerbsversicherer erfaßt und ausgewiesen. Ab 1994 ist die Vergleichbarkeit vor allem dadurch gestört, daß die Bestände der ehemaligen Pflicht- und Monopolanstalten mit den Beständen der Wettbewerbsversicherer zusammengefaßt ausgewiesen werden (vgl. II. 2). Dadurch kommt es in den Jahren 1994 bis 1997 zu Verwerfungen, die durch falsche Zuordnung der Meldungen der Pflicht- und Monopolanstalten und deren spätere Korrektur noch weiter verstärkt werden. Dies wirkt sich insbesondere auf die Zahlenangaben in den Spalten „Feuer“ und „NA“ aus. In der Spalte „NA“ sind diejenigen Verträge bzw. Statistikmeldungen ausgewiesen, die nicht eindeutig den Risiken Feuer, Sturm oder Leitungswasser zuzuordnen sind. Dies ist im wesentlichen darauf zurückzuführen, daß eine Reihe von Wohngebäudeversicherern nach wie vor nicht bereit oder nicht in der Lage ist, die Vertragsbestände nach Maßgabe der Statistikanleitung des Verbandes zu melden bzw. aufzugliedern. Durch die Einbeziehung der Bestände der ehemaligen Monopolversicherer in die Wohngebäudestatistik ist der Anteil NA-Risiken signifikant angestiegen. Dies liegt u. a. daran, daß das Gebäudeversicherungsmonopol in einigen Gebieten neben dem Feuerrisiko auch die Sturm- bzw. Elementarrisiken umfaßte (Baden-Württemberg, Hamburg). Offenbar ist es daneben aber auch in den Jahren 1994 und 1995 beim Verband zu Fehlzuordnungen gekommen, die in den Jahren 1996 und 1997 korrigiert wurden. Das erklärt die starken Ausschläge bei der Anzahl der Feuerrisiken, die 1995 eine Steigerung um 61,5 % und anschließend im Jahr 1996 einen Rückgang um 19,3 % aufweisen, während die Zahl der NA-Risiken gleichzeitig stark gestiegen ist. Unter den geschilderten Umständen wird hier auf eine eingehende Analyse der Zahlenangaben der Tabelle 2 verzichtet.

## Schadenentwicklung 3.5

Die nachfolgende Darstellung und Analyse des Schadenverlaufs gliedert sich in mehrere Abschnitte. Zunächst wird die Gesamtschadenentwicklung und daran anschließend die Schadenentwicklung bei den einzelnen versicherten Gefahren untersucht. Die Untersuchungsergebnisse zeigen Entwicklungstrends auf und bieten Ansatzpunkte für eine produkt- und tarifseitige Anpassung der Wohngebäudeversicherung.

### Gesamt 3.5.1

In der nachfolgenden Tabelle 3 ist die Gesamtschadenentwicklung in der Wohngebäudeversicherung in den Jahren 1979 bis 1997 dargestellt. Nicht erfaßt sind Elementarschäden, die erstmals in den Jahren 1996 und 1997 in der Branchenstatistik des GDV separat ausgewiesen werden. Jedoch haben diese Zahlenangaben noch keine Aussagekraft.

Tabelle 3: Schadenentwicklung Gesamt

| Jahr | Anzahl<br>Tsd. | Verän-derung<br>% | Aufwand<br>Mio.DM | Verän-derung<br>% | Schaden-durchschnitt<br>DM | Schaden-häufigkeit<br>‰ | Schaden-quote<br>% |
|---|---|---|---|---|---|---|---|
| 1979 | 664 | + 17,3 | 878 | + 36,7 | 1.322 | 49,2 | 79,3 |
| 1980 | 622 | ./. 6,4 | 885 | + 0,8 | 1.423 | 44,3 | 69,4 |
| 1981 | 773 | + 24,3 | 1.114 | + 25,9 | 1.441 | 51,9 | 74,5 |
| 1982 | 849 | + 9,8 | 1.255 | + 12,7 | 1.479 | 55,2 | 73,0 |
| 1983 | 1.186 | + 39,7 | 1.520 | + 21,1 | 1.282 | 74,8 | 81,8 |
| 1984 | 1.361 | + 14,8 | 1.928 | + 26,8 | 1.416 | 84,4 | 94,4 |
| 1985 | 1.064 | ./. 21,8 | 1.677 | ./. 13,0 | 1.577 | 63,5 | 75,1 |
| 1986 | 1.413 | + 32,8 | 1.983 | + 18,3 | 1.404 | 82,3 | 84,3 |
| 1987 | 1.202 | ./. 14,9 | 1.878 | ./. 5,3 | 1.561 | 68,6 | 76,5 |
| 1988 | 946 | ./. 21,4 | 1.608 | ./. 14,4 | 1.700 | 53,2 | 61,4 |

Fortsetzung nächste Seite

| Jahr | Anzahl<br><br>Tsd. | Verän-derung<br>% | Aufwand<br><br>Mio.DM | Verän-derung<br>% | Schaden-durchschnitt<br>DM | Schaden-häufigkeit<br>‰ | Schaden-quote<br>% |
|---|---|---|---|---|---|---|---|
| 1989 | 865 | ./. 8,6 | 1.644 | + 2,3 | 1.900 | 47,3 | 60,7 |
| 1990 | 3.025 | + 349,7 | 4.144 | + 152,0 | 1.370 | 159,6 | 140,6 |
| 1991 | 968 | ./. 68,0 | 2.076 | ./. 49,9 | 2.145 | 48,6 | 60,8 |
| 1992 | 1.408 | + 45,5 | 2.846 | + 37,1 | 2.021 | 66,9 | 75,4 |
| 1993 | 1.739 | + 23,5 | 3.418 | + 20,1 | 1.965 | 78,4 | 81,7 |
| 1994 | 1.569 | ./. 9,8 | 3.536 | + 3,5 | 2.254 | 60,3 | 70,2 |
| 1995 | 1.493 | ./. 4,8 | 4.066 | + 13,5 | 2.723 | 47,4 | 68,2 |
| 1996[1] | 1.351 | ./. 9,5 | 4.097 | + 0,8 | 3.032 | 39,4 | 64,6 |
| 1997[1] | 1.811 | + 34,0 | 4.850 | + 18,4 | 2.678 | 51,8 | 73,5 |

[1] ohne Elementar

Quelle: Branchenstatistik GDV

In der Tabelle wird die Anzahl der Geschäftsjahresschäden sowie der Bruttoschadenaufwand für Geschäftsjahresschäden ausgewiesen. In der Spalte „Schadenhäufigkeit ‰" ist die Anzahl der Geschäftsjahresschäden der Anzahl der im Geschäftsjahr insgesamt versicherten Risiken nach Maßgabe der Tabelle 2 gegenübergestellt. Die ausgewiesene Verhältniszahl gibt an, wieviel Schäden im Geschäftsjahr je 1.000 versicherte Risiken gemeldet wurden. Die Spalte „Schadenquote %" weist die Geschäftsjahresschadenquote aus. Sie ist der Quotient aus dem Bruttoaufwand für Geschäftsjahresschäden und dem verdienten Bruttobeitrag des Geschäftsjahres.

Die Anzahl der erfaßten Schäden und der Schadenaufwand sind im Untersuchungszeitraum ausgeprägten jährlichen Schwankungen unterworfen. Dies liegt vor allem an der starken Witterungsabhängigkeit der Wohngebäudeversicherung bei Frost- und Sturmschäden. Nicht zu übersehen ist daneben der Trend zu steigender Schadenbelastung. Eine Ursache dafür ist die starke Zunahme der Zahl der versicherten Risiken (vgl. Tabelle 2). Daneben steigt der durchschnittliche Aufwand je Schaden im Zeitverlauf. Andererseits scheint die Schadenhäufigkeit nach ihrem Höhepunkt Mitte der 80er Jahre danach tendenziell zurückzugehen. Dabei muß das Ausnahmejahr 1990 außer Betracht bleiben. Allerdings sind dabei die zuvor angesprochenen Störfaktoren durch die Einbeziehung der Bestände der ehemaligen Pflicht- und Monopolanstalten zu berücksichtigen. Aufschlüsse darüber gibt die nachfolgende Untersuchung der Schadenentwicklung bei den Einzelgefahren Feuer, Leitungswasser und Sturm (s. II. 3.5.2 bis 3.5.4). Die Schadenquote bewegt sich im Beobachtungszeitraum in der Regel zwischen rund 70 % und rund 85 %. Ausnahmejahre mit ungewöhnlich hoher Schadenquote sind die Jahre 1984 und 1990. Die hohe Schadenbelastung des Jahres 1984 ist auf die Münchener Hagelkatastrophe zurückzuführen. Die Schadenbelastung des Jahres 1990 ist geprägt durch eine Reihe schwerer Winterstürme, die die Wohngebäudeversicherung in einem bisher nicht gekannten Ausmaß belasteten (vgl. II. 3.5.4). Der Zeitraum zwischen 1988 und 1996 ist daneben durch eine Reihe von Jahren mit außergewöhnlich günstigen Schadenquoten gekennzeichnet, die den Wohngebäudeversicherern gute Ergebnisse brachten (vgl. II. 3.6).

Die Betrachtung des Gesamtschadenaufwands gibt nur eingeschränkt Aufschluß über Risikoveränderungen und Schadentrends. Die Entwicklungen bei den einzelnen Gefahren überlagern bzw. kompensieren sich. Eindeutige Aussagen zu Entwicklungstrends lassen sich daher nur durch eine differenzierte Betrachtung des Schadenverlaufs bei den einzelnen Gefahren treffen.

Bei der nachfolgenden Untersuchung ist zu beachten, daß Aussagen zu Schadenquoten für die einzelnen Gefahren nicht gemacht werden, weil die Wohngebäudebeiträge zusammengefaßt ausgewiesen werden. Eine Aufteilung der Beitragseinnahmen auf die einzelnen Gefahren erfolgt nicht. Infolgedessen lassen sich Schadenquoten für die Einzelgefahren nicht ermitteln.

## Feuer 3.5.2

In der nachstehenden Tabelle 4 ist die Schadenentwicklung bei der versicherten Gefahr Feuer dargestellt. Die Zahlenangaben beziehen sich auf Schäden durch Brand, Blitzschlag und Explosion. Im Aufbau entspricht die Tabelle 4 im wesentlichen der Tabelle 3. Es fehlen aus den vorgenannten Gründen Angaben zur Schadenquote. Andererseits wurde die Tabelle 4 ergänzt um die Spalte „Anteil %“. Diese Zahl gibt an, wie hoch der prozentuale Anteil des Aufwandes für Feuerschäden am Gesamtschadenaufwand eines Geschäftsjahres ist.

Tabelle 4: Schadenentwicklung Feuer

| Jahr | Anzahl Tsd. | Veränderung % | Aufwand Mio.DM | Veränderung % | Anteil % | Schaden-durchschnitt DM | Schaden-häufigkeit ‰ |
|---|---|---|---|---|---|---|---|
| 1979 | 36 | + 10,5 | 241 | + 30,9 | 27,4 | 6.645 | 9,1 |
| 1980 | 38 | + 5,0 | 275 | + 14,1 | 31,3 | 7.225 | 9,3 |
| 1981 | 42 | + 10,9 | 309 | + 12,5 | 27,8 | 7.333 | 9,6 |
| 1982 | 46 | + 9,6 | 335 | + 8,3 | 26,7 | 7.249 | 10,3 |
| 1983 | 43 | ./. 6,4 | 343 | + 2,3 | 22.6 | 7.923 | 9,4 |
| 1984 | 43 | ./. 0,5 | 346 | + 0,8 | 17,9 | 8.029 | 9,1 |
| 1985 | 56 | + 30,6 | 410 | + 18,7 | 24,5 | 7.297 | 11,8 |
| 1986 | 49 | ./. 13,4 | 396 | ./. 3,5 | 20,0 | 8.130 | 10,2 |
| 1987 | 52 | + 6,9 | 395 | ./. 0,3 | 21,0 | 7.585 | 10,7 |
| 1988 | 47 | ./. 10,4 | 386 | ./. 2,3 | 24,0 | 8.268 | 9,6 |
| 1989 | 48 | + 2,4 | 450 | + 16,7 | 27,4 | 9.425 | 9,5 |
| 1990 | 43 | ./. 9,2 | 418 | ./. 7,2 | 10,1 | 9.640 | 8,5 |
| 1991 | 48 | + 10,4 | 535 | + 28,1 | 25,8 | 11.189 | 9,0 |
| 1992 | 60 | + 25,5 | 593 | + 10,8 | 20,8 | 9.880 | 10,6 |
| 1993 | 66 | + 10,3 | 647 | + 9,1 | 18,9 | 9.771 | 11,0 |
| 1994 | 75 | + 13,4 | 666 | + 2,9 | 18,8 | 8.871 | 11,6 |
| 1995 | 108 | + 43,2 | 1.027 | + 54,2 | 25,3 | 9.555 | 10,3 |
| 1996 | 83 | ./. 22,5 | 942 | ./. 8,3 | 23,0 | 11.304 | 9,8 |
| 1997 | 95 | + 13,8 | 912 | ./. 3,2 | 18,8 | 9.615 | 11,7 |

Quelle: Branchenstatistik GDV

Die Entwicklung der Brandschäden verläuft recht gleichmäßig. Schadenstückzahlen und Schadenaufwand steigen im Beobachtungszeitraum unter Schwankungen bis zum

Jahr 1990 recht moderat an. Lediglich das Geschäftsjahr 1985 fällt mit einer Stückzahlsteigerung von 30,6 % und einer Steigerung des Schadenaufwands um 18,7 % aus dem Rahmen. Ursache dafür war die starke Gewittertätigkeit im Jahr 1985, die zu einer ausgeprägten Zunahme der Schäden durch Blitzschlag geführt hat. In den Jahren 1991 bis 1993 ist eine anhaltende Steigerung der Schadenstückzahlen und des Schadenaufwands zu verzeichnen. Auffallend ist die starke Steigerung der Schadenstückzahlen im Jahr 1992. Dies liegt daran, daß auch dieses Jahr einen gewitterreichen Sommer hatte. Die Zahlenangaben für die Jahre 1994 bis 1997 sind aus den verschiedentlich angesprochenen Gründen sehr zurückhaltend zu beurteilen. Die Steigerung der Schadenstückzahlen im Jahr 1995 um 43,2 % ist ebenso wie der nachfolgende Rückgang um 22,5 % im Jahre 1996 statistisch erzeugt. Dies gilt in gleicher Weise für den korrelierenden Schadenaufwand. Der Anteil des Aufwands für Brandschäden am Gesamtschadenaufwand liegt in den allermeisten Jahren zwischen ca. 20 % und 25 %. Lediglich in den Jahren 1984 und 1990 liegt er deutlich darunter, weil diese Jahre durch witterungsbedingte Elementarschäden hoch belastet sind. Der durchschnittliche Schadenaufwand je Versicherungsfall steigt im Beobachtungszeitraum unter Schwankungen gleichmäßig an. Die Schadenhäufigkeit ist im Beobachtungszeitraum verhältnismäßig konstant. In den allermeisten Jahren liegt sie zwischen rund 9 ‰ und rund 11 ‰. Dies deutet darauf hin, daß sich beim Feuerrisiko grundlegende Risikoveränderungen im Untersuchungszeitraum nicht vollzogen haben.

## 3.5.3 Leitungswasser

Die nachstehende Tabelle 5 zeigt die Entwicklung der Leitungswasserschäden in den Jahren 1979 bis 1997. Sie entspricht im Aufbau der Tabelle 4.

Tabelle 5: Schadenentwicklung Leitungswasser

| Jahr | Anzahl<br>Tsd. | Veränderung<br>% | Aufwand<br>Mio.DM | Veränderung<br>% | Anteil<br>% | Schaden durchschnitt<br>DM | Schadenhäufigkeit<br>‰ |
|---|---|---|---|---|---|---|---|
| 1979 | 420 | + 35,6 | 441 | 42,2 | 50,3 | 1.052 | 93,6 |
| 1980 | 371 | ./. 11,6 | 409 | ./. 7,3 | 46,3 | 1.103 | 78,8 |
| 1981 | 408 | + 9,9 | 509 | + 24,3 | 45,7 | 1.248 | 80,0 |
| 1982 | 489 | + 19,9 | 604 | + 18,9 | 48,2 | 1.237 | 91,5 |
| 1983 | 474 | ./. 2,9 | 592 | ./. 2,1 | 39,0 | 1.248 | 85,7 |
| 1984 | 495 | + 4,3 | 628 | + 6,1 | 32,6 | 1.270 | 86,4 |
| 1985 | 705 | + 42,6 | 986 | + 56,9 | 58,8 | 1.398 | 118,7 |
| 1986 | 633 | ./. 10,2 | 869 | ./. 11,9 | 43,8 | 1.372 | 104,3 |
| 1987 | 758 | + 19,7 | 1.103 | + 27,0 | 58,8 | 1.455 | 121,5 |
| 1988 | 585 | ./. 22,9 | 855 | ./. 22,5 | 53,2 | 1.461 | 92,2 |
| 1989 | 582 | ./. 0,6 | 912 | + 6,7 | 55,5 | 1.568 | 88,2 |
| 1990 | 583 | + 0,3 | 934 | + 2,4 | 22,5 | 1.601 | 85,3 |
| 1991 | 675 | + 15,7 | 1.221 | + 30,8 | 58,8 | 1.809 | 93,9 |
| 1992 | 656 | ./. 2,8 | 1.229 | + 0,6 | 43,2 | 1.873 | 87,5 |
| 1993 | 711 | + 8,3 | 1.446 | + 17,7 | 42,3 | 2.034 | 90,2 |

Fortsetzung nächste Seite

| Jahr | Anzahl<br>Tsd. | Veränderung<br>% | Aufwand<br>Mio.DM | Veränderung<br>% | Anteil<br>% | Schaden-durchschnitt<br>DM | Schaden-häufigkeit<br>‰ |
|---|---|---|---|---|---|---|---|
| 1994 | 691 | ./. 2,9 | 1.461 | + 1,0 | 41,3 | 2.116 | 84,5 |
| 1995 | 688 | ./. 0,4 | 1.530 | + 4,7 | 37,6 | 2.224 | 84,4 |
| 1996 | 813 | + 18,2 | 1.936 | + 26,5 | 47,3 | 2.381 | 94,5 |
| 1997 | 894 | + 9,9 | 1.969 | + 1,7 | 40,6 | 2.202 | 101,5 |

Quelle: Branchenstatistik GDV

Die Leitungswasserschäden zeigen im Vergleich zu den Feuerschäden einen ausgesprochen ungleichmäßigen Verlauf. Die jährlichen Schwankungen bei Schadenstückzahlen und Schadenaufwand sind sehr viel stärker ausgeprägt. Sie sind im wesentlichen witterungsbedingt, da in Jahren mit strengen Wintern die Belastung durch Frostschäden zu extremen Ausschlägen führt. Umgekehrt führt eine milde Witterung zu außerordentlich günstiger Schadenbelastung in verschiedenen Jahren. Auffallend ist der Verlauf der Schadenhäufigkeit. Im Zeitraum zwischen 1979 und 1987 zeigt sich eine klare Tendenz zu steigender Schadenhäufigkeit. Ab 1988 kehrt sich das Bild um. Die Schadenhäufigkeit geht von 121,5 ‰ im Jahr 1987 auf Werte um 90 ‰ zurück und bleibt bis zum Jahr 1996 weitgehend konstant. Dies liegt im wesentlichen daran, daß diese Periode durchgehend Jahre mit sehr milden Wintern umfaßt. Der Aufwand für Frostschäden bewegt sich in diesen Jahren auf sehr niedrigem Niveau. Nach wie vor bestimmen daneben die Korrosionsschäden den Schadenverlauf in der Wohngebäudeversicherung (vgl. 1. Auflage S. 10).

Zusammenfassend ist festzustellen, daß auf der Schadenseite das Leitungswasserrisiko die Wohngebäudeversicherung dominiert. In den Jahren bis 1991 liegt der Anteil des Schadenaufwands für Leitungswasserschäden am Gesamtschadenaufwand durchschnittlich bei 50 %. Danach geht der Anteil auf rund 40 % zurück. Dies liegt zum einen an der zuvor angesprochenen witterungsmäßigen Entlastung. Hinzu kommt, daß durch die Einbeziehung der Bestände der ehemaligen Pflicht- und Monopolanstalten in die Statistik der Wohngebäudeversicherung eine Gewichtsverlagerung hin zum Feuerrisiko erfolgte. Dennoch hat der Schadenverlauf des Leitungswasserrisikos nach wie vor ausschlaggebenden Einfluß auf die Ergebnisse der Wohngebäudeversicherung.

## Sturm 3.5.4

In der nachfolgenden Tabelle 6 ist die Entwicklung der Sturmschäden in den Jahren 1979 bis 1997 zusammengefaßt. Die Tabelle 6 ist ebenso aufgebaut wie die Tabellen 4 und 5.

Tabelle 6: Schadenentwicklung Sturm

| Jahr | Anzahl Tsd. | Veränderung % | Aufwand Mio.DM | Veränderung % | Anteil % | Schadendurchschnitt DM | Schadenhäufigkeit ‰ |
|---|---|---|---|---|---|---|---|
| 1979 | 147 | ./. 15,6 | 116 | + 24,8 | 13,1 | 791 | 33,2 |
| 1980 | 153 | + 4,1 | 117 | + 0,5 | 13,2 | 764 | 33,6 |
| 1981 | 275 | + 80,0 | 222 | + 90,6 | 20,0 | 809 | 56,0 |
| 1982 | 269 | ./. 2,2 | 250 | + 12,4 | 19,9 | 929 | 52,3 |
| 1983 | 606 | + 125,6 | 498 | + 99,2 | 32,7 | 821 | 114,8 |
| 1984 | 751 | + 23,9 | 856 | + 72,1 | 44,4 | 1.140 | 137,9 |
| 1985 | 247 | ./. 67,1 | 192 | ./. 77,6 | 11,4 | 775 | 44,1 |
| 1986 | 647 | + 261,7 | 588 | + 206,8 | 29,7 | 909 | 113,3 |
| 1987 | 316 | ./. 51,2 | 253 | ./. 57,0 | 13,5 | 802 | 53,8 |
| 1988 | 245 | ./. 22,4 | 245 | ./. 3,2 | 15,2 | 1.001 | 41,1 |
| 1989 | 185 | ./. 24,4 | 187 | ./. 23,5 | 11,4 | 1.013 | 29,9 |
| 1990 | 2.214 | + 1196,8 | 2.544 | +1.357,3 | 61,4 | 1.149 | 343,5 |
| 1991 | 184 | ./. 91,7 | 184 | ./. 92,8 | 8,9 | 998 | 27,1 |
| 1992 | 589 | + 319,5 | 800 | + 335,1 | 28,1 | 1.358 | 87,1 |
| 1993 | 819 | + 39,0 | 1.065 | + 33,1 | 31,2 | 1.301 | 108,5 |
| 1994 | 594 | ./. 27,6 | 750 | ./. 29,6 | 21,2 | 1.262 | 75,2 |
| 1995 | 424 | ./. 28,6 | 572 | ./. 23,7 | 14,1 | 1.349 | 52,1 |
| 1996 | 203 | ./. 52,1 | 319 | ./. 44,3 | 7,8 | 1.566 | 23,4 |
| 1997 | 559 | + 175,0 | 689 | + 116,1 | 14,2 | 1.231 | 62,5 |

Quelle: Branchenstatistik GDV

Die Zahlenübersicht verdeutlicht den aleatorischen Charakter des Sturmrisikos, der durch extreme Schwankungen im Schadenverlauf gekennzeichnet ist. Im Beobachtungszeitraum treten verschiedentlich sowohl bei den Schadenstückzahlen als auch beim Schadenaufwand und der Schadenhäufigkeit ausgeprägte Ausschläge nach oben und unten auf. So hat sich die Anzahl der Schäden im Jahr 1983 im Vergleich zum Vorjahr um 125,6 % erhöht. Im Jahr 1985 ist danach ein Rückgang um 67,1 % zu verzeichnen, dem im Jahr 1986 eine Zunahme von 261,7 % folgt. Ähnlich entwickelt sich in dieser Zeit der Schadenaufwand. Den Höhepunkt derartiger Schwankungen markiert das Jahr 1990. Die Anzahl der gemeldeten Schäden erhöht sich im Vergleich zum Vorjahr um rund das Zwölffache, der Schadenaufwand steigt von 187 Mio. DM auf über 2,5 Mrd. DM. Das entspricht einer Steigerung um nahezu 1.400 %. Die Schadenhäufigkeit erhöht sich von 29,9 ‰ auf 343,5 ‰. Nach einem extremen Rückgang im Jahr 1991 auf das Niveau des Jahres 1989 ist das Folgejahr 1992 wiederum durch starke Steigerungen bei Schadenstückzahlen und Schadenaufwand gekennzeichnet. Das schlägt sich auch in dem sehr stark schwankenden Anteil des Aufwandes für Sturmschäden am Gesamtschadenaufwand nieder. Im Beobachtungszeitraum schwankt er zwischen 7,8 % im Jahr 1996 und 61,4 % im Katastrophenjahr 1990. Ähnlich liegt es bei den Veränderungen der Schadenhäufigkeit. Lediglich der Schadendurchschnitt entwickelt sich recht gleichmäßig. In den Jahren 1979 bis 1991 schwankt er mit Ausnahme des Jahres 1990 zwischen rund 800,– DM und rund 1.000,– DM. Danach erhöht er sich auf durchschnittlich rund 1.300,– DM. Der unregelmäßige Verlauf des Sturmrisikos wirft für die Versicherer eine Reihe von Problemen auf. Die ausgeprägten Schwankungen der Schadenbelastung führen zu nachhaltigen Störungen der Ertragslage. Das Schwankungsrisiko wird verstärkt durch das sog. Kumulrisiko. Da Stürme flächendeckende Ereignisse sind, besteht die Gefahr, daß sie gleichzeitig eine Vielzahl von versicherten Risiken betreffen. Dadurch kumuliert der Schadenanfall. Abgesicherte Erkenntnisse über die Häufigkeit, die Intensität und die geografische Verteilung von Stürmen gibt es nicht. Nach einer Reihe von Jahren ohne nennenswerte Sturmbelastung kommt es immer wieder zu schweren Sturmschäden. Dadurch wird eine zuverlässige Beitragskalkulation außerordentlich erschwert. In der Sturmversicherung besteht deshalb hoher Rückversicherungsbedarf zum Schutz der Bilanz, zumal die aufgezeigten Schwankungen weder durch die Bildung von (Schwankungs-)Rückstellungen noch durch sonstige Reservebildung auszugleichen sind.

## Schadensätze 3.5.5

Zusammenfassend ist festzustellen, daß das Feuerrisiko in der Wohngebäudeversicherung sehr gleichmäßig verläuft. Dominierend für den Schadenverlauf in der Wohngebäudeversicherung ist jedoch das Leitungswasserrisiko, während das Sturmrisiko wegen seines aleatorischen Charakters immer wieder Schwankungen und Verlaufsstörungen verursacht. Die nachfolgende Tabelle 7 belegt diese Feststellungen.

Tabelle 7: Schadensätze

| Jahr | Feuer | Leitungswasser | Sturm |
|---|---|---|---|
| 1979 | 0,16 | 0,25 | 0.07 |
| 1980 | 0,16 | 0,19 | 0,06 |
| 1981 | 0,14 | 0,19 | 0,09 |
| 1982 | 0,15 | 0,20 | 0,08 |
| 1983 | 0,14 | 0,19 | 0,16 |
| 1984 | 0,14 | 0,18 | 0,27 |
| 1985 | 0,15 | 0,27 | 0,08 |
| 1986 | 0,14 | 0,22 | 0,17 |
| 1987 | 0,14 | 0,28 | 0,09 |
| 1988 | 0,13 | 0,20 | 0,06 |
| 1989 | 0,14 | 0,20 | 0,05 |
| 1990 | 0,12 | 0,18 | 0,54 |
| 1991 | 0,13 | 0,21 | 0,05 |
| 1992 | 013 | 0,20 | 0,13 |
| 1993 | 0,13 | 0,21 | 0,15 |
| 1994 | 0,12 | 0,19 | 0,12 |
| 1995 | 0,12 | 0,19 | 0,08 |
| 1996 | 0,12 | 0,22 | 0,04 |
| 1997 | 0,13 | 0,22 | 0,08 |

Quelle: 1979 – 1996 Risikostatistik GDV; 1997 Branchenstatistik GDV

Dargestellt sind die Schadensätze für die Gefahren Feuer, Leitungswasser und Sturm. Der Schadensatz ist das Verhältnis des Aufwands für Geschäftsjahresschäden aus Wohngebäudeversicherungen (Schadenzahlungen und Schadenreserven) zum Gesamtbetrag der durchschnittlichen Wohngebäudeversicherungssummen eines Kalenderjahres bei den einzelnen Risiken. Der Schadensatz ist eine preisneutrale Größe, der die Schadenintensität und das reale Schadenverhalten eines Versicherungsbestandes zutreffend darstellt (Einzelheiten vgl. Dietz § 16 RN 5.4). Die Schadensätze sind Grundelement der Tarifkalkulation in der Wohngebäudeversicherung. Sie werden in ‰ der Versicherungssumme ausgedrückt. Der Schadensatz von 0,16 für das Feuerrisiko im Jahr 1979 besagt, daß in diesem Jahr im Durchschnitt aller Wohngebäudeversicherungsverträge für Schäden durch Brand, Blitzschlag und Explosion ein Geschäftsjahresschadenaufwand von 0,16 DM je 1.000,– DM Versicherungssumme angefallen ist.

Die Zahlen bestätigen den ausgeglichenen Verlauf des Feuerrisikos. Im Beobachtungszeitraum schwankt der Schadensatz zwischen 0,12 und 0,16. Im Gegensatz dazu unterliegt der Schadensatz des Sturmrisikos ausgeprägten Schwankungen. Er bewegt sich im Beobachtungszeitraum zwischen 0,54 im Jahr 1990 und 0,04 im Jahr 1996. Demgegenüber halten sich die Schwankungen des Schadensatzes beim Leitungswasserrisiko in relativ engen Grenzen. Abgesehen von den Jahren 198[illegible] und 1987 schwankt dieser Schadensatz um 0,20.

## 3.6 Versicherungstechnische Ergebnisse

Die versicherungstechnischen Brutto- und Nettoergebnisse des deutschen Wohngebäudeversicherungsmarktes in den Jahren 1979 bis 1997 sind in der nachstehenden Tabelle 8 ausgewiesen.

Tabelle 8: Wohngebäudeversicherung – Versicherungstechnische Ergebnisse

| Jahr | Bruttoergebnis Mio. DM | Nettoergebnis Mio. DM |
|---|---|---|
| 1979 | ./. 162 | ./. 81 |
| 1980 | ./. 69 | ./. 35 |
| 1981 | ./. 123 | ./. 49 |
| 1982 | ./. 134 | ./. 64 |
| 1983 | ./. 166 | ./. 118 |
| 1984 | ./. 355 | ./. 206 |
| 1985 | ./. 53 | ./. 71 |
| 1986 | ./. 169 | ./. 108 |
| 1987 | ./. 57 | ./. 59 |
| 1988 | + 328 | + 203 |
| 1989 | + 356 | + 132 |
| 1990 | ./. 1.886 | ./. 622 |
| 1991 | + 345 | + 159 |
| 1992 | ./. 109 | ./. 178 |
| 1993 | ./. 391 | ./. 346 |
| 1994 | + 190 | ./. 124 |
| 1995 | + 308 | + 20 |

Fortsetzung nächste Seite

| Jahr | Bruttoergebnis Mio. DM | Nettoergebnis* Mio. DM |
|---|---|---|
| 1996 | + 586 | + 207 |
| 1997 | + 125 | ./. 130 |
| Insgesamt | ./. 1.436 | ./. 1.470 |

* Zwischensumme 2 der Gewinn- und Verlustrechnung vor Zuführung zur Schwankungsrückstellung

Quelle: GB BAV; GDV, eigene Berechnungen.

Die ausgewiesenen Ergebnisse veranschaulichen, daß die Ertragslage in der Wohngebäudeversicherung im Beobachtungszeitraum recht kritisch ist. In den Jahren 1979 bis 1987 werden durchgängig versicherungstechnische Brutto- und Nettoverluste ausgewiesen. Das ändert sich in den Jahren 1988 und 1989, in denen technische Überschüsse erzielt werden. In diesen beiden Jahren war die Leitungswasser- als auch Sturmschadenbelastung witterungsbedingt außerordentlich niedrig. Es folgte das Sturmkatastrophenjahr 1990, das den Wohngebäudeversicherern Rekordschadenbelastungen und Rekordverluste brachte. Der versicherungstechnische Bruttoverlust des Jahres 1990 ist nahezu doppelt so hoch wie die Summe der Bruttoverluste in den Jahren 1979 bis 1987. Die Rückversicherer trugen 1990 rund 2/3 des Bruttoverlusts. Ab dem Jahr 1991 verbesserte sich die Ertragslage tendenziell. Dabei fällt das Jahr 1993 aus dem Rahmen, weil in diesem Jahr zufallsbedingt eine Steigerung des Schadenaufwands bei allen drei Gefahrengruppen zu verzeichnen war. In den Jahren 1994 bis 1997 werden durchgehend versicherungstechnische Überschüsse ausgewiesen. Dies hat zwei Ursachen: Einerseits den außerordentlich günstigen Schadenverlauf bei allen versicherten Gefahren in dieser Zeit. Andererseits schlägt sich die Einbeziehung des Geschäfts der ehemaligen Pflicht- und Monopolanstalten nieder, das im allgemeinen recht ertragsstark ist.

Der kumulierte technische Bruttoverlust im Beobachtungszeitraum beträgt rund 1,436 Mrd. DM. Der kumulierte Nettoverlust beläuft sich auf 1,470 Mrd. DM. Offensichtlich hat die Rückversicherung in der Wohngebäudeversicherung lediglich zu einer Glättung der Ergebnisse in den angesprochenen Katastrophenjahren beigetragen. Daneben fällt auf, daß sich das Verhältnis zwischen Brutto- und Nettoverlusten im Zeitverlauf zu Lasten der Erstversicherer verändert. Im Zeitraum zwischen 1979 und 1988 steht einem akkumulierten Bruttoverlust von 960 Mio. DM ein Nettoverlust von 588 Mio. DM gegenüber. Zwischen 1989 und 1997 beläuft sich der akkumulierte Bruttoverlust auf 476 Mio. DM, der akkumulierte Nettoverlust auf 882 Mio. DM. Es wäre sicherlich interessant, den dargestellten Verlauf von Brutto- und Nettoergebnissen näher zu untersuchen.

# III. Vorbemerkungen zur Kommentierung der VGB

Es trägt zum besseren Verständnis der Kommentierung der VGB bei, wenn einleitend einige grundsätzliche Erläuterungen zur Entwicklung und zum Anwendungsbereich der VGB sowie zur Systematik des Kommentars gegeben werden.

## Entwicklung der VGB 1

Zunächst waren die VGB 62 über mehrere Jahrzehnte die Bedingungsgrundlage für die Verbundene Wohngebäudeversicherung. Sie wurden durch die VGB 88 ersetzt, die im Jahr 1988 in den Verbandsgremien entwickelt und von den Wohngebäudeversicherern ab dem Jahr 1989 nach und nach eingeführt wurden. Diese VGB 88 werden in der nachfolgenden Kommentierung als VGB 88 a. F. bezeichnet. Sie wurden im Jahr 1994 überarbeitet (vgl. I. 1.4.2). Heute gilt die Fassung Januar 1995 (s. Anhang A 3). An die Stelle der bisherigen Bezeichnung „Allgemeine Bedingungen für die Neuwertversicherung von Wohngebäuden gegen Feuer-, Leitungswasser- und Sturmschäden (VGB)“ trat die kurze und prägnante Überschrift „Allgemeine Wohngebäude-Versicherungsbedingungen (VGB 88)“. Der Begriff Neuwert wurde nicht mehr verwendet, weil die VGB 88 die Möglichkeit bieten, Wohngebäude auch auf einer anderen Wertgrundlage als dem Neuwert zu versichern (Zeitwert, gemeiner Wert; vgl. Q). Weiterhin werden wie in den VHB 84/VHB 92 die versicherten Gefahren im Titel des Bedingungswerks nicht mehr aufgeführt. Beide Bedingungswerke sind Grundlage für die Versicherung von Sachen gegen verschiedene Gefahren. In beiden Fällen haben die versicherten Sachen dem Bedingungswerk seinen Namen gegeben. Wohngebäude- und Hausratversicherungsverträge sind rechtlich einheitliche Verträge in Form der sog. verbundenen oder kombinierten Versicherung. Der Hinweis, es handele sich um eine verbundene Versicherung, wird in der Bezeichnung der VGB 88 und der Klauseln für die Wohngebäudeversicherung nicht mehr gegeben.

Eine **verbundene Versicherung** liegt vor, wenn bestimmte Sachen (Gebäude) durch einen Versicherungsvertrag gegen mehrere Gefahren versichert werden. Es wird ein Versicherungsantrag gestellt (ein Antragsformular verwendet), ein Versicherungsschein ausgestellt und dem Vertrag liegen einheitliche AVB (VGB) zugrunde. Ähnlich liegt es bei einer gebündelten Versicherung. Auch hier wird ein Antragsformular verwendet und ein Versicherungsschein ausgestellt. Es handelt sich jedoch nicht um einen, sondern um mehrere Versicherungsverträge, denen verschiedene AVB zugrunde liegen. Typisches Beispiel für eine gebündelte Versicherung ist die Gebündelte Geschäftsversicherung. Daneben ist zu beachten, daß heute sog. Sammelversicherungsanträge weit verbreitet sind. Dabei handelt es sich um Antragsformulare, die die Möglichkeit bieten, mehrere Anträge auf Versicherung zu stellen. Für die beantragten Versicherungen werden jedoch in der Regel gesonderte Versicherungsscheine ausgefertigt. Diese Handhabung wird auch als Koppelung von Versicherungsanträgen bezeichnet. Sie ist im Privatkundengeschäft weit verbreitet (vgl. Anhang A 8). Bei der Gestaltung dieser Antragsformulare haben die Versicherer jedoch § 10 a III VAG zu beachten (vgl. I. 1.4.1).

Im Gegensatz zur Hausratversicherung ist die Wohngebäudeversicherung keine geschlossene, sondern eine offene Mehrgefahrendeckung. In der Wohngebäudeversicherung kann der Verbraucher die drei Gefahrengruppen Brand/Blitzschlag/Explosion, Leitungswasser/Rohrbruch und Sturm/Hagel frei wählen und miteinander kombinieren (vgl. Präambel VGB 62 bzw. § 4 Nr. 3 VGB 88 a. F.). Diese Wahlfreiheit besteht in der Hausratversicherung grundsätzlich nicht (s. Dietz S. 20). Daneben hat der Verbraucher die Möglichkeit, die Grunddeckung der AVB durch die Vereinbarung von Klauseln und insbesondere durch die Vereinbarung der BEW zu erweitern.

Die VGB 88 a. F. wurden abweichend von der Systematik der VGB 62 neu gegliedert. Die Neugliederung lehnt sich weitgehend an den Aufbau der VHB 84 an, da es sich um korrespondierende Bedingungswerke handelt, die dieselbe Verbrauchergruppe ansprechen. Auch im Wortlaut wurde weitgehende Übereinstimmung dieser beiden Bedingungswerke angestrebt. Darauf ist es zurückzuführen, daß der Wortlaut der VGB 88 verschiedentlich vom Wortlaut der AFB 87, der AWB 87 und der AStB 87 abweicht. Die Abweichungen wurden im Interesse der Einheitlichkeit von VGB 88 a. F. und VHB 84 verschiedentlich selbst dann in Kauf genommen, wenn die jüngeren AVB Sach 87 klarere und übersichtlichere Regelungen beinhalten. Die angestrebte Vereinheitlichung von VGB 88 und VHB 84 erschöpft sich indessen nicht in einer formalen und sprachlichen Gleichschaltung. Vielmehr wurde darüber hinaus auch großer Wert auf die Harmonisierung des bedingungsmäßigen Versicherungsumfangs in beiden Versicherungszweigen gelegt. Dazu zählt auch der Anspruch, eine möglichst nahtlose Verbindung zwischen Wohngebäude- und Hausratversicherung zu schaffen, um Deckungslücken zu vermeiden. Dadurch kommt es gelegentlich zu Überschneidungen und zu Doppelversicherung. Dies wurde im Interesse eines umfassenden und lückenlosen Sachversicherungsschutzes für den privaten Verbraucher in Kauf genommen. Nachteile für den Verbraucher ergeben sich daraus nicht, zumal in beiden Versicherungszweigen der Unterversicherungsverzicht vereinbart werden kann. Diese Feststellungen treffen auch auf die VHB 92 zu.

Im März 1999 hat der GDV seinen Mitgliedsunternehmen eine **überarbeitete Fassung der VGB 88** vorgestellt und unverbindlich empfohlen. Diese **VGB 88 n. F.** sind kein grundlegend neues Bedingungswerk. Sie bringen eine Reihe von materiellen Veränderungen, die bei der Kommentierung im jeweiligen Sachzusammenhang dargestellt werden. Dabei handelt es sich sowohl um Einschränkungen als auch um Verbesserungen des Versicherungsschutzes. Die materiellen Auswirkungen sind jedoch überschaubar. Daneben wurde die Systematik und die Reihenfolge der einzelnen Bestimmungen grundlegend verändert. Dies ist darauf zurückzuführen, daß bei der Neufassung die Empfehlungen des GDV zur **Vereinheitlichung des Allgemeinen Teils von AVB** in der Schaden- und Unfallversicherung berücksichtigt wurden. Dazu hat der GDV seinen Mitgliedsunternehmen Ende 1998 insgesamt **26 Text-Bausteine** vorgestellt (Anhang A 2). Darin sind diejenigen Sachverhalte erfaßt, die nicht spartenspezifische, sondern allgemeingültige vertragsrechtliche Beziehungen zwischen Versicherern und VN regeln. Sie gelten für alle Sparten der Schadenversicherung in gleicher Weise, waren aber in den AVB der Schadenversicherung bisher verschiedentlich abweichend geregelt oder bei gleichem Regelungsinhalt unterschiedlich formuliert. Dies ist für den VN schwer verständlich. Durch die angestrebte Vereinheitlichung soll die Transparenz und Verständlichkeit der AVB in der Schadenversicherung verbessert werden. Dazu soll auch eine verbraucherfreundliche allgemeinverständliche Formulierung beitragen. Für den Versicherer hat die Vereinheitlichung betriebstechnische Vorteile, weil der Allgemeine Teil der AVB bei allen gebündelten Versicherungsverträgen nur einmal gedruckt und verwendet werden muß.

Es bleibt dem einzelnen Versicherer überlassen, wie er den Allgemeinen Teil und den Besonderen (spartenspezifischen) Teil der AVB miteinander verknüpft. Es ist möglich, AVB mit einer klaren Zweiteilung in einen geschlossenen Allgemeinen Teil und einen geschlossenen Besonderen Teil zu konzipieren. Vorstellbar ist es aber auch, die Bestimmungen des Allgemeinen Teils im jeweiligen Sachzusammenhang in den Besonderen Teil so einzuarbeiten, daß AVB „aus einem Guß" entstehen. Die Vergleichbarkeit verschiedener AVB ist bei einer Zweiteilung am ehesten gewährleistet. Das gilt auch für die Realisierung der angesprochenen betriebstechnischen Vorteile. Indessen kommt die geschlossene Übernahme der Text-Bausteine als Allgemeiner Teil der VGB 88 n. F. nicht in Frage. Dies liegt insbesondere daran, daß Text-Baustein 17 als § 9 und Text-Baustein 20 als §§ 10 Nr. 2, 15 Nr. 2 in den Besonderen Teil der VGB 88 n. F. integriert wurden. Die Versicherer werden bei der Verknüpfung des Allgemeinen Teils mit dem Besonderen Teil der AVB unterschiedliche Lösungen treffen. Infolgedessen führt die Verwendung der Text-Bausteine für den Allgemeinen Teil der AVB einerseits zu einer erwünschten materiellen und sprachlichen Vereinheitlichung. Andererseits besteht aber die Gefahr, daß die Vergleichbarkeit verschiedener AVB dadurch weiter erschwert wird, daß die Versicherer Allgemeinen und Besonderen Teil von AVB in unterschiedlicher Art und Weise voneinander abgrenzen und miteinander verknüpfen sowie die Reihenfolge der einzelnen Text-Bausteine verändern. Dadurch würde die Markttransparenz weiter beeinträchtigt.

## Anwendungsbereich der VGB 2

Die VGB 88 sind unverändert für die Versicherung von Wohngebäuden konzipiert. Der Begriff Wohngebäude wird in den VGB 88 und den Klauseln dazu häufig verwendet. Dadurch wird zum Ausdruck gebracht, daß die Wohngebäudeversicherung für die Versicherung von Wohngebäuden konzipiert ist. Der Begriff Wohngebäude wird jedoch nicht definiert. Maßgebend ist daher die Verkehrsanschauung. Wohngebäude sind danach Gebäude, in denen sich (bewohnte) Wohnungen befinden. Ein Wohngebäude hat eine oder mehrere Wohnungen. Nach der Verkehrsanschauung ist eine Wohnung eine abgegrenzte und geschlossene Einheit von einem oder mehreren Räumen, die dazu geeignet und bestimmt sind, auf Dauer Menschen und Sachen zu Zwecken privater Lebens- und Haushaltsführung aufzunehmen. In einer Wohnung wird dauerhaft ein privater Haushalt geführt (vgl. Dietz § 1 RN 3 und § 10 RN 2.3). Maßgebend ist die tatsächliche Nutzung eines Gebäudes, nicht seine bauliche Gestaltung. Deshalb verlieren Gebäude, die zu Wohnzwecken erbaut und genutzt wurden, ihre Wohngebäudeeigenschaft, wenn sie umgewidmet und anderweitig genutzt werden. Dies gilt auch dann, wenn dabei die Bausubstanz und die Ausstattung des Gebäudes nicht verändert wird. Fälle sind die Umwidmung von Wohnungen zu Büroräumen, Praxis- oder Kanzleiräumen. Umgekehrt können ursprünglich zu gewerblichen Zwecken erbaute oder zu gewerblichen Zwecken genutzte Gebäude durch eine Nutzungsänderung zu Wohngebäuden werden. Beispiel hierfür sind die Umwidmung und Umgestaltung von Büro-, Hotel- oder Pensionsgebäuden zu Wohnungen.

Der Anwendungsbereich der Wohngebäudeversicherung ist nicht auf die Versicherung reiner Wohngebäude beschränkt. Die VGB 88 sind auch für Versicherung gemischt genutzter Gebäude konzipiert, die sowohl Wohnzwecken als auch sonstigen gewerblichen, industriellen, landwirtschaftlichen oder öffentlichen Zwecken dienen. Häufigster Fall sind Wohn- und Geschäftsgebäude, die sowohl Wohnungen als auch Büros, Arztpraxen oder Ladengeschäfte umfassen. Dabei treten indessen Abgrenzungsprobleme auf. Maßgebend für die Abgrenzung sind die Nutzungsanteile. Die VGB 88 werden angewendet, sofern mindestens die Hälfte der Gebäudefläche Wohnzwecken dient (vgl. zu den VGB 62 VerBAV 68, S. 254 und S. 283, VerBAV 77, S. 30, GB BAV 81, S. 67). Ist der Anteil der Wohnfläche niedriger als 50 % der Gebäudefläche, so sollen die VGB 88 kein Anwendung finden. Die Versicherung von Gebäuden, die überwiegend oder ausschließlich anderen Zwecken als Wohnzwecken dienen, richtet sich nach den AFB, AStB und AWB sowie nach etwaigen Besonderen Bedingungen des jeweiligen Bereichs.

In der Vergangenheit wurde dieser Grundsatz unter dem Druck des Wettbewerbs von den Wohngebäudeversicherern in vielen Fällen verletzt. Insbesondere gemischt genutzte Gebäude, deren Wohnflächenanteil unter 50 % lag, reine Büro- oder Verwaltungsgebäude sowie sonstige öffentliche Gebäude wie Schulen, Kindergärten, Krankenhäuser u. ä. wurden häufig auf der Grundlage der VGB versichert. In der Vergangenheit hat das BAV diese Praxis bei örtlichen Prüfungen von Versicherungsunternehmen und auch in Veröffentlichungen (vgl. GB BAV 81, S. 67) immer wieder beanstandet, weil dadurch die Grundlagen der Wohngebäudeversicherung ausgehöhlt und die dauernde Erfüllbarkeit der Verträge gefährdet wird.

Dies ist in erster Linie darauf zurückzuführen, daß die unverbindlich empfohlenen Beitragssätze auf der Grundlage der Schadenerfahrungen kalkuliert wurden, die die Versicherer in den vergangenen Jahren mit der Versicherung von Wohngebäuden gesammelt haben. Auf die Versicherung von Gebäuden, die nicht zu Wohnzwecken genutzt werden, lassen sie sich nicht anwenden, weil sich deren Schadenverlauf vor allem beim Feuerrisiko grundlegend von dem der Wohngebäude unterscheidet. Insbesondere die Versicherung von gewerblich oder landwirtschaftlich genutzten Gebäuden erfordert weitaus höhere Beitragssätze als die Versicherung von Wohngebäuden. Die Tarifierung von gewerblich oder landwirtschaftlich genutzten Gebäuden nach den Tarifen für die Wohngebäudeversicherung begünstigt daher die Eigentümer dieser Gebäude im Verhältnis zu den Wohngebäudeeigentümern unangemessen und führt zu Ertragsproblemen beim Versicherer.

Daraus kann indessen nicht geschlossen werden, es sei unbedenklich, die VGB 88 für die Versicherung von Gebäuden anzuwenden, die nicht Wohnzwecken dienen, sofern nur ein risikogerechter Beitrag berechnet wird. Gemischt genutzte Gebäude fallen nur dann unter den Anwendungsbereich der Wohngebäudeversicherung, wenn sie überwiegend Wohnzwecken dienen. Es handelt sich um Gebäude, die den Charakter von Wohngebäuden haben. Die anderweitige Nutzung hat untergeordnete Bedeutung. Deshalb ist es nicht zu beanstanden, für die Versicherung dieser Gebäude die VGB 88 anzuwenden. Etwas anderes gilt für die Versicherung von Gebäuden, die nicht oder überwiegend nicht zu Wohnzwecken dienen. Sie unterscheiden sich hinsichtlich ihrer Risikostruktur und hinsichtlich des daraus entstehenden Versicherungsbedarfs grundlegend von den Wohngebäuden. Der in den VGB verankerte Versicherungsbedarf ist auf die Risikolage von Wohngebäuden zugeschnitten. Er ist infolgedessen für die Versicherung anderer Gebäude nicht angemessen. Dies gilt z. B. für die Abgrenzung des Zubehörs, die pauschale Kostenversicherung und die Versicherung des Mietausfalls. Die genannten Regelungen stellen auf den bei Wohngebäuden vorhandenen Versicherungsbedarf ab. Daher entstehen bei der Versicherung von Nichtwohngebäuden nach den VGB 88

Deckungslücken, die regelmäßig einzelvertraglich geschlossen werden müßten. Weiterhin ist die Anpassung der Haftung nach Maßgabe der Veränderungen des Baukostenindex für Wohngebäude bei diesen Gebäuden unangemessen, weil sich die Baupreise für Nichtwohngebäude einerseits und Wohngebäude andererseits unterschiedlich entwikkeln. Daher wird auch die Baupreisentwicklung der verschiedenen Gebäudetypen mit unterschiedlichen Indexreihen gemessen.

Aus den dargestellten Gründen ist der Anwendungsbereich der Wohngebäudeversicherung 88 beschränkt auf reine Wohngebäude und gemischt genutzte Gebäude, die mindestens zur Hälfte Wohnzwecken dienen. Innerhalb der Wohngebäude bilden Wochenend- und Ferienhäuser wegen ihrer höheren Gefährdung eine besondere Gefahrengruppe. Sonstige Gebäude werden auf der Grundlage der AFB 87, AWB 87 und AStB 87 versichert. Es liegt im Interesse von VN und Versicherern, diese Trennungslinie zu beachten. Insbesondere ist davon abzuraten, die Versicherung gewerblich genutzter Gebäude nach den VGB 88 über den empfohlenen Rahmen hinaus zu betreiben.

Die Ergebnisse der **Risikostatistik des GDV nach Nutzungsarten** belegen die voraufgegangenen Feststellungen. Es werden dort drei Nutzungsarten gebildet. Reine Wohngebäude sind ständig ausschließlich zu Wohnzwecken genutzte Gebäude. Im Gegensatz dazu werden Ferien- und Wochenendhäuser nicht ständig genutzt. Gemischt genutzte Gebäude dienen neben Wohnzwecken auch anderen zumeist gewerblichen Zwecken. Für den Zeitraum 1981 bis 1996 ergeben sich für die einzelnen Nutzungsarten die nachfolgenden durchschnittlichen Schadensätze (zum Begriff s. II. 3.5.5):

| Nutzungsart | Schadensatz ‰ | | | |
|---|---|---|---|---|
| | F | LW | St | Ges. |
| Reine Wohngebäude | 0,11 | 0,20 | 0,13 | 0,37 |
| Gemischt genutzte Gebäude | 0,21 | 0,25 | 0,13 | 0,48 |
| Wochenend-/Ferienhäuser | 0,44 | 0,30 | 0,21 | 0,74 |

Es zeigt sich, daß in der Feuerversicherung der Schadensatz für gemischt genutzte Gebäude signifikant höher als derjenige für reine Wohngebäude ist. Das gilt auch für das Leitungswasserrisiko. Dagegen sind die Schadensätze des Sturmrisikos für beide Nutzungsarten gleich hoch. Wochenend- und Ferienhäuser weisen für alle versicherten Gefahren einen deutlich höheren Schadensatz auf als die beiden sonstigen Nutzungsarten. Hauptursache ist die weitaus höhere Schadenhäufigkeit bei dieser Nutzungsart.

Auch zur Verteilung des Bestandes an Wohngebäudeversicherungsverträgen auf die Nutzungsarten gibt die Risikostatistik des GDV Aufschluß. Ende 1996 wurden aufgrund der Meldungen von 56 Mitgliedsunternehmen mit einem Marktanteil von 64 % knapp 14,1 Millionen Verträge erfaßt, die sich wie folgt verteilen:

| Nutzungsart | Verträge Tsd. | Anteil % |
|---|---|---|
| Nicht geschlüsselt | 6.148 | 43,8 |
| Reine Wohngebäude | 7.437 | 52,9 |
| Gemischt genutzte Wohngebäude | 278 | 2,0 |
| Wochenend-/Ferienhäuser | 189 | 1,3 |
| Zusammen | 14.052 | 100,0 |

In der Zeile „Nicht geschlüsselt" sind diejenigen Meldungen zusammengefaßt, in denen die Nutzungsart nicht angegeben wurde. Eliminiert man sie, zeigt sich das nachfolgende Bild:

| Nutzungsart | Verträge Tsd. | Anteil % |
|---|---|---|
| Reine Wohngebäude | 7.437 | 94,1 |
| Gemischt genutzte Wohngebäude | 278 | 3,5 |
| Wochenend-/Ferienhäuser | 189 | 2,4 |
| Zusammen | 7.904 | 100,0 |

Die Versicherung reiner Wohngebäude hat überragende Bedeutung.

## 3 Systematik der Kommentierung

Aufgrund der dargestellten Differenzierung zwischen dem Allgemeinen Teil und dem Besonderen Teil unterscheiden sich die VGB 88 n. F. im Aufbau und in der Reihenfolge der einzelnen Regelungen grundlegend von den VGB 88 a. F. und den VGB 62. Infolgedessen konnte die in der 1. Auflage gewählte strenge Ausrichtung des Kommentars an der Reihenfolge der Bestimmungen der VGB 88 nicht aufrechterhalten werden. An die Stelle der Gliederung nach den Paragraphen der VGB 88 ist eine systematische Gliederung nach Sachverhalten getreten. Dabei wurde versucht, die Reihenfolge weitgehend an den VGB 88 auszurichten. Verschiedentlich war dies jedoch aus den dargestellten Gründen nicht möglich. Die Klauseln für die Wohngebäudeversicherung sowie die BEW werden ebenso wie die Text-Bausteine für den Allgemeinen Teil im jeweiligen Sachzusammenhang behandelt.

Grundlage der Kommentierung sind die VGB 88 n. F. (Anhang A 1), die VGB 88 a. F. Januar 1995 (Anhang A 3) mit Klauseln (Anhang A 4), die VGB 62 (Anhang A 6), die BEW (Anhang A 5) sowie die Text-Bausteine für den Allgemeinen Teil der AVB in der Schaden- und Unfallversicherung Fassung November 1998 (Anhang A 2). Dabei ist zu beachten, daß die Klauseln zu den VGB 88 ebenso wie die BEW auf die VGB 88 a. F. abgestellt sind. Überarbeitete Fassungen für die VGB 88 n. F. liegen derzeit noch nicht vor.

Der Schwerpunkt der Kommentierung liegt auf den besonderen spartenspezifischen Regelungen der VGB 88. Die VGB 88 a. F. haben als Vertragsgrundlage in der Wohngebäudeversicherung inzwischen das weitaus größte Gewicht (vgl. II. 3.3). Ihre Bedeutung wird weiter zunehmen. Jedoch ist davon auszugehen, daß die meisten Wohngebäudeversicherer die VGB 88 n. F. zunächst wohl nicht einführen werden, da die knappen Personalkapazitäten, insbesondere in der Datenverarbeitung, durch die Vorbereitung auf das Jahr 2000 und die Einführung des Euro weitgehend ausgelastet sind. Wohngebäudeversicherer sind auch nicht verpflichtet, die VGB 88 n. F. nach deren Einführung ihren VN anzubieten. Dies hat die Rechtsprechung verschiedentlich bestätigt, sofern die neuen AVB für den VN nicht nur Vorteile, sondern auch Nachteile mit sich bringen. Dann kommt es auch nicht darauf an, ob die Vorteile per Saldo die Nachteile überwiegen (vgl. OLG Hamm VersR 94 S. 37 und r+s 93 S. 441; OLG Hamburg VersR 88 S. 620). Eine Geschäftsplanmäßige Erklärung über die Verwendung der VGB 88 n. F. und die Umstellung der Vertragsbestände geben die Wohngebäudeversicherer gegenüber dem BAV nach der Deregulierung ohnehin nicht mehr ab.

# IV. VGB-Kommentar

## A Versicherte Sachen

In den VGB 88 werden zuerst die versicherten Sachen beschrieben und abgegrenzt. Im Gegensatz dazu sind in § 1 VGB 62 die versicherten Gefahren geregelt. Hauptgrund für die Neugliederung in den VGB 88 war die Überlegung, am Anfang eines Bedingungswerks den Begriff zu behandeln, der ihm seinen Namen gegeben hat. Der gleiche Gedankengang liegt auch der Systematik anderer AVB zugrunde. So wird in § 1 VHB 84/ VHB 92 der Hausratbegriff definiert und abgegrenzt. In den AVB Sach, deren Bezeichnung sich nach den versicherten Gefahren richtet, werden dagegen zuerst die versicherten Gefahren und Schäden umschrieben (vgl. z. B. § 1 AFB).

### Versicherte Gebäude 1

Nach § 1 Nr. 1 VGB 88 n. F. sind „die in dem Versicherungsschein bezeichneten Gebäude" versichert. Demgegenüber sind nach § 1 Nr. 1 VGB 88 a. F. „die in dem Versicherungsvertrag bezeichneten Gebäude" versichert. Nach § 2 VGB 62 sind „die im Versicherungsschein aufgeführten Gebäude mit ihren Bestandteilen" versichert. Aus diesen unterschiedlichen Formulierungen folgen keine materiellen Abweichungen. Der Wortlaut der VGB 88 a. F. wurde seinerzeit an die damals gebräuchliche Terminologie angepaßt. Sie hat sich zwischenzeitlich wieder einmal geändert. Der Zusatz „mit ihren Bestandteilen" in den VGB 62 hat deklaratorischen Charakter. Er soll dort im sprachlichen Kontext den nachfolgenden Ausschluß des Gebäudezubehörs deutlicher hervorheben. In § 1 Nr. 1 VGB 88 konnte darauf verzichtet werden, da Gebäudezubehör gem. § 1 Nr. 2 VGB 88 mitversichert ist.

### Einzeldeklaration 1.1

**Die in dem Versicherungsschein bezeichneten Gebäude sind versichert.** Die Formulierung besagt, daß die versicherten Gebäude im Versicherungsschein grundsätzlich einzeln aufgeführt werden. Es handelt sich in der Wohngebäudeversicherung um die Versicherung bestimmter Einzelsachen. Jedes versicherte Gebäude wird im Versicherungsantrag und im Versicherungsschein einzeln bezeichnet und aufgeführt (**Einzeldeklaration**). Je Gebäude wird in der Regel eine eigene Position mit einer eigenen Versicherungssumme gebildet (positionsweise Versicherung). Dieser Grundsatz hat auch im Versicherungsfall große Bedeutung. Die Abrechnung von Schäden erfolgt positionsweise. Für jede Position wird gesondert geprüft, ob Unterversicherung vorliegt (vgl. R 3.2). Im Gegensatz dazu steht die Versicherung von Sachinbegriffen oder Sachgesamtheiten (vgl. § 54 VVG), die in der Sachversicherung in der Regel bei der Versicherung beweglicher Sachen angewendet wird. Typisches Beispiel dafür ist die Versicherung des gesamten Hausrats nach § 1 VHB 84/VHB 92. Versichert sind danach nicht bestimmte Einzelsachen, sondern ohne Unterscheidung nach Art, Menge und Wert alle Sachen, die unter den maßgebenden Sachinbegriff fallen. Für den versicherten Sachinbegriff gibt es eine Position und eine Versicherungssumme.

1.1.1 **Gebäude sind Grundstücksbestandteile** (§ 94 BGB). Es handelt sich um unbewegliche Sachen, die mit dem Grundstück dauernd und fest verbunden sind (vgl. A .2). Deshalb erfolgt die Bezeichnung der versicherten Gebäude im Versicherungsvertrag durch die **Benennung des Grundstücks**, auf dem sich das Gebäude befindet. Bezeichnet wird das Grundstück bei Wohngebäuden in der Regel durch die Angaben über Ort (Gemeinde), Straße und Hausnummer (postalische Anschrift). Maßgebend für die Abgrenzung des Grundstücks ist der Inhalt des Grundbuchs. Ein Grundstück ist daher unabhängig von der Nutzungsart ein räumlich abgegrenzter Teil der Erdoberfläche, der im Bestandsverzeichnis eines Grundbuchblattes unter einer besonderen Nummer oder nach der Grundbuchordnung 3 V gebucht ist (Palandt Anm. 1 vor § 873, S. 1059). Im Interesse der Rechtssicherheit ist dieser juristisch-formalen Abgrenzung der Vorzug vor einer Abgrenzung nach einer wirtschaftlichen Betrachtungsweise zu geben, wonach mehrere Grundstücke im rechtlichen Sinn durchaus ein einheitliches wirtschaftliches Grundstück und umgekehrt ein Grundstück im Grundbuch mehrere wirtschaftliche Grundstücke bilden können.

Sollen mehrere Wohngebäude, die auf verschiedenen, rechtlich selbständigen Grundstücken liegen, in einem Versicherungsvertrag gemeinsam versichert werden, so ist dies durch entsprechende Grundstücksbezeichnung im Versicherungsantrag und im Versicherungsschein unter Beachtung des Grundsatzes der Einzeldeklaration zweifelsfrei zu regeln. Liegt das versicherte Gebäude auf mehreren Grundstücken, dann sind die Grundstücke ebenfalls einzeln zu benennen (vgl. OLG Hamm r+s 86 S. 13).

1.1.2 Durch die **Grundstücksbezeichnung** sind die versicherten Gebäude im allgemeinen eindeutig bezeichnet, da Wohngrundstücke in der Regel mit einem Wohngebäude bebaut sind. Schwierigkeiten können auftreten, wenn dasselbe Grundstück mit mehreren Gebäuden bebaut ist. Die versicherten Gebäude sind einzeln aufzuführen (Einzeldeklaration). Versichert sind diejenigen Gebäude, die im Versicherungsschein aufgeführt und bezeichnet sind. Zur Unterscheidung werden ergänzende Angaben zur Lage, zum Charakter und zur Nutzungsart der einzelnen Gebäude gegeben. Grundsätzlich wird für jedes Gebäude eine eigene Position mit einer eigenen Versicherungssumme gebildet (vgl. A 1.1). Es ist davon abzuraten, mehrere Gebäude in einer Position bzw. in Form der sog. summarischen Versicherung zu versichern (vgl. R 3.2). Dies verbietet sich insbesondere in den Fällen, in denen wegen unterschiedlicher Bauart oder unterschiedlicher Nutzung der Gebäude verschiedene Beitragssätze berechnet werden. Es kommt auch vor, daß für eine Position der Unterversicherungsverzicht gelten soll, während eine andere Position zum vollen Wert versichert wird. Indessen haben diese Fälle keine große praktische Bedeutung. Aber auch die Zusammenfassung mehrerer Positionen bzw. Gebäude, für die die gleichen Beitragssätze berechnet werden, kann nicht befürwortet werden. Insbesondere im Versicherungsfall können dadurch Komplikationen entstehen, weil unter anderem die Ermittlung des Versicherungswerts erschwert wird. Darauf ist es zurückzuführen, daß die Sonderregelung des § 7 Nr. 2 b Satz 2 VGB 62, wonach alle Positionen mit gleichen Beitragssätzen als eine Position gelten, in den VGB 88 entfallen ist (vgl. R 3.2.1).

1.1.3 Der Grundsatz der Einzeldeklaration gilt auch für die **Versicherung von sog. Nebengebäuden**, die sich auf demselben Grundstück wie das im Versicherungsschein bezeichnete Hauptgebäude befinden. In der Praxis wird dieser Grundsatz bei Nebengebäuden jedoch häufig durchbrochen. Typisches Beispiel dafür sind Garagen. Im Summenermittlungsbogen (vgl. P 6.3) wird für Garagen zunächst eine Versicherungssumme ermittelt. Sie wird anschließend jedoch mit der davor ermittelten Versicherungssumme für das Wohngebäude zusammengefaßt. Für Wohngebäude und Garagen wird damit eine Position mit einer einheitlichen Versicherungssumme gebildet. Diese Vorgehensweise deckt sich mit der bisherigen praktischen Handhabung bei der Versicherung von Garagen und anderen Nebengebäuden. Darauf ist es zurückzuführen, daß die allermeisten Wohngebäudeversicherungsverträge nur eine Position haben.

Aus dieser summarischen Versicherung von Haupt- und Nebengebäuden kann jedoch nicht gefolgert werden, Nebengebäude seien auch dann versichert, wenn sie im Versicherungsschein nicht bezeichnet sind. Der Grundsatz der positionsweisen Versicherung wird in diesen Fällen zwar aufgegeben, indessen gilt der Grundsatz der Einzeldeklaration uneingeschränkt. Die im Versicherungsschein bezeichneten Gebäude sind versichert. Kein Versicherungsschutz besteht für Nebengebäude, die im Antrag und im Versicherungsschein nicht genannt sind. Dabei ist es unbeachtlich, ob diese Gebäude bei Antragsaufnahme bereits vorhanden waren oder nachträglich errichtet wurden. Weiterhin spielt es keine Rolle, ob die Nebengebäude gemeinsam mit dem versicherten Gebäude genutzt werden, mit diesem eine wirtschaftliche Einheit bilden oder anderen Zwecken dienen. Es kommt auch nicht darauf an, ob die Nebengebäude frei stehen oder mit dem versicherten Gebäude baulich verbunden sind. In der Praxis führt dies insbesondere bei Garagen gelegentlich zu Schwierigkeiten. Ist laut Versicherungsschein nur ein Wohngebäude versichert, so besteht für eine angebaute Garage selbst dann kein Versicherungsschutz, wenn sie mit dem Wohnhaus durch eine gemeinsame Mauer und ein gemeinsames Dach verbunden ist. Eine Garage ist ohne ausdrückliche Bezeichnung im Versicherungsschein nur dann versichert, wenn sie integraler Bestandteil des Wohngebäudes ist, d. h. zum Beispiel in den Kellerbereich des Wohngebäudes eingebaut ist (AG Gemünden/M. VersR 86 S. 1236 f.). Ein Freisitz, der an das versicherte Gebäude angebaut ist, aber nicht durch das Gebäude gestützt wird, sondern mit gleicher Konstruktion und mit gleichen Bestandteilen auch an anderer Stelle stehen könnte, ist ein als selbständiges Gebäude anzusehender Anbau. Soll die Versicherung auch für diesen Freisitz gelten, so ist er ebenso wie eine Garage im Versicherungsantrag und im Versicherungsschein aufzuführen (AG München VersR 86 S. 1189). Ein Anbau, der im Versicherungsschein nicht besonders bezeichnet ist, wird von der Versicherung eines Wohngebäudes nur dann erfaßt, wenn der Anbau integraler Bestandteil des Gebäudes ist. Dafür reicht eine bauliche Verbindung durch eine gemeinsame Mauer und ein gemeinsames Dach jedenfalls dann nicht aus, wenn der Anbau eine separate Tragekonstruktion besitzt (AG Speyer VersR 92 S. 609). Wird ein Einfamlienhaus mit Garage zur Versicherung beantragt, ist eine auf dem Grundstück separat gelegene Lagerhalle selbst dann nicht versichert, wenn es zum Bau der Garage nicht gekommen ist (LG Aschaffenburg VersR 92 S. 609). Wird das versicherte Gebäude im Versicherungsvertrag als Wohnhaus bezeichnet, so besteht für einen Anbau, der keine Verbindung zum Wohnhaus hat und durch einen separaten Eingang betreten werden muß, kein Versicherungsschutz (AG Sobernheim VersR 93 S. 1269 sowie r+s 93 S. 269). Ein Carport und ein Schuppen, die als eigenständige, offene Holzkonstruktion errichtet und lediglich durch die Isolierpappe des Dachs mit dem Wohngebäude verbunden sind, sind nicht nach § 2 VGB 62 als Bestandteile des versicherten Wohn- und Geschäftsgebäudes mitversichert (LG Oldenburg r+s 94 S. 468). Wenn die versicherten Sachen einer Wohngebäudeversicherung nach VGB 62 mit „Wohnhaus, Gartenhaus und Anbau mit ihren Bestandteilen sowie im Gebäude befindliches Zubehör“ deklariert sind, fällt ein Carport

– hier: ein selbständiges Bauwerk, das nicht mit dem daneben stehenden Haus fest verbunden ist und nicht als Einheit mit diesem angesehen werden kann – nicht unter die versicherten Sachen. Es ist auch nicht Zubehör, da es sich bei einem Carport nicht um eine bewegliche Sache handelt (OLG Köln VersR 97 S. 694 und r+s 96 S. 414). Eine Remise, d. h. ein auf einer Seite offenes Gebäude, ist nicht unselbständiger Bestandteil des hauptsächlich versicherten Wohngebäudes. Umfaßt der Versicherungsvertrag nach einer Zusatzvereinbarung i. S. d. § 1 Nr. 3 VGB 88 auch freistehende, privat genutzte Nebengebäude (ausgenommen Garagen/Carports), so ist die Remise dann nicht mitversichert, wenn sie so gut wie ausschließlich im Rahmen des Gewerbebetriebs des VN genutzt wird (OLG Celle VersR 96 S. 748 sowie r+s 95 S. 349).

Die dargestellte Durchbrechung des Grundsatzes der positionsweisen Versicherung bei Nebengebäuden sollte unter allen Umständen auf die Versicherung von Nebengebäuden beschränkt bleiben, die im Verhältnis zum versicherten Wohngebäude von untergeordneter Bedeutung sind und gemeinsam mit dem Wohngebäude zu privaten Zwecken genutzt werden. Bei der Versicherung von Nebengebäuden, die nicht gemeinsam mit dem Wohngebäude genutzt werden, ist der Grundsatz der positionsweisen Versicherung unbedingt zu beachten. Dies gilt insbesondere für die Versicherung gewerblich genutzter Nebengebäude. Die VGB 88 sind für die Versicherung dieser Gebäude aus den in III. 2 dargelegten Gründen eigentlich ungeeignet. Dennoch werden gewerblich genutzte Nebengebäude (z. B. Werkstatt- oder Lagergebäude) in der Praxis häufig gemeinsam mit dem Wohngebäude versichert, wenn sie sich auf demselben Grundstück befinden und im Verhältnis zum Wohngebäude untergeordnete Bedeutung haben. In jedem Fall sollte dafür jedoch eine eigene Position gebildet werden, zumal für die Versicherung gewerblich genutzter Gebäude höhere Beitragssätze berechnet werden als für die Versicherung von Wohngebäuden.

1.1.4 Häufig werden versicherte Gebäude nach Vertragsabschluß baulich verändert. Bei diesen Anlässen sollte der Versicherungsvertrag grundsätzlich überprüft und angepaßt werden. Unterbleibt die Anpassung jedoch, so sind **Um-, An- und Ausbauten** ohne weiteres versicherte Sachen, wenn der neu geschaffene Baukörper als Teil des im Versicherungsschein bezeichneten Gebäudes anzusehen ist und mit diesem eine bauliche und wirtschaftliche Einheit bildet. Ähnlich verhält es sich bei der umfassenden Modernisierung und Sanierung der im Versicherungsschein bezeichneten Gebäude. Die neu geschaffene Bausubstanz ist ohne weiteres versichert, obwohl beispielsweise in Fällen der sog. Kernsanierung vom ursprünglichen Baukörper lediglich die Umfassungswände und die Fundamente erhalten bleiben. Dieses Ergebnis läßt sich auch aus §§ 12 Nr. 3 c VGB 88 n. F., 16 Nr. 6 a VGB 88 a. F. ableiten. Die dortige Regelung steht unter der stillschweigenden Voraussetzung, daß nachträgliche Um-, An- oder Ausbauten von versicherten Gebäuden auch dann versichert sind, wenn die Baumaßnahme dem Versicherer nicht angezeigt wurde. Eine andere Handhabung wäre auch nicht praktikabel. Die Beschränkung des Versicherungsschutzes auf die bei Vertragsabschluß vorhandene Bausubstanz würde unlösbare Abgrenzungsprobleme schaffen, weil diese beim Vesicherer nur unvollkommen dokumentiert ist. Deshalb kann nicht zuverlässig festgestellt werden, welche Bauteile ursprünglich vorhanden waren bzw. welche Bauteile nachträglich hinzugefügt wurden.

Die vorstehende Auslegung gilt nicht, wenn auf demselben Grundstück nachträglich weitere eigenständige, insbesondere freistehende Gebäude geschaffen werden. In diesen Fällen gilt der Grundsatz der Einzeldeklaration uneingeschränkt. Derartige Gebäude sind versichert, wenn sie in einer eigenen Position zur Versicherung beantragt werden und im Versicherungsschein einzeln bezeichnet sind. Unterbleibt die Anpassung des

Vertrages, so besteht für die nachträglich geschaffenen Gebäude kein Versicherungsschutz.

Dagegen bleibt das im Versicherungsschein bezeichnete Wohngebäude auch dann versicherte Sache, wenn nach Abschluß des Vertrages eine nachträgliche **Nutzungsänderung** erfolgt. Versicherte Sache einer Versicherung, die sich nach dem Antrag eindeutig auf das Gebäude eines bestimmten Grundstücks bezieht, ist das Gebäude auf diesem Grundstück auch dann, wenn das ursprünglich als Wohnhaus genutzte Gebäude im Antrag als Wohngebäude mit Anbau bezeichnet worden ist, inzwischen aber nicht mehr bewohnt, sondern zu einem erheblichen Teil zur Lagerung von Heu und Stroh für Reitpferde benutzt wird (OLG Hamm r+s 90 S. 22). Es kann jedoch dadurch eine Gefahrerhöhung eingetreten sein (vgl. N 4.4). 1.1.5

## Grundstücksbezeichnung 1.2

Die Grundstücksbezeichnung grenzt nicht nur die versicherten Sachen ihrer Art und ihrem Umfang nach ab, sondern sie bestimmt sogleich auch den räumlichen Geltungsbereich des Versicherungsschutzes. Durch die Bezeichnung des Versicherungsgrundstücks wird der Versicherungsort bzw. die örtliche Begrenzung des Versicherungsschutzes festgelegt (OLG Hamm r+s 86 S. 13). Dies folgt zwangsläufig daraus, daß Gebäude als Grundstücksbestandteile fest und endgültig mit dem Grundstück verbunden sind, auf dem sie ihren Standort haben. Werden Gebäude oder Gebäudebestandteile vom Grundstück getrennt, indem sie abgerissen oder ausgebaut werden, dann verlieren sie ihre Eigenschaft als Grundstücksbestandteil. Sie sind nicht mehr Gebäude oder Gebäudebestandteil und infolgedessen auch nicht mehr versicherte Sache. Bei abgetrennten oder abgebrochenen Gebäudebestandteilen handelt es sich begrifflich um bewegliche Sachen (Bauschutt/Müll, Baumaterial oder sonstige Gebrauchsgegenstände). Bewegliche Sachen sind jedoch im Rahmen der Wohngebäudeversicherung mit Ausnahme bestimmter Zubehörstücke grundsätzlich nicht versichert. Lediglich in Sonderfällen können vorübergehend ausgebaute Gebäudeteile versichert sein, wenn sie nachweislich dazu bestimmt sind, wieder in das im Versicherungsschein bezeichnete Gebäude eingefügt zu werden (vgl. A 2).

Unter diesen Umständen konnte in den VGB 88 wie in den VGB 62 darauf verzichtet werden, den räumlichen bzw. örtlichen Geltungsbereich der Haftung für versicherte Gebäude ausdrücklich festzulegen, wie dies bei der Versicherung beweglicher Sachen in Form der Beschreibung des Versicherungsortes regelmäßig geschieht (vgl. z. B. §§ 10 – 12 VHB 84/VHB 92, 4 AFB 87). Diese Feststellungen werden durch den Wortlaut von § 1 Nr. 2 und Nr. 3 VGB 88 nicht widerlegt, sondern bestätigt. Dort wird der Versicherungsschutz für Gebäudezubehör und sonstige Grundstücksbestandteile in örtlicher Hinsicht ausdrücklich beschrieben. Nach Nr. 2 ist Zubehör versichert, soweit es sich in dem Gebäude befindet oder außen an dem Gebäude angebracht ist. Diese ausdrückliche örtliche Abgrenzung wurde u. a. deswegen getroffen, weil es sich bei Zubehörstücken häufig um bewegliche Sachen handelt, deren örtliche Lage ohne weiteres verändert werden kann. In diesen Fällen haftet der Versicherer nur unter der Voraussetzung, daß sich die Zubehörstücke an den in § 1 Nr. 2 VGB 88 beschriebenen Orten befinden (Einzelheiten vgl. A 2). Nach § 1 Nr. 3 VGB 88 sind weiteres Gebäudezubehör sowie sonstige Grundstücksbestandteile auf dem im Versicherungsschein bezeichneten Grundstück (Versicherungsgrundstück) nur aufgrund besonderer Vereinbarung versichert. Mit dieser Regelung wird weiterhin klargestellt, daß die Versicherung von weiterem Gebäudezubehör und sonstigen Grundstücksbestandteilen, die sich nicht auf dem Versicherungsgrundstück befinden, in der Wohngebäudeversicherung auch aufgrund besonderer Vereinbarung nicht vorgesehen ist (Einzelheiten vgl. A 3).

## 1.3 Gebäudebegriff

Die VGB geben keine Definition des Gebäudebegriffs. Dies ist versicherungstechnisch auch nicht erforderlich. Die Formulierung „in dem Versicherungsschein bezeichneten Gebäude" im Bedingungstext ist in dem Sinne auszulegen, daß diejenigen Bauwerke, die im Versicherungsschein bezeichnet sind, Gebäude und versicherte Sachen im Sinne des einzelnen Versicherungsvertrags sind. Anders ausgedrückt steht es VN und Versicherer frei, durch einzelvertragliche Vereinbarungen zu regeln und festzulegen, welche Sachen im Wohngebäudeversicherungsvertrag als (Wohn-)Gebäude eingestuft und versichert werden. Es besteht Vertragsfreiheit. Daraus ergibt sich jedoch die zwingende Notwendigkeit, die versicherten Sachen unter Beachtung des Grundsatzes der Einzeldeklaration exakt zu bezeichnen. Dadurch lassen sich Abgrenzungsprobleme und Auseinandersetzungen über den Umfang der versicherten Sachen von vornherein weitgehend ausschließen. In der Hausratversicherung werden im Gegensatz dazu in § 2 VHB 84/VHB 92 der Hausratbegriff und die versicherten Sachen umfassend definiert. Dies liegt daran, daß es sich um die Versicherung eines Sachinbegriffs handelt. Der versicherte Hausrat setzt sich aus zahlreichen Einzelsachen zusammen. Es wäre praktisch unmöglich, die versicherten Sachen einzeln zu deklarieren.

1.3.1 Es ist nicht zulässig, die für **andere** Versicherungszweige entwickelten **Gebäudebegriffe** auf die Wohngebäudeversicherung zu übertragen. Ebenso ist es nicht möglich, die in der Positionen-Erläuterung zur Feuerversicherung für Industrie und Gewerbe (vgl. Anhang B 8) verwendeten Begriffe und Abgrenzungskriterien auf die Wohngebäudeversicherung anzuwenden. Auch der von den Pflicht- und Monopolanstalten entwickelte Gebäudebegriff (vgl. Hosse/Poppelbaum S. 24) ist nicht übertragbar. Dies gilt im Grundsatz selbstverständlich ebenso für die Begriffsbestimmungen und Regelungen anderer Rechtsgebiete. Weder die Begriffe und Vorschriften des Baurechts noch die des Steuerrechts oder des Strafrechts sind für die Wohngebäudeversicherung relevant. Diese Feststellung gilt prinzipiell auch für das bürgerliche Recht, also auch für die Regelungen der §§ 93 ff. BGB, die die in der Wohngebäudeversicherung verwendeten Begriffe Grundstück, Grundstücksbestandteile, Gebäude, Gebäudebestandteile und Zubehör nach sachenrechtlichen Grundsätzen regeln. Die sachenrechtlichen Grundsätze über wesentliche und unwesentliche Bestandteile sowie Scheinbestandteile von Grundstükken (§§ 93 ff. BGB) gelten ohne weiteres nur, soweit in AVB, Klauseln, Antragsformularen oder Versicherungsscheinen darauf verwiesen wird (vgl. Martin H II 1).

1.3.2 Es könnte der Eindruck entstehen, es sei unter den in A 1.3 dargestellten Voraussetzungen überflüssig, im **Versicherungsrecht** einen **Gebäudebegriff** zu entwickeln. Dies ist unzutreffend. Die Bezeichnung der versicherten Sachen im Versicherungsvertrag legt lediglich fest, welche Bauwerke bzw. Sachen versichert sind. Sie läßt offen, wie diese Sachen gegen andere (nicht versicherte) Sachen abzugrenzen sind. Grundvoraussetzung und Richtlinie für die Abgrenzung zwischen Gebäuden bzw. Gebäudebestandteilen und sonstigen Sachen, wie beweglichen Sachen, Gebäudezubehör und sonstigen Grundstücksbestandteilen, ist die Verständigung auf einen allgemein gültigen Gebäudebegriff in der Wohngebäudeversicherung. In Theorie und Praxis hat die Abgrenzung der genannten Sachgruppen gegeneinander große Bedeutung, weil die einzelnen Sachgruppen im Versicherungsrecht und in der Versicherungstechnik unterschiedlich behandelt werden. Vor allem die klare Trennung zwischen Gebäuden und dem Inhalt von Gebäuden spielt in der Praxis eine große Rolle, weil im privaten Bereich für diese beiden Sachgruppen regelmäßig getrennte Versicherungsverträge abgeschlossen werden. Nach § 1 Nr. 4 a VHB 84/VHB 92 sind Gebäudebestandteile in der Hausratversicherung nicht versichert. Durch diesen Ausschluß wird die Hausratversicherung zur Wohngebäudeversicherung abgegrenzt, ohne daß dort die Begriffe Gebäude bzw. Gebäudebestandteile definiert werden. Es wird deutlich, daß es unbedingt erforderlich ist, einen allgemeingültigen Gebäudebegriff für die Sachversicherungen des privaten Bereichs festzulegen. Dies ist die Grundvoraussetzung für eine praktikable Abgrenzung zwischen Wohngebäude- und Hausratversicherung.

Die **Bestimmung des Gebäudebegriffs im Versicherungsrecht** bereitet Schwierigkei- 1.3.3
ten, zumal der Begriff Gebäude in den §§ 88 ff. VVG verschiedentlich verwendet, aber nicht definiert wird. Deshalb haben sich im Schrifttum in Übereinstimmung mit dem allgemeinen Sprachgebrauch und in Anlehnung an die sachenrechtlichen Begriffe des BGB Begriffsdefinitionen entwickelt, die sich in Nuancen unterscheiden, im wesentlichen aber übereinstimmen (vgl. Raiser S. 116, Prölss/Martin § 88 RN 1, Berndt/Luttmer S. 125 f.). In Anlehnung daran **sind in der Wohngebäudeversicherung als Gebäude mit dem Erdboden verbundene Bauwerke anzusehen, die von Menschen betreten werden können und dazu geeignet und bestimmt sind, Menschen, Tiere oder Sachen gegen äußere Einflüsse zu schützen.**

**Bauwerke** sind nach dem allgemeinen Sprachgebrauch mit dem Grund und Boden ver- 1.3.4
bundene, aus Bauteilen und Baustoffen hergestellte bauliche Anlagen. Es wird eine Verbindung mit dem Grund und Boden in der Weise vorausgesetzt, daß das Bauwerk als unbewegliche Sache anzusehen ist. Diese Voraussetzung läßt sich auch aus den §§ 86 ff. VVG ableiten. Die §§ 86 und 87 VVG regeln den Versicherungswert von beweglichen Sachen. In § 88 VVG wird der Versicherungswert von Gebäuden behandelt. Aus dieser Systematik folgt, daß auch im VVG Gebäude im Gegensatz zu beweglichen Sachen als unbewegliche Sachen eingestuft werden. Daher wird eine gewiße **Festigkeit und Dauer der Verbindung zwischen Gebäude und Grundstück** vorauszusetzen sein. Dies bedeutet nicht, daß ein Gebäude wesentlicher Bestandteil des Grundstücks gemäß §§ 93 ff. BGB sein muß (Raiser a. a. O.), indessen erfüllen Wohngebäude in der Regel auch diese Voraussetzung. Aus der Formulierung „sonstige Grundstücksbestandteile" in § 1 Nr. 3 in Verbindung mit § 1 Nr. 1 und Nr. 2 VGB 88 a. F. ist abzuleiten, daß die Wohngebäudeversicherung für solche Bauwerke konzipiert ist, die als Grundstücksbestandteile anzusehen sind. Dies setzt in der Regel eine feste Verbindung zwischen Wohngebäude und Grundstück voraus. Bauwerk und Grund und Boden sind dann fest miteinander verbunden, wenn Teile des Bauwerks in den Erdboden eingreifen (Fundamente, Grund- und Kellermauern, Stützpfeiler o. ä.). Es genügt nicht, daß Sachen auf dem Grund und Boden lediglich aufliegen und wegen ihres Eigengewichts nicht ohne weiteres zu bewegen sind. Nach dieser Abgrenzung sind Baracken, Baubuden, Container, Traglufthallen, Wohnwagen (auch wenn die Räder abmontiert sind) und Zelte keine Gebäude im Sinne der Wohngebäudeversicherung.

Im Gegensatz dazu sehen die ehemaligen Pflicht- und Monopolanstalten auch solche Bauwerke als Gebäude an, die durch ihr Eigengewicht mit dem Grund und Boden verbunden sind (Hosse/Poppelbaum a. a. O.). Auch im Schrifttum werden Baracken, Baubuden und Container in Anlehnung an die vom BAV vertretene Ansicht (GB BAV 80 S. 64) verschiedentlich als Gebäude eingestuft (vgl. Martin D III 4). Dabei ist indessen zu beachten, daß sich die Meinungsäußerung des BAV auf die Einbruchdiebstahlversicherung bezieht. Sie war die Folge der von den Einbruchdiebstahlversicherern geübten Praxis, auch in diesen Räumen Versicherungsschutz gegen Einbruchdiebstahlschäden zu bieten. Infolgedessen hat das BAV seine ursprüngliche gegenteilige Ansicht, Baracken und Baubuden seien keine Gebäude (GB BAV 70 S. 69), wohl aus pragmatischen Überlegungen revidiert. Es ist nicht angebracht, diese Einstufung auf die Wohngebäudeversicherung zu übertragen. Die genannten Sachen sind auch nach der Verkehrsanschauung keine Grundstücksbestandteile und infolgedessen keine Gebäude. Daraus folgt nicht, daß es grundsätzlich unmöglich ist, Baubuden, Baracken u. ä. nach den VGB 88 zu versichern. Dazu bedarf es indessen klarer einzelvertraglicher Regelungen. Fraglich ist, ob die Versicherung dieser Sachen nach VGB 88 zu empfehlen ist.

1.3.5 Gebäude sind **Bauwerke, die von Menschen betreten werden können.** Dies ist nach übereinstimmender Ansicht ein wesentliches Gebäudekriterium. Deshalb sind Bauwerke, die diese Eigenschaft nicht haben, keine Gebäude im versicherungsrechtlichen Sinn. In der Wohngebäudeversicherung rechnen dazu unter anderem Hof- und Gehsteigbefestigungen, Einfriedungen, Begrenzungsmauern, Müllboxen und Briefkastenanlagen außerhalb des Gebäudes, aber auch Kleintierställe, Hundehütten sowie freistehende Außenkamine, Leitungsmasten, Laternen und Fahnenstangen und Schwimmbecken im Freien. Es handelt sich bei den genannten Sachen zumeist um sonstige Grundstücksbestandteile, die nur aufgrund besonderer Vereinbarung versichert sind (vgl. A 3.2).

1.3.6 Gebäude sind **Bauwerke, die dazu geeignet und bestimmt sind, Menschen, Tiere oder Sachen gegen äußere Einflüsse zu schützen.** Diese Voraussetzung muß neben der in A 1.3.5 dargestellten Voraussetzung erfüllt sein, damit ein Bauwerk als Gebäude anzusehen ist. Äußere Einflüsse sind z. B. Witterungseinflüsse wie Niederschläge, Kälte, Hitze, Luftbewegung, aber auch schädigende Einflüsse (Angriffe) von Tieren oder Menschen. Es genügt, daß das Bauwerk Schutz gegen einen der genannten Einflüsse, z. B. Witterungsniederschläge, bietet. Deshalb sind überdachte Bauwerke auch dann Gebäude im Sinne der Wohngebäudeversicherung, wenn sie an einer oder mehreren Seiten offen sind. Es ist nicht gefordert, daß Gebäude allseitig geschlossen sind und Unbefugte abhalten. Diese weitergehende Voraussetzung wurde in Anlehnung an den Gebäudebegriff des Strafrechts in den Gebäudebegriff der Einbruchdiebstahlversicherung eingebracht. In der Wohngebäudeversicherung ist sie unbeachtlich. Der Gebäudebegriff der Einbruchdiebstahlversicherung läßt sich nicht auf die Wohngebäudeversicherung übertragen (vgl. A 1.3.4). Ein Freisitz (vgl. AG München VersR 86 S. 1189) ist ebenso wie ein Carport oder ein Kfz-Unterstellplatz, der nach mehreren Seiten offen ist, in der Wohngebäudeversicherung als Gebäude einzustufen. In Zweifelsfällen sollten Meinungsverschiedenheiten wiederum durch eine klare und eindeutige Bezeichnung der versicherten Gebäude im Versicherungsvertrag vorgebeugt werden.

1.3.7 Sind die in A 1.3.5 und 1.3.6 genannten Voraussetzungen gegeben, kommt es für die Gebäudeeigenschaft nicht darauf an, daß **Gebäude** ganz oder teilweise **über oder unter der Erdoberfläche** errichtet sind. Vom Erdreich umgebene Bauteile oberirdischer Gebäude (z. B. Grund- und Kellermauern) sind deshalb ohne weiteres versichert. Aber auch selbständige, vollständig vom Erdreich umgebene Bauwerke wie Zivilschutzräume oder Tiefgaragen sind Gebäude. Dies trifft jedoch nicht auf Brunnenschächte, Abwasserkanäle oder Sickergruben zu, weil sie die Voraussetzungen nach A 1.3.5 und 1.3.6 nicht erfüllen.

1.3.8 Auch **Rohbauten** sind Gebäude. Es ist nicht vorausgesetzt, daß das Gebäude bezugsfertig ist. Es handelt sich um einen objektiven Risikoausschluß bei bestimmten Gefahren, der den Gebäudebegriff nicht berührt. Weiterhin spielt es keine Rolle, ob das

Gebäude bereits genutzt bzw. bewohnt wird (Einzelheiten zur Rohbauversicherung vgl. A 7).

## Gebäudebestandteile 1.4

Mit der vorstehenden Definition des Gebäudebegriffs sind die in A 1.3 ff. angesprochenen Abgrenzungsprobleme keineswegs vollständig gelöst. Dies liegt in erster Linie daran, daß ein **Gebäude eine zusammengesetzte Sache** ist. In dem Gebäude sind im Zuge der Errichtung zahlreiche, davor selbständige Sachen (Bauteile, Baustoffe) derart aufgegangen, daß sie ihre Selbständigkeit verloren haben, also Bestandteil der einheitlichen neu entstandenen Sache Gebäude geworden sind (vgl. Palandt Anm. 3 e vor § 90). Anders ausgedrückt sind alle Gebäude aus verschiedenen Bestandteilen zusammengesetzt, die beim Bau des Gebäudes in der Weise zusammengefügt wurden, daß nach der Verkehrsanschauung daraus eine neue einheitliche Sache in Form des Gebäudes entstanden ist. Die Gebäudebestandteile sind eine Einheit und bilden gemeinsam das Gebäude. Deshalb konnte auf die Beifügung „mit ihren Bestandteilen" in § 1 Nr. 1 VGB 88 verzichtet werden, ohne daß sich daraus im Verhältnis zu § 2 VGB 62 materielle Änderungen ergeben. Auch nach VGB 88 gilt der Versicherungsschutz für die im Versicherungsschein bezeichneten Gebäude mit ihren Bestandteilen.

**In den VGB sind die Begriffe Gebäude und Gebäudebestandteile nicht definiert.** Einzelvertragliche Regelungen darüber werden in den allermeisten Fällen ebenfalls nicht getroffen. Deshalb sind die in §§ 90 ff. BGB verankerten sachenrechtlichen Grundsätze und die Verkehrsanschauung für die Abgrenzung von Gebäuden bzw. Gebäudebestandteilen zu sonstigen Sachen heranzuziehen. Nach § 93 BGB gelten als wesentliche Bestandteile solche Bestandteile einer Sache, die voneinander nicht getrennt werden können, ohne daß der eine oder der andere Teil zerstört oder in seinem Wesen verändert wird. Zu den wesentlichen Bestandteilen eines Gebäudes gehören nach § 94 II BGB die zur Herstellung eines Gebäudes eingefügten Sachen. Ausgehend von diesen Bestimmungen haben Rechtsprechung und Kommentierung **allgemeingültige Grundsätze für die Abgrenzung von wesentlichen Gebäudebestandteilen zu sonstigen Sachen** entwickelt. Ausgangspunkt ist die Tatsache, daß es sich bei einem Gebäude um eine zusammengesetzte Sache handelt, in dem mehrere früher selbständige Sachen derart aufgegangen sind, daß sie ihre Selbständigkeit verloren haben. Maßgebend für die Beurteilung der Frage, ob ein Gegenstand Gebäudebestandteil ist, sind die Verkehrsanschauung und die natürliche Betrachtungsweise unter Zugrundelegung eines technisch-wirtschaftlichen Standpunkts (Palandt § 93 Anm. 2). Wichtige Beurteilungskriterien sind die Art und die beabsichtigte Dauer der Verbindung, der Grad der Anpassung der bisher selbständigen Sachen aneinander sowie insbesondere auch der wirtschaftliche Zusammenhang. Nicht vorausgesetzt wird eine feste Verbindung, denn auch eine lose Verbindung kann die Bestandteilseigenschaft begründen (Palandt a. a. O.). Andererseits schafft die feste Verbindung einer Sache mit einem Gebäude nicht in jedem Fall die Bestandteilseigenschaft. Deshalb sind häufig auch solche Sachen nicht Gebäudebestandteil, die mit dem Gebäude fest verbunden sind (vgl. A 1.4.2).

Es ist zu beachten, daß die §§ 93 und 94 BGB **die wesentlichen Bestandteile einer Sache bzw. eines Gebäudes** betreffen. Die VGB 88 kennen die Unterscheidung zwi- 1.4.1
schen wesentlichen und sonstigen Bestandteilen eines Gebäudes nicht. Deshalb sind nicht nur wesentliche, sondern auch alle sonstigen (einfachen) Bestandteile von Gebäuden versichert (vgl. auch A 6). Maßgebend für die Abgrenzung von versicherten Gebäu-

debestandteilen sind daher bei einer technischen Betrachtungsweise in erster Linie die im Bauwesen und in der Bautechnik geltenden Kriterien sowie die Verkehrsanschauung. Es kommt darauf an, ob ein Gegenstand danach als Gebäudebestandteil anzusehen ist. Dies ist bei Gegenständen der Fall, ohne die das Wohngebäude nach den anerkannten Regeln der Bautechnik und nach der Verkehrsanschauung noch nicht fertiggestellt ist. Dazu zählen weitergehend aber auch alle diejenigen Bauteile, die mit dem Gebäude verbunden und dazu bestimmt wurden, dauerhaft gemeinsam mit dem Gebäude genutzt zu werden. Voraussetzung ist jedoch, daß diese Bauteile in das Gebäude eingefügt wurden, d. h. daß sie in den Baukörper integriert wurden und mit diesem eine Einheit bilden. Eine feste Verbindung ist nicht vorausgesetzt. Es kommt auf den Zweck, nicht auf die Art der Verbindung an (vgl. Palandt Anm. 3 zu § 94). Auch die lose Verbindung einer Sache mit dem Gebäude kann die Bestandteilseigenschaft begründen, wenn die Sache dauernd eingefügt bleiben soll und dadurch ihre Selbständigkeit verloren hat.

1.4.2 Die vorstehende technische Betrachtungsweise ist indessen nicht allein ausschlaggebend für die **Einstufung einer Sache als Gebäudebestandteil**. Vielmehr sind daneben **wirtschaftliche Gesichtspunkte** zu berücksichtigen. Es kommt auch auf die eigentumsrechtliche Stellung des Einfügenden und den wirtschaftlichen Zweck an. Daher sind Sachen, die mit dem Gebäude fest verbunden sind, häufig dann nicht Gebäudebestandteile, wenn sie aufgrund ihrer wirtschaftlichen Zweckbestimmung nur vorübergehend eingefügt werden. Dies trifft insbesondere bei Sachen zu, die von Mietern eingefügt wurden. Sie sind auch bei einer festen Verbindung mit dem Gebäude in der Regel keine Gebäudebestandteile, weil davon auszugehen ist, daß sie nach Beendigung der Mietzeit nicht im Gebäude zurückbleiben. Die Sachen wurden zu einem vorübergehenden Zweck eingefügt. Zumeist sind Mieter sogar aufgrund des Mietvertrages dazu verpflichtet, die Mieträume beim Auszug aus der gemieteten Wohnung in den ursprünglichen Zustand zurückzuversetzen. Es handelt sich bei diesen Mietereinbauten um sog. Scheinbestandteile im Sinne von § 95 II BGB. Danach gehören Sachen, die nur zu einem vorübergehenden Zweck in ein Gebäude eingefügt wurden, nicht zu den Bestandteilen des Gebäudes. Deshalb sind Mietereinbauten nach § 1 Nr. 2 b VHB 84/VHB 92 versicherte Sachen in der Hausratversicherung. In der Wohngebäudeversicherung werden sie nach § 1 Nr. 4 VGB 88 folgerichtig ausgeschlossen (Einzelheiten vgl. A 4).

1.4.3 Es zeigt sich, daß für die **Einstufung von Sachen als Gebäudebestandteile** sowohl die in A 1.4.1 dargestellten **(bau-)technischen** als auch die in A 1.4.2 erörterten **wirtschaftlichen Kriterien** maßgebend sind. Die technische Betrachtungsweise steht bei der Zuordnung der von Gebäudeeigentümern in das Gebäude eingefügten Sachen im Vordergrund. Dagegen spielt die wirtschaftliche Betrachtung bei der Abgrenzung der von Nichteigentümern, insbesondere von Mietern, eingefügten Sachen eine ausschlaggebende Rolle. Sachen, die nicht vom Eigentümer in das Gebäude eingefügt wurden, sind in der Regel nicht Gebäudebestandteile. Ausschlaggebend ist in diesen Fällen jedoch die wirtschaftliche Zweckbestimmung durch den Einfügenden. Dabei kommt es darauf an, ob die Sachen nach dem Willen des Einfügenden dauerhaft oder nur zu einem vorübergehenden Zweck eingefügt wurden. Sachen, die nach dem Willen des Einfügenden nur vorübergehend in das Gebäude eingefügt wurden, sind keine Gebäudebestandteile, sondern sog. Scheinbestandteile nach § 95 II BGB. Etwas anderes gilt nur dann, wenn der Verbindende nachweisen kann, daß er die Absicht hatte, die Sache endgültig dem Gebäudeeigentümer zu überlassen (vgl. Palandt Anm. 2 zu § 95).

1.4.4 Im Gegensatz dazu hat der BGH die Auffassung vertreten, **Bestandteile im Sinne von § 2 VGB 62 seien auch solche Teile, die nur vorübergehend während einer Reparatur fachmännisch in das Gebäude eingefügt sind (Ersatzbestandteile).** Infolgedessen handelt es sich bei einer Abdeckplane, die während der Sanierung eines Flachdachs über die Dachlücke ausgebreitet und – soweit es die Bedingungen einer Reparatur zulassen – fachmännisch und ordnungsgemäß befestigt worden ist, nach Auffassung des BGH um einen Bestandteil des Gebäudes gem. § 2 VGB 62 (VersR 92 S. 606 sowie r+s 92 S. 168).

Der Entscheidung lag der nachfolgende Sachverhalt zugrunde: Der klagende Gebäudeeigentümer ließ im Oktober 1988 das Flachdach seines Hauses durch eine Handwerkerfirma sanieren. Am 6. 10. 1988 war etwa ein Viertel der Dachhaut entfernt. Diese Fläche war am Abend mit Abdeckplanen überdeckt worden, die in den Abendstunden desselben Tages durch Sturm weggerissen wurden, so daß anschließend Regen in das Dachinnere eindrang. Das OLG Koblenz hatte als Vorinstanz entschieden, daß es sich bei den durch den Regen verursachten Schäden an dem Gebäude nicht um einen ersatzpflichtigen Schaden handelt, da der Schaden keine Folge eines Sturmschadens an versicherten Sachen gem. § 5 Nr. 2 c VGB 62 sei. Die Abdeckplane sei gem. § 95 II BGB kein Bestandteil des Gebäudes, da sie nur zu einem vorübergehenen Zweck eingefügt worden sei. Der BGB ist dieser Auffassung nicht gefolgt. Er vertritt die Ansicht, daß bei der Auslegung des Begriffs „Bestandteile eines Gebäudes" im Versicherungsrecht nicht ohne jede Einschränkung auf § 95 II BGB zurückgegriffen werden könne. AVB seien nach ständiger Rechtsprechung des BGH so auszulegen, wie sie ein durchschnittlicher VN bei verständiger Würdigung verstehen muß. Er konzediert zwar, daß dieser Grundsatz eine Ausnahme erfahre, wenn die Rechtssprache mit dem verwendeten Ausdruck einen fest umrissenen Begriff verbindet. Dann sei im Zweifel anzunehmen, daß auch die AVB darunter nichts anderes verstehen wollen. Dennoch kann nach Auffassung des BGH der in den AVB verwendete Begriff in Grenzfällen in einem von der gesetzlichen Definition abweichenden Sinn zu verstehen sein, „etwa wenn der Sinnzusammenhang der Versicherungsbedingungen etwas anderes ergibt". Ein solcher Grenzfall lag nach Auffassung des BGH vor. Begründet wird dies damit, daß der VN nach § 9 Nr. 3 VGB 62 verpflichtet ist, für die Instandhaltung der versicherten Sachen, insbesondere der Dächer, zu sorgen. Bei einer Verletzung dieser Sicherheitsvorschrift stehe dem Versicherer ein außerordentliches Kündigungsrecht zu. Auch ohne Kündigung könne der VN sogar den Deckungsschutz verlieren. Es könne deshalb nicht angenommen werden, daß der VN seinen Versicherungsschutz verliert, wenn bei einer Dachreparatur die reparaturbedürftige Dachöffnung fachmännisch abgedeckt sei. Gerade dieses Ergebnis würde aber eintreten, wenn die bei Reparaturarbeiten „notwendig nur vorübergehend eingefügten Teile keine Bestandteile i. S. d. § 2 VGB wären". Daher sei der Begriff des Bestandteils in den VGB 62 so zu verstehen, „daß bei einer fachmännisch ausgeführten Reparatur keine Deckungslücken entstehen, die nicht unmittelbar – für den verständigen VN erkennbar – dem Wortlaut der VGB zu entnehmen sind". Infolgedessen seien auch solche Teile als Bestandteile eines Gebäudes zu verstehen, „die zwar vorübergehend, aber ordnungsgemäß eingefügt sind und während der Reparatur als Ersatz für den zu reparierenden Bestandteil dienen (Ersatzbestandteil)".

Die vorstehende Begründung verdeutlicht, daß sich der BGH bei seiner Entscheidung ganz offensichtlich sehr stark von Gesichtspunkten des Verbraucherschutzes hat leiten lassen. Indessen vermag die Urteilsbegründung nicht zu überzeugen. Bei der Plane handelt es sich nicht um den Ersatz für das zu reparierende Flachdach, sondern um eine provisorische vorübergehende Vorrichtung zum Schutz des Gebäudes. Die Plane ist auch nicht in der Weise mit dem Gebäude verbunden, daß sie nicht ohne Zerstörung davon getrennt werden kann. Nach aller Erfahrung werden derartige Abdeckplanen später wieder abgenommen und häufig anschließend danach anderweitig verwendet. Wird die Plane dennoch als Gebäudebestandteil eingestuft, so hätte der Gebäudeversicherer auch mögliche Schäden an der Plane zu ersetzen. Daran hat aber der Gebäudeeigentümer kein Interesse. Es ist nicht zu erkennen, ob der BGH bei seiner Entscheidung derartige Rechtsfolgen in Betracht gezogen hat. Indessen wird deutlich, daß das Urteil des BGH Rechtsunsicherheit erzeugt. Es ist ohne Zweifel angebracht, bei der Auslegung von AVB auch Verbraucherschutzgesichtspunkte in Betracht zu ziehen. Das kann aber nicht dazu führen, daß bewährte Rechtsgrundsätze dem Verbraucherschutz geopfert werden. Das schafft Rechtsunsicherheit, die letztlich auch zu Lasten der Verbraucher geht. Bei einer grundlegenden Überarbeitung der VGB werden die Versicherer vermutlich auf das angesprochene BGH-Urteil reagieren. So könnte § 1 VGB 88 durch eine Bestimmung ergänzt werden, wonach Sachen nicht versichert sind, die zu einem vorübergehenden Zweck in das versicherte Gebäude eingefügt werden.

1.4.5 **Gebäude werden in räumlicher Hinsicht durch die Fundamente bzw. die Grund- und Kellermauern, die Umfassungswände und das Dach begrenzt.** Sachen außerhalb dieser räumlichen Grenzen sind in der Wohngebäudeversicherung grundsätzlich keine Gebäudebestandteile. Sie befinden sich außerhalb des Gebäudes. Infolgedessen sind Hof- und Gehsteigbefestigungen sowie Trennmauern auch dann nicht Gebäudebestandteile, wenn sie an das Gebäude anschließen. Ebenso sind freistehende Müllboxen und Briefkastenanlagen keine Gebäudebestandteile. Dagegen zählen Gegenstände außerhalb von Gebäuden dann zu den versicherten Sachen, wenn sie mit dem Gebäude fest verbunden und gemeinsam mit anderen Gebäudebestandteilen eine technisch-wirtschaftliche Einheit bilden, die dauerhaft dem versicherten Gebäude dient. Eine Hartgußasphaltfläche, die vor dem Hintereingang im Hofbereich direkt oberhalb eines zum versicherten Gebäude gehörenden Kellers aufgebracht ist, insoweit als Abdeckung und Isolierung des Kellerraumes dient und gleichzeitig als Hoffläche benutzt wird, ist als Gebäudebestandteil gem. § 94 II BGB in einer Feuerversicherung des Gebäudes nach den AFB a. F. mitversichert (AG Köln r+s 96 S. 113). Gebäudebestandteile sind weiterhin Teile einer Klingel-, Türöffner- oder Gegensprechanlage im Freien, Zu- und Ableitungsrohre der Hauswasser(ent)versorgung, weiterhin Rohrleitungen der Fernwärmeversorgung, Rohre und sonstige Teile einer Wärmepumpenanlage sowie ober- oder unterirdische Heizöltanks außerhalb des versicherten Gebäudes, die dessen Raumheizung dienen. Dies gilt jedoch nur, soweit sich die zuvor genannten Sachen auf dem Versicherungsgrundstück befinden (vgl. A 1.2). Auch ein sog. Auerbacherkeller, der aus Sandstein herausgeschlagen worden ist und unterhalb eines sog. Böhmischen Kellers liegt, über den sich das versicherte Gebäude erhebt, der hier mit dem darüber liegenden Böhmischen Keller verzahnt ist, von diesem aus durch einen Schacht über eine eiserne Leiter erreichbar ist, vom Anwesen der VN aus als Lagerraum genutzt wird, über das Grundstück der VN hinaus unter den Marktplatz vor dem Anwesen reicht und zum Nachbargrundstück hinreichend abgegrenzt ist, gehört nach der Verkehrsauffassung und bei natürlicher Betrachtung in Auerbach/Opf. zu dem versicherten Gebäude (Bestandteil des Gebäudes, einheitliche Sache) und wird von der Verbundenen Wohngebäudeversicherung umfaßt (OLG Nürnberg r+s 91 S. 349).

1.4.6 Versichert sind weiterhin **Sachen, die an der Außenseite von versicherten Gebäuden angebracht sind.** Beispiele sind Dachrinnen, Regenabfallrohre, Vordächer, Markisen, Antennen, Klappläden, Lampen, Schneefanggitter, Blumenkästen einschließlich Bepflanzung, Briefkästen, Feuerleitern, Wetterfahnen, Schornsteine und Kamine mit deren Verkleidungen sowie Aufbauten von Klimaanlagen. Außen angebrachte Sachen sind meist Gebäudebestandteile und deshalb ohne weiteres versicherte Sachen. Sofern sie als Gebäudezubehör einzustufen sind, regelt sich die Mitversicherung nach § 1 Nr. 2 VGB 88 (Einzelheiten vgl. A 2). Im Verhältnis zu den VGB 62 wurde die Haftung für Schäden an diesen Sachen erweitert. Weggefallen ist der Ausschluß nach § 5 Nr. 3 b

VGB 62, wonach Sturmschäden an den an der Außenseite von Gebäuden angebrachten Sachen nur aufgrund besonderer Vereinbarung versichert sind. Schäden an außen angebrachten Sachen werden nunmehr bei allen versicherten Gefahren ohne betragsmäßige Begrenzung entschädigt. Bei außen angebrachten Sachen ist häufig unklar, ob es sich dabei um Gebäudebestandteile oder Gebäudezubehör handelt.

## Versichertes Gebäudezubehör 2

Nach § 2 VGB 62 sind die im Versicherungsschein aufgeführten Gebäude mit ihren Bestandteilen, aber ohne Zubehör versichert. Deshalb spielt die Abgrenzung zwischen Gebäudebestandteilen und Gebäudezubehör in den VGB 62 eine große Rolle. Nach § 1 Nr. 2 VGB 88 a. F. ist Zubehör versichert, das der Instandhaltung eines versicherten Gebäudes oder dessen Nutzung zu Wohnzwecken dient, soweit es sich in dem Gebäude befindet oder außen an dem Gebäude angebracht ist. Nach § 1 Nr. 2 VGB 88 n. F. ist Zubehör mitversichert, soweit es sich in dem Gebäude befindet oder außen an dem Gebäude angebracht ist und für die Instandhaltung eines versicherten Gebäudes oder zu Wohnzwecken genutzt wird. Materielle Unterschiede zwischen den Regelungen der VGB 88 bestehen nicht. Der Kreis der versicherten Sachen in der Wohngebäudeversicherung wird im Verhältnis zu den VGB 62 erweitert. Zugleich wird der Entwicklung der Versicherungspraxis Rechnung getragen, die bereits in der Vergangenheit in vielen Fällen dazu übergegangen war, bestimmtes Gebäudezubehör abweichend von § 2 VGB 62 in der Wohngebäudeversicherung einzuschließen. Es handelt sich um eine Besonderheit der Wohngebäudeversicherung. In der sonstigen Gebäudeversicherung auf der Grundlage der AVB Sach zählt Zubehör weiterhin nicht zu den versicherten Sachen, soweit einzelvertraglich nicht etwas anderes vereinbart wurde (vgl. § 2 Nr. 2 AVB Sach 87).

## Zubehörbegriff 2.1

Der Zubehörbegriff wird in den VGB 88 nicht definiert. Deshalb sind die sachenrechtlichen Regelungen des § 97 BGB maßgebend. Nach § 97 I Satz 1 BGB gelten als Zubehör bewegliche Sachen, die, ohne Bestandteil der Hauptsache zu sein, dem wirtschaftlichen Zweck der Hauptsache zu dienen bestimmt sind und zu ihr in einem dieser Bestimmung entsprechenden räumlichen Verhältnis stehen. Hauptsache im Sinn dieser Bestimmung sind in der Wohngebäudeversicherung die im Versicherungsschein bezeichneten Gebäude. Deshalb sind als Gebäudezubehör bewegliche Sachen anzusehen, die dem wirtschaftlichen Zweck versicherter Gebäude dienen und zu versicherten Gebäuden in einem dieser Bestimmung entsprechenden räumlichen Verhältnis stehen.

Beim Gebäudezubehör handelt es sich um bewegliche Sachen. Sie sind rechtlich selbständig. Im Gegensatz dazu sind Gebäudebestandteile und sonstige Grundstücksbestandteile unbewegliche Sachen. Sie sind rechtlich unselbständig und können nicht Gebäudezubehör sein. Das schließt nicht aus, daß Zubehör und Gebäude miteinander verbunden sind. Die Zubehöreigenschaft setzt jedoch voraus, daß die Verbindung zwischen dem Gebäude und dem Zubehör gelöst werden kann, ohne daß dadurch Gebäude und Zubehör zerstört, in ihrem Wesen verändert oder in ihrem wirtschaftlichen Wert gemindert werden. 2.1.1

**Maßgeblich für die Einstufung von beweglichen Sachen als Gebäudezubehör ist** nach § 97 I BGB in erster Linie **ihre wirtschaftliche Zweckbestimmung**. Gebäudezube- 2.1.2

hör sind bewegliche Sachen, die dem wirtschaftlichen Zweck von Gebäuden gewidmet sind. Dabei genügt nach § 97 I BGB jeder beliebige wirtschaftliche Zweck. In der Wohngebäudeversicherung wird diese weitgehende Regelung eingeschränkt. Es wird die Widmung zu bestimmten wirtschaftlichen Zwecken gefordert. Aufgrund der vorstehenden Regelung sind ohne weiteres nur diejenigen Zubehörstücke versichert, die der Instandhaltung eines versicherten Gebäudes oder dessen Nutzung zu Wohnzwecken dienen. Diese Sachen sind auch versichert, wenn sie zugleich für versicherte und nicht versicherte Gebäude genutzt werden. Nicht versichert ist Gebäudezubehör, das anderen, insbesondere gewerblichen Zwecken dient. Die Mitversicherung dieses Zubehörs kann nach § 1 Nr. 3 VGB 88 einzelvertraglich vereinbart werden (vgl. A 3.1).

Der **Begriff Instandhaltung** ist nicht eng auszulegen. Versichertes Zubehör können deshalb alle Sachen sein, die der Wartung, Pflege, Reinigung und Reparatur versicherter Gebäude dienen. Dabei spielt es bei diesen Sachen keine Rolle, ob die Gebäude oder Gebäudeteile, die damit instand gehalten werden, Wohn- oder anderen Zwecken dienen. Im Gegensatz dazu sind sonstige Zubehörstücke nur unter der Voraussetzung versichert, daß sie Wohnzwecken gewidmet sind. Es genügt gemischte Nutzung. Ausschließliche Nutzung zu Wohnzwecken ist nicht gefordert. Deshalb ist lediglich das Gebäudezubehör nicht versichert, das überhaupt nicht zu Wohnzwecken genutzt wird. Im Ergebnis bedeutet dies im wesentlichen den Ausschluß von Gebäudezubehör, das ausschließlich gewerblichen Zwecken dient.

Die differenzierte Handhabung liegt im Charakter der Wohngebäudeversicherung begründet. Die Wohngebäudeversicherung ist für die Versicherung von Wohngebäuden konzipiert. Bei gemischt genutzten Gebäuden ist die Einbeziehung gewerblich genutzter Gebäudeteile nicht zu umgehen. Die unvermeidliche Ausdehnung der Wohngebäudeversicherung auf den gewerblichen Bereich soll jedoch auf Gebäudebestandteile beschränkt bleiben. Die Erweiterung auf gewerblich genutzte bewegliche Sachen ist auch dann nicht angebracht, wenn sie Gebäudezubehör sind. Dabei ist zu berücksichtigen, daß der bedingungsmäßige Einschluß von gewerblich genutztem Gebäudezubehör wegen § 98 I BGB zu zahlreichen gravierenden Doppelversicherungsfällen mit der gewerblichen Inhaltsversicherung führte. § 98 I BGB konkretisiert die in § 97 I BGB geforderte wirtschaftliche Zweckverbindung zwischen Gebäude und Gebäudezubehör bei Gebäuden, die für einen gewerblichen Betrieb eingerichtet sind. Danach dienen die für den Betrieb eines Gewerbes bestimmten Maschinen und sonstigen Gerätschaften dem ganz oder teilweise gewerblich genutzten Gebäude. Daraus folgt, daß diese Sachen als Gebäudezubehör anzusehen sind, wenn daneben die in A 2.1.3 und 2.1.4 dargestellten Voraussetzungen erfüllt sind. Deshalb sind Maschinen und Gerätschaften eines Gewerbebetriebs, die sich im Gebäude befinden und Eigentum des Gebäudeeigentümers sind, nach §§ 97, 98 BGB häufig Gebäudezubehör. Diese Sachen werden jedoch regelmäßig in der gewerblichen Inhaltsversicherung in der Position Betriebseinrichtung versichert. Deshalb besteht kein Bedarf, sie in der Wohngebäudeversicherung noch einmal zu versichern. Deckungslücken zwischen Gebäude- und Inhaltsversicherung können jedoch gelegentlich bei gewerblich genutzten Zubehörstücken auftreten, die außen am Gebäude angebracht sind. Indessen sind nach § 4 Nr. 2 AFB 87, AWB 87, AStB 87 Versicherungsort die im Versicherungsvertrag bezeichneten Gebäude oder Räume von Gebäuden oder die als Versicherungsort bezeichenten Grundstücke. Es ist daher ohne weiteres möglich, durch entsprechende Vereinbarungen über den Versicherungsort auch an der Außenseite von Gebäuden angebrachte gewerbliche Zubehörstücke in den Versicherungsschutz der gewerblichen Inhaltsversicherung einzubeziehen.

In der Sturmversicherung ist jedoch die in § 2 Nr. 2 b AStB 87 geregelte Einschränkung zu beachten. Danach sind an der Außenseite des Gebäudes angebrachte Antennenanlagen, Markisen, Leuchtröhrenanlagen, Schilder, Transparente, Überdachungen sowie Schutz- und Trennwände nur aufgrund besonderer Vereinbarung versichert. Dabei bleibt in den AStB 87 offen, ob es sich bei den genannten Sachen um Gebäudebestandteile, Gebäudezubehör oder sonstige Grundstücksbestandteile handelt (vgl. dazu OLG Saarbrücken VersR 98 S. 1542). Nach VGB 88 entscheidet bei diesen Sachen die Einstufung in die genannten Kategorien darüber, ob sie versichert sind. Werden sie als Gebäudebestandteile angesehen, so sind sie ohne weiteres versicherte Sachen. Handelt es sich um Gebäudezubehör oder um sonstige Grundstücksbestandteile, so sind sie nach § 1 Nr. 3 VGB 88 nur aufgrund besonderer Vereinbarung versichert. Es kann jedoch auch in diesen Fällen von Gewerbetreibenden oder von Vermietern von Gewerberäumen erwartet werden, daß sie die Kenntnisse haben oder erwerben, die sie in die Lage versetzen, angemessenen Versicherungsschutz für gewerblich genutztes Gebäudezubehör zu erhalten. Die vorstehenden Ausführungen gelten entsprechend für gemischt genutzte Gebäude, die Wohnzwecken und daneben landwirtschaftlichen Zwecken dienen (vgl. dazu auch § 98 II BGB).

Weitere Voraussetzung für die Einstufung beweglicher Sachen als Gebäudezubehör ist 2.1.3
entsprechend § 97 I BGB, daß das **Gebäudezubehör zum Gebäude in einem räumlichen Verhältnis steht, das seiner Bestimmung entspricht, dem wirtschaftlichen Zweck des Gebäudes zu dienen.** Das BGB verzichtet auf eine weitergehende Festlegung der räumlichen Zuordnung. Gebäudezubehör kann sich im Gebäude, auf demselben Grundstück wie das Gebäude, aber auch auf einem anderen (angrenzenden) Grundstück befinden. Im Gegensatz dazu wird in den VGB 88 das geforderte räumliche Verhältnis von Gebäudezubehör zu Gebäude eindeutig und einschränkend festgelegt. Gebäudezubehör ist versichert, soweit es sich in dem versicherten Gebäude befindet oder außen an dem Gebäude angebracht ist. Zubehörstücke, die sich an anderer Stelle auf dem Versicherungsgrundstück befinden, sind aufgrund besonderer Vereinbarung nach § 1 Nr. 3 VGB 88 zu versichern. Die Versicherung von Gebäudezubehör außerhalb des Versicherungsgrundstücks ist in der Wohngebäudeversicherung überhaupt nicht vorgesehen.

Ausschlaggebend für die Einstufung einer Sache als Gebäudezubehör ist die **Verkehrs-** 2.1.4
**anschauung.** Sie entscheidet darüber, ob eine bewegliche Sache überhaupt als Gebäudezubehör angesehen werden kann. Dies hängt in erster Linie davon ab, ob andere Sachen gemeinsam mit einem bestimmten Gebäude demselben wirtschaftlichen Zweck dienen. Dabei kommt es darauf an, daß sie aufgrund dieser Bestimmung dem Gebäude in der Weise untergeordnet werden, daß nach der Verkehrsanschauung das Gebäude als Hauptsache, die anderen Sachen als Hilfs- oder Nebensache anzusehen sind.

Wirtschaftlicher Zweck von Wohngebäuden ist es, Menschen, Tiere oder Sachen gegen äußere Einflüsse zu schützen (vgl. A 1.3.3). Bewegliche Sachen, die dem Gebäude untergeordnet und dazu bestimmt sind, diesen Schutzzweck zu verfolgen bzw. zu fördern, können Gebäudezubehör sein. Im Gegensatz dazu stehen die sonstigen beweglichen Sachen, die durch das Gebäude und das Gebäudezubehör geschützt werden. Dabei handelt es sich versicherungstechnisch um den Inhalt von Gebäuden. Gebäude einerseits und der Inhalt von Gebäuden andererseits werden insbesondere im privaten Bereich in getrennten Versicherungsverträgen versichert. Deshalb hat dort die Abgrenzung des Gebäudeinhalts, d. h. des Hausrats, vom Gebäude bzw. vom Gebäudezubehör besondere Bedeutung. Sie bereitet in der Praxis erhebliche Schwierigkeiten, zumal die in § 98 BGB niedergelegten Grundsätze ausschließlich für den gewerblichen und landwirtschaftlichen Bereich gelten (vgl. A 2.1.2). Sie lassen sich auf den privaten (Wohn)Bereich nicht übertragen. Im Wohnbereich hängt die Zuordnung von beweglichen Sachen entscheidend davon ab, mit welchem Ziel sie in ein Gebäude gebracht werden. Gebäudezubehör sind Sachen, die dazu bestimmt sind, gemeinsam mit dem Wohngebäude als untergeordnete Sachen dem Schutzzweck des Gebäudes zu dienen. Inhalt bzw. Hausrat sind dagegen privaten Zwecken dienende Sachen, die in das Gebäude gebracht werden, um sie vor äußeren Einflüssen zu schützen.

2.1.5 Die Zubehöreigenschaft setzt weiterhin voraus, daß bewegliche Sachen dazu bestimmt sind, **auf Dauer dem wirtschaftlichen Zweck der Hauptsache zu dienen.** Deshalb sind Sachen nicht Gebäudezubehör, wenn sie dazu bestimmt sind, nur vorübergehend gemeinsam mit dem Gebäude genutzt zu werden. Dabei kommt es ebenso wie bei den sog. Scheinbestandteilen nach § 95 II BGB entscheidend auf die eigentumsrechtliche Stellung des Einbringenden und den wirtschaftlichen Zweck an (vgl. A 1.4.2). Vom Gebäudeeigentümer eingebrachte Sachen sind im Zweifel Gebäudezubehör, wenn sie die in A 2.1.4 dargestellten Voraussetzungen erfüllen. Dagegen sind vom Mieter eingebrachte Sachen auch in diesen Fällen nicht Gebäudezubehör. Es kann davon ausgegangen werden, daß der Mieter die Zweckbestimmung auf die Zeit seines Nutzungsrechts (Mietzeit) beschränkt. Bei Beendigung des Mietverhältnisses wird er die Sachen in der Regel in seine neue Wohnung bringen oder einem Nachmieter überlassen.

Ähnliche Gesichtspunkte können in Zweifelsfällen auch für die Abgrenzung von Sachen herangezogen werden, die Gebäudeeigentümer eingebracht haben. Gebäudezubehör können im Zweifel nur Sachen sein, die der Wohnungs- oder Gebäudeeigentümer beim Wohnungswechsel in der Wohnung belassen würde, weil sie dem Schutzzweck des Gebäudes dienen und deshalb nach der Verkehrsanschauung vom Vermieter einer vergleichbaren Wohnung zusammen mit der Wohnung vermietet würden.

## 2.2 Abgrenzung zwischen Gebäude- und Inhaltsversicherung

Durch den Einschluß des Gebäudezubehörs in der Wohngebäudeversicherung nach den VGB 88 haben sich die Grenzen zwischen Gebäude- und Inhaltsversicherung im Vergleich zur Wohngebäudeversicherung nach den VGB 62 verändert. Nach den VGB 62 hat die Abgrenzung zwischen Gebäudebestandteilen und Gebäudezubehör große Bedeutung, da sie darüber entscheidet, ob ein Gegenstand als Gebäudebestandteil versichert oder als Gebäudezubehör nicht versichert ist. Diese Betrachtungsweise spielt in den VGB 88 lediglich bei Gegenständen eine Rolle, die nicht zu Wohnzwecken genutzt werden. Dagegen sind Sachen, die der Instandhaltung eines versicherten Gebäudes oder dessen Nutzung zu Wohnzwecken dienen, nach den VGB 88 ohne Rücksicht auf ihre Bestandteils- oder Zubehöreigenschaft versichert. Im Verhältnis zu den VGB 62 wird dadurch die Grenze zwischen versicherten und nicht versicherten Sachen in der Wohngebäudeversicherung von der Schnittstelle „Gebäudebestandteile/Gebäudezubehör“ zur Schnittstelle „Gebäudezubehör/sonstige bewegliche Sachen (Hausrat)“ verlagert. Die Abgrenzung zwischen Gebäude- und Inhaltsversicherung ist in den einzelnen Bereichen unterschiedlich geregelt. Im privaten (Wohn-)Bereich ist Gebäudezubehör im dargestellten Rahmen gemeinsam mit dem Gebäude ohne weiteres versichert. In den sonstigen Bereichen, insbesondere in der gewerblichen und landwirtschaftlichen Versicherung, wird Gebäudezubehör nicht gemeinsam mit dem Gebäude, sondern zusammen mit dem sonstigen Inhalt des Gebäudes versichert.

**Zubehörstücke, die für die Instandhaltung eines Wohngebäudes oder zu Wohnzwecken genutzt werden**, sind Sachen, die einem privaten Haushalt zur Einrichtung oder zum Gebrauch oder zum Verbrauch dienen. Deshalb sind sie **nach § 1 VHB 84/VHB 92 versicherte Sachen** in der Hausratversicherung. Der Einschluß des Gebäudezubehörs in der Wohngebäudeversicherung erscheint unter diesen Umständen auf den ersten Blick überflüssig. Diese Vermutung trifft indessen nicht zu. Dabei spielt die Regelung des Versicherungsorts in der Hausratversicherung eine große Rolle. Nach § 10 Nr. 1 VHB 84/VHB 92 besteht Versicherungsschutz für versicherte Sachen innerhalb des Versicherungsorts. Versicherungsort in der Hausratversicherung ist nach § 10 Nr. 2 VHB 84/VHB 92 die im Versicherungsvertrag bezeichnete Wohnung des VN. Infolgedessen ist Gebäudezubehör in der Hausratversicherung versichert, wenn es sich innerhalb der im Versicherungsvertrag bezeichneten Wohnung des VN befindet. An der Außenseite von Gebäuden angebrachtes Gebäudezubehör befindet sich jedoch nicht innerhalb, sondern außerhalb der Wohnung. Es ist daher in der Hausratversicherung grundsätzlich nicht versichert. Der Außenversicherungsschutz nach § 12 VHB 84/VHB 92, wonach bestimmte Sachen auch versichert sind, solange sie sich vorübergehend außerhalb der Wohnung befinden, kommt grundsätzlich nicht zum Tragen. Außen angebrachte Sachen sind nicht vorübergehend, sondern ständig außerhalb der Wohnung. Ähnlich liegt es bei anderen Zubehörstücken. Außenversicherungsschutz nach § 12 VHB 84/VHB 92 besteht in Ausnahmefällen, wenn z. B. Zubehörstücke zur Reparatur zu einem Handwerker gegeben werden. Dabei ist indessen vorausgesetzt, daß diese Sachen vorübergehend aus der Wohnung entfernt werden und wieder dorthin zurückkehren. Diese Voraussetzung erfüllen aber außen am Gebäude angebrachte Zubehörstücke nicht. 2.2.1

Die nach den VGB 62 bei diesen Sachen bestehende **Deckungslücke zwischen Wohngebäude- und Hausratversicherung** wird durch den Einschluß dieser Sachen in den VGB 88 geschlossen. Doppelversicherung entsteht dadurch in der Regel nicht. Etwas anderes gilt für Rundfunk- und Fernsehantennenanlagen unter den in § 1 Nr. 2 a VHB 84/VHB 92 geregelten Voraussetzungen. Das liegt daran, daß für diese Sachen nicht die Wohnung des VN, sondern nach § 10 Nr. 2 Satz 4 VHB 84/VHB 92 das gesamte Grundstück als Versicherungsort gilt, auf dem die versicherte Wohnung liegt (vgl. A 2.3.2).

**Weitere Deckungslücken zwischen Wohngebäude- und Hausratversicherung** bestehen nach den VGB 62 und den VHB 84/VHB 92 bei Mehrfamilienhäusern. Sie sind darauf zurückzuführen, daß in der Hausratversicherung Räume dann nicht zur Wohnung des VN zählen, wenn sie gemeinsam mit Dritten genutzt werden (vgl. Dietz § 10 RN 2.5). Deshalb besteht für Gebäudezubehör in Gemeinschaftswaschküchen, gemeinschaftlichen Fahrradabstellräumen, Gemeinschaftsschwimmbädern, Räumen von Sammelheizungen, Sammelgaragen u. ä. kein Versicherungsschutz in der Hausratversicherung. Diese Deckungslücke wird ebenfalls durch den Einschluß des Gebäudezubehörs in der Wohngebäudeversicherung nach den VGB 88 geschlossen. Doppelversicherung entsteht dadurch in der Regel nicht. 2.2.2

## Doppelversicherung mit der Hausratversicherung 2.3

Es ist indessen nicht zu übersehen, daß durch den Einschluß des Gebäudezubehörs nach den VGB 88 insbesondere bei der Versicherung von Einfamilienhäusern zahlreiche Fälle der Doppelversicherung mit der Hausratversicherung geschaffen werden. Dies liegt in erster Linie daran, daß bei Einfamilienhäusern in der Regel das gesamte Wohngebäude mit Ausnahme von ausschließlich gewerblich genutzten Räumen Versicherungsort in der Hausratversicherung ist. Infolgedessen ist Gebäudezubehör, das Wohnzwecken dient, in der Hausratversicherung innerhalb des gesamten Wohngebäudes versichert. Die in A 2.2.2 angesprochenen Deckungslücken bestehen in der Hausratversicherung bei Einfamilienhäusern deshalb nicht. Daher werden dadurch weitere Fälle der Doppelversicherung zwischen Wohngebäude- und Hausratversicherung geschaffen.

Für das Entstehen der Doppelversicherung spielt es grundsätzlich keine Rolle, ob eine Wohnung oder ein Einfamilienhaus vom Gebäudeeigentümer selbst bewohnt wird oder vermietet ist. In der Hausratversicherung ist fremdes Eigentum weitgehend mitversichert. In einer vermieteten Wohnung erstreckt sich deshalb die Hausratversicherung des Mieter-VN auch auf das vom Gebäudeeigentümer eingebrachte Gebäudezubehör. Andererseits sind vom Mieter eingefügte Sachen, die in Ausnahmefällen Gebäudezubehör sein können, nach § 1 Nr. 4 VGB 88 in der Wohngebäudeversicherung nicht versichert. Dadurch werden weitere Fälle der Doppelversicherung verhindert.

Die besonderen Fälle der Doppelversicherung bei Einfamilienhäusern würden weitgehend vermieden, wenn in die VGB 88 lediglich das Gebäudezubehör eingeschlossen wäre, das der Instandhaltung des versicherten Gebäudes oder dessen Nutzung durch mehrere Wohnungen bzw. Parteien zu Wohnzwecken dient. Im Ergebnis bedeutete dies den Ausschluß des Gebäudezubehörs, das bei Einfamilienhäusern zu Wohnzwecken genutzt wird. Bei Einfamilienhäusern, die vom Gebäudeeigentümer selbst bewohnt werden, wäre eine derartige Regelung zu vertreten. Versicherungsschutz für das Gebäudezubehör besteht in seiner eigenen Hausratversicherung. Dagegen würde bei vermieteten Einfamilienhäusern die Interessenlage des Gebäudeeigentümers nicht angemessen berücksichtigt. Versicherungsschutz für das Gebäudezubehör bestünde in der Hausratversicherung des Mieters. Auf die Gestaltung dieses Vertrages hat der Gebäudeeigentümer in der Regel keinen Einfluß. Er kann oft noch nicht einmal feststellen, ob der Mieter überhaupt eine Hausratversicherung abschließt. Hat der Mieter eine Hausratversicherung abgeschlossen, so kann der Gebäudeeigentümer dennoch nicht verhindern, daß im Versicherungsfall infolge vertragswidrigen Verhaltens des Mieter-VN – z. B. wegen Nichtzahlung fälliger Beiträge, wegen vorsätzlicher oder grobfahrlässiger Herbeiführung des Versicherungsfalles, wegen Obliegenheitsverletzung oder wegen Unterversicherung – Entschädigungsansprüche nicht entstehen bzw. ganz oder teilweise verwirkt werden. Daher erwartet auch der Eigentümer eines vermieteten Einfamilienhauses Versicherungsschutz für das Gebäudezubehör im Rahmen seiner Wohngebäudeversicherung. Bei Schäden am Gebäudezubehör möchte er nicht vom Mieter und dessen Hausratversicherung abhängig sein, sondern Ersatz aus seiner Wohngebäudeversicherung beanspruchen. Daran liegt es, daß der Einschluß des Gebäudezubehörs nicht in der angesprochenen Form beschränkt wurde. Das Interesse von Gebäudeeigentümern an umfassendem Versicherungsschutz ist höher einzustufen als das Interesse an der Beseitigung der Doppelversicherung.

2.3.1 Grundsätzlich sind Fälle der **Doppelversicherung** für den VN jedoch **wirtschaftlich nachteilig**. Doppelversicherung führt in der Regel zu doppelter Prämienbelastung, da die doppelt versicherten Sachen bei der Ermittlung der Versicherungssumme in beiden Versicherungsverträgen anzusetzen sind. Dies gilt auch, wenn der Unterversicherungsverzicht vereinbart wird, da der Versicherer bei der Festlegung der Mindestversicherungssummen die doppelt versicherten Sachen in beiden Sparten berücksichtigt. Es fragt sich, wie die angesprochene Doppelversicherungsproblematik zwischen Wohngebäude- und Hausratversicherung zu lösen ist. Ausgehend von der wirtschaftlichen Interessenlage der Vertragsparteien bietet sich eine Änderung der VHB 92 an. Das wirtschaftliche Interesse an der Versicherung des Gebäudezubehörs liegt beim Gebäudeeigentümer. Umgekehrt ist der Mieter einer Wohnung oder eines Hauses an der Versicherung des Gebäudezubehörs in der Regel nicht interessiert. Ausgenommen davon sind die in A 4 dargestellten Fälle, die durch das Zusammenwirken von § 1 Nr. 2 b VHB 84/VHB 92 und § 1 Nr. 4 VGB 88 wirtschaftlich sinnvoll gelöst werden. In allen anderen Fällen kann eine sachgerechte Lösung dadurch erreicht werden, daß das Gebäudezubehör in der Hausratversicherung ausgeschlossen wird. Dazu genügt es, den Ausschluß von Gebäudebestandteilen in § 1 Nr. 4 a VHB 84/VHB 92 auf das Gebäudezubehör auszudehnen. Die Versicherung des Gebäudezubehörs nach den VHB 84 war seinerzeit wegen des Ausschlusses dieser Sachen nach § 2 VGB 62 erforderlich. Bei einer Änderung der VHB 92 in der dargestellten Form würden infolgedessen zwischen den VGB 62 und den VHB 92 Deckungslücken entstehen. Der Gebäudeeigentümer kann sie jedoch ohne weiteres durch Vereinbarung der VGB 88 schließen. Im Ergebnis würden durch die vorgeschlagene Änderung Gebäudebestandteile und Gebäudezubehör grundsätzlich der Wohngebäudeversicherung zugeordnet. Davon auszunehmen wären in das Gebäude eingefügte Sachen, die ein Mieter auf seine Kosten beschafft oder übernommen hat und für die er die Gefahr trägt. Sie werden weiterhin der Hausratversicherung zugeordnet, ohne daß es darauf ankommt, ob sie Gebäudebestandteil, Gebäudezubehör oder sonstige bewegliche Sachen sind.

Theoretisch könnten die dargestellten Fälle der Doppelversicherung auch dadurch gelöst werden, daß das Gebäudezubehör in den VGB 88 ausgeschlossen wird. Dies ist im Vergleich zu der vorgeschlagenen Änderung der VHB jedoch keine gleichwertige Lösung. Sie entspräche weder der in A 2.3 dargestellten wirtschaftlichen Interessenlage von Gebäudeeigentümer und Mietern, noch würden dadurch die in A 2.2.1 und 2.2.2 dargestellten Deckungslücken geschlossen.

Entgegen der von Martin in der 2. Auflage vertretenen Ansicht ist auch keineswegs davon auszugehen, daß Versicherer und VN übereinstimmend ein gewisses Interesse daran haben, im Zweifel eher Deckung durch die Hausrat- als durch die Wohngebäudeversicherung anzunehmen (H II 17). Dies trifft insbesondere im Hinblick auf die Interessenlage von VN in dieser allgemeinen Form nicht zu. Der von Martin (a. a. O.) zur Begründung herangezogene Fall, daß eine Wohngebäudeversicherung nicht besteht, liefert keine überzeugenden Argumente. Mit der gleichen Begründung könnte auch das Interesse von VN an einer vorrangigen Deckung durch die Wohngebäudeversicherung unterstellt werden, wenn umgekehrt eine Hausratversicherung nicht besteht. Dagegen ist Martin zuzustimmen, daß Mieter als VN häufig daran interessiert sind, den Deckungsumfang der Hausratversicherung im Verhältnis zur Wohngebäudeversicherung auszudehnen, weil sie die Gestaltung des Wohngebäudeversicherungsvertrages nicht beeinflussen und zumeist auf die Entschädigung nicht zugreifen können (H II 21).

In diesem Zusammenhang ist auch die **Versicherung von außen am Gebäude angebrachten Rundfunk- und Fernsehantennenanlagen sowie Markisen** im privaten Bereich kritisch zu überprüfen. Sofern diese Sachen vom Gebäudeeigentümer eingefügt wurden, sind sie in der Wohngebäudeversicherung ohne weiteres versichert. Dabei kann dahingestellt bleiben, ob sie wesentliche oder unwesentliche Gebäudebestandteile bzw. Gebäudezubehör sind. Daneben sind Rundfunk- und Fernsehantennenanlagen sowie Markisen nach § 1 Nr. 2 a VHB 84/VHB 92 in der Hausratversicherung versichert, soweit sie nicht mehreren Wohnungen oder gewerblichen Zwecken dienen. Der Ausschluß von Gebäudebestandteilen nach § 1 Nr. 4 a VHB 84/VHB 92 berührt diese Sachen nicht. Versicherungsschutz besteht nach § 10 Nr. 2 Satz 4 VHB 84/VHB 92 auf dem gesamten Grundstück, auf dem die versicherte Wohnung liegt. Versichert sind die genannten Sa- 2.3.2

chen daher auch, wenn sie außen an dem versicherten Gebäude angebracht sind. Es spielt keine Rolle, ob sie vom Gebäudeeigentümer oder vom Mieter eingefügt wurden. Versicherungsschutz in der Hausratversicherung des Mieter-VN besteht selbst dann, wenn die Antenne oder Markise des von ihm gemieteten Einfamilienhauses vom Gebäudeeigentümer eingefügt wurde. Infolgedessen entsteht bei sog. Einzelantennen, die nicht gewerblichen Zwecken dienen, regelmäßig Doppelversicherung zwischen der Hausratversicherung und der Wohngebäudeversicherung (vgl. Dietz § 1 RN 4.1.1). Die Ursache dafür liegt wiederum darin, daß die VHB 84 mit den VGB 62 abgestimmt wurden. Hauptmotiv für den undifferenzierten Einschluß dieser Sachen in der Hausratversicherung war die Regelung in § 5 Nr. 3 b VGB 62. Danach sind an der Außenseite des Gebäudes angebrachte Antennenanlagen und Markisen in der Sturmversicherung nur aufgrund besonderer Vereinbarung versichert. Die dadurch entstehende Deckungslücke zwischen Wohngebäude- und Hausratversicherung sollte geschlossen werden. Daneben sollten Auseinandersetzungen darüber vermieden werden, ob die genannten Sachen als Gebäudebestandteil oder Gebäudezubehör einzustufen sind. Nach dem Einschluß des Gebäudezubehörs in die Wohngebäudeversicherung nach VGB 88 besteht keine Veranlassung mehr, vom Gebäudeeigentümer eingefügte Rundfunk- und Fernsehantennenanlagen sowie Markisen in der Hausratversicherung einzuschließen. Die unerwünschten Fälle der Doppelversicherung zwischen Wohngebäude- und Hausratversicherung lassen sich sachgerecht nach Maßgabe der wirtschaftlichen Interessenlage analog der in A 2.3.1 entwickelten Lösung durch eine Änderung der VHB 92 beseitigen. Danach wären Rundfunk- und Fernsehantennenanlagen sowie Markisen in der Hausratversicherung einzuschließen, wenn der VN diese Sachen als Mieter auf seine Kosten beschafft oder übernommen hat und die Gefahr trägt. Ansonsten sind diese Sachen als Gebäudebestandteile oder Gebäudezubehör in der Wohngebäudeversicherung versichert.

2.3.3 Solange die erforderliche Harmonisierung von VGB 88 und VHB 92 noch nicht erfolgt ist, sind **Fälle der Doppelversicherung** nicht zu vermeiden. Die **Schadenteilung** zwischen den Versicherern erfolgt generell nach den Grundsätzen der Doppelversicherung gem. § 59 II VVG. Bei Leitungswasser- sowie Sturm- und Hagelschäden bis zu 500,– DM gilt die in R 8.4 dargestellte Teilungsregel. Dabei spielt es keine Rolle, ob die vom Schaden betroffene Sache Gebäudezubehör oder Gebäudebestandteil ist. Es besteht keine Veranlassung, den Ausgleich nach § 59 II VVG zwischen Wohngebäude- und Hausratversicherer in Frage zu stellen, wenn ein vom Gebäudeversicherer oder Hausratversicherer entschädigtes Objekt in Wirklichkeit Gebäudebestandteil war. Entgegen der von Martin in der 2. Auflage (H II 20) vertretenen Ansicht hat der Wohngebäudeversicherer auch in diesen Fällen einen uneingeschränkten Ausgleichsanspruch gegen den Hausratversicherer. Nach dem in A 2.3.2 zitierten Wortlaut von § 1 Nr. 2 a VHB 84/VHB 92 in Verbindung mit § 1 Nr. 4 a VHB 84/VHB 92 wird die Hausratversicherung eindeutig auf Gebäudebestandteile ausgedehnt. Fälle der Doppelversicherung werden dabei vom Hausratversicherer von vornherein in Kauf genommen. Es ist nicht einzusehen, daß bei Schäden an Gebäudebestandteilen der gesamte Schaden vom Gebäudeversicherer getragen werden soll. Die Auslegung von Martin würde im wirtschaftlichen Ergebnis zu einer subsidiären Haftung des Hausratversicherers führen. Dies ist mit dem Wortlaut der VHB 84/VHB 92 nicht vereinbar.

## 3 Versicherung weiterer Sachen

Die VGB 88 regeln den Umfang der versicherten Sachen in § 1 Nr. 1 und Nr. 2 für alle Verträge einheitlich. Dabei wird ein Standard zugrunde gelegt, der auf die Verhältnisse des regelmäßig anzutreffenden, durchschnittlich ausgestatteten Wohngebäudes und den daraus resultierenden Versicherungsbedarf abgestellt ist. Die individuellen Verhältnisse einzelner Wohngrundstücke und der besondere Versicherungsbedarf einzelner Gebäudeeigentümer können dabei nicht berücksichtigt werden. Das Bedingungswerk würde unnötig aufgebläht und unübersichtlich. Vor allem aber würde die Versicherungssumme bei der Vereinbarung des Unterversicherungsverzichts nach §§ 12 Nr. 2 c VGB 88 n. F., 16 Nr. 3 c VGB 88 a. F. zum Nachteil derjenigen VN erhöht, bei denen kein Bedarf für die Versicherung von weiterem Zubehör oder sonstigen Grundstücksbestandteilen besteht. Deshalb wurde die Möglichkeit geschaffen, den Kreis der versicherten Sachen über den in § 1 Nr. 1 und Nr. 2 VGB 88 festgelegten Umfang hinaus einzelvertraglich zu erweitern. Nach § 1 Nr. 3 VGB 88 a. F. sind weiteres Zubehör sowie sonstige Grundstücksbestandteile nur aufgrund besonderer Vereinbarung versichert. Dagegen bestimmt § 1 Nr. 3 VGB 88 n. F., daß weiteres Gebäudezubehör sowie Grundstücksbestandteile nur aufgrund besonderer Vereinbarung versichert sind. Vorausgesetzt wird in beiden Fassungen, daß sich die genannten Gegenstände auf dem im Versicherungsvertrag bezeichneten Grundstück, d. h. auf demselben Grundstück wie das versicherte Gebäude, befinden. Die Versicherung von Gebäudezubehör und Grundstücksbestandteilen auf anderen Grundstücken als dem Versicherungsgrundstück ist nach der vorstehenden Bestimmung nicht vorgesehen. Maßgebend für die Abgrenzung des Grundstücks ist der Inhalt des Grundbuchs (vgl. A 1.1.1).

## Weiteres Zubehör 3.1

Aufgrund besonderer Vereinbarung ist weiteres Zubehör (§ 1 Nr. 3 VGB 88 a. F.) bzw. weiteres Gebäudezubehör (§ 1 Nr. 3 VGB 88 n. F.) zu versichern. Auf dieser Grundlage kann der Kreis des nach § 1 Nr. 2 VGB 88 versicherten Zubehörs in verschiedener Hinsicht erweitert werden.

Es besteht die Möglichkeit, **Gebäudezubehör** zu versichern, **das anderen Zwecken als der Instandhaltung eines versicherten Gebäudes oder dessen Nutzung zu Wohnzwecken dient**. Es wird sich dabei vor allem um Zubehör handeln, das gemeinsam mit dem versicherten Gebäude zu gewerblichen Zwecken genutzt wird. Beispiele sind die Leuchtröhrenanlage und die Schilder eines Gewerbebetriebs oder die Kühl- und Bierausschankanlage einer Gaststätte. Indessen ist der Einschluß des gewerblichen Zwekken dienenden Gebäudezubehörs in der Wohngebäudeversicherung generell nicht zu empfehlen. Zusammen mit dem Gebäude sollten allenfalls solche gewerblichen Zubehörstücke versichert werden, die der Gebäudeeigentümer angeschafft hat und zusammen mit den gewerblich genutzten Räumen vermietet. Ansonsten ist gewerblich genutztes Gebäudezubehör in die gewerbliche Inhaltsversicherung einzuschließen. 3.1.1

In diesem Zusammenhang ist zu berücksichtigen, daß die Konstruktion der Gleitenden Neuwertversicherung für die Versicherung gewerblichen Zubehörs eigentlich nicht geeignet ist. Die Anpassung der Haftung an die Preisentwicklung mit dem gleitenden Neuwertfaktor führt zu falschen Ergebnissen. Der gleitende Neuwertfaktor richtet sich nach der Veränderung des Baupreisindex für Wohngebäude und des Tariflohnindex für das Baugewerbe. Die Preisentwicklung für gewerbliche Zubehörstücke läßt sich damit nicht messen. Die Lösung könnte theoretisch darin bestehen, daß die Vesicherungssumme und die Prämie für das gewerblich genutzte Zubehör nicht oder mit einem anderen Faktor angepaßt wird. Wegen der damit verbundenen betriebstechnischen Probleme ist diese Lösung jedoch nicht praktikabel.

3.1.2 Weiterhin ist die angesprochene Regelung die Grundlage für den **Einschluß von Zubehör, das überhaupt nicht der Nutzung des versicherten Gebäudes, sondern der Nutzung des Versicherungsgrundstücks dient.** So ist z. B. eine Gartenteichanlage Bestandteil des Grundstücks. Die dazu gehörende Umwälzpumpe ist nach § 1 Nr. 2 VGB 88 auch dann nicht versichert, wenn sie sich innerhalb des versicherten Gebäudes befindet. Die Umwälzpumpe ist Grundstückszubehör, nicht Gebäudezubehör. Sie dient nicht der Nutzung des versicherten Gebäudes zu Wohnzwecken, sondern der Nutzung des Grundstücksbestandteils Gartenteichanlage. Ähnlich verhält es sich mit Maschinen und Geräten für die Gartenpflege wie Rasenmähern, Vertikutiergeräten, Beregnungsanlagen u. ä. Sie dienen der Pflege und Instandhaltung des Grundstücks, nicht der Instandhaltung eines versicherten Gebäudes oder dessen Nutzung zu Wohnzwecken. Die Mitversicherung dieser Sachen in der Wohngebäudeversicherung kann einzelvertraglich vereinbart werden. Allerdings ist zu beachten, daß sie in der Hausratversicherung innerhalb des Versicherungsorts versichert sind, soweit sie nicht gewerblichen Zwecken dienen (vgl. zum Versicherungsort A 2.2.1). Bei Einfamilienhäusern besteht deshalb in der Regel kein Bedarf für den Einschluß von Grundstückszubehör. Anders liegt es, wenn die Zubehörstücke nicht privaten Zwecken dienen oder sich nicht nur vorübergehend außerhalb der Wohnung befinden. In diesen Ausnahmefällen kann die einzelvertragliche Mitversicherung des Grundstückszubehörs vereinbart werden. Dies gilt ebenso für die Versicherung von Mehrfamilienhäusern, wenn sich die genannten Sachen in gemeinschaftlich genutzten Räumen oder im Freien befinden.

Der Begriff „Weiteres Zubehör" in § 1 Nr. 3 VGB 88 a. F. wurde durch den Begriff „Weiteres Gebäudezubehör" in § 1 Nr. 3 VGB 88 n. F. ersetzt. Offenbar soll die Möglichkeit für den Einschluß weiterer Zubehörstücke auf das Gebäudezubehör begrenzt werden. Das führt zu weiteren Abgrenzungsschwierigkeiten. Es ist den Vertragsparteien jedoch unbenommen, weiterhin sonstiges Grundstückszubehör einzuschließen. In allen Fällen sollten jedoch die eingeschlossenen Sachen einzeln aufgeführt werden (A 3.3).

3.1.3 Besonders zu vereinbaren ist auch die **Mitversicherung von Gebäudezubehör**, das der Instandhaltung eines versicherten Gebäudes oder dessen Nutzung zu Wohnzwecken dient, wenn es sich **weder in dem Gebäude befindet noch außen an dem Gebäude angebracht ist.** Beispiele sind Heizölvorräte in Tanks außerhalb des Gebäudes, im Freien aufgestellte Gasflaschen oder Gastanks, Generatoren zur Elektrizitätsversorgung sowie eine elektrische Pumpe, die auf dem Versicherungsgrundstück außerhalb des versicherten Gebäudes in einem Trinkwasserbrunnen installiert ist (AG Dortmund r+s 89 S. 161). Diese Sachen sind Gebäudezubehör, das seiner Art nach unter die nach § 1 Nr. 2 VGB 88 versicherten Sachen fällt. Sie sind jedoch dennoch nicht versichert, weil sie sich außerhalb des in § 1 Nr. 2 VGB 88 verankerten räumlichen Bereichs befinden (vgl. A 2). Deshalb ist auch die Mitversicherung dieser Sachen einzelvertraglich zu regeln. Die Gefahr der Doppelversicherung mit der Hausratversicherung besteht abweichend von den in A 3.1.2 behandelten Fällen dabei nicht. Diese Sachen sind in der Hausratversicherung ebenfalls nicht versichert, weil sie sich dauernd außerhalb des Versicherungsorts befinden.

## 3.2 Sonstige Grundstücksbestandteile

Bei sonstigen Grundstücksbestandteilen, die gemeinsam mit dem versicherten Gebäude genutzt werden, entstehen gelegentlich Deckungslücken in der Wohngebäudeversicherung. Sie können durch die einzelvertragliche Mitversicherung dieser Sachen geschlossen werden. Sonstige Grundstücksbestandteile sind beispielsweise Hof- und Gehsteigbefestigungen, Schwimmbecken im Freien, Einfriedungen, Trennwände, Müllboxen und Briefkastenanlagen außerhalb des versicherten Gebäudes, gemauerte Kleintierställe und Hundehütten, Fahnenmasten, Gartenlaternen, aber auch Bäume und Sträucher sowie die sonstige Grundstücksbepflanzung. Auch in diesen Fällen entsteht in der Regel keine Doppelversicherung mit der Hausratversicherung, weil sich die genannten Sachen dauernd außerhalb des Versicherungsorts der Hausratversicherung befinden.

## Versicherungstechnische Lösung 3.3

Versicherungstechnisch einwandfrei wird die einzelvertragliche Versicherung von weiterem Zubehör und sonstigen Grundstücksbestandteilen gelöst, wenn diese Sachen im Antrag und im Versicherungsschein in einer eigenen Position einzeln aufgeführt werden und dafür eine Versicherungssumme gebildet wird. Dieser Grundsatz sollte insbesondere dann eingehalten werden, wenn die zusätzlich versicherten Sachen besonders gefährdet sind und deshalb einen höheren Beitragssatz erfordern als die Versicherung von Gebäuden. Es ist jedoch fraglich, ob sich diese Handhabung in der Praxis generell durchsetzen wird. Auf die genaue Bezeichnung der aufgrund besonderer Vereinbarung versicherten Zubehörstücke und Grundstücksbestandteile kann in keinem Fall verzichtet werden. Der generelle Einschluß von Zubehör und sonstigen Grundstücksbestandteilen auf dem Versicherungsgrundstück birgt für den Versicherer wegen der Vielzahl der in Frage kommenden Gegenstände nicht überschaubare Risiken in sich. Dadurch wären z. B. Obstbäume und Sträucher einschließlich der Früchte sowie die gesamte sonstige Bepflanzung des Grundstücks auch gegen Hagelschäden versichert.

Voraussichtlich werden Versicherer jedoch in vielen Fällen darauf verzichten, für die Versicherung von weiterem Zubehör und sonstigen Grundstücksbestandteilen eine eigene Position mit einer eigenen Versicherungssumme zu bilden. Gebäude sowie die einzeln bezeichneten sonstigen Sachen werden dann in vielen Fällen in einer Position mit einer gemeinsamen Versicherungssumme versichert. Dies ist nicht zu beanstanden, wenn die zusätzlich versicherten Zubehörstücke und Grundstücksbestandteile keiner besonderen Gefährdung unterliegen und daneben die Gebäudeversicherungssumme angemessen erhöht wird. Gleiches gilt auch für den Fall, daß bestimmte Gegenstände wie Hof- und Gehsteigbefestigungen oder Einfriedigungen generell in die Wohngebäudeversicherung eingeschlossen werden. Dabei ist zu berücksichtigen, daß ein nach §§ 12 Nr. 3 VGB 88 n. F., 16 Nr. 4 VGB 88 a. F. geltender Unterversicherungsverzicht dann auch für weiteres Zubehör und sonstige Grundstücksbestandteile gilt. Die positionsweise Versicherung dieser Sachen führt dagegen nicht zum Unterversicherungsverzicht. Es wäre jedoch unangemessen und dem VN auch nicht verständlich zu machen, daß in demselben Versicherungsvertrag der Unterversicherungsverzicht für eine Position gilt, dagegen eine andere (Neben-)Position nur zum vollen Wert versichert werden kann.

Inzwischen sind verschiedene Versicherer dazu übergegangen, sonstige Grundstücksbestandteile vorzugsweise in ihre hochpreisigen Komfortdeckungen einzuschließen. In den unternehmenseigenen AVB wird in Erweiterung zu § 1 Nr. 3 VGB 88 vereinbart, daß sonstige Grundstücksbestandteile wie Einfriedungen, Hof- und Gehsteigbefestigungen, elektrische Freileitungen, Ständer, Masten, Hundezwinger, Müllbehälterboxen, Antennen auf dem Grundstück, Beleuchtungs- und Briefkastenanlagen, Wohnterrassen, Überdachungen und Pergolen mitversichert sind. Weiterhin wird neuerdings auch vereinzelt die

Grundstücksbepflanzung mitversichert. Der Einschluß sonstiger Grundstücksbestandteile wird daneben verschiedentlich durch Entschädigungsgrenzen limitiert. Eine besondere Versicherungssumme wird für den Einschluß dieser Sachen nicht gebildet. Es ist auch nicht zu erkennen, daß die Grundversicherungssumme erhöht wird. Die Versicherer regeln das über den Beitrag. Die Kalkulationsgrundlagen dafür sind nicht bekannt.

## 4 Ausschluß von Mietereinbauten

In das Gebäude eingefügte Sachen, die ein Mieter auf seine Kosten beschafft oder übernommen hat und für die er die Gefahr trägt, sind nach § 1 Nr. 4 VGB 88 ausgeschlossen. Der Ausschluß korrespondiert mit dem Einschluß dieser Sachen in der Hausratversicherung nach § 1 Nr. 2 b VHB 84/VHB 92. Die Harmonisierung von VGB und VHB in diesem Punkt vermeidet Fälle der Doppelversicherung. Daneben werden Auseinandersetzungen darüber ausgeschaltet, ob es sich bei diesen sog. Mietereinbauten um Gebäudebestandteile, Gebäudezubehör oder sonstige bewegliche Sachen handelt. Mietereinbauten sind ohne Rücksicht auf ihren sachenrechtlichen Status in der Hausratversicherung eingeschlossen, in der Wohngebäudeversicherung dagegen ausgeschlossen. Unzutreffend ist die gegenteilige Ansicht von Boldt (VW 89 S. 498), es müsse sich bei den ausgeschlossenen Mietereinbauten um Gebäudebestandteile handeln. Diese Auslegung widerspricht dem klaren Wortlaut von §§ 1 Nr. 2 b VHB 84/VHB 92, 1 Nr. 4 VGB 88. Auch der Hinweis auf Knoerrich/Dreger (VerBAV 66 S. 177) kann zur Begründung nicht herangezogen werden. Die dortigen Anmerkungen beziehen sich auf § 2 Nr. 1 a VHB 66. Der Wortlaut und der materielle Gehalt dieser Regelung weicht von den hier maßgebenden Regelungen ab. Die VHB 66 sind inzwischen überholt. Eine Beschränkung des wechselseitigen Ein- und Ausschlusses von Mietereinbauten in den VHB 84/VHB 92 und den VGB 88 auf Gebäudebestandteile entspräche nicht der wirtschaftlichen Interessenlage von Gebäudeeigentümern und Mietern. Es würden zusätzliche Fälle der Doppelversicherung zwischen Hausrat- und Wohngebäudeversicherung geschaffen, soweit vom Mieter eingefügte Sachen Gebäudezubehör sind. Gerade deshalb gilt der Ausschluß auch für vom Mieter eingefügtes Gebäudezubehör. Daneben ist zu berücksichtigen, daß insbesondere bei Mietereinbauten die Bestandteils- oder Zubehöreigenschaft häufig umstritten und schwierig zu entscheiden ist. Diese Abgrenzungsprobleme spielen künftig keine Rolle mehr.

### 4.1 Beschaffung oder Übernahme

Der Ausschluß der Mietereinbauten ist an zwei Voraussetzungen geknüpft. Es wird erstens vorausgesetzt, daß der Mieter die in das Gebäude eingefügten Sachen auf seine Kosten beschafft oder übernommen hat. Der Begriff des Beschaffens umfaßt jede Form der Anschaffung (Kauf, Eigenleistung, Schenkung) für Rechnung des Mieters oder einer mit ihm in häuslicher Gemeinschaft lebenden Person. Auch der Begriff des Übernehmens ist entsprechend weit auszulegen. Die Sachen können vom Vormieter, von einem Untermieter oder von sonstigen Berechtigten, in Ausnahmefällen also auch vom Gebäudeeigentümer, übernommen, d. h. in das Vermögen des VN überführt worden sein. Keine Rolle spielt es, ob die Übernahme beim VN Kosten verursacht hat oder kostenlos erfolgte.

## Gefahrtragung 4.2

Der Ausschluß der Mietereinbauten gilt zweitens unter der Voraussetzung, daß der Mieter die Gefahr bzw. das Risiko für diese Sachen trägt. Die Gefahr des zufälligen Untergangs muß beim Mieter liegen, d. h. Schäden an den Mietereinbauten belasten das Vermögen des Mieters. Es ist zu beachten, daß die beiden genannten Voraussetzungen nebeneinander erfüllt sein müssen. Der vorstehende Ausschluß kann daher nicht dadurch begründet werden, daß der Gebäudeeigentümer als Vermieter die Gefahrtragung für bestimmte von ihm eingefügte Gebäudebestandteile oder Zubehörstücke durch Vereinbarungen im Mietvertrag auf den Mieter abwälzt. Dies gilt insbesondere auch für die verbreitete mietvertragliche Verpflichtung von Mietern, Schäden an den Mietsachen auf eigene Kosten zu beseitigen. Entstehen derartige Kosten durch einen Versicherungsfall, so haftet der Wohngebäudeversicherer. Versicherungsschutz in der Hausratversicherung besteht nicht, weil die Sachen nicht vom Mieter beschafft oder übernommen, sondern vom Gebäudeeigentümer eingefügt wurden. Neben der Gefahrtragung ist Anschaffung oder Übernahme durch den Mieter gefordert.

Bei dieser Betrachtungsweise wird deutlich, daß Mietereinbauten im Sinne der VGB 88 und der VHB 84/VHB 92 in der Regel nur solche Sachen sein können, die ein Mieter auf seine Kosten nachträglich in das Gebäude einfügt. Es handelt sich um Sachen, mit deren Einfügung der vom Gebäudeeigentümer ursprünglich hergestellte Zustand des Gebäudes durch den Mieter nachträglich verändert bzw. erweitert wird. Die Sachen werden vom Mieter zusätzlich zu den bereits vorhandenen Gebäudeteilen in das Gebäude eingefügt. Ähnlich verhält es sich bei Sachen, die der Mieter anstelle von Sachen einfügt, die ursprünglich vom Gebäudeeigentümer angeschafft und eingefügt worden waren. Beispiele: Anstelle einfach verglaster Fenster werden Fenster mit Mehrscheibenisolierverglasung eingefügt; anstelle einfacher Füllungstüren werden Edelholz- oder Glastüren eingebracht; eine Emaillespüle wird gegen eine Edelstahlspüle ausgetauscht. Die vom Gebäudeeigentümer eingefügten Teile bleiben erhalten. Sie werden vorübergehend abgetrennt. Etwas anderes gilt, wenn der Mieter vom Gebäudeeigentümer eingefügte Sachen erneuert, weil sie zerstört (eine eingeschlagene Scheibe wird ersetzt), beschädigt (eine zerkratzte Tür wird mit einem neuen Furnier versehen) oder verbraucht sind (verwohnte bzw. abgenutzte Tapeten und Anstriche die vom Gebäudeeigentümer angebracht worden waren, werden erneuert). Es wird nicht eine weitere Sache zusätzlich vom Mieter eingefügt, sondern eine vom Gebäudeeigentümer eingebrachte Sache erneuert. Diese Betrachtungsweise liefert auch die Antwort auf die Frage, unter welchen Voraussetzungen vom Mieter eingefügte Tapeten unter den Ausschluß der Mietereinbauten fallen und deshalb vom Hausratversicherer zu entschädigen sind. Dies ist der Fall, wenn Wohnungen untapeziert vermietet werden und es dem Mieter überlassen ist, ob er Tapeten einfügt.

## Motiv für den Ausschluß 4.3

Das Motiv für den Ausschluß von Mietereinbauten in der Wohngebäudeversicherung liegt auf der Hand. Unter den genannten Voraussetzungen hat der Gebäudeeigentümer in der Regel kein wirtschaftliches Interesse an der Versicherung dieser Sachen, weil Schäden daran sein Vermögen nicht belasten. Die Interessenlage des Mieters ist der des Gebäudeeigentümers entgegengesetzt. Er trägt die Gefahr auch des zufälligen Untergangs dieser Sachen. Schäden an den Sachen belasten sein Vermögen. Deshalb hat er ein Interesse an der Versicherung dieser Sachen. Dies gilt selbst in den Fällen, in denen die Mietereinbauten Gebäudebestandteile sind und deshalb Versicherungsschutz in einer Wohngebäudeversicherung bestünde. Zum einen weiß der Mieter oft nicht, ob der Gebäudeeigentümer eine Gebäudeversicherung abgeschlossen hat, zum anderen möchte er bei der Gestaltung des Versicherungsschutzes nicht vom Gebäudeeigentümer abhängig sein. Ein Mieter erwartet für Einbauten „eigenen Versicherungsschutz im Rahmen seiner üblichen Versicherungsverträge ....; kommen solche eingefügten Sachen zu Schaden, so will und soll der VN nicht mehr genötigt sein, über eine möglicherweise vorhandene Gebäudeversicherung des Hauseigentümers Ersatz zu verlangen" (Ollick, VerBAV 84 Anm. 1 c S. 311). Der Mieter-VN möchte auch vermeiden, daß er infolge des Verhaltens des Gebäudeeigentümers (Prämienverzug, Obliegenheitsverletzung, vorsätzliche oder grob fahrlässige Herbeiführung des Versicherungsfalls, Unterversicherung) den Anspruch auf Entschädigung ganz oder teilweise verliert. Auf diese Weise trägt der wechselseitige Aus- bzw. Einschluß der Mietereinbauten nach den VGB 88 bzw. den VHB 84/VHB 92 der wirtschaftlichen Interessenlage von Gebäudeeigentümern und Mietern Rechnung.

Ein weiteres Motiv für die angesprochenen Regelungen ist die außerordentlich schwierige Abgrenzung zwischen Gebäuden bzw. Gebäudebestandteilen, Gebäudezubehör und dem Inhalt von Gebäuden (vgl. A 6 ff.). Dies führte auch in der Praxis immer wieder zu Zweifelsfragen und Auseinandersetzungen zwischen Gebäude- und Hausratversicherern. Sie wurden häufig auf dem Rücken der VN ausgetragen. Künftig können bei Mietereinbauten derartige Probleme nicht mehr auftreten.

## 4.4 Mitversicherung von Mietereinbauten

In Ausnahmefällen kann die Mitversicherung der Mietereinbauten in der Wohngebäudeversicherung vereinbart werden. Ein Bedarf dafür ist allenfalls vorhanden, wenn der Mieter keine Hausratversicherung abgeschlossen und der Gebäudeeigentümer ausnahmsweise ein wirtschaftliches Interesse an der Versicherung der Mietereinbauten hat, weil z. B. zwischen Gebäudeeigentümer und Mieter vereinbart ist, daß die Mietereinbauten beim Auszug des Mieters dem Gebäudeeigentümer zufallen. Die Ausführungen in A 3.3 gelten für die versicherungstechnische Lösung derartiger Einschlüsse sinngemäß.

Gelegentlich kommt es vor, daß Mieter Sachen auf ihre Kosten außen an dem versicherten Gebäude anbringen bzw. einfügen. Beispiele sind Rundfunk- und Fernsehantennenanlagen, Markisen, Rolläden, Jalousien, Vordächer u. ä. Versicherungsschutz in der Hausratversicherung besteht lediglich für außen angebrachte Rundfunk- und Fernsehantennenanlagen sowie Markisen (vgl. A 2.3.2). Sonstige außen angebrachte Sachen sind in der Hausratversicherung nicht versichert, weil sie sich ständig außerhalb der Wohnung befinden. Es besteht eine Deckungslücke zwischen Wohngebäude- und Hausratversicherung. Entsprechend der wirtschaftlichen Interessenlage sollte sie dadurch geschlossen werden, daß diese Mietereinbauten nach Klausel 7212 (früher Klausel 813) zu den VHB 84/VHB 92 in die Hausratversicherung des Mieters eingeschlossen werden (vgl. Dietz nach § 1 Klausel 813).

## 5 Fremdversicherung

Die Versicherung fremden Eigentums (Fremdversicherung) ist in den VGB 88 nicht erwähnt (Einzelheiten zur Fremdversicherung s. L 5). Im Gegensatz dazu regelt die sonstigen AVB Sach bei beweglichen Sachen die Mitversicherung des fremden Eigentums im einzelnen (vgl. § 2 Nr. 3 und Nr. 4 AFB 87, § 1 Nr. 3 VHB 84/VHB 92). Dies liegt daran, daß bei der Versicherung von beweglichen Sachen im allgemeinen zahlreiche Gegenstände in verschiedener Weise zu Sachgesamtheiten zusammengefaßt und in einer Position gemeinsam versichert werden. Die Sachgesamtheiten bestehen meist aus einer Vielzahl von Einzelsachen mit unterschiedlichen Eigentumsverhältnissen. Die Abgrenzung der versicherten Sachen erfordert deshalb bedingungsmäßige und/oder einzelvertragliche Regelungen über die Mitversicherung des fremden Eigentums.

Die Verhältnisse in der Wohngebäudeversicherung unterscheiden sich davon grundlegend. Versichert ist die im Versicherungsschein bezeichnete Einzelsache Wohngebäude mit ihren Bestandteilen. Unterschiedliche Eigentumsverhältnisse an Teilen ein und desselben Wohngebäudes spielen keine Rolle. Dies liegt vor allen Dingen daran, daß wesentliche Gebäudebestandteile wegen §§ 93 ff. BGB ohnehin nicht Gegenstand besonderer dinglicher Rechte sein können. Daher sind Regelungen über die Mitversicherung fremden Eigentums in den VGB 88 entbehrlich. Dies gilt entsprechend für die sonstige Gebäudeversicherung. Darauf ist es zurückzuführen, daß die Regelungen über die Versicherung des fremden Eigentums in § 2 Nr. 3 und Nr. 4 AFB 87 nur für die Versicherung beweglicher Sachen, nicht für die Versicherung von Gebäuden gelten.

Auf das Gebäudezubehör lassen sich diese Grundsätze nicht übertragen, weil Zubehörstücke im Gegensatz zu den wesentlichen Gebäudebestandteilen Gegenstand besonderer dinglicher Rechte sein können. An Zubehörstücken kann ohne weiteres Sondereigentum von Personen bestehen, die nicht Gebäudeeigentümer sind. Es handelt sich dabei aus der Sicht des Gebäudeeigentümers begrifflich um fremdes Eigentum. Diese Fälle sind in den VGB 88 nicht geregelt. Es fehlt eine § 2 Nr. 3 und Nr. 4 AFB 87 entsprechende Bestimmung, die auch für die Versicherung des in fremdem Eigentum stehenden Gebäudezubehörs in der sonstigen Gebäudeversicherung maßgebend ist. Dennoch wird § 1 Nr. 2 VGB 88 dahingehend auszulegen sein, daß Gebäudezubehör in der Wohngebäudeversicherung auch dann versichert ist, wenn es sich um fremdes Eigentum handelt. Deshalb sind in fremdem Eigentum stehende Elektrizitäts- und Wärmezähler sowie Gas- und Wasseruhren ohne weiteres versichert. Kein Versicherungsschutz besteht für die sog. Mietereinbauten, auch soweit es sich dabei in Ausnahmefällen um Gebäudezubehör handelt (vgl. A 4).

Wohngebäudeversicherungsverträge werden in den allermeisten Fällen vom Gebäudeeigentümer abgeschlossen. Das versicherbare Interesse am Wohngebäude liegt vor allem beim Gebäudeeigentümer, weil Schäden am Gebäude zu Lasten seines Vermögens gehen (zum Begriff des Interesses vgl. L 1). Es ist aber ohne weiteres möglich, ein in fremdem Eigentum stehendes Wohngebäude zu versichern. VN kann auch derjenige sein, der überhaupt nicht Eigentümer des Gebäudes ist, aber ein eigenes versicherbares Interesse am Wohngebäude hat, weil Schäden am Wohngebäude zu seinen Lasten gehen. So liegt es, wenn ein Mieter eines Einfamlienhauses oder ein Hypothekengläubiger als VN eine Wohngebäudeversicherung für das gemietete bzw. beliehene Gebäude abschließt (vgl. L 4.2). Es können aber auch fremde Interessen an einem fremden Wohngebäude versichert sein. Dies ist beispielsweise der Fall, wenn der Verwalter einer Wohnungseigentümergemeinschaft als VN eine Wohngebäudeversicherung für das von ihm verwaltete Gebäude abschließt. Fremde und eigene Interessen sind nebeneinander versichert, wenn bei gemeinschaftlichem Eigentum an einem Wohngebäude ein Miteigentümer als alleiniger VN das Wohngebäude versichert. In diesen Fällen können jedoch auch alle oder mehrere Miteigentümer VN der Wohngebäudeversicherung sein.

Dagegen ist es nicht möglich, daß ein Miteigentümer nur sein Bruchteilseigentum am Gebäude versichert (Einzelheiten vgl. L).

## 6 Abgrenzungsfragen

Die Abgrenzung zwischen dem versicherten Gebäude und seinen Bestandteilen, dem versicherten Gebäudezubehör und den sonstigen in der Wohngebäudeversicherung nicht versicherten Sachen bereitet in der Praxis immer wieder erhebliche Schwierigkeiten. Es fragt sich, ob es unter diesen Umständen zweckmässig wäre, daß sich die Versicherer auf ein Verzeichnis derjenigen Sachen bzw. Gegenstände einigen, die als Gebäudebestandteil oder versichertes Gebäudezubehör einzustufen sind. Dadurch wären die Abgrenzungsprobleme theoretisch weitgehend beseitigt. Derartige Überlegungen sind verschiedentlich angestellt, aber immer wieder verworfen worden. Dafür gibt es eine Reihe von Gründen. Rechtsverbindlich wäre ein solcher Katalog der in der Wohngebäudeversicherung versicherten Gebäudebestandteile und Zubehörstücke nur unter der Voraussetzung, daß er vertraglich vereinbart und durch eine korrespondierende Regelung in der Hausratversicherung ergänzt würde. Eine einheitliche Lösung für die Einstufung dieser Sachen wäre für das Gebiet der Bundesrepublik Deutschland vor allem deswegen nicht durchsetzbar, weil die ehemaligen Pflicht- und Monopolanstalten infolge regional unterschiedlicher Verkehrsanschauung keine einheitliche Abgrenzung vornehmen. Wegen der Vielzahl der infrage kommenden Gegenstände und Fallgestaltungen könnte ein solcher Katalog insbesondere im Hinblick auf das Gebäudezubehör auch nicht vollständig sein. Daneben ist zu berücksichtigen, daß durch Veränderungen der Bautechnik, der Verkehrsanschauung und der Rechtsprechung ständig Anpassungen erforderlich wären. Der Verzicht auf einen Katalog der in der Wohngebäudeversicherung eingeschlossenen Gebäudebestandteile und Zubehörstücke muß aber nicht unbedingt nachteilig für den VN sein. Wesentliche Voraussetzung dafür ist, daß sich Hausrat- und Wohngebäudeversicherer darauf verständigen, Auseinandersetzungen über die Zuordnung bestimmter Sachen grundsätzlich nicht auf dem Rücken des VN auszutragen. Daneben sind nunmehr durch den wechselseitigen Ein- und Ausschluß der Mietereinbauten in den VHB 84/VHB 92 und den VGB 88 zahlreiche Abgrenzungsprobleme gelöst. Allerdings ist darauf zu achten, daß die klaren Regelungen in §§ 1 Nr. 2 b VHB 84/VHB 92, 1 Nr. 4 VGB 88 nicht entgegen dem eindeutigen Wortlaut durch unzulässige Interpretationsversuche unterlaufen werden (vgl. A 4). Abgesehen davon wird die Abgrenzung zwischen der Wohngebäudeversicherung einerseits und der Inhalts- bzw. der Hausratversicherung andererseits auch künftig Zweifelsfragen aufwerfen.

Nachfolgend werden anhand typischer Beispiele die Grundsätze für die Abgrenzung von Gebäudebestandteilen und Gebäudezubehör noch einmal verdeutlicht. Dabei wird die einschlägige Rechtsprechung berücksichtigt. Die Darstellung erhebt selbstverständlich keinen Anspruch auf Vollständigkeit. Die Ausführungen beziehen sich grundsätzlich auf vom Gebäudeeigentümer eingefügte Gegenstände, sofern sich aus dem Zusammenhang nicht etwas anderes ergibt. Weiterhin ist zu berücksichtigen, daß nach der hier vertretenen Ansicht zu den nach VGB 88 versicherten Gebäudebestandteilen nicht nur die wesentlichen Bestandteile im Sinne von §§ 93 ff. BGB, sondern daneben auch die unwesentlichen (einfachen) Bestandteile zählen (vgl. A 1.4.1). Dies ist in Literatur und Rechtsprechung nicht unumstritten.

6.1.1 **Anstriche** sind Gebäudebestandteile. Dabei ist nicht ausschlaggebend, daß die vom Schaden betroffenen Anstriche vom Gebäudeeigentümer eingefügt wurden. Es sind auch Anstriche versichert, die von Mietern vorgenommen wurden, weil der ursprünglich vom Gebäudeeigentümer eingefügte Anstrich abgenutzt war. Der Ausschluß nach § 1 Nr. 4 VGB 88 greift allenfalls in Ausnahmefällen, wenn Wohnungen bereits bei der Erstvermietung ohne Anstriche vermietet und die Anstriche von Mietern eingefügt wurden. Diese Fälle sind praktisch jedoch kaum anzutreffen.

**Balkone, Balkongeländer und deren Verkleidungen** aus Holz, Kunststoff oder anderen Werkstoffen sind Gebäudebestandteil. Balkonblumenkästen und deren Pflanzen sind Gebäudezubehör. Wurden die genannten Sachen von Mietern eingefügt, so besteht Versicherungsschutz in der Hausratversicherung unter der Voraussetzung, daß Balkone zur Wohnung des VN gezählt werden (vgl. dazu Dietz § 10 RN 2.3.1). 6.1.2

**Bepflanzungen auf Dachgärten und Dachterrassen** sind als außen an bzw. auf dem Gebäude angebrachtes Zubehör einzustufen und deshalb nach § 1 Nr. 2 VGB 88 versichert, wenn sie zu Wohnzwecken genutzt werden (vgl. dazu auch Martin H II 9). Wurden die Bepflanzungen von Mietern eingefügt, so gelten die Ausführungen in A 6.1.2 entsprechend. Nicht versichert ist die sonstige Bepflanzung des Grundstücks. Bäume, Sträucher und andere Pflanzen in Gärten sind sonstige Grundstücksbestandteile. Kein Versicherungsschutz besteht daneben für Blumen- oder Pflanzkübel samt Inhalt, die auf dem Versicherungsgrundstück zu Dekorationszwecken im Freien stehen. Dies gilt auch, wenn die Zubehöreigenschaft dieser Sachen bejaht wird. Die nach § 1 Nr. 2 VGB 88 vorausgesetzte räumliche Zuordnung liegt nicht vor. 6.1.3

**Bodenbeläge und Teppichböden** sind Gebäudebestandteile, wenn sie vom Gebäudeeigentümer eingebracht wurden und entweder mit dem Fußboden fest verklebt oder auf dem sonst unbewohnbaren Untergrund (z. B. Estrich) auch lose verlegt sind. Ansonsten zählen Bodenbeläge und Teppichböden zum Hausrat. Wurden sie vom Mieter eingefügt, folgt dies aus § 1 Nr. 4 VGB 88 in Verbindung mit § 1 Nr. 2 b VHB 84/VHB 92. Aber auch vom Gebäudeeigentümer lose auf einem bewohnbaren Untergrund (z. B. Parkett-, Stein- oder Fliesenfußboden) verlegte Bodenbeläge oder Teppichböden sind in der Regel weder Gebäudebestandteil noch Gebäudezubehör, sondern Hausrat. Der VdS hat diese Grundsätze in einer Verbandsempfehlung niedergelegt. Sie werden durch die jüngere Rechtsprechung bestätigt. Auf dem Estrich lose verlegte Teppichböden sind jedenfalls dann nicht Hausrat gem. § 2 Nr. 1 VHB 74, wenn der Gebäudeeigentümer sie verlegt hat (AG Nördlingen VersR 83 S. 721). Auf dem Estrich lose verlegte Teppichböden sind jedenfalls dann Gebäudebestandteil, wenn der Eigentümer sie zum dauernden Verbleib angebracht hat (AG Weiden VersR 87 S. 874). Bei Teppichboden handelt es sich dann um Hausrat i. S. v. § 1 Nr. 1 VHB 84/VHB 92, wenn er entweder auf bewohnbarem Untergrund liegt und jederzeit entfernt werden kann, ohne daß das Gebäude unbewohnbar wird, oder wenn der Teppichboden vom Mieter eingebracht wird (LG Oldenburg VersR 88 S. 1285). Ein Teppichboden, der vom Hauseigentümer in ein Wohngebäude eingefügt worden ist, ist grundsätzlich wesentlicher Gebäudebestandteil gem. § 94 Abs. 2 BGB. Das gilt auch, wenn der Teppichboden in einem Kellerraum, in dem eine Waschmaschine betrieben wird, und zwar nur lose, verlegt ist (AG Berlin-Charlottenburg r+s 90 S. 350). Teppichboden ist als Hausrat und nicht als Gebäudebestandteil versichert, wenn die Teppichfixierung ausschließlich dem Schutz des darunter liegenden Parkettbodens als vorübergehendem Zweck dient und damit als Scheinbestandteil i. S. d. § 95 Abs. 2 BGB anzusehen ist (OLG München VersR 97 S. 999). Die Urteile beziehen sich auf die Hausratversicherung. Sie sind auf die Wohngebäudeversicherung übertragbar. 6.1.4

Für **Einbaumöbel** gelten ähnliche Grundsätze. Vom Gebäudeeigentümer eingefügte Einbaumöbel sind versicherte Gebäudebestandteile, vom Mieter eingebrachte Einbau- 6.1.5

möbel sind in der Wohngebäudeversicherung nicht versichert. Entgegen der Auffassung des OLG Hamm ist für die Abgrenzung zwischen Wohngebäude- und Hausratversicherung grundsätzlich nicht darauf abzustellen, ob der Mieter oder der Gebäudeeigentümer die fraglichen Gegenstände üblicherweise in die Wohnung einbringt (VersR 83 S. 285). Die Auslegung des OLG Hamm steht im Gegensatz zu den zuvor dargestellten Grundsätzen für die Abgrenzung von Gebäudebestandteilen. Es kommt bei Mietereinbauten nicht darauf an, ob sie ein Mieter üblicherweise einbringt. Ausschlaggebend ist vielmehr, daß Mieter die Sachen im konkreten Einzelfall tatsächlich auf ihre Kosten eingefügt haben. Die Bestandteilseigenschaft von Sachen, die der Gebäudeeigentümer eingefügt hat, richtet sich nach der Verkehrsanschauung und der natürlichen Betrachtungsweise unter Zugrundelegung eines technisch-wirtschaftlichen Standpunkts. Es kommt darauf an, ob die eingefügten Sachen bei dieser Betrachtungsweise in der Art in dem Gebäude aufgegangen sind, daß sie ihre Selbständigkeit verloren haben. Trifft dies zu, handelt es sich um Gebäudebestandteile. Nicht ausschlaggebend ist, daß Sachen üblicherweise von Gebäudeeigentümern eingebracht werden. Entgegen der Auffassung des OLG Hamm (a. a. O.) ist auch die Auslegung des Begriffs Gebäudebestandteil gerade nicht unabhängig davon, ob „die Einrichtungsgegenstände nach §§ 94 Abs. 2, 95 BGB wesentliche Bestandteile des Gebäudes geworden sind oder nicht".

Indessen ist zu beachten, daß Einbaumöbel begrifflich voraussetzen, daß es sich dabei um handwerklich und individuell angefertigte Stücke handelt, die so mit dem Gebäude verbunden sind, daß eine Trennung nicht ohne erheblichen Wertverlust möglich ist (vgl. Martin H II 62). Diese Voraussetzungen liegen in den seltensten Fällen vor, insbesondere die sog. Einbauküchen erfüllen sie zumeist nicht. Die Rechtsprechung ist nicht einheitlich. In einem älteren Urteil hat das OLG Köln eine nach Abschluß des Bauvorhabens entsprechend den vorgegebenen Maßen gekaufte und eingefügte Einbauküche als Zubehör des Wohnhauses eingestuft (VersR 80 S. 51). Spätere Urteile ordnen auch vom Gebäudeeigentümer eingebrachte Einbauküchen dem Hausrat zu. Der Schutz einer für ein Wohnhaus abgeschlossenen Gebäudeversicherung erstreckt sich nicht auf eine nachträglich eingefügte Einbauküche (LG Lübeck VersR 84 S. 477). Eine jederzeit auswechselbare Einbauküche ist als Hausrat einzustufen (OLG Düsseldorf ZfS 84 S. 91). Eine Einbauküche ist im allgemeinen weder Bestandteil noch Zubehör des Hausgrundstücks (OLG Karlsruhe ZfS 86 S. 123). Den Begriffen „Bestandteile" und „Zubehör" in § 2 VGB 62 kommt eine Abgrenzungsfunktion gegenüber der Hausratversicherung zu; bei ihrer Auslegung kann daher nicht in erster Linie auf die Vorschriften der §§ 93 f. BGB abgestellt werden (die sich im übrigen auch nur mit besonderen Arten von Bestandteilen beschäftigen und andere rechtspolitische Ziele verfolgen); vielmehr ist im Einzelfall eine Abgrenzung nach dem typischen Charakter sowie dem wirtschaftlichen Zweck einer Gebäudeversicherung einerseits und einer Hausratversicherung andererseits vorzunehmen. Unter Berücksichtigung des typischen Charakters und des wirtschaftlichen Zwecks der Gebäudeversicherung einerseits und der Hausratversicherung andererseits handelt es sich bei einer Einbauküche, die lediglich an einer Wand aufgestellt bzw. aufgehängt ist und bei der Zwischenräume zwischen Decken und Seitenwänden durch Blend- oder Passleisten geschlossen worden sind, um „Einrichtung" i. S. d. Hausratversicherung, nicht aber um einen Gebäudebestandteil i. S. d. Wohngebäudeversicherung (OLG Köln zu § 2 VGB 62 VersR 92 S. 1468 und r+s 92 S. 316). Das natürliche Verständnis des Begriffs „Bestandteil" deckt sich mit dem in § 93 BGB definierten juristischen Begriff „wesentlicher Bestandteil". Ist eine – serienmäßig gefertigte – Einbauküche mit einem zumutbaren Aufwand abzubauen, ohne daß die Substanz des Küchenraums oder der Einbauküche nennenswert beschädigt wird, so handelt es sich nicht um einen Bestandteil des Gebäudes (OLG Saarbrücken zu § 2 VGB 62 VersR 96 S. 97 und r+s 96 S. 415). Auf Herde und Spültische lassen sich diese Grundsätze auch dann nicht übertragen, wenn die Sachen in die Einbauküche integriert sind (vgl. A 6.2.7 und 6.3.2).

Den zitierten Urteilen liegt offensichtlich die Überzeugung zugrunde, daß Einbauküchen nach der Verkehrsauffassung wie alle sonstigen Möbelstücke beweglich und jederzeit austauschbar sind und infolgedessen zum Hausrat zählen. Jedoch haben die Gerichte, sofern sie die Bestandteilseigenschaft verneint haben, zumeist nicht die Frage geprüft, ob es sich bei Einbauküchen ggf. um Gebäudezubehör handelt. Dies liegt daran, daß sich die zitierten Urteile auf die Wohngebäudeversicherung nach den VGB 62 beziehen. Nach § 2 VGB 62 ist Gebäudezubehör ausgeschlossen. Dagegen ist Gebäudezubehör in der Wohngebäudeversicherung nach den VGB 88 gem. § 1 Nr. 2 VGB 88 mitversichert. Deshalb fragt es sich, ob die dargestellte Rechtsprechung auch für die Wohngebäudeversicherung nach den VGB 88 Bestand haben wird. Daneben ist zu berücksichtigen, daß die steigenden Ansprüche an den Komfort von Mietwohnungen verbunden mit zunehmender Mobilität der Bevölkerung dazu geführt haben, daß Mietwohnungen von Gebäudeeigentümern in zunehmenden Maß mit Einbauküchen ausgestattet werden. Die Einbauküchen sind in diesen Fällen offenbar dazu bestimmt, dauerhaft gemeinsam mit dem Gebäude zu Wohnzwecken genutzt zu werden. Deshalb haben sie Zubehöreigenschaft. Das wirtschaftliche Interesse an diesen Sachen liegt beim Gebäudeeigentümer. Es besteht infolgedessen Bedarf für den Einschluß in die Wohngebäudeversicherung. Diese Entwicklung wird auch die Einstufung von Einbauküchen beeinflussen, die der Gebäudeeigentümer in die eigengenutzte Wohnung einfügt. Dabei ist zu berücksichtigen, daß sich das Verhältnis zwischen Lohn(Installations)- und Materialkosten infolge des gestiegenen Lohnniveaus zugunsten des Lohnaufwands verändert hat. Es ist daher häufig unwirtschaftlich, Einbauküchen auszubauen, um sie danach in ein anderes Gebäude einzubauen. Infolgedessen werden diese Sachen bereits derzeit in der Regel gemeinsam mit dem Gebäude veräußert.

Versicherer und Rechtsprechung werden sich mit den veränderten Verkehrsgewohnheiten auseinanderzusetzen haben. Dabei muß jedoch darauf geachtet werden, daß der Zubehörbegriff in der Wohngebäudeversicherung nicht zu weit ausgelegt wird. Ansonsten besteht insbesondere bei möbliert vermieteten Wohnungen die Gefahr, daß die Wohngebäudeversicherung zur Inhaltsversicherung ausgeweitet wird. Sachgerecht wäre es, vom Gebäudeeigentümer eingefügte (Einbau)Küchen der Wohngebäudeversicherung und vom Mieter eingefügte (Einbau)Küchen der Hausratversicherung zuzuordnen, und dies in den VGB und den VHB übereinstimmend zu regeln.

Einbruchmeldeanlagen, die nachträglich in das vom VN selbst bewohnte Haus eingebaut werden, und Außenhautsicherung, Zentrale, Notstromversorgung, Außensirene, Tür-Blockschloß und elektrische Leitungen umfassen, sind in ihrer Gesamtheit Gebäudebestandteil im Sinne des BGB und auch Gebäudebestandteil im Sinne des Versicherungsrechts (OLG Hamm r+s 88 S. 173 und VersR 88 S. 1170). Dieser Ansicht ist zuzustimmen. Die Kritik von Spiegel (r+s 88 S. 233) vermag nicht zu überzeugen. Insbesondere trifft es nicht zu, daß eine Einbruchmeldeanlage deshalb in der Regel nicht Gebäudebestandteil wird, weil es bereits an der wirtschaftlichen Verbindung zum Gebäude fehlt. Nicht einleuchtend ist daneben die Begründung, die Einbruchmeldeanlage sei nicht wegen des Gebäudes, sondern vielmehr aufgrund der Zusammensetzung des Gebäudeinhalts (Hausrat) und evtl. auch zur Sicherheit der darin lebenden Personen vorhanden. Ohne Zweifel dient die Einbruchmeldeanlage gemeinsam mit dem Gebäude dem Schutz der im Gebäude befindlichen Sachen und Personen. Gerade dadurch aber wird ihre Eigenschaft als Gebäudebestandteil bestätigt. Dies gilt auch bei einer wirtschaftlichen Betrachtungsweise. Die Einbruchmeldeanlage wird abgestellt auf die indivi- 6.1.6

duellen Verhältnisse des Gebäudes projektiert und an das Gebäude angepaßt. Ein nicht unwesentlicher Teil der Aufwendungen für die Einbruchmeldeanlage entfällt auf Projektierungs- und Installationskosten. Diese wirtschaftlichen Werte gehen bei einem Ausbau der Anlage verloren. Infolgedessen würde die Anlage durch einen Ausbau in ihrem wirtschaftlichen Wert erheblich gemindert. Es ist deshalb wirklichkeitsfremd anzunehmen, daß ein Gebäudeeigentümer beim Verkauf seines Wohngebäudes oder bei einem Wohnungswechsel und der nachfolgenden Vermietung seines Wohngebäudes eine von ihm eingefügte Einbruchmeldeanlage ausbauen und in ein anderes Gebäude wieder einbauen würden. Dies führte zur Zerstörung wirtschaftlicher Werte. Die Zuordnung von Einbruchmeldeanlagen zur Hausratversicherung führte daneben zu Deckungslücken, weil für die an der Außenseite des Gebäudes angebrachten Teile der Anlage (z. B. Außensirene) kein Versicherungsschutz in der Hausratversicherung bestünde. Einbruchmeldeanlagen sind in der Wohngebäudeversicherung versichert. Bei Einbruchmeldeanlagen in Wohnungen kann nach den VGB 88 dahingestellt bleiben, ob Einbruchmeldeanlagen Gebäudebestandteil oder nach Maßgabe eines Urteils des OLG München (ZfS 80 S. 30) Gebäudezubehör sind. Wird Zubehöreigenschaft unterstellt, so besteht allerdings keine Haftung für Einbruchmeldeanlagen, die Gebäudeeigentümer in gemischt genutzten Gebäuden zum Schutz von Ladengeschäften einfügen (vgl. A 2.1 2).

6.1.7 **Elektrische Anlagen der Licht- und Stromversorgung** sind grundsätzlich Gebäudebestandteile. Dazu zählen in und an versicherten Gebäuden verlegte elektrische Leitungen, Sicherungskästen, Schalter, Steckdosen u. ä. An der Außenseite von Gebäuden und in gemeinschaftlich genutzten Räumen (z. B. Treppenhäusern) angebrachte Beleuchtungskörper sind in der Regel Gebäudezubehör. Nicht versichert, weil nach der Verkehrsanschauung zum Hausrat zählend, sind Lampen und Beleuchtungskörper in den einzelnen Wohnungen.

6.1.8 **Feuerlösch- und Feuermeldeanlagen** sind Gebäudebestandteile. Bei einer Sprinkleranlage zählen dazu die Zentrale mit Sprinklerpumpen sowie Alarm- und Steuerungseinrichtungen, das Wasserreservoir, die Rohrleitungen und die Sprinklerköpfe. Handfeuerlöscher und Feuerlöschschläuche sind Gebäudezubehör.

6.1.9 **Gebäudereparaturmaterial, Ersatzteile** (z. B. Ziegel, Fliesen, Dichtungen, Fensterscheiben, Farben u. ä.) **sowie Werkzeuge** zur Instandhaltung des Gebäudes sind Gebäudezubehör. Es entsteht Doppelversicherung mit der Hausratversicherung, wenn die genannten Sachen innerhalb der Wohnung des Gebäudeeigentümers oder eines Hausmeisters aufbewahrt werden.

6.2.1 **Gemeinschaftswaschmaschinen und gemeinschaftlich genutzte Wäschetrockner** in Gemeinschaftswaschküchen sind Gebäudezubehör. Doppelversicherung mit der Hausratversicherung entsteht nicht, da gemeinschaftlich genutzte Räume nicht Versicherungsort in der Hausratversicherung sind. Nicht versichert sind Waschmaschinen oder Wäschetrockner, die zwar in Gemeinschaftswaschküchen aufgestellt sind, aber ausschließlich vom jeweiligen Eigentümer genutzt werden. Es besteht eine Deckungslücke zwischen Wohngebäude- und Hausratversicherung. Der VdS hat daher seinen Mitgliedsunternehmen empfohlen, bei der Regulierung von Schäden an Waschmaschinen und Wäschetrocknern in Gemeinschaftswaschküchen formaljuristische Bedenken hinsichtlich der Zugehörigkeit zur Wohnung zurückzustellen (Rundschreiben Nr VHV 155 vom 7. 3. 1989).

6.2.2 **Heizungsanlagen und Anlagen der Warmwasserversorgung** (Boiler, Durchlauferhitzer u. ä.) sind Gebäudebestandteile. Dazu zählen bei Zentralheizungsanlagen u. a. der Brenner, das Kompensationsgefäß, die Vor- und Rücklaufleitungen einschließlich Pumpen, die Heizkörper einschließlich der Ventile sowie die Außentemperatursteuerung und die thermostatische Innenregelung. Ebenso sind Heizöfen und Elektrospeichergeräte versichert. Ausgenommen sind frei bewegliche Konvektoren, Heizlüfter u. ä., die lediglich durch eine Verbindungsschnur mit dem elektrischen Leitungsnetz des Hauses verbunden sind. Diese Sachen zählen zum Hausrat.

**Heizmaterial**, wie Heizöl, Kohle, Koks, Holz oder Gas, ist als Gebäudezubehör nach § 1 Nr. 2 VGB 88 versichert, sofern es innerhalb des Gebäudes lagert und Wohnzwecken dient. Bei vom Gebäudeeigentümer selbst bewohnten Einfamilienhäusern entsteht regelmäßig Doppelversicherung mit der Hausratversicherung. Bei vermieteten Einfamilienhäusern ist dies nicht der Fall, wenn das Heizöl vom Mieter eingebracht oder übernommen wurde. Der Begriff des Einfügens ist weit auszulegen. Nicht versichert sind Heizölvorräte, die in einem gemischt genutzten Gebäude ausschließlich gewerblichen Zwecken dienen. Nicht versichert sind weiterhin Heizölvorräte in Erdtanks oder Holzvorräte im Freien. 6.2.3

**Innenschwimmbecken** einschließlich der Wasserfüllung und **Saunaanlagen** sind Gebäudebestandteile (Martin H II 68). Dazu zählt auch die Entfeuchtungs- und Wärmerückgewinnungsanlage (OLG Düsseldorf VersR 97 S. 1484 und r+s 98 S. 249). Schwimmbadzubehör wie Leitern und Reinigungsgeräte ist als Zubehör nach § 1 Nr. 2 VGB 88 versichert. Es kann unter den vorher geschilderten Voraussetzungen Doppelversicherung mit der Hausratversicherung entstehen. 6.2.4

**Laden- und Schaufensterscheiben** sind Gebäudebestandteile. Bei Schaufensterscheiben ist der Ausschluß für das Sturm- und Hagelrisiko nach §§ 8 Nr. 4 f VGB 88 n. F., 9 Nr. 6 d VGB 88 a. F. zu beachten. Läßt der Mieter auf seine Kosten eine Scheibe aus Sicherheitsglas einsetzen, so besteht dafür in der Wohngebäudeversicherung wegen § 1 Nr. 4 VGB 88 kein Versicherungsschutz. Auch die Beschriftung von Laden- und Schaufensterscheiben, die ein Mieter anbringen läßt, ist nicht versichert. Unklarheiten über die Zuordnung dieser Sachen zur Einrichtung (vgl. Martin H III 20) sollte durch Abschluß einer Glasversicherung vorgebeugt werden. 6.2.5

**Markisen** sind Gebäudebestandteile (vgl. Martin H IV 53 und 57). Deshalb sind z. B. vom Gebäudeeigentümer eingefügte Markisen versichert, die über dem Schaufenster eines Ladengeschäfts angebracht sind, um die Schaufensterauslage vor Licht- und Sonneneinstrahlung zu schützen. Bei Markisen, die Wohnzwecken dienen, entsteht häufig Doppelversicherung mit der Hausratversicherung (vgl. A 2.3.2). 6.2.6

**Öfen zu Heizzwecken und Herde zu Kochzwecken** sind in der Regel Gebäudebestandteile (vgl. A 6.2.2). Dies gilt auch für Herde, die in einer Einbauküche integriert sind. Jedoch bestehen regionale Unterschiede. Sie haben dazu geführt, daß bei den regional tätigen öffentlich-rechtlichen Versicherern und insbesondere bei den ehemaligen Pflicht- und Monopolanstalten keine einheitliche Zuordnung erfolgt (Einzelheiten vgl. Boldt, VW 77 S. 1431). Die regionale Differenzierung ist heute nicht mehr sachgerecht. In der Wohngebäudeversicherung nach VGB 88 sind vom Gebäudeeigentümer eingebrachte Öfen und Herde als Gebäudebestandteil einzustufen. Der gegenteiligen Ansicht des OLG Hamm (VersR 83 S. 285; vgl. auch A 6.1.5) kann nicht gefolgt werden. Nicht zu den versicherten Gebäudebestandteilen zählen sog. Mikrowellenherde. Es handelt sich dabei nicht um Herde im eigentlichen Sinn, sondern um Mikrowellengeräte. Sie zählen ebenso wie Dunstabzugshauben, Geschirrspülmaschinen, Grillgeräte u. ä. zur Kücheneinrichtung und sind Hausrat. 6.2.7

**Rundfunk- und Fernsehantennenanlagen** sind Gebäudebestandteile (Martin a. a. O.; Palandt Anm. 5 a zu § 93). Auch die gewerblich genutzte Anlage eines Radio- und Fern- 6.2.8

sehgeschäfts ist infolgedessen in der Wohngebäudeversicherung eingeschlossen. Zur Antennenanlage zählt die eigentliche Antenne mit Standrohr, der Antennenverstärker, die Leitungen sowie die Antennenstecker. Bei privat genutzten Antennenanlagen entsteht häufig Doppelversicherung mit der Hausratversicherung (vgl. A 2.3.2).

6.2.9 **Sanitäre Anlagen** wie Waschbecken, Badewannen, Bidets, Toiletten einschließlich deren Zu- und Ableitungen sowie Armaturen sind Gebäudebestandteile. Dazu zählen auch vom Gebäudeeigentümer eingefügte Spiegel in Badezimmern sowie Handtuchhalter und Seifenschalen. Für Badezimmerschränke gelten die in A 6.1.5 dargestellten Grundsätze für Einbaumöbel entsprechend.

6.3.1 **Sonnenkollektoren einer Solarheizungs- oder Warmwasserbereitungsanlage** des versicherten Gebäudes sind Gebäudebestandteile. Dabei kommt es nicht darauf an, ob sie in das Dach des Gebäudes integriert oder außen an dem Gebäude angebracht sind. Versichert sind auch Sonnenkollektoren, die im Freien auf dem Versicherungsgrundstück aufgestellt sind.

6.3.2 **Spülen (Spültische)** sind Gebäudebestandteile (vgl. Boldt a. a. O.). Dazu zählen auch Armaturen sowie Zu- und Ableitungsrohre. Die Ausführungen zu Öfen und Herden gelten sinngemäß (vgl. A 6.2.7). Auch in Einbauküchen integrierte Spülen oder Rundbekkensets (Spültischbatterien) einschließlich Armaturen und Geruchsverschluß sind Gebäudebestandteil (a. A. OLG Hamm VersR 83 S. 285).

6.3.3 **Tapeten** sind Gebäudebestandteile. Dies gilt in der Regel auch für vom Mieter eingefügte Tapeten, wenn er diese als Ersatz für Tapeten eingebracht hat, die der Gebäudeeigentümer ursprünglich auf seine Kosten eingefügt hatte. Vom Mieter eingefügte Tapeten sind nur dann nicht in der Wohngebäudeversicherung eingeschlossen, wenn die Wohnung seit Beginn untapeziert vermietet wurde, der Mieter Tapeten auf seine Kosten einfügt und für die Tapeten die Gefahr trägt.

6.3.4 **Vorübergehend abgetrennte Gebäudebestandteile** behalten ihre Bestandteilseigenschaft (Palandt Anm. 2 zu § 93). Die Bestandteilseigenschaft dauert fort bis zur endgültigen Auflösung der einheitlichen Sache (des Gebäudes) oder bis zur endgültigen Ablösung des Bestandteils von der einheitlichen Sache. Gegenteiliger Ansicht ist Martin (H IV 8 und 55). Nach seiner Meinung sind vorübergehend abgetrennte Gebäudebestandteile als Gebäudezubehör anzusehen und zählen deshalb zum Hausrat. Dem kann nicht gefolgt werden, zumal dadurch weitere Fälle der Doppelversicherung sowie unerwünschte und überraschende Auswirkungen entstehen würden. Werden bei der Renovierung einer Mietwohnung die Wohnungstüren ausgehängt, so besteht der Gebäudeversicherungsschutz weiter. Nach der Ansicht von Martin sind die ausgehängten Türen daneben aber in der Hausratversicherung des Mieters versichert. Der Mieter hat daran kein Interesse, zumal dadurch Unterversicherung entstehen kann. Vorübergehend abgetrennte Gebäudebestandteile sind selbst dann nicht Zubehör, wenn sie für einen längeren Zeitraum vom Gebäude abgetrennt werden. Ersetzt ein Mieter während der Mietzeit eine Wohnungstür durch einen Vorhang mit der Absicht, die Tür bei Beendigung des Mietverhältnisses wieder einzuhängen, so wird die Bestandteilseigenschaft der Tür dadurch nicht berührt (AG Essen r+s 86 S. 188). Entsprechendes gilt, wenn Mieter anstelle der bauseitig eingefügten Türen andere Türen anbringen, die bauseitig angefügten Türen aber in der Wohnung aufbewahren. Die von Mietern eingefügten Türen sind Hausrat, die vorübergehend abgetrennten Türen bleiben versicherte Gebäudebestandteile in der Wohngebäudeversicherung, solange die Abtrennung nicht endgültig ist und die Sachen auf dem Versicherungsgrundstück aufbewahrt werden.

Deckungslücken entstehen, wenn vorübergehend abgetrennte Gebäudebestandteile außerhalb des Versicherungsgrundstücks verbracht werden (z. B. in einer Reparaturwerkstatt; Martin H IV 55). Es besteht kein Versicherungsschutz, da die Wohngebäudeversicherung die Außenversicherung nicht kennt. In der Praxis haben diese Fälle keine große Bedeutung, zumal in den für Reparaturwerkstätten bestehenden Sachversicherungsverträgen fremdes Eigentum in der Regel eingeschlossen ist. Es ist nicht möglich, diese Deckungslücke durch erweiternde Auslegung des Zubehörbegriffs über die Hausratversicherung zu schließen. Dies wäre ohnehin nur eingeschränkt möglich. Die Außenversicherung in der Hausratversicherung gilt für versicherte Sachen, die sich vorübergehend außerhalb der Wohnung des VN befinden (Einzelheiten vgl. Dietz § 12 RN 2). Diese Voraussetzungen erfüllen lediglich vorübergehend ausgebaute Gebäudebestandteile, die sich vorher in der Wohnung des VN befanden und auch dort wieder eingefügt werden sollen. Infolgedessen wären im Rahmen der Außenversicherung diejenigen vorübergehend ausgebauten Gebäudebestandteile ohnehin nicht versichert, die zuvor in gemeinschaftlich genutzten Räumen eingefügt oder außen am Gebäude angebracht waren. Die Einstufung dieser Sachen als Gebäudezubehör führte zu einer weiteren Dekkungslücke, wenn sie außerhalb des versicherten Gebäudes auf dem Versicherungsgrundstück gelagert werden. Es bestünde wegen § 1 Nr. 2 VGB 88 kein Versicherungsschutz in der Wohngebäudeversicherung, weil Zubehör nur versichert ist, soweit es sich in dem versicherten Gebäude befindet oder außen an dem Gebäude angebracht ist. Für Gebäudebestandteile gilt diese räumliche Beschränkung nicht, so daß vorübergehend ausgebaute Gebäudebestandteile auch dann versichert sind, wenn sie auf dem Versicherungsgrundstück im Freien oder in einem anderen als dem versicherten Gebäude aufbewahrt werden.

Die **Wärmepumpenanlage einer Gesamtheizungsanlage** für ein Gebäude ist in der Lei- 6.3.5
tungswasserversicherung als Bestandteil dieses Gebäudes versichert – auch wenn sie sich nicht in dem Gebäude befindet, sondern in 15 m Abstand davon auf dem Grundstück des Gebäudes aufgestellt ist (BGH VersR 90 S. 200 und r+s 90 S. 59).

## Feuer-Rohbauversicherung 7

Besonderheiten sind bei der sog. Feuer-Rohbauversicherung zu beachten. Sie wird bei der Versicherung von Neubauten in der Wohngebäudeversicherung regelmässig im Rahmen des regulären Wohngebäudeversicherungsvertrages abgeschlossen. Die Feuer-Rohbauversicherung ist auch ein Instrument zur Sicherung des Realkredits (Einzelheiten dazu vgl. W 7). Hypothekengläubiger fordern vom Bauherrn vor Auszahlung der Hypothek in der Regel den Nachweis über den Ausschluß eines Wohngebäudeversicherungsvertrages, der die Feuer-Rohbauversicherung umfaßt.

### Versicherte Sachen 7.1

Die Feuer-Rohbauversicherung bietet Versicherungsschutz für das noch nicht bezugsfertige Wohngebäude vom Baubeginn bis zur Bezugsfertigkeit entsprechend dem Baufortschritt. Daneben sind die auf dem Versicherungsgrundstück befindlichen Bauteile und Baustoffe versichert, die zum Einbau in das Gebäude bestimmt sind. Die Rohbauversicherung deckt lediglich das Interesse des Wohngebäude-VN als Bauherrn. Das Interesse von Bauunternehmern ist nicht versichert. Infolgedessen besteht kein Versicherungsschutz für Baustoffe und Bauteile, die Bauhandwerker auf ihre Gefahr auf dem Baugrundstück lagern. In der Rohbauversicherung sind infolgedessen in der Regel die fertiggestellten Gebäudebauteile und diejenigen Baustoffe versichert, die der VN beschafft hat und für die er die Gefahr trägt.

## 7.2 Versicherte Gefahren; Versicherungssumme

Die Feuer-Rohbauversicherung wird zusammen mit der Wohngebäudeversicherung gegen Feuer-, Leitungswasser-, Sturm- und Hagelschäden beantragt. Der Einschluß des Feuerrisikos in den Vertrag ist vorausgesetzt. Die Rohbauversicherung gilt nur für Brandschäden. Eine Rohbauversicherung gegen andere Gefahren ist im Rahmen der Wohngebäudeversicherung nicht möglich. Versicherungsschutz gegen Leitungswasser-, Rohrbruch-, Sturm- und Hagelschäden sowie gegen sonstige Elementarschäden nach den BEW wird in der Wohngebäudeversicherung erst dann geboten, wenn das Wohngebäude bezugsfertig ist. Davor können die genannten Risiken im Rahmen einer Bauleistungsversicherung abgedeckt werden.

Die Versicherungssumme 1914 ist auch Grundlage der Feuer-Rohbauversicherung. Im allgemeinen läßt sich der Versicherungswert 1914 und damit auch die Versicherungssumme 1914 bereits bei Baubeginn zuverlässig festlegen. Es kommt aber auch vor, daß bei Abschluß des Vertrages zunächst eine vorläufige Versicherungssumme vereinbart wird, die nach Fertigstellung des Wohngebäudes korrigiert wird. Liegt die endgültige Versicherungssumme unter der vorläufigen Versicherungssumme, wird die Differenzprämie ab Vertragsbeginn erstattet, im umgekehrten Fall wird ab Vertragsbeginn Nachprämie erhoben. Bei der Unterversicherungsverzichtsvariante nach §§ 12 Nr. 2c VGB 88 n. F., 16 Nr. 3c VGB 88 a. F. sind derartige Fälle künftig ausgeschlossen. Es wird bei Vertragsabschluß auch für die Zeit der Rohbauversicherung die Versicherungssumme vereinbart, die nach Maßgabe des Summenermittlungsbogens ermittelt wurde (vgl. P 6.3).

## 7.3 Versicherungsdauer

Die Rohbauversicherung wird für einen Zeitraum von sechs Monaten beitragsfrei geboten, wenn eine Wohngebäudeversicherung mit mindestens fünfjähriger Vertragslaufzeit abgeschlossen wird. Das ist nach der Neufassung von § 8 IV VVG heute die Regel (vgl. M 5.1). Der Zeitraum der Rohbauversicherung wird auf die Laufzeit des Vertrages nicht angerechnet. In diesen Fällen können daher Wohngebäudeversicherungsverträge mit einer effektiven Vertragsdauer von bis zehn Jahren und sechs Monaten abgeschlossen werden. Die mit Beitragszahlungen belegte Laufzeit darf jedoch auch in diesen Fällen höchstens zehn Jahre betragen. Die beitragsfreie Rohbauversicherung wird betriebstechnisch zumeist in der Weise realisiert, daß der erste Jahresbeitrag bei Aushändigung des Versicherungsscheines zu zahlen ist. Der erste Folgebeitrag wird danach aber erst nach einem Jahr und sechs Monaten erhoben. Praktisch hat das erste „Versicherungsjahr“ eine Dauer von 18 Monaten. Eine andere Lösung besteht darin, bei Aushändigung des Versicherungsscheins lediglich den anteiligen Jahresbeitrag für sechs Monate einzufordern. In diesen Fällen wird der erste Folgebeitrag bereits ein Jahr nach Beginn der

Rohbauversicherung fällig. In Ausnahmefällen kommt es vor, daß die Rohbauversicherung ohne sofortige Beitragszahlung zugestanden und der erste Jahresbeitrag nach Ablauf der Rohbauversicherung erhoben wird.

Die Feuer-Rohbauversicherung gilt bis zur bezugsfertigen Herstellung des Gebäudes, längstens bis zum Ablauf von sechs Monaten. Bezugsfertig ist ein Gebäude, wenn es für die Bewohnbarkeit nur noch an den üblichen Einrichtungsgegenständen (Hausrat) fehlt (zum Begriff Bezugsfertigkeit s. F 4.6.2). Mit der bezugsfertigen Herstellung geht die Rohbauversicherung nahtlos in die reguläre Wohngebäudeversicherung über. Der Versicherungsschutz für alle versicherten Gefahren und der Beitragslauf setzen ein. Die dargestellte Ausgestaltung basiert auf der Annahme, daß die Bezugsfertigkeit sechs Monate nach Beginn der Rohbauversicherung vorliegt. In der Praxis wird dies häufig nicht der Fall sein. Ist das Gebäude sechs Monate nach Beginn der Rohbauversicherung noch nicht bezugsfertig, so kann der VN eine Verlängerung der beitragsfreien Rohbauversicherung beantragen. Versicherer sind im allgemeinen auch bereit, die Rohbauversicherung für einen überschaubaren Zeitraum zu verlängern. Dadurch verschieben sich Beitragsfälligkeit und Beitragslauf entsprechend. Verzichtet der VN auf eine Verlängerung der Rohbauversicherung, so beginnt vereinbarungsgemäß nach sechs Monaten der Beitragslauf, ohne daß jedoch Versicherungsschutz für Leitungswasser-, Rohrbruch-, Sturm- und Hagelschäden besteht. Umgekehrt sollte der VN den Versicherer auch davon in Kenntnis setzen, daß Gebäude vor Ablauf der sechsmonatigen Rohbauversicherung bezugsfertig hergestellt sind. Es könnte daran gedacht werden, in diesen Fällen für den Zeitraum zwischen Bezugsfertigkeit und Ende der Sechsmonatsfrist Nachbeitrag zu erheben. Darauf verzichten die Versicherer jedoch in aller Regel. Leitungswasser-, Rohrbruch-, Sturm- oder Hagelschäden, die in der Zeit zwischen Bezugsfertigkeit und Ende der vereinbarten Rohbauversicherung eintreten, werden deshalb im allgemeinen ohne weiteres auch dann reguliert, wenn der VN den Versicherer von der früheren Bezugsfertigkeit nicht in Kenntnis gesetzt hatte.

# B Versicherte Kosten

In Anlehnung an die Systematik der VHB 84/VHB 92 ist in § 2 VGB 88 die Haftung für versicherte Kosten in der Wohngebäudeversicherung beschrieben. Im Verhältnis zu § 1 Nr. 2 VGB 62 wurde die Kostenversicherung in den VGB 88 um die Haftung für Bewegungs- und Schutzkosten erweitert. Weiterhin wurde im Zusammenhang damit die Entschädigungsgrenze für versicherte Kosten spürbar erhöht. Es handelt sich um eine ins Gewicht fallende Verbesserung der Haftung. Die Neufassung von § 2 VGB 88 n. F. beschränkt sich im Verhältnis zu § 2 VGB 88 a. F. auf sprachliche und systematische Änderungen. An die Stelle der Formulierung „Sachen, die durch vorliegenden Vertrag versichert sind" (§ 2 Nr. 1 a und b VGB 88 a. F.), tritt die Formulierung „versicherte Sachen" (§ 2 Nr. 1 a und b VGB 88 n. F.). Es kann dahingestellt bleiben, ob die VGB 88 n. F. dadurch transparenter und allgemeinverständlicher sind. Daneben wurden die Regelungen zu den Entschädigungsgrenzen in der Kostenversicherung aus § 17 Nr. 1 VGB 88 a. F. in § 2 Nr. 2 VGB 88 n. F. integriert. Dadurch wird das Bedingungswerk zweifellos übersichtlicher und transparenter. Der Haftungsumfang der Kostenversicherung nach den VGB 88 wird durch diese Änderungen nicht berührt.

Gerade in der (Wohn-)Gebäudeversicherung entstehen im Versicherungsfall neben den Schäden an versicherten Sachen häufig weitere Schäden in Form von bestimmten Kostenarten, die infolge des Sachschadens anfallen. Eine Beschränkung des Versicherungsschutzes auf Sachschäden würde daher in vielen Fällen zu erheblichen Deckungslücken führen. Die Haftung für versicherte Kosten ergänzt und vervollständigt den Versicherungsschutz für versicherte Sachen in der Wohngebäudeversicherung. Eine derartige zweistufige Haftung findet sich in fast allen Zweigen der Sachversicherung. Meist sind Kosten jedoch nur aufgrund besonderer Vereinbarung versichert. Ihre Mitversicherung wird beantragt, es wird dafür eine eigene Position mit einer Versicherungssumme gebildet, aus der Beitrag berechnet wird. Eine derartige Handhabung ist in der Massensparte Wohngebäudeversicherung nicht praktikabel. Deswegen ist ein standardisierter Versicherungsumfang für versicherte Kosten im Bedingungswerk verankert. Eine gesonderte Beitragsberechnung erfolgt dafür nicht. Der Schadenbedarf für Kostenschäden ist kalkulatorisch in den Grundbeitragssätzen berücksichtigt. Die bedingungsmäßige Haftung für Kosten kann einzelvertraglich gegen Beitragszuschlag erweitert werden (vgl. B 4).

## 1 Abgrenzung zwischen Sachschaden und Kostenschaden

Die Abgrenzung zwischen Schäden an versicherten Sachen (Sachschaden) und Schäden an versicherten Kosten (Kostenschaden) bereitet wegen der ungenauen Formulierung des Schadenbegriffs in den AVB der Sachversicherung erhebliche Schwierigkeiten (vgl. Martin A I 3 f., A III 3 f. und W I 1; Bruck/Möller Anm. 36 f. zu § 49). Sie hat jedoch insbesondere im Hinblick auf die Entschädigungsgrenzen für versicherte Kosten erhebliche praktische Bedeutung. Weiterhin ist zu berücksichtigen, daß es keinen Versicherungswert für versicherte Kosten gibt (Blanck S. 37). Der Kostenschaden bleibt daher bei der Ermittlung des Versicherungswerts außer Betracht. Aus diesen Gründen hat die Abgrenzung zwischen Sachschaden und Kostenschaden unter Umständen erheblichen Einfluß auf die Höhe der Entschädigung.

Die Wohngebäudeversicherung ist eine Sachversicherung. Sie schützt das wirtschaftliche Interesse des VN an den versicherten Sachen. Versicherte Sachen sind die im Versicherungsschein bezeichneten Gebäude, deren Bestandteile und deren Zubehör nach Maßgabe von § 1 VGB 88. Sachschäden entstehen durch die Einwirkung versicherter Gefahren auf die versicherten Sachen auf dem Versicherungsgrundstück. Ursache des Sachschadens ist der Eintritt eines der in § 4 VGB 88 genannten Schadenereignisse. Erscheinungsform des Sachschadens ist nach § 4 VGB 88 die Zerstörung, die Beschädigung oder das Abhandenkommen versicherter Sachen. Dadurch wird die Substanz versicherter Sachen beeinträchtigt bzw. zerstört. Der Schaden an der Sachsubstanz wird bewertet. Mit Hilfe der Bewertung wird der reale Schaden an der Sachsubstanz in einem Geldbetrag ausgedrückt. Grundlage der Bewertung sind der Versicherungswert und die notwendigen Reparaturkosten (vgl. R). Die Wohngebäudeversicherung ersetzt nicht die Sachsubstanz, sondern diejenigen Kosten, die dem Versicherten bei der Wiederherstellung bzw. der Wiederbeschaffung versicherter Sachen entstehen (vgl. Bruck/ Möller Anm. 28 zu § 52). Der Versicherer gleicht den Schaden aus, der am Vermögen des VN durch die Kosten der Wiederherstellung oder der Wiederbeschaffung entsteht. Der Schaden läßt sich auch als Differenz zwischen dem wirklichen Vermögensstand infolge des Versicherungsfalls und dem hypothetischen Vermögensstand ohne den Versicherungsfall definieren (Prölss/Martin § 55 RN 31). Bei wirtschaftlicher Betrachtungsweise ist deshalb jeder Sachschaden im Ergebnis ein Vermögensschaden. Die übliche theoretische Unterscheidung, wonach Sachschäden als Sachsubstanzschäden und Kostenschäden als Vermögensfolgeschäden charakterisiert werden (Martin W I 1) liefert bei wirtschaftlicher Betrachtungsweise keine praktikablen Maßstäbe für die Abgrenzung zwischen Sach- und Kostenschaden. Praktikable Abgrenzungskriterien lassen sich offensichtlich nur anhand der in den VGB 88 beschriebenen Erscheinungsformen der versicherten Schäden gewinnen. Sachschäden sind nach § 1 in Verbindung mit § 4 als die Zerstörung, die Beschädigung oder das Abhandenkommen versicherter Sachen durch eine versicherte Gefahr abschließend geregelt. Die darüber hinaus versicherten Schäden sind als versicherte Kosten (Kostenschaden) in § 2 VGB 88 und weiterhin als versicherter Mietausfall in § 3 VGB 88 umfassend festgelegt. Für die VGB 62 gilt dies entsprechend.

## Vorrang der Sachschadendeckung 2

In der Praxis kommt es gelegentlich zu Überschneidungen und Abgrenzungsproblemen zwischen Sachschäden und Kostenschäden. Zumeist handelt es sich dabei um die Kosten bestimmter Nebenarbeiten, die vor oder nach der eigentlichen Reparatur bzw. Wiederbeschaffung versicherter Sachen ausgeführt werden (vgl. Martin R III 37 f.). Sie können unter bestimmten Voraussetzungen sowohl den Reparatur- oder Wiederbeschaffungskosten (Sachschaden) als auch den versicherten Kosten zugerechnet werden. Nach den VGB gilt in diesen Fällen der Grundsatz, daß die Sachschadendeckung vorgeht. Als Kostenschaden sind nur diejenigen Kosten zu entschädigen, die ihrer Art nach nicht zugleich Sachschaden sind. Dadurch ist ebenso wie in der Hausratversicherung (vgl. Dietz § 2 RN 3) auch die Vorgehensweise bei der praktischen Schadenprüfung vorgegeben. Schadenpositionen werden zunächst dem Sachschaden zugeordnet. Diejenigen Positionen, die nicht als Sachschaden anzusehen sind, werden anschließend daraufhin überprüft, ob sie als versicherte Kosten entschädigt werden können. Es wird auf diese Weise auch sichergestellt, daß Entschädigung immer nur entweder aus der Sachschaden- oder aus der Kostenschadendeckung beansprucht werden kann. Der

Vorrang der Sachschadendeckung liegt im Interesse des VN. Für die Entschädigung versicherter Kosten gelten Entschädigungsgrenzen. Im Gegensatz dazu ist die Entschädigung für Schäden an versicherten Sachen betragsmäßig nicht begrenzt. Infolgedessen könnte eine andere Vorgehensweise bei der Zuordnung von Schadenpositionen zu Nachteilen für den VN führen, wenn der Betrag der Entschädigungsgrenze für versicherte Kosten überschritten wird. Die Gegenansicht von Martin, wonach häufig Doppelversicherung entsteht, weil sich Sachschaden und Kostenschaden überschneiden (s. S I 40, W IV 10 und W V 45), mag zutreffen, wenn für die Kostenversicherung eine eigene Position mit eigener Versicherungssumme gebildet und zusätzlich Beitrag berechnet wird. Auf die pauschale Kostenversicherung nach den VGB lassen sich diese Überlegungen nicht übertragen. Auch der bei Martin in der 2. Auflage gedachte Fall (W V 18), daß der VN bei Unterversicherung durch Verlagerung von Teilen des Sachschadens in den Kostenschaden eine höhere Entschädigung erlangen kann, hat in der Wohngebäudeversicherung geringe praktische Bedeutung. Dies liegt daran, daß die in den VGB 88 verankerte Unterversicherungsregelung für Sachschäden und Kostenschäden in gleicher Weise gilt und die Gesamtentschädigung für alle Schadengruppen bei der Versicherung mit fester Summe auf den Betrag der Versicherungssumme begrenzt ist (R 5). Auch in der Gleitenden Neuwertversicherung kann wegen der betragsmäßig unbeschränkten Haftung für Sachschäden durch die Verlagerung von Sachschadenteilen zum Kostenschaden die Entschädigung nicht erhöht werden. Im Gegensatz dazu wäre es dort aber theoretisch möglich, durch Verlagerung von Teilen des Kostenschadens zum Sachschaden die Entschädigungshöhe zu beeinflussen, wenn die Aufräumungs- oder Abbruchkosten sowie die Bewegungs- oder Schutzkosten den Betrag der Entschädigungsgrenze übersteigen. Praktisch sind indessen auch diese Fälle wegen des nachrangigen Charakters der Kostenversicherung nicht vorstellbar. Werden aus der Kostenversicherung nur diejenigen Schadenpositionen entschädigt, die nicht unter die Sachschadendeckung fallen, so ist es praktisch ausgeschlossen, dieselben Positionen im nachhinein nun doch als Sachschäden anzuerkennen, weil die Entschädigungsgrenze für Kostenschäden ausgeschöpft ist.

## 3 Versicherte Kosten

Nach § 2 Nr. 1 VGB 88 sind die „infolge eines Versicherungsfalles notwendigen Kosten" versichert. Aus dieser Formulierung folgt, daß die in § 2 Nr. 1 a bis c VGB 88 beschriebenen Kosten in der Wohngebäudeversicherung unter der Voraussetzung entschädigt werden, daß sie infolge eines Versicherungsfalls entstanden sind. In § 2 Nr. 1 VGB 88 n. F. wird der Versicherungsfall durch den Klammerzusatz „Zerstörung oder Beschädigung versicherter Sachen durch eine versicherte Gefahr" definiert (zum Begriff des Versicherungsfalls vgl. D 1). Ein Versicherungsfall ist gedanklich vorausgesetzt. **Der Kostenschaden ist** nicht selbst Versicherungsfall, sondern **Annex eines Versicherungsfalls.** Die Kosten nach § 2 Nr. 1 a bis c VGB 88 entstehen nach dem Eintritt eines Versicherungsfalls durch zielgerichtetes Handeln. Sie werden im Zuge der dabei ergriffenen Maßnahmen bewußt verursacht oder in Kauf genommen, weil damit ein bestimmtes Ziel erreicht werden soll. Der VN oder seine Repräsentanten haben deshalb in der Regel Einfluß darauf, daß versicherte Kosten überhaupt oder in einer bestimmten Höhe entstehen. Im Gegensatz dazu treten die sonstigen Schäden durch die (unvermeidliche) Einwirkung versicherter Gefahren gegen den Willen des VN ein. In diesem Zusammenhang ist der Hinweis zu interpretieren, daß die „notwendigen" Kosten versichert sind. Damit soll zum Ausdruck gebracht werden, daß der Versicherer die Kosten für die

Durchführung derjenigen Maßnahmen ersetzt, die der VN in einem Versicherungsfall bei sachgerechter Würdigung objektiv für notwendig erachten konnte.

Im Verhältnis zu §§ 1 Nr. 2 VGB 62, 3 Nr. 1 und Nr. 3 AVB Sach 87 ist eine sprachliche Klarstellung erfolgt. Während dort die Begriffe Aufwendungen und Kosten synonym verwendet werden, wird in den VGB 88 nur noch von Kosten gesprochen. Dadurch wird klargestellt, daß eine **Entschädigung aus der Kostenversicherung auch für Eigenleistungen des VN** beansprucht werden kann. Nach der betriebswirtschaftlichen Terminologie haben die Eigenleistungen zwar Kostencharakter, sie stellen aber keine Aufwendungen dar, soweit sie nicht auf Geldausgaben beruhen (Einzelheiten zu Eigenleistungen vgl. R 1.3.5). Daneben fällt bei einem Vergleich mit § 3 Nr. 3 AVB Sach 87 auf, daß auch die VGB a. F. keine Einschränkung beinhalten, wonach Kosten nur versichert sind, „soweit diese Kosten nicht durch eine Monopolanstalt entschädigt werden". Nach der Beseitigung der Gebäudeversicherungsmonopole (vgl. I. 1.3.3) ist eine derartige Bestimmung ohnehin obsolet. Darauf konnte aber auch davor verzichtet werden, weil die Haftung für Kosten einen Versicherungsfall voraussetzt. Besteht die Feuerversicherung oder die Feuer-, Sturm- und Hagelversicherung bei einer ehemaligen Pflicht- und Monopolanstalt, so ist der infolge eines Feuer-, Sturm- oder Hagelschadens an versicherten Sachen anfallende Kostenschaden in der Wohngebäudeversicherung nach den VGB nicht versichert, weil ein Versicherungsfall zu diesem Vertrag nicht vorliegt. Dabei spielt es keine Rolle, ob der bei der Pflicht- und Monopolanstalt bestehende Vertrag Kosten einschließt. Im allgemeinen sind jedoch Aufräumungs- oder Abbruchkosten, Bewegungs- oder Schutzkosten sowie Schadenminderungskosten bei den ehemaligen Pflicht- und Monopolanstalten ebenfalls versichert. Die Ausgestaltung der Kostenversicherung ist bei den einzelnen Anstalten jedoch unterschiedlich (Einzelheiten vgl. Hosse/Poppelbaum S. 61 f.). Lediglich bei den Pflicht- und Monopolanstalten in Aurich, Braunschweig und Oldenburg sind Aufräumungs- oder Abbruchkosten (Braunschweig) bzw. Bewegungs- oder Schutzkosten (Aurich, Braunschweig, Oldenburg) ausgeschlossen (Hosse/Poppelbaum a. a. O.). Diese Deckungslücken konnten nicht im Rahmen der bei den Anstalten bestehenden Verträge, sondern einzelvertraglich innerhalb der Wettbewerbsversicherung geschlossen werden. Nach der Beseitigung der Gebäudeversicherungsmonopole haben diese Versicherer ihre AVB inzwischen jedoch weitgehend an den Versicherungsumfang der VGB 88 angepaßt.

## Aufräumungs- und Abbruchkosten 3.1

Aufräumungs- und Abbruchkosten sind versichert. Dabei handelt es sich nach § 2 Nr. 1 a VGB 88 um die infolge eines Versicherungsfalles notwendigen Kosten für das Aufräumen und den Abbruch versicherter Sachen, für das Abfahren von Schutt und sonstigen Resten dieser Sachen zum nächsten Ablagerungsplatz und für das Ablagern oder Vernichten. Im Verhältnis zu den VGB 62 ist eine sprachliche Klarstellung erfolgt. Die Formulierung in § 1 Nr. 2 c VGB 62, wonach Aufräumungs- und Abbruchkosten versichert sind, „soweit sie die versicherten Gebäude betreffen", ist nicht eindeutig. Wird durch Sturm ein Baum auf das Dach eines versicherten Gebäudes geworfen, so sind die Kosten für die Beseitigung der Dachtrümmer sowohl nach den VGB 88 als auch nach den VGB 62 versichert. Die Kosten für die Beseitigung des umgestürzten Baums sind nach den VGB 88 nicht versichert, während nach § 1 Nr. 2 c VGB 62 dafür wohl Versicherungsschutz besteht. Dabei ist jedoch vorausgesetzt, daß durch den umstürzenden Baum Schäden an versicherten Sachen verursacht werden. Ist das nicht der

Fall, so sind die Kosten für die Beseitigung der Baumreste zweifelsfrei weder nach den VGB 88 noch nach den VGB 62 versichert. Daran liegt es, daß verschiedene Wohngebäudeversicherer die Grunddeckung der VGB 88 um die Versicherung von Kosten für die Beseitigung von durch Sturm umgestürzten Bäumen erweitert haben (vgl. I. 3.5). Dabei sind regelmäßig bereits abgestorbene Bäume ausgeschlossen. § 2 Nr. 1 a VGB 88 unterscheidet sich auch in mehrfacher Hinsicht von der entsprechenden Regelung in § 3 Nr. 3 a AVB Sach 87. Auffälligster Unterschied ist die Tatsache, daß Aufräumungs- und Abbruchkosten in den VGB 88 nur insoweit eingeschlossen sind, als sie sich auf Sachen beziehen, die durch den angesprochenen Wohngebäudeversicherungsvertrag versichert sind. Die Formulierung „Sachen, die durch vorliegenden Vertrag versichert sind" in § 2 Nr. 1 a VGB 88 a. F. bringt dies deutlicher zum Ausdruck als die Neuformulierung von § 2 Nr. 1 a VGB 88 n. F. „versicherte Sachen". Auch nach § 2 Nr. 1 a VHB 84/VHB 92 ist die Versicherung von Auräumungs- oder Abbruchkosten auf diejenigen Kosten beschränkt, die durch das Aufräumen oder den Abbruch versicherter Sachen entstehen. Die AVB Sach 87 kennen eine derartige Einschränkung nicht. Deshalb besteht danach auch Versicherungsschutz für das Aufräumen und den Abbruch sowie den Abtransport von Resten anderer nicht versicherter Sachen (vgl. Martin W IV 4). Dies führt häufig zu **Doppelversicherung mit anderen Versicherungsverträgen**. Durch die Einschränkung werden zusätzliche Fälle der Doppelversicherung vermieden. Daneben werden dadurch Überschneidungen mit anderen Positionen ausgeschaltet. Läuft beispielsweise Löschwasser in den Keller des versicherten Gebäudes, so handelt es sich bei den Kosten für das Auspumpen des Kellers in der Wohngebäudeversicherung um Schadenminderungskosten. In Gebäudeversicherungsverträgen nach den AVB 87 besteht daneben Versicherungsschutz auch im Rahmen der Aufräumungskostenversicherung. Ein weiterer Unterschied zwischen den AVB Sach 87 und den VGB 88 besteht darin, daß nach § 3 Nr. 3 a AVB Sach 87 die Kosten für das Aufräumen der Schadenstätte versichert sind. Im Gegensatz dazu ist die Haftung für Aufräumungs- und Abbruchkosten in der Wohngebäudeversicherung räumlich nicht begrenzt. Der Begriff Schadenstätte ist in den AVB Sach 87 nicht definiert. Dies führt zu erheblichen Abgrenzungsproblemen (vgl. die kasuistische Aufzählung bei Martin W V 3), die die Wohngebäudeversicherung nicht berühren. Werden z. B. bei einem Explosionsschaden Teile des versicherten Gebäudes auf ein anderes Grundstück geschleudert, so besteht nach den VGB 88 ohne weiteres Versicherungsschutz für Aufräumungskosten. Nach § 3 Nr. 3 a AVB Sach 87 hängt dies davon ab, ob das andere Grundstück als Schadenstätte anzusehen ist. Diese Frage läßt sich zumindest nicht ganz eindeutig beantworten.

3.1.1 Zweck der Aufräumungsarbeiten ist es, das Gebäude bzw. das Versicherungsgrundstück in einen ordnungsgemässen Zustand zu versetzen, der auch die Reparatur oder die Wiederherstellung versicherter Sachen zuläßt. Dazu müssen Schutt, Trümmer und sonstige Reste versicherter Sachen zusammengetragen und vom Versicherungsort entfernt werden. Stehengebliebene Gebäudeteile, die beim Wiederaufbau nicht wieder verwendet werden können, müssen zuvor abgebrochen werden. **Abbruchkosten sind bei dieser Betrachtungsweise ein Unterfall der Aufräumungskosten** (Martin W V 20). Auch bei Teilschäden an Gebäuden zählen die Kosten der Trümmerbeseitigung und eines möglichen Teilabbruchs zu den Aufräumungskosten, nicht zum Sachschaden. Für die Festlegung des Umfangs der Sachschadenentschädigung kann nicht außer Betracht bleiben, daß Aufräumungs- und Abbruchkosten explizit in allen Wohngebäudeversicherungsverträgen ohne weiteres versichert sind. Daraus folgt, daß kein Interesse und keine Veranlassung besteht, dieselben Schadenteile noch einmal im Rahmen der Sachschadendeckung zu versichern. Die Auslegung und Abgrenzung der einzelnen Schadenpositionen kann sachgerecht nur im Rahmen einer Gesamtbetrachtung der nach §§ 1 bis 3 VGB 88, 1 VGB 62 versicherten Positionen erfolgen. Dabei ist der nachrangige Charakter der Kostenversicherung zu beachten (vgl. B 2). Andererseits können die Regelungen über versicherte Kosten in Zweifelsfällen zur negativen Abgrenzung des Sachschadens herangezogen werden. Schadenpositionen, die eindeutig als versicherte Kosten eingestuft werden können, sind im Zweifel nicht zugleich Sachschaden.

Zu den Aufräumungskosten zählen neben den Kosten für das eigentliche Aufräumen die Kosten für das Aufladen und den Transport der Reste zur nächsten Ablagerungsstätte, sowie die Kosten für das Ablagern (Deponiegebühren) oder das Vernichten von Brandschutt und sonstigen Resten. Im Vergleich zu § 1 Nr. 2 c VGB 62 werden die Kosten für das Ablagern oder Vernichten in § 2 Nr. 1 a VGB 88 nun ausdrücklich erwähnt. Eine Haftungserweiterung folgt daraus nicht. Diese Kosten sind bei richtiger Auslegung auch nach den VGB 62 versichert. Dagegen zählen die Kosten für die Reinigung von wieder verwendbaren versicherten Sachen weder nach den VGB 88 noch nach den VGB 62 zu den Aufräumungskosten. Reinigungskosten sind in der Regel Reparaturkosten und damit Sachschaden.

In jüngster Zeit haben sich die Sachversicherer insbesondere in der Feuerversicherung mit 3.1.2
**Fragen der Umweltschädigung** infolge von Brand- und Explosionsschäden auseinanderzusetzen. Ursachen dieser Entwicklung sind einerseits das allgemein steigende Umweltbewußtsein, andererseits aber auch bessere Erkenntnisse über die physikalischen und chemischen Prozesse beim Abbrand unterschiedlicher Stoffe sowie die Verfeinerung der Meßmethoden und der Analysetechnik zum Nachweis chemischer Substanzen. Es ist heute allgemein anerkannt, daß bei Bränden unter bestimmten Bedingungen hochtoxische Substanzen frei werden, die zu einer Kontamination (Verseuchung) von versicherten Sachen, von Brandresten und Löschwasser, aber auch von Boden, Luft und Wasser führen können. Im Rahmen der Aufräumungskostenversicherung führt dies zu einem stark zunehmenden Schadenpotential. Sofern der begründete Verdacht auf eine Kontamination von Brandresten oder eine entsprechende Anordnung der zuständigen Behörden vorliegt, zählen die Kosten für die oft sehr aufwendigen Analysen des Brandschutts zu den versicherten Aufräumungskosten. Erst anhand der Analyseergebnisse kann zuverlässig über eine angemessene Entsorgung entschieden werden. Es kommt vor, daß der Brandschutt bis zum Vorliegen der Analyseergebnisse zwischengelagert wird. Die Kosten dieser Zwischenlagerung sind als Aufräumungskosten zu entschädigen. Positive Ergebnisse der toxikologischen Untersuchungen führen in der Regel dazu, daß Brandschutt aufwendig dekontaminiert (entgiftet) wird oder als Sondermüll gelagert bzw. in speziellen Anlagen verbrannt wird. Diese Entsorgungskosten fallen unter den Begriff der Aufräumungskosten und sind vom Wohngebäudeversicherer zu entschädigen. Dabei ist zu berücksichtigen, daß dies nur für die Entsorgung versicherter Sachen gilt. Deshalb stellt sich auch nicht die Frage, ob die Kosten der Dekontaminierung von verseuchtem Boden sowie verseuchtem Grund- oder Oberflächenwasser vom Wohngebäudeversicherer zu entschädigen sind. Boden und Wasser sind keine versicherten Sachen in der Wohngebäudeversicherung. Infolgedessen sind die Kosten für die Entsorgung von verseuchtem Boden und verseuchtem Wasser in der Wohngebäudeversicherung nicht versichert.

Diese Aussage gilt ohne weiteres, soweit Boden oder Wasser infolge eines Versiche- 3.1.3
rungsfalls durch Abbrandprodukte oder sonstige toxische Stoffe verseucht wurden, die nicht versicherte Sachen sind. Es fragt sich indessen, ob Versicherungsschutz besteht, wenn z. B. infolge eines Brandschadens an einem versicherten Gebäude Heizöl austritt und Grund und Boden oder das Grundwasser verseucht. Es liegt ein Versicherungsfall vor. Das Heizöl ist infolge des Versicherungsfalls ausgetreten. Es ist versicherte Sache, sofern es der Nutzung des versicherten Gebäudes zu Wohnzwecken dient und sich in

dem Gebäude befindet (vgl. A 6.2.3). Deshalb könnte Versicherungsschutz für die Kosten des Abtragens verseuchten Erdreichs sowie für die Kosten der Entsorgung verseuchten Erdreichs und verseuchten Wassers bestehen. Nach verbreiteter Ansicht besteht jedoch auch in diesen Fällen kein Versicherungsschutz, da die versicherte Sache Heizöl durch die Vermischung mit dem Erdreich oder dem Wasser untergegangen ist. Die Entsorgung des verseuchten Erdreichs oder des verseuchten Wassers kann deshalb nicht als das Aufräumen von Heizöl angesehen werden. Sofern infolge eines Versicherungsfalls austretendes Heizöl Schäden an versicherten Gebäuden anrichtet, besteht dafür Versicherungsschutz. Es handelt sich um Folgeschäden, die als Sachschäden zu entschädigen sind. Ähnlich liegt es, wenn aus Klima-, Wärmepumpen- oder Solarheizungsanlagen infolge eines Versicherungsfalls wärmetragende Flüssigkeiten wie Sole, Öle, Kühlmittel, Kältemittel und dgl. austreten. Nach den VGB 88 besteht ohne weiteres Versicherungsschutz, wenn die genannten Flüssigkeiten infolge eines nach § 4 Nr. 1 VGB 88 versicherten Schadens ausgetreten sind. Treten sie jedoch z. B. infolge einer Undichtigkeit oder eines Bruchs von Rohren der genannten Anlagen aus, so besteht Versicherungsschutz nach den VGB 88 a. F. nur unter der Voraussetzung, daß die Klausel 7164 vereinbart wurde (vgl. F 1.6 ff.). Ausgenommen sind jedoch auch in diesen Fällen die Kosten für die Entsorgung von verseuchtem Erdreich und verseuchtem Wasser.

3.1.4 Es liegt auf der Hand, daß die angesprochene Umweltproblematik erhebliche Auswirkungen auf die Aufräumungskostenversicherung hat. Es ist keineswegs auszuschließen, daß Brandschutt künftig generell als Sonderabfall behandelt wird. Dadurch erhöhen sich die Kosten für die Beseitigung von Brandresten um ein Vielfaches. So betragen beispielsweise die Deponiekosten für die Ablagerung von normalem Bauschutt ca. 40,– bis 50,– DM je Tonne, für Sondermüll werden jedoch Deponiekosten von 2.000,– DM je Tonne und mehr berechnet. Die Kosten für die Verbrennung hochgiftigen Brandschutts können bis zu weit über 5.000,– DM je Tonne betragen. Die Behörden neigen mehr und mehr dazu, auch bei Brandschäden mit größter Sorgfalt, teilweise aber auch mit übertriebener Vorsicht mögliche Beeinträchtigungen der Umwelt zu überprüfen. Schwierigkeiten ergeben sich dabei u. a. daraus, daß die Kenntnisse und Fähigkeiten zur Beurteilung und Einstufung von Schadstoffbelastungen mit der Entwicklung der Meß- und Analysetechnik nicht Schritt gehalten haben. Insbesondere bei der Festlegung der sog. Grenzwerte, bei deren Überschreitung Maßnahmen einzuleiten sind, bestehen bei Wissenschaftlern und Behörden erhebliche Unsicherheiten und Meinungsverschiedenheiten. Zahlreiche Giftstoffe kommen in der Natur vor. Deshalb kann oft noch nicht einmal zuverlässig festgestellt werden, ob die nach einem Brand gemessenen Schadstoffkonzentrationen überhaupt auf den Brand zurückzuführen sind.

3.1.5 Generell kann davon ausgegangen werden, daß die Behörden auch nach Brandschäden künftig noch höhere Anforderungen an den Schutz bzw. die Sanierung von Wasser und Boden stellen werden. Die gesetzliche Grundlage sind das Wasserhaushaltsgesetz sowie das am 1. 3. 1999 in Kraft getretene Gesetz zum Schutz vor schädlichen Bodenveränderungen und zur Sanierung von Altlasten (Bundes-Bodenschutzgesetz). Diese Problematik beschäftigt Haftpflichtversicherer und Sachversicherer in gleicher Weise (vgl. Klinkhammer, VP 98 S. 201). Für die gewerbliche und die industrielle Feuerversicherung wurde die Klausel 3301 „Kosten für die Dekontamination von Erdreich" geschaffen (vgl. Anhang B 3). Verschiedentlich gehen die Wohngebäudeversicherer dazu über, auch in der Wohngebäudeversicherung nach den VGB 88 die Dekontaminationskosten nach Maßgabe dieser Klausel mitzuversichern (vgl. I. 3.5).

## Bewegungs- oder Schutzkosten 3.2

Bewegungs- oder Schutzkosten sind nach § 2 Nr. 1 b VGB 88 ohne weiteres versichert. Im Verhältnis zu den VGB 62 liegt eine Haftungserweiterung vor. Bewegungs- und Schutzkosten entstehen dadurch, daß zum Zweck der Wiederherstellung oder Wiederbeschaffung versicherter Sachen andere Sachen bewegt, verändert oder geschützt werden müssen. Die nachfolgenden Voraussetzungen sind gefordert.

**Erstens ist ein Versicherungsfall vorausgesetzt**, d. h. versicherte Sachen sind infolge des Eintritts einer versicherten Gefahr beschädigt oder zerstört worden. Zur Beseitigung dieser Sachschäden werden andere (versicherte oder unversicherte) Sachen, die nicht vom Schaden betroffen sind, bewegt oder geschützt. Weiterhin müssen die dadurch verursachten Kosten „notwendig" sein, d. h. die Bewegung oder der Schutz der anderen Sachen muß entweder wirtschaftlich sinnvoll oder technisch unvermeidbar sein. Wird ein durch Leitungswasser beschädigter Deckenanstrich in einer Wohnung erneuert, so ist es wirtschaftlich sinnvoll, die in dem betroffenen Wohnraum befindlichen Möbel und den Fußboden durch Abdeckfolien zu schützen. Ohne den Schutz könnten die unbeschädigten Sachen im Zuge der Reparaturarbeiten Schäden erleiden, die höher sind als die Schutzkosten. Es ist auch vorstellbar, daß die Möbel für die Zeit der Reparaturarbeiten aus der Wohnung entfernt werden. Die Kosten für die kostengünstigste Lösung sind versichert (Martin W IV 9). Technisch unvermeidbar ist z. B. die Bewegung von Möbeln, die auf einem zerstörten Fußbodenbelag stehen, der durch ein versichertes Ereignis zerstört wurde und erneuert werden muß. Bewegen oder Schützen sind in diesem Fall keine alternativen Lösungen. Ersetzt werden nur die Kosten, die durch die Bewegungs- und Schutzmaßnahmen selbst entstehen. Nicht versichert sind Folgeschäden an den zu bewegenden Sachen. Die Versicherung von Bewegungs- und Schutzkosten nach § 2 Nr. 1 b VGB 88 deckt nicht Aufwendungen für Schäden, die an Gebäudetüren und an einer Schrankwand entstanden sind, als diese wegen einer umfangreichen Gebäudeinstandsetzung nach einem Leitungswasserschaden ausgehängt bzw. ausgeräumt und ausgelagert werden mußten (AG Münster r+s 97 S. 77). Dem Urteil des AG Münster lag der nachfolgende Sachverhalt zugrunde: Nach einem Leitungswasserschaden wurde eine umfangreiche Gebäudereparatur erforderlich. Dazu wurde der im Erdgeschoß befindliche Hausrat ausgeräumt und ausgelagert. Es wurden die Türen des Gebäudes ausgehängt und eine Schrankwand ausgelagert. Durch das Ausräumen entstanden an den Türen und an der Schrankwand Schäden.

Insbesondere bei Teilschäden werden die Bewegungs- und Schutzkosten in der Praxis häufig zusammen mit den Reparaturkosten ausgewiesen und entschädigt. Diese Praxis hat sich durch den Einschluß der Bewegungs- und Schutzkosten in die Wohngebäudeversicherung nach den VGB 88 nicht geändert. Die Wohngebäudeversicherer verfahren bei der Zuordnung von Bewegungs- und Schutzkosten zum Sachschaden weiterhin großzügig, so daß die materiellen Auswirkungen der Haftungserweiterung eher gering einzuschätzen sind. Dies liegt auch daran, daß bei Reparaturen an Wohngebäuden häufig nicht andere Sachen, sondern Teile derselben Sache bewegt werden. So liegt es beispielsweise, wenn zur Reparatur eines Rohrbruchschadens eine Wandverkleidung oder eine abgehängte Decke abgenommen werden muß. In diesen und ähnlichen Fällen werden Nebenarbeiten auch künftig dem Sachschaden zugeordnet. Dies liegt auch im Interesse des VN.

**Überschneidungen zwischen Bewegungs- oder Schutzkosten sowie Schadenminderungskosten** sind in der Wohngebäudeversicherung selten. Allerdings kann Doppelversicherung zwischen Hausratversicherung und Wohngebäudeversicherung entstehen.

Wird Hausrat ausgeräumt, um Schäden am Hausrat abzuwenden oder zu mindern, so sind die dadurch entstehenden Kosten vom Hausratversicherer als Schadenminderungskosten zu tragen. Es fragt sich, ob auch der Wohngebäudeversicherer beansprucht werden kann, wenn das Ausräumen daneben der Reparatur des Gebäudes nützt. Dies kann nach dem Wortlaut der vorstehenden Bestimmungen in Zweifel gezogen werden. Es sind Kosten versichert, die dadurch entstehen, daß „zum Zweck der Wiederherstellung oder Wiederbeschaffung versicherter Sachen" (§ 2 Nr. 1 c VGB 88 n. F.) andere Sachen bewegt werden müssen. Es wird bei Bewegungs- oder Schutzkosten ein auf den Zweck der Wiederherstellung oder Wiederbeschaffung ausgerichtetes Handeln vorausgesetzt. Diese Voraussetzung ist im angesprochenen Beispiel nicht erfüllt. Zweck des Ausräumens von Hausrat ist nicht die Reparatur des versicherten Gebäudes, sondern die Schadenminderung in der Hausratversicherung. Theoretisch ist es auch möglich, daß sich Aufräumungs- oder Abbruchkosten sowie Schadenabwendungs- oder Schadenminderungskosten überschneiden. Praktisch können diese Fälle in der Wohngebäudeversicherung nach den VGB 88 vernachlässigt werden. Dies liegt daran, daß für beide Kostenpositionen die gemeinsame Entschädigungsgrenze nach §§ 2 Nr. 2 VGB 88 n. F., 17 Nr. 1 VGB 88 a. F. gilt.

## 3.3 Schadenabwendungs- oder Schadenminderungskosten

Schadenabwendungs- oder Schadenminderungskosten (Rettungskosten) sind nach §§ 2 Nr. 1 c VGB 88, 1 Nr. 2 d VGB 62 versichert. Dabei handelt es sich um die notwendigen Kosten für diejenigen Maßnahmen, die der VN zur Abwendung oder Minderung des Schadens für geboten halten durfte. Es spielt keine Rolle, ob die Maßnahmen erfolgreich waren. Schadenminderungskosten sind auch versichert, wenn die Schadenminderungsmaßnahmen erfolglos waren, die beabsichtigte Minderung des Schadens nicht herbeigeführt werden konnte. Die vorstehende Regelung entspricht inhaltlich § 63 I Satz 1 VVG. Im Vergleich zu § 16 Nr. 1 VGB 62 ist in den VGB 88 der Hinweis entfallen, daß der Versicherer nicht zu Vorschüssen verpflichtet ist. Vorschüsse für Rettungskosten können nach § 63 I Satz 3 VVG verlangt werden. Ausgegliedert wurden weiterhin die Bestimmungen über die Entschädigungsbegrenzung für Rettungskosten (vgl. dazu B 4). Daneben sind abweichend von § 16 Nr. 2 VGB 62 Kosten nicht mehr ausgeschlossen, die infolge von Gesundheitsschäden entstehen. Der Ausschluß ist weggefallen, weil fraglich ist, ob er einer rechtlichen Nachprüfung standhielte. Es handelt sich bei diesem Ausschluß um eine Änderung des § 63 VVG zum Nachteil des VN. Zwar sind die Regelungen des § 63 VVG abänderlich, es ist jedoch umstritten, ob der generelle Ausschluß von Gesundheitsschäden mit dem AGBG vereinbar ist (vgl. Martin W II 13 und Bruck/Möller Anm. 18 zu § 63). Diesen Bedenken wurde Rechnung getragen. Gesundheitsschäden sind in der Wohngebäudeversicherung nach Maßgabe des § 63 VVG versichert. Die VHB haben in diesem Punkt eine ähnliche Entwicklung genommen. In den VHB 84/VHB 92 sind Gesundheitsschäden im Gegensatz zu älteren VHB nicht mehr ausgeschlossen. Die eingeschränkte Subsidiarität nach § 18 Nr. 6 VHB 84 wurde nicht in den VGB 88 übernommen (vgl. dazu Dietz § 18 RN 9.2).

3.3.1 Die Verpflichtung des Versicherers zur Entschädigung von Rettungskosten ist die logische Folge der Verpflichtung des VN, bei Eintritt des Versicherungsfalls nach Möglichkeit für die Abwendung und Minderung des Schadens zu sorgen (vgl. § 62 I VVG; S 3). Der Ersatz von Rettungskosten durch den Versicherer setzt voraus, daß der Versicherungsfall bei Einleitung der Rettungsmaßnahmen eingetreten ist oder unmittelbar be-

**vorsteht**. Der Wortlaut „infolge eines Versicherungsfalles“ ist analog § 62 I VVG dahingehend erweiternd auszulegen, daß die Haftung des Versicherers für Rettungskosten nicht erst dann einsetzt, wenn der Versicherungsfall bereits eingetreten ist (vgl. D 1). Eine enge zeitliche Abgrenzung würde zu wirtschaftlich unsinnigen Ergebnissen führen. Der VN könnte dazu verleitet werden, Rettungsmaßnahmen erst in dem Zeitpunkt zu ergreifen, in dem erste Schäden an versicherten Sachen eintreten. Deshalb gilt für den Ersatz von Rettungskosten durch den Versicherer der Grundsatz der sog. Vorerstreckung (s. Bruck/Möller Anm. 29 zu § 62; Martin W II 32 f.). Danach haftet der Versicherer für Rettungskosten bereits in dem Zeitpunkt, in dem der Eintritt des Versicherungsfalls mit großer Wahrscheinlichkeit unmittelbar bevorsteht (vgl. BGH VersR 88 S. 282 und r+s 90 S. 206; E 1.6.3). Dieser Grundsatz ist zugleich die Grundlage für die Abgrenzung zwischen den Schadenabwendungs- oder Schadenminderungskosten und den Kosten der Schadenverhütung. Im Gegensatz zu Maßnahmen der Schadenabwendung oder Schadenminderung sind Schadenverhütungsmaßnahmen vorbeugende Maßnahmen gegen mögliche künftige Schadenfälle. Die Kosten der Schadenverhütung fallen dem VN zur Last. Typisches Beispiel dafür sind die in §§ 10 Nr. 1 b VGB 88 n. F., 11 Nr. 1 b VGB 88 a. F., 9 Nr. 2 und Nr. 3 VGB 62 geregelten Sachverhalte (vgl. O 2.2). Kosten für die vorsorgliche Erneuerung von Rohrleitungen sind als Kosten der Schadenverhütung vom VN zu tragen. Dies gilt selbst dann, wenn der VN nachweist, daß ohne den Austausch der Rohre innerhalb kürzester Frist ein Rohrbruch entstanden wäre (ebenso Martin W II 52).

Häufig dienen Rettungskosten **zugleich der Abwehr weiterer versicherter und unversicherter Schäden**. Es treten dann schwierige Schadenteilungsfragen auf. So liegt es, wenn ein durch Sturm beschädigtes Dach mit einer Plane provisorisch abgedichtet wird, um Einregenschäden am versicherten Gebäude und am unversicherten oder anderweitig versicherten Hausrat abzuwenden. Soweit Wohngebäudeversicherung und Hausratversicherung nebeneinander bestehen, haftet sowohl der Hausratversicherer als auch der Gebäudeversicherer. Es besteht Doppelversicherung. Dies gilt auch, wenn Feuerlöschkosten zugleich Hausrat- und Gebäudeschäden abwenden (s. Martin W II 38 und W III 4). Es fragt sich, ob und nach welchen Kriterien die Rettungskosten zu verteilen sind, wenn in den obigen Beispielen keine Hausrat- oder keine Gebäudeversicherung besteht. Dafür wurden von Rechtsprechung und Kommentierung allgemeine Grundsätze entwickelt. Danach sollen die Rettungskosten in diesen Fällen im Verhältnis des abgewendeten (abwendbaren) versicherten Schadens zum abgewendeten (abwendbaren) nicht versicherten Schaden aufgeteilt werden (Einzelheiten vgl. Prölss/Martin § 63 RN 28 und Bruck/Möller Anm. 20 und 22 f. zu § 63). Die komplizierte und umfangreiche Gesamtproblematik kann hier in ihren Einzelheiten nicht dargestellt werden, zumal bei der praktischen Umsetzung der dargestellten Grundsätze zahlreiche, zum Teil unlösbare Zuordnungsprobleme entstehen. Es fragt sich deshalb, ob in der Wohngebäudeversicherung, abgesehen von Fällen der Doppelversicherung, bei Rettungskosten nicht auf eine Schadenteilung zwischen VN und Versicherer verzichtet werden kann. Die Haftung des Wohngebäudeversicherers für den vollen Betrag der Rettungskosten könnte auch dann bejaht werden, wenn die Rettungsmaßnahmen bei alleiniger Betrachtung des abgewendeten Wohngebäudeschadens wirtschaftlich sinnvoll waren (ähnlich Martin W II 6). Auf eine Quotierung der Rettungskosten würde verzichtet, der Aspekt „Nebennutzen für den VN“ bliebe unberücksichtigt. 3.3.2

## 4 Entschädigungsgrenzen

Die VGB 88 wurden neu gegliedert. Die Regelungen über Entschädigungsgrenzen nach § 17 VGB 88 a. F. wurden in § 2 Nr. 2 VGB 88 n. F. eingegliedert. Dies ist sicherlich ein Beitrag zur Erhöhung der Transparenz der VGB 88. Materielle Änderungen sind damit nicht verbunden.

Die **Entschädigung für Aufräumungs- und Abbruchkosten sowie für Bewegungs- und Schutzkosten ist je Versicherungsfall begrenzt.** Durch die Entschädigungsgrenze wird die Entschädigung für die genannten Kostengruppen je Versicherungsfall auf einen bestimmten Betrag begrenzt, der von der Höhe der Versicherungssumme abhängt. Dadurch wird der Grundsatz der unbegrenzten Haftung in der Gleitenden Neuwertversicherung (vgl. P 2.1) durchbrochen. Bei Verträgen zum Neuwert, zum Zeitwert oder zum gemeinen Wert wird die Entschädigung für die genannten Kosten auf einen unter der Versicherungssumme liegenden Betrag begrenzt. Vergleichbare Entschädigungsgrenzen gelten nach den Klauseln 7160, 7260, 7261, 7262 und 7361, während für Mietausfallschäden nicht eine betragsmäßige, sondern nach §§ 3 Nr. 3 VGB 88, 1 Nr. 3 VGB 62 eine zeitliche Entschädigungsgrenze gilt. Der Grund für die Begrenzung der Entschädigung für Kosten liegt darin, daß es sich bei der Haftung für den Kostenschaden um eine weitere Risikoübernahme durch den Wohngebäudeversicherer handelt, die selbständig neben der Haftung für den Sachschaden steht. Eine vergleichbare zweistufige Haftung gibt es auch in den meisten sonstigen Versicherungszweigen. Meist sind Kosten jedoch nur aufgrund besonderer Vereinbarung versichert. Ihre Mitversicherung wird beantragt. Es wird eine Versicherungssumme gebildet, aus der der Beitrag berechnet wird. Eine derartige Handhabung ist in der Massensparte Wohngebäudeversicherung nicht praktikabel. Deshalb ist ebenso wie in der Hausratversicherung eine standardisierte Haftung im Bedingungswerk verankert. Bei der Kalkulation der Beitragssätze mußte diese erweiterte Haftung berücksichtigt werden. Dabei wurden Entschädigungsgrenzen bzw. Entschädigungsbeträge zugrunde gelegt, die nach den Erfahrungen der Wohngebäudeversicherer das voraussichtliche Schadenpotential bei durchschnittlichen Risikoverhältnissen abdecken. Dieser kalkulierte Haftungsumfang hat seinen Niederschlag in den Entschädigungsgrenzen gefunden. Die Entschädigungsgrenzen sind ein Mittel zur Risikogestaltung. Sie dienen zugleich einer risikogerechten Tarifierung im Sinne der Gleichbehandlung aller VN. Wird das angenommene durchschnittliche Risikopotential im Einzelfall überschritten, weil besondere Gefahrenverhältnisse vorliegen, so kann der VN die Entschädigungsgrenze für Aufräumungs- und Abbruchkosten sowie für Bewegungs- oder Schutzkosten erhöhen. Dafür werden Beitragszuschläge berechnet. In der Praxis wird von dieser Erhöhungsmöglichkeit nur in wenigen Ausnahmefällen Gebrauch gemacht. Jedoch ist die Veränderung der Entschädigungsgrenzen für die Kostenversicherung inzwischen ein beliebtes Mittel für die Produktgestaltung.

Auch bei der Anwendung der Entschädigungsgrenzen ist der in der Sachversicherung allgemein geltende Grundsatz der positionsweisen Versicherung (vgl. A 1.-) und der Grundsatz der positionsweisen Schaden- und Entschädigungsberechnung (vgl. R 3.2) zu beachten. Sind in einem Vertrag mehrere Positionen versichert, so werden die **Entschädigungsgrenzen für jede versicherte Position** getrennt angewendet. Die Entschädigungsgrenzen gelten je Versicherungsfall für die versicherte Position. Eine Kompensation oder gemeinsame Maximierung für verschiedene Positionen ist nicht möglich. Dieser Grundsatz sichert die Gleichbehandlung aller VN. Andernfalls wäre es möglich, die Entschädigungsgrenzen dadurch zu unterlaufen, daß mehrere Gebäude in einem Vertrag versichert werden. Würde nur ein Gebäude vom Schaden betroffen und würde die Entschädigungsgrenze aus der Gesamtversicherungssumme berechnet, stünde ein weit höherer Betrag zur Verfügung als bei der Berechnung der Entschädigungsgrenze aus der für das betreffende Gebäude vereinbarten Versicherungssumme. Derselbe Effekt könnte erzielt werden, wenn mehrere Gebäude gemeinsam in einer Position versichert werden. Es bestätigt sich erneut, daß der Grundsatz der positionsweisen Versicherung unbedingt eingehalten werden sollte.

Die Entschädigung für Aufräumungs- und Abbruchkosten sowie für Bewegungs- oder Schutzkosten ist nach §§ 2 Nr. 2 VGB 88 n. F., 17 Nr. 1 VGB 88 a. F. je Versicherungsfall gemeinsam auf 5 % der Versicherungssumme begrenzt. Darin liegt im Vergleich zu den VGB 62 eine ins Gewicht fallende Haftungserweiterung. Bewegungs- oder Schutzkosten sind nach den VGB 62 überhaupt nicht versichert. Für die Entschädigung von Aufräumungs- und Abbruchkosten gilt nach § 1 Nr. 2 c VGB 62 eine Entschädigungsgrenze von 1 % der Versicherungssumme. In den VGB 88 wurden auch die Unklarheiten beseitigt, die sich aus dem Wortlaut von § 1 Nr. 2 c VGB 62 in der Gleitenden Neuwertversicherung ergeben. Danach werden Aufräumungs- und Abbruchkosten „bis zu ein vom Hundert der Versicherungssumme" ersetzt. Versicherungssumme in der Gleitenden Neuwertversicherung ist die Versicherungssumme 1914. Eine andere Versicherungssumme gibt es in der Gleitenden Neuwertversicherung nicht (vgl. Ollick, VerBAV 79 S. 403). Die wörtliche Auslegung und Anwendung der Entschädigungsgrenze nach § 1 Nr. 2 c VGB 62 führt deshalb zu unbefriedigenden und unhaltbaren Ergebnissen (vgl. Rolwes, ZfV 86 S. 156). Die Wohngebäudeversicherer haben diesen Mangel in der Praxis dadurch beseitigt, daß sie die Entschädigungsgrenzen in der Gleitenden Neuwertversicherung nicht aus der Versicherungssumme 1914, sondern aus einem Betrag berechnet haben, der durch Hochrechnung der Versicherungssumme 1914 mit dem Prämienfaktor nach § 3 SGIN 79 a oder mit dem Baupreisindex ermittelt wurde. Es ist nicht überraschend, daß nach Auffassung des LG Oldenburg die summenmässige Begrenzung der Versicherung von Aufräumungs- und Abbruchkosten gem. § 1 Nr. 2 c VGB 62 auf 1 % der Versicherungssumme bei Gleitender Neuwertversicherung nach dem AGBG unwirksam ist, da nicht eindeutig ist, welche Versicherungssumme maßgeblich ist (r+s 94 S. 468). In den VGB 88 wurden diese Formulierungsschwächen beseitigt. Dazu war es erforderlich, die Entschädigungsgrenzen für die Gleitende Neuwertversicherung einerseits und für die Versicherung zum Neuwert, zum Zeitwert oder zum gemeinen Wert andererseits getrennt zu regeln.

## Gleitende Neuwertversicherung 4.1

In der Gleitenden Neuwertversicherung ist die Entschädigung für die genannten Kosten begrenzt auf 5 % der Versicherungssumme 1914 multipliziert mit dem im Zeitpunkt des Versicherungsfalls für diesen Vertrag geltenden gleitenden Neuwertfaktor (§§ 2 Nr. 2 a VGB 88 n. F., 17 Nr. 1 a VGB 88 a. F.). Es gilt die Formel:

$$\text{Entschädigungsgrenze} = \frac{\text{Versicherungssumme 1914 x gleitender Neuwertfaktor x 5}}{100}$$

Die Entschädigungsgrenze ist dynamisiert. Bei Baupreissteigerungen verändern sich gleitender Neuwertfaktor, Beitrag und Betrag der Höchstentschädigung für versicherte Kosten gleichmässig. Die bei Vertragsabschluß vorhandene Relation zwischen dem Beitrag und dem Nominalwert der Kostenversicherung bleibt dadurch gewahrt. Es wird insbesondere verhindert, daß der Versicherungsschutz der Kostenversicherung durch Preissteigerungen ausgehöhlt wird. Der reale Schutzwert der Kostenversicherung wird ebenso wie die reale Haftung für Sachschäden von Baupreisveränderungen nicht berührt.

Die Berechnung der Entschädigungsgrenze ist für versicherungstechnische Laien nicht ohne weiteres nachvollziehbar. Deswegen sind die Versicherer verschiedentlich dazu übergegangen, den absoluten Betrag der Entschädigungsgrenzen für Kosten, abgestellt auf den Versicherungsbeginn, in den Versicherungsscheinen zu nennen. Dabei muß jedoch deutlich darauf hingewiesen werden, daß sich die genannten Entschädigungsbeträge für Kosten bei späteren Veränderungen des gleitenden Neuwertfaktors entsprechend verändern.

## 4.2 Versicherung zum Neuwert, zum Zeitwert oder zum gemeinen Wert

Eine vergleichbare Dynamik bietet die Entschädigungsgrenze bei der Versicherung zum Neuwert, zum Zeitwert oder zum gemeinen Wert nicht. Die Entschädigung für versicherte Kosten ist in diesen Fällen auf 5 % der Versicherungssumme begrenzt (§§ 2 Nr. 2 b VGB 88 n. F., 17 Nr. 1 b VGB 88 a. F.). Wird die Versicherungssumme in der Neuwert- und Zeitwertversicherung während der Vertragslaufzeit nicht verändert, so bleibt der Betrag der Entschädigungsgrenze gleich. Dabei gilt die Entschädigungsgrenze nach § 2 Nr. 2 b VGB 88 n. F. nicht für eine Versicherung zum gemeinen Wert, sondern nur in der Neuwert- und Zeitwertversicherung. Dies ist sachgerecht. Insbesondere zum Abbruch bestimmte Gebäude werden zum gemeinen Wert versichert. Der Versicherungswert ist in diesen Fällen der für den VN erzielbare Verkaufspreis für das Gebäude. Daher ist die Versicherungssumme in der Regel vergleichsweise niedrig, wenn der gemeine Wert vertraglich vereinbart wird (vgl. Q 2.3). Eine Begrenzung der Entschädigung für Aufräumungs- und Abbruchkosten auf 5 % dieser Versicherungssumme wäre in vielen Fällen völlig unzureichend. In den übrigen Fällen der Versicherung zum gemeinen Wert schafft der Verzicht auf die Entschädigungsgrenze für versicherte Kosten aus der Sicht des VN einen gewissen Ausgleich dafür, daß er Beitrag aus einer überhöhten Versicherungssumme zahlt (vgl. Q 3).

Durch Baupreissteigerungen wird der reale Schutzwert der Kostenversicherung ausgehöhlt, es sei denn, die Versicherungssumme wird bei Baupreissteigerungen angemessen erhöht. Dies jedoch bereitet vor allem bei der Versicherung zum Zeitwert Schwierigkeiten, weil dort der Versicherungswert von Gebäuden nicht nur von der Baupreisentwicklung, sondern daneben von anderen Faktoren wie Alter und Abnutzung beeinflußt wird. Erhöhungen des Versicherungswerts durch Baupreissteigerungen können durch Wertminderungen infolge Alter und Abnutzung kompensiert werden, so daß der Zeitwert oder der gemeine Wert bei Baupreissteigerungen unter Umständen gleich bleibt oder sogar sinkt. Eine Erhöhung der Versicherungssumme kann unter diesen Voraussetzungen im Hinblick auf die Sachschadendeckung bei Preissteigerungen überflüssig sein. Der reale Schutzwert der Kostenversicherung wird aber herabgesetzt, weil die wertmindernden Faktoren Alter und Abnutzung in der Kostenversicherung unbeachtlich sind. Der Umfang möglicher Abbruch-, Aufräumungs-, Bewegungs- oder Schutzarbeiten wird durch Alter oder Abnutzung nicht beeinflußt, weil dadurch das Volumen des Baukörpers und seine Struktur nicht verändert werden. Die Kosten für Aufräumen und Abbruch sowie für Bewegung und Schutz verändern sich nach Maßgabe der Baupreisentwicklung.

## Gesamtentschädigungsgrenze 4.3

In der Gleitenden Neuwertversicherung hat die Kostenversicherung einen höheren Schutzwert als in der Neuwertversicherung mit fester Versicherungssumme. Anhand des in P 4.6.2 dargestellten Berechnungsbeispiels läßt sich diese Aussage belegen. Bei einer Versicherungssumme von 25.000 M in der Gleitenden Neuwertversicherung haftet der Versicherer nach der in A 4 wiedergegebenen Formel für Kostenschäden nach § 2 Nr. 1 a und b VGB 88 bis zu einem Betrag von 31.750,– DM (25.000 x 25,4 x 0,05) je Versicherungsfall. Wird dasselbe Gebäude zum festen Neuwert versichert, ist die ausreichende Versicherungssumme rund 506.000,– DM. Die Entschädigungsgrenze für Kosten sinkt auf 25.300,– DM. Es wird deutlich, daß die Umwandlung einer Gleitenden Neuwertversicherung in eine Neuwertversicherung mit fester Versicherungssumme bei gleicher Prämienzahlung einen geringeren Versicherungsschutz bietet. Dies liegt daran, daß rechnerisch ein höherer als der ursprünglich vereinbarte Prämiensatz zugrunde gelegt wird (vgl. P 4.6.2). Gelten in der Gleitenden Neuwertversicherung und in der festen Neuwertversicherung dieselben Prämiensätze, ist die Kostenversicherung in beiden Versicherungsformen im Verhältnis zur gezahlten Prämie rechnerisch gleichwertig. Der entscheidende Nachteil der Kostenversicherung bei der Neuwertversicherung mit fester Versicherungssumme besteht aber auch unter dieser Voraussetzung darin, daß die Gesamtentschädigung für versicherte Sachen, versicherte Kosten und versicherten Mietausfall nach §§ 14 Nr. 4 VGB 88 n. F., 15 Nr. 5 VGB 88 a. F. je Versicherungsfall auf die Versicherungssumme begrenzt ist. Dies führt dazu, daß die Kostenversicherung im Totalschadenfall selbst dann überhaupt nicht zum Zug kommt, wenn der VN den Neuwert als Versicherungswert vereinbart hat. Die Versicherungssumme wird durch die Entschädigung für versicherte Sachen verbraucht. Die Kostenversicherung ist für den VN wertlos. Ausgenommen davon sind lediglich Rettungskosten, soweit diese auf Weisung des Versicherers entstanden sind. Es fällt auf, daß dieser Sachverhalt in den VGB 88 im Zusammenhang mit der Kostenversicherung nicht angesprochen wird. Es wäre sicher ein wichtiger Beitrag zur Verbesserung der Transparenz der VGB 88, wenn in §§ 2 Nr. 2 b und Nr. 5 e VGB 88 n. F. ein entsprechender Hinweis gegeben würde.

## Leistungen der Feuerwehren 5

Aufwendungen für Leistungen der Feuerwehren und anderer im öffentlichen Interesse zu Hilfeleistungen Verpflichteter sind nach §§ 2 Nr. 3 VGB 88, 16 Nr. 2 VGB 62 nicht versichert, wenn diese Leistungen im öffentlichen Interesse erbracht werden. Es handelt sich um eine Risikobegrenzung zu Lasten Dritter. Praktische Auswirkungen hat sie in erster Linie für den Ersatz von Feuerlöschkosten, die als Schadenabwendungs- oder Schadenminderungskosten nach §§ 2 Nr. 1 c VGB 88, 1 Nr. 2 d VGB 62 versichert sind. Die Risikobegrenzung ist sachlich gerechtfertigt, weil auch Teile der Beitragseinnahmen aus der Wohngebäudeversicherung der zweckgebundenen Feuerschutzsteuer unterworfen werden. Die Feuerschutzsteuer ist für öffentliche Zwecke des Brandschutzes zu verwenden. Deshalb wäre es unbillig, wenn VN bzw. Versicherer bei der Inanspruchnahme öffentlicher Löschhilfe noch einmal zur Kostentragung herangezogen würden. Aufgrund der Kostenregelung in den Brandschutzgesetzen der einzelnen Bundesländer ist diese Einschränkung für den VN nicht nachteilig. Nach den landesgesetzlichen Regelungen ist der Einsatz der öffentlichen Feuerwehren bei Bränden, bei Notständen durch Naturereignisse und bei Hilfeleistungen zur Rettung von Menschen aus akuter Lebensgefahr unentgeltlich (Einzelheiten vgl. Dietz § 2 RN 5). In diesen Fällen wird ein öffentliches Interesse unterstellt. Darauf ist es zurückzuführen, daß in den VGB 88 eine von § 16 Nr. 2 zweiter Halbsatz VGB 62 abweichende Formulierung gewählt wurde. Dadurch wird positiv klargestellt, daß für andere Leistungen von öffentlichen Feuerwehren, die nicht im öffentlichen Interesse erbracht werden, unter den in § 2 Nr. 1 VGB 88 geregelten Voraussetzungen Kostenersatz aus der Wohngebäudeversicherung beansprucht werden kann. So liegt es, wenn die öffentliche Feuerwehr den infolge eines Rohrbruchs vollgelaufenen Keller des versicherten Gebäudes auspumpt. Dieser Einsatz ist nicht unentgeltlich. Die Kosten werden dem VN in Rechnung gestellt und sind als Schadenminderungskosten in der Leitungswasserversicherung gedeckt. Andererseits kommt es vor, daß die öffentlichen Feuerwehren bei Sturmkatastrophen unentgeltlich Schadenminderungsmaßnahmen durchführen, sofern ein Notstand vorliegt. In diesen Fällen kann Schadenersatz aus der Wohngebäudeversicherung nicht beansprucht werden.

Es fällt auf, daß bei der Neufassung der VGB 88 in § 2 Nr. 3 VGB 88 n. F. der Nachsatz „sofern nicht etwas anderes vereinbart ist" eingefügt wurde. Dies ist der Hinweis darauf, daß auch der Ersatz der Kosten für Leistungen der Feuerwehren und andere im öffentlichen Interesse zur Hilfeleistung Verpflichteter in den Versicherungsschutz einbezogen werden kann, wenn dies besonders vereinbart wird. In der Wohngebäudeversicherung besteht dafür insbesondere auch aufgrund der vorher dargestellten Regelungen in den Brandschutzgesetzen kein Bedarf. Eine entsprechende Klausel und eine unverbindliche Tarifempfehlung dafür gibt es in der Wohngebäudeversicherung nicht.

## 6 Mehrkosten

Eine bedeutende redaktionelle Veränderung ist die Verlagerung der Bestimmungen zur sog. Mehrkostenversicherung von § 15 Nr. 2 und Nr. 3 VGB 88 a. F. zu § 2 Nr. 4 und Nr. 5 VGB 88 n. F. Offenbar sind die Verfasser der VGB 88 n. F. der Überzeugung, daß das Bedingungswerk auch dadurch transparenter und allgemeinverständlicher ist. Dies ist indessen recht zweifelhaft. In Theorie und Praxis der Sachversicherung ist die Unterscheidung zwischen versicherten Sachsubstanzschäden einerseits und versicherten Vermögensfolgeschäden, insbesondere Kostenschäden, andererseits allgemein üblich und anerkannt (vgl. Martin W I 1 f.). Sachsubstanzschäden sind diejenigen Kosten, die für die Wiederherstellung bzw. Wiederbeschaffung oder die Reparatur versicherter Sachen entstehen. Vermögensfolgeschäden, also auch Kostenschäden, sind alle weiteren Schäden, die infolge des Sachschadens an sonstigem Vermögen des Versicherten entstehen. Dies war der Grund dafür, daß die Bestimmungen über den Ersatz der sog. Mehrkosten, die bei der Wiederherstellung bzw. der Reparatur von zerstörten oder beschädigten versicherten Sachen entstehen, in § 15 VGB 88 a. F. im Kontext mit den übrigen Bestimmungen zur Berechnung des Sachsubstanzschadens zusammengefaßt wurden. Die Bestimmungen in § 2 Nr. 4 und Nr. 5 VGB 88 n. F. betreffen die Entschädigung des Sachsubstanzschadens. Verständlich werden sie – wenn überhaupt – für den durchschnittlich verständigen VN nur im Zusammenhang mit den Regelungen zum Versicherungswert und zur Berechnung der Entschädigung für den Sachschaden in §§ 13 bis 16 VGB 88 a. F. bzw. 11 bis 14 VGB 88 n. F. Werden sie aus diesem Zusammenhang herausgerissen, sind sie für den versicherungstechnischen Laien nicht mehr verständlich. Die Transparenz und Verständlichkeit des Bedingungswerks ist dadurch erheblich beeinträchtigt. Die Regelungen über den Ersatz von Mehrkosten werden infolgedessen im Zusammenhang mit den Bestimmungen über den Ersatz von Schäden an versicherten Sachen behandelt (s. R 2).

## Kosten der Schadenermittlung 7

Ebenso wie in den VHB 84/VHB 92 wird in den VGB 88 darauf verzichtet, den Ersatz von Kosten für die Ermittlung des Schadens zu regeln (vgl. Dietz § 2 RN 1). Daraus kann jedoch nicht gefolgert werden, die Aufzählung versicherter Kosten in den VGB 88 sei als abschließende Regelung dahingehend auszulegen, daß Schadenermittlungskosten in der Wohngebäudeversicherung nicht versichert seien (ebenso seit der 3. Auflage Martin W IX 3). Der Ersatz von Schadenermittlungskosten ist in § 66 VVG geregelt. Die gesetzlichen Bestimmungen sind maßgebend, soweit in den VGB 88 keine abweichende Regelung getroffen ist. Nicht versichert sind die Kosten, die dem VN dadurch entstehen, daß er wegen eines Versicherungsfalles aus dem Urlaub zurückreist und ggf. nach der Urlaubsunterbrechung wieder an seinen Urlaubsort zurückkehrt. Derartige Kosten werden jedoch neuerdings in Erweiterung der Grunddeckung der VGB 88 vermehrt mitversichert. Nicht versichert sind weiterhin die Kosten, die dem VN durch die Hinzuziehung eines Sachverständigen oder eines Beistands entstehen (§ 66 II VVG). Besondere Regelungen gelten für die Kosten der Sachverständigen, die im Rahmen eines Sachverständigenverfahrens tätig werden (s. V 2.7).

# C Versicherter Mietausfall

## 1 Mietausfallversicherung

Die Mietausfallversicherung nach §§ 3 VGB 88, 1 Nr. 3 VGB 62 ergänzt ähnlich wie die Kostenversicherung die Sachschadendeckung der Wohngebäudeversicherung. Versichert ist der Mietausfallschaden, der infolge eines Versicherungsfalls eintritt. Die Sachschadendeckung wird um den Einschluß von bestimmten Vermögensfolgeschäden erweitert. Der Mietausfallschaden ist nicht selbst Versicherungsfall, sondern Annex eines Versicherungsfalls. Sachschaden, Kostenschaden und Mietausfallschaden sind Teil ein und desselben Versicherungsfalls. Die Mietausfallversicherung ersetzt Schäden, die am Vermögen des VN dadurch entstehen, daß das versicherte Gebäude infolge eines ersatzpflichtigen Sachschadens am Gebäude vorübergehend in seiner Nutzung beeinträchtigt wird. Der durch die Nutzungsstörung bzw. den Nutzungsausfall entstehende immaterielle Schaden wird bewertet und nach Maßgabe der nachfolgenden Bestimmungen entschädigt. Grundlage für die Schaden- und Entschädigungsberechnung ist bei vermieteten Wohnungen die vertraglich vereinbarte Miete und bei vom VN selbst bewohnten Wohnungen der ortsübliche Mietwert. Für die Versicherung des Mietausfalls von Wohnräumen besteht ein verbreiteter Versicherungsbedarf. Daher wurde in der Wohngebäudeversicherung 88 wiederum ein standardisierter Haftungsumfang für Mietausfallschäden in die VGB 88 eingearbeitet. Im Verhältnis zu den VGB 62 wurden neben einigen redaktionellen Verbesserungen auch verschiedene materielle Veränderungen vorgenommen. Sie werden nachfolgend im jeweiligen Sachzusammenhang behandelt. Die sprachlichen Veränderungen in § 3 VGB 88 n. F. sind im Vergleich zu § 3 VGB 88 a. F. unbeachtlich. Sie können vernachlässigt werden, weil damit keine materiellen Veränderungen einhergehen.

Die Mietausfallversicherung wird ebenso wie die Kostenversicherung ohne weiteres geboten. Sie ist Bestandteil der bedingungsmäßigen Grunddeckung der Wohngebäudeversicherung. Es wird keine separate Position mit einer Versicherungssumme gebildet. Eine gesonderte Beitragsberechnung erfolgt nicht. Kalkulatorisch ist der Schadenbedarf für Mietausfallschäden in die Grundbeitragssätze eingerechnet, so daß die Höhe des Beitrags für die Mietausfallversicherung rechnerisch von der Höhe der Wohngebäudeversicherungssumme bzw. von der Höhe des Gebäudewerts abhängt. Theoretisch ist diese Tarifierungsmethode zu beanstanden. Das Risiko in der Mietausfallversicherung wird wesentlich durch die Höhe des Mietwerts eines Gebäudes bestimmt. Der Mietwert ist keine Funktion des Gebäudewerts. Bei gleicher Bausubstanz betragen die Mieten in Ballungsgebieten ein Vielfaches der Mieten in ländlichen Gebieten. Dagegen bewegen sich die Unterschiede in der Höhe der Baukosten in einer sehr viel geringeren Bandbreite. Weiterhin ist zu berücksichtigen, daß bei der Ermittlung der Versicherungssumme 1914 nach Maßgabe der Wohnfläche gem. §§ 12 Nr. 2 c VGB 88 n. F., 16 Nr. 3 c VGB 88 a. F. einheitliche Werte ohne Rücksicht auf die Lage der Gebäude angesetzt werden. In der Massensparte Wohngebäudeversicherung können diese Ungenauigkeiten in der Tarifierung in Kauf genommen werden, zumal das Mietausfallrisiko von Wohngebäuden kalkulatorisch eine untergeordnete Rolle spielt. Die Ausdehnung der bedingungsmäßigen Grunddeckung auf den Mietausfall für gewerblich genutzte Räume würde die dargestellten Ungenauigkeiten verstärken. Die Versicherung des Mietausfallrisikos gewerblich genutzter Räume erfordert eine individuelle Gestaltung. Hinzu kommt, daß über 90 % aller Wohngebäude reine Wohngebäude sind. Bedarf für die Versicherung des Mietausfalls gewerblich genutzter Räume besteht in diesen Fällen nicht. Außerdem kann unter Umständen auch aus einer vom Gebäudeeigentümer oder vom Mieter der Gewerberäume abgeschlossenen Betriebsunterbrechungsversicherung Entschädigung beansprucht werden. Mieten sind sog. fortlaufende Kosten in der Betriebsunterbrechungsversicherung. Fortlaufende Kosten werden vom Betriebsunterbrechungsversicherer ersetzt, soweit ihr Weiteraufwand rechtlich notwendig oder wirtschaftlich begründet ist. Aus diesen Gründen ist lediglich Mietausfall für Wohnräume im Rahmen der bedingungsmäßigen Grunddeckung versichert. Dagegen bedarf die Versicherung des Mietausfalls für gewerblich genutzte Räume der besonderen Vereinbarung (vgl. C 1.5).

## Vermietete Wohnräume 1.1

Nach §§ 3 Nr. 1 a VGB 88, 1 Nr. 3 a VGB 62 ersetzt der Versicherer den Mietausfall, wenn Mieter von Wohnräumen infolge eines Versicherungsfalls berechtigt sind, die Zahlung der Miete ganz oder teilweise zu verweigern. Ein Mietvertrag ist vorausgesetzt. Auf der Grundlage des Mietvertrages und der einschlägigen Regelungen des Mietrechts in §§ 535 BGB ff. wird nach einem Versicherungsfall ermittelt, ob und in welcher Höhe der VN Anspruch auf Entschädigung von Mietausfall hat. Der im Mietvertrag vereinbarte Mietzins ist Maßstab für die Ermittlung der Schadenhöhe. Der VN ist verpflichtet, dem Versicherer den Mietvertrag vorzulegen, wenn er Entschädigung für Mietausfall beansprucht (vgl. S 4).

Weiterhin **muß der VN nachweisen, daß ihm** infolge des Versicherungsfalls **tatsächlich Mieteinnahmen entgangen sind**. Deshalb besteht grundsätzlich kein Entschädigungsanspruch für nicht vermietete bzw. nicht benutzte Wohnungen (vgl. C 2.4). Ansonsten genügt es nicht, daß Mieter von Wohnräumen infolge eines Versicherungsfalls berechtigt sind, die Zahlung der Miete ganz oder teilweise zu verweigern. Sie müssen dieses Recht auch ausüben. Verzichten sie darauf, entsteht kein Mietausfall und folglich auch kein Anspruch aus der Mietausfallversicherung. Andererseits ist der Wohngebäudeversicherer nicht zum Ersatz des Mietausfalls verpflichtet, wenn Mieter die Zahlung der Miete ohne Rechtsgrund verweigern. Die rechtlichen Voraussetzungen, unter denen Mieter berechtigt sind, die Zahlung der Miete ganz oder teilweise zu verweigern, werden in den VGB nicht geregelt. Maßgebend sind die Grundsätze des Mietrechts und daneben ggf. bestehende Vereinbarungen im Mietvertrag. Generell kann der Mieter die Zahlung der Miete nicht verweigern, wenn er den Versicherungsfall schuldhaft verursacht hat. In diesen Fällen hat der Vermieter keinen Mietausfall und infolgedessen auch keinen Entschädigungsanspruch (vgl. L 4.2.1). Indessen setzt die Berechtigung zur Mietminderung nicht voraus, daß die gesamte Wohnung oder einzelne Wohnräume objektiv unbenutzbar sind. Es genügt, daß die Nutzung von Wohnräumen infolge eines Versicherungsfalls eingeschränkt bzw. gestört ist. Rechtsgrundlage sind die §§ 535 ff. BGB. Dort sind die Rechtsfolgen bei Mängeln von Mietsachen geregelt. Entsteht an der gemieteten Wohnung während der Mietzeit ein Fehler, der ihre Tauglichkeit zum vertragsmäßigen Gebrauch aufhebt oder mindert, so ist der Mieter nach § 537 I BGB für die Zeit, während der die Tauglichkeit aufgehoben ist, von der Entrichtung des Mietzinses befreit, für die Zeit, während der die Tauglichkeit gemindert ist, nur zur Zahlung eines Teils des Mietzinses verpflichtet. Unerhebliche Beeinträchtigungen der Tauglichkeit kommen jedoch nicht in Betracht. Bei der Vermietung von Wohnräumen ist eine mietvertragliche Abweichung von diesen Grundsätzen zum Nachteil des Mieters nach § 537 III BGB unwirksam. Es gibt umfangreiche Rechtsprechung zu §§ 537 ff. BGB. Sie kann hier nicht dargestellt werden. Es wird auf verschiedene Mietminderungslisten verwiesen, in denen die einschlägige Rechtsprechung zusammengefaßt und kommentiert ist. Daneben wird die 1.1.1

Rechtsprechung zum Mietrecht in der Monatsschrift Wohnungswirtschaft und Mietrecht (WM) laufend veröffentlicht.

1.1.2 **Ersetzt wird** nach § 3 Nr. 1 a VGB 88 der tatsächlich entstandene **Mietausfall einschließlich (etwaiger) fortlaufender Mietnebenkosten**. Nach § 1 Nr. 3 a VGB 62 ersetzt der Versicherer den Mietverlust. Die Mietnebenkosten werden in den VGB 62 nicht erwähnt. Es bleibt offen, ob als Mietverlust die entgangene Nettomiete (Kaltmiete) für die Überlassung von Wohnräumen oder die entgangene Bruttomiete (Warmmiete) einschließlich der Mietnebenkosten bzw. eine Pauschal- oder Inklusivmiete zu entschädigen ist. Die Neuformulierung in den VGB 88 dient der Klarstellung. Danach werden neben der Nettomiete diejenigen Nebenkosten ersetzt, die nach Eintritt des Versicherungsfalls bzw. ab Beginn des Mietausfalls weiterhin entstehen. Daneben ist vorausgesetzt, daß Mieter infolge eines Versicherungsfalls berechtigt sind, nicht nur die Zahlung der Nettomiete, sondern auch die Zahlung der Mietnebenkosten zu verweigern. Wird eine Wohnung unbenutzbar, so ist der Mieter selbstverständlich berechtigt, die Zahlung der Bruttomiete einschließlich Nebenkosten zu verweigern. Bei Teilschäden ist die Rechtsprechung zu §§ 537 f. BGB nicht einheitlich. Grundlage der Mietminderung ist die sog. Grundmiete, die nach überwiegender Ansicht die Kaltmiete zuzüglich Nebenkosten umfaßt (LG Hamburg WM 83 S. 290; AG Hamburg WM 82 S. 184). Im Gegensatz dazu hat das LG Berlin (WM 72 S. 191) die Meinung vertreten, bei der Berechnung der Mietminderung sei von der Kaltmiete auszugehen.

Im allgemeinen ist die Zahlung der **Mietnebenkosten in Mietverträgen geregelt**. Grundlage dafür sind zumeist die von den Verbänden der Wohnungswirtschaft und der Haus- und Grundbesitzer entwickelten Mustermietverträge. Die Nebenkostenregelungen in diesen Vertragsmustern basieren wiederum auf der Aufstellung der Betriebskosten in Anlage 3 zu § 27 Abs. 1 der Verordnung über wohnungswirtschaftliche Berechnungen (2. Berechnungsverordnung) vom 18. 7. 1979 in der Fassung der Bekanntmachung vom 5. 4. 1984 (BGBl. I 1984, S. 553). Danach zählen zu den Betriebskosten eines Wohngebäudes die laufenden öffentlichen Lasten des Wohngrundstücks, namentlich die Grundsteuer, die Kosten der Wasserversorgung, die Kosten der Heizung und der Warmwasserversorgung, Betriebskosten von Aufzügen, Kosten der Straßenreinigung und Müllabfuhr, Kosten der Reinigung, der Beleuchtung und des Betriebs von gemeinschaftlich genutzten Gebäudeteilen (Treppen, Flure, Keller, Waschküchen) und Einrichtungen (Gemeinschaftswaschanlagen, Gemeinschaftsantennen), die Kosten der Gartenpflege, Kaminfegergebühren, Beiträge für Sach- und Haftpflichtversicherung sowie anteilige Kosten des Hausmeisters. Weitere Betriebskosten werden bei der Vermietung von Wohnräumen im allgemeinen nicht auf die Mieter umgelegt.

Es lassen sich keine allgemeingültigen Aussagen darüber treffen, welche der genannten Kostenarten nach einem Versicherungsfall weiterhin entstehen. Dies hängt unter anderem vom Umfang und vom Charakter des einzelnen Schadens ab. Im konkreten Schadenfall sind die genannten Kostenelemente einzeln daraufhin zu überprüfen, ob sie trotz des Versicherungsfalls weiterlaufen. Trifft dies zu, werden sie vom Versicherer entschädigt, soweit der Mieter infolge des Versicherungsfalls zu Recht die Zahlung verweigert. Dabei kommt es nicht darauf an, ob die genannten Betriebskosten als Mietnebenkosten im Mietvertrag offen ausgewiesen werden. Die dargestellten Grundsätze gelten auch, wenn im Mietvertrag die Bruttomiete einschließlich der Mietnebenkosten in einem Betrag aufgeführt wird. Der entschädigungspflichtige Mietausfall wird errechnet, indem von der Bruttomiete die (anteiligen) nicht fortlaufenden Neben- bzw. Betriebskosten abgesetzt werden. Bei dieser Berechnungsweise wird deutlich, daß durch die Formulierung der „Versicherer ersetzt den Mietausfall einschließlich (etwaiger) fortlaufender Mietnebenkosten“ in § 3 Nr. 1 a VGB 88 im Grunde genommen der Abzug von nicht weiterlaufenden, d. h. infolge des Versicherungsfalls ersparten Betriebskosten bei der Schadenberechnung geregelt wird. Dies ist gerechtfertigt. Würde der Wohngebäudeversicherer auch nicht fortlaufende Betriebskosten in der Mietausfallversicherung entschädigen, wäre der VN bereichert.

## Vom VN bewohnte Wohnräume 1.2

Andere Grundsätze gelten für die Versicherung des Mietausfalls von Wohnräumen, die der VN als Gebäudeeigentümer in dem versicherten Gebäude selbst bewohnt. Dabei handelt es sich eigentlich nicht um die Entschädigung des Mietausfalls, sondern um die Entschädigung des Nutzens, der dem VN entgeht, weil von ihm bewohnte Wohnräume infolge eines Versicherungsfalls nicht genutzt werden können. Ersetzt wird nach §§ 3 Nr. 1 b VGB 88, 1 Nr. 3 b VGB 62 der ortsübliche Mietwert. Die Voraussetzungen für den Ersatz des Mietwerts unterscheiden sich grundlegend von denjenigen für den Ersatz des Mietausfalls für vermietete Wohnräume. Es besteht kein Entschädigungsanspruch, wenn die Nutzung der Wohnung bzw. einzelner Wohnräume lediglich beeinträchtigt ist. Grundvoraussetzung ist vielmehr, daß einzelne Wohnräume oder die gesamte Wohnung infolge des Versicherungsfalls objektiv unbenutzbar geworden sind. Daneben ist weiterhin vorausgesetzt, daß dem VN die Beschränkung auf einen etwa benutzbar gebliebenen Teil der Wohnung nicht zugemutet werden kann. Ein Entschädigungsanspruch entsteht, wenn beide Voraussetzungen erfüllt sind. Wird beispielsweise das I. Obergeschoß eines zweistöckigen Einfamilienhauses infolge eines Versicherungsfalls unbenutzbar, so hat der VN keinen Anspruch auf Mietausfallentschädigung, falls ihm die Beschränkung auf das benutzbar gebliebene Erdgeschoß seines Wohnhauses zugemutet werden kann. Die Grenze der Zumutbarkeit bestimmt sich im Einzelfall nach subjektiven Kriterien. Bei Überschreiten der Zumutbarkeitsgrenze wird der ortsübliche Mietwert der gesamten Wohnung selbst dann entschädigt, wenn einzelne Räume oder Teile der Wohnung des VN überhaupt nicht vom Schaden betroffen sind. Teilentschädigungen in Form des anteiligen Ersatzes des Mietwerts für vom VN selbst bewohnte Wohnungen sind gedanklich ausgeschlossen.

Das dargestellte **„Alles oder Nichts-Prinzip“** bei der Entschädigung des Mietwerts von Wohnräumen, die der VN selbst bewohnt, ist auf den ersten Blick schwer verständlich. 1.2.1
Dahinter steht die Überlegung, daß es dem VN zuzumuten ist, Einschränkungen in der Nutzung der von ihm selbst bewohnten Wohnräume entschädigungslos hinzunehmen. Es wird unterstellt, daß er die Wohnung weiter bewohnt. Entschädigung soll erst gezahlt werden, wenn dem VN die Beschränkung auf einen etwa benutzbar gebliebenen Teil der Wohnung nicht zugemutet werden kann, so daß er aus der Wohnung auszieht und vorübergehend eine andere Wohnung nimmt. Die Mietwertentschädigung soll ihn finanziell in die Lage versetzen, vorübergehend eine andere Wohnung zu nehmen. Grundsätzlich spielt es jedoch keine Rolle, ob der VN eine andere Wohnung mietet, in ein Hotel zieht oder bei Freunden bzw. Verwandten unterkommt.

**Entschädigt wird der ortsübliche Mietwert.** Dabei handelt es sich um eine Vergleichs- 1.2.2
miete, die sich nach Maßgabe der Lage und der Ausstattung des Gebäudes anhand von örtlichen Mietpreisspiegeln im allgemeinen recht zuverlässig ermitteln läßt. Hilfsweise können auch die in der Umgebung des versicherten Gebäudes bei der Vermietung vergleichbarer Wohnungen vereinbarten Mieten herangezogen werden. Der ortsübliche Mietwert ist eine Nettomiete. Die Entschädigung weiterlaufender Betriebskosten

analog der Regelung der weiterlaufenden Mietnebenkosten (vgl. C 1.1.2) ist offenbar nicht vorgesehen. Es fragt sich, ob diese Deckungslücke nicht im Wege der Auslegung zugunsten des VN zu schließen ist. Ansonsten sind die selbstnutzenden Eigentümer insbesondere von Einfamilienhäusern im Verhältnis zu den Eigentümern vermieteter Wohngebäude benachteiligt. Diese Ungleichbehandlung ist sachlich nicht gerechtfertigt.

## 1.3 Unentgeltliche Nutzung durch Dritte

In den VGB 88 nicht geregelt ist der Ersatz des Mietausfalls bzw. des Mietwerts von Wohnungen, die der VN als Gebäudeeigentümer Dritten zur unentgeltlichen Nutzung überläßt. So liegt es, wenn der Gebäudeeigentümer Verwandten und Freunden eine Wohnung unentgeltlich zur Verfügung stellt. Es fragt sich, ob in diesen Fällen die Regelungen für den Ersatz des Mietausfalls von vermieteten Wohnungen oder die Grundsätze für die Entschädigung des ortsüblichen Mietwerts für vom VN als Gebäudeeigentümer selbst bewohnten Wohnräume analog anzuwenden sind. Anhaltspunkte liefert § 3 Nr. 1. b ABM 89 (vgl. Anhang B 7). Danach gelten dafür die gleichen Bestimmungen wie für Wohnräume, die der VN selbst nutzt. Allerdings fragt es sich, ob die Formulierung in § 3 Nr. 1. b ABM sprachlich gelungen ist. Bei der Entschädigung des ortsüblichen Mietwerts für Wohnräume, die der VN Dritten unentgeltlich überläßt, kann es eigentlich nicht darauf ankommen, ob dem VN die Beschränkung auf einen etwa benutzbar gebliebenen Teil der Wohnung zuzumuten ist. Da es bei der Festlegung der Zumutbarkeitsgrenze auf die subjektiven Verhältnisse der Bewohner der Wohnung ankommt, sind bei gleichem Schadenumfang unterschiedliche Ergebnisse vorstellbar. Daraus folgt, daß in den angesprochenen Fällen der ortsübliche Mietwert entschädigt wird, falls denjenigen Personen, die die Wohnung unentgeltlich nutzen, die Beschränkung auf einen etwa benutzbar gebliebenen Teil der Wohnung nicht zugemutet werden kann. Diese Auslegung ist sachgerecht. Es gibt in diesen Fällen keinen Mietvertrag. Mietausfall im Sinne von §§ 3 Nr. 1 a VGB 88, 1 Nr. 3 a VGB 62 ist ausgeschlossen. Es ist auch nicht unbillig, die Zumutbarkeitsregelung analog anzuwenden. Zweifel können allenfalls in Fällen auftauchen, in denen Gebäudeeigentümer einem Hausmeister oder Hausangestellten im Rahmen des Arbeitsverhältnisses Wohnraum zur Verfügung stellen. Der Wohnraum wird nicht unentgeltlich überlassen, vielmehr handelt es sich dabei um einen Teil des Arbeitsentgelts. Ein Mietvertrag im eigentlichen Sinn wird jedoch nicht geschlossen. Eine Miete wird nicht vereinbart. Deshalb sind auch in diesen Fällen die Regelungen über den Ersatz des ortsüblichen Mietwerts für vom VN selbst bewohnte Wohnräume entsprechend anzuwenden.

## 1.4 Hotelkosten

Über die Haftung nach §§ 3 VGB 88, 1 Nr. 3 VGB 62 hinaus können die Kosten für „Hotel oder sonstige ähnliche Unterbringung" versichert werden. Das BAV hat dafür vor der Deregulierung die folgende Klausel genehmigt (VerBAV 89 S. 304):

> **Kosten für Hotel oder sonstige ähnliche Unterbringung im Schadenfall zu den VGB**
>
> Zusätzlich zu § 1 Nr. 3 b VGB 62 sind bis zur vereinbarten Entschädigungsgrenze auch Kosten für Hotel oder sonstige ähnliche Unterbringung mitversichert, wenn die

eigengenutzte Wohnung durch Feuer, Leitungswasser oder Sturm/Hagel unbewohnbar wurde und/oder die Nutzung von Teilen der Wohnung unzumutbar ist. Anfallende Nebenkosten (z. B. Frühstück, Telefon etc.) werden nicht erstattet.

Eine vergleichbare Klausel wird vom GDV für die Wohngebäudeversicherung nach den VGB 88 nicht empfohlen. Das liegt daran, daß die Versicherung derartiger Kosten der Hausratversicherung zugeordnet ist. In der Hausratversicherung nach den VHB 84 steht dafür die Klausel 7310 „Hotelkosten" zur Verfügung. In den VHB 92 wurde der Ersatz von Hotelkosten nach § 2 Nr. 1 h VHB 92 in die Grunddeckung eingearbeitet. Diese Lösung ist sachgerecht, weil dadurch auch Mieter-VN in den Genuß einer Entschädigung für Hotelkosten kommen können, während die Klausellösung zu den VGB die Versicherung der Hotelkosten auf die vom Eigentümer des Wohngebäudes selbst genutzte Wohnung beschränkt.

## Gewerblich genutzte Räume 1.5

Versichert ist der Mietausfall bzw. der ortsübliche Mietwert von Wohnräumen. Die Versicherung des Mietausfalls oder des ortsüblichen Mietwerts für gewerblich genutzte Räume bedarf besonderer Vereinbarung. Für reine Wohngebäude ist der Ausschluß überflüssig, da es gewerblich genutzte Räume dort nicht gibt. Im Verhältnis zu § 1 Nr. 3 VGB 62 wird nunmehr aber deutlich klargestellt, daß bedingungsgemäß der Mietausfall oder der ortsübliche Mietwert für gewerblich genutzte Räume auch bei gemischt genutzten Gebäuden nicht versichert ist. Nach den VGB 62 gilt nichts anderes. Entgegen Martin (W VIII 3) gilt der Ausschluß (auch nach den VGB 62) selbst dann, wenn ausschließlich gewerblich genutzte Gebäude trotz der Beschränkung des Anwendungsbereichs der VGB nach den VGB versichert werden. Es ist keineswegs davon auszugehen, daß in diesen Fällen die Bestimmungen der VGB stillschweigend entsprechend abgeändert werden, soweit sie für die Entschädigung des Mietausfalls Wohnräume oder Wohnzwecke voraussetzen.

Zur Frage der **Entschädigung des Mietausfalls für gewerblich genutzte Räume** in der 1.5.1
Wohngebäudeversicherung liegt inzwischen umfangreiche **Rechtsprechung** vor. Sie wird nachfolgend dargestellt. Keine Entschädigung wegen Mietverlust für die gewerblich genutzten Räume eines Gaststättentrakts, weil § 1 Nr. 3 a VGB 62 eine Mietverlustentschädigung allein für Wohnräume kennt. Das gilt auch, wenn im Rahmen eines einheitlichen Versicherungsvertrags zugleich Wohnräume mitversichert sind (OLG Celle VersR 87 S. 373). In den Fällen einer gemischten Nutzung des versicherten Gebäudes ist der Mietverlust jedenfalls dann in voller Höhe zu entschädigen (d. h. unter Einbeziehung gewerblich genutzter Räume), wenn das Gebäude zu einem einheitlichen Mietzins vermietet worden ist, dieser also nicht nach etwa gewerblich und privat genutzten Räumen aufgeteilt ist, und wenn der privat genutzte Teil des Gebäudes überwiegt (OLG Köln zu § 1 Nr. 3 a VGB 62 r+s 90 S. 60 sowie VersR 91 S. 70). Nach dem eindeutigen Wortlaut des § 1 Nr. 3 VGB 62 deckt die Versicherung nur Mietverlust für Wohnräume, nicht aber auch für gewerblich genutzte Räume eines gemischt genutzten Gebäudes (Gebäude mit Wohn- und Gewerberäumen). Durch die Vereinbarung der VGB 62 für ein gemischt genutztes Gebäude (Gebäude mit Wohn- und Gewerberäumen) wird die Versicherung des Mietausfalls nach § 1 Nr. 3 VGB 62 nicht ohne weiteres konkludent auf die Gewerberäume ausgedehnt. Wie die Versicherung des Mietausfalls bei Vereinbarung der VGB 62 für ein ausschließlich gewerblich genutztes Gebäude zu beurteilen ist, wird offen gelassen. Allein der Umstand, daß der VN den Inhalt einer Versicherungsklausel

nicht richtig erfaßt und rechtsirrig auf nicht versicherte Risiken ausgedehnt hat (hier: § 1 Nr. 3 a VGB 62), macht die Klausel weder zu einer unklaren noch überraschenden Klausel im Sinne der §§ 5, 3 AGBG (OLG HammVersR 93 S. 962 und r+s 93 S. 107). Wenn der nach VGB 62 zunächst als Einheit versicherte Gebäudekomplex aus einem Gaststättentrakt mit Wirtschaftsräumen und Wohnräumen (für den Pächter) und aus einem neueren Anbau mit vom VN genutzter Wohnung besteht, wenn die Parteien später eine Neuordnung der Versicherung vorgenommen haben, bei der sie weiterhin eine einheitliche Versicherung der beiden Gebäude nach VGB 62 im Sinn hatten, der VN aber für jeden Gebäudeteil ein besonderes Antragsformular ausgefüllt hat, nur um dem Pächter so das größere Gaststättenrisiko und die deshalb teurere Versicherung dieses Gebäudeteils deutlich machen zu können, und wenn der Versicherer in einem einzigen Versicherungsschein die Versicherung eines „Wohn- und Geschäftshauses mit Anbau ......... nach Maßgabe des Antrags ........“ beurkundet hat, hat der Versicherer bei einem Schaden des Gaststättentrakts Mietverlust nach § 1 Nr. 3 a VGB 62 nur für die Wohnräume zu entschädigen, nicht aber auch für die gewerblich genutzten Räume (OLG Celle r+s 93 S. 264). Eine Schwimmhalle mit den Nebengelassen, die der Mieter nach dem Mietvertrag nicht als Wohnraum angemietet hat, sondern zum Betrieb eines Massage- und Krankengymnastikinstituts mit Bewegungsschwimmbad, Gegenstromanlage, Wannenbädern, Sauna und Unterwassermassage, ist kein Wohnraum im Sinne des § 1 Nr. 3 a VGB 62. Auch wenn eine Schwimmhalle und deren Nebengelasse, die aufgrund gebrochener Schläuche der Fußbodenheizung unbenutzbar geworden sind, ausschließlich privaten Zwecken dienen, aber von der in sich abgeschlossenen Wohnung räumlich getrennt sind, scheidet ein Entschädigungsanspruch aus § 1 Nr. 3 b VGB 62 aus, weil der Wohnungsinhaber trotz der Unbenutzbarkeit der Schwimmhalle nach wie vor über seine Wohnung verfügt und deren Benutzung in keiner Weise eingeschränkt ist (OLG Hamm r+s 96 S. 320 und VersR 97 S. 612).

Zusammenfassend kann festgestellt werden, daß die Rechtsprechung im allgemeinen davon ausgeht, daß bei gemischt genutzten Gebäuden kein Anspruch auf Ersatz des Mietwerts für gewerblich genutzte Räume besteht. Die zitierte Rechtsprechung bezieht sich durchgängig auf Wohngebäudeversicherungsverträge nach den VGB 62. Sie ist jedoch ohne weiteres auf die Wohngebäudeversicherung nach den VGB 88 zu übertragen, zumal dort im Gegensatz zu VGB 62 der Mietausfall für gewerblich genutzte Räume nach § 3 Nr. 2 VGB 88 im Umkehrschluß ausgeschlossen ist. Eine andere Ansicht vertritt lediglich das OLG Köln (a. a. O.). Dieses Gericht stellt unter anderem darauf ab, ob der vereinbarte Mietzins für gewerblich und privat genutzte Räume im Mietvertrag getrennt aufgeführt ist. Ist dies nicht der Fall, so ist nach Auffassung des OLG Köln auch der Mietverlust für gewerblich genutzte Räume vom Wohngebäudeversicherer zu entschädigen, wenn der privat genutzte Teil des Objekts überwiegt. Es erscheint jedoch sehr zweifelhaft, ob es angebracht ist, die Ersatzverpflichtung des Wohngebäudeversicherers von der Art und Weise der Darstellung des Mietzinses im Mietvertrag abhängig zu machen.

1.5.2 Für die **Abgrenzung zwischen gewerblich genutzten Räumen und Wohnräumen** ist der Inhalt des Mietvertrags und die tatsächliche Nutzung der Räume maßgeblich. Wohnräume sind alle Räume des versicherten Gebäudes, die zu privaten Wohnzwekken genutzt werden. Dazu zählen auch Nebenräume wie Boden- oder Kellerräume sowie privat genutzte Garagen. Einzelne Räume innerhalb der Wohnung sind auch dann als Wohnräume einzustufen, wenn sie beruflich genutzt werden. Typisches Beispiel ist das häusliche Arbeitszimmer. Dazu gehören weiterhin auch Räume innerhalb der Wohnung, die sowohl zu privaten Wohnzwecken als auch gewerblich genutzt werden. So liegt es, wenn der VN als Nebenerwerb innerhalb der Wohnung einen Getränkehandel oder eine Versicherungsagentur betreibt. In den genannten Fällen überwiegt die Wohnnutzung und die unterschiedlich genutzten Räume bilden eine räumliche Einheit.

Anders liegt es, wenn die gewerblich genutzten Räume nicht innerhalb der Wohnung liegen, sondern eine gesonderte räumliche Einheit sind. In diesen Fällen bedarf die Mitversicherung des Mietausfalls oder des ortsüblichen Mietwerts für gewerblich genutzte Räume der besonderen Vereinbarung. Dabei kommt es nicht darauf an, ob Wohnräume und gewerblich genutzte Räume durch einen einheitlichen Mietvertrag oder durch verschiedene Mietverträge vermietet werden. Auch spielt es keine Rolle, ob der Mietzins für Wohnräume und gewerblich genutzte Räume im Mietvertrag in einem Betrag oder getrennt ausgewiesen wird. Ist für Wohnräume und gewerblich genutzte Räume ein einheitlicher Mietbetrag ausgewiesen, so wird dieser Betrag im Versicherungsfall nach Maßgabe der örtlichen Vergleichsmieten auf Wohnräume und gewerblich genutzte Räume aufgeteilt.

Grundsätzlich kann der Einschluß des gewerblichen Mietausfallrisikos in die Wohnge- 1.5.3
bäudeversicherung nicht empfohlen werden. Darauf ist es zurückzuführen, daß dafür keine unverbindliche Tarifempfehlung des Verbandes gegeben wird. Eine angemessene versicherungstechnische Ausgestaltung der gewerblichen Mietausfallversicherung erfordert eine eigene Position mit einer Versicherungssumme und einer gesonderten Beitragsberechnung. Summengrundlage ist der Jahresmietwert der gewerblich genutzten Räume. Eine derartige Lösung verursacht in der Wohngebäudeversicherung einen erheblichen betriebstechnischen Aufwand, weil Versicherungssumme und Beitrag für die gewerbliche Mietausfallversicherung nicht mit dem gleitenden Neuwertfaktor angepaßt werden können. Der pauschale Einschluß des Mietausfalls für gewerblich genutzte Räume, z. B. in Form eines Zuschlags auf den Grundbeitrag bei betragsmäßig unbegrenzter Haftung, kann nicht empfohlen werden. Er birgt für Versicherer und VN nicht überschaubare Risiken in sich. Deshalb sollte die Mietausfallversicherung für gewerblich genutzte Räume in einem gesonderten Vertrag auf der Grundlage der ABM 89 versichert werden.

## Zeitliche Entschädigungsgrenze 2

Eine betragsmäßige Entschädigungsgrenze für Mietausfallentschädigungen enthalten die VGB 88 ebenso wie die VGB 62 nicht. Jedoch ist die Entschädigung für Mietausfall zeitlich begrenzt. Nach § 3 Nr. 3 VGB 88 werden Mietausfall oder Mietwert bis zu dem Zeitpunkt ersetzt, in dem die Wohnung wieder benutzbar ist, höchstens jedoch für zwölf Monate seit dem Eintritt des Versicherungsfalls. Diese Regelung wurde in Anlehnung an § 1 Nr. 3 VGB 62 gestaltet. Dort ist bestimmt, daß Miete oder Mietwert bis zum Schluß des Monats ersetzt werden, in dem die Wohnung wieder benutzbar geworden ist, höchstens jedoch für sechs Monate seit dem Eintritt des Versicherungsfalls. Im Vergleich zu den VGB 62 wird in den VGB 88 die Haftzeit für Mietausfall von sechs Monaten auf zwölf Monate verlängert. Eine weitere Verlängerung der Haftzeit ist aufgrund besonderer Vereinbarungen möglich.

Die zeitliche Begrenzung der Haftung für Mietausfall ist in der Eigenart der Mietausfallversicherung begründet. Es liegt ein gedehnter Versicherungsfall vor (vgl. D 1.3), der sich über einen längeren Zeitraum erstreckt. Er dauert an, solange die Nutzung der vom Schaden betroffenen Wohnung infolge des Versicherungsfalls gestört ist. Die Höhe des Schadens wird entscheidend von der Dauer der Nutzungsstörung beeinflußt. Durch die

Begrenzung der Haftzeit wird das Mietausfallrisiko für den Versicherer überschaubar und kalkulierbar. Es ist indessen auch vorstellbar, daß auf die zeitliche Begrenzung verzichtet werden kann. Aufgrund der sprachlich unklaren Regelungen in §§ 3 Nr. 3 VGB 88, 1 Nr. 3 VGB 62 bereitet die exakte Bestimmung von Beginn und Ende der Haftzeit erhebliche Schwierigkeiten. Übereinstimmend sprechen die AVB davon, daß Mietausfall, Mietverlust oder Mietwert bis zu dem Zeitpunkt ersetzt werden, in dem die Wohnung bzw. die Räume wieder benutzbar sind, höchstens jedoch für die Dauer von sechs Monaten bzw. zwölf Monaten seit dem Eintritt des Versicherungsfalles.

## 2.1 Beginn der Haftzeit

Der Beginn der Haftzeit für den Mietausfall wird offenbar gleichgesetzt mit dem Eintritt des Versicherungsfalls. Bei wörtlicher Auslegung führt diese Regelung zu sachlich ungerechtfertigten Ergebnissen. Eintritt des Versicherungsfalls (Sachschaden) und Beginn der Nutzungsstörung fallen häufig zeitlich auseinander. So liegt es, wenn infolge des Bruchs eines im Fußboden verlegten Heizungsrohres zunächst längere Zeit unbemerkt Wasser austritt, bevor erkennbare Schäden am Fußbodenbelag und am Estrich auftreten, und die Nutzungsstörung beginnt. Mietausfall bzw. Mietverlust setzt in dem Zeitpunkt ein, in dem erkennbare Schäden bzw. Mängel an der Wohnung entstehen. Es wäre jedoch unbillig, für die Berechnung der Haftzeit den davorliegenden Zeitpunkt des Eintritts des Versicherungsfalls zugrunde zu legen. Das führte bei versteckten Versicherungsfällen mit längerer nachfolgender Reparaturzeit zu einer ungerechtfertigten Kürzung der Mietausfallentschädigung. Beispiel: Eintritt des Versicherungsfalls 1. 2. 1998; Mangel an der Wohnung 1. 12. 1998; Reparaturende/Mangelbeseitigung 31. 3. 1999. Ein Recht auf Mietminderung besteht für die Zeit vom 1. 12. 1998 bis 31. 3. 1999, d. h. für einen Zeitraum von vier Monaten. Bei wörtlicher Auslegung der angesprochenen Bestimmungen endete die Haftzeit des Versicherers am 1. 2. 1999. Es würde demnach Entschädigungen für zwei Monate geleistet. Dieses Ergebnis wäre unbillig. Deshalb sind die genannten Bestimmungen dahingehend auszulegen, daß Mietausfall oder Mietwert höchstens für die Dauer von sechs bzw. von zwölf Monaten entschädigt werden. Der Zusatz „seit dem Eintritt des Versicherungsfalles" ist irreführend und überflüssig. Es kommt lediglich darauf an, daß der Versicherungsfall während der Dauer des Vertrages eingetreten ist (vgl. C 3).

## 2.2 Ende der Haftzeit

Nach dem Bedingungswortlaut endet die Haftzeit in dem Zeitpunkt, in dem die Wohnung wieder benutzbar ist, spätestens jedoch nach zwölf Monaten. Diese Formulierung ist sprachlich nicht korrekt. Sie deckt nur diejenigen Fälle ab, in denen die Wohnung infolge eines Versicherungsfalls tatsächlich unbenutzbar geworden war. Diese Voraussetzung ist bei Mietwohnungen häufig jedoch nicht gegeben und auch nicht gefordert (vgl. C 1.1.1). Daneben wird der Eindruck erweckt, daß vor dem genannten Zeitpunkt keine Veränderung der einmal festgestellten Entschädigungsvoraussetzungen eintreten kann. Auch dies trifft nicht zu. Es kommt bei Mietwohnungen häufig vor, daß die schadenbedingten Mängel an der Wohnung schrittweise beseitigt werden, so daß sich das Ausmaß der Nutzungsstörung und infolgedessen der Umfang der Mietminderung innerhalb der Haftzeit verändern. Deshalb ist die vorstehende Bestimmung dahingehend auszulegen, daß Mietausfall oder Mietwert bis zu dem Zeitpunkt ersetzt werden, in dem die schadenbedingten Mängel an den Wohnräumen beseitigt sind, die den Mietausfall oder den Mietverlust verursacht bzw. begründet haben. Die Schadenberechnung erfolgt zeitanteilig nach Kalendertagen. Nicht übernommen wurde der Hinweis in § 1 Nr. 3 VGB 62, Miete oder Mietwert werde nur bis zum Schluß des Monats ersetzt, in dem die Wohnung wieder benutzbar geworden ist. Diese Formulierung in den VGB 62 wurde gelegentlich dahingehend interpretiert, der Mietausfall werde grundsätzlich monatsweise berechnet und entschädigt. Dieses Mißverständnis kann nach den VGB 88 nicht mehr auftreten.

## Schuldhafte Verzögerung der Wiederbenutzung 2.3

Enschädigung wird nur geleistet, soweit der VN die Möglichkeit der Wiederbenutzung nicht schuldhaft verzögert. Es genügt einfache Fahrlässigkeit. Auch eine verspätete Schadenmeldung ist dem VN als schuldhafte Verzögerung der Wiederbenutzung des Hauses im Sinne des § 1 Nr. 3 Abs. 3 Satz 2 VGB 62 anzulasten (OLG Köln VersR 91 S. 70 und r+s 90 S. 60). Dies gilt für die Wohngebäudeversicherung nach VGB 88 analog. Maßgebend für die Berechnung der Haftzeit ist derjenige Zeitraum, der sich bei unverzüglicher Einleitung und Durchführung der Reparatur- bzw. Wiederherstellungsmaßnahmen ergibt. Dabei wird die Wiederherstellung des ursprünglichen Gebäudezustands zugrunde gelegt. Keine Haftung besteht, soweit sich die Wiederherstellung durch bauliche Veränderungen verzögert. Ist der VN beim Wiederaufbau des versicherten Gebäudes jedoch auf die Entschädigung für den Sachschaden angewiesen, so verzögert er nicht schuldhaft die Wiederbenutzung, wenn er mit dem Wiederaufbau erst beginnt, nachdem der Versicherer die Sachschadenentschädigung ausgezahlt hat (vgl. OLG Hamm VersR 88 S. 795). Wird infolge des schuldhaften Verhaltens des Mieters der Wohnung die Wiederbenutzung verzögert, besteht auch dafür keine Entschädigungsverpflichtung. Der Mieter ist insoweit auch nicht berechtigt, die Miete ganz oder teilweise zu verweigern. Zahlt er dennoch nicht, fehlt eine der nach §§ 3 Nr. 1 a VGB 88, 1 Nr. 3 a VGB 62 geforderten Voraussetzungen (vgl. C 1.1.1).

Fraglich ist, ob eine Verzögerung der Wiederbenutzung infolge von außergewöhnlichen Ereignissen, Betriebsbeschränkungen oder Kapitalmangel außer Betracht bleibt. Diese Frage ist nach dem Bedingungswortlaut nicht eindeutig zu beantworten. Die angesprochenen Sachverhalte sind in §§ 2 Nr. 4 Abs. 3 VGB 88 n. F., 15 Nr. 2 Abs. 3 VGB 88 a. F. zwar geregelt, jedoch beziehen sich die dortigen Bestimmungen nach dem Wortlaut auf Sachschäden. Allerdings bietet es sich an, sie bei der Schaden- und Entschädigungsberechnung in der Mietausfallversicherung entsprechend anzuwenden.

## Änderung der Miet- oder Nutzungsverhältnisse 2.4

Schwierigkeiten bereitet die Bestimmung der Haftzeit, wenn sich während der Dauer der Nutzungsstörung die Miet- oder Nutzungsverhältnisse planmäßig und vorhersehbar ändern bzw. geändert hätten. Es sind verschiedene Fallgestaltungen vorstellbar. Steht eine Wohnung bei Eintritt des Versicherungsfalls leer, so hat der VN grundsätzlich keinen Anspruch auf Mietausfallentschädigung (vgl. C 1.1.1). Dieser Grundsatz gilt jedoch nicht, wenn der VN nachweist, daß die Wohnung innerhalb der Haftzeit vermietet wird oder ohne den Versicherungsfall vermietet worden wäre. In § 3 Nr. 2 ABM 89 sind diese Fälle geregelt. Für Gebäude oder Räume, die zur Zeit des Eintritts des Versicherungsfalls nicht vermietet waren, wird danach der Mietausfall ersetzt, sofern Vermietung zu einem späteren, in der Wiederherstellungszeit liegenden Termin nachgewiesen wird. Es ist nicht vorausgesetzt, daß bei Eintritt des Versicherungsfalls der Mietvertrag bereits besteht. Die VGB beinhalten keine vergleichbare Regelung. Bei sachgerechter Auslegung von §§ 3 VGB 88, 1 Nr. 3 VGB 62 kann jedoch in diesen Fällen nichts anderes gelten. Beispiel: Eintritt des Versicherungsfalls und Beginn der Haftzeit 1. 6. 1998; Beginn des Mietvertrages 1. 8. 1998; Wiederherstellung/Mängelbeseitigung 15. 9. 1998. Mietausfall wird für die Zeit vom 1. 8. – 15. 9. 1998 ersetzt. Keine Haftung besteht jedoch für weitergehende Schäden, die gegebenenfalls dadurch entstehen, daß ein Mietvertrag infolge des Versicherungsfalls nicht zustande kommt und die Wohnung auch nach dem 15. 9. 1998 leer steht. Ähnlich verhält es sich, wenn ein bei Eintritt des Versicherungsfalls bestehender Mietvertrag innerhalb der Haftzeit endet. Läuft der Mietvertrag im obigen Beispiel zum 31. 7. 1998 aus, wird Mietausfall für die Zeit vom 1. 6. – 31. 7. 1998 entschädigt. Darüber hinaus besteht ein Anspruch bis zum 15. 9. 1998 nur unter der Voraussetzung, daß zwischen dem 1. 8. 1998 und dem 15. 9. 1998 ein neues Mietverhältnis beginnt oder ohne den Versicherungsfall nachweislich begonnen hätte.

Vergleichbare Probleme treten bei **Schäden an Neubauten** auf, die bei Eintritt des Versicherungsfalls zwar bezugsfertig, aber noch nicht benutzt bzw. noch nicht vermietet waren. Beispiel: Eintritt des Versicherungsfalls 1. 4. 1998; planmäßiger Nutzungs- bzw. Mietbeginn 1. 6. 1998; tatsächlicher Nutzungs- bzw. Mietbeginn 1. 5. 1999. Nach der hier vertretenen Ansicht hat der VN Anspruch auf Mietausfallentschädigung für die Zeit vom 1. 6. 1998 – 30. 4. 1999. Die fiktive Haftzeit beginnt am 1. 6. 1998, nicht schon am 1. 4. 1998 (vgl. C 2.1). Allerdings ist vorausgesetzt, daß der Neubau bei Eintritt des Versicherungsfalls bezugsfertig war. Ist diese Voraussetzung nicht erfüllt, besteht kein Versicherungsschutz in der Mietausfallversicherung. Die beitragsfreie Feuer-Rohbauversicherung gilt während der Zeit des Rohbaus bis zur bezugsfertigen Herstellung nur für das Gebäude und die zu seiner Errichtung notwendigen, auf dem Baugrundstück befindlichen Baustoffe (vgl. A 7.1). Auch bei Gebäuden, die zum Abbruch bestimmt, aber bei Eintritt des Versicherungsfalls noch bewohnt sind, kann eine fiktive Abrechnung von Mietausfallschäden in Frage kommen. Beispiel: Eintritt des Versicherungsfalls und Beginn der Haftzeit 1. 2. 1998; vorgesehene Räumung des Gebäudes 1. 10. 1998; fiktive Wiederherstellung/Mängelbeseitigung 1. 11. 1998. Es besteht Anspruch auf Mietausfallentschädigung für die Zeit vom 1. 2. bis 30. 9.1998. Ziehen die Mieter aus Anlaß des Versicherungsfalls aus und unterbleibt die Wiederherstellung, so ist in der Regel lediglich die Kaltmiete zu entschädigen, weil Neben- bzw. Betriebskosten dann nicht mehr anfallen.

## 3 Einheit des Versicherungsfalls

Sachschaden, Kostenschaden und Mietausfallschaden sind gemeinsam ein Versicherungsfall. Maßgebend für die Ersatzverpflichtung dem Grunde nach ist bei allen Schadenkomponenten der Zeitpunkt, in dem der Sachschaden eingetreten ist. Beispiel: Eintritt des Versicherungsfalls (Sachschaden) 1. 10. 1998; Ende des Versicherungsvertrages 1. 11. 1998; Eintritt Nutzungsstörung/Mietausfall 1. 12. 1998. Für den Mietausfallschaden besteht Versicherungsschutz. Beginnt dagegen der Versicherungsvertrag am 1. 11. 1998, ist weder der Sachschaden noch der Mietausfallschaden zu entschädigen.

An der Einheit des Versicherungsfalls liegt es, daß für Verträge mit fester Versicherungssumme die Versicherungssumme gemeinsame Obergrenze der Entschädigung für Sach-, Kosten- und Mietausfallschaden ist (vgl. R 5). In §§ 14 Nr. 4 VGB 88 n. F., 15 Nr. 5 VGB 88 a. F. ist dies im Verhältnis zu § 16 Nr. 1 VGB 62 klargestellt. Entgegen der Ansicht von Martin (W VIII 2) ist die Mietverlustversicherung nach §§ 3 VGB 88, 1 Nr. 3 VGB 62 keine gesonderte Position ohne Versicherungssumme. Die Gesamtentschädigung für Sach-, Kosten- und Mietausfallschäden ist aufgrund der angesprochenen Regelungen je Versicherungsfall auf die Versicherungssumme begrenzt. Deshalb kann es bei Totalschäden schon vorkommen, daß die Versicherungssumme durch die Entschädigung für den Sachsubstanzschaden aufgebracht wird, so daß für Kosten- und Mietausfallschäden keine weitere Entschädigung geleistet werden kann. Indessen haben derartige Fälle weitgehend theoretische Bedeutung, zumal sie ausschließlich bei Verträgen mit fester Versicherungssumme eintreten können. Die weitaus überwiegende Zahl der Wohngebäude wird jedoch zum gleitenden Neuwert versichert. In der Gleitenden Neuwertversicherung gibt es weder nach den VGB 62 noch nach den VGB 88 eine betragsmäßige Begrenzung der Entschädigung. Daneben ist zu berücksichtigen, daß Totalschäden in der Wohngebäudeversicherung selten auftreten, so daß auch bei Versicherungen mit fester Versicherungssumme in den allermeisten Fällen Spielraum für die Entschädigung von Kosten- und Mietausfallschäden besteht.

# D Versicherungsfall; Versicherte Gefahren und Schäden

In Angleichung an die VHB 84/VHB 92 und die AVB Sach 87 werden in § 4 VGB 88 die versicherten Gefahren und Schäden zusammenfassend behandelt. Systematisch entspricht § 4 VGB 88 der Regelung der versicherten Gefahren in § 1 Nr. 1 VGB 62. Beim Vergleich mit § 1 VGB 62 fällt auf, daß die dort unter Nr. 2, Nr. 3 und Nr. 4 geregelten Sachverhalte in den VGB 88 nicht mehr im Zusammenhang mit den versicherten Gefahren und Schäden behandelt werden. Dies liegt zum einen daran, daß versicherte Kosten, versicherter Mietausfall und die in § 1 Nr. 4 VGB 62 geregelten Ausschlüsse aufgrund der neuen Gliederung der VGB 88 umgruppiert wurden. Daneben wurde auf die ausdrückliche Aufzählung von Schäden durch Löschen, Niederreißen oder Ausräumen verzichtet. Es handelt sich dabei um Folgeschäden, die ohne weiteres versichert sind (vgl. D 4). Die Überschrift des § 4 wurde an die sonstigen AVB Sach angepaßt. Anstelle von „Versicherten Gefahren" in § 1 VGB 62 wird nunmehr von „Versicherten Gefahren und Schäden" gesprochen. In diesem Punkt sind die AVB in den klassischen Sachversicherungssparten nunmehr harmonisiert. Es wird übereinstimmend von versicherten Gefahren und Schäden gesprochen. Bei der Neufassung der VGB 88 wurde der Wortlaut von § 4 VGB 88 n. F. geändert. In der Überschrift und in Nr. 1 wurde der Zusatz „Versicherungsfall" angefügt. Die Rohrbruch- und Frostversicherung wird in § 4 VGB 88 n. F. abweichend von § 4 Nr. 2 VGB 88 a. F. überhaupt nicht erwähnt. Jedoch sind auch Rohrbruch- oder Frostschäden Versicherungsfälle, obwohl dies nach dem Wortlaut von § 4 VGB 88 n. F. zweifelhaft sein könnte.

## 1 Versicherungsfall

Die Überschrift des § 4 VGB 88 „Versicherte Gefahren und Schäden" verdeutlicht, daß versicherte Gefahr und versicherter Schaden begrifflich nebeneinander stehen und voneinander zu trennen sind. Versicherte Gefahren sind die in § 4 Nr. 1 a bis c VGB 88 genannten Ereignisse. Sie verursachen Schäden an versicherten Sachen (Schadenursachen). Versicherte Schäden treten ein, wenn die aufgeführten Ereignisse schädigend auf versicherte Sachen einwirken. Anders ausgedrückt entstehen versicherte Schäden infolge der Zerstörung, der Beschädigung oder des Abhandenkommens von versicherten Sachen infolge des Eintretens einer versicherten Gefahr innerhalb des Versicherungsorts. Die Beweislast liegt beim VN. Er muß nachweisen, daß die Schäden an versicherten Sachen durch die Einwirkung einer versicherten Gefahr auf dem Versicherungsgrundstück entstanden sind.

### 1.1 Begriff des Versicherungsfalls

Die vorstehenden Aussagen sind Grundlage für die Beschreibung des Versicherungsfalls in der Wohngebäudeversicherung. Durch den ergänzenden Hinweis „(Versicherungsfall)" in § 4 Nr. 1 VGB 88 n. F. wird dies jetzt auch deutlich zum Ausdruck gebracht. Die Beschreibung des Versicherungsfalls ist in der Schadenversicherung allgemein recht schwierig. Einen einheitlichen Begriff des Versicherungsfalls gibt es nicht (Bruck/Möller Anm. 49 zu § 1). Die Bestimmung des Begriffs Versicherungsfall hat in der Wohngebäudeversicherung große Bedeutung, da an den Eintritt des Versicherungsfalls verschiedene Rechtsfolgen mit erheblichen materiellen Auswirkungen geknüpft sind.

Analog der in der Hausratversicherung geltenden Definition (vgl. Dietz vor § 3 RN 1) ist Versicherungsfall in der Wohngebäudeversicherung die Zerstörung, die Beschädigung oder das Abhandenkommen von versicherten Sachen durch eine versicherte Gefahr im Versicherungsort während der materiellen Dauer des Versicherungsschutzes. Weiterhin liegt nach dem Wortlaut von § 4 Nr. 2 VGB 88 a. F. (vgl. D 2.4) ein Versicherungsfall vor, wenn Bruchschäden an Rohren der Wasserversorgung oder Frostschäden an sonstigen Leitungswasser führenden Einrichtungen entstehen. Es bestätigt sich, daß weder Kostenschäden noch Mietausfallschäden eigenständige Versicherungsfälle sind (vgl. B 3 und C 1).

## Eintritt des Versicherungsfalls 1.2

Grundvoraussetzung für die Leistungsverpflichtung des Versicherers ist der Eintritt des Versicherungsfalls während der materiellen Dauer des Versicherungsvertrages. In der Wohngebäudeversicherung tritt der Versicherungsfall in dem Zeitpunkt ein, in dem eine versicherte Gefahr beginnt, schädigend auf versicherte Sachen einzuwirken. Der Versicherungsfall tritt nicht bereits dann ein, wenn z. B. auf einem Nachbargrundstück ein Brand ausbricht, Leitungswasser austritt oder ein Sturm einsetzt. Vielmehr beginnt der Versicherungsfall erst dann, wenn eines der genannten Schadenereignisse in der Weise auf versicherte Sachen einwirkt, daß eine wirtschaftlich nachteilige Veränderung ihres Zustands in Form der Zerstörung, der Beschädigung oder des Abhandenkommens einsetzt. Lediglich in der Feuerversicherung nach den AFB ist nach herrschender Ansicht der Ausbruch des Brandes bereits Eintritt des Versicherungsfalls, wenn der Brand zunächst an anderen Sachen ausbricht und später auf versicherte Sachen übergreift (s. Martin B I 13 f. m. w. N.). Diese gewohnheitsrechtlich abweichende Auslegung für die Feuerversicherung nach den AFB läßt sich jedoch auf die VGB nicht übertragen. Dabei spielt es keine Rolle, daß die Bestimmungen über den Eintritt des Versicherungsfalls in § 6 Nr. 2 VGB 62 nicht in die VGB 88 übernommen wurden. Der Wortlaut von § 4 VGB 88 läßt eine andere Auslegung ohnehin nicht zu (ebenso Martin B I 20). Der Versicherungsfall tritt nicht schon dann ein, wenn ein Brand ausbricht, Leitungswasser austritt oder ein Sturm einsetzt. Vielmehr ereignet sich ein Versicherungsfall erst dann, wenn die beschriebenen Schadenereignisse Schäden an versicherten Sachen anrichten. Probleme für den Ersatz von Rettungskosten treten wegen des dafür geltenden Grundsatzes der Vorerstreckung nicht auf (vgl. B 3.3.1).

Die dargestellte Auslegung hat im Einzelfall ausschlaggebende Bedeutung für die Haftung des Versicherers, wenn nach dem Eintritt der Schadenursache (Entstehung des Brandes, Austritt von Leitungswasser) eine gewisse Zeit verstreicht, bevor die Schadenursache (der Brand, das Leitungswasser) beginnt, schädigend auf versicherte Sachen einzuwirken. Beispiele: Ein Waldbrand bricht aus, der erst nach einigen Tagen ein versichertes Gebäude erfaßt. Eine außerhalb des Versicherungsgrundstücks verlaufende Hauptwasserleitung bricht, es tritt längere Zeit unbemerkt Wasser aus, das erst nach einigen Tagen oder Wochen Durchnässungsschäden an den Kellermauern des versicherten Gebäudes anrichtet. Liegt der Beginn oder das Ende des Versicherungsvertrags zeitlich zwischen dem Eintritt der Schadenursache und dem Eintritt der ersten Beschädigungen an versicherten Sachen, so entscheidet der Begriff des Versicherungsfalls über die Haftung des Versicherers. Beispiel: Rohrbruch bzw. Brandausbruch 29. 6. 1998; Beschädigung bzw. Zerstörung versicherter Sachen 2. 7. 1998; Versicherungsbeginn/Versicherungsende 1. 7. 1998. Endet der Versicherungsvertrag am 1. 7. 1998, besteht kein Versicherungsschutz, da der Versicherungsfall am 2. 7. 1998 eingetreten ist. Umgekehrt besteht Versicherungsschutz, wenn der Vertrag am 1. 7. 1998 begonnen hat. Wäre der Zeitpunkt des Rohrbruchs bzw. des Brandausbruchs zugleich der Zeitpunkt, zu dem der Versicherungsfall eingetreten ist, würde das Umgekehrte gelten.

## 1.3 Einheit des Versicherungsfalls

Der Versicherungsfall in der Wohngebäudeversicherung ist nicht ein augenblickliches, auf einen bestimmten Zeitpunkt fixiertes Ereignis. Ein Versicherungsfall erstreckt sich in der Regel über einen längeren Zeitraum. Es handelt sich um einen sog. gedehnten Versicherungsfall (Bruck/Möller Anm. 34 vor §§ 49 – 80). Werden verschiedene versicherte Sachen durch dasselbe Schadenereignis nacheinander beschädigt oder zerstört, so handelt es sich um einen einheitlichen Versicherungsfall, nicht um mehrere zeitlich nacheinander eintretende Versicherungsfälle (ebenso Martin B IV 7). Dies gilt auch im Hinblick auf Kosten- und Mietausfallschäden. Sachschaden, Kostenschaden und Mietausfallschaden bilden einen einheitlichen Versicherungsfall. Infolgedessen hängt die Ersatzverpflichtung für Kosten- und Mietausfallschaden in dem in D 1.2 dargestellten Beispiel allein vom Eintritt des Sachschadens ab.

Der Versicherungsfall dauert an, solange durch das Schadenereignis, das den Versicherungsfall bewirkt hat, Schäden an versicherten Sachen oder versicherte Kosten- oder Mietausfallschäden entstehen. So liegt ein Versicherungsfall vor, wenn ein über Stunden andauernder Sturm nach und nach an verschiedenen Stellen des versicherten Gebäudes Schäden anrichtet. Die Einheit des Versicherungsfalls bleibt selbst dann gewahrt, wenn im Zeitverlauf andere versicherte Gefahren hinzutreten, die durch die zeitlich erste Ursache adäquat kausal herbeigeführt wurden. Wird durch Blitzschlag eine Antenne zerstört und ein Brand ausgelöst, liegt ein Versicherungsfall vor. Das Gleiche gilt, wenn infolge eines Brandes Rohre der Wasserversorgung brechen, Leitungswasser austritt, das Durchnässungsschäden am Gebäude anrichtet. In beiden Fällen handelt es sich um einen Brandschaden. Es ist also in der Feuerversicherung nicht möglich, einen einheitlichen kausalen Geschehensablauf in mehrere Versicherungsfälle zu zerlegen. Dies gilt auch dann, wenn durch einen Brand andere versicherte Gefahren ausgelöst werden, die ihrerseits Schäden an versicherten Sachen verursachen. Ähnlich liegt es, wenn ein Brand gelöscht wird, unbemerkt Glimm- und Schwelreste zurückbleiben, die später zu einem Wiederaufflammen des Brandes führen. Es handelt sich um einen einheitlichen Versicherungsfall. Der zweite Brand ist nicht ein zweiter Versicherungsfall, da er aus dem ersten entstanden ist und infolgedessen ein einheitlicher Versicherungsfall vorliegt (BGH VersR 91 S. 460 und r+s 91 S. 171).

Der Grundsatz der Einheit des Versicherungsfalls hat in der Wohngebäudeversicherung erhebliche praktische Auswirkungen. Die Entschädigungsgrenzen für Aufräumungs- und Abbruchkosten, für Bewegungs- und Schutzkosten sowie für Mehrkosten infolge Preissteigerungen stehen je Versicherungsfall einmal zur Verfügung. Wäre es möglich, einen einheitlichen Schadenfall in mehrere Versicherungsfälle zu zerlegen, würden die Entschädigungsgrenzen unterlaufen. Der Versicherer könnte aus demselben Schadenfall mehrfach bis zur Höhe der Entschädigungsgrenze in Anspruch genommen werden. Bei Versicherungsverträgen mit fester Summe ergäben sich noch weitreichendere Konsequenzen. Nach §§ 14 Nr. 4 VGB 88 n. F., 15 Nr. 5 VGB 88 a. F. ist die Gesamtentschädigung für versicherte Sachen, versicherte Kosten und versicherten Mietausfall in diesen Fällen je Versicherungsfall auf die Versicherungssumme begrenzt. Daneben vermindert sich die Versicherungssumme nach §§ 19 Nr. 1 VGB 88 n. F., 24 Nr. 1 VGB 88 a. F., 20 Nr. 1 VGB 62 nicht dadurch, daß eine Entschädigung geleistet wird. Infolgedessen könnte auch bei Verträgen mit fester Summe eine betragsmäßig nahezu unbegrenzte Haftung realisiert werden, wenn ein einheitlicher Schadenfall in mehrere Versicherungsfälle aufgeteilt würde. Infolge der Einheit des Versicherungsfalls können diese aus der Sicht des Versicherers unerwünschten Wirkungen indessen nicht eintreten.

## Abgrenzung der versicherten Gefahren 1.4

Im Gegensatz zur Hausratversicherung nach den VHB 84/VHB 92 gilt der Grundsatz der Einheit des Versicherungsfalls in der Wohngebäudeversicherung nicht uneingeschränkt für alle versicherten Gefahren. Dies liegt daran, daß die Wohngebäudeversicherung im Gegensatz zur Hausratversicherung keine geschlossene Mehrgefahrendeckung, sondern eine verbundene Versicherung ist. Infolgedessen steht es dem VN frei, die drei Gefahrengruppen Brand/Blitzschlag/Explosion, Leitungswasser/Rohrbruch/Frost oder Sturm/Hagel einzeln zu versichern bzw. beliebig miteinander zu kombinieren (s. D 3). In der Praxis wird davon häufig Gebrauch gemacht. Es kommt vielfach vor, daß Gebäude nur gegen Schäden durch die eine oder andere Gefahrengruppe versichert sind. Weiterhin ist dasselbe Gebäude oft gegen Schäden durch die verschiedenen Gefahrengruppen bei verschiedenen Versicherern geschützt. Typische Fälle dafür sind Verträge für Wohngebäude in den ehemaligen Pflicht- und Monopolgebieten. Dort besteht Versicherungsschutz für Brand- und gebietsweise auch für Sturm-/oder Hagelschäden bei der zuständigen Pflicht- und Monopolanstalt. Die übrigen Gefahren wurden in separaten Verträgen bei Wettbewerbsversicherern abgedeckt. Aus den dargestellten Gründen ist es erforderlich, die versicherten Gefahren in der Wohngebäudeversicherung gegeneinander abzugrenzen.

**Nach § 9 Nr. 3 b VGB 88 a. F. erstreckt sich der Versicherungsschutz gegen Leitungswasser, Rohrbruch und Frost sowie gegen Sturm und Hagel ohne Rücksicht auf mitwirkende Ursachen nicht auf Schäden durch Brand, Blitzschlag, Explosion, Anprall oder Absturz eines bemannten Flugkörpers**, seiner Teile oder seiner Ladung (ähnlich §§ 4 Nr. 3 g, 5 Nr. 4 d VGB 62). Dadurch werden Leitungswasser- und Rohrbruchschäden infolge von Brandschäden sowie Brandschäden infolge von Leitungswasserschäden als Brandschäden eingestuft. Die Einstufung von Brandfolgen in Form von Leitungswasser- oder Rohrbruchschäden als Brandschäden bestätigt die Einheit des Versicherungsfalls. Der Ausschluß von Brandschäden infolge eines Leitungswasserschadens aus der Leitungswasserdeckung hebt den Grundsatz der Einheit des Versicherungsfalls insoweit auf. Die Folgen desselben Schadenereignisses führen zu je einem Versicherungsfall in der Feuer- und in der Leitungswasserversicherung. Dadurch wird Doppelversicherung zwischen den einzelnen Gefahrengruppen vermieden. Der Haftung der Feuerversicherung wird dabei Vorrang eingeräumt. Die Priorität der Feuerhaftung liegt im Interesse des VN, weil nahezu alle Wohngebäude gegen Brandschäden versichert sind, während eine Versicherung gegen Leitungswasserschäden für nur ca. 60 % aller Wohngebäude abgeschlossen wurde. Die vorstehenden Ausführungen gelten für die Abgrenzung zwischen dem Feuer- und dem Sturm-/Hagelrisiko sinngemäß. Verursacht Sturm (oder Hagel) einen Brand, so wird der dadurch entstehende Schaden als Brandschaden behandelt. Entsprechendes gilt, wenn durch einen zeitlich vorhergehenden Brandschaden der Eintritt oder der Umfang eines Sturm- oder Hagelschadens begünstigt wird. Diese Fälle haben jedoch weitgehend theoretische Bedeutung. 1.4.1

**In den VGB 88 n. F. wurde auf eine entsprechende Abgrenzung verzichtet.** Nachteile für den VN hat das nicht. Die Einheit des Versicherungsfalls bei durch Leitungswasser verursachten Brandfolgeschäden wird dadurch wieder hergestellt. Andererseits entstehen dadurch Fälle der Doppelversicherung. So liegt es, wenn bei einem Brand in einem Wohngebäude durch die Hitzeeinwirkung leitungswasserführende Rohre brechen und bestimmungswidrig austretendes Leitungswasser Schäden am Gebäude anrichtet. Nach VGB 88 a. F. haftet der Feuerversicherer wegen § 9 Nr. 3 b VGB 88 a. F. allein für den gesamten Schaden. Ein Anspruch aus der Leitungswasserversicherung besteht nicht. Dagegen haften nach den VGB 88 n. F. Feuerversicherer und Leitungswasserversicherer nebeneinander für den Rohrbruch- und den Leitungswasserschaden. Bestehen verschiedene Versicherungsverträge, so regelt sich der Ausgleich zwischen den Versicherern nach § 59 VVG (vgl. R 8.4). Ähnlich liegt es, wenn durch einen Leitungswasserschaden ein Folgebrandschaden verursacht wird. Nach den VGB 88 a. F. haftet der Feuerversicherer für den Brandschaden. Ein Anspruch aus der Leitungswasserversicherung besteht dafür nicht. Nach den VGB 88 n. F. haften sowohl Leitungswasserversicherer als auch Feuerversicherer für den Folgebrandschaden. Der Ausgleich zwischen den Versicherern richtet sich wiederum nach § 59 VVG.

1.4.2 Die **Abgrenzung zwischen der Leitungswasser-/Rohrbruchversicherung und der Sturm-/Hagelversicherung** ist in §§ 8 Nr. 4 d VGB n. F., 9 Nr. 6 e VGB 88 a. F. geregelt. Danach erstreckt sich der Versicherungsschutz gegen Sturm und Hagel ohne Rücksicht auf mitwirkende Ursachen nicht auf Schäden durch Leitungswasser oder Rohrbruch. Im Verhältnis dieser beiden Gefahrengruppen zueinander hat die Leitungswasser-/Rohrbruchdeckung Priorität. Auch dies kann dazu führen, daß durch dasselbe Schadenereignis zwei Versicherungsfälle in der Wohngebäudeversicherung herbeigeführt werden. So liegt es, wenn durch Sturm Schäden am Dach des versicherten Gebäudes entstehen und herabfallende Gebäudeteile an einer außen am Gebäude angebrachten Wasserzapfstelle einen Rohrbruch verursachen. Die Sturmschäden am Dach des Gebäudes werden als Versicherungsfall in der Sturmversicherung eingestuft, die Sturmfolgeschäden an den Rohren der Wasserversorgung sowie ein nachfolgender Durchnässungsschaden durch bestimmungswidrig austretendes Wasser sind Versicherungsfall in der Leitungswasserversicherung.

1.4.3 **Durch die Abgrenzung der versicherten Gefahren gegeneinander wird** in den in D 1.4.1 und 1.4.2 dargestellten Fällen **verschiedentlich die Einheit des Versicherungsfalls aufgehoben**. Dasselbe Schadenereignis verursacht mehrere Versicherungsfälle. Aus Anlaß eines Schadenereignisses können dann z. B. Entschädigungsgrenzen mehrfach beansprucht werden. Die dargestellte Abgrenzung kann weiterhin dazu führen, daß die Folgen ein und desselben Schadenereignisses teilweise versichert, teilweise aber unversichert sind. So liegt es, wenn der VN am 10. 9. 1998 einen Antrag auf Versicherung seines Wohngebäudes stellt, der Versicherungsvertrag am 1. 10. 1998 beginnt und am 25. 9. 1998 ein versteckter Leitungswasserschaden eingetreten ist, der am 2. 10. 1998 einen Kurzschluß mit nachfolgendem Brand auslöst. Der Leitungswasserschaden ist nicht versichert, der Schaden durch den Nachfolgebrand wird entschädigt. Unter denselben Voraussetzungen besteht in der Hausratversicherung für den Hausratschaden durch Leitungswasser und durch Brand kein Versicherungsschutz, da es sich um einen Versicherungsfall handelt (vgl. Dietz vor § 3 RN 3). Es fragt sich jedoch, ob dieses Ergebnis in der Hausratversicherung nicht zu Gunsten des VN zu korrigieren ist.

## Versicherte Gefahren 2

Der Kreis der versicherten Gefahren wurde in den VGB 88 im Verhältnis zu § 1 Nr. 1 VGB 62 durch den Einschluß des Hagelrisikos in die Grunddeckung erweitert. In der Wohngebäudeversicherung nach den VGB 62 wurde das Hagelrisiko einzelvertraglich nach Klausel 865 „Schäden durch Hagel" (vgl. VerBAV 85 S. 443) gegen Beitragszuschlag eingeschlossen. Es fragt sich, warum die Neufassung der VGB 88 nicht zum Anlaß genommen wurde, die Versicherung weiterer Elementargefahren nach Maßgabe der BEW in die Grunddeckung der Wohngebäudeversicherung einzubringen. Diese Frage wurde in der Vergangenheit wiederholt geprüft und auch bei der Neufassung der VGB 88 erneut diskutiert. Letztlich wurde darauf verzichtet, weil die derzeitige Lösung für die Versicherung weiterer Elementargefahren auf der Grundlage Besonderer Bedingungen einen flexibleren und risikogerechteren Umgang mit dieser Versicherung ermöglicht (vgl. J 1).

Daran liegt es u. a. auch, daß sich die Allgefahren(All risk)versicherung für die Versicherung von Wohngebäuden am deutschen Markt bisher nicht durchgesetzt hat. Die allermeisten Wohngebäudeversicherer sind der Ansicht, daß die Wohngebäudeversicherung nach Maßgabe einzeln aufgeführter versicherter Gefahren und Schäden nach wie vor das bessere Modell ist, zumal jeder Gebäudeeigentümer den Versicherungsschutz nach seinen individuellen Bedürfnissen variieren kann (vgl. D 3). Im Gegensatz dazu bietet eine Allgefahrenversicherung einen geschlossenen standardisierten Schutz, der in der Regel nur marginal verändert werden kann. Die Verfechter derartiger Modelle weisen darauf hin, daß sie verbraucherfreundlich seien, weil eben generell Versicherungsschutz gegen alle Gefahren geboten werde. Der Verbraucher könne infolgedessen beim Abschluß des Vertrages keine gravierenden Fehlentscheidungen treffen. Der Beratungsbedarf sei gering. Das mag grundsätzlich zutreffen. Es ist aber nicht zu übersehen, daß die gängigen angelsächsischen All risk-Modelle in der Regel eine recht umfangreiche Liste von ausgeschlossenen Gefahren und Schäden aufweisen. Infolgedessen ist es von vornherein keineswegs sicher, daß Allgefahrenversicherungen eine umfangreichere Dekkung bieten als die Wohngebäudeversicherung nach VGB 88. Sofern aber tatsächlich eine sehr viel weitere Deckung geboten wird, erfordert dies auch höhere Beiträge. Ob sich aber höhere Beiträge in der derzeitigen Wettbewerbssituation am deutschen Wohngebäudeversicherungsmarkt durchsetzen lassen, ist sehr zweifelhaft.

## Feuerversicherung 2.1

Versichert sind nach VGB 88 a. F. Schäden, die an versicherten Sachen durch Brand, Blitzschlag, Explosion, Anprall oder Absturz eines bemannten Flugkörpers, seiner Teile oder seiner Ladung entstehen. Der Kreis der versicherten Gefahren in der Feuerversicherung nach VGB 88 wurde im Vergleich zu § 1 Nr. 1 a VGB 62 nicht verändert. Derselbe Haftungsumfang gilt in der Feuerversicherung nach AFB 87 und in der Hausratversicherung nach VHB 84/VHB 92. Abweichend von §§ 1 Nr. 2 a VGB 62, 1 Nr. 1 e AFB 87 werden Schäden durch Löschen, Niederreißen oder Ausräumen in den VGB 88 und den VHB 84/VHB 92 nicht ausdrücklich erwähnt. Materielle Auswirkungen auf den Umfang des Versicherungsschutzes ergeben sich daraus nicht. Schäden durch Löschen, Niederreißen oder Ausräumen sind entweder als Folgeschäden zu entschädigen (vgl. D 4), oder aber ihr Ersatz regelt sich über §§ 2 Nr. 1 c VGB 88, 16 Nr. 1 VGB 62 (Rettungskosten). In § 4 VGB 88 n. F. wurde der Begriff „bemannter Flugkörper" durch den Begriff „Luftfahrzeug“ ersetzt. Dadurch wird die Haftung verändert. Die Einzelheiten werden nachfolgend dargestellt.

2.1.1 Der Hinweis auf § 5 VGB 88 im Text von § 4 Nr. 1 a VGB 88 bringt zum Ausdruck, daß die versicherten Gefahren in der Feuerversicherung in § 5 VGB 88 näher beschrieben werden. Dies trifft jedoch nur auf die Begriffe Brand, Blitzschlag und Explosion zu. **Die versicherte Gefahr „Anprall oder Absturz eines bemannten Flugkörpers, seiner Teile oder seiner Ladung“ bzw. „Aufprall eines Luftfahrzeuges, seiner Teile oder seiner Ladung“** ist in § 4 Nr. 1 a VGB 88 abschließend geregelt. Derartige Schäden treten relativ selten auf. Sie erfordern jedoch in der Regel einen verhältnismäßg hohen Schadenaufwand, zumal häufig mehrere Gebäude von demselben Schadenereignis betroffen sind. Der Einschluß dieser Schäden hat deklaratorischen Charakter, soweit der Anprall oder Absturz die Folge eines Brand-, Blitzschlag- oder Explosionsschadens im oder am Flugkörper bzw. Luftfahrzeug ist. Die durch den Absturz an versicherten Sachen verursachten Schäden sind als Brand-, Blitzschlag- oder Explosionsfolgeschäden versichert. Der Einschluß wirkt konstitutiv, wenn der Anprall oder Absturz bemannter Flugkörper bzw. Luftfahrzeuge auf andere Ursachen (z. B. technische Mängel, Navigationsfehler) zurückzuführen ist und ein Nachfolgebrand oder eine Nachfolgeexplosion nicht eintritt (vgl. auch D 2.1.3).

2.1.2 Nach VGB 88 a. F. und VGB 62 haftet der Versicherer für Schäden durch **Anprall oder Absturz eines bemannten Flugkörpers**, seiner Teile oder seiner Ladung. Ein Flugkörper ist bemannt, wenn er bei Eintritt der Schadenursache (Brand, Navigationsfehler, technischer Defekt) mit Menschen besetzt war (z. B. bemannte Flugzeuge, bemannte Raumfahrzeuge). Keine bemannten Flugkörper sind z. B. verlassene Raumfähren oder ferngelenkte Flugzeuge ohne Besatzung. Es kann auch nicht darauf ankommen, daß ein Flugkörper bei Flugbeginn bemannt oder zu einer späteren Bemannung bestimmt war (anderer Ansicht Martin C IV 2). Der Wortlaut von §§ 4 Nr. 1 a VGB 88 a. F., 1 Nr. 1 a VGB 62 ist eindeutig. Es ist gefordert, daß Flugkörper bemannt, d. h. mit Menschen tatsächlich besetzt sind. Es genügt nicht, daß sie einmal bemannt waren oder zur Bemannung bestimmt sind. Eine erweiternde Auslegung würde die eindeutige Trennung zwischen bemannten und unbemannten Flugkörpern verwischen. Unter risikotechnischen Gesichtspunkten kommt es gerade darauf an, ob sich eine Besatzung tatsächlich an Bord befindet. Sie kann auftretende Schwierigkeiten und Gefahren sofort erkennen und geeignete Maßnahmen gegen einen drohenden Absturz einleiten.

2.1.3 Nicht versichert sind nach den VGB 88 a. F. und den VGB 62 Schäden durch **Anprall oder Absturz unbemannter Flugkörper**. Wird der Absturz bzw. Anprall eines unbemannten Flugkörpers durch Brand, Blitzschlag oder Explosion verursacht, so besteht jedoch Versicherungsschutz (vgl. D 2.1.1; Martin C IV 1). Dies gilt entsprechend, wenn ein unbemannter Flugkörper infolge eines technischen Defekts abstürzt, das Dach eines Gebäudes durchschlägt und im Innern des Gebäudes explodiert oder einen Brand verursacht. Die Explosions- oder Brandschäden sind versichert. Lediglich der durch den Anprall an dem versicherten Gebäude verursachte Schaden wird vom Wohngebäudeversicherer nicht entschädigt. Nach Klausel 7162 „Unbemannte Flugkörper“ kann der Versicherungsschutz in der Wohngebäudeversicherung nach den VGB 88 a. F. auf Schäden durch den Anprall oder den Absturz unbemannter Flugköprer erweitert werden. Für die Wohngebäudeversicherung nach VGB 88 n. F. ist diese Klausel ungeeignet.

2.1.4 Nach den VGB 88 n. F. haftet der Versicherer für **Schäden durch Aufprall eines Luftfahrzeuges**, seiner Teile oder seiner Ladung. An die Stelle des Begriffs „Flugkörper“ ist der Begriff „Luftfahrzeug“ getreten. Es wird nicht mehr gefordert, daß das Luftfahrzeug bemannt ist. Dadurch wird die Haftung im Verhältnis zu den VGB 88 a. F. und den

VGB 62 erweitert, weil nunmehr auch Schäden durch den Absturz unbemannter oder ferngelenkter Flugzeuge eingeschlossen sind. Begleitend dazu wurde jedoch der weite Begriff Flugkörper durch den engeren Begriff Luftfahrzeug ersetzt. Der Begriff Luftfahrzeug wird nicht definiert. Allgemein sind Luftfahrzeuge von Menschenhand geschaffene Vorrichtungen zur Beförderung von Menschen und Sachen in der Luft. Nach dem allgemeinen Sprachgebrauch wird daneben zwischen Luftfahrt und Raumfahrt unterschieden. Daher sind Schäden durch den Aufprall eines Raumfahrzeugs, seiner Teile oder seiner Ladung nach § 4 Nr. 1 a VGB 88 n. F. nicht versichert. Dabei kommt es nicht darauf an, ob das Raumfahrzeug bemannt oder unbemannt war. Im Verhältnis zu den VGB 88 a. F. und den VGB 62 liegt darin eine Haftungsbeschränkung. Nicht versichert sind nach den VGB 88 n. F. Schäden durch sonstige Flugkörper.

## Leitungswasserversicherung 2.2

Im Vergleich zu den VGB 62 wurden die Bestimmungen zur versicherten Gefahr Leitungswasser in den VGB 88 überarbeitet und neu gegliedert. In § 4 Nr. 1 b VGB 88 a. F. wird im Gegensatz zu § 1 Nr. 1 b VGB 62 nur noch der Ersatz von Schäden behandelt, die an versicherten Sachen durch Leitungswasser entstehen. Die Haftung für Bruchschäden durch Frost und andere Ursachen wurde ausgegliedert und ist in § 4 Nr. 2 VGB 88 a. F. separat geregelt. In § 4 VGB 88 n. F. wird die Rohrbruchversicherung überhaupt nicht mehr erwähnt (vgl. dazu D 2.4).

## Sturm-/Hagelversicherung 2.3

Die Sturmdeckung nach den VGB 62 wurde in den VGB 88 um die Haftung für Schäden durch Hagel erweitert. Sturm- und Hageldeckung bilden eine Einheit. Eine Auswahlmöglichkeit für den VN besteht nicht. Es ist in den Bedingungen nicht vorgesehen, entweder das Sturm- oder das Hagelrisiko auszuschließen.

## Rohrbruch-/Frostversicherung 2.4

Die Haftung für Bruch- und Frostschäden an bestimmten Sachen ist in § 4 Nr. 2 VGB 88 a. F. eigenständig geregelt. Das liegt daran, daß sich die Terminologie in § 4 Nr. 1 VGB 88 a. F. auf diese Schäden nicht übertragen läßt. Es werden nicht versicherte Sachen entschädigt, „die durch (Rohr)Bruch zerstört oder beschädigt werden". Rohrbruch ist nicht nur Schadenereignis im Sinn von § 4 Nr. 1 VGB 88 a. F., sondern zugleich auch Schaden, d. h. Versicherungsfall. Die Formulierung in § 1 Nr. 1 VGB 62, wonach der Versicherer „nach dem Eintritt des Versicherungsfalles Entschädigung für versicherte Sachen" leistet, „die zerstört oder beschädigt werden durch ........ b) Leitungswasser, Rohrbruch oder Frost", ist insoweit unzutreffend. Daneben wird dadurch der Eindruck erweckt, es seien generell Schäden durch Rohrbruch oder Frost an versicherten Sachen gedeckt. Dies trifft nicht zu. Versichert sind vielmehr lediglich Bruchschäden bzw. Frostschäden an den in §§ 7 VGB 88 a. F., 4 Nr. 2 VGB 62 einzeln aufgeführten Sachen. Andererseits ist entgegen dem Wortlaut von § 1 Nr. 1 VGB 62 nicht vorausgesetzt, daß es sich bei den betroffenen Rohren der Wasserversorgung sowie den sonstigen leitungswasserführenden Einrichtungen um versicherte Sachen nach §§ 1 VGB 88, 2 VGB 62 handeln muß. Auch Rohrbruch- oder Frostschäden an nicht versicherten Sachen werden ersetzt, wenn die sonstigen in §§ 7 VGB 88 a. F., 4 Nr. 2 VGB 62 genannten Voraussetzungen gegeben sind. Im Verhältnis zu § 1 Nr. 1 VGB 62 werden die dargestellten Unklarheiten durch die Neuformulierung beseitigt.

In den VGB 88 n. F. ist die vorstehend kommentierte Regelung ersatzlos entfallen. Dies ist überraschend und führt zu Verständnis- und Auslegungsschwierigkeiten. Das liegt vor allem daran, daß die Regelungen in § 4 Nr. 1 VGB 88 n. F. durch die Beifügung „Versicherungsfall" nunmehr als Beschreibung des Versicherungsfalls deklariert werden. Es fragt sich, ob die in § 7 VGB 88 n. F. geregelten Rohrbruch- und Frostschäden nicht als Versicherungsfälle einzustufen sind. Das ist sicher nicht beabsichtigt. Die Verständlichkeit und Transparenz des Bedingungswerks wird jedoch dadurch beeinträchtigt. Es können Mißverständnisse und Fehlinterpretationen auftreten. Das gilt auch im Verhältnis zu § 4 Nr. 2 VGB 88 n. F. (vgl. D 3).

## 3 Kombination der Gefahrengruppen

In § 4 Nr. 3 VGB 88 a. F. wird klargestellt, daß jede Gefahrengruppe nach § 4 Nr. 1 a, 1 b und 2 oder 1 c VGB 88 a. F. auch einzeln versichert werden kann. Diese Regelung ist an die Stelle der Präambel zu den VGB 62 getreten. Es versteht sich ohne weiteres, daß gefahrenspezifische Regelungen in den AVB nur insoweit gelten, als die angesprochene Gefahrengruppe in dem betreffenden Vertrag versichert ist. Deshalb wird abweichend von VGB 62 ein ausdrücklicher Hinweis darauf in den VGB 88 nicht gegeben. Der VN kann in der Wettbewerbsversicherung frei entscheiden, welche der drei Gefahrengruppen Feuer (Brand, Blitzschlag, Explosion), Leitungswasser/Rohrbruch/Frost bzw. Sturm/Hagel er versichern möchte. Dagegen ist es grundsätzlich nicht möglich, lediglich Ausschnitte bzw. Teile einzelner Gefahrengruppen zu versichern.

Die analoge Regelung in § 4 Nr. 2 VGB 88 n. F. ist unklar. Das liegt daran, daß in den VGB 88 n. F. darauf verzichtet wurde, die Rohrbruchversicherung nach § 7 in § 4 überhaupt zu erwähnen. Infolgedessen bleibt offen, ob die Rohrbruchversicherung weiterhin gemeinsam mit der Leitungswasserversicherung nach § 6 VGB 88 n. F. eine geschlossene Gefahrengruppe bildet oder künftig als eigenständige Gefahrengruppe behandelt werden soll. Versicherungstechnisch und kalkulatorisch ist die Antwort auf diese Frage klar. Leitungswasser- und Rohrbruchversicherung bilden auch künftig eine geschlossene Gefahrengruppe. Es ist nicht empfehlenswert, die Leitungswasser- oder die Rohrbruchversicherung einzeln abzuschließen.

## 4 Versicherte Schäden (Sachschäden)

Versicherte Schäden in der Wohngebäudeversicherung treten ein, wenn versicherte Sachen durch ein in §§ 4 Nr. 1 a bis c VGB 88, 1 Nr. 1 VGB 62 genanntes Ereignis zerstört oder beschädigt werden oder infolge eines solchen Ereignisses abhanden kommen. Weiterhin sind Rohrbruchschäden und Frostschäden an den in §§ 7 VGB 88, 4 Nr. 2 VGB 62 genannten Sachen versichert. Neben den Schäden an den versicherten Sachen (Sachschäden) werden in diesen Fällen auch die dadurch verursachten Kosten- oder Mietausfallschäden ersetzt. Die versicherten Schäden sind in § 4 VGB 88 insofern nicht umfassend geregelt. § 4 VGB 88 bezieht sich auf versicherte Sachschäden. Daneben sind Kostenschäden nach § 2 VGB 88 und Mietausfallschäden nach § 3 VGB 88 unter den dort niedergelegten Voraussetzungen versichert. In § 1 VGB 62 sind unter der Überschrift „Versicherte Gefahren" die versicherten Schäden zusammenfassend aufgeführt.

Die Formulierung in § 4 Nr. 1 VGB 88 „entschädigt werden versicherte Sachen, die durch ......... zerstört oder beschädigt werden oder infolge eines solchen Ereignisses (infolgedessen) abhanden kommen" verdeutlicht, daß jeder adäquate Kausalzusammenhang zwischen den genannten Ereignissen und den Schäden an versicherten Sachen Versicherungsfall in der Wohngebäudeversicherung ist. Es sind nicht nur diejenigen Schäden versichert, die auf der unmittelbaren Einwirkung versicherter Gefahren auf versicherte Sachen beruhen. Der Versicherungsschutz gilt darüber hinaus generell auch für Schäden, die die adäquate Folge des Eintritts einer versicherten Gefahr sind (Folgeschäden). So liegt es, wenn bei einem Dachstuhlbrand Decken und Wände der darunter liegenden Wohnräume durch Löschwasser beschädigt werden. Ebenso sind Beschädigungen an Wänden und Fußböden des Treppenhauses versichert, die beim nachfolgenden Transport des Brandschutts verursacht werden. Versicherungsschutz besteht auch, wenn beim Abbruch stehengebliebener Teile der Dachkonstruktion die Fassade des Hauses beschädigt wird. Es ist jedoch zu beachten, daß bei einzelnen Schadenursachen zusätzliche einschränkende Bedingungen gesetzt werden und Ausschlüsse gelten. Keine ersatzpflichtigen Folgeschäden liegen vor, wenn durch unsachgemäße Reinigung oder Reparatur, beim Transport oder beim Aufräumen durch Unachtsamkeit bzw. Fahrlässigkeit Schäden an versicherten Sachen entstehen (vgl. OLG Nürnberg VersR 95 S. 290).

## Zerstörung oder Beschädigung 4.1

Erscheinungsformen des versicherten Schadens sind die Zerstörung, die Beschädigung oder das Abhandenkommen von versicherten Sachen durch eine versicherte Gefahr. Gemeinsames Merkmal der Zerstörung oder Beschädigung einer Sache ist die wertmindernde Veränderung ihrer Sachsubstanz (vgl. Martin B III 4). Die Entscheidung darüber, ob die Beeinträchtigung der Substanz eine Zerstörung (Totalschaden) oder eine Beeinträchtigung (Teil- oder Reparaturschaden) bedeutet, richtet sich nach wirtschaftlichen Gesichtspunkten. Ebenso wie in den Fällen, in denen eine Reparatur technisch nicht mehr möglich ist, unterbleibt sie auch, wenn die Reparaturkosten den Versicherungswert (ortsüblicher Neubauwert) übersteigen. Abgesehen davon sind Totalschäden in der Wohngebäudeversicherung äußerst selten (Einzelheiten vgl. R 1 ff.).

## Abhandenkommen 4.2

Das Abhandenkommen von versicherten Sachen ist in den VGB 88 deutlicher als in den VGB 62 als eigenständige Erscheinungsform des versicherten Schadens herausgestellt. Schäden durch das Abhandenkommen versicherter Sachen sind versichert, wenn es sich dabei um die adäquate Folge des Eintritts einer versicherten Gefahr handelt. Abhanden gekommen ist eine Sache, wenn der VN oder ein Versicherter den unmittelbaren Besitz verloren hat und es unwahrscheinlich geworden ist, daß er ihn in absehbarer Zeit zurückerlangt (Martin B II 11). Das Abhandenkommen von Sachen hat in der Wohngebäudeversicherung geringe Bedeutung. Gelegentlich kommt es vor, daß bei Brandschäden Gebäudeteile oder Zubehörstücke dadurch abhanden kommen, daß sie entwendet oder versehentlich mit dem Brandschutt abtransportiert werden. Eine Ersatzverpflichtung des Wohngebäudeversicherers setzt jedoch voraus, daß Gebäudebestandteile oder Zubehörstücke in zeitlichem und örtlichem Zusammenhang mit dem Eintritt des Versicherungsfalls abhanden kommen. Werden zum Haus gehörige Plattenheizkörper und ein antiker Kachelofen erst drei Wochen nach Abbrennen des Hauses entwendet, so handelt es sich nicht mehr um einen Diebstahl, der „bei" dem Brand geschehen ist (OLG Celle VersR 92 S. 608 und r+s 91 S. 312 zu § 1 Nr. 2 b VGB 62).

In den VGB 88 nicht geregelt ist die Frage, ob auch Versicherungsschutz besteht, wenn versicherte Sachen infolge eines eingetretenen oder unmittelbar bevorstehenden Versicherungsfalls vom Versicherungsgrundstück entfernt und außerhalb des Versicherungsgrundstücks entwendet wurden. Es ist angebracht, in diesen Fällen §§ 10 Nr. 1 Abs. 2 VHB 84/VHB 92, 4 Nr. 1 Abs. 2 AFB 87 entsprechend anzuwenden. Danach ist das Abhandenkommen von Sachen auch außerhalb des Versicherungsorts versichert, wenn die Sachen infolge eines eingetretenen oder unmittelbar bevorstehenden Versicherungsfalls aus dem Versicherungsort entfernt und in zeitlichem und örtlichem Zusammenhang mit diesem Vorgang beschädigt oder zerstört werden oder abhanden kommen. Die ausdrückliche Regelung dieser Sachverhalte in den VHB 84/VHB 92 und den AFB 87 hat deklaratorische Bedeutung, weil derartige Schäden unter den genannten Voraussetzungen ohne weiteres als Rettungskosten zu entschädigen sind. Es ist gefordert, daß die Entfernung der versicherten Sachen infolge eines bereits eingetretenen oder unmittelbar bevorstehenden Versicherungsfalls erfolgt ist. Daneben ist vorausgesetzt, daß der Schaden bzw. das Abhandenkommen der Sachen in zeitlichem und örtlichem Zusammenhang mit diesem Vorgang entstanden ist. Wo die zeitlichen und örtlichen Grenzen liegen, entscheidet sich nach den konkreten Umständen des Einzelfalls. Sie werden zweifellos überschritten, wenn vom Versicherungsgrundstück entfernte Sachen nach der Entfernung an einem anderen Ort eingelagert werden oder über längere Zeit unbeaufsichtigt und ungeschützt dem Zugriff Dritter ausgesetzt sind. Ebenso besteht kein Versicherungsschutz, wenn beschädigte Gebäudeteile oder Zubehörstücke, die zur Reparatur in einen Handwerksbetrieb gebracht werden, auf dem Transportweg oder im Betrieb abhanden kommen. Dies gilt selbst dann, wenn die Sachen zunächst infolge eines eingetretenen Versicherungsfalls zum Zwecke der Schadenminderung vom Versicherungsgrundstück entfernt wurden. Der geforderte örtliche und zeitliche Zusammenhang zwischen der Entfernung und dem Abhandenkommen ist in dem dargestellten Beispiel nicht mehr gegeben. Die vorübergehend abgetrennten Gebäudebestandteile oder Zubehörstücke sind weiterhin versicherte Sachen nach §§ 1 VGB 88, 2 VGB 62. Wegen der örtlichen Begrenzung des Versicherungsschutzes sind sie jedoch auf den Transportwegen und im Reparaturbetrieb dennoch nicht versichert (vgl. A 1.2).

## 5 Sonstige versicherte Gefahren

Neben den nach § 4 Nr. 1 VGB 88 versicherten Gefahren und den nach den EEW versicherten sonstigen Elementargefahren werden in jüngster Zeit vermehrt weitere Gefahren in die Wohngebäudeversicherung eingeschlossen. Dabei handelt es sich in erster Linie um den Einschluß von Kosten für die Beseitigung von **Gebäudebeschädigungen durch unbefugte Dritte** nach der Klausel 7361. Versichert sind vor allem die Kosten für die Beseitigung von Schäden an Türen, Schlössern, Fenstern (ausgenommen Schaufensterverglasungen), Rolläden und Schutzgittern des versicherten Gebäudes, wenn die Schäden dadurch entstanden sind, daß ein unbefugter Dritter in das Gebäude eingebrochen, eingestiegen oder mittels falscher Schlüssel oder anderer Werkzeuge eingedrungen ist. Die Mitversicherung dieser Kosten ist auf Mehrfamilienhäuser beschränkt. Dort besteht in den aufgeführten Fällen in der Hausratversicherung eine Deckungslücke, weil der Ersatz von Reparaturkosten für Gebäudebeschädigungen auf den Bereich der Wohnung beschränkt ist (vgl. Dietz § 2 RN 4.5). Bei Einfamilienhäusern zählt zu diesem Bereich die gesamte Wohnung sowie die zu privaten Zwecken genutzten Nebengebäude auf dem Versicherungsgrundstück. In Mehrfamilienhäusern zählen jedoch gemeinschaftlich mit Dritten genutzte Räume bzw. Gebäudeteile nicht zur Wohnung (Dietz § 10 RN 2.5). Dazu rechnen u. a. der Eingangsbereich, Treppenhäuser, Flure sowie gemeinschaftlich genutzte Wasch- und Trockenräume, Garagen und Fahrradabstellräume. Schäden durch versuchten oder vollendeten Einbruchdiebstahl an diesen Gebäudeteilen sind in der Hausratversicherung nicht versichert. Diese Deckungslücke wird geschlossen. Nicht versichert sind jedoch Schloßänderungskosten bei Abhandenkommen der richtigen Schlüssel (vgl. Dietz § 2 RN 4.4). Es handelt sich dabei nicht um Schäden an Schlössern.

Weiterhin werden verschiedentlich auch die Kosten für die Beseitigung von **Grafitti-Schäden** mitversichert, die widerrechtlich an der Außenfassade des versicherten Gebäudes oder an sonstigen versicherten Grundstücksbestandteilen angebracht wurden. Für die Mitversicherung von Grafitti-Schäden existiert derzeit keine vom GDV unverbindlich empfohlene Klausel. Für beide Haftungserweiterungen werden Entschädigungsgrenzen unterschiedlicher Höhe und Gestaltung vereinbart.

# E Brand; Blitzschlag; Explosion

Die Beschreibung der versicherten Gefahren Brand, Blitzschlag und Explosion in § 5 VGB 88 a. F. stimmt weitgehend mit § 1 Nr. 2 bis Nr. 4 Satz 1 AFB 87 überein. Zwischen §§ 5 VGB 88 a. F., 1 Nr. 2 AFB 87, 4 VHB 92 einerseits und §§ 3 VGB 62, 4 VHB 84 andererseits besteht eine geringfügige Abweichung im Wortlaut der Branddefinition. Materielle Auswirkungen ergeben sich daraus nicht (vgl. E 1.6.3). Der Wortlaut von § 5 VGB 88 a. F. unterscheidet sich verschiedentlich von § 3 VGB 62. Abweichend davon werden die Begriffe Blitzschlag und Explosion in § 5 Nr. 2 und Nr. 3 VGB 88 a. F. definiert. Der Ausschluß der sog. Betriebsschäden nach § 3 Nr. 2 VGB 62 ist im Zusammenhang mit den sonstigen Ausschlüssen in § 9 Nr. 2 a VGB 88 a. F. geregelt.

In den VGB 88 n. F. wurde § 5 grundlegend überarbeitet. Der Brandbegriff nach § 5 Nr. 1 VGB 88 n. F. blieb unangetastet. Die Definition des Begriffs Blitzschlag in § 5 Nr. 2 VGB 88 n. F. wurde erweitert durch den Hinweis, daß Kurzschluß- und Überspannungsschäden an elektrischen Einrichtungen nur versichert sind, wenn der Blitz unmittelbar auf das versicherte Gebäude aufgetroffen ist. Im Verhältnis zu § 5 Nr. 2 VGB 88 a. F. dient dies der Klarstellung. Der Explosionsbegriff in § 5 Nr. 3 VGB 88 n. F. wurde neu definiert. Materielle Änderungen folgen daraus nicht. Aus § 9 VGB 88 a. F. wurden die gefahrenspezifischen besonderen Ausschlüsse für die Gefahren Brand und Blitzschlag in § 5 Nr. 4 VGB 88 n. F. übernommen. Der Ausschluß von Kurzschluß- und Überspannungsschäden an elektrischen Einrichtungen durch Blitzschlag wurde in § 5 Nr. 2 Satz 2 und Nr. 4 c VGB 88 n. F. neu gefaßt. Dadurch wird der Versicherungsschutz im Vergleich zu den VGB 88 a. F. verbessert.

Innerhalb der gesamten Wohngebäudeversicherung hat die Feuerversicherung unverändert zentrale Bedeutung. Die Versicherung von Wohngebäuden gegen Schäden durch Brand, Blitzschlag, Explosion sowie Aufprall eines Luftfahrzeuges, seiner Teile oder seiner Ladung ist am weitesten verbreitet. Die Versicherungsdichte tendiert gegen 100 %. Der Anteil des Schadenaufwands für Schäden durch Brand, Blitzschlag und Explosion am Gesamtschadenaufwand in der Wohngebäudeversicherung schwankt im langjährigen Verlauf um die 20 %-Marke. Dagegen beläuft sich der Anteil des Aufwands für Leitungswasser-/Rohrbruchschäden im genannten Zeitraum auf durchschnittlich rund 50 % des Gesamtschadenaufwands (Einzelheiten vgl. II. 3.5). Die Schadenursachenstatistik des Verbandes weist aus, daß durchschnittlich rund 5 % des gesamten Schadenaufwands für das Feuerrisiko auf Blitzschlagschäden und weitere 5 % des Gesamtschadenaufwands auf Explosionsschäden entfielen. Infolgedessen verursachten Brandschäden rund 90 % des gesamten Schadenaufwands für das Feuerrisiko. Die Zahlenangaben belegen die Dominanz des Brandrisikos innerhalb der Feuerversicherung. Dabei ist jedoch zu berücksichtigen, daß in dieser Zahl auch diejenigen Schäden enthalten sind, bei denen die Schadenursache nicht ermittelt oder nicht angegeben wurde. Es kann jedoch davon ausgegangen werden, daß es sich dabei zum weitaus überwiegenden Teil um Brandschäden handelt, weil Schadenbild und Schadenverlauf von Blitzschlag- oder Explosionsschäden im allgemeinen zuverlässigen Aufschluß über die Schadenursache geben.

## 1 Brandbegriff

Die Definition des Brandbegriffs in § 5 Nr. 1 VGB 88 stimmt wörtlich mit §§ 1 Nr. 2 AFB 87, 4 Nr. 1 VHB 92 überein. Weggefallen ist im Vergleich zu § 3 Nr. 1 VGB 62 der

Begriff Schadenfeuer. Materielle Veränderungen folgen daraus nicht. Im Rahmen dieser Abhandlung können die vielfältigen Probleme des Brandbegriffs nicht umfassend erörtert werden. Die nachfolgende Darstellung beschränkt sich auf einige grundlegende Ausführungen. Ansonsten wird auf das vorliegende umfangreiche Schrifttum zur Feuerversicherung verwiesen (vor allem Raiser, Martin).

Die AVB unterscheiden begrifflich zwischen Feuer und Brand. Der Brandbegriff setzt ein Feuer voraus, jedoch ist nicht jedes Feuer als Brand einzustufen. Daran sind weitere Voraussetzungen geknüpft. Ein Brand liegt vor, wenn ein Feuer

- ohne einen bestimmungsgemäßen Herd entstanden ist oder ihn verlassen hat

  und

- sich aus eigener Kraft auszubreiten vermag.

Die Haftung durch den Wohngebäudeversicherer setzt voraus, daß das Schadenereignis alle drei Kriterien Feuer/Entstehen ohne bestimmungsmäßigen Herd bzw. Verlassen des bestimmungsmäßigen Herdes/Ausbreitungsfähigkeit aufweist. Ist eines der genannten Kriterien nicht gegeben, besteht kein Versicherungsschutz. Typische Beispiele dafür sind die Sengschäden (vgl. E 4.2).

## Feuer 1.1

Der Begriff des Feuers ist in den VGB 88 und den sonstigen AVB Sach nicht definiert. Nach übereinstimmender Auffassung ist ein Feuer ein Verbrennungsvorgang mit Lichterscheinung. Im allgemeinen ist ein Feuer mit offenen Flammen verbunden. Eine offene Flamme ist beim Feuerbegriff indessen nicht vorausgesetzt, es genügt auch Glühen oder Glimmen. Schäden durch Verbrennungsvorgänge ohne Lichterscheinung sind nicht versichert. Diese Ereignisse erfüllen den Brandbegriff nicht. Es handelt sich dabei nicht um Feuer im Sinne der vorstehenden Definition (Einzelheiten vgl. Martin C I 3 f. und Raiser S. 62 f.).

## Bestimmungsgemäßer Herd 1.2

Bestimmungsgemäßer Herd des Feuers sind alle Sachen, die dazu bestimmt sind, Feuer zu erzeugen, zu unterhalten oder einzuhegen (vgl. Martin C I 29 und Raiser S. 63 f.). Bestimmungsgemäßer Herd ist z. B. der Brennerraum einer Heizungsanlage bzw. eines Kohle-, Gas- oder Ölofens einschließlich der Umfassungswände und der Isolierung, eine brennende Zigarette, ein Kerzendocht, eine brennende Wunderkerze oder ein brennendes Streichholz. Umstritten ist die Frage, ob es dabei auf die objektive oder die subjektive Bestimmung des Herdes ankommt. Raiser (a. a. O.) vertritt die Auffassung, daß bestimmungsgemäßer Herd jede Vorrichtung ist, die objektiv dazu bestimmt ist, Feuer zu nähren oder einzuhegen. Nach dieser Auffassung sind Schäden nicht versichert, die dadurch entstehen, daß eine dazu nicht berechtigte Person ein Feuer in einem Herd entzündet. Im Gegensatz dazu ist Martin (C I 31) der Ansicht, daß ein Feuer in einem bestimmungsgemäßen Herd nur dann vorliegt, wenn es in diesem Herd vom VN oder einem sonstigen Berechtigten entfacht wird. Die Auslegung von Martin ist für den VN vorteilhafter. Danach besteht Versicherungsschutz, wenn Unbefugte ein Feuer im Herd entzünden und dadurch Schäden am Wohngebäude verursacht werden. Nach der gegenteiligen Auffassung von Raiser sind derartige Schäden in der Wohngebäudeversicherung nicht versichert. Für die Auslegung von Raiser spricht der vorstehende Wortlaut der Branddefinition. Danach kommt es nicht auf die Bestimmung des Feuers, sondern auf die Bestimmung des Herdes an (Raiser S. 63). Dennoch sollte der Ansicht von Martin der Vorzug gegeben werden, weil eine zu enge Auslegung des Brandbegriffs zu einer Aushöhlung des Versicherungsschutzes führt. Die Interpretation von Martin schafft einen ausgewogenen Ausgleich zwischen den Interessen des VN und des Versicherers. Dabei ist auch zu berücksichtigen, daß Unklarheiten in den AVB nach § 5 AGBG zu Lasten des Versicherers gehen.

## 1.3 Schäden am bestimmungsgemäßen Herd

Kein Versicherungsschutz besteht nach übereinstimmender Auffassung für Schäden im oder am bestimmungsgemäßen Herd (Raiser S. 64). Infolgedessen wird keine Entschädigung geleistet, wenn versicherte Sachen innerhalb eines bestimmungsgemäßen Herdes verbrennen (versicherte Sachen gelangen versehentlich oder absichtlich in das Feuer). Es besteht auch kein Versicherungsschutz für Schäden, die am bestimmungsgemäßen Herd durch das darin brennende Feuer verursacht werden. Das gilt auch dann, wenn durch eine Störung in der Heizölzufuhr das Feuer im Heizkessel vergrößert (intensiviert) wird und Schäden an dem Kessel entstehen. Es liegt kein Brand vor, weil das Feuer seinen bestimmungsgemäßen Herd nicht verlassen hat und weil die Schäden – bei hier nur deklaratorischer Bedeutung – unter den Betriebsschadenausschluß fallen (OLG Hamm zu § 3 Nr. 2 VGB 62 r+s 92 S. 315). Wenn ein Heizkessel beschädigt worden ist, weil durch eine falsche Steuerung oder durch einen Defekt der Brennerdüse Öl ausgelaufen ist und sich im Brennraum bei der Zündung der Anlage entzündet hat, liegt kein Brand i. S. d. § 5 Nr. 1 VGB 88 vor, weil der Brand in der Heizungsanlage entstanden ist, also in einem „Ofen" und damit in einem bestimmungsmäßigen Herd (AG Jülich r+s 97 S. 167). Jedoch sind Schäden am Herd als Brandschäden versichert, wenn der Brand von außen auf den Herd übergreift. Ähnlich liegt es, wenn in der Isolation eines Heizkessels durch die Betriebswärme ein Feuer bestimmungswidrig entsteht (Martin C I 46).

Schwierigkeiten bereitet auch die Einstufung von sog. Kaminbränden, wenn sich Ruß- oder Kohlenstaubablagerungen im Schornstein bzw. im Kamin bestimmungswidrig entzünden und daran Schäden anrichten. Es fragt sich, ob der Schornstein als Teil des bestimmungsgemäßen Herdes anzusehen ist. Diese Frage wird in der Rechtsprechung nicht eindeutig beantwortet (verneinend: BGH VersR 83 S. 479, OLG Köln VersR 88 S. 1037 und r+s 88 S. 272, LG Düsseldorf r+s 88 S. 83; bejahend: LG Saarbrücken VersR 87 S. 404; offen lassend: LG Aachen r+s 88 S. 271). Letztlich ist die Beantwortung dieser Frage ohnehin nicht ausschlaggebend, da in diesen Fällen wegen des Betriebsschadenausschlusses kein Versicherungsschutz besteht (vgl. E 1.7).

## 1.4 Verlassen des bestimmungsgemäßen Herdes

Ein Feuer hat seinen bestimmungsgemäßen Herd verlassen, wenn es die vorgesehenen räumlichen Grenzen des Herdes überschritten hat. So liegt es beispielsweise, wenn aus einem offenen Kamin brennende Teile oder Funken herausfallen bzw. herausgeschleudert werden. Dies ist aber auch dann der Fall, wenn Flammen über den Herd hinausschlagen (Raiser a. a. O.). Es ist jedoch zu beachten, daß das Feuer auch in diesen Fällen in der Lage sein muß, sich außerhalb seines bestimmungsgemäßen Herdes aus eigener Kraft auszubreiten (vgl. E 1.6.3). Das ist dann bewiesen, wenn andere versicherte Sachen außerhalb des Herdes in Brand gesetzt wurden. Ansonsten handelt es sich in der Regel um nicht ersatzpflichtige Sengschäden (s. E 4.2). Ein Feuer hat seinen bestimmungsgemäßen Herd schon dann verlassen, wenn es die vorgegebene Umschließung der Feuerstätte verlassen hat. „Verlassen" ist daher dann zu bejahen, wenn Flammen aus einem Heizungskessel schlagen (OLG Hamm VersR 93 S. 220 und r+s 92 S. 315).

## Entstehung ohne bestimmungsgemäßen Herd 1.5

Ohne bestimmungsgemäßen Herd entstehen Feuer, die ohne das Zutun einer dazu befugten Person entfacht werden (vgl. Martin C I 13). In Frage kommen objektive Ursachen wie z. B. Blitzschlag, Explosion, Kurzschluß oder Selbstentzündung (Raiser a. a. O.). Weiterhin zählen dazu Brände durch subjektive Ursachen, insbesondere Fälle der Brandstiftung.

## Ausbreitungsfähigkeit 1.6

Ein Feuer vermag sich aus eigener Kraft auszubreiten, wenn die außerhalb eines bestimmungsgemäßen Herdes vorhandene Wärmeenergie ausreicht, um dort vorhandene Sachen in Brand zu setzen. Diese Voraussetzung ist bewiesen, wenn tatsächlich Sachen verbrannt sind, die sich außerhalb des bestimmungsgemäßen Herdes befanden. Da nicht die allgemeine, sondern die konkrete Gefährlichkeit des Feuers in der konkreten Situation versichert ist, ist ein Feuer nur dann ausbreitungsfähig, wenn es bereits an anderen Gegenständen „Fuß gefaßt" hat. Weder reicht aus, daß unter anderen Bedingungen das Feuer bereits übergegriffen hätte, noch, daß ein Übergreifen kurz bevorgestanden hat. Wenn durch eine Störung in der Heizölzufuhr das Feuer in einem Heizkessel vergrößert (intensiviert) wird und Flammen aus dem Kessel herausschlagen und damit eine erhebliche Rußentwicklung verbunden ist, hat das Feuer zwar den bestimmungsgemäßen Herd verlassen, sich außerhalb dieses Herdes aber nicht selbständig auszubreiten vermocht, so daß die Renovierungskosten zur Beseitigung der Rußschäden nicht versichert sind (OLG Hamm a. a. O.). Es kommt entscheidend auf die selbständige Ausbreitungsfähigkeit eines Feuers an. Die selbständige Ausbreitungsfähigkeit eines Feuers ist zu bejahen, wenn das Feuer soviel Wärmeenergie entwickelt, daß es sich über die Stelle seines Übergreifens hinaus auszubreiten vermag. Verunreinigungen an Außenteilen eines offenen Kamins durch herausschlagende Flammen sind keine Brandschäden. Wenn Zeugen glaubhaft bekunden,

- daß sie befürchtet haben, sich nicht mehr retten zu können, weil das Feuer sich im Wohnzimmer schon weit ausgebreitet habe,
- daß sie sofort die Feuerwehr rufen wollten, weil die Flammen bereits aus dem Fenster heraus züngelten,

- daß mehrere Gegenstände an Wänden und Decke und die Gardinen gebrannt haben bzw. verbrannt sind,

so ist die selbständige Ausbreitungsfähigkeit des aus einem offenen Kamin heraustretenden Feuers zu bejahen (OLG Hamm r+s 91 S. 58 und VersR 91 S. 920).

1.6.1 Die nachfolgend dargestellte **Rechtsprechung** trägt zum Verständnis und zur Erläuterung der angesprochenen Problematik bei. Der Schaden, den abbrennende Wunderkerzen an Teppichböden anrichten, erfüllt den Brandbegriff grundsätzlich nicht, weil sich das Feuer nicht aus eigener Kraft auszubreiten vermag (AG Köln zu §§ 1 Nr. 1 a, 3 Nr. 1 VGB 62 r+s 89 S. 197). Verursacht eine brennende Zigarette an einer versicherten Sache trotz Brennbarkeit des Materials nur eine Schadenstelle von weniger als 2 cm Durchmesser, so spricht dies gegen die Ausbreitungsfähigkeit des Feuers (AG Hamm zu § 4 Nr. 1 VHB 84 VersR 87 S. 874). Wenn eine brennende Kerze auf den Sitz eines Polsterelements gefallen und die Kerzenflamme mit der Hand ausgeschlagen worden ist, bevor sich ein selbständiger Brandherd auf dem Polsterstoff entwickelt hat, besteht kein Versicherungsschutz für zwei Schadstellen im Polsterstoff mit einem Umfang von je max. 2 cm Durchmesser (AG Frankfurt/M. zu §§ 4 Nr. 1, 9 Nr. 2 b VHB 84 r+s 87 S. 351). Die Beschädigung eines Teppichbodens in Größe eines 5-Mark-Stücks durch Wunderkerzen ist kein Feuerschaden im versicherungsrechtlichen Sinne (AG Duisburg-Ruhrort zu § 3 A VHB 74 ZfS 86 S. 250). Ist von einem Möbelbezugsstoff nur eine Fläche in der Größe einer Fingerkuppe versengt, so spricht dies dafür, daß ein Feuer, das sich aus eigener Kraft hätte ausbreiten können, nicht entstanden war (AG Mönchengladbach zu § 3 A VHB 74 VersR 78 S. 434).

Es handelt sich bei den dargestellten Fällen um nicht versicherte Sengschäden. Der Ausschluß dieser Schäden nach §§ 9 Nr. 2 b VGB 88 a. F., 5 Nr. 4 b VGB 88 n. F. ist insoweit deklaratorisch. Die Gerichte sind im Prinzip übereinstimmend davon ausgegangen, daß Kerzen und Wunderkerzen ihre Eigenschaft als bestimmungsgemäßer Herd nicht dadurch verlieren, daß sie an oder auf andere Sachen gelangen. Das AG Mönchengladbach hat dies in der Begründung des zitierten Urteils ausdrücklich festgestellt. Ein Brand wäre dann anzunehmen, wenn an den beschädigten Sachen ein Feuer entstanden wäre, das sich aus eigener Kraft hätte ausbreiten können. Es kommt also darauf an, daß Sachen außerhalb des bestimmungsgemäßen Herdes in Brand gesetzt wurden bzw. in Brand gesetzt worden wären. So liegt es, wenn eine Laternenhülle aus Papier oder Pappe durch die innerhalb der Hülle befindliche Kerze in Brand gesetzt wird. Nicht die Laterne bzw. die Laternenhülle, sondern die in ihr befindliche Kerze ist bestimmungsgemäßer Herd des Feuers. Wird die Laternenhülle durch die Kerze in Brand gesetzt, hat das Feuer seinen bestimmungsgemäßen Herd verlassen (LG Köln zu § 1 AFB VersR 87 S. 1002). Es ist ein Brand entstanden. Fallen brennende Teile der Hülle auf einen Teppichboden, so sind die dadurch verursachten Schäden am Teppichboden als adäquate Folgeschäden des Brandes vom Feuerversicherer zu entschädigen. Dabei spielt es keine Rolle, ob der Teppichboden selbst in Brand gesetzt wird oder lediglich Sengschäden erleidet, weil das Feuer erlöscht, nachdem die Kerzenhülle verbrannt ist. Der Ausschluß von Sengschäden greift nicht, weil der Sengschaden in diesem Fall die Folge eines Brandes ist. Die dargestellte Rechtsprechung zur Hausratversicherung hat auch für die Wohngebäudeversicherung Bedeutung, weil die angesprochenen Fälle auch zu Brandfolgeschäden an Wohngebäuden führen können. Daneben sind Teppichböden häufig auch Gebäudebestandteile.

1.6.2 Der **VN muß den Nachweis erbringen, daß das Feuer die Fähigkeit hatte, sich aus eigener Kraft auszubreiten.** Damit ist er in der Praxis häufig überfordert. Dies gilt insbesondere dann, wenn sich ein Feuer tatsächlich deshalb nicht ausgebreitet hat, weil unverzüglich Löschmaßnahmen eingeleitet wurden. Der VN hat auch in diesen Fällen den Nachweis zu führen, daß sich das Feuer ohne die sofortigen Rettungsmaßnahmen ausgebreitet hätte (Martin C I 19). Die Anforderungen an die Nachweispflicht des VN sollten in diesen Fällen nicht übersteigert werden. Ansonsten besteht die Gefahr, daß Rettungsmaßnahmen in bestimmten Fällen verspätet oder überhaupt nicht eingeleitet werden. Das in E 1.6.1 zitierte Urteil des AG Frankfurt/M verdeutlicht die angesprochene Problematik. Das Gericht hat die Ersatzpflicht des Feuerversicherers mit der Begründung verneint, die Kerzenflamme sei mit der Hand ausgeschlagen worden, bevor sich ein selbständiger Brandherd auf dem Polsterstoff entwickelt habe. Es kommt aber nicht darauf an, ob sich ein Brand tatsächlich entwickelt hat. Ausschlaggebend ist vielmehr, ob sich ein selbständiger Brandherd entwickelt hätte, wenn die Kerzenflamme nicht mit der Hand ausgeschlagen worden wäre. Diese Frage hat das Gericht offenbar nicht geprüft.

Die **Fähigkeit des Feuers, sich aus eigener Kraft ausbreiten zu können**, ist bei beiden Varianten des Brandbegriffs (Entstehen ohne Herd/Verlassen des Herdes) nach herrschender Auffassung Voraussetzung für die Ersatzpflicht des Versicherers (Martin C I 29). Es fällt auf, daß der Wortlaut der Branddefinition in §§ 5 Nr. 1 VGB 88, 4 Nr. 1 VHB 92, 1 Nr. 2 AFB 87 von dem in §§ 3 Nr. 1 VGB 62, 4 Nr. 1 VHB 84, 1 Nr. 2 AFB a. F. abweicht. Die Formulierung in den älteren AFB lautet: „Als Brand gilt ein Feuer, das ohne einen bestimmungsgemäßen Herd entstanden ist oder ihn verlassen hat und sich aus eigener Kraft auszubreiten vermag." Nach §§ 5 Nr. 1 VGB 88, 1 Nr. 2 AFB 87 ist ein Brand „ein Feuer, das ohne einen bestimmungsgemäßen Herd entstanden ist oder ihn verlassen hat und das sich aus eigener Kraft auszubreiten vermag". In den neueren AVB wurde das Wort „das" im letzten Halbsatz eingefügt. Dies ist darauf zurückzuführen, daß das OLG Hamburg die Auffassung vertreten hat, die Bestimmung der AFB a. F. sei sprachlich unklar (vgl. VersR 87 S. 479). Diese Definition des Brandbegriffs könne nach ihrem Wortlaut auch dahingehend ausgelegt werden, daß die Ausbreitungsfähigkeit des Feuers lediglich bei der 2. Variante (Verlassen des Herdes) gefordert werde. Die Unklarheit in den AVB gehe nach § 5 AGBG zu Lasten des Versicherers als Verwender der AVB. Deshalb hafte der Versicherer auch für Schäden durch ein Feuer, das außerhalb eines bestimmungsgemäßen Herdes entsteht, sich aber nicht aus eigener Kraft auszubreiten vermag. Der BGH hat die Revision gegen dieses Urteil nicht angenommen. Allerdings hat er im Ergebnis das Urteil des OLG Hamburg bestätigt, daß der Versicherer nach § 14 AFB a. F., 62 VVG zum Ersatz von Rettungskosten verpflichtet ist, wenn im Verkaufsraum eines feuerversicherten Textilgeschäftes ein Defekt an einer in der Decke unter Putz befindlichen elektrischen Steigleitung eintritt, dabei mit einem Knall Deckenputz im Durchmesser von etwa 3 cm abplatzt und an dieser Stelle eine Flamme von mindestens 10 cm Länge entsteht, deren Durchmesser sich in den nächsten 20 Minuten vergrößert. Der VN darf dann davon ausgehen, daß die versicherten Sachen unmittelbar feuergefährdet sind. Die Kosten der Löschmaßnahmen und die durch den Einsatz von Feuerlöschern an versicherten Sachen entstandenen Schäden sind vom Versicherer als Rettungskosten zu ersetzen (BGH VersR 88 S. 282 und r+s 90 S. 206). Der BGH hat jedoch offen gelassen, ob die vom OLG Hamburg vorgenommene Auslegung des Betriebsschadenausschlusses nach § 1 Abs. 2 Satz 1 AFB a. F. zutrifft. Die Neuformulierung in den AFB 87 und den VGB 88/VHB 92 beseitigt die angesprochenen Unklarheiten. Durch die Beifügung des Wortes „das" im 2. Halbsatz der Branddefinition wurde zweifelsfrei klargestellt, daß die Ausbreitungsfähigkeit des Feuers bei beiden Varianten des Brandbegriffs vorausgesetzt ist. 1.6.3

## 1.7 Ausschluß von Betriebsschäden

Nicht versichert sind nach §§ 5 Nr. 4 a VGB 88 n. F., 9 Nr. 2 a VGB 88 a. F., 3 Nr. 2 VGB 62 Brandschäden, die an versicherten Sachen dadurch entstehen, daß sie einem Nutzfeuer oder der Wärme zur Bearbeitung oder zu sonstigen Zwecken ausgesetzt werden; dies gilt auch für Sachen, in denen oder durch die Nutzfeuer oder Wärme erzeugt, vermittelt oder weitergeleitet wird (ebenso §§ 9 Nr. 2 a VHB 84, 1 Nr. 5 a AFB 87). Dieser Ausschluß wird allgemein als Betriebsschadenausschluß bezeichnet. Die Begriffe Betriebsschäden oder Bearbeitungsschäden umschreiben den Risikoausschluß nicht exakt. Sie haben sich aber weitgehend eingebürgert und werden daher auch hier verwendet. Es handelt sich um einen konstitutiven Gefahrenausschluß. Betriebs- oder Bearbeitungsschäden sind auch dann nicht versichert, wenn die Voraussetzungen des Brandbegriffs erfüllt sind. Die Formulierung „der Versicherungsschutz erstreckt sich nicht auf Brandschäden, die .......“ bringt dies klar zum Ausdruck. Der Ausschluß von Betriebs- oder Bearbeitungsschäden wird im allgemeinen damit begründet, daß Sachen, die einem Nutzfeuer oder der Wärme zweckhaft ausgesetzt werden, in besonderem Maße brandgefährdet sind. Es liegt eine typische Betriebsgefahr vor. Dadurch übersteigt die Schadenwahrscheinlichkeit das mit normalen Beitragssätzen erfaßbare Maß bei weitem (Raiser S. 68). Im privaten Bereich und insbesondere in der Wohngebäudeversicherung werden jedoch durch den Betriebsschadenausschluß im allgemeinen Bagatellschäden erfaßt. Nachdem bereits in der Hausratversicherung nach VHB 92 auf den Ausschluß von Betriebsschäden verzichtet worden war, sollte dieser Schritt mit den VGB 88 n. F. auch in der Wohngebäudeversicherung vollzogen werden. Letztlich wurde aber dann doch darauf verzichtet. Für den Einschluß von Betriebs- oder Bearbeitungsschäden in der Wohngebäudeversicherung nach den VGB 88 steht die Klausel 7161 „Einschluß von Nutzwärmeschäden“ zur Verfügung (vgl. E 1.8).

1.7.1 **Durch den Betriebsschadenausschluß werden** nicht generell Schäden durch bestimmte Ereignisse oder Ursachen, sondern **Schäden an bestimmten Sachen unter bestimmten Voraussetzungen ausgeschlossen** (Martin F II 7). Infolgedessen kommt es vor, daß Schäden durch dasselbe Brandereignis einerseits als Betriebsschäden an ausgesetzten Sachen oder Teilen von ausgesetzten Sachen ausgeschlossen, andererseits aber als Brandschäden an anderen Sachen versichert sind. Der Betriebsschadenausschluß erstreckt sich nur auf diejenigen Sachen, die selbst dem Nutzfeuer oder der Wärme ausgesetzt sind. Werden diese Sachen durch das Nutzfeuer in Brand gesetzt und greift der Brand anschließend auf andere versicherte Sachen über, die nicht dem Nutzfeuer oder der Wärme ausgesetzt sind, so werden die Schäden an den zuletzt genannten Sachen entschädigt. Wenn ein Schaden an einem Schornstein dadurch entsteht, daß sich Rußablagerungen in dem Schornstein aufgrund des Betriebs einer angeschlossenen Feuerung entzünden, liegt ein nicht versicherter Betriebsschaden vor (vgl. E 1.7.4). Entwickelt sich aus dem Kaminbrand ein umfangreicher Dachstuhlbrand, so wird der Schaden am Dachstuhl des versicherten Gebäudes vom Wohngebäudeversicherer ersetzt.

1.7.2 Dies liegt daran, daß nicht generell Schäden an Sachen ausgeschlossen sind, die einem Nutzfeuer oder der Wärme ausgesetzt sind. Der Betriebsschadenausschluß gilt vielmehr nur für solche **Schäden an ausgesetzten Sachen, die durch das Ausgesetztsein entstehen**, indem die Sachen „dadurch“ (durch das Aussetzen) in Brand geraten (Martin F II 46). Infolgedessen sind insbesondere Schäden versichert, die an ausgesetzten Sachen dadurch entstehen, daß ein Brand an nicht ausgesetzten Sachen auf sie übergreift (Raiser S. 69 f.). So liegt es, wenn ein Dachstuhlbrand z. B. infolge Kurzschluß oder durch Brandstiftung entsteht, auf den Schornstein des versicherten Gebäudes übergreift und den Schornstein zerstört.

Durch den zweiten Halbsatz der Ausschlußbestimmung in §§ 5 Nr. 4 a VGB 88 n. F., 9 Nr. 2 a VGB 88 a. F. wird klargestellt, daß der **Betriebsschadenausschluß auch für Sachen gilt, in denen oder durch die Nutzfeuer oder Wärme erzeugt, vermittelt oder weitergeleitet wird.** Dieser Zusatz wurde abweichend von § 3 Nr. 2 VGB 62 eingefügt, obwohl der Betriebsschadenausschluß sich nach übereinstimmender Kommentierung ohne weiteres auch auf Schäden an den genannten Sachen erstreckt (vgl. Raiser S. 68). Bei dem Betrieb einer angeschlossenen Feuerung wird ein Schornstein des Wohnhauses der Wärme zu sonstigen Zwecken ausgesetzt. Es kommt nicht darauf an, ob es Zweck des Schornsteins ist, Wärme aufzunehmen oder abzuleiten. Vielmehr genügt es, daß der Schornstein aus irgendeinem sinnvollen Zweck der Wärme ausgesetzt wird und seine Erwärmung dadurch zwangsläufig eintritt (OLG Köln VersR 88 S. 1037 und r+s 88 S. 271). Das OLG Hamburg hat sich über diese Grundsätze hinweggesetzt (VersR 86 S. 670). Seiner Meinung nach werden wärme- und hitzeerzeugende Geräte selbst nicht von dem analogen Ausschluß nach § 1 Nr. 2 Satz 2 AFB a. F. erfaßt. Die Versicherer haben diesem Urteil Rechnung getragen und bei der Neufassung der AFB 87 und der VGB 88 die angesprochene Ergänzung des Betriebsschadenausschlusses eingefügt. Damit ist nunmehr zweifelsfrei geregelt, daß nicht nur die Sachen, die bearbeitet bzw. verändert werden, vom Betriebsschadenausschluß erfaßt sind. Vielmehr gilt er daneben auch für Schäden an den Sachen, in denen oder durch die Nutzfeuer oder Wärme erzeugt, vermittelt oder weitergeleitet wird. Indessen hat diese Klarstellung in den AFB 87 und den VGB 88 lediglich deklaratorischen Charakter. Der BGH hat sich dieser Auslegung angeschlossen und festgestellt, daß auch nach dem Wortlaut des Betriebsschadenausschlusses der AFB a. F. – und infolgedessen auch nach dem Wortlaut der VGB 62 und der VHB 84 – nicht nur Schäden an den Sachen ausgeschlossen sind, die zu ihrer Behandlung oder Bearbeitung der Wärme ausgesetzt werden, sondern daß weitergehend dadurch Schäden an Sachen ausgeschlossen werden, die bei Bearbeitungs- oder Behandlungsvorgängen zwangsläufig erwärmt werden, mithin der Erwärmung ausgesetzt sind (VersR 88 S. 282). 1.7.3

Die **Rechtsprechung** hat diese Grundsätze verschiedentlich bestätigt. Wenn ein Schaden an einem Schornstein dadurch entsteht, daß sich Rußablagerungen im Schornstein aufgrund des Betriebs einer angeschlossenen Feuerung entzünden, liegt ein nicht versicherter Betriebsschaden vor (vgl. OLG Köln a. a. O. zu § 1 Nr. 2 Satz 2 AFB a. F.; ebenso LG Saarbrücken zu § 3 Nr. 2 VGB 62 VersR 87 S. 404). Der Betriebsschadenausschluß wirkt in diesen Fällen entgegen der Ansicht des LG Saarbrücken (a. a. O.) auch konstitutiv. Der Kaminbrand ist begrifflich ein Schadenfeuer, da der Schornstein nicht bestimmungsgemäßer Herd ist (vgl. BGH VersR 83 S. 479). Bei Entzünden von Rußpartikeln im Kaminabzug oder Kaminkopf liegt ein Betriebsschaden i. S. d. § 3 Nr. 2 VGB 62 begrifflich nur vor, wenn diese Rußablagerungen im Kamin über das normale Maß nicht hinausgehen, das bei bestimmungsmäßiger Nutzung der Feuerstelle bzw. des Kamins zu erwarten und nicht zu vermeiden ist. Wenn der von einem Kaminbrand betroffene Schornstein nach der Rechnung des Bezirksschornsteinfegermeisters „ausgeschlagen" werden mußte, müssen sich in dem Schornstein übermäßig starke Rußablagerungen befunden haben, so daß der Kaminbrand nicht unter den Betriebsschadenausschluß des § 3 Nr. 2 VGB 62 fällt (da diese Rußablagerungen über das normale Betriebsschadenrisiko hinausgehen und dem „Aussetzen zu sonstigen Zwecken" nicht wesens- bzw. systemimmanent sind), könnte die nicht rechtzeitige Beseitigung solcher übermäßiger Rußablagerungen zur Leistungsfreiheit nach § 61 VVG führen (Darlegungs- und Beweislast für Vorsatz oder grobe Fahrlässigkeit beim Versicherer) (OLG Köln 1.7.4

r+s 92 S. 170). Bei dem Betrieb einer angeschlossenen Heizungsanlage (hier: Kohleofen im Keller) wird der (gesamte) Schornstein des Wohnhauses der Wärme zu sonstigen Zwecken i. S. d. § 3 Nr. 2 VGB 62 ausgesetzt. „Aussetzen" i. S. d. § 3 Nr. 2 VGB 62 erfordert zwar ein bewußtes, nicht aber ein zielgerichtetes Handeln des Versicherungsnehmers. Vom Betriebsschadenausschluß des § 3 Nr. 2 VGB 62 werden alle Gefahren erfaßt, die das Aussetzen unmittelbar hervorruft. An der erforderlichen Kausalität fehlt es daher, wenn Fremdkörper, d. h. nicht durch den bestimmungsgemäßen Gebrauch hervorgerufene Gegenstände, in den Schornstein gelangen und sich dann entzünden. Die Ablagerung von Ruß oder Holzteer im Schornstein ist eine zwangsläufige Folgeerscheinung des Holzbrandes und als Rückstand Teil des vom Ausschluß erfaßten Kamins. Der Betriebsschadenausschluß nach § 3 Nr. 2 VGB 62 erstreckt sich auch auf „unselbständige" Folgeschäden an nicht ausgesetzten Sachen (= Kosten, die unmittelbar nicht ausgesetzte Sachen betreffen, aber notwendigerweise durch die Beseitigung des Betriebsschadens verursacht wurden). Der Betriebsschadenausschluß des § 3 Abs. 2 VGB 62 verstößt nicht gegen §§ 5, 3 und 9 AGBG. Der Versicherer ist nicht generell verpflichtet, auf einen in den AVB enthaltenen Risikoausschluß gesondert hinzuweisen (hier: verneint für den Betriebsschadenausschluß des § 3 Nr. 2 VGB 62) und dem Versicherungsnehmer die – einzelvertraglich mögliche – Aufhebung des Ausschlusses anzubieten (OLG Hamm r+s 93 S. 108).

Die dargestellte neuere Rechtsprechung verdeutlicht, daß die Gerichte generell dazu neigen, Schäden durch Schornsteinbrände als nicht versicherte Betriebsschäden einzustufen (einschränkend OLG Hamm, das den Ausschluß bei der Entzündung von Rußpartikeln im Kamin auf die Fälle beschränken möchte, in denen die Rußablagerungen über das normale Maß hinausgehen). Infolgedessen ist davon auszugehen, daß Kaminbrände in der Wohngebäudeversicherung nach den VGB in der Regel nicht ersatzpflichtig sind.

1.7.5 Es fragt sich, ob **Schäden** versichert sind, die **als Folge von Betriebs- oder Bearbeitungsschäden an anderen nicht der Wärme ausgesetzten Sachen** entstehen. Dabei handelt es sich nicht um diejenigen Fälle, in denen andere Sachen infolge des Betriebsschadens selbst in Brand geraten. Die Ersatzverpflichtung für derartige Schäden steht außer Zweifel (vgl. E 1.7.1). Zweifelhaft ist vielmehr, ob Schäden an anderen Sachen als Folge von Betriebsschäden auch dann versichert sind, wenn die anderen Sachen selbst nicht in Brand gesetzt werden. So liegt es, wenn durch einen Kaminbrand Rauch- oder Rußschäden am Anstrich des versicherten Gebäudes entstehen oder in der Küche des versicherten Gebäudes eine Friteuse durch Überhitzung in Brand gerät und dadurch Decken, Wände und Fußböden verschmutzt werden. Bisher wurde gelegentlich in Zweifel gezogen, daß derartige Schäden versichert sind. Inzwischen hat sich die Meinung durchgesetzt, daß Folgeschäden von Betriebsschäden an anderen als der Wärme ausgesetzten Sachen vom Betriebsschadenausschluß nicht erfaßt und infolgedessen vom Wohngebäudeversicherer entschädigt werden. Die Neufassung von § 1 Nr. 6 AFB 87 bestätigt diese Auslegung. So hat das LG Düsseldorf im Ergebnis zutreffend entschieden, daß Schäden am Teppichboden im Flur des versicherten Gebäudes als Folgeschäden versichert sind, die dadurch entstehen, daß zur Eindämmung eines umfangreichen Kaminbrandes Ruß vom Dachboden her aus dem Kamin gezogen, Löschwasser auf den Dachboden geschafft und der Ruß durch das Haus nach draußen gebracht wird (r+s 88 S. 83). Die Kosten für das Ablöschen eines Kaminbrandes sind unter Umständen auch als Rettungskosten zu entschädigen, wenn feststeht, daß der Kaminbrand ansonsten alsbald auf den Dachstuhl des Gebäudes übergegriffen hätte.

Der Ersatz der Folgeschäden von Betriebsschäden setzt voraus, daß an anderen als den ausgesetzten Sachen selbständige Folgeschäden eingetreten sind. Ansonsten besteht kein Versicherungsschutz. Bei einem Betriebsschaden an einem Schornstein (Kaminbrand) fallen auch die Schäden an einem Ringanker, am Schornsteinkopf und der Schornsteineinfassung, an Reinigungsklappen sowie an der Dachfläche um den Schornstein herum unter den Betriebsschadenausschluß. Die Erneuerung dieser Teile stellt bei natürlicher Betrachtungsweise keinen selbständigen Folgeschaden aufgrund des eigentlichen Betriebsschadens am Schornstein dar. Es handelt sich bei diesen zu erneuernden Teilen lediglich um solche Teile, die im Zuge der Beseitigung des Betriebsschadens am Schornstein zwangsläufig mit erneuert werden mußten. Ihre Erneuerung ist damit nur ein Teil des ausgeschlossenen Betriebsschadens (vgl. OLG Köln zu § 1 Abs. 2 Satz 2 AFB a. F. VersR 88 S. 1038). Weiterhin ist vorausgesetzt, daß der Betriebsschaden als solcher die Voraussetzung eines Brandes erfüllt. Verkohlen die Rußrückstände im Kamin ohne Feuererscheinung, so besteht auch für Schäden durch die Verrußung von sonstigen Gebäudeteilen kein Versicherungsschutz, weil ein Brand nicht vorliegt.

Die **Abgrenzung der dem Nutzfeuer oder der Wärme ausgesetzten Sachen von den sonstigen nicht ausgesetzten Sachen** oder Sachteilen bereitet insbesondere in der Wohngebäudeversicherung gelegentlich Schwierigkeiten. Dies liegt vor allem daran, daß es sich bei einem Gebäude um eine zusammengesetzte Sache handelt. Nicht versichert sind aufgrund des Betriebsschadenausschlusses nur Schäden an denjenigen Gebäudeteilen oder Zubehörstücken (z. B. Gemeinschaftswaschmaschinen), die dem Nutzfeuer oder Wärme ausgesetzt sind. Die Grenze zwischen ausgeschlossenem Betriebsschaden und entschädigungspflichtigem (Brandfolge)Schaden läuft bei Betriebsschäden häufig durch eine einheitliche Sache i. S. v. § 90 BGB (Martin F II 25; vgl. E 1.7.1). Diese Differenzierung findet ihre Grenze dort, wo kompakte Einzelsachen der Wärme oder einem Nutzfeuer ausgesetzt werden. Derartige Einzelsachen sind in ihrer Gesamtheit auch dann einem Nutzfeuer oder der Wärme ausgesetzt, wenn beim Betriebs- oder Bearbeitungsvorgang nur Teile der Sache erwärmt wurden (vgl. die Beispiele aus der Hausratversicherung bei Dietz § 9 RN 4.1.4). 1.7.6

Fraglich ist, ob der **Betriebsschadenausschluß eine Erwärmung von Sachen oder Sachteilen von mindestens 50° C** erfordert. Dieser Grenzwert wird von Martin (F II 21) genannt. Er hat verschiedentlich Eingang in die Rechtsprechung gefunden (z. B. OLG Köln r+s 88 S. 272, LG Augsburg VersR 88 S. 345, LG Saarbrücken r+s 91 S. 27, AG Jülich r+s 97 S. 167). Wälder (Anm. zu OLG Köln r+s 88 S. 273) ist zuzustimmen, daß es nicht darauf ankommen kann, von welcher Temperatur an Wärme für Menschen unmittelbar problematisch wird (darauf stellt Martin ab). Wälder möchte darauf abstellen, von welcher Temperatur an die Wärme für versicherte Sachen gefährlich ist. Diese Betrachtungsweise führt wegen des unterschiedlichen Flammpunkts von brennbaren Sachen zu flexiblen Temperaturgrenzwerten. Es erscheint sehr zweifelhaft, ob eine derartige gleitende Grenzwertregelung praktikabel ist. Abgesehen davon fragt es sich, ob es überhaupt auf die Höhe der Temperatur ankommt, der die versicherten Sachen bei planmäßigem Verlauf des Betriebs- oder Bearbeitungsvorgangs bestimmungsgemäß ausgesetzt sind. Bearbeitungsschäden entstehen in den meisten Fällen dadurch, daß durch Störungen im Betriebsablauf die bestimmungsgemäße Temperatur überschritten wird und dadurch der Schaden eintritt. So liegt es, wenn in einer Waschmaschine Gardinen mit geringer Temperatur gewaschen werden und durch das Versagen eines Niveauschalters übermäßige Wärme entsteht, die Schäden an der Maschine und ihrem Inhalt verursacht. Das AG Köln (VersR 88 S. 28) hat einen derartigen Schaden als Betriebsschaden nach § 3 A 3 a VHB 74 eingestuft. Nach Ansicht des Gerichts kommt es nicht darauf an, daß die Gardinen lediglich bei geringer Temperatur gewaschen werden. Das AG Köln führt zutreffend aus, daß der Ausschluß der Ersatzpflicht nicht nur dann 1.7.7

gegeben ist, wenn der Schaden durch die gewollte Wärme verursacht wird, sondern auch dann, wenn erst ein regelwidriger Umstand, wie das Versagen des Niveauschalters ihn darstellt, ursächlich für den Schaden ist. Diese Betrachtungsweise bietet den zutreffenden Ansatzpunkt für Überprüfung der bisherigen Rechtsansicht. Es kann für die Wirksamkeit des Betriebsschadenausschlusses nur darauf ankommen, daß versicherte Sachen zu wirtschaftlich vernünftigen Zwecken der von Menschen erzeugten Wärme einer Wärmequelle ausgesetzt werden. Entsteht dadurch ein Schaden an versicherten Sachen, so wirkt der Betriebsschadenausschluß. Die Höhe der Betriebswärme spielt dabei eine untergeordnete Rolle. Betriebsschäden entstehen in der Regel gerade erst dadurch, daß die Betriebswärme infolge einer Störung überschritten wird. Darin liegt das erhöhte Schadenpotential, das Motiv und Grundlage des Betriebsschadenausschlusses ist.

## 1.8 Einschluß von Betriebsschäden

Im Massengeschäft gehen die Versicherer inzwischen mehr und mehr dazu über, Bearbeitungs- und Betriebsschäden zu ersetzen, die an versicherten Sachen dadurch entstehen, daß sie einem Nutzfeuer oder der Wärme zur Bearbeitung oder zu sonstigen Zwecken ausgesetzt werden. In den VHB 92 wurde dies dadurch gelöst, daß auf eine §§ 5 Nr. 4 a VGB 88 n. F., 9 Nr. 2 a VGB 88 a. F. entsprechende Regelung verzichtet wurde. Der Betriebsschadenausschluß wird in den VHB 92 nicht erwähnt. Er ist infolgedessen aufgehoben. Eine analoge Regelung war bei der Neufassung der VGB 88 im Gespräch. Dazu ist es jedoch nicht gekommen. Infolgedessen steht für die Rückausnahme des Betriebsschadenausschlusses in den VGB 88 die Klausel 7161 „Einschluß von Nutzwärmeschäden" zur Verfügung. Damit sind abweichend von § 5 Nr. 4 a VGB 88 n. F. bzw. 9 Nr. 2 a VGB 88 a. F. auch die dort bezeichneten Brandschäden versichert. Selbstverständlich läßt sich das gleiche Ergebnis erzielen, wenn die Wohngebäudeversicherer bei der Einführung der VGB 88 n. F. in den unternehmenseigenen AVB auf die Übernahme von § 5 Nr. 4 a VGB 88 n. F. verzichten. Das bedeutet indessen, daß auf die Berechnung eines Beitragszuschlags für den Einschluß von Betriebsschäden verzichtet wird. Dies wiederum ist eine Frage der Kalkulation bzw. der Gestaltung der Unternehmenstarife.

## 2 Blitzschlag

Im Gegensatz zu den VGB 62 wird der Begriff Blitzschlag in den VGB 88 definiert. Blitzschlag ist der unmittelbare Übergang eines Blitzes auf Sachen (§ 5 Nr. 2 VGB 88 a. F. wortgleich mit §§ 4 Nr. 2 VHB 84/VHB 92, 1 Nr. 2 AFB 87) bzw. das unmittelbare Auftreffen eines Blitzes auf Sachen (§ 5 Nr. 2 Satz 1VGB 88 n. F.). Materielle Unterschiede im Versicherungsschutz folgen aus den verschiedenen Definitionen nicht. Sie entsprechen dem allgemeinen Sprachgebrauch bzw. der Verkehrsanschauung. Auch sie unterscheidet zwischen Blitz und Blitzschlag. Deshalb wird in den VGB 88 lediglich etwas klargestellt, was auch nach den VGB 62 in gleicher Weise gilt. Es sind nicht generell Schäden durch Blitz, sondern Schäden durch Blitzschlag versichert. Grundlage für das Verständnis des Blitzschlagrisikos sind die meteorologischen und physikalischen Grundlagen der Entstehung von Blitzen und der Einwirkung von Blitzen auf Sachen. Sie werden nachfolgend in vereinfachter Form dargestellt.

Blitze sind Erscheinungen natürlicher Elektrizität bei Gewittern. Durch aufwärts strömende Luftmassen werden in der Atmosphäre Wolken elektrostatisch aufgeladen. Es entsteht atmosphärische Elektrizität. Innerhalb der Gewitterzone stehen Gewitterwolken mit positiver elektrischer Ladung solchen mit negativer elektrischer Ladung gegenüber. Dadurch wird ein Spannungszustand aufgebaut. Unter bestimmten Bedingungen kommt es nachfolgend zur plötzlichen Entladung der Gewitterwolken in Form von Blitzen. Dabei fließt in der Atmosphäre ein elektrischer Strom (Blitzstrom) mit Lichterscheinung (Lichtbogen). Geht der Lichtbogen von der Atmosphäre auf eine Sache über, so schlägt der Blitz ein, es ereignet sich ein Blitzschlag.

Beim Durchgang des Blitzes durch die betroffenen Sachen fließt der Blitzstrom durch die dort vorhandenen Widerstände, deren Höhe von der elektrischen Leitfähigkeit des Materials abhängt. Dabei entsteht Wärme. Es kann zum Brand kommen, wenn die Zündtemperatur der betroffenen Materialien erreicht wird. Der Blitzschlag zündet und ist Ursache eines Brandes. Der dadurch an versicherten Sachen entstehende Schaden ist auch als Brandschaden versichert. Konstitutiv wirkt der Einschluß der Blitzschlagschäden, wenn durch den Blitzschlag mechanische Zerstörungen an versicherten Sachen verursacht werden, ohne daß es zum Brand kommt. Auch in diesen Fällen entsteht beim Durchgang des Blitzstroms Wärme. Infolge der Wärmewirkung verdampft das in den betroffenen Sachen enthaltene Wasser. Es wird dabei auf ein Vielfaches seines ursprünglichen Volumens vergrößert. Durch die plötzlich auftretende Volumenvergrößerung wird die Sachsubstanz der betroffenen Gebäudeteile beschädigt oder zerstört. Dachziegel werden zerschlagen, Mauerwerk und Verputz reißen, Kaminköpfe oder andere Bauteile werden abgeschlagen. Es handelt sich um Schäden durch „kalten Schlag" (Raiser S. 73) bzw. um einen nicht zündenden Blitzschlag. Der Unterschied zu einem zündenden Blitzschlag besteht lediglich darin, daß die erforderliche Temperatur zur Zündung der in der Umgebung des Blitzschlags vorhandenen Materialien nicht erreicht wird.

## Folgeschäden 2.1

Es werden nicht nur Schäden an den versicherten Sachen ersetzt, in die der Blitz eingeschlagen hat. Versichert sind vielmehr alle Schäden, die an versicherten Sachen durch den Blitzschlag adäquat kausal herbeigeführt werden, also auch die Folgeschäden (vgl. D 4). Dabei kommt es nicht darauf an, ob der Blitz in eine versicherte Sache oder in eine andere Sache einschlägt. Ersetzt werden deshalb auch Folgeschäden, die an versicherten Sachen dadurch entstehen, daß der Blitz in andere versicherte oder nicht versicherte Sachen einschlägt. Weiterhin ist nicht vorausgesetzt, daß sich der Blitzschlag im Versicherungsort ereignet. Es genügt, daß der Schaden an den versicherten Sachen im Versicherungsort entstanden ist (Martin C II 1). Beschädigt ein durch Blitz abgespaltener Ast eines Baumes das Dach des versicherten Gebäudes, so haftet der Wohngebäudeversicherer. Das gilt entsprechend, wenn der Blitz in den Schornstein eines Nachbargebäudes einschlägt und abgeschlagene Teile des Schornsteinkopfes das Dach des versicherten Gebäudes beschädigen. Dringen durch das beschädigte Dach Witterungsniederschläge in das Gebäude ein und richten weitere Schäden an versicherten Sachen an, so besteht auch dafür Versicherungsschutz. Es handelt sich um Folgeschäden, die durch Blitzschlag adäquat kausal herbeigeführt wurden. Keine Rolle spielt es, daß an der Entstehung des Schadens andere Ursachen (Witterungsniederschläge) mitgewirkt haben.

## 2.2 Kurzschluß- und Überspannungsschäden als Folgeschäden

Dieser Grundsatz gilt auch, wenn durch Blitzschlag in elektrischen Stromkreisen Überspannung erzeugt wird, die Schäden an elektrischen Einrichtungen und anderen versicherten Sachen verursacht. Elektrische Überspannung entsteht, wenn ein Blitz in eine elektrische Freileitung oder in das elektrische Leitungsnetz des versicherten Gebäudes oder eines anderen Gebäudes einschlägt. Es kommt zu Überspannungen im elektrischen Leitungsnetz. Der Blitzstrom wandert in Form einer sog. Blitzstromwanderwelle in der elektrischen Leitung ab und verursacht Schäden an den angeschlossenen elektrischen Einrichtungen. Zu ähnlichen Erscheinungen kommt es bei elektrischer Überspannung durch Induktion, die durch Blitzschlag erzeugt wurde. Überspannung durch Induktion wird durch veränderliche Magnetfelder in elektrischen Leitern und leitfähigen Systemen erzeugt. Magnetfelder können bei Blitzeinschlag durch den Blitzstrom entstehen. So liegt es, wenn ein Blitz in die Blitzschutzanlage eines Hauses einschlägt und der Blitzstrom in der Elektroinstallation des Hauses eine Überspannung induziert. Entstehen durch die Überspannung Schäden an elektrischen Einrichtungen, so besteht Versicherungsschutz nach §§ 4 Nr. 1 a, 5 Nr. 2 VGB 88 n. F. Es handelt sich um versicherte Blitzschlagfolgeschäden. In den VGB 88 n. F. wurde dies durch § 5 Nr. 2 Satz 2 klargestellt. Danach sind Kurzschluß- und Überspannungsschäden an elektrischen Einrichtungen nur versichert, wenn der Blitz unmittelbar auf das versicherte Gebäude aufgetroffen ist. Im Verhältnis zu § 5 Nr. 2 Satz 1 VGB 88 n. F. handelt es sich um eine Risikobeschränkung. Die Haftung für durch Blitzschlag verursachte Kurzschluß- und Überspannungsschäden an elektrischen Einrichtungen wird eingeschränkt. Derartige Schäden sind nicht versichert, wenn der Blitz auf andere Sachen als die versicherten Sachen auftrifft. Im Verhältnis zu VGB 88 a. F. liegt darin jedoch eine Haftungserweiterung. Dies liegt daran, daß durch § 5 Nr. 2 i. V. m. § 9 Nr. 2 c VGB 88 a. F. Kurzschluß- und Überspannungsschäden durch Blitzschlag an elektrischen Einrichtungen generell ausgeschlossen werden. Nach § 5 Nr. 2 i. V. m. § 5 Nr. 4 c VGB 88 n. F. sind Kurzschluß- und Überspannungsschäden durch Blitzschlag an elektrischen Einrichtungen nur dann ausgeschlossen, wenn der Blitz nicht unmittelbar auf das versicherte Gebäude (Nr. 2) bzw. außerhalb des versicherten Gebäudes (Nr. 4 c) aufgetroffen ist. Es zeigt sich, daß die Ausschlußbestimmung in § 5 Nr. 4 c im Verhältnis zu § 5 Nr. 2 VGB 88 n. F. deklaratorische Bedeutung hat. Beide Bestimmungen haben denselben Regelungsgehalt.

## 2.3 Ausschluß von Kurzschluß- und Überspannungsschäden

Die Besonderheiten und vielfältigen Probleme der Kurzschluß- und Überspannungsschäden an elektrischen Einrichtungen werden nachfolgend im Zusammenhang dargestellt. Zum Verständnis und zur Auslegung des Ausschlusses von Kurzschluß- und Überspannungsschäden ist es notwendig, die Begriffe Kurzschluß und Überspannung sowie die Voraussetzungen und die Ursachen von Kurzschluß- und Überspannungsschäden zu untersuchen. Die VGB 88 sagen darüber nichts. Die verwendeten Begriffe werden nicht erläutert. Kurzschluß und Überspannung sind Ereignisse, die durch die Wirkung des elektrischen Stroms entstehen. Es kann auf die allgemein gültigen elektrotechnischen Begriffsbestimmungen zurückgegriffen werden.

2.3.1 Ein **Kurzschluß ist eine durch einen Fehler entstandene leitende Verbindung zwischen betriebsmäßig gegeneinander unter Spannung stehenden elektrischen Leitern**. Ursache eines Kurzschlusses ist ein Fehler, häufig ein Isolationsfehler, an einer

Übergangsstelle zwischen mehreren gegeneinander unter Spannung stehenden Leitern. Es entsteht eine leitende Verbindung, so daß bestimmungswidrig ein sog. Fehlerstrom fließt. Der Kurzschluß an sich richtet noch keinen Schaden an. Vielmehr werden die Schäden unter bestimmten Voraussetzungen durch den Fehlerstrom verursacht, dessen Stärke zumeist weit über dem bestimmungsgemäß in den Leitern vorhandenen Betriebsstrom liegt. Schäden entstehen vor allem an der Kurzschlußstelle selbst beim Übergang des Fehlerstroms von Leiter zu Leiter. Häufig treten Schäden jedoch nicht nur an der Kurzschlußstelle, sondern auch an anderen elektrischen Leitern und Geräten auf, zu denen der Fehlerstrom fließt. In vielen Fällen kommt es zu einem Temperaturanstieg und zur Bildung eines sog. Fehlerlichtbogens. Ein Nachfolgebrand kann sich an der Fehlerstelle entwickeln, wenn Sauerstoff und brennbare Stoffe vorhanden sind und deren Flammpunkt erreicht wird.

Kurzschlußschäden ereignen sich, wenn elektrische Spannung in elektrischen Einrichtungen vorhanden ist. Es genügt, daß eine elektrische Einrichtung unter Spannung steht, ohne daß der Betriebsstrom fließt. Kurzschlußschäden treten deshalb auch an elektrischen Einrichtungen auf, die nicht in Betrieb sind. Es trifft nicht zu, daß diese Schäden bei Lichtbogen-, Glut- oder Flammenbildung generell schon wegen des Betriebsschadenausschlusses nach §§ 5 Nr. 4 a VGB 88 n. F., 9 Nr. 2 a VGB 88 a. F., 3 Nr. 2 VGB 62 nicht versichert sind, weil die Einrichtungen der mit dem elektrischen Strom verbundenen Wärme ausgesetzt seien (so Martin F II 67). Wärme durch elektrischen Strom entsteht, wenn ein elektrischer Strom durch Widerstände fließt. Diese Voraussetzung ist aber bei elektrischen Einrichtungen nicht gegeben, die bei Eintritt des Kurzschlußschadens lediglich unter Spannung stehen, ohne in Betrieb zu sein. Infolgedessen ist der Ausschluß von Kurzschluß- und Überspannungsschäden ein eigenständiger Haftungsausschluß, der unabhängig vom Betriebsschadenausschluß zu prüfen ist.

Eine **Überspannung ist eine elektrische Spannung, die über den oberen Wert der Nennspannung (Dauerbetriebsspannung) hinausgeht, für die die betroffene elektrische Einrichtung ausgelegt ist**. Überspannung läßt sich deshalb nicht in einem absolu- 2.3.2
ten Wert ausdrücken. Dieselbe Stromspannung kann in einer elektrischen Einrichtung Überspannung sein und Schäden verursachen, in einer anderen elektrischen Einrichtung unschädlich sein, weil deren Nennspannung nicht überschritten wird. Durch die Überspannung selbst und durch den nachfließenden elektrischen Strom werden stromführende Teile in elektrischen Einrichtungen zerstört. Dabei kann es zu Wärmeentwicklung und unter den in E 2.3.1 skizzierten Bedingungen auch zu ersatzpflichtigen Nachfolgebränden kommen. Daneben gibt es wechselseitige Beziehungen zwischen Kurzschlüssen und Überspannungen. Durch Kurzschlüsse können Überspannungen verursacht werden, während umgekehrt Überspannungen zu Kurzschlüssen führen.

In den VGB 88 und den VHB 84/VHB 92 wird keine **Unterscheidung nach der Herkunft und der Entstehung des elektrischen Stroms** getroffen, der Kurzschluß- und 2.3.3
Überspannungsschäden an elektrischen Einrichtungen verursacht. Diese Differenzierung ist jedoch ein sehr wesentlicher Aspekt für das Verständnis des Ausschlusses. Kurzschluß- und Überspannungsschäden werden einerseits durch Elektrizität verursacht, die von Menschen erzeugt wurde. Dabei handelt es sich um den elektrischen Strom, der über das Versorgungsnetz bestimmungsgemäß an und durch elektrische Einrichtungen geleitet wird. Die elektrische Einrichtung und deren elektrische Bauteile sind auf die Spannung des elektrischen Betriebsstroms abgestimmt. Bei störungsfreiem Betrieb treten keine Kurzschluß- und Überspannungsschäden auf. Dazu kommt es erst durch Betriebsstörungen in elektrischen Einrichtungen oder im elektrischen Versor-

gungsnetz. Bei Störungen innerhalb elektrischer Einrichtungen handelt es sich in der Regel um Verschleiß- oder Gebrauchsschäden infolge Alter und Abnutzung. Interne Störungen im elektrischen Versorgungsnetz werden unter anderem durch Schaltvorgänge verursacht. Die in diesen Fällen durch die Wirkungen des elektrischen Stroms an elektrischen Einrichtungen entstehenden Schäden sind vom Versicherungsschutz ausgenommen. Für derartige Betriebsschäden möchte der Versicherer nicht haften. Hier liegt das Hauptmotiv für den Ausschluß von Kurzschluß- und Überspannungsschäden an elektrischen Einrichtungen. In § 1 Nr. 5 d AFB 87 wird dies deutlich zum Ausdruck gebracht. Der Ausschluß hat weitgehend deklaratorische Bedeutung. Die Voraussetzungen des Brandbegriffs liegen nicht vor (vgl. zu einem sog. Kabelbrand OLG Hamm VersR 84 S. 749).

2.3.4 **Störungen in elektrischen Einrichtungen und im elektrischen Versorgungsnetz** werden aber auch **durch natürliche Elektrizität** verursacht. Natürliche Elektrizität hat verschiedene Ursachen. Zumeist entsteht sie bei Gewittern durch Blitz. Dabei fließt kurzzeitig ein elektrischer Strom mit hoher Spannung. Geht der Blitz auf das elektrische Versorgungsnetz oder auf elektrische Einrichtungen über, kommt es zur Überspannung und infolgedessen zu Kurzschluß- und Überspannungsschäden an elektrischen Einrichtungen. Derartige Schäden werden in den VGB 88 vom Versicherungsschutz in unterschiedlicher Weise ausgeschlossen. Nach § 5 Nr. 4 c VGB 88 n. F. erstreckt sich der Versicherungsschutz ohne Rücksicht auf mitwirkende Ursachen nicht auf Kurzschluß- und Überspannungsschäden, die an elektrischen Einrichtungen entstanden sind, wenn der Blitz außerhalb des versicherten Gebäudes aufgetroffen ist. Nach § 9 Nr. 2 c VGB 88 a. F. sind Kurzschluß- und Überspannungsschäden an elektrischen Einrichtungen ausgeschlossen, außer wenn sie die Folge eines Brandes oder einer Explosion sind. Kurzschluß- und Überspannungsschäden an elektrischen Einrichtungen sind als Folge eines Brandes oder einer Explosion nach beiden Bedingungswerken versichert. Als Folge eines Blitzschlags sind sie in den VGB 88 n. F. nur dann ausgeschlossen, wenn der Blitz außerhalb des versicherten Gebäudes aufgetroffen ist. Demgegenüber erstreckt sich der Ausschluß in den VGB 88 a. F. auf alle Kurzschluß- und Überspannungsschäden infolge Blitzschlag an elektrischen Einrichtungen. Dies gilt nach dem Wortlaut der Ausschlußbestimmung auch in den Fällen, in denen der Blitz unmittelbar auf die vom Schaden betroffene elektrische Einrichtung übergeht. Diese weitgehende Einschränkung des Versicherungsschutzes ist nicht beabsichtigt und auch nicht sachgerecht. Der Ausschluß ist deswegen entgegen seinem Wortlaut durch Auslegung zu korrigieren. Den Ansatzpunkt dafür liefert § 1 Nr. 5 e AFB 87. Danach sind Blitzschäden an elektrischen Einrichtungen nicht versichert, es sei denn, daß der Blitz unmittelbar auf diese Sachen übergegangen ist. Daraus folgt, daß Schäden durch Blitzstrom an elektrischen Einrichtungen versichert sind, wenn der Blitz unmittelbar auf die vom Schaden betroffene elektrische Einrichtung übergegangen ist. §§ 9 Nr. 2 c VGB 88 a. F., VHB 84/ VHB 92 sind entsprechend auszulegen, da eine unterschiedliche Haftung für Blitzschlagschäden nach den AFB, den VHB und den VGB nicht beabsichtigt und sachlich auch nicht zu begründen ist. In der Wohngebäudeversicherung nach den VGB 88 a. F. sind daher Kurzschluß- und Überspannungsschäden durch Blitz an elektrischen Einrichtungen nicht versichert, es sei denn, der Blitz ist unmittelbar auf die vom Schaden betroffene elektrische Einrichtung übergegangen. Nach den VGB 88 n. F. besteht dagegen Versicherungsschutz für Kurzschluß- und Überspannungsschäden an elektrischen Einrichtungen, wenn der Blitz unmittelbar auf das versicherte Gebäude aufgetroffen ist.

2.3.5 Abgesehen von Schäden an Verstärkern von Antennenanlagen sind **Schäden durch den unmittelbaren Übergang von Blitzen auf elektrische Einrichtungen auch in der Wohngebäudeversicherung selten**, weil sich elektrische Einrichtungen, die als Gebäudebestandteile oder Gebäudezubehör versichert sind, in der Regel nicht im Freien befinden. Der Blitz geht zumeist unmittelbar auf die Außenhaut des Gebäudes oder auf außen angebrachte Sachen über. Erst danach gelangt er über die elektrische Leitung (oder eine Antennenanlage) an die dort angeschlossenen elektrischen Einrichtungen. Ein unmittelbarer Übergang des Blitzes auf diese Sachen hat nicht stattgefunden. Bei enger Auslegung von § 9 Nr. 2 c VGB 88 a. F. bestünde infolgedessen in diesen Fällen kein Versicherungsschutz. Der Ausschluß wird jedoch aufgrund langjähriger Regulierungspraxis gewohnheitsrechtlich auch dann nicht angewendet, wenn der Blitz in das Gebäude eingeschlagen hat, in dem sich die vom Schaden betroffene elektrische Einrichtung befindet (ebenso Martin C II 5 und 7 sowie Wälder, r+s 98 S. 205 Anm. zu OLG Hamburg a. a. O.). In den VGB 88 n. F. wurden diese Überlegungen in § 5 Nr. 2 und Nr. 4 b umgesetzt. Die gegenteilige Ansicht, wonach Schäden an den am Stromnetz oder an Antennen angeschlossenen elektrischen Einrichtungen in diesen Fällen nicht versichert sein sollen, mag zwar bei wörtlicher Auslegung des Ausschlusses nach § 9 Nr. 2 c VGB 88 a. F. zutreffen, würde aber den Versicherungsschutz für Schäden durch Blitzschlag gerade in der Wohngebäudeversicherung weitgehend wertlos machen. Für die Wohngebäudeversicherung nach VGB 88 n. F. gilt dies ohnehin nicht. Ausgeschlossen sind deshalb praktisch Schäden durch Fernwirkungen von Blitzschlägen (Blitzstromwanderwellen, Induktion) sowie nach §§ 5 Nr. 2 VGB 88, 1 Nr. 1 VGB 62 ohnehin nicht versicherte Schäden durch Blitz (Influenz) oder sonstige (atmosphärische) Elektrizität.

Die Rechtsprechung ist den in E 2.3.4 und 2.3.5 dargestellten Überlegungen verschiedentlich nicht gefolgt. Zu erwähnen ist ein Urteil des LG Gießen (VersR 96 S. 496 und r+s 95 S. 392). Das Gericht hat den Ausschluß von Kurzschluß- und Überspannungsschäden an elektrischen Einrichtungen nach § 9 Nr. 2 c VHB 84, der materiell § 9 Nr. 2 c VGB 88 a. F. entspricht, wegen Verstoßes gegen § 9 AGBG als unwirksam eingestuft, weil dadurch die sich aus dem Vertrag ergebenden Rechte des VN bei Schäden durch Blitzschlag im Verhältnis zu § 4 Nr. 2 VHB 84 so eingeschränkt werden, daß die Erreichung des Vertrags zweckgefährdet ist. Aus dem Wortlaut der Ausschlußbestimmung folge, daß Kurzschluß- und Überspannungsschäden an elektrischen Einrichtungen generell ausgeschlossen werden. Das betreffe nach Aussagen von Sachverständigen 90 % bis 95 % aller Blitzschäden. Der hier vertretenen Auffassung ist das Gericht nicht gefolgt, weil der klare Wortlaut der Ausschlußbestimmung eine derartige Auslegung verbiete. Das Gericht hat offen gelassen, ob infolgedessen die Gesamtregelung in § 9 Nr. 2 c VHB 84 oder lediglich der Ausschluß von Kurzschluß- und Überspannungsschäden an elektrischen Einrichtungen durch Blitzschlag unwirksam ist. In einem weiteren Urteil hat das OLG Hamburg die Auffassung vertreten, daß aus der Definition des Blitzschlags in § 3 A Nr. 2 VHB 74 nicht gefolgert werden könne, daß der VN einen unmittelbaren Übergang des Blitzes auf die beschädigten Sachen beweisen müsse. Das Merkmal „unmittelbar" in dieser Definition der VHB 74 sei bedeutungslos. Insbesondere könne aus dieser Definition für den Einschluß oder Ausschluß von Induktionsschäden durch Blitzschlag nichts hergeleitet werden. Die Ausschlußklausel sei infolgedessen dahin zu verstehen, daß damit nur Überspannungsschäden gemeint seien, die durch andere Ursachen als Blitzeinwirkung hervorgerufen worden sind. Sie schließe also keine Überspannungsschäden an elektrischen Geräten durch blitzbedingte Induktionen aus (OLG Hamburg r+s 98 S. 204). 2.3.6

Durch die Neufassung der Bestimmungen zur Haftung für Kurzschluß- und Überspannungsschäden an elektrischen Einrichtungen in § 5 Nr. 2 Satz 2 und Nr. 4 c VGB 88 n. F. ist nunmehr eine klare Rechtsgrundlage für die Behandlung derartiger Schäden gegeben.

2.3.7 Die **Abgrenzung zwischen versicherten und nicht versicherten Blitzschäden an elektrischen Einrichtungen** bereitet in der Praxis Schwierigkeiten. Dies liegt in erster Linie daran, daß das Schadenbild an den betroffenen elektrischen Einrichtungen bei versicherten und nicht versicherten Schäden durch Blitz bzw. Blitzschlag häufig gleich ist. Hinzu kommt, daß es sich in der Mehrzahl um Bagatellschäden handelt, die büromäßig reguliert werden. Ermittlungen zur Schadenursache vor Ort erfolgen aus Wirtschaftlichkeitsgründen zumeist nicht. Obwohl bei versicherten Blitzschlagschäden regelmäßig Gebäudebeschädigungen auftreten, ist auch dieser Umstand als alleiniges Kriterium für eine zuverlässige Abgrenzung nicht geeignet. Dabei ist auch zu berücksichtigen, daß an den Nachweis der Kausalität zwischen Blitzschlag und Schaden nach der Rechtsprechung keine zu hohen Anforderungen gestellt werden dürfen. Ein Blitzschlag ist in der Regel als Schadenursache bewiesen, wenn an elektrischen Installationen eines Gebäudes, das versichert ist oder in dem die versicherten Geräte sich befinden, umfangreichere typische Schäden insbesondere an mehreren Geräten gleichzeitig entstanden sind (OLG Hamburg a. a. O.). Unterstützung bei der Lösung dieser Abgrenzungsschwierigkeiten bietet das bei der VdS Schadenverhütung GmbH installierte **Blitzerkennungssystem BLIDS**, das alle in der Bundesrepublik Deutschland niedergehenden Blitzschläge aufzeichnet. Durch Anfrage bei der VdS Schadenverhütung GmbH läßt sich so zumindest in den allermeisten Fällen feststellen, ob zum Zeitpunkt des Schadens am oder in der Nähe des Versicherungsorts Blitze eingeschlagen sind. Eine einhundertprozentige Sicherheit bieten jedoch auch satellitengebundene Blitzortungssysteme nicht. Es kann nicht ausgeschlossen werden, daß das satellitengebundene Blitzortungssystem im bergigen Gelände dann versagt, wenn sich der Satellit zum Zeitpunkt des Blitzschlags nicht direkt über dem Ort des Einschlags befindet (AG Freiburg i. Br. VersR 97 S. 649).

2.3.8 Der **Begriff elektrische Einrichtungen** ist in den Bedingungen nicht definiert. Darunter fallen alle Einrichtungen und Geräte, die mit dem elektrischen Leitungsnetz verbunden sind, und in denen elektrischer Strom erzeugt, geleitet, umgewandelt oder verbraucht wird. In der Wohngebäudeversicherung zählen dazu vor allem die elektrischen Versorgungsleitungen mit Steckdosen und Schaltern, Verstärker von Rundfunk- und Fernsehantennenanlagen, Einbruchmeldeanlagen, Klingel-, Türschließ- und Gegensprechanlagen, die elektrische Einrichtung der Heizung einschließlich Pumpen u. ä. Es kommt nicht darauf an, daß die genannten Sachen ständig oder zeitweise bzw. fest oder lose (Steckdose) mit dem elektrischen Leitungsnetz verbunden sind. Deswegen zählen auch bewegliche Zubehörstücke wie Gemeinschaftswaschmaschinen zu den elektrischen Einrichtungen (vgl. AG Karlsruhe VersR 86 S. 1066).

2.3.9 In den VGB 88 nicht geregelt ist die **Ersatzpflicht für Folgeschäden von nicht versicherten Kurzschluß- und Überspannungsschäden an elektrischen Einrichtungen**. Der Ausschluß erstreckt sich daher nur auf diejenigen Schäden an elektrischen Einrichtungen, die durch die unmittelbare Einwirkung des elektrischen Stroms verursacht werden. Entwickelt sich daraus ein Nachfolgebrand, so sind die dadurch verursachten Schäden auch an derselben elektrischen Einrichtung versichert (Raiser S. 70 f. und Martin C II 22; unzutreffend AG Freiburg zu § 3 A Nr. 3 c VHB 74 ZfS 88 S. 223). Dies wird in § 1 Nr. 6 AFB 87 klar zum Ausdruck gebracht, gilt jedoch auch hier. In diesen Fällen kommt es auch nicht darauf an, ob der Kurzschluß auf Blitzschlag oder eine andere Ursache zurückzuführen ist. Allerdings besteht Ersatzpflicht für Schäden durch Nachfolgebrände nur, wenn sich das Feuer ohne Mitwirkung des elektrischen Stroms auszubreiten vermag bzw. ausgebreitet hat. Zersetzt sich auf 2 – 3 cm Länge die schwer entflammbare PVC-Ummantelung eines Stromkabels unter Hitzeeinwirkung und verbrennt nur das dadurch freigesetzte Gas, nicht aber weiteres Kabelmaterial in der Umgebung, so handelt es sich mangels Ausbreitungsfähigkeit des Feuers nicht um einen Brand (OLG Hamm VersR 84 S. 749).

Sonstige **Folgeschäden von Überspannungsschäden an elektrischen Einrichtungen ohne Nachfolgebrand** sind versichert, wenn die Ursache der Überspannung ein Brand, ein Blitzschlag oder eine Explosion war. Dies kann bei Überspannungsschäden durch Blitzschlag dazu führen, daß der Schaden an der elektrischen Einrichtung ausgeschlossen, der dadurch verursachte Folgeschaden an anderen Sachen aber versichert ist. So liegt es, wenn die Pumpe einer Abwasserhebeanlage durch Überspannung infolge Blitzschlag in die elektrische Freileitung zerstört wird und das austretende Abwasser Schäden am versicherten Gebäude anrichtet. In der Feuerversicherung besteht Versicherungsschutz, weil Überspannungsschäden infolge Blitzschlag an elektrischen Einrichtungen ausgeschlossen, die daraus entstehenden Folgeschäden an anderen Sachen jedoch als Blitzschlagfolgeschäden versichert sind. Dies gilt selbst dann, wenn im genannten Beispiel das austretende Abwasser Kurzschluß- und Überspannungsschäden an anderen elektrischen Einrichtungen verursacht. Daneben besteht für die Folgeschäden nach den VGB 88 n. F. auch Versicherungsschutz in der Leitungswasserversicherung. In der Leitungswasserversicherung nach den VGB 88 a. F. und den VGB 62 sind die Folgeschäden nach §§ 9 Nr. 3 b VGB 88 n. F., 4 Nr. 3 g VGB 62 jedoch ausgeschlossen (vgl. D 1.4.1).

## Sonstige atmosphärische Elektrizität 2.4

Nicht versichert sind Schäden durch Blitze, die nicht in Sachen einschlagen. Typische Beispiele sind die sog. Wolke-Wolke-Blitze (Martin C II 6), bei denen die Entladung in der Atmosphäre zwischen Wolken erfolgt, ohne daß es zum Blitzschlag, d. h. zum Übergang von Blitzen auf Sachen, kommt. Wolken sind ebenso wie die Atmosphäre keine Sachen im Sinne der Verkehrsanschauung. Bei den geschilderten Vorgängen entstehen häufig nicht versicherte Schäden durch sog. **Influenz.** Influenz ist die elektrische Aufladung von Gegenständen durch elektrische Felder. Überspannung durch Influenz entsteht bei Gewittern, wenn der elektrische Strom in Freileitungen durch das elektrische Feld einer Gewitterwolke beeinflußt bzw. verstärkt wird. Entlädt sich die Wolke durch einen Blitz von Wolke zu Wolke, so wird die elektrische Ladung in der Leitung frei. Sie wandert zu den Endpunkten der elektrischen Leitung ab. Dabei kann es an den dort angeschlossenen elektrischen Einrichtungen zu Überspannungs- und Kurzschlußschäden kommen. Diese Schäden sind nicht versichert, weil die Ursache der Überspannung ein Blitz, nicht aber ein Blitzschlag war.

2.5

## Einschluß von Überspannungsschäden durch Blitz

In der Wohngebäudeversicherung nach den VGB 88 werden in vielen Fällen Überspannungsschäden durch Blitz eingeschlossen. Dafür steht die Klausel 7160 „Überspannungsschäden durch Blitz unter Einschluß von Folgeschäden“ zur Verfügung. Sie kann einzelvertraglich vereinbart werden. In vielen Fällen sind die Versicherer dazu übergegangen, Überspannungsschäden durch Blitz nach Maßgabe der Klausel 7160 in die Grunddeckung einzuschließen. Ein Beitragszuschlag wird in diesen Fällen nicht mehr ausgewiesen.

2.5.1 Nach Klausel 7160 Nr. 1 wird die Haftung für Kurzschluß- und Überspannungsschäden an elektrischen Einrichtungen abweichend von §§ 5 Nr. 2 Satz 2 und Nr. 4 c VGB 88 n. F., 9 Nr. 2 c VGB 88 a. F. insofern erweitert, als **Kurzschluß- und Überspannungsschäden durch Überspannung infolge Blitz** entstehen. Der Haftungsumfang wird nicht generell auf Kurzschluß- und Überspannungsschäden erweitert. Eingeschlossen werden vielmehr ausschließlich Kurzschluß- und Überspannungsschäden durch Überspannung infolge Blitz. Der Begriff „Kurzschluß" wird im Klauseltext nicht verwendet, um Fehlinterpretationen zu vermeiden. Nach dem Klauseltext sind Schäden an elektrischen Einrichtungen versichert, wenn sie durch die Kausalabläufe Blitz-Überspannung oder Blitz-Überspannung-Kurzschluß verursacht werden. Dabei ist gefordert, daß die schädigende Überspannung durch Blitz verursacht wurde. Überspannungsschäden durch andere Erscheinungsformen natürlicher Elektrizität oder künstlich erzeugter Elektrizität sind auch nach der Klausel nicht versichert. Allerdings genügt es, daß der Blitz mitursächlich war, d. h. daß er gemeinsam mit anderen Ursachen bei der Entstehung der Überspannung zusammengewirkt hat. Der Einschluß von Folgeschäden wird in der Überschrift der Klausel ausdrücklich erwähnt. Damit soll deutlich gemacht werden, daß nicht nur die unmittelbaren Überspannungsschäden an elektrischen Einrichtungen, sondern auch die dadurch verursachten Folgeschäden versichert sind. Dieser Einschluß ist für Blitzschlagfolgeschäden deklaratorisch (vgl. dazu E 2.1).

Der Kreis der nach § 4 VGB 88 versicherten Gefahren wird durch die Klausel verändert. Versicherte Gefahr ist nicht mehr nur Blitzschlag, sondern daneben auch Blitz. Weiterhin wird der in den VGB 88 verankerte Ausschluß von Kurzschluß- und Überspannungsschäden an elektrischen Einrichtungen durch Blitzschlag zurückgenommen

2.5.2 Die **Entschädigung** für Kurzschluß- und Überspannungsschäden an elektrischen Einrichtungen wird nach Klausel 7160 Nr. 2 in der Gleitenden Neuwertversicherung auf **ein Prozent der Versicherungssumme 1914, multipliziert mit dem im Zeitpunkt des Versicherungsfalls geltenden gleitenden Neuwertfaktor**, und bei Verträgen mit fester Versicherungssumme auf 1 % der Versicherungssumme begrenzt. Die Entschädigungsgrenze deckt das Schadenpotential durchschnittlich ausgestatteter Wohngebäude ab. Ansonsten hat der VN die Möglichkeit, einen höheren Prozentsatz der Entschädigung gegen einen entsprechend höheren Beitragszuschlag zu versichern.

Die abhängige Entschädigungsgrenze ist in Anlehnung an die für die Kostenversicherung geltende Entschädigungsgrenze konzipiert (vgl. B 4). Durch die Verknüpfung mit dem gleitenden Neuwertfaktor bzw. mit der Versicherungssumme wird die Entschädigungsgrenze dynamisiert. Veränderungen der Baupreise schlagen sich in Anpassungen des gleitenden Neuwertfaktors und infolgedessen in entsprechenden Veränderungen der Höchsthaftungsbeträge für Kurzschluß- und Überspannungsschäden nieder. Dadurch wird sichergestellt, daß der materielle Gehalt der Entschädigungsgrenze bei Baupreisveränderungen erhalten bleibt. Dies ist sachgerecht. Der Beitragszuschlag für die Vereinbarung der Klausel 7160 ist als Zuschlag auf den Grundbeitrag konzipiert. Verändert sich der gleitende Neuwertfaktor, so ändert sich auch der Beitrag im gleichen Ausmaß wie der Betrag der Entschädigungsgrenze.

Die Entschädigungsgrenze wurde von den Versicherern eingeführt, weil die Versicherung von Kurzschluß- und Überspannungsschäden an elektrischen Einrichtungen in der Wohngebäudeversicherung eine neuartige Haftungserweiterung ist. Es handelt sich dabei um ein nicht exakt kalkulierbares Risiko, über dessen Umfang die Versicherer noch keine zuverlässigen Kenntnisse haben. Kurzschluß- und Überspannungsschäden an elektrischen Einrichtungen waren bisher weitgehend unversichert. In den meisten Fällen wurden daher derartige Schäden dem Wohngebäudeversicherer gar nicht erst gemeldet. Die gemeldeten Schäden wurden der Höhe nach meist nicht festgestellt und statistisch nicht gesondert erfaßt. Häufig wurden aber auch sog. Blitzschlagschäden an elektrischen Einrichtungen von den Versicherern ohne nähere Prüfung der Sach- und Rechtslage teilweise entschädigt, obwohl es sich dabei häufig um nicht ersatzpflichtige Kurzschluß- und Überspannungsschäden handelte. Es gibt daher für die Bundesrepublik Deutschland keine zuverlässigen Erkenntnisse über die Dimension des Überspannungsschadenrisikos an elektrischen Einrichtungen. Lediglich für die Schweiz liegen Zahlenangaben zur dortigen Gebäudeversicherung vor (Einzelheiten vgl. Dietz § 9 RN 4.7). Sie lassen sich jedoch wegen der unterschiedlichen topografischen und klimatischen Verhältnisse nicht auf die Bundesrepublik Deutschland übertragen.

Daneben ist nicht zu übersehen, daß das Kurzschluß- und Überspannungsrisiko mit Änderungsrisiken behaftet ist. Dies liegt in erster Linie daran, daß in der Haustechnik zunehmend elektrische Bauteile und Einrichtungen eingesetzt werden. Dabei gewinnen elektrische Komponenten mit niedriger Nennspannung zunehmend an Bedeutung. Diese Bauteile sind besonders schadenanfällig, weil bereits geringfügige Überspannungen zu erheblichen Schäden führen können. Zwar lassen sich diese Schäden durch Maßnahmen des äußeren Blitzschutzes (Blitzableiter) und des inneren Blitzschutzes (vor allem sog. Feinschutzgeräte) weitgehend verhüten, jedoch werden derartige Schadenverhütungsmaßnahmen im privaten Bereich bisher nicht verbreitet durchgeführt.

**Durch die Klausel 7160 wird der Versicherungsschutz der Wohngebäudeversiche-** 2.5.3
**rung spürbar verbessert.** Der partielle Ausschluß von Kurzschluß- und Überspannungsschäden an elektrischen Einrichtungen durch Blitzschlag wird zurückgenommen. Daneben wird die Haftung auf Kurzschluß- und Überspannungsschäden an elektrischen Einrichtungen durch Blitz erweitert. Damit ist eine deutliche Verbesserung der Rechtsposition des VN verbunden (vgl. VerBAV 86 S. 221). Es kann jedoch nicht davon ausgegangen werden, daß damit alle Abgrenzungsprobleme zwischen versicherten und nicht versicherten Kurzschluß- und Überspannungsschäden an elektrischen Einrichtungen beseitigt sind. Die Abgrenzungsprobleme werden von der Schnittstelle „unmittelbarer Übergang des Blitzes auf elektrische Einrichtungen oder auf das versicherte Gebäude/sonstige Blitzschäden an elektrischen Einrichtungen“ zur Schnittstelle „Überspannungsschäden durch Blitz/Überspannungsschäden und sonstige Schäden durch die Wirkung des Betriebsstroms“ verlagert. Auch dort treten Schwierigkeiten bei der Abgrenzung von versicherten zu nicht versicherten Schäden auf, weil sich das Schadenbild bei Überspannungsschäden durch Blitz zumeist nicht von dem bei Schäden durch die Wirkung des elektrischen Betriebsstroms unterscheidet. Deshalb wird der Versicherer im Schadenfall sorgfältig prüfen, ob Kurzschluß- und Überspannungsschäden an elektrischen Einrichtungen nachweislich durch Blitz entstanden sind. Die Beweislast dafür trägt der VN. In Zweifelsfällen genügt es nicht, wenn der VN nachweist, daß bei Eintritt des Schadens am Schadenort oder in der Nähe des Schadenorts ein Gewitter mit Blitz niedergegangen ist. Zumindest wird daneben zu fordern sein, daß nachweislich in der näheren Umgebung des Schadenorts zur gleichen Zeit weitere gleichartige Schäden an elektrischen Einrichtungen eingetreten sind (vgl. jedoch dazu E 2.3.7). Besonders schwierig ist die Beweislage, wenn Schäden nicht bei Schadeneintritt, sondern erst später festgestellt werden, beispielsweise erst dann, wenn eine elektrische Einrichtung wieder in Betrieb genommen wird. Auch zur Lösung dieser Abgrenzungs- und Beweisschwierigkeiten kann das bei der VdS Schadenverhütung GmbH installierte satellitengestützte Blitzortungssystem wertvolle Hilfe leisten. Daneben können die Aufzeichnungen der Elektrizitätsversorgungsunternehmen über Stromschwankungen im elektrischen Versorgungsnetz zum Schadennachweis und bei der Beweiswürdigung hinzugezogen werden.

Trotz der angesprochenen Abgrenzungs- und Beweisschwierigkeiten haben die Versicherer mit der Versicherung von Kurzschluß- und Überspannungsschäden in der Hausratversicherung nach den VHB 84/VHB 92 bisher gute Erfahrungen gemacht. Die Akzeptanz der Haftungserweiterung durch die Verbraucher ist gut. In rund 25 % der Hausratversicherungsverträge nach den VHB 84/VHB 92 ist das Kurzschluß- und Überspannungsrisiko eingeschlossen. Es hat sich auch herausgestellt, daß die Abgrenzungsschwierigkeiten zwischen versicherten Kurzschluß- und Überspannungsschäden durch Blitz und nicht versicherten Verschleißschäden an elektrischen Einrichtungen in der Praxis geringer sind als ursprünglich angenommen wurde.

## 3 Explosion

Abweichend von den VGB 62 wird der Explosionsbegriff in den VGB 88 definiert. Nach § 5 Nr. 3 VGB 88 a. F. ist Explosion eine auf dem Ausdehnungsbestreben von Gasen oder Dämpfen beruhende, plötzlich verlaufende Kraftäußerung. Die Definition ist wortgleich mit §§ 4 Nr. 3 VHB 84/VHB 92, 1 Nr. 4 Satz 1 AFB 87. Sie entspricht dem allgemeinen Sprachgebrauch und der Verkehrsanschauung. Aus der Einführung der Definition des Explosionsbegriffs in die VGB 88 im Vergleich zu den VGB 62 folgt keine Veränderung der Haftung für Explosionsschäden. In § 3 Nr. 3 VGB 88 n. F. ist an die Stelle des zuvor zitierten Wortlauts die Formulierung „Explosion ist eine plötzliche Kraftäußerung, die durch Ausdehnung von Gasen oder Dämpfen entsteht" getreten. Daraus ergeben sich keine materiellen Änderungen im Verhältnis zum vorher dargestellten Explosionsbegriff.

Explosionsschäden an Wohngebäuden entstehen gelegentlich als Folge von Explosionen, die sich außerhalb des Gebäudes ereignen. So liegt es, wenn durch eine Explosion in einem benachbarten Gewerbebetrieb die Fenster des Wohnhauses zerstört werden. Explosionen ereignen sich aber auch innerhalb von Wohngebäuden. Häufigste Erscheinungsformen von Explosionen im privaten Bereich sind Explosionen von Haushaltsgas (Erdgas, Propangas, Leuchtgas). Beim bestimmungswidrigen Austritt von Haushaltsgas bildet sich ein explosives Gas-/Luftgemisch. Wird es gezündet, entwickelt sich ein rasant verlaufender exothermer Prozess (Verbrennungsvorgang). Dabei werden gasförmige Verbrennungsrückstände frei. Sie erzeugen aufgrund ihres Ausdehnungsbestrebens eine Druckwelle, die Zerstörungen am Gebäude anrichtet.

### 3.1 Verpuffung

Umstritten ist, ob auch Schäden durch sog. Verpuffung versichert sind. Derartige Schäden treten bei kohle- oder ölbetriebenen Heizöfen infolge einer Störung des Verbrennungsvorgangs auf. Es bildet sich ein explosives Gemisch. Wird es gezündet, so kommt es zu einer explosiven Verbrennung. Die dabei entstehenden gasförmigen Verbrennungsprodukte erzeugen eine Druckwelle. Dadurch wird gelegentlich der Ofen zerstört, zumeist wird jedoch lediglich die Ofenplatte weggeschleudert oder das Rauchabzugsrohr aus seiner Verbindung gedrückt. Die Verpuffung ist als Explosion einzustufen, weil eine auf dem Ausdehnungsbestreben von Gasen beruhende, plötzlich verlaufende Kraftäußerung vorliegt. Durch austretenden Rauch und Ruß kommt es dabei gelegentlich zu erheblichen Verunreinigungen am Gebäude. Diese Schäden sind als Explosionsfolgeschäden versichert. In der Praxis bereitet die Abgrenzung von Verpuffungsschäden zu nicht versicherten Ruß- und Rauchschäden infolge unvollständiger Verbrennung oder schlechtem Kaminzug häufig erhebliche Schwierigkeiten.

## Behälterexplosionen 3.2

Nicht übernommen wurden die besonderen Bestimmungen für Behälterexplosionen nach § 1 Nr. 4 Satz 2 bis Satz 4 AFB 87. Ebenso wie nach den VHB 84/VHB 92 sind Behälterexplosionen daher im Rahmen des allgemeinen Explosionsbegriffs der VGB versichert. Sie entstehen dadurch, daß komprimierte Gase oder Dämpfe innerhalb eines Behälters durch ihr Ausdehnungsbestreben einen Druck erzeugen, der höher ist als der äußere Umgebungsdruck des Behälters. Hält die Wandung des Behälters dem durch das Ausdehnungsbestreben der Gase erzeugten Innendruck nicht mehr stand, vollzieht sich ein von innen nach außen verlaufender plötzlicher Druckausgleich. Es ereignet sich eine Explosion. Typische Beispiele für Behälterexplosionen im privaten Bereich sind Explosionen von Saftflaschen (VerBAV 69 S. 115) sowie von Spray(Aerosol)dosen. Nicht versichert sind jedoch Schäden durch ähnlich verlaufende Vorgänge, die infolge der Veränderung des Volumens von Flüssigkeiten bei Temperaturschwankungen ausgelöst werden (z. B. Flüssigkeitsdruck bei übermäßiger Erhitzung oder Eisdruck beim Gefrieren von Flüssigkeiten).

## Implosion 3.3

Nach § 1 Nr. 4 Satz 4 AFB 87 sind Schäden durch Unterdruck nicht versichert. Obwohl die VGB 88 eine entsprechende Ausschlußbestimmung nicht beinhalten, besteht für Schäden durch Unterdruck (Implosion) auch in der Wohngebäudeversicherung nach VGB 88 kein Versicherungsschutz. Dies liegt daran, daß auch der allgemeine Sprachgebrauch zwischen Explosion einerseits und Implosion andererseits unterscheidet. Die Ausschlußbestimmung in den AFB 87 hat insoweit deklaratorischen Charakter. Implosionsschäden entstehen an Behältern, deren Innendruck niedriger ist als der sie umgebende Außendruck. Hält die Wandung des Behälters dem Außendruck (atmosphärischer Luftdruck) nicht mehr stand, vollzieht sich ein von außen nach innen verlaufender plötzlicher Druckausgleich. Es ereignet sich eine Implosion. Implosionsschäden im privaten Bereich treten gelegentlich an Bildröhren von Fernsehgeräten auf. Der Wohngebäudeversicherer haftet nicht für Schäden, die dabei durch Glassplitter am Gebäude angerichtet werden. Wird das Fernsehgerät durch die Implosion in Brand gesetzt, so sind die durch den Brand am Gebäude verursachten Schäden jedoch als Brandschäden versichert. Inzwischen sind verschiedene Versicherer dazu übergegangen, Implosionsschäden in die Wohngebäudeversicherung einzuschließen. Der Wert des Einschlusses ist in der Wohngebäudeversicherung gering zu veranschlagen. Eine vom GDV empfohlene Klausel dafür existiert nicht.

## Ausschlüsse 4

Die wichtigsten besonderen Ausschlüsse in der Feuerversicherung sind der Ausschluß von Betriebsschäden, der Ausschluß von Sengschäden sowie der Ausschluß von Kurzschluß- und Überspannungsschäden an elektrischen Einrichtungen. Sie werden im jeweiligen Sachzusammenhang behandelt (vgl. E 1.6, 1.7 und 2.3). Die besonderen Ausschlüsse zur Feuerversicherung sind in §§ 5 Nr. 4 VGB 88 n. F., 9 Nr. 2 VGB 88 a. F. zusammengefaßt. Zur besseren Übersicht werden sie nachfolgend noch einmal kurz dargestellt.

## 4.1 Betriebsschäden

Betriebsschäden sind nach §§ 5 Nr. 4 a VGB 88 n. F., 9 Nr. 2 a VGB 88 a. F., 3 Nr. 2 VGB 62 ausgeschlossen (Einzelheiten vgl. E 1.7). Es handelt sich um eine gewichtige Ausschlußbestimmung, die in der gesamten Feuerversicherung eine Rolle spielt. Inzwischen ist jedoch die Tendenz zur Rückausnahme des Ausschlusses zumindest im Breitengeschäft sehr ausgeprägt. In der Wohngebäudeversicherung nach VGB 88 steht dafür die Klausel 7161 zur Verfügung.

## 4.2 Sengschäden

Nach §§ 5 Nr. 4 b VGB 88 n. F., 9 Nr. 2 b VGB 88 a. F. sind ausgeschlossen Sengschäden, außer wenn sie durch Brand, Blitzschlag oder Explosion entstanden sind. Dieser Ausschluß hat deklaratorische Bedeutung. Es fehlt in diesen Fällen die nach dem Brandbegriff geforderte Ausbreitungsfähigkeit des Feuers (Einzelheiten s. E 1.6). Der Ausschluß spielt im Kleinschadenbereich eine Rolle. Ein Versicherungsbedarf für den Einschluß dieser Schäden besteht insbesondere in der Wohngebäudeversicherung nicht. Dennoch schließen einzelne Wohngebäudeversicherer inzwischen auch Sengschäden ein. Dadurch werden insbesondere Bagatellschäden ersetzt. Das ist zumeist unwirtschaftlich, weil Schaden bzw. Entschädigung und Regulierungsaufwand in keinem wirtschaftlich vernünftigen Verhältnis zueinander stehen. Eine vom GDV empfohlene Klausel für den Einschluß von Sengschäden gibt es derzeit nicht.

## 4.3 Kurzschluß- und Überspannungsschäden

Kurzschluß- und Überspannungsschäden an elektrischen Einrichtungen sind durch §§ 5 Nr. 4 c VGB 88 n. F., 9 Nr. 2 c VGB 88 a. F. in unterschiedlicher Weise vom Versicherungsschutz ausgeschlossen (Einzelheiten vgl. E 2.3). Kurzschluß- und Überspannungsschäden an elektrischen Einrichtungen durch Blitz bzw. Blitzschlag spielen in der Wohngebäudeversicherung eine gewichtige Rolle. Das gilt insbesondere bei einer Rückausnahme der Ausschlußbestimmung unter gleichzeitiger Erweiterung auf Schäden durch Blitz nach Klausel 7160 (vgl. E 2.5).

# F Leitungswasser

Die Bestimmungen zur versicherten Gefahr Leitungswasser wurden in den VGB 88 grundlegend überarbeitet und neu gegliedert. Dadurch bestehen im Verhältnis zu § 4 VGB 62 verschiedene formale und materielle Unterschiede. Auffälligste Neuerung in den VGB 88 ist die formale Unterteilung des Leitungswasserrisikos. In § 6 wird der Begriff Leitungswasser definiert, in § 7 werden Rohrbruchschäden und Frostschäden behandelt. In diesem Punkt unterscheiden sich die VGB 88 auch von den VHB 84/VHB 92 und den AWB 87, in denen das Leitungswasserrisiko zusammenhängend in einem Paragraphen behandelt wird. Die Gründe für die Trennung in den VGB 88 sind in D 2.4 dargestellt. Im wesentlichen handelt es sich darum, daß die Haftung in der Leitungswasserversicherung exakter beschrieben werden kann und dadurch transparenter wird.

**Die Einheit des Leitungswasserrisikos** wird durch die formale Aufgliederung nicht berührt. Durch § 4 Nr. 3 VGB 88 a. F. wird dies bestätigt. Leitungswasser-, Rohrbruch- und Frostdeckung bilden gemeinsam eine geschlossene und einheitliche Gefahrengruppe in der Wohngebäudeversicherung. In § 4 VGB 88 n. F. besteht insoweit eine Regelungslücke. Die Rohrbruch- und Frostversicherung wird in § 4 Nr. 1 VGB 88 n. F. überhaupt nicht erwähnt. Daneben enthält § 4 Nr. 2 VGB 88 n. F. keinen Hinweis darauf, daß Leitungswasser- und Rohrbruchversicherung eine geschlossene Gefahrengruppe bilden. Der Verbraucher kann infolgedessen auch nicht erkennen, daß die Rohrbruchversicherung in die Leitungswasserversicherung integriert ist. Die Verbindung zwischen den einzelnen Elementen der Gruppe ist beim Leitungswasserrisiko besonders eng, weil dieselbe Schadenursache häufig sowohl einen Rohrbruch- oder Frostschaden als auch einen Durchnässungsschaden durch Leitungswasser herbeiführt. So liegt es, wenn durch Frost oder sonstige Ursachen ein Zuleitungsrohr der Wasserversorgung bricht und das austretende Leitungswasser Durchnässungsschäden am Gebäude anrichtet. Dabei handelt es sich um einen einheitlichen Versicherungsfall, nicht um je einen Versicherungsfall in der Leitungswasser- und in der Rohrbruchdeckung. Diese Feststellung hat im Einzelfall ausschlaggebende Bedeutung für die Haftung des Versicherers, wenn der Durchnässungsschaden nach dem Rohrbruch mit einer zeitlichen Verzögerung eintritt. Beispiel: Bruch eines Zuleitungsrohres am 25. 6. 1998; Eintritt des Durchnässungsschadens am 5. 7. 1998; Versicherungsbeginn am 1. 7. 1998. Der Versicherungsfall ist vor dem Versicherungsbeginn eingetreten. Rohrbruch- und Durchnässungsschaden sind nicht versichert. Dies gilt jedoch nur unter der Voraussetzung, daß der Rohrbruchschaden unter die Haftung nach § 7 VGB 88 fällt. Trifft dies nicht zu, so ist der Durchnässungsschaden im dargestellten Beispiel zu entschädigen, weil der Versicherungsfall am 5. 7. 1998 eingetreten ist (vgl. dazu auch D 1.4 und 1.4.3). So liegt es in dem angenommenen Beispiel, wenn es sich bei dem gebrochenen Rohr um die Hauptwasserleitung handelt, die außerhalb des Versicherungsgrundstücks verlegt ist.

Die Definition des Leitungswasserbegriffs wurde in den VGB 88 überarbeitet. Daneben wurde eine Neugliederung vorgenommen. Im Vergleich zu § 4 Nr. 1 VGB 62 sind eine Reihe von Änderungen eingetreten. Sie haben teils formalen bzw. klarstellenden Charakter, teils folgen daraus aber auch materielle Auswirkungen. Die Änderungen werden nachfolgend im jeweiligen Sachzusammenhang erläutert. Dies gilt entsprechend auch für die Abweichungen von §§ 7 Nr. 1 VHB 84/VHB 92, 1 Nr. 2 AWB 87.

Die VGB 88 n. F. weichen in verschiedener Hinsicht von den VGB 88 a. F. ab. So wurde die Klausel 7164 „Klima-, Wärmepumpen- und Solarheizungsanlagen" in § 6 Nr. 1 e, Nr. 2 VGB 88 n. F. integriert (ebenso § 7 Nr. 1 d, Nr. 3 b VHB 92). Die Ausschlüsse gem.

§ 9 Nr. 3 und Nr. 4 VGB 88 a. F. wurden in § 6 Nr. 3 VGB 88 n. F. übernommen. Dabei wurde auf den Ausschluß von Leitungswasserschäden infolge Brand, Blitzschlag, Explosion und Aufprall eines Luftfahrzeuges verzichtet (vgl. D 1.4).

Innerhalb der Wohngebäudeversicherung hat das Leitungswasser-/Rohrbruchrisiko die größte Bedeutung. Das **Gewicht der Leitungswasser-/Rohrbruchdeckung** hat sich in den zurückliegenden Jahren mehr und mehr verstärkt. Die zunehmende Verbreitung der Leitungswasserversicherung ist einerseits auf die intensive Akquisition der Versicherer zurückzuführen. Andererseits hat aber auch der steigende Versicherungsbedarf wesentlich dazu beigetragen. Ursache dafür ist eine erhebliche Veränderung des Leitungswasserrisikos in den zurückliegenden Jahren infolge des stark gestiegenen Komforts moderner Wohnungen. Dadurch hat der Umfang wasserführender Installationen im Sanitär-, Heizungs- und Klimabereich sehr stark zugenommen. Damit geht eine starke Steigerung des Schadenpotentials einher, das den Bedarf und die Nachfrage nach Leitungswasserversicherungsschutz steigert. Dadurch werden die wichtigsten Voraussetzungen für eine bessere Marktdurchdringung geschaffen. Diese Entwicklung vollzieht sich nicht nur bei Neubauten. Durch die stark zunehmende Modernisierung von Altbauwohnungen war auch der Wohnungsbestand in den zurückliegenden Jahren einem grundlegenden Wandel unterworfen. Es liegt auf der Hand, daß die angesprochenen Risikoveränderungen für die Wohngebäudeversicherer nicht nur erfreuliche Aspekte haben. Sie schlagen sich nicht nur in der Entwicklung des Versicherungsbestandes, sondern auch im Schadenverlauf nieder. Auf der Schadenseite ist die Dominanz des Leitungswasserrisikos beeindruckend. Im langjährigen Durchschnitt entfielen insgesamt rund 50 % des Schadenaufwands in der Wohngebäudeversicherung auf Leitungswasser-/Rohrbruchschäden. Bei der Anzahl der Schäden überwiegt das Leitungswasserrisiko noch eindeutiger, weil die Schadenhäufigkeit hier im Untersuchungszeitraum sehr viel größer ist als beim Feuer- und Sturm-/Hagelrisiko zusammengenommen (Zahlenangaben s. II. 3.5). Überragende Bedeutung für die Schadenentwicklung hat die Schadenursache Bruch. Nach der Schadenursachenstatistik des VdS entfallen rund dreiviertel des Gesamtaufwands für Leitungswasserschäden auf Schäden durch Rohrbruch ohne Frostbruch. Schäden durch Frost erforderten im genannten Zeitraum ca. 10 % des Schadenaufwands. Alle sonstigen Schadenursachen haben untergeordnete Bedeutung. Dies gilt auch für Schäden durch schadhafte Wasch- oder Geschirrspülmaschinen, die lediglich ca. 3 % des gesamten Leitungswasserschadenaufwands in der Wohngebäudeversicherung verursachten. In der Hausratversicherung entfallen auf diese Schadenursache rund 25 % des Leitungswasserschadenaufwands. Überraschend ist der verhältnismäßig geringe Anteil der Schäden durch Frost in der Wohngebäudeversicherung. Er schwankt witterungsbedingt im Untersuchungszeitraum von Jahr zu Jahr sehr stark, erreichte aber auch im strengen Winter 1984/85 nicht mehr als 20 % des Gesamtschadenaufwands. Allerdings wird vermutet, daß ein großer Teil der Frostschäden als Bruchschäden ausgewiesen werden. Ein Indiz dafür ist das starke Ansteigen der Bruchschäden in Jahren mit strengen Wintern. Alle Angaben beziehen sich auf den gesamten Schadenaufwand für Leitungswasser-/Bruchschäden. Der Aufwand für Schäden durch Leitungswasser einerseits und Rohrbruch-/Frostschäden andererseits wird in der Praxis nicht getrennt ausgewiesen. Deshalb liegen keine Zahlenangaben darüber vo

## 1 Leitungswasserbegriff

Nach §§ 4 Nr. 1 b VGB 88, 1 Nr. 1 b VGB 62 werden versicherte Sachen entschädigt, die durch Leitungswasser zerstört oder beschädigt werden oder infolgedessen abhanden kommen. Es sind Schäden an versicherten Sachen durch die versicherte Gefahr Leitungswasser versichert. Die versicherte Gefahr Leitungswasser wird in §§ 6 Nr. 1 VGB 88, 4 Nr. 1 VGB 62 beschrieben. Leitungswasser ist Wasser, das aus den dort aufgeführten Rohren, Anlagen und Einrichtungen bestimmungswidrig ausgetreten ist. Wasser wird dadurch zu Leitungswasser, daß es bestimmungswidrig aus den genannten Vorrichtungen austritt. Versichert sind Schäden, die durch die unmittelbare Einwirkung des Leitungswassers auf versicherte Sachen an den versicherten Sachen entstehen oder aber die Folge dieser Schäden sind. Es genügt nicht, daß Wasser bestimmungswidrig aus den genannten Vorrichtungen austritt. Ein Versicherungsfall tritt vielmehr erst dann ein, wenn das Leitungswasser schädigend auf versicherte Sachen einwirkt. Versicherte Gefahr ist Leitungswasser, nicht das bestimmungswidrige Austreten von Wasser. Nicht versichert sind daher Schäden, die an versicherten Sachen infolge des bestimmungswidrigen Austretens von Wasser entstehen, ohne daß das Leitungswasser selbst Schäden an versicherten Sachen anrichtet. Schäden, die an Heizofen und Heizkessel der Heizungsanlage eines Gebäudes durch Ausglühen eintreten, weil es aufgrund von Rohrbrüchen an Wasser fehlt, fallen nicht unter den Versicherungsschutz der Leitungswasserversicherung (LG Saarbrücken, OLG Saarbrücken zu §§ 1 Nr. 1 b, 4 Nr. 1 und Nr. 2 VGB 62 r+s 88 S. 177; Martin E I 21).

## Wasser 1.1

Der Begriff Wasser wird in den AVB nicht definiert. Ausschlaggebend ist die Verkehrsanschauung (Bechert S. 25). Danach ist Wasser $H_2 0$ in flüssigem Aggregatzustand. Die Eigenschaften des Wassers spielen keine Rolle. Es kann sich um reines Frischwasser oder verschmutztes Abwasser bzw. um kaltes oder warmes Wasser handeln. Bei der Mischung des Wassers mit anderen Substanzen kommt es darauf an, ob das dabei entstehende Gemisch nach der Verkehrsanschauung als Wasser angesehen wird. Wird dem Wasser im Verhältnis 1 : 2 ein Frostschutzmittel zugesetzt, so handelt es sich weiterhin um Wasser, da der Wasseranteil noch deutlich überwiegt (LG Aachen VersR 88 S. 685). Klär- oder Moorschlamm ist kein Wasser (Bechert a. a. O.). Weiterhin nicht als Wasser einzustufen sind wärmetragende Flüssigkeiten wie Sole, Öle oder Kühlmittel, Kältemittel und dgl. von Klima-, Wärmepumpen- und Solarheizungsanlagen. Auf den ausdrücklichen Ausschluß von Schäden durch diese Flüssigkeiten wurde in den VGB 88 a. F. verzichtet. Sie werden nach § 6 Nr. 2 VGB 88 n. F. Wasser gleichgestellt (Einzelheiten dazu vgl. F 1.6 ff.).

## Bestimmungswidriger Austritt 1.2

Für die Einstufung von Wasser als Leitungswasser sind zwei Kriterien maßgebend. Erstens ist gefordert, daß das Wasser aus irgendeiner der in §§ 6 Nr. 1 a bis e VGB 88 n. F., 6 Nr. 1 a bis d VGB 88 a. F., 4 Nr. 1 VGB 62 genannten Vorrichtungen austritt. Zweitens ist vorausgesetzt, daß das Wasser bestimmungswidrig ausgetreten ist. Weitere Bedingungen müssen nicht erfüllt sein. Es kommt nicht darauf an, daß die Vorrichtung, aus der das Wasser austritt, der Versorgung des versicherten Gebäudes dient. Auch spielt es keine Rolle, wo das Wasser ausgetreten ist. Die Austrittsstelle kann im versicherten Gebäude oder auf dem Versicherungsgrundstück, aber z. B. auch in einem Nachbargebäude oder einem öffentlichen Grundstück (z. B. einer Straße) liegen. Allerdings sind nur diejenigen Schäden versichert, die das Leitungswasser an versicherten Sachen im Versicherungsort verursacht.

In den VGB 88 a. F. werden vier Gruppen von Vorrichtungen gebildet, aus denen Leitungswasser austritt. In den VGB 88 n. F. wurden als fünfte Gruppe Einrichtungen von Klima-, Wärmepumpen- oder Solarheizungsanlagen hinzugefügt. Die Aufzählung in den Bedingungswerken ist abschließend. Tritt Wasser aus anderen Anlagen oder Einrichtungen aus, so handelt es sich begrifflich nicht um Leitungswasser im Sinne der VGB 88.

## 1.3 Zu- oder Ableitungsrohre der Wasserversorgung

Leitungswasser ist Wasser, das aus Zu- oder Ableitungsrohren der Wasserversorgung bestimmungswidrig ausgetreten ist. In § 6 Nr. 1 a VGB 88 wird klarstellend von Zu- oder Ableitungsrohren der Wasserversorgung gesprochen, während in § 4 Nr. 1 VGB 62 lediglich von Zu- oder Ableitungsrohren die Rede ist. Materielle Auswirkungen hat das nicht, da die nachfolgende Formulierung „sonstigen Einrichtungen der Wasserversorgung" in § 4 Nr. 1 VGB 62 deutlich macht, daß auch nach den VGB 62 Zu- oder Ableitungsrohre der Wasserversorgung gefordert sind. Die Begriffe „Rohr" und „Wasserversorgung" sind in den VGB nicht definiert.

Der **Begriff „Wasserversorgung"** ist weit auszulegen. Er **umfaßt jede wirtschaftlich sinnvolle Bewegung und Verwendung von Wasser.** Zuleitungsrohre der Wasserversorgung dienen der Versorgung mit Frisch- oder Brauchwasser. Sie leiten Wasser zu den Anlagen oder an die Orte, an denen das Wasser genutzt bzw. verbraucht wird. Ableitungsrohre dienen der Entsorgung des (gebrauchten) Wassers (Abwasser). Es ist nicht vorausgesetzt, daß die Zu- oder Ableitungsrohre der Versorgung oder Entsorgung des versicherten Gebäudes dienen. Versicherungsschutz besteht auch, wenn das Wasser bestimmungswidrig aus der Hauptwasserleitung des öffentlichen Versorgungsnetzes (vgl. LG Stuttgart zu § 4 Nr. 1 VGB 62 VersR 80 S. 139 mit unzutreffender Begründung im Ergebnis richtig) oder z. B. aus der Abwasserleitung eines benachbarten Industriebetriebs ausgetreten ist. Auch ist nicht gefordert, daß die Zu- oder Ableitungsrohre mit der öffentlichen Wasserversorgung verbunden sind. Unter den Begriff Leitungswasser fällt auch Wasser, das aus den Zu- oder Ableitungsrohren einer privaten Wasserversorgung mit einem eigenen Brunnen des Gebäudeeigentümers bestimmungswidrig ausgetreten ist. Das gilt entsprechend für Wasser aus sog. Trockensteigleitungen. Dabei handelt es sich um Rohrleitungen, die der Brandbekämpfung dienen. Sie sind im Normalfall nicht mit Wasser gefüllt, sondern werden im Brandfall über einen Feuerwehrschlauch mit einem Straßenhydranten verbunden. Tritt z. B. bei einer Druckprobe durch die Feuerwehr bestimmungswidrig Wasser aus Trockensteigleitungen aus, so haftet der Wohngebäudeversicherer für die dadurch verursachten Schäden an versicherten Sachen. Es handelt sich um Rohre der Wasserversorgung, da zur Wasserversorgung auch die Versorgung mit Löschwasser zählt. Infolgedessen zählen auch Rohre von Sprinkleranlagen zu den Rohren der Wasserversorgung (vgl. F 1.8). Ebenso zählen zu den Rohren der Wasserversorgung die Rohre, durch die Wasser von einem (ausdrücklich mitversicherten) Schwimmbecken zur kombinierten Entfeuchtungs- und Wärmerückgewinnungsanlage geführt und von dort erwärmt wieder zurückgeführt wird (OLG Düsseldorf VersR 97 S. 1484 und r+s 98 S. 249). Auch Regenabfallrohre sind Ableitungsrohre der Wasserversorgung, wenn sie zugleich der Ableitung häuslicher Abwässer dienen (Martin E I 28 gegen Bechert S. 23). Der Ausschluß von Schäden durch Witterungsniederschläge nach §§ 6 Nr. 3 b VGB 88 n. F., 9 Nr. 4 b VGB 88 a. F. ist jedoch zu beachten.

Gefordert sind Rohre. **Nach der Verkehrsanschauung sind Rohre feste (starre) Hohlkörper von zumeist rundem Querschnitt, die zur Leitung von Flüssigkeiten oder anderen Stoffen dienen.** Sie können aus verschiedenen Materialien bestehen. Gebräuchliche Materialien sind Metalle (Stahl, Kupfer, Blei, Gußeisen), Kunststoffe, Keramik, Steinzeug und Zement. Das Material muß fest und auch fest verarbeitet sein (Martin E I 25). Rohre sind dem Wasserdurchfluß dienende Behältnisse aus beliebigem Material, das aber nach dem maßgeblichen Sprachgebrauch des täglichen Lebens fest sowie fest verarbeitet sein muß (LG Stuttgart zu § 4 Nr. 2 b VGB 62, VersR 93 S. 474). Zu- oder Ableitungen, die aus anderen Materialien bestehen, genügen nicht. Deshalb sind insbesondere Schläuche keine Rohre.

## Sonstige Einrichtungen 1.4

Als Leitungswasser gilt nach § 6 Nr. 1 b VGB 88 weiterhin **Wasser, das aus mit dem Rohrsystem verbundenen sonstigen Einrichtungen oder Schläuchen der Wasserversorgung** bestimmungswidrig ausgetreten ist. Auch diese Formulierung weicht von der entsprechenden Bestimmung in § 4 Nr. 1 VGB 62 ab. Dort ist lediglich von sonstigen Einrichtungen der Wasserversorgung die Rede. Im Verhältnis dazu ist in den VGB 88 zweifelsfrei klargestellt, daß eine Verbindung mit dem Rohrsystem gefordert ist. Weitergehende Anforderungen an die Art der Verbindung werden nicht gestellt. Andererseits genügt es nach den VGB 88, daß Wasser aus irgendeiner mit dem Rohrsystem verbundenen Einrichtung bestimmungswidrig austritt, während die VGB 62 eine Einrichtung der Wasserversorgung voraussetzen. In der Wohngebäudeversicherung nach den VGB 88 stellt sich infolgedessen auch nicht mehr die Frage, ob zu den Anlagen der Wasserversorgung auch solche Anlagen zählen, bei denen nicht die Wasserversorgung, sondern der Wasserverbrauch im Vordergrund steht (vgl. dazu Martin E I 35 f. m. w. N.). Mit dem Rohrsystem verbundene Einrichtungen sind nach den VGB 88 alle Anlagen, in denen Wasser fließt, ge- oder verbraucht oder zu sonstigen Zwecken aufgenommen wird. Dazu zählen alle sanitären Einrichtungen wie Badewannen, Duschen, Waschbekken, Spültische u. ä. sowie Schwimmbecken, Wasch- und Geschirrspülmaschinen, Aquarien und Anlagen der Warmwasserbereitung wie Boiler oder Durchlauferhitzer. Auch ein Schwimmbad und die mit dem Schwimmbecken über Rohrleitungen fest verbundene Entfeuchtungsanlage ist eine mit dem Rohrsystem verbundene sonstige Einrichtung (vgl. F 1.7). Ebenso fallen Anlagen der Warmwasser- und Dampfheizung sowie Sprinkler- oder Berieselungsanlagen unter den Begriff der mit dem Rohrsystem verbundenen sonstigen Einrichtungen. Insoweit besteht Übereinstimmung auch mit § 7 Nr. 1 VHB 84/VHB 92. Es wird weiterhin ausdrücklich klargestellt, daß mit dem Rohrsystem verbundene Schläuche der Wasserversorgung, d. h. Zu- oder Ableitungsschläuche, ebenso einzustufen sind wie die mit dem Rohrsystem verbundenen sonstigen Einrichtungen. Dies gilt auch nach § 7 Nr. 1 VHB 84, obwohl Schläuche dort nicht ausdrücklich erwähnt werden (vgl. Dietz § 7 RN 2.2.2). In den VHB 92 wurde diese Regelungslücke ebenfalls geschlossen. In § 7 Nr. 1 a VHB 92 werden mit den Zu- oder Ableitungsrohren der Wasserversorgung verbundene Schläuche genannt. Deshalb besteht übereinstimmend nach den VGB 88 und den VHB 84/VHB 92 Versicherungsschutz, wenn mit dem Rohrsystem verbundene Schläuche platzen, undicht werden oder abspringen und infolgedessen bestimmungswidrig Wasser austritt.

## 1.5 Anlagen der Warmwasser- oder Dampfheizung

Anlagen der Warmwasser- oder Dampfheizung werden in §§ 6 Nr. 1 c VGB 88, 4 Nr. 1 VGB 62 ausdrücklich erwähnt, obwohl sie regelmässig mit dem Rohrsystem verbunden und daher bereits durch § 6 Nr. 1 b VGB 88 erfaßt sind. Zu den Anlagen zählen Heizkessel mit Brenner und Kompensationsgefäß, Pumpen, Vor- und Rücklaufleitungen, Heizkörper sowie auch Heizschlangen von Wand- oder Fußbodenstrahlungsheizungen. Die zuletzt genannten Anlagen stellen ein besonders hohes Risiko dar. Deshalb wird danach in den Versicherungsantragsformularen gefragt und zumeist ein Beitragszuschlag berechnet, wenn derartige Anlagen vorhanden sind.

## 1.6 Klima-, Wärmepumpen- und Solarheizungsanlagen

Im Vergleich zu § 7 Nr. 1 VHB 84/VHB 92 fällt auf, daß Klima-, Wärmepumpen- und Solarheizungsanlagen dort ausdrücklich aufgeführt sind, in den VGB 88 a. F. aber nicht erwähnt werden. Dies liegt daran, daß diese Anlagen in der Wohngebäudeversicherung nach VGB 88 a. F. einer differenzierten versicherungstechnischen Behandlung unterworfen wurden. Ausgangspunkt dafür war die Tatsache, daß Klima-, Wärmepumpen- und Solarheizungsanlagen in der Leitungswasserversicherung ein sehr viel höheres Risiko darstellen, als konventionelle Warmwasser- oder Dampfheizungsanlagen. Infolgedessen fragte der Versicherer in den Antragsformularen nach solchen Anlagen. In der Vergangenheit wurde bei Verträgen nach den AWB und den VGB 62 bei Vorhandensein einer der genannten Anlagetypen Klauseln vereinbart. Danach wurde Wasser, das aus den genannten Anlagen bestimmungswidrig austritt, als Leitungswasser eingestuft. Zugleich wurden aber Schäden durch andere Flüssigkeiten wie Sole, Öle, Kühlmittel, Kältemittel und dgl. (deklaratorisch) ausgeschlossen. In der Wohngebäudeversicherung nach den VGB 88 a. F. wird ein anderer Weg beschritten. Ist in dem versicherten Gebäude eine Klima-, Wärmepumpen- oder Solarheizungsanlage installiert, so wird ein Beitragszuschlag berechnet und die Klausel 7164 vereinbart. Danach sind Schäden versichert, die an versicherten Sachen durch Wasser oder durch sonstige wärmetragende Flüssigkeiten wie Sole, Öle, Kühlmittel, Kältemittel und dgl. entstehen, die aus Klima-, Wärmepumpen- oder Solarheizungsanlagen bestimmungswidrig ausgetreten sind.

Die Klausel 7164 hat folgenden Wortlaut:

7164 Klima-, Wärmepumpen- und Solarheizungsanlagen

1. Der Versicherungsschutz erstreckt sich auch auf Schäden durch Wasser oder sonstige wärmetragende Flüssigkeiten wie Sole, Öle, Kühlmittel, Kältemittel und dergleichen, die aus Klima-, Wärmepumpen- oder Solarheizungsanlagen bestimmungswidrig ausgetreten sind.
2. Innerhalb versicherter Gebäude sind versichert
   a) Frost- und sonstige Bruchschäden an den Rohren der in Nr. 1 genannten Anlagen,
   b) Bruchschäden durch Frost an sonstigen Einrichtungen der in Nr. 1 genannten Anlagen.
3. Außerhalb versicherter Gebäude sind versichert Frost- und sonstige Bruchschäden an Rohren der in Nr. 1 genannten Anlagen, soweit diese Rohre der Versor-

gung der versicherten Gebäude oder Anlagen dienen und sich auf dem Versicherungsgrundstück befinden.

Die Klausel wird zu den VGB 88 a. F. obligatorisch vereinbart, wenn in versicherten Gebäuden Klima-, Wärmepumpen- oder Solarheizungsanlagen installiert sind. Diese Anlagen erhöhen das Risiko in der Leitungswasserversicherung. Es handelt sich bei den Anlagen um komplizierte technische Einrichtungen. Sie unterscheiden sich unter risikotechnischen Gesichtspunkten von herkömmlichen Warmwasser- und Dampfheizungsanlagen u. a. dadurch, daß sie umfangreichere Rohrsysteme und daneben empfindliche technische Aggregate umfassen. Eine Rolle spielt außerdem, daß sie neben oder anstelle von Wasser andere wärmetragende Flüssigkeiten wie Sole oder Öle sowie weiterhin Kühlmittel, Kältemittel und dgl. beinhalten. Hinzu kommt, daß die Wärmepumpen- und Solarheizungstechnik jung und infolgedessen noch nicht ausgereift und störanfällig ist. Es darf auch nicht übersehen werden, daß insbesondere Wärmepumpen- oder Solarheizungsanlagen häufig zusätzlich zu einer konventionellen Heizungsanlage installiert und betrieben werden. So kommt es vor, daß eine Solaranlage neben einer Warmwasserheizung zur Warmwasserbereitung oder zur Erwärmung von Schwimmbadwasser betrieben wird. Es handelt sich dabei nicht um eine Solarheizungsanlage, sondern um eine Solarwarmwasserbereitungsanlage. Die Klausel ist jedoch analog anzuwenden. 1.6.1

Klima-, Wärmepumpen- und Solarheizungsanlagen erfahren aus den dargestellten Gründen in der Wohngebäudeversicherung nach den VGB 88 a. F. eine differenzierte versicherungstechnische Behandlung. Sie erfolgt in der Weise, daß die Klausel 7164 obligatorisch gegen Beitragszuschlag vereinbart wird, wenn der VN anzeigt, daß in versicherten Gebäuden eine der genannten Anlagen betrieben wird. Der Versicherer wird in diesen Fällen auf der Berechnung eines Beitragszuschlags und der Vereinbarung der Klausel bestehen. Ansonsten haftet er dennoch für Schäden, die an versicherten Sachen durch Wasser verursacht werden, das bestimmungswidrig aus diesen Anlagen ausgetreten ist. Das gilt analog für Rohrbruchschäden an den wasserführenden Rohren dieser Anlagen.

Eine vergleichbare Haftungserweiterung kann nach der Klausel 5106 für die Leitungswasserversicherung nach den AWB 87 und nach der Klausel 7113 für die Hausratversicherung nach den VHB 84 vereinbart werden. In der Wohngebäudeversicherung nach den VGB 88 n. F. und in der Hausratversicherung nach den VHB 92 wurde die Haftung für Schäden durch und an Einrichtungen von Klima-, Wärmepumpen- oder Solarheizungsanlagen in die Grunddeckung integriert (s. §§ 6 Nr. 1 e und Nr. 2 VGB 88 n. F., 7 Nr. 1 d und Nr. 3 b VHB 92).

Systematisch entspricht Nr. 1 der Klausel § 6 Nr. 1 VGB 88 a. F. Sie regelt Schäden an versicherten Sachen durch Flüssigkeiten, die aus den genannten Einrichtungen bzw. Anlagen bestimmungswidrig ausgetreten sind. Die Haftungserweiterung der Klausel liegt darin, daß es sich bei diesen Flüssigkeiten nicht nur um Wasser, sondern auch um sonstige wärmetragende Flüssigkeiten wie Sole, Öle, Kühlmittel, Kältemittel und dgl. handeln kann. Begrifflich wird der Kreis der versicherten Gefahren nach § 6 Nr. 1 VGB 88 a. F. erweitert. Es wird jedoch vorausgesetzt, daß diese Flüssigkeiten aus Klima-, Wärmepumpen- oder Solarheizungsanlagen bestimmungswidrig ausgetreten sind. Nicht eindeutig geregelt ist die Frage, ob Schäden an den genannten Anlagen auch dann zu entschädigen sind, wenn sie dadurch verursacht wurden, daß infolge des Bruchs von flüssigkeitsführenden Rohren im Innern dieser Anlagen eine der genannten Flüssigkeiten ausgetreten ist. Aufgrund der in F 1.7 dargestellten Rechtsprechung ist diese Frage wohl zu bejahen. 1.6.2

1.6.3 Die Rohrbruch- und Frostdeckung innerhalb versicherter Gebäude nach Nr. 2 entspricht in ihrer Systematik der Rohrbruch-/Frostdeckung nach § 7 Nr. 1 und Nr. 2 VGB 88 a. F. Der wesentliche Unterschied zwischen den beiden Deckungskonzepten besteht darin, daß nach der Klausel erweiternd auch Bruchschäden an Rohren und Frostschäden an sonstigen Einrichtungen von Klima-, Wärmepumpen- und Solarheizungsanlagen versichert sind, wenn darin nicht Wasser, sondern sonstige wärmetragende Flüssigkeiten, Kühlmittel, Kältemittel und dgl. geleitet werden. Die Formulierung „Bruchschäden durch Frost an..." beschreibt den Haftungsumfang zutreffender als die Formulierung „Frostschäden an ..." in § 7 Nr. 2 VGB 88 a. F.

1.6.4 Die Haftung für Rohrbruchschäden außerhalb versicherter Gebäude nach Nr. 3 entspricht systematisch § 7 Nr. 3 VGB 88 a. F. Es sind Bruchschäden an allen Rohren der Anlagen versichert, soweit die Rohre der Versorgung der versicherten Gebäude oder Anlagen dienen und sich auf dem Versicherungsgrundstück befinden. Nicht versichert sind Bruch- oder Frostschäden an den sonstigen Einrichtungen oder Anlagen. Infolgedessen besteht kein Versicherungsschutz für Bruch- oder Frostschäden an Kühltürmen von Klimaanlagen oder an Sonnenkollektoren von Solarheizungsanlagen, die außen am Gebäude angebracht sind oder frei auf dem Versicherungsgrundstück stehen.

1.6.5 Es fragt sich indessen, ob nach den VGB 88 a. F. nicht auch Schäden durch das aus diesen Anlagen bestimmungswidrig austretende Wasser versichert sind, wenn die Klausel 7164 nicht vereinbart wurde. Diese Frage ist im Grundsatz zu bejahen, wenn die Anlage mit dem Rohrsystem verbunden ist. Es handelt sich um eine mit dem Rohrsystem verbundene sonstige Einrichtung nach § 6 Nr. 1 b VGB 88. Fraglich ist, ob die genannten Anlagen auch als Anlagen der Warmwasser- oder Dampfheizung nach §§ 6 Nr. 1 c VGB 88, 4 Nr. 1 VGB 62 eingestuft werden können (so LG Aachen zu §§ 1 Nr. 1 b, 4 Nr. 1 und Nr. 2 b VGB 62 für eine Wärmepumpenanlage VersR 88 S. 684). Es wird in diesen Fällen nach VGB 88 a. F. in der Regel dennoch keine Entschädigung geleistet. War die Anlage bereits bei Antragsaufnahme vorhanden und wurde nicht angezeigt, so liegt eine Verletzung der vorvertraglichen Anzeigepflicht nach § 10 Nr. 1 VGB 88 a. F. vor. Wurde die Anlage nach Abschluß des Vertrages installiert, so handelt es sich um anzeigepflichtige Gefahrerhöhung nach § 10 Nr. 2 und Nr. 3 a VGB 88 a. F. Die Nichtanzeige führt in beiden Fällen in der Regel zur Leistungsfreiheit. Dies gilt nicht, wenn der Versicherer bei Antragsaufnahme eine entsprechende Antragsfrage nicht stellt (vgl. LG Aachen a. a. O.).

In der Wohngebäudeversicherung nach den VGB 88 n. F. stellen sich diese Fragen nicht. Einrichtungen von Klima-, Wärmepumpen- oder Solarheizungsanlagen werden in § 6 Nr. 1 e VGB 88 n. F. ausdrücklich genannt. Tritt bestimmungswidrig Wasser aus diesen Anlagen aus und verursacht Schäden an versicherten Sachen, so besteht in der Wohngebäudeversicherung nach den VGB 88 n. F. ohne weiteres Versicherungsschutz. Das gleiche gilt, wenn sonstige wärmetragende Flüssigkeiten aus diesen Anlagen austreten (vgl. F 1.1). Im Verhältnis zu den VGB 88 a. F. und den VGB 62 ist das eine ins Gewicht fallende Haftungserweiterung. Sie kommt indessen nur einer geringen Anzahl von VN zugute, da verhältnismäßig wenige Wohngebäude mit derartigen Anlagen ausgestattet sind.

Auch in der Hausratversicherung besteht gem. § 7 Nr. 1 VHB 84/VHB 92 ohne weiteres Versicherungsschutz für Schäden durch Wasser, das aus Klima-, Wärmepumpen oder Solarheizungsanlagen bestimmungswidrig ausgetreten ist, da derartige Anlagen in der Hausratversicherung nicht als gefahrerheblicher Umstand eingestuft werden. Durch die Vereinbarung der Klausel 7113 „Klima-, Wärmepumpen- und Solarheizungsanlagen" kann die Haftung auch in der Hausratversicherung nach den VHB 84 auf Schäden erweitert werden, die an den versicherten Sachen durch wärmetragende Flüssigkeiten wie

Sole, Öle, Kühlmittel, Kältemittel und dergleichen verursacht werden, die aus Klima-, Wärmepumpen- oder Solarheizungsanlagen bestimmungswidrig ausgetreten sind. Nach § 7 Nr. 3 b VHB 92 sind diese Schäden ohne weiteres eingeschlossen.

## Wasseraustritt innerhalb von Anlagen 1.7

Nicht einheitlich wurde in der Vergangenheit in Literatur und Rechtsprechung die Frage beantwortet, ob Wasser aus den in §§ 6 Nr. 1 b und c VGB 88, 4 Nr. 1 VGB 62 genannten Einrichtungen und Anlagen bereits dann bestimmungswidrig ausgetreten ist, wenn es die innerhalb der Anlagen vorhandenen wasserführenden Vorrichtungen, insbesondere Rohre, verlassen hat oder ob gefordert ist, daß das Leitungswasser die äußere Begrenzung der genannten Einrichtungen oder Anlagen verläßt. Die Beantwortung dieser Frage entscheidet darüber, ob Schäden an den Einrichtungen und Anlagen selbst zu entschädigen sind, die dadurch verursacht werden, daß an dort vorhandenen wasserführenden Teilen infolge Bruch oder Undichtigkeit bestimmungswidrig Leitungswasser austritt und innerhalb der Anlagen Schäden anrichtet.

In der älteren Rechtsprechung und Literatur wurde überwiegend der Standpunkt vertreten, daß derartige Schäden nicht versichert seien. So hat das OLG Hamm zu § 4 Nr. 1 und Nr. 2 VGB 62 die Auffassung vertreten, der Heizkessel einer Heizungsanlage eines Wohngebäudes sei in seiner Gesamtheit eine Anlage der Warmwasser- oder Dampfheizung. Er sei eine selbständige, in sich geschlossene technische und wirtschaftliche Einheit, die gedanklich nicht in ihre Bestandteile zerlegt werden könne. Daraus folge, daß mit den in § 4 Nr. 1 VGB 62 genannten Rohren nicht Rohre innerhalb eines Heizkessels gemeint sein könnten (vgl. r+s 89 S. 157). Der Schaden, der an Heizkessel und Brauchwasserspeicher durch den Bruch eines Rohres im Innern des Heizkessels entstanden ist, ist gem. § 4 Nr. 2 a VGB 62 nicht versichert (OLG Köln r+s 92 S. 382). Nach dieser Auffassung sind Schäden an Heizkesseln und anderen mit dem Rohrsystem verbundenen Einrichtungen der Wasserversorgung nach §§ 6 Nr. 1 VGB 88, 4 Nr. 1 VGB 62 nicht versichert, wenn im Innern dieser Einrichtungen ein Rohr bricht und das aus diesem Rohr austretende Wasser die Einrichtungen von innen beschädigt oder zerstört. Anders ausgedrückt: Das Wasser muß (bestimmungswidrig) entweder aus Rohren oder aus mit den Rohren verbundenen Einrichtungen oder aus Heizungsanlagen ausgetreten sein, es muß sie verlassen haben. Schäden im Innern von Heizkesseln, Boilern und Wärmepumpenanlagen sind nur versichert, wenn sie durch Frost verursacht werden (Boldt, VersR 1990 S. 1092).

Im Gegensatz dazu steht das nachfolgende Urteil des OLG Oldenburg. Wenn infolge eines Haarrisses in der Brauchwasserschlange Wasser der öffentlichen Wasserversorgung mit einem Druck von 7 – 10 bar in den Heizwasserkreislauf strömt und einen Überdruck verursacht, der zu Rissen im Heizkessel und an den außerhalb des Kessels liegenden Rohrleitungen führt, so ist auch der Schaden an dem Heizkessel nach § 4 Nr. 1, Nr. 2 a VGB 62 versichert (OLG Oldenburg r+s 90 S. 95). Martin legt sich nicht fest. Nach seiner Meinung ist zweifelhaft, ob von Austreten des Wassers als versicherte Schadenursache erst dann die Rede sein kann, wenn das Wasser die äußeren Umrisse der Einrichtungen verläßt, oder schon dann, wenn es innerhalb der Einrichtung die für Wasser bestimmten Leitungen oder Behältnisse verläßt (E I 34). Aufgrund der jüngeren Rechtsprechung des BGH dürften diese Zweifel beseitigt sein.

Zunächst hatte der BGH zu §§ 1 Nr. 1 Satz 2, Nr. 2 b, 2 Nr. 2 AWB a. F. entschieden, daß bestimmungswidriges Austreten i. S. d. § 1 Nr. 1 Satz 2 AWB a. F. auch der Vorgang ist, bei dem Heizungswasser wegen eines Risses im Verflüssiger aus dem geschlossenen Heizwasserkreislauf in das geschlossene Verflüssigersystem gelangt. Bestimmungsgemäß solle nämlich das Heizwasser in seinem geschlossenen System bleiben. Weiterhin hat der BGH ausgeführt, daß zu dem Rohrsystem einer von einer Wärmepumpe betriebenen Warmwasserheizung auch das Behältnis gehört, das den Verflüssiger einer Wärmepumpenanlage umgibt (VersR 90 S. 200 und r+s 90 S. 59). In einer späteren Entscheidung zu den VGB 62 hat der BGH seine Auffassung zu der vorher dargestellten Streitfrage konkretisiert. Wenn ein Heizkessel und ein Ölbrenner dadurch beschädigt werden, daß infolge Platzens eines Wasserrohres im Innern des Heizkessels Wasser ausgetreten ist und weitere Schäden am Heizkessel und Schäden am Ölbrenner herbeigeführt hat, sind diese weiteren Schäden am Heizkessel und die Schäden am Ölbrenner gem. § 4 Nr. 1 VGB 62 versichert. Die Versicherung des § 4 Nr. 1 VGB 62 gegen Schäden durch Leitungswasser wird nicht durch § 4 Nr. 2 a VGB 62 eingeschränkt (VersR 93 S. 1102 und r+s 93 S. 349). In der Urteilsbegründung führt der BGH zunächst aus, daß die Auslegung von AVB am Maßstab eines verständigen Dritten unter Berücksichtigung des allgemeinen Sprachgebrauchs des täglichen Lebens auszurichten ist. Maßgebend sei, wie ein durchschnittlicher VN bei aufmerksamer Durchsicht und verständiger Würdigung das Regelwerk verstehen muß. Ein durchschnittlicher VN stelle bei Durchsicht der VGB 62 zunächst einmal fest, daß durch die Versicherung nach § 2 das gesamte im Versicherungsschein aufgeführte Gebäude mit seinen Bestandteilen gegen die Zerstörung oder Beschädigung durch Leitungswasser, Rohrbruch oder Frost versichert ist. Die Heizungsanlage sei wesentlicher Bestandteil eines Hauses. Deswegen nehme der VN an, daß er für die Heizungsanlage Entschädigung erhalte, wenn diese beispielsweise durch Leitungswasser beschädigt werde, das bestimmungswidrig aus einem über der Heizungsanlage verlaufenden Rohr der Wasserversorgung ausgetreten ist. Um den Umfang seiner Versicherung genau festzustellen, lese der VN weiter noch § 4, auf den in § 1 VGB 62 ausdrücklich hingewiesen werde. Er sehe in § 4 Nr. 1 VGB 62 seine Annahme bestätigt, daß für die Heizungsanlage als Bestandteil seines Hauses im Falle ihrer Beschädigung durch bestimmungswidrig aus dem Rohr über ihr ausgetretenes Leitungswasser Entschädigung geleistet werde. Daran schließe sich die Frage an, ob auch Schäden an der Heizungsanlage durch Leitungswasser, das aus einem im Heizungskessel verlaufenden Wasserleitungsrohr bestimmungswidrig austrete, ersatzpflichtig seien. Der verständige VN müsse diese Frage nach Wortlaut und Sinn von § 4 Nr. 1 VGB 62 bejahen, da in dieser Bestimmung nach seinem Verständnis alle wasserführenden Bestandteile der Wasserversorgung und der Heizung aufgeführt seien. § 4 Nr. 2 VGB 62 sei vor dem Hintergrund der Aufzählung in § 1 Nr. 1 b VGB 62 als Erweiterung des Versicherungsschutzes auf Rohrbruch und Frost zu verstehen. Die Gefahr Leitungswasser sei dagegen in § 4 Nr. 1 VGB 62 geregelt. Den Gedanken, daß der Entschädigungsumfang für die dort umfassend geregelte Gefahr Leitungswasser im Fall von dessen bestimmungswidrigen Austretens infolge Rohrbruch durch § 4 Nr. 2 a Ziff. 1 VGB 62 wieder eingeschränkt sein könnte, werde der durchschnittliche VN verwerfen. Nach Überzeugung des BGH kann infolgedessen die Auffassung des Berufungsgerichts (Schleswig) und auch anderer Gerichte und der Literatur nicht zutreffen (vgl. dazu die vorangegangenen Ausführungen). Sie komme zwangsläufig deshalb zu falschen Auslegungsergebnissen, weil sie nicht die Systematik des Regelungswerkes, sondern statt dessen isoliert nur die Schadenursache Rohrbruch zum Ausgangspunkt nimmt. Dieser Auffassung des BGH ist zuzustimmen (ebenso Spiegl, Anm. zum zuvor zitierten BGH-Urteil r+s 93 S. 423). Spiegl weist aber zurecht darauf hin, daß insbesondere bei behaupteten Durchnässungsschäden an Heizkesseln der Sachverhalt sorgfältig aufzuklären ist. Im konkreten Schadenfall ist insbesondere zu prüfen, ob innerhalb des Heizkessels überhaupt Rohrleitungen verlegt sind. Daneben muß festgestellt werden, ob die Schäden im Innern des Heizkessels durch das bestimmungswidrig ausgetretene Leitungswasser verursacht worden sind. In der Regel wird insbesondere die zweite Frage zu verneinen sein, weil die verwendeten Materialien der Kesselbestandteile grundsätzlich gegen die schädliche Einwirkung von Wasser resistent sind. Zumeist handelt es sich bei derartigen Schäden um reine Verschleißschäden oder um Schäden durch Wassermangel (ausbleibendes Wasser). Für derartige Schäden besteht jedoch kein Versicherungsschutz (vgl. Spiegl a. a. O.).

Das OLG Düsseldorf hat eine entsprechende Entscheidung auch für einen Schaden in der Entfeuchtungsanlage eines Schwimmbads getroffen. Bricht eine Rohrleitung, durch die Wasser von einem Schwimmbecken zur kombinierten Entfeuchtungs- und Wärmerückgewinnungsanlage geführt und von dort zurückgeführt wird, innerhalb der Entfeuchtungsanlage, so tritt das Wasser aus einer zur Wasserversorgung des versicherten Schwimmbads gehörenden Einrichtung i. S. v. § 4 Nr. 1 VGB 62 aus (OLG Düsseldorf VersR 97 S. 1484 und r+s 98 S. 249).

## Sprinkler- oder Berieselungsanlagen 1.8

Ausdrücklich eingeschlossen sind nach § 6 Nr. 1 d VGB 88 Schäden, die durch Wasser verursacht werden, das aus Sprinkler- oder Berieselungsanlagen bestimmungswidrig ausgetreten ist. Diese Regelung hat deklaratorischen Charakter. Sprinkler- oder Berieselungsanlagen sind regelmäßig mit dem Rohrsystem verbunden. Es handelt sich um mit dem Rohrsystem verbundene sonstige Einrichtungen. Dies gilt entsprechend für § 7 Nr. 1 VHB 84/VHB 92 (vgl. Dietz § 7 RN 2.2.2). Der Begriff Wasserversorgung ist weit auszulegen, so daß auch die Versorgung mit Löschwasser darunter fällt. Nach den VGB 62 besteht kein Versicherungsschutz, da derartige Schäden nach § 4 Nr. 3 e VGB 62 ausgeschlossen sind. Das Sprinklerrisiko hat in der Wohngebäudeversicherung untergeordnete Bedeutung. Wohnräume werden im allgemeinen nicht gesprinklert. Zum Schutz von Treppenhäusern und Tiefgaragen werden Sprinkleranlagen jedoch auch im privaten Bereich installiert. Es sind die Ausschlüsse nach §§ 6 Nr. 3 c VGB 88 n. F., 9 Nr. 4 c VGB 88 a. F. zu beachten.

## Bestimmungswidrig 1.9

Die Auslegung des Begriffs bestimmungswidrig hat für das Leitungswasserrisiko große Bedeutung. Es genügt nicht, daß Wasser aus den in §§ 6 Nr. 1 VGB 88, 4 Nr. 1 VGB 62 aufgezählten Vorrichtungen ausgetreten ist. Daneben ist gefordert, daß das Wasser bestimmungswidrig austritt. Auch diese Voraussetzung muß erfüllt sein, damit es sich um Leitungswasser handelt. Tritt Wasser bestimmungsgemäß aus den genannten wasserführenden Installationen und Einrichtungen aus und richtet Schäden an versicherten Sachen an, so besteht kein Versicherungsschutz. Bestimmungswidrig tritt Wasser aus, wenn es entgegen dem Willen und den Planungen einer berechtigten Person austritt. Es kommt entscheidend auf den Willen des VN oder des sonstigen berechtigten Benutzers an. Leitungswasser tritt bestimmungswidrig aus, wenn es ohne den Willen des VN oder einer anderen berechtigten Person austritt (OLG Saarbrücken VersR 97 S. 1000 und r+s 97 S. 32). Tritt das Wasser aus wasserführenden Installationen durch Handlungen nicht berechtigter Benutzer aus, so ist das Wasser nicht bestimmungsgemäß, sondern bestimmungswidrig ausgetreten. Es handelt sich um Leitungswasser. Deshalb haftet der Wohngebäudeversicherer auch, wenn beispielsweise Einbrecher aus Ärger über nicht vorhandene Beute Wasserhähne öffnen und das austretende Wasser Schäden am versicherten Gebäude anrichtet. Haftung besteht auch, wenn Kleinkinder den Badewannenzulauf öffnen, die Wanne überläuft und das auslaufende Wasser Schäden an Fußböden und Decken des versicherten Gebäudes verursacht. In diesem Fall kann jedoch unter Umständen Leistungsfreiheit eintreten, wenn dem VN eine grob fahrlässige Verletzung seiner Aufsichtspflicht vorzuwerfen ist.

1.9.1 Zumeist tritt Wasser dadurch bestimmungswidrig aus, daß an den in §§ 6 Nr. 1 VGB 88, 4 Nr. 1 VGB 62 aufgeführten Anlagen ein **technischer Defekt bzw. eine technische Betriebsstörung** auftritt. Typische Beispiele dafür sind Rohrbrüche, Undichtigkeiten von Rohrverbindungen, Zapfventilen, Badewannen oder Brausetassen, das Platzen oder Abspringen von Verbindungsschläuchen von Wasch- oder Geschirrspülmaschinen, Verstopfungen von Ableitungsrohren oder Betriebsstörungen bei Abwasserpumpen infolge Kurzschluß oder wegen Stromausfalls. Die Ursache der Störung ist unbeachtlich. Ausschlaggebend ist, daß das Wasser entgegen dem technisch geplanten Ablauf und damit zugleich gegen den Willen des VN oder eines sonstigen berechtigten Benutzers bestimmungswidrig ausgetreten ist.

1.9.2 Schwieriger ist die Einstufung von Schäden, die dadurch entstehen, daß **Wasser gegen den Willen und die Planung des VN austritt, ohne daß eine technische Störung oder ein Defekt** an Rohren oder sonstigen wasserführenden Installationen **vorliegt.** Es handelt sich dabei zumeist darum, daß Wasser infolge menschlichen Fehlverhaltens entweder überhaupt oder entgegen der geplanten Art und Weise austritt. So liegt es, wenn der VN bei der Rückkehr von einer Urlaubsreise das geschlossene Absperrventil der Hauswasserleitung öffnet, versehentlich aber die offen stehenden Zapfventile von Waschbecken und Badewannen vorher nicht schließt, so daß Wasser austritt und Schäden am Gebäude anrichtet. Ähnlich verhält es sich, wenn Badewannen oder andere Gefäße beim Einfüllen überlaufen, weil die Zuleitung versehentlich nicht rechtzeitig geschlossen wurde. Derartige Schäden sind versichert. Das Wasser ist bestimmungswidrig ausgetreten, wenn dies gegen den Willen des VN oder eines sonstigen berechtigten Benutzers geschieht (Martin E I 55). Dies gilt auch dann, wenn das Austreten des Wassers ansonsten dem technisch bestimmten Betriebszweck der Rohre oder Anlagen entspricht, eine technische Störung nicht vorliegt. Ausschlaggebend ist der Wille des VN oder eines sonstigen berechtigten Benutzers, der den Austritt des Wassers nach Maßgabe von Zeit, Ort und Menge plant bzw. bestimmt. Tritt Wasser entgegen dieser Planung aus, so ist dies bestimmungswidrig. Öffnen sich die Sprinklerköpfe einer Sprinkleranlage, weil die Ansprechtemperatur infolge eines Hitzestaus überschritten wird, ein Brand aber nicht eingetreten ist, so haftet der Wohngebäudeversicherer für die Schäden, die das austretende Wasser an dem versicherten Gebäude anrichtet (vgl. Bechert S. 97). Eine technische Störung liegt nicht vor. Dennoch tritt das Wasser entgegen dem Willen und der Planung des VN bestimmungswidrig aus. Bestimmungsgemäß ist der Wasseraustritt im Brandfall (vgl. F 4.3).

1.9.3 **Nicht versichert sind Schäden, die vom VN oder von berechtigten Benutzern vorsätzlich herbeigeführt werden.** In diesen Fällen tritt das Wasser nicht bestimmungswidrig, sondern bestimmungsgemäß aus. Dies gilt entgegen Martin (E I 57) nicht nur für vorsätzliche Handlungen des VN und seiner Repräsentanten, sondern auch für Vorsatz aller sonstigen berechtigten Benutzer. Dazu zählen Mieter, Untermieter, Besucher oder auch Handwerker, die beispielsweise Reparaturen an wasserführenden Installationen vornehmen. Läßt ein Besucher oder ein Untermieter, der beim VN wohnt, die Badewanne vorsätzlich überlaufen, um den VN zu schädigen, besteht kein Versicherungsschutz. Der Besucher bzw. der Untermieter ist berechtigter Benutzer der Badewanne. Der Austritt des Wassers erfolgt planmäßig und bestimmungsgemäß, nicht bestimmungswidrig. Der Bedingungstext ist eindeutig. Der Versicherungsschutz kann nicht durch eine enge Auslegung des Begriffs bestimmungswidrig beliebig ausgedehnt werden. Lediglich in den Fällen, in denen durch nicht berechtigte Personen Schäden vorsätzlich herbeigeführt werden, ist eine einschränkende Auslegung angebracht. So liegt es in den in F 1.9 geschilderten Fällen, wenn Einbrecher vorsätzlich Leitungswasserschäden herbeiführen. Nicht gefolgt werden kann dem LG Mönchengladbach, das in Anlehnung an Martin Versicherungsschutz bejaht, wenn der Mieter des versicherten Gebäudes vorsätzlich einen Leitungswasserschaden herbeiführt, in dem er einen Schlauch an eine Zapfstelle im Hof anschließt, diesen Schlauch in den Dachboden führt und den Wasserhahn öffnet (r+s 91 S. 61). Dieser Schaden ist nicht versichert. Es spielt keine Rolle, ob der Mieter als Repräsentant des VN einzustufen ist oder nicht.

Es kommt ausschließlich darauf an, daß das Wasser bestimmungswidrig ausgetreten 1.9.4
ist. **Unbeabsichtigte bzw. unerwünschte Folgen eines bestimmungsgemäßen Wasseraustritts** sind nicht versichert. Das gilt auch dann, wenn sie durch einen Irrtum des VN über die Eigenschaften des Wassers (Temperatur, Verschmutzungsgrad) oder durch eine unvorhersehbare Änderung der geplanten Fließrichtung des Wassers nach dem Austritt verursacht werden. Kein Versicherungsschutz besteht, wenn der VN das Dach des versicherten Gebäudes mit einem Schlauch reinigt, dabei Wasser durch ein versehentlich offen stehendes Dachfenster eindringt und Durchnässungsschäden am versicherten Gebäude entstehen. Ähnlich liegt es, wenn beim Sprengen des Gartens mit einem Schlauch Wasser versehentlich in eine andere Richtung geleitet wird, durch ein offen stehendes Fenster oder eine offen stehende Tür in das Gebäude eindringt und Durchnässungsschäden verursacht (Bechert S. 26). Es ist nicht inkonsequent, für das zuletzt genannte Beispiel die Bestimmungswidrigkeit und die Ersatzpflicht zu verneinen, andererseits aber die Bestimmungswidrigkeit des Austritts von Wasser zu bejahen, wenn der Ablaufschlauch einer Waschmaschine abspringt, der lose in ein Waschbecken eingehängt war. In diesem Fall soll Wasser überhaupt nicht bestimmungsgemäß aus sonstigen mit dem Rohrsystem verbundenen Einrichtungen austreten. Das Wasser soll vielmehr von einer mit dem Rohrsystem verbundenen Einrichtung (Waschmaschine bzw. Ablaufschlauch) unmittelbar in eine andere mit dem Rohrsystem verbunden Einrichtung (Waschbecken) geleitet werden. Bei diesem Vorgang soll Wasser überhaupt nicht austreten. Geschieht dies dennoch, so ist das Wasser bestimmungswidrig ausgetreten. Im Gegensatz dazu erfolgt der Austritt des Wassers in den vorher genannten Beispielen bestimmungsgemäß. Nur darauf kommt es an. Die danach eintretenden Störungen ändern daran nichts.

Nicht versichert sind **Schäden an den Rohren der Wasserversorgung oder den sonsti- 1.9.5
gen wasserführenden Anlagen, die durch das darin bestimmungsgemäß fließende Wasser verursacht werden** (Ausnahme Bruch- bzw. Frostschäden nach §§ 7 VGB 88, 4 Nr. 2 VGB 62). So liegt es, wenn ein Verbindungsschlauch durch den Wasserdruck platzt oder eine Badewanne durch tropfendes Rostwasser beschädigt wird (Bechert S. 26). Dagegen besteht Versicherungsschutz, wenn infolge einer Undichtigkeit der Waschtrommel der Motor einer Waschmaschine durch bestimmungswidrig austretendes Wasser beschädigt wird. Das Wasser ist bereits dann bestimmungswidrig ausgetreten, wenn es die Waschtrommel verläßt und im Innern der Waschmaschine an anderen Teilen Schäden anrichtet. Aufgrund der in F 1.7 dargestellten Rechtsprechung des BGH

kann der Auffassung des LG Essen nicht gefolgt werden, daß die Waschmaschine in ihrer Gesamtheit als Teil des Rohrleitungssystems anzusehen sei und nicht in wasserführende und nicht wasserführende Teile aufgespalten werden könne (LG Essen r+s 86 S. 238).

1.9.6 Ist **Wasser aus anderen als den im Bedingungstext genannten Vorrichtungen** bestimmungswidrig ausgetreten, so haftet der Wohngebäudeversicherer nicht. Dies gilt insbesondere, wenn Wasser aus freistehenden Eimern, Waschzubern, Blumenvasen, Flaschen, Töpfen oder Aquarien bestimmungswidrig austritt, weil der Behälter undicht ist oder umgestoßen wird.

Lediglich für Aquarien läßt sich eine Haftungserweiterung nach der Klausel 7163 einzelvertraglich vereinbaren. Die Klausel stimmt inhaltlich mit der Klausel 7116 zu den VHB 84/VHB 92 überein. Es werden Schäden an den versicherten Sachen eingeschlossen, die durch Leitungswasser entstanden sind, das bestimmungswidrig aus Aquarien ausgetreten ist. Es handelt sich um eine Erweiterung der versicherten Gefahr Leitungswasser. Der Einschluß ist jedoch deklaratorisch, soweit es sich um Aquarien handelt, die mit dem Rohrsystem verbunden sind. Diese Aquarien sind mit dem Rohrsystem verbundene sonstige Einrichtungen im Sinne von § 6 Nr. 1 b VGB 88. Konstitutiv wirkt die Klausel für Schäden an versicherten Sachen durch Leitungswasser, das aus nicht mit dem Rohrsystem verbundenen Aquarien ausgetreten ist. Als Schadenursachen kommen unter anderem in Betracht Undichtigkeiten, Bruch der Scheiben oder Überlaufen des Aquariums beim Befüllen mit einem Schlauch oder einem Gefäß. Das Leitungswasserrisiko durch Aquarien hat in der Wohngebäudeversicherung untergeordnete Bedeutung. Ein Aquarium ist in der Regel kein gefahrerheblicher Umstand. Die Versicherer fragen in den Antragsformularen auf Wohngebäudeversicherung nicht danach, ob ein Aquarium vorhanden ist. Infolgedessen besteht ohne weiteres Versicherungsschutz für Schäden an versicherten Sachen durch Leitungswasser, das aus mit dem Rohrsystem verbundenen Aquarien bestimmungswidrig ausgetreten ist. Dies gilt auch dann, wenn dem Versicherer nicht angezeigt worden war, daß sich im versicherten Gebäude Aquarien befinden.

Läuft ein Behälter beim Einfüllen von Wasser über, so hängt die Haftung von der Art und Weise des Einfüllvorgangs ab. Wird das Wasser aus einem Behälter in einen anderen umgefüllt (aus der Gießkanne in eine Blumenvase oder aus einem Eimer in einen Topf), so besteht kein Versicherungsschutz, wenn ein Behälter überläuft. Das Wasser ist überhaupt nicht aus einer der in §§ 6 Nr. 1 VGB 88, 4 Nr. 1 VGB 62 genannten Vorrichtungen ausgetreten. Andererseits sind Schäden versichert, die dadurch verursacht werden, daß beim Füllen eines Behälters mit Wasser aus der Wasserleitung vergessen wird, den Wasserhahn rechtzeitig zu schließen. Das Wasser tritt in diesem Fall bestimmungswidrig aus der Zuleitung aus, weil die Wassermenge überschritten wird, die nach dem Willen des VN zum Füllen des Behälters bestimmt war. Daraus folgt umgekehrt, daß kein Versicherungsschutz besteht, wenn die vorher bestimmte Einfüllmenge nicht überschritten wird, aber dennoch Wasser austritt und Schäden anrichtet, weil der Behälter während des Einfüllvorgangs umkippt oder nicht an der richtigen Stelle steht.

## 2 Wasserdampf und wärmetragende Flüssigkeiten

Wasserdampf steht nach §§ 6 Nr. 2 VGB 88, 4 Nr. 1 Satz 2 VGB 62 Wasser gleich. Schäden durch Wasserdampf sind versichert, wenn der Dampf bestimmungswidrig aus den in §§ 6 Nr. 1 VGB 88, 4 Nr. 1 VGB 62 aufgeführten Vorrichtungen austritt. In § 7 Nr. 3 VHB 84/VHB 92 findet sich eine gleichartige Regelung. Nicht versichert sind Schäden durch Wasserdampf, der aus nicht mit dem Rohrsystem verbundenen Einrichtungen austritt (Dampfbügeleisen, Wasserkessel, Kochtöpfe u. ä.). Schäden durch Wasserdampf haben in der Wohngebäude- und in der Hausratversicherung untergeordnete Bedeutung. In der sonstigen Leitungswasserversicherung sind Schäden durch Wasserdampf nach § 1 Nr. 5 a AWB 87 ausgeschlossen. In Erweiterung zu § 6 Nr. 2 VGB 88 a. F. werden in § 6 Nr. 2 VGB 88 n. F. auch wärmetragende Flüssigkeiten (z. B. Sole, Öle, Kühlmittel, Kältemittel) dem Wasser gleichgestellt (ebenso § 7 Nr. 3 b VHB 92). Dies war wegen der Einbeziehung von Einrichtungen von Klima-, Wärmepumpen- oder Solarheizungsanlagen in § 6 Nr. 1 e VGB 88 n. F. notwendig, um einen angemessenen Versicherungsschutz für Schäden durch den Austritt von Flüssigkeiten aus derartigen Anlagen zu schaffen. Nach den VGB 88 a. F. ist dies durch die Vereinbarung der Klausel 7164 „Klima-, Wärmepumpen- und Solarheizungsanlagen“ möglich (vgl. F 1.6).

## Doppelversicherung mit der Hausratversicherung 3

Bei Leitungswasserschäden an Bodenbelägen, Innenanstrichen oder Tapeten von vermieteten Wohnungen entsteht häufig Doppelversicherung mit der Hausratversicherung. Dies liegt daran, daß **nach §§ 2 Nr. 1 f VHB 84, 2 Nr. 1 g VHB 92 Kosten für Reparaturen in gemieteten Wohnungen versichert** sind, um Leitungswasserschäden an Bodenbelägen, Innenanstrichen oder Tapeten der Wohnung zu beseitigen (Reparaturkosten für gemietete Wohnungen). Diese Kostenversicherung kommt zum Tragen für Bodenbeläge, Innenanstriche und Tapeten, die vom Gebäudeeigentümer in die vermietete Wohnung eingefügt wurden. Da es sich bei diesen Sachen um Gebäudebestandteile handelt, haftet auch der Wohngebäudeversicherer. Es besteht Doppelversicherung. Wurden die genannten Sachen vom Mieter eingefügt, handelt es sich um Mietereinbauten im Sinne von §§ 1 Nr. 2 b VHB 84/VHB 92, 1 Nr. 4 VGB 88. Doppelversicherung zwischen Hausrat- und Wohngebäudeversicherung entsteht dann nicht, weil die Mietereinbauten in der Hausratversicherung versichert, in der Wohngebäudeversicherung aber ausgeschlossen sind (vgl. A 4).

Die Kostenversicherung in der Hausratversicherung ist auf Schäden durch Leitungswasser beschränkt. Nicht versichert sind infolgedessen Schäden an Bodenbelägen, Innenanstrichen oder Tapeten, die durch die Reparatur eines Rohrbruchs entstehen (Bechert S. 31; Martin E I 71). Wird zur Beseitigung eines Rohrbruchs an einem unter Putz verlegten Zuleitungsrohr die Wand aufgebrochen, so entstehen dabei Schäden an Tapeten oder Anstrichen. Die Kosten für die Beseitigung dieser Schäden werden vom Hausratversicherer nicht entschädigt. Liegt jedoch zugleich ein Durchnässungsschaden an den Tapeten oder Innenanstrichen vor, so haftet der Hausratversicherer für den Betrag, der ohne die Rohrreparatur für die Beseitigung des Durchnässungsschadens aufzuwenden wäre. Daneben ist zu beachten, daß der Hausratversicherer nicht Reparaturkosten an Fußböden, sondern Reparaturkosten an Bodenbelägen ersetzt. Bodenbeläge sind Beläge aus Linoleum, Kunststoff und Gummi sowie textile Bodenbeläge. Weiterhin zählen dazu auch Parkett- und Keramikbeläge, die auf Estrich verlegt sind (ebenso Bechert S. 30). In der Kostenversicherung nach den VHB 84/VHB 92 sind Schäden am sog. Unterboden (Estrich) und der tragenden Konstruktion des Gebäudes nicht versichert. Entsprechendes gilt für Schäden an Tapeten und Anstrichen. Der Hausratversicherer ersetzt die Kosten für die Reparatur der Anstriche oder der Tapeten. Schäden am Verputz oder am Mauerwerk werden vom Hausratversicherer nicht entschädigt.

Die Haftung des Hausratversicherers gilt für Reparaturkosten in gemieteten Wohnungen. Der Begriff gemietete Wohnung kann nicht erweiternd ausgelegt werden. Ein Mietverhältnis ist vorausgesetzt. Wohnungen von Miterben oder Bruchteilseigentümern im eigenen Haus sind entgegen der Auffassung von Martin (E I 66) Mietwohnungen auch dann nicht gleichzustellen, wenn der Wohnungsanteil des VN größer ist als sein Anteil an der Gemeinschaft. Von diesen Personen kann der Abschluß einer Gebäudeleitungswasserversicherung erwartet werden. Kein Versicherungsschutz besteht weiterhin für Reparaturkosten in Wohnungen, die der VN den Bewohnern unentgeltlich zur Nutzung überlassen hat.

Für den **Ausgleich zwischen Hausrat- und Gebäudeversicherer** gelten auch in diesen Fällen grundsätzlich die Bestimmungen von § 59 VVG (s. R 8.4). Um den erheblichen Verwaltungsaufwand bei Kleinschäden zu vermeiden, wurde zwischen den Versicherern die in R 8.4.3 dargestellte Teilungsregel vereinbart. Danach werden beim Zusammentreffen von Hausrat- und Gebäude-Leitungswasserversicherung Gebäudeschäden bis zu 500,– DM von dem in Anspruch genommenen Versicherer allein reguliert. Werden beide Versicherer in Anspruch genommen, entschädigt der Gebäudeversicherer. Liegt der Schaden über 500,– DM, so regelt sich der Ausgleich zwischen den Versicherern nach § 59 VVG.

## 4 Ausschlüsse

Die besonderen Ausschlüsse zur Leitungswasserversicherung wurden aus § 9 Nr. 3 und Nr. 4 VGB 88 a. F. in § 6 Nr. 3 und Nr. 4 VGB 88 n. F. übernommen. Diese Neugliederung soll die Transparenz und die Allgemeinverständlichkeit des Bedingungswerks verbessern. Abgesehen von dem bereits angesprochenen Verzicht auf den Ausschluß von Leitungswasserschäden infolge Brand, Blitzschlag, Explosion oder Aufprall von bemannten Flugkörpern nach § 9 Nr. 3 b VGB 88 a. F. in den VGB 88 n. F. (vgl. D 1.4.1) sind damit keine materiellen Änderungen verbunden.

Im Verhältnis zu den VGB 62 liegt eine Abweichung in den VGB 88 darin, daß sich die Ausschlüsse in § 4 Nr. 3 VGB 62 sowohl auf Leitungswasser- als auch auf Rohrbruchschäden erstrecken, während die in §§ 6 Nr. 3 und Nr. 4 VGB 88 n. F., 9 Nr. 4 VGB 88 a. F. geregelten Ausschlüsse nur für die versicherte Gefahr Leitungswasser gelten. Die besonderen Ausschlüsse für die versicherte Gefahr Rohrbruch nach § 7 VGB 88 sind in §§ 7 Nr. 4 VGB 88 n. F., 9 Nr. 5 VGB 88 a. F. verankert. Es besteht insoweit Übereinstimmung mit § 1 Nr. 5 AWB 87, da die Ausschlüsse gem. § 1 Nr. 5 a bis e wegen § 1 Nr. 5 letzter Abs. Satz 1 AWB 87 ebenfalls nicht für Rohrbruchschäden gelten. Materiell wird der Versicherungsschutz der VGB 88 im Vergleich zu den VGB 62 dadurch verbessert. Weggefallen ist in den VGB 88 der in § 4 Nr. 3 b VGB 62 geregelte Ausschluß von Schäden an Kessel-, Maschinen- und elektrischen Kraftanlagen, die gewerblichen Zwecken dienen. In der Regel sind die genannten Gegenstände jedoch allenfalls Gebäudezubehör, so daß sie wegen § 1 Nr. 2 VGB 88 nicht zu den versicherten Sachen in der Wohngebäudeversicherung nach den VGB 88 zählen.

Die Formulierung „Der Versicherungsschutz erstreckt sich nicht auf Schäden" stellt klar, daß die ausgeschlossenen Schäden keine Versicherungsfälle in der Wohngebäudeversicherung sind. Es sind nicht nur Sachschäden, sondern auch Kosten- und Mietausfallschäden durch die genannten Ereignisse ausgeschlossen. Die verschiedenen Rechtsfolgen, die an den Eintritt eines Versicherungsfalls geknüpft sind, werden durch diese Schäden nicht ausgelöst. Insbesondere steht dem VN und dem Versicherer ein Kündigungsrecht nach §§ 19 Nr. 2 VGB 88 n. F., 24 VGB 88 a. F., 20 Nr. 2 VGB 62 in diesen Fällen nicht zu.

Der Zusatz „**Ohne Rücksicht auf mitwirkende Ursachen**“ in den VGB 88 stellt klar, daß die Ausschlüsse auch dann zum Zug kommen, wenn die ausgeschlossene Ursache eine von mehreren Ursachen ist, die den Schaden gemeinsam herbeigeführt haben. Es wird nicht vorausgesetzt, daß eine ausgeschlossene Ursache den Schaden allein bewirkt. Die Ausschlüsse setzen sich grundsätzlich auch dann durch, wenn der Schaden durch das Zusammenwirken einer versicherten und einer ausgeschlossenen Ursache entstanden ist. Eine Aufteilung bzw. Zurechnung des Schadens auf versicherte und ausgeschlossene Ursache findet nicht statt, zumal dies praktisch meist gar nicht möglich ist. Die geänderte Formulierung bedeutet im Vergleich zu den VGB 62 keine Verschlechterung für den VN. Es handelt sich lediglich um eine Klarstellung, die der herrschenden Meinung entspricht (vgl. K 2.1 und 2.2).

Die **Beweislast trägt der Versicherer**. Beruft er sich auf einen Ausschluß, so hat er zu beweisen, daß der Ausschlußtatbestand vorliegt. Dabei werden im allgemeinen von der Rechtsprechung strenge Beweisanforderungen gestellt.

**Die in F 4.1 bis 4.6.5 dargestellten Ausschlüsse gelten für die versicherte Gefahr Leitungswasser.** Sie können nicht analog auf andere Gefahrengruppen übertragen werden. Sind in einem Vertrag mehrere Gefahrengruppen versichert, so kann es deshalb vorkommen, daß ein konkreter Schaden zwar unter eine Ausschlußbestimmung zur versicherten Gefahr Leitungswasser fällt, dennoch aber versichert ist, da er zugleich unter den Haftungsumfang einer anderen Gefahrengruppe einzuordnen ist. Die besonderen Ausschlüsse für eine Gefahrengruppe greifen also nicht auf andere Gefahrengruppen durch. Die nachfolgenden Beispiele verdeutlichen dies. Tritt das in einem Stausee gestaute Wasser infolge eines Explosionsschadens an der Staumauer aus, so sind die dadurch an einem versicherten Gebäude verursachten Schäden nach §§ 6 Nr. 3 b VGB 88 n. F., 9 Nr. 4 b VGB 88 a. F. in der Leitungswasserversicherung zwar ausgeschlossen, in der Feuerversicherung aber als Explosionsfolgeschaden versichert. Tritt als Folge eines Rohrbruchs bestimmungswidrig Wasser aus und verursacht einen Kurzschlußschaden an der Heizungsanlage, kann dieser Schaden vom Feuerversicherer unter Hinweis auf §§ 5 Nr. 2 und Nr. 4 b VGB 88 n. F., 9 Nr. 2 c VGB 88 a. F. abgelehnt werden, er ist aber als Leitungswasserschaden nach §§ 6 Nr. 1 a VGB 88 n. F., 4 Nr. 1 b VGB 88 a. F. versichert. Ebenso verhält es sich bei einem Schaden durch häusliche Abwasser, der durch den Ausfall einer Abwasserpumpe infolge Kurzschluß verursacht wurde.

Die besonderen Ausschlüsse setzen sich nur innerhalb der jeweiligen Gefahr durch. Sie wirken nicht, soweit Schäden durch eine zur Gefahrengruppe A (z. B. Brand) ausgeschlossene Ursache die Folge des Eintritts einer anderen versicherten Gefahr B (z. B. Leitungswasser) sind (Leitungswasseraustritt verursacht Kurzschlußschaden). Sie kommen weiterhin nicht zum Zug, soweit durch eine zur Gefahrengruppe A ausgeschlossene Ursache eine andere versicherte Gefahr B eintritt und Schäden an versicherten Sachen anrichtet (Kurzschlußschaden verursacht Leitungswasseraustritt).

## Plansch- oder Reinigungswasser 4.1

**Nicht versichert sind** nach §§ 6 Nr. 3 a VGB 88 n. F., 9 Nr. 4 a VGB 88 a. F., 4 Nr. 3 e VGB 62 **Schäden durch Plansch- oder Reinigungswasser.** Derselbe Ausschluß ist in §§ 9 Nr. 4 a VHB 84/VHB 92, 1 Nr. 5 b AWB 87 geregelt. Der Ausschluß ist deklaratorisch, sofern Plansch- oder Reinigungswasser aus nicht mit dem Rohrsystem verbundenen Einrichtungen austritt (freistehende Planschbecken, Putzeimer u. a.). Dagegen wirkt er konstitutiv, soweit Plansch- oder Reinigungswasser z. B. aus mit dem Rohrsystem verbundenen Badewannen oder Schwimmbecken austritt. In diesen Fällen ist die Ausschlußbestimmung nach herrschender Meinung jedoch eng auszulegen. Sie erstreckt sich auf Schäden, die dadurch entstehen, daß beim Gebrauchsvorgang des Planschens oder des Reinigens bestimmungswidrig Wasser austritt (Badewanne schwappt über). Dagegen kommt der Ausschluß nicht zum Tragen, wenn beispielsweise eine Badewanne oder ein Schwimmbecken undicht wird und an der undichten Stelle Wasser austritt. Weiterhin gilt der Ausschluß nicht, wenn infolge einer Störung Wasser aus mit dem Rohrsystem verbundenen Wasch- oder Geschirrspülmaschinen austritt (vgl. Knoerrich/Dreger, VerBAV 66 S. 180).

## 4.2 Natürliche Gewässer und Rückstau

**Schäden durch Grundwasser, stehendes oder fließendes Gewässer, Hochwasser oder Witterungsniederschläge oder einen durch diese Ursachen hervorgerufenen Rückstau sind nach § 6 Nr. 3 b VGB 88 n. F., 9 Nr. 4 b VGB 88 a. F., 4 Nr. 3 d VGB 62 ausgeschlossen.** Das gilt ebenso nach §§ 9 Nr. 4 b VHB 84/VHB 92, 1 Nr. 5 d AWB 87. Es bestehen geringfügige Abweichungen im Wortlaut der einzelnen Bestimmungen, die indessen keine materiellen Unterschiede bewirken. Die ausgeschlossenen Schadenursachen sind nicht versicherte Elementargefahren. Die Ausschlußbestimmung ist deklaratorisch, soweit Schäden durch die genannten Kategorien von Wasser verursacht werden. Es handelt sich nicht um Leitungswasser, sondern um Wasser in der freien Natur (natürliche Gewässer). Beispiele für derartige Schäden sind Durchnässungsschäden im Kellergeschoß durch Grundwasser oder Hochwasser sowie Schäden durch in das Gebäude eindringende Witterungsniederschläge. Der Ausschluß wirkt konstitutiv, soweit Schäden durch das Zusammenwirken von Leitungswasser und natürlichem Wasser entstehen. Dies ist häufig der Fall, wenn bei starken Witterungsniederschlägen die Kanalisation überlastet ist, so daß häusliche Abwässer nicht abfließen können, d. h. zurückgestaut werden und bestimmungswidrig austreten. Kommt es dadurch zu Schäden an versicherten Gebäuden, so haftet der Wohngebäudeversicherer nicht. Es ist nicht vorausgesetzt, daß natürliches Wasser alleinige Ursache des Schadens war. Der Ausschluß greift vielmehr bereits dann, wenn natürliches Wasser als eine von mehreren Ursachen am Entstehen des Schadens mitgewirkt hat. Schäden durch Austritt zurückgestauten Niederschlagswassers aus Regenabflußrohren sind auch dann nicht versichert, wenn die Rohre zugleich der Abführung häuslicher Abwässer dienen (OLG Nürnberg zu § 9 Nr. 4 b VHB 84 VersR 89 S. 738). Das gilt selbst dann, wenn das Niederschlagswasser mit häuslichem Abwasser vermischt war.

Die jüngere **Rechtsprechung** bestätigt die vorstehenden Ausführungen. Schäden, die an den versicherten Sachen einer betrieblichen Leitungswasserversicherung dadurch entstanden sind, daß sich der Revisionsdeckel an einem Abflußrohr durch den Druck von Hochwasser (hier: des Rheinhochwassers Weihnachten 1993 in Köln) gelöst hat und das Wasser dadurch aus dem Abflußrohr ausgetreten und in den Keller geflossen ist, und der Schaden an dem Abflußrohr selbst (Anm.: Es lag kein Bruchschaden an dem Abflußrohr vor) sind nach § 1 Nr. 5 d AWB 87 ausgeschlossen. Auch § 1 Nr. 5 Abs. 2 AWB 87 führt insoweit nicht zum Versicherungsschutz (OLG Köln r+s 96 S. 452). Wenn Hausrat des VN dadurch beschädigt worden ist, daß aufgrund des Defektes des Rückschlagventils nach erheblichen Niederschlägen Wasser aus der Kanalisation in den Keller der versicherten Wohnung eingedrungen ist, sind diese Schäden nach § 9 Nr. 4 b

VHB 84 ausgeschlossen (LG Berlin r+s 96 S. 452). Ein durch Witterungsniederschläge verursachter Rückstau i. S. d. § 3 C Nr. 4 a VHB 74 liegt nach Sinn und Zweck der Ausschlußregelung nicht nur dann vor, wenn sich die Niederschläge selbst zurückstauen, sondern auch dann, wenn der Rückstau von Niederschlagswasser zum Austritt von Leitungswasser aus Rohrleitungen in der Wohnung führt. § 3 C Nr. 4 a VHB 74 ist nicht überraschend, nicht unklar und beteiligt den VN nicht unangemessen. Er verstößt infolgedessen nicht gegen das AGBG (OLG Saarbrücken VersR 97 S. 1000 und r+s 97 S. 32). Wenn infolge eines Gewitterregens Wassermassen wegen klemmender Rückstauklappen durch das Kanalsystem in den Keller des VN eingedrungen sind und infolge der Überschwemmung das Abwasser von zwei in Betrieb befindlichen Waschmaschinen nicht durch das Waschbecken hat ablaufen können, sondern über die beiden Maschinen und in einen Trockner gelaufen ist, sind die so an diesen Sachen entstandenen Schäden durch Rückstau aufgrund von Witterungsniederschlägen verursacht worden und vom Versicherungsschutz ausgeschlossen (AG Köln zu § 9 Nr. 4 b VHB 84 r+s 94 S. 109). Die vorstehende Rechtsprechung ist ohne Einschränkung auf die Wohngebäudeversicherung nach den VGB 88 übertragbar, weil die Ausschlußbestimmungen in den verschiedenen Bedingungswerken inhaltlich übereinstimmen.

Verschiedentlich sind Wohngebäudeversicherer dazu übergegangen, die aufgezeigten Deckungslücken durch vertragliche Zusatzvereinbarungen über den Einschluß von Rückstauschäden zu schließen. Auch in den Gremien des GDV wird derzeit an einer entsprechenden Klausellösung gearbeitet. Es ist jedoch davon auszugehen, daß der Einschluß von Rückstauschäden durch natürliche Gewässer nicht im Rahmen der Leitungswasserversicherung nach den VGB 88, sondern im Rahmen der Versicherung weiterer Elementarschäden nach den BEW geregelt wird (vgl. J 4.1.2). Dies ist eine sachgerechte Lösung.

## Sprinkler 4.3

Weiterhin ausgeschlossen sind nach §§ 6 Nr. 3 c VGB 88 n. F., 9 Nr. 4 c VGB 88 a. F. **Schäden durch Öffnen der Sprinkler oder Bedienen der Berieselungsdüsen wegen eines Brandes, durch Druckproben oder durch Umbauten oder Reparaturarbeiten** an dem versicherten Gebäude oder an der Sprinkler- oder Berieselungsanlage. Nach § 4 Nr. 3 e VGB 62 sind Schäden durch Sprinkler- und Berieselungsanlagen generell ausgeschlossen. Der Ausschluß in den VGB 88 hat deklaratorischen Charakter, soweit derartige Schäden wegen eines Brandes entstehen. Wasser tritt in diesen Fällen nicht bestimmungswidrig, sondern bestimmungsgemäß aus, um den ausgebrochenen Brand zu löschen. Derartige Schäden sind in der Feuerdeckung als Brandfolgeschäden versichert. Im Verhältnis zu § 6 Nr. 1 d VGB 88 wirkt der Ausschluß konstitutiv für Schäden durch Wasser, das infolge des Öffnens der Sprinkler oder des Bedienens der Berieselungsdüsen durch Druckproben oder durch Umbauten bzw. Reparaturarbeiten bestimmungswidrig ausgetreten ist. Es handelt sich um ein typisches Betriebsrisiko, das der Leitungswasserversicherer nicht decken möchte. In der Regel werden derartige Schäden infolge unsachgemäßer oder fehlerhafter Ausführung der Arbeiten entstehen. Der VN hat einen Regreßanspruch gegen die Ausführenden. Der Ausschluß erstreckt sich jedoch nicht auf Schäden, die dadurch entstehen, daß bei Reparaturarbeiten Verteilerleitungen, Wasserbehälter oder sonstige Teile von Sprinkler- oder Berieselungsanlagen beschädigt werden und infolgedessen bestimmungswidrig Wasser austritt. Insoweit unterscheidet sich der Ausschluß von der Klausel 5101 zu den AWB 87. Diese Klausel wird gegen Beitragszuschlag in der Leitungswasserversicherung nach den AWB 87 vereinbart, wenn der in § 5 Nr. 1 c AWB verankerte generelle Ausschluß von Schäden durch Wasser aus Sprinklern abbedungen werden soll. Nach Klausel 5101 Nr. 2 gilt die Haftungserweiterung allgemein nicht für Schäden, die durch Druckproben oder durch Umbauten oder Reparaturarbeiten am Gebäude oder an der Sprinkleranlage verursacht werden.

In den VHB 84/VHB 92 fehlt ein entsprechender Ausschluß. Der Hausratversicherer haftet infolgedessen im Gegensatz zum Wohngebäudeversicherer auch für Schäden durch Öffnen der Sprinkler oder Bedienen der Berieselungsdüsen in den angesprochenen Fällen. Die praktischen Auswirkungen dieser unterschiedlichen Haftung sind unbeachtlich, da Sprinkler- und Berieselungsanlagen im privaten Bereich keine nennenswerte Verbreitung gefunden haben. Dennoch sollten die VGB 88 und die VHB 92 in diesem Punkt gelegentlich harmonisiert werden.

## 4.4 Erdsenkung oder Erdrutsch

Schäden durch Erdsenkung oder Erdrutsch sind nach §§ 6 Nr. 3 d VGB 88 n. F., 9 Nr. 4 d VGB 88 a. F. ausgeschlossen, es sei denn, daß Leitungswasser (§ 6 Nr. [illegible]) die Erdsenkung oder den Erdrutsch verursacht hat. Ein entsprechender Ausschluß ist in § 4 Nr. 3 c VGB 62 verankert. Die Ausschlußbestimmungen unterscheiden sich in einem wichtigen Punkt. Nach § 4 Nr. 3 c VGB 62 sind Schäden durch Erdeinsenkung oder durch Erdrutsch generell ausgeschlossen. In den VGB 88 gilt der Ausschluß nicht, wenn die Erdsenkung oder der Erdrutsch durch Leitungswasser verursacht wurde. Eine vergleichbare Rückausnahme gilt auch nach § 1 Nr. 5 f AWB 87. Infolgedessen sind nach den VGB 88 und den AWB 87 z. B. Leitungswasserschäden versichert, die dadurch entstehen, daß Wasser aus einem Zuleitungsrohr austritt, das infolge Erdsenkung gebrochen ist und die Erdsenkung ihrerseits durch Leitungswasser verursacht wurde. So liegt es, wenn aus einem im Kellerfußboden verlegten Abflußrohr längere Zeit unbemerkt Abwasser austritt und die Fundamente sowie das sie umgebende Erdreich unterspült, so daß es zu Rissen im Mauerwerk und zu Rohrbrüchen kommt. Nach den VGB 88 sind sowohl die Risse im Mauerwerk als auch die Rohrbruchschäden und die durch das austretende Wasser verursachten Schäden versichert. Nach den VGB 62 ist dies umstritten (vgl. Bechert S. 43, Martin F IV 2 und 35).

4.4.1 Die **Begriffe Erdsenkung bzw. Erdeinsenkung und Erdrutsch** sind in den AVB nicht definiert. Das OLG Düsseldorf hat die Begriffe unter Bezugnahme auf BGH (VersR 56 S. 790) sowie Krause (VW 62 S. 470) eng ausgelegt (s. VerBAV 85 S. 286). Erdrutsch und Erdsenkung unterscheiden sich nach Ansicht des Gerichts dahin, daß der Erdrutsch einen Vorgang darstellt, bei dem sich ein Teil der Erdoberfläche insgesamt aus seinem natürlichen Zusammenhang löst und in Bewegung übergeht, während die Erdeinsenkung auch einen Bewegungsvorgang im unterirdischen Bereich bezeichnet. Darüber hinaus deutet der Begriff des Rutsches eine Bewegung auf einer horizontalen oder schrägen Ebene an, während durch den Begriff der Senkung eine horizontale Bewegung ausgeschlossen ist. Beiden Begriffen ist nach Ansicht des Gerichts gemeinsam, daß es sich um Bewegungen von Teilen der Erdfläche handelt, die als solche Teile erkennbar, also sich nicht in Form kleiner oder kleinster Bodenbestandteile, von ihrer natürlichen Umgebung gelöst haben und in Bewegung übergegangen sind. Soweit es sich nur um ein allmähliches Lösen und Verlagern von Bodenbestandteilen – sei deren Zahl auch sehr groß – handelt, liegt ein Erdrutsch oder eine Erdsenkung nicht vor. Erst wenn diese ihrer Art nach langsam wirkenden Vorgänge dazu führen, daß sich ganze Teile lösen und ihrerseits in Bewegung übergehen, ist der Tatbestand des Erdrutsches oder der Erdsenkung erfüllt. Erdrutsch und Erdsenkung können sowohl auf langsamen wie auch auf schnell wirkenden Einflüssen beruhen. Zu den langsam einwirkenden Entstehungsursachen rechnen Unterspülungen. Wenn daher die Unterspülung die Erdschicht unter dem Fundament eines Hauses erfaßt und sich sodann das Fundament des Hauses setzt, so sind diese Schäden nach Auffassung des OLG Düsseldorf nicht auf eine Erdsenkung, sondern auf eine Unterspülung zurückzuführen. Das Gericht differenziert zwischen den Begriffen Erdrutsch, Erdsenkung und Unterspülung. Nach seiner Auffassung entspricht eine Differenzierung zwischen den Begriffen Erdrutsch, Erdsenkung und Unterspülung auch Sinn und Zweck der entsprechenden Ausschlußbestimmung des § 4 Nr. 3 c VGB 62. Schäden durch Unterspülung fallen nach Ansicht des OLG Düsseldorf nicht unter die Ausschlußbestimmung, weil sie „als geradezu typische Gefahr der Leitungswasserversicherung von Gebäuden angesehen werden".

Infolge der **Rückausnahme von Schäden durch Erdsenkung und Erdrutsch, die durch Leitungswasser verursacht werden**, sind in den VGB 88 die ausgesprochenen Auslegungsschwierigkeiten in diesen Fällen beseitigt. Bei der Unterspülung von Gebäuden durch Grundwasser oder Niederschlagswasser kommt es auf die vom OLG Düsseldorf vorgenommene Differenzierung nicht an, da derartige Schäden generell ausgeschlossen sind (vgl. F 4.2). In den VHB 84 wurde auf den Ausschluß von Schäden durch Erdsenkung oder Erdrutsch verzichtet. Dies mag daran liegen, daß Leitungswasserschäden am Hausrat durch diese Ursachen außerordentlich selten sind. Nach § 9 Nr. 4 c VHB 92 werden jedoch Schäden durch Erdsenkung oder Erdrutsch wiederum ausgeschlossen. 4.4.2

Beruft sich der **Versicherer** auf die vorstehenden Ausschlüsse, so **ist** er **nachweispflichtig.** Erdsenkung oder Erdrutsch als Ursache des Bruchs eines Hauptzuflußrohres in der Gebäudewand ist nicht bewiesen, 4.4.3

- wenn zwar der Regulierungsbeauftragte des Versicherers ausgesagt hat, er habe aufgrund von Rissen in der Giebelwand des Gebäudes sowie aufgrund von Absenkungen der Fundamentplatte unterhalb des Eingangspfeilers und der Bodenplatte zur Garagenauffahrt und wegen des Bergbaus in diesem Gebiet nach dem ersten Anschein auf eine Erdsenkung geschlossen,
- wenn aber der Sachverständige mit an Sicherheit grenzender Wahrscheinlichkeit Erdsenkung oder Erdrutsch als Schadenursache ausgeschlossen hat, da die Besichtigung des Kellers und des sonstigen Gebäudes keine typischen Schadenbilder aus untertägigen bergbaulichen Einwirkungen zeige, und die vom Versicherungsvertreter festgestellten Veränderungen auf Ausspülungen des Erdreichs zurückgeführt hat, die durch den Austritt des Wassers im Erdreich entstanden sind (LG Aachen r+s 94 S. 350).

## Schwamm 4.5

Schäden durch Schwamm sind nach §§ 6 Nr. 3 e VGB 88 n. F., 9 Nr. 4 e VGB 88 a. F., 4 Nr. 3 f VGB 62 nicht versichert (ebenso §§ 9 Nr. 4 c VHB 84, 9 Nr. 4 d VHB 92, 1 Nr. 5 e AWB 87). Schwamm entsteht nicht durch Leitungswasser. Jedoch kommt es häufig vor, daß sich bereits vorhandener Hausschwamm durch das Hinzutreten von Leitungswasser verändert. In diesen Fällen haftet der Wohngebäudeversicherer nicht. Die Formulierung „ohne Rücksicht auf mitwirkende Ursachen" stellt klar, daß Schwammschäden auch dann nicht entschädigt werden, wenn der vorhandene Schwammbefall durch Leitungswasser vergrößert wird. In den VGB 62 fehlt eine entsprechende Klarstellung. Daher können die nachfolgend zitierten Urteile des LG Berlin und des KG zu den VGB 62 nicht auf die VGB 88 übertragen werden.

1. Wenn die Balken und Bretter des Fußbodens im Bad und teilweise auch der Küche angefault und feucht geworden und abgesackt sind, weil aus einem Loch oder Riß im Traps unter dem Küchenspültisch und aus der Fußbodenentwässerung Wasser ausgetreten ist, ist der Schaden nach § 4 Nr. 1 VGB 62 versichert und nicht wegen § 4 Nr. 3 f VGB 62 ausgeschlossen.

2. Auch wenn Wasser aus der Fußbodenentwässerung eines Wohnhauses ausgetreten ist, weil sie nach fachwidriger Einführung von drei Entwässerungsleitungen (bei Verkennung der Kapazität oder bewußter Vernachlässigung des Engpasses als theoretischer Ausnahmefall) zeitweise überlastet war, ist der Wasseraustritt als bestimmungswidrig anzusehen.

3. Sollte § 4 Nr. 3 f VGB 62 den Zweck verfolgen, jeden Schwammschaden von der Leistungspflicht auszuschließen, ist sie unklar i. S. d. § 5 AGBG, weil die Regelung bei einem Vergleich mit § 3 Nr. 3 g VGB 62 im Wege des Umkehrschlusses dahin ausgelegt werden kann, daß nur die nicht infolge eines Leitungswasseraustritts entstehenden Schwammschäden von der Versicherung ausgeschlossen sind (LG Berlin, KG als Berufungsinstanz r+s 92 S. 311).

Zuvor hatte das LG Detmold eine andere Auffassung vertreten. Für Schäden durch Schwämme, die sich nach einem Leitungswasserschaden entwickelt haben, entfällt die Leistungspflicht gem. § 4 Nr. 3 f VGB 62. § 4 VGB 62 beinhaltet eine Leistungsbeschreibung, die Art, Umfang und Güte der Versicherungsleistung festlegt und ist daher nach § 8 AGBG der Inhaltskontrolle entzogen. Selbst wenn es sich in § 4 VGB 62 um eine Risikoabgrenzungsklausel i. S. d. § 8 AGBG handelt, benachteiligt die Regelung in § 4 Nr. 3 f VGB 62 den VN nicht unangemessen i. S. d. § 9 AGBG (r+s 92 S. 173).

Einige Versicherer bieten Versicherungsschutz gegen Schwammschäden nach Maßgabe der Allgemeinen Bedingungen für die Neuwertversicherung von Gebäuden gegen Schäden durch Schwamm und Hausbockkäfer (vgl. VerBAV 86 S. 222 f.). Nennenswerte Verbreitung hat diese Versicherungsform bisher nicht gefunden. Dies deutet darauf hin, daß Gebäudeeigentümer dem Schwammrisiko keine große Bedeutung beimessen.

## 4.6 Nicht bezugsfertige Gebäude

Nicht versichert sind Leitungswasserschäden an versicherten Sachen, soweit (solange) das versicherte Gebäude nicht bezugsfertig oder wegen Umbauarbeiten für seinen Zweck nicht mehr benutzbar ist (§§ 6 Nr. 3 f VGB 88 n. F., 9 Nr. 3 a VGB 88 a. F.). Erweiternd zu den entsprechenden Ausschlußbestimmungen in §§ 4 Nr. 3 a VGB 62, 2 Nr. 2 Abs. 2 AWB 87 wird in den VGB 88 die Nichtbenutzbarkeit des Gebäudes wegen Umbauarbeiten neben der mangelnden Bezugsfertigkeit als ausschlußbegründender Tatbestand aufgezählt. Der Zustand des versicherten Gebäudes entscheidet darüber, ob in der Leitungswasserversicherung überhaupt Versicherungsschutz besteht. Soweit bzw. solange das versicherte Gebäude nicht bezugsfertig oder wegen Umbau für seinen Zweck nicht benutzbar ist, haftet der Leitungswasserversicherer nicht. Dies gilt nach dem Wortlaut der Ausschlußbestimmung nicht nur für das versicherte Gebäude mit seinen Bestandteilen, sondern auch für Zubehörstücke, und zwar ohne

Rücksicht darauf, ob sie sich innerhalb des versicherten Gebäudes befinden oder außen am Gebäude angebracht sind. Im Gegensatz zu den sonstigen Ausschlüssen in der Leitungswasserversicherung handelt es sich hier nicht um den Ausschluß von Schäden durch bestimmte Gefahrenursachen (Gefahrenausschlüsse). Vielmehr werden bestimmte versicherte Sachen ausgeschlossen (Sachausschlüsse).

Das Motiv für den Ausschluß liegt darin, daß Gebäude, die noch nicht bezugsfertig oder wegen Umbauarbeiten für ihren Zweck nicht mehr benutzbar sind, in der Leitungswasserversicherung ein erhöhtes Risiko darstellen (vgl. Bechert S. 75 sowie Martin F IV 8). Gebäude sind in diesem Stadium noch nicht fertiggestellt, sie befinden sich im Bau bzw. im Umbau. Objektiv wird die Gefahrenlage dadurch erhöht, daß bei im Bau befindlichen Gebäuden in vielen Fällen die Außenhaut des Gebäudes noch nicht geschlossen ist und das Gebäude infolgedessen durch die Elementargefahr Frost besonders gefährdet wird. Hinzu kommt, daß die wasserführenden Installationen in diesem Bauzustand noch nicht bzw. noch nicht vollständig hergestellt sind. Es besteht die Gefahr, daß Installations- und andere Baumängel zu Lasten des Versicherers beseitigt werden. Subjektiv wird das Risiko dadurch erschwert, daß sich Bauhandwerker zumeist unbeaufsichtigt in dem Gebäude aufhalten. Es ist mit der unbeaufsichtigten Benutzung von Wasserzapfstellen durch die Handwerker und infolgedessen mit Leitungswasserschäden zu rechnen (vgl. OLG Koblenz VersR 73 S. 1113). Dieses erhöhte Risiko möchte der Leitungswasserversicherer nicht tragen. Der Bauherr hat die Möglichkeit, eine Bauleistungsversicherung abzuschließen, wenn während der Bauzeit Versicherungsschutz für das noch nicht bezugsfertige oder das im Umbau befindliche Gebäude gewünscht wird. Die VHB 84/VHB 92 kennen einen derartigen Ausschluß nicht. Offenbar gehen die Hausratversicherer davon aus, daß in nicht bezugsfertigen bzw. nicht benutzbaren Gebäuden keine Wohnungen unterhalten werden. Infolgedessen sind derartige Wohngebäude nicht Versicherungsort in der Hausratversicherung. Haftung im Rahmen der Außenversicherung kann jedoch bestehen. Das wird in Kauf genommen.

Der Ausschluß von Schäden an versicherten Sachen, soweit bzw. solange das versicherte Gebäude noch nicht bezugsfertig ist, wirkt vor allem bei der Versicherung von **Neubauten**. Die Wohngebäudeversicherung für Neubauten wird im allgemeinen abgeschlossen, bevor die Gebäude bezugsfertig sind, da Versicherungsschutz für Brandschäden während der Bauzeit in Form der Feuer-Rohbauversicherung beitragsfrei geboten wird (vgl. A 7). Die Versicherer fragen in ihren Antragsformularen, ob die zur Versicherung beantragten Gebäude bezugsfertig sind. Bei unzutreffender Beantwortung der Antragsfrage haftet der Versicherer generell nicht. War das Gebäude entgegen den Angaben des VN im Versicherungsantrag bei Eintritt des Schadens noch nicht bezugsfertig, so ist der Schaden nicht versichert. Es liegt kein Versicherungsfall vor. Zwar hat der VN zugleich die vorvertragliche Anzeigepflicht verletzt, jedoch regeln sich die Rechtsfolgen nicht nach §§ 16 ff. VVG. Der Versicherer ist selbst dann leistungsfrei, wenn die fehlende Bezugsfertigkeit für den Schaden nicht ursächlich war. Es handelt sich um einen objektiven Risikoausschluß. Solange das Gebäude objektiv noch nicht bezugsfertig ist, besteht kein Versicherungsschutz. 4.6.1

Der **Begriff der Bezugsfertigkeit** ist in den VGB 88 nicht definiert. Er richtet sich nach objektiven Kriterien. Es kommt nicht darauf an, ob das Gebäude bei Eintritt des Schadens tatsächlich bereits bezogen war. Ausschlaggebend ist, daß es sich objektiv in einem Zustand befand, der nach der Verkehrsanschauung als bezugsfertig anzusehen ist. 4.6.2

Die Rechtsprechung hat dafür Grundsätze auf der Grundlage von § 4 Nr. 3 a VGB 62 entwickelt, die für die VGB 88 in gleicher Weise gelten. Nach dem Sprachgebrauch des täglichen Lebens ist ein Gebäude bezugsfertig, wenn sein normaler Gebrauch ohne größere Erschwernisse und Einschränkungen möglich ist (OLG Koblenz VersR 73 S. 1114). Bezugsfertig ist ein Gebäude erst, wenn es für die Bewohnbarkeit des Gebäudes nur noch an den üblichen beweglichen Einrichtungsgegenständen (Möbel, Gardinen usw.) fehlt (OLG Celle VersR 81 S. 674). Ein Wohngebäude ist dann bezugsfertig, wenn es bestimmungsgemäß von Menschen bezogen und auf Dauer bewohnt werden kann (OLG Hamm VersR 89 S. 365 und r+s 89 S. 227). Der Begriff bezugsfertig ist nicht gleichzusetzen mit schlüsselfertig oder besenrein (OLG Hamm a. a. O.; unklar Bechert S. 76). Das Ausstehen von Restarbeiten (Malerarbeiten, Tapezieren) schließt die Annahme der Bezugsfertigkeit nicht aus (OLG Hamm a. a. O.). Es ist Tatfrage, in welchem Umfang noch kleinere Nachbesserungen oder handwerkliche Schlußarbeiten ausstehen (OLG Koblenz a. a. O.). Nicht bezugsfertig ist ein Gebäude, solange ordnungsgemäß benutzbare Fußböden, Tapeten und Anstriche sowie ein Treppengeländer oder ein Handlauf an der Treppe fehlen (OLG Celle a. a. O ). Weiterhin liegt Bezugsfertigkeit nicht vor, wenn Innentüren oder gar Außentüren, Waschbecken und das Ausgußbecken in der Küche noch nicht vorhanden sind und in einigen Räumen noch ein Teppichboden zu verlegen ist (OLG Koblenz a. a. O.).

Nach § 9 Nr. 3 a VGB 88 a. F. besteht kein Versicherungsschutz, solange das versicherte Gebäude noch nicht bezugsfertig ist. Die Bezugsfertigkeit einzelner Gebäudeteile beseitigt den Ausschluß nicht. Versicherungsschutz besteht erst, wenn das gesamte Gebäude bezugsfertig ist. Das gilt auch, wenn Teile des Gebäudes bereits bezugsfertig und sogar bewohnt sind, andere Teile desselben Gebäudes aber noch nicht bezugsfertig sind. Auch dann besteht insgesamt kein Versicherungsschutz. Es fragt sich, ob der enge Wortlaut der Bedingungen in diesen Fällen nicht durch Auslegung zu korrigieren ist, soweit Schäden an bezugsfertigen Gebäudeteilen eingetreten bzw. Schäden an Sachen in diesen Gebäudeteilen entstanden sind (vgl. Martin F IV 13). In der Wohngebäudeversicherung nach VGB 88 n. F. ist eine derartige Auslegung ohnehin geboten, da an die Stelle der Formulierung „solange das versicherte Gebäude noch nicht bezugsfertig ist" in § 9 Nr. 3 a VGB 88 a. F. die Formulierung „soweit das versicherte Gebäude noch nicht bezugsfertig ist" in § 6 Nr. 3 f VGB 88 n. F. getreten ist.

4.6.3 Ausgeschlossen sind weiterhin Schäden an versicherten Sachen, **soweit bzw. solange das versicherte Gebäude wegen Umbauarbeiten für seinen Zweck nicht mehr benutzbar ist**. Diese Bestimmung wurde in den VGB 88 neu eingeführt. Sie hat praktische Bedeutung vor allem bei laufenden Verträgen, wenn versicherte Gebäude während der Vertragslaufzeit umgebaut werden. Sie schließt die bisher nach § 4 Nr. 3 a VGB 62 bestehende Regelungslücke. Diese Bestimmungen sollen auf den Umbau von Gebäuden generell nicht anzuwenden sein, weil bei einem Umbau von Gebäuden die Bezugsfertigkeit im allgemeinen nicht entfällt bzw. die „einmal begründete Bezugsfertigkeit ... im allgemeinen einer Unterbrechung begrifflich nicht fähig" ist (Martin F IV 18). Es kann dahingestellt bleiben, ob diese Betrachtung stichhaltig ist.

Die Rechtsprechung hat jedoch entgegen Martin den Begriff „nicht bezugsfertig" erweiternd auch im Sinne von nicht benutzbar ausgelegt. Wenn die in Rede stehende Wohnung des nach VGB 88 u. a. gegen Leitungswasserschäden versicherten Mehrfamilienhauses nach beiderseitiger Kündigung in unvermietbarem Zustand zurückgegeben worden und insoweit nicht mehr benutzbar war, greift der Ausschluß des § 9 Nr. 3 a VGB 88 nicht ein, weil nicht das gesamte Gebäude unbenutzbar ist (OLG Hamm r+s 96 S. 496). Ein Gebäude, das sich bei Abschluß der Verbundenen Wohngebäudeversicherung im Jahr 1985 im Umbau befand, dessen vorderer Bereich, der weniger als 50 % der Gesamtfläche ausmacht, in den Folgejahren renoviert und ausgebaut worden ist und danach eine zeitlang verpachtet war, und dessen hinterer Teil in einem verfallenen, nicht bewohnbaren Zustand belassen worden ist, ist „noch nicht bezugsfertig" i. S. d. § 4 Nr. 3 a VGB 62, so daß kein Versicherungsschutz in der Leitungswasserversicherung besteht (OLG Oldenburg r+s 93 S. 468). Die Bezugsfertigkeit des Gebäudes entfällt nicht deshalb, weil im Rahmen von Umbauarbeiten ein Teil des Gebäudes abgedeckt wird (OLG Oldenburg zu §§ 2 Nr. 4, 5 Nr. 2 AStB a. F., VersR 92 S. 739 und r+s 92 S. 99).

Die neue Regelung beseitigt Zweifel und Unklarheiten. Bei einem Umbau versicherter Gebäude besteht für Schäden an versicherten Sachen kein Versicherungsschutz, solange bzw. soweit das versicherte Gebäude wegen der Umbauarbeiten für seinen Zweck nicht mehr benutzbar ist. Der Begriff Umbau ist in den VGB 88 nicht definiert. Von einem Umbau wird im Gegensatz zu Renovierungsarbeiten dann auszugehen sein, wenn ins Gewicht fallende Eingriffe in die Bausubstanz versicherter Gebäude vorgenommen werden. Dadurch wird der Versicherungsschutz indessen nicht beseitigt. Es muß hinzukommen, daß das Gebäude wegen der Umbauarbeiten für seinen Zweck nicht mehr benutzbar ist. Dies richtet sich nach objektiven Gesichtspunkten und der Verkehrsanschauung. Es kommt nicht darauf an, ob das Gebäude tatsächlich nicht genutzt wird. Ein Wohngebäude ist dann nicht mehr benutzbar, wenn es nach der Verkehrsanschauung objektiv nicht mehr bewohnt werden kann. Der Begriff „nicht mehr benutzbar" ist enger auszulegen als der Begriff „nicht bezugsfertig". Unbewohnbarkeit liegt vor, wenn das Gebäude den darin befindlichen Menschen und Sachen keinen ausreichenden Schutz gegen schädigende äußere Einflüsse mehr bietet bzw. eine angemessene Lebens- und Haushaltsführung in dem Gebäude nicht mehr gewährleistet ist. Sind diese Voraussetzungen gegeben, besteht kein Versicherungsschutz. Es handelt sich ebenfalls um einen objektiven Risikoausschluß. Kausalität zwischen der Unbenutzbarkeit und dem Schaden ist für die Leistungsfreiheit nicht vorausgesetzt. Die Regelungen über die Gefahrerhöhung nach §§ 9 VGB 88 n. F., 10 Nr. 2 und Nr. 3 VGB 88 a. F., 8 Nr. 2 VGB 62 i. V. m. §§ 23 ff. VVG sind nicht einschlägig. Der Versicherer haftet auch dann nicht, wenn der Schaden in gleicher Weise auch ohne den Umbau eingetreten wäre. Nach § 9 Nr. 3 a VGB 88 a. F. kommt der Ausschluß jedoch erst dann zum Zug, wenn das gesamte Gebäude unbenutzbar geworden ist. Sind einzelne Räume oder Gebäudeteile unbenutzbar, während andere noch benutzbar sind, besteht Versicherungsschutz für Schäden in und am gesamten versicherten Gebäude (vgl. OLG Hamm a. a. O.). Dabei spielt es keine Rolle, ob die benutzbar gebliebenen Teile tatsächlich auch genutzt werden. Allerdings kann sich der Versicherer in diesen Fällen u. U. auf Gefahrerhöhung berufen. Weiterhin sind die Sicherheitsvorschriften nach §§ 10 Nr. 1 c VGB 88 n. F., 11 Nr. 1 c VGB 88 a. F. zu beachten. Nach § 6 Nr. 3 f VGB 88 n. F. ist die Rechtslage für den VN etwas ungünstiger. Die Formulierung „soweit das versicherte Gebäude ..... wegen Umbauarbeiten für seinen Zweck nicht mehr benutzbar ist" führt dazu, daß der Ausschluß bereits dann wirkt, wenn Teile des versicherten Gebäudes wegen Umbauarbeiten nicht benutzt werden können (vgl. auch F 4.6.2).

Versicherungstechnische Probleme treten insbesondere auf, **wenn sich bei einem Neubau die geplante Bezugsfertigkeit verzögert oder bei laufenden Altverträgen versicherte Gebäude wegen Umbau vorübergehend nicht mehr benutzbar sind**. Nach herrschender Meinung ist § 68 VVG (Risikowegfall) nicht anwendbar, weil fehlende Bezugsfertigkeit oder vorübergehend Unbenutzbarkeit wegen Umbau nicht Fehlen oder Wegfall des versicherten Interesses (Interessemangel; s. L 6) bedeuten. Vielmehr handelt es sich um eine Minderung der versicherten Gefahr, die nicht rechtserheblich im Sinne von § 68 VVG ist (vgl. Martin F IV 16 und VersR 73 S. 1115). Infolgedessen bleibt der Versicherungsvertrag auch dann bestehen, wenn nur das Leitungswasser- und Rohrbruch- oder das Sturm- und Hagelrisiko gedeckt sind. Der Beitragslauf wird nicht 4.6.4

unterbrochen. Solange das versicherte Gebäude noch nicht bezugsfertig oder wegen Umbau nicht mehr benutzbar ist, trägt der Versicherer in der Leitungswasser- und der Sturmversicherung jedoch keine Gefahr. Der VN wird kein Verständnis dafür haben, daß er dennoch für diese Zeit Beitrag zahlen soll. In der Praxis lassen sich wirtschaftlich vernünftige Lösungen bei der Versicherung von Neubauten dadurch realisieren, daß die Zeit der Feuer-Rohbauversicherung beitragsfrei oder gegen Beitragszuschlag verlängert wird (s. A 7.3). Sind nur Leitungswasser- und/oder Sturmschäden versichert, wird der Versicherungsbeginn verschoben. Bei vorübergehender Unbenutzbarkeit während der Vertragslaufzeit besteht weiterhin Versicherungsschutz in der Feuerversicherung, jedoch sollte der zeitanteilige Beitrag für die Leitungswasser- und die Sturmversicherung zurückerstattet werden. Erstreckt sich der Vertrag nur auf das Leitungswasser- und/oder das Sturmrisiko, bietet es sich an, den Vertrag vorübergehend ruhen zu lassen.

4.6.5 Dabei ist zu berücksichtigen, daß sich ohnehin die Frage stellt, ob die in der Leitungswasser-, Rohrbruch-, Sturm-, Hagel- und erweiterten Elementarschadenversicherung verankerten Ausschlüsse von Schäden an nicht bezugsfertigen Gebäuden nicht gegen § 9 Abs. 2 Nr. 2 AGBG verstoßen. Eine unangemessene Benachteiligung des VN könnte bereits darin liegen, daß der Ausschluß ohne Rücksicht darauf gilt, ob der im Ausschluß beschriebene Zustand des Gebäudes ursächlich für den Eintritt oder den Umfang des Schadens war. Selbst wenn der VN nachweist, daß der Schaden auch eingetreten wäre, wenn das Gebäude bezugsfertig oder für seinen Zweck benutzbar gewesen wäre, besteht nach dem Wortlaut der Ausschlußbestimmungen kein Versicherungsschutz. Dies ist nicht sachgerecht. Auch der mögliche Hinweis des Versicherers, daß Schäden in einem benutzten Gebäude früher bemerkt und infolgedessen geringer geblieben wären, ändert an dieser Einschätzung nichts.

Der Ausschluß stellt nicht auf die tatsächliche Nutzung, sondern auf die Bezugsfertigkeit oder Nutzbarkeit ab (ebenso Martin F IV 11). Der besondere Gefahrenumstand „nicht genutzte Gebäude" wird durch die Sicherheitsvorschriften in §§ 10 Nr. 1 c VGB 88 n. F., 11 Nr. 1 c VGB 88 a. F., 9 Nr. 2 b VGB 62 geregelt. Dabei handelt es sich um Obliegenheiten. Leistungsfreiheit setzt Verschulden des VN voraus. Insbesondere aber kann der VN den sog. Kausalitätsgegenbeweis führen, daß die Obliegenheitsverletzung nicht ursächlich für den Eintritt oder das Ausmaß des Schadens war (Einzelheiten vgl. O).

Die dargestellten Bedenken im Hinblick auf die AGBG-Verträglichkeit der Ausschlußbestimmungen werden noch dadurch verstärkt, daß der Versicherer zwar nicht haftet, solange der beschriebene Zustand besteht, das Schicksal des auf diesen Zeitraum entfallenden Beitrags für das Leitungswasser- und Sturmrisiko in den VGB aber nicht geregelt ist. § 41 a VVG ist ebenso wie Text-Baustein 19 nicht anwendbar. Bei den dort geregelten Sachverhalten handelt es sich darum, daß nach Vertragsabschluß Gefahrumstände wegfallen, deretwegen ein höherer Beitrag vereinbart worden war.

Zusammenfassend ist festzustellen, daß die AGBG-Verträglichkeit der angesprochenen Ausschlußbestimmungen zweifelhaft ist. Sie sollten überprüft und angepaßt werden. Eine entscheidende Besserstellung für den VN würde erreicht, wenn ihm die Möglichkeit des Kausalitätsgegenbeweises eingeräumt würde.

## 4.7 Rückausnahme

Die Ausschlüsse von Leitungswasserschäden durch Plansch- oder Reinigungswasser, durch natürliches Wasser oder den dadurch verursachten Rückstau sowie durch Öffnen der Sprinkler oder durch Bedienen der Berieselungsdüsen gelten nach §§ 6 Nr. 4 VGB 88 n. F., 9 Nr. 3 Abs. 2 VGB 88 a. F. nicht für Leitungswasserschäden infolge eines Rohrbruchs. Durch diese Rückausnahme wird die praktische Auswirkung der genannten Ausschlüsse sehr stark eingeschränkt. Daraus folgen im Vergleich zu den VGB 62 ins Gewicht fallende Haftungsverbesserungen. In erster Linie handelt es sich darum, daß sich die genannten Ausschlüsse nicht durchsetzen, wenn durch eine der nach §§ 6 Nr. 3 a bis c VGB 88 n. F., 9 Nr. 4 a bis c VGB 88 a. F. ausgeschlossenen Ursachen ein Rohrbruch entsteht, an der Bruchstelle Wasser austritt und Schäden an versicherten Sachen anrichtet. Ausgeschlossen sind lediglich die zeitlich zuerst und unmittelbar eintretenden Schäden durch Plansch- oder Reinigungswasser, durch natürliches Wasser oder durch das Wasser aus Sprinklern oder Berieselungsdüsen. Die Rohrbruchfolgeschäden und die dadurch verursachten Leitungswasserschäden sind versichert. So liegt es, wenn beim Baden wiederholt das Badewasser überschwappt und durch eine undichte Fuge zwischen Badewanne und Mauerwerk in Wände oder Fußböden eindringt und Korrosionsschäden an dort verlegten Rohren verursacht. Tritt an der Korrosionsstelle Wasser aus und beschädigt versicherte Sachen, so besteht Versicherungsschutz in der Leitungswasserversicherung. Die Haftung für Leitungswasserschäden und Rohrbruchschäden wird insoweit harmonisiert. Ist der Rohrbruchschaden versichert, so besteht auch Versicherungsschutz für daraus folgenden Leitungswasserschaden.

# G Rohrbruch; Frost

Die Versicherung von Rohrbruch- und Frostschäden nach den VGB 62, den VGB 88 und den AWB 87 stimmt in den wesentlichen Punkten weitgehend überein. Soweit zwischen den VGB 62 und den VGB 88 Abweichungen bestehen, wird darauf im jeweiligen Sachzusammenhang eingegangen. Die VGB 88 n. F. und die VGB 88 a. F. unterscheiden sich verschiedentlich im Wortlaut und im Aufbau. An die Stelle der Formulierung „Frost- und sonstige Bruchschäden" in § 7 Nr. 1 VGB 88 a. F. ist in § 7 Nr. 1 VGB 88 n. F. die Formulierung „frostbedingte und sonstige Bruchschäden" getreten. Materielle Auswirkungen hat das nicht. Daneben wird in § 7 Nr. 1 Abs. 2 VGB 88 n. F. nunmehr der Bereich „innerhalb versicherter Gebäude" abgegrenzt. Die VGB 88 a. F. enthalten keine derartige Regelung. Aufgrund der neueren BGH-Rechtsprechung wird die Haftung in den VGB 88 n. F. im Verhältnis zu den VGB 88 a. F. dadurch eingeschränkt (vgl. G 3). Weiterhin wurden die besonderen Ausschlüsse für die Rohrbruchversicherung aus § 9 Nr. 3 und Nr. 5 VGB 88 a. F. in § 7 Nr. 4 VGB 88 n. F. umgegliedert. Auf den Ausschluß von Schäden durch Brand, Blitzschlag, Explosion oder Aufprall von Luftfahrzeugen wurde dabei ebenso wie in der Leitungswasserversicherung verzichtet (vgl. D 1.4.1).

## 1 Deckungskonzept

Bei der Rohrbruch-/Frostversicherung handelt es sich um ein differenziertes Deckungskonzept. Der Haftungsumfang ist nach der örtlichen Lage einerseits und nach der Art und dem Zweck der verschiedenen Gegenstände andererseits abgestuft. Die Grundzüge der Haftung nach Maßgabe der unverbindlichen Empfehlung des GDV sind in der nachstehenden Übersicht dargestellt.

<table>
<tr><th colspan="2" rowspan="3">Gegenstand / örtliche Lage</th><th colspan="4">Rohre</th><th rowspan="3">Sonstige Einrichtungen und Anlagen</th></tr>
<tr><th colspan="2">Zuleitung</th><th colspan="2">Ableitung</th></tr>
<tr><th>Versorgung vers. Gebäude</th><th>Sonstige Zwecke</th><th>Entsorgung vers. Gebäude</th><th>Sonstige Zwecke</th></tr>
<tr><td colspan="2">Innerhalb vers. Gebäude</td><td>B</td><td>B</td><td>B</td><td>B</td><td>F</td></tr>
<tr><td rowspan="2">Außerhalb vers. Gebäude</td><td>auf dem Vers.-Grundstück</td><td>B</td><td>Klausel 7260 B</td><td>Klausel 7262 B</td><td>X</td><td>X</td></tr>
<tr><td>außerhalb des Vers.-Grundstücks</td><td>Klausel 7261 B</td><td>X</td><td>X</td><td>X</td><td>X</td></tr>
</table>

B = Frost- und sonstige Bruchschäden; F = Frostschäden; X = nicht versichert

Die Bedingungen unterscheiden nach dem Schadenort zwischen Schäden an Gegenständen innerhalb versicherter Gebäude und Schäden an Gegenständen außerhalb versicherter Gebäude. Daneben wird nach der Art und der Zweckbestimmung der Gegenstände zwischen Zu- oder Ableitungsrohren sowie sonstigen Anlagen und Einrichtungen differenziert. Der Haftungsumfang für Schäden an Gegenständen innerhalb versicherter Gebäude wird danach abgestuft. Nach §§ 7 Nr. 1 VGB 88, 4 Nr. 2 a Ziff. 1 VGB 62 besteht Versicherungsschutz für Bruchschäden jeder Art an Rohren der Wasserversorgung, der Warmwasser- oder Dampfheizung sowie von Sprinkler- oder Berieselungsanlagen. Darüber hinaus sind nach §§ 7 Nr. 2 VGB 88, 4 Nr. 2 a Ziff. 2 VGB 62 innerhalb versicherter Gebäude Frostschäden an den dort genannten Einrichtungen und Anlagen versichert. Sonstige Bruchschäden an diesen Anlagen sind im Gegensatz zur umfassenden Rohrbruchdeckung nicht versichert. Außerhalb versicherter Gebäude sind nach §§ 7 Nr. 3 VGB 88, 4 Nr. 2 b VGB 62 Bruchschäden jeder Art an Zuleitungsrohren der Wasserversorgung und an den Rohren der Warmwasser- oder Dampfheizung versichert.

Allerdings wird auch diese Haftung noch eingeschränkt. Versicherungsschutz besteht nur, soweit diese Rohre der Versorgung versicherter Gebäude oder Anlagen dienen und sich auf dem Versicherungsgrundstück befinden. Bruchschäden an Ableitungsrohren oder Frostschäden an sonstigen wasserführenden Anlagen und Einrichtungen sind außerhalb versicherter Gebäude überhaupt nicht versichert. Es besteht jedoch die Möglichkeit, die Haftung für Rohrbruchschäden außerhalb versicherter Gebäude einzelvertraglich zu erweitern. Dafür stehen die Klauseln 7260 bis 7262 zur Verfügung. Nach der Klausel 7260 können Bruchschäden an Wasserzuleitungs- und Heizungsrohren eingeschlossen werden, die auf dem Versicherungsgrundstück verlegt sind, aber nicht der Versorgung versicherter Gebäude oder Anlagen dienen. Die Klausel 7261 ermöglicht den Einschluß von Bruchschäden an Wasserzuleitungs- und Heizungsrohren, die außerhalb des Versicherungsgrundstücks verlegt sind und der Versorgung versicherter Gebäude oder Anlagen dienen. Neu geschaffen wurde die Klausel 7262. Danach kann der Versicherungsschutz auf Bruchschäden an Ableitungsrohren außerhalb versicherter Gebäude auf dem Versicherungsgrundstück ausgedehnt werden, soweit diese Rohre der Entsorgung versicherter Gebäude oder Anlagen dienen. Keine Versicherungsmöglichkeit besteht für Frostschäden an den in §§ 7 Nr. 2 a bis d VGB 88 n. F., 7 Nr. 2 a bis c VGB 88 a. F., 4 Nr. 2 a Ziff. 2 VGB 62 genannten Gegenständen außerhalb versicherter Gebäude.

## Versicherte Schäden 2

Versichert sind Rohrbruch- oder Frostschäden in den dargestellten örtlichen Grenzen an den in §§ 7 Nr. 1 bis Nr. 3 VGB 88, 4 Nr. 2 VGB 62 beschriebenen Gegenständen. Weitere Voraussetzungen sind an die Haftung des Wohngebäudeversicherers nicht geknüpft. Es ist insbesondere nicht gefordert, daß es sich bei den vom Schaden betroffenen Gegenständen um nach §§ 1 VGB 88, 2 VGB 62 versicherte Sachen handelt. In §§ 7 VGB 88, 4 Nr. 2 VGB 62 werden versicherte Schäden, nicht versicherte Sachen, beschrieben und abgegrenzt. Daher werden auch Schäden an nach §§ 1 VGB 88, 2 VGB 62 nicht versicherten Sachen ersetzt, wenn die in §§ 7 Nr. 1 bis Nr. 3 VGB 88, 4 Nr. 2 VGB 62 formulierten Bedingungen erfüllt sind. Daneben ist jedoch vorauszusetzen, daß der VN ein Interesse an der Versicherung dieser Schäden hat.

Es fragt sich, ob unter diesen Umständen auch Bruch- bzw. Frostschäden an in das Gebäude eingefügten Sachen versichert sind, die ein Mieter auf seine Kosten beschafft oder übernommen hat und für die er die Gefahr trägt (**Mietereinbauten**). Diese Sachen sind nach § 1 Nr. 4 VGB 88 ausgeschlossen. Da in § 7 VGB 88 ein entsprechender

Ausschluß fehlt, könnte der Eindruck entstehen, der Wohngebäudeversicherer hafte für Rohrbruch- bzw. Frostschäden an Mietereinbauten. Dies ist unzutreffend. Der Gebäudeeigentümer hat kein Interesse an der Versicherung von Schäden an Mietereinbauten. Schäden an diesen Sachen betreffen ihn nicht. Sie belasten das Vermögen des einfügenden Mieters. An einer Entschädigung für Schäden an diesen Sachen durch seinen Wohngebäudeversicherer ist der Gebäudeeigentümer nicht interessiert, zumal er nicht ausschließen kann, daß ihm bei weiteren Schäden dadurch vertragliche Nachteile entstehen (Kündigung des Vertrages oder erschwerende Bedingungen für die Vertragsfortsetzung). Eine Deckungslücke entsteht dadurch bei dem Mieter nicht, da er im Rahmen seiner Hausratversicherung nach § 7 Nr. 2 VHB 84/VHB 92 angemessenen Versicherungsschutz für Rohrbruch- oder Frostschäden an diesen Sachen besitzt. Unter diesen Umständen wäre es widersinnig und nicht sachgerecht, Rohrbruch- oder Frostschäden an diesen Sachen in der Wohngebäudeversicherung zu entschädigen, während sonstige Sachschäden daran nach § 1 Nr. 4 VGB 88 ausgeschlossen sind. Daher sind Schäden an Mietereinbauten in der Wohngebäudeversicherung generell nicht versichert. Doppelversicherung zwischen Wohngebäudeversicherung und Hausratversicherung kann in diesen Fällen nicht eintreten.

Die vorstehenden Ausführungen gelten entsprechend auch für Sachen, die ein Mieter von Gewerberäumen auf seine Kosten in das Gebäude einfügt oder übernommen hat und für die er die Gefahr trägt. Die Versicherer haben diesem Umstand Rechnung getragen und für die Versicherung von Rohrbruch- oder Frostschäden an diesen Sachen die Klausel 5202 zu den AWB 87 geschaffen. Die Klausel wird auf Antrag in der gewerblichen Inhaltsversicherung von Mietern oder Pächtern des Gebäudes einzelvertraglich vereinbart. Aus dem Klauselwortlaut folgt, daß für die Mitversicherung von Frost- und sonstigen Bruchschäden an von Mietern eingebrachten Leitungswasseranlagen eine gesonderte Versicherungssumme zu vereinbaren ist, aus der ein Beitragszuschlag berechnet wird. Der Versicherer haftet für die genannten Schäden bis zur Höhe der gesondert vereinbarten Versicherungssumme. Nach dem Klauseltext handelt es sich infolgedessen um die Versicherung einer eigenen Position zum vollen Wert. Es ist zweifelhaft, ob diese versicherungstechnische Gestaltung praktikabel ist. Die Ermittlung des Versicherungswerts für die aufgeführten Sachen ist außerordentlich schwierig. Dies gilt insbesondere dann, wenn der VN die Sachen nicht selbst beigefügt, sondern z. B. von einem Vormieter übernommen hat. Die angesprochenen Schwierigkeiten wären vermieden worden, wenn die Versicherung von Frost- und Bruchschäden an von Mietern eingebrachten Leitungswasseranlagen als abhängige Entschädigungsgrenze oder als Erstrisikoversicherung konzipiert worden wäre. Abgesehen davon deckt die Klausel den Versicherungsbedarf von gewerblichen Mietern oder Pächtern angemessen ab.

Es zeigt sich, daß die Haftung für Rohrbruch- oder Frostschäden an nach §§ 1 VGB 88, 2 VGB 62 nicht versicherten Sachen in der Wohngebäudeversicherung, abgesehen von Schäden an Zu- oder Ableitungsrohren außerhalb versicherter Gebäude, untergeordnete praktische Bedeutung hat.

## 3 Räumliche Abgrenzung

Die Haftung für Rohrbruch- oder Frostschäden wird ausschlaggebend davon beeinflußt, ob der Schaden innerhalb des versicherten Gebäudes oder außerhalb des versicherten Gebäudes eintritt. Die Abgrenzung des räumlichen Bereichs innerhalb des versicherten Gebäudes hat infolgedessen erhebliche praktische Auswirkungen. Nach den allgemeinen Sprachgebrauch versteht man unter dem Begriff „innerhalb eines Gebäudes" den räumlichen Bereich, der von der Bedachung, den Umfassungswänden und der Bodenplatte bzw. dem Keller- oder Parterrefußboden begrenzt wird. Sachen innerhalb dieser Grenzen befinden sich innerhalb eines Gebäudes. Dazu zählen auch Sachen, die in das Mauerwerk eingelassen bzw. im Mauerwerk verlegt sind. Nicht dazu zählen Gegenstände, die außen am Gebäude angebracht sind oder außerhalb des Gebäudes verlegt sind. Nicht versichert sind daher beispielsweise Schäden an außen am Gebäude angebrachten Wasserhähnen und den dazu gehörenden Handwaschbecken oder Schäden an einem außen am Gebäude angebrachten Ableitungsrohr der Wasserversorgung, obwohl es sich bei diesen Sachen um Gebäudebestandteile handelt. Es wird deutlich, daß die Rohrbruch-/Frostdeckung nicht nur Schäden an nach §§ 1 VGB 88, 2 VGB 62 nicht versicherten Sachen einschließt, sondern umgekehrt auch Schäden an versicherten Sachen ausschließt.

Die **Abgrenzung zwischen den Bereichen innerhalb eines Gebäudes und außerhalb eines Gebäudes** bereitet insbesondere bei Bruchschäden an Ableitungsrohren immer wieder Schwierigkeiten. Zumeist geht es dabei um die Frage, ob sich Ableitungsrohre der Wasserversorgung, die unterhalb des Kellerbodens verlegt sind, innerhalb oder außerhalb des Gebäudes befinden.

Die **Rechtsprechung** dazu ist nicht einheitlich. Sie wird nachfolgend dargestellt. Kein Versicherungsschutz besteht für Bruchschäden an Ableitungsrohren, die unterhalb des Fußbodens eines nicht unterkellerten Hauses (LG Freiburg VersR 80 S. 1020, LG Hamburg VersR 70 S. 1004) oder unterhalb des Kellerfußbodens eines unterkellerten Hauses liegen (LG Köln VersR 89 S. 586 und r+s 77 S. 263, LG Düsseldorf ZfS 85 S. 30). Ein mit Erdreich aufgefüllter Raum unter dem Kellerboden bzw. unter dem Boden eines nicht unterkellerten Gebäudes liegt außerhalb des versicherten Gebäudes (LG Köln a. a. O.). Eine gegenteilige Ansicht vertritt das AG Essen. Nach seiner Auffassung liegen Ableitungsrohre innerhalb des Gebäudes, wenn sie unterhalb des Fußbodens eines nicht unterkellerten Raums in der Waagerechten zwischen den Fundamenten geführt werden (NJW 86 S. 831). Ein Ableitungsrohr der Wasserversorgung, das vom Fundament einer inneren Tragwand zum Fundament der äußeren Tragwand des versicherten Gebäudes verläuft, sich in der Nähe der inneren Fundamentmauer zu einem geringen Teil in der Betonbodenplatte des Kellers befindet bzw. sogar aus ihr in den Kellerraum herausragt und ansonsten unterhalb der Betonbodenplatte in einer Kiesfilterschicht liegt (also nicht im Erdreich) und einen Bruch in dem Teil unterhalb der Betonbodenplatte erleidet, befindet sich mit der Schadenstelle außerhalb des versicherten Gebäudes, so daß kein Versicherungsschutz für den Rohrschaden gem. § 4 Nr. 2 a VGB 62 besteht (LG Trier r+s 93 S. 192). Für Schäden, die an Ableitungsrohren zwar unterhalb des Kellerbodens eintreten, aber noch innerhalb des Raumes, der nach oben durch die Unterseite des Kellerbodens und zur Seite hin durch die dort verlaufenden Streifenfundamente gebildet wird, ist (insbesondere bei ausdrücklicher Mitversicherung der Fundamente, Grund- und Kellermauern) zumindest wegen der Unklarheitenregelung des § 5 AGBG dahin zu erkennen, daß es sich gem. § 1 Nr. 2 a, b AWB a. F. um Bruchschäden innerhalb des versicherten Gebäudes handelt. Der Versicherer kann sich nicht mit Erfolg auf die Ausschlußklausel des § 1 Nr. 4 b AWB a. F. berufen (OLG Nürnberg VersR 98 S. 234 und r+s 98 S. 163). Ableitungsrohre der Wasserversorgung, die unterhalb des Kellerbodens zwischen den Fundamenten und in den Fundamenten selbst verlaufen, befinden sich innerhalb des Gebäudes i. S. d. § 4 Nr. 2 a VGB 62 (BGH VersR 98 S. 758 und r+s 98 S. 203).

In seiner Urteilsbegründung verweist der BGH zunächst auf die in Rechtsprechung und Schrifttum vertretenen unterschiedlichen Auffassungen zu der strittigen Frage. Nach Auffassung des BGH kommt es für die Auslegung der angesprochenen Regelung darauf an, wie sie ein durchschnittlicher VN bei verständiger Würdigung, aufmerksamer Durchsicht und Berücksichtigung des erkennbaren Sinnzusammenhangs verstehen muß. Dabei kommt es auf die Verständnismöglichkeit eines VN ohne versicherungsrechtliche Spezialkenntnisse und damit auch auf seine Interessen an. Der durchschnittliche VN erwarte von seiner Wohngebäudeversicherung einen umfassenden und lückenlosen Versicherungsschutz. Aus seiner durch § 2 VGB 62 gestützten Sicht, wonach das im Versicherungsschein aufgeführte Gebäude mit seinen Bestandteilen versichert ist, seien die Rohrleitungen in einem möglichst weiten Umfang versichert. Die Risikoausschlußklausel des § 4 Nr. 2 VGB 62 ist daher nach Auffassung des BGH eng auszulegen und darf nicht weiter ausgedehnt werden, als es ihr Sinn unter Beachtung ihres wirtschaftlichen Zwecks und der gewählten Ausdrucksweise erfordert. Der dem VN erkennbare Sinn und Zweck des § 4 Nr. 2 VGB 62, mit dem außerhalb des Gebäudes verlegte Ableitungsrohre der Wasserversorgung vom Versicherungsschutz ausgenommen werde, gebiete es nicht, den Ausschluß auf die zwischen den Fundamentmauern befindlichen Rohre zu erstrecken.

Die dargestellte Rechtsprechung läßt sich ohne weiteres auf die Rohrbruchversicherung nach den VGB 88 übertragen. Bei der **Neufassung der VGB 88** wurde dem dargestellten BGH-Urteil Rechnung getragen. Nach § 7 Nr. 1 Abs. 2 VGB 88 n. F. gilt der **Bereich zwischen den Fundamenten unterhalb des Kellerbodens nicht als innerhalb eines Gebäudes**. Damit sind nach den VGB 88 n. F. Rohrbruchschäden an Ableitungsrohren der Wasserversorgung nicht versichert, wenn die Ableitungsrohre unterhalb des Kellerbodens zwischen den Fundamentmauern verlaufen.

Kein Versicherungsschutz besteht nach VGB 88 a. F. und VGB 88 n. F. für Bruchschäden an einer **Abwasserleitung, die außen am Haus entlang läuft** (LG Essen ZfS 88 S. 329). Das gilt auch für Rohrbruchschäden an einer **Abwasserleitung**, die außerhalb der Außenwand des versicherten Gebäudes **unter der Hofdecke** des Versicherungsgrundstücks verläuft. Sie befindet sich außerhalb des versicherten Gebäudes, so daß für sie kein Versicherungsschutz nach § 4 Nr. 2 b VGB 62 besteht (OLG Koblenz VersR 95 S. 43 und r+s 94 S. 227).

Die Regelung, wonach Wasserabflußrohre außerhalb des versicherten Gebäudes nicht versichert sind, ist mit dem AGBG vereinbar (LG Aachen ZfS 87 S. 155). Dies gilt für die entsprechende räumliche Beschränkung des Versicherungsschutzes für Frostschäden an sonstigen Einrichtungen in gleicher Weise. Dabei ist zu berücksichtigen, daß wasserführende Installationen außerhalb des Schutzbereichs des versicherten Gebäudes einer sehr viel höheren Gefährdung unterliegen als innerhalb des versicherten Gebäudes. Dieses erhöhte Risiko kann der Wohngebäudeversicherer nicht ohne weiteres tragen. In den VGB wird dieser Grundsatz lediglich für Zuleitungsrohre der Wasserversorgung und Heizungsrohre durchbrochen. Rohrbruchschäden an Ableitungsrohren außerhalb des versicherten Gebäudes sind aufgrund einzelvertraglicher Regelung nach der Klausel 7262 versicherbar.

Ansonsten besteht Versicherungsschutz für Rohrbruch- oder Frostschäden nur innerhalb versicherter Gebäude. Es genügt nicht, daß die Schäden innerhalb eines Gebäudes entstehen, es muß sich um ein versichertes Gebäude handeln. Ereignet sich ein Rohrbruch- oder Frostschaden innerhalb eines nicht versicherten Gebäudes auf dem Versicherungsgrundstück, so besteht allenfalls im Rahmen von §§ 7 Nr. 3 VGB 88, 4 Nr. 2 VGB 62 Haftung, da der Schadenort außerhalb eines versicherten Gebäudes liegt. Bricht ein Abflußrohr innerhalb eines nicht versicherten Gebäudes auf dem Versicherungsgrundstück, besteht generell kein Versicherungsschutz. Der Bruch eines Zuleitungsrohres ist versichert, soweit das gebrochene Rohr der Versorgung eines versicherten Gebäudes dient, er ist nicht versichert, wenn das Rohr der Versorgung anderer nicht versicherter Gebäude dient. So liegt es, wenn der VN nach Vertragsabschluß auf dem Versicherungsgrundstück ein weiteres Gebäude, z. B. eine Garage, errichtet und dieses Gebäude nicht in den bestehenden Wohngebäudeversicherungsvertrag einschließt.

## Rohrbruchschäden innerhalb versicherter Gebäude 4

Innerhalb versicherter Gebäude sind „frostbedingte und sonstige Bruchschäden" (§ 7 Nr. 1 VGB 88 n. F.), „Frost- und sonstige Bruchschäden" (§ 7 Nr. 1 VGB 88 a. F.) bzw. „Schäden durch Rohrbruch oder Frost" (§ 4 Nr. 2 a Ziff. 1 VGB 62) an den dort aufgeführten Rohren versichert. Die Formulierungen bringen übereinstimmend zum Ausdruck, daß die Rohrbruchdeckung an den genannten Rohren Bruchschäden jeder Art aus „beliebiger Ursache" (Martin E I 93) umfaßt. **Die Rohrbruchversicherung ist eine Allgefahrendeckung.** Die ausdrückliche Erwähnung von Frostbruchschäden ist deklaratorisch. Dies gilt auch für die wortgleiche Formulierung in § 1 Nr. 3 AWB 87.

## Frost- und sonstige Bruchschäden 4.1

Im Verhältnis zu den VGB 62 ist in den VGB 88 eine Klarstellung erfolgt. Die Formulierung „Schäden durch Rohrbruch oder Frost" bzw. „Schäden durch Frost" in § 4 Nr. 2 VGB 62 ist mißverständlich. Sie erweckt den Eindruck, Rohrbruch oder Frost seien versicherte Gefahren bzw. Schadenursachen, und infolgedessen seien alle Folgen versichert, die durch die Einwirkung dieser Gefahren an den in § 4 Nr. 2 VGB 62 genannten Sachen eintreten. Dies trifft nicht zu. Rohrbruch- oder Frostschäden sind keine Schadenursachen, sondern Erscheinungsformen des Sachschadens (Martin E I 79) bzw. Versicherungsfall, obwohl dies durch die Neufassung von § 4 Nr. 1 VGB 88 n. F. nicht mehr klar zum Ausdruck kommt (vgl. D 1.1 und 2.4). Versichert sind frostbedingte und sonstige Bruchschäden an bestimmten Sachen, nicht Schäden durch Bruch oder Frost an diesen Sachen oder gar an den versicherten Sachen. Daher fallen Folgeschäden von Bruchschäden oder Frostschäden nicht unter den Versicherungsschutz (vgl. Martin E I 21 und 86). Schäden, die an Heizöfen und Heizkesseln des versicherten Gebäudes durch Ausglühen entstehen, weil es aufgrund von Rohrbrüchen an Wasser fehlt, fallen nicht unter den Versicherungsschutz der Rohrbruch-/Frostdeckung nach §§ 7 VGB 88, 4 Nr. 2 VGB 62 (vgl. F 1). Jedoch sind Folgeschäden versichert, die dadurch entstehen, daß infolge des Bruch- oder Frostschadens bestimmungswidrig Wasser austritt und Schäden an versicherten Gebäuden verursacht. Dies wurde nicht beachtet vom LG Köln (VersR 89 S. 586), das unzutreffend auch die Schäden ausschließt, die bei derartigen Schäden infolge des Rohrbruchs durch austretendes Wasser am versicherten Gebäude verursacht werden.

## Kosten der Nebenarbeiten 4.2

Im Gegensatz zu § 4 Nr. 2 VGB 62 werden die Kosten der Nebenarbeiten und des Auftauens in § 7 Nr. 1 bis Nr. 3 VGB 88 nicht ausdrücklich erwähnt. Darauf wurde verzichtet, weil der Hinweis in § 4 Nr. 2 VGB 62 deklaratorischen Charakter hat. Dies gilt ebenso für § 3 Nr. 1 AWB 88, wo Nebenarbeiten, nicht die Auftaukosten erwähnt werden. Die Kosten der Nebenarbeiten sind ohne weiteres als Teil des Hauptschadens oder als Bewegungs- und Schutzkosten versichert. Zu den Nebenarbeiten zählen u. a. Wegräumen von Hindernissen, Aufbrechen von Wänden, Decken oder Fußböden, Aufgraben einer Hofeinfahrt oder des Erdreichs im Garten, Entfernen des gebrochenen Rohrstücks, Lieferung und Montage der neuen Rohrstücke und die Wiederherstellung des ursprünglichen Zustandes an der Bruchstelle (vgl. Bechert S. 70).

Die Rechtsprechung bestätigt dies. Bei Rohrbruchschäden sind die Kosten für den Einbau als Nebenarbeiten i. S. d. § 4 Nr. 2 a Ziff. 1 VGB 62 auch dann zu ersetzen, wenn die Leitungsrohre schon vor Eintritt des Versicherungsfalls völlig wertlos geworden sind (OLG Köln VersR 94 S. 670 und r+s 94 S. 147). Nach zutreffender Meinung in Rechtsprechung und Literatur sind (hier: bei einem Gebäude-Leitungswasserschaden eines privaten VN) im Zusammenhang mit den Reparaturarbeiten anfallende vorbereitende und begleitende Verwaltungsarbeiten (wie die Auswahl, Beauftragung und Überwachung der Handwerker [sog. Regiekosten]) sowie die Kosten der Arbeiter für das Aus- und Einräumen der Möbel und in technisch schwierigen Reparaturfällen, namentlich bei Schäden an und in Gebäuden, auch die Tätigkeit eines Sachverständigen oder Architekten in den Versicherungsschaden einzubeziehen. Hierbei handelt es sich um Nebenkosten der eigentlichen Reparaturkosten, für die der Versicherer nach § 7 Nr. 1 b VGB 62 Ersatz zu leisten hat (OLG Köln r+s 97 S. 253). Die Praxis schenkt der theoretischen Unterscheidung zwischen Hauptschaden und Nebenarbeiten bzw. Bewegungs- oder Schutzkosten dabei im allgemeinen wenig Beachtung, da die Bewegungs- oder Schutzkosten im Rahmen der bedingungsmäßigen Grunddeckung der VGB 88 ohne weiteres versichert sind. Die großzügige Bemessung der Entschädigungsgrenze für versicherte Kosten nach §§ 17 Nr. 1 VGB 88 a. F., 2 Nr. 2 VGB 88 n. F. bietet dafür die Grundlage.

4.2.1 Versichert sind auch sog. **Suchkosten**. Bei Rohrbrüchen handelt es sich häufig um versteckte Schäden, da die Rohre überwiegend nicht frei liegen, sondern unter Putz, in Beton, im Mauerwerk oder im Erdreich verlegt sind. In vielen Fällen sind zunächst nur die Symptome eines Rohrbruchs wie Durchnässung von Decken, Wänden, Fußböden, Fassaden oder aber Wasserverlust festzustellen. Die Suche nach der Schadenursache bzw. der Bruchstelle verursacht dann unter Umständen erhebliche Kosten. Sie werden vom Wohngebäudeversicherer entschädigt, wenn eine Schadenursache gefunden wird, die einen versicherten Rohrbruch- oder Frostschaden darstellt. Dagegen haftet der Wohngebäudeversicherer nicht, wenn eine Schadenursache nicht festgestellt weden kann und aufgetretene Durchnässungen am Gebäude wieder verschwinden. Ebenso liegt es, wenn die Schadenursache zwar gefunden wird, sich dabei aber herausstellt, daß es sich um eine nicht versicherte Gefahr (Witterungsniederschläge, Grundwasser) oder nicht um einen Rohrbruch (z. B. eine Undichtigkeit) handelt. Die Kosten der Ermittlungen der Ursache eines Feuchtigkeitsschadens in einem leitungswasserversicherten Wohngebäude hat der Versicherer nicht nach § 66 Abs. 1 VVG zu tragen, wenn ein entschädigungspflichtiger Leitungswasserschaden nicht festgestellt worden ist. Wenn die Kosten der Ermittlung der Ursache eines Feuchtigkeitsschadens in einem leitungswasserversicherten Wohngebäude keinen entschädigungspflichtigen Leitungswasserschaden ergeben, hat der VN gegen den Versicherer keinen Anspruch aus § 812 Abs. 1 BGB auf Bezahlung der Ermittlungskosten – und zwar auch dann nicht, wenn die Mitarbeiter des Versicherers der ausführenden Firma den Auftrag zur Untersuchung gegeben hätten (OLG Köln r+s 93 S. 71). In diesem Fall hat das OLG Köln die Frage, ob die geltend gemachten Kosten als Suchkosten zu entschädigen seien, gar nicht erst geprüft.

**Undichtigkeiten sind kein Rohrbruch.** Sie fallen nicht unter den Versicherungsschutz der Rohrbruchversicherung. Fälle sind das Lockern von Rohrverbindungen oder poröse bzw. undichte Dichtungen. Die Suchkosten werden nicht entschädigt. Sie betreffen einen nicht versicherten Schaden. Der Versicherer haftet in diesen Fällen lediglich für die Schäden, die durch Leitungswasser am versicherten Gebäude entstanden sind. Ähnlich liegt es, wenn beim Bruch einer Zuleitung außerhalb des versicherten Gebäudes die Bruchstelle außerhalb des Versicherungsgrundstücks liegt (AG Lüdenscheid zu § 4 Nr. 2 VGB 62 ZfS 89 S. 212). Die Suchkosten sind auch nicht als Schadenminderungskosten vom Versicherer zu ersetzen. Vielmehr handelt es sich um Kosten, die vom VN zu tragen sind. Sie entstehen in Erfüllung der dem VN obliegenden Instandhaltungspflicht nach §§ 10 Nr. 1 b VGB 88 n. F., 11 Nr. 1 b VGB 88 a. F., 9 Nr. 2 a VGB 62. Danach ist der VN verpflichtet, die versicherten Sachen, insbesondere wasserführende Anlagen und Einrichtungen, stets in ordnungsgemäßem Zustand zu erhalten und Mängel oder Schäden unverzüglich beseitigen zu lassen. Die dadurch entstehenden Kosten trägt der VN, soweit sie nicht zugleich der Beseitigung eines versicherten Schadens dienen.

Dies gilt entsprechend für die **Kosten der Beseitigung einer Verstopfung von Rohrleitungen.** Diese Kosten sind nicht versichert, da ein Rohrbruch nicht vorliegt. Sie werden vom Wohngebäudeversicherer auch nicht als Schadenminderungskosten ersetzt, sondern sind als Instandhaltungskosten vom VN zu tragen. Anderer Ansicht ist das AG Darmstadt (r+s 88 S. 306). Es hat zu §§ 4 Nr. 2, 16 Nr. 1 VGB 62 die Meinung vertreten, der Versicherer habe die Kosten für die Beseitigung einer Verstopfung zu ersetzen, wenn aus Abflüssen im Bad eines Wohngebäudes Wasser austritt. Die Entscheidung ist wegen der auch in den VGB 62 verankerten Pflicht des VN zur Instandhaltung der Wasserleitungsanlagen unzutreffend. Das Gericht hat aber § 9 Nr. 2 VGB 62 gar nicht erst geprüft. Es kann in derartigen Fällen dem VN auch zugemutet werden, das Einleiten von Wasser in die verstopfte Abflußleitung solange zu unterlassen, bis die Verstopfung beseitigt ist. 4.2.2

**Auftaukosten** sind nach §§ 2 Nr. 1 c VGB 88, 16 Nr. 1 VGB 62 versichert. Es handelt sich dabei um Kosten für Maßnahmen, die der VN zur Abwendung oder Minderung des Schadens für geboten halten dürfte (Schadenabwendungs- oder Schadenminderungskosten). Dabei ist nicht vorausgesetzt, daß ein Rohrbruch durch Frost bereits eingetreten ist. Es gilt der Grundsatz der Vorerstreckung (vgl. B 3.3.1 und D 1.2). Der Eintritt des Rohrbruchs (Versicherungsfall) steht unmittelbar bevor. Unter diesen Voraussetzungen sind die Kosten für das Auftauen einer zugefrorenen Wasserleitung auch dann zu ersetzen, wenn es noch nicht zu einem Bruch gekommen ist (AG Saarbrücken ZfS 88 S. 154). Daraus kann indessen nicht geschlossen werden, daß Auftaukosten generell vom Wohngebäudeversicherer ersetzt werden. Sie müssen der Abwehr oder Minderung eines versicherten Schadens dienen. Nicht versichert sind Auftaukosten, die nur der Aufrechterhaltung der Wasserversorgung dienen (Bechert S. 71). Auch werden Auftaukosten nicht ersetzt, die durch Maßnahmen zur Abwehr oder Minderung eines nicht versicherten Schadens entstanden sind. So liegt es, wenn ein zugefrorenes Ableitungsrohr außerhalb des versicherten Gebäudes aufgetaut wird. Die Kosten sind aus den in G 4.2.2 dargestellten Gründen auch nicht als Schadenminderungskosten zur Abwehr eines drohenden Durchnässungsschadens zu ersetzen. 4.2.3

## Rohrbruch 4.3

**Rohrbruch ist die nachteilige Veränderung (Schädigung) des Rohrmaterials.** Ein Rohr bricht, wenn durch die Veränderung des Werkstoffs die Funktion des Rohres in der

Weise beeinträchtigt wird, daß die darin geleiteten Flüssigkeiten bestimmungswidrig austreten können. Häufigste Erscheinungsformen von Rohrbrüchen sind Löcher oder Risse in Rohren. Undichtigkeiten an Rohrverbindungen, Anschlußstellen u. ä. sind keine Rohrbrüche (vgl. G 4.2.1). Entgegen Bechert (S. 67) liegt kein Rohrbruch vor, wenn eine Dichtung undicht geworden ist, so daß Wasser ausläuft. Kein Rohrbruch liegt vor, wenn Rohre nur porös sind (Knoerrich/Dreger, VerBAV 66 S. 180; Martin E I 87). Dies führt in der Praxis vor allem bei Korrosionsschäden immer wieder zu Abgrenzungsproblemen und Auseinandersetzungen, wenn ein Rohr bricht und aus diesem Anlaß festgestellt wird, daß der gesamte Rohrstrang schon weitgehend korrodiert ist und infolgedessen weitere Rohrbrüche abzusehen sind. Der Versicherer stellt sich zu Recht auf den Standpunkt, er hafte nur für die Reparatur bzw. den Ersatz des bereits gebrochenen Rohrstücks. Die Kosten für die Erneuerung ganzer Rohrstücke hat der Versicherer nicht zu ersetzen (vgl. auch R 1.3.1).

Durch die nachfolgend dargestellte **Rechtsprechung** wird das weitgehend bestätigt. Beim Bruch eines Leitungsrohres (hier: Zuleitungsrohr außerhalb des versicherten Gebäudes) hat der Versicherer nur die Kosten zu ersetzen, die notwendig sind (waren), um den Zustand wieder herzustellen, wie er unmittelbar vor dem Rohrbruch bestanden hat (also nur die Kosten der Beseitigung des Rohrbruchs), nicht aber auch darüber hinaus die Kosten einer technisch und wirtschaftlich sinnvollen bzw. gebotenen Sanierung des Rohrleitungssystems (LG Wuppertal r+s 90 S. 426). Von den in der Wohngebäudeversicherung versicherten Rettungskosten (§ 16 VGB 62) sind die nicht versicherten Kosten der Schadenverhütung zu unterscheiden. Nach § 9 Nr. 2 a VGB 62 hat der VN für die Instandhaltung der Leitungswasser-Rohrleitungen zu sorgen, so daß ihn auch die Kostenlast für im Interesse der Schadenverhütung notwendige Reparaturmaßnahmen trifft, und zwar selbst dann, wenn ohne Austausch der Rohre in kürzester Zeit ein Rohrbruch entstanden wäre (OLG Hamm VersR 93 S. 97). Die Versicherung von Schäden durch Rohrbruch gem. § 4 Nr. 2 VGB 62 umfaßt nicht den Austausch des gesamten Leitungssystems, das durch Korrosion bedroht und geschädigt ist. Insoweit handelt es sich gerade nicht um Schäden durch Rohrbruch i. S. v. § 4 Nr. 2 VGB 62. Wenn die Wasserleitungsrohre des versicherten Gebäudes durch Korrosion bedroht bzw. geschädigt sind, muß der VN die Leitungen gem. § 9 Nr. 2 a VGB 62 auf seine Kosten ersetzen lassen und kann nicht Ersatz dieser Kosten gem. § 16 Nr. 1 VGB 62, §§ 62, 63 VVG als Rettungskosten verlangen (OLG Karlsruhe VersR 97 S. 612 und r+s 96 S. 279). Wenn in einem versicherten Wohngebäude die gesamten Rohrleitungen wegen eingetretener Bruchschäden und wegen ihres insgesamt schlechten Zustands ausgetauscht werden müssen und wenn etwa ein Drittel dieser Leitungsrohre Bruchschäden i. S. d. § 4 Nr. 2 a Ziff. 1 VGB 62 aufweisen, ist der reine Materialschaden der von Bruchschäden betroffenen Rohre gleich Null, da die Rohre nicht einmal mehr Schrottwert hatten. Allerdings sind dennoch die Einbaukosten für den Ersatz der gebrochenen Rohre zu ersetzen (ein Drittel der Lohnkosten des Einbaus der gesamten Rohrleitungen) (OLG Köln r+s 94 S. 147). Das Gericht hat sich auf den Standpunkt gestellt, daß die brüchigen Rohre bereits vor dem Eintritt des Versicherungsfalls nicht mehr verwendbar und insofern dauernd entwertet waren. Da die Rohre demnach nicht einmal mehr Schrottwert hatten, stand dem Kläger ein Entschädigungsanspruch hinsichtlich des Materialschadens nicht zu. Allerdings gehören nach Auffassung des Gerichts bei Gebäudebestandteilen auch die Einbaukosten zum Versicherungswert. Diese Kosten seien bei Rohrbruchschäden im übrigen auch als Nebenarbeiten i. S. v. § 4 Nr. 2 a Ziff. 1 VGB 62 zu entschädigen. Da bei etwa einem Drittel der Rohrleitungen Bruchschäden eingetreten waren, wurde dem Kläger infolgedessen ein Drittel der Lohnkosten für die Erneuerung der Rohrleitungen als Kosten für Nebenarbeiten zuerkannt.

Der Versicherer wird in derartigen Fällen weiterhin auf die Instandhaltungs- und Schadenverhütungspflicht des VN verweisen. Erneuert der VN die betroffenen Rohrstränge nicht auf seine Kosten, wird der Versicherer prüfen, ob er den Vertrag fortsetzt oder wegen Gefahrerhöhung, wegen Verletzung von Sicherheitsvorschriften oder aus Anlaß des Versicherungsfalls kündigt.

## Allgefahrendeckung 4.4

Versichert sind Rohrbrüche durch beliebige Ursachen. Die Rohrbruchversicherung ist eine Allgefahrendeckung. Häufige Ursachen von Rohrbruchschäden sind Frost, Beschädigung durch äußere mechanische Einwirkungen bei Bau- oder sonstigen Arbeiten am Gebäude, Wasserschläge bei Druckschwankungen sowie Erschütterungen. Weitaus häufigste Schadenursache ist jedoch die sog. Korrosion. Sie tritt bei Rohren aus Metall infolge der Reaktion des metallischen Werkstoffs mit seiner Umgebung auf und führt zur Veränderung bzw. zur Zerstörung des Werkstoffs und zum Rohrbruch bzw. zur Zerstörung der gesamten Rohrleitungen. Korrosionsschäden an Rohren treten in Form der Außen- oder der Innenkorrosion auf. Bei der Außenkorrosion reagiert der metallische Werkstoff mit den ihn umgebenden Baustoffen oder Bauteilen. Weitaus größere Bedeutung hat jedoch die Innenkorrosion, die durch Reaktion des Rohrmaterials mit dem im Rohr enthaltenen bzw. fließenden Wasser entsteht. Dabei laufen unterschiedliche, sehr komplexe Vorgänge elektrochemischer, chemischer und physikalischer Natur ab. Die Innenkorrosion entsteht durch das Zusammenwirken von Werkstoff, Wasser, Betriebsbedingungen und Qualität der Installationsarbeiten. Diese Faktoren sind von Gebäude zu Gebäude unterschiedlich. Besonders erschwerend wirkt sich aus, daß Wasserqualität und Betriebsbedingungen auch in demselben Gebäude ständigen Änderungen unterliegen. Darauf ist es zurückzuführen, daß allgemeingültige, exakte Aussagen über die Ursachen von Korrosionsschäden und deren wirksame Bekämpfung bisher nicht getroffen werden können. Erfolgreiche Maßnahmen der Schadenverhütung und Vorbeugung werden dadurch außerordentlich erschwert, wenn nicht in vielen Fällen unmöglich gemacht. Infolgedessen ist davon auszugehen, daß die Schadenursache Bruch durch Korrosion auch in den nächsten Jahren unverändert den Schadenverlauf in der Leitungswasserversicherung entscheidend prägen wird.

## Bruchschäden an Rohren 4.5

Versichert sind Bruchschäden an Rohren. Wegen des unterschiedlichen Haftungsumfangs für Bruchschäden an Rohren einerseits und Frostschäden an den sonstigen wasserführenden Einrichtungen und Anlagen andererseits hat die **Abgrenzung** zwischen diesen beiden Sachgruppen erhebliche Auswirkungen. Rohre sind nach der Verkehrsauffassung feste (starre) Hohlkörper von zumeist rundem Querschnitt, die zur Leitung von Flüssigkeiten bestimmt sind. Das Material, aus dem die Rohre bestehen, muß fest und fest verarbeitet sein (vgl. F 1.3). Zum Rohr zählen Rohrstücke bzw. Rohrstränge, Rohrbogen, Rohrknie und Rohrverbindungsstücke (Verschraubungen), Flanschen und Muffen. Alle sonstigen wasserführenden Installationen sind keine Rohre im Sinne der VGB, sondern zählen zu den in §§ 7 Nr. 2 VGB 88, 4 Nr. 2 a Ziff. 2 VGB 62 einzeln aufgeführten Einrichtungen und Anlagen oder ähnlichen Installationen. Nicht zum Rohr gehören Druckminderer (unklar AG Lüdenscheid ZfS 89 S. 212) und Wasserzähler bzw.

Wasseruhren. Sie sind ebenso wie Kompensatoren (Dehnungsausgleicher) Installationen nach §§ 7 Nr. 2 a VGB 88, 4 Nr. 2 a Ziff. 2 VGB 62. Kompensatoren sind flexible Verbindungsstücke, die bei großen Rohrlängen zwischen den Rohren installiert werden, um die bei Temperaturschwankungen auftretenden Dehnungen zwischen den Rohren auszugleichen. Sie bestehen aus Gummi oder aus einem sog. Metallbalg und sind im Gegensatz zu Rohren nicht starr, sondern flexibel. Daher sind sie nicht als Rohr einzustufen (anderer Ansicht Bechert S. 24). Ein Wasserabstellschieber im Zuleitungsrohr der Wasserversorgung gehört zwar auch zum Rohrleitungssystem und ist Teil desselben, da er den Rohren zwischengeschaltet ist. Er kann vom Sprachgebrauch und von seiner Funktion her aber nicht mehr als Zuleitungsrohr angesehen werden. Insbesondere ist er auch kein Bestandteil des Rohres wie etwa Rohrschrauben, Flansche, Kniestücke, Dichtungen oder Druckausgleicher. Er ist vielmehr Einrichtungen wie Hähnen, Ventilen, Filtern usw. zuzurechnen (LG Stuttgart VersR 93 S. 474 und r+s 93 S. 389). Diese Einrichtungen werden auch als **Armaturen** bezeichnet. Verschiedentlich bieten die Wohngebäudeversicherer inzwischen auch Versicherungsschutz für den Austausch von Armaturen wie Wasserhähne, Wassermesser und Geruchsverschlüsse. Die Kosten für den Austausch dieser Gegenstände werden ersetzt, wenn der Austausch durch einen versicherten Rohrbruchschaden verursacht wurde. Ansonsten sind Bruchschäden an den Armaturen weiterhin nicht versichert. Eine vom GDV unverbindlich empfohlene Klausel für diese Haftungserweiterung existiert derzeit nicht.

## 4.6 Rohre der Wasserversorgung

Versichert sind nach §§ 7 Nr. 1 a VGB 88, 4 Nr. 2 a Ziff. 1 VGB 62 innerhalb der versicherten Gebäude Bruchschäden an Rohren der Wasserversorgung (Zu- und Ableitungen). Es ist nicht gefordert, daß die Rohre der Versorgung versicherter Gebäude dienen. Zuleitungsrohre führen Frischwasser an Wasserverbrauchsstellen und wasserführende Einrichtungen und Anlagen heran. Ableitungsrohre leiten gebrauchtes Wasser von diesen Stellen ab. Versichert sind daher auch Bruchschäden an Trockensteigleitungen, die bei Druckproben durch die Feuerwehr entstehen. Der Ausschluß nach §§ 6 Nr. 3 c VGB 88 n. F., 9 Nr. 4 c VGB 88 a. F., 4 Nr. 3 e VGB 62 (vgl. F 4.3) gilt nicht für Rohrbruchschäden.

Zu den Zu- oder Ableitungen der Wasserversorgung zählen auch die **Zu- und Ableitungsrohre eines** mit dem häuslichen Rohrsystem verbundenen **Schwimmbads**. Dazu zählen auch die Rohrleitungen, durch die Wasser von einem Schwimmbecken zur kombinierten Entfeuchtungs- und Wärmerückgewinnungsanlage geführt und von dort erwärmt wieder zurückgeführt wird (OLG Düsseldorf VersR 97 S. 1484 undr+s 98 S. 249). Rohrbruchschäden an diesen Rohren sind innerhalb versicherter Gebäude ohne weiteres versichert, und zwar auch dann, wenn sich das Schwimmbecken außerhalb des Gebäudes, die Schwimmbadtechnik jedoch innerhalb des Gebäudes befindet. Es kommt auch nicht darauf an, ob das Außenschwimmbecken in den Vertrag eingeschlossen oder eine nach §§ 1 VGB 88, 2 VGB 62 nicht versicherte Sache ist. Fraglich ist, ob auch Bruchschäden an Vor- und Rücklaufleitungen der Filter- bzw. Umwälzanlage des Schwimmbads versichert sind. Diese Frage ist wohl zu bejahen, zumal diese Leitungen auch beim Entleeren des Schwimmbads in Funktion treten und insofern als Ableitungen einzustufen sind.

Die vorstehenden Überlegungen verdeutlichen, daß die versicherungstechnische Behandlung von Schwimmbädern in der Wohngebäudeversicherung nicht unproblematisch ist. In den Antragsformularen wird lediglich nach Schwimmbecken im Gebäude gefragt. Bejaht der VN die Frage, wird ggf. ein Beitragszuschlag berechnet. Der VN verletzt die vorvertragliche Anzeigepflicht, wenn er die Frage nach dem Innenschwimmbad verneint bzw. nicht beantwortet. Wird ein Innenschwimmbad nachträglich eingebaut, liegt eine anzeigepflichtige Gefahrerhöhung vor. Eine Verletzung der vorvertraglichen Anzeigepflicht oder die Nichtanzeige der Gefahrerhöhung führt unter bestimmten Umständen zu Leistungsfreiheit (Einzelheiten vgl. N). Dann haftet der Versicherer weder für Rohrbruchschäden an den Zu- oder Ableitungsrohren innerhalb des versicherten Gebäudes noch für Schäden an versicherten Sachen, die dadurch entstehen, daß aus dem Schwimmbecken oder den dazugehörenden sonstigen wasserführenden Installationen (Rohren, Umwälzanlage) bestimmungswidrig Wasser austritt. Dagegen würde der Versicherer unter denselben Voraussetzungen die gleichen Schäden ersetzen, wenn das Schwimmbad sich außerhalb des Gebäudes befindet, und zwar auch dann, wenn er erst im Versicherungsfall feststellt, daß überhaupt ein Schwimmbad vorhanden ist. Unter diesen Umständen ist eine Überprüfung und Korrektur der versicherungstechnischen Einstufung von Schwimmbädern im Interesse der Gleichbehandlung geboten.

## Rohre der Warmwasser- oder Dampfheizung 4.7

Bruchschäden an Rohren der Warmwasser- oder Dampfheizung sind nach §§ 7 Nr. 1 b VGB 88, 4 Nr. 2 a Ziff. 1 VGB 62 versichert. Dabei ist wiederum nicht vorausgesetzt, daß die Anlagen der Versorgung versicherter Gebäude dienen. Versichert sind infolgedessen auch Bruchschäden an Rohren einer Heizungsanlage, die durch das versicherte Gebäude geführt werden, aber der Versorgung eines nicht versicherten Gebäudes dienen (praktisch selten). Voraussetzung ist dabei, daß der VN ein Interesse an der Versicherung auch dieser Rohre hat. Rohre der Warmwasser- oder Dampfheizung sind Rohre der Vor- und Rücklaufleitung sowie die Heizschlangen einer Fußbodenheizung oder einer ähnlichen Flächenheizung. Dabei ist zu beachten, daß Fußboden-, Klima-, Wärmepumpen- oder Solarheizungsanlagen gefahrerhebliche Umstände sind, die in der Wohngebäudeversicherung nach den VGB 88 a. F. und den VGB 62 einen Beitragszuschlag erfordern. Bruchschäden an den Rohren dieser Anlagen werden in der Regel daher nur dann entschädigt, wenn dem Versicherer vor Eintritt des Versicherungsfalls angezeigt worden war, daß eine derartige Anlage im versicherten Gebäude installiert ist. Unter dieser Voraussetzung sind auch Rohrbruchschäden an den Heizelementen neuartiger sog. Klimaböden versichert. Dabei handelt es sich um Kunststoffplatten mit integrierten Heizwasserkanälen. Die Kunststoffplatten werden anstelle der Heizschlangen in den Fußboden eingebracht. Es mag zwar zweifelhaft sein, ob es sich dabei um Rohre im Sinne der Verkehrsanschauung handelt. War die Anlage dem Versicherer bekannt und wurde dafür ein Beitragszuschlag berechnet, ist die Haftung des Versicherers für Bruchschäden an diesen Platten dennoch zu bejahen. In der Wohngebäudeversicherung nach den VGB 88 n. F. sind Leitungswasserschäden durch bestimmungswidrig austretendes Wasser aus Einrichtungen von Klima-, Wärmepumpen- oder Solarheizungsanlagen nach § 6 Nr. 1 e VGB 88 n. F. ohne weiteres ebenso versichert wie Frostschäden an diesen Anlagen innerhalb versicherter Gebäude nach § 7 Nr. 2 d VGB 88 n. F. Im Verhältnis zur Klausel 7164 „Klima-, Wärmepumpen- und Solarheizungsanlagen" zu den VGB 88 a. F. besteht jedoch eine Deckungslücke. Sie besteht darin, daß Rohre von Klima-, Wärmepumpen- oder Solarheizungsanlagen in § 7 Nr. 1 VGB 88 n. F. nicht genannt werden. Daher besteht nach dem Wortlaut der VGB 88 n. F. innerhalb versicherter Gebäude kein Versicherungsschutz für frostbedingte und sonstige Bruchschäden an Rohren von Klima-, Wärmepumpen- oder Solarheizungsanlagen. Diese

Deckungslücke kann durch Auslegung zu Gunsten des VN geschlossen werden, weil die genannten Anlagen in der Regel mit den in § 7 Nr. 1 b VGB 88 n. F. aufgeführten Warmwasser- oder Dampfheizungen gleichzusetzen sind.

In der Vergangenheit war umstritten, ob **Rohre, die innerhalb eines Heizkessels verlaufen**, als Rohre der Warmwasser- oder Dampfheizung einzustufen sind. Die Beantwortung dieser Frage entscheidet darüber, ob Bruchschäden an diesen Rohren durch andere Ursachen als Frost vom Wohngebäudeversicherer zu entschädigen sind. Daneben hängt davon die Entschädigung derjenigen Schäden ab, die infolge des Rohrbruchs durch das austretende Wasser innerhalb des Heizkessels angerichtet werden. Die zweite Frage ist inzwischen durch die Rechtsprechung des BGH positiv beantwortet. Wenn ein Heizkessel und ein Ölbrenner dadurch beschädigt werden, daß infolge Platzens eines Wasserrohres im Innern des Heizkessels Wasser ausgetreten ist und weitere Schäden am Heizkessel und Schäden am Ölbrenner herbeigeführt hat, sind diese weiteren Schäden am Heizkessel und die Schäden am Ölbrenner in der Leitungswasserversicherung versichert (BGH VersR 93 S. 1102 und r+s 93 S. 349; vgl. dazu im einzelnen F 1.7). Daraus folgt indessen nicht, daß auch die Kosten für die Beseitigung des vorangegangenen Rohrbruchs innerhalb des Heizkessels aus der Rohrbruchversicherung zu ersetzen sind. Vielmehr hat der BGH in seiner Urteilsbegründung deutlich darauf hingewiesen, daß die Regelungen zur Leitungswasserversicherung in § 4 Nr. 1 VGB 62 (analog § 6 VGB 88) einerseits und zur Rohrbruch-/Frostversicherung in § 4 Nr. 2 VGB 62 (analog § 7 VGB 88) andererseits getrennt zu betrachten und auszulegen sind. § 4 Nr. 2 VGB 62 sei im Verhältnis zu § 4 Nr. 1 VGB 62 als Erweiterung des Versicherungsschutzes auf Rohrbruch oder Frost zu verstehen. Die in § 4 Nr. 2 a VGB 62 bezeichneten Gegenstände seien diejenigen, die im besonderen Fall des Eintritts der weiteren beiden versicherten Gefahren „Rohrbruch" oder „Frost" versichert sein sollen (vgl. BGH a. a. O.). Diese Gedankenführung des BGH ist schlüssig. Daraus folgt aber auch, daß für die Rohre, die innerhalb einer in § 4 Nr. 2 a VGB 62 (analog § 7 Nr. 2 VGB 88) genannten Anlage verlaufen, eine differenzierte Betrachtung notwendig ist. Bricht ein derartiges Rohr, so besteht aufgrund der Rechtsprechung des BGH Versicherungsschutz für diejenigen Schäden, die das infolge des Rohrbruchs austretende Wasser im Innern der Anlage anrichtet. Die Kosten für die Beseitigung des Rohrbruchschadens selbst sind dagegen vom Wohngebäudeversicherer nicht zu entschädigen. Anders ausgedrückt gilt die dargestellte Rechtsprechung des BGH für die Leitungswasserversicherung. Sie ist nicht auf die Rohrbruchversicherung zu übertragen. Diese Differenzierung wurde zutreffend vom OLG Oldenburg bereits in einem Urteil aus dem Jahr 1986 vorgenommen. Wenn sich in einem Boiler sowohl das Warmwassersystem als auch das Heizsystem treffen und wenn Wasser innerhalb des Boilers durch ein Loch im Rohrsystem aus dem öffentlichen Netz in das Heizsystem eingedrungen ist, ist das Wasser i. S. d. § 4 Nr. 1 VGB 62 bestimungswidrig aus einer sonstigen Einrichtung der Wasserversorgung ausgetreten. Wenn im Rohrsystem des Boilers ein Leck entsteht, so daß Brauchwasser in das Heizsystem gelangt und dort einen Überdruck verursacht, und wenn infolge des Überdrucks ein Ausdehnungsgefäß unbrauchbar wird, ein Sicherheitsventil abbläst und funktionsuntüchtig wird und der Stellmotor des Heizsystems durch das ausspritzende Wasser beschädigt wird, hat der Versicherer den Schaden am Ausdehnungsgefäß, Sicherheitsventil und Motor, nicht aber auch den Rohrbruch im Boiler zu ersetzen (r+s 91 S. 350). Bei der Beurteilung des Versicherungsschutzes für den Bruch eines „Ableitungsrohres der Warmwasserleitung", das am Heizkessel angeschweißt und durch Korrosion einige Zentimeter vom Kesselausgang entfernt undicht geworden ist, kommt es nicht darauf an, ob sich das schadhafte Teil nach dem äußeren Erscheinungsbild als Rohr darstellt, sondern darauf, ob es seiner sachlichen Funktion nach dem Rohrsystem oder dem Kessel zuzuordnen ist. Wenn die Schadstelle an einem Anschlußstutzen des Heizkessels entstanden ist, ist ein notwendiger (wesentlicher) Bestandteil des Heizkessels beschädigt worden, an dem nach § 4 Nr. 2 a Ziff. 2 VGB 62 nur Frostschäden, nicht aber auch andere Bruchschäden versichert sind (OLG Celle r+s 94 S. 107). Die rohrförmige Zuleitung zu einem Sicherheitsventil des Heizkessels ist nicht als Rohr der Warmwasseranlage i. S. v. § 4 Nr. 2 a Ziff. 1 VGB 62 anzusehen (OLG Schleswig VersR 93 S. 1395). Der Bruch eines Ventils am Heizkreisverteiler ist nicht als Schaden an den Rohren der Warmwasser- oder Dampfheizungsanlage anzusehen (§ 4 Nr. 2 a Ziff. 1 VGB 62), sondern als Schaden an der sonstigen Anlage der Warmwasser- oder Dampfheizung i. S. d. § 4 Nr. 2 a Ziff. 2 VGB 62 (AG Dortmund VersR 96 S. 1101).

## Rohre von Sprinkler- oder Berieselungsanlagen 4.8

Innerhalb versicherter Gebäude sind nach § 7 Nr. 1 c VGB 88 Schäden an den Rohren von Sprinkler- oder Berieselungsanlagen versichert. Im Verhältnis zu § 7 Nr. 1 a VGB 88 hat der Einschluß deklaratorischen Charakter. Rohre von Sprinkler- oder Berieselungsanlagen sind Rohre der Wasserversorgung. Daher sind derartige Schäden auch nach den VGB 62 ohne weiteres versichert. Rohre von Sprinkleranlagen sind Zuleitungen bzw. Verteilerleitungen. Nicht zu den Rohren zählen die sonstigen Einrichtungen von Sprinkleranlagen wie Sprinklerköpfe, Wasserbehälter, Ventile und Pumpen. An derartigen Anlageteilen sind lediglich Frostbruchschäden nach § 7 Nr. 2 VGB 88 versichert.

## Frostschäden an sonstigen Einrichtungen innerhalb versicherter Gebäude 5

Innerhalb versicherter Gebäude sind nach §§ 7 Nr. 2 VGB 88, 4 Nr. 2 a Ziff. 2 VGB 62 Frostschäden an den dort genannten wasserführenden Einrichtungen und Anlagen versichert. In den VGB 88 ist im Verhältnis zu § 4 Nr. 2 VGB 62 wiederum eine sprachliche Klarstellung erfolgt. Es wird nicht mehr von „Schäden durch Frost an", sondern von „Frostschäden an" gesprochen. Es sind nicht alle Folgen von Frost, sondern Frostbruchschäden an den genannten Sachen versichert (vgl. Bechert S. 70, Martin E I 86). Die Formulierung „Bruchschäden durch Frost" in der Klausel 7164 Nr. 2 b bringt dies auch klar zum Ausdruck. Diese Formulierung wurde in den VGB 88 hier nicht übernommen, weil offenbar der Übereinstimmung im Wortlaut mit den §§ 1 Nr. 3 a AWB, 7 Nr. 2 VHB 84/VHB 92 Vorrang eingeräumt wurde. Frostbruchschäden an Rohren und an sonstigen wasserführenden Installationen entstehen in der Regel durch das Ausdehnungsbestreben gefrierenden Wassers. Es sind solche Bruchschäden gedeckt, die unmittelbar infolge der Ausdehnung gefrierenden Wassers an den betroffenen Sachen entstehen (AG Grünstadt NJW 86 S. 1471 zu § 3 C Nr. 3 b VHB 74; Martin E I 86). Sonstige Bruchschäden an den nachfolgend genannten Gegenständen sind im Rahmen der Leitungswasserversicherung lediglich als Folge eines Schadens nach §§ 6 VGB 88, 4 Nr. 1 VGB 62 versichert (vgl. Bechert S. 65). Wiederum ist nicht vorausgesetzt, daß die betroffenen Anlagen der Versorgung versicherter Gebäude dienen (vgl. G 4.6).

## 5.1 Sanitäre Einrichtungen und ähnliche Installationen

Nach §§ 7 Nr. 2 a VGB 88, 4 Nr. 2 a Ziff. 2 VGB 62 sind innerhalb versicherter Gebäude Frostschäden an Badeeinrichtungen, Waschbecken, Spülklosetts, Wasserhähnen, Armaturen, Geruchsverschlüssen, Wassermessern oder ähnlichen Installationen versichert. Die Aufzählung ist nicht abschließend. Die Formulierung „oder ähnlichen Installationen" bietet Interpretationsspielraum. Dadurch wird auch gewährleistet, daß sich die Haftung der Leitungswasserversicherung der Entwicklung der Sanitär- und Heizungstechnik anpaßt, ohne daß Bedingungsänderungen erfolgen. Zu den ähnlichen Installationen zählen Absperrventile, Druckminderer, Filter- und Umwälzanlagen von Schwimmbädern, Kompensatoren (Dehnungsausgleicher), Mischbatterien, Pumpen, Spülkästen, Wasseraufbereitungsanlagen (Dosiergeräte ) u. a.

## 5.2 Warmwasser- oder Dampfheizungsanlagen

Weiterhin sind nach §§ 7 Nr. 2 b VGB 88, 4 Nr. 2 a Ziff. 2 VGB 62 innerhalb versicherter Gebäude Frostschäden an Heizkörpern, Heizkesseln, Boilern oder an vergleichbaren Teilen von (gleichartigen Anlagen der) Warmwasser- oder Dampfheizungsanlagen versichert. Die Formulierung „an vergleichbaren Teilen" läßt ebenfalls Raum für eine Anpassung der Haftung an die Entwicklung der Heizungstechnik im Rahmen des Bedingungswerks. Vergleichbare Teile von Warmwasser- oder Dampfheizungsanlagen sind Kompensationsgefäße, Umwälzpumpen, Mischbatterien, Thermostatventile u. a. Nicht versichert sind Schäden, die am Heizkessel durch Ausglühen infolge Wassermangels entstehen, und zwar auch dann nicht, wenn der Wassermangel die Folge von Frostschäden an Wasserzuleitungsrohren der Vor- oder Rücklaufleitungen ist (vgl. F 1). Kein Versicherungsschutz besteht für einen geplatzten Warmwasserboiler. Dabei handelt es sich weder um einen Schaden durch Leitungswasser (keine Folge bestimmungswidrig ausgetretenen Wassers) noch um einen Rohrbruch an Zu- oder Ableitungsrohren der Warmwasseranlage (AG Göttingen zu § 4 Nr. 1 und Nr. 2 a Ziff. 1 VGB 62 r+s 91 S. 427).

## 5.3 Sprinkler- oder Berieselungsanlagen

Versichert sind nach § 7 Nr. 2 c VGB 88 auch Frostschäden an Sprinkler- oder Berieselungsanlagen innerhalb versicherter Gebäude (analog § 1 Nr. 3 a AWB 87). Diese Haftungserweiterung bezieht sich auf diejenigen Teile von Sprinkler- oder Berieselungsanlagen, die nicht als Rohre einzustufen sind. An den Rohren dieser Anlagen sind nicht nur Bruchschäden durch Frost, sondern weitergehend Bruchschäden jeder Art versichert (vgl. G 4.8). In den VGB 62 fehlt eine derartige Regelung.

## 5.4 Klima-, Wärmepumpen- oder Solarheizungsanlagen

Versichert sind nach § 7 Nr. 2 d VGB 88 n. F. auch Frostschäden an Klima-, Wärmepumpen- oder Solarheizungsanlagen, soweit sie sich innerhalb versicherter Gebäude befinden. In den VGB 88 n. F. wird dadurch die Haftung im Verhältnis zu den VGB 88 a. F. und den VGB 62 erweitert. In der Wohngebäudeversicherung nach den VGB 88

a. F. steht dafür die Klausel 7164 „Klima-, Wärmepumpen- und Solarheizungsanlagen" zur Verfügung. Allerdings ist zu beachten, daß die Haftung nach den VGB 88 n. F. im Verhältnis zur Klausel 7164 eingeschränkt ist. Dies liegt daran, daß nach Klausel 7164 Nr. 2 a Frost- und sonstige Bruchschäden an den Rohren der genannten Anlagen innerhalb versicherter Gebäude versichert sind. Da die Rohre dieser Anlagen in § 7 Nr. 1 VGB 88 n. F. nicht genannt werden, besteht infolgedessen für Bruchschäden an den Rohren dieser Anlagen nach dem Wortlaut der VGB 88 n. F. nur dann Versicherungsschutz, wenn diese Schäden durch Frost verursacht wurden. Diese Regelungslücke ist durch Auslegung zu Gunsten des VN zu schließen (vgl. G 4.7).

## Rohrbruchschäden außerhalb versicherter Gebäude 6

Außerhalb versicherter Gebäude ist die Versicherung von Rohrbruch- oder Frostschäden im Vergleich zur Haftung innerhalb versicherter Gebäude sehr stark eingeschränkt. Die Einschränkung der Haftung ist darauf zurückzuführen, daß wasserführende Installationen außerhalb des versicherten Gebäudes einer sehr viel höheren Gefährdung unterliegen. Der Versicherer möchte dieses Risiko nicht generell tragen. Nach §§ 7 Nr. 3 VGB 88, 4 Nr. 2 b VGB 62 besteht lediglich Versicherungsschutz für Frost- und sonstige Bruchschäden an Zuleitungsrohren der Wasserversorgung und an den Rohren der Warmwasser- oder Dampfheizung, soweit diese Rohre der Versorgung versicherter Gebäude oder Anlagen dienen und sich auf dem Versicherungsgrundstück befinden. Bedingungsgemäß nicht versichert sind Rohrbruchschäden an Ableitungsrohren sowie Frostschäden an den sonstigen wasserführenden Installationen oder Anlagen außerhalb versicherter Gebäude. Allerdings kann die Haftung für Rohrbruchschäden außerhalb versicherter Gebäude einzelvertraglich in verschiedener Hinsicht erweitert werden. Dagegen ist nicht vorgesehen, Frostschäden an anderen Sachen außerhalb versicherter Gebäude einzuschließen.

## Versorgung versicherter Gebäude oder Anlagen 6.1

Für die Versicherung von Rohrbruchschäden an Zuleitungsrohren der Wasserversorgung und an Rohren der Warmwasser- oder Dampfheizung außerhalb versicherter Gebäude gelten einschränkende Bedingungen. Es ist gefordert, daß die Rohre der Versorgung versicherter Gebäude oder Anlagen dienen. Der Hinweis auf versicherte Anlagen wird ausdrücklich gegeben, weil es sich dabei auch um Anlagen oder Baulichkeiten handeln kann, die nicht als Gebäude einzustufen sind. Typische Beispiele sind Außenschwimmbecken. Ist das Außenschwimmbecken aufgrund einzelvertraglicher Vereinbarungen in den Versicherungsvertrag eingeschlossen, haftet der Versicherer auch für Bruchschäden, die an den Zuleitungsrohren zum Schwimmbecken außerhalb versicherter Gebäude eintreten. Zweifelhaft ist, ob Rohrbruchschäden an Wärmegewinnungsrohren einer Wärmepumpenanlage außerhalb des versicherten Gebäudes als Rohre der Warmwasser- oder Dampfheizung bedingungsgemäß versichert sind. Dies hängt in erster Linie davon ab, ob Wärmepumpenanlagen unter den Begriff Warmwasser- oder Dampfheizungsanlagen fallen. Das LG Aachen hat diese Frage zu § 4 Nr. 2 VGB 62 bejaht (VersR 88 S. 684). Auch der BGH hat zu §§ 1, 2 AWB die Auffassung vertreten, daß eine ca. 15 m außerhalb des versicherten Gebäudes installierte Wärmepumpenanlage einer Gesamtheizungsanlage für das versicherte Gebäude als Bestandteil dieses Gebäudes versichert ist (VersR 90 S. 200 und r+s 90 S. 59). Obwohl der BGH die hier angeschnittene Frage nicht geprüft hat, ist infolgedessen davon auszugehen, daß Bruchschäden an den Rohren derartiger Anlagen auch außerhalb des versicherten Gebäudes versichert sind.

**Bruchschäden an Zuleitungsrohren der Wasserversorgung, die der Versorgung nicht versicherter Gebäude und Anlagen dienen, sind bedingungsgemäß nicht versichert.** Dazu zählen z. B. Zuleitungsrohre zu einer Teichanlage oder zu einem Springbrunnen sowie Rohre, die der Versorgung von nicht versicherten Nebengebäuden auf dem Versicherungsgrundstück dienen. Weiterhin sind Zuleitungsrohre zu einer Wasserzapfstelle im Garten des Versicherungsgrundstücks zu nennen. Bruchschäden an derartigen Rohren können nach der Klausel 7160 einzelvertraglich eingeschlossen werden.

## 6.2 Versicherungsgrundstück

Die bedingungsmäßige Haftung für Rohrbruchschäden an Zuleitungsrohren der Wasserversorgung und an Rohren der Warmwasser- oder Dampfheizung außerhalb versicherter Gebäude setzt weiterhin voraus, daß sich diese Rohre auf dem Versicherungsgrundstück befinden. Versicherungsgrundstück ist das im Versicherungsschein bezeichnete Grundstück. Für die Abgrenzung des Grundstücks ist der Inhalt des Grundbuchs maßgebend (vgl. A 1.2). Die räumliche Begrenzung ist sachgerecht. Gebäudeeigentümer sind aufgrund der Allgemeinen Bedingungen der Versorgung mit Wasser in der Regel nicht zur Instandhaltung, Reparatur oder Erneuerung der Rohrstrecke verpflichtet, die außerhalb ihres Grundstücks zwischen der Abzweigung von der Hauptwasserleitung und der Grundstücksgrenze verläuft. Sofern die Gefahrtragung abweichend geregelt ist, besteht die Möglichkeit, Rohrbruchschäden außerhalb des Versicherungsgrundstücks nach der Klausel 7161 einzelvertraglich einzuschließen.

Die dargestellte Regelung ist nicht unklar i. S. d. § 5 AGBG; sie ist auch sonst mit dem AGBG vereinbar. Wenn die Wasserversorgung des versicherten Gebäudes über mehrere Nachbargrundstücke hinweg erfolgt, besteht für den Versicherungsagenten eine Pflicht zur Aufklärung des VN über den begrenzten Versicherungsschutz des § 4 Nr. 2 b VGB 62 und über die Möglichkeit einer Zusatzversicherung nur, wenn der VN gezielt danach fragt oder wenn sich sonst Anhaltspunkte für einen entsprechenden Informationsbedarf ergeben (LG Köln r+s 93 S. 428).

## 7 Ausschlüsse

Die Ausschlüsse für die Rohrbruchversicherung wurden aus § 9 Nr. 3 a und Nr. 5 VGB 88 a. F. in § 7 Nr. 4 VGB 88 n. F. übernommen. Vergleichbare Ausschlüsse beinhalten § 4 Nr. 3 a und c VGB 62. Entfallen ist in den VGB 88 n. F. der Ausschluß von Rohrbruch- und Frostschäden, die durch Brand, Blitzschlag, Explosion oder Aufprall von Luftfahrzeugen verursacht werden (§§ 9 Nr. 3 b VGB 88 a. F., 4 Nr. 3 g VGB 62; vgl. D 1.4.1).

## Erdsenkung oder Erdrutsch 7.1

Ausgeschlossen sind Schäden durch Erdsenkung oder Erdrutsch, es sei denn, daß Leitungswasser die Erdsenkung oder den Erdrutsch verursacht hat. Gleichartige Ausschlüsse gelten für die Leitungswasserversicherung (vgl. F 4.4). Die übrigen Gefahrenausschlüsse für die Leitungswasserversicherung gelten für die Rohrbruchversicherung jedoch nicht. Infolgedessen sind nach den VGB 88 Rohrbruchschäden durch Plansch- oder Reinigungswasser, durch natürliche Gewässer und durch Wasser aus Sprinklern und Berieselungsdüsen ohne Einschränkung versichert. Aber selbst der Ausschluß von Rohrbruchschäden durch Erdsenkung und Erdrutsch wird durch die Rückausnahme von derartigen Schäden infolge Leitungswasser nach §§ 7 Nr. 4 a VGB 88 n. F., 9 Nr. 5 VGB 88 a. F. weitgehend entschärft (vgl. auch F 4.7). Hat Leitungswasser an der Entstehung der Erdsenkung oder des Erdrutsches mitgewirkt, besteht für Rohrbruchschäden nach den VGB 88 Versicherungsschutz. Auch dabei handelt es sich im Verhältnis zu den VGB 62 um eine Haftungserweiterung, da nach § 4 Nr. 3 VGB 62 Schäden durch Erdeinsenkung oder Erdrutsch, durch natürliche Gewässer, durch Plansch- oder Reinigungswasser sowie durch Sprinkler- oder Berieselungsanlagen generell ausgeschlossen sind. Beruft sich der Versicherer auf den Ausschluß, so muß er beweisen, daß die Erdsenkung oder der Erdrutsch Ursache eines Rohrbruchs war (LG Aachen r+s 94 S. 350).

Noch weitgehender ist die Haftung für Rohrbruchschäden an Mietereinbauten nach § 7 Nr. 2 VHB 84. Da die VHB 84 den Ausschluß von Schäden durch Erdsenkung oder Erdrutsch nicht kennen, werden vom Hausratversicherer Rohrbruchschäden an Mietereinbauten durch Erdsenkung oder Erdrutsch generell entschädigt. In den VHB 92 wurde das korrigiert. Nach § 9 Nr. 4 c VHB 92 erstreckt sich der Versicherungsschutz gegen Leitungswasser nicht auf Schäden durch Erdsenkung oder Erdrutsch, es sei denn, daß Leitungswasser die Erdsenkung oder den Erdrutsch verursacht hat.

## Nicht bezugsfertige Gebäude 7.2

Der Versicherungsschutz gegen Rohrbruch erstreckt sich nach §§ 7 Nr. 4 b VGB 88 n. F. – sofern nichts anderes vereinbart ist – nicht auf Schäden an versicherten Gebäuden, die noch nicht bezugsfertig sind oder wegen Umbauarbeiten für ihre Zwecke nicht mehr benutzbar sind (ähnlich § 4 Nr. 3 a VGB 62; vgl. auch F 4.6). Nach § 9 Nr. 3 a VGB 88 a. F. sind Schäden durch Rohrbruch oder Frost an versicherten Sachen ausgeschlossen, solange sich das versicherte Gebäude in dem beschriebenen Zustand befindet. Es fällt auf, daß in § 7 Nr. 4 VGB 88 n. F. nur allgemein von „Rohrbruch“ gesprochen wird. Dies ist überraschend, weil in der Überschrift des § 7 VGB 88 n. F. Rohrbruch und Frost aufgeführt werden und daneben in § 7 Nr. 1 VGB 88 n. F. zwischen frostbedingten und sonstigen Bruchschäden an Rohren unterschieden wird. Diese Formulierungsschwäche ist im Wege der Auslegung dahingehend zu korrigieren, daß der Begriff Rohrbruch alle Rohrbruchschäden durch beliebige Ursachen umfaßt. Nach § 9 Nr. 3 a VGB 88 a. F. treten diese Unklarheiten nicht auf, da dort von Rohrbruch und Frost gesprochen wird.

Weiterhin fällt auf, daß sich der Wortlaut von § 7 Nr. 4 b VGB 88 n. F. vom Wortlaut der Ausschlußregelung in § 6 Nr. 3 f VGB 88 n. F. unterscheidet. Dort werden Schäden durch Leitungswasser „an versicherten Sachen, soweit das versicherte Gebäude nicht bezugsfertig oder wegen Umbauarbeiten für seinen Zweck nicht mehr benutzbar ist“, ausgeschlossen (vgl. F 4.6). § 7 Nr. 4 b VGB 88 n. F. erfaßt Schäden „an versicherten Gebäuden, die noch bezugsfertig sind oder wegen Umbauarbeiten für ihre Zwecke nicht mehr benutzbar sind". In § 6 Nr. 3 f VGB 88 n. F. wird sprachlich zwischen versicherten Sachen und versicherten Gebäuden unterschieden. Bei wörtlicher Auslegung folgt daraus wegen § 1 Nr. 1 in Verbindung mit Nr. 2 und Nr. 3 VGB 88 n. F., daß in der Leitungswasserversicherung Schäden an versicherten Gebäuden, aber auch an versichertem Zubehör und sonstigen versicherten Grundstücksbestandteilen nicht versichert sind, soweit das versicherte Gebäude nicht bezugsfertig oder wegen Umbauarbeiten für seinen Zweck nicht mehr benutzbar ist. Im Gegensatz dazu besteht nach dem Wortlaut von § 7 Nr. 4 b VGB 88 n. F. in diesen Fällen in der Rohrbruchversicherung Versicherungsschutz für Zubehör und sonstige Grundstücksbestandteile, weil dort nicht von versicherten Sachen, sondern von versicherten Gebäuden gesprochen wird. Ein weiterer Unterschied zwischen beiden Ausschlußbestimmungen besteht darin, daß der Ausschluß in der Leitungswasserversicherung wegen der Formulierung „soweit" in § 6 Nr. 1 f VGB 88 n. F. auch bei teilweiser Unbenutzbarkeit zum Zuge kommt, während die Formulierung von § 7 Nr. 4 b VGB 88 n. F. darauf hinweist, daß der Ausschluß in der Rohrbruchversicherung völlige Unbenutzbarkeit des Gebäudes voraussetzt (vgl. F 4.6). Es fragt sich, ob diese Differenzierung gewollt und sachgerecht ist (vgl. dazu auch H 4.5). Sie führt u. a. dazu, daß bei einem Rohrbruch in teilweise nicht bezugsfertigen Gebäuden der Rohrbruchschaden versichert, der dadurch verursachte Leitungswasserschaden dagegen nicht versichert ist. Das wird durch die Rechtsprechung vermutlich durch Auslegung zu Gunsten des VN korrigiert werden.

## 8 Erweiterung der Grunddeckung

Es besteht die Möglichkeit, den Haftungsumfang der Rohrbruchversicherung einzelvertraglich zu erweitern. Dafür stehen die nachfolgend dargestellten Klauseln zur Verfügung. Sie wurden vom GDV für die Wohngebäudeversicherung nach den VGB 88 a. F. entwickelt und unverbindlich empfohlen. Ihr Wortlaut ist auf die VGB 88 a. F. abgestellt. Sie lassen sich jedoch nach entsprechender Anpassung ohne weiteres auch für die Wohngebäudeversicherung nach den VGB 88 n. F. verwenden.

### 8.1 Wasserzuleitungs- und Heizungsrohre auf dem Versicherungsgrundstück

Für die Erweiterung der Rohrbruchversicherung von Wasserzuleitungs- und Heizungsrohren auf dem Versicherungsgrundstück steht die Klausel 7260 zur Verfügung. Sie hat nachfolgenden Wortlaut:

7260 Erweiterte Versicherung von Wasserzuleitungs- und Heizungsrohren auf dem Versicherungsgrundstück

1. In Erweiterung von § 7 Nr. 3 VGB 88 sind versichert Frost- und sonstige Bruchschäden an Wasserzuleitungs- und Heizungsrohren, die auf dem Versicherungsgrundstück verlegt sind, aber nicht der Versorgung versicherter Gebäude oder Anlagen dienen.
2. Ziffer 1 gilt nicht für Rohre, die ausschließlich gewerblichen Zwecken dienen.
3. Die Entschädigung ist, soweit nichts anderes vereinbart ist, je Versicherungsfall begrenzt

a) in der Gleitenden Neuwertversicherung auf 1 Prozent der Versicherungssumme 1914, multipliziert mit dem im Zeitpunkt des Versicherungsfalles für den Vertrag geltenden gleitenden Neuwertfaktor (§§ 13 Nr. 5 VGB 88 a. F., 11 Nr. 4 a VGB 88 n. F.),

b) in den Fällen des §§ 14 VGB 88 a. F., 13 VGB 88 n. F. auf 1 Prozent der Versicherungssumme.

Die Klausel bietet nach Nr. 1 die Möglichkeit, Rohrbruchschäden an Wasserzuleitungs- und Heizungsrohren außerhalb versicherter Gebäude auf dem Versicherungsgrundstück zu versichern, wenn die Rohre nicht der Versorgung versicherter Gebäude oder Anlagen dienen. Fälle sind Zuleitungen zu Gartenteichen, Springbrunnen und Zapfstellen im Freien sowie Vor- und Rücklaufrohre einer Heizungsanlage, die von versicherten Gebäuden zu nicht versicherten Nebengebäuden führen. Es ist nicht vorgesehen, die nach Nr. 1 versicherten Leitungen vertraglich nach Zweck oder Umfang zu beschreiben. Wird die Klausel vereinbart, so sind Bruchschäden an allen Wasserzuleitungs- und Heizungsrohren auf dem Versicherungsgrundstück versichert. 8.1.1

Davon ausgeschlossen sind nach Nr. 2 lediglich Schäden an Rohren, die ausschließlich gewerblichen Zwecken dienen. Der Ausschluß soll dazu beitragen, daß die Trennungslinie zwischen der Versicherung von Wohngebäuden nach den VGB 88 und der Leitungswasserversicherung von sonstigen Gebäuden nach den AWB 87 beachtet wird. In der Gebäudeleitungswasserversicherung nach den AWB 87 steht für eine entsprechende Haftungserweiterung die Klausel 5201 zur Verfügung. 8.1.2

Nach Nr. 3 gilt eine Entschädigungsgrenze. Sie beträgt in der Gleitenden Neuwertversicherung 1 % der Versicherungssumme 1914, multipliziert mit dem im Zeitpunkt des Versicherungsfalls für den Vertrag geltenden gleitenden Neuwertfaktor. Bei einer Versicherung mit fester Versicherungssumme ist die Entschädigung auf 1 % der Versicherungssumme begrenzt. Bei Bedarf kann eine höhere prozentuale Entschädigungsgrenze gegen einen höheren Beitragszuschlag vereinbart werden. 8.1.3

## Wasserzuleitungs- und Heizungsrohre außerhalb des Versicherungsgrundstücks 8.2

Für die Erweiterung der Rohrbruchversicherung auf Wasserzuleitungs- und Heizungsrohre außerhalb des Versicherungsgrundstücks steht die Klausel 7261 zur Verfügung. Sie hat den nachfolgenden Wortlaut:

7261 Erweiterte Versicherung von Wasserzuleitungs- und Heizungsrohren außerhalb des Versicherungsgrundstücks

1. Versichert sind Frost- und sonstige Bruchschäden an Wasserzuleitungs- und Heizungsrohren, die außerhalb des Versicherungsgrundstücks verlegt sind und der Versorgung versicherter Gebäude oder Anlagen dienen, soweit der Versicherungsnehmer dafür die Gefahr trägt.
2. Ziffer 1 gilt nicht für Rohre, die ausschließlich gewerblichen Zwecken dienen.
3. Die Entschädigung ist, soweit nichts anderes vereinbart ist, je Versicherungsfall begrenzt

a) in der Gleitenden Neuwertversicherung auf 1 Prozent der Versicherungssumme 1914, multipliziert mit dem im Zeitpunkt des Versicherungsfalles für den Vertrag geltenden gleitenden Neuwertfaktor (§§ 13 Nr. 5 VGB 88 a. F., 11 Nr. 4 a VGB 88 n. F.),

b) in den Fällen des §§ 14 VGB 88 a. F., 13 VGB 88 n. F. auf 1 Prozent der Versicherungssumme.

8.2.1 Nach Nr. 1 der Klausel werden Frost- und sonstige Bruchschäden an Wasserzuleitungs- und Heizungsrohren versichert, die außerhalb des Versicherungsgrundstücks verlegt sind und der Versorgung versicherter Gebäude oder Anlagen dienen. Dabei ist vorausgesetzt, daß der VN für diese Leitungen die Gefahr trägt. Die Klausel wird einzelvertraglich gegen Beitragszuschlag vereinbart. Ein Bedarf dafür besteht in erster Linie in den Fällen, in denen ein Wasser- oder Energieversorgungsunternehmen abweichend von der üblichen Regelung die Gefahrtragung für Wasserleitungs- oder Fernheizungsrohre zwischen dem Abzweig des Hausanschlusses von der Hauptversorgungsleitung und der Grundstücksgrenze auf den Gebäudeeigentümer abwälzt. Versicherungstechnisch wird die Klausel ebenso gehandhabt wie die Klausel 7260. Angaben zu Art und zum Umfang der Rohre werden nicht gefordert. Ist die Klausel Vertragsbestandteil, sind Bruchschäden an allen Rohren versichert, die die vorstehend genannten Voraussetzungen erfüllen.

8.2.2 Ausgenommen sind nach Nr. 2 wiederum Rohre, die ausschließlich gewerblichen Zwecken dienen. Für die Versicherung von Bruchschäden an diesen Rohren steht die Klausel 5201 zu den AWB 87 zur Verfügung.

8.2.3 Nach Nr. 3 gilt eine Entschädigungsgrenze. In der Gleitenden Neuwertversicherung beträgt sie 1 % der Versicherungssumme 1914, multipliziert mit dem im Zeitpunkt des Versicherungsfalls für den Vertrag geltenden gleitenden Neuwertfaktor. Bei einer Versicherung mit fester Summe ist die Entschädigung auf 1 % der Versicherungssumme begrenzt. Eine höhere prozentuale Entschädigungsgrenze kann bei Bedarf gegen einen erhöhten Beitragszuschlag vereinbart werden.

## 8.3 Ableitungsrohre auf dem Versicherungsgrundstück

Für die Erweiterung der Rohrbruchversicherung auf Ableitungsrohre außerhalb versicherter Gebäude auf dem Versicherungsgrundstück steht die Klausel 7262 zur Verfügung. Die Klausel hat den nachfolgenden Text:

7262 Erweiterte Versicherung von Ableitungsrohren auf dem Versicherungsgrundstück

1. Versichert sind Frost- und sonstige Bruchschäden an Ableitungsrohren der Wasserversorgung außerhalb versicherter Gebäude auf dem Versicherungsgrundstück, soweit diese Rohre der Entsorgung versicherter Gebäude oder Anlagen dienen.
2. Ziffer 1 gilt nicht für Rohre, die ausschließlich gewerblichen Zwecken dienen.
3. Die Entschädigung ist, soweit nichts anderes vereinbart ist, je Versicherungsfall begrenzt

a) in der Gleitenden Neuwertversicherung auf 1 Prozent der Versicherungssumme 1914, multipliziert mit dem im Zeitpunkt des Versicherungsfalles für den Vertrag geltenden gleitenden Neuwertfaktor (§§ 13 Nr. 5 VGB 88 a. F., 11 Nr. 4 a VGB 88 n. F.),

b) in den Fällen des §§ 14 VGB 88 a. F., 13 VGB 88 n. F. auf 1 Prozent der Versicherungssumme.

Die Klausel bietet die Möglichkeit, Bruchschäden an Ableitungsrohren außerhalb versicherter Gebäude auf dem Versicherungsgrundstück zu versichern. Vorausgesetzt ist, daß diese Rohre der Entsorgung versicherter Gebäude oder Anlagen dienen. Mit dieser Haftungserweiterung betreten die Wohngebäudeversicherer Neuland. Dieses Risiko wurde bisher als nicht versicherbar oder als nicht versicherungswürdig bezeichnet. Tatsächlich besteht aber ein Versicherungsbedarf. Die Beseitigung von Bruchschäden an Ableitungsrohren außerhalb versicherter Gebäude verursacht häufig hohe Kosten. Dies trifft insbesondere auf Schäden zu, die sich unterhalb des Kellerfußbodens oder im Hofraum ereignen. Da es sich dabei zumeist um versteckte Schäden handelt, entstehen in diesen Fällen auch erhebliche Suchkosten. Einschlägige Schadenerfahrungen mit derartigen Schäden haben die Versicherer nicht. Daran liegt es auch, daß die Haftungserweiterung nicht in die Grunddeckung der VGB 88 eingefügt wurde. Dies hätte zu einer erheblichen Verteuerung der Grunddeckung geführt und die Akzeptanz der Wohngebäudeversicherung vermutlich beeinträchtigt. Die fakultative Deckung in Form einer Klausellösung gibt den Gebäudeeigentümern Wahlfreiheit. Die Versicherer haben den neuen Haftungsbaustein bisher eher zurückhaltend angeboten. Neuerdings gehen die Versicherer jedoch vermehrt dazu über, auch diesen Haftungsbaustein in ihre Paketdeckungen zu integrieren (vgl. I. 3.5). Wird die Klausel vereinbart, so fallen Bruchschäden an allen Ableitungsrohren auf dem Versicherungsgrundstück unter den Versicherungsschutz, soweit die Rohre der Entsorgung versicherter Gebäude oder Anlagen dienen. Der Versicherer verzichtet wiederum auf eine nähere Beschreibung der Rohre im Antrag oder im Versicherungsschein. In der Massensparte Wohngebäudeversicherung wäre eine derartige differenzierte Handhabung unwirtschaftlich. 8.3.1

Nicht versichert sind nach Nr. 2 Bruchschäden an Ableitungsrohren außerhalb versicherter Gebäude, die ausschließlich gewerblichen Zwecken dienen. Dieser Ausschluß entspricht systematisch dem Ausschluß nach Klausel 7260 Nr. 2 und Klausel 7261 Nr. 2. 8.3.2

Die Entschädigung ist nach Nr. 3 analog der Klausel 7260 und der Klausel 7261 begrenzt. Die Entschädigungsgrenze beträgt in der Gleitenden Neuwertversicherung 1 % der Versicherungssumme 1914, multipliziert mit dem maßgebenden gleitenden Neuwertfaktor. Bei Verträgen mit fester Versicherungssumme ist die Entschädigung auf 1 % der Versicherungssumme begrenzt. Gegen einen erhöhten Beitragszuschlag kann eine höhere prozentuale Entschädigungsgrenze vereinbart werden. 8.3.3

# H Sturm; Hagel

Die beiden versicherten Gefahren Sturm und Hagel sind in den VGB 88 zu einer geschlossenen Gefahrengruppe zusammengefaßt. Es ist grundsätzlich nicht möglich, entweder nur Schäden durch Sturm oder nur Schäden durch Hagel zu versichern. Hier liegt ein wesentlicher Unterschied zu den VGB 62. Die VGB 62 bieten Versicherungsschutz gegen Sturmschäden. Schäden durch Hagel wurden seit 1985 gegen Beitragszuschlag einzelvertraglich nach der Klausel 865 eingeschlossen (vgl. VerBAV 85 S. 443). In der Sturmversicherung nach den AStB 87 gilt eine entsprechende Handhabung weiterhin. Bedingungsgemäß sind Schäden durch Sturm versichert, die Erweiterung auf Schäden durch Hagel wird einzelvertraglich nach der Klausel 6101 vereinbart. Für den Einschluß von Hagelschäden in der Hausratversicherung nach den VHB 84 steht die Klausel 7112 zur Verfügung. Ein Beitragszuschlag für die Vereinbarung dieser Klausel ist in der Hausratversicherung nicht vorgesehen. Deshalb kann davon ausgegangen werden, daß die Hausratversicherer Hagelschäden zu Verträgen nach den VHB 84 auch dann regulieren, wenn die Klausel 7112 nicht ausdrücklich vereinbart war (Dietz nach § 8 Klausel 838 RN 2). Dafür spricht auch, daß in der Hausratversicherung nach den VHB 92 Hagelschäden nach §§ 3 Nr. 5, 8 Nr. 4 ohne weiteres versichert sind.

Die VGB 88 beinhalten im Verhältnis zu den VGB 62 weitere Verbesserungen des Versicherungsschutzes. Weitgehend weggefallen ist der Ausschluß von Sonderverglasungen aus der bedingungsmäßigen Grunddeckung nach § 5 Nr. 3 a VGB 62. Lediglich Laden- und Schaufensterscheiben sind nach §§ 8 Nr. 4 f VGB 88 n. F., 9 Nr. 5 d VGB 88 a. F. noch ausgeschlossen. Völlig verzichtet wurde auf den Ausschluß von Sachen, die an der Außenseite des Gebäudes angebracht sind (vgl. § 5 Nr. 3 b VGB 62). An der Außenseite des versicherten Gebäudes angebrachte Sachen sind nach VGB 88 ohne weiteres versichert. Eine Entschädigungsgrenze für Schäden an diesen Sachen gibt es nicht. Darin liegt eine ins Gewicht fallende Haftungserweiterung. Der Wegfall des bedingungsmäßigen Selbstbehalts von 80,– DM je Schaden und je Gebäude (5 Nr. 4 VGB 62) hat nur theoretische Auswirkungen. In der Wohngebäudeversicherung nach den VGB 62 wurde der Selbstbehalt seit vielen Jahren in der Praxis nicht mehr angewendet. Bei der Neufassung der VGB 88 wurde die Definition des Sturmbegriffs in § 8 Nr. 1 VGB 88 n. F. durch den Zusatz „(Windgeschwindigkeit mind. 62 km/Stunde)" ergänzt. Daneben wurden die Ausschlüsse zu den versicherten Gefahren Sturm und Hagel aus § 9 Nr. 3 und Nr. 6 VGB 88 a. F. in § 8 Nr. 4 VGB 88 n. F. eingegliedert.

Die Versicherung gegen Sturmschäden hat im Rahmen der Wohngebäudeversicherung erhebliche Bedeutung. Ende 1997 bestanden rund 17,3 Millionen Wohngebäudeversicherungsverträge, in denen statistisch knapp 9 Millionen Sturmrisiken versichert waren (vgl. II. 3.1 Tab. 1 sowie 3.4 Tab. 2). Dabei ist zu berücksichtigen, daß die Versicherungsverträge der ehemaligen Pflicht- und Monopolanstalten in Baden-Württemberg und Hamburg das Sturmrisiko umfassen. Diese Verträge werden in der Verbandsstatistik jedoch unter der Rubrik NA ausgewiesen (vgl. II. 3.4 Tab. 2). Infolgedessen liegt die Versicherungsdichte in der Sturmversicherung bei etwa zwei Drittel. Der Anteil des Sturmschadenaufwands am gesamten Schadenaufwand der Wohngebäudeversicherer schwankt im langfristigen Vergleich um die 20 %-Marke. Ein gleich hoher Anteil entfällt auf den Aufwand für Brandschäden. Der Schadenverlauf in der Sturmversicherung ist von starken jährlichen Schwankungen geprägt. Langfristig schwankt die Schadenhäufigkeit zwischen 23,4 ‰ im Jahr 1996 und 143,5 ‰ im Jahr 1990 (vgl. II. 3.5.4 Tabelle 6).

Die Schadenursachenstatistik weist aus, daß Schäden an Dächern in der Wohngebäudeversicherung überragende Bedeutung haben. Bei rd. 60 % der Sturmschäden in der Wohngebäudeversicherung treten Schäden ausschließlich an Dächern auf. Auf diese Schäden entfallen rund 50 % des Sturmschadenaufwands in der Wohngebäudeversicherung. Bei weiteren rd. 20 % der Sturmschäden sind zugleich Schäden an Dächern und anderen Gebäudeteilen aufgetreten. Der Anteil des Schadenaufwands für diese Schäden am gesamten Sturmschadenaufwand in der Wohngebäudeversicherung beträgt ca. 30 %. Nicht bekannt ist, welcher Anteil davon auf Schäden an Dächern einerseits und Schäden an anderen Gebäudeteilen andererseits entfällt. Bei vorsichtiger Schätzung dürfte jedoch mindestens die Hälfte auf Schäden an Dächern entfallen. Infolgedessen entstehen in der Wohngebäudeversicherung in rund 80 % der Sturmschadenfälle Schäden an Dächern, die mindestens zwei Drittel des gesamten Schadenaufwands für Sturmschäden erfordern. Im Vergleich dazu treten Schäden an allen sonstigen versicherten Sachen in der Wohngebäudeversicherung in den Hintergrund. Dies trifft auch für Schäden an außen am Gebäude angebrachten Sachen zu. Bei ca. 10 % der gemeldeten Sturmschadenfälle treten Schäden an außen angebrachten Antennen und sonstigen außen angebrachten Sachen ein. Darauf entfallen weniger als 10 % des gesamten Sturmschadenaufwands. Allerdings sind bei den Schadenfällen, in denen Dächer und andere Gebäudeteile betroffen waren, häufig auch Schäden an außen angebrachten Sachen entstanden. Es liegen jedoch keine Zahlenangaben über den dadurch verursachten Schadenaufwand vor.

## Sturmbegriff 1

Die versicherte Gefahr Sturm ist als wetterbedingte Luftbewegung von mindestens Windstärke 8 definiert. Die Definition in § 8 Nr. 1 VGB 88 a. F. ist wortgleich mit §§ 8 Nr. 1 VHB 84/VHB 92, 1 Nr. 2 AStB 87. Im Gegensatz dazu wird im § 5 Nr. 1 VGB 62 von einer „atmosphärisch" bedingten Luftbewegung von mindestens Windstärke 8 gesprochen. Materielle Unterschiede folgen daraus nicht. In den VGB 88 n. F. wird klargestellt, daß Windstärke 8 bei einer Windgeschwindigkeit von mindestens 62 km/-Stunde vorliegt.

## Wetterbedingte Luftbewegung 1.1

Nicht jede Luftbewegung erfüllt den Sturmbegriff. Es ist eine wetterbedingte Luftbewegung vorausgesetzt, d. h. Ursache des Windes müssen natürliche Wettervorgänge sein. Wetterbedingte Luftbewegungen entstehen durch natürliche Luftdruckunterschiede über der Erdoberfläche. Extreme Luftbewegungen (Stürme) werden durch ausgeprägte Luftdruck- und Temperaturunterschiede in der Atmosphäre und an der Erdoberfläche verursacht. Kein Sturm im Sinne der vorstehenden Definition sind andere Luftbewegungen, die durch Brände, durch Explosionen oder durch Flugzeuge verursacht werden (vgl. Mohr/Engel S. 53).

## 1.2 Windstärke 8

Es ist mindestens Windstärke 8 gefordert. Maßgebend für die Bestimmung der Windstärke bzw. der Windgeschwindigkeit ist die in der Meteorologie gebräuchliche Beaufort-Skala. Danach wird die Windgeschwindigkeit in 17 Grade eingeteilt. Windstärke 8 nach der Beaufort-Skala ist sog. stürmischer Wind. Es ist eine Windgeschwindigkeit von mindestens 17,2 Meter pro Sekunde bzw. mindestens 62 km/h gefordert. Wird diese oder eine höhere wetterbedingte Windgeschwindigkeit gemessen, so handelt es sich um Sturm im Sinne der VGB. Behauptet der VN, Schäden am versicherten Gebäude seien durch Sturm entstanden, so muß er nachweisen, daß zu dem Zeitpunkt, an dem der Schaden eingetreten ist, auf dem Versicherungsgrundstück eine wetterbedingte Luftbewegung vorhanden war, die die geforderten Voraussetzungen erfüllt. Damit ist der VN in vielen Fällen überfordert. Zum Beweis der Windgeschwindigkeit ist der VN in der Regel nur dann in der Lage, wenn in der Nähe des Versicherungsgrundstücks eine Wetterstation liegt, in der Windmessungen durchgeführt und aufgezeichnet werden. Ist dies nicht der Fall, so ist der VN außerstande, die geforderte Windgeschwindigkeit nachzuweisen. Die Windstärke ist für das Versicherungsgrundstück nicht feststellbar. Die Beweisschwierigkeiten sind in der Praxis dennoch sehr viel geringer, als auf den ersten Blick vermutet werden könnte. Dies liegt daran, daß Stürme in der Regel keine punktuellen, sondern großflächige Wettereignisse sind, die nicht einzelne Grundstücke, sondern große Gebiete betreffen. Infolgedessen sind die Wetterämter meist in der Lage, aufgrund der Windmessungen an verschiedenen Punkten das von einem Sturm betroffene Gebiet einzugrenzen und daneben auch recht zuverlässige Angaben über die Stärke des Windes an einzelnen Orten innerhalb des Gebiets zu geben. Allerdings ist Windstärke 8 für einen bestimmten Schadenort nicht schon dann bewiesen, wenn das Wetteramt für den Bereich der Großstadt, in dem der Schadenort liegt, eine Spitzenwindstärke 7 gemessen hat und Abweichungen von plus/minus 1 als möglich bezeichnet (LG Berlin r+s 90 S. 171).

## 1.3 Schadennachweis

In der Praxis treten Probleme vor allem beim Nachweis der Schadenursache Sturm bei regional begrenzten Ereignissen auf. Typische Beispiele sind behauptete Sturmböen bei Gewittern. Befindet sich keine Meßstation in dem betroffenen Gebiet, kann die Windstärke überhaupt nicht nachgewiesen werden.

Insbesondere für derartige Fälle sollen die in §§ 8 Nr. 1 a und b VGB 88, 5 Nr. 1 Satz 2 VGB 62 verankerten Hilfskonstruktionen dem VN dennoch den Nachweis ermöglichen, daß Schäden am versicherten Gebäude durch Sturm entstanden sind. Diese Regelungen entsprechen inhaltlich §§ 8 Nr. 2 VHB 84/VHB 2 und 1 Nr. 2 Abs. 2 AStB 87. Abweichend von § 5 Nr. 1 Satz 2 VGB 62 wird in den VGB 88 nicht vom Schadenort, sondern vom Versicherungsgrundstück bzw. von dem im Versicherungsschein bezeichneten Grundstück gesprochen. Materielle Auswirkungen hat das nicht. Durch die genannten Bestimmungen wird der Sturmbegriff weder verändert noch ergänzt. Es handelt sich ausschließlich darum, dem VN Erleichterungen bzw. Alternativen für den Schadennachweis zu bieten, wenn die Windstärke für das Versicherungsgrundstück nicht festzustellen ist. Für die Inanspruchnahme der Beweiserleichterungen ist vorausgesetzt, daß der VN den Tag bestimmen kann, an dem die Schäden an dem versicherten Gebäude entstanden sind. Wenn der VN den Tag nicht bestimmt hat, an dem der behauptete Sturmschaden eingetreten ist, sondern die Zeit des Schadeneintritts in widersprüchlicher Weise auf jeweils andere Monate eines Vierteljahres datiert hat, so mangelt es bereits an einem schlüssigen Vortrag für die Anspruchsvoraussetzungen nach § 5 Nr. 1 Satz 2 VGB 62, so daß kein Anlaß für eine Beweisaufnahme besteht (vgl. OLG Köln r+s 88 S. 304).

Kann der Schadentag bestimmt werden, so wird nach §§ 8 Nr. 1 a VGB 88, 5 Nr. 1 Satz 2 VGB 62 **Sturm unterstellt, wenn der VN nachweist, daß die Luftbewegung in der Umgebung Schäden an anderen Gebäuden in einwandfreiem Zustand oder an ebenso widerstandsfähigen anderen Sachen angerichtet hat.** Diese Beweisalternative beruht auf der Annahme, daß der Sturm als großflächiges Wetterereignis zahlreiche Grundstücke und Gebäude betrifft. Infolgedessen kann angenommen werden, daß bei einem Sturmereignis nicht nur am versicherten Gebäude, sondern auch an Gebäuden in der Umgebung des versicherten Gebäudes Schäden entstanden sind. Der Begriff „in der Umgebung" ist nicht definiert. Es sollen damit nur begrenzte räumliche Entfernungen gemeint sein (Mohr/Engel S. 54). Konkret muß der VN nachweisen, daß zu derselben Zeit Schäden auch an umliegenden Gebäuden in einwandfreiem Zustand eingetreten sind. Dabei wird stillschweigend vorausgesetzt, daß sich auch das versicherte Gebäude in einwandfreiem Zustand befand. Dies hätte durch die Formulierung „an anderen Gebäuden in einwandfreiem Zustand" in den VGB 88 a. F. deutlicher zum Ausdruck gebracht werden können, zumal die in § 8 Nr. 1 b VGB 88 geregelte Alternative den einwandfreien Zustand des versicherten Gebäudes ausdrücklich fordert. In den VGB 88 n. F. wurde dieser Formulierungsvorschlag umgesetzt. 1.3.1

Die dargestellte Beweisführung kann jedoch vom Versicherer widerlegt werden. So liegt es, wenn der VN einen Dachdeckermeister um ein Angebot für die Reparatur eines Sturmschadens am Dach seines 1898 errichteten Anwesens gebeten hat, wenn der Dachdeckermeister daneben festgestellt haben will, daß die Dachschäden nur teilweise sturmbedingt und teilweise altersbedingt waren und dementsprechend zwei Angebote erstellt hat, eines über 30.786,63 DM für den Sturmschaden und eines über 35.883,– DM für den Altersschaden, wenn demgegenüber ein bei dem Versicherer angestellter Dipl.-Ing. bei einer Ortsbesichtigung festgestellt haben will, daß das Dach zwar nicht funktionsfähig war, daß aber keine Sturmschäden vorliegen, und wenn beide Zeugen einen glaubwürdigen Eindruck hinterlassen haben und frei von Widersprüchen ausgesagt haben. Unter diesen Umständen hat der VN den ihm obliegenden Nachweis nicht erbracht, daß ein Schaden in Höhe von 30.786,63 DM durch Sturm entstanden ist (§ 8 Nr. 2 a VGB 88). Dabei bleibt es unter den vorliegenden Umständen, auch wenn in der unmittelbaren Nähe des Schadenortes zur selben Zeit ähnliche Schäden aufgetreten sind (LG Landau i.d. Pfalz r+s 97 S. 340).

Nach §§ 8 Nr. 1 b VGB 88, 5 Nr. 1 Satz 2 VGB 62 **wird Sturm unterstellt, wenn der VN nachweist, daß der Schaden wegen des einwandfreien Zustandes des versicherten Gebäudes nur durch Sturm entstanden sein kann.** Diese Regelung wird zum Nachweis eines Sturmschadens herangezogen, wenn die in H 1.3.1 dargestellte Alternative nicht anzuwenden ist, weil entweder an Gebäuden in der Umgebung keine Schäden aufgetreten sind oder in der Umgebung des versicherten Gebäudes keine weiteren Gebäude liegen. Große praktische Bedeutung hat diese Alternative nicht. Sind lediglich am versicherten Gebäude Schäden eingetreten, während alle anderen Gebäude in einwandfreiem Zustand in der Umgebung unbeschädigt sind, liegt der Schluß nahe, daß Sturm nicht die Schadenursache ist. Aber auch bei einer Alleinlage des versicherten Gebäudes wird in den seltensten Fällen nachzuweisen sein, daß der Schaden wegen des einwandfreien Zustands des versicherten Gebäudes nur durch Sturm entstanden sein 1.3.2

kann. Selbst ein Sachverständiger kann meist nicht ausschließen, daß derselbe Schaden nicht auch bei Windstärke 6 oder Windstärke 7 eintreten kann oder daß neben Wind andere Schadenursachen in Betracht zu ziehen sind. Häufig mangelt es auch an dem geforderten einwandfreien Zustand des Gebäudes. Nicht selten kommt es zu Rechtsstreitigkeiten über diese Fragen.

Die nachfolgende **Rechtsprechungsübersicht** belegt das.

1.3.3 Von einer einwandfreien Beschaffenheit des Gebäudedaches kann bei einem behaupteten Schaden des Jahres 1986 nicht ausgegangen werden, wenn es sich um ein älteres Gebäude handelt, an dem der VN seit dem Erwerb im Jahr 1974 bis zum Jahr 1986 lediglich eine kleinere Dachreparatur vorgenommen hat und dessen Dach gemäß einer Rechnung über rund 12.000,– DM, deren Datum nach dem Sturmschaden liegt und die nicht mit dem Sturmschaden in Zusammenhang steht, erheblich reparaturbedürftig war (OLG Köln zu § 5 Nr. 1 Satz 2 VGB 62 r+s 88 S. 304). War der größte Teil der Schieferplatten am Dach des versicherten Gebäudes bereits vor Eintritt eines behaupteten Sturmschadens stark gelockert, so bleibt die naheliegende Möglichkeit offen, daß durch die vorgenommene Neueindeckung des Daches lediglich Schäden beseitigt worden sind, die schon lange Jahre zuvor eingetreten waren und von denen nicht sicher ist, ob sie durch Sturm im Sinne der Versicherungsbedingungen oder infolge der besonderen Anfälligkeit des Daches bereits durch geringere Luftbewegungen verursacht worden waren (OLG Düsseldorf zu § 5 Nr. 1 VGB 62 ZfS 88 S. 368). Daß ein Loch in der Dachhaut, durch das Regenwasser in das versicherte Gebäude eingedrungen ist, durch Sturm entstanden ist, hat der VN nicht bewiesen, wenn er den Feuchtigkeitsschaden nur im Wege einer Vermutung auf diesen Sturm zurückführen kann. Wenn ein Feuchtigkeitsschaden des versicherten Gebäudes dadurch entstanden ist, daß ein Sturm das auf dem Gebäudedach ständig stehende Wasser in einen schon vor dem Sturm vorhandenen Einriß der Dachhaut hineingedrückt hat, liegen die Voraussetzungen des § 5 Nr. 2 VGB 62 nicht vor (OLG Celle r+s 93 S. 384). Daß bei einem Sturmschaden an der Dachabdeckung (Wegreißen eines Teiles der Welleternitplatten) auch die Dachkonstruktion durch den Sturm beschädigt worden ist (Verkippung der Binder um 3,5 bis 12 cm aus der Senkrechten), ist zu verneinen, wenn sich nicht das gesamte Dach verschoben hat,

- wenn die Nägel, die die Kanthölzer mit den Obergurten verbinden, nicht herausgezogen und verbogen sind,
- wenn sich die Binder nicht gleichmäßig geneigt haben bzw. die Neigung der Binder in Windrichtung nicht kontinuierlich zu- bzw. abgenommen hat,
- wenn sich nicht die Ober-, sondern die Untergurte der Binder verschoben haben,
- wenn unerklärlich ist, wo der Sturm eine Angriffsfläche an der Unterkonstruktion gefunden haben könnte.

Bei dieser Wertung bleibt es unter den gegebenen Umständen auch, wenn Zeugen, die die Verkippung nach dem Sturm gesehen haben, erklärt haben, vor dem Sturm sei ihnen derartiges nicht aufgefallen (LG Saarbrücken r+s 93 S. 429; bestätigt durch OLG Saarbrücken r+s 95 S. 269).

## 2 Versicherte Schäden

Nach §§ 4 Nr. 1 c VGB 88, 1 Nr. 1 c VGB 62 werden versicherte Sachen entschädigt, die durch Sturm zerstört oder beschädigt werden oder infolge eines solchen Ereignisses abhanden kommen. Nach dieser Bestimmung löst jeder adäquat kausale Zusammenhang zwischen einem Sturmereignis und Schäden an versicherten Sachen die Haftung des Wohngebäudeversicherers aus. Durch die Regelungen in §§ 8 Nr. 2 a bis c VGB 88, 5 Nr. 2 a bis c VGB 62 wird diese umfassende Haftung in der Sturmversicherung eingeschränkt. Es werden nicht alle Schäden an versicherten Sachen ersetzt, die adäquat kausal durch Sturm herbeigeführt werden. Lediglich die in den genannten Bestimmungen beschriebenen Geschehensabläufe begründen die Ersatzpflicht. Alle anderen in diese Kategorien nicht einzuordnenden Schäden sind nicht versichert, und zwar auch dann nicht, wenn sie durch Sturm adäquat kausal verursacht wurden (vgl. Martin E II 13). Die Prüfung der Ersatzverpflichtung dem Grund nach vollzieht sich in zwei Schritten. Zunächst ist zu klären, ob für den Zeitpunkt des Schadens am Versicherungsort eine wetterbedingte Luftbewegung von mindestens Windstärke 8 nachzuweisen ist. Ist dies der Fall, so wird im zweiten Schritt geprüft, ob der Schaden an den versicherten Sachen durch einen der in H 2.1 bis 2.3 dargestellten Geschehensabläufe verursacht wurde. Nur wenn diese weitere Voraussetzung ebenfalls vorliegt, handelt es sich um einen versicherten Sturmschaden. In §§ 8 Nr. 2 a bis c VGB 88, 5 Nr. 2 a bis c VGB 62 sind die Kausalketten beschrieben, die eine Ersatzpflicht begründen. Materiell besteht Übereinstimmung zwischen diesen Regelungen und §§ 8 Nr. 3 VHB 84/VHB 92, 1 Nr. 3 AStB 87. In § 8 Nr. 2 VGB 88 n. F. wird durch den Einschub „sofern nichts anderes vereinbart ist" darauf hingewiesen, daß abweichende einzelvertragliche Regelungen möglich sind.

## Unmittelbare Sturmeinwirkung 2.1

Nach §§ 8 Nr. 2 a VGB 88, 5 Nr. 2 a VGB 62 sind Schäden versichert, die durch unmittelbare Einwirkung des Sturms auf versicherte Sachen entstehen. Derartige Schäden werden durch die sog. Windlast verursacht, die bei Sturm auf das Gebäude einwirkt. Die auf das Gebäude auftreffenden Windkräfte haben Druck- oder Sogwirkung, die noch dadurch verstärkt wird, daß sich innerhalb des Gebäudes Innendruck aufbaut. Innendruck einerseits und Außendruck oder Außensog andererseits wirken in dieselbe Richtung. Dadurch wird die Windlast noch wesentlich verstärkt. Durch die Wirkung der Windkräfte kommt es zu Schäden am Gebäude. Es werden Dächer abgedeckt, Außenverkleidungen und sonstige außen angebrachte Sachen abgerissen, Antennen geknickt oder Scheiben eingedrückt. Schäden durch die unmittelbare Einwirkung des Sturms ereignen sich überwiegend an der raumabschließenden Konstruktion. Dächer und außen angebrachte Sachen aller Art sind besonders gefährdet. Schäden an der tragenden Konstruktion von Gebäuden sind außerordentlich selten, wenn die Gebäude nach den anerkannten Regeln der Bautechnik geplant, ausgeführt und instand gehalten wurden. Infolgedessen wird der Einsturz von Gebäuden durch Sturmeinwirkung regelmässig durch einen schlechten Erhaltungszustand (Baufälligkeit) oder durch Konstruktions- bzw. Bauausführungsmängel mitverursacht. Es fragt sich, ob in diesen Fällen Versicherungsschutz besteht. Grundsätzlich genügt für den Ursachenzusammenhang zwischen Sturm und Schäden an versicherten Gebäuden Mitursächlichkeit des Sturms (Martin E II 27). Es ist nicht gefordert, daß der Sturm die wesentliche oder gar die alleinige Ursache des Schadens sein muß. Wird ein Dach infolge einer wetterbedingten Luftbewegung von mindestens Windstärke 8 eingedrückt, so liegt ein vom Wohngebäudeversicherer zu deckender Sturmschaden ohne Rücksicht darauf vor, ob der Sturm die alleinige oder jedenfalls die wesentliche Schadenursache war (OLG Düsseldorf zu §§ 1, 5 VGB 62 VersR 84 S. 1035). Dem Versicherer bleibt in diesen Fällen nur der Gegenbeweis vorbehalten, daß der Schaden schon bei einer geringeren Windstärke als Windstärke 8 eingetreten ist. Der schlechte Bauzustand eines Gebäudes schließt als Mitursache den Versicherungsschutz nur nach §§ 23 ff. VVG (Gefahrerhöhung) oder nach § 61 VVG (grobfahrlässige Herbeiführung des Versicherungsfalls) aus. Die Voraussetzungen dafür hat der Versicherer darzulegen und zu beweisen (OLG Düsseldorf a. a. O., ebenso Martin E II 27). Daneben ist jedoch zu beachten, daß auch die schuldhafte Verletzung der Instandhaltungspflicht durch den VN unter den in §§ 10 VGB 88 n. F., 1⁻ VGB 88 a. F. geregelten Voraussetzungen den Versicherungsschutz beseitigen kann (vgl. O). Dies wurde vom OLG Düsseldorf anscheinend nicht geprüft.

Ein sturmbedingter Gebäudeschaden liegt nicht vor, wenn ein Fenster, ohne dabei selbst beschädigt zu werden, durch unmittelbare oder mittelbare Einwirkung von Sturm geöffnet wird (OLG Karlsruhe VersR 96 S. 187 zu § 9 Nr. 5 c VHB 84). Wird dagegen eine (versehentlich) nicht ordnungsgemäß geschlossene Terrassentür durch den Sturm aufgedrückt und beschädigt, beruht der Schaden auf der unmittelbaren Einwirkung des Sturms (LG Düsseldorf zu § 5 Nr. 1 VGB 62 r+s 89 S. 299). Auch in diesem Fall ist das Gericht davon ausgegangen, daß Mitursächlichkeit des Sturms genügt. Es hat offenbar die vom AG Düsseldorf als Vorinstanz geprüfte Frage, ob der Schaden überhaupt hätte eintreten können, wenn die Terrassentür ordnungsgemäß geschlossen gewesen wäre, nicht als rechtserheblich eingestuft und infolgedessen auch nicht erneut überprüft. Grobfahrlässige Herbeiführung des Versicherungsfalls konnte nach Auffassung des Gerichts nicht angenommen werden, weil der Griff der Terrassentür in diesem Fall so eingestellt worden war, daß er ein Verschließen der Türanlage anzeigte. In der Regel wird jedoch grobe Fahrlässigkeit anzunehmen sein, wenn Fenster und Türen des versicherten Gebäudes bei drohendem Sturm nicht ordnungsgemäß geschlossen werden. Dadurch (mit-)verursachte Sturmschäden sind infolgedessen im allgemeinen nicht versichert. Daneben ist zu berücksichtigen, daß die vom OLG Düsseldorf und vom LG Düsseldorf vertretene Rechtsansicht keineswegs unumstritten ist. Zur obligatorischen Sturmdeckung im Rahmen des Pflicht- und Monopolrechts der Hamburger Feuerkasse hat das OLG Hamburg die Ansicht vertreten, daß Versicherungsschutz nur besteht, wenn der Sturm die alleinige oder jedenfalls die wesentliche Ursache des Schadens ist. Nach Ansicht des OLG Hamburg fehlt es an einem Sturmschaden, wenn damit zu rechnen gewesen sei, daß der Schaden in absehbarer Zeit auch ohne den Sturm eintreten würde, oder wenn der versicherte Gegenstand nur wegen seines ungewöhnlich schlechten Zustands ein Opfer des Sturms geworden sei (VersR 81 S. 1071).

Unmittelbar wirkt ein Sturm schädigend auf versicherte Sachen ein, wenn er die zeitlich letzte Ursache des Sachschadens ist (OLG Düsseldorf a. a. O.). Infolgedessen besteht kein Versicherungsschutz, wenn der Sturm auf die irgendwo im Wohnort des VN verlaufende elektrische Versorgungsleitung eingewirkt und so die Stromzufuhr zum versicherten Gebäude unterbrochen hat und dadurch die Umwälzpumpe der Heizung des VN ausgefallen, der Festbrennstoffkessel jedoch weiter in Betrieb geblieben ist, so daß sich das in der Heizungsanlage befindliche Wasser überhitzt hat und der angeschlossene Heizölkessel gerissen ist. Der Schaden an der Heizanlage ist nicht durch die unmittelbare Einwirkung des Sturms entstanden (LG Trier zu § 1 Nr. 3 a AStB 87 r+s 96 S. 237). Kein Versicherungsschutz besteht, wenn der Sturm eine nicht ordnungsgemäß verschlossene Terrassentür aufdrückt, dadurch Gegenstände auf versicherte Sachen geworfen werden und daran Schäden verursachen. Auch in diesen Fällen sind die Schäden nicht durch die unmittelbare Einwirkung des Sturms entstanden. Die Schäden sind auch nicht die Folge eines Sturmschadens an Gebäuden (LG Bremen zu § 8 Nr. 3 a und c VHB 84 r+s 97 S. 75). Nicht geprüft hat das Gericht § 8 Nr. 3 b VHB 84.

## Auftreffen anderer Gegenstände 2.2

Versichert sind nach §§ 8 Nr. 2 b VGB 88, 5 Nr. 2 b VGB 62 weiterhin Schäden, die an versicherten Sachen dadurch entstehen, daß der Sturm Gebäudeteile, Bäume oder andere Gegenstände auf versicherte Sachen wirft. In diesen Fällen entsteht der Schaden an den versicherten Sachen nicht durch die unmittelbare Einwirkung der Windlast, sondern durch das Auftreffen der geworfenen Gegenstände auf versicherte Sachen. Nicht der Sturm, sondern die durch den Sturm geworfenen Gegenstände sind zeitlich letzte Ursache des Schadens. Der Begriff „andere Gegenstände" ist weit auszulegen. Schäden durch sog. Hagelsturm sind vom Wohngebäudeversicherer zu entschädigen. Herrscht zum Zeitpunkt des Hagelschlags mindestens Windstärke 8, so sind die durch die Hagelkörner verursachten Schäden als Sturmschäden zu entschädigen, wenn sie durch den Sturm nachweislich mit verursacht wurden. Dieser Haftungstatbestand hat bei der Hagelkatastrophe am 12. 07. 1984 im Großraum München zu erheblichen Schadenbelastungen für die Wohngebäudeversicherer geführt (vgl. H 3). Auch Hagelkörner und sonstige Niederschläge werden als Gegenstände angesehen, die von einem Sturm auf eine versicherte Sache geworfen werden können (vgl. Martin E II 37 ff.), so daß grundsätzlich auch durch Hagel (mit-)verursachte Sturmschäden im Rahmen der VGB 62 versichert sind, wenn der Hagel durch die Kraft des Sturmes Beschädigungen verursacht, die allein durch den Hagel ohne den Sturm nicht aufgetreten wären (OLG Köln r+s 98 S. 425). In der Wohngebäudeversicherung nach den VGB 88 hat diese Betrachtungsweise theoretischen Charakter. Wegen der obligatorischen Mitversicherung von Schäden durch Hagel im Rahmen des Sturmrisikos sind derartige Schäden nach den VGB 88 als Hagelschäden versichert, ohne daß es auf die Windstärke zum Zeitpunkt des Hagelschlags ankommt.

Kein Versicherungsschutz besteht für Schäden, die an versicherten Gebäuden durch die bloße Ansammlung von Gegenständen verursacht werden. Dies gilt auch dann, wenn Sturm dafür mitursächlich war. So liegt es, wenn das Dach des versicherten Gebäudes durch darauf lastenden Schnee beschädigt wird. **Schneelastschäden** sind auch dann nicht als Sturmschäden versichert, wenn der Schnee durch Sturm aufgehäuft wurde (vgl. LG Aurich VersR 80 S. 1065, LG Hannover ZfS 81 S. 257). In § 9 Nr. 5 VHB 84/VHB 92 werden derartige Schäden deklaratorisch ausgeschlossen. Obwohl in den VGB ein entsprechender Ausschluß fehlt, sind auch in der Wohngebäudeversicherung nach den VGB Schneelastschäden nicht versichert (a. A. Martin E II 35 f.). Derartige Schäden entstehen nicht dadurch, daß der Schnee durch Sturm auf die versicherten Sachen geworfen wird, sondern durch das Gewicht des angesammelten Schnees. Zeitlich letzte Schadenursache ist nicht das Auftreffen des Schnees auf dem Dach, sondern der Druck, den das Gewicht des auf dem Dach angesammelten Schnees ausübt, die Schneelast bzw. der Schneedruck. Derartige Schäden fallen unter den Versicherungsschutz der Versicherung weiterer Elementarschäden (vgl. J 4.1). Kein Versicherungsschutz besteht weiterhin für die Kosten der Beseitigung von angesammeltem Laub in der Dachrinne des versicherten Gebäudes (ebenso Mohr/Engel S. 59 für den dadurch verursachten Nässeschaden am versicherten Gebäude).

## Folgeschäden 2.3

Nach §§ 8 Nr. 2 c VGB 88, 5 Nr. 2 c VGB 62 sind weiterhin Schäden versichert, die als Folge eines Sturmschadens an versicherten Sachen entstehen. Vorausgesetzt ist ein

Schaden, der nach §§ 8 Nr. 2 a und b VGB 88, 5 Nr. 2 a und b VGB 62 an versicherten Sachen durch die unmittelbare Einwirkung des Sturms oder dadurch entsteht, daß der Sturm Gebäudeteile, Bäume oder andere Gegenstände auf versicherte Sachen wirft. Dabei wird gefordert, daß zwischen dem Folgeschaden und einem zeitlich vorhergehenden Schaden an versicherten Sachen ein adäquat kausaler Zusammenhang besteht. Es genügt wiederum, daß der zeitlich erste Sachschaden für den Eintritt des Folgeschadens mitursächlich war. Infolgedessen sind Schäden durch Niederreißen oder Ausräumen ohne weiteres versichert. Sturmfolgeschäden treten häufig auf, wenn Dächer von versicherten Gebäuden durch Sturm abgedeckt werden und nachfolgend eindringende Niederschläge Durchnässungsschäden an Gebäuden anrichten. Entsteht dadurch ein Kurzschluß mit einem nachfolgenden Brand, so wird auch der Kurzschlußschaden als Sturmschaden entschädigt. Die nachfolgenden Brandschäden sind nach §§ 9 Nr. 3 b VGB 88 a. F., 5 Nr. 5 d VGB 62 in der Sturmdeckung nicht versichert. In der Wohngebäudeversicherung nach den VGB 88 n. F. besteht dafür Versicherungsschutz in der Feuer- und in der Sturmdeckung, weil dort auf den Ausschluß von Brandschäden als Folge von Sturmschäden verzichtet wurde (vgl. D 1.4 und H 4.4). Dringt durch das offene Dach Frost ein und verursacht Frostbruchschäden an Zu- oder Ableitungsrohren der Wasserversorgung, so handelt es sich nach der vorstehenden Regelung um versicherte Sturmfolgeschäden. Sie werden jedoch durch §§ 8 Nr. 4 d VGB 88 n. F., 9 Nr. 6 e VGB 88 a. F. der Rohrbruchversicherung zugewiesen und sind im Rahmen der Sturmdeckung ebenfalls nicht versichert (vgl. H 4.4).

Wenn bei einem Sturm ein Regenwasserfallrohr abgeknickt wird, ist der Schaden, der durch das auf den Balkon geleitete und in das Gebäude eindringende Wasser am Gebäude entsteht, adäquat kausal durch den Sturmschaden (Abknicken des Rohrs) entstanden (OLG Hamm zu §§ 1, 4, 5 VGB 62 VersR 87 S. 1081). Der Ausschluß nach §§ 9 Nr. 6 c VGB 88 a. F., 8 Nr. 4 c VGB 88 n. F., 5 Nr. 5 c VGB 62 wirkt nicht (vgl. H 4.3). Dagegen sind Schäden nicht versichert, die dadurch verursacht werden, daß der Sturm eine Tür oder ein Fenster aufdrückt und Regenwasser in das versicherte Gebäude eindringt. Ein sturmbedingter Gebäudeschaden liegt nicht vor, wenn ein Fenster, ohne dabei selbst beschädigt zu werden, durch unmittelbare oder mittelbare Einwirkung von Sturm geöffnet wird (OLG Karlsruhe zu § 9 Nr. 5 c VHB 84 VersR 96 S. 187). Versicherungsschutz besteht in diesen Fällen nur, wenn das Aufdrücken der Tür oder des Fensters einen Schaden an der Tür oder dem Fenster oder an einer sonstigen versicherten Sache verursacht hat (AG Nürnberg zu § 3 D Nr. 4 b VHB 74 VersR 88 S. 822). Es ist zweifelhaft, ob das Herunterwehen der Bekiesung eines Flachdachs durch Sturm als Beschädigung des Wohngebäudedaches i. S. d. § 1 Nr. 1 VGB 62 angesehen werden kann (da die Kieselsteine selbst nicht beschädigt worden sind) (OLG Köln r+s 98 S. 425). Das Gericht hat diese Frage nicht abschließend entschieden, da der Kläger nicht schlüssig vorgetragen hatte, daß die Bekiesung zu größeren Teilen vom Sturm heruntergeweht worden war. Es ist jedoch davon auszugehen, daß ein Dach dadurch in seiner Substanz beschädigt ist, so daß die Folgeschäden durch das Eindringen von Niederschlag versichert sind. Staut sich Regenwasser im Lichtschacht eines versicherten Gebäudes und drückt durch sein Gewicht eine Fensterscheibe ein, so besteht kein Versicherungsschutz für Schäden, die am versicherten Gebäude dadurch entstehen, daß durch die geschaffene Öffnung Regenwasser in das Gebäude eindringt (LG Ravensburg zu § 3 D Nr. 2 c VHB 74 VersR 81 S. 648). Das Regenwasser konnte zwar deshalb in das Gebäude gelangen, weil ein Schaden am versicherten Gebäude entstanden ist. Dabei handelt es sich jedoch nicht um einen Sturmschaden nach §§ 8 Nr. 2 a oder b VGB 88, 5 Nr. 2 a oder b VGB 62. Der Schaden ist weder durch die unmittelbare Einwirkung des Sturms noch dadurch entstanden, daß der Sturm Gebäudeteile, Bäume oder andere Gegenstände auf versicherte Sachen geworfen hat.

Schwierigkeiten bereitet die Beurteilung von **Sturmfolgeschäden**, die an versicherten Gebäuden dadurch entstehen, daß **bei Sanierungs- oder Reparaturarbeiten am Gebäude** vorübergehend zum Schutz des Gebäudes angebrachte Abdeckplanen durch Sturm weggeweht werden und nachfolgend Niederschlag in das Gebäude eindringt und dort Schäden anrichtet. Die Beurteilung der Ersatzpflicht für derartige Schäden hängt von der Beantwortung der Frage ab, ob diese Abdeckplanen als Gebäudebestandteile und damit als nach §§ 1 VGB 88, 2 VGB 62 versicherte Sachen einzustufen sind, so daß das Wegwehen der Plane ein Versicherungsfall bzw. ein Gebäudeschaden i. S. v. §§ 8 Nr. 2 c VGB 88, 5 Nr. 2 c VGB 62 ist. In A 1.4.4 wird diese Frage im einzelnen behandelt. Zusammenfassend ist festzustellen, daß sie in der älteren Rechtsprechung überwiegend verneint wurde, weil derartige Abdeckplanen nach Auffassung der Gerichte nicht Bestandteil des Gebäudes gem. § 95 Abs. 2 BGB sind, da sie nur vorübergehend eingefügt worden seien. Daraus folgte, daß der im Gebäudeinneren durch eindringende Niederschläge entstandene Schaden nicht versichert war (vgl. OLG Köln VersR 74 S. 990, OLG Koblenz r+s 91 S. 241, LG Frankfurt VersR 92 S. 742). Der BGH ist dieser Auffassung nicht gefolgt, sondern hat entschieden, daß eine Abdeckplane, die während der Sanierung eines Flachdachs über die Dachlücke ausgebreitet und – soweit es die Bedingungen einer Reparatur zulassen – fachmännisch und ordnungsgemäß befestigt worden ist, Bestandteil des Gebäudes i. S. d. § 2 VGB 62 ist (VersR 92 S. 606 und r+s 92 S. 168). Infolgedessen sind derartige Schäden künftig vom Wohngebäudeversicherer zu entschädigen.

## Hagelversicherung 3

Schäden durch Hagel sind versichert. Die bedingungsmäßige obligatorische Mitversicherung von Hagelschäden in den VGB 88 ist an die Stelle des fakultativen Einschlusses nach Klausel 865 zu den VGB 62 getreten. Die Versicherung von Hagelschäden ist für die Wohngebäudeversicherer nach wie vor ein weitgehend neues und schwer einzuschätzendes Risiko. Die klassische Hagelversicherung befaßte sich bisher im wesentlichen mit der Versicherung von landwirtschaftlichen Kulturen und Ernteerzeugnissen gegen Hagelschäden. Ein verbreiteter Versicherungsbedarf für die Versicherung von Hagelschäden an Gebäuden und deren Inhalt war lange Zeit nicht zu erkennen. Dies hat sich durch die Hagelkatastrophe im Großraum München am 12. 07. 1984 grundlegend geändert. Über das dicht besiedelte Gebiet mit hoher Wertekonzentration gingen insgesamt 3 Hagelzüge hinweg, deren größter eine Breite von ca. 5 km und eine Länge von ca. 300 km hatte. Der dadurch verursachte Gesamtschaden wird auf rund 3 Mrd. DM geschätzt. Der versicherte Schaden betrug schätzungsweise 1,5 Mrd. DM. Davon entfallen ca. 300 Mio. DM auf die Wohngebäudeversicherung und 50 Mio. DM auf die Hausratversicherung. Die Schäden wurden als Hagelsturmschäden eingestuft und reguliert (vgl. H 2.2).

Nach diesem Ereignis setzte insbesondere im süddeutschen Raum eine starke Nachfrage nach Versicherungsschutz gegen Hagelschäden ein. Die Sachversicherer haben dem zunächst durch fakultative Klausellösungen Rechnung getragen. Es wurden die Klausel 885 zu den VGB 62, die Klausel 7112 zu den VHB 84 und die Klausel 6101 zu den AStB 87 geschaffen. Nunmehr ist die Haftung für Hagelschäden obligatorisch in der Grunddeckung der VGB 88 verankert. Das gleiche gilt für die Hausratversicherung nach den VHB 92.

## 3.1 Hagelbegriff

Der Begriff Hagel ist in den AVB nicht definiert. Nach der Verkehrsanschauung ist Hagel Witterungsniederschlag in Form von Eiskörnern. Hagel entsteht bei Gewittern unter besonderen atmosphärischen Bedingungen. Schätzungen gehen davon aus, daß bei ca. 10 % der Gewitter Hagel auftritt. Zuverlässige Aussagen über die Häufigkeit, die Ausbreitung und die Intensität von Hagelschäden lassen sich nicht treffen. Die langjährigen Erfahrungen in der traditionellen landwirtschaftlichen Hagelversicherung belegen, daß das Hagelrisiko witterungsabhängig sehr starken jährlichen Schwankungen unterliegt, die zu extremen Ausschlägen in der Schadenbelastung führen. Daneben gibt es ausgeprägte regionale Abweichungen. Risikotechnisch sind Ähnlichkeiten mit dem Sturmrisiko unverkennbar. Allerdings besteht beim Sturmrisiko im Hinblick auf die Häufigkeit und die Intensität von Schadenereignissen ein Nord-/Süd-Gefälle, während beim Hagelrisiko eine höhere Gefährdung im Süden der Bundesrepublik Deutschland vorliegt. Ein weiterer Unterschied besteht darin, daß Stürme zumeist großflächige Wettererscheinungen sind, während Hagelzüge im allgemeinen regional begrenzt sind.

## 3.2 Versicherte Schäden

Nach § 8 Nr. 3 VGB 88 gilt § 8 Nr. 2 VGB 88 für Schäden durch Hagel sinngemäß (entsprechend). Dadurch wird klargestellt, daß entsprechend der Haftung für Sturmschäden nicht jeder durch Hagel adäquat kausal herbeigeführte Schaden an versicherten Gebäuden entschädigt wird. Analog § 8 Nr. 2 a VGB 88 sind in erster Linie Schäden versichert, die an den versicherten Gebäuden durch die unmittelbare Einwirkung des Hagels entstehen. Ersetzt werden analog § 8 Nr. 2 b VGB 88 weiterhin Schäden, die dadurch verursacht werden, daß der Hagel Gebäudeteile, Bäume oder andere Gegenstände auf versicherte Gebäude wirft (bei reinen Hagelschäden selten). Für Hagelfolgeschäden an versicherten Sachen gelten die Ausführungen zu Sturmfolgeschäden sinngemäß (vgl. H 2.3). Hagelfolgeschäden sind versichert, wenn sie als Folge versicherter Hagelschäden an versicherten Gebäuden eintreten. Dabei ist vorausgesetzt, daß der Gebäudeschaden durch die unmittelbare Einwirkung des Hagels oder dadurch entsteht, daß der Hagel Gegenstände auf versicherte Gebäude wirft. Unmittelbar wirkt ein Sturm und entsprechend Hagel auf ein Gebäude ein, wenn er die zeitlich letzte Ursache des Schadens ist (vgl. OLG Düsseldorf VersR 84 S. 1035). Wenn man unterstellt, daß sich bei einem Hagel- und Regenunwetter nur Hagel im Lichtschacht des versicherten Gebäudes angesammelt hat, der aufgrund seines Gewichts den Fensterrahmen aus seinen Beschlägen gedrückt und so das Fenster beschädigt hat, ist die Unmittelbarkeit zu verneinen. Erst recht fehlt es an der Unmittelbarkeit, wenn zeitlich nach dem Hagel Wasser in den Lichtschacht geflossen ist und der Schaden an dem Fenster erst daraufhin entstanden ist. In diesem Fall könnte auch an eine Ersatzpflicht als Hagelfolgeschaden gedacht werden, die aber zu verneinen ist (LG Köln zu § 5 Nr. 2 a und b VGB 62 und Klausel 865 Nr. 2 r+s 95 S. 350). Die Zerstörung des Fensters ist nicht durch die unmittelbare Einwirkung des Hagels verursacht worden, weil nicht dieser, sondern das eindringende Wasser die zeitlich letzte Ursache hierfür gesetzt hat (OLG Köln r+s 95 S. 390; Bestätigung zu LG Köln).

## Ausschlüsse 4

Die besonderen Ausschlüsse für die versicherten Gefahren Sturm und Hagel sind in § 8 Nr. 4 VGB 88 n. F. zusammengefaßt. Sie wurden aus § 9 Nr. 3 und Nr. 6 VGB 88 a. F. ausgegliedert. Verzichtet wurde auf den Ausschluß von Schäden durch Brand, Blitzschlag, Explosion, Aufprall von Luftfahrzeugen (praktisch unbedeutend). Im Verhältnis zu §§ 5 Nr. 5 VGB 62, 9 Nr. 5 VHB 84/VHB 92, 1 Nr. 4 AStB 87 bestehen Abweichungen. Sie werden bei der Erläuterung der einzelnen Ausschlüsse dargestellt.

## Sturmflut 4.1

Schäden durch Sturmflut sind nach §§ 8 Nr. 4 a VGB 88 n. F., 9 Nr. 6 a VGB 88 a. F., 5 Nr. 5 b VGB 62 nicht versichert. Es besteht Übereinstimmung mit §§ 9 Nr. 5 a VHB 84/VHB 92, 1 Nr. 4 a AStB 87. Der Ausschluß wirkt konstitutiv. Sturmflut entsteht durch Sturm. Bei Wasser handelt es sich um Gegenstände im Sinne von §§ 8 Nr. 2 b VGB 88, 5 Nr. 2 b VGB 62. Deshalb bestünde ohne den vorstehenden Ausschluß Versicherungsschutz für Schäden durch Sturmflut. Sturmflutschäden sind ohne Rücksicht auf mitwirkende Ursachen ausgeschlossen. Nicht versichert sind infolgedessen auch Schäden, die durch das Zusammenwirken von Sturmflut und Sturm entstehen. Das gilt auch, wenn das schädigende Sturmflutwasser nur deshalb in das versicherte Gebäude eindringen konnte, weil zuvor ein versicherter Sturmschaden an demselben Gebäude eingetreten ist (vgl. Martin F V 17). Schäden durch Sturmflut sind auch im Rahmen der Versicherung weiterer Elementarschäden nach den BEW nicht versicherbar (vgl. J 4.1.1).

## Lawinen 4.2

Ähnlich liegt es bei Schäden durch Lawinen. Auch sie sind nach §§ 8 Nr. 4 b VGB 88 n. F., 9 Nr. 6 b VGB 88 a. F., 5 Nr. 5 b VGB 62 ohne Rücksicht auf mitwirkende Ursachen nicht versichert. Infolgedessen besteht kein Versicherungsschutz, wenn die Lawine durch Sturm ausgelöst wurde oder der Lawinenschnee durch eine zuvor infolge Sturm entstandene Öffnung in das Gebäude eindringt. Dabei kommt es nicht darauf an, ob diese Öffnung einen Gebäudeschaden darstellt. Schäden durch Schneelast bzw. Schneedruck sind im Gegensatz zu § 9 Nr. 5 b VHB 84/VHB 92 nicht ausgeschlossen. Ins Gewicht fallende praktische Auswirkungen hat das nicht, weil Schneelastschäden nach herrschender Auffassung auch nach den VGB nicht versichert sind, obwohl sie in den VGB nicht ausdrücklich ausgeschlossen werden (vgl. H 2.2). Insoweit hat der Ausschluß in den VHB 84/VHB 92 ebenfalls deklaratorischen Charakter. Abweichungen zwischen dem Haftungsumfang nach den VGB 88 und den VHB 84/VHB 92 treten indessen auf, wenn Schäden durch das Zusammenwirken von Schneelast und der unmittelbaren Einwirkung des Sturms auf das schneebelastete Gebäude entstehen. Derartige Schäden sind nach den VGB 88 versichert, nach dem Wortlaut der VHB 84/VHB 92 jedoch ausgeschlossen. Es besteht die Möglichkeit, Schäden durch Lawinen auch in der Hausratversicherung durch die Vereinbarung der BEH zu versichern, die insoweit mit den BEW übereinstimmen (s. J 4.6).

## 4.3 Eindringen von Niederschlägen

Nicht versichert sind nach §§ 8 Nr. 4 c VGB 88 n. F., 9 Nr. 6 c VGB 88 a. F., 5 Nr. 5 c VGB 62 Schäden durch Eindringen von Regen, Hagel, Schnee oder Schmutz durch nicht ordnungsgemäß geschlossene Fenster, Außentüren oder andere Öffnungen, es sei denn, daß diese Öffnungen durch Sturm oder Hagel entstanden sind und einen Gebäudeschaden darstellen (analog §§ 9 Nr. 5 c VHB 84/VHB 92, 1 Nr. 4 c AStB 87). Dringen Niederschläge oder Schmutz durch Öffnungen in der Außenhaut des versicherten Gebäudes in das Gebäude ein und verursachen Schäden an versicherten Sachen, so hängt die Haftung des Wohngebäudeversicherers vom Charakter und vom Zustand der Öffnungen ab. In erster Linie kommt es darauf an, ob es sich um durch Sturm oder durch Hagel entstandene Öffnungen oder um sonstige, nicht durch Sturm oder durch Hagel entstandene Öffnungen handelt.

4.3.1 **Sind die Öffnungen durch Sturm oder Hagel geschaffen worden**, so haftet der Wohngebäudeversicherer für Schäden, die an den versicherten Sachen dadurch entstehen, daß Regen, Hagel, Schnee oder Schmutz durch diese Öffnungen in das Gebäude eindringen. Dies gilt jedoch nur unter der Voraussetzung, daß die durch den Sturm oder den Hagel geschaffenen Öffnungen einen versicherten Gebäudeschaden darstellen. So liegt es, wenn Hagel ein Dachfenster durchschlägt oder der Sturm das Dach abdeckt, so daß Hagel oder Regen durch die entstandenen Öffnungen in das Gebäude eindringen und Schäden am Gebäude verursachen. Dabei ist nicht vorausgesetzt, daß der Gebäudeschaden und das Eindringen der Niederschläge in unmittelbarem zeitlichen Zusammenhang stehen. Es besteht auch Versicherungsschutz, wenn das eingeschlagene Dachfenster zunächst nicht bemerkt wird, so daß wiederholt Niederschläge eindringen. Aufgrund der Rechtsprechung des BGH besteht auch Versicherungsschutz, wenn Witterungsniederschläge in das Gebäude gelangen, nachdem der Sturm eine Abdeckplane weggerissen hat, mit der das Dach des versicherten Gebäudes während eines Umbaus bzw. einer Sanierung provisorisch abgedichtet worden war (vgl. A 1.4.4 sowie H 2.3). Dagegen besteht kein Versicherungsschutz, wenn ein Fenster in einem Lichtschacht durch Regenwasser eingedrückt wird, das sich bei einem Unwetter in dem Lichtschacht gestaut hatte. Das gilt auch, wenn sich das Wasser im Lichtschacht infolge eines Rückstaus wegen durch Hagel blockierter Abflüsse mit Wasser aufgefüllt hat und der Druck dieses Wassers den Schaden herbeiführt. Der Gebäudeschaden ist nicht versichert. Infolgedessen sind auch die Schäden ausgeschlossen, die das eindringende Wasser an versicherten Sachen anrichtet (vgl. H 2.3).

4.3.2 Dringen Niederschläge oder Schmutz durch **andere Öffnungen** in das versicherte Gebäude ein, **die nicht durch Sturm oder Hagel entstanden sind**, so haftet der Wohngebäudeversicherer für dadurch verursachte Schäden generell nicht. Dies gilt insbesondere, wenn Witterungsniederschläge oder Schnee durch offenstehende Fenster oder angelehnte Türen sowie durch Schornsteine oder Kamine in das Gebäude eindringen. Ausgenommen davon sind lediglich Fälle, in denen Witterungsniederschläge oder Schmutz durch ordnungsgemäß geschlossene Fenster, Außentüren oder andere Öffnungen (z. B. Lüftungsöffnungen oder Oberlichte) in das Gebäude eindringen. In der Regel wird dabei zumeist der Verschluß des Fensters oder der Tür durch den Sturm beschädigt, so daß daneben ein versicherter Gebäudeschaden vorliegt. Ein sturmbedingter Gebäudeschaden liegt nicht vor, wenn ein Fenster, ohne dabei selbst beschädigt zu werden, durch unmittelbare oder mittelbare Einwirkung vom Sturm geöffnet wird (OLG Karlsruhe zu § 9 Nr. 5 c VHB 84 VersR 96 S. 187). Versicherungsschutz besteht aber auch, wenn durch Sturm ein Regenwasserabfallrohr abgeknickt wird, Regenwasser auf den Balkon geleitet wird und von dort durch die ordnungsgemäß geschlossene Balkontür in das versicherte Gebäude eindringt (OLG Hamm VersR 87 S. 1081). Daraus kann jedoch nicht geschlossen werden, daß der Wohngebäudeversicherer generell auch haftet, wenn der Sturm Witterungsniederschläge durch ordnungsgemäß geschlossene Fenster, Türen oder andere Öffnungen in das Gebäude drückt, ohne daß zuvor eine Beschädigung des Gebäudes eingetreten ist. In diesen Fällen liegt begrifflich überhaupt kein nach §§ 8 Nr. 2 VGB 88, 5 Nr. 2 VGB 62 versicherter Sturmschaden vor. Der Schaden ist nicht dadurch entstanden, daß der Sturm Gegenstände auf versicherte Sachen wirft. Zwar handelt es sich bei Regentropfen oder Schneeflocken begrifflich um Gegenstände im Sinne von §§ 8 Nr. 2 b VGB 88, 5 Nr. 2 b VGB 62, jedoch ist der Schaden nicht durch den Aufprall der Regentropfen oder des Schnees auf das versicherte Gebäude, sondern durch deren Ansammlung an bestimmten Stellen des Gebäudes entstanden (vgl. H 2.2 und 3.2). Infolgedessen werden dadurch verursachte Schäden vom Wohngebäudeversicherer nicht entschädigt.

## Leitungswasser oder Rohrbruch 4.4

**Schäden durch Leitungswasser oder Rohrbruch sind** nach §§ 8 Nr. 4 d VGB 88 n. F., 9 Nr. 6 e VGB 88 a. F. ohne Rücksicht auf mitwirkende Ursachen in der Sturm-/Hagelversicherung **ausgeschlossen**. Dadurch wird Doppelversicherung zwischen den genannten Gefahrengruppen verhindert. Im Verhältnis der Gefahrengruppe Sturm/Hagel zur Gefahrengruppe Leitungswasser/Rohrbruch hat die zuletzt genannte Gefahrengruppe Vorrang. Praktisch werden dadurch Leitungswasser-/Rohrbruchschäden durch Sturm oder Hagel der Leitungswasser- bzw. Rohrbruchversicherung zugeordnet. Es handelt sich um eine neue Regelung, die in den VGB 62 und auch in den AStB 87 nicht vorkommt. Theoretisch können nach den VGB 88 Deckungslücken entstehen, wenn lediglich das Sturm- und Hagelrisiko, nicht aber das Leitungswasser- und Rohrbruchrisiko versichert ist. Praktisch haben diese Fälle keine ins Gewicht fallende Bedeutung. Die in Baden-Württemberg und Hamburg bei den ehemaligen Pflicht- und Monopolanstalten bestehenden Gebäudeversicherungsverträge umfassen auch die Sturm- und Hagelversicherung, ohne daß dort Leitungswasser- oder Rohrbruchschäden als Sturm- und Hagelfolgeschäden ausgeschlossen sind. Versichert sind vielmehr alle Schäden an den versicherten Gebäuden, die die unvermeidliche Folge der Einwirkung von Sturm oder Hagel sind (vgl. §§ 1,4 des Baden-Württembergischen Gesetzes über die Versicherung der Gebäude gegen Unwetter- und andere Elementarschäden vom 7. März 1960 s. Schmidt/Boeck S. 37 f. sowie § 23 des Hamburgischen Feuerkassengesetzes in der Fassung vom 16. Dezember 1929 s. Schmidt/Boeck S. 244). Bei der Überleitung dieser landesrechtlichen Gebäudeversicherungsverhältnisse waren die AVB entsprechend den bisher geltenden Bedingungen festzulegen (vgl. I. 1.4.3). Infolgedessen besteht Doppelversicherung, wenn eine Leitungswasser-/Rohrbruchversicherung nach den VGB 88 mit einem derartigen Versicherungsvertrag zusammentrifft.

Auf eine entsprechende **Abgrenzung zwischen der Feuerversicherung und der Sturm-/Hagelversicherung** wurde in den VGB 88 n. F. verzichtet (vgl. D 1.4.1). Infolgedessen sind in der Sturm-/Hagelversicherung nach den VGB 88 n. F. Sturm- oder Hagelschäden als Folge von Brandschäden sowie umgekehrt Brandschäden als Folge von Sturm- oder Hagelschäden versichert. Sturm- oder Hagelschäden als Folgeschäden von Brandschäden dürften sehr selten vorkommen. Es ist jedoch vorstellbar, daß nach einem Brand das durch Brand beschädigte Dach des versicherten Gebäudes durch Sturm weggerissen und vollständig zerstört wird. Wird nachgewiesen, daß der Sturmschaden nur eintreten konnte (oder vergrößert wurde), weil die Widerstandsfähigkeit des Daches durch den Brand bereits beeinträchtigt war, so ist der Schaden sowohl als Brandfolgeschaden als auch als Sturmschaden versichert. Doppelversicherung entsteht weiterhin, wenn als Folge eines Sturm- oder Hagelschadens an versicherten Sachen ein Nachfolgebrand entsteht. So liegt es, wenn durch eine infolge unmittelbarer Sturm- oder Hageleinwirkung entstandene Öffnung Niederschläge eindringen, die Kurzschlußschäden und Nachfolgebrände verursachen. Der Kurzschlußschaden ist wegen § 5 Nr. 2 VGB 88 n. F. in der Feuerversicherung ausgeschlossen. Er ist vom Sturmversicherer zu entschädigen. Der Folgebrandschaden ist sowohl in der Feuerversicherung als auch als Sturmfolgeschaden in der Sturmversicherung nach § 8 Nr. 2 c VGB 88 n. F. versichert.

Auf die Wohngebäudeversicherung nach den VGB 88 a. F. lassen sich diese Überlegungen nicht übertragen. Dort sind die angesprochenen Gefahrengruppen konsequent gegeneinander abgegrenzt. Nach § 9 Nr. 3 b VGB 88 a. F. erstreckt sich der Versicherungsschutz gegen Sturm und Hagel ohne Rücksicht auf mitwirkende Ursachen nicht auf Schäden durch Brand, Blitzschlag, Explosion, Anprall oder Absturz eines bemannten Flugkörpers, seiner Teile oder seiner Ladung. Sturm- oder Hagelschäden als Folge des Eintretens dieser Gefahren sind in der Sturm-/Hagelversicherung ebenso ausgeschlossen wie Brandschäden als Folge von Sturm- oder Hagelschäden. Sie sind vom Feuerversicherer zu entschädigen. Lediglich die im vorhergehenden Beispiel erwähnten Kurzschlußschäden trägt der Sturm-/Hagelversicherer. Ähnlich liegt es in der Wohngebäudeversicherung nach den VGB 62. Nach § 5 Nr. 5 d VGB 62 erstreckt sich die Sturmversicherung nicht auf Schäden durch Brand, Blitzschlag oder Explosion, und zwar auch dann nicht, wenn der Brand oder die Explosion die Folge eines Sturms war.

## 4.5 Nicht bezugsfertige Gebäude

Der Versicherungsschutz gegen Sturm und Hagel erstreckt sich nach § 8 Nr. 4 e VGB 88 n. F. ohne Rücksicht auf mitwirkende Ursachen nicht auf Schäden an versicherten Gebäuden, soweit diese nicht bezugsfertig sind oder wegen Umbauarbeiten für ihre Zwecke nicht mehr benutzbar sind. In § 9 Nr. 3 a VGB 88 a. F. ist ein entsprechender Ausschluß verankert. Danach erstreckt sich der Versicherungsschutz gegen Sturm und Hagel ohne Rücksicht auf mitwirkende Ursachen nicht auf Schäden an versicherten Sachen, solange das versicherte Gebäude noch nicht bezugsfertig oder wegen Umbauarbeiten für seinen Zweck nicht mehr benutzbar ist. Nach § 5 Nr. 5 a VGB 62 erstreckt sich die Sturmversicherung nicht auf Gebäude, die noch nicht bezugsfertig sind (vgl. auch F 4.6 und G 7.2). Die unterschiedlichen Formulierungen haben materielle Auswirkungen (vgl. H 4.5.1 und 4.5.2). Im Gegensatz zu den in H 4.1 bis 4.4 behandelten Ausschlußbestimmungen, durch die Schäden durch bestimmte Gefahren ausgeschlossen werden (Gefahrenausschlüsse), werden durch die vorstehenden Regelungen Schäden an bestimmten Sachen ausgeschlossen (Sachausschlüsse). Das Motiv für den Ausschluß liegt darin, daß Gebäude, die nicht bezugsfertig oder wegen Umbauarbeiten für ihre Zwecke nicht mehr benutzbar sind, ein erhöhtes Risiko darstellen (vgl. Mohr/Engel S. 66 sowie Martin F V 4). Objektiv wird die Gefahrenlage in der Sturm-/Hagelversicherung dadurch erhöht, daß bei im Bau oder im Umbau befindlichen Gebäuden in vielen Fällen die Außenhaut des Gebäudes noch nicht geschlossen ist und das Gebäude daher durch die Elementargefahren Sturm und Hagel besonders gefährdet ist. Die Begriffe Bezugsfertigkeit und Umbau sind im einzelnen in F 4.6.2 erläutert. Auf die dortige

Kommentierung wird verwiesen, weil die genannten Begriffe in der Leitungswasser-/Rohrbruch- und Sturm-/Hagelversicherung gleich zu interpretieren sind. Das gilt ebenso für die in H 4.6.4 dargestellten versicherungstechnischen Probleme, die in diesen Fällen auftreten.

Nach § 8 Nr. 4 e VGB 88 n. F. gilt der Ausschluß für Schäden an versicherten Gebäuden. Im Gegensatz dazu werden durch § 9 Nr. 3 a VGB 88 a. F. Schäden an versicherten Sachen ausgeschlossen. Aus dem unterschiedlichen Wortlaut folgt in den VGB 88 n. F. eine Haftungserweiterung im Verhältnis zu den VGB 88 a. F. Dies liegt daran, daß in § 1 VGB 88 zwischen versicherten Sachen und versicherten Gebäuden unterschieden wird. Nach § 1 Nr. 1 VGB 88 sind die im Versicherungsschein bezeichneten Gebäude versichert (versicherte Gebäude). Darüber hinaus werden in § 1 Nr. 2 und Nr. 3 VGB 88 weitere versicherte Sachen wie Zubehör und Grundstücksbestandteile genannt. Infolgedessen sind nach dem Wortlaut von § 9 Nr. 3 a VGB 88 a. F. Schäden an versicherten Gebäuden, an versichertem Zubehör und an sonstigen versicherten Grundstücksbestandteilen nicht versichert, solange das versicherte Gebäude noch nicht bezugsfertig oder wegen Umbauarbeiten für seinen Zweck nicht mehr benutzbar ist. Dagegen gilt der Ausschluß nach § 8 Nr. 4 e VGB 88 n. F. für Schäden an versicherten Gebäuden. Daraus folgt, daß nach den VGB 88 n. F. Sturmschäden an versichertem Zubehör und sonstigen versicherten Grundstücksbestandteilen auch versichert sind, soweit die versicherten Gebäude nicht bezugsfertig oder wegen Umbauarbeiten für ihre Zwecke nicht mehr benutzbar sind. Dieses Ergebnis ist etwas überraschend, aus dem Bedingungswortlaut läßt sich jedoch nichts anderes ableiten. Das gleiche ergibt sich beim Vergleich von § 8 Nr. 4 e VGB 88 n. F. mit §§ 9 Nr. 3 a VGB 88 a. F., 6 Nr. 3 f VGB 88 n. F., da auch dort Schäden durch Leitungswasser an versicherten Sachen (nicht an versicherten Gebäuden) ausgeschlossen sind. Dagegen sind nach § 7 Nr. 4 b VGB 88 n. F. in der Rohrbruchversicherung wiederum nur Schäden an versicherten Gebäuden ausgeschlossen (vgl. F 4.6 und G 7.2). 4.5.1

Die Komplexität wird noch dadurch erhöht, daß nach § 8 Nr. 4 e VGB 88 n. F. der Ausschluß wirkt, soweit versicherte Gebäude nicht bezugsfertig oder wegen Umbauarbeiten für ihre Zwecke nicht mehr benutzbar sind. Dagegen sind nach § 9 Nr. 3 a VGB 88 a. F. Sturm- und Hagelschäden nicht versichert, solange das versicherte Gebäude noch nicht bezugsfertig oder wegen Umbauarbeiten für seinen Zweck nicht mehr benutzbar ist. Die unterschiedliche Formulierung beider Bestimmungen führt dazu, daß nach den VGB 88 n. F. bei teilweiser Unbenutzbarkeit versicherter Gebäude der Versicherungsschutz für unbenutzbare Teile von Gebäuden entfällt, für benutzbar gebliebene Teile aber fortbesteht. Nach dem Wortlaut der VGB 88 a. F. besteht aber auch in diesen Fällen für das gesamte Gebäude kein Versicherungsschutz. Dies ist durch Auslegung zu korrigieren (vgl. F 4.6.2). Es ist unter diesen Umständen überraschend, daß der Ausschluß nach §§ 6 Nr. 3 f, 8 Nr. 4 e VGB 88 n. F. gilt, „soweit" die beschriebenen Gefahrumstände vorliegen, zugleich aber in § 7 Nr. 4 b VGB 88 n. F. durch die Formulierung „der Versicherungsschutz gegen Rohrbruch erstreckt sich ...... nicht auf Schäden an versicherten Gebäuden, die noch nicht bezugsfertig ....... sind" ein Totalausschluß auch bei teilweiser Unbenutzbarkeit statuiert wird. Überzeugende sachliche Gründe für die unterschiedliche Behandlung dieses Sachausschlusses bei verschiedenen Gefahrengruppen in den VGB 88 n. F. sind nicht zu erkennen. Für den Verbraucher sind diese Differenzierungen nicht transparent und schwer verständlich. 4.5.2

## 4.6 Laden- und Schaufensterscheiben

Die Ausschlüsse sonstiger versicherter Sachen sind in den VGB 88 im Vergleich zu den VGB 62 sehr stark eingeschränkt. Nach §§ 8 Nr. 4 f VGB 88 n. F., 9 Nr. 6 d VGB 88 a. F. sind lediglich Laden- und Schaufensterscheiben nicht versichert. Dagegen sind nach § 5 Nr. 3 a und b VGB 62 weiterhin künstlerisch bearbeitete Scheiben, Kirchenfenster und Scheiben in einer Einzelgröße von mehr als 3 qm sowie alle an der Außenseite des Gebäudes angebrachten Sachen, elektrische Freileitungen einschließlich Ständer und Masten sowie Einfriedigungen ausgeschlossen. Durch die Einschränkung der Sachausschlüsse wird der Versicherungsschutz der Sturmversicherung in den VGB 88 im Vergleich zu den VGB 62 stark verbessert. Dies gilt entsprechend auch im Verhältnis zur Sturmversicherung nach den AStB 87. Im Grunde genommen hätte in den VGB 88 auch auf den Ausschluß von Laden- und Schaufensterscheiben verzichtet werden können. Für den Ausschluß spricht lediglich die Tatsache, daß es sich dabei um besonders gefährdete Sachen handelt, die gewerblichen Zwecken dienen. Es kann erwartet werden, daß Gewerbetreibende dafür eine Glasversicherung abschließen.

# J Weitere Elementargefahren

## Grundlagen 1

Die Grunddeckung der Wohngebäudeversicherung nach den VGB 88 umfaßt Schäden durch die Elementargefahren Blitz, Frost, Sturm und Hagel. Lange Zeit war es nicht möglich, darüber hinaus Schäden durch weitere Elementargefahren wie Überschwemmung, Erdbeben, Erdrutsch oder Erdsenkung sowie Lawinen oder Schneedruck privatwirtschaftlich zu versichern. Es wurde verbreitet die Ansicht vertreten, daß die Versicherung weiterer Elementarschäden, insbesondere aber die Versicherung von Überschwemmungs- und Erdbebenschäden, auf freiwilliger privatwirtschaftlicher Grundlage nicht darstellbar sei, weil ein tragfähiger Versicherungsbestand und ein angemessener Risikoausgleich nicht zu erreichen seien. Insbesondere sei es auch nicht möglich, der drohenden negativen Risikoauslese (Antiselektion) wirksam zu begegnen, so daß ein angemessener Risikoausgleich durch den Einschluß einer genügend großen Zahl von Risiken nicht geschaffen werden könne. Das liege vor allen Dingen daran, daß einerseits nur solche Gebäudeeigentümer eine Wohngebäudeversicherung gegen einzelne Elementargefahren abschließen würden, deren Gebäude dadurch tatsächlich bedroht sind. Andererseits seien die genannten Elementargefahren überwiegend nicht im gesamten Gebiet der Bundesrepublik Deutschland, sondern nur in regional eng begrenzten Gebieten relevant. Infolgedessen bestehe kein verbreiteter Versicherungsbedarf. Es sei nicht möglich, eine hinreichend große Zahl von gleichartig bedrohten Risiken zu einer Gefahrengemeinschaft zusammenzufassen.

Diese Aussagen wurden am Beispiel des Überschwemmungsrisikos belegt. Nur ein Bruchteil der Wohngebäude in der Bundesrepublik Deutschland sei von Überschwemmungen ernsthaft bedroht. Dabei handele es sich in erster Linie um Gebäude, die in Flußtälern oder an Küsten liegen. Sie würden in vielen Fällen nahezu regelmäßig von Überschwemmungsschäden betroffen. Es stehe außer Zweifel, daß die Eigentümer derartiger Gebäude ein starkes Interesse an der Versicherung des Überschwemmungsrisikos haben, während die übrigen Gebäudeeigentümer dieses Risiko eher gering einschätzen oder gar völlig vernachlässigen könnten. Biete der Versicherer Versicherungsschutz gegen Überschwemmungsschäden auf freiwilliger Basis an, würden vor allem hoch gefährdete Gebäude versichert. Diese vorhersehbare negative Risikoauslese führe zu derartig hohen Beiträgen, daß auch die Eigentümer von überschwemmungsgefährdeten Gebäuden davon abgeschreckt würden.

Ende der achtziger Jahre hat sich die Einstellung der deutschen Sachversicherer zu einer erweiterten Elementarschadenversicherung gewandelt. Ausschlaggebend dafür waren veränderte Rahmenbedingungen. Es handelt sich zum einen darum, daß einzelne Versicherungsunternehmen damit begannen, Versicherungsschutz für die genannten Elementargefahren zu bieten. Grundlage dafür waren die vom BAV genehmigten „Allgemeinen Bedingungen zur All-Gefahrenversicherung für Industrie und Gewerbe (ABAG)" (vgl. VerBAV 1989 S. 55) sowie die „Zusatzbedingungen für die Versicherung weiterer Elementarrisiken in der Wohngebäude-Versicherung (ZVGB)" (vgl. VerBAV 1990 S. 73). Hinzu kam, daß die im Gebiet der ehemaligen DDR mit der dortigen staatlichen Versicherung abgeschlossenen Hausrat- und Gebäudevesicherungsverträge eine weitgehende Elementarschadendeckung bieten. Auch die Entwicklung in den europäischen Nachbarländern konnte nicht außer Betracht bleiben. Vor diesem Hintergrund begannen die deutschen Sachversicherer Konzepte für die Versicherung weiterer Elementarschäden in den Zweigen der Sachversicherung zu entwickeln. Dabei sind sie von Anfang an davon ausgegangen, daß die Versicherung weiterer Elementarschäden in Deutschland auf freiwilliger privatwirtschaftlicher Grundlage ohne staatlichen Zwang und auch ohne flankierende staatliche Maßnahmen zu konzipieren ist (Vertragsfreiheit).

## 1.1 Elementarschadenversicherung in Europa

Dabei blieb keineswegs unberücksichtigt, daß in einer Reihe von europäischen Ländern wie insbesondere in Frankreich, in der Schweiz, in Spanien, in Portugal und in Italien für verschiedene Elementarrisiken Pflichtversicherungen gesetzlich vorgeschrieben oder staatliche Entschädigungssysteme eingerichtet sind. Die deutschen Versicherer sind indessen der Überzeugung, daß derartige Lösungen mit marktwirtschaftlichen Grundsätzen und der geltenden Vertragsfreiheit nicht vereinbar sind. Gerade wegen der dargestellten ausgeprägten unterschiedlichen Gefährdung der Gebäudebestände durch verschiedene Elementargefahren führt eine Pflichtversicherung zu einer starken Einschränkung der Vertragsfreiheit, verbunden mit einer Umverteilung und einer „Sozialisierung der Verluste". Eine derartige Pflichtversicherung hat den Charakter einer Zwangsabgabe, die mit der freiheitlichen Wirtschaftsverfassung der Bundesrepublik Deutschland nicht vereinbar ist. Die deutschen Versicherer stehen mit dieser Auffassung nicht allein. Sie wird vor allem von den britischen und den skandinavischen Versicherern geteilt. Aufgrund einer Initiative des Europäischen Parlaments hat sich die zuständige Fachkommission im CEA verschiedentlich mit der Frage eines harmonisierten europäischen Versicherungssystems für Elementarschäden befaßt. Sie ist zu dem Ergebnis gekommen, daß ein derartiges System derzeit nicht zu realisieren ist, weil die wirtschaftlichen, rechtlichen, sozialen sowie tropografischen und geografischen Rahmenbedingungen in den einzelnen Ländern sehr unterschiedlich sind. Es ist davon auszugehen, daß in den verschiedenen europäischen Ländern Pflichtversicherungen und marktwirtschaftliche Versicherungslösungen für die Versicherung von Schäden durch Elementarereignisse weiterhin nebeneinander bestehen.

## 1.2 Versicherungstechnische Lösung

Für die Versicherung von Schäden durch Elementarereignisse auf freiwilliger privatwirtschaftlicher Grundlage kommen theoretisch verschiedene versicherungstechnische Lösungen in Betracht. Sie reichen von einer geschlossenen Allgefahrendeckung für alle versicherte Gefahren über ein Elementarschadenpaket bis hin zur freien Kombination der einzelnen Elementargefahren durch den VN. Die geschlossene Allgefahrendeckung, die den VN zwingt, entweder Versicherungsschutz für alle versicherbaren Schäden zu beantragen oder darauf vollständig zu verzichten, wurde nicht ernsthaft in Betracht gezogen, da sie mit marktwirtschaftlichen Grundsätzen unvereinbar ist. Daher konzentrierten sich die Überlegungen auf die beiden Alternativen „Elementarschadenpaket oder freie Kombination der versicherbaren Elementargefahren (Bausteinprinzip)". Im Ergebnis wurden für die Industrieversicherung einerseits und die allgemeine Sachversicherung andererseits verschiedene versicherungstechnische Lösungen getroffen.

In der Industrieversicherung wurde eine Klausellösung im Rahmen der Extended Coverage (EC)-Versicherung geschaffen. Der VN hat die Möglichkeit, die versicherbaren Elementargefahren nach dem Bausteinprinzip frei miteinander zu kombinieren. Diese rein fakultative Lösung konnte in der Industrieversicherung deswegen gewählt werden, weil einerseits von industriellen Kunden erwartet werden kann, daß sie ihren Versicherungsbedarf erkennen und die Versicherungsverträge entsprechend gestalten. Andererseits hat der Versicherer im Industriegeschäft die Möglichkeit zur eingehenden Risikoprüfung und infolgedessen auch die Möglichkeit zur individuellen Vertragsgestaltung und Tarifierung. Diese Grundvoraussetzungen können in der Allgemeinen Sachversicherung in der Regel aus Kostengründen nicht geschaffen werden. Infolgedessen wurde für die versicherungstechnische Gestaltung der erweiterten Elementarschadendeckung in der Allgemeinen Sachversicherung ein anderer Weg eingeschlagen.

Es wurden Besondere Bedingungen zu den AVB geschaffen. Die versicherten Gefahren Überschwemmung, Erdbeben, Erdrutsch/Erdsenkung sowie Schneedruck/Lawinen werden zur geschlossenen Gefahrengruppe „weitere Elementargefahren" zusammengefaßt. Der VN hat nicht die Möglichkeit, die einzelnen versicherten Gefahren frei miteinander zu kombinieren. Er ist gezwungen, das gesamte Elementarschadenpaket zu versichern. Es fällt auf, daß bei dieser Lösung nicht alle versicherten bzw. versicherbaren Elementargefahren zusammengefaßt wurden. Die Elementargefahren Sturm und Hagel bilden weiterhin eine selbständige Gefahrengruppe, die Elementargefahr Frost ist unverändert in der Leitungswasserversicherung, die Elementargefahr Blitzschlag unverändert in der Feuerversicherung eingebunden. Es gab durchaus auch Überlegungen, alle versicherbaren Elementargefahren zu einer geschlossenen Elementarschadendeckung zusammenzufassen. Auf diese „große Paketlösung" wurde jedoch letztlich zu Gunsten der jetzt geschaffenen „kleinen Paketlösung" verzichtet. Ausschlaggebend dafür war vor allem die Überlegung, daß eine „große Paketlösung" gegebenenfalls die Akzeptanz der Sturmversicherung beeinträchtigen würde. Es ist vorstellbar, daß Gebäudeeigentümer beispielsweise bereit sind, den Preis für eine Sturmversicherung zu zahlen, während sie den weitaus höheren Preis für eine umfassende Elementarschadendeckung nicht akzeptieren. Abgesehen davon wäre ein umfassendes Elementarschadenpaket nur dann durchzusetzen, wenn alle wichtigen Anbieter in gleicher Weise vorgehen.

Grundlage der Versicherung von Schäden durch weitere Elementargefahren in der Wohngebäudeversicherung sind die BEW. Sie wurden für den regulierten deutschen Versicherungsmarkt im Jahr 1991 vom BAV genehmigt (VerBAV 1991 S. 325). Zwar wurden die Bedingungen in den Gremien des damaligen VdS entwickelt, eine förmliche unverbindliche Verbandsempfehlung zur geschäftsplanmäßigen Verwendung wurde jedoch nicht gegeben. Auch wurde keine unverbindliche Tarifempfehlung ausgesprochen.

## Risikopotential 1.3

Dies liegt vor allem daran, daß die erweiterte Elementarschadenversicherung ein sehr hohes Risikopotential hat, das sich nicht zuverlässig abschätzen läßt. Es liegen **keine ausreichenden Schadenerfahrungen** vor. Infolgedessen fehlen auch brauchbare Kalkulationsunterlagen. Die Erfahrungen anderer Länder lassen sich nicht übertragen. Das gilt vor allem auch für das Erdbebenrisiko, weil einerseits starke Erdbeben in Nord- und Mitteleuropa recht selten auftreten, andererseits aber wegen der hohen Wertkonzentration in diesen Regionen ein erhebliches Schadenpotential vorhanden ist.

Hinzu kommt, daß bei den meisten Elementargefahren neben dem **Schwankungsrisiko** auch das Änderungsrisiko sehr ausgeprägt ist. Die anhaltende öffentliche Diskussion über Klimaveränderungen und deren Auswirkungen auf Häufigkeit und Intensität von

Elementarereignissen belegt dies. Die meisten Elementarereignisse sind klimaabhängig. Klimaveränderungen können neben dem Sturm-, dem Hagel- und dem Frostrisiko vor allem das Überschwemmungsrisiko sowie weiterhin das Erdrutsch- und das Erdsenkungsrisiko nachteilig beeinflussen. Indessen sind die Zusammenhänge zwischen Klimaveränderung und Elementarereignissen noch keineswegs umfassend und eindeutig erforscht.

Nicht zu übersehen ist die **Kumulgefahr**. Vor allem Überschwemmungen und Erdbeben sind flächendeckende Ereignisse. Infolgedessen werden in der Regel durch dasselbe Schadenereignis zahlreiche Risiken bzw. Versicherungsverträge betroffen (Kumul). Es drohen hohe Kumulschäden, deren Auswirkungen beim Erstversicherer durch Rückversicherung abgemildert werden. Daher besteht ausgeprägter Rückversicherungsbedarf, dessen Ermittlung eine umfassende Kumulerfassung und Kumulkontrolle erfordert. Dabei arbeiten Erst- und Rückversicherer zusammen, weil die Kumulerfassung auch für den Rückversicherer große Bedeutung hat. Grundlage für die Kumulerfassung sind regionale Kumulzonen. Das sind Gebiete, in denen voraussichtlich durch ein und dasselbe Elementarereignis Schäden an dort gelegenen Gebäuden (und deren Inhalt) verursacht werden. Sind die Kumulzonen festgelegt, so werden die bestehenden Versicherungsverträge diesen Kumulzonen mit Hilfe der Postleitzahlen zugeordnet. In Verbindung mit der (durchschnittlichen) Schadenerwartung je Vertrag wird der Kumulschaden ermittelt. Er ist Grundlage für die Ordnung der Rückversicherung beim Erstversicherer. Diese Überlegungen spielen insbesondere in der Überschwemmungs- und Erdbebenversicherung eine Rolle.

Es wird deutlich, daß die erweiterte Elementarschadenversicherung mit ausgeprägten Unsicherheiten und Risiken für die Versicherer behaftet ist. Unter diesen Umständen ist es unbedingt erforderlich, diese Versicherungsform behutsam unter Beachtung versicherungstechnischer Grundsätze und Erfahrungen umzusetzen. Besondere Bedeutung haben sorgfältige Risikoerfassung und Risikoanalyse sowie eine darauf aufbauende risikogerechte Tarifierung. Dazu zählt in erster Linie die Erkennung und die angemessene versicherungstechnische Behandlung besonders gefährdeter Gebäude. Dabei spielt das Überschwemmungsrisiko eine besondere Rolle. Es handelt sich im wesentlichen darum, zunächst durch Antragsfragen festzustellen, ob die zur Versicherung beantragten Gebäude in der Nähe eines Gewässers oder eines Hanges bzw. in geneigtem Gelände liegen oder ob das Grundstück in der Vergangenheit bereits von Elementarschäden betroffen wurde. Wird eine dieser Fragen bejaht, so sollte unter allen Umständen eine Risikobesichtigung und eine darauf aufbauende Vertragsgestaltung erfolgen. Dazu zählen neben angemessenen Beitragszuschlägen die Vereinbarung von Sicherheitsmaßnahmen bzw. Sicherheitsvorschriften sowie individuelle Selbstbehaltsregelungen. Die Besichtigung des Risikos kann aber auch dazu führen, daß der Versicherer die Übernahme der Versicherung ablehnt.

## 1.4 Marktsituation

Das dargestellte besondere Risikopotential der erweiterten Elementarschadenversicherung hat dazu geführt, daß die Wohngebäudeversicherer diese Versicherungsform bisher sehr zurückhaltend zeichnen. Allerdings ist auch festzustellen, daß die Elementarschadendeckung im allgemeinen von Gebäudeeigentümern nicht sehr intensiv nachgefragt wird. Daran liegt es, daß nach Schätzungen des GDV bisher lediglich die Hälfte aller Wohngebäudeversicherer die Elementarschadenversicherung überhaupt anbieten.

Aus der Branchenstatistik 1997 des GDV ist zu entnehmen, daß Ende 1997 rund 188.000 Wohngebäudeversicherungsverträge mit Einschluß der erweiterten Elementarschadenversicherung bestanden. Bezogen auf den Gesamtbestand an Wohngebäudeversicherungsverträgen ist dies eine Quote von rund 1,1 %. Die Einschlußquote bei den Wohngebäudeversicherungsverträgen nach VGB 88 dürfte schätzungsweise bei über 2 % liegen. Es ist davon auszugehen, daß die Wohngebäudeversicherer die erweiterte Elementarschadenversicherung künftig offensiver anbieten werden, so daß sich diese Zahlen spürbar erhöhen.

## Kommentierung der BEW 2

Grundlage für die Versicherung weiterer Elementarschäden in der Wohngebäudeversicherung sind die BEW (Anhang A 5). Die BEW sind Besondere Bedingungen.

Der Begriff „Besondere Bedingungen" bringt zum Ausdruck, daß es sich um Bedingungen handelt, die auf Antrag einzelvertraglich zu den AVB vereinbart werden. Im Gegensatz dazu werden Zusatzbedingungen für bestimmte Risikogruppen oder Wirtschaftsbereiche generell ohne besonderen Antrag in Ergänzung bzw. in Abänderung der AVB zugrunde gelegt. Typisches Beispiel für Zusatzbedingungen sind die Zusatzbedingungen für die Feuerversicherung landwirtschaftlicher Betriebe (LZB). Die Formulierung „weitere Elementarschäden" in der Überschrift der BEW wurde gewählt, weil nach den VGB 88 Schäden durch die Elementargefahren Blitzschlag, Frost, Sturm und Hagel versichert sind. Durch die Vereinbarung der BEW werden weitere in § 2 BEW genannte Elementarschäden in den Versicherungsschutz einbezogen.

Die **Versicherung weiterer Elementarschäden ist ein selbständiger Versicherungsvertrag**, der an den Grundvertrag nach den VGB 88 angebündelt ist (umstritten). Wohngebäudeversicherungsverträge mit dem Einschluß der erweiterten Elementarschadenversicherung sind gebündelte Versicherungsverträge, keine kombinierten Versicherungsverträge (zu den Begriffen vgl. III. 1). Dies hat u. a. Auswirkungen auf die Kündigung des Vertrages im Schadenfall. Kündigt der VN aus Anlaß eines Feuer-, Leitungswasser- oder Sturm-/Hagelschadens den Wohngebäudeversicherungsvertrag, so bleibt die erweiterte Elementarschadenversicherung von dieser Kündigung unberührt. Dies ist aus der Sicht des Versicherers im Regelfall unerwünscht. Umgekehrt liegt es, wenn der Versicherer aus Anlaß eines Elementarschadens die erweiterte Elementarschadenversicherung kündigt. Aus diesen Gründen sind in § 11 BEW besondere Kündigungsregelungen verankert (vgl. J 8).

## Vertragsgrundlage 3

In § 1 BEW ist geregelt, daß die VGB 88 gelten, soweit sich nicht aus den nachfolgenden Bestimmungen der BEW etwas anderes ergibt. Infolgedessen sind die einschlägigen allgemeinen Bestimmungen der VGB 88 (z. B. Bestimmungen über versicherte Sachen, versicherte Kosten, versicherten Mietausfall, Gefahrerhöhung, Sicherheitsvorschriften, Versicherungswert, Schaden- und Entschädigungsberechnung u. a.) auch für die Versicherung weiterer Elementarschäden maßgebend, es sei denn, sie werden durch die BEW ausdrücklich abgeändert bzw. abbedungen oder gelten nach dem Wortlaut der VGB 88 nur für bestimmte Gefahrengruppen. BEW und VGB 88 sind gemeinsam Bedingungsgrundlage für die Versicherung weiterer Elementarschäden in der Wohngebäudeversicherung. Daher konnte darauf verzichtet werden, bei abändernden Regelungen der BEW im Bedingungswortlaut auf die angesprochenen Bestimmungen der VGB 88 Bezug zu nehmen oder gar diejenigen Vorschriften der VGB 88 in den BEW aufzuführen, die neben den BEW gelten. Dadurch wäre das Bedingungswerk unnötig aufgebläht worden. Die Übersichtlichkeit und die Verständlichkeit der BEW wäre stark beeinträchtigt worden. Es kommt vorrangig darauf an, daß der VN aus dem Wortlaut der BEW klar erkennt, wie der Versicherungsschutz der VGB erweitert wird bzw. welche weiteren Elementarschäden an versicherten Sachen versichert sind.

## 4 Versicherte Gefahren

Die versicherten weiteren Elementargefahren werden in § 2 Nr. 1 BEW aufgezählt. Versichert sind Schäden durch Überschwemmung des Versicherungsgrundstücks, durch Erdbeben, durch Erdsenkung, durch Erdrutsch, durch Schneedruck oder durch Lawinen. Die Klammerzusätze in § 2 Nr. 1 a bis f BEW verweisen auf diejenigen Bestimmungen der BEW, in denen die jeweilige Gefahrendefinition zu finden ist. Dieser Aufbau entspricht der Systematik der VGB 88. Die genannten Gefahren bilden eine geschlossene Gefahrengruppe, die nur gemeinsam versichert werden kann. Es ist im Rahmen der BEW nicht möglich, einzelne ausgewählte Elementargefahren zu versichern. Die Versicherer versuchen auf diese Weise, die Voraussetzungen für einen angemessenen Risikoausgleich und eine tragfähige Versichertengemeinschaft zu schaffen. Es soll dadurch auch der Gefahr der sog. Gegenauslese begegnet werden (vgl. J 1). Versicherungstechnisch bilden die weiteren Elementargefahren eine vierte Gefahrengruppe in der Wohngebäudeversicherung nach den VGB 88. Der VN kann grundsätzlich wählen, welche der vier Gefahrengruppen er versichern möchte (vgl. D 3). Infolgedessen wäre es theoretisch ohne weiteres möglich, einen Wohngebäudeversicherungsvertrag nach den VGB 88 abzuschließen, der lediglich weitere Elementarschäden umfaßt. Ebenso ist es vorstellbar, einen Wohngebäudeversicherungsvertrag, der ausschließlich das Feuerrisiko umfaßt, mit einer Versicherung weiterer Elementarschäden zu bündeln. Dazu sind die Versicherer jedoch nur in Ausnahmefällen bereit, weil die Vesicherung weiterer Elementarschäden eine neue Deckungsform ist, die für die Versicherer erhebliche Risiken und Unsicherheiten in sich birgt. Deshalb bieten sie in der Regel die erweiterte Elementarschadendeckung nur dann, wenn in demselben Vertrag auch das Feuer-, Leitungswasser- und Sturmrisiko versichert ist. In der Hausratversicherung sind die Versicherer vereinzelt dazu übergegangen, die Versicherung von Schäden durch weitere Elementargefahren obligatorisch in die Grunddeckung der VHB einzubinden. Dadurch entsteht eine kombinierte Versicherung. Die erweiterte Elementarschadenversicherung teilt in jedem Fall das Schicksal des Grundvertrages. Für die Versicherung weiterer Elementarschäden in der Wohngebäudeversicherung kann diese Lösung nicht empfohlen werden.

### 4.1 Überschwemmung des Versicherungsgrundstücks

Die versicherte Gefahr Überschwemmung ist in § 3 BEW beschrieben als eine Überflutung des Grund und Bodens, auf dem das versicherte Gebäude liegt (Versicherungsgrundstück), durch die Ausuferung von oberirdischen (stehenden oder fließenden) Gewässern oder durch Witterungsniederschläge. Der Begriff Überflutung des Grund und

Bodens ist nicht definiert. Nach der Verkehrsanschauung liegt eine Überflutung von Grund und Boden vor, wenn sich auf der Geländeoberfläche erhebliche Wassermengen ansammeln. Infolgedessen besteht kein Versicherungsschutz, wenn sich Wasser auf Gebäudeteilen (z. B. Flachdächern oder Balkonen) ansammelt, in das Gebäude eindringt und dort Schäden an versicherten Sachen anrichtet. Zwar sind Gebäude Grundstücksbestandteile. Es genügt jedoch nicht, daß das Grundstück überflutet wird. Vielmehr muß es sich um eine Überflutung des Grund und Bodens handeln. Weiterhin ist gefordert, daß der Grund und Boden des Versicherungsgrundstücks überflutet ist. Nicht versichert sind daher Schäden an versicherten Sachen, die als Folge der Überflutung des Grund und Bodens auf anderen Grundstücken eintreten. So liegt es beispielsweise, wenn durch die Überflutung fremder Grundstücke ein Stromausfall verursacht wird, der zu Schäden an versicherten Sachen auf dem Versicherungsgrundstück führt.

Nicht jede Ansammlung von Wassermassen auf der Geländeoberfläche des Versicherungsgrundstücks erfüllt den Überschwemmungsbegriff. Es muß sich vielmehr um eine **Überschwemmung durch die Ausuferung von oberirdischen (stehenden oder fließenden) Gewässern oder durch Witterungsniederschläge handeln.** Dabei spielt es keine Rolle, welche Ursachen dazu geführt haben, daß stehende Gewässer (Teiche, Seen, Kanäle) oder fließende Gewässer (Bäche, Flüsse) über ihre Ufer getreten sind. Mögliche Ursachen sind Hochwasser infolge lang anhaltender Niederschläge oder Schneeschmelze sowie Deich- oder Dammbruch. Witterungsniederschläge können jedoch nicht nur auf dem Weg über die Ausuferung von oberirdischen Gewässern, sondern auch unmittelbar zur Überflutung des Grund und Bodens führen. Sie werden daher gesondert aufgezählt. Dadurch wird auch verdeutlicht, daß es sich hierbei um ein Risiko handelt, das nicht an das Vorhandensein von stehenden oder fließenden Gewässern in der Umgebung des Versicherungsgrundstücks gebunden ist. Die potentielle Gefährdung von Wohngebäuden durch Überschwemmung infolge von Witterungsniederschlägen, vor allem durch Starkregen oder Schmelzwasser bei extremer Schneeschmelze, ist in allen Regionen generell vorhanden. Es besteht daher verbreiteter Versicherungsbedarf.

Die angesprochene Definition des Überschwemmungsbegriffs war anfangs umstritten. Dies lag vor allem daran, daß keine einschränkenden Nebenbedingungen für die Haftung des Versicherers gesetzt werden. Infolgedessen sind danach auch solche Überschwemmungsschäden versichert, die durch wiederkehrende „gewöhnliche“ Überschwemmung des Versicherungsgrundstücks verursacht werden. Auf den ersten Blick liegt es auf der Hand, derartige vorhersehbare Schäden dadurch vom Versicherungsschutz auszunehmen, daß die Haftung für Überschwemmungsschäden auf Schäden durch außergewöhnliche oder ungewöhnliche Ereignisse beschränkt wird. Es ist indessen nicht gelungen, eine Definition des Begriffs ungewöhnlich zu finden, die sich im Breitengeschäft praktisch umsetzen läßt und zugleich auch einer möglichen kritischen Überprüfung nach dem AGBG durch die Rechtsprechung standhält. Dennoch wurde daran gedacht, die **Definition des Überschwemmungsbegriffs durch nachfolgende Ausschlußbestimmung zu ergänzen:**

> „Nicht versichert sind Schäden durch Überschwemmungen, mit denen erfahrungsgemäß nach der Jahreszeit und den örtlichen Verhältnissen gerechnet werden muß. Damit sind Pegelstände, Abflußmengen und Niederschlagsintensitäten gemeint, die im statistischen Durchschnitt häufiger als einmal in zehn Jahren auftreten.“

Bei einer derartigen Ausschlußbestimmung liegt die **Beweislast beim Versicherer**. Lehnt er den Anspruch des VN ab, so hätte er zu beweisen, daß die in der Ausschlußbestimmung genannten Voraussetzungen für die Leistungsfreiheit vorliegen. Dabei treten in der Praxis jedoch außergewöhnliche Schwierigkeiten auf. Dies liegt zunächst daran, daß die Wasserwirtschaftsämter Pegelstände und Abflußmengen lediglich für Gewässer erster und zweiter Ordnung regelmäßig feststellen. Für Gewässer dritter und vierter Ordnung liegen derartige Werte im allgemeinen nicht vor. Ähnlich verhält es sich mit den Niederschlagsintensitäten. Zuverlässige Angaben für das Versicherungsgrundstück sind nur unter der Voraussetzung verfügbar, daß sich dort die Meßstelle eines Wetteramtes befindet. Weiterhin ist zu berücksichtigen, daß die Formulierung „im statistischen Durchschnitt häufiger als einmal in zehn Jahren“ interpretationsbedürftig ist. Sie zielt auf ein sog. Zehnjahresereignis. Dabei handelt es sich um einen meteorologisch-naturwissenschaftlichen Häufigkeitswert der nach einer mathematischen Formel errechnet wird (sog. HQ-Wert).

Unter diesen Umständen besteht die Gefahr, daß eine derartige Ausschlußbestimmung im Breitengeschäft durch die Rechtsprechung als unwirksame Klausel im Sinne des AGBG eingestuft würde. Ein Gericht könnte argumentieren, die Definition des Überschwemmungsbegriffs erwecke beim VN den Eindruck, es seien generell Überschwemmungsschäden versichert. Dies gelte umso mehr, als ein Gebäudeeigentümer eine Überschwemmungsversicherung lediglich für Schäden, mit denen erfahrungsgemäß überhaupt nicht gerechnet werden muß, im allgemeinen gar nicht abschließen würde. Daher werde der VN durch die unklare und intransparente Ausschlußbestimmung unangemessen benachteiligt. Die wesentlichen Rechte des VN, die sich aus der Natur des Vertrages ergeben, würden dadurch so eingeschränkt, daß die Erreichung des Versicherungszwecks gefährdet sei. Infolgedessen halte die Bestimmung einer nach § 9 Abs. 2 Nr. 2 AGB gebotenen Inhaltskontrolle nicht Stand und sei unwirksam. Aus diesen Gründen wurde letztlich darauf verzichtet, den Überschwemmungsbegriff enger zu fassen bzw. durch einen Ausschluß zu ergänzen.

Unter diesen Umständen versuchen die Wohngebäudeversicherer, durch eine selektive Annahme- und Zeichnungspolitik diejenigen Risiken aus ihren Versicherungsbeständen fernzuhalten, bei denen erfahrungsgemäß regelmäßig und vorhersehbar Überschwemmungsschäden eintreten. Dies führt dazu, daß die Kritiker der erweiterten Elementarschadenversicherung nach aktuellen Überschwemmungsereignissen regelmäßig aufs Neue die Einführung einer staatlich gestützten Pflichtversicherung für Überschwemmungsschäden fordern. Sie argumentieren, daß die Überschwemmungsversicherung auf privatwirtschaftlicher Grundlage Versicherungsschutz nur denjenigen Gebäudeeigentümern biete, die dafür im Grunde keinen Bedarf haben. Dagegen versage diese Versicherungsform dort, wo ausgeprägter Versicherungsbedarf bestehe. Diese Argumentation ist nicht völlig von der Hand zu weisen. Es fragt sich jedoch, ob die Einführung einer Pflichtversicherung die angemessene Lösung dieser Probleme darstellt. Die ordnungs- und wirtschaftspolitischen Bedenken wurden in J 1 näher dargestellt.

Besonderes Gewicht hat die Einschränkung der wirtschaftlichen Dispositionsfreiheit von Gebäudeeigentümern und der mit einer Pflichtversicherung einhergehende Umverteilungseffekt. Schätzungen gehen davon aus, daß etwa 5 % der Gebäude in der Bundesrepublik Deutschland extrem überschwemmungsgefährdet sind und infolgedessen Versicherungsschutz auf privatwirtschaftlicher Grundlage nicht oder nur unter einschränkenden Bedingungen erlangen können. Es mutet unter diesen Umständen schon merkwürdig an, wenn daraus die Schlußfolgerung gezogen wird, alle Gebäudeeigentümer müßten infolgedessen zum Abschluß einer Pflichtversicherung gezwungen werden, um dieser Minderheit angemessene Versicherungsmöglichkeiten zu bieten. Dabei kann nicht außer Betracht bleiben, daß neben der Klimaveränderung insbesondere anthropogene Einflüsse wie die Versiegelung der Landschaften, die Begradigung der Flußläufe oder die Bebauung in Überschwemmungsgebieten das Überschwemmungs- und Hochwasserrisiko nachhaltig beeinflussen. Die Gestaltung dieser Einflußfaktoren liegt in der Zuständigkeit staatlicher Stellen, die auf diesen Gebieten hoheitlich tätig werden. Dazu zählen auch Wasserbaumaßnahmen des Hochwasser- und Überschwemmungsschutzes. Wenn der Staat in diesem Bereich der Daseinsfürsorge die ihm obliegenden hoheitlichen Aufgaben nicht oder nur unzureichend wahrnimmt, haftet er für die dadurch entstehenden Schäden. Es ist offenkundig, daß nicht zuletzt wegen der Zersplitterung der Kompetenzen zwischen Bund, Ländern, Gemeinden und Wasserwirtschaftsverbänden zahlreiche Hochwasser-Vorsorgepläne und andere Schutzmaßnahmen bisher nicht umgesetzt werden konnten.

Diese Betrachtungsweise zeigt den Weg für die angemessene Behandlung des Überschwemmungsrisikos in der Bundesrepublik Deutschland auf. Für die weitaus überwiegende Zahl der Gebäude wird Versicherungsschutz auf privatwirtschaftlicher Grundlage geboten. Der verbleibende Rest an Gebäuden, die regelmäßig und vorhersehbar von Überschwemmungsschäden betroffen werden, muß durch staatliche Entschädigungssysteme geschützt werden. Die Grenzen zwischen beiden Gruppen von Gebäuden sind nicht starr. Die Versicherungswirtschaft wird ihren Beitrag zur Ausdehnung des Bereichs privatwirtschaftlicher Überschwemmungsversicherung durch die Entwicklung eines Überschwemmungsinformationssystems leisten, das die Erkennung und Bewertung von Überschwemmungsrisiken infolge der Ausuferung von Gewässern entscheidend verbessert. In diesem System werden Geobasisdaten (Geländemodelle, Fluß- und Gewässernetze), wasserwirtschaftliche Daten (Überflutungsflächen, Überflutungshöhen, Wiederkehrperioden) und wirtschaftliche Daten (regionale Verteilung von Vermögenswerten und Nutzungsarten) miteinander verknüpft. Dadurch wird einerseits die Möglichkeit geschaffen, die Überschwemmungsgefahr einzelner Gebäude zu erkennen und zu bewerten. Andererseits ist dieses System auch ein außerordentlich nützliches Instrument zur Kumulerfassung und Kumulschadenberechnung. Das Informationssystem wird derzeit vom GDV bzw. von der VdS Schadenverhütung GmbH entwickelt. Dadurch wird die Versicherbarkeit von Überschwemmungsrisiken in der erweiterten Elementarschadenversicherung entscheidend verbessert werden. Das wird dazu führen, daß zahlreiche Wohngebäudeversicherer ihre restriktive Haltung beim Verkauf dieser Versicherungsform überprüfen und ändern werden. Die Zahl der in der erweiterten Elementarschadenversicherung nicht versicherbaren Gebäude wird entscheidend zurückgehen. Die Politik kann zu dieser Entwicklung einen weiteren Beitrag leisten, indem sie die Voraussetzungen für eine nachhaltige Verbesserung des Hochwasserschutzes schafft.

Auf Überschwemmungsschäden durch Sturmflut lassen sich diese Feststellungen der- 4.1.1
zeit nicht übertragen. **Schäden durch Sturmflut** sind nach § 3 Nr. 2 a BEW ohne Rücksicht auf mitwirkende Ursachen **nicht versichert**. Dies ist in erster Linie darauf zurückzuführen, daß es derzeit keinerlei zuverlässigen Unterlagen für die Bewertung von Sturmflutrisiken gibt. Die Versicherer arbeiten derzeit jedoch auch an der Lösung dieses Problems. Es ist vorstellbar, daß die vorliegenden Daten zu Sturmflutschäden langfristig in das dargestellte Überschwemmungsinformationssystem eingearbeitet werden. Dadurch würde die Erkennung und Bewertung von Überschwemmungsrisiken entscheidend verbessert und gleichzeitig die Voraussetzung für eine privatwirtschaftliche Versicherung auch dieser Risiken geschaffen.

**Rückstauschäden** sind ohne Rücksicht auf mitwirkende Ursachen nach § 3 Nr. 2 b 4.1.2
BEW **nicht versichert**. Ein analoger Ausschluß gilt in der Leitungswasserversicherung (vgl. F 4.2). Die ablehnende Haltung der Wohngebäudeversicherer gegen die Versicherung von Rückstauschäden hat sich in letzter Zeit gewandelt. Dies liegt u. a. daran, daß

verschiedene Wohngebäudeversicherer Rückstauschäden in die Leitungswasserversicherung einschließen. Dieser Entwicklung können sich die übrigen Wohngebäudeversicherer aus Wettbewerbsgründen nicht verschließen. Es wurde jedoch darauf verzichtet, bei der Neufassung der VGB 88 eine Versicherungsmöglichkeit für Rückstauschäden einzuarbeiten. Vielmehr ist vorgesehen, bei der Neufassung der BEW eine Versicherungsmöglichkeit für Rückstauschäden zu schaffen. Dies ist sachgerecht. Rückstauschäden durch Witterungsniederschläge und natürliche Gewässer werden der Überschwemmungsversicherung, sonstige Rückstauschäden der Leitungswasserversicherung zugeordnet.

## 4.2 Erdbeben

Die Versicherung von Schäden durch Erdbeben ist neben der Überschwemmungsversicherung der gewichtigste Baustein der erweiterten Elementarschadenversicherung. Mit der Versicherung von Erdbebenschäden betreten die deutschen Sachversicherer Neuland. Die VGB 88 schließen ebenso wie alle einschlägigen AVB Sach Schäden durch Erdbeben übereinstimmend aus (vgl. K 2.1.3). Systematisch wird dieser Ausschluß durch die BEW aufgehoben.

Nach § 4 Nr. 1 BEW ist Erdbeben definiert als eine naturbedingte Erschütterung des Erdbodens, die durch geophysikalische Vorgänge im Erdinnern ausgelöst wird. Es sind naturbedingte Erschütterungen des Erdbodens gefordert. Nicht versichert sind infolgedessen Schäden durch Erschütterungen des Erdbodens, die durch Bergbau, Straßenverkehr oder Sprengungen verursacht werden. Es ist auf den ersten Blick überraschend, daß die Erdbebendefinition keine weiteren Anforderungen oder Hinweise auf die geforderte Stärke eines Bebens enthält, zumal mit der Richter- und der Mercalli-Skala bewährte und allgemein bekannte Maßstäbe für die Messung der Erdbebenstärke zur Verfügung stehen. Die beiden Skalen sind indessen für die Definition der versicherten Gefahr Erdbeben in der Wohngebäudeversicherung nicht geeignet. Nach der Richterskala wird die sogenannte Magnitude von Erdbeben gemessen. Die Magnitude ist eine Meßzahl für die am Erdbebenherd freigesetzte Energie. Infolgedessen kann auf der Richterskala nur festgestellt werden, daß ein Erdbeben stattgefunden hat, in dessen Epizentrum eine bestimmte Energie freigesetzt wurde. Rückschlüsse auf die Stärke der dadurch verursachten Erschütterungen auf dem Versicherungsgrundstück lassen sich daraus nicht ziehen. Würde unter diesen Voraussetzungen in den BEW der Nachweis gefordert, daß zum Schadenzeitpunkt ein Erdbeben in einer bestimmten Stärke auf der Richterskala gemessen wurde, so wäre damit keineswegs nachgewiesen, daß Schäden an den versicherten Sachen infolge der dadurch bedingten Erschütterungen des Erdbebens entstanden sind. Allerdings kehrte sich in diesen Fällen die Beweislast um. Der Versicherer hätte dann gegebenenfalls nachzuweisen, daß Schäden an versicherten Sachen nicht durch Erdbeben entstanden sind. Aus diesen Gründen ist die Richterskala kein geeignetes Hilfsmittel für den Nachweis von Erdbebenschäden. Das gilt analog auch für die Mercalli-Skala. Es handelt sich dabei um eine empirische Skala, die nach Maßgabe einer großen Zahl von beobachteten Auswirkungen (Beschädigungen) einigermaßen zuverlässige Angaben über die Intensität eines Erdbebens liefert. In Zweifels- oder Grenzfällen liegen aber gerade derartige Beobachtungen für das Versicherungsgrundstück und seine unmittelbare Umgebung nicht vor. Daher konnte auch auf die Mercalli-Skala nicht zurückgegriffen werden.

Die aufgezeigten Schwierigkeiten haben dazu geführt, daß dem VN analog zur Regelung in der Sturmversicherung nach § 8 VGB 88 Erleichterungen für den Schadennachweis zugebilligt werden (vgl. H 1.3.1 und 1.3.2). Nach § 4 Nr. 2 a und b BEW wird Erdbeben unterstellt, wenn der VN nachweist, daß die naturbedingte Erschütterung des Erdbodens in der Umgebung des Versicherungsgrundstücks Schäden an Gebäuden in einwandfreiem Zustand oder an ebenso widerstandsfähigen anderen Sachen angerichtet hat oder daß der Schaden wegen des einwandfreien Zustandes der versicherten Sachen nur durch ein Erdbeben entstanden sein kann. Es fällt auf, daß in § 4 Nr. 2 b BEW abweichend von §§ 8 Nr. 1 b VGB 88, 5 Nr. 1 VGB 62 nicht von versicherten Gebäuden, sondern von versicherten Sachen gesprochen wird. Die Formulierung der BEW ist zutreffender, weil in der Wohngebäudeversicherung nicht nur Gebäude, sondern auch Zubehörstücke und sonstige Grundstücksbestandteile versichert werden. Der Wortlaut von § 8 Nr. 1 b VGB 88 sollte bei sich bietender Gelegenheit angeglichen werden.

## Erdsenkung 4.3

Versichert sind weiterhin Schäden durch Erdsenkung. Nach § 5 BEW ist Erdsenkung eine naturbedingte Absenkung des Erdbodens über natürlichen Hohlräumen. Infolgedessen sind nicht Schäden durch jede Art der Erdsenkung versichert. Die Haftung des Wohngebäudeversicherers ist vielmehr an zwei weitere Voraussetzungen geknüpft. Die Absenkung des Erdbodens muß naturbedingt sein und sie muß sich über natürlichen Hohlräumen vollzogen haben. Beide Voraussetzungen müssen erfüllt sein. Infolgedessen besteht kein Versicherungsschutz, wenn Schäden durch eine naturbedingte Absenkung des Erdbodens über (stillgelegten) Kohle- oder Erzgruben verursacht werden. Die Hohlräume wurden von Menschenhand geschaffen. Diese sog. Bergschäden sind nicht versichert. Ähnlich liegt es, wenn beispielsweise durch Sprengungen natürliche Hohlräume (Höhlen) zum Einsturz gebracht werden. Eine damit einhergehende Absenkung des Erdbodens ist nicht naturbedingt. Andererseits ist nicht gefordert, daß die Erdsenkung auf dem Versicherungsgrundstück eintritt. Versichert sind auch diejenigen Schäden, die infolge von Erdsenkungen auf fremden bzw. angrenzenden Grundstücken an den versicherten Sachen auf dem Versicherungsgrundstück eintreten.

## Erdrutsch 4.4

Ähnlich verhält es sich bei Schäden durch Erdrutsch. Erdrutsch ist in § 6 BEW definiert als ein naturbedingtes Abgleiten oder Abstürzen von Gesteins- oder Erdmassen. Der Versicherungsschutz gilt nicht für Schäden durch Erdrutsche, die auf menschliche Eingriffe zurückzuführen sind. Nicht versichert sind infolgedessen Schäden durch ein Abgleiten oder Abstürzen von Gesteins- oder Erdmassen, das von Menschenhand ausgelöst wurde. Beispiele sind Schäden durch Baumaßnahmen bzw. Bauarbeiten (VGH Mannheim VersR 95 S. 1092). Nach dem Wortlaut der BEW sind aber auch Schäden durch Steinlawinen und Steinschlag nicht versichert, die von Bergsteigern oder Wanderern ausgelöst werden. Im Gegensatz zu § 5 BEW ist daneben jedoch nicht gefordert, daß die Gesteins- oder Erdmassen vor dem Abgleiten in einem natürlichen bzw. naturbelassenen Zustand waren. Deshalb sind nicht nur Schäden durch Erdrutsch an natürlichen Hängen versichert. Versicherungsschutz besteht darüber hinaus auch für Schäden durch das naturbedingte Abgleiten von Gesteins- oder Erdmassen an künstlichen Staudämmen, Bahndämmen oder Straßenböschungen.

## 4.5 Schneedruck

Schäden durch Schneedruck sind in der erweiterten Elementarschadendeckung versichert. Schneedruck ist in § 7 BEW definiert als die Wirkung des Gewichts von Schnee- oder Eismassen. Schäden durch Schneedruck entstehen vor allem an Flachdächern und gering geneigten Dächern, die gelegentlich durch die Wirkung des Gewichts von Schnee- oder Eismassen zusammenbrechen. Aber auch an sonstigen Dächern und an der Außenseite von Gebäuden angebrachten Sachen entstehen durch die Wirkung des Gewichts von Schnee- oder Eismassen Schäden. Auch Schäden durch sog. Dachlawinen sind versichert, da der Versicherungsschutz nicht nur für Schäden durch das Gewicht ruhender Schnee- und Eismassen, sondern auch für Schäden durch das Gewicht bewegter Schnee- und Eismassen besteht. Dachlawinen richten insbesondere an Schneefanggittern und Dachrinnen Schäden an. Ähnlich liegt es bei Schäden durch Eisdruck. Sie entstehen vor allem bei starken Temperaturunterschieden zwischen Tag und Nacht. Bei derartigen Wetterlagen wird der Schnee auf Dächern tagsüber angetaut und rutscht nach. Bei Nachttemperaturen unter Null ° C gefriert er. Wiederholt sich dieser Vorgang mehrfach, entsteht an der Dachkante starker Schnee- und Eisdruck, der zu erheblichen Schäden in diesem Bereich führen kann. Ähnliche Schäden werden gelegentlich durch anhaltenden Eisregen verursacht, der auf Dächern und außen angebrachten Sachen gefriert und Eisdruck erzeugt.

## 4.6 Lawinen

Weiterhin sind Schäden durch Lawinen versichert. Lawinen sind an Berghängen niedergehende Schnee- oder Eismassen (§ 8 BEW). Auf die Ursache des Lawinenabgangs kommt es nicht an. Die Lawinen können aufgrund natürlicher Einflüsse abgehen. Der Lawinenabgang kann aber auch durch Menschenhand ausgelöst worden sein. Versicherungsschutz besteht selbst dann, wenn der Lawinenabgang absichtlich herbeigeführt wurde, um beispielsweise einem drohendem unkontrollierten natürlichen Abgang vorzubeugen. Auch in diesen Fällen besteht Versicherungsschutz, obwohl es sich dabei nicht um Elementarereignisse handelt. Es ist im Gegensatz zu §§ 4 bis 6 BEW nicht gefordert, daß ein „naturbedingtes“ Ereignis die Schadenursache ist. Versicherungsschutz besteht auch dann, wenn durch Lawinen andere Gegenstände (Bäume, Steine) auf versicherte Sachen geworfen werden und daran Schäden anrichten. Indessen sind Gebäudeschäden durch die unmittelbare Einwirkung von Lawinen relativ selten. Die Lawinenstriche sind bekannt und werden nicht bebaut. Jedoch ist zu beachten, daß sich die Lawinengefährdung durch Bodenerosion und Waldsterben in bestimmten Gebirgsregionen grundlegend verändern kann.

## 5 Versicherte Schäden

Nach § 2 Nr. 1 BEW wird Entschädigung geleistet, wenn nach § 1 VGB 88 versicherte Sachen durch ein in § 2 Nr. 1 a bis f BEW genanntes Ereignis zerstört oder beschädigt werden oder infolge eines solchen Ereignisses abhanden kommen. Jeder adäquate Kausalzusammenhang zwischen den genannten Ereignissen und Schäden an den versicherten Sachen ist ein Versicherungsfall. Es ist generell nicht vorausgesetzt, daß das schädigende Ereignis auf dem Versicherungsgrundstück eingetreten ist. Vielmehr wird lediglich gefordert, daß versicherte Sachen im Versicherungsort durch eine versicherte Gefahr zerstört oder beschädigt werden bzw. abhanden kommen (Einzelheiten vgl. D 1). Etwas anderes gilt jedoch für Überschwemmungsschäden. Die Haftung des Versicherers setzt die Überflutung des Grund und Bodens auf dem Versicherunsgrundstück voraus (vgl. J 4.1).

Nach § 2 Nr. 2 BEW wird die Sachschadendeckung analog der Grunddeckung nach den VGB 88 durch die Haftung für versicherte Kosten gem. § 2 VGB 88 und für versicherten Mietausfall gem. § 3 VGB 88 ergänzt. Diese Regelung ist wegen § 1 BEW deklaratorisch. Alle Bestimmungen in §§ 2, 3 VGB 88 gelten entsprechend für die Entschädigung versicherter Kosten. Es sind die in §§ 2 Nr. 2 und Nr. 5 e VGB 88 n. F., 17 Nr. 1 und Nr. 2 VGB 88 a. F. verankerten Entschädigungsgrenzen zu beachten. Klarstellend ist darauf hinzuweisen, daß versicherte Mehrkosten nach §§ 2 Nr. 4 und Nr. 5 VGB 88 n. F., 15 Nr. 2 und Nr. 3 VGB 88 a. F. in den BEW in diesem Zusammenhang nicht erwähnt werden, weil es sich dabei begrifflich um Teile des Sachschadens handelt (vgl. B 6). Mehrkosten sind infolgedessen nach § 2 Nr. 1 BEW ohne weiteres versichert.

## Nicht versicherte Sachen 6

Nicht versichert sind nach § 9 BEW Schäden an versicherten Gebäuden, solange diese noch nicht bezugsfertig oder wegen Umbauarbeiten für ihren Zweck nicht benutzbar sind. Ein gleichartiger Ausschluß gilt für die Leitungswasser-, für die Rohrbruch- und für die Sturm-/Hagelversicherung (vgl. F 4.6, G 7.2 und H 4.5). In der Elementarschadenversicherung besteht generell kein Versicherungsschutz, solange das versicherte Gebäude noch nicht bezugsfertig oder wegen Umbauarbeiten für seinen Zweck nicht mehr benutzbar ist. Dieser Ausschluß gilt ohne Rücksicht auf mitwirkende Ursachen. Der Zustand des versicherten Gebäudes entscheidet darüber, ob überhaupt Versicherungsschutz besteht. Der Ausschluß wirkt nach dem Wortlaut selbst dann, wenn der VN nachweist, daß der Schaden auch bei bezugsfertigem Zustand des Gebäudes entstanden wäre. Die Motive für den Ausschluß sind in der erweiterten Elementarschadenversicherung dieselben wie in der Leitungswasser-, Rohrbruch- und Sturm-/Hagelversicherung. Um Wiederholungen zu vermeiden, wird auf die dortige Kommentierung verwiesen.

Die Ausschlußbestimmung sollte bei Gelegenheit angepaßt werden, weil nach ihrem Wortlaut lediglich Schäden an versicherten Gebäuden, nicht jedoch Schäden an Zubehör und sonstigen Grundstücksbestandteilen ausgeschlossen sind. Dies ist sicher nicht beabsichtigt (vgl. auch H 4.5.1).

## Selbstbehalt 7

Nach § 10 BEW wird der bedingungsgemäß als entschädigungspflichtig errechnete Betrag einschließlich Aufwendungsersatz gem. § 63 VVG je Versicherungsfall um den vereinbarten Selbstbehalt gekürzt. Diese Selbstbehaltsregelung stimmt wörtlich mit Klausel 7761 „Selbstbehalt bei ungekürzter Wohngebäude-Versicherungssumme“ überein (vgl. R 4.2). Die Selbstbehaltsregelung wurde in die BEW übernommen, um damit die besondere Bedeutung von Selbstbehaltsregelungen in der erweiterten Elementarschadenversicherung hervorzuheben. Die bisherigen Erfahrungen zeigen, daß die erweiterte Elementarschadenversicherung überhaupt nur bei Vereinbarung angemessener Selbstbehaltsregelungen angeboten wird. Insoweit unterscheidet sie sich grundsätzlich von den übrigen Gefahrengruppen in der Wohngebäudeversicherung, bei denen Selbstbehaltsregelungen regelmäßig nur für die sogenannten Basisprodukte vereinbart werden, die aus Wettbewerbsgründen zu Niedrigbeiträgen kalkuliert sind (vgl. I. 3.5). Dagegen ist die Vereinbarung von Selbstbehalten bei den nach wie vor weitgehend unbekannten Gefahren der Elementarschadenversicherung ein unverzichtbares Mittel der Risikogestaltung. Dies gilt insbesondere im Hinblick auf das Überschwemmungsrisiko. Durch die Selbstbehaltsregelung werden einerseits Bagatellschäden ausgeklammert. Andererseits soll damit aber auch das Interesse des VN an Maßnahmen der Schadenverhütung verstärkt werden. Weiterhin entschärft die Vereinbarung von Selbstbehalten die Kumulproblematik (s. J 1.3).

Diese Aspekte haben bei der Versicherung weiterer Elementarschäden große Bedeutung. Die Höhe der Selbstbehalte ist in den BEW nicht festgelegt. Ihre Vereinbarung ist in das Ermessen des einzelnen Versicherers gestellt. Nach den bisherigen Erfahrungen werden bei normalen Risikoverhältnissen zumeist Selbstbehalte in der Größenordnung von 1 ‰ bis 2 ‰ der Versicherungssumme 1914, multipliziert mit dem geltenden Neuwertfaktor, vereinbart. Gelegentlich werden jedoch auch weit höhere Selbstbehalte zugrunde gelegt.

## 8 Besondere Kündigungsrechte

Nach § 11 BEW gelten für die Versicherung weiterer Elementarschäden in der Wohngebäudeversicherung über die in den VGB und im VVG geregelten Kündigungsmöglichkeiten (s. M 6) hinausgehende besondere Kündigungsrechte. VN und Versicherer können die Versicherung weiterer Elementarschäden jederzeit unter Einhaltung einer Frist von drei Monaten durch schriftliche Erklärung kündigen. Der VN kann bestimmen, daß seine Kündigung erst zum Schluß des laufenden Versicherungsjahres wirksam wird. Die Grunddeckung des Wohngebäudeversicherungsvertrages wird von dieser Kündigung nicht berührt, sofern die Elementarschadenversicherung an den Wohngebäudeversicherungsvertrag angebündelt wurde (vgl. J 2). Macht jedoch der Versicherer von seinem Kündigungsrecht nach § 11 Abs. 1 BEW Gebrauch, so kann der VN seinerseits nach § 11 Abs. 2 BEW auch den Wohngebäudeversicherungsvertrag innerhalb eines Monats nach Zugang der Kündigung des Versicherers zum gleichen Zeitpunkt kündigen. Dieser Regelung liegt die Überlegung zugrunde, daß es ansonsten dem VN in der Regel nicht möglich wäre, bei einem anderen Wohngebäudeversicherer Versicherungsschutz gegen weitere Elementarschäden zu erlangen. Das Schicksal des Beitrags in den dargestellten Fällen ist in § 11 Abs. 3 und 4 BEW geregelt. Kündigt der Versicherer, so steht ihm der Teil des Beitrags zu, der der Dauer der Gefahrtragung entspricht. Das gleiche gilt, wenn der VN nach einer Kündigung der Versicherung weiterer Elementarschäden durch den Versicherer den Wohngebäudeversicherungsvertrag nach § 11 Abs. 2 BEW kündigt. In diesen Fällen wird der Jahresbeitrag des laufenden Versicherungsjahres pro rata temporis aufgeteilt. Beispiel: Versicherungsjahr 1. 1. 1998/1. 1. 1999. Jahresbeitrag 480,– DM. Kündigung der Versicherung weiterer Elementarschäden durch den Versicherer. Nachfolgende Kündigung des Wohngebäudeversicherungsvertrags durch den VN. Wirksamwerden beider Kündigungen zum 1. 10. 1998. Aufteilung des Jahresbeitrags im Verhältnis 3 : 1. Dem Versicherer stehen 360,– DM zu, dem VN werden 120,– DM erstattet.

Etwas anderes gilt, wenn der VN die erweiterte Elementarschadenversicherung kündigt. Ein besonderes Kündigungsrecht für den Wohngebäudeversicherungsvertrag entsteht in diesen Fällen nicht. Der Versicherer hat Anspruch auf den Beitrag für das laufende Versicherungsjahr. Es gilt der Grundsatz der Unteilbarkeit des Beitrags. Eine zeitanteilige Erstattung des unverbrauchten Beitrags an den VN erfolgt nicht.

# K Ausschlüsse

Begrifflich ist zwischen drei Arten von objektiven Risikoausschlüssen zu unterscheiden: dem Ausschluß von Sachen (Sachausschlüsse), dem Ausschluß von Gefahren (Gefahrenausschlüsse) und dem Ausschluß von Kosten (Kostenausschlüsse). Die Ausschlußregelungen sind in den VGB nicht zusammenfassend dargestellt, sondern jeweils über das Bedingungswerk verteilt. Dabei weichen die verschiedenen VGB in der Reihenfolge und in der Systematik der Ausschlußbestimmungen erheblich voneinander ab. In den VGB 62 sind die Ausschlüsse über das Bedingungswerk verstreut (u. a. §§ 1 Nr. 4, 3 Nr. 2, 4 Nr. 3, 5 Nr. 3 und Nr. 5, 18 Nr. 1 VGB 62). Dagegen wurden in den VGB 88 a. F. die Ausschlußbestimmungen nahezu vollständig in § 9 „Nicht versicherte Gefahren und Schäden" zusammengefaßt, um die Ausschlüsse übersichtlicher und verständlicher darzustellen. In den VGB 88 n. F. wurde nun wieder ein anderer Weg eingeschlagen, der sich eng an die Systematik der VGB 62 anlehnt. Die Ausschlußbestimmungen für einzelne Gefahren werden wiederum der Beschreibung der versicherten Gefahren und Schäden zugeordnet (s. §§ 5 Nr. 4, 6 Nr. 3 und Nr. 4, 7 Nr. 4 und 8 Nr. 4 VGB 88 n. F.). Ausgenommen davon sind lediglich die Sach- und Gefahrenausschlüsse, die für alle versicherten Gefahren gelten (vgl. §§ 1 Nr. 4, 2 Nr. 3, Nr. 4 und Nr. 5, 16 VGB 88 n. F.).

Eine vergleichende Betrachtung der Ausschlußregelungen in den verschiedenen Bedingungswerken ist dadurch außerordentlich erschwert. Deshalb werden die Ausschlüsse nachfolgend zusammenfassend dargestellt. Die eigentliche Kommentierung beschränkt sich dabei auf den Ausschluß von Schäden, die durch Kriegsereignisse jeder Art, innere Unruhen, Erdbeben oder Kernenergie entstehen, da alle sonstigen Ausschlüsse bei der Darstellung der versicherten Sachen und der versicherten Gefahren im jeweiligen Sachzusammenhang kommentiert wurden.

## 1 Sachausschlüsse

Durch die Sachausschlüsse werden bestimmte, näher beschriebene Sachen aus dem Kreis der versicherten Sachen ausgeschlossen. Dabei kann es sich um deklaratorische (unechte) Ausschlüsse handeln, die lediglich etwas klarstellen, was aus der Beschreibung der versicherten Sachen ohnehin folgt. So liegt es beim Ausschluß sonstiger Grundstücksbestandteile nach § 1 Nr. 3 VGB 88. Im Gegensatz dazu werden durch konstitutive (echte) Ausschlüsse Sachen ausgeschlossen, die aufgrund der Beschreibung der versicherten Sachen zum Kreis der versicherten Sachen zählen. Beispielhaft dafür ist der Ausschluß von Laden- und Schaufensterscheiben in der Sturm-/Hagelversicherung nach §§ 8 Nr. 4 f VGB 88 n. F., 9 Nr. 6 d VGB 88 a. F., 5 Nr. 3 a VGB 62. Konstitutive Ausschlüsse schränken im Gegensatz zu deklaratorischen Ausschlüssen den Haftungsumfang ein.

### 1.1 Allgemeine Ausschlüsse

Die sog. allgemeinen Ausschlüsse versicherter Sachen gelten für alle versicherten Gefahren. Daraus folgt, daß die ausgeschlossenen Sachen bei der Ermittlung des Versicherungswerts nicht berücksichtigt werden, da sie nicht zum Kreis der versicherten Sachen zählen. Anders liegt es bei den besonderen Sachausschlüssen für einzelne Gefahren, die in K 1.2 behandelt werden. So sind beispielsweise Laden- und Schaufensterscheiben in der Sturm-/Hagelversicherung ausgeschlossen, in der Feuer-, in der Leitungswasser- und in der erweiterten Elementarschadenversicherung dagegen versichert. Infolgedessen sind sie bei der Ermittlung des Versicherungswerts zu berücksichtigen.

Maßgebend für den **Ausschluß von Zubehör und sonstigen Grundstücksbestandteilen** sind §§ 1 Nr. 3 i. V. m. Nr. 2 VGB 88, 2 VGB 62. Nach § 1 Nr. 2 VGB 88 ist Zubehör mitversichert, soweit es sich in dem versicherten Gebäude befindet oder außen an dem versicherten Gebäude angebracht ist und der Instandhaltung eines versicherten Gebäudes oder dessen Nutzung zu Wohnzwecken dient. Im Verhältnis zu dieser Regelung wird in § 1 Nr. 3 VGB 88 klargestellt, daß weiteres Zubehör und sonstige Grundstücksbestandteile auf dem Versicherungsgrundstück nur aufgrund besonderer Vereinbarung versichert, also bedingungsgemäß ausgeschlossen sind. Nach § 2 VGB 62 sind die im Versicherungsschein aufgeführten Gebäude mit ihren Bestandteilen, aber ohne Zubehör versichert. Sonstige Grundstücksbestandteile sind nicht erwähnt. Der deklaratorische Charakter der Ausschlußbestimmung in § 1 Nr. 3 VGB 88 wird dadurch bestätigt. Zu den Einzelheiten des wechselseitigen Ein- und Ausschlusses von Zubehör wird auf die Kommentierung A 2 und 3 verwiesen. 1.1.1

Nach § 1 Nr. 4 VGB 88 sind nicht versichert in das Gebäude eingefügte Sachen, die ein Mieter auf seine Kosten beschafft oder übernommen hat und für die er die Gefahr trägt (**Mietereinbauten**). Die VGB 62 kennen einen derartigen Ausschluß nicht. Dennoch sind Mietereinbauten auch nach den VGB 62 zumeist nicht versicherte Sachen, weil sie in der Regel zu einem vorübergehenden Zweck in das Gebäude eingefügt werden und infolgedessen nicht Gebäudebestandteil sind (Einzelheiten s. A 4). 1.1.2

## Besondere Ausschlüsse 1.2

Neben den in K 1.1 dargestellten allgemeinen Sachausschlüssen beinhalten die VGB eine Reihe von besonderen Sachausschlüssen, die für einzelne versicherte Gefahren gelten. Sie werden nachfolgend dargestellt.

**Der Ausschluß von Schäden an versicherten Sachen (Gebäuden), solange (soweit) das versicherte Gebäude noch nicht bezugsfertig oder wegen Umbauarbeiten für seinen Zweck nicht mehr benutzbar ist**, stellt den wichtigsten Sachausschluß in der Leitungswasser-, in der Rohrbruch-, in der Sturm-/Hagel- und in der erweiterten Elementarschadenversicherung dar. Der Ausschluß ist in den nachfolgend aufgeführten Regelungen verankert. 1.2.1

Leitungswasserversicherung: §§ 6 Nr. 3 f VGB 88 n. F., 9 Nr. 3 a VGB 88 a. F., 4 Nr. 3 a VGB 62 (vgl. F 4.6).

Rohrbruchversicherung: §§ 7 Nr. 4 b VGB 88 n. F., 9 Nr. 3 a VGB 88 a. F., 4 Nr. 3 a VGB 62 (vgl. G 7.2).

Sturm-/Hagelversicherung: §§ 8 Nr. 4 e VGB 88 n. F., 9 Nr. 3 a VGB 88 a. F., 5 Nr. 5 a VGB 62 (vgl. H 4.5).

Erweiterte Elementarschadenversicherung: § 9 BEW (vgl. J 6).

Zu beachten ist, daß sich der Ausschluß nach § 4 Nr. 3 VGB 62 auf Gebäude erstreckt, die noch nicht bezugsfertig sind. Er gilt infolgedessen nicht für Gebäude, die wegen Umbauarbeiten für ihren Zweck nicht mehr benutzbar sind. Insoweit könnte der VN nach den VGB 62 etwas besser gestellt sein als nach den VGB 88, da die Bezugsfertigkeit durch einen Umbau im allgemeinen nicht unterbrochen wird (umstritten; vgl. F 4.6.3). Daneben ist in einem Vergleich der vorstehend genannten Bestimmungen zu berücksichtigen, daß sie im Wortlaut verschiedentlich voneinander abweichen (s. F 4.6, G 7.2 und H 4.5).

1.2.2 Laden- und Schaufensterscheiben sind in der Sturmversicherung nach §§ 8 Nr. 4 f VGB 88 n. F., 9 Nr. 6 d VGB 88 a. F., 5 Nr. 3 a VGB 62 ausgeschlossen (vgl. H 4.6).

1.2.3 Die **VGB 62 beinhalten eine Reihe weiterer Sachausschlüsse**. In der Leitungswasser- und Rohrbruchversicherung sind gem. § 4 Nr. 3 b VGB 62 Schäden an Kessel-, Maschinen- und elektrischen Kraftanlagen ausgeschlossen, sofern diese Anlagen gewerblichen Zwecken dienen. Die Sturmversicherung nach den VGB 62 erstreckt sich nach § 5 Nr. 3 a VGB 62 nicht auf Laden- und Schaufensterscheiben, künstlerisch bearbeitete Scheiben, Kirchenfenster und Scheiben in einer Einzelgröße von mehr als 3 Quadratmetern. Das gleiche gilt für die Rahmen und Profile dieser Verglasungen. Weiterhin sind nach § 5 Nr. 3 b VGB 62 nicht versichert an der Außenseite des Gebäudes angebrachte Sachen (z. B. Schilder, Leuchtröhrenanlagen, Markisen, Blendläden, Antennenanlagen), elektrische Freileitungen einschließlich Ständer und Masten sowie Einfriedigungen. Die Versicherung dieser Sachen kann besonders vereinbart werden.

## 2 Gefahrenausschlüsse

Durch die Gefahrenausschlüsse werden Schäden an versicherten Sachen durch bestimmte Geschehensabläufe bzw. Schadenursachen ausgeschlossen. Dabei handelt es sich darum, daß bestimmte Schadenereignisse, die unter den Begriff der versicherten Gefahren fallen, sozusagen nachträglich im Weg der sog. sekundären Risikoabgrenzung bzw. Leistungsbeschreibung vom Versicherungsschutz ausgenommen werden. Zumeist werden durch Gefahrenausschlüsse versicherte Schadenereignisse erfaßt, die ihrerseits durch ein anderes Ereignis verursacht wurden, für das der Versicherer nicht haften möchte. Typische Beispiele dafür sind durch Erdbeben verursachte Brandschäden.

In den VGB 88 wird durch die Beifügung „**ohne Rücksicht auf mitwirkende Ursachen**" klargestellt, daß die Gefahrenausschlüsse auch dann zum Zug kommen, wenn die ausgeschlossene Ursache eine von mehreren Ursachen ist, die den Schaden gemeinsam herbeigeführt haben. Es wird nicht vorausgesetzt, daß eine ausgeschlossene Ursache den Schaden allein bewirkt. Die Ausschlüsse setzen sich grundsätzlich auch dann durch, wenn der Schaden durch das Zusammenwirken einer versicherten und einer ausgeschlossenen Ursache entstanden ist. Eine Aufteilung bzw. Zurechnung des Schadens auf versicherte und ausgeschlossene Ursache findet nicht statt, zumal dies praktisch zumeist gar nicht möglich ist. Die zitierte Neuformulierung der VGB 88 bedeutet im Vergleich zu den VGB 62 keine Schlechterstellung für den VN. Es handelt sich lediglich um eine Klarstellung, die der herrschenden Meinung entspricht (vgl. Prölss Martin § 49 RN 56; Bruck/Möller Anm. 153 zu § 49; Römer/Langheid § 49 RN 7 f.).

## Allgemeine Ausschlüsse 2.1

Es werden zunächst diejenigen Ausschlüsse behandelt, die für alle versicherten Gefahren gelten (allgemeine Ausschlüsse). Nicht versichert sind nach §§ 9 Nr. 1 b VGB 88 a. F., 1 Nr. 4 VGB 62 Schäden, die durch Kriegsereignisse jeder Art, innere Unruhen, Erdbeben oder Kernenergie entstehen. In den vom GDV unverbindlich empfohlenen VGB 88 n. F. fehlt eine entsprechende Ausschlußbestimmung. Es ist jedoch sicher, daß die Wohngebäudeversicherer bei der Umsetzung dieser unverbindlichen Verbandsempfehlung in unternehmenseigene AVB diese Ausschlüsse einbringen werden.

Die allgemeinen Ausschlüsse setzen sich durch. Nicht versichert sind alle Schäden, die durch eine dieser Ursachen adäquat kausal herbeigeführt werden. Es genügt, daß die ausgeschlossene Gefahr mitursächlich war. Kein Versicherungsschutz besteht weiterhin, wenn durch eine der ausgeschlossenen Gefahren eine versicherte Gefahr eintritt. Beispiele: Bei inneren Unruhen wird ein Brand gelegt; Erdbeben verursacht einen Rohrbruch und dadurch entstehen Durchnässungsschäden durch Leitungswasser am versicherten Gebäude. Ebenso besteht kein Versicherungsschutz, wenn eine eingeschlossene Schadenursache eine ausgeschlossene Gefahr bewirkt. Beispiel: Durch einen Brand in einem Kernkraftwerk wird radioaktive Strahlung frei.

Ausgeschlossen sind **Schäden, die durch Kriegsereignisse jeder Art entstehen**. Entsprechende Ausschlußregelungen sind auch in allen sonstigen Zweigen der Sachversicherung üblich. Der Ausschluß von Kriegsschäden in der Feuerversicherung ist in § 84 VVG geregelt. Krieg ist eine militärische Auseinandersetzung zwischen mehreren Staaten. Der Kriegszustand muß indessen nicht offiziell erklärt werden (vgl. Römer/Langheid § 84 RN 3). Im versicherungsrechtlichen Sinn fallen wohl auch Bürgerkriege unter den Kriegsbegriff. Indessen hat diese Frage wegen des Ausschlusses von Schäden durch innere Unruhen ohnehin weitgehend theoretische Bedeutung. Das Kriegsrisiko ist nicht kalkulierbar. Es ist allgemein nicht versicherbar. Materielle Bedeutung im Hinblick auf den Eintritt von Schadenereignissen hat der Ausschluß vor allem in der Feuerversicherung für das Brand- und Explosionsrisiko. Daneben können aber auch in der Rohrbruch- und Leitungswasserversicherung Schäden durch Kriegshandlungen eintreten. Bei allen versicherten Gefahren ist es jedoch vorstellbar, daß Schäden durch versicherte Gefahren dadurch vergrößert werden, daß infolge des Krieges schadenmindernde Maßnahmen oder Reparaturarbeiten nicht oder nicht unverzüglich durchgeführt werden können. Der Risikoausschluß greift auch in diesen Fällen, soweit der Schaden durch die Kriegsereignisse vergrößert wird. Die Kommentierung zu § 84 VVG, wonach die Vergrößerung eines Schadens durch Kriegsereignisse vom Ausschluß nicht erfaßt wird (vgl. Prölss/Martin § 84 RN 1 sowie Römer/Langheid § 84 RN 5), läßt sich wegen des abweichenden Wortlauts von §§ 9 Nr. 1 b VGB 88 a. F., 1 Nr. 4 VGB 62 auf die VGB nicht übertragen (vgl. Prölss/Martin § 1 AFB a. F. RN 25). 2.1.1

Weiterhin sind **Schäden durch innere Unruhen** ohne Rücksicht auf mitwirkende Ursachen **ausgeschlossen**. Innere Unruhen liegen vor, wenn zahlenmäßig nicht unerhebliche Teile des Volkes in einer die öffentliche Ruhe und Ordnung störenden Weise in Bewegung geraten und Gewalttätigkeiten gegen Personen oder Sachen verüben (vgl. Prölss/Martin § 1 AFB a. F. RN 16; Martin F I 7; Römer/Langheid § 84 RN 6). Auch innere Unruhen sind ein nicht kalkulierbares politisches Risiko mit einem hohen Kumulpotential. Im Gegensatz zum Kriegsrisiko, das generell nicht versicherbar ist, sind Schäden durch innere Unruhen im Rahmen der sog. Extended Coverage (EC)-Deckung für industrielle und großgewerbliche Risiken unter einschränkenden Bedingungen versicherbar. In der Wohngebäudeversicherung besteht eine derartige Versicherbarkeit bisher nicht. Hin- 2.1.2

sichtlich der materiellen Bedeutung des Ausschlusses von Schäden durch innere Unruhen gelten die Ausführungen in K 2.1.1 entsprechend.

2.1.3 Nicht versichert sind weiterhin **Schäden, die durch Erdbeben verursacht werden**. In der Feuerversicherung sind diese Schäden auch nach § 84 VVG ausgeschlossen. Erdbeben ist eine naturbedingte Erschütterung des Erdbodens, die durch geophysikalische Vorgänge im Erdinnern ausgelöst wird. Materielle Auswirkungen hat der Ausschluß von Schäden durch Erdbeben vor allem in der Feuerversicherung (Brand- und Explosionsschäden infolge von Erdbeben) und in der Leitungswasser- und Rohrbruchversicherung (Rohrbruch und Schäden durch bestimmungswidrig austretendes Leitungswasser infolge von Erdbeben). Das Erdbebenrisiko wurde von den deutschen Versicherern lange Zeit als nicht versicherbar eingestuft. Lediglich die Gebäudepflichtversicherung in Baden-Württemberg umfaßte Schäden durch Erdbeben. Diese Einstellung hat sich gewandelt. Seit der Einführung der erweiterten Elementarschadenversicherung im Jahr 1991 sind Erdbebenschäden in der Wohngebäudeversicherung nach den BEW versicherbar (vgl. J 4.2).

2.1.4 **Schäden durch Kernenergie** sind in der Wohngebäudeversicherung ebenso wie Schäden durch Kriegsereignisse, innere Unruhen und Erdbeben ausgeschlossen. Der Ausschluß von Schäden durch Kernenergie ist darauf zurückzuführen, daß für die Betreiber von Kernanlagen eine unbegrenzte Gefährdungshaftung gilt. Sie sind daneben nach dem Atomgesetz verpflichtet, eine finanzielle Deckungsvorsorge nachzuweisen, deren Höchstbetrag vom Gesetzgeber auf 500 Mio. DM festgesetzt wurde. Infolgedessen kann auf den Einschluß des Kernenergierisikos in der Wohngebäudeversicherung verzichtet werden. Die Fußnote zu §§ 9 Nr. 1 b VGB 88 a. F., 1 Nr. 4 VGB 62 weist auf diesen Sachverhalt hin. Die „Fußnotenlösung" wurde vom BAV gefordert, weil sich die Dekkung dieser Schäden nach haftpflichtrechtlichen Grundsätzen richtet. Es gelten andere Haftungsvoraussetzungen und andere Regelungen der Leistung als nach den VGB 88. Daher konnte nach Auffassung des BAV der Hinweis nicht in den seinerzeit genehmigten Bedingungstext aufgenommen werden (vgl. zu den VHB 84 Ollick, VerBAV 84 Anm. 8 b S. 314).

## 2.2 Besondere Ausschlüsse

Neben den in K 2.1 behandelten allgemeinen Gefahrenausschlüssen beinhalten die VGB eine Anzahl von besonderen Gefahrenausschlüssen, die für die jeweils angesprochene Gefahr bzw. Gefahrengruppe gelten. Sie können nicht analog auf andere Gefahrengruppen übertragen werden. Besondere Ausschlüsse dienen teilweise auch der Abgrenzung der versicherten Gefahren gegeneinander (vgl. D 1.4). Sind in einem Vertrag mehrere Gefahrengruppen versichert, so kommt es vor, daß ein konkreter Schaden zwar unter die Ausschlußbestimmung zur Gefahrengruppe A fällt, dennoch aber versichert ist, da er zugleich unter den Haftungsumfang einer anderen Gefahrengruppe B einzuordnen ist. Die besonderen Ausschlüsse für eine Gefahrengruppe greifen also nicht auf andere Gefahrengruppen durch. Die nachfolgenden Beispiele verdeutlichen dies.

Tritt das in einem Stausee gestaute Wasser infolge eines Explosionsschadens an der Staumauer aus, so sind dadurch an einem versicherten Gebäude verursachte Schäden nach §§ 6 Nr. 3 b VGB 88 n. F., 9 Nr. 4 b VGB 88 a. F., 4 Nr. 3 d VGB 62 in der Leitungswasserversicherung zwar ausgeschlossen, in der Feuerversicherung aber als Explosionsfolgeschaden versichert. Tritt infolge eines Rohrbruchs bestimmungswidrig Wasser aus und verursacht einen Kurzschlußschaden an der elektronischen Steuerung der Heizungsanlage, so kann dieser Schaden in der Feuerversicherung unter Hinweis auf §§ 5 Nr. 4 d VGB 88 n. F., 9 Nr. 2 c VGB 88 a. F. abgelehnt werden. Auch nach den VGB 62 besteht dafür kein Versicherungsschutz, weil der Schaden nicht durch eine nach §§ 1 Nr. 1 a, 3 VGB 62 versicherte Gefahr verursacht wurde. Dagegen ist der Schaden in der Leitungswasserversicherung ohne weiteres versichert. Ebenso verhält es sich bei einem Schaden durch häusliche Abwasser, der durch den Ausfall einer Abwasserpumpe infolge Kurzschluß verursacht wurde. Das gilt nicht, wenn der Rohrbruch bzw. der Kurzschluß durch ein Erdbeben herbeigeführt wurde (vgl. K 2.1.3).

Die besonderen Ausschlüsse setzen sich im Gegensatz zu den allgemeinen Ausschlüssen nur innerhalb der jeweiligen Gefahr durch. Sie wirken nicht, soweit Schäden durch eine zur Gefahrengruppe A (Brand) ausgeschlossene Ursache die Folge des Eintritts einer anderen versicherten Gefahr B (Leitungswasser) sind (Leitungswasseraustritt verursacht Kurzschlußschaden). Sie kommen weiter nicht zum Zug, soweit durch eine zur Gefahrengruppe A ausgeschlossene Ursache eine andere versicherte Gefahr B eintritt und Schäden anrichtet (Kurzschlußschaden verursacht Leitungswasseraustritt).

Die nachfolgende Darstellung der besonderen Gefahrenausschlüsse dient vor allem der Übersicht. Die eigentliche Kommentierung erfolgt im Sachzusammenhang mit der Darstellung der versicherten Gefahren. Auf die jeweiligen Fundstellen wird nachfolgend verwiesen.

Nach §§ 5 Nr. 4 a VGB 88 n. F., 9 Nr. 2 a VGB 88 a. F., 3 Nr. 2 VGB 62 erstreckt sich der Versicherungsschutz gegen Brand, Blitzschlag und Explosion nicht auf **Brandschäden, die an versicherten Sachen dadurch entstehen, daß sie einem Nutzfeuer oder der Wärme zur Bearbeitung oder zu sonstigen Zwecken ausgesetzt werden** (Betriebsschadenausschluß). Dieser Ausschluß wird in den VGB 88 durch den Zusatz ergänzt, daß dies auch für Schäden gilt, in denen oder durch die Nutzfeuer oder Wärme erzeugt, vermittelt oder weitergeleitet wird. Dieser Zusatz hat deklaratorische Bedeutung (Einzelheiten s. E 1.7 und 4.1). 2.2.1

Weiterhin sind nach §§ 5 Nr. 4 b VGB 88 n. F., 9 Nr. 2 b VGB 88 a. F. **Sengschäden ausgeschlossen**. Dieser Ausschluß hat deklaratorische Bedeutung, da er solche Sengschäden nicht umfaßt, die durch Brand, Blitzschlag oder Explosion entstanden sind. Aus diesem Grund wurde vermutlich darauf verzichtet, in den VGB 62 eine entsprechende Ausschlußbestimmung zu verankern. Materielle Auswirkungen hat das nicht (E 4.2).

**Kurzschluß- und Überspannungsschäden,** die an elektrischen Einrichtungen durch Blitzschlag entstanden sind, werden durch §§ 5 Nr. 4 c VGB 88 n. F., 9 Nr. 2 c VGB 88 a. F. ausgeschlossen. Nach § 5 Nr. 4 b VGB 88 n. F. gilt dies jedoch nur, wenn der Blitz außerhalb des versicherten Gebäudes aufgetroffen ist. In den VGB 88 a. F. fehlt eine entsprechende Rückausnahme. Dadurch werden die VN in den VGB 88 n. F. im Verhältnis zu den VGB 88 a. F. etwas besser gestellt (E 2.2 und 4.3).

Nach §§ 9 Nr. 3 b VGB 88 a. F., 4 Nr. 3 g VGB 62 sind **in der Leitungswasserversicherung Schäden durch Brand, Blitzschlag, Explosion, Anprall oder Absturz eines bemannten Flugkörpers, seiner Teile oder seiner Ladung ausgeschlossen**. In § 4 Nr. 3 g VGB 62 wird der Ausschluß von Leitungswasserschäden durch Anprall oder Absturz bemannter Flugkörper nicht erwähnt, da derartige Schäden in der Feuerversicherung nach den VGB 62 nicht versichert sind. Daneben wird dort der deklaratorische Hinweis gegeben, der Ausschluß gelte auch dann, wenn der Brand oder die Explosion die Folge 2.2.2

von ausgetretenem Leitungswasser ist. Praktische Auswirkungen hat das nicht. In den VGB 88 n. F. wurde auf eine entsprechende Ausschlußbestimmung verzichtet (D 1.4).

**Schäden durch Plansch- oder Reinigungswasser** werden nach §§ 6 Nr. 3 a VGB 88 n. F., 9 Nr. 4 a VGB 88 a. F., 4 Nr. 3 e VGB 62 ausgeschlossen (F 4.1).

Weiterhin ausgeschlossen sind nach §§ 6 Nr. 3 b VGB 88 n. F., 9 Nr. 4 b VGB 88 a. F., 4 Nr. 3 d VGB 62 **Schäden durch Grundwasser, stehendes oder fließendes Gewässer, Hochwasser oder Witterungsniederschläge** oder einen durch diese Ursachen hervorgerufenen **Rückstau** (F 4.2).

Nicht versichert sind weiterhin **Schäden durch Öffnen der Sprinkler- oder der Berieselungsdüsen** wegen eines Brandes, durch Druckproben oder durch Umbauten oder Reparaturarbeiten an dem versicherten Gebäude oder an der Sprinkler- oder Berieselungsanlage. Diese Schäden werden durch §§ 6 Nr. 3 c VGB 88 n. F., 9 Nr. 4 c VGB 88 a. F., 4 Nr. 3 e VGB 62 ausgeschlossen (F 4.3).

Nach §§ 6 Nr. 3 d VGB 88 n. F., 9 Nr. 4 d VGB 88 a. F., 4 Nr. 3 c VGB 62 werden **Schäden durch Erdsenkung oder Erdrutsch ausgeschlossen**, es sei denn, daß Leitungswasser die Erdsenkung oder den Erdrutsch verursacht hat. In den VGB 62 fehlt die zitierte Rückausnahme. Dadurch werden die VN im Verhältnis zu den VGB 88 etwas schlechter gestellt (F 4.4).

**Schäden durch Schwamm** sind in der Leitungswasserversicherung nach §§ 6 Nr. 3 e VGB 88 n. F., 9 Nr. 4 e VGB 88 a. F., 4 Nr. 3 f VGB 62 ausgeschlossen (F 4.5).

2.2.3 Auch in der **Rohrbruchversicherung sind Schäden durch Brand, Blitzschlag, Explosion, Anprall oder Absturz eines bemannten Flugkörpers, seiner Teile oder seiner Ladung** nach §§ 9 Nr. 3 b VGB 88 a. F., 4 Nr. 3 g VGB 62 **ausgeschlossen**. Die in K 2.2.2 dargestellten Unterschiede zwischen den VGB 88 a. F. und den VGB 62 gelten auch hier. In den VGB 88 n. F. fehlt wiederum ein entsprechender Ausschluß (s. D 1.4).

Nicht versichert sind weiterhin **Schäden durch Erdsenkung oder Erdrutsch**, es sei denn, daß Leitungswasser die Erdsenkung oder den Erdrutsch verursacht hat. Maßgebend für diesen Ausschluß sind §§ 7 Nr. 4 a VGB 88 n. F., 9 Nr. 5 VGB 88 a. F., 4 Nr. 3 c VGB 62. In den VGB 62 wird wiederum auf die Rückausnahme von Schäden verzichtet, bei denen die Erdsenkung oder der Erdrutsch durch Leitungswasser verursacht wurde. Das bringt eine geringe Schlechterstellung für die VN (G 7.1).

2.2.4 Auch in der **Sturm-/Hagelversicherung** werden **Schäden durch Brand, Blitzschlag, Explosion, Anprall oder Absturz eines bemannten Flugkörpers, seiner Teile oder seiner Ladung** nach §§ 9 Nr. 3 b VGB 88 a. F., 5 Nr. 5 d VGB 62 **ausgeschlossen**. Die in RN 2.2.2 dargestellten Unterschiede zwischen den VGB 88 a. F. und den VGB 62 gelten auch hier. Die VGB 88 n. F. beinhalten keinen entsprechenden Ausschluß (s. D 1.4).

**Schäden durch Sturmflut** werden nach §§ 8 Nr. 4 a VGB 88 n. F., 9 Nr. 6 a VGB 88 a. F., 5 Nr. 5 b VGB 62 ausgeschlossen (H 4.1).

Weiterhin erstreckt sich der Versicherungsschutz der Sturm-/Hagelversicherung nach §§ 8 Nr. 4 b VGB 88 n. F., 9 Nr. 6 b VGB 88 a. F., 5 Nr. 5 b VGB 62 nicht auf **Schäden durch Lawinen** (H 4.2).

Nicht versichert sind weiterhin **Schäden durch Eindringen von Regen, Hagel, Schnee oder Schmutz durch nicht ordnungsgemäß geschlossene Fenster, Außentüren oder andere Öffnungen**, es sei denn, daß diese Öffnungen durch Sturm oder Hagel entstanden sind und einen Gebäudeschaden darstellen. Dieser Ausschluß ist in §§ 8 Nr. 4 c VGB 88 n. F., 9 Nr. 6 c VGB 88 a. F., 5 Nr. 5 c VGB 62 verankert (H 4.3).

Nach §§ 8 Nr. 4 d VGB 88 n. F., 9 Nr. 6 e VGB 88 a. F. sind in der Sturm-/Hagelversicherung weiterhin **nicht versichert Schäden durch Leitungswasser oder Rohrbruch**. In den VGB 62 fehlt eine entsprechende Ausschlußbestimmung. Dadurch werden die VN im Verhältnis zu den VGB 88 etwas besser gestellt, sofern sie keine Leitungswasserversicherung abgeschlossen haben (H 4.4).

**Nicht versichert sind nach § 3 Nr. 2 a BEW Schäden durch Sturmflut** (J 4.1.1). Daneben werden durch § 3 Nr. 2 b BEW **Rückstauschäden** ausgeschlossen (J 4.1.2). Es fällt auf, daß in der Versicherung weiterer Elementarschäden Brand-, Blitzschlag- und Explosionsschäden nicht ausgeschlossen sind. Das liegt in erster Linie daran, daß in der Feuerversicherung Schäden durch Erdbeben generell ausgeschlossen sind. Erdbebenfeuer fallen unter den Versicherungsschutz der Versicherung weiterer Elementarschäden. 2.2.5

## Kostenausschlüsse 3

Nach §§ 2 Nr. 3 VGB 88, 16 Nr. 2 VGB 62 sind nicht versichert Aufwendungen für Leistungen der Feuerwehren oder anderer im öffentlichen Interesse zur Hilfeleistung Verpflichteter, wenn diese Leistungen im öffentlichen Interesse erbracht werden (s. B 5). Weiterhin sind nach § 2 Nr. 4 Abs. 3 VGB 88 n. F., 15 Nr. 2 Abs. 3 VGB 88 a. F. Mehrkosten infolge von Betriebsbeschränkungen oder Kapitalmangel ausgeschlossen. Nach § 15 Nr. 2 Abs. 3 VGB 88 a. F. gilt das auch für Mehrkosten infolge von außergewöhnlichen Ereignissen. Die VGB 62 enthalten derartige Ausschlüsse nicht, weil dort die Versicherung von Mehrkosten generell nicht geregelt bzw. nicht vorgesehen ist (s. R 2.1 ff.). Daneben enthalten die VGB 88 einige spezielle Ausschlußbestimmungen im Zusammenhang mit der Versicherung von Mehrkosten infolge behördlicher Auflagen (s. R 2.2 bis 2.5).

# L Interesse; Eigen- und Fremdversicherung; Regreß; Interessemangel; Veräußerung

## 1 Interesse

Die Bestimmung des Interessebegriffs hat in der Schadenversicherung große Bedeutung. Ein rechtswirksamer Vertrag kann in der Schadenversicherung und infolgedessen auch in der Wohngebäudeversicherung nur geschlossen werden, wenn die Versicherung eines versicherbaren Interesses vereinbart wurde. Ist ein als versichert vereinbartes Interesse nicht vorhanden, so liegt ein Fall des anfänglichen Interessemangels nach § 68 I VVG vor (vgl. L 6.1). Ein rechtswirksamer Versicherungsvertrag ist dann nicht zustandegekommen (vgl. Prölss/Martin vor § 51 RN 7 und Martin J I 1 f.) Die Bestimmung der versicherbaren und der versicherten Interessen bereitet erhebliche Schwierigkeiten, weil diese Begriffe weder im VVG noch in den VGB definiert sind. Die VGB sprechen nur von versicherten Sachen, nicht von versicherten Interessen, obwohl im Grunde genommen nicht Gebäude, sondern versicherbare Interessen an Gebäuden versichert sind.

## 2 Versicherbare Interessen

Versicherbare Interessen sind allgemein rechtliche Beziehungen, kraft derer der VN oder ein versicherter Dritter einen Nachteil erleiden kann (Prölss/Martin vor § 51 RN 1 m. w. N.). Ausgangspunkt für die Bestimmung des versicherten Interesses sind diejenigen rechtlichen Beziehungen, „deretwegen die Zerstörung oder die Beschädigung oder das Abhandenkommen einer Sache für den VN oder für einen Versicherten einen Schaden darstellt" (Martin J I 1). Ein versicherbares Interesse an einer Sache hat derjenige, dessen Vermögen durch die Zerstörung, die Beschädigung oder das Abhandenkommen der Sache gemindert wird. Dabei kann es sich um den Eigentümer der Sache, aber auch um einen Nichteigentümer handeln. Versicherbar ist auch der Vermögensnachteil, der bei einem Dritten eintritt, sofern der VN ein eigenes Interesse am Nichteintreten des Versicherungsfalls hat (BGH r+s 88 S. 85). In der Wohngebäudeversicherung hat infolgedessen derjenige ein versicherbares Interesse an einem Wohngebäude, der einen versicherbaren Schaden an dem Gebäude zu tragen hätte, wenn ein Wohngebäudeversicherungsvertrag nicht bestünde. Derartige versicherbare Interessen haben in erster Linie Eigentümer von Gebäuden. Daneben können jedoch auch versicherbare fremde Interessen von Nichteigentümern an demselben Gebäude bestehen. Beispiele für versicherbare Interessen von Nichteigentümern in der Wohngebäudeversicherung sind die Interessen von Realrechtsgläubigern, von Pächtern oder Mietern sowie von Erwerbern von Wohngrundstücken, die die Gefahr bereits vor Eigentumsübergang (Grundbucheintragung) tragen (Einzelheiten vgl. L 4).

## 3 Versicherte Interessen

Es liegt auf der Hand, daß nicht alle versicherbaren Interessen an dem versicherten Wohngebäude ohne weiteres auch durch einen Wohngebäudeversicherungsvertrag versichert sind. Deswegen schließt an die allgemeine Frage, welche Interessen versicherbar sind, bei Vertragsabschluß und im Versicherungsfall die konkrete Frage an, welche versicherbaren Interessen durch den Vertrag versichert werden sollten bzw. tatsächlich versichert sind. Die Beantwortung dieser Frage bereitet in der Praxis erhebliche Schwierigkeiten. Dies liegt in erster Linie daran, daß bei Vertragsabschluß in den allermeisten Fällen darüber keine Vereinbarungen getroffen werden und auch in den VGB nicht bestimmt ist, welche Interessen an den versicherten Sachen versichert sind. Infolgedessen wird die Frage nach den versicherten Interessen in der Regel erst im Versicherungsfall gestellt und beantwortet. Dabei kommt es in vielen Fällen zu Auslegungsschwierigkeiten und auch zu Auseinandersetzungen zwischen VN, Versicherten und Versicherern.

Nach der Rechtsprechung des BGH versteht man unter versichertem Interesse einen von den Parteien des Versicherungsvertrages bei Vertragsabschluß für möglich gehaltenen Vermögensnachteil, der im Falle seines Eintritts durch die Versicherungsleistung ausgeglichen werden soll. Welches Interesse versichert ist, ist bei Bedarf durch Auslegung des Versicherungsvertrages zu ermitteln. Dabei sind auch die Umstände des Falles zu berücksichtigen (BGH r+s 88 S. 85).

## Eigenversicherung 4

Grundlage für die Beantwortung der Frage nach den versicherten Interessen in der Wohngebäudeversicherung ist § 80 VVG. Nach § 80 I VVG gilt die Versicherung als für eigene Rechnung genommen, sofern sich aus den Umständen nicht ergibt, daß die Versicherung für einen anderen genommen werden soll. Der Begriff „eigene Rechnung" ist gleichzusetzen mit der Versicherung eigener Interessen des VN, die auch als Eigenversicherung bezeichnet wird. Die zitierte Bestimmung des VVG beinhaltet die widerlegbare Vermutung der Eigenversicherung. Mangels abweichender Bestimmungen in den VGB ist von dem in § 80 VVG als Regel angesehenen Fall auszugehen, daß VN und Interesseträger identisch sind (s. Bruck/Möller Anm. 3 zu § 74).

## Eigentümer-VN 4.1

Die Antwort auf die Frage nach den versicherten Interessen hängt in der Wohngebäudeversicherung entscheidend davon ab, ob der Eigentümer des versicherten Gebäudes oder eine andere Person VN des Vertrages ist.

In den allermeisten Fällen werden Wohngebäudeversicherungsverträge vom Gebäudeeigentümer abgeschlossen. Dann ist ohne weiteres davon auszugehen, daß der Eigentümer-VN sein eigenes **Interesse an der Erhaltung der Sachsubstanz seines Eigentums** versichern möchte. Mit dem Abschluß des Wohngebäudeversicherungsvertrages möchte er diejenigen Schäden versichern, die durch eine versicherte Gefahr an seinem Wohngebäude entstehen und die ohne den Versicherungsschutz der Wohngebäudeversicherung zu Lasten seines Vermögens gingen. Es handelt sich um eine Eigenversicherung. Das versicherte Interesse des Gebäudeeigentümers wird auch als **Sacherhaltungsinteresse** bezeichnet (vgl. Prölss/Martin § 80 RN 5). Es spielt dabei grundsätzlich keine Rolle, ob der VN Alleineigentümer oder nur Miteigentümer des versicherten Gebäudes ist. 4.1.1

Bei Miteigentum an versicherten Gebäuden können einzelne Eigentümer oder alle Eigentümer gemeinsam VN des Wohngebäudeversicherungsvertrages sein. In allen Fällen ist jedoch das gesamte Gebäude zu versichern. Die Versicherung von Bruchteilen eines Gebäudes ist im allgemeinen aus versicherungstechnischen Gründen nicht möglich. Sind alle Miteigentümer VN, so ist das eigene Interesse aller Miteigentümer versichert. Ist nur ein Miteigentümer VN, so sind die übrigen Miteigentümer Versicherte. Insoweit handelt es sich um Fremdversicherung (vgl. L 5.1). Ist dagegen eine Gesamthandsgesellschaft VN, so sind nach der h. M. alle Gesamthandseigentümer VN (vgl. Prölss/Martin § 74 RN 2 und Römer/Langheid § 74 RN 8). Schließt eine Wohnungseigentümergemeinschaft einen Vertrag ab, so sind die einzelnen Wohnungseigentümer nach Auffassung des OLG Hamm nicht VN, sondern nur Versicherte (VersR 96 S. 1234; Prölss/Martin § 74 RN 3 a). Das kann zu nachteiligen Folgen für den einzelnen Wohnungseigentümer im Versicherungsfall führen (vgl. L 5.5). Im Gegensatz zum OLG Hamm ist das OLG Düsseldorf der Auffassung, daß alle Mitglieder der Wohnungseigentümergemeinschaft VN der Wohngebäudeversicherung sind, weil die Wohnungseigentümergemeinschaft keine selbständige Rechtspersönlichkeit sei (r+s 98 S. 337).

4.1.2 Es fragt sich, ob in der Wohngebäudeversicherung neben den Interessen des Eigentümer-VN an eigenen Sachen auch dessen Interessen an fremden Sachen versichert sind. Diese Frage ist grundsätzlich zu bejahen. Praktisch hat dieser Sachverhalt untergeordnete Bedeutung (zur Begründung s. A 5). Versichert ist das sog. **Sachersatzinteresse** (zum Begriff s. L 4.2.1) des Eigentümer-VN an in fremdem Eigentum stehenden Elektrizitäts- und Wasserzählern sowie Gas- und Wasseruhren. Daneben ist aber auch das Eigentümerinteresse des Versorgungsunternehmens an diesen Sachen versichert. Insoweit handelt es sich auch um eine Versicherung für fremde Rechnung. Es zeigt sich, daß in demselben Vertrag ohne besondere Vereinbarung nebeneinander eigene Interessen des VN und fremde Interessen Dritter an derselben Sache versichert sein können. Nicht versichert sind mögliche Interessen des VN an sog. Mietereinbauten, weil derartige Gegenstände in der Wohngebäudeversicherung nach VGB 88 ausgeschlossen sind (vgl. A 4).

## 4.2 Nichteigentümer-VN

Ist der VN des Wohngebäudeversicherungsvertrages nicht Eigentümer des versicherten Gebäudes, so ist nach § 80 I VVG auch in diesen Fällen zunächst davon auszugehen, daß die eigenen Interessen des VN an dem in fremdem Eigentum stehenden Gebäude versichert sein sollen. Dabei handelt es sich in der Regel darum, daß der Nichteigentümer-VN diejenigen Schäden an dem fremden Gebäude versichern möchte, die aus Rechtsgründen zu Lasten seines Vermögens gehen, wenn eine Wohngebäudeversicherung nicht besteht.

4.2.1 So liegt es, wenn ein **Mieter oder Pächter einen Wohngebäudeversicherungsvertrag** für das gemietete oder gepachtete Gebäude **abschließt**. Das versicherte Eigeninteresse des Mieters oder Pächters besteht vor allem darin, von möglichen Schadenersatzansprüchen des Gebäudeeigentümers nicht belastet zu werden, wenn er einen Schaden an dem versicherten Gebäude schuldhaft herbeigeführt hat. Dieses Interesse wird als **Sachersatzinteresse** bezeichnet (Prölss/Martin § 80 RN 6; Martin II 6). Es handelt sich um ein typisches Haftpflichtrisiko. Dennoch ist es in einem vom Mieter oder Pächter abgeschlossenen Wohngebäudeversicherungsvertrag ohne weiteres versichert

(Prölss/Martin § 80 RN 27; Martin J III 3 f.). Daneben sind aber auch die Interessen des Gebäudeeigentümers mitversichert (vgl. L 5.2). Dagegen ist das sog. **Gebrauchsrechtsinteresse des Mieters oder Pächters** an dem versicherten Gebäude in der Wohngebäudeversicherung nicht versichert. Ein bei einem Mieter oder Pächter eintretender Vermögensschaden infolge der Nichtbenutzbarkeit des Gebäudes ist grundsätzlich nicht Gegenstand der Wohngebäudeversicherung (vgl. Prölss/Martin vor § 51 RN 30; Martin J I 8). Infolgedessen führt die Unbenutzbarkeit der gemieteten Wohnung, die der Mieter schuldhaft verursacht hat, nicht zu einem versicherten Mietausfallschaden, sondern zu einem unversicherten eigenen Mietschaden des Mieters (Martin J II 19 und W VIII 13; s. auch C 1.1.1).

In der Regel ist der Abschluß einer Wohngebäudeversicherung durch den Mieter des Gebäudes sowohl für den Mieter als auch für den Vermieter mit Nachteilen verbunden. Nachteile für den Vermieter können vor allem dadurch entstehen, daß der Versicherer infolge eines Fehlverhaltens des Mieters im Versicherungsfall leistungsfrei ist. Fälle sind Prämienverzug, vom Mieter veranlaßte Gefahrerhöhungen, Verletzung vertraglicher Obliegenheiten oder grob fahrlässige bzw. vorsätzliche Herbeiführung des Versicherungsfalls durch den Mieter. Die Nachteile für den Mieter bestehen insbesondere darin, daß die Wohngebäudeversicherung sein Sachersatzinteresse an dem versicherten Gebäude nur ausschnittsweise deckt. Auch Schäden durch andere als die in der Wohngebäudeversicherung versicherten Gefahren können eine Schadenersatzpflicht des Mieters und damit ein Sachersatzinteresse begründen. Auch die **Mitversicherung des Interesses des Mieters an seinem Wegnahmerecht nach § 547 a BGB** für von ihm eingefügte Sachen, die wesentliche Gebäudebestandteile geworden sind (vgl. dazu allgemein Prölss/Martin vor § 51 RN 31 und RN 47), spielt in der Wohngebäudeversicherung keine Rolle. Dies liegt daran, daß die sog. Mietereinbauten in der Wohngebäudeversicherung ausgeschlossen (vgl. A 4), in der Hausratversicherung nach VHB 84/VHB 92 dagegen mitversichert sind (vgl. Dietz § 1 RN 4.2). Damit fehlt in der Wohngebäudeversicherung ein weiteres Motiv für den Abschluß eines Wohngebäudeversicherungsvertrages durch den Mieter. Es ist infolgedessen generell vorteilhafter, wenn der Mieter eines Wohngebäudes eine Haftpflichtversicherung mit dem Einschluß von Mietsachschäden abschließt, während der Gebäudeeigentümer (Vermieter) VN des Wohngebäudeversicherungsvertrages ist. Dabei ist auch zu berücksichtigen, daß die Haftpflichtversicherer Mietsachschäden in der Privathaftpflichtversicherung im allgemeinen ohne Beitragszuschlag einschließen.

Es kommt auch vor, daß **Käufer von Wohngrundstücken nach Übergabe des Grundstücks und Gefahrübergang, aber vor Eigentumsübergang** (Eintragung im Grundbuch) eine **Wohngebäudeversicherung abschließen**. Versichert ist in diesen Fällen das Interesse des Käufers. Daneben ist das Interesse des Verkäufers bis zum Eigentumsübergang mitversichert. Besteht daneben ein Wohngebäudeversicherungsvertrag des Verkäufers, so liegt ab Eigentumsübergang Doppelversicherung vor (vgl. L 5.1.2 und 6.3). 4.2.2

Ein Sonderfall der Versicherung eigener Interessen an fremden Sachen ist in § 105 VVG geregelt. Die sog. **Hypothekeninteresseversicherung** sichert das Interesse des Realrechtsgläubigers an dem versicherten Gebäude bis zur Höhe seines Pfandrechts. VN ist der Realrechtsgläubiger. Das Interesse des Gebäudeeigentümers ist nicht mitversichert, da das versicherte Interesse nach § 105 Satz 2 VVG als das berechtigte Interesse des Hypothekengläubigers ausdrücklich geregelt ist. 4.2.3

## 5 Fremdversicherung

Der Begriff „Fremdversicherung“ ist gleichzusetzen mit den Begriffen „Versicherung für fremde Rechnung“ und „Versicherung fremder Interessen“. Fremdversicherung liegt vor, wenn durch den Wohngebäudeversicherungsvertrag andere Interessen als die des VN versichert sind. Bei der Fremdversicherung sind Träger des versicherten Interesses und VN nicht identisch. Versichert sind die Interessen Dritter. Verträge, die sich ausschließlich auf die Versicherung fremder Interessen erstrecken, kommen abgesehen von der Hypothekeninteresseversicherung in der Wohngebäudeversicherung praktisch nicht vor. Zumeist handelt es sich darum, daß durch denselben Vertrag eigene Interessen des VN und fremde Interessen Dritter nebeneinander versichert sind. Da die versicherten Interessen in den VGB nicht geregelt sind und einzelvertragliche Vereinbarungen darüber äußerst selten getroffen werden, sind die versicherten Interessen wiederum durch Auslegung des Vertrages unter Berücksichtigung der gesetzlichen Bestimmungen festzustellen (vgl. L 4). Dabei spielt in der Wohngebäudeversicherung vor allem die Frage eine Rolle, ob neben den eigenen Interessen des VN an dem versicherten Gebäude auch die Interessen Dritter an diesem Gebäude versichert sind. Auch dabei kommt es wiederum entscheidend darauf an, ob der Wohngebäudeversicherungsvertrag vom VN für ein eigenes oder ein fremdes Wohngebäude abgeschlossen wurde.

### 5.1 Eigentümer-VN

Ist der VN Eigentümer des versicherten Gebäudes, so fragt es sich, ob neben den eigenen Interessen auch fremde Interessen Dritter an diesem Gebäude versichert sind. Dabei kann es sich um die Interessen von Eigentümern handeln, wenn der VN nicht alleiniger Eigentümer, sondern nur Miteigentümer des versicherten Gebäudes ist. Daneben können aber auch fremde Interessen Dritter versichert sein, die nicht Eigentümer des versicherten Gebäudes sind.

5.1.1 Häufige Fälle des Miteigentums an Wohngebäuden sind **Bruchteilseigentum von Eheleuten oder Erbengemeinschaften.** Schließt ein Miteigentümer als VN den Wohngebäudeversicherungsvertrag ab, so sind neben seinen eigenen Interessen ohne weiteres auch die fremden Interessen der übrigen Bruchteilseigentümer versichert. Sie sind Versicherte. Das gilt ohne Rücksicht darauf, ob dem Versicherer die Bruchteilsgemeinschaft bei Vertragsabschluß angezeigt worden war (Prölss/Martin § 80 RN 4). Die Tatsache, daß der VN den Versicherungswert des versicherten Gebäudes als Versicherungssumme vereinbart hat, ist ein ausreichender Umstand, der i. S. v. § 80 I VVG dazu führt, daß neben der Eigenversicherung des VN auch Fremdversicherung für die übrigen Bruchteilseigentümer anzunehmen ist (vgl. Römer/Langheid § 80 RN 4).

Besonderheiten sind **bei Verträgen mit Wohnungseigentümergemeinschaften** zu beachten. VN ist in der Regel die Wohnungseigentümergemeinschaft, vertreten durch den Verwalter (vgl. § 21 V Nr. 3 WEG). Es ist umstritten, ob die einzelnen Wohnungseigentümer VN oder lediglich Mitversicherte sind (vgl. L 4.1.1). Unabhängig von dieser Streitfrage, deckt die Wohngebäudeversicherung der Wohnungseigentümergemeinschaft neben dem Eigentumsinteresse des einzelnen Wohnungseigentümers an seinem Anteil auch dessen Sachersatzinteresse an den Anteilen der übrigen Wohnungseigentümer (Prölss/Martin § 80 RN 31). Darauf ist es zurückzuführen, daß für die Zurechnung von Kenntnis und Verhalten einzelner Wohnungseigentümer in der Wohngebäudeversicherung besondere Regelungen gelten (vgl. dazu U 8).

Anders liegt es bei der Versicherung von Wohngebäuden im Gesamthandseigentum. Nach der herrschenden Meinung sind hier alle Gesellschafter der Gesamthandsgesellschaft VN, und zwar auch dann, wenn ein Gesellschafter als VN den Vertrag für die Gesamthandsgesellschaft abgeschlossen hat (vgl. L 4.1.1). Infolgedessen handelt es sich dabei nicht um eine Fremdversicherung. Das Fehlverhalten eines Gesellschafters schadet allen Gesellschaftern und kann zur Leistungsfreiheit des Versicherers führen (vgl. U 3).

Im Hinblick auf die **Mitversicherung fremder Interessen von Nichteigentümern in der Wohngebäudeversicherung des Eigentümer-VN** haben drei Fallgestaltungen praktische Bedeutung. Sie werden nachfolgend dargestellt. Diese Form der Fremdversicherung entsteht häufig durch die **Veräußerung von Wohngebäuden**. Dies liegt daran, daß Übergabe und Gefahrtragung in vielen Fällen vor dem Eigentumswechsel durch Grundbuchumschreibung stattfinden. In der Übergangszeit zwischen Gefahr- und Eigentumsübergang ist das Interesse des Erwerbers in der Wohngebäudeversicherung des Veräußerers als fremdes Interesse ohne weiteres mitversichert (Prölss/Martin § 80 RN 39 und vor § 51 RN 51 sowie Martin J II 24). Wenn der Erwerber das Grundstück mit dem versicherten Gebäude aufgrund notariellen Kaufvertrages vom 3. 10. 1988 erworben hat und die Eintragung des Erwerbers in das Grundbuch am 12. 4. 1989 erfolgt ist, und wenn das Gebäude am 30. 3. 1989 von einem Brandschaden betroffen worden ist, nachdem die Gefahrtragung auf den Erwerber übergegangen war, ist das Interesse des Erwerbers durch die Gebäudeversicherung des Veräußerers im Zweifel mitversichert (LG Düsseldorf r+s 95 S. 425). Nach dem Eigentumsübergang richtet sich das Schicksal des Vertrages nach §§ 69 ff. VVG (vgl. L 6.3). Schließt der Erwerber während der Übergangszeit einen weiteren Wohngebäudeversicherungsvertrag ab, so entsteht Doppelversicherung. Das Interesse des Veräußerers ist in diesem Vertrag neben den eigenen Interessen des Erwerbers als fremdes Interesse bis zur Grundbucheintragung mitversichert (vgl. L 4.2.2). 5.1.2

**Mitversichert ist das Sachersatzinteresse von Familienangehörigen, die mit dem VN in häuslicher Gemeinschaft leben** (Martin J II 30). Dies folgt aus § 67 II VVG. Danach ist ein Regreß des Wohngebäudeversicherers gegen einen mit dem VN in häuslicher Gemeinschaft lebenden Familienangehörigen **bei leichter und grober Fahrlässigkeit** ausgeschlossen (Einzelheiten dazu s. Prölss/Martin § 67 RN 36 ff.). Infolgedessen ist der Versicherungsschutz für das Sachersatzinteresse dieser Familienangehörigen weitergehend als für das Eigentümerinteresse des VN, da der Versicherer bei grober Fahrlässigkeit des VN leistungsfrei ist, bei grober Fahrlässigkeit der mit dem VN in häuslicher Gemeinschaft lebenden Familienangehörigen dagegen haftet. Fehlgeschlagen ist der Versuch der Hausrat- und Wohngebäudeversicherer, diese Ungleichbehandlung zumindest bei volljährigen Familienangehörigen über die Definition des Repräsentantenbegriffs in den VHB und den VGB zu beseitigen. Aufgrund der Rechtsprechung des BGH ist die diesbezügliche Bestimmung in den VGB 88 a. F. unwirksam. Sie wurde inzwischen beseitigt (vgl. U 4.2.1). 5.1.3

Umstritten ist die Frage, ob **in Wohngebäudeversicherungsverträgen von Eigentümer-VN auch die Sachersatzinteressen von Mietern oder Pächtern einer Wohnung oder eines (Wohn)Gebäudes versichert sind.** Dazu liegt umfangreiche, zum Teil widersprüchliche Rechtsprechung vor. Auch im Schrifttum werden zu dieser Frage gegensätzliche Standpunkte vertreten. Es ist nicht möglich, die vielschichtigen Probleme in allen Einzelheiten darzustellen. Dabei ist auch zu berücksichtigen, daß diese Fragen zwar im Hinblick auf die Regreßmöglichkeiten des Wohngebäudeversicherers gegen Mieter oder Pächter von Gebäuden von einiger Bedeutung sind (vgl. dazu L 5.3), ande- 5.1.4

rerseits aber bei weitem nicht die praktischen Auswirkungen haben, wie dies aufgrund des umfangreichen Schrifttums vermutet werden könnte. Dafür spricht auch, daß die Versicherer bisher darauf verzichtet haben, diesen Sachverhalt in den VGB oder aber über eine Vereinbarung zwischen Sach- und Haftpflichtversicherern zu regeln.

Die Grundsatzfrage lautet, ob der Mieter oder Pächter eines Wohngebäudes in den Schutzbereich einer Wohngebäudeversicherung einbezogen ist, die der Eigentümer als VN für dieses Gebäude abschließt. Martin (J II 15 ff.) ist der Ansicht, daß diese Frage für Mieter eines Einfamilienhauses zu bejahen, für Mieter von Wohnungen in Mehrfamilienhäusern dagegen zu verneinen ist, und zwar in der Regel auch dann, wenn der Vermieter die Versicherungsbeiträge auf die Mieter umlegt. Im Gegensatz dazu wird bei Prölss/Martin seit der 26. Auflage die Meinung vertreten, daß das Sachersatzinteresse des Mieters in der vom Gebäudeeigentümer genommenen Gebäudeversicherung ohne weiteres geschützt ist (§ 80 RN 26). Die dort bis zur 25. Auflage entsprechend der Ansicht von Martin vorgenommene Unterscheidung zwischen der Vermietung von Ein- und Mehrfamilienhäusern wird aufgegeben.

Beide Auffassungen stehen nicht im Einklang mit der **Rechtsprechung des BGH**. Der BGH hatte diese Frage zunächst offen gelassen und in seinem Urteil vom 7. 3. 1990 lediglich die Frage gestellt, ob nicht in der Feuerversicherung der Mieter oder Pächter allgemein – also allein aufgrund der in diesem Versicherungszweig bestehenden Interessenlage – als in den Versicherungsschutz einbezogen angesehen werden muß. Für diese Ansicht werden nach Auffassung des BGH namentlich von Honsell (VersR 85 S. 301) beachtliche Gründe geltend gemacht (vgl. BGH VersR 90 S. 625 und r+s 90 S. 165). Entschieden hat der BGH diese Frage in dem genannten Urteil nicht, weil in dem zur Entscheidung anstehenden Fall im Mietvertrag der Schadenersatzanspruch des Vermieters auf die Fälle nachgewiesenen Vorsatzes und nachgewiesener grober Fahrlässigkeit beschränkt worden war. Zudem hatte sich der Vermieter im Mietvertrag zum Abschluß einer Feuerversicherung verpflichtet. Dies ist nach Auffassung des BGH ein gewichtiges Indiz dafür, daß die Feuerversicherung auch im Interesse des Mieters abgeschlossen wurde, der Versicherungsschutz auch ihm zugute kommen sollte (BGH a. a. O.). In einem späteren Urteil vom 23.1.1991 hat der BGH dann zur Leitungswasserversicherung entschieden, daß der Mieter nicht in die Schutzwirkung eines vom Gebäudeeigentümer abgeschlossenen Wohngebäudeversicherungsvertrages eingeschlossen ist und auch ein stillschweigender Haftungseinschluß nicht anzunehmen ist (BGH VersR 91 S. 462 und r+s 91 S. 96). Die Vermutung des § 80 I VVG, wonach die Versicherung als für eigene Rechnung genommen gilt, wenn Umstände für die Annahme einer Fremdversicherung fehlen, wird nach Auffassung des BGH nicht dadurch widerlegt, daß der Mieter durch die Zahlung von Nebenkosten auch die Versicherungsprämie für die Wohngebäudeversicherung finanziert. Daneben hat der BGH unter Hinweis auf frühere Entscheidungen zur Kaskoversicherung ausgeführt, es gehe nicht an, durch Auslegung des Versicherungsvertrags ein Sachersatzinteresse des Mieters oder sonstigen Besitzers (des Fahrzeugs), bestehend in seinem Haftpflichtrisiko, in den Versicherungsvertrag einzubeziehen. Dies bedeute, daß die Sachversicherung in eine Haftpflichtversicherung umfunktioniert werde. Auch müsse es dem Vermieter unbenommen bleiben, ob er die Regulierung des Versicherungsfalls durch den Gebäudeversicherer wünscht oder ob er es – unter Umständen wegen des Kündigungsrechts des Versicherers – bevorzugt, gegen den Mieter als Schadenverursacher vorzugehen. Der Mieter bleibe auch dann nicht schutzlos, wenn ein Regreßverzicht nicht anzunehmen sei. Die im Schrifttum geäußerten Bedenken, der Mieter könne sich selbst gegen etwaige Haftpflichtansprüche wegen Beschädigung der Mietsache nicht versichern, seien nicht gerechtfertigt. Eine Lücke im Versicherungsschutz bestehe nicht, da nach Klausel 4.2 der

Besonderen Bedingungen und Risikobeschreibungen für die Privathaftpflichtversicherung die gesetzliche Haftpflicht aus der Beschädigung von Wohnräumen und sonstigen zu privaten Zwecken gemieteten Räumen in Gebäuden – abweichend von § 4 I 6 a AHB – versicherbar und auch die letztgenannte Bestimmung abdingbar ist (BGH a. a. O.).

In seinem Nichtannahmebeschluß vom 18. 12. 1991 zu einem Urteil des OLG Düsseldorf hat der BGH danach ausgeführt, daß die in seinem zuvor zitierten Urteil vom 23. 1. 1991 für die Gebäude-Leitungswasserversicherung gegebene Begründung dafür, daß in eine reine Sachversicherung nicht ein Sachersatzinteresse des Mieters, bestehend in dessen Haftpflichtrisiko, einbezogen werden könne, gleicherweise auch für die Gebäude-Feuerversicherung gilt. Auch sie sei eine reine Sachversicherung. Deshalb sei die Frage, ob die Mieter oder Pächter in der Gebäudeversicherung mitversichert seien, auch für die Gebäude-Feuerversicherung zu verneinen (VersR 92 S. 311 und r+s 92 S. 58). In einer späteren Entscheidung vom 13. 12. 1995 hat der BGH noch einmal den Grundsatz bestätigt, daß die Interessen des Wohnungsmieters in der Gebäude-Feuerversicherung nicht mitversichert sind, da sie Dritte im Sinne von § 67 I Satz 1 VVG sind, so daß insoweit nach dieser Vorschrift der Übergang eines gegen sie gerichteten Schadenersatzanspruchs von Wohnungseigentümern auf den Versicherer nicht ausgeschlossen ist. Daneben hat der BGH jedoch entschieden, daß in der mietvertraglichen Verpflichtung des Wohnungsmieters, die (anteiligen) Kosten der Gebäudefeuerversicherung des Wohnungseigentümers zu zahlen, die stillschweigende Beschränkung seiner Haftung für die Verursachung von Brandschäden auf Vorsatz und grobe Fahrlässigkeit liegt (BGH VersR 96 S. 320 sowie r+s 96 S. 86 und 110).

Damit sind die Grundsätze für die Mitversicherung des Sachersatzinteresses von Mietern in Wohngebäudeversicherungsverträgen von Eigentümer-VN festgelegt. Sofern keine abweichenden Vereinbarungen im Mietvertrag oder im Versicherungsvertrag getroffen wurden, ist das Mieterinteresse in der Wohngebäudeversicherung des Gebäudeeigentümers nicht mitversichert. Ist der Mieter nach dem Mietvertrag jedoch verpflichtet, die anteiligen Kosten der Wohngebäudeversicherung des Eigentümers zu zahlen, und wird der Kostenbetrag im Mietvertrag gesondert ausgewiesen, so liegt darin die stillschweigende Beschränkung der Haftung des Mieters für die Verursachung von Brandschäden auf Vorsatz und grobe Fahrlässigkeit. Andere Gerichte haben diese Grundsätze bei ihrer Rechtsprechung berücksichtigt (vgl. OLG Hamm r+s 98 S. 514; OLG Celle VersR 98 S. 846). Dagegen hat das LG Köln die Auffassung vertreten, daß die anteilige Beteiligung des Mieters an der Sachversicherungsprämie nicht die Annahme einer konkludenten Haftungsbeschränkung auf Vorsatz oder grobe Fahrlässigkeit rechtfertigt. Dies gilt nach Meinung des Gerichts erst recht bei Vorliegen einer Inklusivmiete (LG Köln VersR 99 S.183).

Eine ausdrückliche Vereinbarung im Versicherungsvertrag kann beispielsweise darin bestehen, daß das vermietete oder gepachtete Gebäude im Versicherungsvertrag mit namentlicher Erwähnung des Pächters aufgeführt ist. Dies stellt ein ausdrückliches Indiz dafür dar, daß die Interessen des Pächters oder Mieters mitversichert sein sollen (OLG Hamm VersR 91 S. 1406). Auch der Untermieter des Pächters oder Mieters ist in der dargestellten Weise in einen vom Vermieter abgeschlossenen Wohngebäudeversicherungsvertrag einbezogen (OLG Hamm a. a. O. sowie r+s 98 S. 514; vgl. auch L 5.2).

**An der dargestellten Rechtsprechung ist verschiedentlich Kritik geübt worden** (vgl. dazu Armbrüster, r+s 98 S. 221 m. w. N.). Dabei wird unter anderem zu Recht darauf hingewiesen, daß die von der Rechtsprechung vorgenommene Differenzierung nach der Form der Umlage des Beitrags für die Wohngebäudeversicherung auf den Mieter nicht sachgerecht ist. Wenn die anteilige Übernahme des Beitrags eine stillschweigende Haftungsbeschränkung auf Vorsatz und grobe Fahrlässigkeit des Mieters begründet, dann kann es nicht darauf ankommen, ob diese Umlage wie im vom BGH entschiedenen Fall im Mietvertrag als Einzelbetrag gesondert ausgewiesen ist, pauschal bzw. in einem Betrag mit den anderen umlagefähigen Betriebskosten nach § 27 der 2. Berechnungsverordnung zum Wohnungsbaugesetz umgelegt worden ist oder in eine Inklusivmiete einkalkuliert wurde. Auffallend ist, daß insbesondere die Befürworter der generellen Mitversicherung der Mieterinteressen im Wohngebäudeversicherungsvertrag des Vermieters immer wieder auf den Willen der Vertragsparteien und die Privatautonomie verweisen. Dabei wird unterstellt, daß Mieter und Vermieter bei Abschluß des Mietvertrages eine stillschweigende Vereinbarung über die Mitversicherung der Mieterinteressen getroffen haben, weil dies im Interesse beider Vertragsparteien liegt. Zumindest für Wohngebäudeversicherungsverträge mit Privatkunden darf das in dieser allgemeinen Form bezweifelt werden. Es ist bisher nicht bekannt geworden, daß sich Wohnungsmieter beim Abschluß eines Mietvertrages vergewissert haben, daß der Vermieter einen Wohngebäudeversicherungsvertrag abgeschlossen hat. Dazu haben Mieter in der Regel auch überhaupt keine Veranlassung, weil sie eine Haftpflichtversicherung mit dem Einschluß von Mietsachschäden abgeschlossen haben, die umfassenden Versicherungsschutz sicherstellt, während die Wohngebäudeversicherung nur eine Ausschnittdeckung bietet. Einen Beitragszuschlag für den Einschluß von Mietsachschäden berechnen die Haftpflichtversicherer im allgemeinen nicht mehr. Bei der weiten Verbreitung der Haftpflichtversicherung hat infolgedessen der Mieter in der Regel überhaupt keinen Bedarf für die Mitversicherung seines Sachersatzinteresses in der Wohngebäudeversicherung des Vermieters. Ähnlich liegt es auch bei der Mitversicherung der vom Mieter eingebrachten, aber in das Eigentum des Gebäudeeigentümers übergegangenen Sachen. In der Wohngebäudeversicherung nach VGB 88 ist das Interesse des Mieters an seinem Wegnahmerecht nach § 547 a BGB (vgl. dazu BGH VersR 94 S. 1103 und r+s 94 S. 223) ohnehin nicht mitversichert. Derartige Gegenstände sind in der Hausratversicherung nach den VHB 84/VHB 92 versichert, in der Wohngebäudeversicherung nach den VGB 88 ausgeschlossen (vgl. A 4). Bei dieser Betrachtungsweise wird deutlich, daß die Mitversicherung des Sachersatzinteresses des Mieters in der Wohngebäudeversicherung weniger im Interesse des Mieters, sondern vielmehr im Interesse des Haftpflichtversicherers liegt. Wenn die Wohngebäudeversicherer schon darauf verzichten, die Mitversicherung des Mieterinteresses in den VGB zu regeln, so sollte zumindest über eine Vereinbarung oder ein Abkommen zwischen Haftpflicht- und Gebäudeversicherern Rechtsklarheit geschaffen werden. Dadurch würden bei der weiten Verbreitung der Haftpflichtversicherung die allermeisten Streitfälle beigelegt. Die Gerichte würden entlastet.

Es kann unter diesen Umständen auch nicht die Rede davon sein, der Vermieter und Eigentümer-VN habe ein Interesse an der Mitversicherung von Mieterinteressen in seinem Wohngebäudeversicherungsvertrag. Im allgemeinen dürfte das Gegenteil der Fall sein. Der Vermieter möchte in vielen Fällen den Mieter unmittelbar in Anspruch nehmen, um seinen Wohngebäudeversicherungsvertrag nicht zu belasten und dadurch mögliche vertragliche Nachteile zu vermeiden. Es kommt immer wieder vor, daß Wohngebäudeversicherer schadenbelastete Verträge kündigen oder aber für die Fortsetzung des Vertrages die Konditionen zum Nachteil des VN verändern. Dazu zählen vor allem die Vereinbarung höherer Beiträge oder Selbstbehaltsregelungen. Bei dieser Betrachtungsweise wird deutlich, daß die Mitversicherung von Mieterinteressen aus der Sicht des Vermieters und Eigentümer-VN keineswegs so vorteilhaft und erwünscht ist, wie das gelegentlich unterstellt wird. Dadurch können im Gegenteil Nachteile für den Gebäudeeigentümer und auch für Mieter entstehen. Dieser Gesichtspunkt wurde jedoch bisher in der Rechtsprechung nicht ausreichend gewürdigt (vgl. auch L 5.3).

## Nichteigentümer-VN 5.2

Auch für Wohngebäudeversicherungsverträge von Nichteigentümer-VN stellt sich die Frage, ob und gegebenenfalls welche fremden Interessen mitversichert sind. Auch in diesen Fällen ist diese Frage durch Vertragsauslegung zu beantworten. Ausgenommen davon ist die sog. Hypothekeninteresseversicherung. Sie deckt lediglich das Interesse des Realgläubigers, nicht das Interesse des Gebäudeeigentümers (vgl. L 4.2.3).

**Das Interesse des Gebäudeeigentümers ist in einem von einem Mieter oder Pächter** (s. L 4.2.1) **sowie einem vom Erwerber vor Eigentumsübergang** (s. L 4.2.2) **abgeschlossenen Wohngebäudeversicherungsvertrag ohne weiteres mitversichert.** Dabei spielt es keine Rolle, ob ein Mieter oder Pächter aufgrund mietvertraglicher Vereinbarungen zum Abschluß des Vertrages verpflichtet war oder den Vertrag aufgrund eigener freier Entscheidung abgeschlossen hat. Unbeachtlich ist es auch, ob dem Wohngebäudeversicherer bei Vertragsabschluß angezeigt wurde, daß der Antragsteller nicht Eigentümer, sondern Mieter oder Pächter des Wohngebäudes ist. Danach wird in den Anträgen auf Wohngebäudeversicherung häufig nicht mehr gefragt. Weiterhin sind in den genannten Fällen auch die Interessen der mit dem VN in häuslicher Gemeinschaft lebenden Familienangehörigen mitversichert. Das sog. Familienprivileg des § 67 II VVG gilt auch hier (vgl. L 5.1.3).

Es fragt sich, ob **auch die Interessen von Untermietern in einem vom Mieter oder Pächter abgeschlossenen Wohngebäudeversicherungsvertrag mitversichert** sind. Diese Frage wurde von der Rechtsprechung in den Fällen bejaht, in denen Mieter oder Pächter in den Schutzbereich eines vom Gebäudeeigentümer abgeschlossenen Wohngebäudeversicherungsvertrages einbezogen wurde. Der Untermieter des Pächters ist in den Schutzbereich des zwischen dem Gebäudeeigentümer und dem Feuerversicherer bestehenden Vertrages einbezogen (OLG Hamm VersR 91 S. 1406 und r+s 92 S. 25). In der mietvertraglichen Verpflichtung des Wohnungsmieters, die anteiligen Kosten der Gebäudeversicherung des Wohnungseigentümers zu zahlen, liegt eine stillschweigende Beschränkung seiner Haftung für die Verursachung von Brandschäden auf Vorsatz und grober Fahrlässigkeit. Demgemäß kommt eine Haftung des Mieters für eine schuldhafte Brandverursachung durch die Untermieter gem. § 549 III BGB auch nur dann in Betracht, wenn ihnen ein vorsätzliches oder grob fahrlässiges Verhalten vorzuwerfen ist (OLG Hamm r+s 98 S. 514). Dies gilt entsprechend für Wohngebäudeversicherungsverträge, die vom Mieter oder Pächter abgeschlossen wurden.

## Regreß 5.3

Es ist hier nicht möglich, die vielfältigen Fragen und Probleme zum Regreß des Versicherers umfassend darzustellen. Dazu wird auf das einschlägige Schrifttum verwiesen. Nachfolgend werden einige ausgewählte Sachverhalte erörtert, die die Wohngebäudeversicherung im besonderen betreffen.

Grundlage für den Regreß des Versicherers ist § 67 VVG. Nach § 67 I VVG gehen **Schadenersatzansprüche des VN gegen Dritte auf den Versicherer über, soweit dieser dem VN den Schaden ersetzt.** Der Regreß des Versicherers setzt einen Schadenersatzanspruch des VN gegen Dritte voraus. In der Wohngebäudeversicherung handelt es sich in der Regel darum, daß Dritte schuldhaft einen Schaden an dem versicherten Gebäude verursachen, zu dessen Ersatz sie dem VN aufgrund privatrechtlicher Regelun- 5.3.1

gen verpflichtet sind. Handelt es sich dabei um einen versicherten Schaden, so kann der VN wählen, ob er den Schädiger bzw. dessen Haftpflichtversicherer oder den Wohngebäudeversicherer in Anspruch nimmt. Entscheidet er sich für die Inanspruchnahme des Wohngebäudeversicherers, so geht der sog. bürgerlich-rechtliche Ersatzanspruch gegen den Schädiger auf den Versicherer über, soweit er den Schaden ersetzt. Der Versicherer kann nun seinerseits den Schädiger in Regreß nehmen, d. h. von ihm bzw. seinem Haftpflichtversicherer Ersatz der an den VN oder an den Versicherten erbrachten Leistung verlangen. Dabei ist zu berücksichtigen, daß die Höhe des bürgerlich-rechtlichen Ersatzanspruchs einerseits und des versicherungsrechtlichen Entschädigungsanspruchs andererseits häufig nicht übereinstimmen. So ist der versicherungsvertragliche Anspruch in der Wohngebäudeversicherung häufig höher als der bürgerlich-rechtliche Entschädigungsanspruch für den kongruenten Schaden, weil der Wohngebäudeversicherer den Neuwertschaden entschädigt, während der Schädiger nur zum Ersatz des Zeitwertschadens verpflichtet ist. Umgekehrt kann jedoch auch der versicherungsvertragliche Anspruch niedriger sein als der bürgerlich-rechtliche Ersatzanspruch, wenn Unterversicherung vorliegt, Selbstbehalte vereinbart wurden oder Entschädigungsgrenzen wirken.

5.3.2 Dabei kann es in der Neuwertversicherung zu schwierigen **Aufteilungsproblemen** kommen. Sie werden im nachfolgenden Beispiel dargestellt. Annahmen: Zeitwertschaden: 65.000,– DM; Neuwertschaden: 90.000,– DM; Versicherungswert 1914: 30.000 M, Versicherungssumme 1914: 20.000 M; Selbstbehalt: 2.000,– DM. Die Entschädigung des Versicherers beträgt unter Anrechnung der Unterversicherung und nachfolgender Berücksichtigung des Selbstbehalts 58.000,– DM Der bürgerlich-rechtliche Entschädigungsanspruch 65.000,– DM. Es fragt sich, in welcher Höhe der bürgerlich-rechtliche Entschädigungsanspruch auf den Versicherer übergeht. Ansatzpunkt für die Beantwortung dieser Frage ist § 67 I Satz 2 VVG. Danach kann der Forderungsübergang nicht zum Nachteil des VN geltend gemacht werden. Anders ausgedrückt darf der Versicherer seinen Regreßanspruch erst dann realisieren, wenn der gesamte Schaden des VN ersetzt wurde.

**Zur Umsetzung dieses Quotenvorrechts des VN** hat die Rechtsprechung die sog. **Differenztheorie** entwickelt. Sie besagt, daß der VN bis zur vollständigen Befriedigung seiner Schadenersatzansprüche Gläubiger des bürgerlich-rechtlichen Entschädigungsanspruchs bleibt. Auf den Versicherer geht nur der Teil des bürgerlich-rechtlichen Entschädigungsanspruchs über, der nach Ausgleich der Differenz zwischen dem Gesamtschaden und der Leistung des Versicherers verbleibt. Übertragen auf das obige Beispiel bedeutet dies, daß aus dem bürgerlich-rechtlichen Entschädigungsanspruch zunächst dem VN 90.000,– DM ./. 58.000,– DM = 32.000,– DM zustehen. Auf den Versicherer gehen infolgedessen 65.000,– DM ./. 32.000,– DM = 33.000,– DM über. Dieses Ergebnis ist unausgewogen. Es bevorteilt die VN, die durch die Vereinbarung einer zu niedrigen Versicherungssumme und eines Selbstbehalts Beitrag sparen, im Verhältnis zu denjenigen VN, die eine ausreichende Versicherungssumme ohne Selbstbehalt vereinbaren und infolgedessen einen höheren Beitrag zahlen (Einzelheiten dazu vgl. Prölss/Martin § 67 RN 22 ff. und Römer/Langheid § 67 RN 35 ff.).

5.3.3 In der Wohngebäudeversicherung spielen **Regreßansprüche vor allem in der Feuer- und in der Leitungswasserversicherung** eine Rolle. Zumeist handelt es sich darum, daß Handwerker sowie Mieter oder Pächter bzw. deren Unmieter durch fahrlässiges Verhalten Schäden an versicherten Gebäuden anrichten. Für den Übergang des dadurch begründeten bürgerlich-rechtlichen Entschädigungsanspruchs auf den Versicherer kommt es darauf an, ob der Schädiger Dritter i. S. v. § 67 I VVG ist. Grundsätzlich ist

Dritter jeder, der nicht VN oder Versicherter ist (Prölss/Martin § 67 RN 12). Obwohl es Ausnahmen von dieser Grundregel gibt (vgl. Prölss/Martin § 67 RN 15 f.), kann der Wohngebäudeversicherer seinen Regreß in der Regel nur dann durchsetzen, wenn der Schädiger nicht VN oder Versicherter ist. Bei schädigenden Handwerkern kann davon regelmäßig ausgegangen werden, dagegen ist dies bei Mietern oder Pächtern aufgrund der in L 5.1.4 dargestellten Problematik in vielen Fällen zweifelhaft oder nicht zutreffend. Es wird einmal mehr deutlich, daß es sich bei der Mitversicherung des sog. Sachersatzinteresses von Mietern oder Pächtern grundsätzlich darum handelt, ein lupenreines Haftpflichtrisiko in die Wohngebäudeversicherung einzubringen, und das in vielen Fällen auch zum Nachteil des Eigentümer-VN. Allerdings ist nicht zu übersehen, daß die vom BGH geschaffene Konstruktion der stillschweigenden Beschränkung der Haftung von Wohnungsmietern für die Verursachung von Brandschäden auf Vorsatz und grobe Fahrlässigkeit (BGH VersR 96 S. 320 und r+s 96 S. 110) für Mieter und Wohngebäudeversicherer häufig wirtschaftlich zu denselben Ergebnissen führt. Dies liegt daran, daß der Versicherer bei Vorsatz und grober Fahrlässigkeit des Versicherten diesen dennoch in Regreß nehmen kann, soweit er den Schaden an den versicherten Interessen des VN oder anderer Versicherter entschädigt (Prölss/Martin § 67 RN 13 und Römer/Langheid § 67 RN 21; vgl. auch U 7). Auch bei der Versicherung von Wohnungseigentümergemeinschaften sind Besonderheiten zu beachten (vgl. U 8). Dabei kann in diesem Zusammenhang dahingestellt bleiben, ob die einzelnen Mitglieder der Wohnungseigentümergemeinschaft VN (so OLG Düsseldorf r+s 98 S. 337) oder Versicherter sind (so OLG Hamm VersR 96 S. 1234).

Von Bedeutung für den Regreß des Wohngebäudeversicherers ist auch das in § 67 II VVG verankerte sog. **Familienprivileg**. Danach ist der Übergang des bürgerlich-rechtlichen Entschädigungsanspruchs des VN auf den Versicherer ausgeschlossen, wenn er sich gegen einen mit dem VN in häuslicher Gemeinschaft lebenden Familienangehörigen richtet. Familienangehöriger ist, wer mit dem VN im Rechtssinne verwandt oder verschwägert ist oder tatsächlich die Stelle eines Verwandten einnimmt (z. B. ein Pflegekind). Keine Verwandten sind Verlobte und die Partner einer nichtehelichen Lebensgemeinschaft (vgl. Prölss/Martin § 67 RN 37 und Römer/Langheid § 67 RN 48 m. w. N.). Häusliche Gemeinschaft setzt eine auf Dauer angelegte gemeinsame Haushalts- und Wirtschaftsführung voraus. Die Mitglieder der häuslichen Gemeinschaft führen einen gemeinsamen Haushalt und nutzen zumindest wesentliche Teile des Hausrats und der Wohnung gemeinschaftlich. Vorübergehende Abwesenheit hebt die häusliche Gemeinschaft nicht auf (Einzelheiten s. Martin D XII 62 f. und Dietz § 9 RN 3.1.3). Der Regreßausschluß nach § 67 II VVG greift ein, wenn die Kriterien „Familienangehörige" und „häusliche Gemeinschaft" in der Person des Schadenverursachers nebeneinander erfüllt sind. 5.3.4

## Regreßverzichtsabkommen der Feuerversicherer 5.4

Besonderheiten sind beim Regreß in der Feuerversicherung zu beachten. Es gilt das Regreßverzichtsabkommen der Feuerversicherer. Grundlage dafür sind die Bestimmungen für einen Regreßverzicht der Feuerversicherer bei übergreifenden Schadenereignissen (nachfolgend Bestimmungen genannt; vgl. Anhang A 12). Danach verzichten die Feuerversicherer unter bestimmten Voraussetzungen darauf, einen nach § 67 VVG auf sie übergegangenen Schadenersatzanspruch geltend zu machen (Regreßverzicht). Der Regreßverzicht ist betragsmäßig nach oben und nach unten begrenzt. Er gilt bei einem

Regreßschuldner je Schadenereignis für eine Regreßforderung bis zu 1,2 Mio. DM, jedoch nur insoweit, als die Regreßforderung 300.000,– DM übersteigt. Die untere Grenze wurde eingeführt, weil erwartet werden kann, daß die Regreßschuldner dieses Risiko durch eine Haftpflichtversicherung abdecken. Jedoch erweitert sich der Regreßverzicht über diese untere Begrenzung hinaus, soweit eine Haftpflichtversicherung gem. §§ 4 I Ziff. 6 a (Obhutsschadenklausel) und b (Bearbeitungsschadenklausel) sowie 4 II Ziff. 2 (Ausschluß von Schäden der dort genannten Personen) AHB keine Deckung bietet. Ausgeschlossen von dieser Erweiterung des Regreßverzichts nach unten sind jedoch Mietsachschäden in der Privathaftpflichtversicherung, weil die Haftpflichtversicherer Mietsachschäden dort regelmäßig ohne Beitragszuschlag einschließen. Nach oben kann der Regreßverzicht einzelvertraglich gegen Entgelt erhöht werden (vgl. dazu Nr. 7 der Bestimmungen). Davon wird jedoch selten Gebrauch gemacht.

Aufgrund des Regreßverzichtsabkommens der Feuerversicherer stellt sich die Regreßsituation bei übergreifenden Brandschäden in der Regel wie folgt dar: Die ersten 300.000,– DM gehen zu Lasten des schadenverursachenden Regreßschuldners bzw. dessen Haftpflichtversicherers, die darüber hinausgehende Regreßforderung fällt bis zu einem Betrag von 1,2 Mio. DM unter den Regreßverzicht. Übersteigt der Regreßanspruch den Gesamtbetrag von 1,5 Mio. DM, so geht der übersteigende Betrag wiederum zu Lasten des VN bzw. dessen Haftpflichtversicherers.

Der **Regreßverzicht ist an verschiedene Voraussetzungen geknüpft** (vgl. Nr. 1 ff. der Bestimmungen). Grundvoraussetzung ist, daß der Schaden, auf dem der Regreßanspruch beruht, durch ein Ereignis herbeigeführt wurde, das für den Regreßschuldner einen Versicherungsfall seiner Feuerversicherung darstellt. Der Versicherer muß im Rahmen dieser Feuerversicherung dafür auch eine Entschädigung gezahlt haben, es sei denn, die Ersatzpflicht entfällt wegen eines vereinbarten Selbstbehalts. Daneben ist vorausgesetzt, daß das Schadenereignis innerhalb der Bundesrepublik Deutschland vom Versicherungsort dieser Feuerversicherung aus auf die versicherten Gegenstände übergegriffen hat. Der Regreßverzicht kommt nur zustande, wenn die betroffenen Feuerversicherer dem Regreßverzichtsabkommen beigetreten sind. Dies ist in der Regel der Fall, weil nahezu alle in Deutschland niedergelassenen Feuerversicherer dem Regreßverzichtsabkommen beigetreten sind.

Aus dem Wortlaut der Bestimmungen ergibt sich nicht eindeutig, ob **der Regreßverzicht auch für Versicherte** gilt. In Nr. 2 der Bestimmungen wird im Zusammenhang mit dem Regreßschuldner lediglich von „seiner Feuerversicherung" gesprochen. Jedoch folgt aus dem Sachzusammenhang, daß der Regreßverzicht auch für Ersatzansprüche gilt, die sich gegen den Versicherten richten (ebenso Martin J I 14). Der Regreßverzicht erstreckt sich nach Nr. 4 a der Bestimmungen daneben u. a. auch auf Ersatzansprüche, die sich gegen Repräsentanten, gesetzliche Vertreter, Familienangehörige sowie im Betrieb oder Haushalt des Regreßschuldners angestellte Personen richten. Familienangehörige sind „mit dem Betreffenden in häuslicher Gemeinschaft lebende Ehegatten und Verwandte direkter aufsteigender und absteigender Linie des Betreffenden und seines Ehegatten" (Nr. 4 a der Bestimmungen). Ausgeschlossen vom Regreßverzicht sind nach Nr. 5 der Bestimmungen Vorsatz und grobe Fahrlässigkeit. Lediglich für Angestellte im Betrieb oder Haushalt des Regreßschuldners, die nicht Repräsentanten oder gesetzliche Vertreter sind, erstreckt sich der Regreßverzicht auch auf grobe Fahrlässigkeit (mißverständlich in diesem Punkt Martin J I 15, der von der „stillschweigenden Maßgabe" spricht, „daß der Regreß bei Vorsatz von Familienangehörigen sowie Vorsatz oder grober Fahrlässigkeit von Arbeitnehmern möglich bleibt").

## Stellung des VN 5.5

Liegt Fremdversicherung vor, so richten sich die Rechte und die Stellung des VN und des Versicherten nach §§ 75 bis 77, 79 VVG. In der Wohngebäudeversicherung werden die gesetzlichen Regelungen ergänzt und modifiziert durch §§ 20 VGB 88 n. F., 12 VGB 88 a. F., 14 VGB 62. Jedoch lehnen sich die AVB-Bestimmungen an die gesetzlichen Regelungen an.

Der VN hat im Vergleich zum Versicherten eine weitaus stärkere vertragliche Stellung. Dies liegt in erster Linie daran, daß er der Vertragspartner des Versicherers ist. Er hat alle vertraglichen Pflichten zu erfüllen und infolgedessen stehen ihm auch grundsätzlich alle vertraglichen Rechte zu. Wegen der Besonderheiten der Versicherung für fremde Rechnung treten jedoch neben die vertraglichen Pflichten des VN auch Vertragspflichten des Versicherten. Andererseits werden die vertraglichen Rechte des VN eingeschränkt bzw. ergänzt.

Die starke Stellung des VN wird im Verhältnis zu den VVG-Regelungen in der Wohngebäudeversicherung nach den VGB durch die angesprochenen Regelungen gestärkt. Danach kann nur der VN und nicht der Versicherte die Rechte aus dem Versicherungsvertrag ausüben. Einer Zustimmung des Versicherten dazu bedarf es nicht. Dadurch wird die Stellung des VN im Verhältnis zu § 75 II VVG zu Lasten des Versicherten gestärkt, da der Versicherte nach § 75 II VVG auch ohne Zustimmung des VN über seine Rechte verfügen und diese Rechte gerichtlich geltend machen kann, wenn er im Besitz eines Versicherungsscheins ist. Dagegen ist der VN in der Wohngebäudeversicherung zur Annahme der Zahlung sowie zur Übertragung der Rechte des Versicherten auch dann befugt, wenn er nicht im Besitz des Versicherungsscheins ist. Auch dadurch wird die Stellung des VN in der Wohngebäudeversicherung zu Lasten des Versicherten gestärkt, weil dem VN nach § 76 II VVG die beschriebenen Rechte nur dann zustehen, wenn er im Besitz des Versicherungsscheins ist. Der Versicherer kann jedoch nach §§ 20 Nr. 2 VGB 88 n. F., 12 Nr. 1 Satz 2 VGB 88 a. F., 14 Nr. 1 Satz 3 VGB 62 vor Zahlung der Entschädigung an den VN den Nachweis verlangen, daß der Versicherte seine Zustimmung dazu erteilt hat. Nicht übernommen wurde in den VGB 88 die Forderung gem. §§ 76 III VVG, 14 Nr. 1 Satz 3 VGB 62, wonach der VN nachweisen muß, daß der Versicherte seine Zustimmung zu der Versicherung gegeben hat.

## Stellung des Versicherten 5.6

Die Rechte und die Stellung des Versicherten sind vergleichsweise schwach. Zwar stehen ihm nach § 75 I VVG die Rechte aus dem Versicherungsvertrag zu, er kann darüber jedoch nicht verfügen, und das in der Wohngebäudeversicherung nach den VGB 88 abweichend von § 75 II VVG selbst dann nicht, wenn er im Besitz des Versicherungsscheins ist (vgl. L 5.5). Insbesondere kann er die Zahlung der Entschädigung nur mit Zustimmung des VN verlangen. Infolgedessen hat die in L 4.1.1 behandelte Frage, ob jeder Eigentümer einer Wohnungseigentümergemeinschaft VN oder Versicherter des von der Wohnungseigentümergemeinschaft geschlossenen Wohngebäudeversicherungsvertrages ist, durchaus praktische Auswirkungen. Wird Versicherteneigenschaft angenommen, so kann der einzelne Wohnungseigentümer über seine Rechte aus dem Versicherungsvertrag nicht verfügen und insbesondere ohne Zustimmung der Wohnungseigentümergemeinschaft keine Zahlung der Entschädigung verlangen und keine Leistungsklage erheben (vgl. OLG Hamm VersR 96 S. 1234). Eine Ausnahme davon kommt nur dann in Betracht, wenn der VN (die Wohnungseigentümergemeinschaft) die Geltendmachung des Klageanspruchs ohne billigenswerten Grund ablehnt (BGH r+s 87 S. 155) oder nach Ablehnung der Ansprüche durch den Versicherer zu erkennen gegeben hat, daß er den Anspruch von sich aus nicht weiter verfolgen will (BGH VersR 83 S. 823 und r+s 83 S. 135 sowie OLG Karlsruhe VersR 97 S. 104 und r+s 96 S. 453). Infolgedessen ist die Auffassung des OLG Düsseldorf, alle Mitglieder der Wohnungseigentümergemeinschaft seien VN (r+s 98 S. 337), für den einzelnen Wohnungseigentümer vorteilhafter.

## 5.7 Kenntnis und Verhalten des Versicherten

Nach §§ 79 I VVG, 20 Nr. 3 VGB 88 n. F., 12 Nr. 3 VGB 88 a. F., 14 Nr. 3 VGB 62 werden die Kenntnis und das Verhalten des Versicherten der Kenntnis und dem Verhalten des VN gleichgestellt. Das gilt nach §§ 79 II VVG, 20 Nr. 4 VGB 88 n. F. nicht, wenn der Vertrag ohne Wissen des Versicherten abgeschlossen worden ist oder eine rechtzeitige Benachrichtigung des VN nicht angebracht war. Es leuchtet ein, daß vertragsgerechtes Verhalten vom Versicherten nicht gefordert werden kann, wenn er überhaupt nicht weiß, daß ein Versicherungsvertrag besteht. Dagegen kommt es auf die Kenntnis des Versicherten an, wenn der VN den Vertrag ohne Auftrag des Versicherten geschlossen und den Versicherer nicht darüber informiert hat (§§ 79 III VVG, 20 Nr. 5 VGB 88 n. F.). Insbesondere im Versicherungsfall können die angesprochenen Regelungen schwerwiegende Auswirkungen haben (s. dazu U 7).

## 6 Interessemangel

Auch in der Wohngebäudeversicherung stellt sich nach Vertragsabschluß gelegentlich heraus, daß das zur Versicherung beantragte Interesse nicht entstanden ist bzw. bei Versicherungsbeginn nicht (mehr) bestanden hat oder nach dem Versicherungsbeginn weggefallen ist. Beide Fallgestaltungen sind im Hinblick auf das Schicksal des Beitrags in § 68 VVG geregelt. Lag das versicherte Interesse bei Versicherungsbeginn nicht vor, so handelt es sich um anfänglichen Interessemangel (Römer/Langheid § 68 RN 3). Fällt das versicherte Interesse nach Versicherungsbeginn weg, so liegt nachträglicher Interessemangel vor (Römer/Langheid § 68 RN 8).

## 6.1 Anfänglicher Interessemangel

Anfänglicher Interessemangel entsteht, wenn das zur Versicherung beantragte Interesse entgegen den Planungen und Erwartungen des VN nicht entstanden ist, oder bei Abschluß des Vertrages zwar vorhanden war, vor Versicherungsbeginn aber untergegangen ist. In der Wohngebäudeversicherung sind derartige Fälle recht selten. So liegt es, wenn der VN einen Kaufvertrag für ein Wohngebäude oder eine Wohnung sowie eine Wohngebäudeversicherung abschließt. Kommt der Kaufvertrag nicht zustande, handelt es sich um einen Fall des § 68 I VVG. Ähnlich verhält es sich, wenn der VN nach Abschluß des Wohngebäudeversicherungsvertrages auf den geplanten Bau eines Wohngebäudes verzichtet oder den begonnenen Bau einstellt. Es kommt auch vor, daß ein

Mieter oder ein Pächter aufgrund vertraglicher Vereinbarungen im Miet- oder Pachtvertrag einen Wohngebäudeversicherungsvertrag abschließt. Tritt eine Partei vom Miet- oder Pachtvertrag vor Versicherungsbeginn zurück, so liegt anfänglicher Interessemangel vor. Der VN ist in diesen Fällen nach § 68 I VVG von der Verpflichtung zur Zahlung des Beitrags frei. Der Versicherer kann jedoch eine angemessene Geschäftsgebühr verlangen.

## Nachträglicher Interessemangel 6.2

Nachträglicher Interessemangel entsteht dadurch, daß das versicherte Interesse nach Beginn der Versicherung wegfällt. Häufigster Fall des nachträglichen Interessemangels in der Wohngebäudeversicherung ist der Interessewegfall durch die Veräußerung des versicherten Gebäudes. Diese Fälle sind in § 69 VVG geregelt und werden in L 6.3 behandelt. Durch § 68 II VVG werden alle übrigen Fälle des nachträglichen Interessewegfalls geregelt. Er entsteht in der Wohngebäudeversicherung durch Totalschäden an versicherten Gebäuden oder durch Abriß des versicherten Gebäudes (Einzelheiten s. X 1.2). Hat ein Mieter oder Pächter den Wohngebäudeversicherungsvertrag abgeschlossen, so liegt nachträglicher Interessewegfall vor, wenn der Miet- oder Pachtvertrag (vorzeitig) endet.

Nach § 68 II VVG gebührt dem Versicherer in diesen Fällen der Beitrag, den er hätte erheben können, wenn die Versicherung nur bis zu dem Zeitpunkt beantragt worden wäre, in welchem der Versicherer von dem Wegfall des Interesses Kenntnis erlangt. Fällt das versicherte Interesse jedoch durch einen Versicherungsfall weg (Totalschaden), so steht dem Versicherer nach § 68 IV der Beitrag für die laufende Versicherungsperiode zu. Diese Regelung beruht auf dem sog. Prinzip der Unteilbarkeit der Prämie bzw. des Beitrags. Sie ist nicht zeitgerecht. Deshalb kann § 68 IV VVG durch den Text-Baustein 12 für den Allgemeinen Teil der AVB zu Gunsten des VN abgeändert werden. Das Schicksal des Beitrags bei Wegfall des versicherten Interesses richtet sich dann einheitlich nach dem sog. Kurztarif des Versicherers (vgl. dazu X 1.2).

## Veräußerung 6.3

Nachträglicher Interessewegfall in der Wohngebäudeversicherung entsteht häufig durch die Veräußerung versicherter Gebäude. Die Rechtsfolgen der Veräußerung richten sich nicht nach § 68 VVG. Vielmehr sind dafür §§ 69 VVG ff. maßgebend. Veräußert der VN das versicherte Gebäude, so tritt an Stelle des Veräußerers der Erwerber in die während der Dauer seines Eigentums aus dem Versicherungsverhältnis sich ergebenden Rechte und Pflichten des VN ein (§ 69 I VVG). Der Erwerber wird an Stelle des Veräußerers VN des Wohngebäudeversicherungsvertrages. Für den Versicherungsbeitrag des laufenden Versicherungsjahres haften Veräußerer und Erwerber nach § 69 II VVG als Gesamtschuldner.

**§ 69 VVG gilt für die Eigenversicherung des Gebäudeeigentümers, nicht jedoch für Fremdversicherungen** (ebenso Römer/Langheid § 69 RN 3 sowie Martin J V 12; a. A. Prölss/Martin § 69 RN 3). Hat ein Mieter oder Pächter den Wohngebäudeversicherungsvertrag abgeschlossen und veräußert der Eigentümer das Gebäude, so wird dieser Vertrag dadurch nicht berührt. Das gilt auch, wenn der bisherige Mieter oder Päch- 6.3.1

ter das Gebäude erwirbt. Aus der Fremdversicherung wird eine Eigenversicherung. Ansonsten bleibt das Vertragsverhältnis unberührt. Infolgedessen entsteht auch kein außerordentliches Kündigungsrecht nach § 70 II VVG. Hatte jedoch der Eigentümer einen weiteren Wohngebäudeversicherungsvertrag abgeschlossen, so geht dieser Vertrag auf den bisherigen Mieter oder Pächter über. Es entsteht Doppelversicherung, die nach §§ 60, 70 II VVG beseitigt werden kann. Der VN kann wählen, ob er den später geschlossenen Vertrag nach § 60 I VVG aufhebt oder den auf ihn nach § 69 VVG übergegangenen Vertrag nach § 70 II VVG kündigt. Ähnlich verhält es sich, wenn der Erwerber des Gebäudes nach Gefahrübergang, aber vor Eintragung in das Grundbuch einen weiteren Wohngebäudeversicherungsvertrag abgeschlossen hat (vgl. L 4.2.2).

6.3.2 Wurde der Vertrag von einem Miteigentümer des versicherten Gebäudes abgeschlossen, so treten die Rechtsfolgen nach § 69 VVG ein, wenn der **Miteigentümer-VN seinen Anteil am Miteigentum veräußert**. Der Vertrag geht einschließlich der Fremdversicherung für die übrigen Miteigentümer über. Veräußert ein mitversicherter Miteigentümer seinen Anteil, so wird dadurch der Vertrag nicht berührt. Ähnlich liegt es, wenn der **Miteigentümer einer Wohnungseigentümergemeinschaft** seinen Anteil veräußert. Wurde der Vertrag mit der Wohnungseigentümergemeinschaft geschlossen, so wird er durch die Veräußerung der Anteile von Wohnungseigentümern nicht berührt. Dabei kommt es nicht darauf an, ob die einzelnen Wohnungseigentümer als VN oder als Versicherte einzustufen sind (vgl. L 5.6).

Hat **ein Mieter oder Pächter den Wohngebäudeversicherungsvertrag abgeschlossen und tritt ein neuer Mieter oder Pächter in den Miet- oder Pachtvertrag ein**, so ist § 69 VVG analog anzuwenden. Der Vertrag geht auf den neuen Mieter oder Pächter über. Das gilt jedoch nicht, wenn ein neuer Miet- oder Pachtvertrag erstmals oder mit einem anderen Mieter oder Pächter abgeschlossen wird (vgl. Prölss/Martin § 69 RN 9 und Römer/Langheid § 69 RN 4).

6.3.3 Bei der Veräußerung steht beiden Vertragsparteien **nach § 70 VVG ein außerordentliches Kündigungsrecht** zu. Der Versicherer kann den Vertrag nach § 70 I VVG unter Einhaltung einer Frist von einem Monat kündigen. Das Kündigungsrecht erlischt jedoch, wenn er es nicht innerhalb eines Monats von dem Zeitpunkt an ausübt, in welchem er von der Veräußerung Kenntnis erlangt hat. Im allgemeinen machen die Wohngebäudeversicherer von diesem Kündigungsrecht keinen Gebrauch. Der Erwerber ist nach § 70 II VVG ebenfalls berechtigt, den Vertrag zu kündigen. Seine Kündigung kann entweder mit sofortiger Wirkung oder auf den Schluß der laufenden Versicherungsperiode erfolgen. Auch dieses Kündigungsrecht erlischt, wenn es nicht innerhalb eines Monats nach dem Erwerb ausgeübt wird. Maßgebend für die Berechnung dieser Monatsfrist ist die Eintragung in das Grundbuch. Hatte der Erwerber von der bestehenden Wohngebäudeversicherung keine Kenntnis, so läuft die Monatsfrist ab dem Zeitpunkt, in welchem er von der Versicherung Kenntnis erlangt.

Kündigen Versicherer oder VN aufgrund der angesprochenen Bestimmungen, so steht dem Versicherer nach § 70 III VVG der Beitrag für die laufende Versicherungsperiode zu. Beitragsschuldner ist der Veräußerer. Diese Regelung beruht wiederum auf dem Prinzip der Unteilbarkeit der Prämie bzw. des Beitrags. Darauf ist es zurückzuführen, daß Erwerber von Wohngebäuden die bestehenden Wohngebäudeversicherungsverträge in der Regel auf den Schluß der laufenden Versicherungsperiode kündigen.

6.3.4 Nach § 71 I VVG ist die Veräußerung dem Versicherer unverzüglich anzuzeigen. Wird die Veräußerung weder vom Erwerber noch vom Veräußerer unverzüglich angezeigt, so ist der Versicherer von der Verpflichtung zur Leistung frei, wenn der Versicherungsfall später als einen Monat nach dem Zeitpunkt eintritt, in dem dem Versicherer die Anzeige hätte zugehen müssen. Das gilt nach § 71 II VVG Satz 1 nicht, wenn die Veräußerung dem Versicherer in dem Zeitpunkt bekannt war, in dem ihm die Anzeige hätte zugehen müssen. Der Versicherer ist nach § 71 II Satz 2 VVG auch dann zur Leistung verpflichtet, wenn bei Eintritt des Versicherungsfalls die Frist für seine Kündigung abgelaufen und eine Kündigung nicht erfolgt ist (vgl. auch Text-Baustein 15 Nr. 4). Abgesehen davon führt auch nicht jeder Verstoß gegen die Anzeigepflicht zur Leistungsfreiheit des Versicherers. § 71 I VVG ist eine Strafbestimmung von außerordentlicher Schärfe. Deshalb kann nicht jede Verletzung der Anzeigepflicht schlechthin zur Leistungsfreiheit führen. Die Vorschrift ist in einer an den Geboten von Treu und Glauben ausgerichteten Betrachtungsweise einschränkend auszulegen (BGH VersR 87 S. 477). Leistungsfreiheit des Versicherers ist nach Auffassung des BGH nur gegeben, wenn diese Rechtsfolge nicht außer Verhältnis zur Schwere des Verstoßes steht. Dabei ist auf Seiten des Versicherers abzuwägen, wie weit seine Interessen in ernster Weise beeinträchtigt sind, und auf Seiten des VN, in welchem Umfang ihn ein Verschulden trifft, d. h., wie schwer es wiegt und welches Gewicht die Entziehung der Versicherungsleistung für ihn hat (BGH VersR 87 S. 477 und VersR 87 S. 705). Kündigt der Versicherer den Versicherungsvertrag nicht, nachdem ihm die Veräußerung bekannt wurde, so kann das Unterlassen der Kündigung als starkes Indiz gegen ein berechtigtes Interesse des Versicherers an Leistungsfreiheit wegen Verstosses gegen die Anzeigeobliegenheit gewertet werden. Er bringt dadurch zum Ausdruck, daß er die Gefahr durch die Veräußerung nicht als erhöht ansieht. Infolgedessen ist auch zu vermuten, daß unter diesen Umständen die Interessen des Versicherers nicht in ernster Weise beeinträchtigt sind (vgl. OLG Hamm VersR 92 S. 1466).

# M Vertragsabschluß; Beginn der Versicherung; Dauer und Ende des Vertrages; Beitragszahlung

## 1 Vertragsabschluß

Für den Abschluß des Versicherungsvertrages gelten die einschlägigen Bestimmungen des BGB, die durch die Bestimmungen des VVG ergänzt und modifiziert werden. Die dabei auftretenden vielfältigen Rechtsfragen können hier nicht im einzelnen dargestellt werden. Es wird wiederum auf die einschlägige Kommentierung zu §§ 145 ff. BGB sowie §§ 1 bis 5 a, 7, 8 VVG verwiesen. Grundsätzlich entsteht ein privatrechtlicher Vertrag dadurch, daß die Vertragsparteien zwei übereinstimmende Willenserklärungen abgeben. Eine Vertragspartei erklärt der anderen ihren Willen zum Abschluß eines Vertrages. Sie bietet den Abschluß eines Vertrages an bzw. stellt einen Antrag auf Vertragsabschluß. Die andere Partei erklärt die Annahme dieses Vertragsangebots. Der Vertrag ist zustande gekommen, wenn die beiden Willenserklärungen inhaltlich übereinstimmen. Diese Grundsätze gelten auch für das Zustandekommen eines Versicherungsvertrages. Jedoch sind dabei eine Reihe von Besonderheiten zu beachten, die in der Eigenart des Versicherungsvertrages begründet sind. Praktische Bedeutung haben vor allem die in § 5 a VVG verankerten Informationspflichten des Versicherers und das damit verbundene Widerspruchsrecht sowie das in § 8 IV VVG geregelte Widerrufsrecht bei langfristigen Verträgen.

## 2 Antrag

Die Initiative zum Abschluß eines Wohngebäudeversicherungsvertrages geht in der Regel vom Gebäudeeigentümer aus. Er bietet dem Versicherer den Abschluß eines Vertrages an, indem er einen Antrag auf Abschluß eines Wohngebäudeversicherungsvertrages an den Versicherer richtet. Dieser Antrag kann formlos gestellt werden. Die Schriftform ist für das Vertragsangebot nicht gefordert. Sie kann jedoch vereinbart werden. Das in den VGB verankerte Erfordernis der Schriftform (vgl. §§ 26 VGB 88 a. F., 21 VGB 62, Text-Baustein 26) stellt keine derartige Vereinbarung dar. Dabei kommt es nicht darauf an, ob der VN die VGB bei Antragstellung kannte (s. Prölss/Martin § 3 RN 14). Jedoch wird mit dem Abschluß des Vertrages nach den VGB die Schriftform vereinbart, so daß spätere Anträge des VN auf Vertragsänderungen die Schriftform erfordern.

Es kommt auch vor, daß Versicherer Vertragsangebote unterbreiten. So liegt es, wenn der Versicherer die Antragsbindungsfrist verstreichen läßt. Die verspätete Annahme des Antrags führt dazu, daß die Übersendung des Versicherungsscheins an den Antragsteller rechtlich als ein neues Angebot des Versicherers auf Abschluß eines Wohngebäudeversicherungsvertrages einzustufen ist (Prölss/Martin § 3 RN 26; vgl. M 3.1). Ähnlich verhält es sich, wenn der Versicherer bzw. dessen Vermittler aufgrund einer Anfrage eines Gebäudeeigentümers diesem ein sog. Angebot abgibt, in dem die Konditionen für den Abschluß eines Wohngebäudeversicherungsvertrages dargestellt werden. Dabei handelt es sich rechtlich nicht um ein Angebot auf Abschluß eines Wohngebäudeversicherungsvertrages. Vielmehr informiert der Versicherer den Interessenten darüber, welche Bedingungen und Beiträge für den Abschluß des Vertrages gelten. Nimmt der Gebäudeeigentümer dieses „Angebot“ des Versicherers an, so handelt es sich bei dieser Willenserklärung um einen Antrag auf Abschluß eines Vertrages bzw. um ein Vertragsangebot des VN. Der Versicherungsvertrag entsteht auch in diesen Fällen dadurch, daß der Versicherer dieses Angebot annimmt.

## Schriftlicher Antrag 2.1

Obwohl die Schriftform nicht gefordert ist und in der Regel vor Abschluß des Vertrages auch nicht wirksam vereinbart wurde, werden Anträge auf Abschluß eines Wohngebäudeversicherungsvertrages in den allermeisten Fällen schriftlich gestellt. Dabei werden die Antragsformulare des Versicherers verwendet. Dieses Verfahren dient der Rechtssicherheit. Der Versicherer erhält die für den Vertragsabschluß notwendigen Risikoinformationen. Daneben können rechtswirksam auf diesem Weg auch alle Vereinbarungen getroffen werden, die für die Verwaltung des Vertrages erforderlich sind (z. B. Einwilligungsklausel nach dem Bundesdatenschutzgesetz oder Lastschriftermächtigung). Beim Antragsteller verbleibt eine Kopie des Antrags. Anhand der Antragskopie kann er überprüfen, ob der Versicherungsschein inhaltlich mit dem Antrag übereinstimmt. Die **Antragsformulare auf Wohngebäudeversicherung sind nicht einheitlich** (vgl. Anhang A 8). Dies liegt vor allem daran, daß zahlreiche Versicherer nach der Deregulierung der europäischen Versicherungsmärkte eigene Produktlinien entwickelt haben, die sich auch in der Gestaltung der Antragsformulare niederschlagen. Daneben sind die Versicherer in unterschiedlichem Ausmaß dazu übergegangen, insbesondere für das Privatkundengeschäft sog. **Sammelversicherungsanträge** zu schaffen, in denen in unterschiedlicher Weise Anträge für verschiedene Sparten zusammengefaßt sind.

Auch in den Fällen, in denen ein Vertrag zunächst formlos geschlossen wurde, wird der Versicherer in der Regel darauf bestehen, daß der VN (nachträglich) ein Antragsformular ausfüllt und unterschreibt. Dabei geht es dem Versicherer vor allem darum, die notwendigen Kenntnisse über die Risikoverhältnisse zu erlangen.

## Elektronisches Antragsverfahren 2.2

In jüngster Zeit ist eine Entwicklung eingetreten, die auf Sicht dazu führen wird, daß auch andere Antragsformen als der formularmäßige schriftliche Antrag auf Abschluß eines Versicherungsvertrages praktische Bedeutung gewinnen werden. Diese Entwicklung wird mit dem Begriff elektronisches Antragsverfahren beschrieben. Es handelt sich im Prinzip darum, daß bei diesem Verfahren **darauf verzichtet wird, bei Antragsaufnahme durch den Vermittler des Versicherers ein Antragsformular auszufüllen.** Stattdessen gibt der Vermittler die Antragsdaten nach Maßgabe der Wünsche und Vorstellungen des Antragstellers in seinen PC oder sein Notebook ein. Diese Daten werden über Datenleitungen an den Rechner in der Zentrale des Versicherers übermittelt, der dort die Ausfertigung des Versicherungsscheines anstößt. Diese Entwicklung führt bei konsequenter Umsetzung zu tiefgreifenden Veränderungen in den Versicherungsunternehmen. Die Vorteile dieses Verfahrens sind für die Versicherer ins Gewicht fallende Kosteneinsparungen, die die Produktivität signifikant erhöhen. Andererseits sind dazu umfangreiche Investitionen in die Hard- und Software sowie in die Datenübertragungsnetze erforderlich. Ein gewichtiger Kostenfaktor ist auch die Ausstattung der Vermittler mit kompatiblen PC bzw. Notebooks. Auch für den Vermittler hat dieses Verfahren Vorteile. Dies liegt vor allem daran, daß PC bzw. Notebooks zu Tarifrechnern aufgerüstet werden, in denen das gesamte umfangreiche Tarifwerk abgebildet und verkaufsgerecht gestaltet wird. Die Beratungskompetenz des Vermittlers wird dadurch sprunghaft gesteigert. Das liegt auch im Interesse der Verbraucher. Daneben lassen sich durch zahlreiche andere Funktionen von der Termindatei über die Agenturabrechnung bis zur Führung, Überwachung und Auswertung des Versicherungsbestandes zusätzliche Vorteile für den Vermittler generieren. Für den Abschluß des Versicherungsvertrages wirft diese neue Form der Abgabe eines Antrags bzw. eines Angebots auf Vertragsabschluß zahlreiche **Rechtsprobleme** auf. Dies liegt vor allem daran, daß sowohl das BGB als auch das VVG alte Gesetze sind, deren Grundsätze mit dem Einsatz der neuen Informationstechniken nicht in Einklang stehen. Es zeigt sich einmal mehr, daß eine grundlegende Novellierung des VVG dringend geboten ist.

Bei rechtlicher Betrachtung ist zunächst davon auszugehen, daß die **Aufnahme von Daten im PC des Versicherungsvermittlers** kein Angebot auf Vertragsabschluß, sondern vielmehr lediglich eine **Aufforderung des Gebäudeeigentümers zur Abgabe eines Angebots** durch den Versicherer darstellt (vgl. Schimikowski, r+s 97 S. 89). Erstellt der Versicherer daraufhin einen Versicherungsschein, so handelt es sich dabei um ein Angebot des Versicherers auf Abschluß eines Versicherungsvertrages, das der Kunde durch ausdrückliche Erklärung oder durch konkludente Handlung (Zahlung des Beitrags) annehmen kann (vgl. M 1). Der zweite Weg (Annahme durch konkludente Handlung) stößt auf rechtliche Bedenken und beinhaltet Unsicherheiten. Die rechtlichen Bedenken liegen vor allem darin, daß Schweigen des Kunden nach allgemein geltenden Rechtsgrundsätzen nicht als Zustimmung auszulegen ist. Eine solche Vorstellung „läßt jeden Zivilrechts-Juristen erschaudern" (Schimikowski a. a. O.). Die Unsicherheiten liegen darin, daß der Zeitpunkt des formellen Versicherungsbeginns nicht eindeutig zu bestimmen ist. Weiterhin ist nicht klar, ob es als konkludente Annahmeerklärung des Kunden ausreicht, daß der Versicherer aufgrund einer vom Kunden erteilten Ermächtigung den Beitrag vom Konto des Kunden abbucht.

Diese rechtlichen Schwierigkeiten lassen sich dadurch beseitigen, daß Versicherer und VN eine sog. **Vertragsabschlußklausel** vereinbaren, wonach der Vertrag als geschlossen gilt, wenn der Kunde nicht innerhalb von 14 Tagen ab Zugang des Versicherungsscheins, der Versicherungsbedingungen und der darin enthaltenenen Verbraucherinformation schriftlich widerspricht. Technisch läßt sich dies in der Weise darstellen, daß der Kunde eine Erklärung zum „elektronischen Antrag" unterschreibt, in der er neben dieser sog. Vertragsabschlußklausel auch die **Lastschriftermächtigung** erteilt. Dieses Vorgehen wird als rechtlich unbedenklich eingestuft (vgl. Schimikowski a. a. O.). Der Kunde gibt eine auf die Annahme des Angebots des Versicherers gerichtete Willenserklärung schriftlich bei Aufnahme seiner vertragsrelevanten Daten in den PC des Vermittlers ab. Durch eine sog. **Rahmenvereinbarung** kann dieses Antragsverfahren noch weiter vereinfacht werden. Dadurch wird die Vertragsabschlußklausel auf alle aktuellen und späteren Abschlüsse sowie Änderungen von Versicherungsverträgen bei demselben Versicherer ausgedehnt. Diese Rahmenvereinbarung wurde möglich, nachdem der GDV gemeinsam mit der Kreditwirtschaft im Jahr 1998 eine Lastschrift-Rahmenvereinbarung geschaffen hatte. Mit dieser Lastschrift-Rahmenvereinbarung für den Einzug von Versicherungsbeiträgen erklärt sich der Kunde damit einverstanden, daß alle Beiträge für bestehende und künftig abzuschließende Versicherungsverträge bei den in der Vereinbarung genannten Versicherern mittels Lastschrift von seinem Konto eingezogen werden können. Diese Vereinbarung ist Bestandteil der zuvor angesprochenen Rahmenvereinbarung über den Abschluß von Versicherungsverträgen. Es bleibt abzuwarten, in welchem Umfang sich private Verbraucher mit einer derartig weitgehenden Verfügungsermächtigung Dritter über ihre Bankguthaben anfreunden können.

## Internet

2.3

Große Aufmerksamkeit kommt seit geraumer Zeit der Frage zu, welche Möglichkeiten das Internet für den Verkauf von Versicherungsverträgen bietet. Inzwischen sind rund die Hälfte der deutschen Versicherer im Internet vertreten. Häufig können die Internet-Nutzer jedoch lediglich Informationen abrufen. Der Verkauf von Versicherungsverträgen und der Transfer von Informationen zwischen VN und Versicherer über das Internet hat praktisch noch geringe Bedeutung. Das wird sich ändern. Insbesondere Direktversicherer werden das Internet als Service- und Vertriebskanal künftig vermutlich stärker nutzen. Offen ist, ob eine ins Gewicht fallende Kundengruppe auf Sicht bereit sein wird, Versicherungsverträge über das Internet abzuschließen oder ob der „Vertragsabschluß per Mausklick" nicht doch das Privileg einer Minderheit bleiben wird.

Abgesehen davon wirft der Verkauf von Versicherungsverträgen über das Internet zahlreiche noch **ungelöste Fragen und Probleme** auf. Der deutsche Gesetzgeber hat mit dem Telekommunikationsgesetz sowie dem Informations- und Kommunikationsdienstegesetz mit den Schwerpunkten Teledienste, Teledienstedatenschutz, elektronische Signatur sowie Jugend- und Urheberschutz wichtige rechtliche Rahmenbedingungen geschaffen. Nicht eindeutig geklärt ist jedoch, wie die Versicherer als Dienstleister in den Anwendungsbereich dieser Gesetze fallen. Daneben gibt es auch eine Reihe ungeklärter Rechtsfragen. Dazu zählen u. a. die Fragen nach dem gesetzlich geregelten Schriftformerfordernis für bestimmte Sachverhalte (vgl. dazu BGH VersR 99 S. 465 und NJW 98 S. 3649), nach der rechtlichen Bewertung der elektronischen Signatur, nach der rechtswirksamen Übermittlung der Verbraucherinformation via Internet oder nach dem Abschluß von Verträgen mit ausländischen, in Deutschland nicht niedergelassenen Versicherern. Daneben sind immer wieder auftretende Sicherheitsprobleme noch immer nicht gelöst, so daß die Gefahr des Mißbrauchs personenbezogener Daten weiterhin besteht.

Für alle diese Probleme und Fragen gibt es derzeit noch keine eindeutigen Lösungen. Die EU-Kommission hat am 14. 10. 1998 den **Entwurf einer Richtlinie für den Fernabsatz von Finanzdienstleistungen an Verbraucher** verabschiedet mit dem Ziel, im Bereich der Finanzdienstleistungen einen hohen Grad an Verbraucherschutz bei Verträgen im sog. Fernabsatz zu gewährleisten. Dieser Richtlinienvorschlag ist sehr stark von Verbraucherschutzgesichtspunkten geprägt. Die Interessen der Versicherungswirtschaft werden kaum berücksichtigt. Der Richtlinienvorschlag wird im Jahr 1999 in den zuständigen europäischen Gremien beraten und soll noch im ersten Halbjahr 1999 verabschiedet werden.

## Verbraucherinformation

2.4

Große Bedeutung haben die in §§ 10 a VAG, 5 a VVG verankerten Informationspflichten. Sie wurden im Zuge der Deregulierung der europäischen Versicherungsmärkte durch das Dritte Durchführungsgesetz/EWG zum VAG vom 21. 7. 1994 eingeführt (vgl. I 1.4.1 und 1.4.2). Es handelt sich dabei um Vorschriften zum Schutz der Interessen privater Verbraucher. Dadurch soll der mit der Deregulierung verbundenen Beeinträchtigung der Markttransparenz entgegengewirkt werden.

Nach § 10 a VAG haben die Versicherungsunternehmen zu gewährleisten, daß der Versicherungsnehmer, wenn er eine natürliche Person ist, in einer Verbraucherinformation über die für das Versicherungsverhältnis maßgeblichen Tatsachen und Rechte vor Abschluß und während der Laufzeit des Vertrages nach Maßgabe der Anlage Teil D zum VAG unterrichtet wird. Nach dem Wortlaut des Gesetzes hat die Verbraucherinformation schriftlich zu erfolgen. Sie muß eindeutig formuliert, übersichtlich gegliedert und verständlich in deutscher Sprache oder der Muttersprache des VN abgefaßt sein. Der Inhalt der Verbraucherinformation wird durch die Anlage Teil D zum VAG bestimmt. Sie muß insbesondere die geltenden AVB sowie die Angabe des auf den Vertrag anwendbaren Rechts, Angaben über Art, Umfang und Fälligkeit der Leistung des Versicherers, Angaben zur Laufzeit des Versicherungsverhältnisses, zur Beitragshöhe, zur Antragsbindungsfrist für den Antragsteller, eine Belehrung über das Widerrufs- und Rücktrittsrecht sowie die Anschrift der zuständigen Aufsichtsbehörde enthalten (vgl. Anhang D).

Nach § 5 a VVG können die Versicherer wählen, ob sie die Verbraucherinformation dem VN bei Antragstellung aushändigen (**Antragsverfahren**) oder erst mit dem Versicherungsschein geben (**Policenverfahren**). Das Antragsverfahren ist betriebstechnisch und organisatorisch mit erheblichen Schwierigkeiten verbunden. Deshalb haben sich die allermeisten Versicherer für das Policenverfahren entschieden. Die geforderten Informationen werden dem VN zusammen mit dem Versicherungsschein und den AVB gegeben, die Teil der Verbraucherinformation sind. Dieses Vorgehen der Versicherer ist auf verbreitete Kritik gestoßen (vgl. Prölss/Martin § 5 a RN 4 m. w. N.). Es steht jedoch zweifelsfrei im Einklang mit § 5 a VVG. Gibt der Versicherer die nach § 10 a VAG geforderte Verbraucherinformation bei Antragstellung nicht, so treten die in § 5 a VVG geregelten Rechtsfolgen ein. Insbesondere hat der VN ein Widerspruchsrecht (s. M 3.3). § 5 a VVG gilt nicht für VN, die keine natürlichen Personen sind.

## 2.5 Hinweis- und Beratungspflichten

Neben den gesetzlich geregelten Informationspflichten treffen den Versicherer bzw. seinen Versicherungsagenten auch vorvertragliche Hinweis- und Beratungspflichten. Wesentliche Sachverhalte sind Hilfe und Beratung beim Ausfüllen des Antragsformulars, Beratung und Aufklärung über die Grundzüge der Haftung, unterschiedliche Produkte und fakultative Erweiterung der Grunddeckung beispielsweise auf Überspannungsschäden, weitere Elementarschäden oder sonstige Rohrbruchschäden. Dazu zählt auch der Hinweis auf günstigere AVB oder Tarife bei der Aufnahme von Ersatzanträgen. Besondere Bedeutung hat die Rechtsprechung der Beratung des VN bei der Ermittlung der Versicherungssumme 1914 zugewiesen. Zu diesem Fragenkreis liegt umfangreiche Rechtsprechung vor. In der Wohngebäudeversicherung nach den VGB 88 spielt dies indessen eine untergeordnete Rolle (vgl. P 5.2).

**Beratungsverschulden hat der VN nachzuweisen.** Dazu zählt auch der Nachweis, daß das Beratungsverschulden für den beim VN entstandenen Schaden (mit)ursächlich ist. Der Versicherer haftet dafür aus culpa in contrahendo. Für das Verschulden seiner Angestellten im Innendienst und im Außendienst sowie seiner Versicherungsagenten haftet der Versicherer nach § 278 BGB. Die Schadenersatzverpflichtung erstreckt sich in der Regel auf den durch die fehlerhafte Beratung entstandenen Schaden. Der VN kann Erfüllung des Vertrages nach Maßgabe fehlerfreier Beratung fordern (Einzelheiten s. Prölss/Martin § 43 RN 36 ff. sowie Römer/Langheid § 43 RN 21 ff.).

Nach der Deregulierung ist von **erhöhten Anforderungen an die Hinweis- und Beratungspflichten der Versicherer** auszugehen. Dies liegt in erster Linie daran, daß das Angebot an unterschiedlichen Deckungsformen auch in der Wohngebäudeversicherung in den letzten Jahren sprunghaft zugenommen hat. Hauptursache ist die Verschärfung des Wettbewerbs nach dem Wegfall der Pflicht zur Vorabgenehmigung von AVB (vgl. I.1.3.1). Das hat dazu geführt, daß zahlreiche Wohngebäudeversicherer unternehmenseigene VGB verwenden, die teilweise nachhaltig von den im GDV entwickelten und unverbindlich empfohlenen VGB abweichen. Daneben bieten eine Reihe von Unternehmen für die Wohngebäudeversicherung alternativ verschiedene Deckungsformen an, die sich ebenfalls im Preis und im Haftungsumfang deutlich voneinander unterscheiden. Markttransparenz und Verbraucherschutz werden dadurch erheblich beeinträchtigt bzw. erschwert. Darauf wird die Rechtsprechung künftig noch stärker reagieren mit dem Ziel, eine möglichst vollständige Unterrichtung des Kunden vor Vertragsabschluß, aber auch während der Vertragslaufzeit sicherzustellen (vgl. Römer, VersR 98 S. 1313).

## Annahme des Antrags 3

Der Versicherungsvertrag kommt durch die Annahme des Antrags des Kunden durch den Versicherer zustande. Die Antragsannahme ist formlos möglich (Prölss/Martin § 3 RN 22). In der Wohngebäudeversicherung erfolgt sie aber in den allermeisten Fällen konkludent durch die Übersendung des Versicherungsscheins an den VN. Eine ausdrückliche Erklärung, daß der Versicherer das Angebot auf Abschluß einer Wohngebäudeversicherung angenommen hat, ist in diesen Fällen nicht mehr erforderlich. Eine derartige ausdrückliche Erklärung über die Annahme des Antrags gibt der VN im allgemeinen nur dann ab, wenn er z. B. wegen Bearbeitungsrückständen nicht in der Lage ist, eingehende Versicherungsanträge innerhalb der Bindungsfrist zu bearbeiten. Die Antragsannahme wird vor Übersendung des Versicherungsscheins zunächst auch dann schriftlich bestätigt, wenn der Beginn der Versicherung zeitlich mehrere Monate nach der Antragsaufnahme bzw. dem Eingang des Antrags beim Versicherer liegt. Dazu genügt jedoch nicht die Mitteilung an den Antragsteller, daß der Antrag beim Versicherer eingegangen ist. Die Annahme des Antrags muß ausdrücklich erklärt werden.

## Bindungsfrist 3.1

Gesetzliche Grundlage der sog. Bindungsfrist ist § 81 VVG. Danach erlischt in der Feuerversicherung ein dem Versicherer gemachter Antrag auf Schließung, Verlängerung oder Änderung des Vertrages, wenn er nicht binnen zwei Wochen angenommen wird. Diese Bestimmung gilt nach der h. M. für die gesamte Sachversicherung zumindest dann, wenn bei verbundenen oder gebündelten Verträgen das Feuerrisiko mitversichert ist. Nach § 81 III VVG kann an die Stelle einer Frist von zwei Wochen eine andere festbestimmte Frist gesetzt werden. Davon machen die Versicherer häufig Gebrauch. Anstelle der Zweiwochenfrist wird in den Antragsformularen vielfach eine Frist von vier Wochen vereinbart. Die Frist beginnt in der Regel mit der Unterzeichnung des Antrags durch den VN und der Aushändigung des Antrags an den Vermittler (vgl. Prölss/Martin § 3 RN 20 sowie Römer/Langheid § 81 RN 9) oder aber mit der Absendung des Antrags an den Versicherer (§ 81 II VVG).

**Nimmt der Versicherer den Antrag des VN erst nach Ablauf der Bindungsfrist** an, so handelt es sich bei dieser verspäteten Annahme um ein neues Vertragsangebot des Versicherers. Dieses Angebot kann der VN annehmen. Dazu genügt es, wenn er den

Erstbeitrag zahlt. Es handelt sich um eine Annahme durch konkludentes Handeln (Prölss/Martin § 3 RN 26; Martin K I 31 f.; Römer/Langheid § 81 RN 4). Eine Bindungsfrist gilt dafür nicht.

**Schwierigkeiten bereitet die Vereinbarung und die Auslegung von Bindungsfristen**, wenn der Versicherer für die Verbraucherinformation nach §§ 10 a VAG, 5 a VVG das sog. **Policenverfahren** anwendet (M 2.4). Der Antragsteller hat ein Widerspruchsrecht (vgl. M 3.3). Infolgedessen kann eine Bindung des Antragstellers an seinen Antrag rechtswirksam nicht vereinbart werden (s. VerBAV 95 S. 313). Dadurch würde das Widerspruchsrecht des Antragstellers ausgehebelt. Nach § 15 a VVG kann sich der Versicherer jedoch auf eine Vereinbarung nicht berufen, wenn dadurch von § 5 a VVG zum Nachteil des VN abgewichen wird. Infolgedessen verzichten die Versicherer, die das Policenmodell anwenden, entweder auf die Vereinbarung einer Bindungsfrist, oder sie vereinbaren eine einseitige Bindungsfrist von zumeist vier Wochen für die Annahme des Antrags durch den Versicherer. Dadurch soll verhindert werden, daß der Versicherer dem Antragsteller aus culpa in contrahendo für Schäden haftet, die dadurch entstehen, daß nach Ablauf der Bindungsfrist ein Versicherungsfall eintritt. Der VN könnte ansonsten argumentieren, er habe sich anderweitig keinen Versicherungsschutz besorgt, weil er davon ausgegangen sei, daß der Versicherer seinen Antrag (noch) annehmen werde (vgl. dazu allgemein Prölss/Martin § 3 RN 31 ff. sowie Römer/Langheid § 81 RN 6 f.).

## 3.2 Abweichungen vom Antrag

Es kommt vor, daß der Versicherer den Antrag in der vom Antragsteller gestellten Form nicht annehmen kann. In der Wohngebäudeversicherung handelt es sich häufig darum, daß dem Antragsteller bzw. dem Vermittler beim Ausfüllen des Antrags Fehler bei der Berechnung der Versicherungssumme 1914 oder des Beitrags unterlaufen sind. Es wurde eine falsche Versicherungssumme 1914 bzw. ein falscher Beitrag eingetragen. In diesen Fällen hat der Versicherer die Möglichkeit, einen vom Versicherungsantrag abweichenden Versicherungsschein auszufertigen und dem VN zuzustellen. Die Abweichungen vom Antrag gelten nach § 5 I VVG als genehmigt, wenn der VN nicht innerhalb eines Monats nach Empfang des Versicherungsscheins schriftlich widerspricht. Dies gilt jedoch nur, wenn die beiden folgenden Voraussetzungen erfolgt sind: Erstens muß der Versicherer den VN bei Aushändigung des Versicherungsscheins darauf hingewiesen haben, daß die Abweichungen als genehmigt gelten, wenn der VN nicht innerhalb eines Monats nach Empfang des Versicherungsscheins schriftlich widerspricht (§ 5 II Satz 1 VVG). Zweitens hat der Hinweis durch besondere schriftliche Mitteilung oder durch einen auffälligen Vermerk im Versicherungsschein, der aus dem übrigen Inhalt des Versicherungsscheins hervorgehoben ist, zu geschehen. Dabei ist auf die einzelnen Abweichungen besonders aufmerksam zu machen (§ 5 II Satz 2 VVG). Hält sich der Versicherer nicht an diese Vorschriften, so sind die Abweichungen nach § 5 III VVG für den VN unverbindlich und der Inhalt des Versicherungsantrags ist insoweit als vereinbart anzusehen.

Widerspricht der VN innerhalb der Monatsfrist nach Empfang des Versicherungsscheins, so ist ein Vertrag nicht zustande gekommen. Unterläßt der VN den **Widerspruch**, so gilt der Inhalt des Versicherungsscheins als genehmigt. Der Vertragsinhalt richtet sich ausschließlich nach dem Versicherungsschein. Der Antrag hat jede Bedeutung für den Vertragsinhalt verloren, es sei denn, im Versicherungsschein oder in den AVB wird darauf verwiesen (vgl. Prölss/Martin § 5 RN 12). Bei einer Annahme des Antrags (Empfang des Versicherungsscheins) nach Ablauf der vereinbarten Bindungsfrist gilt § 5 VVG nicht. In diesen Fällen handelt es sich auch dann, wenn der Versicherungsschein abweichend vom Antrag ausgestellt wurde, rechtlich um ein neues Angebot des Versicherers (vgl. M 2; s. aber Prölss/Martin § 5 RN 2). Deshalb ist in diesen Fällen auf Abweichungen zwischen dem ursprünglichen Antrag (Angebot) und dem neuen Angebot nicht besonders aufmerksam zu machen.

## Widerspruchsrecht 3.3

Neben dem in § 5 VVG geregelten besonderen Widerspruchsrecht bei Abweichungen des Versicherungsscheins vom Antrag steht VN, die natürliche Personen sind, ein **allgemeines Widerspruchsrecht nach § 5 a VVG** zu. Es entsteht, wenn der Versicherer die nach § 10 a VAG geforderte Verbraucherinformation nicht bei Antragsaufnahme, sondern erst zusammen mit dem Versicherungsschein gibt (**Policenverfahren**; vgl. M 2.4). In diesen Fällen gilt der Vertrag auf der Grundlage des Versicherungsscheins, der Versicherungsbedingungen und der weiteren für den Vertragsinhalt maßgeblichen Verbraucherinformation als abgeschlossen, wenn der VN nicht innerhalb von 14 Tagen nach Überlassung der Unterlagen schriftlich widerspricht (§ 5 a I Satz 1 VVG). Dabei handelt es sich um eine Bestimmung zum Schutz privater Verbraucher. Das Widerspruchsrecht steht VN zu, die natürliche Personen sind. Dies wird in § 5 a VVG nicht ausdrücklich erwähnt, folgt aber aus § 10 a VAG. Die Verbraucherinformation wird in der Wohngebäudeversicherung in der Regel an alle VN in der dargestellten Art und Weise gegeben. Daraus folgt jedoch nicht, daß VN, die keine natürlichen, sondern juristische Personen sind, das in § 5 a geregelte Wiederspruchsrecht zusteht. Keine juristischen Personen i. S. v. § 10 a VAG sind Wohnungseigentümergemeinschaften und Gesamthandsgesellschaften. Zweifelhaft ist, ob BGB-Gesellschaften, KG und OHG zu den natürlichen Personen zählen (vgl. dazu Römer/Langheid § 5 a RN 7). Zumindest KG und OHG sind jedoch nicht als natürliche Personen anzusehen (Prölss/Martin § 5 a RN 13).

Der Widerspruch muß innerhalb von 14 Tagen nach Zugang des Versicherungsscheins mit der Verbraucherinformation ausgesprochen werden. Nach § 5 a II VVG beginnt der Lauf der Frist erst, wenn dem VN der Versicherungsschein und die Unterlagen nach § 5 a I VVG vollständig vorliegen und der VN bei Aushändigung des Versicherungsscheins schriftlich in drucktechnisch deutlicher Form über das Widerspruchsrecht, den Fristbeginn und die Dauer belehrt worden ist. Den Zugang der Unterlagen hat der Versicherer zu beweisen (§ 5 a II Satz 2 VVG), zur Wahrung der Frist genügt die rechtzeitige Absendung des Widerspruchs (§ 5 a II Satz 3 VVG). Der VN ist jedoch nicht gehindert, den Widerspruch bereits vor Erhalt des Versicherungsscheins und der Verbraucherinformation zu erklären (Prölss-Martin § 5 a RN 55 sowie Römer-Langheid § 5 a RN 40), und zwar auch dann, wenn bei Antragsaufnahme eine Antragsbindungsfrist vereinbart worden war (vgl. M 3.1).

Abweichend von § 5 a II Satz 1 VVG erlischt das Widerspruchsrecht gem. § 5 a II Satz 4 VVG ein Jahr nach Zahlung des ersten Beitrags. Zahlt der VN den Erstbeitrag und ist seit der Zahlung ein Jahr vergangen, so erlischt sein Widerspruchsrecht auch dann, wenn er die Verbraucherinformation und die Belehrung über das Widerspruchsrecht nach § 5 a II Satz 1 VVG nicht erhalten hat bzw. der Versicherer den Zugang nicht beweisen kann. Diese Bestimmung dient der Rechtssicherheit.

**Die rechtliche Wirkung von § 5 a VVG im Hinblick auf den Abschluß des Versicherungsvertrages ist nicht unumstritten.** Jedoch hat sich für das Zustandekommen von

Versicherungsverträgen mit natürlichen Personen inzwischen weitgehend die nachfolgend skizzierte Auffassung durchgesetzt. Widerspricht der VN nicht fristgerecht, so kommt der Vertrag rückwirkend zu dem Zeitpunkt zustande, zu dem ihm Versicherungsschein und Verbraucherinformation zugegangen sind. Widerspricht der VN form- und fristgerecht, so kommt der Versicherungsvertrag nicht zustande. Es fehlt an jeder vertraglichen Bindung (Prölss/Martin § 5 a VVG RN 10).

Besonderheiten sind nach § 5 a III VVG zu beachten, wenn der Versicherer auf Antrag des VN sofortigen Versicherungsschutz gewährt (**vorläufige Deckungszusage**; vgl. M 4.9). In diesen Fällen kann der Verzicht auf die Überlassung der Versicherungsbedingungen und der Verbraucherinformation bei Vertragsabschluß vereinbart werden. Der Verzicht auf die Überlassung dieser Unterlagen gilt jedoch nur für die vorläufige Deckungszusage, nicht für den Hauptvertrag. Dies folgt auch aus § 5 a III Satz 2 VVG. Danach sind diese Unterlagen dem VN auf Anforderung, spätestens mit dem Versicherungsschein zu überlassen. Der VN hat nach § 5 a III Satz 3 VVG insoweit kein Widerspruchsrecht, da er ansonsten den Versicherungsschutz der vorläufigen Deckung in Anspruch nehmen könnte, ohne dafür Beitrag zu zahlen. Durch diese Bestimmung wird lediglich das Widerspruchsrecht für die vorläufige Deckung, nicht jedoch für den späteren Hauptvertrag ausgeschlossen. Dies folgt aus der Formulierung „insoweit" im Gesetzestext (Prölss/Martin § 5 a RN 64 und Römer/Langheid § 5 a RN 48).

In der Wohngebäudeversicherung nach den VGB 88 n. F. sollte entsprechend der unverbindlichen Empfehlung des GDV im Versicherungsantrag darauf hingewiesen werden, daß der Antragsteller dem Versicherungsvertrag innerhalb einer Frist von vierzehn Tagen nach Erhalt des Versicherungsscheins und der vollständigen Vertragsunterlagen schriftlich widersprechen kann. Daneben sollte darauf hingewiesen werden, daß über dieses Widerspruchsrecht im Versicherungsschein ausführlich informiert wird (vgl. Text-Baustein 1 Teil 1). Bei Zusendung des Versicherungsscheins sollte dann die ausführliche Widerspruchsbelehrung entsprechend dem Textvorschlag des GDV gegeben werden (vgl. Text-Baustein 1 Teil 2).

## 3.4 Widerrufsrecht

Das dem VN zustehende Widerrufsrecht ist in § 8 IV VVG geregelt. Auch diese Bestimmung wurde durch das Dritte Durchführungsgesetz/EWG zu VAG vom 21. 7. 1994 neu gefaßt. Sie ersetzt die ab 1. 1. 1991 geltende Fassung, die durch das Gesetz vom 17. 12. 1990 in das VVG eingefügt worden war. Das Widerrufsrecht gilt für Verträge mit einer längeren Laufzeit als einem Jahr. In diesen Fällen kann der VN innerhalb einer Frist von vierzehn Tagen ab Unterzeichnung des Versicherungsantrags seine auf den Vertragsabschluß gerichtete Willenserklärung schriftlich widerrufen (§ 8 IV Satz 1 VVG). Zur Wahrung der Frist genügt die rechtzeitige Absendung des Widerrufs (8 IV Satz 2 VVG). Nach § 8 IV Satz 3 VVG beginnt die Frist erst zu laufen, wenn der Versicherer den VN über sein Widerrufsrecht belehrt und der VN die Belehrung durch Unterschrift bestätigt hat. Unterbleibt die Belehrung und zahlt der VN den Erstbeitrag, so erlischt das Widerrufsrecht einen Monat nach Zahlung (§ 8 IV Satz 4 VVG). Das Widerrufsrecht besteht nicht, wenn und soweit der Versicherer auf Wunsch des VN sofortigen Versicherungsschutz gewährt hat (**vorläufige Deckung**). Auch diese Regelung bezieht sich lediglich auf die vorläufige Deckung, nicht jedoch auf den nachfolgenden Hauptvertrag. Weiterhin besteht das Widerrufsrecht nicht, wenn die Versicherung nach dem Inhalt des Antrags für die bereits ausgeübte gewerbliche oder selbständige berufliche Tätigkeit des VN bestimmt ist (§ 8 IV Satz 5 VVG). Dadurch wird deutlich, daß § 8 IV VVG ebenso wie § 5 a VVG vorrangig eine Bestimmung zum Schutz privater Verbraucherinteressen ist. Konkurrenz zwischen diesen beiden Bestimmungen besteht nicht. Nach § 8 VI VVG entsteht das Widerrufsrecht nicht, wenn der VN ein Widerspruchsrecht nach § 5 a VVG hat (vgl. dazu M 3.3). Die rechtliche Einordnung des Widerrufsrechts ist umstritten (vgl. Prölss/Martin § 8 RN 40 sowie Römer/Langheid § 8 RN 47). Dies hat jedoch keine nennenswerte praktische Bedeutung. Für diejenigen Versicherer, die das Antragsverfahren anwenden (vgl. M 2.4), steht der vom GDV unverbindlich empfohlene Text-Baustein 2 zur Verfügung.

## Beginn der Versicherung 4

Im Versicherungsrecht wird **zwischen dem formellen, dem technischen und dem materiellen Versicherungsbeginn** unterschieden. Der **formelle Versicherungsbeginn** ist der Zeitpunkt, zu dem der Versicherungsvertrag zustande gekommen ist. Im Gegensatz dazu ist **technischer Versicherungsbeginn** der Zeitpunkt, ab dem der Versicherer Beitrag berechnet. Ausschlaggebende praktische Bedeutung hat der **materielle Versicherungsbeginn**. Das ist der Zeitpunkt, ab dem Versicherungsschutz besteht, ab dem der Wohngebäudeversicherer für Schäden durch einen Versicherungsfall haftet. Die genannten Beginnzeitpunkte können, müssen aber nicht zusammenfallen (Einzelheiten vgl. Martin K III 1 ff.). Weiterhin kommt es vor, daß innerhalb desselben Vertrages der materielle Versicherungsbeginn für die einzelnen versicherten Gefahren nicht übereinstimmt. So liegt es bei Neubauten. Der Versicherungsschutz für das Feuerrisiko besteht bereits während der Bauzeit. Der Versicherungsschutz für die übrigen versicherten Gefahren beginnt mit der Bezugsfertigkeit des Gebäudes (vgl. A 7.3).

Der materielle Versicherungsbeginn und die Dauer des Versicherungsschutzes werden entscheidend durch die rechtzeitige Zahlung des Beitrags bestimmt. Daher werden beide Sachverhalte nachfolgend im Zusammenhang behandelt. Dabei können insbesondere die Bestimmungen über die Zahlung des Beitrags gem. §§ 35 bis 42 VVG nicht in allen Einzelheiten dargestellt werden. Dazu wird wiederum auf die Kommentare zum VVG verwiesen.

## Materieller Versicherungsbeginn 4.1

Nach §§ 19 Nr. 3 VGB 88 a. F., 10 Nr. 2 VGB 62, Text-Baustein 3 beginnt der Versicherungsschutz (die Haftung des Versicherers) zu dem im Versicherungsschein angegebenen Zeitpunkt. Dabei ist vorausgesetzt, daß der VN den Erstbeitrag rechtzeitig zahlt. In den VGB 88 a. F./VGB 62 wird mit unterschiedlicher Formulierung ergänzend ausgeführt, daß dies auch gilt, wenn der Beitrag erst nach dem vereinbarten Beginn der Versicherung eingefordert, aber dann unverzüglich gezahlt wird. Das gleiche folgt aus Text-Baustein 3 in Verbindung mit Text-Baustein 6 Nr. 1 Abs. 2. Dabei kann hier dahingestellt bleiben, ob diese Regelung für den Verbraucher verständlicher ist als die Bestimmung in § 19 Nr. 3 VGB 88 a. F. Im allgemeinen erhöhen Bestimmungen, in denen auf andere Bestimmungen verwiesen wird, nicht die Transparenz. Die dargestellte Regelung wird als **erweiterte Einlösungsklausel** bezeichnet.

Zum Beitrag gehören auch die vereinbarten Nebenkosten (z. B. Ausfertigungsgebühren). In § 10 Nr. 1 Satz 4 VGB 62 wird darauf ausdrücklich hingewiesen. In den VGB 88

a. F. fehlt ein entsprechender Hinweis. Ebenso zählt zum Beitrag die Versicherungssteuer. Dies wird durch Text-Baustein 5 nunmehr ausdrücklich geregelt. Dadurch wird auch verdeutlicht, daß eine Erhöhung der Versicherungssteuer auf den VN weitergeleitet wird. Andere Steuern werden nicht genannt, da hierfür der VN weder Schuldner noch Haftender ist. Das gilt auch für die Feuerschutzsteuer.

## 4.2 Rechtzeitige Zahlung des Erstbeitrags

Angaben über die Fälligkeit der Beiträge und die Rechtsfolgen des Verzugs gehören gem. § 10 I Nr. 3 VAG zum Mindestinhalt von AVB. Der GDV empfiehlt dafür die Text-Bausteine 6 bis 8. Nach § 35 VVG ist der erste Beitrag sofort nach Abschluß des Vertrages fällig. Jedoch ist der VN zur Zahlung nur gegen Aushändigung des Versicherungsscheins verpflichtet, es sei denn, daß die Ausstellung eines Versicherungsscheins ausgeschlossen ist. Diese Bestimmung wird durch § 5 a VVG modifiziert, sofern die Versicherer im Geschäft mit privaten Kunden das Policenverfahren anwenden (vgl. M 2.4). Dann gilt die Zahlung als rechtzeitig, wenn sie unverzüglich nach Erhalt des Versicherungsscheins und der Zahlungsaufforderung sowie nach Ablauf der im Versicherungsschein genannten Widerspruchsfrist von 14 Tagen erfolgt (vgl. Text-Baustein 6 Nr. 1 Abs. 2).

## 4.3 Rechtzeitige Zahlung des Folgebeitrags

Folgebeiträge sind am Ersten des Monats fällig, in dem ein neues Versicherungsjahr beginnt (vgl. §§ 19 Nr. 1 VGB 88 a. F.; 10 Nr. 1 VGB 62; Text-Baustein 7 Nr. 1 Abs. 1). Im Gegensatz dazu bestimmte § 10 Nr. 1 VGB 62 a. F., daß „Folgeprämien bei Beginn jeder Versicherungsperiode zu zahlen“ sind. Die Neuregelung in den VGB ist für den Versicherer etwas günstiger, weil sie die Fälligkeit der Folgebeiträge derjenigen Verträge, deren Versicherungsjahre nicht an einem Monatsersten beginnen, auf den Ersten des Fälligkeitsmonats vorverlegt. Ins Gewicht fallende praktische Auswirkungen folgen daraus nicht. Der Versicherungsbeginn der allermeisten Wohngebäudeversicherungsverträge wird ohnehin auf den Ersten eines Monats gelegt. Die Fälligkeitsregelung für Folgebeiträge in den VGB 88 trägt den durch den Einsatz der Datenverarbeitung veränderten betrieblichen Belangen Rechnung (vgl. Dietz § 15 RN 1). Sie entspricht der bisherigen praktischen Handhabung durch die Versicherer beim Erstellen und dem Versand von Folgebeitragsrechnungen. Durch Text-Baustein 7 Nr. 1 Abs. 2 werden diese geringfügigen Nachteile für den VN beseitigt. Die Zahlung gilt als rechtzeitig, wenn sie zu dem im Versicherungsschein oder in der Beitragsrechnung angegebenen Zeitpunkt erfolgt.

## 4.4 Rechtsfolgen verspäteter Zahlung des Erstbeitrags

Die Rechtsfolgen verspäteter Zahlung des Erstbeitrags sind in § 38 VVG geregelt. In den VGB 88 a. F. und den VGB 62 wird darauf verwiesen. Für den Allgemeinen Teil der VGB 88 n. F. wurde dafür der Text-Baustein 6 geschaffen, weil die AVB nach § 10 I Nr. 3 VAG vollständige Angaben über die Fälligkeit des Beitrags und die Rechtsfolgen eines Verzugs enthalten müssen. Wird der erste oder einmalige Beitrag nicht rechtzeitig gezahlt, so ist der Versicherer nach § 38 I VVG berechtigt, vom Vertrag zurückzutreten, solange die Zahlung nicht bewirkt ist. Es gilt als Rücktritt des Versicherers, wenn der Versicherer den ersten oder einmaligen Beitrag nicht innerhalb von drei Monaten vom Fälligkeitstag an (nach Abschluß des Vertrages) gerichtlich geltend macht (§ 38 I Satz 2 VVG; vgl. Text-Baustein 6 Nr. 3). Daneben ist der Versicherer nach § 38 II VVG von der Verpflichtung zur Leistung frei, wenn der Erstbeitrag zur Zeit des Eintritts des Versicherungsfalls noch nicht gezahlt ist. Eine Mahnung des Versicherers ist nicht vorausgesetzt. Zahlt der Versicherer den ersten oder einmaligen Beitrag nicht rechtzeitig, sondern zu einem späteren Zeitpunkt, beginnt der Versicherungsschutz erst ab diesem Zeitpunkt (vgl. Text-Baustein 6 Nr. 2).

## Rechtsfolgen verspäteter Zahlung des Folgebeitrags 4.5

Die Rechtsfolgen verspäteter Zahlung des Folgebeitrags sind in § 39 VVG geregelt. In den VGB 88 a. F. und den VGB 62 wird darauf verwiesen. Für den Allgemeinen Teil der VGB 88 n. F. steht dafür Text-Baustein 7 zur Verfügung. Wird ein Folgebeitrag nicht rechtzeitig gezahlt, so kann der Versicherer nach § 39 I VVG dem VN auf dessen Kosten schriftlich eine **Zahlungsfrist von mindestens zwei Wochen** bestimmen. Dabei sind die Rechtsfolgen anzugeben, die nach § 39 II und III VVG mit dem Ablauf dieser Frist verbunden sind (**Qualifizierte Mahnung**). Eine Fristbestimmung, die ohne Beachtung dieser Vorschriften erfolgt, ist nach § 39 I Satz 3 VVG unwirksam. In der Wohngebäudeversicherung beträgt die Zahlungsfrist nach § 91 VVG einen Monat.

Die **Rechtsfolgen**, die nach Ablauf der Frist eintreten, sind in § 39 II und III VVG geregelt. Sie treten nur ein, wenn der Versicherer den VN zuvor qualifiziert gemahnt hatte. **Tritt ein Versicherungsfall nach dem Ablauf der Frist ein** und ist der VN zur Zeit des Eintritts mit der Zahlung des Beitrags im Verzug, so ist der Versicherer leistungsfrei. Weiterhin **kann der Versicherer** das Versicherungsverhältnis **nach dem Ablauf der Frist nach § 39 III VVG ohne Einhaltung einer Kündigungsfrist kündigen**. Die Kündigung kann nach § 39 III Satz 2 VVG bei der Bestimmung der Zahlungsfrist bereits dergestalt erfolgen, daß sie mit Fristablauf wirksam wird, wenn der VN in diesem Zeitpunkt mit der Zahlung im Verzug ist. Dieses sog. einstufige Kündigungsverfahren wird in der Praxis selten angewendet. Vielmehr gehen die Versicherer in diesen Fällen in der Regel in zwei Schritten vor. 1. Schritt: Fristsetzung nach § 39 I VVG. 2. Schritt: Kündigung nach § 39 III Satz 1 VVG. Zahlt der VN innerhalb eines Monats nach Kündigung den Folgebeitrag, so fallen die Wirkungen der Kündigung nach § 39 III Satz 3 fort. Jedoch besteht kein Versicherungsschutz für Versicherungsfälle, die zwischen dem Zugang der Kündigung und der Zahlung eingetreten sind. Ergänzend zu den dargestellten gesetzlichen Bestimmungen wird in Text-Baustein 7 Nr. 2 klargestellt, daß der VN ohne Mahnung in Verzug gerät, wenn der Folgebeitrag nicht rechtzeitig gezahlt wird. Das gilt nicht, wenn er die verspätete Zahlung nicht zu vertreten hat. Weiterhin wird darauf hingewiesen, daß der Versicherer berechtigt ist, Ersatz des ihm durch den Verzug entstandenen Schadens zu verlangen.

## Abgrenzung zwischen Erst- und Folgebeitrag 4.6

Da der Gesetzgeber an die nicht rechtzeitige Zahlung des Erstbeitrags schärfere Sanktionen knüpft als an die nicht rechtzeitige Zahlung des Folgebeitrags, kann die Unterscheidung zwischen Erst- und Folgebeitrag unter bestimmten Voraussetzungen ausschlaggebend für die Leistungsverpflichtung des Versicherers sein. Der Erstbeitrag ist der zeitlich erste Beitrag für einen Versicherungsvertrag. Folgebeitrag ist jeder Beitrag, der nicht Erstbeitrag im Sinne von § 38 VVG ist. Entscheidend für die Abgrenzung ist, ob es sich um den zeitlich ersten Beitrag oder um einen zeitlich nachfolgenden Beitrag handelt (vgl. Bruck/Möller Anm. 4 zu § 39; Prölss/Martin § 38 RN 1; Römer/Langheid § 38 RN 7). Folgebeitrag ist der laufende Beitrag des zweiten und jedes nachfolgenden Versicherungsjahres (Bruck/Möller a. a. O.), aber auch die zweite und jede weitere Beitragsrate des ersten Versicherungsjahres. Ist Ratenzahlung vereinbart, so gilt als Erstbeitrag nur die erste Rate des ersten Jahresbeitrags (vgl. Text-Baustein 6 Nr. 1 Abs. 3).

4.6.1 **Auslegungsschwierigkeiten** treten jedoch auf, **wenn ein Versicherungsvertrag nachträglich verändert wird.** Dabei kommt es nicht darauf an, ob aus Anlaß der Veränderung ein neuer Antrag gestellt oder lediglich eine Veränderungsanzeige abgegeben wird. Auch spielt es keine ausschlaggebende Rolle, ob aus diesem Anlaß ein neuer Versicherungsschein oder ein Nachtrag zum ursprünglichen Versicherungsschein gefertigt wird. Zwar ist der Einlösungsbeitrag eines Nachtrags generell ein Folgebeitrag, jedoch ist nicht umgekehrt jeder Einlösungsbeitrag eines Versicherungsscheins ein Erstbeitrag i. S. v. § 38 VVG (vgl. Bruck/Möller Anm. 124 zu § 1 VVG).

In der Wohngebäudeversicherung werden häufig auch bei geringfügigen vertraglichen Veränderungen neue Versicherungsscheine mit ansonsten unverändertem Vertragsinhalt gefertigt. Dies liegt vor allem daran, daß bei modernen Bestandsführungen mit Bildschirmbearbeitung Versicherungsscheine mit geringem Zeitaufwand über den Bildschirm veranlaßt und ohne weiteren manuellen Aufwand maschinell erstellt werden können. Im Gegensatz dazu erfordern individuell konzipierte Nachträge häufig einen vergleichsweise hohen Aufwand. Daher wird z. B. vielfach dann ein neuer Versicherungsschein gefertigt, wenn der Vertrag infolge eines Eigentumswechsels nach § 69 VVG auf den Erwerber des versicherten Gebäudes übergeht. Häufig wird in diesen Fällen bei Aushändigung des Versicherungsscheins kein Beitrag fällig. Ausschlaggebend ist indessen, daß der sonstige Vertragsinhalt im wesentlichen unverändert bleibt. Dies gilt auch dann, wenn der Erwerber im Zusammenhang mit der Übertragung eines Gebäudegrundstücks einen sog. Ersatzantrag an den Gebäudeversicherer unterschrieben hat, der wegen rückständigen Beitrags einen vor der Veräußerung liegenden Versicherungsbeginn vorsah und neben der Person des VN nur Änderungen des Versicherungsablaufs, der Zahlungsweise, des Beitragsfaktors und das Erlöschen der sog. Vorversicherung des Veräußerers zum Inhalt hatte, und wenn der Versicherer daraufhin als „Nachtrag" einen Versicherungsschein ausgestellt hat (BGH r+s 89 S. 22). Der Erwerber hat unter diesen Voraussetzungen mit dem Versicherer keinen neuen Versicherungsvertrag abgeschlossen, sondern nur den auf ihn übergegangenen Vertrag des Erwerbers abgeändert. Für die Beitragsforderung gegen den Erwerber ist insgesamt § 39 VVG maßgebend (BGH a. a. O.). Dabei ist jedoch vorausgesetzt, daß der materielle Inhalt des Vorvertrages im wesentlichen erhalten bleibt.

4.6.2 Es handelt sich infolgedessen **häufig auch dann nicht um einen Erstbeitrag**, wenn ein bestehendes Vertragsverhältnis durch einen Antrag des VN verändert und **bei Aushändigung des Versicherungsscheins ein Beitrag eingefordert wird.** In diesen Fällen kommt es darauf an, ob sich der neue Vertrag in wesentlichen Punkten von dem bisherigen Vertrag materiell unterscheidet. So liegt es, wenn durch den Ersatzantrag die Versicherungssumme und die Versicherungsdauer grundlegend verändert werden oder der Unterversicherungsverzicht vereinbart wird. Das gleiche gilt, wenn der Kreis der versicherten Gefahren erweitert wird. In diesen Fällen wird ein bestehendes Vertragsverhältnis beendet und ein neues begründet (vgl. Bruck/Möller Anm. 109 zu § 1). Der bei Aushändigung des Versicherungsscheins eingeforderte Beitrag ist dann ein Erstbeitrag. Ansonsten handelt es sich lediglich um die Veränderung der für den Vertrag maßgebenden Grundsätze unter Wahrung der Identität des Vertrages (Bruck/Möller a. a. O.). Der Beitrag ist ein Folgebeitrag. Die Abgrenzung richtet sich nach den Umständen des Einzelfalls. Kein neuer Vertrag wird geschlossen, wenn lediglich die Versicherungssumme erhöht wird (OLG Hamm VersR 79 S. 413).

## Ratenzahlung 4.7

Nach § 19 Nr. 2 VGB 88 a. F. gelten bei vereinbarter Ratenzahlung die ausstehenden Raten bis zu den vereinbarten Zahlungsterminen als gestundet. Die gestundeten Raten des laufenden Versicherungsjahres werden jedoch sofort fällig, wenn der VN mit einer Rate ganz oder teilweise in Verzug gerät oder soweit eine Entschädigung fällig wird (ebenso §§ 15 Nr. 2 VHB 84/VHB 92, 8 Nr. 2 AVB Sach 87). Diese Bestimmung trägt der praktischen Handhabung gem. § 35 b VVG Rechnung, wonach der Versicherer den Betrag einer fälligen Beitragsforderung oder einer anderen ihm aus dem Vertrag zustehenden Forderung mit einer aus dem Vertrag zu erbringenden Leistung aufrechnen kann. Bei vereinbarter Ratenzahlung wurde zu den VGB 62 die Klausel 864 vereinbart, die den gleichen Inhalt hat. Die Bedingungsregelung hat im Vergleich zur Klausellösung betriebstechnische Vorteile. Die Ratenzahlungsklausel muß künftig nicht mehr vorgehalten und bei Ratenzahlung nicht mehr gesondert vereinbart und dokumentiert werden. Für die VGB 88 n. F. steht der Text-Baustein 9 zur Verfügung. Er wurde dahingehend erweitert, daß der Versicherer für die Zukunft abweichend von den vertraglichen Vereinbarungen jährliche Beitragszahlung verlangen kann, wenn der VN mit der Zahlung einer Beitragsrate in Verzug ist.

## Lastschrift 4.8

Die Zahlung der Beiträge im Lastschriftverfahren ist heute weit verbreitet. Bei Antragsaufnahme ermächtigt der Antragsteller den Versicherer, die fälligen Beiträge von seinem Konto per Lastschrift einzuziehen. Die Antragsformulare der allermeisten Versicherer sehen derartige Vereinbarungen vor. Dabei sind Besonderheiten zu beachten. Die VGB 88 a. F./VGB 62 treffen dazu keine Regelung. Für den Allgemeinen Teil der VGB 88 n. F. steht der Text-Baustein 8 zur Verfügung. Darin wird klargestellt, daß bei Einziehung des Beitrags von einem Konto die Zahlung als rechtzeitig gilt, wenn der Beitrag zu dem im Versicherungsschein angegebenen Fälligkeitstag eingezogen werden kann und der VN einer berechtigten Einziehung nicht widerspricht. Wurde der fällige Beitrag am Fälligkeitstag vom Versicherer nicht eingezogen, so bleibt das für den VN folgenlos. Konnte der fällige Beitrag ohne Verschulden des VN vom Versicherer nicht eingezogen werden, ist die Zahlung auch dann noch rechtzeitig, wenn sie unverzüglich nach einer schriftlichen Zahlungsaufforderung des Versicherers erfolgt. Hat der VN zu vertreten, daß der Beitrag wiederholt nicht eingezogen werden kann, ist der Versicherer berechtigt, künftig Zahlung außerhalb des Lastschriftverfahrens zu verlangen.

## 4.9 Vorläufige Deckungszusage

Bei der vorläufigen Deckungszusage sind Besonderheiten zu beachten. Vorläufige Deckungszusage wird vom Versicherer erteilt, wenn zwischen ihm und dem VN weitgehende Einigung über den Abschluß eines Vertrages erzielt wurde, der endgültige Vertragsabschluß durch Ausfertigung des Versicherungsscheins aber noch einige Zeit in Anspruch nimmt (vgl. Prölss/Martin Zusatz zu § 1 RN 1). Es handelt sich um einen selbständigen Vertrag, der dem VN bereits in der Zeit zwischen Antragsaufnahme und Zustandekommen des Versicherungsvertrages Versicherungsschutz bietet. Ein Versicherungsschein für die vorläufige Deckung wird nicht gefertigt. Die vorläufige Deckung muß vom Antragsteller beantragt werden. Jedoch treffen den Versicherer und dessen Agenten u. a. Hinweis- und Beratungspflichten, wenn bei Antragsaufnahme zu erkennen ist, daß der VN sofortigen Versicherungsschutz wünscht (vgl. M 2.5). Daneben gilt § 5 a III VVG (vgl. M 3.3).

In der Wohngebäudeversicherung hat die vorläufige Deckung keine allzu große Bedeutung. Wünscht der Antragsteller bei Antragsaufnahme jedoch sofortigen Versicherungsschutz, so wird als Versicherungsbeginn im Antrag auf Wohngebäudeversicherung der Tag der Antragstellung vereinbart. Im Antragsformular wird vermerkt, daß vorläufige Deckung erteilte wurde. Die Antragsformulare verschiedener Versicherer sehen dies auch ausdrücklich vor. Ist der Vermittler des Versicherers nicht bevollmächtigt, vorläufige Deckung zu erteilen, so muß er sich zuvor die vorläufige Deckung von der zuständigen Bezirksdirektion oder der Direktion des Versicherers geben lassen. Ansonsten wird der Antrag auf vorläufige Deckung zusammen mit dem Versicherungsantrag an die Direktion gegeben, die die vorläufige Deckung gegebenenfalls rückwirkend erteilt. Der Beitrag für die vorläufige Deckung wird nicht gesondert berechnet und auch nicht gesondert gezahlt. Zahlt der VN nach Eingang des Versicherungsscheins den Erstbeitrag für den Hauptvertrag rechtzeitig, so besteht nach der erweiterten Einlösungsklausel ohnehin rückwirkend ab dem vereinbarten Versicherungsbeginn Versicherungsschutz. Der Versicherungsschutz der vorläufigen Deckung wird durch die rückwirkende Haftung aus dem Hauptvertrag überlagert bzw. ersetzt. Es wird deutlich, daß die vorläufige Deckung in der Wohngebäudeversicherung aus der Interessenlage des Antragstellers materiell lediglich das Risiko der Nichtannahme des Antrags durch den Versicherer abdeckt.

Die VGB 88 a. F./VGB 62 enthalten keine Bestimmungen über die vorläufige Deckung. Für die Wohngebäudeversicherung nach VGB 88 n. F. steht der **Text-Baustein** 4 zur Verfügung, der nach den Vorstellungen des GDV in die Antragsformulare integriert werden soll. Es wird klargestellt, daß die vorläufige Deckung mit der entsprechenden Erklärung des Versicherers oder einer hierzu bevollmächtigten Person ab dem vereinbarten Zeitpunkt wirksam wird. Weiterhin ist geregelt, daß sich die vorläufige Deckung nach den Vertragsgrundlagen richtet, die dem endgültigen Versicherungsvertrag zugrunde liegen sollen. Nach Text-Baustein 4 Nr. 3 endet die vorläufige Deckung mit dem Beginn des endgültigen Versicherungsschutzes oder dem schriftlichen Widerspruch des VN gegen den endgültigen Versicherungsvertrag oder am 5. Werktag (mittags 12.00 Uhr) nach Zugang der endgültigen Ablehnung des Antrags durch den Versicherer. Die vorläufige Deckung entfällt nach Text-Baustein 4 Nr. 4 rückwirkend, wenn der VN den Beitrag für die vorläufige Deckung oder, falls ein gesonderter Beitrag für die vorläufige Deckung nicht erhoben wird, den Beitrag für den endgültigen Versicherungsvertrag nicht rechtzeitig gezahlt hat. Kommt der beantragte endgültige Versicherungsvertrag nicht zustande, so wird der Beitrag für den Zeitraum der vorläufigen Deckung nachträglich nach dem geltenden Tarif des Versicherers abgerechnet.

Der auf vorläufige Deckung gerichtete Versicherungsvertrag nach den VGB 88 mit einer Versicherungssumme von 305.000,– DM für ein Wohngebäude, zu dessen Abbruch der VN zum Zweck der Neubebauung fest entschlossen war, ist gem. § 51 III VVG wegen betrügerischer Überversicherung nichtig. Der auf vorläufige Deckung gerichtete Versicherungsvertrag nach den VGB 88 bei einer Versicherungssumme von 305.000,– DM für ein Wohngebäude, zu dessen Abbruch der VN zum Zweck der Neubebauung fest entschlossen war, ist gem. §§ 22 VVG, 123 BGB nichtig, wenn der VN dem Versicherer seine Abbruchsabsicht bewußt verschwiegen hat und den Grundstückskaufpreis als Versicherungssumme angegeben hat, wohl wissend, daß das Gebäude für ihn gar keinen Wert hatte und wenn der Versicherer die Deckungszusage wegen arglistiger Täuschung angefochten hat (OLG Schleswig r+s 95 S. 26).

## Vertragslaufzeit 5

Versicherungsschutz besteht in der Regel während der vereinbarten Laufzeit des Vertrages, wenn der VN die fälligen Beiträge rechtzeitig zahlt. Grundsätzlich wird die Laufzeit des Versicherungsvertrages im Rahmen der gesetzlichen Regelungen zwischen den Vertragsparteien frei vereinbart. In der Wohngebäudeversicherung werden Verträge mit einjähriger, zumeist aber mit mehrjähriger Laufzeit abgeschlossen. Kurzfristige Verträge mit einer Laufzeit von weniger als einem Jahr sind sehr selten.

## Mehrjährige Laufzeit 5.1

Gesetzliche Grundlage für den Abschluß von Verträgen mit mehrjähriger Laufzeit ist § 8 III VVG. Diese Bestimmung wurde durch das Gesetz vom 17. 12. 1990 in das VVG eingefügt und durch das Dritte Durchführungsgesetz/EWG zum VAG vom 21. 7. 1994 geändert.

Im wesentlichen handelt es sich darum, daß dem VN durch die Einfügung von § 8 III VVG **besondere Kündigungsrechte bei mehrjährigen Versicherungsverträgen** eingeräumt werden. Nach der vom 1. 1. 1991 bis zum 23. 7. 1994 geltenden Fassung von § 8 III VVG kann der VN ein Versicherungsverhältnis, das für eine Dauer von mehr als drei Jahren eingegangen ist, zum Ende des dritten Jahres oder jedes darauffolgenden Jahres unter Einhaltung einer Frist von drei Monaten kündigen. Das gilt jedoch nicht, wenn der Versicherer dem VN schriftlich vor Abschluß des Vertrages auch Verträge für die Dauer von einem Jahr, drei, fünf und zehn Jahren angeboten hat und dabei auf Verträge mit einer Dauer von fünf und mehr Jahren einen Beitragsnachlaß einräumt, dessen Vomhundertsatz mindestens der Dauer der Laufzeit entspricht.

Dieses Kündigungsrecht wurde durch die **Neufassung von § 8 III VVG** ab 24. 7. 1994 dahingehend verändert, daß ein Versicherungsverhältnis, das für eine Dauer von mehr als fünf Jahren eingegangen worden ist, zum Ende des fünften oder jedes darauf folgenden Jahres unter Einhaltung einer Frist von drei Monaten gekündigt werden kann (vgl. § 19 Nr. 4 Satz 3 VGB 88 a. F., Text-Baustein 11 Nr. 4). Dabei spielt es keine Rolle, ob der Versicherer dem VN bei Vertragsabschluß alternative Laufzeiten angeboten hat. Auch kommt es jetzt nicht mehr darauf an, ob Dauerrabatte eingeräumt wurden.

Insbesondere die Frage, unter welchen Voraussetzungen eine **Laufzeit von zehn Jahren** rechtswirksam vereinbart werden kann, hat in den zurückliegenden Jahren wiederholt die Gerichte durch alle Instanzen beschäftigt. Dazu liegt umfangreiche Rechtsprechung vor (vgl. Prölss/Martin § 8 RN 36 ff.; Römer/Langheid § 8 RN 30). Im Ergebnis ist festzuhalten, daß Verträge mit vereinbarter mehrjähriger Laufzeit im Rahmen der durch § 8 III VVG gezogenen Grenzen weiterhin möglich sind, wenn dabei die von der Rechtsprechung entwickelten Grundsätze beachtet werden. Dazu zählt insbesondere, daß die mehrjährige Laufzeit nicht standardmäßig in den Antragsformularen vorgegeben ist und der Antragsteller bei Antragsaufnahme auf die Möglichkeit hingewiesen wird, auch einjährige Laufzeit zu vereinbaren. Es ist jedoch zweifelhaft, ob die Diskussion über mehrjährige Versicherungsverträge mit der Neufassung von § 8 III VVG beendet ist. Das liegt zum einen daran, daß mehrjährige Verträge in verschiedenen EU-Ländern überhaupt nicht abgeschlossen werden. Daneben spielt insbesondere der Umstand eine Rolle, daß es den Versicherern in der öffentlichen Diskussion der vergangenen Jahre nicht gelungen ist, die volkswirtschaftlichen und einzelwirtschaftlichen Vorteile dieser Verträge überzeugend darzustellen. Sie liegen vor allem darin, daß die Aufnahme eines Antrags und die Ausfertigung eines Versicherungsscheins neben dem Aufwand für die Zahlung bzw. den Einzug der Beiträge einen erheblichen Zusatzaufwand bei VN, Vermittler und Versicherer erfordert. Infolgedessen kann die Dienstleistung Versicherungsschutz durch mehrjährige Versicherungsverträge sehr viel kostengünstiger erstellt werden. Die Kostenvorteile liegen vor allem beim Versicherer. Er gibt sie zum Teil durch die sog. Dauerrabatte an den VN weiter. Es ist jedoch fraglich, ob der VN durch die verbreiteten, weitgehend einheitlichen Dauerrabatte von 5 % bis 10 % angemessen an den Kostenvorteilen partizipiert. Angaben darüber liegen nicht vor, zumal die Kostenrechnungen der Versicherer im Hinblick auf eine aussagefähige Stückkostenrechnung zumeist nicht weit entwickelt sind.

## 5.2 Verlängerungsklausel

Große Bedeutung für die Laufzeit des Versicherungsvertrages hat § 8 I VVG. Danach ist eine Vereinbarung, nach welcher ein Versicherungsverhältnis als stillschweigend verlängert gilt, wenn es nicht vor dem Ablauf der Vertragszeit gekündigt wird, insoweit nichtig, als sich die jedesmalige Verlängerung auf mehr als ein Jahr erstrecken soll. Auf dieser gesetzlichen Grundlage haben die Versicherer die sog. Verlängerungsklausel entwickelt. Sie wird in der Wohngebäudeversicherung regelmäßig verwendet und ist entweder in den Antragsformularen oder in den VGB enthalten (vgl. § 19 Nr. 4 Satz 2 VGB 88 a. F., Text-Baustein 11 Nr. 2). Danach verlängern sich Verträge mit mindestens einjähriger Vertragsdauer um jeweils ein Jahr, wenn nicht dem Vertragspartner spätestens drei Monate vor dem Ablauf des jeweiligen Versicherungsjahres eine Kündigung zugegangen ist. Die Verlängerungsklausel gilt nicht für Verträge mit einer Vertragsdauer von weniger als einem Jahr (vgl. Text-Baustein 11 Nr. 3). Derartige Verträge enden zum vereinbarten Zeitpunkt, ohne daß es einer Kündigung bedarf.

# 6 Kündigung des Vertrages

Dagegen müssen Verträge mit einer Vertragsdauer von einem Jahr oder länger wegen der Verlängerungsklausel auch zum vertraglich vereinbarten Ende gekündigt werden, wenn eine Partei verhindern möchte, daß sich der Vertrag um ein weiteres Jahr verlängert. Das Kündigungsrecht zum Ablauf des Vertrages wird als ordentliches Kündigungsrecht bezeichnet. Daneben können jedoch während der Vertragslaufzeit aus unterschiedlichen Anläßen sog. außerordentliche Kündigungsrechte entstehen.

## Ordentliches Kündigungsrecht 6.1

Nach der Verlängerungsklausel ist das Kündigungsrecht spätestens drei Monate vor dem Ablauf des jeweiligen Versicherungsjahres auszuüben. Verzichten die Parteien darauf, so verlängert sich der Vertrag jeweils um ein weiteres Jahr. Das Kündigungsrecht entsteht in dem nachfolgenden Versicherungsjahr jeweils erneut. Bei Verträgen mit einer Laufzeit von mehr als fünf Jahren ist § 8 III VVG zu beachten. Danach können z. B. auch Zehnjahresverträge zum Ende des fünften oder jedes darauf folgenden Jahres gekündigt werden. Im Hinblick auf das Kündigungsrecht werden daher Zehnjahresverträge mit Fünfjahresverträgen materiell gleichgestellt. Das hat dazu geführt, daß viele Versicherer Verträge mit mehr als fünfjähriger Laufzeit überhaupt nicht mehr abschließen.

Maßgebend für die Berechnung der Dreimonatsfrist ist der Zugang der Kündigung bei der anderen Vertragspartei. Der VN wird seine Kündigung in der Regel an den Versicherungsagenten, an die zuständige Bezirks- oder Filialdirektion bzw. an die Hauptverwaltung des Versicherers richten. Nach Text-Baustein 26 Nr. 1 Satz 2 soll die Kündigung wie alle für den Versicherer bestimmten Anzeigen und Erklärungen des VN an die Hauptverwaltung des Versicherers oder an die im Versicherungsschein oder in dessen Nachträgen als zuständig bezeichnete Geschäftsstelle gerichtet werden. Dabei handelt es sich um eine Soll-Vorschrift. Die damit verbundene Beschränkung der Vertretungsmacht des Versicherungsagenten ist nach § 47 VVG zulässig.

## Außerordentliche Kündigungsrechte 6.2

Während der Laufzeit des Vertrages können bei verschiedenen Anläßen sog. außerordentliche Kündigungsrechte entstehen, die entweder beiden Vertragsparteien oder aber nur einer Vertragspartei zustehen. Die wichtigsten außerordentlichen Kündigungsrechte sind nachfolgend zusammengefaßt.

Häufige Anlässe für das Entstehen außerordentlicher Kündigungsrechte sind:

- Eintritt des Versicherungsfalls
- Gefahrerhöhung
- Nichtzahlung des Folgebeitrags
- Veräußerung
- Verletzung der vorvertraglichen Anzeigepflicht
- Verletzung von Obliegenheiten nach dem Versicherungsfall
- Verletzung von Sicherheitsvorschriften.

Die außerordentlichen Kündigungsrechte werden im Sachzusammenhang mit den aufgeführten Sachverhalten behandelt. Darauf wird verwiesen. Das in Text-Baustein 13 geregelte Kündigungsrecht nach einer Beitragsanpassung nach § 31 VVG wird nicht dargestellt. Es spielt in der Wohngebäudeversicherung keine Rolle, weil es sich bei der Anpassung der Gleitenden Neuwertversicherung durch den gleitenden Neuwertfaktor nicht um eine Beitragsanpassung handelt (vgl. P 4.1.3). Derzeit ist noch nicht eindeutig zu bestimmen, ob das auch weiterhin gilt, wenn in der Gleitenden Neuwertversicherung an die Stelle der Versicherungssumme die Wohnfläche des versicherten Gebäudes treten sollte (vgl. P 8.2).

## 6.3 Zurückweisungspflicht

Nach den von der Rechtsprechung entwickelten Grundsätzen ist der Versicherer nach Treu und Glauben verpflichtet, eine unwirksame Kündigung des VN unverzüglich zurückzuweisen. Dabei ist der Versicherer in der Regel weiterhin dazu verpflichtet, den VN über die Gründe der Unwirksamkeit aufzuklären. Nimmt der Versicherer diese Pflicht nicht wahr, so ist eine unwirksame Kündigung des VN in der Regel als wirksam anzusehen (Einzelheiten vgl. Prölss/Martin § 8 RN 16 f. sowie Römer/Langheid § 8 RN 18).

# N Vorvertragliche Anzeigepflicht und Gefahrerhöhung

## Vorvertragliche Anzeigepflicht 1

Die vorvertragliche Anzeigepflicht ist in §§ 16 bis 22 VVG geregelt. Diese Bestimmungen werden in den VGB mit unterschiedlichem Wortlaut (auszugsweise) wiederholt. Nach § 16 I Satz 1 VVG hat der VN bei der Schließung des Vertrages alle ihm bekannten Umstände, die für die Übernahme der Gefahr erheblich sind, dem Versicherer anzuzeigen. Erheblich sind nach dem Wortlaut des Gesetzes Gefahrumstände, die geeignet sind, auf den Entschluß des Versicherers, den Vertrag überhaupt oder zu dem vereinbarten Inhalt abzuschließen, einen Einfluß auszuüben (§ 16 I Satz 2 VVG). Ein Umstand, nach welchem der Versicherer ausdrücklich und schriftlich gefragt hat, gilt nach § 16 I Satz 3 VVG im Zweifel als erheblich. Diese Bestimmung wird in § 8 Nr. 1 Satz 1 VGB 62 in verkürzter Form wiedergegeben. Dort ist geregelt, daß der VN bei Schließung des Vertrages alle ihm bekannten Umstände, die für die Übernahme der Gefahr erheblich sind, dem Versicherer schriftlich anzuzeigen hat. Nach § 10 Nr. 1 VGB 88 a. F. hat der VN alle Antragsfragen, die für die Übernahme der Gefahr erheblich sind, wahrheitsgemäß zu beantworten. Text-Baustein 16 Nr. 1 für den Allgemeinen Teil der VGB 88 n. F. ist ausführlicher und allgemeinverständlicher gefaßt. Nach dieser Bestimmung sind der VN oder sein Bevollmächtigter verpflichtet, dem Versicherer bei Abschluß des Vertrages alle ihnen bekannten gefahrerheblichen Umstände schriftlich, wahrheitsgemäß und vollständig anzuzeigen, insbesondere die im Versicherungsantrag gestellten Fragen ebenso zu beantworten. Gefahrerheblich sind nach dieser Regelung die Umstände, die geeignet sind, auf den Entschluß des Versicherers Einfluß auszuüben, den Vertrag überhaupt oder mit dem vereinbarten Inhalt abzuschließen. Ein Umstand, nach dem der Versicherer ausdrücklich und schriftlich gefragt hat, gilt danach im Zweifel als gefahrerheblich.

### Gefahrerhebliche Umstände 1.1

Durch die zitierten Bestimmungen werden die vertragsrechtlichen Voraussetzungen dafür hergestellt, daß der Versicherer sich Kenntnis über diejenigen Gefahrumstände verschaffen kann, die für die Übernahme der Gefahr bzw. für die Annahme des vorliegenden Versicherungsantrags erheblich sind. Dadurch erhält der Versicherer klare Vorstellungen über die Risikoverhältnisse, die Voraussetzung für eine risikogerechte Vertragsgestaltung und Tarifierung sind.

Im Privatkundengeschäft werden die **Gefahrumstände in den Antragsformularen der Versicherer erfragt**. Die Antragsformulare für die Wohngebäudeversicherung enthalten Fragen nach den Gefahrverhältnissen, die für die Übernahme der Gefahr erheblich sind. Von der Beantwortung dieser Fragen hängt es ab, ob und zu welchen Bedingungen und Beiträgen der Wohngebäudeversicherer den Antrag annimmt. Gleichzeitig ist die Dokumentierung der Gefahrenverhältnisse bei Antragsaufnahme die Grundlage für die Beurteilung nachträglicher Gefahrerhöhungen. Durch den Wortlaut von § 10 Nr. 1 VGB 88 a. F., Text-Baustein 16 Nr. 1 wird verdeutlicht, daß die vorvertragliche Anzeigepflicht des Antragstellers vor allem in der Pflicht zur wahrheitsgemäßen Beantwortung der Fragen in den Antragsformularen des Versicherers liegt. Daraus folgt jedoch nicht, daß die in §§ 16 bis 22 VVG geregelten Rechtsfolgen generell eintreten, wenn der VN Antragsfragen nicht wahrheitsgemäß beantwortet. Es ist **zu unterscheiden zwischen Antrags-**

**fragen, die für die Übernahme der Gefahr erheblich sind** (z. B. Bauart und Nutzung des Gebäudes), **sowie Antragsfragen, die für die Übernahme der Gefahr nicht erheblich sind** (z. B. Alter und Beruf des Antragstellers). Rechtsfolgen sind nur an die nicht wahrheitsgemäße Beantwortung derjenigen Fragen geknüpft, die für die Übernahme der Gefahr erheblich sind. Es ist dem Versicherer nicht möglich, beliebige Sachverhalte durch entsprechende Antragsfragen zu gefahrerheblichen Umständen zu erheben und an die Falschbeantwortung dieser Fragen die Rechtsfolgen der §§ 16 bis 22 VVG zu knüpfen. Dies liegt daran, daß nach § 34 a VVG die gesetzlichen Bestimmungen zur vorvertraglichen Anzeigepflicht nicht zum Nachteil des VN verändert werden dürfen.

## 1.2 Antragsfragen

Aus dem Bedingungswortlaut folgt andererseits, daß sich der Versicherer in der Regel auf eine Verletzung der vorvertraglichen Anzeigepflicht nur in Ansehung derjenigen Gefahrumstände berufen kann, nach denen er im Antrag gefragt hat. Er ist deshalb verpflichtet, alle Umstände, die er als gefahrerheblich einstuft, im Antrag schriftlich zu erfragen. Beantwortet der Antragsteller diese Fragen wahrheitsgemäß, so hat er seine vorvertragliche Anzeigepflicht in der Regel umfassend und abschließend erfüllt. Stellt sich z. B. im Versicherungsfall heraus, daß besondere Gefahrumstände bei Antragstellung vorlagen, nach denen der Versicherer nicht gefragt hatte, so kann sich der Versicherer auf eine Verletzung der vorvertraglichen Anzeigepflicht nicht berufen. Davon ausgenommen sind lediglich diejenigen Fälle, in denen der Antragsteller arglistig einen gefahrerheblichen Umstand verschwiegen hat, nach dem im Antrag nicht gefragt wurde. In diesen Fällen gilt § 18 VVG. Danach kann der Versicherer vom Vertrag zurücktreten, wenn er dem Antragsteller Arglist nachweist. So liegt es beispielsweise, wenn der Antragsteller bei Aufnahme des Antrags nicht anzeigt, daß kurze Zeit zuvor eine Brandstiftung angedroht wurde (KG Berlin r+s 98 S. 471). Ähnlich liegt es, wenn der Grundstückseigentümer aus Anlaß eines voraufgegangenen Brandschadens wegen Brandstiftung zu einer siebeneinhalbjährigen Freiheitsstrafe verurteilt worden war (BGH VersR 91 S. 1404 und r+s 91 S. 402).

Die **Fragen zu Gefahrumständen in den Antragsformularen der Versicherer** haben infolgedessen in der Wohngebäudeversicherung große Bedeutung. Es sind alle Risikomerkmale zu erfragen, die für die Übernahme der beantragten Gefahr und die Festsetzung des Beitrags von Bedeutung sind. Andererseits kommt es jedoch in der Massensparte Wohngebäudeversicherung darauf an, die Antragsfragen allgemeinverständlich und eindeutig zu formulieren sowie auf den unbedingt notwendigen Umfang zu beschränken. Unklarheiten und Zweifel gehen zu Lasten des Versicherers. Einheitliche Richtlinien oder Grundsätze für die Gestaltung von Antragsformularen gibt es nicht, jedoch haben die Versicherer die Vorgaben in § 10 a III VAG zu beachten. Antragsvordrucke dürfen danach nur soviele Anträge auf Abschluß rechtlich selbständiger Versicherungsverträge enthalten, daß die Übersichtlichkeit, Lesbarkeit und Verständlichkeit nicht beeinträchtigt werden. Der Antragsteller ist daneben schriftlich und unter besonderer Hervorhebung auf die rechtliche Selbständigkeit der beantragten Verträge einschließlich der für sie vorgesehenen Versicherungsbedingungen sowie auf die jeweils geltenden Antragsbindungsfristen und Vertragslaufzeiten hinzuweisen.

In der Wohngebäudeversicherung wird häufig eine zweigleisige Lösung getroffen. Einerseits wird ein kurz gefaßtes Antragsformular für ständig und ausschließlich bewohnte

Ein- und Zweifamilienhäuser verwendet. Es ist in der Regel in einen sog. Sammelversicherungsantrag für das Geschäft mit privaten Kunden integriert. Mit dem Sammelversicherungsantrag können alle diejenigen Versicherungsverträge beantragt werden, die private Kunden üblicherweise abschließen (vgl. Anhang A 8). Daneben wird ein detailliertes Antragsformular für sonstige Gebäude verwendet. Bei ständig bewohnten Ein- und Zweifamilienhäusern, die ausschließlich Wohnzwecken dienen, handelt es sich um weitgehend gleichartige Risiken, so daß die Antragsfragen nach den individuellen Risikoverhältnissen auf wenige Fragen zurückgeführt werden können. Dabei wird im Interesse einer verbraucher- und vermittlerfreundlichen Formulargestaltung häufig auch darauf verzichtet, nach bestimmten gefahrerheblichen Umständen überhaupt zu fragen, weil diese Umstände im Ein- und Zweifamilienhausbereich eine untergeordnete Rolle spielen. Beispiele dafür sind Antragsfragen nach gefahrerhöhender Nachbarschaft oder nach der Verkleidung von Außenwänden. Im Breitengeschäft verzichtet der Versicherer aus Gründen der Wirtschaftlichkeit und der Praktikabilität auf die Feststellung dieser Gefahrumstände. Er fragt im Versicherungsantrag nicht danach. Infolgedessen kann er sich in diesen Fällen nicht auf eine Verletzung der vorvertraglichen Anzeigepflicht berufen, wenn sich im Versicherungsfall herausstellt, daß einer dieser Gefahrumstände vorliegt und einen Schaden verursacht oder vergrößert hat. Dies gilt nicht, wenn unter denselben objektiven Gefahrumständen ein Großrisiko versichert ist, das bei der Antragsaufnahme und in der Vertragsgestaltung versicherungstechnisch individuell behandelt wurde. Es zeigt sich einmal mehr, daß die Abgrenzung gefahrerheblicher Umstände von nicht gefahrerheblichen Umständen nicht allgemeingültig, sondern nur vor dem Hintergrund der individuellen Risiko-, Antrags- und Vertragssituation erfolgen kann. Das führt dazu, daß derselbe Gefahrumstand in einem Fall als gefahrerheblich, in einem anderen Fall als nicht gefahrerheblich einzustufen ist. Grundlage für die Beurteilung der Frage, ob die vorvertragliche Anzeigepflicht vom Antragsteller schuldhaft verletzt wurde, ist das für die Antragstellung verwendete Antragsformular des Versicherers. Im allgemeinen fragen die Wohngebäudeversicherer in ihren Antragsformularen nach den nachfolgend aufgeführten Gefahrumständen.

Die **örtliche Lage des zur Versicherung beantragten Gebäudes** ist ein gefahrerheblicher Umstand in der Wohngebäudeversicherung. Dies liegt daran, daß die Schadenbelastung in der Leitungswasser- und in der Sturmversicherung nach den Schadenerfahrungen der Versicherer ausgeprägte regionale Unterschiede aufweist, die ihren Niederschlag in regional gestaffelten Beitragssätzen für das Leitungswasser- und Sturmrisiko gefunden haben. Eine große Rolle spielt die Lage des versicherten Gebäudes auch für die erweiterte Elementarschadenversicherung. Die örtliche Lage des Gebäudes wird im Versicherungsantrag und im Versicherungsschein durch die Bezeichnung des Versicherungsgrundstücks nach Postleitzahl, Ortsname, Straße und Hausnummer eindeutig festgelegt. Die Tarifierung des Leitungswassers-, Sturm- und Elementarschadenrisikos richtet sich nach der Postleitzahl bzw. der Ortsbezeichnung. Dabei spielt es in der Wohngebäudeversicherung im Gegensatz zur Hausratversicherung keine Rolle, ob das Gebäude innerhalb oder außerhalb einer geschlossenen Ortschaft oder eines geschlossenen Wohngebiets liegt. 1.2.1

Die **Nutzung der zur Versicherung beantragten Gebäude** hat wesentlichen Einfluß auf die Tarifierung und die Vertragsgestaltung. Infolgedessen wird in den Antragsformularen auf Wohngebäudeversicherung regelmäßig nach der Nutzung der Gebäude gefragt. Es ist zu **unterscheiden zwischen der Nutzung zu Wohnzwecken und einer sonstigen Nutzung** zu gewerblichen, landwirtschaftlichen, öffentlichen oder anderen Zwecken. Die Wohngebäudeversicherung nach den VGB wird abgeschlossen für reine Wohngebäude und gemischt genutzte Gebäude, die überwiegend Wohnzwecken dienen. Die Beant- 1.2.2

wortung der Antragsfragen nach der Gebäudenutzung entscheidet daher zunächst darüber, ob überhaupt ein Wohngebäudeversicherungsvertrag nach den VGB zustande kommt. Weiterhin hat sie großen Einfluß auf die Beitragshöhe. Überwiegt die gewerbliche Nutzung, so werden Einzelverträge nach Maßgabe der AFB, AWB und AStB abgeschlossen. Ansonsten wird bei teilgewerblicher Nutzung ein Beitragszuschlag berechnet, dessen Höhe von der Art des Gewerbebetriebes abhängt.

Auch die **Art und Weise der Nutzung zu Wohnzwecken** spielt für die Vertragsgestaltung und die Beitragsberechnung eine große Rolle. Generell ist zu unterscheiden zwischen ständig bewohnten Gebäuden und nicht ständig bewohnten Gebäuden. Für die Versicherung nicht ständig bewohnter Gebäude werden Beitragszuschläge berechnet. Nicht bewohnte Gebäude sind stärker gefährdet als bewohnte Gebäude. In bewohnten Gebäuden können die Bewohner den Eintritt drohender Schäden durch entsprechende Gegenmaßnahmen in vielen Fällen verhindern. Weiterhin wird häufig durch sofort eingeleitete Rettungsmaßnahmen die Ausbreitung eingetretener Schäden eingegrenzt. Diese Möglichkeiten zur sofortigen Schadenverhütung bzw. Schadenminderung sind bei nicht bewohnten Gebäuden in der Regel nicht gegeben. Daher ist die Wahrscheinlichkeit, daß Schäden eintreten und daß sich eingetretene Schäden ausbreiten, bei nicht bewohnten Gebäuden größer als bei bewohnten Gebäuden.

Die erhöhte Gefahr nicht ständig bewohnter Gebäude schlägt sich in der Berechnung des Beitragszuschlags nieder. Ständig bewohnt ist nicht gleichzusetzen mit ununterbrochen bewohnt. Auch die Nutzung ständig bewohnter Gebäude wird immer wieder unterbrochen, wenn die Bewohner wegen Urlaub, Krankheit oder aus anderen Anlässen vorübergehend abwesend sind. Darauf kommt es bei der Unterscheidung zwischen ständig bewohnten Gebäuden und nicht ständig bewohnten Gebäuden nicht an. Als **nicht ständig bewohnt** sind vielmehr solche Gebäude einzustufen, die von vornherein dazu bestimmt sind, nicht ständig bewohnt zu werden. Es handelt sich dabei um Gebäude, bei denen **die Zeit des Unbewohntseins überwiegt.** Typische Beispiele sind **Ferien- oder Wochenendhäuser**. In den Antragsformularen wird regelmäßig gefragt, ob die zur Versicherung beantragten Gebäude ständig bewohnt sind. Bejaht der VN diese Frage, obwohl es sich um ein Ferien- oder Wochenendhaus handelt, liegt eine Verletzung der vorvertraglichen Anzeigepflicht vor, die die Rechtsfolgen der §§ 16 bis 22 VVG nach sich zieht. Es ist zu unterscheiden zwischen nicht ständig bewohnten Gebäuden und nicht genutzten Gebäuden (vgl. N 4.2 und O 2.3). Nicht ständig bewohnte Gebäude werden genutzt. In diesen Gebäuden unterhalten private Haushalte ständige Wohnungen, die mit wiederkehrenden zeitlichen Unterbrechungen auch bewohnt werden. Im Gegensatz dazu werden nicht genutzte Gebäude überhaupt nicht bewohnt bzw. überhaupt nicht genutzt. Sie stehen in der Regel leer. Die VGB sind für die Versicherung genutzter Wohngebäude konzipiert. Nicht genutzte Gebäude sind außergewöhnliche Risiken, die in Ausnahmefällen nur unter einschränkenden Bedingungen versichert werden.

1.2.3 Auch die **Bauweise von Gebäuden** ist ein gefahrerheblicher Umstand, der in den Antragsformularen auf Wohngebäudeversicherung regelmässig erfragt wird. In der Wohngebäudeversicherung werden die Gebäude zumeist in vier oder fünf Bauartklassen (BAK) eingeteilt. Die Einstufung eines Gebäudes richtet sich nach der Art der Außenwände und der Art der Dacheindeckung. Eine Einteilung in vier BAK ist beispielhaft in der nachfolgenden Übersicht dargestellt.

| Bauartklasse oder Fertighausgruppe | Außenwände | Bedachung |
|---|---|---|
| 1 | – massiv | hart |
| | – Stahl- oder Holzfachwerk mit Stein- oder Glasfüllung | hart |
| 2 | – Stahl-, Holz- oder Stahlbetonkonstruktion mit raumseitiger Wandplattenbekleidung aus nichtbrennbaren Baustoffen (Klasse A nach DIN 4102) | |
| | – Holz, Holzfachwerk mit Lehmfüllung | hart |
| 3 | – Stahl-, Holz- oder Stahlbetonkonstruktion mit raumseitiger Wandplattenbekleidung aus brennbaren Baustoffen (Klasse B nach DIN 4102) | |
| | – Gebäude mit einer oder mehreren offenen Seiten | |
| 4 | – wie 1, 2 oder 3 | weich |

Eine Reihe von Wohngebäudeversicherern differenziert inzwischen nicht mehr zwischen den BAK 1 und 2. Daraus folgt, daß erhöhte Beitragssätze nur für Gebäude mit Umfassungswänden aus Holz, Holzfachwerk und/oder mit Dacheindeckungen aus Holz, Reet, Schilf oder Stroh (Weichdach) berechnet werden. Formulartechnisch führt dies dazu, daß eine Beschreibung der Bauart des Gebäudes im Versicherungsantrag nicht mehr gefordert wird. Es wird lediglich gefragt, ob das Gebäude Umfassungswände aus Holz, Holzfachwerk und/oder ein Weichdach hat. Werden diese Fragen verneint, so wird der Vertrag nach den Grundbeitragssätzen tarifiert. Ansonsten werden entsprechende Beitragszuschläge berechnet.

Ein erhöhtes Risiko stellen auch **Gebäude mit einer oder mehreren offenen Seiten** dar. Zumeist wird danach im Antragsformular auf Wohngebäudeversicherung nicht gefragt, weil es Wohngebäude mit einer oder mehreren offenen Seiten in der Regel nicht gibt. Es kann sich dabei allenfalls um Nebengebäude handeln. Typische Beispiele sind freistehende oder an das Wohngebäude angebaute Kfz-Unterstellplätze (Carports), die häufig nach mehreren Seiten offen sind. Diese Bauwerke haben im Verhältnis zum Wohngebäude einen untergeordneten Wert. Deshalb werden sie zumeist zum Grundbeitrag ohne Beitragszuschlag versichert. Dabei wird häufig auch darauf verzichtet, für das Nebengebäude eine eigene Position zu bilden. Wohngebäude und Nebengebäude werden in einer einheitlichen Position mit einer gemeinsamen Versicherungssumme versichert. Es ist dabei jedoch darauf zu achten, daß der Wert der Nebengebäude bei der Ermittlung der Versicherungssumme berücksichtigt wird.

Auch die **Verkleidung der Außenwände** von Gebäuden mit Asbestzement, Metall, Kunststoff, Holz oder anderen Materialien wird als gefahrerheblicher Umstand in der Sturm-/Hagelversicherung angesehen. In der Praxis ist die Einstellung der Versicherer zur Außenwandverkleidung jedoch uneinheitlich. Verschiedene Versicherer verzichten auf eine entsprechende Antragsfrage und auf die Berechnung eines Beitragszuschlags. Andere Versicherer fragen nach der Außenverkleidung und berechnen einen Zuschlag, wenn derartige Verkleidungen vorhanden sind. Es wird wiederum deutlich, daß die Frage der Verletzung der vorvertraglichen Anzeigepflicht generell nicht allgemeinverbindlich und abstrakt geprüft und beantwortet werden kann. Im konkreten Fall kommt es auch auf die Geschäftspolitik und die versicherungstechnische Einstufung und Handhabung von Gefahrumständen durch den Versicherer an. Sie finden ihren Niederschlag in der Tarif- und Antragsgestaltung.

Ähnlich liegt es bei der Einstufung des **Alters von Gebäuden** als Gefahrumstand. Zahlreiche Wohngebäudeversicherer räumen für die **Versicherung von Neubauten** Nachlässe auf die Tarifbeitragssätze ein. Andererseits kommt es vor, daß Versicherer Zuschläge auf die Grundbeiträge berechnen, wenn die zur Versicherung beantragten **Gebäude ein bestimmtes Alter übersteigen**. Vereinzelt lehnen die Versicherer Anträge auf Wohngebäudeversicherung auch ab, wenn das zur Versicherung beantragte Gebäude eine bestimmte Altersgrenze überschritten hat. Unter diesen Voraussetzungen fragen die Versicherer in den Antragsformularen nach dem Baujahr der Gebäude. Das **Baujahr eines Gebäudes** ist in diesen Fällen ein gefahrerheblicher Umstand, der Einfluß auf die Vertragsgestaltung bzw. die Höhe des Beitrags hat. Dem steht nicht entgegen, daß andere Versicherer das Alter von Gebäuden nicht als ein Kriterium für die Vertragsgestaltung ansehen und infolgedessen danach in den Antragsformularen auch nicht fragen. Es handelt sich nicht darum, daß durch die differenzierte Behandlung von Gebäuden nach Maßgabe ihres Alters ein nicht gefahrerheblicher Umstand zu einem gefahrerheblichen Umstand erhoben wird. Vielmehr bedeutet der Verzicht auf eine Antragsfrage nach dem Alter bzw. dem Baujahr von Gebäuden, daß verschiedene Versicherer diesem Gefahrenumstand eine geringere Bedeutung beimessen als diejenigen Versicherer, die danach fragen und daraus Konsequenzen für die Vertragsgestaltung ableiten. Im Einzelfall sind die Geschäftsgrundsätze maßgebend, von denen sich der Versicherer bei der Risikoprüfung und Zeichnung leiten läßt. Die Gefahrerheblichkeit einzelner Umstände kann nicht ohne Rücksicht auf die Geschäftsgrundsätze des Versicherers geprüft werden, sofern die Erheblichkeit oder Unerheblichkeit nicht auf der Hand liegt (BGH VersR 84 S. 629).

Häufig wird in den Antragsformularen auch gefragt, ob die **Gebäude in gutem Zustand sind oder ob sie Mängel aufweisen**. Mit Hilfe dieser Antragsfrage sollen in erster Linie bei Antragsaufnahme bereits vorhandene Schäden bzw. Mängel am Gebäude erfaßt werden. Sind derartige Mängel vorhanden, so kommt der Wohngebäudeversicherungsvertrag im allgemeinen nicht zustande, weil die Wohngebäudeversicherer nicht bereit sind, Gebäude zu versichern, die sich nicht in ordnungsgemäßem Zustand befinden. Der praktische Wert einer derartigen Antragsfrage ist umstritten. Es kommt selten vor, daß bei Antragsaufnahme Mängel angezeigt und beschrieben werden. Darauf ist es zurückzuführen, daß verschiedene Versicherer auf eine entsprechende Frage verzichten. Es ist aber nicht zu übersehen, daß die Antragsfrage im Hinblick auf die in den VGB verankerte Instandhaltungspflicht des VN (vgl. O 2.2) praktische Bedeutung hat.

1.2.4 **Fußbodenheizungen oder ähnliche in Decken oder Wänden verlegte Strahlungsheizungen sowie Klima-, Wärmepumpen- oder Solarheizungsanlagen** sind gefahrerhebliche Umstände in der Leitungswasserversicherung. Deshalb wird in den Antragsformularen auf Wohngebäudeversicherung gefragt, ob in den zur Versicherung beantragten Gebäuden derartige Anlagen vorhanden sind. Sind Strahlungsheizungen installiert, wird ein Beitragszuschlag berechnet. Beim Vorhandensein von Klima-, Wärmepumpen- oder Solarheizungsanlagen wird in der Wohngebäudeversicherung nach den VGB 88 a. F. die Klausel 7164 „Klima-, Wärmepumpen- und Solarheizungsanlagen" vereinbart. In der Wohngebäudeversicherung nach den VGB 88 n. F. ist dies nicht mehr erforderlich (vgl. F 1.6 und G 5.4). Daneben fragen die Versicherer in den Antragsformularen auf Wohngebäudeversicherung auch danach, ob in dem versicherten Gebäude **Schwimmbekken** vorhanden sind.

**In der Feuerversicherung** wird die versicherte Gefahr in vielen Fällen durch sog. **gefahrerhöhende Nachbarschaft** beeinflußt. Sie liegt in der Wohngebäudeversicherung vor, wenn in der unmittelbaren Umgebung des Gebäudes andere Gebäude bzw. Betriebe liegen, deren Brand- bzw. Betriebsgefahr höher einzuschätzen ist als die des versicherten Gebäudes. Eine Gefahrerhöhung kann durch sog. räumliche oder bauliche Trennung kompensiert werden. Ansonsten sind Beitragszuschläge vorgesehen. Sie richten sich nach den Umständen des Einzelfalls. Allerdings wird auch der Gefahrumstand gefahrerhöhende Nachbarschaft von den Versicherern sehr unterschiedlich eingestuft und gehandhabt. Die Unterschiede reichen vom völligen Verzicht auf entsprechende Antragsfragen über eine Differenzierung nach Breitengeschäft und individuellem Großgeschäft bis hin zur generellen Antragsfrage nach gefahrerhöhender Nachbarschaft. 1.2.5

Grundsätzlich wird in den Antragsformularen gefragt, ob für die zur Versicherung beantragten Gebäude **anderweitig Versicherungsverträge bestehen oder bestanden. bzw. ob ein Antrag auf Wohngebäudeversicherung bereits einmal abgelehnt wurde**. Diese Antragsfragen beziehen sich in erster Linie auf die subjektiven Risikoverhältnisse. Wurde ein Versicherungsantrag abgelehnt, so wird der Versicherer vor Antragsannahme nachfragen, welche Gründe dafür maßgebend waren. Besteht ein weiterer Versicherungsvertrag für dieselben Gebäude gegen dieselben versicherten Gefahren, so liegt Mehrfachversicherung vor, die im Versicherungsfall die Ermittlung und die Verteilung der Entschädigung beeinflußt (vgl. R 7 ff.). Bestand ein anderer Versicherungsvertrag, so interessiert sich der Versicherer für die Gründe, die zur Beendigung dieses Vertrages geführt haben. Dies gilt insbesondere in den Fällen, in denen zu dem Vorvertrag Schäden angefallen sind. 1.2.6

**Nach versicherten und nicht versicherten Vorschäden wird grundsätzlich gefragt**, weil es sich dabei um einen gefahrerheblichen Umstand handelt. Nicht selten lehnen Versicherer Anträge auf Wohngebäudeversicherung ab, weil Vorschäden eingetreten sind. Insbesondere in der Leitungswasserversicherung ist unter diesen Voraussetzungen häufig mit weiteren Schäden zu rechnen. Im allgemeinen fragen die Versicherer in ihren Antragsformularen nur nach Vorschäden, die nicht länger als fünf Jahre zurückliegen (vgl. VerBAV 91 S. 73). Der VN hat diese Fragen auch dann zu beantworten, wenn die Vorversicherungen bei demselben Versicherer bestanden haben. Die Gefahrerheblichkeit von Vorschäden, Vorversicherungen und Kündigungen von Vorversicherungen durch Vorversicherer liegt auf der Hand. Wenn der VN beim Abschluß einer betrieblichen Feuer- und einer Hausratversicherung die Antragsfragen nach Vorschäden, nach Vorversicherungen und nach Kündigungen von Vorversicherungen durch Versicherer unzutreffend verneint hat, kann der VN nicht ohne weiteres damit gehört werden, daß dem Versicherer die Vorgeschichte bekannt gewesen sei, weil auch die Vorversicherungen bei diesem Versicherer bestanden haben und daher in seinem Datenbestand registriert sind (OLG Hamm r+s 98 S. 473). Die Verpflichtung des VN, Vorschäden anzugeben, nach denen er im Schadenanzeigeformular des Versicherer gefragt wird, entfällt nicht deshalb, weil die Vorschäden von dem Versicherer selbst reguliert worden waren und der Versicherer dies anhand seiner Schadenunterlagen oder anhand der Daten in seiner EDV-Anlage hätte feststellen können (OLG Saarbrücken r+s 98 S. 139).

Zweifelhaft ist, ob auch Vorversicherungen und Vorschäden des Ehegatten bzw. des Lebensgefährten des VN anzuzeigen sind. Das OLG Köln (VersR 92 S. 231) hat diese Frage ebenso verneint wie das OLG Hamm (r+s 90 S. 168). Die Frage: „Bestehen oder bestanden bereits Versicherungen?" muß von einem aufmerksamen und verständigen VN nicht so verstanden werden, daß auch zu Versicherungen des Ehegatten oder Lebensgefährten Angaben gemacht werden müssen (OLG Köln a. a. O.). Gerade für die Wohngebäudeversicherung sind diese Entscheidungen problematisch, da das versicherte Wohngebäude häufig im Miteigentum der beiden Ehegatten steht. In diesen Fällen ist zumeist ein Ehegatte VN, der andere Versicherter. Auch der Versicherte ist anzeigepflichtig (vgl. Römer/Langheid §§ 16, 17 RN 5 und RN 15). Verschweigt der Antragsteller Vorschäden, um die Willensbildung des Versicherers über die Annahme des Antrags zu beeinflussen, so handelt er arglistig (OLG Hamm r+s 90 S. 170).

1.2.7 Verschiedentlich wird in den Antragsformularen auch gefragt, ob der **Antragsteller Eigentümer oder Mieter bzw. Pächter des zur Versicherung beantragten Gebäudes** ist. Im allgemeinen hat dieser Umstand jedoch keinen Einfluß auf die Annahme des Antrags bzw. auf die Vertragsgestaltung. Weiterhin spielt es keine Rolle, ob die zur Versicherung beantragten Gebäude vermietet oder vom Antragsteller bzw. Gebäudeeigentümer selbst genutzt werden. Deshalb wird nach diesem Umstand in den Antragsformularen in der Regel nicht gefragt.

1.2.8 In den Antragsformularen sind häufig die **Summenermittlungsbogen** für die Ermittlung der Versicherungssumme 1914 nach Maßgabe der Wohnfläche integriert (vgl. P 6.3). Die zutreffende Beantwortung der Frage nach dem Gebäudetyp, der Bauausstattung und der Wohnfläche des Gebäudes ist die Voraussetzung für den Unterversicherungsverzicht für Ein- und Zweifamilienhäuser. Es fragt sich, ob an die **schuldhafte Falschbeantwortung dieser Fragen durch den VN** die Rechtsfolgen der §§ 16 ff. VVG geknüpft sind. Diese Frage ist zu verneinen. Im Gegensatz zu den zuvor behandelten Gebäudemerkmalen, die für die Bauartklasseneinstufung maßgebend sind, beeinflussen Gebäudetyp, Bauausstattung und Wohnfläche generell nicht die versicherte Gefahr. Es handelt sich nicht um gefahrerhebliche Umstände. Die zutreffende Beantwortung der Fragen im Summenermittlungsbogen ist vielmehr die Voraussetzung für die Berechnung einer angemessenen Versicherungssumme und die darauf basierende Vereinbarung des Unterversicherungsverzichts. Stellt sich im Versicherungsfall heraus, daß der VN die Antragsfragen nach Größe, Ausbau und Ausstattung der Gebäude unzutreffend beantwortet hat, so gilt der Unterversicherungsverzicht nicht. Weitere Sanktionen sind an die Falschangabe des Gebäudetyps, der Bauausstattung und der Größe des Gebäudes nicht geknüpft. Entsprechendes gilt für den Unterversicherungsverzicht in der Hausratversicherung nach den VHB 84/VHB 92 bei einer Falschangabe zur Wohnfläche der versicherten Wohnung (vgl. Dietz § 13 RN 2.4).

## 1.3 Kenntnis und Verhalten

Nach dem Wortlaut von § 16 I VVG hat der VN (Antragsteller) alle ihm bekannten Umstände, die für die Übernahme der Gefahr erheblich sind, dem Versicherer anzuzeigen. **Es kommt auf die Kenntnis und das Verhalten des VN an.** Umstände, die ihm bei Antragstellung nicht bekannt waren, konnte er dem Versicherer auch nicht anzeigen. Sind mehrere Personen VN, so ist jeder einzelne zur wahrheitsgemäßen Beantwortung der Fragen nach den Gefahrumständen verpflichtet. Das gilt auch für die Repräsentanten sowie für die Willenserklärungsvertreter oder Wissensvertreter des VN (zu den Begriffen vgl. U 5 und 6). Bei einer Versicherung für fremde Rechnung ist auch der Versicherte zur Anzeige von Gefahrumständen verpflichtet (umstritten; vgl. N 1.2.6). Weiterhin muß sich der VN nach § 19 VVG auch die Kenntnis und das Verhalten seiner Bevollmächtigten bzw. Stellvertreter anrechnen lassen, die den Vertrag geschlossen haben. Vertreter des VN ist auch ein Versicherungsmakler (OLG Oldenburg VersR 96 S. 373 und r+s 95

S. 107), nicht jedoch der Versicherungsagent des Versicherers (vgl. N 1.4). Für das Verhalten seines sog. Verhandlungsgehilfen, der bei den maßgeblichen Verhandlungen über den Versicherungsabschluß als Wortführer des VN fungiert, haftet der VN nur, wenn der Versicherer Arglist nachweist (BGH VersR 89 S. 465 und VersR 91 S. 1404).

## Empfänger der Anzeige 1.4

Empfänger der Anzeige sind der Versicherer, dessen Angestellten, dessen Versicherungsagenten, auch Mehrfachagenten, nicht jedoch ein Versicherungsmakler (vgl. Prölss/Martin §§ 16, 17 RN 19). Der Versicherer muß sich auch die Kenntnisse der genannten Personen anrechnen lassen, die sie im Zusammenhang mit der Aufnahme des Versicherungsantrags erlangt haben. Nach der **„Auge und Ohr"-Rechtsprechung des BGH** erstreckt sich die sog. Empfangsvollmacht des Versicherungsagenten auch auf die Entgegennahme mündlicher vorvertraglicher Anzeigen des VN (Prölss/Martin § 43 RN 17 und Römer/Langheid §§ 16, 17 RN 20 m. w. N.). Was dem Versicherungsagenten bei Antragstellung zur Kenntnis gelangt, muß sich der Versicherer anrechnen lassen. Das gilt auch, wenn der Antragsteller das Antragsformular nicht selbst ausfüllt, sondern dies dem Versicherungsagenten überläßt (Regelfall). Der Versicherungsagent stellt in diesen Fällen anhand des Antragsformulars Fragen an den Antragsteller. Die Antworten trägt er in das Antragsformular ein. Was der Antragsteller dem Versicherungsagenten dabei mündlich mitteilt, ist dem Versicherer mitgeteilt, auch wenn der Agent diese Mitteilung falsch, unvollständig oder gar nicht in das Antragsformular einträgt (vgl. Prölss/Martin § 43 RN 27). Der Versicherer kann sich in diesen Fällen auf eine Verletzung der vorvertraglichen Anzeigepflicht durch den Antragsteller selbst dann nicht berufen, wenn er im Antragsformular nach einem gefahrerheblichen Umstand zwar ausdrücklich gefragt hat, die entsprechende Frage dem Antragsteller aber durch das Verhalten des Versicherungsagenten nicht zur Kenntnis gebracht wurde und deshalb unbeantwortet geblieben ist (BGH VersR 96 S. 1529).

Die **Wissenszurechnung des Agenten kann** auch **nicht** durch eine in älteren Antragsformularen enthaltene Klausel **eingeschränkt oder ausgeschlossen werden**. Danach sollte die Empfangsvollmacht des Versicherungsagenten beschränkt werden. Die Klausel lautet: „Für die Richtigkeit der Angaben bin ich alleinverantwortlich, auch wenn ich den Antrag nicht selbst ausgefüllt habe. Der Vermittler darf über die Erheblichkeit von Antragsfragen oder Erkrankungen keine verbindlichen Erklärungen abgeben." Der BGH hat diese in den Antragsformularen der Versicherer enthaltene Klausel als unwirksam eingestuft (VersR 92 S. 217 und VerBAV 92 S. 175). Gegen die danach angestellten Überlegungen der Versicherer, eine abgeänderte Klausel in die Antragsformulare einzubringen, hat das BAV von vornherein schwerwiegende Bedenken geäußert (vgl. VerBAV 93 S. 342). Die neueren Antragsformulare enthalten eine derartige Klausel nicht mehr.

## Rücktrittsrecht 2

Bei der Verletzung der vorvertraglichen Anzeigepflicht hat der Versicherer unter bestimmten Voraussetzungen ein Rücktrittsrecht. Es ist in §§ 16 II und III, 17 I und II, 18 VVG geregelt. Dabei wird im VVG zwischen der Unterlassung einer Anzeige (§ 16 II VVG) und einer unrichtigen Anzeige (§ 17 VVG) unterschieden. Die Rechtsfolgen stimmen jedoch bei beiden Sachverhalten überein. Der Versicherer kann vom Vertrag zurücktreten, wenn die Anzeige eines gefahrerheblichen Umstandes unterblieben ist (§ 16 II VVG) oder über einen gefahrerheblichen Umstand eine unrichtige Anzeige gemacht worden ist (§ 17 I VVG). Das Kündigungsrecht besteht für den Hauptvertrag sowie eine bei Antragsaufnahme erteilte vorläufige Deckungszusage.

## 2.1 Ausschluß des Rücktrittsrechts

Der Rücktritt ist ausgeschlossen, wenn der Versicherer den nicht angezeigten Umstand kannte (§ 16 III VVG) oder wenn ihm die Unrichtigkeit der Anzeige bekannt war (§ 17 II VVG). Dasselbe gilt, wenn der VN nachweist, daß die unrichtigen oder unvollständigen Angaben weder von ihm noch von seinem Bevollmächtigten schuldhaft gemacht wurden. Hatte der VN einen gefahrerheblichen Umstand nicht angezeigt, nach dem im Antragsformular des Versicherers nicht ausdrücklich gefragt wird, so ist das Rücktrittsrecht des Versicherers eingeschränkt. In diesen Fällen kann der Versicherer wegen einer unterbliebenen Anzeige eines Gefahrumstands, nach dem im Antragsformular des Versicherers nicht ausdrücklich gefragt worden ist, nur zurücktreten, wenn dieser Umstand entweder vom VN oder von dessen Bevollmächtigtem arglistig verschwiegen wurde (§ 18 VVG).

## 2.2 Beweislast

Tritt der **Versicherer** vom Vertrag zurück, so **trägt er die volle Beweislast** für alle den Rücktritt begründenden Umstände. Er hat zu beweisen, daß der VN die nicht oder nicht zutreffend angezeigten Umstände kannte und dennoch nicht angezeigt hat. Weiterhin muß der Versicherer den Nachweis führen, daß der nicht angezeigte Umstand gefahrerheblich ist. Ist die Verletzung der Anzeigepflicht objektiv bewiesen, beruft sich der VN aber darauf, daß der Versicherer den nicht angezeigten Umstand kannte oder daß ihn kein Verschulden an der Anzeigepflichtverletzung trifft, so ist der VN dafür beweispflichtig. **Auf den Verschuldensgrad kommt es jedoch nicht an.** Auch einfache Fahrlässigkeit des VN begründet das Rücktrittsrecht (Einzelheiten vgl. Prölss/Martin §§ 16, 17 RN 41 ff. sowie Römer/Langheid §§ 16, 17 RN 26 ff.).

## 2.3 Frist

Der Rücktritt kann nur innerhalb eines Monats erfolgen. Die Frist beginnt mit dem Zeitpunkt, in welchem der Versicherer von der Verletzung der Anzeigepflicht Kenntnis erlangt hat (§ 20 I VVG). Der Kenntnis des Versicherers ist die Kenntnis seiner Angestellten, auch der Angestellten einer Bezirks- oder Filialdirektion, sowie seiner Versicherungsagenten gleichgestellt (vgl. Prölss/Martin § 20 RN 5 f. m. w. N.). Die Rücktritt erfolgt durch Erklärung gegenüber dem VN (§ 20 II Satz 1 VVG). Sind mehrere Personen VN, so muß der Rücktritt allen erklärt werden. Die Erklärung kann grundsätzlich formlos erfolgen. Jedoch erklären die Versicherer den Rücktritt in der Regel schriftlich. Auch die Rücktrittserklärung des VN erfordert nach § 26 VGB 88 a. F., Text-Baustein 26 die Schriftform. Es genügt, wenn der VN erkennen kann, daß der Rücktritt wegen der Verletzung der vorvertraglichen Anzeigepflicht erklärt wird (Prölss/Martin § 20 RN 9). Wurde bei Antragsaufnahme vorläufige Deckung erteilt, so empfiehlt es sich, den Rücktritt ausdrücklich auch für die vorläufige Deckung zu erklären.

## Folgen des Rücktritts 2.4

Mit dem Zugang der Erklärung des Versicherers beim VN wird der Vertrag (und die vorläufige Deckungszusage) rückwirkend aufgelöst. Es besteht grundsätzlich kein Versicherungsschutz (Ausnahme vgl. N 2.4.2). Versicherer und VN sind verpflichtet, die empfangenen Leistungen zurückzugewähren (§ 20 II Satz 2 VVG).

Daraus könnte geschlossen werden, der Versicherer sei verpflichtet, die erhaltenen Beiträge zurückzuzahlen. In § 20 II Satz 2 VVG wird jedoch einschränkend darauf hingewiesen, daß die **Verpflichtung des Versicherers zur Rückzahlung der empfangenen Beiträge** nur gilt, soweit das VVG nicht etwas anderes bestimmt. Diese Einschränkung bezieht sich auf § 40 VVG. Nach § 40 I VVG steht dem Versicherer u. a. bei einem Rücktritt wegen Verletzung der vorvertraglichen Anzeigepflicht der Beitrag bis zum Schluß der Versicherungsperiode zu, in der er von der Verletzung Kenntnis erlangt. Dies folgt aus dem sog. Grundsatz der Unteilbarkeit des Beitrags. Diese gesetzliche Regelung ist schwer verständlich und aus der Sicht des VN ungerecht und unbefriedigend. Er kann nicht einsehen, warum dem Versicherer der gesamte Jahresbeitrag zustehen soll, wenn er z. B. einen Monat nach Versicherungsbeginn vom Vertrag zurücktritt. Deshalb war lange Zeit umstritten, ob die Regelungen in § 40 I und II Satz 1 VVG verfassungsgemäß sind. Der BGH hat mit Urteil vom 3. 10. 1991 entschieden, daß § 40 II Satz 1 VVG verfassungsgemäß ist (VersR 91 S. 1227 und r+s 92 S. 37). Dies trifft auch auf § 40 I Satz 1 zu. Infolgedessen steht dem Wohngebäudeversicherer bei Verletzung der vorvertraglichen Anzeigepflicht der Beitrag für das laufende Versicherungsjahr und gegebenenfalls auch für frühere Versicherungsjahre zu, wenn er von der Verletzung der vorvertraglichen Anzeigepflicht erst nach Ablauf des ersten Versicherungsjahres Kenntnis erlangt. In den VGB 88 n. F. wird diese Regelung durch Text-Baustein 16 Nr. 2 c Abs. 3 Satz 2 zu Gunsten des VN abgeändert. Danach behält der Versicherer im Falle des Rücktritts seinen Anspruch auf den Teil des Beitrags, der der im Zeitpunkt des Rücktritts abgelaufenen Vertragszeit entspricht. 2.4.1

**Ist zwischen dem vereinbarten Versicherungsbeginn und dem Rücktritt ein Versicherungsfall eingetreten** und hat der Versicherer dafür eine Entschädigung geleistet, so muß der VN diese Entschädigung an den Versicherer zurückzahlen. Dies gilt nach § 21 VVG nicht, wenn der VN nachweist, daß der nicht oder nicht zutreffend angezeigte Gefahrumstand weder auf den Eintritt des Versicherungsfalls noch auf den Umfang der Leistung des Versicherers Einfluß hatte. Dies ist auch ein Motiv für die zuvor dargestellte Beitragsregelung. Es ist dem Versicherer in diesen Fällen jedoch nicht verwehrt, sich auf andere Leistungsfreiheit begründende Regelungen wie Verletzung von Sicherheitsvorschriften oder schuldhafte Herbeiführung des Versicherungsfalls zu berufen. Auch kann er den Vertrag in diesen Fällen bei erwiesener Arglist des VN nach § 22 VVG anfechten. Dies spielt insbesondere eine Rolle, wenn der VN Vorversicherungen, abgelehnte Anträge oder Vorschäden arglistig verschwiegen hat. Da diese Umstände keinen Einfluß auf den Eintritt des Versicherungsfalls oder den Umfang der Entschädigung haben, kann der Versicherer Leistungsfreiheit nur über die Anfechtung des Vertrages wegen arglistiger Täuschung herbeiführen. 2.4.2

2.4.3 **Sind die empfangenen Leistungen zurückzugewähren**, so ist eine **Geldsumme von der Zeit des Empfangs an zu verzinsen** (§ 20 II Satz 2 VVG). Der Zinssatz ist im VVG nicht bestimmt. Die für die Verzinsung der Entschädigung geltende Regelung (s. W 3.2) ist nicht anwendbar. Es gilt § 246 BGB bzw. § 352 HGB. Der Zinssatz beträgt im Privatkundengeschäft 4 %, bei Verträgen mit Kaufleuten 5 %.

## 2.5 Beitragserhöhung

In § 41 VVG sind diejenigen Fälle geregelt, in denen der VN objektiv die vorvertragliche Anzeigepflicht verletzt hat, der Versicherer aber dennoch nicht vom Vertrag zurücktreten kann, weil den VN kein Verschulden trifft. Nach § 41 I Satz 1 VVG kann der Versicherer in diesen Fällen, falls mit Rücksicht auf die höhere Gefahr ein höherer Beitrag angemessen ist, vom Beginn der laufenden Versicherungsperiode an den höheren Beitrag verlangen. Das gleiche gilt nach § 41 I Satz 2 VVG, wenn beim Abschluß des Vertrages ein für die Übernahme der Gefahr erheblicher Umstand dem Versicherer nicht angezeigt worden ist, weil er dem anderen Teil nicht bekannt war. Der Versicherer ist berechtigt, den Beitrag zu fordern, den er aufgrund der tatsächlichen Risikoverhältnisse für gleichartige Risiken berechnet. Maßgebend ist der zum Zeitpunkt der Antragsannahme geltende Tarif des Versicherers. Nach § 41 III VVG erlischt das Recht auf Beitragserhöhung, wenn es nicht innerhalb eines Monats von dem Zeitpunkt an geltend gemacht wird, in welchem der Versicherer von der Verletzung der Anzeigepflicht oder von dem nicht angezeigten Umstand Kenntnis erlangt. Nach Ablauf der Monatsfrist gilt der Vertrag endgültig zu dem Beitrag geschlossen, der bei Vertragsabschluß vereinbart wurde.

## 2.6 Kündigungsrecht

Wird die höhere Gefahr in den dargestellten Fällen nach den für den Geschäftsbetrieb des Versicherers maßgebenden Grundsätzen auch gegen einen höheren Beitrag nicht übernommen, so kann der Versicherer den Versicherungsvertrag nach § 41 II VVG unter Einhaltung einer Kündigungsfrist von einem Monat kündigen. Der Versicherer muß nachweisen, daß er den Antrag des VN aufgrund seiner in den Annahme- und Zeichnungsrichtlinien niedergelegten Geschäftspolitik nicht angenommen hätte, wenn ihm die tatsächlichen Risikoverhältnisse bei Antragsannahme bekannt gewesen wären. Nachträgliche Änderungen der Geschäftspolitik bleiben unberücksichtigt. Der Versicherer hat kein Wahlrecht zwischen Beitragserhöhung und Kündigung. Auch das Kündigungsrecht erlischt nach § 41 III VVG, wenn es nicht innerhalb eines Monats von dem Zeitpunkt an geltend gemacht wird, in welchem der Versicherer von der Verletzung der Anzeigepflicht oder von dem nicht angezeigten Umstand Kenntnis erlangt hat.

# 3 Gefahrerhöhung

Die Gefahrerhöhung ist in §§ 23 bis 30 VVG geregelt. Auf diese Vorschriften wird in §§ 10 Nr. 2 VGB 88 a. F., 8 Nr. 2 VGB 62 in knapper Form Bezug genommen. In § 9 VGB 88 n. F. werden dagegen die wesentlichen VVG-Regelungen zur Gefahrerhöhung in gestraffter und allgemeinverständlicher Form wiedergegeben und ergänzt. Dort sind die Bestimmungen über die subjektive und die objektive Gefahrerhöhung zusammengefaßt. Dadurch wird die Transparenz und die Verständlichkeit im Vergleich zum VVG erhöht, weil die VVG-Bestimmungen durch zahlreiche Querverweise unübersichtlich sind. Die **subjektive bzw. vorgenommene Gefahrerhöhung** ist in §§ 23 bis 26 VVG geregelt. Für die **objektive bzw. ungewollte (eingetretene) Gefahrerhöhung** gelten §§ 27, 28 VVG. Die Zusammenfassung in § 9 VGB 88 n. F. ist möglich, weil die Rechtsfolgen der schuldhaft nicht angezeigten subjektiven Gefahrerhöhung mit denen der objektiven Gefahrerhöhung identisch sind. Die nachfolgende Kommentierung richtet sich nach der Systematik von § 9 VGB 88 n. F. Dabei werden nicht alle Fragen zur Gefahrerhöhung umfassend dargestellt. Es wird wiederum auf die Kommentare zum VVG verwiesen.

## Gefahrstandspflicht 3.1

Der VN darf nach Antragstellung ohne vorherige Zustimmung des Versicherers keine Gefahrerhöhung vornehmen oder deren Vornahme durch Dritte gestatten (vgl. §§ 23 I, 29 a VVG, 9 Nr. 1 VGB 88 n. F., 8 Nr. 2 VGB 62). Dieser Sachverhalt wird auch als Gefahrstandspflicht des VN bezeichnet. Es soll dadurch verhindert werden, daß der bei Antragstellung vorhandene Gefahrenzustand nachträglich zum Nachteil des Versicherers verändert wird. **Das VVG unterscheidet zwischen Gefahrerhöhungen nach Vertragsabschluß** (§ 23 I VVG) **und Gefahrerhöhungen, die zwischen Antragstellung und Annahme des Antrags eintreten** (§ 29 a VVG). In beiden Fällen gelten die gesetzlichen Vorschriften für die Gefahrerhöhung in gleicher Weise.

Es besteht eine enge Beziehung zwischen den Regelungen über die vorvertragliche Anzeigepflicht und den Bestimmungen über die Gefahrerhöhung. Die Anzeige gefahrerheblicher Umstände bei Antragsaufnahme gibt dem Versicherer Kenntnis von der zur Versicherung beantragten Gefahr. Auf der Grundlage dieser Kenntnisse zur Gefahrenlage wird der Versicherer in die Lage versetzt, das Risiko zu beurteilen, versicherungstechnisch einzustufen und die vertraglichen Konditionen festzulegen. Erhöht sich die versicherte Gefahr nach Vertragsabschluß (nachträgliche Gefahrerhöhung), so ändert sich das Preis-/Leistungsverhältnis des Vertrages zum Nachteil des Versicherers. Daher hat der Versicherer ein berechtigtes Interesse daran, daß er von der erhöhten Gefahr in Kenntnis gesetzt wird. Er möchte überprüfen, ob er die erhöhte Gefahr überhaupt bzw. zu veränderten Bedingungen und Beiträgen weiter versichern kann. Eine nachträgliche Gefahrerhöhung zieht häufig eine Änderung des Vertrages nach sich, da der Versicherer die bei Vertragsabschluß vorhandene Äquivalenz zwischen Preis (Beitrag) und Leistung (Gefahrtragung) wieder herstellen möchte. Ist dies nicht möglich, so muß dem Versicherer Gelegenheit gegeben werden, sich von dem Vertrag zu trennen. Hier liegt das Motiv und die Rechtfertigung der Regelungen über die Gefahrerhöhung in den §§ 23 ff. VVG.

Eine **Gefahrerhöhung wird durch den Vergleich des aktuellen Gefahrenzustands mit der Gefahrenlage bei Antragstellung festgestellt**. Grundlage dieser vergleichenden Betrachtung sind der Versicherungsvertrag und der Versicherungsantrag. Im Versicherungsantrag ist die Gefahrenlage bei Antragstellung beschrieben. Dieser Gefahrenzustand hat seinen Niederschlag in der Vereinbarung von Beitrag, Bedingungen, Klauseln und sonstigen vertragsrelevanten Sachverhalten gefunden, die im Versicherungsvertrag dokumentiert sind. Die Kenntnis über die ursprüngliche Gefahrenlage hat sich der Versicherer bei Antragsannahme anhand des Antragsformulars und der dortigen Antworten des VN verschafft. Die enge Beziehung zwischen den Antragsfragen nach Gefahrumständen, vertraglicher Anzeigepflicht und Gefahrerhöhung wird deutlich. Es zeigt sich, daß die Antragsfragen nach Gefahrumständen auch für die Beurteilung einer Gefahrerhöhung eine große Rolle spielen (vgl. N 4.1).

## 3.2 Begriff

Der Begriff der Gefahrerhöhung ist im VVG sowie in §§ 10 VGB 88 a. F., 8 VGB 62 nicht definiert. Nach § 9 Nr. 1 Satz 2 VGB 88 n. F. liegt eine Gefahrerhöhung vor, wenn die tatsächlich vorhandenen Umstände so verändert werden, daß der Eintritt des Versicherungsfalls oder eine Vergrößerung des Schadens oder die ungerechtfertigte Inanspruchnahme des Versicherers wahrscheinlicher wären. Maßgebend sind die bei Antragstellung vorhandenen Gefahrumstände.

3.2.1 **Das VVG und die Rechtsprechung unterscheiden zwischen erheblichen und belanglosen Gefahrerhöhungen.** Rechtsfolgen treten nur bei erheblichen Gefahrerhöhungen ein. Folgenlos bleiben nach § 29 VVG sog. belanglose Gefahrerhöhungen. Dabei kennt das Gesetz zwei Kategorien belangloser Gefahrerhöhungen: Unerhebliche Gefahrerhöhungen (§ 29 Satz 1 VVG) sowie erhebliche, aber dennoch belanglose Gefahrerhöhungen, bei denen nach den Umständen als vereinbart anzusehen ist, daß das Versicherungsverhältnis durch sie nicht berührt werden soll (§ 29 Satz 2 VVG). Martin spricht von quantitativ unerheblichen (Satz 1) und qualitativ unerheblichen (Satz 2) Gefahrerhöhungen (vgl. N III 28 ff.). Maßstab für die Beurteilung der Belanglosigkeit sind Antragsfragen, Tarife, Bedingungen sowie der sonstige Vertragsinhalt. Den Antragsfragen kommt dabei ebenso wie bei der vorvertraglichen Anzeigepflicht besondere Bedeutung zu. Es ist grundsätzlich davon auszugehen, daß die nachträgliche Änderung von Umständen, nach denen im Antrag gefragt wurde, gefahrerheblich ist. Daraus kann im Zweifel im Umkehrschluß gefolgert werden, daß Umstände, nach den im Antrag nicht gefragt wurde, auch nicht gefahrerheblich sind (ebenso Martin N III 32), so daß ihre Änderung keine Gefahrerhöhung im Sinne der §§ 23 bis 30 VVG ist. Beispiele in der Wohngebäudeversicherung sind der nachträgliche Einbau eines offenen Kamins, die Installation von weiteren Bädern, Duschen oder Wasserzapfstellen sowie das Anbringen von Sachen an der Außenseite des versicherten Gebäudes. Dabei handelt es sich um belanglose Gefahrerhöhungen. Es kann aus fehlenden Antragsfragen jedoch nicht uneingeschränkt gefolgert werden, daß der betreffende Gefahrumstand nicht gefahrerheblich sei. Martin (N III 33) ist zuzustimmen, daß dies nur für wirtschaftlich sinnvolles und vertretbares Handeln gelten soll. Nachlässiges oder mutwilliges Verhalten des VN kann auch ohne eine entsprechende Antragsfrage eine erhebliche Gefahrerhöhung sein. Daneben können in den AVB und im Vertrag bestimmte Umstände klarstellend als gefahrerheblich eingestuft werden (vgl. N 4.2 f.). Allerdings stehen derartige vertragliche Bestimmungen vor allem unter AGBG-Gesichtspunkten zur Disposition der Rechtsprechung.

Für die Versicherung ständig bewohnter Ein- und Zweifamilienhäuser gelten zur Beurteilung und Einstufung einer Gefahrerhöhung andere Maßstäbe als für das sonstige Wohngebäudegeschäft. Dies ist vor allem darauf zurückzuführen, daß sich die Geschäfts- und Annahmepolitik der Versicherer in beiden Geschäftsbereichen voneinander unterscheidet und infolgedessen zumeist unterschiedliche Antragsformulare verwendet werden. Daher kommt es vor, daß dieselbe Gefahränderung für einen Vertrag eine belanglose Gefahrerhöhung, für einen anderen Vertrag eine erhebliche Gefahrerhöhung darstellt. Es kommt entscheidend darauf an, ob der Versicherer den Vertrag zu denselben Beiträgen und Bedingungen angenommen hätte, wenn die veränderten Gefahrumstände bereits bei Vertragsabschluß vorgelegen hätten. Maßstab für die Prüfung dieser Frage sind die Grundsätze, die der einzelne Versicherer bei der Risikoprüfung sowie der Vertragsgestaltung und der Beitragsberechnung zugrunde legt (vgl. BGH VersR 84 S. 629). In gleicher Weise ist auch die Frage zu prüfen, ob eine erhebliche Gefahrerhöhung nach § 29 Satz 2 VVG deshalb belanglos ist, weil nach den Umständen als vereinbart anzusehen ist, daß dadurch das Vertragsverhältnis nicht berührt werden soll.

Beim **Vergleich der aktuellen Gefahrenlage mit der Gefahrenlage bei Antragstellung** 3.2.2 sind alle erheblichen Gefahrumstände und folglich alle nach Aufnahme des Antrags eingetretenen Änderungen der Gefahr zu berücksichtigen. Bei der Prüfung der Frage, ob eine Gefahrerhöhung vorliegt, ist nicht auf einzelne Gefahrumstände, sondern auf die Gesamtentwicklung des Risikos abzustellen. Soweit sich gefahrerhöhende und gefahrmindernde Umstände gegenüber stehen, sind sie gegeneinander abzuwägen (BGH VersR 81 S. 245). Theoretisch ist es demnach möglich, **Gefahrerhöhungen und Gefahrminderungen gegeneinander aufzurechnen** (Gefahrenaufrechnung bzw. Gefahrenkompensation; vgl. Prölss/Martin § 23 RN 15; s. auch N 4.2.5). Die Aufrechnung bereitet praktisch erhebliche Schwierigkeiten, da es einheitliche Bewertungsmaßstäbe zur Quantifizierung unterschiedlicher Gefahränderungen zumeist nicht gibt. Etwas anderes gilt zumeist für die Fälle, in denen eingetretene Gefahrerhöhungen durch gezielte Gegenmaßnahmen ausgeglichen werden. Ein Beispiel dafür sind die in den VGB verankerten Kompensationsmaßnahmen bei nicht genutzten Gebäuden (Einzelheiten vgl. O 2.3).

Die Annahme einer Gefahrerhöhung setzt voraus, **daß der Zustand erhöhter Gefahr für** 3.2.3 **eine gewisse Dauer besteht**. Ist eine Gefahrerhöhung von so kurzer Dauer, daß sie unter normalen Umständen nicht für eine Gefahrverwirklichung geeignet erscheint, dann ist sie unerheblich i. S. v. § 29 Satz 1 VVG und daher mitversichert (BGH VersR 94 S. 45 und r+s 93 S. 362). Diese Auffassung ist umstritten (vgl. Prölss/Martin § 23 RN 10 f; Römer/Langheid §§ 23 – 25 RN 14). Allgemeingültige Vorgaben für die vorausgesetzte Zeitdauer bestehen nicht. In der Wohngebäudeversicherung spielt dieser Gesichtspunkt vor allen Dingen bei der Versicherung des Sturm-/Hagelrisikos eine Rolle, wenn bei einer Reparatur oder bei Sanierungsarbeiten das Dach des versicherten Gebäudes vorübergehend geöffnet wird. Wird die entstandene Dachlücke während der Reparaturarbeiten durch eine Abdeckplane geschlossen, so liegt nach Auffassung des BGH keine anzeigepflichtige Gefahrerhöhung nach §§ 23 VVG, 8 Nr. 2 VGB 62 vor (BGH VersR 92 S. 606 und r+s 92 S. 168). Nach Auffassung des BGH kommt eine nach §§ 23 VVG, 8 Nr. 2 VGB 62 anzuzeigende Gefahrerhöhung nur in Betracht, wenn sie einen neuen Zustand erhöhter Gefahr schafft, der mindestens von so langer Dauer ist, daß er die Grundlage eines neuen natürlichen Gefahrenverlaufs bilden kann. Bei der nur kurzfristig andauernden Gefahrerhöhung durch die vorübergehende Abdeckung mit Planen während der Reparaturarbeiten am Dach könne aber nicht angenommen werden, der Versicherer werde bei Anzeige der Reparaturarbeiten den Beitrag erhöhen oder den Vertrag kündigen. Vielmehr sei davon auszugehen, daß die kurzfristige Änderung der Gefahrumstände von vornherein mitversichert sei (BGH a. a. O.). Die Versicherer sehen das offenbar nicht so, wie es der BGH vermutet bzw. unterstellt hat. Als Reaktion auf die Rechtsprechung des BGH wurde in den VGB 88 n. F. eine Regelung aufgenommen, wonach eine Gefahrerhöhung insbesondere vorliegen kann, wenn an einem Gebäude Baumaßnahmen durchgeführt werden, die ein Notdach erforderlich oder das Gebäude überwiegend unbenutzbar machen (§ 9 Nr. 1 c VGB 88 n. F.; vgl. N 4.3).

## 4 Gefahrerhebliche Umstände

Insbesondere private VN können im allgemeinen nicht zuverlässig einschätzen, ob Veränderungen am Gebäude, in der Nutzung des Gebäudes oder in seiner Umgebung eine erhebliche Gefahrerhöhung in der Wohngebäudeversicherung sind. Deshalb werden in §§ 9 Nr. 1 VGB 88 n. F., 10 Nr. 3 VGB 88 a. F. **die wesentlichen, in der Praxis häufig vorkommenden Sachverhalte aufgeführt**, die eine Gefahrerhöhung in der Wohngebäudeversicherung darstellen können. Dadurch kann der VN in den allermeisten Fällen beurteilen, ob Veränderungen am Gebäude, im Gebäude oder in der Umgebung des Gebäudes als gefahrerhöhend einzustufen sind. Darin liegt im Verhältnis zu § 8 VGB 62 eine Verbesserung und Klarstellung im Interesse des VN. Allerdings ist zu beachten, daß die Aufzählung gefahrerheblicher Umstände generell nicht abschließend ist. Die Formulierung, eine Gefahrerhöhung könne „insbesondere" vorliegen, bringt dies klar zum Ausdruck. Ollick vertritt zur vergleichbaren Regelung in § 13 Nr. 3 VHB 84 die Ansicht, daß die Nichtanzeige einer Änderung anderer als der dort unter a bis c aufgeführten Umstände nur schadet, wenn dem VN Arglist vorzuwerfen ist (VerBAV 84 Anm. 12 c S. 317 und VerBAV 85 S. 199). Dies trifft auf wirtschaftlich vernünftiges Handeln des VN zu (vgl. N 3.2.1). Dagegen kann wirtschaftlich unsinniges und schuldhaftes Verhalten des VN auch dann eine erhebliche Gefahrerhöhung darstellen, wenn eine entsprechende Antragsfrage nicht gestellt wurde. Dies folgt im Umkehrschluß aus § 18 VVG (Martin N I 14), der deshalb auf Gefahrerhöhungen analog nicht angewendet werden kann. Auch andere Gefahrumstände als diejenigen, nach deren im Antragsformular gefragt wurde, können gefahrerheblich sein (vgl. N 4.5).

Grundsätzlich kann jedoch davon ausgegangen werden, daß insbesondere bei der Versicherung von Ein- und Zweifamilienhäusern **der Kreis der erheblichen Gefahrerhöhungen über die im Bedingungstext geregelten Sachverhalte hinaus eng zu ziehen ist.** Dies ist im Charakter dieses Geschäfts begründet, das hinsichtlich Beiträgen und Bedingungen weitgehend standardisiert ist. Dadurch wird der Verkauf und die Verwaltung dieser Verträge beim Versicherer erleichtert. Andererseits führt dies zwangsläufig dazu, daß bei der Annahme von Anträgen auf Wohngebäudeversicherung ein grobes Raster für die Beurteilung der Gefahrenverhältnisse zugrunde gelegt wird. Daran ist der Versicherer auch gebunden, wenn es um die Beurteilung und die Einstufung nachträglicher Gefahrerhöhungen geht. Deshalb sind erhebliche Gefahrerhöhungen in der Wohngebäudeversicherung seltener als in den übrigen Sachversicherungszweigen. Die Rechtsprechung zur Gefahrerhöhung in anderen Zweigen der Sachversicherung kann infolgedessen auch nur eingeschränkt auf die Wohngebäudeversicherung übertragen werden. Nicht zulässig ist jedoch der Umkehrschluß, andere als die in den VGB 88 aufgeführten Sachverhalte seien in der Wohngebäudeversicherung grundsätzlich nicht gefahrerheblich im Sinne der §§ 23 ff. VVG.

Die Formulierung, daß eine Gefahrerhöhung in den in §§ 9 Nr. 1 VGB 88 n. F., 10 Nr. 3 VGB 88 a. F. genannten Fällen vorliegen „kann", wurde ebenso wie in § 13 Nr. 3 VHB 84/VHB 92 bewußt gewählt. Sie bringt zum Ausdruck, daß **die angesprochenen Änderungen nicht in allen Fällen eine Gefahrerhöhung bedeuten.** Dies hängt von den Umständen des Einzelfalls ab. Es kommt auch vor, daß **die Änderung eines Umstands, nach dem im Antrag gefragt wurde, zu einer Minderung der Gefahr führt**. So liegt es beispielsweise, wenn ein Gewerbebetrieb in einem versicherten Gebäude stillgelegt oder ein Ferienhaus künftig ständig bewohnt wird. Die Formulierung in den VGB 88 trägt diesen Umständen Rechnung. Sie macht dem VN klar, daß in den angesprochenen Fällen eine Gefahrerhöhung vorliegen kann, aber nicht generell vorliegt. Der VN ist gehalten, einschlägige Änderungen dem Versicherer anzuzeigen. Der Versicherer prüft, ob eine erhebliche Gefahrerhöhung tatsächlich vorliegt, und ist verpflichtet, entsprechende Reaktionen oder Maßnahmen einzuleiten. Sie können darin bestehen, daß er dem VN mitteilt, es handle sich nicht um eine erhebliche Gefahrerhöhung. Mögliche Reaktionen sind aber auch Kündigung des Vertrages oder ein Angebot auf Vertragsänderung.

Es fragt sich, **ob die beispielhafte Aufzählung möglicher Gefahrenerhöhungen in den VGB 88 im Verhältnis zu den VGB 62 eine Verschärfung zum Nachteil der VN bringt**. Diese Frage ist zu verneinen. Nach § 34 a VVG kann sich der Versicherer nicht auf Vereinbarungen berufen, durch welche von den Vorschriften des VVG zur Gefahrerhöhung zum Nachteil des VN abgewichen wird. In der neueren Literatur hat sich infolgedessen die Meinung durchgesetzt, daß in den AVB bestimmte Tatbestände nicht mit konstitutiver Wirkung als Gefahrerhöhung bezeichnet werden können (vgl. Bruck/Möller Anm. 17 und Anm. 39 zu § 23; Martin N IV 41 und Prölss/Martin § 23 RN 20). Daraus folgt, daß die vorstehenden Regelungen keine Verschärfung der gesetzlichen Vorschriften zum Nachteil des VN bedeuten. Als gefahrerhöhend können im allgemeinen nur Änderungen solcher Umstände eingestuft werden, die objektiv geeignet sind, den Entschluß des Versicherers zu beeinflussen, den Vertrag überhaupt oder zu dem vereinbarten Inhalt fortzuführen. Die Beweislast trägt der Versicherer.

Die Aufzählung gefahrerhöhender Änderungen in §§ 9 Nr. 1 a bis d VGB 88 n. F., 10 Nr. 3 a bis c VGB 88 a. F. ist deklaratorisch. Es werden Sachverhalte genannt, die in der Regel ohnehin eine Gefahrerhöhung darstellen. Allerdings wird die Rechtslage dadurch insoweit verändert, als sich der VN bei einschlägigen Veränderungen nicht mehr darauf berufen kann, er habe nicht gewußt bzw. nicht erkennen können, daß die Änderung eine Gefahrerhöhung darstellt. Darin liegt kein Verstoß gegen § 34 a VVG. Die Klarstellung liegt auch im Interesse des VN. Dadurch werden Fehleinschätzungen durch den VN und daraus resultierende Nachteile im Versicherungsfall ausgeschaltet.

## Antragsfragen 4.1

Die Änderung von Umständen, nach denen im Antrag gefragt worden ist, stellt häufig eine erhebliche Gefahrerhöhung dar. Andererseits fragt der Versicherer im Versicherungsantrag häufig auch nach Umständen, die für die Übernahme der Gefahr überhaupt nicht erheblich sind (vgl. N 1.2). Als erheblich gelten nach § 16 I Satz 2 VVG Gefahrumstände, „die geeignet sind, auf den Entschluß des Versicherers, den Vertrag überhaupt oder zu dem vereinbarten Inhalt abzuschließen, einen Einfluß auszuüben“. Hinsichtlich der Änderung derartiger Umstände ist die Regelung in den VGB 88 deklaratorisch. Andere als die in § 16 I Satz 2 VVG genannten Sachverhalte können wegen § 34 a VVG auch durch entsprechende Antragsfragen nicht zu gefahrerheblichen Umständen werden (vgl. N 4). Deshalb dient die Regelung in §§ 9 Nr. 1 a VGB 88 n. F., 10 Nr. 3 a VGB 88 a. F. hinsichtlich der Änderung dieser Umstände der Klarstellung. Der VN ist in der Regel nicht in der Lage, zutreffend zwischen gefahrerheblichen und nicht gefahrerheblichen Umständen zu unterscheiden. Deshalb sollte er die Änderung von Umständen, nach denen im Antrag gefragt worden ist, dem Versicherer unverzüglich schriftlich anzeigen, um den Versicherungsschutz nicht zu gefährden. Der Versicherer kann dann nach Prüfung des Sachverhalts entsprechend reagieren.

## 4.2 Nicht genutzte Gebäude

Die Wohngebäudeversicherung ist für die Versicherung von genutzten/bewohnten Wohngebäuden konzipiert. In den Antragsformularen auf Wohngebäudeversicherung fragen die Versicherer danach, ob das zur Versicherung beantragte Gebäude ganz oder teilweise leer steht bzw. nicht genutzt wird. Daher liegt in der Regel eine Gefahrerhöhung vor, wenn bei Antragstellung genutzte Gebäude oder überwiegende Teile davon nicht mehr genutzt werden (§§ 9 Nr. 1 b VGB 88 n. F., 10 Nr. 3 b VGB 88 a. F.). Bei nicht genutzten Gebäuden ist sowohl die Gefahr, daß ein Versicherungsfall eintritt, als auch die Gefahr, daß sich eintretende Versicherungsfälle ausbreiten, im Vergleich zu genutzten Gebäuden wesentlich erhöht. Dies gilt mit unterschiedlicher Gewichtung für alle versicherten Gefahren und wird in den VGB 88 klargestellt.

4.2.1 **Anstelle des Begriffs „nicht bewohnt“ wird der Begriff „nicht genutzt“ verwendet,** weil nach den VGB 88 auch gemischt genutzte Gebäude versichert werden. Außerdem wird dadurch verdeutlicht, daß **„nicht genutzt“ nicht gleichbedeutend ist mit „nicht ständig bewohnt“**. In nicht ständig bewohnten Gebäuden unterhalten private Haushaltungen ihre Wohnungen. Sie bewohnen diese Wohnungen jedoch nicht ständig, sondern mit wiederkehrenden zeitlichen Unterbrechungen. Zeiträume des Unbewohntseins und Zeiträume des Bewohntseins wechseln einander ab. Dieser gefahrerhebliche Umstand wird dem Versicherer bei Vertragsabschluß angezeigt. Der Versicherer trägt der erhöhten Gefahr dadurch Rechnung, daß ein höherer Beitrag vereinbart wird. **Tritt nach Vertragsabschluß eine Nutzungsänderung ein,** indem ein ständig bewohntes Gebäude zu einem nicht ständig bewohnten Gebäude umgewidmet wird, so handelt es sich um eine Gefahrerhöhung, die durch §§ 9 Nr. 1 a VGB 88 n. F., 10 Nr. 3 a VGB 88 a. F. erfaßt ist. Es ändert sich nachträglich ein gefahrerheblicher Umstand, nach dem im Antrag gefragt worden ist. Im Gegensatz dazu handelt es sich bei den hier angesprochenen Fällen darum, daß bisher ständig oder nicht ständig bewohnte bzw. teilgewerblich genutzte Gebäude nicht oder überwiegend nicht mehr genutzt werden. Wohnungen werden im Gebäude nicht mehr unterhalten, Betriebe werden im Gebäude nicht mehr geführt. Das Gebäude steht vollständig oder überwiegend leer. Dadurch entsteht eine grundlegend veränderte und wesentlich erhöhte Gefahr. Es hängt von den Umständen des Einzelfalls ab, welche Auswirkungen dies auf das Versicherungsverhältnis hat.

Eine wichtige Rolle spielen dabei **der Umfang und die Dauer der Nichtnutzung.** Abweichend von § 13 Nr. 3 b VHB 84/VHB 92 wurde in den VGB 88 aber eine zeitliche Untergrenze dafür nicht festgelegt, weil es sich um unterschiedliche Sachverhalte handelt. In den in § 13 Nr. 3 b VHB 84/VHB 92 geregelten Fällen werden ansonsten ständig bewohnte Wohnungen vorübergehend nicht bewohnt. Hier handelt es sich darum, daß Gebäude überhaupt nicht mehr genutzt werden, also leer stehen. Infolgedessen kann eine Gefahrerhöhung durch Nichtnutzung versicherter Gebäude bereits am ersten Tag der Nichtnutzung eintreten, ohne daß es generell auf die vorgesehene Dauer der Nichtnutzung ankommt.

4.2.2 Aus §§ 9 Nr. 1 b VGB 88 n. F., 10 Nr. 3 b VGB 88 a. F. folgt im Umkehrschluß, daß **keine Gefahrerhöhung vorliegt, wenn Teile versicherter Gebäude nicht genutzt werden, die genutzten Teile aber überwiegen.** Maßgebend ist das Verhältnis der ungenutzten zur genutzten Fläche des versicherten Gebäudes. Daneben ist jedoch die in §§ 10 Nr. 1 c VGB 88 n. F., 11 Nr. 1 c VGB 88 a. F. verankerte Sicherheitsvorschrift zu beachten (vgl. O 2.3). Sie ist auch dann maßgebend, wenn nur geringe Teile versicherter Gebäude nicht genutzt werden. Im Verhältnis zu §§ 6 Nr. 3 f, 7 Nr. 4 b, 8 Nr. 4 e VGB 88 n. F., 9 Nr. 3 a VGB 88 a. F, 9 BEW hat der dort verankerte Risikoausschluß Vorrang. Ist die

Nichtnutzung eines Gebäudes oder des überwiegenden Teils eines Gebäudes darin begründet, daß das Gebäude noch nicht bezugsfertig oder wegen Umbauarbeiten für seinen Zweck nicht mehr benutzbar ist, so greifen die genannten Ausschlußbestimmungen. In der Leitungswasser-/Rohrbruch-, Elementarschaden- und Sturm-/Hagelversicherung besteht während der Rohbau- oder Umbauzeit kein Versicherungsschutz. Der VN sollte dem Versicherer einen Umbau unbedingt anzeigen.

Die **Rechtsprechung** zu den angeschnittenen Fragen ist **nicht einheitlich**. Anhand einiger jüngerer Urteile läßt sich diese Feststellung belegen. Die fristlose Kündigung der Versicherung eines Wohnhauses mit Anbau und Garagen unter Berufung auf § 24 VVG (gewollte Gefahrerhöhung) ist unwirksam, wenn die Gefahrerhöhung in der Reduzierung der Bewohner auf eine einzige Mietpartei gesehen wird. Die Belegung eines innerhalb einer Ortschaft gelegenen und an andere bewohnte Gebäude unmittelbar angrenzenden Wohnhauses mit wenigstens einer Partei schließt grundsätzlich aus, daß das versicherte Wohnhaus zu einem Anziehungspunkt für Wohnsitzlose wird, die erfahrungsgemäß mit fremdem Eigentum recht sorglos umgehen, oder daß es in erhöhtem Maße Ziel mutwilliger oder fahrlässiger Brandstiftung durch Kinder, Jugendliche oder auch Erwachsene wird (OLG Köln r+s 86 S. 45). Gefahrerhöhung ist möglich bei fast dreimonatigem Leerstehen eines Hauses, wenn das Leerstehen durch Verwahrlosung des Gebäudes offenbar wird und der Gefahrerhöhung nicht durch geeignete Maßnahmen entgegengewirkt wird (OLG Hamm zu § 8 Nr. 2 VGB 62 VersR 87 S. 397). Auch in geschlossener Ortslage kann das Leerstehen eines Wohngebäudes in der Feuerversicherung eine anzeigepflichtige Gefahrerhöhung bedeuten. Eine solche Gefahrerhöhung wird nicht dadurch kompensiert, daß das Gebäude zeitweilig vom Nachbargrundstück beobachtet oder durch den VN oder dessen Beauftragten gelegentlich aufgesucht wird (LG Köln NJW – RR 88 S. 923). Das Leerstehen eines Wohngebäudes kann grundsätzlich für sich allein betrachtet noch nicht als eine Erhöhung der Brandgefahr erachtet werden; dazu sind vielmehr zusätzliche weitere Umstände erforderlich – z. B. daß das Gebäude abseits, in beträchtlicher Entfernung von einer geschlossenen Ortschaft liegt, seit geraumer Zeit leer gestanden hat und durch sein verwahrlostes und ungepflegtes äußeres Erscheinungsbild geeignet ist, Nichtseßhafte anzulocken, das Gebäude in Besitz zu nehmen und sich dort niederzulassen. Eine Erhöhung der Brandgefahr ist nicht ohne weiteres anzunehmen, wenn ein Wohngebäude im geschlossenen Ortsgebiet in einer Wohngegend mit bewohnten Nachbarhäusern liegt, im Zeitpunkt des Schadens erst rund sieben Wochen leer stand, zwar renovierungsbedürftig, aber nicht in einem derart desolaten Zustand war, daß es zwangsläufig Unbefugte zum Eindringen anlocken mußte (OLG Köln zu § 8 Nr. 2 VGB 62 r+s 89 S. 195). Auch in der Feuerversicherung ist eine Gefahrerhöhung anzunehmen, wenn das Nachbargebäude, das über den Keller mit dem versicherten Gebäude Verbindung hat, längere Zeit unbewohnt ist und leer steht oder von Stadtstreichern oder Hausbesetzern aufgesucht wird. Der Umstand, daß in das Nachbargebäude des Versicherungsgrundstücks Einbruchdiebstähle verübt worden sind, stellt bei einer Feuerversicherung für sich allein noch keine Gefahrerhöhung dar (OLG Hamm zu § 6 AFB a. F. VersR 85 S. 378). Einer nach Auszug des letzten Mieters durch Leerstehen eines Wohngebäudes mit Anbau, das außerhalb des bebauten Ortskerns in einer Entfernung von höchstens 500 m von dem Wohnhaus des „wirtschaftlichen“ VN gelegen ist, ggf. eingetretenen Gefahrerhöhung hat der (formal-rechtliche) VN ausreichend entgegengewirkt, wenn davon auszugehen ist, daß das Tor – wenn letztlich auch nur ein herausnehmbarer Zaunpfahl – an dem das Anwesen umgebenden etwa 2 m hohen Zaun stets verschlossen gehalten worden ist, daß die VN das Anwesen teils täglich, teils in mehrtägigen Abständen aufgesucht haben und daß auch Kontrollen bei der Vorbeifahrt an dem unmittelbar an der Straße gelegenen Anwe- 4.2.3

sen möglich gewesen und durchgeführt worden sind. Eine Leistungsfreiheit des Versicherers gem. § 25 I VVG kommt daher nicht in Betracht (OLG Hamm r+s 90 S. 223). Der Auszug der bisherigen Bewohner und das bloße Leerstehen eines Wohngebäudes begründen für sich allein noch keine Erhöhung der Brandgefahr. Der nach dem Auszug durch äußere Ereignisse einsetzende Verrottungs- und Verwilderungsprozeß ist nicht als gewollte Maßnahme i. S. v. § 23 I VVG anzusehen. Dieser Sachverhalt ist vielmehr allein nach den gesetzlichen Regelungen über die nicht veranlaßte Gefahrerhöhung gem. §§ 27 ff. VVG zu beurteilen. Eine Kenntnis des VN von der Gefahrerhöhung setzt gerade bei lange währenden Verwahrlosungsprozessen eine Wertung des VN voraus, die auch von seinen bisherigen Erfahrungen über die konkreten Gegebenheiten mitbestimmt ist. Eine Gefahrerhöhung wird daher zumeist erst dann manifest, wenn der VN sich ihrer Kenntnisnahme nicht mehr entziehen kann. Das ist anzunehmen, wenn er erkennt, daß die Anziehungskraft des leer stehenden Hauses für Wohnsitzlose, Stadt- oder Landstreicher und Kinder trotz der Nähe der bewohnten Nachbarhäuser tatsächlich Wirkungen zeitigt (OLG Karlsruhe VersR 97 S. 1225). Das Leerstehen eines Wohnhauses allein muß nicht eine Erhöhung der versicherten Gefahr bedeuten. Das folgt schon daraus, daß nach dem Auszug der Bewohner die von diesen ausgehenden Gefahren und Gefährdungen entfallen. Eine mehr als nur unerhebliche Gefahrerhöhung (§ 29 VVG) ist aber gegeben, wenn der Zustand des Hauses auch für Außenstehende erkennbar macht, daß das Haus unbewohnt und weitgehend unbeaufsichtigt ist und das Haus so Unbefugte, seien es spielende Kinder oder auch Obdachlose, anreizt, sich Zutritt zu verschaffen (OLG Hamm VersR 99 S. 359 und r+s 98 S. 475).

4.2.4 **Generell neigen die Gerichte offenbar dazu, Leerstehen bzw. Nichtnutzung von Gebäuden als Gefahrerhöhung anzusehen.** Es werden jedoch verschiedentlich Nebenbedingungen gesetzt. Bei der Würdigung der zitierten Urteile ist weiterhin zu beachten, daß sie sich auf das Feuerrisiko beziehen. In der Wohngebäudeversicherung kann jedoch nicht außer Betracht bleiben, daß Leerstehen bzw. Nichtnutzung auch das Risiko in der Leitungswasser-/Rohrbruch- und in der Sturm-/Hagelversicherung erhöhen, so daß ein Gefahrerhöhungskumul über die drei Gefahrengruppen eintritt. Weiterhin ist zu beachten, daß in den VGB 62 nicht ausdrücklich darauf hingewiesen wird, daß eine Gefahrerhöhung eintreten kann, wenn versicherte Gebäude nicht genutzt werden.

4.2.5 In den zitierten Urteilen wird verschiedentlich auch der Gesichtspunkt der **Gefahrenkompensation durch geeignete Gegenmaßnahmen** angesprochen. Abweichend von § 6 Nr. 5 AVB Sach 87 wird der Grundsatz der Gefahrenkompensation in den VGB 88 nicht ausdrücklich erwähnt. Die Regelung in den AVB Sach 87 hat indessen deklaratorischen Charakter. Auch in der Wohngebäudeversicherung ist es möglich, gefahrerhöhende Umstände durch Maßnahmen des VN oder durch sonstige gefahrmindernde Umstände auszugleichen (vgl. N 3.2.2). Es fragt sich, ob die in der Sicherheitsvorschrift der §§ 10 Nr. 1 c VGB 88 n. F., 11 Nr. 1 c VGB 88 a. F. geforderten Maßnahmen geeignet sind, die durch die Nichtnutzung veranlaßte Gefahrerhöhung auszugleichen. Generell kann dies nicht vorbehaltlos bejaht werden. Zwar ist im allgemeinen davon auszugehen, daß dadurch die Gefahrerhöhung infolge Nichtnutzung kompensiert wird, es sind jedoch Fälle vorstellbar, in denen diese Maßnahmen nicht ausreichen. Beispiele sind zum Abbruch bestimmte oder isoliert gelegene Gebäude, die leer stehen (s. N 4.2.3). In diesen Fällen wird der Versicherer weitgehendere Gegenmaßnahmen fordern oder den Vertrag wegen Gefahrerhöhung kündigen. Daraus folgt, daß der VN in jedem Fall anzeigen sollte, daß versicherte Gebäude vollständig oder überwiegend nicht genutzt werden. Der Hinweis auf Sicherheitsvorschriften wird in diesem Zusammenhang in den VGB 88 bewußt nicht gegeben.

## Baumaßnahmen 4.3

Nach § 9 Nr. 1 c VGB 88 n. F. kann eine Gefahrerhöhung insbesondere dann vorliegen, wenn an einem Gebäude Baumaßnahmen durchgeführt werden, die ein Notdach erforderlich oder das Gebäude überwiegend unbenutzbar machen. Diese Bestimmung wurde wohl als Reaktion auf das in N 3.2.3 zitierte BGH-Urteil neu eingeführt. Wird infolge einer Baumaßnahme ein Notdach erforderlich oder das Gebäude überwiegend unbenutzbar, so liegt in der Regel eine anzeigepflichtige Gefahrerhöhung vor. Notdach ist jede provisorische Vorrichtung, mit der eine bei den Baumaßnahmen entstandene Dachöffnung vorübergehend bis zur Wiederherstellung des Daches geschlossen bzw. geschützt wird. Darunter fällt auch eine Plane, die fachmännisch mit dem Dach verbunden wird. Wird das Gebäude durch die Baumaßnahmen unbenutzbar, so gelten die Risikoausschlüsse gem. §§ 6 Nr. 3 f, 7 Nr. 4 b, 8 Nr. 4 e VGB 88 n. F., 9 Nr. 3 a VGB 88 a. F., 9 BEW (vgl. N 4.2.2). Werden lediglich Teile des versicherten Gebäudes durch Baumaßnahmen unbenutzbar, so kommt es vor allem darauf an, ob der nicht benutzbare Teil des Gebäudes überwiegt, d. h. ob die nicht benutzbare Gebäudefläche größer ist als die benutzbare Gebäudefläche (s. dazu auch F 4.6, G 7.2, H 4.5 und J 6). Auf die Dauer des beschriebenen Zustands kommt es nach dem Wortlaut der Bedingungen nicht an. Die in N 3.2.3 dargestellten Grundsätze über die Zeitdauer des Zustands erhöhter Gefahr gelten jedoch auch für diese Bestimmung.

## Gewerbebetrieb 4.4

Nach §§ 9 Nr. 1 d VGB 88 n. F., 10 Nr. 3 c VGB 88 a. F. kann eine Gefahrerhöhung insbesondere dann vorliegen, wenn in dem versicherten Gebäude ein Gewerbebetrieb aufgenommen oder verändert wird. Auch diese Regelung ist im Verhältnis zu § 8 VGB 62 neu. Sie dient der Klarstellung. Eine Verschärfung zum Nachteil des VN folgt daraus nicht. Gewerbebetriebe sind in der Wohngebäudeversicherung gefahrerhöhend. Die Frage nach der Art und dem Umfang der gewerblichen Nutzung wird in den Antragsformularen gestellt. Infolgedessen wird der hier geregelte Sachverhalt bereits durch §§ 9 Nr. 1 a VGB 88 n. F., 10 Nr. 3 a VGB 88 a. F. erfaßt. Wegen der besonderen Bedeutung wird er noch einmal ausdrücklich geregelt. Auffallend ist, daß in den VGB 88 abweichend von § 6 Nr. 4 AVB 87 anstelle des Begriffs Betrieb der Begriff Gewerbebetrieb verwendet wird. Diese Änderung mußte auf Drängen des BAV vorgenommen werden. Das BAV hat die Auffassung vertreten, die Aufnahme eines Betriebes indiziere für sich genommen noch keine Gefahrerhöhung. Eine Klarstellung könne durch die Bezeichnung Gewerbebetrieb erreicht werden. Die Versicherer sind dem Votum des BAV gefolgt, obwohl die vorgetragenen Argumente nicht überzeugen. Es kommt nicht darauf an, daß es sich bei dem Betrieb um ein Gewerbe handelt. Ausschlaggebend ist vielmehr, daß der Betrieb aufgrund seiner Betriebsgefahr als gefahrerhöhend einzustufen ist und infolgedessen ein erhöhter Beitrag berechnet wird.

## Sonstige Umstände 4.5

Neben den in den VGB 88 ausdrücklich geregelten Fällen möglicher Gefahrerhöhung hat die Rechtsprechung Gefahrerhöhung verschiedentlich auch dann angenommen, wenn sich andere bei Antragstellung vorhandene Gefahrumstände nachträglich geändert haben oder neue Gefahrumstände hinzugetreten sind. Häufigster Fall sind die **sog. Brandreden.** Äußert der VN ernsthaft den Wunsch, sein Haus möge abbrennen, so nimmt er eine Gefahrerhöhung durch sog. Brandreden vor. Jedoch liegen Brandreden in der Regel nur vor, wenn der VN andere ernsthaft zur Brandstiftung auffordert. Dadurch wird die Feuergefahr deswegen erhöht, weil der Dritte meinen könnte, im Interesse und nach dem Willen des VN zu handeln, wenn er das Objekt anstecke (OLG Hamm VersR 94 S. 1419 und r+s 94 S. 346). Brandreden stellen eine Gefahrerhöhung dar, wenn sie sich über einen längeren Zeitraum wiederholen, ernst genommen werden können und nach der Art ihrer Bekanntgabe die Möglichkeit bieten, auf eine Brandstiftung hinzuwirken (OLG Schleswig VersR 92 S. 1258). Äußert der VN in einer Gaststätte ganz allgemein aus einer Bierlaune heraus, daß derjenige, der das Gebäude in Brand stecke, eine Belohnung erhalte, so kann eine derartige Aufforderung nicht ernst genommen werden. Eine Gefahrerhöhung liegt nicht vor. Das gilt insbesondere, wenn diese Aufforderung vier bis fünf Jahre vor dem Brand erfolgte (OLG Düsseldorf VersR 97 S. 231). Eine erhebliche Gefahrerhöhung kann auch vorliegen, wenn dem VN, seinen Repräsentanten oder seinen Mitarbeitern eine Brandstiftung angedroht wird (vgl. KG Berlin r+s 98 S. 471). Anonyme Drohungen gegenüber der VN und ihrem Ehemann, die Brand und Gewalt gegen das feuerversicherte Gebäude zum Gegenstand haben, und innerhalb weniger Monate wiederholt ausgesprochen werden, können geeignet sein, die bei Vertragsabschluß vorhandene Gefahr zu erhöhen (OLG Koblenz r+s 88 S. 303).

Eine Gefahrerhöhung liegt weiterhin vor, wenn **in einem bewohnten Haus im Winter Strom und Wasser abgesperrt werden** (OLG Hamm VersR 99 S. 49). Auch die **Verwahrlosung des versicherten Gebäudes** kann eine Gefahrerhöhung sein (OLG Karlsruhe VersR 97 S. 1225). Das gilt jedoch nicht, wenn die Verwahrlosung schon bei Vertragsabschluß bestand und durch den Auszug der Voreigentümer nicht nachteilig verändert worden ist (ZfS 98 S. 475).

## 5 Anzeigepflicht

Erkennt der VN nachträglich, daß eine von ihm vorgenommene oder gestattete Veränderung eine Gefahrerhöhung darstellt, muß er dies dem Versicherer unverzüglich anzeigen (subjektive Gefahrerhöhung; vgl. § 9 Nr. 2 Satz 1 VGB 88 n. F.). Tritt nach Antragstellung eine Gefahrerhöhung unabhängig vom Willen des VN ein, so muß er sie dem Versicherer unverzüglich anzeigen, sobald er von der Gefahrerhöhung Kenntnis erlangt (objektive Gefahrerhöhung; vgl. § 9 Nr. 2 Satz 2 VGB 88 n. F.). Zur unverzüglichen Anzeige verpflichtet sind VN, bei mehreren VN jeder VN, deren Repräsentanten sowie deren Vertreter und Bevollmächtigte (vgl. N 1.3). Auch Erben des VN sind zur Anzeige verpflichtet (OLG Hamm VersR 99 S. 359 und r+s 98 S. 475). Die Anzeige hat schriftlich zu erfolgen (§§ 10 Nr. 2 VGB 88 a. F., 8 Nr. 2 VGB 62, Text-Baustein 26). Nach Text-Baustein 26 Nr. 1 soll sie wie alle Anzeigen und Erklärungen des VN an die Hauptverwaltung des Versicherers oder an die im Versicherungsschein oder in dessen Nachträgen als zuständig bezeichnete Geschäftsstelle gerichtet werden. Diese Beschränkung der Empfangsvollmacht des Versicherungsagenten ist nach § 47 VVG zulässig. Jedoch muß sich der Versicherer die Kenntnis und das Verhalten des Versicherungsagenten anrechnen lassen, wenn dieser eine an ihn gerichtete Anzeige des VN nicht an den Versicherer weiter gibt.

## Kündigungsrecht 6

Liegt eine Gefahrerhöhung vor, so hat der Versicherer das Recht, den Vertrag zu kündigen. Kündigt er den Vertrag, so steht ihm nach § 40 I VVG der Beitrag bis zum Schluß des Versicherungsjahres zu, in dem er von der Verletzung der Gefahrerhöhung Kenntnis erlangt hat. Wird seine Kündigung erst im folgenden Versicherungsjahr wirksam, so gebührt ihm der Beitrag bis zur Beendigung des Versicherungsverhältnisses. Die Ausgestaltung des Kündigungsrechts im VVG hängt davon ab, ob es sich um eine subjektive oder um eine objektive Gefahrerhöhung handelt. Bei einer subjektiven Gefahrerhöhung kommt es darauf an, ob der VN die Gefahrerhöhung bzw. das Nichteinholen der vorherigen Zustimmung des Versicherers dazu verschuldet hat – einfache Fahrlässigkeit genügt – oder ihn daran kein Verschulden trifft.

## Subjektive Gefahrerhöhung 6.1

Bei einer subjektiven Gefahrerhöhung, die der VN ohne Zustimmung des Versicherers vorgenommen oder gestattet hat, steht dem Versicherer ein Kündigungsrecht nach § 24 I VVG zu. Verschulden des VN ist nicht vorausgesetzt. Der Vertrag kann fristlos gekündigt werden. Der Versicherer muß nachweisen, daß nach Antragstellung objektiv ein Umstand so verändert wurde, daß dadurch der Eintritt des Versicherungsfalls oder eine Vergrößerung des Schadens bzw. die ungerechtfertigte Inanspruchnahme des Versicherers wahrscheinlicher geworden ist. Weist der VN jedoch nach, daß er die vorherige Zustimmung des Versicherers unverschuldet nicht eingeholt hat, so wird die Kündigung erst einen Monat nach ihrem Zugang wirksam (§ 24 I Satz 2 VVG).

## Objektive Gefahrerhöhung 6.2

Auch eine objektive Gefahrerhöhung, die nach Antragstellung unabhängig vom Willen des VN eingetreten ist, berechtigt den Versicherer nach § 27 I VVG zur Kündigung des Vertrages. Dabei ist eine Kündigungsfrist von einem Monat einzuhalten. Der Versicherer wird dadurch ebenso gestellt wie bei einer unverschuldeten subjektiven Gefahrerhöhung.

## Ausschluß des Kündigungsrechts 6.3

Das Kündigungsrecht ist sowohl bei einer subjektiven als auch bei einer objektiven Gefahrerhöhung ausgeschlossen, wenn im Zeitpunkt der Kündigung der Zustand wieder hergestellt ist, der vor der Gefahrerhöhung bestand. Das Kündigungsrecht erlischt, wenn es nicht innerhalb eines Monats von dem Zeitpunkt an ausgeübt wird, in dem der Versicherer von der Gefahrerhöhung Kenntnis erlangt (vgl. §§ 24 II, 27 I Satz 2 VVG, 9 Nr. 3 Satz 4 und Satz 5 VGB 88 n. F.). Maßgebend für die Berechnung der Monatsfrist ist der Zugang der Anzeige des VN beim Versicherer bzw. der Zeitpunkt, zu dem der Versicherer, seine Angestellten oder Versicherungsagenten von der Gefahrerhöhung Kenntnis erlangt haben (vgl. N 1.4).

## 7 Leistungsfreiheit

Tritt nach einer Gefahrerhöhung ein Versicherungsfall ein, so besteht **bei subjektiver Gefahrerhöhung grundsätzlich kein Versicherungsschutz** (§§ 25 I VVG, 9 Nr. 4 a VGB 88 n. F.). Das gilt nicht, wenn der VN nachweist, daß er die Gefahrerhöhung nicht verschuldet hat (§ 25 II Satz 1 VVG). Jedoch ist der Versicherer auch beim mangelndem Verschulden leistungsfrei, wenn die subjektive Gefahrerhöhung vom VN nicht unverzüglich angezeigt wurde und der Versicherungsfall später als einen Monat nach dem Zeitpunkt, in welchem die Anzeige dem Versicherer hätte zugehen müssen, eintritt, es sei denn, daß ihm in diesem Zeitpunkt die Erhöhung der Gefahr bekannt war (§§ 25 II Satz 2 VVG, 9 Nr. 4 b VGB 88 n. F.). **Die gleichen Rechtsfolgen treten** nach §§ 28 I VVG, 9 Nr. 4 b VGB 88 n. F. **ein, wenn der VN eine objektive (ungewollte) Gefahrerhöhung nicht unverzüglich anzeigt.**

Jedoch gibt es auch von den dargestellten Regeln **Ausnahmen, die sowohl für die subjektive wie für die objektive Gefahrerhöhung gelten.** Der VN hat in den dargestellten Fällen gleichwohl Versicherungsschutz, wenn zum Zeitpunkt des Versicherungsfalls die Kündigungsfrist des Versicherers abgelaufen ist und er nicht gekündigt hat oder die Erhöhung der Gefahr weder Einfluß auf den Eintritt des Versicherungsfalls noch auf den Umfang der Leistung des Versicherers gehabt hat (§§ 25 III, 28 II VVG, 9 Nr. 4 Abs. 2 VGB 88 n. F.).

Weiterhin wird der Versicherer sowohl bei subjektiver als auch bei objektiver Gefahrerhöhung nicht leistungsfrei, wenn die nachfolgend geschilderten Umstände vorliegen. Die Leistungspflicht bleibt bestehen, wenn sich die Gefahr nur unerheblich erhöht hat (§§ 29 Satz 1 VVG, 9 Nr. 4 Abs. 3 a VGB 88 n. F.). Weiterhin tritt keine Leistungsfreiheit ein, wenn nach den Umständen als vereinbart anzusehen ist, daß das Versicherungsverhältnis durch die Gefahrerhöhung nicht berührt werden soll (§§ 29 Satz 2 VVG, 9 Nr. 4 Abs. 3 b VGB 88 n. F.). Weiterhin wird der Versicherer bei einer Gefahrerhöhung nicht leistungsfrei, wenn die Gefahrerhöhung im Interesse des Versicherers lag oder durch ein Ereignis veranlaßt wurde, für das er eintrittspflichtig ist oder sie einem Gebot der Menschlichkeit entsprach (§§ 26 VVG, 9 Nr. 4 Abs. 3 c VGB 88 n. F.).

## 8 Beitragserhöhung

Wird eine nachträglich angezeigte höhere Gefahr nach den für den Geschäftsbetrieb des Versicherers geltenden Grundsätzen nur für einen höheren Beitrag übernommen, so hat der Versicherer anstelle des Kündigungsrecht Anspruch auf diesen Beitrag vom Zeitpunkt des Eintritts der Gefahrerhöhung an (§ 9 Nr. 5 VGB 88 n. F.). Nach § 10 Nr. 3 c Abs. 2 VGB 88 a. F. ist dieses Recht zur Beitragserhöhung auf die Fälle beschränkt, in denen die versicherte Gefahr durch die Aufnahme oder die Veränderung eines Gewerbebetriebs in dem versicherten Gebäude erhöht wird (vgl. N 4.4). Dieses Recht auf Beitragserhöhung hat der Versicherer jedoch nicht, soweit er für einen Schaden wegen Gefahrerhöhung keine Entschädigung zu leisten hat. Durch die angesprochenen VGB-Bestimmungen werden die Rechtsfolgen der Gefahrerhöhung abweichend von §§ 23 bis 30 VVG geregelt. An die Stelle der gesetzlich geregelten Rechtsfolge Kündigungsrecht tritt die bedingungsgemäß geregelte Rechtsfolge Beitragserhöhung. Es fragt sich, ob die angesprochenen Regelungen eine nach § 34 a VVG unwirksame Abweichung von §§ 23 ff. VVG zum Nachteil des VN bewirken. Diese Frage wird für Beitragsverbesserungen bei Gefahrerhöhungen im allgemeinen verneint, weil damit von den gesetzlichen Rechtsfolgen sowohl zu Gunsten wie auch zu Ungunsten des VN abgewichen wird. Die Vorteile für den VN überwiegen, zumal er im Fall der Beitragserhöhung den Versicherungsvertrag nach § 9 Nr. 5 Abs. 2 VGB 88 n. F. innerhalb eines Monats nach Eingang der Mitteilung des Versicherers zu dem Zeitpunkt kündigen kann, zu dem die Beitragserhöhung wirksam werden würde. Maßgebend für die Berechnung des erhöhten Beitrags ist der Tarif des Versicherers, der zum Zeitpunkt des Eintritts der Gefahrerhöhung Gültigkeit hatte (vgl. dazu auch Dietz § 11 RN 4.1).

## Konkurrenz 9

Gelegentlich kommt es vor, daß die Vorschriften über die Gefahrerhöhung mit anderen Bestimmungen in VVG und VGB konkurrieren. Konkurrenz kann insbesondere mit den Bestimmungen für die vorvertragliche Anzeigepflicht (N 1), für die schuldhafte Herbeiführung des Versicherungsfalls (T 2) sowie für die Sicherheitsvorschriften (O) bestehen (s. daneben auch N 4.2.2 und 4.3).

## Vorvertragliche Anzeigepflicht 9.1

Nach § 29 a VVG finden die Vorschriften für die Gefahrerhöhung auch Anwendung, wenn in der Zeit zwischen Antragsaufnahme und Annahme des Antrags eine Gefahrerhöhung eingetreten ist, die dem Versicherer bei Antragsannahme nicht bekannt war. In diesen Fällen kommt es infolgedessen zu Konkurrenz zwischen den Vorschriften über die Gefahrerhöhung und über die vorvertragliche Anzeigepflicht. Nach allgemeiner Auffassung sind in diesen Fällen beide Regelkreise nebeneinander anwendbar. In der Praxis sind derartige Fälle jedoch relativ selten.

## Herbeiführung des Versicherungsfalls 9.2

Es kommt vor, daß die Vorschriften über die Gefahrerhöhung mit den Regelungen über die grob fahrlässige oder vorsätzliche Herbeiführung des Versicherungsfalls konkurrieren. Auch dazu wird die Auffassung vertreten, daß beide Regelungen gleichrangig nebeneinander stehen (vgl. T 2.7). In diesen Fällen ist es für den Versicherer vorteilhafter, sich auf Leistungsfreiheit wegen Gefahrerhöhung zu berufen. Dies liegt daran, daß dem VN hier unter den in N 7 dargestellten Voraussetzungen nicht nur grobe Fahrlässigkeit oder Vorsatz, sondern bereits leichte Fahrlässigkeit schadet. Auch die Beweislast ist für den Versicherer vorteilhafter. Es genügt, wenn er objektiv nachweist, daß eine Gefahrerhöhung eingetreten ist. Der VN seinerseits muß dann den Nachweis für fehlendes Verschulden oder fehlende Kausalität führen. Andererseits setzt die Leistungsfreiheit wegen Gefahrerhöhung die Kündigung des Vertrages durch den Versicherer voraus (N 7). Zu berücksichtigen ist, daß nicht jede schuldhafte Herbeiführung des Versicherungsfalls zugleich eine Gefahrerhöhung ist. Dies liegt daran, daß eine Gefahrerhöhung einen Dauerzustand voraussetzt (vgl. N 3.2.3).

## 9.3 Sicherheitsvorschriften

Auch die andauernde oder wiederholte Verletzung von Sicherheitsvorschriften kann eine Gefahrerhöhung sein. Dann entsteht Konkurrenz zwischen beiden Regelungen. Sie können nach h. M. nebeneinander in Anspruch genommen werden. Auch in diesen Fällen wäre es für den Versicherer vorteilhafter, Gefahrerhöhung geltend zu machen, weil hier die Leistungsfreiheit bereits bei leichter Fahrlässigkeit eintritt, während die Leistungsfreiheit bei Verletzung von Sicherheitsvorschriften grobe Fahrlässigkeit oder Vorsatz des VN erfordert. Der BGH hat jedoch zu §§ 8, 9 VGB 62 entschieden, daß diese Bestimmungen Unklarheit über den geltenden Verschuldensmaßstab erzeugen, so daß die Verletzung von Sicherheitsvorschriften im Fall einer damit verbundenen Gefahrerhöhung bei leichter Fahrlässigkeit nicht zur Leistungsfreiheit führt (BGH VersR 94 S. 1465 und r+s 95 S. 24). Er hat diese Entscheidung mit der Unklarheitenregelung des § 5 AGBG begründet. Die Unklarheit über den geltenden Verschuldensmaßstab führe im Individualprozeß dazu, daß die kundenfreundlichste Auslegungsvariante maßgeblich sei (BGH a. a. O.). Daraus folgt, daß bei einer Gefahrerhöhung, die zugleich eine Verletzung von Sicherheitsvorschriften ist, Leistungsfreiheit bei leichter Fahrlässigkeit nicht eintritt. Dagegen wird der Versicherer bei leichter Fahrlässigkeit des VN leistungsfrei, wenn die Gefahrerhöhung nicht zugleich eine Verletzung von Sicherheitsvorschriften darstellt. Diese Abstufung des Verschuldensgrades bei einer Gefahrerhöhung steht mit dem Wortlaut der §§ 23 ff. VVG nicht im Einklang. Daneben ist zu berücksichtigen, daß das AGBG auf die gesetzlichen Regelungen zur Gefahrerhöhung überhaupt nicht anwendbar ist. Auch kann nicht außer Betracht bleiben, daß durch die Sicherheitsvorschriften der VGB der durch § 6 VVG vorgegebene Rahmen ausgefüllt und dabei zu Gunsten des VN verändert wird.

Weiterhin hat der BGH nicht hinreichend in Betracht gezogen, daß in § 9 Nr. 1 Satz 4 VGB 62 ausdrücklich darauf hingewiesen wird, daß die Bestimmungen zur Gefahrerhöhung Anwendung finden, wenn mit der Verletzung einer Sicherheitsvorschrift eine Gefahrerhöhung verbunden ist. Diese Regelung kann nur dahingehend ausgelegt werden, daß bei einem Zusammentreffen von Gefahrerhöhung und Verletzung von Sicherheitsvorschriften in der Wohngebäudeversicherung nach den VGB 62 die Regelungen für die Gefahrerhöhung Vorrang haben. Infolgedessen liegt die vom BGH unterstellte Unklarheit bei genauerer Prüfung überhaupt nicht vor. Nicht jedes Nichtabsperren der Wasserleitung in nicht benutzten Gebäuden ist zugleich eine Gefahrerhöhung. Dies liegt daran, daß eine Gefahrerhöhung eine gewisse Dauer voraussetzt. Infolgedessen liegt bei einem kurzfristigen Nichtabsperren der Wasserleitung zwar eine Verletzung der Sicherheitsvorschrift, nicht jedoch eine Gefahrerhöhung vor. Das löst die vermeintliche Unklarheit. Sicherheitsvorschriften regeln kurzfristige Erhöhungen der versicherten Gefahr, die keine Gefahrerhöhung nach §§ 23 VVG sind. Bei anhaltenden Verstößen gegen Sicherheitsvorschriften, die zugleich eine Gefahrerhöhung darstellen, sind die Bestimmungen über die Gefahrerhöhung anzuwenden. Das folgt zumindest aus dem Wortlaut von § 9 Nr. 1 Satz 4, Nr. 2 b VGB 62. Durch § 10 Nr. 2 Abs. 1 Satz 2 VGB 88 n. F. werden die vom BGH gerügten Unklarheiten beseitigt. Nach dieser Bestimmung hat der Versicherer bei einer Verletzung von Sicherheitsvorschriften kein Kündigungsrecht und der Versicherungsschutz bleibt bestehen, wenn die Sicherheitsvorschrift unverschuldet verletzt wurde. Daraus folgt, daß auch bei einer Verletzung von Sicherheitsvorschriften einfache Fahrlässigkeit zur Leistungsfreiheit führt. Für die Gefahrerhöhung und die Verletzung von Sicherheitsvorschriften gilt in diesen Fällen derselbe Verschuldensgrad.

# O Sicherheitsvorschriften

## Begriff 1

Die für die Wohngebäudeversicherung geltenden Sicherheitsvorschriften sind in §§ 10 VGB 88 n. F., 11 VGB 88 a. F., 9 VGB 62 verankert. Sicherheitsvorschriften sind Obliegenheiten, die ein bestimmtes Verhalten des VN oder der ihm gleichgestellten Personen fordern. Von Sicherheitsvorschriften i. S. d. Versicherungsrechts kann nur die Rede sein, wenn dem VN konkrete Verhaltensweisen vorgeschrieben werden. Nicht ausreichend ist die Normierung allgemeiner Sorgfaltspflichten, aus denen für den VN nicht mit der erforderlichen Klarheit hervorgeht, was er genau in einer gegebenen Lage zu tun oder zu unterlassen hat (Erfordernis einer hinreichend bestimmten Handlungspflicht; OLG Oldenburg r+s 99 S. 162). Sicherheitsvorschriften sind vorbeugende Obliegenheiten i. S. v. § 32 VVG, die vertraglich vereinbart werden. Vorbeugende Obliegenheiten sind nach § 6 I und II VVG vor Eintritt des Versicherungsfalls zu erfüllen. An die Verletzung dieser Vertragspflichten sind die Rechtsfolgen von § 6 VVG geknüpft. Sicherheitsvorschriften dienen im allgemeinen dazu, die versicherte Gefahr zu mindern. Daneben sollen dadurch drohende Gefahrerhöhungen verhütet bzw. eingetretene Gefahrerhöhungen kompensiert werden. Zwischen den Bestimmungen über die Gefahrerhöhung und den Vereinbarungen über Sicherheitsvorschriften besteht ein enger sachlicher Zusammenhang (vgl. N 9.3). Die Sicherheitsvorschriften in den VGB 88 wurden überarbeitet und neu formuliert. Im Verhältnis zu § 9 VGB 62 bestehen verschiedene materielle Abweichungen, die nachfolgend im jeweiligen Sachzusammenhang behandelt werden. Eine formale Änderung liegt darin, daß in den VGB 88 nunmehr zunächst die Sicherheitsvorschriften und nachfolgend die Rechtsfolgen der Verletzung von Sicherheitsvorschriften behandelt werden. Diese logische Reihenfolge deckt sich mit der Systematik der neueren AVB Sach.

## Sicherheitsvorschriften der VGB 2

Die in den VGB 88 verankerten Sicherheitsvorschriften gelten nach ihrem Wortlaut für alle versicherten Gefahren. Im Gegensatz dazu trifft § 9 VGB 62 eine differenzierte Regelung. § 9 Nr. 1 VGB 62 gilt für alle versicherten Gefahren, während in § 9 Nr. 2 VGB 62 spezielle Sicherheitsvorschriften für die Leitungswasserversicherung und in § 9 Nr. 3 VGB 62 spezielle Sicherheitsvorschriften für die Sturmversicherung formuliert sind. In den VGB 88 wurde bewußt darauf verzichtet, spezielle Sicherheitsvorschriften für einzelne Gefahren zu schaffen. Dadurch wäre es zu Wiederholungen gekommen. Der Bedingungstext wäre unnötig aufgebläht worden. Vor allem aber wäre dadurch die Gefahr von Fehlinterpretationen entstanden. Die Neufassung bringt keine Verschärfung der Sicherheitsvorschriften zum Nachteil des VN. Die undifferenzierte Vereinbarung der Sicherheitsvorschriften für alle versicherten Gefahren in den VGB 88 ist im Einzelfall sachgerecht zu interpretieren bzw. zu korrigieren.

## Gesetzliche, behördliche oder vereinbarte Sicherheitsvorschriften 2.1

Nach §§ 10 Nr. 1 a VGB 88 n. F., 11 Nr. 1 a VGB 88 a. F., 9 Nr. 1 VGB 62 hat der VN alle gesetzlichen, behördlichen oder vereinbarten Sicherheitsvorschriften zu beachten. Ein-

**schlägige gesetzliche Sicherheitsvorschriften sind in zahlreichen Gesetzen und Verordnungen enthalten.** Sie betreffen u. a. die Errichtung und den Betrieb von Rauch- und Feuerstätten, von elektrischen Anlagen und Einrichtungen sowie von Garagen oder den Umgang mit brennbaren Stoffen. Insbesondere die Landesbauordnungen und die dazu erlassenen Ausführungsbestimmungen, die Brandschutzgesetze sowie die in verschiedenen Bundesländern bestehenden Feuerungsverordnungen enthalten verschiedene Regelungen, die als gesetzliche Sicherheitsvorschriften in der Wohngebäudeversicherung einzustufen und zu beachten sind (vgl. BGH VersR 97 S. 485). **Behördliche Sicherheitsvorschriften werden von Institutionen erlassen, die hoheitliche Aufgaben wahrnehmen** (Behörden). Ein Beispiel für behördliche Sicherheitsvorschriften sind auch die Unfallverhütungsvorschriften der Berufsgenossenschaften (vgl. OLG Celle VersR 88 S. 617; OLG Düsseldorf r+s 88 S. 83). Sie gelten indessen nur für Mitglieder der jeweiligen Berufsgenossenschaften und haben in der Wohngebäudeversicherung untergeordnete Bedeutung. Gesetzliche und behördliche Sicherheitsvorschriften betreffen insbesondere die Feuerversicherung, weil an der Verhütung an Bränden ein öffentliches Interesse besteht. Weiterhin gibt es in der industriellen, gewerblichen und landwirtschaftlichen Feuerversicherung eine Reihe von Sicherheitsvorschriften, die in Formblättern zusammengefaßt und als Besondere Bedingungen oder Allgemeine Sicherheitsvorschriften zu den Verträgen generell vereinbart werden. Auch verschiedene Klauseln für die Feuer-, die Einbruchdiebstahl- und Raub-, die Leitungswasser- und die Sturmversicherung betreffen Sicherheitsvorschriften. In der Wohngebäudeversicherung spielen alle diese Regelungen allenfalls bei der Versicherung von gemischt genutzten Gebäuden eine Rolle. Spezielle Sicherheitsvorschriften, die auf die besonderen Belange der Wohngebäudeversicherung abgestellt sind und vertraglich vereinbart werden, gibt es abgesehen von den nachfolgend in O 2.2 bis 2.4 behandelten Bestimmungen nicht.

## 2.2 Instandhaltungspflicht

Der VN ist verpflichtet, die versicherten Sachen, insbesondere wasserführende Anlagen und Einrichtungen, Dächer und außen angebrachte Sachen, stets in ordnungsgemäßem Zustand zu erhalten und Mängel oder Schäden unverzüglich beseitigen zu lassen. Diese Instandhaltungspflicht ist in §§ 10 Nr. 1 b VGB 88 n. F., 11 Nr. 1 b VGB 88 a. F. verankert. Eine ähnliche Instandhaltungspflicht statuiert § 9 Nr. 2 a VGB 62 für die Leitungswasserversicherung und § 9 Nr. 3 VGB 62 für die Sturmversicherung. Nach § 9 Nr. 2 a VGB 62 hat der VN für die Instandhaltung der Wasserleitungsanlagen und, soweit Schäden durch sonstige wasserführende Anlagen in die Versicherung eingeschlossen sind, auch für die Instandhaltung dieser Anlagen zu sorgen. Sind nach sachverständigem Ermessen oder gesetzlicher oder polizeilicher Vorschrift Neubeschaffungen oder Abänderungen von Wasserleitungsanlagen und sonstigen wasserführenden Anlagen oder Maßregeln gegen Frost erforderlich, so müssen sie nach dieser Bestimmung unverzüglich, spätestens aber innerhalb einer von dem Versicherer zu bestimmenden angemessenen Frist ausgeführt werden. Beim Vergleich beider Regelungen fällt auf, daß die VGB 62 die Instandhaltungspflicht auf die Leitungswasser- und Sturmversicherung beschränken. Nach den VGB 88 gilt sie für alle versicherten Gefahren. Diese Erweiterung ist sachgerecht. Die Beschränkung auf die Leitungswasser- und Sturmversicherung kann den VN zu der Fehleinschätzung verleiten, in der Feuerversicherung werde es sanktionslos hingenommen, daß versicherte Sachen nicht ordnungsgemäß instandgehalten oder Mängel und Schäden an versicherten Sachen nicht unverzüglich beseitigt werden. Dies ist unzutreffend. Zweifellos kommt es auf die Instandhaltung wasserführender Anlagen und Einrichtungen in der Feuerversicherung nicht an. Anders liegt es dagegen, wenn elektrische Anlagen, Löscheinrichtungen oder Feuerstätten nicht in ordnungsgemäßem Zustand erhalten werden und dadurch ein Schaden verursacht wird. In diesen Fällen kann Leistungsfreiheit unter Umständen auch wegen Gefahrerhöhung (s. O 4.1), wegen grob fahrlässige Herbeiführung des Versicherungsfalls (s. O 4.2) oder wegen Verletzung gesetzlicher oder behördlicher Sicherheitsvorschriften (s. O 2.1) eintreten.

Es ist jedoch nicht zu übersehen, daß die **Instandhaltungspflicht des VN vor allem in der Leitungswasser- und Rohrbruchversicherung sowie in der Sturm- und Hagelversicherung von Bedeutung** ist. Diese Feststellung wird dadurch unterstrichen, daß in §§ 7 Nr. 1 b AWB 87, 7 Nr. 1 b AStB 87 entsprechende Sicherheitsvorschriften verankert sind, während die AFB 87 keine vergleichbare Bestimmung beinhalten. Das Hauptmotiv für die angesprochenen Sicherheitsvorschriften liegt im Charakter der Leitungswasser- und Sturmgebäudeversicherung begründet. Sie ist überwiegend eine Reparaturkostenversicherung. Auch die Kosten für die Instandhaltung des Gebäudes und die Beseitigung von verschleißbedingten Mängeln am Gebäude sind Reparaturkosten. Bei alters- und abnutzungsbedingten Verschleißschäden handelt es sich im Grund genommen nicht um versicherungswürdige und nicht versicherbare Risiken. Sie treten in aller Regel nicht plötzlich und unvorhersehbar, sondern allmählich und vorhersehbar ein. Der Wohngebäudeversicherer möchte infolgedessen für derartige Schäden nicht haften. Die Sicherheitsvorschriften sollen dazu beitragen, derartige Schäden vom Versicherungsschutz auszugrenzen. 2.2.1

Erlangt der Versicherer Kenntnis von der Verletzung der Instandhaltungsobliegenheit, so wird er den VN häufig auffordern, die am versicherten Gebäude aufgetretenen Mängel zu beseitigen. Folgt der VN dieser Aufforderung nicht und kommt es dadurch zu einem Schaden, so ist es dem Versicherer grundsätzlich nicht verwehrt, sich auf Leistungsfreiheit zu berufen. Der Verzicht des VN, die bekannten Mängel am Gebäude wie vom Versicherer gefordert zu beseitigen, stellt eine erneute Verletzung der Instandhaltungsobliegenheit dar. So liegt es, wenn der Versicherer den VN auffordert, vorhandene Mängel am Dach des versicherten Gebäudes zu beseitigen. Folgt der VN dieser Aufforderung nicht, so liegt darin eine erneute Obliegenheitsverletzung. Tritt danach ein Sturmschaden am Dach des versicherten Gebäudes auf, so kann sich der Versicherer auf Verletzung der Instandhaltungsobliegenheit zumindest dann berufen, wenn er davon ausgehen kann, daß die Obliegenheitsverletzung nicht auf Dauer fortbesteht (OLG Hamburg zu § 9 Nr. 1 und Nr. 3 VGB 62 r+s 94 S. 426).

**In der Leitungswasserversicherung** handelt es sich in erster Linie darum, **wasserführende Anlagen und Einrichtungen in ordnungsgemäßem Zustand zu erhalten und Mängel oder Schäden daran unverzüglich zu beseitigen**. Die Formulierung „in ordnungsgemäßem Zustand zu erhalten" bringt auch zum Ausdruck, daß der Versicherer unterstellt, daß die genannten Sachen bei Antragsaufnahme bzw. Vertragsabschluß in ordnungsgemäßem Zustand sind. Im Zusammenhang damit ist die in N 1.2.3 erwähnte Antragsfrage nach dem ordnungsgemäßen Zustand der versicherten Gebäude zu beachten. Wird diese Frage verneint, nimmt der Versicherer Anträge auf Wohngebäudeversicherung nicht an. Versicherungsschutz wird in der Regel nur für Gebäude geboten, die sich in ordnungsgemäßem Zustand befinden. Indessen bereitet die praktische Umsetzung dieser Grundsätze erhebliche Schwierigkeiten. Bei Schäden oder Mängeln an wasserführenden Anlagen und Einrichtungen handelt es sich häufig um versteckte Mängel, die auch dem VN nicht bekannt sind. Darauf ist es zurückzuführen, daß es praktisch häufig nicht möglich ist, dem VN eine schuldhafte Verletzung der vorvertraglichen Anzeigepflicht oder der Instandhaltungspflicht nachzuweisen, wenn Mängel an versi- 2.2.2

cherten wasserführenden Installationen Leitungswasserschäden verursachen. Daneben ist in diesen Fällen auch die Rechtsprechung des BGH zu §§ 43, 44 VVG zu beachten. Weist der VN nach, daß er dem rechtsgeschäftlichen Stellvertreter des Versicherers einen Mangel bei Antragsaufnahme mündlich zur Kenntnis gebracht hat, so muß der Versicherer dies gegen sich gelten lassen (vgl. N 1.4).

2.2.3 Praktische Auswirkungen hat die Instandhaltungspflicht des VN insbesondere **bei sog. Korrosionsschäden in der Rohrbruchversicherung** (vgl. G 4.3). Häufig stellt sich aus Anlaß eines Rohrbruchs heraus, daß das Rohrnetz des versicherten Gebäudes weitgehend korrodiert ist, so daß weitere Rohrbruchschäden drohen. Die Kosten für die Beseitigung des eingetretenen Rohrbruchs sind auch in diesen Fällen versichert. Der Versicherer wird den VN jedoch unter Hinweis auf die Sicherheitsvorschrift auffordern, die korrodierten, aber noch nicht gebrochenen Rohrstränge auf seine Kosten zu erneuern. Kommt der VN dieser Aufforderung nicht nach, treten bei weiteren Rohrbruchschäden die Rechtsfolgen nach § 6 VVG ein (vgl. O 3). Die Obliegenheit, insbesondere wasserführende Anlagen und Einrichtungen stets in ordnungsgemäßem Zustand zu erhalten und Mängel oder Schäden daran unverzüglich beseitigen zu lassen, ist jedoch ohne weiteres bereits dann verletzt, wenn nach zahlreichen vorherigen Rohrbrüchen in dem versicherten Gebäude weitere Rohrbrüche eintreten. Wenn nach elf Versicherungsfällen in der Leitungswasserversicherung, die in den ersten drei Monaten des Jahres eingetreten bzw. repariert worden sind, mehr als neun weitere Fälle eingetreten sind, ist der Versicherer wegen der Verletzung der angesprochenen Sicherheitsvorschrift leistungsfrei (vgl. OLG Karlsruhe zu § 7 Nr. 1 a AWB 87 r+s 95 S. 189).

Ähnlich liegt es, wenn Ableitungsrohre verstopft sind. Der VN ist verpflichtet, die Verstopfung auf seine Kosten beseitigen zu lassen (vgl. G 4.2.2), um die Ableitungsrohre in ordnungsgemäßem Zustand zu erhalten. Die Instandhaltungskosten sind typische Kosten der vorbeugenden Schadenverhütung, die dem VN zur Last fallen (vgl. B 3.3.1).

2.2.4 Es fällt auf, daß in den VGB 88 im Gegensatz zu § 9 Nr. 2 a VGB 62 nicht mehr erwähnt werden **„Neuanschaffungen oder Abänderungen von Wasserleitungsanlagen und sonstigen wasserführenden Anlagen“**, die „nach sachverständigem Ermessen oder gesetzlicher oder polizeilicher Vorschrift“ erforderlich sind. Darauf konnte in den VGB 88 verzichtet werden. In diesen Fällen liegen Mängel oder Schäden an wasserführenden Installationen vor. Die in §§ 10 Nr. 1 b VGB 88 n. F., 11 Nr. 1 b VGB 88 a. F. verankerte Sicherheitsvorschrift ist einschlägig. Auch „Maßregeln gegen Frost“ werden in diesem Zusammenhang abweichend von § 9 Nr. 2 a VGB 62 nicht mehr erwähnt. Dies liegt daran, daß dafür die spezielle Sicherheitsvorschrift nach §§ 10 Nr. 1 d VGB 88 n. F., 11 Nr. 1 d VGB 88 a. F. geschaffen wurde. Dort sind die Maßnahmen abschließend beschrieben, die der VN in der kalten Jahreszeit zur Verhütung von Frostschäden zu treffen hat.

2.2.5 **In der Sturm- und Hagelversicherung** kommt es vor allem darauf an, **Dächer und außen angebrachte Sachen stets im ordnungsgemäßem Zustand zu erhalten und Mängel oder Schäden daran unverzüglich zu beseitigen.** Dies liegt daran, daß diese Sachen in besonderem Maß sturmgefährdet sind. Sie werden daher in allen angesprochenen Sicherheitsvorschriften für die Sturmversicherung ausdrücklich erwähnt (§§ 10 Nr. 1 b VGB 88 n. F., 11 Nr. 1 b VGB 88 a. F., 9 Nr. 3 VGB 62, 7 Nr. 1 b AStB 87; vgl. auch O 2.2.1). Die Instandhaltungspflicht des VN erstreckt sich aber auch in der Sturm- und Hagelversicherung auf alle versicherten Sachen bzw. auf das gesamte versicherte Gebäude einschließlich Zubehör. Ebenso wie in der Leitungswasserversicherung möchte der Wohngebäudeversicherer auch in der Sturmversicherung nicht die Kosten der Instandhaltung für mangelhafte bzw. schadhafte Gebäude tragen. Praktisch bereitet aber der Nachweis, daß Schäden wegen des mangelhaften Zustands des versicherten

Gebäudes eingetreten sind oder sich deswegen vergrößert haben, auch in der Sturmversicherung erhebliche Schwierigkeiten. Weiterhin ist es in vielen Fällen auch nicht möglich, eine eindeutige Trennung zwischen versicherten schadenbedingten Reparaturkosten und nicht versicherten Instandhaltungskosten zu treffen. Dabei spielt es eine Rolle, daß im Breitengeschäft aus Wirtschaftlichkeitsgründen auf eine sorgfältige Risikoprüfung bei Antragsaufnahme verzichtet wird. Der Versicherer begnügt sich mit der Antragsfrage nach dem ordnungsgemäßen Zustand des versicherten Gebäudes (vgl. N 1.2.3). Verschiedentlich wird in den Antragsformularen auf Wohngebäudeversicherung selbst eine derartige Antragsfrage nicht mehr gestellt. Dann ist es sehr zweifelhaft, ob sich der Versicherer im Schadenfall auf die vorstehende Sicherheitsvorschrift überhaupt berufen kann, wenn sich herausstellt, daß die versicherten Sachen bereits bei Antragsaufnahme nicht in ordnungsgemäßem Zustand waren und dies dem Versicherer bzw. dessen Versicherungsagenten sogar zur Kenntnis gebracht wurde.

## Nicht genutzte Gebäude oder Gebäudeteile 2.3

Nicht genutzte Gebäude oder Gebäudeteile sind besonderen Gefährdungen ausgesetzt. Sie stellen ein erhöhtes Risiko dar (vgl. N 4.2). Dies gilt für alle versicherten Gefahren. Die Sicherheitsvorschrift gem. §§ 10 Nr. 1 c VGB 88 n. F., 11 Nr. 1 c VGB 88 a. F., 9 Nr. 2 b VGB 62 soll diesem Zustand erhöhter Gefahr entgegenwirken. Dadurch soll der Eintritt von Schäden verhütet und die Ausbreitung eingetretener Schäden verhindert werden. Werden Gebäude oder Gebäudeteile nicht genutzt, so hat der VN die nicht genutzten Gebäude oder Gebäudeteile genügend häufig zu kontrollieren und dort alle wasserführenden Anlagen und Einrichtungen abzusperren, zu entleeren und entleert zu halten. Nach § 9 Nr. 2 b VGB 62 ist diese Sicherheitsvorschrift auf die Leitungswasserversicherung beschränkt. Nach dem Wortlaut der VGB 88 gilt sie für alle versicherten Gefahren. Dadurch wird klargestellt, daß es sich nicht nur um eine Sicherheitsvorschrift gegen Rohrbruch- oder Durchnässungsschäden, sondern um eine umfassende Sicherheitsvorschrift für alle versicherten Gefahren handelt. Die in den VGB 88 geforderten Vorsorgemaßnahmen sind unabhängig von der Jahreszeit zu treffen und sollen dem Eintritt und der Ausbreitung von Schäden durch alle versicherten Gefahren entgegenwirken. Diese Feststellungen werden dadurch bestätigt, daß die Frostvorsorge in der kalten Jahreszeit durch die Sicherheitsvorschrift nach §§ 10 Nr. 1 d VGB 88 n. F., 11 Nr. 1 d VGB 88 a. F. eigenständig geregelt wird. Entsprechende getrennte Sicherheitsvorschriften für den Gefahrenumstand „nicht genutzt“ einerseits und den Gefahrenumstand „kalte Jahreszeit“ andererseits beinhaltet § 7 Nr. 1 c und d AWB 87.

Die beschriebenen Schadenverhütungsmaßnahmen nach den VGB 88 sind durchzuführen, wenn Gebäude oder Gebäudeteile nicht genutzt werden. § 9 Nr. 2 b VGB 62 fordert entsprechende Maßnahmen „in nicht benutzten Gebäuden“. Der **Begriff „nicht genutzt“** (nicht benutzt) ist in den VGB 88/VGB 62 nicht definiert. Nach dem allgemeinen Sprachgebrauch werden Gebäude nicht genutzt, wenn darin weder Wohnungen, noch Geschäfte, Betriebe oder Läger unterhalten werden. Im Gegensatz dazu halten sich in genutzten Gebäuden regelmäßig Menschen auf, die das Gebäude zu privaten Zwecken als Wohnung oder zu sonstigen Zwecken nutzen. Nicht genutzte Gebäude stehen leer. Ein unbewohntes Zweifamilienhaus ist auch dann nicht benutzt, wenn dort gelegentlich Räumungsarbeiten wegen einer bevorstehenden Renovierung ausgeführt werden (OLG Stuttgart zu § 9 Nr. 2 b VGB 62 VersR 89 S. 958). Zu den nicht genutzten Gebäuden können nach dem allgemeinen Sprachgebrauch auch Gebäude gezählt werden, die wegen Renovierungsarbeiten leerstehen und unbewohnt sind (OLG Hamm zu § 9 Nr. 2 b 2.3.1

VGB 62 NJW 89 S. 93). Es ist jedoch zu beachten, daß **in den VGB zwischen den Sachverhalten „nicht benutzbar" und „nicht genutzt" unterschieden wird**. Die vorstehende Sicherheitsvorschrift bezieht sich auf Gebäude, die objektiv noch genutzt (bewohnt) werden können bzw. benutzbar sind, aufgrund besonderer Umstände jedoch nicht genutzt werden. Sind dagegen die versicherten Gebäude aufgrund ihres Zustands objektiv nicht benutzbar, so greifen für die Leitungswasser-/Rohrbruch- sowie die Elementarschaden- und die Sturm-/Hagelversicherung die in F 4.6, G 7.2, H 4.5 und J 6 dargestellten Ausschlußbestimmungen. Für Schäden durch Leitungswasser, Rohrbruch, Sturm oder Hagel sowie sonstige Elementargefahren an diesen Gebäuden besteht kein Versicherungsschutz, solange (soweit) sie unbenutzbar sind. Ist ein versichertes Gebäude wegen Renovierungs-, Sanierungs- oder Umbauarbeiten nicht genutzt, so kommt es in der Regel darauf an, ob das gesamte Gebäude wegen des Umbaus objektiv nicht mehr benutzbar ist. Trifft dies zu, so greifen die angesprochenen Ausschlußbestimmungen. Es besteht kein Versicherungsschutz in der Leitungswasser-/Rohrbruch- sowie in der Elementarschaden- und in der Sturm-/Hagelversicherung. Dagegen sind für die Feuerversicherung die vorstehenden Sicherheitsvorschriften auch in diesen Fällen maßgebend. Sind nur Teile des Gebäudes wegen Bauarbeiten nicht benutzbar, so gelten die angesprochenen Ausschlußbestimmungen allgemein nicht (s. aber F 4.6.4 und H 4.5.2). Die dargestellten Sicherheitsvorschriften sind für alle versicherten Gefahren zu beachten.

Die **Sicherheitsvorschrift bezieht sich generell nicht auf nicht ständig bewohnte Wohngebäude,** in denen Wochenend- oder Ferienwohnungen bzw. sonstige nicht ständig bewohnte Wohnungen unterhalten werden. Derartige Gebäude werden genutzt. Es ist nicht gefordert, daß sich ständig Menschen in der Wohnung aufhalten. Der Versicherer trägt der höheren Gefährdung durch eine entsprechende Gestaltung des Versicherungsvertrages Rechnung (vgl. N 1.2.2). Der VN muß die beschriebenen Sicherheitsvorkehrungen auch dann nicht treffen, wenn ein ansonsten ständig bewohntes Wohngebäude wegen Urlaub, Krankheit oder aus anderen Anlässen vorübergehend nicht bewohnt wird. Darauf ist es zurückzuführen, daß die VHB 84/VHB 92 eine entsprechende Sicherheitsvorschrift nicht enthalten. Die hier vertretene Auslegung des Begriffs nicht genutzt wird dadurch mittelbar bestätigt. Übersteigt die Zeit des vorübergehenden Unbewohntseins allerdings einen Zeitraum von ca. 3 bis 4 Wochen, so werden auch in diesen Fällen gefahrenkompensierende Maßnahmen zu treffen sein. Sie richten sich nach den Umständen des Einzelfalls. Bei einer Urlaubsreise von ca. 10 bis 14 Tagen ist ein ansonsten ständig bewohntes Wohnhaus keinesfalls als nicht genutzt anzusehen (a. A. OLG Hamm zu § 9 Nr. 2 b VGB 62, VersR 72 S. 265).

2.3.2 Martin vertritt die Ansicht, **„nicht benutzt"** sei nach § 9 Nr. 2 b VGB 62 gleichzusetzen mit **„nicht genügend beheizt"** (M I 81). Nach dieser Auslegung soll ein Verstoß gegen die Sicherheitsvorschrift des § 9 Nr. 2 b VGB 62 überhaupt erst dann vorliegen, wenn ein (nicht genutztes) Gebäude nicht so beheizt ist, daß die ordnungsgemäß verlegten und nicht entleerten Wasserleitungen gegen Frost genügend geschützt sind. Daraus folgt im Umkehrschluß, daß nach dieser Auslegung von § 9 Nr. 2 b VGB 62 keine Sicherheitsvorkehrungen zu treffen sind, solange keine Frostgefahr besteht. Martin begründet seine Ansicht damit, daß das Hauptmotiv des § 9 Nr. 2 b VGB 62 die Frostvorsorge sei. Obwohl diese enge Auslegung der Sicherheitsvorschrift im Bedingungswortlaut keine Stütze findet, ist sie von der **Rechtsprechung** weitgehend übernommen worden. In verschiedenen Urteilen wird der Begriff „nicht benutzt" mit „nicht genügend geheizt" gleichgesetzt (vgl. OLG Celle VersR 84 S. 437, LG Köln VersR 89 S. 1190; OLG Hamm NJW 89 S. 93; OLG Köln r+s 89 S. 23; OLG Köln VersR 88 S. 1257; OLG Frankfurt/M NJW 87 S. 611; OLG Köln VersR 86 S. 675; LG Köln r+s 85 S. 178; a. A. OLG Stuttgart VersR 89 S. 958).

Es sind dennoch Zweifel angebracht, ob diese Auslegung mit dem Wortlaut von § 9 Nr. 2 b VGB 62 vereinbar ist. Sie läßt sich mit dem Motiv bzw. dem Zweck der Sicherheitsvorschrift nicht überzeugend begründen. Motiv der Obliegenheit ist nicht ausschließlich die Frostvorsorge. Der BGH (VersR 76 S. 134) hat dies bestätigt. Nach Auffassung des BGH soll die Sicherheitsvorschrift nach § 9 Nr. 2 b VGB 62, in nicht benutzten Gebäuden die Wasserleitungsanlagen abzusperren und zu entleeren, auch Wasserschäden vorbeugen, die durch mutwillige Beschädigung der Installation durch Dritte verursacht wurden. Das OLG Stuttgart (VersR 89 S. 958) hat in Anlehnung an das zitierte BGH-Urteil ausgeführt, daß die angesprochene Obliegenheit in unbewohnten Gebäuden Schäden nicht nur durch Frost, sondern auch durch Materialermüdung oder durch mutwilliges Verhalten Dritter vorbeugen soll. Dadurch werden die angesprochenen Zweifel an der überwiegenden Rechtsprechung zu § 9 Nr. 2 b VGB 62 bestätigt. Abgesehen davon ist eine Übertragung der von Martin vertretenen und von der Rechtsprechung übernommenen Ansicht auf die entsprechenden Sicherheitsvorschriften in den VGB 88 ohnehin nicht möglich. Dies liegt daran, daß die einschlägigen Sicherheitsvorschriften in den VGB 88 grundlegend überarbeitet, neu formuliert und ergänzt worden sind. Es wird eine klare Unterscheidung zwischen dem Gefahrumstand nicht genutzt einerseits und dem Gefahrumstand kalte Jahreszeit bzw. Frostgefahr andererseits getroffen. Die genannten Gefahrenumstände werden in getrennten Sicherheitsvorschriften behandelt. Es werden unterschiedliche, klar voneinander abgegrenzte Sicherheitsvorkehrungen gefordert. Die genügende Beheizung wird als gefahrausgleichende Gegenmaßnahme bei nicht genutzten Gebäuden noch nicht einmal erwähnt. Sie kommt infolgedessen als Alternative zur Kontrolle, zum Absperren und zum Entleeren der wasserführenden Anlagen nicht in Betracht. Die Sicherheitsvorschriften für nicht genutzte Gebäude sind zu jeder Jahreszeit zu beachten. Die Frostvorsorge in der kalten Jahreszeit wird in der eigenständigen Sicherheitsvorschrift nach §§ 10 Nr. 1 d VGB 88 n. F., 11 Nr. 1 d VGB 88 a. F. geregelt. Unter diesen Umständen kann kein Zweifel daran bestehen, daß der Begriff „nicht genutzt" nicht gleichzusetzen ist mit „nicht genügend beheizt". Soweit es um nicht genutzte Gebäude (oder Gebäudeteile) geht, ist § 11 Nr. 1 d VGB 88 a. F. nicht einschlägig, weil § 11 Nr. 1 c VGB 88 a. F. erkennbar eine Sonderregelung für das höhere Risiko nicht genutzter Gebäude (oder Gebäudeteile) darstellt (OLG Hamm r+s 99 S. 115). Allenfalls kann die Tatsache, daß ein nicht genutztes Gebäude genügend geheizt war, u. U. als Entschuldigungsbeweis nach § 6 I Satz 1 VVG angeführt werden, wenn sich in dem Gebäude Rohrbruch- oder Leitungswasserschäden durch Frost ereignen (vgl. O 3.5).

Im Verhältnis zu § 9 Nr. 2 b VGB 62 wird in den VGB 88 klargestellt, daß die geforderten 2.3.3
Maßnahmen nicht erst dann zu ergreifen sind, wenn das gesamte versicherte Gebäude nicht mehr genutzt wird bzw. leer steht. **Es genügt, daß Gebäudeteile nicht genutzt werden** (ebenso § 7 Nr. 1 d AWB 87). Dies deckt sich mit der Rechtsprechung zu § 9 Nr. 2 b VGB 62, wonach auch nach dieser Regelung als Gebäude ein selbständiger Teil des Gebäudes (wie das Dachgeschoß) angesehen werden kann (OLG Frankfurt/M NJW 87 S. 611). Gebäudeteile sind auch einzelne Wohnungen in Mehrfamilienhäusern. Dagegen hat das OLG Hamm die Auffassung vertreten, daß der VN nach § 9 Nr. 2 b VGB 62 nicht verpflichtet ist, die Wasserleitungsanlagen im ganzen Haus zu entleeren, wenn eine von vier Wohnungen leer steht und das Wasser für eine Wohnung getrennt nicht abzustellen ist (VersR 90 S. 86). Dieses Urteil läßt sich auf die VGB 88 nicht übertragen. Es verdeutlicht jedoch, daß die praktische Umsetzung der Sicherheitsvorschrift Schwierigkeiten bereitet, wenn einzelne Wohnungen oder Stockwerke von Gebäuden nicht genutzt werden. Einzelne Wohnungen haben zumeist keine abtrennbare Wasserversorgung und keine separate Heizungsanlage. In diesen Fällen sollte der VN mit dem Versi-

cherer Verbindung aufnehmen, um gegebenenfalls andere angemessene Maßnahmen zur Schadenverhütung zu vereinbaren. Es kann generell nicht davon ausgegangen werden, daß es unter diesen Voraussetzungen genügt, nicht genutzte Gebäudeteile genügend häufig zu kontrollieren und für eine ausreichende Beheizung während der kalten Jahreszeit zu sorgen (vgl. O 2.3.2).

Abweichend von § 9 Nr. 2 b VGB 62 werden vorübergehend außer Betrieb gesetzte Anlagen in den VGB 88 nicht mehr erwähnt. Infolgedessen ist die Sicherheitsvorschrift nicht maßgebend, wenn eine wasserführende Anlage in einem genutzten Gebäude vorübergehend außer Betrieb genommen wird. Legt der VN z. B. das Hausschwimmbad oder eine Solarheizungsanlage vorübergehend still, so ist er nach der Sicherheitsvorschrift nicht verpflichtet, die Anlage abzusperren, zu entleeren und entleert zu halten. Dies gilt indessen nur, solange das Gebäude genutzt wird.

2.3.4 Nach dem Wortlaut der VGB 88 hat der VN **nicht genutzte Gebäude oder Gebäudeteile genügend häufig zu kontrollieren und dort alle wasserführenden Anlagen und Einrichtungen abzusperren, zu entleeren und entleert zu halten**. Beide Maßnahmen sind nebeneinander zu jeder Jahreszeit durchzuführen. Genügend häufige Kontrolle ist demnach auch gefordert, wenn alle wasserführenden Anlagen und Einrichtungen abgesperrt und entleert sind. Dies ist u. a. darauf zurückzuführen, daß durch die vorstehende Sicherheitsvorschrift die erhöhte Gefahr nicht nur in der Leitungswasser-, sondern auch in der Feuer- und in der Sturmversicherung ausgeglichen werden soll. In der Feuerversicherung kann die Gefahr, daß ein Schaden eintritt, erheblich erhöht werden, wenn ein Gebäude leer steht (vgl. N 4.2). Die erhöhte Gefahr kann durch eine genügend häufige Kontrolle des Gebäudes zwar nicht völlig kompensiert, aber doch wesentlich herabgesetzt werden. Ähnlich verhält es sich in der Sturm- und Hagel- sowie in der Elementarschadenversicherung. Zwar erhöht sich nicht die Wahrscheinlichkeit eines Schadeneintritts, jedoch können insbesondere Sturm- oder Hagelschäden an Gebäuden zu erhöhten Folgeschäden führen. So liegt es, wenn ein Sturmschaden am Dach des Gebäudes eingetreten ist, und durch die dadurch entstandenen Öffnungen Witterungsniederschläge in das Gebäude eindringen. Wird das nicht genutzte Gebäude nicht kontrolliert, können erhebliche Folgeschäden eintreten. Ihnen kann durch eine genügend häufige Kontrolle entgegengewirkt werden.

2.3.5 Die **Kontrolle muß sich auf das nicht genutzte Gebäude oder den nicht genutzten Teil des Gebäudes erstrecken**. Eine **Außenkontrolle genügt nicht**. Eine effektive Überwachung setzt voraus, daß auch das Innere des Gebäudes kontrolliert wird. Die Auslegung des Begriffs „genügend häufig“ bereitet Schwierigkeiten. Es ist nicht möglich, allgemeinverbindliche Werte für die zulässigen Zeitabstände zwischen den einzelnen Kontrollgängen festzulegen. Die Häufigkeit der Kontrollen hängt von den Risikoverhältnissen ab. Eine Rolle spielen vor allem die Lage des Gebäudes sowie der Umfang der Nichtnutzung (das gesamte Gebäude/Gebäudeteile) sowie deren Zeitdauer. Maßstab ist die Sorgfalt, die ein ordentlicher, nicht versicherter Gebäudeeigentümer unter denselben Voraussetzungen ausüben würde. Das erfordert nicht tägliche Kontrollgänge. Unter normalen Risikoverhältnissen kann aber in der Regel erwartet werden, daß nicht genutzte Gebäude einmal wöchentlich kontrolliert werden.

2.3.6 Nach § 9 Nr. 2 b VGB 62 sind „die Wasserleitungsanlagen“ abzusperren, zu entleeren und entleert zu halten. Der **Begriff „Wasserleitungsanlagen“** wird in den VGB 62 nicht definiert. Das gleiche gilt nach dem Wortlaut der VGB 62 für vorübergehend außer Betrieb gesetzte Anlagen. Die Abgrenzung zwischen den Begriffen Wasserleitungsanlagen und Anlagen ist ebenso unklar wie das Verhältnis der beiden zitierten Regelungen zueinander. In den VGB 88 wurden diese Unklarheiten beseitigt. Es wird eindeutig festgelegt, daß alle wasserführenden Anlagen und Einrichtungen abzusperren und zu entleeren sind. Dazu zählen nicht nur die Zu- und Ableitungsrohre, sondern alle in §§ 6, 7 VGB 88 genannten Anlagen und Einrichtungen.

Aus der Sicherheitsvorschrift folgt, daß **für nicht genutzte Gebäude in der Wohngebäudeversicherung grundsätzlich Versicherungsschutz besteht** (vgl. OLG Hamm zu § 9 Nr. 2 b VGB 62 NJW 89 S. 93). Ansonsten wäre es widersinnig, eine Sicherheitsvorschrift für nicht genutzte Gebäude zu schaffen. Ausgenommen davon sind die Fälle, in denen versicherte Gebäude noch nicht bezugsfertig oder wegen Umbauarbeiten für ihren Zweck nicht mehr benutzbar sind (vgl. O 2.3.1). Diese Feststellungen treffen uneingeschränkt auf die Fälle zu, in denen dem Versicherer bei Antragsaufnahme angezeigt wurde, daß Gebäude nicht genutzt wurden. Sie gelten im Grundsatz aber auch, wenn die Nutzung von versicherten Gebäuden nach Vertragsabschluß aufgegeben und dies dem Versicherer nicht angezeigt wird. Es fragt sich, ob in diesen Fällen die Gefahrerhöhung wegen Nichtnutzung durch die in den Sicherheitsvorschriften geforderten kompensierenden Gegenmaßnahmen ausgeglichen wird. Diese Frage ist grundsätzlich zu bejahen. In der Feuerversicherung wird die höhere Gefährdung durch Fremdeinwirkung (Brandstiftungsgefahr) durch den Wegfall des Gefährdungspotentials bei der Nutzung des Gebäudes weitgehend ausgeglichen. Das Leitungswasserrisiko wird durch das Absperren und Entleeren der wasserführenden Anlagen und Einrichtungen stark gemindert. Im Grunde genommen reduziert sich die Leitungswassergefahr auf Schäden durch Ursachen, die außerhalb des nicht genutzten Gebäudes liegen (Schäden in angrenzenden Gebäuden oder Rohrbruchschäden am öffentlichen Rohrleitungsnetz mit nachfolgendem Wasseraustritt). In der Sturm- und Hagel- sowie in der Elementarschadenversicherung wird die Wahrscheinlichkeit, daß Schäden eintreten, durch die Nichtnutzung nicht beeinflußt. Allerdings besteht allgemein die Gefahr, daß sich eintretende Schäden vergrößern, weil in der Regel nicht sofort Schadenminderungsmaßnahmen eingeleitet werden. Diese Schadenausbreitungsgefahr wird durch genügend häufige Kontrolle zwar herabgesetzt, aber nicht vollständig kompensiert (vgl. O 2.3.4). Ausnahmen von diesen Grundsätzen gelten, wenn mit der Nichtnutzung des Gebäudes sonstige außergewöhnliche Gefahrenumstände wie isolierte Lage oder offenkundige Verwahrlosung des Gebäudes einhergehen. Dies kann dazu führen, daß sich der Versicherer dann dennoch mit Erfolg auf Gefahrerhöhung beruft, obwohl der VN die in der Sicherheitsvorschrift geforderten Maßnahmen durchgeführt hat (vgl. N 4.2.3 und 4.2.4). 2.3.7

Andererseits steht es **nicht im Belieben des VN, vereinbarte Sicherheitsvorschriften zu ignorieren,** weil er meint, auch ein geringerer Sicherheitsstandard sei ausreichend. Soweit gefahrvorbeugende Obliegenheiten rechtlich nicht als überzogen oder untauglich zu beanstanden sind – was für § 11 Nr. 1 c VGB 88 nicht zutrifft –, hat der VN sie zu beachten (OLG Hamm r+s 99 S. 115). Allenfalls mag es sein, daß der VN nur gering oder überhaupt nicht schuldhaft handelt, wenn er statt der vorgeschriebenen eine alternative Sicherheitsmaßnahme wählt, von der er den Umständen nach annehmen darf, daß sie zur Vorbeugung der Risikoverwirklichung besser oder zumindest gleich gut geeignet ist als die vom Versicherer verlangte Maßnahme (vgl. BGH VersR 95 S. 956 und r+s 95 S. 345). Wenn der VN, der in dem nicht benutzten Gebäude die Wasserleitungsanlage nicht abgesperrt, nicht entleert und nicht entleert gehalten hat, andere Sicherheitsvorkehrungen getroffen hat (hier: Beauftragung der Putzfrau mit der Kontrolle des Gebäudes), hat er dennoch die Obliegenheit des § 9 Nr. 2 b VGB 62 verletzt. Dieser Umstand wäre nur dann erheblich, wenn der Schaden mit Sicherheit auch dann eingetreten wäre, wenn der VN die vereinbarten Sicherheitsvorschriften erfüllt hätte (OLG Karlsruhe r+s 94 S. 466).

## 2.4 Kalte Jahreszeit

Nach § 10 Nr. 1 d VGB 88 n. F., 11 Nr. 1 d VGB 88 a. F. hat der VN in der kalten Jahreszeit alle Gebäude und Gebäudeteile zu beheizen und dies genügend häufig zu kontrollieren oder dort alle wasserführenden Anlagen und Einrichtungen abzusperren, zu entleeren und entleert zu halten (ebenso § 7 Nr. 1 c AWB 87). In § 14 Nr. 1 b VHB 84/VHB 92 ist eine ähnliche Sicherheitsvorschrift verankert. Dort wird jedoch nicht ausdrücklich darauf hingewiesen, daß der VN verpflichtet ist, die Beheizung auch genügend häufig zu kontrollieren. Grundlegende materielle Unterschiede folgen daraus nicht (vgl. Dietz § 14 RN 2.2.4). Die VGB 62 beinhalten keine entsprechende Sicherheitsvorschrift.

2.4.1 **Die Sicherheitsvorschrift ist in der kalten Jahreszeit für alle versicherten Gebäude zu beachten.** Die Art der Nutzung ist nach dem Wortlaut der Bedingungen unbeachtlich. Praktische Bedeutung hat die Sicherheitsvorschrift jedoch nur für genutzte Gebäude. Führt der VN bei ungenutzten Gebäuden die nach §§ 10 Nr. 1 c VGB 88 n. F., 11 Nr. 1 c VGB 88 a. F., 9 Nr. 2 b VGB 62 geforderten Maßnahmen durch und entleert alle wasserführenden Anlagen und Einrichtungen, so ist damit zugleich auch der Sicherheitsvorschrift für die kalte Jahreszeit Genüge getan. Es wird deutlich, daß bei nicht genutzten Gebäuden darüber hinaus keine weitere Frostvorsorge erforderlich ist. Daraus folgt wiederum, daß die Sicherheitsvorschrift für die kalte Jahreszeit praktisch für alle sonstigen genutzten Gebäude zu beachten ist. Gefahrumstand ist die kalte Jahreszeit. In dieser Zeit besteht die Gefahr von Frostschäden. Die Sicherheitsvorschrift soll diesen Schäden vorbeugen. Sie dient infolgedessen in erster Linie der Schadenverhütung in der Leitungswasser- und Rohrbruchversicherung.

Aber auch in der Feuerversicherung können Schäden durch Frost eintreten. So liegt es, wenn ein Wasserzuleitungsrohr durch Frost bricht und Leitungswasser austritt, das an einer elektrischen Anlage einen Kurzschluß mit nachfolgendem Brand verursacht. Infolgedessen konnte die Sicherheitsvorschrift nicht auf die Leitungswasserversicherung beschränkt werden.

2.4.2 **Der VN kann zwischen den Alternativen Beheizen und Kontrolle oder Absperren und Entleeren frei wählen.** Beide Alternativen sind gleichwertig. In der Praxis werden beide Maßnahmen der Frostvorsorge zumeist nebeneinander durchgeführt. Wohn- und Betriebsräume werden in der Regel beheizt, Wasserleitungsanlagen im Freien und in nicht beheizbaren Nebengebäuden (z. B. Garagen) werden abgesperrt und entleert. Schwierigkeiten treten in der Praxis häufig bei nicht ständig bewohnten Gebäuden auf, wenn der VN zwar heizt, die Heizung infolge einer Störung oder eines Defekts aber ausfällt, während der VN nicht anwesend ist. Daher ist der VN verpflichtet, „dies", d. h. das Beheizen bzw. die Heizung, genügend häufig zu kontrollieren. Der VN kann generell nicht darauf vertrauen, daß die Heizung störungsfrei arbeitet. Daher wurde die Kontrollverpflichtung in den VGB 88 verankert. Der VN ist nicht nur zur Kontrolle der Heizung verpflichtet. Er hat vielmehr auch zu kontrollieren, daß das Gebäude ausreichend beheizt ist. Die Heizung und die einzelnen Heizkörper sind so einzustellen, daß in allen Räumen des Gebäudes mit wasserführenden Installationen eine Raumtemperatur über 0 ° Celsius herrscht. Hinsichtlich der erforderlichen Kontrollintervalle gelten die Ausführungen in O 2.3.5 sinngemäß. Bei anhaltendem strengen Frost sind jedoch Kontrollen in kürzeren Abständen erforderlich.

Auch hier ist es dem VN nicht gestattet, anstelle der vereinbarten Sicherheitsmaßnahmen andere Maßnahmen zur Vorbeugung der Risikoverwirklichung zu treffen (vgl. O 2.3.7). Wenn der VN während seiner urlaubsbedingten Abwesenheit im Dezember die Wasserleitungsanlagen seines Hauses nicht abgesperrt und entleert und die Wohnräume nicht beheizt hat, sondern stattdessen eine Bekannte beauftragt, regelmäßig in dem Haus nach dem Rechten zu sehen und die Blumen zu gießen, hat er keine ausreichende Vorsorge gegen Frostschäden getroffen. Der regelmäßig kurze Aufenthalt einer Person in einer unbeheizten Wohnung im Winter ist nicht geeignet, das Einfrieren der Wasserleitungen zu verhindern (LG Mainz r+s 94. S. 387).

Der **Begriff kalte Jahreszeit** ist in den Bedingungen nicht definiert. Es ist die Zeit des Jahres, in der an dem Ort, an dem sich das versicherte Gebäude befindet, nach allgemeiner Erfahrung mit Frost zu rechnen ist (vgl. Ollick, VerBAV 84 S. 317). Eine Festschreibung auf bestimmte Monate des Jahres war wegen der regional unterschiedlichen klimatischen Verhältnisse (z. B. Höhenlage) nicht angebracht. Die Formulierung „bei Frost“ wurde vor allem deswegen nicht verwendet, weil sie den VN zu dem Trugschluß verleiten könnte, er habe die geforderten Maßnahmen erst dann einzuleiten, wenn die Temperaturen bereits unter den Gefrierpunkt gefallen sind. Dies würde vor allem bei nicht ständig bewohnten Gebäuden zu erheblichen Schwierigkeiten bei der praktischen Umsetzung der Sicherheitsvorschrift führen. Infolgedessen sind die beschriebenen Vorkehrungen generell bereits dann gefordert, wenn jahreszeitlich mit Frost gerechnet werden muß. Tritt der VN während der kalten Jahreszeit eine mehrtägige Reise an, so muß er die geforderten Maßnahmen auch dann ergreifen, wenn die Außentemperaturen bei Antritt seiner Reise deutlich über 0 ° Celsius liegen. Nach allgemeiner Erfahrung muß er in der kalten Jahreszeit damit rechnen, daß die Temperaturen während seiner Abwesenheit unter den Gefrierpunkt fallen und im Gebäude ein Frostschaden entstehen kann. 2.4.3

## Rechtsfolgen 3

Sicherheitsvorschriften sind vertragliche Obliegenheiten, die vom VN vor Eintritt des Versicherungsfalls zu erfüllen sind. Für die Rechtsfolgen der Verletzung von Sicherheitsvorschriften ist § 6 VVG maßgebend. In §§ 10 Nr. 2 VGB 88 n. F., 11 Nr. 2 VGB 88 a. F., 9 Nr. 1 VGB 62 wird darauf Bezug genommen. Mögliche Rechtsfolgen sind ein Kündigungsrecht des Versicherers und auch Leistungsfreiheit. Dabei gelten für das Entstehen des Kündigungsrechts und das Entstehen der Leistungsfreiheit unterschiedliche Voraussetzungen.

## Verschulden des VN 3.1

Gemeinsame Voraussetzung für das Entstehen des Kündigungsrechts und des Entstehen der Leistungsfreiheit ist die schuldhafte Verletzung einer Sicherheitsvorschrift durch den VN. Jedoch ist der geforderte Verschuldensgrad für das Kündigungsrecht einerseits und die Leistungsfreiheit andererseits nicht einheitlich geregelt (vgl. O 3.2 und 3.4). Der VN muß sich Kenntnis und Verhalten seiner Repräsentanten (s. U 4), seiner Bevollmächtigten und gesetzlichen Vertreter, nicht jedoch Kenntnis und Verhalten seiner Erfüllungsgehilfen zurechnen lassen. Dagegen wird dem VN die Kenntnis seiner mit der Überwachung von Mietverhältnissen betrauten Angestellten zugerechnet (OLG Hamm r+s 98 S. 474). Ebenso muß sich der Erwerber eines Wohngebäudes den Verstoß des Veräußerers gegen Sicherheitsvorschriften anrechnen lassen (LG Göttingen ZfS 88 S. 187). Sind mehrere Personen VN, so schadet das Verschulden eines VN in der Regel allen

VN. Bei einer Versicherung für fremde Rechnung wird auch eine schuldhafte Verletzung von Sicherheitsvorschriften durch den Versicherten dem VN zugerechnet. Dies jedoch nur, soweit die (mit)versicherten fremden Interessen betroffen sind (vgl. U 7).

## 3.2 Kündigungsrecht

Verletzt der VN schuldhaft eine Sicherheitsvorschrift, so ist der Versicherer nach § 6 I Satz 2 VVG zur fristlosen Kündigung berechtigt. Einfache Fahrlässigkeit des VN genügt. Diese Rechtsfolge gilt in der Wohngebäudeversicherung nach den VGB 88 n. F. In der Wohngebäudeversicherung nach den VGB 88 a. F. und den VGB 62 wurde die gesetzliche Regelung zum Vorteil des VN verändert. Nach §§ 11 Nr. 2 Abs. 1 Satz 2 VGB 88 a. F., 9 Nr. 1 VGB 62 wird eine Kündigung des Versicherers erst einen Monat nach Zugang wirksam.

Das Kündigungsrecht muß innerhalb eines Monats, nachdem der Versicherer von der Verletzung der Sicherheitsvorschrift Kenntnis erlangt hat, ausgeübt werden. Läßt der Versicherer diese Frist verstreichen, so fällt das Kündigungsrecht weg. Auch kann er sich nach § 6 I Satz 3 VVG dann auf eine vereinbarte Leistungsfreiheit nicht berufen. Der Lauf der Frist beginnt, sobald der Versicherer den objektiven Tatbestand der Obliegenheitsverletzung kennt (BGH VersR 65 S. 29). Ist aufgrund der bekannten Tatsachen eine Kündigung wegen Obliegenheitsverletzung ernsthaft in Betracht zu ziehen, kann der Versicherer die Kündigungsfrist nicht dadurch verlängern, daß er gebotene Rückfragen hinauszögert bzw. unterläßt (BGH VersR 89 S. 1249).

## 3.3 Kündigungspflicht

Mit dem Kündigungsrecht nach § 6 I Satz 2 VVG korrespondiert eine Kündigungspflicht nach § 6 I Satz 3 VVG. Der VN muß innerhalb eines Monats nach Kenntnisnahme von der Verletzung der Sicherheitsvorschrift kündigen, um leistungsfrei zu bleiben. Beruft sich der Versicherer auf Leistungsfreiheit wegen einer von dem VN vor dem Versicherungsfall zu erfüllenden Obliegenheit, so muß er den Versicherungsvertrag auch dann kündigen, wenn er erst nach dem Versicherungsfall von der Obliegenheitsverletzung Kenntnis erlangt hat (BGH VersR 99 S. 301 sowie VersR 85 S. 775). Der Versicher kann sich auf Leistungsfreiheit nach § 6 I VVG nur berufen, wenn die ausgesprochene Kündigung tatsächlich zu einer Lösung von dem bisherigen Versicherungsvertrag führt und die Vertragspartner es auch bei dieser Lösung belassen (BGH VersR 88 S. 1013). Übt der Versicherer sein Kündigungsrecht nicht aus, so kann er sich auf Leistungsfreiheit auch dann nicht berufen, wenn alle sonstigen Voraussetzungen dafür erfüllt sind. Eine Kündigung ist allerdings dann nicht erforderlich, wenn das versicherte Interesse zum Zeitpunkt des Ablaufs der Kündigungsfrist dauernd und vollständig weggefallen ist (BGH VersR 97 S. 485 und VersR 81 S. 186; vgl. dazu auch L 6.2 f.). Das gleiche gilt, wenn der Versicherungsvertrag wegen Zeitablaufs beendet ist (BGH VersR 92 S. 1089 und r+s 92 S. 395). Ebenso liegt es, wenn der Erwerber eines Wohngebäudes den Wohngebäudeversicherungsvertrag nach § 70 II VVG gekündigt hat (LG Göttingen ZfS 88 S. 187). Hat der Versicherer von der Verletzung der Instandhaltungspflicht des § 9 Nr. 3 VGB 62 Kenntnis erhalten und dem VN für die Erfüllung der Obliegenheit eine Frist gesetzt, so ist dem Versicherer die Berufung auf die Verletzung der Instandhaltungspflicht wegen unterlassener Kündigung (§§ 9 Nr. 1 Satz 3 VGB 62, 6 I Satz 3 VVG) nicht für alle Zukunft versagt. Falls der Versicherer davon ausgehen kann, daß die Obliegenheitsverletzung nicht auf Dauer fortbesteht, entsteht das Kündigungsrecht bei erneuten Obliegenheitsverletzungen durch den VN jedesmal neu (OLG Hamburg r+s 94 S. 426).

Die Kündigung des Versicherers ist nur wirksam, wenn er unmißverständlich deutlich macht, daß er den Vertrag wegen einer Obliegenheitsverletzung beenden möchte. Die Kündigung darf für den VN nicht als auflösend oder aufschiebend bedingt erscheinen (OLG Celle VersR 84 S. 437). Wenn der Versicherer dem VN nach Meldung eines Leitungswasserschadens und Kenntnis von der Verletzung der Sicherheitsvorschrift des § 9 Nr. 2 b VGB 62 mitgeteilt hat, daß er bezüglich des Versicherungsfalls zur Kündigung berechtigt sei und daß die Kündigung einen Monat nach Zugang „dieses" Schreibens wirksam werde und daß er einen Anspruch auf Entschädigungsleistung ablehne, so ist das Schreiben des Versicherers unter Berücksichtigung der Auslegungsregel des § 133 BGB als Kündigung zu werten (OLG Karlsruhe r+s 94 S. 466).

## Leistungsfreiheit 3.4

Die Leistungsfreiheit wegen der Verletzung einer Sicherheitsvorschrift setzt ein Verschulden des VN voraus. Nach § 6 I VVG genügt einfache Fahrlässigkeit des VN. In den VGB ist der Verschuldensgrad nicht einheitlich geregelt. Nach §§ 11 Nr. 2 Abs. 2 VGB 88 a. F., 9 Nr. 1 Satz 2 VGB 62 tritt Leistungsfreiheit abweichend von § 6 I VVG nur dann ein, wenn die Verletzung der Sicherheitsvorschrift auf grober Fahrlässigkeit oder Vorsatz beruht. Dagegen führt nach § 10 Nr. 2 Satz 2 VGB 88 n. F. bereits leichte Fahrlässigkeit des VN zur Leistungsfreiheit. Nach dem Wortlaut dieser Bestimmung bleibt der Versicherungsschutz nur bestehen, wenn die Sicherheitsvorschrift unverschuldet verletzt wurde. Diese Schlechterstellung des VN ist ohne weiteres zulässig, weil dadurch das nach § 6 I VVG geltende Recht in die VGB 88 n. F. übernommen wurde. Hauptmotiv für die im Vergleich zu den VGB 88 a. F. und den VGB 62 für den VN nachteiligere Regelung in den VGB 88 n. F. dürfte die in N 9.3 dargestellte Rechtsprechung des BGH sein (vgl. auch O 4.1).

Der geforderte Verschuldensgrad bei Leistungsfreiheit infolge der Verletzung von Sicherheitsvorschriften durch den VN ist in den AVB der Sachversicherung sehr unterschiedlich geregelt. Die nachfolgende Übersicht belegt das:

Nach §§ 11 Nr. 2 Abs. 2 VGB 88 a. F., 9 Nr. 1 Satz 2 VGB 62, 14 Nr. 2 Satz 3 VHB 92, 7 Nr. 2 Satz 3 AFB 87, AWB 87 und AStB 87 tritt Leistungsfreiheit bei grober Fahrlässigkeit oder Vorsatz des VN ein. Dagegen ist der Versicherer nach §§ 10 Nr. 2 VGB 88 n. F., 14 Nr. 2 VHB 84, 7 Nr. 2 AERB 87 auch bei leichter Fahrlässigkeit des VN leistungsfrei.

Die Übersicht von Wälder (Anm. zu OLG Hamm r+s 99 S. 117) ist insoweit unzutreffend, als dort ausgeführt wird, daß es die für den VN günstigere Regelung, wonach lediglich grobe Fahrlässigkeit und Vorsatz schadet, in den VHB 92 und den AFB 87 nicht gibt. Es ist besonders störend, daß in den aktuellen AVB für die Wohngebäudeversicherung und für die Hausratversicherung unterschiedliche Regelungen gelten. Das kann dazu führen, daß bei leicht fahrlässiger Verletzung der Sicherheitsvorschrift nach § 10 Nr. 1 d VGB 88 n. F., 14 Nr. 1 b VHB 92 durch den VN ein dadurch verursachter Schaden am Wohngebäude vom Versicherer abgelehnt, der Hausratschaden dagegen entschädigt wird.

Ähnlich liegt es, wenn derselbe VN mehrere Wohngebäude durch verschiedene Wohngebäudeversicherungsverträge nach den VGB 88 n. F. einerseits und nach den VGB 88 a. F. andererseits versichert hat. Dasselbe Verhalten des VN kann dann dazu führen, daß dadurch verusachte Schäden in der Wohngebäudeversicherung nach den VGB 88 n. F. abgelehnt, in der Wohngebäudeversicherung nach den VGB 88 a. F. aber entschädigt werden. Dieser Zustand ist aus der Sicht des VN unverständlich und unbefriedigend. Der GDV empfiehlt unverbindlich, den in § 6 I Satz 1 verankerten Verschuldensgrad für die Leistungsfreiheit bei der Verletzung von Sicherheitsvorschriften in die AVB zu übernehmen. Danach schadet auch leichte Fahrlässigkeit (vgl. Text-Baustein 20 a).

## 3.5 Beweislast

Beruft sich der **Versicherer** auf Leistungsfreiheit wegen der Verletzung von Sicherheitsvorschriften durch den VN, so **muß** er **beweisen, daß die objektiven Voraussetzungen der Leistungsfreiheit erfüllt sind.** Dazu zählt insbesondere die Darlegung des inneren Zusammenhangs zwischen der durch die Verletzung der Sicherheitsvorschrift geschaffenen Gefahrenlage und dem eingetretenen Schaden. Diese Frage ist von der Frage der Kausalität im konkreten Fall zu unterscheiden (BGH VersR 97 S. 485 zu § 7 Nr. 1 a und 2 AFB 87). Die Sanktion der Leistungsfreiheit trifft den VN deshalb bereits dann, wenn er durch die Verletzung der Obliegenheit eine Gefahrenlage geschaffen hat, die generell die Wahrscheinlichkeit vergrößert, daß sich das versicherte Risiko verwirklicht. Anders als bei der Leistungsfreiheit nach § 61 VVG hat der Versicherer hier nicht zu beweisen, daß das generell gefahrenträchtige Verhalten des VN für den Eintritt des Versicherungsfalls ursächlich gewesen ist. Demgemäß muß der Versicherer nur darlegen und gegebenenfalls beweisen, daß der VN oder sein Repräsentant eine Obliegenheit verletzt hat, die bezweckt und bei abstrakter, vom Einzelfall losgelöster Betrachtung auch geeignet ist, den Eintritt eines Versicherungsfalls der vorliegenden Art mindestens zu erschweren (BGH a. a. O.).

Beansprucht der VN unter diesen Umständen dennoch eine Entschädigung, so muß er nachweisen, daß ihn an der Verletzung der Sicherheitsvorschrift kein Verschulden trifft (§ 10 Nr. 2 Satz 2 VGB 88 n. F.), bzw. daß grobe Fahrlässigkeit oder Vorsatz nicht vorliegt (§§ 11 Nr. 2 Abs. 2 VGB 88 a. F., 9 Nr. 1 Satz 2 VGB 62). Kann der VN diesen **sog. Entschuldigungsbeweis** nicht führen, so bleibt der Versicherungsschutz dennoch bestehen, wenn der VN nachweist, daß die Verletzung der Sicherheitsvorschrift keinen Einfluß auf den Eintritt des Versicherungsfalls oder den Umfang der dem Versicherer obliegenden Leistung gehabt hat (§§ 6 II VVG, 10 Nr. 2 Abs. 2 VGB 88 n. F., 9 Nr. 1 Satz 3 VGB 62). An diesen **sog. Kausalitätsgegenbeweis** werden strenge Anforderungen gestellt. Der vom VN zu führende Kausalitätsgegenbeweis ist nur dann erbracht, wenn mit Sicherheit festzustellen ist, daß sich die Obliegenheitsverletzung in keiner Weise auf den Eintritt des konkreten Versicherungsfalls ausgewirkt hat. Der VN muß beweisen, daß die Verletzung der Sicherheitsvorschrift nicht die Schadenursache war oder daß der Schaden in dieser Form mit Sicherheit auch dann entstanden wäre, wenn alle Sicherheitsvorschriften beachtet worden wären (BGH a. a. O.).

Rechtsprechung 3.6

Zur Verletzung von Sicherheitsvorschriften in der Wohngebäudeversicherung liegt umfangreiche Rechtsprechung insbesondere zu § 9 Nr. 2 b VGB 62 vor. Wegen der dargestellten grundlegenden Unterschiede zwischen dieser Bestimmung und §§ 10 Nr. 1 c und d VGB 88 n. F., 11 Nr. 1 c und d VGB 88 a. F. kann diese Rechtsprechung nicht ohne weiteres auf die Sicherheitsvorschriften in den VGB 88 übertragen werden. Weiterhin ist zu berücksichtigen, daß bei einer Verletzung der Sicherheitsvorschriften nach den VGB 88 a. F. und den VGB 62 nur grobe Fahrlässigkeit oder Vorsatz schadet, während bei einer Verletzung der Sicherheitsvorschriften nach den VGB 88 n. F. bereits leichte Fahrlässigkeit zur Leistungsfreiheit führt. Daher ist in den O 3.6.2 dargestellten Fällen im Einzelfall die Frage zu prüfen, ob leichte Fahrlässigkeit des VN anzunehmen ist.

In den nachfolgenden Fällen hat die **Rechtsprechung** zu § 9 Nr. 2 d VGB 62 **Leistungsfreiheit des Versicherers bejaht**. Trifft der VN nach dem ihm bekannten Auszug des letzten Mieters eines Zweifamilienhauses keine Maßnahmen i. S. d. § 9 Nr. 2 b VGB 62 (Absperren, Entleeren und Entleerthalten der Wasserleitungsanlagen), so hat er diese Obliegenheit zumindest grob fahrlässig verletzt (OLG Hamm r+s 98 S. 474). Wenn der VN während seiner urlaubsbedingten Abwesenheit im Dezember die Wasserleitungsanlagen seines Hauses nicht abgesperrt und entleert und die Wohnräume nicht beheizt hat, ist von grob fahrlässiger Verletzung der Sicherheitsvorschrift des § 9 Nr. 2 b VGB 62 auszugehen und der Versicherer von der Leistungspflicht frei (LG Mainz r+s 94 S. 387). Wenn der VN, der in dem nicht benutzten Gebäude die Wasserleitungsanlagen nicht abgesperrt, nicht entleert und nicht entleert gehalten hat, andere Sicherheitsvorkehrungen getroffen hat (hier: Beauftragung der Putzfrau mit der Kontrolle des Gebäudes), hat er dennoch die Obliegenheit des § 9 Nr. 2 b VGB 62 verletzt. Dieser Umstand wäre nur dann erheblich, wenn der Schaden mit Sicherheit auch dann eingetreten wäre, wenn der VN die vereinbarten Sicherheitsvorschriften erfüllt hätte (OLG Karlsruhe r+s 94 S. 466). Nach ständiger Rechtsprechung des Senats (hier des OLG Köln) ist der Begriff „nicht benutzt" des § 9 Nr. 2 b VGB 62 in Fällen eines Frostschadens dem Begriff „nicht genügend beheizt" gleichzusetzen. Eine zur Leistungsfreiheit führende Verletzung der Sicherheitsvorschrift des § 9 Nr. 2 b VGB 62 ist (nur) dann gegeben, wenn entweder während der Frostperiode vorsätzlich oder grob fahrlässig nicht für eine ausreichende, d. h. ein Einfrieren der Wasserleitungsanlagen verhindernde Beheizung des Gebäudes gesorgt ist, oder wenn bei nicht ausreichender Beheizung die Wasserleitungsanlagen vorsätzlich oder grob fahrlässig nicht abgesperrt oder entleert worden sind. Es ist in der Regel grob fahrlässig, wenn in Zeiten strengen Frostes ein Gebäude nicht genügend beheizt wird. Wenn ein Mieter allein für den laufenden Betrieb der Heizung des versicherten Gebäudes verantwortlich ist und insbesondere auch das Heizöl zu bestellen und zu bezahlen hat, ist er Repräsentant des VN im Hinblick auf § 9 Nr. 2 b VGB 62, und zwar auch dann, wenn der Mieter bei einem Defekt an der Heizung den VN oder dessen Sohn informiert und der Sohn die Reparatur zuweilen selbst durchführt (OLG Köln r+s 89 S. 23). Ein unbewohntes Zweifamilienhaus ist auch dann nicht i. S. v. § 9 Nr. 2 b VGB 62 benutzt, wenn dort gelegentlich Räumungsarbeiten wegen einer bevorstehenden Renovierung ausgeführt werden. Es ist grob fahrlässig, in einem solchen Gebäude während der kalten Jahreszeit die Wasserleitungen nicht zu entleeren und abzusperren, obwohl dies möglich ist (OLG Stuttgart VersR 89 S. 958). Grob fahrlässige Herbeiführung des Versicherungsfalls, wenn die Heizung während der Frostperiode nicht in Betrieb ist und gleichzeitig ein Entleeren oder Absperren der Wasserleitungen unterbleibt (OLG Saarbrücken VersR 89 S. 397). Leistungsfreiheit des Versicherers wegen grob fahrlässiger Obliegenheitsverletzung des Gebäudeeigentümers (VN), wenn dieser im Winter für das Entleeren der Heizungsanlage bzw. das Weiterbeheizen des Gebäudes keine ausreichende Vorsorge trifft, obwohl er infolge einer von ihm selbst betriebenen Zwangsvollstreckung gegen den Mieter mit dessen Auszug rechnen mußte (OLG Köln VersR 88 S. 1257 sowie r+s 89 S. 94). Grob fahrlässige Herbeiführung des Versicherungsfalls, wenn der VN die Wasserleitung zum WC-Spülkasten der unbewohnten und unbeheizten Wohnung trotz Frostes nicht entleert (LG Köln VersR 88 S. 1258). Wer in einem Wohngebäude die Wasserleitungen weder abgesperrt noch entleert hat, obwohl das gesamte Gebäude für längere Zeit (etwa einen Monat) unbewohnt und ohne jede Kontrolle war, hat einen Leitungswasserschaden durch/nach Rohrbruch grob fahrlässig herbeigeführt, wenn in dieser Zeit starker Frost herrschte und die Wohnung mit dem Rohrbruch nicht beheizt war oder wenn – unabhängig von der Witterung – es sich um einen Altbau handelt (LG Köln r+s 88 S. 377). In der Leitungswasserversicherung stellt es eine zur Leistungsfreiheit führende grob fahrlässige Obliegenheitsverletzung dar, daß der VN bei strengem Frost im ständig unbewohnten und unbeheizten Dachgeschoß des versicherten Gebäudes die Wasserleitungen nicht entleert (OLG Frankfurt/M NJW 87 S. 611).

3.6.2 In den nachfolgend dargestellten Fällen wurde **grobe Fahrlässigkeit bei einer Verletzung der Sicherheitsvorschrift von § 9 Nr. 2 b VGB 62 verneint.** Wenn ein Gebäude, das zwar nicht bewohnt wird, in dem aber täglich Handwerker arbeiten, als nicht benutzt i. S. d. § 9 Nr. 2 b VGB 62 anzusehen ist und diese Auslegung vom VN verkannt worden ist oder wenn die Regelung des § 9 Nr. 2 b VGB 62 dem VN nicht bekannt war, scheidet eine grob fahrlässige Verletzung der Sicherheitsvorschrift aus. Das gilt um so mehr, wenn der Versicherungsagent (auch wenn nur Vermittlungsagent), dem die Situation des Gebäudes bei Antragstellung bekannt geworden ist, dem Antragsteller erklärt hat, er müsse das Gebäude ständig beheizen. Wenn § 9 Nr. 2 b VGB 62 dahin auszulegen ist, daß der VN das nicht benutzte Gebäude ordnungsgemäß beheizen muß, liegt eine grob fahrlässige Verletzung der Sicherheitsvorschrift nicht vor, falls der VN das Gebäude mit zwei Ölöfen und drei Elektroradiatoren beheizt hat und die Elektroradiatoren trotz gerade abgeschlossener, fachmännischer Erneuerung der elektrischen Leitungen des Gebäudes infolge eines Kurzschlusses ausgefallen sind (OLG Hamm r+s 90 S. 27). Besichtigt im Auftrag des VN ein Heizungsfachmann während der kalten Jahreszeit die defekte Heizung eines leerstehenden Wohngebäudes, ohne darauf hinzuweisen, daß zum Schutz vor zusätzlichen Frostschäden das Wasser abgelassen werden muß, so spricht dies gegen grobe Fahrlässigkeit des VN mit Bezug auf einen nachfolgenden Frostschaden und mit Bezug auf eine Verletzung der Obliegenheiten des § 9 Nr. 1 VGB 62 (OLG Hamm r+s 89 S. 92). Keine grob fahrlässige Verletzung der Sicherheitsvorschrift von § 9 Nr. 2 b VGB 62, wenn im unbewohnten Dachgeschoß ein Frostschaden entsteht, der VN das Gebäude im Erdgeschoß bewohnt und die Heizung für das gesamte Haus laufen läßt (OLG Köln VersR 86 S. 675). Ein beheiztes Gebäude ist im Hinblick auf das Leitungswasserrisiko grundsätzlich nicht als unbenutzt anzusehen, weil mit dem Betreiben der Heizung der Frostgefahr wirksam begegnet wird. Wenn der VN ein bei Frost leerstehendes beheiztes Gebäude nicht regelmäßig überwacht, handelt er nicht grob fahrlässig i. S. v. § 18 Nr. 1 VGB 62. Denn Heizungsanlagen arbeiten generell störungsfrei und bedürfen nicht der ständigen Überwachung. Mit dem Ausfall der Heizung braucht der VN nicht zu rechnen (LG Köln r+s 85 S. 178).

3.6.3 Zu § 11 Nr. 1 c und d VGB 88 a. F. hat das OLG Hamm entschieden, daß bei nicht genutzten Gebäuden generell § 11 Nr. 1 c VGB 88 zu beachten ist, der eine Sonderregelung für das höhere Risiko dieser Gebäude darstellt (r+s 99 S. 115). Die Frostschaden-Einstellung der Gasheizung, die eine Innenraumtemperatur von 10 ° C gewährleisten sollte, und die angeblich im 2-Tage-Abstand durchgeführten Heizungskontrollen sind nicht geeignet, den Vorwurf der vorsätzlichen oder zumindest grob fahrlässigen Verletzung der Sicherheitsvorschrift entfallen zu lassen. Nach Auffassung des OLG Hamm kann diese Obliegenheitsverletzung entschuldigt sein, wenn der VN ohne entsprechendes Verschulden annimmt, seine Verhaltensalternative (Beheizung und Kontrolle) sei zur Gefahrvermeidung mindestens gleich gut geeignet als die vom Versicherer verlangte Maßnahme. Nach Auffassung des Gerichts kann jedoch im vorliegenden Fall keine Rede davon sein, daß die dargestellten alternativen Sicherungsmaßnahmen im Hinblick auf das Leitungswasserrisiko mit dem bedingungsgemäß geforderten Absperren, Entleeren und Entleerthalten aller wasserführenden Anlagen und Einrichtungen gleichwertig sind. Es liegt auf der Hand, daß Frostschäden ausgeschlossen sind, wenn alle wasserführenden Leitungen entleert sind. Dagegen sind die vom VN im vorliegenden Fall ergriffenen alternativen Maßnahmen bei strengem Frost unsicher (vgl. OLG Hamm a. a. O.).

## Konkurrenz 4

Gelegentlich kommt es vor, daß die Vorschriften für die Verletzung von Sicherheitsvorschriften mit anderen Bestimmungen des VVG und der VGB konkurrieren. Konkurrenz kann insbesondere mit den Regelungen für die Gefahrerhöhung (N 9.3) sowie für die schuldhafte Herbeiführung des Versicherungsfalls (T 2.6) entstehen.

## Gefahrerhöhung 4.1

Die andauernde Verletzung einer Sicherheitsvorschrift kann zugleich eine Gefahrerhöhung sein, so daß Konkurrenz zwischen den Regelungen für die Verletzung einer Sicherheitsvorschrift und den Vorschriften zur Gefahrerhöhung entsteht. Nach der herrschenden Meinung sind beide Regelkreise grundsätzlich nebeneinander anzuwenden (vgl. Prölss/Martin § 32 RN 1). In §§ 10 Nr. 3 VGB 88 n. F., 11 Nr. 2 Abs. 3 VGB 88 a. F., § 9 Nr. 1 Satz 4 VGB 62 wird darauf klarstellend hingewiesen. Auch in diesen Fällen wäre es für den Versicherer in der Wohngebäudeversicherung nach den VGB 88 a. F. und den VGB 62 vorteilhafter, sich auf Gefahrerhöhung zu berufen, weil die Leistungsfreiheit hier bereits bei leichter Fahrlässigkeit eintritt, während die Leistungsfreiheit wegen der Verletzung von Sicherheitsvorschriften grobe Fahrlässigkeit oder Vorsatz erfordert.

Durch die Entscheidung des BGH zu §§ 8, 9 VGB 62 sind die unterschiedlichen Verschuldensmaßstäbe jedoch beseitigt worden. Diese Bestimmungen erzeugen nach Auffassung des BGH Unklarheit über den geltenden Verschuldensmaßstab, so daß die Verletzung von Sicherheitsvorschriften im Fall der damit verbundenen Gefahrerhöhung bei leichter Fahrlässigkeit nicht zur Leistungsfreiheit führt (BGH VersR 94 S. 1465 und r+s 95 S. 24; vgl. N 9.3). Durch § 10 Nr. 2 Satz 2 VGB 88 n. F. wurden diese Unklarheiten beseitigt (vgl. O 3.4). In der Wohngebäudeversicherung nach den VGB 88 n. F. schadet dem VN sowohl bei Gefahrerhöhung als auch bei Verletzung von Sicherheitsvorschriften bereits leichte Fahrlässigkeit. Dennoch kann es für den Versicherer vorteilhafter sein, sich bei einer andauernden Verletzung von Sicherheitsvorschriften auf Gefahrerhöhung zu berufen. Das liegt daran, daß die Leistungsfreiheit des Versicherers bei Gefahrerhöhung nicht von einer Kündigung des Vertrages abhängt, wenn er erst nach dem Eintritt des Versicherungsfalls von der Gefahrerhöhung erfährt (BGH VersR 97 S. 485 und VersR 86 S. 1231). Es ist jedoch zu beachten, daß nicht jede kurzfristige Verletzung einer Sicherheitsvorschrift eine Gefahrerhöhung darstellt. Eine Gefahrerhöhung erfordert einen gewissen Dauerzustand. Daher ist nur die andauernde Verletzung einer Sicherheitsvorschrift zugleich eine Gefahrerhöhung (vgl. N 9.3).

## 4.2 Herbeiführung des Versicherungsfalls

Es kommt gelegentlich auch vor, daß die Bestimmungen über die Verletzung von Sicherheitsvorschriften mit den Regelungen über die grob fahrlässige oder vorsätzliche Herbeiführung des Versicherungsfalls nach § 61 VVG konkurrieren. Nach allgemeiner Ansicht stehen beide Regelungen gleichrangig nebeneinander. Verschiedentlich wird jedoch die Auffassung vertreten, daß § 61 VVG nur dann zur Anwendung kommt, wenn neben der Verletzung der Sicherheitsvorschrift weitere Umstände hinzutreten (OLG Saarbrücken VersR 89 S. 397).

In diesen Fällen ist es für den Versicherer vorteilhafter, sich auf Leistungsfreiheit wegen Verletzung von Sicherheitsvorschriften zu berufen. Dies liegt daran, daß dem VN hier in der Wohngebäudeversicherung nach den VGB 88 n. F. nicht nur grobe Fahrlässigkeit oder Vorsatz, sondern bereits leichte Fahrlässigkeit schadet. Auch die Beweislast ist für den Versicherer günstiger. Es genügt, daß er die objektiven Voraussetzungen der Verletzung einer Sicherheitsvorschrift nachweist. Beansprucht der VN dennoch Entschädigung, so muß er den Entschuldigungs- oder den Kausalitätsgegenbeweis führen (vgl. O 3.5).

Im Gegensatz dazu erfordert die Leistungsfreiheit wegen grob fahrlässiger oder vorsätzlicher Herbeiführung des Versicherungsfalls nach § 61 VVG den sog. Vollbeweis durch den Versicherer. Er muß beweisen, daß das generell gefahrenträchtige Verhalten des VN für den Eintritt des vorliegenden Versicherungsfalls ursächlich gewesen ist (BGH VersR 97 S. 485). Daneben muß er den Nachweis führen, daß sich der VN grob fahrlässig oder vorsätzlich verhalten hat. Dennoch berufen sich die Versicherer bei der Verletzung einer Sicherheitsvorschrift gelegentlich auch auf § 61 VVG, wenn unklar ist, ob die Voraussetzungen für die Verletzung einer Sicherheitsvorschrift vorliegen (vgl. OLG Hamm VersR 90 S. 86). Auch kann es für den Versicherer vorteilhafter sein, sich auf Leistungsfreiheit nach § 61 VVG zu berufen, weil dafür die Kündigung des Vertrages nicht erforderlich ist.

Grundsätzlich ist der gesetzliche Risikoausschluß des § 61 VVG neben vertraglichen Bestimmungen über die Verletzung von Obliegenheiten anwendbar (KG Berlin r+s 96 S. 277). § 18 VGB 62 und § 61 VVG einerseits und § 9 VGB 62 andererseits stehen gleichrangig nebeneinander, so daß sich der Versicherer auf Leistungsfreiheit wegen grob fahrlässiger Herbeiführung des Versicherungsfalls auch dann berufen kann, wenn das maßgebende Verhalten des VN zugleich einen Verstoß gegen die Sicherheitsvorschrift des § 9 Nr. 2 b VGB 62 darstellt und der Versicherer sich wegen nicht fristgerechter Kündigung nicht erfolgreich auf Leistungsfreiheit wegen Verletzung einer Sicherheitsvorschrift berufen kann (LG Köln VersR 88 S. 1258 und r+s 88 S. 377). § 61 VVG konkurriert mit der Verletzung gefahrmindernder Obliegenheiten, so daß bei grob fahrlässiger Herbeiführung des Versicherungsfalls durch den VN Leistungsfreiheit des Versicherers auch ohne Kündigung nach § 6 I Satz 2 VVG eintreten kann. Dazu ist es in der Regel erforderlich, daß zum Tatbestand der Obliegenheitsverletzung noch weitere Umstände den Versicherungsfall herbeigeführt haben müssen (OLG Saarbrücken VersR 89 S. 397). Eine gegenteilige Ansicht vertritt das OLG Hamm. Auf grob fahrlässige Herbeiführung eines Versicherungsfalls nach § 18 Nr. 1 VGB 62 und § 61 VVG kann sich der Versicherer nach Meinung dieses Gerichts nicht mehr berufen, soweit das Verhalten des VN zugleich den Tatbestand einer Obliegenheitsverletzung nach § 9 VGB 62 erfüllt und der Versicherer hierwegen den Vertrag nicht fristgerecht gekündigt hat (r+s 89 S. 92).

In Anbetracht der unterschiedlichen Rechtsprechung kann der Versicherer nicht zuverlässig davon ausgehen, daß die Bestimmungen über die Verletzung einer Sicherheitsvorschrift und über die grob fahrlässige Herbeiführung des Versicherungsfalls nebeneinander angewendet werden können. Er kann infolgedessen nicht ausschließen, daß in einschlägigen Fällen die Leistungsfreiheit nach § 6 I Satz 3 VVG endgültig entfällt, wenn er die einmonatige Kündigungsfrist ungenutzt verstreichen läßt. Daraus folgt, daß der Versicherer auch in diesen Fällen den Vertrag kündigen muß, wenn er mit Sicherheit leistungsfrei sein möchte.

# P Gleitende Neuwertversicherung; Versicherungswert 1914; Versicherungssumme 1914; Unterversicherungsverzicht

Die weitaus überwiegende Zahl aller Wohngebäudeversicherungsverträge wird zum gleitenden Neuwert abgeschlossen. Deshalb war es ungewöhnlich, daß die Gleitende Neuwertversicherung in der Vergangenheit nicht in den VGB 62, sondern in den SGIN 79 a geregelt war. Dieser systematische Nachteil wurde in den VGB 88 beseitigt. Alle Bestimmungen zur Gleitenden Neuwertversicherung wurden in die VGB 88 eingearbeitet. Dadurch wird herausgestellt, daß die Versicherung von Wohngebäuden zum gleitenden Neuwert die Regel ist. Es ist nicht mehr erforderlich, Sonderbedingungen zu vereinbaren, wenn ein Wohngebäude zum gleitenden Neuwert versichert werden soll. Nach §§ 13 VGB 88 n. F., 14 VGB 88 a. F. sind abweichende Vereinbarungen zum Versicherungswert möglich. Die VGB sind infolgedessen Bedingungsgrundlage für die Gleitende Neuwertversicherung sowie für die Neuwertversicherung, die Zeitwertversicherung und die Versicherung zum gemeinen Wert mit fester Versicherungssumme. Die Vertragsparteien können im allgemeinen frei zwischen den verschiedenen Wertgrundlagen wählen. Dabei ergibt sich aus den vertraglichen Vereinbarungen, welche Wertbasis im Einzelfall maßgebend ist. Die Risikostatistik Wohngebäude des GDV gibt Anhaltspunkte über die Verteilung des Bestandes an Wohngebäudeversicherungsverträgen auf die beiden sog. Versicherungssummenarten Gleitender Neuwert und Feste Summe (Neuwert; Zeitwert; gemeiner Wert). Zu diesem Statistikmerkmal haben 57 Wohngebäudeversicherer mit einem Marktanteil von 64,3 % eine Meldung für das Jahr 1996 abgegeben. Erfaßt wurden insgesamt rund 14,2 Millionen Wohngebäudeversicherungsverträge. Davon entfielen auf die Versicherungssummenart Gleitender Neuwert rund 8,1 Millionen Verträge und auf die Versicherungssummenart Feste Summe 360 Tausend Verträge. Bei rund 5,7 Millionen Verträgen war die Versicherungssummenart nicht geschlüsselt. Die Zahlenangaben belegen, daß die Gleitende Neuwertversicherung überragende Bedeutung in der Wohngebäudeversicherung hat. Nicht bekannt ist, wie sich die Verträge der Versicherungssummenart Feste Summe auf Neuwert, Zeitwert und gemeinen Wert verteilen.

Durch die Einarbeitung der Gleitenden Neuwertversicherung in die VGB 88 ist der Vergleich mit den VGB 62 gestört. Erschwerend kommt hinzu, daß auch die Regelungen zur Schaden- und Entschädigungsberechnung in den §§ 12 bis 14 VGB 88 n. F., 15 bis 17 VGB 88 a. F. grundlegend überarbeitet wurden. Es ist infolgedessen nicht ohne weiteres zu erkennen, welche materiellen Unterschiede zwischen den VGB 62 und den SGIN 79 a einerseits und den VGB 88 andererseits bestehen. Die wesentlichen Änderungen werden bei der Erläuterung der einzelnen Bestimmungen im Sachzusammenhang behandelt.

Die SGIN 79 a waren ursprünglich auch Bedingungsgrundlage für die Gleitende Neuwertversicherung von Geschäfts- und landwirtschaftlichen Gebäuden. Diese Gebäude können weiterhin zum gleitenden Neuwert versichert werden. Daher war es erforderlich, auch dafür eine neue Bedingungsgrundlage in Form der Sonderbedingungen für die Gleitende Neuwertversicherung (SGIN 88) zu schaffen (VerBAV 89 S. 189). Sie wurden 1993 überarbeitet und tragen seitdem die Kurzbeschreibung SGIN 93 (s. Anhang B 6; VerBAV 94 S. 58). Bei der Versicherung von Geschäfts- und landwirtschaftlichen Gebäuden zum gleitenden Neuwert werden diese Sonderbedingungen neben den AFB 87, AWB 87 oder AStB 87 vereinbart, da die AVB Sach keine Regelungen für die Gleitende Neuwertversicherung enthalten. Die SGIN 88/93 lehnen sich eng an die SGIN 79 a an, weichen aber mehrfach von den entsprechenden Bestimmungen in den VGB 88 ab. Der wichtigste materielle Unterschied zwischen der Gleitenden Neuwertversicherung nach den VGB 88 und der Gleitenden Neuwertversicherung nach den SGIN 88/93 besteht darin, daß die VGB 88 keine Entwertungsgrenze für die Gleitende Neuwertversicherung kennen, während nach § 2 Nr. 6 SGIN 88/93 die Gleitende Neuwertversicherung nur für Gebäude gilt, deren Zeitwert unmittelbar vor Eintritt des Versicherungsfalls 40 %, bei landwirtschaftlichen Gebäuden 50 % des Neuwerts nicht unterschreitet. Diese Regelung führt in der Gleitenden Neuwertversicherung von gewerblichen und landwirtschaftlichen Gebäuden gelegentlich zu Auseinandersetzungen zwischen Versicherern und VN. Sie können in der Wohngebäudeversicherung nach den VGB 88 nicht auftreten, da es eine derartige Untergrenze für die Gleitende Neuwertversicherung dort nicht gibt.

Grundlage der Gleitenden Neuwertversicherung ist der Versicherungswert 1914. Er ist in den VGB 88 definiert als der ortsübliche Neubauwert des Gebäudes nach Preisen des Jahres 1914 (Einzelheiten vgl. P 1). Es fragt sich, warum ausgerechnet die Baupreise des Jahres 1914 der Gleitenden Neuwertversicherung zugrunde gelegt werden. Diese Frage läßt sich vor dem Hintergrund der historischen Entwicklung dieser Versicherungsform beantworten. Ausgangspunkt für das Entstehen einer gleitenden, an die Baupreisentwicklung gekoppelten Versicherungsform war die rasante Steigerung der Baupreise während und nach dem ersten Weltkrieg. Stark steigende Baupreise erfordern eine ständige Überprüfung und Anpassung der Versicherungssummen, um Unterversicherung zu vermeiden. Abgesehen von dem damit verbundenen erheblichen Verwaltungsaufwand beim Versicherer sind die Gebäudeeigentümer in der Regel überfordert. Deshalb gingen in dieser Zeit die Pflicht- und Monopolanstalten nach und nach dazu über, Haftung und Prämie zu dynamisieren, d. h. der Entwicklung der Baupreise anzupassen, ohne dabei die dem Vertrag zugrundeliegende Versicherungssumme zu verändern. Als Grundlage dieser dynamischen Versicherungsform wurden die Baupreise der Jahre 1913/1914 gewählt, weil diese Jahre die letzten Vorkriegsjahre mit stabilem Preisniveau waren. Diese Entwicklung führte letztlich zur Schaffung der Gleitenden Neuwertversicherung in der heutigen Form. Die Wettbewerbsversicherer haben die Preisbasis 1914 übernommen, damit in dieser Hinsicht die Vertragsverhältnisse bei den Pflicht- und Monopolanstalten mit den Verträgen bei den Wettbewerbsversicherern ohne weiteres vergleichbar sind. Wäre eine andere Preisgrundlage gewählt worden, so hätte dies zu Unklarheiten und zu erheblicher Verunsicherung von Wohngebäudeeigentümern geführt. Hinzu kam, daß sich die Gleitende Neuwertversicherung als ein Instrument zur Sicherung des materiellen Schutzwertes der Wohngebäudeversicherung insbesondere in Zeiten starker Geldentwertung sehr schnell bewährte. Durch die Anpassung der Haftung an die Veränderungen des Baupreisniveaus wird vor allem verhindert, daß der Versicherungsschutz der Wohngebäudeversicherung durch Inflation ausgehöhlt wird. Diese Aufgabe hat die Gleitende Neuwertversicherung bis heute sehr gut erfüllt. Daran liegt es in erster Linie, daß die Wohngebäudeversicherer trotz der immer wieder geäußerten Kritik an der Gleitenden Neuwertversicherung bisher an dieser Versicherungsform festhalten (vgl. P 8).

### Versicherungswert 1914 1

Grundlage der Gleitenden Neuwertversicherung ist der Versicherungswert 1914 (§§ 11 Nr. 1 VGB 88 n. F., 13 Nr. 1 VGB 88 a. F.). Der Versicherungswert 1914 ist definiert als der ortsübliche Neubauwert des Gebäudes entsprechend seiner Größe und Ausstattung sowie seines Ausbaues (seiner baulichen Ausstattung) nach Preisen des Jahres 1914 bzw. ausgedrückt in den Preisen des Jahres 1914 (§§ 11 Nr. 2 VGB 88 n. F.,

13 Nr. 2 VGB 88 a. F.). Der Hinweis „entsprechend seiner Größe und Ausstattung sowie seines Ausbaues“ (§ 13 Nr. 2 VGB 88 a. F.) bzw. „entsprechend seiner Größe und seiner baulichen Ausstattung“ (§ 11 Nr. 2 VGB 88 n. F.) ist deklaratorisch. Er wurde sinngemäß aus § 1 Nr. 1 SGIN 79 a übernommen und schafft insbesondere in den VGB 88 a. F. die Verbindung zu § 16 Nr. 3 c VGB 88 a. F. In §§ 13 Nr. 1 a VGB 88 n. F., 14 Nr. 1 a VGB 88 a. F. wird dieser Hinweis ebenso wie in §§ 6 Nr. 1 VGB 62, 5 Nr. 1 a AVB Sach 87 nicht gegeben. Materielle Unterschiede folgen daraus nicht. Der Neubauwert eines Gebäudes wird generell durch seine Größe, seine Ausstattung und seinen Ausbau bestimmt. Infolgedessen sind diese Umstände bei der Ermittlung des Neubauwerts in allen Fällen zu berücksichtigen. Obwohl dies in den VGB 88 nicht ausdrücklich gesagt wird, folgt aus dem Bedingungswortlaut, daß die gleitende Wohngebäudeversicherung in jedem Fall eine Gleitende Neuwertversicherung ist. Eine gleitende Zeitwertversicherung ist nicht möglich. In der Wohngebäudeversicherung kann eine Zeitwertversicherung nur als Versicherung mit fester Versicherungssumme nach §§ 13 Nr. 1 b VGB 88 n. F., 14 Nr. 1 b VGB 88 a. F. abgeschlossen werden (vgl. Q 2.2).

## 1.1 Ortsüblicher Neubauwert

Der ortsübliche Neubauwert ist der Geldbetrag, der aufzuwenden ist, um das versicherte Gebäude auf dem Versicherungsgrundstück zu errichten. Dieser Betrag stimmt in der Regel nicht mit demjenigen überein, den der VN beim Bau oder beim Kauf des Gebäudes tatsächlich aufgewendet hat (vgl. P 1.1.2 und 1.1.3). Maßgebend sind die Baupreise an dem Ort, an dem das versicherte Gebäude steht. Der Begriff „ortsüblich“, der in § 1 Nr. 1 SGIN 79 a/93 nicht vorkommt, wurde in den Bedingungstext der VGB 88 eingefügt. Er dient der Klarstellung und schafft die Verbindung §§ 13 Nr. 1 a, 14 Nr. 1 a VGB 88 n. F., 14 Nr. 1 a, 15 Nr. 1 a VGB 88 a. F. In der Sachversicherung gilt allgemein der Grundsatz, daß auch ohne besondere Vereinbarung bei der Ermittlung des Versicherungswerts und bei der Schaden- und Entschädigungsberechnung die Preise des Ortes zugrunde zu legen sind, an dem der Versicherte „im regelmäßigen Betrieb seines Haushalts oder Geschäfts Einkäufe der in Betracht kommenden Art zu machen pflegt“ (Raiser S. 123, Berndt/Luttmer S. 47 m. w. N.). Infolgedessen ist auch in der Gleitenden Neuwertversicherung nach SGIN 79 a/93 der ortsübliche Neubauwert grundsätzlich für die Ermittlung des Versicherungswerts maßgebend (ebenso Ollick, VerBAV 79 S. 402 und Rolwes, ZfV 86 S. 123; a. A. Martin S IV 8 2. Auflage). Dagegen spricht nicht, daß bei der Ermittlung der Versicherungssumme 1914 nach der Umrechnungsmethode (vgl. P 6.2) und nach Maßgabe des Summenermittlungsbogens (vgl. P 6.3) keine regionale Differenzierung vorgenommen wird. Es handelt sich dort nicht um die Ermittlung des Versicherungswerts 1914, sondern um die Berechnung der richtigen Versicherungssumme 1914 für den Unterversicherungsverzicht.

Die Ermittlung des ortsüblichen Neubauwerts bereitet in der Praxis erhebliche Schwierigkeiten. Dabei bestehen drei grundsätzliche Probleme nebeneinander:

- Abgrenzung der versicherten Sachen
- Bewertung der versicherten Sachen
- Preise des Jahres 1914.

1.1.1 **Die Abgrenzung der versicherten Sachen** erscheint in der Wohngebäudeversicherung auf den ersten Blick unproblematisch, weil genau bestimmte Einzelsachen versichert sind. Nach § 1 Nr. 1 VGB 88 sind die im Versicherungsschein bezeichneten Gebäude versichert. Zubehör ist nach § 1 Nr. 2 VGB 88 mitversichert, soweit es sich im versicherten Gebäude befindet oder außen am versicherten Gebäude angebracht ist und für die Instandhaltung eines versicherten Gebäudes oder zu Wohnzwecken genutzt wird. Weiteres Zubehör sowie sonstige Grundstücksbestandteile auf dem Versicherungsgrundstück können nach § 1 Nr. 3 VGB 88 aufgrund besonderer Vereinbarung mitversichert werden. Damit ist der Kreis der versicherten Sachen eindeutig beschrieben und abgegrenzt. Sie sind bei der Ermittlung des Versicherungswerts zu berücksichtigen. Abweichend von § 1 Nr. 3 SGIN 79 a wird in den VGB 88 nicht ausdrücklich darauf hingewiesen, daß mitversichertes Zubehör bei der Ermittlung des Neubauwerts zu berücksichtigen ist. Auf diese deklaratorische Erläuterung konnte verzichtet werden.

Unter diesen Umständen könnte der Eindruck entstehen, daß bei der Ermittlung des ortsüblichen Neubauwerts keine Abgrenzungsprobleme auftreten, weil die versicherten Sachen im Versicherungsantrag und im Versicherungsschein eindeutig beschrieben und abgegrenzt sind. Tatsächlich liegt es anders. Dies ist in erster Linie darauf zurückzuführen, daß Gebäude zusammengesetzte Sachen sind, in denen zahlreiche davor selbständige Sachen derart aufgegangen sind, daß sie ihre (rechtliche) Selbständigkeit verloren haben, also Bestandteil der einheitlichen Sache Gebäude geworden sind (vgl. A 1.3). Daraus entstehen Abgrenzungsprobleme. Sie werden dadurch verstärkt, daß neben dem Gebäude auch das Gebäudezubehör unter bestimmten Voraussetzungen ohne weiteres mitversichert ist. Zubehörstücke sind bewegliche Sachen. Es liegt auf der Hand, daß gerade die Abgrenzung des versicherten Gebäudezubehörs von sonstigen nicht versicherten beweglichen Sachen in der Praxis erhebliche Schwierigkeiten bereitet (Einzelheiten A 2.2). Private Gebäudeeigentümer sind damit in der Regel überfordert.

**Die eigentlichen Bewertungsprobleme** treten auf, nachdem die versicherten Sachen abgrenzt sind. Sie werden vor allem dadurch verursacht, daß Gebäude Unikate sind. Es gibt praktisch kein Gebäude, das einem anderen völlig gleicht. Darauf ist es zurückzuführen, daß Neubauwerte für Gebäude in Form von relativ einfach und eindeutig zu bestimmenden Marktpreisen nicht zu ermitteln sind. In dieser Hinsicht unterscheiden sich die Probleme bei der Bewertung von Wohngebäuden grundlegend von den Schwierigkeiten bei der Bewertung beweglicher Sachen. So sind z. B. die Bewertungsprobleme in der Hausratversicherung mit der Abgrenzung der versicherten Sachen weitgehend gelöst, da es für die allermeisten Hausratgegenstände Marktpreise gibt. In der Wohngebäudeversicherung liegt es grundlegend anders. Weder die im Immobilienbereich weit verbreiteten Verkehrswerte noch die beim Verkauf vergleichbarer Gebäude am Standort des versicherten Gebäudes tatsächlich erzielten Preise liefern brauchbare Anhaltspunkte für die Ermittlung des ortsüblichen Neubauwerts. Dies liegt vor allem daran, daß die genannten Werte den Gesamtwert von Wohngrundstücken (Grundstücke und darauf errichtete Gebäude) in einem Betrag ausdrücken. Der Neubauwert des Gebäudes ist dabei neben dem Wert des Grundstücks, dem Alter und dem Erhaltungszustand des Gebäudes sowie dem Ertragswert (erzielbare Mieteinnahmen) einer von mehreren Faktoren, die den Verkehrs- bzw. den Handelswert eines Gebäudes bestimmen. Infolgedessen muß der ortsübliche Neubauwert eines Gebäudes individuell nach Maßgabe des Standorts und der baulichen Eigenschaften des betreffenden Gebäudes ermittelt werden. Das erfordert **die Bewertung der einzelnen Bauleistungen, die beim Bau des Gebäudes erbracht werden**. Der ortsübliche Neubauwert ist ein zusammengesetzter Wert, der sich aus der Addition aller bewerteten Bauleistungen ergibt. Dabei spielt es grundsätzlich keine Rolle, ob es sich um einen vom Gebäudeeigentümer errichteten bzw. von einem Bauträger gekauften Neubau oder um einen Altbau handelt. 1.1.2

1.1.3 Maßgebend für die Bewertung sind die **Preise, die Bauunternehmer bzw. Bauhandwerker am Standort des Gebäudes beim Bau bzw. Wiederaufbau des Gebäudes berechnen.** In diesem Zusammenhang bereitet die Bewertung der sog. Eigenleistungen besondere Schwierigkeiten. Dabei handelt es sich um Leistungen, die der VN beim Bau des Gebäudes selbst erbracht hat oder die von Freunden oder Bekannten bzw. in Schwarzarbeit erbracht worden sind. Derartige Leistungen sind weit verbreitet. Bei der Ermittlung des ortsüblichen Neubauwerts sind auch für diese Leistungen die Preise anzusetzen, die Bauunternehmer bzw. Bauhandwerker berechnen.

1.1.4 In den VGB 88 wird ausdrücklich klargestellt, daß **Architektengebühren sowie sonstige Konstruktions- und Planungskosten** zum ortsüblichen Neubauwert des Gebäudes zählen (ebenso § 5 Nr. 1 a AVB Sach 87). In den VGB 62 und in den SGIN 79 a wird ein derartiger Hinweis nicht gegeben. Die Frage, ob Architektengebühren sowie sonstige Konstruktions- und Planungskosten zum ortsüblichen Neubauwert zählen, wurde in der Vergangenheit nicht eindeutig beantwortet (vgl. Berndt/Luttmer S. 138 m. w. N.). Sie ist nunmehr eindeutig geregelt. Dabei kommt es nicht darauf an, ob diese Kosten beim Bau des Gebäudes tatsächlich einmal angefallen sind. Ausschlaggebend ist vielmehr, daß diese Kosten aufgrund der heute geltenden baurechtlichen Anforderungen beim Bau von Wohngebäuden generell anfallen. Es handelt sich dabei um beträchtliche Beträge, die ohne weiteres 10 % bis 15 % der „reinen“ Baukosten erreichen können.

1.1.5 Die **Mehrwertsteuer** ist grundsätzlich Bestandteil des ortsüblichen Neubauwerts. Die Wohngebäudevesicherung ist auf die Belange privater Gebäudeeigentümer abgestellt, die nicht vorsteuerabzugsberechtigt sind. Infolgedessen ist die Mehrwertsteuer Teil des Schadens und der Entschädigung. Daraus folgt, daß sie auch bei der Ermittlung des Versicherungswerts in Ansatz zu bringen ist. Gewerbliche VN, die vorsteuerabzugsberechtigt sind, können diesem Umstand bei der Ermittlung des Versicherungswerts dadurch Rechnung tragen, daß sie den Versicherungswert und die Versicherungssumme um den Betrag der Mehrwertsteuer kürzen. In den in §§ 13 VGB 88 n. F., 14 VGB 88 a. F. geregelten Fällen der Versicherung mit fester Versicherungssumme läßt sich dies ohne weiteres verwirklichen. Schwierigkeiten bereitet die Umsetzung in der Gleitenden Neuwertversicherung. Die Baupreise des Jahres 1914 enthalten die Mehrwertsteuer begrifflich nicht, weil es diese Steuer im Jahre 1914 noch nicht gab. Bei dieser Betrachtungsweise führte deshalb die rechnerische Kürzung des ortsüblichen Neubauwerts nach Preisen des Jahres 1914 zur Unterversicherung. Deshalb wurde die Klausel 7760 geschaffen, die den Belangen vorsteuerabzugsberechtigter VN auch in der Gleitenden Neuwertversicherung Rechnung trägt (Einzelheiten vgl. R 1.3.4).

## 1.2 Preisbasis 1914

Die dargestellten Schwierigkeiten belegen, daß private Gebäudeeigentümer im allgemeinen nicht in der Lage sind, den ortsüblichen Neubauwert von Gebäuden zu ermitteln. Diese Feststellung gilt unabhängig davon, ob das Gebäude nach den zum Bewertungszeitpunkt, d. h. zum Zeitpunkt der Antragsstellung, geltenden Preisen oder nach den Preisen eines anderen Zeitpunkts bewertet wird. Das gilt auch für Neubauten. Entgegen der Ansicht von Martin trifft es auch hier nicht zu, daß der VN den ortsüblichen Neubauwert „durch Addition der tatsächlich aufgewendeten Beträge leicht ermitteln kann“ (S IV 26). Es liegt jedoch auf der Hand, daß die für die Ermittlung des Versicherungswerts 1914 geforderte Bewertung des ortsüblichen Bauwerts nach Baupreisen des Jahres 1914 die Bewertungsprobleme verschärft. Private Gebäudeeigentümer sind damit überfordert.

Zweifelhaft ist indessen, ob daraus die Schlußfolgerung gezogen werden kann, die Gleitende Neuwertversicherung beseitige zwar das inflationsbedingte Risiko der Unterversicherung, schaffe aber „ein anderes UnterVRisiko, nämlich das Risiko der falschen Ermittlung des VWertes 1914 und der Vsumme 1914“ (Martin S IV 9 unter Bezugnahme auf Wälder, ZfV 78 S. 383). Dabei wird übersehen, daß es **in der Gleitenden Neuwertversicherung keineswegs erforderlich ist, die Baupreise 1914 und den Versicherungswert 1914 originär zu ermitteln.** Dies wäre ohnehin unmöglich, weil es zahlreiche Bauteile, Baustoffe und Zubehörstücke, die heute beim Bau von Wohngebäuden verwendet werden, zu dieser Zeit überhaupt noch nicht gab. Beispiele dafür sind Betonfertigteile, Leichtbauteile (Fertighäuser), Bauteile aus Kunststoffen wie Dachrinnen, Rohrleitungen, Dacheindeckungen oder Fensterelemente, Fernsehantennenanlagen, Einbruchmeldeanlagen, Mehrscheibenisolierverglasungen, aber auch Klima-, Wärmepumpen- oder Solarheizungsanlagen. Infolgedessen wird der Versicherungswert 1914 in den allermeisten Fällen in der Weise ermittelt, daß zunächst der ortsübliche Neubauwert abgestellt auf einen zeitnahen Bewertungszeitpunkt festgestellt wird. Anschließend wird dieser Wert mit Hilfe des zum Bewertungszeitpunkt geltenden Baupreisindex für Wohngebäude auf die Preisbasis 1914 umgerechnet. Diese Umrechnung nimmt der Versicherer auf seine Verantwortung vor (vgl. dazu P 6.2). Auch Bausachverständige ermitteln bei ihren Gebäudeschätzungen den Versicherungswert 1914 auf diese Weise, weil es Originalpreise des Jahres 1914 für zahlreiche Bauteile, Baustoffe und Bauelemente nicht gibt. Der Hinweis auf die in der einschlägigen Fachliteratur ausgewiesenen Baupreise für die Jahre 1913 oder 1914 widerlegt diese Feststellung nicht. Derartige Preise sind im Zweifel von den Autoren der Fachbücher in gleicher Weise ermittelt worden.

Wenig stichhaltig ist in diesem Zusammenhang das Argument, daß moderne Bauteile und Baumethoden, die es 1914 noch nicht gab, nicht nachträglich zu Preisen dieses Jahres bewertet werden können, weil jede Umrechnung künstlich wäre (vgl. Wälder a. a. O.). Dabei wird übersehen, daß der **Versicherungswert 1914** seinem Wesen nach **ein künstlicher bzw. fiktiver Wert** ist. Er bringt zum Ausdruck, wie hoch der ermittelte ortsübliche Neubauwert eines Gebäudes nach Maßgabe des Baupreisniveaus des Jahres 1914 wäre. In der Praxis wird infolgedessen der Versicherungswert 1914 in zwei Schritten errechnet. Im ersten Schritt wird der ortsübliche Neubauwert abgestellt auf einen zeitnahen Bewertungszeitpunkt ermittelt. Im zweiten Schritt wird dieser Wert mit Hilfe des zu diesem Zeitpunkt geltenden Baukostenindex für Wohngebäude auf die Preisbasis 1914 umgerechnet. Dieser Weg zur Ermittlung des Versicherungswerts 1914 bzw. der Versicherungssumme 1914 wird von den Wohngebäudeversicherern seit jeher in den Sonderbedingungen für die Gleitende Neuwertversicherung aufgezeigt. In die VGB 88 wurde er als eine von drei verschiedenen Optionen zur Ermittlung der Versicherungssumme 1914 in der Gleitenden Neuwertversicherung übernommen (Einzelheiten s. P 6). Es zeigt sich, daß durch den Versicherungswert 1914 kein zusätzliches Unterversicherungsrisiko entsteht. Dies gilt indessen unter der Voraussetzung, daß der Versicherer seine Beratungs- und Hinweispflichten zur Ermittlung der Versicherungssumme 1914 bei der Antragsaufnahme wahrnimmt (s. auch dazu P 6).

Die vorhergehende Betrachtung veranschaulicht aber auch, daß die Versicherungssumme 1914 und der Versicherungswert 1914 im Grunde genommen überhaupt nicht „in Preisen des Jahres 1914“ ermittelt und ausgedrückt werden können, weil es zahlreiche moderne Bauteile, die Bestandteile der meisten Gebäude sind im Jahr 1914 noch nicht gab. Wenn es infolgedessen objektiv nicht möglich ist, für einzelne Gebäudebestandteile die Preise des Jahres 1914 zu ermitteln, dann lassen sich auch die Versicherungssumme 1914 und der Versicherungswert 1914 des Gebäudes nicht in Preisen des Jahres 1914 ausdrücken. Bei genauer Betrachtung **handelt es sich bei der Ermittlung der Versicherungssumme 1914 und des Versicherungswerts 1914 darum, den ortsüblichen Neubauwert des Gebäudes auf der Preisbasis 1914 bzw. dem Preisniveau des Jahres 1914 auszudrücken.** Der Versicherungswert 1914 sagt aus, wie hoch der ortsübliche Neubauwert des Gebäudes zum Bewertungszeitpunkt wäre, wenn das Baupreisniveau des Jahres 1914 gelten würde. Daraus folgt aber auch, daß die Versicherungssumme 1914 und der Versicherungswert 1914 im Grunde genommen keine Mark-, sondern DM-Beträge sind. Dies wird insbesondere bei der Umrechnung aktueller Neubauwerte mit Hilfe des Baupreisindex deutlich. Diese Auslegung wird auch dadurch gestützt, daß die Begriffe „Mark" oder „M" in den VGB 88 nicht vorkommen. Die von den Wohngebäudeversicherern in ihren Antragsformularen und Versicherungsscheinen verwendete Bezeichnung Mark oder M für die Versicherungssumme 1914 dient vor allem der Unterscheidung dieser Wertangaben von anderen aktuellen DM-Beträgen.

## 2 Versicherungssumme 1914

Die vereinbarte Versicherungssumme 1914 soll nach dem Wortlaut der Bedingungen dem Versicherungswert 1914 entsprechen (§§ 12 Nr.1 VGB 88 n. F., 13 Nr. 3 VGB 88 a. F., 1 Nr. 1 SGIN 79 a). Der Versicherungswert 1914 muß als Versicherungssumme 1914 in der Gleitenden Neuwertversicherung vereinbart werden, wenn Unterversicherung ausgeschlossen sein soll. Diese Forderung ist die Umschreibung des Prinzips der Versicherung zum vollen Wert, das auch für die Gleitende Neuwertversicherung gilt. Damit wird zugleich die gedankliche Grundlage für das Verständnis und die Anwendung der sog. Proportionalitätsregel nach §§ 56 VVG, 14 Nr. 5 VGB 88 n. F., 16 Nr. 1 VGB 88 a. F., 7 Nr. 2 a VGB 62, 2 Nr. 2 SGIN 79 a geschaffen (Einzelheiten vgl. R 3 1). Vereinbart der VN die geforderte Versicherungssumme 1914, so ist Unterversicherung ausgeschlossen, solange das versicherte Gebäude in seiner Substanz nicht werterhöhend verändert wird. Unter diesen Voraussetzungen bleibt der Versicherungswert 1914 während der Laufzeit des Vertrages gleich.

**Die Versicherungssumme 1914 ist die einzige Versicherungssumme in der Gleitenden Neuwertversicherung.** Es ist auch nicht möglich, durch Multiplikation der Versicherungssumme 1914 mit dem Baupreisindex für Wohngebäude oder gar durch Multiplikation mit dem gleitenden Neuwertfaktor eine sog. Gegenwarts-Versicherungssumme zu ermitteln (vgl. Ollick, VerBAV 79 S. 403). Diese Feststellung ist für Verträge nach den VGB 62 nicht unumstritten, da nach § 1 Nr. 2 c VGB 62 **Aufräumungs- oder Abbruchkosten bis zu „1 vom Hundert der Versicherungssumme"** versichert sind. Dabei ist unklar, welche Versicherungssumme die Berechnungsgrundlage der Haftung für Aufräumungs- oder Abbruchkosten sein soll (vgl. B 4). Diese Frage läßt sich nach den VGB 62 in Verbindung mit den SGIN 79 a auch nicht eindeutig beantworten. In der Praxis haben die Versicherer in der Wohngebäudeversicherung nach den VGB 62 das Problem dadurch gelöst, daß sie die Entschädigungsgrenze für Aufräumungs- oder Abbruchkosten aus einer Versicherungssumme berechnet haben, die durch Multiplikation der Versicherungssumme 1914 mit dem aktuellen Baupreisindex oder mit dem geltenden Prämienfaktor gewonnen wurde. In der Wohngebäudeversicherung nach den VGB 88 können derartige Probleme nicht mehr auftreten, da die Entschädigungsgrenzen für Kosten in §§ 2 VGB 88 n. F., 17 VGB 88 a. F. nunmehr einwandfrei geregelt sind. Infolgedessen ist es überflüssig, eine sog. Gegenwarts-Versicherungssumme in der Gleitenden Neuwertversicherung zu berechnen. Sie hat weder praktische noch theoretische Bedeutung. Allenfalls könnte sie zu dem Fehlschluß verleiten, es handele sich dabei um den Betrag, mit dem das Gebäude zu Gegenwartsbaupreisen versichert sei, der auch zugleich Obergrenze der Entschädigung im Totalschadenfall sei. Eine solche Betrachtung ist unzutreffend und irreführend. Das wird in der Praxis immer wieder übersehen. Verbreitet hält sich die Fehlinterpretation, der „Wert eines Gebäudes“ könne durch Multiplikation der Versicherungssumme 1914 mit dem aktuellen Baupreisindex oder gar mit dem geltenden gleitenden Neuwertfaktor gewonnen werden.

## Unbegrenzte Haftung 2.1

In der Gleitenden Neuwertversicherung gibt es grundsätzlich keine betragsmäßige Begrenzung der Entschädigung. Der Versicherer haftet unbegrenzt. Hat der VN die Versicherungssumme 1914 entsprechend dem Versicherungswert 1914 vereinbart, so werden alle versicherten Schäden am versicherten Gebäude ohne betragsmäßige Begrenzung entschädigt. In dieser Hinsicht unterscheidet sich die Gleitende Neuwertversicherung zum Vorteil des VN von der in der Sachversicherung ansonsten üblichen Neuwertversicherung mit einer festen oder einer mit Hilfe von Summenanpassungs- bzw. Wertzuschlagsklauseln angepaßten Versicherungssumme. Der in § 50 VVG verankerte Grundsatz, wonach der Versicherer nur bis zur Höhe der Versicherungssumme haftet, wird zu Gunsten der VN abgeändert. Hier liegt auch ein wesentlicher Grund für die Beibehaltung der Gleitenden Neuwertversicherung im Interesse der VN (vgl. P 8). Die **Versicherungssumme hat in der Gleitenden Neuwertversicherung ihre Funktion als Obergrenze der Entschädigung verloren**. Dies wird in den VGB 88 nicht ausdrücklich gesagt, folgt im Umkehrschluß aber auch aus §§ 14 Nr. 4 VGB 88 n. F., 15 Nr. 5 VGB 88 a. F. Lediglich in der Kostenversicherung sind die Entschädigungsgrenzen nach §§ 2 VGB 88 n. F., 17 VGB 88 a. F. zu beachten, die von der Höhe der vereinbarten Versicherungssumme 1914 abhängen. Die Versicherungssumme 1914 ist indessen auch in der Gleitenden Neuwertversicherung Maßstab für die Dichte des Versicherungsschutzes (vgl. R 3.1). Daher kommt es aus der Sicht des VN darauf an, einen Versicherungswert 1914 zu ermitteln und eine Versicherungssumme 1914 zu vereinbaren, die der Versicherer als richtig und ausreichend im Sinne von §§ 12 Nr. 1 und Nr. 3 VGB 88 n. F., 13 Nr. 1 sowie 16 Nr. 3 und Nr. 4 VGB 88 a. F. anerkennt. Gilt jedoch der Unterversicherungsverzicht nach §§ 12 Nr. 3 VGB 88 n. F., 16 Nr. 4 VGB 88 a. F., so verliert die Versicherungssumme 1914 auch ihre Funktion als Gradmesser für die Dichte des Versicherungsschutzes. Sie hat dann lediglich noch eine Beitragsberechnungsfunktion. Deshalb können in diesen Fällen Abweichungen zwischen der richtig ermittelten Versicherungssumme 1914 nach § 12 Nr. 2 VGB 88 n. F., 16 Nr. 3 VGB 88 a. F. und dem Versicherungswert 1914 in Kauf genommen werden, ohne daß daraus im Versicherungsfall Nachteile für den VN folgen (vgl. P 6).

## 2.2 Beitragsberechnung; Grundbeitrag 1914

Die Versicherungssumme 1914 ist Grundlage der Beitragsberechnung. Bei der Beitragsberechnung in der Gleitenden Neuwertversicherung wird in einem ersten Schritt der sog. Grundbeitrag 1914 als Produkt aus der vereinbarten Versicherungssumme 1914 und dem vereinbarten Beitragssatz nach der Formel **„Grundbeitrag 1914 = Versicherungssumme 1914 x Beitragssatz“** berechnet. Dieser Beitrag ist nicht der Beitrag, den der VN zu zahlen hat. Er wird nach Maßgabe der nachfolgend dargestellten Grundsätze ebenso wie die Haftung des Versicherers an die Baupreisentwicklung angepaßt. In § 11 Nr. 4 VGB 88 n. F. wurde versucht, diese Zusammenhänge für den VN verständlich darzustellen. Es wird dort darauf hingewiesen, daß sich der Beitrag gemäß der Erhöhung oder der Verminderung des gleitenden Neuwertfaktors verändert. Weiterhin wird ausgeführt, daß der jeweils zu zahlende Jahresbeitrag durch Multiplikation des bei Vertragsabschluß vereinbarten Jahresgrundbeitrags 1914 mit dem veränderten gleitenden Neuwertfaktor berechnet wird. Diese Klarstellung ist aus Verbrauchersicht zu begrüßen. Sie verbessert die Transparenz und die Verständlichkeit der Gleitenden Neuwertversicherung. Eine weitere Verbesserung wäre es gewesen, wenn in diesem Zusammenhang auch dargestellt worden wäre, wie der Jahresgrundbeitrag 1914 ermittelt wird. Daneben ist zu berücksichtigen, daß eine Reihe von Wohngebäudeversicherern den Grundbeitrag 1914 im Versicherungsantrag und im Versicherungsschein nicht mehr gesondert ermitteln bzw. ausweisen. Vielmehr wird der zu zahlende Jahresbeitrag unmittelbar nach der Formel „Versicherungssumme 1914 x Prämiensatz x gleitender Neuwertfaktor“ berechnet und ausgewiesen (vgl. dazu auch I. 4.1). Dies wird voraussichtlich dazu führen, daß § 11 Nr. 4 VGB 88 n. F. von einer Reihe von Versicherern nicht oder in modifizierter Form in die unternehmensindividuellen Bedingungswerke übernommen wird.

## 3 Anpassung der Haftung und des Beitrags

Die Gleitende Neuwertversicherung ist ein Instrument zur Bekämpfung der inflationsbedingten Unterversicherung. Sie verhindert, daß der reale Wert des Versicherungsschutzes durch nachträgliche Baupreissteigerungen ausgehöhlt wird. Dies wird dadurch erreicht, daß die Haftung des Versicherers in der Gleitenden Neuwertversicherung dynamisiert ist. Sie wird an die Baupreisentwicklung angepaßt. **Die Anpassung der Haftung vollzieht sich unsichtbar.** Sie kommt im Versicherungsfall dadurch zum Ausdruck, daß eintretende Schäden zum aktuellen Neuwert ohne betragsmäßige Begrenzung ersetzt werden. In der Schaden- und Entschädigungsberechnung werden die Preise des Schadentags zugrunde gelegt (vgl. R 2). Darüber hinaus werden die notwendigen Mehrkosten infolge Preissteigerungen zwischen dem Eintritt des Versicherungsfalls und der Wiederherstellung entschädigt (vgl. R 2.1). Steigen die Baupreise, so steigen die Kosten für die Beseitigung derselben realen Substanzschäden in gleichem Umfang. In der Gleitenden Neuwertversicherung haftet der Wohngebäudeversicherer ohne weiteres und unbegrenzt für derartige durch Preissteigerungen verursachte Mehrkosten. Der VN muß generell auf Baupreissteigerungen nicht mit Anpassungen der Versicherungssumme reagieren, da die Haftung des Versicherers den Preissteigerungen folgt. Demgegenüber ist die bei Vertragsabschluß vereinbarte Versicherungssumme 1914 fest. Sie wird durch während der Vertragslaufzeit eintretende Preissteigerungen nicht berührt. Das gleiche gilt für den Grundbeitrag 1914. Daraus folgt, daß sich bei Baupreissteigerungen das ursprünglich vorhandene Preis-/Leistungsverhältnis zum Nachteil des Versicherers verändern würde, wenn nur die Haftung und damit die Leistung, nicht aber der Beitrag (Preis) der Preisentwicklung folgen würde. **Deshalb wird der Grundbeitrag 1914 während der Vertragslaufzeit mit Hilfe des gleitenden Neuwertfaktors an die Baupreisentwicklung angepaßt.** Der vom VN zu zahlende Jahresbeitrag errechnet sich nach der Formel **„Grundbeitrag 1914 x gleitender Neuwertfaktor".** Auf diese Weise wird das Preis-/Leistungsverhältnis des Vertrages bei Preisänderungen gewahrt. Die Haftung des Versicherers und der vom VN zu zahlende Beitrag verändern sich gleichmäßig.

Fraglich ist, **ob der Versicherer bei einer Erhöhung des gleitenden Neuwertfaktors einseitig auf eine Beitragsanpassung verzichten kann.** Nach dem eindeutigen Bedingungswortlaut der VGB 88 ist dies nicht vorgesehen. Ansonsten wäre analog § 16 Nr. 2 a VHB 84/VHB 92 formuliert worden, daß der Beitrag erhöht werden kann oder vermindert werden muß. Dennoch ist auch in der Gleitenden Neuwertversicherung ein Verzicht des Versicherers auf eine Anpassung des Beitrags bei einer Erhöhung des gleitenden Neuwertfaktors ohne weiteres möglich. Es handelt sich dabei um einen Vorteil für den VN. Nachteile sind für den VN damit nicht verbunden, weil die Anpassung der Haftung davon nicht berührt wird. Der Versicherer hat lediglich darauf zu achten, daß er alle VN gleich behandelt, da ansonsten ein Verstoß gegen das Begünstigungsverbot vorliegt. Verzichtet der Versicherer auf eine mögliche Beitragsanpassung, so ist dies endgültig. Unterbliebene Anpassungen können in späteren Jahren nicht nachgeholt werden. Abgesehen davon treten bei einem derartigen Verzicht betriebstechnische Probleme auf.

## Gleitender Neuwertfaktor 4

Die Bezeichnung gleitender Neuwertfaktor ist in den VGB 88 an die Stelle des Begriffs Prämienfaktor in den SGIN 79 a getreten. Damit wird zum Ausdruck gebracht, daß **der Anpassungsfaktor in der Gleitenden Neuwertversicherung nicht nur den Beitrag (die Prämie), sondern auch die Haftung des Versicherers verändert.** Die Bezeichnung Prämienfaktor könnte daneben den unzutreffenden Eindruck erwecken, die Gleitende Neuwertversicherung sei materiell mit einer Beitragsanpassungsklausel gleichzusetzen (P 4.1.2). Abgesehen von dieser Begriffsänderung entsprechen die Bestimmungen über den gleitenden Neuwertfaktor in den VGB 88 materiell § 3 Nr. 2 Abs. 1 SGIN 79 a. Der Anpassungsmechanismus wurde im Grundsatz unverändert übernommen. Weggefallen ist in den VGB 88 die Schwellenwertregelung nach § 3 Nr. 2 Abs. 2 SGIN 79 a, so daß auch die in § 3 Nr. 3 SGIN 79 a verankerte „Vortragsregelung" für unterbliebene Anpassungen für die VGB 88 obsolet ist. Das führt dazu, daß sich gleitender Neuwertfaktor und Prämienfaktor im Zeitverlauf nicht gleichmäßig verändern (s. P 4.8). Nicht übernommen wurde die in § 4 SGIN 79 a geregelte sog. Tarifobergrenze (vgl. P 4.1.3). In den SGIN 88 ist die Schwellenwertregelung ebenfalls weggefallen. Dagegen wurden die Bestimmungen zur Tarifobergrenze in § 3 Nr. 3 SGIN 88/93 beibehalten.

## Mischfaktor 4.1

Der gleitende Neuwertfaktor ist ein Mischfaktor. Er erhöht oder vermindert sich jeweils zum 1. Januar eines Jahres für die in diesem Jahr beginnende Versicherungsperiode entsprechend dem Prozentsatz, um den sich der jeweils für den Monat Mai des Vorjahres vom Statistischen Bundesamt veröffentlichte **Baupreisindex für Wohngebäude** und der für den Monat April des Vorjahres veröffentlichte **Tariflohnindex für das Baugewerbe** verändert haben. **Die Änderung des Baupreisindexes für Wohngebäude wird zu 80 Prozent und die Änderung des Tariflohnindexes für das Baugewerbe wird zu 20 Prozent berücksichtigt** (§§ 11 Nr. 4 a VGB 88 n. F., 13 Nr. 5 VGB 88 a. F., 3 Nr. 2 SGIN 79 a). Mit dieser Berechnungsmethode soll die Baupreisentwicklung in angemessener Weise auf die Veränderung der Haftung und des Beitrags in der Wohngebäudeversicherung übertragen werden. Dabei muß offen bleiben, ob dies durch die dargestellte Gewichtung von Baupreisen und Tariflöhnen theoretisch exakt sichergestellt wird. Dies liegt daran, daß exakte Werte über das Lohn-/Materialverhältnis bei den Neubaukosten und Angaben über den durchschnittlichen Anteil der Lohnkosten am Gesamtschadenaufwand in der Wohngebäudeversicherung nicht vorliegen.

4.1.1 Unbestritten ist dagegen, daß die Haftung des Wohngebäudeversicherers entscheidend durch die **Entwicklung der Neubaukosten für Wohngebäude** beeinflußt wird. Veränderungen der Neubaukosten für Wohngebäude werden in der Bundesrepublik Deutschland mit dem vom Statistischen Bundesamt berechneten und veröffentlichten Baupreisindex für Wohngebäude gemessen. Bei diesem Index handelt es sich um eine gewichtete Maßzahl, die die Veränderung der durchschnittlichen Neubaukosten für ein idealtypisches Wohngebäude in der Bundesrepublik Deutschland ausdrückt. Ein Gebäude ist aus einer Vielzahl von Bauleistungen zusammengesetzt. Ein repräsentativer Baukostenindex läßt sich infolgedessen nur ermitteln, wenn ein bestimmter Gebäudetyp zugrunde gelegt wird, der auf bestimmten Annahmen über den Umfang und die Qualität der einzelnen Bauleistungen beruht.

Dies ist deswegen erforderlich, weil sich die **Preise für verschiedene Bauleistungen** durchaus unterschiedlich entwickeln. Die Entwicklung des Baupreisindexes stellt deswegen die Veränderung der Neubaukosten eines bestimmten Gebäudes exakt dar, wenn die beiden nachfolgenden Bedingungen erfüllt sind. Erstens muß das betreffende Gebäude in seiner Größe, in seiner Bauausführung und in seiner Ausstattung mit dem der Indexberechnung zugrundeliegenden Wohngebäude völlig identisch sein. Auf diese Bedingung könnte verzichtet werden, wenn sich die Preise aller Bauleistungen gleichmäßig verändern. Dies ist aber tatsächlich nie der Fall. Zweitens muß die **Baupreisentwicklung am Standort des betreffenden Gebäudes** genau der durchschnittlichen Baupreisentwicklung im Gebiet der Bundesrepublik Deutschland entsprechen. Beide Bedingungen werden in der Praxis nie nebeneinander erfüllt sein. Kein Gebäude gleicht einem anderen völlig. Abweichungen des versicherten Gebäudes vom „Index-Gebäude" führen dazu, daß der Index die Entwicklung des Neubauwerts des versicherten Gebäudes nicht exakt wiedergibt.

Weitere Abweichungen treten auf, wenn die Baupreisentwicklung am Standort des Gebäudes nicht mit der durchschnittlichen Baupreisentwicklung übereinstimmt. Insbesondere daran entzündet sich immer wieder die Kritik am gleitenden Neuwertfaktor und an der Konstruktion der Gleitenden Neuwertversicherung. Es wird darauf hingewiesen, daß in der Regel die Baupreise in Großstädten und Ballungsräumen überdurchschnittlich und in ländlichen Randgebieten unterdurchschnittlich steigen. Infolgedessen benachteilige die Anpassung der Prämie nach Maßgabe der durchschnittlichen Baupreisentwicklung die VN, deren Gebäude in ländlichen Gebieten liegen. Umgekehrt würden den Gebäudeeigentümern in Großstädten und Ballungsgebieten ungerechtfertigte Vorteile eingeräumt.

Diese Kritik mag im Prinzip zutreffen. Eine völlige Gleichbehandlung aller VN ist indessen aus praktischen Gründen nicht realisierbar. Dies liegt zunächst daran, daß lokale Baupreisindizes in der notwendigen regionalen Differenzierung überhaupt nicht verfügbar sind. Zwar werden für alle Bundesländer regionale Baupreisindizes berechnet. Damit läßt sich aber das angesprochene Problem nicht lösen, da auch innerhalb der einzelnen Bundesländer Unterschiede im Baupreisniveau und in der Baupreisentwicklung auftreten. Daneben ist zu berücksichtigen, daß die Gleitende Neuwertversicherung mit zahlreichen unterschiedlich verlaufenden Indexreihen und Anpassungsfaktoren wirtschaftlich nicht zu verwalten wäre. Außerdem würde damit auch der Außendienst der Versicherer völlig überfordert (vgl. auch P 6.2 und 6.4). Infolgedessen muß die angesprochene Ungleichbehandlung in Kauf genommen werden. Sie bewegt sich in tolerablen Grenzen und wird durch die Vorteile der Gleitenden Neuwertversicherung für den VN überkompensiert. Abgesehen davon steht es dem Gebäudeeigentümer frei, anstelle der Gleitenden Neuwertversicherung eine Neuwertversicherung mit fester Versicherungssumme abzuschließen (vgl. Q 1.1).

Neben der Änderung der Neubaupreise für Wohngebäude beeinflußt auch die **Veränderung der Tariflöhne für das Baugewerbe den gleitenden Neuwertfaktor**. Die Tariflohnänderungen werden mit Hilfe des Tariflohnindexes für das Baugewerbe gemessen. Diese Komponente wurde erstmals mit dem SGIN 79/79 a eingeführt. Im Vorfeld dieser Änderung der Berechnungsmethode hat eine lebhafte Auseinandersetzung darüber stattgefunden, ob die Einbringung der Tariflohnentwicklung in das Berechnungsschema für die Veränderung des Prämienfaktors in der Gleitenden Neuwertversicherung gerechtfertigt ist (vgl. Kempe, VW 76 S. 227 und ZfV 76 S. 414; Luttmer, ZfV 76 S. 304 und ZfV 77 S. 72 sowie Engels, VP 76 S. 246). Auf die vielfältigen Aspekte dieser Diskussion kann an dieser Stelle nicht eingegangen werden. Die Einbringung der Tariflohnentwicklung wird vor allem damit gerechtfertigt, daß es sich bei den Schäden in der Wohngebäudeversicherung in erster Linie um lohnkostenintensive Reparaturschäden handelt. Der Lohnkostenanteil am Gesamtschadenaufwand in der Wohngebäudeversicherung ist infolgedessen höher als der Lohnkostenanteil, der in die Berechnung der Neubaukosten eingeht. Steigen die Tariflöhne im Baugewerbe stärker als die Kosten der übrigen Bauleistungen und Bauteile, so verändert sich daher das Preis-/Leistungsverhältnis zum Nachteil des Versicherers selbst dann, wenn der Beitrag nach Maßgabe der Veränderung der Neubaupreise angepaßt wird. Dieser Störung soll durch die verstärkte Berücksichtigung der Tariflohnentwicklung vorgebeugt werden. 4.1.2

Die **Anpassung der Haftung und des Beitrags in der Gleitenden Neuwertversicherung ist dennoch keine Beitragsanpassungsklausel**. Sie ist ein Aluid, hat aber starke Ähnlichkeit mit einer Summenanpassungsklausel, weil sie lediglich auf Veränderungen des Baukostenniveaus anspricht. Andere Risikoänderungen, also insbesondere Veränderungen der Schadenhäufigkeit oder des Schadenaufwands, lösen keine Anpassung aus. Die Gleitende Neuwertversicherung unterscheidet sich in diesem wichtigen Punkt von Beitragsanpassungsklauseln. Darauf ist es zurückzuführen, daß die in § 3 Nr. 4 SGIN 79 a/93 verankerten Bestimmungen zur Tarifobergrenze in die VGB 88 nicht übernommen wurden. Sie waren 1984 aufgrund der vom Bundesverwaltungsgericht festgelegten Grundsätze für Beitragsanpassungsklauseln (vgl. VerBAV 81 S. 80) in die SGIN 79 a eingefügt worden (vgl. VerBAV 84 S. 174). Auf diese Weise entstanden seinerzeit aus den SGIN 79 die die SGIN 79 a. Offenbar hat das BAV seinerzeit den Anpassungsmechanismus der Gleitenden Neuwertversicherung als Beitragsanpassungsklausel eingestuft. Diese Einstellung hat sich gewandelt. Inzwischen vertritt auch das BAV zu Recht den Standpunkt, daß die Gleitende Neuwertversicherung die entscheidenden Charakteristika einer Summenanpassungsklausel aufweist. Das in § 31 VVG verankerte Kündigungsrecht steht dem VN bei einer Erhöhung des gleitenden Neuwertfaktors nicht zu. Erhöht sich der gleitende Neuwertfaktor, so wird nicht nur der Beitrag, sondern in 4.1.3

gleichem Ausmaß auch die Haftung erhöht. Der VN hat jedoch bei einer Erhöhung des gleitenden Neuwertfaktors ein Vertragsgestaltungsrecht (s. P 4.6).

## 4.2 Berechnung der Veränderungen

Das Verfahren für die Berechnung der Veränderungen des gleitenden Neuwertfaktors ist in den VGB 88 eindeutig und für den VN nachvollziehbar festgelegt. Der gleitende Neuwertfaktor erhöht oder vermindert sich jeweils zum 1. Januar eines jeden Jahres für die in diesem Jahr beginnende Versicherungsperiode entsprechend dem Prozentsatz, um den sich der jeweils für den Monat Mai des Vorjahres vom Statistischen Bundesamt veröffentlichte Baupreisindex für Wohngebäude und der für den Monat April des Vorjahres veröffentlichte Tariflohnindex für das Baugewerbe geändert haben. Die Änderung des Baupreisindexes für Wohngebäude wird zu 80 % und die des Tariflohnindexes für das Baugewerbe zu 20 % berücksichtigt. Bei dieser Berechnung wird auf jeweils zwei Stellen hinter dem Komma gerundet. Der gleitende Neuwertfaktor wird auf eine Stelle hinter dem Komma gerundet (§§ 11 Nr. 4 a VGB 88 n. F., 13 Nr. 5 VGB 88 a. F., 3 Nr. 2 SGIN 79 a). Der gleitende Neuwertfaktor wird für jedes Kalenderjahr neu berechnet und festgesetzt. Er gilt für alle zwischen dem 1. 1. und dem 31. 12. eines Kalenderjahres beginnenden Versicherungsjahre.

Die Berechnungen zur Erhöhung oder Verminderung des gleitenden Neuwertfaktors werden nachstehend anhand der konkreten Berechnung des gleitenden Neuwertfaktors für das am 1. 1. 1999 beginnende Kalenderjahr dargestellt.

4.2.1 **1. Schritt**: Der vom Statistischen Bundesamt für den Monat Mai 1998 veröffentlichte Baupreisindex wird zu dem für den Monat Mai 1997 berechneten Baupreisindex in Beziehung gesetzt. Dabei werden die Baupreisindizes auf der Basis des Jahres 1995 zugrundegelegt. Sie betragen 99,0 für Mai 1998 und 99,1 für Mai 1997. Der Veränderungsprozentsatz errechnet sich wie folgt:

$$\left(\frac{99,0}{99,1} \times 100\right) ./.\ 100 \qquad = ./.\ 0,10091\ \%$$

Dieser Wert wird auf zwei Stellen hinter dem Komma gerundet. Er lautet danach ./. 0,10 %.

4.2.2. **2. Schritt**: Der vom Statistischen Bundesamt für den Monat April 1998 veröffentlichte Tariflohnindex für das Baugewerbe wird zu dem für den Monat April 1997 berechneten Tariflohnindex in Beziehung gesetzt. Zugrunde gelegt werden die Tariflohnindizes auf der Basis des Jahres 1991. Sie betragen 124,0 für den Monat April 1998 und 122,3 für den Monat April 1997. Der Veränderungsprozentsatz errechnet sich wie folgt:

$$\left(\frac{124,0}{122,3} \times 100\right) ./.\ 100 \qquad = ./.\ 1,39002\ \%$$

Die Rundung auf zwei Stellen hinter dem Komma ergibt 1,39 %. Auffallend ist, daß der Tariflohnindex gestiegen ist, während der Baukostenindex leicht zurückgegangen ist.

4.2.3 **3. Schritt**: Es wird die gewichtete durchschnittliche Veränderung von Baukostenindex und Tariflohnindex berechnet. Die Veränderung des Baukostenindexes wird mit 80 %

und die Veränderung des Tariflohnindexes wird mit 20 % gewichtet. Daher ergibt sich folgende Berechnung:

(./. 0,10 % x 0,8) + (1,39 % x 0,2) = 0,198 %

Der endgültige Veränderungsprozentsatz wird auf zwei Stellen hinter dem Komma gerundet. Er lautet 0,20 %.

4. Schritt: Der für das Jahr 1998 maßgebende gleitende Neuwertfaktor von 25,3 erhöht sich um 0,20 %. Der ab 01. 01.1999 geltende Faktor berechnet sich wie folgt: 4.2.4

$$\frac{25{,}3 \times 100{,}2}{100} = 25{,}3506$$

Dieser Wert wird auf eine Stelle hinter dem Komma gerundet. Ab 01. 01. 1999 beträgt der gleitende Neuwertfaktor daher 25,4.

## Abweichungen des Prämienfaktors 4.3

Im Vergleich zu § 3 Nr. 2 SGIN 79 a ist in den VGB 88 die Anpassungsschwelle weggefallen, wonach eine Anpassung des Prämienfaktors unterbleibt, solange die gewichtete Veränderung von Baukostenindex und Tariflohnindex weniger als 3 % beträgt. Diese Änderung hat in der Vergangenheit verschiedentlich dazu geführt, daß der Prämienfaktor nach den SGIN 79 a und der gleitenden Neuwertfaktor nach den VGB 88 nicht übereinstimmen (vgl. P 4.8). So liegt es auch für das Jahr 1999. Im Vergleich zum Jahr 1995 lag die gewichtete Veränderung von Baukostenindex und Tariflohnindex in den Jahren 1996 und 1997 jeweils unter dem in § 3 Nr. 2 SGIN 79 a verankerten Schwellenwert von 3 %. Infolgedessen wurde der Prämienfaktor zum 01. 01. 1997 und auch zum 01. 01. 1998 nicht erhöht. Für die Berechnung des Prämienfaktors für das Jahr 1999 sind daher die Veränderungen des Baupreisindexes von Mai 1995 auf Mai 1998 und des Tariflohnindexes von April 1995 auf April 1998 maßgebend. Der Baupreisindex (Basis 1995 = 100) beträgt 100,2 für Mai 1995 und 99,0 für Mai 1998. Der gerundete Veränderungsprozentsatz beträgt ./. 1,20 %. Der Tariflohnindex (Basis 1991 = 100) lautet 118,6 für April 1995 und 124,0 für April 1998. Daraus ergibt sich ein gerundeter Veränderungsprozentsatz von 4,55 %. Die gewichtete Veränderung beider Indizes berechnet sich wie folgt:

(./. 1,20 % x 0,8) + (4,55 % x 0,2) = ./. 0,05 %

Die gewichtete Veränderung der Indizes beträgt damit ./. 0,05 % und liegt unter der Anpassungsschwelle von 3 %. Infolgedessen lautet der Prämienfaktor für 1999 unverändert 25,5.

## Zeitverzögerte Anpassung 4.4

Die dargestellten Berechnungsmethoden führen dazu, daß Baupreisänderungen erst mit erheblicher zeitlicher Verzögerung auf die Beiträge durchschlagen. Dies gilt sowohl für die Berechnungen nach den VGB 88 als auch für die Berechnungen nach den SGIN 79 a. Wegen der Einzelheiten kann auf Rolwes (ZfV 86 S. 95) verwiesen werden, der jedoch bei seinen Berechnungen mögliche zusätzliche Zeitverzögerungen durch die Schwellenwertregelung in § 3 Nr. 2 SGIN 79 a außer Betracht läßt. Deshalb trifft der von

Rolwes nach Luttmer berechnete durchschnittliche „time lag“ von 18,5 Monaten für die VGB 88 und die SGIN 88/93 zu. Wegen der Schwellenwertregelung kann die Zeitverzögerung nach den SGIN 79 a jedoch noch wesentlich länger sein. Im Gegensatz zur zeitverzögerten Beitragsanpassung verändern sich die Haftung und der Schadenaufwand des Versicherers in unmittelbarem zeitlichen Zusammenhang mit Baupreisänderungen. Darauf ist es zurückzuführen, daß die Schwellenwertregelung der SGIN 79 a in den VGB 88 und in den SGIN 88/93 nicht übernommen wurde. Infolgedessen stimmen Prämienfaktor und gleitender Neuwertfaktor häufig nicht mehr überein. Dies gilt nicht nur im Hinblick auf rechnerische Abweichungen infolge Rundungsdifferenzen. Daneben stimmen Prämienfaktor und gleitender Neuwertfaktor insbesondere immer dann nicht überein, wenn die binnen Jahresfrist eingetretenen gewichteten Baupreis- und Tariflohnsteigerungen den Schwellenwert von 3 % nach § 3 Nr. 2 SGIN 79 a nicht erreichen. Dann wird der gleitende Neuwertfaktor erhöht, während die Anpassung des Prämienfaktors unterdrückt wird.

## 4.5 Abweichende Vereinbarungen

Die Erhöhung oder Verminderung des gleitenden Neuwertfaktors ist in den VGB 88 im einzelnen geregelt. Dagegen wird ebenso wie in den SGIN 79 a wiederum nicht festgelegt, welcher gleitender Neuwertfaktor bei Abschluß des Vertrages zugrunde zu legen ist. Deshalb ist unverändert davon auszugehen, daß es den Vertragsparteien theoretisch möglich ist, die Höhe des gleitenden Neuwertfaktors bei Vertragsabschluß frei zu vereinbaren (Ollick, VerBAV 79 S. 403). Daneben ist es theoretisch auch ohne weiteres möglich, die nach §§ 11 Nr. 4 a VGB 88 n. F., 13 Nr. 5 VGB 88 a. F., 3 Nr. 2 SGIN 79 a ermittelten Veränderungsprozente auf Faktoren anzuwenden, die bei Vertragsabschluß ohne Rücksicht auf das Wägungsschema 80 : 20 für Baupreis- und Tariflohnsteigerungen festgelegt wurden. Diese Fälle haben indessen praktisch keine Bedeutung, da die Wohngebäudeversicherer bei Vertragsabschluß den zu diesem Zeitpunkt geltenden gleitenden Neuwertfaktor nach Maßgabe der VGB 88 zugrunde legen. Die Fußnotenregelung zu § 13 Nr. 5 Abs. 2 VGB 88 a. F. trägt diesem Umstand Rechnung. Außerdem soll der VN dadurch in die Lage versetzt werden, die Veränderungen des gleitenden Neuwertfaktors nachzuvollziehen. Die freie Vereinbarung eines beliebigen gleitenden Neuwertfaktors bei Vertragsabschluß wird damit jedoch grundsätzlich nicht ausgeschlossen.

## 4.6 Vertragsgestaltungsrecht des VN

Die Gleitende Neuwertversicherung kann bei steigenden Baupreisen zu jährlicher Beitragsmehrbelastung für den VN führen. Daher sind bei langfristigen Verträgen zuverlässige Prognosen über die Beitragsbelastung des VN während der Vertragslaufzeit nicht möglich. Dem VN wird deshalb analog § 5 SGIN 79 a auch nach §§ 11 Nr. 4 b VGB 88 n. F., 13 Nr. 6 VGB 88 a. F. das Recht eingeräumt, bei einer Erhöhung des gleitenden Neuwertfaktors die Gleitende Neuwertversicherung in eine Neuwertversicherung mit fester Versicherungssumme nach §§ 13 Nr. 1 a VGB 88 n. F., 14 Nr. 1 a VGB 88 a. F. umzuwandeln. Es handelt sich dabei nicht um ein Kündigungsrecht, sondern um ein einseitiges Vertragsgestaltungsrecht des VN während der Vertragslaufzeit (Martin S IV 72), das ein typisches Merkmal von Summenanpassungsklauseln ist (vgl. zu § 16 Nr. 1 c VHB 84 Dietz § 16 RN 4.4). Der VN kann bei jeder Anpassung die daraus folgende Beitragsmehrbelastung verhindern, indem er widerspricht. Der Versicherungsvertrag wird dadurch verändert, besteht aber in veränderter Form fort. Im Gegensatz dazu steht dem VN bei Beitragserhöhungen aufgrund von Beitragsanpassungsklauseln ein Kündigungsrecht nach § 31 VVG zu. Die Ausübung des Kündigungsrechts führt zur Beendigung des Vertrages. Der Begriff Kündigung wird infolgedessen in den VGB 88 abweichend von § 5 SGIN 79 a in diesem Zusammenhang nicht mehr verwendet. Materiell stimmen die beiden Regelungen in wesentlichen Punkten überein. Daneben bestehende Unterschiede werden nachfolgend im Sachzusammenhang behandelt.

**Der VN kann innerhalb eines Monats,** nachdem ihm die Mitteilung über die Erhöhung des gleitenden Neuwertfaktors zugegangen ist, **der Erhöhung widersprechen** (vgl. §§ 11 Nr. 4 b VGB 88 n. F., 13 Nr. 6 VGB 88 a.F). Nach § 5 SGIN 79 a kann er das entsprechende Vertragsgestaltungsrecht „jederzeit unter Einhaltung einer Kündigungsfrist von drei Monaten" ausüben. Nach dem Wortlaut dieser Regelung kann der VN die Umwandlung einer Gleitenden Neuwertversicherung in eine Neuwertversicherung mit fester Versicherungssumme zu jedem beliebigen Zeitpunkt fordern. Dabei ist unklar, ob die Formulierung „unter Einhaltung einer Kündigungsfrist von drei Monaten" auf das Ende des Versicherungsjahres abstellt oder ob eine Umwandlung auch innerhalb des laufenden Versicherungsjahres möglich sein soll. Diese Frage hat indessen nur theoretische Bedeutung. Ein Umwandlungsrecht hat der VN nach den SGIN 79 a auch dann, wenn der Prämienfaktor während der Vertragslaufzeit überhaupt noch nicht erhöht wurde. Im Gegensatz dazu entsteht das Vertragsgestaltungsrecht nach den VGB 88 bei einer Erhöhung des gleitenden Neuwertfaktors innerhalb eines Monats nach Zugang der Mitteilung über die Erhöhung. Damit wird dem zuvor skizzierten Grundgedanken Rechnung getragen, daß es dem VN ermöglicht werden soll, Beitragsmehrbelastungen entgegenzuwirken. Läßt der VN die Monatsfrist ungenutzt verstreichen, so fällt das Vertragsgestaltungsrecht endgültig weg. Es entsteht erst dann wieder, wenn der gleitende Neuwertfaktor in Folgejahren erneut erhöht wird. Der Widerspruch gegen die vom Versicherer mitgeteilte Erhöhung muß schriftlich erklärt werden. Er wirkt für den Zeitpunkt, in dem die Erhöhung wirksam werden sollte, d. h. zum Beginn des betreffenden Versicherungsjahres. Im allgemeinen wird die Erhöhung des gleitenden Neuwertfaktors dem VN in der Beitragsrechnung mitgeteilt. Dies führt dazu, daß der Widerspruch des VN zurückwirkt, da der Widerspruch dem Versicherer zumeist erst nach Beginn des betreffenden Versicherungsjahres zugeht. Deswegen muß der Versicherer dafür sorgen, daß in diesen Fällen das Mahnverfahren nicht eingeleitet wird, da die Beitragsrechnung durch den Widerspruch obsolet geworden ist. 4.6.1

Der Widerspruch des VN führt dazu, daß die Versicherung ab dem Zeitpunkt, in dem die Erhöhung des gleitenden Neuwertfaktors wirksam werden sollte, als **Neuwertversicherung mit fester Versicherungssumme zur „bisherigen Prämie" in Kraft bleibt**. Die „bisherige Prämie" ist der Jahresbeitrag, den der VN für das letzte vor dem Erhöhungszeitpunkt des gleitenden Neuwertfaktors liegende Versicherungsjahr zu entrichten hatte. Die neue Versicherungssumme wird ermittelt, indem die vereinbarte Versicherungssumme 1914 mit 1/100 „des bei Wirksamwerden des Widerspruchs zugrundegelegten Baupreisindexes für Wohngebäude" multipliziert wird (§§ 13 Nr. 6 VGB 88 a. F., 5 SGIN 79 a). Diese Formulierung ist auslegungsbedürftig. Der für die Umrechnung maßgebende Baupreisindex für Wohngebäude ist der Index für den Monat Mai des Vorjahres auf der Preisbasis 1914. In § 11 Nr. 4 b VGB 88 n. F. wird das klargestellt. Widerspricht der VN zum Beispiel einer zum 01. 01. 1999 wirkenden Erhöhung des gleitenden Neuwertfaktors, so wird für die Berechnung der neuen Versicherungssumme der Mai-Index des Jahres 1998 auf der Grundlage des Jahres 1914 verwendet. Es ist zu beachten, daß der Baupreisindex 1914 und der gleitende Neuwertfaktor voneinander abweichen. 4.6.2

Dadurch verändert sich infolge der Umrechnung der Beitragssatz. Das nachfolgende Berechnungsbeispiel verdeutlicht die angesprochenen Zusammenhänge.

Der gleitende Neuwertfaktor beträgt 25,3 für das Jahr 1998 und 25,4 für das Jahr 1999. Der für die Umrechnung maßgebende Baupreisindex Mai 1998 beträgt 2.024,1. Es besteht ein Vertrag mit folgenden Vertragsdaten:

| | | |
|---|---|---|
| Versicherungssumme 1914 | 25.000 M | |
| Beitragssatz | 0,9 ‰ | |
| Beitragsfälligkeit des Vertrages | 1. 7. | |
| Jahresbeitrag 1998/1999 | $\frac{25.000 \times 0{,}9 \times 25{,}3}{1000}$ | = 569,30 DM |
| Jahresbeitrag 1999/2000 | $\frac{25.000 \times 0{,}9 \times 25{,}4}{1000}$ | = 571,50 DM |

Der Widerspruch des VN gegen die Erhöhung des gleitenden Neuwertfaktors für das Versicherungsjahr 1999/2000 führt zu folgenden Vertragsveränderungen:

| | | |
|---|---|---|
| Jahrsbeitrag 1999/2000 | 569,30 DM | |
| Versicherungssumme : | $\frac{25.000 \times 2.024{,}1}{1000}$ | = 506.025 DM |
| Neuer Beitragssatz : | $\frac{569{,}30 \times 1000}{506.025}$ | = 1,125 ‰ |

4.6.3 **In der Praxis werden Gleitende Neuwertversicherungen nur sehr selten in feste Neuwertversicherungen umgewandelt.** Dies liegt daran, daß damit von vornherein eine ganze Reihe von Nachteilen für den VN verbunden ist. Bei steigenden Baupreisen wird dadurch Unterversicherung erzeugt. Der Baupreisindex, der der Berechnung der festen Neuwertversicherungssumme zugrunde gelegt wird, ist im Zeitpunkt der Berechnung bereits überholt. Daneben gilt die in §§ 14 Nr. 4 VGB 88 n. F., 15 Nr. 5 VGB 88 a. F. verankerte Begrenzung der Gesamtentschädigung für Sach-, Kosten- und Mietausfallschäden auf den Betrag der Versicherungssumme. Weiterhin verschlechtert sich die Haftung dadurch, daß bei gleicher Beitragszahlung die absoluten Beträge der Entschädigungsgrenzen nach §§ 2 VGB 88 n. F., 17 VGB 88 a. F. sinken. Deswegen haben sich die Versicherer seinerzeit bei der Einführung der SGIN 79 in einer Geschäftsplanmäßigen Erklärung dazu verpflichtet, den VN in diesen Fällen auf die Zweckmäßigkeit der Überprüfung des Vertragsinhalts, insbesondere der Versicherungssumme, hinzuweisen (vgl. VerBAV 79 S. 390). Diese Hinweispflicht sollten die Versicherer weiterhin wahrnehmen. Die Geschäftsplanmäßige Erklärung gilt nach Auffassung des BAV weiterhin (VerBAV 94 S. 356; vgl. I. 1.4.2 und P 5.2). Generell sollte aus Anlaß des Widerspruchs eine grundlegende Neuordnung des Vertrages erfolgen.

4.6.4 In §§ 11 Nr. 4 b Satz 4 VGB 88 n. F., 13 Nr. 6 Abs. 2 VGB 88 a. F., 5 Nr. 2 SGIN 79 a wird ausdrücklich darauf hingewiesen, daß das Recht des VN auf eine **(weitere) Herabsetzung der Versicherungssumme wegen erheblicher Überversicherung** nach § 51 I VVG durch die dargestellte Umwandlung der Versicherungssumme 1914 in eine feste Neuwertversicherungssumme nicht berührt wird. Weist der VN nach, daß der ortsübliche Neubauwert des versicherten Gebäudes erheblich niedriger ist als die nach §§ 11 Nr. 4 b VGB 88 n. F., 13 Nr. 6 VGB 88 a. F., 5 Nr. 1 SGIN 79 a berechnete Versicherungssumme, so kann er verlangen, daß die Versicherungssumme auf den Betrag des ortsüblichen Neubauwerts herabgesetzt wird. Der VN hat jedoch nicht das Recht, darüber hinaus eine Versicherung zum Zeitwert oder zum gemeinen Wert zu fordern. Ausgenommen davon sind die in §§ 13 Nr. 2 VGB 88 n. F., 14 Nr. 2 VGB 88 a. F. geregelten Fälle, in denen eine Gleitende Neuwertversicherung jedoch unmittelbar, d. h. ohne den Umweg über eine Neuwertversicherung, zu einer Versicherung zum gemeinen Wert wird (vgl. Q 3). Der Hinweis auf § 51 I VVG bezieht sich auf die Fälle, in denen eine Gleitende Neuwertversicherung zuvor durch den Widerspruch des VN gegen eine Erhöhung des gleitenden Neuwertfaktors in eine feste Neuwertversicherung umgewandelt wurde. Die unmittelbare Anwendung von § 51 I VVG auf die Gleitende Neuwertversicherung mit Unterversicherungsverzicht wird dadurch nicht geregelt (P 6.5.2).

## Euro-Umstellung 4.7

Umstritten ist die Frage, ob es zulässig ist, bei der Umstellung des Bestandes an Wohngebäudeversicherungsverträgen den gleitenden Neuwertfaktor bzw. den Baupreisindex für Wohngebäude und den Tariflohnindex für das Baugewerbe nach Maßgabe des festgesetzten Umrechnungskurses von 1,95583 DM für einen Euro umzurechnen. Die möglichen Auswirkungen einer solchen Umrechnung und die rechtlichen Bedenken sind ausführlich in I. 4.1.4 dargestellt. An dieser Stelle ist noch einmal darauf hinzuweisen, daß die vom Statistischen Bundesamt veröffentlichten Baupreisindizes für Wohngebäude und Tariflohnindizes für das Baugewerbe Grundlage für die Berechnung der Veränderungen des gleitenden Neuwertfaktors und auch des Prämienfaktors sind. Bei dieser Betrachtungsweise wird deutlich, daß ein anderer Berechnungsmodus ohne Bedingungsänderung nur dann zulässig ist, wenn das Statistische Bundesamt entsprechende neu berechnete Indizes veröffentlicht (vgl. dazu auch VerBAV 98 S. 115). Es ist aber zweifelhaft, ob das Statistische Bundesamt Indizes berechnen und veröffentlichen wird, die als Grundlage für die angestrebte Umrechnung von gleitendem Neuwertfaktor und Prämienfaktor dienen können. Dies liegt insbesondere daran, daß die angesprochenen Indexwerte Maßzahlen sind, die aussagen, in welchem Verhältnis die Baupreise bzw. die Tariflöhne des jeweiligen Bezugszeitraums zu den Baupreisen und Tariflöhnen des Basiszeitraums stehen. Auf diese Weise werden Veränderungen des Preisniveaus dargestellt. Durch eine Währungsumstellung werden derartige Verhältniszahlen nicht berührt. Deshalb wurde bei der Umstellung anderer Indizes gerade darauf geachtet, daß sie währungsneutral erfolgte, um die Kontinuität und die Aussagekraft von Indexreihen nicht zu verwässern.

## Entwicklung von Baupreisindex, Prämienfaktor und gleitendem Neuwertfaktor 4.8

In der nachfolgenden Übersicht ist dargestellt, wie sich Baupreisindex, Prämienfaktor und gleitender Neuwertfaktor seit Einführung der SGIN 79/79 a bzw. der VGB 88 entwickelt haben.

| | Baupreisindex Monat Mai<br>Preisbasis 1914 | Prämienfaktor<br>SGIN 79 a | Gleitender Neuwertfaktor<br>VGB 88 |
|---|---|---|---|
| 1979 | 1.101,6 | (13,5) | – |
| 1980 | 1.230,7 | 13,5 | – |
| 1981 | 1.302,9 | 15,0 | – |
| 1982 | 1.339,5 | 16,0 | – |
| 1983 | 1.357,6 | 16,0 | – |
| 1984 | 1.400,5 | 16,8 | – |
| 1985 | 1.400,5 | 17,3 | – |
| 1986 | 1.423,8 | 17,3 | – |
| 1987 | 1.453,2 | 17,3 | – |
| 1988 | 1.482,6 | 18,1 | 18,1 |
| 1989 | 1.535,4 | 18,1 | 18,5 |
| 1990 | 1.631,0 | 19,2 | 19,1 |
| 1991 | 1.744,3 | 20,5 | 20,4 |
| 1992 | 1.838,3 | 21,9 | 21,8 |
| 1993 | 1.928,1 | 23,1 | 23,0 |
| 1994 | 1.964,6 | 24,2 | 24,1 |
| 1995 | 2.050,9 | 24,2 | 24,6 |
| 1996 | 2.047,4 | 25,5 | 25,3 |
| 1997 | 2.033,4 | 25,5 | 25,4 |
| 1998 | 2.024,1 | 25,5 | 25,3 |
| 1999 | | 25,5 | 25,4 |

Die Zahlenübersicht verdeutlicht den rasanten Anstieg der Baupreise in den Jahren 1980 bis 1984. Daraus folgt eine zeitversetzte starke Steigerung des Prämienfaktors. Diese Entwicklung wird in den Jahren 1985 bis 1988 durch eine vorübergehende Phase relativer Preisstabilität unterbrochen, bevor ab dem Jahr 1989 die Steigerungsraten wieder zunehmen. Die Jahre 1990 bis 1993 sind geprägt durch sehr starke Preissteigerungen, die vor allem durch den Bauboom in den neuen Bundesländern getrieben wurden. Prämienfaktor und gleitender Neuwertfaktor folgen dieser Entwicklung zeitverzögert. Mit dem Auslaufen des Baubooms sinken die Baupreise seit dem Jahr 1996. Dieser Preisrückgang schlägt auf den Prämienfaktor und den gleitenden Neuwertfaktor bisher nicht durch, weil er durch den weiteren Anstieg der Tariflöhne für das Baugewerbe kompensiert wird. Der Prämienfaktor bleibt in den Jahren 1996 bis 1999 konstant, der gleitende Neuwertfaktor pendelt in dieser Zeit zwischen 25,3 und 25,4.

## 5 Ermittlung und Vereinbarung der Versicherungssumme

Die Schwierigkeiten und Unsicherheiten bei der Ermittlung des Versicherungswerts und der Versicherungssumme sind in P 1 ff. dargestellt. Dabei wird auch herausgearbeitet, daß es sich dabei um generelle Probleme in der Wohngebäudeversicherung handelt, die jedoch bei der Ermittlung des Versicherungswerts 1914 und der Versicherungssumme 1914 in verschärfter Form in Erscheinung treten. Daneben ist festzuhalten, daß die auftretenden Abgrenzungs- und Bewertungsprobleme primär nicht durch die Konstruktion der Wohngebäudeversicherung entstehen. Ihre Hauptursache sind die oft schwierigen sachenrechtlichen Abgrenzungsprobleme und Grundsatzfragen, die nicht nur im Versicherungsrecht zu Komplikationen führen. Sie werden verschärft durch Bewertungsprobleme, deren Komplexität in der Wohngebäudeversicherung weitaus höher ist als in den allermeisten sonstigen Sparten des Privatkundengeschäfts. Vor diesem Hintergrund überrascht es nicht, daß die Ermittlung und die Vereinbarung der „richtigen" Versicherungssumme gerade in der Wohngebäudeversicherung seit je her ein interessantes Thema ist. Zahlreiche Veröffentlichungen dazu belegen dies. Auch die Rechtsprechung wird immer wieder mit diesem Fragenkomplex befaßt. Dabei dreht es sich im Prinzip um zwei Fragen.

In erster Linie handelt es sich darum, den Versicherungswert und damit die „richtige" Versicherungssumme oder „Soll-Versicherungssumme" (Prölss/Martin § 52 RN 1) zu ermitteln. Daran haben VN und Versicherer ein großes Interesse. Der VN ist daran interessiert, weil die Ermittlung und die Vereinbarung dieser Versicherungssumme die Voraussetzung für den vollen Ersatz versicherter Schäden im Versicherungsfall ist. Ansonsten besteht Unterversicherung, die zur Kürzung der Entschädigung führt. Der Versicherer hat ein Interesse an der Vereinbarung dieser Versicherungssumme, weil sie in der Sachversicherung die Grundlage dafür schafft, daß ein Beitrag vereinbart wird, der seiner Risikotragung entspricht. Dabei spielt auch die Überlegung eine Rolle, daß eine bestehende Unterversicherung im Schadenfall insbesondere bei Kleinschäden häufig nicht durchgesetzt werden kann. Hinzu kommt, daß die Anrechnung der Unterversicherung regelmäßig zu unerfreulichen Auseinandersetzungen und zur Verärgerung des VN führt. Grundsätzlich haben VN und Versicherer insoweit ein übereinstimmendes Interesse. Jedoch neigen VN gelegentlich dazu, eher niedrigere Versicherungssummen zu vereinbaren. Dadurch kann der Beitrag gesenkt werden, der in der Wohngebäudeversicherung das Produkt von Versicherungssumme und Beitragssatz ist.

An diese Überlegungen schließt die zweite wichtige Frage nach der Zuständigkeit und nach der Verantwortung für die Ermittlung und die Vereinbarung der Versicherungssumme an. Zunächst wird nachfolgend dieser Fragenkomplex untersucht.

## Zuständigkeit und Verantwortung des VN 5.1

Weder im VVG noch in den VGB ist ausdrücklich geregelt, welche Vertragspartei für die Ermittlung und die Vereinbarung der Versicherungssumme verantwortlich ist. Nach übereinstimmender Ansicht ist es jedoch die Pflicht des VN, bei Vertragsabschluß dafür zu sorgen, daß der von ihm gewünschte Versicherungsschutz erreicht wird. Dies gilt auch für die Vereinbarung der Versicherungssumme. Dabei muß der VN in der Wohngebäudeversicherung zunächst entscheiden, ob er die Versicherung zum gleitenden Neuwert, zum Neuwert mit fester Summe, zum Zeitwert oder zum gemeinen Wert abschließen möchte. Hat er diese Entscheidung getroffen, muß er darauf aufbauend diejenige Versicherungssumme ermitteln und vereinbaren, die den von ihm gewünschten Versicherungsschutz bietet. Dabei ist er nicht gezwungen, die jeweilige „Soll-Versicherungssumme" zu vereinbaren. Er kann auch eine niedrigere Versicherungssumme wählen, wenn er den Beitrag nach Maßgabe der „Soll-Versichrungssumme" nicht tragen möchte. Umgekehrt kann er aber auch eine höhere Versicherungssumme vereinbaren, wenn er Risiken und Unsicherheiten im Hinblick auf mögliche Bewertungsfehler bei der Ermittlung der Versicherungssumme oder im Hinblick auf künftige Erhöhungen des Versicherungswerts und der Versicherungssumme durch Preissteigerungen oder andere Einflußfaktoren ausschalten möchte. Es wird deutlich, daß der VN das unbedingte Recht zur

Gestaltung und Vereinbarung der Versicherungssumme hat. Infolgedessen trägt er auch die unbedingte Verantwortung für die ausreichende Bemessung der Versicherungssumme.

Die **Rechtsprechung** hat dies verschiedentlich bestätigt. Sie wird nachfolgend dargestellt. Das **Risiko der Unterversicherung trifft** – auch bei Gleitender Neuwertversicherung – **grundsätzlich nicht den Versicherer, sondern den VN.** Etwas anderes gilt ausnahmsweise dann, wenn der VN den Versicherer zur Überprüfung ausreichenden Versicherungsschutzes ersucht und der Versicherer insoweit falsche Auskünfte erteilt hat (LG Bonn, OLG Köln r+s 89 S. 124). Wegen der grundsätzlichen Verantwortung des VN für den Versicherungsantrag trifft das Risiko der Unterversicherung grundsätzlich nicht den Versicherer, sondern den VN. Wenn der VN bei Beantragung einer Gleitenden Neuwertversicherung die Versicherungssumme 1914 deklariert und den Versicherer nicht um Prüfung bittet, ob die Versicherungssumme ausreicht, ist der Versicherer nicht verpflichtet, von sich aus die beantragte Versicherungssumme bzw. die ihr zugrundeliegende Wertermittlung auf ihre Richtigkeit hin zu untersuchen (OLG Köln r+s 85 S. 275). Wenn jedoch ein Wettbewerbsversicherer darauf bestanden hat, daß der VN einer Gebäudeleitungswasserversicherung die Versicherungssumme 1914 zugrunde legt, die die Pflicht- und Monopolanstalt für die Feuerversicherung des Gebäudes durch einen Bausachverständigen hat ermitteln lassen, und wenn der Versicherer den VN nicht darauf aufmerksam gemacht hat, daß sich aus dieser Versicherungssumme auch bei unveränderter Bausubstanz eine Unterversicherung ergeben kann, so kann dieser Versicherer eine Unterversicherung nicht geltend machen, soweit sie sich allein aus der Übernahme der Versicherungssumme der Pflicht- und Monopolanstalt ergeben soll (BGH r+s 86 S. 135). Es ist grundsätzlich allein Sache des VN, den Wert der zu versichernden Sache anzugeben und für ausreichenden Versicherungsschutz zu sorgen. Eine gesteigerte Beratungs- und Hinweispflicht des Versicherers besteht nur dann, wenn die Ermittlung des Versicherungswerts mit Schwierigkeiten verbunden ist (OLG Hamm VersR 92 S. 49). In der Urteilsbegründung wird u. a. ausgeführt, daß der VN in aller Regel über das Versicherungsobjekt besser informiert ist als der Versicherer. Daher habe er selbst dem Versicherer gegenüber anzugeben, in welchem Umfang und mit welcher Versicherungssumme er ein bestimmtes Risiko abzudecken wünscht. Ob er dabei im Hinblick auf die Beitragshöhe eine Unterversicherung eingehen oder den vollen Neuwert abgesichert haben will, bleibt grundsätzlich der Eigenverantwortung des VN überlassen. Ausnahmsweise besteht nach Auffassung des Gerichts eine Hinweispflicht des Versicherers dann, wenn sich der VN erkennbar verschätzt hat (BGH VersR 84 S. 880) oder der Versicherer dem VN gerade zur Feststellung der Versicherungssumme einen sachkundigen Mitarbeiter zur Verfügung gestellt hat. Weiterhin führt das Gericht aus, daß die Entscheidung des BGH vom 7. 12. 1988 (VersR 89 S. 472 und r+s 89 S. 58; s. dazu nachfolgend P 5.2) dem nicht entgegenstehe. Diese Entscheidung des BGH bestätige den Grundsatz, daß in der Regel der VN selbst für die richtige Feststellung des Versicherungswerts verantwortlich sei und den Versicherer nur in Ausnahmefällen irgendwelche Hinweis- und Beratungspflichten treffen.

## 5.2 Hinweis- und Beratungspflichten des Versicherers

Mit dem vom OLG Hamm angesprochenen Urteil vom 7. 12. 1988 (a. a. O.) hat der BGH die Verantwortung des VN für die richtige Bemessung der Versicherungssumme 1914 stark abgeschwächt und dem Versicherer umfassende Hinweis- und Beratungspflichten auferlegt. Verwendet ein Versicherer Versicherungsbedingungen, nach denen die Bestimmung des richtigen Versicherungswerts (hier: „Versicherungswert 1914“), ohne daß dies offen zu Tage läge, so schwierig ist, daß sie selbst ein Fachmann nur mit Mühe treffen kann, überläßt er aber die Bestimmung dieses Werts dem VN, so treffen ihn nach Auffassung des BGH gesteigerte Hinweis- und Beratungspflichten. Er muß in geeigneter Form auf die Schwierigkeit der richtigen Festsetzung des Versicherungswerts und die Gefahren einer falschen Festsetzung hinweisen. Dazu gehört auch der Hinweis, daß es sich empfehlen kann, einen Sachverständigen zuzuziehen. Der Versicherer kann seiner Hinweispflicht dadurch genügen, daß er dem VN eine eigene fachkundige Beratung anbietet. Zur Begründung hat der BGH unter Hinweis auf das umfangreiche Schrifttum ausgeführt, daß die richtige Bestimmung des Versicherungswerts 1914 für einen bautechnischen Laien ungewöhnlich schwierige Bewertungsfragen aufwirft. Nach Auffassung des BGH ist es deshalb mit den für das Versicherungsverhältnis geltenden Geboten von Treu und Glauben unvereinbar, wenn der Versicherer die problematische Bestimmung des Versicherungswerts 1914 dem VN überläßt, ohne ihn deutlich darauf hinzuweisen, welche Gefahren er mit einer vorschnellen Bezeichnung des Versicherungswerts läuft und wie er dem begegnen kann. Dazu gehört auch der Hinweis, daß ein im Bauwesen nicht sachverständiger VN mit der Bestimmung des richtigen Versicherungswerts 1914 in aller Regel überfordert sein wird und daß es sich deshalb empfehlen kann, einen Sachverständigen hinzuziehen, wie dies im Bereich der öffentlichen Brandkassen stets geschieht. Verletzt der Versicherer schuldhaft seine Aufklärungspflicht, so ist der VN nach den Regeln über das Verschulden bei Vertragsschluß zum Schadenersatz verpflichtet. Dabei hat der Versicherer auch für das Verschulden des für ihn tätigen Agenten einzustehen. Er hat den VN im Schadenfall dann so zu stellen, wie wenn er ordnungsgemäß beraten hätte (BGH a. a. O.).

Die Versicherer haben die Grundsätze dieses richtungweisenden Urteils zu beachten. Dabei ist auch zu berücksichtigen, daß das BAV davon ausgeht, daß die Wohngebäudeversicherer auch nach dem Wegfall der Genehmigungspflicht für AVB die Geschäftsplanmäßigen Erklärungen Nr. 2 bis Nr. 4 zur Gleitenden Neuwertversicherung weiterhin beachten (VerBAV 94 S. 356). Die Geschäftsplanmäßige Erklärung Nr. 2 verpflichtet die Versicherer dazu, bei Angabe des Neubauwerts zu anderen Preisen als denen des Jahres 1914 durch den VN einen Hinweis auf die Umrechnung dieses Werts im Versicherungsschein aufzunehmen. Nach der Geschäftsplanmäßigen Erklärung Nr. 3 verpflichten sich die Versicherer, die Gebäudeschätzung eines Sachverständigen nach Prüfung als verbindlich anzuerkennen, wenn sie dem VN empfohlen haben, zur richtigen Festsetzung des Versicherungswerts 1914 einen Sachverständigen hinzuziehen. Die Geschäftsplanmäßige Erklärung Nr. 4 bezieht sich auf die Umstellung einer Gleitenden Neuwertversicherung auf eine Neuwertversicherung mit fester Versicherungssumme (vgl. P 4.6.3).

Die dargestellten Grundsätze tragen der besonderen Problematik der Ermittlung des Versicherungswerts 1914 und der Versicherungssumme 1914 Rechnung. Auf die Bestimmung des Versicherungswerts und der Versicherungssumme in anderen Versicherungssparten und für andere Versicherungsformen läßt sich das Urteil nicht ohne weiteres übertragen. Das gilt auch für Wohngebäudeversicherungsverträge zum Neuwert, zum Zeitwert oder zum gemeinen Wert. Die vom BGH aufgestellten Grundsätze wurden durch die Rechtsprechung verschiedentlich bestätigt (vgl. OLG Oldenburg r+s 93 S. 310; OLG Celle r+s 94 S. 225; OLG Köln r+s 97 S. 30; OLG Saarbrücken r+s 98 S. 384; LG Köln r+s 94 S. 187). Dabei wurde u. a. klargestellt, daß das Urteil des BGH auf die Versicherungsverhältnisse mit bautechnischen Laien abgestellt ist. Es kann infolgedessen auf Versicherungsverträge mit bautechnisch bewanderten VN wie Bauunternehmen, Baugenossenschaften oder Immobiliengesellschaften generell nicht angewendet werden.

Beschäftigt sich der VN beruflich mit der Vermittlung und Verwaltung von Immobilien, so kann der Versicherer davon ausgehen, daß dieser eine bestehende Unterversicherung für ein Gebäude erkannt hat (OLG Hamm VersR 92 S. 49). Keine schuldhafte Verletzung von Hinweis- und Beratungspflichten liegt vor, wenn eine Sparkasse, die das versicherte Objekt beliehen hat, den Versicherungswert 1914 ermittelt und dem VN mitgeteilt hat. Das gilt insbesondere, wenn die Sparkasse über einen geschulten Mitarbeiter verfügt, der den Versicherungswert 1914 nach verschiedenen Methoden ermittelt hat und wenn sich der Versicherungsagent vor der Weitergabe des Versicherungsantrags bei der Sparkasse vergewissert hat, daß diese den deklarierten Versicherungswert 1914 ermittelt hat. Der Versicherungsagent kann unter diesen Umständen davon ausgehen, daß der VN sachverständig beraten worden ist. Daß der VN einer Gleitenden Neuwertversicherung nach Vertragsschluß wertsteigernde Umbauarbeiten vorgenommen hat, von denen der Versicherungsagent (= Sohn des VN), der auch den Vertragsabschluß vermittelt hat, private Kenntnis hatte, begründet keine Handlungspflicht des Versicherers gegenüber dem VN (OLG Oldenburg a. a. O.). Der VN muß sich ein eigenes Mitverschulden bei einem Zustandekommen der Unterversicherung anrechnen lassen (vgl. OLG Köln r+s 97 S. 30). Ein Mitverschulden ist jedoch nicht anzurechnen, wenn der VN alle ihm verfügbaren Informationen zutreffend mitgeteilt hat und keine weitergehende Mitwirkungsmöglichkeit bei der Festlegung der Versicherungssumme 1914 hatte (OLG Celle r+s 94 S. 225).

## 6 Unterversicherungsverzicht

In P 1 ff., 2 und 5 ff. sind die Probleme dargestellt, die bei der Ermittlung des Versicherungswerts 1914 und der Versicherungssumme 1914 regelmäßig auftreten. Bei der Konzeption der Wohngebäudeversicherung nach den VGB 88 wurde nach Lösungsmöglichkeiten für die Schwierigkeiten und Unsicherheiten bei der zutreffenden Ermittlung der Versicherungssumme 1914 gesucht. Dabei handelt es sich nicht darum, für jedes zur Versicherung beantragte Wohngebäude bei Vertragsabschluß den exakten Versicherungswert 1914 zu ermitteln. Dies ist eine Aufgabe, die in einer Sparte des Breitengeschäfts mit einem durchschnittlichen Jahresbeitrag von knapp 400,– DM je Vertrag mit vertretbarem Aufwand nicht zu lösen ist. Ziel war vielmehr, dem VN bei Abschluß des Wohngebäudeversicherungsvertrages allgemeinverständliche Methoden für die Ermittlung der Versicherungssumme 1914 an die Hand zu geben und dabei sicherzustellen, daß Unterversicherung ausgeschlossen ist, wenn die danach ermittelte Versicherungssumme 1914 vertraglich vereinbart wird. Dabei wurden in der Wohngebäudeversicherung nach den VGB 88 neue Wege beschritten. Nach §§ 12 Nr. 2 a bis c VGB 88 n. F., 16 Nr. 3 a bis c VGB 88 a. F. werden den Gebäudeeigentümern drei praktikable Alternativen für die Ermittlung der Versicherungssumme 1914 aufgezeigt. Diese Methoden für die Summenermittlung werden zumeist in die Antragsformulare auf Wohngebäudeversicherung eingearbeitet. Damit werden zugleich auch die Voraussetzungen für die Wahrnehmung der umfassenden Hinweis- und Beratungspflichten geschaffen, die den Wohngebäudeversicherer nach der dargestellten Rechtsprechung des BGH bei der Ermittlung der Versicherungssumme 1914 treffen (vgl. P 5.2). Zugleich wird damit die Verantwortung für die richtige Ermittlung der Versicherungssumme 1914 weitgehend vom VN auf den Versicherer verlagert. Wird die Versicherungssumme nach einer der in den VGB 88 angebotenen Methoden ermittelt, so besteht voller Versicherungsschutz, der

Einwand der Unterversicherung ist ausgeschlossen. Ausgenommen davon sind lediglich die in P 7 dargestellten Fälle.

Die **Gleitende Neuwertversicherung mit Unterversicherungsverzicht** weicht in wesentlichen Punkten von den gesetzlichen Regelungen für die Schadenversicherung zum vollen Wert nach §§ 49 VVG ff. ab. Sie ist **eine grundlegend andere neu konzipierte Versicherungsform**, für die die VVG-Bestimmungen über die Funktion der Versicherungssumme als Obergrenze der Entschädigung (§ 50 VVG), über die Überversicherung (§ 51 VVG), über den Versicherungswert bzw. die Versicherungssumme (§§ 52, 88 VVG) und über die Unterversicherung (§ 56 VVG) nicht gedacht sind. Einschlägige Regelungen für diese Versicherungsform beinhaltet das VVG nicht.

Auch die Gleitende Neuwertversicherung ist im VVG nicht geregelt. Das liegt daran, daß dieses Gesetz aus dem Jahr 1908 stammt. Zwar wurde es mehrfach geändert, eine grundlegende und durchgängige Anpassung an die gravierenden Veränderungen in der Versicherungstechnik und an neue, seit Jahrzehnten bewährte Versicherungsformen hat jedoch nie stattgefunden. Die Diskrepanz zwischen gesetzlichen Regelungen und wirtschaftlicher Realität führt immer wieder dazu, daß es bei der Beurteilung und der Bewertung neuer Versicherungsformen und Versicherungsprodukte auf der Grundlage des VVG zu Mißverständnissen und Fehlinterpretationen kommt. Die Versicherung mit vereinbartem Unterversicherungsverzicht in der Wohngebäudeversicherung und in der Hausratversicherung ist ein Beispiel dafür. Es zeigt sich, daß eine grundlegende VVG-Reform dringlich ist. Darüber wird seit Jahren diskutiert. Geschehen ist wenig.

Bei den in §§ 12 Nr. 2 a bis c VGB 88 n. F., 16 Nr. 3 a bis c VGB 88 a. F. beschriebenen Methoden handelt es sich nicht um Methoden zur Ermittlung des Versicherungswerts 1914, sondern um **Methoden zur Ermittlung der richtigen Versicherungssumme 1914** bzw. der Soll-Versicherungssumme 1914. Diese Soll-Versicherungssumme 1914 ist indessen nicht diejenige, die in §§ 50, 51 und 56 VVG gedacht ist. Sie hat nicht den Anspruch, den Versicherungswert 1914 zu bedecken, sie ist vom Versicherungswert losgelöst und führt zum Verzicht auf die Anwendung der in § 56 VVG geregelten Unterversicherung. Es handelt sich nicht darum, den exakten Versicherungswert 1914 für die versicherten Gebäude zu ermitteln. Diesen Anspruch haben die in den VGB 88 verankerten Methoden für die Ermittlung der Versicherungssumme 1914 nicht. Die Formulierung, daß „die Versicherungssumme 1914 als richtig ermittelt" gilt, bringt dies zum Ausdruck. Anders ausgedrückt werden Abweichungen zwischen der „richtig ermittelten Versicherungssumme 1914" und dem Versicherungswert 1914 ohne weiteres in Kauf genommen. Im Versicherungsfall entstehen dem VN dadurch keine Nachteile, weil der Versicherungswert 1914 nicht Ersatzwert i. S. v. §§ 55, 56 VVG ist. Der Versicherungswert 1914 ist nicht derjenige Wert, der im Totalschadenfall entschädigt wird und die Versicherungssumme 1914 ist nicht die Obergrenze der Entschädigung. Infolgedessen sind die Regelungen in §§ 12 Nr. 2 a bis c VGB 88 n. F., 16 Nr. 3 a bis c VGB 88 a. F. auch nicht allgemein Teil der Definition des Versicherungswerts 1914. Der VN hat auch nicht die Wahl zwischen verschiedenen Definitionen des Versicherungswerts 1914 (so Martin 2. Aufl. S IV 17), sondern die Wahl zwischen verschiedenen Methoden zur richtigen Ermittlung der Versicherungssumme 1914. Der Versicherungswert 1914 ist in §§ 11 Nr. 2 VGB 88 n. F., 13 Nr. 2 VGB 88 a. F. abschließend und eindeutig definiert. Indessen spielt der Versicherungswert 1914 in der Wohngebäudeversicherung zum gleitenden Neuwert mit geltendem Unterversicherungsverzicht keine Rolle (vgl. P 6.5.2).

**Die in den VGB 88 beschriebenen Methoden für die Ermittlung der „richtigen" Versicherungssumme 1914 stehen gleichwertig nebeneinander**. Der VN kann frei entscheiden, nach welcher der drei Methoden er die Versicherungssumme 1914 ermittelt. Es liegt auf der Hand, daß infolgedessen für dasselbe Gebäude zumeist drei unterschiedliche „richtig ermittelte“ Versicherungssummen 1914 in Frage kommen. Entgegen Martin (S IV 20) handelt es sich dabei jedoch nicht um unterschiedliche Versicherungswerte 1914. Theoretisch kann der VN demnach zwischen drei verschiedenen „richtig ermittelten“ Versicherungssummen 1914 wählen und dadurch Beitrag sparen, daß er sich für den niedrigsten Wert entscheidet. Die **praktischen Auswirkungen dieser Wahlfreiheit sind jedoch außerordentlich gering** zu veranschlagen. Die bisherigen Erfahrungen zeigen, daß die in P 6.2 dargestellte Umrechnungsmethode geringe praktische Bedeutung hat. Auswertungen der Bestände einzelner Versicherer belegen, daß der Anteil der Verträge mit dem vereinbarten Unterversicherungsverzicht auf dieser Grundlage deutlich unter 1 % des Bestandes an Wohngebäudeversicherungsverträgen liegt. Dies liegt daran, daß die Ermittlung des Versicherungswerts und der Versicherungssumme unabhängig vom gewählten Basisjahr außerordentlich schwierig ist (vgl. P 1 ff. und 2).

**Überragende Bedeutung** hat der Unterversicherungsverzicht aufgrund der **Ermittlung der Versicherungssumme 1914 nach Maßgabe des Summenermittlungsbogens** (vgl. P 6.3). Zahlreiche Verträge werden jedoch auch auf der Grundlage der Versicherungssumme 1914 abgeschlossen, die aufgrund einer vom Versicherer anerkannten Schätzung eines Bausachverständigen festgesetzt wurde (s. P 6.1). Allerdings handelt es sich dabei in der Regel nicht um Gebäudeschätzungen freier Sachverständiger, sondern um die **Versicherungssummen der Gebäudeschätzungen der ehemaligen Pflicht- und Monopolanstalten**, die von den Versicherern allgemein anerkannt und übernommen werden.

Praktisch beschränkt sich infolgedessen die Wahlmöglichkeit des VN in den Gebieten der ehemaligen Pflicht- und Monopolanstalten auf die Wahl zwischen der Versicherungssumme nach Maßgabe des Summenermittlungsbogens und der Versicherungssumme nach Maßgabe der Schätzung der ehemaligen Pflicht- und Monopolanstalt. Dies gilt indessen nur für Ein- und Zweifamilienhäuser, weil der Anwendungsbereich des Summenermittlungsbogens auf diese Gebäude beschränkt ist. Dabei hat jedoch der Versicherer durchaus das Recht, auch in diesen Gebieten die nach dem Summenermittlungsbogen berechnete Versicherungssumme 1914 als Voraussetzung für den Unterversicherungsverzicht zu fordern. Der VN kann jedoch auch dann die Versicherungssumme 1914 der ehemaligen Pflicht- und Monopolanstalt vereinbaren. Allerdings wird der Unterversicherungsverzicht in diesen Fällen vom Versicherer gegebenenfalls nicht zugestanden. In den übrigen Gebieten besteht die dargestellte Wahlmöglichkeit nicht.

Zusammenfassend ist festzustellen, daß die Wahlmöglichkeit zwischen verschiedenen „richtig ermittelten“ Versicherungssummen 1914 theoretisch zwar bei jedem Gebäude gegeben ist, praktisch jedoch eine untergeordnete Rolle spielt. Nicht gefolgt werden kann der Auffassung von Martin, der Versicherer und dessen Agent müßten aufgrund der ihnen obliegenden Hinweis- und Beratungspflichten (vgl. P 5.2) „in Gebieten mit hohen Baupreisen im Zweifel zu einer originären Ermittlung der Vsumme 1914 mit Hilfe des Summenermittlungsbogens oder eines Sachverständigen raten, in Gebieten mit niedrigen Baupreisen hingegen zur Angabe des Neubauwertes in einem beliebigen Jahr und zu dessen Division durch den Gesamt-Baupreisindex“ (S IV 57). Unklar ist, was Martin mit den Begriffen „hohe Baupreise“ und „niedrige Baupreise“ zum Ausdruck bringen möchte. Falls damit überdurchschnittliche bzw. unterdurchschnittliche Baupreise, bezogen auf die durchschnittlichen Baupreise in der Bundesrepublik Deutschland, gemeint sind, so handelt es sich dabei nicht um ein praktikables Abgrenzungskriterium für die Hinweis- und Beratungspflichten des Versicherers. Selbst der Versicherer kann in vielen Fällen nicht erkennen, ob die Baupreise am jeweiligen Standort des Gebäudes von den durchschnittlichen Baupreisen abweichen. Dagegen sollte dem VN auch in Gebieten mit unterdurchschnittlichen Baupreisen eher nicht geraten werden, den Neubauwert in Preisen eines anderen Jahres anzugeben und durch den Bauindex zu dividieren. Dann nämlich entstehen alle Abgrenzungs- und Bewertungsprobleme aufs neue, die durch das Summenermittlungsschema gerade beseitigt werden sollen. Grundsätzlich beschränken sich die Beratungs- und Hinweispflichten des Versicherers in der Gleitenden Neuwertversicherung mit Unterversicherungsverzicht darauf, dem VN die verschiedenen Methoden zur Ermittlung der „richtigen" Versicherungssumme 1914 aufzuzeigen. Dabei kann auch darauf hingewiesen werden, daß die verschiedenen Methoden zu unterschiedlichen Versicherungssummen 1914 führen können. Daneben muß der Versicherer dem VN aufzeigen, welche Abgrenzungs- und Bewertungsrisiken mit der Ermittlung und der Angabe des Neuwerts eines anderen Jahres verbunden sind. Dann muß jedoch der VN aus eigener Verantwortung entscheiden, welche Methode er wählt und welche Versicherungssumme 1914 er vereinbart. Der Versicherer entscheidet darüber, ob er auf dieser Grundlage den Unterversicherungsverzicht zugesteht.

**Der Unterversicherungsverzicht kommt nicht zwangsläufig zustande.** Er entsteht erst dadurch, daß der Versicherer in der beschriebenen Weise vorgeht. Deshalb ist es auch angebracht, im Versicherungsschein zu dokumentieren, daß die vereinbarte Versicherungssumme als richtig ermittelte Versicherungssumme i. S. v. §§ 12 Nr. 2 VGB 88 n. F., 16 Nr. 3 VGB 88 a. F. gilt. Dadurch werden Zweifel an der Geltung des Unterversicherungsverzichts von vornherein ausgeschaltet. Der Versicherer kann die Vereinbarung des beantragten Unterversicherungsverzichts verweigern, indem er eine vom VN vorgelegte Schätzung nicht anerkennt, den vom VN angegebenen Neuwert nicht auf seine Verantwortung umrechnet oder die Versicherungssumme 1914 nicht auf seine Verantwortung berechnet. Fertigt der Versicherer in diesen Fällen einen Versicherungsschein aus, nach dessen Inhalt der Unterversicherungsverzicht abweichend vom Antrag nicht gilt, so sind die in § 5 VVG verankerten Anforderungen zu beachten. Die Abweichung gilt danach nur dann als genehmigt, wenn der VN nicht innerhalb eines Monats nach Empfang des Versicherungsscheins schriftlich widerspricht. Dabei ist aber weiterhin gefordert, daß der Versicherer auf die einzelnen Abweichungen besonders aufmerksam macht und den VN daneben darauf hinweist, daß die Abweichungen als genehmigt gelten, wenn er nicht innerhalb eines Monats nach Empfang des Versicherungsscheins schriftlich widerspricht. Der Hinweis ist durch besondere schriftliche Mitteilung oder durch einen auffälligen Vermerk im Versicherungsschein hervorzuheben. Auf die einzelnen Abweichungen ist besonders aufmerksam zu machen (vgl. § 5 II VVG). Beachtet der Versicherer dies nicht, so ist die Abweichung für den VN unverbindlich und der Inhalt des Versicherungsantrags insoweit als vereinbart anzusehen (vgl. M 3.2). Unter diesen Voraussetzungen gilt der beantragte Unterversicherungsverzicht.

## Schätzung eines Bausachverständigen 6.1

In der Gleitenden Neuwertversicherung gilt die Versicherungssumme 1914 als richtig ermittelt, wenn sie aufgrund einer vom Versicherer anerkannten Schätzung eines Bausachverständigen festgesetzt wird (§§ 12 Nr. 2 a VGB 88 n. F., 16 Nr. 3 a VGB 88 a. F.). Eine vergleichbare Regelung bestand bereits in der Wohngebäudeversicherung nach VGB 62 aufgrund der Geschäftsplanmäßigen Erklärung Nr. 3 zu den SGIN 79/79 a (VerBAV 79 S. 390). Sie lautet: „Legt der VN eine Schätzung der Versicherungssumme durch einen auch uns geeignet erscheinenden Schätzer vor, sind wir bereit, nach Prüfung zu bestätigen, daß wir diese Schätzung als richtig anerkennen unter Hinweis darauf, daß etwaige spätere Um-, An- und Ausbauten gegebenenfalls zusätzlich bewertet werden müssen". Diese Erklärung wurde bei der Einführung der SGIN 79/79 a als Grundlage für eine wesentliche Besserstellung des VN eingestuft (vgl. Olbeck, VerBAV 79 S. 401). Das BAV erwartet, daß die Wohngebäudeversicherer diese Geschäftsplanmäßige Erklärung weiterhin beachten (vgl. I.1.4.2 und P 5.2). In der Praxis hat sich diese Alternative für die Ermittlung der Versicherungssumme 1914 jedoch nicht durchsetzen können, weil Wohngebäudeeigentümer im allgemeinen nicht bereit sind, die Kosten für die Gebäudeschätzung durch einen Sachverständigen zu tragen. Diese Einstellung wird sich nicht grundlegend ändern. Häufig liegen Gebäudeschätzungen vor, die zu Beleihungszwecken von Hypothekengläubigern erstellt wurden. Sie sind jedoch für die Ermittlung der Versicherungssumme 1914 ungeeignet, weil ihnen andere Werte (Beleihungswert, Verkehrswert, Ertragswert) und aktuelle Preise anstelle der Preise des Jahres 1914 zugrunde liegen.

In diesem Zusammenhang fragt es sich, ob die **Gebäudeschätzungen der Pflicht- und Monopolanstalten als Schätzung eines Bausachverständigen** im Sinne der VGB 88 anzuerkennen sind. Grundsätzlich ist diese Frage zu bejahen, weil im allgemeinen auch die Versicherungsverhältnisse bei den Pflicht- und Monopolanstalten auf die ortsüblichen Neubauwerte nach Preisen des Jahres 1914 abstellen. In der Regel sind die Gebäudeschätzungen der Pflicht- und Monopolanstalten daher als Grundlage für die Gleitende Neuwertversicherung nach den VGB 88 geeignet. Ausgenommen davon sind Fälle, in denen das Gebäude nach der Schätzung durch Um-, An- oder Ausbauten werterhöhend verändert wurde, eine Nachschätzung durch die Pflicht- und Monopolanstalt aber nicht erfolgt ist. Gerade bei älteren Wohngebäuden kommt dies häufig vor. Durch die unkritische Übernahme der Versicherungssumme 1914 der Pflicht- und Monopolanstalt wird die dort bestehende Unterversicherung übernommen, ohne daß der Wettbewerbsversicherer die bestehende Unterversicherung anrechnen kann, wenn er diese Versicherungssumme als richtig ermittelte Versicherungssumme anerkennt. Das gilt auch, wenn sich im Versicherungsfall herausstellt, daß sich aus der Versicherungssumme der Pflicht- und Monopolanstalt bei unveränderter Bausubstanz eine Unterversicherung ergibt (BGH r+s 86 S. 135).

Die Wohngebäudeversicherer versuchen dieser Gefahr mit unterschiedlichen Mitteln zu begegnen. Einige Versicherer erkennen die Schätzungen von Pflicht- und Monopolanstalten nur dann an, wenn sie nicht älter sind als eine bestimmte Anzahl von Jahren. Andere Versicherer fragen im Antrag, ob nach der Schätzung durch die Pflicht- und Monopolanstalt werterhöhende Um-, An- oder Ausbauten durchgeführt wurden. Bei der Versicherung von Ein- und Zweifamilienhäusern besteht daneben die Möglichkeit, die Versicherungssumme 1914 nach der Gebäudeschätzung der Pflicht- und Monopolanstalt mit der Versicherungssumme 1914 zu vergleichen, die sich nach dem Summenermittlungsbogen ergibt (vgl. P 6.3).

Martin sieht die Übernahme der Versicherungssumme einer Pflicht- und Monopolanstalt als vierte Methode für die Bildung der Versicherungssumme 1914 an, die in den VGB 88 unerwähnt geblieben sei (S IV 20). Das ist nicht der Fall. Die für die ehemaligen Pflicht- und Monopolanstalten tätigen Schätzer sind Sachverständige. Die Schätzungen dieser Sachverständigen sind durch die Formulierung in den VGB 88 ebenso erfaßt wie die Schätzungen freier Sachverständiger. Eine ausdrückliche Erwähnung dieses Sachverhalts in den VGB 88 ist nicht angebracht. Es gibt infolgedessen nicht vier, sondern drei Methoden zur Ermittlung der „richtigen" Versicherungssumme 1914 in den VGB 88.

Nach dem Bedingungswortlaut sind **keine Anforderungen an die Qualifikation der Bausachverständigen** gestellt. Der Versicherer kann frei entscheiden, ob er eine ihm vorliegende Schätzung eines Bausachverständigen anerkennt. Ausschlaggebend ist der Inhalt und die Qualität der Schätzung. Im Versicherungsschein ist zu dokumentieren, daß der Versicherer die Schätzung anerkennt und daß die danach festgesetzte Versicherungssumme 1914 als richtig ermittelt gilt. Eine Fehlschätzung durch den Sachverständigen hat der VN nicht zu vertreten. Erkennt der Versicherer die ihm vorgelegte Schätzung an, so gilt der Unterversicherungsverzicht selbst dann, wenn die Gebäudeschätzung offensichtlich und erheblich unter dem Versicherungswert 1914 des versicherten Gebäudes liegt. Auch kann §§ 12 Nr. 3 b VGB 88 n. F., 16 Nr. 5 VGB 88 a. F. nicht analog angewendet werden. Ausgenommen davon sind Fälle, in denen der VN den Versicherer mit Hilfe des Sachverständigen arglistig täuscht. Aus den dargestellten Gründen wird der Versicherer die Qualifikation eines Sachverständigen sorgfältig prüfen, bevor er eine ihm vorliegende Schätzung anerkennt. Erkennt der Versicherer eine Schätzung nicht an, so sind die in P 6 dargelegten Grundsätze bei der Ausfertigung des Versicherungsscheins zu beachten.

## Umrechnung des Neubauwerts 6.2

Die Versicherungssumme 1914 gilt als richtig ermittelt, wenn der VN im Antrag den Neuwert in Preisen eines anderen Jahres zutreffend angibt und der Versicherer diesen Betrag auf seine Verantwortung umrechnet (§§ 12 Nr. 2 b VGB 88 n. F., 16 Nr. 3 b VGB 88 a. F.). In den VGB 88 n. F. ist der Hinweis „auf seine Verantwortung" weggefallen. Materielle Auswirkungen hat das nicht. Eine ähnliche Regelung trifft § 1 Nr. 2 SGIN 79 a in Verbindung mit § 2 Nr. 3 SGIN 79 a. Grundvoraussetzung für die richtige Ermittlung der Versicherungssumme 1914 durch Umrechnung ist es, daß der vom VN angegebene Neuwert in Preisen eines anderen Jahres mindestens so hoch ist wie der tatsächliche ortsübliche Neubauwert des Gebäudes in Preisen desselben Jahres. Der Neubauwert muß „zutreffend" angegeben werden. Der angegebene Neubauwert soll vom tatsächlichen Neubauwert jenes Jahres nicht abweichen (vgl. § 2 Nr. 3 SGIN 79 a).

Damit ist das Grundproblem dieser Summenermittlungsmethode angesprochen. Es besteht darin, daß der VN die volle Verantwortung für die zutreffende Abgrenzung und Bewertung der versicherten Sachen trägt. Sie wird ihm vom Versicherer nicht dadurch abgenommen, daß der Versicherer den angegebenen Betrag auf seine Verantwortung umrechnet. Der Versicherer übernimmt lediglich die Verantwortung für das Umrechnungsbzw. das Indexrisiko. Das Abgrenzungs- und Bewertungsrisiko trägt unverändert der VN. Der Versicherer kann bei der Prüfung des Antrags überhaupt nicht feststellen, ob der vom VN angegebene Neuwert in Preisen eines anderen Jahres zutrifft. Infolgedessen kann er dem VN auch nicht bestätigen, daß er den Neuwert zutreffend angegeben hat. Das ist auch bei der Beurkundung im Versicherungsschein zu berücksichtigen (vgl. P 6). Diese Frage wird erst im Versicherungsfall geprüft. Erst dann stellt sich heraus, ob die Voraussetzungen für den vereinbarten Unterversicherungsverzicht überhaupt vorliegen. Es zeigt sich, daß der praktische Wert dieser Summermittlungsmethode für den VN gering zu veranschlagen ist. Die außerordentlich schwierigen Abgrenzungs- und Bewertungsprobleme werden ihm nicht abgenommen. Der private VN ist damit in der Regel überfordert (vgl. P 1.1). Infolgedessen kann er auch den Neubauwert eines Gebäudes nicht zutreffend ermitteln und angeben. Die Umrechnungsmethode ist in der Praxis daher kein brauchbares Instrument zur Vermeidung der Unterversicherung. Sie ist keine gleichwertige Alternative zu den beiden anderen Methoden der Summenermittlung. Darauf ist es zurückzuführen, daß diese Methode in der Praxis wenig Verbreitung gefunden hat (vgl. P 6).

In § 1 Nr. 2 SGIN 79 a ist festgelegt, daß **die Umrechnung aufgrund „des vom Statistischen Bundesamt veröffentlichten Baupreisindexes für Wohngebäude" erfolgt**. In den

VGB 88 ist die Umrechnungsmethode nicht beschrieben. Damit soll offenbar der von Theoretikern immer wieder vorgetragenen Kritik am Umrechnungsverfahren und an der Verwendung des vom Statistischen Bundesamt veröffentlichten Baupreisindexes für Wohngebäude Rechnung getragen werden (vgl. zur angesprochenen Kritik z. B. Rolwes, ZfV 86 S. 124). Es wird aber Rechtsunsicherheit erzeugt. In den VGB 88 ist an keiner Stelle geregelt, wie der Versicherer die Umrechnung vorzunehmen hat. Der VN kann sie nicht nachvollziehen. Obwohl der Versicherer in der Wahl des Umrechnungsverfahrens und des dabei verwendeten Baupreisindexes freie Hand hat, sollte die Umrechnung auch künftig prinzipiell analog der in § 1 Nr. 2 SGIN 79 a verankerten Methode erfolgen. Dabei ist der vom Statistischen Bundesamt für das betreffende Jahr veröffentlichte mittlere Baupreisindex auf der Preisbasis 1914 zu verwenden. Diese Indexreihe ist in der „Anleitung zur Ermittlung der Versicherungssumme 1914 in der Gleitenden Neuwertversicherung für Wohngebäude" dargestellt (vgl. Anhang A 7). Sie unterscheidet sich von der in P 4.8 dargestellten Indexreihe. Dies liegt daran, daß für die Berechnung der Veränderungen von Prämienfaktor und gleitendem Neuwertfaktor die Mai-Indizes der betreffenden Jahre verwendet werden. In den angesprochenen Fällen wird die richtige Versicherungssumme 1914 mit Hilfe der nachfolgenden Formel errechnet:

$$\text{Versicherungssumme 1914} = \frac{\text{Neuwert in Preisen des Jahres X}}{\text{mittlerer Baupreisindex des Jahres X}} \times 100$$

**Diese Art der Umrechnung führt in der Regel nicht zum ortsüblichen Neubauwert des Gebäudes nach Preisen des Jahres 1914.** Der verwendete Baupreisindex ist ein Durchschnittswert, der die durchschnittliche Veränderung der Baupreise im Gebiet der Bundesrepublik Deutschland ausdrückt. Das Baupreisniveau und dessen Veränderung weisen jedoch regionale Unterschiede auf. Infolgedessen weicht die durch Umrechnung gewonnene Versicherungssumme 1914 von dem theoretisch exakten Versicherungswert 1914 ab, wenn der örtliche Baupreisindex über oder unter dem durchschnittlichen Baupreisindex liegt. Das nachfolgende vereinfachte Beispiel unterstreicht das.

| | N | D | H |
|---|---|---|---|
| Ortsüblicher Neubauwert | 540.000 | 540.000 | 540.000 |
| Durchschnittlicher Baupreisindex | | 2.000 | |
| Regionaler Baupreisindex | 1.800 | 2.000 | 2.200 |
| Versicherungssumme D 1914 | 27.000 | 27.000 | 27.000 |
| Versicherungssumme R 1914 | 30.000 | 27.000 | 24.545 |
| Hochrechnung Versicherungssumme D | 540.000 | 540.000 | 540.000 |
| Hochrechnung Versicherungssumme R | 600.000 | 540.000 | 490.900 |
| Hochrechnung Versicherungssumme RR | 540.000 | 540.000 | 540.000 |
| Schaden DM | 270 | 270 | 270 |
| Schadensatz D ‰ | 0,5 | 0,5 | 0,5 |
| Schadensatz R ‰ | 0,45 | 0,5 | 0,55 |
| Beitragsberechnung D | 270 | 270 | 270 |
| Beitragsberechnung R | 270 | 270 | 270 |

Es wurde angenommen, daß an Orten N, D und H je ein Gebäude mit einem ortsüblichen Neubauwert von 540.000,– DM steht. Die regionalen Baupreisindizes betragen 1.800 in N, 2.000 in D und 2.200 in H. Der durchschnittliche Baupreisindex ist 2.000. Nach der dargestellten Umrechnungsmethode ergibt sich für jedes Gebäude eine Versicherungssumme D 1914 von 27.000,– DM. Dieses Ergebnis ist auf den ersten Blick unangemessen. Wegen des unterschiedlichen Baupreisniveaus erscheint die Versicherungssumme D 1914 in N zu niedrig und in H zu hoch. Es liegt die Vermutung nahe, daß infolgedessen der VN N einen zu niedrigen und der VN H einen zu hohen Beitrag zahlt und daß dies durch die Ermittlung der regionalen Versicherungssummen R 1914 mit Hilfe der regionalen Baupreisindizes verhindert werden kann.

Tatsächlich trifft das nicht zu, weil die Versicherungssumme 1914 in der Gleitenden Neuwertversicherung lediglich den Grundbeitrag 1914 bestimmt (vgl. P 2.2). Der zu zahlende Jahresbeitrag wird durch die Multiplikation des Grundbeitrags 1914 mit dem gleitenden Neuwertfaktor ermittelt (vgl. P 3). Wird der Einfluß des Tariflohnindexes auf den gleitenden Neuwertfaktor einmal außer acht gelassen, so wird mit Hilfe des gleitenden Neuwertfaktors derselbe Beitragseffekt erzielt wie über eine Hochrechnung der Versicherungssummen 1914 mit dem durchschnittlichen Baupreisindex. Die Tabelle belegt, daß unter diesen Annahmen die Hochrechnung der durchschnittlichen Versicherungssummen D 1914 mit dem durchschnittlichen Baupreisindex zu risikogerechten Ergebnissen führt. Dagegen ergibt die Hochrechnung der regionalen Versicherungssummen R 1914 mit dem durchschnittlichen Baupreisindex unausgewogene Ergebnisse. Die hochgerechnete Versicherungssumme R ist in N zu hoch und in H zu niedrig. Infolgedessen zahlt der VN N einen zu hohen und der VN H einen zu niedrigen Beitrag. Diese Ungleichbehandlung ließe sich nur dadurch beseitigen, daß die regionalen Versicherungssummen R 1914 mit regionalen gleitenden Neuwertfaktoren bzw. regionalen Baupreisindizes hochgerechnet werden. Dann werden die in der Zeile „Hochrechnung Versicherungssumme RR" ausgewiesenen risikogerechten Ergebnisse erzielt. Eine derartige Berechnung ist jedoch auf der Grundlage der VGB aus rechtlichen Gründen nicht möglich und praktisch auch nicht durchführbar.

Unter diesen Umständen erforderte die Regionalisierung der Versicherungssummen 1914 eine Neukalkulation regionaler Beitragssätze, um risikogerechte Beiträge zu erzielen. Kalkulationsgrundlage in der Wohngebäudeversicherung sind die Schadensätze. Sie werden nach der Formel „(Schadenbetrag x 1.000) : Versicherungssumme" ermittelt. Bei einem angenommenen einheitlichen Schadenbedarf von 270,– DM je Gebäude führt die Tarifkalkulation nach Maßgabe der derzeit in den Versicherungsbeständen vorhandenen durchschnittlichen bzw. einheitlichen Versicherungssummen 1914 im angenommenen Beispiel in allen drei Regionen zu einem einheitlichen Schadensatz von (270 x 1.000) : 540.000 = 0,5 ‰. Wurden die Versicherungssummen regionalisiert, so ergeben sich bei einer Neukalkulation die in der Übersicht dargestellten Schadensätze R. Wird einmal unterstellt, daß Schadensatz gleich Beitragssatz ist, so führt die Beitragsberechnung D nach der Formel Versicherungssumme D 1914 x Beitragssatz D x durchschnittlicher gleitender Neuwertfaktor (= durchschnittlicher Baupreisindex) zu den gleichen risikogerechten Beiträgen wie die Beitragsberechnung R nach der Formel Versicherungssumme R 1914 x Beitragssatz R x durchschnittlicher gleitender Neuwertfaktor (= durchschnittlicher Baupreisindex).

Zusammenfassend ist festzustellen, daß **eine Regionalisierung der Versicherungssummen 1914** im System der Gleitenden Neuwertversicherung entweder **eine Regionalisierung der Baupreisindizes und der gleitenden Neuwertfaktoren oder eine Neukalkula-**

**tion regionaler Beiträge erfordert.** Ansonsten führt die Regionalisierung der Versicherungssummen 1914 zur Ungleichbehandlung.

Im Versicherungsschein ist darauf hinzuweisen, daß der Versicherer den vom VN angegebenen Neuwert auf seine Verantwortung umgerechnet hat (vgl. für die Wohngebäudeversicherung nach den VGB 62 die geschäftsplanmäßige Erklärung Nr. 2 zu den SGIN 79/79 a, VerBAV 79 S. 390 sowie P 6). Weiterhin ist es angebracht, nunmehr im Versicherungsschein auch die Art der Umrechnung darzustellen bzw. mitzuteilen. Der VN kann ansonsten nicht erkennen, wie der Versicherer die Versicherungssumme 1914 ermittelt hat. Ein derartiger Hinweis scheint auch wegen §§ 5 a, 15 a VVG erforderlich. Daneben ist weiterhin klarzustellen, daß der Unterversicherungsverzicht unter der Voraussetzung gilt, daß der VN die Versicherungssumme des anderen Jahres die vom Versicherer umgerechnet wurde, zutreffend angegeben hat.

## 6.3 Summenermittlungsbogen

Die Versicherungssumme 1914 gilt als richtig ermittelt, wenn der VN Antragsfragen nach Größe, Ausbau und Ausstattung des Gebäudes zutreffend beantwortet und der Versicherer hiernach die Versicherungssumme 1914 (auf seine Verantwortung) berechnet (§§ 12 Nr. 2 c VGB 88 n. F., 16 Nr. 3 c VGB 88 a. F.). Grundlage dafür ist eine zu den VGB 88 entwickelte Methode für die Ermittlung der Versicherungssumme 1914 (Summenermittlungsbogen; s. Anhang A 6). Sie beruht auf der Überlegung, daß die Bausubstanz und infolgedessen auch der Neubauwert eines Gebäudes eine Funktion seiner Größe ist. Der gleiche Gedankengang liegt auch der Anleitung zur Ermittlung der Versicherungssumme 1914 nach umbautem Raum in der Wohngebäudeversicherung nach den VGB 62 zugrunde (vgl. Anhang A 7). Dieses Verfahren hat sich jedoch nicht durchgesetzt. Es wurde von den Praktikern im Innen- und Außendienst der Versicherer als zu kompliziert und wenig verständlich eingestuft und daher nicht angenommen. Das neu entwickelte Verfahren beseitigt diese Nachteile. Mit seiner Hilfe kann die Versicherungssumme 1914 anhand weniger Kriterien ermittelt werden, die eindeutig bestimmt und leicht zu erfassen sind. Dies wurde dadurch erreicht, daß anstelle des umbauten Raums nunmehr die Wohnfläche des Gebäudes Maßstab für seine Größe und ausschlaggebender Parameter für die Ermittlung der Versicherungssumme 1914 ist. Die Versicherungssumme wird nach der Formel „Wohnfläche in m² x Wert 1914 pro m² Wohnfläche" ermittelt.

Diese Formel liefert brauchbare Ergebnisse, wenn erstens der Neubauwert von Wohngebäuden eine lineare Funktion ihrer Wohnfläche ist, und wenn es zweitens allgemeingültige Werte für den Neubauwert pro m² Wohnfläche gibt. Beide Voraussetzungen liegen in dieser eindeutigen Form nicht vor. Der Neubauwert je m² Wohnfläche verändert sich mit der Größe des Gebäudes, weil nicht alle Baukosten proportional zur Wohnfläche verlaufen. Es gibt verschiedene Grundausstattungselemente, die unabhängig von der Größe des Hauses anfallen (z. B. Heizung, Treppen u. ä.). Dadurch treten bei Gebäuden desselben Typs und derselben Ausstattung Degressionseffekte auf, d. h. die durchschnittlichen Baukosten je m² Wohnfläche fallen mit zunehmender Wohnfläche. Abgesehen davon gibt es keinen einheitlichen Wert je m² Wohnfläche für verschiedene Gebäude. Kein Gebäude gleicht einem anderen völlig. Die einzelnen Gebäude unterscheiden sich meist nicht nur hinsichtlich ihrer Größe, sondern auch hinsichtlich ihrer Bauweise, ihrer Konstruktionsmerkmale und ihrer Ausstattung. Nicht zuletzt spielt auch das regional unterschiedliche Baupreisniveau eine Rolle. Auf den ersten Blick scheint es infolgedessen ausgeschlossen, die „richtige" Versicherungssumme nach der Formel

„Versicherungssumme 1914 = Wohnfläche in m² x Wert 1914 pro m² Wohnfläche“ zu ermitteln.

Theoretisch trifft dies zu. In Gesprächen mit zahlreichen Bausachverständigen hat sich jedoch die Einsicht durchgesetzt, daß es dennoch möglich ist, die Versicherungssumme 1914 nach dieser Methode zutreffend zu ermitteln, wenn gewisse Abweichungen von den theoretisch richtigen Versicherungswerten 1914 in Kauf genommen werden. Die Abweichungen der rechnerischen Versicherungssummen 1914 von den theoretisch zutreffenden Versicherungswerten 1914 lassen sich bei Ein- und Zweifamilienhäusern in tolerablen Grenzen halten, wenn nach Gebäudetypen und Ausstattungsmerkmalen differenziert wird. Es kam nun darauf an, diese theoretischen Überlegungen durch empirische Untersuchungen zu verifizieren. Grundlage war eine Sondererhebung von mehr als 10.000 bestehenden Wohngebäudeversicherungsverträgen nach Maßgabe der vorgesehenen Differenzierungsmerkmale. Die Ergebnisse der Sondererhebung haben die Richtigkeit der gesetzten Annahmen bestätigt und die notwendigen Erkenntnisse für die Gestaltung des Summenermittlungsbogens geliefert. Der Summenermittlungsbogen ist die Grundlage für die Ermittlung der „richtigen“ Versicherungssumme 1914 für Wohngebäude nach Wohnfläche und Ausstattungsmerkmalen. Er wird entweder in die Antragsformulare auf Wohngebäudeversicherung eingearbeitet oder als Zusatzfragebogen diesen Anträgen beigefügt.

**Der Anwendungsbereich des Summenermittlungsbogens mußte auf Ein- und Zweifamilienhäuser der Bauartklassen I und II und der Fertighausgruppen I und II beschränkt werden.** Dabei ist weiterhin vorausgesetzt, daß die Gebäude ausschließlich Wohnzwecken dienen. Die Anwendung für andere Wohngebäude als Ein- und Zweifamilienhäuser kommt wegen der bei größeren Gebäuden ausgeprägt auftretenden Degressionseffekte ohne weiteres nicht in Betracht. Wegen der einfachen Handhabung und der großen Akzeptanz des Summenermittlungsbogens sind die Versicherer jedoch verschiedentlich dazu übergegangen, diese Art der Versicherungssummenermittlung auch auf die Versicherung von Wohngebäuden mit mehr als zwei Wohnungen auszudehnen. Das erfordert jedoch gewisse Modifikationen. Die Beschränkung auf Wohngebäude der Bauartklassen I und II und der Fertighausgruppen I und II ist darin begründet, daß sich die sonstigen Bauartklassen/Fertighausgruppen hinsichtlich der verwendeten Baumaterialien und damit auch hinsichtlich ihrer Bauwerte grundlegend davon unterscheiden. Für die Ermittlung der Versicherungssumme 1914 von gemischt genutzten Gebäuden ist das neu entwickelte Summenermittlungsschema wegen der abweichenden Bauausführung und Ausstattung dieser Gebäude generell nicht geeignet. 6.3.1

Ausgangspunkt für die Ermittlung der Versicherungssumme 1914 ist der **Wert 1914 pro m² Wohnfläche nach Preisen des Jahres 1914**. Auf der Grundlage der theoretischen Überlegungen und Ergebnisse der angesprochenen Sonderuntersuchung wurden **12 Gebäudetypen** mit verschiedenen Werten pro m² Wohnfläche gebildet. Dabei richtet sich die Zuordnung von Gebäuden zu einem bestimmten Gebäudetyp nach den folgenden vier Merkmalen: 6.3.2

- Ohne Unterkellerung/mit Unterkellerung
- Anzahl der Geschosse über Erdgleiche
- Dachform: Flachdach/geneigtes Dach (Satteldach, Walmdach, Pultdach)
- Dachgeschoß nicht ausgebaut/Dachgeschoß ausgebaut

Die Kombination dieser Merkmale bestimmt den Gebäudetyp und den Grundwert pro m² Wohnfläche. Bei gemischter Bauweise richtet sich die Einstufung nach der überwiegenden Bauweise. Maßgebend ist ausschließlich die Bauweise des Wohngebäudes. Nebengebäude und Schwimmbäder bleiben hier außer Betracht. Sie sind ebenso wie nach § 1 Nr. 3 VGB 88 versichertes weiteres Zubehör oder versicherte sonstige Grundstücksbestandteile im Versicherungsantrag gesondert aufzuführen und zu bewerten. Garagen werden im Summenermittlungsbogen bei der abschließenden Berechnung der Versicherungssumme 1914 miterfaßt.

Der Grundwert 1914 nach Gebäudetyp ist der endgültige Wert 1914 je m² Wohnfläche, wenn die Bauausführung und die Ausstattung des betreffenden Gebäudes dem Standard entspricht, der bei der Festlegung der Grundwerte vorausgesetzt wurde. Dabei handelt es sich um folgende Merkmale:

- Dach: Pappe, Dachsteine, Dachpfannen, Dachlatten
- Außenwände: Gefugtes Mauerwerk, Verputz, Verkleidung oder Verblendsteine
- Fußböden: Parkett-, Teppich- oder Fliesenböden
- Fenster: Doppelfenster oder Isolierverglasung
- Naßräume und Küche gefliest
- Bad und/oder Dusche
- Zentralheizung und zentrale Wasserversorgung

Für die überwiegende Zahl der Ein- und Zweifamilienhäuser trifft dieser Standard zu. Sofern ins Gewicht fallende Abweichungen vom Standard vorliegen, ist der Grundwert 1914 nach Gebäudetyp durch Zuschläge für überdurchschnittliche Ausstattung bzw. Abschläge für unterdurchschnittliche Ausstattung zu korrigieren. Dabei kommen die im Summenermittlungsbogen unter Ziff. 2 aufgeführten Ausstattungsmerkmale mit den dort genannten Zu- oder Abschlägen in Betracht. Andere als diese Merkmale sind für die Ermittlung der Versicherungssumme 1914 unbeachtlich.

6.3.3 Ist der Wert 1914 pro m² Wohnfläche errechnet, wird im nächsten Schritt die **Wohnfläche des Gebäudes** ermittelt. Als Wohnfläche gilt die Grundfläche der Wohnung(en) des Wohngebäudes einschließlich Hobbyräume. Ausgenommen sind dabei jedoch Treppen-, Keller- und Speicherräume (soweit nicht zu Wohn- oder Hobbyzwecken ausgebaut), Balkone, Loggien und Terrassen. Erfaßt wird die reine Wohnfläche. Außer Betracht bleibt die sonstige Nutzfläche, die bereits im Grundwert 1914 pro m² Wohnfläche berücksichtigt ist. Die vorstehende Definition deckt sich mit dem Wohnflächenbegriff in der Hausratversicherung (vgl. Dietz nach § 18 Vorbemerkung zur Klausel 834 RN 3.1). Die übereinstimmende Definition des Wohnflächenbegriffs in der Hausrat- und in der Wohngebäudeversicherung hat große praktische Vorteile für VN und Versicherer. Bei Einfamilienhäusern ist sie die übereinstimmende Grundlage für die richtige Ermittlung der Versicherungssumme und die Vereinbarung des Unterversicherungsverzichts in beiden Versicherungssparten. Gebäudeeigentümer kennen die Wohnfläche ihres Wohngebäudes, weil die Wohnflächenberechnung Bestandteil des Bauantrages und der Baugenehmigung ist. Die dort berechnete Wohnfläche kann ohne weiteres in den Summenermittlungsbogen übertragen werden. Grundlage der Wohnflächenberechnung im Wohnungsbau ist die Verordnung über wohnungswirtschaftliche Berechnungen (2. Berechnungsverordnung) vom 18. 7. 1979 in der Fassung der Bekanntmachung vom 5. 4. 1984 (BGBl. I 1984 S. 553). Die dortige Abgrenzung deckt sich weitgehend mit der vorstehenden Definition des Wohnflächenbegriffs. Abweichungen können sich aus der unterschiedlichen Behandlung von Wohnräumen mit Dachschrägen und von Balkonen, Loggien und Terrassen ergeben. Sie sind jedoch geringfügig und können in Kauf genommen werden (Einzelheiten vgl. Dietz a. a. O.). Es ist allerdings darauf zu achten, daß die Wohnflächenberechnung in den Bauunterlagen mit dem aktuellen Gebäudezustand übereinstimmt. Dachgeschoß und Kellergeschoß werden häufig ohne Bauantrag nachträglich zu Wohnzwecken ausgebaut. Dies ist bei der Ermittlung der Wohnfläche zu berücksichtigen. Kennt der Gebäudeeigentümer die Wohnfläche nicht, läßt sie sich durch Ausmessen der Wohnräume ohne Schwierigkeiten feststellen.

Stehen die Wohnfläche und der Wert 1914 pro m² Wohnfläche fest, so läßt sich die Versicherungssumme 1914 durch einfache Multiplikation dieser beiden Faktoren ermitteln. Dabei ist auch darauf zu achten, daß der nach Gebäudetyp und Ausstattungsmerkmalen ermittelte Wert 1914 pro m² Wohnfläche nur für die Wohnfläche in Geschossen über Erdgleiche angesetzt wird. Die **Wohnfläche im Kellergeschoß** wird mit einem einheitlichen Wertzuschlag von 15 M je m² Wohnfläche belegt. Der volle Grundwert 1914 pro m² Wohnfläche kann für die Wohnfläche im Kellergeschoß deshalb nicht angesetzt werden, weil der Wert des Kellers in unausgebautem Zustand bereits im Grundwert pro m² Wohnfläche nach Gebäudetyp berücksichtigt ist. Unterkellerte Gebäude werden mit einem höheren Grundwert pro m² Wohnfläche belegt als nicht unterkellerte Gebäude. Der Ansatz des Grundwerts für die Wohnfläche im Kellergeschoß würde infolgedessen zu einer Doppelbewertung und zu überhöhten Versicherungssummen 1914 führen. Mit dem Zuschlag von 15 M pro m² Wohnfläche im Keller wird der Gebäudemehrwert für den Kellerausbau erfaßt. Es wäre theoretisch möglich gewesen, analog der Handhabung beim Dachgeschoß unterschiedliche Grundwerte für Gebäude mit ausgebautem Keller und für Gebäude mit nicht ausgebautem Keller anzusetzen. Das Summenermittlungsschema wäre dadurch jedoch unnötig aufgebläht worden. Anstelle von 12 Gebäudetypen hätten 18 Gebäudetypen gebildet werden müssen. Daneben ist zu berücksichtigen, daß das Dachgeschoß in der Regel voll ausgebaut wird, während der Kellerausbau zumeist ein Teilausbau ist, dessen Umfang stark variiert. Infolgedessen würde die Einrechnung des Kellerausbaus in den Grundwert zu ungenauen Ergebnissen führen. 6.3.4

Die Berechnung der Versicherungssumme 1914 wird durch die **Berücksichtigung von Garagen** vervollständigt. Garagen innerhalb des Wohngebäudes (zumeist Garagen im Kellergeschoß) sind im Grundwert enthalten. Dagegen sind angebaute und frei stehende Garagen außerhalb des Wohngebäudes gesondert zu bewerten. Je Garage wird eine pauschale Versicherungssumme 1914 von 700 M berechnet. Der tatsächliche Wert von Garagen wird im Einzelfall davon abweichen. Dies kann außer Betracht bleiben. Die Versicherungssummen 1914 für das Wohngebäude und die Garagen werden zusammengezählt. Es wird eine Position mit einer gemeinsamen Versicherungssumme gebildet.

**Die richtig ermittelte Versicherungssumme 1914 gibt den ortsüblichen Neubauwert des Gebäudes nach Preisen des Jahres 1914 nicht genau wieder**. Dies liegt vor allem daran, daß die in Ansatz gebrachten Grundwerte je m² Wohnfläche Durchschnittswerte sind, die in der Regel von den durch die Gebäudegröße, die Ausstattung und die örtliche Lage bestimmten exakten Werten eines Gebäudes abweichen. Im Versicherungsfall hat der VN keine Nachteile dadurch, daß Versicherungswert 1914 und Versicherungssumme 1914 nicht genau übereinstimmen. Hat der VN die Antragsfragen nach Größe, Ausbau und Ausstattung zutreffend beantwortet und wird die vom Versicherer hiernach auf seine Verantwortung berechnete Versicherungssumme vereinbart, so gilt der Unterversicherungsverzicht. Versicherte Schäden werden in voller Höhe ohne betragsmäßige Begrenzung entschädigt. Die Ermittlung der Versicherungssumme 1914 für Ein- und Zweifamilienhäuser nach Wohnfläche und Ausstattungsmerkmalen hat für die Wohnge- 6.3.5

bäudeeigentümer große Vorteile. Sie verbindet die schnelle und unproblematische Ermittlung der Versicherungssumme 1914 mit dem uneingeschränkten Leistungsversprechen auf vollen Ersatz des versicherten Schadens. Der Versicherer übernimmt weitgehend die Verantwortung für die richtige Ermittlung der Versicherungssumme 1914. Der VN ist lediglich für die zutreffende Beantwortung der Antragsfragen nach Größe, Ausbau und Ausstattung des Gebäudes verantwortlich.

Von Kritikern wird verschiedentlich auf die vermeintlich gravierenden Nachteile dieser Methode hingewiesen. Dabei handelt es sich im wesentlichen um zwei Kritikpunkte. Einmal wird eingewendet, daß es sich bei dieser Methode zur Ermittlung der Versicherungssumme um ein „sehr grobes Raster" handelt, „das eine Reihe von wertbildenden Faktoren unberücksichtigt läßt oder nur in sehr verallgemeinerter Form enspricht" (Martin S IV 34). Objektiv ist das zutreffend. Indessen halten sich die dadurch verursachten Abweichungen in tolerablen Grenzen. Dies wurde durch die bereits angesprochene Sondererhebung von mehr als 10.000 bestehenden Wohngebäudeversicherungsverträgen nach Maßgabe der im Summenermittlungsbogen enthaltenen Differenzierungsmerkmale bestätigt. Die Abweichungen und Ungenauigkeiten werden im Interesse einer einfachen und praktikablen Lösung in Kauf genommen. Es ist eben nicht möglich, bei der Ermittlung der Versicherungssumme 1914 größte Genauigkeit, vertretbaren Aufwand und einfache Handhabung nebeneinander zu realisieren. Da die Versicherungssumme 1914 Beitragsberechnungsgrundlage ist, liegt der berechnete Beitrag infolgedessen über oder unter dem „gerechten" Beitrag, der sich aus dem (unbekannten) Versicherungswert 1914 errechnet. Dieser vermeintliche Verstoß gegen den Grundsatz der Beitragsgerechtigkeit kann hingenommen werden, da er durch die unbestreitbaren Vorteile der in Rede stehenden Lösung mehr als aufgewogen wird. Bei dieser Wertung kann auch nicht außer Betracht bleiben, daß gerade im Breitengeschäft ohnehin nicht alle risikorelevanten Faktoren bei der Beitragsberechnung berücksichtigt werden können. So bleiben z. B. bei der Tarifierung von Wohngebäuden objektive Risikomerkmale wie Art der Heizung, Anzahl der Feuerstätten, Umfang der leitungswasserführenden Installationen oder Dachform außer Betracht. Auch die subjektiven Risikomerkmale können nicht im einzelnen berücksichtigt werden. Die Erfassung und Berücksichtigung aller Risikofaktoren bei der Tarifierung ist im Breitengeschäft wirtschaftlich nicht vertretbar. Ähnlich verhält es sich mit der Ermittlung der „richtigen" Versicherungssumme 1914. Es wird deutlich, daß es „den" gerechten Beitrag im Breitengeschäft nicht gibt und nicht geben kann. Wenn Gebäudeeigentümer dennoch nicht bereit sind, die nach Wohnfläche und Ausstattungsmerkmalen ermittelte Versicherungssumme 1914 vertraglich zu vereinbaren, haben sie die Möglichkeit, ihr Wohngebäude durch einen Bausachverständigen schätzen zu lassen. Die Kosten dieser Schätzung dürften jedoch zumeist höher sein als die im anderen Fall vermutete Beitragsmehrbelastung während der gesamten Lebensdauer des Gebäudes. Als weiterer Ausweg bleibt die Ermittlung des ortsüblichen Neubauwerts eines beliebigen Jahres und die Division dieses Wertes durch den mittleren Baukostenindex. Dabei sieht sich der VN jedoch mit den verschiedentlich angesprochenen Abgrenzungs- und Bewertungsproblemen konfrontiert, die das Risiko der falschen Ermittlung der Versicherungssumme 1914 stark erhöhen.

## 6.4 Regionalisierung der Versicherungssummen 1914

Ein weiterer gewichtiger Einwand gegen die Ermittlung der Versicherungssumme 1914 mit Hilfe des Summenermittlungsbogens ist der Hinweis, daß es sich bei den dortigen

Wertansätzen um Durchschnittswerte handele, die keine Rücksicht auf die regionalen Baupreisunterschiede nehmen. Infolgedessen würden Gebäudeeigentümer in Gebieten mit überdurchschnittlichen Baupreisen zu Lasten von Gebäudeeigentümern in Gebieten mit unterdurchschnittlichen Baupreisen bevorteilt. Diese unangemessene Benachteiligung von Gebäudeeigentümern in Gebieten mit unterdurchschnittlichen Baupreisen könne nicht hingenommen werden. Deshalb sei es angebracht, die Wertansätze im Summenermittlungsbogen bzw. die Ergebnisse der Versicherungssummenermittlung mit Hilfe von Regionalfaktoren zu korrigieren. Die ermittelten Versicherungssummen 1914 seien für Gebäude in Gebieten mit überdurchschnittlichen Baupreisen mit Zuschlägen und umgekehrt für Gebäude in Gebieten mit unterdurchschnittlichen Baupreisen mit Abschlägen zu versehen.

Diese Argumentation ist nicht zutreffend. Zur Begründung dieser Feststellung wird auf P 6.2 verwiesen. Die dortigen Überlegungen treffen auch für die Regionalisierung der Wertansätze im Summenermittlungsbogen zu. Werden die Versicherungssummen 1914 im Summenermittlungsbogen regionalisiert, so führt das im derzeitigen System der Gleitenden Neuwertversicherung zur Ungleichbehandlung, wenn daneben nicht auch die Baupreisindizes und die gleitenden Neuwertfaktoren regionalisiert oder aber regionale Tarifbeitragssätze auf der Grundlage der regionalisierten Versicherungssummen 1914 neu kalkuliert werden.

## Vereinbarung und Wirkung des Unterversicherungsverzichts 6.5

Der Versicherer nimmt abweichend von §§ 14 Nr. 5 VGB 88 n. F., 16 Nr. 1 und Nr. 2 VGB 88 a. F., 56 VVG keinen Abzug wegen Unterversicherung vor, wenn die nach §§ 12 Nr. 2 a bis c VGB 88 n. F., 16 Nr. 3 a bis c VGB 88 a. F. ermittelte Versicherungssumme 1914 vertraglich vereinbart wurde. Es gilt dann der unbegrenzte Unterversicherungsverzicht. Die Kürzung der Entschädigung wegen Unterversicherung wird ausgeschlossen. Der Unterversicherungsverzicht ist nur in der Gleitenden Neuwertversicherung möglich. Weiterhin ist vorausgesetzt, daß die Versicherungssumme nach einer der in P 6.1 bis 6.3 beschriebenen Methoden richtig ermittelt wurde. Eine ähnliche Regelung trifft § 2 Nr. 3 SGIN 79 a für die Fälle, in denen der VN den Neubauwert eines anderen Jahres angegeben hat, den der Versicherer auf seine Verantwortung umrechnet. Ins Gewicht fallende praktische Bedeutung hat dieser Unterversicherungsverzicht aus den in P 6.2 dargestellten Gründen jedoch nicht erlangt. Die Verantwortung für die zutreffende Ermittlung des Neubauwerts wird dem VN nicht abgenommen. Der Wortlaut von § 2 Nr. 3 SGIN 79 a bestätigt das. Ähnlich verhält es sich mit der in der Geschäftsplanmäßigen Erklärung Nr. 3 zu den SGIN 79 a verankerten, unklar formulierten Unterversicherungsverzichtsvariante, wonach sich die Versicherer bereit erklären, eine Gebäudeschätzung durch einen auch ihnen geeignet erscheinenden Schätzer nach Prüfung als richtig anzuerkennen. Auch diese Regelung hatte untergeordnete praktische Bedeutung, weil VN nicht bereit waren, die Kosten einer Gebäudeschätzung zu tragen (vgl. auch P 6.1). Es wird deutlich, daß der Unterversicherungsverzicht auf der Grundlage der mit Hilfe des Summenermittlungsbogens richtig ermittelten Versicherungssumme 1914 eine entscheidende Verbesserung der Wohngebäudeversicherung nach den VGB 88 im Vergleich zur bisherigen Wohngebäudeversicherung nach den VGB 62, SGIN 79 a ist. Damit wurde die Voraussetzung dafür geschaffen, daß der Unterversicherungsverzicht in der Wohngebäudeversicherung weite Verbreitung findet. Die Erfolge dieser Versicherungsform in den zurückliegenden zehn Jahren bestätigen dies.

6.5.1 **Parallelen zwischen dem Unterversicherungsverzicht in der Hausratversicherung nach den VHB 84/VHB 92 und dem Unterversicherungsverzicht in der Wohngebäudeversicherung nach den VGB 88** sind unverkennbar. Voraussetzung des Unterversicherungsverzichts ist in beiden Fällen, daß eine vom Versicherer vorgegebene (Mindest)Versicherungssumme vertraglich vereinbart wird. Die Höhe der Versicherungssumme hängt übereinstimmend von der Wohnfläche der Wohnung bzw. des Wohngebäudes ab. In der Wohngebäudeversicherung sind daneben Gebäudetyp sowie Ausbau und Ausstattung des Gebäudes zu berücksichtigen. Formal ist der Unterversicherungsverzicht in beiden Sparten unterschiedlich gelöst. In der Hausratversicherung wird der Unterversicherungsverzicht in der Klausel 7712 geregelt, die auf Antrag des VN vertraglich vereinbart wird. Dagegen ist der Unterversicherungsverzicht in der Wohngebäudeversicherung in den VGB 88 verankert. Daraus kann jedoch nicht geschlossen werden, der Unterversicherungsverzicht in der Wohngebäudeversicherung sei obligatorisch (vgl. P 6). Auch in der Wohngebäudeversicherung kommt er durch drei aufeinanderfolgende gedankliche Schritte zustande. Im ersten Schritt beantragt der VN den Unterversicherungsverzicht, indem er dem Versicherer die Gebäudeschätzung vorlegt, den Neubauwert in Preisen eines anderen Jahres angibt oder die Antragsfragen nach Größe, Ausstattung und Ausbau des Gebäudes beantwortet. Anschließend erkennt der Versicherer die Gebäudeschätzung an, rechnet den angegebenen Neubauwert um oder berechnet die Versicherungssumme 1914 auf seine Verantwortung. Im letzten Schritt wird die richtig ermittelte Versicherungssumme 1914 vereinbart und im Versicherungsschein dokumentiert.

6.5.2 **Durch den Unterversicherungsverzicht wird die** in §§ 14 Nr. 5 VGB 88 n. F., 16 Nr. 1 VGB 88 a. F. wiedergegebene **Proportionalitätsregel des § 56 VVG außer Kraft gesetzt**, sofern bei Abschluß des Vertrages die in §§ 12 Nr. 2 und 3 VGB 88 n. F., 16 Nr. 3 und 4 VGB 88 a. F. geforderten vertraglichen Voraussetzungen geschaffen wurden. Die Versicherungssumme 1914 dient in der Gleitenden Neuwertversicherung mit Unterversicherungsverzicht ausschließlich als Grundlage für die Beitragsberechnung. Abweichend von den gesetzlichen Regelungen des VVG ist sie weder Obergrenze der Entschädigung (§ 50 VVG) noch Maßstab für die Versicherungsdichte (§ 56 VVG). Auch der Versicherungswert 1914 hat in der Gleitenden Neuwertversicherung mit Unterversicherungsverzicht seine Funktion als Gradmesser der Versicherungsdichte verloren. Er hat infolgedessen für die Schaden- und Entschädigungsberechnung keinerlei Bedeutung. Fraglich ist dagegen, ob der Versicherungswert 1914 unverändert Grundlage für die Vereinbarung der richtigen Versicherungssumme 1914 ist. Die Formulierung von §§ 12 Nr. 2 VGB 88 n. F., 16 Nr. 3 VGB 88 a. F. und insbesondere das Verfahren zur richtigen Ermittlung der Versicherungssumme anhand des Summenermittlungsbogens sprechen dagegen. Abweichungen zwischen dem Versicherungswert 1914 und der richtig ermittelten Versicherungssumme 1914 werden dabei bewußt in Kauf genommen.

Unter diesen Umständen fragt es sich, ob der VN in der Gleitenden Neuwertversicherung mit Unterversicherungsverzicht jederzeit unter Hinweis auf § 51 I VVG eine sofortige Herabsetzung der Versicherungssumme 1914 wegen Überversicherung verlangen kann. Dagegen spricht, daß der Hinweis auf § 51 I VVG nur im Zusammenhang mit der Umwandlung einer Gleitenden Neuwertversicherung in eine feste Neuwertversicherung durch Widerspruch des VN gegen eine Erhöhung des gleitenden Neuwertfaktors gegeben wird (vgl. P 4.6.4). Andererseits ist § 68 a VVG zu berücksichtigen, wonach von § 51 I VVG nicht zum Nachteil des VN abgewichen werden darf. Die Beantwortung der angeschnittenen Frage hängt also davon ab, ob es für den VN nachteilig ist, wenn in der Gleitenden Neuwertversicherung mit Unterversicherungsverzicht die richtig ermittelte Versicherungssumme 1914 den Versicherungswert 1914 übersteigt. Dabei kommt es auf eine Gesamtwürdigung der hiermit verbundenen wirtschaftlichen Vor- und Nachteile an. Bei einer derartigen Betrachtung kann die angeschnittene Frage verneint werden, weil die mit dem Unterversicherungsverzicht für den VN verbundenen Vorteile den Nachteil einer möglichen geringen Beitragsmehrbelastung durch eine „überhöhte" Versicherungssumme 1914 überkompensieren. Deshalb kann in der Gleitenden Neuwertversicherung mit Unterversicherungsverzicht § 51 I VVG grundsätzlich nicht unmittelbar angewendet werden. Eine (weitere) Herabsetzung der Versicherungssumme unter Hinweis auf § 51 I VVG kann der VN nur auf dem „Umweg" über §§ 11 Nr. 4 b VGB 88 n. F., 13 Nr. 6 VGB 88 a. F. verwirklichen (vgl. P 4.6.4). Ausgenommen davon sind Fälle, in denen nachträglich die Wohnfläche des versicherten Gebäudes verringert (z. B. Teilabbruch) oder seine Ausstattung wertmindernd verändert wurde (praktisch selten). In diesem Zusammenhang ist auch zu beachten, daß eine Aufhebung des Unterversicherungsverzichts analog Klausel 7712 Nr. 3 zu den VHB 84/VHB 92 in den VGB 88 nicht vorgesehen ist. Eine derartige Regelung hat insbesondere für den Versicherer praktischen Wert (Martin S II 107). Sie wurde daher in die VGB 88 nicht übernommen. Dadurch wird aber auch die hier vertretene Ansicht gestützt, daß § 51 I VVG auf die Gleitende Neuwertversicherung mit Unterversicherungsverzicht grundsätzlich nicht unmittelbar anzuwenden ist.

Die voraufgegangenen Ausführungen belegen, daß die **Gleitende Neuwertversicherung mit Unterversicherungsverzicht in wesentlichen Punkten von den gesetzlichen Regelungen für die Schadenversicherung zum vollen Wert in §§ 49 ff. VVG abweicht**. Sie ist jedoch keine Erstrisikoversicherung (a. A. Martin S II 78 und wohl auch Ollick, VerBAV 84 Anm. 28 a S. 363 zu VHB 84 in Verbindung mit Klausel 7712). Der Versicherer verzichtet im Gegensatz zur Versicherung auf Erstes Risiko nicht ohne weiteres auf die Anwendung der Proportionalitätsregel. Vielmehr gilt der Unterversicherungsverzicht nur, wenn die Versicherungssumme 1914 nach §§ 12 Nr. 2 a bis c VGB 88 n. F., 16 Nr. 3 a bis c VGB 88 a. F. richtig ermittelt und vertraglich vereinbart wurde. Sofern diese Voraussetzungen bei Vertragsabschluß nicht geschaffen wurden, gilt der Unterversicherungsverzicht nicht. Vergleichbare Bedingungen existieren in der Erstrisikoversicherung nicht. Der VN kann die Versicherungssumme frei wählen. Der Wert der versicherten Sachen spielt in der Erstrisikoversicherung überhaupt keine Rolle, zumal es einen Versicherungswert im Sinne von § 52 VVG bei typischen Fällen der Erstrisikoversicherung (z. B. Kostenversicherung) ohnehin nicht gibt. 6.5.3

In der Gleitenden Neuwertversicherung mit Unterversicherungsverzicht liegt es anders. Auf die exakte Ermittlung des Versicherungswerts 1914 wird zwar verzichtet, jedoch soll eine weitgehende Übereinstimmung zwischen der richtig ermittelten Versicherungssumme 1914 und dem Versicherungswert 1914 gegeben sein. Dabei werden Abweichungen zwischen der richtig ermittelten Versicherungssumme 1914 und dem Versicherungswert 1914 in einer gewissen Bandbreite in Kauf genommen. Der Unterversicherungsverzicht beinhaltet keineswegs den für die Erstrisikoversicherung charakteristischen Verzicht auf die Feststellung und die versicherungstechnische Umsetzung des Versicherungswerts. Die „Unanwendbarkeit von § 56 VVG" ist Erkennungsmerkmal der Erstrisikoversicherung und des Unterversicherungsverzichts (vgl. Dietz nach § 18 Vorbemerkung zu Klausel 834 RN 1.6). Martin ist gegenteiliger Ansicht (S II 78). Er begründet dies vor allem damit, daß es in der Hausratversicherung mit vereinbartem Unterversicherungsverzicht „sehr wohl ein zweites, durch den VN selbst zu tragendes Risiko" gibt, wenn nämlich die Höhe des Schadens die Versicherungssumme übersteigt (a. a. O.). Selbst wenn man dieser Argumentation folgt, läßt sie sich auf die Gleitende Neuwertversicherung mit vereinbartem Unterversicherungsverzicht nicht übertragen. Ein zweites Risiko, das der VN trägt, gibt es hier überhaupt nicht. Liegen die Voraussetzungen für den

Unterversicherungsverzicht vor, werden versicherte Schäden – abgesehen von den Entschädigungsgrenzen – ohne betragsmäßige Begrenzung voll entschädigt.

6.5.4 Darin liegen die unbestreitbaren **wirtschaftlichen Vorteile des Unterversicherungsverzichts in der Gleitenden Neuwertversicherung für den VN.** Die schwierige, mit vielen Unsicherheitsfaktoren belastete Ermittlung der richtigen Versicherungssumme 1914 wird stark vereinfacht. Die Verantwortung für die richtige Berechnung der Versicherungssumme 1914 wird bei der Anwendung des Summenermittlungsbogens darüber hinaus vom VN auf den Versicherer verlagert. Wird eine nach §§ 12 Nr. 2 a bis c VGB 88 n. F., 16 Nr. 3 a bis c VGB 88 a. F. ermittelte Versicherungssumme 1914 vereinbart, ist eine Kürzung der Entschädigung wegen Unterversicherung nicht mehr möglich. Versicherte Schäden werden voll ersetzt.

Die Gleitende Neuwertversicherung mit Unterversicherungsverzicht hat aber auch **Vorteile für den Versicherer.** Auf die außerordentlich schwierige und aufwendige Überprüfung des Versicherungswerts 1914 kann im Versicherungsfall grundsätzlich verzichtet werden. Die Feststellung und die Bearbeitung von Schäden wird vereinfacht. Die Schadenbearbeitungskosten sinken. Unerfreuliche Auseinandersetzungen mit dem VN bei Kürzung der Entschädigung wegen Unterversicherung sind ausgeschlossen. Die Gleitende Neuwertversicherung mit Unterversicherungsverzicht bietet vor allem aber auch eine zuverlässigere und realistischere Basis für die Tarifkalkulation und die Beitragsberechnung als die Versicherung zum vollen Wert. Grundlage der Tarifkalkulation und der Tarifierung in der Vollwertversicherung ist die Annahme, daß VN den Wert der versicherten Sachen als Versicherungssumme vereinbaren. Wird eine niedrigere Versicherungssumme vereinbart, soll die Entschädigung nach der Proportionalitätsregel des § 56 VVG gekürzt werden. Die Kalkulation des Versicherers geht deshalb nur auf, wenn dem vollen Wert entsprechende Versicherungssummen vereinbart oder aber vorhandene Unterversicherungen tatsächlich auch angerechnet werden (vgl. Dietz a. a. O. Rn 1.3).

Gerade in der Wohngebäudeversicherung zum vollen Wert ist diese Grundvoraussetzung in der Praxis nicht erfüllt. In vielen Fällen besteht Unterversicherung. Zahlreiche Kleinschäden werden aber aus Kostengründen büromäßig bearbeitet. Eine Überprüfung des Versicherungswerts und die Anrechnung einer bestehenden Unterversicherung ist in diesen Fällen ausgeschlossen. Dies trifft aber auch bei sog. Reguliererschäden zu, weil die Regulierungsbeauftragten der Versicherer mit der Feststellung des Versicherungswerts 1914 zumeist überfordert sind. Die Anrechnung einer Unterversicherung unterbleibt in diesen Fällen, weil sie der Versicherer nicht beweisen kann und die Kosten für die Feststellung des Versicherungswerts 1914 durch einen Sachverständigen nicht tragen möchte. Erschwerend kommt in der Wohngebäudeversicherung hinzu, daß bei Sturmkatastrophen oder anhaltenden Frostperioden Schäden in großer Zahl anfallen. Bei derartigen Kumulschäden kommt es regelmäßig zu Bearbeitungsengpässen im Schadeninnen- und -außendienst, die u. a. durch großzügige Regulierung überbrückt werden.

In der Gleitenden Neuwertversicherung mit Unterversicherungsverzicht treten die dargestellten Diskrepanzen zwischen theoretischer Tarifkalkulation einerseits sowie praktischer Beitragsberechnung und Schadenbearbeitung andererseits nicht auf. Die der Tarifkalkulation zugrundeliegenden Annahmen werden in der Praxis umgesetzt. Für die Ermittlung der Versicherungssummen 1914 werden allgemeingültige und realisierbare Bedingungen gesetzt, die mit den Tarifierungsgrundlagen übereinstimmen (vgl. P 6.4). Bei dieser Betrachtungsweise ist auch zu erkennen, warum der Unterversicherungsverzicht auf die Gleitende Neuwertversicherung beschränkt werden mußte. Es besteht eine enge wechselseitige Beziehung zwischen dem Unterversicherungsverzicht und der Anpassung der Haftung und des Beitrags nach §§ 11 Nr. 3 und 4 VGB 88 n. F., 13 Nr. 4 und Nr. 5 VGB 88 a. F. Der Unterversicherungsverzicht wäre ohne die Anpassung der Haftung und des Beitrags an die Baupreisentwicklung nicht realisierbar.

## Verlust des Unterversicherungsverzichts 7

In den VGB 88 sind verschiedene Fallgestaltungen geregelt, die dazu führen, daß ein vertraglich vereinbarter Unterversicherungsverzicht entweder gar nicht erst entsteht oder später beseitigt wird. Vergleichbare Regelungen gibt es in der Erstrisikoversicherung nicht. Es bestätigt sich einmal mehr, daß der Unterversicherungsverzicht keine Erstrisikoversicherung ist, sondern als eigene Versicherungsform neben der Versicherung zum vollen Wert und der Erstrisikoversicherung steht.

## Unzutreffende Beschreibung des Gebäudes 7.1

Nach §§ 12 Nr. 3 b VGB 88 n. F., 16 Nr. 5 VGB 88 a. F. gilt der Unterversicherungsverzicht nicht, wenn sich im Versicherungsfall herausstellt, daß die Beschreibung des Gebäudes und seiner Ausstattung im Summenermittlungsbogen von den tatsächlichen Verhältnissen abweicht und dadurch die Versicherungssumme zu niedrig bemessen ist. Auf den ersten Blick erscheint diese Bestimmung überflüssig bzw. deklaratorisch. Soweit die Abweichung auf nachträglichen baulichen Veränderungen beruht, sind §§ 12 Nr. 3 c VGB 88 n. F., 16 Nr. 6 a VGB 88 a. F. einschlägig. Ist die Abweichung auf die Falschbeantwortung von Antragsfragen nach Größe, Ausstattung und Ausbau des Gebäudes zurückzuführen, gilt der Unterversicherungsverzicht nach §§ 12 Nr. 2 c VGB 88 n. F., 16 Nr. 3 c VGB 88 a. F. ohnehin nicht, weil die Antragsfragen nicht zutreffend beantwortet wurden. Durch §§ 12 Nr. 3 b VGB 88 n. F. 16 Nr. 5 VGB 88 a. F. wird der VN jedoch besser gestellt. Die unzutreffende Beantwortung von Antragsfragen schadet dem VN nur, soweit dadurch die Versicherungssumme 1914 zu niedrig bemessen ist und soweit die Abweichung auf Vorsatz oder grober Fahrlässigkeit beruht. Darin liegt eine weitere grundlegende Besserstellung des VN im Verhältnis zur Vollwertversicherung. Nach §§ 12 Nr. 2 c VGB 88 n. F., 16 Nr. 3 c VGB 88 a. F. wird die Verantwortung des VN von der Bemessung der Versicherungssumme auf die zutreffende Beantwortung von Antragsfragen verlagert. Die **Falschbeantwortung von Antragsfragen bleibt aber folgenlos, soweit sie auf leichter Fahrlässigkeit des VN beruht.** In der Vollwertversicherung kommt es auf den Verschuldensgrad überhaupt nicht an. Ist die Versicherungssumme zu niedrig, wird die Proportionalitätsregel selbst dann angewendet, wenn den VN daran kein Verschulden trifft.

Zu beachten ist, daß diese Verbesserungen für den VN lediglich für die Unterversiche- 7.1.1
rungsverzichtsvariante nach §§ 12 Nr. 2 c VGB 88 n. F., 16 Nr. 3 c VGB 88 a. F. gelten. Das trifft auch auf § 12 Nr. 3 b VGB 88 n. F. zu. Dort wird zwar auf § 11 Nr. 1 VGB 88 n. F. Bezug genommen. Dabei handelt es sich aber offensichtlich um ein redaktionelles Versehen. Daraus folgt im Umkehrschluß, daß der VN eine entsprechende Erleichterung bei der unzutreffenden Ermittlung der Versicherungssumme 1914 nach §§ 12 Nr. 2 b VGB 88 n. F., 16 Nr. 3 b VGB 88 a. F. nicht beanspruchen kann. Stellt sich im Versicherungsfall heraus, daß er den Neuwert in Preisen eines anderen Jahres zu niedrig angegeben hat, so gilt der Unterversicherungsverzicht generell nicht. Auf den Verschuldens-

grad kommt es nicht an. Dadurch wird erneut bestätigt, daß die Unterversicherungsverzichtsvariante nach §§ 12 Nr. 2 b VGB 88 n. F., 16 Nr. 3 b VGB 88 a. F keine gleichwertige Alternative zum Unterversicherungsverzicht auf der Grundlage der nach §§ 12 Nr. 2 c VGB 88 n. F., 16 Nr. 3 c VGB 88 a. F. ermittelten Versicherungssumme 1914 ist, weil die Verantwortung für die zutreffende Ermittlung des Neuwerts unverändert beim VN liegt (vgl. P 6.2).

7.1.2 Die **vorsätzliche oder grob fahrlässige Falschbeantwortung von Antragsfragen nach Größe, Ausbau und Ausstattung des Gebäudes läßt den Unterversicherungsverzicht nicht entstehen, wenn dadurch die Versicherungssumme 1914 zu niedrig bemessen wurde.** Sie ist dagegen unschädlich, wenn sie die Höhe der Versicherungssumme nicht beeinflußt. Im Versicherungsfall wird in diesen Fällen die vereinbarte Versicherungssumme 1914 mit derjenigen Versicherungssumme 1914 verglichen, die sich auf der Grundlage der tatsächlichen Verhältnisse bei Aufnahme des Antrags errechnet. Ist die vereinbarte Versicherungssumme höher oder gleich hoch, so bleibt die Falschbeantwortung folgenlos, ist sie niedriger, so gilt der vereinbarte Unterversicherungsverzicht nicht.

## 7.2 Nachträgliche werterhöhende Veränderung des Bauzustands

Der vereinbarte Unterversicherungsverzicht gilt ferner nicht, wenn der der Versicherungssummenermittlung zugrundliegende Bauzustand nachträglich durch wertsteigernde Um-, An- oder Ausbauten verändert wurde und die Veränderung dem Versicherer nicht unverzüglich angezeigt wurde (§§ 12 Nr. 3 c VGB 88 n. F., 16 Nr. 6 a VGB 88 a. F.; ähnlich § 2 Nr. 3 SGIN 79a und Geschäftsplanmäßige Erklärung Nr. 3 zu den SGIN 79 a). Zwischen dieser Bestimmung und der in P 7.1 behandelten Regelung bestehen zwei grundlegende Unterschiede. Die vorstehende Regelung gilt für alle Methoden zur richtigen Ermittlung der Versicherungssumme 1914 in gleicher Weise, während die in P 7.1 behandelte Bestimmung lediglich Fälle erfaßt, in denen die Versicherungssumme 1914 mit Hilfe des Summenermittlungsbogens festgestellt wurde. Daneben spielt der Verschuldensgrad hier keine Rolle.

Die **nachträgliche werterhöhende Veränderung des Bauzustands beseitigt den ursprünglich geltenden Unterversicherungsverzicht, es sei denn, die Veränderung wurde dem Versicherer unverzüglich angezeigt.** Es sind jedoch nicht alle wertsteigernden Baumaßnahmen anzuzeigen, sondern nur solche, die den der Versicherungssummenermittlung zugrundeliegenden Bauzustand nachträglich verändert haben (ebenso Martin S IV 48). Wertminderungen und Wertsteigerungen können gegeneinander aufgerechnet werden. Ausschlaggebend ist der Vergleich der vereinbarten Versicherungssumme 1914 mit derjenigen Versicherungssumme 1914, die sich unter Berücksichtigung der baulichen Veränderungen ergibt. Ist die vereinbarte Versicherungssumme 1914 höher oder gleich hoch, so bleibt die Nichtanzeige werterhöhender baulicher Veränderungen folgenlos. Praktische Bedeutung hat dies vor allem für die Fälle, in denen die Versicherungssumme 1914 mit Hilfe des Summenermittlungsbogens ermittelt wurde. Werden Merkmale verändert, nach denen im Summenermittlungsbogen nicht gefragt wurde, so bleiben dadurch verursachte Werterhöhungen unberücksichtigt (vgl. Martin S IV 49).

Zwischen §§ 12 Nr. 3 b VGB 88 n. F., 16 Nr. 5 VGB 88 a. F. einerseits und §§ 12 Nr. 3 c VGB 88 n. F., 16 Nr. 6 a VGB 88 a. F. andererseits besteht Konkurrenz, wenn die mit Hilfe des Summenermittlungsbogens ermittelte Versicherungssumme 1914 vereinbart wurde und die nachträgliche wertsteigernde Veränderung des Bauzustandes dazu führt, daß die Beschreibung des Gebäudes und seiner Ausstattung von den tatsächlichen Verhältnissen abweicht. Die Lösung des Konkurrenzproblems hat materielle Auswirkungen, da nach §§ 12 Nr. 3 b VGB 88 n. F., 16 Nr. 5 VGB 88 a. F. nur grobe Fahrlässigkeit und Vorsatz schadet, während es hier auf das Verschulden bzw. den Verschuldensgrad nicht ankommt. Auf den ersten Blick bietet es sich an, das Konkurrenzproblem zu Gunsten von §§ 12 Nr. 3 b VGB 88 n. F., 16 Nr. 5 VGB 88 a. F. zu lösen, da dies für den VN vorteilhafter ist. Es ist jedoch nicht gerechtfertigt, an denselben Sachverhalt in Abhängigkeit von der angewendeten Methode zur Ermittlung der Versicherungssumme 1914 unterschiedliche Sanktionen zu knüpfen. Deshalb ist die hier behandelte Bestimmung im Verhältnis zu der in P 7.1 behandelten Regelung als Spezialregelung einzustufen. Wurde die Versicherungssumme 1914 mit Hilfe des Summenermittlungsbogens ermittelt, so sind §§ 12 Nr. 3 b VGB 88 n. F., 16 Nr. 5 VGB 88 a. F. anzuwenden, wenn Abweichungen zwischen dem angezeigten und dem tatsächlichen Bauzustand bereits bei Antragsaufnahme vorlagen. §§ 12 Nr. 3 c VGB 88 n. F., 16 Nr. 6 a VGB 88 a. F. ist einschlägig, wenn die Abweichungen auf nachträglichen Veränderungen des Bauzustands beruhen.

Die Anwendung von §§ 14 Nr. 3 c VGB 88 n. F., 16 Nr. 6 a VGB 88 a. F. kann **Schwierigkeiten** bereiten, **weil insbesondere bei der richtigen Ermittlung der Versicherungssumme 1914 durch Umrechnung des Neubauwerts mit dem mittleren Baukostenindex oder mit Hilfe des Summenermittlungsbogens Abweichungen zwischen dem Versicherungswert 1914 und der richtig ermittelten Versicherungssumme 1914 in Kauf genommen werden.** Fällt der Unterversicherungsverzicht nachträglich weg, so können daraus zusätzliche Nachteile für den VN entstehen, wenn die Proportionalitätsregel angewendet und dabei der exakte Versicherungswert 1914 ermittelt und zugrunde gelegt wird. Dies wird nachfolgend verdeutlicht. 7.2.1

| Fall | Richtig ermittelte Versicherungssumme 1914 alt | neu | Versicherungswert 1914 vor baulicher Veränderung | Wert 1914 der baulichen Veränderungen | Versicherungswert 1914 nach baulicher Veränderung |
|---|---|---|---|---|---|
| A | 30.000 | 32.000 | 30.000 | 2.000 | 32.000 |
| B | 30.000 | 32.000 | 28.000 | 2.000 | 30.000 |
| C | 30.000 | 32.000 | 32.000 | 2.000 | 34.000 |

Der Fall A ist unproblematisch. Der Versicherungswert 1914 vor der baulichen Veränderung entspricht der richtig ermittelten Versicherungssumme 1914. Die Unterversicherung ist ausschließlich durch die bauliche Veränderung bedingt. Der Fall B ist für den VN vorteilhaft. Die richtig ermittelte Versicherungssumme 1914 ist höher als der ursprüngliche Versicherungswert 1914. Die Versicherungssummenreserve reicht aus, um die Werterhöhung durch die baulichen Veränderungen abzudecken. Es besteht auch nach der baulichen Veränderung keine Unterversicherung. Schwierigkeiten bereitet der Fall C. Die Unterversicherung infolge der baulichen Veränderung wird dadurch verstärkt, daß die richtig ermittelte Versicherungssumme 1914 bereits niedriger ist als der Versicherungswert 1914 vor der baulichen Veränderung. Diesen Teil der Unterversicherung hat der VN nicht zu vertreten, wenn er nachweist, daß sie durch die Umrechnung des Neubauwerts mit Hilfe des mittleren Baukostenindexes oder durch die Berechnung der

Versicherungssumme 1914 nach dem Summenermittlungsbogen verursacht wurde. Unter dieser Voraussetzung wäre im Versicherungsfall der Schadenbetrag nicht im Verhältnis 30 : 34, sondern im Verhältnis 30 : 32 zu kürzen.

7.2.2 Es ist allerdings nicht zu übersehen, daß die **Umsetzung dieser Grundsätze** zumeist **an nahezu unlösbaren praktischen Schwierigkeiten scheitert**. Sie entstehen insbesondere dadurch, daß der Versicherungswert 1914 vor der baulichen Veränderung und der Mehrwert 1914 nicht exakt zu ermitteln sind, weil der ursprüngliche Bauzustand nicht umfassend dokumentiert ist und ursprünglich vorhandene Gebäudeteile im Zuge baulicher Maßnahmen untergehen oder ebenfalls verändert werden. Der VN kann deshalb in der Regel nicht nachweisen, daß die Unterversicherung infolge der Umrechnung oder der Berechnung der Versicherungssumme 1914 durch den Versicherer verursacht bzw. verstärkt wurde. Eine sachgerechte und praktikable Lösung wäre die Einführung einer modifizierten Proportionalitätsregel. Der richtig ermittelten Versicherungssumme 1914 nach Maßgabe des ursprünglichen Bauzustands (des ursprünglichen Neuwerts) wird die richtig ermittelte Versicherungssumme 1914 nach Maßgabe des veränderten Bauzustands (des erhöhten Neuwerts) gegenübergestellt. Eine derartige Lösung hätte den großen praktischen Vorteil, daß der Versicherungswert 1914 überhaupt nicht festgestellt werden müßte. Es genügte, die Versicherungssumme 1914 nach Maßgabe des veränderten Bauzustands zu ermitteln. In den dargestellten Beispielen würde im Fall A die Schaden- und Entschädigungsberechnung durch die modifizierte Proportionalitätsregel nicht verändert. Im Fall B würde ein für den VN ungünstigeres, im Fall A ein für den VN günstigeres Ergebnis eintreten. Die Proportionalitätsregel sollte bei sich bietender Gelegenheit in der dargestellten Form modifiziert werden. Eine derartige Abänderung ist mit § 56 VVG vereinbar.

7.2.3 **Nachträgliche wertsteigernde Um-, An- oder Ausbauten beseitigen den Unterversicherungsverzicht dann nicht, wenn die Veränderung dem Versicherer unverzüglich angezeigt wurde.** Der Versicherer kann aufgrund der Anzeige überprüfen, ob die bauliche Veränderung eine Erhöhung der Versicherungssumme 1914 erfordert oder ob der Unterversicherungsverzicht mit unveränderter Versicherungssumme 1914 weiter gilt. In den VGB 88 nicht geregelt ist der Fall, daß der VN eine bauliche Veränderung unverzüglich anzeigt, eine vom Versicherer geforderte Erhöhung der Versicherungssumme 1914 aber ablehnt. Eine Aufhebung des Unterversicherungsverzichts oder die Kündigung des Vertrages ist in diesen Fällen nach dem Bedingungswortlaut nicht vorgesehen. Deshalb ist die vorstehende Bestimmung dahingehend auszulegen, daß dieses Verhalten des VN zum Wegfall des Unterversicherungsverzichts führt. Andernfalls wäre es einzelnen VN möglich, sich zum Nachteil der Versichertengemeinschaft ungerechtfertigte Vermögensvorteile zu verschaffen. Die bestehende Regelungslücke sollte geschlossen werden.

7.2.4 Im Verhältnis zur Klausel 7712 zu den VHB 84/VHB 92 bringen die VGB 88 eine wünschenswerte Klarstellung. Es ist jetzt eindeutig geregelt, daß die **Vereinbarung der richtig ermittelten Versicherungssumme 1914 eine objektive Voraussetzung für das Entstehen des Unterversicherungsverzichts** ist. Diese Voraussetzung hat der VN zu schaffen. Infolgedessen steht auch zweifelsfrei fest, daß die unzutreffende Beantwortung der Antragsfragen nach Größe, Ausbau und Ausstattung des Gebäudes oder die Angabe eines unzutreffenden Neuwerts nicht als Verletzung der vorvertraglichen Anzeigepflicht nach §§ 16 ff. VVG einzustufen ist. Ebenso ist eine **nachträgliche werterhöhende bauliche Veränderung des versicherten Gebäudes keine Gefahrerhöhung** nach §§ 23 ff. VVG. Die Diskussionen, die über die Einstufung der Wohnfläche als gefahrerheblicher Umstand beim Unterversicherungsverzicht in der Hausratversicherung nach den VHB 84 stattgefunden haben (vgl. Dietz nach § 18 vor Klausel 834 RN 3.2), können in der Wohngebäudeversicherung gar nicht erst aufkommen.

## Mehrfachversicherung 7.3

Der **Unterversicherungsverzicht** gilt nach § 16 Nr. 6 b VGB 88 a. F. ferner **nicht, wenn ein weiterer Gebäudeversicherungsvertrag für das Gebäude gegen dieselbe Gefahr besteht.** Etwas anderes kann jedoch vertraglich vereinbart werden. Es handelt sich um eine auflösende Bedingung. Sie wurde aus Klausel 7712 Nr. 2 zu den VHB 84/VHB 92 in abgewandelter Form übernommen. Abweichend von Klausel 7712 kommt es jedoch nicht darauf an, daß derselbe VN einen weiteren Vertrag abgeschlossen hat. Weiterhin spielt es keine Rolle, ob für diesen Vertrag ebenfalls der Unterversicherungsverzicht vereinbart wurde. Besteht ein weiterer Versicherungsvertrag für das versicherte Gebäude gegen dieselbe Gefahr, so soll der Unterversicherungsverzicht generell nicht gelten. Diese Bestimmung bedeutet nach verbreiteter Auffassung einen willkürlichen Nachteil für den VN und ist „mit dem Vertragszweck im Sinn von § 9 Abs. 2 Nr. 2 AGBG nicht vereinbar" (Martin S IV 52). Infolgedessen ist diese Regelung unwirksam. Daran liegt es, daß in den VGB 88 n. F. eine derartige Bestimmung nicht enthalten ist. Nennenswerte praktische Bedeutung hat der angesprochene Sachverhalt in der Gleitenden Neuwertversicherung mit Unterversicherungsverzicht ohnehin nicht. Es handelt sich um Fälle, in denen die richtig ermittelte Versicherungssumme 1914 vereinbart wurde, so daß die objektiven Voraussetzungen für den Unterversicherungsverzicht und die unbegrenzte Haftung des Wohngebäudeversicherers vorliegen. Es wird sehr selten vorkommen, daß unter diesen Umständen derselbe oder ein anderer VN für dasselbe Gebäude einen weiteren Gebäudeversicherungsvertrag gegen dieselbe Gefahr abschließt oder einen weiteren Gebäudeversicherungsvertrag gegen dieselbe Gefahr fortbestehen läßt. Er hat daraus keinerlei Vorteile. Kommt es dennoch in seltenen Fällen zum Zusammentreffen eines Wohngebäudeversicherungsvertrages mit Unterversicherungsverzicht mit einem anderen Wohngebäudeversicherungsvertrag, so wird der vereinbarte Unterversicherungsverzicht dadurch nicht beseitigt. Das gilt auch bei Verträgen auf der Grundlage der VGB 88 a. F., weil die dortige Regelung wegen § 9 Abs. 2 Nr. 2 AGBG unwirksam ist. Das hat Auswirkungen auf das Innenverhältnis der beiden Wohngebäudeversicherer zueinander (vgl. R 8.6).

## Alternativen zur Gleitenden Neuwertversicherung 8

Die Gleitende Neuwertversicherung hat sich über Jahrzehnte als ein Instrument zur Beseitigung der inflationsgetriebenen Unterversicherung bewährt. Durch die Einführung des Unterversicherungsverzichts in Verbindung mit verständlichen und praktikablen Methoden zur Ermittlung der Versicherungssumme 1914 wurde in den VGB 88 für das Breitengeschäft ein Hauptproblem der Gleitenden Neuwertversicherung gelöst. Dennoch wird seit der Deregulierung der Versicherungsmärkte verbreitet über eine Ablösung, zumindest aber über eine grundlegende Veränderung der Gleitenden Neuwertversicherung diskutiert. Die Einführung des Euro hat dies noch verstärkt.

## 8.1 Kritik am Versicherungswert 1914

Ausgangspunkt derartiger Überlegungen ist die immer wieder vorgetragene Kritik am Versicherungswert 1914, die sich im wesentlichen um zwei Punkte dreht. Es wird vorgetragen, daß die Gleitende Neuwertversicherung auf der Grundlage des Versicherungswerts 1914 und der Versicherungssumme 1914 eine antiquierte Versicherungsform sei. Es sei nicht zu verstehen, daß im Jahre 1999 Wohngebäudeversicherungsverträge auf der Basis der Baupreise des Jahres 1914 abgeschlossen würden, und das selbst dann, wenn das Gebäude im Jahr 1999 gebaut worden sei. Die Umstellung der Gleitenden Neuwertversicherung auf eine gegenwartsnahe Bewertungsgrundlage sei überfällig. Es ist hier nicht der Platz, das Für und Wider einer derartigen Argumentation im einzelnen darzulegen. Unbestritten dürfte jedoch sein, daß diese Forderung einer weit verbreiteten Überzeugung entspricht. Daher ist es notwendig, Alternativen zur Gleitenden Neuwertversicherung auf der Basis des Versicherungswerts 1914 zu entwickeln.

Dies gilt um so mehr, weil der Versicherungswert 1914 die Hauptursache dafür ist, daß die Gleitende Neuwertversicherung in ihrer derzeitigen Form Verbraucher und gelegentlich wohl auch Versicherer vor große Verständnisprobleme stellt. Es leuchtet zwar jedem ein, daß steigende Baupreise den Neubauwert von Gebäuden erhöhen und daß infolgedessen der Versicherungsschutz in der Gebäudeversicherung angepaßt werden muß, wenn sich die Baupreise erhöhen. Unverständnis ruft dagegen vor allem bei Gebäudeeigentümern und Verbraucherschützern die Tatsache hervor, daß dies auf der Grundlage der Baupreise und der Versicherungswerte des Jahres 1914 bewerkstelligt wird. Die intensiven Bemühungen der Versicherer, diese Versicherungsform allgemein verständlich darzustellen, haben daran kaum etwas geändert.

Vor diesem Hintergrund gibt es im Grunde genommen keine überzeugenden Argumente gegen eine Modernisierung der Gleitenden Neuwertversicherung. Daher wird in den Gremien des GDV seit geraumer Zeit darüber beraten. Vereinzelt sind Wohngebäudeversicherer auch bereits dazu übergegangen, die Gleitende Neuwertversicherung zu modifizieren oder gar auf eine andere Grundlage zu stellen. Nachfolgend werden Alternativen zur Gleitenden Neuwertversicherung in der heutigen Form dargestellt und bewertet. Die Darstellung beschränkt sich auf diejenigen Modelle, die zu einer grundlegenden Neuausrichtung der Gleitenden Neuwertversicherung führen könnten, ohne daß dabei die Vorteile dieser Versicherungsform für Verbraucher und Versicherer von vornherein wesentlich beeinträchtigt werden.

## 8.2 Alternative Modelle

Diese Modelle sind in der nachfolgenden Übersicht stichwortartig zusammengefaßt.

| Modell | Beschreibung | Anpassungsaufwand | |
|---|---|---|---|
| 1 | Gleitende Neuwertversicherung; Versicherungswert 1914, aber ohne Dokumentierung der Versicherungssumme | AVB:<br>Statistik:<br>Index:<br>SEB: | Recht hoch<br>Unverändert<br>Unverändert<br>Unverändert |

| Modell | Beschreibung | Anpassungsaufwand | |
|---|---|---|---|
| 2 | Gleitende Neuwertversicherung; Versicherungswert 2000 mit Dokumentierung der Versicherungssumme | AVB:<br>Statistik:<br>Index:<br>SEB: | Gering<br>Gering<br>Neu<br>Neu |
| 3 | Aktueller Neubauwert mit Dokumentierung sowie Anpassung der Versicherungssumme (Summenanpassungsklausel)<br>a) mit Höchstentschädigung<br>b) ohne Höchstentschädigung | AVB:<br>Statistik:<br>Index:<br>SEB: | Hoch<br>Gering<br>Neu<br>Jährlich neu |
| 4 | Wohnfläche in m² mit Dokumentierung der Wohnfläche<br>a) mit Höchstentschädigung<br>b) ohne Höchstentschädigung | AVB:<br>Statistik:<br>Index:<br>SEB: | Hoch<br>Hoch<br>Neu<br>Entfällt |
| 5 | Stückbeitrag | AVB:<br>Statistik:<br>Index:<br>SEB: | Hoch<br>Hoch<br>Entfällt<br>Entfällt |

## Modell 1 8.2.1

Dieses Modell unterscheidet sich von der Gleitenden Neuwertversicherung nach den VGB 88 dadurch, daß die Versicherungssumme 1914 in gleicher Weise ermittelt, aber im Versicherungsschein nicht dokumentiert wird. Dagegen wird das versicherte Gebäude im Versicherungsschein näher beschrieben. Der Beitrag wird in gleicher Weise wie in der Gleitenden Neuwertversicherung nach den VGB 88 berechnet. Dies ist jedoch für den VN nicht mehr nachzuvollziehen, weil die Beitragsberechnung intern erfolgt. Haftung sowie Haftungs- und Beitragsanpassung sind entsprechend den VGB 88 geregelt. Der Verzicht auf den Versicherungswert 1914 und die Versicherungssumme 1914 in den AVB und im Versicherungsschein erfordert umfangreiche Anpassungen der AVB. Risikostatistik, Baukostenindex und Tariflohnindex können ebenso wie der Summenermittlungsbogen (SEB) unverändert übernommen werden. Alt- und Neubestände können ohne große Schwierigkeiten miteinander verknüpft werden. Die Transparenz und Verständlichkeit für den VN und Dritte ist jedoch im Vergleich zur derzeitigen Lösung nicht verbessert, sondern eingeschränkt.

## Modell 2 8.2.2

Bei diesem Modell treten an die Stelle des Versicherungswerts 1914 und der Versicherungssumme 1914 der Versicherungswert 2000 und die Versicherungssumme 2000. Die Gleitende Neuwertversicherung wird ansonsten unverändert auf der Preisbasis 2000 fortgeführt. In den VGB sind lediglich die Begriffe Versicherungswert 1914 und Versicherungssumme 1914 durch die Begriffe Versicherungswert 2000 und Versicherungssumme 2000 zu ersetzen. Die Risikostatistik des GDV kann mit geringem Aufwand angepaßt werden. Die Indizes und die Berechnung der Veränderungen des gleitenden Neuwertfaktors sind auf das Basisjahr 2000 umzustellen. Der Summenermittlungsbogen ist ebenfalls an die neue Preisbasis anzupassen. Es ist ohne weiteres möglich, Alt- und Neubestände miteinander zu verknüpfen. Jedoch droht den Versicherern bei einer Umstellung ein nicht zu unterschätzender Beitragsabrieb (vgl. dazu Modell 3). Der Vorteil dieses Modells gegenüber der derzeitigen Regelung und gegenüber dem Modell 1 ist der Umstieg auf eine gegenwartsnahe Preisbasis. Dadurch wird die Verständlichkeit und die Akzeptanz der Gleitenden Neuwertversicherung bei den Verbrauchern deutlich verbessert.

### 8.2.3 Modell 3

Dieses Modell ist mit der Summenanpassung in der Verbundenen Hausratversicherung vergleichbar (vgl. Dietz nach § 18 Vorbemerkung zu Klausel 834 RN 1 ff.). Bei Abschluß des Vertrages wird der bei Versicherungsbeginn geltende aktuelle Neubauwert des Gebäudes zugrunde gelegt. Dabei kann es sich entweder um den ortsüblichen Neubauwert oder um einen durchschnittlichen Neubauwert nach Maßgabe eines Summenermittlungsbogens handeln (Regelungsbedarf). Der Neubauwert wird jährlich nach Maßgabe der Veränderung des Baukostenindexes angepaßt. Die angepaßte Versicherungssumme wird dokumentiert. Die VGB 88 und der Summenermittlungsbogen müssen bei dieser Lösung überarbeitet werden. Das gilt auch für die Risikostatistik. Die Tarife sind neu zu kalkulieren. Eine neue Indexreihe ist systembedingt nicht zwingend erforderlich, sollte dennoch aus verschiedenen Gründen aufgebaut werden. Die Transparenz und Allgemeinverständlichkeit dieses Modells ist allen anderen Modellen überlegen. Dennoch kann die Frage, ob ein derartiges Modell für die Verbraucher vorteilhaft ist, nicht ohne weiteres bejaht werden. Dies hängt davon ab, ob die Versicherungssumme ihre Funktion als Obergrenze der Entschädigung nach § 50 VVG behalten soll. In diesem Fall hätte diese Versicherungsform im Verhältnis zur Gleitenden Neuwertversicherung nach den VGB 88 erhebliche Nachteile für den VN, weil die betragsmäßig unbegrenzte Haftung entfallen würde. Das gilt selbst dann, wenn z. B. für Kosten- und Mietverlustschäden analog § 18 Nr. 6 VHB 84/VHB 92 bestimmte, über die Versicherungssumme hinausgehende weitere Haftungsbeträge vereinbart würden (vgl. Dietz § 18 RN 9.1). Diese Nachteile könnten dadurch beseitigt werden, daß die Versicherer auch hier darauf verzichten, die Höhe der Versicherungssumme als Haftungsgrenze beizubehalten. Das bedeutete jedoch die Aufgabe eines wichtigen Grundprinzips der Versicherung zum vollen Wert. Daher ist es fraglich, ob die Versicherer einen derartigen Schritt gehen werden. Für die Versicherer könnte dieses Modell zu erheblichen Nachteilen führen, weil ein ins Gewicht fallender Beitragsabrieb droht. Anhand der für das Jahr 1999 geltenden, derzeit bekannten Daten wird das nachfolgend beispielhaft belegt.

Annahmen: Versicherungssumme 1914: 30.000 M; Beitragssatz: 0,7 ‰; gleitender Neuwertfaktor für das Jahr 1999: 25,4; mittlerer Baukostenindex 1998 (geschätzt): 2024,1. Die Umrechnung der Versicherungssumme 1914 auf den aktuellen Neubauwert zum 1.1.1999 erfolgt mit dem geschätzten mittleren Baukostenindex für das Jahr 1998. Die aktuelle Versicherungssumme 1999 lautet infolgedessen:

$$\frac{30.000 \times 2024{,}1}{100} = 607.230{,}\text{– DM}$$

Beitragsberechnung 1999 nach den VGB 88: 30.000 M x 0,7 ‰ x 25,4 = 533,40 DM. Beitragsberechnung nach Maßgabe der aktuellen Versicherungssumme 1999: 607.230,– DM x 0,7 ‰ = 425,06 DM. Der Beitragsunterschied beträgt 108,34 DM. Der Beitrag nach den VGB 88 liegt um 25,5 % über dem neuen Beitrag. Um dies auszugleichen, müßte der Beitragssatz bei einer Umstellung um 25,5 % erhöht werden. Der neue Beitragssatz errechnet sich wie folgt:

$$\frac{533{,}40 \times 1.000}{607.230} = 0{,}88\ ‰$$

Die Ursachen der dargestellten Abweichungen sind bekannt. Sie sind ausschließlich darauf zurückzuführen, daß sich Baupreisindex und gleitender Neuwertfaktor im Zeitverlauf weit auseinander entwickelt haben, weil sich die Tariflöhne im Baugewerbe deutlich stärker als die Baupreise erhöht haben. Die prozentuale Abweichung von 25,5 % bei den Beiträgen entspricht dem prozentualen Abstand zwischen Baukostenindex und gleitendem Neuwertfaktor. Infolgedessen müßten die Tarife für die Wohngebäudeversicherung umgestellt bzw. neu kalkuliert werden. Es ist zweifelhaft, ob eine derartige Erhöhung der Beitragssätze im Neu- und Ersatzgeschäft unter den derzeitigen Marktbedingungen durchzusetzen wäre. Daran liegt es in erster Linie, daß sich die Wohngebäudeversicherer bisher nicht dazu entschließen konnten, die Einführung eines aktuellen Versicherungswerts und einer aktuellen Versicherungssumme mit Summenanpassungsklausel weiter zu verfolgen.

Nicht zulässig und auch nicht ernsthaft in Erwägung zu ziehen ist die Ermittlung und die Anpassung des aktuellen Neubauwerts mit Hilfe des gleitenden Neuwertfaktors. Dies würde zu Versicherungssummen führen, die durchschnittlich um 25 % über den Neubauwerten liegen. Die VN würden benachteiligt und verunsichert. Ein Ausweg könnte darin bestehen, neben der Versicherungssumme für das versicherte Gebäude bzw. den Sachschaden eine weitere Versicherungssumme für die Versicherung des Kosten- und Mietausfallschadens einzuführen und aus beiden Versicherungssummen eine Gesamtversicherungssumme zu bilden. Der dargestellte Beitragsabrieb droht bei einer Umstellung der Gleitenden Neuwertversicherung von der Preisbasis 1914 auf die Preisbasis 2000 in gleicher Weise (Modell 2).

## Modell 4 8.2.4

Dieses sog. Wohnflächenmodell hat methodisch große Ähnlichkeit mit der Gleitenden Neuwertversicherung mit Unterversicherungsverzicht nach dem Summenermittlungsbogen in den VGB 88. Indessen würde hier auf die Ermittlung und den Ausweis einer Versicherungssumme verzichtet.

Bisher erfolgt die Beitragsberechnung bei der Ermittlung der Versicherungssumme 1914 anhand des Summenermittlungsbogens nach der Formel „Wohnfläche m² x Versicherungssumme je m² Wohnfläche x Beitragssatz". Diese Formel wird verkürzt. Die Beitragsberechnung des neuen Modells richtet sich nach der Formel „Wohnfläche m² x Beitrag DM je m² Wohnfläche". Die Beitragsberechnung wird von zwei Schritten auf einen Schritt verkürzt. Der Zwischenschritt „Versicherungssumme je m² Wohnfläche x Beitragssatz" entfällt. Der Beitrag je m² Wohnfläche wird unmittelbar angewendet. Eine Versicherungssumme wird nicht mehr ermittelt und ausgewiesen. Daher müssen Haustypen nach Bauausstattung und Ausstattungsmerkmalen gebildet werden, die mit unterschiedlichen DM-Beiträgen je m² Wohnfläche belegt werden. Es wird ein Typklassentarif gebildet, dessen Einführung hohen betriebstechnischen Aufwand erfordert. Materiell wird die Beitragsberechnung dadurch nicht verändert, jedoch **hat der Verzicht auf die Versicherungssumme weitreichende Folgen**.

Bisher ist die Versicherungssumme ein wichtiges Element der Risikostatistik und der Tarifkalkulation. Der Verzicht auf die Versicherungssumme führt zu einem Bruch. Die Risikostatistik muß auf eine neue Grundlage gestellt werden. Die weitere Nutzung des in Jahrzehnten aufgebauten risikostatistischen Datenmaterials hängt davon ab, ob es gelingt, alte und neue Risikostatistik miteinander zu verknüpfen. Ein weiteres Problem ist die Beitragsanpassung. Wenn es keine Versicherungssumme mehr gibt, wird es schwer zu vermitteln sein, daß die Beitragsanpassung des neuen Modells den Charakter einer Summenanpassung habe. Vermutlich wird die Anwendung von § 31 VVG auf die Beitragsanpassung des neuen Modells nicht zu vermeiden sein. Bei jeder Beitragsanpassung stünde dem VN ein außerordentliches Kündigungsrecht zu. Auch die Überprüfung der Beitragsanpassungsmechanik nach AGBG-Gesichtspunkten ist wahrscheinlich. Es liegt auf der Hand, daß ein derartiges Modell auf das Breitengeschäft mit den Schwerpunkten Ein- und Zweifamilienhäuser beschränkt wäre. Es ist nicht vorstellbar, daß es auch für gemischt genutzte Gebäude sowie für große Wohngebäude mit zahlreichen Wohnungen angewendet werden könnte. Für diese Gebäude muß eine andere Lösung gefunden werden, die in der Fortschreibung der Gleitenden Neuwertversicherung in der bisherigen Form auf der Preisbasis des Jahres 2000 bestehen könnte. Für die Verbraucher hat das neue Modell keine materiellen Nachteile, wenn darauf verzichtet wird, Höchstentschädigungsgrenzen einzuziehen. Die Transparenz dieses Modells ist jedoch geringer als die der Modelle 2 und 3. Der Anpassungsaufwand bei AVB und Risikostatistik ist hoch. Eine Umstellung der Indizes ist nicht zwingend. Der Summenermittlungsbogen ist überflüssig.

## 8.2.5 Modell 5

Die einfachste, aber auch radikalste Alternative zur Gleitenden Neuwertversicherung nach den VGB 88 ist der völlige Verzicht auf den Versicherungswert und die Ermittlung von Versicherungssummen bzw. von dem Versicherungswert angenäherten Parametern, verbunden mit der Berechnung von Stückbeiträgen. Es ist vorstellbar, diese Stückbeiträge beispielsweise nach Maßgabe der Wohnfläche (oder anderer Maßzahlen) in Schritten von z. B. 10 m², 25 m² oder 50 m² Wohnfläche zu staffeln. Ein derartiges System erforderte hohen Anpassungsaufwand bei den AVB und der Risikostatistik. Die Indizes für die Anpassung des Beitrags müßten nicht zwingend umgestellt werden. Ein Summenermittlungsbogen ist überflüssig. Die Ermittlung von Versicherungswert und Versicherungssumme entfällt. Infolgedessen könnte eine Anpassung des Beitrags und der Haftung wohl nur in Form einer Beitragsanpassungsklausel gestaltet werden. Dies hätte zur Folge, daß dem VN bei jeder Erhöhung des Beitrags das außerordentliche Kündigungsrecht nach § 31 VVG zusteht. Dieser schwerwiegende Nachteil wird zumindest bei den Modellen 1 bis 3 vermieden. Die dort erforderlichen Anpassungsklauseln könnten als Summenanpassungsklauseln gestaltet werden.

Falls sich ein derartiges Modell nicht markteinheitlich durchsetzte, bestünde für die Versicherer die Gefahr der sog. Gegenauslese. Versicherungsnehmer, Verbraucherschützer und freie, nicht unternehmensgebundene Vermittler könnten durch den Vergleich der Preise dieses Modells mit den Preisen anderer Modelle für jedes Gebäude die preisgünstigste Alternative herausfinden. Dadurch würden die Kalkulationsgrundlagen dieses Modells gefährdet, weil danach insbesondere solche Gebäude versichert würden, deren Wohnfläche nahe an der Obergrenze der jeweiligen Tarifstufe liegt. Würden z. B. Tarifstufen in Schritten von 50 m² Wohnfläche gebildet, so würden Gebäudeeigentümer, deren Gebäude in die Tarifstufe 100 m² bis 150 m² Wohnfläche fallen, bevorzugt einen Vertrag mit Stückbeitrag abschließen, wenn die Wohnfläche ihres Gebäudes nahe bei 150 m² Wohnfläche liegt. Die Eigentümer derjenigen Gebäude, deren Wohnfläche nur geringfügig über 100 m² liegt, würden dagegen z. B. eine Gleitende Neuwertversicherung mit Unterversicherungsverzicht nach den VGB 88 abschließen.

Aus der Sicht der Verbraucher ist ein derartiges Modell generell nicht vorteilhaft, weil es überwiegend zu nicht risikogerechten Beiträgen führt. Ein weiterer Nachteil liegt darin, daß durch eine Ausgestaltung der Beitragsanpassungsklausel nicht nur das Preisänderungs- bzw. Inflationsrisiko, sondern daneben auch sonstige Änderungsrisiken, wie z. B. eine Zunahme der Schadenhäufigkeit infolge Klimaänderungen, vom Versicherer auf den VN verlagert werden könnten.

Derzeit kann noch nicht zuverlässig vorausgesagt werden, welchen Weg die Wohngebäudeversicherer gehen werden. 8.2.6 Es spricht jedoch vieles dafür, daß der GDV für das Breitengeschäft ein Modell entwickeln und unverbindlich empfehlen wird, das in seinen Grundzügen dem zuvor beschriebenen Modell 4 (s. P 8.2.4) entspricht. Dieses Modell könnte jedoch die Gleitende Neuwertversicherung in ihrer derzeitigen Form nicht vollständig ersetzen. Es würde vermutlich im Breitengeschäft zur Anwendung kommen, während für gemischt genutzte Gebäude und Großrisiken andere Lösungen zu treffen wären. Daneben ist keineswegs davon auszugehen, daß alle Wohngebäudeversicherer das neue Modell für das Breitengeschäft einführen werden. Es ist vorstellbar, daß Wohngebäudeversicherer andere Wege einschlagen und Versicherungssysteme anwenden, die aus der Sicht der Gebäudeeigentümer verständlicher und transparenter sind als ein Wohnflächen-Modell. Ein Beispiel dafür ist das Modell 2 (s. P 8.2.2). Infolgedessen wird es voraussichtlich zu einem Nebeneinander unterschiedlicher Modelle der Wohngebäudeversicherung kommen. Dadurch wird die Markttransparenz in der Wohngebäudeversicherung nachhaltig gestört. Vermutlich wird dies auch zu einer Verschärfung des Wettbewerbs führen. Diese Entwicklung ist jedoch nicht aufzuhalten, zumal gerade in jüngster Zeit bereits eine Reihe von Wohngebäudeversicherern mit unterschiedlichen neuen Modellen an den Markt gegangen sind.

# Q Neuwert; Zeitwert; Gemeiner Wert

Neben dem in §§ 11 Nr. 2 VGB 88 n. F., 13 Nr. 2 VGB 88 a. F. verankerten Versicherungswert 1914 spielen in der Wohngebäudeversicherung auch der Neuwert, der Zeitwert und der gemeine Wert als Versicherungswerte eine Rolle. Sie sind zusammenfassend in §§ 13 VGB 88 n. F., 14 VGB 88 a. F. dargestellt. In den VGB 62 findet sich eine vergleichbare Gliederung nicht. Der Versicherungswert 1914 ist nicht in den VGB 62, sondern in § 1 SGIN 79 a definiert. Der Neuwert ist in § 6 Nr. 1 Satz 1 VGB 62, der gemeine Wert, ohne daß der Begriff verwendet wird, in § 6 Nr. 1 Satz 2 VGB 62 verankert. Der Begriff Zeitwert wird lediglich im Zusammenhang mit den Bestimmungen zur Schaden- und Entschädigungsberechnung in § 7 Nr. 3 a und b VGB 62 verwendet.

## 1 Anwendungsbereich

Neuwert, Zeitwert und gemeiner Wert spielen in der Wohngebäudeversicherung in zweifacher Hinsicht eine Rolle. Einmal können sie bei Vertragsabschluß abweichend vom Versicherungswert 1914 als Versicherungswert vereinbart werden. Daneben sind sie vor allem aber ohne vertragliche Vereinbarung generell für die Schaden- und Entschädigungsberechnung maßgebend.

### 1.1 Vertragliche Vereinbarung

Nach §§ 13 Nr. 1 VGB 88 n. F., 14 Nr. 1 VGB 88 a. F. kann anstelle des Versicherungswerts 1914 auch der Neuwert oder der Zeitwert als Versicherungswert vereinbart werden. Die vertragliche Vereinbarung des gemeinen Werts ist dagegen nur nach § 14 Nr. 1 VGB 88 a. F. vorgesehen. Nach dem Wortlaut von § 13 Nr. 1 VGB 88 n. F. besteht diese Möglichkeit nicht mehr. Jedoch wird es sich nicht vermeiden lassen, auch in der Wohngebäudeversicherung nach den VGB 88 n. F. den gemeinen Wert in Einzelfällen als Versicherungswert vertraglich zu vereinbaren, wenn der VN unter Hinweis auf § 51 I VVG (erhebliche Überversicherung) eine Herabsetzung der Versicherungssumme fordert (vgl. Q 3 und R 9). Ansonsten wird die Höhe des Neuwerts, des Zeitwerts oder des gemeinen Werts bei Vertragsabschluß ermittelt und als feste Versicherungssumme dem Wohngebäudeversicherungsvertrag zugrunde gelegt. Es handelt sich dabei um Alternativen, die theoretisch gleichrangig neben der Gleitenden Neuwertversicherung stehen. Es besteht Vertragsfreiheit. Die Vertragsparteien können die Versicherungsgrundlage frei miteinander vereinbaren. Die gleichen Alternativen bietet § 5 AVB Sach 87. Nach dem Wortlaut der VGB 62 sind derartige Versicherungsformen nicht ausdrücklich vorgesehen, dennoch aber möglich.

Zwischen dem Versicherungswert 1914 einerseits sowie dem Neuwert, dem Zeitwert und dem gemeinen Wert andererseits bestehen grundlegende Unterschiede. Der Versicherungswert 1914 für ein bestimmtes Gebäude ist endgültig auf einen bestimmten Zeitpunkt fixiert. Er verändert sich bei gleichbleibender Substanz des versicherten Gebäudes während der Vertragslaufzeit nicht. Dagegen wird die Höhe des Neuwerts, des Zeitwerts und des gemeinen Werts durch verschiedene Umstände während der Vertragslaufzeit beeinflußt und verändert. Diese Werte schwanken infolgedessen im Zeitverlauf auch bei gleichbleibender Gebäudesubstanz. Haupteinflußfaktor ist dabei die

Veränderung des Baupreisniveaus. Insbesondere der Neuwert wird dadurch unmittelbar beeinflußt. Der Zeitwert und der gemeine Wert unterliegen daneben der Wertminderung infolge Alter und Abnutzung. Darüber hinaus wird die Höhe des gemeinen Werts durch subjektive Kriterien bestimmt.

Praktisch hat die Versicherung zum Neuwert, zum Zeitwert oder zum gemeinen Wert aufgrund vertraglicher Vereinbarung in der Wohngebäudeversicherung untergeordnete Bedeutung. Der Anteil der Verträge zum Neuwert, zum Zeitwert oder zum gemeinen Wert mit fester Versicherungssumme am Gesamtbestand der Wohngebäudeversicherungsverträge liegt unter 5 % (vgl. P). Dabei handelt es sich in den allermeisten Fällen um Verträge zum Neuwert mit fester Versicherungssumme. Verträge zum Zeitwert und zum gemeinen Wert werden außerordentlich selten abgeschlossen.

## Schaden- und Entschädigungsberechnung 1.2

**Neuwert, Zeitwert und gemeiner Wert** sind indessen nicht nur vertragsrelevant, wenn sie als Versicherungswert vertraglich vereinbart wurden. Sie **spielen auch ohne vertragliche Vereinbarung bei der Schaden- und Entschädigungsberechnung** nach §§ 14 VGB 88 n. F., 15 VGB 88 a. F., 7 VGB 62 **eine wichtige Rolle**. Dies gilt auch für die Gleitende Neuwertversicherung. Der Versicherungswert 1914 ist eine Fiktion (vgl. P 1.2). Er kann infolgedessen die in der Sachversicherung ansonsten übliche Funktion des Versicherungswerts bei der Schadenberechnung nicht übernehmen. Der Versicherungswert 1914 ist nicht Ersatzwert, d. h. nicht derjenige Wert, der im Totalschadenfall als Betrag des Schadens festgesetzt bzw. ersetzt wird. Diese Funktion hat auch in der Gleitenden Neuwertversicherung der Neuwert, der daneben Grundlage für die Ermittlung des Zeitwerts und des Zeitwertschadens ist. Der Zeitwertschaden ist wegen der sog. Wiederherstellungsklausel nach §§ 14 Nr. 2 VGB 88 n. F., 15 Nr. 4 VGB 88 a. F., 7 Nr. 3 a VGB 62 (s. P 6) bei Totalschäden auch in der Gleitenden Neuwertversicherung und in der Neuwertversicherung mit fester Summe zu ermitteln. Weiterhin setzt sich der gemeine Wert ohne vertragliche Vereinbarung in der Gleitenden Neuwertversicherung, der festen Neuwertversicherung und der Zeitwertversicherung durch, wenn die in §§ 13 Nr. 2 VGB n. F., 14 Nr. 2 VGB 88 a. F., 6 Nr. 1 Satz 2 VGB 62 genannten Voraussetzungen erfüllt sind (s. Q 3).

## Begriffe 2

Die Begriffe Neuwert, Zeitwert und gemeiner Wert sind in §§ 13 VGB 88 n. F., 14 VGB 88 a. F. definiert. In den VGB 62 sind die entsprechenden Begriffsbestimmungen in §§ 6 Nr. 1, 7 Nr. 3 b verankert. Sie werden nachfolgend in ihren Grundzügen erläutert.

## Neuwert 2.1

Der Neuwert ist der ortsübliche Neubauwert (§§ 13 Nr. 1 a VGB 88 n. F., 14 Nr. 1 a VGB 88 a. F., 6 Nr. 1 VGB 62). Im Vergleich zur Definition des Versicherungswerts 1914 in §§ 11 Nr. 2 VGB 88 n. F., 13 Nr. 2 VGB 88 a. F. fällt auf, daß der ergänzende Hinweis auf die Größe und die Ausstattung sowie den Ausbau des Gebäudes bei der Definition des Neuwerts nicht mehr gegeben wird. Materielle Abweichungen zwischen den beiden Regelungen folgen daraus nicht. Neuwert und Versicherungswert 1914 unterscheiden sich lediglich hinsichtlich der Preisbasis bzw. des Bewertungszeitpunkts. Ansonsten gelten für die Bemessung des Neuwerts dieselben Bewertungsgrundsätze wie für die Ermittlung des Versicherungswerts 1914 (vgl. P 1 ff.). Es treten dieselben Abgrenzungs- und vergleichbare Bewertungsprobleme auf, ohne daß der Versicherer dem VN bei der Ermittlung der richtigen Versicherungssumme ähnliche Hilfen anbieten kann wie in der Gleitenden Neuwertversicherung. Die dort vorhandenen Möglichkeiten zur Ermittlung der richtigen Versicherungssumme und zur Vereinbarung des Unterversicherungsverzichts lassen sich auf die Neuwertversicherung mit fester Versicherungssumme nicht übertragen. Der VN hat infolgedessen in der Neuwertversicherung mit fester Versicherungssumme die uneingeschränkte Verantwortung für die zutreffende Ermittlung des Versicherungswerts bei Vertragsabschluß. Daneben muß er die Veränderungen des Baupreisniveaus während der Vertragslaufzeit ständig beobachten. Steigen die Baupreise, muß er die Versicherungssumme anpassen, um Unterversicherung zu vermeiden. Die in P 5.2 behandelten erweiterten Hinweis- und Beratungspflichten treffen den Versicherer in diesen Fällen nicht. Weder ist er verpflichtet, den VN vor Vertragsabschluß bei der Ermittlung des Versicherungswerts bzw. der Versicherungssumme umfassend zu beraten, noch muß er ihn während der Laufzeit des Vertrages darauf hinweisen, daß die Versicherungssumme angepaßt werden muß. Daran liegt es, daß Wohngebäudeversicherungsverträge mit fester Neuwertversicherungssumme insbesondere mit privaten VN selten abgeschlossen werden. Lediglich gewerbliche, im Immobiliengeschäft erfahrene VN schließen gelegentlich derartige Verträge ab. Private VN sind durch die angesprochenen Probleme in der Regel überfordert. Vergleichbare Schwierigkeiten können in der Gleitenden Neuwertversicherung nicht auftreten. Infolgedessen hat die feste Neuwertversicherung hinsichtlich der Sachschadendeckung theoretisch zwar den gleichen Schutzwert wie die Gleitende Neuwertversicherung, praktisch ist sie aber der Gleitenden Neuwertversicherung weit unterlegen.

Die aufgezeigten **Nachteile der festen Neuwertversicherung** für den VN werden durch §§ 14 Nr. 4 VGB 88 n. F., 15 Nr. 5 VGB 88 a. F., 16 Nr. 1 Satz 2 VGB 62 verstärkt. Danach ist die Gesamtentschädigung für versicherte Sachen, versicherte Kosten und versicherten Mietausfall je Versicherungsfall auf die Versicherungssumme begrenzt. Infolgedessen bleibt im Totalschadenfall selbst dann kein Raum für die Entschädigung von versicherten Kosten und versichertem Mietausfall, wenn die Versicherungssumme dem Neuwert entspricht. Ausgenommen davon sind lediglich Rettungskosten, die auf Weisung des Versicherers entstanden sind. Daneben sind die absoluten Beträge aller Entschädigungsgrenzen nach den VGB 88 in der festen Neuwertversicherung niedriger als in der Gleitenden Neuwertversicherung (vgl. B 4.2).

Aus diesen Gründen werden Neuwertversicherungen mit fester Versicherungssumme für Wohngebäude selten abgeschlossen. Die praktische Bedeutung des Neuwerts liegt in erster Linie in seiner Ersatzwertfunktion in der Gleitenden Neuwertversicherung. Die dabei im Versicherungsfall auftretenden Bewertungsprobleme belasten den VN nicht. Sie sind vom Versicherer zu lösen. Die dabei verursachten Kosten sind Schadenermittlungskosten, die der Versicherer zu tragen hat.

## 2.2 Zeitwert

Nach §§ 13 Nr. 1 b VGB 88 n. F., 14 Nr. 1 b VGB 88 a. F. errechnet sich der Zeitwert aus dem Neuwert abzüglich der Wertminderung durch Alter und Abnutzung. Nach § 7

Nr. 3 b VGB 62 wird der Neuwert zur Errechnung des Zeitwertschadens auf den Betrag herabgesetzt, der dem Zustand, insbesondere dem Alter und der Abnutzung (Zeitwert) entspricht. Nach § 5 Nr. 1 b AVB Sach 87 ergibt sich der Zeitwert aus dem Neuwert des Gebäudes durch einen Abzug entsprechend seinem insbesondere durch den Abnutzungsgrad bestimmten Zustand. Alle genannten Bestimmungen lehnen sich an § 88 VVG an. Danach gilt bei Gebäuden der ortsübliche Bauwert unter Abzug eines dem Zustand des Gebäudes, insbesondere dem Alter und der Abnutzung entsprechenden Betrags. Es fällt auf, daß die Abnutzung als Bestimmungsfaktor des Zeitwerts von Gebäuden im VVG und in allen zitierten AVB genannt wird, während das Alter von Gebäuden lediglich in § 88 VVG und in den VGB ausdrücklich als wertmindernder Faktor aufgeführt ist. Materielle Unterschiede folgen daraus nicht. Das Alter von Gebäuden spielt als Wertminderungsfaktor in der Wohngebäudeversicherung vor allem deswegen eine größere Rolle als bei der Versicherung anderer Sachen, weil Wohngebäude im Gegensatz zu sonstigen Sachen viele Jahrzehnte und oft über Jahrhunderte genutzt werden. Während ihrer Lebensdauer sind alle Gebäude den wertmindernden Einflüssen wie Witterung oder Nutzung ausgesetzt. Das Alter eines Gebäudes ist daher in aller Regel ein wertbestimmender Faktor. Infolgedessen wurde der Begriff Alter zu Recht in den VGB 88 im Gegensatz zu den AVB Sach 87 beigefügt (a. A. Martin Q III 40). Dagegen spricht nicht, daß die altersbedingte Wertminderung durch laufende Instandhaltung (Reparatur) und Pflege des Gebäudes weitgehend kompensiert werden kann. Es ist infolgedessen jedoch nicht möglich, allgemeingültige Entwertungstabellen für Wohngebäude in Abhängigkeit vom Baujahr des Gebäudes aufzustellen. Die in der Fachliteratur verschiedentlich veröffentlichten Tabellen liefern nur sehr grobe Anhaltspunkte für die Bestimmung des Zeitwerts.

Nach dem Wortlaut der VGB 88 wird bei der Ermittlung des Zeitwerts lediglich die Wertminderung durch Alter und Abnutzung berücksichtigt. Es kommt darauf an, in welchem Umfang der Neuwert des Gebäudes durch die Einwirkung dieser Faktoren im Wert gemindert wurde. Andere wertmindernde Faktoren, z. B. Einschränkung der Nutzung oder Rückgang des Ertragswerts infolge Milieuverschlechterung, sind bei der Ermittlung des Zeitwerts nicht zu berücksichtigen.

**Praktisch spielt die Versicherung zum Zeitwert in der Wohngebäudeversicherung keine Rolle.** Dies liegt zunächst daran, daß es in der Wohngebäudeversicherung im Gegensatz zur sonstigen Gebäudeversicherung für die Neuwertversicherung keine untere Zeitwert- bzw. Entwertungsgrenze analog §§ 5 Nr. 1 b AVB Sach 87, 2 Nr. 6 SGIN 93 gibt. Wohngebäude können indessen generell ohne Rücksicht auf die Höhe des Zeitwerts zum gleitenden Neuwert bzw. zum Neuwert versichert werden. Eine vereinbarte Neuwertversicherung wird abweichend von § 5 Nr. 1 b AVB Sach 87 auch nicht dadurch zu einer Zeitwertversicherung, daß bestimmte Entwertungsgrenzen überschritten werden. Etwas anderes gilt lediglich für die in §§ 13 Nr. 2 VGB 88 n. F., 14 Nr. 2 VGB 88 a. F. geregelten Fälle der Versicherung zum gemeinen Wert.

**VN und Versicherer haben im allgemeinen kein Interesse daran, eine Zeitwertversicherung abzuschließen.** Für den Versicherer entstehen Nachteile dadurch, daß die Wohngebäudeversicherung in erster Linie eine Reparaturkostenversicherung ist. Reparaturkosten werden aber auch bei einer Zeitwertversicherung voll entschädigt. Ausgenommen davon sind lediglich die in §§ 14 Nr. 1 c VGB 88 n. F., 15 Nr. 1 b VGB 88 a. F. geregelten Fälle, in denen die Reparaturkosten den Versicherungswert übersteigen. Sie haben praktisch keine große Bedeutung. Infolgedessen haftet der Versicherer in der Regel bei einer Zeitwertversicherung ebenso wie bei einer Neuwertversicherung grundsätzlich für den vollen Betrag der Reparaturkosten. Dagegen erhält er in der Zeitwertversicherung Beitrag aber lediglich aus der niedrigeren Zeitwertversicherungssumme. Das Preis-/Leistungsverhältnis ist dadurch für den Versicherer nachteiliger als in der Neuwertversicherung.

Aus den genannten Gründen werden Wohngebäudeversicherungsverträge zum Zeitwert sehr selten abgeschlossen. Die praktische Bedeutung des Zeitwerts liegt in der Regelung von §§ 14 Nr. 2 VGB 88 n. F., 15 Nr. 4 VGB 88 a. F., 7 Nr. 3 VGB 62. Danach erwirbt der VN den Anspruch auf Zahlung des Teils der Entschädigung, der den Zeitwert bzw. den Zeitwertschaden übersteigt, nur unter den dort genannten Voraussetzungen (Einzelheiten vgl. R 6). Der Zeitwert bzw. der Zeitwertschaden wird in diesen Fällen im Zuge der Schadenfeststellung vom Versicherer oder im bedingungsmäßigen Sachverständigenverfahren ermittelt.

## 2.3 Gemeiner Wert

Der gemeine Wert ist der für den VN erzielbare Verkaufspreis (§§ 13 Nr. 2 VGB 88 n. F., 14 Nr. 1 c VGB 88 a. F.). Die VGB 88 n. F. und die VGB 88 a. F. unterscheiden sich dadurch, daß der gemeine Wert nach dem Wortlaut der VGB 88 a. F. als Versicherungswert vereinbart werden kann. Die VGB 88 n. F. geben diesen Hinweis nicht. Vielmehr wird in § 13 Nr. 2 VGB 88 n. F. lediglich ausgeführt, der gemeine Wert sei „ohne besondere Vereinbarung" Versicherungswert, wenn das versicherte Gebäude dauernd entwertet ist (vgl. Q 1.1). Ähnlich liegt es in den VGB 62. Nach § 6 Nr. 1 Satz 2 VGB 62 ist der Versicherungswert von Sachen, die „für den Zweck, für den sie bestimmt sind, nicht mehr verwendbar" sind, „der sich daraus ergebende geringere Wert der Versicherungswert". Der Begriff gemeiner Wert wird in den VGB 62 überhaupt nicht verwendet. Nennenswerte praktische Auswirkungen haben die dargestellten Unterschiede im Wortlaut der VGB nicht, zumal Wohngebäudeversicherungsverträge zum gemeinen Wert nur äußerst selten abgeschlossen werden.

Der gemeine Wert unterscheidet sich vom Neuwert und vom Zeitwert grundsätzlich dadurch, daß für die Bewertung **nicht ein Beschaffungs- oder Einkaufsvorgang des VN** zugrunde gelegt wird. **Vielmehr wird ein Verkaufsvorgang angenommen.** Maßgebend sind nicht die Kosten der Wiederbeschaffung bzw. des Wiederaufbaus für den VN, sondern die Erlöse, die der VN durch den Verkauf versicherter Sachen erzielen kann. Der gemeine Wert wird allgemein auch als Verkehrswert bezeichnet (Prölss/Martin § 52 RN 7; Martin Q III 4). Nach § 5 Nr. 1 c AVB Sach 87 ist gemeiner Wert von Gebäuden der für den VN erzielbare Verkaufspreis für das Gebäude oder für das Altmaterial. Die Ergänzung „für das Gebäude" wurde in die VGB 88 nicht eingefügt, weil nach § 1 nicht nur Gebäude, sondern auch Zubehörstücke und sonstige Grundstücksbestandteile versichert sind bzw. versichert werden können.

Die **Ermittlung des gemeinen Werts bereitet in der Wohngebäudeversicherung besondere Schwierigkeiten.** Dies liegt vor allem daran, daß Verkehrswerte, d. h. im wirtschaftlichen Verkehr erzielbare Marktpreise für Gebäude, theoretische Werte sind, die praktisch in der Regel nicht eindeutig bestimmt werden können. Verkehrswerte werden im allgemeinen für Wohngrundstücke, d. h. für Grundstücke und darauf errichtete Wohngebäude, in einem Betrag ermittelt. Es ist nicht möglich, daraus den Verkehrswert für das Gebäude im Wege der Subtraktion eines angenommenen Bodenrichtwerts vom Verkehrswert des Wohngrundstücks zu gewinnen. Das gilt selbst für Wohngebäude, die aufgrund eines Erbbaurechts auf fremdem Grund und Boden errichtet wurden. In diesen Fällen fließt der Wert des Erbbaurechts in die Verkehrswertermittlung für das Wohngrundstück ein.

Die Formulierung in § 5 Nr. 1 c AVB Sach 87, wonach der **gemeine Wert der für den VN „erzielbare Verkaufspreis für das Gebäude oder für das Altmaterial"** ist, kann zu Mißverständnissen führen. Es könnte der unzutreffende Eindruck entstehen, der Ersatz des für den VN erzielbaren Verkaufspreises für das Gebäude und der Ersatz des für den VN erzielbaren Verkaufspreises für das Altmaterial seien gleichwertige Alternativen für die Schaden- und Entschädigungsberechnung. Das ist unzutreffend. Insbesondere ist der gemeine Wert von Gebäuden entgegen Martin auch allgemein nicht „der Überschuß des Wertes der abzubrechenden Teile über die Abbruchkosten" (Q III 59). Das könnte allenfalls auf Gebäude zutreffen, die zum Abbruch bestimmt sind. Jedoch ist auch in diesen Fällen sehr zweifelhaft, ob der Versicherer die Entschädigung für den Wert der abzubrechenen Gebäudeteile um den Betrag der Abbruchkosten kürzen kann. Bei konsequenter Umsetzung dieses Grundsatzes führte das dazu, daß der VN überhaupt keine Entschädigung erhielte, wenn die Abbruchkosten höher sind als der erzielbare Verkaufpreis für die abzubrechenden Gebäudeteile. In § 14 Nr. 3 VGB 88 n. F. ist dies durch den Hinweis, § 2 Nr. 1 VGB 88 n. F. (Kostenversicherung) gelte entsprechend, wenn der Versicherungswert der gemeine Wert ist, positiv klargestellt. Die Kostenversicherung steht auch in diesen Fällen selbständig neben der Sachversicherung (vgl. auch B 4.2). Eine Kompensation zwischen der Entschädigung für den Kostenschaden und der Entschädigung für den Sachschaden erfolgt nicht (vgl. R 1.2.3).

Sind versicherte Gebäude dagegen dadurch dauernd entwertet, daß sie für ihren Zweck nicht mehr zu verwenden sind (nicht mehr bewohnbar sind), so läßt sich der gemeine Wert ohnehin nicht auf diese Weise ermitteln. In diesen Fällen ist der gemeine Wert der für den VN erzielbare Verkaufspreis für das Gebäude bzw. für die Gebäudeteile. So liegt es beispielsweise bei Wohngebäuden, die nicht mehr bewohnbar sind, aber unter Denkmalschutz stehen.

Wohngebäudeversicherungsverträge, in denen der gemeine Wert als Versicherungswert vertraglich vereinbart ist, kommen in der Praxis selten vor. Versicherer sind in der Regel nicht bereit, derartige Verträge abzuschließen. Sie fürchten ein mögliches hohes subjektives Risiko. Daneben treten bei Vertragsabschluß und insbesondere im Versicherungsfall außerordentlich schwierige Bewertungsprobleme auf. Erschwerend kommt aus der Sicht des Versicherers hinzu, daß die in Q 2.2 angesprochene Reparaturkostenproblematik auch bei der Versicherung zum gemeinen Wert auftreten kann. Der Verkehrswert ist in der Regel niedriger als der Zeitwert. Infolgedessen wird das Preis-/Leistungsverhältnis bei einer Versicherung zum gemeinen Wert noch stärker zum Nachteil des Versicherers verändert als bei einer Versicherung zum Zeitwert. Daneben ist zu beachten, daß die bedingungsgemäße Haftung der VGB 88 nicht auf die Versicherung des gemeinen Werts zugeschnitten ist. Insbesondere die Entschädigungsgrenze für versicherte Kosten kann in diesen Fällen zu unzureichendem Versicherungsschutz führen (vgl. B 4.2).

## Dauernde Entwertung 3

Die praktische Bedeutung der Versicherung zum gemeinen Wert liegt bei den in §§ 13 Nr. 2 VGB 88 n. F., 14 Nr. 2 VGB 88 a. F., 6 Nr. 1 Satz 2 VGB 62 geregelten Fällen, in denen der gemeine Wert ohne besondere vertragliche Vereinbarung Versicherungswert ist. Das trifft auf alle Fälle zu, in denen das versicherte Gebäude nach Vertragsabschluß zum Abbruch bestimmt oder sonst dauernd entwertet wird. Eine dauernde Entwertung aus sonstigen Gründen liegt insbesondere dann vor, wenn das Gebäude für seinen Zweck nicht mehr zu nutzen ist. Liegen die genannten Voraussetzungen vor, so ist der gemeine Wert auch dann Versicherungswert, wenn vertraglich eine Gleitende Neuwertversicherung, eine feste Neuwertversicherung oder eine Zeitwertversicherung vereinbart wurde. Der Wortlaut von § 6 Nr. 1 Satz 2 VGB 62 weicht vom Wortlaut der §§ 13 Nr. 2 VGB 88 n. F., 14 Nr. 2 VGB 88 a. F. ab. In den VGB 88 ist ausdrücklich festgelegt, daß zum Abbruch bestimmte Gebäude zum gemeinen Wert versichert sind. Nach dem Wortlaut von § 6 Nr. 1 Satz 2 VGB 62 ist das unklar, weil lediglich darauf abgestellt wird, daß Sachen für ihren bestimmungsgemäßen Zweck nicht mehr verwendbar sind.

Diese Voraussetzung liegt bei Abbruchgebäuden nicht generell vor. Nicht selten werden Wohngebäude, die durchaus noch zu Wohnzwecken verwendbar sind, aus wirtschaftlichen Überlegungen zum Abbruch bestimmt. Gelegentlich kommt es daneben vor, daß behördliche Abbruchverfügungen erlassen werden, weil Wohngebäude ohne Baugenehmigung errichtet wurden. In den VGB 88 ist klargestellt, daß auch in diesen Fällen der gemeine Wert ohne vertragliche Vereinbarung Versicherungswert ist.

Ein weiterer Unterschied zwischen den VGB 62 und den VGB 88 besteht darin, daß in den VGB 62 von versicherten Sachen, in den VGB 88 nur von Gebäuden gesprochen wird. Materielle Abweichungen folgen daraus nicht. Der Wortlaut §§ 13 Nr. 2 VGB 88 n. F., 14 Nr. 2 VGB 88 a. F. ist erweiternd auszulegen. Sie gilt nicht nur für „das Gebäude“, sondern analog auch für sonstige nach § 1 Nr. 2 bis 4 VGB 88 versicherte Sachen.

Es ist nicht zu übersehen, daß die bedingungsgemäße Versicherung zum gemeinen Wert für den VN von Nachteil ist, weil eine überhöhte Versicherungssumme zu einer unangemessen hohen Beitragsbelastung führt. Diese Nachteile werden durch den Verzicht auf die Entschädigungsgrenzen für versicherte Kosten in den VGB 88 n. F. nicht völlig kompensiert (vgl. B 4.2). Dennoch verstößt diese Regelung nicht gegen das AGBG, weil lediglich etwas klargestellt wird, was sich ohne weiteres aus § 55 VVG ergibt. Ansonsten würden schwerwiegende Verstösse gegen das Bereicherungsverbot des § 55 VVG sanktioniert.

Die **Frage der dauernden Entwertung kann für das Gebäude als Ganzes oder für sonstige versicherte Sachen**, nicht jedoch getrennt für einzelne Gebäudeteile **gestellt werden** (vgl. Martin Q III 68). Der eindeutige Wortlaut der VGB 88 bietet keinen Auslegungsspielraum. Ausgenommen davon sind selbständig nutzbare Nebengebäude und Anbauten. Dabei kommt es nicht darauf an, ob sie in einer selbständigen Position oder gemeinsam mit dem Hauptgebäude in einer Position versichert sind. Ein Anbau, der nach einem früheren Brandschaden nicht renoviert worden ist und aufgrund desolaten Bauzustands seit 8 Jahren leer stand und nicht mehr vermietbar war, ist gem. § 6 Nr. 1 Satz 2 VGB 62 nur noch zum geringeren Wert versichert, und zwar unabhängig davon, ob er ein eigenständiges Gebäude oder Teil des nach wie vor bewohnten Hauptgebäudes ist (LG Köln r+s 98 S. 32). Es ist jedoch nicht möglich, diese Entscheidung auf einzelne Gebäudeteile zu übertragen. Dauernde Entwertung kann immer nur für das gesamte Gebäude oder selbständige Nebengebäude bzw. Anbauten angenommen werden.

Nach § 6 Nr. 1 Satz 2 VGB 62 gilt nichts anderes, obwohl dort nicht von der dauernden Entwertung von Gebäuden, sondern von versicherten Sachen gesprochen wird, die für ihren bestimmungsgemäßen Zweck nicht mehr verwendbar sind. Der Begriff versicherte Sachen in § 6 Nr. 1 Satz 2 VGB 62 bezieht sich sprachlich auf den vorhergehenden Satz 1 derselben Bestimmung, in dem der Versicherungswert von Gebäuden und sonstigen Sachen definiert ist. Der Versicherungswert sonstiger Sachen wird geregelt, weil auch nach § 2 VGB 62 Zubehör aufgrund besonderer Vereinbarung versichert werden kann (vgl. R 1 zur diesbezüglichen Regelungslücke in den VGB 88). Aus der Formulierung von § 6 Nr. 1 VGB 62 ist infolgedessen nicht abzuleiten, daß damit allgemein bezweckt wird, „den VWert auch für entwertete Einzelteile auf deren gemeinen Wert festzusetzen, obwohl der VWert sonst immer für ganze Sachen zu ermitteln ist" (so Martin Q III 80). Das bedeutet nicht, daß in den bei Martin (Q III 82) dargestellten Fällen von Schäden an verrotteten Türen oder Fenstern bzw. an verfaulten Dachbalken nach der hier vertretenen Ansicht ein Anspruch auf den vollen Ersatz der Reparaturkosten besteht. Waren einzelne Gebäudeteile bereits vor Eintritt des Versicherungsfalls durch andere Schadenursachen, wie z. B. Witterungseinflüsse oder Vandalismus, zerstört oder beschädigt worden, so ist insoweit durch die Einwirkung der versicherten Gefahr überhaupt kein (weiterer) Schaden entstanden. Infolgedessen besteht unter diesen Voraussetzungen für diesen Teil des Schadens kein Entschädigungsanspruch aus dem Wohngebäudeversicherungsvertrag.

**Liegen die Voraussetzungen für die obligatorische Versicherung zum gemeinen Wert vor**, so kann der VN unter Hinweis auf § 51 I VVG fordern, daß die Versicherungssumme auf den Betrag des gemeinen Werts herabgesetzt wird. Das gleiche Recht hat der Versicherer. Diejenige Partei, die die Forderung auf Herabsetzung der Versicherungssumme stellt, hat den Beweis dafür zu führen, daß die geforderten Voraussetzungen vorliegen. Dazu zählt auch der Nachweis, daß die Entwertung nicht nur vorübergehend, sondern dauernd eingetreten ist. Aus einer Gleitenden Neuwertversicherung, einer Neuwert- oder Zeitwertversicherung mit fester Versicherungssumme wird eine Versicherung zum gemeinen Wert. Im Versicherungsfall setzt sich der gemeine Wert als Versicherungswert auch ohne besondere Vereinbarung durch, wenn der Versicherer nachweist, daß das versicherte Gebäude dauernd entwertet ist. Unter diesen Voraussetzungen ist die Neuwertversicherung unvereinbar mit dem in § 55 VVG verankerten Bereicherungsverbot. Hier liegt das Hauptmotiv für die angesprochene Regelung. Ein weiteres Motiv ist die Minderung des subjektiven Risikos (vgl. Martin Q III 57). Es liegt auf der Hand, daß das subjektive Risiko bei dauernd entwerteten Sachen außerordentlich steigt, wenn mit der Entschädigung des Neuwerts gerechnet werden kann. Der auf vorläufige Deckung gerichtete Versicherungsvertrag nach den VGB 88 mit einer Versicherungssumme von 305.000,– DM für ein Wohngebäude, zu dessen Abbruch der VN zum Zweck der Neubebauung fest entschlossen war, ist gem. § 51 III VVG wegen betrügerischer Überversicherung nichtig, wenn der VN dem Versicherer seine Abbruchsabsicht bewußt verschwiegen hat und den Grundstückskaufpreis als Versicherungssumme angegeben hat, wohl wissend, daß das Gebäude für ihn gar keinen Wert hatte und wenn der Versicherer die Deckungszusage wegen arglistiger Täuschung angefochten hat (OLG Schleswig r+s 95 S. 26).

## Objektive Ursachen 3.1

Die dauernde Entwertung kann objektive oder subjektive Ursachen haben. Objektive Ursachen liegen vor, wenn das Gebäude infolge alters- und abnutzungsbedingter Verschlechterungen seines Bauzustandes für seine Zwecke nicht mehr benutzt werden kann. Sonstige außergewöhnliche Ursachen sind z. B. die dauernde Sperrung von Gebäuden wegen Einsturzgefährdung infolge (drohender) Bergschäden, ein behördliches Nutzungsverbot, weil Wohngebäude auf kontaminiertem (vergiftetem) Baugrund errichtet wurden, oder eine behördliche Abbruchverfügung, weil Gebäude ohne Baugenehmigung gebaut wurden. In diesen Fällen befinden sich die Gebäude häufig in gutem Bauzustand. Sie sind jedoch objektiv dauernd entwertet, weil sie für ihren Zweck nicht mehr zu verwenden sind. Der Wert der versicherten Gebäude wird durch den gesunkenen bzw. nicht mehr vorhandenen Ertrags- oder Nutzungswert erheblich gemindert. Es kommt nicht auf den Zustand und Wert der Sachsubstanz an, weil das Gebäude nach einem Schaden nicht wieder aufgebaut wird. Ausschlaggebend ist vielmehr der gemeine Wert bzw. der Verkehrswert. Das ist derjenige Wert, den der VN beim Verkauf des Gebäudes bzw. der abgebrochenen Gebäudeteile erzielen könnte.

## 3.2 Subjektive Ursachen

Auch subjektive Ursachen können zur dauernden Entwertung von Gebäuden führen. Ein Gebäude ist subjektiv dauernd entwertet, wenn der VN die (bestimmungsgemäße) Nutzung des Gebäudes dauernd (endgültig) aufgegeben hat (vgl. Martin C III 71). Mit dieser Entscheidung des VN muß weder eine nachhaltige Wertminderung des Gebäudes durch Alter und Abnutzung, noch eine objektiv bedingte dauernde Entwertung aus anderen Gründen, noch eine Abbruchabsicht einhergehen. Gerade bei sog. Spekulationsobjekten werden häufig gut erhaltene, nutzbare Wohngebäude bereits geräumt, bevor endgültig feststeht, daß sie abgebrochen werden. Das Leerstehen begründet in der Regel noch nicht die bedingungsgemäße obligatorische Versicherung zum gemeinen Wert. Allerdings liegt zumeist eine Gefahrerhöhung vor (vgl. N 4.2). Kündigt der Versicherer den Vertrag aus Anlaß der Gefahrerhöhung nicht, so wird er darauf dringen, als Versicherungswert den gemeinen Wert zu vereinbaren und die Versicherungssumme nach Maßgabe von § 51 I VVG herabzusetzen. Damit wird Auseinandersetzungen über die Versicherungswertgrundlage und die Höhe der Entschädigung im Versicherungsfall vorgebeugt.

## 3.3 Abbruchgebäude

Praktische Bedeutung hat die bedingungsgemäße Versicherung zum gemeinen Wert vor allem bei Gebäuden, die zum Abbruch bestimmt sind. Es handelt sich dabei zumeist um Fälle einer subjektiv bedingten dauernden Entwertung, die der Versicherer nachzuweisen hat. In der Praxis treten dabei regelmäßig erhebliche Beweisprobleme auf, wenn die Abbruchsabsicht noch nicht dokumentiert war. An den Nachweis sind strenge Anforderungen zu stellen (BGH VersR 84 S. 843 zu § 6 Nr. 1 Satz 2 VGB 62). Die Abbruchsabsicht muß als endgültig und unwiderruflich äußerlich in Erscheinung getreten sein (vgl. OLG Hamm VersR 84 S. 151). Eine endgültige Abbruchsabsicht ist nur dann anzunehmen, wenn der VN Abbruchsvorbereitungen getroffen hat, die eine Änderung seiner Absicht als wirtschaftlich unvernünftig erscheinen lassen, oder wenn er zum Abbruch gezwungen werden kann (BGH a. a. O.).

Diese Grundsätze sind danach in der **Rechtsprechung** zu § 6 Nr. 1 Satz 2 VGB 62 verschiedentlich bestätigt worden (vgl. OLG Köln r+s 86 S. 74 sowie OLG Hamm VersR 87 S. 148 und r+s 86 S. 161). Nach Auffassung des OLG Düsseldorf ist eine dauernde Entwertung eines versicherten Gebäudes selbst dann nicht anzunehmen, wenn eine Abbruchverfügung vorliegt, die jedoch bei Eintritt des Versicherungsfalls noch keine Rechtskraft hatte. In dem vom Gericht entschiedenen Fall war eine Abbruchverfügung ergangen, gegen die die VN Widerspruch eingelegt hatte. Der Widerspruch war mit Rücksicht auf die völlige Zerstörung des Hauses durch den Versicherungsfall jedoch nicht mehr beschieden worden, so daß die Abbruchverfügung nicht rechtskräftig geworden war. Nach Auffassung des Gerichts kann daher die nicht rechtskräftig gewordene Abbruchverfügung nicht für die Annahme einer dauernden Entwertung im Sinne von § 3 Nr. 2 a Satz 2 AFB a. F. angesehen werden (NJW-RR 89 S. 94). Für die Entwertung eines Gebäudes i. S. d. § 6 Nr. 1 Satz 2 VGB 62 reicht es aus, wenn sich der Entschluß, das Gebäude abzureißen, so verfestigt hat, daß eine andere wirtschaftliche Verwertung für die Beteiligten nicht mehr in Betracht kommt (LG Essen VersR 93 S. 221 und r+s 93 S. 311). In dem vom Gericht entschiedenen Fall hatte bereits der Verkäufer des Wohngrundstücks an einen Abriß gedacht und darüber mit dem Bauordnungsamt gesprochen. Im Grundstückskaufvertrag war eine Abrißklausel aufgenommen worden. Weiterhin war eine Zweckentfremdungsgenehmigung bereits erteilt und die Abbruchgenehmigung beantragt worden. Die notwendigen Maßnahmen zur Räumung der Wohnung war gegenüber den Mietern in die Wege geleitet und die Baugenehmigung kurz vor dem Versicherungsfalls beantragt worden. Daß sich Interessenten für den Altbau gemeldet und daß noch Zweifelsfragen bei der Finanzierung des Neubauprojekts bestanden haben sollen, besagt nicht, daß im Versicherungsfall noch etwas anderes als der Abriß in Betracht kam (LG Essen a. a. O.). Für die Bestimmung des Ersatzwerts eines Gebäudes können auch Umstände Berücksichtigung finden, die nicht die Substanz der versicherten Sache selbst betreffen und damit nicht den Baukostenwert als solchen mindern, sondern nur den Verkehrs-(Verkaufs-)Wert des Gebäudes beeinträchtigen. Eine schon vor dem Schadentag bestehende Abbruchabsicht bewirkt nur dann eine Wertminderung des Gebäudes, wenn die Abbruchabsicht als endgültig und unwiderruflich äußerlich in Erscheinung getreten ist. Anders liegt es dann, wenn der VN in seiner Entscheidung über das Schicksal des Gebäudes nicht mehr frei ist, sei es, weil er zum Abbruch gezwungen werden kann, sei es, daß der Abbruch zum Zeitpunkt des Versicherungsfalls weitgehend zur Disposition eines Dritten steht, oder aber daß die Änderung seiner Absicht wirtschaftlich unvernünftig wäre (OLG Köln zu § 3 Nr. 2 a Satz 2 AFB a. F. VersR 96 S. 54). Ein mangelhafter baulicher Zustand des versicherten Gebäudes führt allein noch nicht zur Versicherung zum gemeinen Wert. Dies ist der Fall, wenn die Bewohnbarkeit nicht mehr gegeben ist (LG Oldenburg r+s 94 S. 468).

Die vorstehenden Grundsätze gelten entsprechend für §§ 13 Nr. 2 VGB 88 n. F., 14 Nr. 2 VGB 88 a. F., obwohl diese Regelungen im Wortlaut von §§ 6 Nr. 1 Satz 2 VGB 62, 3 Nr. 2 a Satz 2 AFB a. F. abweichen.

# R Schaden- und Entschädigungsberechnung; Unterversicherung; Mehrfachversicherung; Doppelversicherung; Überversicherung

Die Bestimmungen über die Schaden- und Entschädigungsberechnung sind in den AVB Sach generell unübersichtlich und schwer verständlich (vgl. Dietz § 18 FN 1). Auch in den VGB 88 ist es nicht gelungen, die Grundsätze für die Feststellung der Schadenhöhe und für die Entschädigungsberechnung transparent und allgemeinverständlich darzustellen. Es wurde wiederum nicht klar herausgearbeitet, daß die Ermittlung der Schadenhöhe und die Berechnung der Entschädigung verschiedene Sachverhalte sind, die gedanklich voneinander getrennt werden müssen. Der Betrag des versicherten (ersatzpflichtigen) Schadens ist in vielen Fällen nicht zugleich der Betrag, der als Entschädigung vom Versicherer zu leisten ist. Die Entschädigung ist niedriger als der versicherte Schaden, wenn Unterversicherung vorliegt, Entschädigungsgrenzen wirken oder ein Selbstbehalt vereinbart wurde.

Die Überschrift des § 15 VGB 88 a. F. erweckt den Eindruck, daß dort ausschließlich und abschließend die Entschädigungsberechnung geregelt ist. Tatsächlich sind aber in Nr. 1 bis 3 die Grundsätze für die Ermittlung der Schadenhöhe festgelegt. In Nr. 4 werden die Voraussetzungen beschrieben, die erfüllt sein müssen, damit der Anspruch auf einen bestimmten Teil der Entschädigung entsteht. Lediglich Nr. 3 letzter Absatz sowie Nr. 5 betreffen die eigentliche Entschädigungsberechnung. Daneben enthalten §§ 16 Nr. 1 und 2 (sog. Proportionalitätsregel) sowie 17 (Entschädigungsgrenze für Kosten) VGB 88 a. F. wichtige Vereinbarungen für die Berechnung der Entschädigung. Weiterhin ist zu beachten, daß in § 15 VVG 88 a. F. im wesentlichen die Ermittlung von Sachschäden geregelt ist. Die Ermittlung von Kostenschäden und Mietausfallschäden ist in §§ 2, 3 VGB 88 a. F. verankert. Andererseits betreffen aber auch §§ 15 Nr. 5, 16 Nr. 2 VGB 88 a. F. die Entschädigungsberechnung von Kosten- und Mietausfallschäden, während § 17 Nr. 1 VGB 88 a. F. wiederum die Entschädigungsbegrenzung bei Kostenschäden regelt. In der ersten Auflage wurde angeregt, die Bestimmungen zur Feststellung der Schadenhöhe und zur Berechnung der Entschädigung unterteilt nach Sachschaden, Kostenschaden und Mietausfallschaden im Zusammenhang darzustellen und systematisch zu gliedern, um die Transparenz und Allgemeinverständlichkeit der VGB zu verbessern.

In den VGB 88 n. F. wurden die Regelungen für die Entschädigungsberechnung und über die Unterversicherung in § 14 zusammengefaßt. Im Vergleich zu § 15 VGB 88 a. F. ist das ein Fortschritt. Allerdings wurden im Gegenzug die Bestimmungen für die Entschädigung von Mehrkosten aus den Regelungen für den Ersatz von Sachschäden aus- und in § 2 „Versicherte Kosten" eingegliedert, obwohl sie begrifflich dem Sachschaden zuzuordnen sind. § 17 VGB 88 a. F. wurde in die VGB 88 n. F. nicht übernommen. Vielmehr wurden die Bestimmungen über Entschädigungsgrenzen für versicherte Kosten und für versicherten Mietausfall in §§ 2, 3 VGB 88 n. F. integriert. In § 14 VGB 88 n. F. wird die Berechnung der Entschädigung für versicherte Kosten bzw. versicherten Mietausfall nur im Zusammenhang mit den Bestimmungen über die Anrechnung der Unterversicherung angesprochen. Es ist zweifelhaft, ob durch diese Änderungen in den VGB 88 n. F. die Bestimmungen zur Schaden- und Entschädigungsberechnung insgesamt transparenter und allgemeinverständlicher geworden sind.

## Ersatz von Schäden an versicherten Sachen 1

Der Ersatz von Schäden an versicherten Sachen ist in §§ 14 VGB 88 n. F., 15 VGB 88 a. F., 7 VGB 62 geregelt. Dabei handelt es sich um die gedankliche Fortführung der Haftungs- bzw. Leistungsbeschreibung in §§ 4 VGB 88, 1 VGB 62. Dort werden die versicherten Sachschäden als die Zerstörung, die Beschädigung oder das Abhandenkommen versicherter Sachen durch eine versicherte Gefahr definiert. Der Schadenersatz ist vom Versicherer in Geld zu leisten (§ 49 VVG). Daher muß der Schaden an der Substanz versicherter Sachen bewertet werden. Dabei werden die nachfolgend beschriebenen Bewertungsgrundsätze und Bewertungsmaßstäbe zugrunde gelegt. Auf diese Weise wird der reale Schaden an der Sachsubstanz in einem Geldbetrag ausgedrückt. Es wird der Betrag des Schadens i. S. v. § 55 VVG ermittelt.

Der vom Versicherer zu leistende **Entschädigungsbetrag ist grundsätzlich in Geld zu erbringen.** In jüngster Zeit gehen Versicherer vereinzelt dazu über, im Rahmen „innovativer Produktgestaltung" diesen Grundsatz aufzuweichen, indem vertraglich vereinbart wird, daß die Beseitigung von Gebäudeschäden unter der Regie und im Auftrag des Versicherers auf dessen Verantwortung übernommen wird. An die Stelle des Geldersatzes tritt der Naturalersatz. In diesen Fällen haftet der Versicherer für Mängel bei der Schadenbehebung aus positiver Vertragsverletzung und hat hierbei nach § 278 BGB auch für Fehler der von ihm beauftragten Personen und Reparaturfirmen einzustehen (OLG Karlsruhe r+s 95 S. 426). Dies gilt jedoch nicht, wenn der Versicherer im Rahmen seiner sog. Assistance-Leistungen dem VN Bauhandwerker nachweist, die im Auftrag des VN den Schaden beseitigen. Für dabei auftretende Mängel könnte der Versicherer allenfalls dann haften, wenn der VN nachweist, daß der Handwerker objektiv nicht die erforderliche Qualifikation und Fachkunde hatte und der Versicherer bzw. sein Beauftragter dies bei sorgfältiger Prüfung vor Aufnahme des Handwerkers in den Kreis der von ihm ausgewählten Bauhandwerker hätte erkennen müssen.

Grundlage für die Ermittlung des Schadenbetrags sind **Annahmen über die Art und Weise einer angemessenen Schadenbeseitigung und des Schadenausgleichs**, die von der Erscheinungsform und dem Umfang des Sachsubstanzschadens bestimmt werden. Sachschaden ist jede Beeinträchtigung der Substanz einer Sache, die den Wert oder die Brauchbarkeit der Sache mindert. Der Zustand der Sache muß sich in „substanzbezogener Weise" nachteilig verändert haben (Martin B III 4). Begrifflich ist zwischen Totalschäden durch die Zerstörung oder das Abhandenkommen von Sachen und Teilschäden durch die Beschädigung von Sachen zu unterscheiden (Berndt/Luttmer S. 61; Bruck/Möller Anm. 28 f. zu § 55; Martin R I 8).

## Ersatz des Versicherungswerts (Totalschäden) 1.1

Bei zerstörten Gebäuden sowie bei zerstörten oder abhandengekommenen sonstigen Sachen wird der Versicherungswert unmittelbar vor Eintritt des Versicherungsfalls ersetzt. Maßgebender Versicherungswert in der Wohngebäudeversicherung ist in der Regel der Neuwert. Diese Ersatzwertregelung gilt nach §§ 14 Nr. 1 a VGB 88 n. F., 15 Nr. 1 a VGB 88 a. F. gleicherweise für die Gleitende Neuwertversicherung und die Neuwertversicherung mit fester Versicherungssumme gem. §§ 13 Nr. 1 a VGB 88 n. F., 14 Nr. 1 a VGB 88 a. F.. Nach §§ 5 Nr. 1 b, 11 Nr. 1 a AVB Sach 87, 2 Nr. 6 SGIN 93 wird auch bei einer vereinbarten Neuwertversicherung nur der Zeitwert ersetzt, wenn der Zeitwert versicherter Gebäude bei Eintritt des Versicherungsfalls weniger als 40 % bzw.

bei landwirtschaftlichen Gebäuden weniger als 50 % des Neuwerts beträgt. Die VGB 88, die VGB 62 und die SGIN 79 a kennen eine derartige Untergrenze für die Entschädigung des Neuwerts nicht. Der Neuwert wird infolgedessen ohne Rücksicht auf die Entwertung des Gebäudes ersetzt, wenn der Versicherungswert 1914 oder der Neuwert als Versicherungswert vertraglich vereinbart wurde. Ausgenommen davon sind lediglich die in §§ 13 Nr. 2 VGB 88 n. F., 14 Nr. 2 VGB 88 a. F., 6 Nr. 1 Satz 2 VGB 62 geregelten Fälle (vgl. Q 2.3). Ähnlich liegt es in der Hausratversicherung nach den VHB 84/VHB 92 (vgl. § 18 Nr. 2 VHB 84/VHB 92). Die nahezu uneingeschränkte Neuwertversicherung im privaten Bereich trägt den berechtigten Belangen der Versicherten Rechnung. Der Gebäudeeigentümer soll mit der Neuwertentschädigung alle Kosten abdecken können, die der Wiederaufbau des zerstörten Gebäudes verursacht (vgl. analog für die Hausratversicherung Dietz § 18 RN 3.1).

Die Frage, ob diese weitgehende, **nahezu uneingeschränkte Neuwertversicherung mit dem Bereicherungsverbot nach § 55 VVG vereinbar ist**, wurde in den zurückliegenden Jahren in Schrifttum und Rechtsprechung immer wieder behandelt. Heute kann davon ausgegangen werden, daß diese Frage endgültig geklärt bzw. bejaht ist. Sowohl in der Kommentierung (vgl. Prölss/Martin § 55 RN 7 ff. sowie Römer/Langheid § 55 RN 4 ff. m. w. N.) als auch in der Rechtsprechung wird mittlerweile übereinstimmend die Auffassung vertreten, daß die Neuwertversicherung allgemein und in der Wohngebäudeversicherung im besonderen trotz § 55 VVG zulässig ist (vgl. allgemein Kollhosser, VersR 97 S. 521). Zuletzt hat der BGH dies mit Urteil vom 17. 12. 1997 zur Gleitenden Neuwertversicherung nach den SGIN 79 a in Verbindung mit den AFB a. F. bzw. den VGB 62 bestätigt (VersR 98 S. 305; r+s 98 S. 117; NJW 98 S. 1072). Nach Auffassung des BGH gibt es ein ungeschriebenes allgemeines Bereicherungsverbot im Sinne eines zwingenden, die Neuwertversicherung einschränkenden Rechtssatzes nicht. Es sei heute allgemein anerkannt, daß als Versicherungswert auch der Neuwert einer Sache vereinbart werden kann. Der BGH habe bereits 1953 entschieden und in ständiger Rechtsprechung daran festgehalten, daß die Neuwertversicherung eine zulässige Form der Schadenversicherung sei, deren Besonderheit gegenüber der Zeitwertversicherung nur darin bestehe, daß bei ihr auch der Schaden wieder ausgeglichen wird, der dem VN dadurch entsteht, daß er einen höheren Betrag als den Zeitwert aufwenden muß, um die versicherte Sache wieder herzustellen. Gewohnheitsrechtliche Beschränkungen der Neuwertversicherung (z. B. in Gestalt von Entwertungsgrenzen oder Wiederherstellungsgeboten) seien nicht anzuerkennen. Danach sei der Versicherer wie jeder andere Vertragspartner an sein Leistungsversprechen gebunden, wenn nicht zwingende gesetzliche Vorschriften entgegenstehen oder gesetzliche oder vertragliche Bestimmungen ihm die Möglichkeit eröffnen, sich davon zu befreien. Ein weitergehender Schutz des Versicherers durch ein ungeschriebenes Bereicherungsverbot sei auch nicht notwendig. Er sei in der Lage, seine Interessen durch eine sachgerechte Risikoprüfung und durch die Vereinbarung von AVB mit Entwertungsgrenzen und Wiederherstellungsklauseln zu wahren (BGH a. a. O.). Die weitergehenden Ausführungen des BGH, daß durch die Vereinbarung der SGIN 79 a zu den AFB a. F. die Bestimmungen über die Zeitwertversicherung und die Versicherung zum gemeinen Wert in § 3 Nr. 2 a AFB a. F. verdrängt werden, also überhaupt nicht anwendbar seien, lassen sich auf die Wohngebäudeversicherung nach den VGB 88 nicht übertragen. Das liegt daran, daß die Ersatzwertregelungen in §§ 11 bis 13 VGB 88 n. F., 13 und 14 VGB 88 a. F. zusammenhängend dargestellt werden.

Der **Zeitwert wird** in der Wohngebäudeversicherung **ersetzt**, wenn er nach §§ 13 Nr. 1 b VGB 88 n. F., 14 Nr. 1 b VGB 88 a. F. oder nach der Klausel 846 zu den VGB 62 vertraglich vereinbart wurde.

Der **gemeine Wert wird entschädigt**, wenn er nach § 14 Nr. 1 c VGB 88 a. F. vertraglich vereinbart wurde oder die in §§ 13 Nr. 2 VGB 88 n. F., 14 Nr. 2 VGB 88 a. F., 6 Nr. 1 Satz 2 VGB 62 beschriebenen Umstände vorliegen (vgl. Q 3).

Bei einem Vergleich von §§ 14 Nr. 1 a VGB 88 n. F., 15 Nr. 1 a VGB 88 a. F. mit §§ 7 Nr. 1 a VGB 62, 11 Nr. 1 a AVB Sach 87 fällt auf, daß in den VGB 62 und in den AVB Sach 87 die für die Schaden- und Entschädigungsberechnung in Frage kommenden unterschiedlichen Wertkategorien nicht aufgeführt werden. Es wird dort vielmehr kurz und prägnant bestimmt, daß bei zerstörten oder abhandengekommenen Sachen der Versicherungswert ersetzt wird. Die ausführlichere Regelung in den VGB 88 dient der Klarstellung. Sie ist daneben aber auch deswegen unverzichtbar, weil der Versicherungswert 1914 in der Gleitenden Neuwertversicherung als fiktiver Wert nicht Grundlage der Schaden- und Entschädigungsberechnung sein kann (vgl. Q 1.2). In der Gleitenden Neuwertversicherung nach den VGB 62 und den SGIN 79 a wurde dieses Problem dadurch gelöst, daß in § 2 Nr. 1 SGIN 79 a in Ergänzung zu § 7 Nr. 1 VGB 62 nicht ganz eindeutig bestimmt ist, der Schaden werde auf der Grundlage ortsüblicher Preise zur Zeit des Eintritts des Versicherungsfalls ermittelt. Der Begriff ortsüblich wird in den VGB 88 in diesem Zusammenhang nicht mehr verwendet, weil der Begriff Neuwert in §§ 13 Nr. 1 a VGB 88 n. F., 14 Nr. 1 a VGB 88 a. F. insoweit eindeutig definiert ist (vgl. Q 2.1).

Im Gegensatz zu §§ 6 Nr. 1, 7 Nr. 1 VGB 62 enthalten §§ 13 Nr. 1, 14 Nr. 1 VGB 88 n. F., 14 Nr. 1, 15 Nr. 1 VGB 88 a. F. keine **Versicherungswert- bzw. Ersatzwertdefinition für sonstige Sachen**. Zwar ist in §§ 14 Nr. 1 a VGB 88 n. F., 15 Nr. 1 a VGB 88 a. F. geregelt, bei zerstörten oder abhandengekommenen sonstigen Sachen werde der Neuwert entschädigt. Eine Definition des Begriffs Neuwert für diese Sachen enthalten die VGB 88 jedoch nicht. Dies ist überraschend, zumal nach § 1 Nr. 2 VGB 88 Zubehörstücke ohne weiteres versichert sind. Der Neuwertbegriff in §§ 13 Nr. 1 a VGB 88 n. F., 14 Nr. 1 a VGB 88 a. F. läßt sich auf Zubehör in vielen Fällen nicht übertragen. Neuwert von Zubehörstücken ist in der Regel nicht der ortsübliche Neubauwert, sondern der Wiederbeschaffungspreis von Sachen gleicher Art und Güte in neuwertigem Zustand (vgl. §§ 18 Nr. 2 VHB 84/VHB 92, 5 Nr. 2 a AVB Sach 87). In diesem Sinne sind §§ 14 Nr. 1 VGB 88 n. F., 15 Nr. 1 VGB 88 a. F. erweiternd auszulegen.

## Abgrenzung zwischen Totalschäden und Teilschäden 1.2

Totalschäden an Wohngebäuden sind selten. Dennoch bereitet die **Abgrenzung zwischen Totalschäden und Teilschäden** auch in der Wohngebäudeversicherung **erhebliche praktische Schwierigkeiten**. Sie treten in erster Linie bei Schäden an Zubehörstücken auf. Vergleichbare Abgrenzungsfragen stellen sich daneben aber auch bei Schäden an Gebäudeteilen, die zwar rechtlich unselbständige Gebäudebestandteile sind, tatsächlich aber wie selbständige Sachen in Erscheinung treten (vgl. Martin R I 8 und 28). Typische Beispiele dafür sind Rundfunk- und Fernsehantennenanlagen, Markisen, Heizkessel, Öfen, Herde, Tür- oder Fensterflügel, Teppichböden, Einbaumöbel u. a. Bei Schäden an diesen Gegenständen handelt es sich begrifflich auch dann nicht um Totalschäden, wenn sie zerstört werden. Praktisch ist aber in vielen Fällen zu prüfen, ob der Gegenstand zerstört wurde und erneuert werden muß (Totalschaden) oder ob die entstandenen Beschädigungen durch eine Reparatur beseitigt werden können (Teilschaden). Bei der Beurteilung dieser Frage stimmen Versicherer und VN oft nicht überein, weil sie in der Regel grundsätzlich entgegengesetzte Interessen haben. Der VN neigt dazu, im Zweifel Totalschaden anzunehmen, um die höhere Neuwertentschädigung zu erlangen. Im Gegensatz dazu möchte der Versicherer die Höhe des Schadens begrenzen und strebt den Ersatz der niedrigeren Reparaturkosten an. In der Praxis der Schadenregulierung kommt es darauf an, einen angemessenen Ausgleich zwischen den unterschiedlichen Interessen des VN und des Versicherers zu schaffen.

1.2.1 Die **Abgrenzung zwischen Totalschäden und Teilschäden vollzieht sich bei der praktischen Schadenprüfung in mehreren Schritten**. Zunächst wird festgestellt, ob die an der Sache entstandenen Beschädigungen technisch überhaupt zu beseitigen sind. Es wird geprüft, ob eine Reparatur technisch durchführbar ist (Reparaturfähigkeit). Ist eine Reparatur technisch nicht möglich, so liegt ein technischer und wirtschaftlicher Totalschaden vor, wenn die Sache in ihrer Funktion oder in ihrem Aussehen derartig beeinträchtigt ist, daß ihr weiterer Gebrauch durch den VN nicht möglich oder dem VN nicht zumutbar ist. **Reparaturfähigkeit** liegt vor, wenn die Sache durch die Reparatur in einen Zustand gebracht werden kann, bei dem der weitere Gebrauch der Sache dem VN zugemutet werden kann. Liegt diese Voraussetzung vor, so handelt es sich um einen technischen Teilschaden. Damit steht aber noch nicht endgültig fest, daß der Schaden auf der Basis der Reparaturkosten entschädigt wird.

1.2.2 Der Ersatz des Schadens auf Reparaturkostenbasis setzt weiterhin voraus, daß eine **Reparatur wirtschaftlich sinnvoll** ist. Deshalb wird in einem weiteren Schritt die **Reparaturwürdigkeit** geprüft. Sind die Reparaturkosten (zuzüglich einer evtl. Wertminderung; vgl. R 1.4.1) höher als der Versicherungswert (abzüglich eines evtl. Restwerts), so werden technisch mögliche Reparaturen dennoch nicht durchgeführt. Unter diesen Voraussetzungen handelt es sich technisch um einen Teilschaden, wirtschaftlich jedoch um einen Totalschaden. Die Sache ist reparaturunwürdig (vgl. Bruck/Möller Anm. 30 zu § 55). Maßstab für die Beurteilung der Reparaturwürdigkeit ist der vertraglich vereinbarte Versicherungswert bzw. der Ersatzwert. Sind die Reparaturkosten niedriger als der Versicherungswert, werden die Reparaturkosten ersetzt. Es handelt sich um einen Teilschaden. Dagegen liegt ein wirtschaftlicher Totalschaden vor, wenn die Reparaturkosten den vereinbarten Versicherungswert (Ersatzwert) übersteigen. Das nachfolgende Beispiel verdeutlicht dies:

| | |
|---|---|
| Neuwert des versicherten Gebäudes: | 500.000,– DM |
| Zeitwert des versicherten Gebäudes: | 200.000,– DM |
| Reparaturkosten: | 250.000,– DM |

Die Reparaturkosten sind höher als der Zeitwert, aber niedriger als der Neuwert. In der Gleitenden Neuwertversicherung und in der Neuwertversicherung mit fester Versicherungssumme hat der VN Anspruch auf die Reparaturkosten, obwohl sie höher sind als der Zeitwert. Bei der Prüfung der Reparaturwürdigkeit bleibt der Zeitwert außer Betracht. Entgegen Martin ( R I 16 und 17) ist in derartigen Fällen selbst dann nicht Totalschaden anzunehmen, wenn die Reparaturkosten höher sind als der Zeitwert der Sache nach der Reparatur. Für die Schaden- und Entschädigungsberechnung kommt es auch nicht darauf an, ob eine Reparatur nach der Verkehrsansicht „unrentabel" ist (Martin a. a. O.). Ebenso spielt es keine Rolle, wie ein Gebäudeeigentümer den Schaden einstufen würde, wenn er nicht versichert wäre. Allein ausschlaggebend ist das Verhältnis zwischen dem Betrag der Reparaturkosten und dem vertraglich vereinbarten Versicherungswert. Ein Totalschaden liegt nur dann vor, wenn die Reparaturkosten höher sind als der Versicherungswert bzw. der Ersatzwert der vom Schaden betroffenen Sachen. Infolgedessen ist der ersatzpflichtige Schaden im vorstehenden Beispiel bei einer Zeitwertversicherung 200.000,– DM und bei einer Neuwertversicherung 250.000,– DM. Dabei ist zu berücksichtigen, daß es in der Wohngebäudeversicherung keinen Reparaturzwang gibt. Der VN kann auf die Reparatur des beschädigten Gebäudes verzichten und die Reparaturkostenentschädigung ohne weiteres zur Finanzierung eines Neubaus oder eines Gebäudekaufs verwenden. Allerdings ist auch in diesen Fällen die Fälligkeitsregelung für den sog. Neuwert- oder Entwertungsanteil zu beachten. Der VN erwirbt danach den Anspruch auf Zahlung des Teils der Entschädigung, der den Zeitwertschaden übersteigt, nur, soweit und sobald er innerhalb von drei Jahren nach Eintritt des Versicherungsfalls sichergestellt hat, daß er die Entschädigung verwenden wird, um versicherte Sachen in gleicher Art und Zweckbestimmung an der bisherigen Stelle wiederherzustellen oder wiederzubeschaffen (Einzelheiten vgl. R 6 ff.).

War das **Gebäude zum Zeitpunkt des Versicherungsfalls zum Abbruch bestimmt oder sonst dauernd entwertet,** gelten die dargestellten Grundsätze nicht. Ersetzt wird in diesen Fällen der Verkehrswert, d. h. der für den VN erzielbare Verkaufspreis (Q 2.3). Nach § 14 Nr. 1 b VGB 88 n. F. reduziert sich in diesen Fällen die Entschädigung auf den für den VN erzielbaren Verkaufspreis des Materials. Diese Regelung ist für Abbruchgebäude angemessen. Dagegen führt sie zu einer unangemessenen Benachteiligung des VN, wenn das beschädigte Gebäude bzw. die beschädigten Gebäudeteile beim geplanten Wiederaufbau des versicherten Gebäudes verwendet werden sollten. So liegt es z. B. bei Gebäuden, die unter Denkmalschutz stehen. In diesen Fällen hat der VN Anspruch auf den Ersatz desjenigen Betrages, den er beim Verkauf des Grundstücks für diese Gebäudeteile erzielt hätte. Ähnlich liegt es, wenn diese Gebäudeteile durch ein (Not)Dach geschützt waren. Wird dieses Dach durch eine versicherte Gefahr zerstört oder beschädigt, so hat der VN Anspruch auf Ersatz der Kosten für die Reparatur bzw. Wiederherstellung dieses Dachs. Daher ist § 14 Nr. 1 b VGB 88 n. F. nach § 9 Abs. 2 Nr. 2 AGBG unwirksam. 1.2.3

Daneben werden Aufräumungs- und Abbruchkosten, Bewegungs- oder Schutzkosten sowie Schadenabwendungs- oder Schadenminderungskosten nach § 2 VGB 88 auch dann ersetzt, wenn der gemeine Wert Versicherungswert ist. Die Entschädigung für den Kostenschaden wird neben dem Verkaufspreis für das Material geleistet. Dies folgt aus § 14 Nr. 3 VGB 88 n. F. in Verbindung mit § 2 Nr. 1 VGB 88 n. F. Die damit ggf. einhergehende, zumeist geringfügige Bereicherung des VN um den Betrag der ersparten Abbruchkosten ist hinzunehmen (vgl. auch Q 2.3 und B 4.2).

## Ersatz der Reparaturkosten (Teilschäden) 1.3

Steht die Reparaturwürdigkeit von beschädigten Sachen fest, so werden nach §§ 14 Nr. 1 c VGB 88 n. F., 15 Nr. 1 b VGB 88 a. F., 7 Nr. 1 b VGB 62 die Reparaturkosten zum Zeitpunkt des Versicherungsfalls entschädigt. Ersetzt werden die notwendigen Reparaturkosten. Dabei handelt es sich um den Geldbetrag, der aufzuwenden ist, um die an den betroffenen versicherten Sachen durch den Versicherungsfall entstandenen Beschädigungen zu beseitigen. Es kommt darauf an, daß die beschädigten Sachen durch die Reparaturmaßnahmen in einen (Gebrauchs)Zustand versetzt werden, in dem der weitere Gebrauch der Sachen dem VN zuzumuten ist. Nicht vorausgesetzt ist, daß der Zustand der Sachen nach der Reparatur mit ihrem Zustand vor Eintritt des Versicherungsfalls vollkommen übereinstimmt. Nachteilige Veränderungen muß der VN in zumutbarem Rahmen hinnehmen. Dafür wird ein Wertminderungsausgleich geschaffen (vgl. R 1.4.1).

Die **Ermittlung der notwendigen Reparaturkosten** vollzieht sich in mehreren Schritten. 1.3.1
Zunächst wird festgestellt, welche Gebäudeteile vom Schaden betroffen sind und durch eine Reparatur wieder in einen gebrauchsfähigen Zustand versetzt werden können. An-

schließend werden die notwendigen Reparaturmaßnahmen festgelegt und in einem weiteren Schritt bewertet. In den allermeisten Fällen werden die Reparaturkosten zwischen dem VN und dem Versicherer frei vereinbart. Dabei werden häufig Handwerker und bei größeren Schäden auch Bausachverständige als Berater hinzugezogen. Das bedingungsgemäße Sachverständigenverfahren wird bei Teilschäden nur in Ausnahmefällen durchgeführt. Als notwendige Reparaturkosten sind diejenigen Reparaturkosten einzustufen, die durch den Versicherungsfall objektiv notwendig geworden sind. **Nicht schadenbedingte Teile der Reparaturkosten werden ausgesondert und nicht entschädigt** (Einzelheiten vgl. Martin R III 18 ff.). Dieser Gesichtspunkt hat insbesondere bei **Bruchschäden durch Korrosion** an Wasserzuleitungs- und Heizungsrohren praktische Bedeutung. Bei Rohrbrüchen stellt sich häufig heraus, daß gesamte Rohrstränge bereits weitgehend korrodiert sind, so daß weitere Rohrbruchschäden drohen. Infolgedessen wird dann zumeist nicht nur die Bruchstelle repariert, sondern der gesamte Rohrstrang erneuert. Die Kosten für die Erneuerung gesamter Rohrstränge werden vom Versicherer nicht ersetzt. Dabei handelt es sich nicht um schadenbedingte notwendige Reparaturkosten, sondern um nicht versicherte Schadenverhütungskosten (vgl. E 3.3.1). Derartige Schäden werden fiktiv abgerechnet. Entschädigt wird der Betrag, der aufzuwenden wäre, um das gebrochene Rohrstück zu reparieren. Darüber hinausgehende Kürzungen der Reparaturkosten wegen dauernder Entwertung des korrodierten Rohres werden jedoch nicht vorgenommen (a. A. Martin Q III 82). Die Rohrbruchversicherung ist eine Allgefahrendeckung, die sich auch auf reine Verschleißschäden erstreckt. Ausschlaggebend für die Ersatzverpflichtung des Wohngebäudeversicherers ist, daß die gebrochenen Rohre unmittelbar vor Eintritt des Versicherungsfalls noch voll funktionsfähig waren. Eine Kürzung der Reparaturkosten läßt sich auch nicht unter Hinweis auf §§ 13 Nr. 2 VGB 88 n. F., 14 Nr. 2 VGB 88 a. F., 6 Nr. 1 Satz 2 VGB 62 rechtfertigen. Die Frage der dauernden Entwertung stellt sich nur für das versicherte Gebäude in seiner Gesamtheit, für selbständig nutzbare Nebengebäude oder Anbauten sowie für sonstige versicherte Sachen, nicht für einzelne Gebäudeteile (vgl. Q 3). Über diesen Grundsatz hat sich das OLG Köln hinweggesetzt (r+s 94 S. 147). Das Gericht hat sich auf den Standpunkt gestellt, daß die brüchigen Zuleitungsrohre in einem Wohngebäude bereits vor Eintritt des Versicherungsfalls dauernd entwertet waren, wenn die gesamten Rohrleitungen wegen eingetretener Bruchschäden und wegen ihres insgesamt schlechten Zustands ausgetauscht werden müssen und wenn etwa ein Drittel dieser Leitungsrohre Bruchschäden aufweisen (vgl. dazu auch G 4.3).

In den geschilderten Fällen kann jedoch die Ersatzpflicht für den gesamten Schaden wegen §§ 10 Nr. 1 b VGB 88 n. F., 11 Nr. 1 b VGB 88 a. F., 9 Nr. 2 a VGB 62 in Frage gestellt werden. Dabei muß der Versicherer den Nachweis führen, daß der VN seine in diesen Bestimmungen verankerte Instandhaltungspflicht (grob)fahrlässig oder vorsätzlich verletzt hat (vgl. dazu auch O 2.2 und 3 ff.). Dieser Beweis kann vor allem bei Rohrbruchschäden durch Innenkorrosion in den allermeisten Fällen nicht geführt werden. Es handelt sich zumeist um versteckte Mängel, die erst durch den Rohrbruch nach außen in Erscheinung treten.

In der Regel werden in den dargestellten Fällen die Kosten für die Beseitigung des Rohrbruchs erstattet. Die darüber hinausgehenden Kosten für die Erneuerung ganzer Rohrstränge hat der VN selbst zu tragen. Er hat zur Vermeidung einer Leistungsfreiheit des Versicherers für die Instandhaltung der Rohrleitungen zu sorgen, so daß ihn auch die Kostenlast für die im Interesse der Schadenverhütung notwendigen Reparaturmaßnahmen trifft, und zwar selbst dann, wenn ohne Austausch der Rohre in kürzester Zeit ein Rohrbruch entstanden wäre (OLG Hamm r+s 93 S. 27).

Zu den notwendigen Reparaturkosten zählen neben den Lohn- und den Material- oder Sachkosten für die eigentliche Reparatur auch alle **Nebenkosten für die Vorbereitung der Reparaturarbeiten und den Ausbau beschädigter Gebäudeteile.** Dabei spielt die Abgrenzung zwischen Aufräumungs- und Abbruchkosten sowie Bewegungs- oder Schutzkosten einerseits und den notwendigen Reparaturkosten andererseits in der Wohngebäudeversicherung nach den VGB praktisch eine untergeordnete Rolle, weil die Aufräumungs- und Abbruchkosten ohne weiteres im Rahmen der Entschädigungsgrenzen nach §§ 2 Nr. 2 VGB 88 n. F., 17 VGB 88 a. F., 1 Nr. 2 c VGB 62 versichert sind. Von den Reparaturkosten werden jedoch nicht die Kosten erfaßt, die für die Beseitigung von während des Reparaturvorgangs verursachten weiteren Sachschäden aufzubringen sind (AG Kiel VersR 88 S. 1016). Wenn zur Freilegung und Behebung eines Rohrbruchs in der unmittelbaren Nähe des versicherten Gebäudes ein Gerüst entfernt worden ist, das zur Ausführung von Sanierungsarbeiten an den Balkonen aufgestellt war und das nach der Behebung des Rohrbruchs wieder aufgestellt worden ist, so sind die Kosten für das Abbauen und das spätere Wiederaufstellen des Gerüsts neben den Kosten der Rohrreparatur zu ersetzen. Nicht versichert sind dagegen die Kosten, die das Sanierungsunternehmen der Balkone dem VN für die Unterbrechung seiner Arbeiten in Rechnung gestellt hat (OLG Düsseldorf r+s 94 S. 426). Der Anspruch auf Versicherungsschutz richtet sich nach §§ 14 Nr. 1 c VGB 88 n. F., 15 Nr. 1 b VGB 88 a. F., 7 Nr. 1 b VGB 62 nur auf Ersatz der Reparaturkosten. Schon sprachlich sind die entfernteren Folgeschäden der in Rede stehenden Art nicht mehr Kosten der Reparatur. Dieses Verständnis bestätigt der Umstand, daß – immer noch näher an der Reparatur liegende – spezielle Folgekosten (wie Bewegungs- und Schutzkosten) in den VGB 88 oder in besonderen Haftungserweiterungen zu den VGB 62 ausdrücklich zusätzlich erfaßt sind (vgl. OLG Düsseldorf a. a. O.). Derartige „Zweitschäden“ liegen nicht mehr innerhalb des versicherten Erstschadens (vgl. dazu auch Martin R III 46). In vielen Fällen lassen sich diese Schäden auch bei sorgfältiger Vorbereitung und Durchführung der Reparatur vermeiden. 1.3.2

In der Wohngebäudeversicherung gilt der **Grundsatz der abstrakten Schadenberechnung** (allgemein s. Martin R III 11). Es werden die Preise zugrunde gelegt, die am Versicherungsort oder in der Nähe des Versicherungsorts ansässige und tätige Bauhandwerker berechnen. In § 2 Nr. 1 SGIN 79 a wird dies allgemein durch die Formulierung zum Ausdruck gebracht, daß der Schaden auf der Grundlage der ortsüblichen Preise ermittelt wird. Es kommt infolgedessen nicht darauf an, welche Reparaturkosten die Beseitigung des Schadens beim VN tatsächlich verursacht. Dies kann dazu führen, daß die tatsächlich anfallenden Reparaturkosten höher oder niedriger sind als die notwendigen Reparaturkosten im dargestellten Sinn. Fallen höhere Kosten an, gehen sie zu Lasten des VN. Einsparungen kann der VN in Anspruch nehmen. Werden die Reparaturkosten auf der Grundlage der Reparaturkostenrechnungen von Handwerkern ermittelt bzw. ersetzt, treten Abweichungen der konkreten von den abstrakten Reparaturkosten nicht auf. Anders liegt es, wenn der Versicherer auf der Basis von Kostenvoranschlägen entschädigt. In diesen Fällen kann der VN Einsparungen dadurch erzielen, daß er die Reparatur durch andere preiswertere Handwerker bzw. durch Schwarzarbeiter vornehmen läßt oder selbst repariert. Rechtsprechung und Schrifttum sehen hierin keinen Verstoß gegen das Bereicherungsverbot des § 55 VVG (vgl. Martin a. a. O., Prölss/Martin § 55 RN 51 sowie Römer/Langheid § 55 RN 13). Die vom BGH zur Kraftfahrzeug-Kaskoversicherung entwickelten Grundsätze lassen sich auf die Wohngebäudeversicherung übertragen. Nach Auffassung des BGH hängt die Leistungsverpflichtung des Versicherers nicht davon ab, ob und in welchem Umfang eine Wiederherstellung erfolgt (vgl. VersR 85 S. 354). Nach der Rechtsprechung hat der VN auch dann einen Anspruch in 1.3.3

Höhe der Reparaturkosten, die bei ordnungsgemäßer Beseitigung des Schadens durch eine Fachfirma entstanden wären, wenn er die durch einen Leitungswasserschaden notwendigen Maler- und Anstreicherarbeiten selbst ausführt oder durch ein „Billigunternehmen" ausführen läßt (AG Berlin-Charlottenburg r+s 88 S. 306).

1.3.4 Die **Mehrwertsteuer ist bei privaten VN** sowohl bei Totalschäden als auch bei Teilschäden **Bestandteil des ersatzpflichtigen Schadens**. Die Mehrwertsteuer ist aufgrund der dargestellten Grundsätze vom Versicherer auch dann zu ersetzen, wenn der **private VN** nicht wiederbeschafft, nicht repariert oder durch Schwarzarbeit bzw. Eigenleistungen repariert. In diesen Fällen wendet der VN keine Mehrwertsteuer auf. Zumindest bei Reparaturen, die von Schwarzarbeitern oder durch Eigenleistungen fachgerecht durchgeführt werden, ist der VN objektiv bereichert. Die Schäden an der versicherten Sache sind beseitigt. Der VN behält darüber hinaus den eingesparten Nettobetrag zwischen den vom Versicherer ersetzten Kosten eines Handwerksbetriebs einerseits und den Kosten der Schwarzarbeiter bzw. der Eigenleistungen andererseits sowie den gesamten Betrag der erstatteten Mehrwertsteuer. Dadurch wird das subjektive Risiko negativ beeinflußt. Es werden Anreize zum Versicherungsbetrug gesetzt, zumal es häufig ohne besondere Schwierigkeiten möglich ist, sich durch überhöhte Kostenvoranschläge ungerechtfertigte Vermögensvorteile zu verschaffen. Die Sanktionsdrohungen der §§ 16 Nr. 1 VGB 88 n. F., 21 Nr. 1 VGB 88 a. F., 18 Nr. 2 VGB 62 (arglistige Täuschung; vgl. T 1) schaffen keine adäquate Kompensation. Insbesondere bei kleineren Schäden ist das Risiko, entdeckt zu werden, als niedrig einzuschätzen.

Nicht eindeutig ist die Rechtslage **bei Landwirten**. Sie können nach § 24 UStG zwischen der Pauschalbesteuerung ihrer Umsätze bzw. einem pauschalierten Vorsteuerabzug und der Regelbesteuerung wählen. Haben sie sich für die Regelbesteuerung entschieden, so sind sie unbeschränkt vorsteuerabzugsberechtigt. Die Mehrwertsteuer ist vom Versicherer nicht zu erstatten. Dagegen hat ein Landwirt, der gem. § 24 UStG seine Umsätze pauschaliert, so daß eine Verrechnung der Vorsteuer nicht stattfindet, Anspruch auf Ersatz der Mehwertsteuer, die bei der Schadenbeseitigung anfällt (OLG Hamm VersR 98 S. 1260 sowie kritische Anmerkung dazu von Schmalzl, VersR 98 S. 1564).

Dagegen sind **gewerbliche VN unbeschränkt vorsteuerabzugsberechtigt**. Die von ihnen auf ihre Umsätze zu zahlende Mehrwertsteuer wird um den Betrag der Mehrwertsteuer gekürzt, den sie beim Bezug von Leistungen an Dritte gezahlt haben. Infolgedessen haben sie bei Total- und Teilschäden keinen Anspruch auf Erstattung der Mehrwertsteuer, da sie den auf die Wiederbeschaffungs- oder Reparaturkosten entfallenden Betrag von ihrer Mehrwertsteuerschuld abziehen können (Vorsteuerabzug). Daher treten bei gewerblichen VN die angesprochenen Zweifelsfragen im Hinblick auf die Erstattung der Mehrwertsteuer nicht auf. Jedoch kann der Versicherer nicht erwarten, daß vorsteuerabzugsberechtigte VN die Mehrwertsteuer bei der Ermittlung des Versicherungswerts und bei der Bemessung der Versicherungssumme berücksichtigen. Versicherungswert in der Wohngebäudeversicherung mit vorsteuerabzugsberechigten VN ist daher der ortsübliche Neubauwert ohne Mehrwertsteuer. In der Gleitenden Neuwertversicherung bereitet die Umsetzung dieses Grundsatzes Schwierigkeiten, weil bei enger wörtlicher Auslegung der VGB die Baupreise des Jahres 1914 keine Mehrwertsteuer enthalten (vgl. P 1.1.5 und 1.2). Infolgedessen würde bei dieser engen theoretischen Betrachtung die rechnerische Kürzung des Versicherungswerts 1914 um die Mehrwertsteuer zur Unterversicherung führen. Andererseits werden aber auch vorsteuerabzugsberechtigte VN über den gleitenden Neuwertfaktor mit Prämienanteilen für die Mehrwertsteuer belastet, weil die maßgebenden Baupreisindizes des Statistischen Bundesamtes die Mehrwertsteuer mit einschließen. Daraus folgt, daß vorsteuerabzugsberechtigte VN einen Anspruch auf eine entsprechende Beitragsentlastung auch in der Gleitenden Neuwertversicherung haben.

Dazu wird die **Klausel 7760 „Mehrwertsteuer bei Gleitender Neuwertversicherung"** vereinbart. Nach dem Wortlaut der Klausel besteht ein Anspruch auf Erstattung der Mehrwertsteuer im Schadenfall nicht, soweit die Versicherungssumme 1914 entsprechend niedriger festgesetzt wurde als der Versicherungswert 1914.

Der Wortlaut der Klausel ist unklar und schwer verständlich. Eine praxisgerechte Auslegung und Anwendung ist aus dem Zweck der Klausel abzuleiten. Es soll erreicht werden, daß vorsteuerabzugsberechtigte VN auch in der Gleitenden Neuwertversicherung nicht mit Beitragsanteilen aus der Mehrwertsteuer belastet werden, weil die Mehrwertsteuer im Schadenfall vom Versicherer nicht ersetzt wird. Dies wird dadurch realisiert, daß für die Schaden- und Entschädigungsberechnung die Versicherungssumme 1914, der Versicherungswert 1914 und die Entschädigung im gleichen Verhältnis um die Mehrwertsteuer gekürzt werden. Das Kürzungsverhältnis wird bei Vertragsabschluß festgelegt, indem die Versicherungssumme 1914 entsprechend herabgesetzt wird. Das nachfolgende Beispiel verdeutlicht das.

| | | |
|---|---|---|
| Versicherungswert 1914 | 58.000 | |
| Vorsteuerabzug | 16 % | |
| Kürzungsfaktor | 100 : 116 | |
| Versicherungssumme 1914 | $\frac{58.000 \times 100}{116}$ | = 50.000 |
| Schaden einschl. Mehrwertsteuer | 8.120,– DM | |
| Schaden ohne Mehrwertsteuer | $\frac{8.120,\text{– DM} \times 100}{116}$ | = 7.000,– DM |

Es besteht keine Unterversicherung, da der rechnerische Versicherungswert 1914 mit demselben Faktor gekürzt wird. Er beträgt ebenfalls 50.000 M. Entschädigt werden 7.000,– DM. Dabei kommt es nicht darauf an, ob der VN im Versicherungsfall tatsächlich zum vollen Vorsteuerabzug berechtigt war oder nicht. Nach dem Klauseltext ist der Anspruch auf Mehrwertsteuer in dem der Kürzung der Versicherungssumme 1914 zugrunde gelegten Umfang auch dann ausgeschlossen, wenn sich im Versicherungsfall herausstellt, daß der VN überhaupt nicht zum Vorsteuerabzug berechtigt ist. Abgesehen davon führt die uneingeschränkte Anwendung der Proportionalitätsregel in diesen Fällen zu demselben Ergebnis:

$$\frac{8.120,\text{– DM} \times 50.000}{58.000} = 7.000,\text{– DM}$$

Ähnlich verhält es sich, wenn sich im angenommenen Beispiel herausstellt, daß der VN nur teilweise zum Abzug der Vorsteuer berechtigt ist, oder wenn sich der Mehrwertsteuersatz nach Vertragsabschluß verändert.

In der Regulierungspraxis werden die in RN 1.3.3 und 1.3.4 dargestellten Probleme bei 1.3.5
Kleinschäden privater VN in vielen Fällen dadurch pragmatisch gelöst, daß von vornherein eine **Schadenabrechnung auf der Grundlage von Eigenleistungen des VN** vereinbart wird. Dies gilt insbesondere für Reinigungs- und Aufräumungskosten. Auch für die Abwendung oder Minderung des Schadens sind dem VN u. U. die Kosten von Eigenleistungen zu ersetzen, dies jedoch nur soweit, als nicht die persönlichen Tätigkeiten oh-

nehin zur Schadenminderungspflicht gehören (LG Düsseldorf r+s 88 S. 175). Aber auch die Reparatur kleinerer Gebäudeschäden, z. B. an Tapeten, Anstrichen oder Bodenbelägen, wird oft vom VN selbst durchgeführt. Neben den Materialkosten entschädigt der Wohngebäudeversicherer bestimmte Beträge für den Arbeitseinsatz des VN, die zwischen VN und Versicherer frei vereinbart werden. Es ist nicht angebracht, in diesen Fällen generell die Stundensätze einschließlich Zuschläge für vergleichbare Fremdleistungen anzusetzen (a. A. Martin Q IV 118 ff.). Es würden dann wiederum Kostenteile entschädigt, die überhaupt nicht entstehen. Durch eine derartige Praxis würden die zuvor angesprochenen Bedenken im Hinblick auf konkrete Bereicherungsmöglichkeiten für private VN noch verstärkt.

In jüngster Zeit gehen verschiedene Wohngebäudeversicherer dazu über, mit privaten VN **bei Vertragsabschluß Vereinbarungen über die Beseitigung von künftigen Schäden durch Eigenleistungen** zu treffen. Dies liegt grundsätzlich im Interesse von Versicherer und VN. Der Schadenaufwand wird vermindert. Der Versicherer räumt infolgedessen Beitragsnachlässe ein, wenn derartige Vereinbarungen getroffen werden. Daneben hat der VN eine zusätzliche Verdienstmöglichkeit. Allerdings wird dies insbesondere von der Bauwirtschaft auch sehr kritisch gesehen. Es wird darauf hingewiesen, daß dadurch Arbeitsplätze in Handwerksbetrieben vernichtet und Anreize für Schwarzarbeit geschaffen würden.

1.3.6 Die **Kosten für die Feststellung der Reparaturfähigkeit und der Reparaturwürdigkeit** sowie die Festlegung der Reparaturmaßnahmen und deren Überwachung zählen zu den notwendigen Reparaturkosten. Bei Verträgen mit gewerblichen VN sind derartige Kosten im Versicherungsfall nach Maßgabe der kalkulierten und gegebenenfalls auch innerbetrieblich verrechneten Stundensätze des VN zu entschädigen. Das gilt für die Kosten angestellter Architekten und Ingenieure oder Bauhandwerker ebenso wie für die Kosten begleitender Verwaltungstätigkeiten und die Mitarbeit des Betriebsinhabers selbst (vgl. Martin Q I 10, Q IV 86 und R III 43). Dagegen begründen vorbereitende und begleitende Verwaltungsarbeiten des VN im privaten Bereich im allgemeinen keinen Ersatzanspruch (Martin a. a. O.). Soweit der VN seinen persönlichen Einsatz bei der Abwendung oder Minderung eines Leitungswasserschadens dahin präzisiert, er habe mitgeholfen, den Verlauf der Leitungen festzustellen, und dazu beigetragen, daß nicht ein kompletter Parkettfußboden, sondern nur ein Teil dessen habe entfernt werden müssen, kommt ein Kostenersatz nicht in Frage, weil diese Tätigkeiten der Schadenminderung jedem VN obliegen (LG Düsseldorf a. a. O.).

**Bei kleineren und mittleren Reparaturschäden kann danach der private VN für die genannten Tätigkeiten keine Entschädigung beanspruchen.** Das gilt nicht nur für Eigenleistungen, sondern auch in den Fällen, in denen der VN dafür einen Bausachverständigen oder Architekten hinzuzieht, obwohl dies nach allgemeiner Erfahrung nicht notwendig ist. Zwar zählen Architekten- und Ingenieurkosten zum Versicherungswert, sie werden jedoch vom Versicherer nur ersetzt, wenn es wegen des Umfangs und der Komplexität des Schadens objektiv notwendig ist, einen Architekten oder Bauingenieur bei der Wiederherstellung bzw. der Reparatur des Gebäudes hinzuzuziehen. Reparaturkosten sind die objektiv notwendigen Kosten, die durch die sachgemäße Herbeiführung des Reparaturerfolgs entstehen. Ob zu den Reparaturkosten auch die Kosten gehören, die dadurch entstanden sind, daß der VN einen Architekten eingeschaltet hat, ist eine Frage des Einzelfalls. Ihre Beantwortung richtet sich danach, ob der VN auch ohne Unterstützung durch einen Architekten in der Lage gewesen wäre, die erforderlichen Maßnahmen selbst zu treffen (BGH VersR 85 S. 780). Bei einem Gebäudeschaden von rund 65.000,– DM ist der VN jedoch selbst im Fall eigener Sachkunde nicht verpflichtet, auf den Einsatz eines Architekten zu verzichten und stattdessen unentgeltlich die Koordinierung und Überwachung der Sanierungskosten zu übernehmen und insoweit auf anderweitigen Einsatz seiner Arbeitskraft oder auch auf die Wahrnehmung von Freizeit zu Gunsten des Versicherers zu verzichten. Um so weniger ist der Ehegatte des VN, ein außerhalb des Versicherungsverhältnisses stehender Dritter, hierzu verpflichtet (BGH VersR 86 S. 482 und r+s 86 S. 135).

Der Ersatz von Reparaturkosten umfaßt auch dabei entstehende Nebenkosten. Dies sind insbesondere die sog. Regiekosten, d. h. die Aufwendungen für die Auswahl, Beauftragung und Überwachung der Handwerker sowie die Arbeiten für das Aus- und Einräumen der Möbel. Dazu zählen bei schwierigen Schäden auch die Kosten eines Sachverständigen oder Architekten, die der VN aufwenden muß, um die zweckmässigste Reparaturmethode ermitteln zu lassen, die Aufträge an verschiedene Firmen zu vergeben, deren Arbeiten zu koordinieren und die Reparaturleistungen abzunehmen (OLG Köln VersR 96 S. 1534). Jedoch sind auch in diesen Fällen die Kosten für ein privates Sachverständigengutachten vom Wohngebäudeversicherer nicht zu ersetzen. Dabei handelt es sich weder um Kosten der Schadenfeststellung nach § 66 VVG noch um ersatzpflichtige Nebenkosten der Reparatur (vgl. OLG Köln a. a. O. sowie OLG Hamburg VersR 94 S. 461 und OLG Hamm VersR 93 S. 738).

Bei der weitaus überwiegenden Zahl der Wohngebäudeschäden kann die sachgemäße Herbeiführung des Reparaturerfolgs aber sichergestellt werden, ohne daß ein Architekt oder ein sonstiger Bausachverständiger tätig wird. Der durchschnittliche Schadenbetrag in der Wohngebäudeversicherung lag im Jahr 1997 bei rund 3.000,– DM. Wohngebäudeschäden sind überwiegend Kleinschäden. Infolgedessen sind Architekten- oder Ingenieurkosten bei Reparaturschäden an privat genutzten Gebäuden nur in seltenen Fällen vom Wohngebäudeversicherer zu ersetzen. Wenn ein Feuchtigkeitsschaden auch für den VN als Laien leicht als Folge eines sturmbedingten Schadens am Dach des Gebäudes zu erkennen ist, können Architektenkosten als Schadenermittlungskosten nach § 66 VVG nicht verlangt werden. Als Reparaturkosten können Architektenkosten für Auswahl, Koordinierung und Überwachung von Handwerkern nicht verlangt werden, soweit diese Tätigkeiten auch von dem VN persönlich erwartet werden dürfen (LG Hildesheim zu § 7 Nr. 1 b VGB 62 VersR 85 S. 449).

Bei **Totalschäden werden Architektengebühren sowie sonstige Konstruktions- und Planungskosten vom Versicherer ersetzt**, wenn sie infolge des Schadens beim Wiederaufbau des zerstörten Gebäudes entstehen. Planungskosten werden vom Versicherer jedoch nicht entschädigt, wenn es möglich und zumutbar ist, das zerstörte Gebäude unter Verwendung der ursprünglich erstellten Pläne und Unterlagen wieder aufzubauen. Der VN hat dann keinen Anspruch auf Ersatz dieser Kosten, weil insoweit überhaupt kein Schaden entstanden ist (a. A. Martin Q IV 105 f. in Anlehnung an Engels, VP 82 S. 11). Wenn es möglich und zumutbar ist, die nicht zerstörten Konstruktions- und Planungsunterlagen beim Wiederaufbau des zerstörten Gebäudes zu verwenden, so liegt wirtschaftlich überhaupt kein Totalschaden vor. Zwar ist die Sachsubstanz des Gebäudes zerstört, die Konstruktions- und Planungsunterlagen sind jedoch erhalten geblieben. Sie sind bei der Berechnung des Schadens nicht anzusetzen. Sie sind Teil des Versicherungswerts, ihr wirtschaftlicher Wert wurde jedoch durch den Versicherungsfall nicht zerstört. Dies gilt auch, wenn der VN sich dafür entscheidet, das zerstörte Gebäude in veränderter Form wieder aufzubauen und infolgedessen Architektengebühren sowie Konstruktions- und Planungskosten entstehen, obwohl die alten Unterlagen erhalten sind. Es ist sachgerecht, bei Teilschäden und Totalschäden für die Erstattung der genannten Kosten einheitliche Maßstäbe anzuwenden. Daraus folgt, daß Planungsko- 1.3.7

sten entschädigt werden, wenn die Planungsunterlagen zerstört wurden oder ohne Verschulden des VN verloren gegangen sind. Ein Entschädigungsanspruch besteht daneben in den Fällen, in denen das zerstörte Gebäude aufgrund behördlicher Auflagen nur in veränderter Form wieder aufgebaut werden kann und infolgedessen neu geplant werden muß.

## 1.4 Schönheitsschäden und Wertminderung

Die Abgrenzung zwischen Totalschäden und Teilschäden, die Ermittlung der Schadenhöhe und die Feststellung der Entschädigung ist im allgemeinen unproblematisch, wenn der Gebrauchswert von Sachen ausschließlich durch ihre technische Funktion bzw. ihre technische Gebrauchsfähigkeit bestimmt ist. Der Schadenumfang wird durch die nachteilige Veränderung der Sachsubstanz bzw. der technischen Gebrauchs- oder Funktionsfähigkeit zuverlässig ermittelt. Schwierigkeiten treten auf, wenn der **Gebrauchswert von Sachen nicht nur durch ihre technische Funktion, sondern auch durch ihr Aussehen bzw. durch ihre Schönheit bestimmt wird**. Dieser Umstand spielt bei Schäden an Wohngebäuden eine große Rolle. Ihr Gebrauchswert wird sehr stark durch ihr Aussehen bestimmt, das wiederum häufig durch die Einwirkung versicherter Gefahren nachteilig verändert wird, ohne daß damit eine Beeinträchtigung der technischen Funktion der betroffenen Gebäudeteile einhergeht. Typische Beispiele sind Wasserflecken auf Tapeten, Anstrichen und Bodenbelägen, geringfügige Verrußungen an Fassaden, Risse im Mauerwerk oder im Verputz, Sprünge in Wand- oder Bodenfliesen, Randabschläge an Dachziegeln oder andere Oberflächenbeschädigungen, wie Kratzer, Schrammen oder Dellen. Derartige sog. Schönheitsschäden treten in der Wohngebäudeversicherung häufig auf. Die Bewertung dieser Schäden bereitet gelegentlich erhebliche Schwierigkeiten, da es dafür keine allgemeingültigen Bewertungsmaßstäbe gibt. Maßgebend für die Einstufung sind ästhetische Gesichtspunkte, die individuell geprägt sind. Zunächst ist zu prüfen, ob der Schönheitsschaden überhaupt als Sachschaden einzustufen ist. Dies ist nicht der Fall, wenn dem VN der weitere Gebrauch des Gebäudes entschädigungslos zugemutet werden kann. Eine Entschädigung kommt in diesen Fällen überhaupt nicht in Betracht.

1.4.1 Ansonsten wird festgestellt, ob Schönheitsschäden durch eine Reparatur zu beseitigen sind. Ist dies nicht möglich, so wird nicht ohne weiteres Totalschaden angenommen. Vielmehr wird geprüft, ob dem VN nicht dennoch der Gebrauch der reparierten Sachen zuzumuten ist. Trifft dies zu, so liegt kein Totalschaden vor. Es werden die Reparaturkosten entschädigt. Daneben wird jedoch unter Umständen die bleibende **schadenbedingte Beeinträchtigung des Aussehens der Sache durch eine Entschädigung für Wertminderung ausgeglichen**. Die Wertminderung ist als Mittel des Schadenausgleichs nach dem Bedingungswortlaut nur in den Fällen vorgesehen, in denen eine Reparatur erfolgt und dennoch eine Wertminderung verbleibt. Nach §§ 14, Nr. 1 c VGB 88 n. F., 15 Nr. 1 b VGB 88 a. F. werden die notwendigen Reparaturkosten zur Zeit des Eintritts des Versicherungsfalls zuzüglich einer Wertminderung ersetzt, die durch Reparatur nicht auszugleichen ist. Bei Schönheitsschäden werden in der Praxis Wertminderungen indessen häufig auch dann vereinbart, wenn eine Reparatur beschädigter Sachen technisch nicht möglich oder wirtschaftlich nicht sinnvoll ist, der weitere Gebrauch der Sache in beschädigtem Zustand dem VN aber zuzumuten ist. Den Bestimmungen über die Wertminderung liegen wirtschaftliche Überlegungen zugrunde. Unter bestimmten Voraussetzungen sollen Totalschäden auch dann nicht angenommen werden, wenn die schadenbedingten Beeinträchtigungen von Sachen durch eine Reparatur nicht oder nicht vollständig zu beseitigen sind, der weitere Gebrauch der Sachen aber zumutbar ist. Unter diesen Voraussetzungen kann es grundsätzlich nicht darauf ankommen, ob die Beschädigungen durch eine Reparatur teilweise oder überhaupt nicht zu beheben sind. Daraus folgt, daß der Ausgleich von Wertminderungen als eigenständiges Mittel des Schadenersatzes zur Verfügung steht (vgl. Dietz § 18 RN 2.1.3 und 2.3.2).

Es ist eine **Frage der Zumutbarkeit, ob der VN bei einem Schönheitsschaden die Reparatur bzw. den Ersatz der Sache verlangen kann oder nur Ausgleich der Wertminderung** (vgl. Verwaltungsgericht Sigmaringen r+s 88 S. 114). Allgemeingültige Kriterien für die Festlegung der Zumutbarkeitsgrenze und die Ermittlung der Höhe einer Wertminderung gibt es nicht. Bei der Beurteilung der Zumutbarkeit darf kein zu weiter Maßstab angelegt werden. Die Beantwortung dieser Frage richtet sich nach der Verkehrsanschauung. Daneben ist zu prüfen, ob der VN die vom Schaden betroffene Sache auch dann reparieren oder ersetzen würde, wenn er nicht versichert wäre. Die Höhe eines angemessenen Wertausgleichs hängt bei einem Schönheitsschaden von der Zweckbestimmung der Sache und von der Art, der Größe und der örtlichen Lage der Schadenstelle ab (vgl. Verwaltungsgericht Sigmaringen a. a. O.). Weiterhin ist der Zustand des beschädigten Gebäudes vor Eintritt des Versicherungsfalls in Betracht zu ziehen. Die Wertminderung wird durch den Vergleich des Zustandes der Sache vor Schadeneintritt mit ihrem Zustand nach dem Schaden bzw. nach der Reparatur ermittelt. Eine Wertminderung wird ersetzt, wenn die Gebrauchs- und Leistungsfähigkeit einer Sache nach dem Schaden bzw. nach der Reparatur niedriger ist als vor dem Schadeneintritt (Differenzmethode; vgl. Allgemein Bruck/Möller Anm. 26 f. zu § 55). 1.4.2

Die **Entschädigung von Reparaturkosten und/oder die Entschädigung einer Wertminderung** sind **vorrangige Instrumente des Schadenersatzes** in der Wohngebäudeversicherung. Totalschaden und Ersatz des Neuwerts werden erst dann angenommen, wenn feststeht, daß beschädigte Gebäude oder Gebäudeteile mit wirtschaftlich vertretbarem Aufwand nicht repariert werden können, und wenn daneben die weitere Nutzung dieser Sachen dem VN nicht zugemutet werden kann. Nur unter diesen Voraussetzungen hat der VN Anspruch auf den Ersatz des Neuwerts bzw. den Ersatz des Wiederbeschaffungspreises von Sachen gleicher Art und Güte in neuwertigem Zustand. Das gilt sinngemäß auch für Schäden an Gebäudeteilen. Diese Auslegung der Bestimmungen über den Schadenersatz folgt aus wirtschaftlichen Überlegungen. Dadurch wird die volkswirtschaftlich nachteilige Vernichtung von gebrauchsfähigen Gütern vermieden. Die Versichertengemeinschaft wird daneben vor überzogenen Schadenersatzforderungen einzelner VN geschützt, die letztlich über erhöhte Beiträge von allen VN zu tragen wären. 1.4.3

Die **Rechtsprechung** hat diese Grundsätze verschiedentlich bestätigt. Wenn im Badezimmer eines Wohnhauses – auch wenn es dem gehobenen Standard zuzurechnen ist und einen Wert von 1 Mio. DM haben mag – ein Riß in der Bodenverfliesung und eine Beschädigung der Seitenwand der Badewanne entstanden ist und dabei Fliesen auf einer Fläche von 3,25 $m^2$ zerstört sind und Fliesen derselben Art nicht mehr beschafft werden können, kann der VN nicht die vollständige Neuverfliesung des Badezimmers, der Badewanne sowie der Duschtasse mit einem Aufwand von rund 27.000,– DM verlangen. Es ist zumutbar und angemessen, daß der VN eine Neuverfliesung des Badezimmerbodens hat vornehmen lassen und sich wegen eines verbleibenden Schönheitsschadens, der in der unterschiedlichen Verfliesung von Wänden und Boden liegen mag, mit einem angemessenen Wertminderungsausgleich zufrieden geben muß. Bei Reparaturkosten in Höhe von 3.000,– DM für die Verfliesung des Fußbodens wurde vom Gericht ein Wertminderungsausgleich von ebenfalls 3.000,– DM angesetzt (OLG Düsseldorf VersR 94 S. 670 und r+s 94 S. 384). Werden einzelne Bodenfliesen einer Terrassenfläche durch herabfallende Dachziegel beschädigt, so kann der VN die Kosten der Erneuerung der gesamten Terrassenfläche verlangen. Ausgenommen sind jedoch unbeschädigte Teilbereiche, die von der eigentlichen Terrassenfläche getrennt sind (hier: Treppenbereich und Seitenverkleidung der Terrasse). Dies gilt auch dann, wenn dadurch die einzelnen Bereiche unterschiedliche Fliesen aufweisen. Eine Wertminderung hat das Gericht in diesem Fall nicht zugestanden (LG Saarbrücken VersR 93 S. 573 und r+s 93 S. 268). Wenn bei der Suche nach einem Rohrbruch die verflieste Badezimmerwand des versicherten Gebäudes aufgeschlagen worden ist und dabei fünf Fliesen zerstört worden sind und wenn bei Eintritt des Versicherungsfalls gleiche oder annähernd gleiche Fliesen hätten beschafft werden können, bei deren Einbau sich die neue Verfugung anfangs deutlich von der bisherigen abgezeichnet haben würde, kann der VN nicht eine Neuverfliesung des gesamten Bades mit einem Aufwand von 6.309,90 DM verlangen. Dem VN ist vielmehr der Einbau von Ersatzfliesen mit einem geschätzten Aufwand von 387,37 DM zuzumuten und darüber hinaus eine Wertminderung von 400,– DM zuzugestehen (AG Nürnberg r+s 94 S. 469). Wenn im Zusammenhang mit der Beseitigung eines Rohrbruchs ein Teil der Wandfliesen zerschlagen werden muß, hat der VN keinen Anspruch auf Ersatz der Kosten einer vollständigen Neuverfliesung des Badezimmers, falls es die verlegten Fliesen im Handel noch gibt (AG Warendorf r+s 90 S. 97).

## 1.5 Kürzung der Reparaturkosten wegen Werterhöhung

Wird der Versicherungswert der Sache gegenüber ihrem Versicherungswert unmittelbar vor Eintritt des Versicherungsfalls durch die Reparatur erhöht, so werden die Reparaturkosten nach § 15 Nr. 1 b Halbsatz 2 VGB 88 a. F. entsprechend gekürzt. Diese Bestimmung wurde in den VGB 88 a. F. neu eingeführt, in den VGB 88 n. F. jedoch nicht übernommen. Sie fehlt auch in den VGB 62. In § 7 Nr. 1 b VGB 62 ist abschließend geregelt, daß „bei beschädigten Sachen die Reparaturkosten zur Zeit des Eintritts des Versicherungsfalls, höchstens jedoch ihr Versicherungswert" ersetzt werden. Die Beifügung „höchstens jedoch ihr Versicherungswert" bezieht sich nicht auf den hier angesprochenen Sachverhalt.Vielmehr wird klargestellt, daß ein wirtschaftlicher Totalschaden vorliegt, wenn die Reparaturkosten (zuzüglich einer evtl. Wertminderung) den Versicherungswert übersteigen (s. R 1.2.2). Auch die VHB 84/VHB 92 treffen keine derartige Kürzungsregelung, während in § 11 Nr. 1 b AVB Sach 87 eine wortgleiche Bestimmung verankert ist. Nach dem Bedingungswortlaut richtet sich eine mögliche Kürzung nach dem Verhältnis des Versicherungswerts der vom Schaden betroffenen Sache nach der Reparatur zu ihrem Versicherungswert unmittelbar vor Eintritt des Versicherungsfalls. Die Entschädigung wird um den Betrag gekürzt, um den der Versicherungswert durch die Reparatur erhöht wurde. Um diesen Betrag ist der VN bereichert. Wegen des geltenden Bereicherungsverbots (§ 55 VVG) soll die Entschädigung um diesen Betrag gekürzt werden. Aus dem Bedingungstext geht nicht klar hervor, welcher Versicherungswert dem Wertevergleich zugrunde gelegt wird. Begrifflich hat jede Sache mehrere Versicherungswerte (Versicherungswert 1914, Neuwert, Zeitwert, gemeiner Wert). Maßgebend ist der in dem betroffenen Versicherungsvertrag vereinbarte Versicherungswert. Infolgedessen hängt eine mögliche Entschädigungskürzung wegen Werterhöhung von den vertraglichen Vereinbarungen über den Versicherungswert ab. Das nachfolgende Beispiel belegt dies.

Versichert ist ein Wohngebäude. Der Versicherungswert 1914 beträgt 25.000 M. Der ortsübliche Neubauwert ist 500.000,– DM und der Zeitwert beläuft sich auf 250.000,– DM. Durch Sturm wird das Dach des Gebäudes so schwer beschädigt, daß die Dacheindeckung und das Dachgebälk erneuert werden müssen. Die Reparaturkosten für eine unveränderte Wiederherstellung der Dachkonstruktion betragen 80.000,– DM. Da die ursprüngliche Konstruktion des rund 80 Jahre alten Gebäudes den geltenden baurechtlichen Anforderungen nicht mehr genügt, entstehen aufgrund bauaufsichtlicher Auflagen Mehrkosten von 20.000,– DM für eine verbesserte Statik und eine verbesserte Wärmedämmung. Durch die Reparatur erhöht sich der Versicherungswert 1914 auf rund 26.000 M, der Neuwert auf 520.000,– DM und der Zeitwert auf 310.000,– DM. Ist das Gebäude zum Zeitwert versichert, so wird die Entschädigung um 40.000,– DM gekürzt. Dabei handelt es sich um den Betrag, um den sich der Zeitwert des Gebäudes bei einer unveränderten Wiederherstellung erhöht hätte. Die darüber hinausgehende Werterhöhung infolge der behördlichen Auflagen um 20.000,– DM führt auch in der Zeitwertversicherung nicht zu einer Kürzung der Entschädigung, da diese Mehrkosten nach §§ 2 Nr. 5 a VGB 88 n. F., 15 Nr. 3 VGB 88 a. F. versichert sind. Aus diesem Grund stellt sich die Frage nach einer Kürzung der Entschädigung wegen Werterhöhung im angenommenen Beispiel überhaupt nicht, wenn das Gebäude zum Neuwert oder zum gleitenden Neuwert versichert ist. Es wird deutlich, daß die Kürzung der Reparaturkosten wegen einer reparaturbedingten Erhöhung des Versicherungswerts in der Neuwertversicherung praktisch keine Rolle spielt. Generell werden die notwendigen Reparaturkosten ersetzt. Dadurch wird der Neuwert des versicherten Gebäudes nicht erhöht. Auf eine reparaturbedingte Erhöhung des Versicherungswerts infolge behördlicher Auflagen ist die Kürzungsregelung allgemein nicht anwendbar. Diese Feststellungen gelten auch, wenn die vom Schaden betroffenen Gebäudeteile vor Eintritt des Versicherungsfalls durch Alter oder Abnutzung bereits weitgehend entwertet waren, ihre bestimmungsgemäße Funktion aber noch uneingeschränkt erfüllten. Die VGB 88 kennen keine Entwertungsuntergrenze für die Neuwertversicherung. Die Frage der dauernden Entwertung kann nur für das gesamte Gebäude, nicht für einzelne Gebäudeteile geprüft und entschieden werden (vgl. Q 3 sowie R 1.3.1).

Vermutlich waren diese Überlegungen ausschlaggebend dafür, daß § 15 Nr. 1 b Halbsatz 2 VGB 88 a. F. nicht in die VGB 88 n. F. übernommen wurde. Dabei mag auch eine Rolle gespielt haben, daß nicht einzusehen ist, daß bei Teilschäden die Reparaturkosten um den Betrag einer Werterhöhung gekürzt werden sollen, im Totalschadenfall dagegen eine derartige Kürzung überhaupt nicht vorgesehen ist. Hinzu kommt, daß sowohl bei Teilschäden als auch bei Totalschäden wertsteigernde Kosten infolge behördlicher Auflagen, z. B. für verbesserte Wärmedämmung, verbesserte Abgaswerte, verbesserten Lärmschutz u. ä., ohne weiteres ersetzt werden. Ein Verstoß gegen das Bereicherungsverbot des § 55 VVG wird darin nach der inzwischen gefestigten Rechtsprechung ohnehin nicht mehr gesehen.

## Anrechnung von Restwerten 1.6

Restwerte werden nach §§ 14 Nr. 1 d VGB 88 n. F., 15 Nr. 1 VGB 88 a. F., 7 Nr. 1 Satz 2 VGB 62 angerechnet. Sie fallen gelegentlich an, wenn Gebäude, Gebäudeteile oder Zubehörstücke durch den Versicherungsfall zwar nicht völlig zerstört werden und noch einen wirtschaftlichen Wert haben, aber dennoch völlig neu wieder aufgebaut bzw. erneuert werden, weil eine Reparatur technisch nicht möglich oder unwirtschaftlich ist.

Auch beim Abbruch stehengebliebener, aber beim Wiederaufbau nicht mehr verwendbarer Gebäudeteile werden gelegentlich Restwerte gewonnen. In diesen Fällen wird die Entschädigung um den Betrag der Restwerte gekürzt. Die Restwertregelung trägt dem Prinzip der Vorteilsausgleichung Rechnung (vgl. Bruck/Möller Anm. 52 f. vor §§ 49 bis 80). Durch die Kürzung der Entschädigung um den Betrag der Restwerte werden die wirtschaftlichen Vorteile ausgeglichen, die dem VN durch den Verbleib der Restwerte erwachsen. Die Restwertregelung verlagert die Verantwortung für die Verwertung der Reste auf den VN. Die Vorteilsausgleichung könnte theoretisch auch dadurch erreicht werden, daß der Versicherer die Restwerte übernimmt und dem VN die ungekürzte Entschädigung zur Verfügung stellt (vgl. Bruck/Möller a. a. O.). Damit wäre der Versicherer organisatorisch überfordert. Es bestünde daneben die Gefahr, daß VN die Reparatur oder die Vereinbarung einer Wertminderung bei beschädigten Sachen von vornherein generell ablehnen und den Ersatz des Neuwerts fordern. Die bedingungsgemäße Restwertregelung trägt dazu bei, einen angemessenen Interessenausgleich zu schaffen.

## 1.7 Bewertung der Reste

Die Bewertung der Reste bereitet in der Praxis Schwierigkeiten. Sie ist in den Bedingungen nicht geregelt. Da die Verwertung der Reste dem VN zugewiesen wird, richtet sich die Bewertung von Restwerten entscheidend nach der Verwendbarkeit seitens des VN (Bruck/Möller Anm. 31 zu § 55). Es kommen im wesentlichen zwei Alternativen in Betracht.

1.7.1 Die **Reste werden vom VN anderweitig genutzt.** So liegt es, wenn nur eine Bahn eines Teppichbodens durch Leitungswasser beschädigt wird, jedoch der gesamte Teppichboden des betroffenen Raums erneuert werden muß und der VN die unbeschädigten Bahnen übernimmt, um sie in einem anderen, kleineren Raum des Wohngebäudes zu verlegen. Ähnlich verhält es sich, wenn das Dach des Wohngebäudes neu eingedeckt wird, der VN aber die anfallenden unversehrten Restziegel als Reparaturmaterial für die Dacheindeckung eines Nebengebäudes verwendet. Ersetzt werden die Reparaturkosten abzüglich des Restwerts. Die geschilderten Beispiele unterscheiden sich insoweit von den in R 1.4 behandelten Fällen der Entschädigung einer Wertminderung grundsätzlich. Eine Wertminderung wird ersetzt, wenn dieselbe beschädigte Sache mit oder ohne Reparatur weiterhin in gleicher Weise genutzt wird. Ein Restwert wird angerechnet, wenn vom Schaden betroffene Sachen bzw. Gebäudeteile erneuert bzw. repariert werden und dabei wirtschaftlich verwertbare Restwerte anfallen. Für die Bewertung der Reste sind die in §§ 14 Nr. 1 a bis c VGB 88 n. F., 15 Nr. 1 a und b VGB 88 a. F., 7 Nr. 1 VGB 62 festgelegten Bewertungsmaßstäbe nicht geeignet. Sie erfolgt unabhängig vom Versicherungswert, vom Gebrauchszustand der Sache bei Eintritt des Versicherungsfalls und von der Höhe der Reparaturkosten. Alleinige Bewertungsgrundlage ist die vom VN geplante anderweitige Nutzung und der Zustand der Reste.

1.7.2 Die gleichen Grundsätze gelten, wenn die **Reste vom VN nicht anderweitig genutzt werden können.** So liegt es, wenn beim Brand eines alten Fachwerkhauses die Standfestigkeit der Umfassungswände so beeinträchtigt wird, daß sie beim Wiederaufbau nicht verwendet werden können. Werden beim Abbruch der Mauern unbeschädigte Fachwerksbalken gewonnen, so wird ihr Wert abzüglich der Gewinnungskosten dem VN angerechnet. Als Gewinnungskosten ist der Betrag anzusetzen, um den die tatsächlich angefallenen Abbruchkosten über den Abbruchkosten liegen, die bei einem Abbruch ohne Rücksicht auf die angestrebte Gewinnung von Restwerten entstanden wären. Grundlage für die Bewertung der Reste ist in diesen Fällen der gemeine Wert, d. h. der für den VN erzielbare Verkaufspreis (vgl. Bruck/Möller a. a. O. sowie Martin R II 24 f.). Dabei treten oft Schwierigkeiten auf, weil nicht klar ist, welche Verkaufsaktivitäten dem VN zuzumuten sind, und wie die dafür erforderlichen Maßnahmen zu bewerten sind (Minderung des erzielbaren Verkaufspreises). Es zeigt sich, daß die Veräußerung von Restwerten durch den VN Probleme aufwirft. Vereinbarungen über die anderweitige Nutzung von Resten durch den VN sind daher für beide Seiten die vorteilhaftere Lösung.

## Maßgebender Bewertungszeitpunkt; Mehrkosten 2

Maßgebender Zeitpunkt für die Feststellung der Schadenhöhe und die Berechnung der Entschädigung ist in der Sachversicherung allgemein der „Zeitpunkt des Versicherungsfalles" (§§ 14 Nr. 1 VGB 88 n. F., 18 Nr. 1 VHB 84/92) bzw. der Zeitpunkt „unmittelbar vor Eintritt des Versicherungsfalles" (§§ 15 Nr. 1 VGB 88 a. F., 11 Nr. 1 AVB Sach 87) bzw. die „Zeit des Eintritts des Versicherungsfalles" (§ 7 Nr. 1 VGB 62). Gemeinsame Grundlage der zitierten Bestimmungen ist § 55 VVG.

Diese **strenge zeitpunktbezogene Bewertung führt allgemein zu Schwierigkeiten**, da insbesondere in der Wohngebäudeversicherung der Zeitpunkt des Versicherungsfalls und der Zeitpunkt der Reparatur bzw. der Wiederbeschaffung in der Regel nicht übereinstimmen. Das kann in Zeiten mit ausgeprägten Baupreissteigerungen zu erheblichen Problemen für den VN führen, weil dann die berechnete Entschädigung nicht ausreicht, um die tatsächlichen Kosten der Reparatur oder der Wiederbeschaffung zu decken. Dabei kann es sozusagen über Nacht zu ins Gewicht fallenden Baupreissteigerungen kommen, wenn beispielsweise der Mehrwertsteuersatz um 1 %- oder 2 %-Punkte erhöht wird oder wenn neue Tariflohnvereinbarungen wirksam werden. Dann fragt es sich, ob diese Preisdifferenzen bei unverzüglicher Reparatur oder Wiederbeschaffung durch den VN vom Versicherer bei sachgerechter Auslegung der zitierten Bestimmungen zu entschädigen sind, oder ob es generell bei der Entschädigung nach Preisen des Schadentages bleibt. Diese Frage ist in Schrifttum und Rechtsprechung seit vielen Jahren umstritten. Überwiegend wird jedoch inzwischen die Meinung vertreten, daß Preissteigerungen während der unvermeidlichen Dauer der Reparatur oder Wiederbeschaffung bereits im voraus den maßgebenden Versicherungswert zur Zeit des Versicherungsfalls beeinflussen und infolgedessen zu Lasten des Versicherers gehen (vgl. Prölss/Martin § 55 RN 61 und § 86 RN 14 ff. sowie Martin Q I 60 ff.). Im Grunde genommen handelt es sich um die Beantwortung der Frage, ob der Versicherungswert zur Zeit des Versicherungsfalls fiktiv oder real zu berechnen ist. Bei einer fiktiven Berechnung sind die Kosten zugrunde zu legen, die entstünden, wenn die Wiederherstellung oder Wiederbeschaffung genau im Zeitpunkt des Versicherungsfalls erfolgte. Bei der realen Berechnung sind diejenigen Kosten maßgebend, die tatsächlich bei unverzüglicher Wiederherstellung entstehen. Eine sachgerechte, an der wirtschaftlichen Interessenlage ausgerichtete Auslegung führt zu dem Ergebnis, daß der Versicherungswert nach Maßgabe der realen Kosten einer unverzüglichen Wiederherstellung zu bestimmen ist. Daraus folgt aber auch, daß Preissenkungen zwischen dem Eintritt des Versicherungsfalls und der Wiederbeschaffung zu Lasten des VN gehen. Er hat keinen Anspruch auf die Differenz. Dies wäre ohnehin mit dem Bereicherungsverbot nach § 55 VVG nicht vereinbar (ebenso Martin Q I 65).

## 2.1 Mehrkosten infolge Preissteigerungen

Die dargestellten Auslegungs- und Zweifelsfragen können in der Wohngebäudeversicherung nach den VGB 88 nicht mehr auftreten. Nach §§ 2 Nr. 4 VGB 88 n. F. 15 Nr. 2 VGB 88 a. F. werden „auch die notwendigen Mehrkosten infolge Preissteigerungen zwischen dem Eintritt des Versicherungsfalles und der Wiederherstellung“ entschädigt. Die dargestellte strenge zeitpunktbezogene Bewertung wird aufgegeben. Es werden ohne weiteres auch die notwendigen Mehrkosten ersetzt, die infolge Preissteigerungen zwischen dem Eintritt des Versicherungsfalls und der Wiederherstellung entstehen. Dafür besteht ein verbreiteter Versicherungsbedarf, der in der Wohngebäudeversicherung nach den VGB 62 bisher nicht einwandfrei gedeckt werden konnte. Zwar wurden bei kleinen und mittleren Reparaturschäden die Preissteigerungen zwischen Schadentag und Tag der Reparatur bzw. Tag der Wiederbeschaffung auch in der Wohngebäudeversicherung nach den VGB 62 praktisch entschädigt. Dies lag aber ausschließlich daran, daß es mit wirtschaftlich vertretbarem Aufwand nicht möglich ist, derartige Preissteigerungen aus eingereichten Reparaturkosten- oder Wiederbeschaffungsbelegen herauszurechnen. Lediglich bei Großschäden wurde der Schaden durch sachverständige Berater oder im bedingungsgemäßen Sachverständigenverfahren bezogen auf den Zeitpunkt des Schadeneintritts entsprechend dem Wortlaut der VGB 62 bewertet. Preissteigerungen, die danach eintraten, wurden in der Wohngebäudeversicherung nach den VGB 62 nicht entschädigt. Gerade aber bei Großschäden erstreckt sich die Wiederherstellung bzw. der Wiederaufbau eines Gebäudes regelmäßig über einen längeren Zeitraum. Bei steigenden Baupreisen kann der Gebäudeeigentümer den Wiederherstellungsaufwand dann nicht völlig mit der Entschädigung decken. Es entsteht eine Finanzierungslücke, die nunmehr durch die bedingungsgemäße Versicherung von Mehrkosten infolge Preissteigerung geschlossen wird. In der sonstigen Sachversicherung kann die Versicherung von Mehrkosten infolge Preissteigerungen einzelvertraglich nach Klausel 1301 „Preisdifferenz-Versicherung“ vereinbart werden. Dagegen ist in der Hausratversicherung eine derartige Deckungserweiterung nicht vorgesehen, weil dafür kein verbreiteter Bedarf vorhanden ist (vgl. Dietz § 18 RN 3.6).

Ersetzt werden die **„notwendigen“ Mehrkosten infolge Preissteigerungen**. Damit soll klargestellt werden, daß diejenigen Mehrkosten ersetzt werden, die bei dem der Schaden- und Entschädigungsberechnung zugrunde gelegten wirtschaftlichsten Wiederherstellungsvorgang entstehen (vgl. R 1.3.3). Nach Klausel 1301 Nr. 2 werden die „tatsächlich entstandenen Mehrkosten“ infolge Preissteigerungen entschädigt. Daraus folgt, daß nach der Klausel 1301 Mehrkosten infolge Preissteigerungen entschädigt werden, wenn der VN nachweist, daß sie tatsächlich entstanden sind. Dagegen gilt der Grundsatz der abstrakten Schadenberechnung nach dem Wortlaut der VGB 88 auch für Mehrkosten infolge Preissteigerungen und für Mehrkosten infolge behördlicher Auflagen (vgl. R 2.2). Der Anspruch auf die Entschädigung von Mehrkosten entsteht jedoch nach § 15 Nr. 2 und Nr. 4 VGB 88 a. F. nur, soweit der VN innerhalb von drei Jahren nach Eintritt des Versicherungsfalls sichergestellt hat, daß er die Entschädigung für Mehrkosten zur Wiederherstellung versicherter Sachen verwendet (Einzelheiten vgl. R 3 ff.). Nach den VGB 88 n. F. ist dies zumindest zweifelhaft, weil § 2 VGB 88 n. F. keinen Verweis auf die Wiederherstellungsklausel gem. § 14 Nr. 2 VGB 88 n. F. beinhaltet. Bei sich bietender Gelegenheit sollte diese Regelungslücke geschlossen werden.

2.1.1 Die **Mehrkosten** werden vom Versicherer nur **in dem Umfang ersetzt, in dem sie bei unverzüglicher Wiederherstellung entstehen** (vgl. §§ 2 Nr. 4 Abs. 2 VGB 88 n. F., 15 Nr. 2 Abs. 2 VGB 88 a. F.). Verzögert der VN schuldhaft die Wiederherstellung, indem er die dafür erforderlichen Maßnahmen nicht unverzüglich einleitet oder durchführt, so haftet der Versicherer für die dadurch zusätzlich entstehenden Mehrkosten nicht. Es werden auch dann nur diejenigen Kosten entschädigt, die entstanden wären, wenn die Wiederherstellung unverzüglich in Angriff genommen worden wäre. Veranlaßt der VN nicht unverzüglich nach dem Versicherungsfall die Wiederherstellung, so werden gem. § 15 Nr. 2 VGB 88 a. F. Mehrkosten infolge Preissteigerung zwischen dem Eintritt des Versicherungsfalls und der Wiederherstellung nur in dem Umfang ersetzt, in dem sie auch bei unverzüglicher Wiederherstellung entstanden wären (OLG Hamm VersR 98 S. 318). Der Versicherer muß ein Verschulden des VN und die Höhe der dadurch zusätzlich entstandenen Kosten nachweisen.

Ähnlich liegt es, wenn sich die Wiederherstellung infolge von außergewöhnlichen Ereignissen, Betriebsbeschränkungen oder Kapitalmangel verzögert (s. §§ 2 Nr. 4 Abs. 3 VGB 88 n. F., 15 Nr. 2 Abs. 3 VGB 88 a. F.). In diesen Fällen ist jedoch ein Verschulden des VN nicht vorausgesetzt. Die Entschädigung für Mehrkosten wird auch dann entsprechend gekürzt, wenn infolge der genannten Ursachen eine Verzögerung eintritt, ohne daß den VN daran ein Verschulden trifft. Dies gilt jedoch nicht, wenn der VN wegen fehlender anderer finanzieller Möglichkeiten beim Wiederaufbau des versicherten Gebäudes auf die Entschädigung aus der Wohngebäudeversicherung angewiesen ist und sich deren Auszahlung wegen eines schwebenden staatsanwaltschaftlichen Ermittlungsverfahrens verzögert. Die dadurch verursachten Mehrkosten sind vom Versicherer zu ersetzen.

Die **Mehrkosten** entstehen bei der Reparatur bzw. der Wiederherstellung versicherter Sachen. Sie **sind Bestandteil des Sachschadens** und unterscheiden sich insoweit grundlegend von den nach § 2 VGB 88 versicherten Kosten. Die Mehrkosten zählen nicht zum Neuwert bzw. zum Versicherungswert, für dessen Ermittlung der Zeitpunkt des Versicherungsfalls maßgebend ist. Der Wortlaut von §§ 14 Nr. 1 und Nr. 5 VGB 88 n. F. sowie 15 Nr. 1 und 16 Nr. 1 VGB 88 a. F. ist insoweit eindeutig. Nach den VGB 62 gilt nichts anderes. Der bei Prölss/Martin allgemein vertretenen Gegenansicht, daß der ortsübliche Bauwert der Preis sei, „zu dem am Schadenort unter Berücksichtigung der Preisentwicklung während der unvermeidlichen Zeitdauer des Wiederaufbaus" ein gleichartiges Gebäude herzustellen ist (§ 88 RN 3), kann für die Wohngebäudeversicherung nach den VGB 88 nicht gefolgt werden. Auf dieser Grundlage würde die Ermittlung des Versicherungswerts in der Wohngebäudeversicherung zu einer Rechnung mit vielen Unbekannten. Praktisch wäre eine zuverlässige Versicherungswertermittlung nahezu unmöglich. Die Ermittlung des Versicherungswerts nach §§ 14 Nr. 5 VGB 88 n. F., 16 Nr. 1 VGB 88 a. F. (Unterversicherung) setzte dann auch bei Teilschäden Annahmen über die Zeitdauer des Wiederaufbaus des versicherten Gebäudes nach einem Totalschaden und die in diesem Zeitraum zu erwartenden Preissteigerungen voraus. Will der VN Unterversicherung vermeiden, so müßte er diese Überlegungen jedoch bereits bei Vertragsabschluß anstellen, um eine ausreichende Versicherungssumme zu vereinbaren. Dies ist praktisch unmöglich. Der Ermittlung der Versicherungssumme würde damit jede zuverlässige Grundlage entzogen. Abgesehen davon lassen sich diese Überlegungen auf die Gleitende Neuwertversicherung ohnehin nicht übertragen, da der Versicherungswert 1914 fixiert ist und von Preissteigerungen nicht beeinflußt wird. 2.1.2

Die **Entschädigung für Mehrkosten infolge Preissteigerungen ist betragsmäßig nicht begrenzt.** Dennoch ist es wegen der Wiederherstellungsklausel in der Praxis notwendig, diese Schaden- und Entschädigungsanteile gesondert zu berechnen und auszuweisen. In Zeiten starker Preissteigerungen können aus der Versicherung von Mehrkosten erhebliche Mehrbelastungen auf die Wohngebäudeversicherer zukommen. Dies muß in Kauf genommen werden, zumal sich in der Gleitenden Neuwertversicherung die Haftung und der Beitrag – wenn auch mit zeitlicher Verzögerung – entsprechend erhöhen. Diese Feststellung gilt nicht für Versicherungsverträge zum Neuwert und zum Zeitwert. 2.1.3

In diesen Fällen wird die Haftung für Mehrkosten insbesondere im mehrkostenintensiven Großschadenbereich durch die Gesamtentschädigungsgrenze nach §§ 14 Nr. 4 VGB 88 n. F., 15 Nr. 5 VGB 88 a. F. praktisch stark eingeschränkt. Entspricht die Versicherungssumme dem Versicherungswert, so wird sie im Totalschadenfall durch die Entschädigung für den Sachschaden aufgezehrt. Eine darüber hinausgehende Entschädigung für Mehrkosten wird nicht geleistet. Es zeigt sich, daß die Haftung für Mehrkosten infolge Preissteigerungen auf die Belange der Gleitenden Neuwertversicherung abgestellt ist. Nur bei dieser Versicherungsform kann der VN davon ausgehen, daß anfallende Mehrkosten in vollem Umfang vom Versicherer entschädigt werden.

## 2.2 Mehrkosten infolge behördlicher Auflagen

Auch notwendige Mehrkosten infolge behördlicher Auflagen sind in der Wohngebäudeversicherung nach §§ 2 Nr. 5 a VGB 88 n. F., 15 Nr. 3 Abs. 1 VGB 88 a. F. ohne weiteres versichert. Nach den VGB 62 besteht dafür kein Versicherungsschutz. Voraussetzung für die Haftung des Versicherers ist jedoch, daß die behördlichen Auflagen auf der Grundlage von Gesetzen und Verordnungen ergehen, die bereits vor Eintritt des Versicherungsfalls erlassen worden waren. Weiterhin ist vorausgesetzt, daß der Eintritt des Versicherungsfalls die behördlichen Auflagen ausgelöst hat. Nicht versichert sind Mehrkosten, die dadurch entstehen, daß behördliche Auflagen mit Fristsetzung bereits vor Eintritt des Versicherungsfalls erteilt wurden (s. R 2.4). Häufig entstehen **Mehrkosten durch behördliche Auflagen bei Schäden an älteren Wohngebäuden** im Bereich der Elektroversorgung, der Sanitär- und der Heizungstechnik, weil das Gebäude in seinem ursprünglichen Zustand nicht mehr den einschlägigen behördlichen Vorschriften entsprach.

In der sonstigen Sachversicherung kann die Versicherung von Mehrkosten durch behördliche Wiederherstellungsbeschränkungen nach der Klausel 2302 „Mehrkosten durch behördliche Wiederherstellungsbeschränkungen (ohne Restwerte)" einzelvertraglich vereinbart werden. Der Klauseltext weicht in verschiedener Hinsicht vom Wortlaut der VGB 88 ab. Grundlegende materielle Abweichungen folgen daraus nicht. Im Wortlaut der Klausel wird ausdrücklich klargestellt, daß die Mehrkosten für die Wiederherstellung der versicherten und vom Schaden betroffenen Sachen versichert sind. Dieser Hinweis ist deklaratorisch. Das gleiche gilt auch für die Mehrkostenversicherung nach den VGB 88.

Mehrkosten infolge behördlicher Auflagen sind infolgedessen nur insoweit versichert, als sich durch behördliche Auflagen die Kosten für die Beseitigung des Sachsubstanzschadens erhöhen, der durch die Einwirkung versicherter Gefahren an versicherten Sachen entstanden ist (vgl. dazu auch R 2.5). Nach Auffassung des OLG Köln setzt die Anwendung des § 15 Nr. 3 VGB 88 a. F. voraus, daß der Schaden grundsätzlich vom Versicherungsschutz erfaßt wird, was anhand der §§ 1 ff. VGB 88 a. F. festgestellt werden muß. Von der Regelung des § 15 Nr. 3 VGB 88 a. F. werden nach Auffassung des Gerichts infolgedessen nur Mehrkosten infolge solcher behördlichen Auflagen erfaßt, die sich auf beschädigte oder zerstörte versicherte Sachen beziehen und die Kosten der Schadenbeseitigung erhöhen (VersR 96 S. 581; Revisionsentscheidung zu LG Köln r+s 95 S. 347). Das LG Köln war dagegen der Auffassung, daß sich eine behördliche Auflage nicht auf die unmittelbar vom Schaden betroffenen Gebäudeteile zu beziehen habe. Erfaßt seien nach § 15 Nr. 3 VGB 88 a. F. auch die Mehrkosten, die aufgrund von behördlichen Auflagen entstehen, die in mehr oder weniger zufälligem Zusammenhang mit dem Versicherungsfall nach dessen Eintritt ergehen und die sich ohne Beschränkung auf den eigentlichen Schadenort und auf das gesamte Versicherungsobjekt beziehen.

Dieser Auslegung ist das OLG Köln nicht gefolgt. Nach seiner Auffassung hat der Versicherer bei Teilschäden an Gebäuden nur diejenigen Mehrkosten infolge behördlicher Auflagen zu ersetzen, die sich auf reparaturfähige Schäden an Einzelsachen oder Teilen von Sachen beziehen. Nur bei einem Totalschaden, der eine komplette Wiederbeschaffung oder Wiederherstellung erfordert, sind auch Mehrkosten infolge solcher behördlicher Auflagen zu ersetzen, die sich auf unbeschädigte Teile beziehen, da in diesen Fällen auch solche Teile im Rahmen der Wiederherstellung oder Wiederbeschaffung der total beschädigten Sache zu ersetzen und damit zu entschädigen sind. Insoweit besteht nach Auffassung des OLG Köln auch keine Unklarheit i. S. v. § 5 AGBG, wie sie vom LG Köln angenommen worden war.

## Mehrkosten infolge Wiederherstellung an anderer Stelle 2.3

Nicht ersetzt werden nach §§ 2 Nr. 5 b VGB 88 n. F., 15 Nr. 3 Abs. 3 VGB 88 a. F. Mehrkosten, die dadurch entstehen, daß die Wiederherstellung der vom Schaden betroffenen versicherten Sachen aufgrund behördlicher Wiederaufbaubeschränkungen nur an anderer Stelle erfolgen darf. In diesen Fällen werden die durch die behördlichen Auflagen entstehenden Mehrkosten nur in dem Umfang ersetzt, in dem sie auch bei der Wiederherstellung an der bisherigen Stelle entstanden wären. Typische Fälle sind die Folgen von Verstößen des VN gegen Flächennutzungs- oder Bebauungspläne. So liegt es, wenn das versicherte Wohngebäude ohne Baugenehmigung errichtet wurde, die Behörden den Bestand des Gebäudes bisher geduldet haben, aber aus Anlaß eines Schadens den Abbruch des Wohngebäudes verfügen. Zu derartigen behördlichen Wiederaufbaubeschränkungen kann es aber auch kommen, wenn Flächennutzungs- oder Bebauungspläne nach dem Bau des versicherten Gebäudes geändert wurden.

Schaden und Entschädigung werden in diesen Fällen so berechnet, als liege die Abbruchverfügung nicht vor. Nicht versichert sind die Mehrkosten, die dadurch beim Wiederaufbau des Gebäudes an anderer Stelle entstehen. Dagegen besteht auch in diesen Fällen Versicherungsschutz für diejenigen Mehrkosten, die auch bei der Wiederherstellung an der bisherigen Stelle entstanden wären. Verzögert sich der Wiederaufbau durch die Wiederherstellung an anderer Stelle, so sind dadurch verursachte Mehrkosten infolge Preissteigerungen ebenfalls nicht versichert. Das gleiche gilt, soweit Architektengebühren sowie sonstige Konstruktions- und Planungskosten anfallen, die bei einem Wiederaufbau an der bisherigen Stelle nicht entstanden wären.

## Mehrkosten infolge behördlicher Auflagen vor Eintritt des Versicherungsfalls 2.4

Nicht versichert sind nach §§ 2 Nr. 5 c VGB 88 n. F., 15 Nr. 3 Abs. 1 Satz 2 weiterhin Mehrkosten, die dadurch entstehen, daß behördliche Auflagen mit Fristsetzung bereits vor Eintritt des Versicherungsfalls erteilt worden waren. Derartige Schäden bzw. Kosten sind nicht die Folge des Sachsubstanzschadens an versicherten Sachen (vgl. R 2.2). Die Umsetzung der in der behördlichen Auflage geforderten Maßnahmen würde das Vermögen des VN auch ohne den Eintritt des Versicherungsfalls belastet haben. Es besteht jedoch grundsätzlich die Möglichkeit, auch diese Kosten in den Versicherungsschutz der Wohngebäudeversicherung einzuschließen. Derzeit existiert aber noch keine vom GDV unverbindlich empfohlene Klausel dafür.

## 2.5 Mehrkosten infolge behördlicher Auflagen für wiederverwertbare Reste

Nicht versichert sind nach §§ 2 Nr. 5 d VGB 88 n. F., 15 Nr. 3 Abs. 2 VGB 88 a. F. Mehrkosten, die dadurch entstehen, daß wiederverwertbare Reste der versicherten, vom Schaden betroffenen Sachen infolge behördlicher Wiederherstellungsbeschränkungen nicht mehr verwendet werden dürfen. Systematisch handelt es sich bei dieser Bestimmung um eine Rückausnahme von §§ 2 Nr. 5 a VGB 88 n. F., 15 Nr. 3 Abs. 1 VGB 88 a. F. Infolgedessen sind die Mehrkosten infolge behördlicher Auflagen nur insoweit versichert, als sich durch diese Auflagen die Kosten für die Beseitigung des Sachsubstanzschadens erhöhen, der durch die Einwirkung versicherter Gefahren an versicherten Sachen entstanden ist (s. R 2.2). Nicht versichert sind dagegen die Mehrkosten, die dadurch verursacht werden, daß erhaltene und bei der Wiederherstellung technisch noch verwertbare Sachsubstanz infolge behördlicher Wiederherstellungsbeschränkungen nicht mehr verwendet werden kann. So liegt es beispielsweise, wenn nach einem versicherten Schaden an einem versicherten Gebäude der gemauerte Rauchabzugskamin erhalten bleibt und bei der Wiederherstellung technisch wieder verwendet werden könnte. Wird der Kamin dennoch abgebrochen und neu erstellt, weil er gegen feuerpolizeiliche Vorschriften verstößt, so haftet der Versicherer für die dadurch verursachten Kosten nicht. Es besteht jedoch die Möglichkeit, die Mehrkosten für Restwerte einzelvertraglich durch die **Vereinbarung der Klausel 7360 „Mehrkosten infolge behördlicher Wiederherstellungsbeschränkungen für Restwerte“** in den Versicherungsschutz einzubeziehen.

2.5.1 Die Klausel 7360 bietet die Möglichkeit, abweichend von §§ 2 Nr. 5 d VGB 88 n. F., 15 Nr. 3 Abs. 2 VGB 88 a. F. auch die Mehrkosten infolge behördlicher Wiederherstellungsbeschränkungen für Restwerte zu versichern. Eine gleichartige Haftungserweiterung kann in der sonstigen Sachversicherung nach der Klausel 2303 „Berücksichtigung von behördlichen Wiederherstellungsbeschränkungen für Restwerte“ vereinbart werden. Die Versicherung von Mehrkosten infolge behördlicher Wiederherstellungsbeschränkungen für Restwerte ist die logische Erweiterung der in §§ 2 Nr. 5 a VGB 88 n. F., 15 Nr. 3 Abs. 1 VGB 88 a. F. geregelten Haftung für notwendige Mehrkosten infolge behördlicher Auflagen. Sie wurde nicht in die Grunddeckung der VGB 88 eingearbeitet, weil derartige Schäden nur in Ausnahmefällen bei Vorliegen besonderer Risikoverhältnisse eintreten. Typische Beispiele sind die in R 2.2 und 2.3 angesprochenen Fälle, in denen bestehende Gebäude gegen feuerpolizeiliche oder baurechtliche Vorschriften verstoßen. Es ist nicht angebracht, die Versichertengemeinschaft mit diesen Sonderrisiken zu belasten. Deshalb wurde die Klausellösung geschaffen. Sie bietet die Grundlage für eine risikogerechte Differenzierung des Versicherungsschutzes. Die erweiterte Haftung wird einzelvertraglich gegen einen Beitragszuschlag vereinbart. Eine unverbindliche Beitragsempfehlung des Verbandes dafür gibt es indessen nicht. Dies mag daran liegen, daß es sich um ein weitgehend unbekanntes Risiko handelt, das aber vermutlich ein beachtliches Schadenpotential hat und bisher als nicht versicherungswürdig und nicht kalkulierbar eingestuft wurde. Deswegen kann auch davon ausgegangen werden, daß die Wohngebäudeversicherer die Klausel 7360 restriktiv handhaben und nur nach sorgfältiger Risikoprüfung vereinbaren.

2.5.2 Nach dem Klauseltext sind abweichend von §§ 2 Nr. 5 d VGB 88 n. F., 15 Nr. 3 Abs. 2 VGB 88 a. F. bei der Anrechnung des Wertes wiederverwertbarer Reste versicherter und vom Schaden betroffener Sachen behördliche Wiederherstellungsbeschränkungen zu berücksichtigen. Es werden auch diejenigen Schäden ersetzt, die dadurch entstehen, daß bei der Wiederherstellung technisch noch verwertbare Reste versicherter und vom Schaden betroffener Sachen infolge behördlicher Wiederherstellungsbeschränkungen tatsächlich nicht mehr verwendet werden können. Technische Teilschäden an diesen Sachen werden infolge der behördlichen Wiederherstellungsbeschränkung zu wirtschaftlichen Totalschäden. Im Klauseltext wird die Entschädigung folgerichtig mit dem Betrag begrenzt, der sich vertragsgemäß ergeben würde, wenn die versicherte und vom Schaden betroffene Sache zerstört worden wäre (Totalschaden). Dabei wird dieser Betrag um den Altmaterialwert abzüglich Aufräumungs- und Abbruchkosten gekürzt. Der genannte Betrag setzt sich zusammen aus dem Versicherungswert bzw. dem Ersatzwert nach §§ 14 Nr. 1 a VGB 88 n. F., 15 Nr. 1 a VGB 88 a. F., den Mehrkosten infolge Preissteigerungen nach §§ 2 Nr. 4 VGB 88 n. F., 15 Nr. 2 VGB 88 a. F. und den Mehrkosten infolge behördlicher Auflagen. Nicht ersetzt werden jedoch Preissteigerungen, die dadurch entstehen, daß sich die Wiederherstellung durch die angesprochenen Beschränkungen verzögert. In Klausel 2303 Nr. 3 wird das klargestellt. Es gilt jedoch ohne ausdrückliche Regelung auch für die Klausel 7360.

Bei der Schaden- und Entschädigungsberechnung wird die fiktive Wiederherstellung nach einem Totalschaden an der bisherigen Stelle zugrunde gelegt. Nicht ersetzt werden Mehrkosten, die dadurch entstehen, daß versicherte und vom Schaden betroffene Gebäude nur an anderer Stelle wieder aufgebaut werden dürfen (vgl. R 2.3). Der auf diese Weise ermittelte fiktive Schadenbetrag wird um einen evtl. verbleibenden Altmaterialwert abzüglich der Aufräumungs- und Abbruchkosten gekürzt. Aus dieser Regelung kann im Umkehrschluß gefolgert werden, daß nach der Klausel generell auch erhöhte Aufräumungs- und Abbruchkosten für wiederverwertbare Reste entschädigt werden, obwohl dies im Klauseltext nicht ausdrücklich erwähnt wird. Die dargestellten Grundsätze gelten für die Schaden- und Entschädigungsberechnung bei Schäden an einzelnen Gebäudeteilen entsprechend. Kein Versicherungsschutz besteht, wenn aufgrund eines Schadens an einer versicherten Sache andere nicht vom Schaden betroffene versicherte Sachen durch behördliche Wiederherstellungsbeschränkungen dauernd entwertet werden. So liegt es, wenn aufgrund eines Brandschadens an einem versicherten Gebäude eine Abbruchverfügung für das vom Schaden betroffene Gebäude und für andere nicht vom Schaden betroffene Gebäude auf demselben Versicherungsgrundstück ergeht. Der durch die Abbruchverfügung an versicherten, aber nicht vom Schaden betroffenen Gebäuden entstehende Schaden wird nicht ersetzt.

Im Klauseltext wird in Nr. 2 geregelt, daß behördliche Wiederherstellungsbeschränkungen für Restwerte nur berücksichtigt werden, soweit sie auf der Grundlage vor Eintritt des Versicherungsfalls erlassener Gesetze und Verordnungen beruhen (analog §§ 2 Nr. 5 a VGB 88 n. F., 15 Nr. 3 Abs. 1 Satz 1 VGB 88 a. F.). Weiterhin ist gefordert, daß die behördlichen Auflagen nach Eintritt des Versicherungsfalls erteilt wurden. Restwerte werden nicht entschädigt, soweit behördliche Auflagen mit Fristsetzung bereits vor Eintritt des Versicherungsfalls erteilt wurden (analog §§ 2 Nr. 5 c VGB 88 n. F., 15 Nr. 3 Abs. 1 Satz 2 VGB 88 a. F.). 2.5.3

## Entschädigungsgrenzen für Mehrkosten 2.6

Die Entschädigung für Mehrkosten infolge Preissteigerungen ist betragsmäßig nicht begrenzt (vgl. R 2.1.3). Dagegen gelten für die Entschädigung von Mehrkosten infolge behördlicher Auflagen die bedingungsgemäßen Entschädigungsgrenzen nach §§ 2 Nr. 5 e VGB 88 n. F., 17 Nr. 1 und Nr. 2 VGB 88 a. F. Nach diesen Bestimmungen ist die Entschädigung für Mehrkosten in gleicher Weise begrenzt wie die Entschädigung für Aufräumungs- und Abbruchkosten sowie für Bewegungs- oder Schutzkosten. Die Ausführungen in B 4 gelten sinngemäß. Jedoch stehen die beiden Entschädigungsgrenzen unabhängig nebeneinander und können getrennt voneinander in Anspruch genommen und ausgeschöpft werden. Der Betrag der Entschädigungsgrenze steht jedoch je einmal für Aufräumungs- und Abbruchkosten sowie für Bewegungs- oder Schutzkosten einerseits und für versicherte Mehrkosten andererseits zur Verfügung. Eine Kompensation der beiden Entschädigungsgrenzen bzw. eine gemeinsame Maximierung der Entschädigungsgrenzen für beide Kostengruppen auf 10 % der Versicherungssumme ist indessen nicht möglich. Das liegt insbesondere daran, daß die Wohngebäudeversicherer mit der Versicherung von Mehrkosten versicherungstechnisches Neuland betreten haben. Das Risiko für Mehrkosten infolge behördlicher Auflagen ist daneben ein besonderes Risiko. Es betrifft die Wohngebäudeversicherungsverträge in sehr differenzierter Ausprägung. Infolgedessen wurde in die bedingungsgemäße Haftung lediglich eine begrenzte Grunddeckung eingebunden. Liegen außergewöhnliche Risikoverhältnisse vor, kann der VN die Haftung für Mehrkosten infolge behördlicher Auflagen einzelvertraglich erhöhen. Anders liegt es bei Mehrkosten für Preissteigerungen. Dieses Risiko betrifft die Wohngebäudeversicherungsverträge allgemein und im wesentlichen gleichmäßig. Daneben ist wegen der in R 2 erörterten Grundsatzfrage, welcher Zeitpunkt für die Ermittlung des Ersatzwerts maßgebend ist, ohnehin umstritten, ob die Mehrkosten infolge Preissteigerungen nicht generell und ohne ausdrückliche vertragliche Regelung vom Wohngebäudeversicherer zu entschädigen sind.

## 3 Unterversicherung

Die Bestimmungen über die Unterversicherung betreffen materiell die Entschädigungsberechnung. Darauf ist es zurückzuführen, daß sie in §§ 7 VGB 62, 18 VHB 84/VHB 92 und 11 AVB Sach 87 im Zusammenhang mit der Entschädigungsberechnung behandelt werden. In den VGB 88 a. F. wurden sie aus diesem formalen Zusammenhang herausgelöst und in § 16 VGB 88 a. F. mit den Bestimmungen über den Unterversicherungsverzicht zusammengeführt. Damit sollte das besondere Gewicht der Unterversicherung und insbesondere des neu eingeführten Unterversicherungsverzichts in der Wohngebäudeversicherung nach den VGB 88 hervorgehoben werden. Diese Ausgliederung wurde in den VGB 88 n. F. wieder rückgängig gemacht. Die Unterversicherung wird nun wieder im Zusammenhang mit den Bestimmungen über die Schaden- und Entschädigungsberechnung in § 14 VGB 88 n. F. geregelt.

## 3.1 Proportionalitätsregel; Versicherungsdichte

Wie in den AVB Sach allgemein üblich wird auch in §§ 14 Nr. 5 VGB 88 n. F., 16 Nr. 1 VGB 88 a. F. die sog. Proportionalitätsregel des § 56 VVG übernommen. Eine vergleichbare Bestimmung enthalten §§ 7 Nr. 2 VGB 62, 2 Nr. 2 SGIN 79 a. Nicht übernommen wurde die dort verankerte deklaratorische Regelung, daß der Schaden nur dann voll ersetzt wird, wenn die Versicherungssumme mindestens dem Versicherungswert entspricht. Darauf wird in neueren AVB allgemein verzichtet, weil es sich von selbst versteht, daß bei ausreichender Versicherungssumme versicherte Schäden voll ersetzt werden. Die Proportionalitätsregel wird angewendet, wenn die Versicherungssumme niedriger ist als der Versicherungswert. Entspricht die Versicherungssumme dem Versicherungswert oder ist sie höher, so ist die Proportionalitätsregel ohne Bedeutung. Das Prinzip der Vollwertversicherung wird negativ umschrieben, indem die für den VN nachteiligen Folgen einer zu niedrigen Versicherungssumme geregelt werden. Die gedankliche Grundüberlegung der Vollwertversicherung wird im Bedingungswortlaut nicht angesprochen. Sie besteht darin, daß der versicherte Schaden dann voll ersetzt wird, wenn die Versicherungssumme nicht niedriger ist als der Versicherungswert. Eine ausreichend bemessene Versicherungssumme ist Voraussetzung für den vollen bzw. ungekürzten Ersatz versicherter Schäden. Diese objektive Voraussetzung hat der VN zu schaffen (vgl. nachfolgend R 3.4 sowie insbesondere P 5.1). Ist die Versicherungssumme niedriger als der Versicherungswert, so wird eine Unterversicherung ohne Rücksicht darauf angerechnet, ob der VN die Versicherungssumme absichtlich oder infolge eines Versehens bzw. eines Irrtums zu niedrig angesetzt hat.

In der Vollwertversicherung bestimmen nach der Proportionalitätsregel drei Einflußfaktoren die Höhe der Entschädigung:

- Der Schadenbetrag (der nach §§ 2, 3, 14 Nr. 1 VGB 88 n. F., 2, 3, 15 Nr. 1 bis Nr. 3 VGB 88 a. F. ermittelte Betrag)
- Die Versicherungssumme
- Der Versicherungswert

Steht der Schadenbetrag fest, so kommt es für die Höhe der Entschädigung auf das Verhältnis Versicherungssumme zu Versicherungswert an. Dieses Verhältnis wird als Versicherungsdichte bezeichnet (Blanck S. 21). Maßstab der Versicherungsdichte (D) ist eine Verhältniszahl, die ermittelt wird, indem die Versicherungssumme durch den Versicherungswert dividiert wird. Es gilt:

$$D = \frac{\text{Versicherungssumme}}{\text{Versicherungswert}}$$

Der ermittelte Schadenbetrag wird voll entschädigt, wenn $D \geqq 1$ ist. In diesen Fällen ist die Versicherungssumme gleich oder höher als der Versicherungswert. Der Schadenbetrag wird gekürzt, wenn $D \leqq 1$ ist. Dann ist die Versicherungssumme niedriger als der Versicherungswert. Die Entschädigung wird ermittelt, indem der festgestellte Betrag des Schadens mit der Verhältniszahl D multipliziert wird. Es gilt die Formel

Entschädigung = Schaden x D.

Eine andere Betrachtungsweise führt zu denselben Ergebnissen (vgl. Blanck S. 17; Bruck/Möller § 56 RN 5). Sie basiert auf dem Wortlaut von § 56 VVG, wonach sich bei Unterversicherung die Entschädigung zum Schadenbetrag ebenso verhalten soll wie die Versicherungssumme zum Versicherungswert. Es gilt die Gleichung:

$$\frac{\text{Entschädigung}}{\text{Schadenbetrag}} = \frac{\text{Versicherungssumme}}{\text{Versicherungswert}}$$

Die Auflösung der Gleichung führt zu folgender Formel für die Berechnung der Entschädigung bei Unterversicherung:

$$\text{Entschädigung} = \frac{\text{Versicherungssumme}}{\text{Versicherungswert}} \times \text{Schadenbetrag}$$

Der nach § 15 Nr. 1 bis Nr. 3 VGB 88 a. F. ermittelte Schadenbetrag ist nach dem Bedingungswortlaut gedanklich zusammengefaßt. Dadurch wird bestätigt, daß Mehrkosten infolge Preissteigerungen und Mehrkosten infolge behördlicher Auflagen zum Sachschaden zählen. Es ist jedoch zu beachten, daß Mehrkosten infolge behördlicher

Auflagen sowie sonstige versicherte Kosten in der Schaden- und Entschädigungsberechnung separat auszuweisen sind, da dafür eine Entschädigungsgrenze gilt.

## 3.2 Positionsweise Berechnung

Nach §§ 7 Nr. 2 b VGB 62, 11 Nr. 3 Abs. 3 AVB Sach 87 ist die Unterversicherung für jede Position bzw. jede vereinbarte Gruppe gesondert zu errechnen bzw. gesondert festzustellen. In den VGB 88 fehlt eine entsprechende Bestimmung. Der Grundsatz der positionsweisen Berechnung der Unterversicherung gilt jedoch auch ohne ausdrückliche Vereinbarung (vgl. Martin S II 29). Dabei ist allerdings vorausgesetzt, daß aus der Deklaration des Vertrages zweifelsfrei hervorgeht, daß bestimmte Sachen mit eigenständiger Versicherungssumme als gesonderte Position versichert sind. In der Wohngebäudeversicherung ist aber gerade dieser Umstand anhand der Antragsformulare und der Versicherungsscheine in vielen Fällen nicht eindeutig zu entscheiden. Dies liegt daran, daß häufig zwar einzelne Positionen mit gesonderter Versicherungssumme gebildet werden, die aber anschließend addiert und unter der Bezeichnung Gesamtversicherungssumme in einem Betrag ausgewiesen werden. Einige Versicherer bezeichnen der Anregung von Martin (S I 14) folgend diesen Gesamtbetrag neuerdings nicht mehr als Gesamtversicherungssumme, sondern als Gesamtbetrag der Versicherungssummen. Andere Versicherer verzichten in der Wohngebäudeversicherung überhaupt auf die Addition der Versicherungssummen verschiedener Positionen, um Zweifelsfragen von vornherein auszuschalten.

3.2.1 In die VGB 88 nicht übernommen wurde die Regelung von § 7 Nr. 2 b zweiter Halbsatz VGB 62, wonach alle **Positionen mit gleichen Prämiensätzen** als eine Position gelten. Aus einer derartigen Regelung können für den VN Vorteile, aber auch Nachteile folgen. Die nachfolgenden Beispiele belegen dies.

Beispiel A:

| | Versicherungssumme | Versicherungswert |
|---|---|---|
| Position 1 | 80.000 | 100.000 |
| Position 2 | 120.000 | 100.000 |
| Zusammen | 200.000 | 200.000 |

Bei der Position 1 besteht Unterversicherung, während die Position 2 überversichert ist. Die Zuammenfassung beider Positionen ist für den VN uneingeschränkt von Vorteil, weil dadurch insgesamt voller Versicherungsschutz erzeugt wird.

Beispiel B:

| | Versicherungssumme | Versicherungswert |
|---|---|---|
| Position 1 | 80.000 | 100.000 |
| Position 2 | 110.000 | 100.000 |
| Zusammen | 190.000 | 200.000 |

Wiederum ist die Position 1 unterversichert, während bei der Position 2 eine Überversicherung besteht. Im Unterschied zu Beispiel A wird jedoch durch die Zusammenfassung der beiden Positionen insgesamt keine ausreichende Versicherungssumme geschaffen. Es besteht insgesamt Unterversicherung. Durch die Zusammenfassung wird die Unterversicherung bei Position 1 zwar abgemildert, bei Position 2 entsteht sie überhaupt erst dadurch. Wird nur die Position 2 vom Schaden betroffen oder ist der Schaden an Position 2 größer als an Position 1, so ist die Zusammenfassung für den VN nachteiliger als die positionsweise Berechnung der Unterversicherung. Das Umgekehrte gilt, wenn nur die Position 1 vom Schaden betroffen wird oder der Schaden an Position 1 größer ist als der Schaden an Position 2. Es zeigt sich, daß der Wegfall der angesprochenen Regelung für den VN nicht generell von Nachteil ist. Indessen liegt ein Nachteil darin, daß allgemein eine bestehende Unterversicherung bei einer Position auch dann nicht ausgeglichen werden kann, wenn eine andere Position mit dem gleichen oder gar einem höheren Beitragssatz überversichert ist. Es kann jedoch davon ausgegangen werden, daß die Wohngebäudeversicherer unter diesen Voraussetzungen einen freiwilligen Summenausgleich dergestalt vornehmen, daß sie überschießende Versicherungssummen einer Position zum Ausgleich der Unterversicherung bei einer anderen Position heranziehen. Im Beispiel A steht dafür eine Versicherungssumme von 20.000,– DM und im Beispiel B eine Versicherungssumme von 10.000,– DM zur Verfügung. Beantragt der VN im Versicherungsfall einen derartigen Summenausgleich, so hat er den Nachweis zu führen, daß bei den nicht vom Schaden betroffenen Positionen Überversicherung vorliegt. Die Kosten für die Ermittlung des Versicherungswerts der nicht vom Schaden betroffenen Positionen trägt der VN.

Bei der weitaus größten Zahl der Wohngebäudeversicherungsverträge stellen sich diese Fragen überhaupt nicht, weil sie aus einer Position bestehen. Häufig wird nur ein Einzelgebäude versichert. Daneben werden Haupt- und Nebengebäude in vielen Fällen zusammengefaßt in einer gemeinsamen Position versichert. Auch im Summenermittlungsbogen zur Ermittlung der Versicherungssumme 1914 für den Unterversicherungsverzicht werden die Versicherungssummen für das Wohngebäude und für die dazu zählenden Garagen in einer Position zusammengefaßt (vgl. P 6.3.4). Die generelle Zusammenfassung der Versicherungssummen mehrerer Gebäude zu einer Position ist jedoch nicht zu empfehlen. Dabei ist es unbeachtlich, ob sich die Gebäude auf mehreren Grundstükken oder auf demselben Grundstück befinden. Die Schadenbearbeitung kann dadurch erheblich erschwert werden. Wird z. B. lediglich ein Gebäude vom Schaden betroffen und besteht Unterversicherung, so ist unter diesen Voraussetzungen eine aufwendige Versicherungswertermittlung für alle unter derselben Position versicherten Gebäude erforderlich, deren Kosten der Versicherer zu tragen hat. 3.2.2

## Vorsorgeversicherung 3.3

Eine materielle Abweichung der VGB 88 von den VGB 62 und den SGIN 79 a liegt darin, daß die Vorsorgeversicherung nach §§ 7 Nr. 2 c VGB 62, 2 Nr. 4 SGIN 79 a in den VGB 88 nicht mehr geboten wird. Motiv der Vorsorgeregelung war es, einen Ausgleich für die Unsicherheiten bei der Ermittlung des Versicherungswerts 1914 zu bieten. Wegen der in den VGB 88 neu geschaffenen Hilfen für die Ermittlung der „richtigen" Versicherungssumme im Breitengeschäft ist dies nicht mehr erforderlich. Daher ist die bedingungsgemäße Vorsorgeversicherung weggefallen. Eine Vorsorgeversicherung für wertsteigernde Um-, An- oder Ausbauten ist in der Wohngebäudeversicherung generell nicht vorgesehen. Das BAV hatte gegen die Vereinbarung einer gesonderten Vorsorgeposition bereits 1985 Bedenken geäußert, nachdem ein Wohngebäudeversicherer in seinen Antragsformularen eine derartige Position eingearbeitet hatte (vgl. VdS-Rundschreiben Nr. FAS 96 vom 19.09.1985).

## 3.4 Verantwortung des VN für die Bemessung der Versicherungssumme

Der **VN trägt die unbedingte Verantwortung für die ausreichende Bemessung der Versicherungssumme.** Das gilt grundsätzlich auch für die Vereinbarung der Versicherungssumme 1914 in der Gleitenden Neuwertversicherung. Die Rechtsprechung hat dies verschiedentlich bestätigt. Das Risiko der Unterversicherung trifft – auch bei Gleitender Neuwertversicherung – grundsätzlich nicht den Versicherer, sondern den VN (Einzelheiten dazu vgl. P 5.1). Daneben hat jedoch die Rechtsprechung in den zurückliegenden Jahren Grundsätze für die Hinweis- und Beratungspflichten des Versicherers entwickelt, die insbesondere für die Ermittlung des Versicherungswerts und der Versicherungssumme in der Gleitenden Neuwertversicherung gelten. Die Einzelheiten dazu sind in P 5.2 dargestellt.

## 3.5 Beweislast des Versicherers

Der Versicherer muß eine von ihm behauptete Unterversicherung beweisen (Bruck/Möller Anm. 54 zu § 56). Der VN muß dem Versicherer die dazu erforderlichen Untersuchungen und Feststellungen nach §§ 15 Nr. 1 c VGB 88 n. F., 20 Nr. 1 d VGB 88 a. F., 15 Nr. 1 c VGB 62 gestatten (s. S 4). Die Kosten trägt der Versicherer. Die Ermittlung des Versicherungswerts ist vor allem in der Gleitenden Neuwertversicherung schwierig und mit erheblichem Aufwand verbunden. Im allgemeinen sind nur Bausachverständige in der Lage, ein Wohngebäude zu bewerten und den Versicherungswert 1914 exakt zu ermitteln. Die Regulierungsbeauftragten der Versicherer können in der Regel allenfalls eine überschlägige Bewertung vornehmen. Infolgedessen wird die Unterversicherung auch bei sog. Reguliererschäden, die von Regulierungsbeauftragten der Versicherer vor Ort in Augenschein genommen und reguliert werden, in vielen Fällen nicht oder nur eingeschränkt angerechnet. Die weitaus größte Zahl der Wohngebäudeschäden wird jedoch ohne Besichtigung des Schadens büromäßig abgewickelt. Mit dieser Art der Regulierung ist zwangsläufig der Verzicht auf die Überprüfung des Versicherungswerts und damit der Verzicht auf die Anrechnung einer evtl. bestehenden Unterversicherung verbunden. Dies führt zur Ungleichbehandlung. Unterversicherte VN sparen Beitrag, ohne daß im Versicherungsfall die Entschädigung entsprechend gekürzt wird. Es wird deutlich, daß der Wohngebäudeversicherer ein großes Interesse daran hat, Versicherungsformen zu entwickeln und umzusetzen, bei denen sich die Frage der Unterversicherung überhaupt nicht bzw. nur in Ausnahmefällen stellt. Der Aufwand für die Überprüfung des Versicherungswerts im Versicherungsfall fällt dann weg. Die Gleichbehandlung der VN wird dadurch gewährleistet.

## 3.6 Durchgehende Anwendung der Proportionalitätsregel

Nach dem Wortlaut von §§ 14 Nr. 5 Satz 1 VGB 88 n. F., 16 Nr. 1 VGB 88 a. F. gilt die Proportionalitätsregel für den Sachschaden. Nach §§ 14 Nr. 5 Satz 2 VGB 88 n. F.,

16 Nr. 2 VGB 88 a. F. wird ihr Anwendungsbereich auf die Berechnung der Entschädigung für versicherte Kosten und für versicherten Mietausfall ausgedehnt. Das Vollwertprinzip wird durchgehend auf Sachschaden, Kostenschaden und Mietausfallschaden angewendet (ähnlich § 18 Nr. 4 VHB 84/VHB 92; vgl. Dietz § 18 RN 5). Daraus folgt nicht, daß versicherte Kosten und versicherter Mietausfall auch in den Versicherungswert einzurechnen sind. Der Versicherungswert ist nach §§ 11 Nr. 2, 13 VGB 88 n. F. bzw. 13 Nr. 2, 14 VGB 88 a. F. abschließend definiert. Für versicherte Kosten und versicherten Mietausfall gibt es einen Versicherungswert in der Wohngebäudeversicherung nicht. Die entsprechende Anwendung der Proportionalitätsregel auf Kosten- und Mietausfallschaden bedeutet, daß auch die Entschädigung für diese Schäden im Verhältnis Versicherungssumme zu Versicherungswert gekürzt wird, wenn die Versicherungssumme niedriger ist als der Versicherungswert.

Nach §§ 1 Nr. 2 und Nr. 3, 7 Nr. 1 und Nr. 2, 16 Nr. 1 Satz 3 VGB 62, § 2 Nr. 2 SGIN 79 a wird eine Unterversicherung beim Sachschaden, bei Rettungskosten und beim Mietausfallschaden angerechnet. Für die nach § 1 Nr. 2 c VGB 62 versicherten Aufräumungs- und Abbruchkosten gilt das Vollwertprinzip nicht. Sie sind infolgedessen nach den VGB 62 auf Erstes Risiko versichert. Diese sachlich unbegründete Differenzierung wird mit der durchgehenden Anwendung des Vollwertprinzips in den VGB 88 beseitigt. Dabei handelt es sich um eine Besonderheit der Wohngebäudeversicherung nach den VGB 88 und der Hausratversicherung nach den VHB 84/VHB 92. In den sonstigen Sachversicherungszweigen werden Kosten zumeist in einer besonderen Position auf Erstes Risiko versichert. Die VGB 88 kennen die Versicherung auf Erstes Risiko nicht. Der Unterversicherungsverzicht nach §§ 12 Nr. 2 und Nr. 3 VGB 88 n. F., 16 Nr. 3 und Nr. 4 VGB 88 a. F. ist keine Erstrisikoversicherung (s. P 6).

## Selbstbehalt 4

Selbstbehalte sind in der Schadenversicherung verbreitet. Das gilt insbesondere für die Krankenversicherung. Aber auch in der Kraftfahrtversicherung haben sich Selbstbehalte in der Fahrzeugvoll- und in der Fahrzeugteilversicherung durchgesetzt. Allgemein werden zu Recht die unbestreitbaren betriebswirtschaftlichen Vorteile von Selbstbehaltslösungen immer wieder betont. Sie führen zu Kosteneinsparungen beim Versicherer und zu Beitragseinsparungen beim VN. Durch die Wirkung des Selbstbehalts werden Kleinschäden ausgesondert, deren Regulierung wegen des damit verbundenen Verwaltungsaufwands unwirtschaftlich ist. Die Befürworter von Selbstbehalten weisen daneben darauf hin, daß für derartige Kleinschäden ohnehin kein echtes Versicherungsbedürfnis bestehe. Der VN könne die dadurch verursachten finanziellen Belastungen ohne Schwierigkeiten aus seinem laufenden Etat ausgleichen. Nicht zu übersehen ist auch ein gesteigertes Interesse des VN an effektiver Schadenverhütung, wenn Selbstbehalte gelten. Dennoch werden Selbstbehalte in den klassischen Sachversicherungssparten im Breitengeschäft recht selten vereinbart. Vor allem im Privatkundengeschäft ist die Akzeptanz von Selbstbehaltsregelungen durch die Verbraucher sehr gering. Hauptursache dafür dürften die verhältnismäßig niedrigen Durchschnittsbeiträge im Breitengeschäft der Sachversicherung sein. Infolgedessen führt die Vereinbarung von Selbstbehalten zu verhältnismäßig geringen Beitragseinsparungen, die für den VN unattraktiv sind. Dabei spielt auch die im Vergleich zur Kranken- oder zur Kraftfahrtversicherung verhältnismäßig geringe Schadenfrequenz in den Sachsparten eine Rolle. Die genannten Einflußfaktoren haben dazu geführt, daß Selbstbehalte in der Wohngebäudeversicherung bisher trotz der genannten wirtschaftlichen Vorteile eine geringe Verbreitung gefunden haben.

Lediglich in der erweiterten Elementarschadenversicherung sind Selbstbehalte verbreitet. Dies ist vor allem darauf zurückzuführen, daß die Versicherer das drohende Kumulschadenpotential bei diesen schwer kalkulierbaren Risiken durch die verbreitete Vereinbarung von Selbstbehalten abschwächen möchten (Einzelheiten dazu vgl. J 1.3 und 7). Es zeigt sich, daß die Vereinbarung von Selbstbehalten dazu beiträgt, die Versicherbarkeit von neuen Risiken zu ermöglichen. Daneben sind Selbstbehalte neuerdings auch ein beliebtes Mittel der sog. Produktgestaltung (vgl. I. 3.5).

## 4.1 Begriff und Formen

Ein Selbstbehalt ist eine vertragliche Vereinbarung, wonach der VN einen festgelegten Betrag von bestimmten Arten versicherter Schäden selbst trägt. Der vereinbarte Betrag wird von dem Entschädigungsbetrag abgezogen, der sich nach den in den zugrundeliegenden AVB verankerten Bestimmungen über die Schaden- und Entschädigungsberechnung ergibt (vgl. Bruck/Möller Anm. 69 zu § 56 sowie Martin T I 2). Ein **Selbstbehalt kann als relative bzw. prozentuale Größe** in Abhängigkeit von der Versicherungssumme oder der Schaden- bzw. Entschädigungshöhe vereinbart werden. Der VN trägt in diesen Fällen einen Schadenbetrag in Höhe eines vereinbarten Prozentsatzes der Versicherungssumme oder des Schadens bzw. der Entschädigung selbst. Es ist jedoch auch möglich, **absolute Selbstbehaltsbeträge** zu vereinbaren. Diese beiden Varianten können daneben auch miteinander verknüpft werden, indem vereinbart wird, daß der VN einen Prozentsatz X der Versicherungssumme oder des Schadens bzw. der Entschädigung, mindestens aber einen Betrag Y selbst trägt. Die vereinbarten **Selbstbehalte** können **je Versicherungsfall und je versicherte Position** (vgl. § 5 Nr. 4 VGB 62), **je Versicherungsfall** (Klausel 7761) oder auch **je Versicherungsperiode** (z. B. in der Krankenversicherung) vereinbart werden. Sie können **für alle versicherte Gefahren oder nur für bestimmte Gefahren** gelten

Weiterhin ist zwischen sog. **Abzugsfranchisen** oder sog. **Integralfranchisen** zu unterscheiden. Bei Abzugsfranchisen wird der bedingungsgemäß errechnete Entschädigungsbetrag um den vereinbarten Selbstbehalt gekürzt. Der VN erhält den Betrag, um den die Entschädigung je Position, je Versicherungsfall oder je Versicherungsperiode den vereinbarten Selbstbehaltsbetrag übersteigt. Im Gegensatz dazu wirken Integralfranchisen in der Weise, daß der VN Anspruch auf den vollen Betrag der Entschädigung hat, wenn der vereinbarte Betrag der Integralfranchise überschritten wird. Praktisch spielen Integralfranchisen eine sehr untergeordnete Rolle.

Selbstbehalte können in den AVB verankert sein (vgl. § 5 Nr. 4 VGB 62) oder einzelvertraglich durch Vereinbarung einer Klausel Vertragsbestandteil werden. In der Wohngebäudeversicherung nach den VGB 88 steht dafür die **Klausel 7761 „Selbstbehalt bei ungekürzter Wohngebäude-Versicherungssumme“** zur Verfügung. Sie ist die Grundlage der nachfolgenden Ausführungen.

## Wirkung 4.2

Theoretisch hat die Vereinbarung eines Selbstbehalts sowohl Auswirkungen auf die Versicherungssumme als auch auf die Entschädigungsberechnung. Es ist theoretisch sachgerecht, die Versicherungssumme um den Betrag des vereinbarten Selbstbehalts zu kürzen, weil auch die Entschädigung für den Totalschaden um diesen Betrag gekürzt wird. Infolgedessen hat der Versicherer für diesen Betrag auch keinen Anspruch auf Beitrag. In der Praxis wird jedoch häufig anders verfahren.

Nach der Überschrift der Klausel 7761 wird der Selbstbehalt „bei ungekürzter Wohngebäude-Versicherungssumme" vereinbart. Die ungekürzte Versicherungssumme ist Versicherungssumme nach §§ 14 Nr. 5 VGB 88 n. F., 16 Nr. 1 VGB 88 a. F. (Unterversicherung) und Grundlage der Beitragsberechnung. In der Wohngebäudeversicherung kann diese theoretisch nicht ganz einwandfreie Handhabung hingenommen werden, weil die vereinbarten Selbstbehalte in den allermeisten Fällen nur einige Tsd. DM betragen. Anders liegt es im industriellen und großgewerblichen Bereich. Dort werden verschiedentlich Selbstbehalte bis zu mehreren Mio. DM vereinbart. Es hat dann erhebliche finanzielle Auswirkungen, wenn die Versicherungssumme für die Beitragsberechnung um den Betrag des Selbstbehalts herabgesetzt wird. In diesen Fällen schafft die Klausel 1713 „Selbstbehalt bei gekürzter Versicherungssumme" die Grundlage für eine risikogerechte Tarifierung, indem die Versicherungssumme derjenigen Positionen, für die der Selbstbehalt gilt, um den vereinbarten Selbstbehalt gekürzt wird.

Nach dem Text der Klausel 7761 wird bei der Entschädigungsberechnung zunächst der Betrag festgestellt, der nach dem vereinbarten Vertragsinhalt bedingungsgemäß zu entschädigen ist. Die Entschädigung für Sachschaden, Kostenschaden und Mietausfallschaden wird unter Anrechnung einer etwa bestehenden Unterversicherung sowie unter Berücksichtigung der Entschädigungsgrenzen nach §§ 2 Nr. 2 und Nr. 5 e VGB 88 n. F., 17 VGB 88 a. F. ermittelt. Dieser Betrag ist der „bedingungsgemäß als entschädigungspflichtig errechnete Betrag einschließlich Aufwendungsersatz gemäß § 63 VVG". Davon wird je Versicherungsfall der vereinbarte Selbstbehalt abgezogen (Abzugsfranchise). Im Gegensatz dazu trägt der VN nach § 5 Nr. 4 VGB 62 „von der errechneten Entschädigung für jeden Sturmschaden an jedem Gebäude 80 Deutsche Mark selbst". Der Selbstbehaltsbetrag von 80 DM gilt infolgedessen nicht je Versicherungsfall, sondern je Versicherungsfall und je Gebäude. 4.2.2

## Zusammentreffen von Selbstbehalt und Entschädigungsgrenzen 4.3

Zweifelsfragen können beim Zusammentreffen von Selbstbehalt und Entschädigungsgrenzen auftreten. Dabei handelt es sich zunächst um die Frage, in welcher Reihenfolge Selbstbehalt und Entschädigungsgrenzen auf den vorläufig errechneten Entschädigungsbetrag anzuwenden sind. Das spielt keine Rolle, wenn der vorläufige Entschädigungsbetrag niedriger ist als der Betrag der Entschädigungsgrenze. Dagegen wird die Höhe der Entschädigung dadurch beeinflußt, wenn der vorläufige Betrag der Entschädigung höher ist als der Betrag der Entschädigungsgrenze. Das nachfolgende Beispiel verdeutlicht das.

Es besteht ein Vertrag mit den folgenden Vertragsdaten: Versicherungssumme 1914: 12.700 M; vereinbarter Selbstbehalt: 5.000,– DM; Vertragsgrundlage: VGB 88. Zur Verdeutlichung der Fragestellung wird angenommen, daß ein Schaden an Aufräumungs- 4.3.1

und Abbruchkosten in Höhe von 25.000,– DM entstanden ist. Die Entschädigungsgrenze für Aufräumungs- und Abbruchkosten errechnet sich wie folgt:

12.700,– DM x 0,05 x 25,4 = 16.129,– DM.

Wird bei der Entschädigungsberechnung zunächst der Selbstbehalt von der vorläufigen Entschädigung in Höhe von 25.000,– DM abgezogen und anschließend die Entschädigungsgrenze angewendet, so führt das zu nachfolgendem Ergebnis:

25.000,– DM ./. 5.000,– DM = 20.000,– DM.

Entschädigungsgrenze und ersatzpflichtiger Entschädigungsbetrag = 6.129,– DM. Wird dagegen zunächst die Entschädigungsgrenze angewendet und danach der Selbstbehalt abgezogen, so führt das zu folgendem Entschädigungsbetrag:

16.129,– DM ./. 5.000,– DM = 11.129,– DM.

Das zuletzt genannte Ergebnis mag sich auf den ersten Blick als eine unangemessene Benachteiligung des VN darstellen. Die angewandte Berechnungsmethode folgt jedoch aus dem Klauseltext. Danach wird **zunächst der bedingungsgemäß als entschädigungspflichtig einzustufende Betrag errechnet. Nachfolgend wird dieser Betrag um den vereinbarten Selbstbehalt gekürzt**. Dieses Ergebnis ist auch sachgerecht. Für die Vereinbarung von Entschädigungsgrenzen werden regelmäßig Beitragsnachlässe eingeräumt. Infolgedessen zahlt ein VN A, der sich dafür entscheidet, einen Selbstbehalt zu vereinbaren, einen niedrigeren Beitrag als ein VN B, der einen Vertrag ohne Selbstbehalt abgeschlossen hat. Infolgedessen wäre es ein unangemessener Vorteil für den VN A, wenn er in diesen Fällen eine gleich hohe Entschädigung erhielte wie der VN B. Genau dieses Ergebnis würde jedoch erzielt, wenn zunächst der Selbstbehalt und danach die Entschädigungsgrenze angewandt würde. Die umgekehrte Reihenfolge erzeugt angemessene Ergebnisse. Der gegenteiligen Ansicht von Martin, der zunächst den Selbstbehalt und danach die Entschädigungsgrenze anwenden möchte, kann nicht gefolgt werden (vgl. U I 13). Dabei kann es auch nicht darauf ankommen, ob der Selbstbehalt in den AVB oder in einer Klausel geregelt ist, da Selbstbehalte, die in den AVB verankert sind, zumeist gegen Beitragszuschläge abgewählt werden können.

4.3.2 Die hier vertretene Auslegung führt auch dazu, daß die bei Martin (U I 14) behandelten Zweifelsfragen, wie der Betrag der Entschädigungsgrenze aufzuteilen ist, wenn „ein Vfall nicht nur zu einem seiner Art nach....... unter die Entschädigungsgrenze fallenden Schaden, sondern außerdem zu einem sonstigen Schaden führt, für den nicht die Entschädigungsgrenze, wohl aber der Selbstbehalt gilt“. Da der Selbstbehalt in der Regel auf den Gesamtschaden wirkt, stellt sich in diesen Fällen die Frage, **in welchem Verhältnis der Selbstbehaltsbetrag aufzuteilen ist, wenn z. B. nebeneinander Sach- und Kostenschäden eintreten**. Das nachfolgende Beispiel verdeutlicht das:

Vertrag: Wie R 4.3.1; Sachschaden: 100.000,– DM; Kostenschaden: 25.000,– DM.

A: **Der Betrag des Selbstbehalts wird im Verhältnis der Entschädigungsbeträge auf Sach- und Kostenschaden aufgeteilt**. Die Entschädigung errechnet sich wie folgt:

| | | | |
|---|---|---|---|
| Sachschaden: | 100.000,– DM ./. 4.000,– DM | = | 96.000,– DM |
| Kostenschaden: | 16.129,– DM ./. 1.000,– DM | = | 15.129,– DM |
| Gesamt: | | | 111.129,– DM |

B: **Der Betrag des Selbstbehalts wird vom Entschädigungsbetrag für den Kostenschaden abgezogen.** Das führt zu nachfolgendem Ergebnis:

| | | |
|---|---|---|
| Sachschaden: | 100.000,– DM | = 100.000,– DM |
| Kostenschaden: | 16.129,– DM ./. 5.000,– DM | = 11.129,– DM |
| Gesamt | | 111.129,– DM |

C: **Der Betrag des Selbstbehalts wird vom Entschädigungsbetrag für den Sachschaden abgezogen.** Die Entschädigungsberechnung stellt sich wie folgt dar:

| | | |
|---|---|---|
| Sachschaden: | 100.000,– DM ./. 5.000,– DM | = 95.000,– DM |
| Kostenschaden: | | = 16.129,– DM |
| Gesamt: | | 111.129,– DM |

Nach der hier vertretenen Ansicht **spielt es für die Höhe der Entschädigung keine Rolle, wie der Betrag des Selbstbehalts auf Sach- und Kostenschaden verteilt wird.** Folgt man dagegen der Ansicht von Martin, so ergeben sich unterschiedliche Ergebnisse in Abhängigkeit von der Verteilung des Selbsbehaltsbetrags. Die Berechnungsmethode A führt zu einem entschädigungspflichtigen Betrag von 112.129,– DM. Nach der Methode B ergibt sich ein entschädigungspflichter Betrag von 116.129,– DM und nach der Berechnungsmethode C beläuft sich der entschädigungspflichtige Betrag auf 111.129,– DM. Durch die dargestellten Ergebnisse wird die hier vertretene Ansicht gestützt, daß beim Zusammentreffen von Entschädigungsgrenzen mit einem Selbstbehalt zunächst die Entschädigungsgrenze und danach der Selbstbehalt zu berücksichtigen ist.

## Grenze der Gesamtentschädigung 5

Verschiedentlich kommt es vor, daß die nach den in R 1 bis R 4 dargestellten Grundsätzen ermittelte Entschädigung nicht der Betrag ist, den der VN beanspruchen kann. Das liegt daran, daß bei einer Versicherung zum Neuwert, zum Zeitwert oder zum gemeinen Wert mit fester Versicherungssumme die in §§ 14 Nr. 4 VGB 88 n. F., 15 Nr. 5 VGB 88 a. F., 16 Nr. 1 Satz 2 VGB 62 verankerte Obergrenze der Entschädigung gilt. Die Gesamtentschädigung für versicherte Sachen einschließlich Mehrkosten, für versicherte Kosten und versicherten Mietausfall wird dadurch je Versicherungsfall auf den Betrag der Versicherungssumme begrenzt. Ausgenommen davon sind Rettungskosten, soweit diese auf Weisung des Versicherers entstanden sind. Sie werden unbegrenzt auch über die Versicherungssumme hinaus entschädigt (vgl. § 63 I Satz 2 VVG). Grundlage der Entschädigungsbegrenzung ist § 50 VVG, wonach der Versicherer nur bis zur Höhe der Versicherungssumme haftet. Dieser Grundsatz wird in der Hausratversicherung nach den VHB 84/VHB 92 aufgeweicht (vgl. Dietz § 18 RN 9). In der Gleitenden Neuwertversicherung gilt er überhaupt nicht. Dort haftet der Wohngebäudeversicherer betragsmäßig unbegrenzt. Die Versicherungsformen mit fester Versicherungssummen sind infolgedessen im Verhältnis zur Gleitenden Neuwertversicherung für den VN nachteilig. Bei Totalschäden und großen Teilschäden führt die Begrenzung der Gesamtentschädigung auf die Versicherungssumme dazu, daß Kostenschaden, Mietausfallschaden und Mehrkosten ganz oder teilweise nicht entschädigt werden können. Dies gilt in der Neuwertversicherung mit fester Versicherungssumme selbst dann, wenn der ortsübliche Neubauwert zutreffend ermittelt und als Versicherungssumme vereinbart wurde. Versicherte Kosten, versicherter Mietausfall und versicherte Mehrkosten werden bei der Ermittlung des Versicherungswerts nicht berücksichtigt. Tritt ein Totalschaden ein, so wird die Versicherungssumme von der Entschädigung für den Sachschaden ohne Mehrkosten aufgebraucht. Es bleibt kein Raum für die Entschädigung von versicherten Kosten, versichertem Mietausfall und versicherten Mehrkosten. In der Wohngebäudeversicherung nach den VGB 62 werden diese negativen Auswirkungen durch die Vorsorgeversicherung abgemildert (vgl. R 3.3). Allerdings ist nach dem Wortlaut von § 7 Nr. 2 c VGB 62 zweifelhaft, ob der Vorsorgebetrag auch für die Entschädigung von Kosten und Mietausfall über die Versicherungssumme hinaus zur Verfügung steht, wenn die Versicherungssumme dem Versicherungswert entspricht. In den VGB 88 gibt es die Vorsorgeversicherung nicht mehr. Die dargestellten Nachteile für den VN können in der Gleitenden Neuwertversicherung bei richtiger Bemessung der Versicherungssumme überhaupt nicht entstehen. Nicht zuletzt darauf ist es zurückzuführen, daß sich die Gleitende Neuwertversicherung als überlegene und vorteilhafte Versicherungsform weitgehend durchgesetzt hat.

## 6 Wiederherstellungsklausel

Nach §§ 14 Nr. 2 VGB 88 n. F., 15 Nr. 4 VGB 88 a. F., 7 Nr. 3 a VGB 62 erwirbt der VN den Anspruch auf Zahlung des Teils der Entschädigung, der den Zeitwertschaden übersteigt, nur, soweit und sobald er innerhalb von drei Jahren nach Eintritt des Versicherungsfalls sichergestellt hat, daß er die Entschädigung verwenden wird, um versicherte Sachen in gleicher Art und Zweckbestimmung an der bisherigen Stelle wiederherzustellen oder wiederzubeschaffen. Bei diesen Bestimmungen handelt es sich um sog. **strenge Wiederherstellungsklauseln** (vgl. Prölss/Martin § 97 RN 3). Derartige Wiederherstellungsklauseln sind auch in der sonstigen Sachversicherung verbreitet (vgl. § 11 Nr. 5 AVB Sach 87). Sie werden auch für die Versicherung von beweglichen Sachen vereinbart (vgl. 11 Nr. 5 b AVB Sach 87). Ausgenommen davon ist die Hausratversicherung nach den VHB 84/VHB 92 (vgl. Dietz § 24 RN 2.3).

Ziel der strengen Wiederherstellungsklauseln ist die Begrenzung des subjektiven Risikos, das durch die Neuwertversicherung erhöht wird. Die Bereicherung durch die Neuwertentschädigung soll auf den Bereich von ungeplanten und unvorhersehbaren Aufwendungen beschränkt werden, die dem VN durch den Versicherungsfall entstehen (vgl. R 6.1.2 sowie Martin R IV 8). Anders ausgedrückt wird die Bereicherung in Sachwerten hingenommen, die Bereicherung in Geldwerten dagegen durch die strengen Wiederherstellungsklauseln verhindert. Anders liegt es bei den sog. **einfachen Wiederherstellungsklauseln.** Sie dienen der Sicherung des Realkredits und werden in W 7 behandelt.

### 6.1 Wirkung

Wegen der zitierten Wiederherstellungsklausel hat der VN zunächst nur Anspruch auf die Entschädigung des Sachschadens in Höhe des Zeitwertschadens. Der Anspruch auf den darüber hinausgehenden Entschädigungsbetrag entsteht erst, wenn die in der Wiederherstellungsklausel genannten Voraussetzungen erfüllt sind (vgl. Prölss/Martin § 97 RN 3 und Martin R IV 6 ff.). Die Differenz zwischen dem Zeitwertschaden und dem auf der Versicherung zum Neuwert beruhenden höheren Entschädigungsbetrag wird als

**Neuwertanteil, Neuwertspitze oder als Entwertungsanteil** bezeichnet. Die Wiederherstellungsklauseln betreffen den Entschädigungsanspruch für den Sachschaden. Dazu zählen aber auch die Entschädigungsansprüche für Mehrkosten infolge Preissteigerungen oder behördlicher Auflagen nach §§ 2 Nr. 4 und Nr. 5 VGB 88 n. F., 15 Nr. 2 und Nr. 3 VGB 88 a. F. Diese Mehrkosten zählen nicht zum Versicherungswert (vgl. R 2.1 und 2.2). Sie werden bei der Ermittlung des Zeitwerts und des Zeitwertschadens gem. §§ 13 Nr. 1 b VGB 88 n. F., 14 Nr. 1 b VGB 88 a. F. nicht berücksichtigt. Infolgedessen sind sie dem Teil der Entschädigung zuzurechnen, der den Zeitwertschaden übersteigt. Die in den Wiederherstellungsklauseln verankerten weiteren Anspruchsvoraussetzungen gelten daher auch für die Entschädigung dieser Mehrkosten. Das nachfolgende Beispiel erläutert dies:

| | | |
|---|---|---|
| Versicherungssumme 1914 | | 20.000 M |
| Versicherungswert 1914 | | 25.000 M |
| Sachschaden | zum Neuwert | 400.000,– DM |
| | zum Zeitwert | 200.000,– DM |
| Mehrkosten infolge Preissteigerungen | | 10.000,– DM |
| Aufräumungs- und Abbruchkosten | | 10.000,– DM |
| Mietausfall | | 20.000,– DM |

Die Gesamtentschädigung setzt sich wie folgt zusammen:

| | |
|---|---|
| Sachschaden | 320.000,– DM |
| Mehrkosten infolge Preissteigerungen | 8.000,– DM |
| Aufräumungs- und Abbruchkosten | 8.000,– DM |
| Mietausfall | 16.000,– DM |

Der VN erwirbt zunächst den Anspruch auf die Sachschadenentschädigung in Höhe des Zeitwertschadens von 200.000,– DM und den Anspruch auf die Entschädigung für Aufräumungs- und Abbruchkosten in Höhe von 8.000,– DM sowie für den Mietausfall in Höhe von 16.000,– DM. Die bestehende Unterversicherung wird auf den ungeteilten Neuwertschaden angerechnet. Eine rechnerische Kürzung des Zeitwertschadens wegen Unterversicherung erfolgt nicht, weil die Wiederherstellungsklauseln den Begriff der Zeitwertentschädigung nicht kennen. Der Entwertungsanteil ist als Differenzbetrag zwischen dem Zeitwertschaden und der (gekürzten) Neuwertentschädigung, nicht als Differenzbetrag zwischen der Zeitwertentschädigung und der Neuwertentschädigung definiert. Der weitere Entschädigungsanspruch für den Sachschaden in Höhe von 120.000,– DM und der Anspruch auf die Mehrkostenentschädigung in Höhe von 8.000,– DM entsteht erst, wenn die in den Wiederherstellungsklauseln genannten Voraussetzungen erfüllt sind. Dabei entsteht der Anspruch in dem Umfang, in dem der Wiederherstellungsaufwand den Zeitwertschaden übersteigt (vgl. R 6.5).

Die **Wiederherstellungsklausel wirkt nicht nur bei Totalschäden**. Es kommt vor, daß Teilschäden auf Reparaturkostenbasis abgerechnet werden, obwohl die Reparaturkosten höher sind als der Zeitwert der beschädigten Sachen (vgl. R 1.2.2). Auch in diesen Fällen entsteht der Anspruch auf den Teil der Entschädigung, der den Zeitwertschaden übersteigt, erst dann, wenn die Verwendung dieses Betrages zur Wiederherstellung si- 6.1.1

chergestellt ist. Der Begriff der Wiederherstellung ist weit auszulegen. Darunter fällt auch die Reparatur beschädigter Sachen.

6.1.2 Ähnlich liegt es, **wenn einzelne Gebäudeteile zerstört wurden.** Begrifflich handelt es sich auch in diesen Fällen zwar um Teilschäden, dennoch **wird die Wiederherstellungsklausel angewendet.** Die Grundlage dafür ist §§ 14 Nr. 2 Abs. 2 VGB 88 n. F., 15 Nr. 4 Abs. 2 VGB 88 a. F. Dort ist festgelegt, wie der Zeitwertschaden bei zerstörten oder abhandengekommenen Gegenständen festgestellt wird. Im Gegensatz zu §§ 13, 14 Nr. 1 VGB 88 n. F. sowie § 14, 15 Nr. 1 VGB 88 a. F. wird dort aber nicht von Gebäuden oder Sachen, sondern von Gegenständen gesprochen. Infolgedessen ist im Gegensatz zu den in Q 3 und R 1.3.1 dargestellten Grundsätzen die Wiederherstellungsklausel auch bei (Total)Schäden an Gebäudeteilen anzuwenden. Die Wiederherstellungsklausel ist daher zugleich ein notwendiges Korrektiv für die aus dem Grundsatz der abstrakten Schadenberechnung resultierenden Möglichkeiten zur Bereicherung für den VN. Dabei ist zu berücksichtigen, daß es Hauptzweck der Wiederherstellungsklausel ist, „mit Rücksicht auf das Bereicherungsverbot des § 55 VVG nur für ungeplante, aufgezwungene Ausgaben und nur in Form von Sachwerten dem VN den erforderlichen, besonderen Vermögensausgleich durch die Neuwertentschädigung zukommen zu lassen“ (BGH VersR 88 S. 925 und r+s 88 S. 274). Die Wiederherstellungsklausel soll sicherstellen, daß der VN durch die Neuwertentschädigung zumindest nicht in Form von Bargeld bereichert wird. Sie dient auch dem öffentlichen Interesse, die Wiederherstellung durch Brand vernichteter Gebäude zu fördern (OLG Hamm NJW-RR 87 S. 217). Die Wiederherstellungsklauseln tragen dem Bereicherungsverbot Rechnung. Mit der Neuwertversicherung soll lediglich der etwaige Schaden ausgeglichen werden, der dem VN dadurch entsteht, daß er einen höheren Betrag als den Zeitwert aufwenden muß, wenn er das zerstörte Gebäude wieder aufbaut. Auf diesen tatsächlichen Schaden ist der Umfang des Ersatzanspruchs beschränkt. Das Bereicherungsverbot geht aber nicht so weit, daß jede mit der Wiederherstellung verbundene Besserstellung des VN ausgeschlossen bleiben muß. Schon darin, daß der VN nach der Wiederherstellung ein neues Gebäude erhält, liegt eine Bereicherung, die aber gerechtfertigt ist und deshalb hingenommen werden kann. Zweck der Wiederherstellungsklausel ist es lediglich, die Bereicherung durch die Neuwertentschädigung auf den Bereich zu beschränken, der das Bedürfnis für die Neuwertversicherung begründet, nämlich auf die ungeplanten, dem VN durch den Versicherungsfall aufgezwungenen Ausgaben (BGH zu § 7 Nr. 3 a VGB 62 VersR 90 S. 488 und r+s 90 S. 167). Die Durchbrechung des versicherungsrechtlichen Bereicherungsverbots durch die sog. strengen Wiederherstellungsklauseln ist auf die ungeplanten, dem VN durch den Versicherungsfall aufgezwungenen Ausgaben beschränkt (OLG Köln VersR 94 S. 932). Diese von der Rechtsprechung entwickelten bzw. bestätigten Grundsätze gelten für die angesprochenen Fälle größerer Teilschäden ebenso wie für Totalschäden.

## 6.2 Sachen gleicher Art und Zweckbestimmung

Vorausgesetzt ist, daß die Entschädigung verwendet wird, um versicherte Sachen in gleicher Art und Zweckbestimmung wiederherzustellen oder wiederzubeschaffen. Den Anforderungen der Wiederherstellungsklausel wird nicht schon dadurch genügt, daß an der bisherigen Stelle wiederum ein Gebäude errichtet wird. Es ist vielmehr gefordert, daß das neue Gebäude seiner Art und Funktion nach einem Verwendungszweck dient, der dem Verwendungszweck des zerstörten Gebäudes entspricht. Der Anspruch auf den Entwertungsanteil entsteht nicht, wenn der VN aus Anlaß des Versicherungsfalls statt des zerstörten Wohnhauses, das seinen wirtschaftlichen Bedürfnissen ohnehin nicht mehr entsprach, ein völlig andersartiges Gebäude errichtet. Eine Wiederherstellung kann nur angenommen werden, wenn das neu errichtete Gebäude etwa dieselbe Größe aufweist wie das zerstörte Gebäude und gleichartigen Zwecken dient. Dies schließt allerdings nicht aus, daß der Versicherte bei der Wiederherstellung eine modernere Bauweise wählt (vgl. BGH VersR 84 S. 843). Keine Wiederherstellung liegt vor, wenn der VN die Reste eines instandsetzungsfähigen Einfamilienhauses abreißen läßt und auf dem Versicherungsgrundstück und dem Nachbargrundstück ein Gebäude errichtet, das neben sechs Mietwohnungen auch Räume zur gewerblichen Nutzung enthält (BGH a. a. O.). Die Errichtung eines Mietwohnhauses mit 5 bis 6 Wohnungen anstelle eines zerstörten Einfamilienhauses genügt nicht der Anforderungen der Wiederherstellungsklausel (OLG Koblenz zu § 7 Nr. 3 a VGB 62, r+s 86 S. 186). Eine völlig gleiche Wiederherstellung ist indessen nicht gefordert. Daher ist es dem VN ohne weiteres möglich, Grundriß, Raumaufteilung, Dachform und Anzahl der Geschosse eines zerstörten Einfamilienhauses beim Wiederaufbau zu verändern. Auch kann er durch Veränderungen der Ausstattung des Gebäudes eine größere oder kleinere Wohnfläche als die ursprünglich vorhandene Wohnfläche schaffen.

Die Neuwertversicherung soll grundsätzlich **nicht auch solche Aufwendungen abdekken, die durch wesentliche Verbesserungen des Gebäudes bei seiner Wiedererrichtung verursacht werden.** Eine derartige Bereicherung des VN aus Anlaß des Schadenfalls ist zu vermeiden, auch um das Interesse am Abbrennen des versicherten Gebäudes nicht zu fördern (BGH VersR 90 S. 488 und r+s 90 S. 167). Das Bereicherungsverbot geht aber nicht soweit, daß jede mit der Wiederherstellung verbundene Besserstellung des VN ausgeschlossen bleiben sollte. Zweck der Wiederherstellungsklausel ist es lediglich, die Bereicherung durch die Neuwertentschädigung auf den Bereich zu beschränken, der das Bedürfnis für die Neuwertversicherung begründet. Dazu können auch durch technische, wirtschaftliche und soziale Änderungen bedingte Modernisierungsmaßnahmen gehören (vgl. BGH a. a. O.). Der Anspruch auf die Neuwertentschädigung entfällt nicht deshalb, weil bei der Wiederherstellung des abgebrannten Gebäudes Modernisierungsmaßnahmen durchgeführt wurden. 6.2.1

Bei der Wiederherstellung ist es dem VN nicht verwehrt, eine modernere Technik und zeitgemäßere Bauausstattung zu wählen. Auch die damit verbundenen Vorteile für den VN werden bei der Neuwertversicherung von Wohngebäuden hingenommen. Beispiele dafür sind die Wahl einer moderneren Heizungstechnik, auch einer Wärmepumpen- oder Solarheizungsanlage, der Einbau von Fenstern mit Mehrscheiben-Isolierverglasung anstelle einfach verglaster Fenster oder die Neuinstallation einer Einbruchmeldeanlage anstelle von Tür- oder Fenstergittern. Daran liegt es, daß in der Wohngebäudeversicherung für die ausdrückliche Mitversicherung von Kosten für die Modernisierung infolge Technologiefortschritts kein ausgeprägter Versicherungsbedarf besteht. Wählt der VN beim Wiederaufbau eine modernere und aufwendigere Technik, so ist in der Regel möglich, die dadurch ggf. verursachten Mehrkosten durch Einsparungen bei anderen Bauteilen zu kompensieren.

Die Wiederherstellung eines gleichartigen Gebäudes ist auch nicht deshalb zu verneinen, weil der VN anstelle des abgebrannten zweigeschossigen, kombinierten landwirtschaftlichen Wohn- und Wirtschaftsgebäudes ein freistehendes Einfamilienhaus mit Einliegerwohnung und Anbau und im Abstand von 15 m eine eingeschossige landwirtschaftliche Mehrzweckhalle mit einer Ebene errichtet hat (BGH VersR 90 S. 486 und r+s 90 S. 167). Eine Wiederherstellung des versicherten Gebäudes kann unter Berück- 6.2.2

sichtigung von Sinn und Zweck der Wiederherstellungsklausel nur dann angenommen werden, wenn das neu errichtete Gebäude etwa dieselbe Größe aufweist wie das zerstörte und gleichartigen Zwecken dient. Wenn das zerstörte Gebäude aus einem Gaststättenteil (ca. 65 m²) und einer Einliegerwohnung (ca. 55 m²) bestand und wegen der Beschränkung auf eine Küche die Nutzung/Vermietung der Wohnung nur gemeinsam mit der Nutzung/Verpachtung der Gaststätte möglich war, ist der Wiederherstellungsvorbehalt des § 7 Nr. 3 a VGB 62 nicht erfüllt, falls der Neubau zwei Mietwohnungen (je ca. 60 m²) enthält und keine gewerbliche Nutzung mehr vorsieht (OLG Hamm VersR 92 S. 741 und r+s 92 S. 60). Bestand das abgebrannte Gebäude aus einer Gaststätte und einem Ladenlokal von zusammen 686 m² und einer Wohnung nebst drei Zimmern von 289 m² und wird an dessen Stelle ein um ein Geschoß erhöhtes Gebäude mit Ladenlokalen von 870 m² Fläche sowie neun Wohnungen mit 637 m² Wohnfläche errichtet, so liegt eine Steigerung der gewerblichen Fläche um 26 % und mehr als eine Verdoppelung der Wohnfläche vor. Bei einer solchen Sachlage kann nicht davon gesprochen werden, daß die Relationen in etwa gewahrt sind (OLG Hamm VersR 97 S. 307 und r+s 96 S. 495). Die Errichtung einer Tankstelle mit einer Gebäudefläche von 389 m² anstelle eines abgebrannten Teppich- und Tapetenmarkts mit 1.600 m² stellt weder für sich noch in Zusammenschau mit dem benachbarten Neubau eines Schnellrestaurants mit 540 m² die Wiederherstellung eines Gebäudes gleicher Art und Zweckbestimmung dar und erfüllt nicht die Voraussetzungen für einen Anspruch auf den Differenzbetrag zwischen Zeitwert- und Neuwertschaden. Hingegen ist der ebenerdige Neubau für das Schnellrestaurant trotz der im Vergleich zu dem Teppich- und Tapetenmarkt geringeren Grundfläche als – teilweise – Wiederherstellung eines Gebäudes gleicher Art und Zweckbestimmung anzusehen. In bezug auf das Schnellrestaurant besteht der Anspruch auf die Neuwertentschädigung, soweit der VN die Verwendung der Entschädigung zur Wiederherstellung sichergestellt hat, auch wenn dieser Betrag unter der Neuwertentschädigung für das gesamte zerstörte Gebäude bleibt (OLG Düsseldorf VersR 98 S. 1371 und r+s 98 S. 161).

## 6.3 Wiederherstellung an der bisherigen Stelle

Grundsätzlich ist die Wiederherstellung an der bisherigen Stelle, d. h. auf dem Versicherungsgrundstück gefordert. Dieser Grundsatz wird nach §§ 14 Nr. 2 Satz 2 VGB 88 n. F., 15 Nr. 4 Satz 2 VGB 88 a. F. durchbrochen, wenn die Wiederherstellung an der bisherigen Stelle rechtlich nicht möglich oder wirtschaftlich nicht zu vertreten ist. Der VN muß nachweisen, daß diese Voraussetzungen vorliegen. Dann genügt es, wenn das Gebäude an anderer Stelle innerhalb der Bundesrepublik Deutschland wiederhergestellt wird. Die VGB 88 sind in dieser Hinsicht für den VN vorteilhafter als die VGB 62. Nach § 7 Nr. 3 a VGB 62 ist unter diesen Voraussetzungen die Wiederherstellung an einer anderen Stelle innerhalb derselben oder einer angrenzenden Stadt oder Gemeinde gefordert. Nicht versichert sind evtl. Mehrkosten durch den Wiederaufbau an anderer Stelle. Weiterhin sind die Begriffe Wiederherstellung und Wiederherstellen im Sinne von Wiederaufbau und Wiederaufbauen zu verstehen und umfassen auch nicht ausnahmsweise die Wiederbeschaffung eines bestimmten Gebäudes durch Kauf (vgl. OLG Hamm NJW-RR 87 S. 217). Das schließt nicht aus, daß im Einzelfall zwischen VN und Versicherer anderweitige Vereinbarungen getroffen werden.

## Sicherstellung der Verwendung 6.4

Der Anspruch auf Entschädigung des Neuwertanteils entsteht, soweit und sobald der VN sichergestellt hat, daß er die Entschädigung zur Wiederherstellung versicherter Sachen an der bisherigen Stelle verwenden wird. Es ist nicht gefordert, daß er den Betrag der Entschädigung tatsächlich bereits für die Wiederherstellung aufgewendet hat. Die **Sicherstellung der bestimmungsgemäßen Verwendung** kann im allgemeinen angenommen werden, wenn der VN verbindliche Bauverträge über den Wiederaufbau mit Bauhandwerkern geschlossen hat. Auch ein verbindlicher Kaufvertrag über ein Fertighaus genügt (vgl. Martin R IV 35). Dagegen bedeutet eine entsprechende Bauplanung noch keine Sicherstellung dafür, daß diese Planung auch verwirklicht wird und damit auch keine Sicherstellung der Verwendung der Entschädigung zur Wiederherstellung des Gebäudes (OLG Düsseldorf ZfS 84 S. 313). Weiterhin genügt es nicht, wenn ein Antrag auf Baugenehmigung gestellt und eine Baugenehmigung erteilt wurde. Auch wenn der VN das Grundstück mit dem vom Versicherungsfall betroffenen Gebäude veräußert und mit dem Erwerber vereinbart hat, daß dieser die Voraussetzungen für den Anspruch auf den Entwertungsanteil erfüllen muß, diesen Betrag vom Tage seiner Fälligkeit an für 15 Monate als zinsloses Darlehen zur Verfügung haben soll und danach an den Veräußerer abführen muß, so ist die Verwendung für die Wiederherstellung des Gebäudes nicht sichergestellt, sondern im Gegenteil bestimmt, daß der Entwertungsanteil dem Veräußerer zu anderer wirtschaftlicher Verwendung zufließen soll als zur eigenen Nutzung eines wiederhergestellten gleichartigen Gebäudes (OLG Koblenz r+s 86 S. 186). Für die Sicherung der bestimmungsgemäßen Verwendung reicht es aus, wenn angesichts der getroffenen Vorkehrungen keine vernünftigen Zweifel an der Wiederherstellung des Gebäudes bestehen (OLG Düsseldorf zu § 100 VVG VersR 96 S. 623). Ein Generalübernehmervertrag, durch den der VN eine Baubetreuungsgesellschaft beauftragt, anstelle eines zerstörten Gebäudes schlüsselfertig ein neues Gebäudes zu errichten, und der in einem Nachtrag für beide Vertragspartner ein bedingungsloses Rücktrittsrecht vorsieht, dürfte den Anforderungen an die Sicherstellung der Verwendung nicht genügen (offengelassen; LG Köln r+s 92 S. 24).

**Der VN und der Verwender der Entschädigung** (Wiederhersteller) **müssen nicht identisch sein.** Aus § 98 VVG ergibt sich, daß der VN (des Schadenzeitpunktes) und der Wiederhersteller nicht notwendig identisch sein müssen, daß dem VN (des Schadenzeitpunktes) gleichwohl der von der Wiederherstellung abhängige Versicherungsanspruch verbleibt. Aus der Wiederherstellungsklausel läßt sich nicht zwingend schließen, daß – abweichend von §§ 97, 98 VVG – der VN (des Schadenzeitpunktes) und der Wiederherstellende identisch sein müssen (OLG Hamm zu § 7 Nr. 3 a VGB 62 r+s 87 S. 109). Bei einer Veräußerung des Grundstücks geht der Anspruch auf die Neuwertspanne nach § 69 VVG mit dem Erwerb des Eigentums am Kaufgrundstück auf den Käufer über. Ist eine Wiederherstellungsklausel vereinbart, stellt der Erwerber das versicherte Gebäude nach dem Eigentumsübergang wieder her, und war die Verwendung der Entschädigung zur Wiederherstellung vor diesem Zeitpunkt auch noch nicht sichergestellt, dann entsteht der Anspruch auf den Neuwertteil der Entschädigung erst in der Person des Erwerbers (BGH VersR 88 S. 925). Diese Grundsätze waren in Fällen der Gesamtrechtsnachfolge (Erbfall; OLG Hamm VersR 86 S. 331 und r+s 86 S. 100 zur Hausratversicherung) und in Fällen der Einzelrechtsnachfolge (Verkauf des Versicherungsgrundstücks), in denen das Gebäude durch den Versicherungsfall nicht vollständig zerstört worden war, nicht umstritten. Keine einheitliche Auffassung gab es indessen zu der Frage, ob dies auch gilt, wenn das versicherte Gebäude total zerstört wurde und das Versicherungsgrundstück nach dem Versicherungsfall veräußert wurde. Dann liegt

Interessewegfall nach § 68 II VVG vor (vgl. L 6.2). Es ist zweifelhaft, ob § 69 VVG auf diese Fälle überhaupt anwendbar ist (vgl. Martin R IV 44 f.). Der BGH hat diese Zweifel beseitigt. Nach seiner Auffassung kann auch der Erwerber der vor der Veräußerung vom Versicherungsfall betroffenen Sachen den Wiederherstellungsvorbehalt wegen der Regelung des § 69 I VVG erfüllen und die Neuwertentschädigung verlangen. Der Anspruch auf den Neuwertanteil entsteht nach der Wiederherstellung des versicherten Gebäudes auch dann in der Person des Grundstückserwerbers, wenn wegen Totalschadens das versicherte Interesse weggefallen ist (VerR 92 S. 1221 und r+s 92 S. 381; Revisionsentscheidung zu OLG Celle r+s 91 S. 381). Schirmer hält in diesen Fällen § 69 VVG entgegen der Auffassung des BGH für nicht anwendbar (vgl. r+s 93 S. 81). Er empfiehlt daher, auf jeden Fall eine entsprechende Abtretungsvereinbarung über die Neuwertspanne in den Kaufvertrag aufzunehmen (a. a. O. S. 86).

Das OLG Hamm hat die vom BGH vertretene Auffassung in einem Urteil zu §§ 17 Nr. 1 und Nr. 3 AFB a. F., 7 Nr. 1 Satz 1 der Sonderbedingungen für die Neuwertversicherung von Industrie und Gewerbe (NwIG) bestätigt. Nach seiner Auffassung enthält § 17 Nr. 3 AFB a. F. weder einen allgemeinen Wiederherstellungsvorbehalt des VN noch eine selbständige Fälligkeitsregelung, sondern dient ausschließlich dem Schutz der Realgläubiger. Entgegen dem Wortlaut von § 7 Nr. 1 Satz 1 NwIG ist es nicht erforderlich, daß der VN selbst die Wiederherstellung sicherstellt. Es genügt, wenn dies sein Rechtsnachfolger bewirkt, auf den der Versicherungsvertrag übergegangen ist, sei es durch Veräußerung, sei es durch Versteigerung. Wenn dieser Rechtsnachfolger den Wiederherstellungsvorbehalt erfüllt, entsteht der Anspruch auf die Neuwertspanne nicht in der Person des ursprünglichen VN, sondern in der des Erwerbers. Dem ursprünglichen VN steht der Anspruch selbst dann nicht zu, wenn die den Wiederherstellungsvorbehalt erfüllende Person nicht VN geworden ist (OLG Hamm VersR 92 S. 1351 sowie r+s 93 S. 227; a. A. Martin R IV 43 und 51).

## 6.5 Dreijahresfrist

Die Verwendung des Neuwertanteils zur Wiederherstellung muß innerhalb von drei Jahren nach Eintritt des Versicherungsfalls sichergestellt werden. Nach Ablauf dieser Frist geht der mögliche Anspruch auf den Entwertungsanteil endgültig verloren. Dies gilt analog, wenn die Kosten der Wiederherstellung den Zeitwertschaden zwar übersteigen, aber niedriger sind als die Neuwertentschädigung. Beispiel: Entschädigung 400.000,– DM; Zeitwertschaden 300.000,– DM; Kosten der Wiederherstellung 380.000,– DM. Entschädigt werden insgesamt 380.000,– DM. Indessen kommen derartige Fälle praktisch sehr selten vor. Es spielt keine Rolle, aus welchen Gründen die Voraussetzungen für das Entstehen des Anspruchs auf den Entwertungsanteil innerhalb der Dreijahresfrist nicht geschaffen wurden. Dies gilt nicht, wenn der VN durch das Verhalten des Versicherers an der Fristwahrung gehindert worden ist. Ähnlich liegt es, wenn der Versicherer wegen einer strafrechtlichen Untersuchung gegen den VN zur Aufschiebung der Entschädigung berechtigt war. In diesen Fällen beginnt die Frist nach Wegfall des Hindernisses nicht erneut zu laufen. Vielmehr muß dem VN ausreichend Zeit für die Nachholung derjenigen Maßnahmen gegeben werden, die er ergreifen muß, um die bestimmungsgemäße Verwendung der Entschädigung sicherzustellen (vgl. BGH VersR 79 S. 173). Wenn der Versicherer die Versicherungsleistung für einen Gebäudetotalschaden zu Unrecht abgelehnt hat und im zweiten Rechtszug die Behauptung wiederholt hat, der VN habe sein Objekt selbst in Brand gesetzt, obwohl er wußte, daß er für die Vermutung den Beweis nicht erbringen kann, für seine Darstellung sogar Indizien angeführt hat, von denen er positiv wußte, daß sie falsch sind, so handelt der Versicherer rechtsmißbräuchlich, falls er sich auf den Ablauf der Wiederherstellungsfrist beruft (OLG Hamm r+s 89 S. 195). Wenn der Versicherer den Entschädigungsanspruch des VN schon im Jahr des Schadeneintritts dem Grunde nach anerkannt hat und wenn der VN im Rechtsstreit um die Neuwertspitze auch in der Berufungsinstanz bis zum Tag der letzten mündlichen Verhandlungen die Sicherstellung einer Wiederbeschaffung nicht schlüssig dargelegt hat, neigt der Senat dazu, eine Berufung des Versicherers auf die Dreijahresfrist nicht als treuwidrig zu erachten (OLG Köln r+s 89 S. 406). Die sonst übliche Frist von drei Jahren, in denen der VN die bestimmungsgemäße Verwendung der Entschädigung sicherstellen muß, ist dann unangemessen, wenn der Versicherer sich über einen längeren Zeitraum zu Unrecht der Leistungspflicht entzogen hat und die Dreijahresfrist im Zeitpunkt der Entscheidung bereits abgelaufen ist. Der Senat hält eine Frist von 18 Monaten ab Rechtskraft des Urteils für angemessen (OLG Hamm VersR 93 S. 1352). Selbst wenn der VN mit Schreiben vom 27. 1. 88 beim Versicherer um eine Verlängerung der am 7. 3. 88 ablaufenden Dreijahresfrist gebeten hat, stellt sich die Berufung des Versicherers auf den Ablauf der Frist – bei der eindeutigen vertraglichen Regelung – nicht als unzulässige Rechtsausübung dar, wenn der Versicherer in seinem vorausgegangenen Schreiben vom 9. 4. 87 noch unmißverständlich auf die Frist hingewiesen und darin keineswegs zu erkennen gegeben hat, gegebenenfalls auf die Einhaltung der Frist verzichten zu wollen. Auch wenn der VN die Dreijahresfrist nicht hat einhalten können, weil er erfolglos um eine Baugenehmigung nachgesucht hat, verstößt die Berufung des Versicherers auf den Ablauf der Frist nicht gegen § 242 BGB, wenn der Unterschied zwischen der Neuwertentschädigung (250.804,– DM) und der Zeitwertentschädigung (234.010,– DM) nur 16.794,– DM und damit weniger als 10 % der bereits ausgezahlten Zeitwertentschädigung beträgt (OLG Koblenz zu § 7 Nr. 3 a VGB 62 r+s 93 S. 427).

## Abweichende Vereinbarungen 6.6

In der Praxis wird gelegentlich durch Vereinbarungen zwischen VN und Versicherer von den Bestimmungen der Wiederherstellungsklausel abgewichen. Häufigster Fall abweichender Individualvereinbarungen ist eine Verlängerung der Wiederherstellungsfrist. Es kommt aber auch vor, daß der VN vor Ablauf der Dreijahresfrist auf die Wiederherstellung des Gebäudes und damit auf die Entschädigung des Entwertungsanteils verzichtet (vgl. dazu § 7 Nr. 3 a Satz 3 VGB 62). Auch wird vereinzelt vereinbart, daß anstelle eines Wiederaufbaus der Kauf eines bestehenden Gebäudes als Voraussetzung für das Entstehen des Anspruchs auf den Entwertungsanteil anerkannt wird. Rechtlich sind derartige Individualvereinbarungen ohne weiteres zulässig. Es ist jedoch erforderlich, die abweichenden Vereinbarungen zweifelsfrei festzulegen (vgl. BGH r+s 89 S. 265).

## Mehrfachversicherung 7

Die Bestimmungen über die Mehrfachversicherung sind in §§ 18 VGB 88 a. F., 11 VGB 62 verankert. Vergleichbare Regelungen finden sich in den allermeisten AVB Sach (vgl. §§ 20 VHB 84/VHB 92, 9 AVB Sach 87). Gemeinsame Grundlage dieser Bestimmungen ist § 58 VVG. Die Mehrfachversicherung wird auch als Nebenversicherung bezeichnet. Dieser Begriff beschreibt den zugrundeliegenden Sachverhalt zutreffender, wird aber in den AVB Sach nicht verwendet. In den VGB 88 n. F. wurde darauf verzichtet, die Mehrfachversicherung zu regeln. Der Text-Baustein 21 betrifft lediglich die Doppelversicherung (vgl. R 8). Eine Regelungslücke entsteht dadurch nicht, weil § 58 VVG ohne weiteres auch für Wohngebäudeversicherungsverträge nach den VGB 88 n. F. gilt.

## 7.1 Begriff

Allgemein liegt Mehrfachversicherung oder Nebenversicherung vor, wenn für dieselben Interessen gegen dieselben Schäden und Gefahren mehrere Versicherungsverträge bei verschiedenen Versicherern bestehen (Prölss/Martin § 58 RN 2, Martin V I 1 und Römer/Langheid § 58 RN 3). In der Wohngebäudeversicherung ist das der Fall, wenn für dasselbe Gebäude mehrere Wohngebäudeversicherungsverträge bei verschiedenen Versicherern bestehen. Dabei ist nicht gefordert, daß die Summe der Entschädigungen den Betrag des Schadens übersteigt. Ist dies der Fall, so liegt Doppelversicherung vor. Die Doppelversicherung ist ein Sonderfall der Mehrfachversicherung (Martin V I 1 und V II 1). Sie wird nachfolgend in R 8 behandelt.

Mehrfachversicherung setzt nebeneinander **Identität der versicherten Interessen, der versicherten Gefahren und des versicherten Schadens** voraus. Daher besteht keine Neben- bzw. Mehrfachversicherung im Verhältnis einer Sachversicherung des Eigentümers zu einer Haftpflichtversicherung des Schädigers. Die Sachversicherung deckt das Eigentümerinteresse, die Haftpflichtversicherung deckt das Interesse des Schädigers aus der Schadenersatzpflicht (Römer/Langheid § 58 RN 7). Andererseits ist nicht gefordert, daß die versicherten Interessen und versicherten Gefahren in den Verträgen vollkommen identisch sind. Es genügt teilweise Identität (Martin V I 5 und Römer/Langheid a. a. O.). So liegt es beispielsweise beim Zusammentreffen der Versicherung von Rundfunk- und Fernsehantennenanlagen sowie Markisen nach § 1 Nr. 2 a VHB 84/VHB 92 mit einer Wohngebäudeversicherung nach den VGB 88 (vgl. A 2.3.2 sowie Dietz § 1 RN 4.1). Dienen diese Sachen nicht mehreren Wohnungen oder gewerblichen Zwecken, so sind sie sowohl in der Hausratversicherung nach den VHB 84/VHB 92 als auch in der Wohngebäudeversicherung nach den VGB 88 versichert. Identität des VN ist nicht vorausgesetzt. Daher kann Mehrfachversicherung auch beim Zusammentreffen von Eigen- und Fremdversicherung vorliegen (Römer/Langheid a. a. O.). Es kommt infolgedessen beim Zusammentreffen von § 1 Nr. 2 a VHB 84/VHB 92 mit einer Wohngebäudeversicherung nach den VGB 88 nicht darauf an, ob die beiden Verträge von demselben VN abgeschlossen wurden. Das ist regelmäßig bei Einfamilienhäusern der Fall, die vom Gebäudeeigentümer selbst bewohnt werden. Bei vermieteten Einfamilienhäusern wird dagegen die Hausratversicherung vom Mieter, die Wohngebäudeversicherung vom Gebäudeeigentümer abgeschlossen. Auch dann liegt Mehrfachversicherung für Rundfunk- und Fernsehantennenanlagen sowie Markisen vor, soweit diese Sachen nicht mehreren Wohnungen oder gewerblichen Zwecken dienen. Bei der Hausratversicherung für gemietete Wohnungen wird die Mehrfachversicherung durch § 2 Nr. 1 f VHB 84/VHB 92 noch ausgedehnt. Nach dieser Bestimmung sind Kosten für Reparaturen in gemieteten Wohnungen versichert, um durch einen Versicherungsfall entstandene Leitungswasserschäden an Bodenbelägen, Innenanstrichen oder Tapeten der Wohnung zu beseitigen (Reparaturkosten für gemietete Wohnungen). Dadurch entsteht beim Zusammentreffen einer von einem Mieter abgeschlossenen Hausratversicherung nach den VHB 84/VHB 92 mit der Gebäude-Leitungswasserversicherung des Gebäudeeigentümers sowohl bei Einfamilienhäusern als auch bei Mehrfamilienhäusern Doppelversicherung (vgl. F 3, R 8.4 sowie Dietz § 2 RN 4.6).

## Anzeigepflicht 7.2

Nach § 58 I VVG hat der VN unverzüglich Mitteilung zu machen, wenn er für ein Interesse gegen dieselbe Gefahr bei mehreren Versicherern Versicherung nimmt. In der Mitteilung ist der Versicherer, bei welchem die andere Versicherung genommen worden ist, zu bezeichnen und die Versicherungssumme anzugeben (§ 58 II VVG). In Anlehnung an § 58 VVG bestimmt § 11 VGB 62, der VN habe dem Versicherer unverzüglich den anderen Versicherer und die Versicherungssumme schriftlich anzugeben, wenn er für versicherte Sachen noch eine weitere Feuer-, Leitungswasser- oder Sturmversicherung (auch gegen mittelbare Schäden, z. B. Betriebsunterbrechung oder Mietverlust) nimmt (ebenso § 9 Nr. 1 Abs. 1 AVB Sach 87). In § 18 VGB 88 a. F. fehlt eine analoge Bestimmung ebenso wie in den VGB 88 n. F. Eine Regelungslücke entsteht dadurch wegen § 58 VVG nicht. Zwar ist § 58 VVG abdingbar, jedoch enthalten die VGB 88 keine entsprechende Vereinbarung. Auf die Anzeigepflicht wird infolgedessen nicht verzichtet (a. A. Martin V I 31).

## Rechtsfolgen 7.3

Der Verzicht auf die deklaratorische Verankerung der Mitteilungspflicht bei Mehrfachversicherung hängt damit zusammen, daß Rechtsfolgen bei einer Verletzung dieser Obliegenheit abweichend von §§ 11 VGB 62, 9 AVB Sach 87 nach den VGB 88 überhaupt nicht vorgesehen sind. Auch § 58 VVG sieht für den Fall der Verletzung der Anzeigepflicht keine Sanktionen vor. Nach §§ 11 VGB 62, 9 AVB Sach 87 soll dagegen die Nichtanzeige einer weiteren Versicherung unter bestimmten Voraussetzungen zur Leistungsfreiheit führen. Es ist generell zweifelhaft, ob eine derartige Regelung einer Prüfung nach den Maßstäben des AGBG standhält (OLG Oldenburg zu § 9 Nr. 1 AFB a. F. r+s 86 S. 10). In der Wohngebäudeversicherung nach den VGB 88 stellt sich diese Frage nicht, weil die Regelungen des § 58 VVG nicht durch vertragliche Verwirkungsabreden verschärft werden. Eine Verletzung der in § 58 VVG verankerten Obliegenheit zur Anzeige einer weiteren Versicherung bleibt in der Wohngebäudeversicherung nach den VGB 88 daher folgenlos. Mit dieser Besserstellung des VN im Vergleich zu den VGB 62 geht der Verzicht des Versicherers auf das in § 11 VGB 62 verankerte außerordentliche Kündigungsrecht einher. Nach den VGB 88 kann der Versicherer abweichend von § 11 VGB 62 einen Wohngebäudeversicherungsvertrag nicht kündigen, wenn ihm das Bestehen eines weiteren Vertrages angezeigt wird. Bisher wurde von dem außerordentlichen Kündigungsrecht nach § 11 VGB 62 in der Praxis ohnehin kaum Gebrauch gemacht. Offensichtlich sind die Versicherer der Ansicht, daß Mehrfachversicherung an sich keine Erhöhung der Vertragsgefahr bewirkt (a. A. Martin V I 33). Auch ist nicht davon auszugehen, daß dadurch generell das subjektive Risiko erhöht wird. Andererseits wird ein unredlicher VN durch die angesprochenen Regelungen der VGB 62 und der AVB Sach 87 nicht davon abzuhalten sein, Mehrfach- bzw. Doppelversicherung in betrügerischer Absicht einzugehen. Im Versicherungsfall bieten §§ 59 III VVG, 15 Nr. 1 c und 16 Nr. 1 VGB 88 n. F. sowie 20 Nr. 1 d und 21 VGB 88 a. F. die rechtlichen Möglichkeiten für durchgreifende Sanktionen. Daher ist es unangebracht, bei Nichtanzeige einer Mehrfachversicherung generell die nach § 11 VGB 62 vorgesehenen Sanktionen zu verhängen.

Ebenso ist es nicht angebracht, dem Versicherer in diesen Fällen ein außerordentliches Kündigungsrecht einzuräumen. Zwar sind Fälle der Mehrfachversicherung aus der Interessenlage beider Vertragsparteien unerwünscht. Beim Versicherer verursachen sie zusätzlichen Verwaltungsaufwand. Der VN hat sich bei allen Vertragsangelegenheiten mit mehreren Versicherern auseinanderzusetzen. Die Regulierung von Schäden wird unnötig erschwert. Diese wirtschaftlichen Nachteile rechtfertigen es jedoch nicht, die vertraglichen Rechte des VN dadurch zu beschneiden, daß dem Versicherer ein außerordentliches Kündigungsrecht bei Mehrfachversicherung zugestanden wird.

## 8 Doppelversicherung

Durch Mehrfachversicherung entsteht in vielen Fällen Doppelversicherung. Die Doppelversicherung ist in §§ 18, 18 a VGB 88 a. F., 12 VGB 62 geregelt. Für die VGB 88 n. F. steht dafür der Text-Baustein 21 zur Verfügung. Die meisten AVB Sach beinhalten vergleichbare Regelungen (vgl. § 20, 20 a VHB 84/VHB 92 sowie 9 AVB Sach 87), die jedoch in Inhalt und Formulierung voneinander abweichen. Zumeist wird in den AVB der Begriff Doppelversicherung nicht definiert. Es wird auf die gesetzlichen Regelungen in §§ 59, 60 VVG verwiesen. Infolgedessen sind die Bestimmungen über Mehrfach- und Doppelversicherung in älteren AVB Sach schwer verständlich (vgl. dazu § 18 RN 1.1 der 1. Auflage). Mit dem Text-Baustein 21 für den Allgemeinen Teil der AVB wird nun versucht, diese Probleme zu lösen.

## 8.1 Begriff

Doppelversicherung liegt vor, wenn ein Interesse gegen dieselbe Gefahr in mehreren Versicherungsverträgen versichert ist und entweder die Versicherungssummen zusammen den Versicherungswert übersteigen oder aus anderen Gründen die Summe der Entschädigungen, die aufgrund jedes einzelnen Vertrages ohne Bestehen der anderen Versicherung zu zahlen wäre, den Gesamtschaden übersteigt. Nach dem Wortlaut von § 59 I VVG soll es darauf ankommen, daß ein Interesse gegen dieselbe Gefahr „bei mehreren Versicherern versichert" ist. Auf diese Anforderung wurde in Text-Baustein 21 Nr. 1 verzichtet. Doppelversicherung liegt auch vor, wenn dieselbe Gefahr und dasselbe Interesse durch verschiedene Verträge bei demselben Versicherer versichert sind (BGH VersR 91 S. 172 und r+s 91 S. 224; vgl. Römer/Langheid § 59 RN 3). Auch dabei handelt es sich um Fälle der Mehrfachversicherung (vgl. R 7), in denen der VN ohne einschränkende Regelungen die Möglichkeit zur Bereicherung hätte. Dies soll durch § 59 VVG auch im Hinblick auf das Bereicherungsverbot nach § 55 VVG verhindert werden. Dabei werden in Text-Baustein 21 Nr. 1 zwei Fallgruppen geregelt.

**Fallgruppe 1**: Doppelversicherung liegt vor, wenn der Gesamtbetrag der Versicherungssummen der Versicherungsverträge höher ist als der Versicherungswert. Es liegt damit zugleich Überversicherung vor. Im Gegensatz zu § 51 VVG ist jedoch nicht gefordert, daß die Versicherungssumme den Versicherungswert erheblich übersteigt. Die Summe der Entschädigungsbeträge kann den Betrag des Schadens auch dann übersteigen, wenn der Gesamtbetrag der Versicherungssumme geringfügig über dem Versicherungswert liegt.

Fallgruppe 2: Doppelversicherung liegt weiterhin vor, wenn die Summe der Entschädigungen, die von jedem Versicherer ohne Bestehen der anderen Versicherung zu zahlen wäre, den Gesamtschaden übersteigt. Das sind vor allem die Fälle, in denen es für die versicherten Interessen einen Versicherungswert überhaupt nicht gibt. Typisches Beispiel dafür ist die Versicherung von Kosten (vgl. B 1).

## Gesamtschuldnerische Haftung 8.2

Liegt Doppelversicherung vor, so sind die Versicherer in der Weise als Gesamtschuldner verpflichtet, daß dem VN jeder Versicherer für den Betrag haftet, dessen Zahlung ihm nach seinem Vertrag obliegt (§ 59 I VVG). Die Versicherer haften dem VN als Gesamtschuldner, soweit die Leistung des einen den anderen Doppelversicherer befreit (Römer/Langheid § 59 RN 7). Da jeder Versicherer bis zur Höhe des Entschädigungsbetrages haftet, der sich aus seinem Versicherungsvertrag ergibt, kann der VN frei entscheiden, in welcher Reihenfolge und in welcher Höhe er die Doppelversicherer in Anspruch nimmt.

## Gesamtschaden als Obergrenze der Entschädigung 8.3

Jedoch kann der VN insgesamt nicht mehr als den Betrag des Schadens an den doppelt versicherten Interessen verlangen (vgl. § 59 I VVG). Für die Ermittlung dieses Betrages bleiben Schäden durch denselben Versicherungsfall an anderen, nicht doppelt versicherten Interessen außer Betracht (Martin V II 9). Bei der Ermittlung des Schadenbetrages ist von der für den VN günstigsten Regelung des jeweiligen Vertrages auszugehen (Bruck/Möller Anm. 16 zu § 59). In den Betrag des Schadens sind neben dem Sachschaden, dem Kostenschaden sowie dem Mietausfallschaden auch die Rettungskosten und die vom Versicherer zu erstattenden Schadenermittlungskosten nach § 66 VVG einzurechnen (vgl. Römer/Langheid § 59 RN 8). Dazu zählen weiterhin die nach §§ 18 Nr. 2 VGB 88 n. F., 23 Nr. 2 VGB 88 a. F., 19 Nr. 1 VGB 62 von den Versicherern gezahlten vertraglichen Zinsen (Martin V III 15).

## Ausgleich zwischen den Versicherern 8.4

Für den Ausgleich zwischen den Versicherern bei Doppelversicherung ist § 59 II Satz 1 VVG maßgebend. Danach erfolgt der Ausgleich nach Maßgabe der Beträge, deren Zahlung den Versicherern dem VN gegenüber vertragsmäßig obliegt. Für die doppelt versicherten Interessen wird infolgedessen zunächst für jeden Versicherungsvertrag, zu dem die Doppelversicherung besteht, der Entschädigungsanspruch berechnet, der vertragsgemäß ohne das Bestehen der anderen Verträge an den VN zu leisten wäre. Anschließend wird der Entschädigungsbetrag, den der VN nach § 59 I VVG für den Schaden an den doppelt versicherten Interessen insgesamt verlangen kann, im Verhältnis dieser vertragsmäßigen Entschädigungsansprüche aufgeteilt. Beim Zusammentreffen zweier

Wohngebäudeversicherungsverträge ist der Ausgleich zwischen den Doppelversicherern in der Regel ohne Probleme zu berechnen. **Dagegen können beim Zusammentreffen einer Wohngebäudeversicherung mit einer Hausratversicherung Schwierigkeiten auftreten.** Die nachfolgenden Beispiele belegen dies.

8.4.1 Der Eigentümer eines Einfamilienhauses hat für das von ihm selbst bewohnte Gebäude eine Wohngebäudeversicherung nach den VGB 88 mit Unterversicherungsverzicht und einem vereinbarten Selbstbehalt von 1.000,– DM je Versicherungsfall sowie eine Hausratversicherung nach den VHB 84 mit Unterversicherungsverzicht abgeschlossen. Durch Sturm sind folgende Schäden entstanden:

| | |
|---|---|
| Schäden an der Rundfunk- und Fernsehantennenanlage sowie an Markisen | 5.000,– DM |
| Sonstige Gebäudeschäden | 5.000,– DM |
| Gesamtschaden | 10.000,– DM |

Der Entschädigungsanspruch aus dem Wohngebäudeversicherungsvertrag beträgt insgesamt 9.000,– DM. Der Entschädigungsanspruch aus der Hausratversicherung beträgt 5.000,– DM. Doppelt versichert ist der Schaden an der Rundfunk- und Fernsehantennenanlage sowie an Markisen (vgl. R 7.1). Der Ausgleich zwischen den Versicherern erfolgt nach Maßgabe der Entschädigungsbeträge, deren Zahlung den Doppelversicherern für die doppelt versicherten Interessen dem VN gegenüber vertragsmäßig obliegt. Für den Hausratversicherungsvertrag ist das der Betrag von 5.000,– DM. Für den Wohngebäudeversicherungsvertrag läßt sich der für den Ausgleich maßgebende Betrag nicht auf Anhieb feststellen, weil der vereinbarte Selbstbehalt von 1.000,– DM auf doppelt und einfach versicherte Interessen zu verteilen ist. Das wird dadurch erreicht, daß der Gesamtentschädigungsbetrag von 9.000,– DM proportional auf einfach und doppelt versicherte Interessen aufgeteilt wird. Auf die doppelt versicherten Interessen entfallen infolgedessen 4.500,– DM. Der Ausgleich zwischen dem Wohngebäudeversicherer und dem Hausratversicherer erfolgt im Verhältnis 4.500,– DM zu 5.000,– DM. Der Wohngebäudeversicherer trägt 2.368,40 DM. Auf den Hausratversicherer entfallen 2.631,60 DM. Der VN kann insgesamt 9.500,– DM fordern, nämlich 5.000,– DM für den Schaden an der Rundfunk- und Fernsehantennenanlage sowie an Markisen und 4.500,– DM für die sonstigen Gebäudeschäden. Ist in der Wohngebäudeversicherung kein Selbstbehalt vereinbart, trägt jeder der Doppelversicherer die Hälfte der Schäden an den doppelt versicherten Interessen. Der VN kann in diesem Fall den Gesamtschaden in Höhe von 10.000,– DM fordern. Gilt der Unterversicherungsverzicht in der Wohngebäudeversicherung nicht und besteht eine Unterversicherung von 50 %, so ermäßigt sich der Entschädigungsanspruch aus der Wohngebäudeversicherung auf 4.000,– DM, wenn der Selbstbehalt gilt, bzw. auf 5.000,– DM, wenn kein Selbstbehalt vereinbart wurde. Dann erfolgt der Ausgleich für den doppelt versicherten Schaden zwischen Wohngebäudeversicherer und Hausratversicherer bei vereinbartem Selbstbehalt im Verhältnis 2.000,– DM zu 5.000,– DM. Der Wohngebäudeversicherer trägt 1.428,60 DM, der Hausratversicherer 3.571,40 DM. Der VN kann insgesamt 7.000,– DM fordern, 5.000,– DM für den Schaden an der Rundfunk- und Fernsehantennenanlage und an Markisen sowie 2.000,– DM für den sonstigen Gebäudeschaden. Wurde kein Selbstbehalt vereinbart, wird der doppelt versicherte Schaden im Verhältnis 2.500,– DM zu 5.000,– DM aufgeteilt. Davon entfallen 1.666,70 DM auf den Wohngebäudeversicherer und 3.333,30 DM auf den Hausratversicherer. Der VN kann insgesamt 7.500,– DM fordern, nämlich 5.000,– DM für den Schaden an der Rundfunk- und Fernsehantennenanlage und an Markisen sowie 2.500,– DM für den sonstigen Gebäudeschaden.

Bei Unterversicherung sind die dargestellten Ergebnisse aus der Sicht des VN unbefriedigend. Einerseits ist die Summe der Entschädigungsansprüche für die Schäden an der Rundfunk- und Fernsehantennenanlage und an Markisen höher als der Schaden an diesen Sachen. Andererseits wird der sonstige Gebäudeschaden wegen Unterversicherung nicht voll entschädigt. Die Rechtslage ist jedoch eindeutig. Der wegen Doppelversicherung „unverbrauchte" Teil des Entschädigungsanspruchs für den doppelt versicherten Schaden an der Rundfunk- und Fernsehantennenanlage und an Markisen aus dem Wohngebäudeversicherungsvertrag (im obigen Beispiel 2.000,– DM ./. 1.428,60 DM = 571,40 DM bzw. 2.500,– DM ./. 1.666,70 = 833,30 DM) kann nicht zur Erhöhung der Entschädigung für den sonstigen einfach versicherten Gebäudeschaden herangezogen werden (ebenso Martin: V II 24). Weiterhin kann nicht erwartet werden, daß der Hausratversicherer auf seinen Ausgleichsanspruch ganz oder teilweise verzichtet, um die volle Entschädigung für die sonstigen einfach versicherten Gebäudeschäden zu ermöglichen. Dabei spielt es keine Rolle, ob der Hausratversicherungsvertrag und der Wohngebäudeversicherungsvertrag vom Gebäudeeigentümer abgeschlossen wurden oder ob der Wohngebäudeversicherungsvertrag des Gebäudeeigentümers mit dem Hausratversicherungsvertrag eines Mieters zusammentrifft. Weiterhin ist es unbeachtlich, ob die Verträge bei einem oder mehreren Versicherern bestehen. Allerdings werden VN insbesondere in den Fällen, in denen sie beide Verträge bei demselben Versicherer abgeschlossen haben, eine kulante Lösung der dargestellten Probleme erwarten. 8.4.2

Die Beispiele belegen, daß der Ausgleich zwischen Hausrat- und Wohngebäudeversicherer bei Doppelversicherung mit erheblichem Verwaltungsaufwand verbunden ist. Um diesen Aufwand bei Kleinschäden zu vermeiden, haben sich die Versicherer auf eine **Teilungsregel beim Zusammentreffen zwischen Hausrat- und Gebäude-Leitungswasser- bzw. Sturm- und Hagelversicherung** verständigt. Diese Teilungsregel hat nach dem GDV-Rundschreiben Nr. VHV 216/VGV 69 vom 04. 06. 97 den nachfolgenden Wortlaut: 8.4.3

> „Treffen Hausrat- und Gebäude-Lw/St- und Hagelversicherung zusammen und liegt der doppelt versicherte Gebäudeschaden unter 500,– DM (ohne Schadenregulierungskosten), dann reguliert und entschädigt der allein in Anspruch genommene Versicherer. Werden beide Versicherer in Anspruch genommen, reguliert und entschädigt der Gebäudeversicherer (ohne internen Ausgleich)."

## Gesamtentschädigungsgrenze 8.5

Aus dem Wortlaut von § 18 VGB 88 a. F. folgt eine Erweiterung im Verhältnis zu § 59 VVG, weil nicht nur diejenigen Fälle der Mehrfachversicherung geregelt werden, in denen die Summe der Entschädigungsansprüche aus verschiedenen Wohngebäudeversicherungsverträgen den Schaden übersteigt. Es werden darüber hinaus Fälle erfaßt, in denen die Summe der Entschädigungsansprüche niedriger ist als der Schaden, aber über dem Betrag liegt, den der VN oder der Versicherte beanspruchen könnte, wenn der Gesamtbetrag der Versicherungssummen in einem Vertrag in Deckung gegeben worden wäre. Die Regelung in § 18 VGB 88 a. F. soll verhindern, daß der VN durch Aufteilung der Gesamtversicherungssumme auf mehrere Versicherungsverträge (Vertragssplitting) wirtschaftliche Vorteile erlangt. Bei Sachschäden ist dies wegen §§ 55, 56, 59 VVG praktisch ausgeschlossen.

8.5.1 Etwas anderes gilt, wenn die Entschädigung für einzelne Schadenpositionen auf Beträge begrenzt wird, die niedriger sind als die Versicherungssumme. Der VN könnte die Entschädigungsgrenzen unter bestimmten Voraussetzungen durch Vertragssplitting unterlaufen. Da die Entschädigungsgrenzen für den jeweiligen Versicherungsvertrag gelten, können sie bei demselben Versicherungsfall grundsätzlich mehrfach in Anspruch genommen werden, wenn für dieselben versicherten Sachen mehrere Versicherungsverträge gegen dieselbe Gefahr bestehen. Daher könnten die Entschädigungsgrenzen dadurch umgangen werden, daß der VN die Versicherungssumme für die versicherten Sachen auf mehrere Versicherungsverträge verteilt. Aus diesem Grund wird in § 18 VGB 88 a. F. eine sog. Gesamtentschädigungsgrenze gebildet (Martin L I 33). Es wird aus den mehreren Verträgen insgesamt keine höhere Entschädigung geleistet als der Betrag, der zu entschädigen wäre, wenn der Gesamtbetrag der Versicherungssummen im vorliegenden Vertrag in Deckung gegeben worden wäre. Darauf ist es zurückzuführen, daß sich die analoge Regelung in § 20 VHB 84/VHB 92 nach ihrem Wortlaut nicht generell auf die mehrfache Versicherung, sondern lediglich auf Entschädigungsgrenzen bei mehrfacher Versicherung bezieht (Einzelheiten vgl. Dietz § 20).

8.5.2 Es fragt sich, ob die Entschädigungsgrenzen in der Wohngebäudeversicherung nach den VGB 88 durch Vertragssplitting unterlaufen werden können. Für die Versicherung des Mietausfalls kann diese Frage ohne weiteres verneint werden. Die Entschädigung ist zeitlich begrenzt. Während der Haftzeit besteht Anspruch auf Ersatz des Mietausfallschadens ohne betragsmäßige Begrenzung. Eine Abhängigkeit zwischen der Höhe der Versicherungssumme und der Höhe des ersatzpflichtigen Schadens besteht nicht. Eine bestehende Unterversicherung wird nach §§ 14 Nr. 5 VGB 88 n.F, 16 Nr. 2 VGB 88 a. F., 7 Nr. 2 a VGB 62 angerechnet. Es ist nicht möglich, durch die Aufteilung der Versicherungssummen auf mehrere Wohngebäudeversicherungsverträge eine höhere Entschädigung zu erlangen, als wenn der Gesamtbetrag der Versicherungssummen in einem Wohngebäudeversicherungsvertrag in Deckung gegeben worden wäre. Ebenso verhält es sich bei den Entschädigungsgrenzen nach §§ 2 Nr. 2 und Nr. 5 e VGB 88 n. F., 17 Nr. 1 und Nr. 2 VGB 88 a. F., 1 Nr. 2 c VGB 62. Sie verlaufen versicherungssummenproportional. Der absolute Betrag der Entschädigungsgrenze kann nicht dadurch beeinflußt werden, daß der Gesamtbetrag der Versicherungssumme statt in einem Vertrag in mehreren Verträgen in Deckung gegeben wird. In der Hausratversicherung nach den VHB 84/VHB92 liegt es anders. Die Entschädigungsgrenzen nach §§ 12, 19 Nr. 3 VHB 84/VHB 92 verhalten sich zwar im unteren Bereich versicherungssummenproportional, sie werden jedoch ergänzt durch starre absolute Beträge. Dadurch wird die Entschädigung für bestimmte Schadenpositionen auf Höchstbeträge begrenzt (Einzelheiten vgl. Dietz § 12 RN 6 und § 19 RN 6). Der versicherungssummenproportionale Bereich wird eingegrenzt. In diesen Fällen könnten die absoluten Entschädigungsgrenzen durch Vertragssplitting bei hohen Versicherungssummen unterlaufen werden. In der Wohngebäudeversicherung nach den VGB 88 besteht diese Gefahr nicht, weil die Entschädigungsgrenzen uneingeschränkt versicherungssummenproportional verlaufen. Es zeigt sich, daß § 18 VGB 88 a. F. keine praktische Bedeutung hat.

8.5.3 Bei Aufräumungs- und Abbruchkosten können beim Zusammentreffen einer Wohngebäudeversicherung nach den VGB 62 mit einer Wohngebäudeversicherung nach den VGB 88 auf den ersten Blick Schwierigkeiten vermutet werden, weil unterschiedliche Entschädigungsgrenzen gelten. Nach § 1 Nr. 2 c VGB 62 werden Aufräumungs- und Abbruchkosten bis zu 1 % der Versicherungssumme entschädigt. Nach §§ 2 Nr. 1 a und Nr. 2 VGB 88 n. F., 2 Nr. 1 a, 17 VGB 88 a. F. ist die Entschädigung für Aufräumungs- und Abbruchkosten auf 5 % der Versicherungssumme begrenzt. Probleme bei der Schaden- und Entschädigungsberechnung folgen daraus nicht. Das nachfolgende

Beispiel belegt das. Es wurde angenommen, daß für dasselbe Wohngebäude zwei Wohngebäudeversicherungsverträge zum Neuwert mit fester Versicherungssumme bestehen. Dem Vertrag A liegen die VGB 62, dem Vertrag B die VGB 88 zugrunde.

| | | |
|---|---|---|
| Vertrag A VGB 62 | Versicherungssumme | 200.000,– DM |
| Vertrag B VGB 88 | Versicherungssumme | 200.000,– DM |
| Versicherungswert | | 400.000,– DM |
| Schaden Aufräumungs- und Abbruchkosten | | 10.000,– DM |

Die Entschädigung berechnet sich wie folgt:

| | | |
|---|---|---|
| Vertrag A | 1 % von 200.000,– auf Erstes Risiko | 2.000,– DM |
| Vertrag B = | $\frac{10.000,\text{– DM} \times 200.000,\text{– DM}}{400.000,\text{– DM}}$ | = 5.000,– DM |
| zusammen | | 7.000,– DM |

Die Entschädigungsgrenze nach §§ 2 Nr. 2 b VGB 88 n. F., 17 Nr. 1 b VGB 88 a. F. beträgt bei Vertrag B 5 % aus 200.000,– DM = 10.000,– DM. Sie wird nicht ausgeschöpft. Die Gesamtentschädigungsgrenze nach § 18 VGB 88 a. F. beläuft sich auf 5 % von 400.000,– DM = 20.000,– DM. Das ist der Betrag, der nach dem Wortlauf von § 18 VGB 88 a. F. höchstens zu entschädigen wäre, wenn der Gesamtbetrag der Versicherungssummen „im vorliegenden Vertrag“, d. h. im Vertrag B nach den VGB 88 a. F. in Deckung gegeben worden wäre. Die Summe der Entschädigungsansprüche aus beiden Verträgen liegt darunter. Die Gesamtentschädigungsgrenze wird nicht überschritten. Entschädigt werden 7.000,– DM. Versicherer A kann sich nicht darauf berufen, daß die Gesamtentschädigung nur 4.000,– DM betragen würde, wenn der Gesamtbetrag der Versicherungssummen im Vertrag A nach den VGB 62 in Deckung gegeben worden wäre. Die VGB 62 kennen den Begriff der Gesamtentschädigungsgrenze überhaupt nicht. In § 11 VGB 62 wird der Begriff der mehrfachen Versicherung beschrieben. Daraus folgen Obliegenheiten, die der VN zu erfüllen hat. Die Verletzung der Obliegenheiten wird mit Sanktionen belegt. Sonstige Rechtsfolgen werden im Gegensatz zu § 18 VGB 88 a. F. an die mehrfache Versicherung nicht geknüpft.

Es wird deutlich, daß die Gesamtentschädigungsgrenze nach § 18 VGB 88 a. F. keine praktische Bedeutung hat. Infolgedessen wurde darauf verzichtet, eine analoge Regelung in den VGB 88 n. F. zu treffen.

## Unterversicherungsverzicht und Doppelversicherung 8.6

Eine weitere Sonderregelung bei Mehrfach- bzw. Doppelversicherung beinhaltet § 16 Nr. 6 b VGB 88 a. F. Danach soll der vertraglich vereinbarte Unterversicherungsverzicht nicht gelten, wenn ein weiterer Gebäudeversicherungsvertrag für das Gebäude gegen dieselbe Gefahr besteht, soweit nicht etwas anderes vereinbart wurde. Diese Bestimmung ist wegen § 9 Abs. 2 Nr. 2 AGBG unwirksam (vgl. P 7.3). Liegt Doppelversicherung vor, so kann dies zu unausgewogenen Ergebnissen beim Ausgleich zwischen den Doppelversicherern führen. Dies wird anhand der nachfolgenden Beispiele erläutert.

| | | | | |
|---|---|---|---|---|
| 8.6.1 | Vertrag A | VGB 62/SGIN 79 a | Versicherungssumme 1914 | 15.000 M |
| | Vertrag B | VGB 88 mit Unterversicherungsverzicht | Versicherungssumme 1914 | 30.000 M |
| | Versicherungswert 1914 | | | 30.000 M |
| | Schaden | | | 15.000,– DM |

Die Entschädigung aus Vertrag A berechnet sich nach § 2 Nr. 2 SGIN 79 a wie folgt (der Vorsorgebetrag nach § 2 Nr. 4 SGIN 79 a bleibt unberücksichtigt):

$$\text{Entschädigung} = \frac{15.000 \times 15.000,\text{– DM}}{30.000} = 7.500,\text{– DM}$$

Der Entschädigungsanspruch aus Vertrag B beträgt 15.000,– DM. Die Summe der Entschädigungsansprüche ist 22.500,– DM. Gezahlt werden insgesamt 15.000,– DM, da der VN nach § 59 I VVG, letzter Halbsatz, nicht mehr als den Betrag des Schadens verlangen kann (Bereicherungsverbot). Der Ausgleich zwischen den Versicherern erfolgt im Innenverhältnis nach § 59 II VVG. Danach sind die Versicherer im Verhältnis zueinander „zu Anteilen nach Maßgabe der Beträge verpflichtet, deren Zahlung ihnen dem Versicherungsnehmer gegenüber vertragsmäßig obliegt". Die maßgebenden Beträge sind die rechnerischen Entschädigungsbeträge von 7.500,– DM für Versicherer A und 15.000,– DM für Versicherer B. Das anteilige Verhältnis nach § 59 II VVG wird gebildet, indem der Entschädigungsanspruch gegen den einzelnen Versicherer zur Summe der Entschädigungsansprüche in Beziehung gesetzt wird. Dies ergibt für

$$\text{Versicherer A} = \frac{7.500,\text{– DM} \times 15.000,\text{– DM}}{22\,500,\text{– DM}} = 5.000,\text{– DM}$$

und für

$$\text{Versicherer B} = \frac{15.000,\text{– DM} \times 15.000,\text{– DM}}{22.500,\text{– DM}} = 10.000,\text{– DM.}$$

Dieses Ergebnis nach Maßgabe der gesetzlichen Bestimmungen ist ausgewogen. Es entspricht der anteiligen Gefahrtragung der beiden Versicherer. Die Einbeziehung von § 16 Nr. 6 b VGB 88 a. F. führt zum gleichen Ergebnis. Der Entschädigungsanspruch aus Vertrag B beträgt auch dann unverändert 15.000,– DM, wenn der Unterversicherungsverzicht nicht gilt, weil zu Vertrag B überhaupt keine Unterversicherung vorliegt. In der Wohngebäudeversicherung mit Unterversicherungsverzicht ist das der Regelfall, da durch die richtige Ermittlung der Versicherungssumme 1914 nach §§ 12 Nr 2 VGB 88 n. F., 16 Nr. 3 VGB 88 a. F. eine weitgehende Übereinstimmung der Versicherungssumme 1914 mit dem Versicherungswert 1914 angestrebt und auch realisiert wird.

8.6.2 Anders liegt es, wenn die Versicherungssumme 1914 auch im Vertrag B niedriger ist als der Versicherungswert 1914. Ist der Versicherungswert 1914 im dargestellten Fall nicht 30.000 M, sondern 36.000 M, so beläuft sich der Entschädigungsanspruch aus Vertrag A auf 6.250,– DM. Der Entschädigungsanspruch aus Vertrag B beträgt unverändert 15.000,– DM. Die Aufteilung der gezahlten Entschädigung von 15.000,– DM auf Versicherer A und Versicherer B verändert sich. Es trägt

$$\text{Versicherer A} = \frac{6.250,\text{– DM} \times 15.000,\text{– DM}}{21.250,\text{– DM}} = 4.411{,}80\text{ DM}$$

und

Versicherer B = $\frac{15.000,\text{– DM} \times 15.000,\text{– DM}}{21.250,\text{– DM}}$ = 10.588,20 DM.

Dieses Ergebnis ist unausgewogen, weil es nicht der anteiligen Gefahrtragung durch die Versicherer entspricht. Hier bewirkt § 16 Nr. 6 b VGB 88 a. F. eine Korrektur. Gilt der Unterversicherungsverzicht für Vertrag B nicht, so wird die Entschädigung im Verhältnis 30.000 : 36.000 gekürzt. Der Entschädigungsanspruch aus Vertrag B ermäßigt sich dadurch von 15.000,– DM auf 12.500,– DM. Die Summe der Entschädigungsansprüche beläuft sich auf 18.750,– DM. Die gezahlte Entschädigung von 15.000,– DM wird nach § 59 II VVG wie folgt auf die Versicherer aufgeteilt:

Versicherer A = $\frac{15.000,\text{– DM} \times 6.250,\text{– DM}}{18.750,\text{– DM}}$ = 5.000,– DM

Versicherer B = $\frac{15.000,\text{– DM} \times 12.500,\text{– DM}}{18.750,\text{– DM}}$ = 10.000,– DM.

Diese Aufteilung der Entschädigung ist angemessen.

Zusammenfassend ist festzustellen, daß § 16 Nr. 6 b VGB 88 a. F. bei Doppelversicherung im Verhältnis der Versicherer zueinander zu einem ausgewogenen Ausgleich nach § 59 II VVG beiträgt. Andererseits kann die Anwendung dieser Regelung zu unangemessenen Nachteilen für den VN führen. Ist der Versicherer A bei dem in R 8.6.2 behandelten Fall z. B. wegen Nichtzahlung des Folgebeitrags nach § 39 VVG leistungsfrei, so wird der Entschädigungsanspruch aus Vertrag B durch § 16 Nr. 6 b VGB 88 a. F. von 15.000,– DM auf 12.500,– DM gesenkt. Besteht kein weiterer Vertrag, beträgt die Entschädigung aus Vertrag A 15.000,– DM. Infolgedessen ist § 16 Nr. 6 b VGB 88 a. F. wegen § 9 Abs. 2 Nr. 2 AGBG unwirksam. Es liegt an den Versicherern, entsprechende Vereinbarungen zu treffen, die auch in diesen Fällen zu einem ausgewogenen Ausgleich bei Doppelversicherung führen. 8.6.3

## Beseitigung der Doppelversicherung 8.7

Doppelversicherung ist grundsätzlich unerwünscht. Wird sie festgestellt, so liegt es im Interesse von VN und Versicherer, die Doppelversicherung nach Möglichkeit zu beseitigen. In vielen Fällen ist dies jedoch nicht möglich, weil damit unüberwindbare praktische Schwierigkeiten verbunden sind. Dies gilt insbesondere beim Zusammentreffen von Eigen- und Fremdversicherung (vgl. R 7.1 und 8.4 ff.). Aber auch bei den in R 8.4 ff. behandelten Fällen der Doppelversicherung von Eigeninteressen des VN kann die Doppelversicherung in der Regel nicht beseitigt werden, weil der Ausschluß von Rundfunk- und Fernsehantennenanlagen sowie Markisen aus der Hausratversicherung praktisch nicht vorgesehen ist und dem VN auch keine Beitragsvorteile bringt. Anders liegt es, wenn für dasselbe Gebäude mehrere Wohngebäudeversicherungsverträge desselben VN bestehen und der Gesamtbetrag der Versicherungssummen den Versicherungswert übersteigt. Dann kann der VN die ihm nach § 60 VVG zustehenden Rechte ohne weiteres ausüben. Er kann verlangen, daß der später geschlossene Vertrag aufgehoben wird, wenn die Doppelversicherung zustande gekommen ist, ohne daß der VN dies wußte. Er kann aber auch verlangen, daß die Versicherungssumme auf den Betrag herabgesetzt wird, der durch die früher geschlossene Versicherung nicht gedeckt ist. In diesem Fall ist der Beitrag entsprechend zu mindern (vgl. § 60 I VVG sowie Text-Baustein 21 Nr. 2).

Indessen muß der VN diese Rechte unverzüglich ausüben. Das Recht auf Aufhebung oder Herabsetzung erlischt, wenn der VN es nicht unverzüglich geltend macht, nachdem er von der Doppelversicherung Kenntnis erlangt hat. Die Aufhebung oder Herabsetzung wird mit dem Ablauf der Versicherungsperiode wirksam, in der sie verlangt wird (vgl. § 60 III VVG sowie Text-Baustein 21 Nr. 3).

Besondere Bestimmungen gelten für die sog. **betrügerische Doppelversicherung.** Hat der VN eine Doppelversicherung in der Absicht geschlossen, sich dadurch einen rechtswidrigen Vermögensvorteil zu verschaffen, ist jeder in dieser Absicht geschlossene Vertrag nichtig. Der Versicherer hat, sofern er nicht bei der Vertragsschließung die Nichtigkeit kannte, Anspruch auf den Beitrag bis zum Schluß der Versicherungsperiode, in der er diese Kenntnis erlangt (vgl. § 59 III VVG sowie Text-Baustein 21 Nr. 4).

## 9 Überversicherung

Nach §§ 18 a VGB 88 a. F., 12 VGB 62 können sowohl der VN als auch der Versicherer nach Maßgabe von § 51 VVG die Herabsetzung der Versicherung und des Beitrags verlangen, wenn die Versicherungssumme den Wert der versicherten Sachen erheblich übersteigt (ähnlich §§ 20 a VHB 84/VHB 92, 9 Nr. 5 AVB Sach 87). In den VGB 88 n. F. fehlt eine entsprechende Regelung. Allgemein gilt ohne weiteres § 51 VVG. Das Recht zur Herabsetzung der Versicherungssumme und des Beitrags entsteht, wenn die Versicherungssumme den Versicherungswert erheblich übersteigt. Erheblich ist die Abweichung nur, wenn die Ermäßigung des Beitrags ins Gewicht fällt. Dabei werden Größenordnungen von 10 % und mehr als Anhaltspunkt genannt (vgl. Römer/Langheid § 51 RN 2).

Überversicherung kann dadurch entstehen, daß bei Abschluß des Vertrages bereits eine zu hohe Versicherungssumme vereinbart wurde. Sie entsteht aber auch, wenn sich der Versicherungswert während der Vertragslaufzeit vermindert. So liegt es, wenn in einem Wohngebäudeversicherungsvertrag mehrere Gebäude versichert sind, von denen eines oder mehrere nach Abschluß des Vertrages abgebrochen werden. Überversicherung entsteht daneben aber auch, wenn versicherte Gebäude während der Vertragslaufzeit dauernd entwertet werden und anstelle des vertraglich vereinbarten Neuwerts oder Zeitwerts der gemeine Wert Versicherungswert ist (vgl. Q 3). In der Wohngebäudeversicherung kommt jedoch Überversicherung selten vor.

# S Obliegenheiten des Versicherungsnehmers im Versicherungsfall

In §§ 15 VGB 88 n. F., 20 VGB 88 a. F., 15 VGB 62 sind die Obliegenheiten des VN im Versicherungsfall geregelt. Vergleichbare Bestimmungen beinhalten alle AVB Sach (vgl. §§ 21 VHB 84/VHB 92, 13 AVB Sach 87). Die Bestimmungen über die Obliegenheiten im Versicherungsfall in den VGB weichen im Wortlaut verschiedentlich voneinander ab, stimmen inhaltlich jedoch weitgehend überein. Sie werden nachfolgend in ihren Grundzügen dargestellt. Eine umfassende Erläuterung ist hier nicht möglich. Es wird auf die einschlägige Kommentierung zu §§ 6, 33, 34, 34 a,62, 92, 93 VVG verwiesen, die Grundlage der AVB-Bestimmungen sind.

Die Obliegenheiten im Versicherungsfall sind nach der herrschenden Meinung Verhaltensnormen, die der VN beachten muß, um seine Ansprüche aus dem Versicherungsvertrag nicht zu gefährden (vgl. Römer/Langheid § 6 RN 2). Nach dem Wortlaut der AVB hat der VN die Obliegenheiten im Versicherungsfall zu erfüllen. Er muß sich jedoch unter bestimmten Voraussetzungen auch Kenntnis und Verhalten Dritter zurechnen lassen (vgl. dazu U). Die Obliegenheiten im Versicherungsfall dienen der Feststellung des Schadens dem Grunde nach (Schadenursache, Schadenereignis) sowie der Ermittlung der Schaden- und Entschädigungshöhe. Weiteres Ziel ist die Minderung eingetretener Schäden bzw. die Abwendung weiterer Schäden. In § 15 Nr. 1 VGB 62 wird abweichend vom Wortlaut der VGB 88 klarstellend darauf hingewiesen, der VN habe bei Eintritt eines Versicherungsfalls, aus dem er Entschädigung verlangt, die dort geregelten Obliegenheiten zu erfüllen. In den VGB 88 wurde auf eine derartige Klarstellung verzichtet. Beansprucht der VN oder der Versicherte keine Entschädigung, so hat der VN auch die in den VGB geregelten Obliegenheiten nicht zu erfüllen. Auch hat der VN nach Eintritt eines Versicherungsfalls keine vertraglichen (Aufklärungs-)Obliegenheiten mehr zu erfüllen, wenn der Versicherer eine Leistungsablehnung erklärt hat (BGH zu §§ 6 III VVG, 16 AFB a. F. VersR 89 S. 842).

## Unverzügliche Schadenanzeige 1

Der VN ist verpflichtet, bei Eintritt eines Versicherungsfalles „den Versicherer unverzüglich zu informieren" (§ 15 Nr. 1 a VGB 88 n. F.) bzw. „den Schaden dem Versicherer unverzüglich anzuzeigen" (§ 20 Nr. 1 a VGB 88). Nach § 15 Nr. 1 a VGB 62 hat der VN innerhalb „dreier Tage nach Kenntniserlangung den Eintritt des Versicherungsfalles dem Versicherer oder dessen Agenten schriftlich oder mündlich anzuzeigen". Gesetzliche Grundlage dieser Regelungen ist § 33 VVG. Die Fristenregelung in den VGB 62 lehnt sich an § 92 I VVG an. In den VGB 88 wurde auf die Festlegung einer Meldefrist in Tagen verzichtet, weil sich von vornherein nicht zuverlässig und allgemeingültig festlegen läßt, wie eine angemessene Frist in Tagen zu bestimmen ist. Daher wurde auch die Regelung in § 13 Nr. 1 a AVB Sach 87 nicht übernommen, wonach die Anzeige des Versicherungsfalls gegenüber dem Versicherer noch als unverzüglich gilt, wenn sie innerhalb von drei Tagen abgesandt wird. Der Begriff unverzüglich wird nicht definiert. Unverzüglich bedeutet nach § 121 BGB ohne schuldhaftes Zögern. Es hängt von den Umständen des Einzelfalls ab, ob der VN die Obliegenheit zur unverzüglichen Schadenanzeige verletzt hat.

Die nachstehend angeführte **Rechtsprechung** bestätigt das.

Wenn der VN unter dem Datum des 23. 6. d. J. einen Frostschaden an der Heizungsanlage gemeldet hat, der im Februar d. J. eingetreten ist, und wenn ein Heizungsfachmann den VN in der Zeit von Mitte Februar bis Ende März d. J. darauf hingewiesen hat, daß eine größere Reparatur notwendig sei, die in der kalten Jahreszeit nicht durchgeführt werden könne, hat der VN die Verpflichtung zur unverzüglichen Schadenanzeige nach § 15 Nr. 1 a VGB 62 grob fahrlässig verletzt. Diese Verletzung ist generell geeignet, das Aufklärungsinteresse des Versicherers zu gefährden, wenn es dem Versicherer durch die verspätete Meldung praktisch unmöglich wird, die Verletzung von Sicherheitsvorschriften oder die grob fahrlässige Herbeiführung des Versicherungsfalls oder die Schadenursache festzustellen. Wenn der Versicherer einen verspätet gemeldeten kleineren Schaden durch Rohrbruch ohne weiteres reguliert hat, kann darin kein Verzicht des Versicherers auf sein Recht aus Obliegenheitsverletzung für einen mit dem Rohrbruch verbundenen, aber noch nicht gemeldeten größeren Frostschaden an der Heizungsanlage gesehen werden (OLG Koblenz r+s 90 S. 132). Wenn der VN den Versicherungsagenten am 26. 1. über einen Sturmschaden informiert hat, der sich einen Tag vorher an dem versicherten Gebäude ereignet hat, hat er damit die Schadenanzeigepflicht erfüllt, auch wenn er das Schadenanzeigeformular des Versicherers erst am 24. 2. des Jahres ausgefüllt hat. Wenn der Versicherer aufgrund der Schadenanzeige des VN einen Sachverständigen mit der Schadenfeststellung beauftragt und nach Vorlage dieses Gutachtens Zahlungen geleistet hat, kann er sich danach wegen § 242 BGB nicht mehr auf Leistungsfreiheit wegen verspäteter Anzeige des Schadens berufen (LG Oldenburg zu § 15 Nr. 1 a und Nr. 3 VGB 62 r+s 94 S. 468). Wenn der aus der Zwangsversteigerung hervorgegangene neue Eigentümer des versicherten Gebäudes den Zuschlag am 16. 5. 1990 erhalten und an diesem Tag Kenntnis davon erlangt hat, daß das Gebäude im Februar/März 1990 einen Sturmschaden erlitten hat und daß eine Sturmversicherung besteht, wenn die Zwangsverwaltung bis zum 3. 7. 1990 fortbestanden hat, wenn der neue Eigentümer den Versicherungsfall dem Versicherer am 11. 7. 1990 angezeigt hat und wenn das beschädigte Dach am 12. 7. 1990 beim Eintreffen des vom Versicherer beauftragten Sachverständigen schon abgedeckt war, so daß der Schaden nicht mehr feststellbar war, ist der Versicherer von der Leistungspflicht wegen Verletzung der Schadenanzeigepflicht gegenüber dem Versicherer nach §§ 15 Nr. 1 a und Nr. 3 VGB 62, 33 VVG frei (LG Essen VersR 95 S. 21 und r+s 94 S. 148). Eine sechs Tage nach Eintritt des Schadenfalls erfolgte Anzeige kann im Hinblick auf den Zweck der Anzeigeobliegenheit nicht mehr unverzüglich sein, weil in diesem Zeitraum wertvolle Zeit für entsprechende Aufklärungsbemühungen verloren geht. Dem Versicherer muß nämlich die Möglichkeit eingeräumt werden, den Schaden unmittelbar nach dessen Eintritt in Augenschein zu nehmen. Nach sechs Tagen ist der Zustand durch Wasser beschädigter Gegenstände so, wie er sich unmittelbar nach dem Schadenereignis dargestellt hat, nicht mehr annähernd feststellbar, so daß sich insbesondere die Gefahr einer unberechtigten Inanspruchnahme ganz erheblich vergrößert hat (LG Köln VersR 95 S. 291).

Die **Form der Schadenanzeige** ist in den VGB 88 a. F. nicht vorgeschrieben. Die Schadenanzeige des VN ist nach § 26 Nr. 1 Satz 2 VGB 88 a. F. vom Erfordernis der Schriftform ausgenommen. Der Text-Baustein 26 sieht eine solche Ausnahme für die Schadenanzeige nicht vor. Es ist dem Versicherer auch nach den VGB 88 a. F. ohne weiteres möglich, bei einer telefonischen oder mündlichen Schadenanzeige des VN eine nachträgliche schriftliche Schadenanzeige zu fordern. Es genügt jedoch (fern)mündliche Anzeige (ebenso § 15 Nr. 1 a VGB 62). Nicht übernommen wurde § 13 Nr. 1 a Abs. 2 AVB Sach 87, wonach die Anzeige bei Schäden über 10.000,– DM dem Versicherer gegenüber fernmündlich, fernschriftlich oder telegrafisch erfolgen sollte. Diese Bestimmung hat unverbindlichen Charakter. In der Wohngebäudeversicherung bleibt es dem VN auch bei größeren Schäden überlassen, welchen Weg er für die Anzeige des Schadens wählt. Er ist auch nicht verpflichtet, das vom Versicherer ausgehändigte Schadenanzeigeformular auszufüllen und unverzüglich an den Versicherer zurückzusenden (OLG Köln VersR 95 S. 1480 und VersR 93 S. 310). Nach Auffassung des Gerichts bezieht sich die Pflicht zur unverzüglichen Schadenanzeige nur auf die Unterrichtung über den Eintritt des Versicherungsfalls, nicht auf die näheren Umstände.

Durch die unverzügliche Anzeige des Schadens soll der Versicherer vor allem auch in die Lage versetzt werden, geeignete Maßnahmen zur Schadenfeststellung sowie zur Schadenminderung zu ergreifen (Reinigung, Sanierung, Trocknung usw.). Dieser Gesichtspunkt spielt in der Wohngebäudeversicherung eine große Rolle. Gerade bei Leitungswasser- oder Sturmschäden können zumeist erhebliche Folgeschäden vermieden werden, wenn unverzüglich geeignete Gegenmaßnahmen ergriffen werden. Der private VN ist dazu häufig nicht in der Lage. Die Reaktion des Versicherers auf die Schadenanzeige des VN hängt sehr stark von der erwarteten Höhe des Schadens ab. Infolgedessen kommt es auch darauf an, daß der VN in der Schadenanzeige zutreffende Angaben über die voraussichtliche Schadenhöhe macht (a. A. OLG Hamm r+s 88 S. 302). Enthält eine Schadenanzeige unrichtige Angaben, die der VN später berichtigt, z. B. über die voraussichtliche Schadenhöhe, so trägt der VN die Darlegungs- und Beweislast, wenn er behauptet, die notwendige Tatsachenkenntnis erst nachträglich erlangt zu haben (LG Osnabrück zu § 15 Nr. 1 a VGB 62 VersR 86 S. 1237). Die Obliegenheit, den Schaden dem Versicherer anzuzeigen, gilt nicht nur für den Eintritt des Versicherungsfalls insgesamt, sondern auch für jeden einzelnen Teil eines erst nach und nach in vollem Umfang festgestellten Schadens (LG Amberg zu § 13 Nr. 1 a AFB a. F. VersR 88 S. 149).

Die **Verletzung der Obliegenheit zur unverzüglichen Schadenanzeige bleibt an sich** für den VN dennoch **zumeist folgenlos** (vgl. S 6). Rechtsfolgen können indessen eintreten, wenn damit die Verletzung weiterer Obliegenheiten verbunden ist. Dies ist bei einer verspäteten Schadenanzeige häufig der Fall. In vielen Fällen gehen damit Verstöße gegen die Rettungs- bzw. Schadenminderungspflicht (vgl. S 3), die Aufklärungs- und Auskunftspflicht (vgl. S 4) und das Verbot der Veränderung der Schadenstelle (vgl. S 5) einher. Insbesondere bei Teilschäden kommt es häufig vor, daß VN die Schadenanzeige erst nach der Reparatur mit erheblicher zeitlicher Verzögerung zusammen mit der Reparaturkostenrechnung einreichen. Bei Kleinschäden und eindeutiger Sach- und Rechtslage nehmen die Versicherer die damit verbundenen Verstöße gegen die Obliegenheiten des VN im Versicherungsfall im allgemeinen sanktionslos hin. Dies liegt daran, daß auch bei unverzüglicher Schadenanzeige Kleinschäden ohne Besichtigung durch den Versicherer auf der Basis der Reparaturkostenrechnung entschädigt werden. Infolgedessen tritt nach § 6 III VVG (vgl. S 6.2) bzw. nach den Grundsätzen der Relevanzrechtsprechung (vgl. S 6.3) in diesen Fällen selbst bei grob fahrlässiger Verletzung der Schadenanzeigepflicht keine Leistungsfreiheit ein. Der Versicherer hätte den Schaden in gleicher Weise abgewickelt, wenn der VN ihn unverzüglich vor Durchführung der Reparatur angezeigt hätte. Dies gilt jedoch nicht, wenn es sich um größere Schäden handelt, die vom Versicherer durch Besichtigung vor Ort untersucht und festgestellt werden (vgl. S 4).

## Verzeichnis abhandengekommener Gegenstände 2

Sind bei einem Versicherungsfall versicherte Gegenstände (Gebäudeteile und Zubehörstücke) abhandengekommen, so hat der VN nach §§ 15 Nr. 1 b VGB 88 n. F., 20 Nr. 1 b

VGB 88 a. F., 15 Nr. 1 a VGB 62 der zuständigen Polizeidienststelle unverzüglich ein Verzeichnis der abhandengekommenen Gegenstände einzureichen (ebenso §§ 21 Nr. 1 b VHB 84/VHB 92, 13 Nr. 1 b AVB Sach 87). Diese Obliegenheit, eine sog. **Stehlgutliste** einzureichen, hat vor allem in der Einbruchdiebstahl- bzw. in der Hausratversicherung große Bedeutung. In der Wohngebäudeversicherung spielt sie eine untergeordnete Rolle, weil es selten vorkommt, daß Gebäudebestandteile oder Zubehörstücke in zeitlichem und örtlichem Zusammenhang mit dem Eintritt des Versicherungsfalls abhanden kommen. Daher wurde auch §§ 20 Nr. 1 f VGB 88 a. F., 15 Nr. 1 c Satz 2 VGB 62 (Vorlage eines unterschriebenen Verzeichnisses aller abhandengekommenen Gegenstände) in die VGB 88 n. F. nicht übernommen.

## 3 Rettungspflicht

Die wichtigste Obliegenheit des VN bei Eintritt des Versicherungsfalls besteht darin, den Schaden nach Möglichkeit abzuwenden oder zu mindern und dabei die Weisungen des Versicherers einzuholen und zu befolgen (§§ 15 Nr. 1 a VGB 88 n. F., 20 Nr. 1 c VGB 88 a. F., 15 Nr. 1 b VGB 62). Sie ist in allen AVB Sach verankert (vgl. §§ 21 Nr. 2 a VHB 84/VHB 92, 13 Nr. 1 c AVB Sach 87). Gesetzliche Grundlage der Rettungspflicht ist § 62 VVG. Die Verpflichtung des VN, den Schaden abzuwenden oder zu mindern, korrespondiert mit dem vertraglichen Anspruch auf Ersatz der Kosten, die dem VN durch Schadenabwendungs- oder Schadenminderungsmaßnahmen entstehen (zum Rettungskostenersatz vgl. B 3.3). Analog § 62 I VVG wird in den VGB ausdrücklich festgelegt, daß der VN bei Rettungsmaßnahmen die Weisungen des Versicherers zu befolgen und daneben solche Weisungen einzuholen hat, wenn die Umstände es gestatten. Beachtet der VN dies nicht, so kann insbesondere bei erfolglosen Rettungsmaßnahmen Leistungsfreiheit nach § 62 II VVG eintreten. Erteilt der Versicherer dem VN im Rahmen der §§ 15 Nr. 1 b VGB 62 bzw. 62 I Satz 1 VVG Weisungen zur Abwendung oder Minderung des Schadens, die falsch oder unzweckmäßig sind und zum Eintritt eines Versicherungsfalles oder zur Vergrößerung eines bereits entstandenen Schadens führen, hat er, sofern er nicht schon aus dem Versicherungsvertrag zur Leistung verpflichtet ist, wegen positiver Vertragsverletzung Schadenersatz zu leisten. Das gleiche kann auch dann gelten, wenn der Versicherer entweder außerhalb des Rahmens der §§ 15 Nr. 1 b VGB 62 bzw. 62 I Satz 1 VVG und ohne vertragliche Grundlage fehlerhafte oder unzweckmäßige Weisungen zur Schadenbehebung erteilt oder der VN infolge eines nicht vorwerfbaren Irrtums diese für bindend hält, und wenn der Versicherer nur Ratschläge und Empfehlungen gibt, welche sich aber aus der Sicht des VN als bindende Weisungen darstellen (OLG Karlsruhe r+s 95 S. 426).

## 4 Aufklärungs- und Auskunftspflicht

Nach §§ 15 Nr. 1 c VGB 88 n. F., 20 Nr. 1 d VGB 88 a. F., 15 Nr. 1 c Satz 1 VGB 62 ist der VN verpflichtet, dem Versicherer jede Untersuchung über die Ursache und die Höhe des Schadens sowie über den Umfang seiner Entschädigungspflicht zu gestatten, sowie jede Auskunft dazu – auf Verlangen schriftlich – zu erteilen und die angeforderten Belege beizubringen. Diese sog. Aufklärungs- und Auskunftspflicht ist in allen AVB Sach verankert (analog §§ 21 Nr. 2 b VHB 84/VHB 92, 13 Nr. 1 e AVB Sach 87). Gesetzliche

Grundlage ist § 34 VVG. Der Versicherer soll dadurch in die Lage versetzt werden, seine Leistungspflicht dem Grunde nach (Schadenursache) und der Höhe nach zu beurteilen.

Zur Verletzung von Auskunftsobliegenheiten liegt umfangreiche **Rechtsprechung** vor. Sie ist nachfolgend dargestellt.

Wenn der VN in der von ihm ausgefüllten und unterschriebenen Schadenanzeige vom 19. 1. 1995 zu einem Leitungswasserschaden vom 16. 1. 1995, für den er Reparaturkosten und Mietausfall geltend macht, die Frage des Versicherers, ob die Räume vermietet sind, bejaht hat, wenn die in Rede stehende Wohnung aber nach beiderseitiger Kündigung in unvermietbarem Zustand zurückgegeben worden und insofern nicht mehr benutzbar war, hat der VN die Auskunftsobliegenheit des § 20 Nr. 1 d VGB 88 in objektiver Hinsicht verletzt. Der VN hat die gegen ihn sprechende Vorsatzvermutung (§ 6 III VVG) nicht widerlegt, falls er zunächst nur ausgeführt hat, er habe die Frage gelesen, sie aber nicht so ernst genommen, und auf nochmalige Frage erklärt hat, er habe eine Menge Arbeit gehabt und sich über die von ihm gelesene Frage keine großen Gedanken gemacht. Unter diesen Umständen liegen auch die sonstigen Voraussetzungen für Leistungsfreiheit vor (ernsthafte Gefährdung der Interessen des Versicherers; schweres Verschulden des VN; ordnungsgemäße Belehrung des VN über die Rechtsfolgen; OLG Hamm r+s 96 S. 496). Erklärt der VN nach einem Leitungswasserschaden wahrheitswidrig, das Haus sei zum Zeitpunkt des Versicherungsfalls noch bewohnt gewesen, so begeht er eine Auskunftsobliegenheitsverletzung, die zur Leistungsfreiheit des Versicherers führt (OLG Hamm zu § 15 Nr. 3 VGB 62 VersR 93 S. 1269). Der VN muß weiterhin das Schadenanzeigeformular, das ihm der Versicherer aufgrund seiner Schadenanzeige zugesandt hat, unverzüglich an den Versicherer zurückgeben. Sendet er das Schadenanzeigeformular nach einem Sturmschaden erst zurück, nachdem die von ihm in Auftrag gegebenen Reparaturarbeiten schon fünf Tage andauern, und macht er dabei zudem unzutreffende Angaben, so hat er seine Auskunftsobliegenheit grob fahrlässig verletzt. Dies führt zur Leistungsfreiheit des Versicherers (OLG Celle zu § 15 Nr. 1 c und Nr. 3 VGB 62 VersR 92 S. 1000).

Die Auskunftspflicht des VN erschöpft sich jedoch nicht in der Beantwortung der im Schadenanzeigeformular gestellten Fragen. Erkennt ein VN nach der Schadenregulierung, daß weitere bisher nicht festgestellte Schäden durch den Versicherungsfall eingetreten sind, die er gegenüber dem Versicherer geltend machen will, ist er nach Sinn und Zweck der Auskunftsobliegenheit verpflichtet, den Versicherer so rechtzeitig von den weiteren Schäden in Kenntnis zu setzen, daß die Möglichkeit der Überprüfung gegeben ist. Rechtzeitig ist die Mitteilung dieser weiteren Schäden jedenfalls dann nicht mehr, wenn sie erst nach deren Beseitigung erfolgt (OLG Hamm zu § 15 Nr. 1 c VGB 62 VersR 93 S. 1268). Weiterhin hat der VN nicht nur jede Auskunft über die Ursache und die Höhe des Schadens zu geben, sondern auch die Fragen nach dem Bestehen weiterer Versicherungen für die vom Schaden betroffenen Sachen zu beantworten (BGH VersR 81 S. 625; vgl. auch R 6 und 7). Auch zur Beantwortung der Fragen nach Vorschäden ist der VN verpflichtet (Martin, VP 86 S. 49). Der VN hat auch die mit dem Versicherer vereinbarten Besichtigungstermine einzuhalten. Versäumt der VN einen vereinbarten Besichtigungs- und Verhandlunglungstermin in seiner Wohnung und kann der Versicherer deshalb den durch einen Brand zerstörten Hausrat nicht untersuchen, so wird der Versicherer wegen schuldhafter Verletzung der Obliegenheit des § 21 Nr. 2 b VHB 84 von seiner Leistungspflicht frei (OLG Karlsruhe VersR 98 S. 975 und r+s 97 S. 381).

Eine große Bedeutung hat in der Wohngebäudeversicherung die Verpflichtung des VN, die für die Feststellung der Schaden- und Entschädigungshöhe **erforderlichen Belege beizubringen**. Dazu zählen in erster Linie Kostenvoranschläge und Reparaturkostenrechnungen. Bei größeren Schäden kann der Versicherer aber auch verlangen, daß der VN die sog. Rapportzettel zu den Handwerkerrechnungen vorlegt. Wenn der Versicherer bei einem behaupteten Gebäude-Sturmschaden von rund 170.000,– DM die VN mehrfach klar und eindeutig aufgefordert hat, die Rapportzettel zu den Handwerkerrechnungen vorzulegen und die VN dieser Aufforderung nicht entsprochen haben, kann nur von einer vorsätzlichen Verletzung der Obliegenheit zur Beibringung der erforderlichen Belege ausgegangen werden (OLG Köln zu § 12 Nr. 1 c AStB a.F r+s 88 S. 337).

Nach §§ 20 Nr. 1 d VGB 88 a. F., 15 Nr. 1 c VGB 62 ist der VN weiterhin verpflichtet, auf Verlangen des Versicherers **einen beglaubigten Grundbuchauszug vorzulegen.** Das Grundbuch gibt Auskunft über die Eigentumsverhältnisse an Grundstücken. Der Versicherer kann zuverlässig feststellen, an wen er mit befreiender Wirkung zu zahlen hat. Diese Vorschrift dient in erster Linie dem Schutz der Realgläubiger (vgl. W 7). Ein weiteres Motiv ist die Durchsetzung der nach § 71 VVG vorgesehenen Sanktionen. Nach § 71 I Satz 2 VVG ist der Versicherer bei einem Eigentumswechsel von der Verpflichtung zur Leistung frei, wenn ihm die Veräußerung versicherter Sachen weder vom Erwerber noch vom Veräußerer angezeigt wurde und der Versicherungsfall später als einen Monat nach dem Zeitpunkt eintritt, in welchem die Anzeige dem Versicherer hätte zugehen müssen. Diese harte Sanktion ist indessen durch die Rechtsprechung des BGH stark abgeschwächt worden. Ein Verstoß des VN gegen die gesetzliche Obliegenheit zur unverzüglichen Anzeige der Veräußerung versicherter Sachen nach § 71 I Satz 1 VVG führt danach nur dann zur Leistungsfreiheit des Versicherers, wenn diese Rechtsfolge nicht außer Verhältnis zur Schwere des Verstosses steht. Dabei ist auf seiten des Versicherers abzuwägen, wie weit seine Interessen in ernster Weise beeinträchtigt sind, auf seiten des VN, in welchem Umfang ihn ein Verschulden trifft und welches Gewicht die Entziehung der Versicherungsleistung hat (BGH VersR 87 S. 477). Die Anwendung dieser Grundsätze in der Praxis führt dazu, daß Leistungsfreiheit in den genannten Fällen praktisch nicht eintritt. Dies liegt daran, daß die Versicherer bei der Veräußerung von Wohngebäuden in der Regel das ihnen nach § 70 I VVG zustehende Kündigungsrecht nicht ausüben, sondern sich vielmehr um die Aufrechterhaltung bestehender Verträge bei den neuen Gebäudeeigentümern bemühen. Andererseits setzt die Leistungsfreiheit des Versicherers nach § 71 I Satz 2 VVG nicht voraus, daß der Versicherer, der erst nach dem Versicherungsfall Kenntnis von der Veräußerung erlangt, sein Kündigungsrecht nach § 70 I VVG ausübt (BGH zu §§ 13 VGB 62, 71 I Satz 2 VVG VersR 87 S. 705).

In den VGB 88 n. F. wurde darauf verzichtet, eine Verpflichtung des VN zur Beibringung eines beglaubigten Grundbuchauszugs zu verankern. Daraus folgt nicht, daß der VN nicht verpflichtet ist, einen beglaubigten Grundbuchauszug beizubringen, wenn der Versicherer dies verlangt. Insbesondere bei größeren Schäden kann auf die Vorlage eines beglaubigten Grundbuchauszugs nicht verzichtet werden, weil die gesetzlichen Vorschriften über die Sicherung des Realkredits zu beachten und mögliche Zweifel an der Empfangsberechtigung des VN für die Entschädigung zu beseitigen sind (vgl. W 5.1).

## 5 Veränderungen der Schadenstelle

Der VN hat bei Eintritt eines Versicherungsfalls „die Schadenstelle möglichst so lange unverändert zu lassen, bis sie durch den Versicherer freigegeben worden ist" (§ 15 Nr. 1 d VGB 88 n. F.) bzw. „Veränderungen der Schadenstelle möglichst zu vermeiden, solange der Versicherer nicht zugestimmt hat" (§ 20 Nr. 1 e VGB 88 a. F.). Grundlage dieser Bestimmungen ist § 93 VVG. Diese Bestimmungen regeln einen wichtigen Teilaspekt der Schadenminderungspflicht bzw. der Aufklärungs- und Auskunftspflicht. Zuverlässig kann der Versicherer die Schadenursache und die Schadenhöhe nur beurteilen, wenn er die unveränderte Schadenstelle in Augenschein nimmt. Daneben kann er bei dieser Gelegenheit Weisungen zur Schadenabwendung- und Schadenminderung erteilen und gemeinsam mit dem VN die wirtschaftlichste Art der Schadenbeseitigung festlegen. Indessen machen Versicherer von dieser Möglichkeit nicht generell Gebrauch. Bei Kleinschäden verzichten sie in der Regel auf eine Schadenbesichtigung. Eine allgemeingültige Grenze dafür läßt sich jedoch nicht ziehen. Daher darf der VN das Schadenbild durch Aufräumungs- oder Reparaturarbeiten grundsätzlich erst verändern, nachdem der Versicherer zugestimmt hat. Ein generelles Verbot der vorherigen Veränderung der Schadenstelle ist damit jedoch nicht verbunden. Veränderungen sind „möglichst" zu vermeiden. Mit dieser Formulierung soll zum Ausdruck gebracht werden, daß Veränderungen des Schadenbildes auch ohne Zustimmung des Versicherers insbesondere dann kein Verstoß gegen diese Obliegenheit sind, wenn sie im öffentlichen Interesse geboten sind, dem VN nicht zumutbar sind oder zur Schadenabwendung bzw. Schadenminderung beitragen. So liegt es, wenn der VN bei einem Schaden an der Heizungsanlage während einer strengen Frostperiode den Schaden sofort beseitigen läßt. Ähnlich verhält es sich, wenn der VN Sturmschäden am Dach des versicherten Gebäudes unverzüglich repariert, um weitere (Einregen)Schäden zu verhindern. Den Nachweis dafür, daß durch die Veränderung des Schadenbildes weitere Schäden verhütet oder eingetretene Schäden gemindert werden, hat der VN zu führen. Daß die Reparatur eines Sturmschadens, der sich am 27. 6. 1989 am Dach des versicherten Gebäudes ereignet hat, vor Anzeige des Schadens beim Versicherer der Rettungspflicht entspreche, ist auszuschließen, wenn das Ziegeldach am 28. 6. 1989 zunächst provisorisch eingedeckt und schon ab 29. 6. 1989 abgetragen und endgültig eingedeckt worden ist (LG Berlin r+s 90 S. 424). Auch muß der VN die verursachten Veränderungen des Schadenbildes auf das notwendige Maß beschränken. Ausgewechselte Teile hat er für eine Besichtigung durch den Versicherer aufzubewahren. In § 15 Nr. 1 d Satz 2 VGB 88 n. F. ist dies positiv klargestellt. Danach hat der VN beschädigte Teile bis zu einer Besichtigung durch den Versicherer aufzubewahren, wenn Veränderungen der Schadenstelle unumgänglich waren. Indessen muß der Versicherer in diesen Fällen die Besichtigung innerhalb einer angemessenen Frist durchführen. Wenn der VN am 1. 2. 1990 vom Versicherer telefonisch aufgefordert worden ist, den durch Leitungswasser beschädigten Heizkessel aufzubewahren, kann es dem VN nicht zugemutet werden, über den 31. 3. 1990 hinaus, also ca. drei Monate nach dem Schadenereignis und ca. zwei Monate nach der Aufforderung, auf eine evtl. Begutachtung durch einen Sachverständigen des Versicherers zu warten (OLG Oldenburg r+s 92 S. 423). Auch kann es unter bestimmten Voraussetzungen ausreichen, wenn der VN beschädigte Teile zwar beseitigt, aber das Schadenbild vorher fotografiert (vgl. OLG Hamm VersR 94 S. 343). Im Vergleich zu § 15 Nr. 1 c VGB 62 bringen §§ 15 Nr. 1 d VGB 88 n. F., 20 Nr. 1 e VGB 88 a. F. eine wünschenswerte Klarstellung. Nach § 15 Nr. 1 c VGB 62 ist zumindest unklar, ob Veränderungen des Schadenbildes ohne Zustimmung des Versicherers eine Obliegenheitsverletzung sind.

Die Rechtsprechung hat diese Frage verschiedentlich verneint. Soweit die Versicherungsbedingungen des Versicherers die Frage der Veränderung des Schadenbildes nicht ansprechen, darf eine Obliegenheit dieser Art auch nicht auf dem Umweg konstruiert werden, daß Veränderungen des Schadenbildes als vorweggenommener Verstoß gegen die Obliegenheiten angesehen werden, Auskünfte zu erteilen und Untersuchungen zu dulden. Veränderungen des Schadenbildes, insbesondere wenn sie zum

Zwecke der Reparatur und Verhütung weiterer Schäden vorgenommen werden, stellen in der Verbundenen Wohngebäudeversicherung nach den VGB 62 keine Obliegenheitsverletzung dar (OLG Hamm zu § 15 Nr. 1 c VGB 62 r+s 88 S. 339). Aus § 15 Nr. 1 c Satz 1 VGB 62 und § 13 Nr. 1 d Satz 1 VHB 74 folgt keine allgemeine Obliegenheit des VN, das Schadenbild unverändert zu lassen. Eine solche kann sich nur mittelbar aus einem Verlangen des Versicherers ergeben, die unveränderte Schadenstelle, z. B. durch einen Sachverständigen, zur Untersuchung zu besichtigen. Die Stellung dieses Verlangens steht zur Beweislast des Versicherers (OLG Hamm VersR 91 S. 923 und r+s 91 S. 135). Die Obliegenheit des § 15 Nr. 1 c VGB 62, jede Untersuchung über Ursache und Höhe des Schadens zu gestatten, setzt ein entsprechendes Untersuchungsverlangen des Versicherers voraus. Ohne eine solche Aufforderung ist der VN nicht verpflichtet, das Schadenbild unverändert zu lassen und den betroffenen Gegenstand aufzubewahren. Nach einer solchen Aufforderung ergibt sich eine zeitliche Grenze für das pflichtmäßige Zuwarten aus der Zumutbarkeit (OLG Oldenburg r+s 92 S. 423).

Die dargestellte Rechtsprechung läßt sich auf die Wohngebäudeversicherung nach den VGB 88 nicht ohne weiteres übertragen. Die Regelungslücke in den VGB 62 wurde durch §§ 15 Nr. 1 d VGB 88 n. F., 20 Nr. 1 e VGB 88 a. F. geschlossen. Veränderungen der Schadenstelle, die der VN ohne Zustimmung des Versicherers vornimmt bleiben indessen auch nach den VGB 88 folgenlos, wenn sie unumgänglich waren oder dadurch weitere Schäden verhütet bzw. eingetretene Schäden gemindert wurden. Den Nachweis dafür hat der VN zu führen.

## 6 Leistungsfreiheit infolge Verletzung von Obliegenheiten

Die Verletzung der Obliegenheiten im Versicherungsfall kann Leistungsfreiheit nach §§ 6 III, 62 II VVG nach sich ziehen. Dazu ist es jedoch erforderlich, den Wegfall der Leistungspflicht bei einer Obliegenheitsverletzung wegen der besonderen Bedeutung für die Vertragsparteien klar und deutlich im Versicherungsvertrag zu vereinbaren (Prölss/Martin § 6 RN 84; Römer/Langheid § 6 RN 100; BGH VersR 90 S. 384). Diese Vereinbarung wird in der Wohngebäudeversicherung durch §§ 15 Nr. 2 VGB 88 n. F., 20 Nr. 2 VGB 88 a. F., 15 Nr. 3 VGB 62 getroffen. Nach diesen Bestimmungen „verliert der Versicherungsnehmer seinen Versicherungsschutz“ (§ 15 Nr. 2 VGB 88 n. F.) bzw. „ist der Versicherer .... von der Entschädigungspflicht frei“ (§§ 20 Nr. 2 VGB 88 a. F., 15 Nr. 3 VGB 62), wenn der VN eine der vereinbarten Obliegenheiten verletzt, die er im Versicherungsfall zu erfüllen hat. Umstritten ist, ob die Leistungsfreiheit dann „von selbst eintritt“ (Prölss/Martin § 6 RN 86) oder ob „es einer Erklärung des Versicherers gegenüber dem VN bedarf, um das Recht der Versagung des Versicherungsschutzes auszuüben“ (Römer/Langheid § 6 RN 101 m. w. N.). In der Praxis begegnen die Versicherer derartigen Zweifeln dadurch, daß sie sich dem VN gegenüber regelmäßig schriftlich auf Leistungsfreiheit wegen Obliegenheitsverletzung berufen, wenn die dafür erforderlichen Voraussetzungen vorliegen.

### 6.1 Beweislast des Versicherers

Die Beweislast für die Verletzung einer Obliegenheit liegt beim Versicherer. Er muß beweisen, daß der objektive Tatbestand der Obliegenheitsverletzung durch den VN erfüllt ist, wenn er sich auf Leistungsfreiheit beruft (vgl. Prölss/Martin § 6 RN 124; Römer/

Langheid § 6 RN 83 und 84). So trägt der Versicherer die Beweislast für das Vorliegen des objektiven Tatbestands einer vom VN nach Eintritt des Versicherungsfalls begangenen Verletzung seiner Auskunftsobliegenheit (BGH VersR 83 S. 674). Der Versicherer trägt die Beweislast für die Verletzung der Obliegenheit der Vorlage einer Stehlgutliste (OLG Hamburg VersR 84 S. 978). Die Beweislast für das Vorliegen des objektiven Tatbestandes einer Verletzung der Schadenanzeigepflicht obliegt dem Versicherer (OLG Hamm r+s 88 S. 302). Abweichend davon vertritt Martin die Ansicht, daß der VN die Beweislast für die Erfüllungshandlung trägt, soweit die Erfüllung der Obliegenheiten seitens des VN ein ganz bestimmtes positives Tun erfordert (M II 13 und X II 11). Untergerichte sind dieser Ansicht vereinzelt gefolgt. Der VN trägt die Beweislast für die Erfüllung seiner Obliegenheit zur Schadenanzeige und für die Vollständigkeit der rechtzeitigen Schadenanzeige (AG Düsseldorf VersR 87 S. 63). Der VN muß im Streitfall beweisen, daß er die Obliegenheit zur rechtzeitigen Schadenanzeige erfüllt hat oder daß die Nichterfüllung weder auf Vorsatz noch auf grober Fahrlässigkeit beruht (LG Amberg VersR 88 S. 149). Das OLG Hamm (a. a. O.) ist dagegen der von Martin vertretenen Ansicht ausdrücklich nicht gefolgt (vgl. dazu auch die Anm. von Martin, r+s 88 S. 317). Auch die neuere Rechtsprechung ist der Ansicht von Martin überwiegend nicht gefolgt (vgl. OLG Hamburg VersR 94 S. 668; OLG Hamm VersR 91 S. 49; OLG Köln VersR 93 S. 310 sowie VersR 95 S. 567). Deswegen ist in Übereinstimmung mit der herrschenden Meinung davon auszugehen, daß der Versicherer den objektiven Tatbestand der Verletzung einer Obliegenheit allgemein zu beweisen hat.

## Entschuldigungsbeweis und Kausalitätsgegenbeweis 6.2

Die Verletzung einer Obliegenheit durch den VN führt jedoch nicht generell zur Leistungsfreiheit. Sie bleibt nach §§ 6 III Satz 1, 62 II Satz 1 VVG folgenlos, wenn die Verletzung weder auf Vorsatz noch auf grober Fahrlässigkeit beruht (ebenso § 15 Nr. 2 VGB 88 n. F.). Mangelndes Verschulden oder einen geringeren Schuldgrad als grobe Fahrlässigkeit oder Vorsatz hat der VN zu beweisen. **Kann der VN den sog. Entschuldigungsbeweis** (Martin X II 16) **führen**, so ist der Versicherer trotz der Verletzung einer Obliegenheit nach dem Versicherungsfall zur Leistung verpflichtet. Selbst bei einer grob fahrlässigen Verletzung einer Obliegenheit bleibt der Versicherer nach §§ 6 III Satz 2, 62 II Satz 2 VVG zur Leistung insoweit verpflichtet, als die Verletzung Einfluß weder auf die Feststellung des Versicherungsfalls noch auf die Feststellung bzw. den Umfang der dem Versicherer obliegenden Leistung gehabt hat. **Auch diesen sog. Kausalitätsgegenbeweis muß der VN führen** (Prölss/Martin a. a. O.; Römer/Langheid § 6 RN 88 sowie Martin X II 23).

Die neuere **Rechtsprechung** bestätigt diese Grundsätze. Sie wird nachfolgend dargestellt.

Die vorsätzliche Verwirklichung einer Obliegenheitsverletzung erfordert das Wollen der Obliegenheitsverletzung im Bewußtsein des Vorhandenseins der Verhaltensnorm. Steht der objektive Tatbestand einer Obliegenheitsverletzung fest, muß der VN mangelndes Verschulden oder einen geringeren Verschuldensgrad als grobe Fahrlässigkeit oder Vorsatz beweisen. Gelingt dem VN der Nachweis, daß die Obliegenheitsverletzung nicht vorsätzlich, wohl aber grob fahrlässig begangen wurde, steht ihm der Kausalitätsgegenbeweis offen (BGH zu §§ 6 III und 34 VVG, 15 und 17 AUB 61 r+s 93 S. 281). Bei objektiver Verletzung der Auskunftsobliegenheit trägt der VN die Beweislast dafür, daß die Obliegenheitsverletzung weder auf grober Fahrlässigkeit noch auf Vorsatz beruhte. Läßt das Beweisergebnis die Möglichkeit offen, der VN könnte die Obliegenheitsverletzung vorsätzlich begangen haben, so ist deshalb von seinem Vorsatz auszugehen (BGH VersR 83 S. 674). Wenn ein Rohrbruch im Bodenbereich einer Diele dem Versicherer gemeldet und vom Versicherer in Augenschein genommen worden ist und bei den Reparaturarbeiten weitere Rohrbrüche an den ins Obergeschoß führenden Leitungen festgestellt worden sind, stellen die zusätzlich entdeckten Rohrbrüche einen eigenständigen Versicherungsfall nach § 6 Nr. 2 VGB 62 dar. Wenn ein Rohrbruch im Bodenbereich einer Diele dem Versicherer gemeldet und vom Versicherer in Augenschein genommen worden ist und wenn bei der Reparatur ohne weiteres auch Arbeiten an den ins Obergeschoß führenden Leitungen ausgeführt worden sind, hat der VN die Anzeigepflicht für den weiteren Versicherungsfall grob fahrlässig verletzt. Infolgedessen ist der Versicherer für den weiteren Versicherungsfall wegen grob fahrlässiger Verletzung der Anzeigepflicht leistungsfrei (AG Düsseldorf/LG Düsseldorf r+s 92 S. 26). Wenn dem VN aus der Verhandlung mit dem Regulierungsbeauftragten des Versicherers und aus dem Schreiben des vom Versicherer beauftragten Sachverständigen bekannt ist, daß der Versicherer wegen der Schwierigkeiten der Schadenfeststellung besonderen Wert auf die Anwesenheit des Sachverständigen legt, besteht für den VN die Obliegenheit, die Aufräumungsarbeiten nur nach Vereinbarung mit dem Sachverständigen durchführen zu lassen. Es ist von einer vorsätzlichen, zumindest aber grob fahrlässigen Obliegenheitsverletzung auszugehen, falls der VN die Brandstelle ohne Hinzuziehung des Sachverständigen räumt (OLG Düsseldorf r+s 90 S. 25). Wenn Erklärungen des VN zu früheren Versicherungsfällen darauf hindeuten, daß er sich der Pflicht bewußt war, die Schäden eigentlich vor Ausführung der Reparatur zu melden, und wenn der Versicherer den VN aus Anlaß des letzten Schadens ausdrücklich auf diese Pflicht hingewiesen hat, kann sich der VN grundsätzlich nicht von der Vermutung vorsätzlicher Verletzung der Obliegenheit entlasten. Wenn der VN einen Sturmschaden am Dach des versicherten Gebäudes vor der Anzeige des Schadens beim Versicherer hat beheben lassen, kann er (im Falle grob fahrlässiger Verletzung der Obliegenheit) den Kausalitätsgegenbeweis nicht durch das Zeugnis des Handwerkers führen, der die Reparatur vorgenommen hat (LG Berlin r+s 90 S. 424). Wenn der VN unter dem Datum des 23. 6. d. J. einen Frostschaden an der Heizungsanlage gemeldet hat, der im Februar d. J. eingetreten ist, und wenn ein Heizungsfachmann den VN in der Zeit von Mitte Februar bis Ende März d. J. darauf hingewiesen hat, daß eine größere Reparatur notwendig sei, die in der kalten Jahreszeit nicht durchgeführt werden könne, hat der VN die Schadenanzeigepflicht des § 15 Nr. 1 a VGB 62 grob fahrlässig verletzt. Die Verletzung der Pflicht zur rechtzeitigen Anzeige eines Frostschadens ist generell geeignet, das Aufklärungsinteresse des Versicherers zu gefährden, wenn es dem Versicherer durch die verspätete Meldung praktisch unmöglich wird, die Verletzung von Sicherheitsvorschriften oder die grob fahrlässige Herbeiführung des Versicherungsfalls oder die Schadenursache festzustellen. Wenn der Versicherer einen verspätet gemeldeten kleineren Schaden durch Rohrbruch ohne weiteres reguliert hat, kann darin kein Verzicht des Versicherers auf sein Recht aus Obliegenheitsverletzung für einen mit dem Rohrbruch verbundenen, aber noch nicht gemeldeten größeren Frostschaden an der Heizungsanlage angesehen werden (OLG Koblenz r+s 90 S. 132). Wenn der VN bzw. sein Hausverwalter den Dachdecker, der einen sturmbedingten Schaden am Dach des versicherten Gebäudes reparieren sollte, schriftlich gebeten hat, seine Arbeit vorher anzukündigen, damit der Sachverständige des Versicherers rechtzeitig für eine Besichtigung des Daches benachrichtigt werden könne, kann dem VN keine grob fahrlässige Verletzung der Obliegenheit des § 15 Nr. 1 c VGB 62 entgegengehalten werden, falls der Dachdecker die Reparatur ohne Ankündigung begonnen hat und der Sachverständige des Versicherers daher erst einen Tag nach Beginn der Reparatur das Dach besichtigt hat (OLG Köln r+s 88 S. 209). Gemäß § 6 III VVG ist es Sache des VN, sich vom Vorwurf der vorsätzlichen Verletzung einer nach Eintritt des Versicherungsfalls zu erfüllenden Obliegenheit zu entlasten. Im Hinblick auf die Relevanzrechtsprechung des BGH zur Leistungsfreiheit wegen Obliegenheitsverletzung liegt es auf der Hand, daß Rapportzettel über eine große Anzahl von Monteurstunden (hier: 992 Stunden), die auch einen wesentlichen Anteil der Entschädigungsforderung betreffen (hier: rd. 30 %), für die Beurteilung des Versicherungsfalls und die Ermittlung des Schadens durch den Versicherer von erheblicher Bedeutung sind, und die Interessen des Versicherers demgemäß ernsthaft gefährdet werden, wenn sie ihm vorenthalten werden. Den VN trifft der Vorwurf groben Verschuldens, wenn er sich bei einem behaupteten Gebäude-Sturmschaden von rd. 170.000,– DM trotz mehrfacher Aufforderungen des Versicherers beharrlich geweigert hat, diesen Aufforderungen Folge zu leisten (OLG Köln r+s 88 S. 337). Ein VN mit versicherungsrechtlichen Kenntnissen hat die ihm nach einem Feuerschaden vereinbarte Obliegenheit, Brandreste bis zum Abschluß aller Feststellungen aufzubewahren, vorsätzlich verletzt, wenn er den Brandschutt beseitigt hat, bevor ein Sachverständiger des Versicherers tätig werden konnte (OLG Hamm zu § 13 Nr. 1 d und Nr. 3 Satz 1 VHB 74 VersR 87 S. 1003). Enthält eine Schadenanzeige unrichtige Angaben, die der VN später berichtigt, z. B. über die voraussichtliche Schadenhöhe, so trägt der VN die Darlegungs- und Beweislast, wenn er behauptet, die notwendige Tatsachenkenntnis erst nachträglich erlangt zu haben. Verzögert sich die Besichtigung eines Leitungswasserschadens durch den Versicherer, weil der VN die Schadenhöhe zu niedrig angegeben hatte, so ist nicht auszuschließen, daß dies Einfluß auf Feststellung und Umfang der Entschädigung hat (LG Osnabrück VersR 86 S. 1237). Im allgemeinen handelt es sich um eine grob fahrlässige Verletzung der Anzeigepflicht (des § 15 Nr. 1 a VGB 62), wenn der VN dem Versicherer einen Leitungswasserschaden erst fünf Wochen nach Eintritt des Versicherungsfalls mitteilt. Wenn der VN einen Leitungswasserschaden erst fünf Wochen nach Eintritt des Versicherungsfalls und damit nach Beseitigung des Schadens meldet, hat die Verletzung der Anzeigepflicht auch Einfluß auf die Feststellung des Versicherungsfalls und auf den Umfang der Versicherungsleistung. Durch die Beseitigung des Schadens hat der VN dem Versicherer die Möglichkeit genommen, selbst Art und Umfang des Schadens festzustellen (AG München r+s 85 S. 71).

## Leistungsverpflichtung bei vorsätzlicher Obliegenheitsverletzung 6.3

Unter bestimmten Voraussetzungen führt selbst die vorsätzliche Verletzung einer nach dem Versicherungsfall zu erfüllenden Obliegenheit nicht zur Leistungsfreiheit. Hatte die vorsätzliche Verletzung Einfluß weder auf die Feststellung des Versicherungsfalls, noch der Entschädigung bzw. deren Umfang, so bleibt der Versicherer zur Leistung verpflichtet, wenn die Verletzung nicht geeignet war, die Interessen des Versicherers ernsthaft zu beeinträchtigen, und wenn außerdem den VN kein erhebliches Verschulden trifft (§§ 15 Nr. 2 b VGB 88 n. F., 20 Nr. 3 VGB 88 a. F.). Damit wird den vom BGH entwickelten Grundsätzen der sog. **Relevanzrechtsprechung** bei vorsätzlichen, aber folgenlosen Obliegenheitsverletzungen Rechnung getragen (vgl. Prölss/Martin § 6 RN 101; Martin X I 19 ff. sowie Römer/Langheid § 6 RN 39). Danach tritt die Leistungsfreiheit bei vorsätzlicher, aber folgenloser Obliegenheitsverletzung nur dann ein, wenn der VN erstens über die drohenden Rechtsfolgen klar und unmißverständlich belehrt worden war, wenn weiterhin die Obliegenheitsverletzung generell geeignet war, die berechtigten Interessen des Versicherers zu gefährden, und wenn daneben den VN ein erhebliches Verschulden trifft. Der Versicherer bleibt bei vorsätzlichen, aber folgenlosen Obliegenheitsverletzungen deswegen zur Leistung verpflichtet, wenn eine der drei genannten Voraussetzungen fehlt. Dadurch werden die Auswirkungen des sog. Alles- oder Nichts-Prinzips (Obliegenheitsverletzung zieht den Verlust des gesamten Leistungsanspruchs nach sich) für den VN abgeschwächt. Im Verhältnis dazu bedeutet die Formulierung von §§ 15 Nr. 2 b VGB 88 n. F., 20 Nr. 3 VGB 88 a. F. eine Einschränkung zum Nachteil des VN. Danach ist der Versicherer bei vorsätzlicher Obliegenheitsverletzung nur dann zur Leistung verpflichtet, wenn der Verstoß nicht geeignet war, die Interessen des Versicherers ernsthaft zu beeinträchtigen, und wenn außerdem den VN kein erhebliches Verschulden trifft. Nach der Relevanzrechtsprechung des BGH ist der Versicherer in diesen Fällen jedoch bereits leistungspflichtig, wenn entweder die Verletzung nicht geeignet war, die Interessen des Versicherers zu beeinträchtigen oder den VN kein erhebliches Verschulden trifft. Es ist jedoch nicht möglich, die Relevanzrechtsprechung durch eine AVB-Formulierung rechtswirksam einzuschränken (Martin X I 27). Derartige AVB-Bestimmungen sind nach Auffassung von Römer/Langheid (§ 6 RN 43) entweder so auszulegen, daß sie die Relevanzrechtsprechung ungeschmälert übernehmen (so BGH VersR 93 S. 830 und r+s 93 S. 308), oder sie sind nach § 9 AGBG unwirksam, so daß die Grundsätze der Relevanzrechtsprechung unmittelbar anwendbar sind.

Daneben **ist der VN nach der BGH-Rechtsprechung darüber zu belehren**, daß erstens vorsätzlich falsche Angaben zum Verlust des Versicherungsschutzes führen und daß zweitens der Versicherungsschutz dadurch auch dann verloren geht, wenn dem Versicherer keine Nachteile durch die Verletzung der Aufklärungsobliegenheit entstehen. Die Versicherer geben derartige Belehrungen regelmäßig in ihren Schadenanzeigeformularen. Sie entsprechen jedoch nicht immer den dargestellten Anforderungen. So ist die Belehrung „..... Beachten Sie bitte, daß unrichtige und unvollständige Angaben zum Verlust des Versicherungsschutzes führen. Das gilt auch dann, wenn der Versicherer keinen Nachteil erleidet“ rechtlich unzutreffend und daher nicht geeignet, die Leistungsfreiheit des Versicherers zu begründen (vgl. BGH r+s 98 S. 144 sowie S. 181 mit einer Anm. von Münstermann). Umstritten ist die Frage, ob eine einmalige Belehrung im Schadenanzeigeformular ausreicht (so u. a. OLG Köln r+s 97 S. 227 und S. 274; OLG Düsseldorf r+s 97 S. 227 und OLG Hamm r+s 96 S. 470) oder ob der VN unter bestimmten Voraussetzungen danach wiederholt belehrt werden muß (so OLG Oldenburg r+s 97 S. 450 und r+s 98 S. 181). Der BGH (a. a. O.) hat diese Frage offen gelassen. Es ist jedoch in jedem Fall angebracht, bei späteren ergänzenden Aufklärungs- und Auskunftsverlangen den VN erneut zu belehren, wenn seit der Schadenanzeige eine längere Zeit verstrichen ist (vgl. Münstermann a. a. O.).

# T Leistungsfreiheit aus besonderen Gründen

## Arglistige Täuschung 1

Nach §§ 16 Nr. 1 VGB 88 n. F., 21 Nr. 1 VGB 88 a. F. entfällt die Entschädigungspflicht des Versicherers, wenn der VN versucht, den Versicherer arglistig über Tatsachen zu täuschen, die für den Grund oder für die Höhe der Entschädigung von Bedeutung sind (analog §§ 18 Nr. 2 VGB 62, 22 Nr. 1 VHB 84/VHB 92, 14 Nr. 2 AVB Sach 87). In den VGB 88 n. F. wird ergänzend darauf hingewiesen, daß Leistungsfreiheit auch dann eintritt, wenn der Repräsentant des VN versucht, den Versicherer arglistig zu täuschen. Diese Ergänzung hat deklaratorischen Charakter. Das gleiche gilt ohne weiteres auch für die VGB 88 a. F. (vgl. U 4). Im Verhältnis zu § 18 Nr. 2 VGB 62 ist durch die Neuformulierung in den VGB 88 klargestellt, daß bereits der Versuch der arglistigen Täuschung über leistungsrelevante Tatsachen Leistungsfreiheit nach sich zieht. Daneben ist nach dem Wortlaut der VGB 88 nunmehr eindeutig geregelt, daß Leistungsfreiheit eintritt, wenn sich die arglistige Täuschung auf Tatsachen bezieht, die den Grund oder die Höhe der Entschädigung beeinflussen. Die Formulierung in § 18 Nr. 2 VGB 62, wonach der Versicherer von der Entschädigungspflicht frei ist, wenn „der Versicherungsnehmer sich bei den Verhandlungen über die Ermittlung der Entschädigung einer arglistigen Täuschung schuldig“ macht, bringt dies nicht klar zum Ausdruck. Die Leistungsfreiheit ist an zwei Voraussetzungen geknüpft. Es kommt erstens darauf an, daß der VN oder sein Repräsentant den Versicherer arglistig täuscht bzw. zu täuschen versucht. Zweitens ist vorausgesetzt, daß sich die arglistige Täuschung auf Tatsachen bezieht, die für den Grund oder für die Höhe der Entschädigung von Bedeutung sind.

### Begriff 1.1

Der Begriff arglistige Täuschung ist in den AVB nicht definiert. Es gelten die Bestimmungen des BGB. Zweck der arglistigen Täuschung ist die Erregung oder die Aufrechterhaltung eines Irrtums (vgl. Palandt § 123 Anm. 2) des Versicherers über den Grund oder die Höhe seiner Leistungsverpflichtung. Der VN täuscht den Versicherer arglistig, wenn er bei den Verhandlungen über die Ermittlung und Regulierung des Schadens bewußt falsche Auskunft über Tatsachen gibt oder Tatsachen verschweigt, die für den Grund oder die Höhe der Entschädigung von Bedeutung sind. Es kommt nicht darauf an, daß der Versicherer nach bestimmten Tatsachen fragt. Arglistige Täuschung liegt auch vor, wenn der VN bestimmte Tatsachen verschweigt, um den Versicherer arglistig zu täuschen. Das Verschweigen von Tatsachen stellt jedoch nur dann eine Täuschung dar, wenn bezüglich des verschwiegenen Umstandes eine Aufklärungspflicht bestanden hat. Entscheidend ist hier, ob der Versicherer nach Treu und Glauben redlicherweise eine Aufklärung erwarten durfte (LG Köln r+s 92 S. 24).

Es kommt nicht darauf an, daß sich der VN einen ungerechtfertigten Vermögensvorteil verschaffen möchte. Vielmehr reicht es aus, wenn der VN bei der Durchsetzung berechtigter Deckungsansprüche bewußt falsche Angaben macht, um Beweisschwierigkeiten zu vermeiden (OLG Düsseldorf zu § 22 Nr. 1 VHB 84 VersR 96 S. 706 und r+s 96 S. 319). Der Versicherer wird schon dann wegen arglistiger Täuschung von seiner Leistungspflicht befreit, wenn der VN zur rascheren und einfachereren Durchsetzung seiner Ansprüche Rechnungen vorlegt, in denen er die Namen der Käufer durch seinen eigenen Namen ersetzt hat. Es ist unerheblich, ob er durch die arglistige Täuschung einen berechtigten Anspruch durchsetzen wollte (OLG München VersR 92 S. 181). Dabei kommt es nicht darauf an, daß er insoweit irrt, als der Versicherer auch ohne die Täuschung zum Schadenersatz verpflichtet ist (vgl. OLG Hamm r+s 87 S. 139). Arglistige Täuschung liegt auch dann vor, wenn der VN einen berechtigten Anspruch in Unkenntnis der Berechtigung mit der Täuschung durchsetzen will. Auch ein VN, der einen berechtigten Anspruch dadurch leichter durchzusetzen versucht, daß er dem Versicherer fingierte Belege vorlegt, um seine Beweissituation zu verbessern und die Schadenregulierung zu beschleunigen, begeht eine arglistige Täuschung (OLG Hamm r+s 87 S. 235).

Die Täuschungshandlung kann sich gegen den Versicherer, dessen Angestellte, zumeist Regulierungsbeauftragte, dessen Agenten, aber auch gegen Sachverständige richten, die entweder im Auftrag des Versicherers oder im Rahmen des bedingungsgemäßen Sachverständigenverfahrens tätig werden.

Gelegentlich kommt es vor, daß **VN falsche Auskünfte widerrufen**. Das beseitigt den Tatbestand der arglistigen Täuschung grundsätzlich nicht. Dieser Sachverhalt kann allenfalls bei der Würdigung der Frage in Betracht gezogen werden, ob die völlige Leistungsfreiheit des Versicherers eine übermäßige und unbillige Härte darstellt (vgl. T 1.3.1). Dies jedoch nur, wenn der VN den Widerruf freiwillig erklärt, bevor die arglistige Täuschung aufgedeckt wird. Räumt er die arglistige Täuschung erst ein, nachdem er in die Enge getrieben wurde und belastende Beweismittel aufgetaucht sind, kann dies nicht als Gesichtspunkt zu Gunsten des VN ins Gewicht fallen (BGH VersR 93 S. 1351 und r+s 93 S. 348).

## 1.2 Grund oder Höhe der Entschädigung

Nach §§ 16 Nr. 1 VGB 88 n. F., 21 Nr. 1 VGB 88 a. F. kommt es darauf an, daß sich die arglistige Täuschung oder der Täuschungsversuch auf Tatsachen bezieht, die für den Grund oder für die Höhe der Entschädigung von Bedeutung sind. Damit sind alle Tatsachen umfaßt, die die Verpflichtung des Versicherers beeinflussen, für einen geltend gemachten Schaden überhaupt (Grund der Entschädigung) oder in einer bestimmten Höhe Entschädigung zu leisten.

1.2.1 Die **Entschädigungsverpflichtung des Versicherers dem Grunde** nach hängt vor allem davon ab, ob der Schaden, für den der VN Entschädigung beansprucht, an versicherten Sachen durch eine versicherte Gefahr während der materiellen Dauer des Versicherungsschutzes entstanden ist. Täuschungsversuche über Tatsachen, die die versicherten Sachen betreffen, sind in der Wohngebäudeversicherung selten, da die versicherten Sachen in der Regel eindeutig bestimmt sind. Dagegen kommt es gelegentlich zu Täuschungsversuchen über die versicherte Gefahr, d. h. über die Schadenursache und den Schadenhergang. So liegt es, wenn der VN auf Befragen aussagt, über die Ursache eines Brandschadens keine Angaben machen zu können. Muß er später auf Vorhaltungen und nach Vorlage belastender Indizien zugeben, daß er in dem vom Schaden betroffenen Gebäude eine Friteuse dazu benutzt hatte, pulverförmige Desinfektionsmittel durch Erhitzen zum Verdampfen zu bringen, ist eine arglistige Täuschung bewiesen (BGH VersR 93 S. 1351 und r+s 93 S. 348). Es kommt dann nicht mehr darauf an, daß das grob fahrlässige Verhalten des VN als Ursache des Brandschadens nachgewiesen wird. Arglistige Täuschung liegt weiterhin vor, wenn der VN Tatsachen über Vorversicherungen, weitere Versicherungen (Mehrfachversicherung) verschweigt oder Fragen zu

Vorschäden bewußt falsch beantwortet. Dies trifft jedoch nicht zu, wenn der VN auf eindeutige Fragen nach Vorschäden und Vorversicherungen bei demselben Versicherer, Vorschäden und Vorversicherungen bei anderen Versicherern nicht angibt (vgl. OLG Hamm VersR 88 S. 373). Für die arglistige Täuschung genügt jede vorsätzlich falsche Angabe oder das Verschweigen offenbarungspflichtiger Tatsachen, sofern dadurch die Feststellung des Schadens oder die Entschließung des Versicherers über die Auszahlung der Entschädigung in irgendeiner Weise beeinflußt werden kann, was insbesondere für die Frage nach der Vermögenslage bei schlechten Vermögensverhältnissen, insbesondere Schulden, gilt (OLG Braunschweig zu § 22 Nr. 1 VHB 84 r+s 97 S. 204). Teilt die Ehefrau des VN in dessen Abwesenheit der Schadensachbearbeiterin des Versicherers wahrheitswidrig mit, die bereits qualifiziert angemahnte Folgeprämie sei vor dem Schadensereignis bezahlt worden, so besteht für den VN die Pflicht, die Angaben seiner Ehefrau zu berichtigen. Verletzt er diese Pflicht, ist der Versicherer wegen arglistiger Täuschung von seiner Leistung frei (AG München zu § 22 Nr. 1 VHB 84 VersR 92 S. 182).

Bei **Täuschungshandlungen zur Höhe der Entschädigung** handelt es sich zumeist darum, daß der VN gefälschte oder manipulierte Belege wie Rechnungen oder Kostenvoranschläge vorlegt, um die Höhe der Entschädigung zu beeinflussen. Daß der VN dem Versicherer nach einem Sturmschaden eine Rechnung über eine Notreparatur des Dachs des versicherten Gebäudes über 521,20 DM vorgelegt hat, obwohl diese Notreparatur nicht durchgeführt worden ist, stellt unter besonderen Umständen selbst dann eine arglistige Täuschung dar, wenn der VN keine Kenntnis hatte, daß die behauptete Notreparatur nicht durchgeführt worden war, nämlich wenn er die objektiv unrichtige Erklärung zur Notreparatur „ins Blaue hinein" abgegeben hat, ohne das Fehlen einer zuverlässigen Beurteilungsgrundlage offenzulegen (OLG Oldenburg r+s 93 S. 428). Eine arglistige Täuschung liegt vor, wenn der VN nach der Zerstörung einer versicherten Lagerhalle durch Brand vom 4. 7. 1983 am 30. 6. 1986 eine Baubetreuungsgesellschaft in einem sog. Generalübernehmervertrag beauftragt hat, auf dem Hallengelände ein Fabrikgebäude schlüsselfertig zu errichten, wenn Auftragnehmer und Auftraggeber mit Schreiben vom 22. 8. und 29. 8. 1986 das in dem Generalübernehmervertrag vorgesehene Rücktrittsrecht ausgeübt haben und wenn der VN den Rücktritt von diesem Vertrag dem Versicherer bzw. im gerichtlichen Verfahren nicht mitgeteilt, sondern den Versicherer in dem Glauben gelassen und bestätigt hat, dieser Vertrag bestehe noch, und wenn der VN unter Vortäuschung der Fortgeltung des Generalübernehmervertrags nachzuweisen versucht hat, daß der Wiederaufbau innerhalb der Dreijahresfrist sichergestellt worden sei, was seine Position gegenüber dem Versicherer im Verhältnis zum Einwand treuwidriger Berufung auf die Dreijahresfrist erleichterte (OLG Köln r+s 92 S. 24). 1.2.2

Beruft sich der Versicherer auf Leistungsfreiheit wegen arglistiger Täuschung, so sollte er dennoch alle Feststellungen zur Höhe des Schadens treffen. Nach der Rechtsprechung des BGH setzt der Erlaß eines Grundurteils in diesem Fall voraus, daß der Tatrichter aufgrund des festgestellten Tatsachenstoffs in der Lage ist, die einzelnen insoweit maßgeblichen Gesichtspunkte vollständig und abschließend zu würdigen, die ihm aufgegebene wertende Gesamtschau aller Umstände vorzunehmen. Denn nur danach ist eine Entscheidung über den den Grund des Anspruchs betreffenden Einwand des Versicherers möglich, ihm komme vollständige Leistungsfreiheit zu (BGH zu §§ 14 Nr. 2 AFB 87, 22 Nr. 1 VHB 84 VersR 92 S. 1465 und r+s 92 S. 420). Wenn der Versicherer dem Leistungsanspruch des VN mit dem Einwand arglistiger Täuschung zur Schadenhöhe begegnet, ist ein Grundurteil nicht zulässig (§ 304 ZPO) und liegt im Falle eines Grundurteils ein wesentlicher Verfahrensfehler vor (§ 539 ZPO), solange die Beweisaufnahme zur Höhe des Schadens nicht durchgeführt ist (OLG Köln zu § 22 Nr. 1 Abs. 1 VHB 84 r+s 98 S. 341).

Fälle arglistiger Täuschung über Tatsachen, die für die Höhe der Entschädigung Bedeutung haben, sind in der Wohngebäudeversicherung verhältnismäßig selten. Dies liegt vor allem daran, daß hier der Schadennachweis für den VN und die Schadenermittlung für den Versicherer, abgesehen von Bewertungsfragen, im allgemeinen ohne besondere Probleme möglich ist, weil die vom Schaden betroffenen Sachen nach dem Schaden zumeist noch vorhanden sind. Anhand des Schadenbildes lassen sich infolgedessen Schadenumfang und Schadenhöhe zumeist problemlos nachweisen und ermitteln. Anders liegt es in den Versicherungszweigen der Sachversicherung, in denen häufig Schäden durch das Abhandenkommen versicherter Sachen eintreten. Insbesondere in der gewerblichen Einbruchdiebstahlversicherung und der privaten Hausrat- und Reisegepäckversicherung treten dann Schwierigkeiten beim Schadennachweis und bei der Schadenermittlung auf. Vor allem im privaten Bereich liegt dies in erster Linie daran, daß VN häufig keine Belege für die abhandengekommenen Sachen besitzen. Sie versuchen diese Schwierigkeiten gelegentlich dadurch zu lösen, daß sie gefälschte Rechnungen, Quittungen u. ä. vorlegen und bei dieser Gelegenheit zugleich auch versuchen, die Schadenhöhe zu manipulieren. Daran liegt es auch, daß vom VN vorgetäuschte Versicherungsfälle in der Wohngebäudeversicherung praktisch keine große Rolle spielen, dagegen in der Einbruchdiebstahl-, Hausrat- und Reisegepäckversicherung immer wieder vorkommen. Infolgedessen ist auch die Rechtsprechung sehr viel häufiger mit Fällen arglistiger Täuschung zur Hausratversicherung als zur Wohngebäudeversicherung befaßt.

## 1.3 Leistungsfreiheit

Die Rechtsfolge der arglistigen Täuschung durch den VN ist Leistungsfreiheit. Die Leistungsfreiheit des Versicherers tritt grundsätzlich für den gesamten Entschädigungsanspruch aus dem Versicherungsfall ein, auf den sich die Täuschungshandlungen des VN beziehen. Diese Sanktion ist weder überraschend noch zielt sie auf eine einseitige, unangemessene Benachteiligung des VN ab. Infolgedessen verstoßen diese Bestimmungen nicht gegen das AGBG (LG Hamburg zu § 22 Nr. 1 VHB 84 VersR 94 S. 806). Sie sind dadurch gerechtfertigt, daß Versicherungsverhältnisse in besonderem Maß auf gegenseitigem Vertrauen basieren. Der Versicherer ist darauf angewiesen, daß er im Versicherungsfall von seinem VN vollständig und zutreffend informiert wird. Arglistige Täuschung des VN über den Grund oder die Höhe der Entschädigungspflicht zerstört das Vertrauen. Daher sind die Bestimmungen über die Leistungsfreiheit bei arglistiger Täuschung des Versicherers durch den VN gerechtfertigt (vgl. LG Hamburg a. a. O.). Dies gilt ohne weiteres für arglistige Täuschung des VN zum Anspruchsgrund. Insbesondere in den Fällen, in denen der VN einen Versicherungsfall vorgetäuscht hat, kann der Versicherer weiterhin Ersatz aller tatsächlich entstandenen Ermittlungsaufwendungen verlangen, sofern sie nicht von vornherein erkennbar überflüssig waren (OLG Hamburg VersR 88 S. 482). Aber auch bei arglistiger Täuschung zur Höhe des Anspruchs ist die Leistungsfreiheit nicht auf den Entschädigungsanspruch für diejenigen Schadenpositionen beschränkt, auf die sich die Täuschungshandlungen beziehen. Sie erstreckt sich vielmehr auf alle Schadenpositionen. Beschränkt sich ein Täuschungsversuch des VN auf einen Teil der betroffenen versicherten Sachen, so ist der Versicherer gleichwohl jedenfalls dann von jeder Entschädigungspflicht auch für die übrigen Sachen frei, wenn der

Versicherer für die Feststellung der Schadenhöhe an diesen Sachen Mengen- oder Wertangaben des VN benötigt (OLG Frankfurt/Main zu § 16 AFB a. F. VersR 88 S. 1146). Leistungsfreiheit des Versicherers wegen arglistiger Täuschung durch den VN tritt ein, wenn dieser bewußt fingierte Beweismittel vorlegt, die dazu dienen sollen, von vornherein möglichen Beweisproblemen aus dem Weg zu gehen (OLG Bremen VersR 89 S. 585). In dem vom Gericht entschiedenen Fall hatte der VN Reparaturarbeiten durch einen Schwarzarbeiter ausführen lassen, dem Versicherer aber die fingierte Rechnung eines Handwerksbetriebs vorgelegt. Das Gericht hat die Auffassung vertreten, daß dieses Verhalten selbst dann als der Versuch einer arglistigen Täuschung zu beurteilen ist, wenn der VN der Ansicht gewesen sein sollte, auf die geforderten Beträge auf jeden Fall deshalb Anspruch zu haben, weil vom Versicherer diejenigen Reparaturkosten zu erstatten sind, die bei einer Reparatur der beschädigten Sachen durch eine Fachfirma entstanden wären. Auch unter dieser Voraussetzung bleibt der Vorwurf der bewußten Vorlage eines fingierten Beweismittels, das dazu dienen sollte, von vornherein möglichen Beweisproblemen aus dem Weg zu gehen (OLG Bremen a. a. O.). Auch in derartigen Fällen führt die arglistige Täuschung durch den VN zum Totalverlust des Entschädigungsanspruchs. Es ist in der Regel nicht erforderlich, daß der VN vom Versicherer vor Aufnahme der Regulierungsverhandlungen auf die Möglichkeit einer derartigen Totalsanktion hingewiesen wird (OLG Bremen a. a. O.).

Allerdings hat die **Rechtsprechung die völlige Leistungsfreiheit des Versicherers bei arglistiger Täuschung** durch den VN entgegen dem eindeutigen Wortlaut der AVB **seit jeher eingeschränkt.** Ausgangspunkt dafür ist die Überlegung, daß es sich hier um eine Verwirkungsbestimmung mit Strafcharakter handelt, die auf dem Grundsatz von Treu und Glauben beruht, der das Versicherungsverhältnis stärker beherrscht als viele andere Vertragsverhältnisse (BGH VersR 86 S. 78). Hierin findet sich nach Ansicht des BGH letztlich die Rechtfertigung für die dem allgemeinen Vertragsrecht eher fremde Sanktion des Anspruchsverlusts trotz Folgenlosigkeit des Pflichtverstoßes. Treu und Glauben setzen deshalb der Leistungsfreiheit des Versicherers aber auch Grenzen. Der Versicherer darf die falschen Angaben des VN nicht treuwidrig veranlaßt haben. Die Inanspruchnahme von Leistungsfreiheit als Sanktion eines Versuchs arglistiger Täuschung bei den Entschädigungsverhandlungen hat infolgedessen derjenige Versicherer verwirkt, der sich in einer diesem Tatbestand gleichwertigen oder gar schwerer wiegenden Art und Weise verhält (BGH VersR 89 S. 842). 1.3.1

Die Berufung auf die Leistungsfreiheit wegen arglistiger Täuschung darf sich ferner nicht als unzulässige Rechtsausübung darstellen. Deren Annahme setzt aber ganz besondere Umstände des Einzelfalls voraus. Der Verlust des Versicherungsschutzes muß für den VN eine übermäßige Härte darstellen. Eine unzulässige Rechtsausübung ist demnach regelmäßig nur dann anzunehmen, wenn die Täuschung lediglich einen geringen Teil des versicherten Schadens betrifft und bei der Billigkeitsprüfung weitere Gesichtspunkte zu Gunsten des VN ins Gewicht fallen (BGH VersR 86 S. 79). Dabei kommt es entscheidend auf das Maß des Verschuldens an und die Folgen, die dem VN bei Wegfall des Versicherungsschutzes drohen. Eine unzulässige Rechtsausübung ist demnach nur dann anzunehmen, wenn die Täuschung lediglich einen geringen Teil des versicherten Schadens betrifft und bei der Billigkeitsprüfung weitere Gesichtspunkte ins Gewicht fallen. Zu berücksichtigen ist auch, inwieweit die Versagung des Versicherungsschutzes den VN in seiner Existenz bedroht. Erforderlich ist daher immer eine wertende Gesamtschau aller Umstände (BGH VersR 94 S. 45 sowie BGH VersR 92 S. 1465 und r+s 92 S. 420). Der Versicherer handelt nur unter ganz besonderen Umständen rechtsmißbräuchlich, wenn er die völlige Leistungsfreiheit geltend macht. Diese Ausnahme ist nicht gegeben, wenn der Täuschungsversuch des VN den ganzen Brandschaden betrifft und wenn der VN erst auf nachhaltiges Befragen die Täuschung zugibt In diesem Fall erscheint die völlige Leistungsfreiheit des Versicherers selbst bei einer Existenzbedrohung des VN nicht als übermäßige und unbillige Härte (BGH VersR 93 S. 1351 und r+s 93 S. 348). Die Berufung auf Leistungsfreiheit bei arglistiger Täuschung stellt nur dann eine unzulässige Rechtsausübung dar, wenn die Täuschung lediglich einen geringen Teil des Schadens betrifft und bei der Billigkeitsprüfung weitere Gesichtspunkte zu Gunsten des VN ins Gewicht fallen, insbesondere auch der Gesichtspunkt der Existenzbedrohung. Keine Rolle spielt, welche Beweggründe sein Verhalten bestimmt haben, ob er aus Gewinnsucht handelte oder ob er lediglich einen berechtigten Anspruch auf leichterem oder schnellerem Weg durchsetzen wollte. Maßgeblich ist eine wertende Gesamtschau aller Umstände (OLG Köln VersR 88 S. 706). Beziehen sich die falschen Angaben des VN jedoch auf mehr als nur einen geringfügigen Teil des Gesamtschadens und trifft den VN mehr als ein geringfügiges Verschulden, so tritt völlige Leistungsfreiheit ohne Rücksicht darauf ein, ob hierdurch die Existenz des VN bedroht wird (OLG Frankfurt/Main VersR 88 S. 1145). Der VN hat nachzuweisen, daß die tatsächlichen Voraussetzungen, unter denen sich das Verhalten des Versicherers als rechtsmißbräuchlich darstellen würde, vorliegen (BGH VersR 86 S. 77 sowie OLG Saarbrücken VersR 97 S. 826).

Andererseits muß der VN eine Teilzahlung nicht zurückzahlen, wenn die arglistige Täuschung durch den VN erst nach Empfang der Teilleistung begangen worden ist (BGH zu §§ 16, 17 AFB a. F. VersR 86 S. 77). Nach Ansicht des BGH ordnen die AVB den Verlust von Vermögenswerten, die dem VN vor seiner Pflichtwidrigkeit vom Versicherer zu Recht und auf Dauer zugewendet worden sind, als Sanktion arglistigen Verhaltens nicht an. Betroffen sind nur solche Ansprüche, die bei Eintritt des Verwirkungstatbestands noch offen sind. Abschlagszahlungen, die davor ohne Vorbehalt geleistet wurden, werden nicht berührt. Der Gedanke, daß ein Vertragspartner eine empfangene Leistung, die ihm zum Zeitpunkt der Erfüllung auch zustand, wegen einer nachträglichen Pflichtverletzung herauszugeben hätte, ist dem bürgerlichen Recht fremd. Die Besonderheiten des Versicherungsverhältnisses können keine Ausnahme von diesem Grundsatz rechtfertigen (BGH a. a. O.).

Weiterhin führen **unrichtige Angaben des VN nach endgültiger Versagung des Versicherungsschutzes durch den Versicherer** nicht zur Leistungsfreiheit wegen versuchter arglistiger Täuschung (OLG Hamm zu § 22 Nr. 1 VHB 84 r+s 92 S. 97 sowie BGH VersR 89 S. 842 und r+s 89 S. 296). Der VN ist nach Auffassung des Gerichts vertraglich nur gehalten, wahrheitsgemäße Angaben zu machen, um dem Versicherer die Prüfung seiner Verpflichtung zur Leistung zu ermöglichen und/oder zu erleichtern. Der nicht mehr regulierungsbereite Versicherer ist auf solche Angaben nicht mehr angewiesen. Im Prozeß haben beide Parteien dieselbe Chance, mit allen zulässigen Beweismitteln ihren Standpunkt zu vertreten. Die Aufstellung unrichtiger Behauptungen kann deshalb zwar prozessuale Nachteile und auch Schadenersatzansprüche mit sich bringen, führt aber nicht zur vollständigen Leistungsfreiheit wegen Obliegenheitsverletzung oder versuchter Täuschung des Prozeßgegners (OLG Hamm a. a. O.).

1.3.2 Nach § 18 Nr. 2 VGB 62 ist der Versicherer auch dann leistungsfrei, „wenn die **arglistige Täuschung sich auf Sachen bezieht, die durch einen anderen zwischen den Parteien über dieselbe Gefahr abgeschlossenen Vertrag versichert sind**" (analog § 22 Nr. 1 Satz 2 VHB 84/VHB 92). Die Versicherer haben diese weitergehende Regelung damit begründet, daß die Versicherungsverträge bei Versicherungen des privaten Bereichs in besonderem Maß auf gegenseitiges Vertrauen gegründet sind (vgl. Dietz § 22 RN 1.2). Leistungsfreiheit wegen arglistiger Täuschung soll infolgedessen nach den VGB 62 auch dann eintreten, wenn sich die Täuschungshandlung z. B. auf einen Entschädigungsanspruch aus einem Hausrat- oder Geschäftsversicherungsvertrag bezieht, der für denselben VN bei demselben Versicherer besteht. Die angesprochene Regelung der VGB 62 wurde nicht in die VGB 88 übernommen, weil die Rechtsprechung den dargestellten Grundüberlegungen nicht gefolgt ist. So hat der BGH zur analogen, aber abweichend formulierten Bestimmung des § 16 Nr. 2 VHB 74 entschieden, daß danach Leistungsfreiheit des Hausratversicherers nur eintritt, wenn die arglistige Täuschung bei den Verhandlungen über die Ermittlung der Hausratentschädigung begangen wird (VersR 86 S. 540, r+s 86 S. 162 und VerBAV 86 S. 391). Eine arglistige Täuschung durch den VN zur Schadenhöhe in der Hausratversicherung führt nicht auch zur Leistungsfreiheit des Versicherers für den auf demselben Ereignis beruhenden Versicherungsfall einer Gebäudefeuerversicherung (OLG Hamm zu § 16 AFB a. F. r+s 89 S. 229). Die zitierte Rechtsprechung ist auf die VGB 62 übertragbar. Daraus folgt, daß die Leistungsvoraussetzungen für jeden Versicherungsvertrag getrennt und unabhängig voneinander zu prüfen sind. Diese Auslegung stößt an ihre Grenzen, wenn für denselben VN bei demselben Versicherer mehrere Wohngebäudeversicherungsverträge bestehen, die durch dasselbe Schadenereignis betroffen werden (z. B. bei einer Sturmkatastrophe). In diesen Fällen zieht der Täuschungsversuch des VN über den Grund oder die Höhe der Entschädigung bei einem Vertrag auch Leistungsfreiheit für die übrigen Wohngebäudeversicherungsverträge nach sich. Dasselbe Ergebnis tritt ein, wenn derselbe VN dieselben Gebäude bei demselben Versicherer in einem Wohngebäudeversicherungsvertrag versichert hat. Der Umfang der Leistungsverpflichtung des Versicherers kann nicht von der (zufälligen) versicherungstechnischen Vertragsgestaltung abhängen. Ähnlich liegt es, wenn sich der Täuschungsversuch auf die Entschädigung für versicherte Sachen richtet, die in der Wohngebäudeversicherung und der Hausratversicherung doppelt versichert sind. In diesen Fällen wirkt die arglistige Täuschung zu einem Vertrag auch auf den anderen Vertrag (vgl. Martin X III 5). Dabei kommt es nicht darauf an, ob die beiden Verträge bei einem oder mehreren Versicherern bestehen.

## Beweislast des Versicherers 1.4

Beruft sich der Versicherer auf Leistungsfreiheit wegen arglistiger Täuschung, so hat er zu beweisen, daß der VN zu Tatsachen, die für den Grund oder für die Höhe der Entschädigung von Bedeutung sind, unzutreffende Angaben gemacht oder derartige Tatsachen verschwiegen hat. Daneben hat der Versicherer den Nachweis zu führen, daß der VN die falschen Angaben bewußt gemacht hat, mit dem Ziel, beim Versicherer einen Irrtum über entschädigungsrelevante Tatsachen zu erzeugen oder aufrechtzuerhalten. Es genügt, wenn der Versicherer nachweist, daß sich der VN bewußt war, daß sein Verhalten den Versicherer bei der Schadenregulierung möglicherweise beeinflussen kann (BGH VersR 87 S. 149). Dennoch können die Versicherer die in Fällen arglistiger Täuschung auftretenden Beweisschwierigkeiten häufig nicht lösen.

Dann ist es für den Versicherer von Vorteil, daß **Versuche arglistiger Täuschung** regelmäßig **zugleich auch objektiv einen Verstoß gegen die Aufklärungs- und Auskunftsobliegenheit darstellen**, die der VN im Versicherungsfall zu erfüllen hat (vgl. S 4). Dabei ist die Beweislastverteilung für den Versicherer günstiger. Es genügt, daß er den objektiven Tatbestand der Obliegenheitsverletzung nachweist. Beansprucht der VN dennoch eine Entschädigung, so hat er den Entschuldigungsbeweis zu führen, daß die Obliegenheitsverletzung weder auf Vorsatz noch auf grober Fahrlässigkeit beruht. Es kommt deshalb in der Praxis immer wieder vor, daß sich der Versicherer auf Leistungsfreiheit wegen Verletzung der Aufklärungs- und Auskunftsobliegenheit beruft, obwohl der begründete Verdacht auf arglistige Täuschung vorliegt, die der Versicherer jedoch nicht nachweisen kann. Dies ist nicht unproblematisch, weil bei einer Leistungsfreiheit wegen grob fahrlässiger oder vorsätzlicher Verletzung der Aufklärungs- oder Auskunftsobliegenheiten das strenge Alles- oder Nichts-Prinzip gilt (vgl. S 4), während bei Leistungsfreiheit infolge arglistiger Täuschung aufgrund der zuvor dargestellten Rechtsprechung eine anteilige Regulierung möglich ist (vgl. Römer/Langheid § 34 RN 22). Andererseits ist jedoch nicht zu übersehen, daß der VN die bei Obliegenheitsverletzungen drohende Leistungsfreiheit dadurch abwenden kann, daß er den Kausalitätsgegenbeweis führt (S 6.2). Diese Möglichkeit besteht bei arglistiger Täuschung nicht, da selbst folgenlose Verstösse grundsätzlich zur Leistungsfreiheit führen.

## 1.5 Rechtskräftiges Strafurteil

Ist der Tatbestand der arglistigen Täuschung durch rechtskräftiges Strafurteil wegen Betrugs oder Betrugsversuchs festgestellt, so gelten nach §§ 16 Nr. 1 Abs. 2 VGB 88 n. F., 21 Nr. 1 Abs. 2 VGB 88 a. F. die dargestellten Voraussetzungen für die Leistungsfreiheit des Versicherers als bewiesen (analog §§ 18 Nr. 3 VGB 62, 22 Nr. 1 Abs. 2 VHB 84/VHB 92, 14 Nr. 2 Abs. 2 AVB Sach 87). Diese Regelung verschafft dem Versicherer in diesen Fällen Beweiserleichterungen. Die Bestimmung ist weder überraschend noch wird der VN dadurch unangemessen benachteiligt. Zwar sieht das Gesetz generell bei der Beurteilung zivilrechtlicher Ansprüche eine Bindung an rechtskräftige strafrechtliche Entscheidungen nicht vor, jedoch ist die vorstehende Regelung nicht einseitig und unangemessen belastend. Die im Strafverfahren vorhandenen Möglichkeiten der Sachaufklärung und die Verpflichtung der Ermittlungsbehörden und der Gerichte, von Amts wegen Entlastendes zu ermitteln und bei der Urteilsfindung zu berücksichtigen, stellen sicher, daß die Gefahr einer unangemessenen Benachteiligung für den VN nicht entsteht (LG Hamburg VersR 94 S. 806; vgl. auch OLG Hamm VersR 86 S. 177; OLG Karlsruhe VersR 83 S. 169).

Die in T 1.3.1 dargestellten Grundsätze für die einschränkende Auslegung der Bestimmungen zur Leistungsfreiheit bei Arglist des VN sind jedoch auch in diesen Fällen zu berücksichtigen (OLG Hamm a. a. O.). Zur Vermeidung unbilliger Härten ist dem Versicherer nach Ansicht des Gerichts auch in diesen Fällen die Regulierung eines Teils des Schadens zuzumuten, wenn das Verschulden des VN verhältnismäßig gering ist und bei völligem Verlust des Versicherungsschutzes die Existenz des VN gefährdet wäre. Ein Umkehrschluß kann aus der angesprochenen Regelung jedoch nicht gezogen werden. Wird der VN in einem strafrechtlichen Verfahren wegen Betrugs oder Betrugsversuchs freigesprochen, so ist dem Versicherer dadurch nicht die Einrede der arglistigen Täuschung genommen. So liegt es, wenn mit der arglistigen Täuschung keine Bereicherungsabsicht des VN verbunden war und dies im Strafverfahren festgestellt wurde.

## 2 Schuldhafte Herbeiführung des Versicherungsfalls

Nach § 61 VVG ist der Versicherer von der Verpflichtung zur Leistung frei, wenn der VN den Versicherungsfall vorsätzlich oder durch grobe Fahrlässigkeit herbeiführt. Diese Ausschlußbestimmung wird in allen AVB Sach wiederholt. Dabei weichen die einzelnen

Bestimmungen im Wortlaut voneinander ab, ohne daß sich daraus materielle Unterschiede ergeben. Nach § 16 Nr. 2 VGB 88 n. F. besteht kein Versicherungsschutz, wenn der VN oder sein Repräsentant den Schaden vorsätzlich oder grob fahrlässig herbeigeführt hat. Nach § 9 Nr. 1 a VGB 88 a. F. sind nicht versichert ohne Rücksicht auf mitwirkende Ursachen Schäden, die der VN vorsätzlich oder grob fahrlässig herbeiführt (ähnlich §§ 18 Nr. 1 VGB 62, 9 Nr. 1 a VHB 84/VHB 92, 14 Nr. 1 AVB Sach 87). Dieser subjektive Risikoausschluß greift ein, wenn der VN oder dessen Repräsentanten einen Schaden vorsätzlich oder grob fahrlässig herbeiführen. Dagegen kommt er nicht zum Zug, wenn durch das Verhalten anderer Personen ein Schaden eintritt. Verursacht z. B. ein Mieter in einem Mehrfamilienhaus oder ein Handwerker bei Reparaturarbeiten vorsätzlich oder grob fahrlässig einen Brand, so ist der dadurch am versicherten Gebäude entstehende Schaden versichert. Der VN hat in diesen Fällen einen Anspruch auf Schadenersatz gegen den Schadenstifter. Dieser Schadenersatzanspruch geht nach § 67 VVG auf den Versicherer über, soweit er dem VN den Schaden ersetzt (vgl. dazu L).

Der VN kann einen Schaden an versicherten Sachen durch aktives Verhalten herbeiführen, indem er z. B. einen Brand selbst legt oder einen Brandstifter damit beauftragt. Er kann einen Schaden aber auch durch passives Verhalten herbeiführen, indem er es z. B. unterläßt, einen Brandstifter von der Brandlegung abzuhalten. Ähnlich liegt es, wenn der VN nichts unternimmt, um das Übergreifen eines Brandes vom Nachbargrundstück auf die versicherten Gebäude zu verhindern, obwohl er dazu in der Lage wäre. Positives Tun und Unterlassen sind gleichwertige Alternativen im Rahmen von § 61 VVG (vgl. Martin O I 12).

## Vorsatz 2.1

Vorsatz erfordert die Kenntnis des eigenen Verhaltens, des daraus erwachsenden Schadens und des Ursachenzusammenhangs zwischen beiden Sachverhalten (Martin O I 15). In den allermeisten Fällen werden Schäden von VN vorsätzlich herbeigeführt mit dem Ziel, sich einen ungerechtfertigten Vermögensvorteil zu verschaffen. Insbesondere Brandschäden werden durch Eigenbrandstiftung des VN vorsätzlich herbeigeführt. Dabei spielen neben Gewinnsucht gelegentlich auch andere Motive wie z. B. Eigenbrandstiftung mit dem Ziel der Selbsttötung eine Rolle (vgl. AG Frankfurt/Main VersR 88 S. 1062). Bei den übrigen Gefahren hat die vorsätzliche Herbeiführung von Schäden durch den VN geringe Bedeutung. Jedoch entfällt schätzungsweise ein Drittel des Schadenaufwands für Brandschäden in der Wohngebäudeversicherung auf Schäden durch Brandstiftung. Die Dunkelziffer ist hoch, da insbesondere bei Brandstiftungsfällen die Schadenursache häufig nicht exakt ermittelt werden kann. Es ist auch nicht bekannt, wie sich der Schadenaufwand für Schäden durch Brandstiftung auf Schäden durch vermutete, aber nicht nachgewiesene Eigenbrandstiftung durch den VN und auf Schäden durch Fremdbrandstiftung verteilt. Unbekannt ist auch die Zahl und die Höhe der Schäden, die wegen erwiesener Eigenbrandstiftung durch den VN nicht entschädigt werden. Dabei dürfte es sich jedoch um wenige Fälle handeln, da die Anforderungen an den Nachweis der Eigenbrandstiftung außerordentlich hoch sind (vgl. T 2.5 ff.).

## 2.2 Grobe Fahrlässigkeit

Grobe Fahrlässigkeit setzt einen objektiv schweren Verstoß gegen die im konkreten Fall gebotene Sorgfalt voraus. Das ist der Fall, wenn der VN schon einfachste, ganz naheliegende Überlegungen nicht anstellt und das nicht beachtet, was im gegebenen Fall jedem einleuchten muß. Daneben muß es sich aber auch um einen subjektiv unentschuldbaren Verstoß handeln, der das gewöhnliche Maß bei weitem übersteigt (vgl. BGH VersR 89 S. 840 sowie VersR 86 S. 254). Auf der subjektiven Seite setzt die Annahme grober Fahrlässigkeit voraus, daß die im Verkehr erforderliche Sorgfalt durch ein auch subjektiv unentschuldbares Verhalten in hohem Maß außer acht gelassen worden ist (OLG Hamm VersR 90 S. 1233). Maßstab für grobe Fahrlässigkeit ist das Maß an Sorgfalt, das eine verständige und eine verantwortungsbewußte Person üblicherweise in der gleichen Situation anwenden würde, wenn sie keine Wohngebäudeversicherung abgeschlossen hätte (vgl. BGH VersR 84 S. 25).

Nicht jeder objektiv schwere Verstoß gegen die im konkreten Fall gebotene Sorgfalt führt jedoch zur Feststellung der groben Fahrlässigkeit und damit zur Leistungsfreiheit. Hinzu kommen muß der **Vorwurf eines gesteigerten personalen Verschuldens** (BGH VersR 88 S. 474), dessen Fehlen den VN vom Vorwurf der groben Fahrlässigkeit entlasten kann (vgl. Römer/Langheid § 61 RN 30). In diesem Zusammenhang ist insbesondere die Rechtsprechung zum sog. **Augenblicksversagen** bei einem im Zusammenhang mit Routinehandlungen vorkommenden einmaligen Fehlverhalten von Bedeutung (vgl. dazu BGH VersR 89 S. 840 und VersR 86 S. 254 sowie nachfolgend T 2.5 ff.).

## 2.3 Leistungsfreiheit

Führt der VN oder sein Repräsentant einen Schaden vorsätzlich oder grob fahrlässig herbei, so besteht dafür kein Versicherungsschutz. Der Ausschluß erstreckt sich auf den gesamten dadurch verursachten Schaden. Das gilt auch dann, wenn der Schaden durch das Hinzutreten anderer Umstände vergrößert wurde. Es ist auch nicht gefordert, daß das Verhalten des VN unmittelbar den Schaden herbeiführt. Es genügt, daß irgendein Verhalten des VN mitursächlich für den Eintritt des Versicherungsfalls war (vgl. Prölss/Martin § 61 RN 7).

## 2.4 Beweislast des Versicherers

Beruft sich der Versicherer darauf, daß ein Schaden durch den VN vorsätzlich oder grob fahrlässig herbeigeführt wurde, so hat er die Herbeiführung des Versicherungsfalls, das Verschulden des VN und die Kausalität zwischen dem Handeln des VN und dem Eintritt des Versicherungsfalls zu beweisen (Römer/Langheid § 61 RN 50 m. w. N.). Die Beweisanforderungen sind hoch.

2.4.1 **Beweiserleichterungen** werden dem Versicherer **von der Rechtsprechung dabei nicht zugestanden**. Für Umstände, aus denen sich ein grobes Verschulden des VN bzw. seines Repräsentanten ergibt, obliegt dem VN der volle Beweis. Beweiserleichterungen kommen ihm insoweit nicht zugute (BGH r+s 88 S. 176). Durch die Lebenserfahrung gesicherte Typizität menschlichen Verhaltens und seiner Begleitumstände läßt sich nicht ausmachen, wenn es darum geht, ob der VN den Versicherungsfall herbeigeführt hat.

Eine Beweisführung mittels Anscheinsbeweises kann deshalb insoweit nicht in Betracht kommen (BGH zu §§ 61 VVG, 16 AFB a. F. VersR 88 S. 683 und r+s 88 S. 239). Weder der Anscheinsbeweis noch die im Bereich der Kaskoversicherung und der Einbruchdiebstahlversicherung entwickelten Beweiserleichterungen für den vom Versicherer zu erbringenden Nachweis eines unredlichen Verhaltens des VN können auf die Fälle ausgedehnt werden, in denen der Eintritt des Versicherungsfalls vom VN voll zu beweisen und unstreitig ist (BGH zu §§ 16 AFB a. F., 61 VVG VersR 90 S. 894 und r+s 90 S. 244). Wenn dem Versicherer der Nachweis gelingt, daß der vom VN behauptete Einbruchdiebstahl mit erheblicher Wahrscheinlichkeit nur vorgetäuscht ist, führt das nicht zu einer Umkehr der Beweislast des Versicherers für das Vorliegen der Voraussetzung des § 61 VVG hinsichtlich eines Brandschadens, den Täter bei dem Einbruchdiebstahl herbeigeführt haben sollen. Diesem Nachweis kann jedoch im Rahmen der Beweisführung nach § 61 VVG eine nicht unerhebliche indizielle Bedeutung zukommen, die der Tatrichter zu Gunsten des Versicherers bei seiner Überzeugungsbildung gegebenenfalls zu beachten hat (BGH r+s 96 S. 29). Zwar muß die Brandstiftung nicht mit absoluter Gewißheit feststehen, jedoch mit einem „für das praktische Leben ausreichenden Grad an Gewißheit" nachgewiesen werden. Dieser Nachweis ist nicht geführt, solange „die nicht nur theoretische Möglichkeit besteht, daß Außenstehende eingedrungen sind und den Brand gelegt haben" (BGH VersR 89 S. 841, r+s 89 S. 297 und VersR 87 S. 277). Beim Nachweis vorsätzlicher Herbeiführung des Versicherungsfalls kommen dem Versicherer Beweiserleichterungen nicht zugute. Der Nachweis der vorsätzlichen Brandstiftung durch den VN kann nicht im Wege des Anscheinsbeweises geführt werden (OLG Hamm VersR 90 S. 1393). Daß der VN das versicherte Wohngebäude selbst angesteckt oder die Inbrandsetzung durch Dritte veranlaßt hat, hat der Versicherer nicht bewiesen, wenn zwar aufgrund des im Ermittlungsverfahren eingeholten Gutachtens Brandstiftung feststeht, durchgreifende Indizien für Täterschaft oder Teilnahme des VN aber nicht vorliegen (OLG Hamm zu §§ 18 Nr. 1 VGB 62, 61 VVG r+s 94 S. 346). Für den Nachweis der Leistungsfreiheit des Versicherers nach § 61 VGG reicht es nicht aus, daß aufgrund von Indizien ein Verdacht der Brandstiftung durch den Geschäftsführer der Komplementär-GmbH der VN als deren Repräsentant begründet erscheint. Erforderlich ist vielmehr, daß sich ein für das praktische Leben brauchbarer Grad an Gewißheit, ein für einen vernünftigen, die Lebensverhältnisse klar überschauenden Menschen so hoher Grad an Wahrscheinlichkeit ergibt, daß er den Zweifeln Schweigen gebietet, ohne diese völlig auszuschließen (OLG Koblenz VersR 98 S. 181).

Die grob fahrlässige Herbeiführung eines Brandes, der von einem Adventskranz im Wohnzimmer des VN ausgegangen ist, läßt sich nicht feststellen, wenn der Brand nicht ausschließlich damit erklärt werden kann, daß der VN es versäumt hat, alle Kerzen vor dem Verlassen der Wohnung zu löschen, sondern daß durchaus auch ein beim Ausblasen der Kerzen entstandener Funkenflug den Adventskranz und/oder andere brennbare Materialien entzündet haben kann (OLG Köln zu §§ 9 Nr. 1 a VHB 84, 61 VVG VersR 95 S. 1480 und r+s 94 S. 428). Wenn die versicherte Lagerhalle und der versicherte Inhalt durch Brand vollständig zerstört worden sind, wenn in einem Abstellraum der Halle ein Ölofen aufgestellt, der vom zuständigen Bezirksschornsteinfeger nicht abgenommen worden war und – weil ein Ofenrohr an der Wand entlang über eine Holzverkleidung nach außen führte und ein ordnungsgemäßer Kaminanschluß fehlte – so auch nicht genehmigungsfähig war, und wenn dieser Ofen unmittelbar vor Ausbruch des Brandes auch betrieben worden ist, wenn aufgrund der durchgeführten Beweisaufnahme aber nicht festgestellt werden konnte, daß der Brand in dem vorschriftswidrig aufgestellten Ofen seine Ursache hatte, ist der Versicherer nicht gem. § 14 Nr. 1 AFB 87 wegen grob fahrlässiger Herbeiführung des Brandes leistungsfrei, obwohl die Inbetriebnahme des feuerpolizeilich nicht abgenommenen Ofens grob fahrlässig gewesen sein dürfte (LG Koblenz r+s 95 S. 269).

Ist eine erhebliche Wahrscheinlichkeit für die Vortäuschung eines Einbruchdiebstahls durch einen vom VN gedungenen Dritten begründet, so kann dessen grob fahrlässiges oder gar vorsätzliches Verhalten im Zusammenhang mit der Verursachung eines Brandes dem VN nicht zugerechnet werden, wenn nicht bewiesen ist, daß es dem VN auf die Herbeiführung eines Brandschadens gerade angekommen ist (OLG Schleswig ZfS 93 S. 61). Die folgenden Umstände genügen nicht für den Beweis einer Beteiligung des VN an einer unstreitig vorsätzlichen Brandstiftung in dem versicherten Betrieb (gegen 2.30 Uhr morgens): Die schlechte finanzielle Situation des VN; die Zahlung des Versicherungsbeitrags kurz vor der Brandstiftung (bei vorhergehender Mahnung des Versicherers gem. § 39 VVG); die fehlende Verriegelung eines allerdings geschlossenen zur Straße gelegenen Fensters; das Auffinden leerer Benzinkanister; eine während der Tatzeit eingeschaltete Alarmanlage (deren Bewegungsmelder die möglichen Wege von Tätern nicht voll erfaßte) (OLG Hamm zu §§ 16 AFB a. F., 61 VVG r+s 93 S. 28). Wenn sich der VN am Abend vor dem Brand des feuerversicherten verwahrlosten Wohn- und Geschäftshauses mit drei Personen zum „Schocken" in einer Gaststätte getroffen hat und wenn dabei viel Bier getrunken worden ist, wenn im Laufe des Abends zwischen dem VN und einer der drei Personen über das Anzünden des versicherten Gebäudes gesprochen worden ist, wenn keine der drei Personen bestätigt hat, daß es sich dabei um eine ernsthafte Aufforderung gehandelt hat, wenn der Brand nach den Erklärungen eines Sachverständigen zwischen 22.55 Uhr und 23 05 Uhr gelegt worden ist, wenn die Teilnehmer der Spielrunde aber erst gegen oder nach 23.00 Uhr die Gaststätte verlassen haben, wobei die hauptverdächtige Person zunächst mit einer der anderen Personen noch ein Stück des Wegs gemeinsam gegangen ist, läßt sich eine gefahrerhöhende Brandrede nicht feststellen, liegen keine Umstände vor, die auf eine vorsätzliche oder grob fahrlässige Herbeiführung des Versicherungsfalles durch den VN schließen lassen (OLG Düsseldorf r+s 97 S. 27).

2.4.2 Die vorstehend zitierte Rechtsprechung bestätigt, daß die Anforderungen an den Nachweis einer vorsätzlichen oder grob fahrlässigen Brandstiftung durch den VN außerordentlich hoch sind. Ein Indizienbeweis kann nur in Ausnahmefällen in Betracht kommen. Dabei ist eine zusammenfassende Würdigung und Gesamtschau erforderlich (BGH VersR 94 S. 1054 und r+s 94 S. 394 sowie r+s 96 S. 146). In den nachfolgend zitierten Fällen wurde der **Indizienbeweis von der Rechtsprechung anerkannt.**

Es ist davon auszugehen, daß die VN und ihr Ehemann den Hausrat selbst vorsätzlich in Brand gesetzt haben, wenn die nachfolgenden Indizien vorliegen: Das Gebäude mit dem feuerversicherten Hausrat brannte am 9. 4. 1991 bis auf die Grundmauer nieder; die VN und ihr Ehemann hielten sich zu dieser Zeit nicht im Wohnhaus, sondern in einem auf dem Grundstück stehenden Wohnwagen auf, während ihre Kinder bei Bekannten untergebracht waren; bereits am 7. 4. 1991 war versucht worden, das Wohnhaus in Brand zu setzen, allerdings ohne Erfolg, weil die Kerze als Brennmittel nicht gezündet hatte; gegen die VN und ihren Ehemann war ein Ermittlungsverfahren wegen versuchter und vollendeter vorsätzlicher schwerer Brandstiftung in Tateinheit mit Versicherungsbetrug eingeleitet worden, die Eröffnung des Hauptverfahrens aber u. a. mangels hinreichenden Tatverdachts abgelehnt worden; die VN und ihr Ehemann hatten ein Motiv für die Inbrandsetzung des Wohnhauses (Aufgabe des landwirtschaftlichen Betriebs, Absicht zum Umbau des Wohnhauses in ein Mehrfamilienhaus mit Vorgesprächen über Bauplanung und Finanzierung u. a.); das Entdeckungsrisiko für einen Fremdtäter war sehr hoch; die Art der Brandvorbereitung ließ auf Vertrautheit mit dem im Haus vorhandenen Brandbeschleunigern schließen; der Ehemann der VN verhielt sich zur Brandzeit bei Bekannten auffällig; Anhaltspunkte für Brandstiftung durch einen Dritten lagen nicht vor; die Eheleute waren trotz des Lärms beim Einsatz der Feuerwehren in dem nur 50 m von dem Haus abgestellten Wohnwagen nicht aufgewacht und die VN hatte vor dem Haftrichter und bei Anhörung vor dem Senat die Frage, ob sie sich eine Brandstiftung durch ihren Mann vorstellen könne, nicht beantwortet (OLG Oldenburg r+s 96 S. 499).

Als ausreichende Indizien für den Nachweis der Beteiligung des VN an einer Brandstiftung wurden auch die nachfolgenden Umstände eingestuft: Der VN war zur Tatzeit auf einem Kurzurlaub im Schwarzwald; der VN war zuvor bereits dreimal von Bränden betroffen; bei dem Brand wurde Benzin als Brandbeschleuniger verwendet; auch bei einem Vorschaden wurde der Brand mit Hilfe einer als Brandbeschleuniger verwendeten Flüssigkeit gelegt; der VN verfügte auch über eine entsprechende kriminelle Energie (in einem zuvor gegen ihn geführten Strafverfahren hat er gestanden, in einem anderen Fall einen Dritten zur Brandstiftung gewonnen zu haben); der VN befand sich in einer bedrückenden wirtschaftlichen Situation; aufgrund der Tatumstände mußte der Täter gewußt haben, daß sich zum Tatzeitpunkt niemand auf dem Anwesen des VN aufhielt; ungeklärt war, wie der Brandstifter in das Gebäude gelangen konnte; die Umstände des Kurzurlaubs waren ungewöhnlich und merkwürdig. Daneben bestand Überversicherung (OLG Hamm VersR 92 S. 736).

Das LG Köln hat den Nachweis der Eigenbrandstiftung des VN anerkannt, weil die nachfolgenden Indizien vorlagen: Der VN hatte vier Monate vor dem Brand den Versicherer gewechselt und die Versicherungssumme um 60 % erhöht; der Erstbeitrag wurde erst vier Tage vor dem Brand gezahlt; der VN befand sich in einer schlechten wirtschaftlichen Situation (Mietrückstände, Räumungsurteil und daraus drohende Zwangsvollstreckung); an der einzig offenen Zugangstür fanden sich keine Aufbruchspuren; die Schuhe des VN wiesen Benzinrückstände auf, die weitgehend mit dem als Brandbeschleuniger eingesetzten Benzin übereinstimmten (LG Köln r+s 90 S.56 mit einer Anm. von Wälder).

Weiterhin hat das OLG Oldenburg den Indizienbeweis für Eigenbrandstiftung des VN anerkannt. Es lagen folgende Indizien vor: Der Brand war durch das Ausschütten von Benzin in einer Vielzahl von Räumen des versicherten Gebäudes verursacht worden; vor dem Brand hatte der VN einen bläulichen Gegenstand mit weißem Deckel in das Gebäude gebracht, in dem nach dem Brand zwei blaue 5 l-Kanister mit weißem Deckel gefunden wurden; der Umfang der Brandvorbereitungen deutete darauf hin, daß sämtliche Gebäude des Anwesens abbrennen sollten; das entsprach eher dem Interesse des VN an der Neuwertentschädigung als dem Schädigungsinteresse eines Dritten; der anderweitig versicherte Hausrat fehlte zum großen Teil; anonyme Anrufer bei der Polizei hatten auf eine Brandstiftung des VN und auf den durchgeführten Abtransport von Hausrat hingewiesen und es bestand zu Gunsten des VN eine erhebliche Differenz zwischen dem Neuwert, zu dem die Gebäude versichert waren, und dem Verkehrswert (OLG Oldenburg r+s 84 S. 196).

Beruft sich der VN darauf, daß er einen Versicherungsfall im **Zustand der Schuldunfähigkeit** nach § 827 Satz 1 BGB herbeigeführt habe, so muß er dies beweisen (vgl. BGH VersR 89 S. 469 und r+s 89 S. 349 sowie VersR 90 S. 888 und r+s 90 S. 291). Wenden der VN oder dessen Erben ein, vorsätzliche Brandstiftung sei auf Bewußtseinsstörung zurückzuführen, so tragen sie hierfür die Beweislast (LG Frankfurt/M. VersR 88 S. 1062). Der Nachweis der Zurechnungsunfähigkeit ist nicht geführt, wenn die Ehefrau des VN bei ihrer polizeilichen Vernehmung nicht erklärt hat, daß ihr Mann psychischen Störun- 2.4.3

gen oder Auffälligkeiten unterliege, sondern die Vermutung geäußert hat, daß die befürchtete Schlechterstellung infolge bevorstehender Entlassung den Entschluß zum Freitod ausgelöst und daß es sich um eine spontane Entscheidung gehandelt habe, wenn Erklärungen aus dem Bekanntenkreis über skurrile Verhaltensweisen des VN vorliegen, dagegen aber keine Äußerung eines Neurologen oder Fachpsychiaters, sondern nur die Empfehlung einer neurologisch-psychiatrischen Behandlung des VN durch eine Fachärztin für Allgemeinmedizin, so daß kein Rückschluß auf eine depressiv-psychotische Erkrankung möglich ist (LG Zwickau r+s 97 S. 428).

2.4.4 Nach §§ 16 Nr. 2 Abs. 2 VGB 88 n. F., 9 Nr. 1 a VGB 88 a. F., 18 Nr. 3 VGB 62 gilt die vorsätzliche Herbeiführung eines Brandschadens als bewiesen, wenn sie durch **rechtskräftiges Strafurteil** wegen vorsätzlicher Brandstiftung festgestellt ist (vgl. auch T 1.5). Eine strafrechtliche Verurteilung wegen grob fahrlässiger Brandstiftung hat keine unmittelbaren Auswirkungen auf die privatrechtlichen Ansprüche aus dem Versicherungsvertrag. Sie liefert allenfalls gewisse Anhaltspunkte für die Beurteilung des Verschuldensgrads.

## 2.5 Rechtsprechung zur groben Fahrlässigkeit

Zur grob fahrlässigen Herbeiführung des Versicherungsfalls durch den VN liegt für die Feuer- und die Leitungswasserversicherung umfangreiche Rechtsprechung vor. Sie wird nachfolgend dargestellt. Dabei liegt der Schwerpunkt auf der Darstellung der Rechtsprechung zur Gebäude- und zur Hausratversicherung. Die zitierten Urteile zur Hausratversicherung lassen sich auf die Wohngebäudeversicherung übertragen.

2.5.1 **In der Feuerversicherung wurde grobe Fahrlässigkeit in den nachfolgenden Fällen bejaht.** Es liegt eine grob fahrlässige Schadenverursachung vor, wenn der VN seine Kinder im Alter von sieben und zehn Jahren allein im Wohnzimmer spielen läßt, während auf dem Tisch eine brennende Kerze steht, die beim Spielen vom Tisch herunter auf die Sitzgarnitur fällt. Es reicht zur Erfüllung seiner Aufsichtspflicht nicht aus, daß der VN vor dem Vorfall seine Kinder mehrfach auf die Gefahren einer brennenden Kerze hingewiesen hat (LG Stade zu § 9 Nr. 1 a VHB 84 VersR 98 S. 579). Wenn der VN seine Wohnung, in der sich zu der Zeit außer ihm nur noch eine zweijährige Katze aufgehalten hat und in der am Adventskranz zwei Kerzen angezündet waren, verlassen hat, um auf dem Hof mit dem gerade eingetroffenen Interessenten eines Weihnachtsbaums ein Verkaufsgespräch zu führen und wenn er ca. 10 Minuten später bei seiner Rückkehr festgestellt hat, daß der auf einem Ständer in der Ecke des Wohnzimmers abgestellte Adventskranz auf die Polstergarnitur heruntergefallen und daß an der Garnitur durch die brennenden Kerzen ein Brandschaden entstanden war, vermutlich weil die Katze den Adventskranz an den Bändern heruntergezogen hatte, liegt kein Augenblicksversagen vor, hat der VN den Brand in objektiver und in subjektiver Weise grob fahrlässig herbeigeführt (AG St. Goar zu § 9 Nr. 1 a VHB 84 r+s 98 S. 122). Wer für die Dauer von 15 – 20 Minuten ein Zimmer verläßt, in dem er eine auf einem Deckchen auf dem Eßzimmertisch stehende Kerze angezündet hat, hat den dadurch entstandenen Brand in objektiver und subjektiver Hinsicht grob fahrlässig verursacht (AG Neuenkirchen r+s 97 S. 167). Wenn die VN das Wohnzimmer für etwa eine halbe Stunde verlassen und dort brennende Kerzen eines künstlichen Tannengestecks unbeaufsichtigt gelassen hat, hat sie einen durch die Kerzen ausgelösten Wohnungsbrand (Schaden hier: 3.456 – DM) in objektiver und subjektiver Hinsicht grob fahrlässig herbeigeführt (AG Hamburg zu § 9 Nr. 1 a VHB 84 r+s 96 S. 281). Wenn die Wohnung des VN ausgebrannt ist und sich der

Brandherd im Wohnzimmer auf dem Fußboden befand, der aus einem PVC-Belag mit darüber liegendem Teppichboden bestand, wenn der Brand durch eine Zigarette entstanden ist, die der VN im Wohnzimmer angezündet hatte, diese auf den Rand eines Aschenbechers an der Tischkante gelegt hat, um Schreibzeug zur Beantwortung eines Briefes aus einem anderen Zimmer zu holen, und die auf den Boden gefallen ist, während der VN sich – in spontaner Änderung seines ursprünglichen Entschlusses und die Zigarette vergessend – in dem anderen Zimmer an eine Schreibmaschine gesetzt hat, um maschinenschriftlich zu antworten, ist die hinreichende Erfolgsaussicht der Klage auf Hausratentschädigung für den Wohnungsbrand wegen grob fahrlässiger Herbeiführung dieses Versicherungsfalls durch den Antragsteller zu verneinen (LG Göttingen und OLG Celle zu § 9 Nr. 1 a VHB 84 r+s 95 S. 190). Der VN führt den Versicherungsfall grob fahrlässig herbei, wenn er eine teilweise gefüllte Propangasflasche im Kellergeschoß seines Wohnhauses in unmittelbarer Nähe der Heizungsanlage und unter eklatanter Überschreitung vorgeschriebener TÜV-Überprüfungsfristen lagert (LG Koblenz zu § 9 Nr. 1 a VHB 84 VersR 95 S. 700). Wenn die VN am Tage ihrer Rückkehr von einer Reise wegen fehlenden Zuges vergebens versucht hat, den Ofen in ihrer Wohnung anzuheizen, wenn sie daraufhin die fünf oder sechs in den Ofen gegebenen Briketts abgelöscht hat, indem sie 1 bis 1½ Kaffeekannen Wasser darauf ausgeschüttet hat und die Briketts herausgenommen und auf das Ofenblech gelegt hat, wenn sie die im Aschenkasten befindliche Asche in einen Plastikeimer geschüttet hat, in dem sich noch alte Asche befand und auch alle oder nur einen Teil der nassen Briketts in den Eimer gelegt hat, wenn sie etwa eine ½ Stunde nach dem Beginn des Beheizungsversuchs ihre Wohnung verlassen hat, um bei einer Freundin zu übernachten und wenn sich der Inhalt des auf einem Holzdielen-Fußboden stehenden Plastikeimers während ihrer Abwesenheit entzündet hat, so hat die VN den so entstandenen Brand grob fahrlässig nach §§ 9 Nr. 1 a VHB 84, 61 VVG herbeigeführt (LG Berlin r+s 95 S. 189). Der VN führt den Versicherungsfall grob fahrlässig herbei, wenn er zusammen mit seiner Ehefrau die Wohnung für etwa 15 Minuten verläßt, um einen im gleichen Haus wohnenden Nachbarn aufzusuchen, ohne zuvor die beiden im Wohnzimmer an einem Adventskranz brennenden Kerzen gelöscht zu haben (OLG Hamburg VersR 94 S. 89 und r+s 94 S. 184). Wer bei einem Blutalkoholgehalt von 2,18 ‰ mit offenem Feuer – wie etwa Streichhölzern, Feuerzeugen oder glühenden Tabakresten – im Bereich des Betts hantiert, handelt schon deswegen grob fahrlässig, weil er vorhersehbar diese Dinge nicht in der Weise beherrschen kann, wie dies einem nicht alkoholisierten Raucher evtl. noch möglich wäre (LG Osnabrück zu § 16 AFB a. F. VersR 94 S. 1184). Wenn der VN einen Ledersessel in einer Entfernung von nur 1,5 m von einem Feuer im offenen Kamin abgestellt hat, hat er einen Schaden an dem Sessel durch aus dem Kamin „wegspritzendes" Holz grob fahrlässig herbeigeführt (AG Trier zu § 9 Nr. 1 a VHB 84 r+s 94 S. 269). Ist ein Brand an Hausrat und Gebäude dadurch verursacht worden, daß der VN in betrunkenem Zustand im Bett geraucht hat, kann der Versicherer die Leistung wegen grob fahrlässiger Herbeiführung des Versicherungsfalls verweigern, wenn der VN regelmäßig Alkohol zu trinken pflegte und regelmäßig betrunken im Bett geraucht hat, wenn es dabei häufig zu Brandlöchern im Bettzeug und auf dem Teppich gekommen ist, wenn der VN von seiner Ehefrau mehrfach auf die Gefährlichkeit seines Verhaltens hingewiesen worden ist. Das grobe Verschulden entfällt auch nicht dadurch, daß der VN Alkoholiker war, da diese Tatsache allein nicht den Schluß rechtfertigt, er habe in nüchternem Zustand die Gefährlichkeit seines Handelns nicht erkennen können und auch nicht erkannt (OLG Oldenburg zu §§ 9 Nr. 1 a VHB 84, 18 Nr. 1 VGB 62 r+s 92 S. 208). Grob fahrlässige Herbeiführung eines Brandschadens besteht, wenn offene Pfannen mit Fett längere Zeit (hier: ca. zehn Minuten) unbeaufsichtigt auf dem Herd bei höchster Stufe erhitzt werden (LG Mönchengladbach VersR 89 S. 845). Es ist grob fahrlässig, einen nur kurz instruierten Dritten innerhalb des Versicherungsorts Schweißarbeiten ausführen zu lassen, mit denen dieser weder durch seine Ausbildung noch durch berufliche Erfahrungen vertraut ist (OLG Celle VersR 88 S. 617). Es ist grob fahrlässig, im Erdgeschoß eines Zweifamilienhauses offenkundig feuergefährliche Lötarbeiten ohne ausreichende praktische Erfahrung und Kenntnis der Sicherheitsvorschriften sowie ohne geeignete Vorsorgemaßnahmen gegen eine Brandentstehung und -ausbreitung durchzuführen (OLG Hamm VersR 88 S. 508 und r+s 87 S. 167). Brennenlassen eines unbeaufsichtigten Adventskranzes ist grob fahrlässig (OLG Düsseldorf VersR 86 S. 780; LG Baden-Baden r+s 86 S. 289). Das Entleeren eines Aschenbechers mit Zigarettenkippen in einen Abfalleimer aus Plastik ist grob fahrlässig (OLG München r+s 86 S. 42). Grob fahrlässig handelt, wer einen Aschenbecher unmittelbar nach dem Ausdrücken der letzten Zigarette in einen Papierkorb aus Korbgeflecht entleert (LG Köln r+s 84 S. 149). Rauchen im Bett ist grob fahrlässig (LG Duisburg VersR 85 S. 827). Grob fahrlässig handelt, wer einen Holzkohlegrill in geschlossenen Räumen benutzt und die Kohlenreste nach Übergießen mit Wasser ohne weitere Beobachtung in ein nicht feuersicheres Gefäß füllt (LG Köln VersR 85 S. 253).

In den nachfolgend dargestellten Fällen wurde **grobe Fahrlässigkeit in der Feuerversicherung verneint.**

Hat der VN nach den vereinbarten Sicherheitsvorschriften darauf zu achten, daß getrocknetes Erntegut ständig auf Selbstentzündung überprüft wird, so ist damit nicht eine Obliegenheit zur Messung der Heutemperatur mit einer Heumeßsonde begründet. Unterläßt der VN den Einsatz einer Heumeßsonde und kommt es in der Folgezeit zu einer Heuselbstentzündung, so hat der VN den Versicherungsfall ohne Hinzutritt weiterer – vom Versicherer darzulegender – Umstände nicht grob fahrlässig herbeigeführt (OLG Oldenburg VersR 98 S. 490). Grobe Fahrlässigkeit ist nicht immer schon dann anzunehmen, wenn der VN einen Aschenbecher mit brennenden Zigarettenresten in eine Plastiktüte entleert. Wird der VN im Zustand nicht unerheblicher Alkoholisierung (hier: BAK von 1,5 ‰) mit einer Situation konfrontiert, die er – nicht zuletzt im Hinblick auf Alkoholeinfluß objektiv grob fahrlässig – nicht meistert, so ist subjektiv grobe Fahrlässigkeit eher zu verneinen (OLG Hamm zu § 9 Nr. 1 a VHB 84 VersR 96 S. 1272 und r+s 96 S. 112). Daß der VN eine Pfanne mit heißem Fett auf der auf höchster Stufe erhitzten Herdplatte hat stehen lassen oder daß er nach dem Bratvorgang die Kontrolleuchte des Herdes nicht beachtet hat, als er die Wohnung morgens verlassen hat, um zur Arbeitsstelle zu fahren, stellt schon wegen der besonderen Gefährlichkeit des Zurücklassens der mit Fett erhitzten Pfanne auf der auf höchster Stufe erhitzten Herdplatte ein objektiv grob fahrlässiges Verhalten dar. Es kann jedoch nicht als ein gegenüber der einfachen Fahrlässigkeit gesteigertes Verschulden angesehen werden, welches das gewöhnliche Maß erheblich übersteigt und schlechthin als unentschuldbar erscheint, wenn nach dem Ergebnis der Beweisaufnahme feststeht, daß sich der VN am Morgen des Schadentages verspätet hatte und in Eile war, weil er von einem schon vor dem Haus wartenden Kollegen zur Arbeit mitgenommen werden sollte, der bekundet hat, daß der VN nicht wie vereinbart um 6 Uhr, sondern ca. sechs bis sieben Minuten später mit den Worten zu ihm gekommen sei, daß er „spät dran“ sei (OLG Düsseldorf zu § 9 Nr. 1 a VHB 84 r+s 95 S. 424). Der VN führt einen Wohnungsbrand noch nicht dadurch grob fahrlässig herbei, daß er vor dem Verlassen der Wohnung die Kerzen eines Adventskranzes zwar ausbläst, sich aber nicht vom vollständigen Verlöschen der noch glimmenden Dochte überzeugt (OLG Köln VersR 95 S. 1480). Baurechtliche Vorschriften, nach denen die Errichtung und Änderung von Feuerstätten nicht genehmigungspflichtig, sondern nur anzeigepflichtig sind und der Betrieb der Feuerstätte nicht von der Erfüllung der Anzeigepflicht abhängt, sind keine Sicherheitsvorschriften i. S. d. § 9 Nr. 1 VGB 62. Der VN hat Sicherheitsvorschriften i. S. d. § 9 Nr. 1 VGB 62 verletzt, wenn er die von ihm ausgeführte Holzverkleidung bis ca. 3 cm an die Einführung des Rauchrohres eines Ölofens in die Wand herangeführt hat. Daß der VN bei dem Anbringen der Holzverkleidung eines Raumes grob fahrlässig gegen die Abstandsbestimmungen der §§ 7 Abs. 2 der Feuerungsverordnung, 48 der Landesbauordnung verstoßen hat (§ 9 Nr. 1 VGB 62), ist weder in objektiver noch in subjektiver Hinsicht zu bejahen, wenn er zwischen der Holzverkleidung der Wand und der Einführung des Rauchrohres eines Ölofens in die Wand zwar einen Sicherheitsabstand gewahrt, diesen aber als Laie auf bautechnischem Gebiet mit 3 cm für ausreichend gehalten hat. Daß der VN beim Anbringen der Holzverkleidung eines Raumes gegen die Abstandsbestimmungen der genannten Vorschriften verstoßen hat, indem er zwischen der Holzverkleidung der Wand und der Einführung des Rauchrohres eines Ölofens in die Wand zwar einen Sicherheitsabstand gewahrt, diesen aber als Laie auf bautechnischem Gebiet mit 3 cm für ausreichend gehalten hat, bedeutet weder objektiv noch subjektiv eine grob fahrlässige Herbeiführung des Brandes, der durch den zu geringen Sicherheitsabstand entstanden ist (OLG Saarbrücken zu §§ 18 Nr. 1 VGB 62, 16 Nr. VHB 74 r+s 92 S. 130). Wenn der VN einen im Handel käuflichen Einbaueinsatz eines offenen Kamins selbst montiert und die Eternit-Verkleidung des Rauchabzugsrohres unterhalb einer Balkendecke fehlerhaft am Kamin befestigt hat, so daß eine unauffällige, vom Bezirksschornsteinfeger auch bei einer Brandstättenschau nicht beanstandete Fuge von 1 bis 5 mm Breite entstanden ist, durch die – bei normalem Betrieb – ungefährliche Rauchgase ausgetreten sind, und wenn die Ablagerung und Entzündung von Ruß die Abgase so erhitzt haben, daß der über der Fuge liegende Balken Feuer gefangen hat, so hat der VN den daraus am Gebäude und Hausrat entstandenen Brandschaden nicht grob fahrlässig herbeigeführt. Die Anwendbarkeit des § 61 VVG entfällt, wenn die Gefahrenlage, die für den Versicherungsfall ursächlich ist, bereits bei Vertragsschluß bestand. Insoweit verdrängen die §§ 16 ff., 23 ff. VVG den § 61 VVG (OLG Hamm r+s 91 S. 31). Wer die für einen Augenblick allein gelassenen brennenden Kerzen nur deswegen unbeaufsichtigt weiter brennen läßt, weil er sie, abgelenkt durch zwei zeitlich ineinander greifende Ereignisse (hier: Telefonanruf und Essensruf der Ehefrau), vergessen hat, handelt subjektiv nicht grob fahrlässig (LG Wuppertal VersR 90 S. 1396). Es stellt nicht ohne weiteres eine Verletzung der im Verkehr erforderlichen Sorgfalt dar, Zigarettenreste in einen Papierabfälle enthaltenen Plastikmüllsack zu werfen. Vielmehr muß hinzukommen, daß die Zigarettenreste noch zündfähig sind und dies hätte bemerkt werden können und müssen. Welcher Grad von Fahrlässigkeit dann zum Vorwurf gemacht werden muß, hängt davon ab, mit welcher Wahrscheinlichkeit damit zu rechnen war, daß die Zigarettenreste möglicherweise noch eine zündfähige Temperatur haben konnten (OLG Hamm VersR 88 S. 26). Die Revision der Kläger führte zur Aufhebung dieses Urteils und zur Zurückverweisung an das Berufungsgericht (vgl. BGH VersR 88 S. 506). Mit Grundurteil vom 25. 11. 1988 hat das OLG Hamm daraufhin die Berufung der Beklagten zurückgewiesen, hinsichtlich des Anspruchs auf Zahlung eines Abschlags jedoch nur, soweit sich die Berufung gegen den Grund des Anspruchs richtet. Die Revision der Beklagten gegen dieses Urteil hatte keinen Erfolg. Der BGH hat entschieden, daß der Versicherer nicht wegen grob fahrlässiger Herbeiführung des Versicherungsfalls (§§ 61 VVG, 16 AFB a. F.) oder wegen Gefahrerhöhung (§§ 23 ff. VVG) leistungsfrei ist (VersR 90 S. 893). Nach Auffassung des BGH ist das OLG Hamm zutreffend davon ausgegangen, daß die Grenze zur groben Fahrlässigkeit dann überschritten ist, wenn zwischen dem Rauchen und dem Wegwerfen der Zigarettenreste eine so kurze Zeitspanne liegt, daß es sich dem Ehemann der VN, für dessen Verhalten die VN einstehen muß, aufdrängen mußte, daß die Zigarettenreste noch eine zündfähige Temperatur haben könnten. Es sei aber nicht auszuschließen, daß der Ehemann der VN die Zigarettenreste erst mehrere, vielleicht sogar erst zehn Minuten nach Beendigung des Rauchens in den Müllsack geworfen habe und daß er nach dieser Zeit nicht mehr mit einer Zündung der Zigarettenreste zu rechnen brauchte (BGH a. a. O.).

Im Rahmen des subjektiven Schuldvorwurfs sind bei der groben Fahrlässigkeit auch seelische und physische Umstände der betreffenden Person beachtlich. Daß sich die VN zur Minderung ihres Verschuldens auf eine Hirnleistungsschwäche und Gefäßsklerose berufen hat, die ihr Gedächtnis- und Konzentrationsvermögen beeinträchtigen, kann nicht beiseite geschoben werden. Wenn die VN eine Friteuse mit Fett auf die eingeschaltete Herdplatte eines Elektroherds und Fisch in den Grill gelegt hat und wenn sie danach das Haus verlassen und vergessen hat, vorher die Herdplatte abzuschalten, kann es sich bei dem Vergessen um ein Augenblicksversagen handeln, das in der Regel nicht das harte Verdikt des auch subjektiv schlechthin Unentschuldbaren rechtfertigt. Ein grobes Verschulden kann dann nur nach einer sorgfältigen Abwägung der Umstände bejaht und nicht allein damit begründet werden, der VN hätte auch anders handeln können (BGH VersR 89 S. 840 und r+s 89 S. 193). Wenn der VN in einem Fertighaus mit Holzkonstruktion und Ölzentralheizung in einer Ecke des Wohnzimmers im Abstand von 15 cm zu einer spanplattenverkleideten Wand einen Kaminofen angeschlossen und zur Isolierung der Wand Asbestplatten – allerdings ohne Hinterlüftung – angebracht und Asbestschnur verwendet und im Flurbereich einen elektronischen Rauchmelder montiert und sich bei Einbau des Ofens auf sein eigenes Gutdünken verlassen hat, hat er die im Verkehr erforderliche Sorgfalt außer acht gelassen. Dadurch, daß er Fachleute nicht zu Rate gezogen hat, ist die Grenze zur groben Fahrlässigkeit jedoch nicht überschritten (OLG Köln r+s 88 S. 235). Daß der VN einen Brand grob fahrlässig herbeigeführt hat, indem er Aschenbecher der Gaststätte mit Glutresten in einen Plastikbehälter entleert und den Plastikbehälter in der Gaststätte stehen gelassen hat, ist nicht bewiesen, wenn der VN glaubhaft darstellt, daß der Inhalt der Aschenbecher grundsätzlich in einen Metallbehälter gegeben wird und daß die Aschenbecher nach jahrzehntelanger Übung nur kurz vor der abendlichen Schließung der Gaststätte in einen Plastikbehälter entleert werden, der unmittelbar danach in einen auf dem Hof stehenden Müllcontainer ausgeschüttet wird, und wenn der Grund für ein Unterlassen der üblichen Entleerung des Plastikbehälters bzw. der Nachschau nach erfolgtem Entleeren nicht bekannt ist oder lediglich in einem Vergessen besteht (OLG Düsseldorf r+s 88 S. 83). Brennenlassen einer Kerze begründet nicht ohne weiteres den Vorwurf der groben Fahrlässigkeit (BGH VersR 86 S. 254). Keine grobe Fahrlässigkeit liegt vor, wenn die Ehefrau des VN beim Verlassen des Hauses keine Kenntnis davon nimmt, daß der Elektroherd, auf dem eine Pfanne mit Fett steht, eingeschaltet ist (OLG Frankfurt VersR 83 S. 869).

2.5.2 **In der Leitungswasserversicherung** wurde die **grob fahrlässige Herbeiführung des Versicherungsfalls** durch den VN in den nachfolgend dargestellten Fällen **von der Rechtsprechung bejaht**.

Der VN führt den Versicherungsfall in der Wohngebäudeversicherung in objektiver und in subjektiver Hinsicht grob fahrlässig herbei, wenn ein Leitungswasserschaden dadurch verursacht wird, daß ein 15 Jahre alter, ständig unter Druck belassener Zulaufschlauch zu einer Geschirrspülmaschine während einer einwöchigen Abwesenheit des VN platzt und der VN die sporadische Nutzung des Gerätes durch eine dritte Person während seiner Abwesenheit zugelassen, aber keine Vorsorge dafür getroffen hat, daß diese Person die Wasserzufuhr in Fällen mehrstündiger Abwesenheit unterbrach (OLG Oldenburg zu § 18 Nr. 1 VGB 62 VersR 96 S. 1492 und r+s 96 S. 236). Sowohl die unterlassene Überwachung einer in Betrieb befindlichen, nicht mit besonderen Sicherungseinrichtungen versehenen Wasch- oder Spülmaschine wie auch das Verlassen einer Wohnung für längere Zeit, ohne zuvor die Wasserzufuhr zu der nicht in Betrieb befindlichen Wasch- oder Spülmaschine abzustellen, stellt einen erheblichen, über das normale Maß hinausgehenden Sorgfaltsverstoß dar, der als grob fahrlässig zu werten ist (LG Düsseldorf r+s 94 S. 109). Es stellt eine grobe Fahrlässigkeit dar, wenn der VN die Waschmaschine in Betrieb setzt und anschließend die Wohnung für 4,5 Stunden verläßt (AG Frankfurt zu § 9 Nr. 1 a VHB 84 ZfS 94 S. 301). Wenn ein Leitungswasserschaden am Hausrat dadurch entstanden ist, daß die während des Nachtschlafs der VN zur Wahrnehmung des billigeren Nachtstroms mit Zeitschaltuhr betriebene Waschmaschine leck geworden ist und wenn die VN neun Monate vorher einen entsprechenden Schaden erlitten und sich jetzt dahin eingelassen haben, nicht sobald wieder mit einem solchen Schaden gerechnet zu haben, ist der Versicherer wegen grob fahrlässiger Herbeiführung des Versicherungsfalls gem. § 61 VVG von der Verpflichtung zur Leistung frei (AG Bielefeld r+s 94 S. 309 und ZfS 94 S. 300). Grob fahrlässig verhält sich, wer in einer Frostperiode nach Heizungsausfall nach eigener, erfolglos gebliebener Fehlersuche keinen Fachmann zur Schadenbehebung zuzieht und die Wasserleitungsanlagen nicht absperrt und entleert (OLG Hamm VersR 89 S. 1083). Grob fahrlässige Herbeiführung des Versicherungsfalls, wenn die Heizung während der Frostperiode nicht in Betrieb ist und gleichzeitig ein Entleeren oder Absperren der Wasserleitung unterbleibt (OLG Saarbrücken VersR 89 S. 397). Grob fahrlässige Herbeiführung des Versicherungsfalls, wenn der VN die Wasserleitung zum WC-Spülkasten der unbewohnten und unbeheizten Wohnung trotz Frostes nicht entleert (LG Köln VersR 88 S. 1258 und r+s 88 S. 377). Wer für zwei Stunden die Wohnung verläßt, ohne zuvor die Wasserzufuhr der nicht in Betrieb befindlichen Geschirrspülmaschine abzustellen, verhält sich jedenfalls dann grob fahrlässig, wenn er – bis auf längere Abwesenheit, wie z. B. Urlaub – die Wasserzufuhr gewohnheitsmässig nie absperrt. Der Versicherer ist von der Entschädigungspflicht frei, wenn während der Abwesenheit des VN die Kunststoffverbindung zwischen der Wasserleitung, die zur Maschine führt, oder der Schlauch selbst gerissen und dadurch ein Leitungswasserschaden eingetreten ist (OLG Karlsruhe VersR 88 S. 1285 und r+s 87 S. 231). Grob fahrlässig handelt, wer vor Antritt einer Urlaubsreise den Zulaufhahn der Waschmaschine nicht absperrt (LG Hamburg VersR 86 S. 564). Es ist grob fahrlässig, in einem Wochenendhaus im Januar die Wasserleitungsanlagen wieder aufzufüllen, wenn das Haus danach 14 Tage unbeaufsichtigt bleibt (OLG Schleswig-Holstein r+s 85 S. 120).

In den nachfolgenden Fällen wurde **grobe Fahrlässigkeit in der Leitungswasserversicherung verneint**.

Der VN führt den Versicherungsfall nicht grob fahrlässig herbei, wenn er aufgrund eines dringenden Anrufs seiner Schwiegermutter, die über Herz- und Kreislaufbeschwerden klagt, seine Wohnung eilig verläßt und dabei vergißt, die Waschmaschine abzustellen und den Wasserhahn abzudrehen (AG Bremen zu § 9 Nr. 1 a VHB 84 VersR 96 S. 1274). Wenn die VN gegen 14.30 Uhr ihre Spülmaschine in Betrieb genommen und ihre Wohnung gegen 15.00 Uhr für 1½ bis 2 Stunden zum Einkaufen verlassen hat, ohne die Spülmaschine abzustellen, und wenn während der Abwesenheit der VN alle Räume der Wohnung überflutet worden sind, weil sich der Schlauch für die Wasserzufuhr gelöst hatte und das Leitungswasser durch den offenen Hahn in die Wohnräume geströmt war, stellt sich das Verhalten der VN zwar als objektiv schwerer Verstoß gegen die Anforderungen der im Verkehr erforderlichen Sorgfalt dar, liegt aber nicht ohne weiteres auch ein in subjektiver Hinsicht gegenüber der einfachen Fahrlässigkeit gesteigertes Verschulden vor, so daß der Versicherer nicht wegen §§ 9 Nr. 1 a VHB 92, 61 VVG leistungsfrei ist (LG Gießen VersR 97 S. 693 und r+s 96 S. 456). Wenn der VN in seinem Wohngebäude die Waschmaschine laufen läßt und im Einzelfall darauf vertraut, daß während einer Abwesenheit von einer Stunde nichts passieren wird, weil die Maschine in der Vergangenheit schon sehr lange ohne jeden Schaden gelaufen ist, so mag darin zwar eine einfache Fahrlässigkeit liegen, ein grob fahrlässiges Handeln ist darin jedoch nicht zu erkennen (LG Münster zu § 18 Nr. 1 VGB 62 r+s 89 S. 367). Besichtigt im Auftrag des VN ein Heizungsfachmann während der kalten Jahreszeit die defekte Heizung eines leerstehenden Wohngebäudes, ohne darauf hinzuweisen, daß zum Schutz vor zusätzlichen Frostschäden das Wasser abgelassen werden muß, so spricht dies gegen grobe Fahrlässigkeit des VN in bezug auf einen nachfolgenden Frostschaden (OLG Hamm r+s 89 S. 92).

## 2.6 Verhältnis zu Sicherheitsvorschriften

Die Leistungsfreiheit wegen vorsätzlicher oder grob fahrlässiger Herbeiführung des Versicherungsfalls steht gleichrangig neben der vereinbarten Leistungsfreiheit wegen der Verletzung von Sicherheitsvorschriften nach §§ 10 VGB 88 n. F., 11 VGB 88 a. F., 9 VGB 62 (vgl. O 4.2 sowie allgemein Prölss/Martin § 61 RN 35; Römer/Langheid § 61 RN 62 und Martin O I 4). Die Rechtsprechung zu dieser Frage ist indessen nicht einheitlich. Insbesondere hat der BGH in einem älteren Urteil (VersR 65 S. 29) zur Wohngebäudeversicherung die Ansicht vertreten, der Versicherer könne sich auf Leistungsfreiheit wegen grob fahrlässiger Herbeiführung des Versicherungsfalls dann nicht berufen, wenn zugleich ein Verstoß gegen eine Sicherheitsvorschrift vorliegt. In der jüngeren Rechtsprechung wird jedoch weit überwiegend die Ansicht vertreten, daß die Rechtsfolgen der schuldhaften Herbeiführung des Versicherungsfalls und die Rechtsfolgen der Verletzung von Sicherheitsvorschriften unabhängig voneinander bestehen. Dagegen hat das OLG Hamm den Standpunkt vertreten, der Versicherer könne sich auf grob fahrlässige Herbeiführung eines Versicherungsfalls nach §§ 18 Nr. 1 VGB 62, 61 VVG nicht berufen, soweit das Verhalten des VN zugleich den Tatbestand einer Obliegenheitsverletzung nach § 9 VGB 62 erfüllt und der Versicherer hierwegen den Vertrag nicht fristgerecht gekündigt hatte (r+s 89 S. 92). Diese Auffassung hat das Gericht später bestätigt und dahin gehend präzisiert, daß § 61 VVG nicht anwendbar sei, wenn die Gefahrenlage, die für den Versicherungsfall ursächlich war, bereits bei Vertragsabschluß bestand. Insoweit verdrängen nach Auffassung des Gerichts die Vorschriften über die vorvertragliche Anzeigepflicht nach §§ 16 ff. VVG und die Vorschriften über die Gefahrerhöhung nach §§ 23 ff. VVG den § 61 VVG (r+s 90 S. 361). Dieser Auffassung ist nicht zu folgen (Römer/Langheid a. a. O.). Die vorsätzliche oder grob fahrlässige Herbeiführung des Versicherungsfalls ist in diesen Fällen darin zu sehen, daß es der VN nach Vertragsabschluß unterlassen hat, den von ihm bereits vor Vertragsabschluß vorsätzlich oder grob fahrlässig herbeigeführten Gefahrenzustand zu beseitigen.

Die angeschnittene Frage hat nicht nur theoretische Bedeutung. Die Bestimmungen über die schuldhafte Herbeiführung des Versicherungsfalls einerseits und über die Verletzung von Sicherheitsvorschriften andererseits weisen Unterschiede auf, die praktische Auswirkungen haben. Die **Beweislast ist unterschiedlich verteilt**. Begründet der Versicherer die Leistungsverweigerung mit grob fahrlässiger oder vorsätzlicher Herbeiführung des Versicherungsfalls, so hat er grobe Fahrlässigkeit oder Vorsatz des VN zu beweisen. Stützt sich der Versicherer auf die Verletzung von Sicherheitsvorschriften, so genügt es, wenn er nachweist, daß der VN eine Sicherheitsvorschrift schuldhaft verletzt hat. Der VN muß dann beweisen, daß weder grobe Fahrlässigkeit noch Vorsatz vorliegt, wenn er dennoch Entschädigung beansprucht. Andererseits kann sich der Versicherer aber auf Leistungsfreiheit wegen Verletzung von Sicherheitsvorschriften nur dann berufen, wenn er den Versicherungsvertrag wegen der Verletzung von Sicherheitsvorschriften nach § 6 I VVG kündigt. Es besteht insoweit eine Kündigungspflicht des Versicherers (vgl. O 3.3). Läßt der Versicherer die Kündigungsfrist nach § 6 I Satz 2 VVG ungenutzt verstreichen, so tritt Leistungsfreiheit wegen Verletzung von Sicherheitsvorschriften gem. § 6 I Satz 3 VVG auch dann nicht ein, wenn alle sonstigen Voraussetzungen dafür vorliegen. Dann kommt es darauf an, ob sich der Versicherer daneben auf Leistungsfreiheit wegen schuldhafter Herbeiführung des Versicherungsfalls berufen kann, da dies die Kündigung des Vertrages nicht erfordert. In Anbetracht der weiterhin vorhandenen Unsicherheit aufgrund der unterschiedlichen Rechtsprechung zu dieser Frage wird der Versicherer im Zweifel den Wohngebäudeversicherungsvertrag aber kündigen, wenn der Schaden durch den VN vorsätzlich oder grob fahrlässig herbeigeführt wurde und das Verhalten des VN zugleich eine schuldhafte Verletzung von Sicherheitsvorschriften nach §§ 10 VGB 88 n. F., 11 VGB 88 a. F., 9 VGB 62 darstellt (vgl. dazu O 4.2).

## Verhältnis zur Gefahrerhöhung 2.7

Auch die Frage nach dem Verhältnis von vereinbarter Leistungsfreiheit wegen vorsätzlicher oder grob fahrlässiger Herbeiführung des Versicherungsfalls zur Leistungsfreiheit wegen Gefahrerhöhung nach §§ 9 VGB 88 n. F., 10 Nr. 2 VGB 88 a. F., 8 Nr. 2 VGB 62, 23 ff. VVG wird im Schrifttum und von der Rechtsprechung nicht einheitlich beantwortet. Überwiegend wird jedoch auch dazu die Auffassung vertreten, daß beide Regelungen gleichrangig nebeneinander stehen (vgl. N 9.2 sowie Prölss/Martin § 23 RN 45; Römer/Langheid §§ 23 bis 25 RN 48 und Martin O I 4 und 10 ff. m. w. N.). Diese Frage spielt insbesondere in der Feuerversicherung bei sog. Brandreden eine Rolle. Auch in diesen Fällen ist es für den VN in der Regel günstiger, wenn er sich auf Gefahrerhöhung statt auf schuldhafte Herbeiführung des Versicherungsfalls durch den VN berufen kann (vgl. Sieg, VersR 95 S. 369). Bei Gefahrerhöhung schadet dem VN nicht nur grobe Fahrlässigkeit oder Vorsatz, sondern bereits leichte Fahrlässigkeit. Außerdem ist der VN auch hier beweispflichtig für fehlendes Verschulden oder fehlende Kausalität. Da die Leistungsfreiheit wegen Gefahrerhöhung die Kündigung des Vertrages durch den Versicherer voraussetzt (vgl. N 7), wird der Versicherer in Anbetracht der in T 2.6 angesprochenen leichten Rechtsunsicherheit den Vertrag selbst dann kündigen, wenn die Gefahrerhöhung zugleich die Voraussetzungen der Leistungsfreiheit wegen vorsätzlicher oder grob fahrlässiger Herbeiführung des Versicherungsfalls erfüllt.

## Verjährung; Klagefrist; Zuständiges Gericht 3

Nach § 10 I Nr. 5 VAG müssen die AVB vollständige Angaben über den Verlust des Anspruchs aus dem Versicherungsvertrag enthalten, wenn Fristen versäumt werden. Für die VGB 88 n. F. steht dafür der Text-Baustein 23 zur Verfügung. In § 21 Nr. 3 VGB 88 a. F. wird darauf hingewiesen, daß die Bestimmungen von § 12 I und II VVG unberührt bleiben. In den VGB 62 fehlt ein Hinweis auf § 12 VVG.

Die Verjährung der Entschädigungsansprüche aus dem Versicherungsvertrag richtet sich nach § 12 VVG. Durch § 12 VVG werden die allgemeinen zivilrechtlichen Vorschriften über Beginn und Dauer der Verjährung abgeändert. Nach § 12 I VVG **verjähren die Ansprüche aus dem Versicherungsvertrag in zwei Jahren**. Die Verjährung beginnt mit dem Schluß des Jahres, in dem die Leistung verlangt werden kann. Hat der VN seinen Anspruch bei dem Versicherer angemeldet, so ist die Verjährung gem. § 12 II VVG bis zum Eingang der schriftlichen Entscheidung des Versicherers gehemmt.

**Lehnt der Versicherer den Entschädigungsanspruch des VN ab,** so gilt eine verkürzte Verjährungsfrist von sechs Monaten. Der Versicherer ist jedoch verpflichtet, den Entschädigungsanspruch dem VN gegenüber unter Angabe der mit dem Ablauf der Frist verbundenen Rechtsfolgen schriftlich abzulehnen. Wird der Entschädigungsanspruch innerhalb von sechs Monaten nach Zugang des Ablehnungsschreibens nicht gerichtlich geltend gemacht, so ist der Versicherer von der Verpflichtung zur Leistung frei (vgl. §§ 12 III VVG, 21 Nr. 2 VGB 88 a. F., 19 Nr. 4 VGB 62 sowie Text-Baustein 22). Der Ablauf der Verjährungsfrist wird durch ein bedingungsgemäßes Sachverständigenverfahren für die Dauer des Sachverständigenverfahrens gehemmt (vgl. § 21 Nr. 2 Satz 2 VGB 88 a. F.).

Die AVB müssen gem. § 10 I Nr. 6 VAG vollständige **Angaben über die inländischen Gerichtsstände** enthalten. Für die VGB 88 n. F. steht dafür der Text-Baustein 24 zur Verfügung. In den VGB 88 a. F. und in den VGB 62 fehlt eine entsprechende Regelung. Es wird dort lediglich auf die einschlägigen gesetzlichen Vorschriften verwiesen.

Für **Klagen** aus dem Versicherungsvertrag **gegen den Versicherer** bestimmt sich die gerichtliche Zuständigkeit nach dem Sitz des Versicherers oder seiner für den Versicherungsvertrag zuständigen Niederlassung. Hat ein Versicherungsagent am Zustandekommen des Vertrages mitgewirkt, so ist auch das Gericht des Ortes zuständig, an dem der Versicherungsagent zur Zeit der Vermittlung oder des Abschlusses seine gewerbliche Niederlassung oder – bei Fehlen einer gewerblichen Niederlassung – seinen Wohnsitz hatte (vgl. §§ 17, 21 ZPO, 48 VVG).

**Klagen des Versicherers gegen den VN** können bei dem für den Wohnsitz des VN zuständigen Gericht erhoben werden (§§ 13, 21 ZPO).

**Das auf den Vertrag anwendbare Recht** ist gem. § 10 a VAG i. V. m. Abschnitt I Ziff. 1 b der Anlage D zum VAG notwendiger Inhalt der Verbraucherinformation. Infolgedessen ist vertraglich zu regeln, welchem Recht der Versicherungsvertrag unterliegt. Dafür empfiehlt der GDV unverbindlich den Text-Baustein 25. Danach gilt für Wohngebäudeversicherungsverträge nach den VGB 88 n. F. deutsches Recht. Es ist jedoch möglich, im Einzelfall abweichende Vereinbarungen zu treffen (vgl. I.1.2.3 und 1.3.5).

# U Zurechnung von Kenntnis und Verhalten Dritter

## Bestimmungen des VVG und der VGB 1

Zahlreiche Bestimmungen des VVG und der AVB knüpfen an ein Fehlverhalten des VN Rechtsfolgen. Das gilt insbesondere für die Vorschriften über die vorvertragliche Anzeigepflicht und die Gefahrerhöhung (vgl. N), über die Sicherheitsvorschriften (vgl. O), über die Obliegenheiten im Versicherungsfall (vgl. S) sowie über den Wegfall der Entschädigungspflicht aus besonderen Gründen (vgl. T). Dabei ist im VVG im allgemeinen nicht geregelt, ob und ggf. in welcher Weise dem VN das Fehlverhalten Dritter schadet. Lediglich in § 79 VVG ist festgestellt, daß „bei der Versicherung für fremde Rechnung auch die Kenntnis und das Verhalten des Versicherten in Betracht" kommt, soweit „nach den Vorschriften dieses Gesetzes die Kenntnis und das Verhalten des Versicherungsnehmers von rechtlicher Bedeutung ist" (vgl. dazu U 7). Im Gegensatz dazu enthielten die allermeisten AVB Sach der achtziger Jahre Bestimmungen, in denen die Zurechnung von Kenntnis und Verhalten Dritter geregelt war. Beispielhaft dafür ist § 25 VGB 88 a. F. Dort ist wie in nahezu allen AVB Sach, die in den achtziger Jahren geschaffen wurden, die Zurechnung von Kenntnis und Verhalten Dritter im einzelnen geregelt. Mit diesen vertraglichen Regelungen wurde verschiedentlich zum Nachteil des VN von §§ 6, 16, 17, 23 ff., 61 und 62 VVG sowie von den dazu von der Rechtsprechung entwickelten Grundsätzen abgewichen. Ein typisches Beispiel dafür ist § 25 Nr. 3 d VGB 88 a. F. Danach sind dem VN als Repräsentanten gleichgestellt „volljährige Personen, die mit dem Versicherungsnehmer in häuslicher Gemeinschaft leben, wenn sie in dem versicherten Gebäude gemeinsam mit dem Versicherungsnehmer eine Wohnung nutzen". Gegen die Wirksamkeit dieser Bestimmungen wurden schon bald rechtliche Bedenken geäußert. Sie gründeten sich vor allem darauf, daß Zweifel an der Vereinbarkeit derartiger Regelungen mit §§ 15 a, 34 a, 68 a VVG sowie 9 Abs. 2 Nr. 1 AGBG i. V. m. § 61 VVG bestanden (vgl. Martin O II 63 ff.). Infolgedessen war es nicht überraschend, daß der BGH § 9 Nr. 1 a VHB 84 a. F. gem. § 9 Abs. 1, Abs. 2 Nr. 1 AGBG als unwirksam erklärte (VersR 93 S. 830 und r+s 93 S. 308; Einzelheiten dazu vgl. U 4.2.1).

Damit konnte auch § 25 Nr. 3 d VGB 88 a. F. in dieser Form nicht beibehalten werden. Das hat dazu geführt, daß bei den notwendigen Änderungen der AVB Sach aufgrund des Dritten Durchführungsgesetzes/EWG zum VAG vom 21.7.1994 (vgl. I. 1.4.2) auch die Bestimmungen der VGB 88 a. F. über die Zurechnung von Kenntnis und Verhalten Dritter grundlegend angepaßt wurden. In der Fassung Januar 1995 der VGB 88 a. F. (s. Anhang A 3), die dieser Kommentierung zugrunde liegt, wurde § 25 Nr. 2 und Nr. 3 zu einer neuen Nr. 2 zusammengefaßt. Der Begriff „Repräsentanten" wird zwar weiterhin verwendet, aber nicht mehr definiert. Es gelten die Bestimmungen des VVG und die von der Rechtsprechung dazu entwickelten Grundsätze. Beibehalten wurde § 25 Nr. 1 VGB (mehrere VN; vgl. U 3). Daneben sind in § 25 Nr. 3 VGB 88 a. F. weiterhin die Besonderheiten bei Verträgen mit einer Gemeinschaft von Wohnungseigentümern und für die Gebäudeversicherung bei Teileigentum geregelt. In den VGB 88 n. F. wurde § 25 Nr. 2 VGB 88 a. F. in der Fassung Januar 1995 nicht übernommen. Stattdessen ist in § 16 Nr. 1 und Nr. 2 VGB 88 n. F. vom VN oder seinem Repräsentanten die Rede. Der in § 25 Nr. 1 VGB 88 a. F. geregelte Sachverhalt wird nunmehr durch § 21 VGB 88 n. F. „Mehrere Versicherungsnehmer" erfaßt. Die Bestimmungen über das Wohnungseigentum nach § 25 Nr. 3 VGB 88 a. F. sind nunmehr in § 22 VGB 88 n. F. „Wohnungseigentum" enthalten. Materiell hat sich dadurch nichts geändert.

2 **Gesetzlicher Vertreter**

Wie eigenes Verschulden ist dem VN ohne weiteres das Fehlverhalten seiner gesetzlichen Vertreter anzurechnen (Prölss/Martin § 6 RN 44; Römer/Langheid § 6 RN 114). **Bei juristischen Personen** sind das die Organe der juristischen Personen, also insbesondere die Mitglieder des Vorstands einer Aktiengesellschaft, die Geschäftsführer einer Gesellschaft mit beschränkter Haftung, die Komplementäre einer Komanditgesellschaft, die Gesellschafter einer offenen Handelsgesellschaft sowie die gesetzlichen Vertreter von Genossenschaften, Vereinen oder juristischen Personen des öffentlichen Rechts. Auch der Verwalter einer Wohnungseigentümergemeinschaft hat die Stellung eines gesetzlichen Vertreters (vgl. U 8). **Natürliche Personen**, die nicht geschäftsfähig (§ 104 BGB) oder beschränkt geschäftsfähig (§ 106 BGB) sind, bedürfen eines gesetzlichen Vertreters. In Frage kommen insbesondere die Eltern, aber auch ein Vormund oder ein bestellter Betreuer. Bei natürlichen Personen kommt neben der Haftung für Verschulden des gesetzlichen Vertreters auch eigenes Verschulden des Vertretenen in Betracht, wenn er schuldfähig ist (Prölss/Martin a. a. O.).

3 **Mehrere VN**

Besteht ein Vertrag mit mehreren VN, so muß sich jeder VN nach §§ 21 VGB 88 n. F., 25 Nr. 1 VGB 88 a. F. Kenntnis und Verhalten der übrigen VN zurechnen lassen. Diese Bestimmung hat deklaratorischen Charakter. Nach übereinstimmender Ansicht gilt dies auch ohne vertragliche Vereinbarung (Prölss/Martin § 6 RN 39; Martin O II 15). Der Verstoß eines VN hat die gleichen Folgen wie ein Verstoß aller VN (Martin a. a. O.). Wenn einer von mehreren VN einer gemeinsam abgeschlossenen Gebäude-Feuerversicherung den Schaden grob fahrlässig herbeigeführt hat, ist der Versicherer auch gegenüber dem anderen VN leistungsfrei (BGH r+s 92 S. 240). Dieser Grundsatz ist nicht umstritten, wenn das gemeinsame ungeteilte und gleichartige Interesse aller VN versichert ist. Er gilt auch bei **Bruchteilseigentum** und **Gesamthandseigentum** (ebenso Martin O II 16). Die Versicherung von Gebäuden im Miteigentum von Eheleuten in Gütergemeinschaft (§ 1416 BGB) und Erbengemeinschaften (§ 2032 BGB) spielt in der Wohngebäudeversicherung durchaus eine Rolle. Schließen die Eheleute oder die Erben gemeinsam einen Vertrag ab, so schadet das Fehlverhalten eines VN allen VN.

**Verträge mit mehreren VN sind im allgemeinen nachteilig für alle Vertragsparteien.** So sind auch beispielsweise Hausratversicherer im allgemeinen nicht bereit, Verträge mit mehreren VN zu schließen (vgl. Dietz § 10 RN 2.2.2). Auch in der Wohngebäudeversicherung ist es ohne weiteres möglich, daß ein Miteigentümer alleiniger VN des Wohngebäudeversicherungsvertrages ist. Die Miteigentümer legen jedoch bei der Versicherung von Miteigentum nicht selten Wert darauf, gemeinsam einen Vertrag zu schließen, zumal Wohngebäudeversicherer daneben auch nicht bereit sind, Bruchteile von Gebäuden zu versichern. Daran liegt es, daß in der Wohngebäudeversicherung häufig Verträge mit mehreren VN geschlossen werden. In den VGB 88 wurde deshalb deklaratorisch geregelt, daß das Fehlverhalten eines VN allen VN schadet, weil sich jeder VN Kenntnis und Verhalten der übrigen VN zurechnen lassen muß. Das Verhalten eines VN wirkt bei einem gemeinsamen Versicherungsvertrag im Rahmen des § 61 VVG gegen alle VN (OLG Hamm VersR 88 S. 508 und r+s 87 S. 167). Daneben sind alle VN Beitragsgesamtschuldner (§ 427 BGB). Alle Willenserklärungen müssen von allen VN gemeinsam und übereinstimmend abgegeben werden, damit sie rechtswirksam sind. Eine rechtswirksame Kündigung kann nur gemeinsam durch alle VN des gemeinsamen Vertrages ausgesprochen werden. Sofern nichts anderes vereinbart wird, müssen Verhandlungen über die Entschädigung mit allen VN geführt und Entschädigungsvereinbarungen mit allen VN getroffen werden. Der Entschädigungsanspruch steht den mehreren VN gemeinsam zu. Jeder einzelne VN kann jedoch nur Zahlung auf ein gemeinsames Konto oder Hinterlegung zu Händen aller VN verlangen (§ 432 BGB). Wenn A und B VN einer Verbundenen Wohngebäudeversicherung sind, dann sind sie für Versicherungsansprüche Mitgläubiger mit der Folge, daß jeder von ihnen – auch nach der Scheidung ihrer Ehe – allein auf Leistung klagen kann, die Leistung nach § 432 BGB aber nur an beide gemeinschaftlich verlangen darf (OLG Köln r+s 89 S. 94).

## Repräsentanten 4

Über die in U 2 und U 3 behandelten Fälle hinaus muß sich der VN unter bestimmten Voraussetzungen auch in anderen Fällen Kenntnis und Verhalten Dritter zurechnen lassen. Abgesehen von § 79 VVG (Kenntnis und Verhalten des Versicherten; vgl. U 7) bietet der Wortlaut des VVG dafür keine Grundlage. Dagegen wird in den VGB 88 ausgeführt, der VN müsse sich „Kenntnis und Verhalten seiner Repräsentanten im Rahmen von §§ 9 Nr. 1 a, 10, 11, 12, 20, 21 zurechnen lassen" (§ 25 Nr. 2 VGB 88 a. F.) bzw. der Versicherer sei von der Entschädigungspflicht frei, wenn „der Versicherungsnehmer oder sein Repräsentant" versucht, „den Versicherer arglistig über Tatsachen zu täuschen, die für den Grund oder die Höhe der Entschädigung von Bedeutung sind" (§ 16 Nr. 1 VGB 88 n. F.) oder es bestehe kein Versicherungsschutz, „wenn der Versicherungsnehmer oder sein Repräsentant den Schaden vorsätzlich oder grob fahrlässig herbeigeführt hat" (§ 16 Nr. 2 VGB 88 n. F.). Diese Bestimmungen zielen auf die Haftung des VN für seine Repräsentanten, ohne daß der Begriff des Repräsentanten definiert wird (vgl. dazu U 1). Grundlage der Repräsentantenhaftung sind die von der Rechtsprechung entwickelten Grundsätze. Bereits das Reichsgericht hatte in ständiger Rechtsprechung von der Haftung des VN für seine Repräsentanten gesprochen. Diese Rechtsprechung wurde vom BGH fortgeführt. Dabei macht der BGH keinen Unterschied zwischen der Haftung des VN in Fällen der Obliegenheitsverletzung einerseits und der schuldhaften Herbeiführung des Versicherungsfalls andererseits (Römer/Langheid § 6 RN 115). Sie ist entsprechend auch auf die arglistige Täuschung anzuwenden. Mit dieser Rechtsprechung soll eine wesentliche Verschlechterung der Position des Versicherers verhindert werden, wenn die im Versicherungsschein als VN bezeichnete Person diese Stellung nur formal inne hat, die tatsächliche Risiko- oder Vertragsverwaltung jedoch einem Dritten überläßt. Dabei hat der BGH § 278 BGB (Verschulden des Erfüllungsgehilfen) nicht unmittelbar angewendet (vgl. dazu aber auch Prölss/Martin § 6 RN 47 f. sowie Martin O II 7 und 31), sondern den besonderen versicherungsrechtlichen Begriff des Repräsentanten entwickelt. Die Grundzüge dieser Rechtsprechung werden nachfolgend dargestellt.

### Begriff 4.1

Nach der jüngeren Rechtsprechung des BGH ist Repräsentant, wer in dem Geschäftsbereich, zu dem das versicherte Risiko gehört, aufgrund eines Vertretungs- oder sonstigen Verhältnisses an die Stelle des VN getreten ist. Die bloße Überlassung der Obhut über die versicherte Sache allein reicht hierfür grundsätzlich nicht aus. Repräsentant kann nur sein, wer befugt ist, selbständig in einem gewissen, nicht ganz unbedeutenden Umfang für den VN zu handeln (Risikoverwaltung). Es braucht jedoch nicht noch hinzuzutreten, daß der Dritte auch Rechte und Pflichten aus dem Versicherungsvertrag wahrzunehmen hat. Übt der Dritte aber aufgrund eines Vertretungs- oder ähnlichen Verhältnisses die Verwaltung des Versicherungsvertrages eigenverantwortlich aus, kann dies unabhängig von einer Übergabe der versicherten Sachen für seine Repräsentantenstellung sprechen (vgl. u. a. BGH VersR 93 S. 828 und r+s 93 S. 321 und die Anm. von Lücke VersR 93 S. 1098). Danach unterscheidet der BGH zwischen Risikoverwaltung und Vertragsverwaltung.

4.1.1 Die **Risikoverwaltung** erfordert nach der BGH-Rechtsprechung die Überlassung der Obhut über die versicherte Sache. Dabei ist vorausgesetzt, daß der Repräsentant die alleinige Obhut über die versicherte Sache hat. Eine Mitobhut gemeinsam mit anderen Personen begründet keine Repräsentanteneigenschaft. Daneben ist gefordert, daß der Repräsentant die versicherte Sache für längere Zeit in alleiniger Obhut hat. Eine kurzfristige, wenn auch wiederholte Besitzüberlassung begründet keine Repräsentanz (vgl. Römer/Langheid § 6 RN 116).

Daneben kann nach der BGH-Rechtsprechung Repräsentant nur sein, wer befugt ist, selbständig in einem gewissen, nicht ganz unbedeutenden Umfang für den VN zu handeln. Der Repräsentant hat die Möglichkeit, im Rahmen seiner Risikoverwaltung eigenverantwortliche Entscheidungen zu treffen und entsprechende Maßnahmen zu ergreifen. Dabei kommt es nicht darauf an, ob der Repräsentant im Sinne des Willens des VN oder gegen dessen Interessen handelt. Die Repräsentanz entfällt nicht dadurch, daß der Repräsentant gegen den Willen des VN handelt (Römer/Langheid a. a. O.). Im Gegensatz zu seiner früheren Rechtsprechung fordert der BGH zur Begründung der Repräsentanteneigenschaft jedoch nun nicht mehr, daß der Dritte, der für längere Zeit die alleinige Obhut der versicherten Sachen inne hat, daneben auch die Rechte und Pflichten des VN aus dem Versicherungsvertrag wahrzunehmen hat (so BGH VersR 89 S. 737 und r+s 89 S. 262).

4.1.2 Übt jedoch der Dritte aufgrund eines Vertretungs- oder ähnlichen Verhältnisses **die Verwaltung des Versicherungsvertrages** eigenverantwortlich aus, so kann dies unabhängig von einer Übergabe der versicherten Sache für seine Repräsentantenstellung sprechen (BGH VersR 93 S. 828 und r+s 93 S. 321). Die sog. Vertragsverwaltung ist infolgedessen geeignet, ohne das Hinzutreten der Risikoverwaltung die Repräsentanteneigenschaft eines Dritten zu begründen. Sie hängt nicht davon ab, ob der Dritte auch die Obhut der versicherten Sachen inne hat. Vertragsverwaltung setzt aber voraus, daß der Dritte an die Stelle des VN getreten ist und den Versicherungsvertrag eigenverantwortlich verwaltet. Offen ist, ob auch die Vertragsverwaltung auf längere Zeit ausgelegt sein muß, oder ob es für die Zeit nach dem Versicherungsfall ausreicht, wenn die Vertragsverwaltung auf eine relativ kurze Zeit begrenzt ist (vgl. Knappmann, VersR 97 S. 261). So liegt es, wenn der VN nach einem Versicherungsfall einen Architekten beauftragt, die notwendigen Maßnahmen zur Schadenbeseitigung sowie die Verhandlungen mit dem Versicherer eigenverantwortlich zu führen. In diesen Fällen ist der beauftragte Architekt als Repräsentant einzustufen.

## Fälle der Repräsentanz 4.2

Nachfolgend wird die **Rechtsprechung zur Repräsentantenhaftung** dargestellt. Dabei ist darauf zu achten, daß die Urteile aus der Zeit vor dem richtungweisenden BGH-Urteil vom 21. 4. 1993 (VersR 93 S. 828 und r+s 93 S. 321) nicht ohne weiteres übertragen bzw. fortgeschrieben werden können.

**Ehepartner oder Lebensgefährten des VN** sind nicht ohne weiteres Repräsentanten. 4.2.1
Das gilt auch dann, wenn sie mit dem VN in häuslicher Gemeinschaft leben. Der BGH hat § 9 Nr. 1 a VHB 84, wonach Schäden nicht versichert sind, die eine mit dem VN in häuslicher Gemeinschaft lebende volljährige Person vorsätzlich oder grob fahrlässig herbeiführt, gem. § 9 Abs. 1, Abs. 2 Nr. 1 AGBG als unwirksam eingestuft (VersR 93 S. 830 und r+s 93 S. 308). Dieses Urteil macht auch § 25 Nr. 3 d VGB 88 a. F. in der Fassung vor 1995 unwirksam. Daraus folgt, daß die Repräsentanteneigenschaft von Ehepartnern oder Lebensgefährten, aber auch von sonstigen mit dem VN in häuslicher Gemeinschaft lebenden volljährigen Personen nicht entscheidend davon abhängt, daß sie gemeinsam mit dem VN in dem versicherten Gebäude eine Wohnung nutzen. Es gelten vielmehr die in U 4.1 ff. dargestellten Grundsätze für die Repräsentanteneigenschaft. Ein von seiner Ehefrau als Grundstückseigentümerin allgemein zur Verwaltung und Nutzung des Hauses beauftragter und bevollmächtigter Ehemann ist Repräsentant im Hinblick auf die Gebäude-Feuerversicherung (OLG Hamm VersR 87 S. 1002 und r+s 87 S. 49). Etwas anderes gilt bei Gemeinschaftseigentum und Mitversicherung der Interessen des Ehegatten (vgl. U 7).

Auch der **Mieter oder Pächter des versicherten Gebäudes** ist in dieser Eigenschaft 4.2.2
nicht ohne weiteres Repräsentant. Die **Repräsentanteneigenschaft** des Mieters oder Pächters wurde in den nachfolgenden Fällen von der Rechtsprechung **bejaht**.

Der Mieter einer Sache, der die alleinige Obhut über die Sache ausübt, ist Repräsentant des Vermieters. Sofern dem Mieter nicht die laufende Betreuung des versicherten Gebäudes übertragen worden ist, ändert das nichts an der Tatsache, daß er aufgrund der alleinigen Obhut über das Grundstück Repräsentant des Gebäudeeigentümers ist (LG Köln zu §§ 18 Nr. 1 VGB 62, 61 VVG r+s 89 S. 126). In der Wohngebäudeversicherung ist der Mieter eines Einfamilienhauses Repräsentant des VN, wenn dieser aufgrund des Mietvertrages mangels eigener Kontrollmöglichkeit die Risikoverwaltung auf den Mieter übertragen hat (LG Mönchengladbach zu §§ 18 Nr. 1 VGB 62, 61 VVG VersR 89 S. 845). Wenn ein Mieter allein für den laufenden Betrieb der Heizung des versicherten Gebäudes verantwortlich ist und insbesondere auch das Heizöl zu bestellen und zu bezahlen hat, ist er Repräsentant des VN im Hinblick auf § 9 Nr. 2 b VGB 62, und zwar auch dann, wenn der Mieter bei Defekten an der Heizung den VN oder dessen Sohn informiert und der Sohn die Reparatur zuweilen durchführt (OLG Köln VersR 90 S. 265 und r+s 89 S. 23). Die Pächterin einer Reiterpension nebst Gaststätte, die damit für die Erhaltung des Objekts verantwortlich ist, ist Repräsentant des Eigentümers (VN). Wenn sich die Pächterin auf unabsehbare Zeit in einem Krankenhaus befindet und die Sorge für das von ihr gepachtete Anwesen deshalb vollständig auf einen Dritten überträgt, der daraufhin dort Wohnung nimmt und die Gaststätte zumindest vorübergehend auch tatsächlich fortführt, ist der Dritte (Unter-)Repräsentant des VN (OLG Hamm zu §§ 18 Nr. 1 VGB 62, 61, 62 VVG VersR 89 S. 1083 und r+s 89 S. 298). Mieten mehrere Personen gemeinsam ein Gebäude, das sie ohne nähere Vereinbarungen abwechselnd gemeinsam oder auch getrennt oder zusammen mit Dritten benutzen, und ist nur einer der Mieter VN, so sind die übrigen Mieter Repräsentanten des VN (OLG Celle zu §§ 7 AFB a. F., 61 VVG VersR 88 S. 617). Die Repräsentanteneigenschaft des alleinigen Bewohners eines Einfamilienhauses endet, sobald dieser auf Verlangen des VN das Gebäude räumt, und zwar auch dann, wenn der VN von dem genauen Zeitpunkt erst nachträglich Kenntnis erlangt (OLG Hamm zu §§ 9 Nr. 1, 18 Nr. 1 VGB 62 sowie 6, 61, 62 VVG r+s 89 S. 92).

**Repräsentantenstellung des Mieters oder Pächters** wurde in den nachfolgenden Fällen **verneint**.

Repräsentant des Vermieters oder Verpächters ist der Mieter oder Pächter nur dann, wenn ihm die alleinige Obhut über die Sache übertragen worden ist. Davon kann nur ausgegangen werden, wenn der VN von der Möglichkeit, selbst für die Erhaltung des vermieteten oder verpachteten Gebäudes Sorge zu tragen, keinen Gebrauch macht, sondern sich ganz auf die Risikoverwaltung des Mieters oder Pächters verläßt. Repräsentanteneigenschaft setzt aber nach Auffassung des BGH in diesen Fällen weiterhin voraus, daß der Mieter oder Pächter befugt ist, für den VN zu handeln und seine Rechte und Pflichten als VN wahrzunehmen. Diese Befugnis wird dem Mieter oder Pächter nach Meinung des BGH üblicherweise jedoch nicht eingeräumt (vgl. BGH VersR 89 S. 737 und r+s 89 S. 262 sowie die kritische Stellungnahme dazu 1. Auflage § 25 RN 4.3). Durch die in U 4 dargestellte jüngere Rechtsprechung des BGH ist dieses Urteil insoweit überholt, als es neben der Risikoverwaltung auch die Vertragsverwaltung zur Begründung der Repräsentanteneigenschaft des Mieters oder Pächters eines Gebäudes voraussetzt.

Der Abschluß eines Mietvertrages begründet generell keine Repräsentantenstellung des Mieters. Denkbar ist im Ausnahmefall der Nachweis, daß dem Mieter ein abgrenzbarer Verantwortungsbereich auferlegt wurde, der für ihn insoweit eine der Stellung des Vermieters nahekommende mietvertragliche Verantwortung begründet. Es ist jedoch schwer vorstellbar, daß die einzelnen Mieter eines Mehrfamilienhauses jeweils für die angemieteten Gebäudeteile Repräsentant des VN hinsichtlich der Gebäudeversicherung werden (OLG Hamburg VersR 90 S. 264 und r+s 91 S. 60). Die nach der Rechtsprechung des BGH zur Begründung der Repräsentanteneigenschaft erforderliche völlige Übertragung der Risikoverwaltung auf den Mieter/Pächter eines Gebäudes ist noch nicht dadurch gegeben, daß dieser im Miet-/Pachtvertrag zur Tragung einer ausreichenden Feuerversicherung verpflichtet wird und ihm ein dingliches Vorkaufsrecht eingeräumt ist (OLG Köln VersR 91 S. 533). Der Pächter, der in einem mehrgeschossigen Gebäude Erdgeschoß und Kellerräume gepachtet und Instandhaltungs- und Verkehrssicherungspflichten übernommen hat, ist in der Gebäude-Leitungswasserversicherung ohne weitere besondere Abreden kein Repräsentant des VN (OLG Hamm r+s 92 S. 59). Mieter sind auch dann nicht Repräsentanten des VN, wenn sie von diesem beauftragt wurden, auf eine potentielle Gefahrenquelle in einer Wohnung des versicherten Gebäudes aufzupassen, weil sie damit nur einen „Splitter" der dem VN obliegenden Gefahrverwaltung für das versicherte Gebäude übernehmen (OLG Hamm r+s 95 S. 325)

4.2.3 In den nachfolgenden sonstigen Fällen wurde ebenfalls **Repräsentanteneigenschaft angenommen**.

Ein Ingenieur, dem die Eigentümerin die Betreuung eines unbewohnten Gebäudes über ein Jahr lang hinweg übertragen und sogar die Berechtigung erteilt hat, die erforderlichen Reparaturaufträge selbständig im Namen der Eigentümerin zu erteilen, ist ihr Repräsentant im Hinblick auf die Gebäude-Leitungswasserversicherung (OLG Celle zu §§ 9 Nr. 2 VGB 62, 61 VVG r+s 86 S. 214). Wenn der Konkursverwalter in die bestehende Gebäudeversicherung eines zur Konkursmasse gehörenden Gebäudes eingetreten ist und wenn auf seinen Wunsch im Juli 1993 eine Neuordnung der Versicherung erfolgte, wenn daneben die entsprechenden Verhandlungen für den Konkursverwalter schon durch die spätere Erwerberin des Gebäudes geführt worden sind, die Inhaberin von Grundpfandrechten am Gebäude war, wenn ihr die gemeinsame Obhut des Gebäudes wie einem Eigentümer übertragen war, dann war diese Erwerberin schon bei Abschluß des Versicherungsvertrages versicherungsrechtlich Repräsentantin des VN (LG Münster r+s 97 S. 382). Wenn der VN nur der Form halber anstelle seiner völlig überschuldeten Eltern einen Gaststättenbetrieb gepachtet hat, der ausschließlich vom Vater des VN geführt worden ist, ohne daß der Sohn dabei in Erscheinung getreten und den Gästen bekannt geworden ist, und den der VN erst später nach Ableisten seiner Wehrpflicht von seinem Vater übernehmen wollte, ist der Vater als Repräsentant des VN anzusehen (BGH r+s 91 S. 275).

Strittig ist, ob ein **Rechtsanwalt**, den der VN umfassend mit der Wahrnehmung seiner Interessen im Versicherungsfall gegenüber dem Versicherer beauftragt hat, als Repräsentant anzusehen ist (vgl. LG München I VersR 86 S. 137 mit einer Anm. von Martin). **Der Prozeßbevollmächtigte des VN** ist nicht ohne weiteres als sein Repräsentant im versicherungsrechtlichen Sinne zu betrachten (OLG Karlsruhe r+s 87 S. 291). Es kann einen Verstoß gegen die Schadenminderungspflicht gem. § 62 VVG darstellen, wenn der VN Ansprüche gegen einen Dritten auf Ersatz eines versicherten Schadens verjähren läßt. Der VN haftet hierbei jedoch nicht für das Verhalten jedes Erfüllungsgehilfen i. S. v. § 278 BGB, insbesondere nicht für das **Verhalten seines Anwalts** (OLG Hamm r+s 89 S. 92). 4.2.4

## Wissenserklärungsvertreter 5

Der VN muß sich die Erklärungen seines Wissenserklärungsvertreters zurechnen lassen. Wissenserklärungsvertreter des VN ist, wer vom VN mit der Erfüllung von dessen Obliegenheiten und zur Abgabe von Erklärungen anstelle des VN betraut worden ist (BGH VersR 93 S. 960 und r+s 93 S. 281). Der BGH führt aus, daß sich der VN falsche Angaben dritter Personen in entsprechender Anwendung des § 166 BGB zurechnen lassen muß, wenn er diese Personen zur Erfüllung seiner Aufklärungsobliegenheit beauftragt hat. Bei dieser Haftung für einen Wissenserklärungsvertreter handelt es sich um keinen Anwendungsfall der Repräsentantenhaftung, sondern um eine Haftung kraft eigenen Zurechnungsgrundes (BGH a. a. O. unter Hinweis auf BGH VersR 67 S. 343). Wissenserklärungsvertreter ist nicht nur, wer vom VN zu dessen rechtsgeschäftlichen Vertreter bestellt ist. Es genügt, daß der VN den Dritten mit der Erfüllung seiner Obliegenheiten gegenüber dem Versicherer betraut hat und daß der Dritte die Erklärungen anstelle des VN abgibt. Infolgedessen kann sich der VN nicht mit fehlendem eigenen Verschulden entlasten, wenn sein Wissenserklärungsvertreter schuldhaft handelt.

Der **Ehegatte ist als solcher kein Wissenserklärungsvertreter**. Vielmehr ist auch bei Ehegatten erforderlich, daß der eine den anderen mit der Abgabe von Erklärungen gegenüber dem Versicherer betraut hat (BGH a. a. O.). Fertigt der Ehemann der VN die Schadenaufstellung an und macht er dabei an ihrer Stelle Angaben aus eigenem Wissen, so ist er als sog. Wissenserklärungsvertreter anzusehen, dessen Erklärungen der Vertretene wie eigene gegen sich gelten lassen muß. Es kommt bei dieser Sachlage nicht darauf an, ob der Ehemann als sog. Repräsentant der VN gehandelt hatte oder ihn selbst als eine in häuslicher Gemeinschaft mit der VN lebende volljährige Person i. S. v. § 21 Nr. 3 VHB 84 die Aufklärungsobliegenheit traf (OLG Köln VersR 94 S. 1419 und r+s 94 S. 429). Ein Rechtsanwalt, den der VN mit der Abwicklung des Schadens und infolgedessen mit der Abgabe der notwendigen Erklärungen betraut hat, ist Wissenserklärungsvertreter, dessen Verschulden dem VN zuzurechnen ist (OLG Hamm r+s 96 S. 296; OLG Celle VersR 90 S. 376).

## 6 Wissensvertreter

Obliegenheitsverletzungen entstehen nicht nur dadurch, daß schuldhaft falsche Wissenserklärungen abgegeben werden. Es kommt auch vor, daß z. B. die Anzeige- und Aufklärungsobliegenheiten im Versicherungsfall dadurch verletzt werden, daß der VN Tatsachen, von denen er Kenntnis hat, nicht an den Versicherer weitergibt. Unter diesen Umständen fragt es sich, ob sich der VN unter bestimmten Bedingungen auch das Wissen Dritter zurechnen lassen muß. Nach den von der Rechtsprechung entwickelten Grundsätzen haftet der VN für das Wissen seines sog. Wissensvertreters wie für eigenes Wissen. Wissensvertreter ist, wer vom VN damit betraut worden ist, Tatsachen, deren Kenntnis von Rechtserheblichkeit ist, an seiner Stelle entgegenzunehmen. Wissensvertreter sollen nicht untergeordnete Hilfspersonen sein, andererseits muß der Wissensvertreter im Gegensatz zum Repräsentanten nicht in einem Geschäftsbereich von einiger Bedeutung eingesetzt sein (Prölss/Martin § 6 RN 79 ff. m. w. N.). Für das Wissen des Wissensvertreters haftet der VN wie für eigenes Wissen. Das gilt auch, soweit es auf das Wissen des Versicherten ankommt (vgl. U 7). Die nachfolgenden Beispiele verdeutlichen die Zusammenhänge.

Wenn der letzte Mieter eines Zweifamilienhauses die Wohnung zum 30. 9. 1995 gekündigt und dem Eigentümer-VN dabei erklärt hat, daß ihm nun das gesamte Haus zur Verfügung stehe und dem beabsichtigten Umbau nichts mehr im Wege stehe, wenn der Mieter dementsprechend auch die Mietzahlung eingestellt hat, und wenn die mit der Überwachung des Mietverhältnisses betraute Angestellte des Eigentümers daraufhin die Müllabfuhr gekündigt und der Anwalt des VN vom Mieter die Herausgabe der Schlüssel verlangt hat, wenn der VN daneben keine Maßnahmen i. S. d. § 9 Nr. 2 b VGB 62 (Absperren, Entleeren und Entleerthalten der Wasserleitungsanlagen) getroffen hat, so ist dem VN die Kenntnis seiner Angestellten zuzurechnen (OLG Hamm r+s 98 S. 474). Der VN ist in diesem Fall nach den Grundsätzen der Wissensvertretung so zu behandeln, als ob ihm alle diese Umstände bekannt gewesen wären.

Informiert der vom VN mit der regelmäßigen Kontrolle der Heizung des versicherten, vorübergehend nicht benutzten Gebäudes beauftragte Hausverwalter den VN entgegen der getroffenen Vereinbarungen nicht über den Ausfall der Heizung und tritt infolgedessen ein Frostschaden ein, so besteht Versicherungsschutz. Die Kenntnis des Hausverwalters schadet dem VN nicht. Der Ausfall der Heizung ist kein Umstand, der dem Versicherer anzuzeigen ist. Daher ist der Hausverwalter nicht Wissensvertreter des VN. Er ist auch nicht sein Repräsentant. Der VN hat einen Schadenersatzanspruch gegen den Hausverwalter, der nach § 67 VVG auf den Versicherer übergeht. Betraut der VN den Hausverwalter jedoch mit der Anzeige des Schadens beim Versicherer, dann ist er sein Wissenserklärungsvertreter. Überträgt er ihm darüber hinaus die gesamte Schadenabwicklung mit dem Versicherer, so kann der Hausverwalter insoweit auch sein Repräsentant sein (vgl. U 4.1.2).

Bei der Versicherung für fremde Rechnung kommt nach § 79 I VVG auch die Kenntnis und das Verhalten des Versicherten in Betracht, soweit nach den Vorschriften des VVG die Kenntnis und das Verhalten des VN von rechtlicher Bedeutung ist. Daraus folgt, daß bei der Versicherung für fremde Rechnung dem VN Kenntnis und Verhalten des Versicherten wie eigene Kenntnis und eigenes Verhalten zugerechnet wird (vgl. L 5.7). Es kommt nicht darauf an, daß der Versicherte Repräsentant, Wissenserklärungsvertreter oder Wissensvertreter ist. Der VN haftet bei Obliegenheitsverletzung, bei schuldhafter Herbeiführung des Versicherungsfalls und bei arglistiger Täuschung für Kenntnis und Verhalten des Versicherten. Wenn nach dem Pachtvertrag der Pächter eines landwirtschaftlichen Betriebes verpflichtet ist, auf seine Kosten eine Feuerversicherung abzuschließen, und eine etwaige Entschädigung ihm gebühren soll, und wenn sich der VN in dem entsprechenden Versicherungsantrag zutreffend als Pächter bezeichnet, ergeben die Umstände, daß die Versicherung für den Eigentümer genommen werden sollte, so daß es sich um eine Versicherung für fremde Rechnung handelt und die Rechte aus dem Versicherungsvertrag dem versicherten Eigentümer zustehen. Wenn der Eigentümer eines landwirtschaftlichen Betriebes, der wegen Brandstiftung zu 7½ Jahren Freiheitsstrafe verurteilt worden ist und dessen Versicherer die bestehende Feuerversicherung gekündigt hat, vom Pächter verlangt, eine Feuerversicherung abzuschließen, obliegt es ihm, dafür zu sorgen, daß der in seiner Person liegende Gefahrumstand entweder unmittelbar durch ihn oder über den Pächter dem künftigen Versicherer zur Kenntnis gelangt (BGH VersR 91 S. 1404 und r+s 91 S. 423).

In der Wohngebäudeversicherung werden häufig durch denselben Vertrag eigene und fremde Interessen versichert, wenn **bei Miteigentum an einem Gebäude der Wohngebäudeversicherungsvertrag von einem Eigentümer abgeschlossen wird** (vgl. dazu auch U 3). In diesen Fällen wird Kenntnis und Verhalten des mitversicherten Dritten dem VN insoweit zugerechnet, wie es um die mitversicherten Interessen des Dritten geht. Das folgt aus § 80 II VVG, wonach nur insoweit nach den Regeln der §§ 75 ff. VVG vorzugehen ist, als fremdes Interesse versichert ist (Römer/Langheid § 79 RN 4 m. w. N.). Infolgedessen kann es beispielsweise für Eheleute vorteilhafter sein, wenn nur ein Ehepartner VN der Wohngebäudeversicherung für ihr in Miteigentum stehendes Gebäude ist. Sind beide Ehepartner VN des Vertrages, so kann das Verschulden jedes Ehepartners zum Verlust des gesamten Entschädigungsanspruchs führen (s. U 3). Ist dagegen nur ein Ehepartner VN, so hängt das Schicksal des Entschädigungsanspruchs des Versicherten davon ab, ob er oder der Ehepartner-VN den Verstoß begangen hat. Die nachfolgende Übersicht verdeutlicht die angesprochenen Zusammenhänge.

| VN | Verschulden | Leistungsfreiheit |
|---|---|---|
| A | A<br>B | A + B<br>B |
| B | A<br>B | A<br>A + B |
| A + B | A<br>B | A + B<br>A + B |

Es liegt die Annahme zugrunde, daß ein Wohngebäude versichert ist, das im Miteigentum der Eheleute A und B steht. Ist der Ehepartner A VN des Wohngebäudeversicherungsvertrages und wird z. B. durch dessen Verhalten ein Versicherungsfall schuldhaft herbeigeführt, so ist der Versicherer insgesamt leistungsfrei. Führt dagegen der Ehepartner B einen Versicherungsfall herbei, so ist der Versicherer nur hinsichtlich des Anteils dieses Ehepartners leistungsfrei. Den auf den Anteil des Ehepartner-VN entfallenden Schaden muß er ersetzen. Ist der Ehepartner B VN, so wirkt ein Verschulden des versicherten A nur für dessen Anteil, während umgekehrt ein Verschulden des Ehepartner-VN B den gesamten Entschädigungsanspruch beseitigt. Sind beide Ehepartner VN, so führt das Verschulden jedes Partners zum Verlust des gesamten Entschädigungsanspruchs (vgl. OLG Saarbrücken VersR 98 S. 883; OLG Hamm VersR 94 S. 1464). Dabei kann es keine Rolle spielen, ob Miteigentum nach Bruchteilen oder Gesamthandseigentum vorliegt. Jedoch wird diese Frage in Schrifttum und Rechtsprechung nicht einheitlich behandelt (vgl. Prölss/Martin § 6 RN 40 f.).

Die dargestellten Ergebnisse sind nicht zufriedenstellend, weil die Unterschiede sachlich nicht gerechtfertigt und zufällig sind. Das kann dadurch beseitigt werden, daß bei der Versicherung von Miteigentum allgemein eine Auslegung dahin gehend erfolgt, daß auch in den Fällen, in denen nur ein Eigentümer VN ist, das Verschulden jedes einzelnen Miteigentümers wegen der Unteilbarkeit des versicherten Interesses allen Eigentümern ebenso schadet, wie wenn alle Eigentümer VN wären (vgl. auch U 8).

Nach § 79 II VVG kommt es auf die Kenntnis des Versicherten abweichend von § 79 I VVG nicht an, wenn der Vertrag ohne sein Wissen geschlossen worden ist oder eine rechtzeitige Benachrichtigung des VN nicht tunlich war. Diese Ausnahme gilt jedoch nur für die Kenntnis des Versicherten. Schuldhaftes Verhalten des Versicherten wird dem VN auch in diesen Fällen zugerechnet. Hat der VN den Vertrag ohne Auftrag des Versicherten geschlossen und bei der Schließung den Mangel des Auftrags dem Versicherer nicht angezeigt, so braucht der Versicherer den Einwand, daß der Vertrag ohne Wissen des Versicherten geschlossen ist, gem. 79 III VVG nicht gegen sich gelten zu lassen. Es gilt die zu § 79 I VVG dargestellte Rechtslage.

## 8 Wohnungseigentum; Teileigentum

Bei Verträgen mit einer Gemeinschaft von Wohnungseigentümern sind Besonderheiten zu beachten. Umstritten ist, ob die einzelnen Wohnungseigentümer (Mit)Versicherte (so OLG Hamm VersR 96 S. 1234) oder VN sind (so OLG Düsseldorf r+s 98 S. 337). Die Beantwortung dieser Frage hat weitreichende Konsequenzen. Sie entscheidet darüber, ob der einzelne VN gegenüber dem Versicherer aktiv legitimiert ist (vgl. L 4.1 und 5.5). Weiterhin hängt davon ggf. die Entscheidung darüber ab, ob das Fehlverhalten eines Wohnungseigentümers allen Wohnungseigentümern schadet (vgl. U 3 und 7). In der Wohngebäudeversicherung nach den VGB werden jedoch die Rechtsfolgen, die an das Fehlverhalten eines Wohnungseigentümers als VN geknüpft sind, in ihrer Wirkung für die übrigen Wohnungseigentümer durch die Regelungen in §§ 22 VGB 88 n. F. 25 Nr. 3 VGB 88 a. F. stark abgeschwächt. Dies liegt an dem besonderen Charakter des Wohnungseigentums nach Maßgabe des Gesetzes über das Wohnungseigentum und das Dauerwohnrecht (WEG) vom 15. 3. 1951. Die Bedingungsregelung in den VGB 88 ist an die Stelle der Klausel 841 – Wohnungseigentum – zu den VGB 62 getreten (vgl. dazu Ollick, VerBAV 82 S. 440).

Ist der Versicherer bei Verträgen mit einer Gemeinschaft von Wohnungseigentümern wegen des Fehlverhaltens einzelner Wohnungseigentümer bei vorsätzlicher oder grob fahrlässiger Herbeiführung des Versicherungsfalls, bei der Verletzung der vorvertraglichen Anzeigepflicht oder der Gefahrstandspflicht, bei der Verletzung von Sicherheitsvorschriften oder Obliegenheiten im Versicherungsfall sowie bei arglistiger Täuschung leistungsfrei, so kann er sich hierauf gegenüber den übrigen Wohnungseigentümern nicht berufen. Die übrigen Wohnungseigentümer können verlangen, daß der Versicherer sie auch insoweit entschädigt, als er gegenüber einzelnen Miteigentümern leistungsfrei ist. Dabei ist jedoch gefordert, daß die zusätzliche Entschädigung zur Wiederherstellung des gemeinschaftlichen Eigentums verwendet wird. Der Wohnungseigentümer, in dessen Person der Verwirkungsgrund vorliegt, ist verpflichtet, dem Versicherer diese Mehraufwendungen zu erstatten (§§ 22 Nr. 1 VGB 88 n. F., 25 Nr. 3 VGB 88 a. F.). Gemeinschaftliches Eigentum sind nach § 1 Abs. 5 WEG das Grundstück sowie die Teile, Anlagen und Einrichtungen des Gebäudes, die nicht im Sondereigentum oder im Eigentum eines Dritten stehen. Durch diese erweiterte Entschädigungsregelung soll verhindert werden, daß der Wiederaufbau des versicherten Gebäudes unterbleibt, weil die Wiederherstellung des gemeinschaftlichen Eigentums nicht finanziert werden kann. Dadurch wird der Versicherer verpflichtet, eine derartige Finanzierungslücke zu Gunsten der übrigen Wohnungseigentümer zu schließen. Dies gilt jedoch nicht für den Schaden am Sondereigentum des Wohnungseigentümers, der den leistungsbefreienden Verstoß begangen hat.

Die dargestellte erweiterte Haftung gilt nach §§ 22 Nr. 2 VGB 88 n. F., 25 Nr. 3 c VGB 88 a. F. in der Feuerversicherung nicht, wenn sich das Realrecht eines Realgläubigers auf den Miteigentumsanteil des verwirkenden VN erstreckt und der Realgläubiger Leistung an sich selbst nach § 102 VVG verlangen kann (vgl. W 9). Ohne diese einschränkende Regelung wäre der Versicherer unter bestimmten Voraussetzungen für diesen Teil des Schadens sogar zweimal zur Leistung verpflichtet, obwohl er dem verwirkenden Miteigentümer gegenüber leistungsfrei ist. Mit der Zahlung an den Realgläubiger geht die Hypothek oder die Grundschuld nach § 104 VVG auf den Versicherer über. Wurde jedoch eine Gesamthypothek oder Gesamtgrundschuld bestellt, so verpflichtet sich der Versicherer, auf eine nach § 104 VVG auf ihn übergegangene Gesamthypothek/Gesamtgrundschuld gem. § 1168 BGB zu verzichten und dabei mitzuwirken, daß der Verzicht auf Kosten der Wohnungseigentümer in das Grundbuch eingetragen wird.

In diesen Fällen ist der verwirkende Wohnungseigentümer jedoch verpflichtet, dem Versicherer die für seinen Miteigentumsanteil und sein Sondereigentum an den Realgläubiger erbrachten Leistungen zu erstatten (§§ 22 Nr. 2 Abs. 2 Satz 2 VGB 88 n. F., 25 Nr. 3 c Satz 3 VGB 88 a. F.). Diese Sonderregelungen gelten jedoch nur in der Feuerversicherung. Dies folgt aus dem Wortlaut der VGB 88 und steht im Einklang mit der Rechtsprechung des BGH (vgl. W 9). Infolgedessen kommt diese Sonderregelung in der Leitungswasser-/Rohrbruch- und in der Sturm-/Hagelversicherung nicht zum Tragen.

Für die Gebäudeversicherung bei Teileigentum gelten die Bestimmungen vor §§ 22 Nr. 1 und Nr. 2 VGB 88 n. F., 25 Nr. 3 a bis c VGB 88 a. F. entsprechend (vgl. §§ 22 Nr. 3 VGB 88 n. F., 25 Nr. 3 d VGB 88 a. F.).

# V Feststellung der Schaden- und Entschädigungshöhe; Sachverständigenverfahren

Macht der VN Entschädigungsansprüche aus einem Versicherungsfall geltend, so muß der Versicherer aufgrund der Schadenmeldung entscheiden, welche Maßnahmen er ergreift, um festzustellen, ob er zur Leistung verpflichtet ist. Dabei möchte er zunächst wissen, ob er überhaupt zur Leistung verpflichtet ist. Er überprüft seine Leistungsverpflichtung dem Grunde nach. Daneben möchte er aber auch wissen, wie hoch der versicherte Schaden ist, und welche Höhe die Entschädigung hat. Für die Feststellung dieser Sachverhalte stehen in der Praxis verschiedene Wege offen. Sie werden entscheidend von der Höhe und der Komplexität des Schadens bestimmt.

## 1 Feststellung der Schaden- und Entschädigungshöhe

In den allermeisten Fällen werden in der Wohngebäudeversicherung die Feststellungen zur Entschädigungsverpflichtung dem Grunde und der Höhe nach von Mitarbeitern des Versicherers getroffen. Sie überprüfen zunächst anhand der Schadenmeldung des VN, ob sich danach die Entschädigungsverpflichtung des Versicherers bereits abschließend beurteilen läßt oder ob weitere Schritte einzuleiten sind.

### 1.1 Regulierung durch den Versicherungsagenten (Vermittler)

Insbesondere im Breitengeschäft melden VN einen Versicherungsfall sehr häufig an den Versicherungsagenten. Er nimmt anschließend vor Ort den Schaden auf, d. h. er nimmt den Schaden in Augenschein und füllt das Schadenanzeigeformular des Versicherers gemeinsam mit dem VN aus. Infolgedessen liegt es auf der Hand, daß der Versicherungsagent bei dieser Gelegenheit auch umfängliche Feststellungen zum Schadenhergang und zur Schadenhöhe trifft. Unter diesen Umständen sind inzwischen zahlreiche Versicherer einen Schritt weiter gegangen und haben ihren Versicherungsagenten eine sog. Regulierungsvollmacht für Kleinschäden erteilt. Dadurch werden die Vermittler in die Lage versetzt, bei ihren Kunden Kleinschäden bis zu einer Größenordnung von in der Regel ca. 1.000,– DM vor Ort festzustellen und auszuzahlen. Die Vereinbarungen zwischen VN und Versicherungsagent zur Feststellung und Regulierung des Schadens sind in diesen Fällen rechtsverbindlich. Hat der Versicherungsagent keine Regulierungsvollmacht oder übersteigt die Höhe der Entschädigung seinen Vollmachtsrahmen, so gibt er die Schadenanzeige an die schadenbearbeitende Stelle des Versicherers weiter.

### 1.2 Büromässige Bearbeitung

Kann der Sachbearbeiter im Schadeninnendienst des Versicherers den Entschädigungsanspruch des VN dem Grunde und der Höhe nach umfassend beurteilen, so wird der Schaden in vielen Fällen in einem Zug durch Zahlung des vom VN geforderten Betrags oder durch Ablehnung abschließend bearbeitet. Liegt der Entschädigungsbetrag aufgrund vertraglicher Vereinbarungen, insbesondere aufgrund von Selbstbehaltsregelungen, unter dem Schadenbetrag, so wird der gekürzte Schadenbetrag als Entschädigung gezahlt. Bei Kleinschäden kommt es häufig vor, daß sich die Entschädigungsverpflichtung dem Grunde oder der Höhe nach anhand der Schadenmeldung des VN nicht eindeutig beurteilen läßt, weitere Ermittlungen dazu jedoch wegen der geringen Schadenhöhe aus wirtschaftlichen Überlegungen nicht sinnvoll sind. Unter diesen Umständen bietet der Versicherer dem VN häufig an, einen bestimmten, unter der Forderung des VN liegenden Betrag ohne weitere Prüfung zu zahlen. Kommt es auf dieser Grundlage zu einer Einigung auf schriftlichem oder telefonischem Weg, so ist ein Schaden- und Entschädigungsfeststellungsvertrag zwischen Versicherer und VN zustande gekommen. Mit der Zahlung des vereinbarten Betrags sind die vertraglichen Ansprüche des VN aus dem Versicherungsfall abschließend befriedigt. Das gilt nicht, wenn der Versicherer eine unter dem vom VN geforderten Betrag liegende Entschädigung mit dem Hinweis „ohne weitere Prüfung und Rechtslage" oder „ohne Anerkennung einer Rechtspflicht" überweist. In diesen Fällen kann der VN diesen Betrag als Abschlagszahlung behalten, den darüber hinausgehenden Betrag aber weiterhin beanspruchen. Grundsätzlich muß der Versicherer infolgedessen weitere Feststellungen treffen, wenn sich seine Entschädigungsverpflichtung dem Grunde oder der Höhe nach aufgrund der Schadenmeldung des VN nicht abschließend beurteilen läßt. Diese Feststellungen können vom Schadeninnendienst durch schriftliche oder telefonische Rückfrage beim VN getroffen werden. Es ist aber auch möglich, die notwendigen Feststellungen vor Ort zu treffen, indem Mitarbeiter des Schadenaußendienstes des Versicherers die Schadenstelle besichtigen und bei dieser Gelegenheit mit dem VN verhandeln. Die Vorgehensweise wird ausschlaggebend durch die Schadenhöhe und die Komplexität des Schadens beeinflußt.

## Regulierungsbeauftragte 1.3

Sofern keine Besonderheiten wie unklarer Schadenhergang, Vermutung hoher Unterversicherung oder Verdacht des versuchten Versicherungsbetrugs vorliegen, werden **Entschädigungsansprüche bis zu einer Höhe von 3.000,– DM bis 5.000,– DM** von den Wohngebäudeversicherern im allgemeinen **ohne Besichtigung des Schadens** vor Ort und ohne persönliche Verhandlung mit dem VN erledigt. Übersteigt der Entschädigungsanspruch jedoch diese Beträge, so wird der Versicherungsfall durch sog. Regulierungsbeauftragte des Versicherers vor Ort dem Grunde und der Höhe nach überprüft. Bei diesen Regulierungsbeauftragten handelt es sich zumeist um Angestellte des Versicherers. Es kommt jedoch auch vor, daß unabhängige Schadenregulierungsbüros oder freie Sachverständige vom Versicherer damit beauftragt werden, die nötigen Feststellungen und Vereinbarungen vor Ort mit dem VN zu treffen.

Dabei wird in vielen Fällen die Schaden- und Entschädigungshöhe abschließend verein- 1.3.1
bart. Darüber wird in der Regel eine **schriftliche Vereinbarung** getroffen, **die verschiedentlich durch eine sog. Verhandlungsniederschrift bzw. ein Verhandlungsprotokoll ergänzt wird**. Die dabei verwendeten Formulare der Versicherer enthalten regelmäßig den Hinweis, daß sich der Versicherer die Anerkennung der Entschädigungsberechnung und der vereinbarten Entschädigung vorbehält. Damit will der Versicherer verhindern, daß Fehleinschätzungen bzw. Fehler des Regulierungsbeauftragten bindend sind. Er möchte die Möglichkeit haben, die Vereinbarungen zwischen dem VN und dem Regulierungsbeauftragten nachzuprüfen und gegebenenfalls zu korrigieren. Unter den geschilderten Umständen sind die Vereinbarungen zwischen dem VN und dem Regulierungs-

beauftragten ein **Schaden- und Entschädigungsfeststellungsvertrag**, der aber einen Zustimmungsvorbehalt des Versicherers enthält. Daher ist der Vertrag schwebend unwirksam. Der Zustimmungsvorbehalt ist rechtlich wirksam und hält auch einer Inhaltskontrolle nach den Bestimmungen des AGBG stand (OLG Köln VersR 97 S. 569 und r+s 96 S. 149). In dem vom Gericht entschiedenen Fall hatte daneben der VN lediglich bescheinigt, daß er von der Entschädigungsberechnung Kenntnis genommen habe. Insofern hat der Zustimmungsvorbehalt für Versicherer und VN dieselbe rechtliche Wirkung und ist infolgedessen auch nicht überraschend im Sinne von § 3 AGBG. Nicht geprüft hat das Gericht die Frage, ob ein solcher Zustimmungsvorbehalt zu Gunsten des Versicherers dann eine überraschende Klausel nach § 3 AGBG ist, wenn der Schadenfeststellungsvertrag in der Person des VN eine Bindung bewirkt und nur der Versicherer noch freie Hand hat, die Entschädigungsfeststellung zu akzeptieren oder nicht (vgl. dazu Martin Y I 9 f.).

1.3.2 Gelegentlich kommt es vor, daß Regulierungsbeauftragte von Versicherern nicht über die erforderliche Sachkunde zur abschließenden Beurteilung des Entschädigungsanspruchs dem Grunde oder der Höhe nach verfügen. Dann werden zur Klärung von Sachfragen über den Schadenhergang oder die Schadenhöhe **vom Versicherer Sachverständige hinzugezogen**. Sie werden im Auftrag des Versicherers tätig und sollen den Regulierungsbeauftragten des Versicherers bei seiner Feststellungsarbeit unterstützen. Die Kosten des Sachverständigen trägt in diesen Fällen der Versicherer. In der Literatur wird dieses Verfahren als Beraterverfahren (Martin Y I 4) oder neuerdings auch als Beratungsverfahren (Prölss/Martin § 64 RN 2) bezeichnet. Indessen handelt es sich hierbei nicht um ein besonderes Verfahren zur Schadenfeststellung, sondern darum, daß der Versicherer bzw. dessen Regulierungsbeauftragter Fachleute für bestimmte Sachfragen auf eigene Kosten hinzuzieht. Dabei muß es sich nicht um freie Sachverständige, schon gar nicht um selbständige Sachverständige handeln (so Martin a. a. O.). Der Versicherer kann jede Person hinzuziehen, die über besondere Fachkenntnisse verfügt, die für die Feststellung der Schaden- und Entschädigungshöhe im konkreten Schadenfall vorteilhaft sind.

Wird von dem sachverständigen Berater des Versicherers ein Gutachten zur Schadenhöhe erstellt, so hat der VN keinen einklagbaren Anspruch auf Einsichtnahme in dieses Sachverständigengutachten (AG Köln VersR 88 S. 257). Der Versicherer ist jedoch verpflichtet, ordnungsgemäß abzurechnen und die Ablehnung einzelner Schadenbeträge oder Schadenpositionen nicht pauschal (z. B. unter Hinweis auf das vorliegende Gutachten), sondern schlüssig zu begründen. Auch der VN kann auf seine Kosten einen Sachverständigen hinzuziehen oder mit den Verhandlungen zur Ermittlung und Feststellung des Schadens bevollmächtigen (vgl. dazu auch § 66 VVG). Erstellt dieser Sachverständige ein Gutachten, so gilt das zitierte Urteil des AG Köln entsprechend. Die Kosten, die dem VN durch die Zuziehung eines Sachverständigen oder eines Beistands entstehen, hat der Versicherer nicht zu erstatten (vgl. § 66 II VVG). Daneben hat der VN in diesen Fällen selbstverständlich das Recht, die Durchführung eines Sachverständigenverfahrens zu verlangen (vgl. V 2).

## 1.4 Gemeinsamer Sachverständiger

VN und Versicherer können auch vereinbaren, daß zur Feststellung der Schadenhöhe, der Entschädigungshöhe oder sonstiger Voraussetzungen des Entschädigungsanspruchs ein gemeinsamer Sachverständiger tätig wird. Dabei muß jedoch insbesondere festgelegt werden, welche Feststellungen der Sachverständige im einzelnen treffen soll, ob diese Feststellungen verbindlich sein sollen und ob bzw. gegebenenfalls wie die Kosten dieses Sachverständigen geteilt werden. Wird ein derartiges Verfahren auf Initiative des Versicherers vereinbart, treffen ihn gesteigerte Hinweis- und Aufklärungspflichten (vgl. Martin Y I 77). Praktisch spielt dieser Weg der Schadenfeststellung in der Wohngebäudeversicherung eine untergeordnete Rolle. Dies liegt vor allem daran, daß der VN aufgrund seines Initiativrechts für das Sachverständigenverfahren zunächst einmal abwarten kann, welches Entschädigungsangebot der Versicherer aufgrund der Feststellungen seines Regulierungsbeauftragten oder der ggf. hinzugezogenen Sachverständigen unterbreitet. Ist er damit nicht einverstanden, kann er anschließend eine Vereinbarung mit dem Versicherer über die Beauftragung eines gemeinsamen Sachverständigen anstreben. Dazu wird der Versicherer in der Regel nicht mehr bereit sein. Dann hat der VN das Recht, ein Sachverständigenverfahren zu fordern.

## Sachverständigenverfahren 2

Das Sachverständigenverfahren ist in §§ 17 VGB 88 n. F., 22 VGB 88 a. F., 17 VGB 62 geregelt. Vergleichbare Bestimmungen beinhalten alle AVB Sach. Daneben sind §§ 64 bis 66 VVG zu beachten. Im Gegensatz zu den in V 1 ff. dargestellten Methoden zur Feststellung der Schaden- und Entschädigungshöhe aufgrund freier Vereinbarung zwischen VN und Versicherer gelten für das bedingungsgemäße Sachverständigenverfahren die in den AVB niedergelegten Grundsätze und Regeln. Ist ein Sachverständigenverfahren eingeleitet, so ist die Feststellung der Schadenhöhe zumindest für die Dauer des Sachverständigenverfahrens der unmittelbaren Einflußnahme durch VN und Versicherer entzogen.

Das Sachverständigenverfahren steht vor allem für die Feststellung der Schadenhöhe zur Verfügung. Es bietet den Vertragsparteien die Möglichkeit, auch schwierige Großschäden ohne Inanspruchnahme der Gerichte festzustellen und abzuwickeln. Die Sachverständigen verfügen über die Sachkunde, die den Vertragsparteien fehlt. Bei der Beurteilung und Lösung von Streitfragen haben sie ein höheres Maß an Objektivität als die Vertragsparteien. Das Sachverständigenverfahren ist ein schneller, flexibler und kostengünstiger Weg für die Abwicklung schwieriger Schäden. Die ordentlichen Gerichte werden entlastet, weil das Sachverständigenverfahren insbesondere dann zu Konfliktlösungen eingesetzt werden kann, wenn sich die Vertragsparteien über die Schadenhöhe nicht einigen können. Leistungsklagen werden vermieden. Solange der VN sich nicht des Rechts begeben hat, ein in den Versicherungsbedingungen vorgesehenes Sachverständigenverfahren zur Schadenhöhe zu beantragen, kann seiner Klage auf Feststellung, daß Versicherungsschutz für den Schadenfall zu gewähren sei, nicht der Einwand entgegengesetzt werden, er müsse Leistungsklage erheben (BGH VersR 86 S. 675). Eine Feststellungsklage auf Gewährung von Versicherungsschutz ist trotz Möglichkeit einer Leistungsklage jedenfalls dann zulässig, wenn der VN zur Höhe noch in das bedingungsgemäße Sachverständigenverfahren eintreten kann oder der Versicherer eine geleistete Abschlagszahlung mit der Begründung zurückverlangt, er sei schon dem Grunde nach leistungsfrei. Der VN verliert sein Recht auf die Durchführung des Sachverständigenverfahrens nicht dadurch, daß der Versicherer Leistungen schon dem Grunde nach ablehnt (OLG Hamm zu § 15 AEB r+s 92 S. 61 und ZfS 92 S. 61).

## 2.1 Zustandekommen des Sachverständigenverfahrens

Nach §§ 17 Nr. 1 VGB 88 n. F., 22 Nr. 1 VGB 88 a. F., 17 Nr. 1 VGB 62 **können VN und Versicherer** nach Eintritt eines Versicherungsfalls **vereinbaren**, daß die Höhe des Schadens durch Sachverständige festgestellt wird. Daneben kann **der VN** ein Sachverständigenverfahren aufgrund der genannten Bestimmungen auch **durch einseitige Erklärung** gegenüber dem Versicherer verlangen. Nach § 17 Nr. 1 VGB 62 a. F. konnte jede Partei verlangen, daß die Höhe des Schadens durch Sachverständige festgestellt wird. Die Neuregelung in den VGB 88 ist für den VN vorteilhaft, da der Versicherer nicht mehr das Recht hat, ein Sachverständigenverfahren durch einseitige Erklärung zu verlangen. Ein Sachverständigenverfahren kann infolgedessen nur dann durchgeführt werden, wenn der VN dem zustimmt. Infolgedessen hat es der VN auch in der Hand, ob er im Zuge der Schadenregulierung Sachverständigenkosten zu tragen hat. Mit dieser Neufassung wurde der Rechtsprechung des BGH Rechnung getragen. Nach Auffassung des BGH ist die Kostenregelung in den älteren AVB eine unangemessene Benachteiligung des VN in den Fällen, in denen das Sachverständigenverfahren auf Verlangen des Versicherers durchgeführt wurde (BGH VersR 82 S. 482 zu § 15 Nr. 2 e VHB 74 a. F.). Danach wurden die Kosten der Sachverständigen zwischen Versicherer und VN auch in den Fällen geteilt, in denen das Sachverständigenverfahren auf Verlangen des Versicherers zustande kam. Diese Regelung hat der BGH als unangemessene Benachteiligung des VN eingestuft. Die Bedingungen mußten daher in diesem Punkt angepaßt werden. Im Zuge der Anpassung der AVB an das AGBG wurde diese neue Regelung auch Bestandteil aller älteren AVB der Sachversicherung. Damit wurde dem genannten Urteil des BGH Rechnung getragen. Es handelt sich um eine verbraucherfreundliche Lösung. Der VN kann ein Sachverständigenverfahren weiterhin erzwingen, während dem Versicherer dieses Recht nicht mehr zusteht.

In den AVB sind **keine allgemeingültigen Voraussetzungen** festgelegt, unter denen es sinnvoll und notwendig ist, ein Sachverständigenverfahren durchzuführen. Darauf konnte verzichtet werden, weil die Durchführung von Sachverständigenverfahren in den allermeisten Fällen einvernehmlich zwischen VN und Versicherer geregelt wird. Die Vertragsparteien können dabei frei entscheiden, ob sie die Schadenhöhe oder sonstige schaden- bzw. entschädigungsrelevante Sachverhalte durch ein Sachverständigenverfahren feststellen lassen.

Nicht beantwortet ist damit jedoch die Frage, **unter welchen Voraussetzungen der VN ein Sachverständigenverfahren durch einseitige Erklärung herbeiführen kann**. Dieses Gestaltungsrecht bietet dem VN jedoch nicht die Möglichkeit, ein Sachverständigenverfahren unter allen Umständen zu erzwingen. Es ist auf diejenigen Schadenfälle zu beschränken, deren Abwicklung besondere Sachkunde erfordert.

## 2.2 Gegenstand des Sachverständigenverfahrens

Nach dem Wortlaut der VGB erstreckt sich das Sachverständigenverfahren ohne weiteres auf die Feststellung der Höhe des Schadens durch die Sachverständigen. Darüber hinaus ist es jedoch möglich, das Sachverständigenverfahren durch Vereinbarung zwischen VN und Versicherer auf „weitere Feststellungen zum Versicherungsfall" (§ 17 Nr. 1 Abs. 3 VGB 88 n. F.) bzw. auf „sonstige tatsächliche Voraussetzungen des Entschädigungsanspruchs sowie der Höhe der Entschädigung" (§§ 22 Nr. 1 Satz 2 VGB 88 a. F., 17 Nr. 1 Satz 2 VGB 62) auszudehnen.

Nach dem zitierten Wortlaut der VGB ist es **obligatorische Aufgabe des Sachverständigenverfahrens, die Höhe des Schadens festzustellen**. Soweit nichts anderes zwischen den Parteien vereinbart wurde, sind die Feststellungen der Sachverständigen daher nur insoweit verbindlich, als sie sich auf die Schadenhöhe beziehen. Gegenstand der Feststellungen ist in der Regel die Höhe des Gesamtschadens. Es kann sich aber auch um die Ermittlung und Bewertung einzelner Schadenteile handeln. Wurden keine abweichenden Vereinbarungen getroffen, so ist jedoch grundsätzlich davon auszugehen, daß sich die Feststellungen der Sachverständigen zur Schadenhöhe auf den gesamten Schaden beziehen sollen. Erzwingt der VN ein Sachverständigenverfahren, ist dagegen eine Einschränkung dahingehend geboten, daß dieses Verfahren sich lediglich auf die Bewertung derjenigen Schadenpositionen erstreckt, bei denen besondere Sachkunde erforderlich ist. 2.2.1

**Fraglich ist, ob die Sachverständigen auch den Schadenumfang,** d. h. die Anzahl und die Art der zerstörten, beschädigten oder abhandengekommenen Sachen, **festzustellen haben.** Diese Frage wird in der Rechtsprechung und im Schrifttum nicht einheitlich beantwortet. Martin vertritt unter Hinweis auf die Rechtsprechung des BGH (vgl. VersR 89 S. 395 und r+s 89 S. 261) die Ansicht, der Umfang des Schadens, „also Art und Anzahl der durch den Schaden betroffenen Sachen oder Gebäudebestandteile“, falle nicht unter den Begriff des Schadens (Y I 49). Im Gegensatz dazu wird in der Literatur auch der Standpunkt vertreten, die Feststellungen zur Höhe des Schadens könnten „sich durchaus auf die Frage erstrecken, welche und wieviele Sachen zerstört oder abhanden gekommen sind“ (Römer/Langheid § 64 RN 6; ähnlich Prölss/Martin § 64 RN 24).

Entgegen der in der 1. Auflage vertretenen Auffassung lassen sich die von der Rechtsprechung für die Einbruchdiebstahlversicherung entwickelten Grundsätze nicht auf die Wohngebäudeversicherung übertragen. Daraus folgt, daß die Feststellungen der Sachverständigen zur Höhe des Schadens generell nicht auf die Bewertung der zerstörten, beschädigten bzw. abhandengekommenen Gegenstände beschränkt ist. Dazu zählt vielmehr auch in vielen Fällen die Feststellung, welche Sachen bzw. Gebäudeteile zerstört oder beschädigt sind. Insbesondere bei größeren Gebäudeschäden zählt dazu u. a. die Beantwortung der Frage, ob erhalten gebliebene Gebäudeteile wie Umfassungswände, Decken oder Fundamente durch den Schaden zerstört wurden oder beim Wiederaufbau des Gebäudes wieder verwendet werden können. Ermittlung des Schadenumfangs und Feststellung der Schadenhöhe gehen ineinander über und lassen sich nicht getrennt voneinander behandeln. **Für die Feststellung und Beurteilung anderer Fragen als der Höhe und des Umfangs des Schadens sind die Sachverständigen jedoch nicht zuständig.** Das gilt insbesondere für Feststellungen zur Schadenursache, zur Höhe des Versicherungswerts bzw. der Unterversicherung sowie für alle Rechtsfragen. Derartige Feststellungen der Sachverständigen haben keine Bindungswirkung, es sei denn, zwischen den Vertragsparteien wurde etwas anderes vereinbart.

Die zuvor zitierten VGB-Bestimmungen schaffen die vertragliche Grundlage für derartige Vereinbarungen. Danach **kann das Sachverständigenverfahren auf weitere Feststellungen zum Versicherungsfall ausgedehnt werden.** In der Wohngebäudeversicherung zählt dazu vor allem die Feststellung des Versicherungswerts bzw. des Versicherungswerts 1914. Gelegentlich wird das Sachverständigenverfahren auch auf die Feststellung der Schadenursache bzw. des Schadenhergangs ausgedehnt. Jedoch erkennt der Versicherer dadurch allein nicht schon seine Ersatzverpflichtung dem Grunde nach an (vgl. OLG Hamm zu § 15 AFB a. F. VersR 84 S. 749). Der Auftrag der Sachverständigen wird in diesen Fällen auf die Feststellung weiterer tatsächlicher Voraussetzungen möglicher Entschädigungsansprüche ausgedehnt. Dazu zählt nicht die vertragsrechtliche Beurtei- 2.2.2

lung der von den Sachverständigen festgestellten Tatsachen. Insbesondere die Beurteilung von Rechtsfragen fällt nicht in ihre Zuständigkeit. Selbst dann, wenn das Sachverständigenverfahren auf die Feststellung des Versicherungswerts ausgedehnt wurde, fällt die Feststellung der Unterversicherung und die Berechnung der Entschädigung nicht in die Zuständigkeit der Sachverständigen.

Aus dem Wortlaut von §§ 22 Nr. 1 VGB 88 a. F., 17 Nr. 1 VGB 62 ist **nicht klar** zu entnehmen, **ob der VN ein Sachverständigenverfahren nur zur Schadenhöhe oder auch zu sonstigen schaden- und entschädigungsrelevanten Sachverhalten fordern kann.** Die Reihenfolge der genannten AVB-Bestimmungen deutet jedoch darauf hin, daß der VN durch einseitige Erklärung ein Verfahren auch zu sonstigen tatsächlichen Voraussetzungen des Entschädigungsanspruchs sowie der Höhe der Entschädigung herbeiführen kann. In § 17 Nr. 1 VGB 88 n. F. wurde diese Zweifelsfrage zu Gunsten des Versicherers geregelt. Danach kann der VN durch einseitige Erklärung verlangen, daß die Höhe des Schadens durch Sachverständige festgestellt wird. Die Ausdehnung des Sachverständigenverfahrens auf weitere Feststellungen zum Versicherungsfall ist jedoch nur durch Vereinbarung möglich. Die praktische Bedeutung dieser Frage ist jedoch gering zu veranschlagen. Die langjährigen Erfahrungen der Hausratversicherer mit der analogen Regelung in § 23 VHB 84/VHB 92 bestätigen dies. Die weitaus überwiegende Zahl der Sachverständigenverfahren wird aufgrund einer Vereinbarung zwischen VN und Versicherer durchgeführt. Es kommt außerordentlich selten vor, daß VN ein Sachverständigenverfahren durch einseitige Erklärung herbeiführen.

Infolgedessen hat auch die Frage, **innerhalb welchen Zeitraums ein Sachverständigenverfahren herbeigeführt werden muß**, untergeordnete praktische Bedeutung. VN und Versicherer können jederzeit die Durchführung eines Sachverständigenverfahrens vereinbaren. Dies gilt auch dann, wenn nach Abschluß der Schadenfeststellungen und nach Zahlung der Entschädigung neue Gesichtspunkte oder Erkenntnisse auftauchen. Zweifelhaft ist, ob der VN ein Sachverständigenverfahren dann nicht mehr erzwingen kann, wenn er eine Entschädigungsleistung als endgültig entgegengenommen hat. Nach Martin soll dies selbst dann gelten, wenn der VN „später eine Mehrforderung behauptet und selbst wenn er sich dafür auf neue Tatsachen oder Beweismittel beruft" (Martin Y I 32 der 2. Auflage). Dieser Auffassung kann nicht gefolgt werden. Gerade bei größeren Gebäudeschäden stellt sich gelegentlich erst nach Zahlung der Entschädigung heraus, daß Gebäudebestandteile, die bei der Reparatur oder dem Wiederaufbau des Gebäudes verwendet werden sollten, tatsächlich zu verwerfen sind. Auch bei Leitungswasserschäden treten gelegentlich nach Abschluß der Reparaturarbeiten und nach der abschließenden Regulierung des Versicherungsfalls erneut Schäden auf, weil weitere Bruchstellen an derselben Rohrleitung seinerzeit nicht erkannt wurden oder Durchnässungsschäden erst mit zeitlicher Verzögerung eintreten. Dabei handelt es sich in der Regel um technisch komplizierte Schäden. In diesen Fällen muß dem VN grundsätzlich das Recht zustehen, die Durchführung eines neuen Sachverständigenverfahrens bzw. die Wiederaufnahme eines abgeschlossenen Sachverständigenverfahrens zu fordern.

## 2.3 Benennung der Sachverständigen und des Obmanns

Die Regeln für die Ernennung der Sachverständigen und des Obmanns sowie für die Einleitung und Vorbereitung des Sachverständigenverfahrens sind in §§ 17 Nr. 2 VGB 88 n. F., 22 Nr. 2 VGB 88 a. F. festgelegt. Sie decken sich inhaltlich weitgehend mit § 17

Nr. 2 VGB 62. Neu eingeführt wurde in den VGB 88 die Bestimmung, daß bestimmte Personengruppen vom Versicherer nicht als Sachverständige benannt werden dürfen. Die Regeln für die Ernennung der Sachverständigen und des Obmanns sind zu beachten. Ein Verstoß gegen diese Regeln kann zur Unverbindlichkeit des Sachverständigenverfahrens führen. Sind in den im Versicherungsvertrag vereinbarten Bedingungen für das darin vorgesehene Sachverständigenverfahren genaue Regeln gegeben, so liegt ein Gutachten im Sinne der Bedingungen und des § 64 VVG jedenfalls dann nicht vor, wenn diese Regeln in wesentlichen Punkten nicht beachtet worden sind (BGH zu § 15 Nr. 2 AFB a. F. r+s 89 S. 295).

Einigen sich die Vertragsparteien darauf, ein Sachverständigenverfahren durchzuführen 2.3.1
oder verlangt der VN die Durchführung eines Sachverständigenverfahrens, so **benennt jede Partei schriftlich einen Sachverständigen**. Werden die Sachverständigen von beiden Parteien nicht gleichzeitig ernannt, so kann die benennende Partei die andere schriftlich auffordern, den zweiten Sachverständigen zu benennen. Wird der zweite Sachverständige von der anderen Partei binnen zwei Wochen nach Empfang der Aufforderung nicht benannt, so kann ihn die auffordernde Partei durch das für den Schadenort zuständige Amtsgericht ernennen lassen. Diese Regelung hat weitgehend theoretische Bedeutung, weil in der Praxis beide Parteien ihren Sachverständigen unverzüglich benennen, wenn die Durchführung eines Sachverständigenverfahrens vereinbart wurde. Das gleiche gilt zumeist, wenn der VN ein Sachverständigenverfahren durch einseitige Erklärung gegenüber dem Versicherer herbeiführt.

Es fragt sich, ob es mit den AVB-Regelungen für das Sachverständigenverfahren in Einklang zu bringen ist, daß **sich VN und Versicherer auf einen gemeinsamen Sachverständigen einigen**, der für beide Parteien im Sachverständigenverfahren tätig wird. Der Bedingungswortlaut spricht dagegen. Die Formulierung „zweiter Sachverständiger" bringt zum Ausdruck, daß es im Sachverständigenverfahren nicht vorgesehen ist, einen für beide Parteien tätigen Sachverständigen zu ernennen. Sofern die Ernennung eines gemeinsamen Sachverständigen als Alternative beabsichtigt wäre, hätte es sich angeboten, in den AVB davon zu sprechen, daß die andere Partei „ihren Sachverständigen" oder „einen Sachverständigen" zu benennen habe. So aber lautet die maßgebende Bestimmung der VGB gerade nicht. Auch die weitere Formulierung, wonach beide Sachverständige schriftlich einen dritten Sachverständigen als Obmann benennen, spricht für die hier vertretene Auffassung. Es liegt auch nicht im Interesse der Vertragsparteien, wenn ein gemeinsamer Sachverständiger tätig wird. Zwar werden Kosten eingespart, jedoch gehen die Vorteile einer ausgewogenen objektiven Schadenermittlung verloren (Einzelheiten vgl. Dietz § 23 RN 3.1). Sofern ein gemeinsamer Sachverständiger tätig wird, gibt es keine „streitig gebliebenen Punkte" im Sinne von §§ 17 Nr. 4 VGB 88 n. F., 22 Nr. 4 VGB 88 a. F., 17 Nr. 4 VGB 62. Die Bestellung eines Obmanns wäre unter diesen Bedingungen sachlich überflüssig und daneben formal nach den VGB-Regelungen unmöglich. Es zeigt sich, daß die Ernennung eines gemeinsamen Sachverständigen einen schwerwiegenden Verstoß gegen die in den AVB festgelegten Regeln für die Durchführung des Sachverständigenverfahrens darstellt. Dieser Verstoß führt zur Unverbindlichkeit des Verfahrens für beide Vertragsparteien. Sollen die Kosten für einen zweiten Sachverständigen und den Obmann eingespart werden, so können VN und Versicherer frei vereinbaren, daß zur Feststellung der Schadenhöhe, der Entschädigungshöhe oder sonstiger Voraussetzungen des Entschädigungsanspruchs ein gemeinsamer Sachverständiger tätig wird (vgl. V 1.4). Dabei handelt es sich jedoch nicht um die Durchführung eines bedingungsgemäßen Sachverständigenverfahrens.

2.3.2 **Die Sachverständigen haben ihrerseits das Recht, für die Feststellung der Schadenhöhe weitere Sachverständige hinzuzuziehen**, wenn sich im Verlauf des Verfahrens herausstellt, daß besonders schwierige Bewertungsfragen auftreten, die besondere Spezialkenntnisse erfordern. Es kommt gelegentlich auch vor, daß bereits bei der Einleitung des Sachverständigenverfahrens eine Vereinbarung darüber getroffen wird, welche weiteren Sachverständigen als Beirat bzw. Berater für Spezialfragen hinzugezogen werden. So liegt es beispielsweise, wenn bei einem größeren Gebäudeschaden von vornherein feststeht, daß neben den Bausachverständigen ein Statiker für die Beurteilung der Stand- und Tragfähigkeit erhalten gebliebener Gebäudeteile eingesetzt werden muß.

2.3.3 **Die beiden Sachverständigen benennen schriftlich vor Beginn des Sachverständigenverfahrens einen dritten Sachverständigen als Obmann.** Der Obmann muß von den Sachverständigen vor jeder Tätigkeit zur Feststellung der Schadenhöhe formgerecht gewählt, d. h. übereinstimmend benannt werden (BGH zu § 15 Nr. 2 AFB a. F. VersR 89 S. 910 und r+s 89 S. 295). Von einer Wahl des Obmanns kann nicht die Rede sein, wenn es dem Büro des Sachverständigen des Versicherers überlassen bleibt, eigenmächtig in das von beiden Sachverständigen blanko unterschriebene Formular den Obmann und dessen Vertreter einzusetzen. Daß die von den Parteien ernannten Sachverständigen die Person des Obmanns trotz der Aufnahme ihrer Tätigkeit zur Feststellung der Schadenhöhe überhaupt nicht bestimmt haben und das Ergebnis der Wahl des Obmanns nicht formgerecht niedergelegt haben, sind schwerwiegende Mängel des Sachverständigenverfahrens, von denen jeder seines Gewichtes wegen allein zur Unverbindlichkeit des Verfahrens für die Parteien führt (BGH a. a. O.).

**Sofern sich die beiden Sachverständigen nicht auf einen Obmann einigen, wird er auf Antrag einer Partei durch das für den Schadenort zuständige Amtsgericht ernannt.** Die Parteien haben dabei kein Mitwirkungsrecht. Auch kann eine Verfügung des Amtsgerichts wegen § 64 II Satz 3 VVG nicht angefochten werden. Sie ist ebenso bindend wie die Ernennung des zweiten Sachverständigen durch das Amtsgericht, wenn eine Partei ihren Sachverständigen nicht rechtzeitig benennt. Wenn es jedoch die von den Parteien ernannten Sachverständigen vor jeder Tätigkeit zur Feststellung der Schadenhöhe versäumt haben, einen Obmann gemäß den AVB-Regelungen zu bestimmen, so kommt eine Ernennung des Obmanns durch das Amtsgericht nicht mehr in Betracht (BGH a. a. O.). In der Praxis sind derartige Fälle jedoch äußerst selten.

2.3.4 **Der Versicherer darf als Sachverständigen keine Person benennen, die Mitbewerber des VN ist oder mit ihm in dauernder Geschäftsverbindung steht**, ferner keine Person, die bei Mitbewerbern oder Geschäftspartnern angestellt ist oder mit ihnen in einem ähnlichen Verhältnis steht. Im privaten Bereich hat diese Regelung untergeordnete Bedeutung. Dagegen dient sie im gewerblichen Bereich dem Schutz der berechtigten Belange des VN. Dadurch soll verhindert werden, daß Konkurrenten durch Einblicke in die wirtschaftlichen Verhältnisse des VN Informationen erhalten, die sie im Wettbewerb u. U. zum Nachteil des VN verwerten. Benennt der Versicherer dennoch eine der genannten Personen zum Sachverständigen, so hat der VN das Recht, diesen Sachverständigen abzulehnen. Andererseits ist es möglich, daß sich Versicherer und VN dennoch darauf einigen, eine derartige Person zum Sachverständigen des Versicherers zu benennen, sofern es keine gleichwertigen Alternativen gibt.

Umstritten ist die Frage, ob die Parteien das Recht haben, **den von der anderen Partei benannten Sachverständigen wegen Befangenheit abzulehnen** (vgl. Römer/Langheid § 64 RN 20 m. w. N.). Lehnt jedoch eine Partei den Sachverständigen der anderen Partei als befangen ab, so muß gefordert werden, daß sie die Ablehnung unverzüglich erklärt, nachdem sie von den Gründen, die für die Befangenheit des Sachverständigen sprechen, Kenntnis erlangt hat. Ansonsten verliert sie ihr Anfechtungsrecht (Römer/ Langheid § 64 RN 21).

**Die Benennung der Sachverständigen und des Obmanns** entsprechend den Verfahrensregeln für das Sachverständigenverfahren **ist für die Parteien verbindlich**. Die Benennung der Sachverständigen kann nicht einseitig, sondern nur mit Zustimmung der jeweils anderen Partei geändert werden (OLG Hamm VersR 94 S. 342 r+s 94 S. 184). Damit wird sichergestellt, daß die mit Hilfe des Sachverständigenverfahrens angestrebte schnelle Schadenfeststellung realisiert wird. Daneben wird dadurch vermieden, daß eine Partei die Ablösung eines Sachverständigen zu einem Zeitpunkt fordert, zu dem das Ergebnis der Sachverständigenbegutachtung bereits mitgeteilt worden ist. Im Sachverständigenverfahren soll gerade nicht an die Stelle des Sachverständigen ein anderer, zufällig der einen Partei günstigere Sachverständige gesetzt werden (OLG Hamm a. a. O. und BGH VersR 87 S. 601 und r+s 87 S. 182 und 205). Der VN kann nicht davon ausgehen, daß die bloße Entgegennahme seines Wunsches auf Ablehnung des von ihm benannten Sachverständigen und die Weiterleitung dieses Wunsches an den zuständigen Sachbearbeiter des Versicherers als Zustimmung des Versicherers zu werten ist. Eine solche Zustimmung bedarf der ausdrücklichen Erklärung (vgl. OLG Hamm a. a. O.). Weiterhin ist jede Partei dem Obmann gegenüber zur Kündigung des Sachverständigenauftrags berechtigt, wenn dieser ihr gegenüber nicht als von den Parteien unabhängiger Schiedsgutachter, sondern als Parteigutachter der anderen Partei aufgetreten ist. Dieses Kündigungsrecht gilt selbst dann, wenn die kündigende Partei nicht Auftraggeberin des Obmanns war (LG Bonn r+s 94 S. 268). 2.3.5

## Inhalt des Sachverständigengutachtens 2.4

In §§ 17 Nr. 3 VGB 88 n. F., 22 Nr. 3 VGB 88 a. F., 17 Nr. 3 VGB 62 ist festgelegt, welche Angaben die Feststellungen der Sachverständigen im Sachverständigengutachten im einzelnen enthalten müssen. Dabei handelt es sich um Mindestanforderungen, die den Aufbau und den Inhalt des Sachverständigengutachtens prägen. Die in den VGB geforderten Angaben betreffen die Feststellungen zur Schadenhöhe. Wird das Sachverständigenverfahren durch Vereinbarung auf andere Sachverhalte ausgedehnt, so empfiehlt es sich, bei der Einleitung des Sachverständigenverfahrens schriftlich genau festzulegen, welche weiteren Feststellungen das Sachverständigengutachten enthalten soll. Dadurch lassen sich spätere Auseinandersetzungen über die Verbindlichkeit der Feststellungen der Sachverständigen von vornherein ausschließen.

Die Feststellungen der Sachverständigen müssen ein **Verzeichnis der zerstörten, beschädigten und abhandengekommenen Gegenstände sowie deren Versicherungswert zum Zeitpunkt des Versicherungsfalls** enthalten. Diese Bestimmung spielt bei der Versicherung beweglicher Sachen (Hausrat, Betriebseinrichtung, Vorräte) eine große Rolle. In der Wohngebäudeversicherung hat sie untergeordnete praktische Bedeutung, weil Totalschäden (Zerstörung oder Abhandenkommen) von Gebäuden selten sind. Insoweit hat diese Regelung allenfalls bei Zubehörstücken praktische Auswirkungen. Allerdings ist bei Teilschäden zu berücksichtigen, daß in §§ 17 Nr. 3 a VGB 88 n. F., 22 Nr. 3 a VGB 88 a. F. im Gegensatz zu §§ 17 Nr. 3 a VGB 62, 23 Nr. 3 a VHB 84/ VHB 92, 15 Nr. 3 a AVB Sach 87 nicht von „Sachen“ sondern von „Gegenständen“ die Rede ist. Daneben wird in den VGB 88 gefordert, daß die Sachverständigen auch den Zeitwert zerstörter oder abhandengekommener Gegenstände anzugeben haben, wenn 2.4.1

die Wiederherstellungsklausel zur Wirkung kommt. Dadurch wird bestätigt, daß die Wiederherstellungsklausel auch bei Totalschäden an Gebäudeteilen anzuwenden ist (vgl. R 6.1.1). Andererseits folgt aus diesen Bestimmungen aber auch, daß bei Teilschäden an versicherten Gebäuden nicht der Versicherungswert des versicherten Gebäudes (der versicherten Sache), sondern allenfalls der Versicherungswert der zerstörten, beschädigten oder abhandengekommenen Gebäudeteile (Gegenstände) von den Sachverständigen festzustellen ist. Es bestätigt sich, daß die Ausdehnung des Sachverständigenverfahrens auf die Ermittlung des Versicherungswerts der versicherten Sachen bei Teilschäden besonders vereinbart werden muß.

Fraglich ist, ob aus den zitierten AVB-Bestimmungen abzuleiten ist, die Sachverständigen hätten auch die Anzahl und die Art der zerstörten, beschädigten oder abhandengekommenen Sachen festzustellen. Allgemein wird diese Frage verneint. Für die Wohngebäudeversicherung gelten Besonderheiten (vgl. dazu V 2.2.1).

2.4.2 **Bei beschädigten Gegenständen** müssen die Feststellungen der Sachverständigen die folgenden Angaben enthalten: die notwendigen Reparaturkosten, eine Wertminderung, die durch Reparatur nicht auszugleichen ist, sowie eine evtl. Werterhöhung, soweit der Versicherungswert der versicherten Sache (nicht der Wert des beschädigten Gegenstandes) durch die Reparatur erhöht wurde. Das sind die Beträge gem. §§ 14 Nr. 1 c VGB 88 n. F., 15 Nr. 1 b VGB 88 a. F., 7 Nr. 1 b VGB 62, die nach §§ 17 Nr. 3 b VGB 88 n. F., 22 Nr. 3 b VGB 88 a. F., 17 Nr. 3 b VGB 62 gefordert sind. In der Wohngebäudeversicherung handelt es sich hierbei um die zentralen Aufgaben der Sachverständigen. Die Feststellung der notwendigen Reparaturkosten erfordert Annahmen darüber, ob eine Reparatur technisch möglich und wirtschaftlich sinnvoll ist. Im Ergebnis entscheiden die Sachverständigen infolgedessen auch darüber, ob bei beschädigten Gegenständen ein Totalschaden oder ein Teilschaden anzunehmen ist.

2.4.3 Nach §§ 17 Nr. 3 c VGB 88 n. F., 22 Nr. 3 c VGB 88 a. F., 17 Nr. 3 c VGB 62 muß das Sachverständigenverfahren weiterhin **alle sonstigen für die Schadenhöhe maßgebenden Tatsachen, insbesondere auch die Restwerte** der vom Schaden betroffenen Gegenstände, enthalten. Die Formulierung „alle sonstigen ..... maßgebenden Tatsachen" hat deklaratorischen Charakter, weil die zutreffende Feststellung der Schadenhöhe bei Totalschäden und Teilschäden voraussetzt, daß alle diese Tatsachen berücksichtigt wurden. Andererseits bringt die Formulierung zum Ausdruck, daß sich die Ausführungen der Sachverständigen in ihrem Gutachten insbesondere dann nicht nur auf reine Zahlenangaben beschränken sollen, wenn es sich um außergewöhnliche oder technisch komplizierte Schäden handelt. Im Hinblick auf die Restwerte der vom Schaden betroffenen Gegenstände hat die zitierte Bestimmung konstitutiven Charakter. Die Sachverständigen sind für die Feststellung der Restwerte zuständig. Die von den Sachverständigen festgestellten Restwerte sind infolgedessen für die Parteien verbindlich.

2.4.4 Zu den Aufgaben der Sachverständigen zählt auch die **Feststellung des Kostenschadens.** Die dafür maßgebenden Formulierungen in den VGB stimmen nicht überein. Nach § 17 Nr. 3 d VGB 88 n. F. müssen die Feststellungen der Sachverständigen „die nach § 2 versicherten Kosten" enthalten. Dagegen wird in § 22 Nr. 3 d VGB 88 a. F. von „notwendigen" Kosten gesprochen, die gemäß § 2 VGB 88 a. F. versichert sind. Nach § 17 Nr. 3 d VGB 62 müssen die Feststellungen der Sachverständigen enthalten „entstandene Kosten, die gemäß § 1 Abs. 2 c) und 2 d) versichert sind". Grundlegende materielle Abweichungen folgen aus den unterschiedlichen Formulierungen nicht. Die Formulierung „notwendige Kosten" in den VGB 88 a. F. soll verdeutlichen, daß sich die Aufgabe der Sachverständigen nicht darauf beschränkt, bereits entstandene versicherte Kosten zu ermitteln. Vielmehr ist es ihre Aufgabe, Angaben darüber zu machen, welche versicherten

Kosten infolge des Versicherungsfalls notwendig sind. Dazu genügt es nicht, bereits durchgeführte Aufräumungs- oder Abbrucharbeiten sowie Bewegungs-, Schutz- oder Rettungsmaßnahmen zu bewerten. Es müssen vielmehr weitergehend alle diejenigen einschlägigen Maßnahmen festgelegt und bewertet werden, die infolge des Versicherungsfalls notwendig geworden sind. Dazu zählen auch solche Maßnahmen, die bei der Feststellung der Schadenhöhe durch die Sachverständigen noch nicht ergriffen wurden.

Abweichend von den VGB 88 a. F. und den VGB 62 wird nach § 17 Nr. 3 d VGB 88 n. F. gefordert, daß die Feststellungen der Sachverständigen auch den nach § 3 VGB 88 n. F. **versicherten Mietausfall** enthalten müssen. In den VGB 88 a. F. wurde bewußt auf eine derartige Forderung verzichtet. Dies liegt daran, daß für die Feststellung von Mietausfallschäden vor allem betriebswirtschaftliche und mietwirtschaftliche Kenntnisse gefordert sind. Die Sachverständigen, die in der Wohngebäudeversicherung in erster Linie zur Feststellung der Höhe des Gebäudeschadens eingesetzt werden, besitzen in der Regel derartige Kenntnisse nicht. Deswegen ist es zweifelhaft, ob die generelle Ausdehnung des Sachverständigenverfahrens auf die Feststellung des Mietausfallschadens für die Vertragsparteien vorteilhaft ist. Es empfiehlt sich, diese Frage bei der Einleitung des Sachverständigenverfahrens zu klären. Es ist ohne weiteres möglich, eine Vereinbarung zu treffen, daß die Feststellung des Mietausfallschadens nicht zu den Aufgaben der Sachverständigen zählt.

## Übermittlung des Sachverständigengutachtens 2.5

Nach Abschluß ihrer Tätigkeit **übermitteln die Sachverständigen beiden Parteien gleichzeitig ihre Feststellungen**. Die praktische Umsetzung dieser Bestimmung bereitet im allgemeinen keine Schwierigkeiten. Ziel des Sachverständigenverfahrens ist es, daß die Sachverständigen die Schadenhöhe einvernehmlich feststellen. Dazu ist es erforderlich, daß sie eng zusammenarbeiten. Diese Zusammenarbeit führt in den allermeisten Fällen dazu, daß die Sachverständigen ein gemeinsames übereinstimmendes Gutachten erstellen, das sie den beiden Parteien gleichzeitig übermitteln. Die gegenteilige Ansicht des LG Bremen, wonach es unzulässig ist, daß die Sachverständigen ein gemeinsames Gutachten erstellen (r+s 84 S. 63), ist durch die spätere Rechtsprechung der Obergerichte nicht bestätigt worden. Der BGH hält ein inhaltlich übereinstimmendes, d. h. in der Sache gemeinsames Gutachten für zulässig und für die Parteien bindend, falls sich die Parteien als Auftraggeber damit stillschweigend im voraus oder auch nachträglich einverstanden erklärt haben (VersR 87 S. 601 und r+s 87 S. 205). Davon kann in der Praxis regelmäßig ausgegangen werden. Dies gilt insbesondere dann, wenn gemeinsame Besichtigungen des Objekts und insbesondere eine gemeinsame Schlußbesprechung durch den VN und die beiden Sachverständigen stattgefunden haben (BGH a. a. O.). Die Vorlage eines gemeinsamen Gutachtens im Sachverständigenverfahren reicht aus, wenn sich die Parteien damit stillschweigend, etwa durch die Nichtbeanstandung einer gemeinsamen Besichtigung und Besprechung durch die Sachverständigen, einverstanden erklärt haben (OLG Hamm VersR 88 S. 509). Es ist nicht zu beanstanden, daß das Gutachten von dem einen Sachverständigen erstellt bzw. geschrieben ist und daß sich der andere Sachverständige dem Gutachten durch seine Unterschrift angeschlossen hat (OLG Köln r+s 89 S. 59).

Etwas anderes gilt, wenn die Sachverständigen voneinander abweichende Feststellungen treffen. Sie erstellen dann getrennte Gutachten, die den Parteien gleichzeitig übermittelt werden. Der Versicherer übergibt sie in diesen Fällen unverzüglich dem Obmann.

## 2.6 Aufgaben des Obmanns

Aufgabe des Obmanns ist es, über die streitig gebliebenen Punkte zu entscheiden. Die Entscheidungsbefugnis des Obmanns ist insoweit eingeschränkt. Sie erstreckt sich nur auf die streitig gebliebenen Punkte. Er ist nicht berechtigt, Feststellungen zu korrigieren, die die Sachverständigen übereinstimmend getroffen haben. Das gilt selbst dann, wenn diese Feststellungen nach seiner Überzeugung unzutreffend sind oder gar offenbar und erheblich von der wirklichen Sachlage abweichen. Nach dem Wortlaut von §§ 22 Nr. 4 Satz 2 VGB 88 a. F., 17 Nr. 4 Satz 2 VGB 62 ist die Entscheidungsbefugnis des Obmanns darüber hinaus eingeschränkt, weil er über die streitig gebliebenen Punkte nur „innerhalb der durch die Feststellungen der Sachverständigen gezogenen Grenzen" entscheiden kann. Auf diese Einschränkung wurde in den VGB 88 n. F. verzichtet. Damit wird die Stellung des Obmanns im Sachverständigenverfahren gestärkt. Bei abweichenden Feststellungen zur Schadenhöhe kann er infolgedessen die von den Feststellungen der Sachverständigen gezogenen Grenzen sowohl nach oben als auch nach unten überschreiten. Abgesehen davon ist der Obmann generell berechtigt, weitere Untersuchungen anzustellen oder anstellen zu lassen, soweit übereinstimmende Feststellungen der Sachverständigen nicht vorliegen (OLG Düsseldorf VersR 91 S. 657 und r+s 91 S. 173).

## 2.7 Kostentragung

Jede Partei trägt die Kosten ihres Sachverständigen. Die Kosten des Obmanns tragen beide Parteien je zur Hälfte (§§ 17 Nr. 5 VGB 88 n. F., 22 Nr. 5 VGB 88 a. F., 17 Nr. 5 VGB 62). Diese Kostenregelung bedeutet nach der Neufassung der AVB-Bestimmungen zum Sachverständigenverfahren keine Abweichung von § 66 VVG zum Nachteil des VN. Der Versicherer kann ein Sachverständigenverfahren nicht mehr erzwingen. Es ist infolgedessen ausgeschlossen, daß der VN gegen seinen Willen aufgrund einer Forderung des Versicherers nach Durchführung des Sachverständigenverfahrens zur Hinzuziehung eines Sachverständigen vertraglich verpflichtet ist. Generell kann infolgedessen der VN entscheiden, ob ein Sachverständigenverfahren durchgeführt wird und er infolgedessen Sachverständigenkosten zu tragen hat. Daher ist die von § 66 VVG abweichende Kostenregelung in den VGB nicht unangemessen im Sinne von § 9 Abs. 2 Nr. 1 AGBG (vgl. Martin Y I 28 und 63). Dennoch sollte der Versicherer den VN trotz der klaren Bedingungsregelung bei der Vereinbarung des Sachverständigenverfahrens ausdrücklich auf die Kostentragung hinweisen. Der BGH hat zu §§ 15 Nr. 2 c AFB a. F., 15 Nr. 2 e VHB 74 a. F. entschieden, daß sich der Versicherer auf eine Vereinbarung über die Teilung der Kosten des Sachverständigenverfahrens nur dann berufen kann, wenn er vorher den VN über die Rechtslage aufgeklärt hat oder wenn der VN bei Abschluß der Vereinbarung erwiesenermaßen die Rechtslage kannte, die ohne die Vereinbarung bestünde (VersR 88 S. 682 und r+s 88 S. 207). Zwar läßt sich dieses Urteil auf neuere AVB nicht übertragen, weil ein Sachverständigenverfahren ohne Zustimmung des VN nicht mehr herbeigeführt werden kann. Dennoch sollte dem VN bei der Einleitung des Sachverständigenverfahrens generell unmißverständlich erläutert werden, wie die Kostentragung im Sachverständigenverfahren geregelt ist.

## Verbindlichkeit der Feststellungen 2.8

Die Feststellungen der Sachverständigen oder des Obmanns sind für den Versicherer und den VN verbindlich, wenn nicht nachgewiesen wird, daß sie offenbar von der wirklichen Sachlage erheblich abweichen (vgl. §§ 17 Nr. 6 VGB 88 n. F., 22 Nr. 6 VGB 88 a. F. und 17 Nr. 6 VGB 62).

Generell sind nur **diejenigen Feststellungen der Sachverständigen verbindlich, die sie im Rahmen ihrer Zuständigkeit treffen**. Grundsätzlich haben sie die Höhe des Schadens festzustellen. Dadurch ist der Entscheidungsrahmen der Sachverständigen abschließend festgelegt, es sei denn, das Sachverständigenverfahren wurde durch besondere Vereinbarung auf sonstige tatsächliche Voraussetzungen des Entschädigungsanspruchs sowie der Höhe der Entschädigung ausgedehnt. Alle darüber hinausgehenden Feststellungen der Sachverständigen sind unverbindlich. Die Sachverständigen können insbesondere nicht Beweisfragen zum Schadenumfang, Fragen der Auslegung oder der Anwendung der AVB sowie alle sonstigen Rechtsfragen entscheiden. Sie verfügen in aller Regel auch nicht über die erforderliche Qualifikation auf diesen Gebieten. Gehen die Sachverständigen bei der Beurteilung von falschen rechtlichen Voraussetzungen aus, ist ihr Gutachten bereits bei geringfügigen Abweichungen nicht bindend (vgl. Martin Y I 39). So liegt es, wenn die Sachverständigen z. B. die versicherten Sachen unzutreffend abgrenzen. Derartige Schwierigkeiten lassen sich vermeiden, wenn die Sachverständigen bei der Feststellung der Schadenhöhe mit dem VN und dem Versicherer zusammenarbeiten. Allerdings führen geringe Mängel nicht ohne weiteres zur Unverbindlichkeit des gesamten Sachverständigengutachtens. Sind die Feststellungen zutreffend, die die Sachverständigen im Rahmen ihrer Zuständigkeit getroffen haben, so ist das Sachverständigenverfahren insoweit verbindlich (vgl. dazu BGH VersR 89 S. 395). 2.8.1

Das Sachverständigengutachten ist auch dann nicht bindend, wenn **Befangenheit eines Sachverständigen** nachgewiesen ist (vgl. auch V 2.3.4). Befangenheit kann als selbständige Einwendung im Sachverständigenverfahren jedoch nur geltend gemacht werden, sofern eine Partei die Gründe dafür analog § 406 Abs. 2 ZPO rechtzeitig vorbringt. Es soll vermieden werden, daß die Ablehnung eines Sachverständigen vom Ausgang des Gutachtens abhängt (vgl. BGH VersR 87 S. 601 und r+s 87 S. 205). Weiterhin hat ein Sachverständigenverfahren dann keine Bindungswirkung, wenn es inhaltlich nicht den in den AVB verankerten Mindestanforderungen gerecht wird. Dies gilt vor allem dann, wenn das Gutachten so abgefaßt ist, daß es den Parteien eine Überprüfung und den evtl. Nachweis, daß die Feststellungen offenbar von der wirklichen Sachlage erheblich abweichen, von vornherein überhaupt nicht ermöglicht (LG Bremen r+s 84 S. 63).

Können oder wollen die Sachverständigen oder der Obmann die ihnen obliegenden Feststellungen nicht treffen, oder verzögern sie deren Feststellung, so kann der VN seine Entschädigungsansprüche im Klagewege geltend machen (§ 64 I Satz 3 VVG). So liegt es, wenn der Obmann die ihm obliegende Feststellung nicht getroffen hat, weil dazu weitere Ermittlungen notwendig waren, die er jedoch nicht aufgenommen hat (vgl. OLG Düsseldorf VersR 91 S. 657 und r+s 91 S. 173).

2.8.2 Aufgrund der verbindlichen Feststellungen der Sachverständigen **berechnet der Versicherer die Entschädigung**. Daraus folgt, daß die **Berechnung der Entschädigung nicht in die Zuständigkeit der Sachverständigen bzw. des Obmanns** fällt. Es bestätigt sich, daß die Sachverständigen den Schadenumfang und die Schadenhöhe sowie gegebenenfalls sonstige tatsächliche Voraussetzungen des Entschädigungsanspruchs sowie der Höhe der Entschädigung festzustellen haben.

## 2.9 Abweichung von der wirklichen Sachlage

Die Feststellungen der Sachverständigen sind für die Vertragsparteien nicht verbindlich, wenn sie offenbar von der wirklichen Sachlage erheblich abweichen (vgl. §§ 17 Nr. 6 VGB 88 n. F., 22 Nr. 6 VGB 88 a. F., 17 Nr. 6 VGB 62). Diejenige Partei, die die Feststellungen der Sachverständigen oder des Obmanns nicht anerkennt, hat nachzuweisen, daß sie offenbar von der wirklichen Sachlage erheblich abweichen. Mit den **beiden Anforderungen „offenbar" und „erheblich"** soll die Anfechtungsmöglichkeit auf die wenigen Fälle „ganz offensichtlichen Unrechts" beschränkt, soll Abhilfe nur bei „offensichtlichen Fehlentscheidungen" ermöglicht werden. Dabei sind nicht die Abweichungen in einzelnen Positionen des Gutachtens, sondern nur solche im Gesamtergebnis entscheidend, weil Wertermittlungen und Schätzungen schon ihrer Natur nach die Möglichkeit eines gewissen Spielraums eröffnen (BGH VersR 87 S. 601 und r+s 87 S. 205 m. w. N.). Die Zusage eines der beiden Sachverständigen, das bereits festgestellte und von beiden Sachverständigen unterzeichnete Gutachten zu korrigieren, vermag dessen Verbindlichkeit im förmlichen Sachverständigenverfahren nicht in Frage zu stellen. Die Bestimmungen der AVB über das Sachverständigenverfahren (hier § 15 Nr. 1 Satz 3 AFB a. F.) sehen dies nicht vor; die Bestimmungen gehen vom Grundsatz der Verbindlichkeit des Gutachtens aus und nennen nur die offenbare und erhebliche Abweichung von der wirklichen Sachlage als Grund für die Unverbindlichkeit (OLG Köln VersR 92 S. 693 und r+s 91 S. 382).

2.9.1 Als **offenbar unrichtig** ist ein Sachverständigengutachten dann einzustufen, wenn es für einen sachgerecht vorgehenden fachkundigen Dritten offenbare Unrichtigkeiten enthält. Die Rechtsprechung hat diesen Grundsatz verschiedentlich bestätigt. Ob ein Sachverständigengutachten als offenbar unrichtig anzusehen ist, richtet sich nicht danach, inwiefern die Beurteilung getroffener Bau- und Sanierungsmaßnahmen einer tatsächlichen Übung im Baugewerbe entspricht. Vielmehr ist ein auf seine Verbindlichkeit hin zu prüfendes Gutachten daran zu messen, ob es für einen sachgerecht vorgehenden fachkundigen Dritten offenbare Unrichtigkeiten enthält (BGH VersR 86 S. 482 und r+s 86 S. 135). Eine offenbare Unrichtigkeit liegt nur in den wenigen Fällen ganz offensichtlichen Unrechts vor (OLG Hamm VersR 88 S. 509). Offenbar ist die Unrichtigkeit einer Feststellung nur, wenn sich der Fehler einem sachkundigen und unbefangenen Beobachter nach vorgenommener Prüfung ohne weiteres aufdrängt (OLG Köln r+s 89 S. 59). Ein auf seine inhaltliche Verbindlichkeit zu prüfendes Schiedsgutachten ist daran zu messen, ob es für einen sachgerecht vorgehenden fachkundigen Dritten offenbare Unrichtigkeiten enthält. Maßgebend für das Vorliegen einer offenbaren Unrichtigkeit sind der Sachstand und die Erkenntnismittel zur Zeit der Begutachtung im Sachverständigenverfahren. Können die Sachverständigen einen für ihre Entscheidung wesentlichen Punkt nicht aufklären, weil der VN nicht die hierzu erforderlichen und angeforderten Nachweise liefert, dann müssen sie diesen Punkt zum Nachteil des VN entscheiden; eine offenbare Unrichtigkeit liegt dann nicht mehr vor (OLG Koblenz VersR 97 S. 963

und r+s 97 S. 73). Dieses Urteil bestätigt, daß die **Obliegenheiten des VN im Versicherungsfall durch das Sachverständigenverfahren nicht berührt** werden. Insbesondere hat der VN seine Rettungspflicht sowie seine Aufklärungs- und Auskunftspflicht zu erfüllen. Bei einer Verletzung dieser Obliegenheiten kann er sich nicht darauf berufen, daß er der Ansicht war, durch das Sachverständigenverfahren sei er von der Erfüllung bestimmter Obliegenheiten im Versicherungsfall entbunden.

Es gibt keine allgemeinverbindliche Festlegung für eine **erhebliche Abweichung von der wirklichen Sachlage**. Die Erheblichkeit oder Unerheblichkeit einer Abweichung darf nicht schematisch nach dem Abweichungsprozentsatz beurteilt werden. Sie ist vielmehr als Tatfrage nach den besonderen Umständen des einzelnen Falls zu entscheiden, was nicht ausschließt, bei der Würdigung im Interesse der weitgehenden Gleichbehandlung der VN von einem Prozentsatz als „Richtschnur" auszugehen (BGH VersR 87 S. 601 und r+s 87 S. 205 m. w. N.). Von der Unverbindlichkeit einer Sachverständigenfeststellung ist nur dann auszugehen, „wenn die Feststellung erheblich außerhalb des an sich üblichen Toleranzbereichs entsprechender Schätzungen liegt". Dies ist bei Abweichungen bei einer Größenordnung von unter 15 % (Berechnungsmethode: geforderter höherer Betrag = 100 %) regelmäßig zu verneinen (vgl. BGH a. a. O.). Auf der Grundlage der BGH-Rechtsprechung sehen die Gerichte im allgemeinen Abweichungsprozentsätze von weniger als 15 % als unerheblich an. Die nachfolgend zititerten Urteile bestätigen das. Eine Abweichung von weniger als 15 % ist nicht erheblich (OLG Hamm VersR 88 S. 509). Eine Abweichung von 16,6 % ist nicht erheblich, und zwar selbst dann nicht, wenn sich daraus eine Abweichung der Entschädigung von rund 71.500,– DM zu Lasten des VN ergibt (OLG Köln r+s 89 S. 59). Wenn sich der Schaden in Orientierung an Rechengrößen des VN auf 433.650,31 DM beläuft, während der entsprechende Schaden nach den Feststellungen der Sachverständigen 426.975,43 DM beträgt, macht die Abweichung von der angeblich zutreffenden Entschädigung 6.674,88 DM = ca. 1,54 % aus und ist damit nicht erheblich (OLG Köln VersR 92 S. 693 und r+s 91 S. 382). Wenn vom gerichtlichen Sachverständigen ein Neuwertschaden in Höhe von 105.130,85 DM festgestellt worden ist, während sich die Feststellungen der Sachverständigen im Sachverständigenverfahren nach § 17 VGB 62 auf 94.151,– DM belaufen, beträgt die Abweichung 11,66 %. Da die Anfechtungsmöglichkeit der im Sachverständigenverfahren getroffenen Feststellungen auf die wenigen Fälle ganz offensichtlichen Unrechts beschränkt werden soll, kann eine Abweichung von weniger als 15 % regelmäßig nicht als erheblich i. S. v. § 64 VVG angesehen werden (OLG Hamm VersR 94 S. 342 und r+s 94 S. 184). Wenn sich der zutreffende Schadenbetrag für den Gebäudeschaden auf 775.886,89 DM beläuft und die Feststellung im Sachverständigenverfahren (673.363,– DM) davon um 102.523,89 DM abweicht, beträgt die Abweichung rund 13,2 % und ist nach den Grundsätzen der höchstrichterlichen Rechtsprechung nicht erheblich. Wenn sich der zutreffende Schadenbetrag bei Betriebseinrichtungen auf 536.170,– DM beläuft und die Feststellung im Sachverständigenverfahren (383.415,– DM) davon um rund 152.755,– DM abweicht, beträgt die Abweichung rund 28,5 %. Eine Abweichung in dieser Größenordnung kann nicht mehr als innerhalb des Toleranzbereichs gelegen angesehen werden und ist daher erheblich (OLG Köln zu §§ 15 Nr. 1 Satz 3 AFB a. F., 64 I Satz 1 VVG r+s 94 S. 384). 2.9.2

Die zitierten Urteile belegen, daß bei Großschäden bereits eine relative Abweichung von weniger als 15 % zu erheblichen Belastungen für den VN führen kann. Sie können zu ernsthaften wirtschaftlichen Problemen bis hin zur Existenzgefährdung führen und den Wiederaufbau von Gebäuden in Frage stellen. Infolgedessen ist es durchaus vorstellbar, daß die Gerichte künftig in Einzelfällen auch niedrigere Prozentsätze als 15 % als erhebliche Abweichung einstufen (ähnlich Römer/Langheid § 64 RN 19). Daneben ist gerade in der Wohngebäudeversicherung zu berücksichtigen, daß die Schadenhöhe im allgemeinen recht zuverlässig zu ermitteln ist. Die Unsicherheiten und Schätztoleranzen bei der Feststellung der Schadenhöhe in der Wohngebäudeversicherung sind infolgedessen sehr viel niedriger als bei Schäden an beweglichen Sachen. Dies kann bei der Beurteilung der Frage, ob die Feststellungen der Sachverständigen offenbar von der wirklichen Sachlage erheblich abweichen, in der Wohngebäudeversicherung nicht unberücksichtigt bleiben.

# W Fälligkeit und Zahlung der Entschädigung; Verzinsung; Verzug; Sicherung des Realkredits

## Fälligkeit der Entschädigung 1

In §§ 18 VGB 88 n. F., 23 VGB 88 a. F., 19 VGB 62 ist die Zahlung und die Verzinsung der Entschädigung geregelt. Grundlage der Bestimmungen für die Zahlung der Entschädigung ist § 11 VVG. Dort sind die gesetzlichen Vorschriften für die Fälligkeit von Geldleistungen des Versicherers verankert. Zum Verständnis des Zusammenwirkens der beiden Regelkreise ist **begrifflich zwischen der Fälligkeit der Entschädigung und der Zahlung der Entschädigung zu unterscheiden**. Maßgebend für die Fälligkeit der Entschädigung ist § 11 VVG. Ist die Entschädigung fällig, so richtet sich die Zahlung der Entschädigung nach den angesprochenen VGB-Regelungen. Anders ausgedrückt ist nach den VGB-Bestimmungen für die Zahlung der Entschädigung die Fälligkeit der Entschädigung vorausgesetzt. Die Formulierung „Ist die Leistungspflicht des Versicherers dem Grunde und der Höhe nach festgestellt" (§§ 23 Nr. 1 VGB 88 a. F., 19 Nr. 1 VGB 62) bzw. „Steht der Anspruch des Versicherungsnehmers dem Grunde und der Höhe nach fest" (§ 18 Nr. 1 VGB 88 n. F.), so hat die Entschädigungszahlung innerhalb von zwei Wochen zu erfolgen, bestätigt dies.

## Nötige Erhebungen 1.1

Nach § 11 I VVG sind Geldleistungen des Versicherers mit Beendigung der zur Feststellung des Versicherungsfalls und des Umfangs der Leistungen des Versicherers nötigen Erhebungen fällig. Die nötigen Erhebungen zur Feststellung des Versicherungsfalls und des Umfangs der Leistung des Versicherers sind dann beendet, wenn der Versicherer die Kenntnisse erlangt hat, die er zur abschließenden Beurteilung seiner Leistungsverpflichtung dem Grunde und der Höhe nach benötigt. Grundlage der Erhebungen des Versicherers ist die Schadenanzeige des VN, die schriftlich in freier Form oder mit dem Schadenanzeigeformular des Versicherers, aber auch mündlich oder telefonisch erfolgt. Anhand der Angaben in der Schadenanzeige entscheidet der Versicherer darüber, welche weiteren Erhebungen zur Schadenfeststellung er anstellen möchte. Insbesondere legt er fest, ob der Schaden büromäßig abgewickelt werden kann oder ob eine Besichtigung vor Ort erforderlich ist. Die Erhebungen des Versicherers sind beendet, sobald er alle Unterlagen und Informationen hat, die zur Beurteilung seiner Leistungspflicht dem Grunde und der Höhe nach erforderlich sind. Dazu zählen bei Schäden an Wohngebäuden insbesondere Reparaturkostenrechnungen und Kostenvoranschläge von Bauhandwerkern. Solange die notwendigen Unterlagen zur Beurteilung der Leistungspflicht dem Versicherer nicht vorliegen, sind die nötigen Erhebungen im Sinne von § 11 I VVG noch nicht abgeschlossen. Das gilt auch bei einem Sachverständigenverfahren bis zur Vorlage des Gutachtens der Sachverständigen oder des Obmanns bzw. bis zur Vorlage des Sachverständigengutachtens im sog. Beraterverfahren (Martin Y I 4). Zu den notwendigen Erhebungen kann aber auch die **Einsicht in die polizeilichen Ermittlungsunterlagen** zählen. Dieser Gesichtspunkt spielt vor allem bei Schäden durch Einbruchdiebstahl eine große Rolle (vgl. Dietz § 24 RN 2.1). In der Wohngebäudeversicherung hat er geringere Bedeutung. Indessen kann die Akteneinsicht bei Abhandenkommen von Sachen und insbesondere bei begründetem Verdacht auf vorsätzliche oder grob fahrlässige Herbeiführung eines Brandschadens zu den unverzichtbaren Erhebungen zählen, die der Versicherer durchführen muß, damit er seine Leistungsverpflichtung beurteilen kann.

Das wurde durch die **Rechtsprechung** verschiedentlich bestätigt. Die Eintrittspflicht des Versicherers setzt nicht nur den Eintritt eines Versicherungsfalls, sondern darüber hinaus auch voraus, daß ein Anlaß zur Leistungsverweigerung nach §§ 14 Nr. 1 AFB 87, 61 VVG nicht besteht. Insoweit bedarf es für den Versicherer der Prüfung, ob sich aus dem strafrechtlichen Ermittlungsergebnis Anhaltspunkte dafür ergeben, daß der Brand vom VN (bzw. seinem Repräsentanten) selbst, auf seine Veranlassung hin, mit seinem Einverständnis oder zumindest seinem Wissen gelegt worden ist (OLG Hamm VersR 94 S. 717). Dem Versicherer steht für die Prüfung der Ermittlungsunterlagen eine angemessene Frist zu. Nach Auffassung des LG Bonn ist es vertretbar, dem Versicherer für die Prüfung einer staatsanwaltschaftlichen Einstellungsverfügung bei kompliziertem Sachverhalt eine Frist von einem Monat zuzubilligen (VersR 90 S. 303). Wenn der Versicherer berechtigt war, vor weiteren Zahlungen die amtlichen Ermittlungsakten einzusehen, hat er nicht die Rechtsanwaltskosten zu tragen, die dadurch entstanden sind, daß der VN schon vor der Akteneinsicht des Versicherers einen Rechtsanwalt beauftragt hat (AG Aachen r+s 90 S. 97).

Sind die nötigen Erhebungen abgeschlossen, so muß der Versicherer entscheiden, ob er die Ansprüche des VN anerkennt und die ermittelte Entschädigung auszahlt oder ob er die Entschädigungsansprüche ablehnt (vgl. dazu W 6.3). Für die Vorbereitung dieser Entscheidung steht ihm eine **angemessene Überlegungsfrist** zu (Ollick, VerBAV 81 S. 42).

## 1.2 Neuwertanteil

Besonderheiten gelten für die Fälligkeit der Entschädigung für den sog. Neuwertanteil (vgl. R 6.1). Nach §§ 14 Nr. 2 VGB n. F., 15 Nr. 4 VGB 88 a. F., 7 Nr. 3 a VGB 62 erwirbt der VN den Anspruch auf Zahlung des Teils der Entschädigung, der den Zeitwertschaden übersteigt, nur, soweit und sobald er innerhalb von drei Jahren nach Eintritt des Versicherungsfalls sichergestellt hat, daß er die Entschädigung verwenden wird, um versicherte Sachen in gleicher Art und Zweckbestimmung an der bisherigen Stelle wiederherzustellen oder wiederzubeschaffen. Durch diese sog. **strenge Wiederherstellungsklausel** wird die Fälligkeit der Entschädigung für den Neuwertanteil hinausgeschoben. Dieser Teil der Entschädigung wird erst fällig, wenn der VN dem Versicherer nachgewiesen hat, daß die Verwendung der Entschädigung in der beschriebenen Art und Weise sichergestellt ist (Einzelheiten dazu vgl. R 6.1 ff.).

## 2 Zahlung der Entschädigung

Sind die nötigen Erhebungen abgeschlossen und steht die Leistungspflicht des Versicherers dem Grunde und der Höhe nach fest, so richtet sich die Zahlung der Entschädigung nach §§ 18 Nr. 1 VGB 88 n. F., 23 Nr. 1 VGB 88 a. F., 19 Nr. 1 VGB 62. Dabei sind **zwei Fallgestaltungen** zu unterscheiden, die in Satz 1 und Satz 2 der genannten Bestimmungen geregelt sind. Satz 1 regelt allgemein die Zahlung der Entschädigung in Fortführung von § 11 I VVG. Dadurch werden abschließend diejenigen Fälle geregelt, in denen die Leistungspflicht dem Grunde und der Höhe nach innerhalb eines Monats nach Anzeige des Schadens umfassend und endgültig festgestellt werden kann (s. W 2.1). Satz 2 der genannten Bestimmungen enthält analog § 11 II VVG ergänzende Bestimmungen für diejenigen Fälle, in denen die Erhebungen zur Feststellung der Leistungspflicht des Versicherers innerhalb eines Monats nach Anzeige des Schadens nicht beendet werden können (s. W 2.2).

## Zweiwochenfrist 2.1

Steht die Leistungspflicht des Versicherers dem Grunde und der Höhe nach fest, so hat die Entschädigungszahlung binnen zwei Wochen zu erfolgen. Durch diese AVB-Bestimmung wird die Fälligkeit der Entschädigung nicht über die Regelung in § 11 I VVG hinaus um weitere zwei Wochen hinausgeschoben. Vielmehr soll der Versicherer dadurch in die Lage versetzt werden, die zur Zahlung der Entschädigung notwendigen Schritte zu unternehmen, nachdem die nötigen Erhebungen abgeschlossen sind und seine Leistungsverpflichtung feststeht. Der Versicherer muß nach Fälligkeit der Entschädigung unverzüglich alle notwendigen Schritte unternehmen, um die fristgerechte Zahlung der Entschädigung sicherzustellen. Nach Ablauf der Zweiwochenfrist ist er in Verzug (vgl. W 6.2). Umstritten ist, ob es genügt, wenn der Entschädigungsbetrag innerhalb von zwei Wochen vom Konto des Versicherers abgebucht wird (so Martin Y II 8) oder ob weitergehend innerhalb dieser Frist auch die Gutschrift auf dem Konto des VN erfolgen muß (so Ollick, VerBAV 81 S. 43). Obwohl die VGB von „Entschädigungszahlung“ bzw. „Auszahlung der Entschädigung“ sprechen, ist der Auffassung von Ollick zuzustimmen. Es kann erwartet werden, daß der Versicherer nach dem Abschluß der nötigen Erhebungen und dem Ende der Überlegungsfrist dafür sorgt, daß der VN nach Ablauf von zwei weiteren Wochen über die Entschädigung auch tatsächlich verfügen kann.

## Abschlagszahlung 2.2

Sind die nötigen Erhebungen einen Monat nach Anzeige des Schadens noch nicht beendet, kann der VN eine Abschlagszahlung in Höhe des Betrages verlangen, der nach Lage der Sache mindestens zu zahlen ist (§§ 11 II VVG, 18 Nr. 1 Satz 2 VGB 88 n. F., 23 Nr. 1 Satz 2 VGB 88 a. F., 19 Nr. 1 VGB 62). Maßgebend für die Ermittlung der Monatsfrist ist der Zugang der schriftlichen, mündlichen oder telefonischen Schadenanzeige beim Versicherer oder dessen Agenten. Der Versicherer hat eine Abschlagszahlung nur aufgrund einer ausdrücklichen Aufforderung durch den VN zu leisten (a. A. Ollick, VerBAV 81 S. 44). Das folgt aus dem Wortlaut des VVG bzw. der VGB. Danach kann der VN eine Abschlagszahlung „verlangen“ bzw. „beanspruchen“. Weder ist eine Abschlagszahlung nach Ablauf der Monatsfrist ohne weiteres fällig, noch ist der Versicherer ohne Aufforderung durch den VN zur Zahlung verpflichtet. Die Fälligkeit entsteht mit der Aufforderung des VN an den Versicherer, eine Entschädigung zu zahlen (vgl. Prölss/Martin § 11 RN 9). Obwohl das in den VGB nicht ausdrücklich gesagt wird, steht dem Versicherer auch in diesen Fällen eine angemessene Frist zu, um die für die Zahlung erforderlichen Schritte zu unternehmen. Die in W 2.1 dargestellte Zweiwochenfrist kann dafür durchaus als Richtschnur dienen.

**Als Abschlagszahlung kann der Betrag verlangt werden, der zu dieser Zeit nach dem tatsächlichen Stand der Schadenermittlung unstreitig ist.** Deswegen ist generell vorausgesetzt, daß die Leistungspflicht des Versicherers dem Grunde nach feststeht (vgl. Prölss/Martin § 11 RN 11). Solange nicht feststeht, daß der Versicherer überhaupt zum Schadenersatz verpflichtet ist, besteht kein Anspruch auf Abschlagszahlung. Praktische Bedeutung hat die angesprochene Regelung vor allem bei Großschäden, bei denen die Ersatzpflicht dem Grunde nach frühzeitig feststeht, die Feststellung der Schadenhöhe aber erst sehr viel später abgeschlossen werden kann. In diesen Fällen kommt es auch vor, daß im Zeitverlauf mehrere Abschlagszahlungen geleistet werden, weil sich der Stand der Schadenermittlung und dadurch der Betrag, der nach Lage der Sache mindestens zu zahlen ist, im Zeitverlauf verändern.

## 2.3 Zahlung unter Vorbehalt

Gelegentlich kommt es vor, daß der Versicherer (Abschlags)Zahlungen leistet, obwohl die nötigen Erhebungen zum Grund seiner Leistungsverpflichtung noch nicht vollständig abgeschlossen sind. So liegt es zum Beispiel, wenn aus Anlaß eines Brandschadens ein Ermittlungsverfahren wegen Brandstiftung eingeleitet wurde, und die Ermittlungen entweder noch nicht abgeschlossen sind oder der Versicherer noch keine Einsicht in die Ermittlungsunterlagen nehmen konnte. Leistet der Versicherer unter diesen Umständen dennoch eine Zahlung an den VN, so zahlt er in der Regel mit dem Vorbehalt, daß er die geleistete Zahlung nach §§ 812 ff. BGB zurückfordern kann, wenn die noch anzustellenden Ermittlungen zu dem Ergebnis führen, daß er zum Ersatz des Schadens dem Grunde nach nicht verpflichtet ist.

Der folgende Vorbehalt, den der Versicherer in Verbindung mit Abschlagszahlungen für einen Brandschaden ausgesprochen hat, kann nur als Ausschluß der gesetzlichen Regelung des § 814 BGB verstanden werden, hat also nicht die Bedeutung, daß die Beweislast für die anspruchsbegründenden Tatsachen beim Versicherer verbleibt: „Da das endgültige Ergebnis der amtlichen Ermittlungen noch nicht vorliegt, bitten wir um Verständnis, daß die Zahlung unter einem höchst vorsorglich ausgesprochenen Haftungsvorbehalt erfolgt und wir uns ein Rückforderungsrecht ausbedingen für den Fall, daß wider Erwarten sich noch Umstände ergeben sollten, die unsere Leistungspflicht aufheben oder einschränken" (OLG Köln zu §§ 17 Nr. 1 und Nr. 2 AFB a. F., 11 VVG, 812, 814 BGB r+s 95 S. 265). Wenn die Parteien nach einem behaupteten Einbruchdiebstahl eine schriftliche Regulierungsvereinbarung (mit Unterschrift des VN) getroffen haben, in der es heißt: „Schaden/Entschädigung gem. Schadenaufstellung des VN nach Besprechung der einzelnen Positionen vergleichsweise 11.000,– DM" und „vorbehaltlich Einsichtnahme in die amtlichen Ermittlungsakten", und wenn der Versicherer die vereinbarte Entschädigung unter Hinweis auf den Vorbehalt gezahlt hat, so ergibt die Auslegung der Vereinbarung, daß die Parteien hinsichtlich der Höhe des gestellten Anspruchs eine bindende Festlegung getroffen haben, das Bestehen des Schuldgrundes zwischen ihnen aber noch offen war. Im Falle der Rückforderung muß der Versicherer nur den Vorbehalt beweisen, während der Beweis dafür, daß die Schuld zu Recht bestand, dem VN zufällt (OLG Düsseldorf zu §§ 3 Nr. 2, 5 Nr. 1 VHB 84, 812 BGB r+s 96 S. 278).

## 2.4 Neuwertanteil

Die auf den Neuwertanteil entfallende Entschädigung wird gezahlt, wenn der VN dem Versicherer nachweist, daß die dafür geforderte Verwendung der Entschädigung sichergestellt ist (Einzelheiten s. R 6 ff.). Der VN hat es in der Hand, die Fälligkeit für diesen Teil der Entschädigung herbeizuführen, indem er den geforderten Nachweis erbringt. Ist der Nachweis geführt, wird die Entschädigung für den Neuwertanteil gezahlt, sofern die sonstigen Voraussetzungen für die Fälligkeit vorliegen. Der Versicherer kann die Zahlung nicht davon abhängig machen, daß diese Beträge für den Wiederaufbau oder die Reparatur des versicherten Gebäudes tatsächlich bereits aufgewendet wurden.

## Verzinsung 3

Nach §§ 18 Nr. 2 VGB 88 n. F., 23 Nr. 2 VGB 88 a. F., 19 Nr. 1 Satz 2 VGB 62 ist die Entschädigung seit Anzeige des Schadens zu verzinsen. Nach einem Versicherungsfall wird die Entschädigung nicht sofort fällig. Dadurch entstehen beim Versicherer wirtschaftliche Vorteile, weil er bis zur Fälligkeit bzw. zur Zahlung der Entschädigung über die entsprechenden Geldbeträge weiterhin verfügen und daraus Kapitalerträge erzielen kann. Durch die Verzinsung der Entschädigung wird dieser Vermögensvorteil vom Versicherer zum VN verlagert. Diese Vorteilsausgleichung zu Lasten des Versicherers ist daneben auch deswegen gerechtfertigt, weil in der Zeit zwischen dem Eintritt des Versicherungsfalls und der Zahlung der Entschädigung sowie der nachfolgenden Beseitigung des Schadens die Nutzung des versicherten Gebäudes in vielen Fällen eingeschränkt ist. Zwar ist diese Beeinträchtigung der Nutzung kein versicherter Schaden. Er wird jedoch durch die verzögerte Schadenbeseitigung infolge der späteren Zahlung der Entschädigung vergrößert (vgl. Martin Y IV 8) und durch die Mietausfallentschädigung für Wohnräume nur zum Teil ausgeglichen. Diese wirtschaftlichen Nachteile für den VN sollen durch die Verzinsung der Entschädigung kompensiert werden. Der vertragliche Zinsanspruch des VN stellt nicht auf die Fälligkeit der Entschädigung ab. Der vertraglich vorgesehene Zins soll den Nachteil ausgleichen, der dadurch entsteht, daß die Fälligkeit der Entschädigung nicht sofort eintritt, sondern vom Abschluß der nötigen Erhebungen abhängt. Der Zinsanspruch wird nicht durch das Sachverständigenverfahren gegenstandslos (OLG Koblenz VersR 97 S. 963 und r+s 97 S. 73). Die Pflicht zur Verzinsung erstreckt sich nach § 94 VVG auf den Gesamtbetrag der Entschädigung (vgl. dazu W 3.1).

## Zinslauf 3.1

Der Zinslauf ist in den VGB 88 einerseits sowie im VVG und in den VGB 62 andererseits unterschiedlich geregelt. Nach §§ 18 Nr. 2 VGB 88 n. F., 23 Nr. 2 VGB 88 a. F. ist die Entschädigung seit Anzeige des Schadens zu verzinsen, soweit sie nicht innerhalb eines Monats seit Schadenanzeige geleistet wird. Zahlt der Versicherer innerhalb der Monatsfrist die Entschädigung, so hat der VN keinen Anspruch auf die Verzinsung der Entschädigung. Lediglich die Entschädigungsbeträge, die nach Ablauf eines Monats seit Schadenanzeige noch nicht gezahlt sind, sind zu verzinsen. Der Zinslauf setzt mit der Anzeige des Schadens beim Versicherer ein. Im Gegensatz dazu beginnt der Zinslauf nach §§ 94 VVG, 19 Nr. 1 Satz 2 VGB 62 überhaupt erst einen Monat nach Anzeige des Schadens. Die Regelung der VGB 88 ist für den VN vorteilhafter. Meldet er einen Schaden am 1. 2. 1999 und zahlt der Versicherer die Entschädigung am 1. 5. 1999, so wird die Entschädigung nach den VGB 88 für den Zeitraum vom 1. 2. bis zum 1. 5. 1999 verzinst. Nach den VGB 62 hat der VN dagegen einen Anspruch auf Zinsen für die Zeit vom 1. 3. bis zum 1. 5. 1999. Daneben ist zu beachten, daß bereits eine geringfügige Überschreitung der Monatsfrist nach den VGB 88 die Pflicht zur rückwirkenden Verzinsung ab Anzeige des Schadens auslöst. Dadurch wird das Interesse des Versicherers an einer zügigen Bearbeitung der Schäden und der zügigen Zahlung der Entschädigung verstärkt.

Besonderheiten sind bei der **Verzinsung der Entschädigung für den Neuwertanteil** zu beachten. Dieser Teil der Entschädigung wird erst fällig, nachdem der VN den Nachweis erbracht hat, daß die bestimmungsgemäße Verwendung sichergestellt ist (W 2.4). Durch § 19 Nr. 1 Satz 4 und 5 VGB 62 a. F. wird die Fälligkeit und die Verzinsung der Entschädigung für den Neuwertanteil eingeschränkt. Sie beginnt danach erst zwei Wochen nach der Sicherstellung der Verwendung zur Wiederherstellung des Gebäudes. In den VGB 88 a. F. fehlt eine entsprechende Einschränkung. Infolgedessen beginnt der Zinslauf für die Entschädigung des Neuwertanteils mit der Anzeige des Schadens, soweit sie nicht binnen eines Monats nach Schadenanzeige gezahlt wurde (ebenso seit der 3. Auflage Martin Y V 9). In den VGB 88 n. F. wurde nunmehr eine andere Regelung getroffen, die sich inhaltlich mit § 19 Nr. 1 Satz 4 und 5 VGB 62 a. F. deckt. Nach § 18 Nr. 4 Satz 2 VGB 88 n. F. werden Zinsen für den über den Zeitwertschaden hinausgehenden Teil der Entschädigung (Neuwertanteil) erst ab dem Zeitpunkt berechnet, zu dem der VN nachgewiesen hat, daß die bestimmungsgemäße Verwendung der Entschädigung sichergestellt ist. Es ist zweifelhaft, ob diese Abweichung von § 94 VVG zum Nachteil des VN nicht gegen § 9 Abs. 2 Nr. 1 AGBG verstößt. Werden die zuvor dargestellten Argumente für die Verzinsungsregelung in § 94 VVG als stichhaltig eingestuft, so ist nicht einzusehen, daß für die Entschädigung des Neuwertanteils ein anderer Zinslauf gelten soll als für die Entschädigung des Zeitwert-, Kosten- und Mietausfallschadens. Der Hinweis darauf, daß der Anspruch auf die Neuwertspanne erst mit dem Nachweis der Sicherstellung der Verwendung entsteht, ist dafür ebensowenig ein Argument wie die Feststellung, in § 94 VVG fehle eine entsprechende Regelung, weil die Verfasser des VVG die Neuwertversicherung überhaupt noch nicht und daher die Wiederherstellungsklauseln nur als seltenen Fall gekannt hatten (so Martin Y V 2).

Den wirtschaftlichen Vorteilen, die der Versicherer durch die spätere Zahlung der Entschädigung hat, stehen die gleichen wirtschaftlichen Nachteile für den VN gegenüber wie bei der Entschädigung für den Zeitwertschaden. Unterbleibt die Wiederherstellung, so hat der Versicherer ohnehin weder den Neuwertanteil noch darauf entfallende Zinsen zu leisten. Infolgedessen ist es sachlich nicht gerechtfertigt, die Verzinsung für die auf den Neuwertanteil entfallende Entschädigung in der dargestellten Form einzuschränken. Die Verzinsung der Entschädigung dient der Vorteils-/Nachteilsausgleichung in den Fällen, in denen die Entschädigung später als einen Monat nach Eintritt bzw. Anzeige des Schadens gezahlt wird. Eine Einschränkung der Verzinsung für die Entschädigung des Neuwertanteils zum Nachteil des VN ist nicht gerechtfertigt.

## 3.2 Zinssatz

Nach §§ 18 Nr. 2 Satz 2 VGB 88 n. F., 23 Nr. 2 VGB 88 a. F., 19 Nr. 1 Satz 2 VGB 62 liegt der Zinssatz 1 % unter dem Diskontsatz der Deutschen Bundesbank, mindestens jedoch bei 4 % und höchstens bei 6 % Zinsen pro Jahr. Mit der Einführung des Euro zum 1. 1. 1999 ist der Diskontsatz untergegangen. Nach den Regelungen des Diskontsatz-Überleitungsgesetzes ersetzt der sog. Basissatz den Diskontsatz. Der ab 1. 1. 1999 geltende Basissatz beträgt 2,5 %. Die AVB sind in dieser Hinsicht bei Gelegenheit anzupassen. Praktische Auswirkungen hat die Veränderung bis auf weiteres ohnehin nicht, da die genannte Mindestverzinsung zum Tragen kommt. In den VGB 88 wurde der Zusatz eingefügt, daß die genannten Zinssätze gelten, soweit nicht aus anderen Gründen ein höherer Zins zu zahlen ist. Dieser Hinweis bezieht sich deklaratorisch vor allem auf die in W 6 ff. behandelten Fälle, in denen der Versicherer in Verzug ist und Verzugszinsen infolgedessen vom VN beansprucht werden können (Einzelheiten vgl. W 6.4).

## Fälligkeit der Zinsen 3.3

Die Fälligkeit der Zinsen richtet sich nach der Fälligkeit der Entschädigung. Zinsen werden fällig, wenn die Entschädigung fällig ist, d. h. wenn die Leistungspflicht des Versicherers dem Grunde und der Höhe nach endgültig feststeht (vgl. §§ 18 Nr. 2 Satz 3 VGB 88 n. F., 23 Nr. 2 Abs. 3 VGB 88 a. F., 19 Nr. 1 Satz 6 VGB 62). Davor können Zinsen nicht beansprucht werden, und zwar auch dann nicht, wenn sich die abschließende Schadenfeststellung längere Zeit hinzieht und zwischenzeitlich Abschlagszahlungen geleistet werden. Der VN kann lediglich Abschlagszahlungen auf die Entschädigung, dagegen keine Abschlagszahlungen auf die Zinsen beanspruchen.

## Fristenhemmung 4

Die Fristen für die Zahlung der Entschädigung, für den Anspruch auf eine Abschlagszahlung sowie für den Beginn des Zinslaufs sind nach §§ 18 Nr. 3 VGB 88 n. F., 23 Nr. 3 VGB 88 a. F., 19 Nr. 1 Satz 3 VGB 62 gehemmt, solange infolge Verschuldens des VN die Entschädigung nicht ermittelt oder nicht gezahlt werden kann (vgl. auch §§ 11 III, 94 II VVG). Für den Beginn der Zweiwochenfrist für die Auszahlung der Entschädigung haben diese Bestimmungen deklaratorischen Charakter. Konstitutiv wirken sie hinsichtlich der Fristen für Abschlagszahlungen und hinsichtlich der Frist für den Beginn des Zinslaufs. Sie sind jedoch schwer verständlich. Zum Verständnis kann § 24 Nr. 3 VHB 84/VHB 92 herangezogen werden. Nach dieser Regelung verschieben sich die Entstehung des Anspruchs auf Abschlagszahlung und der Beginn der Verzinsung um den Zeitraum, um den die Feststellung der Leistungspflicht des Versicherers dem Grunde oder der Höhe nach durch Verschulden des VN verzögert wurde. Entsprechend sind die angesprochenen Regelungen der VGB auszulegen. Daraus folgt, daß die Monatsfrist für den Anspruch auf Abschlagszahlung sowie für den Beginn des Zinslaufs nur dann gehemmt wird, wenn das schuldhafte Verhalten des VN innerhalb dieser Monatsfrist liegt (vgl. Martin Y III 12 sowie Y IV 11). Liegt das Fehlverhalten des VN außerhalb der Monatsfrist, so besteht bereits der Anspruch auf Abschlagszahlung und auf Verzinsung. Er wird durch das nachträgliche schuldhafte Verhalten des VN nicht beseitigt.

## Zahlungsaufschub 5

Der Versicherer ist nach §§ 18 Nr. 5 VGB 88 n. F., 23 Nr. 5 VGB 88 a. F., 19 Nr. 2 VGB 62 berechtigt, die Zahlung aufzuschieben, solange Zweifel an der Empfangsberechtigung des VN bestehen oder ein behördliches oder strafgerichtliches Verfahren bzw. eine polizeiliche oder strafgerichtliche Untersuchung gegen den VN oder seinen Repräsentanten aus Anlaß des Versicherungsfalls noch nicht abgeschlossen ist. Die Pflicht zur Verzinsung der Entschädigung bleibt davon unberührt.

## 5.1 Zweifel an der Empfangsberechtigung des VN

Solange Zweifel an der Empfangsberechtigung des VN bestehen, weiß der Versicherer nicht, an wen er mit befreiender Wirkung zahlen kann. Das gibt ihm das Recht die Zahlung solange aufzuschieben, bis diese Zweifel beseitigt sind. So liegt es bei einer Versicherung für fremde Rechnung, wenn der VN den vom Versicherer geforderten Nachweis nicht erbringt, daß der Versicherte seine Zustimmung zur Auszahlung der Entschädigung an den VN gegeben hat. Ähnlich verhält es sich, wenn der VN den vom Versicherer geforderten beglaubigten Grundbuchauszug nicht vorlegt. Dabei kommt es nicht darauf an, daß den VN ein Verschulden trifft. Verzögert der VN die geforderten Nachweise jedoch schuldhaft, so richten sich die weiteren Rechtsfolgen nach den unter W 4 behandelten Bestimmungen. Der Unterschied besteht darin, daß bei Verschulden des VN nicht nur die Auszahlung der Entschädigung aufgeschoben, sondern daneben auch der Zinslauf gehemmt wird. Zweifel an der Empfangsberechtigung des VN können auch bei Pfändungen bestehen. Insbesondere in diesen Fällen ist zu beachten, daß Unklarheiten über die Person des Gläubigers den Verzug des Versicherers nicht generell ausschließen. Er ist verpflichtet, die ihm vorliegenden Unterlagen daraufhin zu überprüfen, an wen er mit befreiender Wirkung leisten kann (vgl. dazu auch W 6.2).

## 5.2 Behördliches oder strafgerichtliches Verfahren

Der Versicherer kann die Zahlung weiterhin aufschieben, wenn gegen den VN oder seinen Repräsentanten aus Anlaß des Versicherungsfalls ein behördliches oder strafgerichtliches Verfahren (eine polizeiliche oder strafgerichtliche Untersuchung) eingeleitet worden ist, das noch nicht abgeschlossen ist. Die Gründe, die zur Einleitung des Verfahrens geführt haben, müssen jedoch auch für den Entschädigungsanspruch rechtserheblich sein. Der Versicherer ist nur dann zum Zahlungsaufschub berechtigt, wenn es sich um ein Verfahren handelt, dessen Ergebnis in irgendeiner Weise Einfluß auf die Zahlungspflicht des Versicherers haben könnte (vgl. BGH VersR 91 S. 331 und r+s 91 S. 100). Die Eintrittspflicht des Versicherers setzt nicht nur den Eintritt eines Versicherungsfalls, sondern darüber hinaus auch voraus, daß ein Anlaß zur Leistungsverweigerung nach §§ 14 Nr. AFB 87, 61 VVG nicht besteht. Insoweit bedarf es für den Versicherer der Prüfung, ob sich aus dem strafrechtlichen Ermittlungsergebnis Anhaltspunkte dafür ergeben, daß der Brand vom VN (bzw. seinem Repräsentanten) selbst, auf seine Veranlassung hin, mit seinem Einverständnis oder zumindest seinem Wissen gelegt worden ist (OLG Hamm VersR 94 S. 717). Eine den Feuerversicherer zum Zahlungsaufschub berechtigende polizeiliche oder strafrechtliche Untersuchung gegen den VN aus Anlaß des Schadens kann auch dann schon eingeleitet sein, wenn das Ermittlungsverfahren der Staatsanwaltschaft aktenmäßig noch gegen Unbekannt (UJs-Sache) geführt wird (OLG Oldenburg VersR 98 S. 1502 und r+s 98 S. 427. Bestätigung von OLG Oldenburg VersR 79 S. 513. Die Revision ist vom BGH nicht angenommen worden).

Nicht eindeutig geklärt war bisher die Frage, ob die **vorläufige Einstellung eines strafgerichtlichen Verfahrens** dem Versicherer weiterhin das Recht gibt, die Zahlung aufzuschieben. Diese Frage wird überwiegend bejaht. Es wird die Auffassung vertreten, daß der Versicherer das Recht zum Zahlungsaufschub erst dann verliert, wenn das Verfahren formell eingestellt ist, wobei die Einstellung rechtskräftig sein müsse (LG Bonn VersR 90 S. 303; Prölss/Martin §§ 24 VHB 84 RN 2 und 17 AFB a. F. RN 18; nicht ganz eindeutig Martin Y I 13 und 17). Eine vorläufige Einstellung entsprechend § 205 StPO soll nicht ausreichen (LG Hamburg VersR 88 S. 509). Im Gegensatz dazu hat der BGH zu § 24 Nr. 4 b VHB 84, wonach der Versicherer die Zahlung aufschieben kann, solange gegen den VN ein strafrechtliches Verfahren „läuft", nunmehr entschieden, daß diese Bestimmung dem Versicherer kein Leistungsverweigerungsrecht mehr gibt, wenn das Verfahren vorläufig eingestellt ist (VersR 99 S. 227 und r+s 99 S. 32). Der BGH begründet seine Auffassung wiederum damit, daß es darauf ankomme, wie ein durchschnittlicher VN bei verständiger Würdigung, aufmerksamer Durchsicht und Berücksichtigung des erkennbaren Sinnzusammenhangs diese Bestimmung verstehen muß. Dabei ist nach Auffassung des BGH auf die Verständnismöglichkeit eines VN ohne versicherungsrechtliche Spezialkenntnisse abzustellen. Nach allgemeinem Sprachgebrauch bezeichne „Laufen" einen Vorgang der Bewegung. Der BGH stellt dazu fest: „Was steht oder ruht, läuft nicht." Das gelte auch im übertragenen Sinne. Deshalb werde ein durchschnittlicher VN in einem Verfahren, das eingestellt ist, kein laufendes mehr sehen. Das gelte auch, wenn das Verfahren auch nur vorläufig eingestellt sei. Laufe das Ermittlungsverfahren aber nicht mehr, weil es eingestellt sei, könne ein durchschnittlicher VN kein berechtigtes Interesse des Versicherers erkennen, daß der Versicherer seine Leistungen noch zurückhält. Daneben sei der Versicherer nicht gehindert, seine eigenen Ermittlungen fortzusetzen, sofern dazu ausreichender Anlaß besteht.

Es ist fraglich, ob sich dieses BGH-Urteil auf die im Wortlaut abweichenden Bestimmungen der VGB übertragen läßt. Im Gegensatz zu § 24 Nr. 4 b VHB 84 wird der Begriff „läuft" in den VGB nicht verwendet. Nach § 18 Nr. 5 VGB 88 n. F. kann der Versicherer die Zahlung aufschieben, solange ein behördliches oder strafgerichtliches Verfahren „noch nicht abgeschlossen ist". Nach § 23 Nr. 5 VGB 88 a. F. kann der Versicherer die Zahlung „bis zum rechtskräftigen Abschluß dieses Verfahrens" aufschieben (ähnlich § 19 Nr. 2 b VGB 62). Auch ein durchschnittlicher VN ohne versicherungsrechtliche Spezialkenntnisse wird bei verständiger Würdigung, aufmerksamer Durchsicht und Berücksichtigung des erkennbaren Sinnzusammenhangs dieser Regelungen verstehen, daß die vorläufige Einstellung eines behördlichen oder strafgerichtlichen Verfahrens nicht den rechtskräftigen Abschluß dieses Verfahrens bedeutet. Daraus folgt, daß die zitierte BGH-Entscheidung auf die VGB nicht übertragbar ist. In der Wohngebäudeversicherung ist der Versicherer auch dann weiterhin berechtigt, die Zahlung aufzuschieben, wenn ein behördliches oder strafgerichtliches Verfahren gegen den VN oder seinen Repräsentanten vorläufig eingestellt wurde.

## Verzug 6

Der Versicherer gerät in Verzug, wenn er die nötigen Erhebungen zur Feststellung seiner Leistungsverpflichtung dem Grunde und der Höhe nach schuldhaft verzögert, die Entschädigung nicht innerhalb der Zweiwochenfrist nach Fälligkeit der Entschädigung zahlt, eine vom VN verlangte Abschlagszahlung nicht rechtzeitig veranlaßt oder den Anspruch des VN zu Unrecht ablehnt. In diesen Fällen ist er dem VN zum Schadenersatz nach § 286 ff. BGB verpflichtet.

## 6.1 Verzögerung der nötigen Erhebungen

Verzögert der Versicherer schuldhaft die nötigen Erhebungen zur Feststellung seiner Leistungsverpflichtung dem Grunde und der Höhe nach, so gerät er in Verzug. Die Verzögerung kann darin bestehen, daß er auf die schriftliche Schadenanzeige des VN mit erheblicher zeitlicher Verspätung reagiert, weil hohe Bearbeitungsrückstände im Schadeninnen- oder -außendienst des Versicherers vorhanden sind. Diese Verzögerungen muß sich der Versicherer anrechnen lassen, wenn sie darauf zurückzuführen sind, daß er es versäumt hat, qualifizierte Schadensachbearbeiter in ausreichender Zahl zur Verfügung zu haben. Die Entschädigung wird in diesen Fällen zu dem Zeitpunkt fällig, zu dem sie bei ordnungsgemäßer Bearbeitung fällig geworden wäre (vgl. OLG Köln VersR 83 S. 922 und OLG Hamburg VersR 82 S. 543). Treten vorübergehende Bearbeitungsengpässe und Verzögerungen z. B. durch kurzfristigen kumulierten Schadenanfall bei Sturmkatastrophen auf, so liegt kein Verschulden des Versicherers vor. Es kann nicht erwartet werden, daß er seine Personalkapazität andauernd am kurzfristigen Personalbedarf bei Katastrophenschäden ausrichtet, deren Ausmaß und Eintritt ungewiß ist. Schuldhaft verzögert der Versicherer dagegen die nötigen Erhebungen auch, wenn sein Regulierungsbeauftragter vereinbarte Besichtigungstermine mit dem VN nicht einhält oder ein vereinbartes Sachverständigenverfahren verspätet einleitet.

## 6.2 Nicht fristgerechte Zahlung

Der Versicherer gerät weiterhin in Verzug, wenn er die Entschädigung nicht innerhalb von zwei Wochen nach deren Fälligkeit auszahlt. Dies gilt jedoch nicht, solange berechtigte **Zweifel an der Empfangsberechtigung des VN** bestehen (vgl. W 5.1). Jedoch schließen derartige Zweifel den Verzug des Versicherers nicht generell aus. Ist die Leistungspflicht des Versicherers dem Grunde und der Höhe nach festgestellt, so kann er sich von dem Verzug nach Fälligkeit der Entschädigung nur dann mit einem Rechtsirrtum entschuldigen, wenn es sich um besonders zweifelhafte, schwierige Rechtsfragen handelt, bei denen sich noch keine einheitliche Rechtsprechung der Gerichte gebildet hat (BGH r+s 85 S. 22). Verzug ist nicht ausgeschlossen, weil unklar ist, an welchen Drittgläubiger des VN Entschädigungsbeträge in welcher Höhe zu zahlen sind (OLG Hamm VersR 89 S. 584). Drohenden Verzugsschäden kann der Versicherer in diesen Fällen dadurch begegnen, daß er **die Entschädigung hinterlegt**, wenn die Person des Gläubigers unklar ist. Dazu ist der Versicherer nach § 372 BGB berechtigt, aber nicht verpflichtet. Bestehen Unklarheiten, an welchen der zahlreichen Gläubiger des VN Zahlungen in welcher Höhe zu erfolgen haben, so kann der Versicherer den Anspruch des VN durch Hinterlegung zu Gunsten der ihm bekannten Gläubiger erfüllen (OLG Hamm r+s 89 S. 25). Der Versicherer ist wegen einer Ungewißheit über die Person des Gläubigers zur Hinterlegung der Entschädigung berechtigt (BGH r+s 85 S. 22).

Weiterhin kann der Versicherer in Verzug geraten, wenn er die Entschädigung unter Hinweis auf ein noch nicht abgeschlossenes behördliches oder strafgerichtliches Verfahren nicht zahlt. Wenn der Versicherer gegenüber dem VN bereits in einem Zeitpunkt zur Zahlung verpflichtet war, in dem ein Ermittlungsverfahren im Sinne von § 17 Nr. 1 Satz 1 AFB a. F. noch nicht eingeleitet war, kann er den Anspruch des VN auf Ersatz des Verzugsschadens nicht mit dem Einwand der später aufgenommenen Ermittlungen abwenden (BGH VersR 91 S. 331 und r+s 91 S. 100).

Der Versicherer gerät auch in Verzug, wenn er eine **Abschlagszahlung**, die der VN einen Monat nach Anzeige des Schadens verlangt, **nicht rechtzeitig zahlt**, obwohl die Entschädigungsverpflichtung dem Grunde nach ebenso feststeht wie der Betrag, der nach Lage der Sache zu dieser Zeit mindestens zu zahlen ist. Er muß sich dabei auch eine Verzögerung anrechnen lassen, die sein Regulierungsbeauftragter verursacht, weil er das Verlangen des VN nach einer Abschlagszahlung nicht unverzüglich an die Direktion des Versicherers weitergeleitet hat. Lehnt der Versicherer die Abschlagszahlung ab, weil er zu Unrecht der Auffassung ist, der vom VN geforderte Abzahlungsbetrag sei überhöht oder seine Ersatzverpflichtung dem Grunde nach stehe noch nicht fest, so gerät er ebenfalls in Verzug. Wenn dagegen der Versicherer eine Abschlagszahlung nur nicht rechtzeitig, letztlich aber gezahlt hat, so hat der Versicherer nicht die Rechtsanwaltskosten zu tragen, die dadurch entstanden sind, daß der VN die Zahlung der Abschlagszahlung nicht abgewartet, sondern mit der Einforderung einen Rechtsanwalt beauftragt hat (LG Köln r+s 90 S. 97).

## Ablehnung 6.3

Bei einer Ablehnung des Entschädigungsanspruchs hat der Versicherer die Vorschriften von § 12 III VVG zu beachten. Sie sind im Text-Baustein 22 – Klagefrist – dargestellt. Gefordert ist eine schriftliche Ablehnung des Entschädigungsanspruchs. Dabei muß der Versicherer den VN darauf hinweisen, daß er von der Verpflichtung zur Leistung frei ist, wenn der VN den Anspruch auf Leistung nicht innerhalb von sechs Monaten gerichtlich geltend macht. Die Frist beginnt mit dem Zugang der Ablehnung beim VN (vgl. § 12 III VVG). Diese Bestimmungen müssen wegen § 10 I Nr. 5 VAG in den AVB enthalten sein. Daneben sollten aber auch die sonstigen Bestimmungen über die Verjährung gem. § 12 I und II VVG nach Maßgabe des Text-Bausteins 23 in die AVB integriert werden (vgl. dazu auch T 3.5).

Lehnt der Versicherer den Anspruch des VN zu Unrecht ab, wird die Leistung mit dem Zugang des Schreibens über die endgültige Deckungsablehnung fällig (vgl. Römer/Langheid § 11 RN 12 m. w. N.). Der Versicherer gerät in Verzug, wenn ihm ein Verschulden nachzuweisen ist. Ein unverschuldeter Irrtum über schwierige Rechtsfragen oder zweifelhafte Tatsachenfragen stellt ihn von der Verzugshaftung frei. Jedoch werden daran von der **Rechtsprechung** hohe Anforderungen geknüpft (Einzelheiten dazu vgl. Prölss/Martin § 11 RN 18 ff.; Römer/Langheid § 11 RN 13 f.).

Die nachfolgende **Rechtsprechungsübersicht** bestätigt dies. Der Feuerversicherer kann wegen eines Ermittlungsverfahrens nur und erst dann seine Zahlung aufschieben, wenn sich dieses gegen den VN richtet. Läßt der Feuerversicherer es auf einen Deckungsprozeß ankommen, dann muß er mit der Möglichkeit seines Unterliegens rechnen. Deshalb stellt dieser Prozeß ihn nicht von den Verzugsfolgen frei. Er kann sich von seinem Verschulden nicht dadurch entlasten, daß im Deckungsprozeß sowohl das LG als auch das OLG eine vorsätzliche Herbeiführung des Versicherungsfalles durch den VN bejaht haben, wenn diese Entscheidungen ersichtlich durch Rechtsirrtum beeinflußt waren (BGH VersR 91 S. 331 und r+s 91 S. 100). Ein unverschuldeter Rechtsirrtum des Versicherers kann ihn von den Folgen des Verzugs gegenüber dem VN freistellen; dabei sind an die Sorgfaltspflichten des Versicherers strenge Anforderungen zu stellen. Ein unverschuldeter Rechtsirrtum des Versicherers liegt in der Regel nur dann vor, wenn er nach sorgfältiger Prüfung der Sach- und Rechtslage mit einem Unterliegen im Rechtsstreit nicht zu rechnen braucht. Für einen Tatsachenirrtum des Versicherers gelten grundsätzlich die gleichen Anforderungen wie für einen Rechtsirrtum. Ein unverschuldeter Tatsachenirrtum des Versicherers liegt in schwierig gelagerten Betrugsfällen vor, bis der VN entgegen der berechtigten Zweifel an der Richtigkeit seiner Behauptungen diese vor Gericht zu beweisen imstande ist (BGH r+s 91 S. 37). Mit der Ablehnung der Versicherungsleistung tritt der Verzug des Versicherers ein. Ein Irrtum des Versicherers über seine Leistungspflicht, insbesondere ein falsche Einschätzung der Sach- und Rechtslage bei unübersichtlichen Sachverhalten, steht der Annahme des Verzuges nur ganz ausnahmsweise entgegen, etwa bei einer unerwarteten Änderung der Rechtsprechung oder vergleichbaren Sachverhalten (BGH r+s 90 S. 243). Der Versicherer gerät mit der von ihm geschuldeten Entschädigungsleistung in Verzug, wenn er die Zahlung wegen Fehleinschätzung des normalen Prozeßrisikos (hier: unrichtige Beurteilung der Frage einer Repräsentantenhaftung) verzögert. Unverschuldet ist ein solcher Irrtum immer nur dann, wenn der Versicherer nach sorgfältiger Prüfung der Sach- und Rechtslage mit einem Unterliegen im Rechtsstreit nicht zu rechnen brauchte. Keinesfalls kann es dem Schuldner aber gestattet sein, das Risiko einer zweifelhaften Sach- und Rechtslage dem VN zuzuschieben (BGH VersR 90 S. 153 und r+s 90 S. 58). Wenn der Versicherer die Versicherungsleistung für einen Brandschaden unter Hinweis auf Gefahrerhöhung und Verletzung von Sicherheitsvorschriften endgültig und zu Unrecht abgelehnt hat, wird die Entschädigung mit Zugang des Ablehnungsschreibens fällig, und zwar unabhängig davon, ob die Entschädigung schon vollständig festgestellt worden ist oder der Versicherer wegen eines noch nicht abgeschlossenen behördlichen oder strafgerichtlichen Verfahrens berechtigt gewesen wäre, die Zahlung aufzuschieben. Der Verzug des Versicherers hinsichtlich der Auszahlung der Entschädigung entfällt nicht schon deshalb, weil ein LG die Leistungspflicht verneint hat (OLG Hamm r+s 93 S. 28 und S. 67).

Die zitierte Rechtsprechung bestätigt, daß an den Nachweis eines unverschuldeten Rechts- oder Tatsachenirrtums des Versicherers hohe Anforderungen gestellt werden. Infolgedessen haftet der Versicherer in den allermeisten Fällen für den Verzugsschaden, wenn er einen Leistungsanspruch ablehnt und im nachfolgenden Deckungsprozeß unterliegt.

## 6.4 Verzugsschaden

Haftet der Versicherer für den Verzugsschaden, so schuldet er nach § 288 I BGB Verzugszinsen. Die normierten Verzugszinsen betragen bei Nichtkaufleuten 4 % nach § 246 BGB und bei Kaufleuten 5 % nach § 352 HGB. Fordert der VN höhere Verzugszinsen, so muß er nachweisen, daß er infolge des Verzugs einen Kredit zu einem höheren Zinssatz in Anspruch nehmen mußte.

Keine einheitliche Meinung besteht zu der Frage, ob der VN **Verzugszinsen und vertragliche Zinsen nebeneinander** beanspruchen kann. Martin ist der Ansicht, daß Verzugszinsen neben den vertraglichen Zinsen zu zahlen sind, weil § 288 I BGB dem Gläubiger einen pauschalen Anspruch gebe, der einen Schadennachweis nicht voraussetzt (Y IV 16). Die Rechtsprechung ist dieser Meinung nicht gefolgt. Nach Auffassung des OLG Hamburg (NJW-RR 89 S. 680) kann der VN nicht kumulativ die in § 94 VVG normierten 4 % Vertragszinsen auf die Entschädigungssumme sowie die in § 288 BGB in Verbindung mit § 352 HGB normierten 5 % Verzugszinsen beanspruchen (ebenso Prölss/Martin § 11 RN 23). Dem ist zuzustimmen. Sowohl die vertraglichen Zinsen als auch die Verzugszinsen sollen die wirtschaftlichen Nachteile ausgleichen, die dem Gläubiger dadurch entstehen, daß eine Geldleistung erst verspätet gezahlt wird. Es ist nicht sachgerecht, wenn der VN für denselben Sachverhalt eine doppelte Zahlung beanspruchen könnte.

Weitere Verzugsschäden können in der Wohngebäudeversicherung insbesondere dadurch entstehen, daß durch den Verzug des Versicherers der Wiederaufbau bzw. die Wiederherstellung des Gebäudes verzögert wird. Dadurch können insbesondere Mietausfallschäden entstehen. Der Versicherer haftet für derartige Schäden bei Verzug auch dann, wenn die Haftzeit von 12 Monaten für den Mietausfall von Wohnräumen überschritten wird oder Mietausfall für gewerblich genutzte Räume entsteht. Auch die Kosten für die Inanspruchnahme eines Rechtsanwalts durch den VN hat der Versicherer zu ersetzen. Jedoch fallen darunter nicht die Kosten eines Rechtsanwalts, den der VN schon vor dem Verzug des Versicherers beauftragt hatte (LG Köln r+s 90 S. 97).

## Sicherung des Realkredits 7

Die gesetzlichen Vorschriften über die Sicherung des Realkredits bleiben durch die VGB-Bestimmungen über die Zahlung der Entschädigung unberührt. In die VGB 88 nicht übernommen wurden die Regelungen in § 19 Nr. 3 VGB 62. Nach Satz 1 dieser Bestimmungen wird für Gebäude, die zur Zeit des Versicherungsfalls mit Hypotheken, Reallasten, Grund- oder Rentenschulden belastet sind, die Entschädigung nur gezahlt, soweit ihre Verwendung zur Wiederherstellung gesichert ist. Diese sog. einfache Wiederherstellungsklausel (Prölss/Martin § 97 RN 2) unterscheidet sich von den sog. strengen Wiederherstellungsklauseln der VGB in zweifacher Hinsicht. Einerseits wird durch die einfache Wiederherstellungsklausel lediglich die Fälligkeit der Entschädigung im Interesse der Realgläubiger verschoben (Prölss/Martin a. a. O.), während die strengen Wiederherstellungsklauseln den Anspruch auf den Teil der Entschädigung, der den Zeitwertschaden übersteigt, überhaupt erst entstehen lassen, soweit die Verwendung zur Wiederherstellung sichergestellt ist. Andererseits erstreckt sich die einfache Wiederherstellungsklausel auf den gesamten Entschädigungsanspruch, während die strengen Wiederherstellungsklauseln nur den Entwertungs- oder Neuwertanteil erfassen.

Nach § 19 Nr. 3 Satz 2 VGB 62 wird die Entschädigung vorbehaltlos geleistet, soweit die am Schadentag eingetragenen Realgläubiger sich schriftlich einverstanden erklären oder selbst zur Empfangnahme der Entschädigung berechtigt sind (ähnlich § 99 VVG). Diese Regelung gilt jedoch unbeschadet der Bestimmung von § 7 Nr. 3 a VGB 62. Die strenge Wiederherstellungsklausel bleibt insoweit auch nach den VGB 62 unangetastet. Im Wortlaut von § 19 Nr. 3 VGB 62 ist nicht geregelt, ob sich der Vorbehalt auf die Gesamtentschädigung oder nur auf die Sachschadenentschädigung erstreckt. Aus der Formulierung, daß die Entschädigung nur gezahlt wird, „soweit ihre Verwendung zur Wiederherstellung gesichert ist", folgt indessen, daß die einfache Wiederherstellungsklausel nur die Entschädigung für den Sachschaden erfaßt. Die Kosten- und Mietausfallentschädigung ist nicht zur Wiederherstellung versicherter Sachen bestimmt. Infolgedessen kann es einen diesbezüglichen Vorbehalt dafür nicht geben. Die Auslegung von §§ 14 Nr. 2 VGB 88 n. F., 15 Nr. 4 VGB 88 a. F., 7 Nr. 3 a VGB 62 führt hinsichtlich der strengen Wiederherstellungsklauseln zum gleichen Ergebnis, da es bei Kosten- und Mietausfallschäden die Unterscheidung zwischen Neuwert- und Zeitwertschaden begrifflich überhaupt nicht gibt.

Der Verzicht auf die Vorschriften des § 19 Nr. 3 VGB 62 in den VGB 88 bedeutet keine ins Gewicht fallende Verschlechterung der Rechtsstellung der Realgläubiger in der

Wohngebäudeversicherung. Dies liegt daran, daß die Rechte der Realgläubiger durch gesetzliche Regelungen umfassend geschützt werden. Die wesentlichen gesetzlichen Bestimmungen zum Schutz der Realgläubiger werden nachfolgend dargestellt. Es ist jedoch nicht möglich, alle Einzelheiten abzuhandeln. Dazu wird auf die einschlägigen BGB- und VVG-Kommentare verwiesen.

## 8 Regelungen des BGB

Wichtige gesetzliche Regelungen zur Sicherung des Realkredits beinhalten §§ 1127 bis 1130 BGB. Im Gesetzestext wird ausschließlich von Hypotheken und Hypothekengläubigern gesprochen. Die gesetzlichen Regelungen gelten jedoch auch für Grund- und Rentenschulden sowie für Reallasten.

### 8.1 Erstreckung der Hypothek auf den Entschädigungsanspruch

Nach § 1127 BGB erstreckt sich eine Hypothek auch auf die Forderung gegen den Versicherer, wenn Gegenstände, die der Hypothek unterliegen, für den Eigentümer des Grundstücks unter Versicherung gebracht sind. Der Hypothek unterliegen neben dem Grundstück mit seinen Bestandteilen nach § 1120 BGB auch das Zubehör des Grundstücks mit Ausnahme der Zubehörstücke, welche nicht Eigentum des Grundstückseigentümers sind. Werden versicherte Gebäude oder Zubehörstücke durch einen versicherten Schaden zerstört oder beschädigt, so tritt aufgrund der gesetzlichen Regelungen der Entschädigungsanspruch des Grundstückseigentümers an die Stelle der zerstörten oder beschädigten Gegenstände. Das Pfandrecht des Realgläubigers erstreckt sich auf die Forderung gegen den Versicherer. Dies gilt jedoch nur, soweit „Gegenstände, die der Hypothek unterliegen, für den Eigentümer oder den Eigenbesitzer des Grundstücks unter Versicherung gebracht" sind. Nicht erfaßt werden Ansprüche aus der Kosten- und der Mietausfallversicherung. Andererseits sind alle Ansprüche aus der Sach(schaden)versicherung ohne Rücksicht darauf betroffen, durch welche versicherte Gefahr der Schaden verursacht wurde. Es kommt grundsätzlich auch nicht darauf an, ob Gebäude, Zubehörstücke oder sonstige Grundstücksbestandteile versichert bzw. vom Schaden betroffen sind. Weiterhin ist nicht gefordert, daß der Eigentümer des Gebäudes der VN ist. Ausschlaggebend ist vielmehr, daß die Gegenstände „für den Eigentümer oder den Eigenbesitzer des Grundstücks unter Versicherung gebracht" sind, d. h. das Interesse des Eigentümers muß versichert sein. Auch bei einer Versicherung des Interesses des Eigentümers durch den Mieter des Gebäudes haftet der Versicherer den Realgläubigern (BGH zu §§ 100 ff. VVG r+s 88 S. 86).

Der Anspruch des Hypothekengläubigers auf die Forderung gegen den Versicherer nach § 1127 BGB stellt einen Anspruch aus dem Versicherungsvertrag dar, der der kurzen Verjährung nach § 12 I VVG unterliegt. Der Realgläubiger erwirbt ein Pfandrecht an der Versicherungsforderung (§ 1128 III BGB), der Inhalt seines Rechts richtet sich demnach prinzipiell nach den versicherungsvertraglichen Vereinbarungen. Lediglich in bestimmten Konstellationen, die hier nicht einschlägig sind, sieht das VVG (vgl. dort §§ 102, 103) Modifikationen vor (OLG Düsseldorf VersR 96 S. 623).

Unter den geschilderten Voraussetzungen **haftet die Entschädigungsforderung dem Hypothekengläubiger neben den Gegenständen, die der Hypothek unterliegen.** Er hat ein Pfandrecht an der Forderung gegen den Versicherer. Dadurch wird gewährleistet, daß die Sicherung des Realkredits nicht dadurch beeinträchtigt wird, daß Sachen zerstört oder beschädigt werden, die dem Grundpfandrecht unterliegen. Dies setzt jedoch voraus, daß im Schadenfall auch Versicherungsschutz besteht. Deshalb fordern Hypothekengläubiger in der Regel den Abschluß einer Gebäudeversicherung. Bei der Anmeldung der Grundstücksbelastung (vgl. W 8.3) lassen sie sich vom Versicherer bestätigen, daß Versicherungsschutz besteht. Sie beschränken sich dabei im allgemeinen auf den Abschluß einer Feuerversicherung, weil das Feuerrisiko das höchste Gefährdungspotential für die Sicherheit des Realkredits in sich birgt. Es besteht die Gefahr von Totalschäden, während die sonstigen versicherten Gefahren im allgemeinen lediglich Teilschäden verursachen. 8.1.1

In den angesprochenen gesetzlichen Regelungen nicht ausdrücklich geregelt ist die Frage, ob die Vorschriften zum Schutz des Realkredits für den gesamten Entschädigungsanspruch aus dem Wohngebäudeversicherungsvertrag gelten. Sie läßt sich durch Auslegung des Gesetzestextes beantworten. Aus der Formulierung „Ist ein Gebäude versichert“ in § 1128 I BGB und dem Wortlaut „Ist der Versicherer ........ verpflichtet, die Entschädigungssumme zur Wiederherstellung des versicherten Gebäudes zu zahlen“ in § 97 VVG folgt, daß die angesprochenen Schutzbestimmungen **lediglich den Entschädigungsanspruch für den Sachschaden an dem versicherten Gebäude betreffen.** Nicht erfaßt werden Entschädigungsansprüche für versicherte Kosten und versicherten Mietausfall. Das gleiche gilt hinsichtlich der Entschädigungsansprüche für Schäden an versicherten Zubehörstücken. Zwar erstreckt sich die Hypothek nach § 1120 BGB auf Zubehörstücke, die Eigentum des Grundstückseigentümers sind, jedoch hat der Hypothekengläubiger an der darauf entfallenden Entschädigung kein Pfandrecht, sondern nur eine Anwartschaft (vgl. Prölss/Martin Anhang zu §§ 81 bis 107 c RN 1). Die Haftung des Entschädigungsanspruchs für Zubehör kann durch die Ausstellung eines **Zubehör-Hypothekensicherungsscheins** erweitert werden (vgl. Anhang A 14). Damit verpfändet der VN dem Hypothekengläubiger seine Entschädigungsansprüche aus Schäden an versicherten Zubehörstücken. Der Realgläubiger erlangt auch insoweit eine Rechtsstellung, die der gesetzlichen Regelung hinsichtlich der Entschädigungsansprüche für Schäden an versicherten Gebäuden weitgehend entspricht. Die Haftung der Entschädigungsforderung gegen den Versicherer erlischt nach § 1127 II BGB, wenn der versicherte Gegenstand wieder hergestellt ist. 8.1.2

## Wirkung einer Entschädigungszahlung gegen Hypothekengläubiger 8.2

Ist ein Gebäude versichert, so gelten die weitergehenden Schutzbestimmungen nach § 1128 BGB. Eine Entschädigungszahlung für einen versicherten Gebäudeschaden ist gegen den Hypothekengläubiger nur dann wirksam, wenn der Versicherer oder der Versicherte den Eintritt des Schadens dem Hypothekengläubiger angezeigt hat und seit dem Empfang der Anzeige ein Monat verstrichen ist, ohne daß der Hypothekengläubiger dem Versicherer gegenüber der Zahlung widersprochen hat. Die Anzeige kann unterbleiben, wenn sie „untunlich“ ist, weil beispielsweise die Anschrift des Hypothekengläubigers nicht bekannt ist. Die Monatsfrist wird in diesem Fall von dem Zeitpunkt an berechnet, in welchem die Entschädigung fällig wird.

## 8.3 Anmeldung der Hypothek

Eine noch weitergehende Schutzbestimmung enthält § 1128 II BGB für die Fälle, in denen der Hypothekengläubiger seine Hypothek dem Versicherer angemeldet hat. In der Praxis trifft dies in den allermeisten Fällen zu. Die Versicherer haben dafür das spezielle Formular „Grundstücksbelastung – Anmeldung und Versicherungsbestätigung“ entwikkelt (vgl. Anhang A 13). Es wird allgemein für die Anmeldung von Grundpfandrechten in der Gebäudeversicherung verwendet. Dann genügt es nicht, daß der Eintritt des Schadens dem Hypothekengläubiger angezeigt wurde und die Monatsfrist verstrichen ist, ohne daß der Hypothekengläubiger der Zahlung an den Versicherten widersprochen hat. Vielmehr kann der Versicherer mit befreiender Wirkung gegen den Hypothekengläubiger an den Versicherten erst dann zahlen, wenn der Hypothekengläubiger der Zahlung schriftlich zugestimmt hat.

## 8.4 Leistung mit befreiender Wirkung

Die für eine verpfändete Forderung geltenden Vorschriften des BGB werden nach § 1128 III BGB auf die in § 1128 I und II BGB geregelten Fälle angewendet. Maßgeblich sind §§ 1281 und 1282 BGB. Ist die Hypothek noch nicht fällig, so kann der Realgläubiger nach § 1281 BGB verlangen, daß der Versicherer an den VN und an ihn gemeinsam leistet. Ist dagegen die Hypothek fällig, so darf der Versicherer nach § 1282 BGB in Verbindung mit § 1228 BGB nur noch an den Realgläubiger als Pfandgläubiger leisten. Es ist dadurch praktisch ausgeschlossen, daß der VN zum Nachteil des Realgläubigers über die Entschädigung aus der Wohngebäudeversicherung verfügt. Dabei ist auch zu beachten, daß die angesprochenen Regelungen für die gesamte Sachschadenentschädigung, also nicht nur für den Entwertungsanteil, gelten. Von Bedeutung ist daneben der letzte Halbsatz von § 1128 III BGB. Danach kann sich der Versicherer nicht darauf berufen, daß er eine aus dem Grundbuch ersichtliche Hypothek nicht gekannt habe. Er muß infolgedessen das Grundbuch oder einen beglaubigten Grundbuchauszug einsehen, wenn er vermeiden möchte, daß er Zahlungen an den VN leistet, die dem Hypothekengläubiger gegenüber unwirksam sind. Er läuft ansonsten Gefahr, daß er die Entschädigung noch einmal zahlen muß. Darauf ist es zurückzuführen, daß der VN nach §§ 20 Nr. 1 d VGB 88 a. F., 15 Nr. 1 c VGB 62 verpflichtet ist, auf Verlangen des Versicherers einen beglaubigten Grundbuchauszug beizubringen. In den VGB 88 n. F. fehlt eine entsprechende Regelung. Dennoch wird der Versicherer insbesondere bei größeren Gebäudeschäden generell verlangen, daß der VN einen beglaubigten Grundbuchauszug vorlegt. Er wird darauf nur dann verzichten, wenn feststeht, daß das versicherte Gebäude vor Auszahlung der Entschädigung bereits wieder hergestellt ist. Unter dieser Voraussetzung erlischt die Haftung der Forderung aus der Wohngebäudeversicherung nach § 1127 II BGB. Der Versicherer kann ohne weiteres mit befreiender Wirkung gegen den Realgläubiger an den VN zahlen.

## 8.5 Wiederherstellungsklausel

Ist eine Wiederherstellungsklausel vertraglich vereinbart, so werden die angesprochenen Schutzbestimmungen für den Realgläubiger durchbrochen. Nach § 1130 BGB ist eine Zahlung, die der Versicherer entsprechend den Bestimmungen einer vertraglich vereinbarten Wiederherstellungsklausel an den Versicherten leistet, auch dem Hypothekengläubiger gegenüber wirksam. Der Hypothekengläubiger kann infolgedessen dann weder gemeinschaftliche Zahlung noch Zahlung an sich verlangen. Dadurch wird die Rechtsstellung des Hypothekengläubigers im Vergleich zu § 1128 BGB verschlechtert. Zwar gilt in der Wohngebäudeversicherung nach den VGB die strenge Wiederherstellungsklausel, sie erstreckt sich jedoch nur auf den sog. Entwertungs- oder Neuwertanteil. Der Entschädigungsanspruch für den Zeitwertschaden wird dadurch nicht erfaßt. Infolgedessen kann der Versicherer nach § 1130 BGB mit befreiender Wirkung gegenüber dem Hypothekengläubiger zahlen, wenn er bei der Zahlung darauf hinweist, daß er zum Zweck der Wiederherstellung zahlt. Dabei ist unerheblich, ob die Wiederherstellung tatsächlich auch gesichert ist.

## Regelungen des VVG 9

Die allgemeingültigen Regelungen des BGB werden durch die Bestimmungen der §§ 99 bis 107 c VVG ergänzt bzw. erweitert. Ein wesentlicher Unterschied zwischen beiden Regelkreisen liegt darin, daß **die BGB-Bestimmungen für alle versicherten Gefahren gelten, während sich die besonderen Vorschriften der §§ 99 bis 107 c VVG nur auf die Gebäudefeuerversicherung erstrecken**. Allerdings hat die herrschende Meinung in der Vergangenheit überwiegend die Ansicht vertreten, daß die zwingenden Vorschriften der §§ 99 bis 107 c VVG auch auf die kombinierten (verbundenen) Gebäudeversicherungsverträge insgesamt anzuwenden seien, wenn Feuer eine von mehreren versicherten Gefahren ist, insbesondere also auch auf die Verbundene Wohngebäudeversicherungs nach den VGB. Der BGH ist dieser Ansicht nicht gefolgt. Er hat zu § 102 VVG im Falle eines Leitungswasserschadens zu einer Verbundenen Wohngebäudeversicherung entschieden, daß diese Bestimmung auf Gebäudeversicherungen außerhalb von Gebäudefeuerversicherungen weder unmittelbar, noch entsprechend anzuwenden ist (VersR 89 S. 912 sowie r+s 89 S. 294; Revisionsentscheidung zu OLG Köln r+s 88 S. 234). Die Voraussetzungen für eine analoge Anwendung von § 102 VVG auf andere Arten der Gebäudeversicherung, seien sie mit einer Gebäudefeuerversicherung in einem Vertrag gebündelt (verbunden) oder nicht, sind nach Auffassung des BGH nicht gegeben. Sollen die Realgläubiger nach dem Willen des Gesetzgebers zum Zweck der Erleichterung der Bereitstellung von Realkrediten vor der Entwertung ihrer Rückzahlungsansprüche im Fall des besonders weitreichenden Feuerrisikos geschützt werden, so muß das nach Auffassung des BGH nicht zwingend auch in den typischerweise weniger schwerwiegenden Fällen der anderweitigen, ebenfalls versicherten Substanzeinbuße gelten. Aus dem Umstand, daß ein besonders schwerwiegender Fall des Haftungsentzugs gesetzliche Privilegierung genießt, kann nicht ohne weiteres gefolgert werden, daß Gleiches auch für den weniger schadenträchtigen Fall anzunehmen sein müsse (BGH a. a. O.). Gegen eine analoge Anwendung spricht nach Ansicht des BGH schließlich auch, „daß schwerlich einleuchtend bestimmt werden könnte, welche Arten der Gebäudeversicherung in die gesetzliche Regelung einbezogen werden sollten und welche nicht“. Nach Meinung des BGH fehlt es bei einzelnen Arten der Gebäudeversicherung – wie der Hagel- oder Glasversicherung – schon wegen der verhältnismäßig geringen in Betracht kommenden Schadenhöhe von vornherein an einer Vergleichbarkeit der Interessenlage und damit einer Analogiefähigkeit. Schließlich kann auch der oft mehr oder weniger zufällige Umstand, ob mehrere Gebäudeversicherungen in einem Vertrag gebündelt (verbunden) sind oder nicht, kein tragfähiges Abgrenzungskriterium sein. Deshalb erscheint es nach Auffassung des BGH nicht unangemessen, daß die Realkreditgläubiger nur hinsichtlich des besonders bedeutsamen und besonders gefahrenträchtigen Feuerrisikos eine Vorzugsbehandlung genießen. Daß eine Erweiterung vertretbar oder sogar wünschenswert sein könnte, reicht für eine Analogie nicht aus (BGH m. w. N. a. a. O.). Damit ist klargestellt, daß die §§ 97 bis 107 c VVG nur für die Gebäudefeuerversicherung gelten. Sie können auch in der Verbundenen Wohngebäudeversicherung nach den VGB nicht erweiternd bzw. analog auf die Leitungswasser-/Rohrbruch-, die Sturm-/Hagelversicherung oder die Versicherung weiterer Elementarschäden angewendet werden.

## 9.1 Sicherung der Verwendung der Entschädigung

Soweit es sich um die Sicherung bzw. die Zahlung der Entschädigung handelt, bietet § 99 VVG in Verbindung mit §§ 97 VVG, 14 Nr. 2 VGB 88 n. F., 15 Nr. 4 VGB 88 a. F., 7 Nr. 3 VGB 62 auch dem Realgläubiger, der sein Grundpfandrecht dem Versicherer nicht angemeldet hat, einen weitergehenden Schutz als §§ 1128, 1130 BGB. Nach § 1130 BGB genügt es, daß der Versicherer zum Zweck der Wiederherstellung an den Versicherten zahlt. Die Zahlung wirkt nur dann nicht befreiend gegen den Hypothekengläubiger, wenn es der Versicherer an dieser Zweckbestimmung fehlen läßt. Dagegen kommt es nicht darauf an, ob die Wiederherstellung gesichert ist bzw. tatsächlich erfolgt. In diesem Punkt stellt § 99 VVG den Hypothekengläubiger entscheidend besser. Für die Wirksamkeit einer Zahlung an den Versicherten gegenüber dem Hypothekengläubiger genügt es nicht, daß der Versicherer zum Zwecke der Wiederherstellung zahlt. Ausschlaggebend ist vielmehr, daß die Verwendung der Entschädigung zur Wiederherstellung tatsächlich gesichert ist. Wird eine Entschädigungszahlung geleistet, ohne daß die bestimmungsgemäße Verwendung des Geldes gesichert ist, so ist die Zahlung nach § 99 I VVG dem Hypothekengläubiger gegenüber nur wirksam, wenn ihm der Versicherer oder der VN angezeigt hat, daß ohne Sicherung geleistet werden soll, und seit dem Empfang der Anzeige ein Monat verstrichen ist. Ähnlich verhält es sich, wenn die Entschädigung nicht zur Wiederherstellung des versicherten Gebäudes verwendet werden soll. Der Versicherer kann nach § 99 II VVG in diesen Fällen erst dann mit befreiender Wirkung gegen den Hypothekengläubiger an den VN zahlen, wenn er oder der VN die Absicht, von der bestimmungsgemäßen Verwendung abzuweichen, dem Hypothekengläubiger angezeigt hat und seit dem Empfang der Anzeige ein Monat verstrichen ist. In beiden Fällen kann der Hypothekengläubiger bis zum Ablauf der Monatsfrist dem Versicherer gegenüber der Zahlung widersprechen. Die Anzeige kann unterbleiben, wenn sie untunlich ist (vgl. analog § 1128 I BGB; W 8.2).

**Hat der Hypothekengläubiger seine Hypothek angemeldet**, so wird seine Rechtsstellung durch § 100 VVG noch einmal verbessert. Leistet der Versicherer eine Zahlung, ohne daß die Verwendung zur Wiederherstellung gesichert ist, so ist die Zahlung gegenüber dem Hypothekengläubiger nur wirksam, wenn dieser schriftlich der Zahlung zugestimmt hat. Für die Sicherung der bestimmungsgemäßen Verwendung im Sinne von § 100 VVG reicht es aus, wenn angesichts der getroffenen Vorkehrungen keine vernünftigen Zweifel an der Wiederherstellung bestehen (OLG Düsseldorf VersR 96 S. 623). In allen angesprochenen Fällen kann die Unwirksamkeit einer Zahlung gegenüber dem Hypothekengläubiger dazu führen, daß der Versicherer noch einmal an den Gläubiger leisten muß. Dazu kann es nur dann nicht kommen, wenn das versicherte Gebäude wieder hergestellt ist (§ 1127 II BGB). Daneben ist zu beachten, daß die Bestimmungen der §§ 99, 100 VVG die gesamte Entschädigung für den Sachschaden betreffen, während durch §§ 14 Nr. 2 VGB 88 n. F., 15 Nr. 4 VGB 88 a. F. und 7 Nr. 3 VGB 62 lediglich der Entwertungs- bzw. Neuwertanteil erfaßt wird. In der Praxis führt dies dazu, daß die Entschädigung in den Fällen der §§ 99, 100 VVG vom Versicherer nur entsprechend dem tatsächlichen Baufortschritt bei der Wiederherstellung des Gebäudes gezahlt wird. Es zeigt sich aber auch, daß der Verzicht auf eine § 19 Nr. 3 VGB 62 entsprechende Regelung in den VGB 88 zu Nachteilen für den Hypothekengläubiger führen kann. In der Leitungswasser- und Sturmversicherung wirkt eine Zahlung bis zur Höhe des Zeitwertschadens gegenüber dem Hypothekengläubiger sogar dann befreiend, wenn die bestimmungsgemäße Verwendung des Geldes zur Wiederherstellung des versicherten Gebäudes nicht gesichert ist. Ins Gewicht fallende praktische Auswirkungen folgen daraus jedoch nicht, weil Sturm- oder Leitungswasserschäden zumeist Teilschäden sind, die die Substanz des versicherten Gebäudes und damit die Sicherheit des Realkredits in der Regel nicht entscheidend beeinträchtigen (vgl. W 9).

## Weitergehende Sicherung der Realgläubiger 9.2

Die einschlägigen BGB-Bestimmungen und §§ 97 bis 100 VVG regeln das Schicksal der Entschädigungsforderung, die der Versicherte gegen den Gebäudeversicherer aufgrund eines Schadens an einem Gebäude hat, das mit einer Hypothek, einer Grund- oder Rentenschuld oder einer Reallast belastet ist. Die Realgläubiger haben neben der Sicherung einer möglichen Entschädigungsforderung jedoch weitergehende Sicherheitsinteressen. Sie möchten sicherstellen, daß generell ein Entschädigungsanspruch entsteht. Dies wiederum setzt voraus, daß eine **Gebäudeversicherung abgeschlossen und aufrecht erhalten wird**. Daneben haben die Realgläubiger ein berechtigtes Interesse daran, daß der Versicherungsschutz im Hinblick auf die Sicherung des Realkredits nicht durch ein Fehlverhalten des VN gefährdet bzw. beseitigt wird. Diesen weitergehenden Sicherungsinteressen der Realgläubiger tragen die §§ 101 bis 107 VVG Rechnung.

**Hat der Hypothekengläubiger seine Hypothek angemeldet**, so muß ihm der Versicherer nach § 101 I VVG unverzüglich schriftlich mitteilen, wenn der VN **einen Folgebeitrag nicht rechtzeitig gezahlt** hat und der Versicherer die nach § 39 VVG vorgesehene Frist bestimmt hat. Weiterhin hat der Versicherer den Hypothekengläubiger zu informieren, wenn der Vertrag nach Ablauf der Frist nach § 39 III VVG gekündigt wird. Dadurch soll der Hypothekengläubiger in die Lage versetzt werden, den VN zur Zahlung des Beitrags bzw. zur Fortsetzung des Versicherungsvertrages zu bewegen. Der Versicherer ist nicht verpflichtet, den Hypothekengläubiger zu benachrichtigen, wenn der VN den Erstbeitrag nicht zahlt. 9.2.1

Nach § 101 II VVG ist der Versicherer weiterhin verpflichtet, den Hypothekengläubiger **über den Eintritt eines Versicherungsfalls schriftlich zu informieren**. Die Mitteilung hat binnen einer Woche nach Kenntnis vom Eintritt des Versicherungsfalls durch den Versicherer zu erfolgen. Auf die Mitteilung kann verzichtet werden, wenn der Schaden unbedeutend ist.

Erhebliche praktische Bedeutung hat § 102 VVG. Danach haftet der Gebäudefeuerversicherer gegenüber dem Hypothekengläubiger auch dann, **wenn er wegen des Verhaltens des VN von der Verpflichtung zur Leistung frei ist**. Dadurch verschlechtert sich die Risikolage für den Versicherer. Er übernimmt gegenüber dem Hypothekengläubiger insbesondere den Teil des subjektiven Risikos, der vertraglich ausgeschlossen ist. Der Hypothekengläubiger hat einen Anspruch auf Entschädigung selbst dann, wenn der VN 9.2.2

einen Schaden vorsätzlich oder grob fahrlässig herbeigeführt hat. § 102 VVG begründet einen eigenständigen Entschädigungsanspruch.

Durch die nachfolgend aufgeführte **Rechtsprechung** wird das bestätigt. Ein anhängiges Ermittlungsverfahren gegen den VN wegen Brandstiftungsverdachts berechtigt den Versicherer wegen § 102 VVG nicht zur Aufschiebung der Zahlung gegenüber dem Grundschuldgläubiger, soweit sich die Grundschulden auf die Entschädigungsforderung erstrecken. Zahlt der Feuerversicherer im Hinblick auf § 102 VVG an einen Grundpfandrechtsgläubiger, vereinbart er mit diesem jedoch einen Rückzahlungsvorbehalt, so kann das der Erfüllungswirkung entgegenstehen (BGH VersR 91 S. 331 und r+s 91 S. 100). Der auf eigenes Recht gestützte Anspruch des VN, die Versicherungsleistung an den Grundpfandgläubiger zu zahlen, kann nicht mit der Begründung abgewiesen werden, neben einem Anspruch aus § 102 VVG entfalle die persönliche Forderung des VN. Der Grundpfandgläubiger kann seine Rechte aus § 102 VVG von vornherein geltend machen, d. h. ohne zunächst abwarten zu müssen, ob sich in einem Prozeß des VN gegen den Versicherer die behauptete Leistungsfreiheit des Versicherers erweist. Der Anspruch aus § 102 VVG und der versicherungsvertragliche Entschädigungsanspruch können nebeneinander geltend gemacht werden (OLG Düsseldorf r+s 88 S. 21). Es ist dem Versicherer auch verwehrt, sich gegenüber dem Realgläubiger darauf zu berufen, daß er dem VN gegenüber berechtigt ist, die Zahlung der Entschädigung aufzuschieben. Auch kann er bei vorsätzlicher Herbeiführung des Versicherungsfalls durch den VN gegenüber dem Realgläubiger nicht einwenden, er habe Regreßansprüche gegen den VN, mit denen gegenüber dem Anspruch des Grundschuldgläubigers die Aufrechnung möglich sei. Bei einem Leistungsanspruch aus §§ 102 I Satz 1, 107 b VVG braucht sich ein Grundschuldgläubiger nicht auf eine vorrangige Verwertung des Grundstücks verweisen zu lassen (LG Köln r+s 86 S. 290). § 102 VVG ist auch auf am Erbbaurecht bestellte Grundschulden anwendbar (OLG Hamburg VersR 96 S. 1141 und r+s 96 S. 363). Jedoch kann der Gläubiger einer Sicherungsgrundschuld den Anspruch nach §§ 102 I Satz 1, 107 b VVG nur geltend machen, soweit das erforderlich ist, um die durch die Grundschuld gesicherte Forderung zu befriedigen. Der Gläubiger einer Sicherungsgrundschuld kann ebenso wie der Hypothekengläubiger einen Anspruch aus § 102 I Satz 1 VVG maximal in Höhe der ihm zustehenden gesicherten Forderung einschließlich Zinsen und Kosten haben. Den Erlös, den der Gläubiger einer Sicherungsgrundschuld aufgrund einer Versteigerung des Grundstücks erhalten hat, muß er sich auf den Anspruch nach §§ 102 I Satz 1, 107 b VVG anrechnen lassen (OLG Saarbrücken r+s 97 S. 511; vgl. die vorhergehenden Entscheidungen: LG Saarbrücken r+s 95 S. 111; OLG Saarbrücken VersR 96 S. 971 und r+s 95 S. 277; BGH VersR 97 S. 570 und r+s 97 S. 119).

Es bestätigt sich, daß die Haftung des Gebäudeversicherers durch § 102 VVG zu seinem Nachteil verändert wird. Das gilt nach § 102 I Satz 2 VVG analog in den Fällen, in denen der Versicherer nach dem Eintritt des Versicherungsfalls vom Vertrag zurücktritt oder den Vertrag anficht. Die erweiterte Haftung gegenüber dem Hypothekengläubiger nach § 102 I Satz 1 VVG findet nach § 102 II Satz 1 VVG keine Anwendung, wenn der Versicherer leistungsfrei ist, weil der Beitrag nicht gezahlt ist. Eine Ausnahme gilt, wenn der Hypothekengläubiger seine Hypothek angemeldet hat. Die Verpflichtung des Versicherers gegenüber dem Hypothekengläubiger bleibt dann unter den in § 102 II Satz 2 VVG geregelten Voraussetzungen bestehen.

9.2.3 Durch § 103 VVG wird die Haftung des Versicherers gegenüber dem Realgläubiger über § 102 VVG hinaus ausgedehnt. Die Rechtsstellung des Realgläubigers wird weiter verbessert. In § 103 VVG ist jedoch generell vorausgesetzt, daß der Gläubiger seine

Rechte beim Versicherer angemeldet hat. Trifft dies zu, so **wirkt eine Kündigung, ein Rücktritt, ein Fristablauf oder eine sonstige Tatsache**, welche die Beendigung des Versicherungsverhältnisses zur Folge hat, **gegenüber dem Hypothekengläubiger erst mit dem Ablauf von drei Monaten**, nachdem er davon Kenntnis genommen hat. Dies gilt nur dann nicht, wenn der Vertrag wegen unterbliebener Beitragszahlung durch Rücktritt oder Kündigung des Versicherers endet, oder wenn er mit Zustimmung des Hypothekengläubigers durch den VN gekündigt wird. Weiterhin sind nach § 103 II VVG Einschränkungen des Haftungsumfangs (Verminderung der Versicherungssumme oder des Umfangs der versicherten Gefahren) gegenüber dem Realgläubiger unwirksam. Das gilt auch für die nachträgliche Aufhebung einer vereinbarten Wiederherstellungsklausel. Auch die Nichtigkeit des Versicherungsvertrags wirkt gegenüber dem Realgläubiger erst nach Ablauf von drei Monaten, nachdem er von der Nichtigkeit Kenntnis erlangt hat.

Die nachteiligen Auswirkungen der §§ 102, 103 VVG für den Versicherer werden durch 9.2.4
§ 104 VVG abgeschwächt. **Soweit der Versicherer** aufgrund der Vorschriften von §§ 102, 103 VVG **den Hypothekengläubiger befriedigt, geht die Hypothek danach auf ihn über**. Der Übergang der Hypothek kann jedoch nicht zum Nachteil eines gleich- oder nachstehenden Hypothekengläubigers geltend gemacht werden, dem gegenüber die Verpflichtung des Versicherers zur Leistung bestehen geblieben ist. Der Übergang der Hypothek (Grundschuld) bringt es mit sich, daß der Realgläubiger Zug um Zug gegen Zahlung eine entsprechende Grundbuchberichtigung bewilligen muß, und zwar unabhängig davon, ob dem Versicherer gegen den VN Regreßansprüche zustehen. Ein Anspruch auf Abtretung der gegen den VN gerichteten Kreditforderung des Realgläubigers steht dem Versicherer jedoch nicht zu (LG Köln r+s 86 S. 290). Durch den Übergang der Hypothek wird die mit §§ 102, 103 VVG einhergehende Risikoerschwerung für den Versicherer nicht kompensiert. Nach allgemeiner Erfahrung ist es unter den angenommenen Voraussetzungen außerordentlich schwierig, die entsprechenden Forderungen einzubringen. Gerade darauf dürfte es zurückzuführen sein, daß die §§ 102, 103 VVG im Interesse der Realgläubiger geschaffen wurden.

Durch § 105 VVG wird die Stellung des Realgläubigers noch einmal wesentlich verbes- 9.2.5
sert. Der Versicherer ist danach verpflichtet, in den Fällen des § 102 II Satz 2, § 103 VVG den Vertrag fortzusetzen oder für das Interesse des Hypothekengläubigers eine sog. **Hypothekeninteresseversicherung** abzuschließen. Voraussetzung ist, daß der Hypothekengläubiger dies bis zum Ablauf der in §§ 102, 103 VVG bezeichneten Fristen schriftlich beim Versicherer beantragt und sich zur Zahlung des Beitrags verpflichtet. Dieser sog. Kontrahierungszwang, der den Versicherer verpflichtet, einen entsprechenden Antrag des Realgläubigers anzunehmen, ist jedoch nach § 105 Satz 2 VVG auf die Versicherung des Gläubigerinteresses beschränkt.

Hat der Hypothekengläubiger seine Hypothek angemeldet, so ist die **Kündigung des** 9.2.6
**Versicherungsvertrages durch den VN nur unter bestimmten Voraussetzungen möglich.** Nach § 106 VVG ist eine Kündigung durch den VN nur wirksam, wenn dieser mindestens einen Monat vor Ablauf des Vertrages nachgewiesen hat, daß in dem Zeitpunkt, in dem die Kündigung spätestens zulässig war, das Grundstück nicht (mehr) mit der Hypothek belastet war, oder daß der Hypothekengläubiger der Kündigung zugestimmt hat. Der Hypothekengläubiger darf die Zustimmung nach § 106 II VVG nicht ohne ausreichenden Grund verweigern. Den Versicherern empfiehlt das BAV, die VN in einschlägigen Fällen auf die Erfordernisse des § 106 VVG hinzuweisen und ihnen dabei auch die einzelnen Realrechtsgläubiger zu nennen (VerBAV 75 S. 112). Die angesprochenen Regelungen haben insbesondere Bedeutung bei einer Kündigung des Vertrages durch den VN nach einem Versicherungsfall (vgl. X 2.1 und 3).

# X Rechtsverhältnis nach dem Versicherungsfall

## 1 Unverminderte Versicherungssumme

Nach §§ 19 Nr. 1 VGB 88 n. F., 24 Nr. 1 VGB 88 a. F., 20 Nr. 1 VGB 62 vermindert sich die Versicherungssumme nicht dadurch, daß eine Entschädigung geleistet wird. Die Versicherungssumme in der Wohngebäudeversicherung wird durch den Eintritt eines Versicherungsfalls nicht berührt. Theoretisch kann die Versicherungssumme in demselben Versicherungsjahr mehrfach als Entschädigung beansprucht werden. Sie steht nach einem Schaden für weitere Versicherungsfälle in demselben Versicherungsjahr in voller Höhe zur Verfügung, ohne daß sie wieder aufgefüllt werden muß. Infolgedessen besteht in der Gleitenden Neuwertversicherung ununterbrochen betragsmäßig unbegrenzte Haftung für jeden Versicherungsfall.

Nach **§ 95 Satz 1 VVG** haftet der Versicherer nach dem Eintritt eines Versicherungsfalls für den durch einen späteren Versicherungsfall verursachten Schaden nur bis zur Höhe des Restbetrags der Versicherungssumme. Dem liegt die Überlegung zugrunde, daß **die Versicherungssumme je Versicherungsperiode nur einmal zur Verfügung steht.** Durch die Zahlung einer Entschädigung wird die anteilige Versicherungssumme und der ihr entsprechende anteilige Betrag des Jahresbeitrags in Höhe des gezahlten Entschädigungsbetrags verbraucht. In den älteren AVB Sach wurden die VVG-Regelungen im Prinzip beibehalten. So bestimmt § 20 Nr. 1 VGB 62 a. F., daß sich vom Schadentag an die Versicherungssumme für den Rest der Versicherungsperiode um den Betrag der Entschädigung vermindert. Für spätere Versicherungsperioden wird jedoch in Satz 2 der angesprochenen Bestimmung festgelegt, daß wieder die ursprüngliche Versicherungssumme und der ursprüngliche Beitrag gelten, wenn sich nicht aus den Umständen etwas anderes ergibt. Die jetzige Regelung wurde 1984 im Zuge der Anpassung der AVB Sach an das AGBG eingeführt. Sie ist für den VN uneingeschränkt von Vorteil. Auch die VGB 62 wurden entsprechend angepaßt.

Hauptmotiv für die von § 95 VVG abweichende Regelung in den VGB waren die unüberbrückbaren Schwierigkeiten bei der praktischen Umsetzung von § 95 VVG. Danach ist der VN gezwungen, die Versicherungssumme für den Rest des laufenden Versicherungsjahres wieder aufzufüllen (den Entschädigungsbetrag nachzuversichern), sobald er die versicherten Sachen wiederbeschafft bzw. wiederaufgebaut hat. Füllt er die Versicherungssumme nicht auf, so läuft er Gefahr, in die Unterversicherung zu geraten. Dieses Verfahren ist in der Wohngebäudeversicherung nicht praktikabel und unwirtschaftlich. Deshalb wurde auch in der Wohngebäudeversicherung nach den VGB 62 a. F. in den meisten Fällen auf die Nachversicherung des Entschädigungsbetrages verzichtet, ohne daß bei einem weiteren Schaden in demselben Versicherungsjahr eine Unterversicherung angerechnet wurde. In der Gleitenden Neuwertversicherung bereitet die praktische Umsetzung von § 20 Nr. 1 Satz 1 VGB 62 a. F. daneben auch theoretische Probleme. Nach dem Wortlaut dieser Bestimmung „vermindert sich die Versicherungssumme für den Rest der Versicherungsperiode um den Betrag der Entschädigung". Das nachfolgende Beispiel belegt, daß die wörtliche Auslegung dieser Regelung zu unklaren bzw. unhaltbaren Ergebnissen führt:

| | |
|---|---|
| Versicherungssumme 1914 | 25.000 M |
| Versicherungswert 1914 | 25.000 M |
| Entschädigung | 25.000,– DM |

Versicherungssumme einerseits und Entschädigung andererseits werden in den verschiedenen Wertgrößen M bzw. DM ausgedrückt. Einen Umrechnungsfaktor nennen die VGB 62 bzw. die SGIN 79 a nicht. Werden M und DM gleichgesetzt, so bestünde nach dem Wortlaut von § 20 Nr. 1 Satz 1 VGB 62 a. F. vom Schadentag an bis zum Ende des laufenden Versicherungsjahres keine Haftung mehr. Dieses Ergebnis ist sachlich ungerechtfertigt. Es ist durch Auslegung dahin gehend zu korrigieren, daß die Versicherungssumme 1914 generell um den Betrag gekürzt wird, der sich ergibt, wenn der Betrag der Entschädigung durch den für das laufende Versicherungsjahr geltenden mittleren Baupreisindex dividiert wird. Auf diese Weise wird sichergestellt, daß die Haftung bzw. die Versicherungssumme 1914 für das laufende Versicherungsjahr im Verhältnis gezahlter Beitrag zu verbrauchtem Beitrag gekürzt wird. Diese Betrachtung hat indessen für die Wohngebäudeversicherung nach den VGB nur noch theoretischen Charakter.

Die Überlegungen zur Neuordnung der Bestimmungen über das Schicksal der Versicherungssumme nach dem Eintritt eines Versicherungsfalls wurden auch durch ein Urteil des BGH zu § 19 Nr. 1 VHB 74 a. F. gestützt. Der BGH hat § 19 Nr. 1 VHB 74 a. F. insoweit als überraschende Klausel im Sinne von § 3 AGBG und damit als unwirksam eingestuft, soweit eine Versicherungsleistung in einer der versicherten Schadensparten zu einer Verminderung der Versicherungssumme für sämtliche im Rahmen der Verbundenen Hausratversicherung versicherten Risiken führt (BGH VersR 85 S. 129, VerBAV 85 S. 139). Nach Auffassung des BGH ist es dagegen dem Versicherer nicht versagt, sich auf den teilweisen Verbrauch der Versicherungssumme zu berufen, wenn sich dieselbe versicherte Gefahr innerhalb eines Versicherungsjahres mehrfach verwirklicht. Dieses Urteil läßt sich auf die Wohngebäudeversicherung nach den VGB 62 a. F. übertragen. Es bedeutet konkret, daß z. B. durch die Leistung einer Entschädigung für einen Leitungswasserschaden die Versicherungssumme für die Gefahrengruppe Leitungswasser in der laufenden Versicherungsperiode entsprechend vermindert wird, während die Versicherungssumme für die versicherten Gefahrengruppen Feuer und Sturm unverändert bestehen bleibt. Dem Versicherer ist die Berufung auf den teilweisen Verbrauch der Versicherungssumme generell jedoch nur erlaubt, „wenn er nach Eintritt des ersten Versicherungsfalls den VN über die Auswirkungen der Entschädigungsleistung auf den Versicherungsschutz in der betreffenden Risikosparte während der laufenden Versicherungsperiode und die Möglichkeit einer Nachversicherung belehrt hat“ (BGH a. a. O.). Das zitierte BGH-Urteil hat wesentlich dazu beigetragen, daß alle AVB Sach in den angesprochenen Punkten angepaßt wurden und nunmehr inhaltlich den dargestellten Regelungen in den VGB entsprechen.

## Herabsetzung der Versicherungssumme wegen Überversicherung 1.1

Die vertraglich vereinbarte Versicherungssumme wird durch den Eintritt eines Versicherungsfalls überhaupt nicht beeinflußt. Sie gilt unverändert nicht nur für das laufende Versicherungsjahr, sondern auch für die nachfolgenden Versicherungsjahre. Jedoch hat der VN das Recht, nach einem Versicherungsfall eine Herabsetzung der Versicherungssumme wegen Überversicherung nach § 51 I VVG zu verlangen (ebenso Prölss/Martin § 95 RN 8). Übersteigt die Versicherungssumme den Versicherungswert erheblich, so kann sowohl der Versicherer als auch der VN verlangen, daß zur Beseitigung der Überversicherung die Versicherungssumme, unter verhältnismäßiger Minderung des Beitrags mit sofortiger Wirkung, herabgesetzt wird. Von dieser Möglichkeit wird der VN bei größeren Teilschäden an versicherten Gebäuden Gebrauch machen, wenn der Wiederaufbau oder die Reparatur mit erheblicher Zeitverzögerung durchgeführt wird. Am nachfolgenden Beispiel wird das verdeutlicht.

Es besteht ein Wohngebäudeversicherungsvertrag mit folgenden Vertragsdaten: Versicherungssumme 1914: 50.000 M; Jahresbeitrag: 880,– DM; Beitragsfälligkeit: 1. 1. Am 1. 4. 1998 tritt ein Brandschaden ein. Es wird eine Sachschadenentschädigung (ohne Kosten- und Mietausfallschaden) von 500.000,– DM festgestellt. Dieser Entschädigungsbetrag wird zunächst nach der Formel

$$\frac{\text{Entschädigung DM} \times 100}{\text{Mittlerer Baupreisindex}}$$

auf das Preisniveau des Jahres 1914 zurückgerechnet. Der mittlere Baupreisindex für das Jahr 1998 steht erst im Folgejahr fest. Daher wird für die Umrechnung der mittlere Baupreisindex des Vorjahres 1997 herangezogen. Es ergibt sich folgende Berechnung:

$$\frac{500.000,\text{– DM} \times 100}{2033} = 24.594,\text{– DM}$$

Die Versicherungssumme 1914 wird infolgedessen ab 1. 4. 1998 auf 50.000 M ./. 24.594,– M = 25.406 M herabgesetzt. Der zeitanteilige Beitrag von 660,– DM für die Zeit vom 1. 4. 1998 bis 1. 1. 1999 mindert sich im Verhältnis 24.594 : 50.000 =

$$\frac{660,\text{– DM} \times 24.594}{50.000} = 324,64 \text{ DM}$$

Dieser Betrag wird dem VN erstattet. Die Versicherungssumme 1914 von 25.406 M gilt ohne weiteres auch für künftige Versicherungsjahre. Wird das Gebäude im Jahr 1999 wieder hergestellt, so muß der VN die Erhöhung der Versicherungssumme beantragen.

## 1.2 Interessewegfall

Wird das versicherte Gebäude durch einen Versicherungsfall total zerstört, so regelt sich das Schicksal des Beitrags nach § 68 IV VVG. Das versicherte Interesse ist weggefallen (BGH VersR 92 S. 1221 und r+s 92 S. 381). Dem Versicherer gebührt der Beitrag für die laufende Versicherungsperiode. Das gilt nicht, wenn Restwerte vorhanden sind, die bei einem späteren Wiederaufbau des versicherten Gebäudes wieder verwendet werden können (vgl. BGH VersR 88 S. 925 und r+s 88 S. 274). Ein nach § 68 II VVG zur Vertragsbeendigung führender Interessewegfall liegt nur dann vor, wenn ein versicherbares Interesse auf Dauer unter keinen Gesichtspunkten mehr gegeben ist. Eine Verringerung der Gefahr reicht nicht aus. Sind die Fundamente und eine Wand des versicherten Gebäudes nach einem Brand noch erhalten, so hat sich das versicherte Risiko nur vermindert. Für diesen Teil des Gebäudes wäre nach dem Brand ohne weiteres ein weiterer Versicherungsfall denkbar (OLG Hamm VersR 99 S. 50). Der VN kann nach dem Versicherungsfall Herabsetzung der Versicherungssumme und Minderung des Beitrags nach § 51 VVG verlangen (vgl. X 1.1). Es wird deutlich, daß durch die Abweichung von § 95 VVG in den VGB zu Gunsten des VN im Grenzbereich zwischen großen Teilschäden und Totalschäden im Hinblick auf das Schicksal des Beitrags unausgewogene Ergebnisse eintreten.

Sie können in den VGB 88 n. F. abgeschwächt werden, wenn die Wohngebäudeversicherer den vom GDV empfohlenen Text-Baustein 12 für den Allgemeinen Teil der AVB übernehmen. Danach endet der Vertrag zu dem Zeitpunkt, zu dem der Versicherer davon Kenntnis erhält, daß das versicherte Interesse nach dem Beginn der Versicherung weggefallen ist. In diesem Fall steht dem Versicherer der Beitrag zu, den er hätte erheben können, wenn die Versicherung nur bis zum Zeitpunkt der Kenntniserlangung beantragt worden wäre. Dasselbe gilt, wenn das versicherte Interesse weggefallen ist, weil der Versicherungsfall eingetreten ist. Der Beitrag, den der Versicherer hätte erheben können, wenn die Versicherung nur bis zum Zeitpunkt des Eintritts des Versicherungsfalls beantragt worden wäre, ist der Beitrag nach dem sog. Kurztarif des Versicherers. Der Kurztarif wird für unterjährige Verträge mit einer Laufzeit von weniger als 12 Monaten angewendet. Kurztarife verlaufen nicht zeitproportional, sondern sind in der Regel in Schritten von einem Monat in der Weise gestaffelt, daß für den ersten Monat ein Beitrag von 15 % bis 20 % des Jahresbeitrags berechnet wird. Für jeden weiteren Monat erhöht sich dieser Basisbeitrag um wechselnde Prozentsätze, die zwischen 5 % und 10 % des Jahresbeitrags liegen. Die Kurztarife der Versicherer sind unterschiedlich. Im allgemeinen wird jedoch der volle Jahresbeitrag bei einer Vertragslaufzeit zwischen 9 und 11 Monaten erreicht. Durch den Text-Baustein 12 wird zu Gunsten des VN von § 68 IV VVG abgewichen. Derzeit ist jedoch noch nicht zu übersehen, ob die Wohngebäudeversicherer diesen Baustein in den Allgemeinen Teil ihrer unternehmensindividuellen VGB übernehmen werden.

## Kündigungsrecht 2

In Anlehnung an § 96 I VVG bestimmen §§ 19 Nr. 2 VGB 88 n. F., 24 Nr. 2 Abs. 1 VGB 88 a. F., 20 Nr. 2 Abs. 1 VGB 62, daß der Versicherer oder der VN den Versicherungsvertrag nach dem Eintritt eines Versicherungsfalls kündigen können. Durch das Kündigungsrecht wird die Bindungswirkung langfristiger Wohngebäudeversicherungsverträge für beide Vertragsparteien wesentlich abgeschwächt. In der Wohngebäudeversicherung werden in der Regel weiterhin langjährige Verträge abgeschlossen. Zwar wurde die maximale Bindung durch die Neufassung von § 8 III VVG in der Fassung vom 21. 7. 1994 von davor 10 Jahren auf nunmehr 5 Jahre verkürzt (vgl. M 5.1). Versicherer und VN sollen jedoch weiterhin die Möglichkeit haben, langfristige Vertragsverhältnisse vorzeitig zu lösen, wenn sich im Versicherungsfall herausstellt, daß die Erwartungen und Anforderungen, die ein Vertragspartner an den anderen Vertragspartner stellt, sich nicht einstellen bzw. nicht realisieren lassen. An der vorzeitigen Beendigung eines langfristigen Vertrages können beide Parteien interessiert sein. Der Versicherer hat daran ein Interesse, wenn z. B. innerhalb kurzer Zeit mehrere Schäden anfallen oder sich im Versicherungsfall herausstellt, daß kurzfristig mit weiteren Schäden zu rechnen ist. Der VN möchte das Vertragsverhältnis dann vorzeitig lösen, wenn die Schadenregulierung langwierig ist, der Versicherer kleinlich reguliert oder überhöhte Anforderungen an den Schadennachweis stellt. Im allgemeinen kündigen VN aus Anlaß des Versicherungsfalls weitaus häufiger als Versicherer. Dies liegt u. a. daran, daß im Zuge des verschärften Wettbewerbs die Schadenfallkündigung als Möglichkeit zum Versichererwechsel mehr und mehr genutzt wird.

## 2.1 Versicherungsfall

Nach dem Eintritt eines Versicherungsfalls kann der Versicherer oder der VN den Versicherungsvertrag kündigen. Der Begriff Versicherungsfall ist in den VGB in diesem Zusammenhang nicht definiert. Maßgebend ist daher der in der Wohngebäudeversicherung allgemein geltende Begriff des Versicherungsfalls. Danach ist Versicherungsfall die Zerstörung, die Beschädigung oder das Abhandenkommen von versicherten Sachen durch eine versicherte Gefahr im Versicherungsort während der materiellen Dauer des Versicherungsschutzes (vgl. D 1.1). Es genügt, daß ein Ereignis eingetreten ist, das nach dieser Definition objektiv unter die Haftung des Versicherers fällt. So beseitigt nach übereinstimmender Auffassung Leistungsfreiheit aus subjektiven Gründen wie z. B. Verletzung der vorvertraglichen Anzeigepflicht, Nichtanzeige einer Gefahrerhöhung, Verletzung von Sicherheitsvorschriften, Obliegenheitsverletzungen im Versicherungsfall oder arglistige Täuschung das Kündigungsrecht nicht. Das gilt auch für Schäden die unterhalb eines vereinbarten Selbstbehalts liegen. Dagegen besteht nach der herrschenden Meinung kein Kündigungsrecht, wenn der Versicherungsfall durch Vorsatz oder grobe Fahrlässigkeit des VN herbeigeführt wurde (Prölss/Martin § 96 RN 10, Martin L II 19 und Ollick, VerBAV 81 S. 44). Nach Auffassung von Römer/Langheid ist das aufgrund der dargestellten Auffassung „entstehende Durcheinander“ abzulehnen (§ 96 RN 13). Dort wird insbesondere die Meinung vertreten, daß ein Kündigungsrecht auch entsteht, wenn der VN einen Versicherungsfall vorsätzlich oder grob fahrlässig herbeiführt oder fingiert. Umgekehrt soll entgegen der herrschenden Meinung kein Kündigungsrecht entstehen, wenn der Schaden unterhalb des Selbstbehalts liegt (Römer/Langheid a. a. O.). Das Durcheinander ist vollendet. Folgte man dieser Auffassung, so würde durch einen vom VN fingierten Schaden ein Kündigungsrecht entstehen, wenn weder ein Versicherungsfall noch überhaupt ein Schaden eingetreten ist. Umgekehrt würde nach einem Versicherungsfall nur deswegen kein Kündigungsrecht entstehen, weil der Schaden bzw. die Entschädigung unterhalb des Selbstbehalts liegt.

Dem kann nicht zugestimmt werden. Dennoch sind die Verfasser der VGB 88 n. F. der Auffassung von Römer/Langheid teilweise gefolgt und schließen das Kündigungsrecht nach § 19 Nr. 2 VGB 88 n. F. aus, wenn die Höhe des Schadens unterhalb des vereinbarten Selbstbehalts liegt. Es soll auf die Höhe des Schadens ankommen. Dagegen wirkt der Selbstbehalt auf die Entschädigung (den als entschädigungspflichtig errechneten Betrag; vgl. J 7). Die wörtliche Auslegung der zitierten Regelung in den VGB 88 n. F. führt nun dazu, daß der VN auch dann ein Kündigungsrecht hat, wenn der Schadenbetrag über dem Selbstbehaltsbetrag, die errechnete Entschädigung jedoch z. B. wegen Unterversicherung unter dem Betrag des Selbstbehalts liegt. Abgesehen davon stellt sich nun die Frage, ob diese Regelung eine Abweichung von § 96 VVG ist, die den VN unangemessen benachteiligt und infolgedessen wegen § 9 Abs. 2 Nr. 1 und Nr. 2 AGBG unwirksam ist. Im Streitfall wird ein VN vortragen, er habe die Auswirkungen der vereinbarten Selbstbehaltsregelung bei Vertragsabschluß falsch eingeschätzt, zumal er über die schwer verständliche vertragliche Bestimmung nicht ausreichend aufgeklärt worden sei. Infolgedessen seien seine Erwartungen an die Leistungen des Versicherers im Schadenfall enttäuscht worden, so daß er das langfristige Vertragsverhältnis lösen möchte. Dieser Argumentation wird sich wohl ein Gericht kaum verschließen.

Unklar ist, ob ein **Kündigungsrecht auch dann entsteht, wenn der VN für einen (behaupteten) ersatzpflichtigen Versicherungsfall keine Entschädigung beansprucht.** Diese Fälle sind abweichend von den VGB 62 a. F. im Bedingungswortlaut der neueren VGB nicht mehr geregelt. Nach § 20 Nr. 2 Satz 3 VGB 62 a. F. ist eine Kündigung auch dann zulässig, wenn für einen ersatzpflichtigen Versicherungsfall keine Entschädigung beansprucht wird. Dabei ist jedoch vorausgesetzt, daß der Versicherungsfall nicht länger als ein Jahr zurückliegt. Im Zuge der Anpassung der AVB Sach an das AGBG im Jahr 1984 wurde diese Bestimmung ersatzlos gestrichen. Dadurch entstanden erhebliche Schwierigkeiten bei der Auslegung von § 20 Nr. 2 VGB 62, wenn der VN für einen ersatzpflichtigen Schaden keine Entschädigung beanspruchte. Die herrschende Meinung ist aber davon ausgegangen, daß der VN weiterhin zur Kündigung berechtigt ist, wenn er für einen (behaupteten) ersatzpflichtigen Versicherungsfall keine Entschädigung beansprucht. Aufgrund der Neufassung der Bestimmungen über das Kündigungsrecht nach Eintritt eines Versicherungsfalls ist auf den ersten Blick zweifelhaft, ob dies auch für die Wohngebäudeversicherung nach den VGB 88 gilt. Aus dem Wortlaut von §§ 19 Nr. 2 VGB 88 n. F., 24 Nr. 2 Abs. 2 VGB 88 a. F. folgt indessen, daß ein Kündigungsrecht nur dann entstehen soll, wenn eine Entschädigung gezahlt oder ein Entschädigungsanspruch abgelehnt wird. Lediglich in diesen Fällen läßt sich auch eine Kündigungsfrist überhaupt berechnen. Infolgedessen entsteht in der Wohngebäudeversicherung nach den VGB 88 nach dem Eintritt eines Versicherungsfalls kein Kündigungsrecht, wenn der VN keine Entschädigung beansprucht.

## Mehrere Verträge 2.2

Das außerordentliche Kündigungsrecht entsteht nach dem Wortlaut der VGB für „den Versicherungsvertrag", d. h. für den Vertrag, zu dem der Versicherungsfall eingetreten ist. Andere Wohngebäudeversicherungsverträge, die derselbe VN bei demselben Versicherer abgeschlossen hat, bleiben unberührt. Die Kündigung gilt jedoch für alle Gefahrengruppen. Die Wohngebäudeversicherung ist eine verbundene Versicherung, in der mehrere versicherte Gefahren zu einem einheitlichen Vertrag zusammengefaßt sind (vgl. III.1). Es ist nicht möglich, lediglich die Gefahrengruppe „herauszukündigen", zu der ein Schaden angefallen ist. Das Kündigungsrecht erstreckt sich jedoch nicht auf sonstige Versicherungsverträge (z. B. Hausrat, Haftpflicht, Glas), die in demselben Versicherungsschein mit der Wohngebäudeversicherung gebündelt sind. Die angebündelten Verträge sind rechtlich selbständig. Das gilt auch für die Versicherung weiterer Elementargefahren (vgl. J 2). Tritt ein Versicherungsfall zu einem Vertrag ein, so hat dies keine Auswirkungen auf die übrigen Verträge. Es fragt sich allerdings, ob dies auch dann noch gilt, wenn die Versicherer künftig bei derartigen Bündelungen einen einheitlichen Allgemeinen Teil der AVB mit den besonderen spartenspezifischen Teilen von AVB verbinden.

## Mehrere VN 2.3

Wurde ein gemeinsamer Vertrag mit mehreren VN geschlossen, so kann der Vertrag durch die mehreren VN auch nur gemeinsam gekündigt werden. Eine Kündigung durch einen VN ist unwirksam. In der Wohngebäudeversicherung kommen derartige Fälle häufig vor, wenn z. B. beide Ehepartner Eigentümer des versicherten Wohngebäudes sind. Ist dagegen nur ein Ehepartner VN, so kann er den Vertrag auch ohne Zustimmung des anderen Ehepartners ohne weiteres kündigen. Schwierigkeiten treten bei Verträgen mit einer Gemeinschaft von Wohnungseigentümern auf. Sind alle Wohnungseigentümer VN, so kann der Vertrag nur durch die Gemeinschaft der Wohnungseigentümer gemeinsam gekündigt werden (vgl. U 8 sowie L 4.1.1). Das gilt entsprechend, wenn die Wohnungseigentümergemeinschaft einen Verwalter bestellt hat. Auch dann sind Kündigungen durch den Verwalter nur wirksam, wenn sie auf einem einstimmigen Beschluß aller

Wohnungseigentümer beruhen und der Verwalter eine Vollmacht aller Wohnungseigentümer vorlegt, die ihn zur Kündigung des Vertrages berechtigt. Allerdings ist diese Rechtsfrage umstritten (vgl. VerBAV 84 S. 442). So hat das AG Karlsruhe (VersR 80 S. 820) die Ansicht vertreten, daß der Verwalter den Versicherungsvertrag auch ohne Beschluß der Eigentümerversammlung zum Zweck der Umdeckung kündigen kann. Dagegen setzt nach einem Urteil des LG Berlin die Kündigung von Versicherungsverträgen, welche das Feuer- oder das Haftungsrisiko einschließen, durch der Verwalter einen Beschluß der Wohnungseigentümergemeinschaft voraus (VersR 86 S. 698). Das Gericht hat die Frage offengelassen, ob dabei ein Mehrheitsbeschluß nach § 25 WEG ausreicht oder eine einstimmige Entschließung zu fordern ist. Die Versicherer werden in der Regel eine Kündigung nur dann anerkennen, wenn der Verwalter eine qualifizierte Vollmacht vorlegt und einen einstimmigen Beschluß der Wohnungseigentümergemeinschaft nachweist.

## 2.4 Sicherung des Realkredits

Besonderheiten sind bei Gebäuden zu beachten, die mit Hypotheken, Reallasten, Grund- oder Rentenschulden belastet sind. Hat der Realgläubiger seine Rechte dem Versicherer angemeldet, so gelten die Schutzvorschriften der §§ 103, 106 VVG. Nach § 103 VVG gilt eine dreimonatige Nachhaftung des Versicherers, wenn er den Vertrag nach Eintritt des Versicherungsfalls kündigt oder eine Kündigung des VN ohne Zustimmung des Realgläubigers anerkennt (vgl. W 9.2.3). Nach § 106 VVG ist die Kündigung des VN nur wirksam, wenn er mindestens einen Monat vor Ablauf des Versicherungsvertrages nachgewiesen hat, daß in dem Zeitpunkt, in dem die Kündigung spätestens zulässig war, das Grundstück nicht mehr belastet war oder daß der Realgläubiger der Kündigung des Vertrages zugestimmt hat. Dabei ist zu beachten, daß der Hypothekengläubiger die Zustimmung zur Kündigung jedoch nicht ohne ausreichenden Grund verweigern kann (§ 106 II VVG).

## 2.5 Schriftform

**Die Kündigung des VN** nach dem Versicherungsfall ist schriftlich zu erklären. Darauf wird in §§ 19 Nr. 2 Satz 2 VGB 88 n. F., 24 Nr. 2 Abs. 2 Satz 1 VGB 88 a. F., 20 Nr. 2 Abs. 2 Satz 1 VGB 62 wegen der besonderen Bedeutung der Kündigung ausdrücklich hingewiesen, obwohl dies allgemein auch nach dem Text-Baustein 26 für den Allgemeinen Teil der VGB 88 n. F., §§ 26 Nr. 1 VGB 88 a. F., 21 VGB 62 gefordert ist. Nach dem Text-Baustein 26 sollen die schriftlichen Erklärungen an die Hauptverwaltung des Versicherers oder an die im Versicherungsschein oder in dessen Nachträgen als zuständig bezeichnete Geschäftsstelle gerichtet werden. Dies ist eine Soll-Bestimmung. Die Kündigung geht dem Versicherer auch zu, wenn sie an den zuständigen Agenten gerichtet ist. Die Bestimmung der Schriftform stößt nach Auffassung des BGH auf keine Bedenken. Auch die Beschränkung der Empfangsvollmacht des Versicherungsagenten ist wirksam (Urteil des BGH vom 10. 2. 1999 – Az IV ZR 324/97).

**Die Kündigung des Versicherers** ist an die Anschrift des VN zu richten. Hat der VN eine Änderung seiner Anschrift dem Versicherer nicht mitgeteilt, genügt für eine Willenserklärung, die dem VN gegenüber abzugeben ist, die Absendung eines eingeschriebenen

Briefes an die letzte dem Versicherer bekannte Anschrift. Die Erklärung wird zu dem Zeitpunkt wirksam, in dem sie ohne die Anschriftenänderung bei regelmäßiger Beförderung dem VN zugegangen sein würde. Verlegt der VN den Sitz seines Gewerbebetriebs, so gilt das Vorhergehende entsprechend (vgl. § 10 VVG sowie Text-Baustein 26 zum Allgemeinen Teil der AVB).

## Monatsfrist 2.6

Das Kündigungsrecht nach einem Versicherungsfall ist zeitlich befristet. Nach § 96 II VVG ist die Kündigung nur bis zum Ablauf eines Monats seit dem Abschluß der Verhandlungen über die Entschädigung zulässig (ähnlich § 20 Nr. 2 Abs. 2 Satz 2 VGB 62). Nach § 19 Nr. 2 Satz 3 VGB 88 n. F. muß die Kündigung dem Vertragpartner spätestens einen Monat nach Auszahlung oder Ablehnung der Entschädigung zugegangen sein. In § 24 Nr. 2 Abs. 2 VGB 88 a. F. ist geregelt, daß die Kündigung spätestens einen Monat nach Auszahlung der Entschädigung zugehen muß. Daneben ist festgelegt, daß es der Zahlung gleich steht, wenn die Entschädigung aus Gründen abgelehnt wird, die den Eintritt des Versicherungsfalles unberührt lassen. Es sind zwei Fallgestaltungen zu unterscheiden. Entweder wird eine Entschädigung gezahlt, oder der Entschädigungsanspruch wird aus subjektiven Gründen abgelehnt.

**Wird eine Entschädigung gezahlt**, so **beginnt die Monatsfrist nach dem Wortlaut der VGB 88 mit der Auszahlung der Entschädigung**. Diese Regelung ist erweiternd dahingehend auszulegen, daß der Lauf der Monatsfrist beginnt, sobald die Entschädigungszahlung auf dem Konto des VN eingegangen ist. Der Fristenlauf beginnt, nachdem die gesamte Entschädigung gezahlt wurde. Teilzahlungen bzw. Vorauszahlungen setzen die Fristen nicht in Gang. Nach §§ 96 II VVG, 20 Nr. 2 Abs. 2 Satz 2 VGB 62 ist die Kündigung nur bis zum Ablauf eines Monats nach „dem Abschluß der Verhandlungen über die Entschädigung" zulässig. Durch die davon abweichende Regelung in den VGB 88 wird die Kündigungsfrist verlängert. Die Auszahlung der Entschädigung erfolgt zeitlich nach dem Abschluß der Verhandlungen über die Entschädigung. Daneben trägt die Neuregelung zur Rechtssicherheit bei. Der Zeitpunkt der Auszahlung der Entschädigung läßt sich eindeutig bestimmen. Dagegen ist in manchen Fällen nicht klar festzulegen, wann die Verhandlungen über die Entschädigung abgeschlossen sind. Gelegentlich kommt es auch vor, daß zwischen dem Ende der Verhandlungen über die Entschädigung und der Auszahlung der Entschädigung eine erhebliche Zeitspanne liegt, weil z. B. die Empfangsberechtigung nicht klar ist. Die Vertragsparteien sind auch in diesen Fällen künftig nicht mehr gezwungen, die Kündigung auszusprechen, bevor die Entschädigung gezahlt wurde. Der VN muß daher auch nicht befürchten, daß sich seine vorherige Kündigung nachteilig auf die Regulierung des Schadens auswirkt. 2.6.1

**Das Kündigungsrecht entsteht auch, wenn objektiv ein Versicherungsfall eingetreten ist, der aus subjektiven Gründen abgelehnt wird** (vgl. X 2.1). Im Bedingungswortlaut ist nicht eindeutig geregelt, ob der Lauf der Monatsfrist in diesen Fällen mit dem Absenden des Ablehnungsschreibens durch den Versicherer oder mit dem Eingang dieses Schreibens beim VN einsetzt. Soweit es auf die Rechtzeitigkeit einer Kündigung des VN ankommt, ist dafür der (spätere) Zugang des Ablehnungsschreibens beim VN maßgebend. Es ist nicht vorausgesetzt, daß der Versicherer in seinem Ablehnungsschreiben auf § 12 VVG (Verjährung; Klagefrist) hinweist. Auch kommt es nach dem Bedingungswortlaut nicht darauf an, ob die Ablehnung durch den Versicherer zu Recht oder zu Unrecht erfolgte. Wird der Versicherungsvertrag aufgrund der Ablehnung des Versicherers 2.6.2

gekündigt, so ist diese Kündigung auch dann wirksam, wenn sich in einem späteren Deckungsprozeß herausstellt, daß die Ablehnung zu Unrecht erfolgte. Wurde der Vertrag aufgrund der Ablehnung jedoch nicht gekündigt, so wird durch die spätere Auszahlung der Entschädigung die Monatsfrist erneut in Gang gesetzt. Das gilt auch, wenn die Verhandlungen über die Entschädigung nach einer Ablehnung durch den Versicherer wieder aufgenommen werden und danach eine erneute Ablehnung oder die Auszahlung der Entschädigung erfolgt.

## 2.7 Zurückweisungspflicht bei unwirksamer Kündigung des VN

Spricht der VN eine unwirksame Kündigung aus, ohne daß dies auf Vorsatz oder grober Fahrlässigkeit beruht, so wird die unwirksame Kündigung wirksam, falls der Versicherer sie nicht unverzüglich zurückweist. Dies folgt aus den von der Rechtsprechung entwikkelten Grundsätzen der sog. Zurückweisungspflicht des Versicherers bei unwirksamen Kündigungen des VN (vgl. Prölss/Martin § 8 RN 16). In § 26 Nr. 2 VGB 88 a. F. wird das ausdrücklich klargestellt. Es gilt indessen auch für Wohngebäudeversicherungsverträge nach den VGB 88 n. F. und den VGB 62, ohne daß dies dort ausdrücklich erwähnt wird. Weist der Versicherer eine unwirksame Kündigung des VN nicht zurück, so muß er sich nach allgemeiner Auffassung so behandeln lassen, als habe der VN wirksam gekündigt (vgl. Prölss/Martin § 8 RN 17). Hat der VN die Unwirksamkeit der von ihm erklärten Kündigung grob fahrlässig oder gar vorsätzlich verschuldet, so wird jedoch die Kündigung auch dadurch nicht wirksam, daß sie der Versicherer (versehentlich) nicht unverzüglich zurückweist. Die Zurückweisungspflicht des Versicherers besteht auch bei einer Kündigung des VN ohne Zustimmung des Realrechtsgläubigers (vgl. X 2.4). Der Versicherer muß den Zugang der Zurückweisung beweisen. Im Streitfall ist die Pflicht des Versicherers zur Zurückweisung der Kündigung nur dann erfüllt, wenn dieser den Zugang seiner Erklärung beweist (AG Gießen VerBAV 89 S. 93).

## 3 Wirkung der Kündigung

Sowohl nach § 96 II VVG als auch nach §§ 19 Nr. 3 VGB 88 n. F., 24 Nr. 2 Abs. 3 VGB 88 a. F., 20 Nr. 2 Abs. 3 VGB 62 kann die Kündigung des Versicherers einerseits und die Kündigung des VN andererseits zu unterschiedlichen Zeitpunkten wirksam werden. Dabei unterscheiden sich die verschiedenen Bestimmungen im Wortlaut. Daneben weicht § 19 Nr. 3 VGB 88 n. F. hinsichtlich der Wirksamkeit einer Kündigung des VN geringfügig von den übrigen Regelungen ab (vgl. X 3.2).

## 3.1 Kündigung des Versicherers

Eine Kündigung des Versicherers wird nach allen angesprochenen Bestimmungen einen Monat nach ihrem Zugang beim VN wirksam. Der VN soll dadurch in die Lage versetzt werden, sich anderweitig Versicherungsschutz zu besorgen, bevor das gekündigte Vertragsverhältnis endet. Dem Versicherer ist es verwehrt, eine kürzere Frist für die Wirksamkeit seiner Kündigung zu bestimmen. Der Wortlaut von § 96 II Satz 2 „Der Versicherer hat eine Kündigungsfrist von einem Monat einzuhalten“ ist eindeutig. Die Kündigungsfrist kann nicht einseitig zum Nachteil des VN verändert werden.

## Kündigung des VN 3.2

Auch eine Kündigung des VN wird nach §§ 24 Nr. 2 Abs. 3 Satz 1 VGB 88 a. F., 20 Nr. 2 Abs. 3 Satz 1 VGB 62 einen Monat nach ihrem Zugang beim Versicherer wirksam, sofern der VN nicht etwas anderes bestimmt. Nach § 19 Nr. 3 VGB 88 n. F. wird eine Kündigung des VN sofort nach ihrem Zugang beim Versicherer wirksam, soweit er nicht eine anderweitige Bestimmung trifft. Im Gegensatz zum Versicherer hat der VN eine eingeschränkte zeitliche Wahlmöglichkeit für die Bestimmung des Zeitpunkts, zu dem seine Kündigung wirksam werden soll. Er kann bestimmen, daß seine Kündigung sofort mit ihrem Zugang beim Versicherer oder zu einem anderen Zeitpunkt wirksam wird, der jedoch zwischen dem Tag des Zugangs seiner Kündigung und dem Ende des laufenden Versicherungsjahres liegen muß. Eine rückwirkende Kündigung ist dadurch ebenso ausgeschlossen wie eine Kündigung, die erst nach dem Ende des laufenden Versicherungsjahres wirksam werden soll. An einer rückwirkenden Kündigung hat der VN gegebenenfalls dann ein Interesse, wenn seine Kündigung erst kurz nach Beginn des nächsten Versicherungsjahres beim Versicherer eingeht. Er möchte dann unter Umständen den fälligen Jahresbeitrag für das neue Versicherungsjahr nicht mehr zahlen. Ein späterer Termin für die Wirksamkeit seiner Kündigung ist für den VN dann interessant, wenn die Kündigung kurz vor Ende des laufenden Versicherungsjahres beim Versicherer eingeht und der VN noch keinen neuen Vertrag schließen konnte. Beide Möglichkeiten sind jedoch nach § 96 VVG und den entsprechenden VGB-Regelungen nicht vorgesehen. Es kann jedoch zwischen den Vertragsparteien eine Vereinbarung über die frühere oder spätere einvernehmliche Aufhebung des Vertrages getroffen werden. Bestimmt der VN in seiner Kündigung einen zu frühen oder einen zu späten Wirksamkeitszeitpunkt, so ist die Kündigung als eine Kündigung zum nächstmöglichen Termin umzudeuten (Einzelheiten vgl. Prölss/Martin § 96 RN 18 und Martin L II 54 ff.).

Gelegentlich **bestimmt der VN in seiner Kündigung nicht, zu welchem Zeitpunkt sie wirksam werden soll**. Das führt nach den VGB 88 a. F. und den VGB 62 zu einer Kündigung mit Monatsfrist, nach den VGB 88 n. F. zu einer Kündigung mit sofortiger Wirkung. Die herrschende Meinung, nach der eine derartige Kündigung als Kündigung zum Ende des laufenden Versicherungsjahres auszulegen ist (Prölss/Martin § 96 RN 15, Martin L II 49 und Römer/Langheid § 96 RN 31), läßt sich auf die Wohngebäudeversicherung nach den VGB nicht übertragen, weil dort die dargestellten, von § 96 VVG abweichenden Regelungen getroffen wurden. Der VN wird dadurch im Verhältnis zu § 96 VVG nicht unangemessen benachteiligt. Sie verstoßen infolgedessen nicht gegen § 9 Abs. 2 Nr. 1 und Nr. 2 AGBG. Der VN hat nach diesen Bestimmungen die gleiche eingeschränkte zeitliche Wahlmöglichkeit für die Wirksamkeit seiner Kündigung wie nach § 96 VVG. Hinzukommt, daß nach § 19 Nr. 4 VGB 88 n. F. das Schicksal des Beitrags bei einer Kündigung durch den VN im Verhältnis zu § 96 VVG zum Vorteil des VN abgeändert wurde (s. X 4.2).

## Zusammentreffen von Kündigungen 3.3

Treffen Kündigung des VN und Kündigung des Versicherers zusammen, so führt die Kündigung mit dem früheren Wirksamkeitszeitpunkt zum Ende des Vertrages (Römer/Langheid § 96 RN 28). Geht die Kündigung des Versicherers dem VN am 1. 2. 1999 zu, so wirkt sie auf den 1. 3. 1999. Kündigt der VN daraufhin mit sofortiger Wirkung und empfängt der Versicherer diese Kündigung am 8. 2. 1999, so endet der Vertrag an diesem Tag. Das gilt jedoch auch umgekehrt. Geht dem Versicherer am 8. 2. 1999 eine Kündigung des VN auf das Ende des laufenden Versicherungsjahres am 1. 1. 2000 zu, und kündigt der Versicherer daraufhin den Vertrag mit Monatsfrist, so endet der Vertrag einen Monat nach Zugang des Kündigungsschreibens des Versicherers beim VN. Diese Fälle haben jedoch nur sehr geringe praktische Bedeutung.

## 4 Schicksal des Beitrags

Das Schicksal des Beitrags bei einer Kündigung im Versicherungsfall ist nach §§ 96 III VVG, 19 Nr. 5 Abs. 2 VGB 88 a. F., 10 Nr. 3 Satz 2 VGB 62 davon abhängig, ob der Versicherer oder der VN kündigt. Durch § 19 Nr. 4 VGB 88 n. F. werden diese Unterschiede beseitigt. Das Schicksal des Beitrags ist einheitlich geregelt.

### 4.1 Kündigung des Versicherers

Kündigt der Versicherer den Vertrag, so hat er nach allen angesprochenen Regelungen Anspruch auf den Teil des Jahresbeitrags, der der bis zum Wirksamwerden der Kündigung abgelaufenen Vertragszeit entspricht. Der vom VN gezahlte bzw. zu zahlende Jahresbeitrag des Versicherungsjahres wird zeitanteilig (pro rata temporis) aufgeteilt. Der Teil, der auf die Zeit seit Beginn des Versicherungsjahres bis zum Wirksamwerden der Kündigung entfällt, steht dem Versicherer zu. Der Teil des Beitrags, der auf die Zeit vom Wirksamwerden der Kündigung bis zum Ende des laufenden Versicherungsjahres entfällt, wird dem VN zurückgezahlt. Nach § 96 III Satz 2 VVG gilt dies jedoch nur für den Beitrag, der auf den durch den Versicherungsfall nicht verbrauchten Teil der Versicherungssumme entfällt. Auf die Wohngebäudeversicherung nach den VGB trifft dies nicht zu, weil die Versicherungssumme durch einen Versicherungsfall nicht vermindert wird (vgl. X 1). Infolgedessen wird hier grundsätzlich der gesamte Jahresbeitrag in der dargestellten Form aufgeteilt.

### 4.2 Kündigung des VN

Kündigt der VN den Vertrag, so gebührt dem Versicherer nach §§ 96 III Satz 1 VVG, 19 Nr. 5 Abs. 2 Satz 1 VGB 88 a. F., 10 Nr. 3 Satz 2 VGB 62 der Beitrag für das laufende Versicherungsjahr. Der VN kann den nachteiligen Folgen dieser Regelung entgehen, indem er bestimmt, daß seine Kündigung zum Schluß des laufenden Versicherungsjahres wirksam werden soll. In den VGB 88 n. F. wurde das Schicksal des Beitrags bei einer Kündigung des VN zu Gunsten des VN neu geregelt. Nach § 19 Nr. 4 VGB 88 n. F. hat der Versicherer bei einer Kündigung durch den VN ebenso wie bei einer eigenen Kündigung nur Anspruch auf den Teil des Beitrags, der der abgelaufenen Vertragszeit entspricht. Infolgedessen ist davon auszugehen, daß VN allgemein eher dazu neigen werden, das Vertragsverhältnis nach den VGB 88 n. F. kurzfristig zu lösen, wenn sie mit der Schadenregulierung unzufrieden sind oder das günstigere Vertragsangebot eines anderen Versicherers annehmen möchten.

# Anhang (Texte)

# Anhang A

## Wohngebäudeversicherung

Anhang A 1

# Allgemeine Wohngebäude-Versicherungsbedingungen Fassung März 1999 (VGB 88 n. F.)



### § 1 Versicherte Sachen

1. Versichert sind die in dem Versicherungsschein bezeichneten Gebäude.

2. Zubehör ist mitversichert, soweit es sich in dem Gebäude befindet oder außen an dem Gebäude angebracht ist und für die Instandhaltung eines versicherten Gebäudes oder zu Wohnzwecken genutzt wird.

3. Weiteres Gebäudezubehör sowie Grundstücksbestandteile auf dem im Versicherungsschein bezeichneten Grundstück sind nur aufgrund besonderer Vereinbarung versichert.

4. Nicht versichert sind in das Gebäude eingefügte Sachen, die ein Mieter auf seine Kosten beschafft oder übernommen hat und für die er das Risiko trägt (Gefahrtragung). Die Versicherung dieser Sachen kann vereinbart werden.

### § 2 Versicherte Kosten

1. Versichert sind die infolge eines Versicherungsfalles (Zerstörung oder Beschädigung versicherter Sachen durch eine versicherte Gefahr) notwendigen Kosten

a) für das Aufräumen und den Abbruch versicherter Sachen (siehe § 1), für das Abfahren von Schutt und sonstigen Resten dieser Sachen zum nächsten Ablagerungsplatz und für das Ablagern oder Vernichten (Aufräumungs- und Abbruchkosten);

b) die dadurch entstehen, daß zum Zweck der Wiederherstellung oder Wiederbeschaffung versicherter Sachen (siehe § 1) andere Sachen bewegt, verändert oder geschützt werden müssen (Bewegungs- oder Schutzkosten);

c) für – auch erfolglose – Maßnahmen, die der Versicherungsnehmer zur Abwendung oder Minderung des Schadens für sachgerecht halten durfte (Schadenabwendungs- oder Schadenminderungskosten).

2. Die Entschädigung für Aufräumungs- und Abbruch- sowie Bewegungs- und Schutzkosten ist, soweit nicht anders vereinbart, je Versicherungsfall begrenzt.

a) in der Gleitenden Neuwertversicherung (siehe § 11) auf 5 % der Versicherungssumme 1914 multipliziert mit dem im Zeitpunkt des Versicherungsfalles für diesen Vertrag geltenden gleitenden Neuwertfaktor,

b) in der Neu- und Zeitwertversicherung (siehe § 13 Nr. 1 a) und b)) auf 5 % der Versicherungssumme.

3. Nicht versichert sind Aufwendungen für Leistungen der Feuerwehr oder anderer, die im öffentlichen Interesse zur Hilfeleistung verpflichtet sind, wenn diese Leistungen im öffentlichen Interesse erbracht werden, sofern nicht etwas anderes vereinbart ist.

4. Ersetzt werden auch die notwendigen Mehrkosten infolge Preissteigerungen zwischen dem Eintritt des Versicherungsfalles und der Wiederherstellung.

Veranlaßt der Versicherungsnehmer nicht unverzüglich die Wiederherstellung, sind die Mehrkosten, soweit nicht etwas anderes vereinbart ist, nur in dem Umfang zu ersetzen, in dem sie auch bei unverzüglicher Wiederherstellung entstanden wären.

Mehrkosten infolge von Betriebsbeschränkungen oder Kapitalmangel sind nicht versichert, sofern nicht etwas anderes vereinbart ist.

5.

a) Ersetzt werden auch die notwendigen Mehrkosten infolge behördlicher Auflagen auf der Grundlage bereits vor Eintritt des Versicherungsfalles erlassener Gesetze und Verordnungen.

b) Darf die Wiederherstellung der versicherten, vom Schaden betroffenen Sache aufgrund behördlicher Wiederaufbaubeschränkungen nur an anderer Stelle erfolgen, so sind dadurch entstehende Mehrkosten nur in dem Umfang zu ersetzen, in dem sie auch bei Wiederherstellung an bisheriger Stelle entstanden wären.

c) Soweit behördliche Auflagen mit Fristsetzung vor Eintritt des Versicherungsfalles erteilt wurden, sind die dadurch entstehenden Mehrkosten nicht versichert, sofern nicht etwas anderes vereinbart ist.

d) Dürfen wiederverwertbare Reste der versicherten, vom Schaden betroffenen Sachen infolge behördlicher Wiederherstellungsbeschränkungen nicht mehr verwertet werden, so sind dadurch entstehende Mehrkosten nicht versichert, sofern nicht etwas anderes vereinbart ist.

e) Die Entschädigung versicherter Mehrkosten (siehe a) und b)) ist, soweit nichts anderes vereinbart ist, je Versicherungsfall begrenzt auf die in Nr. 2 genannten Prozentsätze.

### § 3 Versicherter Mietausfall

1. Der Versicherer ersetzt

a) den Mietausfall einschließlich fortlaufender Mietnebenkosten, wenn Mieter von Wohnräumen infolge eines Versicherungsfalles berechtigt sind, die Zahlung der Miete ganz oder teilweise zu verweigern;

b) den ortsüblichen Mietwert von Wohnräumen, die der Versicherungsnehmer selbst bewohnt und die infolge eines Versicherungsfalles unbenutzbar geworden sind, falls dem Versicherungsnehmer die Beschränkung auf einen benutzbar gebliebenen Teil der Wohnung nicht zugemutet werden kann.

2. Für gewerblich genutzte Räume kann die Versicherung des Mietausfalles oder des ortsüblichen Mietwertes vereinbart werden.

3. Mietausfall oder Mietwert werden bis zu dem Zeitpunkt ersetzt, in dem die Wohnung wieder benutzbar ist, höchstens jedoch für 12 Monate seit dem Eintritt des Versicherungsfalles, soweit nicht etwas anderes vereinbart ist. Entschädigung wird nur geleistet, soweit der Versicherungsnehmer die mögliche Wiederbenutzung nicht schuldhaft verzögert.

### § 4 Versicherte Gefahren und Schäden; Versicherungsfall

1. Entschädigt werden versicherte Sachen (siehe § 1), die durch

a) Brand, Blitzschlag, Explosion, Aufprall eines Luftfahrzeuges, seiner Teile oder seiner Ladung (siehe § 5)

b) Leitungswasser (siehe § 6)

c) Sturm, Hagel (siehe § 8)

zerstört oder beschädigt werden oder infolgedessen abhanden kommen (Versicherungsfall).

2. Jede der Gefahrengruppe nach Nr. 1 a), 1 b) und 1 c) kann auch einzeln versichert werden.

### § 5 Brand; Blitzschlag; Explosion

1. Brand ist ein Feuer, das ohne einen bestimmungsgemäßen Herd entstanden ist oder ihn verlassen hat und das sich aus eigener Kraft auszubreiten vermag.

2. Blitzschlag ist das unmittelbare Auftreffen eines Blitzes auf Sachen. Kurzschluß und Überspannungsschäden an elektrischen Einrichtungen sind nur versichert, wenn der Blitz unmittelbar auf das versicherte Gebäude aufgetroffen ist.

3. Explosion ist eine plötzliche Kraftäußerung, die durch Ausdehnung von Gasen oder Dämpfen entsteht.

4. Soweit nicht etwas anderes vereinbart ist, erstreckt sich der Versicherungsschutz gegen Brand, Blitzschlag und Explosion ohne Rücksicht auf mitwirkende Ursachen nicht auf

a) Brandschäden, die an versicherten Sachen (siehe § 1) dadurch entstehen, daß sie einem Nutzfeuer oder der Wärme zur Bearbeitung oder zu sonstigen Zwecken ausgesetzt werden; dies gilt auch für Sachen, in denen oder durch die Nutzfeuer oder Wärme erzeugt, vermittelt oder weitergeleitet wird;

b) Sengschäden, außer wenn sie durch Brand, Blitzschlag oder Explosion entstanden sind;

c) Kurzschluß- und Überspannungsschäden, die an elektrischen Einrichtungen entstanden sind, wenn der Blitz außerhalb des versicherten Gebäudes aufgetroffen ist.

### § 6 Leitungswasser

1. Leitungswasser ist Wasser, das bestimmungswidrig ausgetreten ist aus

a) Zu- oder Ableitungsrohren der Wasserversorgung,

b) mit dem Rohrsystem verbundenen sonstigen Einrichtungen oder Schläuchen der Wasserversorgung,

c) Anlagen der Warmwasser- oder Dampfheizung,

d) Sprinkler- oder Berieselungsanlagen,

e) Einrichtungen von Klima-, Wärmepumpen- oder Solarheizungsanlagen.

2. Für Wasserdampf und wärmetragende Flüssigkeiten (z. B. Sole, Öle, Kühlmittel, Kältemittel) gilt Nr. 1 entsprechend.

3. Der Versicherungsschutz gegen Leitungswasser erstreckt sich ohne Rücksicht auf mitwirkende Ursachen – sofern nicht etwas anderes vereinbart ist – nicht auf Schäden durch

a) Plansch- oder Reinigungswasser;

b) Grundwasser, stehendes oder fließendes Gewässer, Hochwasser oder Witterungsniederschläge oder einen durch diese Ursachen hervorgerufenen Rückstau;

c) Öffnen der Sprinkler oder Bedienen der Berieselungsdüsen wegen eines Brandes, durch Druckproben oder durch Umbauten oder Reparaturarbeiten an dem versicherten Gebäude oder an der Sprinkler- oder Berieselungsanlage;

d) Erdsenkung oder Erdrutsch, es sei denn, daß Leitungswasser (siehe § 6 Nr. 1) die Erdsenkung oder den Erdrutsch verursacht hat;

e) Schwamm;

f) Leitungswasser an versicherten Sachen, soweit das versicherte Gebäude nicht bezugsfertig oder wegen Umbauarbeiten für seinen Zweck nicht mehr benutzbar ist.

4. Die Ausschlüsse gemäß a) bis c) gelten nicht für Leitungswasserschäden infolge eines Rohrbruchs gemäß § 7.

### § 7 Rohrbruch, Frost

1. Innerhalb versicherter Gebäude sind versichert frostbedingte und sonstige Bruchschäden an Rohren

a) der Wasserversorgung (Zu- oder Ableitungen);

b) der Warmwasser- oder Dampfheizung;

c) von Sprinkler- oder Berieselungsanlagen.

Als innerhalb eines Gebäudes gilt nicht der Bereich zwischen den Fundamenten unterhalb des Kellerbodens.

2. Darüber hinaus sind innerhalb versicherter Gebäude auch versichert Frostschäden an

a) Badeeinrichtungen, Waschbecken, Spülklosetts, Armaturen, Geruchsverschlüssen, Wassermessern oder ähnlichen Installationen;

b) Heizkörpern, Heizkesseln, Boilern oder an vergleichbaren Teilen von Warmwasser- oder Dampfheizungsanlagen;

c) Sprinkler- oder Berieselungsanlagen;

d) Klima-, Wärmepumpen- oder Solarheizungsanlagen.

3. Außerhalb versicherter Gebäude sind versichert frostbedingte und sonstige Bruchschäden an Zuleitungsrohren der Wasserversorgung und an den Rohren der Warmwasser- oder Dampfheizung, soweit diese Rohre der Versorgung versicherter Gebäude oder Anlagen dienen und sich auf dem im Versicherungsschein bezeichneten Grundstück befinden.

4. Der Versicherungsschutz gegen Rohrbruch erstreckt sich – sofern nichts anderes vereinbart ist – nicht auf Schäden

a) durch Erdsenkung oder Erdrutsch, es sei denn, daß Leitungswasser (siehe § 6 Nr. 1) die Erdsenkung oder den Erdrutsch verursacht hat;

b) an versicherten Gebäuden, die noch nicht bezugsfertig sind *oder wegen Umbauarbeiten für ihre Zwecke nicht mehr benutzbar sind.*

### § 8 Sturm; Hagel

1. Sturm ist eine wetterbedingte Luftbewegung von mindestens Windstärke 8 (Windgeschwindigkeit mind. 62 km/Stunde).

Ist diese Windstärke für das im Versicherungsschein bezeichnete Grundstück nicht feststellbar, so wird ein versichertes Sturmereignis unterstellt, wenn der Versicherungsnehmer nachweist, daß

a) die Luftbewegung in der Umgebung Schäden an anderen Gebäuden in einwandfreiem Zustand oder an ebenso widerstandsfähigen anderen Sachen angerichtet hat oder

b) der Schaden wegen des einwandfreien Zustandes des versicherten Gebäudes nur durch Sturm entstanden sein kann.

2. Versichert sind – sofern nichts anderes vereinbart ist – nur Schäden, die entstehen

a) durch unmittelbare Einwirkung des Sturmes auf versicherte Sachen (siehe § 1);

b) dadurch, daß der Sturm Gebäudeteile, Bäume oder andere Gegenstände auf versicherte Sachen (siehe § 1) wirft;

c) als Folge eines Sturmschadens gemäß a) oder b) an versicherten Sachen (siehe § 1).

3. Für Schäden durch Hagel gilt Nr. 2 entsprechend.

4. Der Versicherungsschutz gegen Sturm und Hagel erstreckt sich ohne Rücksicht auf mitwirkende Ursachen – sofern nichts anderes vereinbart ist – nicht auf Schäden

a) durch Sturmflut;

b) durch Lawinen;

c) durch Eindringen von Regen, Hagel, Schnee oder Schmutz durch nicht ordnungsgemäß geschlossene Fenster, Außentüren oder andere Öffnungen, es sei denn, daß diese Öffnungen durch Sturm oder Hagel entstanden sind und einen Gebäudeschaden darstellen;

d) durch Leitungswasser (siehe § 6) oder Rohrbruch (siehe § 7);

e) an versicherten Gebäuden, soweit diese nicht bezugsfertig sind *oder wegen Umbauarbeiten für ihre Zwecke nicht mehr benutzbar sind;*

f) an Laden- und Schaufensterscheiben.

### § 9 Gefahrerhöhung

1. Der Versicherungsnehmer darf nach Antragstellung ohne vorherige Zustimmung des Versicherers keine Gefahrerhöhung vornehmen oder deren Vornahme durch Dritte gestatten. Eine Gefahrerhöhung liegt vor, wenn die tatsächlich vorhandenen Umstände so verändert werden, daß der Eintritt des Versicherungsfalles oder eine Vergrößerung des Schadens oder die ungerechtfertigte Inanspruchnahme des Versicherers wahrscheinlicher wären. Eine Gefahrerhöhung kann insbesondere vorliegen, wenn

a) sich ein Umstand ändert, nach dem im Antrag gefragt worden ist;

b) ein Gebäude oder der überwiegende Teil eines Gebäudes nicht genutzt wird;

c) wenn an einem Gebäude Baumaßnahmen durchgeführt werden, die ein Notdach erforderlich oder das Gebäude überwiegend unbenutzbar machen;

d) in dem versicherten Gebäude ein Gewerbebetrieb aufgenommen oder verändert wird.

2. Erkennt der Versicherungsnehmer nachträglich, daß eine von ihm vorgenommene oder gestattete Veränderung eine Gefahrerhöhung darstellt, muß er dies dem Versicherer unverzüglich anzeigen. Tritt nach Antragstellung eine Gefahrerhöhung unabhängig vom Willen des Versicherungsnehmers ein, muß er sie dem Versicherer unverzüglich anzeigen, sobald er von der Gefahrerhöhung Kenntnis erlangt.

3. Eine ohne Zustimmung des Versicherers vorgenommene Gefahrerhöhung berechtigt ihn, den Vertrag fristlos zu kündigen. Weist der Versicherungsnehmer nach, daß er die vorherige Zustimmung unverschuldet nicht eingeholt hat, wird die Kündigung erst einen Monat nach ihrem Zugang wirksam. Eine unabhängig vom Willen des Versicherungsnehmers eingetretene Gefahrerhöhung berechtigt den Versicherer, den Versicherungsvertrag unter Einhaltung einer Frist von 1 Monat zu kündigen. Der Versicherer hat kein Kündigungsrecht, wenn im Zeitpunkt der Kündigung der Zustand wieder hergestellt ist, der vor der Gefahrerhöhung bestand. Das Kündigungsrecht des Versicherers erlischt, wenn es nicht innerhalb eines Monats von dem Zeitpunkt an ausgeübt wird, in dem der Versicherer von der Gefahrerhöhung Kenntnis erlangt.

4. Tritt nach der Gefahrerhöhung ein Versicherungsfall ein, hat der Versicherungsnehmer keinen Versicherungsschutz, wenn er

a) seine Pflichten aus Ziffer 1 Absatz 1 verletzt hat, es sei denn, ihn trifft hieran kein Verschulden,

b) die ihm obliegende Anzeige nach Ziffer 1 Absatz 2 nicht unverzüglich gemacht hat und der Versicherungsfall später als 1 Monat nach dem Zeitpunkt eintritt, in dem die Anzeige dem Versicherer hätte zugehen müssen, es sei denn, daß dem Versicherer zu diesem Zeitpunkt die Erhöhung der Gefahr bekannt war.

Der Versicherungsnehmer hat in diesen Fällen gleichwohl Versicherungsschutz, wenn zum Zeitpunkt des Versicherungsfalles die Kündigungsfrist des Versicherers abgelaufen ist und er nicht gekündigt hat oder die Erhöhung der Gefahr weder Einfluß auf den Eintritt des Versicherungsfalles noch auf den Umfang der Leistung des Versicherers gehabt hat.

Die vorstehenden Regelungen finden keine Anwendung, wenn

a) sich die Gefahr nur unerheblich erhöht hat,

b) nach den Umständen als vereinbart anzusehen ist, daß das Versicherungsverhältnis durch die Gefahrerhöhung nicht berührt werden soll, oder

c) die Gefahrerhöhung im Interesse des Versicherers lag oder durch ein Ereignis veranlaßt wurde, für das er eintrittspflichtig ist oder sie einem Gebot der Menschlichkeit entsprach.

5. Wird eine nachträglich angezeigte höhere Gefahr nach den für den Geschäftsbetrieb des Versicherers geltenden Grundsätzen nur für einen höheren Beitrag übernommen, hat der Versicherer anstelle des Kündigungsrechts Anspruch auf diesen Beitrag vom Zeitpunkt des Eintritts der Gefahrerhöhung an.

Im Fall der Beitragserhöhung kann der Versicherungsnehmer den Versicherungsvertrag innerhalb eines Monats nach Eingang der Mitteilung des Versicherers zu dem Zeitpunkt kündigen, zu dem die Beitragserhöhung wirksam werden würde.

Der Versicherer hat von dem Tag der Aufnahme des Betriebes an Anspruch auf die aus einem etwa erforderlichen höheren Prämiensatz errechnete Prämie; dies gilt nicht, soweit der Versicherer für einen Schaden wegen Gefahrerhöhung keine Entschädigung zu leisten hat.

### § 10 Sicherheitsvorschriften

1. Der Versicherungsnehmer hat

a) alle gesetzlichen, behördlichen oder vereinbarten Sicherheitsvorschriften zu beachten;

b) die versicherten Sachen, insbesondere wasserführende Anlagen und Einrichtungen, Dächer und außen angebrachte Sachen stets in ordnungsgemäßem Zustand zu erhalten und Mängel oder Schäden unverzüglich beseitigen zu lassen;

c) nicht genutzte Gebäude oder Gebäudeteile genügend häufig zu kontrollieren und alle wasserführenden Anlagen und Einrichtungen abzusperren, zu entleeren und entleert zu halten;

d) in der kalten Jahreszeit alle Gebäude und Gebäudeteile zu beheizen und dies genügend häufig zu kontrollieren oder alle wasserführenden Anlagen und Einrichtungen abzusperren, zu entleeren oder entleert zu halten.

2. Wird eine dieser Sicherheitsvorschriften verletzt, hat der Versicherungsnehmer keinen Versicherungsschutz, wenn der Versicherer von seinem Recht Gebrauch macht, den Vertrag innerhalb eines Monats ab Kenntnis von der Verletzung der Sicherheitsvorschrift fristlos zu kündigen. Der Versicherer hat kein Kündigungsrecht und der Versicherungsschutz bleibt bestehen, wenn die Sicherheitsvorschrift unverschuldet verletzt wurde.

Der Versicherungsnehmer verliert seinen Versicherungsschutz dann nicht, wenn die Verletzung keinen Einfluß auf den Eintritt des Versicherungsfalles oder den Umfang der dem Versicherer obliegenden Leistung gehabt hat.

3. Ist mit der Verletzung einer der Verpflichtungen eine Gefahrerhöhung verbunden, so findet auch § 9 Anwendung.

### § 11 Gleitende Neuwertversicherung

1. Grundlagen der Gleitenden Neuwertversicherung sind der Versicherungswert 1914 (siehe Ziffer 2) sowie der gleitende Neuwertfaktor (siehe Ziffer 4).

2. Versicherungswert 1914 ist der ortsübliche Neubauwert des Gebäudes (einschl. Architektengebühren sowie sonstiger Konstruktions- und Planungskosten) ausgedrückt in den Preisen des Jahres 1914 entsprechend seiner Größe und seiner baulichen Ausstattung.

3. Der Versicherer paßt den Versicherungsschutz (siehe § 14 Ziffer 1 – 3) jährlich der Baukostenentwicklung an.

4. *Der Beitrag* verändert sich gemäß der Erhöhung oder Verminderung des gleitenden Neuwertfaktors. Der jeweils zu zahlende Jahresbeitrag wird berechnet durch Multiplikation des bei Vertragsabschluß vereinbarten Jahresgrundbeitrages 1914 mit dem veränderten gleitenden Neuwertfaktor.

a) Der gleitende Neuwertfaktor erhöht oder vermindert sich jeweils zum 1. Januar eines Jahres für die in diesem Jahr beginnende Versicherungsperiode entsprechend dem Prozentsatz, um den sich der jeweils für den Monat Mai des Vorjahres vom Statistischen Bundesamt veröffentlichte Baupreisindex für Wohngebäude und der für den Monat April des Vorjahres veröffentlichte Tariflohnindex für das Baugewerbe verändert haben. Bei dieser Anpassung wird die Änderung des Baupreisindexes zu 80 % und die des Tariflohnes zu 20 % berücksichtigt, der jeweilige Indexwert wird dabei auf 2 Stellen hinter dem Komma gerundet.

Der gleitende Neuwertfaktor wird auf eine Stelle hinter dem Komma gerundet.

b) Der Versicherungsnehmer kann der Erhöhung innerhalb eines Monats, nachdem ihm die Mitteilung über die Erhöhung des gleitenden Neuwertfaktors zugegangen ist, durch schriftliche Erklärung widersprechen. Zur Wahrung der Frist genügt die rechtzeitige Absendung. Damit wird die Erhöhung nicht wirksam. Die Versicherung bleibt dann als Neuwertversicherung (§ 13 Ziffer 1 a)) in Kraft, und zwar zur bisherigen Prämie und mit einer Versicherungssumme, die sich aus der Versicherungssumme 1914 multipliziert mit 1/100 des Baupreisindexes für Wohngebäude ergibt, der im Mai des Vorjahres galt. In diesem Fall gilt der Unterversicherungsverzicht (siehe § 12 Nr. 3) nicht mehr. Das Recht des Versicherungsnehmers auf Herabsetzung der Versicherungssumme wegen erheblicher Überversicherung bleibt unberührt.

### § 12 Unterversicherungsverzicht in der Gleitenden Neuwertversicherung

1. Die vereinbarte Versicherungssumme 1914 soll dem Versicherungswert 1914 entsprechen.

2. In der Gleitenden Neuwertversicherung (siehe § 11) gilt die Versicherungssumme 1914 als richtig ermittelt, wenn

a) sie aufgrund einer vom Versicherer anerkannten Schätzung eines Bausachverständigen festgesetzt wird;

b) der Versicherungsnehmer im Antrag den Neuwert in Preisen eines anderen Jahres zutreffend angibt und der Versicherer diesen Betrag umrechnet;

c) der Versicherungsnehmer Antragsfragen nach Größe, Ausbau und Ausstattung des Gebäudes zutreffend beantwortet und der Versicherer hiernach die Versicherungssumme 1914 berechnet.

3.

a) Wird die nach Nr. 1 ermittelte Versicherungssumme 1914 vereinbart, nimmt der Versicherer keinen Abzug wegen Unterversicherung vor.

b) Ergibt sich im Versicherungsfall, daß die Beschreibung des Gebäudes und seiner Ausstattung gemäß Nr. 1 von den tatsächlichen Verhältnissen abweicht und ist dadurch die Versicherungssumme 1914 zu niedrig bemessen, so gilt der Unterversicherungsverzicht nicht, soweit die *abweichenden Angaben* auf Vorsatz oder grober Fahrlässigkeit des Versicherungsnehmers beruhen.

c) Der Unterversicherungsverzicht gilt ferner nicht, wenn der der Versicherungssummenermittlung zugrundeliegende Bauzustand nachträglich durch wertsteigernde bauliche Maßnahmen verändert wurde und die Veränderung dem Versicherer nicht unverzüglich angezeigt wurde.

### § 13 Versicherung zum Neuwert, Zeitwert oder gemeinen Wert

1. Abweichend von § 11 (Gleitende Neuwertversicherung) können auch als Versicherungswert vereinbart werden

a) der Neuwert;
dies ist der ortsübliche Neubauwert des Gebäudes (einschl. Architektenhonorare sowie sonstiger Konstruktions- und Planungskosten);

b) der Zeitwert;
dieser errechnet sich aus dem Neuwert abzüglich der Wertminderung durch Alter und Abnutzung

2. Ist das Gebäude zum Abbruch bestimmt oder sonst dauernd entwertet, so ist ohne besondere Vereinbarung Versicherungswert der *für den Versicherungsnehmer erzielbare Verkaufspreis (gemeiner Wert)*. Eine dauernde Entwertung liegt insbesondere vor, wenn das Gebäude für seinen Zweck nicht mehr zu verwenden ist.

### § 14 Entschädigungsberechnung und Unterversicherung

1. Ersetzt werden bei zerstörten Gebäuden sowie bei zerstörten oder abhandengekommenen sonstigen Sachen

a) in der Gleitenden Neuwertversicherung (siehe § 11) und der Neuwertversicherung (siehe § 13 Nr. 1 a) der Neuwert *zum Zeitpunkt* des Versicherungsfalles; in den Fällen des § 13 Nr. 1 b) der Zeitwert;

b) *die Entschädigung in der Gleitenden Neuwert-, Neuwert- und Zeitwertversicherung reduziert sich auf den für den Versicherungsnehmer erzielbaren Verkaufspreis des Materials, falls das Gebäude zum Abbruch bestimmt oder sonst dauernd entwertet ist. Eine dauernde Entwertung liegt insbesondere vor, wenn das Gebäude nicht mehr genutzt werden kann;*

c) bei beschädigten Sachen die notwendigen Reparaturkosten *zum Zeitpunkt des Versicherungsfalles* zuzüglich einer Wertminderung, die durch Reparatur nicht auszugleichen ist, höchstens jedoch der jeweils vereinbarte Versicherungswert *zum Zeitpunkt des Versicherungsfalles;*

d) Restwerte werden angerechnet.

2. In der Gleitenden Neuwertversicherung und der Neuwertversicherung erwirbt der Versicherungsnehmer den Anspruch auf Zahlung des Teils der Entschädigung, der den Zeitwertschaden übersteigt (Neuwertanteil) nur, soweit und sobald er innerhalb von drei Jahren nach Eintritt des Versicherungsfalles sichergestellt hat, daß er die Entschädigung verwenden wird, um versicherte Sachen in gleicher Art und Zweckbestimmung an der bisherigen Stelle wiederherzustellen oder wiederzubeschaffen. Ist dies an der bisherigen Stelle rechtlich nicht möglich oder wirtschaftlich nicht zu vertreten, so genügt es, wenn das Gebäude an anderer Stelle innerhalb der Bundesrepublik Deutschland wiederhergestellt wird.

Der Zeitwertschaden wird bei zerstörten oder abhandengekommenen Gegenständen aus dem Neuwertschaden abzüglich der Wertminderung durch Alter und Abnutzung errechnet.

3. Wenn der Versicherungswert der gemeine Wert *ist*, gilt § 2 Nr. 1 entsprechend.

4. In der Neu- und Zeitwertversicherung ist die Gesamtentschädigung für versicherte Sachen (siehe § 1), versicherte Kosten (siehe § 2) und versicherten Mietausfall (siehe § 3) je Versicherungsfall auf die Versicherungssumme begrenzt. Schadenabwendungs- und Schadenminderungskosten, die auf Weisung des Versicherers entstanden sind, werden unbegrenzt ersetzt.

5. Ist die Versicherungssumme zum Zeitpunkt des Versicherungsfalles in der Gleitenden Neuwertversicherung (siehe § 11), in der Neu- und Zeitwertversicherung sowie Versicherung zum gemeinen Wert (siehe § 13) niedriger als der Versicherungswert der versicherten Sachen (Unterversicherung), wird die Entschädigung (siehe Nr. 1) im Verhältnis von Versicherungssumme zum Versicherungswert gekürzt nach folgender Berechnungsformel: Entschädigung = Schaden mal Versicherungssumme geteilt durch Versicherungswert. Entsprechendes gilt für die Berechnung versicherter Kosten (siehe § 2) und versicherten Mietausfalles (siehe § 3).

### § 15 Obliegenheiten des Versicherungsnehmers im Versicherungsfall

1. Der Versicherungsnehmer hat bei Eintritt eines Versicherungsfalles (siehe § 2 Nr. 1)

a) den Versicherer unverzüglich zu informieren und – soweit möglich – dessen Weisungen zur Schadenminderung/-abwendung einzuholen und zu beachten;

b) der zuständigen Polizeidienststelle unverzüglich ein Verzeichnis der abhandengekommenen Gegenstände einzureichen;

c) dem Versicherer – soweit möglich – jede Untersuchung über Ursache und Höhe des Schadens und über den Umfang der Entschädigungspflicht zu gestatten sowie jede Auskunft dazu – auf Verlangen schriftlich – zu erteilen und die angeforderten Belege beizubringen;

d) die Schadenstelle möglichst so lange unverändert zu lassen, bis sie durch den Versicherer freigegeben worden ist. Sind Veränderungen unumgänglich, sind zumindest die beschädigten Teile bis zu einer Besichtigung durch den Versicherer aufzubewahren.

2. Wird eine der in Nr. 1 genannten Obliegenheiten verletzt, verliert der Versicherungsnehmer seinen Versicherungsschutz, es sei denn, er hat die Obliegenheit weder vorsätzlich noch grob fahrlässig verletzt.

a) Bei grob fahrlässiger Verletzung behält der Versicherungsnehmer insoweit seinen Versicherungsschutz, als die Verletzung weder Einfluß auf die Feststellung des Versicherungsfalls noch auf die Bemessung der Leistung gehabt hat.

b) Hatte eine vorsätzliche Verletzung Einfluß weder auf die Feststellung des Versicherungsfalles noch der Entschädigung bzw. deren Umfang, so bleibt der Versicherer zur Leistung verpflichtet, wenn die Verletzung nicht geeignet war, die Interessen des Versicherers ernsthaft zu beeinträchtigen und wenn außerdem den Versicherungsnehmer kein erhebliches Verschulden trifft.

### § 16 Wegfall der Entschädigungspflicht aus besonderen Gründen

1. Versucht der Versicherungsnehmer oder sein Repräsentant, den Versicherer arglistig über Tatsachen zu täuschen, die für den Grund oder die Höhe der Entschädigung von Bedeutung sind, so ist der Versicherer von der Entschädigungspflicht frei.

Ist die Täuschung durch rechtskräftiges Strafurteil wegen Betruges oder Betrugsversuches festgestellt, so gelten die Voraussetzungen des Satzes 1 als bewiesen.

2. Kein Versicherungsschutz besteht, wenn der Versicherungsnehmer oder sein Repräsentant den Schaden vorsätzlich oder grob fahrlässig herbeigeführt hat.

Die vorsätzliche Herbeiführung eines Brandschadens gilt als bewiesen, wenn sie durch rechtskräftiges Strafurteil wegen vorsätzlicher Brandstiftung festgestellt ist.

### § 17 Sachverständigenverfahren

1. Der Versicherungsnehmer kann nach Eintritt des Versicherungsfalles durch einseitige Erklärung gegenüber dem Versicherer verlangen, daß die Höhe des Schadens durch Sachverständige festgestellt wird.

Ein solches Sachverständigenverfahren können Versicherer und Versicherungsnehmer auch vereinbaren.

Das Sachverständigenverfahren kann durch Vereinbarung auf weitere Feststellungen zum Versicherungsfall ausgedehnt werden.

2. Für das Sachverständigenverfahren gilt:

a) Jede Partei benennt schriftlich einen Sachverständigen und kann dann die andere unter Angabe des von ihr genannten Sachverständigen schriftlich auffordern, den zweiten Sachverständigen zu benennen. Wird der zweite Sachverständige nicht innerhalb zwei Wochen nach Empfang der Aufforderung benannt, so kann ihn die auffordernde Partei durch das für den Schadenort zuständige Amtsgericht ernennen lassen, in der Aufforderung ist auf diese Folge hinzuweisen.

b) Beide Sachverständige benennen schriftlich vor Aufnahme ihrer Feststellungen einen dritten Sachverständigen als Obmann. Einigen sie sich nicht, so wird der Obmann auf Antrag einer Partei durch das für den Schadenort zuständige Amtsgericht ernannt.

c) Der Versicherer darf als Sachverständigen keine Person benennen, die Mitbewerber des Versicherungsnehmers ist oder mit ihm in dauernder Geschäftsverbindung steht; ferner keine Person, die bei Mitbewerbern oder Geschäftspartnern angestellt ist oder mit ihnen in einem ähnlichen Verhältnis steht.

Dies gilt entsprechend für die Benennung eines Obmannes durch die Sachverständigen.

3. Die Feststellungen der Sachverständigen müssen enthalten:

a) ein Verzeichnis der zerstörten, beschädigten und abhandengekommenen Gegenstände sowie deren Versicherungswert (siehe § 13 Nr. 1) zum Zeitpunkt des Versicherungsfalles; in den Fällen von § 14 Nr. 2 ist auch der Zeitwert anzugeben;

b) bei beschädigten Gegenständen die Beträge gemäß § 14 Nr. 1 c;

c) alle sonstigen gemäß § 14 Nr. 1 maßgebenden Tatsachen, insbesondere die Restwerte der von dem Schaden betroffenen Gegenstände;

d) die nach § 2 versicherten Kosten sowie der nach § 3 versicherte Mietausfall.

4. Die Sachverständigen übermitteln beiden Parteien gleichzeitig ihre Feststellungen. Weichen die Feststellungen voneinander ab, so übergibt der Versicherer sie unverzüglich dem Obmann. Dieser entscheidet über die streitig gebliebenen Punkte.

5. Jede Partei trägt die Kosten ihres Sachverständigen. Die Kosten des Obmannes tragen beide Parteien je zur Hälfte.

6. Die Feststellungen der Sachverständigen oder des Obmannes sind für den Versicherer und den Versicherungsnehmer verbindlich. Aufgrund dieser Feststellungen berechnet der Versicherer die Entschädigung, wenn nicht nachgewiesen wird, daß sie offenbar von der wirklichen Sachlage erheblich abweichen.

### § 18 Zahlung der Entschädigung

1. Steht der Anspruch des Versicherungsnehmers dem Grunde und der Höhe nach fest, hat die Entschädigungszahlung innerhalb von 2 Wochen zu erfolgen. Der Versicherungsnehmer kann einen Monat nach Meldung des Schadens den Betrag als Abschlagzahlung beanspruchen, der nach Lage der Sache mindestens zu zahlen ist.

2. Die Entschädigung ist – soweit sie nicht innerhalb eines Monats nach Meldung des Schadens geleistet wird – zu verzinsen. Der Zinssatz liegt 1 Prozent unter dem Diskontsatz der Deutschen Bundesbank (ggf. ihrem Rechtsnachfolger innerhalb der Europäischen Union), mindestens jedoch bei 4 % und höchstens bei 6 % Zinsen pro Jahr, soweit nicht aus rechtlichen Gründen ein höherer Zins zu zahlen ist. Die Zinsen werden zusammen mit der Entschädigung fällig.

3. Der Lauf der Fristen gem. Nr. 1 und Nr. 2 Satz 1 ist gehemmt, solange in Folge Verschuldens des Versicherungsnehmers die Entschädigung nicht ermittelt oder nicht gezahlt werden kann.

4. Der über den Zeitwertschaden hinausgehende Teil der Entschädigung wird erst fällig, wenn der Versicherungsnehmer die nach § 14 Nr. 2 geltenden Voraussetzungen nachgewiesen hat. Zinsen für diesen Teil der Entschädigung werden erst ab diesem Zeitpunkt berechnet.

5. Der Versicherer kann die Zahlung aufschieben, solange

a) Zweifel an der Empfangsberechtigung des Versicherungsnehmers bestehen;

b) ein behördliches oder strafgerichtliches Verfahren gegen den Versicherungsnehmer oder seinen Repräsentanten aus Anlaß dieses Versicherungsfalles noch nicht abgeschlossen ist.

6. Es gelten die gesetzlichen Vorschriften über die Sicherung des Realkredits.

### § 19 Rechtsverhältnis nach dem Versicherungsfall; Kündigungsrecht

1. Die Versicherungssumme vermindert sich nicht dadurch, daß eine Entschädigung geleistet wird.

2. Nach dem Eintritt eines Versicherungsfalles kann der Versicherer oder der Versicherungsnehmer den Versicherungsvertrag kündigen, es sei denn, die Höhe des Schadens liegt unterhalb des vereinbarten Selbstbehaltes. Die Kündigung ist schriftlich zu erklären. Sie muß dem Vertragspartner spätestens einen Monat nach Auszahlung oder Ablehnung der Entschädigung zugegangen sein.

3. Kündigt der Versicherungsnehmer, wird seine Kündigung sofort nach ihrem Zugang beim Versicherer wirksam. Der Versicherungsnehmer kann jedoch bestimmen, daß die Kündigung zu einem späteren Zeitpunkt, spätestens jedoch zum Ende des laufenden Versicherungsjahres wirksam wird.

Eine Kündigung des Versicherers wird einen Monat nach ihrem Zugang beim Versicherungsnehmer wirksam.

4. Wird der Vertrag gekündigt, hat der Versicherer nur Anspruch auf den Teil des Beitrages, der der abgelaufenen Vertragszeit entspricht.

### § 20 Versicherung für fremde Rechnung

1. Schließt der Versicherungsnehmer die Versicherung im eigenen Namen für einen anderen (Versicherter) ab, so kann nur der Versicherungsnehmer und nicht der Versicherte die Rechte aus diesem Vertrag ausüben. Das gilt auch dann, wenn der Versicherte den Versicherungsschein besitzt.

2. Der Versicherer kann vor Zahlung der Entschädigung an den Versicherungsnehmer den Nachweis verlangen, daß der Versicherte seine Zustimmung dazu erteilt hat. Der Versicherte kann die Zahlung der Entschädigung nur mit Zustimmung des Versicherungsnehmers verlangen.

3. Das Verhalten und die Kenntnis des Versicherten werden dem Verhalten und der Kenntnis des Versicherungsnehmers gleichgestellt.

4. Auf die Kenntnis des Versicherten kommt es nicht an, wenn der Vertrag ohne sein Wissen abgeschlossen worden ist oder eine rechtzeitige Benachrichtigung des Versicherungsnehmers nicht angebracht war.

5. Auf die Kenntnis des Versicherten kommt es dagegen an, wenn der Versicherungsnehmer den Vertrag ohne Auftrag des Versicherten geschlossen und den Versicherer nicht darüber informiert hat.

### § 21 Mehrere Versicherungsnehmer

Besteht der Vertrag mit mehreren Versicherungsnehmern, so muß sich jeder Versicherungsnehmer Kenntnis und Verhalten der übrigen Versicherungsnehmer zurechnen lassen.

### § 22 Wohnungseigentum

1. Ist bei Verträgen mit einer Gemeinschaft von Wohnungseigentümern der Versicherer wegen des Verhaltens einzelner Wohnungseigentümer leistungsfrei (siehe §§ 9, 10, 15, 16, 20), so kann er sich hierauf gegenüber den übrigen Wohnungseigentümern nicht berufen. Die übrigen Wohnungseigentümer können verlangen, daß der Versicherer sie auch insoweit entschädigt, als er gegenüber einzelnen Miteigentümern leistungsfrei ist, sofern diese zusätzliche Entschädigung zur Wiederherstellung des gemeinschaftlichen Eigentums verwendet wird.

Der Wohnungseigentümer, in dessen Person der Verwirkungsgrund vorliegt, ist verpflichtet, dem Versicherer diese Mehraufwendungen zu erstatten.

2. Haftet der Versicherer nach den gesetzlichen Bestimmungen im Rahmen der Feuerversicherung dem Realgläubiger trotz Leistungsfreiheit wegen des Verhaltens des Versicherungsnehmers, so ist der Versicherer zur Zahlung einer zusätzlichen Entschädigung (siehe Nr. 1 Satz 2) nicht verpflichtet.

Der Versicherer ist verpflichtet, auf eine kraft Gesetzes auf ihn übergegangene Gesamthypothek/Gesamtgrundschuld zu verzichten und dabei mitzuwirken, daß der Verzicht auf Kosten der Wohnungseigentümer in das Grundbuch eingetragen wird. In diesem Fall ist der Wohnungseigentümer, in dessen Person der Verwirkungsgrund vorliegt, verpflichtet, dem Versicherer die für seinen Eigentumsanteil und sein Sondereigentum an den Realgläubiger erbrachten Leistungen zu erstatten.

3. Für die Gebäudeversicherung bei Teileigentum gelten 1. und 2. entsprechend.

# Anhang A 2

## Text-Bausteine für den Allgemeinen Teil der AVB



### 1 – Widerspruchsrecht des Antragstellers

*– bei Anwendung von § 5 a WG –*

*– Hinweis im Versicherungsantrag*

Der Antragsteller kann dem Versicherungsvertrag innerhalb einer Frist von 14 Tagen nach Erhalt des Versicherungsscheins und der vollständigen Vertragsunterlagen schriftlich widersprechen. Über dieses Widerspruchsrecht wird der Antragsteller im Versicherungsschein ausführlich informiert.

*– Widerspruchsbelehrung bei Zusendung des Versicherungsscheins*

Der Vertrag gilt auf der Grundlage dieses Versicherungsscheins, der Versicherungsbedingungen und der weiteren für den Vertragsinhalt maßgeblichen Verbraucherinformation als abgeschlossen, wenn der Versicherungsnehmer nicht innerhalb von 14 Tagen schriftlich widerspricht. Mit Zugang dieser Unterlagen beginnt der Lauf der Frist. Zur Wahrung der Frist genügt die rechtzeitige Absendung des Widerspruchs.

Sind die in Satz 1 genannten Unterlagen nicht vollständig zugegangen, erlischt das Widerspruchsrecht ein Jahr nach Zahlung des ersten Beitrags.

Für einen vom Antragsteller besonders beantragten sofortigen Versicherungsschutz besteht kein Widerspruchsrecht.

### 2 – Widerrufsrecht des Antragstellers

*– bei Verwendung des Antragsverfahrens –*

Bezieht sich der Antrag auf einen Versicherungsvertrag mit einer Laufzeit von mehr als einem Jahr, kann der Antragsteller diesen Antrag innerhalb einer Frist von 14 Tagen schriftlich widerrufen. Der Lauf der Frist beginnt, wenn der Antragsteller diese Information über sein Widerrufsrecht durch Unterschrift bestätigt hat. Zur Wahrung der Frist genügt die rechtzeitige Absendung des Widerrufs.

Das Widerrufsrecht besteht nicht, wenn und soweit der Versicherer auf Wunsch des Antragstellers sofortigen Versicherungsschutz gewährt oder die Versicherung für die bereits ausgeübte gewerbliche oder selbständige berufliche Tätigkeit des Antragstellers bestimmt ist.

### 3 – Beginn des Versicherungsschutzes

Der Versicherungsschutz beginnt zu dem im Versicherungsschein angegebenen Zeitpunkt, wenn der Versicherungsnehmer den ersten oder einmaligen Beitrag rechtzeitig im Sinne von *Baustein 6.1 Abs. 2 zahlt*.

*Zusatz für Rechtsschutz*
Eine vereinbarte Wartezeit bleibt unberührt.

### 4 – Vorläufige Deckung

#### 1. Beginn

Die vorläufige Deckung wird mit entsprechender Erklärung des Versicherers (oder einer hierzu bevollmächtigten Person) ab dem vereinbarten Zeitpunkt wirksam.

#### 2. Inhalt

Die vorläufige Deckung richtet sich nach den Vertragsgrundlagen, die dem endgültigen Versicherungsvertrag zugrunde liegen sollen. Der Versicherungsnehmer erhält die für die vorläufige Deckung und den endgültigen Versicherungsvertrag geltenden Versicherungsbedingungen und die Verbraucherinformation zusammen mit dem Versicherungsschein, auf Wunsch auch zu einem früheren Zeitpunkt.

#### 3. Ende

Die vorläufige Deckung endet mit dem Beginn des endgültigen Versicherungsschutzes oder dem schriftlichen Widerspruch des Versicherungsnehmers gegen den endgültigen Versicherungsvertrag oder am 5. Werktag (mittags 12 Uhr) nach Zugang der endgültigen Ablehnung des Antrags durch den Versicherer.

*Sonderregelung für die Kraftfahrtversicherung:*
Die vorläufige Deckung endet, sobald der Versicherungsnehmer den ersten oder einmaligen Beitrag für den endgültigen Versicherungsvertrag gezahlt hat. Der Versicherer ist berechtigt, die vorläufige Deckung mit einer Frist von 1 Woche zu kündigen. Widerspricht der Versicherungsnehmer gemäß § 5 a Versicherungsvertragsgesetz oder lehnt er das Angebot des Versicherers gemäß § 5 Abs. 3 Pflichtversicherungsgesetz ab, endet die vorläufige Deckung, wenn der Versicherer sie mit einer Frist von einer Woche schriftlich kündigt.

#### 4. Wegfall des Versicherungsschutzes

Der Versicherungsschutz aus einer vorläufigen Deckung entfällt rückwirkend, wenn der Versicherungsnehmer den Beitrag für die vorläufige Deckung oder, falls ein gesonderter Beitrag für die vorläufige Deckung nicht erhoben wird, den Beitrag für den endgültigen Versicherungsvertrag nicht rechtzeitig gezahlt hat.

Die Zahlung gilt als rechtzeitig, wenn sie unverzüglich nach Erhalt der Deckungszusage und der Zahlungsaufforderung *(sowie nach Ablauf der im Versicherungsschein genannten Widerspruchsfrist von 14 Tagen)** erfolgt.

* Nur von den Unternehmen zu verwenden, die das § 5 a VVG-Verfahren praktizieren.

*Sonderregelung für die Kraftfahrtversicherung:*
Die vorläufige Deckung tritt rückwirkend außer Kraft, wenn der Antrag unverändert angenommen worden ist, der Versicherungsnehmer den Beitrag für die vorläufige Deckung aber nicht innerhalb von zwei Wochen nach Zugang des Versicherungsscheines gezahlt und diese Verspätung zu vertreten hat.

**5. Beitrag**

Der Beitrag für die vorläufige Deckung richtet sich nach dem geltenden Tarif.

**5 – Beitrag und Versicherungsteuer**

Der in Rechnung gestellte Beitrag enthält die Versicherungsteuer, die der Versicherungsnehmer in der jeweils vom Gesetz bestimmten Höhe zu entrichten hat.

**6 – Zahlung und Folgen verspäteter Zahlung/
Erster oder einmaliger Beitrag**

**1. Fälligkeit und Rechtzeitigkeit der Zahlung**

Der erste oder einmalige Beitrag wird – wenn nichts anderes vereinbart ist – sofort nach Abschluß des Vertrages fällig.

Die Zahlung gilt als rechtzeitig, wenn sie unverzüglich nach Erhalt des Versicherungsscheins und der Zahlungsaufforderung (*sowie nach Ablauf der im Versicherungsschein genannten Widerspruchsfrist von 14 Tagen*)* erfolgt.

Ist Zahlung des Jahresbeitrags in Raten vereinbart, gilt als erster Beitrag nur die erste Rate des ersten Jahresbeitrags.

**2. Späterer Beginn des Versicherungsschutzes**

Zahlt der Versicherungsnehmer den ersten oder einmaligen Beitrag nicht rechtzeitig, sondern zu einem späteren Zeitpunkt, beginnt der Versicherungsschutz erst ab diesem Zeitpunkt.

**3. Rücktritt**

Zahlt der Versicherungsnehmer den ersten oder einmaligen Beitrag nicht rechtzeitig, kann der Versicherer vom Vertrag zurücktreten, solange der Beitrag nicht gezahlt ist. Es gilt als Rücktritt, wenn der Versicherer den ersten oder einmaligen Beitrag nicht innerhalb von drei Monaten nach Abschluß des Vertrages gerichtlich geltend macht.

**7 – Zahlung und Folgen verspäteter Zahlung/Folgebeitrag**

**1. Fälligkeit und Rechtzeitigkeit der Zahlung**

Die Folgebeiträge sind, soweit nicht etwas anderes bestimmt ist, am Monatsersten des vereinbarten Beitragszeitraums fällig.

Die Zahlung gilt als rechtzeitig, wenn sie zu dem im Versicherungsschein oder in der Beitragsrechnung angegebenen Zeitpunkt erfolgt.

**2. Verzug**

Wird der Folgebeitrag nicht rechtzeitig gezahlt, gerät der Versicherungsnehmer ohne Mahnung in Verzug, es sei denn, daß er die verspätete Zahlung nicht zu vertreten hat.

Der Versicherer wird ihn schriftlich zur Zahlung auffordern und eine Zahlungsfrist von mindestens zwei Wochen setzen. (*Im Anwendungsbereich von § 91 VVG gilt eine Frist von einem Monat.*)

Der Versicherer ist berechtigt, Ersatz des ihm durch den Verzug entstandenen Schadens zu verlangen.

**3. Kein Versicherungsschutz**

Ist der Versicherungsnehmer nach Ablauf dieser Zahlungfrist noch mit der Zahlung in Verzug, besteht ab diesem Zeitpunkt bis zur Zahlung kein Versicherungsschutz, wenn er mit der Zahlungsaufforderung nach Ziffer 2. Abs. 2 darauf hingewiesen wurde.

**4. Kündigung**

Ist der Versicherungsnehmer nach Ablauf dieser Zahlungsfrist noch mit der Zahlung in Verzug, kann der Versicherer den Vertrag kündigen, wenn er den Versicherungsnehmer mit der Zahlungsaufforderung nach Ziffer 2. Abs. 2 darauf hingewiesen hat.

Hat der Versicherer gekündigt, und zahlt der Versicherungsnehmer danach innerhalb eines Monats den angemahnten Betrag, besteht der Vertrag fort. Für Versicherungsfälle, die zwischen dem Zugang der Kündigung und der Zahlung eingetreten sind, besteht jedoch kein Versicherungsschutz.

**8 – Rechtzeitigkeit der Zahlung bei Lastschriftermächtigung**

Ist die Einziehung des Beitrags von einem Konto vereinbart, gilt die Zahlung als rechtzeitig, wenn der Beitrag zu dem im Versicherungsschein angegebenen Fälligkeitstag eingezogen werden kann und der Versicherungsnehmer einer berechtigten Einziehung nicht widerspricht.

Konnte der fällige Beitrag ohne Verschulden des Versicherungsnehmers vom Versicherer nicht eingezogen werden, ist die Zahlung auch dann noch rechtzeitig, wenn sie unverzüglich nach einer schriftlichen Zahlungsaufforderung des Versicherers erfolgt.

Hat der Versicherungsnehmer zu vertreten, daß der Beitrag wiederholt nicht eingezogen werden kann, ist der Versicherer berechtigt, künftig Zahlung außerhalb des Lastschriftverfahrens zu verlangen.

**9 – Teilzahlung und Folgen bei verspäteter Zahlung**

Ist die Zahlung des Jahresbeitrags in Raten vereinbart, sind die noch ausstehenden Raten sofort fällig, wenn der Versicherungsnehmer mit der Zahlung einer Rate im Verzug ist.

Ferner kann der Versicherer für die Zukunft jährliche Beitragszahlung verlangen.

**10 – Beitrag bei vorzeitiger Vertragsbeendigung**

Bei vorzeitiger Beendigung des Vertrages hat der Versicherer, soweit nicht etwas anderes bestimmt ist, nur Anspruch auf den Teil des Beitrages, der der abgelaufenen Vertragszeit entspricht.

**11 – Dauer und Ende des Vertrages**

1. Der Vertrag ist für die im Versicherungsschein angegebene Zeit abgeschlossen.

2. Bei einer Vertragsdauer von mindestens einem Jahr verlängert sich der Vertrag um jeweils ein Jahr, wenn nicht dem Vertragspartner spätestens drei Monate vor dem Ablauf des jeweiligen Versicherungsjahres eine Kündigung zugegangen ist.

*Sonderregelung für die Kraftfahrzeug-Haftpflichtversicherung*
Bei einer Vertragsdauer von einem Jahr verlängert sich der Vertrag um jeweils ein Jahr, wenn nicht dem Vertragspartner spätestens einen Monat vor dem Ablauf des jeweiligen Versicherungsjahres eine Kündigung zugegangen ist. Das gilt auch, wenn die Vertragsdauer nur deshalb weniger als ein Jahr beträgt, weil als Beginn der nächsten Versicherungsperiode ein Datum bestimmt ist, das vor dem Ablauf eines Jahres liegt.

3. Bei einer Vertragsdauer von weniger als einem Jahr endet der Vertrag, ohne daß es einer Kündigung bedarf, zum vorgesehenen Zeitpunkt.

4. Bei einer Vertragsdauer von mehr als fünf Jahren kann der Vertrag schon zum Ablauf des fünften Jahres oder jedes darauffolgenden Jahres gekündigt werden; die Kündigung muß dem Vertragspartner spätestens drei Monate vor dem Ablauf des jeweiligen Versicherungsjahres zugegangen sein.

**12 – Wegfall des versicherten Interesses**

Der Vertrag endet zu dem Zeitpunkt, zu dem der Versicherer davon Kenntnis erhält, daß das versicherte Interesse nach dem Beginn der Versicherung weggefallen ist. In diesem Fall steht ihm der Beitrag zu, den er hätte erheben können, wenn die Versicherung nur bis zum Zeitpunkt der Kenntniserlangung beantragt worden wäre. Dasselbe gilt, wenn das versicherte Interesse weggefallen ist, weil der Versicherungsfall eingetreten ist.

* Nur von den Unternehmen zu verwenden, die das § 5 a VVG-Verfahren praktizieren.

*Sonderregelung für die Fahrzeugversicherung*
Fällt in der Fahrzeugversicherung das Wagnis infolge eines zu ersetzenden Schadens weg, steht dem Versicherer der Beitrag für das laufende Versicherungsjahr oder die vereinbarte kürzere Vertragsdauer zu.

**13 – Kündigung nach Beitragsanpassung**

Erhöht sich der Beitrag aufgrund einer Anpassungsregelung, ohne daß sich der Umfang des Versicherungsschutzes ändert, kann der Versicherungsnehmer den Versicherungsvertrag innerhalb eines Monats nach Zugang der Mitteilung des Versicherers mit sofortiger Wirkung, frühestens jedoch zu dem Zeitpunkt kündigen, in dem die Beitragserhöhung wirksam werden sollte.

Eine Erhöhung der Versicherungsteuer begründet kein Kündigungsrecht.

**14 – Kündigung nach Versicherungsfall**

1. *(Spartenspezifische Kündigungsregelung)*

Die Kündigung muß dem Vertragspartner spätestens einen Monat nach . . . *(spartenspezifischer Tatbestand)* . . . zugegangen sein.

2. Kündigt der Versicherungsnehmer, wird seine Kündigung sofort nach ihrem Zugang beim Versicherer wirksam. Der Versicherungsnehmer kann jedoch bestimmen, daß die Kündigung zu einem späteren Zeitpunkt, spätestens jedoch zum Ende des laufenden Versicherungsjahres, wirksam wird.

Eine Kündigung des Versicherers wird einen Monat nach ihrem Zugang beim Versicherungsnehmer wirksam.

3. Wird der Vertrag gekündigt, hat der Versicherer nur Anspruch auf den Teil des Beitrags, der der abgelaufenen Vertragszeit entspricht.

*Sonderregelung für die Kraftfahrtversicherung:*
Wird der Vertrag durch den Versicherer gekündigt, hat er nur Anspruch auf den Teil des Beitrages, der der abgelaufenen Vertragszeit entspricht. Wird der Vertrag durch den Versicherungsnehmer gekündigt, steht dem Versicherer jedoch der Beitrag für das laufende Versicherungsjahr oder die vereinbarte kürzere Vertragsdauer zu.

**15 – Kündigung nach Veräußerung der versicherten Sachen**

1. Tritt der Erwerber an Stelle des Versicherungsnehmers in die während der Dauer seines Eigentums aus dem Versicherungsverhältnis sich ergebenden Rechte und Pflichten ein, kann das Versicherungsverhältnis

- durch den Versicherer dem Erwerber gegenüber mit einer Frist von einem Monat,
- durch den Erwerber dem Versicherer gegenüber mit sofortiger Wirkung oder auf den Schluß der laufenden Versicherungsperiode

gekündigt werden.

*Sonderregelung für die Kraftfahrzeug-Haftpflichtversicherung*
Schließt der Erwerber eines veräußerten Kraftfahrzeuges eine neue Kraftfahrzeug-Haftpflichtversicherung ab, ohne die auf ihn übergegangene Versicherung zu kündigen, und legt er bei der Zulassungsstelle eine Versicherungsbestätigung vor, gilt dies als Kündigung des übergegangenen Vertrages zum Beginn der neuen Versicherung.

2. Das Kündigungsrecht erlischt,

- wenn der Versicherer es nicht innerhalb eines Monats von dem Zeitpunkt an ausübt, in welchem er von der Veräußerung Kenntnis erlangt;
- wenn der Erwerber es nicht innerhalb eines Monats nach dem Erwerb ausübt, wobei das Kündigungsrecht bis zum Ablauf eines Monats von dem Zeitpunkt an bestehen bleibt, in dem der Erwerber von der Versicherung Kenntnis erlangt.

3. Erfolgt der Erwerb während einer laufenden Versicherungsperiode, haften der Versicherungsnehmer und der Erwerber für den Versicherungsbeitrag dieser Periode als Gesamtschuldner.

4. Die Veräußerung der versicherten Sachen ist dem Versicherer durch den Veräußerer oder den Erwerber unverzüglich anzuzeigen.

Bei einer schuldhaften Verletzung der Anzeigepflicht besteht kein Versicherungsschutz, wenn der Versicherungsfall später als einen Monat nach dem Zeitpunkt eintritt, in dem die Anzeige dem Versicherer hätte zugehen müssen, es sei denn, diese Rechtsfolge steht außer Verhältnis zur Schwere des Verstoßes.

Der Versicherungsschutz fällt trotz Verletzung der Anzeigepflicht nicht weg, wenn dem Versicherer die Veräußerung in dem Zeitpunkt bekannt war, in dem ihm die Anzeige hätte zugehen müssen.

Der Versicherungsschutz lebt wieder auf und besteht für alle Versicherungsfälle, die frühestens einen Monat nach dem Zeitpunkt eintreten, in dem der Versicherer von der Veräußerung Kenntnis erlangt. Dies gilt nur, wenn der Versicherer in diesem Monat von seinem Kündigungsrecht keinen Gebrauch gemacht hat.

**Kündigung nach Veräußerung versicherter Unternehmen**

1. Wird ein Unternehmen, für das eine Betriebs-Haftpflichtversicherung besteht, an einen Dritten veräußert, tritt dieser an Stelle des Versicherungsnehmers in die während der Dauer seines Eigentums aus dem Versicherungsverhältnis sich ergebenden Rechte und Pflichten ein.

Dies gilt auch, wenn ein Unternehmen aufgrund eines Nießbrauchs, eines Pachtvertrages oder eines ähnlichen Verhältnisses von einem Dritten übernommen wird.

2. Das Versicherungsverhältnis kann in diesem Falle

- durch den Versicherer dem Dritten gegenüber mit einer Frist von einem Monat,
- durch den Dritten dem Versicherer gegenüber mit sofortiger Wirkung oder auf den Schluß der laufenden Versicherungsperiode

gekündigt werden.

3. Das Kündigungsrecht erlischt

- wenn der Versicherer es nicht innerhalb eines Monats von dem Zeitpunkt an ausübt, in welchem er vom Übergang auf den Dritten Kenntnis erlangt;
- wenn der Dritte es nicht innerhalb eines Monats nach dem Übergang ausübt, wobei das Kündigungsrecht bis zum Ablauf eines Monats von dem Zeitpunkt an bestehen bleibt, in dem der Dritte von der Versicherung Kenntnis erlangt.

4. Erfolgt der Übergang auf den Dritten während einer laufenden Versicherungsperiode, haften der bisherige Versicherungsnehmer und der Dritte für den Versicherungsbeitrag dieser Periode als Gesamtschuldner.

5. Der Übergang eines Unternehmens ist dem Versicherer durch den bisherigen Versicherungsnehmer oder den Dritten unverzüglich anzuzeigen.

Bei einer schuldhaften Verletzung der Anzeigepflicht besteht kein Versicherungsschutz, wenn der Versicherungsfall später als einen Monat nach dem Zeitpunkt eintritt, in dem die Anzeige dem Versicherer hätte zugehen müssen, es sei denn, diese Rechtsfolge steht außer Verhältnis zur Schwere des Verstoßes.

Der Versicherungsschutz fällt trotz Verletzung der Anzeigepflicht nicht weg, wenn dem Versicherer die Veräußerung in dem Zeitpunkt bekannt war, in dem ihm die Anzeige hätte zugehen müssen.

Der Versicherungsschutz lebt wieder auf und besteht für alle Versicherungsfälle, die frühestens einen Monat nach dem Zeitpunkt eintreten, in dem der Versicherer von der Veräußerung Kenntnis erlangt. Dies gilt nur, wenn der Versicherer in diesem Monat von seinem Kündigungsrecht keinen Gebrauch gemacht hat.

**16 – Vorvertragliche Anzeigepflichten des Versicherungsnehmers**

**1. Vollständigkeit und Richtigkeit von Angaben über gefahrerhebliche Umstände**

Der Versicherungsnehmer oder sein Bevollmächtigter sind verpflichtet, dem Versicherer bei Abschluß des Vertrages alle ihm bekannten gefahrerheblichen Umstände schriftlich, wahrheitsgemäß und vollständig anzuzeigen, insbesondere die im Versicherungsantrag gestellten Fragen ebenso zu beantworten. Gefahrerheblich sind die Umstände, die geeignet sind, auf den Entschluß des Versicherers Einfluß auszuüben, den Vertrag überhaupt oder mit dem vereinbarten Inhalt abzuschließen. Ein Umstand, nach dem der Versicherer ausdrücklich und schriftlich gefragt hat, gilt im Zweifel als gefahrerheblich.

*Sonderregelung für die Fremdversicherung in Unfall (Familien-, Gruppen-/Rahmenverträge)*
Soll eine andere Person versichert werden, ist diese neben dem Versicherungsnehmer für die wahrheitsgemäße und vollständige Anzeige der gefahrerheblichen Umstände und die Beantwortung der an sie gestellten Fragen verantwortlich.

Wird der Vertrag von einem Bevollmächtigten des Versicherungsnehmers oder von einem Vertreter ohne Vertretungsvollmacht geschlossen und kennt dieser den gefahrerheblichen Umstand, muß sich der Versicherungsnehmer so behandeln lassen, als habe er selbst davon Kenntnis gehabt oder dies arglistig verschwiegen.

**2. Rücktritt**

**a) Voraussetzungen und Ausübung des Rücktritts**

Unvollständige und unrichtige Angaben zu den gefahrerheblichen Umständen berechtigen den Versicherer, vom Versicherungsvertrag zurückzutreten. Dies gilt auch dann, wenn ein Umstand nicht oder unrichtig angezeigt wurde, weil sich der Versicherungsnehmer der Kenntnis der Wahrheit arglistig entzogen hat.

Der Rücktritt kann nur innerhalb eines Monats erfolgen. Die Frist beginnt mit dem Zeitpunkt, in dem der Versicherer von der Verletzung der Anzeigepflicht Kenntnis erlangt. Der Rücktritt erfolgt durch Erklärung gegenüber dem Versicherungsnehmer.

**b) Ausschluß des Rücktrittsrechts**

Der Versicherer hat kein Rücktrittsrecht, wenn er die nichtangezeigten gefahrerheblichen Umstände oder deren unrichtige Anzeige kannte.

Dasselbe gilt, wenn der Versicherungsnehmer nachweist, daß die unrichtigen oder unvollständigen Angaben weder von ihm noch von seinem Bevollmächtigten schuldhaft gemacht wurden.

Hatte der Versicherungsnehmer die gefahrerheblichen Umstände anhand schriftlicher vom Versicherer gestellter Fragen anzuzeigen, kann der Versicherer wegen einer unterbliebenen Anzeige eines Umstands, nach dem nicht ausdrücklich gefragt worden ist, nur zurücktreten, wenn dieser Umstand entweder vom Versicherungsnehmer oder von dessen Bevollmächtigtem arglistig verschwiegen wurde.

**c) Folgen des Rücktritts**

Im Fall des Rücktritts besteht kein Versicherungsschutz.

Ist der Versicherungsfall bereits eingetreten, darf der Versicherer den Versicherungsschutz nicht versagen, wenn der Versicherungsnehmer nachweist, daß der unvollständig oder unrichtig angezeigte Umstand weder auf den Eintritt des Versicherungsfalles noch auf den Umfang der Leistung Einfluß gehabt hat.

Im Fall des Rücktritts sind Versicherer und Versicherungsnehmer verpflichtet, die empfangenen Leistungen zurückzugewähren; eine Geldsumme ist vom Zeitpunkt des Empfanges an zu verzinsen. Der Versicherer behält aber seinen Anspruch auf den Teil des Beitrages, der der im Zeitpunkt des Rücktritts abgelaufenen Vertragszeit entspricht.

**3. Beitragsänderung oder Kündigungsrecht**

Ist das Rücktrittsrecht des Versicherers ausgeschlossen, weil eine Anzeigepflicht des Versicherungsnehmers ohne Verschulden verletzt wurde, hat der Versicherer, falls für die höhere Gefahr ein höherer Beitrag angemessen ist, auf diesen Beitrag ab Beginn der laufenden Versicherungsperiode Anspruch. Das gleiche gilt, wenn bei Abschluß des Vertrages ein für die Übernahme der Gefahr erheblicher Umstand dem Versicherer nicht angezeigt worden ist, weil er dem Versicherungsnehmer nicht bekannt war.

Wird die höhere Gefahr nach den für den Geschäftsbetrieb des Versicherers maßgebenden Grundsätzen auch gegen einen höheren Beitrag nicht übernommen, kann der Versicherer den Versicherungsvertrag unter Einhaltung einer Kündigungsfrist von einem Monat, nachdem der Versicherer von der Anzeigepflichtverletzung Kenntnis erlangt hat, kündigen. Die Kündigung wird einen Monat nach ihrem Zugang beim Versicherungsnehmer wirksam.

Das Recht auf Beitragserhöhung oder Kündigung erlischt, wenn es nicht innerhalb eines Monats von dem Zeitpunkt an geltend gemacht wird, in dem der Versicherer von der Verletzung der Anzeigepflicht oder von dem nicht angezeigten Umstand Kenntnis erlangt.

**4. Anfechtung**

Das Recht des Versicherers, den Vertrag wegen arglistiger Täuschung über Gefahrumstände anzufechten, bleibt unberührt.

**17 – Gefahrerhöhung**

**1. Pflichten des Versicherungsnehmers**

Der Versicherungsnehmer darf nach Antragstellung ohne vorherige Zustimmung des Versicherers keine Gefahrerhöhung vornehmen oder deren Vornahme durch Dritte gestatten. Eine Gefahrerhöhung liegt vor, wenn die tatsächlich vorhandenen Umstände so verändert werden, daß der Eintritt des Versicherungsfalls oder eine Vergrößerung des Schadens oder die ungerechtfertigte Inanspruchnahme des Versicherers wahrscheinlicher wären.

Erkennt der Versicherungsnehmer nachträglich, daß eine von ihm vorgenommene oder gestattete Veränderung eine Gefahrerhöhung darstellt, muß er dies dem Versicherer unverzüglich anzeigen.

Tritt nach Antragstellung eine Gefahrerhöhung unabhängig vom Willen des Versicherungsnehmers ein, muß er sie dem Versicherer unverzüglich anzeigen, sobald er von der Gefahrerhöhung Kenntnis erlangt.

**2. Kündigungsrecht des Versicherers**

Eine ohne Zustimmung des Versicherers vorgenommene Gefahrerhöhung berechtigt ihn, den Vertrag fristlos zu kündigen.

Weist der Versicherungsnehmer nach, daß er die vorherige Zustimmung unverschuldet nicht eingeholt hat, wird die Kündigung erst einen Monat nach ihrem Zugang wirksam.

Eine unabhängig vom Willen des Versicherungsnehmers eingetretene Gefahrerhöhung berechtigt den Versicherer, den Versicherungsvertrag unter Einhaltung einer Frist von einem Monat zu kündigen.

Der Versicherer hat kein Kündigungsrecht, wenn im Zeitpunkt der Kündigung der Zustand wiederhergestellt ist, der vor der Gefahrerhöhung bestand. Das Kündigungsrecht des Versicherers erlischt, wenn es nicht innerhalb eines Monats von dem Zeitpunkt an ausgeübt wird, in dem der Versicherer von der Gefahrerhöhung Kenntnis erlangt.

**3. Kein Versicherungsschutz**

Tritt nach der Gefahrerhöhung ein Versicherungsfall ein, hat der Versicherungsnehmer keinen Versicherungsschutz, wenn er

a) seine Pflichten aus Ziffer 1. Abs. 1 verletzt hat, es sei denn, ihn trifft hieran kein Verschulden;

b) die ihm obliegende Anzeige nach Ziffer 1. Abs. 2 u. 3 nicht unverzüglich gemacht hat und der Versicherungsfall später als einen Monat nach dem Zeitpunkt eintritt, in dem die Anzeige dem Versicherer hätte zugehen müssen, es sei denn, daß dem Versicherer zu diesem Zeitpunkt die Erhöhung der Gefahr bekannt war.

Der Versicherungsnehmer hat in diesen Fällen gleichwohl Versicherungsschutz, wenn zum Zeitpunkt des Versicherungsfalls die Kündigungsfrist des Versicherers abgelaufen ist und er nicht gekündigt hat oder die Erhöhung der Gefahr weder Einfluß auf den Eintritt des Versicherungsfalls noch auf den Umfang der Leistung des Versicherers gehabt hat.

**4. Beitragsänderung**

Wird eine nachträglich angezeigte höhere Gefahr nach den für den Geschäftsbetrieb des Versicherers geltenden Grundsätzen nur für einen höheren Beitrag übernommen, hat der Versicherer anstelle des Kündigungsrechts Anspruch auf diesen Beitrag vom Zeitpunkt des Eintritts der Gefahrerhöhung an.

Im Fall der Beitragserhöhung kann der Versicherungsnehmer den Versicherungsvertrag innerhalb eines Monats nach Eingang der Mitteilung des Versicherers zu dem Zeitpunkt kündigen, zu dem die Beitragserhöhung wirksam werden würde.

**5. Mitversicherte Gefahrerhöhung**

Die vorstehenden Regelungen finden keine Anwendung, wenn

a) sich die Gefahr nur unerheblich erhöht hat,

b) nach den Umständen als vereinbart anzusehen ist, daß das Versicherungsverhältnis durch die Gefahrerhöhung nicht berührt werden soll, oder

c) die Gefahrerhöhung im Interesse des Versicherers lag oder durch ein Ereignis veranlaßt wurde, für das er eintrittspflichtig ist, oder sie einem Gebot der Menschlichkeit entsprach.

### 18 – Teilkündigung, Teilrücktritt und teilweise Leistungsfreiheit

1. Sind die Voraussetzungen, unter denen der Versicherer im Fall der Verletzung vorvertraglicher Anzeigepflichten oder der Gefahrerhöhung zum Rücktritt oder zur Kündigung berechtigt ist, nur im Hinblick auf einen Teil der Gegenstände oder Personen erfüllt, die durch einen Vertrag versichert sind, besteht ein Kündigungs- oder Rücktrittsrecht auch für den übrigen Teil. Dies gilt nur, wenn anzunehmen ist, daß der Versicherer für diesen Teil allein den Vertrag unter den gleichen Bestimmungen nicht geschlossen hätte.

2. Kündigt der Versicherer den Vertrag teilweise oder tritt er von ihm teilweise zurück, kann der Versicherungsnehmer den Vertrag für den übrigen Teil mit Wirkung spätestens zum Ende der Versicherungsperiode, in der die Teilkündigung oder der Teilrücktritt des Versicherers wirksam wird, kündigen.

3. Sind die Voraussetzungen, unter denen der Versicherungsnehmer im Fall der Gefahrerhöhung seinen Versicherungsschutz verliert, nur im Hinblick auf einen Teil der Gegenstände oder Personen erfüllt, die durch einen Vertrag versichert sind, verliert er den Versicherungsschutz für den übrigen Teil. Dies gilt nur, wenn anzunehmen ist, daß der Versicherer für diesen Teil allein den Vertrag unter den gleichen Bestimmungen nicht geschlossen hätte.

### 19 – Herabsetzung des Beitrags

Ist wegen bestimmter Gefahrumstände ein höherer Beitrag vereinbart und fallen diese Umstände nachträglich weg, haben sie ihre Bedeutung verloren, oder wurde ihr Vorliegen vom Versicherungsnehmer nur irrtümlich angenommen, ist der Versicherer verpflichtet, den Beitrag zu dem Zeitpunkt herabzusetzen, zu dem der Versicherungsnehmer dem Versicherer den Wegfall meldet.

### 20 – Rechtsfolgen bei Verletzung von Obliegenheiten

*(als Baustein nach den spartenspezifischen Obliegenheiten)*

**a) Vor dem Versicherungsfall oder zur Gefahrverhütung/-verminderung**

Wird eine *dieser Obliegenheiten* verletzt, hat der Versicherungsnehmer keinen Versicherungsschutz, wenn der Versicherer von seinem Recht Gebrauch macht, den Vertrag innerhalb eines Monats ab Kenntnis von der Obliegenheitsverletzung fristlos zu kündigen. Der Versicherer hat kein Kündigungsrecht und der Versicherungsschutz bleibt bestehen, wenn die Obliegenheitsverletzung unverschuldet war.

Bezweckte die verletzte Obliegenheit allerdings die Gefahrminderung oder die Verhütung einer Gefahrerhöhung, verliert der Versicherungsnehmer seinen Versicherungsschutz dann nicht, wenn die Verletzung keinen Einfluß auf den Eintritt des Versicherungsfalls oder den Umfang der dem Versicherer obliegenden Leistung gehabt hat.

**b) Im oder nach dem Versicherungsfall**

Wird eine *dieser Obliegenheiten* verletzt, verliert der Versicherungsnehmer seinen Versicherungsschutz, es sei denn, er hat die Obliegenheit weder vorsätzlich noch grob fahrlässig verletzt. Bei grob fahrlässiger Verletzung behält der Versicherungsnehmer insoweit seinen Versicherungsschutz, als die Verletzung weder Einfluß auf die Feststellung des Versicherungsfalls noch auf die Bemessung der Leistung gehabt hat.

Bezweckt die verletzte Obliegenheit die Abwendung oder Minderung des Schadens, behält der Versicherungsnehmer seinen Versicherungsschutz bei grober Fahrlässigkeit insoweit, als der Umfang des Schadens auch bei Erfüllung der Obliegenheit nicht geringer gewesen wäre.

Bei vorsätzlicher Verletzung behält der Versicherungsnehmer in den Fällen der Absätze eins und zwei seinen Versicherungsschutz insoweit nur, wenn die Verletzung nicht geeignet war, die Interessen des Versicherers ernsthaft zu beeinträchtigen, oder wenn den Versicherungsnehmer kein erhebliches Verschulden trifft.

### 21 – Doppelversicherung

**1. Voraussetzungen**

Eine Doppelversicherung liegt vor, wenn ein Interesse gegen dieselbe Gefahr in mehreren Versicherungsverträgen versichert ist und entweder die Versicherungssummen zusammen den Versicherungswert übersteigen oder aus anderen Gründen die Summe der Entschädigungen, die aufgrund jedes einzelnen Vertrages ohne Bestehen der anderen Versicherungen zu zahlen wäre, den Gesamtschaden übersteigt.

**2. Aufhebung und Anpassung des Vertrages**

Wenn die Doppelversicherung zustandegekommen ist, ohne daß der Versicherungsnehmer dies wußte, kann er die Aufhebung des später geschlossenen Vertrages verlangen.

Er kann auch verlangen, daß die Versicherungssumme auf den Betrag herabgesetzt wird, der durch die früher geschlossene Versicherung nicht gedeckt ist; in diesem Fall ist der Beitrag entsprechend zu mindern.

**3. Ausübung der Rechte**

Das Recht auf Aufhebung oder Herabsetzung erlischt, wenn der Versicherungsnehmer es nicht unverzüglich geltend macht, nachdem er von der Doppelversicherung Kenntnis erlangt hat. Die Aufhebung oder Herabsetzung wird mit dem Ablauf der Versicherungsperiode wirksam, in der sie verlangt wird.

**4. Betrügerische Doppelversicherung**

Hat der Versicherungsnehmer eine Doppelversicherung in der Absicht abgeschlossen, sich dadurch einen rechtswidrigen Vermögensvorteil zu verschaffen, ist jeder in dieser Absicht geschlossene Vertrag nichtig. Der Versicherer hat, sofern er nicht bei der Vertragsschließung die Nichtigkeit kannte, Anspruch auf den Beitrag bis zum Schluß der Versicherungsperiode, in der er diese Kenntnis erlangt.

### 22 – Klagefrist

1. Der Versicherungsnehmer hat keinen Anspruch auf Versicherungsschutz, wenn er diesen Anspruch nicht innerhalb von sechs Monaten gerichtlich geltend macht.

2. Die Frist beginnt mit dem Zugang der schriftlichen Ablehnung des Versicherers. Die Rechtsfolgen der Fristversäumnis treten nur ein, wenn der Versicherer dabei auf die Notwendigkeit der fristgerechten gerichtlichen Geltendmachung hingewiesen hat.

*Sonderregelung für Rechtsschutz:*
Die Frist beginnt, nachdem die Ablehnung des Versicherers oder die Entscheidung des Schiedsgutachters dem Versicherungsnehmer schriftlich unter Angabe der mit dem Fristablauf verbundenen Rechtsfolgen mitgeteilt wurde.

### 23 – Verjährung

1. Die Ansprüche aus dem Versicherungsvertrag verjähren in zwei Jahren. Die Frist beginnt mit dem Schluß des Jahres, in dem die Leistung verlangt werden kann.

2. Ist ein Anspruch des Versicherungsnehmers bei dem Versicherer angemeldet worden, zählt der Zeitraum von der Anmeldung bis

zum Zugang der schriftlichen Entscheidung des Versicherers bei der Fristberechnung nicht mit.

**24 – Zuständiges Gericht**

1. Für Klagen aus dem Versicherungsvertrag gegen den Versicherer bestimmt sich die gerichtliche Zuständigkeit nach dem Sitz des Versicherers oder seiner für den Versicherungsvertrag zuständigen Niederlassung. In der Kraftfahrzeug-Haftpflichtversicherung kann die Klage auch bei dem für den Unfallort zuständigen Gericht erhoben werden. Hat ein Versicherungsagent am Zustandekommen des Vertrages mitgewirkt, ist auch das Gericht des Ortes zuständig, an dem der Versicherungsagent zur Zeit der Vermittlung oder des Abschlusses seine gewerbliche Niederlassung oder – bei Fehlen einer gewerblichen Niederlassung – seinen Wohnsitz hatte.

2. Klagen des Versicherers gegen den Versicherungsnehmer können bei dem für den Wohnsitz des Versicherungsnehmers zuständigen Gericht erhoben werden. Soweit es sich bei dem Vertrag um eine betriebliche Versicherung handelt, kann der Versicherer seine Ansprüche auch bei dem für den Sitz oder die Niederlassung des Gewerbebetriebes zuständigen Gericht geltend machen.

**25 – Anzuwendendes Recht**

Für diesen Vertrag gilt deutsches Recht.

**26 – Anzeigen, Willenserklärungen, Anschriftenänderungen**

1. Alle für den Versicherer bestimmten Anzeigen und Erklärungen sind schriftlich abzugeben. Sie sollen an die Hauptverwaltung des Versicherers oder an die im Versicherungsschein oder in dessen Nachträgen als zuständig bezeichnete Geschäftsstelle gerichtet werden.

2. Hat der Versicherungsnehmer eine Änderung seiner Anschrift dem Versicherer nicht mitgeteilt, genügt für eine Willenserklärung, die dem Versicherungsnehmer gegenüber abzugeben ist, die Absendung eines eingeschriebenen Briefes an die letzte dem Versicherer bekannte Anschrift. Die Erklärung wird zu dem Zeitpunkt wirksam, in dem sie ohne die Anschriftenänderung bei regelmäßiger Beförderung dem Versicherungsnehmer zugegangen sein würde.

3. Hat der Versicherungsnehmer die Versicherung für seinen Gewerbebetrieb abgeschlossen, finden bei einer Verlegung der gewerblichen Niederlassung die Bestimmungen der Ziffer 2. entsprechende Anwendung.

Anhang A 3

# Allgemeine Wohngebäude-Versicherungsbedingungen (VGB 88) – Fassung Januar 1995



## § 1 Versicherte Sachen

1. Versichert sind die in dem Versicherungsvertrag bezeichneten Gebäude.

2. Zubehör, das der Instandhaltung eines versicherten Gebäudes oder dessen Nutzung zu Wohnzwecken dient, ist mitversichert, soweit es sich in dem Gebäude befindet oder außen an dem Gebäude angebracht ist.

3. Weiteres Zubehör sowie sonstige Grundstücksbestandteile auf dem im Versicherungsvertrag bezeichneten Grundstück (Versicherungsgrundstück) sind nur aufgrund besonderer Vereinbarung versichert.

4. Nicht versichert sind in das Gebäude eingefügte Sachen, die ein Mieter auf seine Kosten beschafft oder übernommen hat und für die er die Gefahr trägt. Die Versicherung dieser Sachen kann vereinbart werden.

## § 2 Versicherte Kosten

1. Versichert sind die infolge eines Versicherungsfalles notwendigen Kosten

a) für das Aufräumen und den Abbruch von Sachen, die durch vorliegenden Vertrag versichert sind, für das Abfahren von Schutt und sonstigen Resten dieser Sachen zum nächsten Ablagerungsplatz und für das Ablagern oder Vernichten (Aufräumungs- oder Abbruchkosten);

b) die dadurch entstehen, daß zum Zweck der Wiederherstellung oder Wiederbeschaffung von Sachen, die durch vorliegenden Vertrag versichert sind, andere Sachen bewegt, verändert oder geschützt werden müssen (Bewegungs- oder Schutzkosten);

c) für Maßnahmen, auch erfolglose, die der Versicherungsnehmer zur Abwendung oder Minderung des Schadens für geboten halten durfte (Schadenabwendungs- oder Schadenminderungskosten).

2. Für die Entschädigung versicherter Kosten gemäß Nr. 1 a und 1 b gilt die Entschädigungsgrenze gemäß § 17 Nr. 1.

3. Nicht versichert sind Aufwendungen für Leistungen der Feuerwehren oder anderer im öffentlichen Interesse zur Hilfeleistung Verpflichteter, wenn diese Leistungen im öffentlichen Interesse erbracht werden.

## § 3 Versicherter Mietausfall

1. Der Versicherer ersetzt

a) den Mietausfall einschließlich etwaiger fortlaufender Mietnebenkosten, wenn Mieter von Wohnräumen infolge eines Versicherungsfalles berechtigt sind, die Zahlung der Miete ganz oder teilweise zu verweigern;

b) den ortsüblichen Mietwert von Wohnräumen, die der Versicherungsnehmer selbst bewohnt und die infolge eines Versicherungsfalles unbenutzbar geworden sind, falls dem Versicherungsnehmer die Beschränkung auf einen etwa benutzbar gebliebenen Teil der Wohnung nicht zugemutet werden kann.

2. Die Versicherung des Mietausfalls oder des ortsüblichen Mietwerts für gewerblich genutzte Räume bedarf besonderer Vereinbarung.

3. Mietausfall oder Mietwert werden bis zu dem Zeitpunkt ersetzt, in dem die Wohnung wieder benutzbar ist, höchstens jedoch für 12 Monate seit dem Eintritt des Versicherungsfalles. Entschädigung wird nur geleistet, soweit der Versicherungsnehmer die Möglichkeit der Wiederbenutzung nicht schuldhaft verzögert.

## § 4 Versicherte Gefahren und Schäden

1. Entschädigt werden versicherte Sachen, die durch

a) Brand, Blitzschlag, Explosion, Anprall oder Absturz eines bemannten Flugkörpers, seiner Teile oder seiner Ladung (§ 5)

b) Leitungswasser (§ 6)

c) Sturm, Hagel (§ 8)

zerstört oder beschädigt werden oder infolge eines solchen Ereignisses abhanden kommen.

2. Entschädigt werden auch Bruchschäden an Rohren der Wasserversorgung und Frostschäden an sonstigen Leitungswasser führenden Einrichtungen (§ 7).

3. Jede der Gefahrengruppen nach Nr. 1a, 1b und 2 oder 1c kann auch einzeln versichert werden.

## § 5 Brand; Blitzschlag; Explosion

1. Brand ist ein Feuer, das ohne einen bestimmungsgemäßen Herd entstanden ist oder ihn verlassen hat und das sich aus eigener Kraft auszubreiten vermag.

2. Blitzschlag ist der unmittelbare Übergang eines Blitzes auf Sachen.

3. Explosion ist eine auf dem Ausdehnungsbestreben von Gasen oder Dämpfen beruhende, plötzlich verlaufende Kraftäußerung.

## § 6 Leitungswasser

1. Leitungswasser ist Wasser, das aus

a) Zu- oder Ableitungsrohren der Wasserversorgung,

b) mit dem Rohrsystem verbundenen sonstigen Einrichtungen oder Schläuchen der Wasserversorgung,

c) Anlagen der Warmwasser- oder Dampfheizung,

d) Sprinkler- oder Berieselungsanlagen

bestimmungswidrig ausgetreten ist.

2. Wasserdampf steht Wasser gleich.

## § 7 Rohrbruch; Frost

1. Innerhalb versicherter Gebäude sind versichert Frost- und sonstige Bruchschäden an Rohren

a) der Wasserversorgung (Zu- oder Ableitungen);

b) der Warmwasser- oder Dampfheizung;

c) von Sprinkler- oder Berieselungsanlagen.

2. Darüber hinaus sind innerhalb versicherter Gebäude auch versichert Frostschäden an

a) Badeeinrichtungen, Waschbecken, Spülklosetts, Wasserhähnen, Geruchsverschlüssen, Wassermessern oder ähnlichen Installationen;

b) Heizkörpern, Heizkesseln, Boilern oder an vergleichbaren Teilen von Warmwasser- oder Dampfheizungsanlagen;

c) Sprinkler- oder Berieselungsanlagen.

3. Außerhalb versicherter Gebäude sind versichert Frost- und sonstige Bruchschäden an Zuleitungsrohren der Wasserversorgung und an den Rohren der Warmwasser- oder Dampfheizung, soweit diese Rohre der Versorgung versicherter Gebäude oder Anlagen dienen und sich auf dem Versicherungsgrundstück befinden.

## § 8 Sturm; Hagel

1. Sturm ist eine wetterbedingte Luftbewegung von mindestens Windstärke 8.

Ist die Windstärke für das Versicherungsgrundstück nicht feststellbar, so wird Sturm unterstellt, wenn der Versicherungsnehmer nachweist, daß

a) die Luftbewegung in der Umgebung Schäden an Gebäuden in einwandfreiem Zustand oder an ebenso widerstandsfähigen anderen Sachen angerichtet hat oder

b) der Schaden wegen des einwandfreien Zustandes des versicherten Gebäudes nur durch Sturm entstanden sein kann.

2. Versichert sind nur Schäden, die entstehen

a) durch unmittelbare Einwirkung des Sturmes auf versicherte Sachen;

b) dadurch, daß der Sturm Gebäudeteile, Bäume oder andere Gegenstände auf versicherte Sachen wirft;

c) als Folge eines Sturmschadens gemäß a oder b an versicherten Sachen.

3. Für Schäden durch Hagel gilt Nr. 2 sinngemäß.

## § 9 Nicht versicherte Sachen und Schäden

1. Nicht versichert sind ohne Rücksicht auf mitwirkende Ursachen Schäden

a) die der Versicherungsnehmer vorsätzlich oder grob fahrlässig herbeiführt; die vorsätzliche Herbeiführung eines Brandschadens gilt als bewiesen, wenn sie durch ein rechtskräftiges Strafurteil wegen vorsätzlicher Brandstiftung festgestellt ist;

b) die durch Kriegsereignisse jeder Art, innere Unruhen, Erdbeben oder Kernenergie*) entstehen.

2. Der Versicherungsschutz gegen Brand, Blitzschlag und Explosion erstreckt sich ohne Rücksicht auf mitwirkende Ursachen nicht auf

a) Brandschäden, die an versicherten Sachen dadurch entstehen, daß sie einem Nutzfeuer oder der Wärme zur Bearbeitung oder zu sonstigen Zwecken ausgesetzt werden; dies gilt auch für Sachen, in denen oder durch die Nutzfeuer oder Wärme erzeugt, vermittelt oder weitergeleitet wird;

b) Sengschäden, außer wenn sie durch Brand, Blitzschlag oder Explosion entstanden sind;

c) Kurzschluß- und Überspannungsschäden, die an elektrischen Einrichtungen entstanden sind, außer wenn sie die Folge eines Brandes oder einer Explosion sind.

3. Der Versicherungsschutz gegen Leitungswasser, Rohrbruch und Frost sowie gegen Sturm und Hagel erstreckt sich ohne Rücksicht auf mitwirkende Ursachen nicht auf Schäden

a) an versicherten Sachen, solange das versicherte Gebäude noch nicht bezugsfertig oder wegen Umbauarbeiten für seinen Zweck nicht mehr benutzbar ist;

b) durch Brand, Blitzschlag, Explosion, Anprall oder Absturz eines bemannten Flugkörpers, seiner Teile oder seiner Ladung.

4. Der Versicherungsschutz gegen Leitungswasser erstreckt sich ohne Rücksicht auf mitwirkende Ursachen nicht auf Schäden durch

a) Plansch- oder Reinigungswasser;

b) Grundwasser, stehendes oder fließendes Gewässer, Hochwasser oder Witterungsniederschläge oder einen durch diese Ursachen hervorgerufenen Rückstau;

c) Öffnen der Sprinkler oder Bedienen der Berieselungsdüsen wegen eines Brandes, durch Druckproben oder durch Umbauten oder Reparaturarbeiten an dem versicherten Gebäude oder an der Sprinkler- oder Berieselungsanlage;

d) Erdsenkung oder Erdrutsch, es sei denn, daß Leitungswasser (§ 6 Nr. 1) die Erdsenkung oder den Erdrutsch verursacht hat;

e) Schwamm.

Die Ausschlüsse gemäß a bis c gelten nicht für Leitungswasserschäden infolge eines Rohrbruchs gemäß § 7.

5. Der Versicherungsschutz gegen Rohrbruch erstreckt sich nicht auf Schäden durch Erdsenkung oder Erdrutsch, es sei denn, daß Leitungswasser (§ 6 Nr. 1) die Erdsenkung oder den Erdrutsch verursacht hat.

6. Der Versicherungsschutz gegen Sturm und Hagel erstreckt sich ohne Rücksicht auf mitwirkende Ursachen nicht auf Schäden

a) durch Sturmflut;

b) durch Lawinen;

c) durch Eindringen von Regen, Hagel, Schnee oder Schmutz durch nicht ordnungsgemäß geschlossene Fenster, Außentüren oder andere Öffnungen, es sei denn, daß diese Öffnungen durch Sturm oder Hagel entstanden sind und einen Gebäudeschaden darstellen;

d) an Laden- und Schaufensterscheiben;

e) durch Leitungswasser (§ 6) oder Rohrbruch (§ 7).

## § 10 Gefahrumstände bei Vertragsabschluß und Gefahrerhöhung

1. Der Versicherungsnehmer hat alle Antragsfragen, die für die Übernahme der Gefahr erheblich sind, wahrheitsgemäß zu beantworten. Bei schuldhafter Verletzung dieser Obliegenheit kann der Versicherer nach Maßgabe der §§ 16 bis 21 VVG vom Vertrag zurücktreten und leistungsfrei sein oder den Versicherungsvertrag nach § 22 VVG anfechten.

2. Eine Gefahrerhöhung ist dem Versicherer unverzüglich schriftlich anzuzeigen. Bei einer Gefahrerhöhung kann der Versicherer auf-

---

*) Der Ersatz von Schäden durch Kernenergie richtet sich in der Bundesrepublik Deutschland nach dem Atomgesetz. Die Betreiber von Kernanlagen sind zur Deckungsvorsorge verpflichtet und schließen hierfür Haftpflichtversicherungen ab.

grund der §§ 23 bis 30 VVG zur Kündigung berechtigt oder auch leistungsfrei sein

3. Eine Gefahrerhöhung kann insbesondere vorliegen, wenn

a) sich ein Umstand ändert, nach dem im Antrag gefragt worden ist;

b) ein Gebäude oder der überwiegende Teil eines Gebäudes nicht genutzt wird;

c) in dem versicherten Gebäude ein Gewerbebetrieb aufgenommen oder verändert wird.

Der Versicherer hat von dem Tag der Aufnahme des Betriebes an Anspruch auf die aus einem etwa erforderlichen höheren Prämiensatz errechnete Prämie; dies gilt nicht, soweit der Versicherer in einem Versicherungsfall wegen Gefahrerhöhung leistungsfrei geworden ist.

4. Für vorschriftsmäßige Anlagen des Zivilschutzes und für Zivilschutzübungen gelten Nr. 2 und die §§ 23 bis 30 VVG nicht.

## § 11 Sicherheitsvorschriften

1. Der Versicherungsnehmer hat

a) alle gesetzlichen, behördlichen oder vereinbarten Sicherheitsvorschriften zu beachten;

b) die versicherten Sachen, insbesondere wasserführende Anlagen und Einrichtungen, Dächer und außen angebrachte Sachen stets in ordnungsgemäßem Zustand zu erhalten und Mängel oder Schäden unverzüglich beseitigen zu lassen;

c) nicht genutzte Gebäude oder Gebäudeteile genügend häufig zu kontrollieren und dort alle wasserführenden Anlagen und Einrichtungen abzusperren, zu entleeren und entleert zu halten;

d) in der kalten Jahreszeit alle Gebäude und Gebäudeteile zu beheizen und dies genügend häufig zu konrollieren oder dort alle wasserführenden Anlagen und Einrichtungen abzusperren, zu entleeren und entleert zu halten.

2. Verletzt der Versicherungsnehmer eine dieser Obliegenheiten, so ist der Versicherer nach Maßgabe von § 6 VVG zur Kündigung berechtigt oder auch leistungsfrei. Eine Kündigung des Versicherers wird einen Monat nach Zugang wirksam.

Leistungsfreiheit tritt nicht ein, wenn die Verletzung weder auf Vorsatz noch auf grober Fahrlässigkeit beruht.

Führt die Verletzung zu einer Gefahrerhöhung, so gelten die §§ 23 bis 30 VVG. Danach kann der Versicherer zur Kündigung berechtigt oder auch leistungsfrei sein.

## § 12 Versicherung für fremde Rechnung

1. Soweit die Versicherung für fremde Rechnung genommen ist, kann der Versicherungsnehmer, auch wenn er nicht im Besitz des Versicherungsscheins ist, über die Rechte des Versicherten ohne dessen Zustimmung im eigenen Namen verfügen, insbesondere die Zahlung der Entschädigung verlangen und die Rechte des Versicherten übertragen. Der Versicherer kann jedoch vor Zahlung der Entschädigung den Nachweis verlangen, daß der Versicherte seine Zustimmung dazu erteilt hat.

2. Der Versicherte kann über seine Rechte nicht verfügen, selbst wenn er im Besitz des Versicherungsscheins ist. Er kann die Zahlung der Entschädigung nur mit Zustimmung des Versicherungsnehmers verlangen.

3. Soweit Kenntnis oder Verhalten des Versicherungsnehmers von rechtlicher Bedeutung ist, kommt auch Kenntnis oder Verhalten des Versicherten in Betracht. Im übrigen gilt § 79 VVG.

## § 13 Gleitende Neuwertversicherung; Versicherungswert 1914; Versicherungssumme 1914

1. Grundlage der Gleitenden Neuwertversicherung ist der Versicherungswert 1914.

2. Versicherungswert 1914 ist der ortsübliche Neubauwert des Gebäudes entsprechend seiner Größe und Ausstattung sowie seines Ausbaues nach Preisen des Jahres 1914. Hierzu gehören auch Architektengebühren sowie sonstige Konstruktions- und Planungskosten.

3. Die vereinbarte Versicherungssumme 1914 soll dem Versicherungswert 1914 entsprechen.

4. Die Haftung des Versicherers (§ 15 Nr. 1 bis 3) wird an die Baupreisentwicklung angepaßt. Entsprechend verändert sich die Prämie durch Erhöhung oder Verminderung des gleitenden Neuwertfaktors.

5. Der gleitende Neuwertfaktor erhöht oder vermindert sich jeweils zum 1. Januar eines jeden Jahres für die in diesem Jahr beginnende Versicherungsperiode entsprechend dem Prozentsatz, um den sich der jeweils für den Monat Mai des Vorjahres vom Statistischen Bundesamt veröffentlichte Baupreisindex für Wohngebäude und der für den Monat April des Vorjahres veröffentlichte Tariflohnindex für das Baugewerbe geändert haben. Die Änderung des Baupreisindexes für Wohngebäude wird zu 80 Prozent und die des Tariflohnindexes für das Baugewerbe zu 20 Prozent berücksichtigt; bei dieser Berechnung wird jeweils auf zwei Stellen hinter dem Komma gerundet.

Der gleitende Neuwertfaktor wird auf eine Stelle hinter dem Komma gerundet*).

6. Innerhalb eines Monats nach Zugang der Mitteilung über die Erhöhung des gleitenden Neuwertfaktors kann der Versicherungsnehmer durch schriftliche Erklärung die Erhöhung mit Wirkung für den Zeitpunkt aufheben, in dem sie wirksam werden sollte. Die Versicherung bleibt als Neuwertversicherung (§ 14 Nr. 1 a) in Kraft, und zwar zur bisherigen Prämie und mit einer Versicherungssumme, die sich aus der Versicherungssumme 1914, multipliziert mit 1/100 des bei Wirksamwerden des Widerspruchs zugrundegelegten Baupreisindexes für Wohngebäude, ergibt.

Das Recht auf Herabsetzung der Versicherungssumme wegen erheblicher Überversicherung (§ 51 Nr. 1 VVG) bleibt unberührt.

## § 14 Neuwert; Zeitwert; gemeiner Wert

1. Abweichend von § 13 Nr. 2 kann jeweils als Versicherungswert vereinbart werden

a) der Neuwert;
Neuwert ist der ortsübliche Neubauwert. Hierzu gehören auch Architektengebühren sowie sonstige Konstruktions- und Planungskosten;

b) der Zeitwert;
der Zeitwert errechnet sich aus dem Neuwert abzüglich der Wertminderung, die sich aus Alter und Abnutzung ergibt;

c) der gemeine Wert;
gemeiner Wert ist der für den Versicherungsnehmer erzielbare Verkaufspreis.

2. Der gemeine Wert ist auch ohne besondere Vereinbarung Versicherungswert, falls das Gebäude zum Abbruch bestimmt oder sonst dauernd entwertet ist. Eine dauernde Entwertung liegt insbesondere vor, wenn das Gebäude für seinen Zweck nicht mehr zu verwenden ist.

## § 15 Entschädigungsberechnung

1. Ersetzt werden

a) bei zerstörten Gebäuden sowie bei zerstörten oder abhandengekommenen sonstigen Sachen der Neuwert unmittelbar vor Eintritt des Versicherungsfalles; in den Fällen des § 14 Nr. 1 b der Zeitwert; in den Fällen des § 14 Nr. 1 c und Nr. 2 der gemeine Wert.

b) bei beschädigten Sachen die notwendigen Reparaturkosten zur Zeit des Eintritts des Versicherungsfalles zuzüglich einer Wertminderung, die durch Reparatur nicht auszugleichen ist, höchstens jedoch der Versicherungwert unmittelbar vor Eintritt des Versicherungsfalles; die Reparaturkosten werden gekürzt, soweit durch die Reparatur der Versicherungswert der Sache gegenüber dem Versicherungswert unmittelbar vor Eintritt des Versicherungsfalles erhöht wird.

Restwerte werden angerechnet.

2. Ersetzt werden auch die notwendigen Mehrkosten infolge Preissteigerungen zwischen dem Eintritt des Versicherungsfalles und der Wiederherstellung.

Wenn der Versicherungsnehmer die Wiederherstellung nicht unverzüglich veranlaßt, werden die Mehrkosten nur in dem Umfang ersetzt, in dem sie auch bei unverzüglicher Wiederherstellung entstanden wären.

*) Für 1994 lautete der gleitende Neuwertfaktor 24,1.

Mehrkosten infolge von außergewöhnlichen Ereignissen, Betriebsbeschränkungen oder Kapitalmangel werden nicht ersetzt.

3. Ersetzt werden auch die notwendigen Mehrkosten infolge behördlicher Auflagen auf der Grundlage bereits vor Eintritt des Versicherungsfalles erlassener Gesetze und Verordnungen. Soweit behördliche Auflagen mit Fristsetzung vor Eintritt des Versicherungsfalles erteilt wurden, sind die dadurch entstehender Mehrkosten nicht versichert.

Mehrkosten, die dadurch entstehen, daß wiederverwertbare Reste der versicherten und vom Schaden betroffenen Sachen infolge behördlicher Wiederherstellungsbeschränkungen nicht mehr verwertet werden dürfen, sind nicht versichert.

Wenn die Wiederherstellung der versicherten und vom Schaden betroffenen Sache aufgrund behördlicher Wiederherstellungsbeschränkungen nur an anderer Stelle erfolgen darf, werden die Mehrkosten nur in dem Umfang ersetzt, in dem sie auch bei Wiederherstellung an bisheriger Stelle entstanden wären.

Für die Entschädigung versicherter Mehrkosten gilt die Entschädigungsgrenze gemäß § 17 Nr. 2.

4. Der Versicherungsnehmer erwirbt den Anspruch auf Zahlung des Teils der Entschädigung, der den Zeitwertschaden übersteigt, nur, soweit und sobald er innerhalb von drei Jahren nach Eintritt des Versicherungsfalles sichergestellt hat, daß er die Entschädigung verwenden wird, um versicherte Sachen in gleicher Art und Zweckbestimmung an der bisherigen Stelle wiederherzustellen oder wiederzubeschaffen. Ist dies an der bisherigen Stelle rechtlich nicht möglich oder wirtschaftlich nicht zu vertreten, so genügt es, wenn das Gebäude an anderer Stelle innerhalb der Bundesrepublik Deutschland wiederhergestellt wird.

Der Zeitwertschaden wird bei zerstörten oder abhandengekommenen Gegenständen gemäß § 14 Nr. 1 b festgestellt.

5. In den Fällen des § 14 ist die Gesamtentschädigung für versicherte Sachen, versicherte Kosten und versicherten Mietausfall je Versicherungsfall auf die Versicherungssumme begrenzt. Dies gilt nicht für Schadenabwendungs- und Schadenminderungskosten, soweit diese auf Weisung des Versicherers entstanden sind.

## § 16 Unterversicherung; Unterversicherungsverzicht

1. Ist die Versicherungssumme niedriger als der Versicherungswert unmittelbar vor Eintritt des Versicherungsfalles (Unterversicherung), so wird nur der Teil des nach § 15 Nr. 1 bis 3 ermittelten Betrages ersetzt, der sich zu dem ganzen Betrag verhält wie die Versicherungssumme zu dem Versicherungswert.

2. Nr. 1 gilt entsprechend für die Berechnung der Entschädigung versicherter Kosten gemäß § 2 und versicherten Mietausfalles gemäß § 3.

3. In der Gleitenden Neuwertversicherung gilt die Versicherungssumme 1914 als richtig ermittelt, wenn

a) sie aufgrund einer vom Versicherer anerkannten Schätzung eines Bausachverständigen festgesetzt wird;

b) der Versicherungsnehmer im Antrag den Neuwert in Preisen eines anderen Jahres zutreffend angibt und der Versicherer diesen Betrag auf seine Verantwortung umrechnet;

c) der Versicherungsnehmer Antragsfragen nach Größe, Ausbau und Ausstattung des Gebäudes zutreffend beantwortet und der Versicherer hiernach die Versicherungssumme 1914 auf seine Verantwortung berechnet.

4. Wird die nach Nr. 3 ermittelte Versicherungssumme 1914 vereinbart, nimmt der Versicherer abweichend von Nr. 1 und Nr. 2 sowie von § 56 VVG keinen Abzug wegen Unterversicherung vor (Unterversicherungsverzicht).

5. Ergibt sich im Schadenfall, daß die Beschreibung des Gebäudes und seiner Ausstattung gemäß Nr. 3 c) von den tatsächlichen Verhältnissen abweicht und ist dadurch die Versicherungssumme 1914 zu niedrig bemessen, so gilt Nr. 4 nicht, soweit die Abweichung auf Vorsatz oder grober Fahrlässigkeit beruht.

6. Ferner gilt Nr. 4 nicht, wenn

a) der der Versicherungssummenermittlung zugrunde liegende Bauzustand nachträglich, insbesondere durch wertsteigernde Um-, An- oder Ausbauten, verändert wurde und die Veränderung dem Versicherer nicht unverzüglich angezeigt wurde;

b) ein weiterer Gebäudeversicherungsvertrag für das Gebäude gegen dieselbe Gefahr besteht, soweit nicht etwas anderes vereinbart wurde.

## § 17 Entschädigungsgrenzen

1. Soweit nichts anderes vereinbart ist, ist die Entschädigung für versicherte Kosten gemäß § 2 Nr. 1 a und 1 b je Versicherungsfall begrenzt

a) in der Gleitenden Neuwertversicherung auf 5 Prozent der Versicherungssumme 1914, multipliziert mit dem im Zeitpunkt des Versicherungsfalles für den Vertrag geltenden gleitenden Neuwertfaktor (§ 13 Nr. 5);

b) in den Fällen des § 14 auf 5 Prozent der Versicherungssumme.

2. Das gleiche gilt für die Entschädigung versicherter Mehrkosten gemäß § 15 Nr. 3.

## § 18 Mehrfache Versicherung

Erlangt der Versicherungsnehmer oder der Versicherte aus anderen Versicherungsverträgen Entschädigung für denselben Schaden, so ermäßigt sich der Anspruch aus vorliegendem Vertrag in der Weise, daß die Entschädigung aus allen Verträgen insgesamt nicht höher ist, als wenn der Gesamtbetrag der Versicherungssummen, aus denen Prämie errechnet wurde, nur in dem vorliegenden Vertrag in Deckung gegeben worden wäre.

## § 18 a Überversicherung, Doppelversicherung

1. Übersteigt die Versicherungssumme den Wert der versicherten Sachen erheblich, so kann sowohl der Versicherungsnehmer als auch der Versicherer nach Maßgabe des § 51 VVG die Herabsetzung der Versicherungssumme und der Prämie verlangen.

2. Im Falle einer Doppelversicherung gelten §§ 59 und 60 VVG.

## § 19 Prämie; Beginn und Ende der Haftung

1. Der Versicherungsnehmer hat die erste Prämie (Beitrag) bei Aushändigung des Versicherungsscheines oder im Fall des Vertragsabschlusses gemäß §§ 5 oder 5 a VVG nach Ablauf der Widerspruchsfrist zu zahlen, Folgeprämien am Ersten des Monats, in dem ein neues Versicherungsjahr beginnt. Die Folgen nicht rechtzeitiger Zahlung der ersten Prämie oder der ersten Rate der ersten Prämie ergeben sich aus § 38 VVG in Verbindung mit Nr. 3; im übrigen gelten §§ 39, 91 VVG. Der Versicherer ist bei Verzug berechtigt, Ersatz des Verzugsschadens nach § 286 BGB sowie Verzugszinsen nach § 288 BGB oder § 352 HGB zu fordern. Rückständige Folgeprämien dürfen nur innerhalb eines Jahres seit Ablauf der nach § 39 VVG für sie gesetzten Zahlungsfrist eingezogen werden.

2. Ist Ratenzahlung vereinbart, so gelten die ausstehenden Raten bis zu den vereinbarten Zahlungsterminen als gestundet.

Die gestundeten Raten des laufenden Versicherungsjahres werden sofort fällig, wenn der Versicherungsnehmer mit einer Rate ganz oder teilweise in Verzug gerät oder soweit eine Entschädigung fällig wird.

3. Die Haftung des Versicherers beginnt mit dem vereinbarten Zeitpunkt, und zwar auch dann, wenn zur Prämienzahlung erst später aufgefordert, die Prämie aber unverzüglich gezahlt wird. Ist dem Versicherungsnehmer bei Antragstellung bekannt, daß ein Versicherungsfall bereits eingetreten ist, so entfällt hierfür die Haftung.

4. Die Haftung endet mit dem vereinbarten Zeitpunkt. Versicherungsverträge von mindestens einjähriger Dauer verlängern sich jedoch von Jahr zu Jahr, wenn sie nicht spätestens drei Monate vor Ablauf schriftlich gekündigt werden. Ein Versicherungsverhältnis, das für eine Dauer von mehr als fünf Jahren eingegangen ist, kann zum Ende des fünften oder jedes darauf folgenden Jahres unter Einhaltung einer Frist von drei Monaten gekündigt werden.

5. Endet das Versicherungsverhältnis vor Ablauf der Vertragszeit oder wird es nach Beginn rückwirkend aufgehoben oder ist es von Anfang an nichtig, so gebührt dem Versicherer Prämie oder Geschäftsgebühr gemäß dem Versicherungsvertragsgesetz (z.B. §§ 40, 68).

Kündigt nach Eintritt eines Versicherungsfalles (§ 24 Nr. 2) der Versicherungsnehmer, so gebührt dem Versicherer die Prämie für das laufende Versicherungsjahr. Kündigt der Versicherer, so hat er die Prämie für das laufende Versicherungsjahr nach dem Verhältnis der noch nicht abgelaufenen zu der gesamten Zeit des Versicherungsjahres zurückzuzahlen.

## § 20 Obliegenheiten des Versicherungsnehmers im Versicherungsfall

1. Der Versicherungsnehmer hat bei Eintritt eines Versicherungsfalles

a) den Schaden dem Versicherer unverzüglich anzuzeigen, das Abhandenkommen versicherter Gebäudebestandteile und sonstiger Gegenstände auch der zuständigen Polizeidienststelle;

b) der Polizeidienststelle unverzüglich ein Verzeichnis der abhandengekommenen Gegenstände einzureichen;

c) den Schaden nach Möglichkeit abzuwenden oder zu mindern und dabei die Weisungen des Versicherers zu befolgen; er hat, soweit die Umstände es gestatten, solche Weisungen einzuholen;

d) dem Versicherer auf dessen Verlangen im Rahmen des Zumutbaren jede Untersuchung über Ursache und Höhe des Schadens und über den Umfang seiner Entschädigungspflicht zu gestatten, jede hierzu dienliche Auskunft – auf Verlangen schriftlich – zu erteilen und die erforderlichen Belege beizubringen, auf Verlangen insbesondere einen beglaubigten Grundbuchauszug;

e) Veränderungen der Schadenstelle möglichst zu vermeiden, solange der Versicherer nicht zugestimmt hat;

f) dem Versicherer auf dessen Verlangen innerhalb einer angemessenen Frist von mindestens zwei Wochen ein von ihm unterschriebenes Verzeichnis aller abhandengekommenen Gegenstände vorzulegen; in dem Verzeichnis ist der Versicherungswert dieser Gegenstände unmittelbar vor Eintritt des Versicherungsfalles anzugeben.

2. Verletzt der Versicherungsnehmer eine der vorstehenden Obliegenheiten, so ist der Versicherer nach Maßgabe des Versicherungsvertragsgesetzes (§§ 6 Abs. 3, 62 Abs. 2 VVG) von der Entschädigungspflicht frei.

Sind abhandengekommene Gegenstände der Polizeidienststelle nicht oder nicht rechtzeitig angezeigt worden, so kann der Versicherer nur für diese Gegenstände von der Entschädigungspflicht frei sein.

3. Hatte eine vorsätzliche Obliegenheitsverletzung Einfluß weder auf die Feststellung des Versicherungsfalles noch auf die Feststellung oder den Umfang der Entschädigung, so entfällt die Leistungsfreiheit gemäß Nr. 2, wenn die Verletzung nicht geeignet war, die Interessen des Versicherers ernsthaft zu beeinträchtigen, und wenn außerdem den Versicherungsnehmer kein erhebliches Verschulden trifft.

## § 21 Besondere Verwirkungsgründe

1. Versucht der Versicherungsnehmer, den Versicherer arglistig über Tatsachen zu täuschen, die für den Grund oder für die Höhe der Entschädigung von Bedeutung sind, so ist der Versicherer von der Entschädigungspflicht frei.

Ist die Täuschung gemäß Abs. 1 durch rechtskräftiges Strafurteil wegen Betruges oder Betrugsversuches festgestellt, so gelten die Voraussetzungen von Abs. 1 als bewiesen.

2. Wird der Entschädigungsanspruch nicht innerhalb einer Frist von sechs Monaten gerichtlich geltend gemacht, nachdem der Versicherer ihn unter Angabe der mit dem Ablauf der Frist verbundenen Rechtsfolge schriftlich abgelehnt hat, so ist der Versicherer von der Entschädigungspflicht frei. Durch ein Sachverständigenverfahren (§ 22) wird der Ablauf der Frist für dessen Dauer gehemmt.

3. Die Bestimmung des § 12 Abs. 1 und 2 VVG bleibt unberührt.

## § 22 Sachverständigenverfahren

1. Versicherungsnehmer und Versicherer können nach Eintritt des Versicherungsfalles vereinbaren, daß die Höhe des Schadens durch Sachverständige festgestellt wird. Das Sachverständigenverfahren kann durch Vereinbarung auf sonstige tatsächliche Voraussetzungen des Entschädigungsanspruchs sowie der Höhe der Entschädigung ausgedehnt werden.

Der Versicherungsnehmer kann ein Sachverständigenverfahren auch durch einseitige Erklärung gegenüber dem Versicherer verlangen.

2. Für das Sachverständigenverfahren gilt:

a) Jede Partei benennt schriftlich einen Sachverständigen und kann dann die andere unter Angabe des von ihr benannten Sachverständigen schriftlich auffordern, den zweiten Sachverständigen zu benennen. Wird der zweite Sachverständige nicht binnen zwei Wochen nach Empfang der Aufforderung benannt, so kann ihn die auffordernde Partei durch das für den Schadenort zuständige Amtsgericht ernennen lassen. In der Aufforderung ist auf diese Folge hinzuweisen.

b) Beide Sachverständige benennen schriftlich vor Beginn des Feststellungsverfahrens einen dritten Sachverständigen als Obmann. Einigen sie sich nicht, so wird der Obmann auf Antrag einer Partei durch das für den Schadenort zuständige Amtsgericht ernannt.

c) Der Versicherer darf als Sachverständige keine Personen benennen, die Mitbewerber des Versicherungsnehmers sind oder mit ihm in dauernder Geschäftsverbindung stehen, ferner keine Personen, die bei Mitbewerbern oder Geschäftspartnern angestellt sind oder mit ihnen in einem ähnlichen Verhältnis stehen.

Dies gilt entsprechend für die Benennung eines Obmannes durch die Sachverständigen.

3. Die Feststellungen der Sachverständigen müssen enthalten:

a) ein Verzeichnis der zerstörten, beschädigten und abhandengekommenen Gegenstände sowie deren Versicherungswert (§ 14 Nr. 1) zum Zeitpunkt des Versicherungsfalles; in den Fällen von § 15 Nr. 4 ist auch der Zeitwert anzugeben;

b) bei beschädigten Gegenständen die Beträge gemäß § 15 Nr. 1 b;

c) alle sonstigen gemäß § 15 Nr. 1 maßgebenden Tatsachen, insbesondere die Restwerte der von dem Schaden betroffenen Gegenstände;

d) notwendige Kosten, die gemäß § 2 versichert sind.

4. Die Sachverständigen übermitteln beiden Parteien gleichzeitig ihre Feststellungen. Weichen die Feststellungen voneinander ab, so übergibt der Versicherer sie unverzüglich dem Obmann. Dieser entscheidet über die streitig gebliebenen Punkte innerhalb der durch die Feststellungen der Sachverständigen gezogenen Grenzen und übermittelt seine Entscheidung beiden Parteien gleichzeitig.

5. Jede Partei trägt die Kosten ihres Sachverständigen. Die Kosten des Obmannes tragen beide Parteien je zur Hälfte.

6. Die Feststellungen der Sachverständigen oder des Obmannes sind verbindlich, wenn nicht nachgewiesen wird, daß sie offenbar von der wirklichen Sachlage erheblich abweichen. Aufgrund dieser verbindlichen Feststellungen berechnet der Versicherer gemäß §§ 15 bis 17 die Entschädigung.

7. Durch das Sachverständigenverfahren werden die Obliegenheiten des Versicherungsnehmers gemäß § 20 Nr. 1 nicht berührt.

## § 23 Zahlung der Entschädigung

1. Ist die Leistungspflicht des Versicherers dem Grunde und der Höhe nach festgestellt, so hat die Auszahlung der Entschädigung binnen zwei Wochen zu erfolgen. Jedoch kann einen Monat nach Anzeige des Schadens als Abschlagszahlung der Betrag beansprucht werden, der nach Lage der Sache mindestens zu zahlen ist.

2. Die Entschädigung ist seit Anzeige des Schadens mit 1 Prozent unter dem Diskontsatz der Deutschen Bundesbank zu verzinsen, mindestens jedoch mit 4 Prozent und höchstens mit 6 Prozent pro Jahr, soweit nicht aus anderen Gründen ein höherer Zins zu entrichten ist.

Die Verzinsung entfällt, soweit die Entschädigung innerhalb eines Monats seit Anzeige des Schadens gezahlt wird.

Zinsen werden erst fällig, wenn die Entschädigung fällig ist.

3. Der Lauf der Fristen gemäß Nr. 1 und Nr. 2 Satz 1 ist gehemmt, solange infolge Verschuldens des Versicherungsnehmers die Entschädigung nicht ermittelt oder nicht gezahlt werden kann.

4. Für die Zahlung des über den Zeitwertschaden hinausgehenden Teiles der Entschädigung ist der Zeitpunkt maßgebend, in dem der Versicherungsnehmer den Eintritt der Voraussetzung von § 15 Nr. 4 dem Versicherer nachgewiesen hat.

Zinsen für die Beträge gemäß Abs. 1 werden erst fällig, wenn die dort genannten zusätzlichen Voraussetzungen der Entschädigung festgestellt sind.

5. Der Versicherer kann die Zahlung aufschieben,

a) solange Zweifel an der Empfangsberechtigung des Versicherungsnehmers bestehen;

b) wenn gegen den Versicherungsnehmer oder einen seiner Repräsentanten aus Anlaß des Versicherungsfalles ein behördliches oder strafgerichtliches Verfahren aus Gründen eingeleitet worden ist, die auch für den Entschädigungsanspruch rechtserheblich sind, bis zum rechtskräftigen Abschluß dieses Verfahrens.

6. Die gesetzlichen Vorschriften über die Sicherung des Realkredits bleiben unberührt.

## § 24 Rechtsverhältnis nach dem Versicherungsfall

1. Die Versicherungssumme vermindert sich nicht dadurch, daß eine Entschädigung geleistet wird.

2. Nach dem Eintritt eines Versicherungsfalles kann der Versicherer oder der Versicherungsnehmer den Versicherungsvertrag kündigen.

Die Kündigung ist schriftlich zu erklären. Sie muß spätestens einen Monat nach Auszahlung der Entschädigung zugehen. Der Zahlung steht es gleich, wenn die Entschädigung aus Gründen abgelehnt wird, die den Eintritt des Versicherungsfalles unberührt lassen.

Die Kündigung wird einen Monat nach ihrem Zugang wirksam. Der Versicherungsnehmer kann bestimmen, daß seine Kündigung sofort oder zu einem anderen Zeitpunkt wirksam wird, jedoch spätestens zum Schluß des laufenden Versicherungsjahres.

## § 25 Zurechnung von Kenntnis und Verhalten

1. Besteht der Vertrag mit mehreren Versicherungsnehmern, so muß sich jeder Versicherungsnehmer Kenntnis und Verhalten der übrigen Versicherungsnehmer zurechnen lassen.

2. Ferner muß sich der Versicherungsnehmer Kenntnis und Verhalten seiner Repräsentanten im Rahmen von §§ 9 Nr. 1 a, 10, 11, 12, 20, 21 zurechnen lassen.

3. Bei Verträgen mit einer Gemeinschaft von Wohnungseigentümern gilt:

a) Ist der Versicherer nach §§ 9 Nr. 1 a, 10, 11, 12, 20, 21 wegen des Verhaltens einzelner Wohnungseigentümer leistungsfrei, so kann er sich hierauf gegenüber den übrigen Wohnungseigentümern wegen deren Sondereigentums und wegen deren Miteigentumsanteilen (§ 1 Abs. 2 des Wohnungseigentumsgesetzes) nicht berufen.

b) Die übrigen Wohnungseigentümer können verlangen, daß der Versicherer ihnen auch hinsichtlich des Miteigentumsanteiles des Wohnungseigentümers, der den Entschädigungsanspruch verwirkt hat, Entschädigung leistet, jedoch nur, soweit diese zusätzliche Entschädigung zur Wiederherstellung des gemeinschaftlichen Eigentums (§ 1 Abs. 5 des Wohnungseigentumsgesetzes) verwendet wird.

Der Wohnungseigentümer, in dessen Person der Verwirkungsgrund vorliegt, ist verpflichtet, dem Versicherer diese Mehraufwendungen zu erstatten.

c) Kann im Falle der Feuerversicherung ein Realgläubiger hinsichtlich des Miteigentumsanteiles des Wohnungseigentümers, der den Entschädigungsanspruch verwirkt hat, Leistung aus der Feuerversicherung an sich selbst gemäß § 102 VVG verlangen, so entfällt die Verpflichtung des Versicherers nach b Satz 1. Der Versicherer verpflichtet sich, auf eine nach § 104 VVG auf ihn übergegangene Gesamthypothek (Gesamtgrundschuld) gemäß § 1168 BGB zu verzichten und dabei mitzuwirken, daß der Verzicht auf Kosten der Wohnungseigentümer in das Grundbuch eingetragen wird. Der Wohnungseigentümer, in dessen Person der Verwirkungsgrund vorliegt, ist im Falle von Satz 2 verpflichtet, dem Versicherer die für seinen Miteigentumsanteil und sein Sondereigentum an den Realgläubiger erbrachten Leistungen zu erstatten.

d) Für die Gebäudeversicherung bei Teileigentum (§ 1 Abs. 3 des Wohnungseigentumsgesetzes) gelten a bis c entsprechend.

## § 26 Schriftliche Form; Zurückweisung von Kündigungen

1. Anzeigen und Erklärungen bedürfen der Schriftform. Dies gilt nicht für die Anzeige eines Schadens gemäß § 20 Nr. 1 a.

2. Ist eine Kündigung des Versicherungsnehmers unwirksam, ohne daß dies auf Vorsatz oder grober Fahrlässigkeit beruht, so wird die Kündigung wirksam, falls der Versicherer sie nicht unverzüglich zurückweist.

## § 27 Agentenvollmacht

Ein Agent des Versicherers ist nur dann bevollmächtigt, Anzeigen und Erklärungen des Versicherungsnehmers entgegenzunehmen, wenn er den Versicherungsvertrag vermittelt hat oder laufend betreut.

## § 28 Gerichtsstand

Für Klagen aus dem Versicherungsverhältnis gelten die inländischen Gerichtsstände nach §§ 13, 17, 21, 29 ZPO und § 48 VVG.

## § 29 Schlußbestimmung

Soweit nicht in den Versicherungsbedingungen Abweichendes bestimmt ist, gelten die gesetzlichen Vorschriften. Dies gilt insbesondere für die im Anhang aufgeführten Gesetzesbestimmungen, die nach Maßgabe der Versicherungsbedingungen Inhalt des Versicherungsvertrages sind.

---

# Auszug aus dem Versicherungsvertragsgesetz (VVG), dem Bürgerlichen Gesetzbuch (BGB), dem Handelsgesetzbuch (HGB), der Zivilprozeßordnung (ZPO) und des Wohnungseigentums-Gesetzes

**§ 5 VVG** (1) Weicht der Inhalt des Versicherungsscheins von dem Antrag oder den getroffenen Vereinbarungen ab, so gilt die Abweichung als genehmigt, wenn der Versicherungsnehmer nicht innerhalb eines Monats nach Empfang des Versicherungsscheins schriftlich widerspricht.

(2) Diese Genehmigung ist jedoch nur dann anzunehmen, wenn der Versicherer den Versicherungsnehmer bei Aushändigung des Versicherungsscheins darauf hingewiesen hat, daß Abweichungen als genehmigt gelten, wenn der Versicherungsnehmer nicht innerhalb eines Monats nach Empfang des Versicherungsscheins schriftlich widerspricht. Der Hinweis hat durch besondere schriftliche Mitteilung oder durch einen auffälligen Vermerk in dem Versicherungsschein, der aus dem übrigen Inhalt des Versicherungsscheins hervorgehoben ist, zu geschehen; auf die einzelnen Abweichungen ist besonders aufmerksam zu machen.

(3) Hat der Versicherer den Vorschriften des Absatzes 2 nicht entsprochen, so ist die Abweichung für den Versicherungsnehmer unverbindlich und der Inhalt des Versicherungsantrags insoweit als vereinbart anzusehen.

(4) Eine Vereinbarung, durch welche der Versicherungsnehmer darauf verzichtet, den Vertrag wegen Irrtums anzufechten, ist unwirksam.

**§ 5 a VVG** (1) Hat der Versicherer dem Versicherungsnehmer bei Antragstellung die Versicherungsbedingungen nicht übergeben oder eine Verbraucherinformation nach § 10 a des Versicherungsaufsichtsgesetzes unterlassen, so gilt der Vertrag auf der Grundlage des Versicherungsscheins, der Versicherungsbedingungen und der weiteren für den Vertragsinhalt maßgeblichen Verbraucherinformation als abgeschlossen, wenn der Versicherungsnehmer nicht innerhalb von vierzehn Tagen nach Überlassung der Unterlagen schriftlich widerspricht. Satz 1 ist nicht auf Versicherungsverträge bei Pensionskassen anzuwenden, die auf arbeitsvertraglichen Regelungen beruhen. § 5 bleibt unberührt.

(2) Der Lauf der Frist beginnt erst, wenn dem Versicherungsnehmer der Versicherungsschein und die Unterlagen nach Absatz 1 vollständig vorliegen und der Versicherungsnehmer bei Aushändigung des Versicherungsscheins schriftlich, in drucktechnisch deutlicher Form über das Widerspruchsrecht, den Fristbeginn und die Dauer belehrt worden ist. Der Nachweis über den Zugang der Unterlagen obliegt dem Versicherer. Zur Wahrung der Frist genügt die rechtzeitige Absendung des Widerspruchs. Abweichend von Satz 1 erlischt das Recht zum Widerspruch jedoch ein Jahr nach Zahlung der ersten Prämie.

(3) Gewährt der Versicherer auf besonderen Antrag des Versicherungsnehmers sofortigen Versicherungsschutz, so kann der Verzicht auf Überlassung der Versicherungsbedingungen und der Verbraucherinformation bei Vertragsschluß vereinbart werden. Die Unterlagen sind dem Versicherungsnehmer auf Anforderung, spätestens mit dem Versicherungsschein zu überlassen. Wenn der Versicherungsvertrag sofortigen Versicherungsschutz gewährt, hat der Versicherungsnehmer insoweit kein Widerspruchsrecht nach Absatz 1.

**§ 6 VVG** (1) Ist im Vertrag bestimmt, daß bei Verletzung einer Obliegenheit, die vor dem Eintritt des Versicherungsfalls dem Versicherer gegenüber zu erfüllen ist, der Versicherer von der Verpflichtung zur Leistung frei sein soll, so tritt die vereinbarte Rechtsfolge nicht ein, wenn die Verletzung als eine unverschuldete anzusehen ist. Der Versicherer kann den Vertrag innerhalb eines Monats, nachdem er von der Verletzung Kenntnis erlangt hat, ohne Einhaltung einer Kündigungsfrist kündigen, es sei denn, daß die Verletzung als eine unverschuldete anzusehen ist. Kündigt der Versicherer innerhalb eines Monats nicht, so kann er sich auf die vereinbarte Leistungsfreiheit nicht berufen.

(2) Ist eine Obliegenheit verletzt, die von dem Versicherungsnehmer zum Zweck der Verminderung der Gefahr oder der Verhütung einer Gefahrerhöhung dem Versicherer gegenüber zu erfüllen ist, so kann sich der Versicherer auf die vereinbarte Leistungsfreiheit nicht berufen, wenn die Verletzung keinen Einfluß auf den Eintritt des Versicherungsfalls oder den Umfang der ihm obliegenden Leistung gehabt hat.

(3) Ist die Leistungsfreiheit für den Fall vereinbart, daß eine Obliegenheit verletzt wird, die nach dem Eintritt des Versicherungsfalls dem Versicherer gegenüber zu erfüllen ist, so tritt die vereinbarte Rechtsfolge nicht ein, wenn die Verletzung weder auf Vorsatz noch auf grober Fahrlässigkeit beruht. Bei grobfahrlässiger Verletzung bleibt der Versicherer zur Leistung insoweit verpflichtet, als die Verletzung Einfluß weder auf die Feststellung des Versicherungsfalls noch auf die Feststellung oder den Umfang der dem Versicherer obliegenden Leistung gehabt hat.

(4) Eine Vereinbarung, nach welcher der Versicherer bei Verletzung einer Obliegenheit zum Rücktritt berechtigt sein soll, ist unwirksam.

**§ 8 VVG** (1) Eine Vereinbarung, nach welcher ein Versicherungsverhältnis als stillschweigend verlängert gilt, wenn es nicht vor dem Ablauf der Vertragszeit gekündigt wird, ist insoweit nichtig, als sich die jedesmalige Verlängerung auf mehr als ein Jahr erstrecken soll.

(2) Ist ein Versicherungsverhältnis auf unbestimmte Zeit eingegangen (dauernde Versicherung), so kann es von beiden Teilen nur für den Schluß der laufenden Versicherungsperiode gekündigt werden. Die Kündigungsfrist muß für beide Teile gleich sein und darf nicht weniger als einen Monat, nicht mehr als drei Monate betragen. Auf das Kündigungsrecht können die Parteien in gegenseitigem Einverständnis bis zur Dauer von zwei Jahren verzichten.

(3) Ein Versicherungsverhältnis, das für eine Dauer von mehr als fünf Jahren eingegangen worden ist, kann zum Ende des fünften oder jedes darauf folgenden Jahres unter Einhaltung einer Frist von drei Monaten gekündigt werden. Satz 1 gilt nicht für die Lebens- und Krankenversicherung.

(4) Wird mit Ausnahme der Lebensversicherung ein Versicherungsverhältnis mit einer längeren Laufzeit als einem Jahr geschlossen, so kann der Versicherungsnehmer innerhalb einer Frist von vierzehn Tagen ab Unterzeichnung des Versicherungsantrages seine auf den Vertragsabschluß gerichtete Willenserklärung schriftlich widerrufen. Zur Wahrung der Frist genügt die rechtzeitige Absendung des Widerrufs. Die Frist beginnt erst zu laufen, wenn der Versicherer den Versicherungsnehmer über sein Widerrufsrecht belehrt und der Versicherungsnehmer die Belehrung durch Unterschrift bestätigt hat. Unterbleibt die Belehrung, so erlischt das Widerrufsrecht einen Monat nach Zahlung der ersten Prämie. Das Widerrufsrecht besteht nicht, wenn und soweit der Versicherer auf Wunsch des Versicherungsnehmers sofortigen Versicherungsschutz gewährt oder wenn die Versicherung nach dem Inhalt des Antrages für die bereits ausgeübte gewerbliche oder selbständige berufliche Tätigkeit des Versicherungsnehmers bestimmt ist.

(5) Bei der Lebensversicherung kann der Versicherungsnehmer innerhalb einer Frist von vierzehn Tagen nach Abschluß des Vertrages vom Vertrag zurücktreten. Zur Wahrung der Frist genügt die rechtzeitige Absendung der Rücktrittserklärung. Die Frist beginnt erst zu laufen, wenn der Versicherer den Versicherungsnehmer über sein Rücktrittsrecht belehrt und der Versicherungsnehmer die Belehrung durch Unterschrift bestätigt hat. Unterbleibt die Belehrung, so erlischt das Rücktrittsrecht einen Monat nach Zahlung der ersten Prämie. Die Sätze 1 bis 4 finden keine Anwendung auf Versicherungsverhältnisse bei Pensionskassen, die auf arbeitsvertraglichen Regelungen beruhen.

(6) Die Absätze 4 und 5 finden keine Anwendung, soweit der Versicherungsnehmer ein Widerspruchsrecht nach § 5 a hat.

**§ 12 VVG** (1) Die Ansprüche aus dem Versicherungsvertrag verjähren in zwei Jahren, bei der Lebensversicherung in fünf Jahren. Die Verjährung beginnt mit dem Schluß des Jahres, in welchem die Leistung verlangt werden kann.

(2) Ist ein Anspruch des Versicherungsnehmers bei dem Versicherer angemeldet worden, so ist die Verjährung bis zum Eingang der schriftlichen Entscheidung des Versicherers gehemmt.

(3) Der Versicherer ist von der Verpflichtung zur Leistung frei, wenn der Anspruch auf die Leistung nicht innerhalb von sechs Monaten gerichtlich geltend gemacht wird. Die Frist beginnt erst, nachdem der Versicherer dem Versicherungsnehmer gegenüber den erhobenen Anspruch unter Angabe der mit dem Ablauf der Frist verbundenen Rechtsfolge schriftlich abgelehnt hat.

**§ 16 VVG** (1) Der Versicherungsnehmer hat bei der Schließung des Vertrags alle ihm bekannten Umstände, die für die Übernahme der Gefahr erheblich sind, dem Versicherer anzuzeigen. Erheblich sind die Gefahrumstände, die geeignet sind, auf den Entschluß des Versicherers, den Vertrag überhaupt oder zu dem vereinbarten Inhalt abzuschließen, einen Einfluß auszuüben. Ein Umstand, nach welchem der Versicherer ausdrücklich und schriftlich gefragt hat, gilt im Zweifel als erheblich.

(2) Ist dieser Vorschrift zuwider die Anzeige eines erheblichen Umstandes unterblieben, so kann der Versicherer von dem Vertrag zurücktreten. Das gleiche gilt, wenn die Anzeige eines erheblichen Umstandes deshalb unterblieben ist, weil sich der Versicherungsnehmer der Kenntnis des Umstandes arglistig entzogen hat.

(3) Der Rücktritt ist ausgeschlossen, wenn der Versicherer den nicht angezeigten Umstand kannte oder wenn die Anzeige ohne Verschulden des Versicherungsnehmers unterblieben ist.

**§ 17 VVG** (1) Der Versicherer kann von dem Vertrag auch dann zurücktreten, wenn über einen erheblichen Umstand eine unrichtige Anzeige gemacht worden ist.

(2) Der Rücktritt ist ausgeschlossen, wenn die Unrichtigkeit dem Versicherer bekannt war oder die Anzeige ohne Verschulden des Versicherungsnehmers unrichtig gemacht worden ist.

**§ 18 VVG** Hatte der Versicherungsnehmer die Gefahrumstände an Hand schriftlicher, von dem Versicherer gestellter Fragen anzuzeigen, so kann der Versicherer wegen unterbliebener Anzeige eines Umstandes, nach welchem nicht ausdrücklich gefragt worden ist, nur im Fall arglistiger Verschweigung zurücktreten.

**§ 19 VVG** Wird der Vertrag von einem Bevollmächtigten oder von einem Vertreter ohne Vertretungsmacht geschlossen, so kommt für das Rücktrittsrecht des Versicherers nicht nur die Kenntnis und die Arglist des Vertreters, sondern auch die Kenntnis und die Arglist des Versicherungsnehmers in Betracht. Der Versicherungsnehmer kann sich darauf, daß die Anzeige eines erheblichen Umstandes ohne Verschulden unterblieben oder unrichtig gemacht ist, nur berufen, wenn weder dem Vertreter noch ihm selbst ein Verschulden zur Last fällt.

**§ 20 VVG** (1) Der Rücktritt kann nur innerhalb eines Monats erfolgen. Die Frist beginnt mit dem Zeitpunkt, in welchem der Versicherer von der Verletzung der Anzeigepflicht Kenntnis erlangt.

(2) Der Rücktritt erfolgt durch Erklärung gegenüber dem Versicherungsnehmer. Im Fall des Rücktritts sind, soweit dieses Gesetz nicht in Ansehung der Prämie ein anderes bestimmt, beide Teile verpflichtet, einander die empfangenen Leistungen zurückzugewähren; eine Geldsumme ist von der Zeit des Empfangs an zu verzinsen.

**§ 21 VVG** Tritt der Versicherer zurück, nachdem der Versicherungsfall eingetreten ist, so bleibt seine Verpflichtung zur Leistung gleichwohl bestehen, wenn der Umstand, in Ansehung dessen die Anzeigepflicht verletzt ist, keinen Einfluß auf den Eintritt des Versicherungsfalls und auf den Umfang der Leistung des Versicherers gehabt hat.

**§ 22 VVG** Das Recht des Versicherers, den Vertrag wegen arglistiger Täuschung über Gefahrumstände anzufechten, bleibt unberührt.

**§ 23 VVG** (1) Nach dem Abschluß des Vertrags darf der Versicherungsnehmer nicht ohne Einwilligung des Versicherers eine Erhöhung der Gefahr vornehmen oder deren Vornahme durch einen Dritten gestatten.

(2) Erlangt der Versicherungsnehmer Kenntnis davon, daß durch eine von ihm ohne Einwilligung des Versicherers vorgenommene oder gestattete Änderung die Gefahr erhöht ist, so hat er dem Versicherer unverzüglich Anzeige zu machen.

**§ 24 VVG** (1) Verletzt der Versicherungsnehmer die Vorschrift des § 23 Abs. 1, so kann der Versicherer das Versicherungsverhältnis ohne Einhaltung einer Kündigungsfrist kündigen. Beruht die Verletzung nicht auf einem Verschulden des Versicherungsnehmers, so braucht dieser die Kündigung erst mit dem Ablauf eines Monats gegen sich gelten zu lassen.

(2) Das Kündigungsrecht erlischt, wenn es nicht innerhalb eines Monats von dem Zeitpunkt an ausgeübt wird, in welchem der Versicherer von der Erhöhung der Gefahr Kenntnis erlangt, oder wenn der Zustand wiederhergestellt ist, der vor der Erhöhung bestanden hat.

**§ 25 VVG** (1) Der Versicherer ist im Fall einer Verletzung der Vorschrift des § 23 Abs. 1 von der Verpflichtung zur Leistung frei, wenn der Versicherungsfall nach der Erhöhung der Gefahr eintritt.

(2) Die Verpflichtung des Versicherers bleibt bestehen, wenn die Verletzung nicht auf einem Verschulden des Versicherungsnehmers beruht. Der Versicherer ist jedoch auch in diesem Fall von der Verpflichtung zur Leistung frei, wenn die in § 23 Abs. 2 vorgesehene Anzeige nicht unverzüglich gemacht wird und der Versicherungsfall später als einen Monat nach dem Zeitpunkt, in welchem die Anzeige dem Versicherer hätte zugehen müssen, eintritt, es sei denn, daß ihm in diesem Zeitpunkt die Erhöhung der Gefahr bekannt war.

(3) Die Verpflichtung des Versicherers zur Leistung bleibt auch dann bestehen, wenn zur Zeit des Eintritts des Versicherungsfalls die Frist für die Kündigung des Versicherers abgelaufen und eine Kündigung nicht erfolgt ist oder wenn die Erhöhung der Gefahr keinen Einfluß auf den Eintritt des Versicherungsfalls und auf den Umfang der Leistung des Versicherers gehabt hat.

**§ 26 VVG** Die Vorschriften der §§ 23 bis 25 finden keine Anwendung, wenn der Versicherungsnehmer zu der Erhöhung der Gefahr durch das Interesse des Versicherers oder durch ein Ereignis, für welches der Versicherer haftet, oder durch ein Gebot der Menschlichkeit veranlaßt wird.

**§ 27 VVG** (1) Tritt nach dem Abschluß des Vertrags eine Erhöhung der Gefahr unabhängig von dem Willen des Versicherungsnehmers ein, so ist der Versicherer berechtigt, das Versicherungsverhältnis unter Einhaltung einer Kündigungsfrist von einem Monat zu kündigen. Die Vorschriften des § 24 Abs. 2 finden Anwendung.

(2) Der Versicherungsnehmer hat, sobald er von der Erhöhung der Gefahr Kenntnis erlangt, dem Versicherer unverzüglich Anzeige zu machen.

**§ 28 VVG** (1) Wird die in § 27 Abs. 2 vorgesehene Anzeige nicht unverzüglich gemacht, so ist der Versicherer von der Verpflichtung zur Leistung frei, wenn der Versicherungsfall später als einen Monat nach dem Zeitpunkt eintritt, in welchem die Anzeige dem Versicherer hätte zugehen müssen.

(2) Die Verpflichtung des Versicherers bleibt bestehen, wenn ihm die Erhöhung der Gefahr in dem Zeitpunkt bekannt war, in welchem ihm die Anzeige hätte zugehen müssen. Das gleiche gilt, wenn zur Zeit des Eintritts des Versicherungsfalls die Frist für die Kündigung des Versicherers abgelaufen und eine Kündigung nicht erfolgt ist oder wenn die Erhöhung der Gefahr keinen Einfluß auf den Eintritt des Versicherungsfalls und auf den Umfang der Leistung des Versicherers gehabt hat.

**§ 29 VVG** Eine unerhebliche Erhöhung der Gefahr kommt nicht in Betracht. Eine Gefahrerhöhung kommt auch dann nicht in Betracht, wenn nach den Umständen als vereinbart anzusehen ist, daß das Versicherungsverhältnis durch die Gefahrerhöhung nicht berührt werden soll.

**§ 29 a VVG** Die Vorschriften der §§ 23 bis 29 finden auch Anwendung auf eine in der Zeit zwischen Stellung und Annahme des Versicherungsantrags eingetretene Gefahrerhöhung, die dem Versicherer bei der Annahme des Antrags nicht bekannt war.

**§ 30 VVG** (1) Liegen die Voraussetzungen, unter denen der Versicherer nach den Vorschriften dieses Titels zum Rücktritt oder zur Kündigung berechtigt ist, in Ansehung eines Teils der Gegenstände oder Personen vor, auf welche sich die Versicherung bezieht, so steht dem Versicherer das Recht des Rücktritts oder der Kündigung für den übrigen Teil nur zu, wenn anzunehmen ist, daß für diesen allein der Versicherer den Vertrag unter den gleichen Bestimmungen nicht geschlossen haben würde.

(2) Macht der Versicherer von dem Recht des Rücktritts oder der Kündigung in Ansehung eines Teiles der Gegenstände oder Personen Gebrauch, so ist der Versicherungsnehmer berechtigt, das Versicherungsverhältnis in Ansehung des übrigen Teiles zu kündigen; die Kündigung kann nicht für einen späteren Zeitpunkt als den Schluß der Versicherungsperiode geschehen, in welcher der Rücktritt des Versicherers oder seine Kündigung wirksam wird.

(3) Liegen in Ansehung eines Teiles der Gegenstände oder Personen, auf welche sich die Versicherung bezieht, die Voraussetzungen vor, unter denen der Versicherer wegen einer Verletzung der Vorschriften über die Gefahrerhöhung von der Verpflichtung zur Leistung frei ist, so findet auf die Befreiung die Vorschrift des Absatzes 1 entsprechende Anwendung.

**§ 38 VVG** (1) Wird die erste oder einmalige Prämie nicht rechtzeitig gezahlt, so ist der Versicherer, solange die Zahlung nicht bewirkt ist, berechtigt, vom Vertrag zurückzutreten. Es gilt als Rücktritt, wenn der Anspruch auf die Prämie nicht innerhalb von drei Monaten vom Fälligkeitstage an gerichtlich geltend gemacht wird.

(2) Ist die Prämie zur Zeit des Eintritts des Versicherungsfalls noch nicht gezahlt, so ist der Versicherer von der Verpflichtung zur Leistung frei.

**§ 39 VVG** (1) Wird eine Folgeprämie nicht rechtzeitig gezahlt, so kann der Versicherer dem Versicherungsnehmer auf dessen Kosten schriftlich eine Zahlungsfrist von mindestens zwei Wochen bestimmen; zur Unterzeichnung genügt eine Nachbildung der eigenhändigen Unterschrift. Dabei sind die Rechtsfolgen anzugeben, die nach den Absätzen 2, 3 mit dem Ablauf der Frist verbunden sind. Eine Fristbestimmung, die ohne Beachtung dieser Vorschriften erfolgt, ist unwirksam.

(2) Tritt der Versicherungsfall nach dem Ablauf der Frist ein und ist der Versicherungsnehmer zur Zeit des Eintritts mit der Zahlung der Prämie oder der geschuldeten Zinsen oder Kosten im Verzuge, so ist der Versicherer von der Verpflichtung zur Leistung frei.

(3) Der Versicherer kann nach dem Ablauf der Frist, wenn der Versicherungsnehmer mit der Zahlung im Verzuge ist, das Versicherungsverhältnis ohne Einhaltung einer Kündigungsfrist kündigen. Die Kündigung kann bereits bei der Bestimmung der Zahlungsfrist dergestalt erfolgen, daß sie mit Fristablauf wirksam wird, wenn der Versicherungsnehmer in diesem Zeitpunkt mit der Zahlung im Verzuge ist; hierauf ist der Versicherungsnehmer bei der Kündigung ausdrücklich hinzuweisen. Die Wirkungen der Kündigung fallen fort, wenn der Versicherungsnehmer innerhalb eines Monats nach der Kündigung oder, falls die Kündigung mit der Fristbestimmung verbunden worden ist, innerhalb eines Monats nach dem Ablauf der Zahlungsfrist die Zahlung nachholt, sofern nicht der Versicherungsfall bereits eingetreten ist.

(4) Soweit die in den Absätzen 2, 3 bezeichneten Rechtsfolgen davon abhängen, daß Zinsen oder Kosten nicht gezahlt worden sind, treten sie nur ein, wenn die Fristbestimmung die Höhe der Zinsen oder den Betrag der Kosten angibt.

**§ 40 VVG** (1) Wird das Versicherungsverhältnis wegen Verletzung einer Obliegenheit oder wegen Gefahrerhöhung auf Grund der Vorschriften des zweiten Titels durch Kündigung oder Rücktritt aufgehoben oder wird der Versicherungsvertrag durch den Versicherer angefochten, so gebührt dem Versicherer gleichwohl die Prämie bis zum Schluß der Versicherungsperiode, in der er von der Verletzung der Obliegenheit, der Gefahrerhöhung oder von dem Anfechtungsgrund Kenntnis erlangt hat. Wird die Kündigung erst in der folgenden Versicherungsperiode wirksam, so gebührt ihm die Prämie bis zur Beendigung des Versicherungsverhältnisses.

(2) Wird das Versicherungsverhältnis wegen nicht rechtzeitiger Zahlung der Prämie nach § 39 gekündigt, so gebührt dem Versicherer die Prämie bis zur Beendigung der laufenden Versicherungsperiode. Tritt der Versicherer nach § 38 Abs. 1 zurück, so kann er nur eine angemessene Geschäftsgebühr verlangen.

(3) Endigt das Versicherungsverhältnis nach § 13 oder wird es vom Versicherer auf Grund einer Vereinbarung nach § 14 gekündigt, so kann der Versicherungsnehmer den auf die Zeit nach der Beendigung des Versicherungsverhältnisses entfallenden Teil der Prämie unter Abzug der für diese Zeit aufgewendeten Kosten zurückfordern.

**§ 48 VVG** (1) Hat ein Versicherungsagent den Vertrag vermittelt oder abgeschlossen, so ist für Klagen, die aus dem Versicherungsverhältnis gegen den Versicherer erhoben werden, das Gericht des Ortes zuständig, wo der Agent zur Zeit der Vermittlung oder Schließung seine gewerbliche Niederlassung oder in Ermangelung einer gewerblichen Niederlassung seinen Wohnsitz hatte.

(2) Die nach Absatz 1 begründete Zuständigkeit kann durch Vereinbarung nicht ausgeschlossen werden.

**§ 51 VVG** (1) Ergibt sich, daß die Versicherungssumme den Wert des versicherten Interesses (Versicherungswert) erheblich übersteigt, so kann sowohl der Versicherer als auch der Versicherungsnehmer verlangen, daß zur Beseitigung der Überversicherung die Versicherungssumme, unter verhältnismäßiger Minderung der Prämie mit sofortiger Wirkung, herabgesetzt wird.

(2) Ist die Überversicherung durch ein Kriegsereignis oder durch eine behördliche Maßnahme aus Anlaß eines Krieges verursacht oder ist sie die unvermeidliche Folge eines Krieges, so kann der Versicherungsnehmer das Verlangen nach Absatz 1 mit Wirkung vom Eintritt der Überversicherung ab stellen.

(3) Schließt der Versicherungsnehmer den Vertrag in der Absicht, sich aus der Überversicherung einen rechtswidrigen Vermögensvorteil zu verschaffen, so ist der Vertrag nichtig; dem Versicherer gebührt, sofern er nicht bei der Schließung des Vertrags von

der Nichtigkeit Kenntnis hatte, die Prämie bis zum Schluß der Versicherungsperiode, in welcher er diese Kenntnis erlangt.

**§ 55 VVG** Der Versicherer ist, auch wenn die Versicherungssumme höher ist als der Versicherungswert zur Zeit des Eintritts des Versicherungsfalls, nicht verpflichtet, dem Versicherungsnehmer mehr als den Betrag des Schadens zu ersetzen.

**§ 56 VVG** Ist die Versicherungssumme niedriger als der Versicherungswert zur Zeit des Eintritts des Versicherungsfalls (Unterversicherung), so haftet der Versicherer für den Schaden nur nach dem Verhältnis der Versicherungssumme zu diesem Wert.

**§ 58 VVG** (1) Wer für ein Interesse gegen dieselbe Gefahr bei mehreren Versicherern Versicherung nimmt, hat jedem Versicherer von der anderen Versicherung unverzüglich Mitteilung zu machen.

(2) In der Mitteilung ist der Versicherer, bei welchem die andere Versicherung genommen worden ist, zu bezeichnen und die Versicherungssumme anzugeben.

**§ 59 VVG** (1) Ist ein Interesse gegen dieselbe Gefahr bei mehreren Versicherern versichert und übersteigen die Versicherungssummen zusammen den Versicherungswert oder übersteigt aus anderen Gründen die Summe der Entschädigungen, die von jedem einzelnen Versicherer ohne Bestehen der anderen Versicherung zu zahlen wären, den Gesamtschaden (Doppelversicherung), so sind die Versicherer in der Weise als Gesamtschuldner verpflichtet, daß dem Versicherungsnehmer jeder Versicherer für den Betrag haftet, dessen Zahlung ihm nach seinem Vertrage obliegt, der Versicherungsnehmer aber im ganzen nicht mehr als den Betrag des Schadens verlangen kann.

(2) Die Versicherer sind im Verhältnis zueinander zu Anteilen nach Maßgabe der Beträge verpflichtet, deren Zahlung ihnen dem Versicherungsnehmer gegenüber vertragsmäßig obliegt. Findet auf eine der Versicherungen ausländisches Recht Anwendung, so kann der Versicherer, für den das ausländische Recht gilt, gegen den anderen Versicherer einen Anspruch auf Ausgleichung nur geltend machen, wenn er selbst nach dem für ihn maßgebenden Recht zur Ausgleichung verpflichtet ist.

(3) Hat der Versicherungsnehmer eine Doppelversicherung in der Absicht genommen, sich dadurch einen rechtswidrigen Vermögensvorteil zu verschaffen, so ist jeder in dieser Absicht geschlossene Vertrag nichtig; dem Versicherer gebührt, sofern er nicht bei der Schließung des Vertrags von der Nichtigkeit Kenntnis hatte, die Prämie bis zum Schluß der Versicherungsperiode, in welcher er diese Kenntnis erlangt.

**§ 60 VVG** (1) Hat der Versicherungsnehmer den Vertrag, durch welchen die Doppelversicherung entstanden ist, ohne Kenntnis von dem Entstehen der Doppelversicherung geschlossen, so kann er verlangen, daß der später geschlossene Vertrag aufgehoben oder die Versicherungssumme unter verhältnismäßiger Minderung der Prämie auf den Teilbetrag herabgesetzt wird, der durch die frühere Versicherung nicht gedeckt ist.

(2) Das gleiche gilt, wenn die Doppelversicherung dadurch entstanden ist, daß nach Abschluß der mehreren Versicherungen der Versicherungswert gesunken ist. Sind jedoch in diesem Falle die mehreren Versicherungen gleichzeitig oder im Einvernehmen der Versicherer geschlossen worden, so kann der Versicherungsnehmer nur verhältnismäßige Herabsetzung der Versicherungssummen und Prämien verlangen.

(3) Die Aufhebung oder Herabsetzung wird erst mit dem Ablauf der Versicherungsperiode wirksam, in der sie verlangt wird. Das Recht, die Aufhebung oder die Herabsetzung zu verlangen, erlischt, wenn der Versicherungsnehmer es nicht unverzüglich geltend macht, nachdem er von der Doppelversicherung Kenntnis erlangt hat

**§ 62 VVG** (1) Der Versicherungsnehmer ist verpflichtet, bei dem Eintritt des Versicherungsfalls nach Möglichkeit für die Abwendung und Minderung des Schadens zu sorgen und dabei die Weisungen des Versicherers zu befolgen; er hat, wenn die Umstände es gestatten, solche Weisungen einzuholen. Sind mehrere Versicherer beteiligt und sind von ihnen entgegenstehende Weisungen gegeben, so hat der Versicherungsnehmer nach eigenem pflichtmäßigen Ermessen zu handeln.

(2) Hat der Versicherungsnehmer diese Obliegenheiten verletzt, so ist der Versicherer von der Verpflichtung zur Leistung frei, es sei denn, daß die Verletzung weder auf Vorsatz noch auf grober Fahrlässigkeit beruht. Bei grobfahrlässiger Verletzung bleibt der Versicherer zur Leistung insoweit verpflichtet, als der Umfang des Schadens auch bei gehöriger Erfüllung der Obliegenheiten nicht geringer gewesen wäre.

**§ 66 VVG** (1) Der Versicherer hat die Kosten, welche durch die Ermittlung und Feststellung des ihm zur Last fallenden Schadens entstehen, dem Versicherungsnehmer insoweit zu erstatten, als ihre Aufwendung den Umständen nach geboten war.

(2) Die Kosten, welche dem Versicherungsnehmer durch die Zuziehung eines Sachverständigen oder eines Beistandes entstehen, hat der Versicherer nicht zu erstatten, es sei denn, daß der Versicherungsnehmer nach dem Vertrag zu der Zuziehung verpflichtet war.

(3) Bei einer Unterversicherung sind die dem Versicherer zur Last fallenden Kosten nur nach dem in den §§ 56, 57 bezeichneten Verhältnis zu erstatten.

**§ 67 VVG** (1) Steht dem Versicherungsnehmer ein Anspruch auf Ersatz des Schadens gegen einen Dritten zu, so geht der Anspruch auf den Versicherer über, soweit dieser dem Versicherungsnehmer den Schaden ersetzt. Der Übergang kann nicht zum Nachteil des Versicherungsnehmers geltend gemacht werden. Gibt der Versicherungsnehmer seinen Anspruch gegen den Dritten oder ein zur Sicherung des Anspruchs dienendes Recht auf, so wird der Versicherer von seiner Ersatzpflicht insoweit frei, als er aus dem Anspruch oder dem Recht hätte Ersatz erlangen können.

(2) Richtet sich der Ersatzanspruch des Versicherungsnehmers gegen einen mit ihm in häuslicher Gemeinschaft lebenden Familienangehörigen, so ist der Übergang ausgeschlossen; der Anspruch geht jedoch über, wenn der Angehörige den Schaden vorsätzlich verursacht hat.

**§ 68 VVG** (1) Besteht das versicherte Interesse bei dem Beginn der Versicherung nicht oder gelangt, falls die Versicherung für ein künftiges Unternehmen oder sonst für ein künftiges Interesse genommen ist, das Interesse nicht zur Entstehung, so ist der Versicherungsnehmer von der Verpflichtung zur Zahlung der Prämie frei; der Versicherer kann eine angemessene Geschäftsgebühr verlangen.

(2) Fällt das versicherte Interesse nach dem Beginn der Versicherung weg, so gebührt dem Versicherer die Prämie, die er hätte erheben können, wenn die Versicherung nur bis zu dem Zeitpunkt beantragt worden wäre, in welchem der Versicherer von dem Wegfall des Interesses Kenntnis erlangt.

(3) Fällt das versicherte Interesse nach dem Beginn der Versicherung durch ein Kriegsereignis oder durch eine behördliche Maßnahme aus Anlaß eines Krieges weg oder ist der Wegfall des Interesses die unvermeidliche Folge eines Krieges, so gebührt dem Versicherer nur der Teil der Prämie, welcher der Dauer der Gefahrtragung entspricht.

(4) Fällt das versicherte Interesse weg, weil der Versicherungsfall eingetreten ist, so gebührt dem Versicherer die Prämie für die laufende Versicherungsperiode.

**§ 69 VVG** (1) Wird die versicherte Sache von dem Versicherungsnehmer veräußert, so tritt an Stelle des Veräußerers der Erwerber in die während der Dauer seines Eigentums aus dem Versicherungsverhältnis sich ergebenden Rechte und Pflichten des Versicherungsnehmers ein.

(2) Für die Prämie, welche auf die zur Zeit des Eintritts laufende Versicherungsperiode entfällt, haften der Veräußerer und der Erwerber als Gesamtschuldner.

(3) Der Versicherer hat in Ansehung der durch das Versicherungsverhältnis gegen ihn begründeten Forderungen die Veräußerung erst dann gegen sich gelten zu lassen, wenn er von ihr Kenntnis erlangt; die Vorschriften der §§ 406 bis 408 des Bürgerlichen Gesetzbuches finden entsprechende Anwendung.

**§ 70 VVG** (1) Der Versicherer ist berechtigt, dem Erwerber das Versicherungsverhältnis unter Einhaltung einer Frist von einem Monat zu kündigen. Das Kündigungsrecht erlischt, wenn der Versicherer es nicht innerhalb eines Monats von dem Zeitpunkt an ausübt, in welchem er von der Veräußerung Kenntnis erlangt.

(2) Der Erwerber ist berechtigt, das Versicherungsverhältnis zu kündigen; die Kündigung kann nur mit sofortiger Wirkung oder auf den Schluß der laufenden Versicherungsperiode erfolgen. Das Kündigungsrecht erlischt, wenn es nicht innerhalb eines Monats nach dem Erwerb ausgeübt wird; hatte der Erwerber von der Versicherung keine Kenntnis, so bleibt das Kündigungsrecht bis zum Ablauf eines Monats von dem Zeitpunkt an bestehen, in welchem der Erwerber von der Versicherung Kenntnis erlangt.

(3) Wird das Versicherungsverhältnis auf Grund dieser Vorschriften gekündigt, so hat der Veräußerer dem Versicherer die Prämie zu zahlen, jedoch nicht über die zur Zeit der Beendigung des Versicherungsverhältnisses laufende Versicherungsperiode hinaus; eine Haftung des Erwerbers für die Prämie findet in diesen Fällen nicht statt.

**§ 71 VVG** (1) Die Veräußerung ist dem Versicherer unverzüglich anzuzeigen. Wird die Anzeige weder von dem Erwerber noch von dem Veräußerer unverzüglich gemacht, so ist der Versicherer von der Verpflichtung zur Leistung frei, wenn der Versicherungsfall später als einen Monat nach dem Zeitpunkt eintritt, in welchem die Anzeige dem Versicherer hätte zugehen müssen.

(2) Die Verpflichtung des Versicherers zur Leistung bleibt bestehen, wenn ihm die Veräußerung in dem Zeitpunkt bekannt war, in welchem ihm die Anzeige hätte zugehen müssen. Das gleiche gilt, wenn zur Zeit des Eintritts des Versicherungsfalls die Frist für die Kündigung des Versicherers abgelaufen und eine Kündigung nicht erfolgt ist.

**§ 79 VVG** (1) Soweit nach den Vorschriften dieses Gesetzes die Kenntnis und das Verhalten des Versicherungsnehmers von rechtlicher Bedeutung ist, kommt bei der Versicherung für fremde Rechnung auch die Kenntnis und das Verhalten des Versicherten in Betracht.

(2) Auf die Kenntnis des Versicherten kommt es nicht an, wenn der Vertrag ohne sein Wissen geschlossen worden ist oder eine rechtzeitige Benachrichtigung des Versicherungsnehmers nicht tunlich war.

(3) Hat der Versicherungsnehmer den Vertrag ohne Auftrag des Versicherten geschlossen und bei der Schließung den Mangel des Auftrags dem Versicherer nicht angezeigt, so braucht dieser den Einwand, daß der Vertrag ohne Wissen des Versicherten geschlossen ist, nicht gegen sich gelten zu lassen.

**§ 91 VVG** Bei der Gebäudeversicherung muß die im Falle einer nicht rechtzeitigen Zahlung der Prämie nach § 39 zu bestimmende Zahlungsfrist mindestens einen Monat betragen.

**§ 102 VVG** Ist bei der Gebäudeversicherung der Versicherer wegen des Verhaltens des Versicherungsnehmers von der Verpflichtung zur Leistung frei, so bleibt gleichwohl seine Verpflichtung gegenüber einem Hypothekengläubiger bestehen. Das gleiche gilt, wenn der Versicherer nach dem Eintritt des Versicherungsfalls von dem Vertrag zurücktritt oder den Vertrag anficht.

Absatz 1 Satz 1 findet keine Anwendung, wenn der Versicherer leistungsfrei ist, weil die Prämie nicht gezahlt worden ist. Hat jedoch der Hypothekengläubiger seine Hypothek dem Versicherer angemeldet, so bleibt im Falle der nicht rechtzeitigen Zahlung einer Folgeprämie die Verpflichtung des Versicherers gegenüber dem Hypothekengläubiger bis zum Ablauf eines Monats von dem Zeitpunkt an bestehen, in welchem dem Hypothekengläubiger die Bestimmung der Zahlungsfrist oder, wenn diese Mitteilung unterblieben ist, die Kündigung mitgeteilt worden ist.

**§ 104 VVG** Soweit der Versicherer auf Grund der Vorschriften der §§ 102, 103 den Hypothekengläubiger befriedigt, geht die Hypothek auf ihn über. Der Übergang kann nicht zum Nachteil eines gleich- oder nachstehenden Hypothekengläubigers geltend gemacht werden, dem gegenüber die Verpflichtung des Versicherers zur Leistung bestehen geblieben ist.

**§ 286 BGB** (1) Der Schuldner hat dem Gläubiger den durch den Verzug entstehenden Schaden zu ersetzen.

(2) Hat die Leistung infolge des Verzugs für den Gläubiger kein Interesse, so kann dieser unter Ablehnung der Leistung Schadensersatz wegen Nichterfüllung verlangen. Die für das vertragsmäßige Rücktrittsrecht geltenden Vorschriften der §§ 346 bis 356 finden entsprechende Anwendung.

**§ 288 BGB** (1) Eine Geldschuld ist während des Verzugs mit vier vom Hundert für das Jahr zu verzinsen. Kann der Gläubiger aus einem anderen Rechtsgrunde höhere Zinsen verlangen, so sind diese fortzuentrichten.

(2) Die Geltendmachung eines weiteren Schadens ist nicht ausgeschlossen.

**§ 1168 BGB** (1) Verzichtet der Gläubiger auf die Hypothek, so erwirbt sie der Eigentümer.

(2) Der Verzicht ist dem Grundbuchamt oder dem Eigentümer gegenüber zu erklären und bedarf der Eintragung in das Grundbuch. Die Vorschriften des § 875 Abs. 2 und der §§ 876, 878 finden entsprechende Anwendung.

(3) Verzichtet der Gläubiger für einen Teil der Forderung auf die Hypothek, so stehen dem Eigentümer die im § 1145 bestimmten Rechte zu.

**§ 352 HGB** (1) Die Höhe der gesetzlichen Zinsen, mit Einschluß der Verzugszinsen, ist bei beiderseitigen Handelsgeschäften fünf vom Hundert für das Jahr. Das gleiche gilt, wenn für eine Schuld aus einem solchen Handelsgeschäfte Zinsen ohne Bestimmung des Zinsfußes versprochen sind.

(2) Ist in diesem Gesetzbuche die Verpflichtung zur Zahlung von Zinsen ohne Bestimmung der Höhe ausgesprochen, so sind darunter Zinsen zu fünf vom Hundert für das Jahr zu verstehen.

**§ 13 ZPO** Der allgemeine Gerichtsstand einer Person wird durch den Wohnsitz bestimmt.

**§ 17 ZPO** (1) Der allgemeine Gerichtsstand der Gemeinden, der Korporationen sowie derjenigen Gesellschaften, Genossenschaften oder anderen Vereine und derjenigen Stiftungen, Anstalten und Vermögensmassen, die als solche verklagt werden können, wird durch ihren Sitz bestimmt. Als Sitz gilt, wenn sich nichts anderes ergibt, der Ort, wo die Verwaltung geführt wird.

(2) Gewerkschaften haben den allgemeinen Gerichtsstand bei dem Gericht, in dessen Bezirk das Bergwerk liegt, Behörden, wenn sie als solche verklagt werden können, bei dem Gericht ihres Amtssitzes.

(3) Neben dem durch die Vorschriften dieses Paragraphen bestimmten Gerichtsstand ist ein durch Statut oder in anderer Weise besonders geregelter Gerichtsstand zulässig.

**§ 21 ZPO** Hat jemand zum Betriebe einer Fabrik, einer Handlung oder eines anderen Gewerbes eine Niederlassung, von der aus unmittelbar Geschäfte geschlossen werden, so können gegen ihn alle Klagen, die auf den Geschäftsbetrieb der Niederlassung Bezug haben, bei dem Gericht des Ortes erhoben werden, wo die Niederlassung sich befindet.

**§ 29 ZPO** (1) Für Streitigkeiten aus einem Vertragsverhältnis und über dessen Bestehen ist das Gericht des Ortes zuständig, an dem die streitige Verpflichtung zu erfüllen ist.

(2) Eine Vereinbarung über den Erfüllungsort begründet die Zuständigkeit nur, wenn die Vertragsparteien Kaufleute, die nicht zu den in § 4 des Handelsgesetzbuches bezeichneten Gewerbetreibenden gehören, juristische Personen des öffentlichen Rechts oder öffentlich-rechtliche Sondervermögen sind.

**§ 1 WEG** (2) Wohnungseigentum ist das Sondereigentum an einer Wohnung in Verbindung mit dem Miteigentumsanteil an dem gemeinschaftlichen Eigentum, zu dem es gehört.

(3) Teileigentum ist das Sondereigentum an nicht zu Wohnzwecken dienenden Räumen eines Gebäudes in Verbindung mit dem Miteigentumsanteil an dem gemeinschaftlichen Eigentum, zu dem es gehört.

(5) Gemeinschaftliches Eigentum im Sinne dieses Gesetzes sind das Grundstück sowie die Teile, Anlagen und Einrichtungen des Gebäudes, die nicht im Sondereigentum oder im Miteigentum eines Dritten stehen.

Anhang A 4

# Klauseln für die Verbundene Wohngebäude-Versicherung (Basis VGB 88)

## 7100 – Versicherte Gefahren und Schäden

### 7160 Überspannungsschäden durch Blitz unter Einschluß von Folgeschäden

1. Abweichend von § 9 Nr. 2 c VGB 88 ersetzt der Versicherer auch Überspannungsschäden durch Blitz.

2. Die Entschädigung ist, soweit nichts anderes vereinbart ist, je Versicherungsfall begrenzt

a) in der Gleitenden Neuwertversicherung auf 1 Prozent der Versicherungssumme 1914, multipliziert mit dem im Zeitpunkt des Versicherungsfalles für den Vertrag geltenden gleitenden Neuwertfaktor (§ 13 Nr. 5 VGB 88),

b) in den Fällen des § 14 VGB 88 auf 1 Prozent der Versicherungssumme.

### 7161 Einschluß von Nutzwärmeschäden

Abweichend von § 9 Nr. 2 a VGB 88 sind auch die dort bezeichneten Brandschäden versichert.

### 7162 Unbemannte Flugkörper

Abweichend von § 4 Nr. 1 a) VGB 88 leistet der Versicherer Entschädigung auch für Schäden durch Anprall oder Absturz eines unbemannten Flugkörpers, seiner Teile oder seiner Ladung.

### 7163 Aquarien in der Wohngebäudeversicherung

Abweichend von § 6 Nr. 1 VGB 88 gilt als Leitungswasser auch Wasser, das aus Aquarien bestimmungswidrig ausgetreten ist.

### 7164 Klima-, Wärmepumpen- und Solarheizungsanlagen

1. Der Versicherungsschutz erstreckt sich auch auf Schäden durch Wasser oder sonstige wärmetragende Flüssigkeiten wie Sole, Öle, Kühlmittel, Kältemittel und dergleichen, die aus Klima-, Wärmepumpen- oder Solarheizungsanlagen bestimmungswidrig ausgetreten sind.

2. Innerhalb versicherter Gebäude sind versichert

a) Frost- und sonstige Bruchschäden an den Rohren der in Nr. 1 genannten Anlagen,

b) Bruchschäden durch Frost an sonstigen Einrichtungen der in Nr. 1 genannten Anlagen.

3. Außerhalb versicherter Gebäude sind versichert Frost- und sonstige Bruchschäden an Rohren der in Nr. 1 genannten Anlagen, soweit diese Rohre der Versorgung der versicherten Gebäude oder Anlagen dienen und sich auf dem Versicherungsgrundstück befinden.

## 7200 – Versicherte Sachen

### 7260 Erweiterte Versicherung von Wasserzuleitungs- und Heizungsrohren auf dem Versicherungsgrundstück

1. In Erweiterung von § 7 Nr. 3 VGB 88 sind versichert Frost- und sonstige Bruchschäden an Wasserzuleitungs- und Heizungsrohren, die auf dem Versicherungsgrundstück verlegt sind, aber nicht der Versorgung versicherter Gebäude oder Anlagen dienen.

2. Ziffer 1 gilt nicht für Rohre, die ausschließlich gewerblichen Zwekken dienen.

3. Die Entschädigung ist, soweit nichts anderes vereinbart ist, je Versicherungsfall begrenzt

a) in der Gleitenden Neuwertversicherung auf 1 Prozent der Versicherungssumme 1914, multipliziert mit dem im Zeitpunkt des Versicherungsfalles für den Vertrag geltenden gleitenden Neuwertfaktor (§ 13 Nr. 5 VGB 88),

b) in den Fällen des § 14 VGB 88 auf 1 Prozent der Versicherungssumme.

### 7261 Erweiterte Versicherung von Wasserzuleitungs- und Heizungsrohren außerhalb des Versicherungsgrundstücks

1. Versichert sind Frost- und sonstige Bruchschäden an Wasserzuleitungs- und Heizungsrohren, die außerhalb des Versicherungsgrundstücks verlegt sind und der Versorgung versicherter Gebäude oder Anlagen dienen, soweit der Versicherungsnehmer dafür die Gefahr trägt.

2. Ziffer 1 gilt nicht für Rohre, die ausschließlich gewerblichen Zwekken dienen.

3. Die Entschädigung ist, soweit nichts anderes vereinbart ist, je Versicherungsfall begrenzt

a) in der Gleitenden Neuwertversicherung auf 1 Prozent der Versicherungssumme 1914, multipliziert mit dem im Zeitpunkt des Versicherungsfalles für den Vertrag geltenden gleitenden Neuwertfaktors (§ 13 Nr. 5 VGB 88),

b) in den Fällen des § 14 VGB 88 auf 1 Prozent der Versicherungssumme.

### 7262 Erweiterte Versicherung von Ableitungsrohren auf dem Versicherungsgrundstück

1. Versichert sind Frost- und sonstige Bruchschäden an Ableitungsrohren der Wasserversorgung außerhalb versicherter Gebäude auf

dem Versicherungsgrundstück, soweit diese Rohre der Entsorgung versicherter Gebäude oder Anlagen dienen.

2. Ziffer 1 gilt nicht für Rohre, die ausschließlich gewerblichen Zwekken dienen.

3. Die Entschädigung ist, soweit nichts anderes vereinbart ist, je Versicherungsfall begrenzt

a) in der Gleitenden Neuwertversicherung auf 1 Prozent der Versicherungssumme 1914, multipliziert mit dem im Zeitpunkt des Versicherungsfalles für den Vertrag geltenden gleitenden Neuwertfaktor (§ 13 Nr. 5 VGB 88),

b) in den Fällen des § 14 VGB 88 auf 1 Prozent der Versicherungssumme.

## 7300 – Versicherte Kosten

### 7360 Mehrkosten infolge behördlicher Wiederherstellungsbeschränkungen für Restwerte

1. Abweichend von § 15 Nr. 3 Abs. 2 VGB 88 sind bei der Anrechnung des Wertes wiederverwertbarer Reste versicherter und vom Schaden betroffener Sachen behördliche Wiederherstellungsbeschränkungen zu berücksichtigen. Die Entschädigung ist jedoch begrenzt mit dem Betrag, der sich vertragsgemäß ergeben würde, wenn die versicherte und vom Schaden betroffene Sache zerstört worden wäre, gekürzt um den Altmaterialwert abzüglich Aufräumungs- und Abbruchkosten.

2. Die Berücksichtigung von behördlichen Wiederherstellungsbeschränkungen für Restwerte erfolgt nur, soweit sie auf der Grundlage vor Eintritt des Versicherungsfalles erlassener Gesetze und Verordnungen beruhen. Soweit behördliche Auflagen mit Fristsetzung vor Eintritt des Versicherungsfalles erteilt wurden, werden sie für die Restwerte nicht berücksichtigt.

### 7361 Gebäudebeschädigung durch unbefugte Dritte

1. Versichert sind Kosten für die Beseitigung von Schäden an Türen, Schlössern, Fenstern (ausgenommen Schaufensterverglasungen), Rolläden und Schutzgittern eines versicherten Gebäudes, wenn die Schäden dadurch entstanden sind, daß ein unbefugter Dritter

a) in das Gebäude eingebrochen, eingestiegen oder mittels falscher Schlüssel oder anderer Werkzeuge eingedrungen ist;

b) versucht, durch eine Handlung gemäß Ziffer 1 a) in ein versichertes Gebäude einzudringen.

2. Schäden, die der Täter an dem versicherten Gebäude von außen verursacht, sind nur versichert, soweit sie Folge einer Handlung gemäß Ziffer 1 sind.

3. Die Entschädigung ist, soweit nichts anderes vereinbart ist, je Versicherungsfall begrenzt

a) in der Gleitenden Neuwertversicherung auf 3 Promille der Versicherungssumme 1914, multipliziert mit dem im Zeitpunkt des Versicherungsfalles für den Vertrag geltenden gleitenden Neuwertfaktor (§ 13 Nr. 5 VGB 88);

b) in den Fällen des § 14 VGB 88 auf 3 Promille der Versicherungssumme.

## 7700 – Entschädigung (Versicherungssumme; Unterversicherung; Selbstbehalte; Entschädigungsgrenzen)

### 7760 Mehrwertsteuer bei Gleitender Neuwertversicherung

Ein Anspruch auf Erstattung der Mehrwertsteuer besteht im Schadenfall nicht, soweit die Versicherungssumme 1914 entsprechend niedriger festgesetzt wurde als der Versicherungswert 1914.

### 7761 Selbstbehalt bei ungekürzter Wohngebäude-Versicherungssumme

Der bedingungsgemäß als entschädigungspflichtig errechnete Betrag einschließlich Aufwendungsersatz gemäß § 63 VVG wird je Versicherungsfall um den vereinbarten Selbstbehalt gekürzt.

## 7800 – Verhaltens- und Wissenszurechnung; Vertretung

### 7860 Führung

Der führende Versicherer ist bevollmächtigt, Anzeigen und Willenserklärungen des Versicherungsnehmers für alle beteiligten Versicherer entgegenzunehmen.

### 7861 Prozeßführung

Soweit die vertraglichen Grundlagen für die beteiligten Versicherer die gleichen sind, ist folgendes vereinbart:

1. Der Versicherungsnehmer wird bei Streitfällen aus diesem Vertrag seine Ansprüche nur gegen den führenden Versicherer und nur wegen dessen Anteil gerichtlich geltend machen.

2. Die beteiligten Versicherer erkennen die gegen den führenden Versicherer rechtskräftig gewordene Entscheidung sowie die von diesem mit dem Versicherungsnehmer nach Rechtshängigkeit geschlossenen Vergleiche als auch für sich verbindlich an.

3. Falls der Anteil des führenden Versicherers die Berufungs- oder Revisionssumme nicht erreicht, ist der Versicherungsnehmer berechtigt und auf Verlangen des führenden oder eines mitbeteiligten Versicherers verpflichtet, die Klage auf einen zweiten, erforderlichenfalls auf weitere Versicherer auszudehnen, bis diese Summe erreicht ist. Wird diesem Verlangen nicht entsprochen, so gilt Nr. 2 nicht.

### 7862 Makler

Der den Versicherungsvertrag betreuende Makler ist bevollmächtigt, Anzeigen und Willenserklärungen des Versicherungsnehmers entgegenzunehmen. Er ist durch den Maklervertrag verpflichtet, diese unverzüglich an den Versicherer weiterzuleiten.

Anhang A 5

# Besondere Bedingungen für die Versicherung weiterer Elementarschäden in der Wohngebäudeversicherung (BEW)

## § 1 Vertragsgrundlage

Es gelten die Allgemeinen Wohngebäude-Versicherungsbedingungen (VGB 88), soweit sich nicht aus den folgenden Bestimmungen etwas anderes ergibt.

## § 2 Versicherte Gefahren und Schäden

1. Der Versicherer leistet Entschädigung für versicherte Sachen, die durch

a) Überschwemmung des Versicherungsgrundstückes (§ 3)

b) Erdbeben (§ 4)

c) Erdsenkung (§ 5)

d) Erdrutsch (§ 6)

e) Schneedruck (§ 7)

f) Lawinen (§ 8)

zerstört oder beschädigt werden oder infolge eines solchen Ereignisses abhandenkommen.

2. Entschädigt werden auch die infolge eines Versicherungsfalles notwendigen Kosten gemäß § 2 VGB 88 sowie der Mietausfall infolge eines Versicherungsfalles gemäß § 3 VGB 88.

## § 3 Überschwemmung des Versicherungsgrundstückes

1. Überschwemmung ist eine Überflutung des Grund und Bodens, auf dem das versicherte Gebäude liegt (Versicherungsgrundstück), durch

a) Ausuferung von oberirdischen (stehenden oder fließenden) Gewässern

b) Witterungsniederschläge.

2. Nicht versichert sind ohne Rücksicht auf mitwirkende Ursachen Schäden durch

a) Sturmflut;

b) Rückstau.

## § 4 Erdbeben

1. Erdbeben ist eine naturbedingte Erschütterung des Erdbodens, die durch geophysikalische Vorgänge im Erdinnern ausgelöst wird.

2. Erdbeben wird unterstellt, wenn der Versicherungsnehmer nachweist, daß

a) die naturbedingte Erschütterung des Erdbodens in der Umgebung des Versicherungsgrundstückes Schäden an Gebäuden in einwandfreiem Zustand oder an ebenso widerstandsfähigen anderen Sachen angerichtet hat oder

b) der Schaden wegen des einwandfreien Zustandes der versicherten Sachen nur durch ein Erdbeben entstanden sein kann.

## § 5 Erdsenkung

Erdsenkung ist eine naturbedingte Absenkung des Erdbodens über natürlichen Hohlräumen.

## § 6 Erdrutsch

Erdrutsch ist ein naturbedingtes Abgleiten oder Abstürzen von Gesteins- oder Erdmassen.

## § 7 Schneedruck

Schneedruck ist die Wirkung des Gewichts von Schnee- oder Eismassen.

## § 8 Lawinen

Lawinen sind an Berghängen niedergehende Schnee- oder Eismassen.

## § 9 Nicht versicherte Sachen

Nicht versichert sind Schäden an versicherten Gebäuden, solange diese noch nicht bezugsfertig oder wegen Umbauarbeiten für ihren Zweck nicht benutzbar sind.

## § 10 Selbstbehalt

Der bedingungsgemäß als entschädigungspflichtig errechnete Betrag einschließlich Aufwendungsersatz gemäß § 63 VVG wird je Versicherungsfall um den vereinbarten Selbstbehalt gekürzt.

## § 11 Kündigung

Versicherungsnehmer und Versicherer können unter Einhaltung einer Frist von drei Monaten die Versicherung weiterer Elementarschäden durch schriftliche Erklärung kündigen. Der Versicherungsnehmer kann bestimmen, daß seine Kündigung erst zum Schluß des laufenden Versicherungsjahres wirksam wird.

Macht der Versicherer von seinem Kündigungsrecht Gebrauch, so kann der Versicherungsnehmer den Wohngebäudeversicherungsvertrag innerhalb eines Monats nach Zugang der Erklärung des Versicherers zum gleichen Zeitpunkt kündigen.

Kündigt der Versicherer, so gebührt ihm der Teil der Prämie, der der Dauer der Gefahrtragung entspricht. Gleiches gilt, wenn der Versicherungsnehmer gemäß Abs. 2 kündigt.

Kündigt der Versicherungsnehmer, so hat der Versicherer Anspruch auf die Prämie für das laufende Versicherungsjahr.

## Anhang A 6

# Ermittlung der Versicherungssumme 1914 für Wohngebäude

**nach Wohnfläche und Ausstattungsmerkmalen (nur für Ein- und Zweifamilienhäuser der Bauartklassen I und II oder Fertighausgruppen I und II, die ausschließlich Wohnzwecken dienen)**

| Antragsteller/Versicherungsnehmer (Name und Anschrift) | Versicherungsschein-Nummer |
|---|---|
| | Versicherungsgrundstück (nur angeben, wenn abweichend von der nebenstehenden Anschrift) |

**1 Ermittlung des Gebäudetypes**

Auch für Reihenhäuser, Häuser in Hanglage und mit anderen als den eingezeichneten Dachneigungen. Anzukreuzen ist der überwiegende Gebäudetyp, wenn das Gebäude nicht eindeutig zuzuordnen ist.

EG = Erdgeschoß OG = Obergeschoß DG = Dachgeschoß

Wert 1914

1.1 ohne Unterkellerung

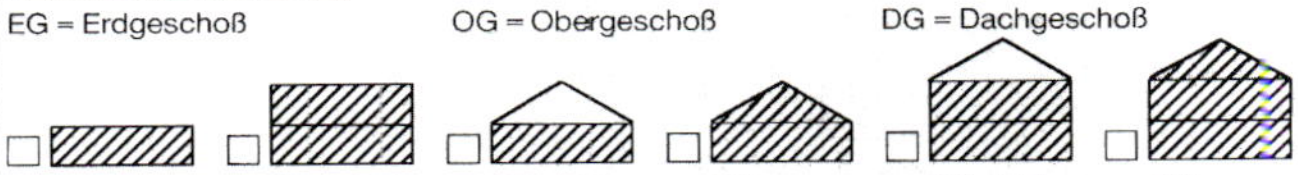

| | ☐ Flachdach EG | ☐ Flachdach EG + OG | ☐ DG nicht ausgebaut EG | ☐ DG ausgebaut EG | ☐ DG nicht ausgebaut EG + OG | ☐ DG ausgebaut EG + OG | Wert 1914 |
|---|---|---|---|---|---|---|---|
| Wert 1914 pro qm Wohnfläche in Mark (M) | 160 | 160 | 160 | 140 | 140 | 130 | M |

1.2 mit Unterkellerung (auch Teilunterkellerung)

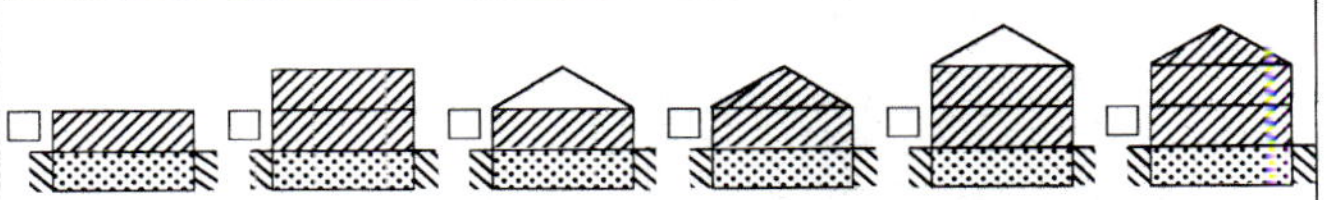

| | ☐ Flachdach EG | ☐ Flachdach EG + OG | ☐ DG nicht ausgebaut EG | ☐ DG ausgebaut EG | ☐ DG nicht ausgebaut EG + OG | ☐ DG ausgebaut EG + OG | Wert 1914 |
|---|---|---|---|---|---|---|---|
| Wert 1914 pro qm Wohnfläche in Mark (M) | 190 | 190 | 190 | 165 | 165 | 150 | M |

Anmerkung:
Nebengebäude, Schwimmbäder, weiteres Zubehör und sonstige Grundstücksbestandteile sind im Antrag gesondert zu bewerten.

**2 Ermittlung der Bauausführungen und -ausstattungen**

Der für den jeweiligen Gebäudetyp angegebene Wert berücksichtigt folgende übliche Bauausführungen und -ausstattungen:

Außenwände mit gefugtem Mauerwerk, Putz, Verkleidung oder Verblendsteinen; Parkett-, Teppich- oder Fliesenböden; Doppelfenster oder Isolierverglasung; Naßräume und Küche gefliest; Bad/Dusche; Zentralheizung und zentrale Warmwasserversorgung.

| | Bauausführung | | Innenausbau | | | | Installation | | Wert 1914 |
|---|---|---|---|---|---|---|---|---|---|
| | Dach | Außenwände | Decken/Wände | Fußböden | Fenster | Türen | Sanitär | Heizung | |
| | Naturschieferdach, Kupferdach | Naturstein-, Keramik-, Kunststeinverkleidung, Handstrich-Klinker | Stuckarbeiten, Edelholzverkleidungen | Natursteinböden, Parkett- oder Teppichböden in hochwertiger Qualität | Leichtmetall- oder Holzsprossenfenster | Edelholztüren | hochwertige sanitäre Einrichtungen | Wärmepumpen, Solaranlagen, Fußboden- und Deckenheizung | |
| 2.1 Zuschläge Wert 1914 pro qm Wohnfläche in Mark (M) | ☐ 4 | ☐ 5 | ☐ 6 | ☐ 4 | ☐ 4 | ☐ 3 | ☐ 6 | ☐ 6 | M |
| | | | | PVC-Böden auf Estrich | einfaches Fensterglas | | ohne Bad/Dusche | Ofenheizung | |
| 2.2 Abschläge Wert 1914 pro qm Wohnfläche in Mark (M) | | | | ☐ 3 | ☐ 3 | | ☐ 4 | ☐ 4 | – M |

| **3 Wert 1914 pro qm Wohnfläche** | Summe der Werte 1914 gem. Ziff. 1 und 2 | M |
|---|---|---|

| | | | | Wert 1914 |
|---|---|---|---|---|
| **4 Ermittlung der Wohnfläche** | 4.1 Wohnfläche Dachgeschoß | + qm | Anmerkung: Wohnfläche ist die Grundfläche einer Wohnung einschließlich Hobbyräume; ausgenommen sind dabei jedoch Treppen, Kellerräume und Speicherräume (soweit nicht zu Wohn- und Hobbyzwecken ausgebaut), Balkone, Loggien und Terrassen. | |
| | 4.2 Wohnfläche Obergeschoß | + qm | | |
| | 4.3 Wohnfläche Erdgeschoß | + qm | | |
| | 4.4 Zwischensumme | qm | | |
| | 4.5 Wohnfläche Kellergeschoß | + qm | | |
| | 4.6 Wohnfläche (gesamt) | qm | | |
| **5 Ermittlung der Versicherungssumme 1914** | Wohnfläche gemäß Ziff. 4.4 | qm | x Wert 1914 pro qm Wohnfläche gem. Ziff. 3 — M | M |
| | Wohnfläche Keller gemäß Ziff. 4.5 | qm | x Zuschlag für Wohnflächenausbau — 15 M | M |
| | Garagen außerhalb des Wohngebäudes<br>☐ Keine Garage | | | |
| Wert 1914 in Mark (M) | 1 Garage ☐ 700 | 2 Garagen ☐ 1400 | 3 Garagen ☐ 2100 | M |
| | **Versicherungssumme 1914** | | | M |

Dieser Ermittlungsbogen ist Bestandteil des Vertrages. Eine Kopie hat der Antragsteller/Versicherungsnehmer erhalten.

| | |
|---|---|
| Ort, Datum | Unterschrift Antragsteller/Versicherungsnehmer |

Anhang A 7

# Anleitung zur Ermittlung der Versicherungssumme 1914 in der Gleitenden Neuwertversicherung für Wohngebäude

Seit Jahrzehnten ist sie auf dem Markt, die Gleitende Neuwertversicherung. Die hierbei erforderliche Festsetzung der Versicherungssumme 1914 war nicht immer problemlos.

Die sicherste Methode ist nach wie vor die Ermittlung der Versicherungssumme 1914 durch einen geeigneten Sachverständigen.

Liegt ein derartiges Gutachten nicht vor, kann die Versicherungssumme 1914 nach der folgenden Anleitung vereinfacht ermittelt werden.

## 1 Versicherungssumme/ Versicherungswert

Die Versicherungssumme muß dem Versicherungswert entsprechen, damit keine Unterversicherung entsteht, also z.B. im Falle des Totalschadens mit der Entschädigung ein Haus in gleicher Größe und Ausstattung wieder aufgebaut werden kann. Das heißt, bei der Ermittlung der Versicherungssumme müssen alle Gebäudebestandteile und – soweit vereinbart – Gebäudezubehör, wenn es der Benutzung und Instandhaltung dient (z.B. Gemeinschafts-Waschanlage), erfaßt werden.

Im Antrag aufgeführte Nebengebäude auf dem Versicherungsgrundstück (z.B. Garagen) dürfen ebenfalls nicht vergessen werden.

## 2 Umrechnungsmethode

§ 1.2 der „Sonderbedingungen für die Gleitende Neuwertversicherung von Wohn-, Geschäfts- und landwirtschaftlichen Gebäuden (SGIN 79) besagt:

> „Gibt der Versicherungsnehmer im Antrag nicht eine „Versicherungssumme 1914" sondern den Neubauwert in Preisen eines anderen Jahres an (z.B. des Jahres des Vertragsbeginns), so wird der Versicherer auf seine Verantwortung diesen Betrag aufgrund des vom Statistischen Bundesamt veröffentlichten Baupreisindexes für Wohngebäude umrechnen."

Vorausgesetzt also, der Versicherungsnehmer gibt für das betreffende Jahr den richtigen Neubauwert an, übernimmt der Versicherer die Verantwortung für die Versicherungssumme 1914.

Analoges gilt gemäß § 16 Nr. 3 b) des VGB 88.

### 2.1 Neubauwert

Dieser Neubauwert muß sorgfältig ermittelt werden, damit keine Unterversicherung entsteht. Bei den Baukosten müssen u.a. berücksichtigt werden:

- Der Baupreis zuzüglich
- Eigenleistungen bewertet in DM nach den ortsüblichen Preisen des Handwerks;
- Verteuerungen und Ausstattungsverbesserungen gegenüber der Plansumme während der Bauzeit;
- Versorgungsanschlüsse innerhalb des Gebäudes;
- Einbauten als Gebäudebestandteile;
- Anbauten, Nebengebäude, Garagen, soweit in den ursprünglichen Baukosten noch nicht enthalten;
- Baunebenkosten, z.B. Honorare;
- Mehrwertsteuer, soweit in den vorherigen Positionen nicht enthalten;
- Preisnachlässe, die bei der Errichtung z.B. im Rahmen einer Großbaumaßnahme erzielt wurden und bei einem Wiederaufbau nicht realisierbar sind.

Erst wenn diese Faktoren eingerechnet werden, kann man zu ausreichenden Neubauwerten kommen.

### 2.2 Baunebenkosten

Zu den Baunebenkosten gehören die Honorare für Architekten- und Ingenieurleistungen bei der Planung und Bauüberwachung. Ferner die Gebühren für Behördenleistungen zur Genehmigung des Bauantrages, Honorar für Prüfingenieur der statischen Berechnung sowie der anderen Fachingenieure und ggf. Baustoffprüfungskosten.

**Mittlerer Baupreisindex für Wohngebäude**

| Jahr | Index | Jahr | Index | Jahr | Index | Jahr | Index | Jahr | Index |
|---|---|---|---|---|---|---|---|---|---|
| 1914 | 100 | 1933 | 117,2 | 1950 | 234,4 | 1967 | 496,2 | 1984 | 1397,4 |
| 1915 | 112,1 | 1934 | 122,9 | 1951 | 271,3 | 1968 | 517,2 | 1985 | 1403,3 |
| 1916 | 123,6 | 1935 | 122,9 | 1952 | 289,2 | 1969 | 546,8 | 1986 | 1422,6 |
| 1917 | 153,5 | 1936 | 122,9 | 1953 | 279,6 | 1970 | 636,9 | 1987 | 1449,6 |
| 1918 | 212,7 | 1937 | 125,5 | 1954 | 280,9 | 1971 | 702,7 | 1988 | 1480,5 |
| 1919 | 349,7 | 1938 | 126,8 | 1955 | 296,2 | 1972 | 750,2 | 1989 | 1534,5 |
| 1920 | 1000,0 | 1939 | 128,7 | 1956 | 303,8 | 1973 | 805,3 | 1990 | 1633,4 |
| 1921 | 1688,0 | 1940 | 130,6 | 1957 | 314,6 | 1974 | 863,9 | 1991 | 1746,9 |
| 1924 | 129,3 | 1941 | 136,9 | 1958 | 324,8 | 1975 | 884,4 | 1992 | 1858,7 |
| 1925 | 159,2 | 1942 | 148,4 | 1959 | 342,0 | 1976 | 915,0 | 1993 | 1950,4 |
| 1926 | 154,8 | 1943 | 151,6 | 1960 | 367,5 | 1977 | 959,3 | 1994 | 1997,1 |
| 1927 | 156,7 | 1944 | 154,8 | 1961 | 395,5 | 1978 | 1018,6 | 1995 | 2046,1 |
| 1928 | 163,7 | 1945 | 159,9 | 1962 | 428,0 | 1979 | 1108,0 | 1996 | 2044,3 |
| 1929 | 166,2 | 1946 | 170,7 | 1963 | 450,3 | 1980 | 1226,3 | 1997 | 2033,0 |
| 1930 | 159,2 | 1947 | 199,4 | 1964 | 471,3 | 1981 | 1298,1 | | |
| 1931 | 145,9 | 1948 | 263,1 | 1965 | 491,1 | 1982 | 1335,5 | | |
| 1932 | 123,6 | 1949 | 245,9 | 1966 | 507,0 | 1983 | 1363,7 | | |

Für Gebäude, die vor dem 1. 1. 77 erstellt worden sind, empfiehlt es sich nicht, die damaligen Kosten, sondern die seit dem 1. 1. 77 geltende „Verordnung über die Honorare für Leistungen der Architekten und Ingenieure (HOAI)“ zu berücksichtigen. Die Baunebenkosten betragen zwischen 15 % und 20 % der reinen Baukosten.

### 2.3 Umrechnung auf den Wert 1914

Sind die effektiven Neubaukosten eines Jahres nun bekannt, kann durch Umrechnung mit Hilfe des vom Statistischen Bundesamt veröffentlichten Baupreisindexes die Versicherungssumme 1914 errechnet werden.

Zugrunde gelegt wird der mittlere Bauindex des jeweiligen Jahres.

Für das laufende Jahr ist der Index des Monats Mai des Vorjahres anzuwenden. Dieser Index wird vom Verband der Schadenversicherer e.V. mit dem Prämienfaktor veröffentlicht. Mit der Bekanntgabe dieses Indexes wird auch der mittlere Index für das vergangene Jahr bekanntgegeben.

### 2.4 Beispiele zur Umrechnung

a) Wohngebäude 1958 erbaut, Baukosten nach Nr. 2.1 und Nr. 2.2 insgesamt 150.000,– DM.

Bauindex 1958 = 324,8

Ermittlung der Versicherungssumme 1914

$$\frac{150.000 \text{ DM} \times 100}{324{,}8} = \underline{46.182 \text{ Mark } 1914}$$

b) Wohngebäude 1972 erbaut, Baukosten nach Nr. 2.1 und Nr. 2.2 insgesamt 450.000,– DM.

Bauindex 1972 = 750,2

Ermittlung der Versicherungssumme 1914

$$\frac{450.000 \text{ DM} \times 100}{750{,}2} = \underline{59.984 \text{ Mark } 1914}$$

### 2.5 Wertverbesserungen

Das hier vorgestellte Verfahren ergibt jedoch nur dann zuverlässige Versicherungssummen 1914, wenn vom Zeitpunkt der Errichtung bis zur Ermittlung der Versicherungssumme keine Wertverbesserungen durchgeführt wurden.

Es geschieht jedoch nicht selten, daß der Gebäudebesitzer im Laufe der Jahre Wertverbesserungen vornimmt; sei es

durch An- und Umbauten,
Ausbau des Dachgeschosses,
Holzvertäfelung in verschiedenen Räumen,
Fassadenverkleidung, Schall- und Wärme-Isolierung,
Isolierverglasung,
neue Fußbodenbeläge (Teppichboden).

Diese Beispiele ließen sich beliebig fortsetzen. Aber auch in diesen Fällen kann mittels Rückrechnung eine korrekte Versicherungssumme 1914 ermittelt werden.

### 2.6 Beispiele zur Umrechnung nach Wertverbesserung

Zu a) Wir hatten für das erste Haus eine Versicherungssumme von 46.182 M 1914 ermittelt. Dieser VN hat nun 1973 Umbauten und Wertverbesserungen mit einem Wert von 30.000 DM vorgenommen.

| | |
|---|---|
| Ursprüngliche Versicherungssumme 1914 = | 46.182 |
| Bauindex 1973 = 805,3 | + |
| $\frac{30.000 \text{ DM} \times 100}{805{,}3}$ | 3.725 |
| Neue Versicherungssumme | 49.907 |

Zu b) Hier wurden nun zwei Veränderungen durchgeführt. 1974 kam ein Anbau für 60.000 DM hinzu, 1977 Wertverbesserung 20.000 DM durch Isolierverglasungen.

| | |
|---|---|
| Ursprüngliche Versicherungssumme 1914 = | 59.984 |
| Bauindex 1974 = 863,9 | + |
| $\frac{60.000 \text{ DM} \times 100}{863{,}9}$ = | 6.945 |
| Bauindex 1977 = 959,7 | + |
| $\frac{20.000 \text{ DM} \times 100}{959{,}7}$ = | 2.084 |
| Neue Versicherungssumme | 69.013 |

### 2.7 Umrechnungsfaktoren

In der täglichen Praxis ist es nicht unbedingt erforderlich, die Umrechnung mit dem Bauindex nach der hier geschilderten Methode vorzunehmen. Man kann sich die Arbeit erleichtern, indem man die Bauindices bereits durch 100 dividiert und damit zu Divisoren kommt.

## 3 Ermittlung der Versicherungssumme 1914 nach umbautem Raum

Es kommt jedoch nicht selten vor, daß der Versicherungsnehmer die Baukosten nicht kennt. Vielleicht existieren keine Unterlagen über die ursprünglichen Baukosten; vielleicht hat er das Haus im jetzigen Zustand gekauft; Kaufpreise sind aber nicht gleich Baupreise, dies gilt auch für den steuerlichen Einheitswert.

Sind die Baupreise nicht bekannt, kann der Wert des Gebäudes nur anhand der Preise für den umbauten Raum festgestellt werden. Dafür muß der umbaute Raum bekannt sein oder ermittelt werden.

### 3.1 Ermittlung des umbauten Raumes

Der umbaute Raum wird **überschlägig** in Anlehnung an DIN 277 nach den Hauptabmessungen des Gebäudes ermittelt:

| | | | |
|---|---|---|---|
| Grundfläche | ($m^2$) | = | Länge x Breite |
| Höhe | (m) | = | Summe der Höhen der einzelnen Geschosse einschl. Dachraum |

Wenn diese Maße nicht einer Gebäudezeichnung zu entnehmen sind, müssen Sie gemessen werden.

**Länge und Breite** von Außenkante zu Außenkante der Umfassungsmauern

**Höhe** von der Oberkante des Kellerfußbodens bis zur Oberkante der Decke des obersten Vollgeschosses. Sie läßt sich am besten im Treppenhaus messen.

Ist eine genaue Ermittlung nicht möglich, so können bei Wohngebäuden folgende Höhen angenommen werden:

Kellergeschoß: rd. mit 2,5 m
Erdgeschoß und Obergeschosse: je rd. mit 3 m
Die Dachhöhe kann überschlägig mit der Hälfte der Gebäudebreite angenommen werden.

Der Rauminhalt wird errechnet:
Länge x Breite x Höhe = $m^3$.

Wenn das Dach im Querschnitt ein Dreieck ist, muß die Höhe für den Dachraum nur zur Hälfte berücksichtigt werden.

Das Keller-, das Erdgeschoß und die Obergeschosse sind mit ihrem vollen Rauminhalt anzusetzen; ein Dachgeschoß nur, wenn es ausgebaut ist. Der nicht ausgebaute Dachraum wird nur mit einem Drittel seines umbauten Raumes gewertet.

### 3.2 Beispiel zur Errechnung des umbauten Raumes

2-geschossiges Wohngebäude, unterkellert, mit Satteldach

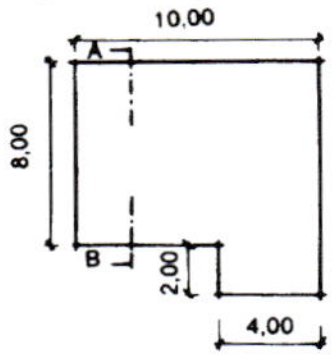


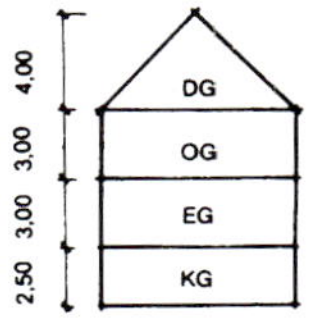


Grundriß
Grundfläche (m²)

| | | | |
|---|---|---|---|
| | 10,0 x 8,0 | = | 80 m² |
| + | 4,0 x 2,0 | = | 8 m² |
| | | | 88 m² |

Querschnitt A-B
Gebäudehöhe (m)

| | | | |
|---|---|---|---|
| Kellergeschoß | KG | 2,5 m | 8,5 m |
| Erdgeschoß | EG | 3,0 m | |
| Obergeschoß | OG | 3,0 m | |
| Dachgeschoß | DG | 4,0 m | |

Berechnung des umbauten Raumes

**bei ausgeb. Dachgeschoß:**

$88 \times 8{,}5 = 748\ m^3$

$+DG\ \frac{4}{2} = 176\ m^3$

$924\ m^3$

**bei nicht augeb. Dachgeschoß:**

$88 \times 8{,}5 = 748\ m^3$

$DG\ 88\ \frac{4}{2} \times \frac{1}{3} = 59\ m^3$

$807\ m^3$

### 3.3 Ausstattungsmerkmale

Mit der Ermittlung des Rauminhaltes ist es noch nicht getan. Die Gebäude unterscheiden sich auch in der Bauart und der jeweiligen Ausstattung. Die nachstehende Übersicht unterscheidet nach 4 Ausstattungsgruppen. Es ist möglich, daß ein Gebäude nicht eindeutig einer Ausstattungsgruppe zugeordnet werden kann, deshalb wurden weitere Unterscheidungen vorgenommen nach

- Fassadenausführung,
- Dachausführung,
- Decken, Wände, Fußböden,
- Fenster, Türen,
- Elektro- und Sanitärinstallationen, Heizung.

Die angegebenen Beträge entsprechen nicht den Preisen (1914) für die jeweilige Bewertungsgruppe. Es handelt sich nur um Bewertungspunkte nach einem Wägungsschema. Da es sich nur um Durchschnittswerte handelt, empfiehlt es sich, einen Sicherheitszuschlag von 10 % hinzuzurechnen.

**Ermittlung der Versicherungssumme 1914 nach umbautem Raum für Wohngebäude**
der Bauartklassen I und II einschließlich Baunebenkosten

| | Ausführung und Ausstattung | | | | |
|---|---|---|---|---|---|
| Bewertungs-merkmal | Einfache<br>a | Mittlere<br>b | Gute<br>c | Sehr gute<br>d | Bewertungs-punkte |
| Fassaden-ausführung | gefugtes Mauerwerk, einfacher, glatter Außen-putz, Kiefern-Holzfach-werk mit einfacher, verputzter Ausfachung<br>8 | Verkleidung mit Asbestzement-, Kunststoffplatten o.ä., einfacher Außenputz mit Anstrich<br>10 | Verblendmauerwerk Sichtbeton, besserer Außenputz, wie z.B. Edel-, Rauh-, Waschputz, Eichen-Holzfachwerk<br>12 | Naturstein-, Keramik-, Kunststeinverkleidung, Handstrich-Klinker<br>14 | |
| Dachausführung | einfaches Pult-, Sattel-, Walmdach (ohne Dach-aufbauten), Pappe-, Asbestzement-, Ziegeleindeckung<br>2 | Pult-, Sattel-, Walmdach mit Dachaufbauten, Ziegeleindeckung<br>3 | wie vor, jedoch mit Dachterrassen, Flachdach mit Wärme-dämmung, Lichtkuppeln<br>4 | Naturschieferdach, Reetdächer<br>5 | |
| Decken, Wände,<br><br>Fußböden | Einfacher Putz Leimfarben, oder Binderanstrich<br><br>Holzdielen, Steinholz- oder ähnliche Böden<br>3 | Filzputz, einfache Tapeten teilweise Fliesen<br><br>Linoleum und PVC-Böden<br>4 | Filzputz mit teilweise Stuckarbeiten, gute Tapeten, Fliesen in reichem Ausmaß<br><br>PVC-Böden besserer Qualität, Teppich-böden einfacher Qualität, Mosaikparkett<br>5 | Stuckarbeiten, Vertäfelungen, Akustikdecken, hochwertige Tapeten und Fliesen<br><br>Parkett- oder Teppichböden in besserer Qualität, Natursteinböden<br>6 | |
| Fenster<br><br>Türen | Einfache Holzfenster, einfache Verglasung<br><br>Holztüren mit einfachen Beschlägen<br>3 | Einfache Holzfenster mit besseren Beschlägen, Einfach-Verglasung<br><br>Holz-/Kunststofftüren mit besseren Beschlägen<br>4 | Verbunddoppelfenster (Holz) mit einfacher Verglasung, Rolläden<br><br>Schleiflacktüren, einfache Naturholztüren<br>5 | Stahl-, Leichtmetall-, Kunststoff-Fenster, Fenster mit Isolierverglasung<br><br>Edelholztüren<br>6 | |
| Elektroinstallation<br><br>Sanitärinstallation<br><br>Heizung | je Raum 1 Brennstelle, 1 Steckdose<br><br>einfache sanitäre Einrichtung ohne Bad/Dusche<br><br>Einzelöfen<br>4 | 1 Brennstelle, 3 Steckdosen i. M. je Raum<br><br>normale sanitäre Einrichtung mit Bad/Dusche<br><br>Zentralheizung mit festen Brennstoffen und einfacher Regelung, Elektrospeicherheizung<br>6 | mehrere Brennstellen, 4 Steckdosen i. M. je Raum<br><br>wie vor, jedoch in besserer Ausführung, zusätzlich getrenntes WC, einfache Einbauküchen<br><br>Zentralheizung und zentrale Warmwasser-versorgung mit flüssigen Brennstoffen oder Gas- oder Fernheizung, Thermostatregelung<br>8 | mehrere Brennstellen, 5 Steckdosen i. M. je Raum, indirekte Beleuchtung<br><br>wie vor, jedoch in bester Ausführung, Einbauküchen in bester Qualität<br><br>wie vor, mit aufwendiger Regelung (Außenthermostat) Wärmepumpen, Solaranlagen, Klimaanlagen, Fußboden- und Deckenheizung<br>10 | |
| | | | | Summe | |
| | | | | zuzüglich 10 % Sicherheitszuschlag | |
| | | | | m³-Wert 1914 | |

m³ umbauter Raum ________ x m³-Wert ________ = ______________ (Versicherungssumme 1914)

**Anmerkung:**
Die Bewertungsmerkmale sind beispielhaft, und es handelt sich um Mittelwerte, auch in regionaler Hinsicht.

Andere Ausführungen und Ausstattungen sind der Gruppe mit ähnlichem Qualitätsmerkmalen zuzuordnen.

**Höhere m³-Werte ansetzen bei:**
- aufwendigen Fassaden (Fassadenplatten aus Aluminium und dgl.), Balkonen
- aufwendigen Schall- und Wärmeisolierungen
- eingebauten Schwimmbädern, Saunen etc.

**Niedrigere m³-Werte ansetzen bei:**
- übergroßen Raumhöhen (im Lichten ≥ 3,00 m)

**Beispiel**

| Bewertungsmerkmal | Ausstattungsgruppe | |
|---|---|---|
| 1. einfacher Außenputz mit Anstrich | b | 10 |
| 2. Satteldach mit Dachaufbauten, Ziegeleindeckung | b | 3 |
| 3. Filzputz mit teilweisem Stuck, gute Tapeten, Mosaikparkett | c | 5 |
| 4. Verbund-Doppelfenster mit einfacher Verglasung, Schleiflacktüren | c | 5 |
| 5. mehrere Steckdosen in jedem Raum, normale sanitäre Einrichtung, Koks-Zentralheizung | b | 6 |
| | Summe | 29,0 |
| | + 10 % Sicherheitszuschlag | 2,9 |
| | ergibt einen m³-Preis 1914 von Mark | 31,9 |

Bei dem Beispiel zur Errechnung des umbauten Raumes bei ausgebautem Dachgeschoß wurden 924 m³ umbauter Raum errechnet. Danach ergäbe sich eine Versicherungssumme 1914 von 924 x 31,90 = 29.476 Mark 1914.

# Anhang A 8

## Antragsformulare auf Wohngebäudeversicherung

# Anhang A 8.1

## Versicherungsantrag für Privatkunden

BD Vermittler-Nr. Eingangsstempel

☐ Herr ☐ Frau Anredezusätze

**Antragsteller, Vor-, Zuname**
**Straße, Haus-Nr.**

**Postleitzahl, Wohnort**
**Str.–/Ortszusatz**
**Vers.-Grundstück (Str., Haus-Nr., Ort)**

☐ Die Postanschrift gilt nicht für andere Verträge des Versicherungsnehmers. Telefon Fax

Kunden-Nummer

Ich bin bis auf Widerruf damit einverstanden, daß ich künftig im Rahmen des Versicherungsverhältnisses sowie im Hinblick auf weitere Versicherungs- und Finanzdienstleistungen der .... auch telefonisch informiert und beraten werde. ☐ ja ☐ nein

Industrie-/Firmenverbindung: Inhaber, Vorstand oder Geschäftsführer von:

**Persönliche Angaben**

Geburtsdatum Geburtsort Staatsangehörigkeit ☐ männlich ☐ weiblich
Für statistische Zwecke

☐ ledig ☐ verheiratet ☐ verwitwet ☐ geschieden

Berufsschlüssel Ausgeübter Beruf Branche Öffentlicher Dienst ☐ ja ☐ nein

☐ Arbeiter(in) ☐ Angestellte(r) ☐ Beamter(in)/Richter(in) ☐ Hausfrau/-mann ☐ Selbständige(r) ☐ Auszubildende(r) ☐ Schüler(in)/Student(in) ☐ Rentner(in)/Pensionär(in)

**Bonusberechtigung** ☐ Bündelbonus in den Endbeträgen berücksichtigt ☐ Bündelbonus-Voraussetzungen nicht erfüllt

### ☐ Haftpflichtversicherungen

mit den Deckungssummen je Schadenereignis

**Endbetrag pro Fälligkeit** bei Zahlungsweise 1/ jährlich DM

**Versicherungsumfang (s. Seite 5)**
☐ **Optimal** – 5.000.000 DM für Personenschäden und 5.000.000 DM für Sachschäden
☐ **Kompakt** – 3.000.000 DM für Personenschäden und 3.000.000 DM für Sachschäden
☐ **Basis** – 2.000.000 DM für Personenschäden und 2.000.000 DM für Sachschäden mit 200 DM Selbstbeteiligung (s. S. 5)

Zu versichern ist die gesetzliche Haftpflicht des Versicherungsnehmers als

**PH**
☐ **Privatperson** – mit Familienversicherungsschutz ☐ **Privatperson** – Versicherungsschutz für Einzelpersonen (Single) –
☐ **Privatperson** – nach Tarif 50 + (ohne Mitversicherung der Haftpflicht von Kindern)

**Öffentl. Dienst**
☐ und aus dienstlicher und beruflicher Tätigkeit als Arbeitnehmer im öffentlichen Dienst, als Beamter, Richter, Gerichtsvollzieher, Zeit- und Berufssoldat, als öffentlich-rechtlicher Mandatsträger – Für Ärzte (auch Tierärzte) siehe Tarif Gewerbe –

☐ Bei der Privat-Haftpflichtversicherung mit Familienversicherungsschutz und nach Tarif 50 + ist – anstelle eines Ehegatten – mitzuversichern der mit dem Versicherungsnehmer in eheähnlicher Gemeinschaft lebende Partner
☐ Frau ☐ Herr

mit Heizöltank
☐ und als **Inhaber von Heizöltanks** für das selbstbewohnte Einfamilienhaus gemäß Anschrift des Versicherungsnehmers
Zu versichern ist die gesetzliche Haftpflicht mit Deckungssummen je Schadenereignis
☐ 5.000.000 DM für Personenschäden und 5.000.000 DM für Sachschäden
☐ 3.000.000 DM für Personenschäden und 3.000.000 DM für Sachschäden
Die Gesamtleistung für alle Versicherungsfälle eines Versicherungsjahres beträgt das Doppelte der vereinbarten Deckungssummen.

**Tiere**
☐ **Halter von** ☐ **Hunden** Anzahl ☐ **Pferden** Anzahl DM
☐ **Hunden** nach Tarif 50 + Anzahl ☐ **Pferden bis 148 cm Stockmaß** Anzahl DM

**Wohnung**
☐ **Besitzer der Wohnung** Nr. in DM

Gebäude-/Heizöltank-Haftpflichtversicherung für das bezeichnete ausschließlich zu Wohnzwecken genutzte Haus:
Zu versichern ist die gesetzliche Haftpflicht des Versicherungsnehmers als

**Gebäude** mit Heizöltank
**Besitzer des** ☐ **Einfamilienhauses** ☐ **Zweifamilienhauses** ☐ **Mehrfamilienhauses** mit Wohnungen DM
☐ und als **Inhaber von Heizöltanks** DM

**Gebäude** ohne Heizöltank
**Besitzer des** ☐ **Einfamilienhauses** ☐ **Zweifamilienhauses** ☐ **Mehrfamilienhauses**; Anzahl der Vollgeschosse DM
☐ Bruttojahresmiet- bzw. -pachtwert DM zu ‰ DM

**Nur Heizöltank**
☐ **Inhaber von Heizöltanks** im ☐ Einfamilienhaus ☐ Zweifamilienhaus DM
☐ Mehrfamilienhaus mit einem Gesamtfassungsvermögen in Liter DM

**Sonstiges** ☐ **Sonstiges**

### ☐ Dynamische Hausratversicherung

(bis zu einer Versicherungssumme von 300.000 DM und Wertsachen bis max. 60.000 DM; Mitversicherung Elementar nur in Zone 1 und 2)
Zu versichern ist der Hausrat zum Wiederbeschaffungspreis gegen Schäden durch Brand, Blitzschlag, Explosion; Einbruchdiebstahl und Raub, Vandalismus nach einem Einbruch; Leitungswasser; Sturm und Hagel.
Die Wohnung ist der ständige Wohnsitz in einem Mehrfamilienhaus im ☐ Erd-/Kellergeschoß ☐ Obergeschoß ☐ Einfamilienhaus
Die Wohnfläche (s. Seite 6) umfaßt qm. Versicherungssumme 0 0 0 DM

**Deckungskonzept (s. Seite 6)**

| | Erhöhung Wertsachen | Fahrraddiebstahl | Überspannung durch Gewitter | Selbstbehalt [1] | Weitere Elementarschäden |
|---|---|---|---|---|---|
| ☐ **Optimal** | auf % | bis 1% ☐ bis % | bis 10% | ☐ ja ☐ nein | ☐ Zone |
| ☐ **Kompakt** | auf % | bis % | bis ☐ 5% | ☐ ja ☐ nein | ☐ Zone |
| ☐ **Basis** | nicht möglich | nicht möglich | nicht möglich | vereinbart | nicht möglich |

[1] Selbstbehalt je Vers.-Fall 0,5% der Versicherungssumme, max. 1.000 DM (s. Seite 6).

Beitrag je 1.000 DM Versicherungssumme DM

Zahlungsweise 1/ jährlich **Endbetrag pro Fälligkeit** DM

## ☐ Glasversicherung

Erläuterungen s. Seite 6

Zu versichern sind gegen Bruchschäden: Die Wohnfläche umfaßt qm.

☐ Gebäude- und Mobiliarverglasungen der ☐ Wohnung oder des ☐ Einfamilienhauses ______ DM

☐ Glaskeramik-Kochflächen Anzahl ☐ Aquarien/Terrarien Gesamt-Inhalt Liter DM

☐ Gebäudeverglasungen des Mehrfamilienhauses

☐ gesamtes Gebäude ☐ von Räumen/Gebäudeteilen, die dem allgemeinen Gebrauch dienen DM

Zahlungsweise 1/ jährlich **Endbetrag pro Fälligkeit** DM

## ☐ Verbundene Wohngebäudeversicherung (einschl. Feuer-Rohbauversicherung)

Art des Gebäudes: ☐ Ein- ☐ Zwei- ☐ Mehrfamilienhaus ☐ Ferien-/Wochenendhaus

Besitzverhältnisse Gebäude: ☐ Eigentümer ☐ Pächter/Mieter
Grund und Boden: ☐ Eigentümer ☐ Pächter/Mieter

Realrechtsbestätigung an:

Zu versichern ist das ausschl. zu Wohnzwecken genutzte, massiv gebaute Gebäude einschl. Grund- u. Kellermauern (auch Fertighäuser) zum gleitenden Neuwert gegen Schäden durch ☐ Brand, Blitzschlag, Explosion (F) ☐ Leitungswasser, Rohrbruch und Frost (LW) ☐ Sturm und Hagel (ST)

**Ermittlung der Versicherungssumme 1914**

Bei Übernahme vom ehemaligen Monopol-/Zwangsversicherer: Sind seit Festsetzung dieser Summe An-, Um- oder Ausbauten erfolgt? ☐ ja ☐ nein

Wenn ja, wann und in welcher Höhe? Sind diese in der Versicherungssumme 1914 berücksichtigt? ☐ ja ☐ nein

| | Baujahr | Methode (s. Seite 7) | Vers.-Summe 1914 Mark |
|---|---|---|---|
| Gebäude | | | |
| separate Garage(n) | | | |
| Versicherungssumme 1914 gesamt | | | |

**Deckungskonzept (s. Seite 6)**

☐ **Optimal** Selbstbehalt ☐ ja ☐ nein
☐ **Kompakt** Selbstbehalt ☐ ja ☐ nein
(Wenn ja, gilt ein Selbstbehalt für LW- und ST-Schäden je Vers.-Fall 1 ‰ der Vers.-Summe*), max. 3.000 DM)

Erhöhung von Pos. (s. Seite 6)

☐ **Basis** – ein Selbstbehalt für LW- und ST-Schäden je Vers.-Fall von 2 ‰ der Vers.-Summe*), max. 3.000 DM, gilt als vereinbart.

**Neubauten (s. Seite 7)**

1. Feuer-Rohbauversicherung bis max. 12 Monate ☐ ja ☐ nein
2. Neubautennachlaß? ☐ ja ☐ nein
3. Mitversicherung von Bauleistungsschäden? ☐ ja ☐ nein
Wenn ja, gilt ein Selbstbehalt je Vers.-Fall von 500 DM.
Voraussetzung: Vertragsdauer 5 Jahre
**Einmalbetrag** für Bauleistungsschäden DM

**Risikoverhältnisse**

1. Ist das Gebäude ganz oder teilweise leerstehend? ☐ ja ☐ nein
2. Wird das Gebäude überwiegend nur an Wochenenden oder in den Ferien genutzt? ☐ ja ☐ nein
3. Ist im Gebäude ein Schwimmbecken vorhanden? ☐ ja ☐ nein

**Zusätzlicher Einschluß**

Mitversicherung von Schäden durch Überschwemmung, Erdbeben, Erdsenkung, Erdrutsch, Schneedruck, Lawinen? (nur Zone 1 + 2) ☐ ja ☐ nein

Zone Gleitender Neuwertfaktor

*) multipliziert mit dem im Zeitpunkt des Vers.-Falles für den Vertrag geltenden gleitenden Neuwertfaktor.

Zahlungsweise 1/ jährlich **Endbetrag pro Fälligkeit** DM

## ☐ Dynamische Unfallversicherung mit Familienvorsorge

**Versicherte Personen**

| Zu-, Vorname | männl. | weibl. | Geburtsdatum | Ausgeübter Beruf | Männer: Gefahrengruppe |
|---|---|---|---|---|---|
| 1. | ☐ | ☐ | | | ☐ A ☐ B |
| 2. | ☐ | ☐ | | | ☐ A ☐ B |
| 3. | ☐ | ☐ | | | |

**Gesundheitserklärung**

Die zu versichernden Personen hatten oder haben folgende Krankheiten oder Gebrechen, bzw. haben folgende Unfälle erlitten. Bitte ggf. Vornamen angeben:

(Erläuterungen s. Seite 7)

**Versicherungsumfang (s. Seite 7)**

| | Invalidität mit 400% Leistung | Invalidität mit 200% Leistung | Invaliditätsleistung bis zu DM | Invaliditätssumme DM | Verbesserte Übergangsleistung DM | Krankenhaustagegeld DM | Verbessertes Genesungsgeld DM | Tagegeld DM | ab Tag | Todesfallsumme DM | Kosmetische Operationen DM | Bergungskosten DM |
|---|---|---|---|---|---|---|---|---|---|---|---|---|
| 1. | ☐ | ☐ | | | | | | | | | 5.000 | 5.000 |
| 2. | ☐ | ☐ | | | | | | | | | 5.000 | 5.000 |
| 3. | ☐ | ☐ | | | | | | | | | 5.000 | 5.000 |

**Bezugsberechtigung**

Wer soll auf die für den Todesfall vereinbarten Leistungen bezugsberechtigt sein? (bei minderjährigen versicherten Personen, s. Seite 7)

1. ☐ a) der dann mit der versicherten Person in gültiger Ehe lebende Ehegatte ☐ b) falls a) nicht gewünscht: Zu-, Vorname und Geburtsdatum

2. ☐ a) der dann mit der versicherten Person in gültiger Ehe lebende Ehegatte ☐ b) falls a) nicht gewünscht: Zu-, Vorname und Geburtsdatum

**Treuebonus** ☐ ja Zahlungsweise 1/ jährlich **Endbetrag pro Fälligkeit** DM

## ☐ Auto-Schutzbrief-Versicherung

☐ für ein Fahrzeug ☐ für mehrere Fahrzeuge

Der Versicherungsschutz gilt im In- und Ausland für den/das

☐ Pkw ☐ Wohnmobil ☐ Krad mit dem amtl. Kennzeichen

und weitere privat genutzte Kfz* (Pkw, Wohnmobil, Krad), zugelassen auf

☐ den/die Versicherungsnehmer/in

☐ den/die Ehegatten

☐ den/die Lebenspartner/in Herrn/Frau: (Anschrift wie oben)

Zahlungsweise: jährlich

*Mehrfahrzeugklausel (Erläuterungen s. Seite 8) **Endbetrag** DM

☐ **Reisegepäckversicherung**

Zu versichern ist das Reisegepäck während der Reise gegen Verluste und Beschädigungen

☐ bei eheähnlicher Lebensgemeinschaft ☐ Frau ☐ Herr

Mitversichert wird das Reisegepäck des mit dem Versicherungsnehmer in häuslicher Gemeinschaft lebenden Lebenspartners und von dessen Kindern.

**Grunddeckung** (Wert des Reisegepäcks, das ständig mitgeführt wird, z.B. bei Tages- oder Wochenendausflügen)
Die Klausel „Camping" gilt zuschlagsfrei eingeschlossen.

Versicherungssumme ___ | | 0 | 0 | 0 | DM*) ... DM

*) Beträgt diese Summe mindestens 6.000 DM, ist auch das Reisegepäck alleinreisender Familienangehöriger und des namentlich genannten Lebenspartners und dessen Kindern versichert, sofern sie mit dem Antragsteller (Versicherungsnehmer) in häuslicher Gemeinschaft leben.

☐ Klausel Urlaubs-Deckung · Während Urlaubsreisen von mindestens 4 Tagen Dauer verdoppelt sich die Versicherungssumme. DM

☐ Klausel Domizil-Schutz · Bis zur beantragten Versicherungssumme ist Reisegepäck im Kraftfahrzeug auch am ständigen Wohnort versichert

Versicherungssumme ___ | | 0 | 0 | 0 | DM ... DM

Zahlungsweise 1/ jährlich **Endbetrag pro Fälligkeit** ___ DM

☐ **Rechtsschutzversicherung**

**Deckungskonzept (s. Seite 8)**

☐ ohne Selbstbeteiligung ☐ mit 300,– DM Selbstbeteiligung in jedem Rechtsschutzfall je Leistungsart

☐ mitversicherter nichtehelicher Lebenspartner Name:

☐ **Privat-, Berufs- und Verkehrs-Rechtsschutz für Nichtselbständige** (§ 26 ARB) ___ DM

☐ **Privat- und Berufs-Rechtsschutz für Nichtselbständige** (§ 25 ARB) ___ DM

☐ **Privat-Rechtsschutz für Selbständige** (§ 23 ARB) ___ DM

☐ zusätzlich mit Rechtsschutz für Eigentümer und Mieter von Wohnungen und Grundstücken gemäß § 29 ARB für die vom Antragsteller unter obiger Anschrift selbstbewohnte Wohneinheit als

☐ Miet-, ☐ Eigentumswohnung ☐ Einfamilienhaus ☐ Wohnung im **eigenen** Mehrfamilienhaus

☐ **Basis-Privat-Rechtsschutz für Nichtselbständige** (§ 25 ARB, beschränkt auf Schadenersatz-Rechtsschutz, Rechtsschutz im Vertrags- und Sachenrecht, Straf- und Ordnungswidrigkeiten-Rechtsschutz (§ 2 a, d, i, j ARB)) DM

☐ **Optimal-Verkehrs-Rechtsschutz für Nichtselbständige** (siehe Seite 8) Anzahl der Kfz zu Lande ___ DM

☐ **Verkehrs-Rechtsschutz** gemäß § 21 ohne Abs. 3 und 11 ARB für **alle** auf den Antragsteller zugelassenen Motorfahrzeuge zu Lande sowie Anhänger (s. Seite 8) DM

Fahrzeugart Anzahl

Die Deckungssumme beträgt 300.000,– DM je Rechtsschutzfall sowie Strafkautionen (darlehensweise) bis zu 100.000,– DM.

Zahlungsweise 1/ jährlich **Endbetrag pro Fälligkeit** ___ DM

**Versicherungsbeginn, Vertragsdauer, Vorläufige Deckung**

Hinsichtlich der Vertragsdauer besteht die Möglichkeit, eine Laufzeit von 1, 3 oder 5 Jahren zu wählen. Bei 5-jähriger Dauer wird ein Dauernachlaß auf den Beitrag von 10% gewährt, der in den vorstehenden Endbeträgen berücksichtigt ist.

| **Versicherung** | Neu | Ersatz | Bisherige Versicherungsschein-Nummer | Versicherungsbeginn | Vertragsdauer in Jahren 1 3 5 | Vertragsende | Vorläufige Deckung (s. Seite 5) wurde auf Wunsch des Antragstellers vom Vermittler erteilt. | |
|---|---|---|---|---|---|---|---|---|
| ☐ Private Haftpflicht | ☐ | ☐ | | 12 Uhr | ☐ ☐ ☐ | 12 Uhr | ☐ ja | Versicherungsverträge von mindestens einjähriger Dauer verlängern sich nach Ablauf der Vertragsdauer stillschweigend jeweils um ein Jahr, wenn nicht drei Monate (Auto-Schutzbrief 1 Monat) vor Ablauf eine schriftliche Kündigung zugegangen ist. |
| ☐ Gebäude-Haftpflicht | ☐ | ☐ | | 12 Uhr | ☐ ☐ ☐ | 12 Uhr | ☐ ja | |
| ☐ Hausrat | ☐ | ☐ | | 12 Uhr | ☐ ☐ ☐ | 12 Uhr | ☐ ja | |
| ☐ Glas | ☐ | ☐ | | 12 Uhr | ☐ ☐ ☐ | 12 Uhr | ☐ ja | |
| ☐ Wohngebäude | ☐ | ☐ | | 12 Uhr | ☐ ☐ ☐ | 12 Uhr | ☐ ja | |
| ☐ Unfall | ☐ | ☐ | | 12 Uhr | ☐ ☐ ☐ | 12 Uhr | | |
| ☐ Auto-Schutzbrief | ☐ | ☐ | | 0 Uhr | 1 Jahr | 0 Uhr | ☐ ja | |
| ☐ Reisegepäck | ☐ | ☐ | | 0 Uhr | ☐ ☐ ☐ | 0 Uhr | ☐ ja | |
| ☐ Rechtsschutz | ☐ | ☐ | | 0 Uhr | ☐ ☐ ☐ | 0 Uhr | ☐ ja | |
| ☐ **Weitere für den Bündelbonus zu berücksichtigende An-/Verträge** | | | | | | | | |

**Vorschäden, Vorversicherung**

Sind in den letzten 5 Jahren Schäden eingetreten? ☐ ja ☐ nein Wurde ein Versicherungsantrag bereits abgelehnt? ☐ ja ☐ nein

Weitere bestehende, frühere oder beantragte gleichartige Versicherungen für Sie oder Ihren Ehe-/Lebenspartner? ☐ ja ☐ nein

| Versicherung | Versicherer | Vers.-Schein-Nr. | gekündigt von/zum | Vorschäden (Anzahl/Höhe) |
|---|---|---|---|---|
| | | | | |
| | | | | |
| | | | | |
| | | | | |
| | | | | |

**Einzugsermächtigung**

Die Beiträge sollen von dem angegebenen Konto eingezogen werden. Diese jederzeit widerrufliche Einzugsermächtigung gilt auch für Vertragsänderungen und Ersatzverträge.

Name und Anschrift des Geldinstitutes/Filiale

___ Konto-Nr.

Name, Unterschrift, wenn Kontoinhaber abweicht

___ Bankleitzahl

**Datenschutz** **Der Datenverarbeitung durch den Versicherer laut umseitiger Erklärung stimme ich zu.**

Unterschrift, Stempel des Vermittlers

**Antragsrückseiten** **Bestandteil dieses Antrages sind auch die Seiten 5, 6, 7 und 8.**

**Unterschriften** Ort, Datum

Unterschrift des Antragstellers (Versicherungsnehmers)

Unterschrift der zu versichernden Person (wenn es sich nicht um den Antragsteller handelt)

**Beiträge, Zahlungsweise, Beitragsangleichung, Kosten**

Die ausgewiesenen Endbeträge berücksichtigen den Beitrag, Beitragsnachlässe, Ratenzahlungszuschläge sowie die im Zeitpunkt der Antragstellung gültige Versicherungsteuer.

Die Folgebeträge sind jeweils am 1. des Fälligkeitsmonats zu zahlen.

Monatliche Zahlungsweise setzt voraus, daß die Beiträge aufgrund einer Einzugsermächtigung abgebucht werden können. Entfällt diese Voraussetzung, gilt vierteljährliche Zahlungsweise als vereinbart.

Auf die Möglichkeit zur Beitragsanpassung aufgrund von Versicherungsbedingungen und Klauseln sowie bei Anhebung des Versicherungsteuersatzes wird hingewiesen.

Entsteht aus besonderen, von Ihnen veranlaßten Gründen ein zusätzlicher Verwaltungsaufwand (z.B. Mahnkosten, Lastschriftrückläufer), können die dadurch verursachten Kosten gesondert pauschal in angemessener Höhe in Rechnung gestellt werden.

**Vorläufige Deckung**

Die vorläufige Deckung wird mit entsprechender Erklärung und Unterzeichnung des Antrages durch den hierzu bevollmächtigten Vermittler der Gesellschaft ab dem beantragten Versicherungsbeginn, frühestens aber ab Unterzeichnung des Antrages wirksam.

Die vorläufige Deckung richtet sich nach den Vertragsgrundlagen, die dem endgültigen Versicherungsvertrag zugrunde liegen sollen. Der Versicherungsnehmer erhält die für die vorläufige Deckung und den endgültigen Versicherungsvertrag geltenden Versicherungsbedingungen sowie die Verbraucherinformation zusammen mit dem Versicherungsschein, auf Wunsch auch zu einem früheren Zeitpunkt.

Die vorläufige Deckung endet mit dem Beginn des endgültigen Versicherungsschutzes, mit dem schriftlichen Widerspruch des Versicherungsnehmers gegen den endgültigen Versicherungsvertrag oder am 5. Werktag nach Ablehnung des Antrages durch den Versicherer. Sie endet ferner, wenn der Versicherungsvertrag nicht innerhalb von 6 Wochen nach Beginn der vorläufigen Deckung rechtlich bindend zustande gekommen ist; diese Frist verlängert sich, wenn der Versicherer im Zusammenhang mit dem beabsichtigten Vertragsschluß schriftliche Rückfragen oder Änderungsvorschläge übermittelt, bis zur Dauer von 2 Wochen nach Zugang des Schreibens oder bis zur dort für die Erledigung genannten Frist.

Der Versicherungsschutz aus einer vorläufigen Deckung entfällt rückwirkend, wenn der Versicherungsnehmer den Beitrag für den endgültigen Versicherungsvertrag nicht rechtzeitig gezahlt hat.

Kommt der endgültige Versicherungsvertrag nicht zustande, ist für jede vorläufige Deckung 25% des Beitrages für ein Versicherungsjahr, mindestens 50 DM zu zahlen; im übrigen ist die vorläufige Deckung durch Zahlung des Beitrages für den endgültigen Versicherungsvertrag abgegolten.

**Datenschutz**

Ich willige ein, daß die Versicherer im erforderlichen Umfang Daten, die sich aus den Antragsunterlagen oder der Vertragsdurchführung (Beiträge, Versicherungsfälle, Risiko-/Vertragsänderungen) ergeben, an Rückversicherer zur Beurteilung des Risikos und zur Abwicklung der Rückversicherung sowie zur Beurteilung des Risikos und der Ansprüche an andere Versicherer und/oder an den Gesamtverband der deutschen Versicherungswirtschaft zur Weitergabe dieser Daten an andere Versicherer übermitteln. Diese Einwilligung gilt auch für entsprechende Prüfungen bei anderweitig beantragten (Versicherungs-)Verträgen und bei künftigen Anträgen.

Ich willige ferner ein, daß die Versicherer der .... Gruppe meine allgemeinen Antrags-, Vertrags- und Leistungsdaten in gemeinsamen Datensammlungen führen und an den für mich zuständigen Vermittler zur Speicherung weitergeben, soweit dies der ordnungsgemäßen Durchführung meiner Versicherungsangelegenheiten dient.

Gesundheitsdaten dürfen nur an Personen- und Rückversicherer übermittelt werden; an Vermittler dürfen sie nur weitergegeben werden, soweit es zur Vertragsgestaltung erforderlich ist.

Ohne Einfluß auf den Vertrag und jederzeit widerrufbar willige ich weiter ein, daß personenbezogene Daten im Rahmen der regelmäßigen Kundenbetreuung, auch zu Finanzdienstleistungen, beim Vermittler oder der Gesellschaft gespeichert und den Unternehmen und Vermittlern der .... Gruppe übermittelt werden können.

Diese Einwilligung gilt nur, wenn ich die Möglichkeit hatte, vom Inhalt des Merkblattes zur Datenverarbeitung Kenntnis zu nehmen.

**Bündelung, Antragskopie**

Die aufgrund dieses Antrags abgeschlossenen Versicherungen sind rechtlich selbständige und voneinander unabhängige Verträge.

Die für den Vertrag geltenden Versicherungsbedingungen werden Ihnen mit dem Versicherungsschein, auf Wunsch auch schon früher, übersandt. Eine Kopie des Antrags wird Ihnen nach Unterzeichnung ausgehändigt.

**Widerspruchsrecht**

Der Versicherer kann den Antrag innerhalb eines Monats annehmen. Der Antragsteller hat ein Widerspruchsrecht von 14 Tagen ab Erhalt von Versicherungsschein, Versicherungsbedingungen und Verbraucherinformation, über das er im Versicherungsschein informiert wird.

**Vertragsgrundlagen, Erläuterungen zum Versicherungsumfang**

## Haftpflichtversicherung

**Vertragsgrundlagen** werden der Antrag, der Versicherungsschein und Nachträge, die Allgemeinen Versicherungsbedingungen für die Haftpflichtversicherung (AHB – B1 13 004) sowie, entsprechend dem beantragten bzw. genommenen Versicherungsschutz und den vereinbarten Deckungssummen –
die Besonderen Bedingungen zur Haftpflichtversicherung
- für die Privatperson (mit Familienschutz) B1 13 010, B1 13 011, B1 13 012;
- für die Privatperson (für Einzelpersonen) B1 13 006, B1 13 007, B1 13 008;
- für Angehörige des öffentlichen Dienstes B1 13 018;
- für Haus- und Grundbesitz sowie Inhaber von Heizöltanks B1 13 020;
- für die Jagd, Private Wasserfahrzeuge und Tierhalter B1 13 022

und evtl. zusätzlich vereinbarte Vertragsbestimmungen.

**Selbstbeteiligung**
Soweit eine Selbstbeteiligung vereinbart ist, gilt folgendes:
Von jedem Versicherungsfall, der einen Sach- oder Vermögensschaden zur Folge hat, hat der Versicherungsnehmer von der Schadenersatzleistung den vereinbarten Betrag selbst zu tragen. Für Schäden bis zur Höhe der vereinbarten Selbstbeteiligung besteht kein Versicherungsschutz.

**Deckungssummen**
Die Gesamtleistung des Versicherers für alle Versicherungsfälle eines Versicherungsjahres beträgt das Doppelte der vereinbarten Deckungssummen.

**Privat-Haftpflichtversicherung mit Familienversicherungsschutz und nach Tarif 50+**
Falls besonders beantragt, gilt für eheähnliche Lebensgemeinschaften: Mitversichert ist anstelle eines Ehegatten – für die Dauer der häuslichen Gemeinschaft mit dem Versicherungsnehmer – die gesetzliche Haftpflicht des im Antrag genannten Lebenspartners (bei der Privat-Haftpflichtversicherung mit Familienversicherungsschutz auch dessen Kinder) als Privatperson. Nicht versichert sind Ansprüche wegen Schäden, die sich Versicherte (einschließlich Versicherungsnehmer) gegenseitig zufügen.

| **Versicherungsumfang zur Privat-Haftpflichtversicherung** – auszugsweise und in Stichpunkten, maßgebend sind allein die jeweils vereinbarten Versicherungsbedingungen – | **Optimal** | **Kompakt** | **Basis** |
|---|---|---|---|
| Deckungssummen für | | | |
| – Personen- und Sachschäden | 5.000.000 DM | 3.000.000 DM | 2.000.000 DM |
| – Vermögensschäden | 50.000 DM | 30.000 DM | 20.000 DM |
| – Mietsachschäden | 500.000 DM | 300.000 DM | 200.000 DM |
| Verlust von Schlüsseln zu fremden Schlössern bis | 50.000 DM | nein | nein |
| Umbaumaßnahmen, je Bauvorhaben bis Bausumme | 50.000 DM | 30.000 DM | 20.000 DM |
| Kaution bei Schäden im europäischen Ausland bis | 50.000 DM | 30.000 DM | nein |
| Selbstbeteiligung je Sach-/Vermögensschaden | nein | nein | nein |
| Forderungsausfalldeckung | ja | nein | nein |
| Kinder des Versicherungsnehmers (gilt nicht für Single-PH und PH 50+) | | | |
| – unverheiratete unter 18 Jahre | ja | ja | ja |
| – unverheiratete über 18 Jahre, solange noch in Schul-/Berufsausbildung | ja | ja | nein |
| – Schadenübernahme bei Schäden durch nicht deliktfähige Kinder | ja | nein | nein |
| Auslandsaufenthalt, vorübergehend bis | 2 Jahre | 1 Jahr | 1/2 Jahr |
| Gebrauch von Wasserfahrzeugen | ja | ja | nein |
| – auch eigene Windsurfbretter | ja | ja | nein |
| – auch eigene Segelboote ohne Motor bis 5 Meter Rumpflänge | ja | nein | nein |
| – gelegentlicher Gebrauch fremder Motor-/Segelboote mit Motor bis 55 kW | ja | nein | nein |
| Nicht versicherungspflichtige Kraftfahrzeuge | | | |
| – Kfz bis 6 km/h und Arbeitsmaschinen bis 20 km/h | ja | ja | nein |
| – Kfz nur auf nicht öffentlichen Wegen und Plätzen | ja | ja | nein |
| Hüten fremder Hunde | ja | ja | nein |
| Gelegentlicher Gebrauch fremder versicherungspflichtiger Kfz im Ausland: Zusatz-Haftpflicht für Leihwagen (Mallorca-Deckung) | ja | nein | nein |

**Vertragsgrundlagen, Erläuterungen zum Versicherungsumfang**

## Dynamische Hausratversicherung

**Vertragsgrundlagen** werden der Antrag, der Versicherungsschein und Nachträge, die Allgemeinen Bedingungen für die Hausratversicherung (VHB 97) Optimal bzw. Kompakt bzw. Basis
und – sofern vereinbart – die Besonderen Bedingungen für die Versicherung weiterer Elementarschäden in der Hausratversicherung (BEH), die Klauseln Fahrraddiebstahl, Überspannung durch Gewitter, Rückreise aus dem Urlaub, Selbstbehalt und eventuell zusätzlich vereinbarte Vertragsbestimmungen.

**Kein Abzug wegen Unterversicherung:** Abweichend von § 18 Nr. 4 und Nr. 5 VHB 97 wird kein Abzug wegen Unterversicherung vorgenommen. (Voraussetzung: Die Vers.-Summe beträgt z. Z. mind. 1.200 DM je qm Wohnfläche.)

**Wohnfläche** ist die Grundfläche aller Räume einer Wohnung einschließlich Hobbyräume. Nicht zu berücksichtigen sind Treppen, Balkone, Loggien und Terrassen sowie Keller-, Speicher-/Bodenräume, die nicht zu Wohn- oder Hobbyzwecken genutzt werden.

Ein ggf. vereinbarter **Selbstbehalt** gilt nicht bei Fahrraddiebstahlschäden, Überspannungsschäden durch Gewitter, Diebstahlschäden aus Kfz und weiteren Elementarschäden.

**Weitere Elementarschäden.** Versichert sind Schäden durch Überschwemmung, Erdbeben, Erdsenkung, Erdrutsch, Schneedruck und Lawinen.

| **Deckungskonzepte der Hausratversicherung** | **Optimal** | **Kompakt** | **Basis** |
|---|---|---|---|
| Wertsachen insgesamt | 20%*) | 20%*) | 5%*) |
| Wertsachen außerhalb besonderer Behältnisse, und zwar | | | |
| – Bargeld | 2.000 DM | 2.000 DM | 500 DM |
| – Urkunden einschl. Sparbücher und sonstige Wertpapiere | 5.000 DM | 5.000 DM | 1.000 DM |
| – Schmucksachen, Edelsteine, Perlen, Briefmarken, Münzen und Medaillen sowie alle Sachen aus Gold oder Platin | 40.000 DM | 40.000 DM | 2.500 DM |
| Überspannungsschäden durch Gewitter | 10%*) | gegen Zuschlag versichert | nein |
| Diebstahlschäden aus verschlossenen Kfz**) | 1%*) | nein | nein |
| Außenversicherung | 15%*), max. 30.000 DM | 10%*), max. 20.000 DM | nein |
| Hotelkosten | 2‰*), max. 150 Tage | 1‰*), max. 100 Tage | nein |
| Wasseraustritt aus Aquarien, Wasserbetten | ja | nein | nein |
| Implosion an elektrischen Geräten | ja | nein | nein |
| Rückreisekosten aus dem Urlaub | 5%*) | 5%*) | nein |
| Fahrraddiebstahlschäden | 1%*) | gegen Zuschlag versichert | nein |

*) der Versicherungssumme
**) Wertsachen (siehe § 19 Nr. 1 VHB 97), Foto-, Film- und Videogeräte, Mobiltelefone, EDV-Geräte oder sonstige elektrische Geräte, jeweils einschließlich Zubehör sind nicht versichert.

## Glasversicherung

**Vertragsgrundlagen** werden der Antrag, der Versicherungsschein und Nachträge, die Allgemeinen Versicherungsbedingungen für die Glasversicherung (AGIB 97), die Klausel Wohnungswechsel und evtl. zusätzlich vereinbarte Vertragsbestimmungen.

**Wohnfläche** ist die Grundfläche aller Räume einer Wohnung oder eines Gebäudes einschließlich Hobbyräume. Nicht zu berücksichtigen sind Treppen, Balkone, Loggien und Terrassen sowie Keller-, Speicher-/Bodenräume, die nicht zu Wohn- oder Hobbyzwecken genutzt werden.

**Wohnungen/Einfamilienhäuser**
Gebäudeverglasungen:
Glas- und Kunststoffscheiben von Fenstern, Türen, Balkonen, Terrassen, Wänden, Wintergärten, Veranden, Loggien, Wetterschutzvorbauten, Dächern, Brüstungen, Duschkabinen und Sonnenkollektoren (nicht Solarzellen); Lichtkuppeln (auch aus Kunststoff); Glassteine; Profilbaugläser

Mobiliarverglasungen:
Glasscheiben von Bildern, Schränken, Vitrinen, Stand-, Wand- und Schrankspiegeln; Glasplatten; Glasscheiben und Sichtfenster von Öfen, Elektro- und Gasgeräten – ausgenommen Beleuchtungskörper, Glaskeramik-Kochflächen, Aquarien/Terrarien.

Glaskeramik-Kochflächen, Aquarien/Terrarien:
Ausgenommen alle elektrischen und mechanischen Teile (z. B. Heizkörper, Umwälzpumpe)

**Mehrfamilienhäuser**
Gebäudeverglasungen für das gesamte Gebäude oder von Räumen/Gebäudeteilen, die dem allgemeinen Gebrauch dienen (z. B. in Treppenhäusern, Gemeinschafts-, Keller- und Bodenräumen, von Windfängen und Wetterschutzvorbauten):
Die aus Glas und Kunststoff bestehenden Außen-, Innenscheiben, Lichtkuppeln und Scheiben von Sonnenkollektoren (nicht Solarzellen), Glassteine und Profilbaugläser – ausgenommen Werbeanlagen, Verglasungen von Ladengeschäften und Gaststätten

**Zusätzlich sind auf Erstes Risiko versichert**
1. Künstlerisch bearbeitete Glas-Scheiben, -Spiegel, -Platten (z. B. Motivdarstellung durch Glasmalerei, Ätzung, Schliff, Blei- und Messingverglasung) bis 1.000 DM
2. Sonderkosten für Gerüste, Kräne, Beseitigung von Hindernissen bis 1.000 DM
3. Anstriche, Malereien, Schriften, Verzierungen, Folien bis 1.000 DM
4. Umrahmungen, Mauerwerk, Schutzeinrichtungen bis 1.000 DM
5. Schäden an Glashalte- und Zierleisten bei Mobiliarverglasungen bis 100 DM

## Verbundene Wohngebäudeversicherung

**Vertragsgrundlagen** werden der Antrag, der Versicherungsschein und Nachträge, die Allgemeinen Bedingungen für die Wohngebäudeversicherung (VGB 97) Optimal bzw. Kompakt bzw. Basis
und – sofern vereinbart – die Besonderen Bedingungen für die Versicherung weiterer Elementarschäden in der Wohngebäudeversicherung (BEW), die Besonderen Bedingungen für die Versicherung von Bauleistungen in der Wohngebäudeversicherung (BBW) sowie Rückreise aus dem Urlaub und eventuell zusätzlich vereinbarte Vertragsbestimmungen.

Mitversichert ist auch Zubehör, das der Instandhaltung eines versicherten Gebäudes oder dessen Nutzung zu Wohnzwecken dient, soweit es sich im Gebäude befindet oder außen an dem Gebäude angebracht ist (z. B. Gemeinschaftswaschanlagen, Brennstoffvorräte für Sammelheizungen, Wasser-, Gas-, Elektrizitäts- und Wärmezähler, Antennen, Markisen). Es muß in der Versicherungssumme berücksichtigt werden.

Die Leitungswasser- und/oder Sturm- und Hagel- und/oder Elementarschadenversicherung beginnt erst mit der Bezugsfertigkeit.

| **Deckungskonzepte der Wohngebäudeversicherung** | **Optimal****) | **Kompakt** | **Basis** |
|---|---|---|---|
| Aufräumungs-, Abbruch-, Bewegungs- und Schutzkosten (F, LW, ST) | ja | 5%*) | 5%*) |
| Mehrkosten infolge behördlicher Auflagen (F, LW, ST) | ja | 5%*) | 5%*) |
| Sonstige Grundstücksbestandteile (F, LW, ST) | ja | 0,3%*) | nein |
| Feuer-Rohbauversicherung (Voraussetzung: Vertragsdauer 5 Jahre) (F) | 12 Monate | 12 Monate | 12 Monate |
| Überspannungsschäden durch Gewitter (F) | ja | 3%*) | nein |
| Kosten für Dekontamination von Erdreich (F, LW, ST) | ja | nein | nein |
| Feuer-Nutzwärmeschäden (F) | ja | ja | nein |
| Besondere Zu-/Ableitungsrohre (LW) | ja | 0,3%*) | nein |
| Austausch von Wasserhähnen, Geruchsverschlüssen und Wassermessern (Armaturen) (LW) | ja | 200 DM | nein |
| Wasserverlust infolge eines Rohrbruchschadens (LW) | ja | nein | nein |
| Schäden durch Wasser aus Aquarien, Wasserbetten (LW) | ja | nein | nein |
| Aufräumungskosten für Bäume (ST) | ja | nein | nein |
| Rückreisekosten aus dem Urlaub (F, LW, ST) | ja | 1%*) | nein |
| Gebäudebeschädigungen durch unbefugte Dritte | ja | gegen Zuschlag vers. | gegen Zuschlag vers. |

*) der Versicherungssumme; multipliziert mit dem im Zeitpunkt des Versicherungsfalles für den Vertrag geltenden gleitenden Neuwertfaktor.
**) Versicherungsschutz besteht ohne Entschädigungsgrenzen.

**Vertragsgrundlagen, Erläuterungen zum Versicherungsumfang**

**Ermittlung der Versicherungssumme 1914** nach/durch Methode
1 Gutachten eines Bausachverständigen (Kopie beifügen)
2 Umrechnung des Gebäude-Neubauwertes (Fragebogen S5 11 326 beifügen)
3 Wohnfläche und Ausstattungsmerkmale – nur möglich bei Ein- und Zweifamilienhäusern (Fragebogen S5 11 327 beifügen)
4 Übernahme vom ehemaligen Monopol-/Zwangsversicherer
5 Kubikmeter umbautem Raum (Fragebogen S5 11 326 beifügen)
7 Wohnfläche und Regionalfaktoren bzw. Gebäudetypen, Wohnfläche und Ausstattungsmerkmale (GW) (TISA-Ausdruck beifügen)
0 Sonstiges

Wird bei gleitender Neuwertversicherung die Versicherungssumme 1914 nach einer der Methoden **1, 2, 3, 4, 5 oder 7** ermittelt, so wird auf den Einwand der Unterversicherung verzichtet, falls der Antragsteller alle Fragen richtig und vollständig beantwortet hat und falls die sonstigen Voraussetzungen gemäß § 16 Nr. 3–6 VGB 97 vorliegen.

**Neubauten-Nachlaß**
Die Höhe des Nachlasses ist abhängig vom Baujahr (Fertigstellung des Gebäudes) und vom Beginnjahr der Versicherung. Er beträgt max. 40% (wenn Baujahr größer/gleich Beginnjahr) und baut sich jährlich um 5%-Punkte ab (Rabattstaffel in % pro Jahr: 40/35/30/25/20/15/10/5)

Liegt das Baujahr vor dem Beginnjahr, beginnt die Rabattstaffel entsprechend niedriger (z.B. Rabattstaffel bei 3 Jahre altem Gebäude: 25/20/15/10/5).

**Bauleistungsversicherung für Neubauten**
Mitversichert sind auf Erstes Risiko bis jeweils 5.000 DM: Baugrund und Bodenmassen/Schadensuchkosten/Hilfsbauten und Bauhilfsstoffe. Entschädigung wird auch geleistet für Verluste durch Diebstahl mit dem Gebäude festverbundener versicherter Bestandteile.

Nicht versichert sind Schäden durch Brand, Blitzschlag, Explosion (dagegen schützt eine Feuer-Rohbauversicherung).

Eventuell für die Wohngebäudeversicherung vereinbarte Nachlässe wie Dauernachlaß, Neubautennachlaß oder Bündelbonus beziehen sich nicht auf den Einmalbetrag für Bauleistungsschäden.

## Unfallversicherung

**Anwendbares Recht**
Für diesen Vertrag gilt deutsches Recht.

**Vertragsgrundlagen**
Allgemeine Unfallversicherungs-Bedingungen (AUB 94)
Besondere Bedingungen für die Unfallversicherung mit Zuwachs von Leistung und Beitrag
Besondere Bedingungen für die Mitversicherung der Kosten für kosmetische Operationen
Besondere Bedingungen für die Mitversicherung von Bergungskosten in der Allgemeinen Unfallversicherung (BB Bergungskosten 91)

Für Verträge mit 400%-Leistung (Optimaltarif, ausgenommen Kinder-Unfall) gelten zusätzlich:
Zusatzbedingungen für die Familien-Vorsorge-Versicherung
Zusatzbedingungen für die Bau-Vorsorge
Besondere Bedingungen für die UnfallCard

Soweit beantragt gelten zusätzlich:
Besondere Bedingungen für Mehrleistungen bei Invalidität

**Berufliche Tätigkeit**
Wir unterscheiden bei Männern nach 2 Gefahrengruppen, während für Frauen eine einheitliche Beitragsberechnung gilt.

Bei gemeinsamer Versicherung von Ehepartnern (bei Tarif I E) bestimmen sich Beitrag und Versicherungssummen allein nach der für den männlichen Partner maßgebenden Gefahrengruppe.

Für die Einstufung gelten folgende Kriterien:
A
Männer mit kaufmännischer oder verwaltender Tätigkeit im Innen- oder Außendienst, leitend oder aufsichtführend im Betrieb oder auf Baustellen, tätig im Laden, Labor, im Gesundheitswesen (Apotheker etc.) oder in der Schönheitspflege, auch Fotografen, Künstler, Optiker, Rechtsanwälte, Reporter, Schneider, Studenten und Uhrmacher.

B
Männer mit körperlicher oder handwerklicher Berufsarbeit oder beschäftigt mit ätzenden, giftigen, leicht entzündlichen oder explosiblen Stoffen; Bergleute, Berufskraftfahrer und -beifahrer, Fahrlehrer, Kellner, Landwirte, Tänzer, Turn- und Sportlehrer.

Werden planmäßig oder regelmäßig, also nicht nur ausnahmsweise, auch Tätigkeiten nach Gefahrengruppe B ausgeübt, muß danach tarifiert werden.

**Gesundheitserklärung**
Bitte informieren Sie uns über vorhandene oder frühere Erkrankungen oder Gebrechen der versicherten Person. Wenn schwerwiegende Krankheiten vorliegen, können besondere Vereinbarungen notwendig werden; möglich ist auch, daß sie unsere Leistungen nach einem Unfall beeinträchtigen. Überdies sind nach § 3 Vereinte AUB 94 einige wenige Personen nicht versicherbar und gegebenenfalls trotz Beitragszahlung nicht versichert: dauernd pflegebedürftige Personen und Geisteskranke (z.B. bei Schizophrenie).

Bitte geben Sie im Antrag folgendes an:
- Unfälle (bitte mit Unfalltag, Art des Unfalls und der Verletzung, ggfs. Höhe und Art der Leistung [auch Tagegeld] oder Rente). Ist die Verletzung ausgeheilt?
  - Gebrechen (z.B. Schwerhörigkeit, Lähmung, Verstümmelung von Gliedmaßen, Gelenkversteifungen. Bitte geben Sie die Dioptrienzahl rechts/links an, wenn die versicherte Person eine Brille oder Kontaktlinsen trägt).

- Erhebliche Krankheiten sind z.B. Herz-, Gefäß-, Gehirn-, Bandscheiben-, Nierenerkrankungen, Diabetes, epileptische oder Schlaganfälle, Alzheimersche Krankheit, Schizophrenie und Krankheiten, die zur stationären Krankenhausbehandlung geführt haben.

Liegen oder lagen keine gesundheitlichen Beeinträchtigungen vor, brauchen Sie keine Angaben zu machen.

Angaben, die Sie hier nicht machen möchten, sind unmittelbar und unverzüglich an den Versicherer schriftlich nachzuholen.

**Bezugsberechtigung**
Damit wir im Falle Ihres Todes die Versicherungsleistungen direkt – ohne Klärung der Erbfolge – auszahlen können, fragen wir Sie nach einer bezugsberechtigten Person. Deshalb geben Sie uns diesen Namen mit Geburtsdatum an. Bei minderjährigen versicherten Personen dürfen gesetzliche Vertreter aufgrund gesetzlicher Vorschriften nicht als Bezugsberechtigte benannt werden; die Angabe „Erben" ist aber möglich.

**Familienvorsorge** (gilt nur für Verträge mit 400%-Leistung/Optimaltarif)
Bei Heirat/Geburt gelten ohne zusätzlichen Beitrag für hinzugekommene Ehegatten/Kinder die Versicherungssummen:
100.000 DM für den Invaliditätsfall
5.000 DM verbesserte Übergangsleistung
20 DM Krankenhaustagegeld mit Genesungsgeld
20.000 DM für den Todesfall (10.000 DM für Kinder).

**Schweigepflicht**
„Mir ist bekannt, daß der Versicherer – soweit hierzu ein Anlaß besteht – Angaben über meinen Gesundheitszustand, auch über frühere Erkrankungen oder Unfälle, und über frühere, bestehende oder beantragte Versicherungsverträge bei anderen Unfall-, Kranken- oder Lebensversicherern zur Beurteilung der Risiken eines von mir beantragten Vertrages überprüft. Zu diesem Zweck befreie ich Ärzte, Zahnärzte, Angehörige anderer Heilberufe sowie Angehörige von Krankenanstalten und Gesundheitsämtern, die mich in den letzten zehn Jahren vor Antragstellung untersucht, beraten oder behandelt haben, von ihrer Schweigepflicht – und zwar auch über meinen Tod hinaus – und ermächtige sie, dem Versicherer die erforderlichen Auskünfte zu erteilen. Dies gilt auch für Angehörige anderer Kranken-, Lebens- und Unfallversicherer, mit denen ich bisher in Vertragsbeziehungen stand oder stehe. Diese Ermächtigung endet fünf Jahre nach Antragstellung."

Mit den Informationen, die wir über Ihren Gesundheitszustand erhalten, gehen wir sorgfältig um. Unsere Mitarbeiter werden alle Mitteilungen absolut vertraulich behandeln, sie sind sich ihrer Schweigepflicht bewußt.

**Dynamik**
Für Personen unter 65 Jahren und Invaliditätssummen unter 500.000 DM wird die Versicherung mit Zuwachs von Leistung und Beitrag abgeschlossen, ausgenommen sind die Summen für kosmetische Operationen, Bergungskosten und Familienvorsorge.

**Beitragsgrundlage für gemeinsame Versicherung von Ehepartnern:**
Die angegebenen Beiträge gelten nur so lange, wie die gemeinsame Versicherung von Mann und Frau möglich ist; andernfalls wird die Versicherung nach den jeweils gültigen Einzeltarifen fortgeführt.

**Rechtsnachfolger des Versicherungsnehmers**
Stirbt der Versicherungsnehmer und war die Versicherung für eine andere volljährige Person abgeschlossen, gehen – wenn nichts anderes vereinbart ist – alle Rechte und Pflichten auf die versicherte Person über.

**Vertragsgrundlagen, Erläuterungen zum Versicherungsumfang**

## Auto-Schutzbrief-Versicherung

**Vertragsgrundlagen**
Allgemeine Versicherungsbedingungen für die Verkehrs-Service-Versicherung (AVSB 87)

**Mehrfahrzeugklausel**

1. Versicherungsschutz besteht neben dem im Versicherungsschein bezeichneten Fahrzeug auch für alle weiteren Fahrzeuge, die auf den Versicherungsnehmer oder seinen ehelichen oder den in häuslicher Gemeinschaft mit dem Versicherungsnehmer lebenden nichtehelichen Lebenspartner zugelassen sind, während diese Fahrzeuge privat genutzt werden.
2. Verringert sich die Anzahl der versicherten Fahrzeuge auf eins, setzt der Versicherer auf Verlangen des Versicherungsnehmers die Prämie entsprechend herab. Zeigt der Versicherungsnehmer dem Versicherer die Verringerung der Anzahl der Fahrzeuge später als einen Monat nach der Verringerung an, wird die Prämie erst vom Eingang der Anzeige an herabgesetzt.

## Reisegepäckversicherung

**Vertragsgrundlagen** werden der Antrag, der Versicherungsschein und Nachträge, die Allgemeinen Bedingungen für die Versicherung von Reisegepäck (AVB Reisegepäck 1992), die Bedingungsanpassungsklausel, die Klauseln Camping und Ausschluß höherwertiger elektrischer und elektronischer Geräte sowie – wenn entsprechender Versicherungsschutz beantragt bzw. genommen wurde – die Klauseln Urlaubs-Deckung, Domizil-Schutz und eventuell zusätzlich vereinbarte Vertragsbestimmungen.

**Sportgeräte** sowie Falt- und Schlauchboote sind versichert, solange sie nicht benutzt werden. Andere Wasser-, Land- und Luftfahrzeuge, Außenbordmotoren, Fahrräder, Hängegleiter und Segelsurfgeräte sind nicht versichert.

**Reisegepäck im Auto**
Versicherungsschutz im Auto besteht, solange das Fahrzeug beaufsichtigt wird, dazu reicht eine Bewachung eines Parkplatzes oder Parkhauses nicht aus. Wird das Fahrzeug nicht beaufsichtigt, besteht Versicherungsschutz während des Tages von 6 bis 22 Uhr und während der Nacht bei Fahrtunterbrechungen bis zu zwei Stunden oder in einer abgeschlossenen Garage. Liegt keine dieser Voraussetzungen vor, wird Entschädigung bis zu 500 DM geleistet.
Pelze, Schmucksachen, Gegenstände aus Edelmetallen sowie Foto-, Film- und Videoausrüstungen u. ä. dürfen allerdings nicht im Auto liegen.

**Versicherungsschutz beim Camping**
Im Rahmen der zuschlagsfrei eingeschlossenen Klausel „Camping" besteht auf offiziellen (von Behörden, Vereinen oder privaten Unternehmen eingerichteten) Campingplätzen voller Versicherungsschutz.

## Rechtsschutzversicherung

**Vertragsgrundlagen** werden der Antrag, der Versicherungsschein und Nachträge, die Allgemeinen Bedingungen für die Rechtsschutzversicherung (ARB 94) einschließlich der Beitragsanpassungsregelung, sowie die eventuell vereinbarten Zusatzbestimmungen.

**Wartezeiten**
Keine Wartezeit besteht bei Schadenersatz-, Disziplinar- und Standes-, Ordnungswidrigkeiten- und Beratungs-Rechtsschutz. In allen anderen Fällen gilt eine Wartezeit von 3 Monaten. Verzicht auf Wartezeit ist möglich bei Nachweis der Vorversicherung des betreffenden Risikos und zeitlich nahtlosem Übergang.

**Hinweise zum Basis-Privat-Rechtsschutz für Nichtselbständige**
Abweichend vom Privat- und Berufs-Rechtsschutz für Nichtselbständige gem. § 25 ARB ist der Versicherungsschutz beschränkt auf Schadenersatz-Rechtsschutz, Rechtsschutz im Vertrags- und Sachenrecht, Straf-Rechtsschutz und Ordnungswidrigkeiten-Rechtsschutz (§ 2 a, d, i, j ARB).

**Hinweise zum Optimal-Verkehrs-Rechtsschutz für Nichtselbständige**
Hier sind alle auf den Versicherungsnehmer, dessen Ehegatten bzw. mitversicherten Lebenspartner und deren minderjährige Kinder zugelassenen bzw. auf deren Namen mit einem Versicherungskennzeichen versehenen Motorfahrzeuge zu Lande sowie Anhänger versichert, soweit sie nicht für eine selbständige Tätigkeit genutzt werden.

**Hinweise zum Verkehrs-Rechtsschutz**
Jeweils zur Hauptfälligkeit sind nach Aufforderung innerhalb eines Monats Art und Anzahl der neu hinzugekommenen Fahrzeuge zu melden; diese sind ab Zulassung mitversichert. Die Beitragsnachberechnung erfolgt ab Zulassung – ab 5 Motorfahrzeuge erst ab Hauptfälligkeit.

| **RS** | **Optimal** | **Kompakt** | **Basis** |
|---|---|---|---|
| – Verkehrs-Bereich | – Optimal-Verkehrs-RS für alle Kfz | – Verkehrs-RS ohne SB | – Verkehrs-RS mit SB 300 DM |
| – Privat-Bereich | – Privat- und Berufs-RS für Nichtselbständige bzw. Privat-RS für Selbständige mit Wohnungs-/Grundstücks-RS | – Privat- und Berufs-RS für Nichtselbständige bzw. Privat-RS für Selbständige | – Basis-Privat-RS wie Privat- und Berufs-RS für Nichtselbständige aber **ohne:** Arbeits-RS, Steuer-RS vorGerichten, Sozialgerichts-RS, Disziplinar- und Standes-RS, Beratungs-RS im Familien- und Erbrecht. |
| – Kombination Verkehr-/Privat-Bereich | – Privat-, Berufs- und Verkehrs-RS für Nichtselbständige mit Wohnungs- und Grundstücks-RS | – Privat-, Berufs- und Verkehrs-RS für Nichtselbständige | – |

**Erläuterung zum Bündelbonus**

## Bündelbonusklausel

Der Versicherungsnehmer erhält über die gesamte Vertragslaufzeit – zusätzlich zu den sonstigen Beitragsnachlässen – einen Beitragsnachlaß von 10% auf bonusberechtigte Versicherungsverträge, wenn folgende Voraussetzungen erfüllt sind:

1. Im Zeitpunkt des Neuabschlusses oder nach einem Neuabschluß bestehen mindestens drei bonusberechtigte Verträge zu den im Neugeschäft gültigen Versicherungsbedingungen und Tarifbeiträgen mit einer Restlaufzeit von mindestens fünf Jahren (außer Kraftfahrzeug-Haftpflichtversicherungen für private Pkw, Unfallversicherungen mit garantierter Beitragsrückzahlung und Auto-Schutzbrief-Versicherungen). Davon wird mindestens ein Vertrag neu abgeschlossen.

Bonusberechtigt sind alle in diesem Antrag aufgeführten Vertragsarten des Privatkundengeschäfts. Kraftfahrzeug-Haftpflichtversicherungen und Unfallversicherungen werden jeweils nur einfach gezählt.

2. Der Beitragsnachlaß entfällt zur jeweils nächsten Hauptfälligkeit, wenn nur noch weniger als drei bonusberechtigte Verträge bestehen.
3. Auf Kraftfahrzeug-Haftpflichtversicherungen und Unfallversicherungen mit garantierter Beitragsrückzahlung erhält der Versicherungsnehmer keinen Beitragsnachlaß, sie werden aber nach Ziffern 1 und 2 mitberücksichtigt (Zählstücke).

# Anhang A 8.2

## Antrag für die Versicherung von Ein- und Zweifamilienhäusern

☐ Herr ☐ Frau ☐ Firma | ☐ Konzernmitarbeiter | Kundennummer

Zuname, Titel

Vorname

eigenständiger Zusatz (z. B. zu Händen von, wohnhaft bei)

Straße, Hausnummer

LKZ | Postleitzahl | Wohnort

Straße, Hausnummer (zum Versicherungsort, wenn nicht Anschrift)

LKZ | Postleitzahl | Versicherungsort

Geburtsdatum | Staatsangehörigkeit

Telefon (Vorwahl/Nr.) ☐ privat ☐ Büro | ☐ weiteres Telefon ☐ Fax ☐ privat ☐ Büro | Bemerkungen (u. a. Telefon/Fax)

Art der Kundenbeziehung | Kundennummer

Beruf | Branche | Schlüssel lt. Rückseite | Familienstand ☐ zusammenlebend ☐ verheiratet ☐ unverheiratet | Hauseigentümer ☐ Nein ☐ Ja | krankenvers.pflichtig ☐ Nein ☐ Ja

Sie können mich bis auf Widerruf künftig auch telefonisch zu meinem/-en Versicherungsvertrag/-verträgen ansprechen und über weitere Versicherungs- und Finanzdienstleistungsprodukte informieren und beraten. ☐ Nein ☐ Ja

FD | Agentur | Unter-Agentur

Partner-Informations-Feld

Ersatzantrag für Vers.-Schein-Nr.: bezahlt bis:

**Zahlweise** (4)
– zu A – C: ☐ jährlich ☐ 1/2-jährlich ☐ 1/4-jährlich ☐ monatliche Abbuchung
– zu D und E: Einmalprämie

**Einzugsermächtigung** (5)
Konto-Nr. (kein Sparkonto)
Bankleitzahl (BLZ)
Name und Ort des Geldinstituts (Bank, Post, Sparkasse usw.)

**Laufzeit für die Versicherungen A – C:**
1 – 5 Jahre
(bei 5 Jahren günstigere Prämie)

Beginn (12 Uhr mittags)

Ablauf (12 Uhr mittags) 0 1

Versicherungsverträge von mindestens einjähriger Dauer verlängern sich nach Ablauf der vereinbarten Vertragsdauer stillschweigend jeweils um ein Jahr, wenn nicht drei Monate vor Ablauf eine schriftliche Kündigung zugegangen ist. Beträgt die vereinbarte Dauer mehr als 5 Jahre, so kann zum Ende des fünften oder jedes darauffolgenden Jahres unter Einhaltung einer Frist von drei Monaten schriftlich gekündigt werden.

**Versicherung ist nur möglich für ständig bewohnte Ein- und Zweifamilienhäuser, die ausschließlich Wohnzwecken dienen.**

### ☐ A. Verbundene Wohngebäudeversicherung (3) zum Gleitenden Neuwert
(auf der Grundlage der umseitig aufgeführten Versicherungsbedingungen)

Zu versichern ist das nachstehend aufgeführte Haus mit Grund- und Kellermauern einschließlich Zubehör, das der Instandhaltung des Hauses oder dessen Nutzung zu Wohnzwecken dient, soweit es sich im Haus befindet oder außen am Haus angebracht ist.

**1. Art des Hauses**
☐ Einfamilienhaus ☐ Zweifamilienhaus
mit ☐ Garage/n außerhalb des Hauses ☐ Carport/s
☐ Anbau/ten, und zwar (Bauweise/Nutzung):
Flächenanteil %
☐ Nebengebäude/n bis 3.000 Mark 1914, und zwar (Art/Nutzung):

**2. Versicherungsnehmer ist**
☐ Eigentümer ☐ Mieter
☐ Pächter ☐ Wohnungseigentümergemeinschaft

**3. Baujahr**
☐ Prämienfreie Rohbauversicherung (gegen Feuer) bis zur Bezugsfertigkeit am längstens für 12 Monate, wird beantragt (11).

**4. Bauartklasse/Fertighausgruppe des Hauses** (12)
Bauartklasse ☐ I ☐ II ☐ III ☐ IV ☐ V
Fertighausgruppe ☐ 1 ☐ 2 ☐ 3

**5. Fragen zum Haus**
☐ Zustand einwandfrei
☐ Mängel
☐ ganz oder überwiegend nicht bewohnt bis zum

**6. Produktvariationen** (1)

☐ **OPTIMAL-Schutz** | ☐ **Komfort-Schutz** | ☐ Basis-Schutz

**7. Versicherte Gefahren**
☐ **Feuer (F)** ☐ **Leitungswasser (LW)** ☐ **Sturm/Hagel (ST)** ........ ‰
mit einem Selbstbehalt in ☐ LW ☐ ST je Schadenfall in Höhe von 1 ‰ der Vers.summe *) ........ ‰
zusammen ‰
☐ **Weitere Elementargefahren (E)** mit einem Selbstbehalt je Schadenfall in Höhe von 25 ‰ der Vers.summe *) bei Erdbeben; 10 % vom Schadenbetrag, mindestens 1.000 DM, maximal 10.000 DM bei Überschwemmung, Erdsenkung, Erdrutsch, Schneedruck und Lawinen .... ‰

*) Die Vers.summe errechnet sich wie folgt: Vers.summe Mark 1914 multipliziert mit dem im Zeitpunkt des Schadenfalles geltenden Gleitenden Neuwertfaktor.

**8. Gefahrenzuschläge**
☐ Versicherungssumme unter 10.000 Mark 1914 ...... ‰ ☐ Bauartklasse II – V, Fertighausgruppe 2 und 3 ....... ‰ ‰
☐ Fußbodenheizung (Warmwasser) ........ ‰ ☐ Klima-, Wärmepumpen- und Solarheizungsanlagen ... ‰ ‰
☐ Schwimmbad im Haus ........ ‰ ☐ ‰ ‰

**9. Erweiterungen des Versicherungsschutzes gemäß (1) auf der Rückseite**

| Nr. (1) | Kurzbeschreibung (z. B. Überspannungsschäden durch Blitz) | zu den Gefahren | Entschädigungsgrenze/Dauer | | |
|---|---|---|---|---|---|
| | | ☐ F ☐ LW ☐ ST ☐ E | von | auf | + ‰ |
| | | ☐ F ☐ LW ☐ ST ☐ E | von | auf | + ‰ |
| | | ☐ F ☐ LW ☐ ST ☐ E | von | auf | + ‰ |
| | | ☐ F ☐ LW ☐ ST ☐ E | von | auf | + ‰ |
| | | ☐ F ☐ LW ☐ ST ☐ E | von | auf | + ‰ |

Gesamtprämiensatz ‰

**10. Prämienberechnung**

| Vers.summe Mark 1914 | | Gesamtprämiensatz ‰ | | Prämie Mark 1914 | | Gleitender Neuwertfaktor | | Prämie DM |
|---|---|---|---|---|---|---|---|---|
| | x | | = | | x | | = | |

Neubaunachlaß im ersten Versicherungsjahr % (gemäß (13)) ........ –

Übertrag Verb. Wohngebäude

**11. Vorschäden (auch wenn bisher keine Versicherung bestand)/Vorversicherungen**
- Sind in den letzten 5 Jahren Feuer-, Leitungswasser- oder Sturm-/Hagelschäden angefallen? ☐ Nein ☐ Ja
- Nur wenn weitere Elementargefahren versichert werden sollen: War das Versicherungsgrundstück in den letzten 10 Jahren von einem Elementarereignis (Überschwemmung, Erdbeben, Erdsenkung, Erdrutsch, Schneedruck oder Lawinen) betroffen? ☐ Nein ☐ Ja. Wenn ja, Fragebogen SG 230 liegt bei.
- Bei welcher Gesellschaft waren Sie versichert (Name / Vers.-Schein-Nr.)?

**☐ B. Haus- und Grundbesitzer- sowie Gewässerschadenhaftpflichtversicherung** ❶ | Prämie DM
(auf der Grundlage der umseitig aufgeführten Versicherungsbedingungen)

**Deckungssummen** ⓯ ☐ **3 Mio DM für Personen-, 1 Mio DM für Sachschäden,** 100.000 DM für Vermögensschäden ☐ **Mio DM pauschal für Personen- und Sachschäden,** 100.000 DM für Vermögensschaden

☐ **Haus- und Grundbesitzerhaftpflichtversicherung** (aus privatem Haus- und Grundbesitz)

☐ Einfamilienhaus ☐ Zweifamilienhaus . . . . . . . . . .

☐ des unbebauten Grundstückes in Grundstücksgröße qm . . .

☐ **Gewässerschadenhaftpflichtversicherung – für einen Heizöltank im Ein-/Zweifamilienhaus**
– in den neuen Bundesländern nicht mit Deckungssumme 5 Mio DM!

**Einbaujahr des Tanks:** . . . . . . . . . .

- Hatten Sie in den letzten 5 Jahren Schäden, gegen die jetzt Versicherungsschutz beantragt wird? ☐ Nein ☐ Ja
- Bei welcher Gesellschaft waren Sie versichert (Name / Vers.-Schein-Nr.)?

Übertrag Haftpflicht

**☐ C. Glasversicherung** ❸ | Prämie DM
(auf der Grundlage der umseitig aufgeführten Versicherungsbedingungen)
Versichert werden sollen alle mit dem Gebäude fest verbundenen Außen- und Innenscheiben, Profilbaugläser, Glasbausteine, Betongläser und Dachverglasungen, ausgenommen Werbeanlagen sowie Außen- und Innenverglasungen von gewerblich genutzten Räumen.

☐ des gesamten Gebäudes . . . . . . . . . . ‰
☐ soweit sie zu Räumen oder Gebäudebestandteilen gehören, die dem allgemeinen Gebrauch dienen (z. B. in Treppenhäusern, Gemeinschafts-, Keller-, Bodenräumen, von Windfängen und Wetterschutzvorbauten) . . . . . . . . . ‰
aus dem Gebäude-Neubauwert DM zur Zeit der Antragstellung . . . .

Sind noch handwerkliche Arbeiten auszuführen? ☐ Nein ☐ Ja (Neubau, Umbau, Gerüstarbeiten), bei Neubau: bezugsfertig am

| Mitversichert werden sollen: | Beschreibung/Verwendung | Anzahl | Maße | Vers.summe *) | Präm.Satz |
|---|---|---|---|---|---|
| ☐ Künstlerisch bearbeitete Glasscheiben, -spiegel und -platten | | | cm | DM | % |
| ☐ Abdeckung von Sonnenkollektoren ☐ Kunststoffscheiben | | | cm | DM | % |
| ☐ Erhöhung der Entschädigungsgrenze der Sonderkosten für Gerüste, Kräne, Beseitigung von Hindernissen von 500 DM um | | | | DM | % |

*) Wiederherstellungskosten zur Zeit der Antragstellung — zusammen

☐ Brand, Blitz und Explosion – nicht Kernenergie – (Zuschlag 10 %) . . . . . . . . . .

- Sind in den letzten 5 Jahren Schäden angefallen? ☐ Nein ☐ Ja, folgende

Übertrag Glas

**D. und E. Bauleistungs- und Bauherrenhaftpflichtversicherung** ❸ | Prämie DM
(auf der Grundlage der umseitig aufgeführten Versicherungsbedingungen)

Beginn (12 Uhr mittags) | Fertigstellung/Bezug des Hauses
Der Vertrag/Die Verträge erlischt/erlöschen zum dokumentierten Ablauf, wenn nicht vorher schriftlich eine Verlängerung beantragt wird.

Versicherungssumme/Summe der Bauleistungen (einschl. MWSt.) DM davon: Wert der Eigenleistungen und Zulieferungen des Bauherren einschl. Nachbarschaftshilfe DM umbauter Raum m³

**☐ D. Bauleistungsversicherung**

**Neubau** ☐ Selbstbehalt 10 %, mind. 500 DM ☐ Selbstbehalt 500 DM zu ‰/MP DM Vers.summe DM
**Umbau** ☐ Selbstbehalt 10 %, mind. 500 DM ☐ Selbstbehalt 500 DM zu ‰/MP DM Vers.summe DM
Prämienzuschläge oder -nachlässe DM

Mitversichert sind Verluste durch Diebstahl mit dem Gebäude fest verbundener versicherter Bestandteile und das Glasbruchrisiko bis Haftungsende. Baugrund und Bodenmassen sowie Schadensuchkosten sind mit je 2.000 DM auf Erstes Risiko versichert.

Übertrag Bauleistung

**☐ E. Bauherrenhaftpflichtversicherung**
Versichert wird **nicht** die Haftpflicht des Bauherren in seiner Eigenschaft als Bauunternehmer oder Architekt (Ausnahme: Eigenleistungen einschl. Nachbarschaftshilfe).

**Deckungssummen** ⓴ ☐ **3 Mio DM für Personen-, 1 Mio DM für Sachschäden,** 100.000 DM für Vermögensschäden ☐ **Mio DM pauschal für Personen- und Sachschäden,** 100.000 DM für Vermögensschäden

**Prämie** ‰/MP . . . DM Bausumme . . . . . . . . . .
‰ Zuschlag DM Eigenleistung einschl. Nachbarschaftshilfe . . . . . . . . . .
Prämienzuschläge oder -nachlässe . . .

Übertrag Bauherrenhaftpflicht

| **Prämie** | Übertrag | – Laufzeit-nachlaß | Zwischen-summe | Prämie lt. Zahlweise | Raten-zuschlag | Zwischen-summe | Vers.-Steuer | Prämie DM |
|---|---|---|---|---|---|---|---|---|
| **A. Verbundene Wohngebäude** . . . | | | | | | | | |
| **B. Haftpflicht** . . . . . . . . . . . . . . . | | | | | | | | |
| **C. Glas** . . . . . . . . . . . . . . . . . . . . | | | | | | | | |

*) Für die Ausstellung des Versicherungsscheines wird eine Ausfertigungsgebühr von 3,00 DM (zuzüglich Vers.-Steuer) erhoben, die nicht in der Ersten Rate enthalten ist. **Erste Rate*)**

| | Übertrag | Vers.-Steuer | Prämie DM |
|---|---|---|---|
| **D. Bauleistung** . . . . . . . . . . | | | |
| **E. Bauherrenhaftpflicht** . . . . . . . . . . | | | |

**Einzelprämie**

**Vorläufige Deckungszusage**
Zu folgenden Versicherungen wird auf Wunsch des Antragstellers durch unseren Vertreter vorläufige Deckung im Umfang des beantragten Versicherungsschutzes und auf der Grundlage der umseitig aufgeführten Bestimmungen ❼ erteilt: Unterschrift des Bevollmächtigten
☐ A. Verbundene Wohngebäudeversicherung ☐ B. Haftpflichtversicherung ☐ C. Glasversicherung

**Besondere Vereinbarungen:**

**Bevor Sie unterschreiben, prüfen Sie bitte alle Angaben auf Vollständigkeit/Richtigkeit. Lesen Sie auch auf der Antragsrückseite die Informationen zu den „Deckungsbesonderheiten" sowie die „Wichtigen Hinweise und Erklärungen", insbesondere diejenigen, die Vertragsbestandteil werden.**

**Meine Unterschrift gilt auch für meine Erklärungen auf der Antragsrückseite wie zum Datenschutz und für die Einzugsermächtigung.**

Ort, Datum | Bei Minderjährigen Unterschrift der gesetzlichen Vertreter | Unterschrift des Versicherungsnehmers | Antrag aufgenommen durch

## ERMITTLUNG DER VERSICHERUNGSSUMME 1914

Wird die Versicherungssumme Mark 1914 nach den Methoden A bis D ermittelt, so wird auf den Einwand der Unterversicherung verzichtet, falls der Versicherungsnehmer alle Fragen richtig und vollständig beantwortet hat und die sonstigen Voraussetzungen gemäß § 16 Nr. 3–6 VGB 88 vorliegen.

### ☐ A. nach Wohnfläche und Ausstattungsmerkmalen

**(möglich nur für Gebäude der Bauartklasse I und II sowie der Fertighausgruppe 1)**

**Gebäudetyp** Wenn das Gebäude nicht eindeutig zugeordnet werden kann, bitte überwiegenden Gebäudetyp ankreuzen. Das gilt auch für Reihenhäuser, Häuser in Hanglagen oder mit anderen Dachneigungen als eingezeichnet.
Nebengebäude, Schwimmbäder und ähnliches sind am Schluß des Bogens gesondert zu bewerten.

**Gebäude ohne Unterkellerung** Mark 1914

| Flachdach | Anzahl der Geschosse | DG nicht ausgebaut | Anzahl der Geschosse | DG ausgebaut | Anzahl der Geschosse | |
|---|---|---|---|---|---|---|
| 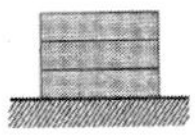 | ☐ 3 = 135 M<br>☐ 2 = 160 M<br>☐ 1 = 160 M |  | ☐ 3 = 135 M<br>☐ 2 = 140 M<br>☐ 1 = 160 M | 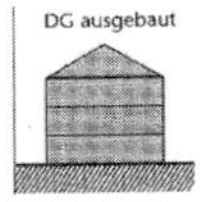 | ☐ 3 = 125 M<br>☐ 2 = 130 M<br>☐ 1 = 140 M | M |

**Gebäude mit Unterkellerung bzw. Teilunterkellerung**

| Flachdach | Anzahl der Geschosse | DG nicht ausgebaut | Anzahl der Geschosse | DG ausgebaut | Anzahl der Geschosse | |
|---|---|---|---|---|---|---|
| 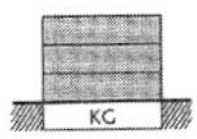 | ☐ 3 = 150 M<br>☐ 2 = 190 M<br>☐ 1 = 190 M |  | ☐ 3 = 150 M<br>☐ 2 = 165 M<br>☐ 1 = 190 M | 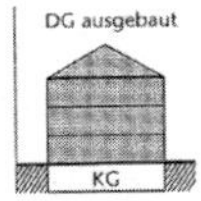 | ☐ 3 = 140 M<br>☐ 2 = 150 M<br>☐ 1 = 165 M | M |

**Bauausführung und Ausstattung** Die oben angegebenen Werte berücksichtigen bereits folgende Ausführung: Außenwände mit gefugtem Mauerwerk, Putz, Verkleidung oder Verblendsteinen; Parkett-, Teppich- oder Fliesenboden; Doppelfenster oder Isolierverglasung; Naßräume und Küche gefließt; Bad/Dusche; Zentralheizung und zentrale Warmwasserversorgung.

**Zuschläge**

| Dach | Außenwände | Geschoßhöhe | Decken/Wände | Fußboden | Fenster | Türen | Sanitär | Heizung | | |
|---|---|---|---|---|---|---|---|---|---|---|
| Naturschieferdach, Kupferdach | Naturstein-, Keramik-, Kunststeinverkleidung, Handstrichklinker | überwiegend über 3 Meter | Stuckarbeiten, Edelholzverkleidungen | Natursteinboden, Parkett- oder Teppichböden in hochwertiger Qualität | Leichtmetall- oder Holzsprossenfenster | Edelholztüren | hochwertige sanitäre Einrichtungen | Fußboden- und Deckenheizung, Wärmepumpen, Solaranlagen | | |
| ☐ 4 M | ☐ 5 M | ☐ 20 M | ☐ 6 M | ☐ 4 M | ☐ 4 M | ☐ 3 M | ☐ 6 M | ☐ 6 M | + | M |

**Abschläge**

| | | | | | | | | | | |
|---|---|---|---|---|---|---|---|---|---|---|
| | | | | PVC-Böden auf Estrich | einfaches Fensterglas | | ohne Bad/Dusche | Ofenheizung | | |
| | | | | ☐ 3 M | ☐ 3 M | | ☐ 4 M | ☐ 4 M | – | M |

**Gesamtwert in Mark 1914 pro qm Wohnfläche** ........ = M ①

**Wohnfläche** Wohnfläche ist die Grundfläche (Bei Dachschrägen gilt die volle Grundfläche.) einer Wohnung einschließlich Hobbyräume, ausgenommen sind Keller- und Speicherräume, soweit sie nicht zu Wohn- oder Hobbyzwecken ausgebaut sind, sowie Balkone, Loggien und Terrassen.

| | Wohnfläche |
|---|---|
| Erdgeschoß ........ | qm |
| 1. bis Obergeschoß ........ | qm |
| Dachgeschoß ........ | qm |
| Zusammen ........ | qm ② |
| Kellergeschoß, soweit zu Wohn- oder Hobbyzwecken genutzt ........ | qm ③ |

**Versicherungssumme 1914**

Wohnfläche lt.② qm x Gesamtwert in Mark 1914 pro qm lt.① M ........ = M

Wohnfläche lt.③ qm x Zuschlag 15 M für Kellergeschoßausbau ........ = M

Zuschlag für • Garagen außerhalb des Wohngebäudes (Doppelgarage = 2 Stück) .......... Anzahl x 800 M = M

• Carports ........ Anzahl x 700 M = M

| | Neubauwert ⓐ im Jahr | in DM | | Baupreisindex | | |
|---|---|---|---|---|---|---|
| • Anbauten (wie beantragt) ........ | | | x 100 : | | = | M |
| • Nebengebäude ⓑ (wie beantragt) ........ | | | x 100 : | | = | M |
| • Sonstiges ⓒ, und zwar | | | x 100 : | | = | M |

**Versicherungssumme 1914** M

---

**☐ B. durch Übernahme vom Monopol-/Pflichtversicherer**
einschl. etwaiger Vorsorge-Versicherungssumme

Datum der letzten Schätzung

**☐ C. lt. Bausachverständigen-Gutachten**
(liegt bei)

**☐ D. durch Umrechnung des Neubauwertes**
anhand der Angaben des Versicherungsnehmers, für deren Richtigkeit dieser verantwortlich ist ⓓ

**☐ E. Sonstiges, und zwar**

| **Angaben zu B – E:** | Neubauwert ⓐ im Jahr | in DM | | Baupreisindex | | |
|---|---|---|---|---|---|---|
| Haus ........ | | | x 100 : | | = | M |
| Garagen ........ | | | x 100 : | | = | M |
| Anbauten (wie beantragt) ........ | | | x 100 : | | = | M |
| Nebengebäude ⓑ (wie beantragt) ........ | | | x 100 : | | = | M |
| Sonstiges ⓒ, und zwar ........ | | | | | | |
| | | | x 100 : | | = | M |
| Wertverbesserungen ........ | | | x 100 : | | = | M |
| Wertverbesserungen ........ | | | x 100 : | | = | M |
| Vorsorge ........ | | | x 100 : | | = | M |

**Versicherungssumme 1914** M

ⓐ Neubauwerte werden vom Versicherungsnehmer angegeben und vom Versicherer in Mark 1914 umgerechnet.
ⓑ Bei Nebengebäuden, deren Gesamtwert 3.000 Mark 1914 übersteigt, ist ein separater Antrag aufzunehmen.
ⓒ z. B. Aufzug, Schwimmbad, Sauna, Gefahrenmeldeanlage, offener Kamin/Kachelofen.
ⓓ Zu berücksichtigen sind Zuschläge für z. B. Eigenleistung, Nachbarschaftshilfe; nicht wiederholbare Rationalisierungseffekte (wie Großbaumaßnahme, Seriengebäude); Ausstattungsverbesserungen während der Bauzeit; Baunebenkosten (Architekten-, Ingenieurleistungen).

## ❶ Haftungserweiterungen der Verbundenen Wohngebäudeversicherung

– auszugsweise in Stichworten, maßgeblich sind allein die jeweils vereinbarten Versicherungsbedingungen –

| Nr. | | OPTIMAL*) | Komfort | Basis |
|---|---|---|---|---|
| 1 | Aufräumungs- und Abbruch- sowie Bewegungs- und Schutzkosten | 100 % der VSu | 7 % der VSu | 5 % der VSu |
| 2 | Mehrkosten infolge behördlicher Auflagen | 100 % der VSu | 7 % der VSu | 5 % der VSu |
| | Rückreisekosten aus dem Urlaub | 100 % der VSu | 3.000 DM | nein |
| 3 | Sonstige Grundstücksbestandteile | 100 % der VSu | nein | nein |
| 4 | Überspannungsschäden durch Blitz | 100 % der VSu | 5 % der VSu | nein |
| | Implosionsschäden | 100 % der VSu | nein | nein |
| | Frost- und sonstige Bruchschäden an | | | |
| 5 | – Wasserzuleitungs- und Heizungsrohren auf dem Versicherungsgrundstück | 100 % der VSu | 1 % der VSu | nein |
| 6 | – Wasserzuleitungs- und Heizungsrohren außerhalb des Versicherungsgrundstücks | 100 % der VSu | 1 % der VSu | nein |
| 7 | – Ableitungsrohren der Wasserversorgung auf dem Versicherungsgrundstück | 100 % der VSu | 1 % der VSu | nein |
| 8 | – Ableitungsrohren der Wasserversorgung außerhalb des Versicherungsgrundstücks | 100 % der VSu | 1 % der VSu | nein |
| | Austausch von Armaturen (Wasserhähnen, Wassermessern etc.) | 100 % der VSu | nein | nein |
| | Bruchschäden an Regenfallrohren innerhalb des Hauses | 100 % der VSu | nein | nein |
| | Wasserverlust infolge eines Rohrbruchschadens | 100 % der VSu | 1.000 DM | nein |
| | Schäden durch Wasser aus Wasserbetten | 100 % der VSu | nein | nein |
| 9 | Aufräumungskosten für Bäume infolge Sturm | 100 % der VSu | 1 % der VSu | nein |
| | Fahrzeuganprall | 100 % der VSu | nein | nein |
| 10 | Gebäudebeschädigungen an Zweifamilienhäusern infolge Einbruch | 100 % der VSu | nein | nein |
| | Kosten durch Dekontamination des Erdreiches | 100 % der VSu | nein | nein |
| 11 | Mietausfall/Mietwert | 24 Monate | 18 Monate | 12 Monate |

Die Versicherungssumme errechnet sich wie folgt: Versicherungssumme Mark 1914 multipliziert mit dem im Zeitpunkt des Schadenfalles geltenden Gleitenden Neuwertfaktor.

*) Die Gesamtleistung aus allen Haftungserweiterungen ist je Versicherungsfall auf 5 Millionen DM begrenzt.

Die mit Nummern versehenen Haftungserweiterungen können bei Bedarf erhöht bzw. eingeschlossen werden.

## Berufs- und Branchenschlüssel

Die **Kundendaten bitte immer sorgfältig und vollständig** ausfüllen. Für **Beruf** und **Branche** bitte die folgenden **Schlüssel** im Antrag verwenden.

**Berufsschlüssel**

ANG = Angestellter
ARB = Arbeiter
AZU = Auszubildender
BEE = Beamter (einfacher/mittlerer Dienst)
BEG = Beamter (geh./höh. Dienst)/Richter
FAC = Facharbeiter
HAU = Hausfrau/-mann
LAN = Landwirt
LEI = leitender Angestellter
REN = Rentner/Pensionär
SCH = Schüler/Student
SEL = Selbständiger/Freiberufl./Firmeninh.
SON = Sonstige
UNB = unbekannt (ohne Schlüssel)
OHN = z. Zt. ohne Berufstätigkeit

**Branchenschlüssel**

APOT = Apotheker
ARZT = Arzt
AUTO = Automobilindustrie
BAUG = Baugewerbe
BILD = Bildung/Wissensch./Forsch./Kultur
CHEM = Chemie
DATE = Datenverarbeit./Nachrichtenvermittl.
ENER = Energie/Wasserversorgung/Bergbau
ENTS = Entsorgung/Recycling
GEBK = Gebietskörperschaften
GESU = Gesundheitswesen
HAND = Handel
HOLZ = Holz
HOTE = Hotel- u. Gaststättengewerbe
INGE = Ingenieure/Architekten
KRED = Kreditinstitute/Versicherungen
LAND = Land-/Forstwirtschaft
LEDE = Leder, Gummi und Papier
META = Metall
NAHR = Nahrungs-/Genußmittel
OEFF = öffentliche Verwaltung/Justiz
ORGO = Organis. o. Erwerbscharakter
RA = Rechtsanwälte
SICH = Sicherheit
SODI = sonst. Dienstleistungsgewerbe
SONS = Sonstige
STEI = Steine, Erde, Glas
STEU = Steuerberater
TEXT = Textil
TRAN = Transport/Verkehr
UNBE = unbekannt (kein Schlüssel)
UNTE = Unternehmensberatung

# Wichtige Hinweise und Erklärungen

**❷ Name und Anschrift des Versicherers**

....

**❸ Vertragsgrundlagen und anwendbares Recht**
Grundlage des Vertrages/der Verträge sind dieser Antrag und, bei entsprechender Beantragung, die zu den einzelnen Versicherungen geltenden Versicherungsbedingungen, die Sie mit dem Versicherungsschein erhalten. Es gilt das Recht der Bundesrepublik Deutschland.

**❹ Prämie, Zahlweise und Prämienangleichung**
Die Prämie berücksichtigt die Tarifprämie, evtl. Prämiennachlässe, evtl. Ratenzuschläge sowie die jeweils geltende Versicherungsteuer. Bei halbjährlicher Zahlweise beträgt der Ratenzuschlag 3 %, bei vierteljährlicher Zahlweise 5 % und bei monatlicher Zahlweise 7 %. Monatliche Zahlung setzt eine zu unseren Gunsten erteilte Einzugsermächtigung voraus. Entfällt diese Voraussetzung nachträglich, gilt vierteljährliche Zahlweise vereinbart.
Die einmalige Ausfertigungsgebühr für Versicherungsscheine beträgt 3,– DM, die Hebegebühr beträgt 0,50 DM. Sofern monatliche Prämienabbuchung vereinbart ist, gilt eine Hebegebühr von 0,10 DM.
Auf die Möglichkeit einer Prämienangleichung aufgrund von Versicherungsbedingungen wird hingewiesen.

**❺ Einzugsermächtigung**
Ich bin (Wir sind) bis auf Widerruf damit einverstanden, daß die Prämien zu dem beantragten Versicherungsvertrag/zu den beantragten Versicherungsverträgen von dem auf dem Antrag angegebenen Konto bei Fälligkeit eingezogen werden. Das gilt auch für Ersatzverträge.
Das Konto muß bei Fälligkeit in der erforderlichen Höhe gedeckt sein, sonst kann das kontoführende Kreditinstitut die Einlösung verweigern und die Prämie ist nicht rechtzeitig gezahlt. Kann die Prämie aus Gründen, die Sie zu vertreten haben, nicht fristgerecht eingezogen werden oder widersprechen Sie einer berechtigten Einziehung von Ihrem Konto, so können wir Ihnen die daraus entstehenden Kosten in Rechnung stellen.

**❻ Einwilligungsklausel nach dem Bundesdatenschutzgesetz**
**Ich willige ein, daß der Versicherer im erforderlichen Umfang Daten, die sich aus den Antragsunterlagen oder der Vertragsdurchführung (Prämien, Versicherungsfälle, Risiko-/Vertragsänderungen) ergeben, an Rückversicherer zur Beurteilung des Risikos und zur Abwicklung der Rückversicherung sowie zur Beurteilung des Risikos und der Ansprüche an andere Versicherer und an den Gesamtverband der Deutschen Versicherungswirtschaft e. V. zur Weitergabe dieser Daten an andere Versicherer übermittelt. Diese Einwilligung gilt auch für entsprechende Prüfungen bei anderweitig beantragten (Versicherungs-)Verträgen und bei künftigen Anträgen.**
**Ich willige ferner ein, daß die Unternehmen der ....**
**Gruppe meine allgemeinen Antrags-, Vertrags- und Leistungsdaten in gemeinsamen Datensammlungen führen und an den/die für mich zuständigen Vermittler weitergeben, soweit dies der ordnungsgemäßen Durchführung meiner Versicherungsangelegenheiten dient.**
**Ohne Einfluß auf den Vertrag und jederzeit widerrufbar willige ich weiter ein, daß der/die Vermittler meine allgemeinen Antrags-, Vertrags- und Leistungsdaten darüber hinaus für die Beratung und Betreuung auch in sonstigen Finanzdienstleistungen nutzen darf/dürfen.**
**Diese Einwilligung gilt nur, wenn ich bei Antragstellung vom Inhalt des Merkblattes zur Datenverarbeitung Kenntnis nehmen konnte, das mir vor Vertragsabschluß, auf Wunsch auch sofort, überlassen wird.**

**❼ Vorläufige Deckung**
Die vorläufige Deckung wird durch entsprechende Erklärung und Unterzeichnung des Antrages von dem hierzu bevollmächtigten Vertreter zu dem beantragten Versicherungsbeginn, frühestens jedoch ab Unterzeichnung des Antrages, zugesagt. Sie richtet sich nach den Vertragsgrundlagen, die dem endgültigen Versicherungsvertrag zugrunde liegen sollen. Hierzu ist vereinbart, daß dem Versicherungsnehmer die Versicherungsbedingungen und die vollständigen Verbraucherinformationen erst mit dem Versicherungsschein überlassen werden.
Grundsätzlich geht der Versicherungsschutz der vorläufigen Deckung lückenlos in den des endgültigen Vertrages über. Kommt es nicht zum endgültigen Vertragsschluß, endet die vorläufige Deckung jedoch spätestens 6 Wochen nach ihrem Beginn, es sei denn, daß die Verhandlungen über den Vertragsabschluß andauern. Widerspricht der Antragsteller dem endgültigen Vertragsschluß oder lehnen wir den Antrag ab, erlischt die vorläufige Deckung bereits mit Absendung des Widerspruchs bzw. am 5. Werktag (mittags 12 Uhr) nach Zugang der Antragsablehnung. Sie endet ferner mit dem Zugang des Widerspruchs des Versicherungsnehmers gegen einen vom Antrag abweichenden Versicherungsschein. Die vorläufige Deckung entfällt rückwirkend, wenn der Versicherungsnehmer mit der ersten Prämie in Verzug gerät.
Kommt der endgültige Versicherungsvertrag zustande, ist die vorläufige Deckung durch Zahlung der Prämie für das erste Versicherungsjahr abgegolten. Kommt es dagegen nicht zum jeweiligen Vertragsabschluß, sind 25 % der vereinbarten Prämie für das erste Versicherungsjahr, mindestens aber 60 DM, zu zahlen.

**❽ Widerspruchsrecht, Antragsdurchschrift und Annahmefrist**
Sie können dem Abschluß des Versicherungsvertrages bis zum Ablauf von 14 Tagen nach Zugang des Versicherungsscheines und der Versicherungsbedingungen widersprechen. Wir werden Sie hierzu ausführlich im Versicherungsschein informieren. Eine Antragsdurchschrift wird Ihnen sofort nach Unterzeichnung ausgehändigt.
Wir können den Antrag innerhalb eines Monats annehmen.

**❾ Aufsichtsbehörde**
Die zuständige Aufsichtsbehörde ist das Bundesaufsichtsamt für das Versicherungswesen, Ludwigkirchplatz 3-4, 10719 Berlin.

## A. Verbundene Wohngebäudeversicherung

**❿ Versicherungsbedingungen**
Allgemeine Wohngebäude-Versicherungsbedingungen (VGB 88) sowie die für die jeweiligen zusätzlichen Risiken geltenden Besonderen Bedingungen und Klauseln der AM, die Ihnen mit dem Versicherungsschein übersandt werden.

**⓫ Zusätzlicher Einschluß der prämienfreien Feuer-Rohbauversicherung**
In der Feuerversicherung gelten das Gebäude und die zur Errichtung des Gebäudes notwendigen, auf dem Baugrundstück befindlichen Baustoffe während der Zeit des Rohbaus bis zur Fertigstellung, längstens jedoch für 12 Monate, prämienfrei versichert.
**Hinweis:** Der Versicherungsschutz für eventuell beantragte weitere Gefahren wie Leitungswasser/Rohrbruch/Frost, Sturm/Hagel sowie Elementar (Überschwemmung, Erdbeben, Erdsenkung, Erdrutsch, Schneedruck, Lawinen) tritt erst dann in Kraft, wenn das versicherte Gebäude bezugsfertig ist.

**⓬ Erläuterung der Bauartklassen/Fertighausgruppen**

**Bauartklassen**

| Klasse | Außenwände | Dacheindeckung |
|---|---|---|
| I | Massiv (Mauerwerk, Beton) | |
| II | Stahl- oder Holzfachwerk mit Stein- oder Glasfüllung, Stahl- oder Stahlbetonkonstruktion mit Wandplattenverkleidung aus nichtbrennbarem Material (z. B. Profilblech, Asbestzement; kein Kunststoff) | hart (z. B. Ziegel, Schiefer, Betonplatten, Asbestzementplatten, Metall, gesandete Dachpappe) |
| III | Holz, Holzfachwerk mit Lehmfüllung, Holzkonstruktion mit Verkleidung jeglicher Art, Stahl- oder Stahlbetonkonstruktion mit Wandplattenverkleidung aus Holz oder Kunststoff | |
| IV | Wie Klasse I oder II | weich (z. B. vollständige oder teilweise Eindekkung mit Holz, Ried, Schilf, Stroh u. ä.) |
| V | Wie Klasse III | |

**Fertighausgruppen**

| Gruppe | Außenwände | Dacheindeckung |
|---|---|---|
| 1 | In allen Teilen – einschließlich der tragenden Konstruktion – aus feuerbeständigen Bauteilen (massiv) | |
| 2 | Fundament massiv, tragende Konstruktion aus Stahl, Holz, Leichtbauteilen oder dergleichen, Umfassungswände und tragende Konstruktion nach innen und außen mit feuerhemmenden, nichtbrennbaren Baustoffen ummantelt bzw. verkleidet (z. B. Putz, Klinkersteine, Gipsplatten; nicht: Metall, Metallfolien) | hart (z. B. Ziegel, Schiefer, Betonplatten, Asbestzementplatten, Metall, gesandete Dachpappe) |
| 3 | Wie Gruppe 2, jedoch ohne feuerhemmende Ummantelung bzw. Verkleidung | |

**⓭ Neubaunachlaß**
Die Höhe des Neubaunachlasses ist abhängig vom Baujahr (Fertigstellung des Gebäudes) und vom Beginnjahr der Versicherung. Der Neubaunachlaß beträgt maximal 40 % und baut sich jährlich um 5 %-Punkte ab.
Liegt das Baujahr vor dem Beginnjahr beginnt die Rabattstaffel entsprechend niedriger.

## B. Haus- und Grundbesitzer- sowie Gewässerschadenhaftpflichtversicherung

**⓮ Versicherungsbedingungen**
Allgemeine Versicherungsbedingungen für die Haftpflichtversicherung (AHB) sowie die für die jeweiligen Risiken geltenden Besonderen Bedingungen und Risikobeschreibungen und evtl. Zusatzbedingungen der ...., die Ihnen mit dem Versicherungsschein übersandt werden.

**⓯ Deckungssummen**
Die vereinbarten Deckungssummen stehen je Schadenereignis zur Verfügung. Die Höchstersatzleistung des Versicherers für alle Schadenereignisse je Versicherungsjahr beträgt das Doppelte dieser Deckungssummen.
In der Gewässerschadenhaftpflichtversicherung steht die Sachschadendeckungssumme für Sach- und Vermögensschäden, die Pauschaldeckungssumme für Personen-, Sach- und Vermögensschäden zur Verfügung.

**⓰ Wichtige Hinweise**
Auf den Umfang der Sachschadendeckung (vgl. § 4 der Allgemeinen Versicherungsbedingungen für die Haftpflichtversicherung – AHB –) und den Ausschluß der Schäden an fremden Sachen (auch an Kommissionswaren) (vgl. § 4 Ziff. I 6 a) und b) AHB) wird besonders hingewiesen.

## C. Glasversicherung

**⓱ Versicherungsbedingungen**
Allgemeine Versicherungsbedingungen für die Glasversicherung (AGlB 94) sowie die für die jeweiligen zusätzlichen Risiken geltenden Klauseln, die Ihnen mit dem Versicherungsschein übersandt werden.

## D. Bauleistungsversicherung

**⓲ Versicherungsbedingungen**
Allgemeine Bedingungen für die Bauwesenversicherung von Gebäudeneubauten durch Auftraggeber (ABN) – Fassung Januar 1995 – sowie die für die jeweiligen zusätzlichen Risiken geltenden Klauseln und Besonderen Vereinbarungen, die Ihnen mit dem Versicherungsschein übersandt werden.

## E. Bauherrenhaftpflichtversicherung

**⓳ Versicherungsbedingungen**
Allgemeine Versicherungsbedingungen für die Haftpflichtversicherung (AHB) sowie die für die jeweiligen Risiken geltenden Besonderen Bedingungen und Risikobeschreibungen der ...., die Ihnen mit dem Versicherungsschein übersandt werden.

**⓴ Deckungssummen**
Die vereinbarten Deckungssummen stehen je Schadenereignis zur Verfügung. Die Höchstersatzleistung des Versicherers für alle Schadenereignisse je Versicherungsjahr beträgt das Doppelte dieser Deckungssummen.

**㉑ Wichtige Hinweise**
Auf den Umfang der Sachschadendeckung (vgl. § 4 der Allgemeinen Versicherungsbedingungen für die Haftpflichtversicherung – AHB –) und den Ausschluß der Schäden an fremden Sachen (auch an Kommissionswaren) (vgl. § 4 Ziff. I 6 a) und b) AHB) wird besonders hingewiesen.

# Anhang A 8.3

## Antrag

Original an Versicherer, 1. Kopie an Vertretung, 2. Kopie an Vers.-Nehmer,

**Vertretungs-Stempel** Kunden-Nr. TW VSNr

1 0 2

Sind Sie bereits Kunde bei uns? nein ja

= Zutreffendes ankreuzen. ☐ = Hinweise siehe Seite 4

**Vers.-Dauer** Tag Monat Jahr

vom 1 9 12 Uhr

bis 12 Uhr

**Wahlmöglichkeit/ Dauerrabatt**

1 bis 4 Jahre = kein Rabatt
5 Jahre = 10% Rabatt

Geburtsdatum ▼ Beruf – Bei ÖD Dienststelle u. Dienstbezeichnung ▼

Anr.: Name, Vorname, Titel (Anr.: Herr = 1, Frau = 2, Herr und Frau = 3, Firma = 4, Sonstiges = 5) ▼

Zustellvermerk ▼

Straße oder Postfach, Haus-Nr. ▼

Postleitzahl Ort ▼

**Beitrags-zahlung** jährlich ½jährl. ¼jährl. mtl.

**Bankverbindung** (stets angeben für Schadenleistungen)

Konto-Nr. Bankleitzahl (BLZ)

Geldinstitut, Filiale, Ort

wie bisher geändert neu

**Abbuchung der Beiträge** nein ja

Wagnisanschrift: (falls von obiger Anschrift abweichend)
Postleitzahl Ort/Straße/Haus-Nr.

Schein-zahl

**Es werden folgende rechtlich selbständige Verträge beantragt:**

**Kostenfreie Rohbau-Feuerversicherung** (nur in Verbindung mit Wohngebäudeversicherung zum gleitenden Neuwert)

Bezugsfertigkeit: Die Feuerversicherung wird bei 5jähriger Vertragsdauer der Wohngebäudeversicherung während der Bauzeit bis zu 12 Monaten kostenlos gewährt. Leitungswasser- und Sturmschäden sowie Schäden aus der Haus- und Grundbesitzer-Haftpflicht sind bis zur Bezugsfertigkeit nicht versichert. Die Gewässerschaden-Haftpflichtversicherung beginnt mit Inbetriebnahme der Tankanlage.

**Wohngebäudeversicherung** [1] **zum gleitenden Neuwert** oder Zeitwertversicherung

gegen **Feuer** (F) – **Leitungswasser** (W) – **Sturm und Hagel** (S) – Schäden **oder nur** FW FS F gegen F

**Selbstbehaltsvereinbarung** kein Selbstbehalt 1.000 DM je versicherte Gefahr

**Gebäudenutzung:** Einfamilienhaus (einschl. Einliegerwohnung) Mehrfamilienhaus nicht ständig bewohnte Wohngebäude

| lfd. Nr. | Versicherte Gebäude [2] | Baujahr | Außenwände/Dach: massiv | Stein-fachwerk | Holz | Fertighaus | Hartdach | Weichdach | Dach: flach | ausgebaut | nicht ausgebaut | Keller: ohne | mit | ausgebaut | Geschoß-anzahl ohne Dach und Keller | Fußbodenheizung: keine | in Bad, WC, Flur, Küche | in Wohn-räumen |
|---|---|---|---|---|---|---|---|---|---|---|---|---|---|---|---|---|---|---|
| 1 | Wohnhaus | | ○ | ○ | ○ | ○ | ○ | ○ | ○ | ○ | ○ | ○ | ○ | ○ | | ○ | ○ | ○ |
| 2 | | | ○ | ○ | ○ | ○ | ○ | ○ | ○ | ○ | ○ | ○ | ○ | ○ | | ○ | ○ | ○ |
| 3 | | | ○ | ○ | ○ | ○ | ○ | ○ | ○ | ○ | ○ | ○ | ○ | ○ | | ○ | ○ | ○ |
| 4 | | | ○ | ○ | ○ | ○ | ○ | ○ | ○ | ○ | ○ | ○ | ○ | ○ | | ○ | ○ | ○ |

**Gewerbliche Teilnutzung** [3]

| lfd. Nr. | unter 20% | Arztpraxen, Büros > 20% | Chemie, Holz, Kunststoff, Papier > 20% | Gastgewerbe > 20% | sonstiges Gewerbe > 20% | Gebäude-Außenmaße Länge \| Breite oder qm-Grundpreis | Höhe für cbm-Berechnung m | umbauter Raum cbm | Aus-stattungs-klasse [4] | cbm-Preis DM [4] | **Gleitende Neuwert-versicherung** Vers.-Summe 1914 DM | Zeitwert-versicherung Vers.-Summe DM | End-beitragssätze (Angaben für interne Zwecke) |
|---|---|---|---|---|---|---|---|---|---|---|---|---|---|
| 1 | ○ | ○ | ○ | ○ | ○ | | | | | | 0 0 | 0 0 0 | |
| 2 | ○ | ○ | ○ | ○ | ○ | | | | | | 0 0 | 0 0 0 | |
| 3 | ○ | ○ | ○ | ○ | ○ | | | | | | 0 0 | 0 0 0 | |
| 4 | ○ | ○ | ○ | ○ | ○ | | | | | | 0 0 | 0 0 0 | |
| 5 | **Gebäudezubehör** gemäß § 1 Nr. 2 VGB 96 | | | | | | | | | | 0 0 | 0 0 0 | |
| | **Gesamt-Versicherungssumme** | | | | | | | | | | 0 0 | 0 0 0 | |

**Vertragsergänzungen:**

1. **Sicherheitspaket** [5] **mit den Entschädigungsbegrenzungen auf der Rückseite** nein ja

**Das Sicherheitspaket beinhaltet:**

- **Erhöhung:** Aufräumungs- und Abbruchkosten
- **Erhöhung:** Bewegungs- und Schutzkosten
- **Erhöhung:** Kosten infolge behördlicher Auflagen
- **Erweiterung:** bauliche Grundstücksbestandteile
- **Erweiterung:** Gebäudebeschädigungen durch Einbruch
- **Erhöhung:** Überspannungsschäden durch Blitz
- **Erweiterung:** Nutzwärmeschäden
- **Erweiterung:** unbemannte Flugkörper
- **Erweiterung:** Aquarien und Wasserbetten
- **Erweiterung:** Zuleitungsrohre auf dem Vers.-Grundstück
- **Erweiterung:** Klima-, Wärmepumpen- und Solarheizungsanlagen
- **Erweiterung:** Aufräumungskosten für umgestürzte Bäume

2. **Mietausfall** für gewerblich genutzte Gebäude/Räume bis 5% der Vers.-Summe mit einer Haftzeit bis zu 12 Monaten nein ja
3. **Leitungswasser:** Ableitungsrohre auf dem Vers.-Grundstück bis 1% der Vers.-Summe nein ja

**Beitragsberechnung:** (Angaben für interne Zwecke)

Beitragssatz x Vers.-Summe 1914

Beitrag 1914 =

x Neuwertfaktor [6] von z. Zt.

= heutiger Beitrag

abzgl. Dauerrabatt

= Nettojahresbeitrag

zzgl. RZZ und Vers.-Steuer

= Bruttojahresbeitrag

**Jahres-** [7] **beitrag: DM** einsch. eingetragenem Dauerrabatt, Vers.-Steuer und ggf. Ratenzahlungszuschlag

Dauerrabatt %

## Haus- und Grundbesitzer-Haftpflichtversicherung

nicht gewünscht

**Wird das Grundstück durch andere Personen oder wurde es durch den Versicherungsnehmer überwiegend gewerblich genutzt, findet § 418 AHB Anwendung.** Dann gelten anstatt der Besonderen Bedingungen für die Versicherung der Haftpflicht aus Gewässerschäden – außer Anlagenrisiko – die Besonderen Bedingungen wegen Schäden durch Umwelteinwirkungen (BBR 11) – Umweltbasisversicherung –.

mit Deckungssummen für

Gesamt-Nutzfläche 0 m

| **Personenschäden und/oder Sachschäden** | | **Vermögensschäden** |
|---|---|---|
| **3 000 000 DM** | **pauschal** | **50 000 DM** |
| **5 000 000 DM** | **pauschal** | **50 000 DM** |

Dauerrabatt %

## Gewässerschäden-Haftpflichtversicherung

nicht gewünscht

nur für **Heizöl** zu **eigenen, privaten** Zwecken

Einheitsdeckungssummen für Personen-, Sach- und Vermögensschäden in DM **5 000 000** **3 000 000**

Angaben zum Heizöltank: ober-/unterirdisch · Inhalt in Liter · Einbaujahr · Herstellungsjahr

Ist die Anlage behördlich genehmigt/abgenommen worden? nein ja

Für Anlagen ab 1 000 Liter letzten Tankprüfbericht beifügen.

Dauerrabatt %

## Bauherren-Haftpflichtversicherung bis 10 Mio. DM Bausumme

nicht gewünscht

**Dient das Bauobjekt der gewerblichen Nutzung, findet § 418 AHB Anwendung.** Dann gelten anstatt der Besonderen Bedingungen für die Versicherung der Haftpflicht aus Gewässerschäden – außer Anlagenrisiko – die Besonderen Bedingungen wegen Schäden durch Umwelteinwirkungen (BBR 11) – Umweltbasisversicherung –.

für die Dauer der Bauzeit nach Versicherungsbeginn, längstens für

2 Jahre 3 Monate (z. B. Fertighäuser) – mit Deckungssummen für

Gesamt-Neubauwert 0 0 0 DM

| **Personenschäden und/oder Sachschäden** | **Vermögensschäden** |
|---|---|
| 3 000 000 DM | 50 000 DM |
| 5 000 000 DM | 50 000 DM |

Wertanteil der Bauarbeiten, die **nicht** von Unternehmen ausgeführt werden (z. B. Eigenleistungen, Nachbarschaftshilfe) 0 0 0 DM

**Einmalbeitrag: DM** einschl. Vers.-Steuer

## Bauleistungsversicherung bis 2 Mio. DM Gesamt-Neubauwert

nicht gewünscht

für die Dauer der Bauzeit der **Neu- und/oder Umbauten, längstens für 2 Jahre**

Gesamt-Nutzfläche 0 0 0 DM

**Selbstbehalt je Schadenereignis:** **10 %, mindestens 300,– DM**
**300,– DM**

**Versichert gilt die reine Neubauleistung.** Nicht unter den Versicherungsschutz fallen besondere Baumaßnahmen wie zusätzliche Gründungsmaßnahmen (z. B. Baugrundverbesserung, Pfahlgründung), Wasserhaltung, Baugrubenumschließung sowie Altbausubstanz.

**Bei derartigen Risiken Vertragsabschluß nur über TW 06 (TT-Anträge) möglich.**

**Einmalbeitrag: DM** einschl. Vers.-Steuer

### Allgemeine Angaben

**Angaben zu Vorschäden (auch wenn bisher unversichert):** Schäden in den letzten 5 Jahren? nein ja

**Angaben zu Vorversicherungen:**

bei folgendem Versicherer: keine

Vertrag/Vers.-Nr.

gekündigt zum: vom Vers.-Nehmer vom Versicherer

**Eine Durchschrift des Antrages ist mir (uns) nach Unterzeichnung ausgehändigt worden. Die den Verträgen und der evtl. erteilten vorläufigen Deckungszusage zugrundeliegenden Verbraucherinformationen, Allgemeinen und Besonderen Versicherungsbedingungen, Haftungserweiterungen und Sonstiges – zusammengefaßt in dem Heft FS 3.30 (Allgemein) und in den Bedingungen und Erläuterungen Hefte FS 3.80 für Wohngebäude- FS 3.42 für Bauleistungs- und FS 3.62 für Haftpflicht-Versicherung – werden dem Versicherungsschein beigefügt.**

**Ich willige ein, daß der Versicherer im erforderlichen Umfang Daten, die sich aus den Antragsunterlagen oder der Vertragsdurchführung (Beiträge, Versicherungsfälle, Risiko-/Vertragsänderungen) ergeben, an Rückversicherer zur Beurteilung des Risikos und zur Abwicklung der Rückversicherung sowie zur Beurteilung des Risikos und der Ansprüche an andere Versicherer und/oder an den Verband der Schadenversicherer e. V. und/oder an den Verband öffentlicher Versicherer zur Weitergabe dieser Daten an andere Versicherer übermittelt. Diese Einwilligung gilt auch unabhängig vom Zustandekommen des Vertrages sowie für entsprechende Prüfungen bei anderweitig beantragten (Versicherungs-) Verträgen und bei künftigen Anträgen.**
**Ich willige ferner ein, daß die Unternehmen der . . . . meine allgemeinen Antrags-, Vertrags- und Leistungsdaten in gemeinsamen Datensammlungen führen und an den/die für mich zuständigen Vermittler weitergeben, soweit dies der ordnungsgemäßen Durchführung meiner Versicherungsangelegenheiten dient.**
**Ohne Einfluß auf den Vertrag und jederzeit widerrufbar willige ich weiter ein, daß der/die Vermittler meine allgemeinen Antrags-, Vertrags- und Leistungsdaten darüber hinaus für die Beratung und Betreuung auch in sonstigen Finanzdienstleistungen nutzen darf/dürfen.**
**Diese Einwilligung gilt nur, wenn ich bei Antragstellung vom Inhalt des Merkblattes zur Datenverarbeitung Kenntnis nehmen konnte, das mir zusammen mit weiteren gesetzlich vorgesehenen Verbraucherinformationen – auf Wunsch auch sofort – überlassen wird.**

Ich kann dem Versicherungsvertrag ab Stellung des Antrages bis zum Ablauf von vierzehn Tagen nach Zugang des Versicherungsscheins, der Versicherungsbedingungen und der übrigen Verbraucherinformation widersprechen. Nach Ablauf der Widerspruchsfrist kommt der Versicherungsvertrag ohne weitere ausdrückliche Willenserklärung zustande.

Wird sofortiger Versicherungsschutz ab Datum der Antragstellung gewünscht? nein ja

Ort, Datum Unterschrift Versicherungsnehmer/in

Eine vorläufige Deckung wird mit der Bedingung erteilt, daß der mit dem Versicherungsschein angeforderte Versicherungsbeitrag für neue Versicherungen oder für Erweiterungen bestehender Versicherungen innerhalb von 14 Tagen bezahlt wird. Im Falle der Nichtbezahlung dieses Beitrages fällt der Versicherungsschutz rückwirkend weg. Die vorläufige Deckung endet – wenn nicht etwas anderes vereinbart worden ist – mit dem Abschluß des endgültigen Versicherungsvertrages, mit dem Widerspruch oder mit Ablehnung des Antrages.

Sofortiger Versicherungsschutz wird erteilt ab Datum Uhr Unterschrift Vertretung

## Vertragsinhalt für einzelne Versicherungen

**Wohngebäudeversicherung**

1 **Haftungsumfang**
Grunddeckung gem. VGB 96 mit Überspannungsschäden durch Blitz bis 1000 DM in der Feuerversicherung sowie den beantragten Vertragsergänzungen.

2 **Zulässige Gebäudebezeichnungen**

| | |
|---|---|
| Wohnhaus | Wohn- und Geschäftshaus |
| Garage/Carport | Frei stehendes Gewerbegebäude (bis 10000 DM/Wert 1914) |
| Wintergarten | Nicht ständig bewohntes Wohngebäude |
| Wohnungsanbau | Gebäudezubehör |
| Abstellgebäude | Sonstige Gebäude (freie Eingabe der Gebäudebezeichnung) |
| Garten-/Gerätehaus | |

3 **Gewerbliche Teilnutzung**
zulässig:
– im Wohn- und Geschäftshaus bis 50% der Gesamt-Nutzfläche
– im frei stehenden Nebengebäude/Wohnungsanbau bis 10000 DM/Wert 1914
Besteht der Gewerbeanteil aus verschiedenen Gefahrengruppen, ist der Zuschlag der höheren Gruppe zu wählen.

4 **Unterversicherungsverzicht**
Voraussetzung gem. § 16 Nr. 4 VGB 96:
Ermittlung der Vers.-Summe 1914 durch Multiplikation des m³ umbauten Raumes mit dem entsprechenden Richtpreis lt. nachstehender Übersicht.

| Bauweise | Dachgeschoß | DM Ausstattungsklasse | | |
|---|---|---|---|---|
| | | 1 | 2 | 3 |
| Bungalow | Flachdach | 32 | 38 | 44 |
| 1–2 Wohngeschosse nicht unterkellert | Flachdach oder ausgebauter Dachraum | 28 | 34 | 38 |
| | Dachraum nicht ausgebaut | 22 | 27 | 30 |
| 1–2 Wohngeschosse unterkellert | Flachdach oder ausgebauter Dachraum | 24 | 30 | 34 |
| | Dachraum nicht ausgebaut | 20 | 25 | 28 |
| 1–2 Wohngeschosse mit ausgebautem Keller | Flachdach oder ausgebauter Dachraum | 25 | 31 | 35 |
| | Dachraum nicht ausgebaut | 21 | 26 | 29 |
| 3–4 Wohngeschosse unterkellert | Flachdach oder ausgebauter Dachraum | 24 | 29 | 33 |
| | Dachraum nicht ausgebaut | 22 | 26 | 30 |
| 5–7 Wohngeschosse | | 26 | 31 | 36 |
| Einzelgaragen und ähnliche Gebäude | Fertigbau, Reihengaragen | 10 | 14 | 18 |
| | konventionell, massiv | 14 | 18 | 20 |

| Ausstattungsklassen | |
|---|---|
| 1 = einfach/mittelmäßig | Einfache Putzbauarten mit Anstrich, Fenster mit einfacher Verglasung, Einzelöfen, Naßräume mit wenig Fliesenbelag, Holz- oder Linoleumfußböden, Warmwasserversorgung mit Einzelthermen. |
| 2 = gut/heute üblich | Außenwände mit Edelputz oder Verblendsteinen, Doppelfenster oder Isolierverglasung, Naßräume und Küche gefliest, Zentralheizung und zentrale Warmwasserversorgung, Gäste-WC, Parkett, Teppich- oder Fliesenböden, Deckenverkleidungen. |
| 3 = aufwendig | Generell wie Klasse 2, jedoch Fenster, Türen, Fußböden, Decken aus hochwertigem Material, wie Natursteine, Edelhölzer, Aluminium oder Edelmetall, Mosaik oder Majolika, Stoffbespannungen oder wertvolle Tapeten, aufwendige sanitäre Objekte und Armaturen, Klimaanlage, Fußbodenheizung. |

**Im Zweifelsfall immer die bessere Klasse wählen oder Zwischenwerte ansetzen!**

5 **Sicherheitspaket**
- Erhöhung der Entschädigungsgrenze für Aufräumungs- und Abbruchkosten sowie Bewegungs- und Schutzkosten auf 10% der Vers.-Summe
- Erhöhung der Entschädigungsgrenze für Mehrkosten infolge behördlicher Auflagen (ohne Restwerte) auf 10% der Vers.-Summe
- Bauliche Grundstücksbestandteile wie Einfriedung, Masten, Platten und sonstige Hofbefestigung, Freileitung bis 1% der Vers.-Summe
  - nicht versichert sind Gebäude (z.B. Gewächshaus, Gartenhaus, Carport), Abwasser-Anlagen (Abwasserrohre sind jedoch separat versicherbar), Schwimmbäder
- Gebäudebeschädigungen durch Einbruch bis 1% der Vers.-Summe
- **Feuer:** Überspannungsschäden durch Blitz bis 10% der Vers.-Summe
- **Feuer:** Nutzwärmeschäden
- **Feuer:** Anprall oder Absturz eines unbemannten Flugkörpers, seiner Teile oder seiner Ladung
- **Leitungswasser:** Wasseraustritt aus Aquarien/Wasserbetten
- **Leitungswasser:** Zuleitungsrohre auf dem Vers.-Grundstück bis 1% der Vers.-Summe
- **Leitungswasser:** Wärmetragende Flüssigkeiten aus Klima-, Wärmepumpen und Solarheizungsanlagen
- **Sturm:** Aufräumungskosten für Bäume bis 1% der Vers.-Summe

6 **Gleitender Neuwertfaktor**
Die Haftung des Versicherers wird an die Baupreisentwicklung angepaßt. Entsprechend verändert sich die Prämie durch Erhöhung oder Verminderung des gleitenden Neuwertfaktors.

7 **Jahresbeitrag**
Auf die Möglichkeit einer Anpassung der Beiträge für die Wohngebäude-, Haus- und Grundbesitzer-Haftpflicht- und Gewässerschäden-Haftpflichtversicherung wird hingewiesen.

# Anhang A 8.4

☐ Antrag auf Wohngebäudeversicherung
☐ Veränderungsantrag zur Wohngebäudeversicherung

Für Gebäude, die ganz oder überwiegend (mindestens 50 %) zu Wohnzwecken dienen, und deren Nebengebäude

Versicherungsnummer: ☐ Vermittlernummer: ☐ (Vermittler 1) ☐ (Vermittler 2)

Kundennummer: ☐

① **Antragsteller/in**

Name | Vorname | Frau ☐ Herr ☐ | Frau und Herr ☐ Firma ☐ | Geburtsdatum ☐

Geburtsname / besondere Anrede / Titel

☎ -tagsüber- ______

Straße und Hausnummer

Telefax ______

Postleitzahl ☐ | Ort

② **Versicherungsort**

Postleitzahl ☐ | Ort, Straße, Hausnummer

③ **Rechnungsempfänger/in**

nur ausfüllen, wenn abweichend von ①

Name | Vorname

Straße, Hausnummer oder Postfach

Postleitzahl ☐ | Ort

④ **Versicherungsdauer / Zahlweise**

Beginn der Versicherung ☐ 12.00 Uhr — Frühestens jedoch ab Eingang bei der ....

Ablauf der Versicherung 0 1 0 1 ☐ 12.00 Uhr — Dauer mind. 1 Jahr höchstens 3 Jahre

Zahlungsweise: jährlich ☐ 1/2 jährlich ☐ 1/4 jährlich ☐ monatlich ☐

**Die Folgeprämie ist am 1.1. jeden Jahres bzw. nach vereinbarter Zahlweise zzgl. Versicherungsteuer zu entrichten.**

**Zuschlag bei Ratenzahlung: 1/2 jährlich = 3 %**
**1/4 jährlich = 5 %**
**monatlich = 7 %**
**Mindestrate DM 40,– + Versicherungsteuer**

**Empfohlene Hauptfälligkeit: Januar**
**Der Versicherungsvertrag verlängert sich stillschweigend von Jahr zu Jahr, wenn er nicht spätestens drei Monate vor Ablauf schriftlich gekündigt wird.**

⑤ **Anzahl der Versicherungsscheine**

☐ **Anzahl der benötigten Versicherungsscheine** (Für Bausparkasse, Kreditgeber, usw.)

⑥ **Versicherte Gefahren**

Feuer, Leitungswasser, Sturm / Hagel ☐ auch einzeln versicherbar: Feuer ☐ Leitungswasser ☐ Sturm / Hagel ☐

⑦ **Angaben zu den versicherten Gebäuden**

| 7.1 **Gebäudebezeichnung** | Baujahr | Geschosse (Keller / Anzahl) | Außenwände (Material) | Dach (Eindeckung) | heutiger Wert (DM) oder Wert 1914 (M) |
|---|---|---|---|---|---|
| a) | | | | | |
| b) | | | | | |

Für **Nebengebäude, Garagen, Carports, sonstige Gebäude** nennen Sie bitte soweit bekannt die heutigen Werte.

| Gebäudebezeichnung | Nutzung | Außenmaße | Außenwände | Dach | heutiger Wert |
|---|---|---|---|---|---|
| a) | | | | | |
| b) | | | | | |

**für bauliche Außenanlagen**

| Einfriedigungen | Pergolen | Pflasterungen | Müllboxen | Sonstiges | heutiger Wert |
|---|---|---|---|---|---|
| c) | | | | | |

7.2 **Besondere Merkmale** (nur für Hauptgebäude)

a) Holzkonstruktion ja ☐ nein ☐

b) Metallbau oder Fachwerk (Metall u. Holz) ausgemauert ja ☐ nein ☐

c) Blitzschutzanlage bei Reetdach ja ☐ nein ☐

d) Außenwandverkleidung zu mehr als 1/3 Fläche (z. B. Asbest-Zement, Metall, Kunststoff, Holz) ja ☐ nein ☐

e) Fertighaus ja ☐ nein ☐ Typ/Hersteller

7.3 **Besondere Einbauten:**

a) Schwimmbecken ja ☐ nein ☐

b) Warmwasser-Fußbodenheizung - Strahlungsheizung ja ☐ nein ☐

c) Flüssigkeitsbetriebene Klima-, Wärmepumpen - Solarheizungsanlagen ja ☐ nein ☐

d) Sonstiges:

7.4 Handelt es sich um ein **Wochenendhaus**? ja ☐ nein ☐

7.5 Ist das (Haupt-) **Gebäude ständig bewohnt**? ja ☐ nein ☐

7.6 Werden Räume **gewerblich genutzt**? ja ☐ nein ☐

Betriebsart im Hauptgebäude: genutzte Fläche: qm

7.7 Befinden sich in unmittelbarer Nachbarschaft

Gewerbebetriebe ☐ in m Entfernung

Landwirtschaftsbetriebe ☐ in m Entfernung

mit Reet oder Holzschindeln gedeckte Gebäude ☐ in m Entfernung

7.8 **Dach** wurde vollständig erneuert Jahr

**Leitungswasser:** Rohrleitungen wurden vollständig erneuert Jahr Baujahr/Hauptgebäude Jahr

**Versicherungsschutz kann nur gewährt werden, wenn das versicherte Gebäude nach 1939 erstellt oder die wasserführende Anlage nach diesem Zeitpunkt vollständig erneuert wurde.**

7.9 Für den unter 7.1 näher bezeichneten **Neubau** wird eine Rohbauversicherung während der Bauzeit gewünscht (Erläuterungen siehe Seite 4 Rückseite). ☐ Baukosten ca. DM

⑧ **Versicherungssumme**

8.1 Ich wünsche eine kostenlose Wertermittlung und Beratung durch Besichtigung eines Sachverständigen der .... ja ☐ nein ☐

8.2 Wenn Sie ausnahmsweise keine Besichtigung durch den Sachverständigen der .... wünschen, füllen Sie bitte den beigefügten Wertermittlungsbogen aus. ☐

8.3 Falls vorhanden, fügen Sie das Gutachten Ihres Sachverständigen bei. ☐

⑨

## Erweiterung des Versicherungsschutzes - gegen Mehrprämie -

9.1 Schäden an Wasserzuleitungen und Heizungsrohren auf dem Versicherungsgrundstück, die nicht der Versorgung dienen, sollen mitversichert werden in Höhe von % der Versicherungssumme.

(darunter fallen z. B. die Versorgungsleitungen für Schwimmbecken, Springbrunnen usw.)

9.2 Schäden an Wasserzuleitungsrohren und Heizungsrohren außerhalb des Versicherungsgrundstückes sollen mitversichert werden in Höhe von % der Versicherungssumme

(das sind Anschlußstücke an die Hauptwasserleitung)

9.3 Ableitungsrohre außerhalb der versicherten Gebäude auf dem Versicherungsgrundstück sollen mitversichert werden in Höhe von % der Versicherungssumme.

9.4 Der Gebäudeschaden durch Wasseraustritt aus Aquarien / Wasserbetten soll mitversichert werden. ja ☐ nein ☐

9.5 Bei Sturm- und Hagelschäden soll der Selbstbehalt mitversichert werden. ja ☐ nein ☐

9.6 Bei Leitungswasserschäden soll der Selbstbehalt mitversichert werden. ja ☐ nein ☐

9.7 Bei Leitungswasserschäden soll etwaiger Wasserverlust mitversichert werden bis DM.
Es sollen nach einem Versicherungsfall die evtl. notwendigen Hotelkosten mitversichert werden. ja ☐ nein ☐
(120,– DM pro Tag ohne Verzehr; bis höchstens 3 % der Versicherungssumme)

9.8 Der Mietausfall soll über 12 Monate hinaus für 24 Monate mitversichert werden. ja ☐ nein ☐

9.9 **Mehrkosten** durch behördliche Auflagen sollen über 7,5 % der Vers.-Summe hinaus bis zu % der Vers.-Summe mitversichert werden.

9.10 **Mehrkosten** infolge behördlicher Wiederherstellungsbeschränkungen für Restwerte sollen bis zu % (höchstens 10 %) der Versicherungssumme mitversichert werden (Wiederherstellung an anderer Stelle, falls am bisherigen Ort behördlich untersagt).

9.11 Aufräumungs-, Abbruch-, Bewegungs- und Schutzkosten (Aufwendungen für das Bewegen und Schützen nicht beschädigter Sachen) sollen über 10 % der Versicherungssumme hinaus mitversichert werden bis zu % der Vers.-Summe.

9.12 Gebäudebeschädigung durch unbefugte Dritte (nach einem Einbruch oder Einbruchversuch) soll mitversichert werden. ja ☐ nein ☐

9.13 Die Beseitigung von Bäumen auf dem Versicherungsgrundstück soll im Rahmen der Sturmversicherung mitversichert werden. ja ☐ nein ☐
Grundstücksgröße qm

9.14 Weitere bauliche Grundstücksbestandteile sollen bis zu 1 % der Versicherungssumme mitversichert werden. ja ☐ nein ☐

9.15 Besondere Vereinbarungen:

Prämie Wohngebäudeversicherung

⑩

## Mietverlustversicherung
**für gewerblich genutzte Räume in Wohngebäuden.**

**Versicherte Gefahren: Feuer, Leitungswasser, Sturm und Hagel**

| | | | | | | | |
|---|---|---|---|---|---|---|---|
| ☐ Jahresmietwert DM | + | ☐ Jahresmieten für selbstgenutzte oder unentgeltlich Dritten überlassene Räume | + | ☐ Jährliche Nebenleistungen (Betriebskosten) DM | = | **Versicherungssumme** | ☐ |
| | | | | | | **Jahresprämie Mietverlustversicherung** | ☐ |
| | | | | | | **zuzügl. Vers.-Steuer** | ☐ |
| | | | | | | **Gesamtbetrag** | ☐ |

☐ Haftzeit 12 Monate ☐ 18 Monate ☐ 24 Monate

⑪ **Allgemeine Angaben**

Die Auskünfte zu früheren Versicherungsverhältnissen sind unbedingt zu erteilen; gleichgültig, ob sie bei der .... oder anderen Gesellschaften bestanden.

Es besteht oder bestand bereits eine der beantragten Versicherungen oder wurde anderweitig beantragt.

☐ nein ☐ ja, und zwar ▼

Bei Gesellschaft / Vers.-Nr. / Vers.-Zweig / Vers.-/Deckungssummen Ablauf: Kündigung durch:

☐ Gesellschaft ☐ Antragsteller

☐ Gesellschaft ☐ Antragsteller

Wurde der Antragsteller / das Gebäude bereits von Schäden betroffen?

☐ nein ☐ ja, und zwar ▼

Anzahl / Sparte / Zeitpunkt / Schadenhöhe

⑫ **Einzugsermächtigung**

**Die Prämien sollen bis auf Widerruf von folgendem Konto abgebucht werden:**

Bankleitzahl Sparkasse / Bank / Postbank

Kontonummer Kontoinhaber / in

Unterschrift des Kontoinhabers/der Kontoinhaberin
(falls abweichend vom Antragsteller)

Bei einer erteilten Einzugsermächtigung bin ich damit einverstanden, daß alle Versicherungen in das Lastschriftverfahren übernommen werden. ☐ ja ☐ nein

⑬ **Unterschrift**

**Empfangsbestätigung**

**Hiermit bestätige ich, daß mir die Allgemeinen Wohngebäude-Versicherungsbedingungen (VGB 88) sowie die Besonderen Bedingungen und Klauseln der .... zu den VGB 88 vor der Antragsunterzeichnung ausgehändigt worden sind.**

**Von den auf der Rückseite abgedruckten Hinweisen habe ich Kenntnis genommen. Eine Durchschrift des Antrages habe ich erhalten.**

**Widerrufsrecht, Bindungsfrist**

**Beantrage ich einen Versicherungsvertrag mit einer längeren Laufzeit als 1 Jahr, kann ich innerhalb einer Frist von 14 Tagen meine auf den Vertragsabschluß gerichtete Willenserklärung schriftlich widerrufen. Zur Wahrung der Frist genügt die rechtzeitige Absendung des Widerrufs. Der Lauf der Frist beginnt erst, wenn ich die Widerrufsbelehrung durch Unterschrift bestätigt habe. Der Widerruf ist zu richten an die auf der Vorderseite des Antrages genannte Adresse der .... Wenn ich den Antrag nicht widerrufe, halte ich mich einen Monat ab Ende der Widerrufsfrist an den Antrag gebunden. Das Widerrufsrecht besteht nicht, wenn der Versicherer auf Wunsch des Versicherungsnehmers sofortigen und vollständigen Versicherungsschutz gewährt oder wenn die Versicherung nach dem Inhalt des Antrags für die bereits ausgeübte gewerbliche oder selbständige berufliche Tätigkeit des Versicherungsnehmers bestimmt ist.**

**Einwilligungsklausel nach dem Bundesdatenschutzgesetz (BDSG)**

**Ich willige ein, daß der Versicherer im erforderlichen Umfang Daten, die sich aus den Antragsunterlagen oder der Vertragsdurchführung (Beiträge, Versicherungsfälle, Risiko-/Vertragsänderungen) ergeben, an Rückversicherer zur Beurteilung des Risikos und zur Abwicklung der Rückversicherung sowie zur Beurteilung des Risikos und der Ansprüche an andere Versicherer und/oder an den Gesamtverband der Deutschen Versicherungswirtschaft e.V. und den Verband öffentlicher Lebens- und Haftpflichtversicherer zur Weitergabe dieser Daten an andere Versicherer übermittelt. Diese Einwilligung gilt auch unabhängig vom Zustandekommen des Vertrages sowie für entsprechende Prüfungen bei anderweitig beantragten (Versicherungs-)Verträgen und bei künftigen Anträgen.**

**Ich willige ferner ein, daß die .... meine allgemeinen Antrags-, Vertrags- und Leistungsdaten in gemeinsamen Datensammlungen führen und an den/die für mich zuständigen Vermittler weitergeben, soweit dies der ordnungsgemäßen Durchführung meiner Versicherungsangelegenheiten dient.**

**Ohne Einfluß auf den Vertrag und jederzeit widerrufbar willige ich weiter ein, daß der/die Versicherer und der/die Vermittler meine allgemeinen Antrags-, Vertrags- und Leistungsdaten darüber hinaus für die Beratung und Betreuung auch in sonstigen Finanzdienstleistungen nutzen darf/dürfen.**

**Diese Einwilligung gilt nur, wenn ich bei Antragstellung vom Inhalt des Merkblatts zur Datenverarbeitung Kenntnis nehmen konnte, das mir zu dem gesetzlich für die anderen Verbraucherinformationen vorgesehenen Zeitpunkt - auf Wunsch auch sofort - überlassen wird.**

Ort / Datum Unterschrift des Antragstellers/der Antragstellerin

Auf Wunsch des Antragstellers/der Antragstellerin besteht vorläufiger Versicherungsschutz bis zur Annahme oder Ablehnung des Antrages. ☐ ja ☐ nein

Ort / Datum Unterschrift des Vermittlers

## I. Allgemeine Hinweise

**1. Vertragsgrundlagen**
Auf das Versicherungsverhältnis findet das Recht der Bundesrepublik Deutschland Anwendung. Es gelten die gesetzlichen Bestimmungen, der Antrag, der Versicherungsschein/Nachtrag und die

- Allgemeinen Wohngebäude-Versicherungsbedingungen (VGB 88) und ggfs. Klauseln zur verbundenen Wohngebäudeversicherung,
- Besonderen Bedingungen und Klauseln zu VGB 88
- Allgemeinen Bedingungen für die Mietverlustversicherung (ABM 89)

**2. Nebenkosten**
Die gesetzliche Versicherungsteuer ist in den Prämien nicht enthalten.

Ausfertigungsgebühren sowie Gebühren für die Erhebung von Folgeprämien fallen nicht an.

**3. Zuständige Aufsichtsbehörde**
Die für Beschwerden zuständige Aufsichtsbehörde ist das Bundesaufsichtsamt für das Versicherungswesen, Ludwigkirchplatz 3-4, 10719 Berlin.

## II. Besondere Hinweise

**1. Anzeige von Gefahrenumständen bei Schließung des Vertrages, Gefahrerhöhung**

1a. Der Versicherungsnehmer hat bei Schließung des Vertrages alle ihm bekannten Umstände, die für die Übernahme der Gefahr erheblich sind, dem Versicherer schriftlich anzuzeigen. Bei schuldhafter Verletzung dieser Obliegenheit kann der Versicherer nach Maßgabe §§ 16 bis 21 Versicherungsvertragsgesetz (VVG) vom Vertrag zurücktreten, wodurch die Entschädigungspflicht entfallen kann.

1b. Nach Antragstellung darf der Versicherungsnehmer ohne Einwilligung des Versicherers keine Gefahrerhöhung vornehmen oder gestatten. Erlangt der Versicherungsnehmer Kenntnis davon, daß eine Gefahrerhöhung eingetreten ist, so hat er dem Versicherer unverzüglich schriftlich Anzeige zu erstatten. Tritt eine Gefahrerhöhung ein, so kann der Versicherer in den gesetzlich vorgesehenen Fällen kündigen. Verletzt der Versicherungsnehmer eine ihm nach § 23 Absatz 1 und 2 VVG auferlegte Obliegenheit, so kann der Versicherer außerdem nach Maßgabe der gesetzlichen Bestimmungen leistungsfrei sein. Die näheren Vorschriften über die Gefahrerhöhung sind in §§ 23 bis 30 VVG enthalten.

**2. Verantwortlichkeit für den Antrag**

Der Antragsteller ist allein für die Richtigkeit und Vollständigkeit der Angaben verantwortlich, auch wenn ein anderer sie für ihn niedergeschrieben hat. Nichtbeantwortung oder Striche gelten als Verneinung. Mündliche Abmachungen haben keine Gültigkeit.
Nebenabsprachen sind nur dann verbindlich, wenn der Versicherer sie durch Aufnahme in den Versicherungsschein (Nachtrag) genehmigt.

**3. Beginn des Versicherungsschutzes**

Der Versicherungsschutz beginnt, sobald die erste oder einmalige Prämie gezahlt ist, jedoch frühestens zu dem im Versicherungsschein angegebenen Zeitpunkt. Wird die erste oder einmalige Prämie erst danach angefordert, dann aber innerhalb von 14 Tagen gezahlt, so beginnt der Versicherungsschutz zu dem im Versicherungsschein angegebenen Zeitpunkt.

## III. Hinweise zur Wohngebäude-Versicherung

**1. Wohngebäudeversicherung**

1a. Versichert ist das Gebäude mit seinen Bestandteilen, einschließlich Fundamenten, Grund- und Kellermauern sowie Einfriedigungen, Pergolen, Carports, Belägen und Müllboxen. Dazugehörende Garagen sowie Nebengebäude auf dem Versicherungsgrundstück sind mitversichert (gesonderte Angabe im Antrag ist erforderlich).

1b. Zubehör, das der Instandhaltung oder Nutzung des Gebäudes zu Wohnzwecken dient, soweit es sich in dem Gebäude befindet oder außen an dem Gebäude angebracht ist, fällt ebenfalls unter den Versicherungsschutz.
Sonstige Erweiterungen des Deckungsumfanges müssen besonders beantragt werden.

1c. Die .... beruft sich im Schadenfall nicht auf Unterversicherung, wenn sie die Fertigstellung bzw. bauliche Veränderung der Gebäude besichtigt hat oder der Versicherungsnehmer Fragen der Feuerkasse nach Größe, Ausbau oder Ausstattung des Gebäudes zutreffend beantwortet hat.

1d. Die .... ist dem Abkommen der Feuerversicherer über einen Regreßverzicht bei übergreifenden Feuerschäden beigetreten. Der Verzicht erfaßt Regreßforderungen, soweit diese DM 300.000,– übersteigen, bis zum Betrag von DM 1,2 Mio. Wenn vom Versicherten ein höherer Regreßverzicht gewünscht wird, ist dies unter "Besondere Vereinbarungen" zu vermerken.

**2. Prämienfreie Rohbauversicherung**

2a. Während der Rohbauzeit sind das Gebäude und die zu seiner Errichtung notwendigen, auf dem Baugrundstück befindlichen Baustoffe bis zur bezugsfertigen Herstellung, jedoch längstens bis zum Ablauf von 12 Monaten, prämienfrei gegen Brand-, Blitzschlag- und Explosionsschäden versichert. Voraussetzung ist jedoch ein zu vereinbarender dauernder Vertrag zur Gebäudeversicherung.

2b. Der Versicherungsschutz gegen Leitungswasser beginnt erst mit der bezugsfertigen Fertigstellung des Gebäudes.

2c. Sobald das Gebäude fertig gedeckt ist, alle Außentüren eingesetzt sind und alle Fenster verglast oder in anderer Weise gleichwertig verschlossen sind, haftet die .... auch für Schäden durch Sturm und Hagel vor Bezugsfertigkeit.

## Antragsinformationen

**Über den marktüblichen Versicherungsschutz hinaus bietet die .... die folgenden prämienfreien Einschlüsse (Grundlagen: Besondere Bedingungen und Klauseln)**

**Verzicht auf Unterversicherung und Gebühren**

Die .... verzichtet auf einen Abzug wegen Unterversicherung, weil sie die Richtigkeit der von ihr ermittelten Versicherungssumme garantiert; die nachträglichen Werterhöhungen sind aber anzuzeigen. Sie erhebt weder für die Gebäudeschätzung noch für die sonstigen Dienstleistungen Gebühren.

**Mehrkosten für behördliche Wiederaufbau-Beschränkungen**

Auf 7,5% der Versicherungssumme angehoben wird bei der .... die Obergrenze für Mehrkosten, die durch behördliche Auflagen entstehen. So ist z. B. der Ersatz der zerstörten Einfachverglasung durch eine Isolierverglasung mitversichert.

**Aufräumungs-, Abbruch-, Bewegungs- und Schutzkosten**

Der Ersatz dieser Kosten ist von der .... auf 10 % der Versicherungssumme angehoben worden. Ersetzt werden die Kosten für den notwendigen Abbruch von Gebäuderesten und das Aufräumen der Schadenstätte sowie das Abfahren der Gebäudetrümmer zum nächsten Ablagerungsplatz. Unter Bewegungs- und Schutzkosten fallen z. B. Aufwendungen für das Bewegen großer Möbelstücke und deren Schutz vor Beschädigung anläßlich der Wiederherstellung bei einem Gebäudeschaden.

**Überspannungsschäden durch Blitz**

Schäden z. B. an Heizungs-, Klingel-, Sprech- oder Antennenanlagen sind bei der .... auch versichert, wenn es sich nicht um einen unmittelbaren Blitzschlag handelt.

**Nutzwärmeschäden**

Brandschäden, die durch Nutzfeuer oder Nutzwärme entstehen, fallen unter den Versicherungsschutz der ....

**Feuerlöschkosten**

Aufwendungen, die die .... beim Versicherungsnehmer geltend macht, sind mitversichert.

**Unbemannte Flugkörper**

Die .... hat den Versicherungsschutz auf Schäden durch Anprall oder Absturz eines unbemannten Flugkörpers, seiner Teile oder seiner Ladung erweitert.

**Ableitungsrohre**

Bei der .... sind in der Leitungswasserversicherung Ableitungsrohre auch unterhalb des Gebäudes und bis zu 1 Meter außerhalb des Gebäudes ohne Zuschlag mitversichert.

**Sonstige Grundstücksbestandteile**

Einfriedigungen, Pergolen, Pflasterungen und Müllboxen sind - soweit der .... angezeigt - in die Versicherung eingeschlossen. Versicherung von Nebengebäuden und Schwimmbecken im Freien bitte mit dem jeweiligen Wert beantragen.

**Abweichender Wiederaufbau**

Die in einem Schadenfall festgestellte Entschädigung kann auch für einen veränderten Wiederaufbau des Gebäudes, in der Regel sogar für eine veränderte Zweckbestimmung verwendet werden.

**Sturm- und Hagelschäden an Scheiben**

Alle Glasscheiben - einschließlich Laden- und Schaufensterscheiben - sind bei der .... gegen Sturm- und Hagelschäden versichert.

# Anhang A 9

## Allgemeine Bedingungen für die Neuwertversicherung von Wohngebäuden gegen Feuer-, Leitungswasser- und Sturmschäden (VGB)

**– Fassung Dezember 1986 –**

Soweit die Versicherung gegen eine oder mehrere dieser Gefahren nicht genommen ist, entfallen die diese Gefahren betreffenden Bestimmungen.

### § 1 Versicherte Gefahren

1. Der Versicherer leistet nach dem Eintritt des Versicherungsfalles Entschädigung für versicherte Sachen, die zerstört oder beschädigt werden durch

a) Brand, Blitzschlag, Explosion oder durch Anprall oder Absturz eines bemannten Flugkörpers, seiner Teile oder seiner Ladung (Feuerversicherung – § 3),

b) Leitungswasser, Rohrbruch oder Frost (Leitungswasserversicherung – § 4),

c) Sturm (Sturmversicherung – § 5).

2. Der Versicherer leistet auch Entschädigung für

a) versicherte Sachen, die durch Löschen, Niederreißen oder Ausräumen zerstört oder beschädigt werden,

b) versicherte Sachen, die bei einem der in Absatz 1 genannten Schadensereignisse abhanden kommen,

c) Aufräumungs- und Abbruchskosten, soweit sie die versicherten Gebäude betreffen, bis zu 1 vom Hundert der Versicherungssumme. Aufräumungskosten sind die notwendigen Aufwendungen für das Aufräumen der Schadensstätte und das Abfahren von Schutt und Trümmern zur nächsten Ablagerungsstätte. Abbruchskosten sind die dem Versicherungsnehmer entstehenden Kosten für einen im Versicherungsfall notwendig werdenden Abbruch stehengebliebener Gebäudeteile und das Abfahren zur nächsten Ablagerungsstätte;

d) die Aufwendungen des Versicherungsnehmers zur Abwendung oder Minderung des Schadens nach Maßgabe des § 16.

3. Der Versicherer ersetzt ferner

a) den Mietverlust, falls Mieter von Wohnräumen infolge eines ersatzpflichtigen Schadens berechtigt sind, die Zahlung der Miete ganz oder teilweise zu verweigern;

b) den ortsüblichen Mietwert für Wohnräume, die der Versicherungsnehmer selbst bewohnt und die infolge eines ersatzpflichtigen Schadens unbenutzbar geworden sind, falls dem Versicherungsnehmer die Beschränkung auf einen etwa benutzbar gebliebenen Teil der Wohnung nicht zugemutet werden kann.

Miete oder Mietwert werden nur bis zum Schluß des Monats ersetzt, in dem die Wohnung wieder benutzbar geworden ist, höchstens jedoch für sechs Monate seit dem Eintritt des Versicherungsfalles. Die Entschädigung wird nur insoweit geleistet, als der Versicherungsnehmer die Möglichkeit der Wiederbenutzung nicht schuldhaft verzögert.

4. Der Versicherer haftet nicht für Schäden, die durch Kriegsereignisse jeder Art, innere Unruhen, Erdbeben oder Kernenergie*) verursacht werden.

### § 2 Versicherte Sachen

Versichert sind, soweit nichts anderes vereinbart ist, die im Versicherungsschein aufgeführten Gebäude mit ihren Bestandteilen, aber ohne Zubehör.

### § 3 Umfang der Feuerversicherung

1. Als Brand gilt ein Feuer, das ohne einen bestimmungsgemäßen Herd entstanden ist oder ihn verlassen hat und sich aus eigener Kraft auszubreiten vermag (Schadenfeuer).

2. Die Versicherung erstreckt sich n i c h t auf Schäden, die an den versicherten Sachen dadurch entstehen, daß sie einem Nutzfeuer oder der Wärme zur Bearbeitung oder zu sonstigen Zwecken ausgesetzt werden.

### § 4 Umfang der Leitungswasserversicherung

1. Als Leitungswasser im Sinne dieser Bedingungen gilt Wasser, das aus den Zu- oder Ableitungsrohren, den sonstigen Einrichtungen der Wasserversorgung oder aus den Anlagen der Warmwasser- oder der Dampfheizung bestimmungswidrig ausgetreten ist. Wasserdampf wird im Rahmen dieser Bedingungen dem Leitungswasser gleichgestellt.

2. Die Versicherung nach § 1 Abs. 1 b) schließt ein

a) innerhalb der versicherten Gebäude

1. Schäden durch Rohrbruch oder Frost (einschl. der Kosten der Nebenarbeiten und des Auftauens) an den Zu- und Ableitungsrohren der Wasserversorgung und den Rohren der Warmwasser- oder Dampfheizungsanlage,

2. Schäden durch Frost (einschl. der Kosten der Nebenarbeiten und des Auftauens) an Badeeinrichtungen, Waschbecken, Spülklosetts, Wasserhähnen, Geruchsverschlüssen, Wassermessern, Heizkörpern, Heizkesseln, Boilern, Herdschlangen und gleichartigen Anlagen der Warmwasser- oder der Dampfheizung,

b) außerhalb der versicherten Gebäude

Schäden durch Rohrbruch oder Frost (einschl. der Kosten der Nebenarbeiten und des Auftauens) an den Zuleitungsrohren der Wasserversorgung und an den Rohren der Warmwasser- oder Dampfheizung, soweit diese Rohre der Versorgung der versicherten Gebäude dienen und sich auf dem Versicherungsgrundstück befinden.

*) Der Ersatz von Schäden durch Kernenergie richtet sich in der Bundesrepublik Deutschland nach dem Atomgesetz. Die Betreiber von Kernanlagen sind zur Deckungsvorsorge verpflichtet und schließen hierfür Haftpflichtversicherungen ab.

3. Die Leitungswasserversicherung erstreckt sich n i c h t auf
a) Gebäude, die noch nicht bezugsfertig sind,
b) Schäden an Kessel-, Maschinen- und elektrischen Kraftanlagen, die gewerblichen Zwecken dienen,
c) Schäden durch Erdeinsenkung oder Erdrutsch,
d) Schäden durch Grundwasser, durch stehendes oder fließendes Gewässer, Hochwasser oder Witterungsniederschläge und den durch sie verursachten Rückstau,
e) Schäden durch Plansch- oder Reinigungswasser sowie durch Sprinkler- oder Berieselungsanlagen,
f) Schäden durch Schwamm,
g) Schäden durch Brand, Blitzschlag oder Explosion, auch dann nicht, wenn der Brand oder die Explosion die Folge von ausgetretenem Leitungswasser ist.

### § 5 Umfang der Sturmversicherung

1. Als Sturm gilt eine atmosphärisch bedingte Luftbewegung von mindestens Windstärke 8. Ist diese Windstärke für den Schadensort nicht feststellbar, so wird sie unterstellt, wenn der Versicherungsnehmer nachweist, entweder daß die Luftbewegung in der Umgebung des Versicherungsgrundstükkes Schäden an einwandfrei beschaffenen Gebäuden oder ebenso widerstandsfähigen anderen Sachen angerichtet hat oder daß der Schaden bei der einwandfreien Beschaffenheit des versicherten Gebäudes nur durch Sturm entstanden sein kann.

2. Die Zerstörung oder Beschädigung einer versicherten Sache fällt nur dann unter die Versicherung, wenn sie
a) auf der unmittelbaren Einwirkung des Sturmes beruht oder
b) dadurch hervorgerufen wird, daß der Sturm Gebäudeteile, Bäume oder andere Gegenstände auf die versicherte Sache wirft oder
c) die Folge eines Sturmschadens an versicherten Sachen ist.

3. Nur aufgrund besonderer Vereinbarung sind versichert
a) Laden- und Schaufensterscheiben, künstlerisch bearbeitete Scheiben, Kirchenfenster und Scheiben in einer Einzelgröße von mehr als 3 Quadratmetern. Das gleiche gilt für die Rahmen und Profile dieser Verglasungen;
b) an der Außenseite des Gebäudes angebrachte Sachen (z.B. Schilder, Leuchtröhrenanlagen, Markisen, Blendläden, Antennenanlagen), elektrische Freileitungen einschließlich Ständer und Masten sowie Einfriedigungen.

4. Der Versicherungsnehmer trägt, soweit nichts anderes vereinbart ist, von der errechneten Entschädigung für jeden Sturmschaden an jedem Gebäude 80 Deutsche Mark selbst.

5. Die Sturmversicherung erstreckt sich n i c h t auf
a) Gebäude, die noch nicht bezugsfertig sind,
b) Schäden durch Sturmflut und Lawinen,
c) Schäden durch Eindringen von Regen, Hagel, Schnee oder Schmutz in nicht geschlossene Fenster oder andere vorhandene Öffnungen, es sei denn, daß diese Öffnungen durch den Sturm entstanden sind,
d) Schäden durch Brand, Blitzschlag oder Explosion, auch dann nicht, wenn der Brand oder die Explosion die Folge eines Sturmes ist.

### § 6 Versicherungswert, Versicherungsfall

1. Versicherungswert eines Gebäudes ist der ortsübliche Neubauwert; Versicherungswert der sonstigen Sachen ist der Wiederbeschaffungspreis (Neuwert). Sind jedoch versicherte Sachen für den Zweck, für den sie bestimmt sind, nicht mehr verwendbar, so ist der sich daraus ergebende geringere Wert der Versicherungswert.

2. Der Versicherungsfall tritt in dem Zeitpunkt ein, in dem sich eine versicherte Gefahr an versicherten Sachen zu verwirklichen beginnt.

### § 7 Entschädigungsberechnung, Unterversicherung

1. Ersetzt werden vorbehaltlich der nachstehenden Bestimmungen
a) bei zerstörten oder abhandengekommenen Sachen ihr Versicherungswert (§ 6 Abs. 1) zur Zeit des Eintritts des Versicherungsfalles,
b) bei beschädigten Sachen die Reparaturkosten zur Zeit des Eintritts des Versicherungsfalles, höchstens jedoch ihr Versicherungswert.

Restwerte werden dem Versicherungsnehmer angerechnet. Dabei bleiben behördliche Wiederaufbaubeschränkungen ohne Einfluß.

2. a) Der nach Absatz 1 oder nach § 1 Abs. 3 errechnete Schaden wird nur dann voll ersetzt, wenn die Versicherungssumme mindestens dem Versicherungswert (§ 6 Abs. 1) entspricht. Ist die Versicherungssumme niedriger als der Versicherungswert zur Zeit des Eintritts des Versicherungsfalles (Unterversicherung), so wird nur derjenige Teil des Schadens ersetzt, der sich zum ganzen Schaden verhält wie die Versicherungssumme zum Versicherungswert.
b) Ob Unterversicherung vorliegt, ist für jede Position gesondert zu errechnen; jedoch gelten alle Positionen mit gleichen Prämiensätzen als eine Position,
c) eine Unterversicherung wird nur insoweit berücksichtigt, als sie 3 vom Hundert der Versicherungssumme der betreffenden Position oder Positionen übersteigt.

3. a) Der Versicherungsnehmer erwirbt den Anspruch auf den Teil der nach Absatz 2 errechneten Entschädigung, der den Zeitwertschaden übersteigt, nur, wenn und soweit er das Gebäude an der bisherigen Stelle wiederhergestellt oder die Verwendung der Entschädigung zu diesem Zweck sichergestellt hat. Weist der Versicherungsnehmer nach, daß die Wiederherstellung an der bisherigen Stelle behördlich verboten oder wirtschaftlich nicht zu vertreten ist, so genügt die Wiederherstellung innerhalb derselben oder einer angrenzenden Stadt oder Gemeinde. Ist das Gebäude bis zum Ablauf von drei Jahren nach dem Versicherungsfall, gleichviel aus welchem Grunde, nicht wiederhergestellt worden oder erklärt vor Ablauf dieser Frist der Versicherungsnehmer dem Versicherer schriftlich, daß er es nicht wieder herstellen wolle, so beschränkt sich der Anspruch auf den Teil der Entschädigung, der dem Zeitwertschaden entspricht.
b) Zur Errechnung des Zeitwertschadens wird der Versicherungswert (§ 6 Abs. 1) zur Zeit des Eintritts des Versicherungsfalles auf den Betrag herabgesetzt, der dem Zustand, insbesondere dem Alter und der Abnutzung (Zeitwert) entspricht. Reparaturkosten werden gegebenenfalls um den Betrag gekürzt, um den sich durch die Reparatur eine Wertsteigerung gegenüber diesem Zeitwert ergeben würde.
c) Die Vorschriften über die Sicherung des Realkredites (§ 19 Abs. 3) bleiben unberührt.

### § 8 Anzeige von Gefahrumständen bei Schließung des Vertrages, Gefahrerhöhung

1. Der Versicherungsnehmer hat bei Schließung des Vertrages alle ihm bekannten Umstände, die für die Übernahme der Gefahr erheblich sind, dem Versicherer schriftlich anzuzeigen. Bei schuldhafter Verletzung dieser Obliegenheit kann der Versicherer nach Maßgabe der §§ 16 bis 21 VVG vom Vertrag zurücktreten, wodurch die Entschädigungspflicht entfallen kann.

2. Nach Antragstellung darf der Versicherungsnehmer ohne Einwilligung des Versicherers keine Gefahrerhöhung vornehmen oder gestatten. Erlangt der Versicherungsnehmer Kenntnis davon, daß eine Gefahrerhöhung eingetreten ist, so hat er dem Versicherer unverzüglich schriftlich Anzeige zu erstatten. Tritt eine Gefahrerhöhung ein, so kann der Versicherer in den gesetzlich vorgesehenen Fällen kündigen. Verletzt der Versicherungsnehmer eine der ihm nach Satz 1 und 2 auferlegten Obliegenheiten, so kann der Versicherer außerdem nach Maßgabe der gesetzlichen Bestimmungen leistungsfrei sein. Die näheren Vorschriften über die Gefahrerhöhung sind in §§ 23 bis 30 VVG enthalten.

### § 9 Sicherheitsvorschriften

1. Verletzt der Versicherungsnehmer schuldhaft gesetzliche, behördlich angeordnete oder vereinbarte Sicherheitsvorschriften oder duldet er ihre Verletzung, so kann der Versicherer innerhalb eines Monats nach Kenntnis mit einmonatiger Frist kündigen. Er ist von der Entschädigungspflicht frei, wenn der Versicherungsfall nach der Verletzung eintritt, und die Verletzung auf Vorsatz oder grober Fahrlässigkeit des Versicherungsnehmers beruht. Die Entschädigungspflicht bleibt bestehen, wenn die Verletzung keinen Einfluß auf den Eintritt des Versicherungsfalles oder auf den Umfang der Entschädigung gehabt hat oder wenn zur Zeit des Versicherungsfalles trotz Ablaufes der Frist die Kündigung nicht erfolgt war. Ist mit der Verletzung einer Sicherheitsvorschrift eine Gefahrerhöhung verbunden, so findet § 8 Abs. 2 Anwendung.

2. Bei der Leitungswasserversicherung hat der Versicherungsnehmer

a) für Instandhaltung der Wasserleitungsanlagen und, soweit Schäden durch sonstige wasserführende Anlagen in die Versicherung eingeschlossen sind, auch für Instandhaltung dieser Anlagen zu sorgen. Sind nach sachverständigem Ermessen oder gesetzlicher oder polizeilicher Vorschrift Neubeschaffungen oder Abänderungen von Wasserleitungsanlagen und sonstigen wasserführenden Anlagen oder Maßregeln gegen Frost erforderlich, so müssen sie unverzüglich, spätestens aber innerhalb einer von dem Versicherer zu bestimmenden angemessenen Frist ausgeführt werden;

b) in nicht benutzten Gebäuden die Wasserleitungsanlagen abzusperren, zu entleeren und entleert zu halten. Das gleiche gilt für vorübergehend außer Betrieb gesetzte Anlagen.

3. Bei der Sturmversicherung hat der Versicherungsnehmer für Instandhaltung der versicherten Sachen, insbesondere der Dächer und außen angebrachten Sachen, zu sorgen.

### § 10 Prämie, Beginn der Haftung

1. Der Versicherungsnehmer hat die erste Prämie (Beitrag) bei Aushändigung des Versicherungsscheines zu zahlen, Folgeprämien am Ersten des Monats, in dem ein neues Versicherungsjahr beginnt. Die Folgen nicht rechtzeitiger Zahlung der ersten Prämie oder der ersten Rate der ersten Prämie ergeben sich aus § 38 VVG; im übrigen gilt § 39 VVG. Rückständige Folgeprämien dürfen nur innerhalb eines Jahres seit Ablauf der nach § 39 VVG für sie gesetzten Zahlungsfrist eingezogen werden.
Vorstehende Bestimmungen gelten auch für die vereinbarten Nebenkosten.

2. Die Haftung des Versicherers beginnt mit der Einlösung des Versicherungsscheines, jedoch nicht vor dem darin festgesetzten Zeitpunkt. Wird die erste Prämie erst nach diesem Zeitpunkt eingefordert, alsdann aber ohne Verzug gezahlt, so beginnt die Haftung des Versicherers schon in dem festgesetzten Zeitpunkt. Unter dieser Voraussetzung haftet der Versicherer auch für Versicherungsfälle, die nach dem festgesetzten Zeitpunkt, aber vor Annahme des Antrags eintreten. Ist jedoch dem Versicherungsnehmer bei Stellung des Antrages bekannt, daß der Versicherungsfall schon eingetreten ist, so entfällt die Haftung.

3. Endet das Versicherungsverhältnis vor Ablauf der Vertragszeit oder wird es nach Beginn der Versicherung rückwirkend aufgehoben oder ist es von Anfang an nichtig, so gebührt dem Versicherer Prämie oder Geschäftsgebühr nach Maßgabe der gesetzlichen Bestimmungen (z.B. §§ 40 und 68 VVG). Kündigt nach Eintritt eines Versicherungsfalles der Versicherungsnehmer, so gebührt dem Versicherer die Prämie für die laufende Versicherungsperiode; kündigt der Versicherer, so hat er die Prämie nach dem Verhältnis der noch nicht abgelaufenen Versicherungszeit zur gesamten Versicherungszeit zurückzuzahlen. Im Falle der Kündigung nach § 11 Satz 2 steht dem Versicherer die Prämie für die laufende Versicherungsperiode zu. War die Prämie für mehrere Jahre vorausgezahlt, so wird bei vorzeitiger Beendigung des Versicherungsverhältnisses der Betrag einbehalten, den der Versicherer bei Abschluß der Versicherung für die Zeit berechnet haben würde, für die ihm Prämie zusteht.

### § 11 Mehrfache Versicherung

Nimmt der Versicherungsnehmer für versicherte Sachen noch eine weitere Feuer-, Leitungswasser- oder Sturmversicherung (auch gegen mittelbare Schäden, z.B. Betriebsunterbrechung oder Mietverlust), so hat er dem Versicherer unverzüglich den anderen Versicherer und die Versicherungssumme schriftlich anzugeben. Der Versicherer kann innerhalb eines Monats, nachdem er von der anderen Versicherung Kenntnis erlangt hat, die Versicherung mit dreimonatiger Frist kündigen. Ist die andere Versicherung nicht angezeigt oder dem Versicherer sonst nicht bekannt geworden, und tritt nach Ablauf von drei Monaten seit dem Zeitpunkt, zu dem die Anzeige dem Versicherer hätte zugehen müssen, ein Versicherungsfall ein, so wird der Versicherer von der Entschädigungspflicht frei. Die Entschädigungspflicht bleibt bestehen, wenn der Versicherungsnehmer nachweist, daß er die Anzeige nicht schuldhaft versäumt hat oder wenn zur Zeit des Versicherungsfalles trotz Ablaufs der Frist eine Kündigung nicht erfolgt war.

### § 12 Überversicherung, Doppelversicherung

1. Übersteigt die Versicherungssumme den Wert der versicherten Sachen erheblich, so kann sowohl der Versicherungsnehmer als auch der Versicherer nach Maßgabe des § 51 VVG die Herabsetzung der Versicherungssumme und der Prämie verlangen. Eine tariflich vorgesehene Mindestprämie oder Steigerung des Prämiensatzes bei sinkender Versicherungssumme ist dabei zu berücksichtigen.

2. Im Falle einer Doppelversicherung gelten §§ 59, 60 VVG.

### § 13 Veräußerung der versicherten Sachen

Veräußert der Versicherungsnehmer die versicherten Sachen, so geht die Versicherung gemäß § 69 VVG auf den Erwerber über. Der Veräußerer oder der Erwerber hat die Veräußerung unverzüglich schriftlich anzuzeigen. Der Erwerber oder der Versicherer kann das Versicherungsverhältnis nach §§ 70, 71 VVG kündigen. Bei Verletzung der Anzeigepflicht wird der Versicherer nach Maßgabe des § 71 VVG von der Entschädigungspflicht frei.

### § 14 Versicherung für fremde Rechnung

1. Bei der Versicherung für fremde Rechnung kann der Versicherungsnehmer über die Rechte des Versicherten im ei-

genen Namen verfügen. Der Versicherungsnehmer ist ohne Zustimmung des Versicherten zur Annahme der Entschädigungszahlung sowie zur Übertragung der Rechte des Versicherten befugt, auch wenn er nicht im Besitz des Versicherungsscheines ist. Der Versicherer kann vor Auszahlung der Entschädigung den Nachweis verlangen, daß der Versicherte seine Zustimmung zu der Versicherung und zur Empfangnahme der Entschädigung erteilt hat.

2. Der Versicherte kann über seine Rechte nicht verfügen, selbst wenn er im Besitz des Versicherungsscheines ist; er kann die Zahlung der Entschädigung nur mit Zustimmung des Versicherungsnehmers verlangen.

3. Soweit in diesen Bedingungen Kenntnis und Verhalten des Versicherungsnehmers von rechtlicher Bedeutung sind, kommen auch Kenntnis und Verhalten des Versicherten in Betracht. Im übrigen findet § 79 VVG Anwendung.

### § 15 Obliegenheiten des Versicherungsnehmers im Versicherungsfalle

1. Der Versicherungsnehmer hat bei Eintritt eines Versicherungsfalles, aus dem er Entschädigung verlangt, folgende Obliegenheiten:
a) Er hat innerhalb dreier Tage nach Kenntniserlangung den Eintritt des Versicherungsfalles dem Versicherer oder dessen Agenten schriftlich oder mündlich anzuzeigen, einen Feuer- oder Explosionsschaden außerdem der Polizeibehörde zu melden und
über etwa abhandengekommene Sachen der Polizeibehörde eine Aufstellung einzureichen;
b) er hat nach Möglichkeit für die Abwendung oder Minderung des Schadens zu sorgen und dabei die Weisung des Versicherers oder seines Beauftragten zu befolgen. Gestatten es die Umstände, so hat er solche Weisung einzuholen. Der Ersatz der Aufwendungen bestimmt sich nach § 16;
c) er hat dem Versicherer, soweit es ihm billigerweise zugemutet werden kann, jede Untersuchung über Ursache und Höhe des Schadens und über den Umfang seiner Entschädigungspflicht zu gestatten, jede hierzu dienliche Auskunft, auf Verlangen schriftlich, zu erteilen und Belege beizubringen. Auf Verlangen muß er ferner innerhalb einer angemessenen Frist, die mindestens zwei Wochen betragen muß, ein von ihm unterschriebenes Verzeichnis der am Schadenstag vorhandenen, der von dem Schaden betroffenen und der ihm entwendeten oder sonst abhandengekommenen Sachen, und zwar nach Möglichkeit unter Angabe ihres Wertes unmittelbar vor dem Versicherungsfall, vorlegen. Auch einen beglaubigten Grundbuchauszug muß er auf Verlangen beibringen.

2. Durch die Absendung der Anzeige nach Absatz 1 a) oder der Verzeichnisse gemäß Absatz 1 c) wird die Frist gewahrt.

3. Verletzt der Versicherungsnehmer eine der vorstehenden Obliegenheiten, so ist der Versicherer nach Maßgabe der gesetzlichen Bestimmungen (§§ 6 Abs. 3, 62 Abs. 2 VVG) von der Entschädigungspflicht frei. Ist die Anzeige eines Brand- oder Explosionsschadens bei der Polizeibehörde unterblieben, so kann die Entschädigung nur bis zur Nachholung dieser Anzeige verweigert werden. Sind abhandengekommene Sachen der Polizeibehörde nicht oder nicht rechtzeitig angezeigt, so kann die Entschädigung nur für diese Sachen verweigert werden.

### § 16 Ersatz der Aufwendungen

1. Aufwendungen, auch erfolglose, die der Versicherungsnehmer im Versicherungsfall zur Abwendung oder Minderung des Schadens für geboten halten durfte, hat der Versicherer zu ersetzen. Der Ersatz für Aufwendungen und die Entschädigung dürfen zusammen die Versicherungssumme nicht übersteigen, soweit die Aufwendungen nicht auf Weisung des Versicherers erfolgt sind. Bei einer Unterversicherung sind die Aufwendungen nur in demselben Verhältnis zu ersetzen wie der Schaden.

2. Für Aufwendungen, die durch Gesundheitsschädigung verursacht sind, und für Leistungen der im öffentlichen Interesse bestehenden Feuerwehren oder anderer zur Hilfeleistung Verpflichteter wird ein Ersatz nicht gewährt.

### § 17 Sachverständigenverfahren

1. Versicherungsnehmer und Versicherer können nach Eintritt des Versicherungsfalles vereinbaren, daß die Höhe des Schadens durch Sachverständige festgestellt wird. Das Sachverständigenverfahren kann durch Vereinbarung auf sonstige tatsächliche Voraussetzungen des Entschädigungsanspruchs sowie der Höhe der Entschädigung ausgedehnt werden. Der Versicherungsnehmer kann ein Sachverständigenverfahren auch durch einseitige Erklärung gegenüber dem Versicherer verlangen.

2. Für das Sachverständigenverfahren gilt:
a) Jede Partei benennt schriftlich einen Sachverständigen und kann dann die andere unter Angabe des von ihr benannten Sachverständigen schriftlich auffordern, den zweiten Sachverständigen zu benennen. Wird der zweite Sachverständige nicht binnen zwei Wochen nach Empfang der Aufforderung benannt, so kann ihn die auffordernde Partei durch das für den Schadenort zuständige Amtsgericht ernennen lassen. In der Aufforderung ist auf diese Folge hinzuweisen.
b) Beide Sachverständige benennen schriftlich vor Beginn des Feststellungsverfahrens einen dritten Sachverständigen als Obmann. Einigen sie sich nicht, so wird der Obmann auf Antrag einer Partei durch das für den Schadenort zuständige Amtsgericht ernannt.
c) Der Versicherer darf als Sachverständige keine Personen benennen, die Mitbewerber des Versicherungsnehmers sind oder mit ihm in dauernder Geschäftsverbindung stehen, ferner keine Personen, die bei Mitbewerbern oder Geschäftspartnern angestellt sind oder mit ihnen in einem ähnlichen Verhältnis stehen.
Dies gilt entsprechend für die Benennung eines Obmannes durch die Sachverständigen.

3. Die Feststellungen der Sachverständigen müssen enthalten
a) ein Verzeichnis der zerstörten, beschädigten oder abhandengekommenen Sachen sowie deren Versicherungswert und deren Zeitwert zum Zeitpunkt des Versicherungsfalles;
b) bei beschädigten Sachen die Beträge gemäß § 7 Abs. 1 b);
c) alle sonstigen gemäß § 7 Nr. 1 maßgebenden Tatsachen, insbesondere die Restwerte der von dem Schaden betroffenen Sachen;
d) entstandene Kosten, die gemäß § 1 Abs. 2 c) und 2 d) versichert sind.

4. Die Sachverständigen übermitteln beiden Parteien gleichzeitig ihre Feststellungen. Weichen die Feststellungen voneinander ab, so übergibt der Versicherer sie unverzüglich dem Obmann. Dieser entscheidet über die streitig gebliebenen Punkte innerhalb der durch die Feststellungen der Sachverständigen gezogenen Grenzen und übermittelt seine Entscheidung beiden Parteien gleichzeitig.

5. Jede Partei trägt die Kosten ihres Sachverständigen. Die Kosten des Obmannes tragen beide Parteien je zur Hälfte.

6. Die Feststellungen der Sachverständigen oder des Obmannes sind verbindlich, wenn nicht nachgewiesen wird,

daß sie offenbar von der wirklichen Sachlage erheblich abweichen. Aufgrund dieser verbindlichen Feststellungen berechnet der Versicherer gemäß § 7 die Entschädigung.

7. Durch das Sachverständigenverfahren werden die Obliegenheiten des Versicherungsnehmers gemäß § 15 Abs. 1 b) und 1 c) nicht berührt.

### § 18 Besondere Verwirkungsgründe

1. Führt der Versicherungsnehmer den Schaden vorsätzlich oder grobfahrlässig herbei, so ist der Versicherer von jeder Entschädigungspflicht frei.

2. Macht der Versicherungsnehmer sich bei den Verhandlungen über die Ermittlung der Entschädigung einer arglistigen Täuschung schuldig, so ist der Versicherer von jeder Entschädigungspflicht frei, und zwar auch dann, wenn die arglistige Täuschung sich auf Sachen bezieht, die durch einen anderen zwischen den Parteien über dieselbe Gefahr abgeschlossenen Vertrag versichert sind.

3. Ist der Versicherungsnehmer wegen vorsätzlicher Brandstiftung oder wegen eines bei Ermittlung der Entschädigung begangenen Betruges oder Betrugsversuches rechtskräftig verurteilt worden, so gelten die Voraussetzungen für den Wegfall der Entschädigungspflicht als festgestellt.

### § 19 Zahlung der Entschädigung

1. Ist die Leistungspflicht des Versicherers dem Grunde und der Höhe nach festgestellt, so hat die Auszahlung der Entschädigung binnen zwei Wochen zu erfolgen; jedoch kann einen Monat nach Anzeige des Schadens als Teilzahlung der Betrag verlangt werden, der nach Lage der Sache mindestens zu zahlen ist. Die Entschädigung ist nach Ablauf eines Monats seit der Anzeige des Schadens mit 1 vom Hundert unter dem Diskontsatz der Deutschen Bundesbank, aber mit nicht mehr als 6 vom Hundert und mit nicht weniger als 4 vom Hundert für das Jahr zu verzinsen. Der Lauf der Fristen ist gehemmt, solange infolge des Verschuldens des Versicherungsnehmers die Entschädigung nicht ermittelt oder nicht gezahlt werden kann. Soweit die Zahlung der Entschädigung von der Wiederherstellung oder deren Sicherstellung abhängt, wird sie zwei Wochen nach Eintritt dieser Voraussetzung fällig. Die Verzinsung erfolgt nach den Bestimmungen des Satzes 2. Zinsen sind erst fällig, wenn die Entschädigungssumme selbst fällig ist.

2. Der Versicherer ist berechtigt, die Zahlung aufzuschieben,
a) wenn Zweifel an der Berechtigung des Versicherungsnehmers zum Zahlungsempfang bestehen, bis zur Beibringung des erforderlichen Nachweises;
b) wenn eine polizeiliche oder strafgerichtliche Untersuchung aus Anlaß des Schadens gegen den Versicherungsnehmer eingeleitet ist, bis zum Abschluß dieser Untersuchung.

3. Für Gebäude, die zur Zeit des Versicherungsfalles mit Hypotheken, Reallasten, Grund- oder Rentenschulden belastet sind, wird die Entschädigung nur gezahlt, soweit ihre Verwendung zur Wiederherstellung gesichert ist. Die Zahlung wird unbeschadet der Bestimmung des § 7 Abs. 3 a) vorbehaltlos geleistet, soweit die am Schadenstag eingetragenen Realgläubiger sich schriftlich einverstanden erklären oder selbst zur Empfangnahme der Entschädigung berechtigt sind. Eine mit dem Versicherungsnehmer besonders getroffene Wiederherstellungsvereinbarung wird hierdurch nicht berührt.

4. Wenn der Entschädigungsanspruch nicht innerhalb einer Frist von sechs Monaten gerichtlich geltend gemacht wird, nachdem der Versicherer ihn unter Angabe der mit dem Ablauf der Frist verbundenen Rechtsfolge schriftlich abgelehnt hat, ist der Versicherer von der Entschädigungspflicht frei.

### § 20 Rechtsverhältnisse nach dem Versicherungsfall

1. Die Versicherungssumme vermindert sich nicht dadurch, daß eine Entschädigung geleistet wird.

2. Nach dem Eintritt eines Versicherungsfalles können Versicherer und Versicherungsnehmer den Versicherungsvertrag kündigen.
Die Kündigung ist schriftlich zu erklären. Sie muß spätestens einen Monat nach dem Abschluß der Verhandlungen über die Entschädigung zugehen.
Die Kündigung wird einen Monat nach ihrem Zugang wirksam. Der Versicherungsnehmer kann bestimmen, daß seine Kündigung sofort oder zu einem späteren Zeitpunkt wirksam wird, jedoch spätestens zum Schluß des laufenden Versicherungsjahres.

### § 21 Schriftliche Form der Erklärungen des Versicherungsnehmers

Versicherungsanträge sowie sämtliche Anzeigen und Erklärungen des Versicherungsnehmers mit Ausnahme der Schadensanzeigen bedürfen der Schriftform.

### § 22 Verlängerung des Versicherungsvertrages

Versicherungsverträge von ein- oder mehrjähriger Dauer verlängern sich um ein Jahr und weiter von Jahr zu Jahr, wenn sie nicht drei Monate vor dem jeweiligen Ablauf von einem der beiden Teile schriftlich gekündigt werden.

---

Soweit nicht in den Versicherungsbedingungen Abweichendes bestimmt ist, gelten die gesetzlichen Vorschriften. Die für den Versicherungsnehmer wichtigsten Bestimmungen aus dem Gesetz über den Versicherungsvertrag (VVG) sind hier beigefügt.

Anhang A 10

# Sonderbedingungen für die Gleitende Neuwertversicherung von Wohn-, Geschäfts- und landwirtschaftlichen Gebäuden (SGIN 79 a)

Zur Versicherung von Wohn-, Geschäfts- und landwirtschaftlichen Gebäuden zum Gleitenden Neuwert gelten zwecks Anpassung an Kostenänderungen im Bauwesen folgende Abweichungen von den Allgemeinen Versicherungsbedingungen und den etwa vereinbarten Sonderbedingungen für die Neuwertversicherung:

**§ 1 Versicherungssumme 1914; Versicherungswert 1914**

1. Die als Versicherungssumme des Vertrages festgelegte „Versicherungssumme 1914" soll in Preisen des Jahres 1914 dem Neubauwert des Gebäudes in seiner jeweiligen Größe und seinem jeweiligen Ausbau entsprechen (Versicherungswert 1914).

2. Gibt der Versicherungsnehmer im Antrag nicht eine „Versicherungssumme 1914", sondern den Neubauwert in Preisen eines anderen Jahres an (z.B. des Jahres des Vertragsbeginns), so wird der Versicherer auf seine Verantwortung diesen Betrag aufgrund des vom Statistischen Bundesamt veröffentlichten Baupreisindexes für Wohngebäude umrechnen.

3. Mitversichertes Zubehör ist bei der Ermittlung des Neubauwertes gemäß Nr. 1 oder Nr. 2 zu berücksichtigen.

**§ 2 Entschädigungsberechnung; Unterversicherung**

1. Der Schaden wird auf der Grundlage der ortsüblichen Preise zur Zeit des Eintritts des Versicherungsfalles ermittelt.

2. Die errechnete Neuwertentschädigung wird voll geleistet, wenn die „Versicherungssumme 1914" mindestens dem „Versicherungswert 1914" entspricht. Ist die „Versicherungssumme 1914" niedriger als der „Versicherungswert 1914" zur Zeit des Eintritts des Versicherungsfalles (Unterversicherung), so wird nur derjenige Teil des Schadens ersetzt, der sich zu dem ganzen Schaden verhält wie die „Versicherungssumme 1914" zu dem „Versicherungswert 1914".

3. Hat der Versicherungsnehmer den Neubauwert eines anderen Jahres angegeben (§ 1 Nr. 2), so ist Nr. 2 (Unterversicherung) nur anzuwenden, soweit der angegebene Neubauwert vom tatsächlichen Neubauwert jenes Jahres abweicht oder der Neubauwert durch wertsteigernde Um-, An- oder Ausbauten erhöht worden ist.

4. Eine Unterversicherung wird nur berücksichtigt, soweit sie 3 Prozent der „Versicherungssumme 1914" der betroffenen Position des Versicherungsvertrages übersteigt.

**§ 3 Prämienberechnung**

1. Die Prämie für die „Versicherungssumme 1914" wird mit dem bei Vertragsbeginn zugrundegelegten Prämienfaktor multipliziert.

2. Der Prämienfaktor erhöht oder vermindert sich jeweils zum 1. Januar eines jeden Jahres für die in diesem Jahr beginnende Versicherungsperiode entsprechend dem Prozentsatz, um den sich der jeweils für den Monat Mai des Vorjahres vom Statistischen Bundesamt veröffentlichte Baupreisindex für Wohngebäude und der für den Monat April des Vorjahres veröffentlichte Tariflohnindex für das Baugewerbe geändert haben. Die Änderung des Baupreisindexes für Wohngebäude wird zu 80 Prozent und die des Tariflohnindexes für das Baugewerbe zu 20 Prozent berücksichtigt; bei dieser Berechnung wird jeweils auf zwei Stellen hinter dem Komma gerundet.

Eine Änderung des Prämienfaktors unterbleibt jedoch, solange die Erhöhung oder Minderung des gemäß Absatz 1 Satz 2 gewichteten Indexes weniger als 3 Prozent beträgt.

Der Prämienfaktor wird auf eine Stelle hinter dem Komma gerundet.

3. Unterbleibt die Änderung des Prämienfaktors, so ist für die nächste Veränderung der Prozentsatz maßgebend, um den sich der gewichtete Index gegenüber dem Zeitpunkt geändert hat, der für die letzte Prämienfestsetzung maßgebend war.

4. Die aus einem erhöhten Prämienfaktor gemäß Nr. 2 sich ergebende Prämie darf die im Zeitpunkt der Erhöhung geltende Tarifprämie nicht übersteigen. Diese Grenze gilt jedoch nur, wenn sich die neue Tarifprämie auf eine unveränderte Gruppe versicherbarer Risiken bezieht.

**§ 4 Sachverständigenverfahren**

Im Falle eines Sachverständigenverfahrens müssen die Feststellungen der Sachverständigen auch den „Versicherungswert 1914" des versicherten Gebäudes zur Zeit des Eintritts des Versicherungsfalles enthalten, im Falle von § 1 Nr. 2 den Neubauwert für das zugrunde gelegte andere Jahr.

**§ 5 Kündigung**

1. Versicherungsnehmer oder Versicherer können jederzeit unter Einhaltung einer Kündigungsfrist von drei Monaten den Wegfall der Sonderbedingungen für die Gleitende Neuwertversicherung von Wohn-, Geschäfts- und landwirtschaftlichen Gebäuden verlangen. Die Versicherung bleibt zu den Allgemeinen Versicherungsbedingungen und den etwa vereinbarten Sonderbedingungen für die Neuwertversicherung in Kraft, und zwar zur bisherigen Prämie und mit einer Versicherungssumme, die sich aus der „Versicherungssumme 1914", multipliziert mit 1/100 des bei Wirksamwerden der Kündigung gemäß § 3 Nr. 2 zugrundegelegten Baupreisindexes für Wohngebäude, ergibt.

2. Das Recht auf Herabsetzung der Versicherungssumme nach § 51 Abs. 1 VVG bleibt unberührt.

# Anhang A 11

## Klauseln für die Verbundene Wohngebäude-Versicherung (Basis: VGB 62)

**841 Wohnungseigentum**

Für den Versicherungsvertrag mit sämtlichen Wohnungseigentümern gilt folgendes:

1. Ist der Versicherer nach §§ 8, 9, 10, 15, 18 VGB wegen des Verhaltens einzelner Wohnungseigentümer leistungsfrei, so kann er sich hierauf gegenüber den übrigen Wohnungseigentümern wegen deren Sondereigentums und wegen deren Miteigentumsanteilen (§ 1 Abs. 2 des Wohnungseigentumsgesetzes) nicht berufen.

2. Die übrigen Wohnungseigentümer können verlangen, daß der Versicherer Ihnen auch hinsichtlich des Miteigentumsanteils des Wohnungseigentümers, der den Entschädigungsanspruch verwirkt hat, Entschädigung leistet, jedoch nur soweit diese zusätzliche Entschädigung zur Wiederherstellung des gemeinschaftlichen Eigentums (§ 1 Abs. 5 des Wohnungseigentumsgesetzes) verwendet wird. Der Wohnungseigentümer, in dessen Person der Verwirkungsgrund vorliegt, ist verpflichtet, dem Versicherer diese Mehraufwendung zu erstatten.

3. Kann im Falle der Feuerversicherung ein Realgläubiger hinsichtlich des Miteigentumsanteils des Wohnungseigentümers, der den Entschädigungsanspruch verwirkt hat, Leistung aus der Feuerversicherung an sich selbst gemäß § 102 VVG verlangen, so entfällt die Verpflichtung des Versicherers nach Nr. 2 Satz 1. Der Versicherer verpflichtet sich, auf eine nach § 104 VVG auf ihn übergegangene Gesamthypothek (Gesamtgrundschuld) gemäß § 1168 BGB zu verzichten und dabei mitzuwirken, daß der Verzicht auf Kosten der Wohnungseigentümer in das Grundbuch eingetragen wird. Der Wohnungseigentümer, in dessen Person der Verwirkungsgrund vorliegt, ist im Falle von Satz 2 verpflichtet, dem Versicherer die für seinen Miteigentumsanteil und sein Sondereigentum an den Realgläubiger erbrachten Leistungen zu erstatten.

4. Für die Gebäudeversicherung bei Teileigentum (§ 1 Abs. 3 des Wohnungseigentumsgesetzes) gelten Nr. 1 bis 3 entsprechend.

**842 Erweiterte Versicherung der Aufräumungs- und Abbruchkosten**

Abweichend von § 1 Nr. 2 c VGB werden Aufräumungs- und Abbruchkosten bis zu dem vereinbarten höheren Prozentsatz ersetzt.

**843 Bewegungs- und Schutzkosten**

1. Soweit dies vereinbart ist und soweit diese Kosten nicht durch eine Monopolanstalt entschädigt werden, ersetzt der Versicherer auch die infolge eines Versicherungsfalls notwendigen Bewegungs- und Schutzkosten.

2. Bewegungs- und Schutzkosten sind Aufwendungen, die dadurch entstehen, daß zum Zweck der Wiederherstellung oder Wiederbeschaffung von Sachen, welche durch vorliegenden Vertrag versichert sind, andere Sachen bewegt, verändert oder geschützt werden müssen.

3. Bewegungs- und Schutzkosten sind insbesondere Aufwendungen für De- oder Remontage von Maschinen, für Durchbruch, Abriß oder Wiederaufbau von Gebäudeteilen oder für das Erweitern von Öffnungen.

**844 Feuerlöschkosten**

1. Soweit dies vereinbart ist und soweit diese Kosten nicht durch eine Monopolanstalt entschädigt werden, ersetzt der Versicherer auch die infolge eines Versicherungsfalls notwendigen Feuerlöschkosten.

2. Feuerlöschkosten sind Aufwendungen, die der Versicherungsnehmer zur Brandbekämpfung für geboten halten durfte.

3. Freiwillige Zuwendungen des Versicherungsnehmers an Personen, die sich bei der Brandbekämpfung eingesetzt haben, sind nur zu ersetzen, wenn der Versicherer vorher zugestimmt hatte.

**845 Verlängerte Mietverlustversicherung**

Abweichend von § 1 Nr. 3 VGB werden Mietverlust und ortsüblicher Mietwert für den vereinbarten längeren Zeitraum ersetzt.

**846 Zeitwertversicherung**

1. Abweichend von § 6 Nr. 1 Satz 1 VGB ist Versicherungswert der Zeitwert.

2. Der Zeitwert ergibt sich aus dem Neuwert der Sachen durch einen Abzug entsprechend ihrem insbesonders durch Alter und Abnutzung bestimmten Zustand.

3. Ergibt sich durch Reparatur eine Wertsteigerung gegenüber dem Versicherungswert unmittelbar vor Eintritt des Versicherungsfalls, so werden abweichend von § 7 Nr. 1 b VGB die Reparaturkosten um diese Wertsteigerung gekürzt.

**847 Erstrisikoversicherung**

Soweit Versicherung auf Erstes Risiko (Erste Gefahr) vereinbart ist, gelten die §§ 56 VVG, 7 Nr. 2 VGB (Unterversicherung) nicht.

**848 Wasseraustritt aus Sprinkleranlagen**

1. Versichert sind auch Schäden an versicherten Sachen, die durch Wasser zerstört oder beschädigt werden, das aus Sprinkleranlagen bestimmungswidrig austritt.

2. Ausgeschlossen sind Schäden, die durch bestimmungsgemäßes Öffnen der Sprinkler, durch Druckproben, durch Umbauten oder Reparaturarbeiten am Gebäude oder an der Sprinkleranlage verursacht werden. Zur Sprinkleranlage gehören Sprinkler, Wasserbehälter, Verteilerleitungen, Ventile, Alarmanlagen, Pumpenanlagen sowie sonstige Armaturen und Zuleitungsrohre, die ausschließlich dem Betrieb der Sprinkleranlage dienen.

3. Der Versicherungsschutz nach Nr. 1 erstreckt sich nur auf Sprinkleranlagen, die innerhalb der letzten 6 Monate vor Vertragsabschluß von der Technischen Prüfstelle des Verbandes der Sachversicherer e.V. abgenommen oder revidiert worden sind. Der Versicherungschutz beginnt erst, wenn die Durchführung der Prüfung und die Beseitigung etwa dabei festgestellter Mängel durch ein Zeugnis schriftlich nachgewiesen worden sind und der Versicherer dies bestätigt hat.

4. Der Versicherungsnehmer hat die gesamte Anlage auf seine Kosten halbjährlich durch die Technische Prüfstelle des Verbandes der Sachversicherer e.V. prüfen und etwaige Mängel durch eine anerkannte Installationsfirma unverzüglich beseitigen zu lassen.

Diese Verpflichtungen sind vereinbarte Sicherheitsvorschriften gemäß § 9 Nr. 1 VGB.

**849 (84) Klimaanlagen**

1. Als Leitungswasser im Sinne von § 4 Nr. 1 VGB gilt auch Wasser, das aus Heiz-, Kühl- und Kaltwasserumlaufsystemen sowie den fest damit verbundenen Einrichtungen von Klimaanlagen bestimmungswidrig austritt.

2. Schäden durch Rohrbruch oder Frost (einschließlich der Kosten der Nebenarbeiten und des Auftauens) an Rohrleitungen von Heiz-, Kühl- und Kaltwasserumlaufsystemen einer Klimaanlage sind eingeschlossen.

3. Nicht versichert sind Schäden durch den Austritt von Kühlmitteln und Schäden an Leitungen für Kühlmittel.

**850 (84) Wärmepumpen-Anlagen**

1. Als Leitungswasser im Sinne von § 4 Nr. 1 VGB gilt auch Wasser, das aus einer Wärmepumpen-Anlage bestimmungswidrig austritt.

2. Die Wasserzu- und Wasserableitungsrohre einer Wärmepumpen-Anlage werden den Zu- und Ableitungsrohren der Wasserversorgung im Sinne von § 4 Nr. 2 VGB gleichgestellt.

3. Nicht versichert sind

a) Schäden durch Austritt von anderen wärmetragenden Flüssigkeiten, wie Sole, Öle, Kühlmittel, Kältemittel und dgl.;

b) Bruch- und Frostschäden an Rohren, Pumpen, Verdichtern, Verdampfern und sonstigen Einrichtungen, die solche Flüssigkeiten enthalten;

c) Bruch- und Frostschäden an den außerhalb des Gebäudes verlegten Rohren einer Wärmequellen-Anlage.

**851 (84) Solarheizungs-Anlagen**

1. Als Leitungswasser im Sinne von § 4 Nr. 1 VGB gilt auch Wasser, das aus einer Solarheizungs-Anlage bestimmungswidrig austritt.

2. Schäden durch Rohrbruch oder Frost (einschließlich der Kosten der Nebenarbeiten und des Auftauens) an den Rohren sowie Frostschäden am Wärmespeicher und an sonstigen Einrichtungen der Solarheizungs-Anlage sind eingeschlossen.

3. Nicht versichert sind

a) Schäden durch Austritt von anderen wärmetragenden Flüssigkeiten, wie Sole, Öle, Kühlmittel, Kältemittel und dgl.;

b) Bruch- und Frostschäden an Rohren, Pumpen und sonstigen Einrichtungen der Solarheizungs-Anlage, die solche Flüssigkeiten enthalten.

**852 Erweiterte Versicherung von Rohrleitungen**

Soweit dies vereinbart ist, sind Schäden durch Rohrbruch oder Frost an Wasserzuleitungs- und Heizungsrohren mitversichert,

1. die zwar auf dem Versicherungsgrundstück verlegt sind, jedoch nicht der Versorgung eines versicherten Gebäudes dienen;

2. die außerhalb des Versicherungsgrundstückes verlegt sind, soweit der Versicherungsnehmer zur Unterhaltung dieser Anlagen verpflichtet ist.

**853 Kessel-, Maschinen- und elektrische Kraftanlagen**

Abweichend von § 4 Nr. 3 b VGB sind Kessel-, Maschinen- und elektrische Kraftanlagen, die gewerblichen Zwecken dienen, gegen Schäden durch Leitungswasser oder, sofern diese Gefahr mitversichert ist, gegen Schäden durch bestimmungswidrigen Wasseraustritt aus Sprinkleranlagen mitversichert.

**854 Sturmschäden an außen angebrachten Sachen in der Wohngebäude-Versicherung**

1. Nur aufgrund ausdrücklicher Vereinbarung sind

a) an der Außenseite des Gebäudes angebrachte Antennenanlagen, Markisen, Leuchtröhrenanlagen, Schilder und Transparente, Überdachungen, Schutz- und Trennwände und

b) elektrische Freileitungen, Ständer, Masten und Einfriedungen gegen Sturmschäden mitversichert.

Soweit eine solche Vereinbarung erfolgt ist, entfällt bei Schäden an diesen Sachen der Selbstbehalt.

2. Andere an der Außenseite des Gebäudes angebrachte Sachen sind abweichend von § 5 Nr. 3 b VGB ohne ausdrückliche Vereinbarung mitversichert. Der Versicherungsnehmer trägt bei diesen Sachen jedoch – soweit nichts anderes vereinbart ist – den Selbstbehalt gemäß § 5 Nr. 4 VGB.

**855 Wegfall des Selbstbehalts für Gebäudeverglasung**

Soweit Laden- und Schaufensterscheiben, künstlerisch bearbeitete Scheiben, Kirchenfenster und Scheiben in einer Einzelgröße von mehr als drei Quadratmetern sowie Rahmen und Profile dieser Verglasung ausdrücklich mitversichert sind, entfällt bei Schäden an diesen Sachen der Selbstbehalt gemäß § 5 Nr. 4 VGB.

**856 Repräsentanten**

Dem Versicherungsnehmer stehen als Repräsentanten gleich

1. Personen, die in dem Geschäftsbereich, zu dem die versicherten Sachen gehören, aufgrund eines Vertretungs- oder eines ähnlichen Verhältnisses anstelle des Versicherungsnehmers die Obhut über diese Sachen ausüben;

2. Personen, die damit betraut sind, rechtserhebliche Tatsachen anstelle des Versicherungsnehmers zur Kenntnis zu nehmen und dem Versicherer zur Kenntnis zu bringen;

3. Personen, denen die versicherten Sachen aufgrund eines Miet-, Pacht- oder ähnlichen Verhältnisses für längere Zeit in alleinige Obhut gegeben worden sind.

**857 Zivilschutzeinrichtungen**

Für vorschriftsmäßige Anlagen des Zivilschutzes sowie für Zivilschutzübungen gelten §§ 23 ff VVG, 8 VGB nicht.

**858 Auswahl der Sachverständigen**

1. Der Versicherer darf als Sachverständige keine Personen benennen, die Mitbewerber des Versicherungsnehmers sind oder mit ihm in dauernder Geschäftsverbindung stehen, ferner keine Personen, die bei Mitbewerbern oder Geschäftspartnern angestellt sind oder mit ihnen in einem ähnlichen Verhältnis stehen.

2. Nr. 1 gilt entsprechend für die Benennung eines Obmanns durch die Sachverständigen.

**859 Teilzahlung**

Der Versicherungsnehmer kann verlangen, daß eine Teilzahlung in Höhe des Betrages, der nach Lage der Sache mindestens zu zahlen ist, abweichend von den §§ 11 VVG, 19 VGB schon drei Wochen nach Anzeige des Versicherungsfalls erfolgt.

**860 Versicherungssummen und Entschädigungsgrenzen nach einem Versicherungsfall**

1. Abweichend von §§ 95 VVG, 20 VGB vermindern sich die Versicherungssummen ab Eintritt des Versicherungsfalls für den Rest der laufenden Versicherungsperiode nur dann um den Betrag der Entschädigung, wenn eine Partei dies nach Eintritt des Versicherungsfalls unverzüglich verlangt.

2. Wird dies nicht verlangt, so hat der Versicherungsnehmer, soweit nicht etwas anderes vereinbart ist, aus dem Teil der Versicherungssumme, der dem Betrag der Entschädigung entspricht, Prämie für die Zeit zwischen dem Versicherungsfall und dem Ende der laufenden Versicherungsperiode zeitanteilig nachzuentrichten. Der Versicherer ist berechtigt, diese Prämie von der Entschädigung einzubehalten.

3. Nr. 1 und 2 gelten entsprechend für Entschädigungsgrenzen.

**861 Mehrwertsteuer bei Gleitender Neuwertversicherung**

Ein Anspruch auf Erstattung der Mehrwertsteuer besteht im Schadenfall nicht, da die Versicherungssumme 1914 entsprechend niedriger festgesetzt wurde als der Versicherungswert 1914.

**862 Selbstbehalt bei ungekürzter Wohngebäude-Versicherungssumme**

Der bedingungsgemäß als entschädigungspflichtig errechnete Betrag einschließlich Aufwendungsersatz gemäß § 63 VVG wird je Versicherungsfall um den vereinbarten Selbstbehalt gekürzt.

**863 Aquarien in der Wohngebäude-Versicherung**

Abweichend von § 4 Nr. 1 VGB gilt als Leitungswasser auch Wasser, das aus Aquarien bestimmungswidrig ausgetreten ist.

**864 Ratenzahlung**

1. Ist für die Jahresprämie Ratenzahlung vereinbart, so gelten die ausstehenden Raten bis zu den vereinbarten Zahlungsterminen als gestundet.

2. Die gestundeten Raten des laufenden Versicherungsjahres werden sofort fällig, wenn der Versicherungsnehmer mit einer Rate ganz oder teilweise in Verzug gerät oder soweit eine Entschädigung fällig wird.

**865 Schäden durch Hagel**

1. Wenn dies besonders vereinbart ist, erstreckt sich die Sturmversicherung auch auf Schäden durch Hagel. In diesem Fall brauchen bei Schäden durch Hagel die Voraussetzungen von § 5 Nr. 1 VGB (Sturm) nicht gegeben zu sein.

2. § 5 Nr. 2 bis Nr. 5 VGB gilt sinngemäß auch für Schäden durch Hagel gemäß Nr. 1. Jedoch genügt es in den Fällen von § 5 Nr. 5 c VGB für den Versicherungsschutz, daß die Öffnung durch Hagel entstanden ist.

3. § 9 Nr. 1 und Nr. 3 VGB (Sicherheitsvorschriften) gilt auch für die Hagel-Versicherung gemäß Nr. 1.

**871 Führung**

Der führende Versicherer ist bevollmächtigt, Anzeigen und Willenserklärungen des Versicherungsnehmers für alle beteiligten Versicherer entgegenzunehmen.

**872 Prozeßführung**

Soweit die vertraglichen Grundlagen für die beteiligten Versicherer die gleichen sind, ist folgendes vereinbart:

1. Der Versicherungsnehmer wird bei Streitfällen aus diesem Vertrag Ansprüche nur gegen den führenden Versicherer und nur wegen dessen Anteil gerichtlich gültig machen.

2. Die beteiligten Versicherer erkennen die gegen den führenden Versicherer rechtskräftig gewordene Entscheidung sowie die von diesem mit dem Versicherungsnehmer nach Rechtshängigkeit geschlossenen Vergleiche als auch für sich verbindlich an.

3. Falls der Anteil des führenden Versicherers die Berufungs- oder Revisionssumme nicht erreicht, ist der Versicherungsnehmer berechtigt und auf Verlangen des führenden oder eines mitbeteiligten Versicherers verpflichtet, die Klage auf einen zweiten, erforderlichenfalls auf weitere Versicherer auszudehnen, bis diese Summe erreicht ist. Wird diesem Verlangen nicht entsprochen, so gilt Nr. 2 nicht.

**873 Makler**

Der den Versicherungsvertrag betreuende Makler ist bevollmächtigt, Anzeigen und Willenserklärungen des Versicherungsnehmers entgegenzunehmen. Er ist durch den Maklervertrag verpflichtet, diese unverzüglich an den Versicherer weiterzuleiten.

Anhang A 12

Gesamtverband der
Deutschen Versicherungswirtschaft e.V.

GDV

# Bestimmungen für einen Regreßverzicht der Feuerversicherer bei übergreifenden Schadenereignissen

– Fassung Januar 1998

Die in der anliegenden Liste genannten Versicherungsunternehmen (Abkommensunternehmen) werden jeweils für ihren Betrieb der Feuerversicherung einen nach § 67 VVG oder den entsprechenden landesrechtlichen Bestimmungen auf sie übergegangenen Schadensersatzanspruch (Regreßanspruch) unter folgenden Voraussetzungen und in der nachstehend bestimmten Höhe nicht geltend machen:

1. Zur Feuerversicherung gehören alle Versicherungen, die nach den Rechnungslegungsvorschriften zur Feuerversicherung gerechnet werden.

Die Bestimmungen gelten auch für

- Feuer-Betriebsunterbrechungs-, sonstige BU- sowie Mietverlustversicherung;
- Verbundene Hausrat-, Verbundene Wohngebäude- oder sonstige Gebäude- oder Inhaltversicherung;
- Mehrgefahren-, Allgefahrenversicherung;
- Allgemeine Einheitsversicherung,

soweit das Feuerrisiko gedeckt ist.

Nicht unter die Bestimmungen fallen z.B. die Versicherungszweige

- Extended Coverage (EC)-
- Kraftfahrt-
- Luftfahrt-
- Technische- oder
- Transportversicherung.

2. Der Schaden, auf dem der Regreßanspruch beruht, muß durch ein Ereignis bewirkt sein, das für den Regreßschuldner einen Versicherungsfall seiner Feuerversicherung darstellt. Der Versicherer muß im Rahmen dieser Feuerversicherung eine Entschädigung gezahlt haben, es sei denn, die Ersatzpflicht entfällt wegen eines vereinbarten Selbstbehaltes. Außerdem muß das Schadenereignis innerhalb der Bundesrepublik Deutschland von dem Versicherungsort dieser Feuerversicherung aus auf die versicherten Gegenstände übergegriffen haben.

3. Die Feuerversicherungen nach Ziffer 2 müssen bei einem Abkommensunternehmen bestehen (vgl. Ziffer 11).

4. Soweit die Regreßverzichtssummen (Ziffer 6) nicht für den Regreßschuldner verbraucht worden sind, erstreckt sich der Verzicht im Rahmen dieser Vereinbarung auch auf Ersatzansprüche, die sich richten

a) gegen Repräsentanten, gesetzliche Vertreter, Familienangehörige, persönlich haftende Teilhaber und Gesellschafter des Regreßschuldners sowie deren Familienangehörige. Familienangehörige im Sinne dieser Bestimmung sind mit dem Betreffenden in häuslicher Gemeinschaft lebende Ehegatten und Verwandte direkter aufsteigender und absteigender Linie des Betreffenden und seines Ehegatten;

b) gegen im Betrieb oder Haushalt des Regreßschuldners angestellte, nicht unter a) fallende Personen.

5. Ausgeschlossen vom Regreßverzicht sind Ersatzansprüche

a) gegen den Regreßschuldner, der den Schaden vorsätzlich oder grob fahrlässig herbeigeführt oder für ein solches Handeln einzustehen hat,

b) gegen die in Ziffer 4 a) genannten Personen, die den Schaden vorsätzlich oder grob fahrlässig herbeigeführt haben,

c) gegen die in Ziffer 4 b) genannten Personen, die den Schaden vorsätzlich herbeigeführt haben,

d) aus Schäden, die anläßlich der Ausübung einer gewerblichen oder beruflichen Tätigkeit außerhalb des eigenen Betriebes des Regreßschuldners an fremden Gegenständen verursacht werden,

e) die auf Tatbeständen des § 25 oder § 26 des Gesetzes über die friedliche Verwendung der Kernenergie und den Schutz gegen ihre Gefahren (Atomgesetz) vom 23.12.1959 (BGBl. I S. 814) beruhen.

6. Der Regreßverzicht ist je Schadenereignis nach unten und oben begrenzt:

a) Er gilt bei einem Regreßschuldner, für eine Regreßforderung bis zu 1.200.000 DM, jedoch nur insoweit, als die Regreßforderung 300.000 DM übersteigt.

b) Der Regreßverzicht erweitert sich über die untere Begrenzung hinaus insoweit, als eine Haftpflichtversicherung gemäß §§ 4 I Ziffer 6.a) (ausgenommen die Versicherung von „Mietsachschäden" in der Privathaftpflichtversicherung) und 6.b) sowie 4 II Ziffer 2 Allgemeine Versicherungsbedingungen für die Haftpflichtversicherung (AHB) keine Deckung bietet. Diese Regelung gilt auch für andere, vertraglich vereinbarte Allgemeine Versicherungsbedingungen (AVB) mit Haftpflichtdeckung.

7. a) Die obere Grenze des Regreßverzichts kann, so lange dieser in Kraft ist, erhöht werden, wenn der Versicherungsnehmer dies über das in seiner Feuerversicherung führende Versicherungsunternehmen bei der geschäftsführenden Stelle der Abkommensunternehmen (Gesamtverband der Deutschen Versicherungswirtschaft e.V. – GDV – ) schriftlich beantragt und sich zur Zahlung eines mit dieser Stelle zu vereinbarenden jährlichen Entgelts bereit erklärt.

b) Über die Erhöhung der Regreßverzichtsgrenze wird eine Urkunde ausgestellt.

8. Stehen mehreren Abkommensunternehmen Regreßansprüche aus ein und demselben Schadenereignis zu, so wird der dem Regreßschuldner nach Ziffer 6 bzw. 7 zugute kommende Regreßverzichtsbetrag auf die Abkommensunternehmen im Verhältnis der Höhe ihrer Ansprüche aufgeteilt.

9. a) Die Abkommensunternehmen in ihrer Gesamtheit können die aus dem Regreßverzicht erworbenen Rechte ohne Zustimmung der Begünstigten zum Ablauf eines Kalenderjahres aufheben oder ändern.

b) Die Aufhebung oder Änderung ist ein Jahr zuvor im Bundesanzeiger und in sonst geeigneter Form öffentlich bekanntzugeben.

10. a) Ein Vertrag über die Erhöhung der oberen Grenze des Regreßverzichts (Ziffer 7) kann sowohl vom Versicherungsnehmer als auch von den Abkommensunternehmen in ihrer Gesamtheit, diese vertreten durch den Gesamtverband der Deutschen Versicherungs wirtschaft e.V. – GDV –, gekündigt werden. Die Abkommensunternehmen können mit einer Frist von drei Monaten, der Versicherungsnehmer kann mit einer Frist von sechs Wochen zum Ende eines Kalenderjahres kündigen. Die Kündigung bedarf der Schriftform. Wird er nicht gekündigt, so verlängert sich der Vertrag stillschweigend um ein weiteres Jahr.

b) Werden die Rechte aus dem Regreßverzicht gemäß Ziffer 9 aufgehoben, so erlischt der Vertrag über die Erhöhung der oberen Grenze des Regreßverzichts.

11. a) Jedes einzelne Abkommensunternehmen kann den Regreßverzicht mit halbjährlicher Frist zum Ablauf des Kalenderjahres durch schriftliche Mitteilung an den Gesamtverband der Deutschen Versicherungswirtschaft e.V. – GDV – kündigen. Zu ihrer Wirksamkeit muß das austretende Unternehmen die Kündigung gleichzeitig fristgemäß im Bundesanzeiger veröffentlichen. Es ist außerdem verpflichtet, die Kündigung seinen Versicherungsnehmern durch Aufdruck auf die nächste Prämienrechnung oder unverzüglich in sonst geeigneter Weise mitzuteilen.

b) Die Veröffentlichung der in Ziffer a) genannten Kündigung im Bundesanzeiger wirkt gleichzeitig als Kündigung gegenüber den aus einem Vertrag über die Erhöhung der oberen Grenze des Regreßverzichts (Ziffer 7) Berechtigten. Diesen Berechtigten ist die Kündigung außerdem vom Verband der Schadenversicherer e.V. unverzüglich mitzuteilen.

c) Das Abkommen wird nach einer Kündigung durch ein Abkommensunternehmen unter den übrigen Abkommensunternehmen fortgesetzt.

d) Mit der Kündigung bestehen gegenüber den austretenden Unternehmen keine Rechte mehr. Gleichzeitig verlieren auch die Versicherungsnehmer des austretenden Unternehmens ihre Rechte gegenüber den übrigen Abkommensunternehmen.

12. a) Im Falle einer Aufhebung oder Änderung der Rechte (Ziffer 9 und 10 b) sowie im Falle eines Austritts eines Abkommensunternehmens (Ziffer 11) bleiben die Rechte der Begünstigten, die zur Zeit der Wirkung dieser Maßnahmen bestehen, noch bis zum Ablauf der laufenden Versicherungsperiode (§ 9 VVG) des Feuerversicherungsvertrages erhalten.

b) Ist ein Vertrag über die Erhöhung der oberen Grenze des Regreßverzichts (Ziffer 7) für länger als ein Jahr geschlossen, so wirken Aufhebung, Änderung und Austritt erst mit Ablauf der vereinbarten Laufzeit.

Anhang A 13

# Grundstücksbelastung

## Anmeldung und Versicherungsbestätigung

Versicherer (Name und Anschrift)

Versicherungsnehmer (Name und Anschrift)

Versicherungsgrundstück (wenn abweichend von o.a. Anschrift)

eingetragen beim Amtsgericht in

von | Band | Blatt

Versicherungsschein-Nummer der Feuerversicherung

Grundstückseigentümer (wenn abweichend vom Versicherungsnehmer)

## Anmeldung des Kreditinstituts

Das oben benannte Grundstück ist zu unseren Gunsten mit einem Grundpfandrecht belastet. Wir melden dieses Grundpfandrecht hiermit an und bitten um Bestätigung unserer Anmeldung sowie um Auskunft über Art und Höhe der Feuerversicherung.

Datum und Unterschrift des Kreditinstituts

## Bestätigung des Versicherers

Wir haben zur Kenntnis genommen, daß das oben benannte Grundstück mit einem Grundpfandrecht für Sie belastet ist. Die auf dem Grundstück befindlichen Gebäude sind bei uns auf Grund des bestehenden Versicherungsverhältnisses mit folgenden Versicherungssummen gegen Feuerschäden versichert:

| Gleitender Neuwert VS 1914 Mark | Neuwert (DM oder EUR)[1] | Zeitwert (DM oder EUR)[1] | Versicherungsbeginn |
|---|---|---|---|
| | | | |

| Selbstbeteiligung (in Prozent) | Selbstbeteiligung (DM oder EUR)[1] |
|---|---|
| % | |

Eine Erhöhung der dinglichen Belastung ist nicht meldepflichtig.
Ist über die Versicherung ein Sammelversicherungsschein ausgestellt, so wird diese Bestätigung zugleich im Namen der beteiligten Versicherer erteilt. Maßgebend für die anteilige Haftung ist der am Schadentag gültige Verteilungsplan laut Versicherungsvertrag.

**Blatt 2 bitte zurücksenden an:**

BLZ | Für interne Angaben des Kreditinstituts

Kreditinstitut (Name und Anschrift)

Datum und Unterschrift des Versicherers

[1] Bitte unbedingt Betrag **und** Währungszeichen eintragen

## Anhang A 14

# Zubehör-Hypothekensicherungsschein

Versicherer (Name und Anschrift)

Versicherungsnehmer (Name und Anschrift)

Versicherungsgrundstück (wenn abweichend von o.a. Anschrift)

Versicherungsschein-Nummer der Feuerversicherung

Grundstückseigentümer (wenn abweichend vom Versicherungsnehmer)

## Erklärung des Versicherungsnehmers

Wir bitten, dem unten genannten Kreditgeber den von ihm beantragten Hypothekensicherungsschein auf unsere Kosten auszustellen und zeigen dem Versicherer hiermit an, daß wir unsere Entschädigungsansprüche aus der vorerwähnten Versicheurng, soweit sie sich auf die in der obigen Anmeldung genannten Gegenstände bezieht, zur Sicherung bestehender und künftiger Forderungen, soweit diese durch eine

☐ **Hypothek** ☐ **Grundschuld** ☐ **Rentenschuld** ☐ **Reallast**

gesichert sind oder gesichert werden, dem Kreditgeber verpfändet haben.

Wir verpflichten uns, die Versicherung nicht aufzuheben, auch nicht in ihrem Betrag zu mindern, sie vielmehr unverändert fortzusetzen, solange nicht entweder der Kreditgeber schriftlich in die Aufhebung oder Verminderung der Versicherung einwilligt oder aber durch eine Bescheinigung des Grundbuchamtes nachgewiesen wird, daß für den Kreditgeber auf dem oben genannten Grundstück eine dingliche Belastung nicht mehr besteht. Die schriftliche Einwilligung oder die grundbuchamtliche Bescheinigung müssen mindestens 1 Monat vor Vertragsablauf, bei einer Kündigung im Schadenfall spätestens bis zum Ablauf der vereinbarten Kündigungsfrist dem Versicherer eingereicht werden, um gültig beigebracht zu sein.
Die auf der Rückseite genannten Bedingungen erkennen wir an und haben ein Doppel dieser Erklärung erhalten.

Datum und Unterschrift des Versicherungsnehmers

## Anmeldung des Kreditgebers

Der Eigentümer hat Zubehörstücke und Bestandteile des belasteten Grundstücks, auf die sich die Hypothek/Grundschuld/ Rentenschuld/ Reallast erstreckt, durch obigen Versicherungsschein als bewegliche Sache versichert.
Wir beantragen hiermit, für diese Versicherung den Hypothekensicherungsschein zu den umseitigen Bedingungen zu erteilen.

Datum und Unterschrift des Kreditgebers

**Bitte zurücksenden an:**

BLZ

Für interne Angaben des Kreditgebers

Kreditgeber (Name und Anschrift)

## Hypothekensicherungsschein

Wir erteilen hiermit dem Kreditgeber bezüglich der angegebenen Versicherung den Hypothekensicherungsschein zu umseitigen Bedingungen. Anderweitige Abtretungen, Verpfändungen oder Pfändungen der Entschädigungsansprüche als die in der Erklärung des Versicherungsnehmers aufgeführten sind uns nicht bekannt.

☐ Es besteht eine **Selbstbeteiligung** des Versicherungsnehmers von

% (DM oder EUR)[1]

Datum und Unterschrift des Versicherers

[1] Bitte unbedingt Betrag **und** Währungszeichen eintragen

## Bedingungen zur Erteilung des Zubehör-Hypothekensicherungsscheins

1 Die Entschädigung wird an den Versicherungsnehmer nur geleistet, wenn dieser die Einwilligung des Kreditgebers zur unbedingten Zahlung beibringt, oder nur an den Kreditgeber, wenn dieser als Pfandgläubiger zur Einziehung der Entschädigung berechtigt ist und soweit die Zahlung an ihn durch Rechte Dritter nicht gehindert wird. Der Versicherer darf jedoch die Entschädigung an den Versicherungsnehmer leisten, wenn die Gegenstände wiederhergestellt sind oder Ersatz für sie beschafft ist. Eine mit dem Versicherungsnehmer besonders getroffene Wiederherstellungsvereinbarung wird hierdurch nicht berührt.

2 Ist der Versicherer wegen des Verhaltens des Versicherungsnehmers von der Entschädigungspflicht frei, so bleibt gleichwohl seine Verpflichtung gegen den Kreditgeber bestehen. Das gleiche gilt, wenn der Versicherer nach dem Eintritt des Schadenfalles vom Vertrage zurücktritt oder ihn anficht.

Die Vorschrift des ersten Satzes unter Nr. 2 findet keine Anwendung, wenn der Versicherer wegen nicht rechtzeitiger Prämienzahlung von der Entschädigungspflicht frei ist (vgl. hierzu jedoch die folgenden Bestimmungen 3 und 4).

3 Der Versicherer darf, auch wenn der Versicherungsnehmer widerspricht, die von dem Kreditgeber angebotene Prämienzahlung nicht ablehnen.

4 Der Versicherer hat dem Kreditgeber unverzüglich Mitteilung zu machen, wenn eine Folgeprämie nicht rechtzeitig gezahlt und dem Versicherungsnehmer die im Versicherungsvertragsgesetz und in den Allgemeinen Bedingungen für die Feuerversicherung vorgeschriebene Frist für die Zahlung der Prämie bestimmt ist. Das gleiche gilt, wenn das Vertragsverhältnis nach dem Ablauf der Frist wegen unterbliebener Prämienzahlung gekündigt wird. Die Entschädigungspflicht des Versicherers bleibt dem Kreditgeber gegenüber noch einen Monat von dem Zeitpunkt an bestehen, in welchem der Kreditgeber die Mitteilung von der Bestimmung der Zahlungsfrist erhalten hat.

Der Versicherer ist verpflichtet, die Versicherung für das Interesse des Kreditgebers unvermindert fortzusetzen, wenn der Kreditgeber dies bis zum Ablauf der im ersten Absatz genannten Frist bei dem Versicherer schriftlich beantragt und sich zugleich zur Zahlung der Prämie verpflichtet.

5 Eine Anfechtung, eine Kündigung, ein Rücktritt, ein Ablauf oder eine sonstige Tatsache, welche die Beendigung des Versicherungsverhältnisses zur Folge hat, ferner eine Vereinbarung zwischen dem Versicherer und dem Versicherungsnehmer, durch welche die Versicherungssumme oder der Umfang der Gefahr, für die der Versicherer haftet, eine Minderung erfährt, wirkt gegenüber dem Kreditgeber erst mit Ablauf von drei Monaten, nachdem die Beendigung oder die Minderung und, sofern diese noch nicht eingetreten waren, der Zeitpunkt der Beendigung oder der Minderung ihm durch den Versicherer mitgeteilt ist. Dies gilt jedoch nicht, wenn das Versicherungsverhältnis mit Zustimmung des Kreditgebers gekündigt wird.

Der zweite Absatz der Bestimmung 4 findet entsprechende Anwendung.

Endet das Versicherungsverhältnis jedoch dadurch, daß die versicherten Sachen von dem Versicherungsort entfernt werden, wirkt diese Beendigung sogleich gegenüber dem Kreditgeber, ohne daß der Versicherer zur Fortsetzung der Versicherung für das Interesse des Kreditgebers verpflichtet ist.

Eine Kündigung der Versicherung durch den Versicherungsnehmer ist nur wirksam, wenn dieser mindestens einen Monat vor Ablauf des Versicherungsvertrages nachgewiesen hat, daß der Kreditgeber der Kündigung zugestimmt hat oder daß in dem Zeitpunkt, in dem die Kündigung spätestens zulässig war, sich die Hypothek nicht mehr auf die versicherten Sachen erstreckte.

6 Eine Nichtigkeit des Versicherungsvertrages wegen Über- oder Doppelversicherung, bei denen eine unredliche Absicht des Versicherungsnehmers obwaltet, kann gegenüber dem Kreditgeber nicht geltend gemacht werden. Das Versicherungsverhältnis endigt jedoch ihm gegenüber mit Ablauf von drei Monaten, nachdem ihm die Nichtigkeit durch den Versicherer mitgeteilt ist.

In diesem Falle findet der zweite Absatz der Bestimmung 4 entsprechende Anwendung.

7 Soweit der Versicherer auf Grund der vorstehenden Bestimmungen den Kreditgeber zu befriedigen hat, ohne nach dem Vertrag zu einer Entschädigung verpflichtet zu sein, braucht er erst zu zahlen, wenn ihm der Kreditgeber in entsprechender Höhe seine Forderung gegen den Versicherungsnehmer und das Realrecht sowie die sonstigen Sicherheiten jeder Art abtritt. Der Übergang darf nicht zum Nachteil des Kreditgebers geltend gemacht werden.

8 Der Versicherer hat innerhalb einer Woche nach erhaltener Kenntnis von einem Brandschaden – unbedeutende Brandschäden ausgenommen – dem Kreditgeber Mitteilung zu machen.

Ist über die Versicherung ein Sammelversicherungsschein ausgestellt, so wird dieser Sicherungsschein zugleich im Namen der beteiligten Versicherer erteilt. Maßgebend für die anteilige Haftung der Versicherer ist der am Schadentag gültige Verteilungsplan lt. Versicherungsvertrag.

Anhang A 15

# Ihre Wohngebäudeversicherung

## und was Sie darüber wissen sollten

**Versicherung ist Vorsorge für einen möglichen Schaden, von dem niemand weiß, wann und unter welchen Umständen er eintritt – und wie groß er ist. Deshalb liegt es im Interesse beider Vertragspartner, den Versicherungsvertrag so abzufassen, daß die Vereinbarung ohne Wenn und Aber dem Ernstfall standhält. Dazu bedarf es einer genauen Beschreibung der Rechte und Pflichten beider Partner. Das geschieht in den Versicherungsbedingungen.**

**Versicherungsbedingungen müssen also sein. Sie sind juristisch exakt formuliert. Die notwendige rechtliche Klarheit erlaubt dabei keine Kompromisse zugunsten eines gefälligen, leicht verständlichen Textes.**

**Wir möchten Ihnen helfen, die juristische Fachsprache besser zu verstehen. Deshalb haben wir hier versucht, die wichtigsten Bestimmungen Ihres Versicherungsvertrages übersichtlich und allgemeinverständlich darzustellen.**

Ihre Rechte und Pflichten ergeben sich aus den von Ihrem Versicherer verwendeten "Allgemeinen Wohngebäudeversicherungsbedingungen (VGB ´88)" und den mit Ihnen getroffenen Vereinbarungen.

**Bitte nehmen Sie sich ein paar Minuten Zeit und lesen Sie dieses Merkblatt.**

### Was der Versicherer unter Gebäude versteht

Unter Gebäude ist nicht nur der eigentliche Baukörper, sondern sind auch verschiedene Einbauten zu verstehen. Achten Sie deshalb darauf, daß eingebaute Schränke, festverlegte Fußbodenbeläge, Zentralheizungsanlagen, sanitäre Installationen und elektrische Anlagen in der Versicherungssumme erfaßt sind, denn sie zählen zum Gebäude. Selbst Zubehör, das der Instandhaltung des Gebäudes oder dessen Nutzung zu Wohnzwecken dient, zählt dazu, z. B. Maschinen oder Gemeinschaftswaschanlage, Brennstoffvorräte für Sammelheizung, außen am Gebäude angebrachte Antennen, Markisen, Überdachungen.

Vergessen Sie nicht, Nebengebäude und Garagen auf Ihrem Grundstück anzugeben, damit sie versichert sind. Sprechen Sie mit Ihrem Versicherer, wenn Sie weiteres Zubehör oder sonstige Grundstücksbestandteile (z. B. Hundehütte, Müllbox, Fahnenmast, Einfriedung) auf Ihrem Grundstück versichern möchten. Denn auch diese Sachen lassen sich in den Versicherungsschutz einbeziehen.

## Wogegen Ihr Gebäude versichert ist

Versichert ist – soweit mit Ihnen vereinbart – das Gebäude gegen Schäden durch Feuer, Leitungswasser, Sturm und Hagel. Dabei sind einige Schadenursachen, die kaum kalkulierbar oder aber leicht zu vermeiden sind, ausgenommen, damit die Beiträge in vernünftigen Grenzen bleiben.

Die Übersicht auf dieser Seite zeigt Ihnen auf einen Blick, wo die Grenzen verlaufen.

| | Versichert sind | Nicht versichert sind |
|---|---|---|
| Feuer | Schäden durch Brand, Blitzschlag, Explosion, Absturz von Flugzeugen sowie Folgeschäden durch Rauch, Ruß und Löschen. | Schäden, die dadurch entstehen, daß Sachen bewußt und ihrem Zweck nach dem Feuer oder der Wärme ausgesetzt werden (z.B. ausgeglühter Heizungskessel). |
| Leitungswasser | Schäden durch bestimmungswidrig austretendes Leitungswasser, auch aus allen mit dem Rohrsystem verbundenen Einrichtungen (z.B. Wasch- und Geschirrspülmaschinen) oder Schläuchen der Wasserversorgung; Schäden durch Überlaufen oder Wasserdampf. | Durchnässungs-, Bruch- und Frostschäden, solange das versicherte Gebäude nicht bezugsfertig oder wegen Umbauarbeiten für seinen Zweck nicht benutzbar ist. |
| | Bruch- und Frostschäden an Rohrleitungen im Gebäude; auch Schäden an Zuleitungs- und Heizungsrohren außerhalb des Gebäudes, aber innerhalb des Versicherungsgrundstücks. Frostschäden an Badeeinrichtungen, Waschbecken, Spülklosetts, Wasserhähnen und Wassermessern, an Heizkörpern, Heizkesseln, Boilern und Durchlauferhitzern. | Schäden durch Erdsenkung oder Erdrutsch, sofern sie nicht durch einen Leitungswasserschaden verursacht wurden. Ferner durch Niederschläge, Grund- und Hochwasser, stehende und fließende Gewässer, witterungsbedingten Rückstau, Plansch- oder Reinigungswasser, Hausschwamm. |
| Sturm/ Hagel | Schäden, die ein Sturm (mindestens Windstärke 8) am Gebäude, auch an Scheiben und Fenstern anrichtet. | Schäden vor Bezugsfertigkeit des Gebäudes oder wenn es wegen Umbauarbeiten für seinen Zweck nicht mehr benutzbar ist. |
| | Schäden durch Bäume oder sonstige Gegenstände, die der Sturm auf das versicherte Gebäude wirft. | Schäden an Laden- und Schaufensterscheiben. |
| | Hagelschäden am Gebäude sowie an Scheiben und Fenstern. | |
| | Schäden, die eindringende Niederschläge anrichten, wenn der Sturm oder der Hagelschlag das Dach abgedeckt, Fensterscheiben eingedrückt oder zerbrochen hat. | Schäden durch Sturmflut und Lawinen. Ferner durch Regen, Hagel, Schnee oder Schmutz, wenn diese Niederschläge durch unverschlossene oder undichte Türen, Fenster oder sonstige Öffnungen eindringen. |
| Bitte beachten Sie: | Schäden durch Kriegsereignisse, innere Unruhen, Erdbeben und Kernenergie sind nicht versichert. Für Schäden durch Kernenergie besteht eine gesetzlich geregelte Haftpflichtversicherung, die den Geschädigten schützt. | |

## Was Sie beim Vertragsabschluß beachten sollten

Sie sollten immer darauf achten, daß Sie Ihr Gebäude nicht nur gegen Feuer-, sondern auch gegen Leitungswasser-, Sturm- und Hagelschäden versichern.

Haben Sie ein Gebäude erworben, dann teilen Sie dem Versicherer bitte mit, ob der Verkäufer das Haus versichert hatte, damit eine Doppelversicherung vermieden wird.

Bitte beantworten Sie alle Fragen des Versicherungsantrags vollständig und richtig.

Versicherungsverträge werden wegen der Hypothekendarlehen meist schon dann abgeschlossen, wenn mit dem Bau noch nicht begonnen wurde. Zu diesem Zeitpunkt liegen daher nur Kostenvoranschläge vor. Bemessen Sie also die Versicherungssumme nicht zu niedrig, denn nach aller Erfahrung wird ein Kostenvoranschlag um 15 bis 20 % überschritten. Um diesen Prozentsatz sollten Sie die Summe erhöhen. Vergessen Sie bitte auch nicht, den Anteil der Eigenleistungen sowie Architektenhonorare und weitere Baunebenkosten in die Versicherungssumme einzurechnen, und geben Sie dem Versicherer, wenn alle Rechnungen vorliegen, die endgültigen Gesamtbaukosten an.

## Was Sie während der Laufzeit des Vertrages beachten sollten

Bitte teilen Sie dem Versicherer alle Neu-, Um- und Anbauten mit, wie z. B. den Einbau einer Zentralheizung, das Verlegen von Teppichböden oder den Ausbau von Dach- und Kellerräumen, damit die Versicherungssumme entsprechend angepaßt wird.

Benachrichtigen Sie den Versicherer über jede Gefahrerhöhung, z. B., wenn in Ihrem Haus eine Gaststätte, eine Tischlerei oder ein sonstiger Gewerbebetrieb eingerichtet wird.

Beachten Sie auch alle behördlichen und gesetzlichen Sicherheitsvorschriften.

Darüber hinaus sind in den Bedingungen einige Auflagen enthalten, die eigentlich ohnehin zur normalen Sorgfaltspflicht gehören und leicht zu erfüllen sind:
So müssen beispielsweise Haus und Dach (Sturmversicherung) und alle Wasserleitungs- und Heizungsanlagen (Leitungswasserversicherung) in ordnungsgemäßem Zustand erhalten werden. Wenn Sie verreisen, insbesondere im Winter, müssen Sie wasserführende Anlagen sperren und entleeren.

Dies alles ist wichtig, damit Ihr Versicherungsschutz nicht beeinträchtigt wird.

## Was Sie im Schadenfall tun müssen

- Versuchen Sie, den Schaden gering zu halten.
- Rufen Sie in Brandfällen sofort die Feuerwehr.
- Schließen Sie bei Leitungswasserschäden den Haupthahn.
- Lassen Sie zugefrorene Rohre, Heizkörper usw. durch einen Fachmann auftauen. Durch Sturm oder Hagel entstandene Öffnungen sind baldmöglichst zu verschließen.
- Benachrichtigen Sie sofort den Versicherer.
- Erleichtern Sie dem Versicherer die Untersuchungen, die nötig sind, um Ursache und Höhe des Schadens festzustellen.

## Was Sie im Schadenfall erhalten

Ist Ihr Gebäude zerstört, z. B. abgebrannt, erhalten Sie den ortsüblichen Neubauwert. Er richtet sich nach den Preisen unmittelbar vor dem Schaden. Darüber hinaus werden Ihnen die Mehrkosten ersetzt, die sich in der Zeitspanne zwischen Schadenfall und Wiederherstellung aufgrund von Preissteigerungen ergeben. Auch Mehrkosten wegen behördlicher Auflagen werden in bestimmten Grenzen erstattet.

Ist Ihr Gebäude durch Feuer, Leitungswasser, Sturm oder Hagel beschädigt, erhalten Sie die Reparaturkosten.

Sind Aufräumungs- oder Abbrucharbeiten erforderlich oder müssen versicherte Sachen, die unversehrt geblieben sind, bewegt oder gegen Beschädigungen geschützt werden, so erhalten Sie die Kosten bis zu einem bestimmten Prozentsatz der Versicherungssumme ersetzt.

Für Sachen, die bei Löscharbeiten beschädigt werden, wird ebenfalls Entschädigung geleistet.

Sind Wohnräume unbenutzbar, zahlt Ihnen Ihr Versicherer bis zu 12 Monaten – sofern nichts anderes vereinbart ist – den Mietverlust oder ortsüblichen Mietwert, wenn Sie die Räume selbst bewohnt haben.

**Vollen Ersatz Ihres Schadens erhalten Sie**

- wenn Sie das Gebäude tatsächlich wieder aufbauen oder dem Versicherer nachweisen, daß Sie die Entschädigung voll für die Wiederherstellung verwenden. Wollen Sie dies nicht, so erhalten Sie eine Entschädigung, die nach dem Zustand des Gebäudes, seinem Alter und seiner Abnutzung berechnet wird (Zeitwertentschädigung); das gilt auch, wenn Sie innerhalb von 3 Jahren nach dem Schadenfall nicht wieder Ihr Gebäude neu aufgebaut haben;
  und
- wenn die vereinbarte Versicherungssumme dem Wert des Gebäudes entspricht. Ist die Summe zu niedrig angesetzt – es liegt dann eine sogenannte Unterversicherung vor – kann der Schaden nur anteilig ersetzt werden.

**Dafür ein Beispiel:**
Der Wert Ihres Hauses am Schadentag beträgt 300.000,– DM, die vereinbarte Versicherungssumme nur 150.000,– DM. Nach einem Brand bleiben nur Außenmauern und Wände stehen. Die Wiederherstellung kostet 100.000,– DM. In diesem Fall kann Ihnen nur die Hälfte des Schadens, nämlich 50.000,– DM gezahlt werden, denn Sie hatten nur die Hälfte des Wertes versichert.

Haben Sie Ihr Gebäude – das ist heute allgemein üblich – zum gleitenden Neuwert versichert, dann werden Versicherungsschutz und Beitrag automatisch der Veränderung der Baupreise angepaßt. Dies erspart Ihnen die ständige Beobachtung der Baupreise. Eine Unterversicherung mit den geschilderten Nachteilen ist hier nur dann möglich, wenn der Wert Ihres Hauses bei Abschluß des Vertrages zu niedrig angegeben war oder sich danach durch Umbauten oder Ausbauten erhöht hat.

Wenn die Versicherungssumme durch einen vom Versicherer anerkannten Bausachverständigen ermittelt worden ist oder wenn Sie selbst die Fragen im Versicherungsantrag nach Größe, Ausbau und Ausstattung des Gebäudes zutreffend beantwortet haben, verzichtet der Versicherer darauf, im Schadenfall einen Abzug wegen Unterversicherung vorzunehmen.

Eine Einschränkung, die eigentlich selbstverständlich ist: Wer einen Schaden vorsätzlich oder grobfahrlässig herbeiführt oder den Schaden absichtlich falsch darstellt, erhält keine Entschädigung.

## Wann Sie Ihre Entschädigung erhalten

Die entstandenen Reparaturkosten werden Ihnen erstattet, sobald die nötigen Feststellungen getroffen werden konnten.

Einen Monat nach Anzeige des Schadens haben Sie Anspruch auf eine angemessene Abschlagszahlung.

Wurde Ihr Gebäude zerstört, erhalten Sie, solange es nicht wieder hergestellt wird, zunächst eine Zeitwertentschädigung. Diese wird gezahlt, sobald Grund und Höhe des Schadens festgestellt sind. Die Differenz zum Neuwert erhalten Sie, sobald sichergestellt ist, daß Sie das Gebäude wieder herstellen.

## Wie lange Ihr Versicherungsvertrag läuft

Ihr Vertrag verlängert sich nach Ablauf von Jahr zu Jahr, wenn er nicht spätestens 3 Monate vorher schriftlich gekündigt wird.

Nach jedem Versicherungsfall kann der Versicherungsvertrag gekündigt werden. Die Kündigung muß dem Versicherer spätestens einen Monat nach Auszahlung der Entschädigung zugehen. Sie wird einen Monat nach ihrem Zugang wirksam. Sie können aber bestimmen, daß Ihre Kündigung auch zu einem späteren Zeitpunkt wirksam wird, jedoch spätestens zum Schluß des laufenden Versicherungsjahres.

Wenn Sie Ihr Gebäude verkaufen, geht der Vertrag auf den Käufer über, sobald die Grundbucheintragung geändert ist. Nennen Sie dem Versicherer deshalb unverzüglich den Käufer Ihres Hauses.

Wir haben uns bemüht, die wichtigsten Bestimmungen Ihres Versicherungsvertrages zu erläutern. Vielleicht sind noch einige Fragen offen geblieben, die Sie persönlich betreffen. Bitte sprechen Sie darüber mit Ihrem Versicherungsfachmann, der Sie gerne beraten wird.

Verantwortlich für den Inhalt: Gesamtverband der Deutschen Versicherungswirtschaft e.V., GDV · Bereich Schaden- und Unfallversicherung · Walter-Flex-Straße 3 · 53113 Bonn
Vertrieb: GDV Büro Köln · Riehler Straße 36 · 50668 Köln · VdS-Nr. 777 · 07/97

# Anhang B

## Sonstige Sachversicherung

# Anhang B 1

## Allgemeine Hausratversicherungsbedingungen (VHB 92)

– Fassung Januar 1995



### § 1 Versicherte Sachen

1. Versichert ist der gesamte Hausrat. Dazu gehören alle Sachen, die einem Haushalt zur Einrichtung oder zum Gebrauch oder zum Verbrauch dienen, außerdem Bargeld. Für Wertsachen einschließlich Bargeld gelten Entschädigungsgrenzen (§ 19).

2. Versichert sind auch

a) Rundfunk- und Fernsehantennenanlagen sowie Markisen, soweit diese Sachen nicht mehreren Wohnungen oder gewerblichen Zwecken dienen;

b) in das Gebäude eingefügte Sachen, die der Versicherungsnehmer als Mieter auf seine Kosten beschafft oder übernommen hat und für die er die Gefahr trägt, insbesondere sanitäre Anlagen und leitungswasserführende Installationen mit deren Zu- und Ableitungsrohren;

c) motorgetriebene Krankenfahrstühle, Rasenmäher, Go-Karts und Spielfahrzeuge;

d) Kanus, Ruder-, Falt- und Schlauchboote einschließlich ihrer Motoren sowie Surfgeräte und Flugdrachen;

e) Arbeitsgeräte und Einrichtungsgegenstände, die dem Beruf oder dem Gewerbe des Versicherungsnehmers oder einer mit ihm in häuslicher Gemeinschaft lebenden Person dienen. Die Einschränkung gemäß § 10 Nr. 3 bleibt unberührt.

3. Die in Nr. 1 und Nr. 2 genannten Sachen sind auch versichert, soweit sie fremdes Eigentum sind.

4. Nicht versichert sind

a) Gebäudebestandteile, es sei denn, sie sind in Nr. 2 a und 2 b genannt;

b) Kraftfahrzeuge aller Art und deren Anhänger, es sei denn, sie sind in Nr. 2 c genannt;

c) Wasserfahrzeuge, es sei denn, sie sind in Nr. 2 d genannt;

d) Hausrat von Untermietern, soweit er diesen nicht durch den Versicherungsnehmer überlassen worden ist;

e) Sachen, die durch einen Versicherungsvertrag für Schmucksachen und Pelze im Privatbesitz versichert sind.

### § 2 Versicherte Kosten

1. Versichert sind die infolge eines Versicherungsfalles notwendigen Kosten

a) für das Aufräumen versicherter Sachen sowie für das Wegräumen und den Abtransport von Resten versicherter Sachen (Aufräumungskosten);

b) die aufzuwenden sind, weil zur Wiederherstellung oder Wiederbeschaffung versicherter Sachen andere Sachen bewegt, verändert oder geschützt werden müssen (Bewegungs- und Schutzkosten);

c) für Transport und Lagerung des versicherten Hausrats, wenn die Wohnung unbenutzbar wurde und dem Versicherungsnehmer auch die Lagerung in einem etwa benutzbaren Teil nicht zumutbar ist. Die Kosten für die Lagerung werden bis zu dem Zeitpunkt ersetzt, in dem die Wohnung wieder benutzbar oder eine Lagerung in einem benutzbaren Teil der Wohnung wieder zumutbar ist, längstens für die Dauer von 100 Tagen (Transport- und Lagerkosten);

d) für Maßnahmen, auch erfolglose, die der Versicherungsnehmer zur Abwendung oder Minderung des Schadens für geboten halten durfte (Schadenabwendungs- oder Schadenminderungskosten);

e) für Schloßänderungen, wenn Schlüssel für Türen der Wohnung durch einen Versicherungsfall abhanden gekommen sind (Schloßänderungskosten);

f) für Reparaturen von Gebäudebeschädigungen, die im Bereich der Wohnung (§ 10) durch Einbruchdiebstahl, Raub oder den Versuch einer solchen Tat oder innerhalb der Wohnung durch Vandalismus nach einem Einbruch (§ 6) entstanden sind (Reparaturkosten für Gebäudebeschädigungen);

g) für Reparaturen in gemieteten Wohnungen, um Leitungswasserschäden an Bodenbelägen, Innenanstrichen oder Tapeten der Wohnung (§ 10) zu beseitigen (Reparaturkosten für gemietete Wohnungen);

h) für Hotel- oder ähnliche Unterbringung ohne Nebenkosten (z.B. Frühstück, Telefon), wenn die Wohnung unbewohnbar wurde und dem Versicherungsnehmer auch die Beschränkung auf einen etwa bewohnbaren Teil nicht zumutbar ist. Die Kosten werden bis zu dem Zeitpunkt ersetzt, in dem die Wohnung wieder bewohnbar ist, längstens für die Dauer von 100 Tagen. Die Entschädigung ist pro Tag auf 1 Promille der Versicherungssumme begrenzt, soweit nicht etwas anderes vereinbart ist (Hotelkosten).

2. Nicht versichert sind Aufwendungen für Leistungen der Feuerwehren oder anderer im öffentlichen Interesse zur Hilfeleistung Verpflichteter, wenn diese Leistungen im öffentlichen Interesse erbracht werden.

### § 3 Versicherte Gefahren und Schäden

Entschädigt werden versicherte Sachen, die durch

1. Brand, Blitzschlag, Explosion, Anprall oder Absturz eines Luftfahrzeuges, seiner Teile oder seiner Ladung,

2. Einbruchdiebstahl, Raub oder den Versuch einer solchen Tat,

3. Vandalismus nach einem Einbruch,

4. Leitungswasser,

5. Sturm, Hagel

zerstört oder beschädigt werden oder infolge eines solchen Ereignisses abhanden kommen.

## § 4 Brand; Blitzschlag; Explosion

1. Brand ist ein Feuer, das ohne einen bestimmungsgemäßen Herd entstanden ist oder ihn verlassen hat und das sich aus eigener Kraft auszubreiten vermag.

2. Blitzschlag ist der unmittelbare Übergang eines Blitzes auf Sachen.

3. Explosion ist eine auf dem Ausdehnungsbestreben von Gasen oder Dämpfen beruhende, plötzlich verlaufende Kraftäußerung.

## § 5 Einbruchdiebstahl; Raub

1. Einbruchdiebstahl liegt vor, wenn der Dieb

a) in einen Raum eines Gebäudes einbricht, einsteigt oder mittels falscher Schlüssel oder anderer nicht zum ordnungsgemäßen Öffnen bestimmter Werkzeuge eindringt;

ein Schlüssel ist falsch, wenn seine Anfertigung für das Schloß nicht von einer dazu berechtigten Person veranlaßt oder gebilligt worden ist;

der Gebrauch falscher Schlüssel ist nicht schon dann bewiesen, wenn feststeht, daß versicherte Sachen abhandengekommen sind;

b) in einem Raum eines Gebäudes ein Behältnis aufbricht oder falsche Schlüssel oder andere nicht zum ordnungsgemäßen Öffnen bestimmte Werkzeuge benutzt, um es zu öffnen;

c) aus der verschlossenen Wohnung Sachen entwendet, nachdem er sich dort eingeschlichen oder verborgen gehalten hatte;

d) in einem Raum eines Gebäudes bei einem Diebstahl angetroffen wird und eines der Mittel gemäß Nr. 2 anwendet, um sich den Besitz gestohlener Sachen zu erhalten;

e) in einem Raum eines Gebäudes ein Behältnis mittels richtiger Schlüssel öffnet, die er – auch außerhalb der Wohnung – durch Einbruchdiebstahl oder Raub an sich gebracht hat;

f) in einen Raum eines Gebäudes mittels richtiger Schlüssel eindringt, die er – auch außerhalb der Wohnung – durch Raub oder ohne fahrlässiges Verhalten des berechtigten Besitzers durch Diebstahl an sich gebracht hat.

2. Raub liegt vor, wenn

a) gegen den Versicherungsnehmer Gewalt angewendet wird, um dessen Widerstand gegen die Wegnahme versicherter Sachen auszuschalten;

b) der Versicherungsnehmer versicherte Sachen herausgibt oder sich wegnehmen läßt, weil eine Gewalttat mit Gefahr für Leib oder Leben angedroht wird, die innerhalb des Versicherungsortes verübt werden soll;

c) dem Versicherungsnehmer versicherte Sachen weggenommen werden, weil sein körperlicher Zustand infolge eines Unfalls oder infolge einer nicht verschuldeten sonstigen Ursache beeinträchtigt und dadurch seine Widerstandskraft ausgeschaltet ist.

Dem Versicherungsnehmer stehen Personen gleich, die mit seiner Zustimmung in der Wohnung anwesend sind.

## § 6 Vandalismus nach einem Einbruch

Vandalismus liegt vor, wenn der Täter auf eine der in § 5 Nr. 1a oder f bezeichneten Arten in die Wohnung eindringt und versicherte Sachen vorsätzlich zerstört oder beschädigt.

## § 7 Leitungswasser

1. Leitungswasser ist Wasser, das aus

a) Zu- oder Ableitungsrohren der Wasserversorgung oder damit verbundenen Schläuchen,

b) mit dem Rohrsystem verbundenen Einrichtungen oder aus deren wasserführenden Teilen,

c) Anlagen der Warmwasser- oder Dampfheizung,

d) Einrichtungen von Klima-, Wärmepumpen- oder Solarheizungsanlagen

bestimmungswidrig ausgetreten ist.

2. Versichert sind auch Frostschäden an sanitären Anlagen und leitungswasserführenden Installationen sowie Frost und sonstige Bruchschäden an deren Zu- und Ableitungsrohren, soweit der Versicherungsnehmer als Mieter diese Anlagen oder Rohre auf seine Kosten beschafft oder übernommen hat und für sie die Gefahr trägt.

3. Dem Leitungswasser stehen gleich

a) Wasserdampf;

b) wärmetragende Flüssigkeiten, z.B. Sole, Öle, Kühlmittel, Kältemittel.

## § 8 Sturm, Hagel

1. Sturm ist eine wetterbedingte Luftbewegung von mindestens Windstärke 8.

2. Ist die Windstärke für den Versicherungsort nicht feststellbar, so wird Sturm unterstellt, wenn der Versicherungsnehmer nachweist, daß

a) die Luftbewegung in der Umgebung des Versicherungsortes Schäden an Gebäuden in einwandfreiem Zustand oder an ebenso widerstandsfähigen anderen Sachen angerichtet hat oder

b) der Schaden wegen des einwandfreien Zustandes des Gebäudes, in dem sich die versicherten Sachen befunden haben, nur durch Sturm entstanden sein kann.

3. Versichert sind nur Schäden, die entstehen

a) durch unmittelbare Einwirkung des Sturmes auf versicherte Sachen;

b) dadurch, daß der Sturm Gebäudeteile, Bäume oder andere Gegenstände auf versicherte Sachen wirft;

c) als Folge eines Sturmschadens gemäß a oder b oder an Gebäuden, in denen sich versicherte Sachen befinden.

4. Für Schäden durch Hagel gilt Nr. 3 sinngemäß.

## § 9 Nicht versicherte Schäden

1. Nicht versichert sind ohne Rücksicht auf mitwirkende Ursachen Schäden,

a) die der Versicherungsnehmer oder sein Repräsentant vorsätzlich oder grob fahrlässig herbeiführt; bei Schäden durch Raub steht die beraubte Person dem Versicherungsnehmer gleich; ist die Herbeiführung des Schadens gemäß Abs. 1 durch ein rechtskräftiges Strafurteil wegen vorsätzlicher Brandstiftung festgestellt, so gelten die Voraussetzungen von Abs. 1 als bewiesen;

b) die durch Kriegsereignisse jeder Art, innere Unruhen oder Erdbeben entstehen;

c) durch Kernenergie *).

2. Der Versicherungsschutz gegen Brand, Blitzschlag und Explosion erstreckt sich ohne Rücksicht auf mitwirkende Ursachen nicht auf

a) Sengschäden, die nicht durch einen Brand entstanden sind;

b) Kurzschluß- und Überspannungsschäden, die an elektrischen Einrichtungen mit oder ohne Feuererscheinung entstanden sind, außer wenn sie die Folge eines Brandes oder einer Explosion sind.

3. Der Versicherungsschutz gegen Einbruchdiebstahl und Raub erstreckt sich ohne Rücksicht auf mitwirkende Ursachen nicht auf

*) Der Ersatz dieser Schäden richtet sich in der Bundesrepublik Deutschland nach dem Atomgesetz. Die Betreiber von Kernanlagen sind zur Deckungsvorsorge verpflichtet und schließen hierfür Haftpflichtversicherungen ab.

a) Einbruchdiebstahl- oder Raubschäden durch vorsätzliche Handlungen von Hausangestellten oder von Personen, die bei dem Versicherungsnehmer wohnen;

b) Schäden durch Raub gemäß § 5 Nr. 2 an Sachen, die an den Ort der Wegnahme oder Herausgabe erst auf Verlangen des Täters herangeschafft werden.

4. Der Versicherungsschutz gegen Leitungswasser erstreckt sich ohne Rücksicht auf mitwirkende Ursachen nicht auf Schäden durch

a) Plansch- oder Reinigungswasser;

b) Grundwasser, stehendes oder fließendes Gewässer, Hochwasser oder Witterungsniederschläge oder einen durch diese Ursachen hervorgerufenen Rückstau;

c) Erdsenkung oder Erdrutsch, es sei denn, daß Leitungswasser (§ 7) die Erdsenkung oder den Erdrutsch verursacht hat;

d) Schwamm.

5. Der Versicherungsschutz gegen Sturm und Hagel erstreckt sich ohne Rücksicht auf mitwirkende Ursachen nicht auf Schäden durch

a) Sturmflut;

b) Lawinen oder Schneedruck;

c) Eindringen von Regen, Hagel, Schnee oder Schmutz durch nicht ordnungsgemäß geschlossene Fenster, Außentüren oder andere Öffnungen, es sei denn, daß diese Öffnungen durch Sturm oder Hagel entstanden sind und einen Gebäudeschaden darstellen.

## § 10 Versicherungsort

1. Versicherungsschutz besteht für versicherte Sachen innerhalb des Versicherungsortes.

Diese Beschränkung gilt nicht für Sachen, die infolge eines eingetretenen oder unmittelbar bevorstehenden Versicherungsfalles aus dem Versicherungsort entfernt und in zeitlichem und örtlichem Zusammenhang mit diesem Vorgang beschädigt oder zerstört werden oder abhandenkommen. Unberührt bleibt jedoch § 9 Nr. 1 a.

2. Versicherungsort ist die im Versicherungsvertrag bezeichnete Wohnung des Versicherungsnehmers. Zur Wohnung gehören auch Räume in Nebengebäuden auf demselben Grundstück.

Versicherungsschutz besteht auch in Garagen in der Nähe des Versicherungsortes, soweit sie ausschließlich vom Versicherungsnehmer oder einer mit ihm in häuslicher Gemeinschaft lebenden Person zu privaten Zwecken genutzt werden.

Dem Versicherungsnehmer gehörende Waschmaschinen und Wäschetrockner sind auch in Räumen versichert, die der Versicherungsnehmer gemeinsam mit anderen Hausbewohnern nutzt.

Für Rundfunk- und Fernsehantennenanlagen sowie für Markisen gilt als Versicherungsort das gesamte Grundstück, auf dem die versicherte Wohnung liegt.

3. Nicht zur Wohnung gehören Räume, die ausschließlich beruflich oder gewerblich genutzt werden.

4. Bei Schäden durch Raub müssen alle Voraussetzungen gemäß § 5 Nr. 2 innerhalb des Versicherungsortes verwirklicht worden sein.

## § 11 Wohnungswechsel; Prämienänderung

1. Im Falle eines Wechsels der in § 10 Nr. 2 genannten Wohnung des Versicherungsnehmers geht der Versicherungsschutz auf die neue Wohnung über. Behält der Versicherungsnehmer in diesem Falle die in § 10 Nr. 2 genannte Wohnung bei, so liegt ein Wohnungswechsel nur vor, wenn er die neue Wohnung in derselben Weise wie die bisherige nutzt.

Während des Wohnungswechsels besteht Versicherungsschutz in beiden Wohnungen. Der Versicherungsschutz in der bisherigen Wohnung erlischt jedoch spätestens zwei Monate nach Umzugsbeginn.

Liegt die neue Wohnung nicht innerhalb der Bundesrepublik Deutschland, so ist Abs. 1 nicht anzuwenden. Das Versicherungsverhältnis endet, sobald gemäß Abs. 2 der Versicherungsschutz für die bisherige Wohnung erlischt.

2. Ein Wohnungswechsel ist dem Versicherer spätestens bei Umzugsbeginn unter Angabe der neuen Wohnfläche in Quadratmetern schriftlich anzuzeigen.

3. Liegt nach einem Umzug die neue Wohnung an einem Ort, für den der Tarif des Versicherers einen anderen Prämiensatz vorsieht, so ändert sich ab Umzugsbeginn die Prämie entsprechend diesem Tarif.

4. Der Versicherungsnehmer kann den Vertrag kündigen, wenn sich die Prämie gemäß Nr. 3 erhöht. Die Kündigung hat spätestens einen Monat nach Zugang der Mitteilung über die erhöhte Prämie zu erfolgen. Sie wird einen Monat nach Zugang wirksam. Die Kündigung ist schriftlich zu erklären.

Der Versicherer kann in diesem Fall die Prämie nur zeitanteilig bis zur Wirksamkeit der Kündigung beanspruchen. Ist die Anzeige gemäß Nr. 2 erfolgt, so wird diese Prämie nur in der für die bisherige Wohnung maßgebenden Höhe geschuldet.

5. Zieht bei einer Trennung von Ehegatten der Versicherungsnehmer aus der Ehewohnung aus und bleibt der Ehegatte in der bisherigen Ehewohnung zurück, so gelten als Versicherungsort die neue Wohnung des Versicherungsnehmers und die bisherige Ehewohnung. Dies gilt bis zu einer Änderung des Versicherungsvertrages, längstens bis zum Ablauf von drei Monaten nach der nächsten, auf den Auszug des Versicherungsnehmers folgenden Prämienfälligkeit. Danach besteht Versicherungsschutz nur noch in der neuen Wohnung des Versicherungsnehmers.

## § 12 Außenversicherung

1. Versicherte Sachen, die Eigentum des Versicherungsnehmers oder einer mit ihm in häuslicher Gemeinschaft lebenden Person sind oder die deren Gebrauch dienen, sind weltweit auch versichert, solange sie sich vorübergehend außerhalb der Wohnung befinden. Zeiträume von mehr als drei Monaten gelten nicht als vorübergehend.

2. Hält sich der Versicherungsnehmer oder eine mit ihm in häuslicher Gemeinschaft lebende Person zur Ausbildung, zur Erfüllung von Wehrpflicht oder Zivildienst außerhalb der Wohnung auf, so gilt dies so lange als vorübergehend, wie sie nicht dort einen eigenen Haushalt gegründet haben.

3. Für Sturm- und Hagelschäden besteht Außenversicherungsschutz nur, wenn sich die Sachen in Gebäuden befinden.

4. Für Schäden durch Einbruchdiebstahl besteht Außenversicherungsschutz nur, wenn auch die in § 5 Nr. 1 genannten Voraussetzungen entsprechend erfüllt sind.

5. Bei Raub besteht Außenversicherungsschutz

a) auch dann, wenn der Raub an einer Person begangen wird, die mit dem Versicherungsnehmer in häuslicher Gemeinschaft lebt;

b) in den Fällen des § 5 Nr. 2 b nur dann, wenn die angedrohte Gewalttat an Ort und Stelle verübt werden soll.

6. Es gelten die Entschädigungsgrenzen gemäß § 19. Die Entschädigung für die Außenversicherung ist jedoch insgesamt auf 10 Prozent der Versicherungssumme, höchstens 20.000 DM, begrenzt.

## § 13 Gefahrumstände bei Vertragsabschluß und Gefahrerhöhung

1. Der Versicherungsnehmer hat alle Antragsfragen wahrheitsgemäß zu beantworten. Bei schuldhafter Verletzung dieser Obliegenheit kann der Versicherer nach Maßgabe der §§ 16 bis 21 VVG vom Vertrag zurücktreten und leistungsfrei sein oder den Versicherungsvertrag nach § 22 VVG anfechten.

2. Eine Gefahrerhöhung ist dem Versicherer unverzüglich schriftlich anzuzeigen. Bei einer Gefahrerhöhung kann der Versicherer aufgrund der §§ 23 bis 30 VVG zur Kündigung berechtigt oder auch leistungsfrei sein.

3. Eine Gefahrerhöhung nach Antragstellung liegt insbesondere vor, wenn

a) sich anläßlich eines Wohnungswechsels oder aus sonstigen Gründen ein Umstand ändert, nach dem im Antrag gefragt worden ist;

b) die ansonsten ständig bewohnte Wohnung länger als 60 Tage oder über eine für den Einzelfall vereinbarte längere Frist hinaus unbewohnt bleibt und auch nicht beaufsichtigt wird; beaufsichtigt ist eine Wohnung nur dann, wenn sich während der Nacht eine dazu berechtigte volljährige Person darin aufhält;

c) vereinbarte Sicherungen beseitigt oder vermindert werden. Das gilt auch bei Wohnungswechsel.

## § 14 Sicherheitsvorschriften

1. Der Versicherungsnehmer hat

a) alle gesetzlichen, behördlichen oder vereinbarten Sicherheitsvorschriften zu beachten;

b) in der kalten Jahreszeit entweder die Wohnung ausreichend zu beheizen oder alle wasserführenden Anlagen und Einrichtungen zu entleeren und entleert zu halten.

2. Verletzt der Versicherungsnehmer oder sein Repräsentant eine dieser Obliegenheiten, so ist der Versicherer nach Maßgabe des § 6 Abs. 1 und Abs. 2 VVG zur Kündigung berechtigt oder auch leistungsfrei. Eine Kündigung des Versicherers wird einen Monat nach Zugang wirksam. Leistungsfreiheit tritt nicht ein, wenn die Verletzung weder auf Vorsatz noch auf grober Fahrlässigkeit beruht.

Führt die Verletzung zu einer Gefahrerhöhung, so gelten die §§ 23 bis 30 VVG. Danach kann der Versicherer zur Kündigung berechtigt oder auch leistungsfrei sein.

## § 15 Prämie; Beginn und Ende der Haftung

1. Der Versicherungsnehmer hat die erste Prämie (Beitrag) bei Aushändigung des Versicherungsscheines oder im Fall des Vertragsabschlusses gemäß §§ 5 oder 5 a VVG nach Ablauf der Widerspruchsfrist zu zahlen, Folgeprämien am Ersten des Monats, in dem ein neues Versicherungsjahr beginnt.

Die Folgen nicht rechtzeitiger Zahlung der ersten Prämie oder der ersten Rate der ersten Prämie ergeben sich aus § 38 VVG; im übrigen gilt § 39 VVG. Der Versicherer ist bei Verzug berechtigt, Ersatz des Verzugsschadens nach § 286 BGB sowie Verzugszinsen nach § 288 BGB oder § 352 HGB zu fordern. Rückständige Folgeprämien dürfen nur innerhalb eines Jahres seit Ablauf der nach § 39 VVG für sie gesetzten Zahlungsfrist eingezogen werden.

2. Ist Ratenzahlung vereinbart, so gelten ausstehende Raten als gestundet. Sie werden sofort fällig, wenn der Versicherungsnehmer in Verzug gerät oder soweit eine Entschädigung fällig ist.

3. Die Haftung des Versicherers beginnt zum vereinbarten Zeitpunkt, und zwar auch dann, wenn zur Prämienzahlung erst später aufgefordert, die Prämie aber ohne Verzug gezahlt wird. Ist dem Versicherungsnehmer bei Antragstellung bekannt, daß ein Versicherungsfall bereits eingetreten ist, so entfällt dafür die Haftung.

4. Versicherungsverträge von mindestens einjähriger Dauer verlängern sich von Jahr zu Jahr, wenn sie nicht spätestens drei Monate vor Ablauf durch eine Partei schriftlich gekündigt werden. Ein Versicherungsverhältnis, das für eine Dauer von mehr als fünf Jahren eingegangen ist, kann zum Ende des fünften oder jedes darauf folgenden Jahres unter Einhaltung einer Frist von drei Monaten gekündigt werden.

5. Endet das Versicherungsverhältnis vor Ablauf der Vertragszeit oder wird es rückwirkend aufgehoben oder ist es von Anfang an ungültig, so gebührt dem Versicherer die Prämie oder die Geschäftsgebühr gemäß dem Versicherungsvertragsgesetz (z. B. §§ 40, 68 VVG).

Kündigt nach Eintritt eines Versicherungsfalles (§ 26) der Versicherungsnehmer, so hat der Versicherer Anspruch auf die Prämie für das laufende Versicherungsjahr. Kündigt der Versicherer, so hat er die Prämie für das laufende Versicherungsjahr nach dem Verhältnis der noch nicht abgelaufenen zu der gesamten Zeit des Versicherungsjahres zurückzuzahlen.

6. Das Versicherungsverhältnis endet zwei Monate nach dem Tod des Versicherungsnehmers, wenn nicht spätestens zu dieser Zeit ein Erbe die Wohnung in derselben Weise wie der frühere Versicherungsnehmer nutzt.

## § 16 Anpassung der Versicherungssumme und des Prämiensatzes

1. Anpassung der Versicherungssumme

a) Die Versicherungssumme erhöht oder vermindert sich mit Beginn eines jeden Versicherungsjahres entsprechend dem Prozentsatz, um den sich der Preisindex für „Andere Verbrauchs- und Gebrauchsgüter ohne Nahrungsmittel und ohne normalerweise nicht in der Wohnung gelagerte Güter" aus dem Preisindex der Lebenshaltungskosten aller privaten Haushalte im vergangenen Kalenderjahr gegenüber dem davorliegenden Kalenderjahr verändert hat. Der Veränderungsprozentsatz wird auf eine ganze Zahl abgerundet. Maßgebend ist der vom Statistischen Bundesamt jeweils für den Monat September veröffentlichte Index.

Die neue Versicherungssumme wird auf volle Tausend DM aufgerundet und dem Versicherungsnehmer bekanntgegeben.

Die Prämie wird aus der neuen Versicherungssumme berechnet.

b) Die vereinbarte oder nach a angepaßte Versicherungssumme erhöht sich um einen Vorsorgebetrag von 10 Prozent.

c) Innerhalb eines Monats nach Zugang der Mitteilung über die angepaßte Versicherungssumme kann der Versicherungsnehmer durch schriftliche Erklärung die Anpassung mit Wirkung für den Zeitpunkt aufheben, in dem die Anpassung wirksam werden sollte.

d) Das Recht auf Herabsetzung der Versicherungssumme wegen erheblicher Überversicherung (§ 51 Abs. 1 VVG) bleibt unberührt.

2. Anpassung des Prämiensatzes

a) Der Versicherer kann die Prämie pro Tausend DM Versicherungssumme für bestehende Versicherungsverträge, auch soweit sie für erweiterten Versicherungsschutz vereinbart ist (Prämiensatz), mit Wirkung von Beginn der nächsten Versicherungsperiode an erhöhen. Dabei darf der geänderte Prämiensatz den im Zeitpunkt der Änderung geltenden Tarifprämiensatz nicht übersteigen.

b) Der Versicherungsnehmer kann den Versicherungsvertrag innerhalb eines Monats nach Zugang der Mitteilung des Versicherers über die Prämiensatzerhöhung zum Zeitpunkt des Inkrafttretens der Änderung kündigen.

Die Kündigung ist schriftlich zu erklären.

## § 17 Versicherung für fremde Rechnung

1. Soweit die Versicherung für fremde Rechnung genommen ist, kann der Versicherungsnehmer über die Rechte des Versicherten im eigenen Namen verfügen. Der Versicherungsnehmer ist ohne Zustimmung des Versicherten berechtigt, die Entschädigung entgegenzunehmen oder die Rechte des Versicherten zu übertragen, auch wenn er nicht im Besitz des Versicherungsscheines ist. Der Versicherer kann jedoch vor Auszahlung der Entschädigung den Nachweis verlangen, daß der Versicherte seine Zustimmung zu der Auszahlung der Entschädigung erteilt hat.

2. Der Versicherte kann über seine Rechte nicht verfügen, selbst wenn er im Besitz des Versicherungsscheines ist. Er kann die Zahlung der Entschädigung nur mit Zustimmung des Versicherungsnehmers verlangen.

3. Soweit Kenntnis oder Verhalten des Versicherungsnehmers von rechtlicher Bedeutung ist, kommt auch Kenntnis oder Verhalten des Versicherten in Betracht. Im übrigen gilt § 79 VVG.

## § 18 Entschädigungsberechnung; Versicherungswert; Unterversicherung

1. Ersetzt werden

a) bei zerstörten oder abhanden gekommenen Sachen der Versicherungswert zum Zeitpunkt des Versicherungsfalles;

b) bei beschädigten Sachen die notwendigen Reparaturkosten zum Zeitpunkt des Versicherungsfalles zuzüglich einer etwa verbleibenden Wertminderung, höchstens jedoch der Versicherungswert.

Restwerte werden angerechnet.

2. Versicherungswert ist der Wiederbeschaffungspreis von Sachen gleicher Art und Güte in neuwertigem Zustand (Neuwert).

Falls Sachen für ihren Zweck im Haushalt des Versicherungsnehmers nicht mehr zu verwenden sind, ist Versicherungswert der für den Versicherungsnehmer erzielbare Verkaufspreis (gemeiner Wert).

3. Für Antiquitäten und Kunstgegenstände ist Versicherungswert der Wiederbeschaffungspreis von Sachen gleicher Art und Güte.

4. Ist die Versicherungssumme niedriger als der Versicherungswert der versicherten Sachen zum Zeitpunkt des Versicherungsfalles (Unterversicherung), so wird nur der Teil des gemäß Nr. 1 und Nr. 2 ermittelten Betrages ersetzt, der sich zu dem ganzen Betrag verhält wie die Versicherungssumme zu dem Versicherungswert.

5. Nr. 1 bis Nr. 4 gelten entsprechend für die Berechnung der Entschädigung versicherter Kosten gemäß § 2.

6. Ist die Entschädigung gemäß § 19 auf bestimmte Beträge begrenzt, so werden bei Ermittlung des Versicherungswertes der dort genannten Sachen höchstens diese Beträge berücksichtigt. Der bei Unterversicherung nur teilweise zu ersetzende Gesamtbetrag des Schadens wird ohne Rücksicht auf Entschädigungsgrenzen ermittelt; für die Höhe der Entschädigung gelten jedoch die Grenzen gemäß § 19.

7. Die Entschädigung für versicherte Sachen ist je Versicherungsfall auf die Versicherungssumme begrenzt.

Versicherte Kosten werden bis 10 Prozent auch über die Versicherungssumme hinaus ersetzt.

Schadenabwendungs- und Schadenminderungskosten, die auf Weisung des Versicherers verursacht werden, werden unbegrenzt ersetzt.

## § 19 Entschädigungsgrenzen für Wertsachen einschließlich Bargeld

1. Wertsachen sind

a) Bargeld;

b) Urkunden einschließlich Sparbücher und sonstige Wertpapiere;

c) Schmucksachen, Edelsteine, Perlen, Briefmarken, Telefonkarten, Münzen und Medaillen sowie alle Sachen aus Gold oder Platin;

d) Pelze, handgeknüpfte Teppiche und Gobelins, Kunstgegenstände (z.B. Gemälde, Collagen, Zeichnungen, Graphiken und Plastiken) sowie nicht in c genannte Sachen aus Silber;

e) sonstige Sachen, die über 100 Jahre alt sind (Antiquitäten), jedoch mit Ausnahme von Möbelstücken.

2. Die Entschädigung für Wertsachen ist je Versicherungsfall auf insgesamt 20 Prozent der Versicherungssumme begrenzt, soweit nicht etwas anderes vereinbart wurde.

3. Ferner ist für Wertsachen, die sich außerhalb verschlossener mehrwandiger Stahlschränke mit einem Mindestgewicht von 200 kg und auch außerhalb eingemauerter Stahlwandschränke mit mehrwandiger Tür oder außerhalb besonders vereinbarter sonstiger verschlossener Behältnisse mit zusätzlichen Sicherheitsmerkmalen befinden, die Entschädigung je Versicherungsfall begrenzt auf

a) 2.000 DM für Bargeld, ausgenommen Münzen, deren Versicherungswert den Nennbetrag übersteigt;

b) insgesamt 5.000 DM für Wertsachen gemäß Nr. 1 b;

c) insgesamt 40.000 DM für Wertsachen gemäß Nr. 1 c.

## § 20 Entschädigungsgrenze bei mehrfacher Versicherung

Bestehen für versicherte Sachen mehrere Hausratversicherungsverträge desselben oder verschiedener Versicherungsnehmer, so ermäßigt sich der Anspruch gemäß §§ 12 oder 19 Nr. 3 aus diesem Vertrag in der Weise, daß aus allen Verträgen insgesamt keine höhere Entschädigung geleistet wird, als wenn der Gesamtbetrag der Versicherungssummen im vorliegenden Vertrag in Deckung gegeben worden wäre.

## § 20 a Überversicherung, Doppelversicherung

1. Übersteigt die Versicherungssumme den Wert der versicherten Sachen erheblich, so kann sowohl der Versicherungsnehmer als auch der Versicherer nach Maßgabe des § 51 VVG die Herabsetzung der Versicherungssumme und der Prämie verlangen.

2. Im Falle einer Doppelversicherung gelten §§ 59 und 60 VVG.

## § 21 Obliegenheiten des Versicherungsnehmers im Versicherungsfall

1. Bei Eintritt eines Versicherungsfalles hat der Versicherungsnehmer unverzüglich

a) den Schaden dem Versicherer anzuzeigen;

b) einen Schaden durch Einbruchdiebstahl, Vandalismus oder Raub der zuständigen Polizeidienststelle anzuzeigen;

c) der zuständigen Polizeidienststelle ein Verzeichnis der abhandengekommenen Sachen einzureichen;

d) abhandengekommene Sparbücher und andere sperrfähige Urkunden sperren zu lassen sowie für abhandengekommene Wertpapiere das Aufgebotsverfahren einzuleiten;

e) ein von ihm unterschriebenes Verzeichnis der abhandengekommenen, zerstörten oder beschädigten Sachen dem Versicherer vorzulegen. Der Versicherungswert der Sachen oder der Anschaffungspreis und das Anschaffungsjahr sind dabei anzugeben.

2. Der Versicherungsnehmer hat

a) den Schaden nach Möglichkeit abzuwenden oder zu mindern und dabei die Weisungen des Versicherers zu befolgen, die der Versicherungsnehmer, soweit die Umstände es gestatten, einholen muß;

b) dem Versicherer jede zumutbare Untersuchung über Ursache und Höhe des Schadens und über den Umfang der Entschädigungspflicht zu gestatten, jede hierzu dienliche Auskunft – auf Verlangen schriftlich – zu erteilen und Belege beizubringen.

3. Verletzt der Versicherungsnehmer oder sein Repräsentant eine dieser Obliegenheiten, so ist der Versicherer nach Maßgabe des Versicherungsvertragsgesetzes (§§ 6 Abs. 3, 62 Abs. 2 VVG) von der Entschädigungspflicht frei.

Sind abhandengekommene Sachen der Polizeidienststelle nicht oder nicht unverzüglich angezeigt worden, so kann der Versicherer nur für diese Sachen von der Entschädigungspflicht frei sein.

4. Hatte eine vorsätzliche Obliegenheitsverletzung Einfluß weder auf die Feststellung des Versicherungsfalls noch auf die Feststellung oder den Umfang der Entschädigung, so entfällt die Leistungsfreiheit gemäß Nr. 3, wenn die Verletzung nicht geeignet war, die Interessen des Versicherers ernsthaft zu beeinträchtigen und wenn außerdem den Versicherungsnehmer kein erhebliches Verschulden trifft.

## § 22 Wegfall der Entschädigungspflicht

1. Versucht der Versicherungsnehmer, den Versicherer arglistig über Tatsachen zu täuschen, die für den Grund oder für die Höhe der Entschädigung von Bedeutung sind, so ist der Versicherer von der Entschädigungspflicht frei. Dies gilt auch, wenn die arglistige Täuschung sich auf einen anderen zwischen den Parteien über dieselbe Gefahr abgeschlossenen Versicherungsvertrag bezieht.

Ist eine Täuschung gemäß Absatz 1 durch ein rechtskräftiges Strafurteil wegen Betruges oder Betrugsversuches festgestellt, so gelten die Voraussetzungen von Absatz 1 als bewiesen.

2. Wird ein Entschädigungsanspruch nicht innerhalb von sechs Monaten gerichtlich geltend gemacht, nachdem der Versicherer ihn unter Angabe der mit dem Ablauf der Frist verbundenen Rechtsfolge schriftlich abgelehnt hat, so ist der Versicherer von der Entschädigungspflicht frei. Wird ein Sachverständigenverfahren (§ 23) vereinbart, so wird der Ablauf der Frist für dessen Dauer gehemmt.

3. Die Bestimmung des § 12 Abs. 1 und 2 VVG bleibt unberührt.

## § 23 Sachverständigenverfahren

1. Versicherungsnehmer und Versicherer können nach Eintritt des Versicherungsfalles vereinbaren, daß die Höhe des Schadens durch Sachverständige festgestellt wird. Das Sachverständigenverfahren kann durch Vereinbarung auf sonstige tatsächliche Voraussetzungen des Entschädigungsanspruches sowie der Höhe der Entschädigung ausgedehnt werden. Der Versicherungsnehmer kann ein Sachverständigenverfahren auch durch einseitige Erklärung gegenüber dem Versicherer verlangen.

2. Für das Sachverständigenverfahren gilt:

a) Jede Partei benennt schriftlich einen Sachverständigen und kann dann die andere unter Angabe des von ihr benannten Sachverständigen schriftlich auffordern, den zweiten Sachverständigen zu benennen. Wird der zweite Sachverständige nicht binnen zwei Wochen nach Empfang der Aufforderung benannt, so kann ihn die auffordernde Partei durch das für den Schadenort zuständige Amtsgericht ernennen lassen. In der Aufforderung ist auf diese Folge hinzuweisen.

b) Beide Sachverständige benennen schriftlich vor Beginn des Feststellungsverfahrens einen dritten Sachverständigen als Obmann. Einigen sie sich nicht, so wird der Obmann auf Antrag einer Partei durch das für den Schadenort zuständige Amtsgericht ernannt.

c) Der Versicherer darf als Sachverständige keine Personen benennen, die Mitbewerber des Versicherungsnehmers sind oder mit ihm in dauernder Geschäftsverbindung stehen, ferner keine Personen, die bei Mitbewerbern oder Geschäftspartnern angestellt sind oder mit ihnen in einem ähnlichen Verhältnis stehen.

Dies gilt entsprechend für die Benennung eines Obmannes durch die Sachverständigen.

3. Die Feststellungen der Sachverständigen müssen enthalten

a) ein Verzeichnis der zerstörten, beschädigten oder abhandengekommenen Sachen sowie deren Versicherungswert zum Zeitpunkt des Versicherungsfalles;

b) bei beschädigten Sachen die Beträge gemäß § 18 Nr. 1 b;

c) die Restwerte der von dem Schaden betroffenen Sachen;

d) entstandene Kosten, die gemäß § 2 versichert sind.

4. Die Sachverständigen übermitteln beiden Parteien gleichzeitig ihre Feststellungen. Weichen diese Feststellungen voneinander ab, so übergibt der Versicherer sie unverzüglich dem Obmann. Dieser entscheidet über die streitig gebliebenen Punkte innerhalb der durch die Feststellungen der Sachverständigen gezogenen Grenzen und übermittelt seine Entscheidung beiden Parteien gleichzeitig.

5. Jede Partei trägt die Kosten ihres Sachververständigen. Die Kosten des Obmannes tragen beide Parteien je zur Hälfte.

6. Die Feststellungen der Sachverständigen oder des Obmannes sind verbindlich, wenn nicht nachgewiesen wird, daß sie offenbar von der wirklichen Sachlage erheblich abweichen. Aufgrund dieser verbindlichen Feststellungen berechnet der Versicherer gemäß §§ 18 bis 20 die Entschädigung.

7. Durch das Sachverständigenverfahren werden die Obliegenheiten des Versicherungsnehmers gemäß § 21 nicht berührt.

## § 24 Zahlung der Entschädigung

1. Ist die Leistungspflicht des Versicherers dem Grunde und der Höhe nach festgestellt, so hat die Auszahlung der Entschädigung binnen zwei Wochen zu erfolgen. Jedoch kann ein Monat nach Anzeige des Schadens als Abschlagszahlung der Betrag beansprucht werden, der nach Lage der Sache mindestens zu zahlen ist.

2. Die Entschädigung ist seit Anzeige des Schadens mit 1 Prozent unter dem Diskontsatz der Deutschen Bundesbank zu verzinsen, mindestens jedoch mit 4 Prozent und höchstens mit 6 Prozent pro Jahr, soweit nicht aus anderen Gründen ein höherer Zins zu entrichten ist.

Die Verzinsung entfällt, soweit die Entschädigung innerhalb eines Monats seit Anzeige des Schadens gezahlt wird. Zinsen werden erst fällig, wenn die Entschädigung fällig ist.

3. Die Entstehung des Anspruchs auf Abschlagszahlung und der Beginn der Verzinsung verschieben sich um den Zeitraum, um den die Feststellung der Leistungspflicht des Versicherers dem Grunde oder der Höhe nach durch Verschulden des Versicherungsnehmers verzögert wurde.

4. Der Versicherer kann die Zahlung aufschieben, solange

a) Zweifel an der Empfangsberechtigung des Versicherungsnehmers bestehen;

b) gegen den Versicherungsnehmer oder seinen Repräsentanten aus Anlaß des Versicherungsfalles ein behördliches oder strafrechtliches Verfahren läuft.

## § 25 Wiederherbeigeschaffte Sachen

1. Wird der Verbleib abhandengekommener Sachen ermittelt, so hat der Versicherungsnehmer dies dem Versicherer unverzüglich schriftlich anzuzeigen.

2. Hat der Versicherungsnehmer den Besitz einer abhandengekommenen Sache zurückerlangt, nachdem für diese Sache eine Entschädigung gezahlt worden ist, so hat er die Entschädigung zurückzuzahlen oder die Sache dem Versicherer zur Verfügung zu stellen. Der Versicherungsnehmer hat dieses Wahlrecht innerhalb eines Monats nach Empfang einer schriftlichen Aufforderung des Versicherers auszuüben. Nach fruchtlosem Ablauf dieser Frist geht das Wahlrecht auf den Versicherer über.

## § 26 Kündigung nach dem Versicherungsfall

1. Nach dem Eintritt eines Versicherungsfalles können sowohl der Versicherungsnehmer als auch der Versicherer den Versicherungsvertrag kündigen.

2. Die Kündigung ist schriftlich zu erklären. Sie muß spätestens einen Monat nach Auszahlung der Entschädigung zugehen.

3. Das Kündigungsrecht besteht auch, wenn die Entschädigung aus Gründen abgelehnt wird, die den Eintritt des Versicherungsfalles unberührt lassen.

4. Die Kündigung wird einen Monat nach ihrem Zugang wirksam. Der Versicherungsnehmer kann bestimmen, daß seine Kündigung sofort oder zu einem anderen Zeitpunkt wirksam wird, jedoch spätestens zum Schluß des laufenden Versicherungsjahres.

## § 27 Versicherungssumme nach dem Versicherungsfall

Die Versicherungssumme vermindert sich nicht dadurch, daß eine Entschädigung geleistet wird.

## § 28 Schriftliche Form; Zurückweisung von Kündigungen

1. Anzeigen und Erklärungen bedürfen der Schriftform.

2. Ist eine Kündigung des Versicherungsnehmers unwirksam, so wird die Kündigung wirksam, falls der Versicherer sie nicht unverzüglich zurückweist.

## § 29 Gerichtsstand

Für Klagen aus dem Versicherungsverhältnis gelten die inländischen Gerichtsstände nach §§ 13, 17, 21, 29 ZPO und § 48 VVG.

## § 30 Schlußbestimmung

1. Soweit nicht in den Versicherungsbedingungen Abweichendes bestimmt ist, gelten die gesetzlichen Vorschriften. Dies gilt insbesondere für die im Anhang aufgeführten Gesetzesbestimmungen, die nach Maßgabe der Versicherungsbedingungen Inhalt des Versicherungsvertrages sind.

# Klauseln für die Verbundene Hausrat-Versicherung (Basis VHB 92)

## 7100 Versicherte Gefahren und Schäden

### 7110 Fahrraddiebstahl

1. Für Fahrräder erstreckt sich der Versicherungsschutz auch auf Schäden durch Diebstahl, wenn nachweislich

a) das Fahrrad zur Zeit des Diebstahls in verkehrsüblicher Weise durch ein Schloß gesichert war und außerdem

b) der Diebstahl zwischen 6 Uhr und 22 Uhr verübt wurde oder sich das Fahrrad zur Zeit des Diebstahls in Gebrauch oder in einem gemeinschaftlichen Fahrradabstellraum befand.

2. Für die mit dem Fahrrad lose verbundenen und regelmäßig seinem Gebrauch dienenden Sachen besteht Versicherungsschutz nur, wenn sie zusammen mit dem Fahrrad abhandengekommen sind.

3. Die Entschädigung ist je Versicherungsfall auf 1 Prozent der Versicherungssumme für den Hausrat begrenzt. Eine andere Entschädigungsgrenze kann vereinbart werden.

4. Der Versicherungsnehmer hat Unterlagen über den Hersteller, die Marke und die Rahmennummer der versicherten Fahrräder zu beschaffen und aufzubewahren.

Verletzt der Versicherungsnehmer diese Bestimmung, so kann er Entschädigung nur verlangen, wenn er die Merkmale anderweitig nachweisen kann.

5. Der Versicherungsnehmer hat den Diebstahl unverzüglich der zuständigen Polizeidienststelle anzuzeigen und dem Versicherer einen Nachweis dafür zu erbringen, daß das Fahrrad nicht innerhalb von drei Wochen seit Anzeige des Diebstahls wieder herbeigeschafft wurde.

Verletzt der Versicherungsnehmer eine dieser Obliegenheiten, so kann der Versicherer gemäß §§ 6 Abs. 3, 62 Abs. 2 VVG zur Kündigung berechtigt oder auch leistungsfrei sein.

6. Versicherungsnehmer und Versicherer können unter Einhaltung einer Frist von drei Monaten zum Ende des laufenden Versicherungsjahres durch schriftliche Erklärung verlangen, daß dieser erweiterte Versicherungsschutz für Fahrräder mit Beginn des nächsten Versicherungsjahres entfällt.

Macht der Versicherer von diesem Recht Gebrauch, so kann der Versicherungsnehmer den Vertrag innerhalb eines Monats nach Zugang der Erklärung des Versicherers zum Ende des laufenden Versicherungsjahres kündigen.

### 7111 (92) Überspannungsschäden durch Blitz unter Einschluß von Folgeschäden

1. Abweichend von § 9 Nr. 2 b VHB 92 ersetzt der Versicherer auch Überspannungsschäden durch Blitz.

2. Die Entschädigung ist je Versicherungsfall auf 5 Prozent der Versicherungssumme begrenzt. Eine andere Entschädigungsgrenze kann vereinbart werden.

### 7116 (92) Aquarien in der Hausrat-Versicherung

Abweichend von § 7 Nr. 1 VHB 92 gilt als Leitungswasser auch Wasser, das aus Aquarien bestimmungswidrig ausgetreten ist.

## 7200 Versicherte Sachen

### 7210 (92) Gegenstände von besonderem Wert

Abweichend von § 1 VHB 92 sind die im Versicherungsvertrag bezeichneten Gegenstände von besonderem Wert nicht mitversichert.

### 7211 (92) Arbeitsgeräte

Abweichend von § 1 Nr. 2 e VHB 92 sind Arbeitsgeräte und Einrichtungsgegenstände, die dem Beruf oder Gewerbe dienen, nicht mitversichert.

### 7212 In das Gebäude eingefügte Sachen

1. Die im Versicherungsvertrag besonders bezeichneten Sachen, z.B. Einbaumöbel, Bodenbeläge, Innenanstriche und Tapeten, sind auch versichert, soweit sie Gebäudebestandteile sein könnten.

2. Soweit gemäß Nr. 1 sanitäre Anlagen und leitungswasserführende Installationen versichert sind, erstreckt sich die Versicherung auch auf Frostschäden an diesen Sachen sowie auf Frost- und sonstige Bruchschäden an deren Zu- und Ableitungsrohren.

3. Pflicht- und Monopolrechte bleiben unberührt.

### 7213 (92) Hausrat außerhalb der ständigen Wohnung

Abweichend von § 1 VHB 92 sind nicht versichert:

1. in Wochenend-, Ferien-, Land-, Jagd-, Garten- und Weinberghäusern sowie in sonstigen nicht ständig bewohnten Gebäuden:

Bargeld, Urkunden einschließlich Sparbücher und sonstige Wertpapiere, Schmucksachen, Edelsteine, Perlen, Briefmarken, Münzen und Medaillen sowie alle Sachen aus Silber, Gold oder Platin, Pelze, handgeknüpfte Teppiche und Gobelins, Kunstgegenstände (z.B. Gemälde, Collagen, Zeichnungen, Graphiken und Plastiken), Schußwaffen, Foto- und optische Apparate sowie sonstige Sachen, die über 100 Jahre alt sind (Antiquitäten), jedoch mit Ausnahme von Möbelstücken;

2. in Zweitwohnungen in ständig bewohnten Gebäuden:

Bargeld, Urkunden einschließlich Sparbücher und sonstige Wertpapiere, Schmucksachen, Edelsteine, Perlen, Briefmarken, Münzen und Medaillen sowie alle Sachen aus Gold oder Platin, Pelze, handgeknüpfte Teppiche und Gobelins.

### 7214 (92)Eingelagerte Hausratgegenstände

Von eingelagerten Hausratgegenständen sind nicht versichert:

Bargeld, Urkunden einschließlich Sparbücher und sonstige Wertpapiere, Schmucksachen, Edelsteine, Perlen, Briefmarken, Münzen und Medaillen sowie alle Sachen aus Silber, Gold oder Platin, Pelze, handgeknüpfte Teppiche und Gobelins, Kunstgegenstände (z.B. Gemälde, Collagen, Zeichnungen, Graphiken und Plastiken), Schußwaffen, Foto- und optische Apparate sowie sonstige Sachen, die über 100 Jahre alt sind (Antiquitäten), jedoch mit Ausnahme von Möbelstücken.

### 7300 Versicherte Kosten

### 7311 Hotelkosten bei nicht ständig bewohnter Wohnung

Abweichend von § 2 Nr. 1 h VHB 92 sind Kosten für Hotel- oder ähnliche Unterbringung nicht versichert.

### 7400 Versicherungsort

### 7410 (92) Wohnsitz im Ausland

1. Abweichend von § 11 Nr. 1 Abs. 3 VHB 92 besteht Versicherungsschutz bei Wohnungswechsel auch in der neuen Wohnung, wenn diese innerhalb des vereinbarten ausländischen Staates liegt.

2. Die Versicherungssumme wird in Deutscher Mark (DM) vereinbart. Die Leistungen der Vertragsparteien sind ebenfalls in DM zu erbringen.

3. Abweichend von § 23 Nr. 2 a und b VHB 92 gilt als zuständiges Amtsgericht für die Ernennung des zweiten Sachverständigen oder des Obmannes das Amtsgericht des letzten inländischen Wohnsitzes des Versicherungsnehmers.

### 7600 Vorvertragliche Anzeige; Gefahrerhöhung; Obliegenheiten

### 7610 Sicherheitsvorschriften

1. Für die Zeit, in der sich niemand in der Wohnung aufhält, sind alle Schließvorrichtungen und vereinbarten Sicherungen zu betätigen und die vereinbarten Einbruchmeldeanlagen einzuschalten.

2. Alle Schließvorrichtungen, vereinbarten Sicherungen und vereinbarten Einbruchmeldeanlagen sind in gebrauchsfähigem Zustand zu erhalten; Störungen, Mängel und Schäden sind unverzüglich zu beseitigen.

3. Nr. 1 findet keine Anwendung, soweit die Einhaltung dieser Obliegenheit dem Versicherungsnehmer oder seinem Repräsentanten bei objektiver Würdigung aller Umstände billigerweise nicht zugemutet werden kann.

4. Verletzt der Versicherungsnehmer oder sein Repräsentant eine der Obliegenheiten gemäß Nr. 1 oder Nr. 2, so ist der Versicherer nach Maßgabe des § 6 Abs. 1 und 2 VVG zur Kündigung berechtigt oder auch leistungsfrei. Eine Kündigung des Versicherers wird einen Monat nach Zugang wirksam.

Leistungsfreiheit tritt nicht ein, wenn die Verletzung weder auf Vorsatz noch auf grober Fahrlässigkeit beruht.

5. Führt die Obliegenheitsverletzung zu einer Gefahrerhöhung, so gelten die §§ 23 - 30 VVG. Danach kann der Versicherer zur Kündigung berechtigt oder auch leistungsfrei sein.

### 7700 Entschädigung (Versicherungssumme; Unterversicherung; Selbstbehalte; Entschädigungsgrenzen)

### 7710 Selbstbehalt bei ungekürzter Hausrat-Versicherungssumme

Der bedingungsgemäß als entschädigungspflichtig errechnete Betrag einschließlich Aufwendungsersatz gemäß § 63 VVG wird je Versicherungsfall um den vereinbarten Selbstbehalt gekürzt.

### 7711 (92) Sachen mit gesondert vereinbarter Versicherungssumme

1. Sachen mit gesondert vereinbarter Versicherungssumme sind als besondere Gruppen (Positionen) versichert. Sie gelten abweichend von § 1 Nr. 1 VHB 92 nicht als Teil des Hausrats.

2. §§ 18 Nr. 4 und 27 VHB 92 sind auf die Versicherungssummen gemäß Nr. 1 anzuwenden. Ein vereinbarter Unterversicherungsverzicht gilt für diese Gruppen (Positionen) nicht, soweit nicht etwas anderes vereinbart wurde.

3. Die Versicherungssummen gemäß Nr. 1 verändern sich entsprechend § 16 Nr. 1 VHB 92; jedoch ist § 16 Nr. 1 b VHB 92 nicht anzuwenden.

Liegt die Versicherungssumme danach über der ursprünglich vereinbarten Versicherungssumme, so wird der Mehrbetrag für die Berechnung der Entschädigung verdoppelt.

4. Der Prämiensatz verändert sich gemäß § 16 Nr. 2 VHB 92.

5. Außenversicherungsschutz gemäß § 12 VHB 92 besteht nicht.

### 7712 (92) Kein Abzug wegen Unterversicherung

1. Der Versicherer nimmt abweichend von §§ 18 Nr. 4 und Nr. 5 VHB 92, 56 VVG keinen Abzug wegen Unterversicherung vor.

2. Nr. 1 gilt nur, solange nicht ein weiterer Hausratversicherungsvertrag desselben Versicherungsnehmers für denselben Versicherungsort ohne entsprechende Vereinbarung gemäß Nr. 1 besteht.

3. Versicherungsnehmer und Versicherer können unter Einhaltung einer Frist von drei Monaten zum Ende des laufenden Versicherungsjahres durch schriftliche Erklärung verlangen, daß diese Bestimmungen mit Beginn des nächsten Versicherungsjahres entfallen.

Macht der Versicherer von diesem Recht Gebrauch, so kann der Versicherungsnehmer den Vertrag innerhalb eines Monats nach Zugang der Erklärung des Versicherers zum Ende des laufenden Versicherungsjahres kündigen.

### 7713 (92)Erhöhte Entschädigungsgrenze für die Außenversicherung

1. Abweichend von § 12 Nr. 6 Satz 2 VHB 92 gilt die im Versicherungsvertrag vereinbarte höhere Entschädigungsgrenze.

2. Die Entschädigungsgrenzen gemäß § 19 VHB 92 werden hiervon nicht berührt und gelten unverändert.

## 7800 Verhaltens- und Wissenszurechnung; Vertretung

### 7810 Führung

Der führende Versicherer ist bevollmächtigt, Anzeigen und Willenserklärungen des Versicherungsnehmers für alle beteiligten Versicherer entgegenzunehmen.

### 7811 Prozeßführung

Soweit die vertraglichen Grundlagen für die beteiligten Versicherer die gleichen sind, ist folgendes vereinbart:

1. Der Versicherungsnehmer wird bei Streitfällen aus diesem Vertrag seine Ansprüche nur gegen den führenden Versicherer und nur wegen dessen Anteil gerichtlich geltend machen.

2. Die beteiligten Versicherer erkennen die gegen den führenden Versicherer rechtskräftig gewordene Entscheidung sowie die von diesem mit dem Versicherungsnehmer nach Rechtshängigkeit geschlossenen Vergleiche als auch für sich verbindlich an.

3. Falls der Anteil des führenden Versicherers die Berufungs- oder Revisionssumme nicht erreicht, ist der Versicherungsnehmer berechtigt und auf Verlangen des führenden oder eines mitbeteiligten Versicherers verpflichtet, die Klage auf einen zweiten, erforderlichenfalls auf weitere Versicherer auszudehnen, bis diese Summe erreicht ist. Wird diesem Verlangen nicht entsprochen, so gilt Nr. 2 nicht.

### 7812 Makler

Der den Versicherungsvertrag betreuende Makler ist bevollmächtigt, Anzeigen und Willenserklärungen des Versicherungsnehmers entgegenzunehmen. Er ist durch den Maklervertrag verpflichtet, diese unverzüglich an den Versicherer weiterzuleiten.

# Anhang B 2

## Allgemeine Hausratversicherungsbedingungen (VHB 84)



### § 1 Versicherte Sachen

1. Versichert ist der gesamte Hausrat. Dazu gehören alle Sachen, die einem Haushalt zur Einrichtung oder zum Gebrauch oder zum Verbrauch dienen, außerdem Bargeld. Für Wertsachen einschließlich Bargeld gelten Entschädigungsgrenzen (§ 19).

2. Versichert sind auch

a) Rundfunk- und Fernsehantennenanlagen sowie Markisen, soweit diese Sachen nicht mehreren Wohnungen oder gewerblichen Zwecken dienen;

b) in das Gebäude eingefügte Sachen, die der Versicherungsnehmer als Mieter auf seine Kosten beschafft oder übernommen hat und für die er die Gefahr trägt, insbesondere sanitäre Anlagen und leitungswasserführende Installationen mit deren Zu- und Ableitungsrohren;

c) Kanus, Ruder-, Falt- und Schlauchboote, Surfgeräte und Flugdrachen; Motoren sind jedoch nicht versichert.

d) Arbeitsgeräte und Einrichtungsgegenstände, die dem Beruf oder dem Gewerbe des Versicherungsnehmers oder einer mit ihm in häuslicher Gemeinschaft lebenden Person dienen. Die Einschränkung gemäß § 10 Nr. 2 Satz 3 bleibt unberührt.

3. Die in Nr. 1 und Nr. 2 genannten Sachen sind auch versichert, soweit sie fremdes Eigentum sind.

4. Nicht versichert sind

a) Gebäudebestandteile, es sei denn, sie sind in Nr. 2 a und 2 b genannt;

b) Kraftfahrzeuge aller Art und deren Anhänger;

c) Wasserfahrzeuge, es sei denn, sie sind in Nr. 2 c genannt;

d) Hausrat von Untermietern, soweit er diesen nicht durch den Versicherungsnehmer überlassen worden ist;

e) Sachen, die durch einen Versicherungsvertrag für Schmucksachen und Pelze im Privatbesitz versichert sind.

### § 2 Versicherte Kosten

1. Versichert sind Kosten

a) für das Aufräumen versicherter Sachen sowie für das Wegräumen und den Abtransport von Resten versicherter Sachen nach einem Versicherungsfall (Aufräumungskosten);

b) die aufzuwenden sind, weil nach einem Versicherungsfall zur Wiederherstellung oder Wiederbeschaffung versicherter Sachen andere Sachen bewegt, verändert oder geschützt werden müssen (Bewegungs- und Schutzkosten);

c) für Maßnahmen, auch erfolglose, die der Versicherungsnehmer im Versicherungsfall zur Abwendung oder Minderung des Schadens für geboten halten durfte (Schadenabwendungs- oder Schadenminderungskosten);

d) für Schloßänderungen, wenn Schlüssel für Türen der Wohnung durch einen Versicherungsfall abhanden gekommen sind (Schloßänderungskosten);

e) für Reparaturen von Gebäudebeschädigungen, die im Bereich der Wohnung (§ 10) durch Einbruchdiebstahl, Raub oder den Versuch einer solchen Tat oder innerhalb der Wohnung durch Vandalismus nach einem Einbruch (§ 6) entstanden sind (Reparaturkosten für Gebäudebeschädigungen);

f) für Reparaturen in gemieteten Wohnungen, um durch einen Versicherungsfall entstandene Leitungswasserschäden an Bodenbelägen, Innenanstrichen oder Tapeten der Wohnung (§ 10) zu beseitigen (Reparaturkosten für gemietete Wohnungen).

2. Nicht versichert sind Aufwendungen für Leistungen der Feuerwehren oder anderer im öffentlichen Interesse zur Hilfeleistung Verpflichteter, wenn diese Leistungen im öffentlichen Interesse erbracht werden.

### § 3 Versicherte Gefahren und Schäden

Entschädigt werden versicherte Sachen, die durch

1. Brand, Blitzschlag, Explosion, Anprall oder Absturz eines bemannten Flugkörpers, seiner Teile oder seiner Ladung,

2. Einbruchdiebstahl, Raub oder den Versuch einer solchen Tat,

3. Vandalismus nach einem Einbruch,

4. Leitungswasser,

5. Sturm

zerstört oder beschädigt werden oder infolge eines solchen Ereignisses abhanden kommen.

## § 4 Brand; Blitzschlag; Explosion

1. Brand ist ein Feuer, das ohne einen bestimmungsgemäßen Herd entstanden ist oder ihn verlassen hat und sich aus eigener Kraft auszubreiten vermag.

2. Blitzschlag ist der unmittelbare Übergang eines Blitzes auf Sachen.

3. Explosion ist eine auf dem Ausdehnungsbestreben von Gasen oder Dämpfen beruhende, plötzlich verlaufende Kraftäußerung.

## § 5 Einbruchdiebstahl; Raub

1.Einbruchdiebstahl liegt vor, wenn der Dieb

a) in einen Raum eines Gebäudes einbricht, einsteigt oder mit einem falschen Schlüssel oder anderen nicht zum ordnungsgemäßen Öffnen bestimmten Werkzeugen eindringt;

ein Schlüssel ist falsch, wenn seine Anfertigung für das Schloß nicht von einer dazu berechtigten Person veranlaßt oder gebilligt worden ist;

der Gebrauch eines falschen Schlüssels ist nicht schon dann bewiesen, wenn feststeht, daß versicherte Sachen abhanden gekommen sind;

b) in einem Raum eines Gebäudes ein Behältnis aufbricht oder falsche Schlüssel oder andere nicht zum ordnungsgemäßen Öffnen bestimmte Werkzeuge benutzt, um es zu öffnen;

c) aus der verschlossenen Wohnung Sachen entwendet, nachdem er sich dort eingeschlichen oder verborgen gehalten hatte;

d) in einem Raum eines Gebäudes bei einem Diebstahl angetroffen wird und eines der Mittel gemäß Nr. 2 anwendet, um sich den Besitz gestohlener Sachen zu erhalten;

e) in einem Raum eines Gebäudes ein Behältnis mit einem richtigen Schlüssel öffnet, den er – auch außerhalb der Wohnung – durch Einbruchdiebstahl oder Raub an sich gebracht hatte;

f) in einen Raum eines Gebäudes mit einem richtigen Schlüssel eindringt, den er – auch außerhalb der Wohnung – durch Raub oder ohne fahrlässiges Verhalten des berechtigten Besitzers durch Diebstahl an sich gebracht hatte.

2. Raub liegt vor, wenn

a) gegen den Versicherungsnehmer Gewalt angewendet wird, um dessen Widerstand gegen die Wegnahme versicherter Sachen auszuschalten;

b) der Versicherungsnehmer versicherte Sachen herausgibt oder sich wegnehmen läßt, weil eine Gewalttat mit Gefahr für Leib oder Leben angedroht wird, die innerhalb des Versicherungsortes verübt werden soll;

c) dem Versicherungsnehmer versicherte Sachen weggenommen werden, weil sein körperlicher Zustand infolge eines Unfalls oder infolge einer nicht verschuldeten sonstigen Ursache beeinträchtigt und dadurch seine Widerstandskraft ausgeschaltet ist.

Dem Versicherungsnehmer stehen Personen gleich, die mit seiner Zustimmung in der Wohnung anwesend sind.

## § 6 Vandalismus nach einem Einbruch

Vandalismus liegt vor, wenn der Täter auf eine der in § 5 Nr. 1 a oder f bezeichneten Arten in die Wohnung eindringt und versicherte Sachen vorsätzlich zerstört oder beschädigt.

## § 7 Leitungswasser

1. Leitungswasser ist Wasser, das aus den Zu- oder Ableitungsrohren der Wasserversorgung, sonstigen mit dem Rohrsystem verbundenen Einrichtungen, Anlagen der Warmwasser- oder Dampfheizung, Einrichtungen von Klima-, Wärmepumpen- oder Solarheizungsanlagen bestimmungswidrig ausgetreten ist.

2. Versichert sind auch Frostschäden an sanitären Anlagen und leitungswasserführenden Installationen sowie Frost- und sonstige Bruchschäden an deren Zu- und Ableitungsrohren, soweit der Versicherungsnehmer als Mieter diese Anlagen oder Rohre auf seine Kosten beschafft oder übernommen hat und für sie die Gefahr trägt.

3. Wasserdampf steht Leitungswasser gleich.

## § 8 Sturm

1. Sturm ist eine wetterbedingte Luftbewegung von mindestens Windstärke 8.

2. Kann die Windstärke für den Versicherungsort nicht festgestellt werden, so wird Sturm unterstellt, wenn der Versicherungsnehmer nachweist, daß

a) die Luftbewegung in der Umgebung des Versicherungsortes Schäden an Gebäuden in einwandfreiem Zustand oder an ebenso widerstandsfähigen anderen Sachen angerichtet hat oder

b) der Schaden wegen des einwandfreien Zustandes des Gebäudes, in dem sich die versicherten Sachen befunden haben, nur durch Sturm entstanden sein kann.

3. Versichert sind nur Schäden, die entstehen

a) durch unmittelbare Einwirkung des Sturmes auf versicherte Sachen;

b) dadurch, daß der Sturm Gebäudeteile, Bäume oder andere Gegenstände auf versicherte Sachen wirft;

c) als Folge eines Sturmschadens gemäß a oder b oder an Gebäuden, in denen sich versicherte Sachen befinden.

## § 9 Nicht versicherte Schäden

1. Nicht versichert sind ohne Rücksicht auf mitwirkende Ursachen Schäden,

a) die der Versicherungsnehmer oder sein Repräsentant vorsätzlich oder grob fahrlässig herbeiführt; bei Schäden durch Raub steht die beraubte Person dem Versicherungsnehmer gleich;

ist die Herbeiführung des Schadens gemäß Abs. 1 durch ein rechtskräftiges Strafurteil wegen vorsätzlicher Brandstiftung festgestellt, so gelten die Voraussetzungen von Abs. 1 als bewiesen;

b) die durch Kriegsereignisse jeder Art, innere Unruhen oder Erdbeben entstehen;

c) durch Kernenergie *).

2. Der Versicherungsschutz gegen Brand, Blitzschlag und Explosion erstreckt sich ohne Rücksicht auf mitwirkende Ursachen nicht auf

a) Brandschäden, die an versicherten Sachen dadurch entstehen, daß sie einem Nutzfeuer oder der Wärme zur Bearbeitung oder zu sonstigen Zwecken ausgesetzt werden;

b) Sengschäden, die nicht durch einen Brand entstanden sind;

c) Kurzschluß- und Überspannungsschäden, die an elektrischen Einrichtungen mit oder ohne Feuererscheinung entstanden sind, außer wenn sie die Folge eines Brandes oder einer Explosion sind;

---

*) Der Ersatz von Schäden durch Kernenergie richtet sich in der Bundesrepublik Deutschland nach dem Atomgesetz. Die Betreiber von Kernanlagen sind zur Deckungsvorsorge verpflichtet und schließen hierfür Haftpflichtversicherungen ab.

3. Der Versicherungsschutz gegen Einbruchdiebstahl und Raub erstreckt sich ohne Rücksicht auf mitwirkende Ursachen nicht auf

a) Einbruchdiebstahl- oder Raubschäden durch vorsätzliche Handlungen von Hausangestellten oder von Personen, die bei dem Versicherungsnehmer wohnen;

b) Schäden durch Raub gemäß § 5 Nr. 2 an Sachen, die an den Ort der Wegnahme oder Herausgabe erst auf Verlangen des Täters herangeschafft werden.

4. Der Versicherungsschutz gegen Leitungswasser erstreckt sich ohne Rücksicht auf mitwirkende Ursachen nicht auf Schäden

a) durch Plansch- oder Reinigungswasser;

b) durch Grundwasser, stehendes oder fließendes Gewässer, Hochwasser oder Witterungsniederschläge oder durch den in diesen Fällen verursachten Rückstau;

c) durch Schwamm;

d) durch Austritt von wärmetragenden Flüssigkeiten, wie Sole, Ölen, Kühlmitteln, Kältemitteln und dergleichen, aus Klima-, Wärmepumpen- oder Solarheizungsanlagen.

5. Der Versicherungsschutz gegen Sturm erstreckt sich ohne Rücksicht auf mitwirkende Ursachen nicht auf Schäden

a durch Sturmflut;

b durch Lawinen oder Schneelast;

c) durch Eindringen von Niederschlägen oder Schmutz durch nicht ordnungsgemäß geschlossene Fenster, Außentüren oder andere Öffnungen, es sei denn, daß diese Öffnungen durch den Sturm entstanden sind und einen Gebäudeschaden darstellen.

## § 10 Versicherungsort

1. Versicherungsschutz besteht für versicherte Sachen innerhalb des Versicherungsortes.

Diese Beschränkung gilt nicht für Sachen, die infolge eines eingetretenen oder unmittelbar bevorstehenden Versicherungsfalles aus dem Versicherungsort entfernt und in zeitlichem und örtlichem Zusammenhang mit diesem Vorgang beschädigt oder zerstört werden oder abhandenkommen. Unberührt bleibt jedoch § 9 Nr. 1 a.

2. Versicherungsort ist die im Versicherungsvertrag bezeichnete Wohnung des Versicherungsnehmers. Zur Wohnung gehören auch Räume in Nebengebäuden auf demselben Grundstück. Nicht zur Wohnung gehören Räume, die ausschließlich beruflich oder gewerblich genutzt werden. Für Rundfunk- und Fernsehantennenanlagen sowie für Markisen gilt als Versicherungsort das gesamte Grundstück, auf dem die versicherte Wohnung liegt.

3. Bei Schäden durch Einbruchdiebstahl oder Raub oder durch Vandalismus nach einem Einbruch müssen alle Voraussetzungen gemäß § 5 oder § 6 innerhalb des Versicherungsortes verwirklicht worden sein.

4. Stirbt der Versicherungsnehmer, so bleibt dessen Wohnung Versicherungsort. Das Versicherungsverhältnis endet jedoch zwei Monate nach dem Tod, wenn nicht spätestens zu dieser Zeit ein Erbe die Wohnung in derselben Weise wie der frühere Versicherungsnehmer nutzt.

## § 11 Wohnungswechsel; Prämienänderung

1. Im Falle eines Wechsels der in § 10 Nr. 2 genannten Wohnung des Versicherungsnehmers geht der Versicherungsschutz auf die neue Wohnung über. Behält der Versicherungsnehmer in diesem Falle die in § 10 Nr. 2 genannte Wohnung bei, so liegt ein Wohnungswechsel nur vor, wenn er die neue Wohnung in derselben Weise wie die bisherige nutzt.

Während des Wohnungswechsels besteht Versicherungsschutz in beiden Wohnungen. Der Versicherungsschutz in der bisherigen Wohnung erlischt jedoch spätestens zwei Monate nach Umzugsbeginn.

Liegt die neue Wohnung nicht innerhalb der Bundesrepublik Deutschland, so ist Abs. 1 nicht anzuwenden. Das Versicherungsverhältnis endet, sobald gemäß Abs. 2 der Versicherungsschutz für die bisherige Wohnung erlischt.

2. Ein Wohnungswechsel ist dem Versicherer spätestens bei Umzugsbeginn unter Angabe der neuen Wohnfläche in Quadratmetern schriftlich anzuzeigen.

3. Liegt nach einem Umzug die neue Wohnung an einem Ort, für den der Tarif des Versicherers einen anderen Prämiensatz vorsieht, so ändert sich ab Umzugsbeginn die Prämie entsprechend diesem Tarif.

4. Der Versicherungsnehmer kann den Vertrag kündigen, wenn sich die Prämie gemäß Nr. 3 erhöht. Die Kündigung hat schriftlich spätestens einen Monat nach Zugang der Mitteilung über die erhöhte Prämie zu erfolgen. Sie wird einen Monat nach Zugang wirksam.

Der Versicherer kann in diesem Fall die Prämie nur zeitanteilig bis zur Wirksamkeit der Kündigung beanspruchen. Ist die Anzeige gemäß Nr. 2 erfolgt, so wird diese Prämie nur in der für die bisherige Wohnung maßgebenden Höhe geschuldet.

## § 12 Außenversicherung

1. Versicherte Sachen, die Eigentum des Versicherungsnehmers oder einer mit ihm in häuslicher Gemeinschaft lebenden Person sind oder deren Gebrauch dienen, sind innerhalb Europas im geographischen Sinn auch versichert, solange sie sich vorübergehend außerhalb der Wohnung befinden. Zeiträume von mehr als drei Monaten gelten nicht als vorübergehend.

2. Hält sich der Versicherungsnehmer oder ein mit ihm in häuslicher Gemeinschaft lebender Familienangehöriger zur Ausbildung, zur Erfüllung von Wehrpflicht oder Zivildienst außerhalb der Wohnung auf, so gilt dies so lange als vorübergehend, wie er nicht dort einen eigenen Haushalt gegründet hat.

3. Für Sturmschäden besteht Außenversicherungsschutz nur, wenn sich die Sachen in Gebäuden befinden.

4. Bei Raub besteht Außenversicherungsschutz

a) auch dann, wenn der Raub an einer Person begangen wird, die mit dem Versicherungsnehmer in häuslicher Gemeinschaft lebt;

b) in den Fällen des § 5 Nr. 2 b nur dann, wenn die angedrohte Gewalttat an Ort und Stelle verübt werden soll.

5. Es gelten die Entschädigungsgrenzen gemäß § 19. Die Entschädigung für die Außenversicherung ist jedoch insgesamt auf 10 Prozent der Versicherungssumme, höchstens 15.000 DM, begrenzt.

## § 13 Gefahrumstände bei Vertragsabschluß und Gefahrerhöhung

1. Der Versicherungsnehmer hat alle Antragsfragen wahrheitsgemäß zu beantworten. Bei schuldhafter Verletzung dieser Obliegenheit kann der Versicherer nach Maßgabe der §§ 16 bis 21 VVG vom Vertrag zurücktreten und leistungsfrei sein.

2. Eine Gefahrerhöhung ist dem Versicherer unverzüglich schriftlich anzuzeigen. Bei einer Gefahrerhöhung kann der Versicherer aufgrund der §§ 23 bis 30 VVG zur Kündigung berechtigt oder auch leistungsfrei sein.

3. Eine Gefahrerhöhung nach Antragstellung liegt insbesondere vor, wenn

a) sich anläßlich eines Wohnungswechsels oder aus sonstigen Gründen ein Umstand ändert, nach dem im Antrag gefragt worden ist;

b) die ansonsten ständig bewohnte Wohnung länger als 60 Tage oder über eine für den Einzelfall vereinbarte längere Frist hinaus unbewohnt bleibt und auch nicht beaufsichtigt wird; beaufsichtigt ist eine Wohnung nur dann, wenn sich während der Nacht eine dazu berechtigte volljährige Person darin aufhält;

c) bei Antragstellung vorhandene oder zusätzlich vereinbarte Sicherungen beseitigt oder vermindert werden. Das gilt auch bei Wohnungswechsel.

## § 14 Sicherheitsvorschriften

1. Der Versicherungsnehmer hat

a) alle gesetzlichen, behördlichen oder vereinbarten Sicherheitsvorschriften zu beachten;

b) in der kalten Jahreszeit entweder die Wohnung ausreichend zu beheizen oder alle wasserführenden Anlagen und Einrichtungen zu entleeren und entleert zu halten.

2. Verletzt der Versicherungsnehmer oder sein Repräsentant eine dieser Obliegenheiten, so kann der Versicherer gemäß § 6 VVG zur Kündigung berechtigt oder auch leistungsfrei sein.

Führt die Verletzung zu einer Gefahrerhöhung, so gelten die §§ 23 bis 30 VVG. Danach kann der Versicherer zur Kündigung berechtigt oder auch leistungsfrei sein.

## § 15 Prämie; Beginn und Ende der Haftung

1. Der Versicherungsnehmer hat die erste Prämie (Beitrag) bei Aushändigung des Versicherungsscheines zu zahlen, Folgeprämien am Ersten des Monats, in dem ein neues Versicherungsjahr beginnt.

Die Folgen nicht rechtzeitiger Zahlung der ersten Prämie oder der ersten Rate der ersten Prämie ergeben sich aus § 38 VVG; im übrigen gilt § 39 VVG. Rückständige Folgeprämien dürfen nur innerhalb eines Jahres seit Ablauf der nach § 39 VVG für sie gesetzten Zahlungsfrist eingezogen werden.

2. Ist Ratenzahlung vereinbart, so gelten ausstehende Raten als gestundet. Sie werden sofort fällig, wenn der Versicherungsnehmer in Verzug gerät oder soweit eine Entschädigung fällig ist.

3. Die Haftung des Versicherers beginnt zum vereinbarten Zeitpunkt, und zwar auch dann, wenn zur Prämienzahlung erst später aufgefordert, die Prämie aber ohne Verzug gezahlt wird. Ist dem Versicherungsnehmer bei Antragstellung bekannt, daß ein Versicherungsfall bereits eingetreten ist, so entfällt dafür die Haftung.

4. Versicherungsverträge von mindestens einjähriger Dauer verlängern sich von Jahr zu Jahr, wenn sie nicht spätestens drei Monate vor Ablauf durch eine Partei schriftlich gekündigt werden.

5. Endet das Versicherungsverhältnis vor Ablauf der Vertragszeit oder wird es rückwirkend aufgehoben oder ist es von Anfang an ungültig, so gebührt dem Versicherer die Prämie oder die Geschäftsgebühr gemäß dem Versicherungsvertragsgesetz (z. B. §§ 40, 68 VVG).

Kündigt nach Eintritt eines Versicherungsfalles (§ 26) der Versicherungsnehmer, so hat der Versicherer Anspruch auf die Prämie für das laufende Versicherungsjahr. Kündigt der Versicherer, so hat er die Prämie für das laufende Versicherungsjahr nach dem Verhältnis der noch nicht abgelaufenen zu der gesamten Zeit des Versicherungsjahres zurückzuzahlen.

## § 16 Anpassung der Versicherungssumme und des Prämiensatzes

1. Anpassung der Versicherungssumme

a) Die Versicherungssumme erhöht oder vermindert sich mit Beginn eines jeden Versicherungsjahres entsprechend dem Prozentsatz, um den sich der Preisindex für "Andere Verbrauchs- und Gebrauchsgüter ohne Nahrungsmittel und ohne normalerweise nicht in der Wohnung gelagerte Güter" aus dem Preisindex der Lebenshaltungskosten aller privaten Haushalte im vergangenen Kalenderjahr gegenüber dem davorliegenden Kalenderjahr verändert hat. Der Veränderungsprozentsatz wird auf eine ganze Zahl abgerundet. Maßgebend ist der vom Statistischen Bundesamt jeweils für den Monat September veröffentlichte Index.

Die neue Versicherungssumme wird auf volle Tausend DM aufgerundet und dem Versicherungsnehmer bekanntgegeben.

Die Prämie wird aus der neuen Versicherungssumme berechnet.

b) Die vereinbarte oder nach a angepaßte Versicherungssumme erhöht sich um einen Vorsorgebetrag von 10 Prozent.

c) Innerhalb eines Monats nach Zugang der Mitteilung über die angepaßte Versicherungssumme kann der Versicherungsnehmer durch schriftliche Erklärung die Anpassung mit Wirkung für den Zeitpunkt aufheben, in dem die Anpassung wirksam werden sollte.

d) Das Recht auf Herabsetzung der Versicherungssumme wegen erheblicher Überversicherung (§ 51 Abs. 1 VVG) bleibt unberührt.

2. Anpassung des Prämiensatzes

a) Die Prämie pro Tausend DM Versicherungssumme, auch soweit sie für erweiterten Versicherungsschutz vereinbart ist (Prämiensatz), kann zu Beginn eines jeden Versicherungsjahres erhöht oder muß vermindert werden, wenn sich das Verhältnis der Summe aller Schadenzahlungen aus Hausratversicherungen (ohne Schadenregulierungskosten) zum Gesamtbetrag der Hausratversicherungssummen im Durchschnitt der gemäß b maßgebenden drei Jahre um mindestens 5 Prozent erhöht oder vermindert hat.

b) Die Berechnung wird durch einen unabhängigen Treuhänder vorgenommen, und zwar für das vorletzte, drittletzte und viertletzte Kalenderjahr vor Beginn des Versicherungsjahres im Verhältnis zu dem jeweils davor abgelaufenen Kalenderjahr. Hierbei werden jeweils die Gesamtbeträge der Hausratversicherungssummen an jedem 31. Dezember der zu vergleichenden Jahre berücksichtigt. Aus diesen drei Veränderungssätzen berechnet der Treuhänder den gemäß a maßgebenden Durchschnitt. Bei den Berechnungen wird auf zwei Stellen hinter dem Komma gerundet.

Wurde die Grenze von 5 Prozent gemäß a nicht erreicht, so wird der ermittelte Veränderungssatz in die Berechnung für das folgende Kalenderjahr einbezogen.

c) Der Veränderungssatz wird so abgerundet, daß sich eine ganze Zahl ergibt, wenn er durch 2,5 geteilt wird. Er wird dem Versicherungsnehmer bekanntgegeben.

d) Der Prämiensatz verändert sich entsprechend dem gemäß b und c ermittelten durchschnittlichen Veränderungssatz. Der geänderte Prämiensatz wird auf zwei Stellen hinter dem Komma abgerundet.

Er darf den im Zeitpunkt der Änderung geltenden Tarifprämiensatz nicht übersteigen. Diese Grenze gilt jedoch nur, wenn sich die Tarifprämie auf eine unveränderte Gruppe versicherbarer Risiken bezieht.

e) Erhöht sich der Prämiensatz gemäß a um mehr als 5 Prozent pro Jahr oder um mehr als 25 Prozent seit Beginn dieses Versicherungsvertrages, ohne daß sich der Umfang der Versicherung ändert, so kann der Versicherungsnehmer innerhalb eines Monats nach Zugang der Mitteilung des Versicherers über die Prämiensatzerhöhung zum Zeitpunkt des Inkrafttretens der Änderung den Versicherungsvertrag kündigen.

Soll die Erhöhung des Prämiensatzes erst nach Ablauf dieses Monats wirksam werden, kann die Kündigung noch bis und zum Zeitpunkt des Inkrafttretens der Änderung ausgesprochen werden.

Die Kündigung ist schriftlich zu erklären.

## § 17 Versicherung für fremde Rechnung

1. Soweit die Versicherung für fremde Rechnung genommen ist, kann der Versicherungsnehmer über die Rechte des Versicherten im eigenen Namen verfügen. Der Versicherungsnehmer ist ohne Zustimmung des Versicherten berechtigt, die Entschädigung entgegenzunehmen oder die Rechte des Versicherten zu übertragen, auch wenn er nicht im Besitz des Versicherungsscheines ist. Der Versicherer kann jedoch vor Auszahlung der Entschädigung den Nachweis verlangen, daß der Versicherte seine Zustimmung zu der Auszahlung der Entschädigung erteilt hat.

2. Der Versicherte kann über seine Rechte nicht verfügen, selbst wenn er im Besitz des Versicherungsscheines ist. Er kann die Zahlung der Entschädigung nur mit Zustimmung des Versicherungsnehmers verlangen.

3. Soweit Kenntnis oder Verhalten des Versicherungsnehmers von rechtlicher Bedeutung ist, kommt auch Kenntnis oder Verhalten des Versicherten in Betracht. Im übrigen gilt § 79 VVG.

## § 18 Entschädigungsberechnung; Versicherungswert; Versicherungssumme; Unterversicherung

1. Ersetzt werden

a) bei zerstörten oder abhanden gekommenen Sachen der Versicherungswert zum Zeitpunkt des Versicherungsfalles;

b) bei beschädigten Sachen die notwendigen Reparaturkosten zum Zeitpunkt des Versicherungsfalles zuzüglich einer etwa verbleibenden Wertminderung, höchstens jedoch der Versicherungswert.

Restwerte werden angerechnet.

2. Versicherungswert ist der Wiederbeschaffungspreis von Sachen gleicher Art und Güte in neuwertigem Zustand (Neuwert).

Falls Sachen für ihren Zweck im Haushalt des Versicherungsnehmers nicht mehr zu verwenden sind, ist Versicherungswert der für den Versicherungsnehmer erzielbare Verkaufspreis (gemeiner Wert).

3. Ist die Versicherungssumme niedriger als der Versicherungswert der versicherten Sachen zum Zeitpunkt des Versicherungsfalles (Unterversicherung), so wird nur der Teil des gemäß Nr. 1 und Nr. 2 ermittelten Betrages ersetzt, der sich zu dem ganzen Betrag verhält wie die Versicherungssumme zu dem Versicherungswert.

4. Nr. 1 bis Nr. 3 gelten entsprechend für die Berechnung der Entschädigung versicherter Kosten gemäß § 2.

5. Ist die Entschädigung gemäß § 19 auf bestimmte Beträge begrenzt, so werden bei Ermittlung des Versicherungswertes der dort genannten Sachen höchstens diese Beträge berücksichtigt. Der bei Unterversicherung nur teilweise zu ersetzende Gesamtbetrag des Schadens wird ohne Rücksicht auf Entschädigungsgrenzen ermittelt; für die Höhe der Entschädigung gelten jedoch die Grenzen gemäß § 19.

6. Die Gesamtentschädigung für versicherte Sachen und Kosten ist je Versicherungsfall auf die Versicherungssumme begrenzt. Satz 1 gilt jedoch nicht für Schadenabwendungs- und Schadenminderungskosten, soweit diese auf Weisung des Versicherers verursacht wurden.

Versicherte Kosten werden bis 10 Prozent der Versicherungssumme auch darüber hinaus ersetzt. Dies gilt nicht, soweit für den Versicherungsnehmer oder für eine Person, die von ihm Ersatz ihrer Aufwendungen verlangen kann, Versicherungsschutz aus einem anderen privaten oder öffentlichrechtlichen Versicherungsverhältnis besteht; Hausratversicherungsverträge sind hiervon ausgenommen.

## § 19 Entschädigungsgrenzen für Wertsachen einschließlich Bargeld

1. Wertsachen sind

a) Bargeld;

b) Urkunden einschließlich Sparbücher und sonstige Wertpapiere;

c) Schmucksachen, Edelsteine, Perlen, Briefmarken, Münzen und Medaillen sowie alle Sachen aus Gold oder Platin;

d) Pelze, handgeknüpfte Teppiche und Gobelins, Ölgemälde, Aquarelle, Zeichnungen, Graphiken und Plastiken sowie nicht in c genannte Sachen aus Silber;

e) sonstige Sachen, die über 100 Jahre alt sind (Antiquitäten), jedoch mit Ausnahme von Möbelstücken.

2. Die Entschädigung für Wertsachen ist je Versicherungsfall auf insgesamt 20 Prozent der Versicherungssumme begrenzt, soweit nicht etwas anderes vereinbart wurde.

3. Ferner ist für Wertsachen, die sich außerhalb verschlossener mehrwandiger Stahlschränke mit einem Mindestgewicht von 200 kg oder eingemauerter Stahlwandschränke mit mehrwandiger Tür oder besonders vereinbarter sonstiger verschlossener Behältnisse mit zusätzlichen Sicherheitsmerkmalen befinden, die Entschädigung je Versicherungsfall begrenzt auf

a) 1.500 DM für Bargeld, ausgenommen Münzen, deren Versicherungswert den Nennbetrag übersteigt;

b) insgesamt 5.000 DM für Wertsachen gemäß Nr. 1 b;

c) insgesamt 40.000 DM für Wertsachen gemäß Nr. 1 c.

## § 20 Entschädigungsgrenze bei mehrfacher Versicherung

Bestehen für versicherte Sachen mehrere Hausratversicherungsverträge desselben oder verschiedener Versicherungsnehmer, so ermäßigt sich der Anspruch gemäß §§ 12 oder 19 Nr. 3 aus diesem Vertrag in der Weise, daß aus allen Verträgen insgesamt keine höhere Entschädigung geleistet wird, als wenn der Gesamtbetrag der Versicherungssummen im vorliegenden Vertrag in Deckung gegeben worden wäre.

## § 21 Obliegenheiten des Versicherungsnehmers im Versicherungsfall

1. Bei Eintritt eines Versicherungsfalles hat der Versicherungsnehmer unverzüglich

a) den Schaden dem Versicherer anzuzeigen;

b) einen Schaden durch Brand, Explosion, Einbruchdiebstahl, Vandalismus oder Raub der zuständigen Polizeidienststelle anzuzeigen und dieser ein Verzeichnis der abhandengekommenen Sachen einzureichen;

c) abhandengekommene Sparbücher und andere sperrfähige Urkunden sperren zu lassen sowie für abhandengekommene Wertpapiere das Aufgebotsverfahren einzuleiten;

d) ein von ihm unterschriebenes Verzeichnis aller abhandengekommenen, zerstörten oder beschädigten Sachen dem Versicherer vorzulegen. Der Versicherungswert der Sachen oder der Anschaffungspreis und das Anschaffungsjahr sind dabei anzugeben.

2. Der Versicherungsnehmer hat auch

a) den Schaden nach Möglichkeit abzuwenden oder zu mindern und dabei die Weisungen des Versicherers zu befolgen, die der Versicherungsnehmer, soweit die Umstände es gestatten, einholen muß;

b) dem Versicherer jede zumutbare Untersuchung über Ursache und Höhe des Schadens und über den Umfang der Entschädigungspflicht zu gestatten, jede hierzu dienliche Auskunft – auf Verlangen schriftlich – zu erteilen und Belege beizubringen.

3. Verletzt der Versicherungsnehmer oder sein Repräsentant eine dieser Obliegenheiten, so kann der Versicherer gemäß §§ 6 Abs. 3, 62 Abs. 2 VVG leistungsfrei sein.

Wurden bestimmte abhandengekommene Sachen der Polizeidienststelle nicht angezeigt, so kann die Entschädigung nur für diese Sachen verweigert werden.

4. Hatte eine vorsätzliche Obliegenheitsverletzung Einfluß weder auf die Feststellung des Versicherungsfalls noch auf die Feststellung oder den Umfang der Entschädigung, so entfällt die Leistungsfreiheit gemäß Nr. 3, wenn die Verletzung nicht geeignet war, die Interessen des Versicherers ernsthaft zu beeinträchtigen und wenn außerdem den Versicherungsnehmer kein erhebliches Verschulden trifft.

## § 22 Wegfall der Entschädigungspflicht

1. Versucht der Versicherungsnehmer, den Versicherer arglistig über Tatsachen zu täuschen, die für den Grund oder für die Höhe der Entschädigung von Bedeutung sind, so ist der Versicherer von der Entschädigungspflicht frei. Dies gilt auch, wenn die arglistige Täuschung sich auf einen anderen zwischen den Parteien über dieselbe Gefahr abgeschlossenen Versicherungsvertrag bezieht.

Ist eine Täuschung gemäß Absatz 1 durch ein rechtskräftiges Strafurteil wegen Betruges oder Betrugsversuches festgestellt, so gelten die Voraussetzungen von Absatz 1 als bewiesen.

2. Wird ein Entschädigungsanspruch nicht innerhalb von sechs Monaten gerichtlich geltend gemacht, nachdem der Versicherer ihn unter Angabe der mit dem Ablauf der Frist verbundenen Rechtsfolge schriftlich abgelehnt hat, so ist der Versicherer von der Entschädi-

gungspflicht frei. Wird ein Sachverständigenverfahren (§ 23) vereinbart, so wird der Ablauf der Frist für dessen Dauer gehemmt.

## § 23 Sachverständigenverfahren

1. Versicherungsnehmer und Versicherer können nach Eintritt des Versicherungsfalles vereinbaren, daß die Höhe des Schadens durch Sachverständige festgestellt wird. Das Sachverständigenverfahren kann durch Vereinbarung auf sonstige tatsächliche Voraussetzungen des Entschädigungsanspruches sowie der Höhe der Entschädigung ausgedehnt werden. Der Versicherungsnehmer kann ein Sachverständigenverfahren auch durch einseitige Erklärung gegenüber dem Versicherer verlangen.

2. Für das Sachverständigenverfahren gilt:

a) Jede Partei benennt schriftlich einen Sachverständigen und kann dann die andere unter Angabe des von ihr benannten Sachverständigen schriftlich auffordern, den zweiten Sachverständigen zu benennen. Wird der zweite Sachverständige nicht binnen zwei Wochen nach Empfang der Aufforderung benannt, so kann ihn die auffordernde Partei durch das für den Schadenort zuständige Amtsgericht ernennen lassen. In der Aufforderung ist auf diese Folge hinzuweisen.

b) Beide Sachverständige benennen schriftlich vor Beginn des Feststellungsverfahrens einen dritten Sachverständigen als Obmann. Einigen sie sich nicht, so wird der Obmann auf Antrag einer Partei durch das für den Schadenort zuständige Amtsgericht ernannt.

c) Der Versicherer darf als Sachverständige keine Personen benennen, die Mitbewerber des Versicherungsnehmers sind oder mit ihm in dauernder Geschäftsverbindung stehen, ferner keine Personen, die bei Mitbewerbern oder Geschäftspartnern angestellt sind oder mit ihnen in einem ähnlichen Verhältnis stehen.

Dies gilt entsprechend für die Benennung eines Obmannes durch die Sachverständigen.

3. Die Feststellungen der Sachverständigen müssen enthalten

a) ein Verzeichnis der zerstörten, beschädigten oder abhandengekommenen Sachen sowie deren Versicherungswert zum Zeitpunkt des Versicherungsfalles;

b) bei beschädigten Sachen die Beträge gemäß § 18 Nr. 1b;

c) die Restwerte der von dem Schaden betroffenen Sachen;

d) entstandene Kosten, die gemäß § 2 versichert sind.

4. Die Sachverständigen übermitteln beiden Parteien gleichzeitig ihre Feststellungen. Weichen diese Feststellungen voneinander ab, so übergibt der Versicherer sie unverzüglich dem Obmann. Dieser entscheidet über die streitig gebliebenen Punkte innerhalb der durch die Feststellungen der Sachverständigen gezogenen Grenzen und übermittelt seine Entscheidung beiden Parteien gleichzeitig.

5. Jede Partei trägt die Kosten ihres Sachverständigen. Die Kosten des Obmannes tragen beide Parteien je zur Hälfte.

6. Die Feststellungen der Sachverständigen oder des Obmannes sind verbindlich, wenn nicht nachgewiesen wird, daß sie offenbar von der wirklichen Sachlage erheblich abweichen. Aufgrund dieser verbindlichen Feststellungen berechnet der Versicherer gemäß §§ 18 bis 20 die Entschädigung.

7. Durch das Sachverständigenverfahren werden die Obliegenheiten des Versicherungsnehmers gemäß § 21 nicht berührt.

## § 24 Zahlung der Entschädigung

1. Ist die Leistungspflicht des Versicherers dem Grunde und der Höhe nach festgestellt, so hat die Auszahlung der Entschädigung binnen zwei Wochen zu erfolgen. Jedoch kann ein Monat nach Anzeige des Schadens als Abschlagszahlung der Betrag beansprucht werden, der nach Lage der Sache mindestens zu zahlen ist.

2. Die Entschädigung ist seit Anzeige des Schadens mit 1 Prozent unter dem Diskontsatz der Deutschen Bundesbank zu verzinsen, mindestens jedoch mit 4 Prozent und höchstens mit 6 Prozent pro Jahr.

Die Verzinsung entfällt, soweit die Entschädigung innerhalb eines Monats seit Anzeige des Schadens gezahlt wird. Zinsen werden erst fällig, wenn die Entschädigung fällig ist.

3. Die Entstehung des Anspruchs auf Abschlagszahlung und der Beginn der Verzinsung verschieben sich um den Zeitraum, um den die Feststellung der Leistungspflicht des Versicherers dem Grunde oder der Höhe nach durch Verschulden des Versicherungsnehmers verzögert wurde.

4. Der Versicherer kann die Zahlung aufschieben, solange

a) Zweifel an der Empfangsberechtigung des Versicherungsnehmers bestehen;

b) gegen den Versicherungsnehmer oder seinen Repräsentanten aus Anlaß des Versicherungsfalles ein behördliches oder strafrechtliches Verfahren läuft.

## § 25 Wiederherbeigeschaffte Sachen

Wird der Verbleib abhanden gekommener Sachen ermittelt, so hat der Versicherungsnehmer dies dem Versicherer unverzüglich schriftlich anzuzeigen.

## § 26 Kündigung nach dem Versicherungsfall

1. Nach dem Eintritt eines Versicherungsfalles können sowohl der Versicherungsnehmer als auch der Versicherer den Versicherungsvertrag kündigen.

2. Die Kündigung ist schriftlich zu erklären. Sie muß spätestens einen Monat nach dem Abschluß der Verhandlungen über die Entschädigung zugehen.

3. Die Kündigung wird einen Monat nach ihrem Zugang wirksam. Der Versicherungsnehmer kann bestimmen, daß seine Kündigung sofort oder zu einem anderen Zeitpunkt wirksam wird, jedoch spätestens zum Schluß des laufenden Versicherungsjahres.

## § 27 Versicherungssumme nach dem Versicherungsfall

Die Versicherungssumme vermindert sich nicht dadurch, daß eine Entschädigung geleistet wird.

## § 28 Schriftliche Form; Zurückweisung von Kündigungen

1. Anzeigen und Erklärungen bedürfen der Schriftform.

2. Ist eine Kündigung des Versicherungsnehmers unwirksam, so wird die Kündigung wirksam, falls der Versicherer sie nicht unverzüglich zurückweist.

## § 29 Schlußbestimmung

1. Soweit nicht in den Versicherungsbedingungen Abweichendes bestimmt ist, gelten die gesetzlichen Vorschriften.

2. Ein Auszug aus dem Gesetz über den Versicherungsvertrag (VVG), der insbesondere die in den VHB 84 erwähnten Bestimmungen enthält, ist dem Bedingungstext beigefügt.

# Klauseln für die Verbundene Hausrat-Versicherung (Basis VHB 84)

## 7100 Versicherte Gefahren und Schäden

### 7110 Fahrraddiebstahl

1. Für Fahrräder erstreckt sich der Versicherungsschutz auch auf Schäden durch Diebstahl, wenn nachweislich

a) das Fahrrad zur Zeit des Diebstahls in verkehrsüblicher Weise durch ein Schloß gesichert war und außerdem

b) der Diebstahl zwischen 6 Uhr und 22 Uhr verübt wurde oder sich das Fahrrad zur Zeit des Diebstahls in Gebrauch oder in einem gemeinschaftlichen Fahrradabstellraum befand.

2. Für die mit dem Fahrrad lose verbundenen und regelmäßig seinem Gebrauch dienenden Sachen besteht Versicherungsschutz nur, wenn sie zusammen mit dem Fahrrad abhandengekommen sind.

3. Die Entschädigung ist je Versicherungsfall auf 1 Prozent der Versicherungssumme für den Hausrat begrenzt. Eine höhere Entschädigungsgrenze kann vereinbart werden.

4. Der Versicherungsnehmer hat Unterlagen über den Hersteller, die Marke und die Rahmennummer der versicherten Fahrräder zu beschaffen und aufzubewahren.

Verletzt der Versicherungsnehmer diese Bestimmung, so kann er Entschädigung nur verlangen, wenn er die Merkmale anderweitig nachweisen kann.

5. Der Versicherungsnehmer hat den Diebstahl unverzüglich der zuständigen Polizeidienststelle anzuzeigen und dem Versicherer einen Nachweis dafür zu erbringen, daß das Fahrrad nicht innerhalb von drei Wochen seit Anzeige des Diebstahls wieder herbeigeschafft wurde.

Verletzt der Versicherungsnehmer eine dieser Obliegenheiten, so kann der Versicherer gemäß §§ 6 Abs. 3, 62 Abs. 2 VVG zur Kündigung berechtigt oder auch leistungsfrei sein.

6. Versicherungsnehmer und Versicherer können unter Einhaltung einer Frist von drei Monaten zum Ende des laufenden Versicherungsjahres durch schriftliche Erklärung verlangen, daß dieser erweiterte Versicherungsschutz für Fahrräder mit Beginn des nächsten Versicherungsjahres entfällt.

Macht der Versicherer von diesem Recht Gebrauch, so kann der Versicherungsnehmer den Vertrag innerhalb eines Monats nach Zugang der Erklärung des Versicherers zum Ende des laufenden Versicherungsjahres kündigen.

### 7111 Überspannungsschäden durch Blitz unter Einschluß von Folgeschäden

1. Abweichend von § 9 Nr. 2 c VHB 84 ersetzt der Versicherer auch Überspannungsschäden durch Blitz.

2. Die Entschädigung ist je Versicherungsfall auf 5 Prozent der Versicherungssumme begrenzt. Eine höhere Entschädigungsgrenze kann vereinbart werden.

### 7112 Schäden durch Hagel

1. Wenn dies besonders vereinbart ist, erstreckt sich die Sturmversicherung auch auf Schäden durch Hagel. In diesem Fall brauchen bei Schäden durch Hagel die Voraussetzungen von § 8 Nr. 1 VHB 84 (Sturm) nicht gegeben zu sein.

2. § 8 Nr. 3 und § 9 Nr. 5 c VHB 84 gelten sinngemäß auch für Schäden durch Hagel gemäß Nr. 1. Jedoch genügt es in den Fällen von § 9 Nr. 5 c VHB 84 für den Versicherungsschutz, daß die Öffnung durch Hagel entstanden ist.

### 7113 Klima-, Wärmepumpen- und Solarheizungsanlagen

Abweichend von § 9 Nr. 4 d VHB 84 erstreckt sich der Versicherungsschutz auch auf Schäden durch wärmetragende Flüssigkeiten wie Sole, Öle, Kühlmittel, Kältemittel und dergleichen, die aus Klima-, Wärmepumpen- oder Solarheizungsanlagen bestimmungswidrig ausgetreten sind.

### 7114 Einschluß von Nutzwärmeschäden

Abweichend von § 9 Nr. 2 a VHB 84 sind auch die dort bezeichneten Brandschäden versichert.

### 7115 Unbemannte Flugkörper

Abweichend von § 3 Nr. 1 VHB 84 leistet der Versicherer Entschädigung auch für Schäden durch Anprall oder Absturz eines unbemannten Flugkörpers, seiner Teile oder seiner Ladung.

### 7116 Aquarien in der Hausrat-Versicherung

Abweichend von § 7 Nr. 1 VHB 84 gilt als Leitungswasser auch Wasser, das aus Aquarien bestimmungswidrig ausgetreten ist.

## 7200 Versicherte Sachen

### 7210 Gegenstände von besonderem Wert

Abweichend von § 1 VHB 84 sind die im Versicherungsvertrag bezeichneten Gegenstände von besonderem Wert nicht mitversichert.

### 7211 Arbeitsgeräte

Abweichend von § 1 Nr. 2 d VHB 84 sind Arbeitsgeräte und Einrichtungsgegenstände, die dem Beruf oder Gewerbe dienen, nicht mitversichert.

### 7212 In das Gebäude eingefügte Sachen

1. Die im Versicherungsvertrag besonders bezeichneten Sachen, z.B. Einbaumöbel, Bodenbeläge, Innenanstriche und Tapeten, sind auch versichert, soweit sie Gebäudebestandteile sein könnten.

2. Soweit gemäß Nr. 1 sanitäre Anlagen und leitungswasserführende Installationen versichert sind, erstreckt sich die Versicherung auch auf Frostschäden an diesen Sachen sowie auf Frost- und sonstige Bruchschäden an deren Zu- und Ableitungsrohren.

3. Pflicht- und Monopolrechte bleiben unberührt.

### 7213 Hausrat außerhalb der ständigen Wohnung

Abweichend von § 1 VHB 84 sind nicht versichert:

1. in Wochenend-, Ferien-, Land-, Jagd-, Garten- und Weinberghäusern sowie in sonstigen nicht ständig bewohnten Gebäuden:

Bargeld, Urkunden einschließlich Sparbücher und sonstige Wertpapiere, Schmucksachen, Edelsteine, Perlen, Briefmarken, Münzen und Medaillen sowie alle Sachen aus Silber, Gold oder Platin, Pelze, handgeknüpfte Teppiche und Gobelins, Ölgemälde, Aquarelle, Zeichnungen, Graphiken und Plastiken, Schußwaffen, Foto- und optische Apparate sowie sonstige Sachen, die über 100 Jahre alt sind (Antiquitäten), jedoch mit Ausnahme von Möbelstücken;

2. in Zweitwohnungen in ständig bewohnten Gebäuden:

Bargeld, Urkunden einschließlich Sparbücher und sonstige Wertpapiere, Schmucksachen, Edelsteine, Perlen, Briefmarken, Münzen und Medaillen sowie alle Sachen aus Gold oder Platin, Pelze, handgeknüpfte Teppiche und Gobelins.

### 7214 Eingelagerte Hausratgegenstände

Von eingelagerten Hausratgegenständen sind nicht versichert:

Bargeld, Urkunden einschließlich Sparbücher und sonstige Wertpapiere, Schmucksachen, Edelsteine, Perlen, Briefmarken, Münzen und Medaillen sowie alle Sachen aus Silber, Gold oder Platin, Pelze, handgeknüpfte Teppiche und Gobelins, Ölgemälde, Aquarelle, Zeichnungen, Graphiken und Plastiken, Schußwaffen, Foto- und optische Apparate sowie sonstige Sachen, die über 100 Jahre alt sind (Antiquitäten), jedoch mit Ausnahme von Möbelstücken.

## 7300 Versicherte Kosten

### 7310 Hotelkosten

1. In Erweiterung von § 2 Nr. 1 a) bis f) VHB 84 sind auch Kosten für Hotel oder ähnliche Unterbringung mitversichert, wenn die Wohnung infolge eines Versicherungsfalles nach § 3 VHB 84 oder durch Hagel unbewohnbar wurde und dem Versicherungsnehmer auch die Beschränkung auf einen etwa bewohnbar gebliebenen Teil nicht zuzumuten ist.

2. Nicht versichert sind Nebenkosten, z.B. Frühstück, Telefon-, Beförderungs- und Transportkosten.

3. Die Entschädigung ist je Versicherungsfall auf den pro Tag vereinbarten Betrag begrenzt bis zu dem Zeitpunkt, in dem die Wohnung wieder bewohnbar ist, längstens für 100 Tage seit dem Eintritt des Versicherungsfalles.

## 7400 Versicherungsort

### 7410 Wohnsitz im Ausland

1. Abweichend von § 11 Nr. 1 Abs. 3 VHB 84 besteht Versicherungsschutz bei Wohnungswechsel auch in der neuen Wohnung, wenn diese innerhalb des vereinbarten ausländischen Staates liegt.

2. Die Versicherungssumme wird in Deutscher Mark (DM) vereinbart. Die Leistungen der Vertragsparteien sind ebenfalls in DM zu erbringen.

3. Abweichend von § 23 Nr. 2 a und b VHB 84 gilt als zuständiges Amtsgericht für die Ernennung des zweiten Sachverständigen oder des Obmannes das Amtsgericht des letzten inländischen Wohnsitzes des Versicherungsnehmers.

### 7411 Erweiterung des Versicherungsortes

1. Abweichend von § 10 Nr. 2 Satz 2 VHB 84 besteht Versicherungsschutz auch in der im Versicherungsschein bezeichneten Garage, soweit sie ausschließlich vom Versicherungsnehmer oder einer mit ihm in häuslicher Gemeinschaft lebenden Person genutzt wird.

2. Die Entschädigung ist je Versicherungsfall auf 5 % der Versicherungssumme begrenzt. Eine höhere Entschädigungsgrenze kann vereinbart werden.

## 7600 Vorvertragliche Anzeige; Gefahrerhöhung; Obliegenheiten

### 7610 Sicherheitsvorschriften

1. Für die Zeit, in der sich niemand in der Wohnung aufhält, sind alle Schließvorrichtungen und vereinbarten Sicherungen zu betätigen und die vereinbarten Einbruchmeldeanlagen einzuschalten.

2. Alle Schließvorrichtungen, vereinbarten Sicherungen und vereinbarten Einbruchmeldeanlagen sind in gebrauchsfähigem Zustand zu erhalten: Störungen, Mängel und Schäden sind unverzüglich zu beseitigen.

3. Nr. 1 findet keine Anwendung, soweit die Einhaltung dieser Obliegenheit dem Versicherungsnehmer oder seinem Repräsentanten bei objektiver Würdigung aller Umstände billigerweise nicht zugemutet werden kann.

4. Verletzt der Versicherungsnehmer oder sein Repräsentant eine der Obliegenheiten gemäß Nr. 1 oder Nr. 2, so ist der Versicherer nach Maßgabe des § 6 Abs. 1 und 2 VVG zur Kündigung berechtigt oder auch leistungsfrei. Eine Kündigung des Versicherers wird einen Monat nach Zugang wirksam.

Leistungsfreiheit tritt nicht ein, wenn die Verletzung weder auf Vorsatz noch auf grober Fahrlässigkeit beruht.

5. Führt die Obliegenheitsverletzung zu einer Gefahrerhöhung, so gelten die §§ 23 - 30 VVG. Danach kann der Versicherer zur Kündigung berechtigt oder auch leistungsfrei sein.

## 7700 Entschädigung (Versicherungssumme; Unterversicherung; Selbstbehalte; Entschädigungsgrenzen)

### 7710 Selbstbehalt bei ungekürzter Hausrat-Versicherungssumme

Der bedingungsgemäß als entschädigungspflichtig errechnete Betrag einschließlich Aufwendungsersatz gemäß § 63 VVG wird je Versicherungsfall um den vereinbarten Selbstbehalt gekürzt.

## 7711 Sachen mit gesondert vereinbarter Versicherungssumme

1 Sachen mit gesondert vereinbarter Versicherungssumme sind als besondere Gruppen (Positionen) versichert. Sie gelten abweichend von § 1 Nr. 1 VHB 84 nicht als Teil des Hausrats.

2 §§ 18 Nr. 3 und 27 VHB 84 sind auf die Versicherungssummen gemäß Nr. 1 anzuwenden. Ein vereinbarter Unterversicherungsverzicht gilt für diese Gruppen (Positionen) nicht, soweit nicht etwas anderes vereinbart wurde.

3 Die Versicherungssummen gemäß Nr. 1 verändern sich entsprechend § 16 Nr. 1 VHB 84; jedoch ist § 16 Nr. 1 b VHB 84 nicht anzuwenden.

Liegt die Versicherungssumme danach über der ursprünglich vereinbarten Versicherungssumme, so wird der Mehrbetrag für die Berechnung der Entschädigung verdoppelt.

4 Der Prämiensatz verändert sich gemäß § 16 Nr. 2 VHB 84.

5 Außenversicherungsschutz gemäß § 12 VHB 84 besteht nicht.

## 7712 Kein Abzug wegen Unterversicherung

1 Der Versicherer nimmt abweichend von §§ 18 Nr. 3 und Nr. 4 VHB 84, 56 VVG keinen Abzug wegen Unterversicherung vor.

2 Nr. 1 gilt nur, solange nicht ein weiterer Hausratversicherungsvertrag desselben Versicherungsnehmers für denselben Versicherungsort ohne Vereinbarung gemäß Nr. 1 besteht.

3 Versicherungsnehmer und Versicherer können unter Einhaltung einer Frist von drei Monaten zum Ende des laufenden Versicherungsjahres durch schriftliche Erklärung verlangen, daß diese Bestimmungen mit Beginn des nächsten Versicherungsjahres entfallen.

Macht der Versicherer von diesem Recht Gebrauch, so kann der Versicherungsnehmer den Vertrag innerhalb eines Monats nach Zugang der Erklärung des Versicherers zum Ende des laufenden Versicherungsjahres kündigen.

## 7713 Erhöhte Entschädigungsgrenze für die Außenversicherung

1. Abweichend von § 12 Nr. 5 Satz 2 VHB 84 gilt die im Versicherungsvertrag vereinbarte höhere Entschädigungsgrenze.

2. Die Entschädigungsgrenzen gemäß § 19 werden hiervon nicht berührt und gelten unverändert.

## 7800 Verhaltens- und Wissenszurechnung; Vertretung

### 7810 Führung

Der führende Versicherer ist bevollmächtigt, Anzeigen und Willenserklärungen des Versicherungsnehmers für alle beteiligten Versicherer entgegenzunehmen.

### 7811 Prozeßführung

Soweit die vertraglichen Grundlagen für die beteiligten Versicherer die gleichen sind, ist folgendes vereinbart:

1. Der Versicherungsnehmer wird bei Streitfällen aus diesem Vertrag seine Ansprüche nur gegen den führenden Versicherer und nur wegen dessen Anteil gerichtlich geltend machen.

2. Die beteiligten Versicherer erkennen die gegen den führenden Versicherer rechtskräftig gewordene Entscheidung sowie die von diesem mit dem Versicherungsnehmer nach Rechtshängigkeit geschlossenen Vergleiche als auch für sich verbindlich an.

3. Falls der Anteil des führenden Versicherers die Berufungs- oder Revisionssumme nicht erreicht, ist der Versicherungsnehmer berechtigt und auf Verlangen des führenden oder eines mitbeteiligten Versicherers verpflichtet, die Klage auf einen zweiten, erforderlichenfalls auf weitere Versicherer auszudehnen, bis diese Summe erreicht ist. Wird diesem Verlangen nicht entsprochen, so gilt Nr. 2 nicht.

### 7812 Makler

Der den Versicherungsvertrag betreuende Makler ist bevollmächtigt, Anzeigen und Willenserklärungen des Versicherungsnehmers entgegenzunehmen. Er ist durch den Maklervertrag verpflichtet, diese unverzüglich an den Versicherer weiterzuleiten.

Anhang B 3

# Allgemeine Bedingungen für die Feuerversicherung (AFB 87) – Fassung Januar 1995



## § 1 Versicherte Gefahren und Schäden

1. Der Versicherer leistet Entschädigung für versicherte Sachen, die durch

a) Brand,

b) Blitzschlag,

c) Explosion,

d) Anprall oder Absturz eines bemannten Flugkörpers, seiner Teile oder seiner Ladung,

e) Löschen, Niederreißen oder Ausräumen infolge eines dieser Ereignisse

zerstört oder beschädigt werden oder abhandenkommen.

2. Brand ist ein Feuer, das ohne einen bestimmungsgemäßen Herd entstanden ist oder ihn verlassen hat und das sich aus eigener Kraft auszubreiten vermag.

3. Blitzschlag ist der unmittelbare Übergang eines Blitzes auf Sachen.

4. Explosion ist eine auf dem Ausdehnungsbestreben von Gasen oder Dämpfen beruhende, plötzlich verlaufende Kraftäußerung. Eine Explosion eines Behälters (Kessel, Rohrleitung usw.) liegt nur vor, wenn seine Wandung in einem solchen Umfang zerrissen wird, daß ein plötzlicher Ausgleich des Druckunterschieds innerhalb und außerhalb des Behälters stattfindet. Wird im Innern eines Behälters eine Explosion durch chemische Umsetzung hervorgerufen, so ist ein dadurch an dem Behälter entstehender Schaden auch dann zu ersetzen, wenn seine Wandung nicht zerissen ist. Schäden durch Unterdruck sind nicht versichert.

5. Die Versicherung erstreckt sich nicht auf

a) Brandschäden, die an versicherten Sachen dadurch entstehen, daß sie einem Nutzfeuer oder der Wärme zur Bearbeitung oder zu sonstigen Zwecken ausgesetzt werden; dies gilt auch für Sachen, in denen oder durch die Nutzfeuer oder Wärme erzeugt, vermittelt oder weitergeleitet wird;

b) Sengschäden, außer wenn diese dadurch verursacht wurden, daß sich eine versicherte Gefahr gemäß Nr. 1 verwirklicht hat;

c) Schäden, die an Verbrennungskraftmaschinen durch die im Verbrennungsraum auftretenden Explosionen, sowie Schäden, die an Schaltorganen von elektrischen Schaltern durch den in ihnen auftretenden Gasdruck entstehen:

d) Schäden, die durch die Wirkung des elektrischen Stromes an elektrischen Einrichtungen mit oder ohne Feuererscheinung entstehen (z.B. durch Überstrom, Überspannung, Isolationsfehler, wie Kurz-, Windungs-, Körper- oder Erdschluß, unzureichende Kontaktgabe, Versagen von Meß-, Regel- oder Sicherheitseinrichtungen);

e) Blitzschäden an elektrischen Einrichtungen, es sei denn, daß der Blitz unmittelbar auf diese Sachen übergegangen ist.

6. Folgeschäden sind durch Nr. 5 a und 5 c nicht ausgeschlossen.

Durch Nr. 5 d und 5 e sind Folgeschäden nicht ausgeschlossen, soweit sie Folgeschäden von Brand- und Explosionsschäden sind.

Die Ausschlüsse gemäß Nr. 5 a bis 5 d gelten nicht für Schäden, die dadurch verursacht wurden, daß sich an anderen Sachen eine versicherte Gefahr gemäß Nr. 1 verwirklicht hat.

7. Die Versicherung erstreckt sich ohne Rücksicht auf mitwirkende Ursachen außerdem nicht auf Schäden an versicherten Sachen und nicht auf versicherte Kosten, die durch Kriegsereignisse jeder Art, innere Unruhen, Erdbeben oder Kernenergie*) verursacht werden.

## § 2 Versicherte Sachen

1. Versichert sind die in dem Versicherungsvertrag bezeichneten

a) Gebäude und sonstigen Grundstücksbestandteile;

b) beweglichen Sachen.

2. Gebäude sind mit ihren Bestandteilen, aber ohne Zubehör versichert, soweit nicht etwas anderes vereinbart ist.

3. Bewegliche Sachen sind nur versichert, soweit der Versicherungsnehmer

a) Eigentümer ist;

b) sie unter Eigentumsvorbehalt erworben hat;

c) sie sicherungshalber übereignet hat und soweit für sie gemäß § 71 Abs. 1 Satz 2 VVG dem Erwerber ein Entschädigungsanspruch nicht zusteht.

*) Der Ersatz von Schäden durch Kernenergie richtet sich in der Bundesrepublik Deutschland nach dem Atomgesetz. Die Betreiber von Kernanlagen sind zur Deckungsvorsorge verpflichtet und schließen hierfür Haftpflichtversicherungen ab.

4 Über Nr. 3 hinaus ist fremdes Eigentum versichert, soweit es seiner Art nach zu den versicherten Sachen gehört und dem Versicherungsnehmer zur Bearbeitung, Benutzung oder Verwahrung oder zum Verkauf in Obhut gegeben wurde und soweit nicht der Versicherungsnehmer nachweislich, insbesondere mit dem Eigentümer, vereinbart hat, daß die fremden Sachen durch den Versicherungsnehmer nicht versichert zu werden brauchen.

5. Die Versicherung gemäß Nr. 3 b, Nr. 3 c und Nr. 4 gilt für Rechnung des Eigentümers und des Versicherungsnehmers. In den Fällen der Nr. 4 ist jedoch für die Höhe des Versicherungswertes, soweit nicht etwas anderes vereinbart ist, nur das Interesse des Eigentümers maßgebend.

6. Ist Versicherung der Betriebseinrichtung vereinbart, so fallen hierunter nicht

a) Bargeld;

b) Urkunden, wie z.B. Sparbücher und sonstige Wertpapiere;

c) Akten, Pläne, Geschäftsbücher, Karteien, Zeichnungen, Lochkarten, Magnetbänder, Magnetplatten und sonstige Datenträger;

d) Muster, Anschauungsmodelle, Prototypen und Ausstellungsstücke, ferner typengebundene, für die laufende Produktion nicht mehr benötigte Fertigungsvorrichtungen;

e) zulassungspflichtige Kraftfahrzeuge, Kraftfahrzeuganhänger und Zugmaschinen;

f) Automaten mit Geldeinwurf (einschließlich Geldwechsler) samt Inhalt sowie Geldausgabeautomaten, soweit nicht der Einschluß besonders vereinbart ist.

7. Ist Versicherung von Gebrauchsgegenständen der Betriebsangehörigen vereinbart, so sind nur Sachen versichert, die sich üblicherweise oder auf Verlangen des Arbeitgebers innerhalb des Versicherungsortes befinden. Bargeld, Wertpapiere und Kraftfahrzeuge sind nicht versichert.

Entschädigung wird nur geleistet, soweit Entschädigung nicht aus einem anderen Versicherungsvertrag beansprucht werden kann. Ist danach die Entschädigung oder eine Abschlagszahlung gemäß § 16 Nr. 1 nur deshalb noch nicht fällig, weil ohne Verschulden des Versicherungsnehmers oder des versicherten Betriebsangehörigen die Entschädigungspflicht aus dem anderen Versicherungsvertrag ganz oder teilweise noch nicht geklärt ist, so wird der Versicherer unter Vorbehalt der Rückforderung mit Zinsen 1 Prozent unter dem jeweiligen Diskontsatz der Deutschen Bundesbank, mindestens jedoch 4 Prozent und höchstens 6 Prozent pro Jahr, eine vorläufige Zahlung leisten.

## § 3 Versicherte Kosten

1. Aufwendungen, auch erfolglose, die der Versicherungsnehmer zur Abwendung oder Minderung des Schadens (§ 13 Nr. 1 c und 1 d) für geboten halten durfte, hat der Versicherer zu ersetzen. Der Ersatz dieser Aufwendungen und die Entschädigung für versicherte Sachen betragen zusammen höchstens die Versicherungssumme je vereinbarter Position; dies gilt jedoch nicht, soweit Maßnahmen auf Weisung des Versicherers erfolgt sind. Besteht Unterversicherung, so sind die Aufwendungen ohne Rücksicht auf Weisungen des Versicherers nur in demselben Verhältnis zu ersetzen wie der Schaden.

Aufwendungen für Leistungen der Feuerwehren oder anderer im öffentlichen Interesse zur Hilfeleistung Verpflichteter werden nicht ersetzt.

2. Für die Kosten der Ermittlung und Feststellung des Schadens gilt § 66 VVG.

3. Soweit dies vereinbart ist und soweit diese Kosten nicht durch eine Monopolanstalt entschädigt werden, ersetzt der Versicherer auch die infolge eines Versicherungsfalles notwendigen Aufwendungen

a) für das Aufräumen der Schadenstätte einschließlich des Abbruchs stehengebliebener Teile, für das Abfahren von Schutt und sonstigen Resten zum nächsten Ablagerungsplatz und für das Ablagern oder Vernichten (Aufräumungs- und Abbruchkosten);

b) die der Versicherungsnehmer zur Brandbekämpfung für geboten halten durfte (Feuerlöschkosten) einschließlich Kosten im Sinn von Nr. 1, die nach jener Bestimmung nicht zu ersetzen sind; freiwillige Zuwendungen des Versicherungsnehmers an Personen, die sich bei der Brandbekämpfung eingesetzt haben, sind nur zu ersetzen, wenn der Versicherer vorher zugestimmt hatte;

c) die dadurch entstehen, daß zum Zweck der Wiederherstellung oder Wiederbeschaffung von Sachen, die durch vorliegenden Vertrag versichert sind, andere Sachen bewegt, verändert oder geschützt werden müssen (Bewegungs- und Schutzkosten);

Bewegungs- und Schutzkosten sind insbesondere Aufwendungen für De- oder Remontage von Maschinen, für Durchbruch, Abriß oder Wiederaufbau von Gebäudeteilen oder für das Erweitern von Öffnungen;

d) für die Wiederherstellung von Akten, Plänen, Geschäftsbüchern, Karteien, Zeichnungen, Lochkarten, Magnetbändern, Magnetplatten und sonstigen Datenträgern einschließlich des Neuwertes (§ 5 Nr. 2 a) der Datenträger;

soweit die Wiederherstellung nicht notwendig ist oder nicht innerhalb von zwei Jahren seit Eintritt des Versicherungsfalles sichergestellt wird, leistet der Versicherer Entschädigung nur in Höhe des gemäß § 5 Nr. 5 berechneten Wertes des Materials.

## § 4 Versicherungsort

1. Versicherungsschutz für bewegliche Sachen besteht nur innerhalb des Versicherungsortes.

Diese Beschränkung gilt nicht für Sachen, die infolge eines eingetretenen oder unmittelbar bevorstehenden Versicherungsfalles aus dem Versicherungsort entfernt und in zeitlichem und örtlichem Zusammenhang mit diesem Vorgang beschädigt oder zerstört werden oder abhandenkommen. Unberührt bleibt jedoch § 14 Nr. 1.

2. Versicherungsort sind die in dem Versicherungsvertrag bezeichneten Gebäude oder Räume von Gebäuden oder die als Versicherungsort bezeichneten Grundstücke.

Gebrauchsgegenstände von Betriebsangehörigen sind in deren Wohnräumen nicht versichert.

3. Nur in verschlossenen Räumen oder Behältnissen der im Versicherungsvertrag bezeichneten Art sind versichert

a) Bargeld;

b) Urkunden, z.B. Sparbücher und sonstige Wertpapiere;

c) Briefmarken;

d) Münzen und Medaillen;

e) unbearbeitete Edelmetalle sowie Sachen aus Edelmetall, ausgenommen Sachen, die dem Raumschmuck dienen;

f) Schmucksachen, Perlen und Edelsteine;

g) Sachen, für die dies besonders vereinbart ist.

Dies gilt, soweit nicht etwas anderes vereinbart ist, bei Versicherung von Juwelier-, Uhrmacher- und Bijouteriegeschäften nicht für Schmucksachen und Sachen aus Edelmetallen.

4. Registrierkassen, Rückgeldgeber und Automaten mit Geldeinwurf (einschließlich Geldwechsler) gelten nicht als Behältnisse im Sinne von Nr. 3.

Jedoch ist im Rahmen einer für Bargeld in Behältnissen gemäß Nr. 3 vereinbarten Versicherungssumme Bargeld auch in Registrierkassen versichert. Die Entschädigung ist auf 50 DM je Registrierkasse und außerdem auf 500 DM je Versicherungsfall begrenzt, soweit nicht andere Beträge vereinbart sind.

5. Bis zu der vereinbarten besonderen Versicherungssumme oder einer vereinbarten Entschädigungsgrenze ist Bargeld während der Geschäftszeit oder während vereinbarter sonstiger Zeiträume auch ohne Verschluß gemäß Nr. 3 versichert.

## § 5 Versicherungswert

1. Versicherungswert von Gebäuden ist

a) der Neuwert;

Neuwert ist der ortsübliche Neubauwert einschließlich Architektengebühren sowie sonstiger Konstruktions- und Planungskosten;

b) der Zeitwert, falls er weniger als 40 Prozent, bei landwirtschaftlichen Gebäuden weniger als 50 Prozent, des Neuwertes beträgt oder falls Versicherung nur zum Zeitwert vereinbart ist;

der Zeitwert ergibt sich aus dem Neuwert des Gebäudes durch einen Abzug entsprechend seinem insbesondere durch den Abnutzungsgrad bestimmten Zustand;

c) der gemeine Wert, falls das Gebäude zum Abbruch bestimmt oder sonst dauernd entwertet oder falls Versicherung nur zum gemeinen Wert vereinbart ist; eine dauernde Entwertung liegt insbesondere vor, wenn das Gebäude für seinen Zweck allgemein oder im Betrieb des Versicherungsnehmers nicht mehr zu verwenden ist;

gemeiner Wert ist der für den Versicherungsnehmer erzielbare Verkaufspreis für das Gebäude oder für das Altmaterial.

2. Versicherungswert der technischen und kaufmännischen Betriebseinrichtung und der Gebrauchsgegenstände von Betriebsangehörigen ist

a) der Neuwert;

Neuwert ist der Betrag, der aufzuwenden ist, um Sachen gleicher Art und Güte in neuwertigem Zustand wiederzubeschaffen oder sie neu herzustellen; maßgebend ist der niedrigere Betrag;

b) der Zeitwert, falls er weniger als 40 Prozent des Neuwertes beträgt oder falls Versicherung nur zum Zeitwert vereinbart ist;

der Zeitwert ergibt sich aus dem Neuwert der Sache durch einen Abzug entsprechend ihrem insbesondere durch den Abnutzungsgrad bestimmten Zustand;

c) der gemeine Wert, soweit die Sache für ihren Zweck allgemein oder im Betrieb des Versicherungsnehmers nicht mehr zu verwenden ist;

gemeiner Wert ist der für den Versicherungsnehmer erzielbare Verkaufspreis für die Sache oder für das Altmaterial.

3. Versicherungswert

a) von Waren, die der Versicherungsnehmer herstellt, auch soweit sie noch nicht fertiggestellt sind,

b) von Waren, mit denen der Versicherungsnehmer handelt,

c) von Rohstoffen und

d) von Naturerzeugnissen

ist der Betrag, der aufzuwenden ist, um Sachen gleicher Art und Güte wiederzubeschaffen oder sie neu herzustellen; maßgebend ist der niedrigere Betrag.

Der Versicherungswert ist begrenzt durch den erzielbaren Verkaufspreis, bei nicht fertiggestellten eigenen Erzeugnissen durch den erzielbaren Verkaufspreis der fertigen Erzeugnisse. § 55 VVG (Bereicherungsverbot) bleibt unberührt.

4. Versicherungswert von Wertpapieren ist

a) bei Wertpapieren mit amtlichem Kurs der mittlere Einheitskurs am Tag der jeweils letzten Notierung aller amtlichen Börsen der Bundesrepublik Deutschland;

b) bei Sparbüchern der Betrag des Guthabens;

c) bei sonstigen Wertpapieren der Marktpreis.

5. Versicherungswert von Grundstücksbestandteilen, die nicht Gebäude sind, ist, soweit nicht etwas anderes vereinbart wurde, entweder der Zeitwert gemäß Nr. 2 b oder unter den dort genannten Voraussetzungen der gemeine Wert gemäß Nr. 2 c.

Dies gilt auch für Muster, Anschauungsmodelle, Prototypen und Ausstellungsstücke, ferner für typengebundene, für die laufende Produktion nicht mehr benötigte Fertigungsvorrichtungen sowie für alle sonstigen, in Nr. 2 bis Nr. 4 nicht genannten beweglichen Sachen.

## § 6 Gefahrumstände bei Vertragsabschluß und Gefahrerhöhung

1. Bei Abschluß des Vertrages hat der Versicherungsnehmer alle ihm bekannten Umstände, die für die Übernahme der Gefahr erheblich sind, dem Versicherer anzuzeigen. Bei schuldhafter Verletzung dieser Obliegenheit kann der Versicherer nach Maßgabe der §§ 16 bis 21 VVG vom Vertrag zurücktreten und leistungsfrei sein oder den Versicherungsvertrag nach § 22 VVG anfechten.

2. Nach Antragstellung darf der Versicherungsnehmer ohne Einwilligung des Versicherers keine Gefahrerhöhung vornehmen oder gestatten.

Der Versicherungsnehmer hat jede Gefahrerhöhung, die ihm bekannt wird, dem Versicherer unverzüglich anzuzeigen, und zwar auch dann, wenn sie ohne seinen Willen eintritt.

Im übrigen gelten die §§ 23 bis 30 VVG. Danach kann der Versicherer zur Kündigung berechtigt oder auch leistungsfrei sein.

3. Für vorschriftsmäßige Anlagen des Zivilschutzes und für Zivilschutzübungen gelten Nr. 2 und die §§ 23 bis 30 VVG nicht.

4. Die Aufnahme oder Veränderung eines Betriebes, gleich welcher Art und welchen Umfangs, ist dem Versicherer unverzüglich anzuzeigen.

Ist mit der Aufnahme oder Veränderung des Betriebes eine Gefahrerhöhung verbunden, so gelten die §§ 23 bis 30 VVG.

Der Versicherer hat von dem Tag der Aufnahme oder Veränderung des Betriebes an Anspruch auf die aus einem etwa erforderlichen höheren Prämiensatz errechnete Prämie. Dies gilt nicht, soweit der Versicherer in einem Versicherungsfall wegen Gefahrerhöhung leistungsfrei geworden ist.

5. Gefahrerhöhende Umstände werden durch Maßnahmen des Versicherungsnehmers oder durch sonstige gefahrmindernde Umstände ausgeglichen, insbesondere soweit diese mit dem Versicherer vereinbart wurden.

## § 7 Sicherheitsvorschriften

1. Der Versicherungsnehmer hat

a) alle gesetzlichen, behördlichen oder in dem Versicherungsvertrag vereinbarten Sicherheitsvorschriften zu beachten;

b) über Wertpapiere und sonstige Urkunden, über Sammlungen und über sonstige Sachen, für die dies besonders vereinbart ist, Verzeichnisse zu führen und diese so aufzubewahren, daß sie im Versicherungsfall voraussichtlich nicht gleichzeitig mit den versicherten Sachen zerstört oder beschädigt werden oder abhandenkommen können;

Abs. 1 gilt nicht für Wertpapiere und sonstige Urkunden sowie für Sammlungen, wenn der Wert dieser Sachen insgesamt 5.000 DM nicht übersteigt; Abs. 1 gilt ferner nicht für Briefmarken;

Abs. 1 und Abs. 2 gelten nicht für Banken und Sparkassen.

2. Verletzt der Versicherungsnehmer eine der Obliegenheiten gemäß Nr. 1 a, so ist der Versicherer nach Maßgabe des § 6 Abs. 1 und Abs. 2 VVG zur Kündigung berechtigt oder auch leistungsfrei. Eine Kündigung des Versicherers wird einen Monat nach Zugang wirksam. Leistungsfreiheit tritt nicht ein, wenn die Verletzung weder auf Vorsatz noch auf grober Fahrlässigkeit beruht.

Führt die Verletzung zu einer Gefahrerhöhung, so gelten die §§ 23 bis 30 VVG. Danach kann der Versicherer zur Kündigung berechtigt oder auch leistungsfrei sein.

3. Verletzt der Versicherungsnehmer die Bestimmung der Nr. 1 b, so kann er Entschädigung für Sachen der dort genannten Art nur verlangen, soweit er das Vorhandensein, die Beschaffenheit und den Versicherungswert der Sachen auch ohne das Verzeichnis nachweisen kann.

## § 8 Prämie; Beginn und Ende der Haftung

1. Der Versicherungsnehmer hat die erste Prämie (Beitrag) bei Aushändigung des Versicherungsscheines oder im Fall des Vertragsabschlusses gemäß §§ 5 oder 5 a VVG nach Ablauf der Widerspruchs-

frist zu zahlen, Folgeprämien am Ersten des Monats, in dem ein neues Versicherungsjahr beginnt. Die Folgen nicht rechtzeitiger Zahlung der ersten Prämie oder der ersten Rate der ersten Prämie ergeben sich aus § 38 VVG in Verbindung mit Nr. 3; im übrigen gelten §§ 39, 91 VVG. Der Versicherer ist bei Verzug berechtigt, Ersatz des Verzugsschadens nach § 286 BGB sowie Verzugszinsen nach § 288 BGB oder § 352 HGB zu fordern. Rückständige Folgeprämien dürfen nur innerhalb eines Jahres seit Ablauf der nach § 39 VVG für sie gesetzten Zahlungsfrist eingezogen werden.

2. Ist Ratenzahlung vereinbart, so gelten die ausstehenden Raten bis zu den vereinbarten Zahlungsterminen als gestundet.

Die gestundeten Raten des laufenden Versicherungsjahres werden sofort fällig, wenn der Versicherungsnehmer mit einer Rate ganz oder teilweise in Verzug gerät oder soweit eine Entschädigung fällig wird.

3. Die Haftung des Versicherers beginnt mit dem vereinbarten Zeitpunkt und zwar auch dann, wenn zur Prämienzahlung erst später aufgefordert, die Prämie aber unverzüglich gezahlt wird. Ist dem Versicherungsnehmer bei Antragstellung bekannt, daß ein Versicherungsfall bereits eingetreten ist, so entfällt hierfür die Haftung.

4. Die Haftung endet mit dem vereinbarten Zeitpunkt. Versicherungsverträge von mindestens einjähriger Dauer verlängern sich jedoch von Jahr zu Jahr, wenn sie nicht spätestens drei Monate vor Ablauf schriftlich gekündigt werden. Ein Versicherungsverhältnis, das für eine Dauer von mehr als fünf Jahren eingegangen ist, kann zum Ende des fünften oder jedes darauf folgenden Jahres unter Einhaltung einer Frist von drei Monaten gekündigt werden.

5. Endet das Versicherungsverhältnis vor Ablauf der Vertragszeit oder wird es nach Beginn rückwirkend aufgehoben oder ist es von Anfang an nichtig, so gebührt dem Versicherer Prämie oder Geschäftsgebühr gemäß dem Versicherungsvertragsgesetz (z.B. §§ 40, 68).

Kündigt nach Eintritt eines Versicherungsfalles (§ 19 Nr. 2) der Versicherungsnehmer, so gebührt dem Versicherer die Prämie für das laufende Versicherungsjahr. Kündigt der Versicherer, so hat er die Prämie für das laufende Versicherungsjahr nach dem Verhältnis der noch nicht abgelaufenen zu der gesamten Zeit des Versicherungsjahres zurückzuzahlen.

## § 9 Mehrfache Versicherung; Überversicherung

1. Nimmt der Versicherungsnehmer für versicherte Sachen eine weitere Versicherung gegen eine der versicherten Gefahren, so hat er den anderen Versicherer und die Versicherungssumme dem Versicherer unverzüglich schriftlich mitzuteilen. Dies gilt nicht für Allgefahrenversicherungen.

Verletzt der Versicherungsnehmer die Obliegenheit gemäß Abs. 1, so ist der Versicherer nach Maßgabe des § 6 Abs. 1 VVG zur Kündigung berechtigt oder auch leistungsfrei. Eine Kündigung des Versicherers wird einen Monat nach Zugang wirksam. Die Leistungsfreiheit tritt nicht ein, wenn die Verletzung weder auf Vorsatz noch auf grober Fahrlässigkeit beruht oder wenn der Versicherer vor dem Versicherungsfall Kenntnis von der anderen Versicherung erlangt hat.

2. Ist ein Selbstbehalt vereinbart und besteht mehrfache Versicherung, so kann abweichend von § 59 Abs. 1 VVG als Entschädigung aus den mehreren Verträgen nicht mehr als der Schaden abzüglich des Selbstbehaltes verlangt werden.

3. Erlangt der Versicherungsnehmer oder der Versicherte aus anderen Versicherungsverträgen Entschädigung für denselben Schaden, so ermäßigt sich der Anspruch aus vorliegendem Vertrag in der Weise, daß die Entschädigung aus allen Verträgen insgesamt nicht höher ist, als wenn der Gesamtbetrag der Versicherungssummen, aus denen Prämie errechnet wurde, nur in dem vorliegenden Vertrag in Deckung gegeben worden wäre.

4. Wird wegen Überversicherung oder Doppelversicherung die Versicherungssumme vermindert, so ist von diesem Zeitpunkt an für die Höhe der Prämie der Betrag maßgebend, den der Versicherer berechnet haben würde, wenn der Vertrag von vornherein mit dem neuen Inhalt geschlossen worden wäre.

5. Übersteigt die Versicherungssumme den Wert der versicherten Sachen erheblich, so kann sowohl der Versicherungsnehmer als auch der Versicherer nach Maßgabe des § 51 VVG die Herabsetzung der Versicherungssumme und der Prämie verlangen.

6. Im Falle einer Doppelversicherung gelten §§ 59 und 60 VVG.

## § 10 Versicherung für fremde Rechnung

1. Soweit die Versicherung für fremde Rechnung genommen ist, kann der Versicherungsnehmer, auch wenn er nicht im Besitz des Versicherungsscheins ist, über die Rechte des Versicherten ohne dessen Zustimmung im eigenen Namen verfügen, insbesondere die Zahlung der Entschädigung verlangen und die Rechte des Versicherten übertragen. Der Versicherer kann jedoch vor Zahlung der Entschädigung den Nachweis verlangen, daß der Versicherte seine Zustimmung dazu erteilt hat.

2. Der Versicherte kann über seine Rechte nicht verfügen, selbst wenn er im Besitz des Versicherungsscheins ist. Er kann die Zahlung der Entschädigung nur mit Zustimmung des Versicherungsnehmers verlangen.

3. Soweit Kenntnis oder Verhalten des Versicherungsnehmers von rechtlicher Bedeutung ist, kommt auch Kenntnis oder Verhalten des Versicherten in Betracht. Im übrigen gilt § 79 VVG.

## § 11 Entschädigungsberechnung; Unterversicherung

1. Ersetzt werden

a) bei zerstörten oder infolge eines Versicherungsfalles abhandengekommenen Sachen der Versicherungswert (§ 5) unmittelbar vor Eintritt des Versicherungsfalles;

b) bei beschädigten Sachen die notwendigen Reparaturkosten zur Zeit des Eintritts des Versicherungsfalles zuzüglich einer durch den Versicherungsfall etwa entstandenen und durch die Reparatur nicht auszugleichenden Wertminderung, höchstens jedoch der Versicherungswert unmittelbar vor Eintritt des Versicherungsfalles; die Reparaturkosten werden gekürzt, soweit durch die Reparatur der Versicherungswert der Sache gegenüber dem Versicherungswert unmittelbar vor Eintritt des Versicherungsfalles erhöht wird.

Restwerte werden angerechnet.

Behördliche Wiederherstellungsbeschränkungen bleiben unberücksichtigt.

2. Für Kosten gemäß § 3 Nr. 3 oder für Betriebsunterbrechungsschäden leistet der Versicherer Entschädigung nur, soweit dies besonders vereinbart ist.

3. Ist die Versicherungssumme niedriger als der Versicherungswert unmittelbar vor Eintritt des Versicherungsfalles (Unterversicherung), so wird nur der Teil des gemäß Nr. 1 ermittelten Betrages ersetzt, der sich zu dem ganzen Betrag verhält wie die Versicherungssumme zu dem Versicherungswert.

Ist die Entschädigung für einen Teil der in einer Position versicherten Sachen auf bestimmte Beträge begrenzt (§ 12 Abs. 1 Nr. 2), so werden bei Ermittlung des Versicherungswertes der davon betroffenen Sachen höchstens diese Beträge berücksichtigt. Ergibt sich aus dem so ermittelten Versicherungswert eine Unterversicherung, so wird der Gesamtbetrag des Schadens entsprechend gekürzt; danach ist § 12 Abs. 1 Nr. 2 anzuwenden.

Ob Unterversicherung vorliegt, ist für jede vereinbarte Gruppe (Position) gesondert festzustellen.

4. Bei der Versicherung auf Erstes Risiko (Erste Gefahr) gelten § 56 VVG und die Bestimmungen über Unterversicherung (Nr. 3) nicht. Versicherung auf Erstes Risiko besteht

a) für Kosten gemäß § 3 Nr. 3;

b) soweit dies zu sonstigen Versicherungssummen besonders vereinbart ist.

5. Ist der Neuwert (§ 5 Nr. 1 a und Nr. 2 a) der Versicherungswert, so erwirbt der Versicherungsnehmer auf den Teil der Entschädigung, der den Zeitwertschaden (Abs. 2) übersteigt, einen Anspruch nur, soweit und sobald er innerhalb von drei Jahren nach Eintritt des Versicherungsfalles sichergestellt hat, daß er die Entschädigung verwenden wird, um

a) Gebäude in gleicher Art und Zweckbestimmung an der bisherigen Stelle wiederherzustellen; ist dies an der bisherigen Stelle rechtlich nicht möglich oder wirtschaftlich nicht zu vertreten, so genügt es, wenn das Gebäude an anderer Stelle innerhalb der Bundesrepublik Deutschland wiederhergestellt wird;

b) bewegliche Sachen oder Grundstücksbestandteile, die zerstört worden oder abhandengekommen sind, in gleicher Art und Güte und in neuwertigem Zustand wiederzubeschaffen; nach vorheriger Zustimmung des Versicherers genügt Wiederbeschaffung gebrauchter Sachen; anstelle von Kraft- oder Arbeitsmaschinen können Kraft- oder Arbeitsmaschinen beliebiger Art beschafft werden, wenn deren Betriebszweck derselbe ist;

c) bewegliche Sachen oder Grundstücksbestandteile, die beschädigt worden sind, wiederherzustellen.

Der Zeitwertschaden wird bei zerstörten oder abhandengekommenen Sachen gemäß § 5 Nr. 1 b, Nr. 2 b und Nr. 5 festgestellt. Bei beschädigten Sachen werden die Kosten einer Reparatur um den Betrag gekürzt, um den durch die Reparatur der Zeitwert der Sache gegenüber dem Zeitwert unmittelbar vor Eintritt des Versicherungsfalles erhöht würde.

6. Für Muster, Anschauungsmodelle, Prototypen und Ausstellungsstücke, ferner für typengebundene, für die laufende Produktion nicht mehr benötigte Fertigungsvorrichtungen (§ 5 Nr. 5 Abs. 2), erwirbt der Versicherungsnehmer auf den Teil der Entschädigung, der den gemeinen Wert (§ 5 Nr. 2 c) übersteigt, einen Anspruch nur, soweit für die Verwendung der Entschädigung die Voraussetzungen gemäß Nr. 5 b oder 5 c erfüllt sind und die Wiederherstellung notwendig ist.

## § 12 Entschädigungsgrenzen

Der Versicherer leistet Entschädigung je Versicherungsfall höchstens

1. bis zu der je Position vereinbarten Versicherungssumme;

2. bis zu den Entschädigungsgrenzen, die in § 4 Nr. 4 Abs. 2 Satz 2 vorgesehen oder zusätzlich vereinbart sind.

Maßgebend ist der niedrigere Betrag.

## § 13 Obliegenheiten des Versicherungsnehmers im Versicherungsfall

1. Der Versicherungsnehmer hat bei Eintritt eines Versicherungsfalles

a) den Schaden dem Versicherer unverzüglich anzuzeigen, das Abhandenkommen versicherter Sachen auch der zuständigen Polizeidienststelle; gegenüber dem Versicherer gilt diese Anzeige noch als unverzüglich, wenn sie innerhalb von drei Tagen abgesandt wird;

bei Schäden über 10.000 DM sollte die Anzeige dem Versicherer gegenüber fernmündlich, fernschriftlich oder telegraphisch erfolgen;

b) der Polizeidienststelle unverzüglich ein Verzeichnis der abhandengekommenen Sachen einzureichen;

c) den Schaden nach Möglichkeit abzuwenden oder zu mindern und dabei die Weisungen des Versicherers zu befolgen; er hat, soweit die Umstände es gestatten, solche Weisungen einzuholen;

d) für zerstörte oder abhandengekommene Wertpapiere oder sonstige aufgebotsfähige Urkunden unverzüglich das Aufgebotsverfahren einzuleiten und etwaige sonstige Rechte zu wahren, insbesondere abhandengekommene Sparbücher und andere sperrfähige Urkunden unverzüglich sperren zu lassen;

e) dem Versicherer auf dessen Verlangen im Rahmen des Zumutbaren jede Untersuchung über Ursache und Höhe des Schadens und über den Umfang seiner Entschädigungspflicht zu gestatten, jede hierzu dienliche Auskunft auf Verlangen schriftlich zu erteilen und die erforderlichen Belege beizubringen, bei Gebäudeschäden auf Verlangen insbesondere einen beglaubigten Grundbuchauszug;

f) Veränderungen der Schadenstelle möglichst zu vermeiden, solange der Versicherer nicht zugestimmt hat;

g) dem Versicherer auf dessen Verlangen innerhalb einer angemessenen Frist von mindestens zwei Wochen ein von ihm unterschriebenes Verzeichnis aller abhandengekommenen, zerstörten oder beschädigten Sachen vorzulegen; soweit nicht Versicherung auf Erstes Risiko vereinbart ist, kann der Versicherer auch ein Verzeichnis aller unmittelbar vor Eintritt des Versicherungsfalles vorhandenen Sachen verlangen; in den Verzeichnissen ist der Versicherungswert der Sachen unmittelbar vor Eintritt des Versicherungsfalles anzugeben.

2. Verletzt der Versicherungsnehmer eine der vorstehenden Obliegenheiten, so ist der Versicherer nach Maßgabe des Versicherungsvertragsgesetzes (§§ 6 Abs. 3, 62 Abs. 2 VVG) von der Entschädigungspflicht frei. Dies gilt nicht, wenn nur die fernmündliche, fernschriftliche oder telegraphische Anzeige gemäß Nr. 1a unterbleibt.

Sind abhandengekommene Sachen der Polizeidienststelle nicht oder nicht rechtzeitig angezeigt worden, so kann der Versicherer nur für diese Sachen von der Entschädigungspflicht frei sein.

3. Hatte eine vorsätzliche Obliegenheitsverletzung Einfluß weder auf die Feststellung des Versicherungsfalles noch auf die Feststellung oder den Umfang der Entschädigung, so entfällt die Leistungsfreiheit gemäß Nr. 2, wenn die Verletzung nicht geeignet war, die Interessen des Versicherers ernsthaft zu beeinträchtigen, und wenn außerdem den Versicherungsnehmer kein erhebliches Verschulden trifft.

## § 14 Besondere Verwirkungsgründe

1. Führt der Versicherungsnehmer den Schaden vorsätzlich oder grob fahrlässig herbei, so ist der Versicherer von der Entschädigungspflicht frei.

Ist die Herbeiführung des Schadens gemäß Abs. 1 durch ein rechtskräftiges Strafurteil wegen vorsätzlicher Brandstiftung festgestellt, so gelten die Voraussetzungen von Abs. 1 als bewiesen.

2. Versucht der Versicherungsnehmer, den Versicherer arglistig über Tatsachen zu täuschen, die für den Grund oder für die Höhe der Entschädigung von Bedeutung sind, so ist der Versicherer von der Entschädigungspflicht frei.

Ist eine Täuschung gemäß Abs. 1 durch rechtskräftiges Strafurteil wegen Betruges oder Betrugsversuchs festgestellt, so gelten die Voraussetzungen von Abs. 1 als bewiesen.

3. Wird der Entschädigungsanspruch nicht innerhalb einer Frist von sechs Monaten gerichtlich geltend gemacht, nachdem der Versicherer ihn unter Angabe der mit dem Ablauf der Frist verbundenen Rechtsfolge schriftlich abgelehnt hat, so ist der Versicherer von der Entschädigungspflicht frei. Durch ein Sachverständigenverfahren (§ 15) wird der Ablauf der Frist für dessen Dauer gehemmt.

4. Die Bestimmung des § 12 Abs. 1 und 2 VVG bleibt unberührt.

## § 15 Sachverständigenverfahren

1. Versicherungsnehmer und Versicherer können nach Eintritt des Versicherungsfalles vereinbaren, daß die Höhe des Schadens durch Sachverständige festgestellt wird. Das Sachverständigenverfahren kann durch Vereinbarung auf sonstige tatsächliche Voraussetzungen des Entschädigungsanspruchs sowie der Höhe der Entschädigung ausgedehnt werden.

Der Versicherungsnehmer kann ein Sachverständigenverfahren auch durch einseitige Erklärung gegenüber dem Versicherer verlangen.

2. Für das Sachverständigenverfahren gilt:

a) Jede Partei benennt schriftlich einen Sachverständigen und kann dann die andere unter Angabe des von ihr benannten Sachverständigen schriftlich auffordern, den zweiten Sachverständigen zu benennen. Wird der zweite Sachverständige nicht binnen zwei Wochen nach Empfang der Aufforderung benannt, so kann ihn die auffordernde Partei durch das für den Schadenort zuständige Amtsgericht ernennen lassen. In der Aufforderung ist auf diese Folge hinzuweisen.

b) Beide Sachverständige benennen schriftlich vor Beginn des Feststellungsverfahrens einen dritten Sachverständigen als Obmann. Einigen sie sich nicht, so wird der Obmann auf Antrag einer Partei durch das für den Schadenort zuständige Amtsgericht ernannt.

c) Der Versicherer darf als Sachverständige keine Personen benennen, die Mitbewerber des Versicherungsnehmers sind oder mit diesem in Geschäftsverbindung stehen, ferner keine Personen, die bei Mitbewerbern oder Geschäftspartnern angestellt sind oder mit ihnen in einem ähnlichen Verhältnis stehen.

Dies gilt entsprechend für die Benennung eines Obmannes durch die Sachverständigen.

3. Die Feststellungen der Sachverständigen müssen enthalten

a) ein Verzeichnis der zerstörten, beschädigten und abhandengekommenen Sachen sowie deren Versicherungswert zum Zeitpunkt des Versicherungsfalles; in den Fällen von § 11 Nr. 5 ist auch der Zeitwert, in den Fällen von § 11 Nr. 6 auch der gemeine Wert anzugeben;

b) bei beschädigten Sachen die Beträge gemäß § 11 Nr. 1b;

c) alle sonstigen gemäß § 11 Nr. 1 maßgebenden Tatsachen, insbesondere die Restwerte der von dem Schaden betroffenen Sachen;

d) entstandene Kosten, die gemäß § 3 versichert sind.

4. Die Sachverständigen übermitteln beiden Parteien gleichzeitig ihre Feststellungen. Weichen die Feststellungen voneinander ab, so übergibt der Versicherer sie unverzüglich dem Obmann. Dieser entscheidet über die streitig gebliebenen Punkte innerhalb der durch die Feststellungen der Sachverständigen gezogenen Grenzen und übermittelt seine Entscheidung beiden Parteien gleichzeitig.

5. Jede Partei trägt die Kosten ihres Sachverständigen. Die Kosten des Obmannes tragen beide Parteien je zur Hälfte.

6. Die Feststellungen der Sachverständigen oder des Obmannes sind verbindlich, wenn nicht nachgewiesen wird, daß sie offenbar von der wirklichen Sachlage erheblich abweichen. Aufgrund dieser verbindlichen Feststellungen berechnet der Versicherer gemäß den §§ 11, 12 die Entschädigung.

7. Durch das Sachverständigenverfahren werden die Obliegenheiten des Versicherungsnehmers gemäß § 13 Nr. 1 nicht berührt.

## § 16 Zahlung der Entschädigung

1. Ist die Leistungspflicht des Versicherers dem Grunde und der Höhe nach festgestellt, so hat die Auszahlung der Entschädigung binnen zwei Wochen zu erfolgen. Jedoch kann einen Monat nach Anzeige des Schadens als Abschlagszahlung der Betrag beansprucht werden, der nach Lage der Sache mindestens zu zahlen ist.

2. Die Entschädigung ist seit Anzeige des Schadens mit 1 Prozent unter dem Diskontsatz der Deutschen Bundesbank zu verzinsen, mindestens jedoch mit 4 Prozent und höchstens mit 6 Prozent pro Jahr, soweit nicht aus anderen Gründen ein höherer Zins zu entrichten ist.

Die Verzinsung entfällt, soweit die Entschädigung innerhalb eines Monats seit Anzeige des Schadens gezahlt wird.

Zinsen werden erst fällig, wenn die Entschädigung fällig ist.

3. Der Lauf der Fristen gemäß Nr. 1 und Nr. 2 Abs. 1 ist gehemmt, solange infolge Verschuldens des Versicherungsnehmers die Entschädigung nicht ermittelt oder nicht gezahlt werden kann.

4. Bei Schäden an Gebäuden, an der technischen oder kaufmännischen Betriebseinrichtung oder an Gebrauchsgegenständen von Betriebsangehörigen ist für die Zahlung des über den Zeitwertschaden hinausgehenden Teils der Entschädigung der Zeitpunkt maßgebend, in dem der Versicherungsnehmer den Eintritt der Voraussetzungen von § 11 Nr. 5 dem Versicherer nachgewiesen hat.

Abs. 1 gilt entsprechend für die in § 11 Nr. 6 genannten Sachen, soweit die Entschädigung den gemeinen Wert übersteigt. Das gleiche gilt, soweit aufgrund einer sonstigen Vereinbarung ein Teil der Entschädigung von Voraussetzungen abhängt, die erst nach dem Versicherungsfall eintreten.

Zinsen für die Beträge gemäß Abs. 1 und Abs. 2 werden erst fällig, wenn die dort genannten zusätzlichen Voraussetzungen der Entschädigung festgestellt sind.

5. Der Versicherer kann die Zahlung aufschieben,

a) solange Zweifel an der Empfangsberechtigung des Versicherungsnehmers bestehen;

b) wenn gegen den Versicherungsnehmer oder einen seiner Repräsentanten aus Anlaß des Versicherungsfalles ein behördliches oder strafgerichtliches Verfahren aus Gründen eingeleitet worden ist, die auch für den Entschädigungsanspruch rechtserheblich sind, bis zum rechtskräftigen Abschluß dieses Verfahrens.

6. Die gesetzlichen Vorschriften über die Sicherung des Realkredits bleiben unberührt.

## § 17 Repräsentanten

Im Rahmen von §§ 6, 7, 9, 13 und 14 Nr. 1 und Nr. 2 stehen Repräsentanten dem Versicherungsnehmer gleich.

## § 18 Wiederherbeigeschaffte Sachen

1. Wird der Verbleib abhandengekommener Sachen ermittelt, so hat der Versicherungsnehmer dies dem Versicherer unverzüglich schriftlich anzuzeigen.

2. Hat der Versicherungsnehmer den Besitz einer abhandengekommenen Sache zurückerlangt, bevor die volle bedingungsgemäße Entschädigung für diese Sache gezahlt worden ist, so behält er den Anspruch auf die Entschädigung, falls er die Sache innerhalb von zwei Wochen dem Versicherer zur Verfügung stellt. Andernfalls ist eine für diese Sache gewährte Abschlagszahlung oder eine gemäß § 11 Nr. 5 oder Nr. 6 vorläufig auf den Zeitwertschaden oder auf den gemeinen Wert beschränkte Entschädigung zurückzuzahlen.

3. Hat der Versicherungsnehmer den Besitz einer abhandengekommenen Sache zurückerlangt, nachdem für diese Sache eine Entschädigung in voller Höhe ihres Versicherungswertes gezahlt worden ist, so hat der Versicherungsnehmer die Entschädigung zurückzuzahlen oder die Sache dem Versicherer zur Verfügung zu stellen. Der Versicherungsnehmer hat dieses Wahlrecht innerhalb von zwei Wochen nach Empfang einer schriftlichen Aufforderung des Versicherers auszuüben; nach fruchtlosem Ablauf dieser Frist geht das Wahlrecht auf den Versicherer über.

4. Hat der Versicherungsnehmer den Besitz einer abhandengekommenen Sache zurückerlangt, nachdem für diese Sache eine Entschädigung gezahlt worden ist, die bedingungsgemäß weniger als den Versicherungswert betragen hat, so kann der Versicherungsnehmer die Sache behalten und muß sodann die Entschädigung zurückzahlen. Erklärt er sich hierzu innerhalb von zwei Wochen nach Empfang einer schriftlichen Aufforderung des Versicherers nicht bereit, so hat der Versicherungsnehmer die Sache im Einvernehmen mit dem Versicherer öffentlich meistbietend verkaufen zu lassen. Von dem Erlös abzüglich der Verkaufskosten erhält der Versicherer den Anteil, welcher der von ihm geleisteten bedingungsgemäßen Entschädigung entspricht.

5. Dem Besitz einer zurückerlangten Sache steht es gleich, wenn der Versicherungsnehmer die Möglichkeit hat, sich den Besitz wieder zu verschaffen.

Ist ein Wertpapier in einem Aufgebotsverfahren für kraftlos erklärt worden, so hat der Versicherungsnehmer die gleichen Rechte und Pflichten, wie wenn er das Wertpapier zurückerlangt hätte. Jedoch kann der Versicherungsnehmer die Entschädigung behalten, soweit ihm durch Verzögerung fälliger Leistungen aus den Wertpapieren ein Zinsverlust entstanden ist.

6. Hat der Versicherungsnehmer dem Versicherer zurückerlangte Sachen zur Verfügung zu stellen, so hat er dem Versicherer den Besitz, das Eigentum und alle sonstigen Rechte zu übertragen, die ihm mit Bezug auf diese Sachen zustehen.

7. Sind wiederherbeigeschaffte Sachen beschädigt worden, so kann der Versicherungsnehmer Entschädigung gemäß § 11 Nr. 1b auch dann verlangen oder behalten, wenn die Sachen gemäß Nr. 2 bis Nr. 4 bei ihm verbleiben.

## § 19 Rechtsverhältnis nach dem Versicherungsfall

1. Die Versicherungssummen vermindern sich nicht dadurch, daß eine Entschädigung geleistet wird.

2. Nach dem Eintritt eines Versicherungsfalles kann der Versicherer oder der Versicherungsnehmer den Versicherungsvertrag kündigen.

Die Kündigung ist schriftlich zu erklären. Sie muß spätestens einen Monat nach Auszahlung der Entschädigung zugegangen. Der Zahlung steht es gleich, wenn die Entschädigung aus Gründen abgelehnt wird, die den Eintritt des Versicherungsfalles unberührt lassen.

Die Kündigung wird einen Monat nach ihrem Zugang wirksam. Der Versicherungsnehmer kann bestimmen, daß seine Kündigung sofort oder zu einem anderen Zeitpunkt wirksam wird, jedoch spätestens zum Schluß des laufenden Versicherungsjahres.

## § 20 Schriftliche Form; Zurückweisung von Kündigungen

1. Anzeigen und Erklärungen bedürfen der Schriftform. Dies gilt nicht für die Anzeige eines Schadens gemäß § 13 Nr. 1a.

2. Ist eine Kündigung des Versicherungsnehmers unwirksam, ohne daß dies auf Vorsatz oder grober Fahrlässigkeit beruht, so wird die Kündigung wirksam, falls der Versicherer sie nicht unverzüglich zurückweist.

## § 21 Agentenvollmacht

Ein Agent des Versicherers ist nur dann bevollmächtigt, Anzeigen und Erklärungen des Versicherungsnehmers entgegenzunehmen, wenn er den Versicherungsvertrag vermittelt hat oder laufend betreut.

## § 22 Gerichtsstand

Für Klagen aus dem Versicherungsverhältnis gelten die inländischen Gerichtsstände nach §§ 13, 17, 21, 29 ZPO und § 48 VVG.

## § 23 Schlußbestimmung

Soweit nicht in den Versicherungsbedingungen Abweichendes bestimmt ist, gelten die gesetzlichen Vorschriften. Dies gilt insbesondere für die im Anhang aufgeführten Gesetzesbestimmungen, die nach Maßgabe der Versicherungsbedingungen Inhalt des Versicherungsvertrages sind.

# Klauseln für die Feuer-Versicherung

## 1000 – Gemeinsame Klauseln für die Feuer-, Einbruchdiebstahl- und Raub-, Leitungswasser- und Sturm-Versicherung

### 1100 – Versicherte Gefahren und Schäden

#### 1101 Schäden durch radioaktive Isotope

In die Versicherung sind Schäden an den versicherten Sachen eingeschlossen, die als Folge eines unter die Versicherung fallenden Schadenereignisses durch auf dem Versicherungsgrundstück betriebsbedingt vorhandene oder verwendete radioaktive Isotope entstehen, insbesondere Schäden durch Kontamination und Aktivierung. Dies gilt nicht für radioaktive Isotope von Kernreaktoren.

Kosten für Abbruch, Aufräumung, Abfuhr und Isolierung radioaktiv verseuchter Sachen infolge eines Versicherungsfalles nach Abs. 1 werden nur ersetzt, soweit dies besonders vereinbart ist und soweit die Maßnahmen gesetzlich geboten sind.

### 1200 – Versicherte Sachen

#### 1201 Ausschluß von fremdem Eigentum

Abweichend von den dem Vertrag zugrunde liegenden Allgemeinen Versicherungsbedingungen entfällt der Einschluß fremden Eigentums, das dem Versicherungsnehmer zur Bearbeitung, Benutzung oder Verwahrung oder zum Verkauf in Obhut gegeben wurde.

#### 1202 Fremdes Eigentum – weisungsgemäße Versicherung

Abweichend von den dem Vertrag zugrunde liegenden Allgemeinen Versicherungsbedingungen ist fremdes Eigentum nur mitversichert, soweit es seiner Art nach zu den versicherten Sachen gehört und dem Versicherungsnehmer zur Bearbeitung, Benutzung oder Verwahrung oder zum Verkauf oder zu sonstigen Zwecken in Obhut gegeben wurde, und soweit dieser gegenüber dem Eigentümer nachweislich zum Abschluß der Versicherung verpflichtet ist.

#### 1203 Ausstellungsware in fremdem Eigentum

Abweichend von den dem Vertrag zugrunde liegenden Allgemeinen Versicherungsbedingungen ist fremdes Eigentum auch versichert, soweit es seiner Art nach zu den versicherten Sachen gehört und dem Versicherungsnehmer zu sonstigen Zwecken in Obhut gegeben wurde. Dies gilt nicht, soweit der Versicherungsnehmer nachweislich, insbesondere mit dem Eigentümer vereinbart, daß die fremden Sachen durch den Versicherungsnehmer nicht versichert zu werden brauchen.

#### 1204 Pfandleihen

1. Der Versicherer leistet Entschädigung für Pfandsachen nur, soweit der Versicherungsnehmer dem Verpfänder Schadenersatz leisten muß oder soweit er seine Ansprüche auf Darlehensrückzahlung, Zinsen oder Lagerspesen verloren hat.

2. Versicherungswert und Grenze der Entschädigung ist der in einem Pfandbuch eingetragene Schätzwert der Pfandsachen. §§ 55, 87 Satz 2 VVG (Bereicherungsverbot) bleiben unberührt.

3. Der Versicherungsnehmer hat die Pfandbücher nach Geschäftsschluß so aufzubewahren, daß sie im Versicherungsfall voraussichtlich nicht gleichzeitig mit den Pfandsachen zerstört oder beschädigt werden oder abhandenkommen können.

4. Im übrigen gelten für Pfandsachen Vereinbarungen über die Versicherung fremden Eigentums nicht.

#### 1205 Bauunternehmer-Arbeitsgemeinschaften

1. Sachen, die im Eigentum einer Arbeitsgemeinschaft stehen oder deren Betrieb dienen und die unter die versicherten Positionen fallen, sind abweichend von den dem Vertrag zugrunde liegenden Allgemeinen Versicherungsbedingungen auch versichert, wenn sie sich nicht in der Obhut des Versicherungsnehmers befinden. Soweit nicht der Versicherungsnehmer die Sachen beigestellt hat, sind sie jedoch nur in Höhe der Beteiligung des Versicherungsnehmers an der Arbeitsgemeinschaft versichert. Sachen, die andere Teilhaber der Arbeitsgemeinschaft beigestellt haben, sind nicht versichert.

2. Sind Bargeld oder Urkunden auf Baustellen gegen Einbruchdiebstahl oder Raub versichert, so ermäßigt sich für Baustellen von Arbeitsgemeinschaften die vereinbarte Versicherungssumme im Verhältnis der Beteiligung des Versicherungsnehmers an der Arbeitsgemeinschaft.

#### 1206 Eingelagerte Hausratgegenstände

Soweit nicht etwas anderes vereinbart ist, sind von der Versicherung eingelagerter Hausratgegenstände ausgeschlossen

a) Bargeld;

b) Urkunden, z.B. Sparbücher und sonstige Wertpapiere;

c) Briefmarken;

d) Münzen und Medaillen;

e) unbearbeitete Edelmetalle sowie Sachen aus Edelmetallen, ausgenommen Sachen, die dem Raumschmuck dienen;

f) Schmucksachen, Perlen und Edelsteine;

g) Sammlungen.

#### 1207 Edelmetalle in Zahnpraxen und Zahnlabors

Abweichend von den dem Vertrag zugrunde liegenden Allgemeinen Versicherungsbedingungen sind bis zu der vereinbarten Entschädi-

gungsgrenze verarbeitete und unverarbeitete Edelmetalle in Zahnpraxen und Zahnlabors auch dann versichert, wenn sich die Sachen nicht in einem Behältnis befinden.

**1208 Geldausgabeautomaten**

Sind abweichend von den dem Vertrag zugrunde liegenden Allgemeinen Versicherungsbedingungen Geldausgabeautomaten versichert, so erstreckt sich die Versicherung nicht auf die elektronische Ausrüstung. Dies gilt jedoch nicht für Rückgeldgeber und Geldwechsler, die nur für den Einwurf und die Ausgabe von Münzen bestimmt sind.

## 1300 – Versicherte Kosten

**1301 Preisdifferenz-Versicherung**

1. Abweichend von den dem Vertrag zugrunde liegenden Allgemeinen Versicherungsbedingungen sind Erhöhungen des Schadenaufwands durch Mehrkosten infolge Preissteigerungen mitversichert.

2. Ersetzt werden bis zu der hierfür vereinbarten Versicherungssumme die tatsächlich entstandenen Mehrkosten durch Preissteigerungen zwischen dem Eintritt des Versicherungsfalles und der Wiederherstellung oder Wiederbeschaffung.

3. Wenn der Versicherungsnehmer die Wiederherstellung oder Wiederbeschaffung nicht unverzüglich veranlaßt, werden die Mehrkosten nur in dem Umfang ersetzt, in dem sie auch bei unverzüglicher Wiederherstellung oder Wiederbeschaffung entstanden wären.

4. Mehrkosten infolge von außergewöhnlichen Ereignissen, behördlichen Wiederaufbau- oder Betriebsbeschränkungen oder Kapitalmangel werden nicht ersetzt.

5. Ist der Zeitwert Versicherungswert, so werden auch die Mehrkosten nur im Verhältnis des Zeitwerts zum Neuwert ersetzt; dies gilt nicht bei beschädigten Sachen. Ist nach einer vertraglichen Wiederherstellungsvereinbarung nur der Zeitwertschaden zu erstatten, so werden die Mehrkosten nicht ersetzt.

6. Besteht Unterversicherung für eine vom Schaden betroffene Position, für welche die Mehrkosten durch Preissteigerungen nach Nr. 1 versichert sind, so wird der nach Nr. 2 bis Nr. 5 ermittelte Betrag nur anteilig ersetzt.

**1302 Sachverständigenkosten**

Übersteigt der entschädigungspflichtige Schaden den vereinbarten Betrag, so ersetzt der Versicherer bis zu der hierfür vereinbarten Versicherungssumme von den nach den dem Vertrag zugrunde liegenden Allgemeinen Versicherungsbedingungen durch den Versicherungsnehmer zu tragenden Kosten des Sachverständigenverfahrens den vereinbarten Anteil.

**1303 Erweiterte Bewegungs- und Schutzkostenversicherung**

Abweichend von den dem Vertrag zugrunde liegenden Allgemeinen Versicherungsbedingungen sind auch Bewegungs- und Schutzkosten versichert, die der Wiederherstellung oder Wiederbeschaffung von Sachen dienen, welche durch einen anderen Vertrag gegen dieselbe Gefahr versichert sind.

## 1400 – Versicherungsort

**1401 Freizügigkeit zwischen Versicherungsorten mit je einer Versicherungssumme**

1. Zwischen den Versicherungsorten besteht Freizügigkeit.

2. Dies gilt nicht für Versicherungssummen auf Erstes Risiko und nicht für Entschädigungsgrenzen.

**1402 Freizügigkeit zwischen Versicherungsorten mit gemeinsamer Versicherungssumme**

Sind Versicherungssummen auf Erstes Risiko oder Entschädigungsgrenzen als Vomhundertsätze der gemeinsamen Versicherungssumme vereinbart, so werden diese Versicherungssummen und Entschädigungsgrenzen je Versicherungsort aus einem Durchschnittsbetrag errechnet, der durch Teilung der gemeinsamen Versicherungssumme durch die Anzahl der Versicherungsorte zu ermitteln ist.

**1403 Abhängige Außenversicherung bei Heimarbeitern**

1. Sachen, die der Versicherungsnehmer Heimarbeitern übergibt, sind bis zu der hierfür vereinbarten besonderen Versicherungssumme auch in den Räumen der Heimarbeiter versichert.

2. § 56 VVG und die Bestimmungen über Unterversicherung in den dem Vertrag zugrunde liegenden Allgemeinen Versicherungsbedingungen gelten auch für die besondere Versicherungssumme gemäß Nr. 1.

3. Bei Berechnung einer Unterversicherung für die gesamte Position, zu der die Außenversicherung vereinbart ist, sind auch die gemäß Nr. 1 in den Räumen der Heimarbeiter versicherten Sachen zu berücksichtigen.

4. Nr. 2 und Nr. 3 sind nicht nebeneinander anzuwenden. Anzuwenden ist diejenige Bestimmung, die zu der niedrigeren Entschädigung führt.

5. Der Versicherungsnehmer hat über die in den Räumen der Heimarbeiter versicherten Sachen (Nr. 1) Verzeichnisse mit Wertangabe zu führen. Bei Sachen, die der Heimarbeiter herstellt oder verarbeitet, ist der Wert der bearbeiteten Erzeugnisse anzugeben. Verletzt der Versicherungsnehmer diese Obliegenheit, so kann er Entschädigung nur verlangen, soweit er das Vorhandensein, die Beschaffenheit und den Versicherungswert der Sachen auch ohne das Verzeichnis nachweisen kann.

6. Ein Verhalten der Heimarbeiter, das einen Schaden an den Sachen gemäß Nr. 1 verursacht, steht einem Verhalten des Versicherungsnehmers gleich.

**1404 Abhängige Außenversicherung**

1. Sachen, für die Außenversicherung vereinbart ist, sind bis zu der hierfür vereinbarten besonderen Versicherungssumme oder Entschädigungsgrenze auch außerhalb des Versicherungsorts versichert.

2. In der Einbruchdiebstahlversicherung bleibt die Gebäudegebundenheit gemäß § 1 AERB 87 unberührt.

3. In der Sturmversicherung gilt die Außenversicherung abweichend von § 4 Nr. 2 AStB 87 nur, wenn sich die Sachen in Gebäuden befinden.

4. Die Außenversicherung gilt, soweit nicht etwas anderes vereinbart ist, nur innerhalb der Bundesrepublik Deutschland.

5. Wenn nichts anderes vereinbart ist, wird Entschädigung nur geleistet, soweit Entschädigung nicht aus einem anderen Versicherungsvertrag beansprucht werden kann. Meldet der Versicherungsnehmer den Schaden zu diesem Vertrag, so wird dieser Versicherer auf jeden Fall in Vorleistung treten.

Ist danach die Entschädigung oder eine Abschlagszahlung gemäß § 16 Nr. 1 AFB 87, AERB 87, AWB 87, AStB 87 nur deshalb noch nicht fällig, weil ohne Verschulden des Versicherungsnehmers die Entschädigungspflicht aus dem anderen Versicherungsvertrag ganz oder teilweise noch nicht geklärt ist, so wird der Versicherer unter Vorbehalt der Rückforderung mit Zinsen 1 Prozent unter dem jewei-

ligen Diskontsatz der Deutschen Bundesbank, mindestens jedoch 4 Prozent und höchstens 6 Prozent pro Jahr, eine vorläufige Zahlung leisten.

6. Ist der Prämiensatz für die besondere Versicherungssumme gemäß Nr. 1 höher als für die Position, zu der die Außenversicherung vereinbart ist, so gilt § 11 Nr. 3 AFB 87, AERB 87 bzw. § 11 Nr. 4 AWB 87, AStB 87 (Unterversicherung) auch für diese besondere Versicherungssumme.

7. Bei Berechnung einer Unterversicherung für die Position, zu der die Außenversicherung vereinbart ist, sind auch die gemäß Nr. 1 außerhalb des Versicherungsorts versicherten Sachen zu berücksichtigen, jedoch nur bis zu der dort genannten Entschädigungsgrenze.

8. Nr. 6 und Nr. 7 sind nicht nebeneinander anzuwenden. Anzuwenden ist diejenige Bestimmung, die zu der niedrigeren Entschädigung führt.

**1405 Selbständige Außenversicherung**

1. Sind Sachen außerhalb des Versicherungsorts durch eine besondere Position versichert (selbständige Außenversicherung), so gilt, soweit nicht etwas anderes vereinbart ist, diese Versicherung nur innerhalb der Bundesrepublik Deutschland.

2. In der Einbruchdiebstahlversicherung bleibt die Gebäudegebundenheit gemäß § 1 AERB 87 unberührt.

3. In der Sturmversicherung gilt die Außenversicherung abweichend von § 4 Nr. 2 AStB 87 nur, wenn sich die Sachen in Gebäuden befinden.

4. Wenn nichts anderes vereinbart ist, wird Entschädigung nur geleistet, soweit Entschädigung nicht aus einem anderen Versicherungsvertrag beansprucht werden kann. Meldet der Versicherungsnehmer den Schaden zu diesem Vertrag, so wird dieser Versicherer auf jeden Fall in Vorleistung treten.

Ist danach die Entschädigung oder eine Abschlagszahlung gemäß § 16 Nr. 1 AFB 87, AERB 87, AWB 87, AStB 87 nur deshalb noch nicht fällig, weil ohne Verschulden des Versicherungsnehmers die Entschädigungspflicht aus dem anderen Versicherungsvertrag ganz oder teilweise noch nicht geklärt ist, so wird der Versicherer unter Vorbehalt der Rückforderung mit Zinsen 1 Prozent unter dem jeweiligen Diskontsatz der Deutschen Bundesbank, mindestens jedoch 4 Prozent und höchstens 6 Prozent pro Jahr, eine vorläufige Zahlung leisten.

## 1500 – Versicherungswert

**1501 Verkaufspreis für verkaufte lieferungsfertige eigene Erzeugnisse**

1. Soweit dies vereinbart wurde, ist Versicherungswert der vom Versicherungsnehmer ganz oder teilweise selbst hergestellten lieferungsfertigen Erzeugnisse, die verkauft, dem Käufer aber noch nicht übergeben sind, der vereinbarte Verkaufspreis abzüglich der durch Nichtlieferung ersparten Kosten. Satz 1 gilt nicht, soweit der Käufer die Abnahme verweigern kann.

2. Wenn der Versicherungsnehmer den Käufer trotz des Versicherungsfalls in Erfüllung des Kaufvertrages zum vereinbarten Preis beliefert, so werden für den Versicherungswert die dem Versicherungsnehmer entstehenden Kosten der Neuherstellung oder bei Ankauf auf dem Markt der Marktpreis zugrunde gelegt, beide berechnet auf den Zeitpunkt des Eintritts des Versicherungsfalls, jedoch mindestens der Verkaufspreis gemäß Nr. 1.

3. Ist nur ein Teil der Erzeugnisse einer bestimmten Gattung verkauft und war dieser Teil bei Eintritt des Versicherungsfalls noch nicht ausgesondert, so wird der Versicherungswert nur für diesen Teil der Gesamtmenge nach Nr. 1 und Nr. 2 ermittelt. Schäden an einem Teil der Gesamtmenge werden anteilig dem verkauften und dem nicht verkauften Teil der Gesamtmenge zugerechnet.

4. § 55 VVG (Bereicherungsverbot) bleibt unberührt.

**1502 Verkaufspreis für lieferungsfertige eigene Erzeugnisse**

1. Versicherungswert der vom Versicherungsnehmer ganz oder teilweise selbst hergestellten, lieferungsfertigen, aber noch nicht verkauften Erzeugnisse ist der erzielbare Verkaufspreis abzüglich der durch Nichtlieferung ersparten Kosten. Satz 1 gilt jedoch nur, soweit die Erzeugnisse ihrer Art nach bereits eingeführt und voll marktgängig sind.

2. Überpreise, die nur aufgrund besonderer Verbundenheit von Unternehmen erzielbar sind, bleiben unberücksichtigt.

**1503 Verkaufspreis bei Großhandelsbetrieben**

Versicherungswert von Großhandelsware, die verkauft, dem Käufer aber noch nicht übergeben ist, ist der vereinbarte Verkaufspreis abzüglich der durch Nichtlieferung ersparten Kosten, falls der Versicherungsnehmer Ware in gleicher Art und Güte weder aus unversehrt gebliebenen Beständen liefern noch auf dem Markt erhalten kann. Satz 1 gilt nicht, soweit der Käufer die Abnahme verweigern kann.

**1504 Verkaufspreis für Tabake**

1. Versicherungswert von Tabaken, die durch den Versicherungsnehmer verkauft, dem Käufer aber noch nicht übergeben sind, ist der vereinbarte Verkaufspreis abzüglich der durch Nichtlieferung ersparten Kosten. Satz 1 gilt nicht, soweit der Käufer die Abnahme verweigern kann. Bei Verkauf von Tabaken vor Beendigung der Fermentation werden Zusatzvereinbarungen im Kaufvertrag für den Versicherungswert berücksichtigt.

2. Ist nur ein Teil der im Versicherungsort vorhandenen Tabake verkauft und war dieser Teil bei Eintritt des Versicherungsfalls noch nicht ausgesondert, so wird der Versicherungswert nur für diesen Teil der Gesamtmenge nach Nr. 1 ermittelt. Schäden an einem Teil der Gesamtmenge werden anteilig dem verkauften und dem noch nicht verkauften Teil der Gesamtmenge zugerechnet.

3. § 55 VVG (Bereicherungsverbot) bleibt unberührt.

**1505 Biervorräte von Brauereien**

1. Wenn der Versicherungsnehmer wegen eines Versicherungsfalls Ersatz in gleicher Art und Güte für selbst hergestellte Biervorräte auf dem Markt beschaffen muß, um seine Kunden beliefern zu können, wird für den Versicherungswert der gesamten vom Schaden betroffenen und der gesamten vom Schaden nicht betroffenen Biervorräte der Einkaufspreis am Tag des Schadens zugrunde gelegt.

2. Soweit die Biervorräte bereits verkauft sind, gilt die Vereinbarung „Verkaufspreis für verkaufte lieferungsfertige eigene Erzeugnisse“.

**1506 Malzvorräte von Brauereien**

Wenn der Versicherungsnehmer wegen eines Versicherungsfalls Ersatz in gleicher Art und Güte für selbst hergestellte Malzvorräte auf dem Markt beschaffen muß, um den ungestörten Weiterbetrieb seiner Brauerei zu ermöglichen, wird für den Versicherungswert der gesamten vom Schaden betroffenen und der gesamten vom Schaden nicht betroffenen Malzvorräte der Einkaufspreis am Tag des Schadens zugrunde gelegt.

#### 1507 Malzvorräte von Handelsmälzereien

1. Wenn der Versicherungsnehmer wegen eines Versicherungsfalls Ersatz in gleicher Art und Güte für selbst hergestellte Malzvorräte auf dem Markt beschaffen muß, um seine Kunden beliefern zu können, wird für den Versicherungswert der gesamten vom Schaden betroffenen und der gesamten vom Schaden nicht betroffenen Malzvorräte der Einkaufspreis am Tag des Schadens zugrunde gelegt.

2. Soweit die Malzvorräte bereits verkauft sind, gilt die Vereinbarung „Versicherungswert für verkaufte lieferungsfertige eigene Erzeugnisse".

#### 1508 Kunstgegenstände

1. Versicherungswert von Kunstgegenständen ist der Preis für das Anfertigen einer qualifizierten Kopie.

2. Für den Versicherungswert von Gebäuden sind Kunstgegenstände nur mit dem Preis für das Anfertigen qualifizierter Kopien zu berücksichtigen.

#### 1509 Steuer und Zoll als Teil des Versicherungswerts

Steuer und Zoll werden für den Versicherungswert nur bei Vorräten berücksichtigt, die vor Eintritt des Versicherungsfalls versteuert oder verzollt waren oder für die wegen des Versicherungsfalls Steuer oder Zoll zu entrichten ist.

#### 1510 Versicherungssumme für Steuer und Zoll

1. Versicherungswert der Position für Steuer und Zoll ist der volle Betrag, der für die unter einer besonders bezeichneten Position versicherten Vorräte bei ihrer Versteuerung oder Verzollung zu entrichten sein würde.

2. Entschädigung wird jedoch nur geleistet, soweit wegen des Versicherungsfalls Steuer oder Zoll zu entrichten ist.

#### 1511 Vorschätzungen

1. Eine Schätzung versicherter Gebäude oder Maschinen durch einen Sachverständigen, dessen Gutachten zum Gegenstand des Versicherungsvertrages gemacht worden ist, gilt als Nachweis des Versicherungswertes nur bis zu dem vereinbarten Tag.

2. Bei Versicherungsfällen nach diesem Tag ist insbesondere zu prüfen, ob sich der Versicherungswert geändert hat durch

a) Zu- oder Abgänge von Gegenständen;

b) Veränderungen von Arbeitslöhnen oder Materialpreisen;

c) Alter oder Abnutzung;

d) sonstige Umstände, die nach den dem Vertrag zugrunde liegenden Allgemeinen Versicherungsbedingungen für den Versicherungswert von Bedeutung sind.

#### 1512 Video-Mietkassetten

1. Versicherungswert für Video-Kassetten, die gewerbsmäßig vermietet werden, ist der Zeitwert.

2. Der Versicherungsnehmer hat über den jeweiligen Bestand an versicherten Video-Kassetten ein Gesamtverzeichnis zu führen.

3. Der Versicherungsnehmer hat außerdem die Anzahl der Vermiet-Vorgänge je Kassette in einem Verzeichnis festzuhalten.

4. Die Verzeichnisse sind so aufzubewahren, daß sie im Versicherungsfall voraussichtlich nicht gleichzeitig mit den Kassetten zerstört oder beschädigt werden oder abhandenkommen können.

5. Nr. 2 bis Nr. 4 sind Obliegenheiten im Sinne von § 7 AFB 87, AERB 87, AWB 87 und AStB 87.

### 1600 – Vorvertragliche Anzeige; Gefahrerhöhung; Obliegenheiten

#### 1601 Erweiterte Anerkennung

1. Der Versicherer erkennt an, daß ihm alle Umstände bekannt geworden sind, die im Zeitpunkt der Antragstellung gegeben und für die Übernahme der Gefahr erheblich waren.

2. Dies gilt jedoch nicht für Umstände, die arglistig verschwiegen worden sind.

#### 1602 Büchereien

1. Der Versicherungsnehmer hat für den jeweiligen Bestand der versicherten Bücher ein Gesamtverzeichnis zu führen.

2. Außerdem hat er je ein Verzeichnis der verliehenen und der geliehenen Bücher zu führen.

3. Die Verzeichnisse sind so aufzubewahren, daß sie im Versicherungsfall voraussichtlich nicht gleichzeitig mit den Büchern zerstört oder beschädigt werden oder abhandenkommen können.

#### 1603 Anzeige von Gefahrerhöhungen bei Bestehen einer Versicherungsabteilung

Hat der Versicherungsnehmer eine Versicherungsabteilung eingerichtet, die Gewähr dafür bietet, daß vertragserhebliche Tatsachen regelmäßig erfaßt werden, so gilt die Anzeige von Gefahrerhöhungen als rechtzeitig, wenn sie unverzüglich erstattet wird, nachdem die Versicherungsabteilung des Versicherungsnehmers Kenntnis von der Erhöhung der Gefahr erlangt hat. Der Versicherungsnehmer hat dafür zu sorgen, daß die jeweils zuständigen Stellen des Betriebes die erforderlichen Meldungen an die Versicherungsabteilung unverzüglich erstatten.

### 1700 – Entschädigung (Versicherungssumme; Unterversicherung; Selbstbehalte; Entschädigungsgrenzen)

#### 1701 Summenanpassung für die Versicherung beweglicher Sachen

1. Die Versicherungssumme für Positionen, zu denen dies besonders vereinbart ist, erhöht oder vermindert sich zur Anpassung an Wertänderungen der versicherten Sachen mit Beginn eines jeden Versicherungsjahres entsprechend dem Vomhundertsatz, um den sich der Index der Erzeugerpreise gewerblicher Produkte im vergangenen Kalenderjahr gegenüber dem davor liegenden Kalenderjahr verändert hat. Der Vomhundertsatz wird auf eine Stelle hinter dem Komma gerundet. Maßgebend ist der vom Statistischen Bundesamt jeweils für den Monat September festgestellte und veröffentlichte Index.

2. Die gemäß Nr. 1 berechnete Versicherungssumme wird auf volle 1000 DM aufgerundet. Die neue Versicherungssumme und die geänderte Prämie werden dem Versicherungsnehmer jeweils bekanntgegeben.

3. Die Versicherungssumme bleibt unverändert, wenn der gemäß Nr. 1 Satz 1 maßgebende Vomhundertsatz unter 3 liegt. Jedoch ist dann für die nächste Veränderung ein Vergleich zwischen dem ver-

gangenen Kalenderjahr und demjenigen Kalenderjahr maßgebend, das zuletzt für eine Summenänderung berücksichtigt wurde.

4. Die aus der Versicherungssumme gemäß Nr. 2 sich ergebende erhöhte Prämie darf die im Zeitpunkt der Erhöhung geltende Tarifprämie nicht übersteigen. Diese Grenze gilt jedoch nur, wenn sich die neue Tarifprämie auf eine unveränderte Gruppe versicherbarer Risiken bezieht.

5. Solange Anpassung der Versicherungssumme nach vorliegenden Bestimmungen vereinbart ist, erhöht sich vom Zeitpunkt dieser Vereinbarung an die jeweilige Versicherungssumme um einen Vorsorgebetrag von 5 Prozent.

6. § 56 VVG und die Bestimmungen über Unterversicherung in den dem Vertrag zugrunde liegenden Versicherungsbedingungen bleiben unberührt.

7. Innerhalb eines Monats nach Zugang der Mitteilung über die geänderte Versicherungssumme kann der Versicherungsnehmer durch schriftliche Erklärung die ihm mitgeteilte Veränderung rückwirkend aufheben. Will der Versicherungsnehmer zugleich die Erklärung gemäß Nr. 8 abgeben, so muß dies deutlich zum Ausdruck kommen.

8. Versicherungsnehmer und Versicherer können unter Einhaltung einer Frist von drei Monaten zum Ende des laufenden Versicherungsjahres durch schriftliche Erklärung verlangen, daß die Bestimmungen über die Summenanpassung für die Versicherung von beweglichen Sachen künftig nicht mehr anzuwenden sind.

9. Das Recht auf Herabsetzung der Versicherungssumme wegen erheblicher Überversicherung (§ 51 Abs. 1 VVG) bleibt unberührt.

**1702 Verzicht auf den Einwand der Unterversicherung**

1. § 56 VVG und die Bestimmungen über Unterversicherung in den dem Vertrag zugrunde liegenden Allgemeinen Versicherungsbedingungen sind nicht anzuwenden, wenn der Schaden 1 Prozent des Gesamtbetrages der Versicherungssummen nicht übersteigt und nicht mehr als den vereinbarten Betrag beträgt.

2. Der Unterversicherungsverzicht gilt nicht für Vorräte, für die Stichtagsversicherung vereinbart ist, und nicht für die Außenversicherung.

3. Versicherungssummen auf Erstes Risiko, für Vorräte, für die Stichtagsversicherung vereinbart ist, und für die Außenversiche- rung werden bei Feststellung des Gesamtbetrages der Versicherungssummen gemäß Nr. 1 nicht berücksichtigt.

**1703 Vorsorgeversicherungssumme**

1. Die Vorsorgeversicherungssumme verteilt sich auf die Versicherungssummen der Positionen, für die sie vereinbart ist und bei denen Unterversicherung besteht oder bei denen die Versicherungssumme wegen entstandener Aufwendungen für Abwendung oder Minderung des Schadens nicht ausreicht.

2. Für die Aufteilung ist das Verhältnis der Beträge maßgebend, um die die Versicherungswerte der einzelnen Positionen die Versicherungssummen übersteigen, und zwar ohne Rücksicht darauf, welche Positionen durch den Versicherungsfall betroffen sind.

**1704 Summenausgleich**

1. Soweit die Versicherungssummen der einzelnen Positionen die dazugehörenden Versicherungswerte übersteigen, werden die überschießenden Summenanteile auf diejenigen Positionen aufgeteilt, bei denen nach Aufteilung einer Vorsorgeversicherungssumme Unterversicherung besteht oder bei denen die Versicherungssumme wegen entstandener Aufwendungen für Abwendung oder Minderung des Schadens nicht ausreicht. Die Aufteilung findet nur zugunsten von Positionen statt, für die gleich hohe oder niedrigere Prämiensätze vereinbart sind.

2. Für die Aufteilung ist das Verhältnis der Beträge maßgebend, um die die Versicherungswerte der einzelnen Positionen die Versicherungssummen übersteigen, und zwar ohne Rücksicht darauf, welche Positionen durch den Versicherungsfall betroffen sind.

3. Bei Positionen, zu denen eine Wertzuschlagsklausel vereinbart ist, gilt als Versicherungssumme die Grundsumme zuzüglich des einfachen Wertzuschlags.

4. Vom Summenausgleich ausgenommen sind

a) Vorräte, für die Stichtagsversicherung vereinbart ist;

b) Versicherungssummen gemäß der Vereinbarung „Vorsorgeversicherung für Bestandserhöhungen";

c) Versicherungssummen auf Erstes Risiko (Erste Gefahr).

5. Sind für mehrere Grundstücke gesonderte Versicherungssummen vereinbart, so erfolgt der Summenausgleich nur zwischen den Positionen der einzelnen Grundstücke.

**1705 Stichtagsversicherung für Vorräte**

1. Entschädigungsgrenze für die versicherten Vorräte ist die vereinbarte Versicherungssumme.

2. Der Versicherungswert, den die versicherten Vorräte an dem vereinbarten Stichtag eines jeden Monats haben (Stichtagswert), ist dem Versicherer jeweils innerhalb von 10 Tagen oder innerhalb einer vereinbarten anderen Frist nach diesem Stichtag zu melden (Stichtagssumme).

Solange für einen Stichtag trotz Fristablaufs keine Meldung erfolgt ist, gilt auch für diesen Stichtag die zuletzt gemeldete Stichtagssumme. Geht bereits die erste Stichtagsmeldung dem Versicherer nicht rechtzeitig zu, so sind die Vorräte ab Fristablauf bis zum Eingang der Meldung nur mit der Hälfte der Versicherungssumme versichert.

3. Der Versicherungsnehmer hat eine infolge Schreib-, Rechen- oder Hörfehlers versehentlich falsch erstattete Meldung unverzüglich zu berichtigen. Ist inzwischen ein Versicherungsfall eingetreten, so hat er das Versehen nachzuweisen.

4. Ist die letzte vor Eintritt des Versicherungsfalls gemeldete Stichtagssumme niedriger als der Stichtagswert, für den die Stichtagssumme gemeldet wurde oder gemäß Nr. 2 Abs. 2 Satz 1 als gemeldet gilt, so wird nur der Betrag ersetzt, der sich zu dem ganzen Schaden verhält wie die gemeldete Stichtagssumme zum Stichtagswert.

5. Der Stichtagswert ist auch dann in voller Höhe zu melden, wenn er die Versicherungssumme übersteigt. Die Meldung gilt, wenn der Versicherungsnehmer nicht etwas anderes bestimmt hat, als Antrag auf Erhöhung der Versicherungssumme auf den gemeldeten Betrag ab Zugang der Meldung. Der Versicherungsnehmer ist an den Antrag zwei Wochen gebunden. Lehnt der Versicherer den Antrag nicht innerhalb dieser Frist ab, so gilt er als angenommen.

6. Soweit in den Fällen von Nr. 5 der Versicherungsnehmer erklärt, eine höhere Versicherungssumme werde nicht beantragt, oder soweit der Versicherer den Antrag abgelehnt hat, wird bei Versicherungsfällen bis zur nächsten Stichtagsmeldung nur der Betrag ersetzt, der sich zu dem ganzen Schaden verhält wie die Versicherungssumme zum Stichtagswert.

7. Neben Nr. 4 und Nr. 6 sind § 56 VVG und die Bestimmungen über Unterversicherung in den dem Vertrag zugrunde liegenden Allgemeinen Versicherungsbedingungen nicht anzuwenden.

8. Auf die Prämie ist eine Vorauszahlung aus der Hälfte der Versicherungssumme für das ganze Versicherungsjahr zu leisten. Die endgültige Prämie wird zum Ende des Versicherungsjahres aus dem Durchschnitt der gemeldeten Stichtagssummen und dem diesem Durchschnitt entsprechenden Prämiensatz berechnet; eine tarifliche Mindestprämie ist zu berücksichtigen. Soweit in den Fällen von Nr. 5 der Versicherungsnehmer erklärt, eine höhere Versicherungssumme werde nicht beantragt, oder soweit der Versicherer den Antrag ablehnt, bleibt der die Versicherungssumme übersteigende Teil der gemeldeten Stichtagssummen für die Prämie unberücksichtigt.

Ergibt sich während des Versicherungsjahres, daß die Vorauszahlung verbraucht ist, so kann der Versicherer eine weitere angemessene Vorauszahlung verlangen, jedoch nicht mehr als die Hälfte der ersten Vorauszahlung.

**1706 Stichtagsversicherung für Speditionsgüter**

1. Entschädigungsgrenze für die versicherten Speditionsgüter ist die vereinbarte Versicherungssumme.

2. Der Versicherungswert, den die versicherten Speditionsgüter an dem vereinbarten Stichtag eines jeden Monats haben (Stichtagswert), ist dem Versicherer jeweils innerhalb von 10 Tagen oder innerhalb einer vereinbarten anderen Frist nach diesem Stichtag zu melden (Stichtagssumme). Solange für einen Stichtag trotz Fristablaufs keine Meldung erfolgt ist, gilt auch für diesen Stichtag die zuletzt gemeldete Stichtagssumme. Geht bereits die erste Stichtagsmeldung dem Versicherer nicht rechtzeitig zu, so sind die Speditionsgüter ab Fristablauf bis zum Eingang der Meldung nur mit der Hälfte der Versicherungssumme versichert.

3. Der Versicherungsnehmer hat eine infolge Schreib-, Rechen- oder Hörfehlers versehentlich falsch erstattete Meldung unverzüglich zu berichtigen. Ist inzwischen ein Versicherungsfall eingetreten, so hat er das Versehen nachzuweisen.

4. Ist die letzte vor Eintritt des Versicherungsfalls gemeldete Stichtagssumme niedriger als der Stichtagswert, für den die Stichtagssumme gemeldet wurde oder gemäß Nr. 2 Abs. 2 Satz 1 als gemeldet gilt, so wird nur der Betrag ersetzt, der sich zu dem ganzen Schaden verhält wie die gemeldete Stichtagssumme zum Stichtagswert.

5. Der Stichtagswert ist auch dann in voller Höhe zu melden, wenn er die Versicherungssumme übersteigt. Die Meldung gilt, wenn der Versicherungsnehmer nicht etwas anderes bestimmt hat, als Antrag auf Erhöhung der Versicherungssumme auf den gemeldeten Betrag ab Zugang der Meldung. Der Versicherungsnehmer ist an den Antrag zwei Wochen gebunden. Lehnt der Versicherer den Antrag nicht innerhalb dieser Frist ab, so gilt er als angenommen.

6. Soweit in den Fällen von Nr. 5 der Versicherungsnehmer erklärt, eine höhere Versicherungssumme werde nicht beantragt, oder soweit der Versicherer den Antrag abgelehnt hat, wird bei Versicherungsfällen bis zur nächsten Stichtagsmeldung nur der Betrag ersetzt, der sich zu dem ganzen Schaden verhält wie die Versicherungssumme zum Stichtagswert.

7. Neben Nr. 4 und Nr. 6 sind § 56 VVG und die Bestimmungen über Unterversicherung in den dem Vertrag zugrunde liegenden Allgemeinen Versicherungsbedingungen nicht anzuwenden.

8. Auf die Prämie ist eine Vorauszahlung aus der Hälfte der Versicherungssumme für das ganze Versicherungsjahr zu leisten. Die endgültige Prämie wird zum Ende des Versicherungsjahres aus dem Durchschnitt der gemeldeten Stichtagssummen und dem diesem Durchschnitt entsprechenden Prämiensatz berechnet; eine tarifliche Mindestprämie ist zu berücksichtigen. Soweit in den Fällen von Nr. 5 der Versicherungsnehmer erklärt, eine höhere Versicherungssumme werde nicht beantragt, oder soweit der Versicherer den Antrag ablehnt, bleibt der die Versicherungssumme übersteigende Teil der gemeldeten Stichtagssummen für die Prämie unberücksichtigt.

Ergibt sich während des Versicherungsjahres, daß die Vorauszahlung verbraucht ist, so kann der Versicherer eine weitere angemessene Vorauszahlung verlangen, jedoch nicht mehr als die Hälfte der ersten Vorauszahlung.

**1707 (90) Wertzuschlag mit Einschluß von Bestandserhöhungen**

1. Die Versicherungssummen für Positionen, zu denen dies besonders vereinbart ist, werden gebildet aus den Werten der versicherten Sachen auf der Preisbasis des Jahres 1980 (Grundsumme) und den Wertzuschlägen für Preissteigerungen.

2. Der Versicherungsnehmer überprüft zu Beginn jedes Versicherungsjahres die Wertzuschläge. Veränderungen gelten rückwirkend vom Beginn des Versicherungsjahres an, wenn sie innerhalb der ersten drei Monate des Versicherungsjahres beantragt wurden. Solange kein Antrag gemäß Abs. 1 Satz 2 gestellt ist, gilt hilfsweise folgende Regelung: Die Wertzuschläge verändern sich ab Beginn jedes Versicherungsjahres um die Prozentpunkte, um die sich der Preisindex für gewerbliche Betriebsgebäude aus der Fachserie 17, Reihe 4, und der Index für gewerbliche Arbeitsmaschinen aus der Fachserie 17, Reihe 2, gegenüber dem Vorjahr verändert haben.

3. Soweit sie angewendet werden, sind für Nr. 2 die vom Statistischen Bundesamt vor Beginn des Versicherungsjahres zuletzt veröffentlichten Preisindizes maßgebend.

4. Nachversicherungen von Bestandserhöhungen gelten rückwirkend, wenn sie innerhalb von drei Monaten beantragt wurden.

5. Der Versicherer haftet bis zur Grundsumme zuzüglich doppeltem Wertzuschlag, sofern der Gesamtbetrag aus Grundsumme und Wertzuschlag bei Beginn des Versicherungsjahres ausreichend war und Bestandserhöhungen rechtzeitig ausreichend nachversichert worden sind. Grundsumme und Wertzuschlag gelten als richtig bemessen, wenn sie durch eine dem Versicherer eingereichte Schätzung eines Sachverständigen festgesetzt worden sind.

Falls diese Voraussetzungen nicht erfüllt sind, haftet der Versicherer für den Schaden nur im Verhältnis der Versicherungssumme im Zeitpunkt ihrer gemäß Nr. 2 und Nr. 4 letztmalig erforderlichen Festsetzung zum Versicherungswert am gleichen Tag.

6. Die Vertragsparteien können die vorstehenden Vereinbarungen durch Kündigung mit sechswöchiger Frist außer Kraft setzen.

**1708 (90) Wertzuschlag ohne Einschluß von Bestandserhöhungen**

1. Die Versicherungssummen für Positionen, zu denen dies besonders vereinbart ist, werden gebildet aus den Werten der versicherten Sachen auf der Preisbasis des Jahres 1980 (Grundsumme) und den Wertzuschlägen für Preissteigerungen.

2. Der Versicherungsnehmer überprüft zu Beginn jedes Versicherungsjahres die Wertzuschläge. Veränderungen gelten rückwirkend vom Beginn des Versicherungsjahres an, wenn sie innerhalb der ersten drei Monate des Versicherungsjahres beantragt wurden.

Solange kein Antrag gemäß Abs. 1 Satz 2 gestellt ist, gilt hilfsweise folgende Regelung:

Die Wertzuschläge verändern sich ab Beginn jedes Versicherungsjahres um die Prozentpunkte, um die sich der Preisindex für gewerbliche Betriebsgebäude aus der Fachserie 17, Reihe 4, und der Index für gewerbliche Arbeitsmaschinen aus der Fachserie 17, Reihe 2, gegenüber dem Vorjahr verändert haben.

3. Soweit sie angewendet werden, sind für Nr. 2 die vom Statistischen Bundesamt vor Beginn des Versicherungsjahres zuletzt veröffentlichten Preisindizes maßgebend.

4. Der Versicherer haftet bis zur Grundsumme zuzüglich doppeltem Wertzuschlag, sofern der Gesamtbetrag aus Grundsumme und Wertzuschlag bei Beginn des Versicherungsjahres ausreichend war.

Grundsumme und Wertzuschlag gelten als richtig bemessen, wenn sie durch eine dem Versicherer eingereichte Schätzung eines Sachverständigen festgesetzt worden sind.

Falls diese Voraussetzungen nicht erfüllt sind, haftet der Versicherer für den Schaden nur im Verhältnis der Versicherungssumme im Zeitpunkt ihrer gemäß Nr. 2 letztmalig erforderlichen Festsetzung zum Versicherungswert am gleichen Tag.

5. Die Vertragsparteien können die vorstehenden Vereinbarungen durch Kündigung mit sechswöchiger Frist außer Kraft setzen.

**1709 (90) Vorsorgeversicherung für Bestandserhöhungen**

1. Bestandserhöhungen des laufenden Versicherungsjahres, die nicht durch Nachtrag in die Versicherungssumme übernommen worden sind, sind im Rahmen der Vorsorge-Positionen des Versicherungsvertrages unter der Voraussetzung versichert, daß

a) die Vereinbarung „Wertzuschlag ohne Einschluß von Bestandserhöhungen" getroffen ist und

b) das Versicherungsjahr dem Geschäftsjahr entspricht.

2. Die Versicherungssummen für Positionen, zu denen dies besonders vereinbart ist, erhöhen sich ohne besonderen Antrag jeweils mit Beginn des nächsten Versicherungsjahres vorübergehend um den entsprechenden Betrag der Vorsorgeversicherungssumme. Die Erhöhungen sind sobald als möglich durch die festgestellten endgültigen Summen zu ersetzen.

3. Für die Umrechnung der in die Positionen gemäß Nr. 2 Satz 1 zu übernehmenden Vorsorgeversicherungssummen auf den Wert 1980 ist der Index des Anschaffungsjahres maßgebend.

4. Die Vorsorgeversicherung bleibt, soweit nicht der Versicherungsnehmer eine Änderung beantragt, in der bisherigen Höhe bestehen und gilt jeweils für die Bestandszugänge des nächsten Jahres.

5. Für diese Vorsorgeversicherung wird eine Vorauszahlung in Höhe eines Drittels der Jahresprämie aus den Vorsorgeversicherungssummen erhoben. In der Schlußabrechnung wird die halbe Jahresprämie aus den im abgelaufenen Jahr in Anspruch genommenen Teilen der Vorsorgeversicherungssumme berechnet. Die so ermittelte Differenz ist nachzuentrichten oder zurückzugewähren.

6. Mit der Erhöhung der Positionen gemäß Nr. 2 Satz 1 ist die Jahresprämie für die hinzutretenden Versicherungssummen fällig. Abschließend abgerechnet wird die Jahresprämie bei Aufgabe der endgültigen Versicherungssumme.

**1710 Briefmarken- und Münzenhandel**

1. Für Briefmarken, Postkarten, Briefumschläge, Münzen und Notgeld ist die Entschädigung auf den vereinbarten Betrag je Stück begrenzt.

2. Für einen Minderwert von Sammlungen oder Serien durch Verlust einzelner Stücke wird kein Ersatz geleistet.

3. Der Versicherungsnehmer hat über den jeweiligen Bestand der Sachen Verzeichnisse zu führen. Nach Geschäftsschluß sind die Verzeichnisse so aufzubewahren, daß sie voraussichtlich nicht gleichzeitig mit den Sachen zerstört oder beschädigt werden oder abhandenkommen können.

**1711 Manuskripte bei Verlagen und Druckereien**

1. Für Manuskripte leistet der Versicherer Entschädigung in Höhe des Betrages, den der Versicherungsnehmer einem Vertragspartner, insbesondere dem Autor, nach den gesetzlichen Bestimmungen als Schadenersatz zahlen muß oder zahlen müßte, wenn er den Eintritt des Versicherungsfalls zu vertreten hätte. Vertragliche Sonderabreden bleiben unberücksichtigt.

2. Der Versicherer leistet Entschädigung auch für den Betrag, den der Versicherungsnehmer dem Vertragspartner für das Manuskript gezahlt hat. Die Entschädigung darf jedoch nicht zu einer Bereicherung des Versicherungsnehmers führen; sie kann sich insbesondere vermindern, wenn das Manuskript nur teilweise verloren ist oder wenn die Drucklegung bereits begonnen hatte oder wenn die Wiederherstellung weniger als den Betrag gemäß Satz 1 erfordert.

**1712 Krankenkassen-Rezepte und Krankenscheine**

1. Für Krankenkassen-Rezepte und Krankenscheine leistet der Versicherer bis zu der hierfür vereinbarten Versicherungssumme Entschädigung in Höhe des Ausfalls, den der Versicherungsnehmer infolge des Versicherungsfalls bei der nächsten Abrechnung mit der Krankenkasse erleidet.

2. Soweit der Versicherungsnehmer die Anzahl und den Abrechnungswert der durch den Versicherungsfall zerstörten oder abhandengekommenen Rezepte nicht nachweisen kann, sind die Durchschnittswerte während der letzten 24 Monate vor Eintritt des Versicherungsfalls maßgebend.

**1713 Selbstbehalt bei gekürzter Versicherungssumme**

1. Die Versicherungssumme der im Versicherungsvertrag besonders gekennzeichneten Positionen ist um den vereinbarten Selbstbehalt gekürzt.

2. Bei Berechnung einer Unterversicherung ist die ungekürzte Versicherungssumme zugrunde zu legen.

3. Der bedingungsgemäß als entschädigungspflichtig errechnete Betrag einschließlich Aufwendungsersatz gemäß § 63 VVG und Ersatz für sonstige versicherte Kosten wird je Versicherungsfall um den vereinbarten Selbstbehalt gekürzt.

**1714 Selbstbehalt bei ungekürzter Versicherungssumme**

Der bedingungsgemäß als entschädigungspflichtig errechnete Betrag einschließlich Aufwendungsersatz gemäß § 63 VVG und Ersatz für sonstige versicherte Kosten wird je Versicherungsfall um den vereinbarten Selbstbehalt gekürzt.

**1715 Stichtagsversicherung und Sicherungsübereignung**

1. Für den dem Kreditinstitut sicherungshalber übereigneten Teil der gemäß (Sammel-) Versicherungsschein versicherten Vorräte wird eine im Vertrag besonders aufgeführte Versicherungssumme für die vereinbarte Zeit festgesetzt.

2. Will der Versicherungsnehmer für die in Nr. 1 genannte Versicherung die Versicherungssumme vermindern oder will er diese Versicherung aufheben oder bei Ablauf nicht fortsetzen, so bedarf es hierzu der schriftlichen Einwilligung des Kreditinstitutes, für das der Versicherer einen Sicherungsschein erteilt hat.

Die Einwilligung muß bei dem Versicherer spätestens einen Monat vor dem Zeitpunkt eingegangen sein, in dem die Vertragsänderung oder der Vertragsablauf wirksam werden soll.

3. Im Versicherungsfall ist zunächst der Entschädigungsbetrag für den dem Kreditinstitut sicherungshalber übereigneten Teil der Vorrä-

te unter Berücksichtigung der hierfür gemäß Nr. 1 festgesetzten besonderen Versicherungssumme zu ermitteln. Die Entschädigung gemäß Abs. 1 ist in voller Höhe auf den Betrag der Entschädigung anzurechnen, die für die Gesamtheit der Vorräte festgestellt wird.

4. Bleibt die in Nr. 2 der Vereinbarung „Stichtagsversicherung für Vorräte" genannte Stichtagssumme unter der in vorliegendem Vertrag besonders festgesetzten Versicherungssumme, so tritt für diese Vorräte die besondere Versicherungssumme an die Stelle der Stichtagssumme.

**1716 Wiederherstellung und Wiederbeschaffung**

1. Bei Schäden an den im Versicherungsvertrag besonders bezeichneten Sachen erwirbt der Versicherungsnehmer einen Anspruch über zwei Drittel des bedingungsgemäß als entschädigungspflichtig errechneten Betrages hinaus nur, soweit und sobald er innerhalb von drei Jahren nach Eintritt des Versicherungsfalls sichergestellt hat, daß er die Entschädigung verwenden wird, um

a) Gebäude in gleicher Art und Zweckbestimmung an der bisherigen Stelle wiederherzustellen; ist dies an der bisherigen Stelle rechtlich nicht möglich oder wirtschaftlich nicht zu vertreten, so genügt es, wenn das Gebäude an anderer Stelle innerhalb der Bundesrepublik Deutschland wiederhergestellt wird;

b) bewegliche Sachen, die zerstört worden oder abhandengekommen sind, in gleicher Art und Güte in neuwertigem Zustand wiederzubeschaffen; nach vorheriger Zustimmung des Versicherers genügt Wiederbeschaffung gebrauchter Sachen; anstelle von Kraft- oder Arbeitsmaschinen können Kraft- oder Arbeitsmaschinen beliebiger Art beschafft werden, wenn deren Betriebszweck derselbe ist;

c) bewegliche Sachen oder Grundstücksbestandteile, die beschädigt worden sind, wiederherzustellen.

2. Die Vorschriften über die Sicherung des Realkredits bleiben unberührt.

## 1800 – Verhaltens- und Wissenszurechnung; Vertretung

**1801 Führung**

Der führende Versicherer ist bevollmächtigt, Anzeigen und Willenserklärungen des Versicherungsnehmers für alle beteiligten Versicherer entgegenzunehmen.

**1802 Prozeßführung**

Soweit die vertraglichen Grundlagen für die beteiligten Versicherer die gleichen sind, ist folgendes vereinbart:

1. Der Versicherungsnehmer wird bei Streitfällen aus diesem Vertrag seine Ansprüche nur gegen den führenden Versicherer und nur wegen dessen Anteil gerichtlich geltend machen.

2. Die beteiligten Versicherer erkennen die gegen den führenden Versicherer rechtskräftig gewordene Entscheidung sowie die von diesem mit dem Versicherungsnehmer nach Rechtshängigkeit geschlossenen Vergleiche als auch für sich verbindlich an.

3. Falls der Anteil des führenden Versicherers die Berufungs- oder Revisionssumme nicht erreicht, ist der Versicherungsnehmer berechtigt und auf Verlangen des führenden oder eines mitbeteiligten Versicherers verpflichtet, die Klage auf einen zweiten, erforderlichenfalls auf weitere Versicherer auszudehnen, bis diese Summe erreicht ist. Wird diesem Verlangen nicht entsprochen, so gilt Nr. 2 nicht.

**1803 Makler**

Der den Versicherungsvertrag betreuende Makler ist bevollmächtigt, Anzeigen und Willenserklärungen des Versicherungsnehmers entgegenzunehmen. Er ist durch den Maklervertrag verpflichtet, diese unverzüglich an den Versicherer weiterzuleiten.

## 1900 – Sonstiges

**1901 Abschlagszahlung**

Der Versicherungsnehmer kann verlangen, daß eine Abschlagszahlung in Höhe des Betrages, der nach Lage der Sache mindestens zu zahlen ist, abweichend von § 11 Abs. 2 VVG und von den dem Vertrag zugrunde liegenden Allgemeinen Versicherungsbedingungen schon drei Wochen nach Anzeige des Versicherungsfalls erfolgt.

**1902 Vertragsbeendigung bei Kündigung des Versicherers nach einem Versicherungsfall**

Bei einer Kündigung des Versicherers aus Anlaß eines Versicherungsfalls endet der Vertrag erst drei Monate nach Zugang der Kündigung.

**1903** unbesetzt

**1904 Sachverständigenverfahren bei Zusammentreffen mit einer Maschinenversicherung**

1. Besteht auch eine Maschinenversicherung und ist streitig, ob oder in welchem Umfang ein Schaden zu vorliegendem Vertrag oder als Maschinenschaden anzusehen ist, so können der Versicherungsnehmer, der Versicherer des vorliegenden Vertrages und der Maschinenversicherer vereinbaren, daß die Höhe des Schadens zu vorliegendem Vertrag und des Maschinenschadens in einem gemeinsamen Sachverständigenverfahren festgestellt wird. Das Sachverständigenverfahren kann durch Vereinbarung auf sonstige tatsächliche Voraussetzungen des Entschädigungsanspruchs sowie der Höhe der Entschädigung ausgedehnt werden. Der Versicherungsnehmer kann ein Sachverständigenverfahren auch durch einseitige Erklärungen gegenüber den beiden Versicherern verlangen.

2. Für das Sachverständigenverfahren gilt:

a) Jede Partei benennt schriftlich einen Sachverständigen; der Versicherungsnehmer kann zwei Sachverständige benennen. Die Parteien können sich auf zwei gemeinsame Sachverständige oder auf einen gemeinsamen Sachverständigen einigen. Jede Partei kann die andere Partei unter Angabe des oder der von ihr benannten Sachverständigen schriftlich auffordern, auch ihrerseits einen Sachverständigen zu benennen. Geschieht dies nicht binnen zwei Wochen nach Empfang der Aufforderung, so kann die auffordernde Partei den Sachverständigen der säumigen Partei durch das für den Schadenort zuständige Amtsgericht ernennen lassen. In der Aufforderung ist auf diese Folge hinzuweisen.

b) Die Sachverständigen benennen schriftlich vor Beginn des Feststellungsverfahrens einen weiteren Sachverständigen als Obmann. Einigen sie sich nicht, so wird der Obmann auf Antrag einer Partei durch das für den Schadenort zuständige Amtsgericht ernannt.

c) Die Versicherer dürfen als Sachverständige keine Personen benennen, die Mitbewerber des Versicherungsnehmers sind oder mit diesem in Geschäftsverbindung stehen, ferner keine Personen, die bei Mitbewerbern oder Geschäftspartnern angestellt sind oder mit ihnen in einem ähnlichen Verhältnis stehen.

3. Für den Mindestinhalt der Feststellungen der Sachverständigen gelten die dem Vertrag zugrunde liegenden Allgemeinen Versicherungsbedingungen und § 15 AFB 87 und § 13 AMB 91.

4. Die Sachverständigen übermitteln den drei Parteien gleichzeitig ihre Feststellungen. Weichen diese voneinander ab, so werden sie unverzüglich dem Obmann übergeben. Dieser entscheidet über die streitig gebliebenen Punkte innerhalb der durch die Feststellungen der Sachverständigen gezogenen Grenzen und übermittelt seine Entscheidung den drei Parteien gleichzeitig.

5. Jede Partei trägt die Kosten ihres oder ihrer Sachverständigen. Die Kosten des Obmannes tragen die Parteien je zu einem Drittel.

6. Die Feststellungen der Sachverständigen oder des Obmannes sind verbindlich, wenn nicht nachgewiesen wird, daß sie offenbar von der wirklichen Sachlage erheblich abweichen. Aufgrund dieser verbindlichen Feststellungen berechnen die Versicherer die Entschädigung.

7. Steht im Zeitpunkt einer Abschlagszahlung noch nicht fest, inwieweit der Schaden als Schaden zu vorliegendem Vertrag oder als Maschinenschaden anzusehen ist, so beteiligt sich jeder Versicherer an der Abschlagszahlung vorläufig mit der Hälfte.

8. Durch das Sachverständigenverfahren werden die Obliegenheiten im Versicherungsfall gemäß § 13 Nr. 1 AFB 87 und § 11 Nr. 1 AMB 91 nicht berührt.

# 2000 – Gemeinsame Klauseln für die Feuer-, Leitungswasser- und Sturm-Versicherung

## 2200 – Versicherte Sachen

### 2201 Automaten

Abweichend von den Bestimmungen über die Versicherung der Betriebseinrichtung in den dem Vertrag zugrunde liegenden Allgemeinen Versicherungsbedingungen sind Automaten mit Geldeinwurf (einschließlich Geldwechsler) samt Inhalt sowie Geldausgabeautomaten mitversichert.

### 2202 Eigentum von Gästen in Beherbergungsbetrieben

1. Eigentum von Gästen in Beherbergungsbetrieben, das dem Versicherungsnehmer nicht zur Verwahrung übergeben wurde, ist bis zu der hierfür vereinbarten Versicherungssumme versichert.

2. Nicht versichert sind Kraftfahrzeuge, Bargeld und Wertpapiere.

3. Die Entschädigung ist je Gast auf 10 Prozent der Versicherungssumme gemäß Nr. 1 begrenzt.

4. Entschädigung wird nur geleistet, soweit der Gast Entschädigung nicht aus einem anderen Versicherungsvertrag beanspruchen kann.

Ist danach die Entschädigung oder eine Abschlagszahlung gemäß den dem Vertrag zugrunde liegenden Allgemeinen Versicherungsbedingungen nur deshalb noch nicht fällig, weil ohne Verschulden des Versicherungsnehmers oder des versicherten Gastes die Entschädigungspflicht aus dem anderen Versicherungsvertrag ganz oder teilweise noch nicht geklärt ist, so wird der Versicherer unter Vorbehalt der Rückforderung mit Zinsen 1 Prozent unter dem jeweiligen Diskontsatz der Deutschen Bundesbank, mindestens jedoch 4 Prozent und höchstens 6 Prozent pro Jahr, eine vorläufige Zahlung leisten.

### 2203 Hypothekarisches Interesse

1. Die Versicherung deckt das hypothekarische Interesse, das dem Versicherungsnehmer als Gläubiger der im Vertrag nach Grundbuch-Band, -Blatt, -Abteilung und -Nummer bezeichneten Hypothek, Grundschuld oder Rentenschuld an den im Versicherungsvertrag bezeichneten Gebäuden zusteht.

2. Versicherungswert ist der Kapitalbetrag des Realrechts einschließlich der rückständigen und bis zur Entschädigungszahlung fällig werdenden Zinsen und Nebenleistungen und der Kosten. Die Entschädigung ist jedoch, auch wenn mehrere Realgläubiger ihr Interesse versichert haben, auf den Betrag des Versicherungswertes des Gebäudes beschränkt. Mehreren Versicherungsnehmern wird nach Maßgabe ihres Ranges gehaftet.

3. Entschädigung wird nicht geleistet, soweit nach dem Schaden der gemeine Wert der verpfändeten Grundstücke und der Gebäudereste das hypothekarische Interesse noch deckt oder soweit der gemeine Wert das hypothekarische Interesse schon vor Eintritt des Versicherungsfalls nicht mehr gedeckt hatte.

4. Der Versicherungsnehmer hat dem Versicherer auf Verlangen die durch das Realrecht gesicherte Forderung und das Realrecht zu übertragen, soweit dieser Entschädigung geleistet hat.

5. Die Versicherung erlischt, wenn das Realrecht des Versicherungsnehmers erlischt oder – von Erbfällen abgesehen – auf einen anderen übergeht, oder wenn die Gebäude ganz oder teilweise durch den Eigentümer oder für dessen Rechnung versichert werden.

## 2300 – Versicherte Kosten

### 2301 Aufgebots- und Wiederherstellungskosten für Urkunden

1. Der Versicherer ersetzt bis zu der hierfür vereinbarten Versicherungssumme die Kosten des Aufgebotsverfahrens und der Wiederherstellung von Wertpapieren und sonstigen Urkunden einschließlich anderer Auslagen für die Wiedererlangung, die der Versicherungsnehmer den Umständen nach für geboten halten durfte.

2. Die Ersatzpflicht erstreckt sich auch auf einen Zinsverlust, der dem Versicherungsnehmer durch Verzögerung fälliger Leistungen aus den Wertpapieren entstanden ist.

### 2302 Mehrkosten durch behördliche Wiederherstellungsbeschränkungen (ohne Restwerte)

1. Abweichend von den dem Vertrag zugrunde liegenden Allgemeinen Versicherungsbedingungen sind Erhöhungen des Schadenaufwandes durch Mehrkosten infolge behördlicher Wiederherstellungsbeschränkungen mitversichert.

2. Ersetzt werden bis zu der hierfür vereinbarten Versicherungssumme die tatsächlich entstandenen Mehrkosten für die Wiederherstellung der versicherten und vom Schaden betroffenen Sache durch behördliche Auflagen auf der Grundlage bereits vor Eintritt des Versicherungsfalles erlassener Gesetze und Verordnungen. Soweit behördliche Auflagen mit Fristsetzung vor Eintritt des Versicherungsfalles erteilt wurden, sind die dadurch entstehenden Mehrkosten nicht versichert.

3. Aufwendungen, die dadurch entstehen, daß infolge behördlicher Wiederherstellungsbeschränkungen Reste der versicherten und vom Schaden betroffenen Sache nicht wiederverwertet werden können, sind nicht versichert.

4. Wenn die Wiederherstellung der versicherten und vom Schaden betroffenen Sache aufgrund behördlicher Wiederherstellungsbeschränkungen nur an anderer Stelle erfolgen darf, werden die Mehr-

kosten nur in dem Umfang ersetzt, in dem sie auch bei Wiederherstellung an bisheriger Stelle entstanden wären.

5. Mehrkosten infolge Preissteigerungen, die dadurch entstehen, daß sich die Wiederherstellung durch Beschränkungen der vorgenannten Art verzögert, werden nicht ersetzt.

Sofern für versicherte und vom Schaden betroffene Sachen die Preisdifferenz-Versicherung nach Klausel 1301 vereinbart ist, werden Mehrkosten infolge Preissteigerungen ersetzt, die dadurch entstehen, daß sich die Wiederherstellung durch Beschränkungen der vorgenannten Art verzögert. Ziffer 4 der Klausel 1301 wird insoweit abgeändert.

6. Ist der Zeitwert Versicherungswert, so werden auch die Mehrkosten nur im Verhältnis des Zeitwertes zum Neuwert ersetzt. Ist nach einer vertraglichen Wiederherstellungsvereinbarung nur der Zeitwertschaden zu erstatten, so werden die Mehrkosten nicht ersetzt.

7. Besteht Unterversicherung für eine vom Schaden betroffene Position, für welche Mehrkosten durch behördliche Wiederherstellungsbeschränkungen versichert sind, so wird der nach Nr. 2 bis Nr. 6 ermittelte Betrag nur anteilig ersetzt.

8. Der als entschädigungspflichtig errechnete Betrag wird je Versicherungsfall um den vereinbarten Selbstbehalt gekürzt.

9. Soweit ein Ersatzanspruch gegenüber einem Dritten entsteht, verpflichtet sich der Versicherungsnehmer, diesen in Höhe des fällig werdenden Mehrbetrages an den Versicherer abzutreten.

#### 2303 Berücksichtigung von behördlichen Wiederherstellungsbeschränkungen für Restwerte

1. Abweichend von den dem Vertrag zugrunde liegenden Allgemeinen Versicherungsbedingungen sind bei der Anrechnung des Restwertes für die versicherte und vom Schaden betroffene Sache behördliche Wiederherstellungsbeschränkungen zu berücksichtigen. Die Entschädigung ist jedoch begrenzt mit dem Betrag, der sich vertragsmäßig ergeben würde, wenn die versicherte und vom Schaden betroffene Sache zerstört worden wäre, gekürzt um den Altmaterialwert abzüglich Aufräumungs- und Abbruchkosten.

2. Die Berücksichtigung von behördlichen Wiederherstellungsbeschränkungen für Restwerte erfolgt nur, soweit sie auf der Grundlage vor Eintritt des Versicherungsfalles erlassener Gesetze und Verordnungen beruhen. Soweit behördliche Auflagen mit Fristsetzung vor Eintritt des Versicherungsfalles erteilt wurden, werden sie für die Restwerte nicht berücksichtigt.

3. Mehrkosten infolge Preissteigerungen, die dadurch entstehen, daß sich die Wiederherstellung durch Beschränkungen der vorgenannten Art verzögert, werden nicht ersetzt. Sofern für versicherte und vom Schaden betroffene Sachen die Preisdifferenz-Versicherung nach Klausel 1301 vereinbart ist, werden Mehrkosten infolge Preissteigerungen ersetzt, die dadurch entstehen, daß sich die Wiederherstellung durch Beschränkungen der vorgenannten Art verzögert. Ziffer 4 der Klausel 1301 wird insoweit abgeändert.

4. Soweit ein Ersatzanspruch gegenüber einem Dritten entsteht, verpflichtet sich der Versicherungsnehmer, diesen in Höhe des fällig werdenden Mehrbetrages an den Versicherer abzutreten.

### 2400 – Versicherungsort

#### 2401 Neu hinzukommende Betriebsgrundstücke

1. Als Versicherungsort gelten innerhalb der Bundesrepublik Deutschland ohne besondere Anmeldung auch neu hinzukommende Betriebsgrundstücke. Die Entschädigung ist jedoch je Grundstück und Versicherungsfall auf den vereinbarten Betrag begrenzt.

2. Der Versicherungsnehmer ist verpflichtet, halbjährlich ein Verzeichnis dieser Grundstücke einzureichen. Bei nicht ausreichender Versicherungssumme sind die Bestimmungen über Unterversicherung in den dem Vertrag zugrunde liegenden Allgemeinen Versicherungsbedingungen anzuwenden.

3. Die Prämie ändert sich entsprechend der Gefahrenlage bei den neu hinzukommenden Betriebsgrundstücken.

### 2600 - Vorvertragliche Anzeige; Gefahrerhöhung; Obliegenheiten

#### 2601 Anerkennung

1. Hat der Versicherer das versicherte Wagnis besichtigt und liegt ein Besichtigungsbericht vor, so erkennt der Versicherer an, daß ihm durch diese Besichtigung alle Umstände bekanntgeworden sind, welche in diesem Zeitpunkt für die Beurteilung des Risikos erheblich waren.

2. Dies gilt jedoch nicht für Umstände, die arglistig verschwiegen worden sind.

### 2700 – Entschädigung (Versicherungssumme; Unterversicherung; Selbstbehalte; Entschädigungsgrenzen)

#### 2701 Mehrwertsteuer bei Gleitender Neuwertversicherung

Ein Anspruch auf Erstattung der Mehrwertsteuer besteht im Schadenfall nicht, soweit die Versicherungssumme 1914 entsprechend niedriger festgesetzt wurde als der Versicherungswert 1914.

#### 2702 Spediteure

1. Sachen, die der Spediteur aufgrund eines Speditions-, Fracht- oder Lagervertrages in Gewahrsam genommen hat, sind bis zu der hierfür vereinbarten Versicherungssumme versichert, und zwar, soweit nicht etwas anderes vereinbart ist, auf Erstes Risiko.

2. Die Versicherung gilt:

a) für eigene Rechnung des Spediteurs, soweit dieser für den Schaden aufgrund gesetzlicher Haftpflichtbestimmungen privatrechtlichen Inhalts ersatzpflichtig ist; auf eine durch Vertrag oder besondere Zusagen erweiterte Ersatzpflicht des Spediteurs erstreckt sich die Versicherung nur, wenn dies besonders vereinbart ist;

b) außerdem für Rechnung wen es angeht.

3. Für die Entschädigung sind abweichend von den dem Vertrag zugrunde liegenden Allgemeinen Versicherungsbedingungen maßgebend

a) im Fall von Nr. 2 a der Betrag der Ersatzpflicht des Spediteurs, höchstens jedoch die Kosten der Neuherstellung oder Wiederbeschaffung durch den Anspruchsteller;

b) im Fall von Nr. 2 b die Kosten der Neuherstellung oder Wiederbeschaffung durch den Versicherten.

Anstelle der Kosten der Neuherstellung oder Wiederbeschaffung kann ein anderer Betrag (z.B. der erzielbare Verkaufspreis) vereinbart werden.

4. Entschädigung wird nicht geleistet

a) im Fall von Nr. 2 a, soweit Versicherungsschutz aus einer Betriebs- oder Verkehrshaftpflichtversicherung besteht oder zugunsten des

Spediteurs das Regreßverzichtsabkommen der Feuerversicherer anzuwenden ist;

b) im Fall von Nr. 2 b, soweit der Versicherte Entschädigung beanspruchen kann

aa) aus einer Transportversicherung, insbesondere aus einer gemäß § 39 ADSp genommenen Speditionsversicherung;

bb) aus einer durch den Versicherten oder in dessen Auftrag genommenen anderen Feuer-, Leitungswasser- oder Sturmversicherung;

cc) aus einer durch den Spediteur genommenen anderen Feuer-, Leitungswasser- oder Sturmversicherung, nach der die versicherten Sachen nach Art, Maß, Zahl, Gewicht oder sonstigen Merkmalen bezeichnet sind; auch ohne solche Bezeichnung geht eine andere Feuer-, Leitungswasser- oder Sturmversicherung des Spediteurs voran, wenn die vorliegende Versicherung für mehrere Versicherungsorte, die andere dagegen nur für den durch den Schaden betroffenen Versicherungsort genommen ist.

5. Ist danach die Entschädigung oder eine Abschlagszahlung gemäß den dem Vertrag zugrunde liegenden Allgemeinen Versicherungsbedingungen nur deshalb noch nicht fällig, weil ohne Verschulden des Versicherungsnehmers oder des Versicherten noch nicht geklärt ist, ob die Voraussetzungen gemäß Nr. 4 gegeben sind, so leistet der Versicherer aus dem vorliegenden Vertrag unter Vorbehalt der Rückforderung mit Zinsen 1 Prozent unter dem jeweiligen Diskontsatz der Deutschen Bundesbank, mindestens jedoch 4 Prozent und höchstens 6 Prozent pro Jahr, eine vorläufige Zahlung, wenn der Rückforderungsanspruch durch die Vermögenslage des Versicherungsnehmers oder des Versicherten oder durch Bankbürgschaft oder durch sonstige Sicherheitsleistung gesichert ist.

6. Der Versicherer kann nur an den Versicherungsnehmer und an den Anspruchsteller gemäß Nr. 2 a oder an den Versicherten gemäß Nr. 2 b gemeinschaftlich leisten, wenn nicht der Anspruchsteller oder der Versicherte einer Zahlung allein an den Versicherungsnehmer zugestimmt hat.

7. Nach Eintritt eines Versicherungsfalls haben der Versicherungsnehmer und die Versicherten dem Versicherer alle anderen Versicherungen gemäß Nr. 4 anzuzeigen.

## 2800 – Verhaltens- und Wissenszurechnung; Vertretung

#### 2801 Teil- oder Wohnungseigentum in gewerblich genutzten Gebäuden

Für den Versicherungsvertrag mit sämtlichen Teil- oder Wohnungseigentümern gilt folgendes:

1. Ist der Versicherer wegen des Verhaltens einzelner Teil- oder Wohnungseigentümer leistungsfrei, so kann er sich hierauf gegenüber den übrigen Teil- oder Wohnungseigentümern wegen deren Sondereigentums und wegen deren Miteigentumsanteilen (§ 1 Abs. 2 des Wohnungseigentumsgesetzes) nicht berufen.

2. Die übrigen Teil- oder Wohnungseigentümer können verlangen, daß der Versicherer ihnen auch hinsichtlich des Miteigentumsanteils des Teil- oder Wohnungseigentümers, der den Entschädigungsanspruch verwirkt hat, Entschädigung leistet, jedoch nur soweit diese zusätzliche Entschädigung zur Wiederherstellung des gemeinschaftlichen Eigentums (§ 1 Abs. 5 des Wohnungseigentumsgesetzes) verwendet wird. Der Teil- oder Wohnungseigentümer, in dessen Person der Verwirkungsgrund vorliegt, ist verpflichtet, dem Versicherer diese Mehraufwendung zu erstatten.

3. Kann im Falle der Feuerversicherung ein Realgläubiger hinsichtlich des Miteigentumsanteils des Teil- oder Wohnungseigentümers, der den Entschädigungsanspruch verwirkt hat, Leistung aus der Feuerversicherung an sich selbst gemäß § 102 VVG verlangen, so entfällt die Verpflichtung des Versicherers nach Nr. 2 Satz 1. Der Versicherer verpflichtet sich, auf eine nach § 104 VVG auf ihn übergegangene Gesamthypothek (Gesamtgrundschuld) gemäß § 1168 BGB zu verzichten und dabei mitzuwirken, daß der Verzicht auf Kosten der Teil- oder Wohnungseigentümer in das Grundbuch eingetragen wird. Der Teil- oder Wohnunseigentümer, in dessen Person der Verwirkungsgrund vorliegt, ist im Falle von Satz 2 verpflichtet, dem Versicherer die für seinen Miteigentumsanteil und sein Sondereigentum an den Realgläubiger erbrachten Leistungen zu erstatten.

# 3000 – Klauseln für die Feuer-Versicherung

## 3100 – Versicherte Gefahren und Schäden

#### 3101 Brandschäden an Räucher-, Trocken- und sonstigen Erhitzungsanlagen

Brandschäden an Räucher-, Trocken- und sonstigen ähnlichen Erhitzungsanlagen und deren Inhalt sind auch dann zu ersetzen, wenn der Brand innerhalb der Anlagen ausbricht.

#### 3102 Brandschäden an Räucher-, Trocknungs- und ähnlichen Erhitzungsanlagen sowie an deren Inhalt

1. Brandschäden an versicherten Räucher-, Trocknungs- und sonstigen ähnlichen Erhitzungsanlagen sowie an dem versicherten Inhalt von Räucher-, Trocknungs- und sonstigen ähnlichen Erhitzungsanlagen sind bis zu der vereinbarten Entschädigungsgrenze auch dann zu ersetzen, wenn der Brand innerhalb der Anlagen ausgebrochen ist.

2. Erhöht sich die Anzahl der Anlagen oder ändert sich deren Art, so hat der Versicherungsnehmer dies dem Versicherer unverzüglich anzuzeigen. Ist mit der Änderung eine Gefahrerhöhung verbunden, so gelten außerdem § 6 Nr. 2, Nr. 4 und Nr. 5 AFB 87 und die §§ 23 bis 30 VVG.

Der Versicherer hat vom Tag der Änderung an Anspruch auf die aus einem etwa erforderlichen höheren Prämiensatz errechnete Prämie; dies gilt nicht, soweit der Versicherer in einem Versicherungsfall wegen Gefahrerhöhung gemäß Abs. 1 leistungsfrei geworden ist.

3. Räucheranlagen müssen so eingerichtet sein, daß herabfallendes Räuchergut sich nicht am Räucherfeuer entzünden kann.

#### 3103 Bestimmungswidriger Wasseraustritt aus Sprinkleranlagen

1. Abweichend von § 1 Nr. 1 AFB 87 leistet der Versicherer Entschädigung auch für versicherte Sachen und für versicherte Kosten, wenn Wasser aus einer auf dem Versicherungsgrundstück installierten Sprinkleranlage bestimmungswidrig austritt. Zur Sprinkleranlage gehören Sprinkler, Wasserbehälter, Verteilerleitungen, Ventile, Alarmanlagen, Pumpenanlagen, sonstige Armaturen und Zuleitungsrohre, die ausschließlich dem Betrieb der Sprinkleranlage dienen.

2. Die Versicherung erstreckt sich nicht auf Schäden

a) an der Sprinkleranlage;

b) anläßlich von Druckproben;

c) durch Umbauten oder Reparaturarbeiten an Gebäuden oder an der Sprinkleranlage;

d) durch Erdsenkung, Erdrutsch oder Schwamm, es sei denn, daß ausgetretenes Wasser gemäß Nr. 1 die Erdsenkung oder den Erdrutsch verursacht hat.

3. Sprinkleranlagen gemäß Nr. 1 sind von der Technischen Prüfstelle des Verbandes der Schadenversicherer e.V. –VdS– abgenommen und werden regelmäßig durch eine von den Versicherern anerkannte Überwachungsstelle überprüft. Im übrigen gelten Nr. 3 und Nr. 4 der Vereinbarung „Brandschutzanlagen".

4. Die Rechtsfolgen von Verstößen gegen die Bestimmungen von Nr. 3 ergeben sich aus §§ 6 und 7 AFB 87.

5. Der bedingungsgemäß als entschädigungspflichtig errechnete Betrag einschließlich Aufwendungsersatz gemäß § 63 VVG und Ersatz für sonstige versicherte Kosten wird je Versicherungsfall um den vereinbarten Selbstbehalt gekürzt.

**3104 Ausschluß von Betriebs- und Blitzschäden an elektrischen Einrichtungen**

Abweichend von § 1 Nr. 6 Abs. 2 AFB 87 sind auch die dort genannten Folgeschäden von Betriebs- und Blitzschäden an den elektrischen Einrichtungen ausgeschlossen.

**3105 Fermentationsschäden an Ernteerzeugnissen**

Fermentationsschäden an Ernteerzeugnissen sind bis zu den vereinbarten Entschädigungsgrenzen mitversichert. Das gilt nicht für Silage.

**3106 Fermentationsschäden in der Zuckerindustrie**

Fermentationsschäden an Trockengut der Zuckerindustrie sind bis zu der vereinbarten Entschädigungsgrenze mitversichert.

**3107 Bestimmungswidriges Ausbrechen glühendflüssiger Schmelzmassen**

1. Abweichend von § 1 AFB 87 leistet der Versicherer Entschädigung auch für Schäden, die an den versicherten Sachen durch bestimmungswidriges Ausbrechen glühendflüssiger Schmelzmassen aus deren Behältnissen oder Leitungen ohne Brand entstehen.

Schäden an diesen Behältnissen und Leitungen selbst werden ebenfalls ersetzt. Ausgenommen sind jedoch Schäden im Innern des Behältnisses und der Schaden an der Durchbruchstelle. Schäden an den Schmelzmassen selbst sind ebenfalls nicht zu ersetzen.

2. Der gemäß Nr. 1 als entschädigungspflichtig errechnete Betrag einschließlich Aufwendungsersatz gemäß § 63 VVG und Ersatz für sonstige versicherte Kosten wird je Versicherungsfall um den vereinbarten Selbstbehalt gekürzt.

**3108 Unbemannte Flugkörper**

Abweichend von § 1 Nr. 1d AFB 87 leistet der Versicherer Entschädigung auch für Schäden durch Anprall oder Absturz eines unbemannten Flugkörpers, seiner Teile oder seiner Ladung.

**3109 Schwelzersetzungsschäden in der landwirtschaftlichen Feuerversicherung**

1. Schwelzersetzungsschäden an mineralischem Dünger einschließlich Folgeschäden an sonstigen versicherten Sachen sind bis zu der vereinbarten Entschädigungsgrenze auch versichert, soweit sie nicht durch eine Gefahr gemäß § 1 Nr. 1 AFB 87 verursacht werden.

2. Der gemäß Nr. 1 als entschädigungspflichtig errechnete Betrag einschließlich Aufwendungsersatz gemäß § 63 VVG und Ersatz für sonstige versicherte Kosten wird um den vereinbarten Selbstbehalt gekürzt.

**3110 Eingeschränkte Mitversicherung von Fermentationsschäden in der Zuckerindustrie**

1. Schäden durch Fermentation von Trockengut (Trockenschnitzel aller Art, getrocknete Rüben, getrocknete Rübenblätter) sind nicht ersatzpflichtig. Tritt nach vorangegangener Fermentation ein Brand ein, so wird an dem Wert des verbrannten und durch Brand beschädigten Trockengutes (Trockenschnitzel aller Art, getrocknete Rüben, getrocknete Rübenblätter) kein Abzug für vorangegangene Entwertung durch Fermentation angerechnet.

2. Die Pflicht des Versicherungsnehmers, bei Eintritt der Fermentation sowie bei und nach dem Eintritt des Schadenfalles nach Möglichkeit für die Abwendung und Minderung des Schadens zu sorgen (§§ 62 Abs. 1 VVG, 13 Nr. 1c AFB 87), bleibt hierdurch unberührt.

**3111 Überspannungsschäden durch Blitz in landwirtschaftlichen Betrieben unter Einschluß von Folgeschäden**

1. Abweichend von § 1 AFB 87 ersetzt der Versicherer auch Überspannungschäden durch Blitz sowie daraus entstehende Folgeschäden an versicherte Sachen.

2. Die Entschädigung ist je Versicherungsfall auf den vereinbarten Betrag begrenzt.

**3112 Brandschäden an Wärmetauschern, Dampferzeugungs-, Abgasreinigungs- und vergleichbaren technischen Anlagen**

1. In Abänderung von § 1 Nr. 5 a AFB 87 erstreckt sich die Versicherung auch auf Brandschäden an im Versicherungsvertrag besonders benannten Dampferzeugungsanlagen, Wärmetauschern, Luftvorwärmern, Rekuperatoren, Rauchgasleitungen, Filter-, REA-, DENOX- und vergleichbaren technischen Anlagen, wenn der Brand innerhalb der Anlagen ausbricht.

2. Soweit nichts anderes vereinbart ist, sind nicht versichert Ausmauerungen, Auskleidungen, Beschichtungen und Gummierungen, Filtermassen und -einsätze, Kontaktmassen und Katalysatoren, die während der Lebensdauer der versicherten Anlagen erfahrungsgemäß mehrfach ausgewechselt werden müssen. Der Versicherungswert der vorbezeichneten Sachteile ergibt sich aus ihrem Abnutzungsgrad am Schadentag.

3. Es gilt die vereinbarte Entschädigungsgrenze je Versicherungsfall.

4. Der gemäß Nrn. 1 und 2 als entschädigungspflichtig errechnete Betrag wird je Versicherungsfall um den vereinbarten Selbstbehalt gekürzt.

**3113 Bestimmungswidriges Ausbrechen von Metallschmelzen**

1. Abweichend von § 1 AFB 87 leistet der Versicherer Entschädigung auch für Schäden, die an den versicherten Sachen durch bestimmungswidriges Ausbrechen von Metallschmelzen, die durch Energiezufuhr auch ohne Glüherscheinung verflüssigt sind, aus ihren Behältnissen oder Leitungen ohne Brand entstehen.

Schäden an diesen Behältnissen und Leitungen selbst werden ebenfalls ersetzt. Ausgenommen sind jedoch Schäden im Innern des Behältnisses und der Schaden an der Durchbruchstelle. Schäden an den Schmelzmassen selbst sind ebenfalls nicht zu ersetzen.

2. Der gemäß Nr. 1 als entschädigungspflichtig errechnete Betrag einschließlich Aufwendungsersatz gemäß § 63 VVG und Ersatz für sonstige versicherte Kosten wird je Versicherungsfall um den vereinbarten Selbstbehalt gekürzt.

## 3200 – Versicherte Sachen

**3201 Bargeld an Lohn- und Gehaltszahlungstagen**

Soweit Bargeld versichert ist, besteht innerhalb des Versicherungsortes für Löhne und Gehälter während der für die Bereitstellung und die Auszahlung erforderlichen Zeit Versicherungsschutz auch außerhalb der Behältnisse gemäß § 4 Nr. 3 AFB 87.

#### 3202 Ruhende und fahrende Kraftfahrzeuge

1. Kraftfahrzeuge sind ruhend oder fahrend nur innerhalb der Bundesrepublik Deutschland versichert, soweit nicht etwas anderes vereinbart ist.

2. Während der Teilnahme des Kraftfahrzeugs an Rennen ruht die Versicherung mit Ausnahme des Aufenthalts auf den Treff- und Sammelplätzen der Renn- oder Fahrtveranstalter. Zuverlässigkeitsfahrten, auch wenn sie mit Preisen verbunden sind, gelten nicht als Rennfahrten.

#### 3203 Ruhende Kraftfahrzeuge

Kraftfahrzeuge sind nur in ruhendem Zustande und nur innerhalb des im Versicherungsvertrag bezeichneten Grundstücks versichert.

#### 3204 Kraftfahrzeuge in Verkaufs- und Ausstellungsräumen

Kraftfahrzeuge sind nur mit stillstehendem Motor und nur in den Verkaufs- oder Ausstellungsräumen innerhalb der Bundesrepublik Deutschland versichert, jedoch nicht auf öffentlichen Ausstellungen als Ausstellungsgegenstand.

#### 3205 Kraftfahrzeug-Fahrgestelle

Die Kraftfahrzeug-Fahrgestelle sind ruhend oder fahrend, jedoch nur außerhalb der durch den Versicherungsnehmer zu Fabrikations- und Lagerzwecken dauernd benutzten Grundstücke, nur innerhalb der Bundesrepublik Deutschland und nicht auf öffentlichen Ausstellungen als Ausstellungsgegenstand versichert.

#### 3206 Triebwerkflugzeuge in der Luftfahrt-Industrie

1. Versichert sind Triebwerkflugzeuge, die sich beim Versicherungsnehmer in Herstellung, Reparatur, Wartung oder Überholung befinden.

2. Der Versicherungsschutz beginnt

a) im Rahmen der Herstellung mit Beginn der Montage;

b) im Rahmen der Reparatur, Wartung oder Überholung mit dem Eintreffen im Versicherungsort, sobald das Triebwerkflugzeug auf dem Abstellplatz angelangt ist und die Triebwerke stillstehen.

3. Versicherungsschutz besteht nicht, sobald und solange sich das flugfähig montierte Triebwerkflugzeug in Betrieb befindet, insbesondere nicht während

a) des Rollens mit eigener oder fremder Kraft;

b) Triebwerksläufen, auch zum Zwecke der Erprobung;

c) des Fluges.

4. Der Versicherungsschutz endet mit dem Verlassen des Versicherungsortes.

#### 3207 Hopfen

Soweit Hopfen durch eine besondere Position kurzfristig versichert ist, ist er durch die Position für Ernteerzeugnisse nicht mitversichert. § 5 LZB 87 ist für Hopfen nicht anzuwenden.

#### 3208 Hopfengarteneinrichtung

Die Einrichtung des Hopfengartens in aufgebautem Zustand, bestehend aus Stangen, Drähten und Schnüren, ist von der Versicherung ausgeschlossen.

### 3300 –Versicherte Kosten

#### 3301 Kosten für die Dekontamination von Erdreich

1. In Erweiterung der dem Vertrag zugrundeliegenden Allgemeinen Bedingungen für die Feuerversicherung (AFB 87) ersetzt der Versicherer bis zu der hierfür vereinbarten Versicherungssumme Kosten, die der Versicherungsnehmer aufgrund behördlicher Anordnungen infolge einer Kontamination durch einen Versicherungsfall aufwenden muß, um

a) Erdreich von eigenen oder gepachteten Versicherungsgrundstücken innerhalb der Bundesrepublik Deutschland zu untersuchen und nötigenfalls zu dekontaminieren oder auszutauschen;

b) den Aushub in die nächstgelegene geeignete Deponie zu transportieren und dort abzulagern oder zu vernichten;

c) insoweit den Zustand des Versicherungsgrundstückes vor Eintritt des Versicherungsfalles wiederherzustellen.

2. Die Aufwendungen gemäß Nr. 1 werden nur ersetzt, sofern die behördlichen Anordnungen

a) aufgrund von Gesetzen oder Verordnungen ergangen sind, die vor Eintritt des Versicherungsfalles erlassen wurden;

b) eine Kontamination betreffen, die nachweislich infolge dieses Versicherungsfalles entstanden ist;

c) innerhalb von neun Monaten seit Eintritt des Versicherungsfalles ergangen sind und dem Versicherer ohne Rücksicht auf Rechtsmittelfristen innerhalb von drei Monaten seit Kenntniserhalt gemeldet wurden.

3. Wird durch den Versicherungsfall eine bestehende Kontamination des Erdreichs erhöht, so werden nur Aufwendungen ersetzt, die den für eine Beseitigung der bestehenden Kontamination erforderlichen Betrag übersteigen, und zwar ohne Rücksicht darauf, ob und wann dieser Betrag ohne den Versicherungsfall aufgewendet worden wäre.

Die hiernach nicht zu ersetzenden Kosten werden nötigenfalls durch Sachverständige festgestellt.

4. Aufwendungen aufgrund sonstiger behördlicher Anordnungen oder aufgrund sonstiger Verpflichtungen des Versicherungsnehmers einschließlich der sogenannten Einliefererhaftung werden nicht ersetzt.

5. Entschädigung wird nicht geleistet, soweit der Versicherungsnehmer aus einem anderen Versicherungsvertrag Ersatz beanspruchen kann.

6. Für Aufwendungen gemäß Nr. 1 durch Versicherungsfälle, die innerhalb eines Versicherungsjahres eintreten, ist Entschädigungsgrenze die Versicherungssumme als Jahreshöchstentschädigung.

7. Der gemäß Nr. 1 bis Nr. 6 als entschädigungspflichtig errechnete Betrag wird je Versicherungsfall um den vereinbarten Selbstbehalt gekürzt.

8. Kosten gemäß Nr. 1 gelten nicht als Aufräumungskosten gemäß § 3 Nr. 3 a AFB 87.

### 3400 – Versicherungsort

#### 3403 Feuerversicherung für Transporte

Sind Bargeld, Urkunden oder sonstige Sachen auf Transportwegen gegen Feuer versichert, so beginnt der Versicherungsschutz mit der Übernahme versicherter Sachen für einen unmittelbar anschließenden Transport und endet an der Ablieferungsstelle mit der Übergabe.

**3404 Anschlußgleise und Wasseranschlüsse**

1. An- und Abfuhrgüter sind außerhalb des Versicherungsorts insoweit mitversichert, als sie sich auf Transportmitteln in seiner unmittelbaren Nähe oder auf Anschlußgleisen und Wasserstraßenanschlüssen befinden. Das gleiche gilt für die Transportmittel selbst, soweit sie zu den versicherten Sachen gehören.

2. Andere Versicherungen oder die Haftpflicht eines Frachtführers oder Spediteurs gehen jedoch vor. Ist danach die Entschädigung oder eine Abschlagszahlung gemäß § 16 Nr. 1 AFB 87 nur deshalb noch nicht fällig, weil ohne Verschulden des Versicherungsnehmers die Entschädigungspflicht aus dem anderen Versicherungsvertrag ganz oder teilweise noch nicht geklärt ist, so wird der Versicherer unter Vorbehalt der Rückforderung mit Zinsen 1 Prozent unter dem jeweiligen Diskontsatz der Deutschen Bundesbank, mindestens jedoch 4 Prozent und höchstens 6 Prozent pro Jahr, eine vorläufige Zahlung leisten.

**3405 Kraftfahrzeuge von Betriebsangehörigen und Besuchern**

Soweit Kraftfahrzeuge von Betriebsangehörigen und Besuchern in ruhendem Zustand versichert sind, gilt die Versicherung auch auf Parkplätzen, die dem Versicherungsnehmer zur Verfügung stehen und entsprechend gekennzeichnet sind.

**3406 Versicherungsort für die Feuerversicherung landwirtschaftlicher Betriebe**

Abweichend von §§ 7, 9 LZB 87 ist Versicherungsort die Bundesrepublik Deutschland.

**3407 Feuerversicherung von Sparschränken mit Inhalt**

1. Sparschränke gelten als Behältnisse im Sinne von § 4 Nr. 3 AFB 87, wenn sie fest mit dem Gebäude verbunden sind oder wenn sie in verschlossenen Behältnissen aufbewahrt werden, die eine erhöhte Sicherheit auch gegen die Wegnahme des Behältnisses selbst gewähren.

2. Außerhalb der Geschäftszeit besteht Versicherungsschutz nur in verschlossenen Räumen.

3. Der Versicherungsnehmer hat ein Verzeichnis der Sparschränke mit Angabe der Schranknummern, der Aufstellungsorte und der Höchsthaftungssumme je Schrank mit Inhalt zu führen und auf dem Laufenden zu halten.

4. Neu ausgegebene Sparschränke sind vom Tage der Ausgabe an mitversichert. Bei Veränderungen (z.B. Summenänderung, Standortwechsel, Auswechslung) wird der Versicherungsschutz nicht unterbrochen. Einmal jährlich zum 01.01. ist der neueste Stand der ausgegebenen Sparschränke zum Zwecke der Prämienberechnung für das folgende Versicherungsjahr mitzuteilen.

5. Beim Entleeren der Fächer sind Aufzeichnungen über die entnommenen Beträge zu führen. Der Versicherungsnehmer ist verpflichtet, die Empfänger von Sparschränken auf diese Pflicht hinzuweisen. Die jeweiligen Leerungsergebnisse sind unter Berücksichtigung der früheren Sparergebnisse Grundlage für die Regulierung im Schadenfall.

## 3500 – Versicherungswert

**3501 Mehraufwendungen in der Zuckerindustrie**

Die Versicherung der im Versicherungsvertrag besonders bezeichneten Sachen erstreckt sich bis zu der hierfür vereinbarten Versicherungssumme auf Erstes Risiko auf Mehraufwendungen, die dadurch erforderlich werden, daß der Versicherungsnehmer seine Lieferungsverpflichtungen an Trockenschnitzeln und getrockneten Rüben seinen Rübenlieferanten gegenüber nach einem Versicherungsfall nicht aus eigenen Beständen erfüllen kann und deshalb für die durch den Schaden betroffenen Schnitzel anderweitig Ersatz beschafft, dies aber nur zu einem gegenüber dem Versicherungswert der Schnitzel unmittelbar vor Eintritt des Versicherungsfalles höheren Preis oder unter Aufwendung besonderer Frachten und sonstiger Versandspesen möglich ist.

**3502 Versicherungswert der Betriebseinrichtung in landwirtschaftlichen Betrieben**

Versicherungswert der Betriebseinrichtung in landwirtschaftlichen Betrieben ist abweichend von § 10 Nr. 2 LZB 87 entweder der Neuwert gemäß § 5 Nr. 2 a AFB 87 oder unter den dort genannten Voraussetzungen der Zeitwert gemäß § 5 Nr. 2 b AFB 87 oder der gemeine Wert gemäß § 5 Nr. 2 c AFB 87.

**3503 (89) Neuwertversicherung für einzeln bezeichnete landwirtschaftliche Maschinen und Geräte**

1. Die im Versicherungsvertrag besonders bezeichneten Maschinen und Geräte sind abweichend von § 10 Nr. 2 LZB 87 zum Neuwert gem. § 5 Nr. 2a AFB 87 versichert, wenn ihr Zeitwert mindestens 50% des Neuwertes beträgt.

2. Im Falle der Ersatzbeschaffung gelten neue Maschinen und Geräte gleicher Art und Güte anstelle der ersetzten im Rahmen der vereinbarten Versicherungssumme versichert, solange diese nicht aufgrund der Neuanschaffung berichtigt worden ist.

3. Die zum Neuwert versicherten Maschinen und Geräte bilden eine selbständige Gruppe (Position) des Versicherungsvertrages. Es gelten die Bestimmungen des § 11 AFB 87.

## 3600 – Vorvertragliche Anzeige; Gefahrerhöhung; Obliegenheiten

**3601 Verantwortlichkeit für Verstöße gegen Sicherheitsvorschriften**

1. Die „Brandverhütungs-Vorschriften für Fabriken und gewerbliche Anlagen" sind im Betrieb ordnungsgemäß bekanntzumachen.

2. Ist dies geschehen, so ist der Versicherungsnehmer nicht verantwortlich für Verstöße gegen gesetzliche, behördliche und vertragliche Sicherheitsvorschriften, die ohne sein Wissen und ohne Wissen seiner gesetzlichen Vertreter oder Repräsentanten (§ 17 AFB 87) begangen werden.

**3602 (90) Elektrische Anlagen**

1. Der Versicherungsnehmer hat die elektrischen Anlagen jährlich, und zwar möglichst innerhalb der ersten drei Monate eines jeden Versicherungsjahres, auf seine Kosten durch eine vom Verband der Schadenversicherer e.V. –VdS– anerkannte Überwachungsstelle prüfen und sich ein Zeugnis darüber ausstellen zu lassen. In dem Zeugnis muß eine Frist gesetzt sein, innerhalb derer Mängel beseitigt und Abweichungen von den anerkannten Regeln der Elektrotechnik, insbesondere von den einschlägigen VDE-Bestimmungen, sowie Abweichungen von den Sicherheitsvorschriften, die dem Vertrag zugrunde liegen, abgestellt werden müssen.

2. Der Versicherungsnehmer hat dem Versicherer das Zeugnis unverzüglich zu übersenden, die Mängel fristgemäß zu beseitigen und dies dann dem Versicherer anzuzeigen.

3. Werden elektrische Anlagen alljährlich im Auftrag einer Behörde durch Fach-(Elektro-)Ingenieure geprüft, so ist durch deren Prüfung auch den Bestimmungen von Nr. 1 und Nr. 2 genügt.

**3603 Prüfung von elektrischen Anlagen**

Abweichend von der Vereinbarung „Elektrische Anlagen" verzichtet der Versicherer, falls bei einer Prüfung gemäß Nr. 1 dieser Vereinbarung keine erheblichen Mängel festgestellt werden, auf die nächstfällige Prüfung.

**3604 Nichtanwendung von Sicherheitsvorschriften**

1. Auf Gebäude, die nur Wohn-, Büro- oder Sozialzwecken dienen, sind die Vereinbarung „Elektrische Anlagen" und die vereinbarten sonstigen Sicherheitsvorschriften nicht anzuwenden. Dies gilt nicht, wenn sich in den Gebäuden elektronische Datenverarbeitungsanlagen befinden.

2. Nr. 1 gilt entsprechend für einzelne Räume, die nur Wohn-, Büro- oder Sozialzwecken dienen und von den übrigen Teilen des Gebäudes feuerbeständig getrennt sind.

Dies gilt nicht, wenn sich in den Räumen elektronische Datenverarbeitungsanlagen befinden.

**3605 Vorübergehende Abweichung von Sicherheitsvorschriften**

Vorübergehende Abweichungen von Sicherheits- und Betriebsvorschriften bei Bau-, Umbau- und Reparaturarbeiten auf dem Versicherungsgrundstück gelten, soweit sie durch zwingende technische Gründe veranlaßt sind und bei ihrer Durchführung die gebotene erhöhte Sorgfalt beobachtet wird, nicht als Verstoß gegen § 7 AFB 87, und wenn derartige Abweichungen gleichzeitig eine Gefahrerhöhung darstellen, auch nicht als Verstoß gegen § 6 AFB 87. Abweichungen über die im Versicherungsvertrag vereinbarte Dauer hinaus gelten nicht mehr als vorübergehend.

**3606 Gefahrerhöhung – Versehensklausel**

1. Der Versicherungsnehmer wird sein Aufsichtspersonal zur laufenden Überwachung der Gefahrenverhältnisse auf dem Versicherungsgrundstück verpflichten und Gefahrerhöhungen nach § 6 AFB 87 unverzüglich anzeigen. Dies gilt auch für Gefahrerhöhungen, die sich aus der Änderung bestehender oder der Aufnahme neuer Betriebszweige ergeben. Um etwa versehentlich nicht angezeigte oder bisher nicht bekannt gewesene Gefahrerhöhungen nachträglich feststellen zu können, wird der Versicherungsnehmer das versicherte Wagnis halbjährlich prüfen.

2. Verletzt der Versicherungsnehmer seine Anzeigepflicht, so bleibt gleichwohl die Verpflichtung des Versicherers zur Leistung bestehen, wenn die Verletzung weder auf Vorsatz noch auf grober Fahrlässigkeit beruht. Bleibt seine Verpflichtung hiernach bestehen, so gebührt ihm rückwirkend vom Tage der Gefahrerhöhung an die etwa erforderliche höhere Prämie.

**3607 Betriebsstillegung**

1. Alle stillgelegten Maschinen und sämtliche Zubehörteile sind gründlich zu reinigen und einzufetten und nötigenfalls mit guten Schutzhüllen zu versehen. In diesem Zustand sind sie dauernd zu erhalten und daraufhin regelmäßig nachzuprüfen.

2. Mit Stillegung des Betriebes sind sämtliche Räume des Versicherungsorts gründlich zu kehren und zu reinigen. Kehricht und Abfälle sind unverzüglich auf gefahrlose Weise zu beseitigen, so daß sie die versicherten Sachen nicht gefährden.

3. Die Löscheinrichtungen müssen stets in gebrauchsfähigem Zustand erhalten werden. Beschädigte Schlösser, Türen oder Fenster sind unverzüglich wiederherzustellen.

4. Es muß für eine ständige Beaufsichtigung des Grundstücks durch eine zuverlässige Person gesorgt werden, die sämtliche Räume möglichst täglich, mindestens aber jeden zweiten Tag einmal zu begehen und die verschließbaren Räume nach jeder Revision wieder zu verschließen hat.

5. Die Rechtsfolgen von Verletzungen der Obliegenheiten gemäß Nr. 1 bis Nr. 4 ergeben sich aus §§ 6, 7 AFB 87.

**3608 Verzicht auf Ersatzansprüche**

Der Versicherungsschutz bleibt unberührt, wenn der Versicherungsnehmer vor Eintritt des Versicherungsfalls im Rahmen des Üblichen auf Ersatzansprüche für Brand- oder Explosionsschäden verzichtet hat.

**3609 (90) Elektrische Anlagen auf dem Lande**

1. Der Versicherungsnehmer hat die elektrischen Anlagen regelmäßig durch eine Elektrofachkraft prüfen und Mängel innerhalb einer von dieser Fachkraft bestimmten Frist beseitigen zu lassen.

2. Der Versicherungsnehmer hat auf Verlangen des Versicherers nachzuweisen, daß die Prüfung durchgeführt ist und die Mängel beseitigt sind.

**3610 (96) Brandschutzanlagen**

1. Die im Versicherungsvertrag bezeichneten Gebäude, Räume oder Einrichtungen sind mit einer ebenfalls im Versicherungsvertrag bezeichneten und vom Verband der Schadenversicherer e.V. –VdS– anerkannten Brandschutzanlage ausgestattet. Brandschutzanlagen sind insbesondere

a) Brandmeldeanlagen;

b) Brandmeldeanlagen mit erhöhter Zuverlässigkeit

c) Sprinkleranlagen;

d) Sprühwasser-Löschanlagen;

e) Löschanlagen mit gasförmigen Löschmitteln;

f) Schaum-Löschanlagen;

g) Pulver-Löschanlagen;

h) Rauch- und Wärmeabzugsanlagen;

i) Funkenerkennungs-, Funkenausscheidungs- und Funkenlöschanlagen.

2. Anlagen gemäß Nr. 1 a oder Nr. 1 h sind dem Versicherer durch ein Installationsattest angezeigt, das dem Mustervordruck des VdS entspricht. Anlagen gemäß Nr. 1 b bis Nr. 1 g und Nr. 1 i sind durch die Technische Prüfstelle des VdS abgenommen und dem Versicherer durch ein Abnahmezeugnis angezeigt.

3. Der Versicherungsnehmer hat auf seine Kosten

a) die baulichen und betrieblichen Gegebenheiten, von denen die Wirksamkeit der Anlage abhängt, stets in einem den Richtlinien des VdS entsprechenden Zustand zu erhalten;

b) die Anlage stets in gutem und funktionstüchtigem Zustand zu erhalten und zu betreiben sowie die Bedienungsanleitungen zu beachten;

c) bei Störungen der Anlage darauf zu achten, daß nur der defekte Anlageteil außer Betrieb genommen wird;

d) für die Dauer von Störungen oder Außerbetriebnahmen der Anlage geeignete Vorsichtsmaßnahmen zu treffen;

e) Störungen oder Außerbetriebnahmen von Anlagen gemäß Nr. 1 c bis Nr. 1 g und Nr. 1 i unverzüglich dem Versicherer anzuzeigen;

f) Störungen der Anlage unverzüglich durch eine vom VdS anerkannte Fachfirma beseitigen zu lassen, auch wenn die Anlage nur teilweise funktionsuntüchtig ist;

g) Änderungen an der Anlage nur durch eine vom VdS anerkannte Fachfirma vornehmen zu lassen;

h) ein Betriebsbuch (Kontrollbuch) nach VdS-Mustervordruck zu führen;

i) dem Versicherer auf dessen Kosten jederzeit die Überprüfung der Anlage durch den VdS zu gestatten.

4. Der Versicherungsnehmer hat ferner auf seine Kosten

a) Anlagen gemäß Nr. 1 a und Nr. 1 b vierteljährlich sowie Anlagen gemäß Nr. 1 h halbjährlich und außerdem nach jeder Änderung der Anlagen durch eine Fachkraft inspizieren und die dabei festgestellten Mängel unverzüglich durch eine vom VdS anerkannte Fachfirma beseitigen zu lassen; als Fachkraft für Brandmeldeanlagen gilt nur, wer aufgrund seiner Ausbildung, Kenntnisse und Erfahrungen sowie seiner Kenntnis der einschlägigen Bestimmungen die ihm übertragenen Arbeiten beurteilen und mögliche Gefahren erkennen kann;

b) Anlagen gemäß Nr. 1 a, 1 b und 1 h mindestens einmal jährlich durch eine vom VdS anerkannte Fachfirma warten zu lassen;

c) Anlagen gemäß Nr. 1 c mindestens einmal in jedem Kalenderhalbjahr, Anlagen gemäß Nr. 1 d bis Nr. 1 g und Nr. 1 i mindestens einmal in jedem Kalenderjahr sowie Anlagen gemäß Nr. 1 b mindestens alle drei Jahre durch die Technische Prüfstelle prüfen und etwaige Mängel unverzüglich abzustellen oder beseitigen zu lassen; die Erfüllung dieser Obliegenheiten ist dem Versicherer durch ein Prüfzeugnis nachzuweisen.

Bei Anlagen gemäß Nr. 1 c, für die ein Brandbekämpfungs-Rabatt von mindestens 40 % gewährt wird, kann auf die nächstfällige Prüfung verzichtet werden, wenn aufgrund der beiden unmittelbar vorausgegangenen Prüfungen der Brandbekämpfungs-Rabatt nicht gekürzt wurde. Dies gilt nicht, wenn Gesetze, Verordnungen oder behördliche Vorschriften halbjährliche Prüfungen vorschreiben.

5. Die Rechtsfolgen von Verletzungen der Obliegenheiten gemäß Nr. 3 und Nr. 4 ergeben sich aus §§ 6, 7 AFB 87.

6. Dauert eine gemäß Nr. 3 e anzuzeigende Störung oder Außerbetriebnahme länger als drei Tage, so hat der Versicherungsnehmer zeitanteilig einen für die betroffene Anlage gewährten Prämienrabatt, mindestens jedoch den vereinbarten Anteil der Jahresprämie für die betroffenen Positionen, nachzuentrichten. Dies gilt nicht, soweit der Versicherer in einem Versicherungsfall wegen dieser Störung oder Außerbetriebnahme gemäß Nr. 5 leistungsfrei geworden ist.

#### 3611 Überwachung von Anlagen zur Erzeugung von elektrischem Starkstrom

1. Der Versicherungsnehmer ist verpflichtet, die elektrische Starkstromanlage aufgrund der „Sicherheitsvorschriften für Starkstromanlagen bis 1000 Volt" im Laufe eines jeden Jahres mindestens einmal nachprüfen zu lassen und die gefundenen Mängel zu beseitigen.

2. Die Rechtsfolgen von Verletzungen der Obliegenheiten gemäß Nr. 1 ergeben sich aus §§ 6, 7 AFB 87.

#### 3612 Abweichung von Sicherheitsvorschriften

Abweichungen von Sicherheitsvorschriften, denen das Gewerbeaufsichtsamt oder die Berufsgenossenschaft schriftlich zugestimmt hat, beeinträchtigen die Entschädigungspflicht nicht.

### 3700 – Entschädigung (Versicherungssumme; Unterversicherung; Selbstbehalte; Entschädigungsgrenzen)

#### 3701 Summenausgleich in der landwirtschaftlichen Feuerversicherung

1. Für die im Versicherungsvertrag besonders bezeichneten Positionen ist Summenausgleich vereinbart.

2. Soweit die Versicherungssummen der einzelnen Positionen die dazugehörenden Versicherungswerte übersteigen, werden die überschießenden Summenanteile auf die anderen genannten Positionen aufgeteilt, bei denen Unterversicherung besteht und für die gleich hohe und niedrigere Prämiensätze vereinbart sind.

3. Für die Aufteilung ist das Verhältnis der Beträge maßgebend, um die die Versicherungswerte der einzelnen Positionen die Versicherungssummen übersteigen, und zwar ohne Rücksicht darauf, welche Positionen durch den Versicherungsfall betroffen sind.

4. Vom Summenausgleich ausgenommen sind Versicherungssummen auf Erstes Risiko (Erste Gefahr).

5. Sind für mehrere Grundstücke gesonderte Versicherungssummen vereinbart, so erfolgt der Summenausgleich nur zwischen den Positionen der einzelnen Grundstücke.

### 3800 – Verhaltens- und Wissenszurechnung; Vertretung

#### 3801 Anzeigen des Versicherungsnehmers zur Feuer- oder zur Feuer-Betriebsunterbrechungsversicherung

Bestehen eine Feuer- und eine Feuer-Betriebsunterbrechungsversicherung bei demselben Versicherer oder unter Führung desselben Versicherers, so gelten Anzeigen des Versicherungsnehmers jeweils für beide Versicherungen.

#### 3802 Gesetzliche Vertreter, Repräsentanten

1. Als gesetzliche Vertreter stehen dem Versicherungsnehmer gleich: bei

a) Aktiengesellschaften die Mitglieder – des Vorstands

b) Gesellschaften mit beschränkter Haftung – die Geschäftsführer

c) Kommanditgesellschaften – die Komplementäre

d) offene Handelsgesellschaften – die Gesellschafter

e) Einzelfirmen – die Inhaber

f) anderen Rechtsformen (z. B. Genossenschaften, Vereinen, juristische Personen des öffentlichen Rechts) – die nach den gesetzlichen Vorschriften berufenen Vertretungsorgane.

2. Repräsentanten sind solche Personen, die in dem Geschäftsbereich, zu dem das versicherte Risiko gehört, aufgrund eines Vertretungs- oder ähnlichen Verhältnisses anstelle des Versicherungsnehmers die Obhut über diese Sachen ausüben und befugt sind, selbständig für den Versicherungsnehmer in einem gewissen, nicht ganz unbedeutenden Umfang, zu handeln (Risikoverwaltung). Repräsentanten sind insbesondere der verantwortliche Betriebs-, Werks- oder Niederlassungsleiter.

### 3900 – Sonstiges

#### 3901 Kündigung nach einem Versicherungsfall

Das Kündigungsrecht gemäß § 19 Nr. 2 AFB 87 gilt für jeden zwischen den Parteien bestehenden Feuerversicherungsvertrag oder Feuer-Betriebsunterbrechungsversicherungs-Vertrag.

Anhang B 4

# Allgemeine Bedingungen für die Leitungswasserversicherung (AWB 87) – Fassung Januar 1995



## § 1 Versicherte Gefahren und Schäden

1. Der Versicherer leistet Entschädigung für versicherte Sachen, die durch Leitungswasser zerstört oder beschädigt werden.

2. Leitungswasser im Sinn dieser Bedingungen ist Wasser, das

a) aus den fest verlegten Zu- oder Ableitungsrohren der Wasserversorgung,

b) aus den sonstigen mit dem Rohrsystem fest verbundenen Einrichtungen der Wasserversorgung,

c) aus den Anlagen der Warmwasser- oder Dampfheizung bestimmungswidrig ausgetreten ist.

3. Die Versicherung von Gebäuden umfaßt auch

a) innerhalb des versicherten Gebäudes

aa) Frost- und sonstige Bruchschäden an den Zu- oder Ableitungsrohren der Wasserversorgung oder an Rohren der Warmwasser- oder Dampfheizung;

bb) Frostschäden an Badeeinrichtungen, Waschbecken, Spülklosetts, Wasserhähnen, Geruchsverschlüssen, Wassermessern, Heizkörpern, Heizkesseln oder Boilern oder an vergleichbaren Anlagen der Warmwasser- oder Dampfheizung oder an Sprinkler- oder Berieselungsanlagen;

b) außerhalb des versicherten Gebäudes Frost- und sonstige Bruchschäden an den Zuleitungsrohren der Wasserversorgung oder an Rohren der Warmwasser- oder Dampfheizung, soweit

aa) die Rohre der Versorgung des versicherten Gebäudes dienen und

bb) die Rohre sich innerhalb des Grundstücks befinden, auf dem das versicherte Gebäude steht, und außerdem

cc) die Reparaturkosten nicht durch das Versorgungsunternehmen zu tragen sind.

4. Der Versicherer leistet ferner Entschädigung für versicherte Sachen, die infolge eines Versicherungsfalles nach Nr. 1 bis Nr. 3

a) abhandenkommen oder

b) durch Niederreißen oder Ausräumen zerstört oder beschädigt werden.

5. Von der Versicherung ausgeschlossen sind ohne Rücksicht auf mitwirkende Ursachen Schäden durch

a) Wasserdampf;

b) Plansch- oder Reinigungswasser;

c) Wasser aus Sprinklern oder aus Düsen von Berieselungsanlagen;

d) Grundwasser, stehendes oder fließendes Gewässer, Hochwasser oder Witterungsniederschlag oder einen durch diese Ursachen hervorgerufenen Rückstau;

e) Schwamm;

f) Erdsenkung oder Erdrutsch, es sei denn, daß Leitungswasser (Nr. 2) die Erdsenkung oder den Erdrutsch verursacht hat;

g) Brand, Blitzschlag, Explosion, Anprall oder Absturz eines bemannten Flugkörpers, seiner Teile oder seiner Ladung, ferner durch Löschen, Niederreißen oder Ausräumen bei diesen Ereignissen.

Die Ausschlüsse gemäß a bis e gelten nicht für Schäden gemäß Nr. 3. Die Ausschlüsse gelten ferner nicht für Schäden gemäß Nr. 1, soweit sie Folgeschäden eines Schadens gemäß Nr. 3 sind.

6. Die Versicherung erstreckt sich ohne Rücksicht auf mitwirkende Ursachen außerdem nicht auf Schäden an versicherten Sachen und nicht auf versicherte Kosten, die durch Kriegsereignisse jeder Art, innere Unruhen, Erdbeben oder Kernenergie*) verursacht werden.

## § 2 Versicherte Sachen

1. Versichert sind die in dem Versicherungsvertrag bezeichneten

a) Gebäude und sonstige Grundstücksbestandteile;

b) bewegliche Sachen.

2. Gebäude sind mit ihren Bestandteilen und mit den Sachen gemäß § 1 Nr. 3 a, aber ohne sonstiges Zubehör versichert, soweit nicht etwas anderes vereinbart ist.

Nicht versichert sind Gebäude, die nicht bezugsfertig sind, und die in diesen Gebäuden befindlichen Sachen.

3. Bewegliche Sachen sind nur versichert, soweit der Versicherungsnehmer

a) Eigentümer ist;

b) sie unter Eigentumsvorbehalt erworben hat;

c) sie sicherungshalber übereignet hat und soweit für sie gemäß § 71 Abs. 1 Satz 2 VVG dem Erwerber ein Entschädigungsanspruch nicht zusteht.

*) Der Ersatz von Schäden durch Kernenergie richtet sich in der Bundesrepublik Deutschland nach dem Atomgesetz. Die Betreiber von Kernanlagen sind zur Deckungsvorsorge verpflichtet und schließen hierfür Haftpflichtversicherungen ab.

4. Über Nr. 3 hinaus ist fremdes Eigentum versichert, soweit es seiner Art nach zu den versicherten Sachen gehört und dem Versicherungsnehmer zur Bearbeitung, Benutzung oder Verwahrung oder zum Verkauf in Obhut gegeben wurde und soweit nicht der Versicherungsnehmer nachweislich, insbesondere mit dem Eigentümer, vereinbart hat, daß die fremden Sachen durch den Versicherungsnehmer nicht versichert zu werden brauchen.

5. Die Versicherung gemäß Nr. 3 b, Nr. 3 c und Nr. 4 gilt für Rechnung des Eigentümers und des Versicherungsnehmers. In den Fällen der Nr. 4 ist jedoch für die Höhe des Versicherungswertes, soweit nicht etwas anderes vereinbart ist, nur das Interesse des Eigentümers maßgebend.

6. Ist Versicherung der Betriebseinrichtung vereinbart, so fallen hierunter nicht

a) Bargeld;

b) Urkunden, wie z.B. Sparbücher und sonstige Wertpapiere;

c) Akten, Pläne, Geschäftsbücher, Karteien, Zeichnungen, Lochkarten, Magnetbänder, Magnetplatten und sonstige Datenträger;

d) Muster, Anschauungsmodelle, Prototypen und Ausstellungsstücke, ferner typengebundene, für die laufende Produktion nicht mehr benötigte Fertigungsvorrichtungen;

e) zulassungspflichtige Kraftfahrzeuge, Kraftfahrzeuganhänger und Zugmaschinen;

f) Automaten mit Geldeinwurf (einschließlich Geldwechsler) samt Inhalt sowie Geldausgabeautomaten, soweit nicht der Einschluß besonders vereinbart ist.

7. Ist Versicherung von Gebrauchsgegenständen der Betriebsangehörigen vereinbart, so sind nur Sachen versichert, die sich üblicherweise oder auf Verlangen des Arbeitgebers innerhalb des Versicherungsortes befinden. Bargeld, Wertpapiere und Kraftfahrzeuge sind nicht versichert.

Entschädigung wird nur geleistet, soweit Entschädigung nicht aus einem anderen Versicherungsvertrag beansprucht werden kann. Ist danach die Entschädigung oder eine Abschlagszahlung gemäß § 16 Nr. 1 nur deshalb noch nicht fällig, weil ohne Verschulden des Versicherungsnehmers oder des versicherten Betriebsangehörigen die Entschädigungspflicht aus dem anderen Versicherungsvertrag ganz oder teilweise noch nicht geklärt ist, so wird der Versicherer unter Vorbehalt der Rückforderung mit Zinsen 1 Prozent unter dem jeweiligen Diskontsatz der Deutschen Bundesbank, mindestens jedoch 4 Prozent und höchstens 6 Prozent pro Jahr, eine vorläufige Zahlung leisten.

## § 3 Versicherte Kosten

1. Der Versicherer ersetzt auch notwendige Aufwendungen für Nebenarbeiten nach Versicherungsfällen gemäß § 1 Nr. 3.

2. Aufwendungen, auch erfolglose, die der Versicherungsnehmer zur Abwendung oder Minderung des Schadens (§ 13 Nr. 1 c und 1 d) für geboten halten durfte, hat der Versicherer zu ersetzen. Der Ersatz dieser Aufwendungen und die Entschädigung für versicherte Sachen betragen zusammen höchstens die Versicherungssumme je vereinbarter Position; dies gilt jedoch nicht, soweit Maßnahmen auf Weisung des Versicherers erfolgt sind. Besteht Unterversicherung, so sind die Aufwendungen ohne Rücksicht auf Weisungen des Versicherers nur in demselben Verhältnis zu ersetzen wie der Schaden.

Aufwendungen für Leistungen der Feuerwehren oder anderer im öffentlichen Interesse zur Hilfeleistung Verpflichteter werden nicht ersetzt.

3. Für die Kosten der Ermittlung und Feststellung des Schadens gilt § 66 VVG.

4. Soweit dies vereinbart ist, ersetzt der Versicherer auch die infolge eines Versicherungsfalles notwendigen Aufwendungen

a) für das Aufräumen der Schadenstätte einschließlich des Abbruchs stehengebliebener Teile, für das Abfahren von Schutt und sonstigen Resten zum nächsten Ablagerungsplatz und für das Ablagern oder Vernichten (Aufräumungs- und Abbruchkosten);

b) die dadurch entstehen, daß zum Zweck der Wiederherstellung oder Wiederbeschaffung von Sachen, die durch vorliegenden Vertrag versichert sind, andere Sachen bewegt, verändert oder geschützt werden müssen (Bewegungs- und Schutzkosten);

Bewegungs- und Schutzkosten sind insbesondere Aufwendungen für De- oder Remontage von Maschinen, für Durchbruch, Abriß oder Wiederaufbau von Gebäudeteilen oder für das Erweitern von Öffnungen;

c) für die Wiederherstellung von Akten, Plänen, Geschäftsbüchern, Karteien, Zeichnungen, Lochkarten, Magnetbändern, Magnetplatten und sonstigen Datenträgern einschließlich des Neuwertes (§ 5 Nr. 2 a) der Datenträger;

soweit die Wiederherstellung nicht notwendig ist oder nicht innerhalb von zwei Jahren seit Eintritt des Versicherungsfalles sichergestellt wird, leistet der Versicherer Entschädigung nur in Höhe des gemäß § 5 Nr. 5 berechneten Wertes des Materials.

## § 4 Versicherungsort

1. Versicherungsschutz für bewegliche Sachen besteht nur innerhalb des Versicherungsortes.

Diese Beschränkung gilt nicht für Sachen, die infolge eines eingetretenen oder unmittelbar bevorstehenden Versicherungsfalles aus dem Versicherungsort entfernt und in zeitlichem und örtlichem Zusammenhang mit diesem Vorgang beschädigt oder zerstört werden oder abhandenkommen. Unberührt bleibt jedoch § 14 Nr. 1.

2. Versicherungsort sind die in dem Versicherungsvertrag bezeichneten Gebäude oder Räume von Gebäuden oder die als Versicherungsort bezeichneten Grundstücke.

Gebrauchsgegenstände von Betriebsangehörigen sind in deren Wohnräumen nicht versichert.

3. Nur in verschlossenen Räumen oder Behältnissen der im Versicherungsvertrag bezeichneten Art sind versichert

a) Bargeld;

b) Urkunden, z.B. Sparbücher und sonstige Wertpapiere;

c) Briefmarken;

d) Münzen und Medaillen;

e) unbearbeitete Edelmetalle sowie Sachen aus Edelmetall, ausgenommen Sachen, die dem Raumschmuck dienen;

f) Schmucksachen, Perlen und Edelsteine;

g) Sachen, für die dies besonders vereinbart ist.

Dies gilt, soweit nicht etwas anderes vereinbart ist, bei Versicherung von Juwelier-, Uhrmacher- und Bijouteriegeschäften nicht für Schmucksachen und Sachen aus Edelmetallen.

4. Registrierkassen, Rückgeldgeber und Automaten mit Geldeinwurf (einschließlich Geldwechsler) gelten nicht als Behältnisse im Sinn von Nr. 3.

Jedoch ist im Rahmen einer für Bargeld in Behältnissen gemäß Nr. 3 vereinbarten Versicherungssumme Bargeld auch in Registrierkassen versichert. Die Entschädigung ist auf 50 DM je Registrierkasse und außerdem auf 500 DM je Versicherungsfall begrenzt, soweit nicht andere Beträge vereinbart sind.

5. Bis zu der vereinbarten besonderen Versicherungssumme oder einer vereinbarten Entschädigungsgrenze ist Bargeld während der Geschäftszeit oder während vereinbarter sonstiger Zeiträume auch ohne Verschluß gemäß Nr. 3 versichert.

## § 5 Versicherungswert

1. Versicherungswert von Gebäuden ist

a) der Neuwert;

Neuwert ist der ortsübliche Neubauwert einschließlich Architektengebühren sowie sonstiger Konstruktions- und Planungskosten;

b) der Zeitwert, falls er weniger als 40 Prozent, bei landwirtschaftlichen Gebäuden weniger als 50 Prozent, des Neuwertes beträgt oder falls Versicherung nur zum Zeitwert vereinbart ist;

der Zeitwert ergibt sich aus dem Neuwert des Gebäudes durch einen Abzug entsprechend seinem insbesondere durch den Abnutzungsgrad bestimmten Zustand;

c) der gemeine Wert, falls das Gebäude zum Abbruch bestimmt oder sonst dauernd entwertet oder falls Versicherung nur zum gemeinen Wert vereinbart ist; eine dauernde Entwertung liegt insbesondere vor, wenn das Gebäude für seinen Zweck allgemein oder im Betrieb des Versicherungsnehmers nicht mehr zu verwenden ist;

gemeiner Wert ist der für den Versicherungsnehmer erzielbare Verkaufspreis für das Gebäude oder für das Altmaterial.

2. Versicherungswert der technischen und kaufmännischen Betriebseinrichtung und der Gebrauchsgegenstände von Betriebsangehörigen ist

a) der Neuwert;

Neuwert ist der Betrag, der aufzuwenden ist, um Sachen gleicher Art und Güte in neuwertigem Zustand wiederzubeschaffen oder sie neu herzustellen; maßgebend ist der niedrigere Betrag;

b) der Zeitwert, falls er weniger als 40 Prozent des Neuwertes beträgt oder falls Versicherung nur zum Zeitwert vereinbart ist;

der Zeitwert ergibt sich aus dem Neuwert der Sache durch einen Abzug entsprechend ihrem insbesondere durch den Abnutzungsgrad bestimmten Zustand;

c) der gemeine Wert, soweit die Sache für ihren Zweck allgemein oder im Betrieb des Versicherungsnehmers nicht mehr zu verwenden ist;

gemeiner Wert ist der für den Versicherungsnehmer erzielbare Verkaufspreis für die Sache oder für das Altmaterial.

3. Versicherungswert

a) von Waren, die der Versicherungsnehmer herstellt, auch soweit sie noch nicht fertiggestellt sind,

b) von Waren, mit denen der Versicherungsnehmer handelt,

c) von Rohstoffen und

d) von Naturerzeugnissen

ist der Betrag, der aufzuwenden ist, um Sachen gleicher Art und Güte wiederzubeschaffen oder sie neu herzustellen; maßgebend ist der niedrigere Betrag.

Der Versicherungswert ist begrenzt durch den erzielbaren Verkaufspreis, bei nicht fertiggestellten eigenen Erzeugnissen durch den erzielbaren Verkaufspreis der fertigen Erzeugnisse. § 55 VVG (Bereicherungsverbot) bleibt unberührt.

4. Versicherungswert von Wertpapieren ist

a) bei Wertpapieren mit amtlichem Kurs der mittlere Einheitskurs am Tag der jeweils letzten Notierung aller amtlichen Börsen der Bundesrepublik Deutschland;

b) bei Sparbüchern der Betrag des Guthabens;

c) bei sonstigen Wertpapieren der Marktpreis.

5. Versicherungswert von Grundstücksbestandteilen die nicht Gebäude sind, ist, soweit nicht etwas anderes vereinbart wurde, entweder der Zeitwert gemäß Nr. 2 b oder unter den dort genannten Voraussetzungen der gemeine Wert gemäß Nr. 2 c.

Dies gilt auch für Muster, Anschauungsmodelle, Prototypen und Ausstellungsstücke, ferner für typengebundene, für die laufende Produktion nicht mehr benötigte Fertigungsvorrichtungen sowie für alle sonstigen, in Nr. 2 bis Nr. 4 nicht genannten beweglichen Sachen.

## § 6 Gefahrumstände bei Vertragsabschluß und Gefahrerhöhung

1. Bei Abschluß des Vertrages hat der Versicherungsnehmer alle ihm bekannten Umstände, die für die Übernahme der Gefahr erheblich sind, dem Versicherer anzuzeigen. Bei schuldhafter Verletzung dieser Obliegenheit kann der Versicherer nach Maßgabe der §§ 16 bis 21 VVG vom Vertrag zurücktreten und leistungsfrei sein oder den Versicherungsvertrag nach § 22 VVG anfechten.

2. Nach Antragstellung darf der Versicherungsnehmer ohne Einwilligung des Versicherers keine Gefahrerhöhung vornehmen oder gestatten.

Der Versicherungsnehmer hat jede Gefahrerhöhung, die ihm bekannt wird, dem Versicherer unverzüglich anzuzeigen, und zwar auch dann, wenn sie ohne seinen Willen eintritt.

Im übrigen gelten die §§ 23 bis 30 VVG. Danach kann der Versicherer zur Kündigung berechtigt oder auch leistungsfrei sein.

3. Für vorschriftsmäßige Anlagen des Zivilschutzes und für Zivilschutzübungen gelten Nr. 2 und die §§ 23 bis 30 VVG nicht.

4. Die Aufnahme oder Veränderung eines Betriebes, gleich welcher Art und welchen Umfangs, ist dem Versicherer unverzüglich anzuzeigen.

Ist mit der Aufnahme oder Veränderung des Betriebes eine Gefahrerhöhung verbunden, so gelten die §§ 23 bis 30 VVG.

Der Versicherer hat von dem Tag der Aufnahme oder Veränderung des Betriebes an Anspruch auf die aus einem etwa erforderlichen höheren Prämiensatz errechnete Prämie. Dies gilt nicht, soweit der Versicherer in einem Versicherungsfall wegen Gefahrerhöhung leistungsfrei geworden ist.

5. Gefahrerhöhende Umstände werden durch Maßnahmen des Versicherungsnehmers oder durch sonstige gefahrmindernde Umstände ausgeglichen, insbesondere soweit diese mit dem Versicherer vereinbart wurden.

## § 7 Sicherheitsvorschriften

1. Der Versicherungsnehmer hat

a) alle gesetzlichen, behördlichen oder in dem Versicherungsvertrag vereinbarten Sicherheitsvorschriften zu beachten;

b) alle wasserführenden Anlagen stets in ordnungsgemäßem Zustand zu erhalten, Störungen, Mängel oder Schäden an diesen Anlagen unverzüglich beseitigen zu lassen und notwendige Neubeschaffungen oder Änderungen dieser Anlagen oder Maßnahmen gegen Frost unverzüglich durchzuführen;

c) während der kalten Jahreszeit alle Gebäude und Gebäudeteile genügend zu beheizen und genügend häufig zu kontrollieren oder dort alle wasserführenden Anlagen und Einrichtungen abzusperren, zu entleeren und entleert zu halten;

d) nicht benutzte Gebäude oder Gebäudeteile genügend häufig zu kontrollieren oder dort alle wasserführenden Anlagen und Einrichtungen abzusperren, zu entleeren und entleert zu halten;

e) in Räumen unter Erdgleiche aufbewahrte Sachen mindestens 12 cm oder mindestens eine vereinbarte andere Höhe über dem Fußboden zu lagern;

f) über Wertpapiere und sonstige Urkunden, über Sammlungen und über sonstige Sachen, für die dies besonders vereinbart ist, Verzeichnisse zu führen und diese so aufzubewahren, daß sie im Versicherungsfall voraussichtlich nicht gleichzeitig mit den versicherten Sachen zerstört oder beschädigt werden oder abhandenkommen können;

Abs. 1 gilt nicht für Wertpapiere und sonstige Urkunden sowie für Sammlungen, wenn der Wert dieser Sachen insgesamt 5.000 DM nicht übersteigt; Abs. 1 gilt ferner nicht für Briefmarken;

Abs. 1 und Abs. 2 gelten nicht für Banken und Sparkassen.

2. Verletzt der Versicherungsnehmer eine der Obliegenheiten gemäß Nr. 1 a bis 1 e, so ist der Versicherer nach Maßgabe des § 6 Abs. 1 und Abs. 2 VVG zur Kündigung berechtigt oder auch leistungsfrei. Eine Kündigung des Versicherers wird einen Monat nach Zugang wirksam. Leistungsfreiheit tritt nicht ein, wenn die Verletzung weder auf Vorsatz noch auf grober Fahrlässigkeit beruht.

Führt die Verletzung zu einer Gefahrerhöhung, so gelten die §§ 23 bis 30 VVG. Danach kann der Versicherer zur Kündigung berechtigt oder auch leistungsfrei sein.

3. Verletzt der Versicherungsnehmer die Bestimmung der Nr. 1f, so kann er Entschädigung für Sachen der dort genannten Art nur verlangen, soweit er das Vorhandensein, die Beschaffenheit und den Versicherungswert der Sachen auch ohne das Verzeichnis nachweisen kann.

## § 8 Prämie; Beginn und Ende der Haftung

1. Der Versicherungsnehmer hat die erste Prämie (Beitrag) bei Aushändigung des Versicherungsscheines oder im Fall des Vertragsabschlusses gemäß §§ 5 oder 5 a VVG nach Ablauf der Widerspruchsfrist zu zahlen, Folgeprämien am Ersten des Monats, in dem ein neues Versicherungsjahr beginnt. Die Folgen nicht rechtzeitiger Zahlung der ersten Prämie oder der ersten Rate der ersten Prämie ergeben sich aus § 38 VVG in Verbindung mit Nr. 3; im übrigen gelten §§ 39, 91 VVG. Der Versicherer ist bei Verzug berechtigt, Ersatz des Verzugsschadens nach § 286 BGB sowie Verzugszinsen nach § 288 BGB oder § 352 HGB zu fordern. Rückständige Folgeprämien dürfen nur innerhalb eines Jahres seit Ablauf der nach § 39 VVG für sie gesetzten Zahlungsfrist eingezogen werden.

2. Ist Ratenzahlung vereinbart, so gelten die ausstehenden Raten bis zu den vereinbarten Zahlungsterminen als gestundet.

Die gestundeten Raten des laufenden Versicherungsjahres werden sofort fällig, wenn der Versicherungsnehmer mit einer Rate ganz oder teilweise in Verzug gerät oder soweit eine Entschädigung fällig wird.

3. Die Haftung des Versicherers beginnt mit dem vereinbarten Zeitpunkt und zwar auch dann, wenn zur Prämienzahlung erst später aufgefordert, die Prämie aber unverzüglich gezahlt wird. Ist dem Versicherungsnehmer bei Antragstellung bekannt, daß ein Versicherungsfall bereits eingetreten ist so entfällt hierfür die Haftung.

4. Die Haftung endet mit dem vereinbarten Zeitpunkt. Versicherungsverträge von mindestens einjähriger Dauer verlängern sich jedoch von Jahr zu Jahr, wenn sie nicht spätestens drei Monate vor Ablauf schriftlich gekündigt werden. Ein Versicherungsverhältnis, das für eine Dauer von mehr als fünf Jahren eingegangen ist, kann zum Ende des fünften oder jedes darauf folgenden Jahres unter Einhaltung einer Frist von drei Monaten gekündigt werden.

5. Endet das Versicherungsverhältnis vor Ablauf der Vertragszeit oder wird es nach Beginn rückwirkend aufgehoben oder ist es von Anfang an nichtig, so gebührt dem Versicherer Prämie oder Geschäftsgebühr gemäß dem Versicherungsvertragsgesetz (z.B. §§ 40, 68).

Kündigt nach Eintritt eines Versicherungsfalles (§ 19 Nr. 2) der Versicherungsnehmer, so gebührt dem Versicherer die Prämie für das laufende Versicherungsjahr. Kündigt der Versicherer, so hat er die Prämie für das laufende Versicherungsjahr nach dem Verhältnis der noch nicht abgelaufenen zu der gesamten Zeit des Versicherungsjahres zurückzuzahlen.

## § 9 Mehrfache Versicherung; Überversicherung

1. Nimmt der Versicherungsnehmer für versicherte Sachen eine weitere Versicherung gegen eine der versicherten Gefahren, so hat er den anderen Versicherer und die Versicherungssumme dem Versicherer unverzüglich schriftlich mitzuteilen. Dies gilt nicht für Allgefahrenversicherungen.

Verletzt der Versicherungsnehmer die Obliegenheit gemäß Abs. 1, so ist der Versicherer nach Maßgabe des § 6 Abs. 1 VVG zur Kündigung berechtigt oder auch leistungsfrei. Eine Kündigung des Versicherers wird einen Monat nach Zugang wirksam. Die Leistungsfreiheit tritt nicht ein, wenn die Verletzung weder auf Vorsatz noch auf grober Fahrlässigkeit beruht oder wenn der Versicherer vor dem Versicherungsfall Kenntnis von der anderen Versicherung erlangt hat.

2. Ist ein Selbstbehalt vereinbart und besteht mehrfache Versicherung, so kann abweichend von § 59 Abs. 1 VVG als Entschädigung aus den mehreren Verträgen nicht mehr als der Schaden abzüglich des Selbstbehaltes verlangt werden.

3. Erlangt der Versicherungsnehmer oder der Versicherte aus anderen Versicherungsverträgen Entschädigung für denselben Schaden, so ermäßigt sich der Anspruch aus vorliegendem Vertrag in der Weise, daß die Entschädigung aus allen Verträgen insgesamt nicht höher ist, als wenn der Gesamtbetrag der Versicherungssummen, aus denen Prämie errechnet wurde, nur in dem vorliegenden Vertrag in Deckung gegeben worden wäre.

4. Wird wegen Überversicherung oder Doppelversicherung die Versicherungssumme vermindert, so ist von diesem Zeitpunkt an für die Höhe der Prämie der Betrag maßgebend, den der Versicherer berechnet haben würde, wenn der Vertrag von vornherein mit dem neuen Inhalt geschlossen worden wäre.

5. Übersteigt die Versicherungssumme den Wert der versicherten Sachen erheblich, so kann sowohl der Versicherungsnehmer als auch der Versicherer nach Maßgabe des § 51 VVG die Herabsetzung der Versicherungssumme und der Prämie verlangen.

6. Im Falle einer Doppelversicherung gelten §§ 59 und 60 VVG.

## § 10 Versicherung für fremde Rechnung

1. Soweit die Versicherung für fremde Rechnung genommen ist, kann der Versicherungsnehmer, auch wenn er nicht im Besitz des Versicherungsscheins ist, über die Rechte des Versicherten ohne dessen Zustimmung im eigenen Namen verfügen, insbesondere die Zahlung der Entschädigung verlangen und die Rechte des Versicherten übertragen. Der Versicherer kann jedoch vor Zahlung der Entschädigung den Nachweis verlangen, daß der Versicherte seine Zustimmung dazu erteilt hat.

2. Der Versicherte kann über seine Rechte nicht verfügen, selbst wenn er im Besitz des Versicherungsscheins ist. Er kann die Zahlung der Entschädigung nur mit Zustimmung des Versicherungsnehmers verlangen.

3. Soweit Kenntnis oder Verhalten des Versicherungsnehmers von rechtlicher Bedeutung ist, kommt auch Kenntnis oder Verhalten des Versicherten in Betracht. Im übrigen gilt § 79 VVG.

## § 11 Entschädigungsberechnung; Unterversicherung

1. Ersetzt werden

a) bei zerstörten oder infolge eines Versicherungsfalles abhandengekommenen Sachen der Versicherungswert (§ 5) unmittelbar vor Eintritt des Versicherungsfalles;

b) bei beschädigten Sachen die notwendigen Reparaturkosten zur Zeit des Eintritts des Versicherungsfalles zuzüglich einer durch den Versicherungsfall etwa entstandenen und durch die Reparatur nicht auszugleichenden Wertminderung, höchstens jedoch der Versicherungswert unmittelbar vor Eintritt des Versicherungsfalles; die Reparaturkosten werden gekürzt, soweit durch die Reparatur der Ver- sicherungswert der Sache gegenüber dem Versicherungswert unmittelbar vor Eintritt des Versicherungsfalles erhöht wird.

Restwerte werden angerechnet.

Behördliche Wiederherstellungsbeschränkungen bleiben unberücksichtigt.

2. Beträgt der Zeitwert eines gemäß § 5 Nr. 1 a zum Neuwert versicherten landwirtschaftlichen Gebäudes weniger als 80 Prozent, aber noch mindestens 50 Prozent des Neuwerts, so wird, soweit nicht etwas anderes vereinbart ist, die gemäß Nr. 1 a oder 1 b berechnete Entschädigung gekürzt. Sie beträgt bei einem Zeitwert

a) unter 80 Prozent bis 75 Prozent des Neuwerts 97,5 Prozent,

b) unter 75 Prozent bis 70 Prozent des Neuwerts 95 Prozent,

c) unter 70 Prozent bis 65 Prozent des Neuwerts 92,5 Prozent,

d) unter 65 Prozent bis 60 Prozent des Neuwerts 90 Prozent,

e) unter 60 Prozent bis 55 Prozent des Neuwerts 85 Prozent,

f) unter 55 Prozent bis 50 Prozent des Neuwerts 80 Prozent

des Betrages gemäß Nr. 1 a oder 1 b.

3. Für Kosten gemäß § 3 Nr. 4 oder für Betriebsunterbrechungsschäden leistet der Versicherer Entschädigung nur, soweit dies besonders vereinbart ist.

4. Ist die Versicherungssumme niedriger als der Versicherungswert unmittelbar vor Eintritt des Versicherungsfalles (Unterversicherung), so wird nur der Teil des gemäß Nr. 1 und Nr. 2 ermittelten Betrages ersetzt, der sich zu dem ganzen Betrag verhält wie die Versicherungssumme zu dem Versicherungswert.

Bei der Bruchteilversicherung tritt an die Stelle der Versicherungssumme der Betrag, aus dem der Bruchteil berechnet wurde.

Ist die Entschädigung für einen Teil der in einer Position versicherten Sachen auf bestimmte Beträge begrenzt (§ 12 Abs. 1 Nr. 2), so werden bei Ermittlung des Versicherungswertes der davon betroffenen Sachen höchstens diese Beträge berücksichtigt. Ergibt sich aus dem so ermittelten Versicherungswert eine Unterversicherung, so wird der Gesamtbetrag des Schadens entsprechend gekürzt; danach ist § 12 Abs. 1 Nr. 2 anzuwenden.

Ob Unterversicherung vorliegt, ist für jede vereinbarte Gruppe (Position) gesondert festzustellen.

5. Bei der Versicherung auf Erstes Risiko (Erste Gefahr) gelten § 56 VVG und die Bestimmungen über Unterversicherung (Nr. 4) nicht. Versicherung auf Erstes Risiko besteht

a) für Kosten gemäß § 3 Nr. 4;

b) soweit dies zu sonstigen Versicherungssummen besonders vereinbart ist.

6. Ist der Neuwert (§ 5 Nr. 1a und Nr. 2a) der Versicherungswert, so erwirbt der Versicherungsnehmer auf den Teil der Entschädigung, der den Zeitwertschaden (Abs. 2) übersteigt, einen Anspruch nur, soweit und sobald er innerhalb von drei Jahren nach Eintritt des Versicherungsfalles sichergestellt hat, daß er die Entschädigung verwenden wird, um

a) Gebäude in gleicher Art und Zweckbestimmung an der bisherigen Stelle wiederherzustellen; ist dies an der bisherigen Stelle rechtlich nicht möglich oder wirtschaftlich nicht zu vertreten, so genügt es, wenn das Gebäude an anderer Stelle innerhalb der Bundesrepublik Deutschland wiederhergestellt wird;

b) bewegliche Sachen oder Grundstücksbestandteile, die zerstört worden oder abhandengekommen sind, in gleicher Art und Güte und in neuwertigem Zustand wiederzubeschaffen; nach vorheriger Zustimmung des Versicherers genügt Wiederbeschaffung gebrauchter Sachen; anstelle von Kraft- oder Arbeitsmaschinen können Kraft- oder Arbeitsmaschinen beliebiger Art beschafft werden, wenn deren Betriebszweck derselbe ist;

c) bewegliche Sachen oder Grundstücksbestandteile, die beschädigt worden sind, wiederherzustellen.

Der Zeitwertschaden wird bei zerstörten oder abhandengekommenen Sachen gemäß § 5 Nr. 1 b, Nr. 2 b und Nr. 5 festgestellt. Bei beschädigten Sachen werden die Kosten einer Reparatur um den Betrag gekürzt, um den durch die Reparatur der Zeitwert der Sache gegenüber dem Zeitwert unmittelbar vor Eintritt des Versicherungsfalles erhöht würde.

7. Für Muster, Anschauungsmodelle, Prototypen und Ausstellungsstücke, ferner für typengebundene, für die laufende Produktion nicht mehr benötigte Fertigungsvorrichtungen (§ 5 Nr. 5 Abs. 2), erwirbt der Versicherungsnehmer auf den Teil der Entschädigung, der den gemeinen Wert (§ 5 Nr. 2 c) übersteigt, einen Anspruch nur, soweit für die Verwendung der Entschädigung die Voraussetzungen gemäß Nr. 6 b oder 6 c erfüllt sind und die Wiederherstellung notwendig ist.

## § 12 Entschädigungsgrenzen

Der Versicherer leistet Entschädigung je Versicherungsfall höchstens

1. bis zu der je Position vereinbarten Versicherungssumme;

2. bis zu den Entschädigungsgrenzen, die in § 4 Nr. 4 Abs. 2 Satz 2 vorgesehen oder zusätzlich vereinbart sind, z.B. für Schäden an Sachen in Räumen unter Erdgleiche.

Maßgebend ist der niedrigere Betrag.

## § 13 Obliegenheiten des Versicherungsnehmers im Versicherungsfall

1. Der Versicherungsnehmer hat bei Eintritt eines Versicherungsfalles

a) den Schaden dem Versicherer unverzüglich anzuzeigen, das Abhandenkommen versicherter Sachen auch der zuständigen Polizeidienststelle; gegenüber dem Versicherer gilt diese Anzeige noch als unverzüglich, wenn sie innerhalb von drei Tagen abgesandt wird;

bei Schäden über 10.000 DM sollte die Anzeige dem Versicherer gegenüber fernmündlich, fernschriftlich oder telegraphisch erfolgen;

b) der Polizeidienststelle unverzüglich ein Verzeichnis der abhandengekommenen Sachen einzureichen;

c) den Schaden nach Möglichkeit abzuwenden oder zu mindern und dabei die Weisungen des Versicherers zu befolgen; er hat, soweit die Umstände es gestatten, solche Weisungen einzuholen;

d) für zerstörte oder abhandengekommene Wertpapiere oder sonstige aufgebotsfähige Urkunden unverzüglich das Aufgebotsverfahren einzuleiten und etwaige sonstige Rechte zu wahren, insbesondere abhandengekommene Sparbücher und andere sperrfähige Urkunden unverzüglich sperren zu lassen;

e) dem Versicherer auf dessen Verlangen im Rahmen des Zumutbaren jede Untersuchung über Ursache und Höhe des Schadens und über den Umfang seiner Entschädigungspflicht zu gestatten, jede hierzu dienliche Auskunft – auf Verlangen schriftlich – zu erteilen und die erforderlichen Belege beizubringen, bei Gebäudeschäden auf Verlangen insbesondere einen beglaubigten Grundbuchauszug;

f) Veränderungen der Schadenstelle möglichst zu vermeiden, solange der Versicherer nicht zugestimmt hat;

g) dem Versicherer auf dessen Verlangen innerhalb einer angemessenen Frist von mindestens zwei Wochen ein von ihm unterschriebenes Verzeichnis aller abhandengekommenen, zerstörten oder beschädigten Sachen vorzulegen; soweit nicht Versicherung auf Erstes Risiko vereinbart ist, kann der Versicherer auch ein Verzeichnis aller unmittelbar vor Eintritt des Versicherungsfalles vorhandenen Sachen verlangen; in den Verzeichnissen ist der Versicherungswert der Sachen unmittelbar vor Eintritt des Versicherungsfalles anzugeben.

2. Verletzt der Versicherungsnehmer eine der vorstehenden Obliegenheiten, so ist der Versicherer nach Maßgabe des Versicherungsvertragsgesetzes (§§ 6 Abs. 3, 62 Abs. 2 VVG) von der Entschädigungspflicht frei. Dies gilt nicht, wenn nur die fernmündliche, fernschriftliche oder telegraphische Anzeige gemäß Nr. 1a unterbleibt.

Sind abhandengekommene Sachen der Polizeidienststelle nicht oder nicht rechtzeitig angezeigt worden, so kann der Versicherer nur für diese Sachen von der Entschädigungspflicht frei sein.

3. Hatte eine vorsätzliche Obliegenheitsverletzung Einfluß weder auf die Feststellung des Versicherungsfalles noch auf die Feststellung oder den Umfang der Entschädigung, so entfällt die Leistungsfreiheit gemäß Nr. 2, wenn die Verletzung nicht geeignet war, die Interessen des Versicherers ernsthaft zu beeinträchtigen, und wenn außerdem den Versicherungsnehmer kein erhebliches Verschulden trifft.

## § 14 Besondere Verwirkungsgründe

1. Führt der Versicherungsnehmer den Schaden vorsätzlich oder grob fahrlässig herbei, so ist der Versicherer von der Entschädigungspflicht frei.

2. Versucht der Versicherungsnehmer, den Versicherer arglistig über Tatsachen zu täuschen, die für den Grund oder für die Höhe der Entschädigung von Bedeutung sind, so ist der Versicherer von der Entschädigungspflicht frei.

Ist eine Täuschung gemäß Abs. 1 durch rechtskräftiges Strafurteil wegen Betruges oder Betrugsversuchs festgestellt, so gelten die Voraussetzungen von Abs. 1 als bewiesen.

3. Wird der Entschädigungsanspruch nicht innerhalb einer Frist von sechs Monaten gerichtlich geltend gemacht, nachdem der Versicherer ihn unter Angabe der mit dem Ablauf der Frist verbundenen Rechtsfolge schriftlich abgelehnt hat, so ist der Versicherer von der Entschädigungspflicht frei. Durch ein Sachverständigenverfahren (§ 15) wird der Ablauf der Frist für dessen Dauer gehemmt.

4. Die Bestimmung des § 12 Abs. 1 und 2 VVG bleibt unberührt.

## § 15 Sachverständigenverfahren

1. Versicherungsnehmer und Versicherer können nach Eintritt des Versicherungsfalles vereinbaren, daß die Höhe des Schadens durch Sachverständige festgestellt wird. Das Sachverständigenverfahren kann durch Vereinbarung auf sonstige tatsächliche Voraussetzungen des Entschädigungsanspruchs sowie der Höhe der Entschädigung ausgedehnt werden.

Der Versicherungsnehmer kann ein Sachverständigenverfahren auch durch einseitige Erklärung gegenüber dem Versicherer verlangen.

2. Für das Sachverständigenverfahren gilt:

a) Jede Partei benennt schriftlich einen Sachverständigen und kann dann die andere unter Angabe des von ihr benannten Sachverständigen schriftlich auffordern, den zweiten Sachverständigen zu benennen. Wird der zweite Sachverständige nicht binnen zwei Wochen nach Empfang der Aufforderung benannt, so kann ihn die auffordernde Partei durch das für den Schadenort zuständige Amtsgericht ernennen lassen. In der Aufforderung ist auf diese Folge hinzuweisen.

b) Beide Sachverständige benennen schriftlich vor Beginn des Feststellungsverfahrens einen dritten Sachverständigen als Obmann. Einigen sie sich nicht, so wird der Obmann auf Antrag einer Partei durch das für den Schadenort zuständige Amtsgericht ernannt.

c) Der Versicherer darf als Sachverständige keine Personen benennen, die Mitbewerber des Versicherungsnehmers sind oder mit diesem in Geschäftsverbindung stehen, ferner keine Personen, die bei Mitbewerbern oder Geschäftspartnern angestellt sind oder mit ihnen in einem ähnlichen Verhältnis stehen.

Dies gilt entsprechend für die Benennung eines Obmannes durch die Sachverständigen.

3. Die Feststellungen der Sachverständigen müssen enthalten

a) ein Verzeichnis der zerstörten, beschädigten und abhandengekommenen Sachen sowie deren Versicherungswert zum Zeitpunkt des Versicherungsfalles; in den Fällen von § 11 Nr. 6 ist auch der Zeitwert, in den Fällen von § 11 Nr. 7 auch der gemeine Wert anzugeben;

b) bei beschädigten Sachen die Beträge gemäß § 11 Nr. 1b;

c) alle sonstigen gemäß § 11 Nr. 1 maßgebenden Tatsachen, insbesondere die Restwerte der von dem Schaden betroffenen Sachen;

d) entstandene Kosten, die gemäß § 3 versichert sind.

4. Die Sachverständigen übermitteln beiden Parteien gleichzeitig ihre Feststellungen. Weichen die Feststellungen voneinander ab, so übergibt der Versicherer sie unverzüglich dem Obmann. Dieser entscheidet über die streitig gebliebenen Punkte innerhalb der durch die Feststellungen der Sachverständigen gezogenen Grenzen und übermittelt seine Entscheidung beiden Parteien gleichzeitig.

5. Jede Partei trägt die Kosten ihres Sachverständigen. Die Kosten des Obmannes tragen beide Parteien je zur Hälfte.

6. Die Feststellungen der Sachverständigen oder des Obmannes sind verbindlich, wenn nicht nachgewiesen wird, daß sie offenbar von der wirklichen Sachlage erheblich abweichen. Aufgrund dieser verbindlichen Feststellungen berechnet der Versicherer gemäß den §§ 11, 12 die Entschädigung.

7. Durch das Sachverständigenverfahren werden die Obliegenheiten des Versicherungsnehmers gemäß § 13 Nr. 1 nicht berührt.

## § 16 Zahlung der Entschädigung

1. Ist die Leistungspflicht des Versicherers dem Grunde und der Höhe nach festgestellt, so hat die Auszahlung der Entschädigung binnen zwei Wochen zu erfolgen. Jedoch kann einen Monat nach Anzeige des Schadens als Abschlagszahlung der Betrag beansprucht werden, der nach Lage der Sache mindestens zu zahlen ist.

2. Die Entschädigung ist seit Anzeige des Schadens mit 1 Prozent unter dem Diskontsatz der Deutschen Bundesbank zu verzinsen, mindestens jedoch mit 4 Prozent und höchstens mit 6 Prozent pro Jahr, soweit nicht aus anderen Gründen ein höherer Zins zu entrichten ist.

Die Verzinsung entfällt, soweit die Entschädigung innerhalb eines Monats seit Anzeige des Schadens gezahlt wird.

Zinsen werden erst fällig, wenn die Entschädigung fällig ist.

3. Der Lauf der Fristen gemäß Nr. 1 und Nr. 2 Abs. 1 ist gehemmt, solange infolge Verschuldens des Versicherungsnehmers die Entschädigung nicht ermittelt oder nicht gezahlt werden kann.

4. Bei Schäden an Gebäuden, an der technischen oder kaufmännischen Betriebseinrichtung oder an Gebrauchsgegenständen von Betriebsangehörigen ist für die Zahlung des über den Zeitwertschaden hinausgehenden Teils der Entschädigung der Zeitpunkt maßgebend, in dem der Versicherungsnehmer den Eintritt der Voraussetzungen von § 11 Nr. 6 dem Versicherer nachgewiesen hat.

Abs. 1 gilt entsprechend für die in § 11 Nr. 7 genannten Sachen, soweit die Entschädigung den gemeinen Wert übersteigt. Das gleiche gilt, soweit aufgrund einer sonstigen Vereinbarung ein Teil der Entschädigung von Voraussetzungen abhängt, die erst nach dem Versicherungsfall eintreten.

Zinsen für die Beträge gemäß Abs. 1 und Abs. 2 werden erst fällig, wenn die dort genannten zusätzlichen Voraussetzungen der Entschädigung festgestellt sind.

5. Der Versicherer kann die Zahlung aufschieben,

a) solange Zweifel an der Empfangsberechtigung des Versicherungsnehmers bestehen;

b) wenn gegen den Versicherungsnehmer oder einen seiner Repräsentanten aus Anlaß des Versicherungsfalles ein behördliches oder strafgerichtliches Verfahren aus Gründen eingeleitet worden ist, die auch für den Entschädigungsanspruch rechtserheblich sind, bis zum rechtskräftigen Abschluß dieses Verfahrens.

6. Die gesetzlichen Vorschriften über die Sicherung des Realkredits bleiben unberührt.

## § 17 Repräsentanten

Im Rahmen von §§ 6, 7, 9, 13 und 14 Nr. 1 und Nr. 2 stehen Repräsentanten dem Versicherungsnehmer gleich.

## § 18 Wiederherbeigeschaffte Sachen

1. Wird der Verbleib abhandengekommener Sachen ermittelt, so hat der Versicherungsnehmer dies dem Versicherer unverzüglich schriftlich anzuzeigen.

2. Hat der Versicherungsnehmer den Besitz einer abhandengekommenen Sache zurückerlangt, bevor die volle bedingungsgemäße Entschädigung für diese Sache gezahlt worden ist, so behält er den Anspruch auf die Entschädigung, falls er die Sache innerhalb von zwei Wochen dem Versicherer zur Verfügung stellt. Andernfalls ist eine für diese Sache gewährte Abschlagszahlung oder eine gemäß § 11 Nr. 6 oder Nr. 7 vorläufig auf den Zeitwertschaden oder auf den gemeinen Wert beschränkte Entschädigung zurückzuzahlen.

3. Hat der Versicherungsnehmer den Besitz einer abhandengekommenen Sache zurückerlangt, nachdem für diese Sache eine Entschädigung in voller Höhe ihres Versicherungswertes gezahlt worden ist, so hat der Versicherungsnehmer die Entschädigung zurückzuzahlen oder die Sache dem Versicherer zur Verfügung zu stellen. Der Versicherungsnehmer hat dieses Wahlrecht innerhalb von zwei Wochen nach Empfang einer schriftlichen Aufforderung des Versicherers auszuüben; nach fruchtlosem Ablauf dieser Frist geht das Wahlrecht auf den Versicherer über.

4. Hat der Versicherungsnehmer den Besitz einer abhandengekommenen Sache zurückerlangt, nachdem für diese Sache eine Entschädigung gezahlt worden ist, die bedingungsgemäß weniger als den Versicherungswert betragen hat, so kann der Versicherungsnehmer die Sache behalten und muß sodann die Entschädigung zurückzahlen. Erklärt er sich hierzu innerhalb von zwei Wochen nach Empfang einer schriftlichen Aufforderung des Versicherers nicht bereit, so hat der Versicherungsnehmer die Sache in Einvernehmen mit dem Versicherer öffentlich meistbietend verkaufen zu lassen. Von dem Erlös abzüglich der Verkaufskosten erhält der Versicherer den Anteil, welcher der von ihm geleisteten bedingungsgemäßen Entschädigung entspricht.

5. Dem Besitz einer zurückerlangten Sache steht es gleich, wenn der Versicherungsnehmer die Möglichkeit hat, sich den Besitz wieder zu verschaffen.

Ist ein Wertpapier in einem Aufgebotsverfahren für kraftlos erklärt worden, so hat der Versicherungsnehmer die gleichen Rechte und Pflichten, wie wenn er das Wertpapier zurückerlangt hätte. Jedoch kann der Versicherungsnehmer die Entschädigung behalten, soweit ihm durch Verzögerung fälliger Leistungen aus den Wertpapieren ein Zinsverlust entstanden ist.

6. Hat der Versicherungsnehmer dem Versicherer zurückerlangte Sachen zur Verfügung zu stellen, so hat er dem Versicherer den Besitz, das Eigentum und alle sonstigen Rechte zu übertragen, die ihm mit Bezug auf diese Sachen zustehen.

7. Sind wiederherbeigeschaffte Sachen beschädigt worden, so kann der Versicherungsnehmer Entschädigung gemäß § 11 Nr. 1b auch dann verlangen oder behalten, wenn die Sachen gemäß Nr. 2 bis Nr. 4 bei ihm verbleiben.

## § 19 Rechtsverhältnis nach dem Versicherungsfall

1. Die Versicherungssummen vermindern sich nicht dadurch, daß eine Entschädigung geleistet wird.

2. Nach dem Eintritt eines Versicherungsfalles kann der Versicherer oder der Versicherungsnehmer den Versicherungsvertrag kündigen.

Die Kündigung ist schriftlich zu erklären. Sie muß spätestens einen Monat nach Auszahlung der Entschädigung zugehen. Der Zahlung steht es gleich, wenn die Entschädigung aus Gründen abgelehnt wird, die den Eintritt des Versicherungsfalles unberührt lassen.

Die Kündigung wird einen Monat nach ihrem Zugang wirksam. Der Versicherungsnehmer kann bestimmen, daß seine Kündigung sofort oder zu einem anderen Zeitpunkt wirksam wird, jedoch spätestens zum Schluß des laufenden Versicherungsjahres.

## § 20 Schriftliche Form; Zurückweisung von Kündigungen

1. Anzeigen und Erklärungen bedürfen der Schriftform. Dies gilt nicht für die Anzeige eines Schadens gemäß § 13 Nr. 1 a.

2. Ist eine Kündigung des Versicherungsnehmers unwirksam, ohne daß dies auf Vorsatz oder grober Fahrlässigkeit beruht, so wird die Kündigung wirksam, falls der Versicherer sie nicht unverzüglich zurückweist.

## § 21 Agentenvollmacht

Ein Agent des Versicherers ist nur dann bevollmächtigt, Anzeigen und Erklärungen des Versicherungsnehmers entgegenzunehmen, wenn er den Versicherungsvertrag vermittelt hat oder laufend betreut.

### § 22 Gerichtsstand

Für Klagen aus dem Versicherungsverhältnis gelten die inländischen Gerichtsstände nach §§ 13, 17, 21, 29 ZPO und § 48 VVG.

### § 23 Schlußbestimmung

Soweit nicht in den Versicherungsbedingungen Abweichendes bestimmt ist, gelten die gesetzlichen Vorschriften. Dies gilt insbesondere für die im Anhang aufgeführten Gesetzesbestimmungen, die nach Maßgabe der Versicherungsbedingungen Inhalt des Versicherungsvertrages sind.

# Klauseln für die Leitungswasser-Versicherung

## 1000 – Gemeinsame Klauseln für die Feuer-, Einbruchdiebstahl- und Raub-, Leitungswasser- und Sturm-Versicherung

### 1100 – Versicherte Gefahren und Schäden

#### 1101 Schäden durch radioaktive Isotope

In die Versicherung sind Schäden an den versicherten Sachen eingeschlossen, die als Folge eines unter die Versicherung fallenden Schadenereignisses durch auf dem Versicherungsgrundstück betriebsbedingt vorhandene oder verwendete radioaktive Isotope entstehen, insbesondere Schäden durch Kontamination und Aktivierung. Dies gilt nicht für radioaktive Isotope von Kernreaktoren.

Kosten für Abbruch, Aufräumung, Abfuhr und Isolierung radioaktiv verseuchter Sachen infolge eines Versicherungsfalles nach Abs. 1 werden nur ersetzt, soweit dies besonders vereinbart ist und soweit die Maßnahmen gesetzlich geboten sind.

### 1200 – Versicherte Sachen

#### 1201 Ausschluß von fremdem Eigentum

Abweichend von den dem Vertrag zugrunde liegenden Allgemeinen Versicherungsbedingungen entfällt der Einschluß fremden Eigentums, das dem Versicherungsnehmer zur Bearbeitung, Benutzung oder Verwahrung oder zum Verkauf in Obhut gegeben wurde.

#### 1202 Fremdes Eigentum – weisungsgemäße Versicherung

Abweichend von den dem Vertrag zugrunde liegenden Allgemeinen Versicherungsbedingungen ist fremdes Eigentum nur mitversichert, soweit es seiner Art nach zu den versicherten Sachen gehört und dem Versicherungsnehmer zur Bearbeitung, Benutzung oder Verwahrung oder zum Verkauf oder zu sonstigen Zwecken in Obhut gegeben wurde, und soweit dieser gegenüber dem Eigentümer nachweislich zum Abschluß der Versicherung verpflichtet ist.

#### 1203 Ausstellungsware in fremdem Eigentum

Abweichend von den dem Vertrag zugrunde liegenden Allgemeinen Versicherungsbedingungen ist fremdes Eigentum auch versichert, soweit es seiner Art nach zu den versicherten Sachen gehört und dem Versicherungsnehmer zu sonstigen Zwecken in Obhut gegeben wurde. Dies gilt nicht, soweit der Versicherungsnehmer nachweislich, insbesondere mit dem Eigentümer vereinbart, daß die fremden Sachen durch den Versicherungsnehmer nicht versichert zu werden brauchen.

#### 1204 Pfandleihen

1. Der Versicherer leistet Entschädigung für Pfandsachen nur, soweit der Versicherungsnehmer dem Verpfänder Schadenersatz leisten muß oder soweit er seine Ansprüche auf Darlehensrückzahlung, Zinsen oder Lagerspesen verloren hat.

2. Versicherungswert und Grenze der Entschädigung ist der in einem Pfandbuch eingetragene Schätzwert der Pfandsachen. §§ 55, 87 Satz 2 VVG (Bereicherungsverbot) bleiben unberührt.

3. Der Versicherungsnehmer hat die Pfandbücher nach Geschäftsschluß so aufzubewahren, daß sie im Versicherungsfall voraussichtlich nicht gleichzeitig mit den Pfandsachen zerstört oder beschädigt werden oder abhandenkommen können.

4. Im übrigen gelten für Pfandsachen Vereinbarungen über die Versicherung fremden Eigentums nicht.

#### 1205 Bauunternehmer-Arbeitsgemeinschaften

1. Sachen, die im Eigentum einer Arbeitsgemeinschaft stehen oder deren Betrieb dienen und die unter die versicherten Positionen fallen, sind abweichend von den dem Vertrag zugrunde liegenden Allgemeinen Versicherungsbedingungen auch versichert, wenn sie sich nicht in der Obhut des Versicherungsnehmers befinden. Soweit nicht der Versicherungsnehmer die Sachen beigestellt hat, sind sie jedoch nur in Höhe der Beteiligung des Versicherungsnehmers an der Arbeitsgemeinschaft versichert. Sachen, die andere Teilhaber der Arbeitsgemeinschaft beigestellt haben, sind nicht versichert.

2. Sind Bargeld oder Urkunden auf Baustellen gegen Einbruchdiebstahl oder Raub versichert, so ermäßigt sich für Baustellen von Arbeitsgemeinschaften die vereinbarte Versicherungssumme im Verhältnis der Beteiligung des Versicherungsnehmers an der Arbeitsgemeinschaft.

#### 1206 Eingelagerte Hausratgegenstände

Soweit nicht etwas anderes vereinbart ist, sind von der Versicherung eingelagerter Hausratgegenstände ausgeschlossen

a) Bargeld;

b) Urkunden, z.B. Sparbücher und sonstige Wertpapiere;

c) Briefmarken;

d) Münzen und Medaillen;

e) unbearbeitete Edelmetalle sowie Sachen aus Edelmetallen, ausgenommen Sachen, die dem Raumschmuck dienen;

f) Schmucksachen, Perlen und Edelsteine;

g) Sammlungen.

#### 1207 Edelmetalle in Zahnpraxen und Zahnlabors

Abweichend von den dem Vertrag zugrunde liegenden Allgemeinen Versicherungsbedingungen sind bis zu der vereinbarten Entschädi-

gungsgrenze verarbeitete und unverarbeitete Edelmetalle in Zahnpraxen und Zahnlabors auch dann versichert, wenn sich die Sachen nicht in einem Behältnis befinden.

**1208 Geldausgabeautomaten**

Sind abweichend von den dem Vertrag zugrunde liegenden Allgemeinen Versicherungsbedingungen Geldausgabeautomaten versichert, so erstreckt sich die Versicherung nicht auf die elektronische Ausrüstung. Dies gilt jedoch nicht für Rückgeldgeber und Geldwechsler, die nur für den Einwurf und die Ausgabe von Münzen bestimmt sind.

## 1300 – Versicherte Kosten

**1301 Preisdifferenz-Versicherung**

1. Abweichend von den dem Vertrag zugrunde liegenden Allgemeiner Versicherungsbedingungen sind Erhöhungen des Schadenaufwands durch Mehrkosten infolge Preissteigerungen mitversichert.

2. Ersetzt werden bis zu der hierfür vereinbarten Versicherungssumme die tatsächlich entstandenen Mehrkosten durch Preissteigerungen zwischen dem Eintritt des Versicherungsfalles und der Wiederherstellung oder Wiederbeschaffung.

3. Wenn der Versicherungsnehmer die Wiederherstellung oder Wiederbeschaffung nicht unverzüglich veranlaßt, werden die Mehrkosten nur in dem Umfang ersetzt, in dem sie auch bei unverzüglicher Wiederherstellung oder Wiederbeschaffung entstanden wären.

4. Mehrkosten infolge von außergewöhnlichen Ereignissen, behördlichen Wiederaufbau- oder Betriebsbeschränkungen oder Kapitalmangel werden nicht ersetzt.

5. Ist der Zeitwert Versicherungswert, so werden auch die Mehrkosten nur im Verhältnis des Zeitwerts zum Neuwert ersetzt; dies gilt nicht bei beschädigten Sachen. Ist nach einer vertraglichen Wiederherstellungsvereinbarung nur der Zeitwertschaden zu erstatten, so werden die Mehrkosten nicht ersetzt.

6. Besteht Unterversicherung für eine vom Schaden betroffene Position, für welche die Mehrkosten durch Preissteigerungen nach Nr. 1 versichert sind, so wird der nach Nr. 2 bis Nr. 5 ermittelte Betrag nur anteilig ersetzt.

**1302 Sachverständigenkosten**

Übersteigt der entschädigungspflichtige Schaden den vereinbarten Betrag, so ersetzt der Versicherer bis zu der hierfür vereinbarten Versicherungssumme von den nach den dem Vertrag zugrunde liegenden Allgemeinen Versicherungsbedingungen durch den Versicherungsnehmer zu tragenden Kosten des Sachverständigenverfahrens den vereinbarten Anteil.

**1303 Erweiterte Bewegungs- und Schutzkostenversicherung**

Abweichend von den dem Vertrag zugrunde liegenden Allgemeinen Versicherungsbedingungen sind auch Bewegungs- und Schutzkosten versichert, die der Wiederherstellung oder Wiederbeschaffung von Sachen dienen, welche durch einen anderen Vertrag gegen dieselbe Gefahr versichert sind.

## 1400 – Versicherungsort

**1401 Freizügigkeit zwischen Versicherungsorten mit je einer Versicherungssumme**

1. Zwischen den Versicherungsorten besteht Freizügigkeit.

2. Dies gilt nicht für Versicherungssummen auf Erstes Risiko und nicht für Entschädigungsgrenzen.

**1402 Freizügigkeit zwischen Versicherungsorten mit gemeinsamer Versicherungssumme**

Sind Versicherungssummen auf Erstes Risiko oder Entschädigungsgrenzen als Vomhundertsätze der gemeinsamen Versicherungssumme vereinbart, so werden diese Versicherungssummen und Entschädigungsgrenzen je Versicherungsort aus einem Durchschnittsbetrag errechnet, der durch Teilung der gemeinsamen Versicherungssumme durch die Anzahl der Versicherungsorte zu ermitteln ist.

**1403 Abhängige Außenversicherung bei Heimarbeitern**

1. Sachen, die der Versicherungsnehmer Heimarbeitern übergibt, sind bis zu der hierfür vereinbarten besonderen Versicherungssumme auch in den Räumen der Heimarbeiter versichert.

2. § 56 VVG und die Bestimmungen über Unterversicherung in den dem Vertrag zugrunde liegenden Allgemeinen Versicherungsbedingungen gelten auch für die besondere Versicherungssumme gemäß Nr. 1.

3. Bei Berechnung einer Unterversicherung für die gesamte Position, zu der die Außenversicherung vereinbart ist, sind auch die gemäß Nr. 1 in den Räumen der Heimarbeiter versicherten Sachen zu berücksichtigen.

4. Nr. 2 und Nr. 3 sind nicht nebeneinander anzuwenden. Anzuwenden ist diejenige Bestimmung, die zu der niedrigeren Entschädigung führt.

5. Der Versicherungsnehmer hat über die in den Räumen der Heimarbeiter versicherten Sachen (Nr. 1) Verzeichnisse mit Wertangabe zu führen. Bei Sachen, die der Heimarbeiter herstellt oder verarbeitet, ist der Wert der bearbeiteten Erzeugnisse anzugeben. Verletzt der Versicherungsnehmer diese Obliegenheit, so kann er Entschädigung nur verlangen, soweit er das Vorhandensein, die Beschaffenheit und den Versicherungswert der Sachen auch ohne das Verzeichnis nachweisen kann.

6. Ein Verhalten der Heimarbeiter, das einen Schaden an den Sachen gemäß Nr. 1 verursacht, steht einem Verhalten des Versicherungsnehmers gleich.

**1404 Abhängige Außenversicherung**

1. Sachen, für die Außenversicherung vereinbart ist, sind bis zu der hierfür vereinbarten besonderen Versicherungssumme oder Entschädigungsgrenze auch außerhalb des Versicherungsorts versichert.

2. In der Einbruchdiebstahlversicherung bleibt die Gebäudegebundenheit gemäß § 1 AERB 87 unberührt.

3. In der Sturmversicherung gilt die Außenversicherung abweichend von § 4 Nr. 2 AStB 87 nur, wenn sich die Sachen in Gebäuden befinden.

4. Die Außenversicherung gilt, soweit nicht etwas anderes vereinbart ist, nur innerhalb der Bundesrepublik Deutschland.

5. Wenn nichts anderes vereinbart ist, wird Entschädigung nur geleistet, soweit Entschädigung nicht aus einem anderen Versicherungsvertrag beansprucht werden kann. Meldet der Versicherungsnehmer den Schaden zu diesem Vertrag, so wird dieser Versicherer auf jeden Fall in Vorleistung treten.

Ist danach die Entschädigung oder eine Abschlagszahlung gemäß § 16 Nr. 1 AFB 87, AERB 87, AWB 87, AStB 87 nur deshalb noch nicht fällig, weil ohne Verschulden des Versicherungsnehmers die Entschädigungspflicht aus dem anderen Versicherungsvertrag ganz oder teilweise noch nicht geklärt ist, so wird der Versicherer unter Vorbehalt der Rückforderung mit Zinsen 1 Prozent unter dem jewei-

ligen Diskontsatz der Deutschen Bundesbank, mindestens jedoch 4 Prozent und höchstens 6 Prozent pro Jahr, eine vorläufige Zahlung leisten.

6. Ist der Prämiensatz für die besondere Versicherungssumme gemäß Nr. 1 höher als für die Position, zu der die Außenversicherung vereinbart ist, so gilt § 11 Nr. 3 AFB 87, AERB 87 bzw. § 11 Nr. 4 AWB 87, AStB 87 (Unterversicherung) auch für diese besondere Versicherungssumme.

7. Bei Berechnung einer Unterversicherung für die Position, zu der die Außenversicherung vereinbart ist, sind auch die gemäß Nr. 1 außerhalb des Versicherungsorts versicherten Sachen zu berücksichtigen, jedoch nur bis zu der dort genannten Entschädigungsgrenze.

8. Nr. 6 und Nr. 7 sind nicht nebeneinander anzuwenden. Anzuwenden ist diejenige Bestimmung, die zu der niedrigeren Entschädigung führt.

**1405 Selbständige Außenversicherung**

1. Sind Sachen außerhalb des Versicherungsorts durch eine besondere Position versichert (selbständige Außenversicherung), so gilt, soweit nicht etwas anderes vereinbart ist, diese Versicherung nur innerhalb der Bundesrepublik Deutschland.

2. In der Einbruchdiebstahlversicherung bleibt die Gebäudegebundenheit gemäß § 1 AERB 87 unberührt.

3. In der Sturmversicherung gilt die Außenversicherung abweichend von § 4 Nr. 2 AStB 87 nur, wenn sich die Sachen in Gebäuden befinden.

4. Wenn nichts anderes vereinbart ist, wird Entschädigung nur geleistet, soweit Entschädigung nicht aus einem anderen Versicherungsvertrag beansprucht werden kann. Meldet der Versicherungsnehmer den Schaden zu diesem Vertrag, so wird dieser Versicherer auf jeden Fall in Vorleistung treten.

Ist danach die Entschädigung oder eine Abschlagszahlung gemäß § 16 Nr. 1 AFB 87, AERB 87, AWB 87, AStB 87 nur deshalb noch nicht fällig, weil ohne Verschulden des Versicherungsnehmers die Entschädigungspflicht aus dem anderen Versicherungsvertrag ganz oder teilweise noch nicht geklärt ist, so wird der Versicherer unter Vorbehalt der Rückforderung mit Zinsen 1 Prozent unter dem jeweiligen Diskontsatz der Deutschen Bundesbank, mindestens jedoch 4 Prozent und höchstens 6 Prozent pro Jahr, eine vorläufige Zahlung leisten.

## 1500 – Versicherungswert

**1501 Verkaufspreis für verkaufte lieferungsfertige eigene Erzeugnisse**

1. Soweit dies vereinbart wurde, ist Versicherungswert der vom Versicherungsnehmer ganz oder teilweise selbst hergestellten lieferungsfertigen Erzeugnisse, die verkauft, dem Käufer aber noch nicht übergeben sind, der vereinbarte Verkaufspreis abzüglich der durch Nichtlieferung ersparten Kosten. Satz 1 gilt nicht, soweit der Käufer die Abnahme verweigern kann.

2. Wenn der Versicherungsnehmer den Käufer trotz des Versicherungsfalls in Erfüllung des Kaufvertrages zum vereinbarten Preis beliefert, so werden für den Versicherungswert die dem Versicherungsnehmer entstehenden Kosten der Neuherstellung oder bei Ankauf auf dem Markt der Marktpreis zugrunde gelegt, beide berechnet auf den Zeitpunkt des Eintritts des Versicherungsfalls, jedoch mindestens der Verkaufspreis gemäß Nr. 1.

3. Ist nur ein Teil der Erzeugnisse einer bestimmten Gattung verkauft und war dieser Teil bei Eintritt des Versicherungsfalls noch nicht ausgesondert, so wird der Versicherungswert nur für diesen Teil der Gesamtmenge nach Nr. 1 und Nr. 2 ermittelt. Schäden an einem Teil der Gesamtmenge werden anteilig dem verkauften und dem nicht verkauften Teil der Gesamtmenge zugerechnet.

4. § 55 VVG (Bereicherungsverbot) bleibt unberührt.

**1502 Verkaufspreis für lieferungsfertige eigene Erzeugnisse**

1. Versicherungswert der vom Versicherungsnehmer ganz oder teilweise selbst hergestellten, lieferungsfertigen, aber noch nicht verkauften Erzeugnisse ist der erzielbare Verkaufspreis abzüglich der durch Nichtlieferung ersparten Kosten. Satz 1 gilt jedoch nur, soweit die Erzeugnisse ihrer Art nach bereits eingeführt und voll marktgängig sind.

2. Überpreise, die nur aufgrund besonderer Verbundenheit von Unternehmen erzielbar sind, bleiben unberücksichtigt.

**1503 Verkaufspreis bei Großhandelsbetrieben**

Versicherungswert von Großhandelsware, die verkauft, dem Käufer aber noch nicht übergeben ist, ist der vereinbarte Verkaufspreis abzüglich der durch Nichtlieferung ersparten Kosten, falls der Versicherungsnehmer Ware in gleicher Art und Güte weder aus unversehrt gebliebenen Beständen liefern noch auf dem Markt erhalten kann. Satz 1 gilt nicht, soweit der Käufer die Abnahme verweigern kann.

**1504 Verkaufspreis für Tabake**

1. Versicherungswert von Tabaken, die durch den Versicherungsnehmer verkauft, dem Käufer aber noch nicht übergeben sind, ist der vereinbarte Verkaufspreis abzüglich der durch Nichtlieferung ersparten Kosten. Satz 1 gilt nicht, soweit der Käufer die Abnahme verweigern kann. Bei Verkauf von Tabaken vor Beendigung der Fermentation werden Zusatzvereinbarungen im Kaufvertrag für den Versicherungswert berücksichtigt.

2. Ist nur ein Teil der im Versicherungsort vorhandenen Tabake verkauft und war dieser Teil bei Eintritt des Versicherungsfalls noch nicht ausgesondert, so wird der Versicherungswert nur für diesen Teil der Gesamtmenge nach Nr. 1 ermittelt. Schäden an einem Teil der Gesamtmenge werden anteilig dem verkauften und dem noch nicht verkauften Teil der Gesamtmenge zugerechnet.

3. § 55 VVG (Bereicherungsverbot) bleibt unberührt.

**1505 Biervorräte von Brauereien**

1. Wenn der Versicherungsnehmer wegen eines Versicherungsfalls Ersatz in gleicher Art und Güte für selbst hergestellte Biervorräte auf dem Markt beschaffen muß, um seine Kunden beliefern zu können, wird für den Versicherungswert der gesamten vom Schaden betroffenen und der gesamten vom Schaden nicht betroffenen Biervorräte der Einkaufspreis am Tag des Schadens zugrunde gelegt.

2. Soweit die Biervorräte bereits verkauft sind, gilt die Vereinbarung „Verkaufspreis für verkaufte lieferungsfertige eigene Erzeugnisse".

**1506 Malzvorräte von Brauereien**

Wenn der Versicherungsnehmer wegen eines Versicherungsfalls Ersatz in gleicher Art und Güte für selbst hergestellte Malzvorräte auf dem Markt beschaffen muß, um den ungestörten Weiterbetrieb seiner Brauerei zu ermöglichen, wird für den Versicherungswert der gesamten vom Schaden betroffenen und der gesamten vom Schaden nicht betroffenen Malzvorräte der Einkaufspreis am Tag des Schadens zugrunde gelegt.

**1507 Malzvorräte von Handelsmälzereien**

1. Wenn der Versicherungsnehmer wegen eines Versicherungsfalls Ersatz in gleicher Art und Güte für selbst hergestellte Malzvorräte auf dem Markt beschaffen muß, um seine Kunden beliefern zu können, wird für den Versicherungswert der gesamten vom Schaden betroffenen und der gesamten vom Schaden nicht betroffenen Malzvorräte der Einkaufspreis am Tag des Schadens zugrunde gelegt.

2. Soweit die Malzvorräte bereits verkauft sind, gilt die Vereinbarung „Versicherungswert für verkaufte lieferungsfertige eigene Erzeugnisse".

**1508 Kunstgegenstände**

1. Versicherungswert von Kunstgegenständen ist der Preis für das Anfertigen einer qualifizierten Kopie.

2. Für den Versicherungswert von Gebäuden sind Kunstgegenstände nur mit dem Preis für das Anfertigen qualifizierter Kopien zu berücksichtigen.

**1509 Steuer und Zoll als Teil des Versicherungswerts**

Steuer und Zoll werden für den Versicherungswert nur bei Vorräten berücksichtigt, die vor Eintritt des Versicherungsfalls versteuert oder verzollt waren oder für die wegen des Versicherungsfalls Steuer oder Zoll zu entrichten ist.

**1510 Versicherungssumme für Steuer und Zoll**

1. Versicherungswert der Position für Steuer und Zoll ist der volle Betrag, der für die unter einer besonders bezeichneten Position versicherten Vorräte bei ihrer Versteuerung oder Verzollung zu entrichten sein würde.

2. Entschädigung wird jedoch nur geleistet, soweit wegen des Versicherungsfalls Steuer oder Zoll zu entrichten ist.

**1511 Vorschätzungen**

1. Eine Schätzung versicherter Gebäude oder Maschinen durch einen Sachverständigen, dessen Gutachten zum Gegenstand des Versicherungsvertrages gemacht worden ist, gilt als Nachweis des Versicherungswertes nur bis zu dem vereinbarten Tag.

2. Bei Versicherungsfällen nach diesem Tag ist insbesondere zu prüfen, ob sich der Versicherungswert geändert hat durch

a) Zu- oder Abgänge von Gegenständen;

b) Veränderungen von Arbeitslöhnen oder Materialpreisen;

c) Alter oder Abnutzung;

d) sonstige Umstände, die nach den dem Vertrag zugrunde liegenden Allgemeinen Versicherungsbedingungen für den Versicherungswert von Bedeutung sind.

**1512 Video-Mietkassetten**

1. Versicherungswert für Video-Kassetten, die gewerbsmäßig vermietet werden, ist der Zeitwert.

2. Der Versicherungsnehmer hat über den jeweiligen Bestand an versicherten Video-Kassetten ein Gesamtverzeichnis zu führen.

3. Der Versicherungsnehmer hat außerdem die Anzahl der Vermiet-Vorgänge je Kassette in einem Verzeichnis festzuhalten.

4. Die Verzeichnisse sind so aufzubewahren, daß sie im Versicherungsfall voraussichtlich nicht gleichzeitig mit den Kassetten zerstört oder beschädigt werden oder abhandenkommen können.

5. Nr. 2 bis Nr. 4 sind Obliegenheiten im Sinne von § 7 AFB 87, AERB 87, AWB 87 und AStB 87.

## 1600 – Vorvertragliche Anzeige; Gefahrerhöhung; Obliegenheiten

**1601 Erweiterte Anerkennung**

1. Der Versicherer erkennt an, daß ihm alle Umstände bekannt geworden sind, die im Zeitpunkt der Antragstellung gegeben und für die Übernahme der Gefahr erheblich waren.

2. Dies gilt jedoch nicht für Umstände, die arglistig verschwiegen worden sind.

**1602 Büchereien**

1. Der Versicherungsnehmer hat für den jeweiligen Bestand der versicherten Bücher ein Gesamtverzeichnis zu führen.

2. Außerdem hat er je ein Verzeichnis der verliehenen und der geliehenen Bücher zu führen.

3. Die Verzeichnisse sind so aufzubewahren, daß sie im Versicherungsfall voraussichtlich nicht gleichzeitig mit den Büchern zerstört oder beschädigt werden oder abhandenkommen können.

**1603 Anzeige von Gefahrerhöhungen bei Bestehen einer Versicherungsabteilung**

Hat der Versicherungsnehmer eine Versicherungsabteilung eingerichtet, die Gewähr dafür bietet, daß vertragserhebliche Tatsachen regelmäßig erfaßt werden, so gilt die Anzeige von Gefahrerhöhungen als rechtzeitig, wenn sie unverzüglich erstattet wird, nachdem die Versicherungsabteilung des Versicherungsnehmers Kenntnis von der Erhöhung der Gefahr erlangt hat. Der Versicherungsnehmer hat dafür zu sorgen, daß die jeweils zuständigen Stellen des Betriebes die erforderlichen Meldungen an die Versicherungsabteilung unverzüglich erstatten.

## 1700 – Entschädigung (Versicherungssumme; Unterversicherung; Selbstbehalte; Entschädigungsgrenzen)

**1701 Summenanpassung für die Versicherung beweglicher Sachen**

1. Die Versicherungssumme für Positionen, zu denen dies besonders vereinbart ist, erhöht oder vermindert sich zur Anpassung an Wertänderungen der versicherten Sachen mit Beginn eines jeden Versicherungsjahres entsprechend dem Vomhundertsatz, um den sich der Index der Erzeugerpreise gewerblicher Produkte im vergangenen Kalenderjahr gegenüber dem davor liegenden Kalenderjahr verändert hat. Der Vomhundertsatz wird auf eine Stelle hinter dem Komma gerundet. Maßgebend ist der vom Statistischen Bundesamt jeweils für den Monat September festgestellte und veröffentlichte Index.

2. Die gemäß Nr. 1 berechnete Versicherungssumme wird auf volle 1000 DM aufgerundet. Die neue Versicherungssumme und die geänderte Prämie werden dem Versicherungsnehmer jeweils bekanntgegeben.

3. Die Versicherungssumme bleibt unverändert, wenn der gemäß Nr. 1 Satz 1 maßgebende Vomhundertsatz unter 3 liegt. Jedoch ist dann für die nächste Veränderung ein Vergleich zwischen dem ver-

gangenen Kalenderjahr und demjenigen Kalenderjahr maßgebend, das zuletzt für eine Summenänderung berücksichtigt wurde.

4. Die aus der Versicherungssumme gemäß Nr. 2 sich ergebende erhöhte Prämie darf die im Zeitpunkt der Erhöhung geltende Tarifprämie nicht übersteigen. Diese Grenze gilt jedoch nur, wenn sich die neue Tarifprämie auf eine unveränderte Gruppe versicherbarer Risiken bezieht.

5. Solange Anpassung der Versicherungssumme nach vorliegenden Bestimmungen vereinbart ist, erhöht sich vom Zeitpunkt dieser Vereinbarung an die jeweilige Versicherungssumme um einen Vorsorgebetrag von 5 Prozent.

6. § 56 VVG und die Bestimmungen über Unterversicherung in den dem Vertrag zugrunde liegenden Versicherungsbedingungen bleiben unberührt.

7. Innerhalb eines Monats nach Zugang der Mitteilung über die geänderte Versicherungssumme kann der Versicherungsnehmer durch schriftliche Erklärung die ihm mitgeteilte Veränderung rückwirkend aufheben. Will der Versicherungsnehmer zugleich die Erklärung gemäß Nr. 8 abgeben, so muß dies deutlich zum Ausdruck kommen.

8. Versicherungsnehmer und Versicherer können unter Einhaltung einer Frist von drei Monaten zum Ende des laufenden Versicherungsjahres durch schriftliche Erklärung verlangen, daß die Bestimmungen über die Summenanpassung für die Versicherung von beweglichen Sachen künftig nicht mehr anzuwenden sind.

9. Das Recht auf Herabsetzung der Versicherungssumme wegen erheblicher Überversicherung (§ 51 Abs. 1 VVG) bleibt unberührt.

**1702 Verzicht auf den Einwand der Unterversicherung**

1. § 56 VVG und die Bestimmungen über Unterversicherung in den dem Vertrag zugrunde liegenden Allgemeinen Versicherungsbedingungen sind nicht anzuwenden, wenn der Schaden 1 Prozent des Gesamtbetrages der Versicherungssummen nicht übersteigt und nicht mehr als den vereinbarten Betrag beträgt.

2. Der Unterversicherungsverzicht gilt nicht für Vorräte, für die Stichtagsversicherung vereinbart ist, und nicht für die Außenversicherung.

3. Versicherungssummen auf Erstes Risiko, für Vorräte, für die Stichtagsversicherung vereinbart ist, und für die Außenversiche- rung werden bei Feststellung des Gesamtbetrages der Versicherungssummen gemäß Nr. 1 nicht berücksichtigt.

**1703 Vorsorgeversicherungssumme**

1. Die Vorsorgeversicherungssumme verteilt sich auf die Versicherungssummen der Positionen, für die sie vereinbart ist und bei denen Unterversicherung besteht oder bei denen die Versicherungssumme wegen entstandener Aufwendungen für Abwendung oder Minderung des Schadens nicht ausreicht.

2. Für die Aufteilung ist das Verhältnis der Beträge maßgebend, um die die Versicherungswerte der einzelnen Positionen die Versicherungssummen übersteigen, und zwar ohne Rücksicht darauf, welche Positionen durch den Versicherungsfall betroffen sind.

**1704 Summenausgleich**

1. Soweit die Versicherungssummen der einzelnen Positionen die dazugehörenden Versicherungswerte übersteigen, werden die überschießenden Summenanteile auf diejenigen Positionen aufgeteilt, bei denen nach Aufteilung einer Vorsorgeversicherungssumme Unterversicherung besteht oder bei denen die Versicherungssumme wegen entstandener Aufwendungen für Abwendung oder Minderung des Schadens nicht ausreicht. Die Aufteilung findet nur zugunsten von Positionen statt, für die gleich hohe oder niedrigere Prämiensätze vereinbart sind.

2. Für die Aufteilung ist das Verhältnis der Beträge maßgebend, um die die Versicherungswerte der einzelnen Positionen die Versicherungssummen übersteigen, und zwar ohne Rücksicht darauf, welche Positionen durch den Versicherungsfall betroffen sind.

3. Bei Positionen, zu denen eine Wertzuschlagsklausel vereinbart ist, gilt als Versicherungssumme die Grundsumme zuzüglich des einfachen Wertzuschlags.

4. Vom Summenausgleich ausgenommen sind

a) Vorräte, für die Stichtagsversicherung vereinbart ist;

b) Versicherungssummen gemäß der Vereinbarung „Vorsorgeversicherung für Bestandserhöhungen";

c) Versicherungssummen auf Erstes Risiko (Erste Gefahr).

5. Sind für mehrere Grundstücke gesonderte Versicherungssummen vereinbart, so erfolgt der Summenausgleich nur zwischen den Positionen der einzelnen Grundstücke.

**1705 Stichtagsversicherung für Vorräte**

1. Entschädigungsgrenze für die versicherten Vorräte ist die vereinbarte Versicherungssumme.

2. Der Versicherungswert, den die versicherten Vorräte an dem vereinbarten Stichtag eines jeden Monats haben (Stichtagswert), ist dem Versicherer jeweils innerhalb von 10 Tagen oder innerhalb einer vereinbarten anderen Frist nach diesem Stichtag zu melden (Stichtagssumme).

Solange für einen Stichtag trotz Fristablaufs keine Meldung erfolgt ist, gilt auch für diesen Stichtag die zuletzt gemeldete Stichtagssumme. Geht bereits die erste Stichtagsmeldung dem Versicherer nicht rechtzeitig zu, so sind die Vorräte ab Fristablauf bis zum Eingang der Meldung nur mit der Hälfte der Versicherungssumme versichert.

3. Der Versicherungsnehmer hat eine infolge Schreib-, Rechen- oder Hörfehlers versehentlich falsch erstattete Meldung unverzüglich zu berichtigen. Ist inzwischen ein Versicherungsfall eingetreten, so hat er das Versehen nachzuweisen.

4. Ist die letzte vor Eintritt des Versicherungsfalls gemeldete Stichtagssumme niedriger als der Stichtagswert, für den die Stichtagssumme gemeldet wurde oder gemäß Nr. 2 Abs. 2 Satz 1 als gemeldet gilt, so wird nur der Betrag ersetzt, der sich zu dem ganzen Schaden verhält wie die gemeldete Stichtagssumme zum Stichtagswert.

5. Der Stichtagswert ist auch dann in voller Höhe zu melden, wenn er die Versicherungssumme übersteigt. Die Meldung gilt, wenn der Versicherungsnehmer nicht etwas anderes bestimmt hat, als Antrag auf Erhöhung der Versicherungssumme auf den gemeldeten Betrag ab Zugang der Meldung. Der Versicherungsnehmer ist an den Antrag zwei Wochen gebunden. Lehnt der Versicherer den Antrag nicht innerhalb dieser Frist ab, so gilt er als angenommen.

6. Soweit in den Fällen von Nr. 5 der Versicherungsnehmer erklärt, eine höhere Versicherungssumme werde nicht beantragt, oder soweit der Versicherer den Antrag abgelehnt hat, wird bei Versicherungsfällen bis zur nächsten Stichtagsmeldung nur der Betrag ersetzt, der sich zu dem ganzen Schaden verhält wie die Versicherungssumme zum Stichtagswert.

7. Neben Nr. 4 und Nr. 6 sind § 56 VVG und die Bestimmungen über Unterversicherung in den dem Vertrag zugrunde liegenden Allgemeinen Versicherungsbedingungen nicht anzuwenden.

8. Auf die Prämie ist eine Vorauszahlung aus der Hälfte der Versicherungssumme für das ganze Versicherungsjahr zu leisten. Die endgültige Prämie wird zum Ende des Versicherungsjahres aus dem Durchschnitt der gemeldeten Stichtagssummen und dem diesem Durchschnitt entsprechenden Prämiensatz berechnet; eine tarifliche Mindestprämie ist zu berücksichtigen. Soweit in den Fällen von Nr. 5 der Versicherungsnehmer erklärt, eine höhere Versicherungssumme werde nicht beantragt, oder soweit der Versicherer den Antrag ablehnt, bleibt der die Versicherungssumme übersteigende Teil der gemeldeten Stichtagssummen für die Prämie unberücksichtigt.

Ergibt sich während des Versicherungsjahres, daß die Vorauszahlung verbraucht ist, so kann der Versicherer eine weitere angemessene Vorauszahlung verlangen, jedoch nicht mehr als die Hälfte der ersten Vorauszahlung.

**1706 Stichtagsversicherung für Speditionsgüter**

1. Entschädigungsgrenze für die versicherten Speditionsgüter ist die vereinbarte Versicherungssumme.

2. Der Versicherungswert, den die versicherten Speditionsgüter an dem vereinbarten Stichtag eines jeden Monats haben (Stichtagswert), ist dem Versicherer jeweils innerhalb von 10 Tagen oder innerhalb einer vereinbarten anderen Frist nach diesem Stichtag zu melden (Stichtagssumme). Solange für einen Stichtag trotz Fristablaufs keine Meldung erfolgt ist, gilt auch für diesen Stichtag die zuletzt gemeldete Stichtagssumme. Geht bereits die erste Stichtagsmeldung dem Versicherer nicht rechtzeitig zu, so sind die Speditionsgüter ab Fristablauf bis zum Eingang der Meldung nur mit der Hälfte der Versicherungssumme versichert.

3. Der Versicherungsnehmer hat eine infolge Schreib-, Rechen- oder Hörfehlers versehentlich falsch erstattete Meldung unverzüglich zu berichtigen. Ist inzwischen ein Versicherungsfall eingetreten, so hat er das Versehen nachzuweisen.

4. Ist die letzte vor Eintritt des Versicherungsfalls gemeldete Stichtagssumme niedriger als der Stichtagswert, für den die Stichtagssumme gemeldet wurde oder gemäß Nr. 2 Abs. 2 Satz 1 als gemeldet gilt, so wird nur der Betrag ersetzt, der sich zu dem ganzen Schaden verhält wie die gemeldete Stichtagssumme zum Stichtagswert.

5. Der Stichtagswert ist auch dann in voller Höhe zu melden, wenn er die Versicherungssumme übersteigt. Die Meldung gilt, wenn der Versicherungsnehmer nicht etwas anderes bestimmt hat, als Antrag auf Erhöhung der Versicherungssumme auf den gemeldeten Betrag ab Zugang der Meldung. Der Versicherungsnehmer ist an den Antrag zwei Wochen gebunden. Lehnt der Versicherer den Antrag nicht innerhalb dieser Frist ab, so gilt er als angenommen.

6. Soweit in den Fällen von Nr. 5 der Versicherungsnehmer erklärt, eine höhere Versicherungssumme werde nicht beantragt, oder soweit der Versicherer den Antrag abgelehnt hat, wird bei Versicherungsfällen bis zur nächsten Stichtagsmeldung nur der Betrag ersetzt, der sich zu dem ganzen Schaden verhält wie die Versicherungssumme zum Stichtagswert.

7. Neben Nr. 4 und Nr. 6 sind § 56 VVG und die Bestimmungen über Unterversicherung in den dem Vertrag zugrunde liegenden Allgemeinen Versicherungsbedingungen nicht anzuwenden.

8. Auf die Prämie ist eine Vorauszahlung aus der Hälfte der Versicherungssumme für das ganze Versicherungsjahr zu leisten. Die endgültige Prämie wird zum Ende des Versicherungsjahres aus dem Durchschnitt der gemeldeten Stichtagssummen und dem diesem Durchschnitt entsprechenden Prämiensatz berechnet; eine tarifliche Mindestprämie ist zu berücksichtigen. Soweit in den Fällen von Nr. 5 der Versicherungsnehmer erklärt, eine höhere Versicherungssumme werde nicht beantragt, oder soweit der Versicherer den Antrag ablehnt, bleibt der die Versicherungssumme übersteigende Teil der gemeldeten Stichtagssummen für die Prämie unberücksichtigt.

Ergibt sich während des Versicherungsjahres, daß die Vorauszahlung verbraucht ist, so kann der Versicherer eine weitere angemessene Vorauszahlung verlangen, jedoch nicht mehr als die Hälfte der ersten Vorauszahlung.

**1707 (90) Wertzuschlag mit Einschluß von Bestandserhöhungen**

1. Die Versicherungssummen für Positionen, zu denen dies besonders vereinbart ist, werden gebildet aus den Werten der versicherten Sachen auf der Preisbasis des Jahres 1980 (Grundsumme) und den Wertzuschlägen für Preissteigerungen.

2. Der Versicherungsnehmer überprüft zu Beginn jedes Versicherungsjahres die Wertzuschläge. Veränderungen gelten rückwirkend vom Beginn des Versicherungsjahres an, wenn sie innerhalb der ersten drei Monate des Versicherungsjahres beantragt wurden. Solange kein Antrag gemäß Abs. 1 Satz 2 gestellt ist, gilt hilfsweise folgende Regelung: Die Wertzuschläge verändern sich ab Beginn jedes Versicherungsjahres um die Prozentpunkte, um die sich der Preisindex für gewerbliche Betriebsgebäude aus der Fachserie 17, Reihe 4, und der Index für gewerbliche Arbeitsmaschinen aus der Fachserie 17, Reihe 2, gegenüber dem Vorjahr verändert haben.

3. Soweit sie angewendet werden, sind für Nr. 2 die vom Statistischen Bundesamt vor Beginn des Versicherungsjahres zuletzt veröffentlichten Preisindizes maßgebend.

4. Nachversicherungen von Bestandserhöhungen gelten rückwirkend, wenn sie innerhalb von drei Monaten beantragt wurden.

5. Der Versicherer haftet bis zur Grundsumme zuzüglich doppeltem Wertzuschlag, sofern der Gesamtbetrag aus Grundsumme und Wertzuschlag bei Beginn des Versicherungsjahres ausreichend war und Bestandserhöhungen rechtzeitig ausreichend nachversichert worden sind. Grundsumme und Wertzuschlag gelten als richtig bemessen, wenn sie durch eine dem Versicherer eingereichte Schätzung eines Sachverständigen festgesetzt worden sind.

Falls diese Voraussetzungen nicht erfüllt sind, haftet der Versicherer für den Schaden nur im Verhältnis der Versicherungssumme im Zeitpunkt ihrer gemäß Nr. 2 und Nr. 4 letztmalig erforderlichen Festsetzung zum Versicherungswert am gleichen Tag.

6. Die Vertragsparteien können die vorstehenden Vereinbarungen durch Kündigung mit sechswöchiger Frist außer Kraft setzen.

**1708 (90) Wertzuschlag ohne Einschluß von Bestandserhöhungen**

1. Die Versicherungssummen für Positionen, zu denen dies besonders vereinbart ist, werden gebildet aus den Werten der versicherten Sachen auf der Preisbasis des Jahres 1980 (Grundsumme) und den Wertzuschlägen für Preissteigerungen.

2. Der Versicherungsnehmer überprüft zu Beginn jedes Versicherungsjahres die Wertzuschläge. Veränderungen gelten rückwirkend vom Beginn des Versicherungsjahres an, wenn sie innerhalb der ersten drei Monate des Versicherungsjahres beantragt wurden.

Solange kein Antrag gemäß Abs. 1 Satz 2 gestellt ist, gilt hilfsweise folgende Regelung:

Die Wertzuschläge verändern sich ab Beginn jedes Versicherungsjahres um die Prozentpunkte, um die sich der Preisindex für gewerbliche Betriebsgebäude aus der Fachserie 17, Reihe 4, und der Index für gewerbliche Arbeitsmaschinen aus der Fachserie 17, Reihe 2, gegenüber dem Vorjahr verändert haben.

3. Soweit sie angewendet werden, sind für Nr. 2 die vom Statistischen Bundesamt vor Beginn des Versicherungsjahres zuletzt veröffentlichten Preisindizes maßgebend.

4. Der Versicherer haftet bis zur Grundsumme zuzüglich doppeltem Wertzuschlag, sofern der Gesamtbetrag aus Grundsumme und Wertzuschlag bei Beginn des Versicherungsjahres ausreichend war.

Grundsumme und Wertzuschlag gelten als richtig bemessen, wenn sie durch eine dem Versicherer eingereichte Schätzung eines Sachverständigen festgesetzt worden sind.

Falls diese Voraussetzungen nicht erfüllt sind, haftet der Versicherer für den Schaden nur im Verhältnis der Versicherungssumme im Zeitpunkt ihrer gemäß Nr. 2 letztmalig erforderlichen Festsetzung zum Versicherungswert am gleichen Tag.

5. Die Vertragsparteien können die vorstehenden Vereinbarungen durch Kündigung mit sechswöchiger Frist außer Kraft setzen.

**1709 (90) Vorsorgeversicherung für Bestandserhöhungen**

1. Bestandserhöhungen des laufenden Versicherungsjahres, die nicht durch Nachtrag in die Versicherungssumme übernommen worden sind, sind im Rahmen der Vorsorge-Positionen des Versicherungsvertrages unter der Voraussetzung versichert, daß

a) die Vereinbarung „Wertzuschlag ohne Einschluß von Bestandserhöhungen" getroffen ist und

b) das Versicherungsjahr dem Geschäftsjahr entspricht.

2. Die Versicherungssummen für Positionen, zu denen dies besonders vereinbart ist, erhöhen sich ohne besonderen Antrag jeweils mit Beginn des nächsten Versicherungsjahres vorübergehend um den entsprechenden Betrag der Vorsorgeversicherungssumme. Die Erhöhungen sind sobald als möglich durch die festgestellten endgültigen Summen zu ersetzen.

3. Für die Umrechnung der in die Positionen gemäß Nr. 2 Satz 1 zu übernehmenden Vorsorgeversicherungssummen auf den Wert 1980 ist der Index des Anschaffungsjahres maßgebend.

4. Die Vorsorgeversicherung bleibt, soweit nicht der Versicherungsnehmer eine Änderung beantragt, in der bisherigen Höhe bestehen und gilt jeweils für die Bestandszugänge des nächsten Jahres.

5. Für diese Vorsorgeversicherung wird eine Vorauszahlung in Höhe eines Drittels der Jahresprämie aus den Vorsorgeversicherungssummen erhoben. In der Schlußabrechnung wird die halbe Jahresprämie aus den im abgelaufenen Jahr in Anspruch genommenen Teilen der Vorsorgeversicherungssumme berechnet. Die so ermittelte Differenz ist nachzuentrichten oder zurückzugewähren.

6. Mit der Erhöhung der Positionen gemäß Nr. 2 Satz 1 ist die Jahresprämie für die hinzutretenden Versicherungssummen fällig. Abschließend abgerechnet wird die Jahresprämie bei Aufgabe der endgültigen Versicherungssumme.

**1710 Briefmarken- und Münzenhandel**

1. Für Briefmarken, Postkarten, Briefumschläge, Münzen und Notgeld ist die Entschädigung auf den vereinbarten Betrag je Stück begrenzt.

2. Für einen Minderwert von Sammlungen oder Serien durch Verlust einzelner Stücke wird kein Ersatz geleistet.

3. Der Versicherungsnehmer hat über den jeweiligen Bestand der Sachen Verzeichnisse zu führen. Nach Geschäftsschluß sind die Verzeichnisse so aufzubewahren, daß sie voraussichtlich nicht gleichzeitig mit den Sachen zerstört oder beschädigt werden oder abhandenkommen können.

**1711 Manuskripte bei Verlagen und Druckereien**

1. Für Manuskripte leistet der Versicherer Entschädigung in Höhe des Betrages, den der Versicherungsnehmer einem Vertragspartner, insbesondere dem Autor, nach den gesetzlichen Bestimmungen als Schadenersatz zahlen muß oder zahlen müßte, wenn er den Eintritt des Versicherungsfalls zu vertreten hätte. Vertragliche Sonderabreden bleiben unberücksichtigt.

2. Der Versicherer leistet Entschädigung auch für den Betrag, den der Versicherungsnehmer dem Vertragspartner für das Manuskript gezahlt hat. Die Entschädigung darf jedoch nicht zu einer Bereicherung des Versicherungsnehmers führen; sie kann sich insbesondere vermindern, wenn das Manuskript nur teilweise verloren ist oder wenn die Drucklegung bereits begonnen hatte oder wenn die Wiederherstellung weniger als den Betrag gemäß Satz 1 erfordert.

**1712 Krankenkassen-Rezepte und Krankenscheine**

1. Für Krankenkassen-Rezepte und Krankenscheine leistet der Versicherer bis zu der hierfür vereinbarten Versicherungssumme Entschädigung in Höhe des Ausfalls, den der Versicherungsnehmer infolge des Versicherungsfalls bei der nächsten Abrechnung mit der Krankenkasse erleidet.

2. Soweit der Versicherungsnehmer die Anzahl und den Abrechnungswert der durch den Versicherungsfall zerstörten oder abhandengekommenen Rezepte nicht nachweisen kann, sind die Durchschnittswerte während der letzten 24 Monate vor Eintritt des Versicherungsfalls maßgebend.

**1713 Selbstbehalt bei gekürzter Versicherungssumme**

1. Die Versicherungssumme der im Versicherungsvertrag besonders gekennzeichneten Positionen ist um den vereinbarten Selbstbehalt gekürzt.

2. Bei Berechnung einer Unterversicherung ist die ungekürzte Versicherungssumme zugrunde zu legen.

3. Der bedingungsgemäß als entschädigungspflichtig errechnete Betrag einschließlich Aufwendungsersatz gemäß § 63 VVG und Ersatz für sonstige versicherte Kosten wird je Versicherungsfall um den vereinbarten Selbstbehalt gekürzt.

**1714 Selbstbehalt bei ungekürzter Versicherungssumme**

Der bedingungsgemäß als entschädigungspflichtig errechnete Betrag einschließlich Aufwendungsersatz gemäß § 63 VVG und Ersatz für sonstige versicherte Kosten wird je Versicherungsfall um den vereinbarten Selbstbehalt gekürzt.

**1715 Stichtagsversicherung und Sicherungsübereignung**

1. Für den dem Kreditinstitut sicherungshalber übereigneten Teil der gemäß (Sammel-) Versicherungsschein versicherten Vorräte wird eine im Vertrag besonders aufgeführte Versicherungssumme für die vereinbarte Zeit festgesetzt.

2. Will der Versicherungsnehmer für die in Nr. 1 genannte Versicherung die Versicherungssumme vermindern oder will er diese Versicherung aufheben oder bei Ablauf nicht fortsetzen, so bedarf es hierzu der schriftlichen Einwilligung des Kreditinstitutes, für das der Versicherer einen Sicherungsschein erteilt hat.

Die Einwilligung muß bei dem Versicherer spätestens einen Monat vor dem Zeitpunkt eingegangen sein, in dem die Vertragsänderung oder der Vertragsablauf wirksam werden soll.

3. Im Versicherungsfall ist zunächst der Entschädigungsbetrag für den dem Kreditinstitut sicherungshalber übereigneten Teil der Vorrä-

te unter Berücksichtigung der hierfür gemäß Nr. 1 festgesetzten besonderen Versicherungssumme zu ermitteln. Die Entschädigung gemäß Abs. 1 ist in voller Höhe auf den Betrag der Entschädigung anzurechnen, die für die Gesamtheit der Vorräte festgestellt wird.

4. Bleibt die in Nr. 2 der Vereinbarung „Stichtagsversicherung für Vorräte" genannte Stichtagssumme unter der in vorliegendem Vertrag besonders festgesetzten Versicherungssumme, so tritt für diese Vorräte die besondere Versicherungssumme an die Stelle der Stichtagssumme.

#### 1716 Wiederherstellung und Wiederbeschaffung

1. Bei Schäden an den im Versicherungsvertrag besonders bezeichneten Sachen erwirbt der Versicherungsnehmer einen Anspruch über zwei Drittel des bedingungsgemäß als entschädigungspflichtig errechneten Betrages hinaus nur, soweit und sobald er innerhalb von drei Jahren nach Eintritt des Versicherungsfalls sichergestellt hat, daß er die Entschädigung verwenden wird, um

a) Gebäude in gleicher Art und Zweckbestimmung an der bisherigen Stelle wiederherzustellen; ist dies an der bisherigen Stelle rechtlich nicht möglich oder wirtschaftlich nicht zu vertreten, so genügt es, wenn das Gebäude an anderer Stelle innerhalb der Bundesrepublik Deutschland wiederhergestellt wird;

b) bewegliche Sachen, die zerstört worden oder abhandengekommen sind, in gleicher Art und Güte in neuwertigem Zustand wiederzubeschaffen; nach vorheriger Zustimmung des Versicherers genügt Wiederbeschaffung gebrauchter Sachen; anstelle von Kraft- oder Arbeitsmaschinen können Kraft- oder Arbeitsmaschinen beliebiger Art beschafft werden, wenn deren Betriebszweck derselbe ist;

c) bewegliche Sachen oder Grundstücksbestandteile, die beschädigt worden sind, wiederherzustellen.

2. Die Vorschriften über die Sicherung des Realkredits bleiben unberührt.

### 1800 – Verhaltens- und Wissenszurechnung; Vertretung

#### 1801 Führung

Der führende Versicherer ist bevollmächtigt, Anzeigen und Willenserklärungen des Versicherungsnehmers für alle beteiligten Versicherer entgegenzunehmen.

#### 1802 Prozeßführung

Soweit die vertraglichen Grundlagen für die beteiligten Versicherer die gleichen sind, ist folgendes vereinbart:

1. Der Versicherungsnehmer wird bei Streitfällen aus diesem Vertrag seine Ansprüche nur gegen den führenden Versicherer und nur wegen dessen Anteil gerichtlich geltend machen.

2. Die beteiligten Versicherer erkennen die gegen den führenden Versicherer rechtskräftig gewordene Entscheidung sowie die von diesem mit dem Versicherungsnehmer nach Rechtshängigkeit geschlossenen Vergleiche als auch für sich verbindlich an.

3. Falls der Anteil des führenden Versicherers die Berufungs- oder Revisionssumme nicht erreicht, ist der Versicherungsnehmer berechtigt und auf Verlangen des führenden oder eines mitbeteiligten Versicherers verpflichtet, die Klage auf einen zweiten, erforderlichenfalls auf weitere Versicherer auszudehnen, bis diese Summe erreicht ist. Wird diesem Verlangen nicht entsprochen, so gilt Nr. 2 nicht.

#### 1803 Makler

Der den Versicherungsvertrag betreuende Makler ist bevollmächtigt, Anzeigen und Willenserklärungen des Versicherungsnehmers entgegenzunehmen. Er ist durch den Maklervertrag verpflichtet, diese unverzüglich an den Versicherer weiterzuleiten.

### 1900 – Sonstiges

#### 1901 Abschlagszahlung

Der Versicherungsnehmer kann verlangen, daß eine Abschlagszahlung in Höhe des Betrages, der nach Lage der Sache mindestens zu zahlen ist, abweichend von § 11 Abs. 2 VVG und von den dem Vertrag zugrunde liegenden Allgemeinen Versicherungsbedingungen schon drei Wochen nach Anzeige des Versicherungsfalls erfolgt.

#### 1902 Vertragsbeendigung bei Kündigung des Versicherers nach einem Versicherungsfall

Bei einer Kündigung des Versicherers aus Anlaß eines Versicherungsfalls endet der Vertrag erst drei Monate nach Zugang der Kündigung.

**1903** unbesetzt

#### 1904 Sachverständigenverfahren bei Zusammentreffen mit einer Maschinenversicherung

1. Besteht auch eine Maschinenversicherung und ist streitig, ob oder in welchem Umfang ein Schaden zu vorliegendem Vertrag oder als Maschinenschaden anzusehen ist, so können der Versicherungsnehmer, der Versicherer des vorliegenden Vertrages und der Maschinenversicherer vereinbaren, daß die Höhe des Schadens zu vorliegendem Vertrag und des Maschinenschadens in einem gemeinsamen Sachverständigenverfahren festgestellt wird. Das Sachverständigenverfahren kann durch Vereinbarung auf sonstige tatsächliche Voraussetzungen des Entschädigungsanspruchs sowie der Höhe der Entschädigung ausgedehnt werden. Der Versicherungsnehmer kann ein Sachverständigenverfahren auch durch einseitige Erklärungen gegenüber den beiden Versicherern verlangen.

2. Für das Sachverständigenverfahren gilt:

a) Jede Partei benennt schriftlich einen Sachverständigen; der Versicherungsnehmer kann zwei Sachverständige benennen. Die Parteien können sich auf zwei gemeinsame Sachverständige oder auf einen gemeinsamen Sachverständigen einigen. Jede Partei kann die andere Partei unter Angabe des oder der von ihr benannten Sachverständigen schriftlich auffordern, auch ihrerseits einen Sachverständigen zu benennen. Geschieht dies nicht binnen zwei Wochen nach Empfang der Aufforderung, so kann die auffordernde Partei den Sachverständigen der säumigen Partei durch das für den Schadenort zuständige Amtsgericht ernennen lassen. In der Aufforderung ist auf diese Folge hinzuweisen.

b) Die Sachverständigen benennen schriftlich vor Beginn des Feststellungsverfahrens einen weiteren Sachverständigen als Obmann. Einigen sie sich nicht, so wird der Obmann auf Antrag einer Partei durch das für den Schadenort zuständige Amtsgericht ernannt.

c) Die Versicherer dürfen als Sachverständige keine Personen benennen, die Mitbewerber des Versicherungsnehmers sind oder mit diesem in Geschäftsverbindung stehen, ferner keine Personen, die bei Mitbewerbern oder Geschäftspartnern angestellt sind oder mit ihnen in einem ähnlichen Verhältnis stehen.

3. Für den Mindestinhalt der Feststellungen der Sachverständigen gelten die dem Vertrag zugrunde liegenden Allgemeinen Versicherungsbedingungen und § 15 AFB 87 und § 13 AMB 91.

4. Die Sachverständigen übermitteln den drei Parteien gleichzeitig ihre Feststellungen. Weichen diese voneinander ab, so werden sie unverzüglich dem Obmann übergeben. Dieser entscheidet über die streitig gebliebenen Punkte innerhalb der durch die Feststellungen der Sachverständigen gezogenen Grenzen und übermittelt seine Entscheidung den drei Parteien gleichzeitig.

5. Jede Partei trägt die Kosten ihres oder ihrer Sachverständigen. Die Kosten des Obmannes tragen die Parteien je zu einem Drittel.

6. Die Feststellungen der Sachverständigen oder des Obmannes sind verbindlich, wenn nicht nachgewiesen wird, daß sie offenbar von der wirklichen Sachlage erheblich abweichen. Aufgrund dieser verbindlichen Feststellungen berechnen die Versicherer die Entschädigung.

7. Steht im Zeitpunkt einer Abschlagszahlung noch nicht fest, inwieweit der Schaden als Schaden zu vorliegendem Vertrag oder als Maschinenschaden anzusehen ist, so beteiligt sich jeder Versicherer an der Abschlagszahlung vorläufig mit der Hälfte.

8. Durch das Sachverständigenverfahren werden die Obliegenheiten im Versicherungsfall gemäß § 13 Nr. 1 AFB 87 und § 11 Nr. 1 AMB 91 nicht berührt.

## 2000 – Gemeinsame Klauseln für die Feuer-, Leitungswasser- und Sturm-Versicherung

### 2200 – Versicherte Sachen

#### 2201 Automaten

Abweichend von den Bestimmungen über die Versicherung der Betriebseinrichtung in den dem Vertrag zugrunde liegenden Allgemeinen Versicherungsbedingungen sind Automaten mit Geldeinwurf (einschließlich Geldwechsler) samt Inhalt sowie Geldausgabeautomaten mitversichert.

#### 2202 Eigentum von Gästen in Beherbergungsbetrieben

1. Eigentum von Gästen in Beherbergungsbetrieben, das dem Versicherungsnehmer nicht zur Verwahrung übergeben wurde, ist bis zu der hierfür vereinbarten Versicherungssumme versichert.

2. Nicht versichert sind Kraftfahrzeuge, Bargeld und Wertpapiere.

3. Die Entschädigung ist je Gast auf 10 Prozent der Versicherungssumme gemäß Nr. 1 begrenzt.

4. Entschädigung wird nur geleistet, soweit der Gast Entschädigung nicht aus einem anderen Versicherungsvertrag beanspruchen kann.

Ist danach die Entschädigung oder eine Abschlagszahlung gemäß den dem Vertrag zugrunde liegenden Allgemeinen Versicherungsbedingungen nur deshalb noch nicht fällig, weil ohne Verschulden des Versicherungsnehmers oder des versicherten Gastes die Entschädigungspflicht aus dem anderen Versicherungsvertrag ganz oder teilweise noch nicht geklärt ist, so wird der Versicherer unter Vorbehalt der Rückforderung mit Zinsen 1 Prozent unter dem jeweiligen Diskontsatz der Deutschen Bundesbank, mindestens jedoch 4 Prozent und höchstens 6 Prozent pro Jahr, eine vorläufige Zahlung leisten.

#### 2203 Hypothekarisches Interesse

1. Die Versicherung deckt das hypothekarische Interesse, das dem Versicherungsnehmer als Gläubiger der im Vertrag nach Grundbuch-Band, -Blatt, -Abteilung und -Nummer bezeichneten Hypothek, Grundschuld oder Rentenschuld an den im Versicherungsvertrag bezeichneten Gebäuden zusteht.

2. Versicherungswert ist der Kapitalbetrag des Realrechts einschließlich der rückständigen und bis zur Entschädigungszahlung fällig werdenden Zinsen und Nebenleistungen und der Kosten. Die Entschädigung ist jedoch, auch wenn mehrere Realgläubiger ihr Interesse versichert haben, auf den Betrag des Versicherungswertes des Gebäudes beschränkt. Mehreren Versicherungsnehmern wird nach Maßgabe ihres Ranges gehaftet.

3. Entschädigung wird nicht geleistet, soweit nach dem Schaden der gemeine Wert der verpfändeten Grundstücke und der Gebäudereste das hypothekarische Interesse noch deckt oder soweit der gemeine Wert das hypothekarische Interesse schon vor Eintritt des Versicherungsfalls nicht mehr gedeckt hatte.

4. Der Versicherungsnehmer hat dem Versicherer auf Verlangen die durch das Realrecht gesicherte Forderung und das Realrecht zu übertragen, soweit dieser Entschädigung geleistet hat.

5. Die Versicherung erlischt, wenn das Realrecht des Versicherungsnehmers erlischt oder – von Erbfällen abgesehen – auf einen anderen übergeht, oder wenn die Gebäude ganz oder teilweise durch den Eigentümer oder für dessen Rechnung versichert werden.

### 2300 – Versicherte Kosten

#### 2301 Aufgebots- und Wiederherstellungskosten für Urkunden

1. Der Versicherer ersetzt bis zu der hierfür vereinbarten Versicherungssumme die Kosten des Aufgebotsverfahrens und der Wiederherstellung von Wertpapieren und sonstigen Urkunden einschließlich anderer Auslagen für die Wiedererlangung, die der Versicherungsnehmer den Umständen nach für geboten halten durfte.

2. Die Ersatzpflicht erstreckt sich auch auf einen Zinsverlust, der dem Versicherungsnehmer durch Verzögerung fälliger Leistungen aus den Wertpapieren entstanden ist.

#### 2302 Mehrkosten durch behördliche Wiederherstellungsbeschränkungen (ohne Restwerte)

1. Abweichend von den dem Vertrag zugrunde liegenden Allgemeinen Versicherungsbedingungen sind Erhöhungen des Schadenaufwandes durch Mehrkosten infolge behördlicher Wiederherstellungsbeschränkungen mitversichert.

2. Ersetzt werden bis zu der hierfür vereinbarten Versicherungssumme die tatsächlich entstandenen Mehrkosten für die Wiederherstellung der versicherten und vom Schaden betroffenen Sache durch behördliche Auflagen auf der Grundlage bereits vor Eintritt des Versicherungsfalles erlassener Gesetze und Verordnungen. Soweit behördliche Auflagen mit Fristsetzung vor Eintritt des Versicherungsfalles erteilt wurden, sind die dadurch entstehenden Mehrkosten nicht versichert.

3. Aufwendungen, die dadurch entstehen, daß infolge behördlicher Wiederherstellungsbeschränkungen Reste der versicherten und vom Schaden betroffenen Sache nicht wiederverwertet werden können, sind nicht versichert.

4. Wenn die Wiederherstellung der versicherten und vom Schaden betroffenen Sache aufgrund behördlicher Wiederherstellungsbeschränkungen nur an anderer Stelle erfolgen darf, werden die Mehrkosten nur in dem Umfang ersetzt, in dem sie auch bei Wiederherstellung an bisheriger Stelle entstanden wären.

5. Mehrkosten infolge Preissteigerungen, die dadurch entstehen, daß sich die Wiederherstellung durch Beschränkungen der vorgenannten Art verzögert, werden nicht ersetzt.

Sofern für versicherte und vom Schaden betroffene Sachen die Preisdifferenz-Versicherung nach Klausel 1301 vereinbart ist, werden Mehrkosten infolge Preissteigerungen ersetzt, die dadurch entstehen, daß sich die Wiederherstellung durch Beschränkungen der vorgenannten Art verzögert. Ziffer 4 der Klausel 1301 wird insoweit abgeändert.

6. Ist der Zeitwert Versicherungswert, so werden auch die Mehrkosten nur im Verhältnis des Zeitwertes zum Neuwert ersetzt. Ist nach einer vertraglichen Wiederherstellungsvereinbarung nur der Zeitwertschaden zu erstatten, so werden die Mehrkosten nicht ersetzt.

7. Besteht Unterversicherung für eine vom Schaden betroffene Position, für welche Mehrkosten durch behördliche Wiederherstellungsbeschränkungen versichert sind, so wird der nach Nr. 2 bis Nr. 6 ermittelte Betrag nur anteilig ersetzt.

8. Der als entschädigungspflichtig errechnete Betrag wird je Versicherungsfall um den vereinbarten Selbstbehalt gekürzt.

9. Soweit ein Ersatzanspruch gegenüber einem Dritten entsteht, verpflichtet sich der Versicherungsnehmer, diesen in Höhe des fällig werdenden Mehrbetrages an den Versicherer abzutreten.

#### 2303 Berücksichtigung von behördlichen Wiederherstellungsbeschränkungen für Restwerte

1. Abweichend von den dem Vertrag zugrunde liegenden Allgemeinen Versicherungsbedingungen sind bei der Anrechnung des Restwertes für die versicherte und vom Schaden betroffene Sache behördliche Wiederherstellungsbeschränkungen zu berücksichtigen. Die Entschädigung ist jedoch begrenzt mit dem Betrag, der sich vertragsmäßig ergeben würde, wenn die versicherte und vom Schaden betroffene Sache zerstört worden wäre, gekürzt um den Altmaterialwert abzüglich Aufräumungs- und Abbruchkosten.

2. Die Berücksichtigung von behördlichen Wiederherstellungsbeschränkungen für Restwerte erfolgt nur, soweit sie auf der Grundlage vor Eintritt des Versicherungsfalles erlassener Gesetze und Verordnungen beruhen. Soweit behördliche Auflagen mit Fristsetzung vor Eintritt des Versicherungsfalles erteilt wurden, werden sie für die Restwerte nicht berücksichtigt.

3. Mehrkosten infolge Preissteigerungen, die dadurch entstehen, daß sich die Wiederherstellung durch Beschränkungen der vorgenannten Art verzögert, werden nicht ersetzt. Sofern für versicherte und vom Schaden betroffene Sachen die Preisdifferenz-Versicherung nach Klausel 1301 vereinbart ist, werden Mehrkosten infolge Preissteigerungen ersetzt, die dadurch entstehen, daß sich die Wiederherstellung durch Beschränkungen der vorgenannten Art verzögert. Ziffer 4 der Klausel 1301 wird insoweit abgeändert.

4. Soweit ein Ersatzanspruch gegenüber einem Dritten entsteht, verpflichtet sich der Versicherungsnehmer, diesen in Höhe des fällig werdenden Mehrbetrages an den Versicherer abzutreten.

### 2400 – Versicherungsort

#### 2401 Neu hinzukommende Betriebsgrundstücke

1. Als Versicherungsort gelten innerhalb der Bundesrepublik Deutschland ohne besondere Anmeldung auch neu hinzukommende Betriebsgrundstücke. Die Entschädigung ist jedoch je Grundstück und Versicherungsfall auf den vereinbarten Betrag begrenzt.

2. Der Versicherungsnehmer ist verpflichtet, halbjährlich ein Verzeichnis dieser Grundstücke einzureichen. Bei nicht ausreichender Versicherungssumme sind die Bestimmungen über Unterversicherung in den dem Vertrag zugrunde liegenden Allgemeinen Versicherungsbedingungen anzuwenden.

3. Die Prämie ändert sich entsprechend der Gefahrenlage bei den neu hinzukommenden Betriebsgrundstücken.

### 2600 - Vorvertragliche Anzeige; Gefahrerhöhung; Obliegenheiten

#### 2601 Anerkennung

1. Hat der Versicherer das versicherte Wagnis besichtigt und liegt ein Besichtigungsbericht vor, so erkennt der Versicherer an, daß ihm durch diese Besichtigung alle Umstände bekanntgeworden sind, welche in diesem Zeitpunkt für die Beurteilung des Risikos erheblich waren.

2. Dies gilt jedoch nicht für Umstände, die arglistig verschwiegen worden sind.

### 2700 – Entschädigung (Versicherungssumme; Unterversicherung; Selbstbehalte; Entschädigungsgrenzen)

#### 2701 Mehrwertsteuer bei Gleitender Neuwertversicherung

Ein Anspruch auf Erstattung der Mehrwertsteuer besteht im Schadenfall nicht, soweit die Versicherungssumme 1914 entsprechend niedriger festgesetzt wurde als der Versicherungswert 1914.

#### 2702 Spediteure

1. Sachen, die der Spediteur aufgrund eines Speditions-, Fracht- oder Lagervertrages in Gewahrsam genommen hat, sind bis zu der hierfür vereinbarten Versicherungssumme versichert, und zwar, soweit nicht etwas anderes vereinbart ist, auf Erstes Risiko.

2. Die Versicherung gilt:

a) für eigene Rechnung des Spediteurs, soweit dieser für den Schaden aufgrund gesetzlicher Haftpflichtbestimmungen privatrechtlichen Inhalts ersatzpflichtig ist; auf eine durch Vertrag oder besondere Zusagen erweiterte Ersatzpflicht des Spediteurs erstreckt sich die Versicherung nur, wenn dies besonders vereinbart ist;

b) außerdem für Rechnung wen es angeht.

3. Für die Entschädigung sind abweichend von den dem Vertrag zugrunde liegenden Allgemeinen Versicherungsbedingungen maßgebend

a) im Fall von Nr. 2 a der Betrag der Ersatzpflicht des Spediteurs, höchstens jedoch die Kosten der Neuherstellung oder Wiederbeschaffung durch den Anspruchsteller;

b) im Fall von Nr. 2 b die Kosten der Neuherstellung oder Wiederbeschaffung durch den Versicherten.

Anstelle der Kosten der Neuherstellung oder Wiederbeschaffung kann ein anderer Betrag (z.B. der erzielbare Verkaufspreis) vereinbart werden.

4. Entschädigung wird nicht geleistet

a) im Fall von Nr. 2 a, soweit Versicherungsschutz aus einer Betriebs- oder Verkehrshaftpflichtversicherung besteht oder zugunsten des

Spediteurs das Regreßverzichtsabkommen der Feuerversicherer anzuwenden ist;

b) im Fall von Nr. 2 b, soweit der Versicherte Entschädigung beanspruchen kann

aa) aus einer Transportversicherung, insbesondere aus einer gemäß § 39 ADSp genommenen Speditionsversicherung;

bb) aus einer durch den Versicherten oder in dessen Auftrag genommenen anderen Feuer-, Leitungswasser- oder Sturmversicherung;

cc) aus einer durch den Spediteur genommenen anderen Feuer-, Leitungswasser- oder Sturmversicherung, nach der die versicherten Sachen nach Art, Maß, Zahl, Gewicht oder sonstigen Merkmalen bezeichnet sind; auch ohne solche Bezeichnung geht eine andere Feuer-, Leitungswasser- oder Sturmversicherung des Spediteurs voran, wenn die vorliegende Versicherung für mehrere Versicherungsorte, die andere dagegen nur für den durch den Schaden betroffenen Versicherungsort genommen ist.

5. Ist danach die Entschädigung oder eine Abschlagszahlung gemäß den dem Vertrag zugrunde liegenden Allgemeinen Versicherungsbedingungen nur deshalb noch nicht fällig, weil ohne Verschulden des Versicherungsnehmers oder des Versicherten noch nicht geklärt ist, ob die Voraussetzungen gemäß Nr. 4 gegeben sind, so leistet der Versicherer aus dem vorliegenden Vertrag unter Vorbehalt der Rückforderung mit Zinsen 1 Prozent unter dem jeweiligen Diskontsatz der Deutschen Bundesbank, mindestens jedoch 4 Prozent und höchstens 6 Prozent pro Jahr, eine vorläufige Zahlung, wenn der Rückforderungsanspruch durch die Vermögenslage des Versicherungsnehmers oder des Versicherten oder durch Bankbürgschaft oder durch sonstige Sicherheitsleistung gesichert ist.

6. Der Versicherer kann nur an den Versicherungsnehmer und an den Anspruchsteller gemäß Nr. 2 a oder an den Versicherten gemäß Nr. 2 b gemeinschaftlich leisten, wenn nicht der Anspruchsteller oder der Versicherte einer Zahlung allein an den Versicherungsnehmer zugestimmt hat.

7. Nach Eintritt eines Versicherungsfalls haben der Versicherungsnehmer und die Versicherten dem Versicherer alle anderen Versicherungen gemäß Nr. 4 anzuzeigen.

## 2800 – Verhaltens- und Wissenszurechnung; Vertretung

#### 2801 Teil- oder Wohnungseigentum in gewerblich genutzten Gebäuden

Für den Versicherungsvertrag mit sämtlichen Teil- oder Wohnungseigentümern gilt folgendes:

1. Ist der Versicherer wegen des Verhaltens einzelner Teil- oder Wohnungseigentümer leistungsfrei, so kann er sich hierauf gegenüber den übrigen Teil- oder Wohnungseigentümern wegen deren Sondereigentums und wegen deren Miteigentumsanteilen (§ 1 Abs. 2 des Wohnungseigentumsgesetzes) nicht berufen.

2. Die übrigen Teil- oder Wohnungseigentümer können verlangen, daß der Versicherer ihnen auch hinsichtlich des Miteigentumsanteils des Teil- oder Wohnungseigentümers, der den Entschädigungsanspruch verwirkt hat, Entschädigung leistet, jedoch nur soweit diese zusätzliche Entschädigung zur Wiederherstellung des gemeinschaftlichen Eigentums (§ 1 Abs. 5 des Wohnungseigentumsgesetzes) verwendet wird. Der Teil- oder Wohnungseigentümer, in dessen Person der Verwirkungsgrund vorliegt, ist verpflichtet, dem Versicherer diese Mehraufwendung zu erstatten.

3. Kann im Falle der Feuerversicherung ein Realgläubiger hinsichtlich des Miteigentumsanteils des Teil- oder Wohnungseigentümers, der den Entschädigungsanspruch verwirkt hat, Leistung aus der Feuerversicherung an sich selbst gemäß § 102 VVG verlangen, so entfällt die Verpflichtung des Versicherers nach Nr. 2 Satz 1. Der Versicherer verpflichtet sich, auf eine nach § 104 VVG auf ihn übergegangene Gesamthypothek (Gesamtgrundschuld) gemäß § 1168 BGB zu verzichten und dabei mitzuwirken, daß der Verzicht auf Kosten der Teil- oder Wohnungseigentümer in das Grundbuch eingetragen wird. Der Teil- oder Wohnunseigentümer, in dessen Person der Verwirkungsgrund vorliegt, ist im Falle von Satz 2 verpflichtet, dem Versicherer die für seinen Miteigentumsanteil und sein Sondereigentum an den Realgläubiger erbrachten Leistungen zu erstatten.

# 5000 – Klauseln für die Leitungswasser-Versicherung

## 5100 – Versicherte Gefahren und Schäden

#### 5101 Bestimmungswidriger Wasseraustritt aus Sprinklern

1. Abweichend von § 1 Nr. 5c AWB 87 leistet der Versicherer Entschädigung auch für versicherte Sachen und für versicherte Kosten, wenn Wasser aus Sprinklern bestimmungswidrig austritt.

2. Ausgeschlossen sind Schäden, die durch Druckproben oder durch Umbauten oder Reparaturarbeiten an Gebäuden oder an der Sprinkleranlage verursacht werden. Zur Sprinkleranlage gehören Sprinkler, Wasserbehälter, Verteilerleitungen, Ventile, Alarmanlagen, Pumpenanlagen sowie sonstige Armaturen und Zuleitungsrohre, die ausschließlich dem Betrieb der Sprinkleranlage dienen.

3. Der Versicherungsnehmer hat

a) die Sprinkleranlage unverzüglich durch die Technische Prüfstelle des Verbandes der Sachversicherer e.V. abnehmen oder revidieren zu lassen, falls dies nicht innerhalb der letzten sechs Monate vor Vertragsschluß oder vor Abschluß dieser Vereinbarung bereits geschehen ist;

b) die gesamte Anlage auf eigene Kosten halbjährlich durch die in a genannte Prüfstelle prüfen zu lassen;

c) Mängel, die bei Prüfungen gemäß a oder b festgestellt worden sind, durch eine anerkannte Installationsfirma beseitigen zu lassen und dem Versicherer hierüber ein schriftliches Zeugnis zu übersenden.

4. Die Rechtsfolgen von Verstößen gegen die Bestimmungen von Nr. 3 ergeben sich aus §§ 6 und 7 AWB 87.

#### 5105 Erweiterte Leitungswasser-Versicherung

Abweichend von § 1 Nr. 2 b AWB 87 gilt als Leitungswasser auch Wasser, das aus sonstigen mit dem Rohrsystem verbundenen Einrichtungen bestimmungswidrig ausgetreten ist.

#### 5106 Klima-, Wärmepumpen- und Solarheizungsanlagen

1. Als Leitungswasser im Sinne von § 1 Nr. 1 AWB 87 gelten auch Wasser oder sonstige wärmetragende Flüssigkeiten wie Sole, Öle, Kühlmittel, Kältemittel, und dergleichen, die aus Klima-, Wärmepumpen- oder Solarheizungsanlagen bestimmungswidrig ausgetreten sind.

2. Bei der Versicherung von Gebäuden sind auch versichert

a) innerhalb versicherter Gebäude

- Frost- und sonstige Bruchschäden an den Rohren der in Nr. 1 genannten Anlagen
- Bruchschäden durch Frost an sonstigen Einrichtungen der in Nr. 1 genannten Anlagen

b) außerhalb versicherter Gebäude

- Frost- und sonstige Bruchschäden an Rohren der in Nr. 1 genannten Anlagen, soweit diese Rohre der Versorgung der versicherten Gebäude oder Anlagen dienen und sich auf dem Versicherungsgrundstück befinden.

**5107 Sonstige Bruchschäden an Rohren von Sprinkler- oder Berieselungsanlagen**

Abweichen von § 1 Nr. 3 a) Ziffer aa) AWB 87 sind auch Rohre von Sprinkler- oder Berieselungsanlagen versichert.

## 5200 – Versicherte Sachen

**5201 Erweiterte Versicherung von Rohrleitungen**

Soweit dies vereinbart ist, sind Schäden durch Rohrbruch oder Frost an Wasserzuleitungs- und Heizungsrohren mitversichert,

1. die zwar auf dem Versicherungsgrundstück verlegt sind, jedoch nicht der Versorgung eines versicherten Gebäudes dienen;

2. die außerhalb des Versicherunsgrundstückes verlegt sind, soweit der Versicherungsnehmer zur Unterhaltung dieser Anlagen verpflichtet ist.

**5202 a Frost- und Bruchschäden an von Mietern eingebrachten Leitungswasseranlagen**

1. Bis zu der hierfür gesondert vereinbarten Versicherungssumme sind

a) Frost- und sonstige Bruchschäden an den Zu- oder Ableitungsrohren der Wasserversorgung oder an Rohren der Warmwasser- oder Dampfheizung oder an Rohren von Sprinkler- oder Berieselungsanlagen sowie

b) Frostschäden an Badeeinrichtungen, Waschbecken, Spülklosetts, Wasserhähnen, Geruchsverschlüssen, Wassermessern, Heizkörpern, Heizkesseln oder Boilern oder an vergleichbaren Anlagen der Warmwasser- oder Dampfheizung oder an Sprinkler- oder Berieselungsanlagen

innerhalb des Gebäudes, in dem sich die als Versicherungsort vereinbarten Räume befinden, abweichend von § 1 Nr. 3 a AWB 87 auch dann versichert, wenn Versicherungsschutz nicht für das Gebäude, sondern für bewegliche Sachen vereinbart ist

2. Dies gilt jedoch nur für Rohre gemäß Nr. 1 a und Einrichtungen gemäß Nr. 1 b, die der Versicherungsnehmer als Mieter oder Pächter auf seine Kosten eingefügt oder übernommen hat und für die er die Gefahr trägt.

Anhang B 5

# Allgemeine Bedingungen für die Sturmversicherung (AStB 87) – Fassung Januar 1995



## § 1 Versicherte Gefahren und Schäden

1. Der Versicherer leistet Entschädigung für versicherte Sachen, die durch Sturm zerstört oder beschädigt werden.

2. Sturm im Sinn dieser Bedingungen ist eine wetterbedingte Luftbewegung von mindestens Windstärke 8.

Ist die Windstärke für den Versicherungsort nicht feststellbar, so wird Windstärke 8 unterstellt, wenn der Versicherungsnehmer nachweist, daß

a) die Luftbewegung in der Umgebung des Versicherungsortes Schäden an Gebäuden in einwandfreiem Zustand oder an ebenso widerstandsfähigen anderen Sachen angerichtet hat oder daß

b) der Schaden wegen des einwandfreien Zustandes des versicherten Gebäudes oder des Gebäudes, in dem sich die versicherten Sachen befunden haben, nur durch Sturm entstanden sein kann.

3. Die Sturmversicherung erstreckt sich nur auf Schäden, die entstehen

a) durch unmittelbare Einwirkung des Sturmes auf die versicherten Sachen;

b) dadurch, daß der Sturm Gebäudeteile, Bäume oder andere Gegenstände auf die versicherten Sachen wirft;

c) als Folge eines Sturmschadens gemäß a oder b an versicherten Sachen oder an Gebäuden, in denen sich versicherte Sachen befinden;

d) durch Niederreißen oder Ausräumen infolge eines Ereignisses gemäß a bis c;

e) durch Abhandenkommen versicherter Sachen infolge eines Ereignisses gemäß a bis d.

4. Von der Versicherung ausgeschlossen sind ohne Rücksicht auf mitwirkende Ursachen Schäden durch

a) Sturmflut;

b) Lawinen;

c) Eindringen von Regen, Hagel, Schnee oder Schmutz durch nicht ordnungsgemäß geschlossene Fenster, Außentüren oder andere Öffnungen, es sei denn, daß diese Öffnungen durch den Sturm entstanden sind und einen Gebäudeschaden darstellen;

d) Brand, Blitzschlag, Explosion, Anprall oder Absturz eines bemannten Flugkörpers, seiner Teile oder seiner Ladung, ferner durch Löschen, Niederreißen oder Ausräumen bei diesen Ereignissen.

5. Die Versicherung erstreckt sich ohne Rücksicht auf mitwirkende Ursachen außerdem nicht auf Schäden an versicherten Sachen und nicht auf versicherte Kosten, die durch Kriegsereignisse jeder Art, innere Unruhen, Erdbeben oder Kernenergie*) verursacht werden.

## § 2 Versicherte Sachen

1. Versichert sind die in dem Versicherungsvertrag bezeichneten

a) Gebäude und sonstigen Grundstücksbestandteile;

b) beweglichen Sachen.

2. Gebäude sind mit ihren Bestandteilen, aber ohne Zubehör versichert, soweit nicht etwas anderes vereinbart ist.

Nicht versichert sind Gebäude, die nicht bezugsfertig sind, und die in diesen Gebäuden befindlichen Sachen.

Nur aufgrund besonderer Vereinbarung sind versichert

a) Laden- und Schaufensterscheiben, künstlerisch bearbeitete Scheiben, Kirchenfenster, Mehrscheiben-Isolierverglasungen, Sicherheitsglasscheiben, Blei- und Messingverglasungen, Glasbausteine, Profilbaugläser, Dachverglasungen sowie alle Glas- und Kunststoffscheiben von mehr als vier Quadratmetern Einzelgröße, ferner die Rahmen und Profile aller genannten Verglasungen und der Kunststoffscheiben.

b) an der Außenseite des Gebäudes angebrachte Antennenanlagen, Markisen, Leuchtröhrenanlagen, Schilder, Transparente, Überdachungen, Schutz- und Trennwände; andere an der Außenseite des Gebäudes angebrachte Sachen sind mitversichert;

c) elektrische Freileitungen, Ständer, Masten und Einfriedungen.

3. Bewegliche Sachen sind nur versichert, soweit der Versicherungsnehmer

a) Eigentümer ist;

b) sie unter Eigentumsvorbehalt erworben hat;

c) sie sicherungshalber übereignet hat und soweit für sie gemäß § 71 Abs. 1 Satz 2 VVG dem Erwerber ein Entschädigungsanspruch nicht zusteht.

4. Über Nr. 3 hinaus ist fremdes Eigentum versichert, soweit es seiner Art nach zu den versicherten Sachen gehört und dem Versicherungsnehmer zur Bearbeitung, Benutzung oder Verwahrung oder zum

*) Der Ersatz von Schäden durch Kernenergie richtet sich in der Bundesrepublik Deutschland nach dem Atomgesetz. Die Betreiber von Kernanlagen sind zur Deckungsvorsorge verpflichtet und schließen hierfür Haftpflichtversicherungen ab.

Verkauf in Obhut gegeben wurde und soweit nicht der Versicherungsnehmer nachweislich, insbesondere mit dem Eigentümer, vereinbart hat, daß die fremden Sachen durch den Versicherungsnehmer nicht versichert zu werden brauchen.

5. Die Versicherung gemäß Nr. 3 b, Nr. 3 c und Nr. 4 gilt für Rechnung des Eigentümers und des Versicherungsnehmers. In den Fällen der Nr. 4 ist jedoch für die Höhe des Versicherungswertes, soweit nicht etwas anderes vereinbart ist, nur das Interesse des Eigentümers maßgebend.

6. Ist Versicherung der Betriebseinrichtung vereinbart, so fallen hierunter nicht

a) Bargeld;

b) Urkunden, wie z.B. Sparbücher und sonstige Wertpapiere;

c) Akten, Pläne, Geschäftsbücher, Karteien, Zeichnungen, Lochkarten, Magnetbänder, Magnetplatten und sonstige Datenträger;

d) Muster, Anschauungsmodelle, Prototypen und Ausstellungsstücke, ferner typengebundene, für die laufende Produktion nicht mehr benötigte Fertigungsvorrichtungen;

e) zulassungspflichtige Kraftfahrzeuge, Kraftfahrzeuganhänger und Zugmaschinen;

f) Automaten mit Geldeinwurf (einschließlich Geldwechsler) samt Inhalt sowie Geldausgabeautomaten, soweit nicht der Einschluß besonders vereinbart ist.

7. Ist Versicherung von Gebrauchsgegenständen der Betriebsangehörigen vereinbart, so sind nur Sachen versichert, die sich üblicherweise oder auf Verlangen des Arbeitgebers innerhalb des Versicherungsortes befinden. Bargeld, Wertpapiere und Kraftfahrzeuge sind nicht versichert.

Entschädigung wird nur geleistet, soweit Entschädigung nicht aus einem anderen Versicherungsvertrag beansprucht werden kann. Ist danach die Entschädigung oder eine Abschlagszahlung gemäß § 16 Nr. 1 nur deshalb noch nicht fällig, weil ohne Verschulden des Versicherungsnehmers oder des versicherten Betriebsangehörigen die Entschädigungspflicht aus dem anderen Versicherungsvertrag ganz oder teilweise noch nicht geklärt ist, so wird der Versicherer unter Vorbehalt der Rückforderung mit Zinsen 1 Prozent unter dem jeweiligen Diskontsatz der Deutschen Bundesbank, mindestens jedoch 4 Prozent und höchstens 6 Prozent pro Jahr, eine vorläufige Zahlung leisten.

## § 3 Versicherte Kosten

1. Aufwendungen, auch erfolglose, die der Versicherungsnehmer zur Abwendung oder Minderung des Schadens (§ 13 Nr. 1c und 1d) für geboten halten durfte, hat der Versicherer zu ersetzen. Der Ersatz dieser Aufwendungen und die Entschädigung für versicherte Sachen betragen zusammen höchstens die Versicherungssumme je vereinbarter Position; dies gilt jedoch nicht, soweit Maßnahmen auf Weisung des Versicherers erfolgt sind. Besteht Unterversicherung, so sind die Aufwendungen ohne Rücksicht auf Weisungen des Versicherers nur in demselben Verhältnis zu ersetzen wie der Schaden.

Aufwendungen für Leistungen der Feuerwehren oder anderer im öffentlichen Interesse zur Hilfeleistung Verpflichteter werden nicht ersetzt.

2. Für die Kosten der Ermittlung und Feststellung des Schadens gilt § 66 VVG.

3. Soweit dies vereinbart ist und soweit diese Kosten nicht durch eine Monopolanstalt entschädigt werden, ersetzt der Versicherer auch die infolge eines Versicherungsfalles notwendigen Aufwendungen

a) für das Aufräumen der Schadenstätte einschließlich des Abbruchs stehengebliebener Teile, für das Abfahren von Schutt und sonstigen Resten zum nächsten Ablagerungsplatz und für das Ablagern oder Vernichten (Aufräumungs- und Abbruchkosten);

b) die dadurch entstehen, daß zum Zweck der Wiederherstellung oder Wiederbeschaffung von Sachen, die durch vorliegenden Vertrag versichert sind, andere Sachen bewegt, verändert oder geschützt werden müssen (Bewegungs- und Schutzkosten);

Bewegungs- und Schutzkosten sind insbesondere Aufwendungen für De- oder Remontage von Maschinen, für Durchbruch, Abriß oder Wiederaufbau von Gebäudeteilen oder für das Erweitern von Öffnungen;

c) für die Wiederherstellung von Akten, Plänen, Geschäftsbüchern, Karteien, Zeichnungen, Lochkarten, Magnetbändern, Magnetplatten und sonstigen Datenträgern einschließlich des Neuwertes (§ 5 Nr. 2 a) der Datenträger;

soweit die Wiederherstellung nicht notwendig ist oder nicht innerhalb von zwei Jahren seit Eintritt des Versicherungsfalles sichergestellt wird, leistet der Versicherer Entschädigung nur in Höhe des gemäß § 5 Nr. 5 berechneten Wertes des Materials.

## § 4 Versicherungsort

1. Versicherungsschutz für bewegliche Sachen besteht nur innerhalb des Versicherungsortes.

Diese Beschränkung gilt nicht für Sachen, die infolge eines eingetretenen oder unmittelbar bevorstehenden Versicherungsfalles aus dem Versicherungsort entfernt und in zeitlichem und örtlichem Zusammenhang mit diesem Vorgang beschädigt oder zerstört werden oder abhandenkommen. Unberührt bleibt jedoch § 14 Nr. 1.

2. Versicherungsort sind die in dem Versicherungsvertrag bezeichneten Gebäude oder Räume von Gebäuden oder die als Versicherungsort bezeichneten Grundstücke.

Gebrauchsgegenstände von Betriebsangehörigen sind in deren Wohnräumen nicht versichert.

3. Nur in verschlossenen Räumen oder Behältnissen der im Versicherungsvertrag bezeichneten Art sind versichert

a) Bargeld;

b) Urkunden, z.B. Sparbücher und sonstige Wertpapiere;

c) Briefmarken;

d) Münzen und Medaillen;

e) unbearbeitete Edelmetalle sowie Sachen aus Edelmetall, ausgenommen Sachen, die dem Raumschmuck dienen;

f) Schmucksachen, Perlen und Edelsteine;

g) Sachen, für die dies besonders vereinbart ist.

Dies gilt, soweit nicht etwas anderes vereinbart ist, bei Versicherung von Juwelier-, Uhrmacher- und Bijouteriegeschäften nicht für Schmucksachen und Sachen aus Edelmetallen.

4. Registrierkassen, Rückgeldgeber und Automaten mit Geldeinwurf (einschließlich Geldwechsler) gelten nicht als Behältnisse im Sinn von Nr. 3.

Jedoch ist im Rahmen einer für Bargeld in Behältnissen gemäß Nr. 3 vereinbarten Versicherungssumme Bargeld auch in Registrierkassen versichert. Die Entschädigung ist auf 50 DM je Registrierkasse und außerdem auf 500 DM je Versicherungsfall begrenzt, soweit nicht andere Beträge vereinbart sind.

5. Bis zu der vereinbarten besonderen Versicherungssumme oder einer vereinbarten Entschädigungsgrenze ist Bargeld während der Geschäftszeit oder während vereinbarter sonstiger Zeiträume auch ohne Verschluß gemäß Nr. 3 versichert.

## § 5 Versicherungswert

1. Versicherungswert von Gebäuden ist

a) der Neuwert;

Neuwert ist der ortsübliche Neubauwert einschließlich Architektengebühren sowie sonstiger Konstruktions- und Planungskosten;

b) der Zeitwert, falls er weniger als 40 Prozent, bei landwirtschaftlichen Gebäuden weniger als 50 Prozent, des Neuwertes beträgt oder falls Versicherung nur zum Zeitwert vereinbart ist;

der Zeitwert ergibt sich aus dem Neuwert des Gebäudes durch einen Abzug entsprechend seinem insbesondere durch den Abnutzungsgrad bestimmten Zustand;

c) der gemeine Wert, falls das Gebäude zum Abbruch bestimmt oder sonst dauernd entwertet oder falls Versicherung nur zum gemeinen Wert vereinbart ist; eine dauernde Entwertung liegt insbesondere vor, wenn das Gebäude für seinen Zweck allgemein oder im Betrieb des Versicherungsnehmers nicht mehr zu verwenden ist;

gemeiner Wert ist der für den Versicherungsnehmer erzielbare Verkaufspreis für das Gebäude oder für das Altmaterial.

2. Versicherungswert der technischen und kaufmännischen Betriebseinrichtung und der Gebrauchsgegenstände von Betriebsangehörigen ist

a) der Neuwert;

Neuwert ist der Betrag, der aufzuwenden ist, um Sachen gleicher Art und Güte in neuwertigem Zustand wiederzubeschaffen oder sie neu herzustellen; maßgebend ist der niedrigere Betrag;

b) der Zeitwert, falls er weniger als 40 Prozent des Neuwertes beträgt oder falls Versicherung nur zum Zeitwert vereinbart ist;

der Zeitwert ergibt sich aus dem Neuwert der Sache durch einen Abzug entsprechend ihrem insbesondere durch den Abnutzungsgrad bestimmten Zustand;

c) der gemeine Wert, soweit die Sache für ihren Zweck allgemein oder im Betrieb des Versicherungsnehmers nicht mehr zu verwenden ist;

gemeiner Wert ist der für den Versicherungsnehmer erzielbare Verkaufspreis für die Sache oder für das Altmaterial.

3. Versicherungswert

a) von Waren, die der Versicherungsnehmer herstellt, auch soweit sie noch nicht fertiggestellt sind,

b) von Waren, mit denen der Versicherungsnehmer handelt,

c) von Rohstoffen und

d) von Naturerzeugnissen

ist der Betrag, der aufzuwenden ist, um Sachen gleicher Art und Güte wiederzubeschaffen oder sie neu herzustellen; maßgebend ist der niedrigere Betrag.

Der Versicherungswert ist begrenzt durch den erzielbaren Verkaufspreis, bei nicht fertiggestellten eigenen Erzeugnissen durch den erzielbaren Verkaufspreis der fertigen Erzeugnisse. § 55 VVG (Bereicherungsverbot) bleibt unberührt.

4. Versicherungswert von Wertpapieren ist

a) bei Wertpapieren mit amtlichem Kurs der mittlere Einheitskurs am Tag der jeweils letzten Notierung aller amtlichen Börsen der Bundesrepublik Deutschland;

b) bei Sparbüchern der Betrag des Guthabens;

c) bei sonstigen Wertpapieren der Marktpreis.

5. Versicherungswert von Grundstücksbestandteilen, die nicht Gebäude sind, ist, soweit nicht etwas anderes vereinbart wurde, entweder der Zeitwert gemäß Nr. 2 b oder unter den dort genannten Voraussetzungen der gemeine Wert gemäß Nr. 2 c.

Dies gilt auch für Muster, Anschauungsmodelle, Prototypen und Ausstellungsstücke, ferner für typengebundene, für die laufende Produktion nicht mehr benötigte Fertigungsvorrichtungen sowie für alle sonstigen, in Nr. 2 bis Nr. 4 nicht genannten beweglichen Sachen.

## § 6 Gefahrumstände bei Vertragsabschluß und Gefahrerhöhung

1. Bei Abschluß des Vertrages hat der Versicherungsnehmer alle ihm bekannten Umstände, die für die Übernahme der Gefahr erheblich sind, dem Versicherer anzuzeigen. Bei schuldhafter Verletzung dieser Obliegenheit kann der Versicherer nach Maßgabe der §§ 16 bis 21 VVG vom Vertrag zurücktreten und leistungsfrei sein oder den Versicherungsvertrag nach § 22 VVG anfechten.

2. Nach Antragstellung darf der Versicherungsnehmer ohne Einwilligung des Versicherers keine Gefahrerhöhung vornehmen oder gestatten.

Der Versicherungsnehmer hat jede Gefahrerhöhung, die ihm bekannt wird, dem Versicherer unverzüglich anzuzeigen, und zwar auch dann, wenn sie ohne seinen Willen eintritt.

Im übrigen gelten die §§ 23 bis 30 VVG. Danach kann der Versicherer zur Kündigung berechtigt oder auch leistungsfrei sein

3. Für vorschriftsmäßige Anlagen des Zivilschutzes und für Zivilschutzübungen gelten Nr. 2 und die §§ 23 bis 30 VVG nicht.

4. Die Aufnahme oder Veränderung eines Betriebes, gleich welcher Art und welchen Umfangs, ist dem Versicherer unverzüglich anzuzeigen.

Ist mit der Aufnahme oder Veränderung des Betriebes eine Gefahrerhöhung verbunden, so gelten die §§ 23 bis 30 VVG.

Der Versicherer hat von dem Tag der Aufnahme oder Veränderung des Betriebes an Anspruch auf die aus einem etwa erforderlichen höheren Prämiensatz errechnete Prämie. Dies gilt nicht, soweit der Versicherer in einem Versicherungsfall wegen Gefahrerhöhung leistungsfrei geworden ist.

5. Gefahrerhöhende Umstände werden durch Maßnahmen des Versicherungsnehmers oder durch sonstige gefahrmindernde Umstände ausgeglichen, insbesondere soweit diese mit dem Versicherer vereinbart wurden.

## § 7 Sicherheitsvorschriften

1. Der Versicherungsnehmer hat

a) alle gesetzlichen, behördlichen oder in dem Versicherungsvertrag vereinbarten Sicherheitsvorschriften zu beachten;

b) die versicherten Gebäude oder die Gebäude, in denen sich die gegen Sturm versicherten Sachen befinden, insbesondere die Dächer, sowie Sachen, die gemäß § 2 Nr. 2 b und 2 c versichert sind, stets in ordnungsgemäßem Zustand zu erhalten;

c) über Wertpapiere und sonstige Urkunden, über Sammlungen und über sonstige Sachen, für die dies besonders vereinbart ist, Verzeichnisse zu führen und diese so aufzubewahren, daß sie im Versicherungsfall voraussichtlich nicht gleichzeitig mit den versicherten Sachen zerstört oder beschädigt werden oder abhandenkommen können;

Abs. 1 gilt nicht für Wertpapiere und sonstige Urkunden sowie für Sammlungen, wenn der Wert dieser Sachen insgesamt 5.000 DM nicht übersteigt; Abs. 1 gilt ferner nicht für Briefmarken;

Abs. 1 und Abs. 2 gelten nicht für Banken und Sparkassen.

2. Verletzt der Versicherungsnehmer eine der Obliegenheiten gemäß Nr. 1 a oder 1 b, so ist der Versicherer nach Maßgabe des § 6 Abs. 1 und Abs. 2 VVG zur Kündigung berechtigt oder auch leistungsfrei. Eine Kündigung des Versicherers wird einen Monat nach Zugang wirksam. Leistungsfreiheit tritt nicht ein, wenn die Verletzung weder auf Vorsatz noch auf grober Fahrlässigkeit beruht.

Führt die Verletzung zu einer Gefahrerhöhung, so gelten die §§ 23 bis 30 VVG. Danach kann der Versicherer zur Kündigung berechtigt oder auch leistungsfrei sein.

3. Verletzt der Versicherungsnehmer die Bestimmung der Nr. 1 c, so kann er Entschädigung für Sachen der dort genannten Art nur verlangen, soweit er das Vorhandensein, die Beschaffenheit und den Versicherungswert der Sachen auch ohne das Verzeichnis nachweisen kann.

## § 8 Prämie; Beginn und Ende der Haftung

1. Der Versicherungsnehmer hat die erste Prämie (Beitrag) bei Aushändigung des Versicherungsscheines oder im Fall des Vertragsabschlusses gemäß §§ 5 oder 5 a VVG nach Ablauf der Widerspruchsfrist zu zahlen, Folgeprämien am Ersten des Monats, in dem ein neues Versicherungsjahr beginnt. Die Folgen nicht rechtzeitiger Zahlung der ersten Prämie oder der ersten Rate der ersten Prämie ergeben sich aus § 38 VVG in Verbindung mit Nr. 3; im übrigen gelten §§ 39, 91 VVG. Der Versicherer ist bei Verzug berechtigt, Ersatz des Verzugsschadens nach § 286 BGB sowie Verzugszinsen nach § 288 BGB oder § 352 HGB zu fordern. Rückständige Folgeprämien dürfen nur innerhalb eines Jahres seit Ablauf der nach § 39 VVG für sie gesetzten Zahlungsfrist eingezogen werden.

2. Ist Ratenzahlung vereinbart, so gelten die ausstehenden Raten bis zu den vereinbarten Zahlungsterminen als gestundet.

Die gestundeten Raten des laufenden Versicherungsjahres werden sofort fällig, wenn der Versicherungsnehmer mit einer Rate ganz oder teilweise in Verzug gerät oder soweit eine Entschädigung fällig wird.

3. Die Haftung des Versicherers beginnt mit dem vereinbarten Zeitpunkt und zwar auch dann, wenn zur Prämienzahlung erst später aufgefordert, die Prämie aber unverzüglich gezahlt wird. Ist dem Versicherungsnehmer bei Antragstellung bekannt, daß ein Versicherungsfall bereits eingetreten ist, so entfällt hierfür die Haftung

4. Die Haftung endet mit dem vereinbarten Zeitpunkt. Versicherungsverträge von mindestens einjähriger Dauer verlängern sich jedoch von Jahr zu Jahr, wenn sie nicht spätestens drei Monate vor Ablauf schriftlich gekündigt werden. Ein Versicherungsverhältnis, das für eine Dauer von mehr als fünf Jahren eingegangen ist, kann zum Ende des fünften oder jedes darauf folgenden Jahres unter Einhaltung einer Frist von drei Monaten gekündigt werden.

5. Endet das Versicherungsverhältnis vor Ablauf der Vertragszeit oder wird es nach Beginn rückwirkend aufgehoben oder ist es von Anfang an nichtig, so gebührt dem Versicherer Prämie oder Geschäftsgebühr gemäß dem Versicherungsvertragsgesetz (z.B. §§ 40, 68).

Kündigt nach Eintritt eines Versicherungsfalles (§ 19 Nr. 2) der Versicherungsnehmer, so gebührt dem Versicherer die Prämie für das laufende Versicherungsjahr. Kündigt der Versicherer, so hat er die Prämie für das laufende Versicherungsjahr nach dem Verhältnis der noch nicht abgelaufenen zu der gesamten Zeit des Versicherungsjahres zurückzuzahlen.

## § 9 Mehrfache Versicherung; Überversicherung

1. Nimmt der Versicherungsnehmer für versicherte Sachen eine weitere Versicherung gegen eine der versicherten Gefahren, so hat er den anderen Versicherer und die Versicherungssumme dem Versicherer unverzüglich schriftlich mitzuteilen. Dies gilt nicht für Allgefahrenversicherungen.

Verletzt der Versicherungsnehmer die Obliegenheit gemäß Abs. 1, so ist der Versicherer nach Maßgabe des § 6 Abs. 1 VVG zur Kündigung berechtigt oder auch leistungsfrei. Eine Kündigung des Versicherers wird einen Monat nach Zugang wirksam. Die Leistungsfreiheit tritt aber nicht ein, wenn die Verletzung weder auf Vorsatz noch auf grober Fahrlässigkeit beruht oder wenn der Versicherer vor dem Versicherungsfall Kenntnis von der anderen Versicherung erlangt hat.

2. Ist ein Selbstbehalt vereinbart und besteht mehrfache Versicherung, so kann abweichend von § 59 Abs. 1 VVG als Entschädigung aus den mehreren Verträgen nicht mehr als der Schaden abzüglich des Selbstbehaltes verlangt werden.

3. Erlangt der Versicherungsnehmer oder der Versicherte aus anderen Versicherungsverträgen Entschädigung für denselben Schaden, so ermäßigt sich der Anspruch aus vorliegendem Vertrag in der Weise, daß die Entschädigung aus allen Verträgen insgesamt nicht höher ist, als wenn der Gesamtbetrag der Versicherungssummen, aus denen Prämie errechnet wurde, nur in dem vorliegenden Vertrag in Deckung gegeben worden wäre.

4. Wird wegen Überversicherung oder Doppelversicherung die Versicherungssumme vermindert, so ist von diesem Zeitpunkt an für die Höhe der Prämie der Betrag maßgebend, den der Versicherer berechnet haben würde, wenn der Vertrag von vornherein mit dem neuen Inhalt geschlossen worden wäre.

5. Übersteigt die Versicherungssumme den Wert der versicherten Sachen erheblich, so kann sowohl der Versicherungsnehmer als auch der Versicherer nach Maßgabe des § 51 VVG die Herabsetzung der Versicherungssumme und der Prämie verlangen.

6. Im Falle einer Doppelversicherung gelten §§ 59 und 60 VVG.

## § 10 Versicherung für fremde Rechnung

1. Soweit die Versicherung für fremde Rechnung genommen ist, kann der Versicherungsnehmer, auch wenn er nicht im Besitz des Versicherungsscheins ist, über die Rechte des Versicherten ohne dessen Zustimmung im eigenen Namen verfügen, insbesondere die Zahlung der Entschädigung verlangen und die Rechte des Versicherten übertragen. Der Versicherer kann jedoch vor Zahlung der Entschädigung den Nachweis verlangen, daß der Versicherte seine Zustimmung dazu erteilt hat.

2. Der Versicherte kann über seine Rechte nicht verfügen, selbst wenn er im Besitz des Versicherungsscheins ist. Er kann die Zahlung der Entschädigung nur mit Zustimmung des Versicherungsnehmers verlangen.

3. Soweit Kenntnis oder Verhalten des Versicherungsnehmers von rechtlicher Bedeutung ist, kommt auch Kenntnis oder Verhalten des Versicherten in Betracht. Im übrigen gilt § 79 VVG.

## § 11 Entschädigungsberechnung; Unterversicherung

1. Ersetzt werden

a) bei zerstörten oder infolge eines Versicherungsfalles abhandengekommenen Sachen der Versicherungswert (§ 5) unmittelbar vor Eintritt des Versicherungsfalles;

b) bei beschädigten Sachen die notwendigen Reparaturkosten zur Zeit des Eintritts des Versicherungsfalles zuzüglich einer durch den Versicherungsfall etwa entstandenen und durch die Reparatur nicht auszugleichenden Wertminderung, höchstens jedoch der Versicherungswert unmittelbar vor Eintritt des Versicherungsfalles; die Reparaturkosten werden gekürzt, soweit durch die Reparatur der Versicherungswert der Sache gegenüber dem Versicherungswert unmittelbar vor Eintritt des Versicherungsfalles erhöht wird.

Restwerte werden angerechnet.

Behördliche Wiederherstellungsbeschränkungen bleiben unberücksichtigt.

2. Beträgt der Zeitwert eines gemäß § 5 Nr. 1 a zum Neuwert versicherten landwirtschaftlichen Gebäudes weniger als 80 Prozent, aber noch mindestens 50 Prozent des Neuwerts, so wird, soweit nicht etwas anderes vereinbart ist, die gemäß Nr. 1 a oder 1 b berechnete Entschädigung gekürzt. Sie beträgt bei einem Zeitwert

a) unter 80 Prozent bis 75 Prozent des Neuwerts 97,5 Prozent,

b) unter 75 Prozent bis 70 Prozent des Neuwerts 95 Prozent,

c) unter 70 Prozent bis 65 Prozent des Neuwerts 92,5 Prozent,

d) unter 65 Prozent bis 60 Prozent des Neuwerts 90 Prozent,

e) unter 60 Prozent bis 55 Prozent des Neuwerts 85 Prozent,

f) unter 55 Prozent bis 50 Prozent des Neuwerts 80 Prozent

des Betrages gemäß Nr. 1 a oder 1 b.

3. Für Kosten gemäß § 3 Nr. 3 oder für Betriebsunterbrechungsschäden leistet der Versicherer Entschädigung nur, soweit dies besonders vereinbart ist.

4. Ist die Versicherungssumme niedriger als der Versicherungswert unmittelbar vor Eintritt des Versicherungsfalles (Unterversicherung), so wird nur der Teil des gemäß Nr. 1 und Nr. 2 ermittelten Betrages ersetzt, der sich zu dem ganzen Betrag verhält wie die Versicherungssumme zu dem Versicherungswert.

Bei der Bruchteilversicherung tritt an die Stelle der Versicherungssumme der Betrag, aus dem der Bruchteil berechnet wurde.

Ist die Entschädigung für einen Teil der in einer Position versicherten Sachen auf bestimmte Beträge begrenzt (§ 12 Nr. 1 b), so werden bei Ermittlung des Versicherungswertes der davon betroffenen Sachen höchstens diese Beträge berücksichtigt. Ergibt sich aus dem so ermittelten Versicherungswert eine Unterversicherung, so wird der Gesamtbetrag des Schadens entsprechend gekürzt; danach ist § 12 Nr. 1 b anzuwenden.

Ob Unterversicherung vorliegt, ist für jede vereinbarte Gruppe (Position) gesondert festzustellen.

5. Bei der Versicherung auf Erstes Risiko (Erste Gefahr) gelten § 56 VVG und die Bestimmungen über Unterversicherung (Nr. 4) nicht. Versicherung auf Erstes Risiko besteht

a) für Kosten gemäß § 3 Nr. 3;

b) soweit dies zu sonstigen Versicherungssummen besonders vereinbart ist.

6. Ist der Neuwert (§ 5 Nr. 1 a und Nr. 2 a) der Versicherungswert, so erwirbt der Versicherungsnehmer auf den Teil der Entschädigung, der den Zeitwertschaden (Abs. 2) übersteigt, einen Anspruch nur, soweit und sobald er innerhalb von drei Jahren nach Eintritt des Versicherungsfalles sichergestellt hat, daß er die Entschädigung verwenden wird, um

a) Gebäude in gleicher Art und Zweckbestimmung an der bisherigen Stelle wiederherzustellen; ist dies an der bisherigen Stelle rechtlich nicht möglich oder wirtschaftlich nicht zu vertreten, so genügt es, wenn das Gebäude an anderer Stelle innerhalb der Bundesrepublik Deutschland wiederhergestellt wird;

b) bewegliche Sachen oder Grundstücksbestandteile, die zerstört worden oder abhandengekommen sind, in gleicher Art und Güte und in neuwertigem Zustand wiederzubeschaffen; nach vorheriger Zustimmung des Versicherers genügt Wiederbeschaffung gebrauchter Sachen; anstelle von Kraft- oder Arbeitsmaschinen können Kraft- und Arbeitsmaschinen beliebiger Art beschafft werden, wenn deren Betriebszweck derselbe ist;

c) bewegliche Sachen oder Grundstücksbestandteile, die beschädigt worden sind, wiederherzustellen.

Der Zeitwertschaden wird bei zerstörten oder abhandengekommenen Sachen gemäß § 5 Nr. 1 b, Nr. 2 b und Nr. 5 festgestellt. Bei beschädigten Sachen werden die Kosten einer Reparatur um den

Betrag gekürzt, um den durch die Reparatur der Zeitwert der Sache gegenüber dem Zeitwert unmittelbar vor Eintritt des Versicherungsfalles erhöht würde.

7. Für Muster, Anschauungsmodelle, Prototypen und Ausstellungsstücke, ferner für typengebundene, für die laufende Produktion nicht mehr benötigte Fertigungsvorrichtungen (§ 5 Nr. 5 Abs. 2), erwirbt der Versicherungsnehmer auf den Teil der Entschädigung, der den gemeinen Wert (§ 5 Nr. 2 c) übersteigt, einen Anspruch nur, soweit für die Verwendung der Entschädigung die Voraussetzungen gemäß Nr. 6 b oder 6 c erfüllt sind und die Wiederherstellung notwendig ist.

## § 12 Entschädigungsgrenzen; Selbstbehalt

1. Der Versicherer leistet Entschädigung je Versicherungsfall höchstens

a) bis zu der je Position vereinbarten Versicherungssumme;

b) bis zu den Entschädigungsgrenzen, die in § 4 Nr. 4 Abs. 2 Satz 2 vorgesehen oder zusätzlich vereinbart sind.

Maßgebend ist der niedrigere Betrag.

2. Bei Schäden an versicherten Gebäuden wird der nach §§ 11, 12 Nr. 1 ermittelte Betrag je Versicherungsfall um einen Selbstbehalt von 200 DM gekürzt, sofern nicht etwas anderes vereinbart ist.

## § 13 Obliegenheiten des Versicherungsnehmers im Versicherungsfall

1. Der Versicherungsnehmer hat bei Eintritt eines Versicherungsfalles

a) den Schaden dem Versicherer unverzüglich anzuzeigen, das Abhandenkommen versicherter Sachen auch der zuständigen Polizeidienststelle; gegenüber dem Versicherer gilt diese Anzeige noch als unverzüglich, wenn sie innerhalb von drei Tagen abgesandt wird;

bei Schäden über 10.000 DM sollte die Anzeige dem Versicherer gegenüber fernmündlich, fernschriftlich oder telegraphisch erfolgen;

b) der Polizeidienststelle unverzüglich ein Verzeichnis der abhandengekommenen Sachen einzureichen;

c) den Schaden nach Möglichkeit abzuwenden oder zu mindern und dabei die Weisungen des Versicherers zu befolgen; er hat, soweit die Umstände es gestatten, solche Weisungen einzuholen;

d) für zerstörte oder abhandengekommene Wertpapiere oder sonstige aufgebotsfähige Urkunden unverzüglich das Aufgebotsverfahren einzuleiten und etwaige sonstige Rechte zu wahren, insbesondere abhandengekommene Sparbücher und andere sperrfähige Urkunden unverzüglich sperren zu lassen;

e) dem Versicherer auf dessen Verlangen im Rahmen des Zumutbaren jede Untersuchung über Ursache und Höhe des Schadens und über den Umfang seiner Entschädigungspflicht zu gestatten, jede hierzu dienliche Auskunft – auf Verlangen schriftlich – zu erteilen und die erforderlichen Belege beizubringen, bei Gebäudeschäden auf Verlangen insbesondere einen beglaubigten Grundbuchauszug;

f) Veränderungen der Schadenstelle möglichst zu vermeiden, solange der Versicherer nicht zugestimmt hat;

g) dem Versicherer auf dessen Verlangen innerhalb einer angemessenen Frist von mindestens zwei Wochen ein von ihm unterschriebenes Verzeichnis aller abhandengekommenen, zerstörten oder beschädigten Sachen vorzulegen; soweit nicht Versicherung auf Erstes Risiko vereinbart ist, kann der Versicherer auch ein Verzeichnis aller unmittelbar vor Eintritt des Versicherungsfalles vorhandenen Sachen verlangen, in den Verzeichnissen ist der Versicherungswert der Sachen unmittelbar vor Eintritt des Versicherungsfalles anzugeben.

2. Verletzt der Versicherungsnehmer eine der vorstehenden Obliegenheiten, so ist der Versicherer nach Maßgabe des Versicherungsvertragsgesetzes (§§ 6 Abs. 3, 62 Abs. 2 VVG) von der Entschädigungspflicht frei. Dies gilt nicht, wenn nur die fernmündliche, fernschriftliche oder telegraphische Anzeige gemäß Nr. 1a unterbleibt.

Sind abhandengekommene Sachen der Polizeidienststelle nicht oder nicht rechtzeitig angezeigt worden, so kann der Versicherer nur für diese Sachen von der Entschädigungspflicht frei sein.

3. Hatte eine vorsätzliche Obliegenheitsverletzung Einfluß weder auf die Feststellung des Versicherungsfalles noch auf die Feststellung oder den Umfang der Entschädigung, so entfällt die Leistungsfreiheit gemäß Nr. 2, wenn die Verletzung nicht geeignet war, die Interessen des Versicherers ernsthaft zu beeinträchtigen, und wenn außerdem den Versicherungsnehmer kein erhebliches Verschulden trifft.

## § 14 Besondere Verwirkungsgründe

1. Führt der Versicherungsnehmer den Schaden vorsätzlich oder grob fahrlässig herbei, so ist der Versicherer von der Entschädigungspflicht frei.

2. Versucht der Versicherungsnehmer, den Versicherer arglistig über Tatsachen zu täuschen, die für den Grund oder für die Höhe der Entschädigung von Bedeutung sind, so ist der Versicherer von der Entschädigungspflicht frei.

Ist eine Täuschung gemäß Abs. 1 durch rechtskräftiges Strafurteil wegen Betruges oder Betrugsversuchs festgestellt, so gelten die Voraussetzungen von Abs. 1 als bewiesen.

3. Wird der Entschädigungsanspruch nicht innerhalb einer Frist von sechs Monaten gerichtlich geltend gemacht, nachdem der Versicherer ihn unter Angabe der mit dem Ablauf der Frist verbundenen Rechtsfolge schriftlich abgelehnt hat, so ist der Versicherer von der Entschädigungspflicht frei. Durch ein Sachverständigenverfahren (§ 15) wird der Ablauf der Frist für dessen Dauer gehemmt.

4. Die Bestimmung des § 12 Abs. 1 und 2 VVG bleibt unberührt.

## § 15 Sachverständigenverfahren

1. Versicherungsnehmer und Versicherer können nach Eintritt des Versicherungsfalles vereinbaren, daß die Höhe des Schadens durch Sachverständige festgestellt wird. Das Sachverständigenverfahren kann durch Vereinbarung auf sonstige tatsächliche Voraussetzungen des Entschädigungsanspruchs sowie der Höhe der Entschädigung ausgedehnt werden.

Der Versicherungsnehmer kann ein Sachverständigenverfahren auch durch einseitige Erklärung gegenüber dem Versicherer verlangen.

2. Für das Sachverständigenverfahren gilt:

a) Jede Partei benennt schriftlich einen Sachverständigen und kann dann die andere unter Angabe des von ihr benannten Sachverständigen schriftlich auffordern, den zweiten Sachverständigen zu benennen. Wird der zweite Sachverständige nicht binnen zwei Wochen nach Empfang der Aufforderung benannt, so kann ihn die auffordernde Partei durch das für den Schadenort zuständige Amtsgericht ernennen lassen. In der Aufforderung ist auf diese Folge hinzuweisen.

b) Beide Sachverständige benennen schriftlich vor Beginn des Feststellungsverfahrens einen dritten Sachverständigen als Obmann. Einigen sie sich nicht, so wird der Obmann auf Antrag einer Partei durch das für den Schadenort zuständige Amtsgericht ernannt.

c) Der Versicherer darf als Sachverständige keine Personen benennen, die Mitbewerber des Versicherungsnehmers sind oder mit diesem in Geschäftsverbindung stehen, ferner keine Personen, die bei Mitbewerbern oder Geschäftspartnern angestellt sind oder mit ihnen in einem ähnlichen Verhältnis stehen.

Dies gilt entsprechend für die Benennung eines Obmannes durch die Sachverständigen.

3. Die Feststellungen der Sachverständigen müssen enthalten

a) ein Verzeichnis der zerstörten, beschädigten und abhandengekommenen Sachen sowie deren Versicherungswert zum Zeitpunkt des Versicherungsfalles; in den Fällen von § 11 Nr. 6 ist auch der Zeitwert, in den Fällen von § 11 Nr. 7 auch der gemeine Wert anzugeben;

b) bei beschädigten Sachen die Beträge gemäß § 11 Nr. 1b;

c) alle sonstigen gemäß § 11 Nr. 1 maßgebenden Tatsachen, insbesondere die Restwerte der von dem Schaden betroffenen Sachen;

d) entstandene Kosten, die gemäß § 3 versichert sind.

4. Die Sachverständigen übermitteln beiden Parteien gleichzeitig ihre Feststellungen. Weichen die Feststellungen voneinander ab, so übergibt der Versicherer sie unverzüglich dem Obmann. Dieser entscheidet über die streitig gebliebenen Punkte innerhalb der durch die Feststellungen der Sachverständigen gezogenen Grenzen und übermittelt seine Entscheidung beiden Parteien gleichzeitig.

5. Jede Partei trägt die Kosten ihres Sachverständigen. Die Kosten des Obmannes tragen beide Parteien je zur Hälfte.

6. Die Feststellungen der Sachverständigen oder des Obmannes sind verbindlich, wenn nicht nachgewiesen wird, daß sie offenbar von der wirklichen Sachlage erheblich abweichen. Aufgrund dieser verbindlichen Feststellungen berechnet der Versicherer gemäß den §§ 11, 12 die Entschädigung.

7. Durch das Sachverständigenverfahren werden die Obliegenheiten des Versicherungsnehmers gemäß § 13 Nr. 1 nicht berührt.

## § 16 Zahlung der Entschädigung

1. Ist die Leistungspflicht des Versicherers dem Grunde und der Höhe nach festgestellt, so hat die Auszahlung der Entschädigung binnen zwei Wochen zu erfolgen. Jedoch kann einen Monat nach Anzeige des Schadens als Abschlagszahlung der Betrag beansprucht werden, der nach Lage der Sache mindestens zu zahlen ist.

2. Die Entschädigung ist seit Anzeige des Schadens mit 1 Prozent unter dem Diskontsatz der Deutschen Bundesbank zu verzinsen, mindestens jedoch mit 4 Prozent und höchstens mit 6 Prozent pro Jahr, soweit nicht aus anderen Gründen ein höherer Zins zu entrichten ist.

Die Verzinsung entfällt, soweit die Entschädigung innerhalb eines Monats seit Anzeige des Schadens gezahlt wird.

Zinsen werden erst fällig, wenn die Entschädigung fällig ist.

3. Der Lauf der Fristen gemäß Nr. 1 und Nr. 2 Abs. 1 ist gehemmt, solange infolge Verschuldens des Versicherungsnehmers die Entschädigung nicht ermittelt oder nicht gezahlt werden kann.

4. Bei Schäden an Gebäuden, an der technischen oder kaufmännischen Betriebseinrichtung oder an Gebrauchsgegenständen von Betriebsangehörigen ist für die Zahlung des über den Zeitwertschaden hinausgehenden Teils der Entschädigung der Zeitpunkt maßgebend, in dem der Versicherungsnehmer den Eintritt der Voraussetzungen von § 11 Nr. 6 dem Versicherer nachgewiesen hat.

Abs. 1 gilt entsprechend für die in § 11 Nr. 7 genannten Sachen, soweit die Entschädigung den gemeinen Wert übersteigt. Das gleiche gilt, soweit aufgrund einer sonstigen Vereinbarung ein Teil der Entschädigung von Voraussetzungen abhängt, die erst nach dem Versicherungsfall eintreten.

Zinsen für die Beträge gemäß Abs. 1 und Abs. 2 werden erst fällig, wenn die dort genannten zusätzlichen Voraussetzungen der Entschädigung festgestellt sind.

5. Der Versicherer kann die Zahlung aufschieben,

a) solange Zweifel an der Empfangsberechtigung des Versicherungsnehmers bestehen;

b) wenn gegen den Versicherungsnehmer oder einen seiner Repräsentanten aus Anlaß des Versicherungsfalles ein behördliches oder strafgerichtliches Verfahren aus Gründen eingeleitet worden ist, die auch für den Entschädigungsanspruch rechtserheblich sind, bis zum rechtskräftigen Abschluß dieses Verfahrens.

6. Die gesetzlichen Vorschriften über die Sicherung des Realkredits bleiben unberührt.

## § 17 Repräsentanten

Im Rahmen von §§ 6, 7, 9, 13 und 14 Nr. 1 und Nr. 2 stehen Repräsentanten dem Versicherungsnehmer gleich.

## § 18 Wiederherbeigeschaffte Sachen

1. Wird der Verbleib abhandengekommener Sachen ermittelt, so hat der Versicherungsnehmer dies dem Versicherer unverzüglich schriftlich anzuzeigen.

2. Hat der Versicherungsnehmer den Besitz einer abhandengekommenen Sache zurückerlangt, bevor die volle bedingungsgemäße Entschädigung für diese Sache gezahlt worden ist, so behält er den Anspruch auf die Entschädigung, falls er die Sache innerhalb von zwei Wochen dem Versicherer zur Verfügung stellt. Andernfalls ist eine für diese Sache gewährte Abschlagszahlung oder eine gemäß § 11 Nr. 6 oder Nr. 7 vorläufig auf den Zeitwertschaden oder auf den gemeinen Wert beschränkte Entschädigung zurückzuzahlen.

3. Hat der Versicherungsnehmer den Besitz einer abhandengekommenen Sache zurückerlangt, nachdem für diese Sache eine Entschädigung in voller Höhe ihres Versicherungswertes gezahlt worden ist, so hat der Versicherungsnehmer die Entschädigung zurückzuzahlen oder die Sache dem Versicherer zur Verfügung zu stellen. Der Versicherungsnehmer hat dieses Wahlrecht innerhalb von zwei Wochen nach Empfang einer schriftlichen Aufforderung des Versicherers auszuüben; nach fruchtlosem Ablauf dieser Frist geht das Wahlrecht auf den Versicherer über.

4. Hat der Versicherungsnehmer den Besitz einer abhandengekommenen Sache zurückerlangt, nachdem für diese Sache eine Entschädigung gezahlt worden ist, die bedingungsgemäß weniger als den Versicherungswert betragen hat, so kann der Versicherungsnehmer die Sache behalten und muß sodann die Entschädigung zurückzahlen. Erklärt er sich hierzu innerhalb von zwei Wochen nach Empfang einer schriftlichen Aufforderung des Versicherers nicht bereit, so hat der Versicherungsnehmer die Sache im Einvernehmen mit dem Versicherer öffentlich meistbietend verkaufen zu lassen. Von dem Erlös abzüglich der Verkaufskosten erhält der Versicherer den Anteil, welcher der von ihm geleisteten bedingungsgemäßen Entschädigung entspricht.

5. Dem Besitz einer zurückerlangten Sache steht es gleich, wenn der Versicherungsnehmer die Möglichkeit hat, sich den Besitz wieder zu verschaffen.

Ist ein Wertpapier in einem Aufgebotsverfahren für kraftlos erklärt worden, so hat der Versicherungsnehmer die gleichen Rechte und Pflichten, wie wenn er das Wertpapier zurückerlangt hätte. Jedoch kann der Versicherungsnehmer die Entschädigung behalten, soweit ihm durch Verzögerung fälliger Leistungen aus den Wertpapieren ein Zinsverlust entstanden ist.

6. Hat der Versicherungsnehmer dem Versicherer zurückerlangte Sachen zur Verfügung zu stellen, so hat er dem Versicherer den Besitz, das Eigentum und alle sonstigen Rechte zu übertragen, die ihm mit Bezug auf diese Sachen zustehen.

7. Sind wiederherbeigeschaffte Sachen beschädigt worden, so kann der Versicherungsnehmer Entschädigung gemäß § 11 Nr. 1b auch dann verlangen oder behalten, wenn die Sachen gemäß Nr. 2 bis Nr. 4 bei ihm verbleiben.

## § 19 Rechtsverhältnis nach dem Versicherungsfall

1. Die Versicherungssummen vermindern sich nicht dadurch, daß eine Entschädigung geleistet wird.

2. Nach dem Eintritt eines Versicherungsfalles kann der Versicherer oder der Versicherungsnehmer den Versicherungsvertrag kündigen.

Die Kündigung ist schriftlich zu erklären. Sie muß spätestens einen Monat nach Auszahlung der Entschädigung zugehen. Der Zahlung steht es gleich, wenn die Entschädigung aus Gründen abgelehnt wird, die den Eintritt des Versicherungsfalles unberührt lassen.

Die Kündigung wird einen Monat nach ihrem Zugang wirksam. Der Versicherungsnehmer kann bestimmen, daß seine Kündigung sofort oder zu einem anderen Zeitpunkt wirksam wird, jedoch spätestens zum Schluß des laufenden Versicherungsjahres.

## § 20 Schriftliche Form; Zurückweisung von Kündigungen

1. Anzeigen und Erklärungen bedürfen der Schriftform. Dies gilt nicht für die Anzeige eines Schadens gemäß § 13 Nr. 1 a.

2. Ist eine Kündigung des Versicherungsnehmers unwirksam, ohne daß dies auf Vorsatz oder grober Fahrlässigkeit beruht, so wird die Kündigung wirksam, falls der Versicherer sie nicht unverzüglich zurückweist.

## § 21 Agentenvollmacht

Ein Agent des Versicherers ist nur dann bevollmächtigt, Anzeigen und Erklärungen des Versicherungsnehmers entgegenzunehmen, wenn er den Versicherungsvertrag vermittelt hat oder laufend betreut.

## § 22 Gerichtsstand

Für Klagen aus dem Versicherungsverhältnis gelten die inländischen Gerichtsstände nach §§ 13, 17, 21, 29 ZPO und § 48 VVG.

## § 23 Schlußbestimmung

Soweit nicht in den Versicherungsbedingungen Abweichendes bestimmt ist, gelten die gesetzlichen Vorschriften. Dies gilt insbesondere für die im Anhang aufgeführten Gesetzesbestimmungen, die nach Maßgabe der Versicherungsbedingungen Inhalt des Versicherungsvertrages sind.

# Klauseln für die Sturm-Versicherung

## 1000 – Gemeinsame Klauseln für die Feuer-, Einbruchdiebstahl- und Raub-, Leitungswasser- und Sturm-Versicherung

### 1100 – Versicherte Gefahren und Schäden

#### 1101 Schäden durch radioaktive Isotope

In die Versicherung sind Schäden an den versicherten Sachen eingeschlossen, die als Folge eines unter die Versicherung fallenden Schadenereignisses durch auf dem Versicherungsgrundstück betriebsbedingt vorhandene oder verwendete radioaktive Isotope entstehen, insbesondere Schäden durch Kontamination und Aktivierung. Dies gilt nicht für radioaktive Isotope von Kernreaktoren.

Kosten für Abbruch, Aufräumung, Abfuhr und Isolierung radioaktiv verseuchter Sachen infolge eines Versicherungsfalles nach Abs. 1 werden nur ersetzt, soweit dies besonders vereinbart ist und soweit die Maßnahmen gesetzlich geboten sind.

### 1200 – Versicherte Sachen

#### 1201 Ausschluß von fremdem Eigentum

Abweichend von den dem Vertrag zugrunde liegenden Allgemeinen Versicherungsbedingungen entfällt der Einschluß fremden Eigentums, das dem Versicherungsnehmer zur Bearbeitung, Benutzung oder Verwahrung oder zum Verkauf in Obhut gegeben wurde.

#### 1202 Fremdes Eigentum – weisungsgemäße Versicherung

Abweichend von den dem Vertrag zugrunde liegenden Allgemeinen Versicherungsbedingungen ist fremdes Eigentum nur mitversichert, soweit es seiner Art nach zu den versicherten Sachen gehört und dem Versicherungsnehmer zur Bearbeitung, Benutzung oder Verwahrung oder zum Verkauf oder zu sonstigen Zwecken in Obhut gegeben wurde, und soweit dieser gegenüber dem Eigentümer nachweislich zum Abschluß der Versicherung verpflichtet ist.

#### 1203 Ausstellungsware in fremdem Eigentum

Abweichend von den dem Vertrag zugrunde liegenden Allgemeinen Versicherungsbedingungen ist fremdes Eigentum auch versichert, soweit es seiner Art nach zu den versicherten Sachen gehört und dem Versicherungsnehmer zu sonstigen Zwecken in Obhut gegeben wurde. Dies gilt nicht, soweit der Versicherungsnehmer nachweislich, insbesondere mit dem Eigentümer vereinbart, daß die fremden Sachen durch den Versicherungsnehmer nicht versichert zu werden brauchen.

#### 1204 Pfandleihen

1. Der Versicherer leistet Entschädigung für Pfandsachen nur, soweit der Versicherungsnehmer dem Verpfänder Schadenersatz leisten muß oder soweit er seine Ansprüche auf Darlehensrückzahlung, Zinsen oder Lagerspesen verloren hat.

2. Versicherungswert und Grenze der Entschädigung ist der in einem Pfandbuch eingetragene Schätzwert der Pfandsachen. §§ 55, 87 Satz 2 VVG (Bereicherungsverbot) bleiben unberührt.

3. Der Versicherungsnehmer hat die Pfandbücher nach Geschäftsschluß so aufzubewahren, daß sie im Versicherungsfall voraussichtlich nicht gleichzeitig mit den Pfandsachen zerstört oder beschädigt werden oder abhandenkommen können.

4. Im übrigen gelten für Pfandsachen Vereinbarungen über die Versicherung fremden Eigentums nicht.

#### 1205 Bauunternehmer-Arbeitsgemeinschaften

1. Sachen, die im Eigentum einer Arbeitsgemeinschaft stehen oder deren Betrieb dienen und die unter die versicherten Positionen fallen, sind abweichend von den dem Vertrag zugrunde liegenden Allgemeinen Versicherungsbedingungen auch versichert, wenn sie sich nicht in der Obhut des Versicherungsnehmers befinden. Soweit nicht der Versicherungsnehmer die Sachen beigestellt hat, sind sie jedoch nur in Höhe der Beteiligung des Versicherungsnehmers an der Arbeitsgemeinschaft versichert. Sachen, die andere Teilhaber der Arbeitsgemeinschaft beigestellt haben, sind nicht versichert.

2. Sind Bargeld oder Urkunden auf Baustellen gegen Einbruchdiebstahl oder Raub versichert, so ermäßigt sich für Baustellen von Arbeitsgemeinschaften die vereinbarte Versicherungssumme im Verhältnis der Beteiligung des Versicherungsnehmers an der Arbeitsgemeinschaft.

#### 1206 Eingelagerte Hausratgegenstände

Soweit nicht etwas anderes vereinbart ist, sind von der Versicherung eingelagerter Hausratgegenstände ausgeschlossen

a) Bargeld;

b) Urkunden, z.B. Sparbücher und sonstige Wertpapiere;

c) Briefmarken;

d) Münzen und Medaillen;

e) unbearbeitete Edelmetalle sowie Sachen aus Edelmetallen, ausgenommen Sachen, die dem Raumschmuck dienen;

f) Schmucksachen, Perlen und Edelsteine;

g) Sammlungen.

#### 1207 Edelmetalle in Zahnpraxen und Zahnlabors

Abweichend von den dem Vertrag zugrunde liegenden Allgemeinen Versicherungsbedingungen sind bis zu der vereinbarten Entschädi-

gungsgrenze verarbeitete und unverarbeitete Edelmetalle in Zahnpraxen und Zahnlabors auch dann versichert, wenn sich die Sachen nicht in einem Behältnis befinden.

**1208 Geldausgabeautomaten**

Sind abweichend von den dem Vertrag zugrunde liegenden Allgemeinen Versicherungsbedingungen Geldausgabeautomaten versichert, so erstreckt sich die Versicherung nicht auf die elektronische Ausrüstung. Dies gilt jedoch nicht für Rückgeldgeber und Geldwechsler, die nur für den Einwurf und die Ausgabe von Münzen bestimmt sind.

## 1300 – Versicherte Kosten

**1301 Preisdifferenz-Versicherung**

1. Abweichend von den dem Vertrag zugrunde liegenden Allgemeinen Versicherungsbedingungen sind Erhöhungen des Schadenaufwands durch Mehrkosten infolge Preissteigerungen mitversichert.

2. Ersetzt werden bis zu der hierfür vereinbarten Versicherungssumme die tatsächlich entstandenen Mehrkosten durch Preissteigerungen zwischen dem Eintritt des Versicherungsfalles und der Wiederherstellung oder Wiederbeschaffung.

3. Wenn der Versicherungsnehmer die Wiederherstellung oder Wiederbeschaffung nicht unverzüglich veranlaßt, werden die Mehrkosten nur in dem Umfang ersetzt, in dem sie auch bei unverzüglicher Wiederherstellung oder Wiederbeschaffung entstanden wären.

4. Mehrkosten infolge von außergewöhnlichen Ereignissen, behördlichen Wiederaufbau- oder Betriebsbeschränkungen oder Kapitalmangel werden nicht ersetzt.

5. Ist der Zeitwert Versicherungswert, so werden auch die Mehrkosten nur im Verhältnis des Zeitwerts zum Neuwert ersetzt; dies gilt nicht bei beschädigten Sachen. Ist nach einer vertraglichen Wiederherstellungsvereinbarung nur der Zeitwertschaden zu erstatten, so werden die Mehrkosten nicht ersetzt.

6. Besteht Unterversicherung für eine vom Schaden betroffene Position, für welche die Mehrkosten durch Preissteigerungen nach Nr. 1 versichert sind, so wird der nach Nr. 2 bis Nr. 5 ermittelte Betrag nur anteilig ersetzt.

**1302 Sachverständigenkosten**

Übersteigt der entschädigungspflichtige Schaden den vereinbarten Betrag, so ersetzt der Versicherer bis zu der hierfür vereinbarten Versicherungssumme von den nach den dem Vertrag zugrunde liegenden Allgemeinen Versicherungsbedingungen durch den Versicherungsnehmer zu tragenden Kosten des Sachverständigenverfahrens den vereinbarten Anteil.

**1303 Erweiterte Bewegungs- und Schutzkostenversicherung**

Abweichend von den dem Vertrag zugrunde liegenden Allgemeinen Versicherungsbedingungen sind auch Bewegungs- und Schutzkosten versichert, die der Wiederherstellung oder Wiederbeschaffung von Sachen dienen, welche durch einen anderen Vertrag gegen dieselbe Gefahr versichert sind.

## 1400 – Versicherungsort

**1401 Freizügigkeit zwischen Versicherungsorten mit je einer Versicherungssumme**

1. Zwischen den Versicherungsorten besteht Freizügigkeit.

2. Dies gilt nicht für Versicherungssummen auf Erstes Risiko und nicht für Entschädigungsgrenzen.

**1402 Freizügigkeit zwischen Versicherungsorten mit gemeinsamer Versicherungssumme**

Sind Versicherungssummen auf Erstes Risiko oder Entschädigungsgrenzen als Vomhundertsätze der gemeinsamen Versicherungssumme vereinbart, so werden diese Versicherungssummen und Entschädigungsgrenzen je Versicherungsort aus einem Durchschnittsbetrag errechnet, der durch Teilung der gemeinsamen Versicherungssumme durch die Anzahl der Versicherungsorte zu ermitteln ist.

**1403 Abhängige Außenversicherung bei Heimarbeitern**

1. Sachen, die der Versicherungsnehmer Heimarbeitern übergibt, sind bis zu der hierfür vereinbarten besonderen Versicherungssumme auch in den Räumen der Heimarbeiter versichert.

2. § 56 VVG und die Bestimmungen über Unterversicherung in den dem Vertrag zugrunde liegenden Allgemeinen Versicherungsbedingungen gelten auch für die besondere Versicherungssumme gemäß Nr. 1.

3. Bei Berechnung einer Unterversicherung für die gesamte Position, zu der die Außenversicherung vereinbart ist, sind auch die gemäß Nr. 1 in den Räumen der Heimarbeiter versicherten Sachen zu berücksichtigen.

4. Nr. 2 und Nr. 3 sind nicht nebeneinander anzuwenden. Anzuwenden ist diejenige Bestimmung, die zu der niedrigeren Entschädigung führt.

5. Der Versicherungsnehmer hat über die in den Räumen der Heimarbeiter versicherten Sachen (Nr. 1) Verzeichnisse mit Wertangabe zu führen. Bei Sachen, die der Heimarbeiter herstellt oder verarbeitet, ist der Wert der bearbeiteten Erzeugnisse anzugeben. Verletzt der Versicherungsnehmer diese Obliegenheit, so kann er Entschädigung nur verlangen, soweit er das Vorhandensein, die Beschaffenheit und den Versicherungswert der Sachen auch ohne das Verzeichnis nachweisen kann.

6. Ein Verhalten der Heimarbeiter, das einen Schaden an den Sachen gemäß Nr. 1 verursacht, steht einem Verhalten des Versicherungsnehmers gleich.

**1404 Abhängige Außenversicherung**

1. Sachen, für die Außenversicherung vereinbart ist, sind bis zu der hierfür vereinbarten besonderen Versicherungssumme oder Entschädigungsgrenze auch außerhalb des Versicherungsorts versichert.

2. In der Einbruchdiebstahlversicherung bleibt die Gebäudegebundenheit gemäß § 1 AERB 87 unberührt.

3. In der Sturmversicherung gilt die Außenversicherung abweichend von § 4 Nr. 2 AStB 87 nur, wenn sich die Sachen in Gebäuden befinden.

4. Die Außenversicherung gilt, soweit nicht etwas anderes vereinbart ist, nur innerhalb der Bundesrepublik Deutschland.

5. Wenn nichts anderes vereinbart ist, wird Entschädigung nur geleistet, soweit Entschädigung nicht aus einem anderen Versicherungsvertrag beansprucht werden kann. Meldet der Versicherungsnehmer den Schaden zu diesem Vertrag, so wird dieser Versicherer auf jeden Fall in Vorleistung treten.

Ist danach die Entschädigung oder eine Abschlagszahlung gemäß § 16 Nr. 1 AFB 87, AERB 87, AWB 87, AStB 87 nur deshalb noch nicht fällig, weil ohne Verschulden des Versicherungsnehmers die Entschädigungspflicht aus dem anderen Versicherungsvertrag ganz oder teilweise noch nicht geklärt ist, so wird der Versicherer unter Vorbehalt der Rückforderung mit Zinsen 1 Prozent unter dem jewei-

ligen Diskontsatz der Deutschen Bundesbank, mindestens jedoch 4 Prozent und höchstens 6 Prozent pro Jahr, eine vorläufige Zahlung leisten.

6. Ist der Prämiensatz für die besondere Versicherungssumme gemäß Nr. 1 höher als für die Position, zu der die Außenversicherung vereinbart ist, so gilt § 11 Nr. 3 AFB 87, AERB 87 bzw. § 11 Nr. 4 AWB 87, AStB 87 (Unterversicherung) auch für diese besondere Versicherungssumme.

7. Bei Berechnung einer Unterversicherung für die Position, zu der die Außenversicherung vereinbart ist, sind auch die gemäß Nr. 1 außerhalb des Versicherungsorts versicherten Sachen zu berücksichtigen, jedoch nur bis zu der dort genannten Entschädigungsgrenze.

8. Nr. 6 und Nr. 7 sind nicht nebeneinander anzuwenden. Anzuwenden ist diejenige Bestimmung, die zu der niedrigeren Entschädigung führt.

**1405 Selbständige Außenversicherung**

1. Sind Sachen außerhalb des Versicherungsorts durch eine besondere Position versichert (selbständige Außenversicherung), so gilt, soweit nicht etwas anderes vereinbart ist, diese Versicherung nur innerhalb der Bundesrepublik Deutschland.

2. In der Einbruchdiebstahlversicherung bleibt die Gebäudegebundenheit gemäß § 1 AERB 87 unberührt.

3. In der Sturmversicherung gilt die Außenversicherung abweichend von § 4 Nr. 2 AStB 87 nur, wenn sich die Sachen in Gebäuden befinden.

4. Wenn nichts anderes vereinbart ist, wird Entschädigung nur geleistet, soweit Entschädigung nicht aus einem anderen Versicherungsvertrag beansprucht werden kann. Meldet der Versicherungsnehmer den Schaden zu diesem Vertrag, so wird dieser Versicherer auf jeden Fall in Vorleistung treten.

Ist danach die Entschädigung oder eine Abschlagszahlung gemäß § 16 Nr. 1 AFB 87, AERB 87, AWB 87, AStB 87 nur deshalb noch nicht fällig, weil ohne Verschulden des Versicherungsnehmers die Entschädigungspflicht aus dem anderen Versicherungsvertrag ganz oder teilweise noch nicht geklärt ist, so wird der Versicherer unter Vorbehalt der Rückforderung mit Zinsen 1 Prozent unter dem jeweiligen Diskontsatz der Deutschen Bundesbank, mindestens jedoch 4 Prozent und höchstens 6 Prozent pro Jahr, eine vorläufige Zahlung leisten.

## 1500 – Versicherungswert

**1501 Verkaufspreis für verkaufte lieferungsfertige eigene Erzeugnisse**

1. Soweit dies vereinbart wurde, ist Versicherungswert der vom Versicherungsnehmer ganz oder teilweise selbst hergestellten lieferungsfertigen Erzeugnisse, die verkauft, dem Käufer aber noch nicht übergeben sind, der vereinbarte Verkaufspreis abzüglich der durch Nichtlieferung ersparten Kosten. Satz 1 gilt nicht, soweit der Käufer die Abnahme verweigern kann.

2. Wenn der Versicherungsnehmer den Käufer trotz des Versicherungsfalls in Erfüllung des Kaufvertrages zum vereinbarten Preis beliefert, so werden für den Versicherungswert die dem Versicherungsnehmer entstehenden Kosten der Neuherstellung oder bei Ankauf auf dem Markt der Marktpreis zugrunde gelegt, beide berechnet auf den Zeitpunkt des Eintritts des Versicherungsfalls, jedoch mindestens der Verkaufspreis gemäß Nr. 1.

3. Ist nur ein Teil der Erzeugnisse einer bestimmten Gattung verkauft und war dieser Teil bei Eintritt des Versicherungsfalls noch nicht ausgesondert, so wird der Versicherungswert nur für diesen Teil der Gesamtmenge nach Nr. 1 und Nr. 2 ermittelt. Schäden an einem Teil der Gesamtmenge werden anteilig dem verkauften und dem nicht verkauften Teil der Gesamtmenge zugerechnet.

4. § 55 VVG (Bereicherungsverbot) bleibt unberührt.

**1502 Verkaufspreis für lieferungsfertige eigene Erzeugnisse**

1. Versicherungswert der vom Versicherungsnehmer ganz oder teilweise selbst hergestellten, lieferungsfertigen, aber noch nicht verkauften Erzeugnisse ist der erzielbare Verkaufspreis abzüglich der durch Nichtlieferung ersparten Kosten. Satz 1 gilt jedoch nur, soweit die Erzeugnisse ihrer Art nach bereits eingeführt und voll marktgängig sind.

2. Überpreise, die nur aufgrund besonderer Verbundenheit von Unternehmen erzielbar sind, bleiben unberücksichtigt.

**1503 Verkaufspreis bei Großhandelsbetrieben**

Versicherungswert von Großhandelsware, die verkauft, dem Käufer aber noch nicht übergeben ist, ist der vereinbarte Verkaufspreis abzüglich der durch Nichtlieferung ersparten Kosten, falls der Versicherungsnehmer Ware in gleicher Art und Güte weder aus unversehrt gebliebenen Beständen liefern noch auf dem Markt erhalten kann. Satz 1 gilt nicht, soweit der Käufer die Abnahme verweigern kann.

**1504 Verkaufspreis für Tabake**

1. Versicherungswert von Tabaken, die durch den Versicherungsnehmer verkauft, dem Käufer aber noch nicht übergeben sind, ist der vereinbarte Verkaufspreis abzüglich der durch Nichtlieferung ersparten Kosten. Satz 1 gilt nicht, soweit der Käufer die Abnahme verweigern kann. Bei Verkauf von Tabaken vor Beendigung der Fermentation werden Zusatzvereinbarungen im Kaufvertrag für den Versicherungswert berücksichtigt.

2. Ist nur ein Teil der im Versicherungsort vorhandenen Tabake verkauft und war dieser Teil bei Eintritt des Versicherungsfalls noch nicht ausgesondert, so wird der Versicherungswert nur für diesen Teil der Gesamtmenge nach Nr. 1 ermittelt. Schäden an einem Teil der Gesamtmenge werden anteilig dem verkauften und dem noch nicht verkauften Teil der Gesamtmenge zugerechnet.

3. § 55 VVG (Bereicherungsverbot) bleibt unberührt.

**1505 Biervorräte von Brauereien**

1. Wenn der Versicherungsnehmer wegen eines Versicherungsfalls Ersatz in gleicher Art und Güte für selbst hergestellte Biervorräte auf dem Markt beschaffen muß, um seine Kunden beliefern zu können, wird für den Versicherungswert der gesamten vom Schaden betroffenen und der gesamten vom Schaden nicht betroffenen Biervorräte der Einkaufspreis am Tag des Schadens zugrunde gelegt.

2. Soweit die Biervorräte bereits verkauft sind, gilt die Vereinbarung „Verkaufspreis für verkaufte lieferungsfertige eigene Erzeugnisse".

**1506 Malzvorräte von Brauereien**

Wenn der Versicherungsnehmer wegen eines Versicherungsfalls Ersatz in gleicher Art und Güte für selbst hergestellte Malzvorräte auf dem Markt beschaffen muß, um den ungestörten Weiterbetrieb seiner Brauerei zu ermöglichen, wird für den Versicherungswert der gesamten vom Schaden betroffenen und der gesamten vom Schaden nicht betroffenen Malzvorräte der Einkaufspreis am Tag des Schadens zugrunde gelegt.

**1507 Malzvorräte von Handelsmälzereien**

1. Wenn der Versicherungsnehmer wegen eines Versicherungsfalls Ersatz in gleicher Art und Güte für selbst hergestellte Malzvorräte auf dem Markt beschaffen muß, um seine Kunden beliefern zu können, wird für den Versicherungswert der gesamten vom Schaden betroffenen und der gesamten vom Schaden nicht betroffenen Malzvorräte der Einkaufspreis am Tag des Schadens zugrunde gelegt.

2. Soweit die Malzvorräte bereits verkauft sind, gilt die Vereinbarung „Versicherungswert für verkaufte lieferungsfertige eigene Erzeugnisse".

**1508 Kunstgegenstände**

1. Versicherungswert von Kunstgegenständen ist der Preis für das Anfertigen einer qualifizierten Kopie.

2. Für den Versicherungswert von Gebäuden sind Kunstgegenstände nur mit dem Preis für das Anfertigen qualifizierter Kopien zu berücksichtigen.

**1509 Steuer und Zoll als Teil des Versicherungswerts**

Steuer und Zoll werden für den Versicherungswert nur bei Vorräten berücksichtigt, die vor Eintritt des Versicherungsfalls versteuert oder verzollt waren oder für die wegen des Versicherungsfalls Steuer oder Zoll zu entrichten ist.

**1510 Versicherungssumme für Steuer und Zoll**

1. Versicherungswert der Position für Steuer und Zoll ist der volle Betrag, der für die unter einer besonders bezeichneten Position versicherten Vorräte bei ihrer Versteuerung oder Verzollung zu entrichten sein würde.

2. Entschädigung wird jedoch nur geleistet, soweit wegen des Versicherungsfalls Steuer oder Zoll zu entrichten ist.

**1511 Vorschätzungen**

1. Eine Schätzung versicherter Gebäude oder Maschinen durch einen Sachverständigen, dessen Gutachten zum Gegenstand des Versicherungsvertrages gemacht worden ist, gilt als Nachweis des Versicherungswertes nur bis zu dem vereinbarten Tag.

2. Bei Versicherungsfällen nach diesem Tag ist insbesondere zu prüfen, ob sich der Versicherungswert geändert hat durch

a) Zu- oder Abgänge von Gegenständen;

b) Veränderungen von Arbeitslöhnen oder Materialpreisen;

c) Alter oder Abnutzung;

d) sonstige Umstände, die nach den dem Vertrag zugrunde liegenden Allgemeinen Versicherungsbedingungen für den Versicherungswert von Bedeutung sind.

**1512 Video-Mietkassetten**

1. Versicherungswert für Video-Kassetten, die gewerbsmäßig vermietet werden, ist der Zeitwert.

2. Der Versicherungsnehmer hat über den jeweiligen Bestand an versicherten Video-Kassetten ein Gesamtverzeichnis zu führen.

3. Der Versicherungsnehmer hat außerdem die Anzahl der Vermiet-Vorgänge je Kassette in einem Verzeichnis festzuhalten.

4. Die Verzeichnisse sind so aufzubewahren, daß sie im Versicherungsfall voraussichtlich nicht gleichzeitig mit den Kassetten zerstört oder beschädigt werden oder abhandenkommen können.

5. Nr. 2 bis Nr. 4 sind Obliegenheiten im Sinne von § 7 AFB 87, AERB 87, AWB 87 und AStB 87.

## 1600 – Vorvertragliche Anzeige; Gefahrerhöhung; Obliegenheiten

**1601 Erweiterte Anerkennung**

1. Der Versicherer erkennt an, daß ihm alle Umstände bekannt geworden sind, die im Zeitpunkt der Antragstellung gegeben und für die Übernahme der Gefahr erheblich waren.

2. Dies gilt jedoch nicht für Umstände, die arglistig verschwiegen worden sind.

**1602 Büchereien**

1. Der Versicherungsnehmer hat für den jeweiligen Bestand der versicherten Bücher ein Gesamtverzeichnis zu führen.

2. Außerdem hat er je ein Verzeichnis der verliehenen und der geliehenen Bücher zu führen.

3. Die Verzeichnisse sind so aufzubewahren, daß sie im Versicherungsfall voraussichtlich nicht gleichzeitig mit den Büchern zerstört oder beschädigt werden oder abhandenkommen können.

**1603 Anzeige von Gefahrerhöhungen bei Bestehen einer Versicherungsabteilung**

Hat der Versicherungsnehmer eine Versicherungsabteilung eingerichtet, die Gewähr dafür bietet, daß vertragserhebliche Tatsachen regelmäßig erfaßt werden, so gilt die Anzeige von Gefahrerhöhungen als rechtzeitig, wenn sie unverzüglich erstattet wird, nachdem die Versicherungsabteilung des Versicherungsnehmers Kenntnis von der Erhöhung der Gefahr erlangt hat. Der Versicherungsnehmer hat dafür zu sorgen, daß die jeweils zuständigen Stellen des Betriebes die erforderlichen Meldungen an die Versicherungsabteilung unverzüglich erstatten.

## 1700 – Entschädigung (Versicherungssumme; Unterversicherung; Selbstbehalte; Entschädigungsgrenzen)

**1701 Summenanpassung für die Versicherung beweglicher Sachen**

1. Die Versicherungssumme für Positionen, zu denen dies besonders vereinbart ist, erhöht oder vermindert sich zur Anpassung an Wertänderungen der versicherten Sachen mit Beginn eines jeden Versicherungsjahres entsprechend dem Vomhundertsatz, um den sich der Index der Erzeugerpreise gewerblicher Produkte im vergangenen Kalenderjahr gegenüber dem davor liegenden Kalenderjahr verändert hat. Der Vomhundertsatz wird auf eine Stelle hinter dem Komma gerundet. Maßgebend ist der vom Statistischen Bundesamt jeweils für den Monat September festgestellte und veröffentlichte Index.

2. Die gemäß Nr. 1 berechnete Versicherungssumme wird auf volle 1000 DM aufgerundet. Die neue Versicherungssumme und die geänderte Prämie werden dem Versicherungsnehmer jeweils bekanntgegeben.

3. Die Versicherungssumme bleibt unverändert, wenn der gemäß Nr. 1 Satz 1 maßgebende Vomhundertsatz unter 3 liegt. Jedoch ist dann für die nächste Veränderung ein Vergleich zwischen dem ver-

gangenen Kalenderjahr und demjenigen Kalenderjahr maßgebend, das zuletzt für eine Summenänderung berücksichtigt wurde.

4. Die aus der Versicherungssumme gemäß Nr. 2 sich ergebende erhöhte Prämie darf die im Zeitpunkt der Erhöhung geltende Tarifprämie nicht übersteigen. Diese Grenze gilt jedoch nur, wenn sich die neue Tarifprämie auf eine unveränderte Gruppe versicherbarer Risiken bezieht.

5. Solange Anpassung der Versicherungssumme nach vorliegenden Bestimmungen vereinbart ist, erhöht sich vom Zeitpunkt dieser Vereinbarung an die jeweilige Versicherungssumme um einen Vorsorgebetrag von 5 Prozent.

6. § 56 VVG und die Bestimmungen über Unterversicherung in den dem Vertrag zugrunde liegenden Versicherungsbedingungen bleiben unberührt.

7. Innerhalb eines Monats nach Zugang der Mitteilung über die geänderte Versicherungssumme kann der Versicherungsnehmer durch schriftliche Erklärung die ihm mitgeteilte Veränderung rückwirkend aufheben. Will der Versicherungsnehmer zugleich die Erklärung gemäß Nr. 8 abgeben, so muß dies deutlich zum Ausdruck kommen.

8. Versicherungsnehmer und Versicherer können unter Einhaltung einer Frist von drei Monaten zum Ende des laufenden Versicherungsjahres durch schriftliche Erklärung verlangen, daß die Bestimmungen über die Summenanpassung für die Versicherung von beweglichen Sachen künftig nicht mehr anzuwenden sind.

9. Das Recht auf Herabsetzung der Versicherungssumme wegen erheblicher Überversicherung (§ 51 Abs. 1 VVG) bleibt unberührt.

**1702 Verzicht auf den Einwand der Unterversicherung**

1. § 56 VVG und die Bestimmungen über Unterversicherung in den dem Vertrag zugrunde liegenden Allgemeinen Versicherungsbedingungen sind nicht anzuwenden, wenn der Schaden 1 Prozent des Gesamtbetrages der Versicherungssummen nicht übersteigt und nicht mehr als den vereinbarten Betrag beträgt.

2. Der Unterversicherungsverzicht gilt nicht für Vorräte, für die Stichtagsversicherung vereinbart ist, und nicht für die Außenversicherung.

3. Versicherungssummen auf Erstes Risiko, für Vorräte, für die Stichtagsversicherung vereinbart ist, und für die Außenversiche- rung werden bei Feststellung des Gesamtbetrages der Versicherungssummen gemäß Nr. 1 nicht berücksichtigt.

**1703 Vorsorgeversicherungssumme**

1. Die Vorsorgeversicherungssumme verteilt sich auf die Versicherungssummen der Positionen, für die sie vereinbart ist und bei denen Unterversicherung besteht oder bei denen die Versicherungssumme wegen entstandener Aufwendungen für Abwendung oder Minderung des Schadens nicht ausreicht.

2. Für die Aufteilung ist das Verhältnis der Beträge maßgebend, um die die Versicherungswerte der einzelnen Positionen die Versicherungssummen übersteigen, und zwar ohne Rücksicht darauf, welche Positionen durch den Versicherungsfall betroffen sind.

**1704 Summenausgleich**

1. Soweit die Versicherungssummen der einzelnen Positionen die dazugehörenden Versicherungswerte übersteigen, werden die überschießenden Summenanteile auf diejenigen Positionen aufgeteilt, bei denen nach Aufteilung einer Vorsorgeversicherungssumme Unterversicherung besteht oder bei denen die Versicherungssumme wegen entstandener Aufwendungen für Abwendung oder Minderung des Schadens nicht ausreicht. Die Aufteilung findet nur zugunsten von Positionen statt, für die gleich hohe oder niedrigere Prämiensätze vereinbart sind.

2. Für die Aufteilung ist das Verhältnis der Beträge maßgebend, um die die Versicherungswerte der einzelnen Positionen die Versicherungssummen übersteigen, und zwar ohne Rücksicht darauf, welche Positionen durch den Versicherungsfall betroffen sind.

3. Bei Positionen, zu denen eine Wertzuschlagsklausel vereinbart ist, gilt als Versicherungssumme die Grundsumme zuzüglich des einfachen Wertzuschlags.

4. Vom Summenausgleich ausgenommen sind

a) Vorräte, für die Stichtagsversicherung vereinbart ist;

b) Versicherungssummen gemäß der Vereinbarung „Vorsorgeversicherung für Bestandserhöhungen";

c) Versicherungssummen auf Erstes Risiko (Erste Gefahr).

5. Sind für mehrere Grundstücke gesonderte Versicherungssummen vereinbart, so erfolgt der Summenausgleich nur zwischen den Positionen der einzelnen Grundstücke.

**1705 Stichtagsversicherung für Vorräte**

1. Entschädigungsgrenze für die versicherten Vorräte ist die vereinbarte Versicherungssumme.

2. Der Versicherungswert, den die versicherten Vorräte an dem vereinbarten Stichtag eines jeden Monats haben (Stichtagswert), ist dem Versicherer jeweils innerhalb von 10 Tagen oder innerhalb einer vereinbarten anderen Frist nach diesem Stichtag zu melden (Stichtagssumme).

Solange für einen Stichtag trotz Fristablaufs keine Meldung erfolgt ist, gilt auch für diesen Stichtag die zuletzt gemeldete Stichtagssumme. Geht bereits die erste Stichtagsmeldung dem Versicherer nicht rechtzeitig zu, so sind die Vorräte ab Fristablauf bis zum Eingang der Meldung nur mit der Hälfte der Versicherungssumme versichert.

3. Der Versicherungsnehmer hat eine infolge Schreib-, Rechen- oder Hörfehlers versehentlich falsch erstattete Meldung unverzüglich zu berichtigen. Ist inzwischen ein Versicherungsfall eingetreten, so hat er das Versehen nachzuweisen.

4. Ist die letzte vor Eintritt des Versicherungsfalls gemeldete Stichtagssumme niedriger als der Stichtagswert, für den die Stichtagssumme gemeldet wurde oder gemäß Nr. 2 Abs. 2 Satz 1 als gemeldet gilt, so wird nur der Betrag ersetzt, der sich zu dem ganzen Schaden verhält wie die gemeldete Stichtagssumme zum Stichtagswert.

5. Der Stichtagswert ist auch dann in voller Höhe zu melden, wenn er die Versicherungssumme übersteigt. Die Meldung gilt, wenn der Versicherungsnehmer nicht etwas anderes bestimmt hat, als Antrag auf Erhöhung der Versicherungssumme auf den gemeldeten Betrag ab Zugang der Meldung. Der Versicherungsnehmer ist an den Antrag zwei Wochen gebunden. Lehnt der Versicherer den Antrag nicht innerhalb dieser Frist ab, so gilt er als angenommen.

6. Soweit in den Fällen von Nr. 5 der Versicherungsnehmer erklärt, eine höhere Versicherungssumme werde nicht beantragt, oder soweit der Versicherer den Antrag abgelehnt hat, wird bei Versicherungsfällen bis zur nächsten Stichtagsmeldung nur der Betrag ersetzt, der sich zu dem ganzen Schaden verhält wie die Versicherungssumme zum Stichtagswert.

7. Neben Nr. 4 und Nr. 6 sind § 56 VVG und die Bestimmungen über Unterversicherung in den dem Vertrag zugrunde liegenden Allgemeinen Versicherungsbedingungen nicht anzuwenden.

8. Auf die Prämie ist eine Vorauszahlung aus der Hälfte der Versicherungssumme für das ganze Versicherungsjahr zu leisten. Die endgültige Prämie wird zum Ende des Versicherungsjahres aus dem Durchschnitt der gemeldeten Stichtagssummen und dem diesem Durchschnitt entsprechenden Prämiensatz berechnet; eine tarifliche Mindestprämie ist zu berücksichtigen. Soweit in den Fällen von Nr. 5 der Versicherungsnehmer erklärt, eine höhere Versicherungssumme werde nicht beantragt, oder soweit der Versicherer den Antrag ablehnt, bleibt der die Versicherungssumme übersteigende Teil der gemeldeten Stichtagssummen für die Prämie unberücksichtigt.

Ergibt sich während des Versicherungsjahres, daß die Vorauszahlung verbraucht ist, so kann der Versicherer eine weitere angemessene Vorauszahlung verlangen, jedoch nicht mehr als die Hälfte der ersten Vorauszahlung.

**1706 Stichtagsversicherung für Speditionsgüter**

1. Entschädigungsgrenze für die versicherten Speditionsgüter ist die vereinbarte Versicherungssumme.

2. Der Versicherungswert, den die versicherten Speditionsgüter an dem vereinbarten Stichtag eines jeden Monats haben (Stichtagswert), ist dem Versicherer jeweils innerhalb von 10 Tagen oder innerhalb einer vereinbarten anderen Frist nach diesem Stichtag zu melden (Stichtagssumme). Solange für einen Stichtag trotz Fristablaufs keine Meldung erfolgt ist, gilt auch für diesen Stichtag die zuletzt gemeldete Stichtagssumme. Geht bereits die erste Stichtagsmeldung dem Versicherer nicht rechtzeitig zu, so sind die Speditionsgüter ab Fristablauf bis zum Eingang der Meldung nur mit der Hälfte der Versicherungssumme versichert.

3. Der Versicherungsnehmer hat eine infolge Schreib-, Rechen- oder Hörfehlers versehentlich falsch erstattete Meldung unverzüglich zu berichtigen. Ist inzwischen ein Versicherungsfall eingetreten, so hat er das Versehen nachzuweisen.

4. Ist die letzte vor Eintritt des Versicherungsfalls gemeldete Stichtagssumme niedriger als der Stichtagswert, für den die Stichtagssumme gemeldet wurde oder gemäß Nr. 2 Abs. 2 Satz 1 als gemeldet gilt, so wird nur der Betrag ersetzt, der sich zu dem ganzen Schaden verhält wie die gemeldete Stichtagssumme zum Stichtagswert.

5. Der Stichtagswert ist auch dann in voller Höhe zu melden, wenn er die Versicherungssumme übersteigt. Die Meldung gilt, wenn der Versicherungsnehmer nicht etwas anderes bestimmt hat, als Antrag auf Erhöhung der Versicherungssumme auf den gemeldeten Betrag ab Zugang der Meldung. Der Versicherungsnehmer ist an den Antrag zwei Wochen gebunden. Lehnt der Versicherer den Antrag nicht innerhalb dieser Frist ab, so gilt er als angenommen.

6. Soweit in den Fällen von Nr. 5 der Versicherungsnehmer erklärt, eine höhere Versicherungssumme werde nicht beantragt, oder soweit der Versicherer den Antrag abgelehnt hat, wird bei Versicherungsfällen bis zur nächsten Stichtagsmeldung nur der Betrag ersetzt, der sich zu dem ganzen Schaden verhält wie die Versicherungssumme zum Stichtagswert.

7. Neben Nr. 4 und Nr. 6 sind § 56 VVG und die Bestimmungen über Unterversicherung in den dem Vertrag zugrunde liegenden Allgemeinen Versicherungsbedingungen nicht anzuwenden.

8. Auf die Prämie ist eine Vorauszahlung aus der Hälfte der Versicherungssumme für das ganze Versicherungsjahr zu leisten. Die endgültige Prämie wird zum Ende des Versicherungsjahres aus dem Durchschnitt der gemeldeten Stichtagssummen und dem diesem Durchschnitt entsprechenden Prämiensatz berechnet; eine tarifliche Mindestprämie ist zu berücksichtigen. Soweit in den Fällen von Nr. 5 der Versicherungsnehmer erklärt, eine höhere Versicherungssumme werde nicht beantragt, oder soweit der Versicherer den Antrag ablehnt, bleibt der die Versicherungssumme übersteigende Teil der gemeldeten Stichtagssummen für die Prämie unberücksichtigt.

Ergibt sich während des Versicherungsjahres, daß die Vorauszahlung verbraucht ist, so kann der Versicherer eine weitere angemessene Vorauszahlung verlangen, jedoch nicht mehr als die Hälfte der ersten Vorauszahlung.

**1707 (90) Wertzuschlag mit Einschluß von Bestandserhöhungen**

1. Die Versicherungssummen für Positionen, zu denen dies besonders vereinbart ist, werden gebildet aus den Werten der versicherten Sachen auf der Preisbasis des Jahres 1980 (Grundsumme) und den Wertzuschlägen für Preissteigerungen.

2. Der Versicherungsnehmer überprüft zu Beginn jedes Versicherungsjahres die Wertzuschläge. Veränderungen gelten rückwirkend vom Beginn des Versicherungsjahres an, wenn sie innerhalb der ersten drei Monate des Versicherungsjahres beantragt wurden. Solange kein Antrag gemäß Abs. 1 Satz 2 gestellt ist, gilt hilfsweise folgende Regelung: Die Wertzuschläge verändern sich ab Beginn jedes Versicherungsjahres um die Prozentpunkte, um die sich der Preisindex für gewerbliche Betriebsgebäude aus der Fachserie 17, Reihe 4, und der Index für gewerbliche Arbeitsmaschinen aus der Fachserie 17, Reihe 2, gegenüber dem Vorjahr verändert haben.

3. Soweit sie angewendet werden, sind für Nr. 2 die vom Statistischen Bundesamt vor Beginn des Versicherungsjahres zuletzt veröffentlichten Preisindizes maßgebend.

4. Nachversicherungen von Bestandserhöhungen gelten rückwirkend, wenn sie innerhalb von drei Monaten beantragt wurden.

5. Der Versicherer haftet bis zur Grundsumme zuzüglich doppeltem Wertzuschlag, sofern der Gesamtbetrag aus Grundsumme und Wertzuschlag bei Beginn des Versicherungsjahres ausreichend war und Bestandserhöhungen rechtzeitig ausreichend nachversichert worden sind. Grundsumme und Wertzuschlag gelten als richtig bemessen, wenn sie durch eine dem Versicherer eingereichte Schätzung eines Sachverständigen festgesetzt worden sind.

Falls diese Voraussetzungen nicht erfüllt sind, haftet der Versicherer für den Schaden nur im Verhältnis der Versicherungssumme im Zeitpunkt ihrer gemäß Nr. 2 und Nr. 4 letztmalig erforderlichen Festsetzung zum Versicherungswert am gleichen Tag.

6. Die Vertragsparteien können die vorstehenden Vereinbarungen durch Kündigung mit sechswöchiger Frist außer Kraft setzen.

**1708 (90) Wertzuschlag ohne Einschluß von Bestandserhöhungen**

1. Die Versicherungssummen für Positionen, zu denen dies besonders vereinbart ist, werden gebildet aus den Werten der versicherten Sachen auf der Preisbasis des Jahres 1980 (Grundsumme) und den Wertzuschlägen für Preissteigerungen.

2. Der Versicherungsnehmer überprüft zu Beginn jedes Versicherungsjahres die Wertzuschläge. Veränderungen gelten rückwirkend vom Beginn des Versicherungsjahres an, wenn sie innerhalb der ersten drei Monate des Versicherungsjahres beantragt wurden.

Solange kein Antrag gemäß Abs. 1 Satz 2 gestellt ist, gilt hilfsweise folgende Regelung:

Die Wertzuschläge verändern sich ab Beginn jedes Versicherungsjahres um die Prozentpunkte, um die sich der Preisindex für gewerbliche Betriebsgebäude aus der Fachserie 17, Reihe 4 und der Index für gewerbliche Arbeitsmaschinen aus der Fachserie 17, Reihe 2, gegenüber dem Vorjahr verändert haben.

3. Soweit sie angewendet werden, sind für Nr. 2 die vom Statistischen Bundesamt vor Beginn des Versicherungsjahres zuletzt veröffentlichten Preisindizes maßgebend.

4. Der Versicherer haftet bis zur Grundsumme zuzüglich doppeltem Wertzuschlag, sofern der Gesamtbetrag aus Grundsumme und Wertzuschlag bei Beginn des Versicherungsjahres ausreichend war.

Grundsumme und Wertzuschlag gelten als richtig bemessen, wenn sie durch eine dem Versicherer eingereichte Schätzung eines Sachverständigen festgesetzt worden sind.

Falls diese Voraussetzungen nicht erfüllt sind, haftet der Versicherer für den Schaden nur im Verhältnis der Versicherungssumme im Zeitpunkt ihrer gemäß Nr. 2 letztmalig erforderlichen Festsetzung zum Versicherungswert am gleichen Tag.

5. Die Vertragsparteien können die vorstehenden Vereinbarungen durch Kündigung mit sechswöchiger Frist außer Kraft setzen.

**1709 (90) Vorsorgeversicherung für Bestandserhöhungen**

1. Bestandserhöhungen des laufenden Versicherungsjahres, die nicht durch Nachtrag in die Versicherungssumme übernommen worden sind, sind im Rahmen der Vorsorge-Positionen des Versicherungsvertrages unter der Voraussetzung versichert, daß

a) die Vereinbarung „Wertzuschlag ohne Einschluß von Bestandserhöhungen“ getroffen ist und

b) das Versicherungsjahr dem Geschäftsjahr entspricht.

2. Die Versicherungssummen für Positionen, zu denen dies besonders vereinbart ist, erhöhen sich ohne besonderen Antrag jeweils mit Beginn des nächsten Versicherungsjahres vorübergehend um den entsprechenden Betrag der Vorsorgeversicherungssumme. Die Erhöhungen sind sobald als möglich durch die festgestellten endgültigen Summen zu ersetzen.

3. Für die Umrechnung der in die Positionen gemäß Nr. 2 Satz 1 zu übernehmenden Vorsorgeversicherungssummen auf den Wert 1980 ist der Index des Anschaffungsjahres maßgebend.

4. Die Vorsorgeversicherung bleibt, soweit nicht der Versicherungsnehmer eine Änderung beantragt, in der bisherigen Höhe bestehen und gilt jeweils für die Bestandszugänge des nächsten Jahres.

5. Für diese Vorsorgeversicherung wird eine Vorauszahlung in Höhe eines Drittels der Jahresprämie aus den Vorsorgeversicherungssummen erhoben. In der Schlußabrechnung wird die halbe Jahresprämie aus den im abgelaufenen Jahr in Anspruch genommenen Teilen der Vorsorgeversicherungssumme berechnet. Die so ermittelte Differenz ist nachzuentrichten oder zurückzugewähren.

6. Mit der Erhöhung der Positionen gemäß Nr. 2 Satz 1 ist die Jahresprämie für die hinzutretenden Versicherungssummen fällig. Abschließend abgerechnet wird die Jahresprämie bei Aufgabe der endgültigen Versicherungssumme.

**1710 Briefmarken- und Münzenhandel**

1. Für Briefmarken, Postkarten, Briefumschläge, Münzen und Notgeld ist die Entschädigung auf den vereinbarten Betrag je Stück begrenzt.

2. Für einen Minderwert von Sammlungen oder Serien durch Verlust einzelner Stücke wird kein Ersatz geleistet.

3. Der Versicherungsnehmer hat über den jeweiligen Bestand der Sachen Verzeichnisse zu führen. Nach Geschäftsschluß sind die Verzeichnisse so aufzubewahren, daß sie voraussichtlich nicht gleichzeitig mit den Sachen zerstört oder beschädigt werden oder abhandenkommen können.

**1711 Manuskripte bei Verlagen und Druckereien**

1. Für Manuskripte leistet der Versicherer Entschädigung in Höhe des Betrages, den der Versicherungsnehmer einem Vertragspartner, insbesondere dem Autor, nach den gesetzlichen Bestimmungen als Schadenersatz zahlen muß oder zahlen müßte, wenn er den Eintritt des Versicherungsfalls zu vertreten hätte. Vertragliche Sonderabreden bleiben unberücksichtigt.

2. Der Versicherer leistet Entschädigung auch für den Betrag, den der Versicherungsnehmer dem Vertragspartner für das Manuskript gezahlt hat. Die Entschädigung darf jedoch nicht zu einer Bereicherung des Versicherungsnehmers führen; sie kann sich insbesondere vermindern, wenn das Manuskript nur teilweise verloren ist oder wenn die Drucklegung bereits begonnen hatte oder wenn die Wiederherstellung weniger als den Betrag gemäß Satz 1 erfordert.

**1712 Krankenkassen-Rezepte und Krankenscheine**

1. Für Krankenkassen-Rezepte und Krankenscheine leistet der Versicherer bis zu der hierfür vereinbarten Versicherungssumme Entschädigung in Höhe des Ausfalls, den der Versicherungsnehmer infolge des Versicherungsfalls bei der nächsten Abrechnung mit der Krankenkasse erleidet.

2. Soweit der Versicherungsnehmer die Anzahl und den Abrechnungswert der durch den Versicherungsfall zerstörten oder abhandengekommenen Rezepte nicht nachweisen kann, sind die Durchschnittswerte während der letzten 24 Monate vor Eintritt des Versicherungsfalls maßgebend.

**1713 Selbstbehalt bei gekürzter Versicherungssumme**

1. Die Versicherungssumme der im Versicherungsvertrag besonders gekennzeichneten Positionen ist um den vereinbarten Selbstbehalt gekürzt.

2. Bei Berechnung einer Unterversicherung ist die ungekürzte Versicherungssumme zugrunde zu legen.

3. Der bedingungsgemäß als entschädigungspflichtig errechnete Betrag einschließlich Aufwendungsersatz gemäß § 63 VVG und Ersatz für sonstige versicherte Kosten wird je Versicherungsfall um den vereinbarten Selbstbehalt gekürzt.

**1714 Selbstbehalt bei ungekürzter Versicherungssumme**

Der bedingungsgemäß als entschädigungspflichtig errechnete Betrag einschließlich Aufwendungsersatz gemäß § 63 VVG und Ersatz für sonstige versicherte Kosten wird je Versicherungsfall um den vereinbarten Selbstbehalt gekürzt.

**1715 Stichtagsversicherung und Sicherungsübereignung**

1. Für den dem Kreditinstitut sicherungshalber übereigneten Teil der gemäß (Sammel-) Versicherungsschein versicherten Vorräte wird eine im Vertrag besonders aufgeführte Versicherungssumme für die vereinbarte Zeit festgesetzt.

2. Will der Versicherungsnehmer für die in Nr. 1 genannte Versicherung die Versicherungssumme vermindern oder will er diese Versicherung aufheben oder bei Ablauf nicht fortsetzen, so bedarf es hierzu der schriftlichen Einwilligung des Kreditinstitutes, für das der Versicherer einen Sicherungsschein erteilt hat.

Die Einwilligung muß bei dem Versicherer spätestens einen Monat vor dem Zeitpunkt eingegangen sein, in dem die Vertragsänderung oder der Vertragsablauf wirksam werden soll.

3. Im Versicherungsfall ist zunächst der Entschädigungsbetrag für den dem Kreditinstitut sicherungshalber übereigneten Teil der Vorrä-

te unter Berücksichtigung der hierfür gemäß Nr. 1 festgesetzten besonderen Versicherungssumme zu ermitteln. Die Entschädigung gemäß Abs. 1 ist in voller Höhe auf den Betrag der Entschädigung anzurechnen, die für die Gesamtheit der Vorräte festgestellt wird.

4. Bleibt die in Nr. 2 der Vereinbarung „Stichtagsversicherung für Vorräte“ genannte Stichtagssumme unter der in vorliegendem Vertrag besonders festgesetzten Versicherungssumme, so tritt für diese Vorräte die besondere Versicherungssumme an die Stelle der Stichtagssumme.

**1716 Wiederherstellung und Wiederbeschaffung**

1. Bei Schäden an den im Versicherungsvertrag besonders bezeichneten Sachen erwirbt der Versicherungsnehmer einen Anspruch über zwei Drittel des bedingungsgemäß als entschädigungspflichtig errechneten Betrages hinaus nur, soweit und sobald er innerhalb von drei Jahren nach Eintritt des Versicherungsfalls sichergestellt hat, daß er die Entschädigung verwenden wird, um

a) Gebäude in gleicher Art und Zweckbestimmung an der bisherigen Stelle wiederherzustellen; ist dies an der bisherigen Stelle rechtlich nicht möglich oder wirtschaftlich nicht zu vertreten, so genügt es, wenn das Gebäude an anderer Stelle innerhalb der Bundesrepublik Deutschland wiederhergestellt wird;

b) bewegliche Sachen, die zerstört worden oder abhandengekommen sind, in gleicher Art und Güte in neuwertigem Zustand wiederzubeschaffen; nach vorheriger Zustimmung des Versicherers genügt Wiederbeschaffung gebrauchter Sachen; anstelle von Kraft- oder Arbeitsmaschinen können Kraft- oder Arbeitsmaschinen beliebiger Art beschafft werden, wenn deren Betriebszweck derselbe ist;

c) bewegliche Sachen oder Grundstücksbestandteile, die beschädigt worden sind, wiederherzustellen.

2. Die Vorschriften über die Sicherung des Realkredits bleiben unberührt.

## 1800 – Verhaltens- und Wissenszurechnung; Vertretung

**1801 Führung**

Der führende Versicherer ist bevollmächtigt, Anzeigen und Willenserklärungen des Versicherungsnehmers für alle beteiligten Versicherer entgegenzunehmen.

**1802 Prozeßführung**

Soweit die vertraglichen Grundlagen für die beteiligten Versicherer die gleichen sind, ist folgendes vereinbart:

1. Der Versicherungsnehmer wird bei Streitfällen aus diesem Vertrag seine Ansprüche nur gegen den führenden Versicherer und nur wegen dessen Anteil gerichtlich geltend machen.

2. Die beteiligten Versicherer erkennen die gegen den führenden Versicherer rechtskräftig gewordene Entscheidung sowie die von diesem mit dem Versicherungsnehmer nach Rechtshängigkeit geschlossenen Vergleiche als auch für sich verbindlich an.

3. Falls der Anteil des führenden Versicherers die Berufungs- oder Revisionssumme nicht erreicht, ist der Versicherungsnehmer berechtigt und auf Verlangen des führenden oder eines mitbeteiligten Versicherers verpflichtet, die Klage auf einen zweiten, erforderlichenfalls auf weitere Versicherer auszudehnen, bis diese Summe erreicht ist. Wird diesem Verlangen nicht entsprochen, so gilt Nr. 2 nicht.

**1803 Makler**

Der den Versicherungsvertrag betreuende Makler ist bevollmächtigt, Anzeigen und Willenserklärungen des Versicherungsnehmers entgegenzunehmen. Er ist durch den Maklervertrag verpflichtet, diese unverzüglich an den Versicherer weiterzuleiten.

## 1900 – Sonstiges

**1901 Abschlagszahlung**

Der Versicherungsnehmer kann verlangen, daß eine Abschlagszahlung in Höhe des Betrages, der nach Lage der Sache mindestens zu zahlen ist, abweichend von § 11 Abs. 2 VVG und von den dem Vertrag zugrunde liegenden Allgemeinen Versicherungsbedingungen schon drei Wochen nach Anzeige des Versicherungsfalls erfolgt.

**1902 Vertragsbeendigung bei Kündigung des Versicherers nach einem Versicherungsfall**

Bei einer Kündigung des Versicherers aus Anlaß eines Versicherungsfalls endet der Vertrag erst drei Monate nach Zugang der Kündigung.

**1903** unbesetzt

**1904 Sachverständigenverfahren bei Zusammentreffen mit einer Maschinenversicherung**

1. Besteht auch eine Maschinenversicherung und ist streitig, ob oder in welchem Umfang ein Schaden zu vorliegendem Vertrag oder als Maschinenschaden anzusehen ist, so können der Versicherungsnehmer, der Versicherer des vorliegenden Vertrages und der Maschinenversicherer vereinbaren, daß die Höhe des Schadens zu vorliegendem Vertrag und des Maschinenschadens in einem gemeinsamen Sachverständigenverfahren festgestellt wird. Das Sachverständigenverfahren kann durch Vereinbarung auf sonstige tatsächliche Voraussetzungen des Entschädigungsanspruchs sowie der Höhe der Entschädigung ausgedehnt werden. Der Versicherungsnehmer kann ein Sachverständigenverfahren auch durch einseitige Erklärungen gegenüber den beiden Versicherern verlangen.

2. Für das Sachverständigenverfahren gilt:

a) Jede Partei benennt schriftlich einen Sachverständigen; der Versicherungsnehmer kann zwei Sachverständige benennen. Die Parteien können sich auf zwei gemeinsame Sachverständige oder auf einen gemeinsamen Sachverständigen einigen. Jede Partei kann die andere Partei unter Angabe des oder der von ihr benannten Sachverständigen schriftlich auffordern, auch ihrerseits einen Sachverständigen zu benennen. Geschieht dies nicht binnen zwei Wochen nach Empfang der Aufforderung, so kann die auffordernde Partei den Sachverständigen der säumigen Partei durch das für den Schadenort zuständige Amtsgericht ernennen lassen. In der Aufforderung ist auf diese Folge hinzuweisen.

b) Die Sachverständigen benennen schriftlich vor Beginn des Feststellungsverfahrens einen weiteren Sachverständigen als Obmann. Einigen sie sich nicht, so wird der Obmann auf Antrag einer Partei durch das für den Schadenort zuständige Amtsgericht ernannt.

c) Die Versicherer dürfen als Sachverständige keine Personen benennen, die Mitbewerber des Versicherungsnehmers sind oder mit diesem in Geschäftsverbindung stehen, ferner keine Personen, die bei Mitbewerbern oder Geschäftspartnern angestellt sind oder mit ihnen in einem ähnlichen Verhältnis stehen.

3. Für den Mindestinhalt der Feststellungen der Sachverständigen gelten die dem Vertrag zugrunde liegenden Allgemeinen Versicherungsbedingungen und § 15 AFB 87 und § 13 AMB 91.

4. Die Sachverständigen übermitteln den drei Parteien gleichzeitig ihre Feststellungen. Weichen diese voneinander ab, so werden sie unverzüglich dem Obmann übergeben. Dieser entscheidet über die streitig gebliebenen Punkte innerhalb der durch die Feststellungen der Sachverständigen gezogenen Grenzen und übermittelt seine Entscheidung den drei Parteien gleichzeitig.

5. Jede Partei trägt die Kosten ihres oder ihrer Sachverständigen. Die Kosten des Obmannes tragen die Parteien je zu einem Drittel.

6. Die Feststellungen der Sachverständigen oder des Obmannes sind verbindlich, wenn nicht nachgewiesen wird, daß sie offenbar von der wirklichen Sachlage erheblich abweichen. Aufgrund dieser verbindlichen Feststellungen berechnen die Versicherer die Entschädigung.

7. Steht im Zeitpunkt einer Abschlagszahlung noch nicht fest, inwieweit der Schaden als Schaden zu vorliegendem Vertrag oder als Maschinenschaden anzusehen ist, so beteiligt sich jeder Versicherer an der Abschlagszahlung vorläufig mit der Hälfte.

8. Durch das Sachverständigenverfahren werden die Obliegenheiten im Versicherungsfall gemäß § 13 Nr. 1 AFB 87 und § 11 Nr. 1 AMB 91 nicht berührt.

## 2000 – Gemeinsame Klauseln für die Feuer-, Leitungswasser- und Sturm-Versicherung

### 2200 – Versicherte Sachen

#### 2201 Automaten

Abweichend von den Bestimmungen über die Versicherung der Betriebseinrichtung in den dem Vertrag zugrunde liegenden Allgemeinen Versicherungsbedingungen sind Automaten mit Geldeinwurf (einschließlich Geldwechsler) samt Inhalt sowie Geldausgabeautomaten mitversichert.

#### 2202 Eigentum von Gästen in Beherbergungsbetrieben

1. Eigentum von Gästen in Beherbergungsbetrieben, das dem Versicherungsnehmer nicht zur Verwahrung übergeben wurde, ist bis zu der hierfür vereinbarten Versicherungssumme versichert.

2. Nicht versichert sind Kraftfahrzeuge, Bargeld und Wertpapiere.

3. Die Entschädigung ist je Gast auf 10 Prozent der Versicherungssumme gemäß Nr. 1 begrenzt.

4. Entschädigung wird nur geleistet, soweit der Gast Entschädigung nicht aus einem anderen Versicherungsvertrag beanspruchen kann.

Ist danach die Entschädigung oder eine Abschlagszahlung gemäß den dem Vertrag zugrunde liegenden Allgemeinen Versicherungsbedingungen nur deshalb noch nicht fällig, weil ohne Verschulden des Versicherungsnehmers oder des versicherten Gastes die Entschädigungspflicht aus dem anderen Versicherungsvertrag ganz oder teilweise noch nicht geklärt ist, so wird der Versicherer unter Vorbehalt der Rückforderung mit Zinsen 1 Prozent unter dem jeweiligen Diskontsatz der Deutschen Bundesbank, mindestens jedoch 4 Prozent und höchstens 6 Prozent pro Jahr, eine vorläufige Zahlung leisten.

#### 2203 Hypothekarisches Interesse

1. Die Versicherung deckt das hypothekarische Interesse, das dem Versicherungsnehmer als Gläubiger der im Vertrag nach Grundbuch-Band, -Blatt, -Abteilung und -Nummer bezeichneten Hypothek, Grundschuld oder Rentenschuld an den im Versicherungsvertrag bezeichneten Gebäuden zusteht.

2. Versicherungswert ist der Kapitalbetrag des Realrechts einschließlich der rückständigen und bis zur Entschädigungszahlung fällig werdenden Zinsen und Nebenleistungen und der Kosten. Die Entschädigung ist jedoch, auch wenn mehrere Realgläubiger ihr Interesse versichert haben, auf den Betrag des Versicherungswertes des Gebäudes beschränkt. Mehreren Versicherungsnehmern wird nach Maßgabe ihres Ranges gehaftet.

3. Entschädigung wird nicht geleistet, soweit nach dem Schaden der gemeine Wert der verpfändeten Grundstücke und der Gebäudereste das hypothekarische Interesse noch deckt oder soweit der gemeine Wert das hypothekarische Interesse schon vor Eintritt des Versicherungsfalls nicht mehr gedeckt hatte.

4. Der Versicherungsnehmer hat dem Versicherer auf Verlangen die durch das Realrecht gesicherte Forderung und das Realrecht zu übertragen, soweit dieser Entschädigung geleistet hat.

5. Die Versicherung erlischt, wenn das Realrecht des Versicherungsnehmers erlischt oder – von Erbfällen abgesehen – auf einen anderen übergeht, oder wenn die Gebäude ganz oder teilweise durch den Eigentümer oder für dessen Rechnung versichert werden.

### 2300 – Versicherte Kosten

#### 2301 Aufgebots- und Wiederherstellungskosten für Urkunden

1. Der Versicherer ersetzt bis zu der hierfür vereinbarten Versicherungssumme die Kosten des Aufgebotsverfahrens und der Wiederherstellung von Wertpapieren und sonstigen Urkunden einschließlich anderer Auslagen für die Wiedererlangung, die der Versicherungsnehmer den Umständen nach für geboten halten durfte.

2. Die Ersatzpflicht erstreckt sich auch auf einen Zinsverlust, der dem Versicherungsnehmer durch Verzögerung fälliger Leistungen aus den Wertpapieren entstanden ist.

#### 2302 Mehrkosten durch behördliche Wiederherstellungsbeschränkungen (ohne Restwerte)

1. Abweichend von den dem Vertrag zugrunde liegenden Allgemeinen Versicherungsbedingungen sind Erhöhungen des Schadenaufwandes durch Mehrkosten infolge behördlicher Wiederherstellungsbeschränkungen mitversichert.

2. Ersetzt werden bis zu der hierfür vereinbarten Versicherungssumme die tatsächlich entstandenen Mehrkosten für die Wiederherstellung der versicherten und vom Schaden betroffenen Sache durch behördliche Auflagen auf der Grundlage bereits vor Eintritt des Versicherungsfalles erlassener Gesetze und Verordnungen. Soweit behördliche Auflagen mit Fristsetzung vor Eintritt des Versicherungsfalles erteilt wurden, sind die dadurch entstehenden Mehrkosten nicht versichert.

3. Aufwendungen, die dadurch entstehen, daß infolge behördlicher Wiederherstellungsbeschränkungen Reste der versicherten und vom Schaden betroffenen Sache nicht wiederverwertet werden können, sind nicht versichert.

4. Wenn die Wiederherstellung der versicherten und vom Schaden betroffenen Sache aufgrund behördlicher Wiederherstellungsbeschränkungen nur an anderer Stelle erfolgen darf, werden die Mehr-

kosten nur in dem Umfang ersetzt, in dem sie auch bei Wiederherstellung an bisheriger Stelle entstanden wären.

5. Mehrkosten infolge Preissteigerungen, die dadurch entstehen, daß sich die Wiederherstellung durch Beschränkungen der vorgenannten Art verzögert, werden nicht ersetzt.

Sofern für versicherte und vom Schaden betroffene Sachen die Preisdifferenz-Versicherung nach Klausel 1301 vereinbart ist, werden Mehrkosten infolge Preissteigerungen ersetzt, die dadurch entstehen, daß sich die Wiederherstellung durch Beschränkungen der vorgenannten Art verzögert. Ziffer 4 der Klausel 1301 wird insoweit abgeändert.

6. Ist der Zeitwert Versicherungswert, so werden auch die Mehrkosten nur im Verhältnis des Zeitwertes zum Neuwert ersetzt. Ist nach einer vertraglichen Wiederherstellungsvereinbarung nur der Zeitwertschaden zu erstatten, so werden die Mehrkosten nicht ersetzt.

7. Besteht Unterversicherung für eine vom Schaden betroffene Position, für welche Mehrkosten durch behördliche Wiederherstellungsbeschränkungen versichert sind, so wird der nach Nr. 2 bis Nr. 6 ermittelte Betrag nur anteilig ersetzt.

8. Der als entschädigungspflichtig errechnete Betrag wird je Versicherungsfall um den vereinbarten Selbstbehalt gekürzt.

9. Soweit ein Ersatzanspruch gegenüber einem Dritten entsteht, verpflichtet sich der Versicherungsnehmer, diesen in Höhe des fällig werdenden Mehrbetrages an den Versicherer abzutreten.

### 2303 Berücksichtigung von behördlichen Wiederherstellungsbeschränkungen für Restwerte

1. Abweichend von den dem Vertrag zugrunde liegenden Allgemeinen Versicherungsbedingungen sind bei der Anrechnung des Restwertes für die versicherte und vom Schaden betroffene Sache behördliche Wiederherstellungsbeschränkungen zu berücksichtigen. Die Entschädigung ist jedoch begrenzt mit dem Betrag, der sich vertragsmäßig ergeben würde, wenn die versicherte und vom Schaden betroffene Sache zerstört worden wäre, gekürzt um den Altmaterialwert abzüglich Aufräumungs- und Abbruchkosten.

2. Die Berücksichtigung von behördlichen Wiederherstellungsbeschränkungen für Restwerte erfolgt nur, soweit sie auf der Grundlage vor Eintritt des Versicherungsfalles erlassener Gesetze und Verordnungen beruhen. Soweit behördliche Auflagen mit Fristsetzung vor Eintritt des Versicherungsfalles erteilt wurden, werden sie für die Restwerte nicht berücksichtigt.

3. Mehrkosten infolge Preissteigerungen, die dadurch entstehen, daß sich die Wiederherstellung durch Beschränkungen der vorgenannten Art verzögert, werden nicht ersetzt. Sofern für versicherte und vom Schaden betroffene Sachen die Preisdifferenz-Versicherung nach Klausel 1301 vereinbart ist, werden Mehrkosten infolge Preissteigerungen ersetzt, die dadurch entstehen, daß sich die Wiederherstellung durch Beschränkungen der vorgenannten Art verzögert. Ziffer 4 der Klausel 1301 wird insoweit abgeändert.

4. Soweit ein Ersatzanspruch gegenüber einem Dritten entsteht, verpflichtet sich der Versicherungsnehmer, diesen in Höhe des fällig werdenden Mehrbetrages an den Versicherer abzutreten.

## 2400 – Versicherungsort

### 2401 Neu hinzukommende Betriebsgrundstücke

1. Als Versicherungsort gelten innerhalb der Bundesrepublik Deutschland ohne besondere Anmeldung auch neu hinzukommende Betriebsgrundstücke. Die Entschädigung ist jedoch je Grundstück und Versicherungsfall auf den vereinbarten Betrag begrenzt.

2. Der Versicherungsnehmer ist verpflichtet, halbjährlich ein Verzeichnis dieser Grundstücke einzureichen. Bei nicht ausreichender Versicherungssumme sind die Bestimmungen über Unterversicherung in den dem Vertrag zugrunde liegenden Allgemeinen Versicherungsbedingungen anzuwenden.

3. Die Prämie ändert sich entsprechend der Gefahrenlage bei den neu hinzukommenden Betriebsgrundstücken.

## 2600 - Vorvertragliche Anzeige; Gefahrerhöhung; Obliegenheiten

### 2601 Anerkennung

1. Hat der Versicherer das versicherte Wagnis besichtigt und liegt ein Besichtigungsbericht vor, so erkennt der Versicherer an, daß ihm durch diese Besichtigung alle Umstände bekanntgeworden sind, welche in diesem Zeitpunkt für die Beurteilung des Risikos erheblich waren.

2. Dies gilt jedoch nicht für Umstände, die arglistig verschwiegen worden sind.

## 2700 – Entschädigung (Versicherungssumme; Unterversicherung; Selbstbehalte; Entschädigungsgrenzen)

### 2701 Mehrwertsteuer bei Gleitender Neuwertversicherung

Ein Anspruch auf Erstattung der Mehrwertsteuer besteht im Schadenfall nicht, soweit die Versicherungssumme 1914 entsprechend niedriger festgesetzt wurde als der Versicherungswert 1914.

### 2702 Spediteure

1. Sachen, die der Spediteur aufgrund eines Speditions-, Fracht- oder Lagervertrages in Gewahrsam genommen hat, sind bis zu der hierfür vereinbarten Versicherungssumme versichert, und zwar, soweit nicht etwas anderes vereinbart ist, auf Erstes Risiko.

2. Die Versicherung gilt:

a) für eigene Rechnung des Spediteurs, soweit dieser für den Schaden aufgrund gesetzlicher Haftpflichtbestimmungen privatrechtlichen Inhalts ersatzpflichtig ist; auf eine durch Vertrag oder besondere Zusagen erweiterte Ersatzpflicht des Spediteurs erstreckt sich die Versicherung nur, wenn dies besonders vereinbart ist;

b) außerdem für Rechnung wen es angeht.

3. Für die Entschädigung sind abweichend von den dem Vertrag zugrunde liegenden Allgemeinen Versicherungsbedingungen maßgebend

a) im Fall von Nr. 2 a der Betrag der Ersatzpflicht des Spediteurs, höchstens jedoch die Kosten der Neuherstellung oder Wiederbeschaffung durch den Anspruchsteller;

b) im Fall von Nr. 2 b die Kosten der Neuherstellung oder Wiederbeschaffung durch den Versicherten.

Anstelle der Kosten der Neuherstellung oder Wiederbeschaffung kann ein anderer Betrag (z.B. der erzielbare Verkaufspreis) vereinbart werden.

4. Entschädigung wird nicht geleistet

a) im Fall von Nr. 2 a, soweit Versicherungsschutz aus einer Betriebs- oder Verkehrshaftpflichtversicherung besteht oder zugunsten des

Spediteurs das Regreßverzichtsabkommen der Feuerversicherer anzuwenden ist;

b) im Fall von Nr. 2 b, soweit der Versicherte Entschädigung beanspruchen kann

aa) aus einer Transportversicherung, insbesondere aus einer gemäß § 39 ADSp genommenen Speditionsversicherung;

bb) aus einer durch den Versicherten oder in dessen Auftrag genommenen anderen Feuer-, Leitungswasser- oder Sturmversicherung;

cc) aus einer durch den Spediteur genommenen anderen Feuer-, Leitungswasser- oder Sturmversicherung, nach der die versicherten Sachen nach Art, Maß, Zahl, Gewicht oder sonstigen Merkmalen bezeichnet sind; auch ohne solche Bezeichnung geht eine andere Feuer-, Leitungswasser- oder Sturmversicherung des Spediteurs voran, wenn die vorliegende Versicherung für mehrere Versicherungsorte, die andere dagegen nur für den durch den Schaden betroffenen Versicherungsort genommen ist.

5. Ist danach die Entschädigung oder eine Abschlagszahlung gemäß den dem Vertrag zugrunde liegenden Allgemeinen Versicherungsbedingungen nur deshalb noch nicht fällig, weil ohne Verschulden des Versicherungsnehmers oder des Versicherten noch nicht geklärt ist, ob die Voraussetzungen gemäß Nr. 4 gegeben sind, so leistet der Versicherer aus dem vorliegenden Vertrag unter Vorbehalt der Rückforderung mit Zinsen 1 Prozent unter dem jeweiligen Diskontsatz der Deutschen Bundesbank, mindestens jedoch 4 Prozent und höchstens 6 Prozent pro Jahr, eine vorläufige Zahlung, wenn der Rückforderungsanspruch durch die Vermögenslage des Versicherungsnehmers oder des Versicherten oder durch Bankbürgschaft oder durch sonstige Sicherheitsleistung gesichert ist.

6. Der Versicherer kann nur an den Versicherungsnehmer und an den Anspruchsteller gemäß Nr. 2 a oder an den Versicherten gemäß Nr. 2 b gemeinschaftlich leisten, wenn nicht der Anspruchsteller oder der Versicherte einer Zahlung allein an den Versicherungsnehmer zugestimmt hat.

7. Nach Eintritt eines Versicherungsfalls haben der Versicherungsnehmer und die Versicherten dem Versicherer alle anderen Versicherungen gemäß Nr. 4 anzuzeigen.

## 2800 – Verhaltens- und Wissenszurechnung; Vertretung

### 2801 Teil- oder Wohnungseigentum in gewerblich genutzten Gebäuden

Für den Versicherungsvertrag mit sämtlichen Teil- oder Wohnungseigentümern gilt folgendes:

1. Ist der Versicherer wegen des Verhaltens einzelner Teil- oder Wohnungseigentümer leistungsfrei, so kann er sich hierauf gegenüber den übrigen Teil- oder Wohnungseigentümern wegen deren Sondereigentums und wegen deren Miteigentumsanteilen (§ 1 Abs. 2 des Wohnungseigentumsgesetzes) nicht berufen.

2. Die übrigen Teil- oder Wohnungseigentümer können verlangen, daß der Versicherer ihnen auch hinsichtlich des Miteigentumsanteils des Teil- oder Wohnungseigentümers, der den Entschädigungsanspruch verwirkt hat, Entschädigung leistet, jedoch nur soweit diese zusätzliche Entschädigung zur Wiederherstellung des gemeinschaftlichen Eigentums (§ 1 Abs. 5 des Wohnungseigentumsgesetzes) verwendet wird. Der Teil- oder Wohnungseigentümer, in dessen Person der Verwirkungsgrund vorliegt, ist verpflichtet, dem Versicherer diese Mehraufwendung zu erstatten.

3. Kann im Falle der Feuerversicherung ein Realgläubiger hinsichtlich des Miteigentumsanteils des Teil- oder Wohnungseigentümers, der den Entschädigungsanspruch verwirkt hat, Leistung aus der Feuerversicherung an sich selbst gemäß § 102 VVG verlangen, so entfällt die Verpflichtung des Versicherers nach Nr. 2 Satz 1. Der Versicherer verpflichtet sich, auf eine nach § 104 VVG auf ihn übergegangene Gesamthypothek (Gesamtgrundschuld) gemäß § 1168 BGB zu verzichten und dabei mitzuwirken, daß der Verzicht auf Kosten der Teil- oder Wohnungseigentümer in das Grundbuch eingetragen wird. Der Teil- oder Wohnunseigentümer, in dessen Person der Verwirkungsgrund vorliegt, ist im Falle von Satz 2 verpflichtet, dem Versicherer die für seinen Miteigentumsanteil und sein Sondereigentum an den Realgläubiger erbrachten Leistungen zu erstatten.

# 6000 – Klauseln für die Sturm-Versicherung

## 6100 – Versicherte Gefahren und Schäden

### 6101 Schäden durch Hagel

1. Wenn dies besonders vereinbart ist, erstreckt sich die Sturmversicherung auch auf Schäden durch Hagel. In diesem Fall brauchen bei Schäden durch Hagel die Voraussetzungen von § 1 Nr. 2 AStB 87 (Sturm) nicht gegeben zu sein.

2. § 1 Nr. 1 bis Nr. 5 AStB 87 gilt sinngemäß auch für Schäden durch Hagel gemäß Nr. 1. Jedoch genügt es in den Fällen von § 1 Nr. 4 c AStB 87 für den Versicherungsschutz, daß die Öffnung durch Hagel entstanden ist.

## 6700 – Entschädigung (Versicherungssumme; Unterversicherung; Selbstbehalte; Entschädigungsgrenzen)

### 6701 Wegfall des Selbstbehaltes für Gebäudeverglasung

Soweit Laden- und Schaufensterscheiben, künstlerisch bearbeitete Scheiben, Kirchenfenster, Mehrscheiben-Isolierverglasungen, Sicherheitsglasscheiben, Blei- und Messingverglasungen, Glasbausteine, Profilbaugläser, Dachverglasungen sowie Glas- und Kunststoffscheiben von mehr als vier Quadratmetern Einzelgröße, ferner die Rahmen und Profile der genannten Verglasungen und der Kunststoffscheiben, mitversichert sind, entfällt bei Schäden an diesen Sachen der Selbstbehalt gemäß § 12 Nr. 2 AStB 87.

# Anhang B 6

## Sonderbedingungen für die Gleitende Neuwertversicherung (SGIN 93)

Die Sonderbedingungen für die Gleitende Neuwertversicherung (SGIN 93) gelten nur für Gebäude, deren Zeitwert nicht weniger als 40 %, bei landwirtschaftlichen Gebäuden nicht weniger als 50 % des Neuwerts beträgt.

Zur Anpassung an Kostenänderungen im Bauwesen gelten die nachstehenden Abweichungen von den Allgemeinen Versicherungsbedingungen:

### § 1 Versicherungssumme 1914; Versicherungswert 1914

1. Die als Versicherungssumme des Vertrages festgelegte „Versicherungssumme 1914" soll in Preisen des Jahres 1914 dem Neubauwert des Gebäudes in seiner jeweiligen Größe und seinem jeweiligen Ausbau entsprechen (Versicherungswert 1914).

2. Gibt der Versicherungsnehmer im Antrag nicht eine „Versicherungssumme 1914", sondern den Neubauwert in Preisen eines anderen Jahres an (z.B. des Jahres des Vertragsbeginns), so wird der Versicherer auf seine Verantwortung diesen Betrag aufgrund des vom Statistischen Bundesamt veröffentlichten Baupreisindexes für Wohngebäude umrechnen.

3. Mitversichertes Zubehör ist bei der Ermittlung des Neubauwertes gemäß Nr. 1 oder Nr. 2 zu berücksichtigen.

### § 2 Entschädigungsberechnung; Unterversicherung

1. Der Schaden wird auf der Grundlage der ortsüblichen Preise zur Zeit des Eintritts des Versicherungsfalles ermittelt.

2. Die Bestimmungen der §§ 11 LZB 87, 11 Nr. 2 AWB 87 und 11 Nr. 2 AStB 87 finden keine Anwendung.

3. Die errechnete Neuwertentschädigung wird voll geleistet, wenn die „Versicherungssumme 1914" mindestens dem „Versicherungswert 1914" entspricht. Ist die „Versicherungssumme 1914" niedriger als der „Versicherungswert 1914" zur Zeit des Eintritts des Versicherungsfalles (Unterversicherung), so wird nur derjenige Teil des Schadens ersetzt, der sich zu dem ganzen Schaden verhält wie die „Versicherungssumme 1914" zu dem „Versicherungswert 1914".

4. Hat der Versicherungsnehmer den Neubauwert eines anderen Jahres angegeben (§ 1 Nr. 2), so ist Nr. 3 (Unterversicherung) nur anzuwenden, soweit der angegebene Neubauwert vom tatsächlichen Neubauwert jenes Jahres abweicht oder der Neubauwert durch wertsteigernde Um-, An- oder Ausbauten erhöht worden ist.

5. Eine Unterversicherung wird nur berücksichtigt, soweit sie 3 Prozent der „Versicherungssumme 1914" der betroffenen Position des Versicherungsvertrages übersteigt.

6. Beträgt der Zeitwert unmittelbar vor Eintritt des Versicherungsfalles weniger als 40 %, bei landwirtschaftlichen Gebäuden weniger als 50 % des Neuwerts, gelten die Bestimmungen der §§ 5 Nr. 1 b und c AFB 87, 5 Nr. 1 b und c AWB 87 und 5 Nr. 1 b und c AStB 87; Versicherungswert ist hiernach der Zeitwert oder der gemeine Wert.

### § 3 Prämienberechnung

1. Die Prämie für die „Versicherungssumme 1914" wird mit dem bei Vertragsbeginn geltenden gleitenden Neuwertfaktor multipliziert.

2. Der gleitende Neuwertfaktor erhöht oder vermindert sich jeweils zum 1. Januar jeden Jahres für die in diesem Jahr beginnende Versicherungsperiode entsprechend dem Prozentsatz, um den sich der jeweils für den Monat Mai des Vorjahres vom Statistischen Bundesamt veröffentlichte Baupreisindex für Wohngebäude und der für den Monat April des Vorjahres veröffentlichte Tariflohnindex für das Baugewerbe geändert haben. Die Änderung des Baupreisindexes für Wohngebäude wird zu 80 Prozent und die des Tariflohnindexes für das Baugewerbe zu 20 Prozent berücksichtigt; bei dieser Berechnung wird jeweils auf zwei Stellen hinter dem Komma gerundet.

Der gleitende Neuwertfaktor wird auf eine Stelle hinter dem Komma gerundet. *)

3. Die aus einem erhöhten gleitenden Neuwertfaktor gemäß Nr. 2 sich ergebende Prämie darf die im Zeitpunkt der Erhöhung geltende Tarifprämie nicht übersteigen. Diese Grenze gilt jedoch nur, wenn sich die neue Tarifprämie auf eine unveränderte Gruppe versicherbarer Risiken bezieht.

### § 4 Sachverständigenverfahren

Im Falle eines Sachverständigenverfahrens müssen die Feststellungen der Sachverständigen auch den „Versicherungswert 1914" des versicherten Gebäudes zur Zeit des Eintritts des Versicherungsfalles enthalten, im Falle von § 1 Nr. 2 den Neubauwert für das zugrundegelegte andere Jahr.

### § 5 Kündigung

1. Versicherungsnehmer oder Versicherer können jederzeit unter Einhaltung einer Kündigungsfrist von drei Monaten den Wegfall der Sonderbedingungen für die Gleitende Neuwertversicherung verlangen. Die Versicherung bleibt zu den Allgemeinen Versicherungsbedingungen und den etwa vereinbarten Zusatzbedingungen für die Feuerversicherung landwirtschaftlicher Betriebe (LZB 87) in Kraft, und zwar zur bisherigen Prämie und mit einer Versicherungssumme, die sich aus der „Versicherungssumme 1914", multipliziert mit 1/100 des bei Wirksamwerden der Kündigung gemäß § 3 Nr. 2 zugrundegelegten Baupreisindexes für Wohngebäude, ergibt.

2. Das Recht auf Herabsetzung der Versicherungssumme nach § 51 Abs. 1 VVG bleibt unberührt.

*) 1994 lautete der gleitende Neuwertfaktor 24,1.

Anhang B 7

# Allgemeine Bedingungen für die Mietverlustversicherung (ABM 89) – Fassung Januar 1995



## § 1 Versicherte Gefahren

1. Der Versicherer leistet Entschädigung für versicherten Mietverlust für die im Versicherungsvertrag bezeichneten Gebäude und sonstige Grundstücksbestandteile, die durch

a) Brand, Blitzschlag, Explosion, Anprall oder Absturz eines bemannten Flugkörpers, seiner Teile oder seiner Ladung

b) Leitungswasser oder Rohrbruch

c) Sturm

zerstört oder beschädigt werden. Das gilt auch für Schäden durch Löschen, Niederreißen oder Ausräumen infolge eines dieser Ereignisse.

Jede der in a bis c genannten Gefahrengruppen ist nur versichert, wenn dies vereinbart ist.

2. Brand ist ein Feuer, das ohne einen bestimmungsgemäßen Herd entstanden ist oder ihn verlassen hat und das sich aus eigener Kraft auszubreiten vermag.

3. Blitzschlag ist der unmittelbare Übergang eines Blitzes auf Sachen.

4. Explosion ist eine auf dem Ausdehnungsbestreben von Gasen oder Dämpfen beruhende, plötzlich verlaufende Kraftäußerung. Eine Explosion eines Behälters (Kessel, Rohrleitung usw.) liegt nur vor, wenn seine Wandung in einem solchen Umfang zerrissen wird, daß ein plötzlicher Ausgleich des Druckunterschiedes innerhalb und außerhalb des Behälters stattfindet. Wird im Innern eines Behälters eine Explosion durch chemische Umsetzung hervorgerufen, so gilt dies als Explosion auch dann, wenn die Wandung des Behälters nicht zerrissen ist. Schäden durch Unterdruck sind nicht versichert.

5. Leitungswasser im Sinne dieser Bedingungen ist Wasser, das

a) aus den fest verlegten Zu- oder Ableitungsrohren der Wasserversorgung,

b) aus den sonstigen mit dem Rohrsystem fest verbundenen Einrichtungen der Wasserversorgung,

c) aus den Anlagen der Warmwasser- oder Dampfheizung

bestimmungswidrig ausgetreten ist.

6. Als Rohrbruch im Sinne dieser Bedingungen gelten

a) innerhalb der im Versicherungsvertrag bezeichneten Gebäude

aa) Frost- und sonstige Bruchschäden an den Zu- oder Ableitungsrohren der Wasserversorgung oder an Rohren der Warmwasser- oder Dampfheizung,

bb) Frostschäden an Badeeinrichtungen, Waschbecken, Spülklosetts, Wasserhähnen, Geruchsverschlüssen, Wassermessern, Heizkörpern, Heizkesseln oder Boilern oder an vergleichbaren Anlagen der Warmwasser- oder Dampfheizung oder an Sprinkler- oder Berieselungsanlagen,

b) außerhalb der im Versicherungsvertrag bezeichneten Gebäude Frost- und sonstige Bruchschäden an den Zuleitungsrohren der Wasserversorgung oder an Rohren der Warmwasser- oder Dampfheizung, soweit

aa) die Rohre der Versorgung der Gebäude dienen und

bb) die Rohre sich innerhalb des Grundstücks befinden, auf dem die Gebäude stehen.

7. Sturm im Sinne dieser Bedingungen ist eine wetterbedingte Luftbewegung von mindestens Windstärke 8.

Ist die Windstärke für den Versicherungsort nicht feststellbar, so wird Windstärke 8 unterstellt, wenn der Versicherungsnehmer nachweist, daß

a) die Luftbewegung in der Umgebung des Versicherungsortes Schäden an Gebäuden in einwandfreiem Zustand oder an ebenso widerstandfähigen anderen Sachen angerichtet hat oder

b) der Schaden wegen des einwandfreien Zustandes der Gebäude nur durch Sturm entstanden sein kann.

8. Die Sturmversicherung erstreckt sich nur auf Schäden,

a) die entstehen durch unmittelbare Einwirkung des Sturmes auf die im Versicherungsvertrag bezeichneten Gebäude oder sonstigen Grundstücksbestandteile;

b) die dadurch entstehen, daß der Sturm Gebäudeteile, Bäume oder andere Gegenstände auf die im Versicherungsschein bezeichneten Gebäude oder sonstigen Grundstücksbestandteile wirft;

c) die Folge eines Sturmschadens gemäß a oder b sind.

## § 2 Nicht versicherte Gefahren

1. Die Versicherung gemäß § 1 Nr. 1 a erstreckt sich nicht auf Mietverlust durch

a) Brandschäden, die an Sachen dadurch entstehen, daß sie einem Nutzfeuer oder der Wärme zur Bearbeitung oder zu sonstigen Zwecken ausgesetzt werden. Dies gilt auch für Sachen, in denen oder durch die Nutzfeuer oder Wärme erzeugt, vermittelt oder weitergeleitet wird;

b) Sengschäden, außer wenn diese dadurch verursacht wurden, daß sich eine versicherte Gefahr gemäß § 1 Nr. 1 a verwirklicht hat;

c) Schäden, die an Verbrennungskraftmaschinen durch die im Verbrennungsraum auftretenden Explosionen, sowie Schäden, die an Schaltorganen von elektrischen Schaltern durch den in ihnen auftretenden Gasdruck entstehen;

d) Schäden, die durch die Wirkung des elektrischen Stromes an elektrischen Einrichtungen mit oder ohne Feuererscheinung entstehen (z. B. durch Überstrom, Überspannung, Isolationsfehler, wie Kurz-, Windungs-, Körper- oder Erdschluß, unzureichende Kontaktgabe, Versagen von Meß-, Regel-, oder Sicherheitseinrichtungen);

e) Blitzschäden an elektrischen Einrichtungen, es sei denn, daß der Blitz unmittelbar auf diese Sachen übergegangen ist.

2. Folgeschäden sind durch Nr. 1 a und 1 c nicht ausgeschlossen.

Durch Nr. 1 d und 1 e sind Folgeschäden nicht ausgeschlossen, soweit sie Brand- oder Explosionsschäden sind.

Die Ausschlüsse gemäß Nr. 1 a bis 1 d gelten nicht für Schäden, die dadurch verursacht wurden, daß sich an anderen Sachen eine versicherte Gefahr gemäß § 1 Nr. 1 a verwirklicht hat.

3. Die Versicherung gemäß § 1 Nr. 1 b erstreckt sich ohne Rücksicht auf mitwirkende Ursachen nicht auf Mietverlust durch

a) Wasserdampf,

b) Plansch- oder Reinigungswasser,

c) Wasser aus Sprinklern oder aus Düsen von Berieselungsanlagen,

d) Grundwasser, stehendes oder fließendes Gewässer, Hochwasser oder Witterungsniederschlag oder einen durch diese Ursachen hervorgerufenen Rückstau,

e) Schwamm,

f) Erdsenkung oder Erdrutsch, es sei denn, daß Leitungswasser die Erdsenkung oder den Erdrutsch verursacht hat,

g) Brand, Blitzschlag, Explosion, Anprall oder Absturz eines bemannten Flugkörpers, seiner Teile oder seiner Ladung, ferner durch Löschen, Niederreißen oder Ausräumen infolge dieser Ereignisse.

Die Ausschlüsse gemäß a bis e gelten nicht für Schäden gemäß § 1 Nr. 6 (Rohrbruch). Die Ausschlüsse gelten ferner nicht für Schäden gemäß § 1 Nr. 5 (Leitungswasser), soweit sie Folgeschäden eines Rohrbruchs gemäß § 1 Nr. 6 sind.

4. Die Versicherung gemäß § 1 Nr. 1 c erstreckt sich ohne Rücksicht auf mitwirkende Ursachen nicht auf Mietverlust durch

a) Sturmflut,

b) Lawinen,

c) Eindringen von Regen, Hagel, Schnee oder Schmutz durch nicht ordnungsgemäß geschlossene Fenster, Außentüren oder andere Öffnungen, es sei denn, daß diese Öffnungen durch den Sturm entstanden sind und einen Gebäudeschaden darstellen,

d) Brand, Blitzschlag, Explosion, Anprall oder Absturz eines bemannten Flugkörpers, seiner Teile oder seiner Ladung, ferner durch Löschen, Niederreißen oder Ausräumen infolge eines dieser Ereignisse.

5. Nicht versichert sind ohne Rücksicht auf mitwirkende Ursachen Schäden, die durch Kriegsereignisse jeder Art, Innere Unruhen, Erdbeben oder Kernenergie *) entstehen.

## § 3 Versicherte Schäden

1. Versicherter Mietverlust ist

a) der Mietausfall, der dadurch entsteht, daß der Mieter infolge eines Versicherungsfalles gemäß § 1 kraft Gesetzes oder nach dem Mietvertrag berechtigt ist, die Zahlung der Miete ganz oder teilweise zu verweigern;

b) der Nutzungsausfall in Höhe des ortsüblichen Mietwerts der Räume, die der Versicherungsnehmer selbst nutzt oder unentgeltlich Dritten überlassen hat und die infolge eines Versicherungsfalles unbenutzbar geworden sind, falls dem Versicherungsnehmer die Beschränkung auf etwa benutzbar gebliebene Räume nicht zugemutet werden kann;

c) etwaige fortlaufende Nebenkosten.

2. Für Gebäude oder Räume, die zur Zeit des Eintritts des Versicherungsfalles nicht vermietet waren, wird Mietausfall ersetzt, sofern Vermietung zu einem späteren, in der Wiederherstellungszeit liegenden Termin nachgewiesen wird.

## § 4 Versicherungswert

Versicherungswert ist, soweit nichts anderes vereinbart ist,

a) für vermietete Räume der Wert einer Jahresmiete

b) für selbst genutzte oder unentgeltlich Dritten überlassene Räume der ortsübliche Jahresmietwert

c) die Summe der fortlaufenden Nebenkosten für die Dauer eines Jahres

der im Versicherungsvertrag bezeichneten Gebäude.

## § 5 Gefahrumstände bei Vertragsabschluß und Gefahrerhöhung

1. Bei Abschluß des Vertrages hat der Versicherungsnehmer alle ihm bekannten Umstände, die für die Übernahme der Gefahr erheblich sind, dem Versicherer anzuzeigen. Bei schuldhafter Verletzung dieser Obliegenheit kann der Versicherer nach Maßgabe der §§ 16 bis 21 VVG vom Vertrag zurücktreten und leistungsfrei sein oder den Versicherungsvertrag nach § 22 VVG anfechten.

2. Nach Antragstellung darf der Versicherungsnehmer ohne Einwilligung des Versicherers keine Gefahrerhöhung vornehmen oder gestatten.

Der Versicherungsnehmer hat jede Gefahrerhöhung, die ihm bekannt wird, dem Versicherer unverzüglich anzuzeigen, und zwar auch dann, wenn sie ohne seinen Willen eintritt.

---

*) Der Ersatz von Schäden durch Kernenergie richtet sich in der Bundesrepublik Deutschland nach dem Atomgesetz. Die Betreiber von Kernanlagen sind zur Deckungsvorsorge verpflichtet und schließen hierfür Haftpflichtversicherungen ab.

Im übrigen gelten die §§ 23 bis 30 VVG. Danach kann der Versicherer zur Kündigung berechtigt oder auch leistungsfrei sein.

3. Für vorschriftsmäßige Anlagen des Zivilschutzes und für Zivilschutzübungen gelten Nr. 2 und die §§ 23 bis 30 VVG nicht.

4. Die Aufnahme oder Veränderung eines Betriebes, gleich welcher Art und welchen Umfangs, ist dem Versicherer unverzüglich anzuzeigen.

Ist mit der Aufnahme oder Veränderung des Betriebes eine Gefahrerhöhung verbunden, so gelten die §§ 23 bis 30 VVG.

Der Versicherer hat von dem Tag der Aufnahme oder Veränderung des Betriebes an Anspruch auf die aus einem etwa erforderlichen höheren Prämiensatz errechnete Prämie. Dies gilt nicht, soweit der Versicherer in einem Versicherungsfall wegen Gefahrerhöhung leistungsfrei geworden ist.

5. Gefahrerhöhende Umstände werden durch Maßnahmen des Versicherungsnehmers oder durch sonstige gefahrmindernde Umstände ausgeglichen, insbesondere soweit diese mit dem Versicherer vereinbart wurden.

## § 6 Sicherheitsvorschriften

1. Der Versicherungsnehmer hat

a) alle gesetzlichen, behördlichen oder in dem Versicherungsvertrag vereinbarten Sicherheitsvorschriften zu beachten,

b) bei einer Versicherung gegen Schäden durch Leitungswasser

aa) alle wasserführenden Anlagen stets in ordnungsgemäßem Zustand zu erhalten; Störungen, Mängel oder Schäden an diesen Anlagen unverzüglich beseitigen zu lassen und notwendige Neubeschaffungen oder Änderungen dieser Anlagen oder Maßnahmen gegen Frost unverzüglich durchzuführen;

bb) während der kalten Jahreszeit alle Gebäude und Gebäudeteile genügend zu beheizen und genügend häufig zu kontrollieren, oder dort alle wasserführenden Anlagen und Einrichtungen abzusperren, zu entleeren und entleert zu halten;

cc) nicht benutzte Gebäude oder Gebäudeteile genügend häufig zu kontrollieren oder dort alle wasserführenden Anlagen und Einrichtungen abzusperren, zu entleeren und entleert zu halten;

c) bei Versicherung gegen Schäden durch Sturm die Gebäude, insbesondere die Dächer stets in ordnungsgemäßem Zustand zu erhalten.

2. Verletzt der Versicherungsnehmer eine der Obliegenheiten gemäß Nr. 1, so ist der Versicherer nach Maßgabe des § 6 Abs. 1 und Abs. 2 VVG zur Kündigung berechtigt oder auch leistungsfrei. Eine Kündigung des Versicherers wird einen Monat nach Zugang wirksam. Leistungsfreiheit tritt nicht ein, wenn die Verletzung weder auf Vorsatz noch auf grober Fahrlässigkeit beruht.

Führt die Verletzung zu einer Gefahrerhöhung, so gelten die §§ 23 bis 30 VVG. Danach kann der Versicherer zur Kündigung berechtigt oder auch leistungsfrei sein.

## § 7 Prämie; Beginn und Ende der Haftung

1. Der Versicherungsnehmer hat die erste Prämie (Beitrag) bei Aushändigung des Versicherungsscheines oder im Fall des Vertragsabschlusses gemäß §§ 5 oder 5 a VVG nach Ablauf der Widerspruchsfrist zu zahlen, Folgeprämien am Ersten des Monats, in dem ein neues Versicherungsjahr beginnt. Die Folgen nicht rechtzeitiger Zahlung der ersten Prämie oder der ersten Rate der ersten Prämie ergeben sich aus § 38 VVG in Verbindung mit Nr. 3; im übrigen gilt § 39 VVG. Der Versicherer ist bei Verzug berechtigt, Ersatz des Verzugsschadens nach § 286 BGB sowie Verzugszinsen nach § 288 BGB oder § 352 HGB zu fordern. Rückständige Folgeprämien dürfen nur innerhalb eines Jahres seit Ablauf der nach § 39 VVG für sie gesetzten Zahlungsfrist eingezogen werden.

2. Ist Ratenzahlung vereinbart, so gelten die ausstehenden Raten bis zu den vereinbarten Zahlungsterminen als gestundet.

Die gestundeten Raten des laufenden Versicherungsjahres werden sofort fällig, wenn der Versicherungsnehmer mit einer Rate ganz oder teilweise in Verzug gerät oder soweit eine Entschädigung fällig wird.

3. Die Haftung des Versicherers beginnt mit dem vereinbarten Zeitpunkt, und zwar auch dann, wenn zur Prämienzahlung erst später aufgefordert, die Prämie aber unverzüglich gezahlt wird. Ist dem Versicherungsnehmer bei Antragstellung bekannt, daß ein Versicherungfall bereits eingetreten ist, so entfällt hierfür die Haftung.

4. Die Haftung endet mit dem vereinbarten Zeitpunkt. Versiche- rungsverträge von mindestens einjähriger Dauer verlängern sich jedoch von Jahr zu Jahr, wenn sie nicht spätestens drei Monate vor Ablauf schriftlich gekündigt werden. Ein Versicherungsverhältnis, das für eine Dauer von mehr als fünf Jahren eingegangen ist, kann zum Ende des fünften oder jedes darauf folgenden Jahres unter Einhaltung einer Frist von drei Monaten gekündigt werden.

5. Endet das Versicherungsverhältnis vor Ablauf der Vertragszeit oder wird es nach Beginn rückwirkend aufgehoben oder ist es von Anfang an nichtig, so gebührt dem Versicherer Prämie oder Geschäftsgebühr gemäß dem Versicherungsvertragsgesetz (z. B. §§ 40, 68 VVG).

Kündigt nach Eintritt eines Versicherungsfalles (§ 15 Nr. 2) der Versicherungsnehmer, so gebührt dem Versicherer die Prämie für das laufende Versicherungsjahr. Kündigt der Versicherer, so hat er die Prämie für das laufende Versicherungsjahr nach dem Verhältnis der noch nicht abgelaufenen zu der gesamten Zeit des Versicherungsjahres zurückzuzahlen.

## § 8 Mehrfache Versicherung; Überversicherung

1. Nimmt der Versicherungsnehmer für versicherten Mietverlust eine weitere Versicherung gegen eine der versicherten Gefahren, so hat er den anderen Versicherer und die Versicherungssumme dem Versicherer unverzüglich schriftlich mitzuteilen.

Verletzt der Versicherungsnehmer die Obliegenheit gemäß Abs. 1, so ist der Versicherer nach Maßgabe des § 6 Abs. 1 VVG zur Kündigung berechtigt oder auch leistungsfrei. Eine Kündigung des Versicherers wird einen Monat nach Zugang wirksam. Die Leistungsfreiheit tritt nicht ein, wenn die Verletzung weder auf Vorsatz noch auf grober Fahrlässigkeit beruht oder wenn der Versicherer vor dem Versicherungsfall Kenntnis von der anderen Versicherung erlangt hat.

2. Ist ein Selbstbehalt vereinbart und besteht mehrfache Versicherung, so kann abweichend von § 59 Abs. 1 VVG als Entschädigung aus den mehreren Verträgen nicht mehr als der Schaden abzüglich des Selbstbehaltes verlangt werden.

3. Erlangt der Versicherungsnehmer oder der Versicherte aus anderen Versicherungsverträgen Entschädigung für denselben Schaden, so ermäßigt sich der Anspruch aus vorliegendem Vertrag in der Weise, daß die Entschädigung aus allen Verträgen insgesamt nicht höher ist, als wenn der Gesamtbetrag der Versicherungssummen, aus denen Prämie errechnet wurde, nur in dem vorliegenden Vertrag in Deckung gegeben worden wäre.

4. Übersteigt die Versicherungssumme den Wert der versicherten Sachen erheblich, so kann sowohl der Versicherungsnehmer als auch der Versicherer nach Maßgabe des § 51 VVG die Herabsetzung der Versicherungssumme und der Prämie verlangen.

5. Im Falle einer Doppelversicherung gelten §§ 59 und 60 VVG.

## § 9 Entschädigungsberechnung; Unterversicherung

1. Ersetzt wird der Mietverlust längstens bis zu dem Zeitpunkt, in dem die Räume wieder benutzbar sind.

Behördliche Wiederherstellungsbeschränkungen bleiben unberücksichtigt.

2. Endet das Mietverhältnis infolge des Schadens und sind die Räume trotz Anwendung der im Verkehr erforderlichen Sorgfalt zum Zeitpunkt der Wiederherstellung nicht zu vermieten, wird der Mietverlust bis zur Neuvermietung über diesen Zeitpunkt hinaus ersetzt, höchstens jedoch für die Dauer von 3 Monaten.

3. Mietverlust wird höchstens für die Dauer von 12 Monaten seit dem Eintritt des Versicherungsfalles ersetzt, soweit nichts anderes vereinbart ist.

4. Ist die Versicherungssumme niedriger als der Versicherungswert unmittelbar vor Eintritt des Versicherungsfalles (Unterversicherung) so wird nur der Teil des gemäß Nr. 1 und 2 ermittelten Betrages ersetzt, der sich zu dem ganzen Betrag verhält, wie die Versicherungssumme zu dem Versicherungswert.

## § 10 Obliegenheiten des Versicherungsnehmers im Versicherungsfall

1. Der Versicherungsnehmer hat bei Eintritt eines Versicherungsfalles

a) den Schaden dem Versicherer unverzüglich anzuzeigen; diese Anzeige gilt noch als unverzüglich, wenn sie innerhalb von drei Tagen abgesandt wird;

b) den Schaden nach Möglichkeit abzuwenden oder zu mindern und dabei die Weisungen des Versicherers zu befolgen; er hat, soweit die Umstände es gestatten, solche Weisungen einzuholen;

c) dem Versicherer auf dessen Verlangen im Rahmen des Zumutbaren jede Untersuchung über Ursache und Höhe des Schadens und über den Umfang seiner Entschädigungspflicht zu gestatten, jede hierzu dienliche Auskunft – auf Verlangen schriftlich – zu erteilen und auf Verlangen die Mietverträge und sonstige die Mietverhältnisse betreffenden Unterlagen für alle im Versicherungsvertrag bezeichneten Gebäude vorzulegen;

d) Veränderungen der Schadenstelle möglichst zu vermeiden, solange der Versicherer nicht zugestimmt hat.

2. Verletzt der Versicherungsnehmer eine der vorstehenden Obliegenheiten, so ist der Versicherer nach Maßgabe des Versicherungsvertragsgesetzes (§§ 6 Abs. 3, 62 Abs. 2 VVG) von der Entschädigungspflicht frei.

3. Hatte eine vorsätzliche Obliegenheitsverletzung Einfluß weder auf die Feststellung des Versicherungsfalles noch auf die Feststellung oder den Umfang der Entschädigung, so entfällt die Leistungsfreiheit gemäß Nr. 2, wenn die Verletzung nicht geeignet war, die Interessen des Versicherers ernsthaft zu beeinträchtigen, und wenn außerdem den Versicherungsnehmer kein erhebliches Verschulden trifft.

## § 11 Besondere Verwirkungsgründe

1. Führt der Versicherungsnehmer den Schaden vorsätzlich oder grob fahrlässig herbei, so ist der Versicherer von der Entschädigungspflicht frei.

Ist die Herbeiführung des Schadens gemäß Abs. 1 durch ein rechtskräftiges Strafurteil wegen vorsätzlicher Brandstiftung festgestellt, so gelten die Voraussetzungen von Abs. 1 als bewiesen.

2. Versucht der Versicherungsnehmer, den Versicherer arglistig über Tatsachen zu täuschen, die für den Grund oder für die Höhe der Entschädigung von Bedeutung sind, so ist der Versicherer von der Entschädigungspflicht frei.

Ist eine Täuschung gemäß Abs. 1 durch rechtskräftiges Strafurteil wegen Betruges oder Betrugsversuchs festgestellt, so gelten die Voraussetzungen von Abs. 1 als bewiesen.

3. Wird der Entschädigungsanspruch nicht innerhalb einer Frist von sechs Monaten gerichtlich geltend gemacht, nachdem der Versicherer ihn unter Angabe der mit dem Ablauf der Frist verbundenen Rechtsfolge schriftlich abgelehnt hat, so ist der Versicherer von der Entschädigungspflicht frei. Durch ein Sachverständigenverfahren (§ 12) wird der Ablauf der Frist für dessen Dauer gehemmt.

4. Die Bestimmung des § 12 Abs. 1 und 2 VVG bleibt unberührt.

## § 12 Sachverständigenverfahren

1. Versicherungsnehmer und Versicherer können nach Eintritt des Versicherungsfalles vereinbaren, daß die Höhe des Schadens durch Sachverständige festgestellt wird. Das Sachverständigenverfahren kann durch Vereinbarung auf sonstige tatsächliche Voraussetzungen des Entschädigungsanspruchs sowie der Höhe der Entschädigung ausgedehnt werden.

Der Versicherungsnehmer kann ein Sachverständigenverfahren auch durch einseitige Erklärung gegenüber dem Versicherer verlangen.

2. Für das Sachverständigenverfahren gilt:

a) Jede Partei benennt schriftlich einen Sachverständigen und kann dann die andere unter Angabe des von ihr benannten Sachverständigen schriftlich auffordern, den zweiten Sachverständigen zu benennen. Wird der zweite Sachverständige nicht binnen zwei Wochen nach Empfang der Aufforderung benannt, so kann ihn die auffordernde Partei durch das für den Schadenort zuständige Amtsgericht ernennen lassen. In der Aufforderung ist auf diese Folge hinzuweisen.

b) Beide Sachverständige benennen schriftlich vor Beginn des Feststellungsverfahrens einen dritten Sachverständigen als Obmann. Einigen sie sich nicht, so wird der Obmann auf Antrag einer Partei durch das für den Schadenort zuständige Amtsgericht ernannt.

c) Der Versicherer darf als Sachverständige keine Personen benennen, die Mitbewerber des Versicherungsnehmers sind oder mit diesem in Geschäftsverbindung stehen, ferner keine Personen, die bei Mitbewerbern oder Geschäftspartnern angestellt sind oder mit ihnen in einem ähnlichen Verhältnis stehen.

Dies gilt entsprechend für die Benennung eines Obmannes durch die Sachverständigen.

3. Die Sachverständigen übermitteln beiden Parteien gleichzeitig ihre Feststellungen. Weichen die Feststellungen voneinander ab, so übergibt der Versicherer sie unverzüglich dem Obmann. Dieser entscheidet über die streitig gebliebenen Punkte innerhalb der durch die Feststellungen der Sachverständigen gezogenen Grenzen und übermittelt seine Entscheidung beiden Parteien gleichzeitig.

4. Jede Partei trägt die Kosten ihres Sachverständigen. Die Kosten des Obmannes tragen beide Parteien je zur Hälfte.

5. Die Feststellungen der Sachverständigen oder des Obmannes sind verbindlich, wenn nicht nachgewiesen wird, daß sie offenbar von der wirklichen Sachlage erheblich abweichen. Aufgrund dieser verbindlichen Feststellungen berechnet der Versicherer gemäß § 9 die Entschädigung.

6. Durch das Sachverständigenverfahren werden die Obliegenheiten des Versicherungsnehmers gemäß § 10 Nr. 1 nicht berührt.

## § 13 Zahlung der Entschädigung

1. Ist die Leistungspflicht des Versicherers dem Grunde und der Höhe nach festgestellt, so hat die Auszahlung der Entschädigung binnen zwei Wochen zu erfolgen. Jedoch kann einen Monat nach Anzeige des Schadens als Abschlagszahlung der Betrag beansprucht werden, der nach Lage der Sache mindestens zu zahlen ist.

2. Die Entschädigung ist mit 1 Prozent unter dem Diskontsatz der Deutschen Bundesbank zu verzinsen, mindestens jedoch mit 4 Prozent und höchstens mit 6 Prozent pro Jahr, soweit nicht aus anderen Gründen ein höherer Zins zu entrichten ist.

Die Verzinsung beginnt mit dem Zeitpunkt, von dem ab ein versicherter Mietverlust nicht mehr entsteht.

Zinsen werden erst fällig, wenn die Entschädigung fällig ist.

3. Der Lauf der Fristen gemäß Nr. 1 und Nr. 2 ist gehemmt, solange infolge Verschuldens des Versicherungsnehmers die Entschädigung nicht ermittelt oder nicht gezahlt werden kann.

4. Der Versicherer kann die Zahlung aufschieben,

a) solange Zweifel an der Empfangsberechtigung des Versicherungsnehmers bestehen;

b) wenn gegen den Versicherungsnehmer oder einen seiner Repräsentanten aus Anlaß des Versicherungsfalles ein behördliches oder strafgerichtliches Verfahren aus Gründen eingeleitet worden ist, die auch für den Entschädigungsanspruch rechtserheblich sind, bis zum rechtskräftigen Abschluß dieses Verfahrens.

## § 14 Repräsentanten

Im Rahmen von §§ 5, 6, 8, 10, 11 stehen Repräsentanten dem Versicherungsnehmer gleich.

## § 15 Rechtsverhältnis nach dem Versicherungsfall

1. Die Versicherungssumme vermindert sich nicht dadurch, daß eine Entschädigung geleistet wird.

2. Nach dem Eintritt eines Versicherungsfalles kann der Versicherer oder der Versicherungsnehmer den Versicherungsvertrag kündigen.

Die Kündigung ist schriftlich zu erklären. Sie muß spätestens einen Monat nach Auszahlung der Entschädigung zugehen. Der Zahlung steht es gleich, wenn die Entschädigung aus Gründen abgelehnt wird, die den Eintritt des Versicherungsfalles unberührt lassen.

Die Kündigung wird einen Monat nach ihrem Zugang wirksam. Der Versicherungsnehmer kann bestimmen, daß seine Kündigung sofort oder zu einem anderen Zeitpunkt wirksam wird, jedoch spätestens zum Schluß des laufenden Versicherungsjahres.

## § 16 Schriftliche Form; Zurückweisung von Kündigungen

1. Anzeigen und Erklärungen bedürfen der Schriftform. Dies gilt nicht für die Anzeige eines Schadens gemäß § 10 Nr. 1 a.

2. Ist eine Kündigung des Versicherungsnehmers unwirksam, ohne daß dies auf Vorsatz oder grober Fahrlässigkeit beruht, so wird die Kündigung wirksam, falls der Versicherer sie nicht unverzüglich zurückweist.

## § 17 Agentenvollmacht

Ein Agent des Versicherers ist nur dann bevollmächtigt, Anzeigen und Erklärungen des Versicherungsnehmers entgegenzunehmen, wenn er den Versicherungsvertrag vermittelt hat oder laufend betreut.

## § 18 Gerichtsstand

Für Klagen aus dem Versicherungsverhältnis gelten die inländischen Gerichtsstände nach §§ 13, 17, 21, 29 ZPO und § 48 VVG.

## § 19 Schlußbestimmung

Soweit nicht in den Versicherungsbedingungen Abweichendes bestimmt ist, gelten die gesetzlichen Vorschriften. Dies gilt insbesondere für die im Anhang aufgeführten Gesetzesbestimmungen, die nach Maßgabe der Versicherungsbedingungen Inhalt des Versicherungsvertrages sind.

Anhang B 8

# Positionen-Erläuterung zur Feuer-Versicherung für Industrie und Gewerbe

**Vorbemerkung**

Soweit im Versicherungsvertrag nichts anderes vereinbart ist, gelten sämtliche auf dem Versicherungsgrundstück befindlichen und zu den versicherten Positionen gehörenden Sachen in die Versicherung eingeschlossen.

**Pos. 1.1–1.2 Gebäude**

Als Gebäude gelten alle Bauwerke (auch Um-, An- und Neubauten) einschließlich Fundamente, Grund- und Kellermauern, die zur Aufnahme von Menschen, Tieren oder Sachen geeignet sind.

Unter Fundamenten oder Grundmauern wird der gesamte allseitig vom Erdreich berührte Bauteil verstanden, der bei unterkellerten Gebäuden unter der Unterfläche Kellerboden liegt und bei nicht unterkellerten Gebäuden bis Unterfläche Erdgeschoßfußboden reicht.

Unter Kellermauern sind die Umfassungswände zu verstehen, die zwischen der Unterfläche des Kellerbodens und der Unterfläche des oberirdischen Geschosses liegen.

Zur Position Gebäude gehören auch:

Baustoffe und Bauteile,
die für den Bestand und die Herstellung eines Gebäudes eingefügt oder für den Einbau in ein Gebäude bestimmt sind

Behälter,
sofern in Mauerwerk oder Beton ausgeführt

Blitzableiter

Brunnenanlagen,
einschließlich Abdeckungen

Einfriedungen

Einrichtungen und Einbauten, die
- nach ihrer baulichen Ausführung mit dem Gebäude bleibend verbunden und somit als dessen Bestandteil anzusehen sind und
- dauernd der Benutzung des Gebäudes dienen und
- im Eigentum des Gebäudeeigentümers stehen,

z.B.

Aufzugschächte, einschließlich Türen
Einbauschränke
Fußbodenkanäle, einschließlich Abdeckungen
Hauswasserver- und -entsorgung, einschließlich der gesundheitlichen Anlagen sowie der dazugehörigen Warmwasserbereitungsanlagen, Pumpen und dgl.
Klimatisierung
Personenaufzüge
Raumbeleuchtungsanlagen, ohne Lampen und Röhren etc.
Raumbelüftungsanlagen
Raumbeheizungen, z.B. Herde, Einzel- und Sammelheizungen, Brennstoffbehälter, Kessel-, Pumpen und dgl. Anlagen
Sanitäranlagen, z.B. Ausgüsse, Waschbecken, Badewannen, WC
Silos
Speiseaufzüge

Fahnenstangen

Gehsteigbefestigungen

Gruben,
sofern in Mauerwerk oder Beton ausgeführt

Grünanlagen

Hofbefestigungen

Kaimauern

Kühltürme

Leitungen – elektrische –, unter Putz verlegt

Rampen

Schornsteine

Silos,
sofern in Mauerwerk oder Beton ausgeführt

Verbindungsbrücken

Vordächer

Wasserhochbehälter

Werkstraßen

Nicht zur Position Gebäude gehören:
- Zu vorübergehenden Zwecken erstellte
  - Baubuden;
  - Traglufthallen;
  - Zelte und ähnliches;

  sie können unter besonderen Positionen versichert werden.

**Pos. 2.1–2.2 Betriebseinrichtung**

Betriebseinrichtungen sind bewegliche Sachen (einschließlich der dazugehörigen Fundamente und Einmauerungen), soweit sie nicht unter die übrigen Positionen fallen. Solche Betriebseinrichtungen sind z.B.

Absauganlagen,
die Betriebszwecken dienen

Antriebseinrichtungen,
einschließlich Riemen, Seile und Ketten

Apparaturen

Baugerüste

Bedienungsbühnen

Behälter,
soweit kein Verpackungsmaterial

Beleuchtungsanlagen,
die mit dem Gebäude nicht fest verbunden sind

Brandbekämpfungseinrichtungen und -anlagen

Brandmeldeanlagen

Büchereien

Büroeinrichtungen

Büromaschinen

Büromaterial

Container

Dampfkraftanlagen

Datenträger – unbeschriebene –

Datenübertragungsanlagen

Datenverarbeitungsanlagen

Diapositive

Drucksachen

Druckplatten und -walzen,
soweit für die laufende Produktion benötigt

Drückwerkzeuge,
soweit für die laufende Produktion benötigt

Energieanlagen

Ersatzteile

Fahrzeuge,
soweit nicht zulassungspflichtig;

Fernkopieranlagen

Fernschreibanlagen

Fernsehanlagen

Fernsprechanlagen

Fertigungsvorrichtungen,
soweit für die laufende Produktion benötigt

Feuerlöscher

Filme

Firmenschilder

Förderanlagen

Formen,
soweit für die laufende Produktion benötigt

Fuhrpark,
soweit nicht zulassungspflichtig;

Gaserzeugungsanlagen

Gefäße,
soweit kein Verpackungsmaterial

Gerätschaften

Gleisanlagen

Hubstapler,
soweit nicht zulassungspflichtig;

Kabel

Kälteanlagen

Kantineneinrichtungen

Kesselanlagen,
die überwiegend der Kraft-, Wärme- oder Wasserversorgung von Betriebseinrichtungen dienen

Klimanlagen,
die Betriebszwecken dienen

Klischees,
soweit für die laufende Produktion benötigt

Kräne

Lagereinrichtungen

Lagerhilfen,
soweit kein Verpackungsmaterial

Lampen,
einschließlich beweglicher Anschlußleitungen

Lastenaufzüge

Leitungen – elektrische –,
soweit nicht unter Putz verlegt

Lettern

Löscheinrichtungen

Löschfahrzeuge,
soweit nicht zulassungspflichtig

Lüftungsanlagen,
die Betriebszwecken dienen

Luftschutzeinrichtungen

Maschinen

Matrizen,
soweit für die laufende Produktion benötigt

Modelle – formgebende –,
soweit für die laufende Produktion benötigt

Motore

Ofenanlagen,
zum Brennen, Glühen, Schmelzen, Backen und dgl.

Prägewerkzeuge,
soweit für die laufende Produktion benötigt

Röhren,
einschließlich beweglicher Anschlußleitungen

Rohrleitungen,
die Betriebszwecken dienen

Rufanlagen

Rundfunkanlagen

Sanitätseinrichtungen

Schablonen,
soweit für die laufende Produktion benötigt

Schienenfahrzeuge

Schnitte,
soweit für die laufende Produktion benötigt

Setzkästen

Sozialeinrichtungen

Sporteinrichtungen

Stanzen,
soweit für die laufende Produktion benötigt

Stehsätze,
soweit für die laufende Produktion benötigt

Stempel,
soweit für die laufende Produktion benötigt

Transformatoren

Transporthilfen,
soweit kein Verpackungsmaterial

Trocknungsanlagen

Uhrenanlagen

Verschalungen

Verteilungsanlagen,
soweit überwiegend der Kraftstromversorgung dienend

Wasserkraftanlagen

Werbeanlagen

Werbesachen

Werkschutzeinrichtungen

Werkzeuge

Ziehwerkzeuge,
soweit für die laufende Produktion benötigt

Zwischenwände – versetzbare –,
z.B. Funktionswände

Nicht zur Position Betriebseinrichtung gehören:
- Zulassungspflichtige Fahrzeuge,
  sie können unter besonderer Position versichert werden.

**Pos. 3.1–3.2 Vorräte**

Abfälle, verwertbare

Betriebsstoffe,
z.B. Brennstoffe, Lösungs-, Schmier- und Reinigungsmittel

Erzeugnisse, unfertige und fertige

Handelsware

Hilfsstoffe

Rohstoffe

Sachen,
in Bearbeitung oder Reparatur genommene

Verpackungsmaterial,
z.B. Dosen, Flaschen, Folien, Kartonagen, Kisten, Kunststoff-Verpackungen, Säcke,
soweit keine Transporthilfen

Waren für Sozialeinrichtungen,
z.B. Kantinen-, Sanitäts- und Sporteinrichtungen

Waren von Zulieferern

**Pos. 4.1–4.2 Bargeld, Wertpapiere und sonstige Urkunden**

Bargeld,
z.B. Banknoten und Münzen

Wertpapiere,
z.B. Aktien, Obligationen, Pfandbriefe

sonstige Urkunden,
z.B. Briefmarken, Papiere, die ein privates Recht verbriefen, Schecks, Sparbücher, Stempelmarken, Versicherungsmarken, Wechsel

**Pos. 4.3–4.4 Geschäftsunterlagen und sonstige Datenträger**

Geschäftsunterlagen,
z.B. Akten, Geschäftsbücher, Karteien, Pläne, Zeichnungen

sonstige Datenträger,
z.B. beschriebene Web- und Jacquard-Karten, Lochkarten, Magnetbänder, Magnetplatten

**Pos. 4.5 Modelle, Muster**

Anschauungsmodelle, Ausstellungsstücke, Muster, Prototypen

Fertigungsvorrichtungen,
z.B. Druckplatten- und walzen, Drückwerkzeuge, Formen, Klischees, Matrizen, formgebende Modelle, Prägewerkzeuge, Schablonen, Schnitte, Stanzen, Stehsätze, Stempel, Ziehwerkzeuge,
soweit für die laufende Produktion nicht mehr benötigt

**Pos. 4.6 Gebrauchsgegenstände der Betriebsangehörigen**

Gebrauchsgegenstände,
die sich im Eigentum der Betriebsangehörigen befinden,
z.B. Bekleidung, Fachliteratur, Fahrräder, Taschen, Werkzeuge

Nicht hierzu gehören:
Bargeld, Kraftfahrzeuge, Wertpapiere sowie der in Wohnungen befindliche Hausrat

**Pos. 4.7 Kraftfahrzeuge von Betriebsangehörigen und Besuchern**

Hierzu gehören Kraftfahrzeuge nur in ruhendem Zustand, auch auf den Parkplätzen, die dem Versicherungsnehmer zur Verfügung stehen und entsprechend gekennzeichnet sind

**Pos. 5.1–5.4 Vorsorgeversicherung**

Vorsorgeversicherung kann vereinbart werden, u. a.

- für Wertsteigerungen und Bestandserhöhungen,
  z.B. Um-, An- und Neubauten und Neuanschaffungen
- für Bestandserhöhungen nach Klausel 1709,
  in Verbindung mit der Klausel 1708 „Wertzuschlag ohne Einschluß von Bestandserhöhungen"

**Pos. 6.1 Selbständige Außenversicherung**

Sachen, die sich nur außerhalb des Versicherungsgrundstückes befinden

**Pos. 6.2 Preisdifferenz-Versicherung**

Preisdifferenzen sind Mehrkosten für Preissteigerungen zwischen dem Eintritt des Versicherungsfalles und der Wiederherstellung oder Wiederbeschaffung

Nicht hierzu gehören:
Mehrkosten infolge von außergewöhnlichen Ereignissen, behördlichen Wiederaufbau- oder Betriebsbeschränkungen oder Kapitalmangel

**Pos. 6.3 Mehrkosten durch behördliche Wiederherstellungsbeschränkungen (ohne Restwerte)**

Mehrkosten durch behördliche Wiederherstellungsbeschränkungen sind zusätzliche Aufwendungen aufgrund behördlicher Auflagen, die für die Wiederherstellung der versicherten und vom Schaden betroffenen Sache erforderlich sind.

Nicht hierzu gehören:

Mehrkosten für
- Auflagen mit Fristsetzung vor Eintritt des Versicherungsfalles,
- nicht wiederverwertbare Reste,
- Wiederherstellung an anderer Stelle,
- Preissteigerungen zwischen Eintritt des Versicherungsfalles und der Wiederherstellung.

**Pos. 7.1 Aufräumungs-, Abbruch-, Feuerlösch-, Bewegungs- und Schutzkosten**

Aufräumungskosten sind Aufwendungen für Aufräumen der Schadenstätte und Abfuhr des Schutts zur nächsten Ablagerungsstätte

Abbruchkosten sind Aufwendungen für einen im Schadenfall nötig werdenden Abbruch stehengebliebener Teile und deren Abführung bis zur nächsten Ablagerungsstätte

Feuerlöschkosten sind Aufwendungen, die der Versicherungsnehmer zur Brandbekämpfung für geboten halten durfte, soweit sie nicht bereits als Schadenminderungsmaßnahmen nach den AFB entschädigt werden

Bewegungs- und Schutzkosten sind Aufwendungen, die dadurch entstehen, daß Sachen zum Zweck der Wiederherstellung oder Wiederbeschaffung versicherter Sachen bewegt, verändert oder geschützt werden müssen, insbesondere Aufwendungen für:
De- oder Remontage von Maschinen, für Durchbruch, Abriß oder Wiederaufbau von Gebäudeteilen oder für das Erweitern von Öffnungen

**Pos. 7.2 Abbruch-, Aufräumungs-, Abfuhr- und Isolierungskosten für radioaktiv verseuchte Sachen**

Abbruch-, Aufräumungs-, Abfuhr- und Isolierungskosten für radioaktiv verseuchte Sachen sind Aufwendungen aufgrund gesetzlich gebotener Maßnahmen

**Pos. 7.3 Sachverständigenkosten**

Sachverständigenkosten sind Aufwendungen für den Sachverständigen und die des Obmanns, die der Versicherungsnehmer nach den AFB für das Sachverständigenverfahren zu tragen hat

**Pos. 7.4 Kosten für die Dekontamination von Erdreich**

Kosten für die Dekontamination von Erdreich sind Aufwendungen, die der Versicherungsnehmer aufgrund behördlicher Anordnungen infolge eines Versicherungsfalles gem. AFB 87 N macht, um

- Erdreich von eigenen oder gepachteten Versicherungsgrundstücken zu untersuchen und nötigenfalls zu dekontaminieren oder auszutauschen;
- den Aushub in die nächstgelegene geeignete Deponie zu transportieren und dort abzulagern oder zu vernichten;
- insoweit den Zustand des Versicherungsgrundstückes vor Eintritt des Versicherungsfalles wiederherzustellen.

Nicht hierzu gehören:

Aufwendungen für die Beseitigung von vor dem Versicherungsfall bereits bestehender Kontaminationen (Altlasten).

# Anhang C

## Gesetz über den Versicherungsvertrag – VVG (Auszug)

### Erster Abschnitt. Vorschriften für sämtliche Versicherungszweige

### Erster Titel. Allgemeine Vorschriften

#### § 1

I Bei der Schadensversicherung ist der Versicherer verpflichtet, nach dem Eintritt des Versicherungsfalls dem Versicherungsnehmer den dadurch verursachten Vermögensschaden nach Maßgabe des Vertrags zu ersetzen. Bei der Lebensversicherung und der Unfallversicherung sowie bei anderen Arten der Personenversicherung ist der Versicherer verpflichtet, nach dem Eintritt des Versicherungsfalls den vereinbarten Betrag an Kapital oder Rente zu zahlen oder die sonst vereinbarte Leistung zu bewirken.

II Der Versicherungsnehmer hat die vereinbarte Prämie zu entrichten. Als Prämien im Sinne dieses Gesetzes gelten auch die bei Versicherungsunternehmungen auf Gegenseitigkeit zu entrichtenden Beiträge.

#### § 2

I Die Versicherung kann in der Weise genommen werden, daß sie in einem vor der Schließung des Vertrags liegenden Zeitpunkt beginnt.

II Weiß in diesem Falle der Versicherer bei der Schließung des Vertrags, daß die Möglichkeit des Eintritts des Versicherungsfalls schon ausgeschlossen ist, so steht ihm ein Anspruch auf die Prämie nicht zu. Weiß der Versicherungsnehmer bei der Schließung des Vertrags, daß der Versicherungsfall schon eingetreten ist, so ist der Versicherer von der Verpflichtung zur Leistung frei; dem Versicherer gebührt, sofern er nicht bei der Schließung von dem Eintritt des Versicherungsfalls Kenntnis hatte, die Prämie bis zum Schluß der Versicherungsperiode, in welcher er diese Kenntnis erlangt.

III Wird der Vertrag durch einen Bevollmächtigten oder einen Vertreter ohne Vertretungsmacht geschlossen, so kommt in den Fällen des Absatzes 2 nicht nur die Kenntnis des Vertreters, sondern auch die des Vertretenen in Betracht.

#### § 3

I Der Versicherer ist verpflichtet, eine von ihm unterzeichnete Urkunde über den Versicherungsvertrag (Versicherungsschein) dem Versicherungsnehmer auszuhändigen. Eine Nachbildung der eigenhändigen Unterschrift genügt.

II Ist ein Versicherungsschein abhanden gekommen oder vernichtet, so kann der Versicherungsnehmer von dem Versicherer die Ausstellung einer Ersatzurkunde verlangen. Unterliegt der Versicherungsschein der Kraftloserklärung, so ist der Versicherer erst nach der Kraftloserklärung zur Ausstellung verpflichtet.

III Der Versicherungsnehmer kann jederzeit Abschriften der Erklärungen fordern, die er mit Bezug auf den Vertrag abgegeben hat. Der Versicherer hat ihn bei der Aushändigung des Versicherungsscheins auf dieses Recht aufmerksam zu machen. Bedarf der Versicherungsnehmer der Abschriften für die Vornahme von Handlungen gegenüber dem Versicherer, die an eine bestimmte Frist gebunden sind, und sind sie ihm nicht schon früher vom Versicherer ausgehändigt worden, so ist der Lauf der Frist von der Stellung des Verlangens bis zum Eingang der Abschriften gehemmt.

IV Die Kosten der Ersatzurkunde sowie der Abschriften hat der Versicherungsnehmer zu tragen und auf Verlangen vorzuschießen.

V Wird der Vertrag nicht durch eine Niederlassung des Versicherers im Geltungsbereich dieses Gesetzes abgeschlossen, so ist im Versicherungsschein die Anschrift des Versicherers und der Niederlassung, über die der Vertrag abgeschlossen worden ist, anzugeben.

#### § 4

I Wird ein Versicherungsschein auf den Inhaber ausgestellt, so treten die in § 808 des Bürgerlichen Gesetzbuchs bestimmten Wirkungen ein.

II Ist im Vertrag bestimmt, daß der Versicherer nur gegen Rückgabe des Versicherungsscheins zu leisten hat, so genügt, wenn der Versicherungsnehmer behauptet, zur Rückgabe außerstande zu sein, das öffentlich beglaubigte Anerkenntnis, daß die Schuld erloschen sei. Diese Vorschrift findet keine Anwendung, wenn der Versicherungsschein der Kraftloserklärung unterliegt.

#### § 5

I Weicht der Inhalt des Versicherungsscheins von dem Antrag oder den getroffenen Vereinbarungen ab, so gilt die Abweichung als genehmigt, wenn der Versicherungsnehmer nicht innerhalb eines Monats nach Empfang des Versicherungsscheins schriftlich widerspricht.

II Diese Genehmigung ist jedoch nur dann anzunehmen, wenn der Versicherer den Versicherungsnehmer bei Aushändigung des Versicherungsscheins darauf hingewiesen hat, daß Abweichungen als genehmigt gelten, wenn der Versicherungsnehmer nicht innerhalb eines Monats nach Empfang des Versicherungsscheins schriftlich widerspricht. Der Hinweis hat durch besondere schriftliche Mitteilung oder durch einen auffälligen Vermerk in dem Versicherungsschein, der aus dem übrigen Inhalt des Versicherungsscheins hervorgehoben ist, zu geschehen; auf die einzelnen Abweichungen ist besonders aufmerksam zu machen.

III Hat der Versicherer den Vorschriften des Absatzes 2 nicht entsprochen, so ist die Abweichung für den Versicherungsnehmer unverbindlich und der Inhalt des Versicherungsantrags insoweit als vereinbart anzusehen.

IV Eine Vereinbarung, durch welche der Versicherungsnehmer darauf verzichtet, den Vertrag wegen Irrtums anzufechten, ist unwirksam.

#### § 5 a

I Hat der Versicherer dem Versicherungsnehmer bei Antragstellung die Versicherungsbedingungen nicht übergeben oder eine Verbraucherinformation nach § 10 a des Versicherungsaufsichtsgesetzes unterlassen, so gilt der Vertrag auf der Grundlage des Versicherungsscheins, der Versicherungsbedingungen und der weiteren für den Vertragsinhalt maßgeblichen Verbraucherinformation als abgeschlossen, wenn der Versicherungsnehmer nicht innerhalb von vierzehn Tagen nach Überlassung der Unterlagen schriftlich widerspricht. Satz 1 ist nicht auf Versicherungsverträge bei Pensionskassen anzuwenden, die auf arbeitsvertraglichen Regelungen beruhen. § 5 bleibt unberührt.

II Der Lauf der Frist beginnt erst, wenn dem Versicherungsnehmer der Versicherungsschein und die Unterlagen nach Absatz 1 vollständig vorliegen und der Versicherungsnehmer bei Aushändigung des Versicherungsscheins schriftlich, in drucktechnisch deutlicher Form über das Widerspruchsrecht, den Fristbeginn und die Dauer belehrt worden ist. Der Nachweis über den Zugang der Unterlagen obliegt dem Versicherer. Zur Wahrung der Frist genügt die rechtzeitige Absendung des Widerspruchs. Abweichend von Satz 1 erlischt das Recht zum Widerspruch jedoch ein Jahr nach Zahlung der ersten Prämie.

III Gewährt der Versicherer auf besonderen Antrag des Versicherungsnehmers sofortigen Versicherungsschutz, so kann der Verzicht auf Überlassung der Versicherungsbedingungen und der Verbraucherinformation bei Vertragsschluß vereinbart werden. Die Unterlagen sind dem Versicherungsnehmer auf Anforderung, spätestens mit dem Versicherungsschein zu überlassen. Wenn der Versicherungsvertrag sofortigen Versicherungsschutz gewährt, hat der Versicherungsnehmer insoweit kein Widerspruchsrecht nach Absatz 1.

**§ 6**

I Ist im Vertrag bestimmt, daß bei Verletzung einer Obliegenheit, die vor dem Eintritt des Versicherungsfalls dem Versicherer gegenüber zu erfüllen ist, der Versicherer von der Verpflichtung zur Leistung frei sein soll, so tritt die vereinbarte Rechtsfolge nicht ein, wenn die Verletzung als eine unverschuldete anzusehen ist. Der Versicherer kann den Vertrag innerhalb eines Monats, nachdem er von der Verletzung Kenntnis erlangt hat, ohne Einhaltung einer Kündigungsfrist kündigen, es sei denn, daß die Verletzung als eine unverschuldete anzusehen ist. Kündigt der Versicherer innerhalb eines Monats nicht, so kann er sich auf die vereinbarte Leistungsfreiheit nicht berufen.

II Ist eine Obliegenheit verletzt, die von dem Versicherungsnehmer zum Zweck der Verminderung der Gefahr oder der Verhütung einer Gefahrerhöhung dem Versicherer gegenüber zu erfüllen ist, so kann sich der Versicherer auf die vereinbarte Leistungsfreiheit nicht berufen, wenn die Verletzung keinen Einfluß auf den Eintritt des Versicherungsfalls oder den Umfang der ihm obliegenden Leistung gehabt hat.

III Ist die Leistungsfreiheit für den Fall vereinbart, daß eine Obliegenheit verletzt wird, die nach dem Eintritt des Versicherungsfalls dem Versicherer gegenüber zu erfüllen ist, so tritt die vereinbarte Rechtsfolge nicht ein, wenn die Verletzung weder auf Vorsatz noch auf grober Fahrlässigkeit beruht. Bei grob fahrlässiger Verletzung bleibt der Versicherer zur Leistung insoweit verpflichtet, als die Verletzung Einfluß weder auf die Feststellung des Versicherungsfalls noch auf die Feststellung oder den Umfang der dem Versicherer obliegenden Leistung gehabt hat.

IV Eine Vereinbarung, nach welcher der Versicherer bei Verletzung einer Obliegenheit zum Rücktritt berechtigt sein soll, ist unwirksam.

V (aufgehoben)

**§ 7**

I Ist die Dauer der Versicherung nach Tagen, Wochen, Monaten oder nach einem mehrere Monate umfassenden Zeitraum bestimmt, so beginnt die Versicherung am Mittag des Tages, an welchem der Vertrag geschlossen wird. Sie endigt am Mittag des letzten Tages der Frist.

II Absatz 1 findet auf die Krankenversicherung keine Anwendung.

**§ 8**

I Eine Vereinbarung, nach welcher ein Versicherungsverhältnis als stillschweigend verlängert gilt, wenn es nicht vor dem Ablauf der Vertragszeit gekündigt wird, ist insoweit nichtig, als sich die jedesmalige Verlängerung auf mehr als ein Jahr erstrecken soll.

II Ist ein Versicherungsverhältnis auf unbestimmte Zeit eingegangen (dauernde Versicherung), so kann es von beiden Teilen nur für den Schluß der laufenden Versicherungsperiode gekündigt werden. Die Kündigungsfrist muß für beide Teile gleich sein und darf nicht weniger als einen Monat, nicht mehr als drei Monate betragen. Auf das Kündigungsrecht können die Parteien in gegenseitigem Einverständnis bis zur Dauer von zwei Jahren verzichten.

III Ein Versicherungsverhältnis, das für eine Dauer von mehr als fünf Jahren eingegangen worden ist, kann zum Ende des fünften oder jedes darauf folgenden Jahres unter Einhaltung einer Frist von drei Monaten gekündigt werden. Satz 1 gilt nicht für die Lebens- und Krankenversicherung.

IV Wird mit Ausnahme der Lebensversicherung ein Versicherungsverhältnis mit einer längeren Laufzeit als einem Jahr geschlossen, so kann der Versicherungsnehmer innerhalb einer Frist von vierzehn Tagen ab Unterzeichnung des Versicherungsantrages seine auf den Vertragsabschluß gerichtete Willenserklärung schriftlich widerrufen. Zur Wahrung der Frist genügt die rechtzeitige Absendung des Widerrufs. Die Frist beginnt erst zu laufen, wenn der Versicherer den Versicherungsnehmer über sein Widerrufsrecht belehrt und der Versicherungsnehmer die Belehrung durch Unterschrift bestätigt hat. Unterbleibt die Belehrung, so erlischt das Widerrufsrecht einen Monat nach Zahlung der ersten Prämie. Das Widerrufsrecht besteht nicht, wenn und soweit der Versicherer auf Wunsch des Versicherungsnehmers sofortigen Versicherungsschutz gewährt oder wenn die Versicherung nach dem Inhalt des Antrags für die bereits ausgeübte gewerbliche oder selbständige berufliche Tätigkeit des Versicherungsnehmers bestimmt ist.

V Bei der Lebensversicherung kann der Versicherungsnehmer innerhalb einer Frist von vierzehn Tagen nach Abschluß des Vertrages vom Vertrag zurücktreten. Zur Wahrung der Frist genügt die rechtzeitige Absendung der Rücktrittserklärung. Die Frist beginnt erst zu laufen, wenn der Versicherer den Versicherungsnehmer über sein Rücktrittsrecht belehrt und der Versicherungsnehmer die Belehrung durch Unterschrift bestätigt hat. Unterbleibt die Belehrung, so erlischt das Rücktrittsrecht einen Monat nach Zahlung der ersten Prämie. Die Sätze 1 bis 4 finden keine Anwendung auf Versicherungsverhältnisse bei Pensionskassen, die auf arbeitsvertraglichen Regelungen beruhen.

VI Die Absätze 4 und 5 finden keine Anwendung, soweit der Versicherungsnehmer ein Widerspruchsrecht nach § 5 a hat.

**§ 9**

Als Versicherungsperiode im Sinne dieses Gesetztes gilt, falls nicht die Prämie nach kürzeren Zeitabschnitten bemessen ist, der Zeitraum eines Jahres.

**§ 10**

I Hat der Versicherungsnehmer seine Wohnung geändert, die Änderung aber dem Versicherer nicht mitgeteilt, so genügt für eine Willenserklärung, die dem Versicherungsnehmer gegenüber abzugeben ist, die Absendung eines eingeschriebenen Briefes nach der letzten dem Versicherer bekannten Wohnung. Die Erklärung wird in dem Zeitpunkt wirksam, in welchem sie ohne die Wohnungsänderung bei regelmäßiger Beförderung dem Versicherungsnehmer zugegangen sein würde.

II Hat der Versicherungsnehmer die Versicherung in seinem Gewerbebetrieb genommen, so finden bei einer Verlegung der gewerblichen Niederlassung die Vorschriften des Absatzes 1 entsprechende Anwendung.

**§ 11**

I Geldleistungen des Versicherers sind mit Beendigung der zur Feststellung des Versicherungsfalls und des Umfangs der Leistung des Versicherers nötigen Erhebungen fällig.

II Sind diese Erhebungen bis zum Ablauf eines Monats seit der Anzeige des Versicherungsfalls nicht beendet, so kann der Versicherungsnehmer in Anrechnung auf die Gesamtforderung Abschlagszahlungen in Höhe des Betrages verlangen, den der Versicherer nach Lage der Sache mindestens zu zahlen hat.

III Der Lauf der Frist ist gehemmt, solange die Beendigung der Erhebungen infolge eines Verschuldens des Versicherungsnehmers gehindert ist.

IV Eine Vereinbarung, durch welche der Versicherer von der Verpflichtung, Verzugszinsen zu zahlen, befreit wird, ist unwirksam.

**§ 12**

I Die Ansprüche aus dem Versicherungsvertrag verjähren in zwei Jahren, bei der Lebensversicherung in fünf Jahren. Die Verjährung beginnt mit dem Schluß des Jahres, in welchem die Leistung verlangt werden kann.

II Ist ein Anspruch des Versicherungsnehmers bei dem Versicherer angemeldet worden, so ist die Verjährung bis zum Eingang der schriftlichen Entscheidung des Versicherers gehemmt.

III Der Versicherer ist von der Verpflichtung zur Leistung frei, wenn der Anspruch auf die Leistung nicht innerhalb von sechs Monaten gerichtlich geltend gemacht wird. Die Frist beginnt erst, nachdem der Versicherer dem Versicherungsnehmer gegenüber den erhobenen Anspruch unter Angabe der mit dem Ablauf der Frist verbundenen Rechtsfolge schriftlich abgelehnt hat.

**§ 13**

Wird über das Vermögen des Versicherers der Konkurs eröffnet, so endigt das Versicherungsverhältnis mit dem Ablauf eines Monats seit der Eröffnung; bis zu diesem Zeitpunkt bleibt es der Konkursmasse gegenüber wirksam. Soweit das Versicherungsaufsichtsgesetz besondere Vorschriften über die Wirkungen der Konkurseröffnung enthält, bewendet es bei diesen Vorschriften.

### § 14

I Der Versicherer kann sich für den Fall der Eröffnung des Konkurses oder des Vergleichsverfahrens über das Vermögen des Versicherungsnehmers die Befugnis ausbedingen, das Versicherungsverhältnis mit einer Frist von einem Monat zu kündigen.

II Das gleiche gilt für den Fall, daß die Zwangsverwaltung des versicherten Grundstücks angeordnet wird.

### § 15

Soweit sich die Versicherung auf unpfändbare Sachen bezieht, kann die Forderung aus der Versicherung nur an solche Gläubiger des Versicherungsnehmers übertragen werden, die diesem zum Ersatz der zerstörten oder beschädigten Sachen andere Sachen geliefert haben.

### § 15 a

Auf eine Vereinbarung, durch welche von den Vorschriften des § 3 Abs. 3 und 5, § 5 Abs. 1 bis 3, § 5 a, § 6 Abs. 1 bis 3, § 8 Abs. 2 bis 5, § 11 Abs. 2, §§ 12, 14 zum Nachteil des Versicherungsnehmers abgewichen wird, kann sich der Versicherer nicht berufen.

## Zweiter Titel. Anzeigepflicht. Gefahrerhöhung

### § 16

I Der Versicherungsnehmer hat bei der Schließung des Vertrags alle ihm bekannten Umstände, die für die Übernahme der Gefahr erheblich sind, dem Versicherer anzuzeigen. Erheblich sind die Gefahrumstände, die geeignet sind, auf den Entschluß des Versicherers, den Vertrag überhaupt oder zu dem vereinbarten Inhalt abzuschließen, einen Einfluß auszuüben. Ein Umstand, nach welchem der Versicherer ausdrücklich und schriftlich gefragt hat, gilt im Zweifel als erheblich.

II Ist dieser Vorschrift zuwider die Anzeige eines erheblichen Umstandes unterblieben, so kann der Versicherer von dem Vertrag zurücktreten. Das gleiche gilt, wenn die Anzeige eines erheblichen Umstandes deshalb unterblieben ist, weil sich der Versicherungsnehmer der Kenntnis des Umstandes arglistig entzogen hat.

III Der Rücktritt ist ausgeschlossen, wenn der Versicherer den nicht angezeigten Umstand kannte oder wenn die Anzeige ohne Verschulden des Versicherungsnehmers unterblieben ist.

### § 17

I Der Versicherer kann von dem Vertrag auch dann zurücktreten, wenn über einen erheblichen Umstand eine unrichtige Anzeige gemacht worden ist.

II Der Rücktritt ist ausgeschlossen, wenn die Unrichtigkeit dem Versicherer bekannt war oder die Anzeige ohne Verschulden des Versicherungsnehmers unrichtig gemacht worden ist.

### § 18

I (aufgehoben)

II Hatte der Versicherungsnehmer die Gefahrumstände an Hand schriftlicher, von dem Versicherer gestellter Fragen anzuzeigen, so kann der Versicherer wegen unterbliebener Anzeige eines Umstandes, nach welchem nicht ausdrücklich gefragt worden ist, nur im Fall arglistiger Verschweigung zurücktreten.

### § 19

Wird der Vertrag von einem Bevollmächtigten oder von einem Vertreter ohne Vertretungsmacht geschlossen, so kommt für das Rücktrittsrecht des Versicherers nicht nur die Kenntnis und die Arglist des Vertreters, sondern auch die Kenntnis und die Arglist des Versicherungsnehmers in Betracht. Der Versicherungsnehmer kann sich darauf, daß die Anzeige eines erheblichen Umstandes ohne Verschulden unterblieben oder unrichtig gemacht ist, nur berufen, wenn weder dem Vertreter noch ihm selbst ein Verschulden zur Last fällt.

### § 20

I Der Rücktritt kann nur innerhalb eines Monats erfolgen. Die Frist beginnt mit dem Zeitpunkt, in welchem der Versicherer von der Verletzung der Anzeigepflicht Kenntnis erlangt.

II Der Rücktritt erfolgt durch Erklärung gegenüber dem Versicherungsnehmer. Im Fall des Rücktritts sind, soweit dieses Gesetz nicht in Ansehung der Prämie ein anderes bestimmt, beide Teile verpflichtet, einander die empfangenen Leistungen zurückzugewähren; eine Geldsumme ist von der Zeit des Empfangs an zu verzinsen.

### § 21

Tritt der Versicherer zurück, nachdem der Versicherungsfall eingetreten ist, so bleibt seine Verpflichtung zur Leistung gleichwohl bestehen, wenn der Umstand, in Ansehung dessen die Anzeigepflicht verletzt ist, keinen Einfluß auf den Eintritt des Versicherungsfalls und auf den Umfang der Leistung des Versicherers gehabt hat.

### § 22

Das Recht des Versicherers, den Vertrag wegen arglistiger Täuschung über Gefahrumstände anzufechten, bleibt unberührt.

### § 23

I Nach dem Abschluß des Vertrags darf der Versicherungsnehmer nicht ohne Einwilligung des Versicherers eine Erhöhung der Gefahr vornehmen oder deren Vornahme durch einen Dritten gestatten.

II Erlangt der Versicherungsnehmer Kenntnis davon, daß durch eine von ihm ohne Einwilligung des Versicherers vorgenommene oder gestattete Änderung die Gefahr erhöht ist, so hat er dem Versicherer unverzüglich Anzeige zu machen.

### § 24

I Verletzt der Versicherungsnehmer die Vorschrift des § 23 Abs. 1, so kann der Versicherer das Versicherungsverhältnis ohne Einhaltung einer Kündigungsfrist kündigen. Beruht die Verletzung nicht auf einem Verschulden des Versicherungsnehmers, so braucht dieser die Kündigung erst mit dem Ablauf eines Monats gegen sich gelten zu lassen.

II Das Kündigungsrecht erlischt, wenn es nicht innerhalb eines Monats von dem Zeitpunkt an ausgeübt wird, in welchem der Versicherer von der Erhöhung der Gefahr Kenntnis erlangt, oder wenn der Zustand wiederhergestellt ist, der vor der Erhöhung bestanden hat.

### § 25

I Der Versicherer ist im Fall einer Verletzung der Vorschrift des § 23 Abs. 1 von der Verpflichtung zur Leistung frei, wenn der Versicherungsfall nach der Erhöhung der Gefahr eintritt.

II Die Verpflichtung des Versicherers bleibt bestehen, wenn die Verletzung nicht auf einem Verschulden des Versicherungsnehmers beruht. Der Versicherer ist jedoch auch in diesem Fall von der Verpflichtung zur Leistung frei, wenn die in § 23 Abs. 2 vorgesehene Anzeige nicht unverzüglich gemacht wird und der Versicherungsfall später als einen Monat nach dem Zeitpunkt, in welchem die Anzeige dem Versicherer hätte zugehen müssen, eintritt, es sei denn, daß ihm in diesem Zeitpunkt die Erhöhung der Gefahr bekannt war.

III Die Verpflichtung des Versicherers zur Leistung bleibt auch dann bestehen, wenn zur Zeit des Eintritts des Versicherungsfalls die Frist für die Kündigung des Versicherers abgelaufen und eine Kündigung nicht erfolgt ist oder wenn die Erhöhung der Gefahr keinen Einfluß auf den Eintritt des Versicherungsfalls und auf den Umfang der Leistung des Versicherers gehabt hat.

### § 26

Die Vorschriften der §§ 23 bis 25 finden keine Anwendung, wenn der Versicherungsnehmer zu der Erhöhung der Gefahr durch das Interesse des Versicherers oder durch ein Ereignis, für welches der Versicherer haftet, oder durch ein Gebot der Menschlichkeit veranlaßt wird.

### § 27

I Tritt nach dem Abschluß des Vertrags eine Erhöhung der Gefahr unabhängig von dem Willen des Versicherungsnehmers ein, so ist der Versicherer berechtigt, das Versicherungsverhältnis unter Einhaltung einer Kündigungsfrist von einem Monat zu kündigen. Die Vorschriften des § 24 Abs. 2 finden Anwendung.

II Der Versicherungsnehmer hat, sobald er von der Erhöhung der Gefahr Kenntnis erlangt, dem Versicherer unverzüglich Anzeige zu machen.

**§ 28**

I Wird die in § 27 Abs. 2 vorgesehene Anzeige nicht unverzüglich gemacht, so ist der Versicherer von der Verpflichtung zur Leistung frei, wenn der Versicherungsfall später als einen Monat nach dem Zeitpunkt eintritt, in welchem die Anzeige dem Versicherer hätte zugehen müssen.

II Die Verpflichtung des Versicherers bleibt bestehen, wenn ihm die Erhöhung der Gefahr in dem Zeitpunkt bekannt war, in welchem ihm die Anzeige hätte zugehen müssen. Das gleiche gilt, wenn zur Zeit des Eintritts des Versicherungsfalls die Frist für die Kündigung des Versicherers abgelaufen und eine Kündigung nicht erfolgt ist oder wenn die Erhöhung der Gefahr keinen Einfluß auf den Eintritt des Versicherungsfalls und auf den Umfang der Leistung des Versicherers gehabt hat.

**§ 29**

Eine unerhebliche Erhöhung der Gefahr kommt nicht in Betracht. Eine Gefahrerhöhung kommt auch dann nicht in Betracht, wenn nach den Umständen als vereinbart anzusehen ist, daß das Versicherungsverhältnis durch die Gefahrerhöhung nicht berührt werden soll.

**§ 29 a**

Die Vorschriften der §§ 23 bis 29 finden auch Anwendung auf eine in der Zeit zwischen Stellung und Annahme des Versicherungsantrags eingetretene Gefahrerhöhung, die dem Versicherer bei der Annahme des Antrags nicht bekannt war.

**§ 30**

I Liegen die Voraussetzungen, unter denen der Versicherer nach den Vorschriften dieses Titels zum Rücktritt oder zur Kündigung berechtigt ist, in Ansehung eines Teils der Gegenstände oder Personen vor, auf welche sich die Versicherung bezieht, so steht dem Versicherer das Recht des Rücktritts oder der Kündigung für den übrigen Teil nur zu, wenn anzunehmen ist, daß für diesen allein der Versicherer den Vertrag unter den gleichen Bestimmungen nicht geschlossen haben würde.

II Macht der Versicherer von dem Recht des Rücktritts oder der Kündigung in Ansehung eines Teiles der Gegenstände oder Personen Gebrauch, so ist der Versicherungsnehmer berechtigt, das Versicherungsverhältnis in Ansehung des übrigen Teiles zu kündigen; die Kündigung kann nicht für einen späteren Zeitpunkt als den Schluß der Versicherungsperiode geschehen, in welcher der Rücktritt des Versicherers oder seine Kündigung wirksam wird.

III Liegen in Ansehung eines Teiles der Gegenstände oder Personen, auf welche sich die Versicherung bezieht, die Voraussetzungen vor, unter denen der Versicherer wegen einer Verletzung der Vorschriften über die Gefahrerhöhung von der Verpflichtung zur Leistung frei ist, so findet auf die Befreiung die Vorschrift des Absatzes 1 entsprechende Anwendung.

**§ 31**

Erhöht der Versicherer aufgrund einer Anpassungsklausel die Prämie, ohne daß sich der Umfang des Versicherungsschutzes ändert, so kann der Versicherungsnehmer innerhalb eines Monats nach Eingang der Mitteilung des Versicherers mit sofortiger Wirkung, frühestens jedoch zum Zeitpunkt des Wirksamwerdens der Erhöhung, das Versicherungsverhältnis kündigen.

**§ 32**

Eine Vereinbarung, durch welche der Versicherungsnehmer bestimmte Obliegenheiten zum Zweck der Verminderung der Gefahr oder zum Zweck der Verhütung einer Gefahrerhöhung übernimmt, wird durch die Vorschriften dieses Titels nicht berührt.

**§ 33**

I Nach dem Eintritt des Versicherungsfalls hat der Versicherungsnehmer, sobald er von dem Eintritt Kenntnis erlangt, dem Versicherer unverzüglich Anzeige zu machen.

II Auf eine Vereinbarung, nach welcher der Versicherer von der Verpflichtung zur Leistung frei sein soll, wenn der Pflicht zur Anzeige des Versicherungsfalls nicht genügt wird, kann sich der Versicherer nicht berufen, sofern er in anderer Weise von dem Eintritt des Versicherungsfalls rechtzeitig Kenntnis erlangt hat.

**§ 34**

I Der Versicherer kann nach dem Eintritt des Versicherungsfalls verlangen, daß der Versicherungsnehmer jede Auskunft erteilt, die zur Feststellung des Versicherungsfalls oder des Umfanges der Leistungspflicht des Versicherers erforderlich ist.

II Belege kann der Versicherer insoweit fordern, als die Beschaffung dem Versicherungsnehmer billigerweise zugemutet werden kann.

**§ 34 a**

Auf eine Vereinbarung, durch welche von den Vorschriften der §§ 16 bis 29 a, des § 31 und des § 34 Abs. 2 zum Nachteil des Versicherungsnehmers abgewichen wird, kann sich der Versicherer nicht berufen. Jedoch kann für die dem Versicherungsnehmer obliegenden Anzeigen die schriftliche Form bedungen werden.

## Dritter Titel. Prämie

**§ 35**

Der Versicherungsnehmer hat die Prämie und, wenn laufende Prämien bedungen sind, die erste Prämie sofort nach dem Abschluß des Vertrags zu zahlen. Er ist zur Zahlung nur gegen Aushändigung des Versicherungsscheins verpflichtet, es sei denn, daß die Ausstellung eines Versicherungsscheins ausgeschlossen ist.

**§ 35 a**

I Fällige Prämien oder sonstige ihm auf Grund des Vertrags gebührende Zahlungen muß der Versicherer vom Versicherten bei der Versicherung für fremde Rechnung, ferner vom Bezugsberechtigten, der ein Recht auf die Leistung des Versicherers erworben hat, sowie vom Pfandgläubiger auch dann annehmen, wenn er nach den Vorschriften des bürgerlichen Rechts die Zahlung zurückweisen könnte.

II Ein Pfandrecht an der Versicherungsforderung kann auch wegen der Beträge und ihrer Zinsen geltend gemacht werden, die der Pfandgläubiger zur Entrichtung von Prämien oder sonstigen dem Versicherer auf Grund des Vertrags gebührenden Zahlungen verwendet hat.

**§ 35 b**

Der Versicherer kann den Betrag einer fälligen Prämienforderung oder einer anderen ihm aus dem Vertrag zustehenden Forderung von der ihm nach diesem Vertrag obliegenden Leistung in Abzug bringen, auch wenn er die Leistung nicht dem Versicherungsnehmer, sondern einem Dritten schuldet.

**§ 36**

I Leistungsort für die Entrichtung der Prämie ist der jeweilige Wohnsitz des Versicherungsnehmers; der Versicherungsnehmer hat jedoch auf seine Gefahr und seine Kosten die Prämie dem Versicherer zu übermitteln.

II Hat der Versicherungsnehmer die Versicherung in seinem Gewerbebetrieb genommen, so tritt, wenn er seine gewerbliche Niederlassung an einem anderen Ort hat, der Ort der Niederlassung an die Stelle des Wohnsitzes.

**§ 37**

Ist die Prämie regelmäßig bei dem Versicherungsnehmer eingezogen worden, so ist dieser zur Übermittlung der Prämie erst verpflichtet, wenn ihm schriftlich angezeigt wird, daß die Übermittlung verlangt werde.

**§ 38**

I Wird die erste oder einmalige Prämie nicht rechtzeitig gezahlt, so ist der Versicherer, solange die Zahlung nicht bewirkt ist, berechtigt, vom Vertrag zurückzutreten. Es gilt als Rücktritt, wenn der Anspruch auf die Prämie nicht innerhalb von drei Monaten vom Fälligkeitstage an gerichtlich geltend gemacht wird.

II Ist die Prämie zur Zeit des Eintritts des Versicherungsfalls noch nicht gezahlt, so ist der Versicherer von der Verpflichtung zur Leistung frei.

### § 39

I Wird eine Folgeprämie nicht rechtzeitig gezahlt, so kann der Versicherer dem Versicherungsnehmer auf dessen Kosten schriftlich eine Zahlungsfrist von mindestens zwei Wochen bestimmen; zur Unterzeichnung genügt eine Nachbildung der eigenhändigen Unterschrift. Dabei sind die Rechtsfolgen anzugeben, die nach den Absätzen 2, 3 mit dem Ablauf der Frist verbunden sind. Eine Fristbestimmung, die ohne Beachtung dieser Vorschriften erfolgt, ist unwirksam.

II Tritt der Versicherungsfall nach dem Ablauf der Frist ein und ist der Versicherungsnehmer zur Zeit des Eintritts mit der Zahlung der Prämie oder der geschuldeten Zinsen oder Kosten im Verzuge, so ist der Versicherer von der Verpflichtung zur Leistung frei.

III Der Versicherer kann nach dem Ablauf der Frist, wenn der Versicherungsnehmer mit der Zahlung im Verzuge ist, das Versicherungsverhältnis ohne Einhaltung einer Kündigungsfrist kündigen. Die Kündigung kann bereits bei der Bestimmung der Zahlungsfrist dergestalt erfolgen, daß sie mit Fristablauf wirksam wird, wenn der Versicherungsnehmer in diesem Zeitpunkt mit der Zahlung im Verzuge ist; hierauf ist der Versicherungsnehmer bei der Kündigung ausdrücklich hinzuweisen. Die Wirkungen der Kündigung fallen fort, wenn der Versicherungsnehmer innerhalb eines Monats nach der Kündigung oder, falls die Kündigung mit der Fristbestimmung verbunden worden ist, innerhalb eines Monats nach dem Ablauf der Zahlungsfrist die Zahlung nachholt, sofern nicht der Versicherungsfall bereits eingetreten ist.

IV Soweit die in den Absätzen 2, 3 bezeichneten Rechtsfolgen davon abhängen, daß Zinsen oder Kosten nicht gezahlt worden sind, treten sie nur ein, wenn die Fristbestimmung die Höhe der Zinsen oder den Betrag der Kosten angibt.

### § 40

I Wird das Versicherungsverhältnis wegen Verletzung einer Obliegenheit oder wegen Gefahrerhöhung auf Grund der Vorschriften des zweiten Titels durch Kündigung oder Rücktritt aufgehoben oder wird der Versicherungsvertrag durch den Versicherer angefochten, so gebührt dem Versicherer gleichwohl die Prämie bis zum Schluß der Versicherungsperiode, in der er von der Verletzung der Obliegenheit, der Gefahrerhöhung oder von dem Anfechtungsgrund Kenntnis erlangt hat. Wird die Kündigung erst in der folgenden Versicherungsperiode wirksam, so gebührt ihm die Prämie bis zur Beendigung des Versicherungsverhältnisses.

II Wird das Versicherungsverhältnis wegen nicht rechtzeitiger Zahlung der Prämie nach § 39 gekündigt, so gebührt dem Versicherer die Prämie bis zur Beendigung der laufenden Versicherungsperiode. Tritt der Versicherer nach § 36 Abs. 1 zurück, so kann er nur eine angemessene Geschäftsgebühr verlangen.

III Endigt das Versicherungsverhältnis nach § 13 oder wird es vom Versicherer auf Grund einer Vereinbarung nach § 14 gekündigt, so kann der Versicherungsnehmer den auf die Zeit nach der Beendigung des Versicherungsverhältnisses entfallenden Teil der Prämie unter Abzug der für diese Zeit aufgewendeten Kosten zurückfordern.

### § 41

I Ist die dem Versicherungsnehmer bei der Schließung des Vertrags obliegende Anzeigepflicht verletzt worden, das Rücktrittsrecht des Versicherers aber ausgeschlossen, weil dem andern Teil ein Verschulden nicht zur Last fällt, so kann der Versicherer, falls mit Rücksicht auf die höhere Gefahr eine höhere Prämie angemessen ist, von dem Beginn der laufenden Versicherungsperiode an die höhere Prämie verlangen. Das gleiche gilt, wenn bei der Schließung des Vertrags ein für die Übernahme der Gefahr erheblicher Umstand dem Versicherer nicht angezeigt worden ist, weil er dem andern Teil nicht bekannt war.

II Wird die höhere Gefahr nach den für den Geschäftsbetrieb des Versicherers maßgebenden Grundsätzen auch gegen eine höhere Prämie nicht übernommen, so kann der Versicherer das Versicherungsverhältnis unter Einhaltung einer Kündigungsfrist von einem Monat kündigen. § 40 Abs. 1 gilt sinngemäß.

III Der Anspruch auf die höhere Prämie erlischt, wenn er nicht innerhalb eines Monats von dem Zeitpunkt an geltend gemacht wird, in welchem der Versicherer von der Verletzung der Anzeigepflicht oder von dem nicht angezeigten Umstand Kenntnis erlangt. Das gleiche gilt von dem Kündigungsrecht, wenn es nicht innerhalb des bezeichneten Zeitraums ausgeübt wird.

### § 41 a

I Ist wegen bestimmter, die Gefahr erhöhender Umstände eine höhere Prämie vereinbart, so kann der Versicherungsnehmer, wenn diese Umstände in der Zeit zwischen Stellung und Annahme des Antrags oder nach Abschluß des Vertrags wegfallen oder ihre Bedeutung verlieren, verlangen, daß die Prämie für die künftigen Versicherungsperioden angemessen herabgesetzt wird.

II Das gleiche gilt, wenn die Bemessung der höheren Prämie durch irrtümliche Angaben des Versicherungsnehmers über einen solchen Umstand veranlaßt worden ist.

### § 42

Auf eine Vereinbarung, durch welche von den Vorschriften der §§ 37 bis 41 a zum Nachteil des Versicherungsnehmers abgewichen wird, kann sich der Versicherer nicht berufen.

## Vierter Titel. Versicherungsagenten

### § 43

Ein Versicherungsagent gilt, auch wenn er nur mit der Vermittlung von Versicherungsgeschäften betraut ist, als bevollmächtigt, in dem Versicherungszweig, für den er bestellt ist,

1. Anträge auf Schließung, Verlängerung oder Änderung eines Versicherungsvertrags sowie den Widerruf solcher Anträge entgegenzunehmen;

2. die Anzeigen, welche während der Versicherung zu machen sind, sowie Kündigungs- und Rücktrittserklärungen oder sonstige das Versicherungsverhältnis betreffende Erklärungen von dem Versicherungsnehmer entgegenzunehmen;

3. die von dem Versicherer ausgefertigten Versicherungsscheine oder Verlängerungsscheine auszuhändigen;

4. Prämien nebst Zinsen und Kosten anzunehmen, sofern er sich im Besitz einer vom Versicherer unterzeichneten Prämienrechnung befindet; zur Unterzeichnung genügt eine Nachbildung der eigenhändigen Unterschrift.

### § 44

Soweit nach den Vorschriften dieses Gesetzes die Kenntnis des Versicherers von Erheblichkeit ist, steht die Kenntnis eines nur mit der Vermittlung von Versicherungsgeschäften betrauten Agenten der Kenntnis des Versicherers nicht gleich.

### § 45

Ist ein Versicherungsagent zum Abschluß von Versicherungsverträgen bevollmächtigt, so ist er auch befugt, die Änderung oder Verlängerung solcher Verträge zu vereinbaren sowie Kündigungs- und Rücktrittserklärungen abzugeben.

### § 46

Ist der Versicherungsagent ausdrücklich für einen bestimmten Bezirk bestellt, so beschränkt sich seine Vertretungsmacht auf Geschäfte und Rechtshandlungen, welche sich auf Versicherungsverträge über die in dem Bezirk befindlichen Sachen oder mit den im Bezirk gewöhnlich sich aufhaltenden Personen beziehen. In Ansehung der von ihm vermittelten oder abgeschlossenen Verträge bleibt der Agent ohne Rücksicht auf diese Beschränkung zur Vornahme von Geschäften und Rechtshandlungen ermächtigt.

§ 47

Eine Beschränkung der dem Versicherungsagenten nach den Vorschriften der §§ 43 bis 46 zustehenden Vertretungsmacht braucht ein Dritter nur dann gegen sich gelten zu lassen, wenn er die Beschränkung bei der Vornahme des Geschäfts oder der Rechtshandlung kannte oder infolge grober Fahrlässigkeit nicht kannte. Auf eine abweichende Vereinbarung kann sich der Versicherer nicht berufen.

§ 48

I Hat ein Versicherungsagent den Vertrag vermittelt oder abgeschlossen, so ist für Klagen, die aus dem Versicherungsverhältnis gegen den Versicherer erhoben werden, das Gericht des Ortes zuständig, wo der Agent zur Zeit der Vermittlung oder Schließung seine gewerbliche Niederlassung oder in Ermangelung einer gewerblichen Niederlassung seinen Wohnsitz hatte.

II Die nach Absatz 1 begründete Zuständigkeit kann durch Vereinbarung nicht ausgeschlossen werden.

**Zweiter Abschnitt. Schadensversicherung**

**Erster Titel. Vorschriften für die gesamte Schadensversicherung**

**I. Inhalt des Vertrags**

§ 49

Der Versicherer hat den Schadensersatz in Geld zu leisten.

§ 50

Der Versicherer haftet nur bis zur Höhe der Versicherungssumme.

§ 51

I Ergibt sich, daß die Versicherungssumme den Wert des versicherten Interesses (Versicherungswert) erheblich übersteigt, so kann sowohl der Versicherer als auch der Versicherungsnehmer verlangen, daß zur Beseitigung der Überversicherung die Versicherungssumme, unter verhältnismäßiger Minderung der Prämie mit sofortiger Wirkung, herabgesetzt wird.

II Ist die Überversicherung durch ein Kriegsereignis oder durch eine behördliche Maßnahme aus Anlaß eines Krieges verursacht oder ist sie die unvermeidliche Folge eines Krieges, so kann der Versicherungsnehmer das Verlangen nach Absatz 1 mit Wirkung vom Eintritt der Überversicherung ab stellen.

III Schließt der Versicherungsnehmer den Vertrag in der Absicht, sich aus der Überversicherung einen rechtswidrigen Vermögensvorteil zu verschaffen, so ist der Vertrag nichtig; dem Versicherer gebührt, sofern er nicht bei der Schließung des Vertrags von der Nichtigkeit Kenntnis hatte, die Prämie bis zum Schluß der Versicherungsperiode, in welcher er diese Kenntnis erlangt.

§ 52

Bezieht sich die Versicherung auf eine Sache, so gilt, soweit sich nicht aus den Umständen ein anderes ergibt, der Wert der Sache als Versicherungswert.

§ 53

Die Versicherung umfaßt den durch den Eintritt des Versicherungsfalls entgehenden Gewinn nur, soweit dies besonders vereinbart ist.

§ 54

Ist die Versicherung für einen Inbegriff von Sachen genommen, so umfaßt sie die jeweils zu dem Inbegriff gehörigen Sachen.

§ 55

Der Versicherer ist, auch wenn die Versicherungssumme höher ist als der Versicherungswert zur Zeit des Eintritts des Versicherungsfalls nicht verpflichtet, dem Versicherungsnehmer mehr als den Betrag des Schadens zu ersetzen.

§ 56

Ist die Versicherungssumme niedriger als der Versicherungswert zur Zeit des Eintritts des Versicherungsfalls (Unterversicherung), so haftet der Versicherer für den Schaden nur nach dem Verhältnis der Versicherungssumme zu diesem Wert.

§ 57

Der Versicherungswert kann durch Vereinbarung auf einen bestimmten Betrag (Taxe) festgesetzt werden. Die Taxe gilt auch als der Wert, den das versicherte Interesse zur Zeit des Eintritts des Versicherungsfalls hat, es sei denn, daß sie den wirklichen Versicherungswert in diesem Zeitpunkt erheblich übersteigt. Ist die Versicherungssumme niedriger als die Taxe, so haftet der Versicherer, auch wenn die Taxe erheblich übersetzt ist, für den Schaden nur nach dem Verhältnis der Versicherungssumme zur Taxe.

§ 58

I Wer für ein Interesse gegen dieselbe Gefahr bei mehreren Versicherern Versicherung nimmt, hat jedem Versicherer von der anderen Versicherung unverzüglich Mitteilung zu machen.

II In der Mitteilung ist der Versicherer, bei welchem die andere Versicherung genommen worden ist, zu bezeichnen und die Versicherungssumme anzugeben.

§ 59

I Ist ein Interesse gegen dieselbe Gefahr bei mehreren Versicherern versichert und übersteigen die Versicherungssummen zusammen den Versicherungswert oder übersteigt aus anderen Gründen die Summe der Entschädigungen, die von jedem einzelnen Versicherer ohne Bestehen der anderen Versicherung zu zahlen wären, den Gesamtschaden (Doppelversicherung), so sind die Versicherer in der Weise als Gesamtschuldner verpflichtet, daß dem Versicherungsnehmer jeder Versicherer für den Betrag haftet, dessen Zahlung ihm nach seinem Vertrage obliegt, der Versicherungsnehmer aber im ganzen nicht mehr als den Betrag des Schadens verlangen kann.

II Die Versicherer sind im Verhältnis zueinander zu Anteilen nach Maßgabe der Beträge verpflichtet, deren Zahlung ihnen dem Versicherungsnehmer gegenüber vertragsmäßig obliegt. Findet auf eine der Versicherungen ausländisches Recht Anwendung, so kann der Versicherer, für den das ausländische Recht gilt, gegen den anderen Versicherer einen Anspruch auf Ausgleichung nur geltend machen, wenn er selbst nach dem für ihn maßgebenden Recht zur Ausgleichung verpflichtet ist.

III Hat der Versicherungsnehmer eine Doppelversicherung in der Absicht genommen, sich dadurch einen rechtswidrigen Vermögensvorteil zu verschaffen, so ist jeder in dieser Absicht geschlossene Vertrag nichtig; dem Versicherer gebührt, sofern er nicht bei der Schließung des Vertrags von der Nichtigkeit Kenntnis hatte, die Prämie bis zum Schluß der Versicherungsperiode, in welcher er diese Kenntnis erlangt.

§ 60

I Hat der Versicherungsnehmer den Vertrag, durch welchen die Doppelversicherung entstanden ist, ohne Kenntnis von dem Entstehen der Doppelversicherung geschlossen, so kann er verlangen, daß der später geschlossene Vertrag aufgehoben oder die Versicherungssumme unter verhältnismäßiger Minderung der Prämie auf den Teilbetrag herabgesetzt wird, der durch die frühere Versicherung nicht gedeckt ist.

II Das gleiche gilt, wenn die Doppelversicherung dadurch entstanden ist, daß nach Abschluß der mehreren Versicherungen der Versicherungswert gesunken ist. Sind jedoch in diesem Falle die mehreren Versicherungen gleichzeitig oder im Einvernehmen der Versicherer geschlossen worden, so kann der Versicherungsnehmer nur verhältnismäßige Herabsetzung der Versicherungssummen und Prämien verlangen.

III Die Aufhebung oder Herabsetzung wird erst mit dem Ablauf der Versicherungsperiode wirksam, in der sie verlangt wird. Das Recht, die Aufhebung oder die Herabsetzung zu verlangen, erlischt, wenn der Versicherungsnehmer es nicht unverzüglich geltend macht, nachdem er von der Doppelversicherung Kenntnis erlangt hat.

### § 61

Der Versicherer ist von der Verpflichtung zur Leistung frei, wenn der Versicherungsnehmer den Versicherungsfall vorsätzlich oder durch grobe Fahrlässigkeit herbeiführt.

### § 62

I Der Versicherungsnehmer ist verpflichtet, bei dem Eintritt des Versicherungsfalls nach Möglichkeit für die Abwendung und Minderung des Schadens zu sorgen und dabei die Weisungen des Versicherers zu befolgen; er hat, wenn die Umstände es gestatten, solche Weisungen einzuholen. Sind mehrere Versicherer beteiligt und sind von ihnen entgegenstehende Weisungen gegeben, so hat der Versicherungsnehmer nach eigenem pflichtmäßigen Ermessen zu handeln.

II Hat der Versicherungsnehmer diese Obliegenheiten verletzt, so ist der Versicherer von der Verpflichtung zur Leistung frei, es sei denn, daß die Verletzung weder auf Vorsatz noch auf grober Fahrlässigkeit beruht. Bei grob fahrlässiger Verletzung bleibt der Versicherer zur Leistung insoweit verpflichtet, als der Umfang des Schadens auch bei gehöriger Erfüllung der Obliegenheiten nicht geringer gewesen wäre.

### § 63

I Aufwendungen, die der Versicherungsnehmer gemäß § 62 macht, fallen, auch wenn sie erfolglos bleiben, dem Versicherer zur Last, soweit der Versicherungsnehmer sie den Umständen nach für geboten halten durfte. Der Versicherer hat Aufwendungen, die in Gemäßheit der von ihm gegebenen Weisungen gemacht worden sind, auch insoweit zu ersetzen, als sie zusammen mit der übrigen Entschädigung die Versicherungssumme übersteigen. Er hat den für die Aufwendungen erforderlichen Betrag auf Verlangen des Versicherungsnehmers vorzuschießen.

II Bei einer Unterversicherung sind die Aufwendungen nur nach dem in den §§ 56, 57 bezeichneten Verhältnis zu erstatten.

### § 64

I Sollen nach dem Vertrag einzelne Voraussetzungen des Anspruchs aus der Versicherung oder die Höhe des Schadens durch Sachverständige festgestellt werden, so ist die getroffene Feststellung nicht verbindlich, wenn sie offenbar von der wirklichen Sachlage erheblich abweicht. Die Feststellung erfolgt in diesem Fall durch Urteil. Das gleiche gilt, wenn die Sachverständigen die Feststellung nicht treffen können oder wollen oder sie verzögern.

II Sind nach dem Vertrag die Sachverständigen durch das Gericht zu ernennen, so ist für die Ernennung das Amtsgericht zuständig, in dessen Bezirk der Schaden entstanden ist. Durch eine ausdrückliche Vereinbarung der Beteiligten kann die Zuständigkeit eines anderen Amtsgerichts begründet werden. Eine Anfechtung der Verfügung, durch welche dem Antrag auf Ernennung der Sachverständigen stattgegeben wird, ist ausgeschlossen.

III Eine Vereinbarung, durch welche von der Vorschrift des Absatzes 1 Satz 1 abgewichen wird, ist nichtig.

### § 65

Auf eine Vereinbarung, nach welcher sich der Versicherungsnehmer bei den Verhandlungen zur Ermittlung und Feststellung des Schadens nicht durch einen Bevollmächtigten vertreten lassen darf, kann sich der Versicherer nicht berufen.

### § 66

I Der Versicherer hat die Kosten, welche durch die Ermittlung und Feststellung des ihm zur Last fallenden Schadens entstehen, dem Versicherungsnehmer insoweit zu erstatten, als ihre Aufwendung den Umständen nach geboten war.

II Die Kosten, welche dem Versicherungsnehmer durch die Zuziehung eines Sachverständigen oder eines Beistandes entstehen, hat der Versicherer nicht zu erstatten, es sei denn, daß der Versicherungsnehmer nach dem Vertrag zu der Zuziehung verpflichtet war.

III Bei einer Unterversicherung sind die dem Versicherer zur Last fallenden Kosten nur nach dem in den §§ 56, 57 bezeichneten Verhältnis zu erstatten.

### § 67

I Steht dem Versicherungsnehmer ein Anspruch auf Ersatz des Schadens gegen einen Dritten zu, so geht der Anspruch auf den Versicherer über, soweit dieser dem Versicherungsnehmer den Schaden ersetzt. Der Übergang kann nicht zum Nachteil des Versicherungsnehmers geltend gemacht werden. Gibt der Versicherungsnehmer seinen Anspruch gegen den Dritten oder ein zur Sicherung des Anspruchs dienendes Recht auf, so wird der Versicherer von seiner Ersatzpflicht insoweit frei, als er aus dem Anspruch oder dem Recht hätte Ersatz erlangen können.

II Richtet sich der Ersatzanspruch des Versicherungsnehmers gegen einen mit ihm in häuslicher Gemeinschaft lebenden Familienangehörigen, so ist der Übergang ausgeschlossen; der Anspruch geht jedoch über, wenn der Angehörige den Schaden vorsätzlich verursacht hat.

### § 68

I Besteht das versicherte Interesse bei dem Beginn der Versicherung nicht oder gelangt, falls die Versicherung für ein künftiges Unternehmen oder sonst für ein künftiges Interesse genommen ist, das Interesse nicht zur Entstehung, so ist der Versicherungsnehmer von der Verpflichtung zur Zahlung der Prämie frei; der Versicherer kann eine angemessene Geschäftsgebühr verlangen.

II Fällt das versicherte Interesse nach dem Beginn der Versicherung weg, so gebührt dem Versicherer die Prämie, die er hätte erheben können, wenn die Versicherung nur bis zu dem Zeitpunkt beantragt worden wäre, in welchem der Versicherer von dem Wegfall des Interesses Kenntnis erlangt.

III Fällt das versicherte Interesse nach dem Beginn der Versicherung durch ein Kriegsereignis oder durch eine behördliche Maßnahme aus Anlaß eines Krieges weg oder ist der Wegfall des Interesses die unvermeidliche Folge eines Krieges, so gebührt dem Versicherer nur der Teil der Prämie, welcher der Dauer der Gefahrtragung entspricht.

IV Fällt das versicherte Interesse weg, weil der Versicherungsfall eingetreten ist, so gebührt dem Versicherer die Prämie für die laufende Versicherungsperiode.

### § 68 a

Auf eine Vereinbarung, durch welche von den Vorschriften des § 51 Abs. 1, 2 und der §§ 62, 67, 68 zum Nachteil des Versicherungsnehmers abgewichen wird, kann sich der Versicherer nicht berufen.

## II. Veräußerung der versicherten Sache

### § 69

I Wird die versicherte Sache von dem Versicherungsnehmer veräußert, so tritt an Stelle des Veräußerers der Erwerber in die während der Dauer seines Eigentums aus dem Versicherungsverhältnis sich ergebenden Rechte und Pflichten des Versicherungsnehmers ein.

II Für die Prämie, welche auf die zur Zeit des Eintritts laufende Versicherungsperiode entfällt, haften der Veräußerer und der Erwerber als Gesamtschuldner.

III Der Versicherer hat in Ansehung der durch das Versicherungsverhältnis gegen ihn begründeten Forderungen die Veräußerung erst dann gegen sich gelten zu lassen, wenn er von ihr Kenntnis erlangt; die Vorschriften der §§ 406 bis 408 des Bürgerlichen Gesetzbuchs finden entsprechende Anwendung.

### § 70

I Der Versicherer ist berechtigt, dem Erwerber das Versicherungsverhältnis unter Einhaltung einer Frist von einem Monat zu kündigen. Das Kündigungsrecht erlischt, wenn der Versicherer es nicht innerhalb eines Monats von dem Zeitpunkt an ausübt, in welchem er von der Veräußerung Kenntnis erlangt.

II Der Erwerber ist berechtigt, das Versicherungsverhältnis zu kündigen; die Kündigung kann nur mit sofortiger Wirkung oder auf den Schluß der laufenden Versicherungsperiode erfolgen. Das Kündigungsrecht erlischt, wenn es nicht innerhalb eines Monats nach dem Erwerb ausgeübt wird; hatte der Erwerber von der Versicherung keine Kenntnis, so bleibt das Kündigungsrecht bis zum Ablauf eines Monats von dem Zeitpunkt an bestehen, in welchem der Erwerber von der Versicherung Kenntnis erlangt.

III Wird das Versicherungsverhältnis auf Grund dieser Vorschriften gekündigt, so hat der Veräußerer dem Versicherer die Prämie zu zahlen, jedoch nicht über die zur Zeit der Beendigung des Versicherungsverhältnisses laufende Versicherungsperiode hinaus; eine Haftung des Erwerbers für die Prämie findet in diesen Fällen nicht statt.

**§ 71**

I Die Veräußerung ist dem Versicherer unverzüglich anzuzeigen. Wird die Anzeige weder von dem Erwerber noch von dem Veräußerer unverzüglich gemacht, so ist der Versicherer von der Verpflichtung zur Leistung frei, wenn der Versicherungsfall später als einen Monat nach dem Zeitpunkt eintritt, in welchem die Anzeige dem Versicherer hätte zugehen müssen.

II Die Verpflichtung des Versicherers zur Leistung bleibt bestehen, wenn ihm die Veräußerung in dem Zeitpunkt bekannt war, in welchem ihm die Anzeige hätte zugehen müssen. Das gleiche gilt, wenn zur Zeit des Eintritts des Versicherungsfalls die Frist für die Kündigung des Versicherers abgelaufen und eine Kündigung nicht erfolgt ist.

**§ 72**

Auf eine Bestimmung des Versicherungsvertrags, durch welche von den Vorschriften der §§ 69 bis 71 zum Nachteil des Erwerbers abgewichen wird, kann sich der Versicherer nicht berufen. Jedoch kann für die Kündigung, zu der nach § 70 Abs. 2 der Erwerber berechtigt ist, sowie für die Anzeige der Veräußerung die schriftliche Form bedungen werden.

**§ 73**

Bei einer Zwangsversteigerung der versicherten Sache finden die Vorschriften der §§ 69 bis 72 entsprechende Anwendung.

### III. Versicherung für fremde Rechnung

**§ 74**

I Die Versicherung kann von demjenigen, welcher den Vertrag mit dem Versicherer schließt, im eigenen Namen für einen anderen, mit oder ohne Benennung der Person des Versicherten, genommen werden (Versicherung für fremde Rechnung).

II Wird die Versicherung für einen anderen genommen so ist, auch wenn der andere benannt wird, im Zweifel anzunehmen, daß der Vertragschließende nicht als Vertreter, sondern im eigenen Namen für fremde Rechnung handelt.

**§ 75**

I Bei der Versicherung für fremde Rechnung stehen die Rechte aus dem Versicherungsvertrage dem Versicherten zu. Die Aushändigung eines Versicherungsscheins kann jedoch nur der Versicherungsnehmer verlangen.

II Der Versicherte kann ohne Zustimmung des Versicherungsnehmers über seine Rechte nur verfügen und diese Rechte nur gerichtlich geltend machen, wenn er im Besitz eines Versicherungsscheins ist.

**§ 76**

I Der Versicherungsnehmer kann über die Rechte, welche dem Versicherten aus dem Versicherungsvertrag zustehen, im eigenen Namen verfügen.

II Ist ein Versicherungsschein ausgestellt, so ist der Versicherungsnehmer ohne Zustimmung des Versicherten zur Annahme der Zahlung sowie zur Übertragung der Rechte des Versicherten nur befugt, wenn er im Besitz des Scheines ist.

III Der Versicherer ist zur Zahlung an den Versicherungsnehmer nur verpflichtet, wenn dieser ihm gegenüber nachweist, daß der Versicherte seine Zustimmung zu der Versicherung erteilt hat.

**§ 77**

Der Versicherungsnehmer ist nicht verpflichtet, dem Versicherten oder, falls über das Vermögen des Versicherten der Konkurs eröffnet ist, der Konkursmasse den Versicherungsschein auszuliefern, bevor er wegen der ihm gegen den Versicherten in bezug auf die versicherte Sache zustehenden Ansprüche befriedigt ist. Er kann sich für diese Ansprüche aus der Entschädigungsforderung gegen den Versicherer und nach der Einziehung der Forderung aus der Entschädigungssumme vor dem Versicherten und dessen Gläubigern befriedigen.

**§ 78**

(aufgehoben)

**§ 79**

I Soweit nach den Vorschriften dieses Gesetzes die Kenntnis und das Verhalten des Versicherungsnehmers von rechtlicher Bedeutung ist, kommt bei der Versicherung für fremde Rechnung auch die Kenntnis und das Verhalten des Versicherten in Betracht.

II Auf die Kenntnis des Versicherten kommt es nicht an, wenn der Vertrag ohne sein Wissen geschlossen worden ist oder eine rechtzeitige Benachrichtigung des Versicherungsnehmers nicht tunlich war.

III Hat der Versicherungsnehmer den Vertrag ohne Auftrag des Versicherten geschlossen und bei der Schließung den Mangel des Auftrags dem Versicherer nicht angezeigt, so braucht dieser den Einwand, daß der Vertrag ohne Wissen des Versicherten geschlossen ist, nicht gegen sich gelten zu lassen.

**§ 80**

I Ergibt sich aus den Umständen nicht, daß die Versicherung für einen anderen genommen werden soll, so gilt sie als für eigene Rechnung genommen.

II Ist die Versicherung für Rechnung „wen es angeht" genommen oder ist sonst aus dem Vertrag zu entnehmen, daß unbestimmt gelassen werden soll, ob eigenes oder fremdes Interesse versichert ist, so kommen die Vorschriften der §§ 75 bis 79 zur Anwendung, wenn sich ergibt, daß fremdes Interesse versichert ist.

### Zweiter Titel. Feuerversicherung

**§ 81**

I Bei der Feuerversicherung erlischt ein dem Versicherer gemachter Antrag auf Schließung, Verlängerung oder Änderung des Vertrags, wenn er nicht binnen zwei Wochen angenommen wird. Die Vorschriften des § 149 des Bürgerlichen Gesetzbuchs bleiben unberührt.

II Wird der Antrag einem Abwesenden gemacht, so beginnt die Frist mit der Absendung des Antrags.

III Abweichende Bestimmungen sind nichtig. An die Stelle der Frist von zwei Wochen kann jedoch eine andere festbestimmte Frist gesetzt werden.

**§ 82**

Der Versicherer haftet für den durch Brand, Explosion oder Blitzschlag entstehenden Schaden.

**§ 83**

I Im Falle eines Brandes hat der Versicherer den durch die Zerstörung oder die Beschädigung der versicherten Sachen entstehenden Schaden zu ersetzen, soweit die Zerstörung oder die Beschädigung auf der Einwirkung des Feuers beruht oder die unvermeidliche Folge des Brandereignisses ist. Der Versicherer hat auch den Schaden zu ersetzen, der bei dem Brand durch Löschen, Niederreißen oder Ausräumen verursacht wird; das gleiche gilt von einem Schaden, der dadurch entsteht, daß versicherte Sachen bei dem Brand abhanden kommen.

II Auf die Haftung des Versicherers für den durch Explosion oder Blitzschlag entstehenden Schaden finden diese Vorschriften entsprechende Anwendung.

**§ 84**

Der Versicherer haftet nicht, wenn der Brand oder die Explosion durch ein Erdbeben oder durch Maßregeln verursacht wird, die im Kriege oder nach Erklärung des Kriegszustandes von einem militärischen Befehlshaber angeordnet worden sind.

**§ 85**

Ist die Versicherung für einen Inbegriff von Sachen genommen, so erstreckt sie sich auf die Sachen der zur Familie des Versicherungsnehmers gehörenden sowie der in einem Dienstverhältnis zu ihm stehenden Personen, sofern diese Personen in häuslicher Gemeinschaft mit dem Versicherungsnehmer leben oder an dem Ort, für den die Versicherung gilt, ihren Beruf ausüben. Die Versicherung gilt insoweit als für fremde Rechnung genommen.

**§ 86**

Als Versicherungswert gilt bei Haushalts- und sonstigen Gebrauchsgegenständen, bei Arbeitsgerätschaften und Maschinen derjenige Betrag, welcher erforderlich ist, um Sachen gleicher Art anzuschaffen, unter billiger Berücksichtigung des aus dem Unterschied zwischen alt und neu sich ergebenden Minderwerts.

**§ 87**

Ist bei der Versicherung beweglicher Sachen eine Taxe vereinbart, so gilt die Taxe als der Wert, den das versicherte Interesse zur Zeit der Schließung des Vertrags hat, es sei denn, daß sie den wirklichen Versicherungswert in diesem Zeitpunkt erheblich übersteigt. Eine Vereinbarung, nach welcher die Taxe als der Wert gelten soll, den das versicherte Interesse zur Zelt des Eintritts des Versicherungsfalls hat, ist nichtig.

**§ 88**

Als Versicherungswert gilt bei Gebäuden der ortsübliche Bauwert unter Abzug eines dem Zustand des Gebäudes, insbesondere dem Alter und der Abnutzung entsprechenden Betrags.

**§ 89**

I Bei der Versicherung des durch den Eintritt des Versicherungsfalls entgehenden Gewinns kann eine Taxe nicht vereinbart werden.

II Bestimmungen über die Berechnung des entgehenden Gewinns können mit Genehmigung der Aufsichtsbehörde in den Versicherungsbedingungen getroffen werden. Übersteigt das Ergebnis der Berechnung den der wirklichen Sachlage entsprechenden Betrag, so hat der Versicherer nur diesen Betrag zu ersetzen.

**§ 90**

I Wer in Ansehung derselben Sache bei dem einen Versicherer für entgehenden Gewinn, bei einem anderen Versicherer für sonstigen Schaden Versicherung nimmt, hat jedem Versicherer von der anderen Versicherung unverzüglich Mitteilung zu machen.

II In der Mitteilung ist der Versicherer, bei welchem die andere Versicherung genommen worden ist, zu bezeichnen und die Versicherungssumme anzugeben.

**§ 91**

Bei der Gebäudeversicherung muß die im Falle einer nicht rechtzeitigen Zahlung der Prämie nach § 39 zu bestimmende Zahlungsfrist mindestens einen Monat betragen.

**§ 92**

I Der Pflicht zur Anzeige des Versicherungsfalls wird genügt, wenn die Anzeige binnen drei Tagen nach dem Eintritt des Versicherungsfalls erfolgt. Durch die Absendung der Anzeige wird die Frist gewahrt.

II Auf eine Vereinbarung, durch welche die Dauer oder die Berechnung der Frist zum Nachteil des Versicherungsnehmers anders bestimmt ist, kann sich der Versicherer nicht berufen.

**§ 93**

Bis zur Feststellung des an einem Gebäude entstehenden Schadens darf der Versicherungsnehmer ohne Einwilligung des Versicherers nur solche Änderungen vornehmen, welche zur Erfüllung der ihm nach § 62 obliegenden Pflicht oder im öffentlichen Interesse geboten sind.

**§ 94**

I Die Entschädigung ist nach dem Ablauf eines Monats seit der Anzeige des Versicherungsfalls mit vier vom Hundert für das Jahr zu verzinsen, soweit nicht aus besonderen Gründen eine weitergehende Zinspflicht besteht.

II Der Lauf der in Absatz 1 bezeichneten Frist ist gehemmt, solange infolge eines Verschuldens des Versicherungsnehmers die Festsetzung des Schadens nicht erfolgen kann.

**§ 95**

Der Versicherer haftet nach dem Eintritt eines Versicherungsfalls für den durch einen späteren Versicherungsfall verursachten Schaden nur bis zur Höhe des Restbetrags der Versicherungssumme. Für die künftigen Versicherungsperioden gebührt ihm nur ein verhältnismäßiger Teil der Prämie.

**§ 96**

I Nach dem Eintritt eines Versicherungsfalls ist jeder Teil berechtigt, das Versicherungsverhältnis zu kündigen.

II Die Kündigung ist nur bis zum Ablauf eines Monats seit dem Abschluß der Verhandlungen über die Entschädigung zulässig. Der Versicherer hat eine Kündigungsfrist von einem Monat einzuhalten. Der Versicherungsnehmer kann nicht für einen späteren Zeitpunkt als den Schluß der laufenden Versicherungsperiode kündigen.

III Kündigt der Versicherungsnehmer, so gebührt dem Versicherer gleichwohl die Prämie für die laufende Versicherungsperiode. Kündigt der Versicherer, so gilt das gleiche in Ansehung desjenigen Teiles der Prämie, welcher auf den dem Schaden entsprechenden Betrag der Versicherungssumme entfällt; von der auf den Restbetrag der Versicherungssumme entfallenden Prämie gebührt dem Versicherer nur der Teil, welcher der abgelaufenen Versicherungszeit entspricht.

**§ 97**

Ist der Versicherer nach den Versicherungsbestimmungen nur verpflichtet, die Entschädigungssumme zur Wiederherstellung des versicherten Gebäudes zu zahlen, so kann der Versicherungsnehmer die Zahlung erst verlangen, wenn die bestimmungsmäßige Verwendung des Geldes gesichert ist.

**§ 98**

Im Falle des § 97 kann die Forderung des Versicherungsnehmers auf die Entschädigungssumme vor der Wiederherstellung des Gebäudes nur an den Erwerber des Grundstücks oder an solche Gläubiger des Versicherungsnehmers übertragen werden, welche Arbeiten oder Lieferungen zur Wiederherstellung des Gebäudes übernommen oder bewirkt haben. Eine Übertragung an Gläubiger des Versicherungsnehmers, die bare Vorschüsse zur Wiederherstellung gegeben haben, ist wirksam, wenn die Verwendung der Vorschüsse zur Wiederherstellung erfolgt.

**§ 99**

I Im Falle des § 97 ist eine Zahlung, welche ohne die Sicherung der bestimmungsmäßigen Verwendung des Geldes geleistet wird, dem Hypothekengläubiger gegenüber nur wirksam, wenn ihm der Versicherer oder der Versicherungsnehmer angezeigt hat, daß ohne Sicherung geleistet werden soll, und seit dem Empfang der Anzeige ein Monat verstrichen ist.

II Soweit die Entschädigungssumme nicht zu einer den Versicherungsbestimmungen entsprechenden Wiederherstellung verwendet werden soll, kann der Versicherer mit Wirkung gegen den Hypothekengläubiger erst zahlen, wenn er oder der Versicherungsnehmer die Absicht, von der bestimmungsmäßigen Verwendung abzuweichen, dem Hypothekengläubiger angezeigt hat und seit dem Empfang der Anzeige ein Monat verstrichen ist.

III Der Hypothekengläubiger kann bis zum Ablauf der Frist dem Versicherer gegenüber der Zahlung widersprechen. Die Anzeige darf unterbleiben, wenn sie untunlich ist; in diesem Fall wird der

Monat von dem Zeitpunkt an berechnet, in welchem die Entschädigungssumme fällig wird.

**§ 100**

Hat im Falle des § 91 der Hypothekengläubiger seine Hypothek dem Versicherer angemeldet, so ist eine Zahlung, welche ohne die Sicherung der bestimmungsgemäßen Verwendung des Geldes geleistet wird, dem Hypothekengläubiger gegenüber nur wirksam, wenn dieser schriftlich der Zahlung zugestimmt hat.

**§ 101**

I Bei der Gebäudeversicherung hat der Versicherer einem Hypothekengläubiger, der seine Hypothek angemeldet hat, unverzüglich schriftlich Mitteilung zu machen, wenn dem Versicherungsnehmer für die Zahlung einer Folgeprämie eine Frist bestimmt wird. Das gleiche gilt, wenn das Versicherungsverhältnis nach dem Ablauf der Frist wegen unterbliebener Prämienzahlung gekündigt wird.

II Der Versicherer hat binnen einer Woche nach Kenntnis von dem Eintritt eines Versicherungsfalls dem Hypothekengläubiger, der seine Hypothek angemeldet hat, schriftlich Mitteilung zu machen, es sei denn, daß der Schaden unbedeutend ist.

**§ 102**

I Ist bei der Gebäudeversicherung der Versicherer wegen des Verhaltens des Versicherungsnehmers von der Verpflichtung zur Leistung frei, so bleibt gleichwohl seine Verpflichtung gegenüber einem Hypothekengläubiger bestehen. Das gleiche gilt, wenn der Versicherer nach dem Eintritt des Versicherungsfalls von dem Vertrag zurücktritt oder den Vertrag anficht.

II Absatz 1 Satz 1 findet keine Anwendung, wenn der Versicherer leistungsfrei ist, weil die Prämie nicht gezahlt worden ist. Hat jedoch der Hypothekengläubiger seine Hypothek dem Versicherer angemeldet, so bleibt im Falle der nicht rechtzeitigen Zahlung einer Folgeprämie die Verpflichtung des Versicherers gegenüber dem Hypothekengläubiger bis zum Ablauf eines Monats von dem Zeitpunkt an bestehen, in welchem dem Hypothekengläubiger die Bestimmung der Zahlungsfrist oder, wenn diese Mitteilung unterblieben ist, die Kündigung mitgeteilt worden ist.

**§ 103**

I Hat im Falle der Gebäudeversicherung ein Hypothekengläubiger seine Hypothek dem Versicherer angemeldet, so wirkt eine Kündigung, ein Rücktritt, ein Fristablauf oder eine sonstige Tatsache, welche die Beendigung des Versicherungsverhältnisses zur Folge hat, gegenüber dem Hypothekengläubiger erst mit dem Ablauf von drei Monaten, nachdem die Beendigung und, sofern diese noch nicht eingetreten war, der Zeitpunkt der Beendigung ihm durch den Versicherer mitgeteilt worden oder in anderer Weise zu seiner Kenntnis gelangt ist. Dies gilt jedoch nicht, wenn das Versicherungsverhältnis wegen unterbliebener Prämienzahlung durch Rücktritt oder Kündigung des Versicherers endigt oder wenn es mit Zustimmung des Hypothekengläubigers durch den Versicherungsnehmer gekündigt wird.

II Absatz 1 Satz 1 gilt sinngemäß für die Wirksamkeit einer Vereinbarung zwischen dem Versicherer und dem Versicherungsnehmer, durch welche die Versicherungssumme oder der Umfang der versicherten Gefahr gemindert wird, sowie für die Wirksamkeit einer Vereinbarung, nach welcher der Versicherer nur verpflichtet ist, die Entschädigungssumme zur Wiederherstellung des versicherten Gebäudes zu zahlen.

III Die Nichtigkeit des Versicherungsvertrags kann gegenüber einem Hypothekengläubiger, der seine Hypothek angemeldet hat, nicht geltend gemacht werden. Das Versicherungsverhältnis endigt jedoch ihm gegenüber mit dem Ablauf von drei Monaten, nachdem ihm die Nichtigkeit durch den Versicherer mitgeteilt worden oder in anderer Weise zu seiner Kenntnis gelangt ist.

**§ 104**

Soweit der Versicherer auf Grund der Vorschriften der §§ 102, 103 den Hypothekengläubiger befriedigt, geht die Hypothek auf ihn über. Der Übergang kann nicht zum Nachteil eines gleich- oder nachstehenden Hypothekengläubigers geltend gemacht werden, dem gegenüber die Verpflichtung des Versicherers zur Leistung bestehen geblieben ist.

**§ 105**

Im Falle des § 102 Abs. 1 Satz 2, Abs. 2 Satz 2, § 103 ist der Versicherer verpflichtet, bis zur anderweitigen Versicherung der Gebäude mit dem Hypothekengläubiger für dessen Interesse eine Gebäudeversicherung abzuschießen oder die Versicherung fortzusetzen, wenn der Hypothekengläubiger dies bis zum Ablauf der in dieser Vorschriften bezeichneten Fristen schriftlich bei dem Versicherer beantragt und sich zur Zahlung der Prämie verpflichtet. Die Versicherung muß das berechtigte Interesse des Hypothekengläubigers gewährleisten.

**§ 106**

I Hat im Falle der Gebäudeversicherung ein Hypothekengläubiger seine Hypothek dem Versicherer angemeldet, so ist die Kündigung der Versicherung durch den Versicherungsnehmer, unbeschadet der Vorschriften des § 70 Abs. 2, § 96, nur wirksam, wenn dieser mindestens einen Monat vor Ablauf des Versicherungsvertrags nachgewiesen hat, daß in dem Zeitpunkt, in dem die Kündigung spätestens zulässig war, das Grundstück nicht mit der Hypothek belastet war oder daß der Hypothekengläubiger der Kündigung der Versicherung zugestimmt hat.

II Die Zustimmung darf nicht ohne ausreichenden Grund verweigert werden.

**§ 107**

Der Versicherer ist verpflichtet, einem Hypothekengläubiger, der seine Hypothek angemeldet hat, die Anmeldung zu bestätigen und auf Verlangen Auskunft über das Bestehen von Versicherungsschutz sowie über die Höhe der Versicherungssumme zu erteilen.

**§ 107 a**

Hat der Hypothekengläubiger seine Wohnung geändert, die Änderung dem Versicherer aber nicht mitgeteilt, so genügt für eine Mitteilung der in den §§ 101 bis 103 bezeichneten Art die Absendung eines eingeschriebenen Briefes nach der letzten dem Versicherer bekannten Wohnung. Die Mitteilung wird in dem Zeitpunkt wirksam, in welchem sie ohne die Wohnungsänderung bei regelmäßiger Beförderung dem Hypothekengläubiger zugegangen sein würde.

**§ 107 b**

Ist das Grundstück mit einer Reallast, Grundschuld oder Rentenschuld belastet, so finden die Vorschriften der §§ 99 bis 107 a entsprechende Anwendung.

**§ 107 c**

Die durch die Vorschriften der §§ 101 bis 107 b begründeten Rechte können nicht zugunsten solcher Hypotheken, Grundschulden oder Rentenschulden geltend gemacht werden, die dem Versicherungsnehmer zustehen.

Anhang D

# Versicherungsaufsichtsgesetz – VAG (Auszug)

### § 10

I Die allgemeinen Versicherungsbedingungen müssen vollständige Angaben enthalten:

1. über die Ereignisse, bei deren Eintritt der Versicherer zu einer Leistung verpflichtet ist, und über die Fälle, wo aus besonderen Gründen diese Pflicht ausgeschlossen oder aufgehoben sein soll;
2. über die Art, den Umfang und die Fälligkeit der Leistungen des Versicherers;
3. über die Fälligkeit der Prämie und die Rechtsfolgen eines Verzugs;
4. über die vertraglichen Gestaltungsrechte des Versicherungsnehmers und des Versicherers sowie die Obliegenheiten und Anzeigepflichten vor und nach Eintritt des Versicherungsfalls
5. über den Verlust des Anspruchs aus dem Versicherungsvertrag, wenn Fristen versäumt werden;
6. über die inländischen Gerichtsstände;
7. über die Grundsätze und Maßstäbe, wonach die Versicherten an den Überschüssen teilnehmen.

II Bei Versicherungsvereinen auf Gegenseitigkeit und öffentlich-rechtlichen Versicherungsunternehmen können die Bestimmungen des Absatzes 1 statt in den allgemeinen Versicherungsbedingungen in der Satzung enthalten sein.

III Absatz 1 findet keine Anwendung auf die Rückversicherung und auf die in Artikel 10 Abs. 1 des Einführungsgesetzes zu dem Gesetz über den Versicherungsvertrag genannten Großrisiken.

### § 10 a

I Die Versicherungsunternehmen haben zu gewährleisten, daß der Versicherungsnehmer, wenn er eine natürliche Person ist, in einer Verbraucherinformation über die für das Versicherungsverhältnis maßgeblichen Tatsachen und Rechte vor Abschluß und während der Laufzeit des Vertrages nach Maßgabe der Anlage Teil D unterrichtet wird. Bei den in Artikel 10 Abs. 1 des Einführungsgesetzes zu dem Gesetz über den Versicherungsvertrag genannten Großrisiken genügt die Angabe des anwendbaren Rechts und der zuständigen Aufsichtsbehörde.

II Die Verbraucherinformation hat schriftlich zu erfolgen. Sie muß eindeutig formuliert, übersichtlich gegliedert und verständlich in deutscher Sprache oder der Muttersprache des Versicherungsnehmers abgefaßt sein.

III Antragsvordrucke dürfen nur so viele Anträge auf Abschluß rechtlich selbständiger Versicherungsverträge enthalten, daß die Übersichtlichkeit, Lesbarkeit und Verständlichkeit nicht beeinträchtigt werden. Der Antragsteller ist schriftlich und unter besonderer Hervorhebung auf die rechtliche Selbständigkeit der beantragten Verträge einschließlich der für sie vorgesehenen Versicherungsbedingungen sowie auf die jeweils geltenden Antragsbindungsfristen und Vertragslaufzeiten hinzuweisen.

### § 81

I Die Aufsichtsbehörde überwacht den gesamten Geschäftsbetrieb der Versicherungsunternehmen im Rahmen einer rechtlichen Aufsicht allgemein und einer Finanzaufsicht im besonderen. Sie achtet dabei auf die ausreichende Wahrung der Belange der Versicherten und auf die Einhaltung der Gesetze, die für den Betrieb des Versicherungsgeschäfts gelten. Sie nimmt die ihr nach diesem Gesetz und nach anderen Gesetzen zugewiesenen Aufgaben nur im öffentlichen Interesse wahr. Gegenstand der rechtlichen Aufsicht ist die ordnungsgemäße Durchführung des Geschäftsbetriebs einschließlich der Einhaltung der aufsichtsrechtlichen, der das Versicherungsverhältnis betreffenden und aller sonstigen die Versicherten betreffenden Vorschriften sowie der rechtlichen Grundlagen des Geschäftsplans. Im Rahmen der Finanzaufsicht hat die Aufsichtsbehörde auf die dauernde Erfüllbarkeit der Verpflichtungen aus den Versicherungen und hierbei insbesondere auf die Bildung ausreichender versicherungstechnischer Rückstellungen und die Anlegung in entsprechenden geeigneten Vermögenswerten, die Einhaltung der kaufmännischen Grundsätze einschließlich einer ordnungsgemäßen Verwaltung, Buchhaltung und angemessener internen Kontrollverfahren, auf die Solvabilität der Unternehmen und die Einhaltung der übrigen finanziellen Grundlagen des Geschäftsplans zu achten.

II Die Aufsichtsbehörde kann gegenüber den Unternehmen, den Mitgliedern ihres Vorstandes sowie sonstigen Geschäftsleitern oder den die Unternehmen kontrollierenden Personen alle Anordnungen treffen, die geeignet und erforderlich sind, um Mißstände zu vermeiden oder zu beseitigen. Mißstand ist jedes Verhalten eines Versicherungsunternehmens, das den Aufsichtszielen des Absatzes 1 widerspricht. Die Aufsichtsbehörde kann namentlich untersagen, daß Darlehensgeschäfte und Versicherungsabschlüsse verbunden werden, soweit die Versicherungssumme das Darlehen übersteigt. Auch kann sie allgemein oder für einzelne Versicherungszweige den Versicherungsunternehmen und Vermittlern von Versicherungsverträgen untersagen, dem Versicherungsnehmer in irgendeiner Form Sondervergütungen zu gewähren; ebenso kann sie allgemein oder für einzelne Versicherungszweige den Versicherungsunternehmen untersagen, Begünstigungsverträge abzuschließen und zu verlängern. Die Anordnungen nach Satz 3 werden einen Monat nach ihrer Bekanntmachung im Bundesanzeiger wirksam; bei Versicherungsunternehmen, die der Landesaufsicht unterstehen, genügt die Bekanntmachung in dem Blatt, das für die amtlichen Bekanntmachungen der Landesregierung bestimmt ist.

II a Sofern in den Fällen des Absatzes 2 und des § 89 die Belange der Versicherten nicht auf andere Weise gewahrt werden können, kann die Aufsichtsbehörde Befugnisse, die Organen des Unternehmens nach Gesetz oder Satzung zustehen, ganz oder teilweise auf einen Sonderbeauftragten übertragen, der zur Wahrung dieser Befugnisse geeignet ist. Die durch die Bestellung des Sonderbeauftragten entstehenden Kosten einschließlich der diesem zu gewährenden Vergütung fallen dem Versicherungsunternehmen zur Last. Die Höhe dieser Vergütung setzt die Aufsichtsbehörde fest. Sofern das Versicherungsunternehmen zur Zahlung der Vergütung vorübergehend nicht in der Lage ist, kann die Aufsichtsbehörde an den Sonderbeauftragten Vorschußzahlungen erbringen. Wird der Sonderbeauftragte ohne Vergütung tätig, so haftet er nur für Vorsatz und grobe Fahrlässigkeit.

III (aufgehoben)

IV Die Aufsichtsbehörde kann Anordnungen nach Absatz 2 Satz 1 auch unmittelbar gegenüber anderen Unternehmen treffen, soweit sie für ein Versicherungsunternehmen

a) Tätigkeiten wahrnehmen, die Gegenstand eines Vertrages über Funktionsausgliederungen (§ 5 Abs. 3 Nr. 4) sein können, oder
b) Leistungen auf Grund von Verträgen nach § 53 d erbringen.

Die gleiche Befugnis steht der Aufsichtsbehörde gegenüber Verlagen zu, die Bezieher von ihnen verlegter Zeitungen oder Zeitschriften bei einem Versicherungsunternehmen versichert haben.

#### D. Verbraucherinformation

**Abschnitt I**

Vor Abschluß von Versicherungsverträgen nach § 108 a Abs. 1 vom Versicherungsunternehmen zu erteilende Verbraucherinformation

1. Für alle Versicherungssparten notwendige Verbraucherinformation
   a) Name, Anschrift, Rechtsform und Sitz des Versicherers und der etwaigen Niederlassung, über die der Vertrag abgeschlossen werden soll;

b) die für das Versicherungsverhältnis geltenden allgemeinen Versicherungsbedingungen einschließlich der Tarifbestimmungen sowie die Angabe des auf den Vertrag anwendbaren Rechts;

c) Angaben über Art, Umfang und Fälligkeit der Leistung des Versicherers, sofern keine allgemeinen Versicherungsbedingungen oder Tarifbestimmungen verwendet werden;

d) Angaben zur Laufzeit des Versicherungsverhältnisses;

e) Angaben über die Prämienhöhe, wobei die Prämien einzeln auszuweisen sind, wenn das Versicherungsverhältnis mehrere selbständige Versicherungsverträge umfassen soll, und über die Prämienzahlungsweise sowie Angaben über etwaige Nebengebühren und -kosten und Angabe des insgesamt zu zahlenden Betrages;

f) Angaben über die Frist, während der der Antragsteller an den Antrag gebunden ist;

g) Belehrung über das Recht zum Widerruf oder zum Rücktritt;

h) die Anschrift der zuständigen Aufsichtsbehörde, an die sich der Versicherungsnehmer bei Beschwerden über den Versicherer wenden kann.

2. Bei Lebensversicherungen und Unfallversicherungen mit Prämienrückgewähr zusätzlich notwendige Verbraucherinformation

a) Angaben über die für die Überschußermittlung und Überschußbeteiligung geltenden Berechnungsgrundsätze und Maßstäbe;

b) Angabe der Rückkaufswerte;

c) Angaben über den Mindestversicherungsbetrag für eine Umwandlung in eine prämienfreie Versicherung und über die Leistungen aus prämienfreier Versicherung;

d) Angaben über das Ausmaß, in dem die Leistungen nach den Buchstaben b und c garantiert sind;

e) bei fondsgebundenen Versicherungen Angaben über den der Versicherung zugrunde liegenden Fonds und die Art der darin enthaltenen Vermögenswerte;

f) allgemeine Angaben über die für diese Versicherungsart geltende Steuerregelung.

3. Bei Krankenversicherungen nach § 12 a zusätzlich notwendige Verbraucherinformation

Angaben über die Auswirkung steigender Krankheitskosten auf die zukünftige Beitragsentwicklung und Hinweise auf Möglichkeiten zur Beitragsbegrenzung im Alter.

**Abschnitt II**

Während der Laufzeit eines Versicherungsvertrages nach § 10 a Abs. 1 vom Versicherungsunternehmen zu erteilende Verbraucherinformation

1. Änderungen von Namen, Anschrift, Rechtsform und Sitz des Versicherers und der etwaigen Niederlassung, über die der Vertrag geschlossen worden ist;
2. Änderungen bei der nach Abschnitt I Nr. 1 Buchstabe c bis e und Nr. 2 Buchstabe a bis e erteilten Verbraucherinformation, sofern sie sich aus Änderungen von Rechtsvorschriften ergeben;
3. jährliche Mitteilung über den Stand der Überschußbeteiligung in der Lebensversicherung und Unfallversicherung mit Prämienrückgewähr.

# Anhang E

## Gesetz zur Regelung des Rechts der Allgemeinen Geschäftsbedingungen – AGBG (Auszug)



**Erster Abschnitt. Sachlich-rechtliche Vorschriften**

**1. Unterabschnitt. Allgemeine Vorschriften**

### § 1 Begriffsbestimmung

(1) Allgemeine Geschäftsbedingungen sind alle für eine Vielzahl von Verträgen vorformulierten Vertragsbedingungen, die eine Vertragspartei (Verwender) der anderen Vertragspartei bei Abschluß eines Vertrages stellt. Gleichgültig ist, ob die Bestimmungen einen äußerlich gesonderten Bestandteil des Vertrages bilden oder in die Vertragsurkunde selbst aufgenommen werden, welchen Umfang sie haben, an welcher Schriftart sie verfaßt sind und welche Form der Vertrag hat.

(2) Allgemeine Geschäftsbedingungen liegen nicht vor, soweit die Vertragsbedingungen zwischen den Vertragsparteien im einzelnen ausgehandelt sind.

### § 2 Einbeziehung in den Vertrag

(1) Allgemeine Geschäftsbedingungen werden nur dann Bestandteil eines Vertrages, wenn der Verwender bei Vertragsabschluß

1. die andere Vertragspartei ausdrücklich oder, wenn ein ausdrücklicher Hinweis wegen der Art des Vertragsabschlusses nur unter unverhältnismäßigen Schwierigkeiten möglich ist, durch deutlich sichtbaren Aushang am Ort des Vertragsabschlusses auf sie hinweist und
2. der anderen Vertragspartei die Möglichkeit verschafft, in zumutbarer Weise von ihrem Inhalt Kenntnis zu nehmen,

und wenn die andere Vertragspartei mit ihrer Geltung einverstanden ist.

(2) Die Vertragsparteien können für eine bestimmte Art von Rechtsgeschäften die Geltung bestimmter Allgemeiner Geschäftsbedingungen unter Beachtung der in Absatz 1 bezeichneten Erfordernisse im voraus vereinbaren.

### § 3 Überraschende Klauseln

Bestimmungen in Allgemeinen Geschäftsbedingungen, die nach den Umständen, insbesondere nach dem äußeren Erscheinungsbild des Vertrags, so ungewöhnlich sind, daß der Vertragspartner des Verwenders mit ihnen nicht zu rechnen braucht, werden nicht Vertragsbestandteil.

### § 4 Vorrang der Individualabrede

Individuelle Vertragsabreden haben Vorrang vor Allgemeinen Geschäftsbedingungen.

### § 5 Unklarheitenregel

Zweifel bei der Auslegung Allgemeiner Geschäftsbedingungen gehen zu Lasten des Verwenders.

### § 6 Rechtsfolgen bei Nichteinbeziehung und Unwirksamkeit

(1) Sind Allgemeine Geschäftsbedingungen ganz oder teilweise nicht Vertragsbestandteil geworden oder unwirksam, so bleibt der Vertrag im übrigen wirksam.

(2) Soweit die Bestimmungen nicht Vertragsbestandteil geworden oder unwirksam sind, richtet sich der Inhalt des Vertrages nach den gesetzlichen Vorschriften.

(3) Der Vertrag ist unwirksam, wenn das Festhalten an ihm auch unter Berücksichtigung der nach Absatz 2 vorgesehenen Änderung eine unzumutbare Härte für eine Vertragspartei darstellen würde.

### § 7 Umgehungsverbot

Dieses Gesetz findet auch Anwendung, wenn seine Vorschriften durch anderweitige Gestaltungen umgangen werden.

**2. Unterabschnitt. Unwirksame Klauseln**

### § 8 Schranken der Inhaltskontrolle

Die §§ 9 bis 11 gelten nur für Bestimmungen in Allgemeinen Geschäftsbedingungen, durch die von Rechtsvorschriften abweichende oder diese ergänzende Regelungen vereinbart werden.

### § 9 Generalklausel

(1) Bestimmungen in Allgemeinen Geschäftsbedingungen sind unwirksam, wenn sie den Vertragspartner des Verwenders entgegen den Geboten von Treu und Glauben unangemessen benachteiligen.

(2) Eine unangemessene Benachteiligung ist im Zweifel anzunehmen, wenn eine Bestimmung

1. mit wesentlichen Grundgedanken der gesetzlichen Regelung, von der abgewichen wird, nicht zu vereinbaren ist, oder
2. wesentliche Rechte oder Pflichten, die sich aus der Natur des Vertrages ergeben, so einschränkt, daß die Erreichung des Vertragszwecks gefährdet ist.

# Sachverzeichnis